MYTHEN DER NATIONEN
1945 – ARENA DER ERINNERUNGEN

Mythen der Nationen

1945 – Arena der Erinnerungen

Herausgegeben von Monika Flacke

Eine Ausstellung des Deutschen Historischen Museums

Begleitbände zur Ausstellung
2. Oktober 2004 bis 27. Februar 2005
Ausstellungshalle von I. M. Pei
Band I

Grußwort

Im erweiterten Europa erscheint der Begriff der Nation im neuen Licht, in einem neuen Kontext. Im Verein der 25 Mitgliedsstaaten ist das Wissen um die Gemeinsamkeiten und Übereinstimmungen zwischen den Ländern genauso wichtig wie die Sensibilität für die jeweiligen Unterschiede und Besonderheiten. Erst aus dem wachen Bewußtsein für die eigene Identität erwachsen Neugier, Respekt und Toleranz gegenüber anderen. Und dabei ist das kollektive Gedächtnis, sind die Erinnerungen und Traditionen eines Landes prägendes Element jenes Selbstbildes, das eine Nation ausmacht und definiert.

Wie gehen Staaten, wie gehen Gesellschaften mit der Erinnerung um? Was prägt sich dort ein, was hat Bestand, was wird zu einem Mythos? Welche Rolle spielen die Erinnerungen und Mythen für die Entwicklung von Staaten und Gesellschaften sowohl im Innenverhältnis als auch in den Beziehungen zu den Nachbarn?

Im Frühjahr 1998 hat das Deutsche Historische Museum die Ausstellung „Mythen der Nationen. Ein europäisches Panorama" gezeigt. Ausgangspunkt war damals die Nationenbildung des 19. Jahrhunderts in der Folge der Französischen Revolution und der Napoleonischen Neuordnungen. Der vergleichende Gang durch die Geschichte der europäischen Staaten bis ins 20. Jahrhundert zeigte anhand künstlerischer Zeugnisse, aber auch am Beispiel verschiedenster historischer Objekte die Marksteine der kollektiven Gedächtnisse Europas.

Diese besondere Form des Umgangs mit Geschichte, die sich nicht auf die Illustration von Chronologie und Ereignissen beschränkt, findet nun erfreulicherweise eine Fortsetzung. Diesmal ist das Jahr 1945 der Ausgangspunkt der Dokumentation. Besonders aufschlußreich wird die Ausstellung vor dem Hintergrund des 60. Jahrestages des Weltkriegsendes. Das Gedenken daran wird uns einmal mehr und in ganz intensiver Weise mit den Mythen der Nationen konfrontieren. Die Auseinandersetzung mit Nationalsozialismus und Stalinismus, aber auch Themen wie Kollaboration, Widerstand, Mitläufertum haben in allen europäischen Gesellschaften die politischen Diskussionen der Nachkriegszeit bis heute geprägt. Die Ausstellung im Deutschen Historischen Museum wird uns einmal mehr offenbaren, wie aktuell und wie sensibel diese Themen noch immer sind, wie sehr sie das Selbstverständnis fast aller europäischen Länder berühren. Und dabei ist Deutschland als Land der Täter und als geteilte Nation ein besonders komplexer Untersuchungsgegenstand.

Das 20. Jahrhundert hat uns auf das Schrecklichste gelehrt, wohin Totalitarismus, Antisemitismus und Rassismus führen können. Es ist keineswegs selbstverständlich, daß heute die Kriegsgegner von einst in einem geeinten Kontinent in Frieden und Freiheit leben, daß sie in der Europäischen Union Politik gemeinsam gestalten. Das sollten wir nie vergessen.

Die Ausstellung im Deutschen Historischen Musem ist ein dreidimensionales Lexikon der europäischen Geschichte, aber zugleich eine Präsentation über unsere Auseinandersetzung mit ihr. Und so wünsche ich den „Mythen der Nationen" jenen großen Erfolg und Publikumszuspruch, den ein Unternehmen dieses Anspruchs und dieses Umfangs verdient.

Dr. Christina Weiss
Staatsministerin beim Bundeskanzler
Die Beauftragte der Bundesregierung für Kultur und Medien

Mythen der Nationen
1945 – Arena der Erinnerungen
Zwei Bände
Band I: S. 1–480, Band II: S. 481–970

Herausgegeben von Monika Flacke
Deutsches Historisches Museum
Unter den Linden 2
10117 Berlin

Begleitbände

Wissenschaftliche Mitarbeit
Ulrike Schmiegelt

Wissenschaftliche Recherche und Datenbankverwaltung
Jan-Dirk Kluge

Chronologie
Jan-Dirk Kluge, Ulrike Schmiegelt und Autoren

Glossar
Jan-Dirk Kluge, Ulrike Schmiegelt

Karten
Karsten Bremer

Redaktion
Rebekka Göpfert, Günter Hertel, Hartlef Knoch, Barbara Naumann, Ulrike Schmiegelt, Katja Widmann

Lektorat
Detlef Mißlbeck, München

Bildredaktion
Cornelia Fanslau, Daniela Rathe

Filmrecherche
Marianne Charle, Georg Götz, Elenē Tsitsirikou, Anneke Viertel, Bettina Wargenau

Wissenschaftliche Hilfskräfte
Glossar:
Nicolas Basse
Material- und Bildrecherche:
Aurélie Boitel, Nina Burkhardt, Fabian Fröhlich, Nadine Gündüz, Kirsten Karotki, René Koelliker, Sebastian Kurme, Johanna Pahnke, Thurid Neumann, Jonas Reuber, Nadja Rüdiger, Kirstin Schulze, Duska Vranjes, Claudia Wasow
Chronologie:
Emanuel Gogniat, Bernhard Hunger, Annika Wellmann

Übersetzungen
aus dem Englischen: Bram Opstelten, Richmond, Virginia
aus dem Finnischen: Helmut Diekmann, Helsinki
aus dem Flämischen: Beate Kreischatus, Lingenfeld
aus dem Französischen: Egmont E. Rietig, Berlin
aus dem Griechischen: Maria Stavraka, Heidelberg
aus dem Niederländischen: Brigitte Kaufmann, Wangen
aus dem Norwegischen: Olaf Ebig (Scanwort), Hamburg
aus dem Rumänischen: Jim Brown, Bukarest
aus dem Schwedischen: Beate Schirrmacher, Berlin und Lund

Koordination, Herstellung DHM
Gabriele Kronenberg

Gestaltung
Lothar Bache, Verlag Philipp von Zabern

Schlußredaktion
Klaus Rob, Verlag Philipp von Zabern

Abbildungen auf Umschlag: Bd. I und Bd. II
Sándor Ék: Felszabadulás. Békét és szabadságot hoztak, 1952, Budapest, Hadtörténeti Múzeum, 3654/Kp.
Nathan Rapoport, Denkmal des Aufstandes im Warschauer Ghetto (Ausschnitt), in: Adam Rutkowski (Hg.): Męczeństwo, walka, zagłada żydów w Polsce 1939–1945, Warschau 1960, Abb. 540
Iraklij Moiseevič Toidze: Rodina mat' zovet!, in: Mitjaev Anatolij Vasil'evič, Tysjača četyresta vosemnadcat' dnej: rasskazy o bitvach i gerojach velikoj otečestvennoj vojny, Moskau 1987
Georg W. Fossum: Stille farvel (Ausschnitt), in: Liv Hegna: Jødenes dødsreise med 'Donau', Aftenposten, 26. Januar 1994, S. 13
Eyal Sivan, Rony Brauman: Un spécialiste, 1998, Videocover
Michail Kalatozov (Regie): Letjat žuravli, 1957, Filmplakat, Moskau, Gosudarstvennyj Central'nyj Muzej Kino
Gerhard Richter: Onkel Rudi, 1965, Lidice, Památník Lidice – Lidice galerie, LO 314
Roberto Rossellini (Regie): Roma città aperta, 1945, Filmstill, Rom, Fondazione Scuola Nazionale di Cinema. Centro sperimentale di Cinematografia

Umschlaggestaltung
Dorén + Köster, Berlin

Die Deutsche Bibliothek – CIP-Einheitsaufnahme

Die Deutsche Bibliothek verzeichnet diese Publikation in der deutschen Nationalbibliographie; detaillierte bibliographische Daten sind im Internet unter <http://dnb.ddb.de> abrufbar.

© 2004 by Deutsches Historisches Museum
ISBN 3-86102-128-5 Museumsausgabe
ISBN 3-8053-3298-X Buchhandelsausgabe
Gesetzt aus der Adobe Garamond und der Optima von Linotype
Alle Rechte, insbesondere das der Übersetzung in fremde Sprachen, vorbehalten. Ohne ausdrückliche Genehmigung des Verlages ist es auch nicht gestattet, dieses Buch oder Teile daraus auf photomechanischem Wege (Photokopie, Mikrokopie) zu vervielfältigen oder unter Verwendung elektronischer Systeme zu verarbeiten und zu verbreiten.
Gesamtherstellung: Verlag Philipp von Zabern
Printed on fade resistant and archival quality paper
PH 7 neutral · tcf

Ausstellung

Idee, Konzept und Realisation
Monika Flacke

Ausstellungskonzept im Dialog mit
Horst Bredekamp und Etienne François

Wissenschaftliche Mitarbeit
Ulrike Schmiegelt

Wissenschaftliche Recherche und Datenbankverwaltung
Jan-Dirk Kluge

Wissenschaftliche Hilfskräfte
Kristian Buchna, Roland Hohmann, Sebastian Kalden, Eva Neumann, Tim Opitz, Mareike Witkowski,

Übersetzung
Stephen Locke

Leihverkehr
Catherine Amé, Edith Michelsen

Controlling
Peter Gabbert

Ausstellungsgestaltung
Werner Schulte, Marion Stenzel

Ausstellungsproduktion
DHM Werkstätten

Ausstellungsgraphik
4D envision design, Chris Dormer

Lichtplanung
Michael Flegel

Karten
Karsten Bremer

Konservatorische Betreuung und Restaurierung
Martina Homolka (Leiterin der Restaurierung/Gemälde), Michaela Brand (Buch), Sabine Josefine Brand (Textil), Martin Engel (Kunsthandwerk), Christine Göppinger (Papier), Barbara Haussmann (Skulptur), Elke Kiffe (Kunsthandwerk), Barbara Korbel (Papier), Matthias Lang (Gemälde), Antje Liebers (Holz), Matthes Nützmann (Papier), Michael Otto (Metall), Malte Spohr (Rahmung und Passepartout)
Freie Mitarbeiter: Vendulka Cejchan (Buch), Isa Hesse (Textil), Hildegard Homburger (Plakat), Kerstin Häussermann (Papier)

Presse- und Öffentlichkeitsarbeit
Katrin Kahlefeld, Sonja Trautmann, Angelika Wachs

Museumspädagogik
Stefan Bresky, Brigitte Vogel
Freie Mitarbeiter: Julia Hornig, Johanna von Münchhausen

Hörführung (Realisation)
K 13, Michael Kaczmarek (Tonstudio), Soundgarden (Gerätetechnik)

Medien-Stationen und Internetpräsentation
Jan-Dirk Kluge

Medienproduktion
Wolf Dieter Pelikan

Plakatgestaltung
Dorén+Köster, Berlin

Folgende Leihgeber machten die Ausstellung möglich

Amsterdam
Nederlands Instituut voor Oorlogsdocumentatie
Eric Somers
Ellen Tops
Athen
Maria Beikou
Tasoula Berbeniōtē
Ellēniko Logotechniko Kai Istoriko Archeio
Ethnikē Pinakothēkē-Mouseio Alexandrou Soutzou
Despoina Karakatsanē
Athena Syriatou
Tainiothēkē tēs Ellados
Basel
Georg Kreis
Museum der Kulturen
Berlin
Bibliothek für Bildungsgeschichtliche Forschung
Bundesarchiv – Filmarchiv
Deutsches Historisches Museum
Karl Eimermacher
Filmmuseum Berlin – Deutsche Kinemathek
Haus der Wannsee-Konferenz
Jan-Dirk Kluge
Beate Kosmala
Egmont Rietig
Staatliche Museen zu Berlin – Preußischer Kulturbesitz, Kunstbibliothek
Staatsbibliothek zu Berlin – Preußischer Kulturbesitz
Stiftung Archiv der Akademie der Künste
Holm Sundhaussen
Universitätsbibliothek der Freien Universität Berlin
Universitätsbibliothek der Humboldt-Universität zu Berlin
Universitätsbibliothek der Universität der Künste Berlin. Abteilung Musik und Darstellende Kunst
Bochum
Herbert Neumann
Bonn
Archiv für Philatelie. Museumsstiftung Post und Telekommunikation
Bratislava
Galéria mesta Bratislavy
Elena Mannová
Braunschweig
Georg-Eckert-Institut für internationale Schulbuchforschung
Brünn
Moravské zemské muzeum
Brüssel
Bibliothèque Royale de Belgique. Cabinet des Médailles/Koninklijke Bibliotheek van België. Penningkabinet
Centre d'Études et de Documentation Guerre et Sociétés contemporaines/Studie- en Documentatiecentrum Oorlog en Hedendaagse Maatschappij
Budapest
Bélyegmúzeum/Magyar Posta Rt.
Hadtörténeti Múzeum
Magyar Nemzeti Galéria
Bukarest
Lucian Boia
Gent
AMSAB – Instituut voor Sociale Geschiedenis

Hamburg
Hamburger Institut für Sozialforschung
Helsinki
Kansallisarkisto, Sammlung Carl Gustav Emil Mannerheim
Postimuseo
Suomen elokuva-arkisto
Jasenovac
Spomen Područje Jasenovac
Jerusalem
Yad Vashem – The Holocaust Martyrs' and Heroes' Remembrance Authority, Library
Kiew
Memorial'nyj kompleks 'Nacional'nyj muzeï istoriï Velikoï Vitčyznjanoï vijny 1941–1945 rokiv'
Muzej Teatral'noho Muzyčnoho ta Kinomystectva Ukraïny
Kopenhagen
Museet for Danmarks Frihedskamp 1940–1945
Post & Tele Museum Danmark
La Louvière
Musée Ianchelevici
Leuven
Vlaams Filmmuseum
Lidice
Památník Lidice – Lidice galerie
Ljungbyhed
IBL Bildbyrå
London
British Film Institute
Imperial War Museum
Museum of London
Yoav Ben-David
Lund
Lunds Universitetsbibliotek
Mailand
Archivio Albe Steiner
Istituto nazionale per la storia del movimento di liberazione in Italia
Montreuil
Musée de l'Histoire Vivante
Moskau
Gosudarstvennyj Istoričeskij Muzej
München
Institut für Zeitgeschichte
Gerhard Seewann
Südost-Institut
New York
Jeffrey Shandler
Oslo
Bjarte Bruland
Det Mosaiske Trossamfunds historiske arkiver
Nasjonalbiblioteket, avdeling Oslo
Norsk filminstitutt
Posten Norge AS. Postmuseet
Paris
Bibliothèque de documentation internationale contemporaine et Musée d'histoire contemporaine
Robert Doisneau/Rapho
Institut d'histoire du temps présent
Claude Lanzmann
Musée de la Poste
Penthaz
Cinémathèque suisse
Prag
Zdenek Beneš
Uměleckoprůmyslové muzeum
Všeodborový archiv
Riga
Josif Elgurt
Latvijas Nacionālais Kinematogrāfijas Centrs
Valsts Mākslas muzejs. Izstāžu zāle Arsenāls
Rom
Pierluca Azzaro
Saarbrücken
Saarländische Universitäts- und Landesbibliothek
Savannah
Alan Schechner
Sofia
Gradska Chudožestvena Galerija
Nacionalen Istoričeski Muzej
Nacionalna Chudožestvena Galerija
Tzvetan Tzvetanov
Split
Feral Tribune
Stockholm
Kungliga Myntkabinettet. Sveriges ekonomiska museum
Svenska Filminstitutet's Stills Archive
Szentendre
Ferenczy Múzeum
Tartu
Eva-Clarita Onken
Tel Aviv
The Institute for Labour Research
in Memory of Pinchas Lavon,
Labour Archives and Library
Moshe Zuckermann
Thessaloniki
Lina Capon Perahia
Turin
Centro Studi Piero Gobetti
Istituto piemontese per la storia della resistenza e della società contemporanea
Vilnius
Michael Kohrs
Lietuvos Centrinis Valstybës Archyvas. Lietuvos Vaizdo ir Garso Archyvas
Lietuvos Kino Studija
Lietuvos Nacionalinis Muziejus
Warschau
Biblioteka Narodowa
Muzeum Historyczne miasta starego Warszawy
Muzeum Narodowe w Warszawie
Muzeum Niepodległości
Muzeum Wojska Polskiego
Muzeum Żydowskiego Instytutu Historycznego w Polsce
Wien
Dokumentationsarchiv des österreichischen Widerstandes
Filmarchiv Austria. Filmdokumentationszentrum
Heeresgeschichtliches Museum
Österreichische Nationalbibliothek
Österreichisches Theatermuseum
Stiftung Bruno Kreisky Archiv
Heidemarie Uhl
Zagreb
Hrvatski Povijesni Muzej
Zürich
Pädagogische Hochschule Zürich,
IZ Mediothek Beckenhof
Schweizerisches Landesmuseum
Matthias Senn

Inhalt

Hans Ottomeyer
Vorwort   5

Monika Flacke
Erinnerungen   7

Etienne François
Meistererzählungen und Dammbrüche:
Die Erinnerung an den Zweiten Weltkrieg zwischen
Nationalisierung und Universalisierung   13

Horst Bredekamp
Bildakte als Zeugnis und Urteil   29

BELGIEN
Marnix Beyen
Der Kampf um das Leid   67

BULGARIEN
Tzvetan Tzvetanov
Meilensteine einer kontroversen Selbstfindung   95

DÄNEMARK
Therkel Stræde
Die schwierige Erinnerung an Kollaboration und Widerstand   123

DEUTSCHLAND

BUNDESREPUBLIK DEUTSCHLAND
Detlef Hoffmann
Vom Kriegserlebnis zur Mythe   151

DEUTSCHE DEMOKRATISCHE REPUBLIK
Monika Flacke und Ulrike Schmiegelt
Aus dem Dunkel zu den Sternen: Ein Staat im Geiste
des Antifaschismus   173

Finnland
Hannu Rautkallio
Politik und Volk – die zwei Seiten Finnlands … 203

Frankreich
Henry Rousso
Vom nationalen Vergessen zur kollektiven Wiedergutmachung … 227

Griechenland
Despoina Karakatsanē und Tasoula Berbeniōtē
Doppelter Diskurs und gespaltene Erinnerung … 257

Grossbritannien
Athena Syriatou
„Der Krieg wird uns zusammenhalten" … 285

Israel
Moshe Zuckermann
Die Darstellung des Holocaust in Israels Gedenkkultur … 315

Italien
Pierluca Azzaro
Kampf der Erinnerungen … 343

Jugoslawien und seine Nachfolgestaaten
Holm Sundhaussen
Konstruktion, Dekonstruktion und Neukonstruktion von „Erinnerungen" und Mythen … 373

Niederlande
Ellen Tops
Lebendige Vergangenheit … 427

Norwegen
Bjarte Bruland
Wie sich erinnern? Norwegen und der Krieg … 453

Österreich
Heidemarie Uhl
Vom Opfermythos zur Mitverantwortungsthese:
Die Transformationen des österreichischen Gedächtnisses … 481

POLEN
Beate Kosmala
Lange Schatten der Erinnerung: Der Zweite Weltkrieg im
kollektiven Gedächtnis — 509

RUMÄNIEN
Lucian Boia
Unterschiedliche Erinnerungen an den Zweiten Weltkrieg — 541

SCHWEDEN
Max Liljefors und Ulf Zander
Der Zweite Weltkrieg und die schwedische Utopie — 569

SCHWEIZ
Georg Kreis
Das Bild und die Bilder von der Schweiz zur Zeit des
Zweiten Weltkrieges — 593

SOWJETUNION/RUSSLAND
Jutta Scherrer
Siegesmythos versus Vergangenheitsaufarbeitung — 619

LETTLAND
Eva-Clarita Onken
Wahrnehmung und Erinnerung: Der Zweite Weltkrieg in
Lettland nach 1945 — 671

LITAUEN
Michael Kohrs
Von der Opfer- zur Täterdebatte — 693

UKRAINE
Jutta Scherrer
Konkurrierende Erinnerungen — 719

WEISSRUSSLAND
Bernhard Chiari und Robert Maier
Volkskrieg und Heldenstädte: Zum Mythos
des Großen Vaterländischen Krieges in Weißrußland — 737

SPANIEN
Sören Brinkmann und Víctor Peralta Ruiz
Weder Täter noch Opfer? — 757

TSCHECHOSLOWAKEI/TSCHECHIEN
Wilma Iggers
Das verlorene Paradies 773

SLOWAKEI
Tatjana Tönsmeyer
Der Zweite Weltkrieg: Erfahrung und Erinnerung 799

UNGARN
Éva Kovács und Gerhard Seewann
Der Kampf um das Gedächtnis 817

USA
Jeffrey Shandler
Der Zweite Weltkrieg in den amerikanischen Bildwelten 847

Anhang

DANK 877

ZU DEN AUTOREN 879

GLOSSAR 883

BILDNACHWEIS 953

REGISTER 957

Vorwort

Hans Ottomeyer

Das erste, was ich sah, war der dunkle Glanz des Metalls in der feuchten Erde. Beim Reinigen des Abzeichens mit Taschentuch und Spucke kamen die Emailstreifen Grün, Weiß, Rot zum Vorschein. In der Mitte war etwas ausgekratzt. Der kleine Fund hinter einer Hecke am Hang hinter dem Haus wurde mir damals in Essen-Bredeney erklärt. Mein Vater wendete das Abzeichenkreuz zwischen den Fingern und sagte: „Das ist das Parteiabzeichen der italienischen faschistischen Partei. Nach Mussolinis Tod wurde dann das Rutenbündel und das Beil der Faschisten ausgekratzt, aber das Zeichen einige Jahre weiter getragen." Er mußte es wissen. Lange vor und während des Krieges hatte er als Kaufmann und später als Soldat in Italien gelebt und sprach zu meiner Bewunderung geläufig Italienisch.

Die Erinnerungen aus dem Jahr 1956 kamen mir wieder in den Sinn, als ich die Fahnen zu dem vorliegenden Buch las. Das Fundstück, das ich als Elfjähriger ausgrub, ist längst bei Umzügen verlorengegangen.

Was ist die historische Distanz? Aus welchem zeitlichen Abstand beobachten wir die Schrecken der Geschichte und versuchen, die verborgenen Ereignisse wahrzunehmen? Die gesellschaftlichen Diskussionen sprechen dafür, daß es ein Zeitraum von etwas über 55 Jahren ist, der vergeht, bis Menschen wieder zu sprechen beginnen und Zeugnis ablegen für erlebte Geschichte. Die entsprechende Zeitspanne, die zwischen dem Ende des Zweiten Weltkrieges und dem Entstehen dieser Publikation liegt, bedeutet aber auch, daß Täter kaum mehr zu fassen und die letzten Opfer gerade noch zu sprechen imstande sind. Es ist ein Sicherheitsabstand. Aber zugleich auch ein Abstand, welcher der Objektivierung dient.

Die Ausstellung „Mythen der Nationen. 1945 – Arena der Erinnerungen" versucht die Ideen nachzuzeichnen, welche das politische Bewußtsein der Nachkriegszeit bestimmten. Positionen nationaler Identität waren in ihren Fundamenten erschüttert oder sogar nachhaltig zerstört. Sie galt es europaweit zu festigen oder völlig neu zu bestimmen.

Die „Parallele", die gleichzeitige, aber nach Ländern verschiedene Behandlung eines gemeinsamen Themas bewährt sich als ein durch die Ergebnisse bestätigtes Verfahren der Erörterung, um die Facetten derselben Sache in ihrer Verschiedenartigkeit, aber zugleich in ihrem Zusammenhang herauszustellen. Parallelerzählungen schärfen zugleich den Blick für das Gemeinsame und die gravierenden Unterschiede, welche Europa nach der Katastrophe des Zweiten Weltkrieges und den Völkermorden in seinem Schatten kennzeichneten.

Es ist eine spezifische Eigenschaft dieser Publikation und des Konzeptes von Monika Flacke, die Bilder und Begriffe, mit denen Menschen sich die erlebte Wirklichkeit zurechtrückten, zu zeigen, offenzulegen und in einen analytischen Kontext zu rücken, um damit die Orientierungen nationaler politischer Kultur klärend nachzuzeichnen.

Die Ausstellung und ihr Katalogbuch haben ihre eigene Geschichte. Das Vorhaben entstand unmittelbar nach der erfolgreichen Ausstellung „Mythen der Nationen. Ein europäisches Panorama", die 1998 im Deutschen Historischen Museum zu sehen war. Das Katalogbuch war ein solcher Erfolg, daß es noch fünf

Jahre später als Verlagsprojekt bei Koehler & Amelang ein zweites Mal aufgelegt wurde. Die Erzählung betraf damals die Gründungsmythen der europäischen Nationen im 19. Jahrhundert, ließ aber das schreckliche 20. Jahrhundert aus. Die Ausstellung war anfangs für 2002, später für 2003 geplant. Die zunehmend knappen Ausstellungsmittel des Deutschen Historischen Museums erlaubten eine Verwirklichung der Ausstellung nur dann, wenn sich für diese oder eine andere Ausstellung in 2003 Drittmittel finden ließen. Es war zu unserem Erstaunen weder für „Idee Europa" noch für „J. F. Kennedy" noch für „Mythen der Nationen" möglich, zusätzliche Förderungsmittel einzuwerben, so daß die letzte Ausstellung in dem Jahr der Neueröffnung des Pei-Baus 2003 in ihrer Realisierung, nicht in ihrem Katalogbuch, abgesagt werden mußte. Dadurch und durch die spätere Zusage zusätzlicher Mittel für diese Ausstellung durch Frau Staatsministerin Weiss, für die ihr ausdrücklich und herzlich gedankt sei, ergab es sich, daß das Katalogbuch Anfang 2004 erscheint, die entsprechende Ausstellung aber 2004/2005 zeitversetzt zustande kommen wird.

Damit wird „Mythen der Nationen. 1945 – Arena der Erinnerungen" zur ersten Ausstellung, die sich explizit mit dem Jahr 1945 als Jahr des Kriegsendes auseinandersetzt, das sich 2005 zum 60sten Male jährt. Schon jetzt ist abzusehen, daß im Jahr 2005 viele Ausstellungen und Publikationen in Deutschland und vor allem in Berlin entstehen werden, um an diese dramatische Zeitenwende zu erinnern.

Die Ausstellung liegt auf der Linie großer Ausstellungen des Deutschen Historischen Museums, in dem die elementaren und zentralen Themenfelder der deutschen Geschichte in ihrem europäischen Kontext angegangen werden: die Ausstellungen „Holocaust" 2002, „Idee Europa" 2003, „Der Weltkrieg 1914–18. Ereignis und Erinnerung" 2004 und „Mythen der Nationen. 1945 – Arena der Erinnerungen" sind Teile dieses Programms.

Das Deutsche Historische Museum besitzt selbst eine umfangreiche Sammlung, die für das Katalogbuch nutzbar gemacht werden konnte. Der kritische Umgang mit Bildern als Zeugnisse der Geschichte ist ein Metier, das im Entstehen begriffen ist, aber noch nicht zu den Selbstverständlichkeiten gehört, wie viele „Illustrationen" historischer Betrachtungen und Abhandlungen leider noch immer beweisen. Photographien und Filme haben das Geschichtsbild des 20. Jahrhunderts stärker geformt, als viele Texte und Dokumente es vermögen. Deshalb widmen sich die Ausstellung und das Ausstellungsbuch in besonderer Weise der Bestimmung dieser historischen Medien. Die Ikonen des 20. Jahrhunderts sind reproduzierte Bilder, die sich mutando mutandis oft weit von ihrem Ursprung und ihrer ursprünglichen Bedeutung entfernt haben. Sie bedürfen der Neudefinition, um sie nicht in die Mythologie entgleiten zu lassen.

Die Konstrukte der Erinnerung haben die Wirklichkeit und die Grausamkeiten jener Jahre zwar längst verdeckt, aber die historische Distanz läßt es im Ansatz zu, die Verfahren zu dechiffrieren, mit denen versucht wurde, die Traumata zu bewältigen. Der millionenfache Tod und der millionenfache Mord, der vom nationalsozialistischen Deutschland nach Europa und in die Welt getragen wurde, ist unmöglich im Ganzen faßbar zu machen oder gar zu erörtern. Dies sollte aber nicht davon abhalten, das Ende des Krieges 1945 zum Thema zu machen und aufzuweisen, daß erst 1945 die endgültige Abwendung vom Faschismus, Nationalsozialismus und seinen Hilfstruppen bedeutet, welche durch den militärischen Sieg der Alliierten über die Achsenmächte möglich wurde. Daß nach 1945 in Europa wenige Bürgerkriege, aber keine nationalen Kriege mehr ausbrachen, spricht für die umständliche, aber doch gelungene Bewältigung des Grabenbruchs des Zweiten Weltkriegs.

Erinnerungen

von Monika Flacke

für Stefan Germer

Die Ausstellung „Mythen der Nationen. Ein europäisches Panorama", die sich im Frühjahr 1998 im Deutschen Historischen Museum mit dem Nationenbegriff und der Herausbildung der Nationalstaaten im 19. Jahrhundert beschäftigt hatte, bot gleichsam die Vorlage für die Frage nach dem Nationenbegriff Europas im 20. Jahrhundert. Gegenüber dem 19. Jahrhundert stand der Kontinent nach dem Ersten und Zweiten Weltkrieg allerdings vor einer vollständig anderen Situation. Neuartig war nicht allein die ohne Vergleich dastehende Selbstzerstörung – materiell wie ideell – als Konsequenz zweier Kriege, auch der Weltmachtanspruch, den Europa oder Teile Europas im 19. Jahrhundert formuliert hatten, war seit 1945 endgültig Geschichte: Die Nachkriegsordnung bestimmten zwei neue Blöcke – die USA und die Sowjetunion. Eine Folge der unvorstellbaren Vernichtungen und Umwälzungen in beiden Kriegen war auch das Ende des extremen Nationalismus, der den Ersten Weltkrieg ausgelöst und der im Zweiten seinen Untergang heraufbeschworen hatte.

All diese bitteren Erfahrungen und Erkenntnisse flossen in die Fundamente der europäischen Nachkriegsordnung ein, die auf eine dauerhafte Sicherung des Friedens, die Demokratisierung der Staaten und – als Fernziel – auf den Aufbau einer europäischen Gemeinschaft als Basis einer friedlichen Koexistenz der Völker und Nationen ausgelegt waren. Aus der Perspektive von 1945 war diese Entwicklung weniger selbstverständlich, als dies heute scheinen mag. Die Lage war in Europa so labil, daß Bürgerkriege nicht nur denkbar waren. Das „emotionale Fundament" (Etienne François/Hagen Schulze) der Nationen, welche im 19. Jahrhundert entstanden sind, war so stark erschüttert, daß sie sich regelrecht neu erfinden mußten.

Diese tiefe Krise war der Ausgangspunkt unserer Überlegungen für ein Projekt, das die Weiterführung des ersten aus dem Jahre 1998 für das 20. Jahrhundert sein sollte. Die Entwicklung eines tragfähigen Konzeptes, das den unterschiedlichen Nationen und ihrer Geschichte auf der einen Seite gerecht werden konnte und auf der anderen Seite aber eine vergleichende Studie zuließ, war verbunden mit einem langen Diskussionsprozeß, der vielfach nur mit ausgewiesenen Kennern möglich war, meist Angehörigen der jeweiligen Nation, um die es in dieser Studie geht. Ihnen wurde die komplexe Frage nach den Erfahrungen mit dem Zweiten Weltkrieg und dessen Verarbeitung gestellt. Für die meisten Autoren war es äußerst schwierig, darauf zu antworten. Das schließlich von den Autoren skizzierte Thesenpapier war bisweilen eine widerborstige oder grüblerische, gelegentlich defensive oder auch offensive Erwiderung auf den bis dahin entwickelten Gedanken: Wie erinnern sich Europa, USA und Israel an den Zweiten Weltkrieg, an Völkermord und Vertreibungen? Intensive Diskussionen haben schließlich zu für alle Seiten überraschenden Ergebnissen geführt. Eine dieser Erkenntnisse lag z. B. darin, daß der Völkermord, anders als zunächst erwartet, meist nicht oder nicht unvermittelt im Zentrum der Erinnerung stand.

Nach dieser umfangreichen Vorarbeit konnte die Suche nach dem Material beginnen. Gemeinsam mit den Autoren wurden Museen, Bibliotheken und Archive erkundet. Wenn über die Auseinandersetzung mit diesem Stoff ein Phänomen hervorzuheben ist, dann die wachsende Sensibilität der Historiker für Bilder. Sie sahen schließlich nicht nur die Archive durch, sondern suchten ebenso in den Depots der Museen und erforschten am Ende die Bildwelt ihrer Jugend, die sie selbst geprägt hatte. Viele Objekte, die in diesem Buch abgebildet sind, stammen aus diesem Erfahrungshorizont. Insofern haben alle an diesem Projekt Beteiligten sich auch mit ihrer eigenen Vergangenheit, ihren Erinnerungen, Erfahrungen und selbst ihren Emotionen als Zeitzeugen auseinandergesetzt. Dieser intensivste Teil der Arbeit wäre ohne die Voraussetzung einer offenen Fragestellung zum Scheitern verurteilt gewesen. Miteinander haben wir die privaten wie kollektiven Erinnerungspanoramen erkundet und die Schwierigkeiten mit der bildhaften Erinnerung buchstäblich fühlen können.

Als 1945 einer der furchtbarsten Kriege aller Zeiten zu Ende gegangen war, bedeutete dies für viele Völker nicht Frieden oder gar Freiheit. Nach dem Ende des Zweiten Weltkrieges sah sich der Kontinent mit unvorstellbaren Problemen konfrontiert. Von den heute geschätzten über 50 Millionen Toten war die Hälfte Zivilisten, einschließlich der fünf bis sechs Millionen Juden und Millionen weiterer Bewohner Ost- und Südosteuropas. Europa war voll von Flüchtlingsströmen, von Vertriebenen und Heimatlosen, die Städte Europas waren ein Trümmer- und Ruinenfeld ohnegleichen. Die Nationen sahen sich nicht nur mit den Problemen des Wiederaufbaus konfrontiert, die zerrissenen Gesellschaften, mehrfach gespalten zwischen Mitläufertum, Kollaboration und Widerstand, mußten sich neu konstituieren. Im ideologischen Zentrum dieser Gründungen stand die Vorstellung, daß der Widerstand die Nation in der Zeit der Besatzung verteidigt habe. Wenn es auf beiden Seiten des Eisernen Vorhangs am Ende eine gewisse Stabilität gab, so lag dies wesentlich auch an Geschichtskonstruktionen, die im Widerstandsmythos den symbolischen Sockel der nationalen Wiedergeburt sahen. Diese Vorstellung wurde vor allem durch Bilder vermittelt, in denen die heroischen Taten oder die Martyrien der Widerstandes gezeigt und der Sieg über die Besatzer gefeiert wurde.

Die berühmte Photographie von Robert Doisneau, die Charles de Gaulle am 26. August 1944 in stolzer Erhabenheit auf den Champs-Elysées zeigt, ist zum Symbolbild für die Einheit des nationalen Widerstandes Frankreichs geworden (vgl. Abb. F 1). Der Mythos des Widerstandes hat, nachdem der Schlußstrich gezogen worden, die Zeit der Abrechnungen vorbei war, die Völker geeint und geholfen, ein friedliches Europa zu begründen und das traumatische Geschehen für eine gewisse Zeit zu bannen. Erst Jahre später wurde die Idee der widerständigen Nation durch die kritische Auseinandersetzung mit der Vergangenheit abgelöst. Ereignisse wie Gerichtsverfahren gegen Kriegsverbrecher (Eichmann), die TV-Serie „Holocaust" aus den USA oder der Zusammenbruch des Sozialismus in Osteuropa haben die Diskussion von Grund auf neu konfigurieren können. Auch haben die Kinder und Kindeskinder der Kriegsteilnehmer neue Aspekte in die Debatte gebracht. An was und wie man sich erinnert, wird also immer neu ausgehandelt.

In den Staaten des Warschauer Paktes wurde die Fiktion einer Befreiung durch die Rote Armee, die Erinnerung an die Opfer, die man für den „Sieg über den Faschismus" gebracht hatte, ritualisiert. Sándor Éks Gemälde vom Einmarsch der Roten Armee in Budapest ist ein besonders treffendes Beispiel für die über Bilder vermittelte Befreiungsideologie der Sowjetunion – jubelnde Ungarn, welche die „Befreier" willkommen heißen (vgl. Abb. H 9). Als Zugeständnis an die Nation ließ man lediglich die Erinnerung an den kommunistischen Widerstand gelten. Alle anderen Erinnerungen wurden unterdrückt und konnten, wenn überhaupt, nur im Privaten oder im Exil existieren. Widerstand gegen diese oktroyierte Geschichtssicht kam u. a. in den Aufständen in Ungarn, in der DDR oder in Prag und vor allem auch in Polen zum Ausdruck. Wobei sich Jugoslawien unter Tito als einziges sozialistisches Land erfolgreich Stalins Einfluß entziehen konnte.

Nach der Wende änderte sich der Blick auf den Krieg auch hinter dem ehemaligen Eisernen Vorhang, wenn auch oft auf überraschende Art und Weise. So sahen sich manche Staaten nach 1989 mit einer doppelbödigen Vergangenheit konfrontiert. Die nach Auflösung der Sowjetunion entstandenen unabhängigen baltischen Staaten oder die Ukraine verstanden sich als Opfer der Sowjetunion. Damit entstand in der Rückschau die Frage nach dem Problem der Kollaboration mit den Deutschen, nach Bündnissen und Waffenbrüderschaften. Julian Hendys Film „SS in Britain" über galizische SS-Einheiten hat zu empörten Debatten in der Westukraine geführt. Die Wahrnehmung des nationalsozialistischen Deutschlands ist in einigen osteuropäischen Ländern überaus gespalten. Trotzdem hat in diesen Ländern die nachholende Auseinandersetzung mit der eigenen Geschichte zu einem rasanten Wandel in den Einstellungen geführt.

Ein Sonderfall in diesem Projekt ist Deutschland als Land der Täter. Wie haben sich die Bundesrepublik Deutschland und die Deutsche Demokratische Republik an den Krieg erinnert? Wie in allen anderen Ländern ihres Imperiums regelte die Sowjetunion, unterstützt durch die kommunistische Regierung, die Erinnerungsfrage auch für die Deutsche Demokratische Republik: das Land sei durch die Rote Armee und durch den kommunistischen Widerstand vom Faschismus befreit worden. Diese Ideologie hallt bis heute in den neuen Bundesländern nach. Die Schuldfrage war damit erfolgreich verdrängt bzw. in die Bundesrepublik Deutschland projiziert, der man u. a. vorwarf, ehemalige Nationalsozialisten wie Hans Globke in hohe Ämter zu berufen.

Für die Bundesrepublik Deutschland fand eine erste Entlastung statt, als die Alliierten im Nürnberger Prozeß die Hauptschuldigen bestraften. Die Strategie lief im wesentlichen darauf hinaus, daß die Täter mit den nationalsozialistischen Eliten gleichgesetzt wurden, während die übrige Bevölkerung mehr oder weniger selbst zu den Opfern gehört habe. In Filmproduktionen wie „08/15" (1954/1955) wird der einfache Soldat als guter Mensch dargestellt, während die Nationalsozialisten als verantwortungslose und korrupte Verbrecher gezeigt werden. Eine ähnliche Sprache spricht der wesentlich jüngere, höchst eindringliche Film „Das Boot" (1981), in dem die Besatzung sinnlosen Befehlen folgen muß.

Komplexe Entlastungsstrategien gehörten zum ausbalancierten System des Kalten Krieges, das durch die Blöcke USA und Sowjetunion bestimmt war. Das Beschweigen, das Nichtreden über die schmerzhafte, konfliktreiche und damit hochexplosive Erinnerung war aus heutiger Sicht nicht nur Verdrängung, vielmehr hat das Schweigen vermutlich Bürgerkriege verhindert bzw. beendet und die Koexistenz der Staaten ermöglicht. Erst nach der Stabilisierungs- bzw. Rekonstruktionsphase wurde es möglich, über die Verwerfungen zu sprechen. Man kann nicht ausschließen, daß Verdrängungsstrategien im Osten wie im Westen Schlimmeres verhindert haben. Im Laufe der Zeit kam es aber überall zu einer kritischen Betrachtung der Geschichte, die nunmehr die nationalen Räume zu verlassen scheint, und langsam tritt neben die nationale Erinnerung eine europäische Perspektive.

Diese Entwicklung hat Etienne François in seinem Überblicksessay nachgezeichnet und sie in einen größeren, europäischen Zusammenhang gestellt. Sein europäischer Vergleich zeigt die Gemeinsamkeiten, aber ebenso die erstaunlichen Unterschiede in den verschiedenen Ländern.

Im 20. Jahrhundert prägten Photographie und Film im wesentlichen unser Bildgedächtnis. Stereotyp sind die Ikonen des Zweiten Weltkrieges und des Völkermords auf Plakaten, Postkarten, Briefmarken oder Medaillen abgebildet. Sie werden in Magazinen, Zeitungen, Büchern (allen voran Schulbüchern) zitiert (vgl. Abb. D 19 oder Abb. BG 18), in Fernsehproduktionen tausendfach reproduziert, in der Literatur, in Theaterstücken, sogar in Reden immer neu erschaffen. Bilder bilden nicht die Wirklichkeit ab, sie stellen eine „Wirklichkeit" her, die der Betrachter jedoch verstehen muß, da er seine eigenen Erinnerungsorte hat, welche die Bilder reflektieren müssen. Über gesellschaftliche Prozesse können diese Erinnerungsorte zu kollektiven Gedächtnisorten werden. Dies wiederum kann ein Bedürfnis nach massenhafter Reproduktion entstehen lassen.

Abb. 1
Constant
(Constant Anton Nieuwenhuys)
Concentration Camp (War)
Konzentrationslager (Krieg),
1950
Öl/Leinwand, 70 x 101 cm
Amsterdam, Stedelijk Museum
A 3413

Die Kunst hat diese Darstellungsklischees befördert, aber auch konterkariert (vgl. Abb. USA 14 oder Abb. IL 8). Oft bewahrt sie die Erinnerung an etwas auf, an das sich niemand erinnern wollte. Es kann durchaus eine Generation dauern, bis Kunstwerk und Erinnerung deckungsgleich werden. Einen Mißton hätte z. B. das Gemälde „Konzentrationslager" von Constant erzeugen können (Abb. 1). Sein Bild ist deutlich „Konzentrationslager" betitelt, es zeigt auf der Leinwand Stacheldraht und gequälte Menschen. Constant wird sich an die Photographien von George Rodger oder Margaret Bourke-White erinnert haben, die im Mai 1945 z. B. in Life publiziert wurden. In den 50er Jahren, anläßlich der zweimaligen Ausstellung in der Galerie Le Canard in Amsterdam, wurde – bis auf Ausnahmen – vor allem die Technik besprochen.

Horst Bredekamp hat in seinem Beitrag diese sogenannte „Wirklichkeit" der Bilder befragt. In seiner vergleichenden Studie nimmt er sich der das europäische Gedächtnis prägenden Ikonen an und reflektiert zugleich deren Eigendynamik.

Die Vergangenheit, die nicht vergehen will, führt zu einem immer rasanteren Wechsel der Themen. In unserer Ausschnittsammlung aus deutschen Zeitungen, die wir seit 1999 angelegt haben, ist nachzuvollziehen, wie sich die Diskussionswellen bewegten und bewegen. 1999 lag der Schwerpunkt auf der Debatte um den Holocaust, eingeschlossen die Holocaust-Konferenz in Stockholm im Januar 2000. Es folgte die Kontroverse um die Zwangsarbeiter, und im Moment wird um ein Zentrum gegen Vertreibung gerungen. Es gibt jedoch eine Asymmetrie in den Auseinandersetzungen. In beinahe allen Ländern Europas wird über den Holocaust diskutiert, doch in den wenigsten Ländern debattiert man über Vertreibung und Völkermord. Beides ist Teil eines Prozesses der Homogenisierung, der die Völker seit der Nationalstaatsbildung im 19. Jahrhundert umtreibt und der in Europa seinen Höhepunkt im Zweiten Weltkrieg und in den Jahren danach fand. Die Asymmetrie spiegelt sich auch in den Beiträgen wider. Es findet sich z. B. nicht in jedem Aufsatz eine Beschreibung der Probleme, die sich in Deutschland eingeprägt haben.

Vor 15 Jahren hätte ein Buch wie dieses nicht geschrieben werden können. Die Geschichte der mittel- und osteuropäischen Staaten war in Westeuropa ein fast unbekanntes Terrain – und umgekehrt. Nun liegt eine weitere grausame Geschichte vor unseren Augen, die Geschichte der Teilung Europas. Bei der Vorbereitung zu diesem Buch haben wir auf unseren Reisen in diese Welt der blinden Flecken eine Ahnung von den vielfältigen Kulturen und Sprachen erhalten, die von Nationalismus, Nationalsozialismus und Kommunismus planiert worden sind.

Uns geht es nicht um Kerneuropa, sondern um das ganze Europa, auch jenes, das bis 1989 aus der westlichen Perspektive verschwunden war. Bei unserem Vorhaben stießen wir auf objektive Schwierigkeiten. Die kunsthistorischen und historischen Methoden sind in den verschiedenen Ländern sehr unterschiedlich. Auch Begriffe werden anders definiert. Um hier eine gewisse Orientierung zu ermöglichen, haben wir an das Ende des Buches ein Glossar gesetzt. Hier sind auch Kurzbiographien der Personen eingefügt, die in den Beiträgen genannt sind und die im Krieg eine Rolle gespielt haben. Auch schien es angezeigt, an jeden Beitrag eine Chronologie anzufügen. Sie setzt bewußt mit dem Ersten Weltkrieg, der Zeit der Neuordnung Europas ein und endet mit der Jahrtausendwende. Anhand der Karten, die ebenfalls an die jeweiligen Beiträge anschließen, wird der Leser die wesentlichen geographischen Veränderungen im 20. Jahrhundert nachvollziehen können. Chronologien, Glossar und Karten sind außerdem eine nützliche Hilfe für den, der sich im europäischen Umfeld orientieren will. Das Inhaltsverzeichnis folgt nur bedingt der alphabetischen Reihenfolge. Länder wie die Ukraine oder auch Weißrußland sind z. B. hinter die Sowjetunion gestellt. Das liegt daran, daß diese bis 1989 Republiken der Sowjetunion waren. Eine ähnliche Regelung gibt es auch für die Baltischen Staaten, die sich im Inhaltsverzeichnis hinter der Sowjetunion, oder für die Slowakei, die sich hinter Tschechien befindet. Unter Deutschland werden die Bundesrepublik Deutschland und die Deutsche Demokratische Republik behandelt.

Ergänzend zu der Buchpublikation wird im Oktober 2004 sowohl die gleichnamige Ausstellung in Berlin im Deutschen Historischen Museum eröffnet als auch der Film „Mythen der Nationen" im Fernsehen ausgestrahlt werden. Der Film entstand in Zusammenarbeit mit dem Bayerischen Rundfunk, Regisseur ist Richard Chaim Schneider. Voraussetzung für seine Dokumentation waren neben dem Konzept die Recherchen und die Beiträge der Autorinnen und Autoren aus den Ländern Großbritannien, Frankreich und Italien für Westeuropa sowie Polen, Ungarn und Tschechische Republik für Osteuropa. Neben technisch aufwendig gedrehten Szenen der wichtigen Gedenkstätten, Denkmäler und Museen wurde auch historisches Filmmaterial verarbeitet. In der Dokumentation kommen aber auch Politiker, Intellektuelle und Historiker zu Wort. Interviewt wurden u. a. Władysław Bartoszewski, der frühere Außenminister Polens, der Häftling in Auschwitz war, Árpád Göncz, der erste ungarische Präsident nach 1989, der ungarische Schriftsteller György Konrád, der jüngst verstorbene ehemalige Kulturminister Václav Havels Pavel Tigrid, der Schriftsteller Ivan Klima, Sir Jeremy

Isaacs, Regisseur der weltberühmten Serie „The world at war", der ehemalige französische Justizminister Robert Badinter, der Rechtsanwalt, Historiker und politische Aktivist Serge Klarsfeld, der ehemalige Kultur- und Bildungsminister Jack Lang oder in Italien die langjährige Vorsitzende der jüdischen Gemeinden Tullia Zevi.

Das Buch erscheint zu einem Zeitpunkt, an dem fast kein Tag vergeht, an dem nicht die historische Forschung und die Öffentlichkeit Stellung zu diesem Thema beziehen würden. Es befindet sich also mitten in der Kontroverse. Die jüngste Debatte um das Zentrum gegen Vertreibung konnte im Buch jedoch nicht mehr aufgenommen werden, da die Produktion vor dieser Kontroverse begann. Wir hoffen trotzdem, daß die Publikation einen Beitrag zu dieser Diskussion leisten kann. Der Sinn des Projektes und damit der ungeheuren Arbeit liegt gerade auch darin, den Blick auf Europa zu richten und Informationen über Länder zu geben, die wechselseitig wenig voneinander wissen und von denen man bei uns allzuwenig weiß.

Die Autorinnen und Autoren dieses Aufsatzbandes haben etwas zusammengetragen, das in dieser Verdichtung eine bislang nirgendwo geleistete vergleichende Studie geworden ist. Dafür möchte ich allen Beteiligten danken. Begleitet wurde dieses internationale Projekt von Wissenschaftlichen Hilfskräften, die nicht nur aus der Bundesrepublik Deutschland, sondern auch aus Frankreich, Griechenland, Italien, Kroatien oder der Schweiz kamen, um an diesem Projekt mitzuwirken. Ihnen sind wir nicht nur dafür, daß sie uns geholfen haben, sondern vielmehr noch für die überraschende und überaus bereichernde Erfahrung ihrer Teilnahme dankbar. Diese jungen Menschen, hochgebildet, sprachlich versiert, sind Europäer mit einer reichen Kultur, die allein schon zur Hoffnung Anlaß gibt.

Das Projekt war hochkompliziert und lange Zeit umstritten. Daß die Mitarbeiterinnen und Mitarbeiter im In- und Ausland die Zumutungen dieser immensen Belastung ausgehalten haben, ist geradezu erstaunlich. Ich danke allen, die dabei waren und nicht aufgegeben haben. Einen ganz besonderen Dank möchte ich aber in diesem Zusammenhang an Kulturstaatsministerin Christina Weiss, an den Bundestagsabgeordneten Michael Roth und an die Professoren Horst Bredekamp sowie Etienne François richten. Ohne deren Unterstützung in einer äußerst kritischen Phase wäre dieses Erinnerungswerk nicht erschienen.

Meistererzählungen und Dammbrüche

Die Erinnerung an den Zweiten Weltkrieg zwischen Nationalisierung und Universalisierung

VON ETIENNE FRANÇOIS

Notre héritage n'est précédé d'aucun testament
Unserer Erbschaft ist keinerlei Testament vorausgegangen
René Char[1]

Folgt man den gängigen historischen Überblicksdarstellungen (Enzyklopädien, Handbüchern, Lexika usw.) und überhaupt der opinio communis, so stellt sich der Zweite Weltkrieg als ein klar umrissenes Ereignis dar. Sein Anfang – der 1. September 1939 – wie auch sein Ende – der 8. Mai 1945 (was Europa betrifft) – stehen fest und bilden eindeutige Zäsuren, so daß man ihn nicht nur als ein kohärentes Ereignis, sondern auch als ein abgeschlossenes Moment der europäischen und Weltgeschichte betrachten kann. In einer makrohistorisch, ereignisgeschichtlich und primär an den faktischen Begebenheiten orientierten Perspektive mag dieses Bild zutreffen. Ganz anders aber wird es, wenn man – wie hier zum ersten Male – den Zweiten Weltkrieg in einer vergleichenden und vor allem in einer wahrnehmungs- und erinnerungsgeschichtlichen Perspektive betrachtet.

Im Unterschied nämlich zu vielen anderen Projekten, die in wie auch außerhalb Deutschlands durchgeführt wurden, stellt dieser Band nicht so sehr den Krieg als solchen, das heißt als Ereignis in seinen unterschiedlichen Aspekten in den Vordergrund, sondern vielmehr das Gedächtnis an ihn und die Erinnerungen, die damit verbunden sind. Mit anderen Worten handelt es sich dabei um den Versuch, eine „übertragene Geschichte", eine „Geschichte des zweiten Grades" (Pierre Nora) darzustellen[2], die sich vorrangig mit der Wahrnehmung und der Vergegenwärtigung des Ereignisses in den unterschiedlichen Ländern beschäftigt, mit der Art und Weise, wie an ihn gedacht und erinnert wurde, kurzum um eine Geschichte der Bilder und Vorstellungen, die man sich in den europäischen Ländern, in den USA und in Israel vom Zweiten Weltkrieg gemacht hat, in ihrer Entstehung wie auch in ihrer Entwicklung und ihrem Wandel über etwas mehr als ein halbes Jahrhundert, vom Krieg selber bis heute.[3] Bei allen später festzustellenden Unterschieden fällt in der Tat auf, daß in allen hier vertretenen Ländern die Erinnerung an den Zweiten Weltkrieg eine Schlüsselrolle in den jeweiligen Gedächtniskulturen eingenommen hat und immer noch einnimmt und daß die Identität der heutigen europäischen Länder auf dem Vermächtnis des Zweiten Weltkrieges aufgebaut ist. Nirgendwo ist diese Erinnerung verblaßt, wie man es an den Ergebnissen von aktuellen Meinungsumfragen ablesen kann, wonach der Zweite Weltkrieg weiterhin als das wichtigste Ereignis der jüngsten Geschichte betrachtet wird.[4] Die politische und kulturelle Bedeutung dieser lebendigen Erinnerung reicht bis in die Gegenwart hinein. Oft weist sie sogar traumatische, ja obsessive und explosive Züge auf, und alles deutet darauf hin, daß für die Mehrheit der Europäer der Zweite Weltkrieg und der Völkermord den Weg in die Geschichte noch nicht gefunden haben. Mit anderen Worten hat man es hier mit einem Paradebeispiel der „Gegenwart des Vergangenen" zu tun.

Es ist daher zu begrüßen, daß dieser Band ein genuin europäisches Projekt darstellt, das zum ersten Mal einen fast vollständigen Überblick über die Formierung und Entwicklung des Gedächtnisses an den Zweiten Weltkrieg in den jeweiligen Ländern Europas bietet. Geht man von der heutigen politischen Karte Europas aus, dann stellt man fest, daß so gut wie alle Länder mit eigenen Beiträgen vertreten sind. Und auch wenn einige wenige fehlen[5], so ändert das nichts an der Tatsache, daß man es hier mit einem Panorama von einer einzigartigen Repräsentativität und Breite zu tun hat, das bis jetzt noch nie in dieser Form ausgebreitet worden ist. Dies ist im übrigen um so mehr der Fall, als zu den fast 30 europäischen Ländern, die im Katalog explizit behandelt sind, zwei weitere Länder hinzukommen, die sich zwar außerhalb von Europa im herkömmlichen Sinne befinden, die aber in diesem Zusammenhang eine zentrale Rolle spielen. Dies ist auf der einen Seite Israel als das Land, dessen Ursprung und politische Kultur, Gedächtnis und Identität am tiefsten von allen anderen Ländern durch die Konsequenzen des Zweiten Weltkrieges und des Völkermordes geprägt wurden und weiterhin werden.[6] Die USA auf der anderen Seite sind nicht nur ein bevorzugter Zufluchtsort für viele Verfolgte der europäischen Diktaturen, wie auch die führende westliche Macht im Kampf gegen den Nationalsozialismus, sondern vor allem das Land, dessen Erinnerungsarbeit über den Zweiten Weltkrieg und den Völkermord die Entwicklung der Gedächtniskulturen der anderen Länder am nachhaltigsten beeinflussen sollte.[7] Die Zusammenführung von Wissenschaftlern und Autoren am Projekt, die nicht nur führende Spezialisten der Materie sind, sondern auch in ihrer großen Mehrzahl aus dem jeweiligen Land stammen, stellt im übrigen einen weiteren Aspekt der Innovativität des Kataloges dar. Dank der im voraus geleisteten Erarbeitung einer gemeinsamen Fragestellung, die den Leitfaden und die Struktur der jeweiligen Beiträge lieferte, bieten in der Tat die hier versammelten Einzelstudien ein einzigartiges Forum des Vergleichs und der Konfrontation, das allen Facetten der Thematik gerecht wird und einen authentischen europäischen Blick gewährleistet.

Der erste Eindruck, den diese Übersicht vermittelt, ist der einer äußersten Vielfalt der konkreten Situationen. Sicher war der Zweite Weltkrieg noch mehr als der Erste ein „Weltereignis" im vollen Sinne des Wortes. Daraus ergibt sich aber in keinem Falle eine Übereinstimmung seines Verlaufes und seiner Bedeutung für die vertretenen Länder. So sind jene Länder, deren äußere Situation vom Beginn des Krieges am 1. September 1939 bis zu seinem Ende am 8. Mai 1945 unverändert geblieben ist, in der Minderheit. Unter ihnen finden wir auf der einen Seite Länder wie Schweden, die Schweiz und Spanien, die dank ihrer Neutralität über die ganze Zeit außerhalb der militärischen Auseinandersetzungen blieben, und auf der anderen Seite Staaten wie das Großdeutsche Reich und Großbritannien, die sich während des ganzen Krieges als Feinde gegenüberstanden. Demgegenüber gibt es viele Länder, die erst später in den Krieg eintraten bzw. in ihn hineingezogen wurden – darunter mehrere, wie zum Beispiel Italien, Griechenland, Jugoslawien, die UdSSR oder die USA, die eine zentrale Rolle im Konflikt gespielt haben. Eine andere Gruppe war kaum oder gar nicht in Kriegshandlungen involviert, weil sie sehr schnell bzw. sofort besetzt wurden, wie zum Beispiel Belgien, Dänemark, die Niederlande oder Norwegen. Andere Länder, wie Kroatien oder die Slowakei, bekamen während des Krieges eine vorübergehende Eigenstaatlichkeit. Zu nennen sind schließlich die Länder, deren komplizierte Geschichte im Zweiten Weltkrieg durch den Wechsel von Kampf- und Friedenszeiten bzw. durch Bündniswechsel gekennzeichnet ist. Hierzu gehören Frankreich, Italien, Finnland, Rumänien, Ungarn oder Bulgarien.

Allerorts also ist in Europa der Zweite Weltkrieg ein anderer gewesen. Er ist es um so mehr, als seine konkreten Konsequenzen für die Länder, die von ihm unmittelbar betroffen waren, durch noch größere Gegensätze gekennzeichnet sind. Wenn man von dem entscheidenden Gegensatz zwischen den Ländern absieht, die zu den Siegern oder den Besiegten des Krieges gehören, so lassen sich doch drei unterschiedliche Gruppen beobachten. Zuerst ist die größere Zahl der Länder zu nennen, die durch den Krieg völlig verwüstet wurden, die unermeßlich unter ihm gelitten haben und bis zur Unkenntlichkeit verändert wurden: Das trifft vor allem auf Polen zu, das nach sechs Jahren beispielloser Gewalt, mit sechs Millionen Kriegs- und Todesopfern – darunter drei Millionen Juden – und massiven Zerstörungen, nach der totalen Veränderung seiner sozialen und ethnischen Struktur, wie auch nach der Verschiebung seiner Grenzen und den damit verbundenen Massenumsiedlungen, ein vollständig anderes Land geworden war. Dies gilt aber auch auf vergleichbare Weise für die Länder der Sowjetunion (mit den annektierten baltischen Ländern), für Jugoslawien, für Griechenland, wie auch – im anderen Sinne – für Deutschland. Eine zweite Gruppe bilden die vielen Länder, die zwar tief erschüttert wurden und viele Opfer zählten, deren Grundstrukturen aber mehr oder weniger aufrechterhalten worden waren, wie zum Beispiel Großbritannien und die USA, die Niederlande oder Finnland – wobei die Erschütterungen und Leiden dort besonders dramatisch waren, wo der Krieg auch Dimensionen eines Bürgerkrieges annahm, wie in Frankreich, Italien, Ungarn, Rumänien oder Bulgarien. Schließlich gibt es die kleine Zahl der Länder, die wie Dänemark relativ wenig unter dem Krieg zu leiden hatten, weil sie „mit weicher Hand" besetzt wurden, ihre eigene Verwaltung behielten und nicht ohne Erfolg eine gewisse Schadensbegrenzung erzielen konnten.

Nirgendwo, sagten wir vorhin, ist in den hier vertretenen Ländern die Erinnerung an den Zweiten Weltkrieg und an den Völkermord verblaßt. Diese immerwährende Gegenwart bedeutet allerdings nicht, daß seit dem Ende des Krieges die Erinnerung an ihn statisch gewesen und daß sie ohne große Änderungen von Generation zu Generation weitergetragen worden wäre. Das Gegenteil trifft eher zu. Zwischen dem Ende des Kriegs und der heutigen Zeit läßt sich nämlich ein tiefgreifender Wandel beobachten, der nicht nur Teilaspekte, sondern auch die ganze Struktur der Konstruktionen des Gedächtnisses an den Zweiten Weltkrieg, wie sie sich gleich am Ende des Konflikts formiert hatten, in Frage stellte.

Die prägenden Meistererzählungen der unmittelbaren Nachkriegszeit entstanden zuerst bei den Siegermächten. Sie formierten sich sehr schnell – meistens innerhalb von nur wenigen Jahren – in gemeinsamer Arbeit von staatlichen Stellen und Vertretern der siegreichen Kräfte. Sie hatten eine solche Überzeugungskraft und ihre Funktion für den Neubeginn und den Wiederaufbau nach der Katastrophe war gleichzeitig so eminent und evident, daß sie von der Mehrheit der Bevölkerung der betroffenen Ländern angenommen wurden und lange Zeit als glaubhaft erschienen.[8]

An erster Stelle dieser Meistererzählungen – über die politisch-ideologischen Unterschiede hinweg, die der Kalte Krieg noch vertiefen sollte – steht selbstverständlich der Sieg über das Deutsche Reich und den Nationalsozialismus bzw. Faschismus.[9] Daher rührt die bis heute währende Erhebung des 8. bzw. 9. Mai zum nationalen Feiertag in vielen europäischen Ländern. In den Ländern aber, die unter der Besatzung der deutschen Truppen und ihrer Verbündeten zu leiden hatten, feierte man mehr noch als den Sieg die Befreiung, die in der allgemeinen Wahrnehmung als das eigentliche Kennzeichen des Kriegsendes gesehen wurde und immer noch wird. Überall nimmt die Erinnerung an die Befreiung vergleichbare

Züge an. In Ost wie in West setzt sie sich aus Bildern zusammen, die den Einzug in die Hauptstadt von Soldaten und Widerstandskämpfern, die überschwengliche Freude der sie begrüßenden und empfangenden Volksmassen, wie auch die Waffenbrüderschaft zwischen den Kämpfenden des eigenen Landes und den alliierten Soldaten darstellen. Drei Merkmale treten dabei immer auf: die führende Rolle der Soldaten und Widerstandskämpfer des eigenen Landes (wobei nicht selten unterstrichen wird, das Land hätte sich aus eigenen Kräften selbst befreit), die freudige Einheit des sich befreienden und dadurch sich selbst regenerierenden Volkes (Junge und Alte, Männer und Frauen, Arbeiter und Bürgerliche) und die doppelte Bedeutung der Befreiung als Befreiung von fremder Besatzung wie auch als Befreiung von ungerechten politischen und sozialen Verhältnissen.

Gleich nach der Verherrlichung von Sieg und Befreiung kommt neben der Würdigung der Soldaten der regulären Armeen die Hervorhebung der entscheidenden Rolle der Widerstandskämpfer bzw. der Partisanen. In vielen Ländern – auch in solchen, die „objektiv gesehen" von außen her befreit wurden – geht man sogar so weit, in ihnen die eigentlichen Sieger zu sehen. Dies geht mit einer extremen Wertschätzung des Widerstandes zusammen, die die Einheit und Entschlossenheit der ganzen Nation in der Ablehnung der Angreifer und Besatzer betont. Die Thematik der Einheit und der Geschlossenheit wird noch dadurch erhöht, daß man überall bemüht ist, die nationale Dimension des Widerstandes zu unterstreichen, die Einheit zwischen dem inneren und dem äußeren Widerstand, die Kontinuität zwischen dem bewaffneten Widerstand und allen anderen Formen der Widerständigkeit, wie auch die Verankerung des Widerstandes in den Traditionen der eigenen Vergangenheit: Während man in Italien die „Resistenza" als ein zweites „Risorgimento" interpretierte, deutete man in der Sowjetunion den Kampf gegen die deutschen Besatzer als den „Großen Vaterländischen Krieg".

Ein drittes Merkmal dieser Meistererzählungen ist die Konstituierung eines heroischen Bildes des Krieges, das zwei Gruppen besonders hervorhebt, die Helden auf der einen Seite, die Opfer auf der anderen. Unter den Helden, die gleichzeitig als nachzuahmende Identifikationsfiguren konstruiert werden, befinden sich nicht nur die charismatischen Gestalten des Widerstands und des Siegs wie de Gaulle und Churchill, Stalin und Dimitrov, Roosevelt und Tito, sondern auch die vielen Widerstandskämpfer und Partisanen, die im Kampf gefallen sind, wie Jean Moulin und Marytė Melnikaitė, Marat Kazej und Zoja A. Kosmodem'janskaja – von den anonymen, kollektiven bzw. stilisierten Widerstandsgestalten wie dem niederländischen Dockarbeiter nicht zu sprechen. Bei allen hebt man die Entschlossenheit und die Opferbereitschaft, die Kühnheit und die Standhaftigkeit, den Solidaritätssinn und die Würde hervor. Unter den Opfern gedenkt man vor allem der Millionen ziviler Opfer der Bombardierungen und der Massaker, der Massenhinrichtungen und der Vergeltungsaktionen. Die Unterstreichung der großen Zahl dieser unschuldigen Opfer spielt dabei eine genauso wichtige Rolle wie die Hervorhebung der Brutalität und der Grausamkeit der Kriegsführung seitens NS-Deutschlands, die als Kriegsverbrechen und Verbrechen gegen die Menschlichkeit verurteilt werden. Dies erklärt, warum die zivilen Opfer so oft als Märtyrer bezeichnet und warum die Orte ihres Leidens gleichermaßen oft sakralisiert werden, wie die vielen verbrannten Dörfer, die wie Pirčiupiai in Litauen, Lidice in Tschechien, Oradour in Frankreich und Marzabotto in Italien in dem Zustand erhalten werden, in welchem sie die Zerstörungswut der deutschen Truppen hinterlassen hat.[10] Dies gilt gleichermaßen für die Erinnerung an die Zerstörung von Rotterdam, Warschau oder Coventry.

In den besetzten Ländern verbindet die Figur des aus politischen Gründen Deportierten die zwei Dimensionen des Helden und des Opfers. In der impliziten Hierarchisierung der Opfer, die de facto nach dem Krieg stattfand, nimmt er deswegen den ersten Platz ein, während die Gefängnisse und Konzentrationslager, in welchen die Deportierten inhaftiert, gefoltert und hingerichtet wurden, zu zentralen Orten der kollektiven Erinnerung und des nationalen Gedenkens umgewandelt wurden.

Diese Meistererzählungen wurden schließlich durch zwei weitere Merkmale ergänzt. Das erste war die radikale Verurteilung, ja Diabolisierung nicht nur des NS-Regimes, sondern auch von ganz Deutschland im Sinne einer erneuten Kriegsschuldtheorie.[11] Diese Verurteilung lag im übrigen um so näher, als sie durch die Entdeckung der schlimmsten Greueltaten des Regimes (die durch Photographien von der Befreiung der Konzentrationslager in den Magazinen Life im Mai 1945 und Vogue im Juni 1945 in Europa und den USA publik gemacht wurden) am Ende des Krieges wie auch durch die Urteile der Nürnberger Prozesse bestätigt worden war. Sie ging mit dem Beschluß der Alliierten zusammen, Deutschland zu besetzen und zu entnazifizieren, sowie mit der Vertreibung von Millionen von Deutschen aus den Ländern Ostmitteleuropas und aus den bis Kriegsende deutschen Territorien, die Polen und der Sowjetunion zugefallen waren. Das zweite Merkmal war die genauso radikale Verurteilung all derer, die während des Krieges Sympathie für Deutschland und den Nationalsozialismus gezeigt oder gar offen Partei für sie ergriffen hatten. Diese Verurteilung ging nicht nur mit oft harten und blutigen Säuberungen zusammen, sondern auch mit der These, die verurteilten Kollaborateure hätten nur eine kleine Minderheit von Verrätern dargestellt, sie seien letztendlich ein Fremdkörper innerhalb von Gesellschaften geblieben, die geschlossen die deutsche Besatzung abgelehnt und auf der Seite des Widerstandes gestanden hätten.

Für die Länder, die den Krieg gegen Deutschland geführt und gewonnen hatten, insbesondere für die, die von Deutschland besetzt worden oder mehr oder weniger lange seine Verbündeten gewesen waren, bot diese nationale, heroische und manichäische Sicht des Konflikts viele Vorteile. Sie trug dazu bei, die durch den Krieg oft stark gefährdete innere Einheit des Landes wiederherzustellen, sie gab den unermeßlichen Opfern einen Sinn, sie schuf die Basis für den Neubeginn und den Wiederaufbau, sie gab oft total umstrukturierten Ländern eine neue Identität und Zukunftsperspektiven, sie half, über die dunklen Seiten der eigenen Vergangenheit hinwegzukommen, sie ermöglichte schließlich die stillschweigende und immer breiter werdende Reintegration der Personen und Gruppen, die sich während des Krieges kompromittiert hatten.

Es überrascht daher nicht, daß diese Meistererzählung sogar – wenn auch in abgemilderter Form – von den Ländern übernommen wurde, die zu Beginn des Kriegs das Deutsche Reich gebildet hatten. Nach außen hin stellte sich Österreich als ein Land dar, das im März 1938 gewaltsam besetzt und im Frühjahr 1945 vom österreichischen Widerstand und den Alliierten befreit worden war. Dank dieser erfolgreichen Externalisierung der NS-Zeit und der eigenen NS-Vergangenheit konnte sich die österreichische Gesellschaft als unschuldiges Opfer des Krieges stilisieren. In der DDR wurde der Antifaschismus zum „Gründungsmythos" (im vollen Sinne des Wortes) des neuen Staates und der neuen Gesellschaft. Die Verherrlichung des kommunistischen Widerstands und das Gedenken an die Opfer des Faschismus wie auch an die Befreiung des Landes durch die Rote Armee, der ständige Verweis auf die Gefahr, die noch aus dem Faschismus als höchster Form der kapitalistischen Ausbeutung und insbesondere aus der Bundesrepublik

Deutschland drohe, wie auch die Errichtung von zahlreichen Mahn- und Gedenkstätten an den Orten des Grauens – wie die Gedenkstätte Buchenwald – trugen dazu bei, aus der Bevölkerung der DDR ein Volk von Märtyrern und schließlich von Siegern zu machen. In der künftigen Bundesrepublik Deutschland schließlich kann man zwar auf der einen Seite beobachten, wie gleich nach Ende des Krieges ein schwieriger Prozeß der „normativen Internalisierung" der NS-Zeit einsetzte. Auf der anderen Seite lassen sich aber auch im Laufe der Zeit eine Reihe ziemlich erfolgreicher Entlastungsstrategien erkennen, wie die rein verbale Verurteilung des NS-Regimes, die These, wonach die NS-Zeit nur eine Parenthese in der deutschen Geschichte darstellte, die Behauptung, die deutsche Gesellschaft sei nur durch Hitler, Goebbels und ein paar wenige Nationalsozialisten verführt worden, aber im Kern unangetastet geblieben, die Verherrlichung der Männer des 20. Juli als echte Widerstandskämpfer und auch die verbreitete Meinung, die Deutschen seien vor allem Opfer, ja in vielerlei Hinsicht die ersten Opfer des NS-Regimes.

Nicht zuletzt bei den neutralen Ländern lassen sich vergleichbare Übernahmeprozesse beobachten. Während Schweden und die Schweiz auf der einen Seite ihre patriotische Wehrhaftigkeit hervorheben und sich als Freiheitsinseln und friedliche Oasen inmitten eines von Krieg und NS-Hegemonie verwüsteten Europa darstellen, heben sie auf der anderen Seite ihre Humanität und Barmherzigkeit, ihre Rolle als Helfer für die Notleidenden wie auch die Tätigkeit des Roten Kreuzes, von Graf Bernadotte und Raoul Wallenberg hervor. Auf die gleiche Art und Weise versucht die franquistische Mythenbildung über die Sympathie Francos für Hitler wie auch über die Entsendung von spanischen Freiwilligen an die Ostfront hinwegzutäuschen, indem sie die strikteste Neutralität Spaniens während des Krieges als Akt des Widerstandes deutet und auf Initiativen von spanischen offiziellen Stellen zur Rettung von vielen verfolgten Juden hinweist.

Diese unterschiedlichen Deutungen des Zweiten Weltkrieges, deren funktionale Bedeutung für den Wiederaufbau und die innere Stabilisierung der europäischen Länder in der unmittelbaren Nachkriegszeit man nicht hoch genug einschätzen kann, währten allerdings nicht sehr lange. In allen Ländern läßt sich nämlich in den nachfolgenden Jahrzehnten ein Prozeß der allmählichen Infragestellung beobachten, der zu ihrer totalen Dekonstruktion und zur Entstehung eines neuen Gedächtnisses an den Zweiten Weltkrieg führen sollte. Dieser Prozeß begann – von einzelnen frühen Ausnahmen abgesehen[12] – eigentlich erst während der 60er Jahre in der Bundesrepublik Deutschland und setzte sich dann in den meisten anderen westlichen Ländern fort – mit einer deutlichen Tendenz zur Beschleunigung und Intensivierung während der 70er und 80er Jahre. Lange Zeit schien es, als ob die östliche Hälfte des Kontinents von dieser Dynamik unberührt bleiben würde. Bis in die späten 80er Jahre hinein blieb dort die zur Staatsideologie gewordene Deutung des Krieges als „Großer Vaterländischer Krieg" und als internationaler Kampf gegen den Faschismus unverändert, und die wenigen vereinzelten kritischen Stimmen, die sich damit nicht identifizierten, gehörten entweder dem Exil und den Dissidenten, oder sie stammten aus dem Bereich der privaten Erinnerungen. Spätestens aber mit dem Zerfall des Ostblocks und der Sowjetunion brach diese Sicht zusammen. Es entstand dann eine nachholende Dynamik der kontrovers geführten Auseinandersetzung mit der jüngsten Vergangenheit, die wie in den westlichen Ländern zu einer Art Dammbruch der Erinnerungen und einer „Überflutung an Erinnerung"[13] führen sollte. Überall hat die Gedächtnisfrage eine neue und gesteigerte Aktualität gewonnen.

Seit einem Vierteljahrhundert ist ganz Europa, so die zutreffende Beobachtung des französischen Historikers Pierre Nora, in das „Zeitalter des Gedenkens"[14], d. h. in die Zeit einer affektiven, empfindsamen und schmerzhaften Beziehung zur Vergangenheit eingetreten.

Die neue Aktualität des Gedächtnisses erklärt sich nicht nur aus dem gewaltigen ökonomischen, sozialen, politischen und vor allem kulturellen Wandel wie auch der beschleunigten Modernisierung, die alle aus dem Krieg hervorgegangenen Länder im nachfolgenden halben Jahrhundert vollzogen haben. Sie ist auch eine Konsequenz der Abnutzungserscheinungen von Meistererzählungen, die vielfach ihr Ziel erreicht und infolge ihrer Ritualisierung und Entwicklung zu staatstragenden Ideologien den größten Teil ihrer Glaubwürdigkeit und Lebendigkeit verloren hatten. Sie hängt weiter mit der zunehmend deutlich gewordenen Diskrepanz zwischen den von ihnen angebotenen Deutungen der jüngsten Vergangenheit und den unberücksichtigt gebliebenen konkreten Erinnerungen von vielen Personen und Gruppen zusammen. Sie ist nicht zuletzt die Folge des Zusammenbruchs der großen Zukunftsutopien, die ihnen bis dahin Legitimität verliehen hatten – mit dem daraus entstandenen Bewußtsein eines immer dramatischer werdenden Gegensatzes zwischen dem unwiederbringlichen Verschwinden der Vergangenheit auf der einen Seite und der Undurchsichtigkeit der Zukunft auf der anderen Seite.[15]

Im Unterschied zur unmittelbaren Nachkriegszeit setzt sich dieses „zweite Gedächtnis" allerdings nicht mehr mit den Heldentaten und den heroischen Leistungen des Krieges auseinander, sondern vorrangig mit den schmerzlichen und traumatischen Erinnerungen, die vorher verschwiegen bzw. verdrängt worden waren. Die Zeit des Zweiten Weltkrieges wird in den Gesamtkontext des 20. Jahrhunderts – des „Jahrhunderts der Barbarei"[16], so Jean Améry – eingeordnet. Es gilt nun, auf eine oft anklägerische Art und Weise, die kritische Bilanz eines an Tragödien und Verfehlungen überaus reichen Jahrhunderts zu ziehen. Vier Aspekten wird dabei eine besondere Aufmerksamkeit entgegengebracht – dem Nationalsozialismus, dem Stalinismus, den Vertreibungen und dem Völkermord an den Juden. Diese vier Aspekte werden aber nicht auf der gleichen Ebene betrachtet. Unter ihnen ragt nämlich seit den 60er Jahren die Zentralität des Völkermords an den Juden immer deutlicher empor – in seiner unvergleichbaren Einzigartigkeit wie auch in seiner universellen Bedeutung als Paradigma der Massenmorde des 20. Jahrhunderts, bzw. der Völkermorde überhaupt. Im Gegensatz zum „kalten" Gedächtnis an den Kommunismus erweist sich, so der amerikanische Historiker Charles S. Maier, das Gedächtnis an den Nationalsozialismus als ein „warmes" Gedächtnis.[17]

Der Übergang von einer „patriotischen Erinnerung" zu einer „Völkermord-Erinnerung" wird von zwei weiteren Entwicklungen begleitet. Die erste besteht in der Aufwertung des Gedächtnisses und im Gegensatz dazu in der Verurteilung des Vergessens. Die „Pflicht zur Erinnerung" wird in diesem Kontext zum kategorischen Imperativ einer säkularen Zivilisation erhoben.[18] Die Aufgabe, sich die Tragödien des Zweiten Weltkrieges und des Völkermordes in Erinnerung zu rufen, hat sich in eine beständige, gebieterische Aufforderung verwandelt. Sie hat teil an einem neuen System moralischer Setzungen, so daß niemand sich ihr ungestraft entziehen kann. Die zweite Entwicklung liegt in der Internationalisierung der Debatten über die Vergangenheit, die nicht nur in einem transnationalen Zusammenhang, sondern auch im Namen von universellen ethisch-politischen Werten geführt werden. In den letzten Jahrzehnten des 20. Jahrhunderts hat sich nämlich ein Prozeß der Universalisierung von Auschwitz vollzogen. Infolgedessen ist Auschwitz zur Signatur des 20. Jahrhunderts erhoben worden. Auschwitz wurde der Rang eines absoluten Bösen zuerkannt, so daß es sich als negatives Geschichtszeichen in das kollektive Gedächtnis und Bewußtsein der Welt nachhaltig eingegraben hat. „Auschwitz", so Ádám zu Judit im Roman „Liquidation" von Imre Kertész, „kann niemand zurücknehmen. Niemand, und aufgrund keiner Ermächtigung. Weil Auschwitz nicht zurücknehmbar ist."[19] Dadurch gehen die länderspezifischen Unterschiede in der Wahrnehmung des Holocaust wie auch in den Formen des Gedenkens an ihn zurück, während die Übernahmen von einem Land zum anderen immer mehr an Bedeutung gewinnen. Die Beobachtung, die Aleida Assmann im Falle der Entwicklung der deutschen Gedächtniskultur machte, gilt heute nicht nur für Deutschland, sondern läßt sich auf die meisten anderen Länder übertragen, wie man es insbesondere an der Entwicklung der Gedächtniskultur in den Vereinigten Staaten feststellen kann: „Das Ereignis des Holocaust ist mit zeitlicher Distanz nicht blasser geworden. Weit entfernt davon, mit zunehmendem zeitlichen Abstand seinen politisch-existentiellen Bezug zu verlieren, tritt es im Gegenteil inzwischen immer markanter hervor. Wir haben es heute nicht mehr mit einer Selbstaufhebung, sondern umgekehrt mit einer Verschärfung des Gedächtnis-Problems zu tun."[20] Denn, um den französischen Historiker Henry Rousso zu zitieren, „die Vergangenheit, die uns heutzutage besessen hält, ist nicht mehr die des goldenen Zeitalters, sondern die eines Zeitalters von Eisen, Feuer und Blut. In dieser Hinsicht war ohne Zweifel das Gedächtnis an Auschwitz die erste und entscheidende Ursache für die Entstehung des Zeitalters des Gedenkens."[21]

Ausschlaggebend bei dieser kritischen Hinwendung zu den traumatischen Aspekten der jüngsten Zeitgeschichte sind allerdings nicht mehr die Staaten und die offiziellen Institutionen, sondern zuerst und vor allem die Opfer und ihre Nachkommen mit ihren eigenen Organisationen und Zielen, die innerhalb der Gesellschaft und von unten her agieren. Den ersten Schritt in diese Richtung machten ab den 60er Jahren die Überlebenden des Völkermordes. In der unmittelbaren Nachkriegszeit war ihr Hauptanliegen die Rückkehr zur „Normalität" und die Reintegration in die jeweiligen Gesellschaften, woraus der Nationalsozialismus sie mit Gewalt herausgerissen und vertrieben hatte. Im Unterschied dazu sieht man, wie die Kinder der Überlebenden vor allem in den westlichen Ländern, aber auch schon in einigen osteuropäischen Ländern wie in Ungarn eine neue Identität und ein neues Selbstbewußtsein entwickeln. Diese Entwicklung geht mit einer gesteigerten affektiven Solidarität der Überlebenden des Holocaust und ihrer Nachkommen mit dem Staat Israel in den Jahren seiner akuten Gefährdung während der Kriege von 1967 und 1973 zusammen. Sie hat zur Folge, daß das Gedächtnis an die Verfolgungen und an den Völkermord nicht nur als eine innerjüdische Angelegenheit, sondern auch als eine Sache betrachtet wird, die die ganze Gesellschaft angeht. Daher ein immer deutlicher artikuliertes Verlangen von seiten der jüdischen Gemeinschaften wie auch einer breiteren Öffentlichkeit nach allgemeiner und öffentlicher Anerkennung der Leiden der verfolgten Juden in ihrer Spezifik, ein Verlangen, das meistens von der Forderung nach Entschädigung wie auch nach symbolischer und materieller Wiedergutmachung – in Ergänzung zu dem schon Anfang der 50er Jahre zwischen der Bundesrepublik Deutschland und Israel geschlossenen Wiedergutmachungsabkommen – begleitet wird.

In diesem Prozeß des Wandels der Wahrnehmung des Zweiten Weltkrieges unter dem Paradigma des Völkermords haben Film und Fernsehen eine entscheidende Rolle gespielt. In der ersten Generation nach 1945 waren neben der Photographie die Literatur und das Theater führend gewesen – wobei zwei Theaterstücke schon maßgeblich dazu beigetragen hatten, die Aufmerksamkeit der Öffentlichkeit auf den Völkermord zu ziehen: die Dramatisierung des Tagebuchs von Anne Frank durch Francis Goodrich und Albert Hackett 1952 und zehn Jahre später „Der Stellvertreter" von Rolf Hochhuth. Mit den 70er Jahren übernahm aber das Fernsehen die führende Rolle unter den verschiedenen Medien, wie man an dem außergewöhnlichen internationalen Erfolg der Fernsehserien „Holocaust" 1979 und „Shoah" 1985 feststellen kann. Mit dem Durchbruch des Fernsehens trat das Gedächtnis an Krieg und Völkermord in eine neue Dimension ein. Das Fernsehen erreicht nicht nur viel mehr Menschen als alle andere Medien; es schafft vor allem eine ganz andere Form der Vergegenwärtigung, die durch ihre Unmittelbarkeit zu einer neuartigen persönlichen und affektiven Identifizierung mit den Opfern führt – auch in den Ländern, in denen der Völkermord nicht stattgefunden hatte.[22] Zu den indirekten Konsequenzen der Neustrukturierung der kollektiven Erinnerungen durch das Fernsehen gehört im übrigen auch die seit dieser Zeit zu beobachtende Aufwertung des Zeitzeugen.[23] Daher rührt auch, insbesondere nach dem weltweiten Erfolg des Films „Schindler's List" von Steven Spielberg 1993, der Beginn des von ihm mit dem Gewinn dieses Films finanzierten „Shoah Visual History Project". Daneben aber lassen sich auch Züge der obsessiven Fixierung verzeichnen, die nicht immer frei von einer morbiden Faszination sind, wie es die amerikanische Schriftstellerin Susan Sontag 1975 in ihrem Essay „Fascinating Fascism" kritisierte.[24]

Drei weitere Entwicklungen haben sich im Zusammenhang mit der Reaktualisierung der Erinnerung an den Krieg unter dem Vorzeichen des Völkermords ergeben. Die erste Entwicklung war die Entfachung von leidenschaftlichen und kontrovers geführten Debatten über die Deutung dieser Zeit wie auch über die Art und Weise, wie an sie gedacht werden soll, wie man es zum Beispiel in der Bundesrepublik Deutschland vom Historikerstreit bis zur Bubis-Walser-Debatte, in Frankreich in den Debatten über Vichy, in Italien in der Debatte über die „Resistenza" und in Österreich in der Waldheim-Debatte verfolgen konnte. Auffällig war dabei, daß man es nicht primär mit geschichtswissenschaftlichen Kontroversen zu tun hatte, sondern mit Debatten, die von Gruppen in die Öffentlichkeit gebracht wurden, die direkt betroffen waren, die etwas bewirken und erreichen wollten und die für ihre Rechte, ihre Interessen und ihre Gedächtniskultur kämpften. Führend bei diesen Debatten waren nicht so sehr Fachhistoriker als vielmehr Publizisten und Rechtsanwälte, Medienvertreter und Zeitzeugen, Opferverbände und Politiker, während die Räume, in denen die Debatten geführt wurden, vorrangig die Presse, das Fernsehen, die Gerichtssäle, die Straße oder das Parlament waren.

Parallel dazu konnte man in allen betroffenen Ländern sehen, wie unter dem Einfluß dieser Debatten die Fachhistoriker ihre Forschungen intensivierten, wie sie mit Hilfe von neuen Fragestellungen und unter Heranziehung von neuen Quellen die herkömmlichen Deutungen der Vergangenheit kritisch hinterfragten und ihre Aufmerksamkeit zunehmend auf drei neue Dimensionen richteten: die Alltagsgeschichte der Kriegszeit, die unterschiedlichen Formen der Verstrickung der staatlichen Instanzen und der Gesellschaft der jeweiligen Länder in den Völkermord, wie auch die wissenschaftliche Untersuchung der Art und Weise, wie die Gesellschaften im Wandel der Zeit ihre Vergangenheit erlebten und deuteten. Die Etablierung der Zeitgeschichte als einer eigenen Disziplin innerhalb der Geschichtswissenschaft, die aktive Beteiligung von Fachhistorikern als Experten an den großen Debatten wie auch die Einsetzung von unabhängigen Expertenkommissionen in vielen Ländern, um nunmehr gesicherte Erkenntnisse über die umstrittene Vergangenheit zu erlangen, ordnen sich in diesen Zusammenhang ein.

Die zweite Entwicklung war der systematische Rückgriff auf das Recht in einem Prozeß der „Verrechtlichung" der Debatten über die jüngste Vergangenheit. Dabei diente der Rekurs auf das Recht und die Gerichte nicht nur dazu, die persönliche Schuld der Angeklagten festzustellen und eine Wiedergutmachung für die Opfer durchzusetzen, sondern setzte sich gleichzeitig zum Ziel, eine legitime und verbindliche Deutung der Vergangenheit zu erreichen. Diese Entwicklung in Richtung eines „Vor-Gericht-Ziehens der Geschichte" knüpft an die Nürnberger Prozesse wie auch an die zahlreichen Säuberungsprozesse an, die unmittelbar nach Kriegsende stattgefunden hatten. Mit den Auschwitz-Prozessen in der Bundesrepublik Deutschland, dem Eichmann-Prozeß in Israel, und schließlich mit den Prozessen gegen Barbie, Touvier und Papon in Frankreich gewinnt jedoch das Verständnis der gerichtlichen Verhandlungen als „Geschichts- und Erinnerungsprozesse" immer mehr an Bedeutung. Die Erklärung der Unverjährbarkeit der „Verbrechen gegen die Menschlichkeit" durch die Charta des Internationalen Gerichtshofes von Nürnberg wie auch die allmähliche Übernahme dieser neuen Rechtskategorie durch die meisten Länder hat maßgeblich dazu beigetragen – mit der Folge, daß diese Verbrechen dem Zeitlauf entrückt sind und immer präsent bleiben.[25]

Die dritte Entwicklung war die Einführung von neuen Formen des gesellschaftlichen und öffentlichen Gedenkens, die speziell an die Verfolgung und deren Opfer erinnern. Nach dem Beispiel des „Holocaust-Gedenktages" in Israel sieht man zuerst, wie die meisten Länder neue Gedenktage einführen, die entweder an die Deportation der Juden und ihre Ermordung oder an die Befreiung von Auschwitz erinnern. In den Ländern, die während des Krieges mit NS-Deutschland verbündet waren, wie auch in den Ländern, die von ihm besetzt waren, wird im übrigen immer auf die passive bzw. aktive Beteiligung der eigenen Behörden hingewiesen, so daß das Gedenken an die Verfolgung immer mit der Erinnerung an das eigene Versagen und an die eigene Schuld zusammengeht. In mehreren Ländern wird diese Entwicklung von öffentlichen Bekenntnissen zur Verantwortung und Schuld begleitet, sei es von seiten gesellschaftlicher Gruppen (Kirchen, Berufsverbände usw.), sei es sogar von seiten des Staates: Am 50. Jahrestag des Anschlusses gab die Republik Österreich 1988 eine offizielle Entschuldigung für die von Österreichern begangenen Verbrechen des Nationalsozialismus ab, und sieben Jahre später, 1995, bekannte sich in Frankreich Staatspräsident Jacques Chirac zur „unverjährbaren Schuld" seines Landes an der Verfolgung und Ermordung der Juden – wobei er mit der Haltung all seiner Vorgänger brach, die bis zu diesem Zeitpunkt jegliches offizielle Schuldbekenntnis Frankreichs abgelehnt hatten. In allen Ländern schließlich entstehen neue Gedenkstätten, die an die Verfolgung, Deportation und Ermordung der Juden erinnern, sei es durch die Errichtung von speziellen Räumen in den bestehenden Gedenkstätten, wie z. B. die Eröffnung eines jüdischen Museums für Deportation und Widerstand in der Dossin-Kaserne in Belgien 1995, sei es vor allem durch die Eröffnung von Holocaust-Museen, wie in Washington, Los Angeles oder New York nach dem Vorbild von Yad Vashem in Israel – von dem im Bau begriffenen „Denkmal für die ermordeten Juden Europas" in Berlin nicht zu sprechen.

Bei diesen neuen Entwicklungen fallen im übrigen zwei Beobachtungen auf: zuerst die Tatsache, daß die Initiativen dazu immer von Gruppen innerhalb der Gesellschaft ausgingen, in einem Prozeß der Pluralisierung der Gedächtniskulturen von unten nach oben, während die Staaten und offiziellen Stellen entweder zurückhaltend blieben oder erst später darauf reagierten; dann die Tatsache, daß man es dabei mit Bewegungen zu tun hat, die durch eine ausgeprägte Transnationalität gekennzeichnet sind und über die jeweiligen Formen der konkreten Umsetzung ihrer Projekte hinaus genuin länderübergreifend sind, wobei die neuen Formen der Erinnerung an den Zweiten Weltkrieg und an den Völkermord als zentrale Bestandteile einer entstehenden europäischen bzw. westlichen Öffentlichkeit und Gedächtniskultur betrachtet werden können.

Lange Zeit schien es, als ob die zweite Welle der Erinnerung an den Zweiten Weltkrieg nur eine Sache der westlichen Länder sei, während in den östlichen Ländern die unmittelbar nach Kriegsende etablierten Meistererzählungen unerschütterlich blieben. Aber mit dem beschleunigten Zerfall des sowjetischen Machtbereichs, ausgelöst etwa durch die Solidarność in Polen, die Charta 77 in der Tschechoslowakei, die Schwächung durch Glasnost', und schließlich mit der Auflösung der Sowjetunion, der Neuordnung der geopolitischen Karte Osteuropas und der Unabhängigkeitserklärung von zahlreichen neuen Staaten setzte im letzten Jahrzehnt des 20. Jahrhunderts auch im östlichen Teil des Kontinents ein Prozeß der Uminterpretation und der Reaktualisierung der Erinnerung an den Zweiten Weltkrieg ein. Dessen Radikalität und Heftigkeit, Geschwindigkeit und Tragweite übertraf in vielen Punkten die im Westen eine Generation vorher begonnenen Entwicklungen. Dieser Prozeß läuft im übrigen immer noch, und im Unterschied zu den westlichen Ländern, wo eine gewisse Beruhigung zu beobachten ist, ist er im östlichen Teil Europas längst nicht abgeschlossen und behält bis heute seine volle Brisanz.

Wie im Westen ging die Initiative zu dieser Neudeutung nicht von den offiziellen Stellen aus, sondern eher von unten, von der Gesellschaft her – insbesondere von Gruppen, deren Gedächtniskultur vorher verschwiegen, verboten und oft auch bekämpft worden war. Wie auch im Westen ging sie zuerst mit einer massiven Kritik der tradierten Meistererzählungen einher, ja meistens sogar mit einem frontalen Angriff gegen sie – bis hin zu ihrer vollständigen Zerstörung. Die Abtragung von zahlreichen Denkmälern, die die Heldentaten der sowjetischen Truppen und die Befreiung durch sie verherrlichten, gehörte ebenso dazu wie die Abschaffung von Feiertagen und die nachträgliche Verurteilung vieler früherer Helden. Auf der anderen Seite kamen Staatsoberhäupter, die mit NS-Deutschland verbündet gewesen waren, wieder zu Ansehen, und in einigen Ländern wurden sogar Hilfssoldaten der Wehrmacht und einheimische Freiwillige der Waffen-SS, die gegen die Sowjetunion gekämpft hatten, zu Widerstands- und Freiheitskämpfern stilisiert. Wie im Westen verband sich schließlich diese Neubewertung mit dem Streben nach der Offenlegung der historischen Tabus wie auch nach einer gründlichen und kritischen Aufarbeitung der Vergangenheit. Dieses Streben war im übrigen um so stärker – insbesondere in den Ländern, die zuerst unter sowjetischer, dann unter deutscher und schließlich wieder unter sowjetischer Besatzung gelitten hatten –, als es eine eindeutige politische Dimension besaß, wurde doch die Wiederaneignung der Vergangenheit mit der Rückgewinnung von Freiheit und Unabhängigkeit gleichgesetzt, wie es der lettische Politiker Mavriks Vulfsons 1990 formulierte: „Der Kampf um die Unabhängigkeit ist ein Kampf um die historische Wahrheit."

Im Unterschied allerdings zum Westen, wo die kritische Wiederaneignung der Vergangenheit unter dem Paradigma des Völkermordes stattfand, fand sie im östlichen Teil von Europa eher unter dem Vorzeichen der Abrechnung mit dem Stalinismus und der sowjetischen Herrschaft statt. Die beherrschenden Themen wurden daher auf der einen Seite die Denunziation des deutsch-sowjetischen

Nichtangriffspakts mit seinem Zusatzprotokoll und seinen Konsequenzen, die Neuinterpretation der „Befreiung" durch die Sowjetunion als Beginn einer Zeit der Unterdrückung, die Abrechnung mit den Annexionen, den Massendeportationen und den brutalen Repressionen der stalinistischen Ära. Auf der anderen Seite begann das öffentliche Gedenken an die im Kampf gegen die Sowjetunion gefallenen Soldaten wie auch an die Opfer der Repressionen. In diesen Zusammenhang gehört auch die Aufwertung der Zeit der durch NS-Deutschland ermöglichten Eigenstaatlichkeit während des Krieges wie im Fall von Kroatien und der Slowakei – bis hin zu einem neuen Verständnis der Bündnispolitik mit NS-Deutschland als einer Art Vorwegnahme der nach 1989 erlangten Unabhängigkeit. Auch kam es zu einer Neubewertung der Rolle mancher damaliger Politiker wie Admiral Horthy in Ungarn, König Michael von Rumänien und Zar Boris III. von Bulgarien, die ein Bündnis mit NS-Deutschland eingegangen waren, um Territorien zurückzugewinnen, die ihre Länder beim Frieden von St.-Germain-en-Laye/Trianon bzw. nach dem Angriff der Sowjetunion verloren hatten. Der Völkermord wurde zwar auch in diesem Kontext thematisiert – und oft auch zum ersten Mal als solcher angesprochen. Aber da die Initiative dazu in vielen Fällen aus dem Ausland kam (nicht zuletzt wegen der zahlenmäßigen Schwäche der jüdischen Gemeinden, die vom Völkermord besonders grausam dezimiert worden waren), wurde er mehrheitlich als eine marginale Erscheinung, als ein Massenmord neben anderen betrachtet. In allen Ländern steht das eigene Leiden im Vordergrund; die Wahrnehmung des eigenen Schicksals als das der ersten und eigentlichen Opfer setzte sich durch, während die Juden bestenfalls als Opfer unter anderen betrachtet werden.

Die auffälligste Konsequenz dieser laufenden Neuinterpretation der Vergangenheit ist in allen Ländern eine äußerste Fraktionierung des Gedächtnisses und die Formierung von antagonistischen Gedächtniskulturen, die sich oft in einer Art „Konkurrenz der Opfergruppen" gegenüberstehen.[26] Überall findet man neben der kleinen Gruppe derer, die ihre Treue zu den alten Meistererzählungen nicht aufgegeben haben, die große Gruppe derer, die sich als Mitglieder einer Opfer-Nation verstehen und daher der Meinung sind, daß die Vergangenheit nicht kritisch bewältigt zu werden brauche. Dies sind die Opfer des Krieges und ihre Nachkommen, Juden, Soldaten, Inhaftierte und Deportierte, Zwangsumgesiedelte, die – oft gegeneinander – für die öffentliche Anerkennung ihres Leidens und für dessen Wiedergutmachung plädieren. Schließlich gibt es die kleine Gruppe derer, die sich für eine gründliche, offene und differenzierte Aufarbeitung der Vergangenheit aussprechen, die vor der eigenen Schuld und Verantwortung nicht haltmacht.

Aus der Spaltung der kollektiven Gedächtnisse, dem Kampf der Erinnerungen wie auch der oft damit verbundenen Fragilisierung der jeweiligen politischen Kulturen ergeben sich schließlich drei weitere Entwicklungen. Als erstes läßt sich insbesondere in den Ländern und Regionen mit instabilen politischen Verhältnissen – wie z. B. in den Ländern des ehemaligen Jugoslawiens – eine massive Instrumentalisierung der emotional aktualisierten Erinnerungen an den Zweiten Weltkrieg durch die ständige Beschwörung von Opfer-Mythen und Genozid-Ängsten beobachten. Die zweite Entwicklung ist die zunehmende Unsicherheit der offiziellen Stellen, die sich auf der einen Seite verpflichtet fühlen, die neuen Formen des Gedenkens aus dem Westen mit der Hervorhebung des Holocaust zu übernehmen, während sie auf der anderen Seite Rücksicht auf die Befindlichkeiten von Gesellschaften nehmen, die sich als die eigentlichen Opfer der Kriegszeit verstehen. Daher gibt es in vielen Ländern inzwischen getrennte Gedenktage für die Erinnerung an die Opfer des Völkermordes und die Opfer des Stalinismus. Als drittes läßt sich schließlich feststellen, daß nur in wenigen Ländern – d. h. vor allem in denen, wo der Prozeß der kritischen Infragestellung der früheren Deutungen lange vor 1989 begonnen hatte – der Übergang von einem auf das eigene Leiden fixierten Gedächtnis zu einem offeneren Gedächtnis einsetzt, das sich auch kritisch mit der eigenen Verstrickung in die Verbrechen des Nationalsozialismus und des Stalinismus auseinandersetzt und auf die Aufrechnung von bestimmten Opfergruppen gegenüber anderen Opfergruppen verzichtet: Die Verurteilung der Massenumsiedlungen der deutschsprachigen Bevölkerung aus der Tschechoslowakei durch Václav Havel als eine „moralisch fehlerhafte Handlung" wie auch die Tatsache, daß in der heutigen polnischen Diskussion die Debatte um Jedwabne eine zentrale Rolle einnimmt, sind Beispiele in dieser Richtung, wenn sie auch vorerst eher Ausnahmecharakter haben.

Die totale Umkehrung des Gedächtnisses an Krieg und Völkermord in den neutralen Ländern liefert vielleicht das beste Beispiel für die übergreifende Dynamik dieser nicht abgeschlossenen Entwicklung. Nach ersten kritischen Fragen während der späten 60er Jahren beschleunigt sich der Prozeß der Infragestellung des Nachkriegskonsenses in den 70er und 80er Jahren, um seinen Höhepunkt im letzten Jahrzehnt des 20. Jahrhunderts zu erreichen. In jedem Land vollzieht sich dieser Wandel unter dem doppelten Einfluß von Initiativen von innen wie auch von außen. Die während der Kriegsjahre eingenommene Haltung der jeweiligen Länder wird immer weniger unter dem nationalen Gesichtspunkt der Wahrung der eigenen Interessen und immer mehr unter Berücksichtigung von universellen ethisch-politischen Kriterien wie Menschenrechte, Toleranz und Demokratie bewertet. Die offen vorgetragene und leidenschaftlich diskutierte Kritik konzentriert sich auf zwei Aspekte: die moralische Zweideutigkeit der wirtschaftlichen Beziehungen mit NS-Deutschland auf der einen Seite, die Grenzen einer als restriktiv verurteilten Flüchtlingspolitik auf der anderen Seite. Anstelle des Bildes von wehrhaft-neutralen und barmherzigen Nationen setzt sich das Bild von nachgiebigen und „grausamen" Ländern durch, die unter dem Verdacht der direkten bzw. indirekten Verstrickung in den Völkermord stehen. Während unter internationalem Druck unabhängige Expertenkommissionen in Spanien wie auch in der Schweiz eingesetzt wurden, um den Grad der Verstrickung mit NS-Deutschland zu klären, initiierte Schweden das Projekt „Lebendige Geschichte" und berief im Jahre 2000 in Stockholm eine Internationale Holocaust-Konferenz ein, die sich für eine bessere Koordinierung des weltweiten Gedenkens an den Völkermord aussprach und anregte, neue Formen seiner Vermittlung an die nachkommenden Generationen zu erarbeiten.

Als Ergebnis eines jahrzehntelangen Nachdenkens über das Gedächtnis, die Geschichte und das Vergessen stellte jüngst der Philosoph Paul Ricœur fest: „Urteil und Strafe sind Sache des Richters; der Kampf gegen das Vergessen und für eine wahrhaftige Erinnerung ist Sache des Bürgers; dem Historiker bleibt es vorbehalten, zu verstehen, ohne zu verurteilen und ohne zu entschuldigen."[27] Die hier versammelten Studien legen es nahe: In vielen Ländern tritt in der Tat die Erinnerung an den Zweiten Weltkrieg und an den Völkermord allmählich in eine neue Phase ein. Das geschieht nicht zuletzt des Wandels der Generationen wegen, der in den letzten Jahrzehnten intensiv geführten Debatten, wie auch der Tatsache wegen, daß die unmittelbaren Zeugen des Krieges und des Völkermordes immer weniger werden. Fast überall lassen sich Tendenzen einer Aufarbeitung der Vergangenheit im Sinne einer Gedächtnisarbeit feststellen, „die sich über die

Prozesse, die zum Verarbeiten und Vergessen der Erlebnisse führten, Klarheit verschafft".[28] Die Konsequenz, die sich daraus ergibt, sollte deswegen darin liegen, um mit dem italienischen Historiker Renzo De Felice zu sprechen, „die Geschichte von der Ideologie zu befreien und die Ansprüche der historischen Wahrheit von den Bedürfnissen der Staatsräson zu trennen".[29]

Auf der anderen Seite hat man es mit Tendenzen einer globalisierten Erinnerungskultur zu tun, für welche die selbstkritische Auseinandersetzung mit Auschwitz als „Zivilisationsbruch" (Dan Diner)[30] und als negatives Geschichtszeichen von universeller Tragweite einen „unabschließbaren und nicht verjährbaren Proceß" darstellt. Dies gilt und wird weiterhin besonders in Deutschland gelten, denn Auschwitz, so der Hamburger Politologe Peter Reichel, „gewinnt und behält seine Identität als deutscher Erinnerungsort durch eine beunruhigende Kern- und Doppelfrage: warum Hitler nicht verhindert werden konnte und warum das Gewaltverbrechen gerade in Deutschland geschehen ist".[31]

Aus dieser Spannung zwischen reflexiver Aufarbeitung, Gedächtnisarbeit und ethisch-politischer Verantwortung entsteht die eigentliche Herausforderung, der sich jeder als Historiker, als Bürger und als Mensch zu stellen hat. „Sicherlich hast du recht", sagt Judit zum in einer Birkenauer Baracke geborenen B. im Roman „Liquidation" von Imre Kertész, „die Welt ist eine Welt von Mördern, aber ich will die Welt trotzdem nicht als eine Welt von Mördern sehen, ich will die Welt als einen Ort sehen, an dem man leben kann."[32] Wird unsere Zukunft fähig sein, ihrem Beispiel zu folgen?

---

[1] René Char: Feuillets d'Hypnos. Aufzeichnungen aus dem Maquis 1943–1944, deutsch von Paul Celan, Frankfurt a. M. 1999, Nr. 62.

[2] Nora, Pierre: Les Lieux de mémoire, I–III, Paris 1984–1992.

[3] Erste Ansätze dazu bei: Gillis, John R. (Hg.): Commemorations. The Politics of National Identity, Princeton 1994, und Winter, Jay/Sivan, Emmanuel (Hg.): War and Remembrance in the 20th Century, Cambridge 1999.

[4] Das zeigen zum Beispiel die Ergebnisse einer repräsentativen Meinungsumfrage, die im Dezember 1999 in Frankreich durchgeführt wurde. Auf die Frage: „Welches sind Ihrer Ansicht nach die drei wichtigsten Ereignisse des 20. Jahrhunderts für Frankreich?" kommt der Zweite Weltkrieg mit 53 Prozent der Antworten mit Abstand an erster Stelle. Joutard, Philippe/Lecuir, Jean: Le palmarès de la mémoire nationale, in: L'Histoire, April 2000, 242, S. 32 ff.

[5] Die nicht vertretenen Länder sind Albanien, Estland, Irland, Luxemburg, Moldawien, Portugal und Slowenien – von Andorra, Liechtenstein, Monaco, San Marino und dem Vatikan nicht zu sprechen.

[6] Segev, Tom: Die siebte Million: der Holocaust und Israels Politik der Erinnerung, Reinbek bei Hamburg 1995.

[7] Novick, Peter: The Holocaust in American Life, New York 1999.

[8] Vgl. als gelungenes Beispiel eines Vergleichs der in den Jahren 1945 bis 1965 in Frankreich, in Belgien und in den Niederlanden durchgeführten „Vergangenheitspolitik": Lagrou, Pieter: The Legacy of Nazi Occupation. Patriotic Memory and National Recovery in Western Europe, 1945–1965, Cambridge 2000.

[9] Der Begriff Faschismus wird in diesem Zusammenhang mit der Bedeutung verwendet, die ihm die (u. a. durch Dimitrov und Stalin geprägte) marxistisch-sowjetische Interpretation wie

auch die linken Parteien gegeben haben. Sie geht daher weit über die Definition des italienischen Faschismus hinaus.

[10] Farmer, Sarah B.: Oradour arrêt sur mémoire, Paris 1994

[11] Die „Kriegsschuldtheorie" geht auf den berühmt-berüchtigten Artikel 231 des Versailler Friedensvertrags von 1919 zurück, der Deutschland und seinen Verbündeten die ausschließliche Schuld am Ersten Weltkriegs gab.

[12] Solchany, Jean: Comprendre le nazisme dans l'Allemagne des années zéro (1945–1949), Paris 1997.

[13] Éva Kovács, Gerhard Seewann schreiben in ihrem Beitrag: „Mit der Wende von 1989 ist der Staudamm weggebrochen und eine Flut von Erinnerungen und Geschichtsbildern bemächtigte sich des politischen Diskurses." Vgl. Kovács, Éva/Seewann, Gerhard: Ungarn. Der Kampf um das Gedächtnis, im vorliegenden Band. Überflutung ist eine Übersetzung eines Satzes von Henry Rousso, wo er von einem „tropplein de passé qui est tout autant un effet qu'une cause de l'idéologie de la mémoire" spricht (eine Überflutung durch die Vergangenheit, die genausogut eine Folge als auch eine Ursache der Ideologie des Gedächtnisses ist), Rousso, Henry: La hantise du passé, Paris 1998, S. 30.

[14] Nora, Pierre: L'ère de la commémoration, in: Nora 1984–1992 (wie Anm. 2).

[15] Hartog, François: Régimes d'historicité. Présentisme et expériences du temps, Paris 2003.

[16] Améry, Jean: Jenseits von Schuld und Sühne. Bewältigungsversuche eines Überwältigten, Stuttgart 2000.

[17] Maier, Charles S.: Mémoire chaude, mémoire froide. Mémoire du fascisme, mémoire du communisme, in: Le Débat 122 (2002), S. 109 ff.

[18] Yerushalmi, Yosef Hayim: Zakhor, Jewish History and Jewish Memory, Washington 1982.

[19] Kertész, Imre: Liquidation, Frankfurt a. M. 2003 (Aus dem Ungarischen von Laszlo Kornitzer und Ingrid Krüger), S. 134.

[20] Assmann, Aleida: Erinnerung als Erregung. Wendepunkte der deutschen Erinnerungsgeschichte, in: Lepenies, Wolf (Hg.): Wissenschaftskolleg Jahrbuch 1998/99, Berlin 2000, S. 202. Vgl. dazu auch Assmann, Aleida/Frevert, Ute (Hg.): Geschichtsvergessenheit, Geschichtsversessenheit. Vom Umgang mit der deutschen Vergangenheit nach 1945, Stuttgart 1999 und Wolfrum, Edgar: Geschichte als Waffe. Vom Kaiserreich bis zur Wiedervereinigung, Göttingen 2001.

[21] Rousso 1998 (wie Anm. 13), S. 38.

[22] Über die Rolle des Fernsehens in der Erinnerung an die zeitgenössischen Konflikte vgl.: Gluck, Carole: 11 septembre. Guerre et télévision au 21ᵉ siècle, in: Annales Histoire, Sciences Sociales 58 (2003), S. 135 ff.

[23] Wieviorka, Annette: L'ère du témoin, Paris 1998.

[24] Sontag, Susan: Fascinating Fascism, in: Under the Sign of Saturn, New York 1980, S. 73 ff.

[25] Brayard, Florent (Hg.): Le génocide entre procès et histoire, Brüssel, Paris 2001.

[26] Chaumont, Jean-Michel: La concurrence des victimes. Génocide, identité, reconnaissance, Paris 1997.

[27] Ricœur, Paul: L'écriture de l'histoire et la représentation du passé, in: Annales Histoire, Sciences Sociales 55 (2000), S. 744. Siehe auch: Das Rätsel der Vergangenheit. Erinnern – Vergessen – Verzeihen, Göttingen 1998, und vor allem: La mémoire, l'histoire, l'oubli, Paris 2000.

[28] Scherrer, Jutta: Sowjetunion/Rußland. Siegesmythos versus Vergangenheitsaufarbeitung, im vorliegenden Band.

[29] De Felice, Renzo: Il rosso e il nero, a cura di Pasquale Chessa, Mailand 1995, S. 46.

[30] Diner, Dan: Das Jahrhundert verstehen. Eine universalhistorische Deutung, München 1999. Vgl. auch zu diesem Thema: Levy, Daniel/Sznaider, Natan (Hg.): Erinnerung im globalen Zeitalter: Der Holocaust, Frankfurt a. M. 2001; Knigge, Volkhard/Frei, Norbert (Hg.): Verbrechen erinnern. Die Auseinandersetzung mit Holocaust und Völkermord, München 2002; Lenz, Claudia/Schmidt, Jens/Wrochem, Oliver von: Erinnerungskulturen im Dialog. Europäische Perspektiven auf die NS-Vergangenheit, Hamburg 2002; Sabrow, Martin/Jessen, Ralph/Große-Kracht, Klaus (Hg.):

Zeitgeschichte als Streitgeschichte. Große Kontroversen seit 1945, München 2003.

[31] Reichel, Peter: Auschwitz, in: François, Etienne/Schulze, Hagen (Hg.): Deutsche Erinnerungsorte, I., München 2001, S. 621. Vgl. auch vom selben Autor: Vergangenheitsbewältigung in Deutschland. Die Auseinandersetzung mit der NS-Diktatur von 1945 bis heute, München 2001.

[32] Kertész 2003 (wie Anm. 19), S. 128.

Bildakte als Zeugnis und Urteil

von Horst Bredekamp

Der Eigensinn der Bilder

Die Erinnerung an die Zeit des Zweiten Weltkrieges ist in hohem Maß durch Denkmäler, Gemälde, Photographien, Plakate, Embleme, Abzeichen, Briefmarken, Postkarten, Filme und Fernsehserien geprägt. Die vorliegenden Bildbände haben dieses gewaltige Material in einer niemals zuvor gesichteten Fülle zusammengebracht. Sie zeigt, daß für die Reorientierung der Sieger und Besiegten, Täter und Opfer Dokumentationsbilder, aber auch verfremdete Fassungen und eigenständige Kunstwerke zusammengewirkt haben. Obwohl immer wieder Einzelbilder markante Zeichen gesetzt haben, ergibt sich der Eindruck einer in andauernder Bewegung befindlichen, immensen Bilderzählung.

Die Rekonstruktion dieses Prozesses ist mit dem Phänomen konfrontiert, daß Bildern im Vergleich zu anderen historischen Quellen ein eigenwilliger Status zukommt. Einer der Gründe liegt in dem Rätsel der Wahrnehmung, daß Bilder trotz ihres scheinbar nur illustrativen Wesens instinktiv für „wahr" genommen werden, weil sie in höherem Maße als andere Zeugnisse den Eindruck vermitteln, an dem dargestellten Geschehen nachträglich teilnehmen zu können. Insbesondere vermag der Film den Betrachter in seinen eigenen Raum und Ablauf hineinzunehmen und damit die Zeitlichkeit des Dargestellten zu überwinden, aber auch Denkmäler und Einzelbilder aller Gattungen verfügen über diesen aktivierenden Effekt. So zeigt eine der am häufigsten reproduzierten Photographien des deutschen Einmarsches in der Tschechoslowakei vom März 1939 zwei in ihrem Wagen sitzende Soldaten vor der am Straßenrand stehenden Bevölkerung, die von Ordnungskräften zurückgehalten wird (Abb. 1: D 20).[1] Der Gegensatz zwischen der Erstarrung der Invasoren und Polizisten und der Erregung der Bevölkerung zwingt den Betrachter förmlich in das tragische Bedingungsgeflecht von Kapitulation, Invasion und verzweifelt ohnmächtigem Widerstand.

Abb. 1: D 20
Ohnmächtiger Protest der Prager Bevölkerung beim Einmarsch deutscher Truppen, März 1939
In: Fragen an die deutsche Geschichte. Ideen, Kräfte, Entscheidungen von 1800 bis zur Gegenwart, Deutscher Bundestag (Hg.), 4. erweiterte Aufl., Bonn 1979

Die Annahme, daß Bilder im Sinne eines authentischen Dokumentes „wahr" zu sein hätten, hängt mit dieser aktivierenden Botschaft zusammen, die dem Bedürfnis entgegenkommt, mit Hilfe der Bilder einer Person zu begegnen oder eine Handlung mitzuerleben. Indem Bilder als Fakten erzeugende, lebendige Akteure erachtet werden, wirkt dieses Prinzip auch im politischen Raum.[2] Hierin liegt der Grund, warum es schwerfällt, kategorial zwischen Geschichte und Bildgeschichte zu trennen. Bilder stehen zur Welt der Ereignisse in einem gleichermaßen reagierenden wie gestaltenden Verhältnis. Sie geben Geschichte nicht nur passivisch wieder, sondern vermögen sie wie jede Handlung oder Handlungsanweisung zu prägen: als *Bildakt*, der Fakten schafft, indem er Bilder in die Welt setzt.

Abgesehen von dem abschließend erörterten Motiv des Zuges gelten die folgenden Ausführungen daher den bildspezifischen Möglichkeiten, die sich in den verschiedenen Bildgattungen und formalen Eigenarten von Denkmälern, Filmen und Fernsehserien sowie in der Photographie ausgeprägt haben.

Denkmäler

Bilderstürme

Die Voraussetzung einer neuen Denkmalspolitik wurde durch Bilderstürme geschaffen, die sich auf die Symbole der Nationalsozialisten und ihrer Verbündeten bezogen. Teils fanden Ikonoklasmen noch während der NS-Herrschaft statt, so in Ungarn, wo die Sprengung des Denkmals des mit Hitler verbündeten Ministerpräsidenten Gyula Gömbös am 6. Oktober 1944 zu einem Fanal des Widerstandes wurde.[3] Der Umgang mit den Zeichen des Faschismus und den Bildern des Personenkultes war nach der Kapitulation keineswegs einheitlich; so blieben in Italien Monumente wie das Foro Mussolini auf dem Olympia-Gelände unangetastet[4], während in Deutschland sämtliche Zeichen der Nationalsozialisten und insbesondere die Hitler-Bildnisse vernichtet wurden. Einer der Höhepunkte war die Sprengung des vergoldeten Hakenkreuzes von der Haupttribüne des Nürnberger Zeppelinfeldes nach einer Siegesparade der Amerikaner im Jahre 1945.[5] Im sowjetischen Einflußbereich kamen Angriffe auf Denkmäler hinzu, die, wie etwa das Monument von Tomáš Garrigue Masaryk, dem ersten Präsidenten der 1918 geschaffenen Tschechoslowakei, antikommunistische Hoffnungen nähren konnten.[6] Auf dieser tabula rasa wurden die neuen Denkmäler errichtet.

Variabilität der Formen

Die in die Zehntausende gehende Zahl von Denkmälern, die für die Sieger und die Opfer unter den Partisanen, für Zivilisten, Juden und ethnisch Verfolgte anderer Völker, aber auch für die gefallenen Soldaten nach 1945 errichtet wurden, bewegt sich zwischen diesen Polen. Sie repräsentieren eine kaum systematisierbare Vielfalt, und sie sind, wie schon ein erster Überblick zeigen mag, schon aus dem Grund nur schwer in historische Etappen zu gliedern, weil die Systemkonkurrenz der politischen Blöcke bis zum Jahre 1989 stilistische Chronologien erschwerte.

Der Ursprung der Denkmalspraxis stammt aus dem Konzentrationslager Stukenbrok, wo befreite Häftlinge im April 1945 einen Obelisken zur Erinnerung an die Toten errichteten.[7] Auch in Buchenwald wurde im folgenden Monat von den ehemaligen Häftlingen ein Obelisk aus Brettern der Baracken des Konzentrationslagers errichtet.[8] In ihrer schnörkellosen Form nahmen sie die Tradition nahezu abstrakter Denkmäler auf, wie sie das von Mies van der Rohe geschaffene Berliner Denkmal für Karl Liebknecht und Rosa Luxemburg repräsentierte.[9]

Bereits im August 1945 aber lieferte das Befreiungsmonument auf dem Wiener Schwarzenbergplatz, dessen Einweihung von dem Maler Johann Laurer festgehalten wurde (Abb. 2: A 1), das Muster der statuarisch argumentierenden Siegesikonographie, und auch Nathan Rapoports im April 1948 eingeweihtes Denk-

Abb. 2: A 1
Johann Laurer
Parade auf dem Schwarzenbergplatz anläßlich der Errichtung des Russendenkmals 1945
1945

Abb. 3: PL 20
Nathan Rapoport
Denkmal des Aufstandes im Warschauer Ghetto
1948

Abb. 4: F 9
Albert Decaris
Mémorial de la France combattante. Mont-Valérien Denkmal des kämpfenden Frankreichs. Mont-Valérien, 1962

Abb. 5: IL 1
Igael Tumarkin
The Monument of the Holocaust and Revival
Denkmal für die Shoah und die Auferstehung, 1975

mal des Warschauer Ghetto-Aufstandes trug den Kampf und die Vertreibung im Pathos des Figürlichen auf paradigmatische Weise vor (Abb. 3: PL 20)[10].

Das 1958 errichtete „Mémorial de la France combattante" von Fort Mont-Valérien, das auf Briefmarken als Zeichen Frankreichs verbreitet wurde (Abb. 4: F 9), gehört dann wieder zu jener Gruppe von Ehrenmalen, die, wie es der riesige Kieler U-Boot-Turm nach dem Ersten Weltkrieg vorgeführt hatte[11], ein figürliches Motiv bis zur formelhaften Abstraktion verdichten. In Fort Mont-Valérien ist es das turmhoch vergrößerte Lothringerkreuz, das an die von General Charles de Gaulle angeführte Widerstandsbewegung erinnert. Wiederum zehn Jahre danach entwickelte Wiktor Tolkins und Janusz Dembeks Denkmal in Majdanek (1969) durch den riesigen, zerklüfteten Steinblock, der auf zwei dünnen Stützen ruht, eine düster-erhabene Bedrohung.

Eine geometrische Form der behutsamen Abstraktion bot Igael Tumarkins an einen Davidstern erinnerndes „Denkmal für die Shoah und die Auferstehung" von Tel Aviv vom Beginn der 70er Jahre (Abb. 5: IL 1). Zur selben Zeit wurden vor allem in der Bundesrepublik Deutschland Gegen-Monumente wie Jochen Gerz' „Exit/Dachau" (1972) konzipiert, die mit einer Kritik an den Mahnmalen der ehemaligen Konzentrationslager das Denkmal an sich ad absurdum zu führen versuchten.[12] Aber beispielsweise in England, wo über Jahrzehnte von Denkmälern abgesehen worden war, wurden 1988 und 1992 die Statuen für Generalmarschall Lord Dowding und Sir Arthur Harris enthüllt, die bewußt an die figürlichen Repräsentationen des 19. Jahrhunderts anknüpften.[13] Auch die Aufstellung der Käthe-Kollwitz-Pietà in Schinkels Neuer Wache in Berlin, die unter Experten höchst umstritten war und ist[14], auf Besucher aber eine ungeahnte Wirkung ausübt, bietet ein Beispiel der ungebrochenen Tradition figürlicher Denkmäler. Diese Denkmalskultur ist auch in den ehemals sozialistischen Ländern keineswegs abgerissen, und der im Jahre 1995 eröffnete „Siegespark" bei Moskau (vgl. Abb. 18: SU/RUS 35) hat den figürlichen Monumenten nochmals eine neue Dimension gegeben.

Daneben aber wurden weiterhin auch alle Grade der Abstraktion eingesetzt. Daniel Libeskinds Jüdisches Museum in

Berlin (1993–1999) ist ebenso *architecture parlante* und offene Form wie Dani Karavans Gedenkstätte für Walter Benjamin bei Port Bou (1994)[15] oder auch Peter Eisenmans Berliner Holocaust-Denkmal (2004).[16]

Insgesamt betrachtet überwiegen figürliche Denkmäler, welche die im 19. Jahrhundert entwickelte Opfer-, Märtyrer- und Siegerikonographie auf die Bewältigung der Traumata des Zweiten Weltkrieges übertrugen.[17] Es trifft aber nicht zu, daß nach dem Krieg zunächst die figürlichen Monumente dominiert hätten, während später eher abstrakte Formen gewählt worden seien; vielmehr laufen beide Varianten parallel.

Die Nachkriegsphase

Nicht hinsichtlich ihrer Formen, wohl aber in bezug auf die Ziele und Botschaften lassen sich drei Etappen der Denkmalspolitik erschließen. In der ersten Nachkriegsphase manifestierte sich im gesamten Europa das Bedürfnis, allgemein gültige Formen des sozialen Gedächtnisses aufzubieten und innere Konflikte zugunsten der Bekundung von Trauer oder auch Triumph auszublenden. Am deutlichsten wurde dies in den westlichen Besatzungszonen bzw. der Bundesrepublik Deutschland, die in ihrem Alleinvertretungsanspruch auch die Gesamtschuld der Deutschen sühnen mußte. Ihre Denkmäler haben zunächst mit einer Angst vor der Selbstverurteilung, mit einer Ausblendung des kommunistischen Widerstandes und mit einer Vermeidung aller Konkretionen in bezug auf den Völkermord reagiert. Hinweise auf Täter und die Bezeichnung der Opfer weitgehend vermeidend, überwog eine Verallgemeinerung der Trauer, wie sie Gerhard Marcks' eindrucksvoller Kölner Todesengel von 1949 repräsentiert (Abb. 6).[18]

Eine so anklägerische Form, wie sie Ossip Zadkines Rotterdamer Skulptur formuliert hat (Abb. 7), war in Westdeutschland kaum denkbar. Motive von Picassos „Guernica" aufnehmend[19], wendet aber auch diese Skulptur ihre Expressivität ins Allgemeine. Ursprünglich zum Andenken an die Vertreibung und Vernichtung der Rotterdamer Juden gestiftet, machte der Titel „Die zerstörte Stadt" dieses Schicksal zur Bestimmung des Gemeinwesens überhaupt. Wie stark sich in dieser Figur die Erinnerung der gesamten Nation verkörperte,

Abb. 6
Gerhard Marcks
Trauernde
1949
Kalkstein, 295 cm
Köln, Lichthof St. Maria im Kapitol

Abb. 7
Ossip Zadkine
De verwoeste stad
Die zerstörte Stadt, 1951
Bronze, 250 cm
Rotterdam, Plein 1940

Abb. 8: NL 1
Paspoort. Europese Unie.
Koninkrijk der Nederlanden
Paß. Europäische Union.
Königreich der Niederlande

Abb. 9: SU/RUS 9
Sovetskaja armija – armija osvoboditel'nica
Die Sowjetische Armee – die Befreiungsarmee, 1970

Abb. 10: SU/RUS 7
V pamjat' pobedy v Velikoj Otečestvennoj Vojny
Zur Erinnerung an den Sieg im Großen Vaterländischen Krieg, 1970

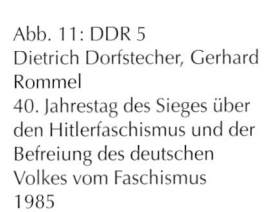

Abb. 11: DDR 5
Dietrich Dorfstecher, Gerhard Rommel
40. Jahrestag des Sieges über den Hitlerfaschismus und der Befreiung des deutschen Volkes vom Faschismus
1985

wird daran sichtbar, daß sie 1994 und 2001 gemeinsam mit anderen Bildern der niederländischen Geschichte als Zeichen der Okkupation und des Widerstandes in jeden Paß eingedruckt wurde (Abb. 8: NL 1).[20]

In einem anderen Rahmen und unter anderen Zielsetzungen haben die Denkmäler des Ostblocks eine spezifische Form der abstrahierenden Verallgemeinerung entwickelt. Abgesehen von den polnischen Denkmälern wurde die Erinnerung an die Judenverfolgung zugunsten der Opfer der Partisanenbewegung und der Roten Armee ausgeblendet, um eine symbolische Basis für den eigenen Sieg und zukünftige Triumphe zu gewinnen. In riesigen Anlagen vergegenwärtigte die Sowjetunion ihren militärischen Sieg, und wenn es ein Medium gab, in dem sie den Mythos vom Großen Vaterländischen Krieg, der zugleich ein Bekenntnis zu den Ergebnissen der Oktoberrevolution gewesen sei, vergegenwärtigen konnte, dann waren es diese Ensembles. In ihnen war die Sowjetunion eine singuläre Weltmacht.

So war die Wirkung des 1949 enthüllten sowjetischen Ehrenmals im Berliner Treptower Park immens. In einer kaum mehr erschließbaren Zahl von Wiedergaben wurde Evgenij V. Vučetičs riesiger Schwertträger, der wie ein Hl. Georg als Drachentöter auftritt und dadurch, daß er in der Linken ein Kind trägt, auch die Tugend der Barmherzigkeit verkörpert, reproduziert (Abb. 9: SU/RUS 9) und auf Medaillen (Abb. 10: SU/RUS 7) geprägt. In der DDR stieg die Figur in den Rang eines Staatsemblems auf (Abb. 11: DDR 5).[21]

Mit Fritz Cremers im September 1958 enthüllter Skulpturengruppe (Abb. 12: DDR 8) wurde auch die Gedenkstätte Buchenwald zu einem zentralen Weiheort der DDR, nachdem bereits Hermann Henselmanns provisorisches Denkmal vom April 1946 mit seiner auf den Kopf gestellten Pyramide den roten Winkel der politisch Verfolgten als Gesamtzeichen aller Häftlinge ausgewiesen hatte. Damit war Buchenwald ungeachtet dessen, daß die dort inhaftierten Kommunisten in der DDR bald aus ihren führenden Stellungen verdrängt wurden, in eine Stätte des kommunistischen Widerstandes uminterpretiert.[22] Im selben Zug, in dem die jüdischen Opfer aus der Erinnerung entfernt wurden, geriet der politische Widerstand zum Humus, über dem die Sonne des Hammer-und-Zirkel-Staates aufgehen sollte (Abb. 13: DDR 11).

Abb. 12: DDR 8
Fritz Cremer
Buchenwald-Denkmal
1958

Diese Bildsprache war für den gesamten Ostblock gültig, und nationale Besonderheiten bildeten sich allein in Jugoslawien und Rumänien, wo zum Beispiel Vida Gézas Denkmal des rumänischen Sieges über die deutschen Truppen (Abb. 14: RO 15) allein einen rumänischen Soldaten zeigt und damit wie ein Vorbote der Mitte der 60er Jahre einsetzenden nationalkommunistischen Politik Ceauşescus wirkt.[23]

Ein mehrfach wiederkehrendes Motiv war die Heroisierung von Partisaninnen. In Anlehnung an Jeanne d'Arc, wie sie auch die belgische Liberté zeigt, die auf einer Postkarte von 1944/45 aus der Zelle des Nationalsozialismus heraustritt (Abb. 15: B 8), wurden vor allem weibliche Partisanen zu Allegorien der befreiten Nation. In Litauen wurde die 1943 in deutscher Gefangenschaft erschossene Marytė Melnikaitė zu einer alles überragenden, in zahlreichen Denkmälern, Kleinskulpturen (Abb. 16: LT 11) und Reproduktionen verewigten Nationalhel-

Abb. 13: DDR 11
hp
Wofür die Antifaschisten kämpften, ist in der DDR Wirklichkeit
1960

Abb. 14: RO 15
Heldendenkmal in Carei zu Ehren derjenigen, die für die Befreiung des Landes gekämpft haben
In: Dumitru Almaş: Geschichte des Vaterlandes. Lehrbuch für Klasse 4, Bukarest 1984, S. 155

Abb. 15: B 8
Vrij België. Belgique libre
Freies Belgien, 1944/45

Abb. 16: LT 11
Marytė Melnikaitė
60er – 80er Jahre

din, die zwar posthum zur „Heldin der Sowjetunion" ernannt wurde, aber eine spezifisch litauische Komponente verkörperte.[24]

Revisionen

Der Grad der Öffentlichkeit, mit dem des Völkermordes gedacht wurde, war starken Schwankungen unterworfen. Zahlreiche Überlebende empfanden die Erinnerung als erneute Stigmatisierung, weil sie nicht allein als Opfer gesehen werden wollten und weil der um seine Existenz kämpfende israelische Staat wenig Interesse daran hatte, die Kritik an dem mangelnden Widerstand der Juden durch immer neue Erörterungen ihrer Vernichtung zu schüren[25], stand der Völkermord nach dem Krieg zunächst nicht im Zentrum des öffentlichen Gedenkens. Seit den 70er Jahren aber begann er zum Paradigma des 20. Jahrhunderts und zum Symbol des Bösen schlechthin zu werden. Diese Universalisierung hat weltweit neue Denkmäler wie George Segals Skulpturengruppe „The Holocaust" im Lincoln Park von San Francisco entstehen lassen (Abb. 17).[26]

Die Frage nach der Darstellbarkeit des Völkermordes führte vor allem in der Bundesrepublik Deutschland zu einer bis heute nicht abgeschlossenen Debatte über die Berechtigung derartiger Denkmäler. Mehr noch, als daß nach Auschwitz kein Gedicht mehr möglich sein sollte, schienen sich Denkmäler als Stätten der Sinnstiftung zu verbieten.[27] Die Idee, daß kein Denkmal angemessen sein könne, wurde jedoch wiederum in Denkmälern umgesetzt, die ihre eigene Existenzberechtigung als Negation zu definieren versuchten und gerade darin zu eindrucksvollen Monumenten führten. Das „Mahnmal gegen Faschismus, Krieg, Gewalt – für Frieden und Menschenrechte" (1986) von Jochen Gerz und Esther Shalev-Gerz in Hamburg-Harburg, das im Zuge seiner Beschriftung und Bemalung durch die Bevölkerung in den Boden gesenkt wurde und jetzt als eine Art Flaschenpost für spätere Generationen bereitsteht, bildet ein herausragendes Monument dieser sich selbst negierenden Denkmäler.[28] Horst Hoheisels Kasseler Aschrottbrunnen-Mahnmal (1987), das die Zerstörung des jüdischen Denkmals durch Nationalsozialisten nicht durch Wiederherstellung kompensiert, sondern durch den Verweis auf dessen Abwesenheit als Wunde festhält[29], gehört ebenso zu dieser Form der Mahnmalskultur wie die Gestaltungen leerer Räume, wie sie Christian Boltanskis „Missing House" im Berliner „Scheunenviertel" (1990)[30], Micha Ullmans Gedenkstätte der Bücherverbrennungen auf dem Berliner Bebelplatz (1996)[31] oder auch Daniel Libeskinds „voids" des Jüdischen Museums[32] entfaltet haben.

Abb. 17
George Segal
The Holocaust
Der Holocaust, 1984
Bronze, geweißt
San Francisco, Lincoln Park

Sie bezeugen den Willen, die Leere als den zentralen Raum des Gedenkens begreiflich zu machen, und sie werden instinktiv als treffender empfunden als herkömmliche Denkmäler. Allerdings fragt sich, ob sie als Teil einer dekonstruktivistischen Kultur, welche die Räume gleichsam zum Bersten mit Leere füllte, selbst in die Gefahr der Überfrachtung gerieten. Die Bildsprache von Peter Eisenmans „Denkmal für die ermordeten Juden Europas" kommt aus dieser Kultur und kehrt sie doch in ihr Gegenteil. Wenn in Deutschland, wo die eindrucksvollsten Anti-Denkmäler geschaffen wurden, mit diesem Stelenfeld eines der größten Opfer-Monumente zur Erinnerung an die Schuld der Deutschen errichtet wird, so folgt dies der Logik einer denkmalhaften Erinnerung, die zu Bildern drängt, selbst wenn sich diese zu verbieten scheinen.[33]

Ein von der zentralen jüdischen Gedenkstätte Yad Vashem ausgehendes Motiv war seit den 70er Jahren der Versuch, die aufgrund der unfaßbar hohen Opferzahlen drohende Anonymisierung durch Namensnennungen zu durchbrechen. Seit der „Halle der Namen" des im Jahre 1971 eröffneten Historischen Museums von Yad Vashem bis zum Washingtoner Holocaust Memorial Museum (1993), das zu den Namen die Porträts hinzugefügt hat, ist versucht worden, dem Opfer die Individualität der *Persona* zurückzugeben.

Ein Phänomen der 90er Jahre des 20. Jahrhunderts liegt schließlich in der Grenzaufhebung zwischen Denkmal und Museum. Sie geht vom Konzept aus, daß der zunehmende Abstand zum geschichtlichen Ereignis eine stärkere Betonung der narrativen und erläuternden Momente folgen lassen müsse. Das Holocaust Memorial Museum von Washington oder die Holocaust-Abteilung des Londoner Imperial War Museum (2000) sind darin auch zugleich Denkmäler, daß sie die Zeugnisse der Ursachen, des Leidens und des Widerstandes mit Reflexionszonen durchkreuzen. Auch Daniel Libeskinds Jüdisches Museum in Berlin lebt von diesem Wechsel von Museum und Mahnmal, der geradezu zur *conditio sine qua non* beider Gattungen geworden ist. Zum Berliner Holocaust-Denkmal Peter Eisenmans wird auch ein Dokumentationszentrum gehören, das den diskursiven Anspruch eines Museums integrieren soll. Die Stärke liegt in der Verbindung von Werk und Pädagogik; allerdings ist auch eine Furcht zu spüren, die pure Form in all ihrer Komplexität und Unbeherrschbarkeit sprechen zu lassen.

Ambivalenzen nach 1989

Im Ostblock erhielt die Erinnerung an den Holocaust in dem Maße, in dem Dissidenten die Ausblendung des Schicksals der Juden bewußtmachten, einen regimekritischen Charakter, und es lag in der Logik dieser Brückenbildung, daß die mächtigste Widerstandsbewegung der gesamten Sphäre der Sowjetunion, Polens Solidarność, im Warschauer Ghetto-Denkmal Nathan Rapoports ihre eigenen Ziele verkörpert sah und auf seinem Weiheplatz einen bevorzugten Ort erkannte, sich demonstrativ zu zeigen.[34] Er diente auch als Ersatz für das fehlende Monument des Warschauer Aufstands von 1944.

Die nach 1989 einsetzenden Bilderstürme der ehemals sozialistischen Staaten wiederholten die Ikonoklasmen der Nachkriegszeit in ungeahnter Schärfe. Nicht nur im Zuge der Umsetzung des im Oktober 1990 verfügten Dekrets zur Entfernung aller Denkmäler und Staatssymbole, die den sowjetischen Staat verkörperten, wurden zahllose Denkmalstürze vorgenommen; Einzelbeispiele wie die nicht autorisierte Attacke auf die Enver-Hoxha-Statue Tiranas im Februar 1991[35] oder die im August desselben Jahres erfolgte Niederwerfung der Moskauer Statue des Gründers der sowjetischen Geheimpolizei Feliks Dzerżinskijs zeigen, daß diese kathartischen Angriffe dazu beigetragen haben könnten, daß es zu Bürgerkriegen nur in Ansätzen kam.[36]

Bisweilen wurden Statuen wie etwa das Ostberliner Lenin-Monument auch unfreiwillig vernichtet, weil das Material dem Transport nicht standhielt.[37] Symbolisch nachträglicher als der Bildersturm war die musealisierende Zusammenführung der Monumente in Abstellparks wie dem „Museum des Totalitarismus" nahe der Tret'jakov-Galerie in Moskau[38], dem Freilichtmuseum von Drūskininkai in Litauen[39], dem Statuenpark von Budapest[40] oder auch einem Müllabladeplatz von Kiew.[41] Eine andere Variante bestand darin, Monumente wie das „Denkmal der für die Befreiung Rumäniens gefallenen sowjetischen Helden" von Bukarest auf den sowjetischen Militärfriedhof zu überführen und dort quasi abzustellen.[42]

In den Ländern des ehemaligen Ostblocks vollzog sich in der Regel eine Doppelbewegung, die sich einerseits des Holocaust und der eigenen Mittäterschaft in schmerzlichen Prozessen wiedererinnerte und andererseits die Verbrechen der Sowjetunion in das Bewußtsein hob. Zum Gedächtnis an den Holocaust und die eigene Verstrickung wurde nach dem Sturz Ceaușescus ein Denkmal vor der Choral-Synagoge in Bukarest aufgestellt[43], und dasselbe geschah 1992 auf dem Gelände der ehemaligen Synagoge in Riga[44] und 1997 in Bratislava.[45] Der Erinnerung an die Deportation von Tausenden von Letten nach Sibirien im Juni 1941 dient ein 2001 errichtetes Denkmal[46], und in Ungarn hat das Parlament im Jahre 2001 die Aufstellung eines Denkmals für die Opfer des Kommunismus beschlossen.[47]

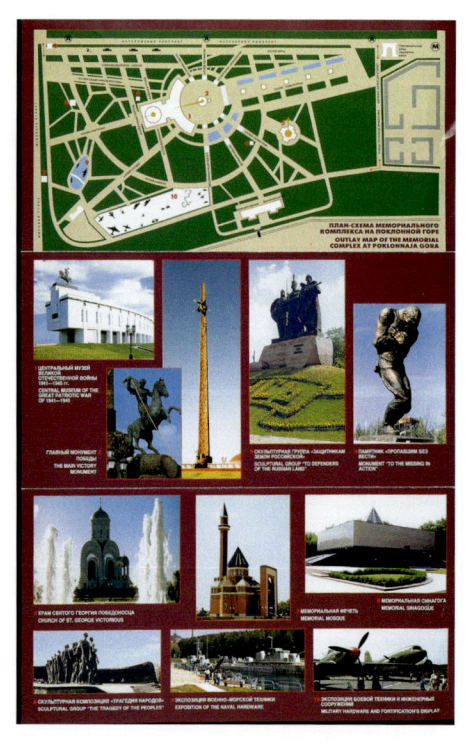

Zu dem komplexen Bild der Denkmalspolitik gehört schließlich der Umstand, daß riesige Areale der Stalinzeit überdauert haben oder gar erst in den letzten Jahren vollendet wurden. Dies gilt etwa für den in Moskau gelegenen „Siegespark" mit seiner auf einem riesigen Obelisken stehenden Nike, der ab 1957 geplant, 1984 begonnen und 1995 in unveränderter Stillage fertiggestellt und im Beisein El'cins und Clintons eingeweiht wurde (Abb. 18: SU/RUS 35). Nachdem die Perestrojka das mit der Oktoberrevolution verbundene Selbstbewußtsein zerstört hatte, sollte zumindest die Erinnerung an den Sieg über den Faschismus gesichert bleiben. Indem die Rahmenbedingungen weggefallen sind, in denen er erdacht wurde, geriet der „Siegespark" damit aber zum Kronzeugen für die fortwirkenden Geschichtsmythen des Stalinismus. Neben der weiterhin lebendigen Verehrung erzeugen derartige Monumente eine zunehmende Abwehr.[48] Sie entspricht einer von Beginn an vorhandenen Ablehnung, die sich aber nur ausnahmsweise, wie im Fall des unter Stalin projektierten, aber erst 1967 fertiggestellten Mahnmals bei Stalingrad, zu äußern vermochte.[49] Das Phänomen so gut wie aller Siegesmonumente, die Konflikte und Kämpfe der inneren Kriegs- und Militärführung zugunsten eines schattenlosen Ruhmes zu tilgen, erweist diese Anlage, die über einem der nach 1965 errichteten Ehrenhügel (Kurgan) eine als Nike das Schwert zum Himmel richtende „Mutter Heimat" zeigt (Abb. 19: SU/RUS 30), auf eine besonders beklemmende Weise.[50] Die sich wandelnde und in ihrer Rezeption nicht durchweg beherrschbare Funktion dieser Art Monumente wird hier auf besonders drastische Weise sichtbar. Es handelt sich um Denkmäler einer memorialen Spaltung.

Reziprokes geschah in Buchenwald, wo neben der gesamten Anlage auch Fritz Cremers Bronzegruppe neu interpretiert wurde (vgl. Abb. 12). Die in der Auseinandersetzung mit Rodins „Bürgern von Calais"

Abb. 18: SU/RUS 35
Memorial'nyj kompleks na Poklonnoj gore: Plan
Gedenkstätte auf der Poklonnaja Gora: Lageplan, 1996

Abb. 19: SU/RUS 30
V. Poljakov
Mamaev Kurgan
Mamāi-Hügel, 1986

entwickelte Komplexität seiner Figuren, die auch die Verkörperung des Zweifels mit einschlossen, gab nach 1989 Anlaß, in ihnen eine subversiv gegen die DDR gerichtete Widerstandsbotschaft zu sehen.[51] Damit konnte das Denkmal auch von den Opfern des Stalinismus in Anspruch genommen werden. Sie erinnerten an die bis 1950 dauernde Nutzung des ehemaligen Konzentrationslagers durch den sowjetischen Geheimdienst, während der mehr als 7000 Häftlinge starben.[52] In dieser Wandlung der Wahrnehmung zeigt sich die durch Denkmäler ausgelöste Erinnerungspolitik als Konfliktgeschichte.

Diese Vorgänge erweisen die Vorstellung, daß Denkmäler in der Mediengesellschaft überholt seien, als eine eigene Form der Mythisierung.[53] Der auch durch den Einfluß der Rundfunk- und Fernsehsender bewirkte Fall des sowjetischen Imperiums geschah symbolisch durch den Sturz von Denkmälern Stalins und anderer Führerfiguren, deren Fall seinerseits immer wieder medial in alle Welt übermittelt wurde.[54] Gerade diese Wechselwirkung bietet immer neue Anstöße, ortsbezogene und haptisch spürbare Gegengewichte in Form von Denkmälern zu stiften, ohne die keine Memoria eine Fundierung finden kann.[55] Noch jede Kritik des Denkmals ist der Versuchung erlegen, auch sich selbst als Denkmal in Szene zu setzen; schon aus diesem Grund ist kein Ende einer mythenspeisenden Denkmälerpraxis in Sicht.

Denkmäler sind nach wie vor das Rückgrat jeder das soziale Gedächtnis konstruierenden Erinnerungspolitik; sie überführen das Passatum in das zweite Futur, indem sie darauf zielen, was in der weiteren Zukunft als erinnerungswürdig akzeptiert worden sein wird.[56] Ihr Schicksal ist es gleichwohl, in der Regel das Ende jener Mythen, die sie für die Zukunft konstruieren, zu überdauern. Daher werden Denkmäler zwangsläufig zu Monumenten der Differenz, und spätestens hierin liegt ihr oftmals unfreiwilliges Skandalon.[57]

Film und Fernsehen

Neben den Monumenten haben Filme in besonderer Weise zur Konstruktion von Erinnerung beigetragen. Zu ihnen gehören vor allem die in ihrer Dichte nicht wiederholbaren, unmittelbar nach dem Krieg gedrehten Filme, unter denen Roberto Rossellinis „Roma città aperta" (1945) den in seiner schwarzweißen Düsternis wohl stärksten, unvergeßlichen Eindruck hinterlassen hat. Der Film hat entscheidend an der Vergegenwärtigung der Überzeugung mitgewirkt, daß der Faschismus eine den Italienern eigentlich fremde „Infektion" war und daß die gegen die deutschen Truppen gerichtete Partisanenbewegung als Verkörperung einer volonté générale anerkannt werden konnte. Wohl keine Einzelszene hat die politische Kultur des Nachkriegsitalien so stark geprägt wie der Moment, in dem der betende Priester dem unter der Folter sterbenden Kommunisten bekräftigt, daß er standgehalten habe (Abb. 20: I 9). Der latente Bürgerkrieg, den die Resistenza neben dem Kampf gegen die deutsche Besatzung auch bedeutet hatte, wurde durch Bildkommunionen wie diese befriedet, was dazu beitrug, daß es trotz aller Abrechnungen zu massiven Vorfällen wie in Frankreich nicht kam.

Unter diesen aus der unmittelbaren Erfahrung schöpfenden Filmen ist etwa auch der norwegische Film „Kampen om Tungtvannet" Titus Vibe-Müllers hervorzuheben, der den norwegischen Widerstand am Beispiel einer Einsatzgruppe zeigt, die eine Sabotageaktion durch ihren Mut und ihre Vertrautheit mit den natürlichen Gegebenheiten erfolgreich durchführte. Unterstützt nur durch wenige Schauspieler, spielte die Gruppe sich selbst (Abb. 21: N 9), so daß sich eine nicht wiederholbare Mischung aus Dokumentation und Fiktion ergab.[58] In Deutschland zehrten Wolfgang Staudtes „Die Mörder sind unter uns" von 1946 (Abb. 22: D 8) oder auch Artur Brauners beklemmender, heute so gut wie vergessener Film „Morituri" von 1948 von der Düsternis und dem Verlangen, einen Beitrag zur Aufklärung und Abrechnung zu leisten, von der zeitlichen Nähe der Massenverbrechen und des Widerstandes.

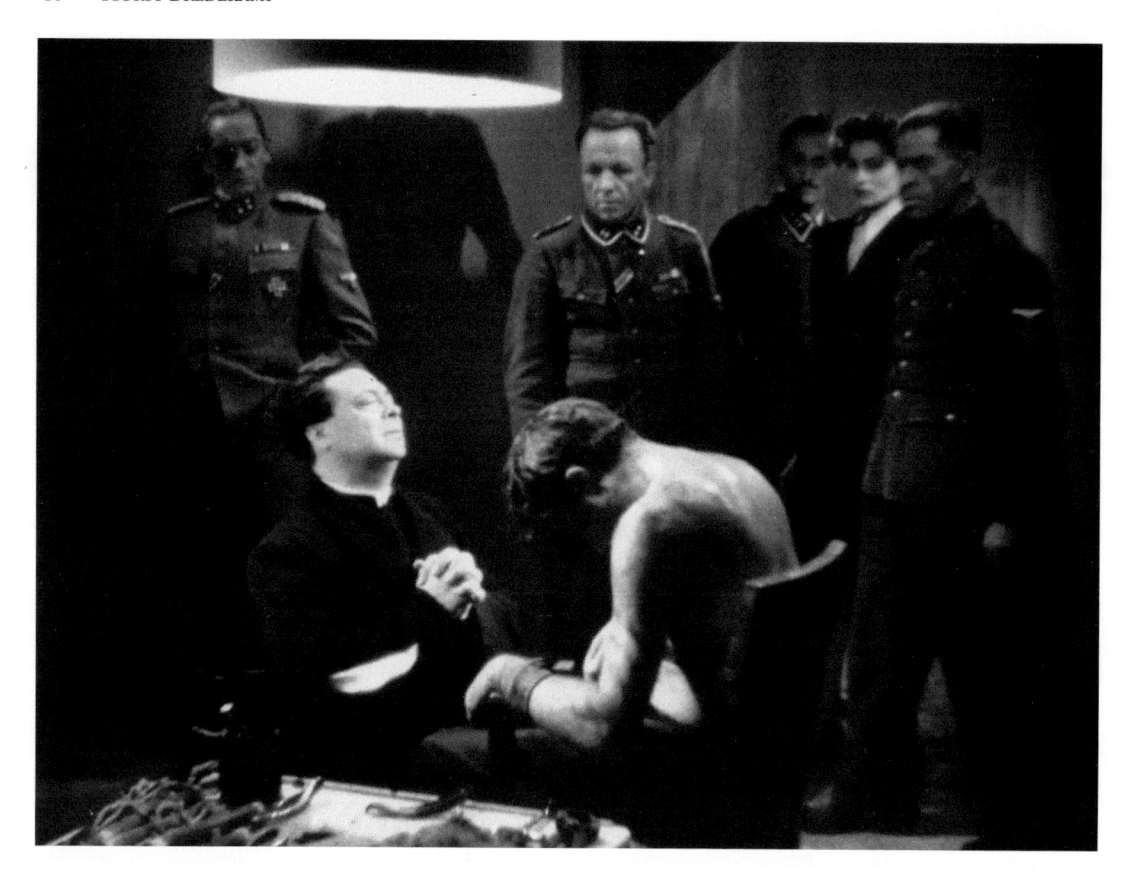

Ohne die authentische Kraft dieser Filme erreichen zu können, wurden in den Siegerländern in den 50er und 60er Jahren in Ost wie West zahllose Filme gedreht, welche die Truppen der Alliierten heroisierten, um den militärischen Triumph nacherleben lassen zu können; Guy Hamiltons „Luftschlacht um England" von 1969 bot einen der Höhepunkte dieses eindimensionalen Genres (Abb. 23: GB 11). Auch die Heimattruppen der Partisanen wurden in Massen von Filmen verherrlicht. In Jugoslawien erreichten die Partisanenfilme, die auf eigentümliche

Abb. 20: I 9
Roberto Rossellini (Regie)
Roma città aperta
Rom, offene Stadt, 1945

Abb. 21: N 9
Titus Vibe-Müller (Regie)
Kampen om tungtvannet
Der Kampf um das schwere Wasser, 1948

Abb. 22: D 8
Wolfgang Staudte (Regie)
Die Mörder sind unter uns
1946

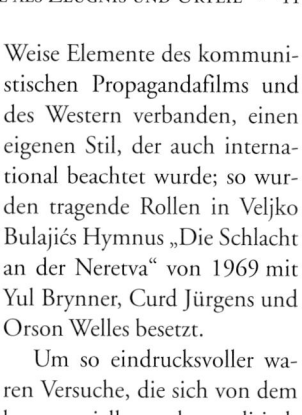

Weise Elemente des kommunistischen Propagandafilms und des Western verbanden, einen eigenen Stil, der auch international beachtet wurde; so wurden tragende Rollen in Veljko Bulajićs Hymnus „Die Schlacht an der Neretva" von 1969 mit Yul Brynner, Curd Jürgens und Orson Welles besetzt.

Um so eindrucksvoller waren Versuche, die sich von dem kommerziellen oder politisch gewollten Siegesheroismus lossagten. Andrzej Wajda ging mit „Der Kanal" von 1956 (Abb. 24: PL 5) ein hohes Wagnis ein, indem sein Film einen Angriff auf den offiziellen Nachkriegskonsens der Ostblockstaaten formulierte. In der düsteren Ästhetik des auch im Westen hochgelobten Filmes lag ebenso ein Affront wie im Stoff. Er setzte dem aussichtslosen Warschauer Aufstand der polnischen Heimatarmee vom August 1944, der heruntergespielt oder verächtlich gemacht worden war, um gegenüber der Heroisierung der sowjetisch gesteuerten Volksarmee keine Konkurrenz aufkommen zu lassen, ein filmisches Denkmal.

In Rußland formulierten vor allem Michail Kalatozovs „Wenn die Kraniche ziehen" (Abb. 25: SU/RUS 16) und Andrej Tarkovskijs „Ivans Kindheit" (Abb. 26: SU/RUS 17) mit ihrer Betonung des individuellen Leidens den denkbar schärfsten Kontrast gegenüber jenem entseelten Siegesheroismus, den die bereits errichteten oder im Entstehen begriffenen Kriegsdenkmäler vorgebracht

Abb. 23: GB 11
Guy Hamilton (Regie)
Battle of Britain
Luftschlacht um England,
1969

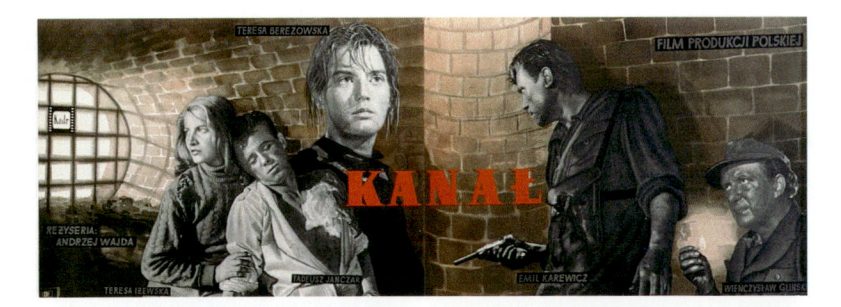

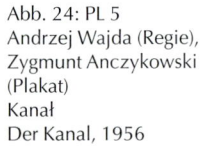

Abb. 24: PL 5
Andrzej Wajda (Regie),
Zygmunt Anczykowski
(Plakat)
Kanał
Der Kanal, 1956

Abb. 25: SU/RUS 16
Michail Kalatozov (Regie)
Letjat žuravli
Wenn die Kraniche ziehen,
1957

Abb. 26: SU/RUS 17
Andrej Tarkovskij (Regie)
Ivanovo detstvo
Ivans Kindheit, 1962

Abb. 27: B 30
Hugo Claus (Regie)
Les ennemis. De vijanden
Die Feinde, 1967

hatten, und in Belgien vermochte Hugo Claus' Film „Les ennemis" von 1967 darzulegen, wie sich die psychischen Fronten der Soldaten auflösten, sowie sie die militärischen Formationen verlassen hatten (Abb. 27: B 30).

Aus der Masse deutscher Produkte, die den gemeinen Soldaten als einen von der Politik und Vorgesetzten Verführten zu zeigen und damit persönlich zu entlasten suchten, ragte Helmut Käutners österreichisch-jugoslawischer Film „Die letzte Brücke" von 1953 heraus, indem er den im militärischen Sprachgebrauch als „Banditen" geltenden Heimattruppen Jugoslawiens eine moralische Kraft zusprach, die eine deutsche Lazarettschwester bewog, zu den Partisanen überzulaufen. Frank Wisbars „Hunde, wollt ihr ewig leben?" von 1958 inszenierte die Abkehr eines Offiziers vom Nationalsozialismus während des Grauens von Stalingrad in einer Mischung aus Dokumentar- und Spielfilm, die eine beträchtliche Wirkung hinterließ. Eine wirkliche Verstörung bewirkte in Deutschland aber vor allem Bernhard Wickis Film „Die Brücke" von 1959, in dem das Ende einer Schar von noch zu Kriegsende eingezogenen Schulkindern ohne Versöhnungsgeste vergegenwärtigt wurde (Abb. 28: D 10). Er hat eine ganze Generation von Halbwüchsigen mit der tödlichen Absurdität des Volkssturmes konfrontiert.

Zu den größten Leistungen filmischer Erinnerung gehört die Thematisierung der Kollaboration, jenes Tabu, an das erstmals Alain Resnais' ungeheuer ein-

Abb. 28: D 10
Bernhard Wicki (Regie)
Die Brücke
1959

drucksvoller, den Stil der Dokumentation verwendender Film „Nuit et Brouillard" von 1955, der in deutscher Fassung durch Paul Celan gestaltet wurde, rührte. Indem er inmitten eines deutschen Internierungslagers für jüdische Kinder in Frankreich neben den Besatzern auch einen französischen Gendarmen als Aufseher zeigte, konterkarierte er die Verharmlosung der Kollaboration (Abb. 29: F 12), was zu Schwierigkeiten mit den Behörden führte.[59]

Marcel Ophüls' „Le chagrin et la pitié" von 1971 hat die Zeit des Vichy-Regimes dadurch erneut aus der Zone des Verschweigens geholt, daß er mit der Montage von Zeitdokumenten und Interviews einfacher Personen aus allen sozialen Bereichen einen neuen Stil kreierte, der gerade in seiner unprätentiösen Darstellungsweise überzeugte. Er war eines der Vorbilder für Claude Lanzmanns „Shoah" von 1985 (vgl. Abb. 56: F 23). Dieser Film riskierte es, das Publikum mit den Gesichtern und Stimmen von Zeugen zu konfrontieren, die weder dramatisiert noch zurückgenommen wurden. Die ruhige Egalität dieser Zeugenstimmen hatte einen so ungeheuren Effekt, daß Frankreich mit der Ausstrahlung der Serie im Fernsehen gleichsam über Nacht eine neue, beklemmende Vergangenheit besaß.

Die Wirkung von Lanzmanns Filmbericht war durch aufwühlende Fernsehserien wie „Vastberaden maar soepel en met mate" (1974) in den Niederlanden[60] oder die zu Beginn der 80er Jahre in Belgien ausgestrahlte Sendung „De Nieuwe Orde" vorbereitet worden, die den Widerstand und die flämisch-nationale Kollaboration neu bewertete.[61] Kein Fernsehereignis aber erreichte eine vergleichbare Wirkung wie die amerikanische Serie „The Holocaust: The Story of the Family Weiss" (1978/79). Wurde sie seinerzeit von der Kritik überwiegend abschätzig aufgenommen, besteht heute kein Zweifel, daß die über neunstündige Serie zu einer zuvor kaum erlebten Erschütterung führte.[62] Insbesondere in Österreich wie auch in den neutralen Ländern bewirkte die Serie Risse in der Fassade der moralischen Unangreifbarkeit.[63] Nur Steven Spielbergs „Schindler's List" (1993) hat noch einmal eine vergleichbare Wirkung gehabt. Eines der Ergebnisse für die Gedächtniskultur lag darin, daß Spielberg mit Teilen des Erlöses das „Shoah Visual History Project" gründete, in dem Videoaufnahmen von Überlebenden des Holocaust gesammelt werden.

Wie die Photographie für das 19., so war der Film die spezifische Kunstform für das 20. Jahrhundert. An den Mythenbildungen der Zeit nach 1945 war er maßgeblich beteiligt, aber da er als Gattung auf Grund seiner narrativen und formalen Kontingenz niemals vollständig einzufangen ist, gehörten seine *Bildakte* auch zu den stärksten Mitteln der Subversion dieser Mythen. Dies gilt vor allem auch für

Photograph taken at Pithiviers on April 17, 1941. Pithiviers was one of two main concentration camps for foreign-born Jews arrested in France. Document C111-53, Centre de documentation juive contemporaine.

The same photograph, in the doctored version the censors could approve, as it appears in Shot no. 39 in NUIT ET BROUILLARD.

STILLE FARVEL: Arrestasjonene foregikk nærmest i all stillhet, og det siste farvel fra venner og slektninger foregår også uten store fakter. Det er siste kontakt med 530 norske jøder. «Donau» passerer Vippetangen. Bare ni av dem kom tilbake.

Abb. 30: N 17
Georg W. Fossum
(Photographie)
Stille farvel
Stiller Abschied, in: Liv Hegna: Jødenes dødsreise med 'Donau', Aftenposten, 26. Januar 1994, S. 13

einen Film, der sich allen Kategorien entzieht und der seine Erinnerungsleistung insofern als Solitär erreicht, als er sich der Berliner Zeit unmittelbar nach dem Krieg als Komödie nähert: Billy Wilders „A Foreign Affair" (1948). Die Weigerung, das Nachkriegs-Berlin in Gut und Böse zu teilen, und nicht etwa die Anklagen zu verstärken, sondern die Anfechtungen der Besatzungssoldaten zu zeigen, entwaffnet bis heute. Der Film fügt sich in das Klima der politischen Annäherung zwischen den USA und der Bundesrepublik Deutschland angesichts der aufziehenden Blockbildung ein, aber damit ist sein erstaunlicher Mut nicht einzufangen. In seiner Verweigerung manichäischer Gegensätze ist er eines der eigenwilligsten Kunstwerke der mythenerzeugenden Bildwelt nach 1945.

Photographie, oder: Die Problematik der Betrachtung

Abb. 29: F 12
Photograph taken at Pithiviers on April 17, 1941 [...]
The same photograph, in the doctored version the censors could approve
Photographie, aufgenommen am 17. April 1941 in Pithiviers [...] Die gleiche Photographie, in der bearbeiteten Fassung, die die Zensur genehmigen konnte, in: Richard Raskin: Nuit et Brouillard by Alain Resnais, Aarhus 1987, S. 31

Als Produkte von mechanischen und chemischen Prozessen, also dem menschlichen Eingriff weitgehend entzogenen Vorgängen, wirken Photos per se als mit einem hohen Wahrheitsgehalt ausgestattet, der instinktiv auch durch ihren statischen, der Analyse zugänglichen Charakter bestärkt wird. Insbesondere farblich nicht verfälschte Schwarzweißaufnahmen ziehen in der Regel die Hoffnung auf authentische Wiedergabe auf sich. Als im Januar 1994 eine Photoaufnahme auftauchte, die Zurückbleibende zeigte, die der „Donau" nachblickten, auf der 532 norwegische Juden von Oslo auf den Weg nach Auschwitz gebracht wurden (Abb. 30: N 17), erhielt die Aufnahme einen ikonenhaften Charakter. Ihre schwarzweiße Düsternis schien die historische Wahrheit auf unübertroffene Weise aufzunehmen.

In einem programmatischen Moment von „Schindler's List" hat Spielberg mit genau dieser Erwartung gespielt, indem er ein kleines Mädchen im Warschauer

Ghetto inmitten einer schwarzweißen Bildsequenz als roten Farbpunkt eingeblendet hat, um mit dem Übergang vom quasi-dokumentarischen Schwarzweiß in die Farbe die Transmutation vom Photo zur Fiktionalität des Films zu thematisieren. Der Wahrheitsgehalt der Erzählung war damit nicht gemindert, aber der mediale Rahmen war als solcher definiert. Der Ausgang der Farbe aus dem Schwarzweiß des Authentischen nahm den Echtheitsanspruch auf, der unwillkürlich an Schwarzweißphotos haftet.

Spielbergs Vorbild, eine Photographie, auf der ein Junge im Warschauer Ghetto aus dem Bunker getrieben wird (Abb. 31), entstammt jedoch dem von Heinrich Himmler im Januar 1943 in Auftrag gegebenen „Bildbericht", der die Niederschlagung des Warschauer Aufstandes Tag für Tag dokumentierte: ein Täterbild des SS-Brigadegenerals und Generals der Polizei Stroop.[64] In ihrer mitleidenerregenden Botschaft ist die Photographie zu einer oftmals reproduzierten und montierten Ikone der Anteilnahme am Leid der polnischen Juden geworden (Abb. 32: D 27)[65], und sie hat ihre Wirkungen bis in die Schulbücher der verschiedensten Nationen und eben auch in Spielbergs Film gefunden. Sie stellt das vielleicht bewegendste und auch irritierendste Beispiel dafür dar, daß fast die gesamte Bildüberlieferung der Opfer durch die Linse der Täter geschaffen wurde.[66] Allein dies schon macht jede Photographie aus der Zeit des Zweiten Weltkrieges zu einem deutungsbedürftigen Objekt.

Der Wahrheitsgehalt von Photographien an sich ist nicht höher als der von Filmen oder Denkmälern. An diesem Problem ist die erste Ausstellung über die Verbrechen der Wehrmacht[67] so exemplarisch gescheitert, daß die gesamte Schau sowie der Umgang von Historikern mit Bildern schlechthin in Frage gestellt wurden.[68] Die immense Forschung war durch eine Reihe falsch gedeuteter Bilder, die als pars pro toto gewertet wurden, insgesamt diskreditiert. Spätestens seit diesem Vorgang hat sich der Begriff des Bildes als einer lediglich illustrierenden Geschichtsquelle in den einer ihrerseits zu interpretierenden Instanz gewandelt.[69]

Dies gilt vor allem auch für Bilder, die das dargestellte Ereignis in so großer Prägnanz festhalten, daß sie mit ihm zusammenzufallen scheinen. Sie wurden fast sämtlich arrangiert. Hierzu

Abb. 31
Mit Gewalt aus Bunkern hervorgeholt
In: Jürgen Stroop: Es gibt keinen jüdischen Wohnbezirk in Warschau mehr. Bericht an den Reichsführer SS Heinrich Himmler, 1943
Instytut Pamięci Narodowej. Biuro Udostępniania i Archiwizacji Dokumentów

Abb. 32: D 27
Die Vergangenheit mahnt
1960

BILDAKTE ALS ZEUGNIS UND URTEIL · 47

gehört etwa Evgenij Chaldejs Aufnahme des Hissens des Roten Banners auf dem Reichstag (Abb. 33: D 17), die im öffentlichen Bewußtsein der Siegernationen Osteuropas wie kein zweites Motiv das Ende des Krieges besiegelte, vom Photographen aber frei inszeniert und zudem retuschiert war; der auf einer anderen Aufnahme den Fahnenträger haltende Soldat zeigte an jedem Handgelenk eine Uhr, die in den Reproduktionen entfernt wurde.⁷⁰

Abb. 33: D 17
Russische Soldaten hissen die Sowjetfahne auf dem Reichstag, 4. Mai 1945
In: Paul Sethe: Deutsche Geschichte im letzten Jahrhundert, 2. Aufl., Frankfurt a.M. 1960

Dies mindert den historischen Wert dieser Photographien nur, wenn von ihnen der Zugang zu einer Urszene erwartet wird. Was sie dagegen dokumentieren, ist der Wille, eine solche im Bild zu überliefern. Sie verweisen auf etwas, was es möglicherweise niemals gegeben hat, was sich aber ereignet haben könnte. Sie bilden die Spur einer wahren Fiktion.

Neben der Vertauschung der Rahmenbedingungen, der nachträglichen Inszenierung und den Retuschen gehören Montagen zur Steuerung bildhafter Erinnerung. Die Aufnahme des deutschen Photographen Johannes Stages vom 11. Mai 1945 (Abb. 34: N 12) hat auf besonders sprechende Weise jene Szene ausgewählt, die den Aufstieg der norwegischen Partisanen zu regulären Kombattanten wie in vielleicht keinem anderen Bildzeugnis manifestierte: die Übergabe der Festung Akershus an Terje Rollem, den Führer der zahlenmäßig weit unterlegenen Freischärler. Auf einer zum 50. Jahrestag der Befreiung Norwegens 1995 gestalteten Briefmarke hat der Graphiker Enzo Finger die beiden Protagonisten in das Zentrum gerückt und über eine Szene des fünf Jahre zuvor erfolgten Einmarsches in Oslo gelegt (Abb. 35: N 14). Durch diese Überblendung verstärkt die Briefmarke den Effekt, daß der nicht mit Uniform ausgestattete, als ein moderner David barhäuptige Führer der „Heimatfront" nicht nur faktisch, sondern auch zeremoniell als Sieger auftrat. Die Briefmarke hält nicht allein eine Kapitulation fest, sondern eine Umwälzung der Theorie des Krieges. Die in allen umkämpften Gebieten als „Banditen" bezeichneten Partisanen (Abb. 36: I 4) steigen hier in den Rang einer regulären Armee auf.

Abb. 34: N 12
Johannes Stages (Photographie)
Hjemmestyrkene overtar Akershus festning 11. mai 1945
Die Heimatfront übernimmt die Festung Akershus, 11. Mai 1945

Abb. 35: N 14
Enzo Finger
Frigjøringen 50 år.
1945–1995
50. Jahrestag der Befreiung.
1945–1995, 1995

Dies gilt um so mehr für Plakate, welche die so große wie

problematische Tradition der politischen Montage von Photographien aufnahmen. So wurden aus volkspolnischer Sicht in einem Moment, in dem eine kritische Geschichtsbetrachtung nach den Vergehen der Sowjetarmee zu fragen begann, anläßlich des 40. Jahrestages des deutschen Einmarsches Rotarmisten und polnische Soldaten vor der Berliner Siegessäule auf einem Plakat fiktiv zusammengestellt (Abb. 37: PL 16).[71] Von der Inszenierung über die Retusche bis zur Montage suchen derartige Veränderungen aus jeweils bestimmter Perspektive den historischen Sachverhalt nicht zu verfälschen, sondern im Bild zu verstärken. Um so mehr bleiben es Eingriffe.

Im Extrem hat sich die Problematik der Aussagekraft von Photographien an den Aufnahmen der befreiten Konzentrationslager gezeigt, die von 1945 bis heute die Auseinandersetzung mit dem Nationalsozialismus geprägt haben.[72] In ihnen verdichtet sich der Zwiespalt, daß sie einerseits die dargestellte Wirklichkeit verfehlen, andererseits aber über eine von keinem anderen Medium erreichte Beweiskraft zu verfügen scheinen. Aus diesem Grund sind Häftlinge der Konzentrationslager an der Irrealität der Photographien schier verzweifelt, haben andererseits aber ihr Leben eingesetzt, um sie herzustellen und zu verbreiten.

Abb. 36: I 4
Vorsicht! Bandengebiet!
Sichert Euch!
Ausstellungstafel, 1946

Abb. 37: PL 16
Sławomir Lewczuk
9. V. 1945
1979

Die Nationalsozialisten waren davon überzeugt, ihre Verbrechen aus der Erinnerung tilgen zu können, weil sie sich jenseits des menschlichen Vorstellungsvermögens ereigneten. Da die Auslöschung der Erinnerung an die Vernichtung der Juden ein wesentlicher Teil des Verbrechens selbst war, galt in den Konzentrationslagern striktes Photographierverbot. Dem stand der „bürokratische Narzißmus" entgegen, alle Vorgänge penibel auch in Photographien zu dokumentieren und dann als Staatsgeheimnis zu versiegeln.[73]

Derartige Photographien aus den Konzentrationslagern machten während der Nürnberger Prozesse im Sinne der Anklage zwar starken Eindruck, konnten aber in keinem Fall den Beweisstatus gegen einen der Angeklagten erlangen. Es wurde deutlich, daß Photographien einen Beweis im juridischen Sinn erst antreten können, wenn ihre Herkunft bekannt und ihre Negative gesichert, Autor und Umstände der Aufnahmen protokolliert und die Intentionen der Aufnahmen rekonstruiert sind, und dies wurde in Nürnberg kaum geleistet. Im Frankfurter Auschwitz-Prozeß wurden Photographien lediglich in Ausnahmefällen verwendet, wenn die notwendigen Zusatzinformationen gegeben waren.[74]

Wichtiger als die Frage der juridischen Belastbarkeit der Aufnahmen war jedoch ihre Aussage in bezug auf die Erlebniskraft des Gesehenen. Überlebende der Konzentrationslager, die ihre Eindrücke und Traumata niedergeschrieben haben, haben immer wieder die Unzulänglichkeit der Worte gegenüber den Bildern betont, zugleich aber auch festgehalten, daß auch diese der erfahrenen Wirklichkeit kaum nahekamen. Der in Mauthausen internierte Francisco Boix, der für Arbeiten in einem der von den Nationalsozialisten eingerichteten Photolabors eingeteilt wurde, hat in Nürnberg geschildert, wie fiktiv jene Aufnahmen waren, von denen er Negative hatte stehlen können. Daß er sein Leben riskiert hat, um sie für die Nachwelt zu erhalten, zeigt andererseits, wie sehr er ihrer Beweiskraft dennoch vertraute.[75] In diesem Konflikt ist die Problematik der Photographien, über etwas so authentisch wie möglich zu berichten, was ihnen kategorial entzogen ist, unauflöslich gebunden.

Eindringlich hat Jorge Semprún in seinem Bericht über die Zeit im Konzentrationslager beschrieben, wie auch die Kameras der Befreier die Wirklichkeit des Erlebten bezeugten und zugleich begruben.[76] Die von den Alliierten gemachten Aufnahmen folgten einem dokumentarischen Kalkül, dem zugleich bewußt war, daß die Photographien das Wesen der Tötungsfabriken, die in ihrer mechanischen Effizienz all das zu vermeiden suchten, was später zum Objekt der Kameras wurde, kaum zeigen konnten.[77] Den Photographen war zudem bewußt, daß bereits die Schamverletzung, die das Photographieren an sich darstellte, eine Art Komplizenschaft mit den Tätern bedeutete.[78]

Dennoch aber haben die Befreier in ihrer buchstäblichen Verzweiflung, etwas zu sehen, was ihnen später niemand glauben würde, auf den singulären Wert der Photographien auch für die eigene Erinnerung gesetzt: „Ich habe die Negative, deshalb weiß ich, daß ich sie nicht gefälscht habe."[79] Es handelt sich um die Hoffnung auf „das kleine Wunder der Erinnerung"[80], das sich trotz aller Verhinderungen, Manipulationen und Verordnungen dann ereignet, wenn es, ungeachtet des Gegenstandes des zu Erinnernden, zur authentischen Wiedererkennung führt: in diesem Fall der Zeugenschaft des Grauens der Lager.

Diese Ambivalenz ist in die entsetzlichen, im Spätsommer 1944 gemachten Photographien von Frauen, die zur Gaskammer getrieben und deren Leichen unter freiem Himmel verbrannt werden, eingegangen. Ihre gezielte Herstellung konnte erschlossen werden (Abb. 38).[81] „Diese Photographien wurden heimlich von Mitgliedern des Sonderkommandos am Krematorium V in Birkenau aufgenommen. An der Aufnahme waren die jüdischen Häftlinge Alex (Nachname unbekannt) aus Griechenland, Szlojme (Szlama) Dragon und sein Bruder Abram aus Polen sowie Alter Fajnzylberg, ebenfalls aus Polen, beteiligt. Fajnzylberg berichtete, daß diese Photographien gemeinsam aufgenommen wurden. Alex richtete die Kamera aus, betätigte den Auslöser und versteckte sie, während die anderen aufmerksam die Umgebung beobachteten [...]. Dawid Szmulewski, ein Mitglied des polnischen Widerstandes, spielte eine indirekte Rolle. Er hatte den Mitgliedern des Sonderkommandos heimlich die Kamera zukommen lassen und besorgte hinterher die Entwicklung des Films."[82] Die unter Lebensgefahr hergestellten und daher teils ziellosen vier Aufnahmen haben das Photographierverbot durchbrochen, und gerade in ihrer Unschärfe und ihrer ungenauen Motivsuche verkörpern sie ihre Illegalität, die sich den aus der Täterperspektive gemachten Aufnahmen als Akt des Widerstandes entgegenstellt. In ihrer Unschärfe liegt die höchste Form an Authentizität, die von Photographien historischer Ereignisse zu erlangen ist.

Diese Erkenntnis hat zu Formen inszenierter Authentizität geführt, wie sie David Levinthals Photoserien „Hitler Moves East" (1977) und „Mein Kampf" zeigen, in denen Spielzeugfiguren arrangiert und mit einer so extrem großen Blende aufgenommen wurden, daß sie zu in ihrer gewollten Unschärfe geradezu gespenstisch wirklichkeitsnahen Photographien führten (Abb. 39).[83] Die Quintessenz des Dilemmas, daß der Dokumentsinn eines Bildes nicht ohne Kritik an seinem scheindokumentarischen Charakter zu erschließen ist, während erkennbar ungenaue Bilder um so authentischer sein können, ist in Gerhard Richters Gemälde „Onkel Rudi" formuliert (Abb. 40: D 24). Wie

Abb. 38
Alex (Nachname unbekannt), Szlojme (Szlama) und Abram Dragon, Alter Fajnzylberg, Dawid Szmulewski
Verbrennung von Leichen unter freiem Himmel
Sommer 1944, Print 2003
Photographie
Oświęcim, Państwowe Museum Auschwitz-Birkenau w Oświęcimiu
280

Abb. 39
David Levinthal
Ohne Titel, aus der Serie: Mein Kampf 1993–1994
1994
Photographie, 60,9 x 49 cm
New York, Paul Morris Gallery
MK 014

Abb. 40: D 24
Gerhard Richter
Onkel Rudi
1965

durch einen Schnappschuß aus einem vorbeifahrenden Wagen aufgenommen, bleibt der Verwandte so verwischt, daß zwar deutlich zu erkennen ist, daß er Wehrmachtsuniform trägt, jede Identifizierung der Physiognomie oder gar der Empfindungen, mit denen der Maler seinen Onkel betrachtet, aber offenbleiben muß. Zwischen dem historischen Uniformbild und der familiären Bezeichnung des Dargestellten bleibt die Schere der Deutbarkeit.

In ebendieser Spanne befinden sich vor allem jene Photographien, die seit knapp 50 Jahren das Bild der Verbrechen der Nationalsozialisten prägen. Ihre ubiquitären Reproduktionen haben zweifelsohne dazu beigetragen, Hemmschwellen der Wahrnehmung herabzusetzen und Sensibilitäten zu mindern. Um so wichtiger ist es, zu betonen, daß auch Photographien, die wie kein zweites Medium die Geschichte selbst zu bewahren scheinen, Teil einer Metaphernwelt sind, die ihre historische Aussagekraft erst dann offenbart, wenn ihre Fiktionalität berücksichtigt wird.

Innerbildliche Bildanalyse

Die Reflexion des Bildes im Bild gehört zu den markantesten Mitteln der Bekräftigung und Steuerung von Bildwirkungen. Eine Reihe besonders bedrückender Photographien des Zweiten Weltkrieges zeigt deutsche Soldaten, die vermutlich Aufnahmen der von ihnen durchgeführten Hinrichtung von Zivilisten betrachten (Abb. 41).[84] Den Soldaten war das Photographieren dieser Massaker seit 1941 untersagt[85], aber heimlich gefertigte Aufnahmen sind in beträchtlicher Zahl überliefert.[86] Sie waren Trophäen, dienten aber, wie die zahlreichen in Brieftaschen gefundenen Abzüge nahelegen, auch als Amulette gegen den eigenen Tod. All dies ist in den Aufnahmen, in denen die Photographien begutachtet werden, reflektiert.[87]

Dasselbe Prinzip wurde auf die Angehörigen des Tätervolkes im diametral entgegengesetzten Sinn angewandt. Die Bürger Weimars wurden auf Befehl des Generals Patton vom 16. April 1945 gezwungen, sich den von den Häftlingen aufgeschichteten Leichen zu stellen (Abb. 42), die dem General und seinen Soldaten das Grauen des gesamten Lagers vor Augen führen sollten und die in den folgenden Wochen noch zweimal aufgeschichtet wurden. Sie sollten einer amerikanischen und einer britischen Delegation von Abgeordneten die Opfer in einer Form zeigen, die den Taten angemessener schien als die Präsentation der an verschiedenen Orten Verstorbenen.[88] Die Blicke der Weimarer Bürger wurden in zahlreichen Photos festgehalten (Abb. 43).[89] Das „Hände runter", mit dem den Betrachtern verboten wurde, die Augen zu verschließen und mit den Händen zu bedecken[90], war der Einsatzbefehl einer apotropäischen Aufklärung.[91]

Im Juni 1945 wurden die Szenen der Befreiung der Konzentrationslager durch amerikanische Truppen vor deutschen Kriegsgefangenen in New York im Film vorgeführt, wobei das Photo dieser Aktion das bewegte Bild im Bild festhielt (Abb. 44). Die widersprüchlichen Empfindungen der Kriegsgefangenen sind systematisch erforscht worden.[92] Auch in bezug auf Deutschland vermerken Berichte, daß die Bürger nur selten ihr eigenes Antlitz erkannten und um so öfter ihr Entsetzen auf die Schuld einer kleinen Schicht von Tätern lenkten.[93]

Diese Bilder waren aber ebenso für das amerikanische Publikum gedacht. Als die Bilder der Konzentrationslager im Juni 1945 in der amerikanischen Wochenschau gezeigt wurden, drängte die Stimme des Kommentators die Besucher: „Wendet den Blick nicht ab. Seht her!"[94] Susan Sontag hat beschrieben, wie diese Filmsequenzen in ihr einen nie mehr abgeebbten Schock auslösten; damit hat sie präziser als jede Untersuchung den Medusa-Effekt dokumentiert, der mit diesen Bildern beabsichtigt war.⁹⁵

Eine wiederum diametral entgegengesetzte Verwendung der Reflexion des Bildes im Bild ereignete sich in Hilmar Pabels im Januar 1945 aufgenommenem Photo eines verzweifelten, von Männern in einer von Trümmern übersäten Straße umgebenen Mädchens (Abb. 45: D 2 li.). Ohne Kenntnis des Zusammenhanges könnte die Konfrontation des entsetzten Mädchens mit den im Rücken gezeigten Männern an den Abtransport einer gestellten Person durch geheime Greiftrupps denken lassen. Als das Photo sieben Jahre später veröffentlicht wurde, kam daher die Erläuterung hinzu, daß dieses Mädchen im Januar 1945 vor den Trümmern des Elternhauses in Remagen aufgenommen ist, wie sie mit zitternden Fingern um Hilfe für ihre verschüttete Mutter fleht. Stärker noch suggeriert die sieben Jahre später aufgenommene Photographie die Lösung (Abb. 45: D 2 re.). Die nun erwachsene, befreit lachende Frau hält ihr Photo in der Rechten, um ihr Kind als Gegengewicht zum Bildschrecken in eine reziproke Stellung zu bringen. Während sie ihren Mann anblickt, suchen die Augen des Kindes den Photographen. In dieser Interpretation eines Bildes im Bild gelang dem Photographen, durch die Gegenüberstellung

Abb. 41
German soldiers are looking at pictures sitting on the ground
Deutsche Soldaten sitzen auf dem Boden und betrachten Photographien, Oktober 1941
Photographie
Ivry-sur-Seine, ECPAD – La Médiathèque de la Défense
DAT 3694L18

Abb. 42
Auf ihrer Führung durch das K.Z. Buchenwald blicken Weimarer Bürger auf einen der hoch mit Leichen beladenen Wagen
In: KZ – Bildbericht aus fünf Konzentrationslagern, hg. im Auftrag des Oberbefehlshabers der Alliierten Streitkräfte, o.O. o.J. [1945]
Broschüre
Weimar, Gedenkstätte Buchenwald
Bu 170

Abb. 43
Close-up of a group of German civilians on a compulsory tour of the Buchenwald concentration camp
Nahaufnahme von einer Gruppe deutscher Zivilisten, die gezwungen werden, das Konzentrationslager Buchenwald zu besichtigen, 16. April 1945
Photographie
Washington, United States Holocaust Memorial Museum
W/S no. 80627

Abb. 44: USA 6
German prisoners of war in Halloran General Hospital, New York
Deutsche Kriegsgefangene im Halloran General Hospital, New York, in: Jeffrey Shandler: While America Watches. Televising the Holocaust, New York 1999, S. 19

Abb. 45: D 2
Hilmar Pabel (Photographie)
Elli Besgen
In: Hilmar Pabel: Jahre unseres Lebens. Deutsche Schicksalsbilder, Stuttgart, München 1954, S. 122/123

von Schreckensbild und Lebenskraft einen Selbstheilungsprozeß im Photo zu evozieren.⁹⁶

In ihrer Gemäldeserie der Rektoren der Jenaer Universität, die ihr Amt zwischen 1939 und 1997 einnahmen, hat die Malerin Anke Doberauer im Jahre 1997 ein ähnliches Prinzip angewandt, indem Knaben in Amtstracht auf die Photoaufnahmen der Dargestellten blicken (Abb. 46). Besonders im Fall von Karl Astel, als Professor für Züchtungslehre einer der berüchtigtsten Mediziner des Nationalsozialismus, blickt hier nach dem Muster von Renaissancegemälden der noch jungenhafte Genius des Dargestellten auf das Porträt dessen, der aus ihm geworden ist. Die Vorlage wird hier zum Meditationsobjekt des Grauens einer Person über sich selbst.⁹⁷

Hier wirkt das Bild im Bild auf unversöhnliche Weise distanzierend, und auch hier hat sich mit dem Spielraum der Reflexion seine Wirkung nicht gemindert, sondern erhöht. Die in Bildern eingesetzten Bilder bezeugen ihre säkularisiert magischen Fähigkeiten bis in die Extreme von Aufklärung und, wie es die Photos der Hinrichtungen gezeigt haben, Mord.⁹⁸ Die Bildgeschichte der Mythenbildung kann dieses Phänomen nur beschreibend einfangen; zu bewerten ist es nur je nach Standpunkt und Anlaß. Ohne eine solch kritische Beschreibung liefert sich die Historiographie den möglichen Verspiegelungsformen von Bildern aus.

Abb. 46
Anke Doberauer
Acht Magnifizenzen –
Karl Astel
1997
Öl/Leinwand, 81 x 64 cm
Jena, Friedrich-Schiller-Universität Jena

Eine der eindrucksvollsten Photographien der Zeit des Zweiten Weltkrieges ist durch eine denkbar einfache Manipulation einer Entfremdung unterzogen worden, die der ikonischen Verselbständigung zuwiderlief. Die Titelseite der Daily Mail vom 31. Dezember 1940 zeigt Herbert Masons Aufnahme der aus den Rauchwolken der Brandbomben aufragenden St. Paul's Cathedral (Abb. 47: GB 1). Die gesamte Seite ist mehr als ein Dokument,

THE DAILY MAIL, Tuesday, December 31, 1940,

Daily Mail

FOR KING AND EMPIRE

NO. 13,941 · TUESDAY, DECEMBER 31, 1940 · ONE PENNY

LATE WAR NEWS SPECIAL

WAR'S GREATEST PICTURE: St. Paul's Stands Unharmed in the Midst of the Burning City

ROAR of gun barrage mingled with roar and crackle of flames; raiders droned overhead. Daily Mail cameraman H. A. Mason stood on a City roof to get this awe-inspiring picture of the second Great Fire of London—St. Paul's Cathedral ringed with flame. "I focussed at intervals as the great dome loomed up through the smoke," he said. "Glare of many fires and sweeping clouds of smoke kept hiding the shape. Then a wind sprang up. Suddenly the shining cross, dome, and towers stood out like a symbol in the inferno. The scene was unbelievable. In that moment or two I released my shutter." Here is his picture, one that all Britain will cherish—for it symbolises the steadiness of London's stand against the enemy: the firmness of Right against Wrong.

. Other pictures showing the raid havoc are in the BACK Page.

Hitler Planned Monday Swoop

London was to Blaze First

By NOEL MONKS,
Daily Mail Air Correspondent

HITLER meant to start the second Great Fire of London as the prelude to an invasion.

This was the belief held in well-informed quarters in London yesterday.

The Nazis planned to set big fires burning all over London before midnight.

Relays of bombers laden with H.E. would then have carried out the most destructive raid of the war. The New Year invasion was to have followed.

The R.A.F. have given more attention to the invasion ports this past week than for two months or more. Clearly there are sound reasons for supposing that Hitler is still going ahead with invasion plans.

THE FACTS

Here are the real facts of Sunday night's fire-raising raid, as told to me yesterday:

It was one of the biggest night attacks on Britain since September.

No R.A.F. night fighters were operating over the London area, though some were doing so between London and the coast.

Soon after 10 p.m. the German Air Command sent out instructions for all the bombers then engaged to return to their bases, as the weather had taken a turn for the worse and fog was blotting out their aerodromes.

It was the weather, then, and not our night fighters, that saved London from an even worse attack. The view is held that the assault was intended to be the fiercest of the war.

Up to 1,000 bombers were to have been used during the night.

One explanation given for the sudden silence of London's inner A.A. barrage is that in the light of the fire by which most of London was lit up, to continue firing would have disclosed the positions of the guns.

Some of the German fighter-bombers came down to a lower height over London than ever before. They were able to do this because:

(i) The guns had stopped firing, and

(ii) Flames lit up the barrage balloons, and the raiders could fly between them.

It is estimated that more than 10,000 incendiary bombs were dropped on the capital within three hours.

Until a late hour last night no raids had been reported from any part of Britain.

Because of bad weather across the Channel most of the R.A.F.'s operations on Sunday night had to be cancelled.

Churchill Sees London's Ruins

MR WINSTON CHURCHILL, accompanied by his wife, visited the ruins of London's famous Guildhall yesterday and spent two hours walking through the City.

As they walked along people cheered. One man shouted, "God bless you, sir." Mr. Churchill smiled and lifted his hat.

They inspected a deep, underground shelter. To shouts of "Good luck" from the crowd, Mr. Churchill replied, "Good luck to you."

As they left this shelter a woman ran forward and asked: "When will the war be over?"

Mr. Churchill paused, turned to the woman, and said, "When we've beaten 'em."

Mr. Churchill looked grim and determined as he noted the damaged churches and other buildings.

The news of his visit spread, and after a while a crowd of cheering Londoners were accompanying him on his tour.

Morrison on Radio To-night

MR. HERBERT MORRISON, Minister of Home Security, will broadcast after the B.B.C.'s six o'clock news bulletin this evening.

He will detail further measures being taken to assist fire fighting during air raids, and it is believed that he will deal with the need for greater fire-watching precautions at unoccupied or temporarily unoccupied business premises.

HAVOC COULD HAVE BEEN SAVED

By Daily Mail Reporter

MANY of Sunday night's fires in the City of London could have been avoided if fire-watching regulations had been properly observed.

That is the opinion of Commander A. N. G. Firebrace, the London Fire Brigade chief, who has just been transferred to the Home Office to help in organising local brigade duties through the country.

"It should be a point of honour," he declared, "for every firm to say: 'I will not let this place burn down, both for my own sake and for the sake of my neighbours.'"

Commander Firebrace was present at an urgent conference called yesterday by Mr. Herbert Morrison at the Home Office to consider the problems arising out of the fires.

Others present were Sir Philip Game, Commissioner of Police for the Metropolis, General Sir William Bartholomew, chief of civil defence for the London area, and A.R.P. experts.

Even on Sundays

The whole available details of the raid were reported to Mr. Morrison, who will broadcast this evening during the 6 o'clock news.

The work of the firemen on duty throughout Sunday night was directed personally by Mr. F. W. Jackson, now in charge of the London Fire Brigade.

Mr. Jackson was having a brief holiday about 50 miles away from London when news of the raid reached him. He drove at once to London at the fullest possible speed, and was on duty all night.

Here is what another of Britain's fire-fighting experts said about the absence of spotters:

"If a proper fire-watching staff had been on duty at all the buildings affected nearly all the fires would have been prevented.

"It is terrible to see a little fire start, and then in half an hour to see the whole roof ablaze.

"What is needed is not merely one roof-spotter—you want a man on watch on the roof and then a party of half a dozen or so below who can be called up at once in an emergency.

"Employees of the various firms should in every case form a rota and stay behind—even on Sundays—so as to ensure that their building cannot be destroyed by a few small incendiary bombs."

The Second Great Fire of London, and Where Were the Roof Spotters?—Page THREE. Pictures—BACK Page.

Nazis 'Play it Down'

Berlin radio eliminated all reference to the destruction of churches and historic buildings in its broadcast account last night of the fire raid on London. The Bremen announcer described it as a fierce mass attack concentrated in the space of a few hours.

Fire Spotter Off: Firm Fined £20

The Central Manufacturing Company, Ltd., of Elliott-street, Rochdale, were fined £20 at Rochdale yesterday for failing to secure that a person "who had undertaken to act as fire watcher was at all times present on the premises."

Mr. R. S. Clegg, for the firm, submitted that the regulations did not require a firm to engage a fire watcher but that somebody should undertake that duty.

It was only when somebody undertook this, he added, that responsibility arose for the firm to see that he was on the premises at all times.

Mr. Clegg said the firm had a fire-fighting organisation and on the day of the offence it had been practising with stirrup pumps. This, he said, must have caused a fire to break out at the works after the staff had left.

It was agreed that a fire had occurred early one morning and that the police had to force an entrance because the building was unoccupied.

The King Gives City His Sympathy

The Lord Mayor, Sir George Wilkinson, has received a message of sympathy from the King on the destruction in the City.

From Mr. A. Emil Davies, chairman of the London County Council, the Lord Mayor received a telegram offering "sincerest sympathy" on behalf of the L.C.C.

100 to 1 Backing for Roosevelt

From Daily Mail Correspondent

WASHINGTON, Monday.

PRESIDENT ROOSEVELT is "tremendously pleased" at the reaction to his speech, in which he pledged more aid to Britain and declared that the Axis could not win the war.

The President's secretary, Mr. Stephen Early, said to-day that the address had brought a greater response than any previous Roosevelt talk.

Within 40 minutes of its end the President received 600 messages. They were 100 to 1 in favour.

This is how it was received by:

Senator Alben Barkley, leader of the Democratic Party in the Senate: A magnificent clarification of our objectives.

Senator Warren R. Austin, leader of the Republican Party Minority in the Senate: A remarkably fine presentation of the situation.

The New York Sun: Deadly, implacable hostility towards the dictatorships sounded in every phrase.

New York Post: One of the major declarations in the history of our republic. It may still save our peace and our world.

'End of Hitler'

Ralph Ingersoll, editor of P.M.: The end of Hitler is very near now. If he thinks he has a chance after Roosevelt's speech last night, he is even crazier than he sounds.

Mr. Arthur Purvis, head of the British Purchasing Mission in the United States, attended a conference at the White House to-day with President Roosevelt and Mr. Henry Morgenthau, Secretary of the Treasury, on the production of material for Britain.

"We had a general discussion on supply matters," Mr. Purvis said later. "President Roosevelt's loan and lease plan opens up a new chapter."

China Seeks U.S. Planes

From Daily Mail Correspondent

NEW YORK, Monday. — The United States Government are reported to be considering the release of 400 warplanes to China for use against the Japanese.

Major-General San-chu Mow, head of the Chinese Air Force, is in Washington conferring with Administration officials and Army and Navy leaders.

Some of the foremost American strategists favour the transfer of at least 400 of the latest type pursuit and bomber planes, including six Flying Fortresses.

According to a *Reuter* report from Chungking, the Anglo-Chinese short-term credit guarantee agreement has been extended for six months to facilitate Chinese purchases from Great Britain.

500 Were Killed in Manchester

Mr. R. H. Adcock, Manchester's Town Clerk, revealed last night that in the severe raids on the city a week ago, about 500 people were killed.

He made the statement to check rumours. In one case it was rumoured that hundreds were killed in a shelter, when in fact only a few were injured.

America Moves

BIG ARMS FLOW HAS BEGUN

From Daily Mail Correspondent

NEW YORK, Monday.

THE United States Defence Commission announced to-day that they had approved arms contracts worth £2,500,000,000.

Monthly production had now risen to 2,400 aircraft engines, 700 warplanes, 100 tanks, and 10,000 automatic rifles.

Present British and American orders on hand total 50,000 planes, 130,000 aero-engines, 9,200 tanks, 2,055,000 guns, 380 naval vessels, 200 merchant ships, 50,000 lorries, and other equipment.

The United States Government were building 40 war factories, including the first plant for mass-producing tanks.

. Hitler Will Reply to Roosevelt—Page FIVE.

LATEST

1,000 ITALIANS CAPTURED

Athens, Thursday. — Greek communique to-night states: "More than 1,000 Italians, including entire battalion with officers, captured."

'NEW METHOD' OF AIR FIGHTING

Ottawa, Monday. Equipment for a new method of air fighting is being rapidly completed said Air Chief Marshal Sir Hugh Dowding, former chief of the R.A.F. fighter command. He expected that the worst of the night bombing would be over by the spring.—Reuter.

Abb. 47: GB 1
Herbert Mason (Photographie)
War's Greatest Picture
Das großartigste Bild des
Krieges, in: The Daily Mail,
31. Dezember 1940

Abb. 48: GB 8
St. Paul's as it appeared on VE
night – the symbol of victory
for Londoners
St. Paul's am 8. Mai 1945 –
das Symbol des Sieges für die
Londoner, Print 2003

weil sie das Wahrzeichen Londons über dem brennenden London wie ein im Himmel erscheinendes Neues Jerusalem erscheinen läßt. Den Redakteuren war bewußt, daß es sich bei diesem Zeichen der Unversehrbarkeit um „War's greatest picture" handelte. Mit seinem quadratischen Format in die Mittelachse der Seite gerückt und von den beiden Randkolumnen gerahmt, hätte es in seiner Isolierung zu einer sakralen Ikone der Überlebens- und Siegesgewißheit werden können. Um so erstaunlicher wirkt, daß es rechts unten durch den Comic „London Lullaby" überschnitten wird, der wie in einer brechtschen Verfremdung das Pathos der Aufnahme zurücknimmt und damit der Photographie aus der Distanzierung die historische Beglaubigung liefert.

Sie erhielt am 8. Mai 1945 ihr Gegenbild, als die Scheinwerfer der Flugabwehr hinter der Kathedrale ihre Sucharme zum Victory-Zeichen formten und mit dieser Lichtskulptur Albert Speers „Lichtdom" des Nürnberger Reichsparteitages von 1934, bei dem senkrecht in den Himmel gerichtete Scheinwerfer eine „Lichtarchitektur" bildeten[99], beantworteten (Abb. 48: GB 8). Im Fall der Photographie von 1940 hat das Zusammenspiel von Erhabenheit und Verfremdung die innerbildlichen Möglichkeiten ebenso genutzt wie das zweischichtige Gegenbild von 1945.

Die Rückkehr der verfemten Kunst

Die „Ikonen" des Bildgedächtnisses bestehen in bezug auf die Zeit des Zweiten Weltkrieges stärker aus Photographien als aus Gemälden. Die Malerei konnte trotz der beeindruckenden Umsetzung persönlicher Erfahrungen in Andrzej Wróblewskis Bilderzyklus „Erschießungen", trotz Hans Grundigs gemalten Abrechnungen mit dem Nationalsozialismus, trotz Ronald B. Kitajs großartigen und tiefernsten Versuchen, die kunstgeschichtliche Tradition im Medium der Pop-art zur Reflexion der Shoah zu nutzen[100], und trotz Anselm Kiefers Versuch, in „Margarethe" und „Sulamith" Paul Celans „Todesfuge" zu vergegenwärtigen[101], kein zweites „Guernica" entstehen lassen.

In den Ländern, in denen die Kunst der Avantgarde ausgeschaltet worden war, wurde die Wiedergewinnung dieser durchtrennten Traditionslinie ein kulturpolitisches Kampfmittel der Überwindung des inneren Totalitarismus. Die formale Eigenschaft der Werke wurde zu einem der markantesten Mittel der Bildung und Steuerung der Erinnerungsformen. Dies gilt für Italien und Spanien auf andere Weise als für Österreich und vor allem Deutschland.

In Italien bot die Avantgarde ein herausragendes Mittel, die Vergangenheit auf doppelte Weise zu neutralisieren. In dem Versuch, dem italienischen Faschismus im Rückblick ein vergleichsweise menschliches Antlitz zu geben, spielte die Kunst eine Hauptrolle, weil geltend gemacht werden konnte, daß es eine Aktion wie die „Entartete Kunst" in Italien nicht gegeben hatte. In Italien blieb die Moderne während der Zeit des Faschismus in Maßen erlaubt, weil dieser auch ein Produkt

20. ROSSO FIORENTINO, ‹Kreuzigung›

21. SALVADOR DALÍ, ‹Kreuzigung›

des Futurismus gewesen war. Die Präsentation offizieller italienischer Kunst im nationalsozialistischen Berlin wurde als Skandal empfunden.[102] Erst als auch in Italien in den 70er Jahren die geradezu heilige Allianz der parteiübergreifenden Resistenza als der Gründungskultur des Nachkriegsitalien zerbrach, wurde die futuristische Tradition auch in ihren prekären Momenten wahrgenommen.[103]

In Deutschland war die Ausgangslage sowohl einfacher als auch schwieriger. Während die Auseinandersetzung um die moderne Kunst im Osten unter das Verdikt des Formalismus fiel, wurde sie im Westen zum Vehikel einer kulturellen Abrechnung. Der Kunsthistoriker Hans Sedlmayr hat mit seinem Bestseller „Verlust der Mitte" im Jahre 1948 einen seit dem 18. Jahrhundert ablaufenden Prozeß der Desorientierung konstruiert, an dem die Kunst zentral beteiligt gewesen sein sollte.[104] Eine nicht weniger populäre Antwort auf dieses fortwirkende Ressentiment gegen die Moderne gelang Gustav René Hockes „Welt als Labyrinth" von 1956.[105] In suggestiven Gegenüberstellungen, in denen er Werke des historischen Manierismus mit denen der Moderne konfrontierte (Abb. 49), vermochte Hocke die vormals als „entartet" geächtete Kunst zu einer hellsichtigen Diagnose derselben Zeitkrise zu machen, die bereits im 16. Jahrhundert zum „Manierismus" geführt hatte.[106] Die Gleichung, daß die verfemte Moderne per se als ein Garant der Demokratie zu bewerten sei, blieb in der Bundesrepublik Deutschland auch aus dem Grund unangefochten, weil diese über keinen übergreifenden Gründungsmythos verfügte, wie ihn die DDR mit ihrer Liturgie des Antifaschismus mit Erfolg erzeugt hatte. Der einzigartige und bis heute ungebrochene Erfolg der Kasseler „documenta" verdankt sich auch dem Umstand, daß über die künstlerische Avantgarde gleichsam eine demokratische Hochstimmung erreicht werden konnte.[107]

Dieses Bild galt bis in die 70er Jahre, als auch diese Meistererzählung ins Stocken geriet. Erstmals wurde erörtert, daß expressionistische Künstler keinesfalls für den Pazifismus eingetreten waren, sondern den Ersten Weltkrieg herbeigesehnt hatten[108], und mehr noch verstörte, daß die Aktion „Entartete Kunst" manchen der Betroffenen nicht nur aus dem Grund zuwider gewesen war, daß sie damit als Künstler getroffen waren, sondern weil sie ihren Stil keineswegs als oppositionell verstanden sehen wollten.[109] Für eine Reihe von Malern der „Brücke" war es auf lange Sicht eine Rettung, daß sich jene Richtung der nationalsozialistischen Kulturpolitik, die den Expressionismus zur Staatskunst machen wollte, nicht durchzusetzen vermochte.[110] Mit dieser Erkenntnis war die Gleichsetzung von Antifaschimus und moderner Kunst erschüttert.

Abb. 49
Rosso Fiorentino, Kreuzigung.
Salvador Dalí, Kreuzigung
In: Gustav René Hocke:
Die Welt als Labyrinth,
Reinbek b. Hamburg 1957
Buch
Privatbesitz

Im selben Zug wurde die Kunst des Nationalsozialismus vom Stigma gelöst, daß derjenige, der sich mit ihr beschäftige, durch den Gegenstand diskreditiert werde.[111] Bei der Beurteilung der ästhetischen Qualitäten ergab sich jedoch das Problem der Maßstäbe. Leni Riefenstahls Filme des Parteitages in Nürnberg „Triumph des Willens" (1935) und „Olympia" (1936/1938), welche die Gattung der Massen- und Sportaufnahmen revolutioniert haben, bieten den wohl unlösbaren Konfliktkern der Frage, ob mit der Neutralisierung der Ästhetik des Faschismus eine kryptische Sympathie verbunden sei.[112] Hans Jürgen Syberbergs Film „Hitler, ein Film aus Deutschland" (1976/1977) bot einen der ersten Versuche, sich diesem Problem mit dessen eigenen Mitteln zu stellen.

Ende der 80er Jahre wurde die Gleichsetzung von Demokratie und Avantgarde schließlich geradezu umgekehrt, indem der sowjetische Totalitarismus als Übertragung ihrer metaphysischen Ziele in das Hier und Jetzt erachtet wurde.[113] Nach Sedlmayrs „Verlust der Mitte", der die Moderne als Grund der Zerstörung kultureller Gemeinschaft gewertet hatte, wurde sie nun als Modell totalitärer Zugriffe gedeutet. In der Kritik der Avantgarden berührten sich zwei Extreme.

Bindung und Distanzierung

In der Gestaltung der Erinnerung ist den Bildmitteln eine überragende Rolle zugefallen. Es waren vor allem Denkmäler, Filme, Fernsehserien und Photographien, mittels derer sie prägend wirkten. Diese haben sich aufeinander bezogen, in Motiven und Techniken durchdrungen und in numerisch nicht mehr erfaßbaren Mengen durch alle nur denkbaren Reproduktionsmittel von Plakaten bis zu Briefmarken verbreitet.

Ihr erstes Ergebnis war die visuelle Formulierung, Bündelung und Durchsetzung der ersten Nachkriegsmythen: der Einheit des Widerstandes, des antifaschistischen Gründungsauftrages der neuen Staaten und der Abmilderung der inneren Widersprüche der Nachkriegsgesellschaften. Die Rolle der Bilder bei der Abschwächung des offenen oder latenten Bürgerkrieges etwa in Italien oder Frankreich kann kaum überschätzt werden. In diesem Gestus haben die Bilder eine große, im Rückblick aber auch problematische Leistung erbracht. In der Erschaffung ihrer Geschichtskonstruktionen waren sie auch Deckmäntel, und dies begründete, daß der von ihnen mitproduzierte Nachkriegsmythos nicht länger als 20 Jahre überdauerte.

Die sich seit den 70er Jahren durchsetzende Dekonstruktion der Nachkriegsmythen, die zu den großen Leistungen der Geschichtswissenschaft zu rechnen ist, hatte in einer Reihe von Filmen Vorläufer, die den Nachkriegskonsens im Westen wie im Osten unterliefen. Die Holocaust-Fernsehserien haben die Sicht der Judenvernichtung maßgeblich verändert, und wenn jemals von „Bildakten" gesprochen werden kann, dann in bezug auf diese Ereignisse.

Eine ähnliche Wirkung haben die Bilder erst wieder erfahren, als sie eine dritte Phase der Erinnerungskultur einleiteten oder zumindest zu einer vehement geführten Diskussion brachten: die Entlastung von jener Verkrampfung, die auch die bestbegründete Moral mit sich bringt, wenn sie sich zur Mechanik internalisiert. Art Spiegelmans Comic „Maus. Die Geschichte eines Überlebenden" (1973–1985) suchte erstmals die Ratlosigkeit der eigenen Generation, sich unter dem Gewicht der Verbrechen und der Erfahrungsschwere der Elterngeneration bewegen zu können, zu lösen (Abb. 50: USA 13).[114] Gerade seinen Zeichnungen gab Spiegelman den Anspruch, nicht-fiktional zu sein.[115]

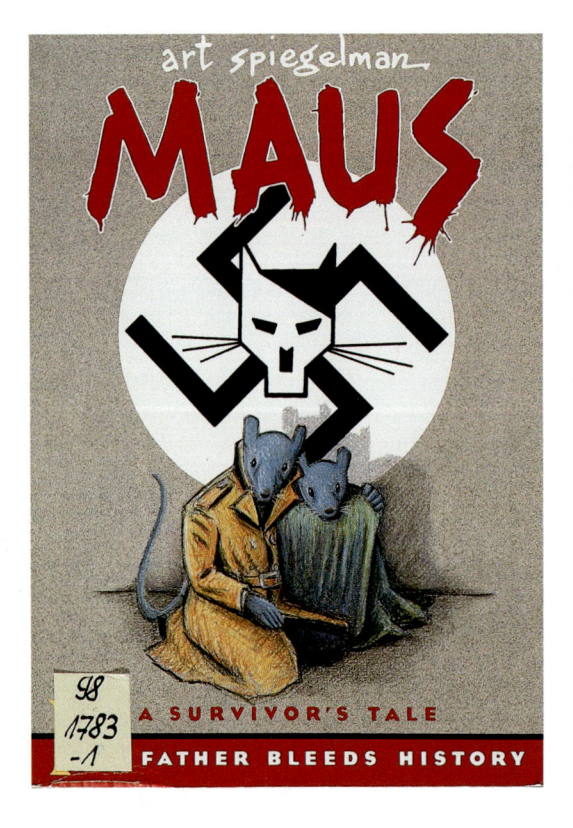

Dieser Gestus ist seit den 90er Jahren zu einem Gebot der Generation der Enkel geworden. Alan Schechners „It's the real thing" (Abb. 51: USA 14) (1993), Roberto Benignis „La vita è bella" (1997) und die New Yorker Ausstellung „Mirroring Evil: Nazi Imagery/Recent Art" (2002) sind Beispiele einer ihrerseits zwanghaften Entkrampfung, in der sich der Wunsch, hinter dem Schutzwall eines scheinbaren Zynismus eine eigene, nicht-entlehnte Position finden zu können, mit dem Unbehagen über die relative Leichtigkeit des eigenen Seins mischt.

Abb. 50: USA 13
Art Spiegelman
Maus. A survivor's tale
Maus. Die Geschichte eines Überlebenden, New York 1986

Abb. 51: USA 14
Alan Schechner
It's the real thing. Selfportrait at Buchenwald
It's the real thing. Selbstporträt in Buchenwald, 1993

Das Motiv des Zuges

Zu den in das Bildgedächtnis der Nachkriegsgenerationen eingeprägten Bildern gehört Stanisław Muchas Photo des Lagertores in Birkenau vom Februar oder März 1945 (Abb. 52: D 19). Es trieb den industrialisierten Massenmord dadurch auf eine symbolische Spitze, daß es ihn mit der Sphäre des Warenumschlages und der schneebedeckten Kälte der Gleise verband. Muchas Aufnahme wurde oftmals reproduziert und nachgestellt, so durch Photographien von Michael Kenna, die das Stählerne der Schienenstränge mit der Bestimmung des Weges zu verbinden suchten[116], und sie wurde zu einem der Ausgangspunkte weiterer Motivketten von Zügen und Gleisen, die als Beispiel für weitere, alle Bildmedien durchziehende ikonographische Reihen gelten können.

Zum Kosmos der Zugikonographie gehört die Aufnahme der Rampe in Auschwitz (Abb. 53: IL 21), auf der die Aufteilung der Ankommenden stattfand, ebenso wie die Gegenphotographie Lee Millers vom 30. April 1945, die sich auf die Augenhöhe der an den Gleisen liegenden Leichen begab (Abb. 54). Derartige Bilder

Abb. 52: D 19
Stanisław Mucha
(Photographie)
1942. Tatort Auschwitz
In: Guido Knopp: 100 Jahre.
Die Bilder des Jahrhunderts,
Sonderausgabe München
2003, S. 166/167

Abb. 53: IL 21
'Aussortierung'
In: Serge Klarsfeld (Hg.): The
Auschwitz Album. Lili Jacob's
Album, New York o.J.

Abb. 54
Lee Miller
In this case the camp is so
close to the town that there is
no question about the
inhabitants knowing what
went on
In diesem Fall ist das Lager so
dicht bei der Stadt gelegen,
daß kein Zweifel darüber
besteht, daß die Einwohner
wußten, was vor sich ging,
30. April 1945, Print 2003
Photographie
Chiddingly,
Lee Miller Archives
76–22

haben bewirkt, daß wohl kein Einzelmotiv die Erinnerung an die Judenverfolgung stärker vergegenwärtigte als Gleise, Waggons und Rampen. Die Diskussion, ob nicht die Luftwaffe der Alliierten diese Zugwege hätte bombardieren können, um den Massenmord zu stoppen, hat mit der symbolischen Besetzung dieses Transportmittels zu tun, das als Todesgefährt eine eigene Verantwortung zu übernehmen schien.

Das Cover von Eyal Sivans und Rony Braumans Videofilm „Un Spécialiste" von 1998 hat die Lokomotive in diesem Sinn als besonders eindringliches Zeichen eingesetzt. Es überblendete das Gesicht Adolf Eichmanns durch eine Spielzeuglokomotive, so daß die Räder zu riesigen Augen transmutieren und der Rauch zum Haarkranz wurde (Abb. 55: IL 8). Hannah Arendts These von Eichmanns „Banalität des Bösen", die der Film zu bestärken suchte, wurde durch dieses Spielzeugmotiv auf schaurige Weise überspitzt.[117]

Neben den Mitteln des Transportes gehörte auch die Fahrt der Todeszüge selbst, wie sie Semprúns „Große Reise" festgehalten hat, zur Ikonographie der Eisenbahn. Der Beginn seiner Erzählung über die fünftägige Fahrt im Viehwaggon von Frankreich in das Konzentrationslager von Buchenwald enthält in seiner zeitlichen Unbestimmtheit die gesamte Tortur: „Da ist die zusammengepferchte Masse von Leibern im Wagen, dieser stechende Schmerz im rechten Knie. Tage, Nächte".[118] Mit Blick auf diese Symbolik der Zugreise wurde die Eisenbahn zur eindringlichen *Persona* auch von Lanzmanns Film „Shoah", in dem immer wieder die Fahrt auf den Gleisen den Sphärenwechsel vom Leben zum Tod beschwor (Abb. 56: F 23). Die Verbindung deutscher Züge mit dem Massenmord ist so tief verankert, daß selbst Juden der jüngeren Generation bei Reisen durch Deutschland von ihr heimgesucht werden. Der Künstler Shimon Attie hat diese Beklemmung im Jahre 1993 nach außen gekehrt, indem er auf die Wände und Züge der Bahnhöfe von Dresden und Hamburg Diapositive von Deportierten projizierte.[119]

Nach 1989, als in hochgradig kontroversen Diskussionen in den osteuropäischen Ländern die Judenverfolgung erstmals offen diskutiert und nach dem eigenen Anteil gefragt wurde, erhielten die Eisenbahnzüge auch in Osteuropa einen zentralen Symbolcharakter. Auf dem Umschlag der Dokumentation von Radu Ioanid von 1997 sind vorn die Besteigung des Todeszuges am 29. Juni 1941, auf dem Rücken die Toten des folgenden Tages abgebildet.[120] Seit den Deportationen nach Sibirien waren die Viehwaggons aber auch ein Symbol des stalinistischen Terrors. Sigismunds Vidbergs' 1952/1953 im Exil gefertigte Tuschzeichnung des Auseinanderreißens der Familien vom Juni 1941, als mehr als 14000 Letten nach Sibirien geschickt wurden (Abb. 57: LV 7), nutzte die Aufnahme eines solchen Waggons, von dem er das CCCP-Emblem, den Fensterverschlag und die Zahl 18 übernommen hat, als Vorbild (Abb. 58: LV 12).[121] Der polnische Künstler Maksymilian M. Biskupski hat die Zugikonographie mit seinem Modell für die Opfer der Sowjetunion und besonders für die Tausende in Katyn erschossenen polnischen Offiziere schließlich auch in skulpturaler Form genutzt (Abb. 59: PL 10). Es zeigt den Unterbau eines Güterwaggons, der mit lateinischen und orthodoxen Kreuzen, aber auch mit einem jüdischen und muslimischen Grabstein beladen ist.[122]

Abb. 55: IL 8
Eyal Sivan, Rony Brauman (Regie)
Un spécialiste
Ein Spezialist, 1998

Abb. 56: F 23
Claude Lanzmann (Regie)
Shoah
1985

Abb. 57: LV 7
Sigismunds Vidbergs
Ceļā slāpst
Durstig auf dem Weg, aus dem Zyklus: Baigais gads, 1952–53

Abb. 58: LV 12
Izsūtīto vagoni
Die Waggons der Verbannten, in: Gunārs Kurlovičs, Andris Tomašūns: Latvijas vēsture pamatskolai. Mācību grāmata, Riga 2000, S. 251

Abb. 59: PL 10
Maksymilian M. Biskupski
Miniatura pomnika 'Poległym i pomordowanym na Wschodzie'
Modell des Denkmals 'Den im Osten Gefallenen und Ermordeten', 1995

Mit der Wiedergabe und Verfremdung von Lokomotiven, Viehwaggons, Gleisen und Rampen wurde die Eisenbahn in all ihren Varianten zu einem zentralen Motiv des Gedenkens an die Massenverbrechen der Zeit des Zweiten Weltkrieges. Der Zug, der seit den vor Optimismus strotzenden Bildern des italienischen Futurismus ein Emblem des zivilisatorischen Fortschritts gewesen war, endete auf dem Abstellgleis des Todes, und damit verkehrte sich eine Geschichte des Aufbruches, die im Automobil und im Zug ihre maschinell glühenden Bildsymbole gefunden hatte, in einen Totentanz auf Rädern.

Um so bemerkenswerter waren Versuche, auch dieses Feld der ikonographischen Verdichtung wieder aufzulösen. So intendierte Radu Mihaileanus Film „Zug des Lebens" vom Jahre 1998 eine behutsame Inversion dieser Todessymbolik. Eine osteuropäische jüdische Gemeinschaft organisierte in seiner so tragischen wie komischen Filmerzählung die Zugreise ihrer eigenen Deportation, um der tödlichen Bestimmung zu entgehen und nach Palästina zu fliehen. Es war ein Versuch, die bedrängende Schwärze der Zugmotive zu distanzieren, ohne ihr Gewicht zu mindern (vgl. Abb. IL 27).

1. Hoffmann, Detlef: Vom Kriegserlebnis zur Mythe, im vorliegenden Band.
2. Die Photo- und Diagrammschau des deutschen Verteidigungsministers, der den Militäreinsatz in Jugoslawien aus einer Serie für sich höchst problematischer Bilder ableitete, war ein ebenso eindrucksvolles Beispiel für den ungebrochenen Wahrheitsanspruch von Bildern wie die denkwürdige multimediale Bilderschau des amerikanischen Außenministers, von der die öffentliche Rechtfertigung für den Irak-Krieg ausging, in der UNO. Vgl. Krieg in Aufsicht – funktioniert das? Die Rolle der Bilder für politische Entscheidungen. Nikolaus Brender im Gespräch mit Rudolf Scharping, in: Peter Christian Hall (Hg.): Krieg mit Bildern. Wie Fernsehen Wirklichkeit konstruiert, 33. mainzer tage der fernseh-kritik, Mainz 2001, S. 267 ff. und Schweitzer, Stefan/Vorholt, Hanna: Der „Guernica Cover-Up" vom Februar 2003. Verhüllungen und Enthüllungen im zeitgenössischen Bildgebrauch, in: Historische Anthropologie, (2003), Nr. 3 (im Druck).
3. Kovács, Éva/Seewann, Gerhard: Der Kampf um das Gedächtnis, im vorliegenden Band.
4. Verspohl, Franz-Joachim: Stadionbauten von der Antike bis zur Gegenwart. Regie und Selbsterfahrung der Massen, Gießen 1976, S. 220 ff.
5. Reichel, Peter: Politik mit der Erinnerung. Gedächtnisorte im Streit um die nationalsozialistische Vergangenheit, Frankfurt a. M. 1999, S. 39. In Marc Ferros großartiger, seit Beginn der 90er Jahre bei Arte produzierter Fernsehserie „Histoire Parallèle" gehört eine Filmaufnahme dieses Aktes zum Vorspann.
6. Iggers, Wilma: Das verlorene Paradies, im vorliegenden Band.
7. Reichel 1999 (wie Anm. 5), S. 81 f.
8. Young, James E.: Nach-Bilder des Holocaust in zeitgenössischer Kunst und Architektur, Hamburg 2002, S. 124.
9. Riley, Terence/Bergdoll, Barry (Hg.): Mies in Berlin. Ludwig Mies van der Rohe. Die Berliner Jahre 1907–1938, Ausstellungskatalog, München/Berlin/London/New York 2001, S. 218.
10. Rapoport, Nathan: Zur Entstehungsgeschichte des Warschauer Ghetto-Denkmals, in: Young, James E. (Hg.): Mahnmale des Holocaust. Motive, Rituale und Stätten des Gedenkens, München/New York 1993, S. 79 ff.
11. Mittig, Hans-Ernst: Das deutsche Marine-Ehrenmal in Laboe, in: Plagemann, Volker (Hg.), Übersee. Seefahrt und Seemacht im deutschen Kaiserreich, München 1988, S. 377 ff.
12. Young 2002 (wie Anm. 8).
13. Syriatou, Athena: „Der Krieg wird uns zusammenhalten", im vorliegenden Band.
14. Wenk, Silke: Die „Mutter mit dem toten Sohn" in der Mitte Berlins, in: Käthe Kollwitz. Schmerz und Schuld. Eine motivgeschichtliche Betrachtung, Käthe-Kollwitz-Museum (Hg.), Berlin 1995, S. 84 ff.
15. Reichel 1999 (wie Anm. 5), S. 96 ff.
16. Vgl. in bezug auf Deutschland: Reichel 1999 (wie Anm. 5), S. 89 ff.
17. Koselleck, Reinhart/Jeismann, Michael (Hg.): Der Politische Totenkult. Kriegerdenkmäler in der Moderne, München 1994.
18. Hoffmann-Curtius, Kathrin: Feminisierte Trauer und aufgerichtete Helden. Figürliche Denkmäler der frühen Nachkriegszeit in Deutschland und Österreich, in: Eschebach, Insa/Jacobeit, Sigrid/Wenk, Silke (Hg.): Gedächtnis und Geschlecht. Deutungsmuster in Darstellungen des nationalsozialistischen Genozids, Frankfurt a. M./New York 2002, S. 383 ff.; vgl. allgemein Neumann, Klaus: Mahn-

¹⁸ male, in: François, Etienne/Schulze, Hagen: Deutsche Erinnerungsorte, Bd. 1, München 2002, S. 622 ff.
¹⁹ Hoffmann-Curtius 2002 (wie Anm. 18), S. 390.
²⁰ Tops, Ellen: Lebendige Vergangenheit, im vorliegenden Band.
²¹ Flacke, Monika/Schmiegelt, Ulrike: Aus dem Dunkel zu den Sternen, im vorliegenden Band.
²² Knigge, Volkhard: Vom provisorischen Grabdenkmal zum Nationaldenkmal, in: Bauwelt, 86 (1995), Nr. 39, S. 2258 ff.; 2265; vgl. Reichel 1999 (wie Anm. 5), S. 102 ff.
²³ Boia, Lucian: Unterschiedliche Erinnerungen an den Zweiten Weltkrieg, im vorliegenden Band.
²⁴ Kohrs, Michael: Von der Opfer- zur Täterdebatte, im vorliegenden Band.
²⁵ Zur Geschichte der Holocaust-Rezeption in den USA vgl. Novick, Peter: The Holocaust in American Life, New York 1999.
²⁶ Young, James E.: The Texture of Memory. Holocaust Memorials and Meanings, New Haven/London 1993, S. 57 ff.
²⁷ Young 2002 (wie Anm. 8), S. 108 ff.
²⁸ Young 2002 (wie Anm. 8), S. 150 ff.
²⁹ Young 2002 (wie Anm. 8), S. 116 ff.
³⁰ Fischer, Andreas/Glasmeier, Michael (Hg.): The Missing House, Berlin 1990.
³¹ Meschede, Friedrich (Hg.): Micha Ullman, Dresden 1999.
³² Schneider, Bernhard: Daniel Libeskind. Jüdisches Museum Berlin, Berlin 1999, S. 48 ff.
³³ Heimrod, Ute/Schlusche, Günter/Seferens, Horst (Hg.): Die Debatte um das „Denkmal für die ermordeten Juden Europas". Der Denkmalstreit – das Denkmal? Eine Dokumentation, Berlin 1999.
³⁴ Young 1993 (wie Anm. 26) S. 177.
³⁵ Gamboni, Dario: Iconoclasm and Vandalism since the French Revoltuion, London 1997, S. 63 f.
³⁶ Gamboni 1997 (wie Anm. 35), S. 52 f., S. 65 ff.
³⁷ Diers, Michael: Schlagbilder. Zur politischen Ikonographie der Gegenwart, Frankfurt a. M. 1997, S. 104 f., zur Kritik der Denkmalspraxis nach 1989 allgemein S. 101ff.; Gamboni 1997 (wie Anm. 35), S. 79 ff.
³⁸ Gamboni 1997 (wie Anm. 35), S. 77.
³⁹ Kohrs, im vorliegenden Band.
⁴⁰ Beke, László: Das Schicksal der Denkmäler des Sozialismus in Ungarn: in: Bildersturm in Osteuropa. Die Denkmäler der kommunistischen Ära im Umbruch, München 1994 (Icomos: Bd. 13), S. 57.
⁴¹ Tscherkes, Bogdan S.: Denkmäler von Führern des sowjetischen Kommunismus in der Ukraine, in: Bildersturm in Osteuropa (wie Anm. 40), S. 38.
⁴² Boia, im vorliegenden Band.
⁴³ Boia, im vorliegenden Band.
⁴⁴ Onken, Eva-Clarita: Wahrnehmung und Erinnerung: Der Zweite Weltkrieg in Lettland nach 1945, im vorliegenden Band.
⁴⁵ Tönsmeyer, Tatjana: Der Zweite Weltkrieg: Erfahrung und Erinnerung, im vorliegenden Band.
⁴⁶ Onken, im vorliegenden Band.
⁴⁷ Hierbei fragt sich allerdings, ob Ungarn als ehemaliger Verbündeter Hitlers damit nicht denselben Opfermythos im Blick hat, den Österreich mit seinen Gefallenendenkmälern über Jahrzehnte pflegte. Vgl. Kovács/Seewann, im vorliegenden Band; Uhl, Heidemarie: Vom Opfermythos zur Mitverantwortungsthese: Die Transformationen des österreichischen Gedächtnisses, im vorliegenden Band.
⁴⁸ Scherrer, Jutta: Siegesmythos versus Vergangenheitsaufarbeitung, im vorliegenden Band.
⁴⁹ Arnold, Sabine R.: Stalingrad im sowjetischen Gedächtnis. Kriegserinnerung und Geschichtsbild im totalitären Staat, Bochum 1998, S. 270 ff.
⁵⁰ Zum Kurgan: Kämpfer, Frank: Vom Massengrab zum Heroenhügel. Akkulturationsfunktionen sowjetischer Kriegsdenkmäler, in: Koselleck/Jeismann 1994 (wie Anm. 17), S. 333 f.
⁵¹ Schmidt, Diether: Die Asche brennt auf seinem Herzen: Fritz Cremer – immer im Widerstand, in: Fritz Cremer – Ein Künstler im Widerstand, Ausstellungskatalog, Antwerpen-Wilrijk 1993, S. 72.
⁵² Reichel 1999 (wie Anm. 5), S. 106 ff.
⁵³ Bredekamp, Horst: Marks und Signs: Mutmaßungen zum jüngsten Bilderkrieg, in: Festschrift für Friedrich Kittler, München 2004, S. 163 ff.
⁵⁴ Die subtilste Analyse stammt von Gamboni 1997 (wie Anm. 35), S. 51 ff.; für ein einzelnes Land exemplarisch: Marosi, Ernö: Sturz alter und

Errichtung neuer Denkmäler in Ungarn 1989–1992, in: Bildersturm in Osteuropa (wie Anm. 40), S. 58 ff.

55 Halbwachs, Maurice: Das kollektive Gedächtnis, Frankfurt a. M. 1985, S. 142.

56 Wenk, Silke/Eschebach, Insa: Soziales Gedächtnis und Geschlechterdifferenz. Eine Einführung, in: Eschebach/Jacobeit/Wenk 2002 (wie Anm. 18), S. 23.

57 Dieser Mechanismus bewirkt, daß offizielle Denkmäler zum „Gegenpart" ihrer selbst werden können. Zum Begriff: Assmann, Aleida: Erinnerungsräume. Formen und Wandlungen des kollektiven Gedächtnisses, München 1999, S. 134 ff.

58 Bruland, Bartje: Wie sich erinnern? Norwegen und der Krieg, im vorliegenden Band.

59 Delage, Christian: Nuit et Brouillard: un tournant dans la mémoire de la Shoah, in: Politix. Revue des sciences sociales du politique, 16 (2003), S. 1 f.; seine Analyse ist eine exemplarische Rekonstruktion der Umstände von Resnais' Film.

60 Tops, im vorliegenden Band.

61 Beyen, Marnix: Der Kampf um das Leid, im vorliegenden Band.

62 Shandler, Jeffrey: While America Watches. Televising the Holocaust, New York 1999, S. 155 ff.

63 Uhl, Heidemarie: Vom Opfermythos zur Mitverantwortungsthese: Die Transformationen des österreichischen Gedächtnisses, im vorliegenden Band; Rousso, Henry: Vom nationalen Vergessen zur kollektiven Wiedergutmachung, im vorliegenden Band.

64 „Bildbericht" des SS-Brigadeführers und Generals der Polizei Stroop. Er wurde bereits im Nürnberger Prozeß vorgelegt. Vgl. Brink, Cornelia: Ikonen der Vernichtung. Öffentlicher Gebrauch von Photographien aus nationalsozialistischen Konzentrationslagern nach 1945, Berlin 1998, S. 107 f.

65 So als Teil einer Ausstellung von 1960, welche diese Photographie auf einem Plakat in eine Graphik verwandelt hatte, um das Porträt Einsteins als Mitbetroffenen und Anklägers in den Vordergrund zu bringen. Die Vergangenheit mahnt, Ausstellung in der Kongreßhalle, Berlin 1960.

66 Hirsch, Marianne: Täter-Fotografien in der Kunst nach dem Holocaust. Geschlecht als ein Idiom der Erinnerung, in: Eschebach/Jacobeit/Wenk 2002 (wie Anm. 18), S. 203 ff.

67 Hamburger Institut für Sozialforschung (Hg.): Vernichtungskrieg. Verbrechen der Wehrmacht 1941–1944, Hamburg 1996.

68 Hamburger Institut für Sozialforschung (Hg.): Verbrechen der Wehrmacht. Dimensionen des Vernichtungskrieges 1941–1944, Hamburg 2002, S. 718 ff.

69 Die Geschichtsschreibung hat gerade in jüngerer Zeit ihr lange gehegtes Vorurteil, daß Bilder einen lediglich auflockernden oder bestenfalls illustrativ-begleitenden Charakter besäßen, zu überwinden begonnen. Eine vorzügliche Bestandsaufnahme bietet Roeck, Bernd: Visual turn? Kulturgeschichte und die Bilder, in: Geschichte und Gesellschaft, 29 (2003), Nr. 2, S. 294 ff.

70 Volland, Ernst/Krimmer, Heinz (Hg.): Von Moskau nach Berlin. Bilder des russischen Photographen Jewgeni Chaldej, Berlin 1999, S. 64 ff. Zu anderen Manipulationen an Chaldejs Photographien vgl. King, David: Stalins Retuschen. Foto- und Kunstmanipulationen in der Sowjetunion, Hamburg 1997, S. 172.

71 Kosmala, Beate: Lange Schatten der Erinnerung: Der Zweite Weltkrieg im kollektiven Gedächtnis, im vorliegenden Band.

72 Grundlegend sind die beiden Untersuchungen von Brink 1998 (wie Anm. 64), S. 231 ff. und Zelizer, Barbie: Remembering to Forget. Holocaust Memory through the Camera's Eye, Chicago 1998, passim.

73 Die eindringlichste Analyse dieses Verfahrens und seiner Widersprüche stammt von Didi-Huberman, Georges: Images malgré tout, in: Chéroux, Clément (Hg.): Mémoire des camps. Photographies des camps de concentration et d'extermination nazis (1933–1999), Buch zur gleichnamigen Ausstellung, Paris 2001, S. 227 ff.

74 Brink 1998 (wie Anm. 64), S. 124 ff.

75 Brink 1998 (wie Anm. 64), S. 113 f., S. 241.

76 Semprun, Jorge: Schreiben oder Leben, Frankfurt a. M. 1995, S. 236 ff.

77 Brink 1998 (wie Anm. 64), S. 78 ff.

78 Reifarth, Dieter/Schmidt-Linsenhoff, Viktoria: Die Kamera der Henker. Fotografische Selbstzeugnisse des Naziterrors in Osteuropa, in: Fotogeschichte, 3 (1983), Nr. 7, S. 59; Brink 1998 (wie Anm. 64), S. 30 ff.
79 Brink 1998 (wie Anm. 64), S. 31.
80 Ricœur, Paul: Geschichtsschreibung und Repräsentation der Vergangenheit, Münster/Hamburg/London 2002, S. 18 f.
81 Hoffmann, Detlef: Auschwitz im visuellen Gedächtnis, in: Auschwitz. Geschichte, Rezeption und Wirkung, Fritz-Bauer-Institut (Hg.), Frankfurt a. M. 1996, S. 242 ff.
82 E-mail vom Państwowe Museum Auschwitz-Birkenau an das Deutsche Historische Museum, 21. Oktober 2003. Vgl. die umfassende Analyse von Didi-Huberman, 2001 (wie Anm. 73), S. 223 ff., v. a. Bildlegenden der Abb. 266–267.
83 Vgl. Young 2002 (wie Anm. 8), S. 54 ff. und Hirsch 2002 (wie Anm. 66), S. 217 ff.; vgl. allgemein: Ullrich, Wolfgang: Die Geschichte der Unschärfe, Berlin 2002.
84 Abb. in: Young 2002 (wie Anm. 8), S. 72; vgl. S. 73; vgl. die Argumentation in: Hirsch, Marianne: Surviving Images. Holocaust Photographs and the Work of Postmemory, in: Zelizer, Barbie (Hg.): Visual Culture and the Holocaust, New Brunswick 2001, S. 234 f.
85 Jahn, Peter/Schmiegelt, Ulrike (Hg.): Foto-Feldpost, Ausstellungskatalog, Deutsch-Russisches Museum Berlin-Karlshorst, Berlin 2000, S. 74 f.
86 Bopp, Petra: „Wo sind die Augenzeugen, wo ihre Fotos?", in: Eine Ausstellung und ihre Folgen. Zur Rezeption der Ausstellung „Vernichtungskrieg. Verbrechen der Wehrmacht 1941 bis 1944", Hamburger Institut für Sozialforschung (Hg.), Hamburg 1999, S. 212.
87 Hoffmann-Curtius, Kathrin: Trophäen und Amulette. Die Fotografien von Wehrmachts- und SS-Verbrechen in den Brieftaschen der Soldaten, in: Fotogeschichte. Beiträge zur Geschichte und Ästhetik der Fotografie, 20 (2000), Nr. 78, S. 63 ff.; Dies.: Trophäen in Brieftaschen – Fotografien von Wehrmachts-, SS- und Polizei-Verbrechen, in: http://www.kunsttexte.de, Nr. 3, (2002).
88 Knigge 1995 (wie Anm. 22), S. 2259 f.
89 Knigge 1995 (wie Anm. 22), S. 2258; Zelizer, Barbie: Gender and Atrocity: Women in Holocaust Photographs, in: Zelizer 2001 (wie Anm. 84), S. 261.
90 Brink 1998 (wie Anm. 64), S. 23.
91 Brink 1998 (wie Anm. 64), S. 40.
92 Shandler, Jeffrey (im Druck): The Testimony of Images. The Allied Liberation of Nazi Concentration Camps in American Newsreels, in: Moses, Robert (Hg.): Journalism and the Holocaust, New York 2004.
93 Brink 1998 (wie Anm. 64), S. 84 ff.
94 Shandler, Jeffrey: Der Zweite Weltkrieg in den amerikanischen Bildwelten, im vorliegenden Band.
95 Sontag, Susan: Über Fotografie, Frankfurt a. M. 1980, S. 25. Vgl. Kogon, Eugen: Der SS-Staat. Das System der deutschen Konzentrationslager, München 1988, S. 6.
96 Schmidt-Linsenhoff, Viktoria: Die Verschlußzeit des Herzens. Zu Hilmar Pabels Photobuch „Jahre unseres Lebens", in: Fotogeschichte, 12 (1992), Nr. 44, S. 63 f.
97 Verspohl, Franz-Joachim/Platen, Michael (Hg.): Anke Doberauer. Acht Magnifizenzen, Ausstellungskatalog, Jena 1998, S. 27 ff.
98 Hoffmann-Curtius 2002 (wie Anm. 18); Hoffmann-Curtius 2002, Trophäen (wie Anm. 87).
99 Speer, Albert: Spandauer Tagebücher, Frankfurt a. M., Berlin/Wien 1975, S. 380 f., 636 f.
100 Depner, Martin Roman: Zeichen und Bildwanderung. Zum Ausdruck des „Nicht-Seßhaften" im Werk R. B. Kitajs, Hamburg 1992.
101 Zur Kritik dieses Versuches: Saltzman, Lisa: Lost in Translation: Clement Greenberg, Anselm Kiefer, and the Subject of History, in: Zelizer, Barbie (Hg.): Visual Culture and the Holocaust, New Brunswick 2001, S. 80 ff.
102 Ehrlicher, Hanno: Die Kunst der Zerstörung. Gewaltphantasien und Manifestationspraktiken europäischer Avantgarden, Berlin 2001, S. 76 ff.
103 Eine Pionierarbeit bedeutete: Falkenhausen, Susanne von: Der zweite Futurismus und die Kunstpolitik des Faschismus in Italien von 1922–1943, Frankfurt a. M. 1979; vgl. von italienischer Seite die wegweisende Ausstellung: Crispolti, E. (Hg.): Ricostruzione

Futurista dell'Universo, Ausstellungskatalog, Turin 1980; zuletzt: Hesse, Eva: Die Achse Avantgarde-Faschismus. Reflexionen über Filippo Marinetti und Ezra Pound, Zürich o.J., und Ehrlicher 2001 (wie Anm. 102), S. 68 ff. und 87 ff.
[104] Sedlmayr, Hans: Verlust der Mitte, Salzburg 1948.
[105] Hocke, Gustav René: Die Welt als Labyrinth. Manier und Manie in der europäischen Kunst. Beiträge zur Ikonographie und Formgeschichte der europäischen Kunst von 1520 bis 1650 und der Gegenwart, Reinbek b. Hamburg 1957.
[106] Bredekamp, Horst: Der Manierismus der Moderne. Zur Problematik einer kunsthistorischen Erfolgsgeschichte, in: Jäger, Joachim/Schuster, Peter-Klaus (Hg.): Das Ende des XX. Jahrhunderts. Standpunkte zur Kunst in Deutschland, Köln 2000, S. 277 ff.
[107] Kimpel, Harald: Documenta. Mythos und Wirklichkeit, Köln 1997, S. 248 ff.; Bey, Katja von der: Nationale Codierungen abstrakter Malerei. Kunstdiskurs und -ausstellungen im westlichen Nachkriegsdeutschland 1945–1952, Oldenburg Univ. Diss. 1997/2000, passim; Schieder, Martin: Die documenta I (1955), in: François/Schulze 2002 (wie Anm. 18), Bd. 2, S. 649.
[108] Eksteins, Modris: Tanz über Gräben. Die Geburt der Moderne und der Erste Weltkrieg, Reinbek b. Hamburg 1990; Jürgens-Kirchhoff, Annegret: Krieg und Kunst im 20. Jahrhundert, Berlin 1993, S. 30 f.
[109] Ein erster Vorstoß stammt von Schuster, Peter-Klaus: Münchner Bilderstürme der Moderne, in: Kritische Berichte, 14 (1986), Nr. 4, S. 57 ff.; vgl. Beaucamp, Eduard: Der verstrickte Künstler. Wider die Legende von der unbefleckten Avantgarde, Köln 1998.
[110] Zuletzt, mit neuem Material: Saehrendt, Christian: „Die Brücke" als Staatskunst des Dritten Reiches. Die Kontroverse um den Nordischen Expressionismus im Sommer 1933, in: Neue Zürcher Zeitung, 19./20. Juli 2003 Nr. 165, S. 57.
[111] Hinz, Berthold: Die Malerei im deutschen Faschismus. Kunst und Konterrevolution, München 1974; Kunst im 3. Reich – Dokumente der Unterwerfung, Ausstellungskatalog, Frankfurt a. M. 1974; Hinz, Berthold/Mittig, Hans-Ernst/Schäche, Wolfgang/Schönberger, Angela (Hg.): Die Dekoration der Gewalt. Kunst und Medien im Faschismus, Gießen 1979; Wolbert, Klaus: Die Nackten und die Toten des „Dritten Reichs". Folgen einer politischen Geschichte des Körpers in der Plastik des deutschen Faschismus, Gießen 1982; Stommer, Rainer (Hg.): Reichsautobahn. Pyramiden des Dritten Reiches. Analysen zur Ästhetik eines unbewältigten Mythos, Marburg 1982.
[112] Sontag, Susan: Im Zeichen des Saturn, München 1981; Friedländer, Saul: Kitsch und Tod. Der Widerschein des Nazismus, München 1984; Inszenierung der Macht. Ästhetische Faszination im Faschismus, Ausstellungskatalog, Berlin 1987.
[113] Noguez, Dominique: Lenin dada, Zürich 1989; Groys, Boris: Gesamtkunstwerk Stalin. Die gespaltene Kultur in der Sowjetunion, München 1988/1996.
[114] Young 2002 (wie Anm. 8), S. 22 ff.
[115] Young 2002 (wie Anm. 8), S. 50 f.
[116] Chéroux 2001 (wie Anm. 73), S. 16 f., Abb. 4, 5.
[117] Zuckermann, Moshe: Die Darstellung des Holocaust in Israels Gedenkkultur, im vorliegenden Band.
[118] Semprun, Jorge: Die große Reise, Frankfurt a. M. 1981, S. 7.
[119] Young 2002 (wie Anm. 8), S. 88 ff.
[120] Boia, im vorliegenden Band.
[121] Onken, im vorliegenden Band.
[122] Kosmala, im vorliegenden Band.

Belgien

Der Kampf um das Leid

von Marnix Beyen

„Mit diesem zehnten Jahrestag der Beendigung der Schreckensherrschaft Hitlers durch die alliierten Armeen ehren wir die gesamte kämpfende Nation: die Soldaten, die ehemaligen politischen und Kriegsgefangenen, die Widerstandskämpfer, die Maquisards, die Witwen und die Waisen sowie all diejenigen, die in den vier Jahren unter der Unterdrückung durch die Nazis gelitten haben."[1]

Für Pierre Clerdent, den Gouverneur der Provinz Lüttich, der 1955 das nationale Monument für den Widerstand in einem Festakt einweihte, war dies der Anlaß zu einer belgisch-nationalistischen Rede. Er erkannte zwar an, daß der Feind nicht von den Belgiern selbst besiegt worden war, verherrlichte aber dennoch den Kampf der „gesamten belgischen Nation". Für diese Einschätzung mußte er den Begriff „kämpfen" gleichsetzen mit „leiden". Nicht der aktive Beitrag zum Krieg, sondern das geteilte Leid machte den Kampf der Belgier so großartig und denkwürdig.

Clerdents Worte schienen die Krönung der Versuche der belgischen Regierung zu sein, das Gedenken an den Zweiten Weltkrieg zu einem patriotischen Anliegen der gesamten Nation zu machen. Anders als erhofft, gelang es jedoch nicht, die gemeinsame Kriegserfahrung zu einem Bindeglied zwischen allen Belgiern zu gestalten. Ganz im Gegenteil führte sie zu einer Spaltung, die die belgische Nation in ihrem Fortbestand bedrohte.

Das belgische Nationalgefühl war allerdings schon vor 1940 sehr verletzlich gewesen. Die nationale Begeisterung, die die belgische Revolution von 1830 und den darauf folgenden Ausbau des Staates getragen hatte, war bereits in der zweiten Hälfte des 19. Jahrhunderts abgekühlt.[2] Dies war die Folge der weltanschaulichen Streitfragen zwischen Katholiken und Liberalen und der sozialen Unzufriedenheit über das kapitalistische System. Verhängnisvoller als diese beiden Konflikte war jedoch, daß das belgische Hoheitsgebiet von zwei verschiedenen Sprachgemeinschaften, den niederländisch sprechenden Flamen und den französisch sprechenden Wallonen, bewohnt wurde. Die Intellektuellen, die im 19. Jahrhundert die Anerkennung des Niederländischen als Kultur- und Verwaltungssprache in Flandern anstrebten, nahmen zwar noch keine antibelgische Haltung ein, trugen aber zu einem zunehmenden flämischen Nationalbewußtsein bei. Als Reaktion darauf bildete sich Ende des 19. Jahrhunderts auch ein, vor allem von antiklerikalen Kreisen getragenes, wallonisches Bewußtsein heraus.[3]

Der Erste Weltkrieg schien anfänglich die Risse kitten zu können. Der Überfall der deutschen Armeen auf das kleine, neutrale Belgien schuf eine noch nie dagewesene nationale Solidarität. Der damalige König Albert I. wurde zum Symbol des einträchtigen belgischen Widerstands. Dennoch hinterließ der Erste Weltkrieg langfristig ein sehr ambivalentes Erbe. Die flämisch gesinnten Belgier, die gehofft hatten, im Austausch für ihre nationale Loyalität endlich einige ihrer Forderungen durchsetzen zu können, fühlten sich betrogen. Die Verbitterung, die daraus entstand, ließ bei einem Teil der flämischen Bevölkerung eine ausgesprochen antibelgische, separatistische Haltung entstehen. Da die antibelgische Einstellung fast immer mit Kritik an den demokratischen Grundlagen des belgischen

Staatssystems einherging, wuchs in den 30er Jahren in flämisch-nationalistischen Kreisen die Sympathie für das nationalsozialistische Deutschland. Dies führte während des Zweiten Weltkriegs zur Kollaboration eines großen Teils dieser flämisch-nationalistischen Bewegung mit den deutschen Besatzern. In dieser Zeit trat noch ein weiterer Konflikt zutage. Im Mai 1940 hatte sich König Leopold III., Sohn von Albert I., entschieden, zu kapitulieren und als freiwilliger Kriegsgefangener im besetzten Belgien zu bleiben. Er traf diese Entscheidung gegen den Willen der belgischen Regierung, die nach Frankreich – und später nach London – floh, um an der Seite der Alliierten den Kampf gegen das nationalsozialistische Deutschland fortzusetzen. Insbesondere das Gespräch, das Leopold III. im November 1940 mit Hitler geführt hatte, um die Autonomie von Belgien zu garantieren, wurde als ein Zeichen dafür gesehen, daß er den deutschen Sieg anerkannte und im Gegensatz zur Exilregierung eine Politik der Verständigung suchte.

Die Fortsetzung der innerbelgischen Konflikte beherrschte die Erinnerung an Krieg und Okkupation derart, daß das Schicksal der belgischen Juden zunächst aus dem Blickfeld verdrängt wurde. Erst seit den 60er Jahren wird auch dieser Teil der Geschichte zunehmend gewürdigt.

Befreiung und Sieg

So entschieden sich die belgischen Politiker und die Öffentlichkeit in Belgien im Krieg für die Neutralität ihres Landes ausgesprochen hatten, so begierig versuchten sie, Belgien nach der Befreiung als Siegerland zu präsentieren. Bei der optischen Darstellung dieses Siegesgedankens spielte das Zeichen „V" eine wichtige Rolle. Obwohl es seine breite Popularität Winston Churchill verdankte, war es ursprünglich eine Erfindung von Victor de Laveleye, dem ehemaligen belgischen Justizminister, der während des Zweiten Weltkriegs die belgische Ausstrahlung der BBC betreute. Als er in seiner Radioansprache vom 14. Januar 1941 die Belgier aufrief, das „V" zu verbreiten, hatte er ein Symbol des Widerstands speziell für die Belgier im Sinn: „V" war der Anfangsbuchstabe des französischen Wortes „Victoire" und des niederländischen Wortes „Vrijheid". Als Zeichen des Nationalstolzes wurde das „V" nicht selten mit dem belgischen Wappentier, dem Löwen, kombiniert, so etwa in einer Briefmarkenserie vom Dezember 1944, sowie auf der Ehrenmedaille von 1946, die denen verliehen wurde, die in der belgischen Armee gekämpft oder sich am Widerstand beteiligt hatten (Abb. B 1).

Vor allem bei offiziellen Gedenkfeierlichkeiten war das „V" auch in der zweiten Hälfte des 20. Jahrhunderts immer wieder auf Plakaten, Medaillen und sonstigen Werbematerialien zu sehen. Ein wichtiger Trumpf des „V" war sein abstrakter Charakter: Alle potenziellen Reibereien zwischen Gewinnern oder Verlierern, Helden oder Feiglingen verblaßten im Licht der allumfassenden Idee von „Freiheit" oder „Sieg". Doch diese Abstraktheit war gleichzeitig auch eine Schwäche des Motivs. Da es sich nur auf das Ergebnis des Kampfes und nicht auf den Kampf selbst konzentrierte, fehlte ihm die nötige Spannkraft, um zu einem Thema mit emotionalem Bezug heranzuwachsen. In der breiten Erinnerungskultur, die sich neben dem offiziellen Gedenken entwickelte, wurde daher ausdrücklich aufgezeigt, wer die Sieger und wer die Verlierer waren.

Als die Guten galten in erster Linie die Alliierten. Am 30. September 1944 wurde in der prestigeträchtigen Brüsseler Muntschouwburg/Théâtre Royale de la Monnaie ein Gala-Abend organisiert, an dem neben „Die Stumme von Portici" –

B 1
À la mémoire de la guerre 1940–1945
Ter herinnering aan den oorlog 1940–1945
Zur Erinnerung an den Krieg 1940–1945,
geschaffen aufgrund eines Beschlusses des Regenten vom 16. Februar 1946
Medaille, Bronze, 9 x 3,6 cm, Dm 4,3 cm
Brüssel, Bibliothèque Royale de Belgique. Cabinet des Médailles/Koninklijke Bibliotheek van België. Penningkabinet
80309

B 2
Solidarité
1945
Postkarte der Abteilung 'Solidarité' der Widerstandsbewegung 'Onafhankelijkheidsfront',
6,5 x 9 cm
Brüssel, Centre d'Études et de Documentation Guerre et Sociétés contemporaines/ Studie- en Documentatiecentrum Oorlog en Hedendaagse Maatschappij collectie vlugschriften, nr. 67 (Bevrijding)

B 3
Calendrier de la Libération
Befreiungskalender, 1945
Kalender, 34,5 x 24,5 cm
Brüssel, Centre d'Études et de Documentation Guerre et Sociétés contemporaines/ Studie- en Documentatiecentrum Oorlog en Hedendaagse Maatschappij collectie vlugschriften, nr. 67 (Bevrijding)

die Oper, die der direkte Anlaß für die Belgische Revolution 1830 gewesen war – auch eine „Hommage an die Alliierten" auf dem Programm stand.[4] Schon im Monat der Befreiung wurde eine Flut von Postkarten, Kalendern und anderem Nippes zu Ehren der Befreier produziert. So erschien 1945 eine Postkarte, auf der die Gesichter der Großen Drei breit lächelnd abgebildet waren (Abb. B 2). Nach dem Bildmaterial zu urteilen, richtete sich die Dankbarkeit der belgischen Bevölkerung weniger an die politischen als an die militärischen Führer und die Soldaten der Alliierten. Gelegentlich wurden Politiker und Militärs auch gemeinsam dargestellt, wie beispielsweise auf dem Befreiungskalender von 1945 (Editions Anglo-Belges), auf dem neben Stalin, Churchill und Roosevelt auch der britische König Georg VI. sowie die Generäle Montgomery, Eisenhower und de Gaulle zu sehen sind (Abb. B 3).

In den Geschichtsbüchern für die Abschlußklasse der weiterführenden Schulen setzten sich bis weit in die 70er Jahre hinein die wichtigsten Illustrationen in den Kapiteln über den Zweiten Weltkrieg aus der berühmten Photographie von Jalta, aus Photographien einzelner alliierter Führer oder aus Darstellungen von der Landung in der Normandie zusammen. Unter dem Einfluß des Kalten Krieges wurde den Russen jedoch zunehmend der Zugang zum Pantheon der Befreier verwehrt. In einer Ende der 50er Jahre von Frans Zenner für den katholischen Grundschulunterricht angefertigten Schautafel wurde Stalin sogar zusammen mit Mussolini und Hitler auf die Seite der Feinde gestellt, während sein Platz unter den Befreiern von Eisenhower eingenommen wurde.

In dem Raster, das in den ersten Nachkriegsjahren über die Erinnerung an den Zweiten Weltkrieg gelegt wurde, erschien der NS-Staat unverändert als die Ursache allen Übels. Eine explizite Darstellung des diabolischen nationalsozialistischen Deutschlands findet sich in dem Buch „Héros et martyrs 1940–1945: les fusillés", das kurz nach dem Krieg als Ehrenbezeugung für die Opfer der Besatzung in Belgien erschien. Der Kupferstich auf dem Titel zeigt die mittelalterlichen Türme verschiedener belgischer Städte. Darüber ist Luzifer mit Hakenkreuzarmbinde und Bombe, mit der er auf die Türme und damit auf die belgische Kultur zielt, abgebildet. Die Unterschrift ist nicht weniger deutlich: „C'est le 10 mai 1940 que parut le vampyr en Belgique" (Abb. B 4).

B 4
Médard Tytgat sen.
C'est le 10 mai 1940 que parut le vampyr en Belgique
Es war der 10. Mai 1940, als der Blutsauger in Belgien erschien, in: Héros et martyrs 1940–1945: les fusillés, Brüssel, o.J.
Buchtitel
Leuven, Katholieke Universiteit Leuven, Universiteitsbibliotheek
BCLZ: 929 (493)

B 5
Emile-Georges de Meyst (Regie)
Soldats sans uniforme
Soldaten ohne Uniform, 1944
Filmstreifen
Leuven, Vlaams Filmmuseum
993

Die Grausamkeit der Nationalsozialisten war in den Jahren, die direkt auf den Krieg folgten, ein Thema, das häufig und nicht ohne Sensationslust aufgegriffen wurde. Insbesondere nachdem die Überlebenden der Konzentrationslager zurückgekehrt waren, entstand in Belgien eine Form von Voyeurismus, der durch eine Reihe von Ausstellungen gefördert wurde, in denen die Greueltaten der Nationalsozialisten in all ihrer Blutrünstigkeit rekonstruiert wurden.[5] Daß die Einzigartigkeit des belgischen Schicksals dabei kaum unterstrichen wurde, war kein Zufall. Das Verhalten der deutschen Besatzer in Belgien hatte sich stets durch eine relative Milde ausgezeichnet und eignete sich somit weniger gut für dämonisierende Darstellungen. Sofern das Verhalten der Deutschen in Belgien dann doch näher beleuchtet wurde, lag der Schwerpunkt beinahe immer auf den Polizeiaktionen der Gestapo. Dieses Thema wurde unter anderem in den äußerst beliebten Filmen, die Emile-Georges de Meyst direkt nach der Befreiung über die Zeit der Besatzung herausbrachte, in karikierender Art und Weise behandelt. In dem Film „Soldats sans uniforme" wird ein Belgier von deutschen Soldaten verhaftet. Die Brutalität der Deutschen symbolisiert die Tyrannei, unter der das unschuldige belgische Volk gelitten hatte (Abb. B 5).

Die Nachkriegseuphorie suchte nach spielerischen, manchmal nahezu klamaukhaften Ausdrucksformen, um mit den Besatzern abzurechnen. Bereits im September 1944 – also noch vor der Niederlage der Deutschen – wurde Hitler in Brüssel symbolisch zu Grabe getragen.[6] Dabei wurden Todesanzeigen verteilt, in denen in- und ausländische Gefährten Hitlers mit großer Betroffenheit den Tod ihres vielgeliebten Führers mitteilten. Das umgekehrte Hakenkreuz auf diesen Todesanzeigen machte

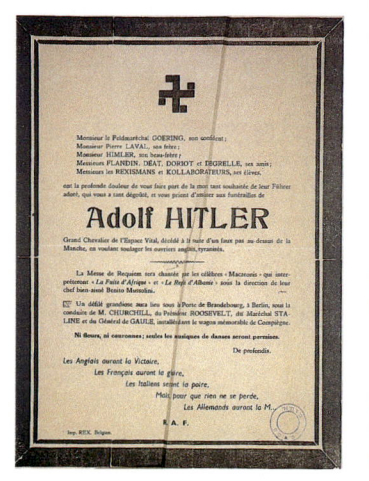

B 6
Faire-part de décès pour Adolf Hitler
Todesanzeige für Adolf Hitler, 1944
Flugblatt, 27,5 x 21 cm
Brüssel, Centre d'Études et de Documentation Guerre et Sociétés contemporaines/ Studie- en Documentatiecentrum Oorlog en Hedendaagse Maatschappij collectie vlugschriften, nr. 67 (Bevrijding)

B 7
J. Ancia
't Verzet
La Résistance
Der Widerstand, in: Marine. Belgisch geïllustreerd maandblad, Mai 1944, S. 20–21
Zeitschrift
Brüssel, Centre d'Études et de Documentation Guerre et Sociétés contemporaines/ Studie- en Documentatiecentrum Oorlog en Hedendaagse Maatschappij
BC R390

B 8
Vrij België
Belgique libre
Freies Belgien, 1944/45
Postkarte, 14 x 9 cm
Brüssel, Centre d'Études et de Documentation Guerre et Sociétés contemporaines/ Studie- en Documentatiecentrum Oorlog en Hedendaagse Maatschappij
collectie vlugschriften, nr. 67 (Bevrijding)

deren possenhaften Inhalt deutlich. Hitler wurde als der „Großritter des Lebensraums" bezeichnet und als Todesursache „Fehltritt über den Kanal" angegeben (Abb. B 6). Dies war nur eine der zahlreichen Formen von Galgenhumor, die das Straßenbild in verschiedenen belgischen Städten in den Tagen nach der Befreiung beherrschten.

Die belgische Bevölkerung als Heldin des Widerstands

Der Nachdruck, der in der offiziellen Erinnerung auf den Kampf zwischen den guten Alliierten und den bösen Deutschen gelegt wurde, begünstigte die Selbstwahrnehmung der belgischen Bevölkerung als willenloses Opfer des Terrors oder als glückliche Begünstigte der alliierten Befreiung. Darum wurden bald Bilder veröffentlicht, die den Widerstand der belgischen Bevölkerung in den Mittelpunkt stellten und anhand derer eine einigende, patriotische Kriegserinnerung geschaffen werden sollte.

Eine der Strategien, Belgien als ein Land des einmütigen Widerstands darzustellen, war die Verknüpfung der Erinnerung an den Zweiten mit der an den Ersten Weltkrieg. Der Erste Weltkrieg bildete in der belgischen Bevölkerung den wichtigsten Anknüpfungspunkt für Nationalgefühle. Durch die Darstellung des Zweiten Weltkriegs als eine Fortsetzung dieser Tradition konnte auch er zu einem glorreichen Kapitel im belgischen Epos werden. Auf dieser Idee gründeten die seit 1944 gehegten Pläne für ein Weltkriegsmuseum. Die treibende Kraft hinter diesen Plänen, die Historikerin Suzanne Tassier, setzte sich ausdrücklich für ein Museum ein, das den gesamten „dreißigjährigen Krieg" zwischen 1914 und 1944 zum Thema haben sollte.[7] Obwohl diese Initiative 1945 einstimmig vom belgischen Parlament unterstützt wurde, wurde das Museum dennoch nie gebaut.[8]

Die Vermischung beider Kriegserinnerungen wird auch in dem Bild mit dem Titel „'t Verzet. La Résistance" vom September 1944 sichtbar. Dieses Bild, das durch die populäre Zeitschrift der belgischen Marine verbreitet wurde, enthält die Landkarte Belgiens und zeigt den Einfall eines Trupps deutscher Soldaten zu Pferd, begleitet vom Tod (Abb. B 7). Gleichzeitig zeigt das Bild den Widerstand der Belgier gegen die Eindringlinge. Die Darstellung der Deutschen in Gestalt der Apokalyptischen Reiter war eindeutig mehr durch die Erfahrungen aus dem Ersten als aus dem Zweiten Weltkrieg inspiriert.

Gern wurden auch allegorische Darstellungen benutzt. Eine Postkarte, die in den Tagen nach der Befreiung verteilt wurde, trug die Parole „Vrij België. Belgique libre". Dargestellt ist eine Frau, die durch ein mit Hakenkreuzen versehenes Tor in die Freiheit tritt. Die gesprengten Ketten an ihren Händen verweisen auf das befreite Belgien (Abb. B 8). In diesem Bild treten die Alliierten nicht in Erscheinung, und es wurde der Eindruck erweckt, Belgien habe sich aus eigener Kraft befreit. Eine 1946 herausgebrachte Widerstandsmedaille zeigt eine ähnliche

Allegorie auf der Vorderseite. Die auf der Rückseite angebrachte Aufschrift „Resistere 1940–1945", die mit einem Lorbeerkranz umkränzt ist, sollte den wichtigen Beitrag des belgischen Widerstands zum Sieg unterstreichen (Abb. B 9).

Die Briefmarke, die 1992 dem Widerstand gewidmet wurde, zeigt im Mittelpunkt ein loderndes Feuer. Erst auf den zweiten Blick fällt dem Betrachter die Silhouette eines Mannes auf, der an der Stelle seines Herzens ein flammendes Feuer trägt (Abb. B 10). Die Botschaft ist eindeutig: Der Widerstand mußte nicht so sehr seiner heroischen Taten wegen geehrt werden als vielmehr des inneren Feuers wegen, das ihn angetrieben hatte. Ebenso wie die Allegorisierung der Freiheit hatte diese Verinnerlichung der Erinnerung an den Widerstand potentiell eine entpolitisierende Wirkung.

Um den belgischen Widerstand auf eine konkretere und dynamischere Art und Weise zu personifizieren, konnte man auf einen Helden aus der Literatur zurückgreifen, den jeder kannte: Till Eulenspiegel, der Schalk aus den ursprünglich norddeutschen Volksbüchern des Spätmittelalters, der dank der literarischen Bearbeitung durch Charles de Coster 1867 zum Symbol für den sogenannten unbezähmbaren Freiheitswillen und die Fröhlichkeit der Belgier schlechthin aufgestiegen war. Es war sicherlich kein Zufall, daß er auch während des Zweiten Weltkriegs eine wichtige Rolle in der Rhetorik und der Selbstdarstellung des Widerstands spielte.[9] Unmittelbar nach der Besetzung inspirierte er in drei Büchern den belgischen (oder flämischen) Kriegshumor. Dort wurde die weiter oben beschriebene verspottende Darstellung der deutschen Besatzer durch das Bild des klugen belgischen „Volksgeistes" konterkariert, der die Belgier dazu anstiftete, ihre dummen Unterdrücker an der Nase herumzuführen. Auf dem Buchumschlag von Frans Notelaars vertreibt Eulenspiegel sogar Hitler aus Belgien (Abb. B 11). Der belgische Widerstand hat also weniger aus einzigartigen Heldentaten als vielmehr aus einer konstanten und von (fast) allen Belgiern geteilten mentalen Wehrhaftigkeit bestanden – so könnte man aus diesen Variationen der Eulenspiegel-Thematik ableiten.

Auch einer realen Episode aus der Geschichte des belgi-

B 9
Paul Wissart
Resistere. 1940–1945
Widerstehen. 1940–1945,
1946
Medaille, Bronze, 3,65 cm
Brüssel, Bibliothèque Royale de Belgique. Cabinet des Médailles/Koninklijke Bibliotheek van België. Penningkabinet
89 726

B 10
Jacques Richez
De weerstand
Der Widerstand
1992
Briefmarke
Bonn, Archiv für Philatelie. Museumsstiftung Post und Telekommunikation

B 11
Frans Notelaars
Uilenspiegels onder 't
Hakenkruis en er van onder
1940–1944
Eulenspiegel unter dem
Hakenkreuz und darunter
hervor, Brüssel 1944
Buchtitel
Brüssel, Centre d'Études et de
Documentation Guerre et
Sociétés contemporaines/
Studie- en Documentatie-
centrum Oorlog en Heden-
daagse Maatschappij
BA B0837

schen Widerstands wurde besonders große Aufmerksamkeit gewidmet. Am 9. November 1943 war es einigen Widerstandskämpfern gelungen, ihre eigene Version der Tageszeitung Le Soir über die Zeitungskioske an alle Einwohner Brüssels zu verteilen. Le Soir war die am meisten gelesene französischsprachige Tageszeitung in Belgien, befand sich aber während der Besatzung unter deutscher Kontrolle. Die falsche Ausgabe von Le Soir, die überwiegend Pasticcios nationalsozialistischer Artikel enthielt, verbreitete sich in rasender Geschwindigkeit und rief in ganz Belgien allgemeine Heiterkeit hervor. In der Nachkriegsvorstellung wurde der Reaktion der belgischen Bevölkerung jedoch mehr Aufmerksamkeit zuteil als dem Husarenstück des Widerstands selbst, das diese Sonderausgabe überhaupt erst möglich gemacht hatte. Diese Episode bildete die zentrale Szene eines Films, den der bekannte Filmemacher des komischen Genres, Gaston Schoukens, 1954 unter dem Titel „Un 'Soir' de joie" dem Ereignis widmete (Abb. B 12).

Der Widerstand im engeren Sinne

In allen bislang behandelten Darstellungen des belgischen Widerstands wird die Tendenz deutlich, den Begriff Widerstand so weit wie möglich zu fassen. Natürlich gab es aber auch einen Widerstand im engeren Wortsinn. Vor allem die Arbeitsverweigerer, die sich in die Wälder der Ardennen zurückgezogen und von dort aus Sabotageakte verübt hatten, sind zu nennen. Insbesondere die Anschläge auf deutsche Transporte und die Zerstörung von Eisenbahnlinien wurden auf unterschiedliche Arten dargestellt – unter anderem in de Meysts bereits erwähntem Film „Soldats sans uniforme".

B 12
Gaston Schoukens (Regie)
Un 'Soir' de joie
Een gelukkige 'Soir' uitgave
Ein 'Soir' der Freude, in
Zusammenarbeit mit Marc
Aubrion, 1954
Filmstreifen
Leuven, Vlaams Filmmuseum
2266

Doch sollte dieser Widerstand im engeren Sinn des Wortes niemals für die Erinnerung an den Zweiten Weltkrieg in Belgien paradigmatisch werden. Bezeichnend dafür ist, daß das Genre des Widerstandsfilms nach seiner kurzen Blütezeit Mitte der 40er Jahre vollkommen in Vergessenheit geriet. Erst in den 90er Jahren erschienen einige neue Produktionen zu diesem Thema, darunter ein heimischer Amateurfilm, „Partisanenkorps 037 Heist-op-den-Berg" von 1990 sowie eine internationale Koproduktion, „Gaston's War" von 1997. Das Plakat zeigt einen gefolterten jungen Mann hinter Gittern und ist eine treffende Illustration des Untertitels „Eine Geschichte von Mut und Verrat". Das kleine eingefügte Bild, auf dem derselbe Mann eine Frau umarmt, zeigt, daß die Handlung neben Gewalt auch Romantik zu bieten hat (Abb. B 13). Obwohl der Film auf der wahren Geschichte eines belgischen Widerstandskämpfers basiert, war er ganz als klassischer Actionfilm konzipiert, in dem der nationale Kontext eine sekundäre Rolle spielte.

Es ist nicht verwunderlich, daß die belgische Obrigkeit sich nur wenig um die Erinnerung an den aktiven Widerstand bemühte. Die Widerstandsgruppen hatten in der Illegalität operiert und bildeten somit eine potentielle Bedrohung für die offiziellen Machthaber, vor allem angesichts der dominanten Präsenz der Kommunisten im belgischen Widerstand. Ende 1944 und Anfang 1945 war sogar die Angst vor einem durch den Widerstand ausgelösten Bürgerkrieg recht weit verbreitet.[10] Selten waren daher in Belgien auch Widerstandsromane, ein Genre, das sich in den Niederlanden großer Beliebtheit erfreute.[11] Gleich nach dem Krieg hatte es jedoch auch Bemühungen gegeben, die Erinnerung an den Widerstand zu pflegen. Insbesondere in der Zeit der homogenen Linksregierungen zwischen Februar 1945 und März 1947 bestand man darauf, daß den Kindern in den öffentlichen Schulen das Bild eines heldenhaften Widerstands vorgespiegelt wurde.[12]

Die Vorstellung vom heldenhaften Widerstand wurde jedoch durch das von der Besatzung verursachte Martyrium weitaus stärker als durch den aktiven Widerstand begründet. Dieser mehr oder weniger bewußt angewandte Mechanismus war darauf ausgerichtet, so viele Belgier wie möglich in die patriotische Erinnerung an den Zweiten Weltkrieg einzubeziehen. Beinahe jeder konnte sich auf die eine oder andere Weise als Opfer des Krieges betrachten, während an dem bewaffneten Widerstandskampf ohnehin nur wenige beteiligt gewesen waren; überdies waren die Widerstandskämpfer, die mit ihren Aktionen strenge Repressalien gegen die Zivilbevölkerung hervorgerufen hatten, nicht gerade beliebt.

Die in Belgien nach Kriegsende entstandene nationale, einigende Kriegserinnerung drehte sich nicht zufällig um das Martyrium der Opfer der NS-Verfolgung und insbesondere der politischen Gefangenen. Zur Konkretisierung dieser Erinnerung zog man die Konzentrationslager als leicht erkennbare lieux-de-mémoire heran. Das Lager Buchenwald beispielsweise, in das zahlreiche belgische politische Gefangene gebracht worden waren, bekam einen wichtigen Platz in dieser Vorstellung von Leiden und Martyrium. De Meyst machte daraus in dem Film „Forçats d'honneur. Le chemin de Buchenwald" bereits 1945 einen Ort des nationalen Widerstands: Belgische Kriegsgefangene begannen einen Aufstand und halfen damit den Amerikanern, das Lager zu befreien. Diese Szene wurde

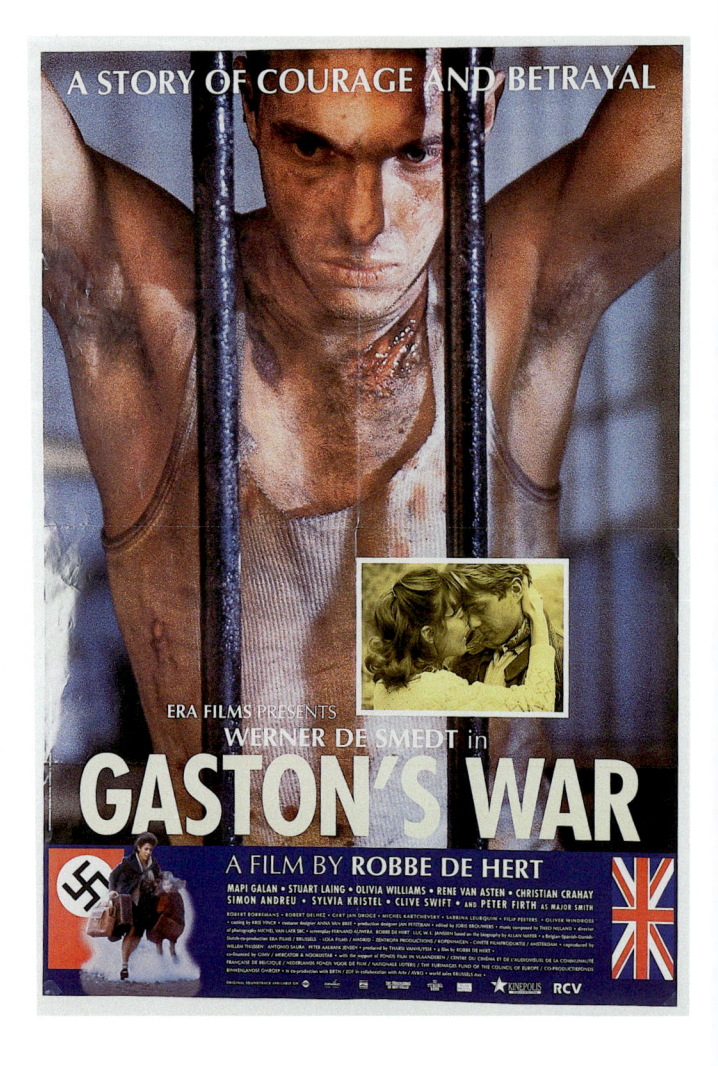

B 13
Robbe de Hert (Regie)
Gaston's War
Gastons Krieg, 1997
Filmplakat, 100 x 70 cm
Leuven, Vlaams Filmmuseum
2617

auch auf dem Plakat abgebildet, das für die niederländischsprachige Version des Films warb (Abb. B 14).¹³

In Belgien selbst wurde das zwischen Brüssel und Antwerpen gelegene Fort Breendonk zur wichtigsten Gedenkstätte. Dieses Fort, das vor dem Ersten Weltkrieg von der belgischen Armee erbaut worden war, wurde von der SS zu einem Auffanglager für politische Gefangene und Juden gemacht. Zwischen September 1940 und September 1944 waren dort 3532 Gefangene eingesperrt, von denen 1733 nicht überlebten und 185 im Lager hingerichtet worden waren.

B 14
Emile-Georges de Meyst (Regie)
Eeregaleiboeven. 'De weg naar Buchenwald'
Ehrengaleerensträflinge. 'Der Weg nach Buchenwald', 1945
Filmplakat, 42 x 29 cm
Leuven, Vlaams Filmmuseum 606

Die belgische Regierung erklärte das Fort 1947 zu einem nationalen Denkmal. Bis in die 90er Jahre hinein war ein Besuch dort fester Bestandteil im Lehrplan der öffentlichen und vieler katholischer Schulen. Das Erziehungsziel war dabei weniger die Liebe zum Vaterland als vielmehr die Verbundenheit mit den demokratischen Werten. Das Erziehungsministerium organisierte 1970 in Breendonk eine Veranstaltung, bei der Jugendliche mit Überlebenden zusammentrafen. In diesem Zusammenhang entstand ein Film mit Zeitzeugenberichten, an dessen Entstehen der Widerstandskämpfer Frans Buyens maßgeblich mitgewirkt hat und der später im Schulunterricht benutzt wurde. Die Notwendigkeit einer bleibenden Erinnerung an die NS-Konzentrationslager wurde in diesem Film durch Hinweise auf die damaligen totalitären Regimes in Osteuropa unterstrichen.

1954 wurde vor dem Fort ein nationales Monument für die politischen Gefangenen errichtet. Der Heroismus, den das Monument ausdrücken soll, deckt sich jedoch nicht mit der Vorstellung von Breendonk, die im Gedächtnis der Belgier fortlebte und die eher an die Leiden der Gefangenen erinnerte. Diese Vorstellung wird von dem bunkerartigen, von Wald umgebenen und mit Stacheldraht umzäunten äußeren Bereich des Forts, von den feuchten und dunklen Gängen in den Baracken, vor allem aber von der Folter- und Leichenkammer und dem Exekutionsplatz stark unterstrichen.¹⁴ Dennoch entstand 1970 ein Modell der 4,25 Meter hohen Skulptur (Abb. B 15).

Damit schloß die Einrichtung der Gedenkstätte an die zahllosen Zeugnisse und Aussagen von Augenzeugen an, die von Überlebenden direkt nach dem Krieg veröffentlicht wurden.¹⁵ Besonders bekannt wurden vor allem die Holzkohlezeichnungen, in denen der Künstler Jacques Ochs

B 15
Idel Ianchelevici
Le résistant
Widerstandskämpfer, 1970,
Modell des Denkmals vor der Festung Breendonk
Bronze, 24 x 18 x 11 cm
La Louvière, Musée Ianchelevici

seine Lagererfahrungen festhielt und von denen bis heute einige in der Dauerausstellung des Forts zu sehen sind. Der Künstler hat hier seine traumatischen Erlebnisse verarbeitet und den Terror, der in Breendonk herrschte, nachgezeichnet. Die Illustrationen wurden 1947 veröffentlicht und sind außerdem in zahlreichen Schriften über Breendonk zu finden (Abb. B 16).

B 16
Jacques Ochs
Les châtiments
Züchtigungen, in: Breendonk: Bagnards et Bourreaux, Brüssel 1947, S. 28
Buch
Leuven, Katholieke Universiteit Leuven, Universiteitsbibliotheek
BIBC: 6A11451

Hindernisse für eine einigende Kriegserinnerung

Auch in Belgien ging die Befreiung mit der Verfolgung der Kollaborateure einher. Die Erinnerung daran bestimmte hier jede Vorstellung vom Zweiten Weltkrieg. Dies hatte damit zu tun, daß flämische Nationalisten sofort die Verfolgung und Bestrafung der Kollaborateure als gezielten Angriff des Staates auf die flämische Bevölkerung darstellten. Die Folge dieser Vorstellung spiegelt sich bis heute im gängigen Sprachgebrauch wider: Die Bestrafung der Kollaborateure wird von flämischer Seite als Repression bezeichnet.[16]

Das Bild des „antiflämischen Pogroms", wie die Repression auch bezeichnet wurde, nahm in erster Linie in den Lagern Gestalt an, in denen Tausende der Kollaboration Beschuldigter in den Monaten nach der Befreiung eingesperrt waren. Für die flämisch-nationalen Meinungsmacher lag es auf der Hand, Vergleiche zu den von den deutschen Besatzern gegründeten Konzentrationslagern zu ziehen, die um so passender erschienen, als es sich in einigen Fällen tatsächlich um dieselben Lager handelte.[17] Die Darstellung der Repression geschah durch Bilder, die dieselben Bestandteile enthielten wie die, die den Terror der Nationalsozialisten illustrierten: Stacheldraht, Wachtürme und Baracken.[18]

Als Beweis für die Unmenschlichkeit der Repression diente das Einsperren von Verdächtigen in den Käfigen des Antwerpener Zoos. Eine Photographie hiervon erschien bereits am 8. September 1944 in der liberalen Antwerpener Tageszeitung De Nieuwe Gazet mit der zynischen Überschrift „Die flämischen Löwen in ihrem Käfig" (Abb. B 17). Damit verwies man auf den flämischen Löwen, der seit dem 19. Jahrhundert Symbol des nach Autonomie strebenden Flandern gewesen war. Dieser Zynismus wich schon bald der Entrüstung über die ungerechte Behandlung der „idealistischen" Flamen. Die Photographien von Verdächtigen in Käfigen wurden später auch von den

B 17
De Vlaamse leeuwen in hun hok
Die flämischen Löwen in ihrem Käfig, in: De Nieuwe Gazet, 8. September 1944, S. 1
Zeitung
Antwerpen, Stadsbibliotheek Antwerpen
SBA B 95897

B 18
Nemrod (d.i. Renaat de Muyt)
Het Feest van de Haat.
kollaboratie, verzet, repressie, amnestie
Das Fest des Hasses.
Kollaboration, Widerstand, Repression, Amnestie,
Diksmuide 1966
Buchtitel
Leuven, Katholieke Universiteit Leuven, Universiteitsbibliotheek
BIBC: 4A 13707

B 19
In de onmogelijkheid te regeren ... in 1944: door toedoen van de vijand, in 1948 door toedoen van ...?
In der Unmöglichkeit zu regieren ... 1944 wegen des Feindes, 1948 wegen ...?, in: Trouw, 21. Juli 1948
Zeitschrift
Leuven, Katholiek Documentatie- en Onderzoekscentrum KADOC, Fonds Edouard Leys

Repressionsopfern benutzt, um den legitimen Charakter ihres Kampfes gegen den belgischen Staat zu unterstreichen.

Diese Sichtweise der Repression schloß sich nahtlos an den Mythos der jahrhundertelangen Unterdrückung von Flandern an. Das Bild auf dem Umschlag einer der bekanntesten und radikalsten Schriften gegen die Repression nimmt diese Deutung auf (Abb. B 18). An einen Pfahl ist ein Kollaborateur gebunden, der für seine idealistische Liebe zu Flandern und Gott (symbolisiert durch die Bibel und den flämischen Löwen, die zu seinen Füßen liegen) bestraft wird. Das Bild erinnert auch an die spanische Inquisition, die im 16. Jahrhundert den Kampf für Glaubensfreiheit in den Niederlanden zu untergraben suchte. Diese Assoziation wird durch die mittelalterlichen Türme im Hintergrund verstärkt, die das ehemals ruhmreiche Flandern darstellen sollen. Auf verschiedene Arten handelt es sich hier auch gleichzeitig um die flämisch-nationale Aneignung typisch belgischer Themen: Schon früher waren die Türme in der belgisch-patriotischen Propaganda aufgetaucht, und auch der Mann an dem Pfahl könnte, auf den ersten Blick, für einen Helden des Widerstands gehalten werden, der von dem Exekutionskommando hingerichtet wurde.

Im übrigen trug auch das Symbol der belgischen Nation schlechthin – der König – auf eine eher unerwartete Weise zur Anerkennung der flämisch-nationalen Sichtweise bei. Auch er wurde von seinen – überwiegend liberalen – Gegnern als Kollaborateur dargestellt, während seine – überwiegend katholischen – Mitstreiter in ihm einen Idealisten sahen, der stets im Interesse seines Volkes gehandelt habe.

Die Königsfrage war seit Mai 1945 zum politischen Problem geworden, nachdem Leopold aus dem österreichischen Verbannungsort befreit worden war, wohin ihn die deutschen Besatzer im Sommer 1944 gebracht hatten. Die Frage, ob Leopold nach Belgien zurückkehren sollte oder nicht, beschäftigte das Land in der gesamten zweiten Hälfte der 40er Jahre. 1950 versuchte eine homogene katholische Regierung durch ein Referendum eine Entscheidung über Leopolds Rückkehr in ihrem Sinne zu erzwingen. Im Vorfeld dieser Volksbefragung entbrannte ein heftiger Propagandastreit bezüglich Leopolds Haltung vor und während des Krieges.

Leopolds Anhänger versuchten, das Bild zu bestätigen, das der König während des Kriegs von sich selbst vermitteln wollte, nämlich das eines Märtyrers, der sich zum Wohle des belgischen Volkes freiwillig in Kriegsgefangenschaft begeben habe. Am Nationalfeiertag 1948 erschien in der königsfreundlichen Zeitschrift Trouw ein Bild von Leopold in Militäruniform hinter einem mit Stacheldraht gesicherten Zaun. Als Unterschrift war zu lesen: „In der Unmöglichkeit, zu regieren ... 1944: wegen des Feindes – 1948: wegen ...?" (Abb. B 19). Für jedermann war klar, daß anstelle des Fragezeichens „der belgischen Regierung" eingesetzt werden sollte. Für die Königstreuen war Leopold zum Kriegsgefangenen der Regierung geworden.

Eine der wichtigsten Strategien in der antileopoldistischen Propaganda war die Dekonstruktion des Märtyrerbilds. Insbesondere die Gerüchte, daß der König während seiner freiwilligen Kriegsgefangenschaft sich die Zeit mit Golfspielen vertrieben hatte, wurden geschickt ausgespielt. Als Beweis für die Liederlichkeit des Königs wurde die Nachricht von seiner Heirat mit der reichen Bürgerlichen Lilian Baels Ende 1941 an die Öffentlichkeit gebracht. Man betrachtete diese Ehe als eine Form der Untreue gegenüber Leopolds erster Frau, der äußerst beliebten schwedischen Prinzessin Astrid, die 1935 bei einem Verkehrsunfall ums Leben gekommen war. Seine Gegner legten nahe, daß Leopolds Eheschließung eine Verhöhnung seines Versprechens bedeute, in allem das Schicksal seiner Soldaten zu teilen. Eines der Propagandaplakate zeigt ein Bild, auf dem ein Kriegsgefangener hinter Stacheldraht zusieht, wie Leopold und Lilian miteinander turteln (Abb. B 20).

Auch Leopolds politische Entscheidungen und deren Konsequenzen für die belgische Bevölkerung wurden von beiden Parteien gründlich beleuchtet. Die Anhänger des Königs gingen vor allem auf die Kapitulation der belgischen Armee ein. Sie unterstrichen, daß diese Kapitulation notwendig gewesen sei, um der belgischen Bevölkerung Leid zu ersparen. Besonders anschaulich ist in diesem Zusammenhang der Dokumentarfilm „De Achttiendaagse Veldtocht" (Der achtzehntägige Feldzug), der schon während der Besatzung heimlich von dem alten belgischen Filmemacher Hyppolite de Kempeneer gedreht wurde, aber erst nach dem Krieg (und nach dem Tod von de Kempeneer) in den Kinos gezeigt wurde. Zum Zeitpunkt des Referendums wurde der Film zusammen mit einem anderen Film von ihm, „Ons Vorstenhuis" (Unser Fürstenhaus), vom königstreuen belgischen Nationalblock unter dem Titel „Belgique toujours" neu herausgebracht. Am Ende der Dokumentation werden Bilder von verwüsteten belgischen Städten gezeigt sowie von zahllosen hungernden Belgiern, die mit den kümmerlichen Resten ihrer Habe auf der Flucht sind (Abb. B 21). Diese Eindrücke sollten die darauffolgende Dankesbezeugung an den belgischen König, der durch die Kapitulation ein solches menschliches Drama beendet hatte, begreiflich machen.

Die Gegner Leopolds III. setzten den Akzent auf den Besuch des Königs bei Hitler im November 1940 in Berchtesgaden, über dessen Zweck noch lange Unklarheit herrschte und der als ein Akt der Kollaboration dargestellt wurde. Ein Flugblatt von 1950 kombinierte eine Zeichnung von Leopolds Besuch bei Hitler mit Bildern des frivolen Lebens des Königs und stellte diesen beiden Darstellungen Bilder des Terrors in den Gefangenenlagern gegenüber (Abb. B 22).

B 20
Mijn lot zal het uwe zijn!
Mein Schicksal sei das Eure!, 1950
Plakat, 87,5 x 60 cm
Gent, AMSAB – Instituut voor Sociale Geschiedenis
AF 000927

B 21
Hyppolite de Kempeneer (Regie)
Belgique toujours
Belgien für immer, 1950
Filmstreifen
Leuven, Vlaams Filmmuseum
1915

B 22
Quoi qu'il arrive, mon sort sera le vôtre!
Was auch geschieht, mein Schicksal sei das Eure!
Rückseite eines Anti-Leopold-Flugblattes mit dem Titel 'Abdication!', 1950
Flugblatt, 31 x 22 cm
Brüssel, Centre d'Études et de Documentation Guerre et Sociétés contemporaines/ Studie- en Documentatiecentrum Oorlog en Hedendaagse Maatschappij
collectie vlugschriften, nr. 69 (Koningskwestie)

B 23
Je ne serais plus jamais Saxe-Coburg-Gotha
Ich werde nie mehr ein Sachsen-Coburg-Gothaer sein, 1950
Flugblatt, 21,5 x 28 cm
Brüssel, Centre d'Études et de Documentation Guerre et Sociétés contemporaines/ Studie- en Documentatiecentrum Oorlog en Hedendaagse Maatschappij
collectie vlugschriften, nr. 69 (Koningskwestie)

Auch der Gegensatz zu der angeblich unerbittlichen antideutschen Einstellung seines Vaters Albert I. während und nach dem Ersten Weltkrieg wurde als Argument gegen Leopold bemüht. Ein anderes Flugblatt von 1950 enthält auf der rechten Seite eine Zeichnung von Leopold, der – im königlichen Ornat und mit deutschem Reichsadler im Hintergrund – Hitler die Hand gibt. Der Bildunterschrift zufolge stellte Leopold sich selbst mit seinem alten Dynastienamen „von Sachsen-Coburg-Gotha" vor. Nach dem Ersten Weltkrieg hatte sich Albert I. geweigert, diesen deutschen Namen noch länger zu verwenden. Daran wird auf der linken Hälfte dieses Flugblatts, unter einem Photo von Albert in seiner Militäruniform, erinnert (Abb. B 23).

Dies hielt die Anhänger Leopolds nicht davon ab, Albert ebenfalls zu instrumentalisieren: „Belgier, erinnert euch daran, daß er der Sohn unseres großen Königs Albert ist!" – mit diesen Worten versuchte man auf einem winzig kleinen Flugblatt, Sympathien für Leopold zu gewinnen. Beeindruckender war das große Plakat, auf dem Albert vor dem Hintergrund der belgischen Fahne und des belgischen Löwen dargestellt ist. Eindringlich scheint er auf sein Volk einzureden: „Ich habe euren König geformt, habt Vertrauen zu ihm!" (Abb. B 24).

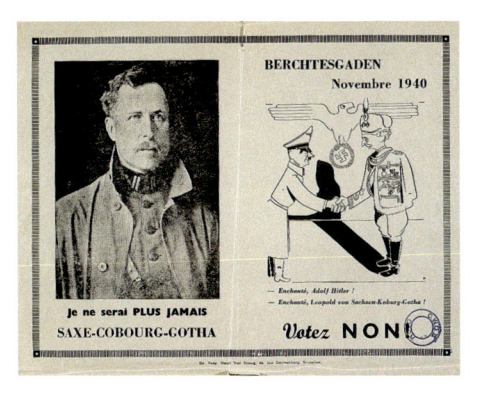

Das Referendum endete mit einem knappen Sieg für die Leopoldisten, so daß der König zurückkehren konnte. Der Abstand zwischen den gegnerischen Parteien war jedoch so gering (weniger als acht Prozent), daß sich die Gemüter nicht beruhigten und Leopold sich zur Abdankung entschloß. In Flandern hatte der König eine komfortable Mehrheit erhalten, während in Brüssel, insbesondere jedoch in Wallonien, weniger als die Hälfte der Bevölkerung für ihn gestimmt hatte.

Die Königsfrage sorgte dafür, daß schon länger vorhandene Vorurteile in Flandern und Wallonien auf einer anderen Ebene bestätigt wurden und sich erhärteten. Während es für Flamen immer üblicher wurde, die Kollaboration als idealistischen Kampf zu rechtfertigen, wurde die Verherrlichung des Widerstands zu einem wichtigen Element in der Rhetorik der wallonischen Bewegung. Es ist sicher kein Zufall, daß zum zehnten Jahrestag der Befreiung ein Monument des Widerstands im wallonischen Lüttich errichtet wurde, während zu demselben Anlaß im flämischen Kortrijk ein Denkmal für die belgische Armee, die im Krieg gekämpft hatte, eingeweiht wurde. Selbst noch bei den lokalen Gedenkfeiern zum fünfzigsten Jahrestag der Befreiung nahm der Widerstand in Wallonien mehr Raum ein als in Flandern und als auf den staatlichen Feiern.[19]

Mindestens so sehr wie um dieses auf die eigene Widerstandsvergangenheit ausgerichtete Autostereotyp wurde die wallonisch-nationalistische Interpretation um das Stereotyp vom „schwarzen Flandern" konstruiert, das in seiner Gesamtheit mit den deutschen Besatzern zusammengearbeitet habe. Die Gleichsetzung aller flämisch gesinnten Belgier mit Kollaborateuren, die in dem aus dem Ersten Weltkrieg stammenden Neologismus „flaminboche" zusammengefaßt wurde, war vermutlich noch stärker bei den französisch sprechenden Flamen vorhanden. Viele von ihnen wurden in ihrer Angst bestätigt, daß der flämische Nationalismus eine rassistische und reaktionär-katholische Bewegung sei. Diese Einschätzung wurde am treffendsten von dem weltberühmten, französischsprachigen Chansonsänger flämischer Abstammung Jacques Brel in Worte gefaßt. In seinem 1977 erschienenen Lied „Les F…" (gemeint sind Les Flamingants) rechnete er mit der nationalistischen Stimmung in Flandern ab, dessen Natur und Geschichte er dennoch mit sehr blumigen Worten besingen konnte. Die flämischen Nationalisten bezeichnete er in diesem Lied als: „Nazis während der Kriege und katholisch dazwischen". Diese Einschätzung hielt sich bis in die jüngste Zeit hartnäckig in den französischsprachigen politischen Kreisen, die sich stets geweigert haben, die von vielen Flamen geforderte allgemeine Amnestie für ehemalige Kollaborateure zumindest zur Diskussion zu stellen.[20]

B 24
J'ai formé votre Roi, ayez confiance en lui
Ich habe euren König geformt, habt Vertrauen zu ihm,
ca. 1946–1950
Plakat, 105 x 76 cm
Brüssel, Musée Royal de l'Armée et d'Histoire Militaire/Koninklijk Museum van het Leger en de Krijgsgeschiedenis
865 0000 5

Die Erinnerung an die Judenverfolgung

Das Schicksal der Juden fand in Belgien lange Zeit wenig Beachtung. Diese Verdrängung fand vor allem bei den katholischen Flamen statt. In ihrem Bemühen, die flämisch-nationale Kollaboration zu beschönigen, mußten sie auch die Erinnerung an den Völkermord unterdrücken. Wurde aber doch daran erinnert, wurden die Juden nicht selten als Entlastungszeugen benutzt. Einerseits wurde betont, daß niemand in dem besetzten Land habe wissen können, welche Ausmaße die Verfolgung der Juden annehmen würde. Andererseits hieß es, daß auch flämischnationale Kollaborateure Juden versteckt hätten.

Aber auch in den belgisch-patriotischen und den wallonisch-nationalistischen Kriegserinnerungen wurde der Völkermord nur am Rande erwähnt.[21] Ausgerechnet die Tatsache, daß es nie gelungen war, Helden des Widerstands ins Zentrum des nationalen Gedenkens zu rücken, führte dazu, daß die Aufmerksamkeit auf das Schicksal der Juden gelenkt wurde. Die Erinnerung, die das Leid als zentrales Motiv wählte, schloß das Gedenken an die Juden ein wie in dem Film „Forçats d'Honneur". In einer Hauptszene wird ein jüdischer Waisenjunge bitter-ironisch als ein „criminel dangereux – ses parents étaient juifs" (ein gefährlicher Krimineller – seine Eltern waren Juden) beschrieben. Damit klingt an, was erst viel später zum Kern der Völkermorderinnerung werden sollte, nämlich die Unschuld der ermordeten Juden.

Daß sich die belgische, eher antifaschistische als nationalistische Erinnerung an den Zweiten Weltkrieg zur Empathie mit dem Schicksal der Juden eignete, zeigte sich, als die belgische Regierung Anfang der 60er Jahre – also mitten im Kalten Krieg – bereit war, die Errichtung eines Denkmals in Auschwitz finanziell zu unterstützen, während die niederländische Regierung diese finanzielle Hilfe als unannehmbare Unterstützung der kommunistischen Politik in Polen betrachtete.[22]

Trotzdem sollte sich die Gedenkkultur in Belgien im wesentlichen aus der jüdischen Gemeinschaft selbst entwickeln.[23] So war es die Vereinigung der deportierten Juden, die 1962 die Errichtung eines nationalen „Denkmals für die jüdischen Märtyrer" in Belgien initiierte, ein Monument, das erst 1970 in Anderlecht (bei Brüssel) eingeweiht werden sollte. Auch die erste wissenschaftliche Publikation über die Judenverfolgung in Belgien aus dem Jahre 1983, „L'étoile et le fusil" (Der Stern und das Gewehr) stammte von einem jüdischen Autor, Maxime Steinberg. Das dreiteilige Standardwerk ist das Ergebnis einer Untersuchung, die unter der Schirmherrschaft der Vereinigung der ehemaligen jüdischen Widerstandskämpfer in Belgien durchgeführt und auch von ihr finanziert worden war. Die belgisch-jüdische Tänzerin und Filmemacherin Lydia Chagoll erregte 1977 mit ihrem Dokumentarfilm „Im Namen des Führers" großes Aufsehen. Dieser Film kombinierte nationalsozialistische Propagandabilder und -texte mit Bildern der Vernichtungslager – dem folgte auch die Gestaltung des Plakates (Abb. B 25).

Der Film bildete den Anfang in einer langen Reihe ähnlicher Projekte, die Chagoll und ihr Lebensgefährte Frans Buyens, allein oder gemeinsam, realisierten. Im selben Jahr erschien der Film „Comme si c'était hier" (Als wäre es gestern gewesen) der jüdisch-belgischen Filmemacherinnen Myriam Abramovicz und Esther Hoffenberg. Er thematisiert den Versuch vieler Belgier, jüdische Kinder zu retten. Die aus diesem Film sprechende Dankbarkeit war kein Einzelfall. 1979 ehrten zahlreiche belgisch-jüdische Vereinigungen in Brüssel ihre „Helden

B 25
Lydia Chagoll (Regie)
Au nom du Führer
Im Namen des Führers, 1977
Filmplakat, 100 x 70 cm
Leuven, Vlaams Filmmuseum
344

und Retter". So gab Maxime Steinberg eine Broschüre mit dem Titel: „Hommage des Juifs de Belgique à leurs héros et sauveurs 1940–1945" heraus. Auch wurde eine Medaille geprägt. Auf der Vorderseite der Medaille ist eine öde Landschaft abgebildet, über die Vögel hinwegfliegen. Einer von ihnen ist verletzt, ihm wird von den anderen geholfen (Abb. B 26).

Daß die Dankbarkeit zu einem zentralen Motiv in der jüdischen Erinnerung werden konnte, hatte viel mit dem wachsenden Bewußtsein zu tun, daß das Schicksal der belgischen Juden im Vergleich zu dem der niederländischen Juden etwas weniger grausam gewesen war: Während in den Niederlanden nur 25 Prozent der jüdischen Bevölkerung den Krieg überlebt hatten, waren es in Belgien immerhin knapp 60 Prozent.[24] Es gibt jedoch große regionale Unterschiede. Aus Antwerpen wurden 65 Prozent der jüdischen Bevölkerung deportiert, in Brüssel und Lüttich lag diese Zahl bei etwa 35 Prozent.[25] So ist es auch kein Zufall, daß vor allem die französischsprachigen Juden ihre Dankbarkeit zeigten.

Die belgisch-jüdische und die belgisch-patriotische Kriegserinnerung existierten nicht nur relativ harmonisch nebeneinander, sondern bewegten sich zum Teil sogar aufeinander zu. Das heißt, in der belgisch-jüdischen Gemeinschaft gedachte man vor allem der gefallenen Helden und erreichte damit, daß der jüdische Beitrag zum belgischen Widerstand akzeptiert werden konnte. 1979 wurde gegenüber dem vorhandenen „Denkmal für die jüdischen Märtyrer" ein Monument errichtet, das den 242 belgisch-jüdischen „im Widerstand umgekommenen Helden" gewidmet war. Anläßlich des fünfzigsten Jahrestages des Kriegsendes 1995 gab überdies die belgische Vereinigung der ehemaligen jüdischen Deportierten eine Medaille heraus, auf der ein klassisches Bild aus der belgisch-patriotischen Bildsprache und zugleich der internationalen Holocaust-Ikonographie übernommen worden war. Die Vorderseite der Medaille zeigt einen Gefangenen im Streifenanzug hinter Stacheldraht; im Hintergrund ist ein Wachturm zu erkennen (Abb. B 27).

Die belgische und die belgisch-jüdische Erinnerung bezogen sich auf die gemeinsame Lagererfahrung. Die Briefmarke, die 2000 in einer Serie über die Geschichte des 20. Jahrhunderts den Konzentrationslagern gewidmet wurde, enthält im Kern alle Elemente, die auch für die Vorstellung von Breendonk und Buchenwald entscheidend waren. Zu sehen ist die Montage einer Lagerphotographie mit Stacheldraht und Wachturm mit Portraitaufnahmen von Gefangenen, die verschwommen wiedergegeben werden (Abb. B 28). Obwohl weder der Ort noch die Personen benannt sind und auch der Titel keine weiteren Angaben enthält, besteht kaum ein Zweifel daran, daß den meisten Belgiern – und gewiß den jungen unter ihnen – beim Anblick dieser Briefmarke das Konzentrationslager Auschwitz und die ermordeten Juden einfallen.

1995 wurde das Jüdische Museum für Deportation und Widerstand in der Dossin-Kaserne in Mechelen eröffnet. Während der Besatzungszeit hatte sie als Durchgangslager für die belgischen Juden gedient, bevor diese in die Vernich-

B 26
Idel Ianchelevici
Les Juifs de Belgique reconnaissants 1940–1945
Die belgischen Juden, in Dankbarkeit 1940–1945, 1980
Münze, Bronze, Dm 5,9 cm
Brüssel, Bibliothèque Royale de Belgique. Cabinet des Médailles/Koninklijke Bibliotheek van België Penningkabinet, 75 650

B 27
Paul Huybrechts, Sam Topor
Union des Déportés juifs en Belgique – Filles et Fils de la Déportation
Vereniging van Joodse Weggevoerden in België – Dochters en Zonen der Deportatie
Vereinigung jüdischer Deportierter in Belgien – Töchter und Söhne der Deportation, 1995
Medaille, Bronze, Dm 5,8 cm
Brüssel, Bibliothèque Royale de Belgique. Cabinet des Médailles/Koninklijke Bibliotheek van België Penningkabinet
89 831

tungslager deportiert wurden. Der erste Anstoß zur Gründung dieses Museums kam bereits Anfang der 70er Jahre von der jüdischen Gemeinschaft, die schon seit den 50er Jahren jährlich Wallfahrten zur Kaserne organisiert hatte. Auch nachdem das Museum schließlich mit der finanziellen Unterstützung der Stadt Mechelen und der flämischen Regierung eröffnet worden war, blieb die eigentliche Verwaltung in den Händen der belgischen Vereinigung deportierter Juden sowie des Zentralrats der Juden in Belgien. Erneut fällt die Dankbarkeit auf, die diese jüdischen Organisationen gegenüber der belgischen Bevölkerung bekunden. Auf der Website des Museums wird betont, daß Belgien „eines der europäischen Länder war, das am meisten zur Rettung seiner jüdischen Bürger beigetragen hat".[26]

Wie sehr die belgischen und belgisch-jüdischen Erinnerungstraditionen ineinander übergingen, zeigt auch die Briefmarke, die 1997 dem Museum in Mechelen gewidmet wurde (Abb. B 29). Die Zeichnung von Clotilde Olyff ist streng perspektivisch. Durch die Schienenstränge wird der Blick auf eine Tafel gelenkt, auf der der Name des Museums zu lesen ist. Dahinter sind vage die Mauern der Dossin-Kaserne zu erkennen. Der freie Blick wird durch den Stacheldrahtzaun im Vordergrund behindert. Dieser und die perspektivische Konstruktion evozieren beide die Erinnerung an das Tor von Auschwitz. Diese Assoziation war möglicherweise gewollt, denn die Kaserne ist mit einer starken Mauer umgeben und war nie von Stacheldraht umzäunt gewesen. Zugleich gehört der Stacheldraht in die Breendonk-Ikonographie und wurde hier ohne Vorbehalte in die Vorstellung von der Dossin-Kaserne übernommen.

Die Lagererfahrung erwies sich somit erneut als Bindeglied zwischen der Erinnerung an den Krieg und an den Völkermord, das einen nahtlosen Übergang vom einem lieu de mémoire (Breendonk) zum anderen (Dossin-Kaserne) zu ermöglichen schien. Dennoch weist die Konzeption des Museums in Mechelen auf erhebliche Unterschiede zwischen diesen beiden Erinnerungen hin. In Breendonk ging es ausschließlich um das Leid des einzelnen Widerstandskämpfers, ein Leid, das individuell und „männlich" getragen wurde. Das Museum in Mechelen hingegen versucht, das kollektive Leid eines Volkes zu zeigen, ein Leid, das über das Begriffsvermögen hinausgeht und infolgedessen unmöglich getragen werden kann. Es werden keine Folterkammern gezeigt – denn die gab es in der Dossin-Kaserne nicht –, sondern lebensgroße Photographien von Gruppen nackter und ausgezehrter Menschen, die in die Gaskammern geführt werden. Man hört nicht, anders als in Breendonk, die Berichte der Überlebenden über den heldenhaften Tod ihrer Kameraden, sondern man sieht das stille Zeugnis eines alten Mannes, der seit seiner Rückkehr aus Auschwitz noch kein einziges Mal gewagt hat, einen Blick auf die Photographie seiner Frau und seiner Kinder zu werfen, die nicht überlebt haben.

Vor allem jedoch wird die Aufmerksamkeit im Museum in Mechelen auf beklemmende Weise auf den wehrlosen und unschuldigen Menschen schlechthin gerichtet: das Kind. Am Ende der Ausstellung betritt man einen gewölbten, kapellenartigen Raum, in dem etwa 30 Photographien von belgisch-jüdischen Kindern zu sehen sind, die deportiert wurden und niemals zurückkehrten. Diese Wahl war natürlich kein Zufall, denn Kinder sind weltweit, dank Anne Frank und dem Bild des Jungen aus dem Warschauer Getto, seit langem Inbegriff der Unschuld der Juden.

Damit schien auf den ersten Blick die nationalistische Verarbeitung der Kriegsvergangenheit überwunden zu sein – ein Übergang, der relativ nahtlos verlaufen war, da eine eindeutige und ausschließlich patriotische Zuordnung in Belgien we-

B 28
Rob Buytaert
Camps de concentration
Concentratiecampen
Konzentrationslager, 2000
Briefmarke
Bonn, Archiv für Philatelie.
Museumsstiftung Post und Telekommunikation

B 29
Clotilde Olyff
Museum van Deportatie en Verzet
Musée de la déportation et de la résistance
Museum der Deportation und des Widerstandes, 1997
Bonn, Archiv für Philatelie.
Museumsstiftung Post und Telekommunikation

gen seiner komplizierten politischen Struktur nicht möglich war. Gleichzeitig sorgt jedoch ausgerechnet diese komplexe Struktur dafür, daß die Versuche einer nationalistischen Vereinnahmung noch bis heute andauern. Die Dossin-Kaserne steht auf flämischem Terrain, das seit Anfang der 70er Jahre kulturelle Autonomie besitzt und sich in den 90er Jahren zu einem selbständigen Teilstaat entwickelt hat. Die flämische Regierung hat dieses Museumsprojekt von Anfang an begeistert unterstützt. Jetzt versucht sie, es zu einem größeren Holocaust-Museum auszubauen. Sie will damit beweisen, daß ihre Politik nichts mit dem fremdenfeindlichen flämisch-nationalen Erbe zu tun hat.[27] Die wichtigste politische Gruppe der flämisch-nationalen Kräfte, die Partei Vlaams Blok, reagiert ihrerseits mit einer zynischen Instrumentalisierung des Völkermordes. Die Partei vergleicht z. B. die politische Isolation, in die sie durch die anderen Parteien gedrängt wird, mit der Behandlung der Juden im Zweiten Weltkrieg.[28] Und das, während ebendiese Partei zahlreiche berüchtigte Holocaust-Leugner in ihren Reihen hat und noch bis vor kurzem ein Verbot der Schulausflüge nach Breendonk anstrebte.

B 30
Hugo Claus
Les ennemis
De vijanden
Die Feinde, 1967
Filmstreifen
Leuven, Vlaams Filmmuseum
181

Der Abschied von den großen Geschichten

Auch wenn die politisierten flämischen, wallonischen oder belgischen Interpretationen des Krieges bis heute immer wieder an die Oberfläche kommen, scheint es doch, als ob sie ihre mobilisierende Kraft größtenteils verloren hätten. Die Auseinandersetzung mit dem Holocaust hat in diesem Zusammenhang zweifellos eine Rolle gespielt. Die Tatsache, daß diese Verschiebung überhaupt stattfinden konnte, ist wohl auch darauf zurückzuführen, daß die großen Geschichten über den Krieg dekonstruiert wurden. Weder die Widerstandskämpfer noch die flämisch-nationalistischen Kollaborateure waren von rein idealistischen Motiven angetrieben. Auf der anderen Seite waren weder die nationalsozialistischen Besatzer und ihre belgischen Handlanger noch die Propagandisten der Repression die Teufel, als die sie zu Beginn dargestellt wurden.

Der Akzent wurde schon 1947 von dem jungen sozialistischen Schriftsteller Louis-Paul Boon gesetzt. Dessen Werk „Mijn kleine oorlog" umfaßte die gleichzeitig zynischen und tief menschlichen Reflexionen eines Mannes aus dem Arbeitermilieu über das Kriegsgeschehen. In den 60er Jahren sollten einige Filme wie „Want allen hebben gezondigd" (Denn alle haben gesündigt) (1961) und vor allem „Les ennemis" (1967) auf ähnliche Art und Weise die vorhandenen Dichotomien in Frage stellen. Der letztgenannte Film, bei dem der Schriftsteller Hugo Claus Regie führte, zeigt einen jungen Abenteurer aus Antwerpen, der zufällig mitten in die Ardennen-Offensive gerät und auf einen amerikanischen und einen deutschen Soldaten trifft, die sich verirrt haben. Wie sehr die Konventionen der Feindschaft in diesem Film durch menschliche Reaktionen überwunden werden, wird unter anderem in der Szene deutlich, in der die drei Männer vor einem Großangriff der Deutschen fliehen und die Angst des belgischen Soldaten sich in einem heftigen Weinkrampf entlädt (Abb. B 30). Auf dem Plakat sind Elemente des Films miteinander montiert, so der amerikanische Soldat, die Wallonin Jeannette, die in einer kleinen Liebesgeschichte mit dem Flamen eine Rolle spielt, und deutsche Panzer (Abb. B 31).

Hugo Claus war es auch, der Anfang der 80er Jahre unter dem Titel „Het verdriet van België" (Der Kummer Belgiens) einen monumentalen, autobiographisch inspirierten Roman über einen flämischen Jungen geschrieben hatte, der unter dem

B 31
Hugo Claus
Les ennemis
De vijanden
Die Feinde, 1967
Filmplakat, 120 x 80 cm
Leuven, Vlaams Filmmuseum
181

Einfluß seines Vaters in die nationalsozialistische Jugendbewegung eintritt, gleichzeitig aber mit den häufig sehr widersprüchlichen Leidenschaften konfrontiert wird, die durch den Krieg ausgelöst wurden.

Ende der 60er Jahre begann die Dekonstruktion der großen Geschichten über den Zweiten Weltkrieg auch aus wissenschaftlicher Sicht. Von großer Bedeutung in dieser Entwicklung war die Eröffnung des Forschungs- und Dokumentationszentrums für Krieg und Gesellschaft der Gegenwart 1970 in Brüssel. Die Gründung dieser Einrichtung muß als Versuch gewertet werden, die explosive Erinnerung an den Zweiten Weltkrieg zu entschärfen. Nachdem die Regierung Anfang der 60er Jahre vom Europäischen Gerichtshof für Menschenrechte gezwungen worden war, eine Reihe rechtlicher Maßnahmen gegen ehemalige Kollaborateure aufzuheben, sah sie sich verpflichtet, als Ausgleich dafür einem langgehegten Wunsch ehemaliger Widerstandskämpfer und Kriegsopfer zu entsprechen.[29] Bis zum heutigen Tag nehmen diese Gruppen, neben den Akademikern, einen wichtigen Platz in der Verwaltung des Forschungs- und Studienzentrums für die Geschichte des Zweiten Weltkriegs ein. Dennoch haben die ehemaligen Widerstandskämpfer und die Kriegsopfer das neue Zentrum nicht benutzt, um den Widerstand zum herrschenden Erinnerungsparadigma zu machen. Im Gegenteil, das Zentrum brachte in den frühen 70er Jahren die ersten wissenschaftlichen, sachlichen Monographien über den Zweiten Weltkrieg heraus. Die erste Dissertation in Belgien, die sich mit der Geschichte des Zweiten Weltkriegs befaßte, handelte von den Generalsekretären, den Beamten, die nach der Flucht der belgischen Regierung zu den höchsten Machthabern im besetzten Land aufgestiegen waren und konsequent eine Politik des Gleichgewichts betreiben mußten, um die Interessen ihres Landes zu vertreten, ohne die Besatzer vor den Kopf zu stoßen. Sie konzentrierte sich damit auf eine Situation, in der Begriffe wie Kollaboration oder Widerstand, Verrat oder Heldentum eine völlig unzulängliche Beschreibung bieten.[30]

Von großem Einfluß auf die öffentliche Meinung war die Fernsehserie „De Nieuwe Orde" (Die neue Ordnung), die in den frühen 80er Jahren große Teile Flanderns wochenlang an den Bildschirm fesselte. Macher und Moderator dieser Serie war der linksorientierte Journalist Maurice De Wilde, dessen Anliegen es war, endgültig die Wahrheit über die flämisch-nationale Kollaboration aufzudecken und damit ein positiveres Bild des Widerstands zu entwickeln. Mit großer Beharrlichkeit forschte er in den Archiven des Brüsseler Dokumentationszentrums und setzte sich intensiv mit Zeitzeugen auseinander. All diese Bemühungen mündeten letztendlich in eine ausgewogene Darstellung nicht nur der flämisch-nationalen, sondern auch der wallonischen Kollaboration, des Widerstands und der Repression. Verständlicherweise blies De Wilde, der durch seine inquisitorische Interviewtechnik zur Legende wurde, denn auch aus allen Ecken der Wind ins Gesicht. Trotzdem gab er mehr als jeder andere den Anstoß zu einer weiteren, kritischen Untersuchung über die Zeit des Krieges auf beiden Seiten der Sprachgrenze. In den 90er Jahren wurde auch im französischsprachigen Fernsehen eine mehrteilige, auf gründlichen Untersuchungen basierende Serie mit dem Titel „Jours de Guerre" (Tage des Krieges) ausgestrahlt. Daß diese Serie, obwohl sie einige äußerst interessante Enthüllungen enthielt, zu weniger Kontroversen führte als „De Nieuwe Orde", zeigt, daß sich in den vergangenen zwanzig Jahren ein zunehmend kritischerer Umgang mit der Kriegserinnerung durchgesetzt hat.

Das Ergebnis dieser Untersuchungen wurde 1995 auf eindrucksvolle Weise in Brüssel in der großen Ausstellung „J'avais 20 ans en '45" vorgestellt, die anläßlich des 50. Jahrestages des Kriegsendes stattfand. Das Ausstellungsplakat vermied alle Anspielungen auf Kollaboration und Widerstand (Abb. B 32). Die einzige Botschaft, die man der Photographie des jungen Mannes mit den Ruinen im Hintergrund, der sich wahrscheinlich auf dem Weg zur Front befindet, entnehmen kann, besteht darin, daß Krieg Verwüstung nach sich zieht. Auf der rechten Seite wird gezeigt, daß fünfzig Jahre Frieden erst durch den europäischen Einigungsprozeß (das Gebäude im Hintergrund stellt das Europäische Parlament in Brüssel dar) möglich gemacht wurden und daß es dieser Frieden war, der zu Wohlstand und Glück führte.

Auch die Ausstellung selbst, die einerseits eine Vielzahl von Originaldokumenten und -objekten zeigte, aber andererseits auch sehr pädagogisch konzipiert war, spiegelt diesen europäischen, antimilitaristischen und antitotalitaristischen Konsens wider. Der überwältigende Erfolg dieser Ausstellung legt den Schluß nahe, daß die Wunden des Zweiten Weltkriegs größtenteils verheilt sind. Nur für eine kleine Minderheit direkt Betroffener ist der Krieg noch immer eine „unbewältigte Vergangenheit".

B 32
J'avais 20 ans en '45
1945 war ich 20
Ausstellungsplakat zur gleichnamigen Ausstellung im Musée Royal de l'Armée et d'Histoire Militaire/Koninklijk Museum van het Leger en de Krijgsgeschiedenis, Brüssel, 3. 12. 1994 – 14. 5. 1995, 64 x 50 cm
Privatbesitz

1 Le soir, 9. Mai 1955.
2 Koll, Johannes: Belgien. Geschichtskultur und nationale Identität, in: Monika Flacke (Hg.): Mythen der Nationen. Ein europäisches Panorama, Berlin 1998, S. 59; Stengers, Jean/Gubin, Eliane: Histoire du sentiment national en Belgique, Bd. 2: Le grand siècle de la nationalité belge, Brüssel 2002.
3 Wils, Lode: Histoire des nations belges, Ottignies 1996.
4 La Libre Belgique, 1./2. Oktober 1944.
5 Lagrou, Pieter: The legacy of Nazi Occupation. Patriotic Memory and National Recovery in Western Europe, London 2000, S. 216 ff.
6 Vos, Luc de: De Bevrijding. Van Normandië tot de Ardennen, Löwen 1994, S. 88 ff.
7 Tassier, Suzanne: L'histoire de la guerre mondiale. Pour un musée de la Guerre mondiale et un Office de documentation contemporaine, Brüssel 1944, S. 10.
8 Beyen, Marnix: Oorlog en verleden. Nationale geschiedenis in België en Nederland 1938–1947, Amsterdam 2002, S. 251 ff.
9 Gleichzeitig jedoch wurde die Figur auch von kollaborierenden Kreisen wiederentdeckt. Vgl.: Beyen, Marnix: Held voor alle werk. De vele gedaanten van Tijl Uilenspiegel, Antwerpen-Baarn 1998.
10 Lagrou, Pieter: Verzet en naoorlogse politiek, in: Huyse, Luc/Hoflack, Kris: De democratie heruitgevonden. Oud en nieuw in politiek België, 1944–1950, Löwen 1995, S. 45 ff.; und derselbe, Een oorlog achter de rug, een oorlog voor de boeg 1944–1965, in: Wijngaert, Marc van den/Beullens, Lieve: Oost West West Best. België onder de Koude Oorlog (1947–1965), Tielt 1997, S. 125 ff.
11 Creyf, Katrien: De collaboratie en de repressie in de Vlaamse roman: 1945–1985, in: Wetenschappelijke Tijdingen 50 (1991), S. 178 ff.; Wolfswinkel, Rolf: Tussen landverraad en vaderlandsliefde. De collaboratie in de naoorlogse letterkunde, Amsterdam 1994.
12 Beyen 2002 (wie Anm. 8), S. 263 f.
13 Zum Thema Buchenwald vgl. Flacke, Monika/Schmiegelt, Ulrike: Aus dem Dunklen zu den Sternen, im vorliegenden Band.
14 Hier muß angemerkt werden, daß das Museum momentan grundlegend modernisiert wird.
15 Berghe, Gie van den: Getuigen. Belgische bibliografie over de nazi-kampen, Brüssel 1995.
16 Beyen, Marnix: 'Elle est de plus en plus noire, la masse de flamingants'. Comment s'est forgée l'image de l'Occupation et de la répression en Flandre, 1945–2000, in: Gotovitch, José/Kesteloot, Chantal: Collaboration et répression. Un passé qui résiste, Brüssel 2002, S. 99 ff.
17 Das wird u. a. von Gerolf Annemans betont, einem Abgeordneten der Partei des Vlaams Blok, die 1999 eine Gesetzesvorlage eingereicht hatte, die die allgemeine Amnestie für „Repressionsopfer" forderte. Vgl. Parlementaire Documenten. Kamer, 1999, Nr. 50 (Gesetzesvorlage vom 30. November 1999).
18 Beispiele finden sich in: Seberechts, Frank: Ieder zijn zwarte. Collaboratie, verzet en repressie, Löwen 1994; Rzoska, Björn: Zij komen allen aan de beurt, de zwarten: het kamp van Lokeren 1944–1947, Löwen 1999.
19 Colignon, Alain/Kesteloot, Chantal/Martin, Dirk: Commémoration. Enjeux et débats, Brüssel 1996.
20 Wever, Bruno De: 'Septemberweerstanders', 'idealistische oostfrontstrijders' en 'flaminboches'. De Tweede Wereldoorlog in België: onverwerkt verleden?, in: Navorsings – en Studiecentrum voor de Geschiedenis van de Tweede Wereldoorlog, Het verzet in Noord-Europa, Brüssel, 1995, S. 384 ff.; Colignon, Alain: 'Nazi durant les guerres …'. La vision de la collaboration flamande en Wallonie et à Bruxelles, in: Gotovitch/Kesteloot 2002 (wie Anm. 16), S. 115 ff.
21 Lagrou 2000 (wie Anm. 5), S. 288.
22 Lagrou 2000 (wie Anm. 5), S. 286 f.
23 Dratwa, Daniel: Un aspect de la mémoire de la seconde guerre mondiale en Belgique: les monuments juifs, in: Doorslaer, Rudi Van (Hg.): Les juifs de Belgique. De l'immigration au génocide, 1925–1945, Brüssel 1994, S. 209 ff.; Dratwa, Daniel: Genocide and its memories: a preliminary study on how Belgian Jewry coped with the results of the Holocaust?, in: Michman, Dan (Hg.): Belgium and the Holo-

caust. Jews. Belgians. Germans, Jerusalem 1998.
[24] Zahlen aus: Blom, Johan C. H.: De vervolging van de joden in Nederland in internationaal vergelijkend perspectief, in: derselbe, Crisis, Bezetting en herstel. Tien studies over Nederland 1930–1950, Rotterdam 1989, S. 134 ff.
[25] Zahlen aus: Saerens, Lieven: Vreemdelingen in een wereldstad. Een geschiedenis van Antwerpen en zijn joodse bevolking (1880–1944), Tielt 2000, S. 648.
[26] http://www.cicb.be (16. September 2003)
[27] Berghe, Gie van den: Museum en ideologie, in: Knack, 29. August 2002, S. 28 ff.
[28] In diesem Zusammenhang tat sich besonders Gerolf Annemans während des Abstimmungskongresses für die Gemeinderatswahlen im Oktober 2000 hervor. Vgl.: Joden pikken vergelijking met cordon sanitaire niet, in: De Standaard, 3. Oktober 2000.
[29] Lagrou, Pieter: Historiographie de guerre et historiographie du temps présent: cadres institutionnels en Europe occidentale (1945–2000), in: Bulletin du Comité international d'histoire de la Deuxième Guerre mondiale 30/31 (1999–2000), S. 192 ff., insbesondere S. 203 ff.
[30] Wijngaert, Mark van den: Het beleid van het comité van de secretarissen-generaal in België tijdens de Duitse bezetting 1940–1944, Brüssel 1975.

Seit 1914

Chronologie

1914–1918
Nachdem Belgien den Transit deutscher Truppen nach Frankreich verweigert hat, dringen am **4. August** deutsche Truppen in das neutrale Belgien ein. Das belgische Heer zieht sich unter Führung von König Albert I. in den äußersten Westen des Landes, die sogenannte Ijzerfront (Eisenfront), zurück. Die katholische Regierung läßt sich in der nordfranzösischen Hafenstadt Le Havre nieder.
Belgien wird unter deutsche Militärverwaltung gestellt. Aktivisten der radikalen Flämischen Bewegung arbeiten mit den deutschen Besatzern zusammen. Zwischen **1914** und **1917** wird Flandern in den drei Schlachten von Ypern zu einem der Hauptkriegsschauplätze. Einige Mitglieder der liberalen und sozialistischen Opposition werden im **Januar 1916** in die Regierung aufgenommen, so daß eine Regierung der nationalen Einheit entsteht. Am **21. März 1917** wird die administrative Teilung von Belgien in Flandern und Wallonien ausgerufen. Der kurz zuvor von einer Gruppe radikaler Aktivisten begründete Rat von Flandern ruft am **22. Dezember 1917** die vollständige Selbständigkeit Flanderns aus. Am **11. November 1918** kommt es zur Unterzeichnung des Waffenstillstandes mit Deutschland. Am **22. November 1918** zieht König Albert wieder in die Hauptstadt ein.

1920
Gemäß dem Vertrag von Versailles fällt das deutschsprachige Gebiet Eupen-Malmédy an Belgien, und die Neutralität Belgiens wird aufgehoben. Belgien schließt im **Herbst** eine Militärkonvention zum gegenseitigen Beistand mit Frankreich und im Jahre **1922** ein Defensivbündnis mit Großbritannien.

1. Januar 1922
Die Gleichberechtigung der französischen und flämischen Sprache wird in Belgien per Gesetz festgelegt.

5.–16. Oktober 1925
Mit den auf der Konferenz von Locarno ausgehandelten Verträgen, die Belgien mitunterzeichnet, wird ein Sicherheits-, Rhein- und Westpakt geschaffen.

1930–1935
Belgien feiert **1930** das hundertjährige Jubiläum seiner Unabhängigkeit.
Einige Sprachgesetze bezüglich der Verwaltung (**28. Juni 1932**), des Grund- und Mittelschulunterrichts (**14. Juli 1932**) und der Justiz (**15. Juni 1935**) befestigen nach und nach ein System von Einsprachigkeit im öffentlichen Leben in Flandern und Wallonien. Das kann jedoch die weitere Radikalisierung des flämischen Nationalismus nicht verhindern, der zusätzlich durch das langsame Tempo, mit dem sich die konkrete Anwendung der Gesetze vollzieht, gefördert wird.
König Albert I. stirbt **17. Februar 1934** durch einen Unfall. Nachfolger wird sein Sohn Leopold III.

24. Mai 1936
Antidemokratische Parteien verzeichnen spektakuläre Wahlgewinne: Die französischsprachige autoritäre Partei Rex, der Flämisch-Nationale Verbund (Vlaams-Nationaal Verbond, VNV) und die Kommunisten erzielen zusammen 46 der 212 Sitze in der Kammer der Volksvertreter.

14. Oktober 1936
Belgien kündigt das Militärbündnis mit Frankreich und schlägt erneut einen neutralitätsorientierten Kurs ein.

13. Oktober 1937
Eine Note der deutschen Regierung garantiert die Unverletzlichkeit Belgiens.

September – November 1939
Bei Kriegsbeginn mobilisiert Belgien – unter Betonung der Neutralität – die Streitkräfte und richtet gemeinsam mit den Niederlanden einen Friedensappell an die kriegführenden Staaten.

9. Februar 1940
Die belgische Regierung tritt zurück. Anlaß ist eine Auseinandersetzung über die Berufung eines ehemaligen Aktivisten der Rexpartei in die Königliche Akademie für Medizin.

1940
Deutschland bricht die **1937** anerkannte Unverletzlichkeit Belgiens und marschiert am **10. Mai** in Belgien ein. Am **28. Mai** kapituliert – nach dem sogenannten Achtzehntägigen Feldzug – das belgische Heer, und König Leopold III. verbleibt, gegen den Willen der belgischen Regierung, freiwillig in deutscher Kriegsgefangenschaft. Daraufhin wird von den Ministern in London eine Exilregierung etabliert. Die deutschen Besatzer installieren in Belgien und in Teilen Nordfrankreichs eine Militärverwaltung. Staf de Clercq, der Leiter des VNV, bekennt sich öffentlich am **10. November** zum Nationalsozialismus und kollaboriert mit den deutschen Besatzern. Auch der Mouvement rexiste (Rexbewegung) mit seinem Vorsitzenden Léon Degrelle kollaboriert. Am **19. November** treffen sich König Leopold III. und Adolf Hitler in Berchtesgaden.

1942
Die deutschen Besatzer richten im **März** den verpflichtenden Arbeitsdienst ein. Mit Razzien in verschiedenen belgischen Städten vom **August** bis **September** beginnt die Deportation der jüdischen Bevölkerung.

1944
Im **April** schließen einige Arbeitgeber und Gewerkschaftsführer im geheimen einen Pakt der sozialen Solidarität (Sozialen Pakt), der die Basis für den Ausbau des teilweise korporativ aufgebauten Versorgungsstaates in der Nachkriegszeit bildet. Die Landung der Alliierten am **6. Juni** in der Normandie erhöht die Aktivität des bewaffneten Widerstands in Belgien. Leopold III. wird am **7. Juni** nach Deutschland, später nach Österreich gebracht. Am **18. Juli** wird die deutsche Militärverwaltung durch eine Zivilverwaltung unter der Leitung des Reichskommissars Josef Grohé ersetzt. Die flämischen Nationalisten und die faschistisch orientierte Rexbewegung des Wallonen Léon Degrelle kooperieren weiterhin mit den Besatzern.

Im Verlaufe der Monate **September** und **November** marschieren britische Truppenverbände in Belgien ein. Brüssel wird am **3. September**, Antwerpen am **4. September** und das gesamte belgische Territorium wird bis zum **3. November** befreit. Am **5. September** vereinbaren die Exilregierungen Belgiens, Luxemburgs und der Niederlande in London die Schaffung eines gemeinsamen Zollgebietes – diese Vereinbarung tritt am **1. Januar 1948** in Kraft.

Die Exilregierung kehrt am **20./21. September** nach Brüssel zurück, und der Bruder des Königs, Graf Karl von Flandern, wird in Abwesenheit Leopolds, der sich weiterhin im österreichischen Exil befindet, zum Regenten bestimmt. In den belgischen Ardennen beginnt am **16. Dezember** die letzte deutsche Offensive an der Westfront, die erst im **Januar 1945** von den Alliierten völlig zurückgedrängt wird.

1945–1950
Als einer von zunächst 51 Mitgliedsstaaten unterzeichnet Belgien im **Juni 1945** die Gründungsurkunde der Vereinten Nationen (UNO). Nach dem Krieg kommt es zu zahlreichen Gerichtsverfahren gegen Kollaborateure. Angeklagt werden vor allem Belgier flämischer Herkunft. In dieser Zeit kehren auch die politischen Gefangenen und die Kriegsgefangenen aus den deutschen und osteuropäischen Lagern zurück. Letztere trifft ebenfalls ein kollektiver Kollaborationsvorwurf.

Um die Frage, ob Leopold III. als König zurückkehren darf, entwickelt sich eine heftige innenpolitische Auseinandersetzung, die zu einem Referendum am **12. März 1950** führt, bei dem sich 57,68 Prozent der Abstimmenden für und 42,32 Prozent gegen die Rückkehr aussprechen. Am **22. Juli 1950** kehrt Leopold III. in seinen Palast in Laeken zurück. Es kommt zu schweren Krawallen, die mehrere Todesopfer fordern. Am **1. August 1950** gibt der König dem öffentlichen Druck nach und verzichtet auf den Thron; sein minderjähriger Sohn Baudouin wird als Nachfolger ausgerufen, der am **17. Juli 1951** den grundgesetzlichen Eid als König ablegt.

Ende 1947
Das Parlament stimmt gegen einen von Wallonen unterbreiteten Vorschlag, Belgien in drei Bundesstaaten – Flandern, Wallonien und Brüssel – aufzuteilen. Dieser hat zum Ziel, die Konflikte zwischen Flamen und Wallonen zu beseitigen.

17. März 1948
Im Brüsseler Vertrag einigen sich Belgien, Großbritannien, Frankreich, die Niederlande und Luxemburg auf weitreichende Kooperation in wirtschaftlichen, sozialen und kulturellen Fragen sowie auf die gemeinschaftliche Verteidigung im Kriegsfall.

4. April 1949
In Washington gründen Belgien, die USA, Kanada, Großbritannien, Frankreich, die Niederlande, Luxemburg, Italien, Portugal, Dänemark, Norwegen und Island das Verteidigungsbündnis North Atlantic Treaty Organization (NATO).

18. April 1951
Belgien ist neben Frankreich, der Bundesrepublik Deutschland, Italien, Luxemburg und den Niederlanden Gründungsmitglied der Europäischen Gemeinschaft für Kohle und Stahl, Montanunion (EGKS).

1954
Im **Herbst** wird die flämisch-nationalistische Volksunion (Volksunie) gegründet. Die Teilung Belgiens in einen flämischen und wallonischen Teil und die Amnestie für ehemalige Kollaborateure sind die wichtigsten Punkte ihres politischen Programms. Am **24. September** wird das deutsch-belgische Abkommen über die endgültige Festlegung der gemeinsamen Grenze vereinbart.

25. März 1957
Belgien unterzeichnet in Rom als Gründungsmitglied die Verträge zur Europäischen Wirtschaftsgemeinschaft (EWG) und der Europäischen Atomgemeinschaft (EURATOM).

1958
Am **1. Januar** treten die Verträge von Rom in Kraft. Am **3. Februar** unterzeichnen die Benelux-Länder (Belgien, Niederlande und Luxemburg) den Staatsvertrag über die Schaffung einer Wirtschaftsunion (Union Economique Benelux), die im **November 1960** in Kraft tritt. In Brüssel wird am **17. April** die erste Weltausstellung seit dem Zweiten Weltkrieg eröffnet und zeigt ein optimistisches, wohlhabendes und weltoffenes Belgien.

1960–1969
Zu Beginn der **60er** Jahre dominiert der Sprachenstreit das innenpolitische Leben des Landes. Er wird mit ökonomischen und sozialen Fragen verknüpft. Der wirtschaftliche Aufstieg der flämischen Region und die Krise der besonders in Wallonien ansässigen Kohle- und Stahlindustrie verschärfen die Konflikte zwischen Flamen und Wallonen. Vor diesem Hintergrund können die sprachlich orientierten Parteien, vor allem die flämische Volksunion (Volksunie), unter anderem mit dem linksgerichteten Rassemblement Wallon (gegründet **1968**) als Teil der Wallonischen Bewegung wachsende Bedeutung erlangen. Ein Gesetz über die Neuregelung der Sprachgebiete – bezogen auf den Sprachgebrauch in Verwaltungsangelegenheiten – tritt am **2. August 1963** in Kraft und soll den Sprachenstreit zwischen Wallonen und Flamen endgültig regeln. Vier Sprachregionen werden geschaffen, eine niederländischsprachige, ein französischsprachige, eine zweisprachige in Brüssel (mit „Vergünstigungen" für die französischsprachigen Bewohner des flämischen Randes rund um Brüssel) und eine deutschsprachige.
Im **April 1965** wird der Vertrag zur Fusion der Exekutivorgane der drei europäischen Teilgemeinschaften und zur Einsetzung eines gemeinsamen Rates und einer gemeinsamen Kommission unterzeichnet. Er tritt am **1. Juli** 1967 in Kraft. Brüssel wird **1967** zur Hauptstadt der Europäischen Gemeinschaft.

19. Dezember 1970
Durch eine Verfassungsreform wird die Verwaltung dezentralisiert. Die Einrichtung von Kulturräten gewährt Flamen, Wallonen und Deutschen eine kulturelle Autonomie. Zusätzlich wird die Schaffung dreier ökonomischer Regionen (eine flämische, eine wallonische und eine Brüsseler) beschlossen, die der veränderten Wirtschaftsstruktur Belgiens angepaßt werden.

1977–1981
Die Föderalisierung Belgiens wird im Egmondvertrag vom **24. Mai 1977** weiter ausgebaut, die Befugnisse der Regionen und Gemeinschaften werden festgelegt und Regionalräte geschaffen. Proteste in radikalen flämisch-nationalen Kreisen gegen diesen Vertrag führen zur Abtrennung des sogenannten Vlaams Blok (Flämischer Block) aus der Volksunion, die den Vertrag mit unterzeichnet hat. Die Auseinandersetzungen zwischen Wallonen und Flamen sowie wirtschaftliche Probleme führen in Brüssel bis **1981** zu häufigen Regierungswechseln.

7. und 10. Juni 1979
In den mittlerweile neun Mitgliedsstaaten der Europäischen Gemeinschaft (Belgien, Dänemark, Bundesrepublik Deutschland, Frankreich, Großbritannien, Irland, Italien, Luxemburg und die Niederlande) finden die ersten Direktwahlen zum Europäischen Parlament statt, das im französischen Straßburg tagt.

1985–1995
Belgien, die Bundesrepublik Deutschland, Frankreich, Luxemburg und die Niederlande unterzeichnen am 14. **Juni 1985** das Abkommen von Schengen über den schrittweisen Abbau der Personenkontrollen an den Binnengrenzen zwischen den Vertragspartnern. Nach einem Folgeabkommen vom **Juni 1990** (Schengen II) und einer Erweiterung des Kreises der beteiligten Staaten treten beide Abkommen am **26. März 1995** in Kraft.

Juli 1988
Eine von der Abgeordnetenkammer verabschiedete Verfassungsänderung sieht erneut größere Autonomien für Flandern und Wallonien ab **1989** vor.

24. November 1991
Am sogenannten „Schwarzen Sonntag" erzielt der Vlaams Blok, der sich inzwischen als rechtsextreme, fremdenfeindliche Partei etabliert hat, einen außergewöhnlichen Erfolg und kann zwölf Volksvertreter und sechs Senatoren ins belgische Parlament entsenden. Bei den folgenden Wahlen gelingt es der Partei, ihre Erfolge auszubauen.

1992
In Maastricht wird am 7. **Februar** der Vertrag über die Gründung der Europäischen Union (EU) unterzeichnet. Hauptziel des Vertrages ist die Errichtung einer Europäischen Wirtschafts- und Währungsunion (EWWU) mit Einführung einer gemeinsamen Währung. Der „Sankt-Michaels-Vertrag" vom **29. September** formt Belgien von einem Zentral- in einen föderalen Bundesstaat mit den Regionen Flandern und Wallonien um. Die Verfassungsänderung tritt **1993** in Kraft. Die deutsche Minderheit in Wallonien erhält eine Kulturautonomie innerhalb Walloniens. Beim Bundeskabinett der Zentralregierung verbleiben die klassischen Staatsbefugnisse Außen-, Sicherheits-, Verteidigungs-, Rechts- und Finanzpolitik.

1993
Am **1. Januar** entsteht gemäß dem Maastrichter Vertrag der Europäische Binnenmarkt der zwölf Mitgliedstaaten der Europäischen Union. Nach dem Tod Baudouins, am **31. Juli 1993**, folgt ihm sein Bruder Albert II. auf den belgischen Thron.

1996
Der Skandal um die Entführung und die Ermordung belgischer Mädchen mündet im **Sommer** in die Dutroux-Affäre, welche Auslöser für eine breite Protestbewegung gegen die belgische Justiz, das belgische politische System und, allgemeiner, die belgische Politik ist. Vor allem der Weiße Marsch am **20. Oktober** mobilisiert Hunderttausende Menschen, kann aber keine neue, dauerhafte politische Bewegung etablieren.

1998–2002
Der EU-Rat beschließt am **2. Mai**, daß die Europäische Wirtschafts- und Währungsunion termingerecht am **1. Januar 1999** mit elf Teilnehmerstaaten beginnt (ohne Dänemark, Großbritannien, Schweden), vorerst jedoch nur für den bargeldlosen Zahlungsverkehr. Ab **1. Januar 2002** werden in Belgien Euro-Banknoten und -Münzen ausgegeben.

30. Mai 2001
Johan Sauwens, Minister der Volksunion in der flämischen Regierung, wird zum Rücktritt gezwungen, nachdem er bei einer Gedenkveranstaltung ehemaliger belgischer Angehöriger der Waffen-SS gesprochen hat. Die daraus folgende Diskussion bringt die Erinnerung an den Zweiten Weltkrieg wieder auf die politische Agenda.

Literatur:
- Brockhaus – Die Enzyklopädie in 24 Bänden, 20. Aufl., Leipzig/München 1996–1999.
- Ende, Michael: Belgien, Niederlande, Luxemburg. Geschichte des niederländischen Raumes, Stuttgart/Berlin/Köln 1993.

- Kinder, Hermann/Hilgemann, Werner: dtv-Atlas Weltgeschichte. Bd. 2: Von der Französischen Revolution bis zur Gegenwart, 31. Aufl., München 1997.
- Witz, Cornelia: Benelux-Ploetz: Belgien, Niederlande, Luxemburg – Geschichte zum Nachschlagen, Freiburg 1997.

Bulgarien

Meilensteine einer kontroversen Selbstfindung

VON TZVETAN TZVETANOV

Trotz seiner Bemühungen, sich während der letzten Kriegsmonate aus dem Kreis der Verbündeten des Deutschen Reiches zu lösen, war Bulgarien nach dem Krieg als Verbündeter des nationalsozialistischen Deutschlands auf der Seite der Verlierer. Zwar schloß der Bruch zwischen dem alten Königreich und der neuen sozialistischen Republik jede Mitverantwortung der neuen Machthaber aus, doch mußten die Schuldigen, die mit dem nationalsozialistischen Deutschland kollaboriert hatten, gefunden und verurteilt werden. Hinsichtlich der Schuldfrage versuchte man einerseits die Kollaboration mit dem „rücksichtslosen" Vorgehen Deutschlands zu erklären. Anderseits wurde das Problem der Verantwortung dadurch gelöst, daß man in den Volkstribunalen die „Schuldigen" verurteilte und die künftige Kooperation mit der UdSSR begründete. Die Neigung zur vereinfachten Erläuterung komplizierter Sachverhalte förderte die Entstehung eines „schwarzweißen" Geschichtsbildes von Kollaboration und Widerstand.

Zar Boris III. – faschistischer Diktator oder Retter der Nation?

Am 9. September 1944 marschierte die Rote Armee, unterstützt von der bulgarischen Vaterländischen Front, in Bulgarien ein, das daraufhin dem Deutschen Reich den Krieg erklärte. Typisch für die Geschichtskonstruktion nach 1944 ist der Ersatz des bis dahin positiv besetzten Zarenbildes durch ein negatives. Bis in die 80er Jahre hinein wurde in allen historischen Darstellungen der Kriegszeit die Monarchie als Kollaborateur Nr. 1 und Zar Boris III. als deutscher Agent beschrieben.[1] Man beschuldigte den Zaren, er habe 1934 ein zur „monarchofaschistischen Diktatur entartetes Regime" installiert, das seine durch die liberale Verfassung von 1879 stark eingeschränkte Machtposition wieder festigen sollte.[2] Den Begriff des Monarchofaschismus hatte übrigens Georgi Dimitrov 1942 in Moskau in seinem Programm der Vaterländischen Front geprägt. Nach dem Krieg wurde dieser Begriff weitgehend übernommen.[3]

Auch über 1989 hinaus waren zwei Photographien von den Besuchen des Zaren bei Hitler allgemein bekannt: Eines zeigt beide in Begleitung hoher Militärs in einer verschneiten Waldlandschaft; das andere bei einem Handschlag vor einem Eisenbahnwagen (Abb. BG 1). Solche Photos dienten dazu, die persönliche Nähe des Zaren zum Nationalsozialismus bildhaft zu belegen und damit seine Schuld zu begründen.

BG 1
Boris III s fjurera – tazi snimka razgnevi evreite
Boris III. mit dem Führer – dieses Bild hat die Juden verärgert, in: Machat Boris III ot Izrael, Duma,
18. Juli 2000, S. 1
Zeitungstitel
Privatbesitz

Zu den wenigen Ereignissen, die im Hinblick auf den Zaren problematisch blieben, aber von einem definitiv nationalen Standpunkt aus auf keine Ablehnung stoßen durften, gehörte die sogenannte Befreiung von Süddobrudscha, d. h. die Vergrößerung des Territoriums. Da dieses Ergebnis aktiver königlicher Außenpolitik nicht zur antimonarchistischen Propaganda paßte, fanden sich bis in die 80er Jahre nur selten Bilder und Texte zu diesem Thema in den Geschichtsbüchern. Nach der Wende von 1989 jedoch erlebte seine Würdigung einen echten Boom. Nicht nur in ausführlichen Darstellungen in den Schulbüchern[4], sondern auch in den Medien war das Thema präsent. Auffällig ist seine positive Bewertung in der links- wie rechtsorientierten Presse, allerdings mit gegensätzlicher Akzentuierung: Die Sozialisten stellten fest, das Volk habe sich über seinen Alltag erhoben, es sei „auferstanden".[5] Andere konnten endlich Zar Boris III. als „Einiger der Nation" feiern: „Schöpfer der Idee und Promotor der Politik einer friedlichen Revision des Vertrags von Neuilly-sur-Seine [...]. Dieses urewig unsrige Territorium wurde laut der Verträge nach dem Ende des Zweiten Weltkriegs als bulgarisch anerkannt", hieß es beispielsweise im Novinar im September 2000.[6] Immer wieder wurde dabei der kampf- und opferlose Verlauf der „gerechten Rückgabe" hervorgehoben. Ein Bild vom 21. September 1940, dem Einzugstag des bulgarischen Heeres, wird besonders oft rezipiert. Es zeigt von einer Volksmenge bejubelte berittene bulgarische Soldaten unter einem Transparent, auf dem zu lesen ist: „Herzlich willkommen, Brüder" (Abb. BG 2).

BG 2
Vǎstorženo posreštane na bǎlgarskite vojski v Južna Dobrudža
Freudige Begrüßung der bulgarischen Truppen in der Süddobrudscha, in: Osvoboždavaneto na Južna Dobrudža, Duma, 28. September 2000, S. 14
Zeitung
Privatbesitz

Ein anderes historisches Ereignis, der Beitritt zum Dreimächtepakt zwischen Deutschland, Italien und Japan im März 1941, wurde benutzt, um den „friedens- und volksfeindlichen" Charakter des alten Regimes darzulegen. Wiederholt wies man auf die Unfähigkeit der alten Regierung hin, die 1939 verkündete Neutralität zu wahren, da sie die bereits vor dem 22. Juni 1941 von Stalins Diplomatie mehrfach angebotene Zusammenarbeit mit der Sowjetunion abgelehnt habe. Dies habe letztlich zur Kriegserklärung der UdSSR vom 5. September 1944 geführt und sei ein schwerwiegender Beweis des Hochverrats dieser Regierung.

Erstmals wurde 1981, im Zusammenhang mit der 1300-Jahr-Feier der bulgarischen Staatsgründung im Jahre 681, die These eines bulgarischen Sonderweges während des Krieges formuliert: Zum ersten Mal nach 1944 wurde eine patriotische Besinnung auf die Nationalgeschichte gefordert. Anstelle der Behauptung einer „freiwilligen Neigung des Zaren und seiner Clique zum Faschismus" wurde nun vorsichtig die Ansicht geäußert, daß die Regierung wegen des starken deutschen Drucks die Zusammenarbeit nicht habe vermeiden können. Allerdings wurde der Beitritt zum Dreimächtepakt nach wie vor als „politisch kurzsichtig" ausgelegt.

Besondere Bedeutung kommt in diesem Kontext dem Einmarsch der deutschen Wehrmacht am Tag des Beitritts zu. Während der sozialistischen Ära wurden fast keine Bilder davon publiziert, nicht einmal als Beweis des „rücksichtslosen Vorgehens" des NS-Staates. Auch nach der Wende blieben Bilddokumente wie das der Brückenüberquerung deutscher Motorrad-Truppen selten, in deren Begleittext

BG 3
Časti na Vermachta preminavat r. Dunav i vlizat v Bălgarija (1 mart 1941 g.)
Einheiten der Wehrmacht überqueren die Donau und marschieren in Bulgarien ein (1. März 1941), in: Stilijan Nojkov, Valentin Radev: Car Boris III v tajnite dokumenti na Tretija rajch. 1939–1943, Sofia 1995
Buch
Privatbesitz

BG 4
Razrušenija na Sofija sled bombadirovkata, ploštad 'Sveta Nedelja'
Zerstörung Sofias als Folge des Bombenangriffs, Platz des Heiligen Sonntags, in: Stajko Trifonov: Istorija na Bălgarija 1878–1944, Sofia 2000, S. 208–209
Buch
Privatbesitz

es ab und zu noch heißt: „1. März 1941 – Die Wehrmacht überquert die bulgarische Donaugrenze zur Offensive gegen Griechenland und Jugoslawien"[7] (Abb. BG 3). Mit dem Ereignis selbst setzte man sich dagegen vielfach auseinander. Bevorzugter Gegenstand der antifaschistischen Kritik war die widerstandslos zugelassene Benutzung des bulgarischen Territoriums durch die deutschen Truppen als Ausgangspunkt für die Unterwerfung der Nachbarländer. Dies habe die internationalen Beziehungen Bulgariens schwer belastet und negativen Einfluß auf die Friedensverhandlungen mit den Westalliierten gehabt. Denn als Gegenleistung für die bündnistreue Unterstützung hatte das Deutsche Reich Teilgebiete Griechenlands (Thrakien und Mazedonien) unter bulgarische Verwaltung gestellt. Einige Historiker qualifizierten die bulgarische Präsenz dort als Besatzung.[8] Dieser Begriff richtete sich gegen die 1941 durch die Regierung bzw. regierungsnahe Kreise formulierte Interpretation des Vorgangs als „Wiedervereinigung Bulgariens in seinen ethnischen Grenzen" und damit gegen das Bild des Zaren als Einiger der Nation.[9]

Demgegenüber hieß es nach der Wende in Geschichtsbüchern zum Einzug der Wehrmacht beschwichtigend: „Die bulgarische Bevölkerung empfing die fremden Truppen ohne sichtbare Zeichen von Feindseligkeit und hieß sie willkommen."[10] Es wird auch darauf verwiesen, daß die nach dem Krieg rückgängig gemachte „nationale Einigung" dank angemessener Außenpolitik des Zaren unblutig zustande gekommen war. Man bemüht sich heute, Boris III. als geschickten Politiker und seine Entscheidungen als Ergebnis profunder Situationsanalyse darzustellen. Er habe lieber eine vorübergehende Einschränkung der Souveränität seines Königreichs hingenommen – denn an den Sieg des Deutschen Reiches habe er nicht wirklich geglaubt – als die Zerstörung des Landes und zahllose Menschenopfer. Damit wird der schon zu Boris' Lebzeiten gängige Mythos vom Zaren als Retter der Nation wieder eingeführt. Die um die positive Umwertung der Rolle des Zaren und seiner Regierungen bemühte Historiographie bezieht ihre Argumente aus der These vom Sonderweg Bulgariens. Die Nichtbeteiligung bulgarischer Soldaten an den Frontkämpfen habe die Nation vor unsinnigem Blutvergießen bewahrt. Besonderen Wert legen diese Historiker auf Begriffe wie „friedlich" (= kampflos) und „unblutig" (= ohne Opfer).

Vor der Wende werteten die sozialistischen Parteiideologen die Kriegserklärung an Großbritannien und die USA am 12. Dezember 1941 als direkte Folge des Beitritts zum Dreimächtepakt und führten sie auf den Wunsch des Zarenregimes zurück, sich mit den „deutschen Herren" zu arrangieren. Hinzu kamen die anglo-amerikanischen Bombenangriffe der Jahreswende 1943/44 auf Sofia, welche die Schuld der verantwortlichen bulgarischen Kollaborateure noch vergrößerten. Bilder der Zerstörungen zeigte man jedoch eher selten. Zu den Ausnahmen gehört die dritte Folge der Fernsehserie „Na život i smart" (Auf Leben und Tod, 1974), bei der Dokumentarbilder in die Spielfilmhandlung integriert wurden. Sie dienten als authentischer Hintergrund für das Schicksal eines Arztes, der sich im Widerstand engagiert, indem er Widerstandskämpfer bzw. ihre Familien medizinisch betreut. Nach seiner Entdeckung flieht er zu den Partisanen und erlebt den Tag der sozialistischen Revolution als Widerstandskämpfer. In seiner Deutung der

Geschichte blieb der Film dem gültigen Muster treu. Nach 1989 wurden in den Schulbüchern und in der Presse die Bilder vom zerstörten Sofia dann häufiger gezeigt. Wiederholt wird das Bild vom zerbombten Stadtzentrum am St.-Nedelja-Platz verwendet (Abb. BG 4). In den zugehörigen Texten wird nunmehr die militärisch-strategische Sinnlosigkeit der Luftangriffe betont und darauf verwiesen, daß Bulgarien trotz des Beitritts zum Dreimächtepakt vor September 1944 nicht an Kriegshandlungen beteiligt gewesen war.

Das Volkstribunal – Vergeltung oder Mord?

Noch bevor am 6. Oktober 1944 das „Anordnungs-Gesetz zum Volkstribunalprozeß gegen die Schuldigen an der Verwicklung Bulgariens in den Weltkrieg [...]" erlassen wurde, ließ die Regierung der Vaterländischen Front am 12. September 1944 all jene verhaften, auf die sich das Königreich vom 1. Januar 1941 bis zum 9. September 1944 gestützt hatte: Parlamentarier und Beamte, Militärs, Unternehmer sowie „sonstige Kollaborateure". Man legte den Angeklagten unter anderem Mord, Hochverrat und Menschenfeindlichkeit gegenüber den Widerstandskämpfern zur Last. Bis April 1945 wurden insgesamt 9155 Urteile verkündet, darunter 2730 Todesurteile, die unter Ausschluß des Begnadigungsrechts „unverzüglich" vollstreckt wurden.

Die täglichen Berichte der kommunistischen Presse über die rund 135 Prozesse, die im Land stattfanden, suggerierten, daß es sich dabei um eine vom Volk begrüßte Abrechnung mit den verhaßten Vertretern des faschistischen Regimes handele. Dazu trugen Bilder bei, auf denen Menschenmengen auf Plakaten „Tod für die Mörder" fordern. In den 80er Jahren wurde der historische Stoff auch in Romanen thematisiert.[11] Die meisten Schulbücher vor der Wende enthielten allerdings kaum ein Wort und keine Bilder über das Volkstribunal. Die brutale Auseinandersetzung der neuen mit der alten Elite sollte vergessen werden. So wurden die vielen durch das Volkstribunal ausgelösten persönlichen Tragödien zu einem lautlosen Trauma der Nation.

Nach 1989 wurden diese Prozesse zur „grausamen Ausrottungsaktion" umgewertet. Die Schulbücher enthalten seither eigene Kapitel zu diesem Thema. Die Medien verfolgen die bittere Debatte ihrer politischen Orientierung entsprechend: Entweder halten sie an der Strafwürdigkeit der Taten fest, oder sie stufen das Tribunal als gesetzwidrigen, kaltblütigen Mord ein. Letztere kritisieren die Anklage gegen Tote, undifferenzierte Zuschreibung der Verantwortung, hastige und fanatische Untersuchungen und Gerichtsverhandlungen, den politischen Charakter des Tribunals, die rückwirkende Anwendung des „Anordnungs-Gesetzes" und die Grausamkeit der Urteile. Zudem wird die berufliche Befähigung der Richterkollegien bestritten, die – abgesehen von den Vorsitzenden – kaum je aus Juristen zusammengesetzt waren. Auch die „Dirigenten-Rolle" des noch im Moskauer Exil weilenden Georgi Dimitrov[12] wird diskutiert. Mehrfach wurde kritisiert, das Volkstribunal sei nur der erste

BG 5
Narodnijat săd sreštu fašistkite prestăpnici. Sofija 1944
Das Volkstribunal gegen die faschistischen Verbrecher. Sofia 1944, in: Bojan Grigorov, Mirčo Dimitrov: Istorija na BKP v obrazi i săbitija, Sofia 1980, S. 215
Buch
Berlin, Staatsbibliothek zu Berlin – Preußischer Kulturbesitz
35MB1513

Schritt einer ganzen Reihe vorgeplanter Schauprozesse zur Ausschaltung der Opposition gewesen. Häufig wird ein schon früher gebräuchliches Photo publiziert, das die Richter vor einem großen Mosaik einer Justitia zeigt. In früheren Publikationen war die Göttin nie vollständig zu sehen (Abb. BG 5). Möglicherweise wollten die damaligen Bildredakteure verhindern, daß aufmerksame Betrachter dem Bild eine unerwünschte Symbolik zusprechen, daß nämlich die Richter dem Recht den Rücken kehren oder aber, daß das Volkstribunal mit Rechtsprechung im Sinne einer Justitia nicht viel zu tun hatte. So waren von der Justitia in den Büchern regelmäßig nur die Füße zu sehen.

Obwohl der Oberste Gerichtshof 1996 die Urteile gegen 124 der seinerzeit verurteilten 126 Abgeordneten aufgehoben hat, bleibt das Volkstribunal nach der Wende eine der Hauptbruchlinien der bulgarischen Gesellschaft. Es hatte 1944 versucht, sowohl die Epoche der bürgerlichen Regierungen politisch zu bewältigen als auch eine gewaltige Umwertung aller vorherigen Deutungen durchzusetzen.

BG 6
Georgi Dimitrov – pobeditel v dvuboja s fašizma
Georgi Dimitrov – Sieger im Zweikampf mit dem Faschismus, Dimitrov-Museum (Hg.), Sofia, 1983
Umschlag für Postkartenserie, 15 x 11 cm
Berlin, Deutsches Historisches Museum

BG 7
50 godini ot Lajpcigskija Proces
50 Jahre nach dem Leipziger Prozeß, 1983
Plakat, 97 x 68 cm
Sofia, Nacionalen Istoričeski Muzej
20475/7

Widerstand – gerechter Kampf oder rechtswidrige Willkür?

Dem „Faschisten" Boris III. wurde nach Kriegsende der Kommunist Georgi Dimitrov entgegengestellt. Die Stilisierung Dimitrovs, der bezichtigt worden war, den Berliner Reichstag in Brand gesteckt zu haben, zur Symbolfigur des Antifaschismus wies mehrere Schwerpunkte auf. Sein Heldenmythos hing aufs engste mit dem Leipziger Reichstagsbrandprozeß zusammen, der in allen Geschichtsbüchern vor 1989 thematisiert wurde. Die wiederkehrende Behauptung, der Freispruch in Leipzig sei der erste moralische Schlag gegen den Faschismus gewesen, sollte beweisen, daß der Faschismus in enger Verbindung mit der Monarchie in Bulgarien früher als in anderen Staaten Fuß gefaßt hatte.

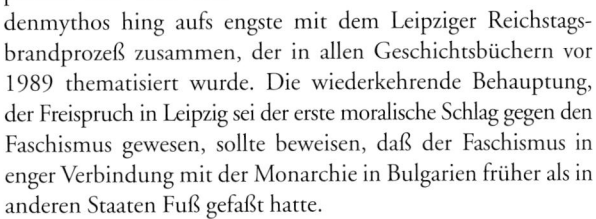

Die zeitgenössische Collage von John Heartfield „Dimitrov gegen Göring" brachte die Idee der Überlegenheit der Antifaschisten zum Ausdruck. Sie zeigt den übergroßen Dimitrov, der sich selbstbewußt über die winzig kleine Figur Görings beugt. Diese Collage wurde in Bulgarien zum Wahrzeichen des Mythos „Dimitrov" überhaupt. Von der Popularität des Motives sprechen die zahlreichen Formen seiner Rezeption, wie der Umschlag für eine vom Dimitrov-Museum in Sofia herausgegebene Postkartenserie (Abb. BG 6) oder das Plakat zur Ausstellung „50 Jahre nach dem Leipziger Prozeß" (Abb. BG 7).

Durch die behauptete Kontinuität im Kampf des bulgarischen Volkes gegen den Faschismus und für den Kommunismus suchte sich der Staat vor der Wende nicht nur historisch zu legitimieren, sondern er wollte auch die Alternativlosigkeit seiner Ideologie belegen. Den permanenten Bedarf eines „erprobten" Stiftungsmittels für die verblassenden Identitätsmuster zeigt die Beliebtheit des folgenden Zitates aus Dimitrovs Schlußrede: „Das Rad der Geschichte dreht sich nach vorwärts [...] Es dreht sich und wird sich drehen bis zum endgültigen Siege des Kommunismus!"¹³ Begleitet wurde dies regelmäßig durch das Bild Dimitrovs, der mit mahnend erhobenem Zeigefinger in der Anklagebank steht. Dieses Bild diente nicht selten als Prototyp für Gemälde wie das von Dečko Uzunov von 1950, in dem die Überlegenheit Dimitrovs dargestellt ist. Souverän scheint er seine Verteidigung zu führen (Abb. BG 8).

BG 8
Dečko Christov Uzunov
Georgi Dimitrov – Lajpcigskija Proces
Georgi Dimitrov – der Leipziger Prozeß, 1950
Öl/Leinwand,
150 x 114 cm
Sofia, Gradska Chudožestvena Galerija
2532

Im kommunistischen Verständnis hat Dimitrovs Heldentat Bulgarien den Zugang zur antifaschistischen Völkerfamilie geöffnet: Das Volk, dessen Sohn Dimitrov ist, könne in seinem Kern nicht faschistisch sein. Die Notwendigkeit des bulgarischen Antifaschismus wurde weiter mit dem Engagement der „fortschrittlichen Weltöffentlichkeit" verbunden, die den Freispruch Dimitrovs errungen habe, während die „faschistische" Regierung Bulgariens ihm die Rückkehr verweigerte.

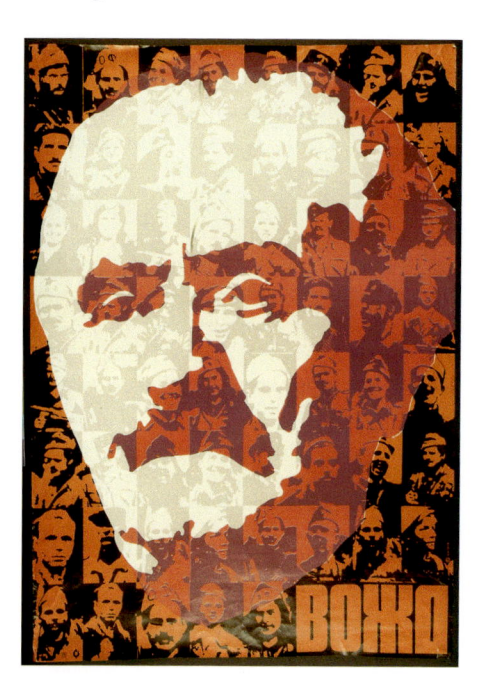

Außerdem wurde Dimitrov als Protagonist der bulgarischen Liebe zur UdSSR, seiner zweiten Heimat, dargestellt. Überall im Lande konnte man sein Gebot lesen, daß das bulgarische Volk die Freundschaft zur Sowjetunion brauche wie jedes Lebewesen Luft und Sonne. Doch auch im Sinne des Nationalstolzes wurde Dimitrovs Auftritt in Leipzig benutzt, wie das regelmäßige Zitieren einer bestimmten Passage aus seiner Schlußrede in Leipzig bis zur Wende zeigt: „[...] durch mich wurde auch mein bulgarisches Volk als 'rabiat' und 'barbarisch' bezeichnet, man nannte mich eine 'dunkle Balkanfigur', den 'wilden Bulgaren', und das kann ich nicht mit Schweigen

BG 9
Petăr Slavov Petrov
Vožd
Der Führer, 1973
Plakat, 93 x 66 cm
Sofia, Nacionalen Istoričeski Muzej
20545/69

übergehen. [...] Ein Volk, das 500 Jahre unter fremdem Joch lebte, ohne seine Sprache und seine Nationalität zu verlieren, unsere Arbeiterklasse und Bauernschaft, die gegen den bulgarischen Faschismus und für den Kommunismus kämpften und kämpfen – ein solches Volk ist nicht barbarisch und wild."[14]

Dimitrovs Sieg in Leipzig diente auch seiner Glorifizierung als Parteichef: Unter seiner Führung sei die Partei zum Konsolidierungsfaktor aller Fraktionen des bulgarischen Antifaschismus geworden. In noch stärkerem Maße hob man Dimitrov als ideologischen Anführer des bewaffneten Widerstandskampfes hervor, was reichlich in Text und Bild propagiert wurde. Ein Beispiel hierfür ist das 1973 von Petăr S. Petrov konzipierte Plakat, auf dem der Kopf Dimitrovs als „vožd" zu sehen ist. Er wächst gleichsam aus den Partisanenporträts heraus und ist zugleich Teil von ihnen (Abb. BG 9). Auf diese Weise wird er von seinen Partisanen als Führer legitimiert.

Die Verherrlichung von Dimitrovs Leben und Werk, seine Darstellung als universales Vorbild insbesondere für die Jugend, gipfelte in der Verleihung seines Namens an deren Massenorganisationen und fand ihren symbolischen Ausdruck in der Gestaltung der Abzeichen sowohl der Pioniere (Abb. BG 10) als auch der Komsomolzen (Abb. BG 11) mit dem Porträt Dimitrovs. Besuche im Dimitrov-Mausoleum gehörten zum Pflichtprogramm jedes Hauptstadtbesuches.

In den ersten Jahren nach der Wende verlor Dimitrov seine Bedeutung. Während seine Courage vor dem Reichsgericht in Leipzig weiterhin positiv bewertet wurde, kulminierten die Kontroversen um seine Rolle bei der Errichtung der sozialistischen Republik und führten schließlich 1999 zum Abriß des Mausoleums. Für die Gegner der Kommunisten war Dimitrov nun „Agent der Komintern und Kollaborateur der sowjetischen Unterjochung Bulgariens". Dagegen sah die linke Presse in dem Umstand, daß das massive Gebäude des Mausoleums lange Zeit allen Abrißmaßnahmen trotzte, eine Wiederholung des Kampfes von 1933. Aus dieser Zeit stammt eine in Anlehnung an Heartfield konzipierte Photomontage, in der der Regierungschef und der Bauminister den Platz Görings eingenommen haben, die unter dem über sie gebeugten Dimitrov auf das Mausoleumsgebäude schauen (Abb. BG 12). Ein letztes Mal wurde damit das berühmte Bild zum Lob – und zur Verteidigung – Dimitrovs instrumentalisiert.

Ein weiteres Thema der Widerstandsmythologie ist der bewaffnete Widerstand. Vor 1989 stellten alle Schulbücher entsprechend der Parteidoktrin die Arbeiterpartei als Todfeind des Faschismus bzw. der „volksfremden, verräterischen Hofclique" dar. Die Partei habe die Aufgabe gehabt, das zum „kollektiven Opfer" gewordene Volk in Schutz zu nehmen und ihm zur

BG 10
Vinagi gotov
Immer bereit
Abzeichen der Pioniere,
2,5 x 1,8 cm
Privatbesitz

BG 11
DKMS – Dimitrovski komunističeski mladežki săjuz
DKMS – Verband der kommunistischen Dimitrov-Jugend
Abzeichen der Komsomolzen,
1,7 x 1,6 cm
Privatbesitz

BG 12
Procesăt v Lajpcig ošte prodălžava. Izpravjat Mavzoleja dnes na săd. Došli ot Lajpcig v našata dăržava pravnucite na Gjoring go rušat. 1933 – 1999
Der Leipziger Prozeß geht weiter. Heute wird das Mausoleum vor Gericht geladen. Die aus Leipzig in unseren Staat gekommenen Enkel Görings reißen es ab,
in: Duma,19. August 1999, S. 16
Zeitung
Privatbesitz

Freiheit zu verhelfen. Dimitrov habe durch seine Anweisungen aus dem Exil, vermittelt durch das inländische Politbüro, den bewaffneten Freiheitskampf ins Leben gerufen, um die Kriegsbeteiligung Bulgariens zu verhindern und die Massen auf die militärische Machtergreifung durch einen Volksaufstand vorzubereiten. So reklamiert die kommunistische Partei als Erfolg für sich, daß keine bulgarischen Soldaten an die Ostfront geschickt wurden. Zudem habe einzig die Partei die Notwendigkeit erkannt, nicht nur gegen fremde „Besatzer", sondern auch gegen den inneren Feind zu kämpfen, um Bulgarien zu retten. Nach 1989 wird jedoch kritisch argumentiert, der Aufruf zum bewaffneten Widerstand habe nicht innen-, sondern außenpolitischen Entwicklungen Rechnung getragen. Nur so sei zu erklären, daß der Appell zum Aufstand gegen den Faschismus nicht sofort nach dem Beitritt zum Dreimächtepakt, sondern erst nach dem deutschen Angriff auf die Sowjetunion zustande kam.

Unter den 1941 bis 1943 verbreiteten Widerstandsformen hob man vor der Wende die Tätigkeit der „Schwarzengel"-Gruppen hervor, die im Untergrund gesprochene Todesurteile an „faschistischen Generälen und Agenten" vollstreckten. Von ihren ruhmreichen Taten erzählen Spielfilme wie „Černite angeli" (Schwarze Engel) von Vălo Radev von 1970. Er setzt sich mit der Problematik des politisch motivierten Mordens auseinander, das dazu dient, Schlimmeres zu verhindern. Überzeugend werden die inneren Kämpfe der Helden dargestellt, die sich in nichts von den Jugendlichen unterschieden, an die sich der Film richtete. Wenn auch die zwanzigjährigen Kommunisten die Notwendigkeit ihrer Taten einsehen, zögern doch einige zu töten und werden dadurch selbst zum Opfer ihrer Unentschlossenheit, als sie bei einem Attentat erschossen werden.

Als Beispiele für die Effektivität der Widerstandsgruppen führte man Brandstiftungen an Vorratslagern und Sabotageakte gegen Versorgungszüge der Wehrmacht an.[15] Populär wurden nach 1944 Bilder von sabotierten Eisenbahnlinien. Der Spielfilm „A bjachme mladi" (Und wir waren jung) von Binka Željaskova (Regie) und Christo Ganev (Drehbuch) von 1961 zeigt Sabotageakte der jungen Widerstandskämpfer. Der melancholische Titel verweist auf eine Generation, die zunächst aus Abenteuerlust zu den Partisanen ging, dann aber die Schrecken des Krieges erlebte. Bei aller privaten Trauer um den Verlust geliebter Menschen bleibt der antifaschistische Kampf aber dennoch unbezweifelt die Voraussetzung für eine lichte Zukunft.

Behauptet wurde, daß sich nach der Niederlage der Wehrmacht bei Stalingrad die Partisanenbewegung erheblich vergrößert habe und die Vorbereitungen zum Aufstand intensiviert wurden. Ausdruck dessen sei die Gründung der Nationalen Befreiungsarmee der Aufständischen im April 1943 gewesen. Überall im Land hätten sich Widerstandsgruppen als Fundament der organisierten Partisanenbewegung gebildet, die im August 1944 angeblich 30 000 Kämpfer und 200 000 Helfer gezählt habe. Diese Zahlen sollten suggerieren, daß der Widerstand eine vom Volk getragene Massenbewegung gewesen sei. In den Schulbüchern nach der Wende wurden diese Zahlen auf Werte von höchstens 750 Mann bis zum Herbst 1943 korrigiert.[16] Auch begann man kritisch zu fragen, warum die Saboteure nicht die auf Schienen verlaufene Deportation der ägäischen Juden gestoppt hätten.

Nach dem Krieg wurden Orte des Freiheitskampfs besonders hervorgehoben: Batak, Balvan, Batulia und Kovačite. Dort waren Partisanen überlegenen Polizeitruppen gegenübergetreten. Von solchen Aktionen existieren keine Photographien, dafür wurden die Helden um so häufiger in Werken der sozialistischen Kunst wie dem Bild „Die Partisanenschlacht bei dem Dorf Kovačite" verewigt

BG 13
Dimităr Gjudženov
Bitkata na otrjad 'Hadži
Dimităr' pri Kovačite,
Slivensko 25 mart 44
Die Schlacht der
Partisaneneinheit 'Hadži
Dimităr' bei dem Dorf
Kovačite, Slivensko am
25. März 44
Öl/Leinwand,
150 x 200 cm
Sofia, Nacionalen Istoričeski
Muzej
цхп 79

(Abb. BG 13). Dieses Bild wurde durch Abbildungen in Schulbüchern populär. Die Glorifizierung ihres Kampfes sollte zeigen, daß es in Bulgarien Antifaschisten gegeben hatte, die für die Freiheit kämpften. Diese Darstellung, die vor allem in zahlreichen Spielfilmen – etwa „Tregova" (Alarm) von Anžel Vagenštajn und Zachari Žandov (1950) oder „Osmijat" (Der Achte) von Zako Cheskija und Todor Manov (1969) – bekräftigt wurde, sollte die bulgarischen Partisanen zu ebenbürtigen Kameraden aller Antifaschisten der Welt erheben.

Auch die Verluste auf seiten der tapferen Freiheitskämpfer wurden von der Pro-

BG 14
Vladimir Ivanov Goev
Razpit na Anton Ivanov
Das Verhör des Anton Ivanov,
1952
Öl/Leinwand,
151 x 194 cm
Sofia, Gradska
Chudožestvena Galerija
2381

paganda in Szene gesetzt. Insbesondere der Umstand, daß Verhaftete trotz Folterqualen ihre Genossen nicht verrieten und dadurch die Weiterführung des Kampfes ermöglichten, wurde betont. Deren Selbstopferung für eine lichte Zukunft – so die Idee – verpflichte auch die Nachfolgenden, schon um des ehrenden Andenkens willen, für die Sache des Kommunismus einzutreten. An diese heldenhaften Taten erinnerten nicht nur Dokumentationen und Bücher, sondern auch zahlreiche Werke der bildenden Kunst wie Vladimir Goevs 1952 vollendetes Gemälde (Abb. BG 14). Zu sehen ist ein gut ausgestattetes Büro. Im Zentrum des Bildes steht der unbeugsame Anton Ivanov, Mitglied des ZK der KP. Der Kontrast zwischen Hell und Dunkel sorgt für eine deutliche Topographie von Recht und Unrecht. Die Lichtgestalt des Kommunistenführers überstrahlt die drei Verhörer, deren Rollen durch Peitsche, Papier und Bleistift klar definiert sind. Obwohl sie physisch stärker sind, trägt er den moralischen Sieg davon.

In den 50er Jahren wurden Bilder breit rezipiert, welche die Partisanen als Opfer des „faschistischen Terrors gegen die Freiheitskämpfer" zeigten. Besonders viele sind in den Sammelbänden zur Glorifizierung des antifaschistischen Kampfes und in Büchern über die Parteigeschichte zu finden.[17] In der linken Presse sind sie bis heute beliebt (Abb. BG 15). Ein markantes Beispiel ist der 1947 entstandene Holzschnitt „Die Erschießung beim Dorf Jastrebino, 1943" (Abb. BG 16). Fast die ganze Bildfläche nehmen die verrenkten, zerstreuten Körper der Ermordeten ein. Der letzte, ein kleiner Junge, hebt seine Hände und blickt angstvoll auf das Gewehr, das nun auf ihn gerichtet ist. Die Botschaft des Bildes ist eingängig: Die Faschisten sind unmenschlich. Sie kennen keine Gnade und ermorden jeden – auch Kinder –, der die Partisanen unterstützt. Die Reproduktion in Schulbüchern und Bildbänden sorgte für die beständige Konfrontation des Publikums mit einem Kindermord, der auch heute noch kaum jemanden ungerührt läßt. Nach der Wende bezichtigten mehrere Autoren den antifaschistischen Widerstand wie den damaligen Staat der Gesetzesverletzung, da beide eine bürgerkriegsähnliche Situation geschaffen hätten[18], in der Bulgaren auf Bulgaren schießen.

Als weitere Widerstandsform galt bis 1989 die im Sommer 1942 durch Dimitrov ins Leben gerufene Vaterländische Front, deren Programm in Anlehnung an die Beschlüsse der Komintern alle antifaschistischen Kräfte aufgefordert hatte, sich unter der Fahne eines gemeinsamen Kampfes zu vereinigen. Allerdings verweigerten die meisten bürgerlichen Parteien der kommunistisch orientierten Vaterlän-

BG 15
Rezultatite ot 'istinskoto rodoljubie'
Resultate 'wahrer Liebe zum Volk', in: Imalo li e fašizăm v Bălgarija?, Duma, 7. April 1999, S. 14
Zeitung
Privatbesitz

BG 16
Dimităr Ivanov Draganov
Razstrelăt pri selo Jastrebino 1943
Die Erschießung beim Dorf Jastrebino 1943, 1947
Holzschnitt, 30 x 56 cm
Sofia, Gradska Chudožestvena Galerija 1022

dischen Front die Beteiligung. Nach dem 9. September 1944 wurde diese Verweigerung zum Anlaß genommen, die bürgerlichen Parteien zu verbieten und ihre Politiker in Lager zu sperren.

9. September 1944 – antifaschistischer Aufstand oder Staatsstreich?

Aufs engste mit den Widerstandsmythen verflochten ist der 9. September 1944. Mehr als 40 Jahre lang symbolisierte das Datum den Triumph der antifaschistischen Ideale und wurde zum Fokus aller historischen Auseinandersetzungen. Gemäß der staatlich abgesegneten Interpretation im sozialistischen Bulgarien lag die Führungsrolle des Aufstandes bei der Kommunistischen Partei, die als treibende Kraft der Rettung Bulgariens vor der Katastrophe galt. Während die an den Grenzen stehende Rote Armee von außen Druck ausgeübt habe, sei im Inneren durch die immer breiter werdende Kluft zwischen Volk und Regime eine Streikwelle entstanden, die zur Befreiung der politischen Häftlinge geführt habe. Zugleich hätten die Partisanen mit der Eroberung Sofias und der anderen Großstädte begonnen, wobei zahlreiche Heeresgruppen auf ihre Seite übergegangen seien.

Am 8. September 1944 begann die Invasion durch die Sowjetarmee, und in der Nacht zum 9. September 1944 übernahmen die Aufständischen die Macht – und zwar ohne Blutvergießen, weil auf Befehl des Ministers die Streitkräfte in den Kasernen blieben, was als Besonderheit des bulgarischen Weges in den Sozialismus dargestellt wurde.

Überschäumende Volksfreude sei in der herzlichen Begrüßung der aus den Bergen strömenden Partisanen und der kampflos nach Sofia einrückenden Sowjetarmee deutlich geworden. Überall wehten rote und weiß-grün-rote Fahnen, das Volk feierte die Befreier. Zahlreiche Photodokumente illustrierten bis 1989 die entsprechenden Seiten der Geschichtsbücher. Zu den regelmäßig reproduzierten Bildern[19] zählt eine Aufnahme aus dem Kurzfilm Georgi Parlapanovs, die die Rückkehr der von Aleksandăr Piponkov-Čapaj angeführten Partisanen nach Belovo zeigt (Abb. BG 17 o.). Ausstellungen und Dokumentationen machten dieses Bild so populär, daß es zum Symbol der Befreiung durch die Partisanen schlechthin wurde.[20] Die Vielfältigkeit seiner Rezeption bezeugt ein 1979 entstandenes Plakat von Radosvet Kolev und Simeon Krăstev, das den ruhmreichen Kommandeur mit einer roten Fahne in der Hand zeigt (Abb. BG 18).

Die Bilder der Begrüßung suggerierten, die Befreiung vom „faschistischen Joch" sei ein Werk der Partisanen gewesen.[21] Die wiederholte Reproduktion dieser Bilder sollte die Betrachter vor die Frage stellen, ob sie oder ihre Vorfahren damals – als Partisanen – zu den Befreiern oder – wenn sie sich nicht den Aufständischen angeschlossen hatten – zu den Befreiten gehörten. Bei letzteren sollten Schuld- und Dankbarkeitsgefühle geweckt werden. Aus der Zugehörigkeit zu den

BG 17
Posreštane na partisanite ot četa 'Kočo Čistemenski' v s. Belovo, 9. IX. 1944 g.
Die Begrüßung der Partisanen der Einheit 'Kočo Čistemenski' im Dorf Belovo am 9. 9. 1944, in: Atanas Semerdžiev: Istorija na Otečestvenata vojna na Bălgarija. 1944–1945, Bd. 1, Pobedata na socialističeskata revoljucija. Podgotovkata na Bălgarija za Otečestvenata vojna, Sofia 1981, nach S. 224
Buch
Privatbesitz

Partisanen ergab sich andererseits der pauschale Nachweis von antifaschistischer Überzeugung und Heldentum. Dem mit der „Freiheit" beschenkten Volk, soweit es nicht selbst zu den Partisanen gehört hatte, kam die Aufgabe dankbarer Huldigung zu. Ganz deutlich erscheint diese Konstellation in der „Părvijat den" (Der erste Tag) betitelten dreizehnten Folge der zur sozialistischen Zeit mit Abstand erfolgreichsten Fernsehserie „Na vseki kilometăr" (Hinter jedem Meilenstein) von 1969.[22] Sie wurde vor großem Publikum noch Mitte August 2002 an mehreren Abenden im Freilichtkino auf dem Platz vorgeführt, wo einst das Mausoleum Dimitrovs gestanden hatte. Die erste Folge zeigt den „ersten antifaschistischen Aufstand" Bulgariens 1923. Die weiteren zwölf Folgen geben die wichtigsten Stationen des Ringens der Arbeiterschaft um Freiheit und Gerechtigkeit wieder, sie betonen die Bedeutung der Arbeiterpartei Dimitrovs und die Rolle der Sowjetunion für den antifaschistischen Kampf. Sie zeigen die Massenbeteiligung des bulgarischen Volkes an der Vorbereitung des Septemberaufstandes von 1944 und enden mit der kommunistischen Machtübernahme und der Gründung der Volksmiliz bzw. ihrer Nachrichtendienste. Die Geschichte wird anhand der abenteuerlich stilisierten Lebensläufe der antifaschistischen Protagonisten in Kontrast zu ihren regimetreuen Rivalen nachvollzogen, was zu spannenden Situationen führt. Die daraus resultierenden Auseinandersetzungen nach 1944 geben den Stoff für weitere Folgen mit einer Mischung aus Romantik, Heldentum und Action. Das aufwendige Projekt wollte den Kampf der Veteranen der sozialistischen Revolution und ihre Heldentaten bestätigen, den Nachwuchs ideologisch stärken und für die Verteidigung der Republik begeistern.

In den meisten Ortschaften wurden nach 1944 Partisanendenkmäler errichtet. Das repräsentativste war die sogenannte „Bratska mogila" (Brudergrab) in Sofia. Sie stellte auch das Motiv für die Rückseite einer Sondermünze, die zum „25. Jahrestag der Sozialistischen Revolution" geprägt wurde (Abb. BG 19). Die beiden Partisanen stehen in ihrer Dynamik für die Entschlossenheit, bis zum endgültigen Sieg zu kämpfen.

Der Einmarsch der Roten Armee – Befreiung oder Besatzung?

Die größte Bedeutung für die Befreiung räumte man jedoch der Sowjetarmee ein. Unter den unzähligen Photodokumenten, die ihre Begrüßung überall im Land zeigen, ragt eines heraus, auf dem Frauen mit Blumen in den Händen auf einen sowjetischen Militärwagen zulaufen (Abb. BG 20). Daß auch die bildende

BG 18
Radosvet Kolev, Simeon
Krăstev
9. IX. 1944 – Naj-svetlijat den
9. 9. 1944 – Der hellste Tag,
1979
Plakat, 93 x 65,5 cm
Sofia, Nacionalen Istoričeski
Muzej
13026

BG 19
25 godini socialističeska
revoljucija
25 Jahre sozialistische
Revolution, 1969
Münze, Dm 2,7 cm
Berlin, Deutsches
Historisches Museum

BG 20
Posreštane na časti ot Săvetskata armija v Sofija na 15. IX. 1944 g.
Begrüßung von Einheiten der sowjetischen Armee in Sofia am 15. 9. 1944, in: Dimităr Kosev, Christo Christov, Dimităr Angelov: Kratka istorija na Bălgarija, Sofia 1966, S. 297
Buch
Privatbesitz

BG 21
Stojan Venev Iliev
Za spomen
Zur Erinnerung, 50er Jahre
Öl/Leinwand, 93 x 69 cm
Sofia, Gradska Chudožestvena Galerija 2995

BG 22
Preslav Borisov Kăršovski
9. IX. Slava na osvoboditelite!
9. 9. Ruhm den Befreiern!, 1957
Plakat, 99 x 69 cm
Sofia, Nacionalna Chudožestvena Galerija 205

Kunst von diesem Thema nicht unberührt blieb, zeigt das Gemälde „Za spomen" (Abb. BG 21). Wie vor einer Kamera steht im Vordergrund ein Arbeiter zwischen einem sowjetischen und einem bulgarischen Soldaten. Das Arrangement betont die Bedeutung der Waffenbrüderschaft für die Befreiung der Arbeiterklasse. Im Bildhintergrund erblickt man den Sockel des Denkmals für den russischen Zaren Alexander I., dessen Soldaten dem bulgarischen Volk nach 500 Jahren türkischer Vorherrschaft 1878 die Freiheit gebracht hatten. Damit wird zugleich auf Tradition und Erfolg der bulgarisch-russischen Freundschaft verwiesen. In diesem Sinne ist auch ein Plakat zum 9. September von 1957 zu verstehen. Ein sowjetischer Soldat hält ein kleines bulgarisches Mädchen in Volkstracht auf dem Arm. Das Kind neigt sich vertrauensvoll dem Soldaten entgegen und betrachtet die Blume, die es ihm schenken möchte (Abb. BG 22). Durch die Zärtlichkeit in dieser Szene wird die Bedeutung der Roten Armee für das bulgarische Volk dargestellt, das durch das Kind seine Dankbarkeit für den Frieden zum Ausdruck bringt. Der russischen bzw. Sowjetarmee als zweifachem Befreier widmete Bulgarien außerdem viele Denkmäler.

Seit der Wende weist die neue Geschichtsschreibung auf die Überbewertung des 9. September hin: Zunächst habe es sich um einen Aufstand gehandelt, dann erst sei eine sozialistische Revolution[23] daraus geworden (vgl. Abb. BG 19). Durch die Behauptung, erst kurz vor dem 9. September 1944 seien viele Bulgaren aus Berechnung zu den Partisanen übergelaufen, stellte man den Idealismus der Freiheitskämpfer in Frage, wogegen sich der Bund der Antifaschisten entschieden verwahrte.[24] Die „Revolution" und die Gründung der Volksrepublik am 8. September 1946 werden seit der

Wende von Historikern antisozialistischer Gesinnung neu interpretiert. Die Volksrepublik sei gegründet worden, um Bulgarien zu einem Vasallenstaat stalinistischer Prägung zu machen.²⁵ Verstanden früher die Kommunisten den Beitritt zum deutsch-italienisch-japanischen Dreimächtepakt als Unterwerfung unter den Faschismus, so wird heute der Einmarsch der Roten Armee durch die neuen Konservativen als Unterjochung interpretiert. Vor 1989 hatte man die bulgarisch-sowjetische Waffenbrüderschaft als konsequente Fortsetzung des Befreiungskampfes gedeutet, der – wie in der Sowjetunion – auch vom bulgarischen Volk als Vaterländischer Krieg begriffen werden sollte.

Der erste Schritt zur Verbrüderung war 1944 die Aufhebung des Kriegszustandes gewesen. Am 28. Oktober wurde in Moskau der Waffenstillstand unterzeichnet, dem zufolge das in kürzester Zeit einberufene bulgarische Heer dem sowjetischen Oberkommando unterstellt wurde. Diese Waffenbrüderschaft wurde in der sozialistischen Zeit im wesentlichen durch drei Bilder, die oft auch miteinander kombiniert wurden, zum Ausdruck gebracht. Diese Bilder zeigen gemeinsam mit der Roten Armee kämpfende bulgarische Soldaten, die die russischen Waffenbrüder vor einem Angriff der Wehrmacht schützen oder das gemeinsame Ziel „Berlin" haben (Abb. BG 23 und BG 24). Eines dieser Photos wurde als Vorlage für ein Plakat verwendet (Abb. BG 25). Zur besonderen Betonung der Waffenbrüderschaft sind die Nationalfarben auf den Helmen der beiden Soldaten nachträglich farbig hervorgehoben. Zum 30. Jahrestag des Sieges über den Faschismus wurde ein Orden für die Kriegsteilnehmer gestiftet, für dessen Gestaltung dasselbe Photo als Vorlage diente (Abb. BG 26).

BG 23
Bojno bratstvo po vreme na Otečestvenata vojna
Waffenbrüderschaft während des Zweiten Weltkriegs, in: Ilčo Dimitrov (Hg.): Kratka istorija na Bălgarija, Sofia 1983
Buch
Privatbesitz

BG 24
40 godini ot pobedata nad Chitlerofašizma
40 Jahre Sieg über den Hitlerfaschismus, 1985
Plakat, 68,5 x 48,5 cm
Sofia, Nacionalen Istoričeski Muzej
25549/15

BG 25
Razvigor Kovel
1944–1945. Ramo do ramo za razgroma na fašizma
1944–1945. Schulter an Schulter für die Niederschlagung des Faschismus, 1981
Plakat, 67 x 93 cm
Sofia, Nacionalen Istoričeski Muzej
16401/4

BG 26
1945 9 Maj 1975. NRB
1945 9. Mai 1975.
Volksrepublik Bulgarien, 1975
Orden, 8,2 cm, Dm 4,5 cm
Privatbesitz

Die vielfach wiederholten Reproduktionen machen die Photographien zum festen Bestandteil des mit dem Vaterländischen Krieg verbundenen Bildrepertoires und zeigen in der Kombination, worauf es den Bildredakteuren ankam: zu suggerieren, die Angehörigen der bulgarischen Armee hätten sich den Kriegszielen der Sowjetunion begeistert angeschlossen.

Nach der Wende 1989 wurden die Texte emotionsfreier und sachlicher. Den Begriff Vaterländischer Krieg ersetzen nun Formulierungen wie „der Krieg des bulgarischen Volkes gegen Hitler-Deutschland". Zwar blieb in linken Kreisen die Bewertung der Bedeutung dieser Ereignisse im großen und ganzen konstant. Man betont weiterhin, daß die Kriegsbeteiligung an der Seite der Sowjetunion zur Wiederherstellung des internationalen Prestiges des Landes beigetragen habe. Dies belege auch das sowjetische Engagement bei der Festlegung der bulgarischen Grenzen und der Reparationshöhe während der Verhandlungen zum Friedensvertrag von Paris am 10. Februar 1947. Allgemein traumatisch wirkt nach wie vor die Geringschätzung der Westalliierten für den bulgarischen Beitrag zur Überwindung des Faschismus.

In neudemokratischen Kreisen reduzierte man nicht nur die Länge der Ausführungen in den Schulbüchern, auch der Sinn der Waffenbrüderschaft mit der Sowjetunion wird bezweifelt, da die Opfer des Kampfes angesichts der nachfolgenden Situation, nämlich zu den besiegten Staaten zu gehören, umsonst gewesen seien.

Die bulgarischen Juden zwischen Rettung und Überleben

Bis in die 30er Jahre des 20. Jahrhunderts gab es in Bulgarien keinen tradierten Antisemitismus. Selbst der deutsche Gesandte Bekerle mußte einräumen, daß die bulgarische Bevölkerung sich das „Judenproblem" nicht zu eigen machen könne: „[…] Teilweise aufgewachsen mit Griechen, Armeniern, Türken und Zigeunern, erkennt der einfache Bulgare den Sinn des Kampfes gegen das Judentum nicht, umsomehr als ihm die Rassenfrage naturgemäß auch nicht nahe liegt […]".[26]

Am 24. Dezember 1940 wurde das „Gesetz zum Schutze der Nation" verabschiedet, das die meisten Bürgerrechte für Juden einschränkte. Viele Abgeordnete hatten sich gegen das Gesetz ausgesprochen und vor dessen unvorhersehbaren Folgen gewarnt, konnten es aber nicht verhindern. Das Gesetz löste eine breite Protestwelle aus, an der sich Vereine[27], Institutionen (z. B. die Kirche), Intellektuelle und Funktionäre der illegalen Arbeiterpartei beteiligten. Auch in den folgenden Jahren protestierten sporadisch Teile der Öffentlichkeit gegen dieses Gesetz. Nachdem die Deutschen für Bulgarien die Auslieferung von 48 000 Juden beschlossen hatten, rief im August 1942 die Regierung unter deutschem Druck das „Kommissariat für Judenfragen" ins Leben, dessen Leiter Aleksandăr Belev 1943 ein Abkommen über die Auslieferung von zunächst 20 000 Juden unterzeichnete. Schon im März 1943 wurden 11 343 nichtbulgarische Juden aus den neuen Gebieten nach Treblinka und Auschwitz deportiert. Nur zwölf von ihnen überlebten. Am 9./10. März 1943 wurden in den altbulgarischen Großstädten 8555 Juden verhaftet und in provisorischen Lagern interniert. Die Deportation wurde aber dank der Intervention von Parlamentariern verschiedener Parteien, geistlichen Würdenträgern (die Metropoliten Stefan und Kiril) und wohl auch mit Zustimmung des Monarchen gestoppt. Bemerkenswert ist der offene Protestbrief des konservativen Vizepräsidenten des Parlaments, Dimitär Pešev, an Premierminister Filov vom 17. März 1943, den 42 konservative Abgeordnete mit unterzeichneten. Am 21. Mai 1943 beschloß die Regierung, die 25 000 Sofioter Juden zu internieren. Die Pläne wurden schnell bekannt und lösten intensive Proteste aus. Am 24. Mai 1943 fand in Sofia eine große Demonstration gegen die antisemitischen Maßnahmen der Regierung statt, an deren Vorbereitung auch kommunistische Aktivisten teilnahmen. Dieser Widerstand rettete die Juden vor der Deportation. Bis zum Einmarsch der Roten Armee wurden die arbeitsfähigen Männer unter ihnen jedoch weiter gefangengehalten und zu Bauarbeiten eingesetzt. Den Bedarf an Arbeitskräften benutzte der Zar als Argument gegen weitere Deportationsforderungen.

Nach 1944 wurde Zar Boris im privaten Gedächtnis vieler Bulgaren die Retterrolle zugesprochen. Staatliche Organisationen wie die Vaterländische Front betonten dagegen das Verdienst jüdischer Antifaschisten an der Rettung der Juden.[28] In Lehrbüchern wurde der Völkermord an den Juden unter den anderen Formen der „faschistischen Barbarei" nicht hervorgehoben. In der Presse war er ebenfalls nicht Gegenstand einer breiten Debatte. Auch die Visualisierung des Themas blieb die Ausnahme. 1956 entstand der Plakatentwurf „Auschwitz" von Kiril Karapanov, der eine weiße Friedenstaube über dem schwarzen KZ-Stacheldraht und einem zerstörten Oświęcim (Auschwitz)-Schild zeigt (Abb. BG 27). Nach Auskunft des Künstlers[29] wurde der Entwurf während der 6. Weltfestspiele der Jugend 1957 in Moskau zwar für seine künstlerische Qualität ausgezeichnet und vom Kulturministerium der UdSSR erworben, das Plakat wurde jedoch nie in großer Auflage gedruckt. Dies ist vermutlich der Grund, warum es in keiner öffentlichen Sammlung in Bulgarien zu finden ist und auch sonstige Recherchen zu keinem Ergebnis führten. Auch der Künstler selbst besitzt kein Exemplar und weiß nichts über den Verbleib.

Die Rettung der bulgarischen Juden wurde nur am Rande thematisiert, um zu vermeiden, daß der Zar in ein allzu positives Licht geriete. In Schulbüchern zur bulgarischen Geschichte erwähnte man bis in die 70er Jahre höchstens das „Gesetz zum Schutze der Nation", die oben genannte parlamentarische Debatte und das „Verdienst des von der Partei angeführten antifaschistischen Volkes" bei der Rettung der Juden. In den 70er und 80er Jahren wurde die Rettung der bulgarischen Juden häufiger zum Thema, zunehmend mit dem Wunsch, die Rolle der Partei und insbesondere des Parteichefs Todor Živkov hervorzuheben. Das ging so weit, daß man bekannte Organisatoren der Demonstration vom 24. Mai 1943 unter Druck setzte, sich an Živkovs angebliche Funktion als Hauptinitiator zu erinnern. Höhepunkt dieser Heldenstilisierung war der Versuch des ZK der Bulgarischen Kommunistischen Partei, ihn durch jüdische Organisationen in Bulgarien zur Nominierung für den Friedensnobelpreis vorzuschlagen. Dazu kam es zwar nicht, doch wurde diese Geschichte in Sammelbänden[30] und Filmen[31] sowie in der Presse bis 1989 fortgeschrieben, woran Živkov selbst wesentlichen Anteil hatte.[32] Die gelungene Rettung der bulgarischen Juden sollte das internationale Prestige des sozialistischen Bulgarien stärken.

Den literarischen Diskurs über das Schicksal der Juden prägten Bücher wie das 1977 erschienene „Die Rettung der Juden in Bulgarien 1941–44" von Albert Cohen und Anri Assa. In diesem reich illustrierten Bildband wird die Rettung der Juden von Texten über Dimitrov, den Widerstand, die Befreiung und das Volkstribunal umrahmt. Dort reproduzierte Bilder werden auch nach 1989 in den Büchern linker Autoren publiziert. Typische Bilddokumente zeigen das Leben in den Arbeitslagern, meist jüdische Männer bei der Arbeit oder mit dem Wachpersonal,

BG 27
Kiril Borisov Karapanov
Oświęcim
Auschwitz, Abb. in: Svetlin Bosilkov: Bălgarskijat plakat. Predvestnici, ranni projavi, săvremenno razvitie, Sofia 1973, S. 161, Entwurf von 1956 verschollen,
Plakat nicht auffindbar
Buch
Berlin, Staatsbibliothek zu Berlin – Preußischer Kulturbesitz
28MB1974

BG 28
Jossif Benbassat in einem
jüdischen Arbeitslager
In: Albert Cohen, Anri Assa:
Die Rettung der Juden in
Bulgarien 1941–1944, Sofia
1977, dt. Ausgabe
Buch
Berlin, Staatsbibliothek zu
Berlin – Preußischer
Kulturbesitz
33MA13650

sowie die Deportation der Juden aus dem bulgarisch besetzten Thrakien und Mazedonien (Abb. BG 28). In der Presse wurde die Rettung der bulgarischen Juden betont, über die Deportation der griechischen Juden aber wurde geschwiegen[33], um unerwünschte Fragen danach zu vermeiden, warum die kommunistischen Sabotagegruppen ihnen nicht zu Hilfe gekommen seien und beispielsweise die Transporte über bulgarisches Territorium angegriffen hätten. Falls erwähnt[34], so distanzierte man sich, indem man dem „faschistischen Regime" und dem Monarchen die Schuld zuwies.[35] Obwohl eine Debatte über die Deportation offenbar unerwünscht war, wurde sie auf wissenschaftlichen Konferenzen bisweilen aufgegriffen. Prägende Filme waren „Ešelonite" (Abb. BG 29) von 1986, der zwar die Kommunisten in der für die Zeit üblichen Weise in den Vordergrund stellt, doch auch den Widerstand der Kirche betont, sowie der Dokumentarfilm „Bălgarskoto čudo" (Das bulgarische Wunder)[36] von 1983. Das Plakat zu „Ešelonite" zeigt grobgerastert ein Frauengesicht hinter Stacheldraht und verweist damit auf die Endstation der Transporte, die nationalsozialistischen Vernichtungslager.

Nach der Wende ging vom israelisch-bulgarischen Verhältnis ein neuer Impuls für die Debatte aus. Mehrfach brachte Israel 1992/93, ohne Kritik an der Deportation zu üben, seine Dankbarkeit für die Rettung zum Ausdruck und eröffnete am 21. Oktober 1996 den „Bulgarischen Park" in Tel Aviv.

Im nationalen Diskurs allerdings ist die „Konkurrenz der Retter" Anlaß ständiger Auseinandersetzungen.[37] Linke Dogmatiker bleiben zumeist bei der alten Auslegung[38], bisweilen modifiziert durch populistische Deutungen der kommunistischen Beteiligung an der Rettung. Sie versuchen, den Rettungsakt als Tat des Volkes zu erklären. Andere hingegen betonen die Deportation aus den neuen Gebieten. Aus der Menge überlieferter Bilder, die die Schuld der Bulgaren beweisen sollen, wird eines, das die Erstellung von Listen zeigt, am häufigsten verwendet, vielfach unter dem Titel: „Deportation der ägäischen Juden im

BG 29
Borislav Punčev (Regie),
Chaim Oliver (Buch)
Ešelonite na smărtta
Die Todestransporte, 1986
Filmplakat, 92,5 x 65,5 cm
Sofia, Bulgarska nacionalna
filmoteka

Namen Boris' III." (Abb. BG 30). Dadurch wird der Zar erneut zum Kriegsverbrecher gemacht.[39]

Konservative Auslegungen geben der Rolle des Zaren als Retter Vorrang und leugnen die Bedeutung der kommunistischen Aktivisten. Den Vorwürfen, die Deportation durchgeführt zu haben, setzt man die Entscheidungsgewalt der Deutschen in den neuen Territorien entgegen. Aussagen, in den Arbeitslagern hätten unmenschliche Lebensbedingungen geherrscht, wird mit Bildern widersprochen, auf denen dies nicht zu erkennen ist. So lautete 1999 eine Bildunterschrift beispielsweise: „Angehörige jüdischer Arbeitstrupps, mit denen offensichtlich nicht schlecht umgegangen worden ist" (Abb. BG 31).

Die Diskussion über Zahlen[40] wirkte abstoßend und verdeckte die Anstrengungen der Bulgaren, die Deportationen zu verhindern. Die weltweite Ignoranz[41] gegenüber dieser Leistung (wie im Holocaust-Museum in Washington oder auf dem Holocaust-Forum in Stockholm vom 26. bis 28. Januar 2000) trägt ebenfalls wenig zum Erstarken eines nationalen Selbstbewußtseins bei. Nach wie vor wird wenig differenziert über das Thema der Rettung der Juden nachgedacht und diskutiert.[42]

Unumstritten ist seit 1996 nur das Verdienst von Dimităr Pešev[43], der sich in seinem offenen Protestbrief gegen die Deportation der bulgarischen Juden eingesetzt und sie damit verhindert hatte. Der Brief wurde zum Anlaß für seinen Sturz als stellvertretender Parlamentsvorsitzender. Am 1. Februar 1945 wurde er vom Volkstribunal als Mitglied eines „faschistischen" Parlaments zu 15 Jahren Freiheitsstrafe verurteilt. Er starb 1973 vergessen in Sofia. Sein Engagement für die jüdischen Mitbürger hatte in diesem Prozeß keine große Rolle gespielt. Erst 1996 wurde er durch den Obersten Gerichtshof Bulgariens rehabilitiert.

Nunmehr ist die Rettung der bulgarischen Juden in Schul- und populären Geschichtsbüchern fester Bestandteil der Geschichtserzählung.[44] Man empfindet Stolz über diese Humanität des eigenen Volkes. Auch die einbändige „Geschichte Bulgariens" von 1993 widmet der Judendeportation bzw. -rettung fünf Seiten. Die meisten Historiker stellen die Rettung von 48 000 bulgarischen Juden in den Vordergrund und sehen sie als großartige Tat, ohne dabei die Deportation der thrakischen und mazedonischen Juden zu verschweigen.[45] Es erschienen auch zahlreiche wissenschaftliche und populärhistorische Werke.[46] In Spiel- und mehreren Doku-

BG 30
Deportirane na belomorskite evrei v imeto na N. V. Boris III
Die Deportation der Juden von Belomorieto im Namen S. M. Boris III., in: Aman ot spasiteli, Duma,
20. März 1999, S. 22
Zeitung
Privatbesitz

BG 31
Evrei trudovaci, s koito, izgležda, ne sa se otnasjali zle
Angehörige jüdischer Arbeitstrupps, mit denen offensichtlich nicht schlecht umgegangen worden ist, in: Michael Bar-Zohar: Izvăn chvatkata na Chitler. Geroičnoto spasjavane na bălgarskite evrei, Sofia 1999, S. 59
Buch
Privatbesitz

mentarfilmen⁴⁷ wird das Thema vermittelt. 1999 wurde von Ivan Ničev der Film „Sled kraja na sveta" (Nach dem Ende der Welt) gedreht, der nach dem gleichnamigen Buch von Anžel Vagenštajn entstanden war. Ein israelischer Wissenschaftler kehrt nach fünfzig Jahren in seine bulgarische Heimatstadt zurück und trifft dort seine Jugendliebe, eine Armenierin, wieder. In ihren gemeinsamen Erinnerungen wird eine verlorene Zeit ethnischer und religiöser Toleranz verklärt, in der Solidarität zählte, die im Nachkriegs-Bulgarien verschwunden ist.

Fazit

Vor 1989 wurde die Geschichte des Zweiten Weltkrieges in Bulgarien als Geschichte der (Selbst-)Befreiung interpretiert. Die positiven Aspekte in den Bestrebungen der politischen Opponenten zur Erhaltung der staatlichen Existenz bzw. des Lebens breitester Volksschichten fanden kaum einen Platz in dieser großen Erzählung. Die Struktur des Mythendiskurses sollte eine plausible nationale Selbstdarstellung ermöglichen, die im Einklang mit den Interessen der Sowjetunion stand. Das Kernproblem der nationalen Neudefinition nach der Wende war, daß man sich mit De- und Rekonstruktionen dieser Narrationen zufriedengab. Zum Leitmotiv der historischen Neubewertung wurde der Begriff „unblutig", der an die ideologisch-kämpferische Durchsetzung parteipolitischer Ziele gekoppelt war. Dadurch wurde eine versöhnende Konsolidierung der Nationalgeschichte nicht nur verhindert, sondern die Konfrontation zwischen den Parteien verschärft. Ein absoluter moralischer Wert wie der Schutz der Bevölkerung vor den Grausamkeiten des Krieges wurde zu wenig diskutiert – Bulgarien war es immerhin gelungen, nicht in direkte Kriegshandlungen verwickelt zu werden. Statt dessen rang man um Vorstellungen von Tadellosigkeit oder Heldenhaftigkeit.

Bilder hatten vor der Wende ausschließlich dazu gedient, die Thesen der sozialistischen Geschichtsschreibung zu veranschaulichen. Nach der Wende hat sich an dieser Situation nicht viel verändert, das Themen- und Bildrepertoire ist stabil geblieben. Die Bilder fungieren offenbar als Auslöser textuell verankerter Vorstellungen, statt als historische Quellen oder als politisch gewollte Interpretationen von Geschichte einen eigenen Wert zu bekommen. In der sozialistischen Ära mag dies im Sinne der politischen Propaganda nützlich gewesen sein, denn es verhinderte weitgehend einen differenzierten Diskurs. Diese „Prägung" der historischen Forschung führt bis heute dazu, daß eine Öffnung der Interpretationsperspektive nur äußerst schwer vorankommt.

[1] Božikov, Božidar/Kosev, Dimităr/Lambrev, Kiril/Mitev, Jono/Topalov, P./Christov, Christo: Istorija na Bălgarija. Učebnik za vojnika, Sofia 1949, S. 87.

[2] Dimitrov, Ilčo/Isusov, Mito/Sopov, Jordan: Istorija na Bălgarija za 10 klas na ESPU, Sofia 1986, S. 51.

[3] Dimitrov, Ilčo (Hg.): Kratka istorija na Bălgarija, Sofia 1983, S. 366–378.

[4] Trifonov, Stajko: Istorija na Bălgarija: 1878–1944, Sofia o.J. (ca. 1994), Kap. 34; Bakalov, Georgi/Angelov, Petăr/Georgieva, Cvetana/Canev, Dimităr/Bobev, Bobi/Grančarov, Stojčo: Istorija na Bălgarija za gimnazialnata stepen na obštoobrazovatelnite i profesionalnite učilišta, Sofia 1993, S. 448 f. sowie Sazdov, Dimităr/Lalkov, Milčo/Popov, Radoslav/Migev, Vladimir: Istorija na Bălgarija (681–1960), Bd. 2, Sofia 1995, S. 455.

[5] Nikolov, S.: Osvoboždavaneto na Južna

Dobrudža, in: Duma v. 28. September 2000, S. 14.

6 Aleksandrov, Emil: Perfektna diplomacija vărna na Bălgarija Južna Dobrudža predi 58 godini, in: Novinar v. 7. September 1998, S. 6. Vgl. Tašev, Tašo I.: Dni na velika radost, in: Demokracija v. 14. September 2000, S. 26.

7 So zum Beispiel auch in Bar-Zohar, Michael: Izvăn chvatkata na Chitler. Geroičnoto spasjavane na bălgarskite evrei, Sofia 1999, S. 57.

8 Božikov u. a. 1949, wie Anm. 1, S. 89; Burmov, Aleksandăr/Kosev, Dimităr/Christov, Christo: Istorija za X.–XI. klas na OTPU, Sofia 1975, S. 301; Kosev, Dimităr/Christov, Christo/Angelov, Dimităr: Kratka istorija na Bălgarija, Sofia ²1969, S. 275.

9 Eine Wiedergabe dieser Formulierung findet sich in Dimitrov 1983, wie Anm. 3, S. 386; vgl. auch Sazdov u. a. 1995 (wie Anm. 4), S. 458.

10 Božilov, Ivan/Mutafčieva, Vera/Kosev, Konstantin/Pantev, Andrej/Grănčarov, Stojčo: Istorija na Bălgarija, Sofia 1993, S. 692.

11 Vgl. Varadinov, Lukan: Te objavicha vojna na celija narod, Sofia 1986 und Paunovski, Ivan: Văzmezdieto, Sofia 1988.

12 Gavrilov, Borislav: Georgi Dimitrov komandval Narodnija săd s radiogrami, in: Reporter 7 v. 3. Februar 1995, S. 6.

13 Dimitrov, Georgi: Und sie dreht sich doch! Schlußrede vor dem Gericht in Leipzig, Sofia 1988, S. 35.

14 Dimitrov 1988 (wie Anm. 13), S. 14 f.

15 Vgl. Stojkov, Atanas/Kožucharov, Stojko: Bulgarien 1878–1978. 100 Jahre seit der Befreiung Bulgariens, Sofia 1978, S. 75 f.

16 Bakalov u. a. 1993 (wie Anm. 4), S. 451.

17 Vgl. z. B. Grigorov, Bojan/Dimitrov, Mirčo: Istorija na BKP v obrazi i săbitija, Sofia 1980, S. 168.

18 Vgl. Lazarov, Ivan/Pavlov, Plamen/Tjutjundžiev, Ivan/Palangurski, Milko: Istorija na Bălgarija VII.vek – 1947, Veliko Tărnovo 1998, S. 342; Božilov u. a. 1993 (wie Anm. 10), S. 718 f.; Sazdov u. a. 1995 (wie Anm. 4), S. 469.

19 In beinahe allen Schulbüchern, in zahlreichen Alben und Geschichtsbüchern, z. B. Semerdžiev, Atanas (Hg.): Istorija na Otečestvenata vojna na Bălgarija 1944–1945 v tri toma, Sofia 1981, Bd. 1.

20 Vgl. Kalojanov, Georgi: Ime – simvol i legenda, in: Rabotničesko delo v. 7. Juli 1984, S. 3.

21 Diese Idee lanciert u. a. der Spielfilm „I dojde denjat" (Und es kam der Tag) von 1973. Vgl. auch Batalski, Georgi: Antifašistite spasicha Bălgarija ot nacionalna katastrofa, in: Duma v. 9. September 1998, S. 10. Realistischer Dimitrov, Ilčo: 9 septemvri v minaloto i dnes, in: Duma v. 8. September 1999.

22 Insgesamt 26 Folgen. Buch: Pavel Vežinov, Svoboda Băčvarova, Regie: Nedelčo Černev, Ljubomir Šarlandžiev.

23 Vgl. Burmov u. a. 1975, wie Anm. 8, S. 322 f.; kritisch Gjurova, Nevena: Văstanie, revoljucija, prevrat ili obštonacionalna iljuzija…, in: Trud v. 9. September 1999, S. 10.

24 Vgl. Avišaj, Žana: Tova ne se zabravja, in: Duma v. 6. September 1994, S. 6; Tanov-Malčika, Vladimir: Istinata za antifašistkata borba i za Deveti septemvri, in: Duma v. 6. September 1994; Balkanski, Trifon: Imalo li e fašizăm v Bălgarija?, in: Duma v. 7. April 1999, S. 14.

25 Delev, Petăr/Angelov, Petăr/Bakalov, Georgi/Georgieva, Cvetana/Mitev, Plamen/Trifonov, Stojko/Baeva, Iskra/Vasileva, Bojka/Kalinova-Jaidžieva, Evgenija: Istorija na Bălgarija za 11 klas, Sofia 1996, S. 415 ff.

26 Im Bericht Bekerles ans Reichsaußenministerium vom 22. Januar 1943, zitiert nach Cohen, Albert/Assa, Anri: Die Rettung der Juden in Bulgarien 1941–1944, Sofia 1977, o. Pag.

27 Z. B. der Verein der bulgarischen Rechtsanwälte, der Bulgarische Ärzteverein, der Kriegsinvalidenverein u. a.

28 Z. B. das Album „Evrei zaginali v antifašistkata borba", Sofia 1958.

29 Gespräch des Autors mit Kiril Karapanov am 25. Juli 2002.

30 Z. B. „Politici ot cjal svjat", Sofia 1989.

31 „Čovek ot naroda" (Ein Mann aus dem Volke), Dokumentarfilm 1981.

32 Živkov, Todor: Izbrani săčinenija, Bd. 23, Sofia 1976.

33 Koen, David: Silata na komunističeskija chumanisăm, in: Rabotničesko delo v. 21. Mai 1979, S. 3; Enčev, Velizar: Moralna pobeda na našija narod, in: Otečestven front v. 21. Mai 1979, S. 2; Tanev, Stojan,

³⁴ Bălgarskijat narod ne pozvoli razpravata, in: Trud v. 21. Mai 1983, S. 3.

³⁴ Astrukov, Josif: Partijata predotvrati sataninskija plan, in: Rabotničesko delo v. 21. Mai 1973, S. 4; ders.: Tova nikoga njama da se zabravi!, in: ebd., 23. Mai 1983, S. 3.

³⁵ Dimitrov, Ivan: Spasjavaneto na bălgarskite evrei ot lagerite na smărtta, in: Večerni novini v. 20. Mai 1983, S. 2; Assa, Anri: Pobeda nad nacistkija genocid, in: Narodna mladež v. 21. Mai 1983, S. 4.

³⁶ Buch: David Solomon, Regie: Milen Getov.

³⁷ Eine Shoah in Bulgarien wird u. a. gesehen von: Christov, Vasil: Kak deportiracha evreite ot novite zemi, in: Duma v. 2. September 1998, S. 16; Chane, Bendžamen: Car Boris III ne e Christian Datski, in: Duma v. 27. Juli 1999, S. 6; Vălkanov, Velko: Spaseni, no ot kogo?, in: Duma v. 29. Januar 2000; Varon, Bendžamen: Imaše li pronacistka carska Bălgarija svoja cholokost?, in: Duma v. 9. August 2000, S. 8. Gegenteilig äußern sich: Nojkov, Stilijan: Gestapo: „Konferenzijata Vanse", in: Anteni v. 19. August 1992, S. 12; Tošev, Lăčezar: Sa spasenite i nespasenite, in: Anti v. 20.–26. November 2000, S. 6 u. a.

³⁸ Mitev, Jono: Istinata sa spasjavaneto na bălgarskite evrei, in: Zemja v. 9. Juni 1994, S. 5; Šelev, Dobri: Zašto lăžete, gospodin Sokolov?, in: Duma v. 20. November 1998.

³⁹ Vgl. Stojanov, Atanas: Krušenieto na edin mit, in: Trud v. 13.–17. August 1992; Stamov, Petko: Boris III i Filov sa vinovni, in: Duma v. 3. Februar 2000, S. 6.

⁴⁰ Vladimirova, Petja: Edinstvoto spasi 50 000 evrei, razedinenieto njama da spasi nikogo, in: Demokracija v. 22. Juli 2000, S. 9; Perec, Josif/Sanilov, Vasil: Može bi ima i drugi pričini?, in: Anti v. 25.–31. August 2000, S. 4 f.

⁴¹ Vgl. Asa, Chaim: Istinata za spasenieto na bălgarskite evrei vse ošte ne se znae po sveta, in: Demokracija v. 16. Oktober 1996, S. 17; Todorov, Atanas V.: Ot partiinija pročit na istorijata strada imeto na Bălgarija, in: Demokracija v. 22. August 1997, S. 10.

⁴² Vgl. Dičev, Ivajlo: Pravim mit i ot evreite si, in: 24 časa v. 21. Juli 2000, S. 10.

⁴³ Z. B. in der Ehrensitzung des Parlaments am 6. November 1998: Dafinova, Elizabet: Početocha čoveka, kojto sprja Chitler, in: Trud v. 7. November 1998, S. 4.

⁴⁴ Fol, Aleksandăr/Andreev, Jordan/Mutafčieva,Vera/Ilčev, Rajna/Ilčev, Ivan: Istorija za 11. klas na SOU, Sofia 1996, S. 340; Bakalov u. a. 1993 (wie Anm. 4), S. 452 f.; Sazdov u. a. 1995 (wie Anm. 4), S. 464; Lazarov u. a. 1998 (wie Anm. 18), S. 344 f.

⁴⁵ Vgl. Gjuzelev, Vasil/Kosev, Konstantin/Lalkov, Milčo/Ognjanov, Ljubomir/Radeva, Marija: Istorija za 11. klas na SOU, Sofia 1996, S. 399; Sazdov u. a. 1995 (wie Anm. 4), S. 464 f.

⁴⁶ Filov, Bogdan: Dnevnik, Sofia 1990; Baruch, Nir: Otkupăt. Car Boris i sădbata na bălgarskite evrei, Sofia 1991; Bojadžiev, C.: Spasjavaneto na bălgarskite evrei, Sofia 1991; Gruev, Stefan: Korona ot trăni, Sofia 1991; Mutafov, Enčo: Ozeljavaneto, Sofia 1993; Koen, David (Hg.): Ozeljavaneto 1940–1944, Sofia 1995; Zagorski, D.: Bezsănicite na trona, Sofia 1995; Nisimov, Chari: Săs zăbi i nokti, Sofia 1995; Nojkov, Stilan/Radev, Valentinij: Car Boris III v tajnite dokumenti na Tretija rajch, Sofia 1995; Njagolov, S. K. (Hg.): Istinata za spasjavaneto na evreite v Bălgarija, Sofia 1998; Ežkenazi, Žak/Krispin, A. (Hg.): Evreite po bălgarskite zemi. Anotirana bibliografija, Sofia 1999; Fol, A. (Hg.): Bălgari i evrei, Bd. 1–2, Sofia 2000.

⁴⁷ Z. B.: „Spasenite" (Die Geretteten) von 1999, Buch/Regie: Milena Milotinova.

Nach 1914

Seit dem Zweiten Weltkrieg

Chronologie

1908–1909
Fürst Ferdinand I. von Sachsen-Coburg-Gotha erklärt im Anschluß an die jungtürkische Revolution am **5. Oktober 1908** Bulgarien (einschließlich Ost-Rumelien) zu einem vom Osmanischen Reich unabhängigen Königreich und nimmt den Zarentitel an. Durch die russische und die österreichische Regierung gebilligt, wird die Unabhängigkeit **1909** auch von der Türkei anerkannt.

1912–1913
Durch einen Bündnisvertrag, der die Aufteilung der sich noch immer unter türkischer Herrschaft befindenden europäischen Gebiete mit vorwiegend christlicher Bevölkerung vorsieht und von Rußland akzeptiert wird, legen Bulgarien und Serbien **1912** die Grundlagen des Balkanbundes, dem dann auch Griechenland und Montenegro angehören. Die verbündeten Staaten Bulgarien, Montenegro, Serbien und Griechenland eröffnen am **8. Oktober 1912** den Ersten Balkankrieg gegen das Osmanische Reich, das fast vollständig aus Europa verdrängt wird. Mit dem Londoner Frieden vom **30. Mai 1913** bekommt Bulgarien Thrakien, Teile Makedoniens und Adrianopel (Edirne) zugesprochen. Bei der Aufteilung Makedoniens kommt es zwischen Bulgarien, Serbien und Griechenland zu schweren Zerwürfnissen. Am **29./30. Juni 1913** beginnt Bulgarien den Zweiten Balkankrieg gegen seine früheren Verbündeten, die nun von Rumänien und der Türkei unterstützt werden. Der Krieg endet mit der Niederlage Bulgariens. Durch den Bukarester Friedensvertrag vom **10. August 1913** wird Bulgarien gezwungen, die fruchtbare Süd-Dobrudscha an Rumänien abzutreten. Griechenland und Serbien erhalten den größten Teil Makedoniens, während Bulgarien nur ein kleines Gebiet Ostmakedoniens und Ostthrakiens (Ägäis-Thrakien) belassen wird. Die Spannungen zwischen den Siegerstaaten und Bulgarien bleiben bestehen.

1914–1919
Zu Beginn des Ersten Weltkrieges ist Bulgarien neutral, schließt sich dann aber am **14. Oktober 1915** den Mittelmächten an und kämpft erneut gegen Serbien, Griechenland sowie Rumänien. Es besetzt Teile Makedoniens und die Süd-Dobrudscha. Kriegsbedingt sinkt die Getreideproduktion fast um die Hälfte. Lebensmittel- und Brennstoffknappheit sowie eine starke Inflation führen ab **Anfang 1917** bis Kriegsende zu Aufruhr unter der Bevölkerung. Im **September 1918** kommt es zu einem Soldatenaufstand. Unter der Mitwirkung von Führern der Bauernpartei wird eine kurzlebige und regional begrenzte Republik ausgerufen. Nach der erneuten Niederlage Bulgariens dankt Ferdinand I. am **3. Oktober 1918** zugunsten seines 24jährigen Sohnes Boris III. ab und verläßt das Land. Der Friedensvertrag von Neuilly-sur-Seine vom **27. November 1919** verpflichtet Bulgarien zu hohen Reparationszahlungen und hat erhebliche Territorialverluste zur Folge. Zwei ostmakedonische Kreise gehen an Jugoslawien, die Ägäisküste an Griechenland, die kurzfristig angeschlossene Süd-Dobrudscha wieder an Rumänien.

1920–1929
Die Regierung der Agrarpartei unter Aleksandăr Stambolijski, der **1919** zum Ministerpräsidenten gewählt wird, setzt sich für eine Verbesserung der Situation der Bauern und für freundschaftliche Beziehungen mit den anderen Balkanstaaten ein. **1920** wird Bulgarien in den Völkerbund aufgenommen. Stambolijskis Regime, das bei der Armee und der städtischen Mittelklasse keinen Rückhalt findet, wird am **9. Juni 1923** durch einen Offiziersputsch gestürzt. Stambolijski wird gefangengenommen und bei einem Fluchtversuch getötet.
In der neuen Regierung unter Aleksandăr Cankov kommt es wiederholt zu internen Auseinandersetzungen. Ein kommunistischer Aufstand im **September 1923** wird in bürgerkriegsähnlichen Kämpfen niedergeschlagen, und **1924** werden die Kommunistische Partei und die Bauernpartei verboten. Im **April 1925** scheitert ein Attentatsversuch auf den Zaren in der Sveta Nedelja-Kathedrale in Sofia. Bis **1929** erholt sich die durch den Ersten Weltkrieg beeinträchtigte Industrie. Die Produktion in der Landwirtschaft erreicht das Vor-

kriegsniveau. Nach einem Regierungswechsel im **Januar 1926** wird die Kommunistische Partei wieder zugelassen.

1930–1937

Die Weltwirtschaftskrise zu Beginn der **30er Jahre** bleibt auch für das besonders agrarisch geprägte Bulgarien nicht ohne Folgen. Die Industrieproduktion geht um die Hälfte zurück, und die Preise für landwirtschaftliche Produkte sinken drastisch. Die politischen Kräfte des Landes radikalisieren sich. Der Leipziger Reichstagsbrandprozeß von **1933** endet mit dem Freispruch des bulgarischen Kommunisten Georgi Dimitrov, dem Brandstiftung vorgeworfen worden ist. Er wird durch die bulgarische Regierung ausgebürgert und geht in die Sowjetunion. Nach einem Putsch am 19. **Mai 1934** errichtet die Regierung unter Kimon Georgiev ein zentralistisches, autoritäres Regime. Die politischen Parteien werden aufgelöst und eine strenge Zensur verhängt. Nach inneren Wirren **1935** hebt Zar Boris III. die ihm von der Verfassung auferlegten Einschränkungen auf und errichtet eine autokratische Herrschaft unter Beibehaltung der parlamentarischen Formen. Die **1933** eingeleitete bulgarisch-jugoslawische Annäherung findet ihren Höhepunkt in einem Freundschaftsvertrag vom 24. **Januar 1937**.

1939–1941

Zwei Wochen nach Beginn des Zweiten Weltkrieges erklärt Bulgarien im **September 1939** seine Neutralität und bewahrt diese bis **1941**. Einen von der Sowjetunion angebotenen Pakt lehnt die Regierung ab. Unter deutschem Druck und mit Billigung der Sowjetunion tritt Rumänien im Vertrag von Craiova am 7. **September 1940** die Süd-Dobrudscha wieder an Bulgarien ab. Am 21. **Januar 1941** verabschiedet das Parlament das Gesetz zum Schutze der Nation, das die Rechte der Juden einschränkt. Das Gesetz wird am gleichen Tag von König Boris III. ratifiziert. Nach dem Kriegsbeginn auf dem Balkan – im **Oktober 1940** greift Italien Griechenland an – tritt Bulgarien an der Seite der Achsenmächte gegen Jugoslawien und Griechenland in den Krieg ein und unterzeichnet am 1. **März 1941** den Dreimächtepakt. Einige Folgeabkommen regeln die wirtschaftlichen Beziehungen zum Deutschen Reich, und die wirtschaftliche Abhängigkeit Bulgariens von Deutschland verstärkt sich. Ab dem 2. **März 1941** werden mit Einverständnis der bulgarischen Regierung im Land deutsche Truppen stationiert. In der Folge dient Bulgarien für sie als Aufmarschgebiet für den deutschen Überfall auf Griechenland und Jugoslawien. Bulgarien besetzt nach Abschluß der Kämpfe den größten Teil Makedoniens und Westthrakiens. Am 25. **November 1941** tritt Bulgarien dem Antikominternpakt bei, beteiligt sich jedoch nicht am Krieg des Deutschen Reiches gegen die Sowjetunion. Im **Dezember 1941** erklärt Bulgarien zusammen mit der Slowakei und Kroatien Großbritannien und den USA den Krieg. Nach dem deutschen Angriff auf die Sowjetunion formiert sich die Kommunistische Partei (KP) im Untergrund neu und beginnt mit der Bildung von Partisaneneinheiten und Sabotagegruppen. Geleitet wird die Partei vom Moskauer Auslandsbüro.

1942–1943

Es kommt zu Ernährungsengpässen. Der bewaffnete Widerstand verübt Anschläge auf Versorgungslager bzw. -transporte für die Wehrmacht. Die Regierung geht im **Juni** und **Juli 1942** hart gegen die Partisanen vor und verhängt Todesurteile. Im Radiosender des Exilpolitbüros der KP verkündet Georgi Dimitrov am 17. **Juli 1942** das Programm der antifaschistischen Vaterländischen Front. Im **August 1942** entsteht das Kommissariat für Judenfragen. Alle jüdischen Männer zwischen 21 und 47 Jahren werden zum Zwangsarbeitsdienst verpflichtet. Am 22. **Februar 1943** wird ein deutsch-bulgarisches Abkommen unterzeichnet, das die Übergabe von zunächst 20 000 Juden an die Deutschen vorsieht. Zuerst sind die Juden aus den bulgarisch besetzten Gebieten Thrakiens, Makedoniens und Ostserbiens betroffen. **Anfang März 1943** werden über 11 000 von ihnen aus Thrakien und Makedonien ausgeliefert und in Lagern interniert. Ende des Monats beginnen die Transporte nach Norden in das Vernichtungslager Treblinka. Eine breite politische und außerparlamentarische Protestwelle verhindert die Deportation weiterer Juden aus den bulgarischen Kerngebieten. Im **August 1943** konstituiert sich auf breiterer politischer Basis das von den Kommunisten dominierte Nationalkomitee der Vaterländischen Front gegen das Regime von Boris III. und gegen das Bündnis mit dem Deutschen Reich. Am 28. **August** stirbt der 49jährige Zar

Boris III. Im Namen des minderjährigen Kronprinzen Simeon II. übt ein Regentschaftsrat fortan die Regierungsgewalt aus. **Ende 1943** verschärfen sich die Auseinandersetzungen der Partisanen mit den Regierungskräften. Im **Winter 1943/44** wird die Hauptstadt Sofia Ziel von Luftangriffen der Westalliierten.

1944

Vor dem Hintergrund des Vormarsches der Roten Armee, die im **Sommer** den Balkanraum erreicht, wird am **1. September** ein neues Kabinett unter Konstantin Muraviev gebildet. Es kündigt das Bündnis mit dem Deutschen Reich und erklärt am **4. September** Bulgariens Austritt aus dem Kominternpakt. Dennoch erklärt die Sowjetunion am **5. September** Bulgarien den Krieg, und sowjetische Truppen marschieren in das Land ein. In der Nacht zum **9. September** wird die Regierung Muraviev gestürzt, und das Nationalkomitee der Vaterländischen Front übernimmt die Macht. Bereits am **10. September** erklärt Bulgarien Deutschland den Krieg. Unter Kimon Georgiev bildet die Vaterländische Front eine Koalitionsregierung (Kommunisten, Sozialisten und Bauernpartei). Durch die neue Regierung wird am **6. Oktober** das Gesetz zur Einrichtung von Volkstribunalen erlassen. Am **28. Oktober** wird der Waffenstillstand mit den Alliierten unterzeichnet und eine alliierte Kontrollkommission eingerichtet. Bulgarien kämpft nun an sowjetischer Seite gegen die Achsenmächte. Bis **April 1945** ergehen in rund 135 Prozessen des Volkstribunals gegen der Kollaboration mit dem nationalsozialistischen Deutschland Beschuldigte insgesamt über 9000 Urteile, darunter mehr als 2500 Todesurteile, seit **Herbst 1944** verschwinden über 28000 Menschen spurlos, ein Teil von ihnen wird in bis in die **60er Jahre** bestehende Arbeitslager verschleppt.

1945

Es kommt zu ersten wirtschaftspolitischen Reformen, u. a. Gründung erster Landwirtschaftlicher Produktionsgemeinschaften. Im **März** wird der erste Handelsvertrag mit der Sowjetunion unterzeichnet. Die durch die Volkstribunale geschwächte bürgerliche parlamentarische Opposition unter Nikola D. Petkov (Bauernpartei) versucht sich, ermutigt durch die alliierte Kontrollkommission, der Sowjetisierung des Landes zu widersetzen. Im **November** kehrt Georgi Dimitrov nach Bulgarien zurück. Die Wahl für die Volksversammlung am **18. November** festigt die Mehrheit der Vaterländischen Front im Parlament.

1946

Am **12. März** verabschiedet die Volksversammlung das Bodenreformgesetz. Durch eine Volksabstimmung am **8. September** wird die Monarchie abgeschafft und am **15. September** die Volksrepublik proklamiert. Die Zarenfamilie verläßt das Land. Neuer Ministerpräsident wird im **November** der Führer der KP, Georgi Dimitrov. Die Regierung Dimitrov leitet die Errichtung einer Volksdemokratie nach sowjetischem Vorbild sowie den Aufbau der Schwerindustrie ein und führt die Zusammenlegung der kommunistischen Arbeiterpartei mit der Sozialistischen Partei zur Bulgarischen Kommunistischen Partei (BKP) herbei.

1947

Der am **10. Februar** unterzeichnete Friedensvertrag von Paris bestätigt die Vorkriegsgrenzen Bulgariens (einschließlich Süd-Dobrudscha) von **1940**, erlegt aber hohe Reparationen auf, da Bulgarien mit dem nationalsozialistischen Deutschland verbündet gewesen ist. Im **Frühjahr** werden die nichtkommunistischen Parteien aufgelöst und die Opposition ausgeschaltet. In einem Schauprozeß gegen den Vorsitzenden der Bauernpartei Nikola Petkov, wird im **August** sein Todesurteil gefällt. Am **1. April** wird der erste Zweijahresplan verabschiedet. Die nach sowjetischem Vorbild gestaltete Verfassung der Volksrepublik Bulgarien tritt am **4. Dezember** in Kraft. Am **23./27. Dezember** wird die Verstaatlichung aller Privatbetriebe und der Banken durchgeführt. Die Kollektivierung der Landwirtschaft wird intensiviert fortgesetzt.

1948

Die von Georgi Dimitrov angestrebte Balkanföderation der kommunistischen Staaten scheitert am Veto der Sowjetunion. Der am **18. März** unterzeichnete Freundschafts- und

Kooperationsvertrag mit der Sowjetunion besiegelt die Eingliederung Bulgariens in den Machtbereich der UdSSR.

1949
Bulgarien, Polen, Rumänien, die Tschechoslowakei, die UdSSR und Ungarn gründen am **25. Januar** die Wirtschaftsgemeinschaft Council for Mutual Economic Assistance (COMECON bzw. Rat für gegenseitige Wirtschaftshilfe – RGW). Am **2. Juli** stirbt Dimitrov. Unter dem neuen Generalsekretär der BKP Vălko Červenkov kommt es zu Schauprozessen und Verfolgungen vermeintlicher Regierungsgegner, u. a. wird der frühere stellvertretende Ministerpräsident Trajčo Kostov hingerichtet.

1954–1959
Todor Živkov wird **1954** Chef der BKP. Bulgarien ist am **14. Mai 1955** gemeinsam mit Albanien, der DDR, Polen, Rumänien, der Tschechoslowakei, Ungarn und der UdSSR Gründungsmitglied des mit Unterzeichnung des Vertrages über Freundschaft, Zusammenarbeit und gegenseitigen Beistand in Warschau gegründeten Militärbündnisses (Warschauer Vertrag bzw. Warschauer Pakt). Während des Zeitraumes des zweiten Fünfjahresplans **1953–1957** steigt die wirtschaftliche Produktion. Bulgarien wird **1955** Mitgliedsstaat der Vereinten Nationen (UNO). Nach der Geheimrede Nikita Chruščevs über die Verbrechen Iosif V. Stalins auf dem 20. Parteitag der KPdSU im **Februar 1956** leitet das Plenum der BKP vom **April 1956** nur zögernd die Entstalinisierung ein. **Anfang 1958** ist die Kollektivierung der landwirtschaftlich genutzten Fläche zu 90 Prozent abgeschlossen.

1960–1970
Die Stabilisierung der wirtschaftlichen Lage führt zu einer Verbesserung der Lebensumstände der bulgarischen Bevölkerung. Ab **Mitte der 60er Jahre** wird offiziell der Kurs des bulgarischen Nationalismus in Politik und Kultur verfolgt. Am **21. August 1968** besetzen Truppenverbände Bulgariens, der DDR, Polens, der Sowjetunion und Ungarns die Tschechoslowakei und machen dem Reformsozialismus in der ČSSR ein Ende.

1971–1980
Die Verfassung vom **18. Mai 1971** sieht die Kooperation mit der UdSSR als Grundrichtlinie der bulgarischen Politik vor. Im **Sommer 1975** unterzeichnet Bulgarien in Helsinki die Schlußakte der Konferenz für Sicherheit und Zusammenarbeit in Europa (KSZE). Im selben Jahr kommt es zu einem Wirtschaftsabkommen mit der Bundesrepublik Deutschland. Die bulgarisch-jugoslawische Erklärung über die Unverletzlichkeit der gemeinsamen Grenzen von **1978** führt zur Besserung der Nachbarschaftsbeziehungen, ohne den Konflikt hinsichtlich Makedoniens zu beheben.

1989–1990
Vor dem Hintergrund des Minderheitenkonfliktes mit der Türkei und der nationalistischen Minderheitenpolitik der bulgarischen Regierung kommt es zu Unruhen. Bis zur Schließung der Grenzen am **17. August 1989** wandern über 300 000 Bulgarotürken in die Türkei aus. Aufgrund der politischen und wirtschaftlichen Veränderungen in Osteuropa sowie der katastrophalen Wirtschaftslage Bulgariens finden in Sofia im **November 1989** Massendemonstrationen für einen demokratischen Wandel statt. Unter dem Druck der Bürgerbewegung wird Todor Živkov am **10. November 1989** zum Rücktritt als Parteichef gezwungen. Er legt am **17. November 1989** auch sein Amt als Staatschef nieder. Nach seiner Verhaftung am **18. Januar 1990** wird er am **4. September 1992** wegen Veruntreuung von Staatsgeldern in Millionenhöhe, Menschenrechtsverletzungen und Verfolgung politischer Gegner verurteilt. Die BKP gibt ihren alleinigen Führungsanspruch am **13. Dezember 1989** auf und läßt die Bildung von Oppositionsparteien zu. Am 7. **Dezember** erfolgt die Bildung der Union Demokratischer Kräfte (UDK), ein Dachverband, unter dem sich zahlreiche oppositionelle Parteien und Bewegungen sammeln. Unter dem Nachfolger Živkov, Petăr Mladenov, wird die Staatsbezeichnung Volksrepublik in Republik umgewandelt.

1990
Im **Januar** verabschiedet das Parlament eine Deklaration zur Nationalitätenfrage, welche

die Rechte der türkischen Minderheit wiederherstellt. Am **16. Januar** beginnen die Verhandlungen am runden Tisch zwischen Regierung und Opposition. Der Reformkommunist Andrej Lukanov bildet am **3. Februar** eine neue Regierung der BKP. Die Verfassungsänderung vom **3. April** ermöglicht die Gründung neuer Parteien. Unter Lukanovs Vorsitz gewinnt die am **4. April** aus der BKP hervorgegangene Bulgarische Sozialistische Partei (BSP) die ersten freien Wahlen vom **10.** bzw. **17. Juni**. Am **1. August** wird Želju Želev (UDK) Staatspräsident, und am **7. Dezember** bilden UDK und BSP eine Übergangsregierung unter Dimităr Popov. Am **Ende des Jahres** steht die Wirtschaft kurz vor dem Zusammenbruch, und Bulgarien erlebt einen Hungerwinter.

1991–2000

Die parlamentarischen Parteien unterzeichnen im **Januar 1991** ein Abkommen über den friedlichen Übergang zur Demokratie. Die Volksversammlung beschließt am **23. Mai 1991** eine Wirtschaftsreform und verabschiedet am **12. Juli 1991** eine neue demokratische Verfassung, mit der Bulgarien eine Republik mit parlamentarischer Demokratie wird. Nach vorgezogenen Neuwahlen bildet der Vorsitzende der UDK, Filip Dimitrov, im **November 1991** eine neue Regierung, welche den wirtschaftlichen Reformkurs (Gesetze zur Landrückgabe vom **20. März 1992** und zur Privatisierung vom **23. April 1992**) trotz sozialer Härten fortsetzt, den drastischen Rückgang der Industrieproduktion und des Außenhandels nach der Auflösung von COMECON (**1991**) aber nicht aufhalten kann. Im **Mai 1992** wird Bulgarien in den Europarat aufgenommen und unterzeichnet mit der Türkei ein Sicherheits- und Zusammenarbeitsabkommen. Beide Länder streben fortan die Verbesserung ihrer Beziehungen an. Mehrere Regierungen scheitern an den schweren sozialen Folgen der ökonomischen Krise. Selbst die finanzielle Hilfe der Weltbank, des Internationalen Währungsfonds und der Europäischen Gemeinschaft können die Probleme nicht beheben. **1992** schließen Bulgarien und Rußland einen Freundschafts- und Kooperationsvertrag. Im **März 1993** unterzeichnet Bulgarien ein Assoziierungsabkommen mit der Europäischen Gemeinschaft. Im Jahr darauf, am **14. Februar 1994**, schließt sich Bulgarien dem NATO-Programm Partnerschaft für den Frieden an und beantragt im **Dezember 1995** die Vollmitgliedschaft in der Europäischen Union (EU). Am **12. April 1996** setzt das Oberste Gerichtshof die Urteile des Volkstribunals gegen 124 aller 126 Abgeordneten der 25. Legislaturperiode (**1940–1944**) außer Kraft. Unaufhaltsame Inflation und riesige Versorgungslücken zwingen die Regierung Videnov am **21. Dezember 1996** zum Rücktritt. Von wirtschaftlicher Not veranlaßt, fordern Anhänger der antikommunistischen Opposition vorgezogene Wahlen und stürmen am **10. Januar 1997** das Parlament. Die Wahlen im **April 1997** gewinnt mit großem Abstand die bürgerlich-liberale Koalition der Vereinigten Demokratischen Kräfte (ODS), ein politisches Bündnis aus UDK, Bauernpartei und 13 kleineren Parteien; Ivan Kostov wird Bulgariens Regierungschef. Bulgarien beteiligt sich im **November 1997** auf der Insel Kreta an der Initiative der Balkanländer zum Abbau der unter ihnen bestehenden Spannungen sowie zur Förderung ihrer Wirtschaftsbeziehungen. Der neuen Regierung gelingt es Anfang **März 1998**, die Inflation auf 12,5 Prozent zu senken. Erfolge verzeichnet auch das neue wirtschaftliche Reformprogramm. Mit dem Abkommen zwischen Bulgarien und Makedonien vom **22. Februar 1999** endet der fünfzig Jahre alte Sprachenstreit: Nach der Anerkennung der Staatssouveränität erkennt Bulgarien die makedonische Sprache und damit die Nation nunmehr als eigenständig an; Makedonien will künftig auf jegliche Einflußnahme auf die makedonische Minderheit in Bulgarien verzichten. Im **Sommer 1999** wird das Mausoleum von Georgi Dimitrov abgerissen. Die EU nimmt am **15. Februar 2000** offizielle Beitrittsverhandlungen mit Bulgarien auf. Im **Mai 2000** beteiligt sich die Regierung an der Forderung der in Vilnius (Litauen) tagenden osteuropäischen Außenminister an die NATO, ihre Staaten bis zum Jahr **2002** zur Aufnahme in das Bündnis einzuladen.

2001–2002

Im **Februar 2001** beteiligt sich Bulgarien in Skopje an der Charta zur Stabilität und Zusammenarbeit in der Balkanregion und engagiert sich im **Frühjahr** mit der EU, der UNO und Griechenland für den Erhalt der Souveränität und der territorialen Integrität Makedoniens. Der als ein besonderer Erfolg der diplomatischen Bemühungen der bulgarischen Regierung empfundene Beschluß der EU, bulgarischen Bürgern die visumfreie Einreise in die europäischen Länder des Schengen-Abkommens zu gewähren, tritt am **10. April 2001** in Kraft. Aus den Wahlen zur Volksversammlung vom **17. Juni 2001** geht die zwei Monate zuvor vom ehemaligen König Simeon II. gegründete Nationale Bewegung Simeon II. (NDSW) angesichts des erklärten Ziels, innerhalb von 800 Tagen eine spürbare Verbesserung des Lebensstandards der Bevölkerung zu bewirken sowie eine kompromißlose Bekämpfung der Korruption zu bewerkstelligen, als stärkste Partei hervor. Neuer Ministerpräsident wird Simeon Sakskoburggotski (bürgerlicher Name von Simeon II.). Am **21. November 2002** beschließt die NATO die Aufnahme Bulgariens als künftiges Mitglied. Bei ihrem Gipfel **Ende 2002** verschiebt die EU den Beitritt Bulgariens auf die nächste Erweiterungsrunde **2007**.

Literatur:
– Brockhaus – Die Enzyklopädie in 24 Bänden, 20. Aufl., Leipzig/Mannheim 1996–1999.
– Geier, Wolfgang: Bulgarien zwischen West und Ost vom 7. bis 20. Jahrhundert. Sozial- und kulturhistorisch bedeutsame Epochen, Ereignisse und Gestalten, Wiesbaden 2001.
– Grothusen, Klaus-Detlev: Bulgarien, Göttingen 1990.
– Härtel, Hans-Joachim/Schönfeld, Roland: Bulgarien vom Mittelalter bis zur Gegenwart, Regensburg 1998.
– Stojkov, Atanas/Kožuharov, Stojko: Bulgarien 1878–1978. 100 Jahre seit der Befreiung, Sofia 1978.
– http://www.areion-online.de (1. August 2003).

Dänemark

Die schwierige Erinnerung an Kollaboration und Widerstand

von Therkel Stræde

Dänemark unter deutscher Besatzung 1940–1945[1]

Die deutsche Besatzung dauerte in Dänemark vom 9. April 1940 bis zum 5. Mai 1945 und verlief glimpflicher als in jedem anderen Land. Es gab nur wenige Kriegszerstörungen, und die Zahl der Menschen, die in Folge der Kriegseinwirkungen starben, blieb mit 6256 von rund 4 Millionen Einwohnern relativ klein. Die Einbuße des Nationaleinkommens von ca. 22 Prozent war im internationalen Vergleich gering. Gleichwohl stellt die Besatzungszeit im Bewußtsein der Zeitgenossen und Nachgeborenen ein überragendes Trauma dar, dessen politische und kulturelle Bedeutung bis in die Gegenwart hineinreicht.[2]

Nach günstigen Erfahrungen von 1914 bis 1918 versuchte die seit 1929 amtierende sozialdemokratisch-sozialliberale Regierung, die Neutralität durch Zuvorkommenheit „dem großen südlichen Nachbarn" gegenüber zu behaupten.[3] Der pazifistischen Tradition zufolge war das Militär nur zur symbolischen Behauptung des Territoriums gerüstet und legte schon nach zweistündigem Kampf die Waffen nieder. Die Regierung und der König beugten sich unter Protest der Okkupation, nahmen aber zur Kenntnis, daß Deutschland die dänische Souveränität anerkenne und von einer „Friedensbesatzung" sprach. Prinzipielle und praktische Fragen wurden zwischen der „Regierung der nationalen Sammlung", der Vertreter sämtlicher demokratischer Parteien angehörten, und dem zum Reichsbevollmächtigten ernannten deutschen Gesandten Cecil von Renthe-Fink und seinem kleinen zivilen Stab durch häufige Verhandlungskontakte geregelt. Die Tatsache, daß die Beziehungen zwischen beiden Ländern bis zum Kriegsende über die Außenministerien geregelt wurden und daß Renthe-Finks Nachfolger ab November 1942, der SS-Ideologe Werner Best[4], demonstrieren wollte, wie ein „arisches" Volk unter Rücksichtnahme auf seine „völkische Eigenart" mit der 'weichen Hand' regiert und an Deutschland herangeführt werden könne, beließ den Dänen einen relativ großen Handlungsspielraum.

Mit dem militärischen Überfall wurde Dänemark aufgefordert, keinen Widerstand zu leisten. Im Gegenzug versprach Deutschland, die politische Souveränität zu respektieren. Damit standen die Dänen vor der Zentralfrage, ob sie Widerstand leisten oder kollaborieren wollten. Traditionell war die Haltung der Dänen antideutsch und probritisch. Nachdem man sich zunächst mit dem Feind eingerichtet hatte, schwenkte die Bevölkerungsmehrheit 1943 zur Befürwortung des Widerstandes über. Die Funktionsträger der wirtschaftlichen und politischen Institutionen und Verbände, kurz: das Establishment, blieben jedoch bis Kriegsende Anhänger einer pragmatischen Zusammenarbeit mit der Besatzungsmacht. Als „Kollaboration aus Opportunismus" bezeichnet der bedeutende Historiker Hans Kirchhoff die wirtschaftliche und politisch-diplomatische Zusammenarbeit mit der Besatzungsmacht.[5] Ihre Ziele waren die Rettung von Leben und Eigentum, die Aufrechterhaltung der territorialen Integrität, des demokratischen politischen Systems sowie der nationalen Identität und Begrenzung der Ausbeutung durch die Deutschen.⁶ Die Bevölkerung rechnete mit einer Generationen dauernden nationalsozialistischen Vorherrschaft in Europa und sah sich in der Rolle der dänischen Nordschleswiger, die von 1864 bis 1920 unter deutscher Herrschaft um die Aufrechterhaltung ihrer nationalen Kultur hatten ringen müssen.

Die Wirtschaft wurde stark in die deutsche Kriegswirtschaft eingebunden.⁷ Dänische Bauunternehmen errichteten für die Wehrmacht und auch in Deutschland Militäranlagen.⁸ Landwirtschaft und Fischerei deckten einen wachsenden Teil des deutschen Fleisch-, Butter- und Fischkonsums. 100 000 Dänen gingen freiwillig – allerdings durch wirtschaftlichen Druck motiviert – als „Deutschlandarbeiter" ins Reich.⁹ Militärgerät wurde der Wehrmacht ausgehändigt. Die dänischen Behörden regelten das Zusammenleben mit dem Feind¹⁰, so fahndete die dänische Polizei nach Aktivisten des sich herausbildenden Widerstands. Etwa 25 000 Dänen traten nationalsozialistischen Parteien bei, 7 000 als Zeitfreiwillige der Waffen-SS, darunter viele Angehörige der deutschsprachigen Minderheit, die dem Nationalsozialismus größtenteils positiv gegenüberstand.¹¹ Bei den meisten Dänen fanden die Besatzer allerdings keine Zustimmung. Denn obgleich völkisches Gedankengut seit dem 19. Jahrhundert in Dänemark verbreitet war, galt seine nationalsozialistische Variante bei den meisten Dänen als lächerlich und „undänisch".

Im Laufe der Zeit geriet die Kooperationspolitik immer mehr unter Druck. Nach dem Überfall auf die Sowjetunion und der verfassungswidrigen Illegalisierung der KP Dänemarks begann 1941 eine Widerstandsbewegung Fuß zu fassen.¹² Sie widmete sich der Verbreitung einer freien, illegalen Presse (die Massenmedien standen unter dänischer und deutscher Zensur) und ging später auch zum bewaffneten Kampf wie Industrie- und Eisenbahnsabotage über.¹³ Dabei war die propagandistische Wirkung der Eisenbahnsabotage größer als ihr taktischer Effekt und trug wesentlich zur Verschärfung der politischen Lage bei. Berühmt wurde nach Kriegsende die erste Aktion vom 6. November 1942.¹⁴

Die entscheidende Zäsur bildete jedoch der „Augustaufstand" von 1943.¹⁵ In 17 dänischen Städten wurden Büros und Fabriken bestreikt, Geschäfte blieben geschlossen, und die Unruhen griffen auf weite Teile des Landes über. Die Folge waren die Verhängung des militärischen Ausnahmezustandes und rigorose deutsche Forderungen, u. a. nach der Einführung der Todesstrafe. Daraufhin stellte die dänische Regierung ihre Arbeit ein, trat jedoch nicht offiziell zurück, um der Besatzungsmacht nicht die Ernennung einer verfassungsgemäßen Marionettenregierung zu ermöglichen. Auch das im März 1943 neu gewählte Parlament trat nicht mehr zusammen, richtete aber ein informelles Gremium ein, das mit dem Kollegium der beamteten Staatssekretäre die Zusammenarbeit mit der Besatzungsmacht auf Verwaltungsebene fortführte.

Der Augustaufstand rief verstärkten deutschen Terror hervor: gewaltsame Entwaffnung des dänischen Militärs, Hinrichtung von Saboteuren und Verschleppung internierter Kommunisten, Widerstandskämpfer und sogenannter „Asozialer" in deutsche Konzentrationslager, wo ca. 600 von ihnen (10 Prozent) zu Tode geschunden wurden.¹⁶ Am 1. Oktober 1943 begann die Verhaftungsaktion gegen die dänischen Juden. Mehr als 7 000 von ihnen konnten jedoch dank der Hilfe aus allen Bevölkerungsschichten ins neutrale Schweden fliehen, während 481 nach Theresienstadt deportiert wurden.¹⁷ Im September 1944 wurden die Angehörigen der dänischen Polizei in deutsche Konzentrationslager deportiert. Die Fälle der von der Besatzungsmacht und dänischen Hilfswilligen – u. a. der sogenannten Hipo (Hilfspolizei) – begangenen Terroranschläge und Gegensabotagen mehrten sich. Hipo wurde zum Symbol der deutschen Gewaltherrschaft, des

DK 1
Hipo-Spil
Das Hipo-Spiel, nach Mai 1945
Brettspiel, 36 x 25 x 3 cm (Schachtel)
Kopenhagen, Museet for Danmarks Frihedskamp 1940–1945
8A/1977

DK 2
Theodor Christensen (Regie)
Det gælder din frihed
Es geht um deine Freiheit, 1946
Werbematerial für den gleichnamigen Dokumentarfilm
Kopenhagen, Det Danske Filminstitut
kdf 944

nationalen Verrats und der hemmungslosen Brutalität; als solches – belegt u. a. durch einen illegal aufgenommenen Filmstreifen, der einen Hipo-Mann bei der Mißhandlung eines liegenden Zivilisten zeigt – wurde es nicht nur 1945 in der Form eines Gesellschaftsspiels (Abb. DK 1), sondern in der Nachkriegszeit von den Bildmedien immer wieder reproduziert (Abb. DK 2). Die Erfahrung mit Gewalt und der innerhalb der dänischen Gesellschaft entstandenen Polarisierung, die in der „polizeilosen Zeit" vom September 1944 bis zur Befreiung gipfelte, überlagerte weitgehend die Erinnerung an den weniger spektakulären Alltag der ersten vier Besatzungsjahre.

Mit dem zunehmend gewaltsamen Auftreten der Besatzungsmacht wuchs – verstärkt durch eine Generalstreikbewegung im Juni und Juli 1944[18] – die Widerstandsbewegung. Danmarks Frihedsraad [Freiheitsrat Dänemarks] war im Gefolge des Augustaufstandes im September 1943 als nationale Einheitskoordination gegründet worden und hielt trotz politischer Differenzen bis zum Befreiungstag zusammen.[19] Er wurde militärisch von der britischen Special Operations Executive und propagandistisch von der BBC unterstützt und im Sommer 1944 in die alliierte Invasionsstrategie einbezogen.[20] Durch Rekrutierung aus der politischen Mitte bzw. von untergetauchten Offizieren und Polizeibeamten erhielt die Widerstandsbewegung im letzten Kriegsjahr großen Zustrom und zählte im Mai 1945 an die 50 000 Mitglieder.[21] Die meisten von ihnen beteiligten sich – obwohl bevorzugt mit Waffen ausgestattet – jedoch nicht am bewaffneten Kampf, sondern wurden in sogenannten Wartegruppen für die Endkampfphase bzw. die Niederringung eines eventuellen kommunistischen Aufstandes ausgebildet, der jedoch – wie neuere Forschung belegt – keineswegs in Vorbereitung war.[22] Eine Dänische Brigade, die gegen Kriegsende unter den mehr als 20 000 dänischen Flüchtlingen in Schweden rekrutiert wurde, hatte dasselbe Ziel: die Wiederherstellung der bewährten politischen Strukturen nach dem deutschen Zusammenbruch.[23]

Freiheitskämpfer nannten die Zeitgenossen die Angehörigen der Widerstandsbewegung, und damit war auch deren gemeinsamer Nenner identifiziert: Es ging um die Wiederherstellung der dänischen Freiheit, d. h. der nationalstaatlichen Autonomie und Souveränität. Eine Neugestaltung des Gemeinwesens wollten nur kommunistische bzw. autoritär-ständestaatlich ausgerichtete rechte Widerstandsgruppen, die allmählich in die Minderheit gerieten. Die meisten Freiheitskämpfer wünschten die Wiederherstellung des alten politischen Systems.

Die erste dänische Regierung der Nachkriegszeit, die sogenannte „Befreiungs"- oder „fifty-fifty"-Regierung unter dem Sozialdemokraten Vilhelm Buhl (viele englische Worte gewannen aus Protest gegen die deutsche Besatzung Heimatrecht in der dänischen Sprache und stellen bis zum heutigen Tag linguistische Relikte des geistigen Widerstandes dar), bestand je zur Hälfte aus Politikern der alten Parteien, die die Kollaborationspolitik getragen hatten, und Vertretern der Widerstandsbewegung, einschließlich zweier kommunistischer Minister. Die Aufgaben, mit denen sie konfrontiert war, waren immens: Überdeckung des Bildes von Dänemark als Vasallenstaat; Beendigung der sowjetischen Besatzung der Ostsee-Insel Bornholm; Wiederbelebung der durch Rohstoffmangel und das ungleiche Tauschverhältnis zu Deutschland strapazierten Volkswirtschaft; Abwehr übertriebener Reformerwartungen in der Arbeiterschaft; Repatriierung der rund 250 000 völkerrechtswidrig in Dänemark befindlichen deutschen Flüchtlinge; Entfernung „unnationaler" Funktionsträger aus dem öffentlichen Leben; gerichtliche Verfolgung der Kriegsverbrecher und ehemaligen Kollaborateure.

Insgesamt wurden 13 521 Personen wegen Zusammenarbeit mit dem Feind verurteilt, davon zwei Drittel wegen Beitritts zu einer uniformierten deutschen Körperschaft. Für schwere Kriegsverbrechen und Verbrechen gegen die Menschlichkeit wurde die Todesstrafe wiedereingeführt und in 46 Fällen vollstreckt. Verurteilte deutsche Funktionsträger wurden jedoch nach kurzjähriger Haft begnadigt und ausgewiesen. Trotz einzelner Fälle von Lynchjustiz und der berechtigten Kritik, die Gerichte verfolgten kleine Fische strenger als etwa die Profiteure aus der privaten Wirtschaft, war der Rechtsstaat schnell wieder gefestigt.[24] So war die dänische Geschichte des 20. Jahrhunderts auch durch die turbulenten Besatzungsjahre hindurch von Kontinuität gekennzeichnet.[25]

Die Interpretation der Besatzungszeit nach dem Krieg

Ebenso wie andere Staaten, die unter nationalsozialistischer Herrschaft gestanden hatten, mußte die dänische Nachkriegsgesellschaft sowohl die Minderheit der ehemaligen Widerstandskämpfer als auch die Mehrheit der ehemaligen Kollaborateure und Mitläufer integrieren. Praktisch alle Dänen sahen sich nach der Kapitulation der deutschen Truppen in Dänemark am 5. Mai 1945 als Widerstandskämpfer.[26] An dieser Problematik zu sehr zu rühren hätte den angestrebten gesellschaftlichen Konsens in Gefahr bringen können, so daß sie weder in der Politik noch im privaten Umfeld wirklich thematisiert wurde. Selbst Anhänger der Kollaboration interpretierten die Zusammenarbeit mit der Besatzungsmacht als passiven Widerstand, denn nur die uneigennützige Rücksichtnahme auf die Familie, die Stadt oder die Nation, die sie vor Repressalien durch die Nationalsozialisten hätten schützen müssen, habe sie vom Beitritt zum Widerstand abgehalten. Und: Der illegale Widerstand hätte ohne den vielzitierten „Schutz vor Schlimmerem" durch die legalen politisch-administrativen Apparate weniger Erfolg bzw. größere Verluste gehabt. Das Weiterfunktionieren dieser Apparate wurde als passiver Widerstand ausgelegt, so z. B. durch den „Historiker des Widerstandes", Jørgen Hæstrup.[27] Bald reichte es, einem Deutschen die kalte Schulter gezeigt zu haben, um sich zum Widerstand zu zählen. Der ins Konturlose erweiterte Widerstandsbegriff handelte jetzt mehr von angeblichen Einstellungen als von Taten. Es verbreitete sich eine Haltung, die die politisch-ethische Entscheidung jedes einzelnen während der Besatzung zu einer schlichten Frage des Temperaments machte. Je mehr die Pole Kollaboration-Widerstand zu einem Kontinuum umgedeutet wurden, desto mehr sank die moralische Autorität der Widerstandsbewegung. Ein entsprechender Versuch von Protagonisten der Kollaboration, den Widerstand zu diskreditieren, fand 1945/46 in der Bevölkerung einen gewissen emotionalen Widerhall. Sie definierte die Widerstandskämpfer zu Banditen um, die aus egoistischen Motiven, etwa Abenteuerlust, gehandelt hätten, und schrieb ihre

DK 3
Widerstandskämpfer
1945
Porzellan, 20 x 8 x 6 cm
Kopenhagen, Museet for
Danmarks Frihedskamp
1940–1945
50/2000

Aktionen als militärisch wertlos, die von alliierter Seite ausgesprochene Anerkennung als politisch-taktisch ab.

Eine von der Königlichen Porzellanmanufaktur zu Kopenhagen im Befreiungssommer 1945 entwickelte, aber nicht auf den Markt gebrachte Statuette zeigt die vielschichtige Bewältigung der vom Widerstand ausgehenden Herausforderungen (Abb. DK 3). Lässig an ein Verkehrszeichen gelehnt, präsentiert der flapsig-jungenhafte Widerstandskämpfer mit zeittypischen, englische Gesinnung signalisierenden Plusfour-Hosen seine Waffe, den – aus der Luft abgeworfenen oder in illegalen Hinterhofwerkstätten nachgebauten – Sten Gun. Am dänischen Stahlhelm mit der nachträglich angebrachten Trikolore der Freiheitskämpfer erkennt man sowohl den militärischen als auch den improvisatorischen Charakter des Widerstandes, die blau-rot-weiße Farbgebung verdeutlicht die Bindung der dänischen Widerstandsbewegung an die Alliierten. Möglicherweise hat der junge Mann eine hoheitliche Aufgabe übernommen, etwa den Verkehr zu regeln oder allein durch seine Präsenz für Ruhe und Ordnung zu sorgen. Dadurch wird die neue Autorität der ehemals Illegalen angesprochen, die durch die zivile, autoritätsverachtende Körperhaltung gleich wieder in Frage gestellt wird. Dem erröteten Milchgesicht ist abzulesen, daß es sich bei dieser Jugendrevolte wohl nicht um eine politisch ernstzunehmende, geschweige denn gesellschaftsverändernde Kraft handelt. Damit versinnbildlicht die Figur gleichzeitig Aneignung und Marginalisierung des Widerstandes.

Dieses einmalige Stück Freiheitskämpfernippes veranschaulicht die systematische Gegenbewegung: Das zwiespältige Verhalten der Mehrheitsgesellschaft wird durch Lächerlichmachung der moralisch Aufrechten verdrängt – mit denen man sich aber auch identifizieren kann, gerade weil sie durch Humor auf ein menschliches Maß reduziert werden. In einer Gesellschaft, die Interessenausgleich bzw. Konfliktvermeidung zum obersten politisch-sittlichen Grundsatz erhoben hatte, siegte die Sehnsucht nach der Normalität schnell. Folgerichtig stellten die Parlamentswahlen vom Oktober 1945 die Machtpositionen des pragmatisch-kollaborationistischen Establishments wieder her und marginalisierten die während der Besatzungszeit herausgebildete alternative Elite.

Ein Plakat von 1955 bezeugt, daß sich zehn Jahre nach der Befreiung auch unter ehemaligen Freiheitskämpfern das Selbstverständnis verbreitet hatte, damals in jugendlichem Leichtsinn gehandelt zu haben (Abb. DK 4). Herausgegeben wurde es von der Frihedsfonden (Stiftung Freiheit), die sich die Versorgung der Opfer und Hinterbliebenen des Freiheitskampfes zur Aufgabe gemacht hatte. Ein fröhlicher Pfadfinderbub hebt auf einem fliegenden Teppich in die Wolken ab, in denen nichts mehr an „dunkle Vögel" der deutschen Luft-

DK 4
Henning Nielsen
4. Maj. 10 År. Frihedsfondens Millionlotteri
4. Mai. 10 Jahre. Millionenlotto der Stiftung Freiheit, 1955
Plakat, 85 x 62 cm
Kopenhagen, Museet for Danmarks Frihedskamp
1940–1945

waffe, an Gefahren oder Gewalttakte erinnert. Hier wirbt kein ernster Freiheitskämpfer, sondern ein unbekümmerter Pfadfinder, der für die Rolle Dänemarks als kleiner Bruder in der NATO-„Familie", für den Wehrwillen breiter Kreise gegen den Kommunismus und für die pazifistisch verpflichtete sozialdemokratisch-sozialliberale dänische Politik steht, die die Aufrüstungsziele der NATO-Partner nicht mittragen wollte. Im Sinne der sich anbahnenden Verbrauchergesellschaft (letzte Nahrungsmittelrationierungen fielen 1953 weg) wird jetzt – ohne Hinweis auf die Opfer des Freiheitskampfes bzw. irgendeinen Solidaritätsanspruch – die individualistische Hoffnung auf ein Millionärsdasein genährt. Nur der fliegende Teppich in den Farben der Freiheitskämpferarmbinde bringt das Kämpfen für eine höhere Sache schwach in Erinnerung.

Diese Armbinden waren zur Kennzeichnung von Luftschutzhelfern hergestellt, aber statt dessen an Angehörige der Widerstandsgruppen verteilt worden, damit diese im erwarteten Endkampf als reguläre Truppen auftreten und Behandlung als Kriegsgefangene im Sinne der Haager Landkriegsordnung beanspruchen konnten. Ging die Farbsetzung auf die blaue Uniform des Luftschutzpersonals mit Armband in den Nationalfarben Rot-Weiß zurück, spielte sie gleichzeitig auf Union Jack und Stars and Stripes an. Insofern als das Tragen dieser Farben, beispielsweise durch gehäkelte Hüte bei Frauen, schon 1940/41 zum Protestsymbol wurde, verband die Trikolore frühen zivilen Protest mit dem bewaffneten Widerstand. Wurde dieser nach Kriegsende schnell demobilisiert und politisch entmachtet, gelang die Demontage seiner moralischen Autorität nur teilweise – zu stark waren die Bilder der heldenhaften einzelnen und der konspirativen Zirkel, die für ihre Überzeugung viel gewagt bzw. ihr Leben eingesetzt hatten. Freiheitskämpfermemoiren, Trivialliteratur und Filme trugen dazu bei, die Erinnerung am Leben zu erhalten. Poul Reichhardt, der große Liebhaber im dänischen Kino, übertraf als Widerstandsheld im Spielfilm „De røde enge" von 1945 alle wirklichen Widerstandskämpfer an Bekanntheit und erotischer Ausstrahlung (Abb. DK 5). Kommunistische Autoren wie Hans Kirk, Hans Scherfig und Carl Madsen erzielten mit ätzenden Satiren über die Gesellschaft in den Besatzungsjahren Riesenauflagen und prägten die Wahrnehmung von Generationen dänischer Jugendlicher weit über das kleine kommunistische Milieu hinaus. Diese Wirkung reicht über die 60er Jahre, als die amerikanischen Verbrechen im Indochina-Krieg eine Protestbewegung

DK 5
Bodil Ipsen, Lau Lauritzen (Regie)
De røde enge
Die roten Wiesen, 1945
Filmplakat, 83 x 60 cm
Kopenhagen, Museet for Danmarks Frihedskamp 1940–1945

gegen die „eigene Seite" hervorriefen, und die 70er, als in der Debatte um nationale Souveränität und EU-Beitritt Anhänger und Gegner der europäischen Integration gleichermaßen auf Erfahrungen und Werte des Widerstandskampfes zurückgriffen, bis in den tagesaktuellen Streit um die dänische Einwanderungspolitik.

Durch aktuelle Gesellschaftsdebatten verblieb der Widerstandsbewegung eine gewisse moralische Hegemonie, die erst nach der Implosion des Kommunismus und dem angeblichen Absterben der Ideologien zerfiel, was ebenso am Alter der direkt Beteiligten und Zeitzeugen wie am Sensationswettbewerb einer deregulierten, kommerzialisierten Medienindustrie lag. Wo das Wiedererzählen bekannter Geschichten als uninnovativ disqualifiziert wurde und die Tyrannei des Neuen jeglichen Aufklärungsanspruch zurückdrängte, trat seit Anfang der 90er Jahre in der Berichterstattung über die Besatzungszeit eine tendenzielle Rollenumkehr ein: Nationalsozialisten, SS-Freiwillige und Helfershelfer wurden zu Opfern (der Stigmatisierung durch die Nachkriegsgesellschaft)[28]; die Motive der Judenretter und Widerstandskämpfer wurden angezweifelt, der Widerstand als mißlungen porträtiert und die Kollaboration rehabilitiert.[29]

Überhaupt machte sich eine Revision der nationalen Mythen breit (die dann aber wiederum eine neue Kritikwelle gegen die Kollaboration der Verwaltungen und der privaten Wirtschaft hervorrief). Diese Tendenz zur Neuinterpretation machte sich 1993 zum 50. Jahrestag des Augustaufstandes bzw. der Judenrettung bemerkbar und gipfelte 1995 im 50. Jahrestag der Befreiung. 1995 wurden – wie erstmals 1985 – umfangreiche Staatsmittel für Gedenk- und Informationsveranstaltungen bereitgestellt. Wo die Widerstandsveteranen 1985 noch die Mittelverteilung maßgeblich hatten beeinflussen können und dabei die Heimwehr- und NATO-Propaganda bevorzugt berücksichtigten, sahen sie sich 1995 genötigt, gegen das, was ihnen als „eventkulturelle" Ausbeutung des Anlasses erschien, sowie gegen Mythenabbau und Geschichtsrevisionismus ins Feld zu ziehen. Zwar konnten die Veteranen noch ihren Entwurf als offizielles Logo der Gedenkfeierlichkeiten durchsetzen. Doch dieses Logo – hier auf einem Plakat der Frihedsfonden (Abb. DK 6) – illustriert die nicht mehr zeitgemäße Aktualisierung der Besatzungserfahrung: Der inzwischen üblichen High-Tech-Werbeästhetik hielt dieser amateurhafte Ansatz nicht stand. Hier werden in steifer Komposition und naiver Formensprache – wobei die phallische Konnotation vermutlich unbeabsichtigt ist – Symbole des Freiheitskampfes pathetisch aneinandergereiht: die brennende 4.-Mai-Kerze (s. weiter unten), die zum Victory-Zeichen zusammengestellten Nationalflagge und Freiheits-

DK 6
Poul Lynggård
1945 4. Maj 1995. Frihedens lys over Danmark
1945 4. Mai 1995. Das Licht der Freiheit über Dänemark, 1995
Plakat, 60 x 42 cm
Kopenhagen, Museet for Danmarks Frihedskamp 1940–1945
139/1995

kämpferarmbinde. Die Parole „Das Licht der Freiheit über Dänemark" ist alles andere als eindeutig: Strahlt mit einem Mal ein überirdisches Licht nach fünfjähriger Dunkelheit über Dänemark, oder erhellt es – gottgegeben – ewig die angeblich tausendjährige Nation? Und wenn ja, wo bliebe dann die persönliche Entscheidung des Freiheitskämpfers für den irdischen Kampf auf Leben und Tod? Die Parole spiegelt die Bedrängnis der Veteranen wider, indem sie polemisch Front gegen das weitaus teuerste Einzelprojekt der Feierlichkeiten zum 50. Jahrestag macht: nämlich die Finanzierung einer New-Age-Installation, die per Laserstrahl alle von der Wehrmacht errichteten Bunker des dänischen Westwalls miteinander verband. So gesehen wird das Plakat zur ohnmächtigen Geste der marginalisierten alten Widerstandskämpfer, während die Medien das Interesse eher auf Geschichten über die Ambivalenz menschlichen Handelns lenkten, etwa in die Grauzone der Kollaboration. Denn inzwischen begegneten die meisten Bürger Dänemarks jedem Bekenntnis zu hohen Idealen – etwa denen der Widerstandskämpfer – im Rahmen eines postideologischen Selbstverständnisses mit Skepsis und Ironie, nicht mehr mit Bewunderung.

DK 7
Jakob Kühnel, Erik Petersen
(Photographie)
1945–1995
Zum fünfzigsten Jahrestag des
Kriegsendes, 1995
Briefmarkenentwurf,
16 x 9 cm
Kopenhagen, Post & Tele
Museum Danmark
AFA 1092

Unwidersprochen blieb die revisionistische und „eventkulturelle" Diskursverschiebung jedoch nicht, schaut man zum Vergleich auf die Entwürfe der im selben Jahr von der dänischen Post herausgegebenen Serie von Gedenkbriefmarken: Den Normalbriefwert von 3,75 Kronen ziert ein Photo des bei der Siegesfahrt durch Kopenhagen am 12. Mai 1945 vor dem Rathaus breit lächelnden Feldmarschalls Montgomery (Abb. DK 7); die übrigen Marken zeigen Fahrzeuge der dänisch-schwedischen „Aktion Weiße Busse", die gegen Kriegsende Tausende von KZ-Häftlingen rettete (Abb. DK 8)[30], ein britisches Flugzeug beim Abwurf von Sabotagemitteln (Abb. DK 9) und (die wertvollste, aber wenig benutzte 12-Kronen-Marke) ein Amateurphoto vom Oktober 1943, das Juden auf einem Fischerboot bei der Flucht nach Schweden zeigt (Abb. DK 10); das 1993 wieder aufgefundene Originalphoto gehört zu den wenigen authentischen Bildzeugnissen dieser Rettungsaktion – den großen Bedarf an Bildern hatten bis dahin vor allem inszenierte Aufnahmen gedeckt, auf deren Rekonstruktionscharakter oft nicht verwiesen wurde. Die Post wählte also zu Ikonen gewordene Bilder der Widerstandserzählung, betonte aber dabei die Rolle des – alliierten – Auslandes bzw. die Grenzüberschreitung (es handelte sich um Europa-Marken, was wohl

DK 8
Jakob Kühnel, J. Holm
(Photographie)
1945–1995
Zum fünfzigsten Jahrestag des
Kriegsendes, 1995
Briefmarkenentwurf,
9 x 16 cm
Kopenhagen, Post & Tele
Museum Danmark
AFA 1094

DK 9
Jakob Kühnel, Ukendt
(Photographie)
1945–1995
Zum fünfzigsten Jahrestag des
Kriegsendes, 1995
Briefmarkenentwurf,
9 x 16 cm
Kopenhagen, Post & Tele
Museum Danmark
AFA 1091

DK 10
Jakob Kühnel, M. Margolinsky
(Photographie)
1945–1995
Zum fünfzigsten Jahrestag des
Kriegsendes, 1995
Briefmarkenentwurf,
9 x 16 cm
Kopenhagen, Post & Tele
Museum Danmark
AFA 1093

zuvor undenkbar gewesen wäre, weil am Gedenken somit auch die deutsche Bundespost teilnahm).

Das Andenken an die Besatzungszeit ist und bleibt wohl noch lange ein Kampfplatz der Erinnerungen. Dabei kämpfen relativierende Interpretationen immer wieder gegen die heroisierende Widerstandserzählung an, die – obzwar politisch machtlos – in der kollektiven Erinnerung weiterhin eine starke Strahlkraft besitzt. Von einem „Oben und Unten" zu reden ergibt jedoch ebenso wenig Sinn wie in einer offenen Gesellschaft von einer „einheitlichen verordneten Erinnerung" auszugehen – vielmehr überschneiden sich vertikale Unterschiede (wie Staat/Establishment/Oben gegenüber Volk/Normalverbraucher/Unten) und horizontale (wie politische Linke/Mitte/Rechte), ferner soziale, regionale und Generationen-Unterschiede, so daß die Kämpfenden auch immer wieder neue Bündnisse eingehen und die Fronten neu ziehen.

Die „nationale Grunderzählung"

1945/46 etablierte sich eine „nationale Grunderzählung" über die Besatzungszeit, deren Inhalt nationalistisch, konsensbetonend und harmonisierend war.[31] Sie stammte von Teilnehmern der Ereignisse, brachte aber durchaus Stimmungen und Empfindungen der breiten Bevölkerung zum Ausdruck. Dieses Narrativ wurde in den Medien und Schulbüchern sowie in der Gedenkkultur weitervermittelt[32] und enthielt u. a. folgende Komponenten:

Die nationale Kränkung:
Als Symbol für die Demütigung des friedensliebenden Kleinstaates durch eine aggressiv-expansionistische Großmacht dienten die vom 9. April 1940 stammenden Pressephotos von deutschen Kampfflugzeugen über Dänemark – mal über ländlichem Storchennest, mal über städtischen Dächern oder dem Kopenhagener Rathausturm (Abb. DK 11). Sie veranschaulichen – wie das Gedicht des linken Schriftstellers Otto Gelsted zum 9. April 1940 – zentrale Merkmale der Besatzungszeit: die Androhung brachialer Gewalt, die jedoch weitgehend unverwirklicht blieb; die Verletzbarkeit einer weitgehend zivilen Gesellschaft; das dänische Subalternitätsgefühl gegenüber der militärisch-industriellen Überlegenheit des Dritten Reiches.

DK 11
9. April 1940
In: Therkel Stræde: En mur af mennesker. Danmark i oktober 1943, Kopenhagen 1997, S. 12
Buch
Berlin, Universitätsbibliothek der Humboldt-Universität. Teilbibliothek Skandinavistik
GZ 2366 S895

Der deutsche Feind:
„Der häßliche Deutsche" als bevorzugtes Feindbild entstand im 19. Jahrhundert während des Nationalitätenkonflikts um Schleswig-Holstein als Produkt der beiderseitigen „nationalen Erweckung".[33] Die Vorstellung vom stramm-autoritären, militaristischen Deutschen als Gegenbild zum locker-menschlichen, demokratisch geprägten Dänen überschattete den gleichzeitig stattfindenden wirt-

schaftlichen und kulturellen Austausch. Der Nationalsozialismus und die Besetzung schienen die dänischen Vorstellungen vom deutschen „Volkscharakter" zu bestätigen. Manisch wirkende Führer, eckige Kiefer unter Stahlhelmen und vor allem Schaftstiefel verkörpern die Besatzungsmacht in der dänischen Rezeption der Nachkriegszeit: Rechte mit Füßen Treten, maschinenhaft-aggressiver Stechschritt, aber auch aus dem 19. Jahrhundert stammende Metaphern der frühdemokratischen Bauernbewegung gegen die berittenen Gutsherren und ihre Schultheißen sind die Konnotationen. Ein Plakat von 1945 zum offiziellen Dokumentarfilm des Dänischen Freiheitsrates, „Danmark i lænker", veranschaulicht den Kontrast: Das grüne Land mit dem anthropomorphen Umriß wird von einem durch den Stiefel bezeichneten Wehrmachtsangehörigen mit einer Walze überrollt, deren Oberflächenprofil kleine Hakenkreuze aufweist (Abb. DK 12).

Die Gewalterfahrung:
Zur politischen Bedrohung kam die persönlich-emotionale hinzu, nämlich die in der dänischen Gesellschaft nicht mehr als lebendige Erinnerung vorhandene Erfahrung von Militarismus, Waffengewalt und Lebensgefahr. Eine zivile Gesellschaft mußte mit der permanenten Anwesenheit einer fremden, feindlichen Streitmacht leben, die strategische Punkte etwa an den Stränden beschlagnahmte und die Bewegungsfreiheit einschränkte, was besonders junge Frauen als traumatisch empfanden. Hatte der Sozialstaat vielen Dänen die Existenzangst genommen, war die Angst um das nackte Leben jetzt durch die ständige Präsenz bewaffneter Militärmacht bzw. die daraus folgende Gefahr alliierter Luftangriffe auf einmal Alltagsrealität.[34]

DK 12
Danmark i lænker.
Autentisk film fra Danmarks 5 Besættelsesaar
Dänemark in Fesseln.
Authentischer Film aus den 5 Jahren der Besatzung Dänemarks, 1946
Filmplakat, 85 x 62 cm
Kopenhagen, Museet for Danmarks Frihedskamp 1940–1945

Ein in der Nachkriegszeit häufig abgebildetes Plakat des staatlichen Informationsdienstes von 1940, das zur Einhaltung der Verdunkelungsvorschriften anhielt, erlangte nicht nur wegen seiner ästhetischen Qualität große Bekanntheit, sondern auch, weil es mit der Darstellung des freundlichen Polizisten und seinem „Fohlen" (so wurden die Polizeigehilfen genannt, die im Zuge einer Arbeitsbeschaffungsmaßnahme die regulären Polizisten unterstützten) den dänischen Sozialstaat ansprach. Mit ihm konnten sich städtische Arbeiterschichten identifizieren, die dem fahnenschwingenden, Heimatlieder absingenden Nationalismus reserviert gegenüberstanden (Abb. DK 13): „Schlamperei, die uns allen schadet", stellt der Polizist angesichts eines unverdunkelten Fensters fest. In den 1930er Jahren hatte – zeitgleich zur sozialdemokratisch-sozialliberalen Reformarbeit in

DK 13
Sløseri der skader os alle...
Schlamperei, die uns allen schadet..., in: Erik Kjersgaard: Besættelsen 1940–45, Bd. I: Lysene slukkes, Kopenhagen 1980, S. 81
Buch
Berlin, Universitätsbibliothek der Humboldt-Universität. Teilbibliothek Skandinavistik
GZ 2146 H136–2

Regierung und Stadtverordnetenversammlungen – ein veritabler Lichterkult etwa in der Architektur und Raumausstattung geherrscht. Dabei wurde das nordische Licht als mythischer Begründer und Garant der freiheitlich-demokratischen, aufklärerischen Tradition Skandinaviens interpretiert, die vor den im Süden herrschenden, europäischen Diktaturen und düster-mittelalterlicher, katholischer Kultur schützte. Die Verdunkelung war also nicht nur allgegenwärtiges Zeichen des Krieges, sondern gleichzeitig ein Symbol dafür, daß sinistre, antiaufklärerisch wirkende Kräfte „aus dem Süden" Dänemark mit Fremdherrschaft und fremder Kultur überziehen und dabei den dänischen Sozialstaat und den gesellschaftlichen Konsens zerstören wollten. Dagegen stellen freundliche Polizisten als Vertreter des ordnungswahrenden, fürsorglich-schützenden Sozialstaates den Bezug zur Vor- und zur ersehnten friedlichen Nachkriegszeit her.

Der Terror durch die deutsche Polizei und deren dänische Gehilfen, Hipo, wurde zur Alltagserfahrung. Dazu gehörten Vergeltungsmorde an honorigen Bürgern, die Sprengung beliebter Einrichtungen wie des Tivoli-Vergnügungsparks oder willkürliche Verhaftungen etwa von Familienangehörigen verdächtigter Saboteure. Dieses permanente Gefühl des persönlichen und nationalen Bedrohtseins ließ sich schwer an die Nachkriegsgenerationen vermitteln, bildete jedoch den Subtext einer sich herausbildenden Gedenkkultur. Als Kollektiv tatsächlicher bzw. potentieller Gewaltopfer konnte sich die Mehrheit der Kollaborateure mit der Minderheit der Widerstand Leistenden nachträglich zu einer nationalen Einheit vereinigen, die vom Gefühl der bedrohten Identität lebte. Dieses Gefühl wurde später mehrfach vergegenwärtigt: ab 1972 in der Debatte über die Integration Dänemarks in die EU, ab etwa 1990 in der zunehmend hysterischen Debatte über Einwanderer und Flüchtlinge als äußere und innere Gefahr gegen sogenannte dänische Werte und dänische Lebensart.

Der Mythos vom gemeinsamen, nationalen Widerstand:
Aus der Konfrontation mit Gewalt entstand – da die passive Rolle des kollektiven Opfers als verachtenswert empfunden wurde – der Mythos vom gemeinsamen, nationalen Widerstandskampf. Dabei traten kämpferische Symbole wie Sten Gun, Schwert oder etwa die Fackel des Märtyrertums hinter den Befreiungssymbolen der Freude und der stillen Trauer, vor allem aber hinter der Nationalflagge und der – deren Farben enthaltenden – Freiheitskämpferarmbinde zurück. Dabei trug die Tatsache, daß die Nationalfahne das christliche Kreuzsymbol enthält, und zwar in weißer, an Grabkreuze erinnernder Farbe, zur emotional-mythologischen Aufladung bei. Deutlich ist die Symbolik im Plakat zu dem 1946 uraufgeführten Schauspiel „Silkeborg" des Autors Kjeld Abell. Abell, selbst Widerstandskämpfer, schrieb das Stück unter dem Eindruck der Ermordung seines Kollegen Kai Munk durch ein deutsches Terrorkommando. Munks Leichnam war 1944 nahe der Provinzstadt Silkeborg gefunden worden, wo sich das dänische Hauptquartier der deutschen Wehrmacht befand. Sein mißhandeltes Gesicht wurde zum Symbol deutscher Unrechtsherrschaft, Gewalt und Unkultur, es findet sich

auf dem Plakat als Schatten auf dem Fahnentuch wieder, aus dem sich eine – wiederaufstehende – Märtyrergestalt herauszuwinden scheint (Abb. DK 14). Hier bemüht sich der linke Widerstandskämpfer um die Integration Munks (der bis zum 9. April 1940 dem Nationalsozialismus durchaus positiv gegenübergestanden hatte) in die Widerstandsgemeinschaft, die er dabei nationalistisch definiert. Die Fahne kann allen Opfern der deutschen Gewaltherrschaft als Leichentuch dienen, sie vereinigt alle Dänen im Widerstand – außer der kleinen Gruppe der Kollaborateure, die folgerichtig keine echten Dänen sind.

DK 14
Erik Nordgreen
Silkeborg
1946
Theaterplakat für das gleichnamige Schauspiel von Kjeld Abell, 52 x 35 cm
Kopenhagen, Museet for Danmarks Frihedskamp
1940–1945

Der Widerstandskämpfer als moralische Autorität:
Noch vor Kriegsende begann die Neuinterpretation der Rolle der Dänen. Es entstand die Identifikation vieler einzelner mit den wirklichen Freiheitskämpfern: Dem, der mit der Waffe in der Hand gekämpft hatte, gebühre Ehrfurcht und Anerkennung, er sei ein Held. Dadurch, daß er stellvertretend für praktisch alle Dänen in der alliierten Front gestanden habe, stellten die zum Widerstandskollektiv transformierten Opfer der Besatzung ihren Bezug zum tatsächlichen Kampf und zu den siegenden Militärmächten her. Eng damit verbunden war wie selbstverständlich das Martyrium: die „Seligsprechung" der im Kampf Gefallenen und der Hingerichteten.

David gegen Goliath:
Das Plakat, das zur Eröffnung des Museums des dänischen Widerstandes – genannt Freiheitsmuseum – publiziert wurde, bezieht sich auf ein beliebtes Motiv dänischer Selbstbehauptung (Abb. DK 15): klein, aber oho. Vorbei an dem durch die Stiefel charakterisierten Besatzer schmuggeln dänische Jugendliche Sabotagematerialien. Sie zeigen dabei, daß Wendigkeit und Schlauheit des Kleinen der apparatehaften Dummheit des Großen überlegen ist. Das Motiv spielt auf eine Sabotageaktion aus dem Jahre 1943 an, als in Bierkisten gelagerte Sprengmittel in die als Wehrmachtsunterkunft benutzte Kopenhagener Sporthalle Forum geschmuggelt worden waren. Wie David gegen Goliath siegen die Widerstandskämpfer durch primitiv-effektive Waffen, Mut und Intelligenz. Bis zur Neugestaltung der Ausstellung im Jahre 1995 demonstrierte dieses Plakat einen Leitgedanken der Veteranen hinsichtlich des Widerstandes – klein gegen groß. Das 1945 auf den Markt gebrachte Saboteurspiel greift ebenfalls auf das Bild von David gegen Goliath zurück und erweitert es noch um das Motiv der Schadenfreude: Es verarbeitet die Besatzungszeit als Kinderspiel (Abb. DK 16).

Auch in der ersten – aus einem öffentlichen Wettbewerb hervorgegangenen – Gedenkbriefmarken-Serie von 1947 findet sich das Motiv wieder (Abb. DK 17):

Die stilisierte Darstellung einer Eisenbahnsabotage zeigt die Saboteure als elegant tänzelnde Silhouetten, die als einzelne der deutschen Übermacht Schaden zufügen. Im Kontrast dazu stehen martialische bzw. nationale Symbole wie Flammenschwert und Lorbeer-/Ährenkranz sowie die Darstellung eines untergehenden Schiffes. Diese erinnert an die Legende vom Gottesgeschenk der Nationalflagge Dannebrog, die während eines Kreuzzuges in Estland vom Himmel gefallen sei.[35] Das Motiv des untergehenden Schiffes bezieht sich auf die rund 5000 dänischen Seeleute in alliiertem Dienst, die in den Widerstand integriert werden sollten. Hierbei mußte man über die Tatsache hinwegsehen, daß dänische Schiffe zu dieser Zeit nicht unter dem Dannebrog fuhren, weil Dänemark aus der Sicht der Alliierten als deutscher Vasall galt. Diese Motivwahl behauptet das natürliche Recht des dänischen Staates, der dem künstlich herbeigeführten deutschen Einheitsstaat und dem „Tausendjährigen Reich" der Nationalsozialisten tatsächlich eine tausendjährige Existenz entgegensetzen konnte.[36]

Lichterfest und Befreiungsfreude:
Jedes Jahr vom 9. April bis zum 5. Mai begeht die dänische Öffentlichkeit einen Zyklus von Gedenkfeierlichkeiten vom Tag der Okkupation bis zum Tag der Befreiung. Zunächst werden die Gewalterfahrung und die nationale Schmach vergegenwärtigt, anschließend der Widerstand, durch den die Besatzung mit Sinn und Zweck erfüllt wird, und schließlich die Befreiung mit der Aufnahme der Dänen in die Reihen der gerechten Sieger.

Dem „Befreiungsabend" am 4. Mai kommt eine besondere Rolle zu: Während am 5. Mai feierlich der Opfer gedacht wird, drückt sich die Freude über das Ende der Besatzung und des Nationalsozialismus am Vorabend in der Tradition aus, die Fenster mit brennenden Kerzen zu schmücken. Zum ersten Jahrestag der Befreiung war 1946 der „Befreiungstag" ins Leben gerufen worden, an dem auch Geldsammlungen zugunsten der Frihedsfonden stattfanden. Unter anderem warben Plakate

DK 15
Ib Spang Olsen
Frihedsmuseet
Freiheitsmuseum, 1957
Plakat zur Eröffnung des Freiheitsmuseums, ursprünglich entworfen für die Ausstellung: Fighting Denmark, 1945
Plakat, 46 x 30,5 cm
Kopenhagen, Museet for Danmarks Frihedskamp 1940–1945

DK 16
Sabotørspillet
Das Saboteurspiel, nach Mai 1945
Brettspiel, 46,5 x 46 x 4 cm (Brett), 15 x 11,5 x 3,5 cm (Schachtel)
Kopenhagen, Museet for Danmarks Frihedskamp 1940–1945, 293/1986

für diesen neuen Festtag (Abb. DK 18). Die Symbolik des Lichterfests zum 4. Mai war schon im Lichtkult der linken Aufklärungsbewegung der 1930er Jahre angelegt worden,[37] bekam aber am Vorabend der Befreiung ihre besondere Bedeutung, als Hunderttausende die verhaßten Verdunkelungsrollos auf offener Straße verbrannten und die Trotzreaktion noch dadurch verstärkten, daß sie mit den noch im Haushalt befindlichen Kerzen (auch diese besatzungsbedingt Mangelware) die Fensterbänke in ein Lichtermeer verwandelten. Durch die Entfernung der visuellen Blende zwischen öffentlichem und privatem Raum kamen sich die Dänen wieder näher als in den Jahren, als deutscher Druck sie weitgehend zum Rückzug in die – ebenfalls nicht als sicher empfundene – Privatsphäre gezwungen hatte.

Ein inszeniertes, Authentizität suggerierendes Photo im Programmheft zur Uraufführung des Schauspiels „År" von Klaus Rifbjerg an der dänischen Nationalbühne 1969/70 verdeutlicht die mythologischen Aspekte dieses Brauches: In einer gutbürgerlichen Stube entzündet eine Person im für die Besatzungsjahre typischen Hausmantel (Heizmittelknappheit!) bei Abenddämmerlicht die letzte Kerze in der Reihe (Abb. DK 19). Durch die typische Kreuz- oder Dannebrog-Fensterform erhält das Kerzenentzünden nationalistische und christlich-sakrale Konnotationen (die Fensterbank als Altar, die Nation als Heiligtum, dem Opfer gebracht werden müssen) und integriert somit die Erinnerung an die Opfer der deutschen Gewaltherrschaft in das Freudenfest.

DK 17
Frihedsfondens frimærker til minde om Frihedskampen sælges her!
Die Briefmarken der Stiftung Freiheit zum Andenken an den Freiheitskampf hier zu verkaufen!
Werbeaufhänger für Postämter und Kioske, 1947, 1955 wieder aufgelegt
Plakat, 30 x 24 cm
Kopenhagen, Post & Tele Museum Danmark

DK 18
Henning Nielsen
Tænd 4 Maj-Lys
Entzündet 4.-Mai-Kerzen, 1954
Plakat, 34,5 x 24,5 cm
Kopenhagen, Museet for Danmarks Frihedskamp 1940–1945

DK 19
Klaus Rifbjerg
År
Jahr
Bühnenbild, in: År,
De Kongelige Teater,
Programm No 8, 1969/70
Programmheft, 21 x 24,5 cm
Berlin, Deutsches Historisches Museum

DK 20
4. Maj-Lys
4.-Mai-Kerzen
Sechs Kerzen mit Banderole
in einer Pappschachtel, 1946
Pappschachtel,
2,5 x 13 x 13 cm
Kopenhagen, Museet for
Danmarks Frihedskamp
1940–1945
239/1986

DK 21
Czeslaw Slanka
1945–1970
1970
Briefmarkenentwurf,
28 x 20 cm
Kopenhagen, Post & Tele
Museum Danmark
AFA 496

DK 22
Ihre Majestät Königin
Margarethe II. von Dänemark
Femte maj. 1945–1985
5. Mai. 1945–1985, 1985
Briefmarke
Kopenhagen, Post & Tele
Museum Danmark

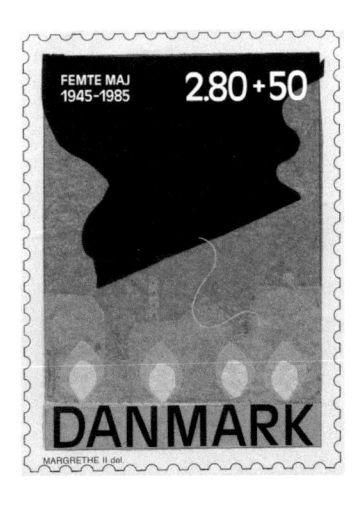

DK 23
Ihre Majestät Königin
Margarethe II. von Dänemark
Femte maj. 1945–1985
5. Mai. 1945–1985, 1985
Briefmarkenentwurf,
25 x 19 cm
Kopenhagen, Post & Tele
Museum Danmark
AFA 831

Direkt nach Kriegsende hatte – schon durch die Massenhaftigkeit des Phänomens – eine Art kollektiven Gedenkens an Krieg und Befreiung geherrscht. Es wurden sogar spezielle Kerzen für den 4. Mai hergestellt, die mit einem an die Frihedsfonden abzuführenden Preiszuschlag verkauft wurden (Abb. DK 20). In den 60er Jahren war das Entzünden von Kerzen zu einem individuellen Akt der Erinnerung geworden. Die nach der 68er Jugendrevolte beliebten gemeinschaftlichen Formen des Gedenkens wie abendliche Straßendemos und Fackelzüge (eine Manifestationsform, die die Dänen nicht mit nationalsozialistischen Aufmärschen assoziierten) wichen in den 80ern und 90ern einem institutionalisierten Gedenkmodus. So wurde z. B. das Entzünden von Kerzen in öffentlichen Gebäuden wieder eingeführt, das zuvor aus Spargründen, und weil man es nicht mehr als zeitgemäß empfand, eingestellt worden war.

In unterschiedlicher Weise beschäftigen sich auch zwei Gedenkbriefmarken mit dem Thema: Der Entwurf der 1970 zum 25. Jahrestag der Befreiung herausgegebenen Marke zeigt eine brennende Kerze auf einer Fensterbank; die sogenannte „Pobacken-Gardine" signalisiert „Hygge" (kleinbürgerliche Geborgenheit) (Abb. DK 21). Das Andenken ist sakralisiert, domestiziert und privatisiert. Zu einem eher öffentlichen, vehementen Befreiungsakt wird das Entzünden dagegen auf der 1985 zum 40. Jahrestag herausgegebenen Marke (Abb. DK 22): Das Verdunklungsrollo, das sein Besitzer offenbar in der Gewißheit, es nie mehr zu brauchen, heftig in die Höhe hat schnappen lassen, gibt die Sicht auf vier Kerzen gegen einen hellen Mai-Abendhimmel frei. Entworfen hatte diese Marke die Königin selbst, deren Geburt wenige Tage nach der deutschen Invasion als Zeugnis nationaler Selbstbehauptung bejubelt worden war (Abb. DK 23).

Königskult:
Dem Königshaus als Symbol nationaler Kontinuität kam während der Besatzung und danach große Bedeutung zu – paradox eigentlich, waren die Glücksburger doch ursprünglich ein deutsches Fürstenhaus gewesen und hatte König Christian X. 1920 gegen eine Mitte-Links-Regierung – allerdings erfolglos – geputscht und versucht, die Demokratie einzuschränken.[38] Später hatte er sich jedoch mit Parlamentarismus und Mitte-Links-Regierungen abgefunden und wurde auch deswegen von nahezu allen Dänen verehrt. Dazu trug neben der Tatsache, daß er beim Einmarsch

der deutschen Wehrmacht nicht ins Exil ging, auch sein volksnahes Verhalten bei. Er wohnte nicht nur weiterhin im Palast mitten in der besetzten Hauptstadt, er setzte auch seine täglichen Morgenausritte durch die Straßen fort, nur von zwei Zivilpolizisten auf Fahrrädern begleitet. Dadurch wurde er zum Symbol des Fortbestehens dänischer Souveränität und demonstrierte einen zivilen Führungsstil, wie er kaum weiter von dem der Mercedes-motorisierten deutschen „Führer" entfernt sein konnte und als typisch dänisch empfunden wurde.

Der reitende König war schon 1920 zum Symbol geworden, als Christian X. – einer alten Weissagung folgend – auf einem weißen Pferd die Grenze zu Nordschleswig überschritt und somit die Wiedervereinigung dieser Landschaft mit Dänemark gemäß dem Versailler Friedensvertrag besiegelte. Seine fortgesetzten Reittouren im morgendlichen Stoßverkehr, wobei er gelegentlich anhielt und politische Funktionsträger oder gemeine Bürger mit Händedruck begrüßte, vergegenwärtigten also auch den Kampf, den die dänischen Nordschleswiger von 1864 bis 1920 für ihre kulturelle Identität gegen die preußisch-deutsche Vorherrschaft geführt hatten. Ebenso wie die 1940 von der bekannten Silberschmiede Georg Jensen zum 70. Geburtstag hergestellte „Königsmarke" signalisierte der reitende Christian X. – als Photo oder Messingstatuette in den dänischen Haushalten zahlreich zu finden – das Beharren auf dänischen Werten und die Ablehnung jeglicher Behauptung einer deutsch-dänischen, also „germanischen" Artverwandtschaft". Die zeitgenössische Statuette steht hier für den Anfang des Königsmythos (Abb. DK 24); das Bild vom Händedruck des Königs mit dem (sozialdemokratischen) Parlamentspräsidenten Hans Rasmussen vom 16. April 1940, beim ersten Ausritt nach der Invasion, aus einem vielverkauften populärwissenschaftlichen Werk[39] belegt seine Verbreitung ebenso wie das Bild des reitenden Königs als Konfirmationsbild (Abb. DK 25).

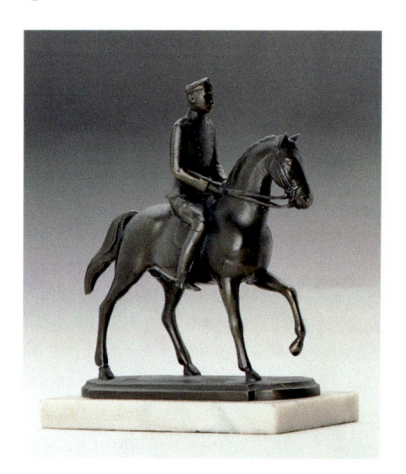

DK 24
König Christian X. zu Pferde
um 1949
Bronze, 17 x 18,8 x 6,8 cm
Kopenhagen, Museet for
Danmarks Frihedskamp
1940–1945
127/1980

DK 25
Paa Konfirmationsdagen
Zum Konfirmationstag, in:
Tage Kaarsted: Krise og krig,
1925–1950, in: Danmarkshistorie, Bd. 13, Kopenhagen
1991, S. 232
Buch
Berlin, Staatsbibliothek zu
Berlin – Preußischer
Kulturbesitz
HA7Nb4300-13

Kein Teil der „nationalen Grunderzählung": Holocaust und Judenrettung

Christian X. wird zugeschrieben, er habe gegen die deutsche Judenverfolgung – konkret die Kennzeichnung – protestiert, indem er selbst (in gewissen Versionen vom ganzen dänischen Volk gefolgt) den gelben Stern anlegte. Diese Geschichte ist jedoch eine Legende, die man in populärwissenschaftlicher Literatur und Belletristik findet.[40] Sie geht zurück auf eine im Januar 1942 in einer schwedischen Zeitung veröffentlichte Satire des im schwedischen Exil lebenden Zeichners Ragnvald Blix: Im Palais Amalienborg sitzen sich Christian X. und Ministerpräsident Stauning gegenüber. „Was sollen wir tun, Eure Majestät, wenn Scavenius jetzt verlangt, daß unsere Juden den Stern tragen?" fragt der Ministerpräsident. „Dann müssen wir wohl alle einen Stern tragen!" antwortet der König.[41] Entstanden, kurz nachdem Außenminister Scavenius die Regierung zur größten Konzession an deutsche Forderungen, zum Beitritt zum Anti-Komintern-Pakt, bewegt hatte und wenige Monate nach der Einführung des „Judensterns" in Deutschland, kolportierten anglo-amerikanische Medien diese Anekdote aus den schwedischen Häfen, wo jüdische Flüchtlinge aus Dänemark ankamen, ins Ausland. In Dänemark jedoch kursierte weder die Legende, noch wurde die Rettung der dänischen Juden zum Ausgangspunkt einer breiten, nationalen Mythenbildung. Vielmehr wurde sie als eine einzigartige, eher humanitäre als politische Aktion an den Rand des Diskurses gedrängt. Über die Rettung der dänischen Juden schrieben bis in die 90er Jahre hinein praktisch nur ausländische Autoren. Obwohl die erfolgreiche Rettungsaktion zu Recht als „größte Stunde der dänischen Geschichte"[42] galt, wurde sie in Dänemark nicht zur Quelle gesellschaftlicher Reflexion und ethischer Inspiration. Vielmehr haftete den Ereignissen vom Oktober 1943 im kollektiven Gedächtnis ein Makel an.

Die Rettung der Juden schien zunächst die Erzählung vom dänischen nationalen Zusammenhalt, von Demokratie und Solidarität zu bestätigen. Doch bei der Beschäftigung mit dem Thema empfand ein Großteil der Bevölkerung ein Unbehagen an der Tatsache, daß es offenbar unter den dänischen Juden auch solche gegeben hatte, die das Angebot der Assimilation nicht angenommen hatten. Damit schien die große Erzählung von der dänischen als der besten aller Kulturen grundsätzlich in Frage gestellt zu sein, was wiederum dazu beitrug, daß die Holocaust-Erfahrung im Bewußtsein der dänischen Nachkriegsgesellschaft marginalisiert wurde. Die übliche Erklärung, das Schweigen sei auf tugendhafte Bescheidenheit zurückzuführen, greift hier zu kurz. Vielmehr handelt es sich um ein Unbehagen an kulturellen Erscheinungen, die die eigene, permanent als bedroht empfundene Identitätserzählung in Frage stellen, und um die Verdrängung desselben.

Durch ihre breite Unterstützung der Rettungsaktion und die Tatsache, daß es weder eine antijüdische Gesetzgebung noch – außerhalb des engen Kreises dänischer Nazis – einheimische Judenverfolgung gegeben hatte, blieben der dänischen Gesellschaft also im Bereich des Holocaust Schuldgefühle erspart, zu denen die Besatzungszeit ansonsten reichliche Gründe gab. Also konnte der Holocaust als ein Problem aufgefaßt werden, das andere betraf, nicht jedoch die eigene Bevölkerung: eine Angelegenheit zwischen deutschen Barbaren (denen angesichts der historischen Erfahrungen nichts anderes zuzutrauen sei) und ihren undänischen Mitläufern einerseits, den europäischen Juden andererseits. Letztere galten oft als halsstarrig, weil sie sich anders als die meisten dänischen Juden wenig in die Mehrheitsgesellschaft hätten integrieren lassen und – so eine verbreitete Meinung – vielleicht gerade deshalb auf wenig Hilfsbereitschaft gestoßen seien.

Bilder jüdischer Opfer wurden in Dänemark als Bilder allgemein menschlicher Opferschicksale rezipiert. Erst Erzählungen von Schweden-Flüchtlingen, Überlebenden aus Theresienstadt und zugewanderten Juden aus Zentraleuropa verliehen, zusammen mit vielen seit den 80er Jahren veröffentlichten Memoiren, dem kollektiven dänischen Gedächtnis mehr Diversität und Identifikationskraft.[43] Gleichzeitig nahm sich aber eine Gegenbewegung der Motive und Modalitäten der Rettungsbewegung von 1943 an, um den neuen Holocaust-Diskurs kritisch zu hinterfragen.[44] Wenig bewußt war es dabei den jungen Forschern und Journalisten, daß es den „selbstgefälligen Nationalmythos" von der Judenrettung, gegen den sie ankämpften, praktisch nicht gegeben hatte.

Konjunkturen dänischer Gedenkkultur

Erst nach dem Umbruch des gesellschaftlichen Diskurses in den 70er Jahren fügte sich das Holocaust-Gedenken in die dänische Erinnerung an Besatzungszeit und Krieg ein. Die erhöhte Bedeutung des Holocaust spiegelt eine gewisse Globalisierung des Gesellschaftsdiskurses und seine – die Politisierung im Zeichen zunehmender Individualisierung ersetzende – Ethisierung wider.[45] Im Rahmen der sich anbahnenden Lockerung des nationalstaatlichen Denkens wird das kulturell-ethische Allgemeingut zunehmend in einem supra- bzw. anationalen, europäischen oder westlichen Raum etabliert. Insofern hatten die „Holocaust"-Fernsehserie 1979 ebenso wie der Spielfilm „Schindlers Liste" 1993 weitreichende Bedeutung dafür, daß die Dänen trotz ethnischen Fremdheitsgefühls eine Identifikation mit den Opfern der nationalsozialistischen Judenverfolgung erlangten. Dabei wurde die Auseinandersetzung mit der Judenverfolgung – ebenso wie mit dem Deutschlandbild der Dänen – in den 80er Jahren vitalisiert durch Fernsehproduktionen, die gerade durch kognitive und emotionale Vielfalt einleuchteten: Die deutsche Folge „Heimat" von Edgar Reitz und Peter Steinbach ermöglichte den Ersatz des klischeehaften Deutschen-Bildes durch eine differenziertere Wahrnehmung; die vielteilige dänische Fernsehserie „Matador" von Lise Nørgaard schilderte Dänemark am Beispiel eines Provinzstädtchens, in dem die persönlich Aufrechten und die in einer pragmatischen Grauzone lebende Mehrheit wechselnde Beziehungen eingehen, die auch „anständige" Deutsche umfassen.[46] Eine vom kommunistischen Aktivisten über den kriegsprofitierenden Schweinehändler bis zum behutsamen Bankdirektor reichende Volksfront kommt allmählich zustande, die nur die wenigen, als gemeinschaftsunfähig dargestellten Nazis nicht einbezieht. Zentral sind dabei die persönlichen Wahlsituationen: die Aufnahme des nach Bertolt Brecht modellierten deutschen Flüchtlings durch den ungebildeten, nationalistischen Schweinehändler; die Entscheidung der selbstbezogenen Direktorsgattin, mit einem Kleinlaster den illegalen Transport eines verfolgten Juden, Herrn Stein, nach Schweden zu organisieren (Abb. DK 26). Bei aller Vielfalt der Haltungen, Temperamente und sozialen Lagen sind also – bis auf die wenigen Verräter – alle Charaktere grundsätzlich als gute Menschen gezeichnet und gehören zur dänischen, im Endeffekt dem Widerstand positiv gesinnten Gemeinschaft: Dies war die nationale Normalerzählung in breitenwirksamer Ausnutzung des dramatischen Stoffs, den in der jüngeren dänischen Geschichte nur die Besatzungsjahre aufzuweisen haben. Hinzugekommen war eine differenzierte Sicht auf die Deutschen. So ist sie auch in der Comic-Folge von Morten Hesseldahl u. a. – wenngleich zynisch-kritischer erzählt – zu finden.

Die Schöpfer der fünfbändigen Comic-Serie, der noch ein sechster Band zur turbulenten Wiederkehr der Normalität im ersten Nachkriegsjahr angehängt wurde, bedienten sich der Elemente der traditionellen Kriegs-Comics vom Typ Battler Britton, die in den 50er und 60er Jahren von jedem Jungen verschlungen wurden, sowie der an Hergé angelehnten sozialrealistischen Comic-Ästhetik, die seit den 70er Jahren auch unter Erwachsenen ein großes Publikum fand. Daß die heroische, nationale Erzählung in den 90er Jahren komplexeren, weniger selbstsicheren Narrativen Platz machte, kann man den Titelseiten der Comics ansehen.

DK 26
Lise Nørgaard (Regie)
Herr Stein
In: Matador, Folge 18, 1981
(die Fernsehserie lief von 1978–1981)
Filmstill
Søborg, DR Arkiv og Research Center

DK 27
Niels Roland, Henrik Rehr
Bristepunktet
Wendepunkt, in: Morten
Hesseldahl, Niels Roland,
Henrik Rehr: Danmark Besat,
Band 2, 1941–42,
Kopenhagen 1991
Titelblatt des zweiten Bandes
der fünfbändigen Comicreihe,
erschienen anläßlich des
50. Jahrestages der Besatzung,
29,4 x 21,9 cm
Bagsværd, Forlaget Carlsen
A/S

DK 28
Niels Roland, Henrik Rehr
Hjemsøgt
Heimgesucht, in: Morten
Hesseldahl, Niels Roland,
Henrik Rehr: Danmark Besat,
Band 5, 1945, Kopenhagen
1994
Titelblatt des fünften Bandes
der fünfbändigen Comicreihe,
erschienen anläßlich des
50. Jahrestages der Besatzung,
29,4 x 21,9 cm
Bagsværd, Forlaget Carlsen
A/S

So sind zum Beispiel auf dem Titelblatt des Heftes Bristepunktet Widerstandskämpfer zu sehen, die den britischen Nachschub aus der Luft – wie in übermütigem Tanz dargestellt – in Empfang nehmen (Abb. DK 27). Kritik kommt darin zum Ausdruck, daß ein Fallschirmspringer wie ein Amateur im winterlichen Gestrüpp zu Tode gekommen ist. Der Krieg wird wie ein fernes, fremdes Unterfangen dargestellt, das den dänischen Einsatz nicht ganz so ernst nehmen läßt. Das Heft „1945" deutet in seinem Titel – „Heimgesucht" – an, daß die bösen Geister gerade auch aus dem eigenen Haus der dänischen Nation kamen; denn die Folterknechte tragen deutsche Uniform, aber nur einer ist als SS-Mann gekennzeichnet (Abb. DK 28). Offen bleibt daher die Frage, ob der zweite vielleicht ein Däne, ein Kollaborateur sei. Eindeutig ist dagegen, daß beide mitverantwortlich sind.

Die Tradition der Bewältigung und der national-integrativen Harmonisierung der Besatzungszeit in der Form eines Panoptikums war jedoch schon direkt nach dem Krieg begonnen worden. Eine eigenartige, privat-persönliche Verarbeitungsform bot der Stickmusterverlag Clara Wæver handarbeitsfreudigen Frauen in der Form eines sogenannten Namentuchs an, das zwischen 1945 und 1970 u. a. durch Frauenzeitschriften massenhaft verkauft wurde, hier auf dem Plakat einer Ausstellung zum Befreiungsjubiläum 1980 (Abb. DK 29). Mit seinem Nebeneinander von Namen, Stichwörtern und Symbolen präsentiert das Namentuch die Besatzungsjahre als große Zeit in ebender Form, in der man vor der 68er Reformpädagogik in Schulen, Quizprogrammen etc. Geschichte lernte: als bloße Anhäufung von Eckdaten. Dabei mutet die Vielschichtigkeit der ausgewählten Geschehnisse und Erinnerungen, die durch den komplexen, weder symmetrischen noch hierarchischen Motivaufbau zum Ausdruck kommt, modernistisch an. Das wiederum erklärt seinen Markterfolg – zumal der alliierte Sieg, an dem die Frauen sich durch diese Fleißarbeit einen Anteil sicherten, nicht zuletzt als Sieg der modernen Welt über eine autoritäre, rückwärtsgewandte Ideologie gesehen wurde.

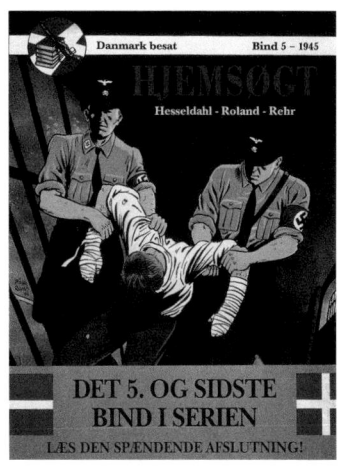

Das bunt-vielfältige, aber deutlich fokussierte national-integrative Narrativ wurde im letzten Kriegsjahr sowie direkt nach Kriegsende geschaffen. Es beherrschte die Mythenbildung und Gedenkkultur bis zu den 1990ern, wenn auch keineswegs widerspruchsfrei, zumal die verschiedenen politischen Lager sich während des Kalten Krieges bzw. der Auseinandersetzung um die Haltung Dänemarks zur europäischen Integration vehement auf die (widersprüchlichsten) historischen Lehren aus der Besatzungszeit bezogen. Nach ihrer Mobilisierung für linke Positionen in der EU und der sozialen Debatte der 1970er Jahre folgte unter der konservativ-rechtsliberalen Koalition 1982–92 ihre Mobilmachung für die Stärkung der nationalen – im Effekt nationalistischen – Identität. Auch dem revisionistischen Ansturm der 90er Jahre hielt die Grunderzählung trotz gewisser Modifikationen stand. Gleichzeitig führte die Integration des internationalen Holocaust-Diskurses in das zunehmend ethisierte dänische Geschichtsverständnis zu einer, wie es scheint, erneuten Examination der Erfahrungen aus den „Fünf bösen Jahren". Hans Kirchhoff sieht hier – seinem Aufklärungsideal und eng-dänischen Fokus treu – „lautstarke Moralisten" am Werk.[47] Da der neue Umgang mit der Geschichte dieser Jahre Teil einer internationalen Tendenz ist, die mit einer tiefgreifenden Umkonfiguration von Gesellschaftsdiskurs, Bewußtsein und auch Körperlichkeit einhergeht und demnach auch neue Fragen aufwirft, wird sich dieser Kampfplatz der Erinnerung vorerst nicht befrieden.

DK 29
Louise Puck (Stickerei)
Danmark 1940–45
Dänemark 1940–45
Plakat zur Ausstellung Glimt fra besættelsen, Hvidovre, 10.–26. April 1980
Plakat, 85 x 61 cm
Kopenhagen, Museet for Danmarks Frihedskamp 1940–1945
A 0002

---

[1] Die jüngste Bibliographie zur Geschichte Dänemarks während des Zweiten Weltkrieges verzeichnet über 5 500 Titel, vgl. Lauridsen, John (Hg.): Samarbejde og modstand. Danmark under den tyske besættelse 1940–45: en bibliografi, Kopenhagen 2002. Siehe auch die Forschungsübersicht und Auswahlbibliographie mit Schwerpunkt auf fremdsprachiger Literatur von Stræde, Therkel: Neuere Forschungen zum Zweiten Weltkrieg in Dänemark, in: Rohwer, Jürgen/Müller, Hildegard: Neue Forschungen zum Zweiten Weltkrieg, Koblenz 1990, S. 75 ff. Abgesehen von Aufsätzen zur Rettung der dänischen Juden sind nur wenige englisch- bzw. deutschsprachige Titel dazugekommen. Ein allgemeines Handbuch ist Hæstrup, Jørgen u. a.: Besættelsen 1940–45, Kopenhagen 1995.

[2] Einen Überblick über die Verarbeitung der Besatzungszeiterfahrung in der dänischen Belletristik und in der Kulturdebatte vermittelt Hertel, Hans: Det belejrede og besatte kulturliv, in: Dethlefsen, Henrik/Lundbak, Henrik (Hg.): Fra mellemkrigstid til efterkrigstid, Kopenhagen 1998, und ders.: Besættelsestidens litteratur og litteraturens besættelse, in: Kritik 145, Kopenhagen 2000.

[3] Wichtige Titel zur politischen Entwicklung Dänemarks 1940–45 sind Nissen, Henrik S.: 1940. Studier i forhandlingspolitikken og samarbejdspolitikken, Kopenhagen 1973; Hæstrup, Jørgen: … til landets bedste, Bd. 1–2, Kopenhagen 1966–1971 und Kirchhoff, Hans: Samarbejde og modstand under besættelsen, Odense 2001.

[4] Vgl. Herbert, Ulrich: Best: biographische Studien über Radikalismus, Weltanschauung und Vernunft, 1903–1989, Bonn 1996 und den Memoirenband von Best, Werner: Dänemark in Hitlers Hand, Husum 1988.

[5] Kirchhoff, Hans: Augustoprøret 1943, Bd. 1–3, Kopenhagen 1981; ders.: Samarbejde og modstand under besættelsen, Odense 2001.

6 Vgl. Kirchhoff, Hans: „Vor eksistenskamp er identisk med nationens kamp". Om Socialdemokratiets overlevelsesstrategi under besættelsen, in: Årbog for Arbejderbevægelsens Historie 1994.
7 Vgl. Jensen, Sigurd: Levevilkår under besættelsen, Kopenhagen 1971; korrigierend dazu Giltner, Philip: In the Friendliest Manner. German-Danish Economic Co-operation During the Nazi Occupation, New York 1998 und Lund, Joachim: Danmark og den europæiske nyordning, Diss. Univ., Kopenhagen 1999.
8 Vgl.: Danske entreprenører i Nazi-Tyskland under den 2. Verdenskrig, in: Arbejderhistorie 1/2001.
9 Vgl. Stræde, Therkel: „Deutschlandarbeiter", in: Herbert, Ulrich (Hg.): Europa und der „Reichseinsatz", Essen 1991.
10 Vgl. Rings, Werner: Leben mit dem Feind: Anpassung und Widerstand in Hitlers Europa 1939–1945, München 1979.
11 Vgl. Djursaa, Malene: DNSAP, Kopenhagen 1981; Poulsen, Niels Bo u. a.: Under hagekors og dannebrog. Danskere i Waffen-SS 1940–45, Kopenhagen 1998 und Noack, Johan Peter: Det tyske mindretal i Nordslesvig under besættelsen, Kopenhagen 1974.
12 Vgl. das Hauptwerk zum dänischen Widerstand: Hæstrup, Jørgen: Secret Alliance, Bd. 1–3, Odense 1976–77.
13 Vgl. Hong, Natanael: Sparks of Resistance, Odense 1996 und Kjeldbæk, Esben u. a.: Industrisabotagen under besættelsen i tal og kommentarer, Kopenhagen 1984.
14 Vgl. die umstrittene Untersuchung von Trommer, Aage: Jernbanesabotagen i Danmark under den anden verdenskrig, Odense 1971.
15 Vgl. Kirchhoff 1981 (wie Anm. 5).
16 Vgl. Barfod, Jørgen: Helvede har mange navne, Gylling 1994.
17 Das Hauptwerk zur Rettung der dänischen Juden ist weiterhin Yahil, Leni: The Rescue of Danish Jewry, Philadelphia 1969; vgl. Kreth, Rasmus/Mogensen, Michael: Flugten til Sverige, Kopenhagen 1995.
18 Vgl. Kirchhoff, Hans: Folkestrejken 1944, in: Frandsen, Karl-Erik (Hg.): Kongens og folkets København gennem 800 år, Kopenhagen 1996.
19 Vgl. Damgaard Petersen, Ib: Mod-eliten, Kopenhagen 1978.
20 Vgl. Jespersen, Knud: No Small Achievement. Special Operations Executive and the Danish Resistance 1940–45, Odense 2002 und Bennett, Jeremy: British Broadcasting and the Danish Resistance Movement 1940–1945, Cambridge 1966.
21 Vgl. Kjeldbæk, Esben: Sabotageorganisationen BOPA 1942–45, Kopenhagen 1997; Lundbak, Henrik: Staten stærk og folket frit, Kopenhagen 2001; Birkelund, Peter: De loyale oprørere. Den nationalt-borgerlige modstandsbevægelses opståen og udvikling 1940–45, Kopenhagen 2000 und Andersen, Steen: Modstandsorganisationen Ringen 1941–1945, Odense 1984.
22 Vgl. Kirchhoff 2001 (wie Anm. 5), S. 110 ff.
23 Vgl. Jespersen, Knud: Brigaden, Kopenhagen 1993.
24 Vgl. Tamm, Ditlev: Retsopgøret efter besættelsen, Kopenhagen 1984.
25 Vgl. Høymark, Peter: Modstandsbevægelse og modbevægelse, Frihedsmuseets Venners Årsskrift, Kopenhagen 1985.
26 Zur dänischen „Vergangenheitsbewältigung" allgemein vgl. Kirchhoff 2001 (wie Anm. 5).
27 Vgl. Hæstrup 1966–1971 (wie Anm. 3).
28 Insofern war die anhaltende Ein-Mann-Kampagne des Historikers Claus Bryld (Sohn eines verurteilten ehemaligen nationalsozialistischen Funktionärs) erfolgreich, siehe Bryld, Claus: Hvilken befrielse, Kopenhagen 1995 und Bryld, Claus/Warring, Annette: Besættelsestiden som kollektiv erindring, Roskilde 1998.
29 Dabei hatte die verständnisvolle Darstellung von Erik Scavenius in Mørch, Søren: 24 statsministre, Kopenhagen 2001, große Durchschlagskraft.
30 Vgl. Stræde, Therkel: Die „Aktion Weiße Busse", in: Morsch, Günter/Reckendrees, Alfred (Hg.): Befreiung. Sachsenhausen 1945, Berlin 1996.
31 Vgl. Bryld/Warring 1998 (wie Anm. 28) und Kirchhoff 2001 (wie Anm. 5), S. 334 ff.
32 Vgl. Sørensen, Nils Arne: En traditions etablering og forfald: befrielsen fejret 1946–1985, in: Den jyske Historiker 71, 1995.

[33] Vgl. Harbsmeier, Michael: Danmark: Nation, kultur og køn, in: Stofskifte 13/1986, Kopenhagen 1986.

[34] Vgl. Claus, Koefoed u. a.: Vestallierede luftangreb i Danmark under 2. verdenskrig, Bd. 1–2, Aarhus 1988.

[35] Vgl. Adriansen, Inge/Jenvold, Birgit: Dänemark. Für Fahne, Sprache und Heimat, in: Flacke, Monika (Hg.): Mythen der Nationen. Ein europäisches Panorama, München 1998.

[36] Vgl. Tortzen, Christian: Søfolk og skibe 1939–45, Bd. 1–4, Kopenhagen 1981–1985.

[37] Vgl. z. B. Hammerich, Paul: Lysmageren, en krønike om Poul Henningen, Kopenhagen 1986.

[38] Vgl. Kaarsted, Tage: Påskekrisen 1920, Aarhus 1967.

[39] Erik Kjersgaard: Besættelsen 1940–45, Bd. 1, Kopenhagen 1980.

[40] Lund, Jens: The Legend of the King and the Star, in: Indiana Folklore 1975.

[41] Kirchhoff, Hans: Endlösung over Danmark, in: Sode-Madsen, Hans: „Føreren har befalet." Jødeaktionen oktober 1943, Kopenhagen 1993, S. 57 ff.

[42] Mitglied des amerikanischen Kongresses und Holocaust-Überlebender Tom Lantos in einer Rede zur Eröffnung der Ausstellung „A Human Wall. Denmark in Oct. 1943: The Rescue of the Jews from Annihilation" im Kongress, Washington, 2. Mai 2001.

[43] Stellvertretend sei erwähnt Blüdnikow, Bent/Rothstein, Klaus (Hg.): Dage i oktober, Kopenhagen 1993; Pundik, Herbert: Det kan ikke ske i Danmark, Kopenhagen 1993 und Ritterband, Olly: Auschwitz. Jeg var 20 år, Aalborg 1995.

[44] Kreth, Rasmus/Mogensen, Michael: Flugten til Sverige, Kopenhagen 1995; Bak, Sophie: Jødeaktionen oktober 1943, Kopenhagen 2001.

[45] Vgl. Stræde, Therkel: Fem år med Frihedsmuseets udstilling om Oktober 1943, in: Nationalmuseets Arbejdsmark 1999, Kopenhagen 1999.

[46] Vgl. Nørgaard, Lise: Historien om Matador, Kopenhagen 1989.

[47] Kirchhoff 2001 (wie Anm. 5), S. 343. Ausführlicher in Kirchhoff: Dankesrede bei der Verleihung des O.M. Lange-Preises der Königlichen Bibliothek Kopenhagen am 17. September 2002.

KARTE · 145

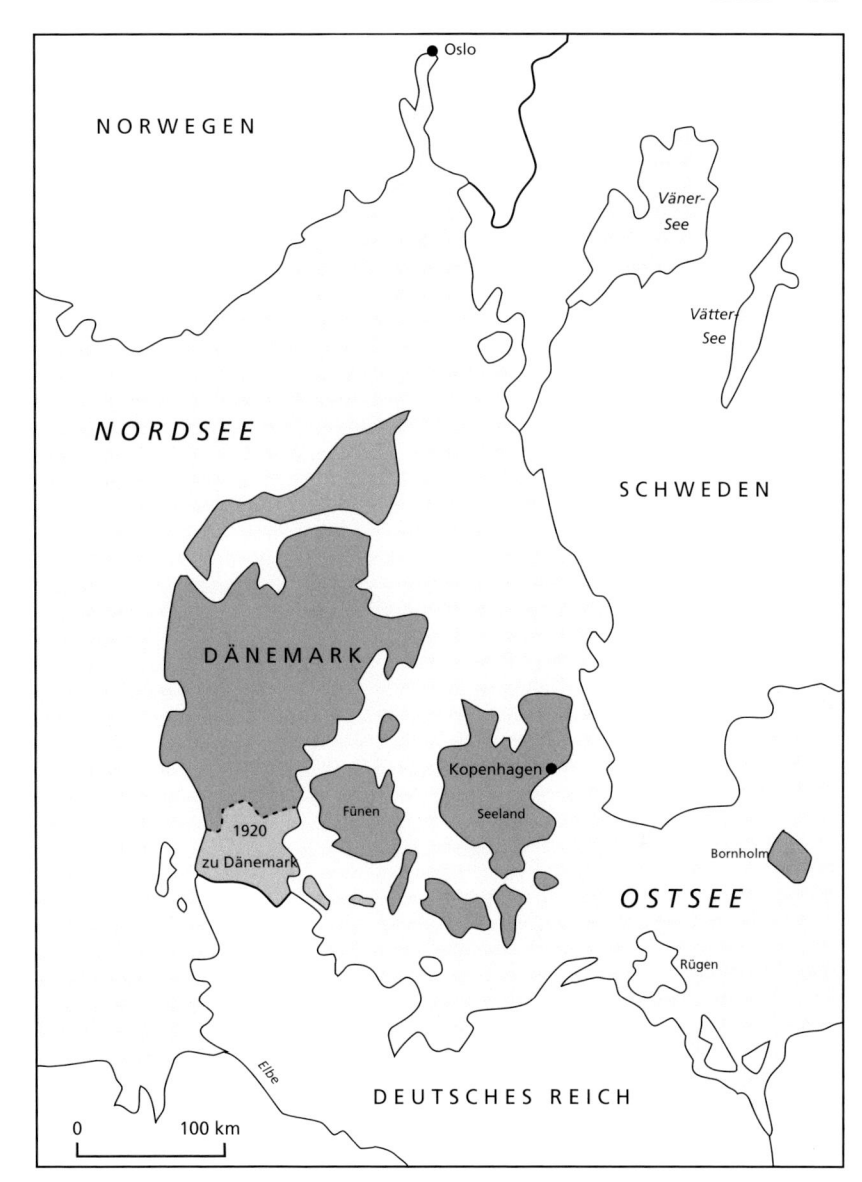

Seit 1914

Chronologie

1901
Die Konservativen erringen nur noch acht von insgesamt 114 Parlamentssitzen und König Christian IX. gibt die Erlaubnis zur Bildung einer ersten liberalen Regierung. Damit wird die parlamentarische Mehrheit als Regierungsvoraussetzung anerkannt. Der Systemwechsel geht als „Systemskiftet" in die Geschichte ein.

1912–1918
Entsprechend dem Abkommen vom **23. Dezember 1912**, in dem sich Dänemark, Schweden und Norwegen zur Neutralität in allen militärischen Konflikten bekennen, gelingt es während des Ersten Weltkrieges, den außenpolitisch neutralen Status zu wahren. Dennoch bleibt der Krieg für Dänemark nicht ohne Folgen. U. a. werden über 250 Schiffe der Handelsmarine versenkt. Innenpolitisch schließen die Parteien einen Burgfrieden, und **1914** wird ein umfangreiches Gesetzespaket zur wirtschaftlich-sozialen Regulierung verabschiedet. Durch eine Verfassungsänderung am **5. Juni 1915**, die auch das allgemeine Wahlrecht – einschließlich des Frauenwahlrechtes – für beide Kammern des Parlamentes vorsieht, geht die Macht direkt auf das Parlament über. **Am 1. Dezember 1918** wird Island durch die Unionsakte formal als selbständiger Staat anerkannt, bleibt jedoch in Personalunion mit Dänemark verbunden, d. h. der dänische König bleibt isländisches Staatsoberhaupt.

Februar – März 1920
Gemäß einer durch die Pariser Vorortverträge festgelegten Volksabstimmung kommt Nordschleswig (Sønderjylland, 1864 an Preußen abgetreten) mit einer deutschen Minderheit zu Dänemark und Südschleswig mit einer dänischen Minderheit zu Deutschland. Proteste dänischer Nationalisten zur Grenzziehung und Unzufriedenheiten innerhalb der bürgerlichen Parteien über die Regulierungspolitik der Regierung führen zur Entlassung der Regierung Zahle durch König Christian X. Da die Sozialliberalen und die Sozialdemokraten dies als Staatsstreich bewerten, kommt es zu einer Staatskrise (Osterkrise). Nach der Drohung der Gewerkschaften mit einem Generalstreik einigen sich die Parteien auf ein Übergangskabinett bis zur Neuwahl, aus der eine rechtsliberale Regierung hervorgeht.

1920
Dänemark wird Mitglied des Völkerbundes.

April 1924
Thorvald Stauning bildet die erste sozialdemokratische Regierung in Dänemark. Er bleibt, von einer kurzen Unterbrechung abgesehen, bis **1942** Ministerpräsident.

1930–1939
Die Weltwirtschaftskrise hat für das in hohem Maße von seinen landwirtschaftlichen Exporten abhängige Dänemark katastrophale Folgen. Die Arbeitslosenzahlen steigen **1933** auf ca. 40 Prozent, so daß sich die Regierung zu umfangreichen Notstandsmaßnahmen und Sozialreformen gezwungen sieht, wie die Abwertung der dänischen Krone und im **Januar 1933** das Verbot von Arbeitskämpfen. Nach der Machtübernahme durch die Nationalsozialisten in Deutschland versucht die dänische Regierung ihre Neutralitätspolitik aufrechtzuerhalten. Angesichts des Zustroms jüdischer Emigranten aus Deutschland – u. a. werden seit den Novemberpogromen 1938 jüdische Kinder aufgenommen – wird die Flüchtlingspolitik Dänemarks zunehmend restriktiver. Deutschland schlägt den nordischen Ländern einen Nichtangriffspakt vor. Während die anderen Staaten ablehnen, unterschreibt Dänemark am **31. Mai 1939** den Vertrag.

1940
Trotz des Nichtangriffspaktes wird Dänemark, gleichzeitig mit Norwegen, am **9. April** von deutschen Truppen nach zweistündigem Kampf okkupiert. König Christian X. und die Regierung Thorvald Stauning protestieren, beugen sich jedoch den Besatzern, die die däni-

sche Unabhängigkeit anerkennen wollen und von einer „Friedensbesatzung" sprechen. König Christian X. verläßt Dänemark nicht, und die sozialdemokratisch-sozialliberale Regierung wird durch Vertreter der Rechtsliberalen, der Konservativen Volkspartei und durch parteilose Minister zu einem Kabinett des Nationalen Zusammenschlusses erweitert. Mit der Absicht, die staatliche Souveränität und Neutralität so umfassend wie möglich zu erhalten und das Land vor Kriegszerstörung und Ausplünderung zu schützen, arbeitet die Regierung mit dem deutschen Reichsbevollmächtigten zusammen. Das gesellschaftliche Leben kann weitgehend vor deutscher Einflußnahme geschützt, die demokratischen Strukturen können – jedoch mit Abstrichen – erhalten werden. Die dänische Wirtschaft wird eng und profitabel mit der deutschen Kriegswirtschaft verknüpft; im weiteren Kriegsverlauf geht jeder zehnte dänische Arbeiter als freiwilliger Zivilarbeiter nach Deutschland.

1941–1942
Um einer Invasion durch deutsche Truppen zuvorzukommen, besetzt Großbritannien am **12. April 1941** das kriegswichtige Island sowie die Färöer-Inseln. Für Grönland schließt der dänische Gesandte in Washington im **Mai 1941** eigenmächtig einen Vertrag mit den USA ab, mit dem die Errichtung von Militärstützpunkten vorbereitet wird. Nach dem deutschen Angriff auf die Sowjetunion im **Juni 1941** wird die Kommunistische Partei Dänemarks verboten und Dänemark tritt unter deutschem Druck dem Anti-Komintern-Pakt bei. Die Waffen-SS wirbt bis **1945** etwa 6 000 dänische Freiwillige an. Die Kooperationspolitik der Regierung gerät verstärkt in die Kritik. Es bilden sich kommunistische und nationale Widerstandsgruppen. Ab **April 1942** ist der Widerstand bewaffnet und geht mit Sabotageakten gegen die Besatzungsmacht vor.

1943
Im August-Aufstand werden in den wichtigsten dänischen Städten Sabotageakte, Büro- und Fabrikbestreikungen durchgeführt. Daraufhin verhängt am **29. August** die Besatzungsmacht den militärischen Ausnahmezustand und entwaffnet das dänische Heer. Die dänische Regierung stellt die Zusammenarbeit mit den Besatzern ein, und König Christian X. wird auf Schloß Amalienborg festgesetzt. Angehörige des Widerstandes werden verhaftet und hingerichtet. Im **September** wird der dänische Freiheitsrat gegründet. Er besteht aus Vertretern der wichtigsten Widerstandsgruppen und übernimmt, militärisch unterstützt durch britische Sondereinheiten, die Koordination des Widerstandes. Die durch die Besatzungsmacht geplante Deportation der dänischen Juden am **1. und 2. Oktober** wird durch Hilfsaktionen der dänischen Bevölkerung unterlaufen; mehr als 7000 zusammen mit ca. 700 nichtjüdischen Angehörigen wird die Flucht nach Schweden ermöglicht. Die 481 nach Theresienstadt deportierten Juden entgehen aufgrund der beständigen Proteste aus Dänemark dem Transport nach Auschwitz. Kurz vor Kriegsende werden sie zusammen mit anderen in Konzentrationslagern inhaftierten Skandinaviern nach Schweden gebracht.

1944
Island löst sich nach einer Volksabstimmung aus der Personalunion mit Dänemark und wird im **Juni** selbständige Republik. Der Freiheitsrat wird in die Strategie der Alliierten integriert, und es werden mit britischer Hilfe bewaffnete Gruppen gebildet, die bei einer Invasion gegen die Wehrmacht vorgehen sollen. Die Widerstandsorganisationen erhalten großen Zulauf und können, unterstützt durch einen Generalstreik im **Juni/Juli**, ihre Aktionen verstärken. Bis zur Befreiung **1945** wächst die Anzahl der bewaffneten Widerstandskämpfer auf ca. 50 000 an. Die dänische Polizei wird am **19. September** von den Besatzern aufgelöst und ihre Angehörigen werden wenig später in Konzentrationslager deportiert. Die deutschen Besatzer reagieren auf die Aktionen des Widerstandes mit gewaltsamen Maßnahmen, wie Vergeltungsmorde und Gegensabotage.

1945
Britische Truppen können Dänemark am **5. Mai** kampflos befreien. Die Insel Bornholm wird bis zum **April 1946** von sowjetischen Truppen besetzt. Es kommt zur Bildung der Allparteienregierung (Befreiungsregierung) unter dem Sozialdemokraten Vilhelm Buhl, der Mitglieder der alten Kollaborationsregierung und Vertreter des Widerstandes angehören.

Die unter deutschem Druck beschlossenen Gesetze werden annulliert und Gerichtsverfahren gegen Kriegsverbrecher und Kollaborateure eingeleitet. 13 521 Personen werden wegen Zusammenarbeit mit den Deutschen verurteilt und 46 Todesurteile vollstreckt. Dänemark wird am **26. Juni** Gründungsmitglied der Vereinten Nationen (UNO). Der Rechtsliberale Knud Kristensen bildet nach den ersten Parlamentswahlen im **Oktober** am **8. November** die erste frei gewählte Nachkriegsregierung. Sie reformiert die Wirtschaft, die in den Kriegsjahren intensiv auf die deutsche Kriegswirtschaft ausgerichtet gewesen ist.

1947

Nach den Parlamentswahlen können die Sozialdemokraten unter Hans Hedtoft die erste sozialdemokratische Nachkriegsregierung bilden. Bis auf die liberal geführte Regierung von **1950** bis **1953** unter Erik Eriksen stellen die Sozialdemokraten bis **1968** den Ministerpräsidenten.

1948

Die Färöer-Inseln im Nordatlantik erhalten im **März** das Recht auf Selbstverwaltung, gehören aber weiterhin zu Dänemark. Dänemark profitiert von der Marshallplanhilfe und kann dadurch seine Devisensituation verbessern, verstärkt Rohstoffe und Maschinen importieren sowie Landwirtschaft und Industrie modernisieren.

4. April 1949

Der Versuch, ein nordisches Verteidigungsbündnis zu gründen, scheitert, und Dänemark wird neben Belgien, Frankreich, Großbritannien, Island, Italien, Kanada, Luxemburg, den Niederlanden, Norwegen, Portugal und den USA Gründungsmitglied der North Atlantic Treaty Organization (NATO). Unter der Parole „Nie wieder ein 9. April" [1940] gibt Dänemark seine traditionelle Neutralität auf.

1951–1953

Noch laufende Gerichtsprozesse gegen Kriegsverbrecher und Kollaborateure werden eingestellt und viele deutsche Kriegsverbrecher und Kollaborateure amnestiert. Dänemark gründet im **November 1951** gemeinsam mit Schweden und Norwegen den Nordischen Rat, der die kulturelle und sozialpolitische Zusammenarbeit der Mitgliedsstaaten fördern soll. Die Verfassungsreform vom **5. Juni 1953** richtet ein auf jeweils vier Jahre zu wählendes Einkammerparlament, den Folketing, ein. Zusätzlich werden die weibliche Thronfolge in der konstitutionellen Monarchie und erweiterte Möglichkeiten zur Durchführung von Volksabstimmungen festgeschrieben. Grönland wird gleichberechtigter Landesteil.

1955–1970

Dänemark und die Bundesrepublik Deutschland einigen sich im **März 1955** in Grundsatzerklärungen über den Sonderstatus der dänischen und deutschen Minderheiten in Schleswig. Die Regierung verfolgt eine Sozialstaatspolitik, die mit verschiedenen Gesetzen – u. a. der allgemeinen Altersrente **1956**, der Invaliditätsversicherung **1965**, der Verbesserung der Arbeitslosenunterstützung und einem Sozialverwaltungsgesetz **1970** – das Sozial- und Gesundheitswesen reformiert. **1957** wird in Kopenhagen das Museum des dänischen Widerstandes eingerichtet.

Ende der **60er Jahre** wird der Konflikt zwischen der Jugend bzw. den Studenten und der älteren Generation Gegenstand der öffentlichen Debatte. Es wird u. a. über die NATO-Zugehörigkeit, die atomare Aufrüstung und den Vietnamkrieg diskutiert, ferner werden Forderungen nach Demokratisierung der Zivilgesellschaft und ihrer Institutionen, wie Universitäten und Unternehmen, aufgestellt. Teilweise werden auch Reformen in diesem Sinne durchgeführt.

1972

Dänemark unterzeichnet am **22. Januar** neben Großbritannien, Irland und Norwegen in Brüssel die Beitrittsakte zur Mitgliedschaft in der Europäischen Wirtschaftsgemeinschaft (EWG). Nach intensiven Debatten stimmt bei einem Referendum am **2. Oktober** die Mehrheit der Dänen für eine Mitgliedschaft und Dänemark tritt am **1. Januar 1973** der EWG bei. Durch die Europa-Debatte, in der sich sowohl Anhänger als auch Gegner der europäischen Integration auf „Lehren" aus der Besatzungszeit berufen, gewinnen in der dänischen Politik stark nationalistische, fremdenfeindliche Positionen an Bedeutung.

1973
Die sogenannten Erdrutschwahlen verändern die Parteienlandschaft Dänemarks. Die Wählerstimmen der vier alten Parteien gehen von 90 Prozent auf beinahe 58 Prozent zurück. Linke und neugegründete rechtspopulistische Parteien sind die Wahlsieger. Am **19. Dezember** kommt es zur Bildung einer rechtsliberal geführten Regierung, die jedoch bald wieder einer sozialdemokratisch-sozialliberalen weicht.

1979
70 Prozent der Grönländer entscheiden sich bei einem Referendum im **Januar** für die innere Autonomie ihres Landes. Dänemark gewährt Grönland daraufhin am **16. Februar** die innenpolitische Selbstverwaltung. In den mittlerweile neun Mitgliedsstaaten der Europäischen Gemeinschaft (Dänemark, Frankreich, Belgien, Bundesrepublik Deutschland, Großbritannien, Irland, Italien, Luxemburg, Niederlande) finden am **7. und 10. Juni** die ersten Direktwahlen zum Europäischen Parlament statt, das im französischen Straßburg tagt.

1982–1992
Die neugewählte konservativ geführte Regierung setzt eine – jedoch etwas abgeschwächte – neoliberale Politik nach dem Vorbild Margaret Thatchers durch und wird auch auf dem geschichtspolitischen Gebiet sehr aktiv. So bewilligt sie u. a. große Beträge für Feierlichkeiten zu den Jahrestagen im Gedenken an die Besatzung 1940 und Befreiung 1945 sowie des Augustaufstandes und der Judenrettung 1943. Die Regierung muß nach dem sogenannten Tamilskandal zurücktreten: Der Justizminister hatte eine restriktive Praxis bei der Behandlung von Asylanträgen hinter dem Rücken des Parlaments durchgeführt. Die neue sozialdemokratisch-sozialliberale Regierung bleibt bis **2001** im Amt.

1992–1993
In Maastricht wird am **7. Februar 1992** der Vertrag über die Gründung der Europäischen Union (EU) unterzeichnet. Hauptziel des Vertrages ist die Errichtung einer Europäischen Wirtschafts- und Währungsunion (EWWU) mit Einführung einer gemeinsamen Währung. Der Vertrag soll am **1. November 1993** in Kraft treten. Dänemark behält sich wie Großbritannien das Recht vor, nicht an der EWWU teilzunehmen. Bei einer Volksabstimmung am **2. Juni 1992** votieren 50,7 Prozent der Dänen gegen die Verträge von Maastricht. Bei einem EU-Sondergipfel im **Dezember 1992** werden Dänemark in Fragen der Währungsunion und der Verteidigungszusammenarbeit Sonderkonditionen eingeräumt. Daraufhin stimmen bei einem zweiten Referendum im **Mai 1993** 56,8 Prozent der Wähler für die Annahme der Verträge.

1998
Während die 1973 gegründete rechtspopulistische Fortschrittspartei massiv Stimmen verliert, kann ihre neugegründete Nachfolgepartei, die Dänische Volkspartei, bei den Parlamentswahlen am **11. März** 7,4 Prozent der Stimmen gewinnen. Zur sozialpolitischen Kraftprobe wird ein landesweiter Streik, der ab dem **27. April** für zehn Tage das öffentliche Leben in Dänemark lahmlegt. Die Durchsetzung der Forderung nach einer zusätzlichen sechsten Urlaubswoche gelingt den etwa 500 000 Streikenden nicht, denn der Ausstand wird durch ein am **7. Mai** von der Regierung erlassenes Streikverbot beendet. Im **Juni** wird unter dem Druck der fremdenfeindlichen Dänischen Volkspartei ein verschärftes Ausländergesetz verabschiedet. Auf Initiative der sozialdemokratisch-sozialliberalen Regierung wird das Dänische Zentrum für Holocaust- und Völkermordstudien gegründet.

2000
Im Februar werden von der Regierung weitere Einschränkungen des Asyl- und Ausländerrechtes beschlossen Bei einer Beteiligung von 87,9 Prozent der Stimmberechtigten sprechen sich bei einem Referendum am **28. September** 53 Prozent der Wähler gegen den Beitritt Dänemarks zur Europäischen Wirtschafts- und Währungsunion und somit auch gegen die Einführung des Euro und für die Beibehaltung der Krone aus.

2001
Eine von der Dänischen Volkspartei getragene rechtsliberal-konservative Regierung verfolgt eine abgeschwächte neoliberale Politik. Unter dem Vorsitz des Ministerpräsidenten Anders Fogh Rasmussen beschließt die EU die Aufnahme von weiteren 10 Mitgliedstaaten.

Literatur:
- Brockhaus – Die Enzyklopädie in 24 Bänden, 20. Aufl., Leipzig/München 1996–1999.
- Den store danske Encyklopædi, 21 Bände, Kopenhagen 1994–2002.
- Grane, Peter (Hg.): Dänemark, Kopenhagen 1998.
- Kinder, Hermann/Hilgemann, Werner: dtv-Atlas Weltgeschichte. Bd. 2: Von der Französischen Revolution bis zur Gegenwart, 31. Aufl., München 1997.
- Kirchhoff, H. u. a.: Gads Leksikon om Danmark under besættelsen 1940–45, Kopenhagen 2002.
- Wulff, Carsten: Denmark. An official Handbook, Kopenhagen 1996.
- http://www.areion-online.de (1. August 2003).
- http://www.um.dk/deutsch/daenemark/enzyklopaedie/ (1. August 2003).

Deutschland

Bundesrepublik Deutschland

Vom Kriegserlebnis zur Mythe

VON DETLEF HOFFMANN

Erinnerungspolitik

Kein Staat kann es sich erlauben, Erinnerungen, die seine Geschichte betreffen, sich ereignen zu lassen. Jan Assmann hat in seinem Standardwerk über „Das kulturelle Gedächtnis" gezeigt, daß Erinnerung immer ein von den Eliten betriebenes soziales Training, eine Einübung in einen Kanon und damit in eine Hierarchie von Bedeutungen ist.[1] Erinnerung, so hatte Maurice Halbwachs schon 1924 nachgewiesen, ist ohne „soziale Rahmen" nicht denkbar. Halbwachs überträgt die „cadres sociaux" Emile Durkheims folgerichtig auf die Erinnerung.[2] Da individuelle Erinnerungsvorgänge niemals unabhängig vom gesellschaftlichen Kontext gedacht und beschrieben werden können, scheint auch die Umkehrung möglich, daß Sozietäten vieler ähnlicher Erfahrungen bedürfen, die dann zu einer gemeinsamen Erinnerung gemacht werden.

Wettstreit veröffentlicher Erinnerungen

Neben dem offiziellen Gedenken – der Erinnerungspolitik, die wir auf Briefmarken oder in Denkmälern fassen können – und der privaten, individuellen Erinnerung bestimmen die veröffentlichten Erinnerungen – etwa Filme, Fernsehserien oder Berichte in Zeitschriften wie dem Stern oder dem Spiegel – das, was die wissenschaftliche Rede sich angewöhnt hat, „kollektives Gedächtnis" zu nennen. Alle drei Komponenten befinden sich in einem permanenten Austausch, im Wettstreit um die Meinungsführerschaft. In diesem Kontext ist zuerst an literarische Texte zu denken, etwa Wolfgang Borcherts „Draußen vor der Tür" oder Carl Zuckmayers „Des Teufels General". Beides sind Theaterstücke, die nach dem Krieg gespielt wurden, Zuckmayer häufig, Borchert kaum. Beide vermitteln ein spezifisches Bild von dem, was geschehen war, Borchert aus der Sicht des um seine Jugend betrogenen Soldaten, Zuckmayer thematisiert die Selbstdefinition des „heroischen Realismus". Sein Drama hatte den Flieger Ernst Udet zum Vorbild und wurde 1955 von Helmut Käutner verfilmt.

General Harras hat keine Sympathien für den Nationalsozialismus. Da er jedoch für die technische Leitung der Luftwaffe verantwortlich ist, kann man nicht auf ihn verzichten. Nach dem Absturz vieler neuer Flugzeuge glaubt man an Sabotage und betrachtet Harras als den Schuldigen. Nachdem einer seiner besten Freunde abgestürzt war, und er selbst verhaftet worden war, versucht er den Schuldigen zu finden. Es stellt sich heraus, daß sein Freund Oderbruch verantwortlich für die Sabotage war. Daraufhin entschließt sich Harras zum Selbstmord.

Auf dem Filmplakat sehen wir Harras (Curd Jürgens), seine Freundin Diddo Geiß (Marianne Koch) und SS-Gruppenführer Dr. Schmidt-Lausitz (Victor de Kowa), im Hintergrund das Gefängnis, in dem Harras eingesperrt war

(Abb. D 1). Es stellt die Liebesgeschichte heraus, weniger den Konflikt, um den es eigentlich geht.

Unter den Texten, die den Krieg reflektierten, spielten die mit einem hohen autobiographischen Anteil eine große Rolle: Rechtfertigung und Anklage, Bilanzierung und Erörterungen. Die alliierte Zensur erlaubte keine Verteidigung des nationalsozialistischen Standpunktes, derartige Bücher erschienen nicht, obwohl es nicht unwahrscheinlich ist, daß noch viele Menschen sich gerade in solchen Texten vertreten gefühlt hätten. Die autobiographische Literatur hatte in den wieder zugelassenen Zeitschriften wie der Deutschen Rundschau, dem Merkur, dem Ruf oder den Frankfurter Heften ihren Ort.[3] In diesen Periodika wurde die Bewertung der Vergangenheit durchaus kontrovers erörtert, die Verurteilung der Politik der NSDAP war für alle Autoren, die hier zu Wort kamen, selbstverständlich. Auch wenn es die Unangepaßten, wie etwa Gottfried Benn, damals schwer hatten, aber – und das ist wichtig – sie kamen wieder zu Wort.

D 1
Helmut Käutner (Regie)
Des Teufels General
1955
Filmplakat, 84 x 59,5 cm
Berlin, Filmmuseum Berlin – Deutsche Kinemathek
GW1-00964

Erinnerung findet jedoch nicht nur in Texten statt, sie wird besonders intensiv durch Bilder oder bebilderte Texte stimuliert.[4] Photobände erschienen bald nach dem Krieg, sie thematisieren die zerstörten Städte[5], den Krieg und die Nachkriegszeit. Photographen, die in Propagandakompanien gearbeitet hatten, edieren nun ihre Arbeiten als Photokünstler. In der Bundesrepublik erschien Hilmar Pabels „Jahre unseres Lebens. Deutsche Schicksalsbilder" mit einem deutlichen Appell, sich an die hier gezeigten Szenen zu erinnern.[6] „Soll die bisherige Geschichte nicht immer wieder unser Los sein, soll das Geschehene keine neue Drohung werden, soll das Vergangene wirklich vergangen sein, dann hilft wahrscheinlich nur, daß wir das Vergangene ständig vergegenwärtigen, daß wir uns die Bilder unserer Erlebnisse vor Augen halten, daß wir bei Büchern wie diesem verweilen."[7] Willi Steinborn, der das Vorwort geschrieben hat, besteht darauf, daß Bilder des ehemaligen Mitglieds der Propagandakompanien eine sinnvolle Rolle im Erinnerungsprozeß spielen. Pabel präsentiert ein visuelles Narrativ des erlittenen Leids und der Zuversicht. Mehrfach stellt er Bilder von der Kriegs- und der Nachkriegszeit einander gegenüber (Abb. D 2). Elli Besgen photographiert er 1952 mit

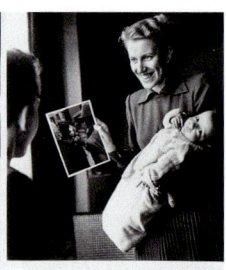

D 2
Hilmar Pabel (Photographie)
Elli Besgen
In: Hilmar Pabel: Jahre unseres Lebens. Deutsche Schicksalsbilder, Stuttgart, München 1954, S. 122/123
Buch
München, Bayerische Staatsbibliothek
4 55, 445

D 3
Hilmar Pabel (Photographie)
Müde und abgekämpft saß
der Landser an den Wegen
der Niederlage. Sah er sich
um, erblickte er in der
zerfetzten Landschaft nichts
als Ruinen
In: Hilmar Pabel: Jahre
unseres Lebens. Deutsche
Schicksalsbilder, Stuttgart,
München 1954, S. 18/19
Buch
München, Bayerische
Staatsbibliothek
4 55, 445

dem Photo in der Hand, das er von ihr am 2. Januar 1945 gemacht hat. Da er die Bilder der Kriegszeit niemals in den Kontext von Ursache und Wirkung stellt – die NSDAP oder das Symbol des Hakenkreuzes kommt auf den „Deutschen Schicksalsbildern" nicht vor –, wirkt das Leid wie die Folge eines Unrechts, die Verarbeitung wie eine individuelle Glanzleistung. „Die Schreckenstage ihrer Kindheit wird sie wohl nie vergessen – aber die Erinnerung hat ihren Schmerz verloren."[8] Mit dem Bild des müden, abgekämpften Landsers hat Hilmar Pabel eine jener prägnanten Formeln für die Wehrmacht als prominentes Opfer des Nationalsozialismus gefunden (Abb. D 3). „Pabel zitiert Dürers 'Meisterstich' der 'Melancholie' von 1514 und schreibt dem Soldaten mit dem klassischen Gestus des in die Hand gestützten Kinns deren schwermütige Reflexion des eigenen Handelns zu"[9], gespiegelt in den Ruinenlandschaften auf den gegenüberliegenden Photographien.

Zeitschriften wie Kristall und Stern thematisieren Episoden aus dem Krieg. Von besonderer Bedeutung sind die Filme, die bis heute die Erinnerung an den Zweiten Weltkrieg organisieren, von „Hunde, wollt ihr ewig leben" bis „Saving Private Ryan". Wie mit diesen beiden Titeln angedeutet, geht die Entwicklung von durch deutsche Firmen für die Bundesrepublik Deutschland produzierten Filmen zu international eingesetzten Spektakeln. Das Fernsehen nimmt spätestens seit den 60er Jahren in der Frage um die Strukturierung der Erinnerung eine zentrale Rolle ein. Ein interessantes Medium, das hier noch erwähnt werden sollte, sind die Comics. In der Nachkriegszeit der Bundesrepublik Deutschland sind sie bedeutungslos, anders als der Film können sie auf keine Kontinuität zurückblicken. So finden wir in dieser Form der Bilderzählung erst seit den 70er Jahren auch in der Bundesrepublik das Thema des Zweiten Weltkrieges, meist sind es keine deutschen Produktionen, aber in der Bundesrepublik vertriebene und gelesene Geschichten. Erst in den 90er Jahren gibt es deutsche Erstveröffentlichungen.

Erinnerung in und anhand von Bildern

Bilder haben eine spezifische Doppelnatur. Einerseits sind sie immer konkret: ein bestimmtes Haus, ein unverwechselbarer Mensch und so weiter. Andererseits neigen wir dazu, das Besondere als ein Allgemeines zu sehen. Kämpfende Soldaten in Häuserruinen im Schnee werden als Soldaten in Stalingrad benannt, oder Menschen in Zebrakleidung als Häftlinge oder Überlebende deutscher Konzentrationslager.[10]

Das führt uns zu einem weiteren Problem. Die Photos, die Momente aus dem Zweiten Weltkrieg fixieren, stammten in der Bundesrepublik meist aus Produktionen der Propaganda des Dritten Reiches. Die entscheidenden Themen, die die Erinnerung an den Krieg in der Nachkriegszeit bestimmten, waren von der Propaganda Josef Goebbels' vorgeprägt.[11] Nachdem die alliierten Bomber die Lufthoheit über dem Deutschen Reich gewonnen hatten und die Städte zerstört wurden, attestierte die deutsche Propaganda den Westmächten Unmenschlichkeit, da sie

„Terrorangriffe" auf die wehrlose Zivilbevölkerung geflogen hätten. Die Vorstellung, die deutsche Bevölkerung sei Opfer brutaler Zerstörung geworden, hatte die Propaganda spätestens seit 1944 vorgegeben.[12] Das Gefühl einer von dem Diktat der „Siegerjustiz" unterdrückten Nation prägt die Erinnerungen der Mehrheit der Deutschen nach dem Krieg, eine Änderung tritt erst mit dem Wohlstand der 50er Jahre ein.

Unterschiedliche Erinnerungen unterschiedlicher Gruppen

Zu einem bestimmten Zeitpunkt haben unterschiedliche Gruppen unterschiedliche Erinnerungen. Wie Männer und Frauen ihre Auffassung davon, welche Rolle sie in der Gesellschaft spielen, mit der Zeit verändern, so ist dies auch mit ihrer Erinnerung.[13] Da ist zuerst die banale Beobachtung, daß bestimmte Zeitabschnitte jüngeren Generationen nur aus Relikten und Erzählungen bekannt sind. Obwohl es meines Wissens noch keine historischen Forschungen zu generationsspezifischen Erinnerungsstrukturen gibt, ist es sicher zutreffend, solche anzunehmen.

Bei unserem Thema ist die Unterscheidung der Erinnerungen von Männern und Frauen besonders naheliegend. Während die Männer an der Front waren, erlebten die Frauen mit den Kindern den Bombenkrieg. Die Aufnahme der Flüchtlinge in den vier Besatzungszonen war primär ein Problem für Frauen. Die Kinder und Heranwachsenden kannten Stalingrad nur aus Erzählungen. Bombenkrieg, Trümmer und alltägliche Not dagegen waren diesen Kindern und Jugendlichen vertraut. Sie erlebten den Krieg anders als die ältere Generation, anders erfuhren sie auch die Folgen des Krieges.

Ich möchte drei Generationen unterscheiden:[14] die der Kriegsteilnehmer, die ihrer Kinder und die der Kindeskinder. Die erste Generation prägte die Nachkriegszeit bis zum Ende der 50er Jahre, ist aber weiter präsent, wie am Beispiel Lothar-Günther Buchheims zu zeigen sein wird, die mittlere Generation bestimmt heute die öffentliche Debatte. Historikerstreit und Goldhagendebatte gehören noch vollständig in das Konfliktfeld der mittleren Generation, die Irritationen ihnen gegenüber verursachen die Jüngeren. Sie finden, daß ein Film wie „Das Leben ist schön" einen brauchbaren Zugang zu dem Thema des Judenmordes eröffnet, sie lesen Art Spiegelmans Maus-Comic mit großer Aufmerksamkeit, gehen vielleicht einzelnen Bildern nach, schauen die CD-ROM an, die der Künstler herausgebracht hat. Ihr Zugang zur Vergangenheit ihrer Großeltern ist medialer Art.[15]

Die Kontinuität der Erinnerung einer Generation

Die Bild- und Textproduktion Lothar-Günther Buchheims zeigt[16], wie die Erinnerung der Generation der Kriegsteilnehmer über ein halbes Jahrhundert das „kollektive Gedächtnis" der Bundesrepublik Deutschland beeinflußt hat. Der 1918 geborene Schriftsteller arbeitete als Bild- und Textberichterstatter in einer Propagandakompanie der Wehrmacht. Er war an vielen Orten im Einsatz, so 1941 auf dem Zerstörer „Karl Garster" und dem U-Boot U 96. Der junge Mann war wie so viele Altersgenossen begeistert, bei der großen Unternehmung dabei zu sein. Die Fahrt mit U 96 wurde 1943 in einem Bildband mit dem Titel „Jäger im Weltmeer" publiziert.[17] Das Buch erhielt als Motto ein Diktum von Ernst Jünger: „Die Pflicht ist selbstverständlich, aber das rechte Gewicht gibt erst das Herz, das freiwillig in die Waagschale geworfen wird."[18] Mehr als die Photographie und das Geleitwort des Großadmirals Dönitz signalisiert dieser Text den kulturellen Ort des Buches: Der Autor fühlt sich dem Abenteuer der U-Boot-Fahrt mit allen seinen Emotionen verpflichtet. Von nun an wird sein Thema die illusionslose Ausübung des Soldatenhandwerks sein, die erfolgreicher gewesen wäre, hätte sie nicht eine unfähige und skrupellose Leitung behindert. Auch das Vorwort hat der Marine-Kriegsberichter geschrieben, es wurde dem Großadmiral vorgelegt, der es mit seiner Unterschrift beglaubigte. Dies erfahren wir aus dem Vorwort der zweiten Auflage, die 1996 bei Hoffmann und Campe in Hamburg erschien. In dem auf Oktober 1996 datierten Text erklärt der Autor, daß bis auf die Titelei der gesamte Band „nach den authentischen Drucken der Originalausgabe von 1943 im Format eins zu eins reproduziert wurde".[19] Die Initiative zu dem Buch wird Peter Suhrkamp zugeschrieben, der den Verlag aus „äußerster Bedrängnis"[20] retten wollte. Buchheim definiert sich 1996 als „Zeitzeuge"[21], in einem „Text-Bild-Report" wolle er seine „Zeugenschaft an den Mann bringen". „Mit Hilfe meiner Photos sollte ich sogar die Wahrheit *belegen* (Hervorhebung im Original) können. Und ich würde mich kurz fassen, meine Bilder würden sprechen, auch dafür, wie wir uns mit zwei Gegnern herumschlagen mußten: dem Feind zur See und in der Luft und dem feindlichen Element, der See."[22] Etwas spät, aber gerade noch rechtzeitig bringt er seine Kriegsberichterstattung als Geschichte von unten unter. Er pocht damit auf die Gefühle, das Erlebnis, und wendet beide gegen die Distanz, um die sich die Wissenschaft zu bemühen hat. Damit beschreibt er den Erfolg seines Konzepts: Leben, wild und gefährlich, gegen Geschichte. Das ermöglicht ihm, den politischen Kontext als unwichtig darzustellen. Das Vorwort des Reprints schließt mit dem Passus: „Das vorgeschaltete Dönitzphoto und das von ihm signierte Vorwort sind die beiden einzigen Seiten, die in diesem Reprint fehlen. Und aus gutem Grund: In Dönitz, den ich zu Beginn des Krieges für eine Art Seekriegsmoltke hielt, erkannte ich im Kriegsverlauf einen gnadenlosen Totschläger."[23] Die Sache kann 1996 wie 1943 gesehen werden, nur das Vorzeichen ist verändert. Damit haben wir ein Leitmotiv der Erinnerung der ersten Generation in der Bundesrepublik Deutschland an den Zweiten Weltkrieg – existentielle Erfahrungen, aber eine verbrecherische Führung. Die Photos signalisieren entsprechend die großen Gefühle, hohe Wellen, Sturm, Silhouetten im Halbdunkel, Kameraden in froher Runde, ein verschworener Haufen und ernste Männergesichter. Dabei ist festzuhalten, daß sie gleichermaßen 1943 und 1996 erschienen. Sie sind zudem in dem noch zu besprechenden Film nachgestellt.

Zwischen der ersten und der zweiten Auflage von „Jäger im Weltmeer" liegt eine respektable Publikationstätigkeit, die sehr erfolgreich war. Das berühmteste Buch ist der Kriegsroman „Das Boot", der 1973 in erster Auflage erschien.[24] Den Roman verfilmte Wolfgang Petersen 1981. Diese 149 Minuten lange Fassung kam auf 208 Minuten verlängert als Director's Cut 1997 noch einmal heraus. Außerdem wurde 1981 eine Fernsehfassung von ca. 6 Stunden Länge erstellt. Gleichzeitig erschien eine Dokumentation zum Film. Lothar-Günther Buchheim nutzte die Popularität seines Romans und publizierte 1976 das Sachbuch „U-Boot-Krieg".[25] 2001 erschien die bisher letzte Auflage. 1985 folgte schließlich bei Bertelsmann „Die U-Boot-Fahrer. Die Boote, die Besatzungen und ihr Admiral".[26] Bücher und Filme leben mehr oder weniger vom gleichen Bildmaterial, jenen Photos, die Lothar-Günther Buchheim als Mitglied der Propagandakompanie aufgenommen hatte. Sie sind 1943 veröffentlicht worden, und die, die neu hinzukamen, sind in ihrer ästhetischen Struktur von der gleichen Qualität. Auch der Film greift gerne auf die Inszenierungen der Buchheimschen Photos zurück, so daß wir feststellen können, daß eine erfolgreich veröffentlichte Erinnerung an den Zweiten Weltkrieg visuell und inhaltlich durch die Zeit bis zum Mai 1945 präformiert ist (Abb. D 4).[27] Der Film rühmt sich der „Authentizität". Viele der Photos wurden minutiös nachgestellt, so z. B. der Blick in den U-Boot-Bunker (Abb. D 5). Es ist anzunehmen, daß jüngere Zuschauerinnen und Zuschauer Petersens „Das Boot" nicht anders sehen als „Rambo" oder „Saving Private Ryan". Dafür spricht auch das Filmplakat (Abb. D 6), das jeden historischen Bezug übergeht, allein auf die unheimliche Tiefe abhebt, sich so den Anmutungen des „Weißen Hais" von 1975, Stevens Spielbergs Modell für alle Filme, die Gefahr aus der Tiefe behandeln, nähert. Trotzdem ist zu konstatieren, daß eine Kriegserinnerung den Beginn des 21. Jahrhunderts bestimmt, die sich strukturell nicht von „Hunde, wollt ihr ewig leben" unterscheidet, obwohl sich das Plakat (Abb. D 7) zu dem Film von 1958 mit Eisernem Kreuz und deutschen Charakterköpfen der Symbolik der edlen Wehrmacht bedient, die von der NSDAP mißbraucht wurde.

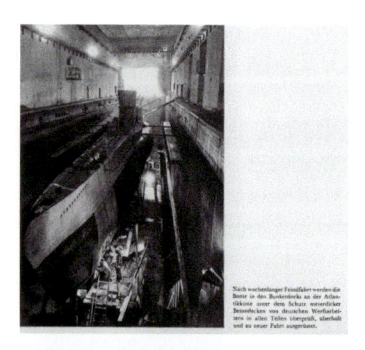

D 4
Nach wochenlanger Feindfahrt werden die Boote in den Bunkerdocks an der Atlantikküste unter dem Schutz meterdicker Betondecken von deutschen Werftarbeitern in allen Teilen überprüft, überholt und zu neuer Fahrt ausgerüstet
In: Lothar-Günther Buchheim: Jäger im Weltmeer, Reprint der Originalausgabe von 1943, Hamburg 1996
Buch
Greifswald, Universitätsbibliothek Greifswald
620/NQ2570B919J2

D 5
Wolfgang Petersen (Regie)
Das Boot
Nach dem gleichnamigen Roman von Lothar-Günther Buchheim, 1981
Filmstill
Geiselgasteig, Bavaria Film GmbH

Der Wettstreit der Erinnerungen in der Generation der Kriegsteilnehmer

Liest man in den Erinnerungen des 1906 geborenen Wolfgang Abendroth das Kapitel über die Zeit der Bundesrepublik[28], so bestimmt ein Thema jeden Abschnitt: In allen leitenden Positionen sind ehemalige Nationalsozialisten tätig, dabei ist der Blick des Juristen Abendroth besonders intensiv auf seine eigene Zunft gerichtet. Konnte man in den 70er Jahren noch die Beobachtungen des engagierten

D 6
Wolfgang Petersen (Regie)
Das Boot
1981
Filmplakat, 118,2 x 83,5 cm
Berlin, Deutsches Historisches Museum
P 95/479

D 7
Frank Wisbar (Regie)
Hunde, wollt ihr ewig leben?
1958
Filmplakat, 84,5 x 60 cm
Berlin, Filmmuseum Berlin –
Deutsche Kinemathek
GW1-02483

D 8
Wolfgang Staudte (Regie)
Die Mörder sind unter uns
1946
Filmplakat, 84 x 59,9 cm
Bonn, Haus der Geschichte
der Bundesrepublik
Deutschland
1990/12/119

Sozialisten als parteiisch denunzieren, so hat das Buch über die „Vergangenheitspolitik" von Norbert Frei[29] mit aller wünschenswerten wissenschaftlichen Präzision belegt, daß die nationalsozialistischen Eliten in den staatlichen Aufbau der Bundesrepublik Deutschland integriert wurden.

Diese Nachkriegsentwicklung in Westdeutschland fand auch Widerspruch; er blieb jedoch erfolglos, prallte ab. Die alten Eliten waren gezwungen, die neuen Spielregeln anzuerkennen, und da es ihnen zunehmend besser ging, gab es auch gar keinen Grund, dem neuen System die Stirn zu bieten.[30] Filme wie Kurt Hoffmanns „Wir Wunderkinder" von 1958 thematisierten das Problem, aber die Kontinuität bleibt abstrakt, und außer, daß die, die auch schon vor 1945 am Drücker waren, jetzt wieder dran sind, wird nichts gesagt. Der Film blieb zu Geschehnissen des Zweiten Weltkriegs denkbar nebulös. Konkreter wird da Wolfgang Staudtes „Die Mörder sind unter uns", der als erster DEFA-Film 1946 in den Kinos gezeigt wurde. Staudte hatte Schwierigkeiten mit der Realisierung, da die westlichen Besatzungsbehörden die Produktion nicht genehmigen wollten. Ihm gelang es jedoch, die sowjetischen zu überzeugen. Hier spielen Geiselerschießungen in der Sowjetunion Weihnachten 1942 die zentrale Rolle. Nach Kriegsende begegnet der Zeuge, der 1942 vergeblich gegen die Erschießungen protestiert hatte, dem Verantwortlichen in Berlin. Er kann nicht, wie er möchte, Selbstjustiz üben. Das Plakat zeigt den langen Schatten der Vergangenheit, der den Hauptmann einholt, denn es gibt Mitwisser, die ihn zur Verantwortung ziehen wollen (Abb. D 8). Dieser Film, der für die Erinnerung der Bundesrepublik Deutschland an den Zweiten Weltkrieg die Rolle eines Außenseiters einnimmt, zeigt, wie die zu erinnernden Motive ausgehandelt werden müssen. Staudte mußte auf eine politische Interpretation des Krieges verzichten, da die Vertreter der Besatzungsmacht keine Darstellung von Selbstjustiz zuließen. Staudte plädierte deshalb für eine juristische Verfolgung der Verbrechen. Die Kontinuität ohne Innehalten wird Ende der 60er Jahre von Alexander und Margarete Mitscherlich in ihrem Buch „Die Unfähigkeit zu trauern" untersucht.[31] Erst dann ist eine erste intensive Analyse möglich. Daran ändern die Versuche der Reeducation[32] durch die Besatzungsmächte gleich nach dem Krieg (zu denen auch Staudtes Film gezählt werden kann) nichts.

Das Problem der Erinnerung an den Krieg während der 50er Jahre besteht vor allem darin, so auch die Mitscherlichs, daß sich die Deutschen nicht ihre Liebe zum Führer eingestehen, nicht den Verlust betrauern und ihre Verquickung in Verbrechen erkennen und bearbeiten konnten. Das gleiche ist für die vielen Kriegsfilme der späten 50er und frühen 60er Jahre zu beschreiben: So die „08/15"-Trilogie, die von der Gegenüberstellung von sympathischen, tüchtigen, einsatzbereiten Landsern und der korrupten und unfähigen Führung lebt. Das Plakat zeigt im Hintergrund die einfachen Soldaten, die in diesen Filmen als sympathische Männer dargestellt werden und die sich durch die Vorgesetzten nicht in ihrem Ethos irritieren lassen (Abb. D 9). Im Film erscheint die Zivilbevölkerung als Objekt fremder Aggression. Strukturell unterscheidet sich die visuelle Deutung der Vergangenheit nicht von dem als Beispiel vorgestellten Bildband Hilmar Pabels (vgl. Abb. D 2).

Auch von einem weiteren Außenseiter ist zu berichten. Er wirbt um die Erinnerung der 1945 kaum Erwachsenen, macht diesen Jahrgängen das Deutungsangebot, den wirren Umständen der letzten Kriegsmonate zum Opfer gefallen zu sein. 1959 kam Bernhard Wickis Film „Die Brücke" nach dem gleichnamigen Roman von Manfred Gregor[33] heraus. Der Film handelt von einer Schulklasse, die Ende April 1945 eingezogen wird, und versucht, die Absurdität des Endkampfes in der Darstellung hilfloser Kindersoldaten zu symbolisieren. So spiegelt das Plakat zwei Welten. Auf der einen Seite ist die heile Welt mit friedlichem Fluß zu sehen, zu der auch noch der Junge gehört,

D 9
Paul May (Regie)
08/15. 2. Teil
1954
Filmplakat, 84 x 59,5 cm
Berlin, Filmmuseum Berlin –
Deutsche Kinemathek
GW1-04133

D 10
Bernhard Wicki (Regie)
Die Brücke
1959
Filmplakat, 84 x 59,5 cm
Berlin, Filmmuseum Berlin –
Deutsche Kinemathek
GW1-07353

der auf der anderen Seite zum Kindersoldaten mitten in der Katastrophe geworden ist (Abb. D 10).

Der Bombenkrieg ist ein zentrales Thema der frühen Kriegserinnerungen in der jungen Bundesrepublik Deutschland. Das ist insofern nicht verwunderlich, als die Folgen für die gesamte Bevölkerung noch spürbar waren: Wohnraumbewirtschaftung, schadhafte Häuser, fehlende Infrastruktur. Und in dieses unwirtliche Land waren überdies Millionen von Flüchtlingen aus den inzwischen unter polnischer bzw. sowjetischer Verwaltung stehenden Ostgebieten des Reiches geströmt. Hinzugekommen waren die vertriebenen Deutschen.[34] Alle diese Menschen mußten in dem verbliebenen Rest des Landes untergebracht werden. Die Politik war um die Integration der Vertriebenen bemüht. Ein eigenes Ministerium nahm sich ihrer an. Diese Politik wird durch eine Briefmarke thematisiert, die 1955 erschien (Abb. D 11). Das gleiche Motiv, Fliehende, die sich gegen den Wind stemmen, wird 1965 noch einmal wiederholt (Abb. D 12). Der ephemeren Denkmalssetzung geht es jedoch nicht nur um die Erinnerung an das Leid der Vertriebenen, es wird auch die Forderung nach Revision des Status quo, der als Unrecht firmiert, damit verbunden. Auf der Briefmarke zum 40. Jahrestag der „Charta der deutschen Heimatvertriebenen" wird das Problem durch den Text der Charta in ein allgemein menschliches umgewertet (Abb. D 13). Die Briefmarken sollen gleichzeitig unterschiedliche Begehren befriedigen. Sie sollen das Leid der im Westen ungeliebten Vertriebenen thematisieren, indirekt die Forderungen der Vertriebenenverbände unterstützen, in der Erinnerung an den Krieg das Leid der Deutschen in den Vordergrund stellen.

Mit der Integration der Westzonen, der Gründung der Bundesrepublik Deutschland und der Wiederbewaffnung werden auch die militärischen Eliten wieder hoffähig. Die Aufwertung erfolgt über die Stilisierung des Attentats auf Adolf Hitler vom 20. Juli 1944 zu einer Tat der Wehrmacht. Symptomatischerweise lautet der Titel eines der ersten Bücher zu diesem Thema „Offiziere gegen Hitler". Der Einband des Fischer-Taschenbuchs präsentiert auf blauem Grund das Achselband der Ausgehuniform und nobilitiert damit die Wehrmacht.[35] Dabei ist zu beachten, daß das Attentat vom 20. Juli nach dem Krieg umstritten war, Tyrannenmord und Widerstandsrecht wurde genauso diskutiert wie die Frage, ob man seinem Gewissen folgen dürfe.[36] Sowohl der bundesdeutsche Film „Canaris" wie auch der US-amerikanische „Rommel, der Wüstenfuchs" verbinden den Gedenktag des 20. Juli mit dem Bild von aufrechten Männern der Wehrmacht. Damit war die Wehrmacht als eine integre Institution herausgestellt, für die Verbrechen waren die SS und die Nationalsozialisten zuständig, was immer man sich unter diesem Sammelbegriff vorgestellt haben mag. Während die Briefmarke zum 10. Jahrestag des Attentats 1954 noch mit einem klassizistischen Helden für die Anerkennung der Tat werben muß (Abb. D 14), genügt zum 50. Jahrestag das abstrakte Gebilde aus Datum, Gitterstäben und

D 11
Hahn, Lemke
Zehn Jahre Vertreibung.
1945–1955
1955
Briefmarke
Bonn, Archiv für Philatelie.
Museumsstiftung Post und Telekommunikation

D 12
Hahn, Lemke
Zwanzig Jahre Vertreibung.
1945–1965
1965
Briefmarke
Bonn, Archiv für Philatelie.
Museumsstiftung Post und Telekommunikation

D 13
Lüdtke
40 Jahre Charta der deutschen Heimatvertriebenen
1990
Briefmarke
Bonn, Archiv für Philatelie.
Museumsstiftung Post und Telekommunikation

Nationalfarben (Abb. D 15). Erst im Laufe der 50er Jahre kann der 20. Juli als der Gedenktag an den deutschen Widerstand von der Politik durchgesetzt werden. Zum 20. Jahrestag erschien eine Briefmarkenserie, die mit Sophie Scholl, Ludwig Beck, Dietrich Bonhoeffer, Alfred Delp, Friedrich Goerdeler, Wilhelm Leuschner, Helmuth James Graf von Moltke und Claus Graf Schenk von Stauffenberg Repräsentanten aller politischen Fraktionen – ohne die Kommunisten – mit dem sich etablierenden Gedenktag verband (Abb. D 16).[37] Der 20. Juli 1944 wurde ein Beleg der Bundesrepublik für ihre demokratischen Wurzeln vor 1945, der Wettbewerb mit der DDR ist dabei nicht zu übersehen. Heute scheint der bundesrepublikanische Konsens, den 20. Juli als Gedenktag zu installieren, auch als Deckerinnerung für den 8. Mai 1945 beschreibbar: Der Untergang der Edlen im Kampf gegen das Böse. Dies ist der Tenor der beiden Filme über den 20. Juli aus dem Jahre 1955, Falk Harnacks „Der 20. Juli" und Georg Wilhelm Pabsts „Es geschah am 20. Juli".

D 14
Gerhard
20. Juli 1944. 10. Jahrestag
1954
Briefmarke
Bonn, Archiv für Philatelie.
Museumsstiftung Post und Telekommunikation

D 15
Hoch
50. Jahrestag des 20. Juli 1944
1994
Briefmarke
Bonn, Archiv für Philatelie.
Museumsstiftung Post und Telekommunikation

In diesem Zusammenhang ist kurz von einer Untersuchung zu berichten, mit der wir[38] in Vorbereitung auf diesen Beitrag versucht haben, eine evaluierbare Basis[39] für einen Bildkanon zu erstellen, der repräsentativ für die Erinnerung an den Krieg sein könnte. Zu diesem Zweck haben wir alle intensiv illustrierten deutschsprachigen Geschichten des 20. Jahrhunderts recherchiert[40] und den Anteil an Bildern zum Zweiten Weltkrieg ermittelt. Bände, die hierfür in Frage kommen, scheinen erst nach 1960 produziert worden zu sein. Der Anteil der Bilder zum Zweiten Weltkrieg schwankt zwischen 9,4 Prozent und 17,6 Prozent.[41] Eine Veränderung zwischen 1960 und 2000 läßt sich nur mit Einschränkungen beschreiben, da die Produktion derartiger Sammelwerke von großer Trägheit gekennzeichnet ist. Die Verlage greifen auf den einmal erstellten Kanon zurück. Kennzeichnend ist etwa der Vergleich zwischen Paul Sethe: „Deutsche Geschichte im letzten Jahrhundert" von 1960 und Guido Knopp: „100 Jahre. Die Bilder des Jahrhunderts" von 1999.[42] Im älteren Werk sind von 70 Bildern 11 dem Zweiten Weltkrieg zugeordnet (15,7 Prozent), im jüngeren von 1999 lediglich 12 von 119 (10,1 Prozent). Während Paul Sethe mit 13,0 Prozent den Bombenkrieg, mit 36,4 Prozent das Führungspersonal und mit 54,5 Prozent den Widerstand berücksichtigt, entfallen bei Guido Knopp 41,6 Prozent auf Kriegsschauplätze, aber auch 16,7 Prozent auf den Holocaust sowie 8,3 Prozent auf den Nürnberger Prozeß. Die genauere Untersuchung zeigt, daß der 1901 geborene Journalist Paul Sethe ein Geschichtsbild hat, das von der Priorität des staatlichen Handelns geprägt ist. So sind sich zwei Bilder mit dem Führungspersonal gegenübergestellt: ein Dreiviertelporträt Hitlers während seiner Reichstagsrede am 1. September 1939 mit dem der deutschen Generalität bei der Unterzeichnung der

D 16
G. und E. Aretz
Dem deutschen Widerstand zum Jahrestag des 20. Juli. 1944/1964
1964
Briefmarke
Bonn, Archiv für Philatelie.
Museumsstiftung Post und Telekommunikation

D 17
Russische Soldaten hissen die Sowjetfahne auf dem Reichstag. 4. Mai 1945.
Köpfe des Widerstandes: Hans und Sophie Scholl; Mitte: Carl Goerdeler, Claus Graf Schenk von Stauffenberg; unten: Wilhelm Leuschner, Helmuth James Graf von Moltke
In: Paul Sethe: Deutsche Geschichte im letzten Jahrhundert, 2. Aufl., Frankfurt a.M. 1960
Buch
Berlin, Staatsbibliothek zu Berlin – Preußischer Kulturbesitz
16A2465<2>

D 18
Konferenz der 'Großen Drei' in Jalta: Winston Churchill, Franklin D. Roosevelt und Josef W. Stalin (v.l.)
In: Alexander Flemming, Axel Steinberger, Peter Strunk: Chronik 1945. Tag für Tag in Wort und Bild, 2. Aufl., Dortmund 1991, S. 28
Buch
Berlin, Deutsches Historisches Museum
ZA 6036-1945/2

D 19
Stanisław Mucha (Photographie)
1942. Tatort Auschwitz
In: Guido Knopp: 100 Jahre. Die Bilder des Jahrhunderts, Sonderausgabe München 2003, S. 166/167
Buch
Berlin, Deutsches Historisches Museum

Kapitulation in Berlin-Karlshorst am 9. Mai 1945. Widerstand ist ähnlich der Briefmarkenserie zum 20. Jahrestag über sechs Porträts thematisiert: Hans und Sophie Scholl, Carl Goerdeler und Claus Graf Schenk von Stauffenberg sowie Wilhelm Leuschner und Helmuth James Graf von Moltke (Abb. D 17). Das Hissen der sowjetischen Fahne auf dem Reichstag am 4. Mai 1945 ist Sethes Ikone für das Kriegsende. Die Bilder der Konferenz von Jalta betonen in der „Chronik" von 1945 wieder die Priorität der Politik, jetzt der Siegermächte (Abb. D 18). Guido Knopp bildet hingegen die inzwischen etablierten Ikonen – für jedes Kriegsjahr eine – ab. Für 1939 zeigt er z. B. die Wehrmachtssoldaten, die die polnische Grenzschranke beseitigen. 1942 wird, mit „Tatort Auschwitz" überschrieben, das Photo des Lagertores in Birkenau gezeigt, das Stanisław Mucha im Februar oder März 1945 nach der Befreiung des Lagers aufgenommen hat (Abb. D 19). 1943 ist mit zwei Photos versehen: deutsche Soldaten, die in Stalingrad in sowjetische Kriegsgefangenschaft gehen, und der Junge, der mit erhobenen Händen das Warschauer Ghetto verläßt. 1945 sehen wir wie bei Paul Sethe das Hissen der sowjetischen Fahne über dem Reichstag. 1946 wird die Bank der Angeklagten im Nürnberger Prozeß gezeigt, mit der Beschriftung „Hitlers Helfer vor Gericht".

Paul Sethe erinnert an Personen. In seinem Buch werden mehr Photographien von den guten Deutschen des 20. Juli[43] als von den Verbrechern Hitler und Keitel abgebildet. Der 1948 geborene (damit fast ein halbes Jahrhundert jüngere) Fernsehjournalist Guido Knopp reagiert vierzig Jahre später mit einer Sequenz von Ikonen, der symbolische Gehalt der ausgewählten Bilder ist wichtiger als der dokumentarische – für Auschwitz wählt er bewußt ein Bild aus, das nach der Befreiung am 27. Januar 1945 entstand. Sein Buch geht mit einer öffentlichen Debatte über die Rolle von Bildern in der Erinnerung reflektiert um, Paul Sethe ahnte von einer solchen Rolle der Bilder noch nichts.

Das am häufigsten abgebildete Photo zeigt einen deutschen Soldaten im Kübelwagen vor protestierenden Prager Bürgern beim Einmarsch in die Tschechoslowakei im März 1939[44] – ein bekanntes Bild, das wohl deswegen häufig verwendet wird, weil der Gegensatz von Bevölkerung und Invasoren prägnant charakterisiert ist (Abb. D 20 u.). Auf jeden Fall markiert es innerhalb des Kontextes die aggressive Politik des Deutschen Reichs schon vor dem Überfall auf Polen im September 1939. Anders als bei Paul Sethe stehen nicht die Politiker, sondern die Soldaten und die Bürger als Handelnde zur Debatte.[45]

D 20
Ohnmächtiger Protest der Prager Bevölkerung beim Einmarsch deutscher Truppen, März 1939
In: Fragen an die deutsche Geschichte. Ideen, Kräfte, Entscheidungen von 1800 bis zur Gegenwart, Historische Ausstellung im Reichstagsgebäude in Berlin, Deutscher Bundestag (Hg.), 4. erweiterte Aufl., Bonn 1979
Buch
Privatbesitz

Fragen wir nicht nach dem gleichen Photo, sondern dem gleichen Motiv, dann wurde der Nürnberger Prozeß[46] am häufigsten abgebildet. In den 19 untersuchten Büchern ist er zwölfmal vertreten.[47] Zu sehen sind immer die Bänke der Angeklagten, allerdings zu unterschiedlichen Zeiten und aus unterschiedlichen Blickwinkeln. Die Kommentare nehmen immer das Besondere als Verweis auf das Allgemeine. Sie bemerken, daß die Verantwortlichen zur Rechenschaft gezogen werden, doch erlauben die Bilder gleichermaßen die Assoziation der Siegerjustiz. Diese Offenheit ist spezifisch für sehr viele Bilder, es ist ihre Stärke und ihre Schwäche. Achtmal sind auf fünf verschiedenen Photos Churchill, Roosevelt und Stalin in Jalta[48], sechsmal die Unterzeichnung der Kapitulation in Karlshorst auf fünf verschiedenen Photos zu sehen.[49] Alle diese Bilder geben Rituale wieder, die schon in ihrem Arrangement vor der Kamera symbolisch organisiert sind. Das trifft gleichermaßen auf die Beziehung von Richtern und Angeklagten in Nürnberg, die Beziehung von Siegern und Besiegten in Karlshorst oder die egalitär aufgereihten Verbündeten in Jalta zu.

Sechs der 19 Bücher zeigen Hitler mit seinen Generälen am Kartentisch[50], die klassische Bildformel für den Feldherrn, hier allerdings doppelt konnotiert: Hitler als der Verantwortliche für den Krieg und die Niederlage, aber auch Verehrung für den Feldherrn der Siege der ersten Jahre.

Die Ansprüche an eine besondere charakterisierende Qualität, die die Photobände zum Thema Krieg bestimmt[51], fehlen dieser Auswahl. Erst in den 90er Jahren scheint dieser Anspruch auch bebilderte Geschichtsbücher zu bestimmen, wie das von Guido Knopp.[52] Ich gehe davon aus, daß die unspezifische Bildauswahl Sethes der persönlichen Erinnerung der Kriegsteilnehmer bedarf, während spätere Generationen Bilder mit Symbolgehalt leichter in ihr Bildgedächtnis integrieren können.

Bleibt, die Bildbände auf die Thematisierung der Völkermorde zu befragen: Diese sind in fünf der 19 Bände nicht erwähnt[53], in allen anderen Büchern sind sowohl die Verbrechen der Wehrmacht als auch die Konzentrationslager dokumentiert, meist mit mehreren Photographien, die überwiegend von den Alliierten aufgenommen worden waren – einzige Ausnahme ist das von der SS hergestellte

D 21
Deportierte Juden nach der Ankunft im Lager Auschwitz kurz vor ihrer Selektion für die Vergasung
In: Jutta Lemcke: Chronik 1941. Tag für Tag in Wort und Bild, 3. Aufl., Dortmund 1993, S. 65
Buch
Berlin, Deutsches Historisches Museum
ZA 6036-1944/3

D 22
Gerhard Gronefeld (Photographie)
Wie in Polen begonnen, setzten die SS-Polizei-einheiten des Dritten Reiches auch in den besetzten Ländern Osteuropas ihre 'völkischen Ausrottungsmaßnahmen' fort
In: Hans Adolf Jacobsen, Hans Dollinger: Hundert Jahre Deutschland, München 1969, S. 220/221
Buch
Berlin, Staatsbibliothek zu Berlin – Preußischer Kulturbesitz
24B201

D 23
Rudolf Augstein über Verbrechen der Wehmacht
In: Der Spiegel, Nr. 11, 10. März 1997
Zeitschriftentitel
Privatbesitz

Auschwitz-Album[54], aus dem die Selektion auf der Rampe übernommen wurde (Abb. D 21). Bilder von Hinrichtungen, meist im Zusammenhang mit der Berichterstattung über Partisanen, finden sich in den meisten Bänden. Zu den bekanntesten gehört die Photographie des Mitglieds einer Propagandakompanie Gerhard Gronefeld[55], die die Erschießung in Pančevo[56] zeigt (Abb. D 22). Hier sind sie in durchaus populären Bänden zu finden, für die Hand von jedermann bestimmt. Allerdings gibt es einen großen Unterschied, der symptomatisch für die Erinnerungsstrategie der 50er und der 60er Jahre ist: Alle verbrecherischen Maßnahmen werden der SS zugeschrieben, und das, obwohl jeder Kriegsteilnehmer in dem Pistolenschützen von Pančevo einen Wehrmachtsangehörigen erkennen konnte.[57] Erst 1996 erregten die gleichen oder ähnliche Bilder in der Ausstellung „Vernichtungskrieg. Verbrechen der Wehrmacht 1941–1944"[58] großes Aufsehen und derartige Kontroversen, daß der Spiegel das Motiv 1997 zum Titelblatt machte (Abb. D 23).

Die meisten Bücher zeigen den stolzen, repräsentativen, erfolgreichen Beginn des Krieges, den Vormarsch, dann aber nehmen die grausamen Bilder zu, sie häufen sich, wenn es um die Jahre 1944 und 1945 geht.

Schließlich sind in fast allen untersuchten Bänden der Bombenkrieg und die Vertreibung der Deutschen aus dem Osten dokumentiert.

Die zweite Generation: die Kinder der Kriegsteilnehmer

Wenn auch die in der zweiten Hälfte der 30er und Anfang der 40er Jahre Geborenen den Krieg nicht bewußt miterlebt haben, so sind Bombennächte und Flucht, Evakuierungen, abwesende Väter und um den Lebensunterhalt kämpfende Mütter eine indirekte Kriegserfahrung, die nicht am 8. Mai 1945 endete. Es dauerte mehr als 50 Jahre, bis diese Generation es schaffte, ihre Kindheit von dem Bleigewicht der deutschen Verbrechen zu lösen.[59] Diese Generation war groß geworden mit den Antikriegsschwüren ihrer Eltern, denen die deutsche Wiederbewaffnung folgte. Das Mißtrauen gegen die erzählten Erinnerungen der Kriegsteilnehmer und -teilnehmerinnen wuchs, es konnte sich in der Studentenbewegung allerdings nur in einer allgemeinen Faschismuskritik ausdrücken. Von den deutschen Verbrechen hielt die politische Debatte jener

Jahre Abstand, die linken Gruppen gaben sich mit der irrationalen Erklärung zufrieden, die Konzentrationslager seien eine hybride Form der Sklavenarbeit gewesen. Vor allem für deutsche Künstlerinnen und Künstler lag die Schwierigkeit auf der Hand, daß sie auf der Seite der Opfer stehen wollten, sie aber nicht übersahen, daß sie mit den Henkern ihre Sprache und (bis auf wenige Ausnahmen) ihre Herkunft verbindet. Gerhard Richters „Onkel Rudi" thematisiert diesen Konflikt (Abb. D 24). Einerseits ist der Onkel in Uniform über eine Photographie präsent, wie sie in vielen Familienalben zu finden ist, andererseits ist diese so verwackelt, wie nur ein schielender Blick ihn sehen kann. Erinnern und Vergessen, Soldat der Wehrmacht und liebender Onkel gehen untrennbar ineinander über und verhindern jede Eindeutigkeit. Es löst den Helden auf wie eine harte Substanz im Wasser, setzt jedoch keine neue Deutung an seine Stelle. Diese Verwicklung ist auch die Ursache dafür, daß andere Themen für die Kinder der Kriegsteilnehmer in den Vordergrund traten: z. B. der Vietnamkrieg. Sie konnten auf diese Weise für eine befreite Gesellschaft kämpfen, im Antiamerikanismus – im Kampf gegen amerikanische Bombardements – blieben sie die Söhne ihrer Väter.

Was die Intellektuellen nicht zustande brachten, gelang 1979 einer US-amerikanischen Fernsehserie mit dem mythologisierenden Titel „Holocaust". Als ob die deutschen Fernsehgewaltigen geahnt hätten, was kommen würde, verlegten sie die Sendung in die Dritten Programme, nur Bayern stand abseits. Es nutzte nichts. Der bürokratisch geplante und industriell durchgeführte Massenmord Deutscher an den Jüdinnen und Juden Europas war für Monate Thema in der Bundesrepublik. Dieses Echo hatte Claude Lanzmanns Serie „Shoah" 1985 nicht, obwohl sie für diejenigen viel eindrücklicher war, die sich dem Thema öffneten. Der Durchbruch wurde jedoch von einer einfach gestrickten Soap Opera erreicht, die mit ungebrochenen Identifizierungsangeboten arbeitete. Der Erfolg der Serie „Holocaust", der sich schon darin niederschlägt, daß sie den Sammelnamen für alle deutschen rassenanthropologischen und rassenhygienischen Verbrechen 1933 bis 1945 lieferte, hat eine lange Vorgeschichte, in der eine aktive Minderheit die deutsche Vergangenheit zum Thema aller machen

D 24
Gerhard Richter
Onkel Rudi
1965
Öl/Leinwand, 87 x 49 cm
Lidice, Pámátnik Lidice –
Lidice galerie
LO 314

D 25
Das Tagebuch der Anne Frank.
12. Juni 1942 – 1. August
1944, mit einem Vorwort von
Albrecht Goes, Frankfurt a.M.
1955
Buchtitel
Berlin, Universitätsbibliothek
der Universität der Künste
Berlin. Abteilung Musik und
Darstellende Kunst
Mu/Th Nb 4160.4 CZ 0875

D 26
Janota-Bzowski
Anne Frank.
12. 6. 1929 – 31. 3. 1945
1979
Briefmarke
Bonn, Archiv für Philatelie.
Museumsstiftung Post und
Telekommunikation

wollte. Die erste breitere Auseinandersetzung brachte die Veröffentlichung des „Tagebuchs der Anne Frank" 1950 mit sich. Aus der abstrakten, nach Millionen zählenden Menge der Ermordeten tauchte ein Gesicht auf. Während die Taschenbuchausgabe des S. Fischer Verlages, die 1955 erstmalig erschien, auf dem Buchdeckel das Vorderhaus in der Prinsengracht zeigt, verwendet sie das Porträtphoto als Autorenbild auf der Rückseite des Buches, wie dies auf allen Taschenbüchern dieser Reihe üblich war (Abb. D 25).[60] Das Tagebuch wurde – zunächst für die USA – für die Bühne bearbeitet, gleichermaßen für den Funk. Frank Schnabel ging 1958 in einem Rundfunk-Feature der „Spur eines Kindes" nach.[61] Daß das „Tagebuch der Anne Frank" eine große Wirkung hatte, belegt die Auflagenentwicklung des Taschenbuchs. Die Auflage betrug 40 000 in der Erstausgabe, hatte Januar 1957 das 203. Tausend erreicht, im April 1958 war die halbe Million schon lange überschritten.[62] Die graphische Gestaltung des Einbands wurde nicht verändert, doch das Gesicht des aufgeweckten Schulmädchens rückte zunehmend in das Zentrum der Visualisierung, bis es dann 1979 zum 50. Geburtstag der Autorin auf einer Briefmarke erschien. Es wurde umgezeichnet und dabei leicht verändert, denn nun liegt das Tagebuch vor ihr auf dem Tisch (Abb. D 26).

Auch die 1960 in Berlin gezeigte Ausstellung „Die Vergangenheit mahnt" offenbart das Interesse einer Minderheit, an die deutschen Verbrechen zu erinnern. Auf dem Plakat ist der Junge aus dem Warschauer Ghetto dem Kopf Albert Einsteins gegenübergestellt (Abb. D 27). Diese Ikonographie, die heute befremden mag, will mit dem Opfer und dem Genie veranschaulichen, daß Juden schätzenswerte Menschen seien, die man nicht hätte umbringen dürfen. Schon diese Umsetzung der Collage des Plakats in Sprache signalisiert, wie hilflos die Versuche waren, mit der Vergangenheit umzugehen.

Rolf Hochhuths Theaterstück „Der Stellvertreter" wurde unter der Regie von Erwin Piscator am 20. Februar 1963 in der Freien Volksbühne Berlin uraufgeführt. „Der Stellvertreter" thematisierte die zweideutige Rolle des Vatikans angesichts der Vernichtung der

D 27
Die Vergangenheit mahnt
Plakat zur gleichnamigen Ausstellung in der Kongreßhalle, Berlin, 8. April – 3. Mai 1960
Papier/Metall, 59,5 x 83 cm
Berlin, Haus der Wannsee-Konferenz

Juden und entfachte eine erregte öffentliche Diskussion.⁶³ Eine Säule des Adenauer-Staates, die katholische Kirche, die sich immer ausschließlich in der Rolle der Verfolgten beschrieben hatte, wurde nun an den Pranger gestellt. Pater Ricardo bittet den Papst um eine öffentliche Stellungnahme gegen die Deportationen, doch dieser lehnt ab (Abb. D 28). Die Szene der Händewaschung, die Pius XII. mit Pontius Pilatus gleichsetzte, der in den Kreuzestod Jesu einwilligte, wurde von den Angegriffenen als besonders niederträchtig empfunden.

D 28
Erwin Piscator (Regie),
Rolf Hochhuth (Buch)
Der Stellvertreter
Dieter Borsche als Pius XII.,
1963
Szenenphoto
Berlin, Stiftung Archiv der Akademie der Künste
Erwin-Piscator-Center 173

Der Diskussion um den „Stellvertreter" folgten die Frankfurter Auschwitz-Prozesse, die im Dezember 1963 begannen und im August 1965 mit der Urteilsverkündung endeten. Peter Weiss brachte sie 1965 mit dem Theaterstück „Die Ermittlung" in eine breitere Öffentlichkeit. Das Stück ist eine Montage von Passagen aus den Prozeßprotokollen. Mit der Debatte über die Verjährung der Verbrechen der NS-Zeit erfuhren die Prozesse weitere Aufmerksamkeit.⁶⁴ Nach deutschem Recht verjährten Verbrechen, die mit lebenslanger Haft bestraft werden, nach zwanzig Jahren. Zwanzig Jahre nach Kriegsende, also 1965, drohten damit NS-Verbrechen zu verjähren. Am 25. März 1965 wurde im Bundestag die Frage der Verjährung debattiert. Schließlich verlängerte dieser die Verjährung für Verbrechen, auf die eine lebenslange Freiheitsstrafe steht, auf 30 Jahre, und die Verjährung von Völkermord wurde aufgehoben.⁶⁵ Die gesamte Entwicklung ist spätestens seit 1949 von dem wiederkehrenden Ruf nach einem Schlußstrich geprägt. Das Thema bleibt aktuell, führt zu immer neuen öffentlichen Erregungen und Debatten, so im Historikerstreit 1986⁶⁶, in der Goldhagendebatte 1996⁶⁷ und zuletzt in der Auseinandersetzung um die Wehrmachtsausstellung 1997.

Der Kampf um die Erinnerung findet in der popularisierten Wissenschaft, in Filmen und Theaterstücken wie auch im Fernsehen statt. Die bildende Kunst hatte nur einmal einen größeren Anteil an der Debatte, und da ging es nur indirekt um den Zweiten Weltkrieg: in der Frankfurter Ausstellung „Kunst im 3. Reich. Dokumente der Unterwerfung"⁶⁸ von 1974. Das Titelbild des Kataloges (Abb. D 29) zitiert zwei Ikonen der NS-Kulturpropaganda: das Reichsparteitagsgelände und die „Allegorie der Künste" von Hitlers Lieblingsmaler Adolf Ziegler. Gestört werden diese Bilder aber durch die rote Titelei und Einfärbung in Braun und Blau. Damit ist auf der Ebene des Visuellen das Problem der Unternehmung signalisiert. Die Ausstellung hat die Zeit von 1933 – 1945 wieder präsent gemacht, sie dem Gedächtnis hinzugefügt, sie war allerdings von der Befürchtung umgeben, daß sie nicht als das „Andere", sondern als das lange versteckte „Eigene" rezipiert würde.⁶⁹ Die Befürchtung war, daß das Vergangene nicht nur erinnert, sondern auch wiederbelebt werden könnte.

D 29
Georg Bussmann (Hg.)
Kunst im 3. Reich.
Dokumente der Unterwerfung
Ausstellungskatalog
Frankfurt a. M. 1974
Buchtitel
Berlin, Universitätsbibliothek der Humboldt-Universität.
Zweigbibliothek
Kunstwissenschaft
Da 4828/53

Die Enkel

Zwei unterschiedliche Komponenten bestimmen die Struktur der Erinnerung in den 90er Jahren: das Ende des West-Ost-Konfliktes, das die Vereinigung von DDR und Bundesrepublik Deutschland ermöglichte, und der Eintritt einer neuen Generation in die Erinnerungsdebatte. Obwohl noch nicht genügend Abstand für eine verbindliche Aussage vorliegt, sei doch die These formuliert, daß der Westen, die ehemalige Bundesrepublik, von der Erinnerungstradition der DDR nicht beeinflußt worden ist. Die Entwicklung geht in zwei Richtungen: Einerseits wird die Diskussion um den Zweiten Weltkrieg und das, was zu erinnern sei, versachlicht. Die Ausstellung des „Hamburger Instituts für Sozialforschung" über die Verbrechen der Wehrmacht sahen überwiegend junge Besucherinnen und Besucher. Sie versuchten sich dem Thema kühl – um nicht zu sagen: cool – zu nähern.

Ist Versachlichung die eine Seite der Erinnerung, so ist die Mythisierung die andere. Auch hierfür nur ein Beispiel: Der Film „X-MEN" in der Regie von Bryan Singer aus dem Jahre 2000 erzählt mit in den USA beliebten Comic-Figuren eine neue Geschichte. Im 20. Jahrhundert entwickele sich eine neue Menschenrasse, der 'Homo superior'. Einer der ersten dieser 'Mutanten' ist der Junge Eric Lehnsherr. Er wird sich seiner Kräfte bewußt, als er im Konzentrationslager Auschwitz von seinen Eltern getrennt wird.[70] Mit der Darstellung von Auschwitz bezieht sich der Film auf andere Filme, z. B. „Schindlers Liste" von Steven Spielberg (1995). Damit löst er das säkulare Verbrechen aus dem Kontext der Geschichte und ordnet es dem Bereich der Mythen zu – Auschwitz steht für den Kampf des abgrundtief Schlechten gegen das Gute. Der Film X-MEN wurde von einer Comic-Reihe begleitet, die die im Film nur skizzenhaft angedeutete Szene ausführlich erzählt.[71] Magneto alias Eric Lehnsherr schreitet mit wehendem Mantel durch das musealisierte Konzentrationslager Auschwitz (Abb. D 30). Auch sein Gegenspieler, Dr. Charles Xavier, ist Überlebender des Konzentrationslagers. Magneto will Selbstjustiz üben, Xavier die Gerichte anrufen. X-Men benutzt auf seine Weise die Gegenwart der Vergangenheit, den Umgang mit der Erinnerung. Es ist nicht untypisch, daß es im Zeitalter des e-learning auch Computerspiele zum Thema Zweiter Weltkrieg gibt. 2002 kam „Stalingrad" heraus, Autor ist Ken Wright. Es setzt eine Reihe fort, in der schon „Yankee", „Overlord" und „Blitzkrieg" erschienen. Als Kommentar zu „Stalingrad" heißt es: „There are a few important additions to the system, and, as usual, it's necessary to

D 30
X-Men
In: Joe Pruett (Autor), Mark Texeira (Zeichner), Jimmy Palmotti (Inker): X-Men. Der Film. Prolog 1: Entdeckt die Herkunft von Magneto, Nettetal-Kaldenkirchen (Marvel Comics) 2000
Comic
Berlin, Deutsches Historisches Museum

bring both knowledge and imagination to get the most atmosphere out of the on-screen abstractions."[72] Knowledge and imagination, Wissen und Phantasie, das scheint das Erinnerungskonzept unserer Gegenwart zu sein, auf jeden Fall, was den Zweiten Weltkrieg betrifft. Bleibt beides in seinem Recht, dann wird die Spannung aufrechterhalten, ohne die Erinnerung nicht funktioniert.

[1] Assmann, Jan: Das kulturelle Gedächtnis. Schrift, Erinnerung und politische Identität in den frühen Hochkulturen, München 1992, bes. S. 87 ff.

[2] Halbwachs, Maurice: Das kollektive Gedächtnis, Frankfurt a.M. 1985, bes. S. 1 ff. „Memoire" wird hier mit Gedächtnis übersetzt und nimmt folgerichtig in den Kontexten des Buches gelegentlich die Bedeutung von „Gedenken" an.

[3] Vgl. hierzu Peitsch, Helmut: Deutschlands Gedächtnis an seine dunkelste Zeit. Zur Funktion der Autobiographik in den Westzonen Deutschlands und den Westsektoren von Berlin 1945 bis 1949, Berlin 1990.

[4] Viele der in diesem Text zu nennenden Bilderinnerungen bestehen aus Bildsequenzen; nicht nur Photobände, sondern vor allem Filme prägen die Erinnerung in entscheidendem Maße. Dabei ist völlig unerforscht, wie dies geschieht. Die gängige, von der Literaturwissenschaft beeinflußte Position ist, daß es das bedeutungsverleihende Narrativ sei, auf das es ankomme. Auf jeden Fall ist die symbolisierende Leistung einzelner Darsteller eine weitere Möglichkeit, wie Erinnerung durch Bilder formiert wird. Schließlich schieben sich einzelne Sequenzen, gar Einzelbilder in den Vordergrund, sie stehen für den gesamten Film. Gelegentlich kann ein Plakat durchaus diese Rolle übernehmen. Vgl. in diesem Zusammenhang Hoffmann, Detlef: Vom Nutzen und Nachteil der Erinnerungs-Diskussion für das Museum, in: Wege ins Museum. Zwischen Anspruch und Vermittlung. Beiträge zu einer Tagung im Kulturhistorischen Museum Magdeburg, Magdeburg 2000 (= Magdeburger Museumshefte 13), S. 9 ff.

[5] Vgl Hoffmann, Detlef: Deutsche Ruinenfotos. Bearbeitung oder Verdrängung eines unvermeidlichen Endes?, in: Kairos. Mitteilungen des österreichischen Fotoarchivs, 3, Nr. 1 und 2, 1988, S. 26 ff.

[6] Pabel, Hilmar: Jahre unseres Lebens. Deutsche Schicksalsbilder, Stuttgart 1954.

[7] Pabel 1954 (wie Anm. 6), S. 5.

[8] Pabel 1954 (wie Anm. 6), S. 123.

[9] Schmidt-Linsenhoff, Viktoria: Die Verschlußzeit des Herzens. Zu Hilmar Pabels Fotobuch 'Jahre unseres Lebens' (1954), in: Fotogeschichte 44 (1992), S. 53 ff., hier S. 56.

[10] Vgl. dazu ausführlich Schmidt, Bärbel: Geschichte und Symbolik der gestreiften Häftlingskleidung, Diss. phil. Oldenburg 2000, http://www.bis.uni-oldenburg.de/dissertation/2000/schges00/schges00.html. (5. August 2003) Zur Symbolik der Kleidung nach 1945, S. 239 ff.

[11] Der sehr informative Band von Volkmann, Hans-Erich: Das Rußlandbild im Dritten Reich, Köln/Weimar/Wien 1994 geht auf die Bildpropaganda nicht ein.

[12] Vgl. dazu kurz mit weiterführender Literatur: Benz, Wolfgang: Morgenthau-Plan, in: Wolfgang Benz (Hg.): Legenden, Lügen, Vorurteile. Ein Wörterbuch zur Zeitgeschichte, 11. Aufl., München 2002, S. 154 f.

[13] Vgl. Lehr, Ursula: Älterwerden als Frau – ein Beitrag zur differentiellen Gerontologie, in: Zeitschrift für Gerontologie, Band 11 (1978), Nr. 1, S. 1 ff. und Lehr, Ursula: Die Situation der älteren Frau – psychologische und soziale Aspekte, in: Ebenda, S. 6 ff.

[14] Vgl. Herbert, Ulrich: Best: Biographische Studien über Radikalismus, Weltanschauung und Vernunft, 1903–1989, 3. Aufl., Bonn 1996, S. 42 ff. Ulrich Herbert verweist darauf, daß der Begriff der Generation als historische Kategorie problematisch sei, daß jedoch damit durchaus eine „zu dieser Zeit heranwachsende Altersgruppe geprägt und dadurch von der

Erfahrung anderer Altersgruppen unterschieden" werden kann (S. 42). Auch bei meinem Vorschlag geht es um eine gemeinsame Erfahrung spezifischer Sozialisation.

15 Man möge die Generalisierung verzeihen, ich weiß, daß Imre Kertész den Film „Das Leben ist schön" positiv rezensiert hat und daß sehr junge Menschen diesen Film für „unmöglich" halten. Um jedoch einen Anflug von Differenzierung in das Thema zu bringen, seien mir diese Verallgemeinerungen erlaubt. Sie sind immerhin besser als die Rede von der „kollektiven Identität" und dem „Gedächtnis des kollektiv Identischen".

16 Die Recherche zu diesem Themenkomplex unternahm Hans-Arthur Wurps. Ohne seine Hilfe hätte ich das Material nicht sammeln können.

17 Buchheim, Lothar-Günther: Jäger im Weltmeer, Berlin 1943. Das Buch hat 128 Seiten, 102 Bilder nach Photographien des Autors (mit Ausnahme von sieben Bildern, die die Versenkung eines Dampfers zeigen; sie stammen von dem leitenden Ingenieur des Bootes, Kapitänleutnant Grade).

18 Buchheim 1943 (wie Anm. 17), S. 7.

19 Buchheim, Lothar-Günther: Jäger im Weltmeer (Reprint), Hamburg 1996. In diesem Nachdruck – der als „1. Auflage" bezeichnet wird, fehlen das Photo und das Geleitwort von Großadmiral Dönitz, die Widmung wurde verändert. Neu hinzu kamen eine kurze editorische Bemerkung des Autors und ein Nachwort des ehemaligen Redakteurs der Welt am Sonntag Alexander Rost. Er hatte schon in seiner Zeitung über Buchheim geschrieben, mit dem ihn, den Spezialisten für Seefahrt und Preußen, die Verbundenheit mit dem Meer vereinte. Auf die Nachfrage nach der Höhe der Auflage erhielt Hans-Arthur Wurps von Hoffmann und Campe keine Antwort.

20 Buchheim 1996 (wie Anm. 19), Vorwort, S. III.

21 Buchheim 1996 (wie Anm. 19), Vorwort, S. IV.

22 Buchheim 1996 (wie Anm. 19), Vorwort, S. V.

23 Buchheim 1996 (wie Anm. 19), S. X. In meinem Kontext muß ich mich nicht der Frage stellen, ob der Bericht des Vorworts zutrifft. Vgl. dazu die begründeten Zweifel bei Marin, Lou: Die Weltliteratur des faschistischen Mannes. Patriarchaler Gegenschlag im Literaturbetrieb: Das Beispiel Lothar-Günther Buchheim, datiert vom 16. Februar 1997, http://www.graswurzel.net/216/buchheim.shtml. (5. August 2003).

24 Buchheim, Lothar-Günther: Das Boot, München 1973; z. Zt. ist die 38. Auflage im Verkauf, dazu viele Sonderauflagen, Übersetzungen in andere Sprachen. Auf die Nachfrage von Hans-Arthur Wurps teilte der Piper-Verlag mit, er mache zu der Auflagenhöhe keine Angaben. Zu unserer Frage nach der Erinnerung wäre eine solche Zahl wenigstens ein Richtwert.

25 Buchheim, Lothar-Günther: U-Boot-Krieg, München/Zürich 1976. 1. Auflage ca. 51 000 Exemplare, weitere 8 Auflagen 1981, 1991, 1997, 1998, 1999, 2001, insgesamt ca. 104 000 Exemplare (Angaben des Piper-Verlages auf Anfrage von Hans-Arthur Wurps).

26 Buchheim, Lothar-Günther: Die U-Boot-Fahrer. Die Boote, die Besatzungen und ihr Admiral, Gütersloh 1985. Auf die Frage nach der Auflagenhöhe erhielt Hans-Arthur Wurps bisher keine Antwort.

27 So sind die gleichen Photos zu Themen wie „Vor dem Auslaufen", „Aufrüstungsphase", „Auslaufen/Boot in den Wellen", „Wellenumtostes Boot auf See", „Tätigkeiten an Bord" (Mann mit Quadrant), „Beobachtungen von der Brücke", „Geselliges Zusammensein an Bord", „Detonationen auf See", „Sinkende Schiffe" sowohl in „Jäger im Weltmeer" (wie Anm. 17) wie in „U-Boot-Krieg" (wie Anm. 25) und – seltener – in „Die U-Boot-Fahrer" (wie Anm. 26) nachzuweisen. Oft unterschiedlich beschnitten, aber weitgehend die gleichen Photos.

28 Abendroth, Wolfgang: Ein Leben für die Arbeiterbewegung. Gespräche aufgezeichnet und herausgegeben von Barbara Dietrich und Joachim Perels, Frankfurt a.M. 1976, S. 206 ff.

29 Frei, Norbert: Vergangenheitspolitik. Die Anfänge der Bundesrepublik und die NS-Vergangenheit, München 1996.

30 Besonders anschaulich wird das in den Photos von Magnum Nr. 29, April 1960 mit dem Thema: „Haben die Deutschen sich verändert?"

31 Mitscherlich, Alexander/Mitscherlich, Margarete: Die Unfähigkeit zu trauern.

Grundlagen kollektiven Verhaltens, München 1967, S. 27: „Bei der Abwehr gegen Schuld, Scham und Trauer um ihre Verluste, die das Kollektiv der Bevölkerung Nachkriegs-Deutschlands vollzieht, haben wir es zwar mit dem gleichen infantilen Selbstschutz zu tun (den wir aus der individuellen Neurose kennen – D. H.), aber nicht mit infantilen Schulderlebnissen, sondern mit realer Schuld größten Stils. Die Anwendung kindlicher Entlastungstechnik auf die Konsequenzen aus gescheiterten gewaltigen Eroberungszügen und Ausrottungsprogrammen, die ohne den begeisterten Einsatz dieses Kollektivs gar nicht hätten begonnen, geschweige denn bis 'fünf Minuten nach zwölf' hätten durchgeführt werden können, muß erschrecken."

32 Vgl. Brink, Cornelia: Ikonen der Vernichtung. Öffentlicher Gebrauch von Fotografien aus nationalsozialistischen Konzentrationslagern nach 1945, Berlin 1998. Hier die ausführliche Darstellung des Einsatzes von Photos aus den Konzentrationslagern im Rahmen der Reeducation.

33 Gregor, Manfred (Pseudonym für Gregor Dorfmeister): Die Brücke, Wien 1958.

34 Vgl. Hahn, Eva/Hahn, Hans Henning: Flucht und Vertreibung, in: François, Etienne/Schulze, Hagen (Hg.): Deutsche Erinnerungsorte, Band 1, 4. Aufl., München 2002, S. 335 ff. sowie: Die Flucht der Deutschen, Spiegel-Special Nr. 2, 2002; vgl. auch: Das Dilemma im Osten, Magnum Nr. 56, Sonderheft 1965.

35 Schlabrendorf, Fabian von: Offiziere gegen Hitler. Bearbeitet und herausgegeben von Gero von Schulze-Gävernitz, 1. Aufl., Zürich 1946.

36 Vgl. Kittsteiner, Heinz Dieter: Das deutsche Gewissen im 20. Jahrhundert. Der 20. Juli im Lichte der Gewissensdiskussion der 50er Jahre, in: Hoffmann, Detlef (Hg.): Das Opfer des Lebens. Bildliche Erinnerung an Märtyrer, Rehburg-Loccum 1996 (Loccumer Protokolle 12/95), S. 22–40.

37 In: Leber, Annedore in Zusammenarbeit mit Willy Brandt und Karl Dietrich Bracher (Hg.): Das Gewissen steht auf. 64 Lebensbilder aus dem deutschen Widerstand 1933–1945, gesammelt von Annedore Leber, Frankfurt a.M. 1954 wurden andere Widerstandskämpferinnen und -kämpfer neben die Offiziere gestellt.

38 Das Material zusammengestellt hat Hans-Arthur Wurps, Oldenburg; eine sehr aufwendige Arbeit, für die ich auch hier herzlich danke.

39 Wie schwierig das ist, hat Lutz Niethammer (Heimat und Front. Versuch, zehn Kriegserinnerungen aus der Arbeiterklasse des Ruhrgebietes zu verstehen, in: Niethammer, Lutz (Hg.): „Die Jahre weiß man nicht, wo man da heute hinsetzen soll". Faschismuserfahrungen im Ruhrgebiet, Lebensgeschichte und Sozialkultur im Ruhrgebiet 1930 bis 1960, Band 1, Bonn 1983, S. 163 ff.) in seinen methodischen Überlegungen beschrieben. Obwohl es noch nicht primär um Erinnerung, sondern (noch) um Erfahrung und deren soziale Folgen geht, ist dies durchaus auf unsere Fragestellung anzuwenden. So der zentrale Satz: „Es hat mich insofern bei der Interpretation der Interviews nicht primär interessiert, ob denn das stimmte und durch andere bestätigt werden konnte, was der Befragte uns über seine Erlebnisse während des Zweiten Weltkriegs erzählte. Es kam mir vielmehr auf die Entschlüsselung der erinnerten Geschichten und ihrer Stellung im Zusammenhang an: Wie wurde der Krieg wahrgenommen, was wurde daraus gelernt, was konnte verarbeitet werden, was blieb unbearbeitete, reflektierende Partikel im Gedächtnis, lassen sich auch Spuren dessen erkennen, was so wenig verarbeitet werden konnte, daß es aus der Erinnerung ganz getilgt werden sollte? …" (S. 164). Für das Kollektiv Bundesrepublik Deutschland, geschweige für das vereinigte Deutschland, steht die Beantwortung derartiger Fragen noch am Anfang. Die Fragen nach der bildlichen Erinnerung sind noch weniger bearbeitet.

40 Untersucht haben wir folgende Bücher: Cattani, Alfred: Das ist unser Jahrhundert. Profil einer Epoche in Bildern und Dokumenten, München 1966; Conze, Werner: Deutschland-Ploetz, Freiburg/Würzburg 1986; Dahms, Hellmuth Günther: Deutsche Geschichte im Bild, Frankfurt a.M./Berlin 1991 (1969); Dirlmeier, Ulf u. a.: Deutsche Geschichte, Stuttgart 1999;

Dor, Milo/Federmann, Reinhard: Das Gesicht unseres Jahrhunderts – 60 Jahre Zeitgeschehen in mehr als 6000 Bildern, Düsseldorf 1960; Freund, Michael: Deutsche Geschichte, Gütersloh 1960; Jacobsen, Hans-Adolf/Dollinger, Hans: Hundert Jahre Deutschland. 1870–1970, München 1969; Jung, Kurt M.: Weltgeschichte in einem Griff, Frankfurt a.M./Berlin 1994 (1987); Knopp, Guido: 100 Jahre: Die Bilder des Jahrhunderts, München 1999; Sethe, Paul: Deutsche Geschichte im letzten Jahrhundert, Frankfurt a.M. 1960; Winzer, Fritz (Hg.): Weltgeschichte: Daten, Fakten, Bilder, Braunschweig 1977/1987; Zentner, Christian: Deutschland 1870 bis heute, München 1970; Zentner, Christian: Illustrierte Weltgeschichte, München 1972; Katalog: Fragen an die Deutsche Geschichte, 14. Aufl. Bonn 1988; Unser Jahrhundert im Bild, Gütersloh 1964; Chronik des 20. Jahrhunderts, Braunschweig 1982 (die Abbildungen wurden den Einzelchroniken entnommen, in denen sich das Bildprogramm wiederholt); Chronik der Deutschen, Dortmund 1983; Deutschland. Porträt einer Nation. Bd. 1, Geschichte, Gütersloh 1987; Bertelsmann Lexikon Geschichte, Gütersloh o. J.

41   Ersteres: Chronik 1982, letzteres: Dor/Federmann 1960; mit der Vergrößerung des Bezugsfeldes verkleinert sich auch der prozentuale Anteil, bis hinunter zu 0,4 Prozent in Bertelsmann Lexikon Geschichte, o. J. Auch die absoluten Zahlen differieren sehr stark, von 20 Bildern in Conze-Ploetz 1986 bis zu 2 500 in der Chronik 1982. Die 3 Bilder zum Zweiten Weltkrieg bei Conze-Ploetz 1986 erscheinen als 15,0 Prozent, die 235 Bilder in der Chronik 1982 entsprechen 9,4 Prozent (alle wie Anm. 40).

42   Sethe 1960 u. Knopp 1999 (wie Anm. 40).

43   Vgl. auch Danyel, Jürgen: Der 20. Juli, in: François, Etienne/Schulze, Hagen (Hg.): Deutsche Erinnerungsorte, Band 2, München 2001, S. 220 ff.

44   Cattani 1966, S. 192; Zentner 1970, S. 357; Winzer 1977, S. 164; Chronik 1982, S. 537; Chronik 1983, S. 893; Fragen 1988, S. 328; Bertelsmann Lexikon, S. 276 (alle wie Anm. 40). Das Photo ist auch abgebildet bei Frotscher, Heinz: Reportagefotografie, Leipzig 1983, S. 115, als Photographen nennt Frotscher „Nowak oder Hajek (ungeklärt)".

45   Alle anderen Photos sind maximal in drei unterschiedlichen Publikationen zu finden.

46   Vgl. auch Kosfeld, Anne G.: Nürnberg, in: François/Schulze 2002 (wie Anm. 34), S. 68 ff.

47   Das gleiche Photo bei Jacobsen/Dollinger 1969, S. 269; Chronik 1983, S. 932; Deutschland 1987, S. 340; Dahms 1991 (1969), S. 303; je unterschiedliche Abbildung bei Dor/Federmann 1960, S. 213; Unser Jahrhundert 1964, S. 608; Cattani 1966, S. 117; Jacobsen/Dollinger 1969, S. 271; Zentner 1970, S. 450; Chronik 1982, S. 688 und 674; Chronik 1983, S. 936; Katalog Fragen 1988, S. 349; Knopp 1999, S. 195 (alle wie Anm. 40).

48   Das gleiche Photo verwenden Chronik 1982, S. 650 und Chronik 1983, S. 924; gleich auch die Abbildungen in Zentner 1970, S. 415; Zentner 1972, S. 463; Deutschland 1987, S. 339. Unterschiedlich die Photos in Dor/Federmann 1960, S. 202; Unser Jahrhundert 1964, S. 564 und Cattani 1966, S. 197 (alle wie Anm. 40).

49   Die gleiche Abbildung in Sethe 1960, nach S. 384 und Katalog Fragen 1988, S. 337, daraus ein Ausschnitt in Dahms 1991 (1969), S. 300; unterschiedliche Photos in Dor/Federmann 1960, S. 205; Chronik 1982, S. 660 und Chronik 1983, S. 927 (alle wie Anm. 40).

50   Freund 1960, nach S. 704; Unser Jahrhundert 1964, S. 514; Cattani 1966, S. 96; Jacobsen/Dollinger 1969, S. 213; Chronik 1983, S. 910; Katalog Fragen 1988, S. 330 (alle wie Anm. 40).

51   Vgl. Albert R. Leventhal: War. The Camera's View of Man's most Terrible Adventure, from the first Photographer in the Crimea to Vietnam, Chicago 1973. In diesem Buch sind charakteristische Photographien zusammengestellt.

52   Knopp 1999 (wie Anm. 40).

53   Freund 1960, Sethe 1960, Conze-Ploetz 1986, Jung 1994 (1987), Bertelsmann Lexikon o.J. (alle wie Anm. 40).

54   Vgl. Klarsfeld, Serge (Hg.): The Auschwitz Album. Lili Jacob's Album, New York o.J.; zum Auschwitz-Album siehe Doosry, Yasmin: Vom Dokument zur

Ikone. Zur Rezeption des Auschwitz-Albums, in: Doosry, Yasmin (Hg.): Representations of Auschwitz. 50 Years of Photographs, Paintings, and Graphics, Auschwitz 1995, S. 95 ff.
55 Vgl. Ranke, Winfried: Deutsche Geschichte kurz belichtet. Photoreportagen von Gerhard Gronefeld 1937–1965, Berlin 1991, S. 116 ff.
56 Jacobsen/Dollinger 1969 (wie Anm. 40), S. 220.
57 Bei Jacobsen/Dollinger 1969 (wie Anm. 40), S. 220 lautet die weiterführende Bildunterschrift zu dem Schützen von Pančevo (s. Abb. D 22): „Oben ein Beispiel anklagender Bilddokumente gegen die deutsche Terrorherrschaft: In einem jugoslawischen Dorf werden Geiseln erschossen."
58 Siehe den Ausstellungskatalog: Hamburger Institut für Sozialforschung (Hg.): Vernichtungskrieg. Verbrechen der Wehrmacht 1941–1944, Hamburg 1996, das Photo auf S. 30; zur Rezeptionsgeschichte vgl. den Katalog der revidierten Ausstellung: Hamburger Institut für Sozialforschung (Hg.): Verbrechen der Wehrmacht. Dimensionen des Vernichtungskrieges 1941–1944, Hamburg 2002, S. 708 ff.
59 Im Vergleich dazu sei auf das englische Kinderbuch von Foreman, Michael: War Boy, New York 1989 verwiesen. Siehe dazu Hoffmann, Detlef: Eine Erinnerung in Bildern und Worten. Michael Foreman: „Kriegskinder", in: Thiele, Jens (Hg.): Neue Erzählformen im Bilderbuch. Untersuchungen zu einer veränderten Bild-Text-Sprache, Oldenburg 1991, S. 225 ff.
60 Das Tagebuch der Anne Frank mit einem Vorwort von Albrecht Goes, Frankfurt a.M. 1955 (1.–40. Tausend).
61 Der Text erschien gleichzeitig als Taschenbuch: Anne Frank. Spur eines Kindes. Ein Bericht von Ernst Schnabel, Frankfurt a.M. 1958.
62 Die Auflagenentwicklung ist in den jeweiligen Neuauflagen ersichtlich.
63 Die Debatte ist nachzulesen in Raddatz, Fritz J.: Summa iniuria oder Durfte der Papst schweigen? Hochhuths „Stellvertreter" in der öffentlichen Kritik, Hamburg 1963.
64 Vgl. Hoffmann, Detlef: Bilder von Juden in zwei westdeutschen Zeitschriften, 1945–1989. Annäherung an eine Frage, in: Papenbrock, Martin u. a. (Hg.): Kunst und Sozialgeschichte. Festschrift für Jutta Held, Pfaffenweiler 1995, S. 188 ff.
65 Die Vorgeschichte bis zum Straffreiheitsgesetz von 1954 bei Frei 1996 (wie Anm. 29), S. 25 ff. Zur Verjährungsdebatte siehe Herbert 1989 (wie Anm. 14).
66 Vgl. die Textsammlung: „Historikerstreit". Die Dokumentation der Kontroverse um die Einzigartigkeit der nationalsozialistischen Judenvernichtung, München/Zürich 1987; vgl. in unserem Zusammenhang auch: Wehler, Hans-Ulrich: Entsorgung der deutschen Vergangenheit? Ein politischer Essay zum „Historikerstreit", München 1988.
67 Vgl. etwa die beiden Hefte der Zeitschrift Der Spiegel, Nr. 21 und Nr. 33 des Jahres 1996.
68 Vgl. den Katalog: Kunst im 3. Reich. Dokumente der Unterwerfung, Frankfurt a.M. 1974.
69 Siehe Bussmann, Georg (Hg.): Betrifft: Reaktionen. Anlaß: Kunst im 3. Reich – Dokumente der Unterwerfung. Ort: Frankfurt, Frankfurt a.M. 1975, darin z. B. S. 157 f. eine „Initiative zur Verbreitung von NS-Kunst", darin wird zur Unterschrift unter folgenden Text aufgefordert: „Sofern Sie der Ansicht sind, daß derartige Ausstellungen wegen ihrer Gefährlichkeit nicht ohne Vorkehrungen gezeigt werden sollten, unterstützen Sie bitte durch Ihre Unterschrift die im beiliegenden Schreiben aufgestellten Forderungen".
70 Sanderson, Peter: Ultimate X-MEN, Stuttgart 2001 (englische Ausgabe London 2000), Zitat S. 168.
71 Vgl. Pruett, Joe (Autor)/Texeira, Mark (Zeichner): X-Men. Der Film. Prolog 1: Entdeckt die Herkunft von Magneto, Nettetal-Kaldenkirchen (Marvel Comics) 2000; siehe auch: Der Spiegel (2000), Nr. 35, S. 211: Mutierte Gene verleihen Flügel – der Beginn der Geschichte in Auschwitz wird von dem Rezensenten Christoph Dallach nicht erwähnt, der nackte Körper des Supermodels Romijn-Stamos ist interessanter.
72 Zitiert nach: http://www.mjwilson.demon.co.uk/crash/55/stalingrad.htm (26. September 2003).

Deutschland

Deutsche Demokratische Republik

Aus dem Dunkel zu den Sternen:
Ein Staat im Geiste des Antifaschismus

VON MONIKA FLACKE UND ULRIKE SCHMIEGELT

„Auferstanden aus Ruinen und der Zukunft zugewandt" – so begann die Nationalhymne der DDR, die sogleich in der Anfangszeile das Gründungsprogramm der DDR thematisiert.[1] Mit dem Verweis auf die christliche Metapher der Auferstehung, die ja das ewige Leben verheißt, reklamierte die DDR für sich die Ankunft im Paradies.

Die Deutsche Demokratische Republik wurde als Resultat der sowjetischen Deutschlandpolitik im sich verschärfenden Kalten Krieg am 7. Oktober 1949 gegründet. Einen Staat zu gründen bedeutet auch zu begründen, warum es ihn geben muß und geben sollte. Dabei spielt nach Ernest Renan das „Vergessen – ich möchte fast sagen: der historische Irrtum – [...] bei der Erschaffung einer Nation eine wesentliche Rolle, und daher ist der Fortschritt der historischen Studien oft eine Gefahr für die Nation. Die historische Forschung zieht in der Tat die gewaltsamen Vorgänge ans Licht, die sich am Ursprung aller politischen Gebilde, selbst jener mit den wohltätigsten Folgen, ereignet haben."[2]

In der Sowjetischen Besatzungszone/DDR mußte man vergessen, was wirklich im Krieg geschehen war. 1945/49 ging es darum, einen glaubhaften Neubeginn mit glaubhaften historischen Wurzeln zu versehen. Man mußte das vergangene gemeinsame Leben, in dem die größten Verbrechen stattgefunden hatten, in eine Erzählung einbinden, welche die Gründung des Staates legitimierte und seine Friedfertigkeit vermitteln konnte. Die SED, die nach ihrer Gründung am 22. April 1946 sehr bald unter bis ins Detail gehender sowjetischer Kontrolle zunehmend die deutschen Verwaltungsorgane in der Sowjetischen Besatzungszone dominierte, bezog sich in ihrem Gründungsmythos auf den Antifaschismus bzw. auf die Befreiung vom Faschismus. Neben der Befreiung durch die Rote Armee wurde der kommunistische Widerstand eine der tragenden Säulen in der nationalen Geschichtsschreibung. Die Gründungsväter der DDR waren sich dem sowjetischen Vorbild folgend einig, daß die größte Niederlage der Arbeiterbewegung in einen Sieg umgedeutet werden müsse, daß die Opfer des Terrors Helden seien, die für den Sieg über den Faschismus gekämpft und ihr Leben für eine sozialistische Zukunft geopfert hatten. Mit dieser Deutung mußten sie überzeugen, zumal die große Mehrheit der SED-Mitglieder der ersten Generation dem kommunistischen Widerstand angehört hatte. Ihre moralische Reputation nutzten die Kommunisten nicht nur, um belastete NS-Funktionsträger, sondern auch um ihre politischen Gegner und die Trägerschichten der bürgerlichen Gesellschaft aus dem politischen Leben zu verdrängen. Auf ihrer eigenen Vergangenheit im Widerstand gründete die Überzeugung der Kommunisten, das bessere Deutschland zu schaffen, ebensosehr wie darauf, daß in der DDR antifaschistische Widerstandskämpfer alle führenden Positionen einnahmen.[3] Die gemeinsame Vergangenheit war demnach die des antifaschistischen Widerstandes, der mit der Befreiung durch die Rote Armee sein Ziel gefunden und die Zukunft in einem antifaschistischen sozialistischen Staat ermöglicht habe. Diese zentralen Gründungsmythen der DDR konstruierten eine Vergangenheit, die in der Existenz der DDR ihren höchsten Sinn fand. Dieser Absicht entsprechend ist das Grußtelegramm zu verstehen, das Stalin anläßlich der Gründung der DDR an den Präsidenten Wilhelm Pieck und den Ministerpräsidenten Otto Grotewohl schickte: „Die Erfahrung des letzten Krieges hat gezeigt, daß das deutsche und das sowjetische Volk in diesem Kriege die größten Opfer gebracht haben, daß diese beiden Völker die größten Potenzen in Europa zur Vollbringung großer Aktionen von Weltbedeutung besitzen. Wenn diese beiden Völker die Entschlossenheit an den Tag legen werden, für den Frieden mit der gleichen Anspannung ihrer Kräfte zu kämpfen, mit der sie den Krieg führten, so kann man den Frieden in Europa für gesichert halten."[4]

Im Neuen Deutschland war am 28. Februar 1948 in einem Artikel von Walter Ulbricht zu lesen, es komme nicht darauf an, was der einzelne in der NS-Zeit getan habe, sondern wo er heute stehe und wie intensiv er sich an dem demokratischen Aufbau engagiere.[5]

Stalin wie Ulbricht ließen aus dem Volk der Täter ein Volk der Sieger, ein Volk von Märtyrern (Opfern) werden. Schuldige gab es in diesen programmatischen Texten nicht. Parteigenossen der NSDAP, Mitglieder der SS waren auf diese Weise – auch, weil man sie zum Wiederaufbau brauchte – integriert, die Erinnerungen an die Übergriffe der Besatzungsmacht Sowjetunion auf die Zivilbevölkerung wurden tabuisiert. Allerdings gab es daneben Verfolgungen derjenigen, die sich mit der stalinistischen Politik der SED nicht in Übereinstimmung sahen. Sie wurden verfolgt, ausgegrenzt oder auch in Lagern inhaftiert. Der Antifaschismus[6] wurde zur Staatsdoktrin, die bis in die Sprache des Alltags hineinwirkte und sie durchtränkte. Der Geburt der DDR aus dem Geiste des Antifaschismus wurde bis zu ihrem Ende im Herbst 1989 jährlich in großen Inszenierungen am sowjetischen Ehrenmal in Berlin-Treptow und im ehemaligen Konzentrationslager Buchenwald gedacht.

Befreiung

Die (Um-)Deutung der Niederlage des Deutschen Reiches zur Befreiung des deutschen Volkes vom „Hitlerfaschismus" war bereits in den Texten deutscher Kommunisten im (sowjetischen) Exil angelegt, als sich die Niederlage von Stalingrad abzuzeichnen begann.[7] In den ersten zehn Jahren nach dem Ende des Krieges entwickelte sich im sowjetisch besetzten Teil Deutschlands und in der neugegründeten DDR ein Gedenken der „Befreiung", das sich visuell vor allem an zwei Bildern manifestierte. Förmlich in das kollektive Gedächtnis eingebrannt wurde die Photographie des sowjetischen Kriegsberichterstatters Evgenij Chaldejs, die er nach der Einnahme des Reichstages gemacht hatte: das Hissen der Roten Fahne. Der Reichstag galt der sowjetischen Propaganda als „Hort der faschistischen Bestie". Dieses Photo wurde deswegen berühmt, weil es den Moment festhält, der im sowjetischen Verständnis als Inbegriff der Befreiung und des Sieges der Roten Armee in die Geschichte eingegangen ist. Entsprechend fand die 'gestellte' Photographie Chaldejs als Auftaktbild des Themas „Befreiung" in der Dauerausstellung des Museums für Deutsche Geschichte (Abb. DDR 1, li. o.) oder als Massenprodukt wie die Medaille zum 30. Jahrestag des Kriegsendes Verwendung (Abb. DDR 2).

Das eigentlich wirksame Motiv aber war das sowjetische Ehrenmal im Treptower Park in Berlin, das nach einem von der sowjetischen Besatzungsmacht ausgeschriebenen Wettbewerb von dem Architekten Jakov B. Belopolskij und dem Bildhauer Evgenij V. Vučetič zwischen 1946 und 1949 geschaffen worden war. Neben dem Gedanken des Triumphes sind auch Trauer und der Wunsch nach Versöhnung enthalten. Die zentrale Figur des Ehrenmals, die Darstellung des aufrecht stehenden sowjetischen Kriegers, steht symbolisch für den Sieg der sowjetischen Truppen über den Faschismus. Mit dem Schwert in der rechten Hand hat er das Hakenkreuz zu seinen Füßen zerschmettert, gleichzeitig trägt er auf dem linken Arm ein deutsches Kind. In allen Staaten des Warschauer Paktes wurde diese Figur zu einem Emblem der Befreiung. Die Anlage ist zugleich ein Ehrenfriedhof für die beim Sturm auf Berlin gefallenen sowjetischen Soldaten. Ähnliche Gedenkfriedhöfe gab es in der DDR viele, zumeist in der Nähe der wichtigen Schlachtfelder wie beispielsweise auf den Seelower Höhen oder bei Halbe. Für Soldaten der Wehrmacht dagegen gab es auf dem Gebiet der DDR keine besonders ausgewiesenen Gräber oder gar Friedhöfe.

Das Photo Chaldejs und das Treptower Ehrenmal sollten bis zum Ende der DDR die beiden zentralen Bilder des Gedenkens an die „Befreiung" bleiben. Eigene offizielle Bilder zum Thema „Befreiung durch die Rote Armee" entwickelte man in der DDR nicht, als ob die Passivität im historischen Geschehen den Verzicht auf Aktivität in der Gestaltung des visuellen Gedächtnisses des Volkes verlangt hätte. Möglicherweise aus diesem Grund ist von der DEFA kein wirklicher „Befreiungsfilm" produziert worden. Die entsprechenden Dokumentarfilme, die meist aus Anlaß eines runden Jahrestages gedreht wurden, bedienten sich ausschließlich des Materials sowjetischer Kriegsberichterstatter, was freilich auch den praktischen Grund hatte, daß anderes kaum zugänglich war. Der einzige DEFA-Film, der sich unmittelbar mit dem Ende des Krieges in Deutschland auseinandersetzte, war Konrad Wolfs „Ich war neunzehn" von 1967. Wolf folgte nicht der verordneten Sichtweise, die sowjetische Armee sei überall freudig begrüßt worden, sondern er erzählt auch von der Furcht der Menschen, von Vergewaltigungen durch russische Soldaten, die in der DDR ein Tabuthema waren, oder davon, daß ganz gewöhnliche Deutsche aus Angst vor den Russen Selbstmord begingen.[8]

Die Konzeption des „Denkmals der beim Sturm auf Berlin gefallenen sowjetischen Soldaten" – so der offizielle Titel der Treptower Anlage – legte den Besiegten die

DDR 1
20 Jahre Befreiung
Photographie der Ausstellungswand, in: Drehbuch zur Dauerausstellung des Museums für Deutsche Geschichte, Teil 2, Wand 6–13, S. 144, 1967
Manuskript,
30,5 x 51, 5 x 5,3 cm
Berlin, Deutsches Historisches Museum
A 66 2089-2

DDR 2
Hans Oschatz
30. Jahrestag der Befreiung vom Faschismus
1975
Medaille, Porzellan,
Dm 6,5 cm
Berlin, Deutsches Historisches Museum
N 90/258

Deutung nahe, daß sie befreit worden seien. Das Vorbild der zentralen Figur der Anlage lieferte die Legende des Rotarmisten, der ein kleines deutsches Mädchen aus dem Kampfgetümmel in den Straßen Berlins gerettet haben soll. Das Kind steht in der Legende wie auch im Denkmal für das unschuldige, von den Imperialisten und Militaristen mißbrauchte deutsche Volk, das ebenso wie die anderen von Hitler unterjochten Völker Europas durch die Rote Armee von der Herrschaft des Nationalsozialismus befreit worden sei. So war dieses sowjetische Ehrenmal nicht allein Ausdruck des Triumphs der Sieger, sondern bot zugleich den „Befreiten" die Möglichkeit zur Identifikation. Freilich wurde damit zugleich deren Dankbarkeit und implizit, gewissermaßen als Gegenleistung, auch Gefolgschaft eingefordert.

Nach der Gründung der DDR wurde für den 8. Mai, den offiziell so genannten „Tag der Befreiung", ein gottesdienstartiges Ritual mit der Darstellung des sowjetischen Ehrenmals im Treptower Park als „Altarbild" (nötigenfalls als Nachbildung auf der Bühne des Friedrichstadtpalastes) entwickelt (Abb. DDR 3). Alljährlich am 8. Mai, dem Vorabend des sowjetischen „Tages des Sieges", wurden am Ehrenmal vor den versammelten Jungen Pionieren und Mitgliedern der FDJ Reden gehalten und Kränze niedergelegt. Neben den Nationalhymnen beider Staaten erklang dazu sozialistisches Liedgut wie der russische Marsch „Der heilige Krieg" und Johannes R. Bechers „Dank Euch, Ihr Sowjetsoldaten". Gerade an diesen Veranstaltungen, an ihrer Gestaltung wie an den offiziellen Berichten darüber, läßt sich ablesen, wie die Niederlage des Deutschen Reiches im Zweiten Weltkrieg zum Sieg über den Faschismus und zur Befreiung des deutschen Volkes, der Völker Europas und schließlich gar der ganzen Menschheit[9] umgedeutet und zu einem der Gründungsmythen der DDR stilisiert wurde.

DDR 3
Bündnis DDR-UdSSR wie unseren Augapfel hüten
In: Neues Deutschland, 9. Mai 1970, S. 1
Zeitung
Berlin, Deutsches Historisches Museum
ZB 21

Bei der feierlichen Einweihung des Ehrenmals, am 8. Mai 1949, soll Otto Grotewohl gesagt haben: „Vor vier Jahren tobten hier die Flammen des heiligen Krieges. Heute neigen wir, die deutschen Antifaschisten, gemeinsam mit Euch [...] das Haupt vor den gefallenen sowjetischen Helden. Wir werden den Sieg der sowjetischen Armee, die das deutsche Volk vor den Schrecken des Faschismus gerettet hat, niemals vergessen. Wir werden unsere Kinder stets lehren, daß sie ihr Leben der Großen Sowjetunion zu verdanken haben."[10]

Schon die Wahl des Ortes für das Denkmal sollte die Verbundenheit der deutschen Antifaschisten mit den Befreiern ausdrücken. Angeblich hatte Wilhelm Pieck vorgeschlagen, es im Treptower Park zu errichten, da hier zahlreiche Demonstrationen des Berliner Proletariats begonnen hätten; hier hätten Karl Liebknecht, Rosa Luxemburg, Ernst Thälmann und viele andere Führer der deutschen Arbeiterklasse gesprochen, kurz, der Ort sei durchweht von den Traditionen der Revolution.[11] An den Grabstellen der sowjetischen Soldaten im Treptower Park enthüllten deutsche Antifaschisten am 30. April 1946 einen Gedenkstein mit der Aufschrift „Unsterbliche Opfer, die für uns gebracht, die uns befreit aus faschistischer Nacht, Opfer uns allen zu mahnender Lehre, ewiger Ruhm Euch und ewige Ehre!".

Auch der Gedanke der Befreiung war bereits in der Aufgabenstellung des

Wettbewerbs enthalten, wie sie vom Militärrat der sowjetischen Besatzungstruppen veröffentlicht wurde.[12] Von den Künstlern wurde u. a. ausdrücklich verlangt, daß sie den Gedanken der Verewigung der „internationalen Befreiungsmission der sowjetischen Armee" ausdrücken sollten.[13] Und ganz im Sinne der Forderungen, die an das Denkmal gestellt wurden, und der Geschichtsinterpretation, die es transportieren sollte, wurde es nach seiner Einweihung in das Staatszeremoniell der DDR zum Gedenken an die Befreiung einbezogen.

Der Staatsakt zum 10. Jahrestag der „Befreiung vom Faschismus" wurde im Neuen Deutschland am 8. Mai 1955 als „Ausdruck der internationalen Bedeutung, der guten und freundschaftlichen Beziehungen der Deutschen Demokratischen Republik zu den friedliebenden Staaten und insbesondere zur großen Sowjetunion" beschrieben. In seiner hier veröffentlichten, „an alle Deutschen" gerichteten Rede konstruierte Wilhelm Pieck die Trennung zwischen dem deutschen Volk und den „Imperialisten" und „Militaristen", die es in die Katastrophe geführt hatten. Er sprach vom „Krieg für die Weltherrschaft der deutschen Imperialisten", der „mit ungeheurer Gewalt gegen das deutsche Volk zurückgeschlagen" habe, und führte weiter aus: „Erst der Sieg der Sowjetunion in der gewaltigen Schlacht um Berlin machte dem Kriegsverbrechen der deutschen Militaristen ein Ende. So brachte der 8. Mai unserem deutschen Volke die Erlösung aus endlosem Krieg und maßloser Zerstörung."[14] Zu diesem Zeitpunkt, als die Erinnerung an Krieg und Niederlage noch frisch war, schien eine Begründung der Befreiungsidee noch notwendig zu sein. Für Willi Stoph konnte diese Interpretation des Kriegsendes 15 Jahre später dagegen als gesichertes Wissen gelten, das keinerlei Erklärung mehr bedurfte.[15]

Nachdem das Bild des sowjetischen Ehrenmals kanonisiert war, blieb es für die gesamte Zeit der Existenz der DDR bis in Nuancen der Interpretation verbindlich. So erscheint es gleichermaßen auf einer Gedenkplakette der Meißener Porzellanmanufaktur zum 10. Jahrestag (Abb. DDR 4) oder auf einer 10-Mark-Münze zum 40. Jahrestag der Befreiung (Abb. DDR 5). Die Verbindung mit dem Hoheitszei-

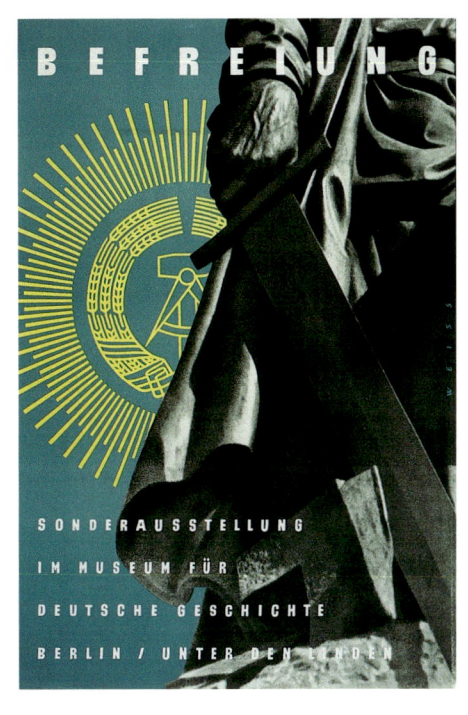

DDR 4
Helmut Schulz
1945–1955. 8. Mai. Tag der Befreiung
1955
Plakette, Böttgersteinzeug, Nitro-Goldbronze-Anstrich,
4,05 x 3,3 cm
Berlin, Deutsches Historisches Museum
N 90/2873

DDR 5
Dietrich Dorfstecher, Gerhard Rommel
40. Jahrestag des Sieges über den Hitlerfaschismus und der Befreiung des deutschen Volkes vom Faschismus
1985
Münze, Dm 3,1 cm
Berlin, Deutsches Historisches Museum
NL 85/03

DDR 6
Peterpaul Weiß
Befreiung
1965
Ausstellungsplakat,
82,2 x 55 cm
Berlin, Deutsches Historisches Museum
P 90/5209

chen der DDR, Hammer und Zirkel, auf der Rückseite der Münze kann als Aneignung des Bildes verstanden werden, dürfte aber vor allem mit der Funktion der Münze als offizielles Zahlungsmittel der DDR zu erklären sein. Eine visuelle Aneignung durch die Verbindung mit dem staatlichen Hoheitszeichen ist aber auch schon 20 Jahre früher, auf einem Plakat von Peterpaul Weiß von 1965, zu beobachten. Formatfüllend steht hier ein bedeutungstragender Ausschnitt des Mahnmales stellvertretend für das Ganze: das rechte Bein des Kriegers mit dem Schwert davor sowie ein Teil des zerschmetterten Hakenkreuzes und des Sockels. Dahinter leuchten, wie die aufgehende Sonne von einem Strahlenkranz umgeben, Hammer und Zirkel, das Staatswappen der DDR (Abb. DDR 6). Damit ist das Plakat formal dem Buchenwaldplakat von 1960 verwandt (vgl. Abb. DDR 11). Signifikant ist hierbei, daß diese Verknüpfung auf einem Plakat stattfand, das eine Ausstellung des (Ost-Berliner) Museums für Deutsche Geschichte zum Thema „Befreiung" ankündigte, bildete doch dieses Haus ungebrochen die offizielle Interpretation der deutschen Geschichte ab.

Die Vereinnahmung der zentralen Figur des Ehrenmals als Chiffre für die Befreiung des deutschen Volkes vom Faschismus enthielt zugleich eine Vereinfachung der Deutung. Die für die sowjetische Erinnerung an den Krieg zentralen Elemente Trauer und Triumph wurden ausgeschlossen. Die Vereinnahmung stand gleichwohl im Einvernehmen mit den sowjetischen Vorstellungen, erhielten doch das Zentralkomitee der SED sowie Staats- und Ministerrat der DDR anläßlich des 25. Jahrestages der Gründung der DDR von der Gruppe der sowjetischen Streitkräfte in Deutschland einen Tischaufsatz in Form ebendieser Figur zum Geschenk (Abb. DDR 7). Indem gerade das sowjetische Ehrenmal als das offizielle Bild des Gründungsmythos der DDR genutzt wurde, gerierte sich diese explizit als Staat von Gnaden der Sowjetunion. Doch das Bewußtsein immerwährender Dankbarkeit schließt auch das Bewußtsein ein, immer in der Schuld des anderen zu stehen. So ist die Chiffre der Befreiung gleichzeitig Ausdruck einer Unterordnung, die immer wieder zu politischen und sozialpsychologischen Verkrampfungen führen mußte.

DDR 7
Sowjetisches Ehrenmal
in Berlin-Treptow
Tischzier als Geschenk der
Gruppe der sowjetischen
Streitkräfte in Deutschland an
das ZK der SED, den Staatsrat
und den Ministerrat zum
25. Jahrestag der Gründung
der DDR
1974
Stahl/Messing, 50 cm,
Dm 52 cm
Berlin, Deutsches
Historisches Museum
SI 76/11

Buchenwald

Neben dem Treptower Ehrenmal war das ehemalige Konzentrationslager Buchenwald der andere bedeutende Ort für das nationale Gedenken – die Geschichte um die sogenannte „Selbstbefreiung des Lagers" fester Bestandteil der Meistererzählung. Am 11. April 1945 hatte die 6. Panzerdivision der 3. US-Armee das Konzentrationslager erreicht. Nach der Flucht der SS übernahmen Häftlinge aus dem Lagerwiderstand noch während der Kämpfe die Kontrolle über das Lager.[16] In der DDR-Erzählung wurde dieser Vorgang zur Selbstbefreiung. Diese war eine der wichtigsten Säulen des Gründungsmythos der DDR, der ihr historische Wurzeln und Selbstbewußtsein verlieh. In Buchenwald war 1944 zudem Ernst Thälmann, der Vorsitzende der KPD seit 1925, ermordet worden. Dessen

Durchstehen der langen Haftzeit von 1933 bis 1944 und sein Tod sollten vor allem der Jugend der DDR Vorbild und Mahnung sein.[17]

Ausgangspunkt dieser Selbststilisierung oder, mit Renan zu sprechen, der Vergewisserung der Opfer, die man gebracht hat, wurde der „Schwur von Buchenwald". Anläßlich der Errichtung eines ersten Denkmals zur Erinnerung an die Toten und Ermordeten im Konzentrationslager Buchenwald leisteten die überlebenden Häftlinge und Mitglieder des Internationalen Lagerkomitees am 19. April 1945 kurz nach der Befreiung ein Gelöbnis, das später als „Schwur von Buchenwald" bekannt wurde:

„Noch wehen Nazifahnen, noch leben die Mörder unserer Kameraden. Deshalb schwören wir hier vor der ganzen Welt an dieser Stelle faschistischer Greuel: Wir werden den Kampf erst aufgeben, wenn der letzte Schuldige vom Gericht aller Nationen verurteilt ist. Die endgültige Zerschmetterung des Nazismus ist unsere Losung. Der Aufbau einer neuen Welt des Friedens und der Freiheit ist unser Ideal. Dies schulden wir unseren ermordeten Kameraden und ihren Familien."[18]

1958 wurde dieser Schwur anläßlich der Eröffnung der Nationalen Mahn- und Gedenkstätte Buchenwald leicht, aber dennoch deutlich verändert. Nun heißt es beispielsweise: „Der Aufbau einer neuen Welt des Friedens und der Freiheit ist unser Ziel."[19] Die Ersetzung des Begriffs „Ideal" durch den Begriff „Ziel" bedeutet vor allem, den Schwur der politischen Praxis der DDR zu verpflichten, die in der Bundesrepublik Deutschland bzw. in der westlichen Welt ihre Feinde sah. In Buchenwald wurde daran erinnert, daß mit der DDR ein Staat existiere, dessen Vorkämpfer – wie Ernst Thälmann oder die Anführer der „Selbstbefreiung" von Buchenwald – den Faschismus erfolgreich bekämpft hatten und der aus der Befreiung hervorgegangen und dadurch historisch legitimiert sei.

Der Schwur erfüllte vier Funktionen. Er erinnerte an die Opfer und Märtyrer, zugleich verwies er auf die Gefahr, die noch drohe, und daraus folgernd auf die Legitimität der DDR als „antifaschistischer Staat". Er erweiterte den Topos der „Befreiung" als Gnadenakt der Roten Armee um den Topos einer „Befreiung", die aus eigener Initiative und mit eigener Kraft erfolgte. „Buchenwald" war gleichsam der Beleg für die Opfer, die man selbst gebracht hatte. Deshalb war das Bild „Buchenwald" für das Selbstverständnis der DDR so überaus wichtig. Die „Selbstbefreier" von Buchenwald stehen gleichsam als Keimzelle des „Volkes der DDR" für ein Volk, das gerade dabei war, sich aus der Rolle des Opfers zu lösen und seine Befreiung selbst in die Wege zu leiten. Dadurch erst, indem es einen ersten Schritt zur Selbstbefreiung bereits gegangen war, hat es sich als der Befreiung von außen würdig erwiesen. Ein adäquates Bild für diese Idee fand der Bildhauer Fritz Cremer mit dem Denkmal für die Mahn- und Gedenkstätte Buchenwald.

Das Denkmal von Fritz Cremer

Am 14. September 1958 wurde auf dem Ettersberg bei Weimar die Nationale Mahn- und Gedenkstätte Buchenwald eingeweiht. Weimar ist der Ort, der wie kein anderer das Deutschland der „Dichter und Denker" verkörpert, auf dessen Erbe sich die DDR bis zu ihrem Ende berufen sollte. Insofern entstand mit Gründung der Gedenkstätte Buchenwald eine Verbindung zwischen Antifaschismus und Weimarer Klassik. Durch die geographische Nähe zur Bundesrepublik Deutschland sollte deutlich gemacht werden, daß die DDR die guten Traditionen Deutschlands bewahrte. Durch den Widerstand der Antifaschisten habe sie dieses Erbe rechtmäßig angetreten.

DDR 8
Nationale Mahn- und Gedenkstätte Buchenwald
um 1989
Ansichtskarte, 14,8 x 10,5 cm
Berlin, Deutsches Historisches Museum
PK 96/118

Im Mittelpunkt der neuen Gedenkstätte steht das Denkmal von Fritz Cremer (Abb. DDR 8). Die Figurengruppe ist wie eine Pyramide aufgebaut und stellt elf verschiedene Menschentypen dar, die jeweils eine bestimmte Funktion haben. Im Mittelpunkt steht der Schwörende, flankiert von einem Fahnenträger. Ein Kind und ein Zweifler verweisen auf die Zukunft und das Recht zur Irritation. Im Vordergrund steht der Stürzende. Sein Modell ist in der 1/10-Fassung seit 1962 im Bestand des Museums für Deutsche Geschichte (Abb. DDR 9). Dargestellt ist der sich Opfernde, der sich der SS entgegenzuwerfen scheint und den die letzte Kugel trifft. Aber hinter ihm steht schon der Schwörende, bereit, die Greuel nicht nur nicht zu vergessen, sondern mit der Vernichtung des Faschismus und der Gründung der DDR quasi zu bestätigen, daß die Opfer nicht umsonst gewesen seien. Er erinnert wie selbstverständlich auch an den „Schwur von Buchenwald".

Im Auftrag des Komitees für die Einweihung der Mahn- und Gedenkstätte Buchenwald erschien zur Einweihung der Gedenkstätte ein Plakat, das mehrere Bezugspunkte hat (Abb. DDR 10). Der Text erinnert an die Opfer und Widerstandskämpfer. In das Bild ragt der Rote Winkel, das Erkennungszeichen der politischen Häftlinge in den Konzentrationslagern. Durch dieses Signum wird der direkte Bezug zur Selbstbefreiung durch die politischen Gefangenen hergestellt. Die in Flammen gehüllte zentrale Denkmalsanlage mit

DDR 9
Fritz Cremer
Der Stürzende
1958
Bronze, 171 x 173 x 80 cm
Berlin, Deutsches
Historisches Museum
Kg 62/79

DDR 10
Mahn- und Gedenkstätte Buchenwald.
Einweihung 14. Sept. 1958
1958
Plakat, 118 x 59 cm
Berlin, Deutsches
Historisches Museum
P 94/1129

DDR 11
hp
Wofür die Antifaschisten kämpften, ist in der DDR Wirklichkeit
1960
Plakat, 85,5 x 60,5 cm
Berlin, Deutsches
Historisches Museum
P 90/1243

Glockenturm und Figurengruppe weckt Assoziationen sowohl an die ewige Flamme, das Universalsymbol des Gedenkens, als auch an ein reinigendes Feuer. Daß die Häftlinge von Buchenwald nicht nur Deutsche waren, daran erinnern die Flaggen aller Nationen, die den roten Winkel einrahmen. Durch diese Bildsprache wird ausschließlich der politischen Häftlinge gedacht, gar der Anschein erweckt, alle Gefangenen von Buchenwald seien politische Gefangene gewesen. Die Tatsache, daß Juden die größte Opfergruppe darstellten, Menschen also, die allein wegen ihrer „Rasse" inhaftiert waren, wird dagegen ignoriert. Viel deutlicher wird diese Botschaft in einem Plakat von 1960 vermittelt, in dem vor der aufgehenden Sonne, auch als Staatswappen der DDR lesbar, die Denkmals-Gruppe in die Zukunft zu schreiten scheint (Abb. DDR 11). Mit seinem Titel wird eine eindeutige Verbindung zwischen der Befreiung vom „Hitlerfaschismus", der Zukunftsmetapher (aufgehende Sonne) und der Gründung der DDR hergestellt.

Wie wenig sich das Bildprogramm im Laufe der Jahre änderte, zeigt eine Kassette, die seit 1972 vom Komitee der antifaschistischen Widerstandskämpfer der DDR vertrieben wurde. Sie enthielt drei Medaillen, drei Abzeichen und drei Plaketten zum Thema „Widerstand gegen den Faschismus", konkret zu den Gedenkstätten Buchenwald, Sachsenhausen und Ravensbrück. Darunter ist auch ein Abzeichen, welches das Motiv des Plakates von 1958 wiederholt (Abb. DDR 12). Da die Kommentierung fehlt, liegt der Schluß nahe, daß es gar nicht mehr notwendig war, explizit an die Helden des Widerstandskampfes zu erinnern, schließlich war „Buchenwald" in den 70er Jahren in das nationale Gedächtnis gestanzt, da seit 1958 beinahe jeder Schüler, jede Schülerin die Gedenkstätte besuchen mußte.

Die 1970 erschienene Gedenkbriefmarke zeigt allein die Figurengruppe Fritz Cremers und den Schwur (Abb. DDR 13). Sie erinnert an den „25. Jahrestag der Befreiung vom Faschismus" und gewinnt so die gewohnt allgemeingültige Aussage. Im Schlußsatz des Schwurs heißt es: „Wir schwören getreu der im Leid und im Widerstand gegen den Faschismus geborenen Einigkeit, uns dem hohen Ziel der Verständigung der Völker zu

DDR 12
VEB Präwema
Markneukirchen
Buchenwald
nach 1972
Abzeichen in einer Kassette mit drei Medaillen, drei Abzeichen und drei Plaketten aus dem Besitz des Politbüros des ZK der SED
Tombak, 4,2 x 2,9 cm
Berlin, Deutsches Historisches Museum
N 77/129.4

weihen, um ihre Sicherheit, ihre Unabhängigkeit, den Frieden und die Freiheit zu erringen! Wir schwören es."

1988, kurz vor dem Ende der DDR, wurde noch einmal anläßlich des 30. Jahrestages der Einweihung der Mahn- und Gedenkstätte Buchenwald eine Briefmarke herausgebracht, die das Denkmal von Fritz Cremer zeigt. Gern benutzt wurde das Motiv auch an prominenter Stelle in Schulbüchern (Abb. DDR 14). Von 1958 bis 1989 hatte sich im Bildprogramm also nichts geändert.[20]

Auch wenn das Bildprogramm keine Wandlung erfuhr, so sind in den Ausstellungen in der Gedenkstätte die politischen Kehrtwenden zwischen 1958 und 1989 nachvollziehbar. In den 70er Jahren wurde der Mord an den europäischen Juden Gegenstand der Dauerausstellung in der Gedenkstätte Buchenwald, ohne dabei aber die Grunderzählung von Widerstand und Leiden, von Opfern und Helden in Frage zu stellen.

Nach der „Wende" ist das Buchenwald-Denkmal weiterhin eine Ikone des Widerstandes, wenn auch nicht unbedingt im ursprünglichen Sinne: So entdeckte 1993 Diether Schmidt in Fritz Cremers Denkmal den Widerstand gegen die DDR.[21]

Zu der Wirksamkeit des Mythos Antifaschismus hat auch das Buch „Nackt unter Wölfen" von Bruno Apitz beigetragen (Abb. DDR 15). Es war ungefähr gleichzeitig mit der Einweihung der Nationalen Mahn- und Gedenkstätte Buchenwald erschienen und wurde sofort ein Bestseller. Der Buchdeckel ist in seiner Schlichtheit beeindruckend, da er auf jede heroische Geste verzichtet. Bruno Apitz selbst war außerordentlich glaubwürdig, hatte er doch acht Jahre in Buchenwald als Häftling verbracht und überlebt. Sein Buch erlebte Millionenauflagen und wurde in 25 Sprachen übersetzt. Vielleicht wurde es auch deswegen so erfolgreich, weil es einlud, die Erinnerung an den Zweiten Weltkrieg einzubinden in eine anrührende Er-

DDR 13
1945 – 1970. 25. Jahrestag der Befreiung vom Faschismus
1970
Briefmarke
Bonn, Archiv für Philatelie.
Museumsstiftung Post und Telekommunikation

DDR 14
Buchenwalddenkmal von Fritz Cremer
In: Wolfgang Bleyer:
Geschichte. Lehrbuch für Klasse 9, Berlin 1988,
Innentitel
Buch
Berlin, Universitätsbibliothek der Freien Universität Berlin.
Bereichsbibliothek
Erziehungswissenschaft
PK 0701 CF-11-5

DDR 15
Bruno Apitz
Nackt unter Wölfen
Halle 1959
Buchtitel
Berlin, Deutsches Historisches Museum
R 98/346

zählung. Viele Leser werden sich 1958 noch deutlich an Krieg und Nationalsozialismus und ihre eigenen Verwicklungen erinnert haben. Bruno Apitz entlastete sie. Er erzählte von Menschlichkeit inmitten der Barbarei. „Nackt unter Wölfen" ist eine Geschichte von der Rettung eines kleinen polnisch-jüdischen Jungen kurz vor dem Ende des Krieges durch die im Widerstand arbeitenden Kommunisten und von der Selbstbefreiung des Lagers.

Das Buch wurde 1962 von Frank Beyer verfilmt. In der zentralen Szene am Ende des Films, die auch das Motiv für das Plakat lieferte, kommt ein SS-Hauptsturmführer in die Baracke und fordert die Herausgabe des Kindes. Hinter ihm schließen sich die Reihen der Häftlinge. In dem Moment wird klar, daß sich die Vorzeichen verändern. Die SS verliert in diesem Moment ihre Macht über die Menschen. Das Kind kann sich vorsichtig vorwagen (Abb. DDR 16). Interessant ist, daß ein jüdisches Kind gerettet wird, auch wenn die Haupterzählung von kommunistischem Widerstand und Heldentum handelt. So wird der Mythos vom Antifaschismus von Apitz wie auch von Beyer bedient, und doch bleibt durch das jüdische Kind, das gerettet wird, ein Rest von Erinnerung an die ermordeten Juden. Apitz verschweigt, daß diese wahre Geschichte mit der Rettung des Kindes nicht zu Ende war. Denn anstelle von Stefan Jerzy Zweig wurde der Sinti-Jugendliche Willy Blum auf die Deportationsliste gesetzt.[22]

DDR 16
Frank Beyer (Regie),
Klaus Wittkugel (Plakat)
Nackt unter Wölfen
1963
Filmplakat, 81 x 58 cm
Berlin, Deutsches
Historisches Museum
P 90/7723

Die DDR und der Umgang mit dem Mord an den Juden

Nach dem Fall der Mauer 1989 sah sich die DDR vor die Frage gestellt, wie sie sich Israel und damit auch dem Völkermord gegenüber verhalten wolle. Auch die Frage der Schuld, die spätestens seit Stalins Telegramm von 1949 nicht mehr diskutiert worden war, stand unversehens auf der Tagesordnung. Bis 1989 hatte es die DDR abgelehnt, Wiedergutmachungsleistungen an Israel zu zahlen, es fand keine Auseinandersetzung mit dem Völkermord statt. Kurz vor dem Beitritt zur Bundesrepublik Deutschland erkannte die DDR ihre Verantwortung gegenüber Israel und damit auch die Verantwortung für den Mord an den europäischen Juden an.[23] Bis dahin hatte gegolten, daß die DDR ein antifaschistischer Staat sei, in dem es keine Mitverantwortung an den „Verbrechen gegen die Menschlichkeit" gab.

Seit 1945 kehrten überlebende Juden aus den Konzentrationslagern und aus der Emigration nach Deutschland zurück. Auch in der Sowjetischen Besatzungszone entwickelte sich ein jüdisches Gemeindeleben. Zunächst hatte es innerhalb der SED, vornehmlich vertreten durch Paul Merker, der zu den Spitzenfunktionären der SED gehörte, eine Gruppe gegeben, welche das vitale Interesse der überlebenden Juden an Wiedergutmachung unterstützte. Doch beanspruchten die meisten kommunistischen Widerstandskämpfer, die ebenfalls aus den Konzentrationslagern zurückgekommen waren, sehr schnell privilegierte Positionen. In ihren Augen hatten die Juden zwar Unmenschliches erlitten, aber nicht gekämpft. Hans Grundigs in Schulbüchern oft reproduziertes Bild „Den Opfern des Faschismus" von 1946 spiegelt diese Auffassung. Die beiden dargestellten Toten machen den Unterschied zwischen dem toten Widerstandskämpfer und anderen Opfern deutlich. Während der eine würdevoll, als sei er aufgebahrt, daliegt, ist das Gesicht des anderen wie schamvoll verhüllt (Abb. DDR 17). Grundig entlehnte seinen Stoff der christlichen Ikonographie, er reflektierte auch die Idee der Auferstehung, die Vorstellung von einem „gelobten Land", das nach dem Willen der Kommunisten in dem neuen deutschen Staat Realität werden sollte.

Mit dem Beginn des Kalten Krieges und den Ressentiments, die die Sowjetunion gegenüber Israel entwickelte, verkleinerte sich Stück für Stück auch der Handlungsspielraum der jüdischen Gemeinden in der DDR. Die Juden sahen sich in die Defensive gedrängt. Gegen die Argumentation der Partei, die aus besitzenden jüdischen Bürgern schließlich Klassenfeinde machte[24], waren sie machtlos. Sie fühlten sich auch im Zusammenhang mit dem Slánský-Prozeß[25] in Prag schließlich so sehr bedroht, daß ein großer Teil der führenden Mitglieder der jüdischen Gemeinden nach West-Deutschland floh. 1952 wurde Paul Merker, der im Slánský-Prozeß belastet worden war, mit der Begründung verhaftet, ein Agent des amerikanischen Imperialismus und Zionismus zu sein, und 1955 zu acht Jahren Zuchthaus verurteilt. 1956 wurde das Urteil im Zuge der Entstalinisierung zwar aufgehoben[26], doch Paul Merker konnte in der Partei kein Amt mehr bekleiden.

DDR 17
Hans Grundig
Den Opfern des Faschismus
1946
Öl/Hartfaser, 110 x 200 cm
Leipzig, Museum
der bildenden Künste
I. 1431

DDR 18
Konrad Wolf (Regie),
Klaus Wittkugel (Plakat)
Sterne
1958
Filmplakat, 83,4 x 59,5 cm
Berlin, Bundesarchiv –
Filmarchiv
Pl 840

Nach Stalins Tod und dem folgenden sogenannten „Tauwetter" kam es zu einer Liberalisierung im Kulturleben. 1958 lief der Film „Sterne" in den DDR-Kinos an. Regie hatte Konrad Wolf geführt, das Buch stammte von Anžel Vagenštajn. In diesem Film ist der Völkermord als Subtext präsent, das eigentliche Thema des Films ist jedoch die Bekehrung des Wehrmachtssoldaten Walter zu einem Widerstandskämpfer: Ein Transport griechischer Juden aus Saloniki macht auf dem Weg nach Auschwitz Station in einem bulgarischen Ort. Der wachhabende Soldat Walter und die jüdische Lehrerin Ruth lernen sich über den Stacheldraht hinweg kennen. Walter verliebt sich und beschließt, Ruth zur Flucht zu verhelfen. Der Plan scheitert. Der Verlust von Ruth bringt Walter dazu, sich im Widerstand zu engagieren. Der Stacheldraht, der auf dem Plakat die Grenze zwischen beiden setzt, steht nicht nur sinnbildhaft für das Konzentrationslager, sondern auch für die Aussichtslosigkeit, zusammenzukommen (Abb. DDR 18).

Die DDR versuchte jede Gelegenheit zu nutzen, die Bundesrepublik Deutschland als faschistischen Staat zu denunzieren, wie in den großen Kampagnen[27] gegen Hans Maria Globke, Theodor Oberländer oder Heinrich Lübke deutlich wird. Der Eichmann-Prozeß, der 1961 in Jerusalem stattfand, war der DDR willkommener Anlaß, der Bundesrepublik Deutschland vorzuwerfen, daß sie die nationalsozialistische Vergangenheit nicht überwunden habe. Die Kampagne, welche die DDR im Zusammenhang mit dem Eichmann-Prozeß startete, konnte das Thema Judenverfolgungen[28] schlecht umgehen. Nur „unter der Glocke der Politkampagnen" hatte es „überhaupt die Chance von Veröffentlichungen".[29] Als Indiz dafür kann das 1966 in kleiner Auflage von Helmut Eschwege in der DDR herausgegebene Buch: „Kennzeichen J. Bilder, Dokumente, Berichte zur Geschichte der Verbrechen des Hitlerfaschismus an den deutschen Juden 1933–1945" in Berlin gelten. Eine Diskussion um Wiedergutmachung gegenüber Israel lehnte die DDR weiterhin rigoros mit dem Verweis auf das Potsdamer Abkommen ab.

Auch Auschwitz wurde thematisiert. Der Präsident der Akademie der Künste, Konrad Wolf, lud für den 19. Oktober 1965, exakt drei Monate nach

DDR 19
Peter Weiss
Die Ermittlung –
Oratorium in 11 Gesängen
1965
Plakat zur Uraufführung im
Volkstheater Rostock,
57,4 x 81 cm
Berlin, Deutsches
Historisches Museum
P 70/597

dem Ende des Frankfurter Auschwitz-Prozesses, in die Berliner Akademie zur Lesung des Stückes „Die Ermittlung" von Peter Weiss ein. Gleichzeitig wurde das Stück in Altenburg, Erfurt, Gera, Potsdam, Magdeburg, Halle, Neustrelitz, Weimar und Rostock gelesen (Abb. DDR 19). Doch bezog man den Text in der DDR nicht auf sich selbst. Er wurde als Anklage gegen den angeblich weiterhin herrschenden Faschismus vor allem der Bundesrepublik Deutschland verstanden.[30]

Mit dem Wandel der DDR in der Ära Honecker zu „Weite und Vielfalt", vor allem aber auch mit dem Versuch, internationale Anerkennung zu erlangen und wirtschaftliche Beziehungen zu den westlichen Staaten aufzubauen, kamen neue Themen in das Blickfeld der Kulturpolitik. 1974 konnte endlich der Film „Jakob der Lügner", nach einer Geschichte von Jurek Becker und unter der Regie von Frank Beyer, als Co-Produktion der DEFA mit dem Fernsehen der DDR realisiert werden. Jurek Becker, der in einem Ghetto in Łódź aufgewachsen und in den Konzentrationslagern Sachsenhausen und Ravensbrück inhaftiert gewesen war, hatte den Stoff bereits 1965 zu einem Drehbuch verarbeitet, das Manuskript war aber von der DEFA abgelehnt worden. Daraufhin machte Becker aus dieser Geschichte seinen ersten Roman, den er 1969 im Aufbau-Verlag veröffentlichen konnte und für den er mehrere Literaturpreise in Ost und West erhielt. Der Held, Jakob Heym, hört zufällig eine Radiosendung, in der von den militärischen Erfolgen der Roten Armee über die deutsche Wehrmacht berichtet wird. Um seinen Freunden im Ghetto Hoffnung zu geben, erzählt er davon. Da die Freunde weiter über den Fortgang unterrichtet werden wollen, beginnt er gute Nachrichten zu erfinden. Am Ende holt die Wirklichkeit das Ghetto ein. Es gibt kein glückliches Ende, die Menschen werden abtransportiert. Auf dem Plakat wird der Ausgang der Geschichte dadurch deutlich gemacht, daß Jakob Seifenblasen produziert – also Nachrichten, die wie Seifenblasen zerplatzen werden. Er ermöglicht mit seinen Lügen das Überleben, wenn auch nur für einen kurzen Moment. Damit manifestiert sich in dem Plakat der Überlebenswillen des Ghettos (Abb. DDR 20). Der Regierung der DDR paßte dieser Film deshalb ausgezeichnet ins Konzept, weil sie gegenüber dem Ausland demonstrieren konnte, wie antifaschistisch und liberal sie doch sei. Dabei mag es eine Rolle gespielt haben, daß die DDR ein Jahr zuvor den Vereinten Nationen beigetreten und ihr an einer positiven Außendarstellung viel gelegen war. Der Film wurde zu einem internationalen Erfolg, erhielt den Nationalpreis der DDR, lief als erster DEFA-Film bei der Berlinale und wurde für einen Oscar nominiert.

Um gegenüber dem westlichen Ausland deutlich zu machen, daß in der DDR der Antisemitismus besiegt sei, brauchte die DDR die Hilfe der jüdischen Gemein-

DDR 20
Frank Beyer (Regie), Jurek Becker (Buch)
Jakob der Lügner
1974
Filmplakat, 81,5 x 57 cm
Berlin, Bundesarchiv – Filmarchiv
Pl 9079

den, die sie seit den 60er Jahren aus taktischen Gründen in Maßen immer wieder unterstützte. In den 80er Jahren wurde in Berlin die Neue Synagoge in der Oranienburger Straße restauriert und das Centrum Judaicum gegründet. 1988 gedachte man in der DDR auch des Novemberpogroms von 1938. Politisch blieb jedoch das Thema Völkermord ausgespart. Bis 1989 kamen die Begriffe Holocaust, Shoah oder auch Genozid in den Schulbüchern nicht vor.[31] Die Ermordung der europäischen Juden wurde als Folge des ins Extrem getriebenen Systems kapitalistischer Strukturen interpretiert. Die Erinnerung an die Geschehnisse in den Konzentrationslagern wurde, wie oben ausgeführt, im Blick auf den sogenannten „kapitalistischen Westen", auf die Bundesrepublik Deutschland oder die USA instrumentalisiert. Auch wurden bis 1989 keine Informationen über das Ausmaß der Judenverfolgung gegeben.

Trotzdem war der Völkermord präsent, wie Jurek Beckers Geschichte zeigt. Ein frühes Beispiel ist ein Gedicht von Johannes R. Becher, „Kinderschuhe aus Lublin", das er 1944 in Moskau veröffentlichte.[32] Rüdiger Steinlen beschreibt in seiner Analyse der Kinder- und Jugendliteratur zum Holocaust dieses Gedicht wie folgt: „Der Holocaust erscheint im Licht kindertümelnder Diminutive."[33]

Die Opposition in der DDR, zu der auch Künstler und Schriftsteller gehörten, begann in den 70er Jahren, sich mit dem Völkermord und dem Nationalsozialismus zu beschäftigen und die Schuldfrage jenseits der Beschwörung antifaschistischer Parolen zu stellen. Christa Wolfs Buch „Kindheitsmuster" beendete nach Stephan Hermlin „das lange Schweigen in der DDR über den verdrängten, alltäglichen Faschismus jenseits der offiziellen Proklamationen".[34] Das 1976 im Aufbau-Verlag erschienene Buch thematisiert die Schuldfrage, indem Täter, die – so die offizielle Lesart – eigentlich in der Bundesrepublik Deutschland lebten, nunmehr im engen Umkreis der Familie geortet wurden. Zu einem offiziellen Schuldeingeständnis kam es bis 1990 nicht.

Fazit

Die DDR sah sich bis zum November 1989 offiziell ausschließlich als Staat, in dem Antisemitismus und Faschismus „ausgerottet" worden seien.[35] Der Völkermord wurde nicht thematisiert. Er paßte nicht in die Vorstellungen, die die Widerstandskämpfer im „Schwur von Buchenwald" formuliert hatten, und vor allem nicht in das politische Legitimationskonzept, das die sowjetische und später die DDR-Führung verfolgten. Der Gründungsmythos der DDR wollte also alle Momente der historischen Erfahrungen auf den Antifaschismus ausrichten, allerdings um den Preis der Verneinung und Tabuisierung der Schuldfrage sowie der Verdrängung anderer, wie z. B. privater Erfahrungen.

---

[1] Diese von Johannes R. Becher und Hanns Eisler stammende Hymne durfte spätestens seit Erich Honeckers Machtantritt nicht mehr gesungen werden. Von da an ertönte nur noch die Melodie. Das Bekenntnis zu „Deutschland, einig Vaterland" in der ersten Strophe paßte nicht mehr zum politischen Kurs.

[2] Renan, Ernest: Was ist eine Nation? Vortrag, gehalten am 11. März 1882 in der Sorbonne, zit. nach: Jeismann,

Michael/Ritter, Henning (Hg.): Grenzfälle. Über alten und neuen Nationalismus, Leipzig 1993, S. 308 f.
[3] Danyel, Jürgen: Der 20. Juli, in: François, Etienne und Schulze, Hagen (Hg.): Deutsche Erinnerungsorte, Bd. 2, München 2000, S. 233.
[4] Telegramm I. V. Stalins an W. Pieck und O. Grotewohl, 13. Oktober 1949, zit. nach: Steininger, Rolf: Deutsche Geschichte seit 1945. Darstellung und Dokumente in vier Bänden; Band 2: 1948–1955, Frankfurt a.M. 1996, S. 115.
[5] Neues Deutschland, 28. Februar 1948, S. 2.
[6] Trotz des Zusammenbruchs der DDR lebt der Antifa-Mythos weiter und wird diskutiert. Vgl. Internetadressen: www.antifa.de/ www.muenster.org./vvn-bda/vvn.html (31. Juli 2003).
[7] Kumpfmüller, Michael: Die Schlacht von Stalingrad. Metamorphosen eines deutschen Mythos 1942/43 bis 1992/93, München 1995 (zugl. Diss. 1993), S. 136.
[8] Der sowjetische Botschafter in Berlin versuchte sogar, den Film verbieten zu lassen. Vgl. Mönch, Regina: Konterbande nach Moskau. Enttäuschte Hoffnung der DDR: Ein Gespräch mit Jaecki Schwarz über Konrad Wolfs Film „Ich war neunzehn", in: Frankfurter Allgemeine Zeitung, 9. Juli 2003.
[9] Neues Deutschland, 8. Mai 1975.
[10] Veličko, Michail A.: Pamjatnik vojnam Sovetskoj Armii pavšim v bojach s fašizmom. Berlin Treptov-Park, Moskau 1961, S. 12 f.
[11] Bartenev, Igor A.: Večnaja slava. Pamjatnik vojnam Sovetskoj Armii, pavšim v bojach s fašizmom, v Berline, Leningrad 1967, (unpaginiert) S. 1.
[12] Berlin, Hauptstadt der DDR. Bauten unter Denkmalschutz, Berlin (Ost) 1985, S. 271 ff.
[13] Wie Anm. 12.
[14] Neues Deutschland, 8. Mai 1955.
[15] Neues Deutschland, 9. Mai 1970.
[16] http://www.buchenwald.de/media/index.html (16. Juni 2003).
[17] Vgl. hierzu: Nothnagle, Alan L.: Building the German Myth. Historical Mythology and Youth Propaganda in the German Democratic Republic 1945–1989, Ann Arbour 1999, S. 93 ff.
[18] Knigge, Volkhard: Buchenwald, in: Hoffmann, Detlef (Hg.): Das Gedächtnis der Dinge. KZ-Relikte und KZ-Denkmäler, Frankfurt a. M. 1998, S. 95.
[19] Vgl. hierzu: Knigge 1998 (wie Anm. 18), S. 95 f.
[20] Vgl. Knigge, Volkhard: Fritz Cremer. Buchenwald Denkmal, in: Flacke, Monika (Hg.): Auftrag: Kunst. 1949–1990, Ausst. Kat., Berlin 1995, S. 114 f.
[21] Vgl. Schmidt, Diether: Die Asche brennt auf seinem Herzen: Fritz Cremer – immer im Widerstand, in: Fritz Cremer – Ein Künstler im Widerstand, Ausst. Kat., Antwerpen-Wilrijk 1993, S. 72.
[22] Vgl. Nieden, Susanne zur: ... stärker als der Tod. – Bruno Apitz' Roman Nackt unter Wölfen und die Holocaust-Rezeption in der DDR, in: Köppen, Manuel/Scherpe, Klaus R. (Hg.): Bilder des Holocaust. Literatur – Film – Bildende Kunst, Köln, Weimar, Wien 1997, S. 106. Die Transportlisten sind in der Gedenkstätte Buchenwald einsehbar.
[23] Am 8. Februar 1990 bekannte sich die DDR erstmals zur Verantwortung aller Deutschen für den Völkermord. Im April 1990 bat die Regierung der DDR den Staat Israel um Verzeihung. Vgl. http://www.dhm.de/lemo/html/1990/ (31. Juli 2003).
[24] Vgl. Groehler, Olaf: Der Umgang mit dem Holocaust in der DDR, in: Steiniger, Rolf (Hg.): Der Umgang mit dem Holocaust. Europa. USA. Israel, Köln, Weimar, Wien 1994, S. 241.
[25] 1952 begann in Prag der sogenannte Slánský-Prozeß. Rudolf Slánský wurde unter dem Vorwurf, ein „imperialistisches Agentenzentrum" gebildet zu haben, zum Tode verurteilt und Anfang 1953 hingerichtet.
[26] Vgl. Illichmann, Jutta: Die DDR und die Juden. Die deutschlandpolitische Instrumentalisierung von Juden und Judentum durch die Partei- und Staatsführung der SBZ/DDR von 1945 bis 1990, Frankfurt a. M. 1997, S. 82 ff.
[27] Zu den Kampagnen vgl. Illichmann 1997 (wie Anm. 26), S. 133 ff.
[28] Vgl. hierzu: Timm, Angelika: Der 9. November 1938 in der politischen Kultur der DDR, in: Steininger 1996 (wie Anm. 4), S. 254.
[29] Groehler 1994 (wie Anm. 24), S. 242.
[30] Vgl. Rezensionssammlung aus ver-

schiedenen Zeitungen der DDR, in: Stiftung Archiv der Akademie der Künste, Berlin, Peter-Weiss-Archiv, 2811.
31 Vgl. Küchler, Stefan: DDR-Geschichtsbilder. Zur Interpretation des Nationalsozialismus, der jüdischen Geschichte und des Holocaust im Geschichtsunterricht der DDR, in: Pingel, Falk (Hg.): Unterricht über den Holocaust. Internationale Schulbuchforschung. Zeitschrift des Georg-Eckert-Instituts, 22.1, Langenhagen 2000, S. 42.
32 Das Gedicht wurde im Oktober 1944 zum ersten Male in der von Becher herausgegebenen Zeitschrift 'Internationale Literatur' in Moskau abgedruckt. Es erschien in: Becher, Johannes R.: Dichtung, Bd. 1, Berlin 1952, S. 334 ff.
33 Steinlen, Rüdiger: Sternenkinder und Tote Engel, in: Köppen/Scherpe 1997 (wie Anm. 22), S. 65.
34 Prill, Meinhard: Artikel zu dem Roman von Christa Wolf, in: Jens, Walter (Hg.), Kindlers neues Literaturlexikon, CD-ROM, München 1999.
35 Vgl. Rundschreiben des Außenministers der DDR, Oskar Fischer, an alle diplomatischen Vertretungen der DDR vom 19. August 1988, in: Stiftung Archiv der Parteien und Massenorganisationen der DDR im Bundesarchiv, IV B 2/14/176, Bl. 122/123.

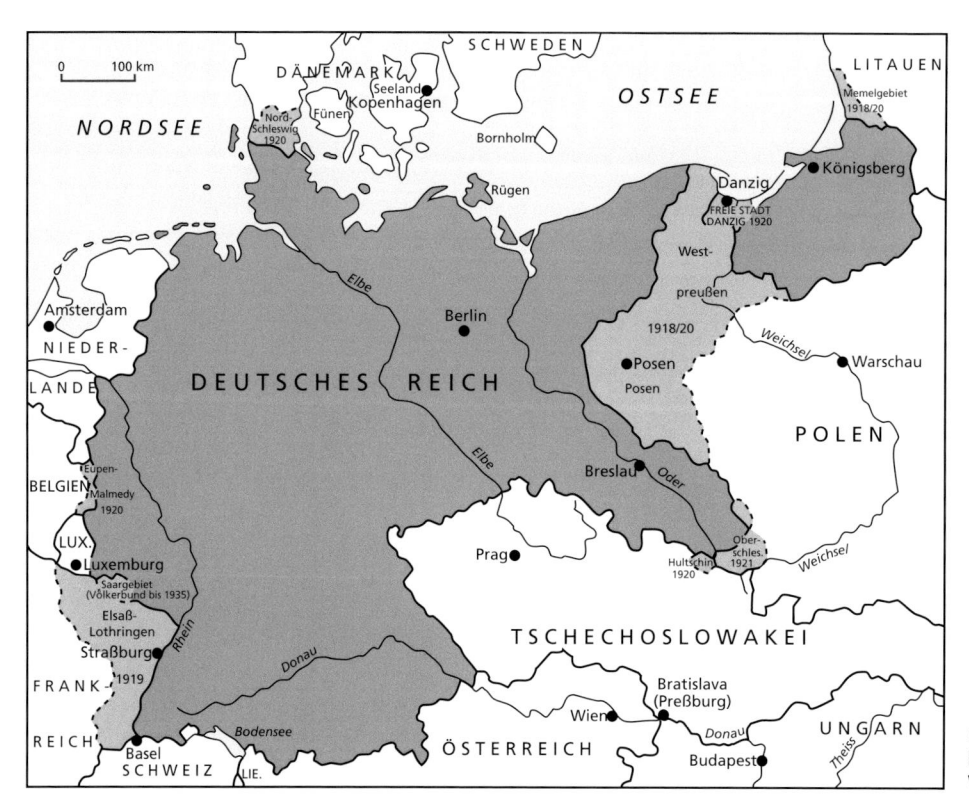

Nach dem Ersten Weltkrieg

1939

KARTEN · 191

Nach dem Zweiten Weltkrieg

Seit 1990

Chronologie

Deutsches Reich

1914–1918
Nach der Ermordung des habsburgischen Kronprinzen Erzherzog Franz Ferdinand und seiner Gemahlin am **28. Juni 1914** durch einen serbischen Nationalisten und der Kriegserklärung Österreich-Ungarns an Serbien am **28. Juli 1914** weiten sich die Konflikte in Europa auf der Grundlage der bestehenden Bündnissysteme zum Ersten Weltkrieg aus. Einhergehend mit der allgemeinen Mobilmachung erklärt das Deutsche Reich am **1. August 1914** Rußland und zwei Tage später Frankreich den Krieg. Nach dem Einmarsch deutscher Truppen am **2. August 1914** in Luxemburg und am **4. August 1914** in Belgien erklärt Großbritannien Deutschland den Krieg. Entgegen der deutschen Kriegsplanung entwickelt sich ab **Herbst 1914** im Westen ein für beide Seiten sehr verlustreicher Stellungskrieg. Die von Großbritannien gegen die Mittelmächte verhängte Seeblockade führt zu einem Mangel an kriegswichtigen Rohstoffen. Im **April 1917** führt der uneingeschränkte U-Boot-Krieg zum Kriegseintritt der USA an der Seite der Entente. Die Unzufriedenheit der deutschen Zivilbevölkerung schlägt sich **Ende Januar 1918** in ersten Massenstreiks nieder. Am **3. März 1918** unterzeichnen die Mittelmächte und Sowjetrußland den Friedensvertrag von Brest-Litowsk. Die USA entsenden bis zum **Herbst 1918** etwa zwei Millionen Soldaten nach Europa. Dies führt zum militärischen Zusammenbruch des Deutschen Reiches. Am **3. Oktober 1918** ernennt Kaiser Wilhelm II. Prinz Max von Baden zum Reichskanzler. Dieser stimmt dem Ersuchen der Obersten Heeresleitung um Abschluß eines sofortigen Waffenstillstandes zu. Am **29. Oktober 1918** verweigern Matrosen der deutschen Hochseeflotte ihren Gehorsam. Am **3./4. November** kommt es zum Kieler Matrosenaufstand, und innerhalb weniger Tage weitet sich die Erhebung auf ganz Deutschland aus. In fast allen größeren Städten werden revolutionäre Arbeiter- und Soldatenräte gebildet. **Am 9. November 1918** verkündet Reichskanzler von Baden die Abdankung des Kaisers Wilhelm II. und übergibt die Regierungsgeschäfte an den Vorsitzenden der Sozialdemokratischen Partei Deutschlands (SPD), Friedrich Ebert. Am selben Tag ruft Philipp Scheidemann (SPD) um 14 Uhr die Republik aus. Mit der Unterzeichnung des Waffenstillstandes am **11. November 1918** werden die Kampfhandlungen zwischen dem Deutschen Reich und seinen Gegnern offiziell beendet.

1919–1923
Die am **19. Januar 1919** gewählte Nationalversammlung tritt in Weimar zusammen und bestimmt am **11. Februar 1919** Friedrich Ebert (SPD) zum vorläufigen Reichspräsidenten. Die SPD, die Deutsche Demokratische Partei (DDP) und das Zentrum bilden die Regierung, die den im **November 1918** gebildeten Rat der Volksbeauftragten ablöst. Am **28. Juni 1919** wird im Schloß von Versailles der Friedensvertrag zwischen dem Deutschen Reich und den alliierten Siegermächten des Ersten Weltkrieges unterzeichnet. Deutschland muß nicht nur Gebiete an Frankreich, Polen und die Tschechoslowakei abtreten, sondern verliert auch alle Kolonien und wird zu hohen Reparationsleistungen verpflichtet. Am **11. August 1919** tritt die neue Weimarer Verfassung in Kraft, die die parlamentarische Demokratie in Deutschland begründet, dabei aber den Reichspräsidenten mit Notverordnungsrechten ausstattet. Während der sogenannten Weimarer Republik erlebt Deutschland innerhalb von 14 Jahren 16 Reichsregierungen mit einer durchschnittlichen Amtszeit von acht Monaten. Am **29. Juli 1921** wird Adolf Hitler Vorsitzender der Nationalsozialistischen Deutschen Arbeiterpartei (NSDAP), die aus der im **Januar 1919** gegründeten Deutschen Arbeiterpartei (DAP) hervorgegangen ist. Die alliierte Reparationskommission stellt Ende **Dezember 1922** einen geringfügigen Lieferrückstand deutscher Reparationen an Frankreich fest. Daraufhin besetzen französische und belgische Truppen am **11. Januar 1923** das Ruhrgebiet. Die Reichsregierung ruft zum passiven Widerstand auf. Streiks, die wirtschaftliche Absperrung des Ruhrgebiets und Produktionsausfälle bedeuten eine enorme Belastung für die Wirtschaft Deutschlands **1923**. Die Kosten des sogenannten Ruhrkampfes übersteigen die Reichsfinanzen. Angesichts der massiven Wirtschafts- und Ernährungsprobleme

sowie der Hyperinflation gibt die von der Deutschen Volkspartei (DVP) geführte Reichsregierung unter dem Reichskanzler Gustav Stresemann den Ruhrkampf **Ende September 1923** auf. Die innenpolitische Krise ausnutzend, unternimmt der im **September** von Adolf Hitler zusammen mit General a.D. Erich Ludendorff gegründete Deutsche Kampfbund am **8. November 1923** einen Putschversuch in Bayern, um die Reichsregierung zu stürzen. Der Putsch wird in München niedergeschlagen. Die NSDAP wird reichsweit verboten, und Hitler wird **1924** zu Festungshaft verurteilt. Die fortschreitende Inflation führt zu einer Umverteilung der Vermögen. Weite Teile der deutschen Bevölkerung verarmen. Am **15. November 1923** beendet die Ausgabe der Rentenbankscheine (Rentenmark) die Inflation.

1924–1926

Mit der Währungsreform wird die fiskalische Voraussetzung für die vom Deutschen Reich anvisierte Revision der Reparationen geschaffen. Am **9. April 1924** wird der sogenannte Dawesplan veröffentlicht, der die Reparationszahlungen von der wirtschaftlichen Leistungsfähigkeit des Deutschen Reichs abhängig macht. Die mit dem Dawesplan verbundenen ausländischen Kredite und Investitionen leiten eine Periode des wirtschaftlichen Aufschwungs ein. Am **27. Februar 1925** wird die verbotene NSDAP neugegründet. Nach dem Tod Friedrich Eberts wird am **26. April 1925** Generalfeldmarschall Paul von Hindenburg zum Reichspräsidenten gewählt. Während einer internationalen Konferenz über europäische Sicherheitsfragen in Locarno werden am **16. Oktober 1925** Verträge abgeschlossen, welche ein europäisches Sicherheits- und Friedenssystem begründen und das Deutsche Reich aus der außenpolitischen Isolation lösen sollen. Am **8. September 1926** beschließt die Vollversammlung des Völkerbundes in Genf einstimmig die Aufnahme Deutschlands.

1929–1932

Im **August 1929** beschließen in Den Haag Belgien, Großbritannien und Frankreich die endgültige Räumung des Rheinlandes bis spätestens Ende **Juni 1930**. Voraussetzung ist die Zahlung der, entsprechend dem Youngplan, neu festgesetzten Reparationsleistungen von jährlich rund zwei Milliarden Goldmark über einen Zeitraum von 59 Jahren. Der dramatische Kurseinbruch an der New Yorker Börse am **25. Oktober 1929** und die daraus entstehende Weltwirtschaftskrise hat auch für Deutschland weitreichende Folgen. Der vor allem mit ausländischen Krediten finanzierte Wirtschaftsaufbau bricht in sich zusammen, die ohnehin hohe Arbeitslosenzahl steigt bis **1932** auf über sechs Millionen. Die innenpolitischen Spannungen angesichts der Weltwirtschaftskrise führen im **März 1930** zum Rücktritt der sozialdemokratisch geführten Koalitionsregierung Hermann Müllers. Da es keine parlamentarische Mehrheit für eine arbeitsfähige Regierung gibt, beauftragt Reichspräsident Paul von Hindenburg am **29. März 1930** den Zentrumspolitiker Heinrich Brüning mit der Bildung einer Minderheitsregierung – ermöglicht durch den Artikel 48 der Weimarer Verfassung (Notverordnungsrecht). Die Phase der Präsidialkabinette beginnt. Das von Hindenburg wahrgenommene Recht auf Auflösung des Reichstages führt zu den Wahlen vom **14. September 1930**, bei denen die NSDAP einen hohen Erfolg erzielen kann. Auf der Konferenz von Lausanne im **Sommer 1932** werden die Reparationsleistungen abschließend geregelt und Deutschland zu einer Abschlußzahlung von drei Milliarden Reichsmark verpflichtet, die das Deutsche Reich nie leistet. Am **1. Juni 1932** ernennt Hindenburg, der am **10. April 1932** als Reichspräsident bestätigt worden ist, Franz von Papen von der Zentrumspartei zum Reichskanzler. Dieser setzt am **20. Juli 1932** per Notverordnung die geschäftsführende preußische Regierung unter Otto Braun (SPD) ab und ernennt sich selbst zum Reichskommissar für Preußen. Bürgerkriegsähnliche Kämpfe der nationalsozialistischen Sturmabteilung (SA) mit dem kommunistischen Roten Frontkämpferbund (RFB) im Reichstagswahlkampf finden im Sommer **1932** ihren Höhepunkt. Bei den Reichstagswahlen am **31. Juli 1932** wird die NSDAP stärkste Partei. Nachdem im Reichstag keine Regierung gewählt werden kann, wird das Parlament am **12. September 1932** erneut aufgelöst. Bei den zweiten Reichstagswahlen des Jahres 1932 am **6. November** büßt die NSDAP 34 Sitze ein, bleibt jedoch stärkste Fraktion.

1933

Reichspräsident Paul von Hindenburg ernennt am **30. Januar** Adolf Hitler zum Reichskanzler eines nationalsozialistisch-konservativen Kabinetts, in dem von Papen das Amt des Vizekanzlers übernimmt. Der Reichstag wird am **1. Februar** aufgelöst. Nach dem Reichstagsbrand am **27. Februar** wird mit der sogenannten Reichstagsbrandverordnung vom **28. Februar** der gesetzliche Rahmen für die Verfolgung politischer Gegner und die gleichzeitige Festigung der uneingeschränkten Macht der Nationalsozialisten gebildet. Die Notverordnung setzt die verfassungsmäßigen Grundrechte der persönlichen Freiheit, der Meinungs-, Vereins- und Versammlungsfreiheit außer Kraft. Die Kommunistische Partei Deutschlands (KPD) wird verboten. Ihre Mitglieder und andere politische Gegner der Nationalsozialisten werden verfolgt. Mit 444 gegen 94 Stimmen nimmt der Deutsche Reichstag am **23. März** das sogenannte Ermächtigungsgesetz an, mit dessen Hilfe die Regierung Adolf Hitlers für zunächst vier Jahre ohne die Mitwirkung des Parlamentes alleinverantwortlich Gesetze erlassen kann. Die Reichsregierung verabschiedet am **7. April** das Gesetz zur Wiederherstellung des Berufsbeamtentums. Davon sind vor allem Beamte und Angestellte jüdischen Glaubens betroffen, deren Weiterbeschäftigung im öffentlichen Dienst verboten wird. Das Gesetz bildet den Beginn der staatlichen Verfolgung der jüdischen Bevölkerung. Noch im **Frühjahr** werden von der Schutzstaffel (SS) und der SA die ersten Konzentrationslager in Dachau und Oranienburg errichtet. Am **22. Juni** wird die SPD verboten und in der Folge die Selbstauflösung der bürgerlichen Parteien (Zentrum: **5. Juli**) erzwungen. Am **20. Juli** schließt die römisch-katholische Kirche mit dem Deutschen Reich ein Konkordat. Am **14. Oktober** wird der Austritt des Deutschen Reiches aus dem Völkerbund und aus der Genfer Abrüstungskonferenz verkündet.

1935

Adolf Hitler verkündet am **16. März** die Wiedereinführung der allgemeinen Wehrpflicht und bricht damit die Bestimmungen des Versailler Vertrages. Am **15. September** werden die sogenannten Nürnberger Gesetze verabschiedet, die den Juden die Staatsbürgerrechte entziehen. Bis zum **Herbst 1938** wandert ein Drittel der Juden aus Deutschland aus.

1936

Am **7. März** rücken Verbände der Wehrmacht in die entmilitarisierte Zone des Rheinlandes vor. Das faschistische Italien verbündet sich am **1. November** mit dem nationalsozialistischen Deutschen Reich zur sogenannten Achse Berlin-Rom. Das Deutsche Reich und Japan unterzeichnen am **25. November** den Antikomintern-Pakt.

1938

Die Wehrmacht marschiert am **12. März** in Österreich ein, das am **13. März** per Gesetz in Gau Ostmark umbenannt wird. Das Deutsche Reich, Frankreich, Großbritannien und Italien unterzeichnen am **29. September** in München ein Abkommen, das die Tschechoslowakei verpflichtet, die überwiegend von Deutschen bewohnten Sudetengebiete an das Deutsche Reich abzutreten. Zwei Tage später marschieren dort deutsche Truppen ein. Am **9. November** kommt es auf Anweisung der NSDAP-Führung im Deutschen Reich zu blutigen Ausschreitungen gegen jüdische Bürger. 91 Juden kommen dabei ums Leben, mehrere tausend werden mißhandelt und etwa 30 000 in Konzentrationslager verschleppt.

1939–1940

Die Wehrmacht besetzt, nach der vom Deutschen Reich forcierten Ausrufung der slowakischen Unabhängigkeit, am **15. März 1939** die Rest-Tschechoslowakei. Sie wird als Protektorat Böhmen und Mähren an das Deutsche Reich angegliedert. Am **23. August 1939** unterzeichnen die Außenminister Joachim von Ribbentrop und Vjačeslav M. Molotov den deutsch-sowjetischen Nichtangriffspakt. Ein geheimes Zusatzprotokoll sieht dabei die Aufteilung Polens und Ostmitteleuropas zwischen der Sowjetunion und dem Deutschen Reich vor. Deutsche Truppen marschieren am **1. September 1939** ohne Kriegserklärung in Westpolen ein. Nahezu gleichzeitig besetzt die sowjetische Rote Armee Ostpolen. Großbritannien und Frankreich erklären am **3. September 1939** dem Deutschen Reich den Krieg. Aus Österreich und dem Protektorat Böhmen und Mähren werden am **12. Oktober 1939** die ersten Juden nach Polen deportiert. Am **8. November 1939** entgeht Hitler knapp einem Bombenattentat durch eine von Johann Georg Elser im Bürgerbräukeller in München versteckte selbstgebaute Bombe. Im **Mai 1940** wird das Konzentrationslager Auschwitz errichtet. Deutsche Truppen besetzen bis zum **10. Juni 1940** die neutralen Länder Dänemark, Holland, Belgien, Luxemburg und Norwegen und marschieren am **14. Juni 1940** in Paris ein. Am **22. Juni 1940** wird zwischen Frankreich und Deutschland ein Waffenstillstand abgeschlossen.

1941

Am **15. Juni** wird der Geltungsbereich der Nürnberger Gesetze von **1935** auch auf die besetzten Gebiete in Osteuropa ausgedehnt. Ein Truppenaufgebot von rund drei Millionen deutschen Soldaten (drei Viertel des Gesamtheeres) beginnt am **21./22. Juni**, unterstützt von Einheiten aus Rumänien, Italien, der Slowakei, Finnland und Ungarn, den Krieg gegen die UdSSR und besetzt bis **August** Estland, Lettland, Litauen, Weißrußland und die Ukraine einschließlich der Krimhalbinsel und Moldawien. Der deutsche Staatssicherheitsdienst (SD) verübt in den besetzten Gebieten Massaker an der Zivilbevölkerung. Im **Sommer** beschließt die nationalsozialistische Führung die Ermordung aller im deutschen Machtbereich lebenden Juden. Der Rußlandfeldzug der Wehrmacht gerät im **Dezember** vor Moskau zunächst ins Stocken. Am **11. Dezember** erklären Deutschland und Italien den USA den Krieg.

1942–1943

Einsatzgruppen des Reichssicherheitshauptamts (RSHA) ermorden **bis Januar 1942** in Polen und in der Sowjetunion über 500 000 Juden. Um den Völkermord an den Juden, aber auch an den Sinti und Roma europaweit planmäßig zu organisieren, findet am **20. Januar 1942** die sogenannten Wannsee-Konferenz statt, auf der die Staatssekretäre der wichtigsten Reichsministerien vom Chef des RSHA Reinhard Heydrich über die geplante systematische Ermordung der europäischen Juden informiert und die verwaltungsmäßige Umsetzung und technisch-organisatorische Details besprochen werden. Im **Sommer 1942** beginnt der deutsche Vormarsch auf Stalingrad. Bei der Gegenoffensive dreier sowjetischer Fronten wird im **November 1942** die 6. deutsche Armee bei Stalingrad eingekesselt. Eine deutsche Entsatzoffensive im **Dezember 1942** scheitert. Generalfeldmarschall Friedrich Paulus kapituliert am **31. Januar 1943** im Stalingrader Südkessel, am **2. Februar 1943** General Strecker im Nordkessel. Am **13. Mai** kapitulieren die deutschen und italienischen Truppen in Nordafrika. US-Präsident Franklin Delano Roosevelt, der britische Premierminister Winston Churchill und der sowjetische Partei- und Regierungschef Iosif V. Stalin treffen sich im **November** in Teheran, um über die weitere gemeinsame Strategie zu beraten.

1944

Die ersten amerikanischen und englischen Truppeneinheiten gehen unter dem Oberkommando von General Dwight D. Eisenhower am **6. Juni** in der Normandie an Land. Claus Schenk Graf von Stauffenberg legt am **20. Juli** im Führerhauptquartier Wolfsschanze bei einer Lagebesprechung mit Hitler eine Bombe. Hitler überlebt leicht verletzt den Anschlag, und der mit dem Attentat verbundene Umsturzversuch scheitert.

1945

Die Rote Armee befreit nach ihrem Einmarsch in Polen am **27. Januar** das größte Vernichtungslager Auschwitz. In Jalta treffen am **4. Februar** Roosevelt, Churchill und Stalin zusammen, um über die Maßnahmen gegenüber Deutschland und die Machtverteilung in Europa nach dem Sieg der Alliierten sowie über die Gründung der Vereinten Nationen zu beraten. In einer letzten Serie von großen Luftangriffen auf deutsche Städte von **Januar** bis **April** wird am **14. Februar** Dresden zerstört. Einheiten der Roten Armee erobern am **30. April** den Deutschen Reichstag in Berlin. Adolf Hitler begeht Selbstmord. Der Generaladmiral Hans-Georg von Friedeburg unterzeichnet am **4. Mai** im Hauptquartier des britischen Feldmarschalls Bernard L. Montgomery in der Lüneburger Heide die Kapitulation der deutschen Streitkräfte in Nordwestdeutschland, Dänemark und den Niederlanden. In Berlin unterzeichnen am **5. Mai** die alliierten Oberbefehlshaber General Dwight D. Eisenhower (USA), Marschall Georgij Žukov (UdSSR), Feldmarschall Bernard Montgomery (Großbritannien) und General Jean Joseph-Marie Gabriel de Lattre de Tassigny (Frankreich) die Proklamation zur Übernahme der Regierungsgewalt in Deutschland. Im Auftrag des deutschen Reichspräsidenten, Großadmiral Karl Dönitz, unterzeichnet am **7. Mai** Generaloberst Alfred Jodl im amerikanischen Hauptquartier in Reims die Urkunde der bedingungslosen Kapitulation. Generalfeldmarschall Wilhelm Keitel unterzeichnet im sowjetischen Hauptquartier in der Nacht vom **8.** auf den **9. Mai** in Berlin-Karlshorst die Gesamtkapitulation der Deutschen Wehrmacht. Am **5. Juni** übernehmen die Alliierten Streitkräfte mit der Vier-Mächte-Erklärung von Berlin die Regierungsgewalt in Deutschland, das in vier Besatzungszonen aufgeteilt wird. Die Hauptstadt Berlin wird ebenfalls in vier Sektoren geteilt, aber gemeinsam verwaltet. Die Vertreter der drei Siegermächte, Großbritannien, UdSSR und USA, verhandeln vom **17. Juli** bis **2. August 1945** in Potsdam über die Zukunft des besiegten Deutschlands. Mit dem Potsdamer Abkommen werden die wirtschaftlichen und politischen Grundsätze für das Besatzungsregime festgelegt. Es wird beschlossen, die deutschen Gebiete östlich von Oder und Lausitzer Neiße bis zu einem Friedensvertrag unter polnische sowie sowjetische Verwaltung zu stellen und die dortige deutsche Bevölkerung ebenso wie die Deutschen aus der Tschechoslowakei und Ungarn in „ordnungsgemäßer und humaner Weise" nach Deutschland zu „überführen".

Deutsche Demokratische Republik

1945
Die Sowjetische Militäradministration in Deutschland (SMAD) erlaubt am **10. Juni** die Gründung antifaschistischer Parteien und Gewerkschaften. Unter ihrer Kontrolle erfolgt am **11. Juni** die Zulassung der KPD und die Gründung von SPD (**15. Juni**), CDU (**26. Juni**) sowie der Liberal-Demokratischen Partei (LDP) am **5. Juli**. Diese Parteien gründen am **14. Juli** die „Einheitsfront der antifaschistisch-demokratischen Parteien" (Antifa-Block).

1946–1949
Am **21./22. April 1946** vereinigen sich unter sowjetischem Druck auf einem Gründungsparteitag in Berlin KPD und SPD in der Sowjetisch Besetzten Zone (SBZ) zur Sozialistischen Einheitspartei Deutschlands (SED). Parteivorsitzende werden Wilhelm Pieck (KPD) und Otto Grotewohl (SPD). In der SBZ werden im Zuge der Entnazifizierung weitreichende Enteignungen vorgenommen. Ziel der sowjetischen Besatzungspolitik ist die Einführung einer sozialistischen Planwirtschaft nach sowjetischem Muster. Am **22. Februar 1947** wird die Vereinigung der Verfolgten des Naziregimes (VVN) gegründet. Im **Dezember 1947** entsteht die Volkskongreßbewegung für Einheit und gerechten Frieden. Aus ihr geht im **März 1948** der 1. Deutsche Volksrat hervor. Dieser setzt einen Verfassungsausschuß unter Leitung von Otto Grotewohl ein. Wegen der Einführung der DM auch in den Westsektoren Berlins verhängt die UdSSR am **24. Juni 1948** die Berliner Blockade. Der Entwurf für eine Verfassung der Deutschen Demokratischen Republik wird am **19. März 1949** vom Volksrat formell beschlossen. Am **12. Mai 1949** wird die Blockade Berlins aufgehoben. Der 2. Deutsche Volksrat tritt am **7. Oktober 1949** zusammen, erklärt sich zur provisorischen Volkskammer und beauftragt Otto Grotewohl mit der Regierungsbildung. Von der sowjetischen Besatzungsmacht werden am **10. Oktober 1949** die Verwaltungsfunktionen an die Provisorische Regierung der DDR übergeben. Die SMAD wird durch die Sowjetische Kontrollkommission (SKK) ersetzt. Damit ist die DDR als zweiter deutscher Staat entstanden.

1950
Die Volkskammer billigt am **8. Februar** das Gesetz zur Bildung des Ministeriums für Staatssicherheit (MfS). Die DDR erkennt am **6. Juli** die Oder-Neiße-Linie im Görlitzer Vertrag als deutsch-polnische Grenze an. Am **29. September** wird die DDR in die Wirtschaftsgemeinschaft Council for Mutual Economic Assistance (COMECON bzw. Rat für gegenseitige Wirtschaftshilfe – RGW) aufgenommen.

1951–1953
Die Volkskammer beschließt am **1. November 1951** das Gesetz über den ersten Fünfjahresplan (1951–1955). Damit beginnt die zentrale staatliche Planwirtschaft. Vom **9.** bis **12. Juli 1952** wird auf der 2. Parteikonferenz der SED nicht nur die „planmäßige Errichtung der

Grundlagen des Sozialismus in der DDR", sondern auch eine forcierte militärische Aufrüstung beschlossen. Unter der Losung von der „Verschärfung des Klassenkampfes" erhöht die SED den politischen Druck auf alle Schichten der Bevölkerung. Als Folge der Beschlüsse der 2. Parteikonferenz der SED verschlechtert sich die Lebenslage der Menschen rapide. Am **17. Juni 1953** weitet sich der Streik Ostberliner Bauarbeiter gegen Normerhöhungen zu einem Volksaufstand gegen die SED-Herrschaft aus, der durch sowjetisches Militär gewaltsam niedergeschlagen wird. Im Zusammenhang mit dem verschärften innenpolitischen Kurs der SED wird am **21. Februar 1953** die Vereinigung der Verfolgten des Naziregimes (VVN) aufgelöst und durch das Komitee der Antifaschistischen Widerstandskämpfer ersetzt.

1955–1958
Die DDR ist am **14. Mai 1955** Gründungsmitglied des mit Unterzeichnung des Vertrages über Freundschaft, Zusammenarbeit und gegenseitigen Beistand in Warschau gegründeten Militärbündnisses (Warschauer Vertrag bzw. Warschauer Pakt). Der Warschauer Pakt wird als Gegengewicht zum westlichen Verteidigungsbündnis NATO konzipiert. Der Generalsekretär der Kommunistischen Partei der Sowjetunion (KPdSU), Nikita S. Chruščev, verkündet am **26. Juli 1955** in Ost-Berlin die sowjetische Zweistaatentheorie, die von einer Teilung Deutschlands ausgeht. Daraufhin erkennt die UdSSR am **20. September 1955** die DDR als souveränen Staat an. Die Volkskammer beschließt am **18. Januar 1956** den Aufbau der Nationalen Volksarmee (NVA) und die Schaffung des Ministeriums für Nationale Verteidigung. Am **14. September 1958** wird die Nationale Gedenkstätte im ehemaligen Konzentrationslager Buchenwald bei Weimar eingeweiht.

1961–1968
Bewaffnete Einheiten der NVA, der Volkspolizei und der Kampfgruppen der Arbeiterklasse riegeln am **13. August 1961** Ost-Berlin gegen West-Berlin ab. Der Mauerbau beginnt. Die Grenze zur Bundesrepublik Deutschland wird am **16. August 1961** für alle Bewohner der DDR und Ost-Berlins geschlossen. **Am 1. September 1964** wird das Gesetz über die „Nichtverjährung von Nazi- und Kriegsverbrechen" durch die Volkskammer verabschiedet. NVA-Truppen beteiligen sich am **21. August 1968** am Einmarsch der Truppen des Warschauer Paktes in die Tschechoslowakei und an der gewaltsamen Niederschlagung des Prager Frühlings.

1971–1976
Walter Ulbricht wird am **3. Mai 1971** zum Rücktritt vom Amt des Ersten Sekretärs des Zentralkomitees (ZK) der SED gedrängt. Sein Nachfolger wird Erich Honecker – ab **1976** auch als Staatsratsvorsitzender. Die DDR wird am **18. September 1973** in die Vereinten Nationen (UNO) aufgenommen.

1988
Die Volkskammer gedenkt am **8. November** in einer Sondersitzung erstmals der Judenpogrome von **1938**. In Ost-Berlin werden im **November** 18 Mitglieder des Arbeitskreises „Gottesdienste für Gerechtigkeit und Frieden" festgenommen.

1989
In Ungarn und Österreich beginnt am **2. Mai** der Abbau der Grenzbefestigungen. Dies löst in der DDR einen Urlauber- und Flüchtlingsstrom aus. Ungarn öffnet am **10. September** seine Grenze nach Österreich, um die Ausreise der zu Tausenden aus der DDR nach Ungarn Geflüchteten zu ermöglichen. Während der Feiern zum 40jährigen Bestehen der DDR am **7. Oktober** lobt Erich Honecker in Ost-Berlin die Errungenschaften der DDR. Ehrengast Michail Gorbačev hatte zuvor die SED zu zügigen Reformen ermahnt. In Leipzig demonstrieren am **9. Oktober** etwa 70 000 Menschen für innere Reformen in der DDR. Egon Krenz löst Erich Honecker am **18. Oktober** als Staats- und Parteichef der DDR ab. In Leipzig nehmen am **23. Oktober** etwa 300 000 Menschen an einer Demonstration teil und fordern den Rücktritt von Egon Krenz und freie Wahlen. In Ost-Berlin fordern am **4. November** rund eine Million Menschen das Ende des Sozialismus. Auf einer vom Fernsehen direkt übertragenen, internationalen Pressekonferenz verliest das SED-Po-

litbüromitglied Günter Schabowski am **9. November 1989** um 18.57 Uhr einen Beschluß des amtierenden Ministerrates: „Privatreisen nach dem Ausland können ohne Vorliegen von Voraussetzungen [...] beantragt werden. Die Genehmigungen werden kurzfristig erteilt." Die DDR-Volkskammer wählt Hans Modrow am **13. November** zum Ministerpräsidenten. Die Volkskammer streicht am **1. Dezember** das in der Verfassung verankerte Machtmonopol der Sozialistischen Einheitspartei Deutschlands (SED). Auf Initiative der Kirchen versammeln sich am **7. Dezember** in Ost-Berlin erstmals Vertreter von Regierung und Opposition am Runden Tisch. Die Delegierten einigen sich u. a. auf die sofortige Auflösung des Ministeriums für Staatssicherheit (Stasi). Am **17. Dezember** schafft ein SED-Parteitag Politbüro und Zentralkomitee ab. Die Partei benennt sich in Partei des Demokratischen Sozialismus (PDS) um. PDS-Vorsitzender wird der 41jährige Gregor Gysi.

1990
Die Allianz für Deutschland, ein Wahlbündnis aus CDU, Demokratischem Aufbruch (DA) und Deutscher Sozialer Union (DSU), gewinnt am **18. März** mit 48 Prozent die erste und letzte freie Volkskammerwahl in der Geschichte der DDR. Die im **Juni** unterzeichnete Währungs-, Wirtschafts- und Sozialunion zwischen der Bundesrepublik Deutschland und der DDR tritt am **1. Juli** in Kraft. Damit gehört sie zum Geltungsbereich der Deutschen Mark. Bundeskanzler Helmut Kohl und der Staatspräsident der (noch existierenden) UdSSR Michail Gorbačev verständigen sich am **16. Juli** in Archys im Kaukasus auf die Bedingungen für die Wiedervereinigung Deutschlands. Gorbačev garantiert dem vereinigten Deutschland volle Souveränität. **Am 3. Oktober** tritt die DDR dem Geltungsbereich des Grundgesetzes bei, und am **4. Oktober** konstituiert sich im Berliner Reichstagsgebäude der erste gesamtdeutsche Bundestag.

Bundesrepublik Deutschland

1945–1949
Vor dem internationalen Militärgerichtshof in Nürnberg beginnt am **20. November 1945** der Prozeß gegen die deutschen Hauptkriegsverbrecher. Am **30. September 1946** werden zwölf Todesurteile gefällt und zum Teil hohe Gefängnisstrafen gegen die Angeklagten verhängt. Durch den Zweiten Weltkrieg sind weite Bereiche Deutschlands, besonders die Großstädte, stark verwüstet. Etwa 10 Millionen Flüchtlinge und Vertriebene aus den Ostgebieten, befreite Häftlinge der Konzentrationslager und Gefängnisse, Zwangsarbeiter und aus dem Kriegsdienst Entlassene suchen nach Angehörigen und einer Unterkunft. Noch **Ende 1946** stehen für 14 Millionen Haushalte nur 8 Millionen Wohnungen zur Verfügung. In den drei Westzonen wird **1948** eine Währungsreform durchgeführt, und am **21. Juni 1948** ersetzt die Deutsche Mark die Reichsmark. Wegen der Einführung der DM auch in den Westsektoren Berlins verhängt die UdSSR am **24. Juni 1948** die Berliner Blockade, die am **12. Mai 1949** aufgehoben wird. Der aus 65 Delegierten bestehende Parlamentarische Rat tritt am **1. September 1948** erstmals in Bonn zusammen. Die Abgeordneten sind von den Westalliierten beauftragt, eine Verfassung für eine westdeutsche Republik auszuarbeiten. Zum Präsidenten des Parlamentarischen Rates wird Konrad Adenauer (Christlich-Demokratische Union Deutschlands, CDU, 1945 gegründet) gewählt, seine Stellvertreter sind Adolf Schönfelder (SPD, 1945 wiedergegründet) und Hermann Schäfer (Freie Demokratische Partei, FDP, 1948 gegründet). Die Westzonen werden im **April 1949** zur Trizone zusammengeschlossen. Bonn wird am **10. Mai 1949** vom Parlamentarischen Rat mit 33 zu 29 Stimmen zum künftigen Sitz der Bundesregierung gewählt. Im Auftrag des Parlamentarischen Rates verkündet Konrad Adenauer am **23. Mai 1949** das Grundgesetz als vorläufige Verfassung bis zur Wiedervereinigung. In der neu gegründeten Bundesrepublik Deutschland finden am **14. August 1949** die ersten Wahlen zum Deutschen Bundestag statt. Theodor Heuss (FDP) wird am **12. September 1949** zum ersten Bundespräsidenten gewählt, und am **15. September 1949** wird Konrad Adenauer durch den Bundestag zum erster Bundeskanzler bestimmt. Die Regierung wird aus einer Koalition von CDU, Christlich-Sozialer Union (CSU), FDP und Deutscher Partei (DP) gebildet. Die Bundesrepublik Deutschland tritt am **15. Dezember 1949** dem europäischen Wiederaufbauprogramm, der Marshallplanhilfe, bei. Der Aufbau der sozialen Marktwirtschaft in Verbindung mit dem

Marshallplan und einer weltweiten Hochkonjunktur ermöglicht einen raschen Wiederaufbau. Das sogenannte Wirtschaftswunder hält bis Mitte der **60er Jahre** an. Es trägt dazu bei, die Millionen Flüchtlinge und Vertriebenen einzugliedern, die Wohnungsnot zu überwinden und beinahe Vollbeschäftigung zu erreichen.

1951–1954
Die Bundesrepublik Deutschland ist am **18. April 1951** Gründungsmitglied der Europäischen Gemeinschaft für Kohle und Stahl, Montanunion (EGKS). Sie wird im **Mai 1951** Mitglied des Europarates. Die westlichen Besatzungsmächte Großbritannien (**9. Juli 1951**), Frankreich (**13. Juli 1951**) und USA (**19. Oktober 1951**) beenden den Kriegszustand mit Deutschland. Am **10. Juli 1951** verabschiedet der Bundestag das Lastenausgleichsgesetz, das Kriegsgeschädigten, Heimatvertriebenen und Flüchtlingen die Sicherung ihrer Existenz gewährleisten soll. Die Sowjetunion legt am **10. März 1952** einen Friedensvertragsentwurf für Deutschland vor, der auch die deutsche Wiedervereinigung vorsieht. Bundeskanzler Konrad Adenauer und die drei Westmächte lehnen ab. Am **26. Mai 1952** unterzeichnen in Bonn die Außenminister der USA, Großbritanniens sowie Frankreichs und Bundeskanzler Konrad Adenauer den Deutschlandvertrag, der das Besatzungsstatut beendet und die Bundesrepublik Deutschland zu einem teilsouveränen Staat macht. Die Bundesrepublik Deutschland schließt am **10. September 1952** ein Wiedergutmachungsabkommen, wonach sie innerhalb von zwölf Jahren drei Milliarden DM in Form von Warenlieferungen an Israel entrichtet. Auf Konferenzen in London und Paris im **September** und **Oktober 1954** wird die Souveränität der Bundesrepublik Deutschland sowie ihr Beitritt zur North Atlantic Treaty Organization (NATO) beschlossen und **23. Oktober 1954** über die Beendigung des alliierten Besatzungsregimes und die Auflösung der Alliierten Hohen Kommission entschieden.

1955
Am **25. Januar** beendet auch die Sowjetunion den Kriegszustand mit Deutschland. Die Bundesrepublik Deutschland wird im **April** in die NATO aufgenommen. Nach der Ratifizierung der Pariser Verträge durch den Bundestag und Bundesrat wird am **5. Mai** die volle Souveränität der Bundesrepublik Deutschland proklamiert. Während eines Besuches von Bundeskanzler Konrad Adenauer in Moskau im **September** wird die Aufnahme diplomatischer Beziehungen zwischen der Bundesrepublik Deutschland und der UdSSR sowie die Rückkehr der letzten 9 628 deutschen Kriegsgefangenen vereinbart. Nach Anerkennung der DDR als souveräner Staat durch die UdSSR am **20. September** formuliert die Regierung der Bundesrepublik Deutschland am **23. September** die nach dem Staatssekretär Walter Hallstein benannte Hallstein-Doktrin. Darin erhebt die Bundesrepublik Deutschland den Alleinvertretungsanspruch für das gesamte deutsche Volk.

1956
Am **2. Januar** beginnt mit dem Einrücken der ersten Bundeswehrsoldaten in die Kasernen die Bewaffnung der Bundesrepublik Deutschland. Die allgemeine Wehrpflicht wird erst im **Juli** durch den Bundestag beschlossen. Bundeskanzler Adenauer und der französische Ministerpräsident Guy Mollet vereinbaren im Luxemburger Saarvertrag vom **27. Oktober**, daß das Saarland ab dem **1. Januar 1957** politisch und ab **1. Januar 1960** auch wirtschaftlich wieder der Bundesrepublik Deutschland angegliedert wird.

1957–1960
Die Bundesrepublik Deutschland ist am **25. März 1957** Gründungsmitglied der Europäischen Wirtschaftsgemeinschaft (EWG) und der Europäischen Atomgemeinschaft (EURATOM). Die Gründungsverträge werden in Rom unterzeichnet und treten am **1. Januar 1958** in Kraft. Bundeskanzler Konrad Adenauer und der israelische Regierungschef David Ben Gurion treffen sich am **14. März 1960** zu einem Meinungsaustausch in New York. Es ist das erste Gespräch israelischer und deutscher Spitzenpolitiker.

1963–1965
Der französische Staatspräsident Charles de Gaulle und Bundeskanzler Konrad Adenauer unterzeichnen am **22. Januar 1963** in Paris den Elysée-Vertrag über eine enge deutsch-

französische Zusammenarbeit. Am **16. Oktober 1963** wird der bisherige Wirtschaftsminister Ludwig Erhard (CDU) neuer Bundeskanzler. Ein Passierscheinabkommen für Verwandtenbesuche von Berlin-West nach Berlin-Ost wird im **Dezember 1963** zwischen dem Berliner Senat und der Regierung der DDR unterzeichnet.

Ab dem **20. Dezember 1963** finden in Frankfurt am Main die bisher umfangreichsten Prozesse gegen Aufseher und Angehörige der Lagerleitung des Konzentrations- und Vernichtungslagers Auschwitz statt. Nach 20 Monaten wird der Prozeß im **August 1965** beendet. Einzelne Freisprüche und das teilweise geringe Strafmaß lösen in der Weltöffentlichkeit Empörung aus. In der Öffentlichkeit der Bundesrepublik Deutschland wird über die Aufhebung oder Verlängerung der Verjährungsfrist (**8. Mai 1965**) für Verbrechen des nationalsozialistischen Terrorregimes eine heftige Debatte geführt. Der nach langen Auseinandersetzungen am **25. März 1965** beschlossene Kompromiß verschiebt die Verjährungsfrist bis **1969**. Prozeß und Verjährungsdebatten führen in den **60er Jahren** zu einer verstärkten öffentlichen Diskussion über den Nationalsozialismus.

Die Bundesrepublik Deutschland gibt am **13. Mai 1965** die Aufnahme diplomatischer Beziehungen zu Israel offiziell bekannt.

1967–1969

Der Besuch des Schahs von Persien in West-Berlin ist von Studentendemonstrationen begleitet. In mehreren Städten kommt es vom **27. Mai** bis zum **4. Juni 1967** zu Studentenunruhen, wobei am **2. Juni 1967** der Student Benno Ohnesorg von der Polizei erschossen wird. Mit einer für Grundgesetzänderungen notwendigen Zweidrittelmehrheit wird am **30. Mai 1968** eine Notstandsgesetzgebung verabschiedet. Große Teile der Öffentlichkeit, vor allem Gewerkschaften und Studentenbewegungen, sehen darin eine Aushöhlung des Grundgesetzes und organisieren Massenproteste. Nach erneuter Diskussion hebt der Bundestag am **26. Juni 1969** die Verjährung für Völkermord ganz auf. Willy Brandt (SPD) wird am **21. Oktober 1969** vom Deutschen Bundestag zum Bundeskanzler der Bundesrepublik Deutschland gewählt.

1970–1972

Zwischen der Bundesrepublik Deutschland und der DDR kommt es im **Februar 1970** zu Gesprächen über geplante Gewaltverzichtsabkommen. Am **12. August 1970** wird in Moskau zwischen der Bundesrepublik Deutschland und der UdSSR ein Freundschafts- und Kooperationsvertrag unterzeichnet und am **7. Dezember 1970** in Warschau der deutsch-polnische Vertrag über die „Grundlagen der Normalisierung" in der Beziehung beider Staaten unterzeichnet.

Die Botschafter der USA, der UdSSR, Großbritanniens und Frankreichs unterzeichnen am **3. September 1971** in Berlin das Viermächteabkommen über den rechtlichen Status der geteilten Stadt. Die Bindungen West-Berlins an die Bundesrepublik werden bestätigt. Die DDR und die Bundesrepublik Deutschland unterzeichnen am **11. Dezember 1971** ein Transitabkommen. Der Deutsche Bundestag ratifiziert am **17. Mai 1972** die **1970** unterzeichneten Verträge mit der Sowjetunion und mit Polen – die sogenannten Ostverträge – bei Stimmenthaltung der CDU und CSU. In Zusammenhang mit den im **August 1972** beginnenden Verhandlungen mit der DDR hinsichtlich eines Grundlagenvertrages findet eine intensive innenpolitische Debatte statt. Am **21. Dezember 1972** wird der erste Staatsvertrag zwischen der Bundesrepublik Deutschland und der DDR über die Anerkennung der Gleichberechtigung beider deutscher Staaten und die Unverletzlichkeit der bestehenden Grenzen geschlossen.

1973–1974

Willy Brandt besucht als erster Bundeskanzler am **7. Juni 1973** offiziell Israel. Am **18. September 1973** wird die Bundesrepublik Deutschland Mitglied der Vereinten Nationen (UNO) und nimmt am **11. Dezember 1973** diplomatische Beziehungen zur Tschechoslowakei sowie zu Bulgarien und Ungarn auf. Am **6. Mai 1974** tritt Bundeskanzler Brandt nach Bekanntwerden der Spionagetätigkeit seines Referenten Günter Guillaume zurück, und Helmut Schmidt (SPD) tritt am **16. Mai 1974** seine Nachfolge an. Die Ständigen Vertretungen der Bundesrepublik Deutschland und der DDR nehmen gemäß dem **1972** abgeschlossenen Grundlagenvertrags am **20. Juni 1974** ihre Arbeit auf.

7. und 10. Juni 1979
In den mittlerweile neun Mitgliedsstaaten der Europäischen Gemeinschaft finden die ersten Direktwahlen zum Europäischen Parlament im französischen Straßburg statt.

1982–1983
In Bonn demonstrieren am **10. Juni 1982** anläßlich des Deutschlandbesuchs von US-Präsident Ronald Reagan 400 000 friedlich gegen die Aufrüstung in Ost und West und den NATO-Doppelbeschluß. Mit dem Rückzug von vier FDP-Ministern am **17. September 1982** aus der Bundesregierung endet nach 13 Jahren die sozialliberale Koalition. Helmut Kohl – Parteivorsitzender der CDU – wird am **1. Oktober 1982** zum Bundeskanzler der Bundesrepublik Deutschland gewählt und bildet eine Koalitionsregierung aus CDU/CSU und FDP. Nach den vorgezogenen Bundestagswahlen am **6. März 1983** ist die Partei der Grünen zum ersten Mal im Parlament vertreten. Der Bundestag billigt am **22. November 1983** gegen die Stimmen der Opposition die Stationierung neuer amerikanischer Mittelstreckenraketen in der Bundesrepublik Deutschland entsprechend dem NATO-Doppelbeschluß.

1985–1995
Die Bundesrepublik Deutschland, Belgien, Frankreich, Luxemburg und die Niederlande unterzeichnen am **14. Juni 1985** das Abkommen von Schengen über den schrittweisen Abbau der Personenkontrollen an den Binnengrenzen zwischen den Vertragspartnern. Nach einem Folgeabkommen vom **Juni 1990** (Schengen II) treten weitere Staaten dem Abkommen bei, und es tritt am **26. März 1995** in Kraft.

1987
Chaim Herzog besucht als erster israelischer Staatspräsident die Bundesrepublik Deutschland. Anläßlich der 750-Jahr-Feier Berlins besucht US-Präsident Ronald Reagan im **Juni** West-Berlin und hält vor dem Brandenburger Tor eine Rede, in der er u. a. den sowjetischen Staats- und Parteichef Michail Gorbačev dazu auffordert, die Mauer abzureißen.

1990
Der Bundestag in Bonn und die Volkskammer in Berlin (Ost) erklären am **21. Juni** die polnische Westgrenze für unantastbar. Die Außenminister von Frankreich, Großbritannien, der UdSSR und den USA sowie der Bundesrepublik Deutschland und der DDR unterzeichnen am **12. September** in Moskau das Abschlußdokument der sogenannten Zwei-plus-Vier-Gespräche, das den Weg zur deutschen Einheit ebnet und die Nachkriegszeit beendet. Durch den Beitritt der DDR zur Bundesrepublik Deutschland am **3. Oktober** wird auf der Grundlage des am **31. August** unterzeichneten deutsch-deutschen Einigungsvertrags das wiedervereinigte Deutschland geschaffen. Künftige Hauptstadt der Bundesrepublik Deutschland ist Berlin. Zwischen Polen und dem wiedervereinigten Deutschland wird am **14. November** ein Grenzvertrag geschlossen, worin die Bundesrepublik Deutschland die Oder-Neiße-Linie endgültig als polnische Westgrenze anerkennt.

1991
Die Bundesregierung beschließt am **8. März** das „Gemeinschaftswerk Aufschwung Ost", um die Wirtschaft in den fünf neuen Bundesländern zu beleben. In Bonn wird am **17. Juni** trotz heftigen Widerstandes deutscher Vertriebenen-Verbände der deutsch-polnische Freundschaftsvertrag vom polnischen Ministerpräsidenten Krzysztof Bielecki und Bundeskanzler Helmut Kohl unterzeichnet.

7. Februar 1992
In Maastricht wird der Vertrag über die Gründung der Europäischen Union (EU) unterzeichnet. Hauptziel des Vertrages ist die Errichtung einer Europäischen Wirtschafts- und Währungsunion (EWWU) mit Einführung einer gemeinsamen Währung. Der Vertrag tritt am **1. November 1993** in Kraft.

1994
Am **31. August** werden die letzten Einheiten der russischen Streitkräfte in Berlin verab-

schiedet. Am **31. Dezember** beendet die Treuhandanstalt ihre Tätigkeit und hinterläßt 275 Milliarden DM Schulden, die nicht durch Privatisierungserlöse ausgeglichen werden können.

1997
Bundeskanzler Helmut Kohl und der tschechische Regierungschef Václav Klaus unterzeichnen am **21. Januar** in Prag die deutsch-tschechische Versöhnungserklärung.

1998–2002
Der EU-Rat beschließt am **2. Mai**, daß die Europäische Wirtschafts- und Währungsunion termingerecht am **1. Januar 1999** mit elf Teilnehmerstaaten beginnt, vorerst jedoch nur für den bargeldlosen Zahlungsverkehr. Ab **1. Januar 2002** werden in der Bundesrepublik Deutschland Euro-Banknoten und -Münzen ausgegeben. Am **27. September 1998** geht die SPD als stärkste Partei aus den Bundestagswahlen hervor. Der neue Bundeskanzler Gerhard Schröder bildet eine Koalitionsregierung aus SPD und Bündnisgrünen. Am **19. April 1999** zieht der Deutsche Bundestag offiziell in den Reichstag in Berlin ein. Der Bundestag beschließt am **25. Juni 1999** mit großer Mehrheit, in Berlin ein Mahnmal für die ermordeten europäischen Juden zu errichten. Mit einer Kranzniederlegung am Denkmal Westerplatte bei Danzig gedenken am **1. September 1999** die Präsidenten Deutschlands und Polens, Johannes Rau und Aleksander Kwaśniewski, des 60. Jahrestages des deutschen Überfalls auf Polen. Die Zwangsarbeiter der Zeit des Nationalsozialismus bzw. deren Hinterbliebene erhalten von Deutschland eine Entschädigung von zehn Milliarden DM. Darauf einigen sich am **17. Dezember 1999** Regierungsvertreter der USA und Deutschlands sowie die deutsche Wirtschaft und Vertreter aller Opfergruppen in Berlin. An dem Hilfsfonds beteiligen sich die deutsche Wirtschaft und der Staat. Die ersten Auszahlungen erfolgen im **Juni 2001**.

Literatur:
- Benz, Wolfgang: Enzyklopädie des Nationalsozialismus, Stuttgart 1997.
- Benz, Wolfgang (Hg.): Die Geschichte der Bundesrepublik Deutschland, 4 Bde., Frankfurt a. M. 1989.
- Bracher, Karl D./Funke, Manfred/Jacobsen, Hans-Adolf (Hg.): Die Weimarer Republik, 1918–1933, Politik Wirtschaft Gesellschaft, Schriftenreihe der Bundeszentrale für politische Bildung, Band 251, 2. Aufl., Bonn 1988.
- Graml, Hermann: Die Alliierten und die Teilung Deutschlands, Konflikte und Entscheidungen 1941–1948, Frankfurt a. M. 1985.
- Kolb, Eberhard: Die Weimarer Republik, 4. Aufl., München 1998.
- Steininger, Rolf: Deutsche Geschichte seit 1945: Darstellung und Dokumente in vier Bänden, Frankfurt a. M. 2002.
- Weber, Hermann: Geschichte der DDR, 2. Aufl., München 2000.

Finnland

Politik und Volk – die zwei Seiten Finnlands

von Hannu Rautkallio

Am 30. November 1939 begann die Sowjetunion den Winterkrieg gegen Finnland. Sie griff die Ostgrenze an und bombardierte Helsinki. Ausgangspunkt für diesen Überfall war der Hitler-Stalin-Pakt vom 23. August 1939, in dessen geheimem Zusatzprotokoll Finnland der sowjetischen Interessensphäre zugeschlagen worden war.[1] Die Finnen verteidigten sich zwar bis zum März 1940, konnten jedoch nur unter Hinnahme von Gebietsverlusten mit der Sowjetunion Frieden schließen.

Im Juli 1941 eröffnete Finnland in der Hoffnung auf Rückgewinnung der verlorenen Gebiete den sogenannten Fortsetzungskrieg und beteiligte sich in der Folge am Ostfeldzug der Deutschen gegen die Sowjetunion. Die Finnen betonten, daß sie einen Separatkrieg gegen die Sowjetunion führten, obgleich das Bündnisverhältnis mit Deutschland offensichtlich war. Zunächst eroberten sie die Gebiete zurück, zu deren Abtretung sie nach dem Winterkrieg gezwungen worden waren, mußten jedoch nach einem langen Stellungskrieg im Sommer 1944 den Rückzug antreten, als die Rote Armee zum Großangriff überging. In dieser Situation benötigte Finnland dringend Hilfe, und so unterzeichnete Präsident Risto Ryti am 26. Juni 1944 mit dem deutschen Außenminister einen Vertrag über deutsche Militärhilfe, in dem Finnland sich verpflichtete, keinen Separatfrieden mit der Sowjetunion zu schließen.[2]

Nachdem der Angriff der Sowjetunion mit Unterstützung der Wehrmacht 1944 gestoppt werden konnte, trat Präsident Risto Ryti zurück. Nun war man der Auffassung, daß die Verpflichtungen, die er „persönlich" mit den Deutschen eingegangen sei, nicht mehr bindend seien. Zum neuen Präsidenten Finnlands wurde Carl Gustav Mannerheim gewählt, der Oberbefehlshaber der finnischen Armee. Unter seiner Führung schloß Finnland am 19. September 1944 einen Waffenstillstand mit der Sowjetunion.[3] In ihm wurde u. a. festgelegt, daß die deutschen Truppen vom finnischen Territorium zu vertreiben und dabei möglichst viele Gefangene zu machen seien. Daraufhin kämpften die Finnen gegen die Deutschen, die kurz zuvor noch Waffenbrüder gewesen waren. Dieser sogenannte Lapplandkrieg endete am 27. April 1945.[4]

Am 10. Februar 1947 unterzeichnete Finnland den Pariser Friedensvertrag, der nach seiner Ratifizierung am 15. September 1947 in Kraft trat. Am 6. April 1948 schloß Finnland mit der Sowjetunion einen „Vertrag über Freundschaft, Zusammenarbeit und gegenseitigen Beistand", der die Beziehungen zwischen den beiden Ländern von 1948 bis 1991 regelte.

Carl Gustav Mannerheim – Einiger der Nation

Carl Gustav Emil Mannerheim ist die nationale Ikone der Finnen, hatte er doch Finnlands Geschicke bereits 1918 bestimmt, als er mit den „weißen" Truppen im finnischen Bürgerkrieg die „Roten" niederschlug und – schon damals mit deutscher Hilfe gegen Rußland[5] – die Unabhängigkeit der eben gegründeten Republik sicherte. Am Ende seines zweiten Kriegseinsatzes gegen den Feind im Osten gelang ihm unter schwierigsten Bedingungen im Herbst 1944 der Waffenstillstand mit der Sowjetunion und damit erneut die Sicherung der Unabhängigkeit Finnlands. Bis zu seinem Tode im Jahre 1951 – und darüber hinaus – sahen die Finnen in ihm den Bewahrer der Unabhängigkeit, der auch von Moskau und damit von Stalin respektiert wurde. Wäre Stalin gegen Mannerheim mit Gewalt vorgegangen, hätte dies möglicherweise nicht nur eine Spaltung des finnischen Volkes zur Folge gehabt, viele Finnen hätten vielleicht erneut zu den Waffen gegriffen.

Mannerheim hatte Finnlands Verteidigungsanstrengungen gegen den übermächtigen Feind Sowjetunion in den Kriegsjahren 1939 bis 1945 im Sinne der Nation geführt. Kurz nach seinem Tod widmete ihm Finnland 1952 eine Briefmarke, auf der er in Feldmarschalluniform dargestellt ist: ein Hoheitszeichen, mit dem vor allem seine Verdienste in den Kriegen geehrt werden sollten (Abb. FIN 1).

Am Rande der schon in den 40er Jahren nach Mannerheim benannten Hauptstraße von Helsinki steht das am 4. Juni 1960 enthüllte Reiterdenkmal von Aimo Tukiainen, für das im ganzen Land gesammelt worden war. Sieben Jahre später erschien aus Anlaß des 100. Geburtstages Mannerheims eine weitere Briefmarke mit einer Abbildung dieses Denkmals (Abb. FIN 2). Mannerheims Grab auf dem Heldenfriedhof Hietaniemi in Helsinki befindet sich auf dem Areal des Friedhofs, das den Gefallenen vorbehalten ist. Damit wird Mannerheim nicht als Staatsoberhaupt, sondern als oberster Kriegsherr geehrt. Sein Grab ist bis heute beliebte Wallfahrtsstätte, da seine Person die Wendungen der finnischen Politik und Geschichte unbeschadet überstanden hat.

1920 hatte Mannerheim eine landesweit tätige Kinderschutzorganisation gegründet, die nicht nur seinen Namen trägt, sondern mit deren Hilfe es auch gelang, finnischen Kindern die Bedeutung des Marschalls für sein Land zu vermitteln. Nachdem er 1946 sein Präsidentenamt niedergelegt hatte, lebte er vorwiegend in der Schweiz. In das Sanatorium wurden ihm Kinderzeichnungen aus dem Kindergarten Virkkula in Helsinki mit einem Gruß, datiert vom 6. Dezember, Finnlands Unabhängigkeitstag, geschickt: „Herr Marschall! Wir haben heute mit den Kindern die Unabhängigkeit Finnlands gefeiert. Ihr Bild stand an einem Ehrenplatz inmitten von Blumen und Kerzen. Die Kinder wissen über Ihre Krankheit Bescheid und wünschen, daß Sie so bald wie möglich genesen und mit dem Flugzeug zurückkehren. Im Namen der Kinder, hochachtungsvoll, die 'Tanten'." In der Tat haben die Kinder das Flugzeug mit Mannerheim an Bord gemalt, und daneben ist zu sehen, wie sie selbst die Nationalfahne schwenken (Abb. FIN 3).

FIN 1
Signe Hammarsten Jansson
Marskalken av Finland
C.G.E. Mannerheim
Marschall von Finnland
C.G.E. Mannerheim, 1952
Briefmarkenentwurf,
8,8 x 14,4 cm
Helsinki, Postimuseo
N 426 cp

FIN 2
Olavi Vepsäläinen
1867–1967. Sotamarsalkka
C.G.E. Mannerheinin
100-vuotissyntymäpäivä
1867–1967.
Der 100. Geburtstag von
Marschall Mannerheim, 1967
Briefmarkenentwurf,
24 x 16,8 cm
Helsinki, Postimuseo
N 645

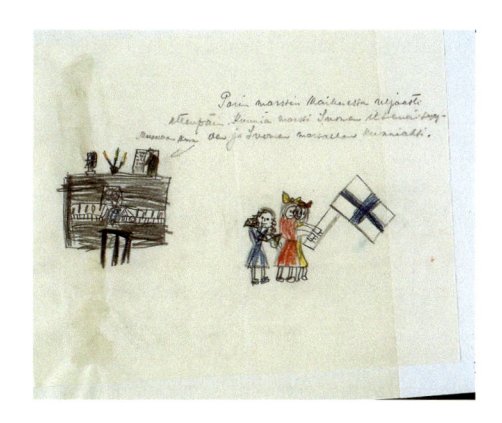

FIN 3
Kinderzeichnung für
Marschall Mannerheim aus
dem Kindergarten Virkkula
1947
Zeichnung, 17,4 x 22,5 cm
Helsinki, Kansallisarkisto,
Sammlung Carl Gustav
Emil Mannerheim
Box 3

Kriegsschulddebatte und Finnlandisierung

Eine zentrale Frage in der Debatte über die zwei Kriege gegen die Sowjetunion lautete, ob man den Fortsetzungskrieg an der Seite des nationalsozialistischen Deutschlands und womöglich auch schon den Winterkrieg hätte vermeiden können.

Nach 1945 wurde im politischen und akademischen Raum die Kriegsschuldfrage ganz im Sinne des Staatspräsidenten Juho Kusti Paasikivi[6] und seines Nachfolgers Urho Kekkonen[7] behandelt, die, um des guten Auskommens mit dem mächtigen Nachbarn willen, die These unterstützten, daß Finnland schuld am Krieg gewesen sei.

So hatte man im Februar 1946 in einem Kriegsschuldprozeß die politischen Führer der Kriegszeit entsprechend der vertraglichen Verpflichtung gegenüber der Sowjetunion als „Kriegstreiber" zu unterschiedlich langen Freiheitsstrafen verurteilt.[8] Die finnischen politischen Führer aus der Kriegszeit empfanden diese Urteile als ungerecht und sahen sich als Opfer. Dieser Meinung schloß sich ein großer Teil der Öffentlichkeit an. In den Zeitungen wurde ausführlich über den Prozeß berichtet, an dessen Verlauf die Finnen offensichtlich großen Anteil nahmen; viele akzeptierten die Verurteilung nicht. Die Zeitung Kansan Kuvalehti kombinierte zu Beginn des Prozesses 1945 in ihrer Berichterstattung die unterschiedlichen Bilder in dieser Richtung und faßte die Meinung der Öffentlichkeit dahingehend zusammen (Abb. FIN 4). In der Berichterstattung wurden demonstrierende Studenten gezeigt; die Bildunterschrift berichtet, daß sie

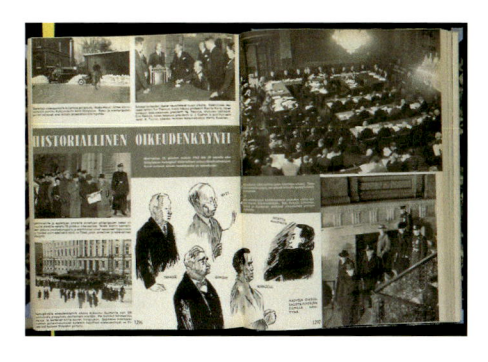

FIN 4
Hertta Kuusinen (Zeichnung),
Kolma ja Viitasalo
(Photographie)
Historiallinen oikeudenkäynti
Kriegsverbrecherprozeß, in:
Kansan Kuvalehti, No. 47,
Helsinki, 1945, S. 1296/1297
Zeitung
Helsinki, Suomen
kuvapalvelu oy

erst auseinandergetrieben wurden, nachdem die Polizei von der Behörde Anweisung erhalten hatte. Das heißt, daß die finnischen Polizisten solidarisch mit den Studenten waren und erst auf Anweisung durch übergeordnete Stellen reagierten. Vor dem Ständehaus wartete eine lange Schlange, um der Verhandlung beiwohnen zu dürfen. Die Porträts der Angeklagten wurden mit dem dunkel unterlegten Porträt von Hertta Kuusinen konfrontiert, die den Prozeß mit Vehemenz befürwortet hatte. Auf der Bildebene wird deutlich zwischen Gut und Böse unterschieden und auch die Solidarität der Bevölkerung mit den Angeklagten vorsichtig zum Ausdruck gebracht.

Ohne Strafe blieben sämtliche Militärs, genauso wie der ehemalige Oberbefehlshaber Mannerheim. Dessen posthum veröffentlichte Memoiren enthielten wenig später den Versuch einer Rechtfertigung: Mannerheim betonte, daß Finnland wenig Schuld daran habe, Verbündeter Hitlers geworden zu sein. Vielmehr war das Land gezwungen, einen Separatkrieg zu führen, um seine nationalen Interessen zu verteidigen.⁹

Erst mit dem Zusammenbruch der Sowjetunion konnte die Kriegsschuldfrage in ihrer gesamten Tragweite überschaut werden: „Man versuchte, dem kleinen Volk ein schlechtes Gewissen darüber einzuflößen, daß es dem größeren, aber stets gutwilligen Nachbarn eine Abfuhr erteilt hatte und daß es eine verdiente, aber kaum ausreichende Strafe erhalten hatte."¹⁰

Eine andere Position zur Verantwortung Finnlands – nunmehr bezogen auf den Fortsetzungskrieg – war die sogenannte „Treibholz-These". Der Historiker Arvi Korhonen schrieb 1948 ¹¹, daß die Sowjetunion angegriffen habe und Finnland nur „Treibholz" zwischen den Großmächten gewesen sei.

Die politischen Entwicklungsmöglichkeiten Finnlands in der Einflußsphäre der Sowjetunion seit 1945 waren eng und führten zu einer Politik, die seit den 60er Jahren mit dem Begriff Finnlandisierung bezeichnet wurde. Finnlandisierung benennt die schizophrene Situation Finnlands: Man unterwarf sich der „Fernkontrolle"¹² durch die Sowjetunion, die ihrerseits den Finnen mehr politischen Spielraum ließ als den Staaten ihres eigentlichen Machtbereiches. Hierdurch waren bis zum Zerfall der Sowjetunion einander völlig entgegengesetzte Bewegungen innerhalb der finnischen Gesellschaft möglich. Das offizielle Finnland unterwarf sich mit seiner Realpolitik der Finnlandisierung. Auf dieser Ebene führte das Bestreben, mit der Sowjetunion zu einer gemeinsamen Geschichte zu gelangen, zur Selbstzensur.¹³ Es ist nicht zu bestreiten, daß im offiziellen Finnland seit dem Ende der 60er Jahre eine gewisse Geschichtslosigkeit herrschte; dies führte zu einer Geringschätzung der eigenen historischen Leistungen und zur Hervorhebung der sowjetischen Standpunkte in der finnischen Elite und in der Politik. Im absoluten Gegensatz zur Finnlandisierung stand mehrheitlich die Haltung der Bevölkerung, die das Andenken des Krieges pflegte.

Die finnische Geschichte im populären Gedenken

Unmittelbar nach dem Krieg war die Mehrheit der Bevölkerung angesichts der Niederlage verbittert. In den 50er und 60er Jahre änderte sich diese Haltung. Für die finnische Kriegsliteratur bedeuteten diese beiden Dekaden das goldene Zeitalter. Von 1957 bis 1986 erschien die Zeitschrift Kansa taisteli, Miehet kertovat (Das Volk kämpfte, Männer erzählen) und erreichte Auflagen von mehreren hunderttausend Exemplaren. In Moskau betrachtete man die Inhalte als revanchistisch, doch man vertraute auf die Selbstzensur der Finnen, für die es zahlreiche Beispiele gibt.¹⁴

Eine der größten Provokationen gegen die Sowjetunion im Hinblick auf den Fortsetzungskrieg war der 1954 erschienene Roman „Tuntematon sotilas" von Väinö Linna. Linnas Roman bestärkte den finnischen Patriotismus, denn in dem Buch kam – aus der Sicht des einfachen Soldaten – durchaus zur Sprache, daß der (Fortsetzungs-)Krieg als Ab-

FIN 5
Filmstills, in: Väinö Linna: Tuntematon sotilas, Helsinki 1956, nach S. 224
Buch
Berlin, Staatsbibliothek zu Berlin – Preußischer Kulturbesitz
11Z1133

FIN 6
Edvin Laine (Regie)
Tuntematon sotilas
Der unbekannte Soldat, Film nach dem gleichnamigen Roman von Väinö Linna, 1955 (Erstaufführung)
Filmplakat, 59,4 x 40,5 cm
Helsinki, Suomen elokuva-arkisto
KJ-625

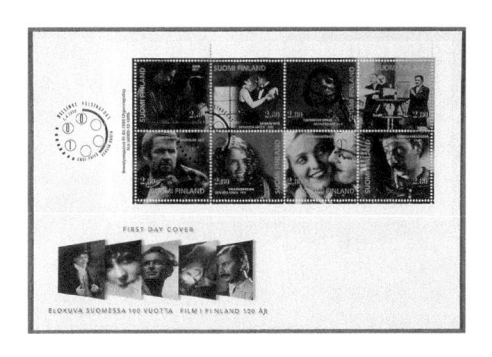

FIN 7
Tapio Vapaasalo, Janne Tuominen
Elokuva Suomessa 100 vuotta.
Film i Finland 100 år
100 Jahre Film in Finnland, 1996
Ersttagsbrief, 14,1 x 20,9 cm
Helsinki, Postimuseo
N 1352–1359 fdc

wehrkampf eines kleinen Volkes berechtigt gewesen war. Der Roman avancierte zu einem nationalen Epos, von dem allein in finnischer Sprache mehr als eine Million Exemplare verkauft wurden.[15] In der Auflage von 1956 wurde der Erfolg des Films zur Popularisierung des Buches genutzt und Szenenphotos in der Mitte mit eingebunden (Abb. FIN 5).

Linna selbst hat seine Absicht wie folgt erklärt: „Ich wollte ein Bild zeichnen, in dem der Krieg in möglichst realistischer Weise dargestellt wird, ohne die Grenzen zu vergessen, die zwischen der Kunst und der Natur bestehen. Ich wollte ein Bild zeichnen vom finnischen Soldaten, sein inneres Wesen offenlegen und seine Leistungen anerkennen, aber in einer solchen Weise, daß niemand mehr zum Krieg verführt werden würde."[16]

Fern vom heroischen Idealismus früherer Kriegsromane versuchte Linna, ein möglichst wirklichkeitsgetreues Bild vom finnischen Soldaten zu zeichnen, das auch Saufgelage und anzügliche Sprüche über die Lottas, die finnischen Kriegsgehilfinnen, enthielt.

1955 wurde das Buch vom Regisseur Edvin Laine verfilmt. Dieser Film führt heute noch die Rangliste der beliebtesten finnischen Spielfilme an. Das Plakat zum Film führt den Betrachter mitten in das Frontgeschehen. Zu sehen ist der einfache Soldat, wie er, umgeben von Feuer und Bomben, furchtlos und heldenhaft sein Land gegen die Sowjetunion verteidigt (Abb. FIN 6). Durch die Untersicht wird das Geschehen monumentalisiert. Das Plakat bezieht sich auf eine Szene, die auch in der Neuausgabe des Buches von 1956 visualisiert wurde (vgl. Abb. FIN 5). Das finnische Fernsehen strahlt den „Unbekannten Soldaten" regelmäßig am finnischen Unabhängigkeitstag aus. Anläßlich des Jubiläums „100 Jahre finnischer Film" gab die finnische Post 1996 einen Briefmarkenblock heraus, auf dem den acht wichtigsten finnischen Filmen ein Denkmal gesetzt wurde, unter ihnen war selbstverständlich der legendäre „Unbekannte Soldat" (Abb. FIN 7).

Buch und Film waren politisch heikel, denn die darin dargestellten Kämpfe der Finnen hatten sich gegen einen Staat gerichtet, der nun mit Finnland freundschaftlich ver-

FIN 8
Edvin Laine (Regie)
Tuntematon sotilas
Der unbekannte Soldat,
Tampere, Pyynikki
Kesäteatteri, 1964
Theaterstück nach dem
gleichnamigen Roman von
Väinö Linna
Plakat, 42 x 29,7 cm
Helsinki, Teatterimuseo

FIN 9
Presidentii ja rouva Urho
Kekkonen sapuuvat Pyynikille
Olavi Veistäjän saattamana
Staatspräsident Urho
Kekkonen und seine Gattin
kommen in Begleitung von
Olavi Veistäjä in Pyynikki an,
in: Panu Rajala (Hg.):
Pyörivä kansanjuhla, Tampere
1997
Buch
Helsinki, Teatterimuseo

bunden war. Im Oktober 1955 hatte Premierminister Kekkonen einem Repräsentanten der sowjetischen Botschaft gegenüber die geplante Verfilmung des „Unbekannten Soldaten" mit den Worten verurteilt: „Das finnische Volk ist nicht daran interessiert, daß auf der Leinwand ein Film gezeigt wird, der der Sowjetunion feindlich gesonnen ist."[17] Kaum war Laines Film fertig, protestierten die Sowjets gegen Stellen, die sie als Beleidigungen der Sowjetunion empfanden. Dennoch wurde der Film ein großer Publikumserfolg; ihm folgten Theaterinszenierungen auf der Freilichtbühne Pyynikki in Tampere in den Sommern von 1961 bis 1969. Das Plakat von 1964 zitiert die erste Szene des Films, in der die Soldaten ihre toten Kameraden zum Begräbnis tragen (Abb. FIN 8). Selbst Kekkonen besuchte schließlich 1964 diese Theateraufführung, wie in einem Buch von 1997 zu sehen ist (Abb. FIN 9).

1985 wurde Linnas Roman von Rauni Mollberg erneut verfilmt. Die Premiere des Films in Helsinki wurde mit zu beiden Seiten der Leinwand aufgestellten finnischen Flaggen als patriotisches Ereignis inszeniert. Die Neuverfilmung blieb jedoch im Schatten des ersten Films und geriet bald in Vergessenheit. Anders als das Plakat zu Laines Verfilmung folgt das zu Mollbergs Film der Ästhetik Hollywoods.

Außerdem steht im Mittelpunkt ein einzelner Soldat. Dies entspricht nicht den Intentionen des Autors Linna (Abb. FIN 10). Edvin Laines Schwarzweiß-Klassiker aus den 50er Jahren gilt in weiten Kreisen des finnischen Volkes nach wie vor als der einzig wahre „Unbekannte Soldat".

Roman und Film wurden zu Riesenerfolgen und hatten eine außerordentlich starke Wirkung auf das nationale Empfinden der Finnen. Der Heldenmythos, den man in Finnland allgemein mit den Kriegen verband, wurde durch Buch und Film verstärkt, was nicht der ursprünglichen Intention des Schriftstellers entsprach. In jedem Fall haben Linnas Roman und Laines Film die nationale Psyche Finnlands geformt; durch sie wurde der Überlebenskampf der Finnen sinnbildlich. Film und Buch stellten sie als Menschen dar, die ihr Land verteidigten und sich weder gegenüber der Sowjetunion schuldig fühlen noch sich als Opfer deutscher und sowjetischer Politik sehen mußten.

Eines der eindrucksvollsten Mahnmale zum Krieg ist das am 18. August 1963 enthüllte Denkmal Vaiennut linnake von Aimo Tukiainen auf dem Soldatenfriedhof in Tainionkoski in Südost-Finnland. Es erhebt einen ästhetisch-künstlerischen Anspruch und zitiert nicht den üblichen Bilderkanon von Heldenmut und Opferbereitschaft (Abb. FIN 11). Auf diesem Friedhof wurden Soldaten aus dem Winter- wie dem Fortsetzungskrieg beigesetzt. Das Denkmal ist eines der bekannten Kriegssymbole in Finnland.

Viele Kunstwerke, auf denen der Winterkrieg dargestellt ist, waren lange Zeit unter Verschluß, zum Beispiel das Gemälde Kollaanjoki (Abb. FIN 12). Zu sehen ist eine zerstörte und menschenleere Landschaft. Nur die Felsen an den Flußufern und der blutrote Himmel erinnern noch an die Gefahr und damit an die Schlacht an der Kollaafront und an den Krieg. Tuhka bezieht sich in seinem Bild auf die gängigen Photographien und Darstellungen des Winterkrieges. Die Menschen sind verschwunden, und die Bäume sind tot. Damit hebt der Maler das Bild über das bekannteste Dokumentationsphoto hinaus und ruft Erinnerungen an die Niederlage Finnlands wach (Abb. FIN 13).

Die ambivalente Einstellung in Finnland bezüglich der Kriegserinnerungen

FIN 10
Rauni Mollberg (Regie)
Tuntematon sotilas
Der unbekannte Soldat, 1985
Film nach dem gleichnamigen Roman von Väinö Linna
Filmplakat, 60,5 x 41,5 cm
Helsinki, Suomen elokuva-arkisto
KJ-315

FIN 11
Aimo Tukiainen
Vaiennut linnake
Die verstummte Festung, 1960
Modell, Bronze, 28,5 x 95 x 16 cm
Helsinki, Ateneumin taidemuseo
B I 605

FIN 12
Aukusti Tuhka
Kollaanjoki
Der Fluß Kollaa, 1964
Öl/Leinwand, 90 x 200 cm
Helsinki, Art Foundation
Merita
2251

kommt unter anderem darin zum Ausdruck, daß in der 1965 publizierten umfangreichen Uusi Tietosanakirja (Neuen Enzyklopädie) dieses und andere Werke Tuhkas verschwiegen wurden. Die Gemälde waren im Tresor einer finnischen Bank eingelagert.[18] Tuhka war selbst Kriegsteilnehmer gewesen und erläuterte: „Ich habe versucht, die stille Stimmung auf diesen Schlachtfeldern wiederzugeben, wenn sich die Truppen aus einem Abschnitt zurückziehen, in dem viele Kameraden gefallen sind. Jeder erinnert sich noch lebhaft daran, wie er beim Abzug gedacht hatte: Wir sind es also, die sich zurückziehen. Ich hoffe, daß meine Werke die neue Generation ansprechen und daß sie die jungen Menschen verstehen lassen, daß wir auf unserem Posten gestanden haben."[19]

FIN 13
Suomalainen hiihtopartio
Finnische Skipatrouille, in:
Olli Vehviläinen,
O.A.Ržeševski (Hg.): Yksin suurvaltaa vastassa.
Talvisodan poliittinen historia,
Helsinki 1997
Buchtitel
Berlin, Universitätsbibliothek der Humboldt-Universität.
Teilbibliothek Skandinavistik

Die Beziehung zum nationalsozialistischen Deutschland

In Finnland wurden nach dem Krieg keine Rufe nach einer ähnlichen Abrechnung mit dem NS-Staat laut wie in anderen europäischen Ländern. Da Finnland nicht besetzt worden war, blieben den Finnen auch Fragen nach Widerstand, Kollaboration oder Befreiung fremd. Man findet sie folglich weder in der Geschichtsforschung noch in der Kunst.

Im Gegensatz zur offiziellen Interpretation der Kriege durch die Politiker, die die Interessen der Sowjetunion im Blick behalten mußten, war für das finnische Volk das Vermächtnis der Kriege ein nationaler Wert. Hier begegnen wir erneut dem finnischen Paradox: Finnland gehört zu den Ländern Europas, in denen die Bevölkerung das Gedenken an den Zweiten Weltkrieg und das Gedenken an die Waffenbrüderschaft mit der Wehrmacht und der Waffen-SS öffentlich pflegt. Finnische Kriegsveteranen tragen noch heute mit Stolz ihr Eisernes Kreuz oder andere von den Deutschen verliehene Orden. Seit den 50er Jahren wurden in Finnland zahlreiche Bücher zum Krieg in hohen Auflagen veröffentlicht, in denen finnische Soldaten ihrer Waffenbrüderschaft mit den Deutschen gedenken. Die Memoiren einiger finnischer Soldaten eines Freiwilligenbataillons der Waffen-SS waren seinerzeit große Verkaufserfolge.[20]

In Finnland gab es keine eingehende Analyse und ideologische Kritik am Charakter des NS-Staates – ganz zu schweigen von Themen, die die mit Hitlers Ostfeldzug verbundenen rassenpolitischen Ziele angeschnitten hätten. Es wurde kategorisch abgestritten, daß die militärische und politische Kooperation mit dem NS-Staat für Finnland in irgendeiner Weise moralisch kompromittierend oder gar kriminell gewesen sein könnte. Diese Linie ist in der finnischen Forschung zu den finnisch-deutschen Beziehungen zu verfolgen.[21]

In den letzten Jahren sind in der öffentlichen Debatte gegenläufige Auffassungen aufgekommen, bei denen es um die Spuren des NS-Staates in Finnland geht. Der Traditionsverein des finnischen Freiwilligenbataillons der Waffen-SS hatte gegen Ende der 90er Jahre geplant, in der Ukraine zum Gedenken an die dort gefallenen Kameraden ein Denkmal zu errichten. Für dieses Vorhaben ersuchte man um Unterstützung des finnischen Staates, aber das Unterrichtsministerium zog sich wegen negativer Reaktionen in der Öffentlichkeit aus dem Projekt zurück.[22]

In Finnland hat es während des Krieges keinerlei Widerstandsbewegung gegeben – allein schon aus dem Grund, daß fast das gesamte finnische Volk hinter seiner Regierung stand und die demokratischen Institutionen Finnlands während des Krieges und auch während der Waffenbrüderschaft mit Deutschland weiterhin bestanden. In der finnischen Regierung saßen damals auch Sozialdemokraten, an herausragender Stelle der Parteivorsitzende Väinö Tanner.[23] Unter seiner Leitung schloß sich die finnische Arbeiterschaft bereits im Winterkrieg mit den Konservativen zusammen, was man in Finnland als den „Geist des Winterkrieges" bezeichnete.[24] Die finnischen Sozialdemokraten befürworteten als einzige sozialdemokratische Partei Europas den Krieg gegen die Sowjetunion an der Seite des nationalsozialistischen Deutschlands. Finnische Sozialdemokraten nahmen am 4. Juni 1942 sogar an einem Festmahl anläßlich des 70. Geburtstags Mannerheims teil, bei dem Adolf Hitler Ehrengast war.

Bereits vor dem Zusammenbruch der Sowjetunion begann man sich in Finnland auch auf offizieller Ebene von möglichen Schuldgefühlen in Zusammenhang mit den Kriegen zu befreien. So wurde 1990, zum 50. Jahrestag, das Gedenken an den Winterkrieg mit großem Aufwand gefeiert. Unter anderem wurden von der finnischen Post Sondermarken gedruckt. Auf dem Ersttagsbrief wurde nicht allein das bekannte Motiv des Soldaten auf der Wacht in winterlicher Landschaft zitiert (Abb. FIN 14), das sein Vorbild in den häufig publizierten Photographien von Soldaten in Winterlandschaften hatte (vgl. Abb. 13), sondern man würdigte auch die hoch dekorierten Kriegsveteranen, die ihre Nation 50 Jahre zuvor verteidigt hatten. Die zweite Briefmarke auf dem Brief zeigte das Bild eines Schneekristalls – dieses Motiv reichte aus, um die Erinnerung an den ganzen Winterkrieg zu mobilisieren. Im ursprünglichen Entwurf trug der Stern eine blutige Zacke,

FIN 14
Urpo Timberg (Zeichnung),
Nils Frederiksson, Susanna
Rumpu, Ari Lakaniemi
(Briefmarken)
Talvisodan päättymisestä
50 vuotta
50. Jahrestag der Beendigung
des Winterkrieges, 1990
Ersttagsbrief, 11,5 x 17,5 cm
Helsinki, Postimuseo
N 1120–1121 fdc

die auf die Leiden des Krieges verweisen sollte (Abb. FIN 15). Doch die Erinnerung an das Leid war nicht erwünscht; vielmehr sollte eine Heldengeschichte ins Gedächtnis gerufen werden.

Zur nationalen Katharsis des offiziellen Finnland gehört es, daß in den 90er Jahren auch der Fortsetzungskrieg an der Seite des nationalsozialistischen Deutschlands als „berechtigter Krieg" akzeptiert wurde. Vor dem Zusammenbruch der Sowjetunion konnten die offiziellen Vertreter des finnischen Staates die Opfer des Fortsetzungskrieges aus Rücksichtnahme auf die Sowjetunion kaum öffentlich ehren. Bis 1989 erinnerte man sich auf offizieller Ebene vornehmlich der Opfer des Winterkrieges, neuerdings gedenkt man der Opfer beider Kriege.

Im Kriegsmuseum Helsinki lief vom 15. Juni 2001 bis zum 30. September 2002 die Sonderausstellung „Finnland im Krieg", deren zweiter Teil den Fortsetzungskrieg thematisierte. Der Ausstellungsprospekt zeigt auf seiner Vorderseite Soldaten hinter einem Geschütz (Abb. FIN 16). Der Feind ist nicht zu sehen, doch die gespannte Aufmerksamkeit der Soldaten vermittelt dem Betrachter den Eindruck, daß in dieser friedlich scheinenden Landschaft Krieg herrscht. Der Krieg bleibt also auch im Jahre 2001 das zentrale Thema, ein Thema von nationalem Wert, in dem andere Fragestellungen nicht erörtert werden, wie z. B. die Frage nach der Kollaboration.

Der realistische Kriegsfilm „Rukajärven tie" über den Angriff der Finnen in den ersten Tagen des Fortsetzungskrieges im Sommer 1941 erreichte 1999 gerade ein jüngeres Publikum, dem der pathetische Patriotismus des „Unbekannten Soldaten" und die Depression der älteren Generation fremd geblieben waren, und problematisiert den Krieg jenseits der heroischen Vorstellungen und zeigt ihn in seiner Grausamkeit. In die Geschichte eingeflochten ist eine Liebesgeschichte, die darauf aufmerksam macht, daß die jungen Menschen mit ihren Gefühlen und ihren Hoffnungen verraten werden. Der Film hat insofern ein Happy-End, als Leutnant Eero Perkola seine totgeglaubte Verlobte Kaarina in ei-

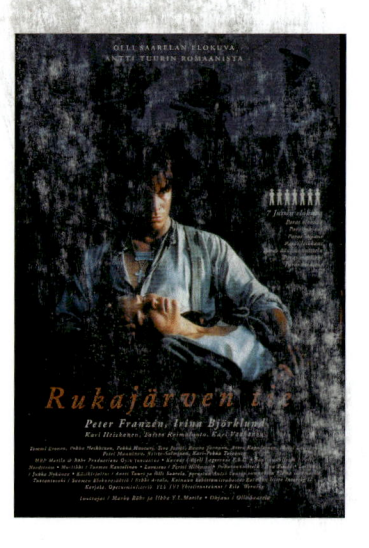

FIN 15
Nils Frederiksson
13. 3. 1940. Talvisodan päättymisestä 50 vuotta
13. 3. 1940. 50. Jahrestag der Beendigung des Winterkrieges, 1990
Briefmarkenentwurf,
21 x 29,6 cm
Helsinki, Postimuseo
N 1121

FIN 16
Jatkosota. Suomi sodassa 1941–1945
Finnland im Fortsetzungskrieg 1941–1945
Faltblatt zur gleichnamigen Ausstellung im Sotamuseo, Helsinki, 15. 6. 2001– 30. 9. 2002, 20,9 x 29,7 cm
Berlin, Deutsches Historisches Museum

FIN 17
Olli Saarela (Regie)
Rukajärven tie
Der Hinterhalt, 1999
DVD
Berlin, Deutsches Historisches Museum

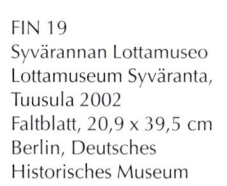

FIN 18
Rukajärven tie
Weg nach Rukajärvi, in:
Sodan Lehdet, Helsinki, 2001
Zeitschriftentitel
Berlin, Deutsches
Historisches Museum

FIN 19
Syvärannan Lottamuseo
Lottamuseum Syväranta,
Tuusula 2002
Faltblatt, 20,9 x 39,5 cm
Berlin, Deutsches
Historisches Museum

FIN 20
Kuolleita
Todesanzeigen, in: Helsingin
Sanomat, 14. Juli 2002, S. 13
Zeitung
Berlin, Deutsches
Historisches Museum

nem Feldlazarett wiederfindet. Diese rührende letzte Szene des Films ist auch auf dem Cover der DVD abgebildet (Abb. FIN 17). Die Zeitschrift „Sodan Lehdet" (Kriegsblätter) gab 2001 eine Ausgabe unter dem gleichen Titel „Rukajärven tie" (Wege nach Rukajärvi) heraus (Abb. FIN 18). Auf dem Cover der Zeitschrift findet sich neben dem Titel eine Photographie, die in einer der Anfangsszenen des oben genannten Films zitiert wird. Die Photographie zeigt die Ankunft einer Einheit an der Front. In dem Film wird dies zu einer Schlüsselszene: zu sehen ist der Einmarsch Eero Perkolas mit seiner Einheit, kurz bevor er auf Kaarina trifft.

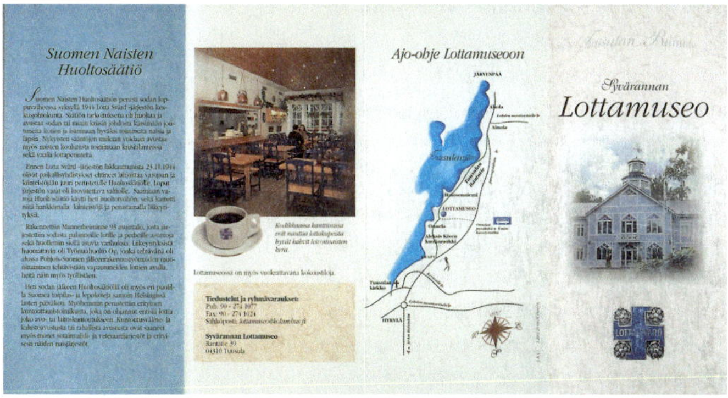

Die Lotta-Svärd-Organisation, 1921 gegründet und laut Waffenstillstandsvertrag am 23. November 1944 als „faschistische" Organisation verboten, war eine Frauenorganisation, die außer im Pflege-, Verpflegungs- und Bekleidungsbereich auch in der Schreibstube, in der Luftüberwachung sowie für die Nachrichtenübermittlung in den Kriegen eingesetzt war. Nach dem Ende der Sowjetunion wurde die Gruppierung 1991 rehabilitiert. Alte Mitglieder der Organisation gründeten Museen, die an ihren Einsatz im Krieg erinnern sollten. In den letzten Jahren findet sich zunehmend in den Todesanzeigen der Lottas, auf Prospekten, sogar auf Kaffeetassen das Emblem der Lotta-Bewegung, zusammen mit einem finnischen Hakenkreuz – auch dies wäre in den Jahrzehnten zuvor unmöglich gewesen (Abb. FIN 19 und Abb. FIN 20).

Neben den Lottas wurden auch die Kriegsveteranen wieder offiziell geehrt. Am 27. April 2002, dem Nationalen Tag der Kriegsveteranen, hielten sowohl die finnische Staatspräsidentin Tarja Halonen als auch Premierminister Paavo Lipponen Reden zu Ehren der Veteranen.[25]

Im Januar desselben Jahres hat Lipponen seinen schwedischen Amtskollegen Göran Persson in das Artilleriemuseum von Hämeenlinna eingeladen, Ministerpräsident Paavo Lipponen führte seinen Gast zur Multimediaschau, wo dieser die größte Schlacht der Nordischen Geschichte sah, die Abwehrschlacht der Finnen gegen die angreifende Sowjetarmee bei Tali-Ihantala in der Nähe von Wiborg. Bezeichnend ist, daß man heute, fast sechzig Jahre nach Kriegsende, sagen kann, daß Finnland damals auch für Schweden gekämpft habe. Premierminister Persson bekundete nach der Aufführung, er habe den Finnen gegenüber „Demut und Dankbarkeit" empfunden.[26]

Acht Juden und das Gewissen Finnlands

Während des Krieges hatte man in Finnland seine Augen vor all den Grausamkeiten verschlossen, die in den von Deutschland besetzten Ländern deutlich zu sehen waren. Ohne Frage haben viele Finnen die Beziehungen zum NS-Staat auch idealisiert. Eine Ursache dafür war die Hilfe, die Deutschland den Finnen im Freiheitskampf 1918 gewährt hatte. Das finnische Bataillon der Waffen-SS trug auf seiner Fahne bezeichnenderweise das Emblem der ruhmreichen Jäger aus dem Jahre 1918.

Da sich die politische und militärische Führung Finnlands während des Fortsetzungskrieges mit den Kriegszielen Deutschlands weitgehend einverstanden erklärt hatte, stellt sich die Frage, ob die rassenpolitischen Ziele des deutschen Ostfeldzugs, die für Adolf Hitler von zentraler Bedeutung gewesen waren, auch zu den Positionen gehörten, die die Bündnispartner miteinander teilten.

In Finnland lebten damals ungefähr zweitausend Juden. Am 6. November 1942 waren acht jüdische Flüchtlinge, die aus Mitteleuropa nach Finnland geflohen waren, von der finnischen Staatspolizei Valpo an die in Estland operierende deutsche Gestapo ausgeliefert worden.[27] Die Auslieferung kam durch die Postkarte eines der zur Deportation Festgenommenen an einen Repräsentanten der Jüdischen Gemeinde in Helsinki ans Licht.[28] Der Chef der Valpo, Arno Anthoni, erinnerte sich später, daß „sich unter den Emigranten etwa zehn Personen befanden, deren Aufenthalt in Finnland aus polizeilichen Gründen unerwünscht war".[29] Als Vertreter der Jüdischen Gemeinde in dieser Sache beim Innenminister Toivo Horelli vorstellig wurden, erklärte dieser, daß es sich bei den Auszuliefernden um „Saboteure, Spione und Ganoven" handele, die man ausweisen müsse. Horelli stritt kategorisch ab, daß die Auslieferung in irgendeiner Weise mit der Judenfrage zu tun habe; seinen Worten zufolge sei den Juden unter den Auszuliefernden keine Sonderrolle zugekommen.[30]

Während des Krieges herrschte die Meinung vor, daß die Deutschen die Auslieferungen verlangt hätten. Aus diesem Grunde veröffentlichten angesehene Bürger in den großen finnischen Zeitungen Appelle an den Staatspräsidenten Risto Ryti, den Verfolgten Asyl zu gewähren.[31]

Auch Marschall Mannerheim gehörte zu den Gegnern der Auslieferung. In seinen Memoiren schrieb er: „Die Regierung beschloß, sich den Forderungen der Deutschen zu widersetzen. Erst viel später habe ich erfahren, daß man allgemein der Auffassung war, meine Äußerungen, die einigen Mitgliedern der Regierung zu Gehör gekommen waren, hätten zu der Lösung in dieser Frage maßgeblich beigetragen."[32] Unter der jüdischen Bevölkerung Finnlands hat sich lange die Legende gehalten, daß Mannerheim der Retter der Juden gewesen sei. Diese Auffassung wurde auch dadurch gestützt, daß Mannerheim zum Unabhängigkeitstag Finnlands am 6. Dezember 1944 die Synagoge in Helsinki besuchte.

Von den acht Ausgelieferten blieb nur einer am Leben: Georg Kollmann. Kollmann nahm 1947 als Zeuge an dem Prozeß teil, in dem Valpo-Chef Anthoni

FIN 21
1941
Pääministeri Paavo Lipponen paljasti sunnuntaina juutalaispakolaisten muistomerkin Tähtitorninmäellä.
Juutalaiset lastattiin vieressä Hohenhorn-laivaan 1942 ja vietiin Tallinnaan ja edelleen Auschwitzin tuhoamisleirille
Premierminister Paavo Lipponen enthüllt das Denkmal für die deportierten jüdischen Flüchtlinge auf dem Tähtitornihügel. Die Juden wurden 1942 auf der Hohenhorn nach Tallin und von dort aus weiter in das Vernichtungslager Auschwitz deportiert, in: Helsingin Sanomat, 6. November 2000, S. B2
Zeitung
Berlin, Staatsbibliohek zu Berlin – Preußischer Kulturbesitz
Zsn 50895

wegen der Auslieferung der acht jüdischen Flüchtlinge angeklagt wurde. Man konnte dem Polizeichef jedoch nicht nachweisen, daß es sich bei der Auslieferung um eine rassenpolitisch motivierte Maßnahme gehandelt habe. Bezüglich der Auslieferung der acht jüdischen Flüchtlinge wurde Anthoni ausschließlich wegen eines „Amtsfehlers" verwarnt – als gesetzwidrige Tat wurde sie nicht angesehen. Für die in Untersuchungshaft verbrachte Zeit erhielt Anthoni eine finanzielle Entschädigung.[33]

Am 5. November 2000 wurde im Zentrum von Helsinki ein Denkmal für die acht ausgelieferten jüdischen Flüchtlinge enthüllt (Abb. FIN 21). Das Denkmal ist ein schlichter Stein, auf dem die Namen der acht Ausgelieferten eingraviert sind. Premierminister Lipponen bat im Namen der finnischen Regierung und des finnischen Volkes die jüdische Gemeinschaft um Verzeihung für die Auslieferung dieser acht Menschen. Durch diese von hoher Autorität getragene Entschuldigung erhielten die finnischen Juden die Unterstützung, die ihnen half, sich mit ihren Glaubensbrüdern, die unter der Verfolgung gelitten hatten, zu identifizieren. Auf der anderen Seite war es aber unmöglich, die Teilnahme finnischer Juden am Krieg zu leugnen. Bei der Enthüllung des Denkmals standen jüdische Kriegsveteranen Spalier, die ihre Kriegsorden am Revers trugen.[34]

Kein Holocaust – kein Trauma

Nach dem Krieg fragte man sich in Finnland, warum außer den acht ausgelieferten Juden keiner der übrigen finnischen Juden deportiert worden war.

Eine mögliche Erklärung, die geliefert wurde, war, daß sich die Finnen den Deportationsforderungen widersetzt hätten. Bekannt ist, daß Heinrich Himmler anläßlich seines Besuchs in Finnland im Juli 1942 Premierminister Jukka W. Rangell auf die finnischen Juden angesprochen hat. Rangell selbst gab darüber zu Protokoll, was auch durch einen Bericht eines Angehörigen der Staatspolizei, der bei dem Gespräch anwesend war, bestätigt wurde:

„Himmler fragte, wie es um die Juden im Land bestellt sei. Ich antwortete ihm, daß es in Finnland rund zweitausend Juden gebe, deren Söhne ebenso in unserer Armee kämpfen wie die aller anderen Finnen und die ebenso respektierte Bürger sind wie alle anderen auch. Ich schloß meine Antwort mit den Worten: 'Bei uns gibt es keine Judenfrage', und ich hatte es deutlich genug ausgedrückt, denn das Gespräch über dieses Thema endete hiermit."[35]

Einmalig dürfte es sein, daß finnische jüdische Soldaten als gleichwertige Waffenbrüder der Deutschen an dem Krieg gegen die Sowjetunion teilgenommen haben. Die finnischen Juden selbst hielten ihre Kriegsteilnahme für ganz legitim.

Zwischen 1941 und 1944 dienten in der finnischen Armee rund 300 jüdische Soldaten.[36] Jüdische Sanitätsoffiziere der finnischen Armee pflegten verwundete deutsche Soldaten der SS-Division Nord. Der jüdische Sanitätsmajor Leo Skurnik rettete ein ganzes deutsches Feldlazarett aus der vordersten Front.[37] Es erscheint beinahe unfaßbar, daß jüdische Soldaten am Fluß Svir in Ostkarelien eine

Feldsynagoge errichten konnten. Die deutschen Soldaten der 136. Division schauten zu, wie die Juden am Sabbat ihre Andacht hielten. Das Bild von der Synagoge ist eine der bekanntesten Photographien, die die Sonderstellung der finnischen Juden symbolisiert (Abb. FIN 22).[38]

FIN 22
Juutalaisia sotilaita kenttäsynagoogan edustalla Syvärinjoen rannalla talvella 1942 (Jacob Göhlingin kuvakokoelma)
Jüdische Soldaten vor der Feldsynagoge am Ufer des Swir im Winter 1942 (Photographie aus dem Bildarchiv Jacob Göhling), in: Hannu Rautkallio: Suomen juutalaisten aseveljeys, Helsinki 1989,
Buch
Privatbesitz

Spätestens als 1944 an der finnischen Front die Waffen schwiegen, mußten sich die jüdischen Soldaten der finnischen Armee fragen, ob sie einen berechtigten Krieg geführt hatten, während doch anderswo in Europa Juden ermordet wurden. In keinem anderen Land, das mit Deutschland verbündet gewesen war, wurden Juden mit einer ähnlichen Frage konfrontiert. Das Dilemma war so drängend, daß die jüdischen Soldaten Finnlands, die als Waffenbrüder der Deutschen am Krieg teilgenommen hatten, es zunächst kaum bewältigen konnten. Ihre ganze Pein wird unter anderem in der letzten Ausgabe der Zeitschrift Front Karolina, des Frontsoldatenblattes der finnischen Juden, spürbar: „Die infernalischen Mittel, die die Nazis zur totalen Ausrottung der Juden Europas erfunden haben, sind allen wohl bekannt und brauchen deswegen auf den Seiten dieses Blattes nicht näher beschrieben zu werden. Wir wollen jedoch herausstellen, daß all dies auch unseren Männern an der Front bekannt war, was dazu hätte führen können, daß sie ihre Loyalität gegenüber Finnland aufgegeben hätten. Aber das Pflichtgefühl siegte immer [...] Wir finnischen Juden sollten inmitten unserer täglichen Sorgen und Widrigkeiten nicht vergessen, wie wir vor dem bitteren Schicksal verschont geblieben sind, das die Juden fast in ganz Europa getroffen hat."[39]

Die ersten erschütternden Nachrichten und Photographien aus den Konzentrationslagern wurden bereits im Frühjahr 1945 in der finnischen Presse veröffentlicht. Es erschien eine Bildserie, die die Konzentrationslager nach der Befreiung zeigte (Abb. FIN 23). Der Prozeß gegen Arno Anthoni 1947 blieb allerdings die erste und einzige öffentliche Auseinandersetzung in Finnland mit der Judenfrage. Danach verschwand dieses Thema für viele Jahre aus den Medien und aus dem finnischen Bewußtsein.

Für die finnische Geschichtsforschung, die sich mit dem Krieg beschäftigt, spielt der Völkermord eine marginale Rolle. Erst in den letzten Jahren begann die Forschung, die Schicksale der finnischen Juden in der Kriegszeit detaillierter zu untersuchen. Ohne Zweifel war dies eine notwendige Ergänzung der umfangreichen finnischen Literatur, in der die Beziehungen Finnlands zu

FIN 23
Buchenwald ja Nordhausen, kaksi saksalaista keskitysleiriä, jotka ovat joutuneet liittoutuneiden käsiin
Buchenwald und Nordhausen, zwei deutsche Konzentrationslager, in den Händen der Alliierten, in: Ilta Sanomat, 4. Mai 1945, S. 4
Zeitung
Helsinki, Helsingin yliopiston kirjasto

Deutschland während des Krieges erforscht worden waren. Aber auf diese Weise fand auch die besondere Stellung der finnischen Juden in der internationalen Historiographie des Holocausts die ihr gebührende Beachtung.[40]

Wie in anderen Ländern, so hat man auch in Finnland begonnen, den Verbleib von Vermögenswerten der Holocaust-Opfer zu erforschen. Repräsentanten des finnischen Außenministeriums nahmen 1997 an der Londoner Konferenz zum Thema „Nazigold" sowie 1998 an einer Konferenz in Washington über das während des Zweiten Weltkrieges in verschiedenen Ländern beschlagnahmte Vermögen teil. In den offiziellen Verlautbarungen Finnlands hieß es, daß man in einer Untersuchung, die die Bank von Finnland im Frühjahr 1988 in Auftrag gegeben hatte, keine Konten gefunden habe, die jüdischen Flüchtlingen gehört hätten. Auch seien keine unklaren Versicherungsarrangements bekannt. An der Aufklärung dieser Umstände waren auch finnische Juden beteiligt.[41]

Mitschuld am Holocaust?

Eine bedeutende Wende in der Auseinandersetzung mit dem Völkermord und der Frage nach einer „nationalen Schuld" trat in Finnland erst in den letzten Jahren ein. Eine heftige Debatte über die „an die Gestapo ausgelieferten" sowjetischen Kriegsgefangenen hat im Herbst 2003 begonnen. Den Anstoß hierfür gab Elina Sana mit ihrem Buch „Die Ausgelieferten"[42], in dem sie schreibt, die Finnen hätten zusammen mit anderen Kriegsgefangenen auch jüdische Kriegsgefangene an die Deutschen ausgeliefert.

Nicht nur in Finnland ist Sanas Buch mit einiger Verwirrung aufgenommen worden.[43] Neben dem Interesse des Auslandes[44] hat das Simon-Wiesenthal-Zentrum die finnische Staatspräsidentin gebeten, Untersuchungen einzuleiten. Eine finnische Untersuchungskommission unter der Leitung von Heikki Ylikangas will jetzt die Auslieferung von Kriegsgefangenen und Deserteuren aus Kriegsgefangenenlagern genauestens untersuchen. Die Leitung der Jüdischen Gemeinde von Helsinki äußerte im Herbst 2000 ihre Unzufriedenheit mit der die Judenverfolgung betreffenden Textpassage eines finnischen Schulbuchs. Gideon Bolotovski, der Vorsitzende der Jüdischen Gemeinde von Helsinki, forderte Textänderungen, damit der Text den schonungslosen Darstellungen in anderen europäischen Schulbüchern gleichkomme, obgleich der historische Hintergrund in Finnland ein anderer ist. Laut Bolotovski ist der Text „untaugliche Schönfärberei".

Die Repräsentanten der jüngeren finnischen Juden wollten vor der Welt nicht länger die Taten ihrer Väter rechtfertigen, sondern sich von der historischen Erblast der Waffenbrüderschaft befreien. Dies ging nicht ohne die Frage nach einer Mitschuld Finnlands.

Ein bedeutender Impuls für eine Neubewertung der eigenen Position war eine in Schweden gestartete staatliche Aufklärungskampagne über den Holocaust samt einer massenweise vertriebenen Publikation. Das Buch „-om detta må ni berätta-" (Erzählt es euren Kindern)"[45] wurde 1998 in mehreren Sprachen in einer Millionenauflage gedruckt. Für die in Schweden lebenden Finnen wurden 10 000 Exemplare auf Finnisch aufgelegt. Die Rezeption dieses Buches in Finnland selbst blieb unbedeutend. Die Auflage betrug hier lediglich 1500 Stück, da das Buch nur an Lehrer der gymnasialen Oberstufe ausgegeben wurde; die Begründung dafür lautete, daß die Bilder in dem Buch für die Schüler zu schockierend seien.[46]

Eine Analyse der finnischen Schulbücher für den Geschichtsunterricht ergibt, daß in den Darstellungen zum Zweiten Weltkrieg der Holocaust nur ganz am

Rande erwähnt wird. Im „Lehrbuch der Geschichte" von Mantere Sarva von 1961 bis 1966, das weiteste Verbreitung gefunden hat, wird in aller Kürze Folgendes erwähnt: „Im Jahre 1933 gelang es Hitler, in Deutschland die Macht zu ergreifen. Die Parteien wurden verboten und viele Juden des Landes verwiesen. Wer sich auflehnte, wurde in ein Konzentrationslager gebracht, wo Menschen in großer Zahl getötet wurden."[47] Auch später wurde das Thema Holocaust in den Schulbüchern nur recht oberflächlich behandelt. In Zusammenhang mit der Darstellung des Nürnberger Prozesses ist die Rede von „Verbrechen gegen den Frieden und die Menschheit", aber die Juden werden in diesem Zusammenhang nicht gesondert erwähnt.[48] Im „Wiederholungsbuch der Geschichte für die gymnasiale Oberstufe" heißt es in dem Kapitel „Hitler an der Macht": „Die Grundlage für die Rassenlehre der Nationalsozialisten war aus der Lehre Darwins [...] entwickelt." Danach seien die Deutschen die Herrenrasse. „Als gefährlich für das Deutsche Reich wurden die Juden und die Zigeuner angesehen. Hitler setzte das Judentum mit dem Kommunismus gleich. Die Judenverfolgungen begannen im April 1933. Im November 1938 begann die endgültige Vernichtung, die 'Reichskristallnacht'."[49] Wie die fehler- und lückenhafte Beschreibung zeigt, hat sich keiner der finnischen Autoren intensiver mit der Geschichte der Judenverfolgungen in Deutschland beschäftigt.

Fazit

In Finnland sind mit der Erinnerung an die Kriege viele Widersprüche verknüpft, deren Aufarbeitung erst nach dem Zusammenbruch der Sowjetunion wirklich beginnen konnte. Die offizielle Deutung folgt bis Ende der 80er Jahre der sowjetischen Interpretation, die die Finnen jahrzehntelang beschuldigt hatte, den Krieg provoziert zu haben.[50]

Auf der anderen Seite haben das Volk und die Veteranen die Kriege in weiten Teilen idealisiert. Dies zeigt sich u. a. in der hohen Auflage des Buches „Der unbekannte Soldat" oder in dem Erfolg des gleichnamigen Filmes. Die Einstellung der Finnen zu den Kriegen war von einer nationalen Schizophrenie geprägt, die bis zum Ende der Sowjetunion nicht aufgelöst werden konnte. Seit 1991 werden die schwierigen Themen zwar diskutiert, doch die Widersprüche sind immer noch nicht aufgelöst.

Widersprüchlich bleiben auch die Antworten auf die Frage, warum der mächtige Nachbar im Osten den Finnen einen derart weiten innen-, außen- und handelspolitischen Spielraum gewährt hat, wie er für andere Länder im sowjetischen Einflußbereich undenkbar gewesen wäre. Ein wichtiger Grund dafür war sicherlich, daß das „Laboratorium Finnland" der Sowjetunion als eine Art Versuchsfeld zwischen Ost und West diente.

Auch die Beziehung der Finnen zum nationalsozialistischen Deutschland hatte sich ganz anders als in den meisten europäischen Ländern gestaltet. Finnland wurde nicht besetzt, daher gab es hier auch keine Widerstandsbewegung. Während der gesamten Kriegszeit konnte das Land seine nationalen demokratischen Institutionen behalten. Auch wurde Finnland nicht von anderer Seite militärisch befreit. Die finnischen Juden blieben vom Holocaust verschont, was von den Finnen selbst während der Kriegszeit als eine Selbstverständlichkeit angesehen wurde. Das Thema des Holocaust kam in der finnischen Diskussion erst in den letzten Jahren zur Sprache, und zwar aus dem Bedürfnis heraus, sich an der internationalen Diskussion über den Holocaust zu beteiligen. Eine Analyse des NS-

FIN 24
Tapio Vanhatalo
(Photographie)
Presidentti Boris Jeltsin laski vierailullan 1992 seppeleen Hietaniemen Sankariristille, suomalaisille sankarivainajille
Präsident Boris El'cin legte während seines Besuches 1992 einen Kranz für die gefallenen finnischen Soldaten auf dem Friedhof Hietaniemi nieder,
in: Arto Astikainen: Presidentti Putin laskee seppeleen marsalkka Mannerheimille, Helsingin Sanomat, 30. August 2002, S. 8
Zeitung
Berlin, Deutsches Historisches Museum

Systems aus dem Blickwinkel einer gemeinsamen Schuld war zu keiner Phase Bestandteil des finnischen Diskurses. Man kann jedoch Finnland unmöglich mit den anderen Ländern gleichstellen, die während des Krieges unter deutschem Einfluß gestanden haben – gleich ob es nun besetzte oder verbündete Länder waren.

In den Jahrzehnten nach dem Weltkrieg mußte die Sowjetunion die in Finnland lebendig gebliebene Erinnerung an die Kriege, also an den Winter- und den Fortsetzungskrieg, als eine Realität akzeptieren. Das Andenken der Kriege wurde in Finnland durch Heldengräber und Denkmäler, durch Gedenktage, Kunstwerke und Memoiren gepflegt. Der Kampf der Finnen um ihre Unabhängigkeit personifizierte sich in Marschall Carl Gustav Mannerheim, der in allen Kriegen Oberbefehlshaber der finnischen Armee gewesen war. Aus der Verehrung des Marschalls spricht der Selbstbehauptungswillen der Finnen gegenüber der Sowjetunion. Vor 1989 hat kein sowjetischer Staatsmann das Grab Mannerheims besucht. Als Michail Gorbačev, der letzte Generalsekretär der KPdSU, 1989 Finnland besuchte, legte er nur am Grab von Präsident Paasikivi einen Kranz nieder. Boris El'cin, der erste Präsident Rußlands, erwies 1992 den gefallenen finnischen Soldaten auf dem Friedhof Hietaniemi in Helsinki seine Ehre. Präsident Putin legte schließlich 2002 einen Kranz vor dem Grab Marschall Mannerheims nieder. Mit dieser Geste akzeptierte er symbolisch die finnische Unabhängigkeit. Interessanterweise wählte die Bildredaktion der Zeitung Helsingin Sanomat ein Photo aus, das El'cin und nicht Putin zeigt, um dieses Ereignis zu illustrieren (Abb. FIN 24).

[1] Das Original des Geheimen Zusatzprotokolls befindet sich im Archiv des Außenministeriums Rußlands, d. 600/700, op. 17. AVPRF. Der II. Kongreß der Volksvertreter Rußlands verurteilte im Dezember 1990 die geheime Aufteilung Nordosteuropas (1939 god. Uroki istorii, Moskau 1990, S. 469 ff.).

[2] Zur Unterzeichnung des Vertrags war Außenminister von Ribbentrop nach Helsinki gekommen, wo Präsident Risto Ryti ihm einen Brief an Adolf Hitler überreichte. Hitler antwortete Risto Ryti am 4. Juli 1944. The Finnish Foreign Ministry Archive, 110C 1.UM.

[3] Die Aushandlung dieses Waffenstillstands fand vom 17.–19. September 1944 in Moskau statt. An den Verhandlungen nahm auch Großbritannien teil.

[4] Zum Lapplandkrieg allgemein vgl. Ahto, Sampo: Aseveljet vastakkain. Lapin sota 1944–1945, Hämeenlinna 1980. Beim Rückzug aus Lappland wandten die Deutschen die Taktik der verbrannten Erde an. In Finnland wurde noch jüngst die Forderung laut, Deutschland müsse für die Schäden des Lapplandkrieges Reparationen zahlen (u. a. am 3. März 2002 in der größten finnischen Tageszeitung Helsingin Sanomat).

[5] Die „Ostsee-Division" unter General von der Goltz ging im April 1918 im südfinnischen Hanko an Land und beteiligte sich auf der Seite der von Mannerheim geführten finnischen „Weißen" am Befreiungskrieg, u. a. an der Eroberung Helsinkis. Das finnische Jägerbataillon war während des Ersten Weltkrieges in Deutschland militärisch ausgebildet worden und spielte bei der Befreiung Finnlands aus den Händen der „Roten" eine wichtige Rolle.

6 Paasikivi, Juho Kusti: Toimintani Moskovassa ja Suomessa 1939–41, I., Porvoo 1958, S. 97.
7 Von 1944 bis 1946 war Urho Kekkonen (1900–1986) Justizminister und trug damit Verantwortung für den Kriegsschuldprozeß.
8 Im 13. Artikel des Waffenstillstandsvertrages vom 19. September 1944 heißt es, daß „Finnland sich verpflichtet, in Kooperation mit den alliierten Mächten die Personen, die der Kriegsverbrechen beschuldigt werden, festzunehmen und abzuurteilen". Vgl. dazu Rautkallio, Hannu: Sotasyyllisyysnäytelmä, Savonlinna 1981.
9 Mannerheims Memoiren wurden hauptsächlich von General Erik Heinrichs und Oberst Aladár Paasonen niedergeschrieben. Vgl. Mannerheim, Carl Gustav Emil: Muistelmat II, Helsinki 1952, S. 434 f.
10 Vihavainen, Timo: Kansakunta rähmällään. Suomettumisen lyhyt historia, Keuruu 1991, S. 208.
11 Die Arbeit wurde im Ausland unter Pseudonym veröffentlicht. Der Autorennamen – Arvi Korhonen – wurde mit der Begründung, daß man in Finnland nichts Negatives über die Sowjetunion schreiben dürfe, verschwiegen. Es erschien unter: Wuorinen, John H.: Finland and World War II, New York 1948.
12 Vgl. hierzu Hakovirta, Harto: Suomettuminen. Kaukokontrollia vai rauhanomaista rinnakkaiseloa, Jyväskylä 1975, S. 206 ff.
13 So wurde u. a. Aleksandr Solženicyns „Archipelag GULAG", den der Verlag Tammi bereits ins Finnische hatte übersetzen lassen, nicht gedruckt. Jarl Helleman deckte den Fall Solženicyn am 29. September 1991 in der Zeitung Helsingin Sanomat auf. Zehn Jahre später veröffentlichte er eine detailliertere Version. Vgl. Helleman, Jarl: Tapaus Solženitsyn, in: Bäckman, Johan (Hg.): Entäs kun tulee se yhdestoista? Suomettumisen uusi historia, Juva 2001, S. 189 ff. Vgl. auch Helleman, Jarl: Kustantajan näkökulma, Keuruu 1999, S. 248 ff., Interview Hannu Rautkallio mit Jarl Helleman 2001. Über „Selbstzensur", Lilius, Carl-Gustav: Self-Censorship in Finland. An Index of Censorship 4/1975. In der finnischen Zeitschrift Kanava wurde der Artikel unter dem gleichen Titel veröffentlicht. Kanava 1/1975, S. 22 ff. Die Teile des finnischen Volkes, die nur ihrer Muttersprache mächtig waren, blieben also von objektiver Information über die Sowjetunion abgeschnitten.
14 Zur Selbstzensur vgl. Vihavainen 1991 (wie Anm. 10), S. 138–149.
15 In einer bundesrepublikanischen Übersetzung erschien der Roman 1955 bei Kiepenheuer & Witsch unter dem Titel: Kreuze in Karelien. Volk und Welt veröffentlichte ihn 1971 in der DDR unter dem Titel: Der unbekannte Soldat.
16 Niemi, Irmeli: Kulttuuri kriisin tulkkina ja vastavoimana, in: Itälä, Jaakko (Hg.): Suomalaisten tarina. 3, Jyväskylä 1993, S. 196.
17 Rautkallio, Hannu/Prozumenschikov, Mihail S./Tomilina, Natalia G. (Hg.): NKP ja Suomi 1953, Vammala 2001, S. 68 f.
18 Ilvas, Juha: Kansallistaidetta. Suomalaista taidetta Kansallis-Osake-Pankin kokoelmissa, Helsinki 1989, S. 148.
19 Die finnische Armee warf am Fluß Kollaa (Kollaanjoki) in Ladoga-Karelien 1939 in heftigen Kämpfen die feindlichen Truppen zurück. Kollaa, Summa, Taipale sind berühmte Kampforte. Aukusti Tuhka malte zu jedem ein Gemälde, die die Nordea Pankki Suomi Oyj (Nordea-Bank) in Helsinki besitzt. Vgl. Uusi Tietosanakirja: 21. Osa, 1965, S. 487.
20 Zum Beispiel Parvilahti, Unto: Terekille ja takaisin. Suomalaisten vapaaehtoisjoukon vaiheita Saksan itärintamalla 1941–43, Keuruu 1958; Lappi-Seppälä, Sakari: Haudat Dnjeprin varrella, Helsinki 1954; Lappalainen, Niilo: Vaarallisilla teillä. Viimeiset suomalaiset SS-miehet, Juva 1998; Kuusela, Kari/Wikberg, Olli: Wikingin Suomalaiset. Suomalaiset SS-miehet kuvissa, Jyväskylä 1996.
21 Jokipii, Mauno: Panttipataljoona, Jyväskylä 1968 (4., erg. Auflage 2000), S. 736. Vgl. auch Jokipii, Mauno: Hitlerin Saksa ja sen vapaaehtoisliikkeet: Waffen-SS: n suomalaispataljoona vertailtavana, Helsinki 2002, S. 11 f. und S. 394 ff.
22 Als bekannt wurde, daß die finnischen SS-Leute dieselben Vergünstigungen genießen wie die Kriegsveteranen, for-

derte der Vorsitzende der Jüdischen Gemeinde Gideon Bolotovski, das diesbezügliche Gesetz zu ändern. Indem der finnische Staat diesen Männern Zahlungen leiste, identifiziere er sich mit der deutschen Wehrmacht und ihren Kriegsverbrechen. Mauno Jokipii merkte an, daß die Männer, die der SS angehörten, der Ansicht gewesen waren, dem finnischen Staat gedient zu haben, da sie gegen Finnlands Gegner gekämpft hatten. Vgl. derselbe: SS-miesten hautamuistomerkki närkästyttää juutalaisyhteisöä, in: Helsingin Sanomat, 13. Mai 1998.

23 Väinö Tanner war im Winterkrieg Außenminister und spielte beim Friedensschluß im März 1940 eine wichtige Rolle.

24 Ahto, Sampo: Talvisodan henki. Mielialoja Suomessa talvella 1939–1940, Juva 1989.

25 Programm des Nationalen Veteranentages in Espoo am 27. April 2002, organisiert von der Stadt Espoo.

26 Lipponen vei Perssonin katsomaan Ihantalan ihmettä, in: Helsingin Sanomat, 18. Januar 2002.

27 Ausgeliefert wurden u. a. folgende Personen: Der österreichische Staatsangehörige Heinrich Huppert (geboren am 26. November 1896) war am 10. August 1938 in Finnland eingetroffen. Er war wegen Verstößen gegen die Rationierungsvorschriften vorbestraft und wurde am 26. Juni 1941 wegen „die Sicherheit des Landes gefährdender Umtriebe" in polizeilichen Gewahrsam genommen. Der gleichfalls in Österreich gebürtige Medizinstudent Georg Kollmann (geboren am 19. November 1912) war am 29. Juli 1938 nach Finnland gelangt. Am 17. Dezember 1939 wurde er wegen Unterschlagung in Gewahrsam genommen und am 1. April 1940 freigelassen. Am 29. Oktober 1942 wurde er zum Zweck der Ausweisung verhaftet. Der Holzhändler Elias Kopelowsky (geboren am 22. September 1882), vormals lettischer Staatsbürger, war am 24. Juli 1940 nach Finnland gekommen. Nach Informationen der Staatspolizei habe Kopelowsky „im Sommer 1941 in seinen Reden bewiesen, daß er Finnland und der finnischen Regierung unfreundlich gegenübersteht und allgemein über die finnischen Belange abschätzig urteilt". Am 29. Oktober 1942 wurde er zur Auslieferung in Gewahrsam genommen. Der ehemalige Deutsche Hans Eduard Szybilskij (geboren am 29. August 1907) war am 1. Dezember 1938 aus Schweden nach Finnland gekommen; eine Rückreise nach Schweden wurde ihm von den schwedischen Behörden verwehrt. Sein Briefwechsel nach Schweden habe nach Angaben der finnischen Staatspolizei „den Verdacht auf Spionage erregt, den die in seiner Wohnung gefundenen Luftbilder gestützt" hätten. Szybilskij wurde am 29. Oktober 1942 zum Zweck der Auslieferung in Gewahrsam genommen.

28 Die Postkarte an Abraham Stiller lautete: „Neun Männer in der Ratakatu, hoffentlich können Sie uns treffen." Acht Männer wurden ausgeliefert. Walter Cohen, der die Postkarte sandte, konnte gerettet werden. Näheres hierzu bei Rautkallio, Hannu: Ne kahdeksan ja Suomen omatunto. Suomesta luovutetut juutalaispakolaiset, Espoo 1985, S. 175 ff.

29 Rautkallio 1985 (wie Anm. 28), S. 176.

30 Rautkallio 1985 (wie Anm. 28), S. 195 f.

31 Turvapaikkaoikeus, in: Helsingin Sanomat, 2. November 1942; Pakolaiset, in: Suomen Sosialidemokraatti, 2. November 1942; Asylsrättens Helgd, in: Svenska Pressen, 4. Nov. 1942.

32 Mannerheim 1952 (wie Anm. 9), S. 389.

33 Rautkallio 1985 (wie Anm. 28), S. 108 f.

34 In seiner Rede zur Enthüllung des Denkmals sagte Gideon Bolotovski, der Vorsitzende der Jüdischen Gemeinde von Helsinki, daß sich „dieses Denkmal zum eigenen Holocaust-Mahnmal Finnlands" entwickeln werde. Vgl. Helsingin Sanomat vom 6. Dezember 2000. An einer anderen Stelle beschuldigte Bolotovski die finnischen Behörden der Kriegszeit, diese acht Menschen ermordet zu haben, und äußerte, daß nur das Wissen um den Tod des damaligen Innenministers Toivo Horelli ihn daran hindere, gegen diesen die Erhebung einer Mordanklage zu fordern. Vgl. Iltasanomat vom 18. Februar 2000.

35 Vernehmung von Jukka W. Rangell am 3. Oktober 1947. Untersuchungszentrale der Kriegsgefangenenlager. Ilm.

pvk. 1388. Kriegsarchiv, Helsinki; Bericht der Staatspolizei über den Besuch des SS-Reichsführers Heinrich Himmler. Streng geheim. V.P.K.D. Nr. 43–1942. Archiv der Staatspolizei, Helsinki. Vgl. hierzu auch Rautkallio, Hannu: Suomen juutalaisten aseveljeys, Jyväskylä 1989, S. 186.

36 Rautkallio 1989 (wie Anm. 35), S. 122.

37 Rautkallio 1989 (wie Anm. 35), S. 158.

38 Die Photographie wurde u. a. auf dem internationalen Symposium Escape from Holocaust veröffentlicht, das vom 8.–10. November 1988 aufgrund einer Initiative des Autors an der University of Minnesota veranstaltet wurde; ebenso auf vielen Ausstellungen zur Geschichte der finnischen Juden. Das Ausstellungsmaterial befindet sich im Besitz der Jüdischen Gemeinde von Helsinki. Vgl. auch Rautkallio 1989 (wie Anm. 35), S. 130 ff.

39 Front Karolina, September 1944.

40 Vgl. Rautkallio, Hannu: Finland and the Holocaust. The Rescue of Finland's Jews, New York 1987.

41 Londoner Konferenz über das „Nazigold" 2.–4. Dezember 1997. Überblick der Finnischen Botschaft in London vom 5. Dezember 1997, Rechtsabteilung des Ministeriums für Auswärtige Angelegenheiten; Washington Conference on Holocaust-Era Assets, 30. November – 2. Dezember 1998, Rede des Botschafters Esko Kiuru, Rechtsabteilung des Ministeriums für Auswärtige Angelegenheiten.

42 Sana, Elina: Luovutetut. Suomen ihmisluovutukset Gestapolle, Helsinki 2003.

43 Vgl.: Jakobson, Max: Säälimätöntä peliä ihmisoikeuksilla (Gnadenloses Spiel mit Menschenrechten), in: Helsingin Sanomat, 11. November 2003; Kujansuu, Juha: Juutalaisia sotavankeja kohdeltiin asiallisesti (Die jüdischen Kriegsgefangenen wurden sachlich behandelt), in: Helsingin Sanomat, 30. November 2003; Antti Laine: "Mannerheimiko sotarikollinen?" (Mannerheim ein Kriegsverbrecher?), in: Ilta-Sanomat, 21. November 2003 oder Rautkallio, Hanno, in: Ilta-Sanomat, 3. November 2003 und 20. November 2003.

44 Z. B: Preis der Freiheit, in: Der Spiegel, 48, 24. November 2003; BBC World News, 28. November 2003.

45 Bruchfeld, Stéphane/Levine, Paul A.: -om detta må ni berätta-: en bok om förintelsen i Europa 1933–1945. Då och nu: studieplan, Stockholm 1999.

46 Erst 2001 wurde das Buch in Finnland unter dem Titel: Kertokaa siitä lapsillenne...: kirja juutalaisten joukkutohosta Euroopassa 1933–1945 publiziert, ergänzt um ein Kapitel über das Schicksal der finnischen Juden.

47 Sarva, Mantere: Historian oppikirja kansakouluja varten, Porvoo 1950–1964, S. 324.

48 Lehtonen, Kai R: Vuosisadat vierivät 2, Porvoo 1966–1972, S. 212.

49 Katajamäki, Unto: Lukion historian kertauskirja. 1900-luku, Porvoo 1981–1984, S. 34.

50 Hierbei geht es vor allem um die Schüsse von Mainila. Die Sowjets hatten die Finnen beschuldigt, von dem karelischen Grenzort Mainila aus Artilleriefeuer eröffnet zu haben, wodurch mehrere Rotarmisten umgekommen seien. Daß diese „Provokation" von sowjetischer Seite aus inszeniert worden war, läßt sich heute in den Dokumenten verifizieren, die ein Kontrollausschuß des Zentralkomitees der KPdSU in den Jahren 1960–1961 über die parteifeindlichen Aktivitäten des ehemaligen Außenministers Molotov erstellt hat.

[Karte: Finnland mit Gebietsangaben – NÖRDLICHES EISMEER, NORWEGEN, Petsamo (1944 an UdSSR), 1940/41 und seit 1944 an UdSSR, WEISSES MEER, SCHWEDEN, UdSSR, FINNLAND, 1940/41 und seit 1944 an UdSSR, Ladoga-See, OSTSEE, Åland-Inseln, Helsinki, Tallinn, Leningrad. Seit 1917]

Chronologie

1917
Finnland, das seit dem **19. Jahrhundert** Großfürstentum des Russischen Reiches mit Autonomierechten gewesen ist, erklärt sich nach der russischen Oktoberrevolution (**7. November 1917** nach gregorianischem Kalender) am **6. Dezember** für unabhängig.

1918
In dem von **Januar** bis **Mai** dauernden Freiheits- und Bürgerkrieg kämpfen die sogenannten „weißen", bürgerlichen Regierungstruppen unter General Carl Gustav Freiherr von Mannerheim gegen die „roten" bolschewistischen Truppen des Volksrates. Nach der Unterzeichnung eines Sonderfriedensvertrages mit dem Deutschen Reich am **7. März** durch die bürgerliche Regierung unterstützen deutsche Truppen die Verbände Mannerheims. Am **9. Oktober** wählt das finnische Parlament Friedrich-Karl von Hessen zum König. Nach dem Sieg der Bürgerlichen wird Mannerheim am **12. Dezember** zum Staats-

verweser ernannt. Der König verzichtet nach der militärischen Niederlage des Deutschen Reiches und dem Abzug der deutschen Truppen aus Helsinki am **14. Dezember** auf den finnischen Thron. Die Revolutionsführung und ca. 5000 Anhänger fliehen nach der Niederlage nach Rußland und gründen in Moskau die Kommunistische Partei Finnlands.

1919
Staatsverweser Mannerheim unterzeichnet am **17. Juni** eine republikanische Verfassung, mit der die Republik Finnland (Suomen Tasavalta) gegründet wird. Bei den Präsidentschaftswahlen verliert Mannerheim jedoch gegen Kaarlo Juho Ståhlberg, der am **25. Juli** Präsident der Republik wird.

1920
Die Unterzeichung des Friedensvertrages von Dorpat am **14. Oktober** zwischen Sowjetrußland und Finnland führt zur erneuten Anerkennung der finnischen Souveränität. Im **Dezember 1920** tritt Finnland dem Völkerbund bei.

1927–1932
Von **1927–1930** ist Finnland Mitglied des Rates des Völkerbundes. **1929** wird die bäuerlich-nationalistische, antikommunistische Lapua-Bewegung gegründet und beeinflußt nach dem von ihr initiierten Bauernmarsch vom **7. Juli 1930** die antikommunistische Gesetzgebung, die zu einem Verbot der Kommunistischen Partei führt. Am **21. Januar 1932** unterzeichnen Finnland und die UdSSR einen Nichtangriffspakt. Nach fehlgeschlagenen Putschversuchen wird die Lapua-Bewegung im **März 1932** verboten und geht in der Vaterländischen Volksbewegung auf, die am **5. Juni 1932** gegründet wird.

1939–1940
Am **19. Mai 1939** wird General Mannerheim zum Feldmarschall befördert und später zum Oberbefehlshaber der Streitkräfte ernannt. Finnland wird am **30. November 1939** von der UdSSR angegriffen. Sie fordert von Finnland die Abtretung strategisch wichtiger Gebiete, u. a. auf der karelischen Landenge. Im finnisch-sowjetischen Winterkrieg versucht sich Finnland – zunächst erfolgreich – zu verteidigen, muß aber im Frieden von Moskau am **12. März 1940** Westkarelien, das Sallagebiet und den finnischen Teil der Fischerhalbinsel, insgesamt etwa 10 Prozent seines Territoriums, abtreten sowie den Stützpunkt Hanko verpachten. Es bleibt aber selbständig und erfüllt so sein wichtigstes Verteidigungsziel. Nach dem Winterkrieg befestigt Finnland den neuen Grenzverlauf zur Sowjetunion und arbeitet militärisch mit dem Deutschen Reich zusammen, mit dem es am **12. September 1940** einen Vertrag über den Truppentransit nach Norwegen abschließt.

1941 bis 1946
Finnland wird vom Deutschen Reich in die Vorbereitungen zum Angriff auf die Sowjetunion eingebunden. Nach dem deutschen Überfall auf die UdSSR am **22. Juni 1941** erklärt Finnland jedoch seine Neutralität. In Reaktion auf einen sowjetischen Luftangriff konstatiert die Regierung, daß sich Finnland im Kriegszustand mit der Sowjetunion befinde, und finnische Truppen nehmen am Feldzug des Deutschen Reiches gegen die UdSSR teil. Die direkten Kampfhandlungen des sogenannten Fortsetzungskrieges werden am **5. Dezember 1941**, nach der Eroberung von Teilen Ostkareliens eingestellt, und der Stellungskrieg beginnt. Mehrfache Versuche, einen Sonderfrieden zwischen Finnland und der UdSSR herbeizuführen, scheitern an der Unvereinbarkeit der Bedingungen beider Seiten. Am **9. Juni 1944** beginnt die Rote Armee eine großangelegte und erfolgreiche Offensive auf der karelischen Landenge. Mitte **Juni 1944** bittet Finnland Deutschland um militärische Hilfe. Der deutsche Außenminister Joachim von Ribbentrop sieht darin die Chance, den während des gesamten Krieges vom Deutschen Reich angestrebten offiziellen Staatenbund oder Staatsvertrag mit Finnland zu verwirklichen. In einer persönlichen Verpflichtung akzeptiert am **26. Juni 1944** Präsident Risto Ryti die deutschen Bedingungen, keinen Sonderfrieden zu schließen und Friedens- oder Waffenstillstandsverhandlungen nur im Einvernehmen mit Deutschland zu führen. Mitte **Juli 1944** bietet die Sowjetunion Friedensverhandlungen an und verzichtet auf die Kapitulation Finnlands. Um den Sonderfrieden mit der UdSSR zu ermöglichen, wird Mannerheim am **4. August 1944** zum Präsi-

denten ernannt und damit die persönliche Verpflichtung seines Vorgängers den Deutschen gegenüber hinfällig. Die sowjetischen Vorbedingungen – der Bruch der Beziehungen Finnlands zu Deutschland und der Abzug der deutschen Truppen – werden am **2. September 1944** vom finnischen Parlament gebilligt und der Waffenstillstandsvertrag am **19. September 1944** unterzeichnet. Am **28. September 1944** kommt es zu ersten Kampfhandlungen gegen die deutschen Truppen, die Richtung Norwegen vom finnischen Territorium vertrieben werden sollen. Finnland wird nicht besetzt, aber eine von den Aliiierten am **5. Oktober 1944** eingesetzte sowjetische Kontrollkommission überprüft die Erfüllung der Waffenstillstandsbedingungen. Die Verfassung von **1919** bleibt in Kraft, und am **17. Oktober 1944** wird ein Grundvertrag über Kriegsreparationen ausgehandelt sowie am **11. September 1945** ein Kriegsschuldigengesetz erlassen. Die Kriegsschuldigenprozesse enden am **21. Februar 1946**.

1947
Der Abschluß der Pariser Friedensverträge am **10. Februar** führt zur Festlegung der Reparationsleistungen und der Entmilitarisierung. Finnland muß der Abtretung der schon **1940** an die UdSSR abgegebenen Gebiete zustimmen, allerdings wird Hanko gegen Porkkala ausgetauscht. Alle sowjetischen Kriegsgefangenen müssen freigelassen und als Kriegsverbrecher gesuchte Personen an die Sowjetunion ausgeliefert werden. Mit Inkrafttreten des Friedensvertrages am **15. September 1947** endet die Arbeit der sowjetischen Kontrollkommission.

6. April 1948
Unter dem Staatspräsidenten Juho Kusti Paasikivi schließt Finnland mit der Sowjetunion den Vertrag über Freundschaft, Zusammenarbeit und gegenseitigen Beistand, der **1955**, **1970** und **1983** verlängert wird und bis **1991** in Kraft bleibt. Dieser Vertrag sichert die Nordwestgrenze Finnlands zur Sowjetunion. Finnland verpflichtet sich, sein Territorium, auch mit Hilfe der UdSSR, zu verteidigen, ohne jedoch dazu verpflichtet zu sein, der Sowjetunion militärisch beizustehen. Die Strategie der sogenannten Paasikivi-Kekkonen-Linie soll die Selbständigkeit und Neutralität Finnlands sichern, aber die außenpolitischen Beziehungen so gestalten, daß jeder Konflikt mit den sowjetischen Interessen ausgeschlossen ist. Gleichzeitig bemüht man sich um gute Beziehungen zu den skandinavischen und westeuropäischen Ländern.

17. März 1950
Der Führer der Bauernpartei Urho Kaleva Kekkonen wird finnischer Ministerpräsident. Er bildet die erste von insgesamt fünf durch ihn geführten Regierungen.

1955
Die Sowjetunion gibt die Halbinsel Porkkala zurück und stimmt auch Finnlands Beitritt zum Nordischen Rat zu. Am **14. Dezember** wird Finnland, acht Jahre nach dem Beitrittsantrag, Mitglied der Vereinten Nationen (UNO).

16. Februar 1956
Urho Kaleva Kekkonen wird Staatspräsident.

März 1961
Finnland schließt einen Assoziierungsvertrag mit der im Jahr zuvor von Großbritannien, Dänemark, Norwegen, Österreich, Portugal, Schweden und der Schweiz als Gegengewicht zur Europäischen Wirtschaftsgemeinschaft (EWG) gegründeten Freihandelszone European Free Trade Association (EFTA) ab.

1973
Finnland unterzeichnet im **Mai** einen Grundlagenvertrag mit der Wirtschaftsgemeinschaft der Ostblockstaaten COMECON (Rat für gegenseitige Wirtschaftshilfe – RGW). Vom **3.–7. Juli** findet in Helsinki eine Sicherheitskonferenz aller europäischen Staaten sowie Kanadas und der USA statt: die Konferenz für Sicherheit und Zusammenarbeit in Europa (KSZE), mit deren Ende die erste Phase der KSZE-Konsultationen beginnt. Am **5. Oktober** schließt Finnland einen Freihandelsvertrag mit der EWG ab.

30. Juli – 1. August 1975
Die höchsten politischen Repräsentanten der KSZE-Teilnehmerländer unterzeichnen in Anwesenheit des UNO-Generalsekretärs die KSZE-Schlußakte von Helsinki.

27. Oktober 1981
Urho Kaleva Kekkonen tritt nach insgesamt 26 Regierungsjahren als Staatspräsident zurück.

1986
Finnland beantragt die Vollmitgliedschaft in der EFTA.

5. Mai 1989
40 Jahre nach Gründung des Europarates wird Finnland Mitglied.

1992
Finnland und die russische Föderation unterzeichnen im **Januar** nach Auflösung des Freundschafts- und Beistandspaktes mit der Sowjetunion einen neuen Grundlagenvertrag. Am **18. März** beantragt Finnland die Aufnahme in die Europäische Gemeinschaft. **Mitte 1992** beschließt die finnische Reichsbank einseitig die Bindung der Finnmark an das Europäische Währungssystem, um der hohen Inflation entgegenzuwirken, welche Folge der schwersten Depression seit den **30er** Jahren ist.

1994
Im **Februar** wird erstmalig der Staatspräsident in direkter Wahl vom Volk gewählt. Der Sozialdemokrat Martti Ahtisaari kann die Wahl für sich entscheiden. Am **18. April** beschließt Finnland, sich am NATO-Programm „Partnerschaft für den Frieden" zu beteiligen. Ein Rahmenabkommen wird am **9. Mai** unterzeichnet. Am **16. Oktober** des Jahres entscheiden sich 56,9 Prozent der Finnen in einem Referendum für einen Beitritt zur Europäischen Union (EU). Die finnische Nationalbank beschließt am **23. November**, dem Europäischen Währungssystem (EWS) beizutreten.

1. Januar 1995
Finnland scheidet aus der EFTA aus und wird Vollmitglied der EU.

1999–2002
Im **Mai 1999** verabschiedet der finnische Reichstag eine neue Verfassung, die die Befugnisse des Staatspräsidenten zugunsten des Parlaments beschneidet. Die sozialdemokratische Außenministerin Tarja Halonen wird als erste Frau am **6. Februar 2000** in das Amt des Staatsoberhauptes gewählt. Das neue Grundgesetz tritt im **Frühjahr 2000** in Kraft. Ab **1. Januar 2002** wird in Finnland mit der Ausgabe der Eurobanknoten und -münzen begonnen.

Literatur:
– Brockhaus – Die Enzyklopädie in 24 Bänden, 20. Aufl., Leipzig/München 1996–1999.
– Jüdisches Lexikon. Ein enzyklopädisches Handbuch des jüdischen Wissens in vier Bänden, 2. Aufl. (Nachdruck der 1. Aufl. im Jüd. Verlag, Berlin, 1927), Frankfurt a.M. 1987.
– Jussila, Osmo/Hentilä, Seppo/Nevakivi, Jukka: Politische Geschichte Finnlands seit 1809: Vom Großfürstentum zur Europäischen Union, Berlin 1999.
– Jutikkala, Eino: Geschichte Finnlands, 2. Aufl., Stuttgart 1976.
– Kinder, Hermann/Hilgemann, Werner: dtv-Atlas Weltgeschichte. Bd. 2: Von der Französischen Revolution bis zur Gegenwart, 31. Aufl., München 1997.
– The New Encyclopedia Britannica, Vol. 1–20, 15. Aufl., Chicago u. a. 1994.

Frankreich

Vom nationalen Vergessen zur kollektiven Wiedergutmachung

von Henry Rousso

In Frankreich hat das Gedächtnis an den Zweiten Weltkrieg während eines halben Jahrhunderts tiefgreifende Veränderungen erfahren. Gegen Kriegsende lebten die Franzosen in einer Art offensichtlichem Paradoxon. Einerseits war das Land physisch und moralisch verwüstet. Durch die vernichtende Niederlage von 1940, die der „Erbfeind" ihm zugefügt hatte, und die folgende Besatzung war es empfindlich getroffen. Überdies war es zeitweise einem Bürgerkrieg nahe gewesen, was auch durch die unerwartet schnelle und unblutige Befreiung nicht vollständig kompensiert werden konnte. Viele ahnten schon bald, daß die Nachwehen dieser Ereignisse andauern würden, selbst wenn das Verlangen zu vergessen sich sehr früh manifestierte. Andererseits waren die Franzosen stolz, zu den Siegern des Krieges zu gehören, was zwar General Charles de Gaulle und der Résistance zu danken, aber so kaum vorauszusehen gewesen war. „Der Mann des 18. Juni", wie er wegen seiner berühmten Rede von 1940 genannt wurde, hatte es geschafft, die Alliierten davon zu überzeugen, daß Frankreich seinen Rang unter den großen Nationen behalten müsse. Es konnte so den Anschein einer imperialen Großmacht wahren, was keine ganz unbegründete Auffassung war, da Frankreich in den internationalen Beziehungen der Nachkriegszeit weiterhin eine treibende Kraft blieb. Diese politische Vorstellung gestattete es, die Erinnerung an die Leiden der vier Jahre unter dem Joch der Nationalsozialisten, zumindest deren öffentliche Wirkung vorläufig zu verdrängen.

Aber die „schwarzen Jahre", wie sie der Schriftsteller Jean Guéhenno[1] treffend nannte, verschwanden niemals wirklich aus dem Gedächtnis. Fünfundzwanzig Jahre nach dem Krieg erlebte Frankreich ihre plötzliche Rückkehr in das öffentliche Bewußtsein. Die Erinnerung an die Besatzung gewann binnen weniger Jahre in Reden, in der Politik und in der historischen Forschung wachsende Bedeutung und veränderte somit die Beziehung der Nation zu ihrer Geschichte. Der Phase kollektiver Amnesie folgte eine Phase der Anamnese, die manchmal die Form einer Hypermnesie annahm. Solche Erscheinungen konnte man weltweit beobachten, als in den 80er und 90er Jahren die Erinnerung an den Holocaust zu einem Gegenstand umfassender Unruhe wurde und diesem schließlich die Form eines Paradigmas aller Massenverbrechen des 20. Jahrhunderts verlieh.[2]

Nachdem sie einmal wieder an die Oberfläche gelangt war, hinterließ diese Vergangenheit das Gefühl, eine unausweichliche und unverjährbare Tatsache zu sein – für die Menschen unserer Zeit mehr noch als für die Kriegs- und Nachkriegsgeneration.

Es geht hier darum, den Spuren der verschiedenen „Erinnerungsvektoren" folgend, die Geschichte des kollektiven Erinnerns, der gesellschaftlichen Repräsentationen und Funktionen der Vergangenheit zu rekonstruieren. Die Auswahl der Exponate bietet einige Beispiele *expliziter* Repräsentation der Vergangenheit, die für das Gedächtnis der heutigen und kommender Generationen ein scharfes Bild liefern sollten: eine Feier, eine Grabsäule, eine Briefmarke. Die Auswahl bietet aber auch Beispiele *impliziter* Repräsentation, wie sie von Institutionen transportiert wurden, deren vorrangige Bestimmung es nicht war, ein Erinnerungsort[3] zu sein. Dies manifestiert sich beispielhaft an Recht und Justiz: Die Gerichte zur Verurteilung der NS-Verbrechen haben unmittelbar nach Kriegende dazu gedient, die Schuldigen zu bestrafen; sie haben aber auch die Rolle von „Berichterstattern" der Geschichte übernommen, von Erinnerungsorten, wo die Aussagen von Zeugen zu Gehör kamen. Somit wurden Darstellungen der Vergangenheit geschaffen, die die symbolische Kraft der Norm mit der gerichtlichen Dramatisierung[4] verbanden.

Die Auswahl der hier für den Fall Frankreich vorgeschlagenen Elemente wurde nicht nur getroffen, um der diesem Lande eigenen Chronologie der Erinnerung an den Krieg Rechnung zu tragen, sondern auch um zu zeigen, wie weit die Stützen des kollektiven Gedächtnisses sich binnen eines halben Jahrhunderts entwickelt haben. Diese Elemente müssen also nicht nur in bezug auf ihren narrativen Inhalt gewürdigt werden, sondern auch hinsichtlich ihrer Form, hatte diese doch großen Anteil an ihrer Wirkung auf das kollektive Bewußtsein. So muß man eine größere Veränderung des ästhetischen Zugangs zur Vergangenheit hervorheben. In den 50er Jahren waren Denkmale und Rituale noch die wesentlichen Orte nationalen Gedenkens, in der alten monarchischen Tradition, die nach 1918 mit dem Erinnern des Ersten Weltkrieges noch verstärkt wurde. Literatur, Malerei und Bildhauerkunst wirkten ebenso, wenn auch in geringerem Maße strukturierend auf die kollektive Imagination. In den 80er Jahren wurde die Darstellung der Vergangenheit durch ein anderes Medium transportiert, nämlich durch den Film, der dieses Thema seit den 70er Jahren zu seinem Favoriten gemacht hatte. Das blieb es auch weiterhin, und zwar besonders durch das Fernsehen, das außer der Darstellungsweise auch die imaginäre Beziehung zwischen Vergangenheit und Gegenwart völlig verändert hat. Tatsächlich kann dieses Medium zu einer unmittelbaren und emotionalen Identifikation führen. Es berührt augenblicklich Millionen von Menschen und verleiht den Zeugnissen der Vergangenheit eine quasi physische Präsenz, welche die Distanz zwischen Vergangenheit und Gegenwart auflöst: Die Aufdringlichkeit der Erinnerung an den letzten Krieg in der Gegenwartskultur ist zum Teil eine Folge der wiederholten Ausstrahlungen der Bilder dieser Epoche durch die europäischen Fernsehsender[5] – aus Gründen, die zweifellos mit dem Wissensdurst der jungen Generation oder mit einer Erinnerungspflicht, aber auch einer gewissen morbiden Faszination zusammenhängen.

Eine der großen Veränderungen bei der Darstellung der Vergangenheit seit Beginn der 70er Jahre war die fortschreitende Schwächung der herausragenden Stellung des Staates zugunsten vielfältigerer und folglich auch widersprüchlicher Äußerungen des kollektiven Gedächtnisses: Privatpersonen, in erster Linie aus Organisationen, die das Andenken der deportierten Juden pflegten, konnten ihre persönliche Sichtweise so zur Geltung bringen, daß diese auch auf nationaler Ebene Bedeutung gewann. Vom „nationalen Gedächtnis" wurde die Erinnerung an den Krieg im Sinne von Maurice Halbwachs[6] zum „kollektiven Gedächtnis". Diese Entwicklung zurückzuverfolgen heißt auch, sich zu bemühen, die allgemeine Wandlung des Stellenwerts der Vergangenheit zu erfassen, der ihr in den zeitgenössischen Gesellschaften zugemessen wird.

Man kann bei dieser Entwicklung zwei große Phasen unterscheiden, die übrigens mit einer europäischen und internationalen Chronologie übereinstimmen.[7] Von 1944/45 bis zum Beginn der 70er Jahre mußten sich die Franzosen dem physischen und moralischen Wiederaufbau des Landes stellen. Dies war die Phase der

"Säuberungen", der Rückkehr und Reintegration der verschiedenen Kategorien von Displaced Persons bzw. Deportierten, die Zeit der ersten Erlebnisberichte und der Durchführung der ersten großen Veranstaltungen und Gedenkfeiern. Die zweite Phase begann in den 70er Jahren: infolge der 68er Ereignisse gewannen die Erinnerungen sukzessive wieder an Aktualität, bis sie zu einem wesentlichen Teil der zeitgenössischen französischen Kultur wurden. Diese „Anamnese" wurde von einer neuen Generation getragen, die die Vergangenheit befragte und sich bemühte – insbesondere in der Filmkunst –, ein weniger weiches Bild zu zeichnen.

Mythen und Vergessenes während des nationalen Wiederaufbaus (1944–1970)

Das Eindringen deutscher Truppen und die unerwartete militärische Niederlage im Juni 1940, die Besatzung und die Flucht von knapp 8 Millionen Menschen sind in Frankreich als eines der größten Traumata seiner Geschichte erlebt worden. Die Entstehung des Vichy-Regimes verstärkte das Gefühl, die nationale Einheit werde brüchig, denn dieses System propagierte vier Jahre lang Werte, die den seit der Französischen Revolution verwurzelten republikanischen und demokratischen Werten diametral entgegenstanden.

1944/45, als der Krieg in Europa noch nicht zu Ende war und Frankreich am Kampf gegen NS-Deutschland wieder aktiv teilnahm, sehnten sich die Franzosen danach, die Einheit wiederherzustellen und den Glanz ihrer Ehre zurückzugewinnen. Genau dies drückt das berühmteste Bild der Befreiung aus, das durch Robert Doisneau unsterblich gemacht wurde (Abb. F 1). General de Gaulle, Chef der provisorischen Regierung, zieht am 26. August 1944 im Triumph die Champs-Élysées hinunter; hinter ihm die Mitglieder des „Conseil national de la Résistance", zu seiner Rechten General Jacques-Philippe Leclerc, der tags zuvor mit Duldung des alliierten Generalstabs samt seinen Truppen in Paris eingezogen war, und – auf dem Photo nicht zu sehen – die begeisterten Bewohner der Stadt: „Ah! Das ist das Meer! Eine ungeheure Menschenmenge drängt sich zu beiden Seiten der Straße. [...] Selbst die Dächer sind schwarz von Menschen."[8] Dieses Bild zeigt, daß die fürchterliche Schmach von 1940 durch den Sieg der französischen Armee getilgt ist und das Land wieder geeint hinter einem militärischen und politischen Oberhaupt steht, das die Demokratie und die Republik achtete – eine Republik, „die niemals zu existieren aufgehört hatte".

Dies war der erste Baustein des gaullistischen Résistance-Mythos, der eine tiefe, über die Bilderbuchdarstellung hinausgehende Bedeutung hat. Demnach war das Vichy-Regime eine historische Abschweifung. Kraft einer während des Krieges aufgestellten, von der Bevölkerung lauthals bestätigten juristischen Definition, die grundsätzlich immer noch gültig ist, sei „Vichy" nur de facto und nicht de jure eine Staatsform gewesen: illegitim, wenn nicht vollständig illegal, ungeachtet der tatsächlichen und massiven Unterstützung, die viele Franzosen

F 1
Robert Doisneau
Le 26 août 1944, le général de Gaulle, président du gouvernement provisoire de la République française, entouré de membres du Conseil national de la Résistance, descend les Champs-Élysées. Dernière lui, le général Leclerc
26. August 1944, General de Gaulle, Präsident der provisorischen Regierung der Republik Frankreichs, begleitet von Mitgliedern des Conseil national de la Résistance auf den Champs-Élysées. Hinter ihm General Leclerc
Photographie
Paris, Robert Doisneau/Rapho
V403, boite no 39

F 2
Edmond-François Calvo
La Bête est morte! La Guerre mondiale chez les animaux, Deuxième Fascicule : Quand la bête est terrassée
Die Bestie ist tot! Der Weltkrieg bei den Tieren, 2. Heft: Als die Bestie bezwungen wurde
Erstausgabe Paris 1944/45 bei éditions G.P., Nachdrucke 1977 bei éditions Futuropolis und 1995 bei Gallimard
Buch
Berlin, Staatsbibliothek zu Berlin – Preußischer Kulturbesitz, Kinder- und Jugendbuchabteilung
B III c, 7798-2R

Philippe Pétain zumindest in den ersten Jahren gewährt hatten. Daraus folgt, daß die Republik formal niemals zu existieren aufgehört hatte. Die Befreiung des Staatsgebietes schließlich verdankte man sicherlich den Alliierten, aber auch dem französischen Widerstand unter der Führung General de Gaulles.

Dies ist eine Legende, die teilweise mit der historischen Wahrheit übereinstimmt und die die meisten Franzosen mangels Besseren übernommen haben, ohne daß sie sich über deren Funktion der Beruhigung und Begründung des nationalen Wiederaufbaus in den Jahren 1944/45 getäuscht hätten. Diese offizielle Darstellung war in den Jahren der Nachkriegszeit allgegenwärtig. Man begegnet ihr in juristischen Texten genauso gut wie in der Jugendliteratur. Sie zieht sich beispielsweise durch eines der Meisterwerke dieses Genres: „La Bête est morte! La Guerre mondiale chez les animaux", wo auf einer der letzten Seiten das berühmte Bild „Die Freiheit auf den Barrikaden" von Delacroix zitiert wird (Abb. F 2). Der französische Widerstand auf den Barrikaden überrennt die letzten Eroberer. Daneben wird das Glück der Befreiung der Hauptstadt durch Leclerc mit dem international bekannten Motiv – ein Panzer fährt durch die Stadt und das Volk jubelt – gefeiert. Der Zeichner Calvo schuf es während der Besatzungszeit im Untergrund, erstmals veröffentlicht wurde es zur Zeit der Befreiung.[9]

Man muß sich allemal hüten, die Situation dieser Zeit zu karikieren, wie es doch so oft geschieht. Die historische Fiktion besaß symbolisches Gewicht und wurde vor allem auf politischer Ebene eingesetzt. Nachdem sich die Freude über die Befreiung gelegt hatte, waren die Franzosen im Alltag mit härtesten Realitäten konfrontiert, denn die allgemeine Bilanz der Jahre 1939–1945 lastete schwer. Nach jüngsten Schätzungen haben Krieg und Besatzung insgesamt etwa 400 000 Menschenleben gekostet. Die Hälfte davon waren Zivilpersonen oder entwaffnete Kombattanten. Dagegen waren die schätzungsweise 1 400 000 französischen Toten des Ersten Weltkriegs fast alle Angehörige der kämpfenden Truppe gewesen.[10]

Etwa 150 000 Soldaten sind während der eigentlichen Feldzüge gefallen, und etwa 21 000 haben die Kriegsgefangenschaft nicht überlebt. Die Befreiten kehrten von 1945 an heim in eine relative Teilnahmslosigkeit: Die Franzosen wollten nicht an die militärische Katastrophe erinnert werden. Die Kriegsgefangenschaft, von der eine beträchtliche Anzahl samt ihren Familien betroffen war, gehört zu den Erfahrungen, die im nationalen Gedenken keinen angemessenen Platz fanden, obwohl hochrangige Politiker wie François Mitterrand ihre Laufbahn an der Spitze von Kriegsgefangenenverbänden begonnen hatten.[11]

Etwa 40 000 der 130 000 in die Wehrmacht oder die Waffen-SS gezwungenen Elsaß-Lothringer waren zumeist an der Ostfront umgekommen. Schlimmer noch: man entdeckte 1954, daß einige von ihnen in der Uniform der SS-Division „Das Reich" am Massaker von Oradour-sur-Glane beteiligt gewesen waren. Dies setzte erhebliche Emotionen frei und löste einen Streit der Erinnerungen aus, auf dessen einer Seite ein Teil des französischen Südwestens als Opfer der SS-Division „Das Reich" Gerechtigkeit einforderte, während auf der anderen Seite, in den Departements Elsaß-Lothringens der Gedanke schwer erträglich war, die zwangsrekrutierten jungen Männer von der französischen Justiz als Kriegsverbrecher abgeurteilt zu sehen.[12] Die Affäre wurde durch eine Sonderamnestie beendet, und sie zeigt, wie verwickelt der Umgang mit der Erinnerung an den Krieg ist, wenn sie angesichts der höchst unterschiedlichen, oft antagonistischen Situationen, die unterschiedliche Gruppen der Bevölkerung durchlebt haben, dennoch gleichzeitig national und aufrichtig sein möchte. Aus dieser Perspektive wurden Stillschweigen und fromme Lügen als soziale Notwendigkeiten angesehen.

Von den etwa 840 000 meistens zur Zwangsarbeit nach Deutschland geschickten Personen sind zwischen 20 000 und 40 000 umgekommen. Auch diese Erfahrung, die gewiß nicht mit der Welt der Konzentrationslager zu vergleichen wäre, fand keinen Platz im Gedenken an das gemeinsame Leiden. So fanden sich die Ehemaligen des „Service du travail obligatoire" (STO) im Streit um die Bezeichnung „déporté du travail", die ihnen in den 90er Jahren nach 50 Jahren Polemik mit den Verbänden der ehemals Deportierten aberkannt wurde.[13]

Gleichfalls zu den Opfern zählen muß man die 100 000 Zivilisten, die bei Bombenangriffen, Kampfhandlungen oder bei von Nationalsozialisten und Kollaborateuren verübten Massakern – darunter dem von Oradour – zu Tode kamen. Dieses Verbrechen hat durch seine willkürliche Grausamkeit die Gemüter zutiefst erschüttert. Die Erinnerung daran ist in den Nachkriegsjahren sehr schnell zum Sinnbild der deutschen Barbarei geworden.[14] Zugleich ist Oradour ein in Frankreich einzigartiges Exempel, wo die örtlichen Behörden es nach dem Kriege vorzogen, anstelle der Errichtung eines Mahnmals zum Gedenken an die Opfer das zerstörte Dorf in seinem Zustand zu belassen – als ewiges Zeugnis des Verbrechens. Sie bauten in der Nähe ein neues Dorf. Unser Photo stammt aus den 60er Jahren. Hier triumphiert die nackte Erinnerung über jegliche andere Form einer Ritualisierung der Trauer (Abb. F 3).

In der Bilanz sind auch fast alle 75 000–76 000 Juden enthalten, die im Rahmen der „Endlösung" aus Frankreich deportiert wurden. Die gesamte jüdische Bevölkerung zählte zwischen 300 000 und 330 000 Menschen, davon 200 000 bis 240 000 ausländische, d. h. mittel- und osteuropäische Juden. 90 Prozent der Opfer waren ausländische, und nur 10 Prozent waren französische Juden; d. h. etwa ein Drittel der in Frankreich lebenden ausländischen Juden ist umgekommen, während

F 3
Oradour
60er Jahre
Photographie des Ministère de l'Information
Montreuil, Musée de l'Histoire vivante
PH 032509-01

„nur" 8 Prozent der französischen Juden dieses Schicksal erlitten.[15]

Den Zahlen der Toten sind außerdem etwa 30 Prozent der mindestens 65 000 Deportierten in den Konzentrationslagern hinzuzufügen, von denen die meisten als Widerstandskämpfer bzw. als Geiseln in die Lager gelangt waren.

Will man das Ausmaß der Zerrissenheit der damaligen Zeit wiedergeben, muß man dieser Verlustbilanz etwa 10 000 Menschen hinzurechnen, die unter dem Verdacht der Kollaboration in Schnellverfahren oder ohne ordentlichen Gerichtsprozeß hingerichtet worden waren. Die Befreiung Frankreichs war in der Tat Schauplatz weit verbreiteter, mehr oder weniger spontaner Gewalttätigkeiten der Bevölkerung. Eine sehr spektakuläre Form der Gewalt war unbestritten die beispiellose Verfolgung von Frauen, denen man vorwarf, mit Besatzern ein Verhältnis gehabt zu haben. Diese geschlechtsspezifische Gewalt wurde durch Kahlscheren des Kopfes, An-den-Pranger-Stellen und andere öffentliche Demütigungen ausgeübt. Solche Mißhandlungen erlitten im Sommer und Herbst 1944 in ganz Frankreich etwa 20 000 Frauen. Dank neuerer Arbeiten weiß man heute, daß wichtige Persönlichkeiten der Résistance und der Provisorischen Regierung lange Zeit zu solchen Aktionen ermutigt haben und daß deren Mitglieder in großer Zahl beteiligt waren.[16] Das Bild einer kahlgeschorenen Frau mit ihrem Säugling auf dem Arm, die von einer spottenden Menge verhöhnt wird, stammt von Robert Capa. Es ist eines der berühmtesten von denen, die diese Denkweise nachhaltig beeinflußt und die Erinnerung an die freudigen Tage der Befreiung besudelt haben (Abb. F 4).

In der Folge haben reguläre „Säuberungs"-Gerichte insgesamt ca. 140 000 Personen abgeurteilt, viele davon in Abwesenheit. Mehrere tausend Menschen wurden von solchen ordentlichen Gerichten zum Tode verurteilt, wenigstens 1500 dieser Urteile wurden vollstreckt. Damit gehört Frankreich zu den Ländern, die am strengsten gegen die Kollaborateure vorgegangen sind.[17] Unter den Verurteilten waren die wichtigsten Führungspersonen des Vichy-Regimes, von denen hier der Staatschef, Philippe Pétain, mit Maître Jacques Isorni, einem seiner Anwälte, während des Gerichtsverfahrens im August 1945 vor dem Hohen Gerichtshof abgebildet ist (Abb. F 5). Obwohl wegen Hochverrats zum Tode verurteilt, wurde er angesichts seines fortgeschrittenen Alters und seiner Verdienste um die Nation im Ersten Weltkrieg zu lebenslanger Haft begnadigt, die er auf der Atlantikinsel Yeu verbüßte, wo er 1951 starb. Das Verfahren gegen ihn erregte ebenso wie das Urteil beträchtliches Aufsehen, da Marschall Pétain trotz seiner Verantwortung für die Politik des Vichy-Regimes eine gewisse Popularität genoß, die bis in die 70er Jahre anhielt.

F 4
Robert Capa
Une femme tondue
Eine geschorene Frau,
18. August 1944
Photographie
Paris, Robert Capa/Magnum Photos
ICP 647

F 5
Maître Isorni fut le défenseur le plus talentueux et le plus pétainiste des conseillers du Maréchal: plutôt que plaider les circonstances atténuantes, il célébra la Révolution nationale
Anwalt Isorni war der talentierteste und petaintreueste Verteidiger unter den Beratern des Marschalls: Er verherrlichte eher die Révolution nationale, als daß er auf mildernde Umstände plädierte, in: Jean-Pierre Azéma, Olivier Wieviorka, Vichy 1940–1944, Paris 1997, S. 255
Buch
München, Bayerische Staatsbibliothek
4 98.10058

Diese „Säuberungen" haben in gewisser Weise die internen Konflikte der Besatzungszeit bis zu den Amnestiegesetzen von 1951–1953 verlängert. Sie enthielten vor allem eine erste, übereilte Darstellung der Kriegszeit, der zufolge Kollaboration eher als eine äußerste Form von Verrat denn als ein besonderes politisches Engagement galt. Damit wurde wiederum die Frage vermieden, in welchem Maße Frankreich, trotz seiner schnellen Rückkehr zu einem demokratischen Leben, von faschistischen Ideologien durchtränkt gewesen war.

Die nackten Zahlen der hier angeführten Statistik unterstreichen die Bedeutung und Tragweite der Trauerprozesse, die nach dem Kriege Millionen von Franzosen durchlebt haben. Wie nach dem Ersten Weltkrieg war die große Frage in jenen Jahren die, welchen Rang die Nation den Opfern im allgemeinen einräumen sollte.[18] In Anpassung an die den „Poilus" – jenen französische Frontsoldaten des Ersten Weltkriegs – erwiesenen Ehrungen und im Bemühen, aus 1945 einen dem von 1918 vergleichbaren französischen Sieg zu machen, ist in den offiziellen Gedenkfeiern der 50er und 60er Jahre der Versuch unternommen worden, die Unterschiede zwischen den Kategorien der Opfer einzuebnen. Man hat sich dabei sehr bemüht, in erster Linie die Figur des deportierten Widerstandskämpfers zu würdigen. Von all den Toten und Vermißten waren es die Opfer der Deportation, die die meisten Emotionen weckten und die öffentlichen Stellen und Behörden am stärksten mobilisierten, denn die Deportation war emblematisch für die totalitären Praktiken des NS-Staates.

Dieses Problem ist insofern akut, als – entgegen einer zählebigen Legende – die Überlebenden der nationalsozialistischen Lager sehr früh und in großer Zahl von ihren Erfahrungen Zeugnis ablegten. Das trifft für jene zu, die zumeist wegen ihrer Widerstandstätigkeit in die Konzentrationslager gelangt waren, wie Suzanne Busson, die in Ravensbrück und Mauthausen gefangen war und 1946 ihre Erinnerung publizierte (Abb. F 6).[19] Auf dem Buchtitel findet sich das Bild einer Frau, die durch ihren roten Winkel zwar als politische Gefangene ausgewiesen ist, das Bild selbst enthält jedoch keine politische Aussage – man denkt eher an Fürsorge denn an Widerstandskampf.

Ebenso früh wurden die Erinnerungen jener veröffentlicht, die in Vernichtungslagern waren. Hierzu gehören die frühesten Zeugenaussagen über Drancy, das „Durchgangslager" im Pariser Norden, in dem die Mehrzahl der Juden Frankreichs vor ihrem Abtransport nach Auschwitz gesammelt wurden. Schon bevor Drancy wieder zu

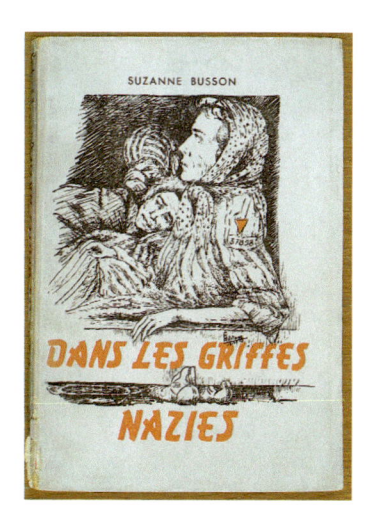

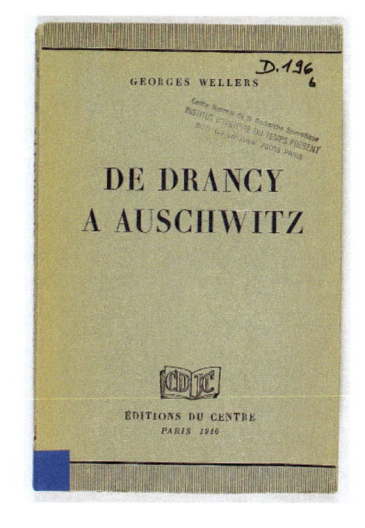

F 6
Suzanne Busson
Dans les griffes nazies
In den Fängen der Nazis,
Bd. 1, Le Mans 1946
Buchtitel
Paris, Institut d'histoire du temps présent

F 7
Georges Wellers
De Drancy à Auschwitz
Von Drancy nach Auschwitz,
Paris 1946
Buchtitel
Paris, Institut d'histoire du temps présent
D.196b.

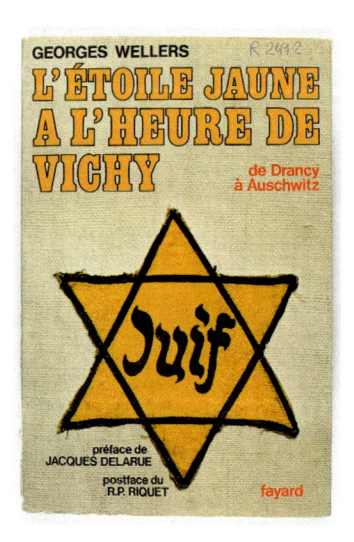

dem wurde, was es ursprünglich gewesen war, nämlich ein Viertel von Sozialwohnungen, war der Ort Anlaß für zahlreiche schriftliche Aufzeichnungen, die das unsichere Leben dort, die Leitung und Verwaltung des Lagers durch Franzosen und die Schrecken der Selektion schilderten (Abb. F 7 und Abb. F 8).[20] An den zwei verschiedenen Ausgaben desselben Buches wird der Bruch deutlich, der sich in der Rezeptionsgeschichte Ende der 60er Jahre vollzogen hat. Während die frühe Ausgabe ohne Titelbild publiziert wurde, erhielt die Ausgabe von 1973 einen neuen Titel, der eindeutig aber unzutreffend auf die Verbrechen des Vichy-Regimes verweist und den gelben Stern zeigt, obwohl die Juden in der „zone sud" diesen gar nicht tragen mußten.

F 8
Georges Wellers
L'étoile jaune à l'heure de Vichy. De Drancy à Auschwitz
Der gelbe Stern zur Zeit Vichys. Von Drancy nach Auschwitz, 2., veränderte Auflage von De Drancy à Auschwitz, Paris 1973
Buchtitel
Paris, Institut d'histoire du temps présent
R 2492

F 9
Albert Decaris
Mémorial de la France combattante. Mont-Valérien
Denkmal des kämpfenden Frankreichs.
Mont-Valérien, 1962
Briefmarke
Paris, Musée de la Poste
Yv 1335.1

Die wichtigste Tatsache während dieser ersten großen Phase war die Weigerung, bezüglich der Erinnerung an die Deportation Differenzierungen durchzuführen oder die Unterschiede zu sehen, die mit dem Abstand von heute so offensichtlich erscheinen: den Unterschied zwischen Männern und Frauen, die wegen ihrer Aktivität im Widerstand deportiert worden waren, und den Familien, die in den Tod geschickt wurden, allein weil sie Juden waren; den Unterschied zwischen jenen, die die Hölle der Konzentrationslager kennengelernt hatten, in denen die Überlebensrate der französischen Insassen etwa zwei von dreien betrug, und jenen, die die Vernichtungslager als durchschnittlich einer von dreißig überlebt hatten.

Dieser Mangel an Differenzierung betraf auch die Stätten des nationalen Gedenkens, die zumeist während der Vierten Republik geplant und seit 1958 durch die gaullistische Fünfte Republik eingeweiht worden waren.

F 10
Charles-Paul Dufresne
Mémorial national de la déportation
Nationaldenkmal der Deportation, 1956
Briefmarke
Paris, Musée de la Poste
Yv 1050.1

1958 ist im Fort Mont-Valérien, nordöstlich von Paris, zur Würdigung der Opfer der Résistance das „Mémorial de la France combattante" geschaffen worden. Es wird von einem großen Lothringerkreuz dominiert, dem Wahrzeichen der 1942 von General de Gaulle organisierten Widerstandsbewegung „France combattante", die nach ersten Zusammenschlüssen inländischer Widerstandsgruppen die Nachfolge von „France libre" angetreten hatte. Die Gedenkstätte wurde genau an der Stelle errichtet, an der Deutsche etwa 1000 gefangene Widerstandskämpfer und Geiseln erschossen hatten.[21] Vier Jahre nach Errichtung des Denkmals erschien die entsprechende Gedenkbriefmarke (Abb. F 9).

1960 wurde auf dem Gelände des Lagers Struthof bei Strasbourg – dem einzigen nationalsozialistischen Konzentrationslager auf französischem Boden – das „Mémorial national de la déportation" eingeweiht. 1953 hatte es ein Dekret über die Errichtung gegeben. 1955 wurde der Architekt B. Monnet beauftragt, das Monument zu realisieren. Im Zentrum der Gedenkstätte steht das Denkmal, das an eine Flamme erinnert und in dessen Mitte der Umriß eines Gefangenen eingemeißelt ist. Das Monument ist umgeben von einer Nekropole und den Überresten des Lagers. Die Errichtung war seit 1946 von den Vereinen der „anciens résistants", der ehemaligen Widerstandskämpfer, gefordert worden, und auch dieses Denkmal stellt sich als Ehrung aller Deportierten ohne Unterschied ihrer Her-

F 11
Robert Cami
A la mémoire des déportés.
Paris, Île de la Cité
Zur Erinnerung an die Deportierten.
Paris, Île de la Cité, 1963
Briefmarke
Paris, Musée de la Poste
Yv 1381.1

F 12
Photograph taken at Pithiviers on April 17, 1941. Pithiviers was one of two main concentration camps for foreign-born Jews arrested in France.
Document C111-53,
Centre de documentation juive contemporaine.
The same photograph, in the doctored version the censors could approve, as it appears in Shot no. 39 in Nuit et Brouillard
Diese Photographie wurde am 17. April 1941 in Pithiviers aufgenommen. Pithiviers war eines von zwei Hauptkonzentrationslagern für ausländische Juden, die in Frankreich verhaftet worden waren.
Die gleiche Photographie, in der bearbeiteten Fassung, die die Zensur genehmigen konnte, wie sie in der Filmaufnahme Nr. 39 in Nacht und Nebel erscheint, in:
Richard Raskin: Nuit et Brouillard by Alain Resnais, Aarhus 1987, S. 31
Buch
Paris, Institut d'histoire du temps présent
11713 D.843

kunft dar. 1956 erschien eine Briefmarke, die den Entwurf des Denkmals und einen Gefangenen zeigt, der wie ein Geist der Nekropole entsteigt (Abb. F 10).

Auch die Gedenkstätte „Mémorial des Martyrs de la Déportation" auf der Ile-de-la-Cité, die 1962 im Herzen von Paris, zu Füßen von Notre-Dame eingeweiht wurde, sollte die Erinnerung der universellen Erfahrung der Deportation aufrechterhalten.[22] Diesem Denkmal wurde im Jahr nach seiner Einweihung eine Gedenkbriefmarke gewidmet, die die zentrale Skulptur zeigt – die Abstraktion des roten Winkels (Abb. F 11). Die gleiche Imagination durchzieht auch ein Beispiel aus einem anderen Genre, Alain Resnais' Film „Nuit et Brouillard" (Nacht und Nebel) nach dem Buch von Jean Cayrol aus dem Jahre 1955. Der Film wurde allerdings Opfer der französischen Zensur, denn die Behörden forderten die Ausblendung der Ansicht einer typischen Schirmmütze eines französischen Gendarmen, den man ganz deutlich in einem Sammellager Wache stehen sieht – im Lager von Pithiviers im besetzten Teil des Landes, wo etwa 4000 jüdische Kinder nach der Trennung von ihren Eltern interniert worden waren und auf ihren Abtransport warteten. Für diese Sequenz des Films war ein Archivphoto verwendet worden, das während der Besatzungszeit aufgenommen worden war (Abb. F 12).

Der „Mangel an Differenzierung" der Opfer deutet auf eine ganz andere Sicht der Dinge als die der jüngsten Zeit. Im übrigen wäre es problematisch, die Frage zu bejahen, ob es in dieser Politik des Gedächtnisses und des Gedenkens einen expliziten Willen gegeben hat, wegen eines Schuldkomplexes jede Spur der Judendeportation zu verwischen. Tatsächlich haben die meisten Forschungsarbeiten gezeigt, daß damals relativ weitgehendes Einverständnis darüber bestand, der Erinnerung an die jüdischen Opfer im nationalen Gedächtnis keine Sonderstellung zuzuweisen, vorausgesetzt, daß man wirklich, und zwar auch in den jüdischen Gemeinden, die radikale Einzigartigkeit erfaßt hätte. Unter diesem Gesichtspunkt ist eines der interessantesten Beispiele Izieu. In diesem kleinen Dorf im Südosten Frankreichs, Departement Ain, hatte am 6. April 1944 der SS-Offizier Klaus Barbie 44 Kinder und sieben Erwachsene abholen lassen, sämtlich Juden, die sich hierher geflüchtet hatten, um der Verfolgung zu entgehen. Alle wurden deportiert und bis auf einen der Erwachsenen ermordet. Am 6. April 1946 wurde bei Izieu ein Denkmal zur Erinnerung an diese Opfer errichtet, ein kleiner Obelisk, wie er typisch für die Kriegstoten des Ersten Weltkriegs war. Er trägt folgende drei Inschriften:

„Zum Gedenken an die 43 Kinder aus dem Kinderheim von Izieu, ihren Direktor und die fünf Erzieher, die am 6. April 1944 von den Deutschen verhaftet und in den Lagern ermordet oder in deutschen Gefängnissen erschossen worden sind."

„Wanderer, halte inne, der Du vorübergehst! Und vergiß nicht das Martyrium dieser Unschuldigen. Mögen die Stätten, an denen sie lebten, Dir auf immer geheiligt sein."

„Jeder Mensch ist ein Stück des Erdenrunds,
ein Teil von allem.

Der Tod eines jeden Menschen macht mich kleiner,
weil ich der Menschheit angehöre."[23]

Abgesehen vom Irrtum über die Zahl der Opfer geben die Inschriften auch keinen Hinweis darauf, daß diese Kinder und Erwachsenen als Juden deportiert worden waren. Als einzige Andeutung findet sich auf einem der Basreliefs ein deutlich sichtbarer Davidstern. Folglich entspringt das Nicht-Erwähnen ihres Jüdisch-Seins nicht einem schändlichen Verschweigen, sondern einer bewußten Entscheidung, hat doch Sabine Zlatin, die für das Heim Verantwortliche, die Texte der Inschriften selbst ausgesucht. Wie durch ein Wunder war sie der Aktion entkommen und wollte nach dem Kriege einer universalistischen Sicht des Leidens der deportierten Juden Ausdruck geben, insbesondere durch die Wahl der dritten Inschrift, die einem Gedicht des englischen Dichters John Donne entnommen ist. Dies ist eine sehr von der „culture republicaine" durchdrungene Sichtweise, in der Unterschiede nach Rasse oder Herkunft im Namen eines Prinzips der Gleichheit nicht öffentlich herausgestellt werden durften.[24] Diese Tendenz war um so mächtiger, als die große Mehrheit der jüdischen Opfer der „Endlösung" aus Frankreich, wie wir gesehen haben, ausländische Juden gewesen waren. Die Überlebenden bzw. die Angehörigen der Opfer hatten große Schwierigkeiten, sich nach dem Kriege überhaupt Gehör zu verschaffen, es sei denn, sie bestanden eben nicht auf Unterschieden, sondern wählten das französische Modell der Assimilation, wofür trotz des Antisemitismus von Vichy damals die Mehrheit der französischen Juden eintrat.

Bekannt wurde das Denkmal erst durch die Publikation von Serge Klarsfeld, der es im Zusammenhang mit seinen Recherchen in dem Buch über Klaus Barbie abbildete (Abb. F 13).

In der politischen Debatte der Vierten und der Anfänge der Fünften Republik war die Erinnerung an den letzten Krieg ebenfalls gegenwärtig. Dies hängt mit einer besonderen Rückwärtsgewandtheit in Frankreich zusammen, wo Vergangenheit und besonders diese Vergangenheit ein ständig verfügbares rhetorisches Arsenal darstellt. Nach den ersten Nachkriegsjahren, in denen sich ein Gefühl nationalen Zusammenhalts durchsetzte, führten der Beginn des Kalten Krieges und die Kolonialkriege wieder zu starken internen Spannungen, um so mehr, als Frankreich sich in einer außergewöhnlichen politischen Lage befand.

F 13
Denkmal für die Kinder von Izieu
In: Serge Klarsfeld: Les enfants d'Izieu. Une tragédie juive, Paris o.J. (1984), S. 10
Buch
Paris, Institut d'histoire du temps présent
RF 461

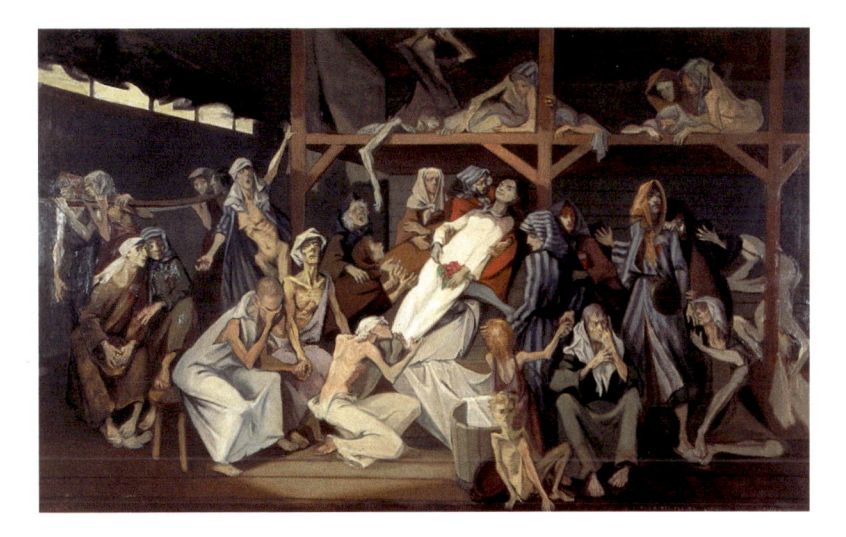

F 14
Boris Taslitzky
La mort de Danielle Casanova
Der Tod der Danielle
Casanova, 1950
Öl/Leinwand, 194 x 308 cm
Montreuil, Musée de
l'Histoire vivante
510730-01

Die wichtigste Partei war die Kommunistische Partei Frankreichs (PCF), die – obwohl vorbehaltlos stalinistisch – Nutzen aus der beträchtlichen Aura zog, die sie ihrer Rolle in der Résistance verdankte, vor allem in einigen Kreisen des Intellektuellen- und Künstlermilieus. Man kann dazu das berühmte Gemälde des Malers Boris Taslitzky, eines ehemaligen Häftlings in Buchenwald, „La mort de Danielle Casanova" betrachten, eine Beschwörung des Martyriums dieser jungen kommunistischen Funktionärin, die nach ihrer Verhaftung durch die Vichy-Polizei am 10. Mai 1943 in Auschwitz gestorben war. Die tote Funktionärin liegt in einer Lagerbaracke, im Mittelpunkt der Szene in grelles Licht getaucht, beweint von ihren Mitgefangenen (Abb. F 14).

Die andere, die gaullistische Bewegung formierte sich von 1947 an unter dem Banner des „Rassemblement du Peuple français" (RPF, Versammlung des französischen Volkes). Sie weist in zwei Punkten Gemeinsamkeiten mit der kommunistischen Bewegung auf: Auch sie profitierte vom Erbe der Résistance und hatte dank der Figur des General de Gaulle großen Einfluß. Wie der PCF war auch sie nicht am „System" beteiligt, d. h. an den verschiedenen Regierungskoalitionen, in denen sich vorwiegend die Sozialisten der Section Française de l'Internationale Ouvrière (SFIO), die Christdemokraten des Mouvement républicain populaire (MRP) und ein Nebel unterschiedlicher Gruppierungen aus dem französischen Radikalismus zusammenfanden. Der Verweis auf die Résistance stellte im verwickelten politischen Spiel der Nachkriegszeit ein überaus gewichtiges Argument dar, weil die Résistance nach Vichy und der Kollaboration einen Wertekanon bereitgestellt hatte, der es erlaubte, die republikanische Demokratie in moralischer Hinsicht wiederzugründen bzw. wiedereinzusetzen. Aber die relative Einigkeit, die während der Untergrundzeit trotz großer Differenzen geherrscht hatte, zerbrach im Kalten Krieg. Die während des Krieges und der Besatzung gemeinsam gekämpft hatten, klagten sich nun gegenseitig an, einer „Renaissance des Faschismus" den Boden zu bereiten und die Ideale der Résistance aufzugeben. Auf diese Weise wurde der gaullistische RPF zur wichtigsten antikommunistischen Bewegung und beteiligte sich an den heftigen Kampagnen gegen den PCF und die UdSSR, die eines Totalitarismus beschuldigt wurden, der in jeder Hinsicht dem Nationalsozialismus ebenbürtig sei. Politische Plakate zeigen beispielhaft den heftigen Antikommunismus Ende der 40er, Anfang der 50er Jahre, da sie die Symbole und das Personal des Nationalsozialismus mit denen der Kommunisten gleichsetzen

(Abb. F 15 und Abb. F 16). Die kommunistische Partei ihrerseits setzte häufig die Erinnerung an den Krieg ein – sei es, um die eigene Legitimität zu begründen, wie es das Plakat des „Front national", einer im März 1941 im Untergrund aufgestellten, kommunistischen Massenbewegung, zeigt (Abb. F 17) – sei es anläßlich politischer Zusammenstöße, wie 1953 bis 1954 während des Streits über die Europäische Verteidigungsgemeinschaft (EVG) (Abb. F 18). Die kommunistische Partei erinnerte an die Deutschen, die das Land dreimal überfallen und zerstörte Städte und unendliches Leid zurückgelassen hatten.

Dieser polemische Bezug auf die Vergangenheit verlor während der ersten Zeit der Fünften Republik an Schärfe, denn die Kommunisten und die Gaullisten waren trotz allem beide Träger einer gewissen patriotischen Sichtweise der Besatzungszeit. Zusammenfassend läßt sich sagen, daß beide ein ideologisches Interesse daran hatten, das Gewicht Vichys und der Kollaboration so klein wie möglich zu halten,

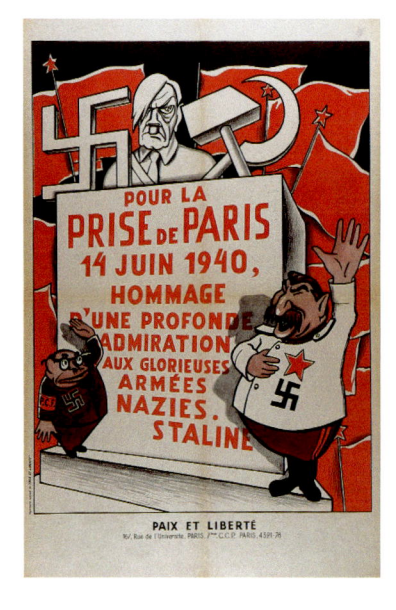

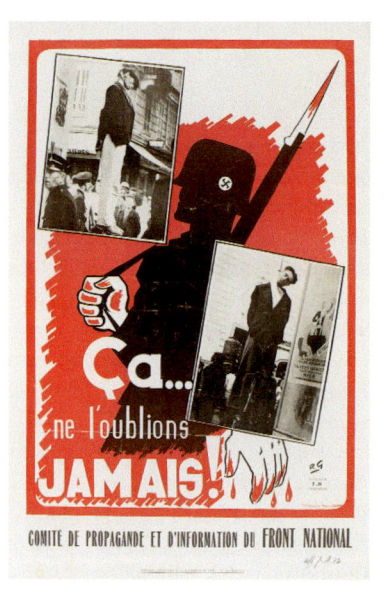

F 15
URSS
1946
Plakat, 159 x 119 cm
Paris, Bibliothèque de documentation internationale contemporaine et Musée d'histoire contemporaine
Mappe: Paix et Liberté 1945 suivants, affiches illustrés, Nr. 110

F 16
Pour la prise de Paris 14 juin 1940, hommage d'une profonde admiration aux glorieuses armées nazies. Staline

Zur Einnahme von Paris
14. Juni 1940, in tiefer
Bewunderung den glor-
reichen Naziarmeen.
Stalin, 50er Jahre
Plakat, 59,6 x 39,7 cm
Paris, Bibliothèque de
documentation internationale
contemporaine et Musée
d'histoire contemporaine
Mappe: Paix et Liberté 1945
suivants, affiches illustrés,
Nr. 109

F 17
Ça … ne l'oublions jamais!
Das … sollten wir niemals
vergessen!, 50er Jahre
Plakat, 59,5 x 39,7 cm
Paris, Bibliothèque de
documentation internationale
contemporaine et Musée
d'histoire contemporaine
Mappe: Affiches France
1946–68, Front National

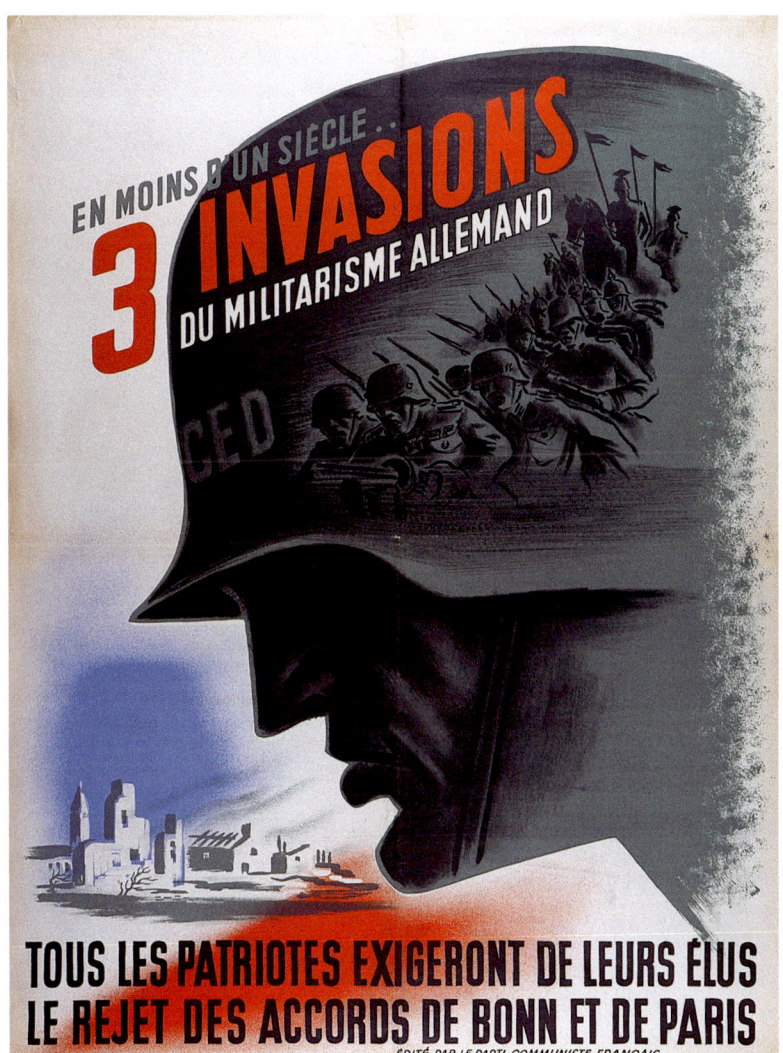

F 18
En moins d'un siècle
3 invasions du militarisme
allemand
In weniger als einem
Jahrhundert drei Überfälle des
deutschen Militarismus, 1954
Plakat, 80 x 60 cm
Paris, Bibliothèque de
documentation internationale
contemporaine et Musée
d'histoire contemporaine
Mappe: Affiches France
1946–68, Parti communiste
1954

F 19
Les cendres du premier
président du C.N.R. reposent
au Panthéon
Die Asche des ersten
Präsidenten des C.N.R. [Jean
Moulin] ruht im Panthéon, in:
Le Figaro, Paris,
21. Dezember 1964, S. 1
Zeitung
Berlin, Staatsbibliothek zu
Berlin – Preußischer
Kulturbesitz

um so für die einen das „ewige Frankreich", verkörpert durch General de Gaulle, für die anderen die „nationale Erhebung" des französischen Volkes während der Zeit des Widerstands und der Befreiung zu verherrlichen. In den 60er Jahren hatte sich von neuem ein relativer Konsens etabliert, die Erinnerung an die Résistance zu einer der tragenden Säulen des Nationalgefühls zu machen. Dies brachte eine der großartigsten Feiern der Fünften Republik am 19. Dezember 1964 zum Ausdruck: die Überführung der Asche Jean Moulins ins Panthéon, wo die sterblichen Überreste der großen politischen Figuren der Republik begraben liegen. Die Überführung war ein Ereignis, über das in allen Medien breit berichtet wurde (Abb. F 19). Ihm war es gelungen, das innere Widerstandsnetz Frankreichs mit dem äußeren zu verknüpfen. Er kam im Juli 1943 auf dem Transport nach Deutschland um, nachdem er von Klaus Barbie gefoltert worden war, ohne daß man ein Wort des Verrats aus ihm herausgebracht hätte. Bei diesem feierlichen Akt hielt André Malraux, der damalige Kulturminister, eine der berühmtesten Reden der zeitgenössischen französischen Politik, die zugleich den Höhepunkt des Résistance-Mythos darstellt.

Vom Bewußtwerden zur Wiedergutmachung (1970–2000)

Von den 70er Jahren an und bis in die jüngste Zeit haben in Frankreich die Formen der kollektiven Erinnerung an den Zweiten Weltkrieg tiefgreifende Veränderungen erfahren. Dies erklärt sich durch die Folgen der Krise von 1968, den Rücktritt General de Gaulles (1969), sowie den Auftritt der neuen Generation auf der kulturellen und politischen Bühne. Die Abschwächung des wirtschaftlichen Wachstums und der Anfang einer langen Phase sozialen Wandels haben sich ebenfalls auf die traditionelle Wahrnehmung der nationalen Identität ausgewirkt und dazu geführt, daß die Mythen der Nachkriegszeit in Frage gestellt wurden. Die Wandlung der Darstellungsformen der Vergangenheit ist aber auch das Ergebnis internationaler Faktoren. So haben die Gründung des Staates Israel und die israelisch-arabischen Kriege, besonders jene der Jahre 1967 und 1974 sukzessive den Blick der Juden auf den Holocaust verändert. Außerdem wurden die jüdischen Gemeinden in Frankreich durch den massiven Zuzug algerischer Juden nach 1962 in ihrer Struktur erheblich verändert. Die Neuankömmlinge hatten zwar nicht unter dem Nationalsozialismus gelitten, wohl aber den Antisemitismus des Vichy-Regimes in voller Härte zu spüren bekommen und waren auf den Staat, der nun ihr Herkunftsland aufgegeben hatte, überaus schlecht zu sprechen. Der Wunsch, nicht als besondere Opfer zu erscheinen, und die Bejahung der republikanischen Kultur der Assimilation wichen allmählich einer Identitätsforderung, die Rechenschaft darüber verlangte, was sich während des Zweiten Weltkrieges ereignet hatte. Diese Tendenz kündigte sich in den 80er und 90er Jahren an, insbesondere nach dem Fall der Mauer in Berlin, einem Zeitabschnitt, in dem die Holocaustfrage zu einem moralischen, politischen, sozialen und wirtschaftlichen Faktor im Weltmaßstab wurde.

Die ersten Zeichen dieser Veränderung wurden zu Beginn der 70er Jahre sichtbar, als Folge der Studentenrevolte 1968 und dem daraus resultierenden Hinterfragen der traditionellen politischen Werte. Es waren Filme wie „Le chagrin et la pitié" (1971) von Marcel Ophüls, der eine „mode rétro" genannte filmkünstlerische und literarische Form begründet hat und eine ganz und gar andere Sicht der Besatzungszeit anbot, als sie seit 1945 vorgeherrscht hatte. In seiner Zusammenstellung aus Interviews mit Zeitzeugen aus verschiedenen Berufsgruppen und sozialen Schichten, Ausschnitten aus Wochenschauen und Propagandafilmen zeigte Ophüls, wie sich ein großer Teil der französischen Gesellschaft in der Besatzungszeit eingerichtet hatte – vom Versuch, „normal" weiterzuleben, bis hin zur Kollaboration mit den Besatzern. Diese Machart wurde für das Plakat übernommen, das eine Reihe einzelner Bilder aus dem Film zeigt (Abb. F 20). Gleichzeitig be-

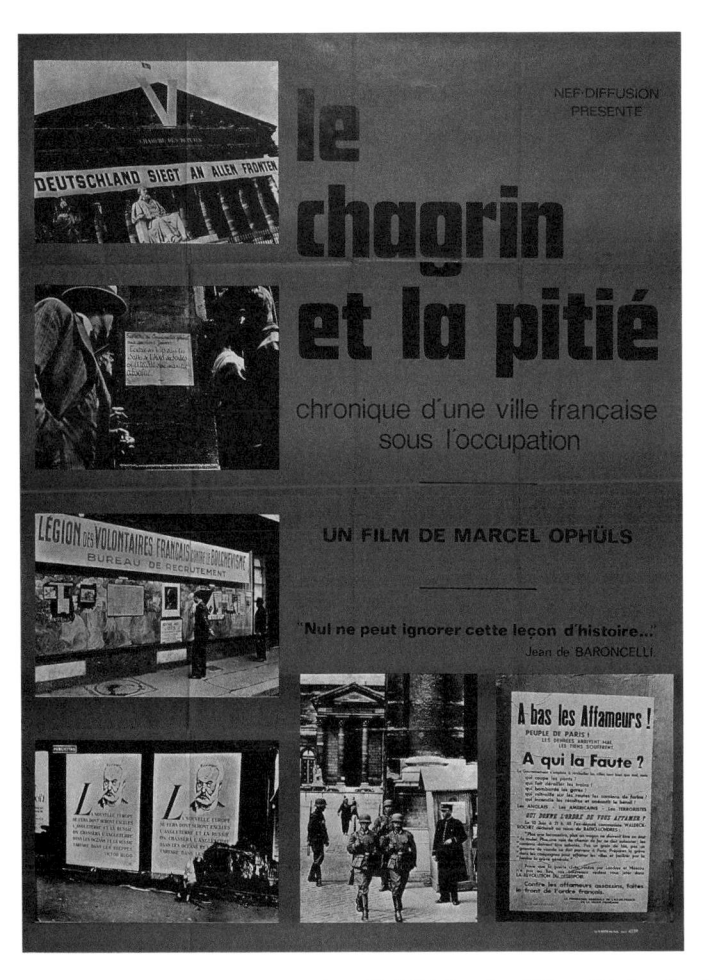

F 20
Marcel Ophüls (Regie)
Le chagrin et la pitié.
Chronique d'une ville
française sous l'occupation
Das Leid und das Mitleid.
Chronik einer französischen
Stadt während der Okkupation, 1971
Filmplakat, 160 x 120 cm
Paris, Cinemagence

gann die literarische Karriere des jungen Schriftstellers Patrick Modiano, dessen gesamtes Werk von bohrenden Fragen zur Ambivalenz der Besatzungszeit durchzogen ist.[25] In diesen Arbeiten werden mit zuvor kaum gekannter historischer Redlichkeit und Wißbegier Fragen der Kollaboration mit der nationalsozialistischen Besatzungsmacht und des spezifisch französischen Faschismus und Antisemitismus gestellt. An die Stelle des Mythos „Alle Franzosen waren im Widerstand" trat das viel fragwürdigere Klischee „Alle Franzosen waren Kollaborateure", das sich als weitaus beständiger erweisen sollte als der Résistance-Mythos.

Diese Entwicklung betraf ebenso die Historiographie, die jetzt bedeutende Veränderungen erfuhr, obwohl die Geschichte des Zweiten Weltkrieges in Frankreich schon sehr früh die Aufmerksamkeit von Forschern und staatlichen Stellen auf sich gezogen hatte.[26] Entsprechend wurden in den 70er und 80er Jahren das Vichy-Regime, die Geschichte der Kollaboration und die Wirtschafts- und Sozialgeschichte der Franzosen unter der Besatzung nun zu vorrangigen Themen der universitären Forschung, nach dem Vorbild der ebenfalls aufblühenden Historiographie des Nationalsozialismus in Deutschland bzw. in den Vereinigten Staaten.[27] Ebenfalls in diesem Zeitraum begann dank der Arbeiten des Historikers Zeev Sternhell über die Existenz eines französischen Faschismus eine Debatte, die zum besseren Verständnis über dessen tiefe Wurzeln und somit der Vichyperiode beitrug.[28]

In der Folge wurde diese Periode von neuem zum Gegenstand von Polemiken und politischen Schmähungen. Im Mai 1981, während des Wahlkampfes um den Posten des Staatspräsidenten und unmittelbar bevor die Linke zum ersten Mal seit 1958 wieder Zugang zur Macht erhielt, wurde der Chef der Sozialistischen Partei, François Mitterrand, von der gaullistischen Rechten beschuldigt, für das Vichy-Regime gearbeitet zu haben. Im selben Monat deckte die Presse die Vergangenheit Maurice Papons auf, eines Ministers der scheidenden gaullistischen Regierung, der als hoher Funktionär der Vichy-Regierung von 1942 bis 1944 an der Deportation von Juden aus Bordeaux beteiligt gewesen war. Dies war der Beginn einer langen, beinahe 20 Jahre dauernden Affäre, die mit dem Prozeß von 1997–1998 ihr Ende fand. Die Zeitschrift L'Express zeigt einen Mann, dessen Gesicht in eine helle und eine dunkle Seite geteilt ist – ganz so wie sein Leben (Abb. F 21). Weder die Rechte noch die Linke blieben also von diesen Beschuldigungen verschont, ebenso wie beide Seiten von neuem die Verbindung zur Résistance für sich in Anspruch nahmen.

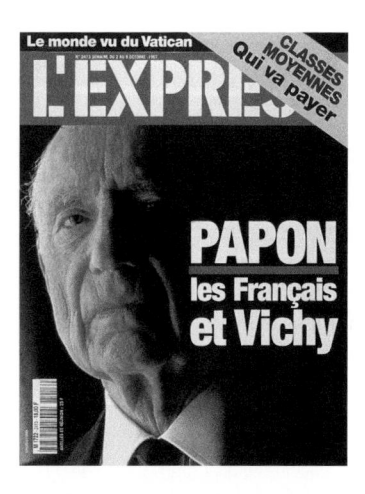

Die politische Instrumentalisierung dieser Vergangenheit manifestierte sich auch innerhalb der extremen Rechten, die sich in vollem Aufschwung befand. Im Kielwasser der Erfolge des „Front national", der Partei Jean-Marie Le Pens, die offen fremdenfeindliche, rassistische und antisemitische Ansichten beförderte, versuchten gewisse Randgruppen, das Andenken der französischen Faschisten, auch das des Marschalls Pétain, zu rehabilitieren, wie hier anläßlich einer Demonstration am 10. Mai 1987 am Tag der Jeanne d'Arc (Abb. F 22).

Die wirklich bedeutsame Veränderung jener Jahre besteht jedoch in der Thematisierung der Holocaustproblematik und, was Frankreich betrifft, der Frage nach der Beteiligung des Vichy-Regimes an der „Endlösung der Judenfrage". Dieses Bewußtwerden wurde einmal mehr visuell vermittelt. 1979 wurde in Frankreich die Fernsehserie „Holocaust" ausgestrahlt, die ein Publikum erreichte, das bis dahin selbst elementare Tatsachen dieser historischen Ereignisse nicht gekannt hatte. Aber der Erkenntnis bewirkende und kulturelle Bruch erfolgte mit der Ausstrahlung des Films „Shoah" von Claude Lanzmann 1985, der das allgemeine Bewußtsein im Bezug auf den Holocaust zutiefst erschütterte. Lanzmann geht zurück an die Orte, an denen die Konzentrationslager waren, und filmt dabei auch die heutigen Züge, die Anfahrten, die Bahnhöfe, die Lokführer – beispielsweise bei der Ankunft in Treblinka, wie auf dem Plakat gezeigt (Abb. F 23). Er schuf zudem ein nie gesehenes Genre: das filmische Denkmal, das frei von jeglichem Voyeurismus die Überlebenden sprechen läßt. Seither hat sich das freie Wort Gehör verschafft, und regelmäßig erscheinen Augenzeugenberichte oder deren Verarbeitungen – auch für die Jüngsten. „A Paris sous l'Occupation" erzählt die Geschichte zweier Kinder in der Besatzungszeit. Ein Kind ist jüdisch, das andere kommt aus einer Polizistenfamilie. Das jüdische Kind kann überleben, da es im Polizistenhaushalt versteckt wird. Auf dem Titelbild ist der Verlauf der Geschichte angedeutet (Abb. F 24).

Über eine reine Kenntnisnahme hinaus nahm die Erinnerung an den Holocaust in Frankreich seit Mitte der 80er Jahre beträchtliche Ausmaße an und rief in den französischen Gewohnheiten und Traditionen im Zusammenhang der Auseinandersetzung mit der Geschichte nie dagewesene Phänomene hervor. Das auffallendste war zweifellos der Wunsch, nach fast einem halben Jahrhundert die während der Besatzung an Juden begangenen Verbrechen, bei denen Franzosen zu Mittätern geworden waren, wiedergutzumachen. Die Wiedergutmachung fand zuerst auf juristischer Ebene statt. Trotz der „Säuberungen" nach dem Kriege

F 21
Papon. Les Français et Vichy
Papon. Die Franzosen und Vichy, in: L'Express,
2.–8. Oktober 1997
Zeitschriftentitel
Privatbesitz

F 22
Henry Rousso
Le syndrome de Vichy.
1944–198..., Paris 1987
Buchtitel
Berlin, Staatsbibliothek zu Berlin – Preußischer Kulturbesitz
43MA13825

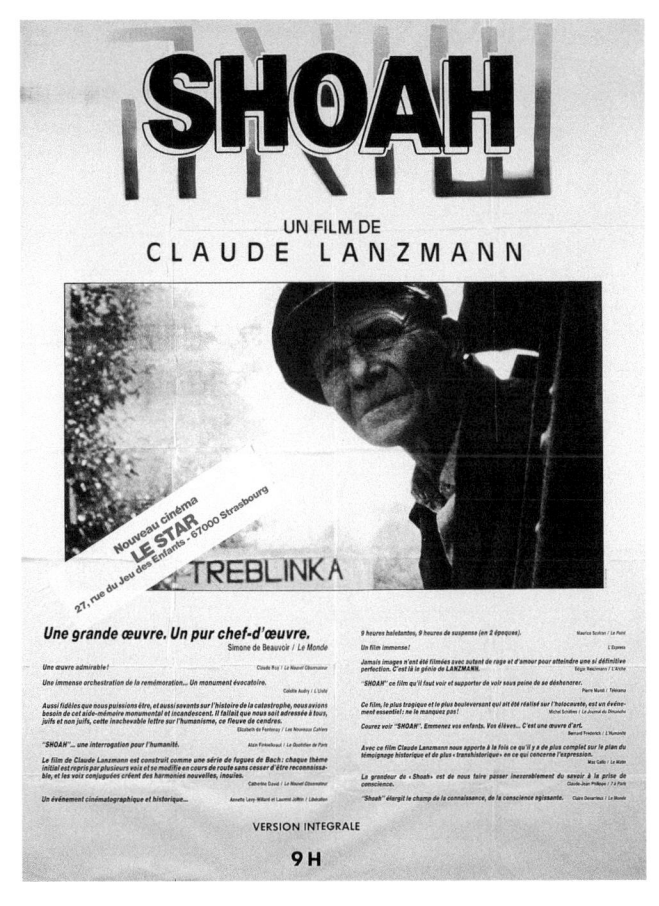

wurden in Frankreich nach langwierigen juristischen und politischen Wendungen mehrere Gerichtsverfahren wegen Verbrechen gegen die Menschlichkeit angestrengt, Verbrechen, die 1964 vom französischen Parlament für unverjährbar erklärt worden waren. Der erste dieser außergewöhnlichen Prozesse wurde gegen den früheren SS-Angehörigen Klaus Barbie geführt, der 1987 in Lyon vor allem wegen der Aktion von Izieu zu lebenslanger Haft verurteilt wurde. Die Nachrichten begannen täglich mit einem Bericht vom Prozeß, der auch in voller Länge aufgezeichnet wurde (Abb. F 25). Als nächstem wurde dem Milizangehörigen Paul Touvier der Prozeß gemacht, der 1994 wegen Mittäterschaft bei einem Verbrechen gegen die Menschlichkeit zur gleichen Strafe verurteilt wurde, nachdem die Ermittlungen sich beinahe 22 Jahre hingezogen hatten. Im April 1998 wurde Maurice Papon nach einem achtzehn Jahre dauernden Untersuchungsverfahren, dem längsten Prozeß in der Geschichte Frankreichs, in Bordeaux ebenfalls wegen Mittäterschaft bei Verbrechen gegen die Menschlichkeit zu zehn Jahren Zuchthaus verurteilt. Auch andere Mitglieder der Vichy-Regierung wurden in dieser Zeit angeklagt, aber nicht verurteilt. Dafür steht besonders der Fall des René Bousquet. Der ehemalige Generalsekretär der Vichy-Polizei wurde 1993 noch vor Prozeßbeginn ermordet. Das Titelblatt des L'Express zeigt ihn in froher Runde mit hohen Wehrmachtsoffizieren (Abb. F 26). Diese Photographie überführte ihn der Mittäterschaft.

F 23
Claude Lanzmann (Regie)
Shoah
1985
Filmplakat, 169 x 120 cm
Paris, Claude Lanzmann

Die späte gerichtliche Wiedergutmachung, die vom Eichmann-Prozeß bzw. von den in den 60er und 70er Jahren in Deutschland angestrengten Verfahren angestoßen worden war, hat in Frankreich beträchtliche Erschütterungen ausgelöst. Die von den Überlebenden oder deren Kindern – zum Beispiel dem Historiker und Anwalt Serge Klarsfeld – angestrengten Verfahren zielten nicht nur auf die Bestrafung der Verbrecher, sondern darauf, die Stimme der Opfer in den Gerichtssälen selbst in Szene zu setzen, d. h. diese Verfahren zu „Großen Lektionen der Geschichte" zu machen.

F 24
Yaël Hassan, Ginette Hoffmann
À Paris sous l'occupation
Paris während der Okkupation, Paris 2000
Buchtitel
Privatbesitz

Der Wiedergutmachung wurde auch auf symbolischer und politischer Ebene eine

Ausdrucksmöglichkeit geschaffen, indem die Rolle des französischen Staates bei der Deportation der Juden Frankreichs offiziell anerkannt wurde. So hat Präsident François Mitterrand 1993 erstmals einen nationalen Gedenktag für die Opfer des Antisemitismus und die Verantwortlichkeit des französischen Staates eingerichtet. Es war der 16. Juli, in Erinnerung an die große Razzia vom 16. und 17. Juli 1942 in Paris, bei der etwa 12 000 Menschen im Vélodrom d'Hiver, volkstümlich „Vel d'Hiv", der großen Radsportarena des Vorkriegs-Paris, zusammengetrieben worden waren. In Erinnerung daran erschien im selben Jahr eine Briefmarke. Neben Stacheldraht und gelbem Stern windet sich eine Blume in den Himmel. Die vielfach verschlungenen Blätter erinnern an eine Flamme, in der man auch ein „J" sehen könnte (Abb. F 27).

Die Entscheidung für einen Gedenktag war unter dem Druck von Aktivisten-Organisationen zustande gekommen, ein Jahr bevor Mitterrands Verbindungen mit Vichy von neuem enthüllt wurden: Seine Rechtfertigungen im Fernsehen im September 1994 überzeugten die öffentliche Meinung nicht und zeigten einen Mann, der außerstande war, diese Wiederkehr der Erinnerung zu verstehen.

Ein anderer Präsident und Angehöriger einer Generation, die den Zweiten Weltkrieg nicht als Erwachsener erlebt hat, nämlich Jacques Chirac, hielt am 16. Juli 1995 bei der Gedenkveranstaltung, die sein Amtsvorgänger begründet hatte, die entscheidende Rede über die Verantwortung Frankreichs:

„Es gibt im Dasein einer Nation Augenblicke, welche das Gedächtnis und auch die Vorstellung, die man sich von seinem Lande macht, verletzen. Solche Augenblicke in die Erinnerung zurückzurufen fällt schwer, weil man nicht immer die richtigen Worte zu finden weiß, um das Entsetzen wieder hervorzurufen, das Leid der Frauen und der Männer auszudrücken, die eine solche Tragödie durchleben mußten. Diese Frauen und diese Männer sind auf ewig an Körper und Seele gezeichnet durch die Erinnerung an diese Tage der Tränen und der Schmach. Schwer, sie in die Erinnerung zurückzurufen, ist es auch, weil diese schwarzen Stunden für immer unsere

F 25
Après des années d'exil clandestin en Bolivie le chef de la Gestapo de Lyon, Klaus Barbie, est extradé et ramené dans cette même ville pour y être jugé
Nach Jahren des geheimen Exils in Bolivien ist Klaus Barbie, der Gestapochef von Lyon, ausgewiesen und in diese Stadt gebracht worden, um dort verurteilt zu werden, in: Nadeije Laneyrie-Dagen (Hg.), Les grands procès, Paris 1995 (La mémoire de l'humanité), S. 289
Buch
Paris, Institut d'histoire du temps présent
1999-10781

F 26
La vraie vie de René Bousquet. Va-t-on juger le chef de la police de Vichy?
Das wahre Leben des René Bousquet. Wird der Polizeichef des Vichy-Regimes verurteilt?, in: L'Express, 28. September – 3. Oktober 1993
Zeitschriftentitel
Privatbesitz

Geschichte besudeln und unsere Vergangenheit und unsere Traditionen beleidigen. Ja, der verbrecherische Wahn des Besatzers ist von Franzosen, vom französischen Staat unterstützt worden [...].

Frankreich, Wiege der Aufklärung und der Menschenrechte, Frankreich, Land der Aufnahme und des Asyls, hat in jenen Tagen das Nichtwiedergutzumachende begangen. Es brach sein Wort, es lieferte seine Schutzbefohlenen ihren Henkersknechten aus [...]." [29]

Die Wiedergutmachung fand schließlich auch finanziell statt. Im Kontext der internationalen Polemik über die von den Nationalsozialisten und den Kollaborateuren geraubten jüdischen Besitztümer hat Frankreich durch die „Commission Mattéoli" im Jahre 2000 Schätzungen und Bewertungen erarbeitet und begonnen, die letzten Opfer zu entschädigen.

So ist also die Erinnerung der Franzosen an den Holocaust von einem marginalen Problem der 50er und 60er Jahre zu einem Schwerpunkt der politischen Debatte der Jahre 1980–2000 geworden. Diese unter dem Druck nationaler und internationaler Umstände entstandene Wandlung hat die Art, wie Franzosen ihre Geschichte und die Vergangenheit im allgemeinen wahrnehmen, tiefgreifend verändert. Mit dem Gedenktag an die Razzia vom Vel d'Hiv wurde das erste offizielle „negative" Gedenken in der Geschichte Frankreichs eingeführt. Desgleichen hat Frankreich mit den Verfahren wegen Verbrechen gegen die Menschlichkeit und der faktischen Anwendung des Begriffs der Unverjährbarkeit einen unantastbaren Grundsatz seiner Rechtsphilosophie, nämlich die Achtung bewilligter Amnestien bzw. genehmigter Verjährung, aufgegeben. Auch hat der Staat angesichts der Dimension des Holocaust und angesichts der Notwendigkeit, ihm einen Platz im kollektiven Gedächtnis zu geben, nach und nach ein Monopol aufgegeben: Sowohl im Rahmen der Prozeßführung mit der Strafantragstellung als auch in der öffentlichen Erinnerungspolitik ging die Initiative fast immer von Einzelpersonen bzw. privaten Gruppen aus.

Es hat in Frankreich seit 1944 immer ein Spannungsverhältnis gegeben zwischen einer ausschließlich nationalen Sicht der Erinnerung an den Zweiten Weltkrieg, die – von de Gaulle bis Chirac – von einer „gewissen Idee von Frankreich" sprach, und einer grenzübergreifenden Perspektive. Seit der Nachkriegszeit haben sich über ganz Europa Netzwerke von Verbänden ehemaliger Widerstandskämpfer oder Deportierter gebildet. Auf diese Weise trugen die großen Gedenkveranstaltungen immer sowohl nationale als auch internationale Züge. Dies trifft auf den 8. Mai zu, der seit 1946 begangen wird und der selbstverständlich in den meisten

F 27
Robert Abrami
Rafle du Vel d'Hiv.
'Ami entends-tu?'
Razzia des Vel d'Hiv.
'Hörst du, Freund?', 1995
Briefmarkenentwurf, Tusche, Wasserfarben, Stacheldraht, 113 x 83 cm
Paris, Musée de la Poste
MP AT 996.38

der von der nationalsozialistischen Besatzung befreiten Länder gefeiert wird; dies trifft auf den „Tag der Deportation" zu, an dem man seit 1954, am letzten Aprilsonntag, unterschiedslos aller Verschleppten im europäischen Rahmen gedenkt. Dies wird auch auf den „Tag der Erinnerung an den Holocaust" zutreffen, entsprechend dem Stockholmer Appell vom Januar 2000, den auch Frankreich unterzeichnet hat. In diesem Sinne ist der jüngste offizielle Gedenktag, der von Mitterrand eingeführte 16. Juli, der einzige, der nur die nationale Dimension betrifft. Man kann durchaus den Akzent auf dieses Paradoxon legen: In Frankreich, das so oft beschuldigt wird, blind in bezug auf die eigene Vergangenheit gewesen zu sein, gab es nie ein offizielles, alljährlich gefeiertes Gedenken der Résistance; und das einzige, das diese – abgesehen vom 8. Mai und dem letzten Aprilsonntag – mit berührt, ist ein negativer Gedenktag, der an die Verbrechen von Vichy erinnert …

---

1   Guéhenno, Jean: Journal des années noires 1940–1944, Paris 1947.
2   Eine der signifikantesten Tatsachen in diesem Themenbereich ist die „Amerikanisierung" des Holocausts; vgl. Novick, Peter: The Holocaust in American Life, New York 1999.
3   Nora, Pierre (Hg.): Les Lieux de mémoire, 3 Bde., Paris 1984–1992. Vgl. außerdem, François, Étienne/Schulze, Hagen (Hg.): Deutsche Erinnerungsorte, 3 Bde., München 2001.
4   Über dieses Thema vgl. Osiel, Mark: Mass Atrocity, Collective Memory and the Law, New Brunswick 1997 u. 1999; Rousso, Henry: La hantise du passé, Paris 1998; Wieviorka, Annette: L'ère du témoin, Paris 1998; Frei, Norbert/Laak, Dirk van/Stolleis, Michael (Hg.): Geschichte vor Gericht. Historiker, Richter und die Suche nach Gerechtigkeit, München 2000; Brayard, Florent (Hg.): Le Génocide entre procès et histoire, Brüssel, Paris 2001.
5   Davon zeugt z. B. der beträchtliche Erfolg der Serie „Histoire parallèle" des Historikers Marc Ferro beim Publikum des deutsch-französischen Senders Arte in den 90er Jahren, die im wesentlichen dem Zweiten Weltkrieg und der unmittelbaren Nachkriegszeit gewidmet war. Vgl. Ferro, Marc/Babin, Claire (Hg.): Revivre l'histoire. Autour d'histoire parallèle, Paris 1995.
6   Halbwachs, Maurice: Les cadres sociaux de la mémoire (1. Aufl. 1925) und La mémoire collective (1. Aufl. 1950), Kritische Ausgaben von Gérard Namer, Paris 1994 u. 1997.
7   Die hier angegebene Chronologie ist etwas weniger ausführlich als jene, die ich in meinen Arbeiten zu diesem Thema vorgelegt habe: Le syndrome de Vichy de 1944 à nos jours, Paris 1990 (1. Aufl. 1987) und Vichy, un passé qui ne passe pas, in Zusammenarbeit mit Éric Conan, Paris 1996 (1. Aufl. 1994). Der Schnitt zu Beginn der 70er Jahre bleibt indessen derselbe, genau wie die allgemeine Interpretation. Eine ähnliche Chronologie findet man in anderen Arbeiten über die Erinnerung an den Krieg, den Nationalsozialismus oder den Holocaust. In der umfangreichen Literatur vgl. Gillis, John R. (Hg.): Commemorations. The Politics of National Identity, Princeton 1994; Frei, Norbert: Vergangenheitspolitik. Die Anfänge der Bundesrepublik und die NS-Vergangenheit, München 1996; Herf, Jeffrey: Divided Memory. The Nazi Past in the Two Germanys, Cambridge 1997; Segev, Tom: Le Septième million, Paris 1993; Lagrou, Pieter: The Legacy of Nazi Occupation. Patriotic Memory and National Recovery in Western Europe, 1945–1965, Cambridge 2000; Novick 1999 (wie Anm. 2); Knigge, Volkhard/Frei, Norbert (Hg.): Verbrechen Erinnern. Die Auseinandersetzung mit Holocaust und Völkermord, München 2002.
8   Gaulle, Charles de: Mémoires, Einführung von Jean-Louis Crémieux-Brilhac, herausgegeben und mit Anmerkungen versehen von Marius-

François Guyard, Chronologie und Aufstellung der Varianten von Jean-Luc Barré, Paris 2000, S. 573 (1. Ausgabe: Mémoires de Guerre, Bd. III: Le Salut. 1944–1946, Paris 1959).

9 Calvo, Edmond-François: La Bête est morte! La Guerre mondiale chez les animaux, Text von Adrien Dansette, Paris 1944/1945 (Neuausgaben: Paris 1977 u. 1995). Dieses Werk kündigte übrigens zwanzig Jahre im voraus die graphische Revolution der „BD" (Bande dessiné, frankophone Form des Comic, Anm. d. Übers.) der 60er und 70er Jahre an. Calvo war Mentor von Albert Uderzo, eines anderen großen Zeichners, der seinerseits in den 60er Jahren eine mythische Figur der nationalen Identität schuf: Asterix.

10 Die hier vorgestellte Bilanz stützt sich auf die allerjüngsten Schätzungen: vgl. Lagrou, Pieter: Les guerres, les morts et le deuil: bilan chiffré de la Seconde Guerre mondiale, in: Audoin-Rouzeau, Stéphane/Becker, Annette/Ingrao, Christian/Rousso, Henry (Hg.): La Violence de guerre, 1914–1945. Approches comparées des deux conflits mondiaux Brüssel, Paris 2002, S. 313 ff. Sie fällt niedriger aus als die offizielle Bilanz von 600 000 Toten und Vermißten, die 1948 von der Commission consultative des dommages et réparations erstellt wurde; Monographie D.P.2 Dommages aux Personnes, Paris 1948.

11 Vgl. Péan, Pierre: Une jeunesse française. François Mitterrand 1934–1947, Paris 1994. Vgl. auch: Lewin, Christophe: Le Retour des prisonniers de guerre français, Paris 1986.

12 Vgl. Farmer, Sarah: Oradour: arrêt sur mémoire, Paris 1994.

13 Vgl. Bories-Sawala, Helga: Franzosen im „Reichseinsatz". Deportation, Zwangsarbeit, Alltag: Erfahrungen und Erinnerungen von Kriegsgefangenen und Zivilarbeitern, Frankfurt a.M. 1996 und Lagrou 2000 (wie Anm. 7).

14 Horne, John/Kramer, Alan: German Atrocities, 1914. A History of Denial, New Haven, London 2001.

15 Klarsfeld, Serge: La Shoah en France, 4 Bde., Paris 2001; diese Zahlen sind von ihm erstmals in: Le mémorial de la déportation des juifs de France, Paris, 1978, aufgestellt worden.

16 Vgl. die gelungenste Studie zu diesem Thema: Virgili, Fabrice: La France virile. Des Femmes tondues à la Libération, Paris 2000.

17 Zu diesen Statistiken vgl. Rousso, Henry: L'épuration. Politische Säuberung in Frankreich, in: Henke, Klaus-Dietmar/Voller, Hans (Hg.): Politische Säuberung in Europa. Die Abrechnung mit Faschismus und Kollaboration nach dem Zweiten Weltkrieg, München 1991, S. 192 ff., wieder aufgenommen und aktualisiert in: Rousso, Henry: Vichy, l'événement, la mémoire, l'histoire, Paris 2001.

18 Capdevila, Luc/Voldman, Danièle: Nos Morts. Les sociétés occidentales face aux tués de la guerre, XIXe–XXe siècles, Paris 2002. Zur Frage der Rituale des Ersten Weltkriegs vgl. Prost, Antoine: Les Anciens Combattants et la société française. 1914–1939, 3 Bde., Paris 1977; Winter, Jay: Sites of Memory, Sites of mourning. The Great War in European Cultural History, Cambridge 1995, und Winter, Jay/ Sivan, Emmanuel (Hg.): War and Remembrance in the XXth Century, Cambridge 1999.

19 Busson, Suzanne: Dans les griffes nazies. Angers-Fresnes-Ravensbrück-Mauthausen, 2 Bde., Le Mans 1946.

20 Darville, Jacques/Wichene, Simon: Drancy la juive ou la 2e inquisition, Vorwort von Tristan Bernard, Paris 1945; Wellers, Georges: De Drancy à Auschwitz, Paris 1946. Wir verweisen hier auf die Neuauflage dieser Arbeit von 1973 unter einem anderen Titel: L'étoile jaune à l'heure de Vichy. De Drancy à Auschwitz, Vorwort von Jacques Delarue, Nachwort von R. P. Riquet (Paris). Diese Änderung des Titels zeigt deutlich, wie die Verantwortungen der Vichy-Regierung betont wurden, obwohl sie sich aus Furcht vor den negativen Reaktionen der Öffentlichkeit weigerte, das Tragen des gelben Sterns in der „zone sud" anzuordnen, eine Maßnahme, die von den Deutschen einzig in dem besetzten Gebiet angewandt wurde. Georges Wellers war einer der Direktoren des „Centre de documentation juive contemporaine" gewesen, das 1943 von Isaac Schneersohn gegründet worden war und nach 1945 zu einem der großen Orte der Erinnerung an den Völkermord in Frankreich wurde. Es befindet sich in Paris, direkt neben

21 Einschließlich der 174 jüdischen Widerstandskämpfer. Vgl. Klarsfeld, Serge: Les 1007 fusillés du Mont-Valérien parmi lesquels 174 juifs, Paris 1995. Er war es, der diese Zahl den offiziellen Statistiken entgegensetzte, die von 4 000 Toten sprachen.
dem Mémorial du martyr juif inconnu. Zu den angeführten Zeugnissen und zum CDJC vgl. Wieviorka, Annette: Déportation et génocide, entre la mémoire et l'oubli, Paris 1992.
22 Zur Geschichte dieser Denkmäler vgl. Barcellini, Serge/Wieviorka, Annette: Passant, souviens-toi! Les Lieux de mémoire de la Seconde Guerre mondiale en France, Paris 1995.
23 Klarsfeld, Serge: Les enfants d'Izieu. Une tragédie juive, Paris o. J. (1984).
24 Zlatin, Sabine: Mémoires de la «Dame d'Izieu», avec sa déposition au procès Barbie et les témoignages de Gabrielle Perrier et de Samuel Pintel, Vorwort von François Mitterrand, Paris 1992, S. 69f.
25 Modiano, Patrick: La Place de l'étoile, Paris 1968. Patrick Modiano war der Drehbuchautor von Louis Malles Film „Lacombe Lucien" (1974), der die Polemiken über die Kollaboration glasklar auf den Punkt brachte.
26 Zu diesem Punkt vgl. Lagrou, Pieter: Historiographie de guerre et historiographie du temps présent: cadres institutionnels en Europe occidentale, 1945–2000, in: Bulletin du Comité international d'histoire de la deuxième guerre mondiale, Bd. 30–31, 1999–2000, S. 191 ff.
27 Unter den wenigen bedeutenden Arbeiten, die während dieser Jahre veröffentlicht wurden, sind zu nennen: Jäckel, Eberhard: La France dans l'Europe de Hitler, Vorwort von Alfred Grosser, Paris 1968 (1. Aufl. Stuttgart 1966); Paxton, Robert: La France de Vichy, 1940–1944, Vorwort von Stanley Hoffmann, Paris 1973 (1. Aufl. New York 1972). 1978 gründete der Historiker François Bédarida das Institut d'histoire du temps présent (IHTP). Nach dem Vorbild des Instituts für Zeitgeschichte in München wurde es zum Nachfolger des Comité d'histoire de la Deuxième Guerre mondiale, dessen erste Planungen auf das Ende des Jahres 1944 zurückgehen, das bis zum Schluß von dem Historiker Henri Michel geleitet wurde und das die Arbeiten über den Krieg mehr auf die Untersuchung der Besatzung und des Vichy-Regimes als auf die des Widerstands konzentrierte. Vgl. Azéma, Jean-Pierre/Bédarida, François mit Peschanski, Denis und Rousso, Henry (Hg.), Le régime de Vichy et les Français, Paris 1992.
28 Die Arbeiten von Zeev Sternhell wurden seit 1972 veröffentlicht, und sie hatten nicht nur in Frankreich, sondern auch auf internationaler Ebene großen Einfluß auf die Revision der Geschichte der Jahre 1930–1940; seine Trilogie ist kürzlich in neuer Aufmachung wieder aufgelegt worden: Maurice Barrès et le nationalisme français, La droite révolutionnaire 1885–1914. Les origines françaises du fascisme, und Ni droite, ni gauche, l'idéologie fasciste en France, Paris 2000.
29 http://www.elysee.fr/cgi-bin/auracom/aurweb/search/file?aur_file=discours/1995/VELDIV95.html (1. Juli 2003).

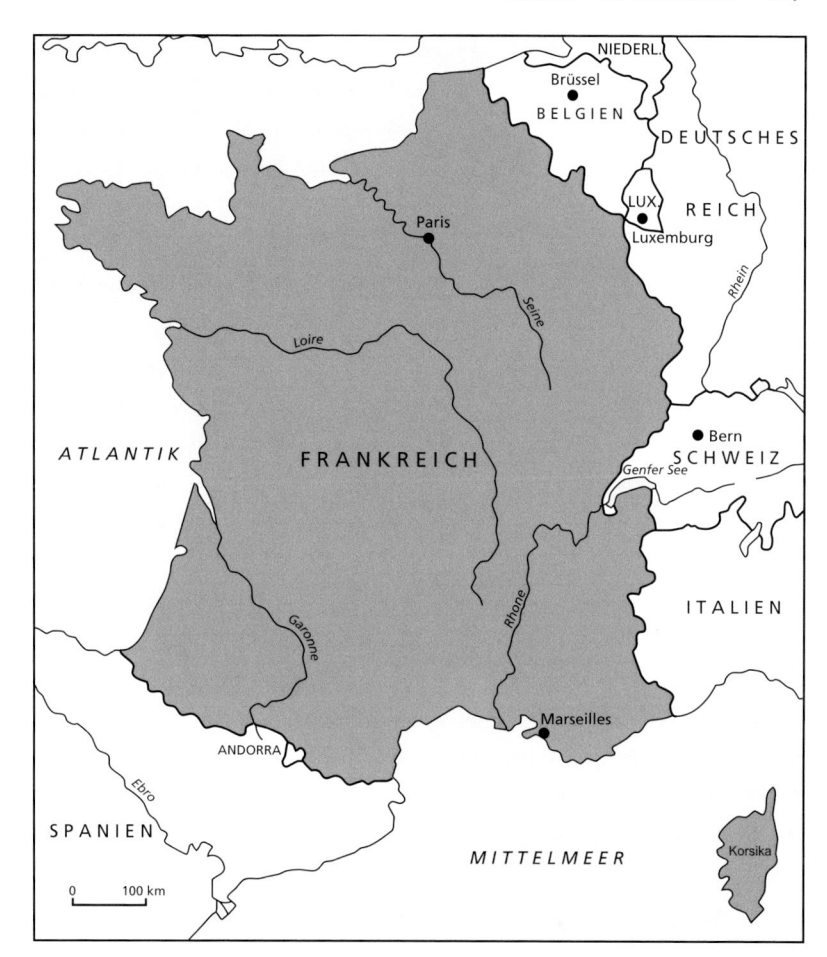

Vor dem Ersten Weltkrieg

Chronologie

1914–1918
Mit der Kriegserklärung des Deutschen Reiches beginnt am **3. August 1914** für Frankreich der Erste Weltkrieg. Die innenpolitischen Auseinandersetzungen zwischen Republikanern und Monarchisten finden durch einen Burgfrieden der nationalen Einheit ein vorläufiges Ende. Mit seinen verlustreichen Schlachten hinterläßt der Krieg tiefe Spuren innerhalb der französischen Gesellschaft. General Henri-Philippe Pétain wird am **15. Mai 1917** Oberbefehlshaber der französischen Armee, gegen **Ende** des Krieges ernennt man ihn zum Marschall. Insgesamt zählt Frankreich im Ersten Weltkrieg über 1 300 000 Tote oder Vermißte. Weite Gebiete im Norden und Osten des Landes werden verwüstet. Im **November 1917** wird Georges Clemenceau Regierungschef. Am **11. November 1918** kommt es zur Unterzeichnung des Waffenstillstandsabkommens mit Deutschland im Wald von Compiègne.

28. Juni 1919
Im Spiegelsaal des Schlosses von Versailles wird der Friedensvertrag zwischen dem Deutschen Reich und den alliierten Siegermächten unterzeichnet. Frankreich erhält Elsaß-Lothringen, Rechte an den Kohlengruben im Saarbecken, und Deutschland muß hohe

[Karte: Frankreich 1940-44, Deutsche Militärverwaltung, Vichy-Frankreich ab Nov. 1942 dt. besetzt, 1940 von Deutschland annektiert, 1942-43 italienisch (dann deutsch) besetzt, Demarkationslinie]

1919–1944

Reparationszahlungen leisten. Trotzdem bleiben die Ergebnisse der Verhandlungen hinter den vom Sicherheitsbedürfnis gegenüber Deutschland bestimmten französischen Erwartungen zurück.

1920–1925
Georges Clemenceau scheidet im **Januar 1920** als Regierungschef aus dem Amt. Die Beziehungen zwischen Deutschland und Frankreich sind stark gespannt. Französische und belgische Truppen besetzen im **Januar 1923** als Reaktion auf die schleppenden deutschen Reparationszahlungen das Ruhrgebiet. Im **Sommer 1925** wird das Ruhrgebiet wieder geräumt.

1925
Mit der Unterzeichnung des Vertrags von Locarno am **16. Oktober**, in dem u. a. Frankreich, Deutschland und Belgien die Unverletzlichkeit der gemeinsamen Grenzen garantieren und Deutschlands Aufnahme in den Völkerbund geplant wird, setzt eine Phase der Entspannung im deutsch-französischen Verhältnis ein.

1930–1938
Frankreich befindet sich in einer wirtschaftlichen und politischen Krisensituation. Kritik am politischen und gesellschaftlichen System der Dritten Republik, an Republikanismus, Parlamentarismus und Individualismus wird laut, extreme Gruppierungen erhalten Zulauf.

Seit dem Zweiten Weltkrieg

Regierungen der Volksfront-Kabinette aus Sozialisten sowie gemäßigten linken Gruppierungen ergreifen **1936–1938** mit Unterstützung der Kommunisten sozialpolitische Maßnahmen. Jedoch gelingt es ihnen nicht, an der Macht zu bleiben. Am **29. September 1938** stimmen Frankreich, Italien und Großbritannien in dem Bestreben, einen Krieg zu verhindern, in München der Abtretung des zur ČSR gehörenden Sudeten-Gebietes an das Deutsche Reich zu. Das Ergebnis der Münchener Konferenz spaltet die französische Öffentlichkeit.

1939
Nach dem deutschen Überfall auf Polen am **1. September** erklären nach Ablauf eines Ultimatums Frankreich und Großbritannien am **3. September** dem Deutschen Reich den Krieg. Es kommt allerdings zu keinen Kampfhandlungen.

1940
Am **10. Mai** beginnt die Wehrmacht die Offensive im Westen. In kurzer Zeit stößt sie über die Niederlande und Belgien in den Norden Frankreichs vor. Frankreich bricht nach nur sechswöchigem Kampf militärisch zusammen. Deutsche Truppen besetzen den Norden des Landes und die Hauptstadt Paris. Nach dem Rücktritt des französischen Regierungschefs Paul Reynaud wird der Marschall Henri-Philippe Pétain in der Krisensituation von Staatspräsident Lebrun am **17. Juni** an die Spitze der Regierung berufen. Pétain drängt auf einen Waffenstillstand mit Deutschland, der am **22. Juni** in Compiègne unterzeichnet wird.

Somit findet die militärische Auseinandersetzung, bei der auf französischer Seite 150 000 Soldaten umgekommen sind, ein vorläufiges Ende.

Frankreich wird in mehrere Zonen aufgeteilt: Elsaß-Lothringen wird vom Deutschen Reich annektiert, die Departements Nord und Pas de Calais werden der deutschen Militärverwaltung in Brüssel zugeschlagen. Auch das Gebiet nördlich und westlich einer Demarkationslinie, die vom Genfer See über Dôle, Tours und Angoulême bis an die spanische Grenze reicht, wird von deutschen Truppen besetzt. Das Gebiet südlich der Demarkationslinie bleibt zunächst unbesetzt. Die Flotte und das Kolonialreich bleiben in der Hand der französischen Regierung. Die Nationalversammlung, welche von Präsident Lebrun nach Vichy, das in der unbesetzten Zone liegt, einberufen worden ist, beauftragt Marschall Pétain am **10. Juli** damit, eine neue Verfassung auszuarbeiten. Damit endet die Dritte Republik. Es entsteht der autoritäre État français (Französische Staat). Als innenpolitisches Programm wird die Révolution nationale (Nationale Revolution) verkündet; der neue Staat kehrt sich von den republikanischen Werten ab und propagiert statt dessen Arbeit, Familie, Vaterland. Zum Chef des État français proklamiert sich Pétain selbst und bestimmt als seinen Nachfolger Pierre Laval. Die Verwaltungskompetenzen des État français erstrecken sich im Prinzip auf das gesamte französische Staatsgebiet, mit Ausnahme der abgetrennten Gebiete. De facto hängt die Ausübung der Staatsgewalt aber stark von der deutschen Besatzungsmacht ab. Außenpolitisch entscheidet sich Pétain für die Zusammenarbeit mit Deutschland auf Staatsebene, welche er am **30. Oktober** öffentlich verkündet.

General Charles de Gaulle versucht den Widerstand gegen die Politik Vichys und die Besatzung Frankreichs zu organisieren. Bereits am **18. Juni** ruft er aus dem Exil in London die Franzosen über die BBC dazu auf, die Kämpfe weiterzuführen. Unabhängig davon formieren sich auch in Frankreich unterschiedliche Widerstandsgruppen. England reagiert auf die Neutralitätserklärung und Hinwendung Frankreichs zum Dritten Reich militärisch mit der Versenkung eines Großteils der französischen Flotte in Mers el-Kebir am **3. Juli** und politisch mit der Unterstützung de Gaulles.

1942

Im **Januar** erhält Jean Moulin von de Gaulle den Auftrag, die unterschiedlichen französischen Widerstandsgruppen zu vereinigen. Während einer Großrazzia vom **16. und 17. Juli** werden von der französischen Polizei über 12 000, überwiegend ausländische Juden aus dem Großraum Paris festgenommen, 7000 von ihnen werden tagelang in der Pariser Radsporthalle Vélodrome d'Hiver (Vel' d'Hiv') interniert. Die während dieser und weiterer Razzien Verhafteten werden in das Durchgangslager Drancy gebracht, an die Deutschen ausgeliefert und deportiert.

Im **August** beginnt die Auslieferung der nichtfranzösischen Juden aus der unbesetzten Zone an Deutschland. Bis Kriegsende beläuft sich die Zahl der deportierten Juden auf etwa 75 000. Nur die wenigsten von ihnen überleben. Nach der Landung der Amerikaner in Nordafrika marschieren am **11. November** deutsche Truppen in die unbesetzte südliche Zone ein. Pétain protestiert, tritt aber nicht zurück. Der Handlungsspielraum der Vichy-Regierung wird durch den Einmarsch weiter eingeschränkt und die pro-nationalsozialistischen Kräfte in ihr gewinnen noch stärker an Einfluß.

1943

Mit der am **30. Januar** gegründeten Miliz bekämpft die Regierung den zunehmenden Widerstand im eigenen Land. Ein Klima des Bürgerkrieges entsteht. Im Februar verschärft sich die Situation, als die Vichy-Regierung den Zwangsarbeitsdienst einführt; Arbeitskräfte werden in das Deutsche Reich zum Arbeitsdienst deportiert. Im **Mai** ruft Jean Moulin den Conseil national de la Résistance (CNR, Nationaler Widerstandsrat) ins Leben, dem Vertreter der wichtigsten Widerstandsorganisationen angehören. Moulin wird erster Präsident des CNR. Im **Juni 1943** wird er von der Gestapo festgenommen und zu Tode gefoltert.

Am **3. Juni** konstituiert sich das Comité français de Libération nationale (CFLN, Französisches Komitee der nationalen Befreiung) in Algier. Nach einem Machtkampf mit dem nationalkonservativen General Giraud, der von den Amerikanern unterstützt wird, kann sich de Gaulle mit der Unterstützung des CNR als Vorsitzender des Komitees durchsetzen.

1944
Am **3. Juni** deklariert sich das CFLN zur provisorischen Regierung der französischen Republik. Am **6. Juni** landen Truppen der Alliierten in der Normandie. Ein SS-Regiment ermordet als Racheakt für die Partisanentätigkeit des französischen Widerstands gegen die deutsche Besatzung in dem französischen Dorf Oradour-sur-Glane am **10. Juni** 642 Menschen. Die Männer werden erschossen, Frauen und Kinder in der Kirche eingeschlossen und diese in Brand gesteckt. Marschall Pétain und Pierre Laval werden von den Deutschen am **17. August** zunächst nach Belfort und später nach Sigmaringen gebracht. Am **19. August** beginnt die Befreiung von Paris, am **25. August** zieht General de Gaulle in die Hauptstadt ein. Während die Befreiung der östlichen Landesteile Frankreichs durch die Alliierten rasch voranschreitet, nimmt die provisorische Regierung unter General Charles de Gaulle in Paris die Arbeit auf. Bei der Befreiung Frankreichs nimmt die Épuration (Säuberung) oft Formen spontaner, gewaltsamer Selbstjustiz an. Erst nach einigen Monaten gelingt es der neuen Regierung, den Zustand der Rechtsunsicherheit zu beenden.

1945
Im Verlaufe der Prozesse gegen führende Persönlichkeiten des Vichy-Regimes werden Marschall Pétain und Pierre Laval, der **1940** sowie ab Frühjahr **1942** erneut Chef der Vichy-Regierung war, zum Tode verurteilt. Ersterer wird von de Gaulle zu lebenslanger Haft begnadigt. Insgesamt werden während der Épuration in Form von Selbstjustiz und legalen Gerichten über 10 000 Menschen hingerichtet, 40 000 werden zu Gefängnisstrafen verurteilt und 50 000 mit dem Entzug von bestimmten Bürgerrechten auf Zeit bestraft, bevor **1951** ein erstes und **1953** ein zweites Amnestiegesetz verabschiedet wird. Frankreich wird an der Besetzung Deutschlands durch die alliierten Siegermächte beteiligt: Es erhält am **5. Juni** eine eigene Besatzungszone. Insgesamt kommen während des Zweiten Weltkrieges 400 000 Menschen ums Leben, die Hälfte davon waren Zivilpersonen oder entwaffnete Kombattanten. Als einer von zunächst 51 Mitgliedsstaaten unterzeichnet Frankreich im **Juni** die Gründungsurkunde der Vereinten Nationen (UNO). In einem Referendum sprechen sich die Franzosen am **21. Oktober** für die Schaffung einer neuen Verfassung aus.

1946
Am **13. Oktober** wird durch ein weiteres Referendum die neue Verfassung angenommen, mit der die Ära der Vierten Republik beginnt. Die Bombardierung des vietnamesischen Haiphong durch Frankreich am **23. November** und der Einmarsch der kommunistischen Unabhängigkeitsbewegung Viet Minh in Hanoi im **Dezember** lösen den Indochina-Krieg aus.

17. März 1948
Im Brüsseler Vertrag einigen sich Frankreich, Belgien, Großbritannien, die Niederlande und Luxemburg auf weitreichende Kooperation in wirtschaftlichen, sozialen und kulturellen Fragen sowie auf die gemeinschaftliche Verteidigung im Kriegsfall.

4. April 1949
Als einer von zunächst 12 Mitgliedsstaaten unterzeichnet Frankreich die Gründungsurkunde der North Atlantic Treaty Organization (NATO).

Ab 1950
In Frankreich beginnt die Phase der Prosperität und der Modernisierung, die bis zur Ölkrise von **1974** andauert.

18. April 1951
Frankreich ist neben Belgien, der Bundesrepublik Deutschland, Italien, Luxemburg und den Niederlanden Gründungsmitglied der Montanunion (EGKS), der Europäischen Gemeinschaft für Kohle und Stahl.

1954–1956
Der Zerfall des französischen Kolonialreiches ist mit gewaltsamen Konflikten verbunden. Die Niederlage von Diên Biên Phu am **7. Mai 1954** bedeutet das Ende der französischen

Kolonialherrschaft in ganz Indochina (Kambodscha, Laos, Vietnam). Die Genfer Verträge vom **Juli 1954** beenden schließlich den Indochina-Krieg. Im **März 1956** werden Marokko und Tunesien in die Unabhängigkeit entlassen. In Algerien löst die radikale Front de Libération Nationale (FLN, Nationale Befreiungsfront) am **1. November 1954** mit Anschlägen auf Brücken, Fabriken und öffentliche Gebäude den Unabhängigkeitskrieg gegen Frankreich aus.

25. März 1957
Frankreich unterzeichnet in Rom als Gründungsmitglied die Verträge zur Europäischen Wirtschaftsgemeinschaft (EWG) und der Europäischen Atomgemeinschaft (EURATOM), die am **1. Januar** des folgenden Jahres in Kraft treten.

1958–1962
Am **13. Mai 1958** unternehmen nationalistische französische Siedler und große Teile der in Algerien stationierten französischen Armee einen Putschversuch, der allerdings mißlingt. Am **1. Juni 1958** wird General Charles de Gaulle zum neuen französischen Regierungschef berufen und mit Sondervollmachten zur Lösung der Algerienkrise ausgestattet. Auch soll seine Regierung einen neuen Verfassungsentwurf ausarbeiten. Die von der Regierung de Gaulle erarbeitete Verfassung der Fünften Republik, in der die starke Stellung des Präsidenten verankert ist, wird per Referendum am **28. September** angenommen und tritt am **4. Oktober** in Kraft. Am **21. Dezember** wird Charles de Gaulle zum Staatspräsidenten gewählt. Zwischen **Januar** und **Juli 1960** werden die schwarzafrikanischen Kolonien Frankreichs sowie Madagaskar in die Unabhängigkeit entlassen. Mit dem Vertrag von Evian wird der Algerienkrieg am **18. März 1962** beendet. Der französische Staatspräsident Charles de Gaulle schließt gegen den Willen der Algerienfranzosen und des Generalstabs mit der von der FLN gebildeten provisorischen algerischen Regierung ein Waffenstillstandsabkommen und erklärt Algerien für unabhängig. Am **8. April 1962** stimmen die Franzosen per Referendum de Gaulles Algerienpolitik zu.

13. Februar 1960
In der Sahara wird die erste französische Atombombe gezündet.

22. Januar 1963
Der französische Staatspräsident Charles de Gaulle und der deutsche Bundeskanzler Konrad Adenauer unterzeichnen in Paris den Elysée-Vertrag über eine enge deutsch-französische Zusammenarbeit. In diesem Zusammenhang wird das deutsch-französische Jugendwerk gegründet, in dessen Rahmen bis 2002 über 7 Millionen Jugendliche aus beiden Ländern an einem Aufenthalt im Nachbarland teilnehmen.

19. Dezember 1964
Die Asche Jean Moulins wird feierlich ins Panthéon überführt.

1966
De Gaulle versucht Mitte der **60er** Jahre für Frankreich die Rolle des Wortführers in Europa sowie eine Stellung zwischen den politischen Blöcken zu erreichen. Nach dem Aufbau der nationalen Atomstreitmacht verläßt Frankreich am **7. März** die militärische Integration der NATO, bleibt aber Mitglied des Atlantikpaktes. Das europäische NATO-Hauptquartier wird daraufhin von Paris nach Brüssel verlegt.

Mai 1968
In Paris und anderen Universitätsstädten Frankreichs kommt es zu Zusammenstößen zwischen Polizei und Studenten. Die Gewerkschaften rufen aus Solidarität zum Generalstreik auf. Am **31. Mai** findet eine große Gegendemonstration von Gaullisten statt. Bei den Parlamentswahlen vom **23.** und **30. Juni** erringen die Gaullisten eine eindeutige Mehrheit. Trotzdem wird die Stellung de Gaulles in der Gesellschaft stark geschwächt.

1969
Staatspräsident Charles de Gaulle tritt aufgrund eines gescheiterten Referendums zur

Reform des zentralistischen Verwaltungswesens am **28. April** zurück. Georges Pompidou wird zum Staatspräsidenten gewählt.

19. Mai 1974
Nach dem Tod Pompidous kann sich Valéry Giscard d'Estaing bei den Präsidentschaftswahlen durchsetzen. In der Europapolitik schafft der neue Staatspräsident mit dem deutschen Bundeskanzler Helmut Schmidt die Voraussetzungen für die europäische Währungsunion. Sein Versuch, den 8. Mai als Gedenktag abzuschaffen, hat nur wenige Jahre Bestand und scheitert am Widerstand verschiedener gesellschaftlicher Interessenverbände.

7. und 10. Juni 1979
In den mittlerweile neun Mitgliedsstaaten der Europäischen Gemeinschaft (Frankreich, Belgien, Bundesrepublik Deutschland, Dänemark, Großbritannien, Irland, Italien, Luxemburg, Niederlande) finden die ersten Direktwahlen zum Europäischen Parlament statt, das im französischen Straßburg tagt.

10. Mai 1981
Der Sozialist François Mitterrand wird neuer französischer Staatspräsident. **1988** wird er in diesem Amt von den Wählern bestätigt.

1985–1995
Frankreich, Belgien, die Bundesrepublik Deutschland, Luxemburg und die Niederlande unterzeichnen am **14. Juni 1985** das Abkommen von Schengen über den schrittweisen Abbau der Personenkontrollen an den Binnengrenzen zwischen den Vertragspartnern. Nach einem Folgeabkommen vom **Juni 1990** (Schengen II) und dem Beitritt weiterer Staaten treten beide Abkommen am **26. März 1995** in Kraft.

11. Mai – 5. Juli 1987
Der ehemalige Gestapo-Chef von Lyon, Klaus Barbie, steht wegen Verbrechen gegen die Menschlichkeit vor Gericht. Hauptanklagepunkt bildet dabei seine Verantwortung für die Deportation von 44 Kindern und 7 Betreuern aus dem jüdischen Kinderheim von Izieu im April **1944** nach Auschwitz. Barbie wird zu lebenslänglicher Haft verurteilt.

7. Februar 1992
In Maastricht wird der Vertrag über die Gründung der Europäischen Union (EU) unterzeichnet. Hauptziel des Vertrages ist die Errichtung einer Europäischen Wirtschafts- und Währungsunion (EWWU) mit Einführung einer gemeinsamen Währung. Am **1. November 1993** tritt der Vertrag in Kraft.

1993
Am **1. Januar** entsteht, gemäß den Maastrichter Verträgen, der Europäische Binnenmarkt der EU. Am **3. Februar** wird ein Dekret verabschiedet, mit dem ein nationaler Gedenktag in Erinnerung an die rassistischen und antisemitischen Verfolgungen eingerichtet wird, die unter der Regierung des État Français (**1940–1944**) betrieben wurden. Als Gedenktag wird der **16. Juli** festgelegt, der Tag der Internierung im Vel' d'Hiv'.

1994
In Deutschland werden am **8. September** die Streitkräfte der westlichen Alliierten des Zweiten Weltkrieges offiziell verabschiedet.

8. Mai 1995
Mitterrand hält in Berlin eine Rede, in der er den Mut des einzelnen deutschen Soldaten im Zweiten Weltkrieg würdigt.

16. Juli 1995
Anläßlich des 53. Jahrestages der Internierung im Vel' d'Hiv' erkennt Jacques Chirac als erster französischer Präsident die Mitschuld Frankreichs an den Judenverfolgungen im Zweiten Weltkrieg an.

1998–1999

Nach einem 18 Jahre dauernden Untersuchungsverfahren wird am **2. April** der 87jährige Kollaborateur und ehemalige Finanzminister Frankreichs, Maurice Papon, wegen Mittäterschaft an Verbrechen gegen die Menschlichkeit zu zehn Jahren Haft verurteilt. Er hatte während des Zweiten Weltkrieges bei der Verhaftung und Deportation von etwa 1700 Juden mitgewirkt. Papon bleibt allerdings bis zur Entscheidung im Revisionsverfahren auf freiem Fuß. Er setzt sich ins Ausland ab und wird im **Oktober 1999** von der Schweizer Polizei aufgegriffen und verhaftet.

1998–2002

Der EU-Rat beschließt am **2. Mai 1998**, daß die Europäische Wirtschafts- und Währungsunion am **1. Januar 1999** mit elf Teilnehmerstaaten beginnt (ohne Dänemark, Großbritannien, Schweden), vorerst jedoch nur für den bargeldlosen Zahlungsverkehr. Ab **1. Januar 2002** werden in Frankreich Euro-Banknoten und Euro-Münzen ausgegeben.

17. April 2000

Die Kommission Mattéoli legt einen Untersuchungsbericht über die Entrechtung und Enteignung der Juden in Frankreich unter dem Vichy-Regime und der deutschen Besetzung vor. Zur Entschädigung der Überlebenden und Nachfahren von Opfern schlägt die Kommission die Einrichtung eines Fonds vor.

Literatur:
- Baralta, Mario v. (Hg.): Der Fischer Weltalmanach 1999–2003, Frankfurt a. M. 1999–2003.
- Berstein, Serge/Milza, Pierre: Histoire de la France au XXe siècle. Bd. 2: 1930–1945, Paris 1991.
- Hinrichs, Ernst (Hg.): Kleine Geschichte Frankreichs, Stuttgart 2000.
- Kinder, Hermann/Hilgemann, Werner: dtv-Atlas Weltgeschichte, Bd. 2: Von der Französischen Revolution bis zur Gegenwart, 34. Aufl., München 2000.
- Loth, Wilfried: Frankreich Ploetz: Französische Geschichte zum Nachschlagen, 3. aktualisierte Aufl., Freiburg/Würzburg 1993.
- Sirinelli, Jean-François (Hg.): Dictionnaire historique de la vie politique au XXe siècle, Paris 1995.

Griechenland

Doppelter Diskurs und gespaltene Erinnerung

von Despoina Karakatsanē und Tasoula Berbeniōtē

Die Befreiung von der deutschen Besatzung wird im heutigen Griechenland nicht gefeiert. Obwohl die deutschen Truppen im Oktober 1944 das Land verließen und somit der Zweite Weltkrieg für Griechenland eigentlich beendet war, ging der Krieg – als Bürgerkrieg – weiter.

Zwei Monate nach der Befreiung im Dezember 1944 fand die Schlacht von Athen statt, auch bekannt als die „Dekembriana" (die Dezember-Ereignisse). Die Minister der linken Nationalen Befreiungsfront (EAM) in der Regierung der Nationalen Einheit unter Geōrgios Papandreou traten zurück, und es kam zum Zusammenprall zwischen der EAM und deren Militärorganisation, der Nationalen Volksbefreiungsarmee (ELAS), auf der einen und den Regierungskräften, die von britischen Truppen unterstützt wurden, auf der anderen Seite. Die Briten wollten die Etablierung einer kommunistischen Regierung verhindern.

Auf die Niederlage der EAM und der ELAS folgte die Unterzeichnung des Abkommens von Varkiza im Februar 1945, das die Entwaffnung des Widerstandes regeln sollte.

Am 31. März 1946 fanden Parlamentswahlen statt, an denen sich aber die linken Parteien nicht beteiligen wollten, weil aus ihrer Sicht des weißen Terrors wegen freie Wahlen unmöglich seien. Im Dezember kehrte auch der König nach einem Plebiszit nach Griechenland zurück.

Das Parlament verabschiedete eine Reihe von Sondermaßnahmen, zu denen auch die Schaffung von Sondermilitärgerichten gehörte. Die linken Widerstandskämpfer, die mit den Kommunisten gleichgesetzt wurden, sollten umerzogen werden. Die Linken, die in Griechenland geblieben waren, mußten Verfolgungen, Militärgerichte, Gefängnisstrafen, Verbannung, Exekutionen bzw. die Verschleppung in Lager erdulden bzw. wurden gezwungen, sogenannte Reueerklärungen zu unterschreiben. Die kommunistische Partei (KP) Griechenlands wurde Ende 1947 für illegal erklärt. Der bewaffnete Bürgerkrieg endete 1949 mit der Niederlage der Linken. Die Regierung wurde von Großbritannien und von den USA unterstützt. Die 1952, nach Beendigung des bewaffneten Bürgerkrieges, verabschiedete Verfassung regelte die Beziehungen zwischen den nationalgesinnten Bürgern und dem Staat. Bis 1962, dem Jahr, in dem das Verfassungsdekret 4234 verabschiedet wurde, ging die griechische Justiz von der Voraussetzung aus, daß der Ausnahmezustand fortbestünde, und urteilte entsprechend.[1]

Zu alledem kommt im Falle des griechischen Bürgerkrieges hinzu, daß dieser vor dem Hintergrund des beginnenden Kalten Krieges stattfand und die Absprachen der Großen Drei von Jalta berührte. So war er nicht lediglich eine von 1946 bis 1949 dauernde bewaffnete Auseinandersetzung zwischen rechten und linken Gruppierungen, sondern entwickelte sich zum Teil der politischen Auseinandersetzung zwischen den großen Blöcken, deren Ende fast mit dem Ende des Kalten Krieges zusammenfällt. In dieser Zeit haben die politischen Veränderungen den öffentlichen Diskurs, aber auch die individuelle und die kollektive Erinnerung geprägt. So war dieser Diskurs aufgrund des Bürgerkrieges ein doppelter und die Erinnerung eine gespaltene.

Das drückt sich allein schon in der Bezeichnung der Auseinandersetzungen aus: Die Kommunisten nannten sie Bürgerkrieg (emphylios), die Nationalen Banditenkrieg (symmoritopolemos). Auch behaupteten die Nationalen, die Nation bzw. den Staat vor den Kommunisten retten zu wollen, und waren damit auf einer Linie mit dem Westen. Die Linke versuchte ihrerseits ihre nationale Gesinnung zu beweisen, indem sie betonte, während der Besatzung im Widerstand aktiv gewesen zu sein: Die KP Griechenlands habe den Widerstand gegen die Besatzer organisiert und angeführt, im Gegensatz zur Rechten, die kollaboriert habe.[2]

Beide Seiten verschwiegen, daß der Widerstand in enger Verbindung mit der Forderung nach sozialem Wandel einhergegangen war[3] und daß die bewaffnete Auseinandersetzung zwischen den Griechen schon während der deutschen Besatzung begonnen hatte, zwischen den Widerstandsorganisationen, aber auch unter den griechischen Kollaborateuren.

Die Last des Bürgerkrieges war enorm. Die Folgen waren Migration und Mißtrauen, gepaart mit der Angst vor den „anderen" – den nicht „Unsrigen". In Hinblick auf die Migration kann nach groben Schätzungen und aufgrund rudimentärer Daten (die Forschung befindet sich noch in den Anfängen) festgehalten werden, daß ein Drittel, eventuell sogar die Hälfte der Bevölkerung des Landes für kurze Zeit oder auch dauerhaft den Aufenthaltsort wechselte.[4] Die Angst erfaßte nicht nur die Linken, die verfolgt wurden, sondern die gesamte griechische Gesellschaft. Sie entstand in dem Moment, in dem die Menschen in den Bürgerkrieg involviert wurden, und aus dem Gefühl der Schuld, die eine solche Involvierung hinterläßt. Diese Spaltung innerhalb der Gesellschaft war jedoch Anfang der 60er Jahre fast aufgehoben.

Beide Seiten verdrängten den Widerstand auch deswegen, weil einerseits die rechten Widerstandsorganisationen, verglichen mit jenen der Linken, zahlenmäßig klein waren und einige von ihnen der Kollaboration mit den Deutschen bezichtigt wurden bzw. ranghohe Mitglieder ihres Apparats Kollaborateure waren. Die kommunistischen Widerstandskämpfer andererseits mußten auch nach dem Dezember 1944 mit Gefängnis, Verbannung und in frühen Jahren gar mit Hinrichtung rechnen.

Obwohl die Rechte als Siegerin die Zügel der Macht in den Händen hielt, beherrschten die Linken in den 50er Jahren die geistige Landschaft. Die Intellektuellen (Literaten, Bildhauer, Maler, Musiker) waren in ihrer Mehrheit am Widerstandskampf beteiligt gewesen und gehörten zur engagierten Linken. Auch mangelte es der Linken, trotz der Verfolgungen, die sie erleiden mußte, nicht an Möglichkeiten zur politischen Willensäußerung: Auf der Insel Makronissos – dem größten Straflager, in dem auch Mikēs Theodōrakēs inhaftiert und gefoltert worden war – stimmte bei den Wahlen von 1950 die Mehrheit der Häftlinge, die zwar Kommunisten, aber formal politisch reformiert waren, da sie eine Reueerklärung unterschrieben hatten, nicht für die Rechten.[5]

Das „Epos von Albanien" (Oktober 1940 – März 1941)

Es hat ein Ereignis gegeben, das die gemeinsamen Koordinaten im Gedächtnis aller ausmacht: Es ist der 28. Oktober 1940, der Tag, an dem Griechenland von Albanien aus durch Italien angegriffen worden war; in den nachfolgenden Kämpfen konnte die griechische Armee Mussolinis Invasionstruppen auf albanisches

Gebiet zurückdrängen. Diese Episode des Zweiten Weltkrieges ging als das „Albanische Epos" in die Geschichte Griechenlands ein. Alle Zeugnisse, die schriftlichen wie die mündlichen, bestätigen, daß bei der Mobilmachung die Soldaten „mit einem Lächeln auf den Lippen" an die Front zogen.

Der 28. Oktober, der Tag, an dem der Kampf um die Unabhängigkeit zum zweiten Mal begann, wurde zum Nationalfeiertag, genauso wie der 25. März, der Tag, von dem ab 1821 zum ersten Mal um die griechische Unabhängigkeit gekämpft worden war.[6] Der 28. Oktober steht symbolisch für das „Ochi" (Nein), das die Griechen den Invasoren entgegenhielten. Im kollektiven Gedächtnis gilt der 28. Oktober als der Beweis für die Unbesiegbarkeit der griechischen Armee und den Zusammenhalt der Nation gegenüber dem Feind. Er wurde schon 1941 zum ersten Mal gefeiert, d. h. auch in der Zeit, in der Griechenland unter deutscher Besatzung stand. Nach Beendigung des Krieges wurde er institutionalisiert. Zwar wird des Endes des Zweiten Weltkrieges nicht gedacht, sein Anfang wird dagegen sehr wohl zelebriert. Bis heute bleiben die Geschäfte geschlossen und eine große Militärparade findet in Saloniki statt. Schulparaden werden in allen Gemeinden und Präfekturen des Landes organisiert. Am Vortag findet in jeder Schule ein Fest statt. Die Wände der Aula werden mit Parolen wie „Nein", „Hoch lebe die Nation", „Es lebe der 28. Oktober 1940" geschmückt (Abb. GR 1). Dieses „Nein" ist auch beliebtes Motiv für Spielzeuge, wie zum Beispiel eine kleine Papierkulisse, die eine Berglandschaft mit Griechenland verteidigenden Soldaten darstellt (Abb. GR 2). Über allem steht wie eine Verheißung ein mit Lorbeer umkränztes „Ochi". Diese Feiern werden seit 1945 immer auf die gleiche Weise begangen. Das „Nein" ist das einzige, an das ein gemeinsames Erinnern überhaupt lange Zeit möglich war.

GR 1
Ochi
Nein, Ende der 50er Jahre
Wanddekoration, 29 x 84 cm
Athen, Ellēniko Logotechniko
Kai Istoriko Archeio (ELIA)

Die Tatsache, daß im April 1941 nach dem Angriff von Jugoslawien aus die deutschen Streitkräfte innerhalb von drei Tagen Saloniki und in drei Wochen Athen erreicht hatten, wird verschwiegen.

Dagegen wurde im öffentlichen Diskurs der Rechten der zunächst siegreiche Vormarsch der griechischen Armee in Albanien bzw. die Unbezwingbarkeit der griechischen Kämpfer als nationaler Triumph gefeiert. Abgesehen von der nationalen Komponente war für die Linke der Krieg in Albanien auch ein antifaschistischer Kampf: Die griechischen Soldaten und das Volk, das sie unterstützte, kämpften für die Zerschlagung des Faschismus.

Die Auseinandersetzung zwischen der Rechten und der Linken konzentrierte sich später in erster Linie auf die Frage: „Wer sprach das 'Nein' aus?" Die Rechte behauptete, das „Nein" habe Ministerpräsident – als solcher Oberbefehlshaber der Streitkräfte – Iōannēs Metaxas ausgesprochen. Man verschwieg dabei natürlich, daß Metaxas kein gewählter Ministerpräsident, sondern 1936 vom König ernannt worden war und daß sein Regime unter dem Vorwand der kommunistischen Bedrohung die Verfassung außer Kraft gesetzt hatte. Die Linke behauptete ihrerseits, daß das

GR 2
Ochi
Nein, ca. 1954/55
Papierkulisse, 27 x 28 cm
Athen, Ellēniko Logotechniko
Kai Istoriko Archeio (ELIA)

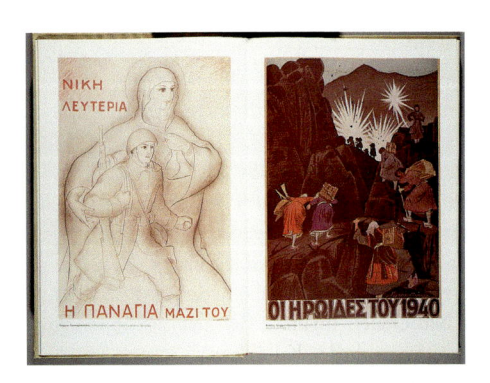

„Nein" vom griechischen Volk ausgegangen sei, und nicht von Metaxas und dem König, denn beide hätten keinerlei Interesse daran gehabt, Widerstand zu leisten und gegen Mussolinis Streitkräfte zu kämpfen. Trotz der unterschiedlichen Deutung des „Nein" am 28. Oktober konnte man ihn zum Nationalfeiertag erheben, da mit ihm daran erinnert wird, daß am Krieg nicht allein die Armee teilnahm, sondern das gesamte griechische Volk.

Man dachte z. B. an die heldenhaften Frauen, die Munition transportierten und so halfen, den Nachschub zu sichern. Denn auf dem Bergmassiv von Pindos, wo die Gefechte stattfanden, gab es keine befestigten Straßen, auf denen Fahrzeuge hätten fahren können. Auf den zeitgenössischen Darstellungen sind Frauen zu sehen, die schwere Lasten tragen. Auf dem Plakat „Oi ērōides tou 1940", das im Krieg entstanden ist, laufen die Frauen von Epirus mit ihren traditionellen Trachten über halsbrecherische Pfade und transportieren Munition, um Griechenland zu retten. Dieses Motiv findet sich in verschiedenen Varianten oft in der Erinnerungsliteratur. Vor allem in den 80er Jahren wird es häufig reproduziert, um an den kollektiven Widerstand, in dem Frauen eine wesentliche Rolle gespielt haben, zu erinnern (Abb. GR 3). In einem 1986 unter der Kulturministerin Melina Merkourē herausgegebenen Buch wird das Motiv der schwer tragenden Frauen interessanterweise verknüpft mit einem Bild, das die Muttergottes zeigt, die schützend ihren Arm um einen Soldaten hält. Die Popularität des Motivs ist vielleicht auch damit zu erklären, daß es sich nicht politisch vereinnahmen läßt.

Ebenfalls in der zweiten Hälfte der 80er Jahre erschien das von der Historischen und Ethnologischen Gesellschaft Griechenlands unter dem allgemeinen Titel „Das Epos von 1940" herausgegebene Buch, das gleichfalls daran erinnern will, daß das Volk den Krieg gewonnen habe. In diesem Band sind 65 Plakate sowie Schlagzeilen aus Zeitungen der Kriegszeit reproduziert. Die Auswahl und Zusammenstellung der Motive legt den Schluß nahe, daß es darum geht zu zeigen, wie heldenhaft das griechische Volk sein Land verteidigt habe. Auf dem Schutzumschlag findet sich denn auch ein programmatisches Bild mit Soldaten, die in ihrem Kampf vom ganzen Volk unterstützt werden (Abb. GR 4). Frauen, Priester und alte Männer organisieren den Nachschub in schwierigstem Gelände, im unwegsamen Gebirge. Außerdem greift diese Illustration, wie viele andere in dem Werk, auf die Bildtraditionen des griechischen Freiheitskampfes des 19. Jahrhunderts zurück, wie auf die Malerei von Panagiōtēs Zōgraphos. Die Soldaten ähneln den griechischen Freiheitskämpfern des 19. Jahrhunderts. Sie tragen Tsarouchia

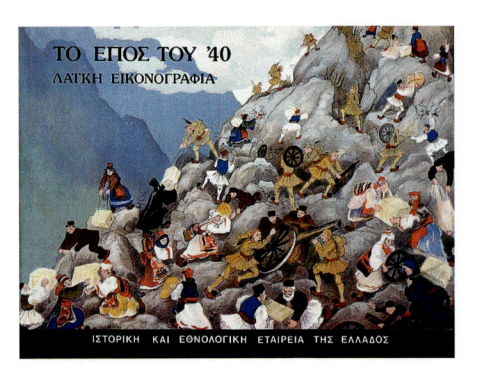

GR 3
Oi Ērōides tou 1940.
Nikē. Leuteria. Ē Panagia mazi tou
Die Heldinnen von 1940.
Sieg. Freiheit. Die heilige Muttergottes mit ihm, in: Assantour Bacharian, Petros Antaios: Eikastikes Martyries, Zōgraphikē – Charaktikē, ston Polemo, stēn Katochē kai stēn Antistasē, Ypourgeio Politismou, Athen 1986, S. 29
Buch
Privatbesitz

GR 4
Istorikē kai Ethnologikē Etairia tēs Elladas (Hg.)
To epos tou '40. Laikē Eikonographia
Das Epos von 1940.
Volkstümliche Illustration, Athen 1987
Buchtitel
Berlin, Deutsches Historisches Museum

(Lederschuhe mit Quaste) statt Stiefel, die Uniformen und die Gewehre dagegen sind modern. Die Tsarouchia stellen die Verbindung zwischen dem Krieg an der albanischen Front und dem Unabhängigkeitskrieg gegen die Türken von 1821 her. Diese Art von Reproduktion prägt offenbar die Bilder der 80er Jahre (vgl. Abb. GR 2), in denen auch die Frauen eine bedeutende Rolle spielen.

Frauen transportierten aber nicht nur Lasten, sondern nahmen auch am Krieg teil, indem sie ihre traditionelle Rolle und ihre traditionellen Pflichten in die Gesellschaft hinein erweiterten. Sie pflegten die Verwundeten in den Lazaretten, halfen, wo sie konnten. Symbol für diese Erweiterung wurde das Bild der Strickenden. In der Zeitschrift der Nationalen Jugendorganisation (EON) Neolaia (die Jugend) wurde 1941 das Stricken mit der Kriegskunst verglichen: „Jede Masche unserer Wolle, die unsere Finger im Fluge schlingen, ist eine Schlinge am Halse unseres Feindes. Die Nadel ist unser Speer in der Heimat."[7] Dieser Vergleich hatte sich schon während des „Albanischen Epos" tief eingeprägt und diente als Vorlage für ein bis heute populäres Motiv, das 1940 im Atelier von Giannēs Kephallēnos an der Kunsthochschule Athen gedruckt worden war. Es findet sich in zahllosen Publikationen über den Krieg wieder – so in einem Kalender des Jahres 1990. Abgebildet ist eine junge Frau, die mit ihren Stricknadeln „Für die Soldaten" – so der Titel – strickt (Abb. GR 5). Sie ist ein schönes junges Mädchen mit mandelförmigen Augen und fein geschwungenen Brauen. Ihr Kopftuch signalisiert ihre ländliche Herkunft, und damit wird sie zum Sinnbild für das Volk. Sie wirkt wie eine Madonna: Von daher kommt ihr eine Vorbildfunktion für die jungen Frauen zu.

GR 5
Gia tous stratiōtes
Für die Soldaten, in: Penēnta Chronia apo tēn Epopoiia tou '40, Polemiko Mouseio (Hg.), Athen 1990
Kalender, 47 x 33 cm
Privatbesitz

Wenn auch die Rechten Griechenland regierten, so hatten die linken Intellektuellen in den 50er und 60er Jahren die Möglichkeit, zu publizieren. Man konnte auch über die traumatischen Erfahrungen des griechisch-italienischen Krieges reden. Bereits 1945 wurden diese von Odysseas Elytēs in seinem Gedicht „Heroisches Hohelied und Klage für den in Albanien gebliebenen Leutnant" beschrieben, das im gleichen Jahr zum ersten Mal erschien. In ihm dominiert das starke Gefühl von Zerstörung und Gewalt. Der Held wird im Schnee Albaniens ermordet. Zentrales Motiv ist der Kreislauf der Natur, von Werden und Vergehen, der Schnee schmilzt und das Gras wächst aus den Knochen des Toten. Das Gedicht endet mit einer Hymne an die schöpferische Kraft der Natur.[8]

1959 erschien in Athen Elytēs' Gedicht „Axion Esti" (Gepriesen sei) mit Illustrationen von Giannēs Moralēs. Es wurde von Mikēs Theodōrakēs vertont und 1964 ebenfalls in Athen uraufgeführt. Es beschäftigt sich mit den Ereignissen der 40er und 50er Jahre: Albanien, der Besatzungszeit, dem Bürgerkrieg, um so den Weg der Nation, das schwere Los der Griechen und damit den gnadenlosen Kampf des Menschen mit den Mächten zu beschreiben. In dieser „Bibel der griechischen Nation", so Theodōrakēs, stellt der Dichter das Schicksal seines Landes und den Weg zu einer neuen Freiheit dar. Beeindruckend sind die Rezitationen von „Der

Marsch zur Front" und „Der große Auszug" durch den Schauspieler Manos Katrakēs.[9]

Zum 60. Jahrestag des Angriffs organisierte das Athener Militärhistorische Museum in Saloniki 2000 eine Ausstellung zum griechisch-italienischen Krieg. Das Plakat zeigt einen griechischen Soldaten, der zum Handgranatenwurf ausholt (Abb. GR 6). Das Motiv hat mit den tradierten Bildern wenig gemein. Statt eines Kämpfers in Volkstracht ist hier ein modern ausgerüsteter Soldat dargestellt, der genausogut in einer anderen Armee kämpfen könnte. Lediglich der Titel verweist auf das historische Ereignis in Griechenland. Das könnte bedeuten, daß man sich von der Tradition des griechischen nationalen Befreiungskampfes lösen wollte.

GR 6
Etsi polemousame 1940–41
So kämpften wir 1940–1941,
Ausstellungsplakat zur gleichnamigen Ausstellung des Polemiko Mouseio, Athen, Saloniki 2000
Plakat, 69 x 49 cm
Berlin, Deutsches Historisches Museum

Die Besatzung und der Widerstand (1941–1944)

Die dreifache Besatzung Griechenlands begann im April 1941. Die Deutschen besetzten die strategisch wichtigen Stellen, die Italiener den größten Teil des Landes und die Bulgaren die nördlichen und östlichen Territorien. Das Hauptproblem, mit dem sich die Bevölkerung, vor allem in den Städten, konfrontiert sah, war der tägliche Kampf um das Überleben. Der Import von Nahrungsmitteln wie z. B. Weizen wurde u. a. wegen der Blockade, die die Briten über das von Deutschen besetzte Europa verhängt hatten, fast vollständig unterbrochen. Ständig steigende Preise führten zu einer Inflation und zur Entstehung des schwarzen Marktes.[10]

Der Hunger begann im August 1941 und hatte seinen Höhepunkt im schrecklich kalten Winter 1941/42. Der Hunger traf die Ballungszentren, allen voran Athen. Die Zahl der Toten ist unbekannt, auch weil viele den Tod von Angehörigen verschwiegen, um so wenigstens deren geringe Lebensmittelration weiter beziehen zu können. Die Opfer waren vor allem Kinder. Das Abbild dieses Horrors hielt Voula Papaiōannou mit ihrer Kamera im sogenannten „Schwarzen Album" fest, das 1943 in Athen herausgegeben wurde. Wahrscheinlich weil die Bilder zu schrecklich waren, wurde das „Schwarze Album" nie neu aufgelegt, doch sehr oft illustrieren einige seiner Bilder spätere Artikel über den Hunger. 1995 organisierte das Benaki Museum und die Stiftung für griechische Kultur eine Ausstellung zu Ehren der Photographin. In dem Katalog sind Photographien aus dem „Schwarzen Album" reproduziert (Abb. GR 7). Die Photographien der ausgezehrten Kinder rühren den Betrachter noch heute und zeigen das Leid der Unschuldigen und Wehrlosen.

Das Ausmaß des Hungers, der vor allem die Kinder der großen Städte Griechenlands während des Zweiten Weltkrieges traf, zeigt auch der Film „Xypolito

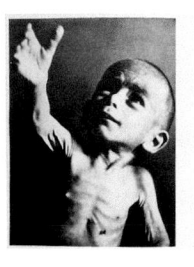

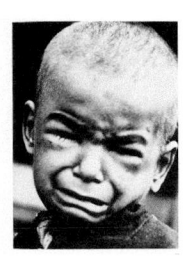

GR 7
Voula Papaiōannou
(Photographie)
Ti na kategorēsō. Athēna,
1941–42
Was soll ich beklagen? Athen,
1941–42, in: Voula
Papaiōannou: Bilder der
Verzweiflung und Hoffnung.
Griechenland 1940–1960,
Ausstellungskatatalog des
Benaki Museum und der
Stiftung für griechische Kultur,
Athen 1995, S. 18/19
Buch
Berlin, Deutsches
Historisches Museum

GR 8
Gregg C. Tallas (Regie),
Mikēs Theodōrakēs (Musik)
Xypolito Tagma
Barfuß-Bataillon, 1954
Filmplakat, 75 × 60 cm
Athen, Tainiothēkē tēs Ellados
X 8

Tagma" von 1954. In Saloniki versuchen ein Junge und seine kleine verwaiste Schwester zu überleben. Ihr Überlebenswillen führt sie zu einer Bande von Waisenjungen, die auf den Straßen leben und versuchen, die Besatzer zu bestehlen. Das Brot, das sie klauen, verteilen sie dann unter den hungernden Einwohnern. Das Plakat des Films zeigt den Jungen, der seine kleine erschöpfte Schwester nachdenklich durch die Stadt trägt (Abb. GR 8). Die zwei Hauptfiguren des Films füllen fast das gesamte Plakat aus. Ihre Haltung erinnert an das Motiv der „Pietà" – wie die Muttergottes ihren toten Sohn hält, so trägt der Junge seine kleine Schwester, deren Leben von der Hungersnot bedroht ist. Der Film ist als Anklage gegen den Krieg gedacht und betont das Leid der Kinder. Er enthält die Botschaft, die von dem Motiv des Plakats hervorgehoben wird, daß es trotz des Hungers Hoffnung gibt. Der Widerstand der Waisenkinder zeigt auch, daß ganz Griechenland – also auch die Kinder – gegen die Besatzer kämpft.

Die harten Bedingungen während der Besatzung führten zur Radikalisierung großer Teile der Bevölkerung. Der griechische Widerstand verbreitete sich mit großer Geschwindigkeit. Die größte Widerstandsbewegung war die linke EAM. Sie wurde im September 1941 fast zeitgleich mit der königstreuen Griechischen Republikanischen Befreiungsliga (EDES) gegründet.

Eine der spektakulärsten gemeinsamen Widerstandsaktionen des militärischen Flügels der Nationalen Befreiungsfront, der ELAS, und der EDES war die Sprengung der Gorgopotamos-Brücke im November 1942 mit Hilfe britischer Geheimagenten. Ziel war es, die Versorgungslinien für die deutschen Truppen an der Afrika-Front abzuschneiden. Nach dem erfolgreichen Anschlag war die Eisenbahnverbindung zwischen Saloniki und Athen sechs Wochen lang unterbrochen. Es war eine der wenigen Widerstandsaktionen, die die sich ansonsten bekämpfenden Widerstandsorganisationen gemeinsam durchführten.

1945 gab der Graphiker Tassos eine Mappe heraus, in der er wichtige Stationen des kommunistischen Widerstandes darstellte. Die Sprengung der Gorgopotamos-Brücke am 25. November 1942 war eine dieser Stationen

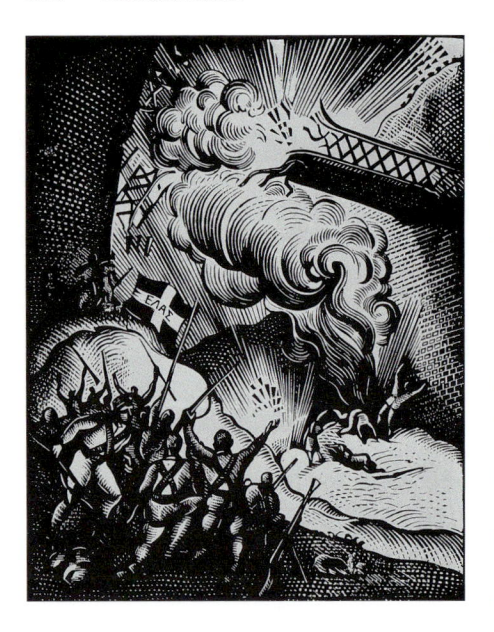

(Abb. GR 9). Auf seinem Holzschnitt werden die Partisanen der ELAS abgebildet, wie sie hinter einem Hügel bei der Explosion der Brücke jubeln und ihr Banner mit der Aufschrift ELAS schwenken. Auf diese Weise macht Tassos 1945, am Vorabend des Bürgerkrieges, das Ereignis zu einer Aktion allein des Widerstandes der Linken, obwohl diese offiziell dessen Einheit postulierten.

Nach dem Rückzug der deutschen Truppen aus Griechenland im Oktober 1944 installierte sich in Athen die Regierung der Nationalen Einheit. Athen erlebte eine kurze Befreiungsphase, die ungefähr zwei Monate dauerte. In dieser Zeit gab es fast täglich Versammlungen im Zentrum der Stadt. Es war, als wollten die Menschen endlich aus ihren Häusern ausbrechen, ohne die Einschränkungen, die ihnen durch die Besatzer auferlegt worden waren, sich freuen, mit ihren Mitbürgern feiern können. Diese festliche Stimmung hat Tassos ebenfalls 1945 in seinem Farbholzschnitt „Ē Apeleutherōsē tēs Athēnas" festgehalten (Abb. GR 10). Die Szene spielt auf dem Syntagma-Platz, dem Verfassungsplatz, an dem sich auch die Büros der KP Griechenlands befanden. Zu sehen sind die Mitglieder der EAM, der ELAS, der Vereinigten Gesamtgriechischen Jugendorganisation (EPON) und der KP Griechenlands, die an ihren Fahnen zu erkennen sind. Dem Marsch der Studenten der ELAS laufen junge Frauen voran und werfen Flugblätter in die Luft, dann folgt eine Menschenmenge, die griechische, britische, amerikanische und sowjetische Fahnen schwenkt. Ebenfalls ist der Marsch von jungen Frauen der EPON zu sehen. Im Vordergrund tanzen zwei Kinder, und eine Frau zeigt ihrem Kind den Jubel. Auf den Transparenten ist zu lesen „Tod dem Faschismus", „Die Verräter sollen gefaßt werden". Die „Laokratie", die Volksherrschaft, die EAM und die KP Griechenlands verkündeten, wird in der Gestalt der Allegorie der Freiheit auf einem Transparent wiedergegeben. Auch schwarzgekleidete Frauen haben trotz ihrer Trauer über den Verlust ihrer Männer und Söhne an der Freude teil.

In den 50er und 60er Jahren war es den kommunistischen Parteien möglich, Veranstaltungen mit dem Ziel zu organisieren, ihr nationales Engagement im Widerstand zu demonstrieren. Anlaß waren Jahrestage von Aktionen aus der Zeit der Besatzung, die aber überhaupt keinen Zusammen-

GR 9
Tassos
Gorgopotamos
1945
Holzschnitt, 24,5 x 19 cm
Athen, Ethnikē Pinakothēkē-Mouseio Alexandrou Soutzou

GR 10
Tassos
Ē Apeleutherōsē tēs Athēnas
Die Befreiung Athens, 1945
Farblithographie, 45 x 77 cm
Athen, Ethnikē Pinakothēkē-Mouseio Alexandrou Soutzou
7263

GR 11
Adōnis Kyrou (Regie),
Mikēs Theodōrakēs (Musik)
To Mploko
Die Blockade, 1965
Filmplakat, 40 x 58 cm
Athen, Tainiothēkē tēs Ellados
M83

hang mit dem Bürgerkrieg haben durften. Hier wurde die Geschichte von Heroen und Märtyrern erzählt, allerdings wurde diese von persönlichen Erinnerungen abgekoppelt, die oft eher von Opfer und Leid geprägt waren. Die Trennung von der persönlichen Geschichte und Erinnerung fand nicht nur aus Angst vor Verfolgung seitens der Rechten statt, sondern auch, weil in den meisten Fällen die persönliche Erinnerung nicht mit der heroischen und märtyrerhaften Art, mit der die kommunistische Partei die Ereignisse darstellen wollte, in Einklang zu bringen war. Sie verschwieg einen großen Teil der historischen Realität. Aufgrund dieses gespaltenen Bewußtseins gestaltete sich die Erinnerung an die Zeit der Besatzung als weitaus schwieriger als an das „Epos von Albanien".

In dem Film „To Mploko" von 1965, dem ersten Film über den griechischen Widerstand im Zweiten Weltkrieg, der 1966 zum Wettbewerb in Cannes eingereicht wurde, wird diese Sichtweise der Linken weiter tradiert. Danach befindet sich diese in einem heroischen Widerstandskampf, die Rechte begeht Verrat und kollaboriert mit den Deutschen. Der Film spielt 1944, gegen Ende der Okkupation. In Athen werden von den Deutschen Sperren errichtet, damit sich die Bewohner nicht zwischen den verschiedenen Distrikten bewegen können. Nachts werden ganze Stadtteile abgeriegelt, und alle männlichen Einwohner, die älter als 15 Jahre sind, werden auf zentrale Plätze getrieben. Ein Szenenphoto auf dem Plakat zeigt einen schwer bewachten Eingang zu einem umstellten Gebiet (Abb. GR 11). Im Zentrum des Plakats befinden sich zwei Widerstandskämpfer: ein Mann und eine Frau, deren Ehemann Verrat begangen hat, während sie sich mit aller Entschlossenheit auf die Seite des kämpferischen Widerstandes gestellt hat. Der Mann neben ihr richtet die Waffe fast gegen sie und schaut sie fragend an. Die anderen Szenenphotos zeigen verschiedene Aktivitäten der Widerstandskämpfer.

Zu Beginn der 60er Jahre hatte sich die Gesellschaft wirtschaftlich wiederaufrichten können, und nur wenige politische Häftlinge waren noch in den Gefängnissen oder lebten in der Verbannung. Es ist eine Deeskalation der Auseinandersetzungen zu beobachten. 1962 wird z. B. Theodōrakēs' Werk „To Tragoudi tou Nekrou Adelphou" (Ballade vom Toten Bruder) in Athen uraufgeführt. Theodōrakēs sieht Griechenland als Opfer der Okkupation und den Bürgerkrieg als deren Folge. Ins Zentrum der Handlung stellt er eine Familie, in der der eine Sohn auf der Seite der Linken und der andere auf der der Rechten kämpft. Er will diese Konstellation zugunsten einer nationalen Einheit aufgehoben wissen.

1964 präsentierte Giōrgos Pharsakidēs einen Bildband, der den linken und kommunistischen Widerstandskämpfern, die in dem Straflager auf Makronissos inhaftiert waren, gewidmet war und der als erstes Zeugnis dieser Erfahrung gesehen werden kann. Auf einer der Seiten kombiniert Giōrgos Pharsakidēs einen seiner Holzschnitte mit dem Gedicht „Mir geht es gut" von Menelaos Lountemēs und der Notiz, die dem Verhafteten befahl, auf jeden Fall zu schreiben, daß er

„gesund" sei (Abb. GR 12). Auf dem Holzschnitt wird ein verwundeter und sichtbar erschöpfter Mann abgebildet, der aus dem Lager einen Brief an seine Mutter schreibt. Obwohl er von den Strapazen berichten will, die er durchleidet, ist er durch den Befehl gezwungen zu schreiben, daß er „gesund" sei. Pharsakidēs verarbeitet nicht allein den Bürgerkrieg, sondern will deutlich machen, daß diejenigen, die das Vaterland im Krieg verteidigt haben, in dem Straflager Makronissos gequält und gefoltert wurden und dies nicht mitteilen durften.

GR 12
Menelaos Lountemēs
Eimai Kala
Mir geht es gut, in: Giōrgos Pharsakidēs: Makronēsos, Athen 1964, S. 52/53
Buch
Privatbesitz

Die erste Nachkriegsgeneration wuchs mit den Geschichten von Stelios Anemodouras „O Mikros Ērōs", erschienen im „Wochenmagazin mit heldenhaften Abenteuern", auf. Das Magazin kam jeden Dienstag heraus und war zwei Jahrzehnte lang, von 1952 bis 1968 und von 1969 bis 1970, an den Kiosken zu kaufen. Die Hauptfiguren sind Kinder, ihre abenteuerlichen Aktionen spielen während der Besatzungszeit. Der Protagonist heißt Giōrgos Thalassēs. Sein Nachname verweist auf das Meer (griechisch Thalassa), das Griechenland umgibt, aber auch auf die Farbe der griechischen Fahne (hellblau, griechisch thalassi). Giōrgos Thalassēs, das Phantom-Kind, wie ihn die Besatzer nannten, ist bei seinen Widerstandsaktionen nicht allein. Er hat Spithas (Funke) dabei, einen dicken Jungen, dessen ständiger Appetit die Erinnerung an die Hungernot wachhält, aber auch Katerina, seine Partnerin und Angebetete. Sie ist das weibliche Pendant von Giōrgos Thalassēs und verfügt über ähnliche Fähigkeiten und Talente. Die Kinder kämpfen für die Gerechtigkeit, die Freiheit des Vaterlandes und sind gute Christen (Abb. GR 13). Auf unserem Titelbild versetzt Giōrgos Thalassēs gerade einem deutschen Soldaten, der durch eine Hakenkreuzarmbinde als solcher erkennbar ist, einen Fußtritt. Er leistet Widerstand in kurzen Hosen, unbewaffnet und schlägt dennoch erfolgreich dem Widersacher die Pistole aus der Hand. Diese jungen und heldenhaften Griechen sind Supermänner und -frauen, sie übernehmen gefährliche Missionen in Griechenland und dem Nahen Osten, sie verkleiden sich, sie beherrschen die japanische Kampfkunst, und am Ende besiegen sie immer ihre Feinde, die keine anderen sind als die Besatzer oder auch die Verräter des Vaterlandes, die Kollaborateure. Der „Kleine Held" erzählt den Kindern der ersten Nachkriegsjahrzehnte die Geschichte des Widerstandes, ohne dabei für die Rechte oder Linke Partei zu ergreifen.

Der politische und kulturelle Frühling der frühen 60er Jahre endete mit der Junta, die von 1967 bis 1974 in Griechenland herrschte. Während der Diktatur trachtete das Obristenregime, die antikommunisti-

GR 13
Stelios Anemodouras
O Mikros Ērōs. Ena mathēma ston tyranno
Der kleine Held. Eine Lektion für den Tyrannen, Nr. 276, November 1958
Comictitel
Athen, Ellēniko Logotechniko Kai Istoriko Archeio (ELIA)

sche Hysterie zu schüren. Doch unter den antidiktatorischen Kräften (rechten wie linken), die hauptsächlich außerhalb Griechenlands agierten, wurden politische Konvergenzen mit dem Ziel geschaffen, die Diktatur zu stürzen. Eine der wenigen Wiedergaben des Widerstandskampfes, die auch im Zusammenhang mit dem Widerstand gegen die Militärdiktatur steht, ist der Film des Regisseurs Ntinos Katsouridēs „Ti ekanes ston polemo Thanasē?", in dem der überaus beliebte Komiker Thanasēs Beggos die Hauptrolle spielte. Im Werbespot zum Film hieß es: „Eine Antikriegssatire von Ntinos Katsouridēs", während im Vorspann des Films zu lesen war: „Hunger und Gewalt trugen zu allen Zeiten und in allen Ländern dasselbe Gesicht". Die Satire allerdings war in diesem Film gar nicht gegen den Krieg gerichtet, da im gesamten Film nichts vom Krieg zu sehen ist, sondern nur gegen die Besatzung. Es ist ein Film, der zu den antidiktatorischen Aktionen gezählt werden kann, da er während der siebenjährigen Diktatur gedreht wurde. Sein Ziel war die politische Aktivierung der Menschen gegenüber Regimen der Willkür, ob sie eine Besatzungsmacht oder eine Junta waren. Die Geschichte spielt in der Zeit der Besatzung und handelt von einem Fall ungewollten Widerstandes. Thanasēs, ein einfacher Mann aus dem Volke, wird aus Versehen von der Gestapo als Widerstandskämpfer festgenommen. Der Film war der größte Kassenerfolg des Jahres 1971/72 und wurde beim Filmfestival von Saloniki mit dem Preis für den besten künstlerischen Film und für das beste Drehbuch ausgezeichnet, während Thanasēs Beggos der Preis als bester männlicher Darsteller verliehen wurde. Das Plakat zeigt den Hauptdarsteller Thanasēs, wie er von einem Karabiniere beschossen wird, als er aus dem Gefängnis flieht. Dieser Sprung in die Freiheit bringt ihn anschließend unfreiwillig zum Widerstand (Abb. GR 14).

Ganz anders war der Inhalt der populären Fernsehserie „Der unbekannte Krieg". Dort ging es in 226 Episoden, die zwischen 1971 und 1974 ausgestrahlt wurden, um einen Krieg, der die Werte Vaterland, Patriotismus und militärische Stärke – ganz im Sinne der Junta – verherrlichte. Die Straßen waren während der Sendezeit wie leergefegt. Trotz der Beliebtheit dieser Serie hat das griechische Fernsehen keine Kopien aufbewahrt.[11]

Auch der Film „28 Oktōbriou, ōra 5:30" von 1971 erzählt die Geschichte des Krieges im Sinne der Junta. Der Film beginnt mit dem Fest des Dorfes Mikri Lefka zum 28. Oktober. Während die Dorfbewohner ausgelassen feiern, kämpfen griechische Truppen gegen die Wehrmacht. Nach dem Zusammenbruch der Frontlinien okkupieren die Besatzer das Dorf, da sie eine Munitionsfabrik übernehmen wollen, und terrorisieren die Bewohner. Das Plakat zeigt den Höhepunkt in der Auseinan-

GR 14
Ntinos Katsouridēs (Regie)
Ti ekanes ston polemo Thanasē?
Was hast Du im Krieg gemacht, Thanasēs?, 1971
Filmplakat, 100 x 70 cm
Athen, Tainiothēkē tēs Ellados
T25

dersetzung zwischen Griechen und deutschen Besatzern. Zur Vergeltung für die Sprengung der Fabrik durch die jungen Männer des Ortes haben die Deutschen willkürlich Frauen und Männer aus dem Dorf ausgewählt, um sie zu exekutieren. Doch können die jungen Männer, die die Fabrik gesprengt haben, den Tod Unschuldiger nicht verantworten und stellen sich zwischen die Unschuldigen und das Exekutionskommando (Abb. GR 15). Anschaulich wird die Atmosphäre der Gewalt und des Terrors in dem kleinen mazedonischen Dorf. Deutlich wird aber auch, daß sich die Dorfbewohner davon nicht beeindrucken lassen wollen. Sie widerstehen – trotz der Gewehre und der Übermacht –, und sie werden gewinnen. Die überragende Gestalt im Ort ist Tryphōnas Platanias. Entsprechend ist er auch auf dem Plakat dargestellt. Er ist ein großer Patriot, der sich nicht mit den Deutschen einläßt und sie bekämpft. Am Ende gelingt ihm sogar die Rettung der jungen Männer, die die Fabrik gesprengt haben, und die Vertreibung der Besatzer aus Mikri Lefka.

GR 15
Kōstas Karagiannēs (Regie)
28 Oktōbriou, ōra 5:30
28. Oktober 5 Uhr 30, 1971
Filmplakat, 48 x 63 cm
Athen, Tainiothēkē tēs Ellados
E12

Der Film, in der Zeit der Junta entstanden, hat insofern ebenfalls ein politisches Ziel. Er will zeigen, daß der Widerstand von griechischen Patrioten getragen wurde. Es gibt kein Rechts oder Links, die Botschaft lautet, daß alle zusammen gekämpft haben ohne politischen Unterschied. Damit war der Bürgerkrieg negiert.

Im September 1974 kehrte der Führer der Rechten, Kōnstantinos Karamanlēs, aus dem Exil nach Griechenland zurück und wurde nach den Wahlen im November Ministerpräsident. Die Sondermaßnahmen wurden aufgehoben, die KP Griechenlands wurde legalisiert und die Monarchie abgeschafft. Griechenland wurde zu einer Parlamentarischen Präsidialdemokratie.

Die Wiederherstellung der Demokratie wurde von einer starken Politisierung, vor allem der Jugend begleitet. Die Linke, die parlamentarische wie die außerparlamentarische, war an den Universitäten, aber auch in den Gewerkschaften tonangebend. Ihre heroisierende Darstellung dominierte die Erinnerung an den Krieg, an die Besatzung und an den Widerstand. Die Partisanenlieder wurden überall gesungen. Spyros Meletzēs konnte endlich seine Photomappen mit Bildern des bewaffneten Widerstands herausgeben. Während der Besatzung war er in die Berge gegangen, um das Leben im „Freien Griechenland", die Partisanen, zu photographieren. Ursprünglich war geplant, seine Bilder nach der Befreiung auszustellen. Meletzēs hatte die Photographien für die Ausstellung 1947 auch schon vergrößert. Die Original-Prints werden heute in der Sammlung des Benaki Museums aufbewahrt. Wegen des Bürgerkrieges konnte diese Ausstellung jedoch nicht realisiert werden. 1986 erschienen seine Bilder in dem Buch „Mit den Partisanen in den Bergen" (Abb. GR 16). Auf dem Titel findet sich das berühmteste Photo aus der Serie, der „Daskalos-Antartēs" (Lehrer-Partisan). Im Gegensatz zum ursprünglichen Photo ist es gekontert worden und wirkt dadurch erheblich dynamischer, da die Bewegung des Partisanen der Leserichtung folgt. Der Band

GR 16
Spyros Meletzēs
Me tous antartes sta bouna
Mit den Partisanen in den
Bergen, 3. Aufl., Athen 1986
Buchtitel
Privatbesitz

GR 17
Spyros Meletzēs
Titika Panagiōtidou Gelntē
Partisanin der Befreiungsfront,
1944, Print 2003
Photographie, 37 x 29,6 cm
Athen, Archeio Spyrou
Meletzē

R 18
Tassos
25 Noembrē 1942.
Katastrophē tēs gephyras tou
Gorgopotamou kai ekteleseis
Ellēnōn patriōtōn se antipoina
25. November 1942.
Zerstörung der Brücke von
Gorgopotamos und
Erschießungen griechischer
Patrioten als Vergeltungsakt,
1985
Tempera/Leinwand,
28,5 x 41 cm
Athen, Ethnikē Pinakothēkē-
Mouseio Alexandrou Soutzou
8006/20

von Meletzēs beginnt mit Photographien vom „Albanischen Epos", zeigt die durch die Besatzer zerstörten Dörfer, die Erhängten und auch Frauen, die auf ihrem Rücken Lasten tragen. Meletzēs wendet sich aber auch einem anderen Frauentypus zu, der dem Lehrer-Partisan gleichberechtigt gegenübersteht (Abb. GR 17). Die Lehrer-Partisanin kämpft selbstbewußt mit dem Gewehr in der Hand – statt mit der Stricknadel. Interessant ist auch die Untersicht. Damit heroisiert der Photograph nach dem Partisan auch die Partisanin.

Es war die Zeit, in der der „Lehrer-Partisan" auf Plakaten reproduziert wurde und, zusammen mit dem Bild von Che Guevara, die Studentenzimmer schmückte.

Die Jugend entdeckte die heldenhafte Vergangenheit ihrer Eltern, über die sie kaum etwas wußte. Sie begann nun – wenn auch oft gedämpft – über den verbannten Vater oder Onkel zu sprechen, über die Leiden der Mutter im Dorf, über ihren eigenen sozialen Ausschluß und darüber, wie sie, trotz Verfolgung, doch noch – im Ausland – studieren konnten.

1982 war eine weitere Zäsur. Die offizielle Anerkennung des nationalen, d. h. rechten Widerstandes durch die Regierungspartei, die Panhellenische Sozialistische Bewegung (PASOK), ermöglichte als Folge davon auch den kommunistischen Kämpfern, ihre Beteiligung am Widerstand öffentlich zu bekunden, ein Engagement, das sie für so lange Zeit sogar vor ihren Kindern verborgen hatten. In den Schulen wird nunmehr als Ergänzung des Nationalfeiertages, des 28. Oktober, auch der Widerstand, der 25. November, gefeiert.

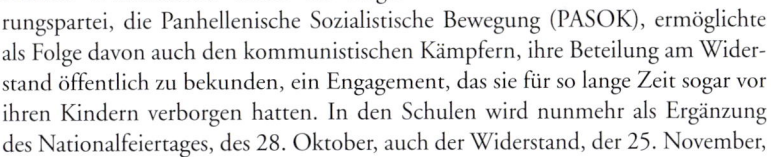

Mit dem Ende der Junta begann man die Erinnerungen zu versöhnen. 1985 wandte sich Tassos dem Thema (Abb. GR 18) seiner Graphik „Die Zerstörung der Gorgopotamos-Brücke" (vgl. Abb. GR 9) erneut zu. In dieser Fassung sieht man im Hintergrund die zusammengestürzte Brücke und im Zentrum Griechen, die durch deutsche Soldaten hingerichtet werden. Die Widerstandskämpfer haben ihre Gesichter dem Betrachter zugewandt. Im Holzschnitt von 1945 wurde nur das heldenhafte Handeln des kommunistischen Widerstandes vom 25. November 1942 betont. In der Graphik von 1985 halten die Griechen keine Fahne, sind nicht bewaffnet, sondern alle, Rechte wie Linke, sind Opfer einer gesichtslosen militärischen Gewalt. Im Holzschnitt von 1945 wurde das heldenhafte Handeln der Partisanen der ELAS hervorgehoben und die Beteiligung der EDES verschwiegen. Die 1985 entstandene Graphik ist Teil des Kunstkalenders der Anōnymē Genikē Etairia Tsimentōn Ēraklēs (Zement-GmbH), der dem nationalen Widerstand gewidmet war. Es handelt sich um 40 Gouachen von Tassos von 1985, die den allgemeinen Titel „Erinnerungen aus der Besatzungszeit" tragen. Sie decken den Zeitraum des Krieges von 1940 und der Besatzung sowie des Widerstandes ab. Wiedergegeben werden der Hunger, die Partisanen, die Brutalität der Besatzer (Razzien, Festnahmen, Erhängungen, Exekutionen, Zerstörungen von Dörfern), das illegale Handeln der Widerstandsorganisationen, das Leben im „freien Griechenland" und schließlich die Befreiungsdemonstration. Viele dieser Illustrationen entspringen nicht nur dem Gedächtnis des Künstlers, sondern gehen zurück auf Holzschnitte, die während der Besatzung entstanden waren und die er 40 Jahre später in Aquarellen neu bearbeitet hat. Das Schwarz-Weiß der Holzschnitte konnte nun, da der Widerstand anerkannt war, in eine „mildere" Technik übertragen und vor allem in Farbe wiedergegeben werden.

Die Ereignisse der 40er Jahre wurden in den 80er Jahren durch Neuauflagen der alten Bilder illustriert. Die wichtigsten findet man im Band „Eikastikes Martyries, Zōgraphikē – Charaktikē, ston Polemo, stēn Katochē kai stēn Antistasē, Ypourgeio Politismou" (Zeugnisse der bildenden Kunst, Malerei – Holzschnittkunst aus der Zeit des Krieges, der Besatzung und des Widerstandes). Dieser Band wurde 1986 vom Kulturministerium, während der Amtszeit Melina Merkourēs, herausgegeben (vgl. Abb. GR 3). Das Buch ist das Ergebnis der Forschungsarbeit von Bacharian und Antaios, Widerstandskämpfer und engagierte Linke, die in Museen, in der Nationalgalerie und in privaten Archiven recherchiert haben. Ziel dieser Ausgabe war es, Gemälde und Graphiken aus den 40er Jahren ins Gedächtnis zurückzurufen.

Nach der Anerkennung des Nationalen Widerstandes 1982 wurden die Mitglieder der EAM mit einer Erinnerungsmedaille für die Beteiligung am Nationalen Widerstand geehrt. Diese runde Medaille hängt an einem Band in den Farben der griechischen Fahne Weiß und Blau (Abb. GR 19). Auf der Vorderseite befindet sich eine reliefartige Abbildung eines jungen Partisanen, der stolz die griechische Fahne hält. Zur Medaille gehört eine Urkunde, die sie noch einmal abbildet (Abb. GR 20). Verziert wird sie durch einen Mäander, der eine Beziehung zur griechischen Antike herstellt. An den vier Ecken wird der Mäander unterbrochen: in den oberen Ecken ist die griechische Fahne abgebildet und in den unteren ein Partisan. Im Hintergrund schwebt der doppelköpfige Adler, das Symbol des Byzantinischen Reiches. Die gesamte Symbolik soll auf die jahrtausendealte Existenz der griechischen Nation verweisen – Antike, Byzanz, neuer griechischer Staat. Zwei Olivenzweige halten die Medaille. Der Olivenbaum symbolisiert den Frieden.

Eine dritte Zäsur für den doppelten Diskurs und das gespaltene Gedächtnis war 1989 weniger der Zusammenbruch der sozialistischen Regime und das Ende des Kalten Krieges, sondern die Regierungskoalition zwischen der Panhellenischen Sozialistischen Bewegung (PASOK) und der konservativen Nea Dēmokratia unter Kōnstantinos Mētsotakēs in diesem Jahr. Im Parlament wurde ein Gesetz über die „Aufhebung der Folgen des Bürgerkrieges 1944 bis 1949" verabschiedet. Der Begriff „Banditenkrieg" wurde durch den Begriff „Bürgerkrieg" ersetzt, so auch der Begriff „Banditen" durch den Begriff „Demokratische

GR 19
Ethnikē Antistasē 1941–1945
Nationaler Widerstand
1941–1945, 1985
Medaille, Kupfer, Dm 3,5 cm
Privatbesitz

GR 20
Anamnēstiko Metallio
Ethnikēs Antistasēs.
1941–1944
Urkunde zur
Widerstandsmedaille, 1985
30 x 40 cm
Privatbesitz

Armee".[12] Zeitgleich dazu trafen alle parlamentarischen Parteien einstimmig die Entscheidung, die Akten der Widerstandskämpfer, die die Polizei noch aufbewahrte, zu verbrennen. Nicht mehr die einzelnen Menschen, sondern vielmehr die gesamte griechische Gesellschaft entschied sich – als Überlebensstrategie –, den Weg des Schweigens zu gehen. Sie suchte aus der Geschichte die Spuren nicht so sehr des bewaffneten wie des politischen Bürgerkrieges zu tilgen.[13]

Im Zusammenhang des langen Demokratisierungsprozesses kehrten die Widerstandskämpfer, aber auch die Kinder, die während des Bürgerkrieges in die Volksrepubliken des Balkans evakuiert worden waren, aus dem Exil zurück: anfangs, nach der Wiederherstellung der Demokratie, noch sehr zögerlich, einfacher und entspannter ab der Mitte der 80er Jahre und völlig frei nach dem Ende des Kalten Krieges.

Der doppelte Diskurs und die gespaltene Erinnerung waren versöhnt. Der Bürgerkrieg war immer weniger mit einem Tabu belegt. Trotzdem wurden nicht alle Archive geöffnet, was den Historikern ihre Arbeit erschwerte. 1999 fand in Athen, organisiert von drei griechischen Universitäten, der erste historische Kongreß statt, der den griechischen Bürgerkrieg zum Thema hatte. In den 90er Jahren wurde auch das Problem der griechischen Juden erstmals öffentlich diskutiert.

Bis in die 90er Jahre wurde die politische und diplomatische Geschichte auf der Grundlage von britischen und amerikanischen Archiven geschrieben. Die Erforschung der sozialen Geschichte steht noch aus. Trotz alledem hat die Abteilung für Geschichte der Armee des Generalstabes des Heeres einen Teil ihres Archivmaterials in Buchform sowie auf CD-ROMs veröffentlicht. 2000 kam die „Geschichte des Griechischen Bürgerkrieges 1946–1949" von Giōrgos Margaritēs[14] heraus. Unerwartet, nicht zuletzt wegen ihres Volumens, wurde sie zum Verkaufsschlager und stand für lange Zeit auf dem ersten Platz der Bestsellerliste, eine Tatsache, die vom wachsenden Interesse des Publikums an der Geschichte dieser Periode zeugt. Die Widmung des Buches lautet: „An die Geister unserer Jugendjahre".

Mit wachsendem Abstand sehen die Griechen die Folgen des Bürgerkrieges gelassener. Die Menschen öffnen sich mehr und mehr und scheinen ihre Vergangenheit weniger zu fürchten.

Die griechischen Juden

Vor dem Krieg existierten kleine jüdische Gemeinden auf den Ionischen Inseln, in Zentralgriechenland und in Athen. Saloniki gehörte zu den Zentren des europäischen Judentums mit über 50 000 Menschen.

Gleich zu Anfang der Besatzung, vom Mai bis November 1941, begannen deutsche Offiziere und Akademiker liturgisches Gerät, Manuskripte, Erstausgaben und unschätzbare Sammlungen von Rabbiner-Responsen zu rauben. Nach der Einteilung Griechenlands in Zonen unter den Besatzern setzten sich die Italiener mit Erfolg gegen die Maßnahmen, die die Deutschen gegen die jüdische Bevölkerung ergreifen wollten, durch. Die Deutschen mußten sich auf ihre Kontrollzone beschränken, in erster Linie auf Saloniki.

Im Februar 1943 wurde für die jüdische Bevölkerung eine Ausgangssperre verhängt, und sie wurde gezwungen, den Davidstern mit der Aufschrift „Jude" bzw. „Ebraios" zu tragen. Im Mai 1943 begannen die Eisenbahndeportationen in Richtung Norden, fast alle mit Ziel Auschwitz. Die letzten Juden wurden Anfang August deportiert. Den Verzeichnissen von Auschwitz-Birkenau ist zu entnehmen, daß 48 974 Juden aus Nordgriechenland dort eingetroffen sind. Von diesen wurden 37 386 direkt in die Gaskammern geschickt. 1947 lebten in Saloniki weniger als 2000 Juden.

Nachdem die Italiener im September 1943 kapituliert hatten, begannen die Deutschen, die Juden auch aus dem restlichen Griechenland zu deportieren. Dies erwies sich als schwierigeres Unterfangen, da die Juden verstreut lebten und außerdem die griechische Gesellschaft zum Widerstand überging. Insgesamt wurden mehr als 85 Prozent der griechischen Juden ermordet. Nur wenige Staaten in Europa haben einen so großen Teil ihrer jüdischen Bevölkerung verloren.[15]

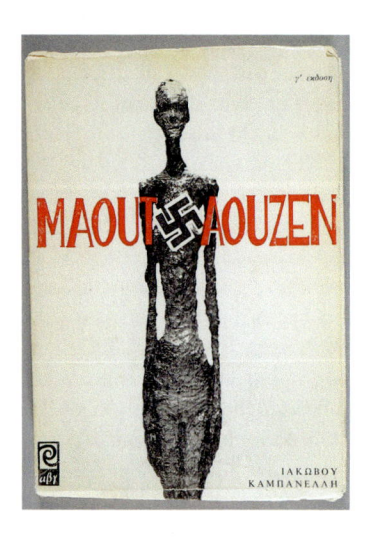

Der Theaterschriftsteller und Lyriker Iakōbos Kampanellēs verfaßte 1963 das Stück „Maoutchaouzen", das von dem Konzentrationslager handelt, in dem er selbst vom Sommer 1943 bis zum Ende des Krieges inhaftiert war (Abb. GR 21). Auf dem Titel ist Giacomettis „Tall Woman II" von 1960 zu sehen. Langgestreckt nimmt sie die Höhe des Einbandes ein. Die Titelzeile Mauthausen steht in Brusthöhe der Figur. Der griechische Buchstabe „chi" (X) ist ersetzt durch das Hakenkreuz auf der Brust der Figur. Der Schriftzug mit Hakenkreuz und die Skulptur formen zusammen ein Kreuz. Insofern verweist die Titelgestaltung weniger auf die jüdische denn auf die christliche Passion. Die gestreckte Figur selbst erinnert an die Photographien, die nach dem Krieg von den ausgemergelten Opfern der Konzentrationslager publiziert wurden. Das Buch beginnt mit der Erzählung um die Befreiung Mauthausens am 5. Mai 1945. Es läßt durch Rückblenden die Zeit der Gefangenschaft in Mauthausen wiederaufleben. Die Erzählung folgt den Befreiten bis zu dem Tag, an dem sie ihr neues Leben beginnen und ins Europa der Nachkriegszeit ziehen können. „Maoutchaouzen" ist, den Worten des Autors zufolge, eine wahre Geschichte, die er noch einmal durchlebte, indem er sich anhand seiner alten Notizen an sie erinnerte. 1965 schrieb er auf Anregung des Besitzers des Themelio-Verlages, Mimēs Despotidēs, vier Gedichte mit dem Titel „Die Chronik von Mauthausen", die von Mikēs Theodōrakēs vertont wurden. In diesen Gedichten wird an die Juden wie auch an die griechischen Partisanen erinnert.[16] Die erste Platte wurde 1966 mit Maria Pharantourē aufgenommen (Abb. GR 22). Auf dem Plattencover verweist lediglich der Stacheldraht auf Mauthausen. Diese sehr reduzierte Bildsprache ist nur durch den Titel

GR 21
Iakōbos Kampanellēs
Maoutchaouzen
Mauthausen, Athen 1970
Buchtitel
Privatbesitz

GR 22
Mikēs Theodōrakēs (Musik),
Maria Pharantourē (Gesang),
Iakōbos Kampanellēs (Text)
Mikēs Theodōrakēs.
Maoutchaouzen me tēn Maria Pharantourē
Mikis Theodorakis. The Ballad of Mauthausen. Six Songs.
Maria Farandouri.
Mikēs Theodōrakēs.
Die Ballade von Mauthausen.
Sechs Lieder mit Maria Pharantourē, 1966
Schallplatte
Privatbesitz

Mikis Theodorakis

MAUTHAUSEN TRILOGIE

À la Mémoire de la Libération

GR 23
Mikēs Theodōrakēs
Mauthausen Trilogie. À la
Mémoire de la Libération
Mauthausen Trilogie. In
Erinnerung an die Befreiung,
2000
CD-Booklet
Athen, Syllogos Oi Philoi tēs
Mousikēs. Megalē Mousikē
Bibliothēkē tēs Ellados

„Maoutchaouzen" für den Betrachter entzifferbar. Theodōrakēs' Musik wurde berühmt und in vielen Ländern der Welt aufgeführt. 1988 und 1995 wurde diese Musik in einem Konzert im ehemaligen Lager selbst inszeniert. Vor allem die Darbietung der Kantante „Maoutchaouzen" am 7. Mai 1995 gab den Impuls für das Entstehen eines historischen Dokuments mit dem Titel „Mauthausen Trilogie", das im Herbst 2000 in einer hebräischen und in einer französischen Fassung herauskam und auch die erste Interpretation von 1966 durch Maria Pharantourē enthält (Abb. GR 23). Auf dem Plattencover ist die Bildsprache drastisch: Es zeigt einen toten Gefangenen im Stacheldraht und darüber den Schriftzug Mauthausen.

Es ist nicht leicht für die Menschen, sich mit Dingen zu befassen, die ihnen Schmerz verursachen. Der Zentralrat der Juden Griechenlands gab erst 1979 in Athen das „Biblio Mnēmēs" (Buch der Erinnerung) heraus. Dort sind die jüdischen Gemeinden und ihre Größe vor und nach der Verfolgung registriert. Notiert wurden auch die Namen, Vornamen, die Namen der Väter bzw. der Ehemänner sowie das Alter der Opfer. Die Geschichte ihrer Verfolgung wird nicht erwähnt.[17]

Zwanzig Jahre später, am 5. November 2000, verlieh der Zentralrat der Juden Griechenlands jedem Inhaftierten, der die Vernichtungslager der Nationalsozialisten überlebt hatte, die Medaille „Kraft zum Leben" (Abb. GR 24). Auf der Vorderseite ist die reliefartige Komposition des Wortes „Chajim" (Leben) sowie ein Olivenzweig zu sehen. Auf der anderen Seite ist die freie Wiedergabe des siebenarmigen Leuchters, der „Menora", aus Zweigen und Blättern abgebildet.

GR 24
Nikos Stabroulakēs
Dynamē gia tēn Zōē. Timē kai
Mnēmē. Omēroi Epizēsantes
Olokautōmatos. Kentriko
Israēlitiko Symvoulio Ellados.
O Ellēnikos Ebraismos Den
Xechna. Athēna, 5 Noembriou 2000
Kraft zum Leben. Ehre und
Erinnerung. Den Überlebenden des Holocausts. Zentralrat der Juden Griechenlands.
Die griechischen Juden
vergessen nicht. Athen,
5. November 2000
Medaille, Messing in
Plexiglas, 9 x 9 x 2 cm
Berlin, Deutsches
Historisches Museum

Im Jahre 1986 verlieh auch der griechische Staat den jüdischen Opfern eine Medaille, die jener, die den Kämpfern des nationalen Widerstandes verliehen wurde, zum Verwechseln ähnlich sieht (Abb. GR 25). Auf der einen Seite ist wieder „Ethnikē Antistasē 1941–1945" zu lesen, und auf der anderen ist das Bild des griechischen Partisanen eingeprägt, der seine Waffe und die griechische Fahne hält. Diese Medaille wurde zusammen mit einer Urkunde durch die zuständigen Präfekturen gemäß einer Entscheidung des Ministeriums für die Nationale Verteidigung verliehen. Auch diese Urkunde ähnelt jener, die den Widerstandskämpfern verliehen worden war, nur daß in diesem Dokument der Hinweis ergänzt worden ist, daß die Verleihung den „jüdischen Opfern 1943–45" gelte. Die Besitzerin der Medaille ist eine Überlebende des Holocaust aus Saloniki.

Epilog

Der Zweite Weltkrieg und der darauffolgende Bürgerkrieg haben nicht nur das Leben jener Menschen geprägt, die in den kritischen 40er Jahren gelebt haben, sondern auch das der darauffolgenden Generationen. Die folgenden Jahrzehnte waren belastet durch die Erinnerungen an die beiden Kriege, auch wenn über diese nicht gesprochen wurde. Die einzige Ausnahme ist das „Nein", das „Epos von Albanien", da trotz verschiedener Deutungen gegen einen gemeinsamen Feind gekämpft worden war. In bezug auf die Besatzungszeit, den Widerstand, den Bürgerkrieg und die Judenfrage war die Erinnerung unterdrückt worden. Die Erinnerung an den Widerstand und den Bürgerkrieg war bis fast in die 80er Jahre hinein nicht erzählbar. Die Verfolgung und Ermordung der griechischen Juden wird seit den 90er Jahren zwar thematisiert, aber die Erinnerung an den Bürgerkrieg dominiert die Debatte.

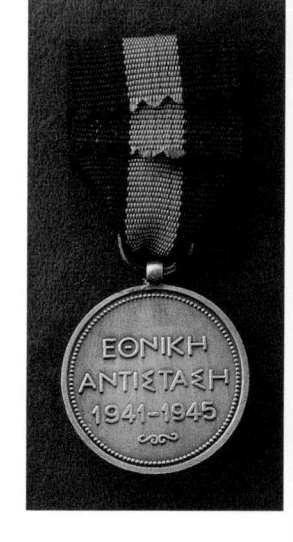

GR 25
Ethnikē Antistasē. 1941–1945
Nationaler Widerstand.
1941–1945, 1986
Medaille, Kupfer,
4 x 3 cm, Dm 3,5 cm
Privatbesitz

[1] Nikos, Alibizatos: Kathestōs, 'ektaktēs anagkēs' kai politikes eleutherias, 1946–1949, in: Iatridēs, Giannēs (Hg.): Ē Ellada stē dekaetia 1940–1950. Ena ethnos se krisē, Athen 1984, S. 392 f.
[2] Wie Eric J. Hobsbawm anmerkt, hat während des Zweiten Weltkrieges die Linke die Nationalfahne von der Rechten zurückgenommen, während die Wiederverquickung der sozialen Revolution mit dem Nationalgefühl ein äußerst komplexes Phänomen war. S.: Nationen und Nationalismus. Mythos und Realität seit 1780, München 1996, S. 171 ff. (Griechisch: Ethnē kai ethnikismos apo to 1780 mechri sēmera. Programma, mythos, pragmatikotēta, Athen 1994, S. 203ff.).
[3] Die Mitglieder der EAM und der KP Griechenlands nannten dieses neue Regime „Laokratie" (Volksherrschaft). Doch sowohl die EDES wie auch noch konservativere Widerstandsorganisationen waren der Auffassung, daß die Gesellschaft sich verändern und gerechter werden müßte. Vgl. Berbeniōtē, Tasoula: Ē Gynaika tēs Antistasēs. Ē Eisodos tōn gynaikōn stēn politikē, Athen 1994, S. 138 ff.
[4] In der Periode 1945–1946 sind aufgrund des weißen Terrors Umsiedlungen in die großen Ballungszentren, aber auch in die Berge zu beobachten. Einige verließen das Land und gingen ins Ausland (Amerika, Kanada, Afrika), aber auch in die Anrainerstaaten im Norden. 1947 evakuierte die Regierung wegen des Bürgerkriegs die Bergdörfer: 700 000–750 000 Menschen lebten für ungefähr drei Jahre in den Provinzstädten. Über 100 000 Menschen waren in Gefängnissen und in der Verbannung. Die Kämpfer der Demokratischen Armee und die Einwohner der Grenzregionen lebten zwischen drei Monaten und 30 Jahren in den

Volksrepubliken auf dem Balkan. 50 000–60 000 Kinder wurden durch die beiden Armeen umgesiedelt, ebenso viele wurden zur Adoption innerhalb oder außerhalb Griechenlands freigegeben usw. In den 60er Jahren kann die Auswanderung nach Deutschland (vor allem aus Nordgriechenland) ebenfalls als eine der Folgen des Bürgerkrieges angesehen werden.

5   Vgl. Nikolakopoulos, Ēlias: Ekloges stē Makronēso. Protokoll eines wissenschaftlichen Kolloquiums, in: Istoriko topio kai istorikē mnēmē. To paradeigma tēs Makronēsou, Athen 2000, S. 329 ff.

6   Margaritis, George: Wiedergeburt aus dem Geist der Antike, in: Flacke, Monika: Mythen der Nationen. Ein europäisches Panorama, München 1998, S. 152 ff.

7   Neolaia, 118 (1941), S. 400.

8   „Asma ērōiko kai penthimo gia ton chameno anthypolochago tēs Albanias", Gedicht von Odysseas Elytēs, Lithographie von Giannēs Moralēs, Athen 1996.

9   „Axion Esti", Musik Mikēs Theodōrakēs. Cover Giannēs Tsarouchēs, EMI 1974.

10 Vgl. Fleischer, Hagen: Stemma kai Sbastika. Ē Ellada tēs katochēs kai tēs Antistasēs 1941–1944 Bd. A, Athen 1995, S. 196 ff., 201 ff. Außerdem Thōmadakēs, Stabros B.: „Mabrē agora, plēthōrismos kai bia stēn oikonomia tēs katechomenēs Elladas", in: Iatridēs 1984 (wie Anm. 1), S. 119 ff. und Aggelopoulos, Aggelos: To oikonomiko problēma tēs Ellados, Athen 1945, S. 18, 31, 42.

11 Vgl. E-Mail des ERT (staatliches griechisches Fernsehen) an das Deutsche Historische Museum in Berlin vom 18. April 2003: „Indeed there was a series called the 'Unknown War'. Unfortunately we didn't keep a copy of it."

12 Im Gesetz 1863/18. 9. 1989 (FEK 204) „Aufhebung der Folgen des Bürgerkrieges 1944–1949", Artikel 1 wird als „Periode des Bürgerkrieges" der Zeitraum vom Rückzug der Besatzungsstreitkräfte bis zum 31. Dezember 1949 festgelegt.

13 Im Gegensatz zum Generalstab des Heeres, Abteilung Geschichte des Heeres, der 16 Bände mit Militärdokumenten über den bewaffneten Bürgerkrieg herausgab.

14 Margaritēs, Giōrgos: Istoria tou Ellēnikou Emphyliou Polemou 1946–1949, 2 Bände, Athen 2001.

15 Masauer, Mark: Stēn Ellada tou Hitler. Ē empeiria tēs katochēs, Athen 1994, S. 263 ff.

16 Deutsche Übersetzung siehe: http://www.mikis-theodorakis.net/mauttxtd.htm (1. Juli 2003).

17 Zentralrat der Juden Griechenlands (Hg.): Biblio Mnēmēs, Athen 1979.

Nach dem Ersten Weltkrieg

1940–1944

Seit dem Zweiten Weltkrieg

Chronologie

1912–1916
Die verbündeten Staaten Griechenland, Bulgarien, Serbien und Montenegro beginnen am **8. Oktober 1912** einen Krieg (Erster Balkankrieg) gegen das Osmanische Reich, das fast vollständig aus Europa verdrängt wird. Auf Druck der Großmächte entsteht gegen den Willen Griechenlands, Serbiens und Montenegros ein albanischer Staat, dessen Unabhängigkeit am **28. November 1912** proklamiert wird. Bei der Aufteilung Makedoniens kommt es zwischen Griechenland, Bulgarien und Serbien zu schweren Zerwürfnissen, in deren Folge durch die Kriegserklärung Bulgariens am **29./30. Juni 1913** gegenüber seinen früheren Verbündeten Griechenland und Serbien, die nun von Rumänien und der Türkei unterstützt werden, der Zweite Balkankrieg beginnt. Der Krieg endet mit der Niederlage Bulgariens. In den Bukarester Friedensverhandlungen vom **30. Juni** bis **10. August 1913** wird u. a. Makedonien zwischen Griechenland, Serbien und Bulgarien aufgeteilt. Griechenland erhält Teile Makedoniens mit Saloniki und Kavala, den größten Teil von Epirus sowie die nordägäischen Inseln Thasos und Samothrake. Durch das Athener Abkommen mit der Türkei vom **19. November 1913** erwirbt Griechenland die Inseln vor der kleinasiatischen Küste Samos, Chios, Lemnos, Lesbos und Kreta. Während König Konstantin I. zu Beginn des Ersten Weltkrieges die Neutralität Griechenlands erklärt, beharrt Ministerpräsident Eleutherios Venizelos auf den **1913** gegenüber Serbien eingegangenen Beistandsverpflichtungen und strebt den Kriegseintritt Griechenlands an der Seite Frankreichs, Großbritanniens und Rußlands an. Nach dem Kriegseintritt des Osmanischen Reiches an der Seite der Mittelmächte erklärt Großbritannien im **November 1914** das noch bestehende türkische Hoheitsrecht auf Zypern für aufgehoben und annektiert die Insel. Die Auseinandersetzung zwischen Venizelos und dem König entwickelt sich zu einer Krise, die die Bevölkerung in zwei Lager teilt. Nachdem Venizelos gegen den Willen Konstantins I. die Landung und Stationierung von britischen und französischen Truppen in Saloniki veranlaßt, wird er im **Februar 1915** vom König entlassen. Zwischen **August** und **September 1916** gelingt es

Venizelos, sich an die Spitze der aufständischen Bewegungen sowohl auf Kreta als auch in Saloniki zu stellen, wo er am **9. Oktober 1916** eine Gegenregierung bildet, die am **11. November 1916** Bulgarien den Krieg erklärt.

1917
Die Entente-Mächte erzwingen am **12. Juni** die Abdankung von König Konstantin I., der die Krone seinem zweiten Sohn Alexander übergibt. Venizelos kehrt mit alliierter Hilfe nach Athen zurück und bildet eine neue Regierung, die den Mittelmächten und ihren Verbündeten, Bulgarien und dem Osmanischen Reich, den Krieg erklärt.

1919–1923
Im Friedensvertrag von Neuilly-sur-Seine vom **27. November 1919** wird Griechenland Westthrakien und das südliche Makedonien zugesprochen. Im Frieden von Sèvres vom **10. August 1920** erhält Griechenland Südthrakien, Ostthrakien, einschließlich Adrianopel (Edirne) und die Gallipoli-Halbinsel. Auf dem kleinasiatischen Festland erhält der griechische Staat für fünf Jahre die Souveränitätsrechte über Smyrna (Izmir) einschließlich des Hinterlandes sowie alle Ägäischen Inseln außer Rhodos. Nationaltürkische Einheiten (Jungtürken) unter General Mustafa Kemal Atatürk lehnen die Ratifizierung des Vertrags von Sèvres ab. Der griechisch-türkische Krieg, der auch nach der Wahlniederlage Venizelos' und nach der Wiedereinsetzung Konstantins fortgeführt wird, endet im **September 1922** mit einer Niederlage Griechenlands. König Konstantin muß erneut abdanken, und Georg II. besteigt bis **Dezember 1923** den Thron. Im Friedensvertrag von Lausanne verzichtet Griechenland im **Juli 1923** auf alle Gebiete des kleinasiatischen Festlandes und auf Ostthrakien. Der Vertrag sieht den gegenseitigen Bevölkerungsaustausch der jeweiligen Minderheiten vor, so daß in den Folgejahren ca. 1,25 Millionen Griechen die Türkei verlassen, während im Gegenzug ca. 600 000 Türken aus Griechenland nach Kleinasien umsiedeln.

1924
Die neugewählte griechische Nationalversammlung proklamiert am **25. März** in Athen die Republik, die durch die Volksabstimmung vom **13. April** bestätigt wird. Die sozialdemokratische Republikanische Union bildet unter der Führung des Ministerpräsidenten Alexandros Papanastasiou die Regierung, und Pavlos Kountouriotis wird erster Staatspräsident.

1925–1927
Im **März 1925** wird Zypern eine britischen Kronkolonie. Nach Bestrebungen des Generals Alexandros Papagos von **Juni 1925** bis **August 1926**, eine Diktatur zu errichten, wird im **November 1926** das Verhältniswahlsystem eingeführt, eine Allparteienregierung gebildet und im **Juni 1927** eine parlamentarisch-demokratische Verfassung durch die Nationalversammlung verabschiedet.

1928–1939
Ex-Ministerpräsident Eleutherios Venizelos kehrt **im Frühjahr 1928** aus dem dreijährigen Exil nach Griechenland zurück und übernimmt die Führung der Liberalen Partei. Bei den Parlamentswahlen vom **19. August 1928** gewinnt seine Partei die Mehrheit der Sitze. Außenpolitisch verfolgt das Land mit Hilfe von Freundschaftsverträgen (mit Italien **1928**, mit Jugoslawien **1929** und mit der Türkei **1930**) eine neue Strategie. Die innenpolitische Lage stabilisiert sich, und der wirtschaftliche Aufschwung setzt sich bis zur Weltwirtschaftskrise **Anfang der 30er** Jahre fort, von der die Wirtschaft Griechenlands schwer getroffen wird. Trotz verschiedener Maßnahmen zur Stabilisierung des Finanzsektors, der auf ausländisches Kapital angewiesen ist, muß die Regierung ein Zahlungsmoratorium verkünden. Bei den Wahlen im **September 1932** und **März 1933** können die Royalisten starke Stimmengewinne erzielen und den Ministerpräsidenten stellen. Im **März 1933** und im **März 1935** scheitern die Putschversuche republikanischer Gruppen – unter Beteiligung Venizelos' –, und am **12. Oktober 1935** wird erneut die konstitutionelle Monarchie ausgerufen. Im Ergebnis einer manipulierten Volksabstimmung am **3. November 1935** kehrt König Georg II. auf den Thron zurück. Im **April 1936** wird General Ioannis Metaxas Ministerpräsident und Außenminister und errichtet am **4. August** ein diktatorisches Regierungssystem. Außenpolitisch verfolgt die Regierung einen neutralen, an die Westmächte ange-

lehnten Kurs. Nach Besetzung Albaniens durch Italien im **April 1939** garantieren Großbritannien und Frankreich die Unabhängigkeit Griechenlands.

1940–1942

Ministerpräsident Metaxas lehnt am **28. Oktober 1940** ein italienisches Ultimatum ab, welches die Übergabe verschiedener Stützpunkte und Orte an Italien fordert. Der darauf folgende Angriff der italienischen Armee kann abgewehrt werden, und griechische Truppen stoßen auf albanisches Gebiet vor. Am **21. April 1941** muß die griechische Armee gegenüber den aus Bulgarien vorrückenden deutschen Truppen kapitulieren. Die Griechenland unterstützenden britischen Streitkräfte ziehen sich vom Festland zurück. König Georg II. und die Regierung unter Ministerpräsident Emmanuel Tsouderos begeben sich auf die Insel Kreta. Als Kreta **Ende Mai/Anfang Juni 1941** von der deutschen Wehrmacht erobert wird, flieht die griechische Exilregierung nach Alexandria, während der König die nächsten fünf Jahre abwechselnd in Ägypten, Südafrika und London verbringt. Nach der italienischen und deutschen Invasion folgen die Besetzung Ostmakedoniens und Westthrakiens durch Bulgarien und die Aufteilung Griechenlands unter den drei Besatzungsmächten. Am **9. September 1941** gründen griechische Armeeoffiziere die königstreue Griechische Republikanische Befreiungsliga (EDES). Am **27. September 1941** formiert sich auf Initiative der Kommunistischen Partei Griechenlands (KKE) die Nationale Befreiungsfront (EAM), in der sich mehrere Linksparteien und bürgerliche Gruppen zusammenschließen. Die Einfuhr von Nahrungsmitteln wird u. a. wegen der britischen Blockade über das von den Deutschen besetzte Europa fast vollständig unterbrochen, und im **Winter 1941/42** kommt es vor allem in den Städten zu einer Hungersnot, die Tausende Todesopfer fordert. Im **Januar 1942** wird die Militärorganisation der EAM, die Nationale Volksbefreiungsarmee (ELAS), gegründet. Die liberal-republikanisch ausgerichtete Widerstandsorganisation, die Nationale und Soziale Befreiung (EKKA), formiert sich im **Herbst 1942**. Ideologische Unterschiede verhindern weitgehend die Zusammenarbeit der verschiedenen Widerstandsorganisationen und die Koordinierung ihrer Aktivitäten. Zu den wenigen gemeinsamen Widerstandsaktionen der EDES und der ELAS gehört die Sprengung der Gorgopotamos-Brücke im **November 1942** mit Unterstützung des britischen Geheimdienstes, wodurch die Eisenbahnstrecke Saloniki–Athen sechs Wochen lang unterbrochen ist und die Versorgung der Besatzer sowie der Nachschub für die deutschen Truppen an der Afrika-Front gestört werden.

1943

In der deutschen Besatzungszone beginnen im **Februar** die Repressalien gegen die jüdische Bevölkerung. Von **Mai** bis Anfang **August** werden die Juden Nordgriechenlands, besonders aus Saloniki mit seiner großen jüdischen Gemeinde, in Richtung Norden in die Konzentrations- und Vernichtungslager deportiert, wo die Mehrheit von ihnen direkt nach der Ankunft in Auschwitz und Treblinka ermordet wird. Am **3. September** kapituliert Italien. Ein Großteil des italienischen Militärmaterials fällt in die Hände der ELAS. Die deutschen Besatzer stellen den mit ihnen kollaborierenden Gruppierungen, wie z.B den von der Besatzungsregierung Ioannis Rallis gegründeten Sicherheitsbataillonen, militärische Hilfe zur Verfügung. Im **Oktober** beginnen die bewaffneten Auseinandersetzungen zwischen der ELAS und der EDES. Nach der italienischen Kapitulation beginnen die Deutschen die jüdische Bevölkerung auch aus dem restlichen Griechenland zu deportieren. Vor dem Krieg zählt die jüdische Gemeinde Griechenlands 77 377 Mitglieder. Den Völkermord überleben 10 226. **Ende 1943** kontrolliert die ELAS große Teile des Festlandes.

1944

Am **18. März** richtet die EAM eine provisorische nationale Regierung, das Politische Komitee für die Nationale Befreiung (PEEA), in den von ihr kontrollierten Gebirgsgebieten ein. Die Delegierten der PEEA und Repräsentanten aller Parteien und der meisten Partisanenorganisationen sowie die der Exilregierung schließen sich auf Initiative Georgios Papandreous vom **17. bis 20. Mai** in Beirut zu einer Regierung der nationalen Einheit zusammen, der die EAM nicht angehört. Mit der Unterzeichnung des Vertrages von Caserta verpflichtet sich die EAM im **September**, ihre Partisanenverbände dem britischen Oberkommando zu unterstellen, um gemeinsam mit der griechischen Exilarmee und den britischen Einheiten Griechenland zu befreien. Am **12. Oktober** wird Athen befreit. Am **18. Oktober** ziehen der Ministerpräsident Georgios Papandreou, Regierungsmitglieder und der britische General Scobie in die Hauptstadt ein, wo am **23. Oktober** eine neue Regierung unter Ministerpräsident Papandreou vereidigt wird. Die letzten deutschen Truppen verlassen am **2. November** das griechische Staatsgebiet – nur Kreta und einige andere Inseln befinden sich noch in ihrer Hand. Die EAM/ELAS kontrollieren zu diesem Zeitpunkt drei Viertel des Landes. Nachdem die neue Regierung die einseitige Entwaffnung und Demobilisierung der Partisanen der ELAS für den Zeitraum vom **1.** bis **10. Dezember** angeordnet hat, verlassen die Vertreter der EAM und der KKE die Regierung. Am **3. Dezember** kommt es zu einer Demonstration der EAM- und KKE-Anhänger auf dem Syntagma-Platz in Athen, die mit Hilfe britischer Truppen blutig niedergeschlagen wird. Die sogenannten **Dezember**-Ereignisse sind der Ausgangspunkt des Bürgerkrieges zwischen EAM/ELAS auf der einen Seite und den nationalkonservativen Regierungstruppen auf der anderen, die in dieser Phase von britischen Kräften unterstützt werden. Papandreou tritt am **31. Dezember** aus der Regierung der Nationalen Einheit aus.

1945–1946

Zwischen **Januar 1945** und **März 1946** werden fünf bürgerliche Regierungen gebildet, und es finden zehn Regierungsumbildungen ohne Teilnahme der EAM statt. Nach 10tägigen Verhandlungen wird am **12. Februar 1945** von der EAM/ELAS und der Regierung das Abkommen von Varkiza unterschrieben. Es sieht u. a. die Entwaffnung der ELAS-Partisanen und eine Amnestie vor. Die ELAS wird am **16. Februar** aufgelöst, und am **28. Februar** beginnt die Entwaffnung. Am **26. Juni 1945** unterzeichnet Griechenland als Gründungsmitglied zusammen mit 49 weiteren Staaten die Charta der Vereinten Nationen (UNO). Bei den Parlamentswahlen am **31. März 1946**, die von den Kommunisten (EAM/KKE) boykottiert werden, erringt die royalistische Partei unter der Führung von Konstantinos Tsaldaris die Mehrheit der Stimmen. In einer Volksabstimmung am **1. September 1946** entscheidet sich die Mehrheit der Griechen für die Rückkehr zur Monarchie. König Georg II. kehrt im **Dezember 1946** nach Athen zurück. EAM-Mitglieder werden vertrieben, inhaftiert, gefoltert oder ins Exil gedrängt. Die Partisanengruppen und die mit ihnen verbündeten Parteien gründen am **28. Oktober 1946** die Demokratische Armee Griechenlands (DSE).

1947–1949

Am **10. Februar 1947** erhält Griechenland durch den in Paris unterzeichneten Vertrag mit Italien Rhodos und die anderen Inseln der Dodekanes zurück. Am **12. März 1947** verspricht US-Präsident Harry S. Truman Griechenland und der Türkei militärische Unterstützung bei der Abwehr kommunistischer Bestrebungen und Wirtschaftshilfe im Rahmen des Marshallplanes. Die KKE, die EAM und andere linke Organisationen werden für illegal erklärt und durch ein Gesetz am **27. Dezember 1947** verboten. Die kommunistischen Einheiten, die die Gebiete um den Olymp, in Epirus und im makedonischen Hochland kontrollieren, verlieren **1949** die militärische Unterstützung Jugoslawiens. Die DSE, die gegen die Monarchie unter Paul I. kämpft, wird zwischen **25.** und **28. August** am Berg Grammos von den Regierungskräften vernichtend geschlagen. **Mitte Oktober 1949** werden die Kämpfe eingestellt und der Bürgerkrieg ist beendet. Die Aufständischen fliehen in die sozialistischen Volksrepubliken und in die UdSSR.

1950–1951

Bei den Wahlen vom **5. März 1950** erlangt keine Partei eine regierungsfähige Mehrheit. Das Wahlgesetz wird mehrmals geändert. Dabei wechselt das Wahlverfahren zwischen Mehrheits- und Verhältniswahlsystem. Obwohl die KKE verboten ist, gründen ihre Anhänger und andere linke Kräfte **1951** die Vereinigte Demokratische Linke (EDA).

1952–1960

1952 erhalten Frauen das Wahlrecht. Am **18. Februar 1952** tritt Griechenland der North Atlantic Treaty Organization (NATO) bei. Der bewaffnete Kampf der Zyprioten für Selbstbestimmung und die Vereinigung mit Griechenland beginnt im **April 1955**. Großbritanniens Drohungen, die Insel zwischen Griechenland und der Türkei zu teilen, verschärfen die Beziehungen zu Großbritannien und der Türkei. Nach dem Tod von Alexandros Papagos bestimmt König Paul I. am **4. Oktober 1955** Konstantinos Karamanlis als neuen griechischen Regierungschef. Er gründet **1956** die Nationale Radikale Union (ERE). Während seiner achtjährigen Regierungszeit bemüht sich Griechenland – mit finanzieller Unterstützung der Vereinigten Staaten – um eine Modernisierung der Wirtschaft und insbesondere um die Industrialisierung des Landes. Nach jahrelangen Verhandlungen einigen sich Großbritannien, Griechenland und die Türkei im **Februar 1959** darauf, eine unabhängige Republik auf Zypern zu errichten. Am **16. August 1960** entläßt Großbritannien Zypern in die Unabhängigkeit.

9. Juli 1961
Griechenland wird Europarat-Mitglied und schließt ein Assoziierungsabkommen mit der Europäischen Wirtschaftsgemeinschaft (EWG) ab, das **1962** in Kraft tritt.

1961–1964
Unter der Führung von Georgios Papandreou und Sophoklis Venizelos schließen sich sozialdemokratische und liberale Kräfte in der Zentrumsunion zusammen. Die Vorwürfe der Zentrumsunion gegen die Siegerpartei ERE, bei den Wahlen vom **29. Oktober 1961** Wahlfälschung begangen zu haben, die Ermordung des EDA-Abgeordneten Grigorios Lambrakis am **22. Mai 1963** sowie die Probleme zwischen Ministerpräsident Karamanlis und dem König führen zu großen innenpolitischen Spannungen und häufigen Regierungswechseln. Am **16. Februar 1964** erringt die Zentrumsunion die absolute Mehrheit, und Georgios Papandreou wird neuer Ministerpräsident. Während seiner Regierungszeit versucht Papandreou, das Land zu modernisieren und die Lebensbedingungen der mittleren und unteren Schichten zu verbessern.

1965–1967
Die Weigerung König Konstantins II., die Maßnahmen der Regierung Papandreou gegen eine Offiziersverschwörung zu akzeptieren, verursacht den Bruch zwischen Papandreou und dem König, verschärft im **Juli 1965** die innenpolitischen Konflikte weiter und führt zu einer Verfassungskrise. Papandreou tritt zurück. In der Folge lösen kurzlebige Regierungen einander ab. Unter der Regierung von Panagiotis Kanellopoulos wird am **14. April 1967** das Parlament aufgelöst, und es werden Neuwahlen ausgeschrieben. Innerzyprische griechisch-türkische Spannungen, die mit blutigen Auseinandersetzungen zwischen Griechen- und Türkenzyprioten einhergehen, führen fast zu einem Krieg zwischen Griechenland und der Türkei, der nur durch Zugeständnisse Griechenlands verhindert wird. Um die für den **28. Mai 1967** geplanten Wahlen mit einem von ihnen befürchteten sozialistischen Wahlsieg zu verhindern, errichtet eine Gruppe von Offizieren unter der Führung der Obristen Georgios Papadopoulos und Stylianos Pattakos eine Militärdiktatur. Die elf wichtigsten Artikel der Verfassung werden durch Militärgesetze ersetzt. Die innenpolitische Situation der nächsten Jahre ist durch die Gleichschaltung der Presse, Verhaftungen, Folterungen, Deportationen und Verbannungen geprägt. Nach seinem gescheiterten Gegenputsch am **13. Dezember 1967** geht König Konstantins II. nach Rom ins Exil, bleibt jedoch formal das Staatsoberhaupt Griechenlands.

12. Dezember 1969
Griechenland tritt aus dem Europarat aus und kommt damit seinem Ausschluß wegen andauernder Verletzung der Menschenrechte zuvor.

1972
In Athen und Saloniki kommt es zu massiven Studentenunruhen gegen die Militärdiktatur. Die Konzentration der Macht auf die Person von Papadopoulos, der sowohl Ministerpräsident, Verteidigungsminister und für kurze Zeit auch Bildungsminister ist, verursacht Differenzen zwischen der Regierungsmitgliedern.

1973
Anfang des Jahres bricht eine Wirtschaftskrise in Griechenland aus. Im **Februar** und **März** organisieren Studenten umfangreiche Protestkundgebungen gegen die Militärdiktatur. Mit passivem oder aktivem Widerstand bezeugen zunehmend auch Politiker und Intellektuelle

ihre Haltung gegenüber der Diktatur. Nach der Aufdeckung einer Verschwörung innerhalb der Marine proklamiert Papadopoulos am **1. Juni** die präsidiale Republik und läßt sich zum Staatspräsidenten wählen. Eine Volksabstimmung am **29. Juli** bestätigt ihn in diesem Amt. **Mitte November** schließen sich die Studenten des Athener Polytechnikums in dem Hochschulgebäude ein. Unter dem Motto „Brot, Bildung, Freiheit" fordern sie Freiheit und Demokratie. Unter Mißachtung der Hochschulautonomie wird nach dreitägiger Belagerung in der Nacht zum **17. November** die Besetzung blutig beendet. Am **25. November** wird Papadopoulos vom Chef der Militär-Sicherheitspolizei (ESA) Dimitrios Ioannidis gestürzt, und General Phaidon Gisikis übernimmt die Staatspräsidentschaft.

1974
Am **15. Juli** scheitert Ioannidis' Putsch gegen den zyprischen Präsidenten Erzbischof Makarios. Unter dem Vorwand, die verfassungsmäßige Legalität wiederherzustellen, landen türkische Truppen am **20. Juli** auf der Insel und bringen den ganzen Nordosten unter ihre Kontrolle. Damit ist Zypern de facto zweigeteilt. Die Zypernkrise, die mit einer Generalmobilmachung in Griechenland einhergeht, führt am **23. Juli** zum Sturz der Militärdiktatur. Papadopoulos und vier seiner Gefolgsleute werden auf die Insel Kreta verbannt. Konstantin Karamanlis kehrt aus dem Pariser Exil zurück und bildet eine Zivilregierung. Griechenland scheidet aufgrund der Haltung der NATO und der Vereinigten Staaten in der Zypernkrise aus der militärischen Organisation des Bündnisses aus, wird aber am **28. November** wieder Vollmitglied des Europarats. Die KKE wird legalisiert und nimmt am **17. November** zum ersten Mal an den Parlamentswahlen teil.

11. Juni 1975
Nach einer Volksabstimmung im **Dezember 1974** tritt die neue Verfassung der präsidialen, parlamentarischen Republik in Kraft, die die Stellung des Präsidenten stärkt und die Einhaltung der Menschenrechte garantiert.

Januar/Februar 1976
Eine Balkankonferenz, die auf Initiative Karamanlis' stattfindet und an der Bulgarien, Griechenland, Rumänien und Jugoslawien teilnehmen, leitet eine neue Phase in den bilateralen Beziehungen der Balkanstaaten ein.

1979–1982
In Athen wird am **28. Mai 1979** der Vertrag zum Beitritt Griechenlands in die Europäische Gemeinschaft unterzeichnet. Nach langwierigen Verhandlungen und der Aufhebung des Vetos der Türkei kehrt Griechenland, das bereits **1977** die Wiederaufnahme beantragt, am **20. Oktober 1980** in die militärische Organisation der NATO zurück. Im **Januar 1981** wird Griechenland als zehntes Vollmitglied in die Europäische Gemeinschaft aufgenommen.
Die konservative Nea Demokratia (unter G. Rallis) muß nach den Parlamentswahlen am **18. Oktober** die Regierungsverantwortung an die Panhellenische Sozialistische Bewegung (PASOK) unter Andreas Papandreou abtreten. Griechenland erhält somit am **21. Oktober 1981** die erste sozialistische Regierung. Auf ihre Initiative wird der Beitrag der EAM im Kampf gegen die deutsche Besatzung anerkannt, die EAM-Kämpfer werden mit Medaillen geehrt und bekommen ein Anrecht auf Rente.

15. November 1983
Unter der Führung von Rauf Denktasch erklärt sich der türkische Teil Zyperns für unabhängig. Die sofortige Anerkennung dieser einseitigen Unabhängigkeitserklärung durch die Türkei führt zu erneuten Spannungen in den bilateralen Beziehungen.

1986–1990
Eine Reihe von Verfassungsänderungen beschränkt **1986** die Rolle des griechischen Staatspräsidenten auf Repräsentationsaufgaben. Am **30. Januar 1986** findet nach Vermittlung des Komponisten Mikis Theodorakis das erste griechisch-türkische Gipfeltreffen seit **1978** zwischen Andreas Papandreou und Turgut Özal in Davos statt. Am **18. September 1989** wird das Gesetz über die „Aufhebung der Folgen des Bürgerkrieges 1944–1949" verab-

schiedet. Danach werden auch die Akten der Millionen ehemals politisch Verfolgten geschlossen. Vorwürfe gegen führende Mitglieder der PASOK, die der Verwicklung in eine Bankenbestechungsaffäre beschuldigt werden, führen **1988** zu einer Kabinettskrise der Regierung Papandreou und einer Phase innenpolitischer Instabilität. Erst nach drei Parlamentswahlen, im **Juni** und **November 1989** sowie im **April 1990,** kommt eine regierungsfähige Mehrheit unter dem Konservativen Konstantinos Mitsotakis zustande.

1991
Die Ausarbeitung eines Kooperationsvertrags, der zur Lösung der Zypernfrage führen soll, wird am **11. September** zwischen Konstantinos Mitsotakis und dem türkischen Ministerpräsidenten Mesut Yilmaz vereinbart.

1992
Die Regierung Mitsotakis beschließt am **20. Januar** Reformmaßnahmen zur Wirtschafts- und Finanzsanierung, die den Beitritt zum Europäischen Währungssystem (EWS) ermöglichen sollen. In Maastricht wird am **7. Februar** der Vertrag über die Gründung der Europäischen Union (EU) unterzeichnet. Hauptziel des Vertrages ist die Errichtung einer Europäischen Wirtschafts- und Währungsunion (EWWU) mit Einführung einer gemeinsamen Währung. Am **31. Juli** ratifiziert das griechische Parlament den Vertrag von Maastricht. Aus Protest gegen die sozialen Folgen der Reformmaßnahmen der Regierung rufen die Gewerkschaften im **August** und **September 1992** Generalstreiks aus.

1993–1994
Am **1. Januar 1993** entsteht der Europäische Binnenmarkt der zwölf Mitgliedstaaten der Europäischen Union gemäß dem Maastrichter Vertrag. Im **Oktober 1993** gewinnt die PASOK die Parlamentswahlen und stellt mit Papandreou wieder den Ministerpräsidenten. Griechenland verweigert die Anerkennung der **1991** unabhängig gewordenen ehemaligen jugoslawischen Teilrepublik Makedonien „Makedonija", weil es in der Verwendung des Namens und besonderer Staatssymbole einen Angriff auf seine territoriale Integrität – der Provinz Makedonien – sieht.
Die Regierung in Athen reagiert auf die internationale Anerkennung Makedoniens und erläßt am **16./17. Februar 1994** ein Handelsembargo. Es fordert die Streichung des Namens Makedonien und Änderungen in der Verfassung sowie den Verzicht auf den „Stern von Vergina" in der Flagge. Das Parlament beschließt im **April 1994** die Enteignung und Ausbürgerung des seit **1967** im Londoner Exil lebenden Königs Konstantin II. und seiner Familie.

13. September 1995
Ein in New York auf Betreiben der Vereinigten Staaten unter Vorsitz eines UN-Vermittlers zustande gekommenes Abkommen führt zur Aufhebung der Wirtschaftsblockade und zur Normalisierung der Beziehungen mit Makedonien.

1996
Der Tausch der griechischen Flagge durch die türkische am **28. Januar** auf einer Insel der Imia-Gruppe (türkisch: Kardak) führt zu einer akuten Krise in der latenten Auseinandersetzung um die Hoheitsrechte in der Ägäis, die sich durch die Entsendung von Marineeinheiten beider Länder in das Konfliktgebiet weiter zuspitzt. Die Einheiten werden auf Druck der USA am **31. Januar** zurückgerufen. Der griechische Regierungschef Kostas Simitis fordert die Türkei auf, beim Internationalen Gerichtshof in Den Haag eine Entscheidung zu beantragen, und droht gleichzeitig, das Inkrafttreten der Zollunion zwischen der Türkei und der EU und die damit verbundene Finanzhilfe bis zu dessen Schiedsspruch zu blockieren. Bei vorgezogenen Parlamentswahlen im **September** wird die Regierung unter Simitis, Amtsnachfolger des im **Juni** gestorbenen Papandreou, bestätigt.

15. März 1998
Der EU-Währungsausschuß in Brüssel beschließt, daß die Griechische Drachme vom **16. März** an in den Wechselkursmechanismus des EWS eingebunden wird. An der am **1. Januar 1999** beginnenden dritten Stufe der EWWU kann Griechenland jedoch vorerst

nicht teilnehmen, da es als einziger EU-Staat keinem der Konvergenzkriterien des EU-Vertrags genügt.

2000
Bei Parlamentswahlen im **April** wird die Regierung der PASOK erneut bestätigt. Die gegenseitigen Besuche der Außenminister Griechenlands und der Türkei – Georgios Papandreou reist am **20.** und **21. Januar** nach Ankara und Ismail Cem besucht am **3.** und **4. Februar** Athen – werden als ein Zeichen der Entspannung zwischen den beiden Staaten gesehen. Auf dem Europäischen Gipfeltreffen in Santa Maria da Feira in Portugal vom **19.** bis **20. Juni** wird der Eintritt Griechenlands als 12. Mitglied in die Eurozone beschlossen.

1. Januar 2001
Griechenland tritt der Europäischen Wirtschafts- und Währungsunion bei.

Literatur:
- Brockhaus – Die Enzyklopädie in 24 Bänden, 20. Aufl., Leipzig/München, 1996–1999.
- Clogg, Richard: Geschichte Griechenlands im 19. und 20. Jahrhundert. Ein Abriß, Köln 1997.
- Ekpaideutikē Ellēnikē Egkyklopaideia, τ. 25, Ellēnikē Istoria, Ekdotikē Athēnōn, Athēna 1992.
- Tzermias, Pavlos: Neugriechische Geschichte. Eine Einführung, 3. Aufl., Tübingen 1999.
- Vakalopulos, Apostolos: Griechische Geschichte von 1204 bis heute, Köln 1985.
- Weithmann, Michael W.: Griechenland. Vom Frühmittelalter bis zur Gegenwart, Regensburg 1994.
- Woodhouse, C.M.: Modern Greece. A short history, 5. Auflage, London 1991.
- http://www.areion.de (15. September 2003).
- http://www.mikis-theodorakis.net (1. August 2003).

Großbritannien

„Der Krieg wird uns zusammenhalten"

VON ATHENA SYRIATOU

In den Kreisen der Historiker, die sich mit der Geschichte Großbritanniens befassen, ist weitgehend unbestritten, daß das heutige Selbstverständnis der britischen Nation auf dem Erbe des Zweiten Weltkrieges aufbaut. Dieser Krieg war grundlegend für die Ausgestaltung der modernen britischen Gesellschaft und des modernen britischen Staates. Dies gilt nicht nur für die Institutionen, die während des Krieges aus der Not geboren worden waren und die sich bis weit in die Nachkriegszeit hinein bewährten, sondern auch für ein neues Verständnis des Gefüges und der Ordnung dieser Gesellschaft, das in der Zeit des Krieges erstmals aufgekeimt war und sich bis in die Gegenwart durchsetzt. So begann in der Nachkriegszeit eine Entwicklung, in deren Verlauf sich Großbritannien zu einer egalitären Überflußgesellschaft wandelte, die eine populäre Monarchie mit stetigem Ausbau der Demokratie verband.[1]

Eine Untersuchung der Bedeutung des Zweiten Weltkrieges für die Nachkriegsgeschichte Großbritanniens und der sich wandelnden Art und Weise, in der dieses Krieges gedacht wurde, muß sich auf die Leitmotive konzentrieren, aus denen sich der Mythos des Krieges aufbaut. Die britische Heimatfront, die BBC, der D-Day, die Luftschlacht um England, die deutschen Luftangriffe auf London („the Blitz"), das britische Informationsministerium, die mit dem Namen Bletchley Park verbundenen britischen Bemühungen, den Kode der sogenannten Enigma-Maschine zu knacken, Winston Churchill und das Kriegskabinett, die Geburt des Wohlfahrtsstaates im Anschluß an den „Beveridge Report"[2] von 1942, der Triumph des Gemeinschaftsgeistes mit dem Wahlsieg der Labour Party 1945 und die Konferenz von Jalta, wo Großbritannien noch einmal als eine Macht unter den Großen Drei der Weltpolitik auftrat – das sind nur einige der Meilensteine eines Krieges, den der damals einem Koalitionskabinett vorstehende Premierminister Churchill bereits zu Beginn der Luftschlacht um England nach der deutschen Besetzung Frankreichs als „their finest hour" (Englands größte Stunde) qualifiziert hatte und für den Historiker später den Begriff „people's war" (Volkskrieg) prägten.

Großbritannien nimmt eine gewisse Sonderstellung ein, weil es eines der wenigen europäischen Länder war, die von einer Besetzung durch die Nationalsozialisten verschont blieben. Der Krieg brachte zwar wesentlich weniger Leid über Großbritannien als über andere europäische Länder, dennoch bildete er in vielerlei Hinsicht den Katalysator für einen Neuanfang in der Geschichte der britischen Nation. Soziale Spannungen, die in den 30er Jahren mit der Weltwirtschaftskrise und der Mißwirtschaft einen Höhepunkt erreicht hatten, setzten dem britischen Volk zu. Doch nun, obwohl die Hauptstadt des Landes bombardiert wurde und die Bevölkerung Entbehrungen und sogar Hunger zu ertragen hatte, einte der Krieg die gesellschaftlich gespaltene britische Nation.

Diese Einigung war eine Folge dessen, wie der Krieg im Ausland und an der Heimatfront erlebt wurde. Es war dies ein Krieg mit klarer ideologischer Zielsetzung, ein Krieg, in dem die Monarchie ihren Untertanen beistand, in dem der Adel seine Herrenhäuser den gefährdeten Kindern Londons zur Verfügung stellte, in dem die Oberschicht und die Arbeiterklasse sich während der Bombenangriffe auf London Seite an Seite in den Luftschutzkellern zusammendrängten.[3] Die meisten Briten aus allen Schichten der Gesellschaft betrachteten sich am Ende des Krieges als die Befreier Europas, als die wichtigsten Sachwalter der Freiheit. Dazu trug bei, daß ein riesiger, vom Informationsministerium und der BBC koordinierter Propagandaapparat mit allem Nachdruck das Bild einer durch die gemeinsame Sache zusammengeschweißten Nation hinaustrug und der Bevölkerung des Landes versicherte, sie werde den Krieg überstehen und am Ende den Sieg davontragen, wenn weiterhin alle am selben Strang zögen.[4]

Viele der Leitmotive, auf die sich der Mythos des Zweiten Weltkrieges in Großbritannien gründet, sind inzwischen von breiten Kreisen der Historikerzunft in Frage gestellt worden. Die erste Historikergeneration, deren Angehörige noch am Krieg teilgenommen hatten, neigte dazu, das Solidaritäts- und Gemeinschaftsgefühl in der Heimat überzubetonen, das seinerseits zu einer egalitären Ausrichtung der Sozialpolitik während und nach dem Krieg führte. Nach Auffassung des berühmten englischen Historikers Alan John Percivale Taylor war das britische Volk während des Krieges „herangewachsen", weil es ein Bekenntnis zu imperialer Größe gegen ein Bekenntnis zu Sozialreformen und gezielte Bemühungen zur Verbesserung der gesellschaftlichen Verhältnisse eingetauscht hatte.[5] Zahlreiche Historiker jedoch setzten sich nach Öffnung der Archive ab 1970 kritisch mit den oben angeführten Mythen auseinander und stellten nicht nur die Solidarität und Heroik des Krieges in Frage, sondern bezweifelten auch, daß der Krieg wirklich einen Wandel der britischen Gesellschaft herbeigeführt habe.

So war nach Auffassung zahlreicher Zeithistoriker die Heimatfront in Wirklichkeit durch soziale Spannungen gekennzeichnet: Es seien hauptsächlich Angehörige der Arbeiterklasse gewesen, die sich in den Luftschutzkellern wiederfanden, der Adel habe seine Häuser nur sehr widerwillig für den Kriegsbedarf zur Verfügung gestellt und Rassendiskriminierung und steigende Kriminalitätsraten deuteten darauf hin, daß die Gesellschaft keineswegs durch die gleichen verbindlichen Werte zusammengehalten worden sei. Außerdem trennten während und nach dem Krieg weiterhin tiefe ideologische Gräben die wichtigsten politischen Parteien, und der berühmte „Konsens", der angeblich die Nachkriegsgesellschaft geprägt habe, sei in Wirklichkeit nichts weiter als ständiger Kampf gewesen. Churchill sei nicht der Held, der mit seinen kühnen Reden die Nation geeint habe, sondern ein „fehleranfälliger Einzelgänger", dessen strategische Fehlentscheidungen die Kriegsanstrengungen behindert hätten.[6]

Diese Thesen kommen jedoch meist in Fachkreisen auf und werden nur selten zum Gegenstand einer breiteren öffentlichen Diskussion. Im Gegenteil: Die meisten Leitmotive, die dem Mythos des Zweiten Weltkrieges zugrunde liegen, haben die bald sechs Jahrzehnte seit dem Krieg überdauert, wenn auch nicht unangetastet, da ihnen mit der Zeit selbstverständlich andere Bedeutungen und Funktionen zugewachsen sind. Von Jahrzehnt zu Jahrzehnt verlagerten sich die Schwerpunkte, und eine jeweils andere Phase des Krieges, andere Werte und Persönlichkeiten wurden in den Vordergrund gerückt, um das aktuelle gesellschaftliche und ideologische Bekenntnis zu nationaler Einheit zu stärken.

Bilder des Krieges

Obwohl viele bestreiten würden, daß es ein einziges Bild gibt, welches für Großbritannien den Zweiten Weltkrieg symbolisiert, würden manche meinen, daß diese Ehre der Aufnahme gebührt, auf der die Londoner St. Paul's Cathedral, ein Werk von Christopher Wren, nach einem deutschen Luftangriff von den Bomben unberührt aus Flammen und Rauch aufragt (Abb. GB 1). Dieses Bild war am 29. Dezember 1940, in einer Nacht, in der 10 000 Brandbomben auf London abgeworfen wurden und die Stadt nach dem Großfeuer von 1666 zum zweiten Mal ein Raub der Flammen wurde, von dem Photographen Herbert Mason vom Dach des Daily-Mail-Gebäudes aufgenommen worden. Die Tageszeitung Daily Mail brachte die Aufnahme am 31. Dezember 1940 mit der Überschrift „Das großartigste Bild des Krieges", ein Indiz dafür, daß St. Paul's Cathedral bereits zu diesem Zeitpunkt zu einem Symbol der Standhaftigkeit avanciert war. Im Begleittext hieß es, dieses Bild sei „eines, das ganz Großbritannien in Ehren halten" werde, „denn es symbolisiert den unbeugsamen Widerstand Londons gegen den Feind, den entschiedenen Kampf von Recht gegen Unrecht".[7]

GB 1
Herbert Mason (Photographie)
War's Greatest Picture:
St. Paul's Stands Unharmed in the Midst of the Burning City
Das großartigste Bild des Krieges: St. Paul's steht unbeschädigt inmitten der brennenden Stadt, in:
The Daily Mail,
31. Dezember 1940
Zeitungstitel
London, The British Library

Der Krieg begann für Großbritannien im September 1939, und von Anbeginn machte eine einschneidende soziale Umwälzung deutlich, daß gesellschaftliche Solidarität geboten war, um diesen Krieg zu gewinnen. Bereits ab dem ersten Monat des Krieges wurden sogenannte „priority classes", bevorzugte Bevölkerungsgruppen, sowie Schulkinder aus den städtischen Zentren aufs Land evakuiert. Diese Maßnahme wurde während des sogenannten „Scheinkrieges", das heißt noch während der Regierung Chamberlain, eingeleitet und blieb während des gesamten Krieges in Kraft. Die Umsiedlung der städtischen Bevölkerung in die ländlichen Gegenden und die Berührungen zwischen verarmten Angehörigen der Arbeiterklasse und mittelständischen Bauern trugen, so eine weitverbreitete These, wesentlich zur Stärkung der sozialen Solidarität und dem nachfolgenden gesellschaftlichen Wandel bei.

Unterernährte, verlauste Kinder aus den armen Vororten Londons rückten ins Blickfeld von Politikern und Sozialreformern, die die Armut zu einem der Hauptprobleme erklärten, die nach dem Krieg in Angriff genommen werden sollten.[8] Die Aufnahmen von kleinen Kindern, die, sei es auch nur vorübergehend, von ihren Eltern getrennt wurden, zählten zu

GB 2
Children in War
Kinder im Krieg, 2000
Postkarte, 17,2 x 11,6 cm
Berlin, Deutsches Historisches Museum

den ersten Bildern, die dieser Krieg für Großbritannien lieferte und die auch heute noch beliebte Postkartenmotive sind (Abb. GB 2).

Das erste bedeutende und traumatische militärische Ereignis war jedoch die Evakuierung der eingekesselten britischen und französischen Soldaten aus Dünkirchen im Mai und Juni 1940. Fischer setzten über den Ärmelkanal nach Dünkirchen über, um die Verwundeten und Gefallenen in ihren Booten nach England zu bringen. Es war dies ein ungemein dramatisches Ereignis und ein überaus einprägsames Bild des patriotischen Eifers, das neuerlich zeigte, welch außerordentlich wichtige Funktion der Bevölkerung an der Heimatfront – the homefront – für den Ausgang dieses Krieges zukam.

Die Luftschlacht um England zwischen der Royal Air Force (RAF) und der deutschen Luftwaffe begann im Juli 1940 und konzentrierte sich nicht nur auf Flugplätze, Fabriken und Hafenanlagen, sondern dehnte sich ab September 1940 auch auf die britische Hauptstadt und andere Städte aus. Die deutschen Bombenangriffe auf London zwischen September 1940 und Mai 1941, die im Englischen unter dem Begriff „the Blitz" zusammengefaßt wurden, übertrafen in ihrer Tragik für Großbritannien sämtliche anderen Kriegsgeschehen. Außerdem war das Land damals einer Invasion durch den Feind näher als zu irgendeinem anderen Zeitpunkt. Bei den Luftangriffen kamen 20 000 britische Zivilisten ums Leben; mehr als ein Drittel des gesamten Häuserbestandes wurde zerstört.

Zunächst war die Regierung aus Angst vor Katastrophen dagegen, öffentliche Anlagen für den Luftschutz zur Verfügung zu stellen. Statt dessen trat sie für eine weiträumige Verteilung von Luftschutzanlagen ein: Sie stellte einzelnen Haushalten Luftschutzräume der Marken Anderson und (später) Morrison (eigens für diesen Zweck hergestellte Stahlwürfel mit Schlafplätzen für eine Familie mit zwei Kindern) zur Verfügung. Daneben legte der Staat Eigenheimbesitzern nahe, in ihrem Garten einen unterirdischen Luftschutzraum für die Familie zu bauen.[9]

Doch das Londoner U-Bahn-Netz erschien vielen als eine näherliegende Lösung. Die Regierung wollte dies nicht zulassen, unter anderem weil sie Behinderungen des eigentlichen U-Bahn-Betriebs befürchtete, von den Unfallrisiken ganz zu schweigen. Doch als die Zahl der Bombenopfer anstieg, sah auch sie ein, daß die U-Bahn den besten Schutz bot.

In dieser Anfangsphase erhielt ein Kriegsphotograph, Bill Brandt, vom Informationsministerium den Auftrag, die Bedingungen in den Londoner Luftschutzkellern in einer Photoserie zu dokumentieren. Brandt erkrankte bald nachdem er den Auftrag erhalten hatte, und ein anderer, nicht namentlich bekannter Photograph brachte das Projekt zum Abschluß. Diese Bilder sind vielfach in Schulbüchern reproduziert worden (Abb. GB 3 li. u.). In unserem Beispiel wird Churchill den Schutzsuchenden gewissermaßen als Schutzengel gegenübergestellt. Weitere Bilder von London in der Zeit der deutschen Luftangriffe wurden zu wichtigen nationalen Symbolen, so etwa die Aufnahme von der britischen Königsfamilie im März 1941 inmitten der Trümmer des durch Bomben zerstörten Buckingham-Palasts. „Jetzt können wir dem East End ins Gesicht sehen"[10], sagte die Königin wenig später anläßlich eines Besuches dieses Arbeiterviertels, das durch die Luftangriffe stark beschädigt worden war.

Als die Nachrichten über die Kriegsergebnisse der Alliierten allmählich positiver klangen, gewann Premierminister Winston Churchill zusehends an Popularität. Grund dafür waren nicht nur die scharfen, gefühlsbetonten Reden, die er hielt und die von den ersten Tagen des Krieges an von der BBC übertragen wurden, sondern auch die gewagten militärischen Schachzüge. Churchill ließ gleich in seinen ersten Reden keinen Zweifel daran, daß dies ein schwieriger Krieg werden

„Der Krieg wird uns zusammenhalten" · 289

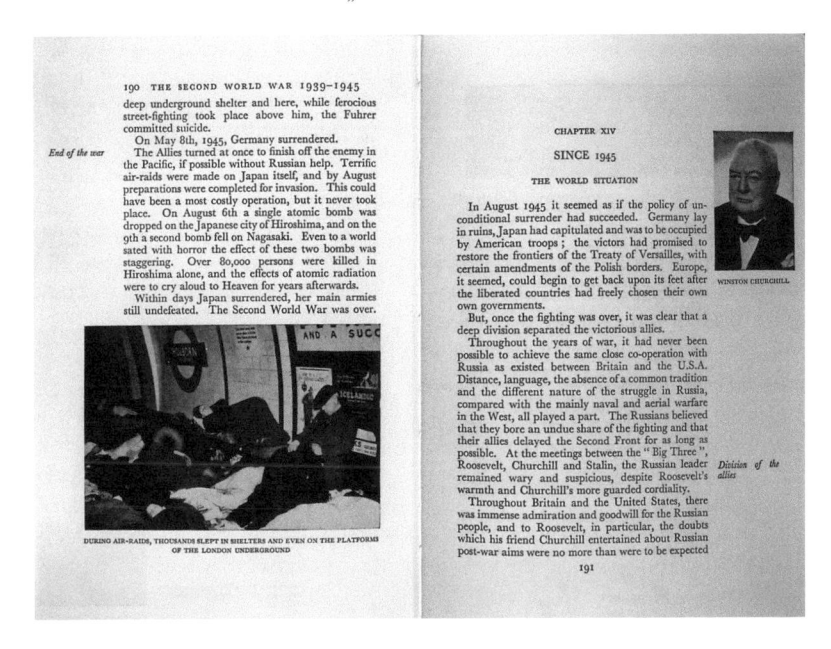

GB 3
During air-raids, thousands slept in shelters and even on the platforms of the London Underground
Während der Luftangriffe schliefen Tausende in Luftschutzräumen und sogar auf den Bahnsteigen der Londoner U-Bahn, in: Robert John Unstead: A Century of Change. 1837 – Today, London 1964, S. 190
Buch
Berlin, Staatsbibliothek zu Berlin – Preußischer Kulturbesitz
160707-4

würde. Statt die Gefahren herunterzuspielen, betonte er die gerechte Sache Großbritanniens, das dafür kämpfte, ein freies Land zu bleiben. Mit dem furchtlosen, unbeugsamen Geist seiner Reden und seiner Weigerung, die Möglichkeit einer Niederlage einzugestehen, steckte er sogar seine Gegner an. Nur drei Tage, nachdem er im Mai 1940 das Amt des Premierministers übernommen hatte, hielt er eine unvergeßliche programmatische Rede: „Ich habe nichts zu bieten außer Blut, Mühsal, Tränen und Schweiß. [...] Sie fragen, was ist unser Ziel? Ich antworte darauf mit einem Wort. Es ist der Sieg, der Sieg um jeden Preis, der Sieg allem Schrecken zum Trotz, der Sieg, und möge der Weg dorthin auch noch so lang und mühselig sein. Denn ohne Sieg gibt es kein Überleben". Und er schloß mit den Worten: „Come then, let us go forward together with our united strength" (Also kommt, laßt uns mit vereinten Kräften gemeinsam vorwärts gehen).[11] Der zweite Teil dieses Satzes wurde auf einem Plakat abgedruckt und im ganzen Land verbreitet. Es wurde in den 80er

GB 4
Let us go forward together
Laßt uns gemeinsam vorwärts gehen, 2000
Plakat, 76,2 x 51 cm
Berlin, Deutsches Historisches Museum

Jahren für das Imperial War Museum in London nachgedruckt und erlebte vierzig Jahre nach seiner Erstveröffentlichung eine zweite Welle der Popularität (Abb. GB 4). Tatsächlich avancierten Churchills Kriegsreden zu einem der wichtigsten Elemente der Kriegspropaganda, die während der schwierigsten Phasen des Krieges, das heißt von der Evakuierung Dünkirchens bis zum Feldzug in Nordafrika, einen optimistischen Geist verbreitete. Auch nach dem Krieg wurden diese Reden regelmäßig reproduziert (vgl. Abb. GB 16). Das Bild der Familie, die sich um das Radiogerät versammelt hat, um den von der BBC übertragenen Reden zu lauschen, ist nicht weniger charakteristisch für die Kriegszeit als andere Aufnahmen von den Kriegsschauplätzen oder der Heimatfront, die in den Nachkriegsfilmen nachgestellt wurden (vgl. Abb. GB 12).[12] Die Redekunst allein war natürlich keine Garantie für das Überleben, wie Churchill selbst später einräumen sollte. Doch nach dem erfolgreichen Feldzug in Nordafrika 1942 schien sich das Blatt zugunsten der Alliierten zu wenden. Churchill war nach diesem Ereignis innerhalb der Koalitionsregierung praktisch unangefochten.[13]

GB 5
Abram Games
Grow your own food
Bau deine eigenen
Lebensmittel an, 1942/2000
Postkarte, 14,8 x 10,5 cm
Berlin, Deutsches
Historisches Museum

Während des Krieges entwickelte das britische Informationsministerium, das die Aufgabe hatte, die Moral der Zivilbevölkerung zu stärken, eine neue Form der Kommunikation mit der breiten Masse. Plakate hielten die Bevölkerung, insbesondere in den Städten, zu gemeinsamen Anstrengungen für den Sieg an. So rieten große Anschlagtafeln der Bevölkerung, mit Lebensmitteln, Elektrizität und Kleidung sparsam umzugehen, Lebensmittel selbst anzubauen und sich nicht zu „unvorsichtigen Äußerungen" hinreißen zu lassen, damit der Feind nicht in den Besitz wichtiger Kriegsinformationen gelange.[14] Vor allem der erste Ratschlag war sinnvoll, da 1940 zunächst Lebensmittel und später zahlreiche andere Gegenstände des täglichen Bedarfs rationiert wurden. Infolgedessen kam es zur Massenproduktion preiswerter Konsumgüter, deren Qualität und Formgebung staatlicher Kontrolle unterlag. Diese Plakate gibt es noch heute als Nachdruck in Postkartenläden überall in London und besonders im Imperial War Museum zu kaufen (Abb. GB 5).

Die Rationierung erwies sich als eine wirksame Methode, die knappen Ressourcen gerecht zu verteilen und Unmut in der Bevölkerung zu vermeiden. Zudem half das Informationsministerium, die wirtschaftlichen Maßnahmen der Regierung populär zu machen, indem es sie als eine Frage der Ethik und der patriotischen Kooperation darstellte.[15] Die Bevölkerung akzeptierte die Rationierung, da dies am ehesten gewährleistete, den Krieg mit einer funktionierenden Wirtschaft zu überleben.

GB 6
Home! A soldier comes home after 4 years. 3 of them as prisoner of war. Churchill, Roosevelt and Stalin at Yalta
Zuhause! Ein Soldat kommt nach vier Jahren nach Hause. Drei davon war er in Kriegsgefangenschaft. Churchill, Roosevelt und Stalin in Jalta, in: Robert John Unstead: Britain in the 20th Century, London 1966, S. 206/207
Buch
Berlin, Staatsbibliothek zu Berlin – Preußischer Kulturbesitz
160707-5

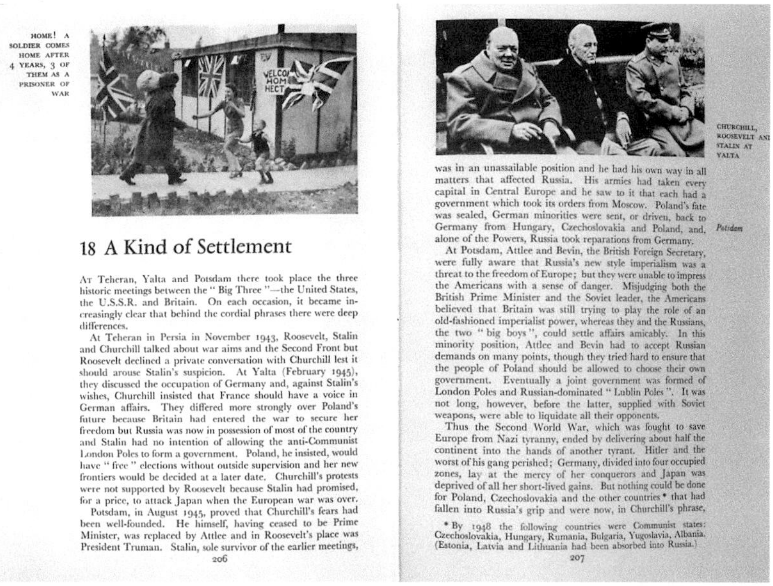

GB 7
King George VI and Queen Elizabeth with Princess Elizabeth and Princess Margaret joined by Prime Minister Winston Churchill on the balcony of Buckingham Palace on VE Day
König George VI. und Königin Elizabeth mit Prinzessin Elizabeth und Prinzessin Margaret zusammen mit Premierminister Winston Churchill auf dem Balkon des Buckingham-Palastes am VE Day, 8. Mai 1945, Print 2003
Photographie
London, Imperial War Museum
MH 21835

Nach Darstellung von Historikern pflegte das Informationsministerium während des Krieges den Mythos von „Deep England", das heißt die Vorstellung, daß England im Kern nicht städtisch, industrialisiert, sondern vielmehr ein grünes, schönes Land mit sanften Hügeln, Dorfangern und Pfarrkirchen sei. Allenthalben erschienen Plakate mit entsprechenden friedlichen Motiven und der Parole: „Dies ist Euer Großbritannien – Kämpft dafür." Die Propaganda der Kriegsjahre trug nach Auffassung vieler dazu bei, ein Selbstverständnis der Briten als standhaft, resolut, gutmütig und Übertreibungen abgeneigt zu zementieren. Mehr als fünfzig Jahre nach Kriegsende ist diese Selbsteinschätzung nach wie vor weit verbreitet.[16] Als das Kriegsende absehbar war, bereiteten die Alliierten sich auf die Welt nach dem Sieg über den Totalitarismus vor. Großbritannien gehörte immer noch zu den Großen Drei, die im Februar in Jalta auf der Krim zusammentrafen. Churchill als Dritter im Bunde mit Roosevelt und Stalin verkörperte Großbritanniens letzte Chance, das Schicksal des Planeten mit zu entscheiden. Die entsprechende Aufnahme von der Konferenz von Jalta findet sich seither in jedem Schulbuch (Abb. GB 6). Hier wird das Bild der Großen Drei mit dem Bild eines Kriegsheimkehrers verknüpft, das ebenfalls sehr populär ist.

Der Sieg war eine Erfahrung, die die britische Nation niemals vergessen sollte. Der 8. Mai 1945, der „VE (Victory Europe)-Day", stellte einen Höhepunkt in der britischen Geschichte des 20. Jahrhunderts dar. Am Tag der bedingungslosen Kapitulation der deutschen Streitkräfte feierte Großbritannien zusammen mit dem übrigen Europa das Ende des Krieges. Eine den Bildern von auf den Straßen tanzenden Menschen vergleichbare Bedeutung hatten allenfalls nationale Symbole, in denen sich Großbritannien wiedererkannte. Am Nachmittag jenes Tages winkten die königliche Familie und der Kriegspremier Winston Churchill vom Buckingham-Palast aus den jubelnden Massen zu (Abb. GB 7). Die Aufnahme, die die Kronprinzessin, Elizabeth, an diesem Tag der Freude in einer Militäruniform zeigte – ein Symbol des Egalitarismus wie auch der Emanzipation –, zählt zu den populärsten Bildern der jungen Thronfolgerin und der königlichen Familie. An diesem Abend wurde zum ersten Mal seit Beginn des Krieges St. Paul's Cathedral durch Lichtstrahlen angeleuchtet, die das Siegeszeichen bildeten (Abb. GB 8). Dabei bezieht sich diese Photographie wie selbstverständlich auf das 1940 in der Daily Mail publizierte Bild von St. Paul's (vgl. Abb. GB 1). Am 8. Mai stand über St. Paul das Victory-Zeichen, mit dem Churchill so berühmt wurde und das nicht nur für die britische Nation, sondern für alle Alliierten gleichermaßen zu einem einprägsamen Symbol des Sieges wurde (vgl. Abb. GB 16).

GB 8
St. Paul's as it appeared on VE night – the symbol of victory for Londoners
St. Paul's am 8. Mai 1945 – das Symbol des Sieges für die Londoner, Print 2003
Photographie
London, Imperial War Museum
AP 6576

Die 50er Jahre: Wirtschaftliche Einschränkung und Pragmatismus

Die Jahre, die auf den Krieg folgten, waren für die Briten eine Zeit der wirtschaftlichen Einschränkung, die gleichzeitig in vielerlei Hinsicht von nationaler Solidarität und einem gewissen politischen Konsens gekennzeichnet war. Es war dies die Zeit, in der die Labour Party einen Erdrutschsieg erzielte, indem sie auf den Gemeinschaftsgeist der Nation pochte, dem angeblich der siegreiche Ausgang des Krieges zu verdanken war. Der Labour-Wahlsieg war grundlegend und zugleich symbolisch für den Beginn einer Phase des sozialen Friedens. Labour erschien noch am ehesten als Garant für eine gesellschaftliche Erneuerung durch den Aufbau des Wohlfahrtsstaates, ein politisches Unterfangen, das nach Auffassung mancher Historiker das Verhältnis des Bürgers zum britischen Staat neu definierte. Dieses Projekt ließ die Bevölkerung Probleme wie die Rationierung und die Armut, die auch nach Kriegsende fortbestanden, leichter erdulden. Das neue Bildungs- und das neue Sozialversicherungsgesetz waren nur einige der Institutionen, die den Eindruck eines Neuanfangs nach dem Grundsatz der Gleichberechtigung und Chancengleichheit für alle vermittelten.

In den ersten Nachkriegsjahren waren die Wunden des Krieges noch nicht verheilt. Zahlreiche zerbombte Städte, insbesondere London, harrten des Wiederaufbaus, und ein Großteil der Bevölkerung konnte erst jetzt das Wiedersehen mit Verwandten und Freunden feiern. Gleichzeitig aber lag weiterhin ein Gefühl des Triumphes in der Luft, obwohl bereits Anzeichen einer schwindenden Bedeutung Großbritanniens etwa in Form des Zerfalls des Empire und der dynamischen Vorherrschaft der USA auf der weltpolitischen Bühne erkennbar waren.[17]

Welcher Stellenwert kam dem Krieg in dieser Ära zu? Gerade weil Großbritannien sich der Zukunft zuwandte, standen offizielle staatliche Kriegsdenkmäler nicht auf dem Programm. Bereits 1944 hatte eine landesweite Umfrage ergeben, daß „die meisten Leute ein Denkmal wollten, das den Überlebenden des Krieges Nutzen bringen oder Freude bereiten würde".[18] Andere Neuerungen, die zum Gedenken an den Zweiten Weltkrieg eingeführt wurden, waren populärer, so etwa der Land Fund, dessen staatliche Mittel ursprünglich für den Wiederaufbau gedacht waren und der heute als National Heritage Memorial Fund, Träger des Gesamtbestandes der britischen Kriegsdenkmäler und Teil des „Heritage Lottery Fund" fortbesteht. In Wales ist das offizielle Denkmal des Zweiten Weltkrieges ein Schwimmbad, in Eastbourne sind es sechs Häuser, die für Kriegsversehrte und deren Familien erbaut wurden.[19].

Der Krieg lag in den Fünfzigern nicht weit genug zurück, um auf ihn zurückblicken zu können. Gleichwohl entstanden Mitte der 50er Jahre die ersten Kinofilme über das Thema. Die meisten trugen einen pathetischen Charakter und freuten sich immer wieder am Triumph des Sieges. Schon die Titel dieser Filme sind bezeichnend: 1958 „Carve her name with pride" (Meißelt ihren Namen voller Stolz ein); 1956 „Reach for the Sky" (Allen Gewalten zum Trotz), beide von Lewis Gilbert. Diese Filme sollten bestimmte Teile des Kriegsapparates und bekannte Ereignisse des Krieges verherrlichen. So dreht sich der erstgenannte Film um den Geheimdienst und den spontanen Einsatz der Bürger, die ihr Leben aufs Spiel setzten, um als Spione tätig zu werden, während der zweite Film anhand der wahren Lebensgeschichte eines Jagdfliegers die Leistungen der RAF feierte.

Typisch ist der Film „The Dam Busters" von 1955, in dem der berühmte Angriff britischer Flieger unter dem Kommando des RAF-Staffelführers Guy Gibson auf zwei Talsperren der Flüsse Möhne und Eder im Jahre 1942 nachgestellt wurde. Der Film sollte zeigen, welch ungeheure Ausdauer eine derart schwierige Aktion sowohl in der Planung und Vorbereitung als auch von der Ausführung her erforderte, und somit weitere nationale Tugenden rühmen. Auf dem Plakat ist der einsame Held zu sehen, der die entscheidende Bombe abwirft und damit den Staudamm brechen wird. Pilot und Flugzeug, die geniale Lancaster, bilden eine Einheit (Abb. GB 9). Im Hintergrund explodiert eine Bombe, die die Staumauer getroffen und beschädigt hat.

In dieser Phase waren es die militärischen Leistungen des Krieges sowie die Heldentaten einzelner herausragender Persönlichkeiten, die verherrlicht wurden. Eine ähnliche Breitenwirkung wie die Filme hatten die Kindergeschichten um den berühmten Helden Sergeant James Bigglesworth C.I.D., einen Piloten der Royal Air Force. Auf dem Titelblatt unserer Ausgabe ist Biggles als Flieger zu sehen und im Hintergrund die Mosquito in Aktion. Flugzeug und Flieger sind hier miteinander verbunden (Abb. GB 10). Biggles war in vielerlei Hinsicht das Inbild eines britischen Gentlemans, das die meisten Institutionen der englischen

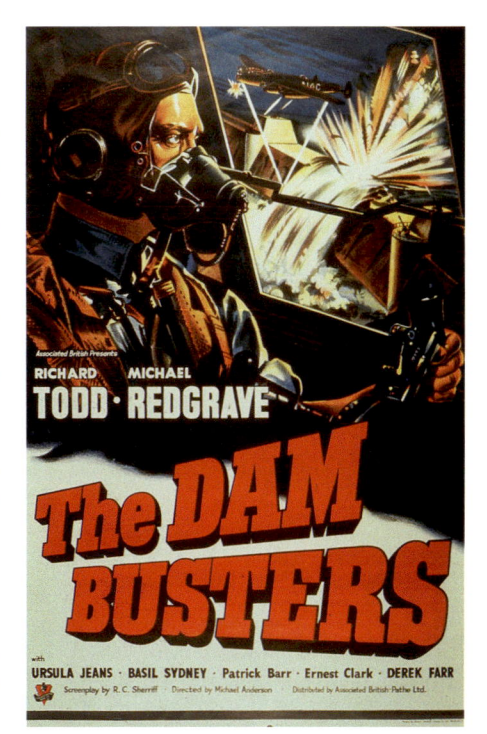

GB 9
Michael Anderson (Regie)
The Dam Busters
Die Staudammbrecher, 1955
Filmplakat, 101,8 x 68,2 cm
London, British Film Institute
16629

Ober- und Mittelschicht verkörperte. Er war in Indien geboren, entstammte also einer Familie, die dem Britischen Königreich diente. Später ging er in England zur Schule, hatte also die richtige Ausbildung genossen. 1916 erhielt er seine Pilotenausbildung und wurde gleich in den Anfängen der Kriegsluftfahrt Jagdflieger. Den Auftrag für seine Einsätze in aller Welt erhielt er meistens vom britischen Secret Intelligence Service, womit ein Loblied auf diesen Geheimdienst und dessen Rolle im Krieg wie auch auf die globale Bedeutung und Macht Großbritanniens gesungen wurde. Im Zweiten Weltkrieg wurde Biggles zum Kommandanten einer Spitfire-Staffel ernannt, wodurch die wichtigste Waffe des Krieges für Großbritannien, das Spitfire-Jagdflugzeug, berühmt wurde. Biggles-Bücher mit neuen Geschichten erschienen bis zum Tod des Autors 1968, die Figur hat sich aber bis heute mit Neuauflagen und Übersetzungen in 26 Sprachen sowie einem Kinofilm im Jahre 2001 als erstaunlich langlebig erwiesen.[20]

Die Probleme, die sich in der zweiten Hälfte der 50er Jahre für Großbritannien auftaten, zwangen das Land zu einer Neubesinnung auf seine globale Rolle in der Weltpolitik ebenso wie auf seine innenpolitischen Ziele. Ein einschneidendes Ereignis, das sich als ein Wendepunkt für die Großmacht Großbritannien erweisen sollte, war die Suez-Krise 1956, die im Grunde nur eine Entwicklung sichtbar machte, die sich bereits vollzogen hatte, nämlich den Rückzug Großbritanniens aus der Weltpolitik und den Anfang eines unbequemen Verhältnisses zu Europa. In den folgenden Jahren büßte es seine Bedeutung in der Weltpolitik ein, dafür aber erfreuten sich mehr Briten eines Lebens in Wohlstand als jemals zuvor.

GB 10
William Earl Johns
Sergeant Bigglesworth C.I.D.,
London 1954
(Erstausgabe 1946)
Buchtitel
Berlin, Deutsches
Historisches Museum

Aufstieg und Niedergang einer permissiven Überflußgesellschaft

Anfang der 60er Jahre wurde Großbritannien von einem Geist des Wandels erfaßt. Nach Auffassung mancher Historiker markierten diese Jahre das Ende des Geistes der Solidarität und Sparsamkeit der Nachkriegszeit und den Anfang von Individualismus und Konsumdenken. Tatsächlich war der Lebensstandard deutlich gestiegen, und Großbritannien war, obwohl keine imperiale Großmacht mehr, gleichwohl nach wie vor eine der politisch, wirtschaftlich und militärisch stärksten Nationen der Welt. Das Land beantragte nur widerwillig die Mitgliedschaft in der Europäischen Wirtschaftsgemeinschaft. Im Lauf der 60er Jahre entwickelte sich Großbritannien in vielerlei Hinsicht zu einer Überflußgesellschaft, in der Toleranz großgeschrieben wurde. Darüber hinaus entstand mit der großen Zahl von Zuwanderern aus den Kolonien in Afrika, Asien und der Karibik eine neue multikulturelle Gesellschaft.

Die Überflußgesellschaft stand in diametralem Gegensatz zu den Moralvorstellungen der Kriegszeit, die sich in den 40er Jahren herausgebildet und bis weit in die 50er hinein fortbestanden hatten. Die jüngere Generation, die in relativem Wohlstand aufgewachsen war, konnte zu einer Generation, die von Heldentaten und Härte redete, keinen Zugang finden. Die aufkommende Jugendkultur mit ihren erfolgreichen Popgruppen, ihrem Pazifismus und ihrer Verurteilung aktueller Kriege (insbesondere des Vietnam-Krieges) ließ den Zweiten Weltkrieg wie eine andere, ferne Welt erscheinen. Hatte in dieser Zeit der Zweite Weltkrieg überhaupt noch einen Platz im Bewußtsein der Menschen?

Ein zuverlässiges Indiz für den Stand der Erinnerung an den Krieg sind Filme. In ihnen überdauerten alte Denkmuster neben den neuen, entgegengesetzten Anschauungen. Heldentum und moralische Überlegenheit standen nach wie vor

"DER KRIEG WIRD UNS ZUSAMMENHALTEN" · 295

GB 11
Guy Hamilton (Regie)
Battle of Britain
Die Luftschlacht um England,
1969
Filmplakat, 76,3 x 101,7 cm
London, British Film Institute
808

GB 12
Guy Hamilton (Regie)
Battle of Britain
Die Luftschlacht um England,
1969
Filmstill, 20,3 x 25,4 cm
London, British Film Institute

auf dem Programm, obwohl die Jugend diesen Werten wenig abgewinnen konnte.

Was die Filme dieser Periode am Ende rühmten, waren jedoch nicht die militärischen Leistungen, sondern die Ausdauer der Menschen, was auf ein gewandeltes Verständnis gegenüber den 50er Jahren hindeutete. Der Film „The Battle of Britain", der 1969 in die Kinos kam, kann als die getreueste Rekonstruktion des Luftkriegs über Großbritannien im Jahre 1940 gelten. Das Plakat zeigt die Stadt London aus der Perspektive eines Piloten (Abb. GB 11). Wie selbstverständlich sieht man auf das berühmte Wahrzeichen des unzerstörbaren Willens der Briten: St. Paul's Cathedral, die schon 1940 durch den Daily Mirror zu einem solchen Symbol gemacht und die in die Siegesfeiern 1945 mit einbezogen worden war (vgl. Abb. GB 1 und vgl. Abb. GB 8). Der Film bemühte sich um eine umfassendere Perspektive und beleuchtete anders als die meisten Kriegsfilme der 50er Jahre nicht nur das militärische Geschehen, sondern auch die Rolle der Heimatfront. Besonders wichtige Szenen waren solche, in denen eine Familie, die in der U-Bahn Schutz gesucht hatte, den Re-

GB 13
David Croft, Jimmy Perry
(Regie)
Dad's Army
Vaters Armee, 1974
Brettspiel, 30 x 49,5 x 7,5 cm
(Schachtel)
Berlin, Deutsches
Historisches Museum

den Churchills lauscht (Abb. GB 12) oder in denen Soldaten, Feuerwehrleute und Kinder jeweils ihren Teil tun, um die nächtlichen Feuer nach Luftangriffen auf die Londoner City zu löschen. Einfache Leute wurden so als die wahren Helden dargestellt – Helden, denen keine Medaillen verliehen wurden, die aber dennoch einen würdigen Kampf geliefert hatten. Zudem vergegenwärtigte der Film jene nationalen Tugenden, die die Propaganda der Kriegszeit hervorgehoben hatte, das heißt, er porträtierte die Briten als standhafte, gutmütige und zurückhaltende Menschen.[21]

Der Krieg war während der 60er Jahre, als die gegen das Establishment gerichtete Alternativkultur den Ton angab, eher ein Randthema. Das heißt natürlich nicht, daß es keine entgegengesetzten Tendenzen gab. Der Krieg verlor auch in diesen Jahren nicht seine Wichtigkeit, nur stand er jetzt nicht mehr im Mittelpunkt. Dennoch gelang es einer Fernsehkomödie, die sich um den Krieg drehte, sich einen festen Platz im Wohnzimmer der Engländer zu verschaffen. „Dad's Army" eine äußerst populäre Serie über die Home Guard (Heim- und Bürgerwehr) in einem Küstenort während des Zweiten Weltkrieges, lief von 1968 bis 1977 erfolgreich im britischen Fernsehen.[22] Jede Folge der ausgestrahlten Serie beginnt mit dem Bild einer Landkarte, die deutsche Truppenbewegungen auf dem Kontinent zeigt, gegen die sich die Briten verteidigen. Die deutschen Truppen kommen bis in die Normandie, derweil die Briten ihr Land nicht verlassen. Untermalt wird die Bildfolge mit dem kurzweiligen Lied „Who do you think you are kidding Mr. Hitler". Die Serie ist so beliebt, daß es inzwischen eine reiche Palette von Fanartikeln und unzählige ihr gewidmete Websites gibt, wie das Spiel, das sich auf die Bilder des Trailers bezieht (Abb. GB 13).

Die 70er Jahre waren für Großbritannien ein Schlüsseljahrzehnt. Introspektion und Selbstkritik wurden zum vorherrschenden Trend im britischen Geistesleben, da sich die wirtschaftlichen Probleme verschärften. Das Jahrzehnt begann und endete mit der Ablösung einer Labour- durch eine konservative Regierung – eine ungewohnte Häufung politischer Machtwechsel.

In den 70er Jahren versuchte man erstmals in den Schulen, auch die dunkle Seite der britischen Geschichte und nicht nur die Glanzzeiten anzusprechen. Als sich das Land nach einer Talfahrt der britischen Wirtschaft, die in den 70er Jahren einen Tiefpunkt erreichte, gezwungen sah, den Internationalen Währungsfonds um Kredite zu bitten, machte sich Unzufriedenheit breit, die sich nicht auf politische und wirtschaftliche Fragen beschränkte, sondern auch zahlreiche durch die sogenannte tolerante Gesellschaft verkörperte Ideen und Werte einschloß.[23]

Der Nachkriegskonsens zerfiel. In diesem Klima, in dem die meisten Werte der Kriegszeit in Frage gestellt und in manchen Fällen sogar als Ursache für den Niedergang ausgemacht wurden, konnte der Krieg nur mehr entweder unter dem Blickwinkel der wissenschaftlichen Akribie oder dem der Ironie betrachtet werden. Ersterem waren einige der bis dahin erschöpfendsten Dokumentarfilme über den Krieg, letzterem dagegen lediglich sporadisch einsichtsvolle, eher bittere Kommentare zum Krieg zu verdanken. Ein Beispiel dafür ist die Szene aus dem berühmten, von John Schlesinger gedrehten Film „Sunday, Bloody Sunday" von 1971, in der der bisexuelle Liebhaber einer alleinerziehenden Mutter nach einer Flasche Whisky greift und der berühmte Satz aus einer der bekannten Durchhalte-Reden Churchills, „Wir werden uns niemals ergeben", im Bild erscheint – ein ironischer Hinweis auf den Kontrast zwischen der Kriegszeit mit ihrer wirtschaftlichen Einschränkung und ihrer klaren moralischen Wertordnung auf der einen und der Überflußgesellschaft mit ihren verschwommenen Wertvorstellungen auf der anderen Seite.

Ein Beispiel für eine erschöpfende Darstellung des Zweiten Weltkrieges war die 1973 für den britischen Fernsehsender Thames Television produzierte Dokumentarserie „The World at War" (Die Welt im Krieg). In neun Folgen erzählen Sir Jeremy Isaacs und Sir Laurence Olivier die Geschichte des Krieges, die durch zahlreiche Bilddokumente aus Archiven der Achsenmächte ebenso wie der Alliierten illustriert wurde. „The World at War" war eine der ersten Fernsehdokumentationen, die ausgiebig von diesen Quellen Gebrauch machte und dem Fernsehzuschauer dadurch in beispiellos anschaulicher Form das wohl folgenreichste Ereignis des 20. Jahrhunderts nahebrachte. Mit dieser Dokumentarserie übernahm Großbritannien eine Vorreiterrolle in der historischen Aufarbeitung des Krieges, die in gewisser Weise die Rolle des Landes als Siegermacht widerspiegelte. Die Serie erhielt zahlreiche Auszeichnungen wie den Desmond Davis Award der Royal Television Society, L'Ordre National du Mérite und einen Emmy, außerdem wurde Jeremy Isaacs von Königin Elisabeth II. geadelt. Das Imperial War Museum verkauft das Video in seinem Museumsshop.

Um die gleiche Zeit setzte nach langem, verdächtigem Schweigen das Gedenken an eines der Hauptverbrechen des Krieges ein. Der Fernsehvierteiler „The Holocaust" war 1978 erstmals auf den meisten europäischen Bildschirmen zu sehen. Bis dahin war der Holocaust im historischen Gedächtnis Großbritanniens lediglich sporadisch angerissen und in den 50er und 60er Jahren beinahe völlig verdrängt worden, obwohl Großbritannien ein Land war, das zahlreichen jüdischen ebenso wie nichtjüdischen Verfolgten (beispielsweise Kommunisten) Aufnahme gewährt hatte. Der Film war unter anderem so erfolgreich, weil er die Geschichte am Beispiel des Schicksals der Familie Weiß emotionalisiert.

In den beiden ersten Nachkriegsjahrzehnten wollten die meisten Juden nicht als „Opfer" dastehen. Deshalb wurde der Holocaust in Großbritannien ebenso wie in zahlreichen anderen Ländern Europas mit Stillschweigen übergangen – nicht nur wegen fehlender Bereitschaft seitens der Medien oder Regierungen, sondern auch weil der jüdische Bevölkerungsteil selbst es vorzog, in der dynamischen Gesellschaft aufzugehen, in die er sich eingegliedert hatte, und die Vergangenheit in seiner alten Heimat auf dem europäischen Kontinent zurückzulassen.

Gegen Ende der 70er Jahre änderte sich diese Situation jedoch bis zu einem gewissen Grad. Britische Schulbücher begannen nunmehr auf den Holocaust einzugehen, wenn auch nur sporadisch.[24] Historische Dokumentationen und Filme liefen im Fernsehen; was aber nach wie vor fehlte, waren öffentlichkeitswirksame Veranstaltungen auf nationaler Ebene zum Gedenken an den Holocaust als ein historisches Geschehen von besonderer Tragweite. Erst als die jüdische Gemeinschaft selbst die Initiative ergriff und Gedenkveranstaltungen zum Holocaust organisierte, begann man in Großbritannien gezielt das Interesse einer breiteren Öffentlichkeit zu kultivieren.

Der Unternehmungsgeist und die Gedächtnisindustrie

Mit dem triumphalen politischen Aufstieg von Margaret Thatcher und der Conservative Party hielt ein neokonservativer Geist Einzug in Politik und Gesellschaft, und „Effizienz" wurde zur neuen Losung der nationalen Solidarität. Dieser neue Geist sollte die alte Ordnung, die ihre Wurzeln in der unmittelbaren Nachkriegszeit hatte und aus der das britische Establishment hervorgegangen war, radikal umstoßen.[25] In diesem Klima bemühte sich Thatcher, unternehmerische Prinzipien auch auf den Kulturbereich zu übertragen. Auf sämtlichen Ebenen des kulturellen Lebens vom Bildungswesen und den Künsten bis hin zur Kirche und dem Parlament hielt das Marktdenken Einzug. Obwohl Margaret Thatchers ständige Berufung auf die Geschichte und insbesondere auf Werte des Viktorianischen Zeitalters, einer Epoche, in der das britische Königreich ihrer Auffassung nach im Zenit seiner Macht und seines Glanzes stand und seine größte wirtschaftliche Blüte erlebte, in breiten Kreisen der Historikerzunft auf Kritik stieß, ließ sie sich nicht davon abbringen, auf diese Weise ihre eigenen modernen Wirtschaftsvorstellungen zu popularisieren.

Die Rückgriffe auf die Geschichte erlangten in der Rhetorik Thatchers auch deshalb entscheidende Bedeutung, weil es zu einer kommerziellen Aufbereitung von Geschichte und insbesondere der Glanzzeiten der britischen Vergangenheit kam: Geschichte wurde zu einem für den Massenkonsum gedachten Produkt. Die Kommerzialisierung der Vergangenheit wurde zum neuen Markttrend, den Thatcher auf vielfältige Weise förderte. Daraus entwickelte sich gegen Ende der 80er Jahre eine Industrie mit der höchsten Wachstumsrate in Großbritannien. Das beispiellose Interesse der Massen am geistigen oder materiellen Erwerb eines Stücks Geschichte, also von Produkten oder Dienstleistungen, die mit historischen Themen zu tun hatten, ließ Kritiker das Wort von der „heritage industry" prägen.

Vor diesem Hintergrund wuchs dem Zweiten Weltkrieg eine neue Rolle in der britischen Gesellschaft zu. Ein Historiker beobachtete treffend, daß „der vergangene Krieg in den 80er Jahren fast genausosehr Teil einer blühenden 'Geschichtsindustrie' war wie Herrenhäuser im Tudorstil oder mittelalterliche Kathedralen".[26] In einer Zeit, in der die Politik Wirtschaft und Gesellschaft so grundsätzlich erneuern wollte, wurde der Konsens in Frage gestellt. Die Premierministerin benutzte die Geschichtsindustrie, um diesen Wandel erträglicher zu machen. Diesem Vorgehen liegt der Gedanke zugrunde, daß die Aktualisierung der glorreichen Geschichte über die Bedrohung, die fundamentale Ver-

GB 14
Supermarine Spitfire Mk.I
2000
Bausatz für Kinder,
19 x 29 x 5 cm (Schachtel)
Berlin, Deutsches
Historisches Museum

GB 15
Spitfire. Premium Kentish Ale
Bierflasche, Spitfire, 2003
Flasche, 22 cm, Dm 7,5 cm
Berlin, Deutsches
Historisches Museum

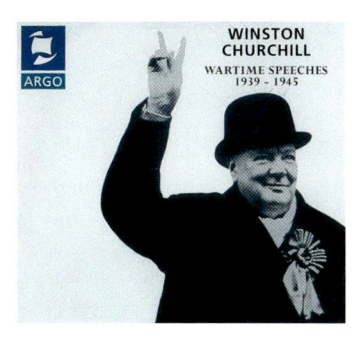

GB 16
Winston Churchill. Wartime
Speeches 1939–1945
Winston Churchill. Reden aus
dem Krieg 1939–1945, 2000
CD
Berlin, Deutsches
Historisches Museum

GB 17
The Home Front
Die Heimatfront, 1987
Mappe, 23 x 35,5 x 1 cm
Berlin, Deutsches
Historisches Museum

änderungen mit sich bringen, zumindest mental hinweghilft. In Großbritannien findet aus diesem Grunde heute fast alles Abnehmer, was irgendwie im zurückliegenden Krieg und Sieg eine Rolle gespielt hat. Das Imperial War Museum ist eine der größten Weihestätten für Kriegsmemorabilien, aber auch auf dem freien Markt gibt es ein reichhaltiges Angebot von Nachbildungen entsprechender Objekte. Modelle von Spitfire-Kampfflugzeugen gelten als ein ideales Geschenk für Kinder (Abb. GB 14), während eine Bierflasche mit Spitfire-Etikett die Eltern amüsiert (Abb. GB 15). Die Geschichtsindustrie benutzt die Luftwaffe mit ihren legendären Flugzeugen, um immer wieder die Geschichte vom Sieg zu erzählen, den die RAF gegen die Wehrmacht errungen hatte und der nicht nur in Filmen wie „Battle of Britain" (vgl Abb. GB 11) oder die Geschichte um Biggles (vgl. Abb. GB 10) dokumentiert ist, sondern bereits während des Krieges durch die Propaganda des Informationsministeriums verbreitet worden war. Der Krieg ist jedoch nicht nur im Kriegsmuseum unübersehbar präsent. Überall im Land kann man in der „cult section" örtlicher Schallplattengeschäften CDs mit den Kriegsreden Churchills finden. Eine solche CD, die auf dem Cover Churchill mit seinem berühmten V-Zeichen zeigt, reproduziert die Durchhaltereden zu dem Zweck, an die gemeinsame Vergangenheit zu erinnern, in der die Nation einig gegen die Feinde den Sieg errungen hat (Abb. GB 16). Die vielleicht populärsten Merchandising-Produkte waren Spielzeuge, die sich auf die Zeit der Heimatfront bezogen (Abb. GB 17). Die Warenpalette reichte bis hin zu Geschirrtüchern, die ironischerweise mit dem Motiv eines Bezugsscheins bedruckt waren, um die Hausfrau der modernen Überflußgesellschaft an die Zeiten der wirtschaftlichen Einschränkung zu gemahnen (Abb. GB 18). Aber nicht nur an die wirtschaftlichen Einschränkungen sollte erinnert werden, sondern vielmehr daran, daß das Volk zusammenstand. Gegen die gnadenlose Politik Margaret Thatchers wird noch einmal die Geschichte erzählt, wie die Heimatfront, die Lebensmittelrationierung, kurz der gemeinsame Kampf zum ersehnten Sieg geführt habe. Das ganze Panorama der Kriegeserinnerung dient einer brüchigen Vergewisserung, die mit der Gegenwart wenig zu tun hat. Hier wird die Solidarität des Krieges gegen die soziale Kälte gesetzt und zugleich an den Durchhaltewillen appelliert.

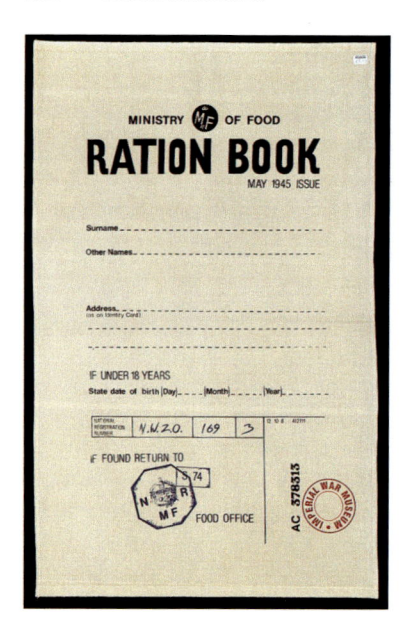

Zudem markierten die letzten Jahre des 20. Jahrhunderts das Ende der verhaltenen Gedenkpraxis, die seit dem Ende des Zweiten Weltkriegs vorgeherrscht hatte. Mit dem Abtritt der, wie Nick Hewitt sie nannte, „skeptischen Generation", die sich jahrelang geweigert hatte, dem Krieg gewidmete Denkmäler zu errichten, setzte sich ein neuer Trend zur Errichtung von Denk- und Mahnmalen durch. In den 80er und 90er Jahren wurden allenthalben neue Gedenkprojekte realisiert[27], bei denen es sich nicht unbedingt um Bau- oder Kunstwerke handelte, sondern auch in vielen Fällen um Gedenktafeln, die zur Erinnerung an berühmte Schlachten von Kriegsveteranen angebracht wurden. In der Grafschaft Staffordshire wurden 150 Morgen Waldland für verschiedenste – nicht ausschließlich auf den Krieg bezogene – Gedenkprojekte ausgewiesen. In dieser Anlage wurde der 49. Infanteriedivision durch die Holzskulptur eines Eisbären, ihrem Symbol, gedacht. Projekte größeren Umfangs zum Gedenken an den Krieg gelangten nach einer Sammlungsaktion in Verbindung mit dem 50. Jahrestag des VE-Day auf die Tagesordnung, und die Zeitung The Evening Standard gab ein Mahnmal zur Erinnerung an die Bombardierung Londons in Auftrag, das 1999 von der Königinmutter enthüllt wurde.[28]

Im vergangenen Jahrzehnt zeigte eine Studie über das britische nationale Selbstverständnis, daß infolge des wachsenden Nationalismus in Europa und der globalen Amalgamierung der Kulturen die Notwendigkeit entstanden ist, das multikulturelle, feministische Gesicht Großbritanniens gegenüber dessen männlichem, protestantischem Bild verstärkt in den Vordergrund zu rücken. In diesem Geist wurden in jüngerer Zeit neue Denkmäler errichtet, die eigens an den Beitrag von Frauen, Zivilisten, Arbeitern und Soldaten aus den Kolonien zu den Kriegsanstrengungen erinnerten. Auf diese Weise rückten Gruppen ins Blickfeld, deren Leistungen bis dahin nie gebührend berücksichtigt worden waren, und es setzte sich ein neues, „politisch korrektes" Verständnis durch.

Es ist interessant, wie (runde) Jahrestage wichtiger Kriegsereignisse, z. B. des D-Day und des VE-Day, begangen wurden, da dies die Maßnahmen von offizieller Seite zeigt, Kriegserinnerungen in den Alltag hineinzutragen. Dabei stellt man erstaunlicherweise fest, daß es bis 1984 kaum derartige Bemühungen gab. Nur ganz selten brachten die führenden Zeitungen kurze Artikel über entsprechende Ereignisse. Doch ab 1984, zwei Jahre nach dem Konflikt um die Falkland-Inseln, rückte der Krieg wieder verstärkt ins öffentliche Bewußtsein. Laut Nick Hewitt handelte es sich dabei um eine Art von Nachkriegschauvinismus, der mit der Herausbildung eines neuen nationalen Selbstbewußtseins zusammen-

GB 18
Ration Book
Bezugsschein, 2000
Trockentuch, 76,5 x 48,5 cm
Berlin, Deutsches
Historisches Museum

hing. So brachten zahlreiche Zeitungen anläßlich des 40. Jahrestages des VE-Day und (in geringerem Umfang) des D-Day Sonderausgaben heraus, und im Fernsehen liefen Gedenksendungen.²⁹

Im Lauf der 80er Jahre erlebte der Krieg durch private und staatliche Anstrengungen eine Wiederauferstehung als kulturelles und nationales Konsumprodukt für eine breite Öffentlichkeit. In den 90er Jahren aber und insbesondere mit den Feierlichkeiten zum 50. Jahrestag des Kriegsendes 1995 erhielt der Krieg wieder einen Platz in der offiziellen Wahrnehmung. In diesem Jahrzehnt gab es eine beispiellose Flut von Gedächtnisjournalismus, und auch auf seiten des Staates war ein Bedürfnis erkennbar, die Bedeutung des Krieges zu unterstreichen. Am 6. Juni 1994 besuchten die Staatsoberhäupter der meisten ehemaligen alliierten Länder eine Gedenkveranstaltung in der Normandie.

Diese Bemühungen erreichten am 50. Jahrestag des VE-Day ihren Höhepunkt, als die gesamte britische Nation die Freude von 1945 noch einmal durchlebte. Die meisten Zeitungen druckten mehrere Seiten lange Gedenkausgaben, das Fernsehen zeigte seltene Dokumentaraufnahmen der Siegesfeiern, die Nachrichtensprecher und Nachrichtensprecherinnen trugen Kleidung aus den 40er Jahren und berichteten aus der Zeit. Aus London wurden mit spektakulärem Feuerwerk verbundene Gedenkfeierlichkeiten übertragen.

Die Sonderausgabe zum Jahrestag des VE-Day, die der Guardian am 1. Mai 1995 herausbrachte, war typisch für das Material, das in den Zeitungen erschien (Abb. GB 19). Der Neuanfang nach dem Kriege wurde dort als ein nettes Treffen dreier Soldaten auf einem Trümmerhaufen dargestellt. Am Rande steht die Allegorie der Freiheit und scheint nach etwas Ausschau zu halten... Journalisten erörterten die Bedeutung des Tages für die Aufteilung Europas in Interessensphären, reflektierten über das Großbritannien der Nachkriegszeit und fragten nach der Relevanz der Ideale der Kriegszeit in der britischen Gesellschaft, und daneben wurden Tagebuchauszüge abgedruckt, in denen berühmte ebenso wie gewöhnliche Leute ihre Gedanken zum 8. Mai 1945 niedergeschrieben hatten.

In den 80er und 90er Jahren trat ein gewisser Wandel in der Haltung gegenüber Denkmälern ein, sei es auch unter Mißbilligung seitens der Veteranen, die weiterhin an ihrer Skepsis gegenüber Denkmälern festhielten. Man errichtete neue Denkmäler, so etwa 1988 für RAF-Generalmarschall Lord Dowding, der die britische Seite in der Luftschlacht um England zum Sieg geführt hatte, und 1992 für Sir Arthur

GB 19
VE Day. Birth of our times
VE Day. Die Geburtsstunde unserer Epoche, in: The Guardian, 1. Mai 1995
Zeitungstitel
Privatbesitz

Harris, den sogenannten Bomber Harris, der ein entschiedener Verfechter der Flächenbombardierung war und unter anderem 1945 die verheerenden Bombenangriffe gegen Dresden flog. Deshalb stieß in Großbritannien wie in Deutschland die Errichtung nicht unbedingt auf Gegenliebe.[30] Andere Denkmäler, die in den 90er Jahren entstanden, bezogen sich auf ganz spezifische, einer breiteren Öffentlichkeit unbekannte Ereignisse.[31]

In den beiden letzten Jahrzehnten des 20. Jahrhunderts gab es eine Fülle von Filmen und Fernsehserien, Dramen ebenso wie Komödien, die dem Krieg gewidmet waren oder im Krieg spielten. Die meisten erzählten Geschichten von Leuten an der Heimatfront. Manche Kinofilme blickten mit Nostalgie und einem Anflug von Ironie auf die vielgerühmten nationalen Werte der Solidarität und des Gemeinschaftsgeistes zurück, die angeblich während des Krieges vorgeherrscht hatten. John Boormans „Hope and Glory", der 1987 in die Kinos kam, war hierfür ein typisches Beispiel. Der Film erzählt die Geschichte eines Jungen, der in der Zeit der deutschen Luftangriffe auf London in einem Vorort der Hauptstadt aufwächst, und ist zugleich eine Satire auf die englische Propaganda, die sich um einen Schullehrer und dessen Kampf gegen Hitler sowie um eine an eigenwilligen Persönlichkeiten reiche Bürgerfamilie dreht. Die Kriegszeit erscheint dabei in einem freundlichen Licht, als eine unbekümmerte, nur gelegentlich durch Unglück getrübte Zeit (Abb. GB 20). Das Plakat zeigt den strahlenden Jungen, im Hintergrund die Straße in der Vorstadt, in der die Bewohner gemeinsam dem Luftkrieg trotzen.

Ein gut gemachter Thriller findet natürlich immer ein Publikum, insbesondere, wenn er sich auf den Krieg bezieht. „Enigma", ein Film über die geheimnisumwitterte gleichnamige Maschine und die in Bletchley Park konzentrierten Bemühungen der britischen Seite, den Funkcode der deutschen Marine zu knacken, ein Unterfangen, das zum Symbol britischer Effizienz und Intelligenz wurde, ist eine Gemeinschaftsproduktion aus dem Jahre 2001, an der sich Produktionsfirmen aus vier Ländern beteiligten. Vielleicht war es aufgrund der internatio-

GB 20
John Boorman (Regie)
Hope and Glory
Hope and Glory – Der Krieg der Kinder (dt. Verleihtitel), 1987
Filmplakat, 76,3 x 101,7
London, British Film Institute
6780

"Der Krieg wird uns zusammenhalten" · 303

nalen Beteiligung nicht möglich, dem Filmplakat eine dezidiert britische Aussage zu geben. Es zeigt die Protagonisten des Films mit ernsten Gesichtern (Abb. GB 21). Das Plakat zur Premiere in Großbritannien aber erhielt interessanterweise ein Motto – „not all heroes carry guns" (nicht alle Helden tragen Gewehre) –, das auf einen typisch britischen Mythos, nämlich die Heimatfront anspielt.

Fernsehserien erfreuen sich ebenfalls großer Beliebtheit. Channel Four produzierte eine Serie über das „1940s House", ein Buch aus der Feder der Historikerin Juliet Gardiner, die im Jahre 2000 den Versuch unternahm, das Haus einer Bürgerfamilie im London der 40er Jahre originalgetreu zu rekonstruieren. Im Imperial War Museum ist in Anknüpfung an eine Nachbildung dieses Hauses samt authentischem Morrison-Luftschutzraum, Gebrauchsmöbeln und Kleidung eine Dauerausstellung aufgebaut (Abb. GB 22).[32] Der Besucher bekommt eine Vorstellung von dem Leben im Krieg nach dem Motto: Alle haben gemeinsam dem Angriff der Deutschen getrotzt, weil jeder seine Pflicht erfüllt hat.

In dieser Atmosphäre eines erneuerten Interesses am Krieg wurde gleichzeitig das öffentliche Interesse am Holocaust verstärkt. Wieder war dies nicht etwa auf einen intellektuellen Diskurs innerhalb Großbritanniens über den Holocaust und dessen Bedeutung für nationale Wertvorstellungen zurückzuführen, sondern vielmehr auf bestimmte aus den USA importierte kulturelle Produkte, die in Großbritannien auf fruchtbaren Boden fielen. Dies traf zum Beispiel auf Steven Spielbergs Film „Schindler's List" zu, in dem ein britischer Schauspieler, Liam Neeson, die Hauptrolle spielte, und ebenso auf zahlreiche Entwicklungen der Folgezeit. Früher hatte etwa ein Künstler wie der amerikanische jüdische Maler Ronald Brooks Kitaj, der den Großteil seiner Künstlerlaufbahn in Großbritannien gelebt hat, die Schrecken der Judenverfolgung in seinen Bildern thematisiert. Auf dem Bild „Germania" wird der Blick des Betrachters unentrinnbar in die Gaskammern der Kon-

GB 21
Michael Apted (Regie)
Enigma
2001
Filmplakat, 75,8 x 101,2 cm
Berlin, Deutsches
Historisches Museum

GB 22
Juliet Gardiner
The 1940s House
Das Haus der vierziger Jahre,
Katalog zur gleichnamigen
Dauerausstellung im Imperial
War Museum, London 2000
Buchtitel
Berlin, Deutsches
Historisches Museum

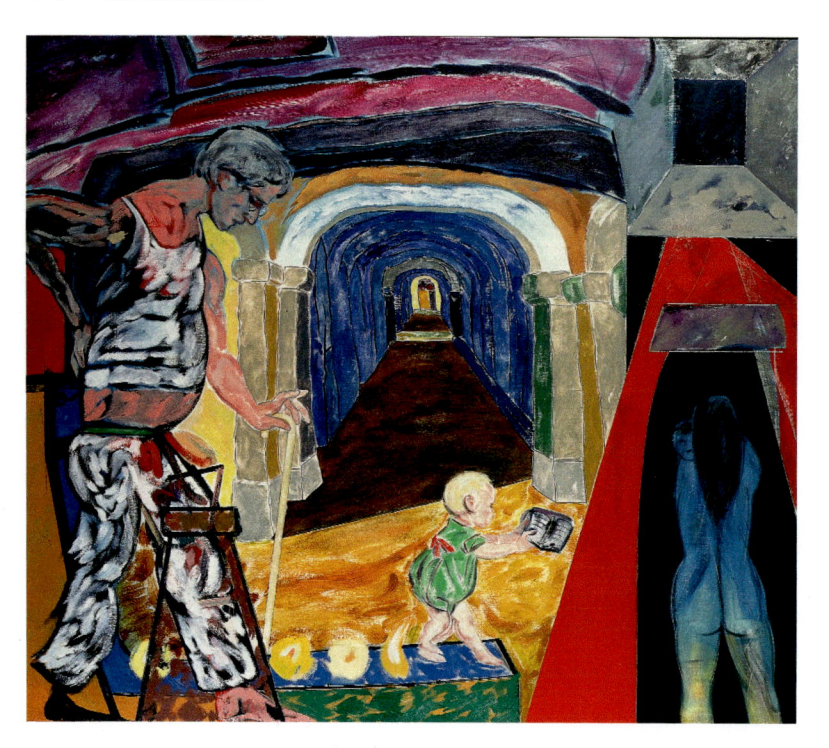

GB 23
Ronald Brooks Kitaj
Germania (The Tunnel)
Germania (Der Tunnel), 1985
Öl/Leinwand, 183,2 x 214 cm
London, The Artist
Courtesy of Marlborough Fine
Art (London) Ltd.

zentrationslager gelenkt (Abb. GB 23). Den Hintergrund des Gemäldes bildet das 1889 entstandene Gemälde „Die Irrenanstalt in Saint-Paul" von Vincent van Gogh. Bei Kitaj hat sich das Interieur verändert. Zu sehen sind eine Frau auf dem Weg ins Gas und ein spielendes Kind. Auch der Maler hat sich ins Bild gesetzt. Kitajs Gemälde ist ein Versuch, die Vergangenheit in der Gegenwart aufzuheben.

Interessanterweise wurde 1997 im britischen Fernsehen ein Film über Oswald Mosley, den Führer der antisemitischen faschistischen Partei in Großbritannien,

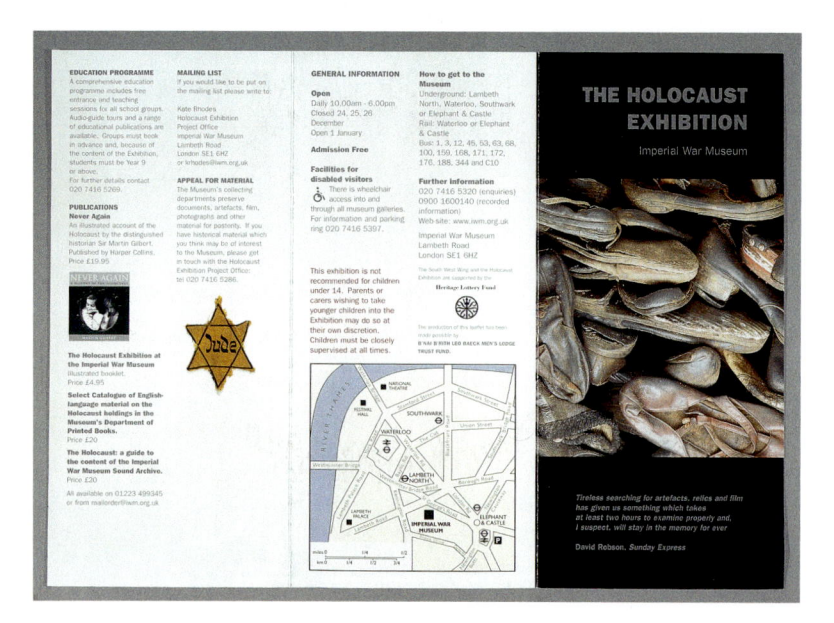

GB 24
The Holocaust Exhibition.
Imperial War Museum
Die Holocaust-Ausstellung im
Imperial War Museum
Faltblatt zur gleichnamigen
Dauerausstellung, London
2000, 21 x 30 cm
Berlin, Deutsches
Historisches Museum

GB 25
Nettie Moon
The Spirit of London During
the Blitz
Die Standhaftigkeit der
Londoner während der
deutschen Luftangriffe, 1979
Öl/Leinwand, auf Holz
aufgezogen, 50,5 x 60,3 cm
London, Museum of London
89.263

ausgestrahlt. Das Land, das bis dahin der Allgemeinheit lediglich als Sachwalter der Freiheit und des Antifaschismus präsentiert worden war, scheute sich jetzt nicht mehr, eine andere, dunklere Seite seiner Vergangenheit zu zeigen, die trotz ihrer weitgehend marginalen Bedeutung in der Politik Wellen schlug.

Das neu erwachte Interesse am Holocaust fand seinen Ausdruck in der Dauerausstellung des Imperial War Museum, die am 6. Juni 2000 von der Königin eröffnet wurde. Es wäre übertrieben zu behaupten, die Erinnerung an den Holocaust habe sich erkennbar auf das britische Selbstverständnis ausgewirkt, geschweige denn dieses geprägt. Gleichwohl zählt die dem Holocaust gewidmete Ausstellung im Imperial War Museum zu den beeindruckendsten Präsentationen ihrer Art in der Welt. Sie wirkt nicht wie ein Produkt der „Geschichtsindustrie", das heißt, sie versucht nicht, durch eine spektakuläre Inszenierung das Publikum anzusprechen. Sie ist eine eher minimale und äußerst wirkungsvolle Darstellung der Greuel, die dem Besucher zu denken gibt (Abb. GB 24). Der Flyer und die Plakate, die anläßlich der Eröffnung der Ausstellung erschienen, zeigen den Ausschnitt einer Photographie der Schuhvitrine in der Gedenkstätte Auschwitz und verweisen so auf den Ort, der sich in ganz Europa mit dem Schrecken verbindet. Die Ausstellung in London widmet sich zudem nicht ausschließlich den jüdischen Opfern, sondern auch anderen Verfolgten, die ebenfalls in den Vernichtungslagern umgebracht worden waren.

Schlußbetrachtung

Der Zweite Weltkrieg war grundlegend für die Entwicklung des modernen Großbritannien. Unter Historikern ist unbestritten, daß die heutigen Institutionen des Landes, die Justiz, die moderne Gesellschaftsstruktur ebenso wie das neue

Establishment, ihre Wurzeln im Krieg haben. Die Art und Weise, wie des Krieges gedacht wird, ist allerdings ebenfalls historisch determiniert und folgt dem Wandel des Zeitgeistes im Verlauf des guten halben Jahrhunderts seit Kriegsende. Das Verhältnis dieses Zeitgeistes zu den Werten der Kriegszeit färbte die Erinnerung und die sich wandelnde Darstellung des Krieges. Dieses Erinnern rückte zeitweise, insbesondere während der 70er Jahre, in den Hintergrund, gelangte aber im letzten Jahrzehnt wieder in den Mittelpunkt.

Mit dem zunehmenden Interesse an der Vergangenheit, das Anfang der 80er Jahre in Großbritannien begann, rückte der Krieg ins Zentrum der Aufmerksamkeit, und der Kontrast zwischen den moralischen Werten der Kriegszeit und denen der Gegenwart trat in aller Deutlichkeit zutage. Die Erinnerung an den Krieg erwies sich als eine Wachstumsindustrie, die jeden in die Lage versetzte, ein Stück davon zu besitzen. Gleichzeitig beleuchteten die Künste verstärkt die menschliche Seite des Krieges. Das Bild von Nettie Moon[33] (Abb. GB 25) bringt ziemlich alle Mythen, die sich mit dem Krieg verbinden, fast auf einen Nenner. St. Paul's Cathedral und die Heimatfront, das zerbombte London und die Sorge der Menschen füreinander, die großen Werte und Erinnerungen werden in diesem Bild sichtbar. Die Empfindungen, die dabei hervorgerufen werden, schwanken zwischen Nostalgie und Entsetzen. Erstrebenswert wäre eine gesunde Mitte dazwischen.

---

[1] Fragen wie die, ob die Geschichte des heutigen Großbritannien 1945 anfängt, ob das Jahrzehnt, das auf den Krieg folgte, lediglich der „Nachsommer einer auf den Grundpfeilern Industrie und Empire aufgebauten spätviktorianischen Gesellschaft" und nicht ein Neuanfang war und ob die gesamte Nachkriegsgeschichte von den Realitäten, Hoffnungen und Erwartungen geprägt war, die aus dem Zweiten Weltkrieg erwuchsen, sind nur einige wenige der historischen Problemstellungen, über die sich eine große Zahl britischer Historiker streitet. Viele sind sich darüber einig, daß die Nachkriegsgeschichte insbesondere nach den Sechzigern von der Reaktion auf den Geist der Kriegsjahre geprägt war. Vgl. u. a. Addison, Paul: Now the War is Over, London 1995; Catterall, Peter: What (if anything) is Distinctive about Contemporary History?, in: Journal of Contemporary History, Nr. 0.32/4; Hewison, Robert: Too Much: Art and Society in the Sixties 1960–75, London 1986; Brivati, Brian/Jones, Harriet (Hg.): What Difference did the War Make?, London/New York 1995.

[2] Vgl. Pugh, Martin: State and Society, A Social and Political History of Britain 1870–1997, London 1999, S. 259; und Harris, Jose: Society and the State in the Twentieth Century, in: Thompson, Francis M. L.: The Cambridge Social History of Britain 1750–1950, Bd. 3: Social Agencies and Institutions, Cambridge 1990, S. 93.

[3] Die meisten Darstellungen der jüngeren britischen Geschichte vertreten die Auffassung, daß der Krieg in seinen gewaltigen Dimensionen einschneidende gesellschaftliche Veränderungen mit sich brachte und daß die Wurzeln für die Konsenspolitik im Zweiten Weltkrieg liegen. Vgl. z. B. Clarke, Peter: Hope and Glory Britain 1900–1990, London 1996, S. 207 ff.; Pugh 1999 (wie Anm. 2), S. 257 ff.; Webb, Robert K.: Modern England From the 18th Century to the Present, London 1980, S. 569 ff.

[4] Donnelly, Mark: Britain in the Second World War, London 1999, S. 33.

[5] Donnelly 1999 (wie Anm. 4), S. 2.

[6] Donnelly 1999 (wie Anm. 4), S. 2.

[7] http://www.museum-london.org.uk/frames.shtml?http://www.museum-london.org.uk/MOLsite/exhibits/blitz (14. September 2003).

[8] Donnelly 1999 (wie Anm. 4), S. 35.

[9] http://www.iwm.org.uk/education/

ww2children/warhome/warhome_anderson_02.htm (14. September 2003).
10 Pugh 1999 (wie Anm. 2), S. 256.
11 MacArthur, Brian: The Penguin Book of Twentieth Century Speeches, London 1992, S. 185 f.
12 Pugh 1999 (wie Anm. 2), S. 256.
13 Donnelly 1999 (wie Anm. 4), S. 16.
14 Z.B.: 'Dig for Victory', 'Grow your own food', 'Women of Britain come into the Factories', 'Never was so much owed by so many to so few', 'Deserve Victory'.
15 Donnelly 1999 (wie Anm. 4), S. 58 und S. 71.
16 Donnelly 1999 (wie Anm. 4), S. 84.
17 Weight, Richard: Patriots: National Identity in Britain, 1940–2000, London 2002, S. 191 ff.
18 Mass Observation war ein 1937 gegründetes, inoffizielles Meinungsumfrageinstitut, das die zunehmende Bedeutung widerspiegelte, die in den dreißiger Jahren der öffentlichen Meinung und den Ansichten des „Mannes auf der Straße" beigemessen wurde. Obwohl es dem Institut bei seinen Umfragen eher um die Erfassung von Stimmungen und Inhalten als um exakte statistische Auswertung ging, diente es der Regierung als Instrument bei seinen Bemühungen, während der Kriegsjahre dem Volk den Puls zu fühlen, und das Institut brachte in dieser Zeit mehrere Publikationen heraus. Die Verfeinerung der Umfragemethoden nach 1945 führte aber dazu, daß das Institut in den fünfziger Jahren schließlich aufgelöst wurde. Vgl. Ramsden, John: The Oxford Companion to Twentieth Century British Politics, Oxford 2002, S. 425 f. Im Herbst 1944 wurde eine Gruppe von Beobachtern aus dem ganzen Land gefragt, welche Form ihres Erachtens Kriegsdenkmäler nach Ende des Zweiten Weltkrieges annehmen sollten. Bei den Befragten handelte es sich den Erläuterungen zufolge überwiegend um Angehörige der Mittelschicht und überdurchschnittlich reflektierte Personen mit verschiedensten Anschauungen aus allen möglichen Berufen. Die Ergebnisse der Umfrage erschienen im Mass Observation Bulletin für November 1944 und werden vermutlich 2004 in dem bisher unveröffentlichten Beitrag von: Hewitt, Nick: Skeptical Generation? War Memorials and the Collective Memory of World War II in Britain 1945–2000, in: Dominik Geppert (Hg): The Post-War Challenge: Cultural, Social and Political Change in Western Europe 1945–1958, S. 107 ff. abgedruckt.
19 Hewitt (wie Anm. 18).
20 http://www.penrithcity.nsw.gov.au/userpages/collect/biggles.htm (25. Juni 2003).
21 Donnelly 1999 (wie Anm. 4), S. 84.
22 Feature television series A02P923, Dad's Army, BBC, 1968–1977.
23 See Syriatou, Athena: Educational Policy and Educational Content, the Teaching of European History in England and Wales 1945–1975, unpubl. Ph.D. thesis, University College London, 1997.
24 Watson, Jack: Success in 20th Century World Affairs, London 1974, S. 105 ff. und S. 174 f.; Snellgrove, Laurence E.: The Modern World since 1870, London 1968/1981, S. 203 f.
25 Hewison, Robert: Culture and Consensus, England Art and Politics since 1940, London 1995, S. 208 ff.
26 Morgan, Kenneth O.: The People's Peace. British History 1945–89, Oxford 1990, S. 4; Hewison 1995 (wie Anm 25), S. 217.
27 Hewitt (wie Anm. 18).
28 Hewitt (wie Anm. 18).
29 Hewitt (wie Anm. 18).
30 Wright, Patrick: The War Goes On, in: The Guardian, 10. Nov. 1994; und Wright, Patrick: Statues of Liberty, in: The Guardian, 1. Mai 1995.
31 Hewitt (wie Anm. 18).
32 Vgl. http://www.iwm.org.uk/lambeth/1940s_index.htm (25. Juni 2003).
33 Vgl. http://www.museum-london.org.uk/MOLsite/exhibits/blitz/frames.shtml?remember/remember.htm (25. Juni 2003).

Seit 1914

Chronologie

1904
Um die seit dem späten **19. Jahrhundert** auftretenden Konflikte ihrer imperialistischen Afrikapolitik beizulegen, verständigen sich Großbritannien und Frankreich in der Entente Cordiale auf die Abgrenzung und die Einhaltung ihrer geographischen Interessensphären. Obwohl Großbritannien und Frankreich kein offizielles Staatenbündnis miteinander eingegangen sind, wird die Entente Cordiale zu einem militärischen Beistandspakt, insbesondere für den Fall eines Krieges mit dem Deutschen Reich.

1907
Durch das Bündnis der britischen mit der russischen Flotte wird auch Rußland in die Entente Cordiale einbezogen, die sich dadurch zum Dreibund, der sogenannten Tripelentente, entwickelt.

1909–1912
In diplomatischen Kontakten können Großbritannien und das Deutsche Reich keinen Konsens über ihre Flottenpolitik erzielen. Die in beiden Staaten seit **1907** betriebene Flottenaufrüstung wird weiter vorangetrieben.

1914–1918
Nach dem Einmarsch deutscher Truppen in das neutrale Belgien tritt Großbritannien am **4. August 1914** in der Allianz der Ententemächte in den Ersten Weltkrieg ein. Die nach wie vor zwischen Liberalen, Konservativen und der aufstrebenden Labour Party bestehenden innenpolitischen Konflikte verlieren in den **Kriegsjahren** an Bedeutung, können jedoch nicht grundsätzlich beigelegt werden.
Der Erste Weltkrieg führt zu bedeutsamen Veränderungen in der Gesellschaft und in der Wirtschaft Großbritanniens. Von entscheidender strategischer Bedeutung für den gesamten Kriegsverlauf ist insbesondere die britische Seekriegsführung. Es gelingt der deutschen Marine bis zum **Kriegsende** nicht, die britische Blockade zur See zu brechen. Der Sieg der Ententemächte über die Mittelmächte wird aber auch für Großbritannien unter schweren Verlusten erkämpft.
Eine Folge des Ersten Weltkrieges für Großbritannien ist der Verlust seiner wirtschaftlichen und militärischen Weltmachtstellung. Während innenpolitisch eine Zeit sozialer und wirtschaftlicher Reformen beginnt, gerät außenpolitisch das traditionelle britische Selbstverständnis als transatlantische sowie afrikanische und asiatische Kolonialmacht in eine tiefe Krise. Ausgelöst wird dies auch durch nationale Unabhängigkeitsbewegungen in den Dominions des British Commonwealth of Nations.
Durch die Erfahrungen des Weltkrieges wird die Haltung des Appeasement, d. h. der Beschwichtigung und der Befriedung, in den **20er** und **30er** Jahren zum bestimmenden Prinzip der britischen Außenpolitik, um ein friedvolles Gleichgewicht in der europäischen Politik zu garantieren.

15. November 1920
In Genf nimmt Großbritannien als Gründungsmitglied an der ersten Versammlung des Völkerbundes teil.

1922–1924
Nach dem Zerfall der seit dem Ersten Weltkrieg bestehenden nationalen Koalitionsregierung (mit Beteiligung der Labour Party) reagiert die britische Innenpolitik auf die zunehmend unruhigen Verhältnisse zweimal mit vorgezogenen Neuwahlen für das britische Parlament.

19. Oktober – 18. November 1926
Eine Reichskonferenz definiert im sogenannten „Balfour Report" (Balfour-Deklaration) endgültig den politischen Status eines Dominions.

1929–1932
In den zwei sogenannten Round-Table-Konferenzen wird erstmalig über die Unabhängigkeit Indiens verhandelt, ohne daß eine Einigung erzielt werden kann.

11. Dezember 1931
Das sogenannte Statut von Westminster, in dem Großbritannien die staatliche Unabhängigkeit der Dominions anerkennt, bestätigt in seiner Präambel die staatsrechtliche Formel des „Balfour Reports".

15. Juli 1933
Nach erfolglosen Abrüstungsverhandlungen schließen sich Großbritannien, Frankreich, Italien und das nationalsozialistische Deutsche Reich zum sogenannten Viererpakt zusammen, dessen Ziel die Wahrung des europäischen Friedens und die Einhaltung der nach **1918** geschlossenen internationalen Abkommen ist.

April 1935
Nachdem das nationalsozialistische Deutsche Reich die Versailler Bestimmungen bezüglich seiner Rüstungsbeschränkungen gebrochen hat, geben Großbritannien, Frankreich und Italien die gemeinsame Erklärung ab, den einseitigen Vertragsbruch ihres Bündnisangehörigen mit allen zur Verfügung stehenden Mitteln zu bekämpfen.

1937–1940

In der Epoche des konservativen Premierministers Neville Chamberlain müht sich Großbritannien bis zum Beginn des Zweiten Weltkrieges um die Fortsetzung der Appeasementpolitik und um die Einhaltung des Gleichgewichtes von Aufrüstung und Befriedung insbesondere in Europa. So stimmt am **29.–30. September 1938** auch Großbritannien neben Frankreich und Italien angesichts der drohenden Kriegsgefahr in Europa in dem Münchener Abkommen der Annexion des tschechoslowakischen Sudetenlandes durch das Deutsche Reich zu. Hitler und Chamberlain einigen sich vertraglich auf eine gegenseitige Nichtangriffserklärung des Deutschen Reiches und Großbritanniens. Nach dem deutschen Überfall auf Polen am **1. September 1939** erklären Frankreich und Großbritannien dem Deutschen Reich am **3. September** den Krieg. Es kommt allerdings zu keinerlei Kampfhandlungen im Westen.

1940

Im **Mai** beginnt die Ära des konservativen Premierministers Winston Churchill. Im gleichen Zeitraum werden etwa 340 000 britische und französische Soldaten entlang der belgisch-französischen Kanalküste von der Wehrmacht im Laufe des deutschen Westfeldzuges von sämtlichen rückwärtigen Verbindungen abgeschnitten. Vom **26. Mai** bis **4. Juni** werden vom Hafen von Dünkirchen aus die eingeschlossenen Truppen unter Zurücklassung des gesamten Materials auf die Britischen Inseln evakuiert. Im **September** beginnen die deutschen Luftangriffe auf Großbritannien. London wird 65 Tage bombardiert (the Blitz).

14. August 1941

Die USA und Großbritannien verkünden in der Atlantik-Charta das Recht aller Völker auf freie politische Selbstbestimmung.

1942

Die zahlreichen Niederlagen der britischen Truppen auf nahezu allen Schlachtfeldern des Zweiten Weltkrieges führen von **Juni** bis **August** innenpolitisch zu einer schweren Regierungskrise. Die Position Winston Churchills wird erst durch erfolgreiche Militäroperationen ab **Oktober** wieder stabilisiert: Die alliierte Gegenoffensive in Nordafrika unter den Generälen Montgomery und Eisenhower bedeutet für die Achsenmächte den Verlust der Cyrenaika. Eine zweite Front wird durch erfolgreiche Landeoperationen amerikanischer und britischer Truppen an den Küsten Marokkos und Algeriens im **November** errichtet.

1943–1945

Von den Alliierten werden auf den Konferenzen von Casablanca (**Januar 1943**), Teheran (**November 1943**) und Jalta (**Februar 1945**) die bedingungslose Kapitulation des Deutschen Reiches sowie Italiens und Japans als Kriegsziele definiert. Auch erste Verhandlungen über eine europäische bzw. weltweite Nachkriegsordnung sind Bestandteil der Gespräche. Die Kapitulation des deutschen Afrikakorps im **Mai 1943** eröffnet den alliierten Streitkräften den Weg über das Mittelmeer gegen die südeuropäische Flanke der Achsenmächte.

6. Juni 1944

Mit der Landung amerikanischer und britischer Truppenverbände in der Normandie wird die Eroberung der französischen Nordwestküste ermöglicht. Amerikanern und Briten gelingt die rasche Befreiung Frankreichs. Unterstützt werden sie durch die französische Widerstandsbewegung.

1945

Am **9. Mai** tritt die bedingungslose Kapitulation des Deutschen Reiches in Kraft. Als einer von zunächst 51 Mitgliedsstaaten unterzeichnet Großbritannien im **Juni** die Gründungsurkunde der Vereinten Nationen (UNO). Resultat der Parlamentswahlen im **Juli** ist eine klare Mehrheit der Labour Party. Damit endet vorläufig die Ära Winston Churchills.

Großbritannien befindet sich nach dem Zweiten Weltkrieg in einer äußerst prekären finanziellen und wirtschaftlichen Situation: Das Vermögen der britischen Bevölkerung hat um ca. 7,5 Milliarden Pfund abgenommen, Großbritannien ist mit ca. 3,35 Milliarden Pfund verschuldet. In den unteren Schichten der britischen Bevölkerung herrscht zum Teil bittere Armut. Erst nach und nach gelingt es der reformfreudigen Labour Party in den folgenden Jahren, die Kriegswirtschaft aufzugeben und die Verwirklichung des Sozialstaates anzustreben. Auf der Potsdamer Konferenz vom 17. **Juli – 2. August** verständigen sich Großbritannien, die USA und die UdSSR über die Aufteilung Deutschlands.

15. August 1947
Durch die vom britischen Unterhaus verabschiedete Independence of India Act wird sowohl dem mehrheitlich hinduistischen Indien als auch dem mehrheitlich moslemischen Pakistan – welche aus der ehemaligen Kronkolonie hervorgehen – die staatliche Unabhängigkeit von Großbritannien als Dominion garantiert. Dies bedeutet einen weiteren entscheidenden Schritt auf dem Weg zur Auflösung des britischen Kolonialreiches.

17. März 1948
Im Brüsseler Vertrag einigen sich Großbritannien, Frankreich sowie die Niederlande, Belgien, Luxemburg auf weitreichende Kooperation in wirtschaftlichen, sozialen und kulturellen Fragen sowie auf gemeinschaftliche Verteidigung im Kriegsfall.

1949
Als einer von zunächst 12 Mitgliedsstaaten unterzeichnet am **4. April** Großbritannien die Gründungsurkunde der North Atlantic Treaty Organization (NATO). Nach dem Austritt der Republik Irland aus dem British Commonwealth of Nations am **18. April** entwickelt sich dieses zu einem internationalen Staatenbund (Multiracial Commonwealth), in welchem nach einer Erklärung des britischen Premierministers Clement R. Attlee vom **28. April** auch unabhängigen Republiken die volle Mitgliedschaft durch Großbritannien gewährt werden kann.

1951–1955
Nach dem Sieg der Konservativen Partei in den Parlamentswahlen wird Winston Churchill abermals britischer Premierminister, **1955** tritt er aus gesundheitlichen Gründen zurück.

1956
Nachdem eine internationale Konferenz den rechtlichen Status des Suezkanals nicht klären kann, beschließen Großbritannien und Frankreich, unterstützt von israelischen Streitkräften, eine Luftlandeoperation gegen Ägypten. Im Suezkrieg im **Oktober/November** ziehen sich die britischen, die französischen und die israelischen Truppen erst nach diplomatischer Intervention der USA und der UdSSR zurück. Durch die Stationierung einer UN-Friedenstruppe an den gemeinsamen Staatsgrenzen Ägyptens und Israels wird der Krieg erst **1957** endgültig beendet.

25. März 1957
Die Römischen Verträge zur Gründung der Europäischen Wirtschaftsgemeinschaft (EWG) werden von sechs westeuropäischen Staaten (Frankreich, Niederlande, Belgien, Luxemburg, Italien und Bundesrepublik Deutschland) unterzeichnet. Großbritannien lehnt mit der Begründung der Bindung an das Commonwealth eine Beteiligung ab.

16. August 1960
Nach über einjährigen Verhandlungen Großbritanniens mit der Türkei und Griechenland um eine Beantwortung der strittigen Zypernfrage wird die seit dem Ersten Weltkrieg durch Großbritannien verwaltete Insel zur unabhängigen Republik.

1961–1972
Eine grundsätzliche Wende in der britischen Außenpolitik gegenüber den kontinentaleuropäischen Staaten führt **1961** zu Aufnahmeanträgen Großbritanniens in die Europäische Wirtschaftsgemeinschaft (EWG), die Europäische Gemeinschaft für Kohle und Stahl

(EGKS) und die Europäische Atomgemeinschaft (EURATOM). Der Antrag auf Aufnahme in die EWG wird **1963** von Frankreichs Ministerpräsident Charles de Gaulle abgelehnt. Nordirland wird im **August 1961** durch die bis dahin schwersten Unruhen erschüttert, die sich rasch zum Bürgerkrieg ausweiten, den die britische Regierung in den folgenden Jahren durch Truppenstationierungen und militärische Operationen zu beenden versucht, bevor 1972 sogar das nordirische Parlament in Belfast aufgelöst wird.

1972–1973
Neun Jahre nach dem abgelehnten Beitritt Großbritanniens wird am **22. Januar** das Abkommen über die Aufnahme in die EWG zum **1. Januar 1973** unterzeichnet.

Mai 1979
Nach dem Sieg der Konservativen Partei in den Parlamentswahlen leitet die neue Premierministerin Margaret Thatcher ihre über zehn Jahre während Amtszeit mit einer grundsätzlichen Wende in der inneren und äußeren Politik Großbritanniens ein.

April bis Juni 1982
Die Besetzung der britisch verwalteten Falklandinseln durch Argentinien führt zum Falklandkrieg, der mit der Kapitulation der argentinischen Streitkräfte am **15. Juni** endet.

November 1990
Nach vehementer, auch innerparteilicher Kritik, insbesondere an ihrer Europapolitik, tritt die konservative Premierministerin Margaret Thatcher von ihrem Amt zurück und der bisherige Schatzmeister John Major übernimmt die Regierung.

1991
Großbritannien tritt der von den USA geführten militärischen Allianz im Golfkrieg gegen den Irak bei.

7. Februar 1992
In Maastricht wird der Vertrag über die Gründung der Europäischen Union (EU) unterzeichnet. Hauptziel des Vertrages ist die Errichtung einer Europäischen Wirtschafts- und Währungsunion (EWWU) mit Einführung einer gemeinsamen Währung. Großbritannien behält sich wie Dänemark das Recht vor, nicht an der EWWU teilzunehmen. Der Vertrag tritt am **1. November 1993** in Kraft.

1993
Am **1. Januar** entsteht der Europäische Binnenmarkt der zwölf Mitgliedsstaaten der Europäischen Union gemäß dem Maastrichter Vertrag. In London wird am **15. Dezember** vom britischen Premierminister John Major und vom irischen Ministerpräsidenten Albert Reynolds die sogenannte Deklaration über Nordirland unterzeichnet, die Friedensgespräche für Nordirland einleiten soll.

1997
Bei den Unterhauswahlen am **1. Mai** siegt die oppositionelle Labour Party und erreicht die absolute Mehrheit der Parlamentssitze, Tony Blair wird neuer Premierminister. Gemäß dem **1984** zwischen Großbritannien und der Volksrepublik China vereinbarten Abkommen wird am **1. Juli** die letzte britische Kolonie Hongkong unter Garantie eines politischem Sonderstatus an China zurückgegeben. In einer Volksabstimmung entscheiden sich Schotten und Waliser am **11. und 18. September** für die Konstituierung eigener Landesparlamente.

1998
Die am nordirischen Friedensprozeß beteiligten Parteien schließen am **10. April** das sogenannte Karfreitagsabkommen. Es sieht für Nordirland eine Halb-Autonomie, den Verbleib bei Großbritannien und eine Machtteilung im künftigen nordirischen Parlament zwischen Protestanten und Katholiken vor. Am **10. Dezember** erhalten die Protagonisten des nordiri-

schen Friedensprozesses, der Katholik John Hume und der Protestant David Trimble, den Friedensnobelpreis.

1999
In Schottland und Wales finden im **Mai** die ersten Regionalwahlen statt. Nordirland erhält gemäß den Vereinbarungen des nordirischen Friedensprozesses im **Dezember** die 1972 entzogene Autonomie zurück, und eine gemischt-konfessionelle Regierung unter David Trimble nimmt die Arbeit auf.

Literatur:
– Brockhaus – Die Enzyklopädie in 24 Bänden, 20. Aufl., Leipzig/München 1996–1999.
– Kastendiek, Hans/Rohe, Karl/Volle, Angelika (Hg.): Großbritannien – Geschichte, Politik, Wirtschaft, Gesellschaft, Frankfurt a.M./New York 1994.
– Kinder, Hermann/Hilgemann, Werner: dtv-Atlas Weltgeschichte. Bd. 2: Von der Französischen Revolution bis zur Gegenwart, 31. Aufl., München 1997.
– Wende, Peter: Geschichte Englands, 2. Aufl., Berlin/Köln/Stuttgart 1995.
– Witz, Cornelia u. a.: Ploetz, Geschichte Großbritanniens und Irlands zum Nachschlagen, 3. Aufl., Würzburg 1996.

Israel

Die Darstellung des Holocaust in Israels Gedenkkultur

VON MOSHE ZUCKERMANN

Ein Denkmal wird errichtet

In seinem Artikel „Unser ödes Leben mit dem Denkmal für die Shoah und die Auferstehung"[1] über das von dem renommierten israelischen Künstler Igael Tumarkin Anfang der 70er Jahre in Tel Aviv errichtete Denkmal schreibt der israelische Kulturkritiker und Publizist Adam Baruch gleich zu Beginn: „Seit etwa 30 Jahren leben wir bereits mit Tumarkins gegenüber der Stadtverwaltung von Tel Aviv/Jaffa postiertem 'Denkmal für die Shoah und die Auferstehung'. [...] Wir versammeln uns nicht vor ihm am Holocaust-Gedenktag."

Gleichwohl, vielleicht aber auch gerade deshalb hält Baruch das Denkmal bzw. seine Entstehungs- und Wirkungsgeschichte für paradigmatisch, denn: „Der Diskurs über das Denkmal ist der Diskurs darüber, wer wir hier in den 60er und Anfang der 70er Jahre waren. Wer waren wir? 'Alte Juden' mit neuen Waffen? 'Neue Israelis', die aus dem Meer geboren wurden, ohne Vergangenheit also, ohne Geschichte? 'Neue Israelis', die die westliche Moderne inthronisierten, ohne sie freilich in ihrem Wesen begriffen zu haben? 'Neue Israelis', die zwar das Holocaust-Andenken verewigen wollten, die Dinge jedoch verzerrten, mithin die Verewigung mit Gewalt einem abstrakten, modernistischen Konzept unterwarfen, dabei allerdings jegliches wirklichkeitsgetreue, gegenständliche, narrative, handlungsmäßige, gefühlsgetragene Anzeichen (der Gestaltung) eliminierend? Das Phänomen des Denkmals war integraler Bestandteil des Machtreglements der Tel Aviver Elite und seiner Anwendung in den 60er und 70er Jahren. 'Die Juden' wurden damals aus der lokalen Kunstwelt verjagt."

Wie wenig das Denkmal im öffentlichen Bewußtsein präsent war, zeigt auch die 1975 von Tumarkin herausgegebene Broschüre, die nur in kleiner Auflage erscheinen konnte. Sie enthält Entwürfe und Photographien, gibt einen Überblick zum Werdegang und bildet auf dem Titelblatt das Denkmal ab (Abb. IL 1). Von oben kann es als Davidstern verstanden werden. Ein Plakat von 1952 folgt einer ähnlichen Formensprache (Abb. IL 2). Es zeigt einen Davidstern, dessen Strahlen sich auch als Furchen lesen lassen. Die in Israel Willkommenen gelangen in ein Land, das urbar gemacht werden soll. Insofern hat das Denkmal auch einen Assoziationsraum, der jenseits der Baruch-These steht.

Baruch sieht zudem in der Debatte um das Tel Aviver Shoah-Denkmal einen die Errichtung aller Holocaust-Denk- bzw. Mahnmäler in der Welt kennzeichnenden Diskurs über die Darstellungsadäquatheit: „Wie kann eine 'Formge-

IL 1
Igael Tumarkin
The Monument of the
Holocaust and Revival
Denkmal für die Shoah und
die Auferstehung, 1975
Buchtitel
Tel Aviv, Igael Tumarkin

IL 2
Jan Lewitt
Welcome to Israel
Willkommen in Israel, um
1952
Plakat, 68,5 x 48,6 cm
Berlin, Staatliche Museen zu
Berlin – Preußischer
Kulturbesitz, Kunstbibliothek
14020987

staltung' überhaupt die Shoah repräsentieren? Ist die 'moderne Kunst' nicht zu subtil, um die Shoah zu repräsentieren? An welchen Rezipienten richtet sich das moderne Denkmal? An einen Rezipienten, der fähig ist, 'ein Denkmal zu lesen', weil er 'Bildhauerei' zu lesen vermag? An einen Rezipienten, dem die moderne Kunst und ihre Ausdrucksmittel fremd geblieben sind? Soll das Denkmal eine krasse, mithin rigorose 'Schuldzuweisung' darstellen? Oder soll es sich damit begnügen, 'einen Signifikationsakt in der Erinnerung' abzugeben? Ist ein abstraktes Denkmal vorzuziehen? Oder etwa ein handlungsmotiviertes-emotionales Denkmal?"

Die emotionalen Argumente der von Baruch (im Gegensatz zu den „Neuen Israelis") als „Juden" apostrophierten Diskursteilnehmer seien mehr oder minder elementar gewesen: Tumarkins abstrakte Formgestaltung erwecke keine Gefühle, keinen Schmerz, keine Identifikation, auch keine Erinnerung. Das Denkmal sei eine „uns fremde" Kreation, ihrem Wesen nach „architektonisch kalt"; entsprechend entfremde es sich besonders den Shoah-Überlebenden.

Der „moderne Text" des Denkmals, so die Denkmal-Anhänger, sei nicht minder elementar gewesen: Das Abstrakte, hieß es, sei erhaben; es befreie vom Konkreten. Ein handlungsmotiviert-gegenständliches Denkmal würde das Denken und die Phantasie einsperren. In diesem Zusammenhang nun stellen sich für Adam Baruch einige gewichtige Fragen: „Warum waren wir (die Tel-Aviver Kunstgemeinschaft) uns so sicher, den Holocaust mit den Mitteln der Kunst darstellen zu können? Warum nannten wir das Denkmal […] 'Denkmal für die Shoah und die Auferstehung'? Haben wir den Begriff 'Auferstehung' reflektiert? Was macht „Auferstehung? aus? […] Hat die zionistisch-säkulare (moderne) Stimme andere Stimmen an der Bestimmung von 'Auferstehung' partizipieren lassen? Haben die orthodoxen Juden eine wirkliche Vertretung im Denkmalsausschuß gehabt? Waren nichtzionistische Organisationen in ihm repräsentiert? Und die sephardischen Juden? War der Ausschuß etwa pur 'aschkenasisch'? […] Warum erhielten gerade die professionellen Mitglieder des Ausschusses eine 'doppelte Stimme'? Vielleicht um den Sieg des 'Modernismus', welcher sich des lokalen Diskurses bemächtigt und alles andere zum Verstummen gebracht hatte, zu garantieren? Hatte eine zionistisch-säkulare Elite 'die Erinnerung' erobert?"

Baruchs Fragen reflektieren mit großer Deutlichkeit die spezifisch soziologische, dabei aber auch eigentümlich ideologische Dimension der israelischen Kultur des Holocaust-Gedenkens. Daß nationale Gedenkkulturen seit jeher über das eigentlich zu Gedenkende interessengeleitet hinausschießen, mithin Geschichtsereignisse, -gestalten wie auch -orte vereinnahmen, dürfte mittlerweile als Binsenweisheit gelten. Im Falle der israelischen Staatsgründung und der mit dieser einhergehenden Konstruktion einer neuen nationalen Identität zeitigte dieser Umstand eine besondere, von einiger Tragik getragene Vereinnahmung der Geschichte, die hier zunächst erörtert werden muß, bevor die Formen des Umgangs mit der Erinnerung ebendieser Vergangenheit anvisiert werden können.

Die Ideologisierung des Geschichtsereignisses

Die Verbindung von Israel und dem Holocaust gilt gemeinhin als so selbstverständlich, daß es nahezu aussichtslos erscheint, etwas daran in Frage stellen zu wollen. Nicht nur verdankte sich die Staatsgründung Israels – wenn nicht ausschließlich, so doch in erheblichem Maße – dem Holocaust[2], sondern es war auch dieser neuentstandene Staat, der aus nämlichem Grund das Andenken an den

Holocaust von Anbeginn monopolisierte. Wie sollte es auch anders sein? – wird man sich fragen. Die Hauptopfer des Holocaust waren ja Juden; was hätte also näher liegen sollen, als daß der Staat der Juden ihrer gedachte? Wenn darüber hinaus gerade mit der Errichtung eines Judenstaates das im Holocaust kulminierende Problem der jüdischen Frage nun endgültig positiv gelöst werden konnte, war ja sozusagen eine kausale Verbindung hergestellt, die den Holocaust fortan an Israel, vor allem aber an seine staatstragende Ideologie, den Zionismus, gleichsam paradigmatisch kettete. Die mit dem Zusammenbruch des altisraelischen Königreiches einsetzende jüdische Diaspora kommt in der gegenwärtigen Epoche mit der Begründung jüdischer Staatssouveränität zu ihrem prinzipiellen Ende, wobei der Holocaust als entscheidendes Wendeglied des Übergangs von der Katastrophe zur säkularen Auferstehung (bzw. zur religiös gedeuteten „Erlösung") begriffen wird.[3] Es ist gleichwohl gerade dieser Zusammenhang, der hinterfragt werden muß.

Zunächst einige triviale Grundfakten: Der Holocaust des europäischen Judentums ereignete sich vor der Gründung des israelischen Staates. Er ereignete sich in einer vom später ausgerufenen Staat fernen Region; seine Opfer waren also weder israelische Staatsbürger noch Mitglieder der in Palästina lebenden jüdischen Gemeinschaft. Darüber hinaus kam auch ein Großteil der Überlebenden des Holocaust nicht nach Israel, als dieses dann etwa drei Jahre nach der Befreiung von Auschwitz gegründet wurde.

Dieses Grundverhältnis muß man stets im Auge behalten, wenn man die Existenz Israels mit dem historischen Ereignis des Holocaust in Verbindung bringt. Denn etwas von Vereinnahmung haftet dieser Verbindung allemal an. So betrachtet, ist die nachmals gestellte – sei es ideologisch manipulativ oder auch nur nachtrauernd reflexiv gemeinte – Frage, ob sich der Holocaust hätte ereignen können, wenn es damals bereits einen Staat Israel gegeben hätte, nicht nur im nachhinein unerheblich, sondern gemessen an der unsäglichen Monstrosität dessen, was geschah, von solch verspieltem Charakter, daß sie als nahezu obszön erscheint. Etwas von der ärgerlichen Irrelevanz dieser Nachüberlegung spielt noch in die in Israel bis heute diskutierte historiographische Frage, ob die jüdische Gemeinschaft in Palästina zur Zeit des Holocaust nicht hätte mehr unternehmen können, mit hinein. Sie hat, wie es scheint, einen deutlich narzißtischen Unterton, der mehr mit aktuellen Befindlichkeiten als mit der Klärung historischer Fragen, geschweige denn der Trauer um die Opfer zu tun hat. Auch die Feststellung, daß diejenigen, die damals nach Palästina flohen, immerhin am Leben geblieben seien, hat mit der hier erörterten Fragestellung nicht sehr viel zu tun: Palästina fungierte zu jener Zeit höchstens als ein einigermaßen sicherer Fluchtort, nicht als jüdischer Staat. Die Frage, ob man hätte mehr tun können, ist der Frage, was gewesen wäre, wenn es damals schon ein Israel gegeben hätte, dahingehend verschwistert, als beide übers Hypothetische die Auseinandersetzung mit dem real Geschehenen vernachlässigen, wenn nicht gar bewußt aussparen. Daß dies in nicht geringem Maße ideologisch bestimmt ist, liegt klar auf der Hand: Es handelt sich letztlich um zionistische Fragestellungen, die mutatis mutandis bestrebt sind, den Holocaust in den Zusammenhang der jüdischen nationalen Befreiungsbewegung zu stellen. Daß dabei historisch eben nicht unmittelbar Zusammenhängendes in einen Zusammenhang gepfercht wird, macht gerade das Heteronome eines solchen Denkens aus. In diesem Sinne ist auch das Plakat von 1945 zu verstehen, daß den Aufbau des Landes an den Holocaust bindet (Abb. IL 3). Und dennoch: Gab es nicht eine zionistische Wende nach dem Holocaust, und zwar gerade unter vielen der Holocaust-Überlebenden? Kann man nicht in der

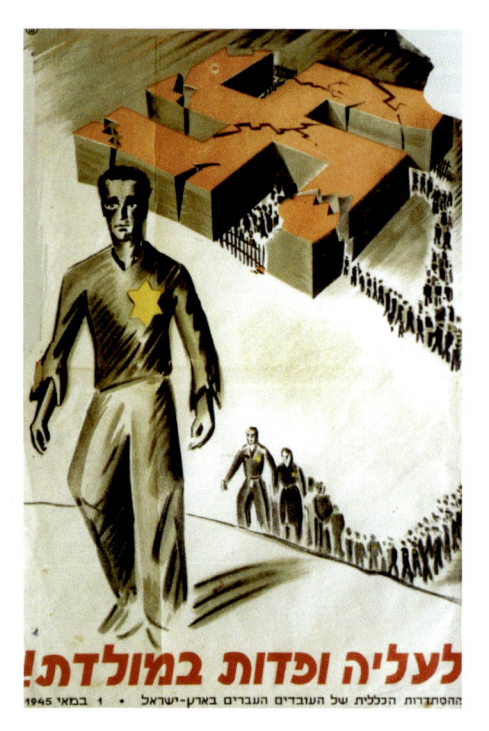

Tat von einer Art spontanen (nicht ideologischen) Zionismus, der sich nach der Katastrophe bei „vielen Überlebenden, die vor der Shoah keine Zionisten waren", einstellte, sprechen, wie es beispielsweise der israelische Historiker Dan Michman tut?[4] Dem ist ganz gewiß so. Nur muß man sich bewußt sein, daß es bei dieser Feststellung um ein sehr heikles Problem geht. Damit ist nicht gemeint, daß ein Großteil der Überlebenden des Holocaust nicht nach Israel emigrierte, auch nicht die eher spekulative Frage, was der Zionismus unter den gegebenen katastrophalen Umständen wohl bedeutet habe und wie „spontan" er tatsächlich gewesen sein mag. Es geht vielmehr um die Annahme, daß die ideologische wie faktische Begegnung des zionistischen Israel mit den Überlebenden des Holocaust unproblematisch verlief, daß darüber hinaus allein schon die Tatsache, daß die historischen Subjekte des Grauens eine quasi „zionistische" Willensentscheidung (für sich) vollzogen hatten, einer Verbindung zwischen Holocaust und Israel (bzw. Zionismus) das Wort redet. Das Plakat, das anläßlich einer internationalen Konferenz über den jüdischen Kampf und Widerstand im Zweiten Weltkrieg erschien, ist ein signifikantes Beispiel für die Herstellung dieses Zusammenhangs (Abb. IL 4). Zwischen Ghettokämpfern und Israel wird die Brücke durch den Stern, dem Hoheitszeichen Israels, geschlagen, den die beiden Kämpfer tragen. Dabei unterliegt man allerdings einer wesentlichen Täuschung.

Es soll gar nicht in Abrede gestellt werden, daß viele, ja die allermeisten der nach Israel eingewanderten Überlebenden die dominierende Ideologie ihrer neuen Heimat, den Zionismus, wenn nicht schon bewußt mit

IL 3
Machner-Wallisch (Atelier)
Le'alijah u'fdut ba'moledet!
Ha'histadrut ha'klalit schel ha'ovdim ha'iwriim be'Erez Israel 1 be'mai 1945
Für Einwanderung und Erlösung in der Heimat! Die Organisation der hebräischen Arbeiter in Eretz Israel,
1. Mai 1945, 1945
Plakat, 49 x 33,5 cm
Tel Aviv, The Institute for Labour Research in Memory of Pinchas Lavon. Labour Archives and Library
Poster 36

IL 4
Assaf Berg
1943 – 1983. Keness olami le'ziun ha'lechima weha'hitnagudut ha'jehudit be'milchemet ha'olam ha'schnija, be'chasut rosch ham'memschala Menachem Begin
1943 – 1983. Internationale Konferenz über den jüdischen Kampf und Widerstand im Zweiten Weltkrieg unter der Schirmherrschaft des Ministerpräsidenten Menachem Begin, 1983
Plakat, 100,5 x 70 cm
Berlin, Staatliche Museen zu Berlin – Preußischer Kulturbesitz, Kunstbibliothek
14020986

sich brachten, so doch sehr bald verinnerlichten: Wie sonst hätte man den neu eingeschlagenen Lebensweg in einem fremden Land vor sich selber legitimieren sollen? Es bedarf also nicht der instrumentalisierenden Heranziehung der Hölle, als Kontrast zu der sie nun im neuen Land erwartenden „Freiheit", sondern es reicht schon, die von ihnen „ideologisch" vollzogene Rationalisierung ihres (noch ungewissen und keineswegs gefahrlosen) Neuanfangs im Auge zu behalten, um ihren vermeintlich „spontan" entflammten Zionismus zu erklären. „Spontan" war er nur insofern, als man das Bedürfnis, sich einer kognitiven Dissonanz zu entledigen, als „spontan" bewerten will. Gemessen daran, daß die Väter und Mütter vieler dieser Neueinwanderer in den Vernichtungslagern umgekommen waren, war das neue Land, das sie nun „spontan" als das ihre zu begreifen hatten, eben nur „ideologisch" ihr Vater- bzw. Mutterland. Darum geht es hier aber auch gar nicht. Es geht vielmehr darum, daß gerade der sich emanzipativ wähnenden Konstellation von Holocaust-Überlebenden und zionistischer Ideologie eine strukturelle Diskrepanz innewohnte, die unter anderem für die Sozialpsychologie des Landes in seinen Anfangsphasen, darüber hinaus aber auch für die Ideologisierung des israelisch-zionistischen Shoah-Begriffs von einiger Bedeutung war.

Das Holocaust-Gedenkmuseum Yad Vashem wandte sich im November 1997 mit folgender Zeitungsannonce an die israelische Öffentlichkeit: „Anläßlich des 50. Jahrestages der Staatsgründung Israels widmet Yad Vashem eine Ausstellung dem Thema 'Die Integration und der Beitrag der Holocaust-Überlebenden in den Jahren 1945–1958'. Jeder, der persönliche oder kollektive Gegenstände wie Tagebücher, Alben, Photographien, Briefe, Koffer, Rucksäcke, Kleidung, Uniformen, Bilder, Souvenirs, Glückwunschkarten oder jeden anderen Gegenstand, der das Thema zu veranschaulichen vermag, in seinem Besitz hat, wird gebeten, sich [mit dem Museum] in Verbindung zu setzen."[5] Offenbar fühlte sich die staatliche Holocaust-Gedenkstätte verpflichtet, am Jahrestag der jüdischen Staatssouveränität mitzuwirken, mithin die weltgeschichtliche Katastrophe konkret zu zionisieren. Bezeichnend ist auch der Titel, den sie sich für die geplante Ausstellung ausgedacht hatte – „In diesem flammenden Licht" (Abb. IL 5): Man weiß von vornherein um die „Integration" der Holocaust-Überlebenden in Israel und deren „Beitrag" zu seinem Aufbau, setzt gar den Beginn solcher „Integration" und besagten „Beitrags" mit dem Jahre 1945 an, d. h. unmittelbar nach der Befreiung des Konzentrationslagers Auschwitz und drei Jahre vor der Gründung des Staates, dessen Unabhängigkeit man zelebriert. Der Mann mit dem Koffer und Rucksack blickt zuversichtlich in den Zukunft Israels. Sein Koffer, der nicht in den Kofferbergen von Auschwitz begraben ist, soll zeigen, daß er überlebt hat. Die Realität der DP-Lager in den ersten Nachkriegsjahren wird also nur insofern mit der gerade durchlebten Hölle in Verbindung gesetzt, als sie sich im nachhinein als Stationen der Staatsgründung begreifen lassen bzw. jene Hölle auf den noch zu gründenden Staat hin teleologisiert werden kann. Nicht, daß es keine Forschung zur schweren, gleichwohl erfolgreichen Auseinandersetzung von

IL 5
Under this Blazing Light.
Holocaust Survivors in Israel.
The First Decade
In diesem flammenden Licht.
Holocaust-Überlebende in
Israel. Die erste Dekade,
Yad Vashem 1998
Buchtitel
Berlin, Deutsches
Historisches Museum
KA 10257

Holocaust-Überlebenden mit der Welt nach Auschwitz gäbe; man denke da an William B. Helmreichs Buch „Against all odds. Holocaust survivors and the successful lives they made in America".[6] Was jedoch im Fall der Yad Vashem-Ausstellung auffällt, ist die staatstragende ideologische Funktion, die ihr von vornherein beigemessen wird. Es ist eben der erklärte Anlaß der Ausstellung – wenn man will: der symbolisierte Primat des einen historischen Ereignisses vor dem anderen bzw. die kausal aufhebende Verbindung von beiden – und die affirmative Hervorhebung von „Integration" und „Beitrag", die das Heteronome an der geplanten Unternehmung deutlich hervorstechen lassen.

Das verwundert freilich nicht allzu sehr. Denn nicht nur betrachtete der seit 1945 zunehmend erstarkende Zionismus den Holocaust als das schlagende Argument für die Rechtfertigung seiner politischen Lösung der mit nämlichem Holocaust nunmehr endgültig zur Katastrophe ausgearteten „jüdischen Frage", sondern er objektivierte diese historische Auffassung durch massive Vereinnahmung und Instrumentalisierung des Andenkens an die Opfer[7], darüber hinaus aber auch durch einen seinem Wesen nach politisch-ideologischen Umgang mit den Überlebenden.[8] Hierbei entstand nun besagte Diskrepanz zwischen den in Israel angekommenen Holocaust-Überlebenden und der staatstragenden zionistischen Ideologie: Der auf der Doktrin der Diaspora-Negation basierende staatliche Zionismus begriff den Holocaust als ultimative Manifestation des zu Negierenden. Er konnte den Überlebenden der Katastrophe letztlich nur als exemplarisch lebenden Mahnmalen des zu Negierenden begegnen. Die Überlebenden personifizierten gleichsam all das, was man mit der sogenannten „nationalen Erneuerung" zu überwinden gedachte, verkörperten also paradigmatisch den vom „Neuen Juden" abzulösenden „Diaspora-Juden". Diese Konfrontation hatte unterschiedliche Dimensionen. Sie reichte von der ignorant-überheblichen Frage vieler Israelis: „Wie konntet ihr euch wie Vieh zur Schlachtbank führen lassen?" und der mit der Logik dieser Frage einhergehenden Kopplung des „Heldenmuts" an die „Shoah" in der Benennung des staatsoffiziell ausgerufenen Holocaust-Gedenktags, über das israelische Verstummen um den Holocaust in den 50er Jahren bei gleichzeitiger Materialisierung der Sühne im Wiedergutmachungsabkommen von 1952, bis hin zu der mit höchstem zionistischen Pathos proklamierten Ideologie des im neuen Land möglich gewordenen „Neubeginns". Das will wohlverstanden sein: Daß viele der Holocaust-Überlebenden genau einer solchen Ideologie für ihr Überleben bedurften, viele gar als Konsequenz aus der eigenen Biographie zionistisch wurden, ändert nichts daran, daß die objektiv bestehende Diskrepanz sich auch in der Tat objektiv auswirkte, nämlich als eine kaum zu überbrückende Kluft zwischen den individuellen Realitäten der persönlichen Lebenswelten und der staatlich-offiziellen Sphäre, die diese Lebenswelten nicht nur aus materiellen und politischen Gründen übergehen, sondern den die psychisch-mentale Welt der Überlebenden beherrschenden Momenten des Opfer-Daseins geradewegs entgegenwirken mußte. Daß also dem Bild des gesunden, wehrhaften, produktiven „Neuen Juden" die (wie immer stereotypisierte) Vorstellung vom kranken, schwachen und ohnmächtigen Holocaust-Überlebenden gleichsam gegenüberstand, konnte einzig ideologisch – eben durch eine Einheitsideologie der „Heimkehr" und des „Neubeginns" – quasi „aufgehoben" werden. Die individuell-persönliche Verinnerlichung einer solchen staatlich verordneten Aufhebung durch die Holocaust-Überlebenden selbst machte dabei zum einen die gesellschaftlich legitimierte, private Überlebensstrategie, zum anderen aber auch das kollektiv Ideologische an dem vom neuen Staat geforderten neuen Bewußtsein aus.

Diese strukturell bestimmten Faktoren des Ideologischen haben freilich mit einem anderen (bislang weitgehend tabuisierten) Problem zu tun: Man geht bei der Betrachtung des Holocaust als der „Shoah der Juden" stets von einer homogenen Vorstellung der Juden aus. Im Begriff der „Sechs Millionen" sind die umgebrachten Juden zu einer identitätslosen Masse geworden, denn die dieser Kategorie der Masse beigefügte Spezifizierung „Juden" leitet sich nicht aus einer subjektiven Selbstdefinition der Betroffenen ab, sondern basiert letztlich auf einer von den Tätern verwendeten Definitionskategorie. So besehen, handelt es sich bei den „Sechs Millionen" um Objekte eines von diesen selbst unabhängigen Mordexzesses – eben um Opfer, wobei das Jüdische an diesen Opfern ihnen durch die kategorisch bestimmende Definition der sie Opfernden einheitlich auferlegt worden ist. Dies zeigt auch das Signet von Yad Vashem, das mit den sechs Säulen und dem stilisierten Rauch die sechs Millionen Opfer symbolisiert und das damit diese Definition befördert (Abb. IL 6). Das macht ja den gravierenden Unterschied zwischen dem in der rassenbiologischen Weltanschauung wurzelnden Antisemitismus und der inneren Logik des traditionellen Judenhasses aus: das Unentrinnbare, d. h. also, die endgültige Verwandlung des Subjekts zum Objekt der Verfolgung, die bewußte Degenerierung des Individuums zum Exemplar, genauer: zum Exemplar einer vernichtungswürdigen Kategorie. Würde man aber eine „Soziologie der Rampe von Auschwitz", konstruieren können, d. h. das Selbstverständnis jener, die, obgleich bereits Opfer, noch nicht die Reste ihrer vor der Katastrophe selbst bestimmten Identität ganz abgestreift bzw. verloren haben, erkunden können, käme man zu einem sehr heterogenen Bild des Jüdischen als einer subjektiven Identitätskategorie. Gerade weil man der Pseudowissenschaft einer das Soziale, Wirtschaftliche, Politische und Kulturelle gleichsam aufhebenden nationalsozialistischen Rassentheorie angesichts ihrer katastrophalen Folgen mit Entsetzen zu begegnen hat, kommt man nicht umhin, das, was einzig durch die historische Katastrophe aufgehoben zu sein scheint, in seiner differenzierten Partikularität im nachhinein zu betrachten.

Konstruierte man also eine „Soziologie der Rampe von Auschwitz", stellte sich heraus, daß der Oberbegriff „Jude" sich letztlich mit dem Zustand des Opfers, nicht aber unbedingt mit dessen Selbstbild deckt. Dies hat damit zu tun, daß der in diesem Zusammenhang nicht religiös bestimmte Begriff „Jude" die partikularen, gleichwohl durchaus dominanten Faktoren der Identität zwangsläufig ignoriert: soziale, politische, nationale, ethnische und kulturelle Unterschiede werden der in Auschwitz historisch stattgefundenen „absoluten Integration", die sich, Adorno zufolge, überall „vorbereitet, wo Menschen gleichgemacht werden"[9], gleichsam subsumiert. Dies mag angehen (und ist im Grunde unumgänglich), wenn man den monströsen Mechanismus des Völkermords objektiv darstellen und analysieren möchte: Der Jude im Stande des Opferseins bestimmt sich eben durch sein Sosein – als Objekt einer die individuelle Identität eliminierenden Objektivität. Will man jedoch der Subjektivität des zum Opfer Gewordenen nachspüren, reicht die Kategorie des „Juden" nicht mehr aus; denn es macht eben einen gravierenden Unterschied aus, ob der zum Opfer gewordene Jude in seiner Selbstbestimmung religiös, traditionell oder säkular; Zionist, Nichtzionist oder Antizionist; Konservativer, Liberaler oder Kommunist; Nationalist oder Kosmopolit, reich oder arm, gebildet oder ungebildet war. All diese Attribute (und viele andere mehr) brachten Juden auf der Rampe von Auschwitz nachweisbar mit sich; viele dieser Attribute eigneten den Überlebenden nach Auschwitz noch an. Auschwitz war, so besehen, zum doppelten Wendepunkt geworden: Zum einen manifestierte sich in ihm der Zivilisationsbruch, zum anderen deformierte sich

IL 6
Yad Vashem Logo
In: Yad Vashem Magazine,
Nr. 28, 2002, S. 19
Zeitschrift
Berlin, Deutsches
Historisches Museum

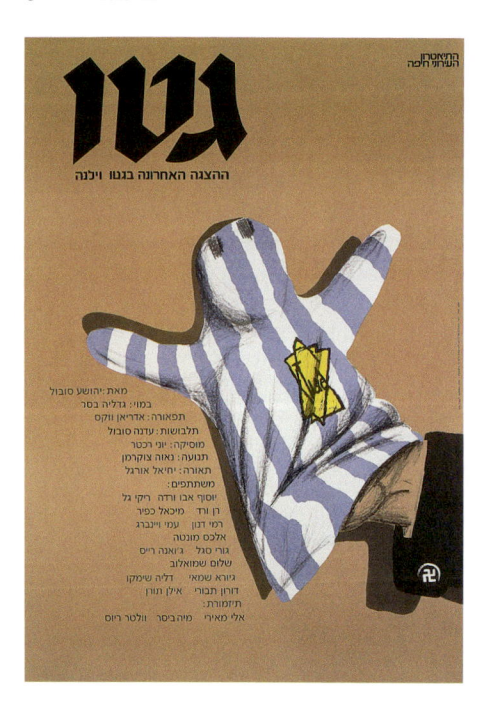

nach ihm die Möglichkeit, als Holocaust-Überlebende unabhängig von der ihnen objektiv auferlegten Rolle als Juden nach Auschwitz zu leben. Jehoshua Sobol schrieb in seinem Stück „Ghetto" gegen diese Definition der sechs Millionen an. Sein Stück, das am 14. Mai 1984 in Haifa am Stadttheater uraufgeführt wurde, spielt im Ghetto von Wilna 1941/42, in dem die letzten Überlebenden Theater spielen. Das Plakat, das anläßlich der Aufführung in Haifa entstand, zeigt hingegen die Juden als Handpuppe der Nationalsozialisten (Abb. IL 7).

Es ist nun genau dies, was sich der Zionismus sehr bald zunutze machen konnte. Der Jude nach Auschwitz wurde zum schlagenden Argument der von der säkularen nationalen Bewegung konstruierten Geschichtsteleologie der Juden: Brauchte man noch einen Beweis für die dringend notwendige Errichtung einer jüdischen nationalen Heimstätte, war er welthistorisch gleichsam „endgültig" erbracht worden. Da sich aber diese Darstellung von objektiver Warte formulierte, mußten die Protagonisten dessen, was man zum nationalen Argument funktionalisierte, ihrer selbstbestimmten Subjektivität sozusagen „enthoben" werden: Die in der industriellen Massenvernichtung manifestierte Anonymisierung der Opfer setzte sich paradoxerweise in der zionistischen Ideologisierung ihres Schicksals, die sich durch die Erhebung ihres Andenkens zum nationalgeschichtlichen Argument ergab, mutatis mutandis fort. Daß man sich zu einem bestimmten Zeitpunkt besann und die Namensnennung der Opfer zum magisch anmutenden Kult ihres vermeintlich individuellen Andenkens machte, änderte nichts an diesem Tatbestand, denn auch dieser Akt der scheinbaren Individualisierung ordnete sich letztlich ganz und gar in den geschlossenen Grenzbereich des zionistischen Diskurses ein. Was bewußt ignoriert bzw. bekämpft wurde, war alles Partikulare, das die zionistische raison d'être hätte unterminieren können, wie z. B. kommunistische und bundistische[10] bzw. schlicht azionistische, aber auch religiös-orthodoxe, ihrem Wesen nach antizionistische Identitäten. Die Frage, ob solche Partikularitäten angesichts der Monstrosität der Verbrechen nicht als zweitrangig zu bewerten seien, ist, so besehen, nicht unter dem Gesichtspunkt einer Wesensbestimmung des Holocaust, sondern im Verhältnis zu seiner von Partikularinteressen herrührenden Instrumentalisierung zu beantworten: Da der Zionismus ideologisch auf die Negation der Diaspora pochte, dabei aber auch auf einer negativen Bestimmung des Jüdischen basierte; da er darüber hinaus den Holocaust als ultimativen Beweis seiner auf negativer Legitimation fußenden Geschichtsteleologie begriff, war die Deutung des Holocaust als jüdisch in ihrem Kern ideologisch. Das Jüdische als selbstbestimmte Existenz bzw. die subjektive Selbstbestimmung der Diaspora-Juden wurde durch das zionistische Ideal des

IL 7
Jehoshua Sobol (Theaterstück), Amir Selzer (Plakat)
Ghetto
1984
Plakat, 68,5 x 48,5 cm
Berlin, Staatliche Museen zu Berlin – Preußischer Kulturbesitz, Kunstbibliothek
1402090

Neuen Juden entwertet, wenn nicht ganz und gar delegitimiert – das Jüdische am Holocaust erhielt also den Stellenwert einer pseudo-legitimen Vereinnahmung dessen, was man eigentlich zu negieren gedachte. Man muß demnach nicht der (in Israel zuweilen geäußerten) zynisch-provokanten Anschauung beipflichten, derzufolge der Holocaust dem Zionismus gelegen kam, um dennoch behaupten zu können, daß der Holocaust, nachdem er sich nun einmal ereignet hatte, vom staatlichen Zionismus ganz bewußt und pointiert ideologisch instrumentalisiert wurde.

So besehen, war das Geschichtsereignis Holocaust und seine zionistisch betriebene Ideologisierung dem Doppelbegriff des Holocaust als Wende – und zwar im Sinne eines Zivilisationsbruches einerseits und eines Angelpunktes der modernen jüdischen Nationalgeschichte andererseits – von Anbeginn komplementär verschwistert. Denn insofern der Holocaust nicht als Menschheitskatastrophe begriffen wurde, sondern eben als Shoah der Juden, war die Vereinnahmung durch die partikulare (namentlich national ausgerichtete) Sinngebung gewissermaßen strukturell angelegt: Da sich die individuellen Gruppenidentitäten der Ermordeten im „Sechs-Millionen"-Kode verflüchtigten, die Juden somit zur übergreifenden, Diskrepanzen aufhebenden Kategorie wurden, und darüber hinaus die nicht nach Israel emigrierten Überlebenden in ihren neuen Ländern keine klar überschaubare, eigenständige soziale Gruppe ausmachten und die in Israel eingewanderten über Jahre beschwiegen wurden, konnte der Zionismus den vakant gewordenen historischen Raum gleichsam besetzen und mit Sinn ausstatten. Daß dabei dem Sinnlosen – nämlich dem zum Selbstzweck gewordenen Mordexzeß – ein quasi „positiver" säkularer Sinn beigemessen werden konnte, machte besagte (historisch durchaus verständliche) Vereinnahmung des Monströsen nicht nur im Hinblick auf das partikulare politische Interesse, sondern auch im Hinblick auf das Wesen dessen, was in Auschwitz geschah, und zwar in seinem gesamtzivilisatorischen Universalzusammenhang, zur Ideologie. Das mag auch keinesfalls verwundern, denn das Verstummen um den Holocaust (bzw. die anfängliche Unfähigkeit, auch nur im Ansatz zu begreifen, was geschehen war) ging ja von Anbeginn mit einem klaren praktischen Interesse einher, und zwar mit der politischen Lösung der jüdischen Frage, d. h. also mit der Erhebung der nicht verhinderten Katastrophe zum Argument der Verhinderung einer künftigen. Weil dies aber auch die grundsätzliche Absage an jegliche jüdische Assimilations- bzw. Akkulturationsbestrebungen bedeutete, versperrte sich die universelle Sicht gleichsam von selbst. Wohl konnte man die Instrumentalisierung des Holocaust durch das neugegründete Israel und die Materialisierung der Sühne durch das sogenannte andere Deutschland als das unausgesprochene Komplementärverhältnis partikularer Interessen befürworten. Dafür mußte Hannah Arendts „Eichmann in Jerusalem"[11] – eben die Vorstellung einer aus moderner Zivilisation erwachsenen universellen Banalität des Bösen – in Israel über Jahrzehnte unübersetzt bleiben.

Und dennoch: Als in Israel die hebräische Übersetzung von Daniel Goldhagens „Hitlers willige Vollstrecker" erschien[12], schrieb eine führende israelische Literaturkritikerin in ihrer Rezension des Buches: „Die Universalität des Genozid-Phänomens im 20. Jahrhundert – samt dem armenischen Holocaust, dem tschetschenischen Holocaust, dem ruandischen Holocaust, dem bosnischen Holocaust, dem ugandischen Holocaust, dem vietnamesischen Holocaust (und noch einigen kleinen Völkermorden, die dem CNN entgangen sind) – erfordert eine Erklärung, die bereit ist, sich von der Einzigartigkeit des jüdischen Holocaust loszusagen, um mutig [...] zu fragen, ob es zwischen den verschiedenen historischen Ereignissen nicht eher Gemeinsames als Unterscheidendes gebe."[13]

Eine für israelische Verhältnisse in der Tat bedeutsame Aussage. Nicht weniger bedeutsam ist freilich, daß sie der Feder einer nicht gerade als gute Zionistin ausgewiesenen Autorin entstammt. Wohl gibt es erste zaghafte Risse im eher monolithischen innerisraelischen Holocaust-Diskurs. Hierzu gehört auch die Neuauswertung des Dokumentarmaterials des Eichmann-Prozesses durch Eyal Sivan und Rony Brauman, beide in Israel geboren, nun aber in Frankreich lebend. Beide folgen Hannah Arendt und dekonstruieren die Sicht auf Eichmann, indem sie die These von der Banalität des Bösen übernehmen. So findet sich auf dem Cover des Videos nicht das übliche Photo, das Eichmann im Glaskasten zeigt, sondern eine Verfremdung der bekannten Photographie. Vor die Augen wurde eine Spielzeuglok mit roten Rädern montiert (Abb. IL 8). Die Räder der Lokomotive sind Eichmanns Brillengläser. Da er nur noch durch die Lokomotive selbst schauen kann, wird er quasi zur Lokomotive, zum Motor des Mordes an den europäischen Juden. Die Übersetzung des Buches von Hannah Arendt erschien in Israel 40 Jahre nach dem Prozeß. Der Buchtitel zeigt Eichmann im Sommerhemd. Die Schlichtheit der Aufmachung scheint die These der Autorin belegen zu wollen (Abb. IL 9).

Ob der Holocaust-Diskurs künftig, wenn die Generation der Holocaust-Überlebenden nicht mehr da sein wird, wesentlich entideologisiert, ob die Sinnleere der weltgeschichtlichen Katastrophe bewußt gemacht, eine der universellen Sinnlosigkeit gedenkende Sinngebung der zivilisatorischen Wende als eines nie mehr wegzudenkenden Rückfalls in die Barbarei somit versucht werden kann – dies muß allerdings vorerst unbeantwortet bleiben.

IL 8
Eyal Sivan, Rony Brauman (Regie)
Un spécialiste
Ein Spezialist, 1998
Video
Berlin, Deutsches Historisches Museum

IL 9
Hannah Arendt
Eichmann be'jeruschalajim. doch al ha'banaliut schel ha'roa
Eichmann in Jerusalem. Ein Bericht von der Banalität des Bösen, hebräische Erstausgabe, Tel Aviv 2000
Buchtitel
Privatbesitz

Von der Darstellbarkeit der Shoah

Vor diesem Hintergrund stellt sich die Frage der Darstellbarkeit bzw. Repräsentation des Holocaust im israelischen Kontext anders, als sie sich seinerzeit etwa Adorno stellte. Denn während dessen Problematisierung einer Kultur nach Auschwitz von einer aus der Wahrnehmung der im Holocaust kulminierenden geschichtlichen Monstrosität herrührenden eher allgemeinen Zivilisationskritik angetrieben war, war die israelische Shoah-Gedenkkultur zunächst mit dem Anliegen eines spezifisch nationalen Erziehungsimpulses samt der dazugehörigen ideologischen Zurichtung befaßt. Dabei erhob sich nun die Frage, was Gestaltung angesichts einer ethnisch höchst heterogenen, mithin kulturell pluralistisch strukturierten Gesellschaft zu leisten vermag. Adam Baruchs Artikel berührt, so besehen, eines der gravierenden Grundprobleme einer sich im Aufbau befindenden nationalstaatlichen Gesellschaft, die zwischen den unterschiedlichen Lebenswelten und privaten Sphären und einem nationalen Denk- und Gedenkethos zu vermitteln sucht, wobei sich sehr bald herausstellt, daß das Differenzen und Ungereimtheiten ausblendende, mithin reale Eigentümlichkeiten unterdrückende Allgemeine deutlichen Primat erhält.

Im Dezember 1989 schrieb Peter Sloterdijk: „So nahe am Schrecken geboren zu werden bedeutet, wenn nicht für eine ganze Generation, so doch für die Jahrgänge, die heute um die Vierzig sind, in eine Welt gekommen zu sein, in der die Menschen es noch nicht wiedergelernt haben, für sich selbst und füreinander zu garantieren."[14] Es ist kaum anzunehmen, daß diese Aussage, seit sie getroffen wurde, an Gültigkeit verloren hat. Die Welt, wie sie sich gegenwärtig darstellt, erweckt nicht gerade das Gefühl großer Sicherheit und Zuversicht, und zwar nicht nur für die Jahrgänge, von denen Sloterdijk sprach. Der Holocaust, der einen weltgeschichtlichen Maßstab für die Kennzeichnung des permanenten Potentials eines menschlichen Rückfalls in die Barbarei im Sinne einer durch Erinnerung gewährleisteten Mahnung setzen sollte, erfüllt diese Funktion längst nicht mehr. Es ist schwer bestimmbar, inwiefern diese Entwicklung mit dem objektiven Unvermögen, eine gültige Repräsentation der Shoah herzustellen, zusammenhängt, aber es dürfte klar sein, daß die nun mal entstandenen Repräsentationen, besonders aber die Kontexte, in denen und für die sie entstanden sind, sich vornehmlich ideologisch auswirken. Das Problem betrifft nicht nur Israel, erhält aber wegen der der Shoah in der Kristallisierung der israelischen politischen Kultur zukommenden Sonderstellung gerade in diesem Land eine besondere Prägnanz.

So manifestiert sich eine der möglichen künstlerischen Reaktionen auf die staatlich etablierte Repräsentationsideologie des Holocaust in Israel im bewußten Verzicht auf Darstellung des Nichtdarstellbaren, um sich statt dessen mit dem Problem der Repräsentation als solcher auseinanderzusetzen. Künstler wie Avi Pitchon und Yoav Ben David, Mitglieder des Ausstellungsprojektes „Wonderyears", widmen einen Teil ihres Werkes der Dekonstruktion jener Darstellungsklischees und Ausdruckskonventionen, welche die Shoah-Repräsentation seit Jahrzehnten dominieren. Dabei bedienen sie sich gezielt eines ironisch-kritischen Zugangs, ohne dabei aber ins Sarkastisch-Zynische hinsichtlich des historischen Ereignisses abzudriften. Avi Pitchon ließ auf seine Brust den Begriff „Gesamtkunstwerk" tätowieren und fertigte davon eine großformatige Photographie an (Abb. IL 10). Mit dieser Arbeit spielt der Künstler mit den Assoziationsmöglichkeiten des Betrachters, der an die eintätowierten Num-

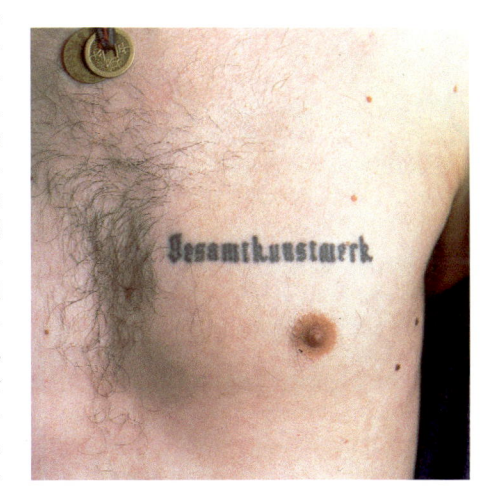

IL 10
Avi Pitchon
Untitled
2003
Photographie
Tel Aviv, Avi Pitchon

mern der KZ-Häftlinge und zugleich an Wagners Konzept des Gesamtkunstwerkes denken kann. Einen anderen Zugang eröffnet Yoav Ben-David, der in seinem Gemälde „Eichmann in Jerusalem" mit einer Ikone spielt, die jeder kennt (Abb. IL 11). Es zitiert das Bild, das während des Eichmann-Prozesses um die Welt ging und Eichmann, eingesperrt in einen Glaskasten, ins Monströse steigern sollte. Da sich der Titel auf Hannah Arendts Buch bezieht, das Bild selbst aber die Ikone zitiert, entsteht dort ein Widerspruch, der auch nicht aufgelöst wird. Die Kunstwerke enthalten sich somit letztlich der Beschäftigung mit der Shoah selbst und widmen sich der Auseinandersetzung mit ihrer Gedenkkultur, genauer: mit Shoah-Repräsentationen als Gestaltungsmuster kollektiver Erinnerung des geschichtlichen Ereignisses und der diese Erinnerung antreibenden Ideologie. Es gibt indes noch eine andere Schicht der Auseinandersetzung mit der Repräsentation des seinem Wesen nach eher Unrepräsentierbaren – es handelt sich hierbei um etwas, das sich in die Kunstwerke gleichsam unreflektiert eingeschlichen hat, etwas, das sich eher vor-, wenn nicht gar unbewußt zuträgt; etwas, das sich dem Schweigen, der Lähmung, der entsetzten Wortlosigkeit entwunden hat, zugleich sich aber nicht des Unfaßbaren mittels Repräsentation zu bemächtigen trachtet. Diese Gruppe von Kunstwerken stellt eine der von sogenannten staatlichen Werten gespeisten Repräsentationsideologie entgegengesetzte (mithin komplementäre) Erscheinung dar: Es handelt sich mitunter um den Erfahrungskosmos privater Lebenswelten, die, abseits aller kollektiven Ideologie, sich unvorstellbarem Leid und beschwiegenem Schmerz gestellt haben, einer Leiderfahrung, der eine Bedeutung beizumessen, geschweige denn sie in die Normalität des Lebens nach Auschwitz integrieren zu wollen, von vornherein zum Scheitern verurteilt ist. Es mag sein, daß einige der Künstler überrascht sein werden, unter diese Kategorie von Holocaust-Kunst subsumiert worden zu sein. Alle aber werden die (auf)rüttelnde Wucht der Schweigelast bezeugen müssen.[15]

Verfolgt man indes die gängige Ikonographie der israelischen Shoah-Darstellung, so läßt sich behaupten, daß sie sich von Anbeginn vor allem aufs dokumentarisch vorhandene, seinem Inhalt nach quasi selbstredende Bildmaterial stützte. Es gibt letztlich keinen Bereich des geschichtlichen Gesamtereignisses Shoah, der in Israel nicht eine gewisse Bebilderung erfahren hätte. Die israelische Shoah-Forschung ist, was die positivistische Erkundung der historischen Ereignisse anbelangt, umfassend und reich an visuellem Dokumentationsmaterial, das zumeist von den Tätern oder auch von den Befreiern der Konzentrationslager stammt. Es sei dahingestellt, inwieweit die jüngeren Generationen der jüdischen Bevölkerung Israels heute noch von diesem Bildarsenal und der ihm innewohnenden Veranschaulichungskodierung geprägt sind. Bezieht man sich jedoch auf die der von Peter Sloterdijk angesprochenen parallele jüdische Generation (der heute ca. 50–55jährigen), dürfte es außer Zweifel stehen, daß sich ihr

IL 11
Yoav Ben-David
Eichmann in Jerusalem
2002
Acryl/Leinwand,
110 x 130 cm
London, Yoav Ben-David

IL 12
Kewer achim (zulam bijdej kzin SS). Gufot ha'jeladim ha'harugim
Massengrab (von einem SS-Offizier aufgenommen).
Die Leichen der getöteten Kinder, in: Vasilij S. Grossman, Il'ja A. Altman, Il'ja G. Erenburg, Arno Lustiger (Hg.): Ha'sefer ha'schachor, hoza'at sfarim schel, Jerusalem 1991
Buch
Jerusalem, Yad Vashem – The Holocaust Martyrs' and Heroes' Remembrance Authority. Pedagogic and Resource Center
His'2

visuelles Shoah-Verständnis ganz und gar aus dieser Bild- und Symbolwelt speist.

Erwähnt sei zunächst das Massengrab bzw. der Leichenberg (Abb. IL 12 li.). Wohl mit keiner anderen Bildikone ist die industrielle, administrativ geplante und bürokratisch durchgeführte, die mithin ins massenhaft Monströse umschlagende Vernichtung der Juden nachhaltiger visualisiert worden als mit den Bildern der Riesenhaufen von bis zur Unkenntlichkeit entstellten Leichen. Dabei korrespondierte die zwangsläufig anonymisierende Dimension dieser Bilder mit dem fast zum Klischee verkommenen Begriff der „Sechs Millionen" (vgl. Abb. IL 6).

Dieser parolenhafte Begriff, der eine letztlich unfaßbare Realität bezeichnet und sich daher jeglicher Veranschaulichung enthält, entwickelte sich in den ersten Jahrzehnten nach der israelischen Staatsgründung zum quantitativen Synonym des gerade in seinem ideologischen Unterton eher qualitativen Begriffs der Shoah. Kodierte also das massenhaft Anonyme den systematischen Charakter des Vernichtungsprozesses, so bebilderte das Massengrab bzw. der Leichenberg die anonyme Kälte dieser Systematik. Es sollte indes klar werden, daß der entindividualisierende Aspekt der Barbarei sich in ihrer nachmaligen Bilddarstellung wiederholte bzw. gerade in dem aufs Erinnern abzielenden Akt der Dokumentation verfestigte. Nicht von ungefähr begann man ab einem bestimmten Zeitpunkt, das staatsoffizielle Gedenken vermittels der das massenhaft Anonyme individualisierenden Namensnennungszeremonie zu begehen. Die Leichenberg-Ikone, ohnehin paralysierend in ihrer Wirkung und, obgleich suggestiv, eher diffus im Informationsgehalt, verblaßte ein wenig im Laufe der Zeit.

Zugleich wurde von Anbeginn das Bild der typischen todesstarren Einzelleiche häufig verwendet, auch in Kombination mit dem erstgenannten Motiv (Abb. IL 12 re. Mi.). Es ist schwer zu bestimmen, worin sich das spezifisch Repräsentative der typischen KZ-Leiche festmachte, aber sie ist wohl für die allermeisten Menschen, die mit dieser Bildikonographie der Holocaust-Dokumentation

IL 13
Machane ravensbrueck, germania. Ba-9 be'april 1945 huawru ke-300 assirot ha'machane lejdej ha'zlaw ha'adom ha'schwedi-deni we'schuchnu be'miwne beit-ha'sefer ba'ajara Krauslingen be'schweiz. Rak be'lejl 29–30 be'april 1945 schuchrar ha'machane bijdej ha'zawa ha'adom (archion Yad Vashem), makor Red Cross Archives
Das Lager Ravensbrück, Deutschland. Am 9. April 1945 wurden etwa 300 Insassinnen des Lagers dem schwedisch-dänischen Roten Kreuz übergeben und im Schulgebäude des Städtchens Krauslingen in der Schweiz untergebracht. Erst in der Nacht vom 29. zum 30. April 1945 wurde das Lager durch die Rote Armee befreit (Yad Vashem Archiv), Quelle Red Cross Archives, in: Judith Klaimann, Nina Springer (Hg.): Ke'ew ha'schichrur. edujot me-1945, Jerusalem 1995, S. 39
Buch
Jerusalem, Yad Vashem – The Holocaust Martyrs' and Heroes' Remembrance Authority. Library
A-212

und -Vermittlung groß geworden sind, nahezu unverkennbar. Das mag damit zusammenhängen, daß die Notwendigkeit, das in den Vernichtungslagern Geschehene zu dokumentieren, keinerlei Beschönigung duldete, wodurch sich aber auch jegliche Tabus hinsichtlich des zu Dokumentierenden verboten. Da der Einzelmensch im Lager zum Exemplar geworden war, wich die Ehrfurcht vor seinem individuellen Tod, entschwand somit die (innere) Zensur in bezug auf die visuelle Repräsentation seiner Todesentstellung. Der todesstarr aufgerissene Mund der Einzelleiche geriet unweigerlich zur exemplarischen Maske. Dem konnte man letztlich nicht entrinnen, denn zum Exemplar war ja das Opfer nicht in der nachmaligen Dokumentation, sondern in der Realität des Vernichtungslagers geworden. Bezeichnend war entsprechend die Forderung orthodoxer Juden vor einigen Jahren, man solle die Photographien nackter, zu ihrem Tode getriebener Frauen von den Wänden Yad Vashems abnehmen; sie seien unzüchtig. Das Pathos der Forderung speiste sich vornehmlich aus orthodox-religiösen Moralkonventionen, indizierte aber zugleich die Ohnmacht des Versuchs, ein individuell Menschliches aus dem Kontext totaler Entmenschlichung zu retten, Kategorien der Zucht und Unzucht zu wahren, wo sie ihre zivilisatorische Bedeutung längst verloren hatten.

Im Vorfeld des drohenden Todes spielte die bildliche Repräsentation des „Muselmanns" eine besonders gewichtige Rolle (Abb. IL 13 ob.). In ihm manifestierte sich zugleich die Permanenz der Todesgegenwart wie der Dauerhunger, das unabwendbare, gewaltsame Ende also wie der mit ihm einhergehende Weg eines physischen Martyriums. Der nahezu zum Skelett abgemagerte Mensch wurde somit zum Sinnbild des „lebendigen Toten", eines (Schwebe-)Zustandes, der das komplementäre Verhältnis von unsäglichem Leid und monströser Grausamkeit zum archaischen Paradigma erhob. Und was sich im Phänomen des „Muselmanns" als physische Auszehrung des Erwachsenen kundtat, erfuhr mit der Opfergruppe der Shoah-Kinder eine zusätzliche moralische Zuspitzung. Die Unschuld des Kindes im Kontext der schuldig gewordenen Welt von Erwachsenen verleiht der kindlichen Leiderfahrung eine Dimension atavistischer zivilisatorischer Ungeheuerlichkeit. Daran hatte u. a. die religiös-orthodoxe Deutung der über das jüdische Volk hereingebrochenen Shoah als der von Gott für seine Sünden verhängten Strafe besonders hart zu kauen: Was hatten die gerade nach religiösem Verständnis a priori unschuldigen Kinder verbrochen, daß ihnen ein solches Schicksal widerfahren war? Die Tröstung, Gottes Wege seien eben unerforschlich, konnte vielleicht das religiös gefeite Gemüt besänftigen; für die säkulare jüdische Sicht der Shoah entfaltete sich das Kind im Holocaust zum Paradigma der Nazi-Bar-

IL 14
Gam le'eichmann haju jeladim, ach hu me'olam lo chamal al jeled jehudi.
Eichmann u'wno be'argentina.
Hem nilchamim ba'jehudim be'chol ha'drachim: be'raaw, be'haschpala, be'inuj, be'rezach, be'dam kar. magefot mechalot et sche'hotir ha'raaw
Auch Eichmann hatte Kinder, aber er zeigte nie Erbarmen mit einem jüdischen Kind. Eichmann und sein Sohn in Argentinien.
Sie bekämpfen die Juden mit allen Mitteln: mit Hunger, Erniedrigung, Folter, mit kaltblütigem Mord. Seuchen vernichten, was der Hunger übriggelassen hat, in: Tuwja Friedmann: Mi'kez 33 schana lerezach jahadut eropa al-jedej ha'germanim-ha'nazim we'osrehem: Album tmunot, maamarim we'ismachim, Haifa 1978, S. 44/45
Buch
Jerusalem, Yad Vashem – The Holocaust Martyrs' and Heroes' Remembrance Authority. Library
78-969

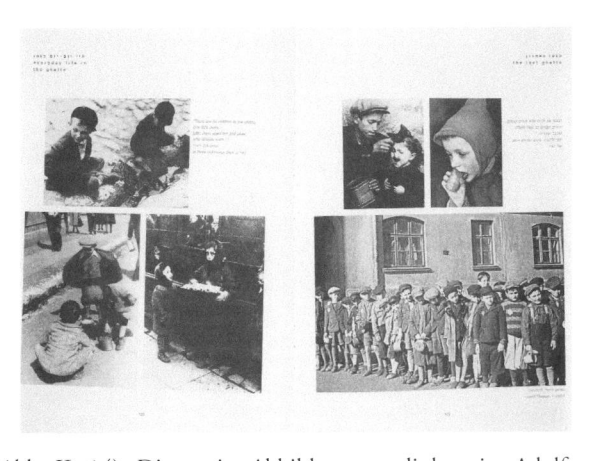

IL 15
Everyday Life in the Ghetto. 'There are no children in the ghetto, only little Jews… Little Jews aged ten and older, who already work…' Yosef Zelkovic, In those Nightmarish Days, p. 182
Alltag im Ghetto. 'Es gibt keine Kinder im Ghetto, nur kleine Juden… Kleine Juden im Alter von zehn Jahren und älter, die schon arbeiten müssen…' Yosef Zelkovic, In those Nightmarish Days, S. 182, in: Michal Unger: The Last Ghetto. Life in the Lodz Ghetto, 1940–1944, Jerusalem 1995, S. 102/103
Buch
Berlin, Staatsbibliothek zu Berlin – Preußischer Kulturbesitz
4B794

IL 16
Rozeach nazi jore be'orpa schel em jehudija hamechabeket et bita ha'ktana. Ha'eda Rivka Joselevska, sche'nizla beness m'jdej plugot ha'jorim ha'naziot: 'ha'jiti mutelet mibosseset be'nachlej dam, betoch aremat gwijot muschlachot b'kewer achim hamoni…'
Ein Nazi-Mörder zielt auf den Nacken einer jüdischen Mutter, die ihre kleine Tochter umarmt.
Die Zeugin Rivka Joselevska, die wie durch ein Wunder die Erschießungskommandos der Nazis überlebte: 'Ich lag von Blut überströmt in einem Haufen von Leichen, die in ein riesiges Massengrab geworfen worden waren…', in: Tuwja Friedmann: Mi'kez 33 schana lerezach jahadut eropa al-jedej ha'germanim-ha'nazim we'osrehem: Album tmunot, maamarim we'mismachim, Haifa 1978, S. 46
Buch
Jerusalem, Yad Vashem – The Holocaust Martyrs' and Heroes' Remembrance Authority. Library
78-969

barei: das ausgemergelt kauernde KZ-Kind, das bettelnde Ghetto-Kind, das Mengele-Kind der medizinischen Versuche, vor allem aber die symbolgewordene Gestalt des seine Arme zur Kapitulation erhebenden Kindes. In unserem Beispiel wird eine ganze Seite den Kindern gewidmet (Abb. IL 14). Die zweite Abbildung von links zeigt Adolf Eichmann mit seinem Sohn, um den er schützend den Arm gelegt hat. Diese zärtliche Geste kontrastiert mit den anderen Photographien, die die Kinder zeigen, die er – Eichmann – ermorden läßt. Die Kombination der Bilder soll die Monstrosität des Verbrechens um so deutlicher vor Augen führen. „Im Ghetto", schrieb ein Insasse, „gibt es keine Kinder, sondern nur kleine Juden […] Kleine Juden im Alter von zehn und mehr, die schon arbeiten […]" Die Entkindlichung des Kindes gehörte in der Tat zum schwerst rezipierbaren Erbteil der israelischen Shoah-Ikonographie (Abb. IL 15).[16] Als komplementäre ikonographische Verewigung der noch im Allergrauenhaftesten erhaltenen, wie immer ohnmächtigen Beschützung des Kindes dürfte in diesem Zusammenhang das Bild der ihr Kind eng umarmenden Mutter gelten, auf die das Gewehr des Nazischergen gerichtet ist. Ihr gewaltsamer Tod ist bereits beschlossen, der Ausgang des bestialischen Verbrechens ist unabwendbar, aber das Kind erfährt noch in der Grausamkeit der Todesstunde die mütterliche Nähe – ein perverser „Trost" von archaischer Qualität (Abb. IL 16 li.).

Auch hier gibt es eine Gegenüberstellung: Neben dem genannten Bild steht die Photographie einer Überlebenden, die im Eichmann-Prozeß aussagt. Das Gewehr des Soldaten ist über den Bildrand hinaus auch auf sie gerichtet, eine Assoziation, die durch die beiden Mikrophone, die auf sie zeigen, verstärkt wird (Abb. IL 16 re.). Der Tod der anderen Frau und ihres Kindes wird zur Illustration ihrer Aussage, die Schicksale erscheinen austauschbar.

War der Mensch im Bewußtsein der Lagertäter zum Ding geworden, so wurden später die attributiv ihm zugeschriebenen Ding-Gegenstände zum Sinnbild seiner industriell betriebenen Vernichtung. Visualisiert wurde dies vor allem durch die jedem Israeli bekannten Bilder riesiger Brillen- und Kofferberge (Abb. IL 17). Die Sinnträchtigkeit dieser Gegenstände speist sich aus dem Anonym-Massenhaften; sie avancieren zu symbolischen Stellvertretern der ehemaligen Besitzer dieser Gebrauchsgegenstände. In den Bergen abgeschnittener Haare vollzieht sich gleichsam die auschwitzsche Synthese von Mensch und Ding: Das im Kontext der Erniedrigung abrasierte Haar erhält die ikonische Funktion eines pars pro toto.[17] Die Gegenstände, die nur sehr vermittelt mit dem eigentlichen historischen Geschehen zu tun hatten, mußten für ideologische Vereinnahmungen herhalten. Die Schlußpassage einer im Jahre 1990 vom israelischen Historiker und Publizisten Shabtai Tevet publizierten Reportage über seinen Besuch in Auschwitz kann hierfür exemplarisch angeführt werden: „Mir geht das Bild des Koffers eines jüdischen Kleinkindes nicht aus dem Kopf, auf den bei der Ankunft in Auschwitz mit weißer Farbe geschrieben wurde: 'Peter Eisler, Kind, geboren am 20. 3. 1942'. Er liegt auf dem Kofferberg in Auschwitz ohne Vermerk darüber, daß er einem jüdischen Kind gehört hat. Ich bin nicht bereit, auf Peter Eisler zu verzichten, weder zugunsten der Menschheit noch zugunsten Polens. Er gehört uns und muß unser bleiben. Es gibt keine Kraft auf der Welt, die ihn uns entreißen könnte. Wie alle Holocaust-Opfer sind auch die 1 500 000 in Auschwitz ermordeten Juden und ihr Andenken Bestandteil unseres nationalen Erbes und nicht des Erbes irgendeines anderen Volkes."[18]

IL 17
Schlal mischkafajim Brillenberg, in: Marot ha'churban. Masechet ha'schmad schel jahadut eropa, Mifleget Poalej Erez Israel Ha'merkas, Tel Aviv 1947, S. 117
Buch
Jerusalem, Yad Vashem – The Holocaust Martyrs' and Heroes' Remembrance Authority. Library
01439a

Dem Motiv der repressiven Haarrasur verwandt ist das Bild des Abschneidens der Bärte und Schläfenlocken orthodoxer Juden (Abb. IL 18). Die hohngrinsenden Gesichter der den „hygienischen Akt" der Erniedrigung vornehmenden Soldaten, aber auch das Lachen verleiht diesen Szenen eine im Rasurakt als solchem noch nicht gleich wahrnehmbare Dimension besonderer sadistischer Grausamkeit (Abb. IL 19). Denn das Abschneiden des Bartes und der Schläfenlocken, dem gläubigen Juden strengstens untersagt, hat vor allem etwas mit der Zerstörung einer kulturellen Identität und der Durchbrechung eines religiösen Tabus zu tun. Wenig kann das spezifisch Jüdische besagter repressiver Situation effektvoller visualisieren als das Bild des im letzten Gebet devot versunkenen Juden, hinter

IL 18
Ha'am ha'jehudi el mul ha'aschmada
Das jüdische Volk im Angesicht der Vernichtung, in: Netanel Katzburg, Dan Michmann (Hg.): Mekorot u'mechkarim al ha'schoah. Mikra'a la'talmid be'wet-ha'seffer ha'dati,
Tel Aviv 1983, S. 196
Buch
Jerusalem, Yad Vashem – The Holocaust Martyrs' and Heroes' Remembrance Authority. Library
Hor'7

IL 19
Chajalej SS kozezim et skano schel jehudi kaschisch, lublin 1939/40 (mitoch: enziklopedja schel ha'schoah).
Tmunat rechov be'getto lublin, zulma bijdej chajalim germanim mitoch mechonit (mitoch: enziklopedja schel ha'schoah)
Angehörige der SS schneiden den Bart eines alten Juden ab, Lublin 1939/40 (aus: Enzyklopädie der Shoah).
Straßenbild im Lubliner Ghetto, von deutschen Soldaten aus einem Auto aufgenommen (aus: Enzyklopädie der Shoah), in: Avraham Wein: Pinkas hakehillot, Bd. 7, Jerusalem 1999, S. 38
Buch
Jerusalem, Yad Vashem – The Holocaust Martyrs' and Heroes' Remembrance Authority. Library
76-F-773 VI

IL 20
Slovakia militia torment Jews during the deportation of Jews from Stropkov, Slovakia – May 1942
Slowakische Miliz quält Juden während der Deportation von Stropkov, Slowakei – Mai 1942, in: Elliot Nidam-Orvieto: Slovakian Research After the Fall of the Iron Curtain, Yad Vashem, Bd. 27, 2002, S. 9
Zeitschrift
Berlin, Deutsches Historisches Museum

IL 21
'Aussortierung'
In: Serge Klarsfeld (Hg.): The Auschwitz Album. Lili Jacob's Album, New York o. J.
Buch
Berlin, Universitätsbibliothek der Humboldt-Universität zu Berlin
80A5095

dem die in selbstgefälliger Verachtung lachenden Wehrmachtssoldaten stehen. Dabei war freilich das Bild solcher Schtetl-Juden im Stande ihres religiös konnotierten Opferseins für die meisten „Neuen Juden" im Israel der ersten Jahrzehnte nach der Staatsgründung eher ambivalenten Charakters: Man identifizierte sich mit ihm menschlich als unmittelbarem Opfer der Nazi-Barbarei, sah in seiner Opfersituation gar den endgültigen Beweis für die Berechtigung des zionistischen Postulats der Errichtung eines jüdischen Staates, gewahrte in ihm aber zugleich die Gestalt der Diaspora, deren Existenz der Zionismus ja gerade zu negieren trachtete. Diese Sichtweise zeigt sich auch in einer neueren Publikation der Gedenkstätte Yad Vashem, die dieses Motiv der Demütigung verwendet (Abb. IL 20). Etwas vom nicht nur unterschwelligen Ressentiment gegenüber der Erscheinung des für überwunden gehaltenen, im Holocaust gleichsam geschichtlich „widerlegten" Subjekts jüdischen Diasporadaseins läßt sich bis zum heutigen Tag im Verhältnis vieler säkularer Israelis zu orthodoxen Juden ausmachen. Zwar regen Attacken gegen jüdisch-religiöse Institutionen (etwa die antisemitische Schändung von Friedhöfen und Synagogen in Europa) den archaischen Impuls einer aggressiven Abwehr gegenüber den Feinden Israels, aber etwas von der Wiederkehr eines Verdrängten haftet diesem Impuls stets an.

Eine besondere ikonographische Kodierung erfuhren die Orte des Grauens: allen voran die konkreten, gleichwohl zum allgemeinen Symbol erhobenen, wie etwa das Hauptor des Konzentrationslagers Auschwitz samt der an ihm angebrachten, in der israelischen Shoah-Rezeption ein semiotisches Eigenleben führenden Parole „Arbeit macht frei", oder etwa die berühmte, visuell oft verwendete Bahnzufahrtsstrecke zum Vernichtungslager bzw. die Rampe von Auschwitz (Abb. IL 21). Daneben gab es aber auch massive Bildvermittlung von typifizierten Lokalitäten, Vorrichtungen und Maschinerien, etwa der Gesamtansicht langer Barackenreihen im Lager, dem unheilverheißenden Bild des Umschlagsplatzes, Szenen an Eisenbahnwaggons oder Lastwagen, dem photographisch wie zeichnerisch immer wieder repräsentierten Stacheldraht. Zum 50. Jahrestag der Befreiung der Konzentrationslager erschien eine Briefmarke, die die mit Stacheldraht begrenzten Wege zeigt, auf denen sich die Befreiten nunmehr frei bewegen können (Abb. IL 22). Die Verbrennungsöfen sind im hebräischen Sprachgebrauch der Holocaust-Vermittlung zum Synonym für Vernichtungslager avanciert. Von Bedeutung war die Visualisierung der Orte vor allem deshalb, weil sie in den ersten Jahrzehnten nach der Shoah, bedingt durch die nach dem Zweiten Weltkrieg entstandene Weltlage des Blocksystems und des Kalten Krieges, für israelische Bürger so gut wie unzugänglich waren. Was physisch ohnehin zugrunde gegangen war, mußte durch die Visualdokumentation gleichsam „belebt" und bewahrt werden. Welche, gewiß nicht intendierten, Wahrnehmungsentstellungen dabei im „Dort"-Begriff entstanden, läßt sich an folgender von Tom Segev berichteten Episode, die sich auf einer Anfang der 90er Jahre organisierten Fahrt israelischer Schüler nach Polen zugetragen hat, ablesen. Segev fiel es auf, daß viele der Schüler den Holocaust mit dem heutigen Polen identifizieren; überall hätten sie nach Hakenkreuzen an den Wänden gesucht, teilweise „mit einem inneren Bedürfnis, sie auch zu finden". Extrem habe sich dies bei einem Jungen geäußert, der entschieden erklärte: „Jemand muß doch am Holocaust schuld sein; wir müssen jemanden hassen, und mit den Deutschen haben wir uns doch schon versöhnt."[19]

Eine ikonographische Personifizierung des Holocaust gab es in Israel in der Darstellung der Opfer- wie auch der Täterseite. Bei der Visualisierung der Täter wurden, wie zu erwarten, die Spitzen des nationalsozialistischen Regimes herangezogen, allen voran Hitler, seltener Goebbels oder Göring, insbesondere aber Himmler als individuelle Verkörperung des gesamten Vernichtungsapparates und, seit seinem Prozeß von 1961, Adolf Eichmann. Die visuelle Repräsentation der Opferseite basierte vor allem auf der Würdigung tragisch-heldenhaften Verhaltens bzw. gewahrter Menschlichkeit im Kontext einer zunehmend barbarisierten Entmenschlichung des Menschen. Herausragend waren dabei Anne Frank, deren nach der Shoah veröffentlichtes Tagebuch ihr einen weit über Israel hinausreichenden Weltruhm eintrug und die 1988 mit einer Briefmarke geehrt wurde (Abb. IL 23). Auch sie wurde – wie die Juden in Auschwitz – als nationales Erbe Israels betrachtet, und dies gilt genauso für Janusz Korczak, den jüdisch-polnischen Pädagogen, dessen große Aufopferung und bis in den Tod in Treblinka gewahrte Treue zu seinen Schützlingen ihn zum erhabenen Sinnbild wahrer menschlicher Größe werden ließ.

Was indes den Heldenmut allgemein anbelangt, verfolgte die staatsoffizielle Ideologie Israels ein ganz besonderes Anliegen. Der in den 50er Jahren gesetzlich festgelegte Holocaust-Gedenktag heißt: „Tag des Andenkens an die Shoah und den Heldenmut". Nicht von ungefähr wurde bei dieser Namensgebung die Komponente des Heldenmuts der des Holocaust wie gleichwertig zur Seite gestellt.

IL 22
Ad Vanooijen
8. 5. 1945–1995. End of the Second World War and Liberation of the Camps. 'The Day of Victory – Sad, Very Sad', David Ben Gurion
8. 5. 1945–1995. Ende des Zweiten Weltkrieges und Befreiung der Konzentrationslager. 'Der Tag des Sieges – Traurig, sehr traurig', David Ben Gurion, 1995
Briefmarke
Bonn, Archiv für Philatelie. Museumsstiftung Post und Telekommunikation

IL 23
Ad Vanooijen
Anne Frank
1988
Briefmarke
Bonn, Archiv für Philatelie. Museumsstiftung Post und Telekommunikation

IL 24
Ha'shoah weha'meri: Jalkut al churban jahadut eropa be'schnot taf-schi – taf-schin-he, misrad ha'chinuch weha'tarbut, Jeruschalajim: Ha'madpis ha'memschalte, taf-schin-jud-gimel
Die Shoah und der Aufstand. Ein Dossier über den Untergang des Judentums Europas zwischen 1940 und 1945, Erziehungs- und Kulturministerium (Hg.), Jerusalem 1953
Buchtitel
Jerusalem, Yad Vashem – The Holocaust Martyrs' and Heroes' Remembrance Authority. Library 02038

1953 erschien ganz in diesem Sinne ein Buch mit dem Titel „Die Shoah und der Aufstand", das diese Verbindung herstellt (Abb. IL 24). Der Titel zeigt die Zeichnung eines bewaffneten Paares, das in die Ikonographie des Warschauer Ghettoaufstandes gehört (vgl. Abb. PL 21 im Beitrag zu Polen). Zudem wurde dieser Tag zwischen dem jüdischen Passah-Fest und dem Unabhängigkeitstag Israels am 14. Mai datiert: Passah bezeichnet die „letzte Aktion der Nazis in Warschau", mithin die kodierte Vermengung eines archaischen Freiheitsprinzips mit gescheitertem Heldenmut im (wie immer aussichtslosen) Kampf gegen die Vernichtungsmaschine. Der Unabhängigkeitstag verweist auf das geschichtliche Ereignis der israelischen Staatsgründung, mithin auf die abgeleitete politische Konsequenz des aus dem Passah-Kode Hervorgehenden, welche seither als unhinterfragbare historische Notwendigkeit angesichts der dem jüdischen Volk widerfahrenen Katastrophe verstanden wird. Großer Aufwand wurde entsprechend in die wissenschaftliche Erforschung, literarische Darstellung und Visualisierung der Ghetto-Aufstände, des Widerstands gegen die nationalsozialistische Übermacht, der Rettungsaktionen, des Kampfes schlechthin investiert. Zum 25. Jahrestag des Aufstandes im Ghetto von Warschau erschien 1968 eine Briefmarke, die das Rapoport-Denkmal in Warschau zitiert, das im Andenken an den Aufstand 1948 eingeweiht wurde (Abb. IL 25). Es zeigt den Kopf von Mordechaj Anielewicz. Genau betrachtet, nimmt sich die ikonographische Stilisierung auch dieses Aspekts der israelischen Shoah-Rezeption ausgesprochen ideologisch aus. Dies ändert sich auch am 50. Jahrestag nicht (Abb. IL 26). Gezeigt wird ein kämpfender Mann in den Ruinen des Ghettos.

IL 25
M. und G. Shamir
Le'mordaj ha'getaot
Den Aufständischen in den Ghettos, 1968
Briefmarke
Bonn, Archiv für Philatelie. Museumsstiftung Post und Telekommunikation

IL 26
Ruth Avrahami
50 schana la'mered ha'getaot u'wa'machanot. 50 rocznica powstania w gettach i w obozach koncentracyinich
50. Jahrestag des Aufstandes in den Ghettos und Lagern, 1993
Briefmarke
Bonn, Archiv für Philatelie. Museumsstiftung Post und Telekommunikation

Gegendiskurse

Daß es diese typischen Kategorien einer im öffentlichen israelischen Diskurs gängigen visuellen Shoah-Vermittlung gab (und noch immer gibt), sollte auf keinen Fall darüber hinwegtäuschen, daß die visuelle Shoah-Kodierung in den einzelnen Lebenswelten, in der familiären Privatsphäre zumal, einen durchaus spezifisch individuellen Charakter haben mochte. Die oben zitierte Zeitungsannonce von Yad Vashem weist deutlich darauf hin. Da ist neben kollektiven ausdrücklich auch von persönlichen Gegenständen die Rede, was ganz gewiß für Tagebücher, Alben, Photographien und Briefe, aber eben auch für Koffer, Rucksäcke, Kleidungsstücke, Uniformen und dergleichen mehr Gebrauchsgegenstände mit einem jeweils lebensgeschichtlich besetzten, spezifischen (Shoah-)Bezug gilt. Der im Kofferberg von Auschwitz zum Symbol gewordene Koffer Peter Eislers unterscheidet sich, so besehen, von den in der Annonce anvisierten Koffern der Privatsphäre dahingehend, daß der offizielle Ort der Erinnerung den Koffer des Kleinkindes dem kollektiven Gedächtnis zuschlägt, während der anonyme Koffer, nach dem freilich aus gleichen ideologischen Gründen per Annonce gesucht wird, das biographisch Individuelle par excellence darstellt (welches allerdings im Ausstellungsakt seiner Privatheit zugunsten einer kollektiv gefaßten Bedeutungszuschreibung beraubt wird).

Es ist in der Tat unübersehbar, daß es in Israel – bei aller aufhebenden Vermengung von Kollektivem und Privatem, wie sie sich besonders in den ersten Jahrzehnten nach der Staatsgründung mit ideologischer Emphase manifestierte – von Anbeginn eine deutliche Trennung zwischen der staatsoffiziellen, folglich zionistischen, und der privaten, dem Zionismus freilich nicht unbedingt abgeneigten Erinnerungskultur gegeben hat. Nicht von ungefähr ist in den letzten Jahren der israelische Shoah-Diskurs durch eine Unzahl von privaten schriftlichen, auditiven und visuellen Erinnerungsdokumenten angereichert worden: Die letzten Überlebenden, zum Teil angeregt durch die Öffnung des Holocaust-Diskurses seit Beginn der organisierten Polen-Fahrten Mitte der 80er Jahre und durch das damit einhergehende forschende (Nach)fragen ihrer Enkelinnen und Enkel, wollen sich vor ihrem Tod noch einmal mit ihrer Individualstimme, ihrer persönlichen Familiengeschichte zu Wort melden, mitunter wohl auch – ohne es freilich bewußt so zu artikulieren – das zwangsläufig Anonymisierende der kollektivierten Erinnerung aufbrechen.

Der Film „Biglal ha-Milchama hahi" (Wegen jenes Krieges) brachte das Thema 1988 in die Öffentlichkeit und führte zu Diskussionen in Familien, Schulen und Universitäten. Die Musik des Films – Songs wie „kan ha-tachana Treblinka" (Hier ist der Bahnhof von Treblinka) – lief monatelang im Radio. In diesem Musikfilm erzählen Halina Birenbaum und Jako Poliker ihre Familiengeschichten, sie erzählen, daß Halina Birenbaum als Dreizehnjährige in letzter Minute dem Tod durch das Gas entkommen konnte. Jako Poliker verlor Brüder, Frau und Sohn im Konzentrationslager. Der Film dokumentiert die Gespräche in den Familien, wie sie ihre Vergangenheit zu bewältigen suchen, und zeigt den Zwang, ihre Geschichte ständig wiederholen zu müssen, um die Erinnerung wenigstens ertragen zu können. Die Kinder der beiden, der populäre Sänger Yehuda Poliker und der gleichfalls bekannte Texter Ja'akov Gilad verarbeiten in ihren Songs die Traumata der Eltern, denen sie selbst auch nicht entkommen können. Beide setzen mit ihren Liedern den Ermordeten ein Denkmal. Auf dem Cover der dazugehörenden CD sieht man einen dahinrasenden Zug, eine Schranke und einen Jungen. Zusammengefaßt sind damit die traumatischen Erfahrungen und auch Erinnerungen der Deportierten (Abb. IL 27). Der Titelsong „Asche und Staub" nimmt direkt Bezug darauf:

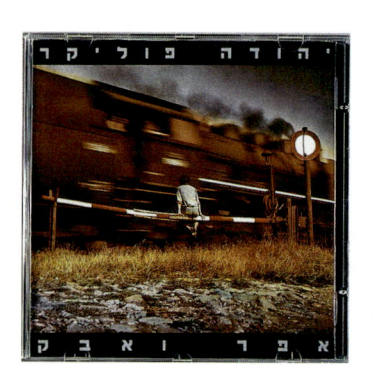

IL 27
Yehuda Poliker, Ja'akov Gilad
Biglal ha-Milchama hahi
Wegen jenes Krieges, 1988
CD-Booklet
Berlin, Deutsches
Historisches Museum

„Doch, wenn Du fährst,
wohin Du fährst, da ist die Ewigkeit,
Asche und Staub.
Wohin Du fährst, verrinnen die Jahre,
doch nichts ist verblaßt."

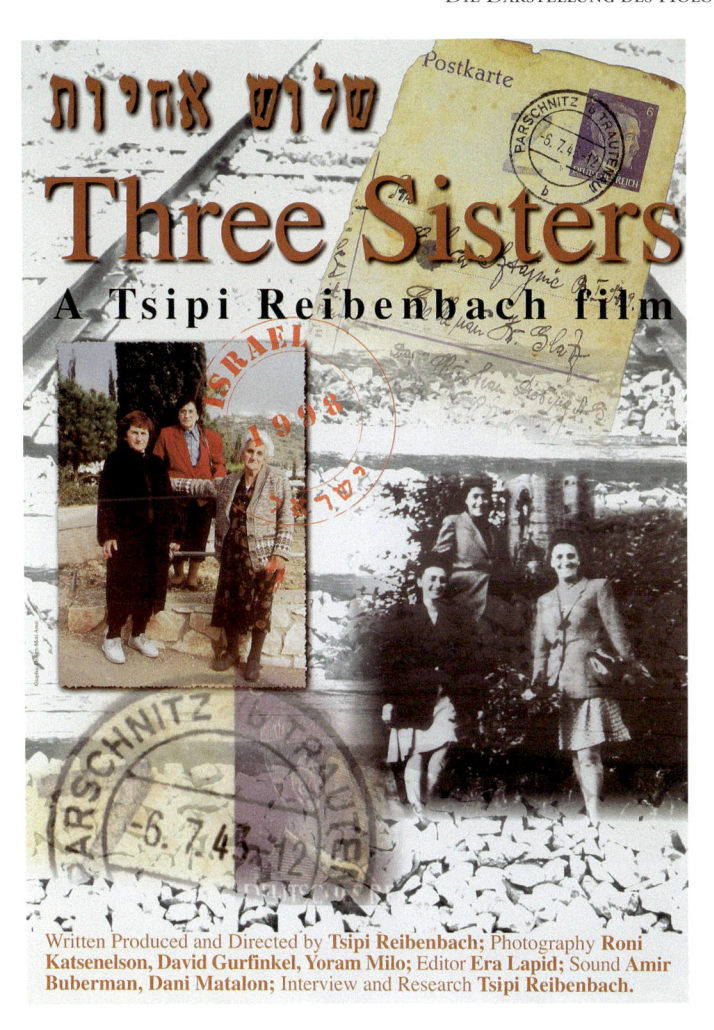

Es kann davon ausgegangen werden, daß sich die Forschung im kommenden Jahrzehnt rezeptionsgeschichtlich und -psychologisch mit diesem neuen, über viele Jahre im Verborgenen stumm gehaltenen Material wird auseinandersetzen müssen. Dabei könnten neue Kodierungen, mithin auch andere visuelle Elemente in den Vordergrund bzw. überhaupt erst zutage treten. Mit der zwangsläufigen Verwandlung des Geschichtsereignisses in Geschichte erhält die nachkonstruierende wissenschaftliche Forschung einen Ruck, wird detaillierter, zugleich aber – paradox – erweist sich die kollektive Erinnerung dahingehend als weitaus reduktiver, als sie sich vorwiegend an kanonisierten Kodes und Partialsymbolen festklammert und orientiert. Im israelischen Zusammenhang kann (wohl im Gegenzug dazu) eine zunehmend individualisierende Privatisierung der Erinnerung, die dabei detailfreudig das Familiengeschichtliche einholt, registriert werden. In diesem Sinne ist Tsipi Reibenbachs Film über ihre Eltern und Tanten von 1998 zu verstehen. Der Film zeigt, wie die Erfahrung des Holocaust das Leben der Familie bis heute prägt. Entsprechend werden auf dem Plakat die Dokumente aus dem Leben der drei Schwestern zu einem Panorama verknüpft, die auch in dem Film eine Rolle spielen (Abb. IL 28). Vor den Gleisen, die zu den Konzentrationslagern führen, stehen zwei Photographien im Vordergrund, die die drei Schwestern zeigen – als fröhliche Jugendliche in Polen und 1998 in Israel. Dazwischen steht die Erfahrung des Genozids.

IL 28
Tsipi Reibenbach (Regie)
Three Sisters
Drei Schwestern, 1998
Filmplakat, 69 x 49 cm
Tel Aviv, Tsipi Productions Ltd.

Zugleich ist aber auch die allgemeine Parzellierung des israelischen Holocaust-Diskurses in den 90er Jahren merklich legitimiert worden[20], wenngleich es z. Z., bedingt durch die jüdische Konsolidierung der israelischen Öffentlichkeit im Zuge der palästinensischen Intifada, wieder still geworden ist um diese kritischen Fragmentierungstendenzen. In der Tat hat sich gerade im Falle Israels, eines nahezu archetypischen Einwanderungslandes, das sich aus unterschiedlichen Ethnien, Kulturgruppen und sonstigen Identitätsbezügen zusammensetzt, erwiesen, daß die – wie immer ideologisch forcierten – Determinationen der staatsoffiziellen Kollektiverinnerung die Erinnerungsstrukturen und Gedenkinhalte partikularer Lebenswelten nur bis zu einem gewissen Grad zu kolonisieren vermögen. Adam Baruchs Frage, ob bei der Zusammensetzung des Denkmalsausschusses für die Errichtung von Igael Tumarkins „Denkmal für die Shoah und die Auferstehung" die orthodoxen Juden eine wirkliche Vertretung gehabt hätten und ob in ihm sephardische Juden, mitunter aber auch nichtzionistische Organisationen repräsentiert gewesen seien, ist, so besehen, paradigmatisch. Denn nicht nur der politisch-ideologische Ausschluß von nicht Dazugehörigen ist in ihr sedimentiert, sondern letztlich auch die Frage, inwieweit sich kollektiv konstruierte Erinnerung je lebensweltlich vorschreiben lassen könne, mithin, ob die Zerrissenheiten und Schrunden einer Gesellschaft sich auch im Bereich ihrer Erinnerungskodes und Gedenkmythen längerfristig durch eine staatsoffizielle Einheitsideologie überbrücken bzw. übertünchen lassen. Auch in dieser Hinsicht dürfte sich in den kommenden Jahren einiges am stets dynamischen israelischen Shoah-Diskurs erfahren und ablesen lassen.

[1] Baruch, Adam: Chajenu ha'schomemim im andartat ha'schoah weha'tekumah, in: Ha'ir, 11. April 2002, S. 30 ff.
[2] Vgl. Zuckermann, Moshe: Fluch des Vergessens. Zur innerisraelischen Diskussion um den Holocaust, in: Babylon – Beiträge zur jüdischen Gegenwart, 4 (1988), S. 71 f.
[3] Zuckermann, Moshe: Zwischen Historiographie und Ideologie. Zum israelischen Diskurs um den Holocaust, in: Jahrbuch 1996 zur Geschichte und Wirkung des Holocaust, Frankfurt am Main 1996, S. 63.
[4] Michman, Dan: Araber, Zionisten, Bishara und der Holocaust: Politischer Essay oder akademische Forschung?, in: Zmanim, 54 (1995), S. 118 (in hebräischer Sprache).
[5] Zeitungsannonce von Yad Vashem in Ha'aretz, 12. November 1997, S. A6 (in hebräischer Sprache).
[6] Helmreich, William B.: Against all odds. Holocaust survivors and the successful lives they made in America, New York 1992.
[7] Vgl. hierzu: Zuckermann, Moshe: Shoah im abgedichteten Zimmer, Tel-Aviv 1993 (in hebräischer Sprache). Ders.: Zweierlei Holocaust, Göttingen 1998.
[8] Vgl. hierzu: Zertal, Idith: From Catastrophe to Power. Illegal Immigration to Palestine, Tel-Aviv 1996 (in hebräischer Sprache).
[9] Adorno, Theodor W.: Negative Dialektik, Frankfurt a. M. 1982, S. 355.
[10] Vgl. hierzu: Grodzinski, Joseph: Hundert Jahre Bund. Die Geschichte alternativer jüdischer Schicksale, in: Ha'aretz, 12. November 1997, S. D3 (in hebräischer Sprache).
[11] Arendt, Hannah: Eichmann in Jerusalem. A report on the banality of evil, London 1963 (Erstausgabe). In Israel erschien das Buch erst 2000.
[12] Goldhagen, Daniel Jonah: Hitler's willing executioners: ordinary Germans and the Holocaust, New York 1996.
[13] Melamed, Arianna: Shilanski wird sich darüber freuen, in: Ha'ir, 28. November 1997, S. 70 (in hebräischer Sprache).
[14] Sloterdijk, Peter: Versprechen auf Deutsch. Rede über das eigene Land, Frankfurt a.M. 1990, S. 17.
[15] Vgl. hierzu Zuckermann, Moshe: Last des Schweigens, in: Katalog der Ausstellung „Lying within the Skin", The Kiryat Tivon Memorial Center Art Gallery, Februar 2002 (in hebräischer Sprache).
[16] Man mag sich in diesem Zusammenhang an die Worte von Sarit Fuchs, einer bekannten israelischen Publizistin, erinnern, die in den Tagen des zweiten Golfkrieges schrieb: „Die obsessive Wiederholung des Holocaust-Grauens begann, als ich in der Volksschule bei den alljährlichen Holocaust-Gedenkfeiern deklamierte: 'Die ersten, die zur Vernichtung geschickt wurden, waren die Kleinkinder!' Eine nie enden wollende Wiederholung. Die Lehrerin Abigail, die mich für die alljährliche Deklamation vorbereitete, pflegte von mir zu verlangen, daß ich – beim Wort 'Kleinkinder' angelangt – meine Stimme zu einem Aufschrei bzw. Wimmern erheben möge." Vgl: Zuckermann, Moshe: Über soldatische Gewaltmenschen und Kinder, in: Brumlik, Micha (Hg.): Mein Israel. 21 erbetene Interventionen, Frankfurt a. M. 1998, S. 140 ff.

[17] Der Topos der aus dem Körperfett ermorderter Juden hergestellten Seife – historisch ohnehin nicht belegt – kann im hier anvisierten Zusammenhang der Holocaust-Visualisierung unerörtert bleiben. Der Erwähnung würdig ist jedoch, daß er im Kontext der hebräischen Shoah-Rhetorik, vor allem in ihrer populären Sphäre, sehr wohl eine gewichtige Rolle spielte.

[18] Zuckermann 2002 (wie Anm. 15).

[19] Segev, Tom: Was hast du heute in Treblinka gelernt?, in: Ha'aretz, 2. 11. 1990, S. B2 (in hebräischer Sprache).

[20] Vgl. hierzu Zuckermann, Moshe: Die Parzellierung der Shoah-Erinnerung im heutigen Israel. Vom historischen Ereignis zum Gegenstand ideologischer Projektion, in: Gephart, Werner/Saurwein, Karl-Heinz (Hg.): Gebrochene Identitäten. Zur Kontroverse um kollektive Identitäten in Deutschland, Israel, Südafrika, Europa und im Identitätskampf der Kulturen, Opladen 1999, S. 47 ff.

Chronologie

1881–1884
Zahlreiche Pogrome gegen die jüdische Bevölkerung in Rußland bilden **1882** den Anlaß für den Beginn der organisierten Einwanderung nach Palästina (erste Alija).

1897
In Basel tagt der erste Zionistische Kongreß.

1904
Nach neuen Pogromen im zaristischen Rußland wandern im Verlaufe der zweiten Alija 35–40 000 Juden nach Palästina aus.

1907
Der 8. Zionistische Weltkongreß beschließt die Gründung eines Palästina-Amtes in Jaffa, mit dem Ziel, in Palästina einen jüdischen Staat zu gründen.

1909
Die Stadt Tel Aviv und der erste Kibbuz Degania werden gegründet.

1914
Der Anteil der Juden an der Gesamtbevölkerung Palästinas beträgt 13 Prozent.

16. Mai 1916
Frankreich und Großbritannien teilen im Sykes-Picot-Vertrag den Nahen Osten untereinander auf.

April 1920
Die alliierten Siegermächte einigen sich nach dem Ersten Weltkrieg über die Aufteilung der arabischen Provinzen des Osmanischen Reiches: Frankreich erhält das Mandat über Syrien (einschließlich Libanon) und Großbritannien über Mesopotamien. Palästina wird dem Mandat des Völkerbundes unterstellt, der es wiederum an Großbritannien weitergibt, unter der Bedingung, die Beschlüsse der Balfour-Deklaration zu verwirklichen.

1921
Im von Großbritannien verwalteten Palästina protestieren die Araber, die rund 90 Prozent der Gesamtbevölkerung stellen, gegen die Durchführung der Balfour-Deklaration. Nach ersten gewalttätigen Übergriffen von Arabern auf jüdische Siedlungen trennt Großbritannien den größeren Teil Palästinas östlich des Jordan unter dem Namen „Transjordanien" ab. Juden ist von nun an die Besiedlung dieses Territoriums untersagt.

1932–1947
Im Zuge großer Einwanderungswellen (fünfte und sechste Alija) kommen als Reaktion auf die Verfolgung der Juden in Europa mehr als 250 000 jüdische Einwanderer nach Palästina. In den Jahren **1936–1939** erreicht der Widerstand der Palästinenser gegen die britische Mandatspolitik und die zionistische Kolonisation einen Höhepunkt. Als Mandatsträgerin über Palästina erläßt die britische Regierung am **29. Februar 1940** eine Verordnung, die den Landerwerb für Juden und Araber im Land neu regelt und so zu einer gemeinsamen, friedlichen Besiedlung Palästinas durch Juden und Araber beitragen soll. **1941** leben in Palästina 1,1 Millionen Menschen; davon sind 500 000 Juden. Von **1945–1947** führt die jüdische Untergrundorganisation Haganah rund 90 000 illegale Einwanderer nach Palästina.

29. November 1947
Die Vollversammlung der United Nations Organization (UNO) beschließt mit der Resolution 181/II die Teilung Palästinas in einen arabisch-palästinensischen und einen jüdischen Staat. Dieser Beschluß wird von arabischer Seite nicht akzeptiert, so daß es in der Folge zu militärischen Auseinandersetzungen kommt.

1948
Die letzten britischen Truppen verlassen das Land, und der aus Polen stammende David Ben-Gurion proklamiert am **14. Mai** im 1908 von jüdischen Siedlern gegründeten Tel Aviv-Jaffa den unabhängigen Staat Israel.

14.–15. Mai 1948
Arabische Armeen beginnen mit einem Angriff auf Israel den ersten arabisch-israelischen Krieg, den sogenannten Palästinakrieg.

1949
Israel wird am **11. Mai** in die UNO aufgenommen. Israel schließt mit Ägypten im **Februar** und im **Juli** mit den anderen arabischen Nachbarstaaten einen Waffenstillstandsvertrag. Darin wird den Israelis ganz Galiläa, die Küstenebene sowie die Negev-Wüste (ohne den Gazastreifen an der Mittelmeerküste) zugesagt. Jerusalem wird in einen israelischen und einen jordanischen Teil gespalten. Israel beginnt in den eroberten Gebieten mit dem Bau neuer Siedlungen für aus aller Welt einwandernde Juden.

1950
Bei zahlreichen Grenzverletzungen dringen immer wieder die arabischen Nachbarn, ägyptische und jordanische Fedajin, in Israel ein. Zudem organisieren die arabischen Staaten, nachdem Israel im **Januar** Jerusalem zur Hauptstadt erklärt hat, einen Handelsboykott gegen den jungen Staat und sperren sowohl den Suezkanal als auch den für die israelische Wirtschaft lebensnotwendigen Golf von Akaba für israelische Schiffe. Jordanien erklärt das seit 1948 besetzte Westjordanland zum jordanischen Staatsgebiet. Israel verabschiedet **1950** das Rückkehrergesetz, das das Recht eines jeden Juden auf Einwanderung nach Israel bestätigt.

September 1952
Israel vereinbart mit der Bundesrepublik Deutschland ein Wiedergutmachungsabkommen. Die ausgehandelten Reparationsleistungen von drei Milliarden DM in Form von Warenlieferungen innerhalb von zwölf Jahren kommen dem Aufbau der israelischen Wirtschaft zugute.

1956–1957
Kurz nachdem Ägypten unter Staatspräsident Gamal Abd el-Nasser den Suezkanal verstaatlicht hat, kommt es am **26. Oktober** zur Suezkrise. Nasser konzentriert seine Armee im Sinai und bereitet einen Angriff auf Israel vor. Die Israelis kommen Ägypten am **29. Oktober** zuvor und besiegen mit französischer und britischer Unterstützung die gegnerischen Truppen. Die diplomatische Intervention der USA und der UdSSR erzwingt den Rückzug der drei verbündeten Streitkräfte. Durch die Stationierung einer UN-Friedenstruppe an den gemeinsamen Staatsgrenzen Ägyptens und Israels wird der Krieg erst **1957** endgültig beendet.

1958–1959
Palästinenser, darunter Yassir Arafat, gründen in Kuwait die Bewegung zur Befreiung Palästinas (Al Fatah).

28. Mai – 2. Juni 1964
Im jordanischen Teil Jerusalems wird die Palestine Liberation Organization (PLO) gegründet.

1967
Der ägyptische Staatspräsident Gamal Abd el-Nasser verbündet sich mit Jordanien und Syrien, zwingt die UNO-Friedenstruppen zum Abzug, blockiert am **23. Mai** ein zweites Mal den Golf von Akaba und konzentriert seine Truppen erneut im Sinai. Israel greift am **5. Juni** in Reaktion auf die arabischen Truppenkonzentrationen Ägypten, Jordanien und Syrien an und erobert im sogenannten Sechstagekrieg die syrischen Golanhöhen, den Gazastreifen, die Sinaihalbinsel und das Westjordanland einschließlich der Altstadt von Jerusalem. Der anhaltenden Grenzkonflikte und Sabotageakte zwischen Israel und seinen arabischen Nachbarstaaten wegen fordert der UN-Sicherheitsrat im November eine Frie-

densregelung im Nahen Osten, die die Anerkennung aller Staaten in gesicherten Grenzen beinhaltet. Ägypten und Israel akzeptieren, Syrien lehnt ab. Israel vereinigt die beiden Teile Jerusalems und stellt die übrigen besetzten Gebiete unter Militärverwaltung, die jedoch eng mit den örtlichen arabischen Behörden zusammenarbeitet. Die Grenzen zu den von Israel besetzten und verwalteten Gebieten werden für den Handel und den Tourismus geöffnet. Viele Araber finden in Israel Arbeitsplätze und pendeln täglich.

März 1969
Yassir Arafat wird zum Chef der PLO gewählt.

September 1970
In Jordanien entbrennen zwischen Regierungstruppen und Palästinensern bürgerkriegsähnliche Auseinandersetzungen, die mit der Niederlage der Palästinenser enden.

1973
Die arabischen Staaten greifen im sogenannten Jom-Kippur-Krieg Israel am **6. Oktober** erneut an. Ägypten überquert den Suezkanal, Syrien dringt auf die Golanhöhen vor. Die arabischen Truppen werden jedoch von den israelischen Truppen rasch wieder abgedrängt, die nun ihrerseits auf syrisches Gebiet und auf das Westufer des Suezkanals vorstoßen. Mit dem am **25. Oktober** unter Mitwirkung des US-amerikanischen Außenministers Henry Kissinger vereinbarten Waffenstillstandsvertrag wird der Krieg beendet.

29. Oktober 1974
Die arabischen Staaten erkennen Yassir Arafat, den Führer der nun überwiegend von Süd-Libanon operierenden PLO, als legitimen Vertreter der Palästinenser an.

1978
Aufgrund zunehmender Terrorakte in Nord-Israel, ausgeführt von der PLO, die sich inzwischen in Süd-Libanon eine Operationsbasis geschaffen hat, besetzt Israel am **16. März** den Süd-Libanon bis zum Litani-Fluß. Ab **Mitte 1978** zieht Israel seine Truppen stufenweise aus dem Libanon ab; eine UN-Friedenstruppe übernimmt die Kontrolle in einer Pufferzone zwischen Israel und den Palästinensern. Durch Vermittlung des US-amerikanischen Präsidenten Jimmy Carter unterzeichnen der ägyptische Präsident Anwar Al-Sadat und der israelische Ministerpräsident Menachem Begin in Camp David/USA am **17. September** ein erstes Friedensabkommen, wofür beide wenig später gemeinsam den Friedensnobelpreis erhalten.

26. März 1979
Im Beisein von US-Präsident Jimmy Carter unterzeichnen der ägyptische Präsident Anwar Al-Sadat und der israelische Ministerpräsident Menachem Begin in Camp David (USA) einen endgültigen Friedensvertrag. Damit wird Israel, das sich zur Rückgabe der Sinaihalbinsel an Ägypten bis **April 1982** verpflichtet, erstmals von einem arabischen Staat völkerrechtlich anerkannt.

1987
Ein Sattelschlepper der israelischen Armee überrollt am **8. Dezember** im Gazastreifen ein mit Palästinensern vollbesetztes Fahrzeug. Dies ist der Auslöser für einen langdauernden Aufstand der Palästinenser (Intifada) in allen von Israel besetzten Gebieten. Über 300 Araber werden in den folgenden Wochen von den israelischen Sicherheitskräften getötet, fast 10 000 inhaftiert.

16. April 1988
Der Militärchef der PLO, Khalil al-Wazir, ein enger Vertrauter von PLO-Chef Yassir Arafat, wird in Tunis ermordet. Der Mord, für den der israelische Geheimdienst Mossad verantwortlich sein soll, löst im Westjordanland und im Gazastreifen die bisher schwersten Unruhen seit der Intifada aus.

15. Dezember 1988
Die PLO proklamiert auf dem 19. Nationalkongreß den Staat Palästina und erkennt so indirekt erstmals das Existenzrecht Israels an. In der Folge wird die PLO in die internationalen Friedensgespräche eingebunden.

Juni 1992
Itzhak Rabin, Vorsitzender der Arbeitspartei, wird erneut israelischer Ministerpräsident und Verteidigungsminister. Er will sich nun ernsthaft um einen dauerhaften Frieden im Nahen Osten bemühen und nimmt Verhandlungen mit der PLO auf, die u. a. zu einem Baustopp für jüdische Siedlungen in den von Israel besetzten Gebieten führen.

1993–1994
Am **13. September 1993** und am **4. Mai 1994** unterzeichnen Yassir Arafat und Itzhak Rabin in Washington Verträge über die gegenseitige Anerkennung Israels und der PLO sowie über die Gewährung einer Teilautonomie für die Palästinenser im Gazastreifen und in Jericho. Die Vereinbarungen treten als Gaza-Jericho-Abkommen (auch Oslo I genannt) in Kraft. Nach dem Inkrafttreten des Gaza-Jericho-Abkommens verläßt Yassir Arafat im **Mai 1994** sein tunesisches Exil und der Amtssitz der PLO wird nach Gaza verlegt. Der syrische Staatspräsident Hafiz al-Assad erklärt erstmals die Bereitschaft zum Frieden mit Israel, falls Israel die 1967 besetzten und 1981 annektierten Golanhöhen zurückgibt. Nachdem der jordanische König Hussein II. und der israelische Regierungschef Itzhak Rabin bereits am **25. Juli 1994** – in Gegenwart von US-Präsident Bill Clinton in Washington – den seit 1948 bestehenden Kriegszustand zwischen Jordanien und Israel für beendet erklärt hatten, wird der Friedensvertrag am **26. Oktober 1994** in der Oase Ein Avrona südlich des Toten Meeres unterzeichnet. Jordanien ist somit nach Ägypten der zweite arabische Staat, der mit Israel Frieden schließt. Yassir Arafat, Shimon Peres und Itzhak Rabin erhalten am **14. Oktober 1994** für ihre Bemühungen um einen dauerhaften Frieden im Nahen Osten gemeinsam den Friedensnobelpreis.
Die als Ableger der ägyptischen Muslimbruderschaft nach dem Sechstagekrieg entstandene, inzwischen vor allem vom Iran finanzierte Hamas verstärkt ihre Attentate in Israel mit dem Ziel, die Friedensbemühungen zu untergraben und Israel zu zerstören, um einen islamischen Staat zu errichten.

1995
Die Selbstverwaltung der Palästinenser wird am **28. September** durch das sogenannte, von Yassir Arafat und Itzhak Rabin unterzeichnete Oslo-II-Abkommen auf das Westjordanland ausgeweitet. Am **4. November** wird der israelische Ministerpräsident Itzhak Rabin während einer Friedenskundgebung in Tel Aviv von einem jüdischen Rechtsextremisten, der Mitglied einer militant-rechtsextremen Siedlergruppe ist, erschossen. Zum Jahresende zieht Israel seine Truppen aus dem Westjordanland ab, mit Ausnahme von Hebron, wo zum Schutz der dort lebenden Juden israelisches Militär verbleibt.

1996
In Jericho wird Yassir Arafat bei der ersten demokratischen Wahl im Autonomiegebiet am **20. Januar** mit fast 90 Prozent der Stimmen zum Vorsitzenden des Palästinensischen Autonomierates gewählt. Die israelische Regierung unter Benjamin Netanjahu hebt im Juli den seit 1992 geltenden Baustopp für jüdische Siedlungen in den palästinensischen Autonomiegebieten auf.

1997
Hebron wird im **Januar 1997** zu 80 Prozent der palästinensischen Selbstverwaltung, der palästinensischen Autonomiebehörde (PNA), übergeben. Nach rund sechsmonatigem Stillstand nehmen Israel und die Palästinenser am **6. Oktober** die Nahost-Friedensgespräche wieder auf.

1998
Die israelische Regierung beschließt am **1. April**, die Resolution 425 des UN-Sicherheitsrates von 1978 anzuerkennen, die den Rückzug der israelischen Truppen aus der sogenann-

ten Sicherheitszone in Süd-Libanon fordert, verlangt aber von der libanesischen Regierung Sicherheitsgarantien, u. a. die Entwaffnung der Hisbollah-Milizen. Auf Druck Syriens, das einen Separatfrieden Israels mit dem Libanon verhindern will, kommt es **Mitte April 1998** zu einer gemeinsamen libanesisch-syrischen Erklärung, die die von Israel verlangten Sicherheitsgarantien ablehnt und umfassende Friedensverhandlungen fordert, vor allem über die Rückgabe der Golanhöhen an Syrien.

November 1998 – Juni 1999
Palästinenserpräsident Yassir Arafat bekräftigt am **15. November 1998** sein Vorhaben, am **4. Mai 1999** einen souveränen Palästinenserstaat auszurufen, ungeachtet des Standes der israelisch-palästinensischen Friedensverhandlungen. Der Zentralrat der PLO beschließt am **29. April 1999** die Verschiebung der Proklamation des Palästinenserstaates auf die Zeit nach den Wahlen am **17. Mai 1999** in Israel. Nach diplomatischen Interventionen der USA verschiebt der Zentralrat der PLO am **28. Juni 1999** die Proklamation eines Palästinenserstaates auf unbestimmte Zeit.

2000
Das israelische Kabinett stimmt einem Abzug der Truppen aus der seit 18 Jahren besetzten Sicherheitszone in Süd-Libanon am **5. März** zu. Nach der am Vortag vollzogenen Übergabe von 6,1 Prozent des westjordanischen Territoriums an die Palästinensische Autonomiebehörde (PNA), die nun etwa 43 Prozent des Gebiets teilweise oder vollständig kontrolliert, werden in den USA die Friedensverhandlungen zwischen Israel und den Palästinensern am **22. März** fortgesetzt. Im **Juli** finden in Camp David (USA) unter der Schirmherrschaft des amerikanischen Präsidenten Clinton Verhandlungen zwischen Yassir Arafat und Ehud Barak statt, die trotz vielversprechender Teilergebnisse scheitern (das sogenannte Camp David 2). Die Stationierung einer Friedenstruppe der Vereinten Nationen (UNIFIL) im Grenzgebiet zwischen Israel und Süd-Libanon ist am **6. August** abgeschlossen: 400 Blauhelm-Einheiten (insgesamt 5600 Soldaten) werden rund 100 Kilometer Grenze sichern. Die PLO mit ihrem Führer Yassir Arafat stimmt nach erheblichem Druck der USA zu, auf eine einseitige Ausrufung eines palästinensischen Staates am **13. September** zu verzichten. Dieses Datum bezeichnete das Ende der offiziellen Verlängerung der Abkommen von Oslo. Der Besuch des Oppositionsführers Ariel Scharon auf dem Tempelberg am **28. September** in Jerusalem wird von den Palästinensern als Provokation empfunden. Im Westjordanland markieren gewalttätige Auseinandersetzungen den Anfang einer neuen Intifada. Innerhalb weniger Tage werden mindestens 60 Menschen getötet und etwa 1300 verletzt. Mit dem Ziel, eine Entspannung der Lage zu erreichen, stimmt am **4. Oktober** Israels Regierungschef Ehud Barak während eines Treffens mit Palästinenser-Chef Yassir Arafat und US-Außenministerin Madeleine Albright einem Rückzug der israelischen Streitkräfte aus den palästinensischen Autonomiegebieten zu. Wenige Stunden vor Beginn eines geplanten Treffens zwischen dem israelischen Regierungschef Ehud Barak und Palästinenser-Chef Yassir Arafat im ägyptischen Scharm el Scheich am Roten Meer unter Vermittlung des ägyptischen Präsidenten Hosni Mubarak zur Erörterung eines Vermittlungsvorschlags von US-Präsident Bill Clinton sagt Ehud Barak am **28. Dezember** ab, da die palästinensische Führung die von amerikanischer Seite gemachten Vorschläge nicht akzeptiert hatte.

Literatur:
– Brockhaus – Die Enzyklopädie in 24 Bänden, 20. Aufl., Leipzig/München 1996–1999.
– Friedrich, Rudi (Hg.): Gefangen zwischen Krieg und Terror? Israel/Palästina. Stimmen für Frieden und Verständigung, Geschichten – Analysen – Positionen, Grafenau 2002.
– Gutman, Israel/Jäckel, Eberhard/Longerich, Peter/Schoeps, Julius H. u. a. (Hg.): Enzyklopädie des Holocausts. Die Verfolgung und Ermordung der europäischen Juden, deutsche Ausgabe, 2. Aufl., München/Zürich 1998.
– The New Encyclopedia Britannica, Vol. 1–20, 15. Aufl., Chicago u. a. 1994.
– Schreiber, Friedrich/Wolffsohn, Michael: Nahost. Geschichte und Struktur des Konflikts, 4. Aufl., Opladen 1996.
– Tilbury, Neill: Israel-Handbuch, Bremen 1990.
– http://www.hagalil.com/israel/geschichte/geschichte.html (20. August 2003).

Italien

Kampf der Erinnerungen

von Pierluca Azzaro

„Giorni di gloria": die Wiedergeburt der Nation zwischen Freiheits- und Befreiungskampf

Die Erinnerung der Italiener an Krieg, Vertreibung und Völkermord ist engstens mit der Erfahrung des Faschismus verbunden. Schon früh zeigte der italienische Faschismus eine Neigung zum aggressiven Nationalismus, der 1936 in Äthiopien auch nicht vor einem potentiellen Völkermord durch Einsatz moderner Gaswaffen zurückschreckte. 1938 verabschiedete das faschistische Italien die sogenannten Gesetze für die Verteidigung der Rasse (leggi per la difesa della razza), welche die jüdische Minderheit den „arischen" Italienern gegenüber als minderwertig einstuften und die Vertreibung ausländischer Juden vorsahen. 1939 schloß Mussolinis Italien mit dem nationalsozialistischen Deutschland einen Pakt, der ausdrücklich auf „Affinität zwischen Weltanschauungen" beruhte. Am 10. Juni 1940 folgte Italiens Kriegseintritt an der Seite Deutschlands. Der Krieg brachte große Leiden für die Bevölkerung. Nach einer Reihe von militärischen Niederlagen wurde Mussolini am 25. Juli 1943 aufgrund einer Abstimmung des Großrats des Faschismus von König Vittorio Emanuele III. aus dem Amt entlassen und verhaftet. Eine Abkehr von der faschistischen Politik war damit zunächst aber nicht verbunden.

Am 3. September 1943 unterzeichnete die neue Regierung von Marschall Pietro Badoglio auf der Basis einer bedingungslosen Kapitulation mit den Alliierten einen Waffenstillstand, der am 8. September verkündet wurde. Damit war die Allianz zwischen Deutschland und Italien beendet. Nach der Landung alliierter Truppen in der Nähe der süditalienischen Stadt Salerno am 9. September besetzten die Deutschen Rom und große Teile Italiens, die italienischen Truppen mußten sich der deutschen Übermacht ergeben. Der König und die Regierung verließen Rom und setzten sich in das von den Alliierten besetzte Süditalien ab.

Nachdem Mussolini von der Wehrmacht aus der Haft befreit worden war, gründete er in Norditalien die Repubblica Sociale Italiana. Die alten und neuen Parteien, die nach dem 25. Juli 1943 wieder zugelassen worden waren, gründeten den Comitato di Liberazione Nazionale (CLN). Dieses nationale Befreiungskomitee rief die Bevölkerung des besetzten Italien zum Widerstand auf, „damit Italien seinen Platz unter den freien Nationen wieder einnimmt". Am 10. Juni 1944 wurde Rom von den Alliierten befreit.

Am 25. April 1945 verließ Mussolini zusammen mit den deutschen Truppen Mailand. Am gleichen Tag gab der Corpo Volontari della Libertà (CVL), der bewaffnete Flügel des CLN, den Befehl zum allgemeinen Aufstand. Partisanenbrigaden marschierten in die Städte ein. Drei Tage später wurde Mussolini festgenommen und hingerichtet. Am 29. April wurde seine Leiche zusammen mit denen anderer Parteiführer und Mitglieder der Repubblica Sociale Italiana auf der Piazza Loreto in Mailand zur Schau gestellt.

Am gleichen Tag unterschrieben die Vertreter der Wehrmacht in Caserta die bedingungslose Kapitulation.

Für die Geburt der nationalen Identität der Italiener nach 1945 wurde entscheidend, wie sie ihre jüngste Vergangenheit interpretierten. Besonders wichtig ist dabei das Biennium der Jahre 1943–1945, dessen Deutung bis heute das nationale Selbstbild mitbestimmt. Die im Laufe der Jahrzehnte unterschiedlichen Sichtweisen darauf spiegeln sich anschaulich in den Massenmedien.

Grundlegend für das italienische Selbstverständnis war zunächst die Perspektive, aus der man in Diktatur, Krieg und Völkermord nicht etwa eine nationale, sondern vielmehr eine mussolinische und faschistische, besser „nazifaschistische" Untat erblickte, unter der die Italiener gelitten, gegen die sie sich erhoben und die sie schließlich besiegt hatten. Das Biennium wurde als Trennung, ja als Bruch zwischen Führung und „Volk" betrachtet. Diese Trennung und der darauf folgende Widerstand gegen den deutschen Eindringling und gegen ein Regime von Kollaborateuren hätten zur nationalen „Volkserhebung" und „Befreiung" Norditaliens geführt.

Diese Interpretation bestimmte das Verhältnis der Italiener zu ihrer jüngeren Vergangenheit. Sie wurde vor allem durch die italienische Filmproduktion der Nachkriegszeit und durch die großen Ausstellungen verbreitet, die der CVL über Resistenza und Liberazione in den größten Städten Mittel- und Norditaliens unmittelbar nach der Befreiung organisiert hatte.

Die verständliche Absicht, eine einheitliche Sicht des Bienniums zu vermitteln, führte zu einer großen Ähnlichkeit dieser Ausstellungen. Exemplarisch wird in diesem Beitrag Bezug genommen auf: die erste Turiner Ausstellung „Lotta di Liberazione" vom Sommer 1945; die erste Mailänder Ausstellung über die Liberazione vom Juli 1945 – auch „Mostra dell'Unità" genannt, da sie vom offiziellen Presseorgan der Kommunistischen Partei Italiens, Unità, in Auftrag gegeben worden war; die zweite Mailänder Ausstellung „Resistenza e Ricostruzione" (Widerstand und Wiederaufbau) vom September 1945; und schließlich die Pariser Ausstellung „La résistence italienne", die im Juni 1946 im Musée des Beaux Arts während der Friedensverhandlungen Frankreichs und anderer Siegermächte mit Italien vorgestellt wurde.[1]

„Jetzt hat sich Italien von der faschistischen Infektion befreit"[2], hatte Benedetto Croce nach der Amtsenthebung Mussolinis geschrieben. Damit interpretierte er nachhaltig das Verhältnis der Italiener zu ihrer jüngeren Vergangenheit: Croce sah in der Revolte des italienischen Volkes gegen die faschistische Diktatur einen Aufstand gegen einen Fremdkörper, der nicht zum kulturellen Erbe Italiens gehöre. Die Darstellung dieser Trennung zwischen Volk und Führung war stets Gegenstand der ersten Sektion der ausgewählten Ausstellungen. Sie wird durch die Kommentierung und Zusammenstellung der Bilder, die nach der Verhaftung Mussolinis am 26. Juli 1943 entstanden waren, zum Ausdruck gebracht. Diese haben sich im italienischen Kollektivgedächtnis als die damalige Haltung „der Italiener" einge-

I 1
25 juillet 1943
25. Juli 1943, 1946
Tafel in der Ausstellung Mostra ritrovata, Turin 2003, angefertigt für die Ausstellung La résistance italienne in Bordeaux, 1946/47 (vgl. Anm. 1), 70 x 100 cm
Mailand, Istituto nazionale per la storia del movimento di liberazione in Italia

prägt: „Toutes les places d'Italie sont noires de foule; la Place de Venise à Rome est seule déserte" (Alle Plätze Italiens sind schwarz von Menschen, die Piazza Venezia in Rom allein ist leer), bemerkte die Pariser Ausstellung (Abb. I 1). Der Kontrast zwischen der jubelnden Menge auf den Straßen und der menschenleeren Piazza Venezia, auf der sich einst die Menge bei den Kundgebungen des „Duce" versammelt hatte, ist die bildhafte Darstellung des Bruches zwischen Volk und Diktator. Das jubelnde Volk „hofft, die Freiheit errungen zu haben".

Die darauf folgende Unterzeichnung des Waffenstillstandes nicht als Ende, sondern als Beginn des eigentlichen Krieges „der Italiener" für Freiheit und Demokratie darzustellen fügt sich in diese Interpretation ein. Dieses Verständnis des weiteren Krieges deckte sich mit einer anderen Auffassung, für die ebenfalls im Herbst 1943 der berühmte Kirchenhistoriker und Chefredakteur der Tageszeitung La Stampa, Luigi Salvatorelli, das passende Schlagwort gefunden hatte. Schon früh hatte er den Faschismus als „antirisorgimento" (Gegen-Wiederauferstehung) bezeichnet. Vor dem Hintergrund der neuen Lage bedeutete dies nicht nur, daß der Faschismus als etwas der italienischen Geschichte Fremdes betrachtet werden sollte, sondern zugleich, daß sich die Widerstandsbewegung in die nationale Tradition der ersten Einigungsbewegung einfügte.[3] Die Resistenza der Jahre 1943–1945 sollte also nicht lediglich der Kampf der Italiener für Freiheit und Demokratie, sondern zugleich ein nationaler Befreiungskampf gegen den eingedrungenen Feind sein, ein secondo Risorgimento (zweite Wiederauferstehung), wie das Biennium wenig später bezeichnet wurde. Die Botschaft der bereits erwähnten Aufnahme (vgl. Abb. 1) mit der Menschenmenge, die nach der Bekanntgabe der Festnahme Mussolinis „Es lebe Matteotti" und zugleich „Es lebe Italien" jubelt, will gerade diesen Doppelcharakter des weiteren, eigentlichen Krieges „der Italiener" zeigen. Dies brachte zwei Jahre später auch die Tageszeitung Risorgimento Liberale zum Ausdruck, als sie am 29. April 1945 das Bild des erhängten Mussolini auf der Piazza Loreto mit folgendem Titel beschriftete: „Italien findet durch den Aufstand seine Freiheit wieder. Ende des Faschismus und Ende Mussolinis".

Diese Ur-Sichtweise verstand sich als ein für allemal festgesetzt, unterlag aber im Laufe der italienischen Geschichte einem Prozeß, der aus heutiger Perspektive erlaubt, von einem „Kampf der Erinnerung" zu sprechen. Die verschiedenen Phasen dieses Prozesses stehen eng mit den tiefgreifenden Veränderungen und Revisionen der Deutungen einzelner Aspekte und Elemente in Verbindung, die diesen „Kampf" ausmachen. Deshalb scheint es angebracht, zunächst die Archetypen zu schildern, die 1945/1946 durch die Massenmedien vorgestellt wurden.

Die Medien vermitteln das Gesamtbild eines großartigen Epos, dessen heldenhafter Protagonist der patriotische Partisan ist (Abb. I 2), der zum Symbol des Widerstandes und ge-

I 2
Le partisan
Der Partisan, 1946
Tafel in der Ausstellung
La résistance italienne in Bordeaux, 1946/47 (vgl. Anm. 1), 210 x 100 cm
Mailand, Istituto nazionale per la storia del movimento di liberazione in Italia

meinsamen Kampfes gegen die Diktatur wurde. „L'unique front dans l'unique bataille. Alpes maritimes-Piemont 1943–1945" (Die gemeinsame Front in der gemeinsamen Schlacht. Seealpen-Piemont 1943–1945), lautet in diesem Sinne der Titel des französischen Führers zur Turiner Ausstellung, die ab dem Herbst 1945 auch in Marseille, Nizza und Grenoble gezeigt wurde. Dies sollte außerdem die weltanschauliche Nähe des Corpo Volontari della Libertà zur französischen Widerstandsbewegung zeigen.

Nach der deutschen Besetzung der Städte Norditaliens im Herbst 1943 mußten sich die Partisanen gezwungenermaßen in die Berge zurückziehen. In den Ausstellungen heißt es zum Thema „Partisanen", die Hinterhalte und Sabotageaktionen gegen den Feind, die die Squadre di Azione Patriottica (SAP) von den Bergen aus organisiert hatten, seien höchst riskant gewesen. Die jungen Partisanen, in Gefechten mit der überwältigenden Stärke des Feindes konfrontiert, seien oft dem Tode geweiht gewesen, und doch könnten sie auf eine Erfolgsbilanz blicken, die auf der Ausstellungstafel in Paris durch Zahlen belegt werde (Abb. I 3). Ihr Opfer sei nicht umsonst gewesen, denn sie „retteten Italiens Ehre nach so viel Schande".

Hier handelt es sich nicht nur um das beherrschende Thema der Ausstellungen, sondern zugleich um das Leitmotiv der expandierenden Filmproduktion unmittelbar nach dem Krieg. So stellen die berühmtesten Filme die „erlebte Resistenza" in den Mittelpunkt: „Giorni di gloria" (Tage des Ruhms) von Luchino Visconti (1945), „Il sole sorge ancora" (Die Sonne geht wieder auf), der von der Associazione Nazionale Partigiani d'Italia (ANPI) in Auftrag gegeben und von dem ehemaligen Partisan Aldo Vergani (1946) gedreht wurde, ebenso wie „Achtung! Banditi!" von Carlo Lizzani (1952).[4]

Der Feind war stets die deutsche Wehrmacht. Dafür stand bildhaft die Inschrift auf den Warnschildern, mit denen die deutschen Soldaten auf die mögliche Anwesenheit von Partisanenbrigaden aufmerksam gemacht wurden: „Vorsicht Bandengebiet, sichert euch!" (Abb. I 4). Dieses Bild diente später als Plakatmotiv für eine weitere Ausstellung in Turin (Abb. I 5). Es war so bekannt, daß es für den Widerstand überhaupt stehen konnte. Weitere Kommentare waren überflüssig.

Daß die Wehrmacht die Partisanen als „Banditen" diffa-

I 3
Activité partisane dans l'Italie du Nord
Aktion der Partisanen in Norditalien, 1946
Tafel in der Ausstellung
La résistance italienne in Bordeaux, 1946/47 (vgl. Anm. 1), 70 x 100 cm
Mailand, Istituto nazionale per la storia del movimento di liberazione in Italia

I 4
Vorsicht! Bandengebiet! Sichert Euch!
1946
Tafel in der Ausstellung
La résistance italienne in Bordeaux, 1946/47 (vgl. Anm. 1), 70 x 100 cm
Mailand, Istituto nazionale per la storia del movimento di liberazione in Italia

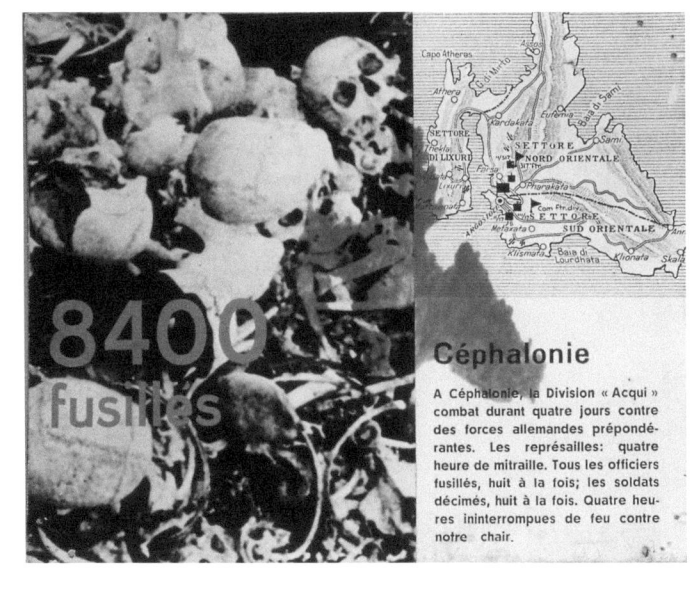

mierte, kommentierte die erste Mailänder Ausstellung „dell'Unità" vom Juli 1945: „Was schert es uns, daß sie uns Banditen nennen? Das Volk kennt seine Söhne." Und im selben Geist betitelt die erste Turiner Ausstellung die Sektion, die dem Partisanenkrieg gewidmet ist, mit „i civili con noi" (die Zivilbevölkerung auf unserer Seite).

Auch die bemerkenswerte Einbeziehung der italienischen Armee, die immerhin bis zum 8. September 1943 auf der faschistischen Seite gekämpft hatte, in den Partisanenkampf wurde in der Pariser Ausstellung gedeutet. Sie stand dort für die „Einheit aller Kräfte" des italienischen Volkes im Befreiungskampf. Als Beispiel wurde das heldenhafte Martyrium der Divisione Acqui in Kephallenia dargestellt, die sich nach dem 8. September nicht der Wehrmacht ergeben hatte und deshalb von dieser massakriert worden war (Abb. I 6). In dem Text wird vom heldenhaften Kampf und Sterben berichtet, während das ausgewählte Photo das Grauen illustrieren soll. Bemerkenswert hierzu ist, daß das Photo Skelette zeigt und keine Leichen. Es ist aber auch von „unseren Soldaten" auf dem Balkan die Rede, die neben den Partisanenbrigaden ebenfalls „für unsere Ehre" kämpften. Auch die Rolle der italienischen Flotte wurde dargestellt, die vor den „Nazi-Faschisten" geflohen sei, sich ins englische Malta begeben und sich dort auf die Seite der Alliierten gestellt habe.

I 5
Mostra del contributo italiano alla guerra di liberazione
Ausstellung über den italienischen Beitrag zum Befreiungskrieg, 1948
Plakat, 99 x 69 cm, Turin, Centro Studi Piero Gobetti

I 6
Céphalonie
Kephallenia, 1946
Tafel in der Ausstellung
La résistance italienne in Bordeaux, 1946/47 (vgl. Anm. 1), 70 x 100 cm
Mailand, Istituto nazionale per la storia del movimento di liberazione in Italia

Der Betonung der Einheit zwischen „Volk" und „neuem Heer" entsprach die Gleichsetzung der „Faschisten" mit den ausländischen Eroberern und mithin die Darstellung der von Mussolini gegründeten Repubblica Sociale Italiana als einem „volklosen" Regime von Kollaborateuren. Der Begriff „Nazi-Faschismus" will ja u. a. ebendiese Gleichsetzung zum Ausdruck bringen. Ihre Bedeutung im Hinblick auf die Begründung einer allen Italienern gemeinsamen nationalen Identität nach 1945 ist evident. Dies erlaubte es nämlich, die Tatsache zu verdrängen, daß das Volk nicht eindeutig und geschlossen auf der Seite der Partisanen gestanden hatte.

Die Verbindung zwischen „Volk" und „Widerstand" kommt am deutlichsten in den jeweiligen Sektionen der Ausstellungen zum Ausdruck, die dem Freiheits- und Befreiungskrieg in den Städten gewidmet sind. Den Sabotageaktionen der SAP in den Bergen entsprechen in den Städten jene der GAP, der Gruppi d'Azione Patriottica, die für blitzartige Aktionen zuständig waren. Die Darstellung der Vergeltungstaten gegen „unsere Armee", die Gappisten, die Mitglieder des nationalen Befreiungskomitees in den Städten und die Zivilbevölkerung sind die ergreifendsten Sektionen in allen Ausstellungen: Der „Märtyrer der nazifaschistischen Grausamkeit" wurde bereits während des Krieges gedacht, wie das bewegende Bild bezeugt (Abb. I 7). Seine Bedeutung liegt darin, daß es bereits die Idee der sogenannten sacrari zum Ausdruck bringt, die seit 1945 zur „Sakralisierung des nationalen Leidens"[5] errichtet wurden: so das Monument bei den Fosse Ardeatine, das Museum Monumento della Liberazione in Rom am ehemaligen Sitz der italienischen Gestapo in der Via Tasso oder das sacrario in Marzabotto, wo im Herbst 1944 beinahe die gesamte Bevölkerung des Dorfes einer Vergeltungstat gegen eine Partisanenbrigade zum Opfer gefallen war.

Es ist kein Zufall, daß in dem oben erwähnten Bild keine exakte Ortsbestimmung angegeben wird. Denn es galt zu betonen, daß die Resistenza nicht ortsgebunden sei. Auch stand sie nicht nur für einen Teil des Landes, den besetzten Norden, sondern für ganz Italien von Nord bis Süd. So macht z. B. der Film „Le quattro giornate di Napoli" den Aufstand der neapolitanischen „Frauen und Kinder gegen die deutschen Soldaten" im September 1943 zu einem der wichtigsten Symbole der Beteiligung des Südens am Befreiungskrieg (Abb. I 8). Auf dem Filmplakat ist der Aufstand der Neapolitaner gegen die Deutschen ins Bild gesetzt. „Die ersten Alliierten fanden die Stadt bereits befreit und 274 Tote auf dem Boden", schließt der Autor des Ausstellungskommentars der Pariser Ausstellung, im Geiste des Ideals der „Volkserhebung".

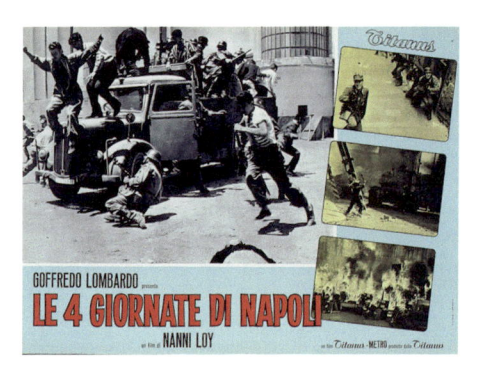

Die Hinrichtung von 335 Zivilisten durch die SS bei den Fosse Ardeatine, nachdem 32 deutsche Soldaten einem Bombenattentat zum Opfer gefallen waren, war Roberto Rossellini gleich 1945 Anlaß, den Film „Roma città aperta" zu drehen. Es gelang ihm, die oben erwähnten Grundelemente meisterhaft darzustellen: den „Nazi-Faschismus", die Einheit zwischen Volk und Partisanen und die unsagbaren Leiden. Angesichts der Grausamkeiten, die in dem Film dargestellt sind, zeigt er, wie ein ganzes Volk gegen die Besatzer steht, Die Szene, die auf dem Filmstill festgehalten ist, zeigt den zu Tode gefolterten kommunistischen Manfredi, dem der Priester Don Pietro in der letzten Sekunde noch zuflüstern kann, daß er nichts verraten habe (Abb. I 9). Die Einheit des Volkes wird im Zusammenwirken von katholischem Priester und kommunistischem Widerstand sinnfällig gemacht. Dieser Film prägte wie kein anderer die Sicht des Bienniums in Italien.

I 7
Ai martiri della ferocia nazifascista
Den Märtyrern der nazifaschistischen Grausamkeit, 1946
Tafel in der Ausstellung
La résistance italienne in Bordeaux, 1946/47 (vgl. Anm. 1), 70 x 100 cm
Mailand, Istituto nazionale per la storia del movimento di liberazione in Italia

I 8
Nanni Loy (Regie)
Le quattro giornate di Napoli
Die vier Tage von Neapel, 1962
Filmplakat, 49 x 68 cm
Berlin, Deutsches Historisches Museum

I 9
Roberto Rossellini (Regie)
Roma città aperta
Rom, offene Stadt, 1945
Filmstill
Rom, Fondazione Scuola
Nazionale di Cinema. Centro
sperimentale di Cinematografia

I 10
terre libre
Freies Land, 1946
Tafel in der Ausstellung
La résistance italienne in
Bordeaux, 1946/47 (vgl.
Anm. 1), 70 x 100 cm
Mailand, Istituto nazionale
per la storia del movimento di
liberazione in Italia

Das Medium Film erlaubte die massenhafte Verbreitung der Idee der guerra di Liberazione nazionale im Volk. Mit einem Wort: Die Filmproduktion trug entscheidend dazu bei, der Resistenza eine nationale und eine populäre Dimension zu verleihen.

Das nächste Thema in den Ausstellungen behandelte die Befreiung Norditaliens: „Der Marsch der Alliierten ist nicht aufzuhalten, aber Norditalien will sich selbst befreien […], die ersten Alliierten müssen […] den Tyrannen auf Knien finden", heißt es in der Pariser Ausstellung im Kommentar zur Photographie eines Bergpfades, von der nun die Tafel mit der Inschrift verschwunden ist, mit der einst die Wehrmacht die eigenen Soldaten auf die mögliche Anwesenheit von „Banditen" aufmerksam machen wollte (Abb. I 10).

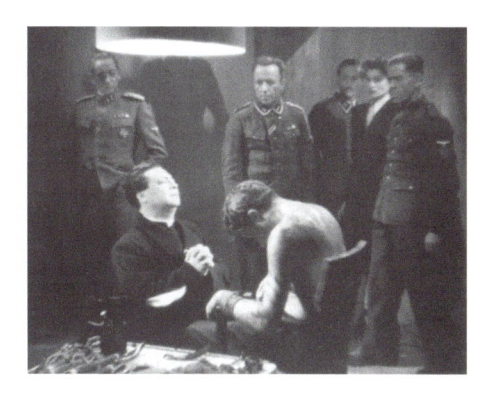

Der 25. April, der Tag, an dem 1945 der CLN den Befehl zur allgemeinen Erhebung gegeben hatte, ist zum Synonym des Sieges im Befreiungskampf geworden; der Sieg der Demokratie gegen die Diktatur und zugleich die Befreiung des Landes von der Fremdherrschaft. Die Liberazione wurde in dieser Bedeutung zum Nationalfeiertag Italiens erhoben. Nach 1945 feierte das Land an diesem Tag seinen Geburtstag. Als Frucht der Resistenza und der Liberazione konnten die Italiener, „das Volk, das untergetaucht war", eine völlig neue Seite ihrer Geschichte aufschlagen, die auf dem Dreisatz „Demokratie – Widerstand – Nation" basieren sollte.[6]

Die Resistenza als Secondo Risorgimento d'Italia

Aus den Forderungen und Zielen der Anhänger der Kommunistischen Partei (Partito Comunista Italiano – PCI), die wohl am stärksten zur Resistenza und zur Liberazione beigetragen hatte, ergab sich jedoch ein Anspruch, der weit über das bis jetzt beschriebene Verständnis des eigentlichen Krieges „der Italiener" im Biennium hinausging: Die Brigate Garibaldi waren anläßlich des spanischen Bürgerkrieges entstanden, und ein beträchtlicher Teil ihrer Führer sah demzufolge den Partisanenkampf als Mittel zur Errichtung einer Volksdemokratie. Einige Bilder und Botschaften der Unità-Ausstellung vom Juli 1945 deuteten unmißverständlich darauf hin.

Palmiro Togliatti, der Parteichef des PCI, 1943 aus dem Moskauer Exil zurückgekehrt, hatte aber die „Wende von Salerno" eingeleitet, die nicht zufällig den

Namen des Sitzes der legalen Regierung in Süditalien trug. Ab Juli 1943 galt es vor allem – so sagte er –, eine nationale Front der antifaschistischen, demokratischen und liberalen Kräfte gegen den „deutschen Eindringling" und gegen die „Verräter der Heimat" zu bilden.[7] Besser hätte er die Ideale, die den Widerstand als nationalen Befreiungskampf beseelten, nicht zum Ausdruck bringen können. Dies bedeutete aber nicht, daß der PCI auf „Internationalismus" und auf seine enge Beziehung mit Moskau verzichtet hätte. Auch sein überliefertes Gedankengut hatte er nicht aufgegeben, aber die Volksdemokratie sollte nun auf einem nicht genau definierten nationalen und demokratischen Weg verwirklicht werden. Jetzt galt es, die Geburt einer parlamentarischen bürgerlichen Demokratie zu fördern. Togliattis Verzicht auf Klassenkampf und Internationalismus und damit die Akzeptanz des demokratischen Prinzips bedeutete zugleich die Integration des PCI in das bestehende politische System und seine Anerkennung als politisches Subjekt der Gegenwart und der Zukunft.[8] Im April 1944 wurde Togliatti Vize-Premierminister der ersten Regierung der unità nazionale und im Dezember 1945 Justizminister der ersten Regierung De Gasperi (Parteiführer der Christdemokraten).

„Gemeinsamkeit der Erinnerung" für alle Italiener ermöglichte auch die allgemeine Amnestie für politische Straftaten, die Togliatti bei Gelegenheit des Volksentscheids vom 2. Juni 1946 für die Republik erlassen hatte. Damit wollte der Kommunist und Justizminister die Trennung der Italiener vom Faschismus nach 1945 unterstreichen: Die übergroße Mehrheit der faschistischen Staatsdiener sollte nicht durch eine ebenso gigantische wie utopische politische Säuberung verfolgt und verurteilt, sondern wieder zu einfachen Staatsdienern – nun aber im Ruhestand – werden: Wenn der Faschismus nicht zum kulturellen Erbgut der Italiener gehört hatte, dann trugen sie nicht die Verantwortung für die politischen Entscheidungen des Faschismus. Die von der ganzen Regierung gegen viele Führer der Partisanenbrigaden durchgesetzte Amnestie sollte nicht bedeuten, daß die Resistenza verraten worden wäre, sondern daß für die Italiener die faschistische Vergangenheit am 25. April 1945 wirklich abgeschlossen war. Ein solches „Vergehen der Vergangenheit" nach dem 25. April war zugleich Voraussetzung für den Wiederaufbau, der ohne Versöhnung der Italiener untereinander nicht zu denken war. So wurden jene heftigen sozialen Gefechte vermieden, die die Zeit nach dem Ersten Weltkrieg in Italien bestimmt hatten.[9] Im Sinne der nationalen Eintracht organisierte der Neffe des Sozialistenführers Giacomo Matteotti und Anhänger des PCI, der Graphiker Albe Steiner, schon im September 1945 aus Anlaß des ersten Kongresses des

111
Albe Steiner
Mostra della ricostruzione.
I C.L.N. al lavoro
Ausstellung des
Wiederaufbaus: der C.L.N.
bei der Arbeit, 1945
Plakat, 100 x 70 cm
Mailand, Archivio Albe Steiner

I 12
Renato Guttuso
Buchumschlag für Aldo
Garosci, Luigi Salvatorelli: Il
secondo Risorgimento d'Italia.
Nel decennale della
Resistenza e del ritorno alla
democrazia: 1945–1955,
Rom 1955
Das zweite Risorgimento in
Italien. Zum 10. Jahrestag der
Resistenza und der Rückkehr
zur Demokratie
Buchtitel
Turin, Istituto piemontese per
la storia della resistenza e
della società contemporanea
30075

I 13
1945–1955. Decennale della
Resistenza
1945–1955. 10. Jahrestag der
Resistenza, 1955
Ansichtskarte, 16,8 x 11 cm
Mailand, Archivio Albe
Steiner

I 14
Walter Molino
Penne nere a Trieste
Schwarze Federn in Triest, in:
La Domenica del Corriere,
Mailand 24. April 1955
Zeitschriftentitel
Privatbesitz

CLN in Mailand die Ausstellung „ricostruzione. I C.L.N. al lavoro". Das Plakat dieser Ausstellung zeigt eine von der italienischen Trikolore gefärbte riesige stilisierte Baustelle (Abb. I 11), in der sich der CLN in jeder Hinsicht als wesentlicher Teil des gemeinsamen Wiederaufbaus darstellt.[10]

1955 ist das Schlagwort des 10. Jahrestages des 25. April „Il secondo Risorgimento d'Italia". Die Hervorhebung einer Kontinuität innerhalb der nationalen Tradition und die Ehrung der Märtyrer dieses „zweiten nationalen Befreiungskriegs" sind die Leitmotive der offiziellen Feierlichkeiten und der Gedenkschriften der Regierung. „Il secondo Risorgimento d'Italia", die bedeutendste dieser Gedenkschriften, setzt in der Kombination von Text und Partisanenbild auf dem Titel auf die Assoziation „Partisan" und „Einheit Italiens" (Abb. I 12). Im Sinne der Einheit trägt der Partisan die Kokarde in den italienischen Nationalfarben. Die Parallele zwischen der ersten und zweiten „Wiederauferstehung" der Nation stellt z. B. die Postkarte der ANPI her, die aus diesem Anlaß gedruckt wurde. Darauf wurde die Nationalflagge aus dem 19. Jahrhundert mit „1945" und „Resistenza" kombiniert (Abb. I 13). Die Verbindung von Resistenza und Risorgimento wurde auch Leitmotiv der kommunalen Feierlichkeiten, die die einzelnen Stadtverwaltungen organisierten.

Das Thema beherrschte auch die Seiten der damals populärsten Wochenzeitschrift Italiens, La Domenica del Corriere, die von jeher am eindrucksvollsten das Band dargestellt hatte, das die Italiener vereinte. Die Ausgabe vom 24. April 1955, dem Jahrestag der Befreiung, zeigt auf dem Titelblatt die Ankunft der italienischen Alpenjäger in Triest. Diese Stadt war nur einige Monate vorher, nach der Lösung der Triest-Krise, von Italien wieder zurückgewonnen worden. Es ist klar, wie die Darstellung der freudigen Begrüßung der Alpenjäger in der „italianissima" implizit an die Begrüßung der Partisanenbrigaden durch das „Volk" im April 1945 erinnern will (Abb. I 14).

Die „heldenhaften Tage des April 1945" feierte auch das offizielle Presse-Organ des PCI. Die

Unità zeigt auf dem Titel der Ausgabe vom 25. April 1955 das berühmte Photo der Parade der Führer des CVL nach der Befreiung (Abb. I 15). Den Geist der „Einheit aller demokratischen Kräfte gegen die Diktatur" betonte die Unità, indem sie alle offiziellen Kundgebungen bis hin zu jener auflistete, bei der die Vertreter der Republik und der Streitkräfte einen Kranz zu Füßen des „Altares der Heimat", an der Piazza Venezia in Rom, niederlegten.

Zur Zeit des zehnten Jubiläums begann auch die öffentliche Erinnerung an die Deportationen, die eine nationale Deutung des Bienniums bis dahin nicht in den Mittelpunkt gestellt hatte. 1954 organisierte die Associazione Nazionale Ex Deportati Politici Nei Campi Nazisti (ANED) die erste Reise zur Gedenkstätte Mauthausen. Schon 1945 waren eindrucksvolle Memoiren ehemaliger Deportierter erschienen, so zum Beispiel „Un uomo e tre numeri" von Enea Fergnani (Abb. I 16). Die Titelgraphik der Neuausgabe von 1955 von Albe Steiner macht die Thematik durch roten Winkel und Streifenanzug bildhaft. Die Neuausgabe des 1947 zuerst publizierten „Se questo è un uomo?" (Ist das ein Mensch?) von Primo Levi und die italienische Übersetzung der Tagebücher der Anne Frank, die 1961 vom italienischen Fernsehen verfilmt wurden, erinnern an den Völkermord. 1959 organisierte die ANED die erste „Mostra della deportazione" anläßlich des zweiten Kongresses dieses Vereins, wobei zu bemerken ist, daß der Verein keinen Unterschied zwischen Antifaschisten und Juden machte. In vielen Städten – zum Beispiel in Florenz – fanden erste offizielle Gedenkveranstaltungen zu den Deportationen in die ehemaligen Konzentrationslager statt. 1960 gaben Albe Steiner und Piero Caleffi den eindrucksvollen Bildband „Pensaci, uomo!" heraus, dessen Buchtitel die berühmte Photographie des Jungen im Warschauer Ghetto aus dem Stroop-Report zeigt (Abb. I 17). 1961 wurde der Bau einer Gedenkstätte für das ehemalige Durchgangslager in Fossoli di Carpi beschlossen, die 1973 im Palazzo del Pio in Carpi eingeweiht wurde. Vier Jahre später wurde die Risiera di San Saba, die zwischen 1943 und 1945 als Konzentrationslager gedient hatte, zum monumento nazionale erklärt. Das Museum konnte 1975 eingeweiht werden.[11]

Die von der faschistischen italienischen Regierung 1938 erlassenen leggi per la difesa della razza sowie deren Folgen für die italienischen Juden waren nach 1945 aus der kollektiven Erinnerung verdrängt worden. Bis in die 90er Jahre wurden Deportation und Judenverfolgung mit den berühmten Photos von Margaret Bourke-White dargestellt, wie mit den Photographien des befreiten Konzentrationslagers Buchenwald. Die Judenverfolgung wurde als ein Kapitel der deutschen Besetzung des Landes betrachtet, für das Italiener keine Verantwortung trügen.

1961 versuchte Renzo De Felice in seinem Werk über die „Geschichte der Juden unter dem Faschismus" zu beweisen, daß die Italiener mehrheitlich die leggi per la difesa della razza nicht gebilligt hätten und es nur wenige überzeugte Antisemiten unter ihnen gegeben habe. Nicht zuletzt die Unterstützung des Faschismus durch viele italienische Juden bis 1938 zeige, daß es in Italien eine solche Tradition nicht gegeben habe.[12]

I 15
1 maggio 1945: Infila per le vie di Milano
1. Mai 1945: Aufgereiht auf den Straßen Mailands, in: L'Italia celebra la gloriosa insurrezione d'aprile rivendicando l'attuazione degli ideali della Resistenza, l'Unità, 24. April 1955
Zeitungstitel
Rom, Fondazione Lelio e Lisli Basso Issoco

I 16
Albe Steiner
Buchumschlag für Enea Fergnani: Un uomo e tre numeri
Ein Mann und drei Nummern, Mailand 1955
Buchtitel
Mailand, Archivio Albe Steiner

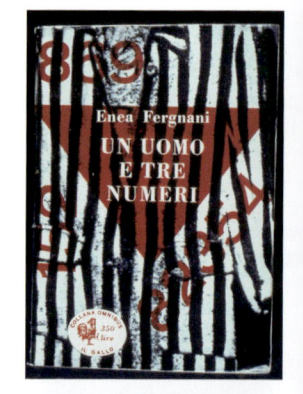

Aber E. Alessandrone Perona hat sicherlich recht, wenn sie schon 1977 zur Frage der Rassengesetze und der Verfolgung der Juden ein diffuses Bedürfnis der Verdrängung nach 1945 feststellte. In der Gleichsetzung der Verfolgung aus politischen und rassistischen Gründen zeige sich ein noch unklares Bewußtsein der Judenverfolgung und der Wunsch, das Öffnen einer tiefen Wunde im etablierten Kollektivgedächtnis zu vermeiden.[13] Alberto Cavaglion ging 25 Jahre später von dieser letzten Hypothese aus und spricht vom stillschweigenden „Pakt des Vergessens" nach 1945, unter dem die verbliebene jüdische Bevölkerung gelitten habe.[14]

Die Haltung der italienischen Antifaschisten und jüdischen Verfolgten, die sich mehr als andere für die Erinnerung an die Deportationen einsetzten, kann als Beitrag zur pacificazione im Geiste der allgemeinen Amnestie von 1946 interpretiert werden. Zwar sollten die Verfolgung und Ermordung der italienischen Juden in der Erinnerung bleiben, aber zugunsten der inneren Befriedung nicht in Suche, Anklage und Verfolgung derjenigen münden, die als Staatsdiener unter der faschistischen Diktatur entsprechende Dokumente unterzeichnet hatten.

„Die Resistenza ist rot, nicht christdemokratisch!" – der große Erinnerungsbruch

Doch nicht nur dieser latente Erinnerungskonflikt, sondern auch die allmähliche Auseinandersetzung mit anderen Fragen der nationalen Vergangenheit war ein Symptom dafür, daß der zehnte Jahrestag der Befreiung (decennale della Liberazione) nicht den Triumph des secondo Risorgimento im Geiste der pacificazione und der concordia nazionale darstellte, sondern vielmehr den Beginn einer Auseinandersetzung mit einer Sicht, bei der gerade die Überwindung vieler Erinnerungsmuster im Vordergrund stand.

So war das antifaschistische Paradigma nur zum Teil verwirklicht worden: Einerseits erklärten sich die Italiener zu Antifaschisten – weshalb die Verfassung die Neugründung des Partito Nazionale Fascista verbot –, andererseits wurde 1946 einigen Mitgliedern der ehemaligen Repubblica Sociale Italiana erlaubt, eine beschönigend als „nostalgisch" bezeichnete Partei ins Leben zu rufen. Mit dem Recht einer Vertretung im Parlament erhielten die Anhänger und Sympathisanten des faschistoiden Movimento Sociale Italiano (MSI) zugleich die Möglichkeit, ihre eigene Erinnerung zu pflegen. Ihre Sicht war im Kern ein Rechtfertigungsversuch für die Entscheidung, an der Seite der Deutschen weiter gekämpft zu haben, um das gegebene Wort nicht brechen zu müssen und somit die „Ehre Italiens" retten zu können. Damit ließ man neben der offiziellen eine parallele Erinnerung zu. Allein deren Existenz stellte die behauptete Identität zwischen Italienern und Resistenza zwischen 1943 und 1945 in Frage.

Auch durch die Entstehung einer parallelen Erinnerung innerhalb des PCI wurde die offizielle Sichtweise in Zweifel gezogen. Da jedoch der PCI die zweitgrößte Volkspartei Italiens war, hatte dieser Prozeß weitaus gravierendere Folgen.

Bereits aus Anlaß des zehnten Jahrestages der Befreiung hatte die kommunistische Zeitung Unità nicht nur die patriotische Seite des Widerstandes hervorgehoben, sondern im Namen der Italiener zugleich die Forderung gestellt, nun die eigentlichen Ideale der Resistenza zu verwirklichen. Der immanente Erinnerungskonflikt spiegelte jenes Problem wider, das sich aus Togliattis „Wende von Salerno" und der Einbeziehung des PCI in das politische System Italiens ergab.

1959 veröffentlichte ein angesehener Historiker, der ehemalige Partisan Clau-

117
Piero Caleffi, Albe Steiner
Pensaci, uomo!
Erinnere Dich, Mensch!,
Mailand 1960
Buchtitel
Mailand, Archivio Albe Steiner

dio Pavone, einen Essay¹⁵, in dem er die Interpretation des secondo Risorgimento scharf kritisierte. Abgesehen davon, daß auch das faschistische Gedankengut voll von Bezugspunkten zum Risorgimento sei, verstecke sich hinter dieser Interpretation des Widerstandes der Wunsch der Machthaber, die Impulse zur Erneuerung zu leugnen, die die Resistenza während ihrer „kritischen" und „revolutionären" Phase in sich trug.

Der PCI war sich bewußt, daß gerade der Respekt für den kleinsten gemeinsamen Nenner mit den bürgerlichen Parteien zur eigenen Legitimation als politisches Subjekt und zur Anerkennung als sittlicher Kraft entscheidend beigetragen hatte. Die kommunistischen Partisanen wußten, daß sie und die Gefallenen nur als Protagonisten eines abgeschlossenen Ereignisses im italienischen Kollektivgedächtnis Platz finden würden. Ihre Akzeptanz der Sichtweise des zehnten Jahrestages war aber mehr als eine „Defensivstrategie" zur partiellen Rettung ihres Andenkens.¹⁶ Patriotische Leidenschaft im Kampf gegen die Besatzer war das Leitmotiv aller Partisanen gewesen. Schließlich hatten sie gemeinsam „Bella Ciao", das patriotische Partisanenlied par excellence, gesungen. Zudem beweisen gerade die Medien, die sich auf die Geburt der nationalen Identität der Italiener im Biennium beziehen, daß alle, die zu deren Entstehung beigetragen hatten, auch von dem Geist des secondo Risorgimento getragen worden waren. Und neben allen opportunistischen Erwägungen¹⁷ hatte Togliattis Wende nicht nur entscheidend zur pacificazione beigetragen, sondern auch dazu, ein gewisses Staatsbewußtsein nicht nur bei der Bevölkerung, sondern auch bei den Parteiführern zu wecken. Die Ambivalenz, die Togliattis Wende charakterisiert hatte, spiegelte sich auch im Gegensatz der Leidenschaften wider, die die meisten kommunistischen Partisanen beseelten und die schwer zu vereinbaren waren: Heimatliebe und Internationalismus, nationale Eintracht und Klassenkampf, Bejahung des demokratischen Systems nach 1945, aber auch der Wunsch nach Errichtung einer „Volksdemokratie".

I 18
Marcello Muccini
Avanti
Vorwärts, 1953
Ansichtskarte, 10,5 x 14,8 cm
Mailand, Archivio Albe Steiner

So entstand eine konkurrierende Erinnerung der Resistenza, die diese vor allem als Bewegung der zukünftigen politischen und wirtschaftlichen Erneuerung Italiens verstand und im Partisanen den Vorkämpfer dieser Erneuerung sah. Bezeichnend hierfür ist die Postkartenserie, die einige der berühmtesten Künstler des Landes, etwa Marcello Muccini oder Renato Guttuso, 1953 herausgaben. Auf Muccinis Karte wehen italienische Fahnen, man feiert den Sieg der Republik über die Monarchie im Juni 1946. Die Republik ist jedoch nicht Schlußpunkt, sondern vielmehr Etappe auf dem Weg zur Verwirklichung des Sozialismus (Abb. I 18). Bezeichnend für diese Richtung ist auch Guttusos neues Bild des Partisanen, der acht Jahre nach 1945 nicht mehr die coccarda tricolore auf der Brust trägt, sondern den fünfzackigen roten Stern der Brigate Garibaldi (Abb. I 19).

I 19
Renato Guttuso
Buchumschlag für Paolo Pescetti, Adolfo Scalpelli: La Resistenza racconta. Fatti e figure della guerra di liberazione
Die Resistenza erzählt. Fakten und Personen des Befreiungskrieges, Mailand 1965
Buchtitel
Turin, Istituto piemontese per la storia della resistenza e della società contemporanea
SNL11612

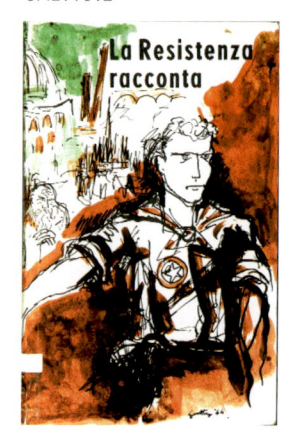

Der indirekten Unterstützung der Regierung der Democrazia Cristiana (DC) unter Fernando Tambroni durch den faschistoiden MSI im Juli 1960 folgten im Sommer gewalttätige antifaschistische Massenkundgebungen, vor allem in

I 20
Paola Mazzetti
L'Italia è antifascista. Luglio 1960
Italien ist antifaschistisch.
Juli 1960
Plakat
Mailand, Archivio Albe Steiner

Genua, wo im Juli der MSI seinen Parteikongreß feiern wollte. Das Plakat von Paola Mazzetti, Preisträgerin eines von der ANPI organisierten Wettbewerbs für antifaschistische Plakate, kann als Beginn des Bruchs mit der einst gemeinsamen Erinnerung an den Kampf gegen den Faschismus betrachtet werden (Abb. I 20). Es zeigt Mussolini in der bekannten Pose als Agitator. Allerdings verfremdet Mazzetti das Porträt, indem sie Mussolini auf den Kopf stellt und in Umkehrung der Farbwerte wie ein Schwarzweißnegativ abbildet. Unter diesem Bild findet sich die Unterschrift „Italien ist antifaschistisch. Juli 1960". Jeder in Italien wird sich erinnert haben, daß Mussolini nach seiner Hinrichtung an den Füßen aufgehängt zur Schau gestellt wurde. Mussolini und damit der Faschismus sind, so läßt sich das Plakat interpretieren, durch die Einheit aller Italiener besiegt worden. Doch durch die Datierung „Juli 1960" bezieht es sich auf die politische Auseinandersetzung im Sommer 1960 und vergegenwärtigt damit einen Feind, der doch seit April 1945 als von allen demokratischen Kräften besiegt galt. So stellte das Plakat den kleinsten gemeinsamen Nenner in Frage, auf dem die gegenseitige Anerkennung aller Parteien basiert hatte, nämlich Ergebnis eines gemeinsamen siegreichen Kampfes gegen den Faschismus zu sein.

Im Gefolge von heftigen Straßendemonstrationen gegen die „Neofaschisten" des MSI und den „Klerikalfaschismus" in der Regierung stürzte die Regierung Tambroni, und die Democrazia Cristiana bildete die ersten Mitte-Links-Regierungen mit der Unterstützung der Sozialistischen Partei Italiens (PSI). Die Kommunistische Partei, PCI, brach hier mit der gemeinsamen Erinnerung, vermutlich beflügelt durch die Wahlerfolge, indem sie 1963 eine Wanderausstellung über die „Resistenza e la Liberazione" organisierte, die in jeder kommunistischen Ortsgruppe gezeigt wurde. Sie machte aus der Geschichte der Resistenza eine der „Resistenza rossa". Demzufolge führte die Geschichte in ununterbrochener Kontinuität direkt zur Phase des „Klerikalfaschismus", der nun zu überwinden sei, damit der Widerstand endgültig siege. In diesem Sinne läßt sich das Plakat lesen, das der PCI zum 20. Jahrestag der Befreiung herausgab (Abb.

I 21
La Resistenza continua!
Die Resistenza geht weiter!,
1965
Plakat, 99,7 x 69,7 cm
Turin, Centro Studi Piero Gobetti

I 21). Die ANPI ließ im selben Jahr ein Plakat drucken, das sich auf den Tag der Wiedergeburt der Nation und auf das Ende des Krieges in Europa bezog (Abb. I 22). Damit hatte sich die Organisation der Partisanen von der Idee der „Resistenza rossa" verabschiedet.

Wenig später berief sich auch die 68er Bewegung in Italien auf die Resistenza: Ihr ging es „nicht um eine Ablehnung des Erbes der Väter, sondern vielmehr um eine Neuinterpretation und um eine Neuaneignung der Resistenza"[18]. Ursache dieser Aneignung des Widerstands durch die junge Generation war die Revolte gegen das damalige „autoritäre und unterdrückende System", zu dessen Geburt gerade die ursprüngliche Sichtweise der Resistenza entscheidend beigetragen hatte. Von dieser Generation wurde zwischen 1968 und 1978 der Widerstand durch das Schlagwort „Die Resistenza ist rot, nicht christdemokratisch!" neu gedeutet, von einer Position aus, die „sehr stark von revolutionären Idealen" durchdrungen war.[19]

Inzwischen hatte die weitere Aufarbeitung des in den historischen Instituten der Resistenza verwahrten Materials tatsächlich gezeigt, daß die revolutionäre Motivation bei der kommunistischen Fraktion in der Resistenza stark gewesen war.[20] Aber die Interpretation der gesamten Resistenza lediglich als „Resistenza di classe" sowie die Reduzierung der Vielfalt ihrer Komponenten, Ideale und Motivationen auf das Schlagwort „Resistenza rossa" schwächte die Gemeinsamkeit der Erinnerung. Je mehr eine einzelne gesellschaftliche Gruppierung Erinnerung als Waffe in der politischen Auseinandersetzung nutzte, lief die auf dem Gedanken der „pacificazione" basierende italienische Nachkriegsgesellschaft Gefahr, zusammen mit der ursprünglichen Sichtweise auch die daraus resultierende Neuformierung der Gesellschaft aus dem Gedächtnis zu streichen.[21]

I 22
Raduno Nazionale della Liberazione
Nationale Zusammenkunft im Gedenken der Befreiung, 1965
Plakat, 128,5 x 93,5 cm
Turin, Centro Studi Piero Gobetti

I 23
Ora e sempre resistenza
Jetzt und immer Widerstand, in: Avanti uniti nel nome della Resistenza per il rinnovamento democratico dell'Italia, l'Unita, 25. April 1975
Zeitungstitel
Rom, Fondazione Lelio e Lisli Basso Issoco

I 24
30 Anniversario della Liberazione. 25 Aprile 1945/1975. Lotta continua contro il fascismo
30. Jahrestag der Befreiung. 25. April 1945/1975. Permanenter Kampf gegen den Faschismus, 1975
Plakat, 97 x 64,7 cm
Turin, Centro Studi Piero Gobetti

Der alten Sichtweise der „Resistenza tricolore" stand nun die neue einer „Resistenza di classe" schroff gegenüber. Mit Schlagworten wie „Ora e sempre Resistenza" und „permanenter Kampf" gegen die reaktionären Kräfte wurde diese Sichtweise transportiert. Sie wurde unmißverständlich auf dem Photo der Unità (Abb. I 23) und auf einem Plakat des PCI zum 30. Jahrestag der Befreiung zum Ausdruck gebracht (Abb. I 24). Die Plakate und Bilder der Kundgebungen sollten dazu beitragen, der Vorstellung einer „Resistenza rossa" bzw. „Resistenza di classe" im nachhinein eine militant-revolutionäre Färbung zu geben, die ihr die „Väter" – auch die kommunistischen – nicht gegeben hatten.

Seit 1968 war die Toleranz der Gesellschaft gegenüber dem faschistischen MSI gestiegen. Neben dieser Partei, die zu Beginn der 70er Jahre fast 10 Prozent der Stimmen vereinte, hatten sich außerparlamentarische faschistoide Gruppierungen gebildet (Ordine Nuovo, Avanguardia Nazionale), die durch blutige Attentate gegen die „Unordnung" ein autoritäres Regime in Italien herbeiführen wollten. Dies war die sogenannte „strategia della tensione" (Strategie der Spannungen), die mit einem Attentat in Mailand auf der Piazza Fontana am 12. Dezember 1969 ihren ersten Höhepunkt erreichte.[22] Gegen die „strategia della tensione" wurden christdemokratische Regierungen gebildet, die sogenannten Regierungen „di solidarietà nazionale", die eine indirekte parlamentarische Unterstützung seitens des PCI besaßen.

Die Interpretation des Widerstandes durch die Aktivisten der 68er, die sich inzwischen in außerparlamentarischen Gruppierungen organisiert hatten (Lotta Continua, Potere Operaio) und aus klassenkämpferischen Gründen von den Universitäten in die Fabriken gegangen waren, wandte sich gegen die „Neofaschisten" in der Regierung und in der Gesellschaft, aber auch gegen die Befürworter der Regierungen der „solidarietà nazionale", d. h., gegen die DC wie auch gegen die „Verräter" innerhalb des PCI. „Das kapitalistische Bürgertum fördert die faschistischen Blutbäder. Klassenkampf gegen die schwarzen Kriminellen und den kriminellen Staat", steht auf einem Plakat dieser Zeit (Abb. I 25). Ein anderes ruft dazu auf, im Namen des alten Bundes zwischen Franzosen und Italienern in den Kampf gegen „un fascisme de type nouveau" zu ziehen – nun allerdings vor dem Hintergrund eines vermeintlich „dreißigjährigen Klassenkampfes" (Abb. I 26).

Es wäre aber falsch, den Inhalt der Flugblätter und Plakate immer als direkte Aufforderung zur Gewalt interpretieren zu wollen. Von einigen außerparlamentarischen antidemokratischen Gruppierungen wurden sie jedoch als regelrechte Auf-

I 25
La borghesia alimenta le stragi fasciste
Die Bourgeoisie fördert die faschistischen Blutbäder,
Flugblatt von 1972, in: Chiara Ottaviano, Paolo Soddu: La politica sui muri. I manifesti politici dell'Italia Repubblicana 1946/1992,
Turin 2000, S. 95
Buch
München, Bayerische Staatsbibliothek
4 2002.4897

I 26
30 ans après la resistance.
30 ans de lutte des classes
30 Jahre nach der Resistenza.
30 Jahre Klassenkampf, 1975
Plakat, 61,8 x 44,8 cm
Turin, Centro Studi Piero Gobetti

forderungen zum Übergang zu Terroraktionen gegen den „kriminellen Staat" und dessen Vertreter verstanden. Diese Befürworter von Gewaltaktionen nutzten die Resistenza mit den blitzartigen Aktionen der GAP-Kommandos, auf die das diesbezügliche Flugblatt hindeutet, als historisches Vorbild (Abb. I 27). Das deutet auch die Bildsprache an, indem sie sich mit dem dargestellten Partisanen auf die Resistenza bezieht. Dieser historische Bezug bildet die Legitimationsgrundlage für die Aktion der „Roten Brigaden", die am Ende der 70er Jahre für grausame politische Anschläge verantwortlich waren. Das Attentat auf den Parteivorsitzenden der DC, Aldo Moro, einen der Befürworter der Strategie der „solidarietà nazionale", war im Frühjahr 1978 der Höhepunkt des neo-gappistischen Terrorismus der angeblich „neuen Resistenza".

Das Plakat der ANPI von 1978 sollte zeigen, daß die „neue Resistenza" genau das verkörperte, was man mit der Strategie der „solidarietà nazionale" hatte vermeiden wollen (Abb. I 28). Das Plakat zeigt eine gefesselte Pistole und ruft damit zur Gewaltlosigkeit auf. Die nachfolgende Regierung der nationalen Solidarität fußte auf jener „moralischen Einheit", die Franco Antonicelli – einst Führer des CVL Piemonts und später scharfer Kritiker der Sichtweise der Resistenza als secondo Risorgimento – schon 1948 als ein wichtiges Ergebnis des Antifaschismus gesehen hatte: „Ihr müßt jene moralische Einheit wiederherstellen, der zufolge wir [...] sogar Gegner sein müssen, aber niemand ein Feind ist, solange er sich nicht gewaltsam mit Waffen erhebt."[23] Doch die Neuinterpretation von Resistenza und Liberazione sowie ihrer Beweggründe hatte inzwischen dafür gesorgt, daß das historische Vorbild nicht mehr als Ursprung einiegender Werte betrachtet wurde.

Die politische Deutung der „Resistenza rossa" verband nur einen Teil der Bevölkerung. Die Plakate, Kundgebungen und Schlagworte, die mit dieser Interpretation einhergingen, hatten jedoch den Teil der Gesellschaft, der nicht mit dem Kommunismus sympathisierte, dazu gebracht, die gesamte Resistenza zunehmend als etwas Negatives zu betrachten und mit „Tränengas" zu identifizieren. Einst von „Roma città aperta" angezogen und mitgerissen, neigte dreißig Jahre später ein Großteil der Bevölkerung dazu, mit der „Resistenza rossa" auch die Resistenza im ganzen abzulehnen. Zu einem weiteren Abrücken von der Erinnerung trug schließlich auch das „Bürgerkriegsklima" der 70er Jahre bei. Die Erinnerung an die Resistenza hatte ihre ursprünglich einigende Funktion für das Kollektivgedächtnis verloren.[24]

Zurück zur Zukunft? Der Fall der Berliner Mauer und die wiedergefundene Erinnerung

Zu Beginn der 90er Jahre formulierte Renzo De Felice eine Revision der ursprünglichen Interpretation des Bienniums und des neuen Nationalbewußtseins der Italiener nach 1945. So hätten die Ausrufung des Waffenstillstands am 8. September 1943 und die Flucht des Königs, die ausgebliebene Verteidigung Roms und der Zusammenbruch des Heeres für die meisten nicht so sehr den Beginn eines neuen nationalen Bewußtseins bedeutet, sondern vielmehr einen schwer-

I 27
Bolletino antifascista
Antifaschistisches Bulletin,
1973
Flugblatt der Gruppe der patriotischen Aktion,
59,2 x 42 cm
Turin, Centro Studi Piero Gobetti, Fondo Marcello Vitale
015122

I 28
Resistenza per la pace contro il terrorismo
Widerstand für den Frieden und gegen den Terrorismus,
1978
Plakat
Pesaro, Associazione Nazionale Partigiani d'Italia. Comitato provinciale di Pesaro e Urbino

wiegenden Schlag gegen das nationale Empfinden. De Felices Recherchen sollten beweisen, daß die Partisanen einschließlich ihrer Familien nicht mehr als 4 Prozent der Bevölkerung ausgemacht hätten. Es sei daher unmöglich, die Resistenza als eine Massenbewegung zu betrachten, und demzufolge sei es falsch zu behaupten, daß „die Bürger auf unserer Seite waren". In Wirklichkeit, so De Felice, seien der Abstand vom Faschismus und der Haß auf den nationalsozialistischen Eindringling keine Auslöser dazu geworden, sich auf die Seite der Partisanenbewegung zu stellen. Hauptbedürfnis der meisten Italiener sei in erster Linie gewesen: „überleben, verschwinden, sich einigeln, es sich mit keiner der beiden kämpfenden Parteien verderben und auf ein rasches Ende des Krieges hoffen".[25] Er formulierte 1995, daß das Biennium in Wirklichkeit ein „tragischer Bürgerkrieg" gewesen sei, bei dem beiden Parteien klar vor Augen gestanden habe, daß es im Falle einer Niederlage für beide keine Geschichte und keine Erinnerung mehr gegeben hätte. Zu den Ergebnissen seiner Recherchen bemerkt De Felice anläßlich des 50. Jubiläums der Liberazione, es gehe ihm weder darum, durch historische Wahrheiten den identitätsstiftenden Wert der Resistenza zu zerstören, noch darum, ihre Nutzlosigkeit zu behaupten.[26]

Noch vor De Felice hatte zu Beginn der 90er Jahre Claudio Pavone die These aufgestellt, daß der Widerstand nicht nur ein „patriotischer Krieg" gewesen, sondern zugleich als Klassenkampf verstanden worden sei.[27] Es habe sich auch um einen Bürgerkrieg gehandelt. Dieser Begriff, so bemerkte Pavone, war in der unmittelbaren Nachkriegszeit in Italien nicht selten von den Protagonisten selbst benutzt, aber dennoch aus der Erinnerung verdrängt worden. Gleich nach dem Krieg hatte man zugunsten einer das Land einigenden Sicht vom „patriotischen Krieg" gesprochen.

Um den 50. Jahrestag des Erlasses der leggi per la difesa della razza mehrten sich die Stimmen, die den Gedächtnisschwund zum Thema beklagten. 1994 gab es in Bologna eine Ausstellung mit dem Titel „La menzogna della razza. Documenti e immagini de razzismo e dell'antisemitismo fascista". Das Plakat nimmt das Titelmotiv der Zeitschrift „Die Verteidigung der Rasse" von 1940 auf. Die Zeitschrift suggeriert die gewaltsame Trennung der „italienischen Rasse" in ihrer antiken Idealform von der semitischen und afrikanischen. Das Plakat kehrt im Text den Sinn dieser Aussage in ihr Gegenteil, indem es das Wort „Verteidigung" durch „Lüge" ersetzt (Abb. I 29).

Auch der 1997 entstandene Film „La vita è bella" von Roberto Benigni trug dazu bei, die Erinnerung an das Schicksal der italienischen Juden wieder-

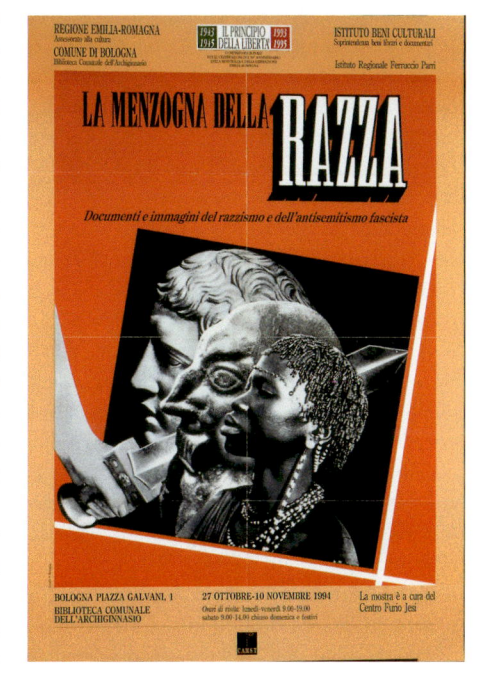

I 29
La menzogna della razza. Documenti e immagini de razzismo e dell'antisemitismo fascista
Die Rassenlüge. Dokumente und Bilder des faschistischen Rassismus und Antisemitismus, 1994
Plakat, 97,5 x 67,8 cm
Berlin, Deutsches Historisches Museum

zubeleben (Abb. I 30). Gedreht wurde er auf der Anlage des ehemaligen Konzentrationslagers bei Fossoli. Das Plakat zeigt nur die beiden Hauptdarsteller vor einem künstlichen Sternenhimmel und verweist nicht auf den Inhalt des Films, daß nämlich ihr Glück durch die italienische Rassenpolitik und die Vernichtungspolitik des NS-Staates zerstört wird.

Am 27. Januar 2001 wurde auch in Italien der „Tag des Gedenkens" eingeführt, der vor allem die Rassengesetze und deren Folgen in den Mittelpunkt stellte. Begleitend fand in Mailand eine Ausstellung statt, die ausdrücklich an die Resistenza erinnerte und damit die Verantwortung der Italiener für die Judenverfolgung betonte (Abb. I 31). Die große italienische Wochenzeitschrift L'Espresso erschien aus Anlaß der Eröffnung dieser Ausstellung mit dem Titel: „La memoria ritrovata" – die wiedergefundene Erinnerung. Im Zuge dieser Entwicklung begannen sich die italienischen Massenmedien auch mit der Frage der jüdischen Zwangsarbeit als Folge der leggi per la difesa della razza zu beschäftigen.

Sosehr etwa der jüdische italienische Historiker Alberto Cavaglion diese Wende als wünschenswert betrachtete, bemerkte er doch, daß es auch den Überlebenden schwerfalle, sich nach 50 Jahren auf das Bild der Italiener als „die Bösen" einzustellen. Und er fügt hinzu: Die – besonders im Zuge von Benignis Filmerfolg – einsetzende Suche vieler kommunaler Behörden nach „ihren" verfolgten Juden, die es nun zu ehren gelte, sei der falsche Weg, um die Erinnerung wachzuhalten.

Das Jahr 1989 hatte auch auf Italien tiefgreifende Auswirkungen, die zu einer Revision und Neuinterpretation der Resistenza führten. Mit dem Fall der UdSSR konnten die kommunistische Linke und später die Postkommunisten nicht mehr an der Vorstellung der „Resistenza rossa" festhalten. Nicht wenige ehemalige 68er fanden zur Position der „Väter" zurück, die sie einst bekämpft hatten. Zur selben Zeit wurde die Glaubwürdigkeit der größten italienischen Volkspartei, der DC, die über 50 Jahre lang ständig Regierungsverantwortung getragen hatte, durch einen Korruptionsskandal stark beeinträchtigt. Im Anschluß an die sogenannte „Revolution der Richter" wurde die DC aufgelöst und ihr Platz zusammen mit der neu gegründeten Partei Forza Italia von den Erben des MSI eingenommen. Einmal an der Macht, konnten die Postfaschisten ihre Deutung, die Resistenza sei „Verrat" an der Heimat gewesen, nicht mehr vertreten. Sie erkannten die Resistenza an, bestanden aber gleichzeitig darauf, denjenigen, die auf der anderen Seite gekämpft hatten, eine gewisse Würde zuzuerkennen. Als 1996 die Erben des PCI nach 50 Jahren zum ersten Mal an die Regierung kamen, rief der neue Parlamentspräsident, der Postkommunist Luciano Violante, in einer ersten Amtshandlung dazu auf, „ohne verfälschende Revisionismen die Gründe zu verstehen, die Tau-

I 30
Roberto Benigni (Regie)
La vita è bella
Das Leben ist schön, 1997
Filmplakat, 100 x 70 cm
Berlin, Deutsches
Historisches Museum

I 31
Gianfranco Moscati
Per non dimenticare. La Shoah. Documenti e Testimonianze
Um nicht zu vergessen. Die Shoah. Dokumente und Zeugnisse, Mailand 2001
Ausstellungskatalog
Berlin, Deutsches Historisches Museum

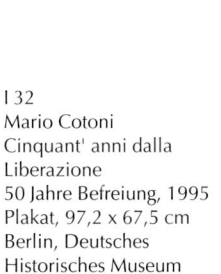

I 32
Mario Cotoni
Cinquant' anni dalla
Liberazione
50 Jahre Befreiung, 1995
Plakat, 97,2 x 67,5 cm
Berlin, Deutsches
Historisches Museum

I 33
25 aprile 2002. 57° anniversario della Liberazione
25. April 2002. 57. Jahrestag der Befreiung, 2002
Plakat, 97,5 x 68,8 cm
Berlin, Deutsches
Historisches Museum

sende von Jugendlichen bewogen haben, sich auf die Seite der Repubblica di Salò und nicht auf die des Rechts und der Freiheit zu stellen, auch als bereits klar war, daß alles verloren war".[28] Dieses Verständnis könnte, so Violante, einen Beitrag dazu leisten, daß endlich die ganze Gesellschaft diese Idee der Liberazione akzeptiere und sie als einigenden Wert betrachte. Auf dem Plakat zum 50. Jahrestag der Befreiung ist die Einheit dargestellt. Da die Photographie die Freude von 1945 zeigt, ist auch die Brücke zur Gegenwart geschlagen (Abb. I 32).

Die neue Konvergenz, die dank dieser letzten großen Revisionen innerhalb der jeweiligen Erinnerungen des ehemaligen PCI und des ehemaligen MSI zustande gekommen war, ermöglichte es, die Bedeutung des Tages wieder besonders hervorzuheben und den 25. April zu einem offiziellen Feiertag zu erklären. Und es ist kein Zufall, daß gerade der jetzige Staatspräsident Carlo Azeglio Ciampi die treibende Kraft einer Initiative ist, die für die Rückkehr zur ursprünglichen Sichtweise plädiert. Am 2. Juni 2001, dem Jahrestag des Sieges der Republik über die Monarchie, der 2000 als Feiertag wieder eingeführt wurde (nachdem man ihn 1977 abgeschafft hatte), betonte Ciampi, daß die Entscheidung der Italiener für die Republik nicht zu trennen sei von der Wiederkehr der Freiheit und der nationalen Unabhängigkeit am 25. April 1945.[29] Das Plakat, das das Präsidium der Republik anläßlich des 25. April 2002 herausgab, ist symptomatisch für die Bemühung des Staatschefs, eine neue Einheit ins Leben zu rufen, die zugleich in Richtung Europa weist (Abb. I 33).

[1] Der Corpo Volontari della Libertà zeigte schon von Juni bis August 1945 eine Photoausstellung zur nationalen Befreiung in Piemont. Anschließend wurde die Ausstellung in Marseille, Nizza und Grenoble gezeigt. 1946 erhielt der CVL Piemont wahrscheinlich aus Kreisen der französischen Widerstandsbewegung (so meint heute Frau Prof. Alessandrone Perona, Leiterin des Istituto Piemontese Storia della Resistenza) die Anfrage, in Paris aus Anlaß der im Sommer 1946 beginnenden internationalen Friedensverhandlungen eine Ausstellung zu zeigen. Da die Ausstellung während der laufenden Debatte des Friedensvertrages mit Frankreich und den anderen Siegermächten ein freundliches Klima für Italien schaffen sollte, mußte sie das Thema auf nationaler Ebene behandeln. Die neue, nun ganz Italien betreffende Ausstellung, die die Architekten Ludovico Belgioioso, Gabriele Mucchi, Guido Veneziani und Eugenio Gentili Tedeschi im Auftrag des Comitato di Liberazione Nazionale zusammenstellten und betreuten, wurde vom 14. bis zum 26. Juni in Paris gezeigt und erhob den Anspruch, dem „Weltbewußtsein zu zeigen, was Italien gelitten" hat.

Im Verlauf der Recherchen zu diesem Beitrag wurden im September 2001 im Istituto nazionale per la storia del movimento di liberazione in Italia (INSMLI) in Mailand verschiedene Tafeln wiederentdeckt. Anfangs vermutete Frau Dr. Solaro, Leiterin des historischen Archivs des Instituts, daß es sich dabei wahrscheinlich um die Bildtafeln der Pariser Ausstellung handele. Nachfolgende Recherchen haben zu einem anderen Ergebnis geführt. Frau Dr. Solaro fand später im Archiv des INSMLI die Photos der Pariser Ausstellung, die nicht mit den im Institut verwahrten Bildtafeln übereinstimmten. Im Archiv wurde dann ein Brief des nationalen CVL von 1953 gefunden, aus dem hervorgeht, daß der CVL der Stadt Mailand und dem Museo del Risorgimento die Ausstellung anvertraue, da er die Kosten nicht mehr tragen konnte.

Auf eine jüngste Bitte seitens des INSMLI beim Museo del Risorgimento um die Rückgabe der Pariser Ausstellung antwortete das Museum, daß die Ausstellung verschollen sei. Dennoch spricht Frau Dr. Solaro, die die Photographien der Pariser Ausstellung mit den in ihrem Institut verwahrten Tafeln verglichen hat, heute von einer „kleinen Ausstellung im Geiste der Pariser Ausstellung" oder auch von einer „Synthese der Ausstellung von Paris".

Im INSMLI geht man davon aus, daß es sich bei den aufbewahrten Tafeln um eine reduzierte Version der Pariser Ausstellung handelt, die ab November 1946 in Turin, Mailand, Rom, Neapel, Zürich, Luzern, Lugano und Basel zu sehen war. Die hier abgebildeten Tafeln waren für eine Ausstellung gedacht, die um die Jahreswende 1946/1947 in Bordeaux gezeigt werden sollte. Die Ausstellung fand jedoch nicht statt.

Von April bis Oktober 2003 lief in Turin unter der Leitung des INSMLI und des Istituto piemontese per la storia della resistenza e della società contemporanea die „Mostra ritrovata" (Wiedergefundene Ausstellung). Gezeigt wurden Teile der oben genannten Ausstellungen sowie noch nicht veröffentlichtes Quellenmaterial. Vgl. hierzu Mignemi, Adolfo (Hg.): Un'immagine dell'Italia. Mostra di una mostra sulla Resistenza, 2003. Beide Institute planen die Herausgabe eines Kataloges über die frühen Ausstellungen der Resistenza.

Die anderen beiden Ausstellungen sind die am 7. Juli 1945 eröffnete Mailänder Ausstellung „Mostra della Liberazione" bzw. „Mostra dell'Unità" und die Ausstellung „Mostra della ricostruzione. I C.L.N. al lavoro" (Ausstellung des Wiederaufbaus) vom September 1945, die in Mailand aus Anlaß des ersten nationalen Kongresses des Comitato di Liberazione Nazionale gezeigt wurde. Gabriele Mucchi, Albe und Like Steiner hatten diese zusammengestellt. Zur Geschichte der ersten Turiner Ausstellung vgl. Alessandrone Perona, Ersilia: La Resistenza italiana nei musei, in: Passato e presente, a XVI 45/1998, S. 136 ff., und zu den Ausstellungen über den nationalen Widerstandskampf im allgemeinen: Mignemi, Adolfo: La costruzione dell'immagine della lotta di resistenza, in: ders. (Hg.): Storia fotografica della Resistenza, Torino 1995, S. 11 ff.

2 Croce, Benedetto: Il fascismo come pericolo mondiale, Capri, 14 ottobre 1943, in: ders.: Per la nuova vita dell' Italia. Scritti e discorsi 1943–1944, Napoli 1944, S. 18.
3 Vgl. Salvatorelli, Luigi: Pensiero e Azione del Risorgimento, Torino 1943.
4 Vgl. hierzu: Cereja, Federico: La cinematografia sulla Resistenza nella storia italiana (1944–1964), in: AA.VV.: Cinema, storia resistenza 1944–1985, Milano 1987, S. 17 ff., und Il sole sorge ancora. 50 anni di Resistenza nel cinema italiano, hrsg. vom Archivio Nazionale Cinematografico della Resistenza und vom Centro Sperimentale di Cinematografia – Cineteca Nazionale Regione Piemonte, Torino 1994.
5 Vgl. Isenghi, Mario: Memoria pubblica della resistenza, in: Ferratini Tosi, Francesca u. a. (Hg.): L'Italia nella seconda guerra mondiale e nella Resistenza, Milano 1998, S. 559.
6 De Felice, Renzo: Il rosso e il nero, a cura di Pasquale Chessa, Milano 1995, S. 103.
7 Zit. nach: Chiarini, Roberto: Le origini dell'Italia repubblicana (1943–1948), in: Sabbatucci, Giovanni (Hg.): Storia d'Italia 5. La Repubblica, S. 24.
8 Vgl. Baldassarre, Antonio: La costruzione del paradigma antifascista e la costituzione repubblicana, in: Problemi del Socialismo, n.s., 7/1986, S. 11–61.
9 Eine Ausstellung über die politischen Plakate der Zeit zwischen 1949 und 1953 beweist, daß trotz des Endes der großen antifaschistischen Allianz und des darauffolgenden Ausschlusses des PCI aus der Regierung eine „Delegitimierung" des politischen Gegners in bezug auf die Verwerfung des „Antifaschistischen Paradigmas" nicht ein Hauptargument des Wahlkampfes darstellte. Vgl. I Manifesti politici dell'Italia Repubblicana 1946–1953, Milano 2002.
10 Zur pacificazione trugen in großem Maße auch die Filme des Neorealismus mit dem Leitmotiv der Reue und der Vergebung bei. „Roma città aperta" ist hierfür höchst bezeichnend.
11 Siehe www.deportati.it (10. September 2003).
12 Vgl. De Felice, Renzo: Storia degli Ebrei sotto il fascismo, Torino 1961. Die Ablehnung der leggi razziali seitens der übergroßen Mehrheit der Italiener wurde nicht bezweifelt. Allerdings löste De Felices These, daß die Gründe für Mussolinis Judenverfolgung in opportunistischen Erwägungen und in seinem Rassismus und nicht in genuinen antisemitischen Überzeugungen zu suchen seien, eine Debatte zwischen Historikern und Publizisten aus, auf die hier nicht näher eingegangen werden kann.
13 Vgl. hierzu: Alessandrone Perona, Ersilia: I musei della deportazione in Italia, in: Ha Keilla, 5/1977.
14 Vgl. Cavaglion, Alberto: L'Italia della razza s'è desta, in: Belfagor. Rassegna di varia umanità, anno LVII, n. 1–31 gennaio 2002, S. 33.
15 Pavone, Claudio: Le Idee della Resistenza. Antifascisti e fascisti di fronte alla tradizione del Risorgimento. (1959), in: ders.: Alle origini della Repubblica. Scritti su fascismo, antifascismo e continuità dello Stato, Torino 1995.
16 So Perona 1998 (wie Anm. 1), S. 138 f. Zur Frage der italienischen „Resistenza-Museen" vgl. auch: dies.: Mémoire des conflits et conflits de mémoire: la Resistance italienne dans les Musées, in: Martin, Jean-Clément: La guerre civile entre histoire et mémoire, in: Documents et Enquêtes, 21/1995.
17 Vgl. hierzu etwa: Aga-Rossi, Elena u. a. (Hg.): L'altra faccia della luna. I rapporti tra PCI, PCF e Unione Sovietica, Torino 1997. Heute gilt es als allgemein anerkannt, daß die „Wende von Salerno" in Moskau beschlossen wurde, und zwar mit dem Ziel, den Einfluß der Alliierten in Norditalien mit einem Einfluß des PCI in Süditalien auszugleichen.
18 Perona, Gianni: Tra storiografia scientifica e rivendicazione di una militanza rivoluzionaria 1966–1975, in: Informazione, 25–26/1994, numero speciale per il 50esimo anniversario della Resistenza e della Liberazione, S. 20.
19 Vgl. Ganapini, Luigi: Antifascismo tricolore e antifascismo di classe, in: „Problemi del Socialismo", S. 100.
20 Vgl. etwa Spriano, Paolo: Storia del PCI, Vol. V., Sulla rivoluzione italiana, Roma, 1975. Vgl. auch Malgieri, Paolo: Dalla storia della Resistenza alle storie d'Italia. 1976–1985, in: Informazione (wie Anm. 18), S. 24 ff.
21 Vgl. hierzu etwa: Cotta, Sergio: Quale Resistenza?, Milano 1977.

[22] Hierzu vgl. u. a. Ignazi, Piero: I Partiti e la politica dal 1963 al 1992, in: Sabbatucci, Giovanni/Vidotto, Vittorio: Storia d'Italia 6. L'Italia contemporanea, Laterza, Bari 1999, S. 102 ff. und Lanza, Luciano: Bomben und Geheimnisse. Geschichte des Massakers auf der Piazza Fontana, Hamburg 1999.

[23] Vgl. Per una storia della memoria della Resistenza. Due discorsi di Franco Antonicelli. 25 aprile 1948, in: Mezzosecolo. Materiali di ricerca storica 11. Centro Studi Piero Gobetti. Istituto piemontese per la storia della resistenza e della società contemporanea. Archivio nazionale cinematografico della resistenza. Annali 1994–1996, Torino 1997, S. 335.

[24] Auf einer Tagung über die Resistenza in Mailand im Mai 2002 schien Alberto De Bernardi, der wissenschaftliche Direktor des Istituto Nazionale per il Movimento di Liberazione Ferruccio Parri, gerade die Phasen der Rezeption des Widerstandes im Auge zu haben, als er bemerkte, daß nun die Zeit gekommen sei, „eine Überlegung zum Begriff des Antifaschismus anzustellen, da ja die Tendenz überwogen" habe, „ihn in die politische Rhetorik einzuschließen, ohne mit dem wirklichen Italien abzurechnen". Außerdem, sagte er, müsse „der Widerspruch erforscht werden zwischen denjenigen, die mit dem Antifaschismus ein verbindendes Identitätselement schaffen wollten, denjenigen, die sich seiner als Legitimierungsmittel bedienten (zum Beispiel der PCI), und denjenigen, die ihn sogar heraufbeschworen, um die Demokratie zu bekämpfen, wie die staatsfeindlichen Bewegungen der siebziger Jahre" (vgl. Mussolini, la favola del 'buon dittatore', in: Corriere della Sera, 30. Mai 2002, S. 31).

[25] Vgl. De Felice 1995 (wie Anm. 6), S. 32, S. 56.

[26] De Felice 1995 (wie Anm. 6), S. 106. Ihm gehe es vielmehr darum, den Wunsch zu äußern, daß fünfzig Jahre nach den Emotionen, die die jüngste italienische Geschichte geprägt haben, und vor dem Hintergrund eines nunmehr gefestigten demokratischen Systems und des Falls der Berliner Mauer die Anstrengung darin liegen müsse, „die Geschichte von der Ideologie zu befreien, die Ansprüche der historischen Forschung von den Bedürfnissen der Staatsräson zu trennen" (Ebd., S. 46).

[27] Vgl. Pavone, Claudio: Una guerra civile. Saggio storico sulla moralità della Resistenza, Torino 1991.

[28] Vgl. Camera dei Deputati, XIII Legislatura, Atti Parlamentari dell'Assemblea, Anno 1996, Discussioni dal 9 maggio (1) al 19 giugno 1996 (12). Insediamento e discorso del Presidente della Camera Luciano Violante, S. 37.

[29] Die „Wiedergeburt des Nationalstolzes" titelte die am weitesten verbreitete Tageszeitung Italiens, der Corriere della Sera, am 27. Mai 2000 bei der Wiedereinführung der „Festa della Repubblica".

Nach dem Ersten Weltkrieg

Chronologie

1. November 1902
Ein geheimes Neutralitätsabkommen Italiens mit Frankreich unterläuft den Dreibundvertrag mit den Mittelmächten und erweitert den außenpolitischen Spielraum Italiens.

1911–1912
Italien annektiert Tripolis und Cyrenaika auf der libyschen Gegenküste. Im Verlaufe des dadurch ausgelösten italienisch-türkischen Krieges kann Italien zusätzlich die Inseln des Dodekanes besetzen.

1914–1918
Zu Beginn des Ersten Weltkriegs proklamiert Italien zunächst seine, innenpolitisch umstrittene, Neutralität und bricht damit offiziell den schon seit dem Geheimvertrag mit Frankreich unwirksamen Dreibundvertrag. In Verhandlungen mit den Kriegsgegnern erhält Italien die größeren (Gebiets-)Zugeständnisse von der Entente. Die Verhandlungen gipfeln in dem Geheimvertrag von London vom **26. April 1915**, der die unterzeichnenden Staaten (Großbritannien, Frankreich, Rußland und Italien) zum Kriegseintritt verpflichtet.

1943–1945

Am **23. Mai 1915** erklärt Italien Österreich-Ungarn und am **28. August 1916** Deutschland den Krieg. Erst in der Schlußoffensive kann Österreich-Ungarn entscheidend geschlagen werden. Nach der faktischen Auflösung Österreich-Ungarns im **Oktober 1918** wird am **3. November 1918** ein Waffenstillstand vereinbart.

1919
Im **März** kommt es zur Sammlung der ersten Fasci di combattimento (Squadri) unter der Führung Benito Mussolinis. Am **10. September** nimmt Italien an den Verhandlungen zum Friedensvertrag der Siegermächte mit Österreich-Ungarn in Saint-Germain-en-Laye teil. Die ausgehandelten Ergebnisse sind für Italien enttäuschend. Italien erhält lediglich Teile Südtirols, das Küstenland mit Triest, Istrien, Teile von Kärnten, Teile Dalmatiens und der dalmatischen Inseln – nicht aber Gebiete auf dem Balkan oder in Afrika. Dies führt zu einer schweren innenpolitischen Krise, die das Land in einen gemäßigten und einen nationalistischen Flügel spaltet und an den Rand eines Bürgerkrieges führt. Die kurz aufeinanderfolgenden Regierungen vermögen die Situation nicht zu entschärfen. Als Anführer einer Freischärlergruppe besetzt Gabriele D'Annunzio am **11./12. September** die dalmatinische Hafenstadt Fiume (Rijeka), um sie für Italien zu annektieren. Die italienische Regierung wagt es nicht, gegen den populären D'Annunzio vorzugehen. Nach den Wahlen im

Seit dem Zweiten Weltkrieg

November 1919, die durch ein neues Wahlsystem (Verhältniswahlsystem) den Parteien der Sozialisten (PSI) und Katholiken (PPI) einen starken Zuwachs und neuen Parteien den Zugang zum Parlament ermöglichen, sind die großen Parteien nicht in der Lage, stabile Koalitionen zu bilden.

1920
D'Annunzio verkündet am **8. September**, nachdem er sich über ein Jahr lang als Kommandant der Stadt behauptet hat, den Freistaat Fiume. Durch den Vertrag von Rapallo mit Jugoslawien vom **12. November** werden die Grenzfragen für Istrien und Dalmatien zwischen den beiden Staaten geregelt. Fiume (Rijeka) erhält offiziell den Status eines Freistaates.

1921–1922
Nach der Rechtswendung Mussolinis wird der Faschismus zu einer Massenbewegung und kann von der sozialen Krise und der politisch instabilen Lage profitieren. Mit der Billigung der alten Eliten bekämpfen die Squadri die Gruppen der Linken. Im **November 1921** wird der Partito Nazionale Fascista (PNF) gegründet.

1922
Nach dem Marsch auf Rom ernennt der König am **31. Oktober** Mussolini zum Ministerpräsidenten und beauftragt ihn mit der Bildung eines Kabinetts, in das dieser auch Vertreter des alten Staates (Nationalisten, Rechtsliberale, Katholiken) aufnimmt. Mussolini erhält am **25. November** durch das Parlament außerordentliche, auf ein Jahr befristete Vollmachten, um den Staat finanziell zu sanieren. Die Institutionalisierung des faschistischen Staates beginnt. Der faschistische Großrat und die Parteimiliz (Milizia Volontaria per la Sicurezza Nazionale) werden im **Dezember** gegründet.

1924
Mit der Unterzeichnung des Adriapaktes am **27. Januar** erhält Italien Fiume (Rijeka). Nach dessen Ergänzung am **20. Juli 1925** durch die Konventionen von Nettuno, geraten der Balkan und die Adriafrage ins Zentrum der Expansionspolitik des faschistischen Italiens, das eine Revision der Pariser Vorortverträge in diesem Bereich anstrebt. Die Faschisten, die seit **März 1923** mit den Nationalisten vereinigt sind, erhalten bei den Parlamentswahlen am **6. April** 65 Prozent der Stimmen. Die Entführung und Ermordung des Generalsekretärs der Sozialistischen Partei und Abgeordneten Giacomo Matteotti am **10. Juni** durch ein faschistisches Kommando hat eine parlamentarische Krise und den Auszug der Mehrheit der oppositionellen Parteien aus dem Parlament am **15. Juni** zur Folge.

1925
In einer Parlamentsrede am **3. Januar** kündigt Mussolini die Unterdrückung der Opposition an. Antifaschistische Organisationen werden aufgelöst und ihre Führer verhaftet. Das Gesetz vom **24. Dezember** über die Befugnisse des Regierungschefs stattet Mussolini mit unbeschränkter Führungsgewalt aus.

November 1926
Ein Staatsschutzgesetz bringt die polizeistaatliche Absicherung des neuen Systems. Allen oppositionellen Parlamentsabgeordneten wird das Mandat entzogen. Auflösung der oppositionellen und Gründungsverbot für neue Parteien. Zur Festigung der faschistischen Herrschaft erfolgt eine administrative Neugliederung des Landes in neue Provinzen und Präfekturen.

11. Februar 1929
In den Lateranverträgen mit dem Vatikan kommt es zu einem Ausgleich mit der Katholischen Kirche. Die Souveränität und die Regierungsgewalt des Papstes über den Staat der Vatikanstadt werden von Italien anerkannt und der Katholizismus wird Staatsreligion.

1934–1935
Vor dem Hintergrund der Außenpolitik der nationalsozialistischen Regierung in Deutschland vereinbart Italien am **17. März 1934** in den Römischen Protokollen eine engere Zusammenarbeit mit Österreich und Ungarn. Im **Juli 1934** nähert es sich Frankreich und Großbritannien an, und im **April 1935** werden Abmachungen mit diesen Ländern gegen einseitige deutsche Aktionen abgeschlossen.

1935–1937
Am **3. Oktober 1935** greift Italien Äthiopien an und erobert im **Mai 1936** Addis Abeba. Äthiopien wird mit Eritrea und Italienisch-Somaliland (der Süden des heutigen Somalia) zur Kolonie Italienisch-Ostafrika vereint. Der italienische König Vittorio Emanuele III. nimmt den Titel Kaiser von Abessinien an. Die offensive Wendung in der Außenpolitik Mussolinis bringt Italien in Konflikt mit den Westmächten, und der Völkerbund beschließt am **11. Oktober 1936** Wirtschaftssanktionen gegen das Land. Das faschistische Italien nähert sich dem nationalsozialistischen Deutschen Reich an und verbündet sich am **25. Oktober 1936** mit ihm zur sogenannten Berlin-Rom-Achse. Das deutsch-italienische Bündnis zeigt sich zunächst vor allem in der Unterstützung von General Francisco Franco im spanischen Bürgerkrieg. Zwischen 50 000–70 000 italienische Freiwillige werden in Spanien eingesetzt. Am **11. Dezember 1937** tritt das faschistische Italien aus dem Völkerbund aus. Es reagiert damit auf die von der Gemeinschaft verhängten Sanktionen infolge des italienischen Einmarsches in Abessinien.

1938

Am **30. September** unterzeichnen Italien, das Deutsche Reich, Großbritannien und Frankreich das Münchener Abkommen. Nach dem Vorbild der NS-Rassegesetze ergehen am **17. November** die Leggi per la difesa della razza. Den Juden werden sämtliche Bürgerrechte aberkannt. Die ausländischen Juden müssen Italien verlassen.

1939

Das Königreich Albanien wird am **7. April** von italienischen Truppen besetzt und am **12. April** mit Italien vereinigt. Vittorio Emanuele III. von Italien ist somit in Personalunion gleichzeitig König von Albanien. Am **23. Juni** schließt Italien mit Deutschland ein Abkommen über die Aussiedlung der deutschen Bevölkerung in Südtirol.

1940

Italien erklärt Frankreich und Großbritannien am **10. Juni** den Krieg, um seine territorialen Forderungen, die Korsika, Tunesien und Französisch-Somaliland/Djibuti umfassen, geltend zu machen. Am **24. Juni** schließen Italien und Frankreich einen Waffenstillstand.

1940–1941

In Berlin unterzeichnen am **27. September 1940** Italien, das Deutsche Reich und Japan den Dreimächtepakt. Italien beginnt am **28. Oktober 1940** einen Feldzug gegen Griechenland, der erst durch den Balkanfeldzug des Deutschen Reiches und die Besetzung Griechenlands im Frühjahr **1941** einen für Italien günstigen Verlauf nimmt. Nach einem Treffen mit Hitler auf dem Berghof am **19.** und **20. Januar 1941** muß sich Mussolini der deutschen Kriegsstrategie unterordnen.

1943

Am **13. Mai** kapituliert die Heeresgruppe Afrika. Etwa 250 000 deutsche und italienische Soldaten geraten in Kriegsgefangenschaft. Britische und amerikanische Streitkräfte landen am **10. Juli** auf Sizilien. Am **18. Juli** rückt General George Patton vor dem britischen General Montgomery in Messina ein. Am **17. August** ist Sizilien vollständig von den Alliierten besetzt. Nach den Niederlagen der italienischen Truppen in Afrika und auf dem Balkan, sowie der Landung erster US-amerikanischer und britischer Streitkräfte auf Sizilien wird Benito Mussolini am **25. Juli** abgesetzt und auf Befehl von König Vittorio Emanuele III. inhaftiert. Marschall Pietro Badoglio wird vom König zum Regierungschef ernannt. Die faschistische Partei PNF wird am **28. Juli** verboten, alte Parteien – wie der sozialistische PSI und der kommunistische PCI – werden wiederzugelassen, neue gegründet, zu denen die christdemokratische DC, der liberale PLI und der gemäßigte linke Partito d'Azione zählen. Der italienische General Giuseppe Castellano und US-General Dwight David Eisenhower unterzeichnen am **3. September** einen zunächst noch geheimen Waffenstillstandsvertrag. Nach der Bekanntgabe durch Eisenhower beginnen die Alliierten am **9. September** mit der Landung auf dem italienischen Festland bei Salerno. Die deutschen Truppen besetzen Rom und den größten Teil Italiens. In der von den Alliierten besetzten Südhälfte besteht der italienische Staat weiter. Die Regierung Badoglios und die königliche Familie fliehen in das von den Alliierten besetzte Gebiet. Die alten und neuen Parteien – Kommunisten, Sozialisten, Linksliberale, Radikaldemokraten und Katholiken – schließen sich zu einem zentralen Komitee der nationalen Befreiung (Comitato di Liberazione Nazionale, CLN) gleichberechtigt zusammen und rufen zum Widerstand auf. Eine Beteiligung des CLN an der Regierung Badoglio kommt zunächst nicht zustande. Der auf dem Gran Sasso in den Abruzzen internierte Benito Mussolini wird am **12. September** von einem deutschen Fallschirmjägerkommando befreit und tritt an die Spitze der am **9. September** in Salò am Gardasee gegründeten Gegenregierung. Diese sogenannte Repubblica Sociale Italiana ist von den deutschen Militär- und Zivilbehörden abhängig. Die Regierung Badoglio erklärt am **13. Oktober** Deutschland den Krieg. Das Comitato di Liberazione Nazionale per l'Alta Italia (CLNAI) und andere Partisanengruppen – wie etwa die der Gruppi d'Azione Patriottica (GAP) – leisten in Mittel- und Oberitalien hinter der deutschen Front mit militärischen Aktionen Widerstand und kämpfen nicht nur gegen deutsche Soldaten, sondern auch gegen die Salò-Regierung Mussolinis. Die Deutschen reagieren mit grausamen Vergeltungsmaßnahmen (Geiselerschießungen und Massakern z. B. in Marzabotto und Fosse Ardeatine) auf die Aktionen der Partisanenbewegung.

1944
Mitglieder des CLN treten am **29. April** in die Regierung Badoglio ein. Diese „Wende von Salerno" (Svolta di Salerno) wird erst dadurch möglich, daß die Kommunistische Partei sich zu einer demokratischen Zusammenarbeit auch mit der Monarchie bereit erklärt. Aufgrund des angeordneten Rückzugs der Wehrmacht nach Norden können alliierte Verbände am 4. **Juni** kampflos und unter dem Jubel der Bevölkerung in das von den deutschen Truppen geräumte Rom einmarschieren. Es entsteht die erste Regierung unter der Führung eines Mitgliedes des CLN, Ivanoe Bonomi.

1945
Unter der Generaloffensive der Alliierten bricht die deutsche Front im **April** zusammen. Die italienischen Städte des Nordens werden nacheinander von den Partisanen eingenommen. Am **28. April** wird Mussolini auf der Flucht von der Resistanza gefangengenommen, erschossen und der Leichnam wird auf der Piazza Loreto in Mailand öffentlich aufgehängt. Am **29. April** wird in Caserta die Kapitulation der deutschen Streitkräfte in Italien unterzeichnet. Am **10. Dezember** wird eine Regierung unter Alcide De Gasperi, dem Parteiführer der DC, gebildet. Der Parteiführer der Kommunisten, Palmiro Togliatti, wird Justizminister.

1946
König Vittorio Emanuele III. dankt am **9. Mai** zugunsten seines Sohnes Umberto II. ab und geht nach Ägypten ins Exil. Die Regierung beschließt im **Juni** eine Amnestie für die ehemaligen hohen Beamten des faschistischen Staates. In Italien wird per Volksentscheid vom **2. Juni** die Monarchie abgeschafft und am **18. Juni** die Republik ausgerufen. Provisorischer Staatspräsident wird der Liberale Enrico da Nicola.

10. Februar 1947
Mit Unterzeichnung der Friedensverträge in Paris verliert Italien endgültig seine Kolonien in Afrika.

1948
Am **1. Januar** tritt die parlamentarisch-demokratische Verfassung der Republik Italien in Kraft. Die DC von Regierungschef Alcide De Gasperi kündigt im **Mai** die Zusammenarbeit mit den Kommunisten (PCI) und Sozialisten (PSI) auf und verfolgt gemeinsam mit den Liberalen, Sozialdemokraten und Republikanern die Eingliederung Italiens in das westliche Bündnis. Mit Hilfe des Marshallplanes wird der wirtschaftliche Wiederaufbau Italiens eingeleitet.

4. April 1949
Italien ist neben Belgien, Dänemark, Norwegen, Frankreich, Großbritannien, Island, Kanada, Luxemburg, den Niederlanden, Portugal und den USA Gründungsmitglied des Verteidigungsbündnisses North Atlantic Treaty Organization (NATO).

18. April 1951
Italien ist neben Belgien, der Bundesrepublik Deutschland, Frankreich, Luxemburg und den Niederlanden Gründungsmitglied der Europäischen Gemeinschaft für Kohle und Stahl, Montanunion (EGKS).

Ab 1953
Soziale und wirtschaftliche Probleme Italiens führen zu einer andauernden Staats- und Regierungskrise, in der sich Minderheitsregierungen der Christdemokraten, Koalitionen von bis zu fünf Parteien und vorzeitige Neuwahlen aneinanderreihen.

5. Oktober 1954
Der Konflikt mit Jugoslawien über die Regelung des Triest-Problems wird unter Beteili-

gung Großbritanniens und der USA beigelegt. Jugoslawien verzichtet auf die Stadt Triest, erhält aber das Hinterland.

1955
Italien wird in die Vereinten Nationen (UNO) aufgenommen.

25. März 1957
Italien ist Gründungsmitglied der Europäischen Wirtschaftsgemeinschaft (EWG) und der Europäischen Atomgemeinschaft (EURATOM). Die Gründungsverträge werden in Rom unterzeichnet und treten am **1. Januar 1958** in Kraft.

16. Dezember 1969
Das italienische und das österreichische Parlament stimmen dem sogenannten Südtirol-Paket der Vereinten Nationen (UNO) zu. Der Region wird der Autonomiestatus unter Wahrung der Rechte der ethnisch-sprachlichen Minderheiten gewährt. Die seit dem Ersten Weltkrieg bestehenden Differenzen zwischen Italien und Österreich in der Südtirol-Frage sind damit beigelegt.

1976–1979
Unter Ministerpräsident Giulio Andreotti soll ein breites Regierungsbündnis, an dem informell auch die Kommunistische Partei beteiligt ist, das Land beruhigen, dessen innere Sicherheit von rechts- und linksterroristischen Anschlägen bedroht wird.

7. und 10. Juni 1979
In den mittlerweile neun Mitgliedstaaten der Europäischen Gemeinschaft (Frankreich, Belgien, Dänemark, Bundesrepublik Deutschland, Irland, Italien, Luxemburg, Niederlande, Großbritannien) finden die ersten Direktwahlen zum Europäischen Parlament statt, das im französischen Straßburg tagt.

1981
Mit Beginn der 80er Jahre verstärkt sich die politische und institutionelle Krise. Die Verwicklung führender Personen des öffentlichen Lebens in Skandale und kriminelle Delikte erschüttert den Staat und führt im **Mai** zum Rücktritt der Regierung Arnaldo Forlanis. Der Republikaner Giovanni Spadolini bildet im **Juni** das erste nicht von den Christdemokraten geführte Kabinett der Nachkriegsgeschichte.

1985–1995
Am **14. Juni 1985** wird das Abkommen von Schengen über den schrittweisen Abbau der Personenkontrollen an den Binnengrenzen der Europäischen Gemeinschaft unterzeichnet. Nach einem Folgeabkommen vom **Juni 1990** (Schengen II) und einem Beitritt weiterer Staaten treten beide Abkommen am **26. März 1995** in Kraft.

1992
In Maastricht wird am **7. Februar** der Vertrag über die Gründung der Europäischen Union (EU) unterzeichnet. Hauptziel des Vertrages ist die Errichtung einer Europäischen Wirtschafts- und Währungsunion (EWWU) mit Einführung einer gemeinsamen Währung. Der Vertrag tritt am **1. November 1993** in Kraft. Staatsverschuldung, die Verstrickung der Parteien (besonders der DC und des PSI) in Korruptionsvorgänge, die Durchdringung der Gesellschaft durch das organisierte Verbrechen und die Ermordung von Staatsanwälten, wie dem bekannten Richter Giovanni Falcone, die gegen die Mafia ermitteln, führen zu einer neuen Staatskrise und zu Veränderungen innerhalb des Parteiensystems. Neue Parteien, wie die separatistisch-rechtsorientierte Lega Nord, die eine Wirtschaftspolitik zugunsten des reichen Nordens fordert, und die Neofaschisten, gewinnen an Zulauf.

1993
Am **1. Januar** entsteht der Europäische Binnenmarkt der zwölf Mitgliedstaaten der Europäischen Union gemäß dem Maastrichter Vertrag. In Italien setzen sich im **April** 83 Prozent der Wählerstimmen bei einem Referendum für eine Wahlrechtsreform ein, die

das politische Leben erneuern und stabile Mehrheiten ermöglichen soll. Die Reform tritt am **18. Dezember** in Kraft.

1994
Nachdem das Parlament im **Januar 1994** aufgelöst worden ist, kommt es nach Neuwahlen im **März** zu neuen Mehrheitsverhältnissen. Ein stark rechtsgerichtetes Parteienbündnis geht aus den Parlamentswahlen siegreich hervor. Regierungschef wird der Medienunternehmer Silvio Berlusconi mit der neugegründeten rechtskonservativen Partei Forza Italia (FI). Er bildet eine Koalition mit den Neofaschisten und der Lega Nord, gerät jedoch selbst bald unter Korruptionsverdacht.

1995
Die Regierung Berlusconi scheitert, und im **Januar 1995** wird eine Übergangsregierung unter dem bisherigen Schatzminister Lamberto Dini gebildet. Der langjährige frühere christdemokratische Regierungschef Giulio Andreotti muß sich **Ende September** wegen angeblicher aktiver Zusammenarbeit mit der Mafia vor Gericht verantworten.

April 1996
Nach Parlamentsneuwahlen kann ein Bündnis aus Linksparteien, L'Ulivo (Der Ölbaum), zum ersten Mal die Regierungsverantwortung übernehmen. Ministerpräsident wird der Parteilose Romano Prodi.

1998–2002
Der EU-Rat beschließt am **2. Mai 1998**, daß die Europäische Wirtschafts- und Währungsunion termingerecht am **1. Januar 1999** mit elf Teilnehmerstaaten beginnt (ohne Dänemark, Großbritannien, Schweden), vorerst jedoch nur für den bargeldlosen Zahlungsverkehr. Ab **1. Januar 2002** werden in Italien Euro-Banknoten und -Münzen ausgegeben.

Mai 2001
Bei Wahlen erhält eine Mitte-Rechts-Koalition in beiden Kammern des Parlamentes die Mehrheit, und Silvio Berlusconi, der Führer des Parteienbündnisses, wird unter Regierungsbeteiligung u. a. der Lega Nord erneut Ministerpräsident.

Literatur:
- Brockhaus – Die Enzyklopädie in 24 Bänden, 20. Aufl., Leipzig/München 1996–1999.
- Clark, Martin: Modern Italy. 1871–1995, London 1996.
- Hausmann, Friederike: Kleine Geschichte Italiens, Berlin 1990.
- Kinder, Hermann/Hilgemann, Werner: dtv-Atlas Weltgeschichte. Bd. 2: Von der Französischen Revolution bis zur Gegenwart, 31. Aufl., München 1997.
- Lill, Rudolf: Geschichte Italiens in der Neuzeit, 3. Aufl., Darmstadt 1986.
- Schumann, Reinhold: Geschichte Italiens, Stuttgart/Berlin/Köln/Mainz 1983.
- Schwarzkopf Johannes: Italien-Ploetz. Italienische Geschichte zum Nachschlagen, 2. Aufl., Freiburg 1996.

Jugoslawien und seine Nachfolgestaaten

Konstruktion, Dekonstruktion und Neukonstruktion von „Erinnerungen" und Mythen*

von Holm Sundhaussen

„Phönix aus der Asche": das zweite Jugoslawien und seine Gründungsmythen

Wie der erste ist auch der zweite jugoslawische Staat im Krieg entstanden und im Krieg untergegangen. Das erste Jugoslawien, das „Königreich der Serben, Kroaten und Slowenen", ab 1929 „Königreich Jugoslawien", konstituierte sich am Ende des Großen Krieges 1914–18 und wurde nach dem Überfall des Deutschen Reiches und seiner Verbündeten im April 1941 in ein buntes Mosaik annektierter, besetzter und scheinsouveräner Gebilde zerschlagen. Der zweite jugoslawische Staat entstand auf den Trümmern des ersten, erhielt jedoch durch die Kommunistische Partei Jugoslawiens unter Führung Josip Broz-Titos ein völlig neues Design.[1] War der erste Staat zentralistisch konzipiert (mit serbischer Dominanz und pseudobürgerlicher und pseudodemokratischer Gesellschaftsordnung), erhielt der zweite Staat eine föderalistische Struktur und ein sozialistisches Gesellschaftsmodell. An die Stelle des ethnischen Jugoslawismus – einer (Abstammungs-)Nation mit drei Namen und „Stämmen": Serben, Kroaten und Slowenen – trat der staatsnationale oder staatsbürgerliche Jugoslawismus, kombiniert mit einem ethnonationalen Pluralismus. Dieser beinhaltete die Anerkennung und Gleichberechtigung aller jugoslawischen Nationen, genauer formuliert: aller in Jugoslawien beheimateten südslawischen Nationen, deren Zahl sich bei Kriegsende zunächst von drei auf fünf und Ende der 60er Jahre von fünf auf sechs erhöhte.[2] Die ältere „dreinamige", ab 1929 „jugoslawische" Volksnation wurde von den Kommunisten durch die jugoslawische *Staats*nation ersetzt. Letztere war nicht ethnisch definiert, auch wenn es nach wie vor Bestrebungen in Gestalt eines ethnischen Jugoslawismus gab. Sie basierte auf der Staatsbürgergemeinschaft und ließ nationale Mehrfachidentitäten zu, d. h. die Existenz der einen Staatsnation schloß die Existenz mehrerer Volksnationen nicht aus. Die Bürger konnten sowohl loyale Jugoslawen im Sinne der Staatsbürgergemeinschaft wie loyale Serben, Kroaten etc. im Sinne der jeweiligen Volksnation sein. Sie konnten auch ihre volksnationale Identität gänzlich ablegen und sich ausschließlich als „Jugoslawen" deklarieren, wovon ein kleiner Teil der Bevölkerung auch Gebrauch machte.

Kollektive Identitäten und ihre Bedeutung für den einzelnen sind keine statischen Größen, sondern ebenso wandelbar, prozessual und situativ wie die „Erinnerungen" und Werte, auf denen sie basieren. In seiner berühmten Schrift „Was ist eine Nation?" hatte Ernest Renan 1882 erklärt: „Eine Nation ist also eine große Solidargemeinschaft, getragen von dem Gefühl der Opfer, die man gebracht hat, und der Opfer, die man noch zu bringen gewillt ist. Sie setzt eine Vergangenheit voraus, aber trotzdem faßt sie sich in der Gegenwart in einem greifbaren Faktum zusammen: der Übereinkunft, dem deutlich ausgesprochenen Wunsch, das gemeinsame Leben fortzusetzen."[3]

Unter dem Eindruck des Zerfalls Jugoslawiens und der postjugoslawischen Kriege in den 1990er Jahren hat sich im In- und Ausland der Eindruck verfestigt, als habe es eine jugoslawische Solidargemeinschaft nie gegeben. Der Vielvölkerstaat sei vor allem durch die Repression des kommunistischen Systems zusammengehalten worden. Mit Erosion und Kollaps des Systems habe sich die „Büchse der Pandora" geöffnet und den „atavistischen" nationalen Gegnerschaften wieder freien Lauf gelassen. Diese Einschätzung ist insofern „essentialistisch", als sie die Wandlungsfähigkeit kollektiver Identitäten und „Erinnerungen" ignoriert oder unterschätzt. Der Nationalismus – so das Argument – könne zwar zeitweilig unterdrückt bzw. domestiziert werden, werde aber dadurch nicht besiegt, sondern laure im Verborgenen nur auf die Stunde seiner Wiedergeburt. Die vergangenheitsorientierten Feindbilder und die nationalistischen Exzesse der 90er Jahre schienen diese These zu bestätigen. Sie evozierten die Vorstellung von einer Wiederholung oder Fortsetzung dessen, was im Zweiten Weltkrieg geschehen war. Doch dies war eine Post-factum-Argumentation: Aus dem, was passiert ist, wurde auf das geschlossen, was angeblich passieren mußte. Früher oder später sei die multiethnische Gesellschaft Jugoslawiens zum Scheitern verurteilt gewesen, weil nicht zusammenbleiben konnte, was nicht zusammengehörte.

Aber was gehörte zusammen? Und warum? Renan spricht von der „Solidargemeinschaft, getragen von dem Gefühl der Opfer, die man gebracht hat, und der Opfer, die man noch zu bringen gewillt ist". Für viele seiner Bürger (gewiß nicht für alle) war das zweite Jugoslawien – zumindest zeitweilig – eine real existierende Solidargemeinschaft. Zwar werden wir nie zuverlässig erfahren, wie groß oder klein derjenige Teil der jugoslawischen Bevölkerung war, der sich zu einem bestimmten Zeitpunkt mit Staat und Regime identifizierte. Denn im alten Jugoslawien konnten derartige Meinungsumfragen nicht durchgeführt werden. Und die aus der Retrospektive – nach dem Staatszerfall – geäußerten „Erinnerungen" sagen mehr über die Gegenwart als über die „erinnerte" Zeit aus. „Erinnerungen" sind sozial- und kontextgebunden. Sie unterliegen dem Wandel. Die These, daß die multinationale Gemeinschaft Jugoslawiens stets nur eine der politischen Repression geschuldete Chimäre gewesen sei, ist jedenfalls höchst unwahrscheinlich. Und beweisen läßt sie sich erst recht nicht. Gleich den ethnonationalen Gemeinschaften der Serben, Kroaten, Slowenen etc. beruhte auch die jugoslawische Gemeinschaft auf Erfahrungen, Erinnerungen und Mythen, die nicht „künstlicher" oder „unnatürlicher" waren als die Erfahrungen, Erinnerungen und Mythen der einzelnen Nationen. Der Untergang der jugoslawischen Identität und des jugoslawischen Staates war kein spontaner, von den „Völkern" inaugurierter Prozeß. Mit „atavistischen" ethnischen Gegensätzen hatte er nichts zu tun, sondern war in beunruhigender Weise höchst modern. Die Dekonstruktion der jugoslawischen Identität und Loyalität wurde ebenso von oben induziert und gewollt wie ihre Konstruktion nach 1945 oder wie die Konstruktion der Nationen im „langen 19. Jahrhundert".

Der Zweite Weltkrieg und das zweite Jugoslawien – dessen Schöpfer und Gründungsmythen – waren untrennbar aufeinander bezogen. Diese symbiotische Verbindung erwies sich im Verlauf der 80er und 90er Jahre als kontraproduktiv. Der Krieg als zentrale soziale „Erfahrung" war sinn- und legitimitätsstiftend, reichte aber zur Gestaltung von Gegenwart und Zukunft auf Dauer nicht aus. Das wußten auch die jugoslawischen Kommunisten. Sie setzten darauf, daß der Sozialismus bzw. der jugoslawische Sonderweg in Gestalt des Selbstverwaltungssozialismus, der während eines Vierteljahrhunderts von Anfang der 50er Jahre bis 1976 konkrete Gestalt annahm, die Solidargemeinschaft weiter festigen würde. Und ungeachtet gelegentlicher Rückschläge und Irritationen schien sich die Erwartung zu erfüllen. Das Selbstverwaltungsmodell und die außenpolitische

Blockfreiheit verschafften Jugoslawien internationale Reputation und stärkten das Selbstbewußtsein seiner Bürger. Aber sobald die Bindekraft des Zweiten Weltkrieges verblaßte, die Gründungsmythen ihre Überzeugungskraft und Alltagsrelevanz einbüßten, das Selbstverwaltungssystem in einer Sackgasse landete und die Blockfreiheit infolge der Auflösung der Blöcke gegenstandslos wurde, wurde auch die jugoslawische Solidargemeinschaft verletzbar und brüchig. Alles, worauf die Bürger, zumindest ein bedeutender Teil von ihnen, stolz gewesen waren, brach im Verlauf der 80er Jahre Schritt für Schritt weg. Aus der Rückschau ist es verhältnismäßig leicht, die Fehler und Versäumnisse des Tito-Regimes aufzulisten: das Verfehlen der ökonomischen und sozialen Ziele, die Weigerung, demokratische und zivilgesellschaftliche Strukturen aufzubauen, die Blockade der „Vergangenheitsbewältigung" und die Tabuisierung bzw. Kriminalisierung aller „Erinnerungen", die im Widerspruch oder in einem Spannungsverhältnis zur öffentlichen Gedächtniskultur standen.

Ausgangs- und Angelpunkt des zweiten Jugoslawien blieben die Jahre 1941–1945. Die Lehren, die die Kommunisten aus dem Zweiten Weltkrieg zogen, lauteten: Nur gemeinsam können die jugoslawischen Völker der Bedrohung von außen – dem deutschen „Drang nach Osten", dem italienischen Vormachtstreben im Adria-Raum, dem bulgarischen und ungarischen Revisionismus – oder sonstigen Gefahren begegnen. Nur in „Brüderlichkeit und Einheit" sind sie in der Lage, ihr Selbstbestimmungsrecht zu realisieren. Eine Aufteilung des jugoslawischen Staates – wie sie seit dessen Gründung am 1. Dezember 1918 immer wieder diskutiert, von den Besatzungsmächten im Zweiten Weltkrieg durchgesetzt worden war und von nationalistischen Bewegungen in der Nachkriegszeit weiter angestrebt wurde – müsse angesichts der komplizierten nationalen Gemengelagen unweigerlich zum „Bruderkrieg" führen. Angesichts der Bürgerkriegsmassaker während des Zweiten Weltkrieges wurde diese Auffassung auch von Personen geteilt, die alles andere als Kommunisten waren. Verantwortlich für die Spannungen bzw. für die „nationale Frage" im ersten jugoslawischen Staat waren gemäß marxistischer Interpretation die „Bourgeoisie" und ihre Verbündeten: das „Kapital", das serbische Königshaus und die Kirchen. Der „großserbische Hegemonismus" in einem zentralistisch organisierten Staat habe die „bürgerlich-faschistischen" Eliten der übrigen Nationen in die Konfrontation getrieben, die schließlich zu blutigen Exzessen eskalierte.

Die Folgerungen aus dieser Analyse lagen auf der Hand:
– Beseitigung des bürgerlich-kapitalistischen Systems durch eine sozialistische Gesellschaftsordnung. Früher oder später würde sich damit auch die „nationale Frage" erledigen, da der Nationalismus ein Produkt des bürgerlich-kapitalistischen Zeitalters sei. Bis dahin müßten alle jugoslawischen Nationen als gleichberechtigt anerkannt und die Rechte nationaler Minderheiten garantiert werden:
– Abschaffung der Monarchie und Einrichtung einer „Volksrepublik";
– Umgestaltung Jugoslawiens in einen Bundesstaat mit sechs Gliedstaaten und zwei autonomen Gebieten/Provinzen (Wojwodina und Kosovo) innerhalb der Republik Serbien;
– Entmachtung der alten politischen Klasse und Bestrafung der „Verräter" und „Kollaborateure", die sich in den Dienst der Besatzer gestellt hatten: der kroatischen Ustaše, der serbischen Četniki, der „Volksdeutschen" und vieler anderer.

Die Abgrenzung gegenüber den Feinden des neuen Jugoslawien ging Hand in Hand mit der Ausmalung der kommunistischen Erfolgsgeschichte: Jugoslawien war das einzige Land unter den neuen „Volksdemokratien" in Ostmittel- und Südosteuropa, das sich weitgehend aus eigener Kraft befreit und den Systemwechsel ohne Mitwirkung Stalins bzw. gegen dessen Fahrplan durchgeführt hatte. Tito und die KPJ wurden damit zur Legende, nicht nur in Jugoslawien, sondern auch bei anderen kommunistischen Parteien. Früher als andere „Schwesterparteien" im besetzten Europa hatten die jugoslawischen Genossen mit den Vorbereitungen auf den bewaffneten Widerstand begonnen. Relativ schnell hatten sie die mitgliederschwache KPJ und die ersten Partisanenverbände in eine „Volksbefreiungsbewegung" und eine „Volksbefreiungsarmee" umgewandelt, die bei Kriegsende mehr als eine halbe Million Soldaten zählte. In mehreren legendären Schlachten hatten sie sich unter schweren Verlusten gegen die Besatzungsmächte und die innenpolitischen Gegner behauptet. Relativ früh und entgegen den Anweisungen aus Moskau hatte die KPJ auch mit dem Aufbau politischer und administrativer Strukturen in den „befreiten Gebieten" begonnen. Im November 1942 hatte sich in der nordostbosnischen Stadt Bihać der „Antifaschistische Rat der Volksbefreung Jugoslawiens" (AVNOJ) zu einer Art provisorischen Parlaments konstituiert. Ein Jahr später trat der AVNOJ in der mittelbosnischen Stadt Jajce zu seiner zweiten Sitzung zusammen. In der Nacht vom 29. zum 30. November 1943 beschlossen die 142 Delegierten, die alle Völker Jugoslawiens vertraten, die Grundlagen des neuen Staates. Der „Antifaschistische Rat" proklamierte sich zur obersten gesetzgebenden und vollziehenden Gewalt des Landes. Der „verräterischen" jugoslawischen Exilregierung in London wurden alle Rechte einer gesetzlichen Regierung abgesprochen, v. a. das Recht, die Völker Jugoslawiens irgendwo und vor irgendwem zu vertreten. König Petar Karađorđević II. durfte nicht mehr in seine Heimat zurückkehren. „Jugoslawien wird auf demokratischen, föderativen Prinzipien aufgebaut, als staatliche Gemeinschaft gleichberechtigter Völker", lautete Punkt 4 der Geburtsurkunde des zweiten Jugoslawien. Am 30. November 1943, gerade als die Alliierten zur Konferenz von Teheran zusammentraten, ließ Tito die getroffenen Beschlüsse an die sowjetische Führung übermitteln. Stalin war außer sich und bezeichnete die Bildung einer provisorischen Regierung als „Dolchstoß in den Rücken der Sowjetunion". Bis dahin hatte die Anti-Hitler-Koalition, einschließlich der UdSSR, Titos gefährlichsten Gegner im Land, Draža Mihailović, den Repräsentanten der königlichen Exilregierung und Führer der serbischen Četnik-Bewegung, politisch anerkannt und unterstützt. Teheran brachte die Wende zugunsten der „Volksbefreiungsbewegung". Überraschenderweise waren es die westlichen Alliierten, die Tito als Führer des Widerstands anerkannten und Mihailović fallen ließen. Stalin konnte sich diesem Kurswechsel nicht verweigern. Die Weichen für die Nachkriegszeit waren damit gestellt, auch wenn der Kampf gegen die deutsche Besatzungsmacht und die Auseinandersetzung mit den innerjugoslawischen Gegnern noch bis Mai 1945 (und stellenweise darüber hinaus) andauerten.

In der jugoslawischen Historiographie der „Tito-Ära" liest sich die Bilanz der Kriegsjahre wie folgt: „Indem sie seit 1941 an der Seite der gegen Hitler gerichteten Koalition kämpfte, hat die Volksbefreiungsarmee Jugoslawiens zu dem allgemeinen Sieg über den Faschismus einen großen Beitrag geleistet. Dieser war um so größer, da sie zweieinhalb Jahre hindurch, bis Ende 1943, fast ohne jede unmittelbare Hilfe von auswärts und mehr als drei Jahre ohne unmittelbare Anlehnung an die verbündeten Armeen kämpfen mußte. Sie kämpfte gleichmäßig hartnäckig und entschlossen im Jahre 1941, da sich die Achsenmächte auf der Höhe ihrer Macht befanden, als auch im Jahre 1945, als die Niederlage des Faschismus gewiß war. In dem schweren vierjährigen Krieg verzeichnete die Volksbefreiungsarmee Jugoslawiens und die Widerstandsbewegung Jugoslawiens, beziehungsweise die Einheiten der Jugoslawischen Armee, 305 000 Gefallene und über 400 000 Verwundete. Die gesamten Verluste aber, welche die jugoslawischen Völker während des Krieges zu ertragen hatten, übersteigen 1 700 000 Opfer (10,8 Prozent der Gesamtzahl der Bevölkerung)."[4]

Die Kriegserfahrung war Ausgangs- und Angelpunkt der jugoslawischen Identität. Zwar gab es über den tiefen Bruch des Zweiten Weltkrieges hinweg auch einige Elemente von Kontinuität, vor allem was die völkerrechtliche Legitimität des Staates betraf, gleichwohl wurde das sozialistische Jugoslawien in fast jeder Hinsicht als Neuanfang, als Phönix aus der Asche verstanden. Folglich wurde der 29. November 1943 als neuer Staatsfeiertag festgelegt. Das Datum ging auch in das Staatswappen ein (Abb. YU/HR 1). Es zeigt ein von Getreideähren umrahmtes Feld. Die Ähren werden mit einem blauen Band zusammengehalten, auf dem das Gründungsdatum eingeschrieben ist. An der Spitze der Ähren befindet sich der rote fünfzackige Partisanenstern. Die Mitte des Feldes bilden sechs Fackeln, die die sechs Republiken Jugoslawiens symbolisieren und deren Flammen sich zu einer einzigen vereinigen und damit symbolisch die „Brüderlichkeit und Einheit" der Völker Jugoslawiens darstellen. Die Zwischenkriegszeit, die Gründung des ersten Jugoslawien, der Weltkrieg 1914–1918, die Balkankriege 1912/13, die Nationalbewegungen im 19. Jahrhundert usw. verblaßten fortan zur problematischen, weil nationalistisch belasteten Vorgeschichte eines teleologisch auf die Errichtung des sozialistischen Jugoslawien und der sozialistischen Gesellschaft zielenden Prozesses. Der „antifaschistische Volksbefreiungskrieg" 1941–1945, die „sozialistische Revolution" sowie der Slogan „Brüderlichkeit und Einheit" bildeten die mythopoetischen Ideologeme des Tito-Regimes und die Legitimationsgrundlage des zweiten Jugoslawien. Später (ab 1948) kamen der Konflikt mit Stalin sowie der daraus entwickelte jugoslawische Selbstverwaltungssozialismus und die Blockfreiheit hinzu. Die „Erinnerung" an den Weltkrieg sowie die Kultivierung neuer Bedrohungsszenarien in der Nachkriegszeit (durch Italien und den Westen während der Triest-Krise oder durch die Sowjetunion nach dem Bruch mit Stalin und anläßlich der militärischen Interventionen in Ungarn 1956 und in der Tschechoslowakei 1968) waren unverzichtbare Bestandteile der Selbstvergewisserung des zweiten Jugoslawien. Das Gefühl allfälliger Bedrohung kittete die Solidargemeinschaft zusammen.

Noch vor Beginn der Friedenszeit setzte die Arbeit am Kriegsmythos ein, so daß der Krieg auch im Frieden gegenwärtig blieb. Die Partei bestimmte, woran „erinnert" und was vergessen werden sollte. Sie sorgte dafür, daß ihre Deutung des Zweiten Weltkrieges in allen Bereichen des öffentlichen Lebens durchgesetzt und abweichende Erfahrungen oder Erinnerungen totgeschwiegen, verdrängt oder kriminalisiert wurden. Der Inszenierung des Kriegsmythos diente die klare und einfache Dichotomie von Gut und Böse, Freund und Feind, Widerstandskämpfern und Kollaborateuren. Die Ereignisse von 1941 bis 1945 wurden die-

YU/HR 1
SFRJ 29.XI.1943
Soziliastische Föderative
Republik Jugoslawien.
29. November 1943
Aufkleber, 9,8 x 7,5 cm
Privatbesitz

sem „extrem polarisierten, dualistischen, ja fast manichäischen Deutungsmuster" entsprechend kodiert.[5] Auf der einen Seite standen die Aggressoren und Besatzungsmächte sowie ihre Helfershelfer. Später – nach dem Bruch mit Stalin von 1948 – kamen die „Verräter" aus den eigenen Reihen – die Parteigänger Stalins bzw. die Anhänger des Kommunistischen Informationsbüros – hinzu. Auf der anderen Seite stand das „Volk", die Arbeiter und Bauern, die sich unter Führung Titos und der Kommunistischen Partei zum bewaffneten Widerstand formiert hatten. Die Trennlinie zwischen Widerstand und Kollaboration verlief nach dem Postulat der Mythenbildner jenseits der nationalen Trennlinien. Auf beiden Seiten der Front herrschte annähernder nationaler Proporz. Sowohl im Lager der Kollaboration wie im Lager des Widerstandes waren (von einigen Modifizierungen abgesehen) Angehörige aller jugoslawischen Nationen und Nationalitäten entsprechend ihrem Anteil an der Gesamtbevölkerung vertreten. Nach Angaben Titos vom Frühjahr 1944 setzte sich die „Volksbefreiungsarmee" zu diesem Zeitpunkt aus 44 Prozent Serben, 30 Prozent Kroaten, 10 Prozent Slowenen, 4 Prozent Montenegrinern und 2,5 Prozent bosnischen Muslimen zusammen. Der Rest verteilte sich auf Angehörige verschiedener Nationalitäten (Italiener, Ungarn, Tschechen usw.).[6] Zum gegnerischen Lager, zum Lager der „Kollaboration", gehörten serbische und montenegrinische Četniki, kroatische Ustaše, „volksdeutsche", slowenische, bosnisch-muslimische, albanische u. a. „Volksverräter". Aufgrund dieser Verteilung hatte es einen nationalen Bürgerkrieg nicht gegeben. Es hatte auch keine Verhaltensweisen gegeben, die außerhalb der starren Polarität von Kollaboration und Widerstand lagen. Für wechselnde Hierarchien in der Einschätzung der Feinde, für bedingte oder taktische Kooperationen mit dem Gegner, für abwartende oder passive Haltungen (z. B. zur Vermeidung von Repressalien der Besatzungsmächte) und für das breite Spektrum von Überlebensstrategien gab es in diesem Schema keinen Platz. Es gab nur die bedingungslose Kollaboration auf der einen und den bedingungslosen Widerstand auf der anderen Seite. Dazwischen gab es nichts.[7]

Ein Kernelement der Legitimierung von Staat und Regime war die Beschwörung der Opfer, die für den Sieg erbracht worden waren. Die Toten waren der Beweis für das Recht auf Leben. Je höher die Zahl der Opfer, desto moralisch unangreifbarer präsentierte sich das Ergebnis. Die Mystik der Großen Zahl wurde eingeleitet durch eine Bemerkung Titos vom Mai 1945, derzufolge sein Land 1,7 Millionen Kriegstote zu beklagen hatte.[8] Demnach gehörte Jugoslawien nach der Sowjetunion und Polen zu den Ländern, die gemessen an ihrer jeweiligen Gesamtbevölkerung die größten Menschenverluste aufwiesen. Unter den Opfern befanden sich über 300 000 Gefallene der „Volksbefreiungsarmee", mehrere hunderttausend Männer, Frauen und Kinder, die im „Unabhängigen Staat Kroatien" ermordet worden waren, Tausende von Zivilisten, die durch die deutsche Wehrmacht und SS im Zuge von Vergeltungsmaßnahmen bzw. Repressalien ums Leben gekommen waren; ferner die Opfer der von den Četniki an bosnischen Muslimen und Kroaten verübten Massaker sowie 60 000–65 000 Juden, die zu mehr als der Hälfte von den kroatischen Ustaše und der NS-Besatzungsmacht auf dem Territorium Jugoslawiens ermordet worden waren. Der Großteil der anderen Juden war von der deutschen Besatzungsmacht deportiert und in Auschwitz, Treblinka und anderen Vernichtungslagern umgebracht worden.[9] Allerdings war der Völkermord an den Juden stets nur ein untergeordneter Aspekt in der Gesamtbilanz der jugoslawischen Kriegsopfer. In Schulbüchern schrumpfte er zur Randnotiz, denn auch bei den Opfern spielten die nationalen, ethnischen oder religiösen Zuordnungskriterien allenfalls eine untergeordnete Rolle. Die Aufschlüsselung der offiziellen Zahlen nach Opfergruppen blieb daher auffallend vage und widersprüchlich. Wichtig war der Gesamteindruck: Die Bevölkerung Jugoslawiens hatte die Aggression Hitlers und seiner aus- wie inländischen Verbündeten mit einem extrem hohen Blutzoll bezahlt.

Zu den menschlichen Verlusten kamen die materiellen Schäden, die auf insgesamt 49,6 Milliarden US-Dollar beziffert wurden, eine für Jugoslawien gigantische Summe. Gemessen am jeweiligen Nationaleinkommen lag Jugoslawien damit an erster Stelle unter allen Staaten der Anti-Hitler-Koalition.[10]

Ziel der kommunistischen Geschichts- und Erinnerungspolitik war es, das Andenken an die Heldentaten, die Brutalität der Gegner und die Opferzahlen des Zweiten Weltkrieges wachzuhalten. Dies geschah durch öffentliche Feiern, in Museen, Filmen, auf Briefmarken, Geldscheinen, Gedenktafeln und durch die Errichtung von Denkmälern. Die beiden wohl bekanntesten befinden sich in Kragujevac und Jasenovac. Kragujevac ist eine Industriestadt in Zentralserbien, wo am 21. Oktober 1941 über 2000 Zivilisten, darunter Schüler und Lehrer des örtlichen Gymnasiums, als „Vergeltung" für einen Partisanenüberfall von Einheiten der deutschen Wehrmacht erschossen wurden.[11] 1953 wurde das Gelände in den Gedenkpark „sumarica" umgewandelt (Abb. YU/HR 2). In der Mitte des Parks befindet sich das 1963 von Miodrag Živković aus weißem Beton gestaltete „Denkmal für die ermordeten Professoren und Schüler", das einen Vogel mit gebrochenen Flügeln symbolisiert. Das 13 Jahre später eröffnete Gedenkmuseum, das 1999 bei NATO-Angriffen beschädigt wurde, verkauft eine kleine Kopie des Denkmals (Abb. YU/ HR 3).[12]

YU/HR 2
Kragujevac. Spomenik streljanih djaka 1941. god
Kragujevac. Denkmal für die 1941 erschossenen Schüler, 60er Jahre
Ansichtskarte, 10,8 x 15,3 cm
Privatbesitz

YU/HR 3
Miodrag Živković
(Denkmal)
Spomen park Kragujevac
Gedenkpark Kragujevac, nach 1976
Stein, 9 x 15 cm
Privatbesitz

Neben den Gedächtnisorten waren es vor allem Schulbücher und eine ausufernde Geschichtsschreibung, die das Bild des Krieges weitergeben sollten. Zwischen 1945 und 1965 erschienen in Jugoslawien über 30 000 Monographien, Sammelbände und Aufsätze über den „Volksbefreiungskampf und die sozialistische Revolution".[13] Bis Ende der 80er Jahre dürfte sich die Zahl verdreifacht haben. Zu jeder Region und zu jeder mehr oder minder bedeutenden Ortschaft in Jugoslawien existierte (mindestens) eine Publikation über deren Geschichte im „Volksbefreiungskrieg". Die Politik- und Militärgeschichte wurde ergänzt durch Sozialgeschichte, Mikrogeschichte, Alltags- und Frauengeschichte des „Volksbefreiungskampfes". Kein Aspekt der Jahre 1941–1945 blieb unberücksichtigt, sofern er in das offizielle Geschichtsbild paßte. Alles andere blieb tabu. In jeder der sechs Gliedrepubliken mühten sich historische Institute um die ideologiegetreue „Aufarbeitung" der Zeitgeschichte, wobei die gesamtjugoslawische Perspektive seit Anfang der 60er Jahre zunehmend durch die jeweilige Republiksperspektive verdrängt wurde.

In Schulbüchern und mittels des „militärischen Vorunterrichts" wurden die

Erfahrungen und „Ideale" des Partisanenkriegs an die jungen Generationen weitergereicht und die Bevölkerung auf eine künftige Verteidigung des Landes in Form des „Volkskrieges" vorbereitet.[14] Die paramilitärische Erziehung blieb bis Anfang der 90er Jahre ein integraler Bestandteil des Bildungswesens. Seit 1970 war der „militärische Vorunterricht" Pflichtfach von der Grundschule bis zum Hochschulabschluß.[15] Die Unterrichtsmaterialien waren gespickt mit ebenso heroischen wie brutalen Episoden aus dem Zweiten Weltkrieg: „Das 16jährige Mitglied des Bundes der kommunistischen Jugend Jugoslawiens (SKOJ) Žarko Borić kam 1944 bei Srem in deutsche Gefangenschaft. Eine ganze Weile haben die Deutschen ihn gefoltert und von ihm verlangt, daß er die Partisanenstützpunkte verrät. Er antwortete dem deutschen Offizier herausfordernd, spuckte ihm ins Gesicht, bat den Schlächter nicht um Gnade. Man hat ihn nicht erschossen, sondern lebendig begraben, in einem Grab, das er vorher selbst ausheben mußte." Oder: „Živan wurde zwischen zwei Balken gefesselt und wie am Spieß langsam gedreht und bei lebendigem Leib gebraten. Er starb unter schwersten Leiden. Doch der Feind hat nichts von ihm erfahren."[16] Die Weckung von Gewaltphantasien, der Heldenkult und die „vormilitärische Erziehung" waren wichtige Bausteine in der umfassend angelegten Militarisierung der jugoslawischen Gesellschaft und der Vergegenwärtigung des Zweiten Weltkriegs.[17]

Beliebte und psychologisch wirksame Medien des „historischen Gedächtnisses" waren die zahlreichen Partisanenfilme[18], darunter der Spielfilm „Kozara" von 1962. Das Kozara-Gebirge ist eines der Hauptsiedlungsgebiete der bosnischen Serben und war im Krieg eine wichtige Partisanenhochburg. Der Monumentalfilm erzählt die Geschichte der Schlacht im Kozara-Gebirge von Mitte 1942, als deutsche und verbündete Truppen eine Großoffensive gegen die Partisaneneinheiten starteten, in deren Verlauf die Zivilbevölkerung der Region deportiert wurde. Das Plakat zeigt eine Collage aus mehreren Szenen. Im Hintergrund detonieren die Bomben der Deutschen, die die Partisaneneinheiten aufreiben sollen (Abb. YU/HR 4). Die „Partisanenfilme" verbanden Elemente des kommunistischen Propaganda- und Monumentalfilms mit Stilelementen, die amerikanischen Western- und Actionfilmen entlehnt waren. Auch deutsche und amerikanische Schauspieler wirkten darin mit, so z. B. Curd Jürgens im Film „Bitka na Neretvi" von 1969. Die Stars spielen auf dem Plakat die Hauptrolle und nicht die Handlung (Abb. YU/HR 5). Auf dem Plakat zu dem Film „Sutjeska" von 1972 steht Richard Burton als einsamer verwundeter Held vor einer imposanten Bergkulisse im Vordergrund, den Blick in die Ferne gerichtet, während ein zerstörter Baum an

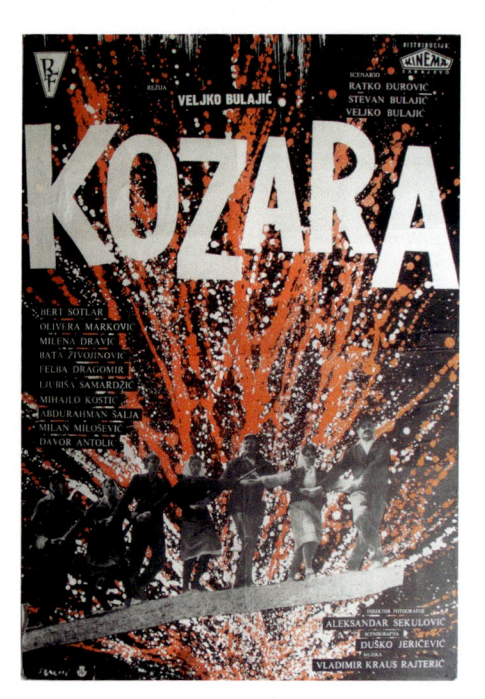

YU/HR 4
Veljko Bulajić (Regie)
Kozara
Rote Teufel gegen die SS
(dt. Verleihtitel), 1962
Filmplakat, 100 x 80 cm
Belgrad, Jugoslovenska
Kinoteka
106

die Schlacht und die Bomben erinnern soll (Abb. YU/HR 6).

Zu den Partisanen-„Western" kam der beliebte Partisanen-Comic „Mirko und Slavko", der die Geschichte zweier „Kinder-Helden" in einer Partisaneneinheit erzählt. Der als Beilage zur Tageszeitung Politika veröffentlichte Comic war während der 60er und 70er Jahre überaus populär. 1973 wurde er unter der Regie von Branimir Janković auch verfilmt. Im Moment sind sie in aktualisierter Form im Internet zu finden.[19] In die Jahre gekommen, unterhalten sie sich über den Krieg in Bosnien-Herzegowina (1992–1995). Slavko hat in der Armee der bosnischen Kroaten (HVO) gekämpft und Mirko in der Armee Bosnien-Herzegowinas. Der eine gehört zu den Gewinnern, der andere zu den Verlierern des jüngsten Krieges. Sie begegnen sich zufällig. Friedlich nebeneinander sitzend kommen sie zu dem Schluß, daß sie letztlich beide heimatlos geworden sind, daß sie endlich aus den Kriegsromanen heraustreten und in der Wirklichkeit leben müssen.

Partisanenlieder mit folkloristischen Elementen, z. B. „Po šumama i gorama" (Durch die Wälder und Berge), gehörten einst zum unverzichtbaren Repertoire jeder Geselligkeit und jedes Besäufnisses. Die Grenzen zwischen Erhabenem und Kitsch verschoben sich dabei – je länger, desto mehr – zugunsten des letzteren.[20] Wie zum Trotz hieß es in dem Lied „Računajte na nas" (Rechnet auf uns) des Liedermachers Đorđe Balašević aus dem Jahr 1978: „Einige zweifeln an uns, weil wir Platten hören und Rock spielen … (Aber) in unseren Venen fließt das Blut der Partisanen … Rechnet auf uns."

Das jugoslawische Selbstverständnis hatte von Anfang an auf einem komplizierten Spagat zwischen Einheit und Vielfalt beruht. Zur Einheit gehörten die Gründungsmythen bzw. der ideologische und staatsbür-

YU/HR 5
Veljko Bulajić (Regie)
Bitka na Neretvi
Die Schlacht an der Neretva,
1969
Filmplakat, 100 x 80 cm
Belgrad, Jugoslovenska Kinoteka
1316

YU/HR 6
Stipe Delić (Regie)
Sutjeska
1972
Filmplakat, 70 x 50 cm
Belgrad, Jugoslovenska Kinoteka
1552

gerliche Jugoslawismus, während die Vielfalt in der Anerkennung und Gleichberechtigung aller Nationen und Nationalitäten, ihrer Sprachen, Kulturen und Religionen Ausdruck fand. Bis Anfang der 60er Jahre dominierte die Inszenierung der Einheit. Dann verschob sich das Gewicht allmählich zugunsten der Vielfalt. Der Jugoslawismus geriet als „Unitarismus" und „Zentralismus" unter Beschuß, so daß sich rund zwei Jahrzehnte nach Ende des Zweiten Weltkrieges zwischen Einheit und Vielfalt ein Spannungsverhältnis auftat.

Die jugoslawischen Helden und der Tito-Kult

„Weniger während des Krieges als vielmehr nach seinem Ende hat die sozialistische Regierung Volkshelden produziert: Eine viel größere Zahl von Partisanen wurde nach dem Kriege mit der höchsten Auszeichnung 'Volksheld' dekoriert als während des Befreiungskrieges selbst. Jeder Ort bemühte sich, wenigstens ein Denkmal zu Ehren eines Volkshelden oder der gefallenen Kämpfer zu errichten, ganz zu schweigen von unzähligen Gedenktafeln. Nach Volkshelden und gefallenen Kämpfern wurden Orte und Städte, Straßen und Schulen, verschiedene Institutionen und Fabriken benannt."[21] Die Kriegsveteranen und insbesondere die Kämpfer der ersten Stunde, die bereits vor 1941 der illegalen KPJ angehört hatten (die „prvoborci"), genossen in der sozialistischen Gesellschaft hohes Ansehen. Sie waren sozial privilegiert, gut organisiert und wurden mit Orden oder Medaillen überhäuft. Ihr Dachverband, der „Bund der Vereinigungen der Kämpfer des Volksbefreiungskrieges" (SUBNOR), stellte eine einflußreiche Lobby dar, die die Nachkriegsordnung gegen alle „Aufweichungen" abzuschirmen suchte. SUBNOR-Mitglieder trugen die Kämpfer-Medaille, die ein Paar mit Waffe unter einem Partisanenstern zeigt (Abb. YU/HR 7).

Der Held aller jugoslawischen Helden war Tito.[22] Schon während des Krieges war er zur Legende geworden. Anfang 1939 hatte Tito als Generalsekretär die Führung der in sich zerstrittenen und weitgehend marginalisierten KPJ übernommen. Die 5. Landeskonferenz der Partei im Oktober 1940 in Zagreb bestätigte ihn in diesem Amt. Zugleich wurde die Absicht zur föderalistischen Umgestaltung Jugoslawiens und zur Verteidigung des Landes im Falle eines Angriffs von außen gebilligt. Nach mehrjährigen Schwankungen hatte die Partei damit wieder eine klare politische Linie. Sie bekannte sich zum jugoslawischen Staat, den sie früher unter dem Einfluß der Komintern als Produkt des Versailler Systems abgelehnt hatte, und sie bekannte sich zur Multinationalität dieses Staates und zur Gleichberechtigung seiner Völker. Vier Tage nach Beginn des deutschen Überfalls auf Jugoslawien bildete die KPJ am 10. April 1941 in Zagreb ein Militärkomitee unter Leitung Titos, das den Aufstand vorbereiten sollte. Als deutsche Panzer die sowjetischen Grenzen überrollten, rief das Politbüro die Völker Jugoslawiens zum bewaffneten Widerstand auf und gründete den „Hauptstab der Volksbefreiungs- und Partisaneneinheiten" als oberstes militärisches Führungsgremium. Am 4. Juli

YU/HR 7
Medalja borca.
Jugoslavija. 1941–1945.
Sloboda narodu – smrt fašismu
Kämpfer-Medaille.
Jugoslawien. 1941–1945.
Freiheit dem Volke – Tod dem Faschismus, nach 1970
Medaille, 6 cm, Dm 3,5 cm,
Urkunde 11,2 x 16 cm
Privatbesitz

YU/HR 8
1941–1981. 40 godina
ustanka i socijalističke
revolucije naroda i narodnosti
Jugoslavije
1941–1981. 40 Jahre
Aufstand und sozialistische
Revolution der Nationen und
Nationalitäten Jugoslawiens,
1981
Briefmarke
Bonn, Archiv für Philatelie.
Museumsstiftung Post und
Telekommunikation

1941 wurde der Beginn des Aufstands gegen die Besatzungsmächte und ihre Helfer beschlossen. Am Ende der von vielen Legenden umwobenen vierjährigen Epopöen war Tito 53 Jahre alt[23] und der unbestrittene Führer der Partei. Sein Geburtshaus in Kumrovec, das 1953 in ein Museum umgewandelt wurde, und die vom Bildhauer Antun Augustinčić 1948 errichtete Tito-Statue wurden in kommunistischer Zeit beliebte Wallfahrtsorte.[24] Am 4. Juli 1981, zum 40. Jahrestag des „Aufstands und der Sozialistischen Revolution" und gut ein Jahr nach Titos Tod, erschien eine Briefmarke mit der bekannten Tito-Statue (Abb. YU/HR 8).

In der internationalen kommunistischen Hierarchie beanspruchte Tito für Jugoslawien und sich den zweiten Platz hinter der Sowjetunion und Stalin und vor den übrigen „Volksdemokratien". Diese Auffassung widersprach grundsätzlich der von Stalin festgelegten Rangordnung: zuerst die UdSSR und dann – mit weitem Abstand – alle „Volksdemokratien" auf derselben oder nahezu derselben Stufe der Unterordnung. Darüber kam es zum Bruch zwischen Belgrad und Moskau. Der von Stalin erzwungene Ausschluß Jugoslawiens aus der kommunistischen Staatengemeinschaft 1948 leitete die Entwicklung des „Weltkommunismus" von einem monolithischen zu einem polyzentrischen System ein. Erfolgreich trotzten Tito und seine Genossen den wirtschaftlichen Sanktionen und massiven militärischen Drohungen der Sowjetunion und ihrer Satelliten. Zu ihrer Legitimation sah sich die KPJ jedoch gezwungen, ein eigenes Sozialismusmodell zur Abgrenzung gegenüber der stalinistisch „degenerierten" Sowjetunion und dem kapitalistischen Westen zu entwickeln. Das war der Beginn von Jugoslawiens eigenem Weg zum Sozialismus bzw. des „Titoismus" als System. Dieses System war von Anfang an widersprüchlich. Der durch die Auseinandersetzung mit den Degenerationserscheinungen, mit „Etatismus und Bürokratismus" in der Sowjetunion und durch die Rückbesinnung auf die Schriften der marxistischen Klassiker eingeleitete Umdenkungsprozeß – von den „Praktikern" in der KPJ (zu denen auch Tito gehörte) ohnehin nur widerwillig akzeptiert – drohte in letzter Konsequenz nicht nur den Staat, sondern auch die ihn tragende Partei in Frage zu stellen. An der Jahreswende 1953/54 – ein dreiviertel Jahr nach Stalins Tod – erschien im Zentralorgan der jugoslawischen Kommunisten, in der Borba, eine Artikelserie des damals 43jährigen Montenegriners Milovan Đilas, der als „Liebling der Partei" zu den engsten Mitarbeitern Titos zählte. Unter der Überschrift „Subjektive Kräfte" kam der Verfasser zu der Feststellung, daß „in unserem Land alles viel zu sehr von Vorschriften umstellt (ist). Wir haben zu viele vorgeschriebene, von oben vorgeschriebene Wahrheiten." „Die dogmatische, bürokratische Theorie, derzufolge nur die Kommunisten die bewußten Kräfte des Sozialismus sind (nach Stalin ‚ein besonderer Menschentyp'), dient nur dazu, sie von der Gesellschaft zu trennen und über die Gesellschaft zu stellen als diejenigen, die dazu prädestiniert sind, die anderen zu dirigieren, weil sie die einzige Gruppe sind, die sich ‚der Endziele bewußt' und vollkommen vertrauenswürdig sind. […] Solche Tendenzen gab und gibt es auch in unserem Land. Da sie nun einmal eine Position errungen haben, von der aus sie alles – von der Ethik bis zum Markensammeln – zentralisiert und reguliert haben, haben es viele Kommunisten jetzt, da ein demokratischer Wind zu wehen angefangen hat, noch nicht fertiggebracht, ihre Ansichten zu ändern […]" Bürokraten könnten nun einmal nicht den Bürokratismus bekämpfen. „Ihnen ist beigebracht worden, den alten kapitalistischen Klassenfeind zu bekämpfen, und dazu waren sie imstande, obwohl sie dabei Bürokraten blieben. Nun aber, da die Rolle, die Macht und die Bedeutung des Klassenfeinds größtenteils geschwunden sind, setzen die Bürokraten ihre sterile

Jagd danach noch immer fort." „Wer", so fragte Đilas abschließend, „wird sich nun der Seele des Volkes annehmen, seines Bewußtseins, seiner Tätigkeit?"[25]

Für Tito stand fest, daß dies auch künftig die Partei bzw. der „Bund der Kommunisten" tun müsse. Deshalb ließ er Đilas fallen. Der Personenkult um Tito war bereits so weit etabliert, daß er jenseits aller Kritik und aller Theoriedebatten stand. Tito war Jugoslawien. Jugoslawien war Tito. Selbst das Wiedererwachen der „nationalen Frage" in den 60er Jahren und der „kroatische Frühling" von 1971 vermochten seine Position nicht zu erschüttern. Allerdings hatte Tito seit Anfang der 60er Jahre begonnen, sich innerlich vom Jugoslawismus zu verabschieden (die Gründe dafür – Einsicht, Resignation, Taktik? – sind unklar), und setzte fortan auf die „Föderalisierung der Föderation". Hatte der Föderalismus lange Zeit nur auf dem Papier gestanden, so wurde er Ende der 60er Jahre und mit der Verfassung von 1974 in weitreichender Form umgesetzt. Die Kompetenzen der Bundesorgane wurden geschwächt, die der Republiken (und beiden Autonomen Provinzen Kosovo und Wojwodina) wurden so gestärkt, daß sich die Frage stellte, ob Jugoslawien überhaupt noch eine Föderation oder nicht bereits eine Konföderation sei. Insbesondere auf serbischer Seite gab es heftige Kritik, die sich vor allem am republikähnlichen Status der Autonomen Provinzen und insbesondere der mehrheitlich von Albanern bewohnten Provinz Kosovo entzündete. Demgegenüber sah Tito in den Verfassungsänderungen eine „starke Waffe im Kampf gegen Etatismus, Bürokratismus und Technokratismus, – Erscheinungen, die ständig drohen, die sozialistischen Selbstverwaltungsbeziehungen zu degradieren". Er warnte die Republiken und Autonomen Provinzen, „das Interesse der Gemeinschaft als Ganzes aus den Augen zu verlieren". Nur eine „starke, auf neuen Grundlagen basierende Föderation" biete eine „Garantie für die Selbständigkeit und Souveränität" aller ihrer Teile. Der Abbau des Bundesetatismus und die Übertragung größerer Kompetenzen vom Bund auf die Republiken bedeute weder „die Schaffung eines polyzentrischen Etatismus" noch die „Distribution der Staatlichkeit".[26] Tatsächlich bedeuteten sie den Aufbau des Republiksetatismus. Das als Korrektiv konzipierte und 1976 abschließend kodifizierte Selbstverwaltungssystem vermochte diesen Prozeß nicht zu stoppen. Dieser Umstand stärkte zwar die Position Titos als charismatischer Führer und Demiurg Jugoslawiens, ließ jedoch viele Fragen für die Zeit nach Tito unbeantwortet.

Am Abend des 4. Mai 1980 verbreitete die jugoslawische Nachrichtenagentur Tanjug eine Erklärung des Zentralkomitees des Bundes der Kommunisten Jugoslawiens und des (kollektiven) Staatspräsidiums mit folgendem Wortlaut:

„An die Arbeiterklasse, die Werktätigen und Bürger, die Völker und Volksgruppen der Sozialistischen Föderativen Republik Jugoslawien: – Tito ist tot."

Kurz vor seinem 88. Geburtstag hatte der „letzte große Führer des Zweiten Weltkriegs", der „Schöpfer des neuen Jugoslawien", der „Sieger über Hitler und Stalin" und der „Initiator der Blockfreien Bewegung" die politische Bühne verlassen. Über 35 Jahre lang hatte er mit Autorität, unerschöpflicher Energie und politischem Instinkt die Geschicke des zweiten Jugoslawien geleitet. Unter seiner Führung war der Vielvölkerstaat aus der Katastrophe des Zweiten Weltkrieges herausgeleitet und von einer „Volksdemokratie" nach sowjetisch geprägtem Muster in ein eigenwilliges Land mit einem ebenso einmaligen und einzigartigen wie problematischen und schließlich gescheiterten Gesellschaftsmodell verwandelt worden. Titos Autokratie und sein Charisma hatten ein doppeltes Gesicht: Sie standen im Widerspruch zum Modell, doch sie ermöglichten zugleich Experimente, die unter einer schwächeren Führung kaum oder nur mit wesentlich größeren Risiken denkbar gewesen wären. Sie schafften Freiräume oder verengten sie – je nach Einschätzung der politischen Lage durch Tito.

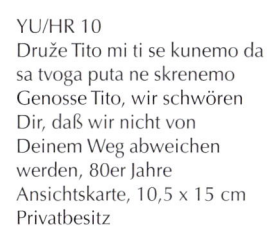

Tito war nicht nur das Symbol des revolutionären, sondern auch das Symbol des nachrevolutionären Jugoslawien, Revolutionär und Staatsmann in einer Person. Gut vier Jahrzehnte lang hatte er als Ikone gedient; sein Konterfei (auf Plakaten, Briefmarken, in Amtsstuben, Kneipen und vielen Privatwohnungen) hatte die Bürger auf Schritt und Tritt begleitet. Auch das Massenmedium Schallplatte hatte nachhaltig zu seiner Popularisierung beigetragen. Das Cover der Platte „Pesme o Titu" (Lieder über Tito) zeigte den Helden aller Helden in Marschallsuniform im Kreis von Pionieren (Abb. YU/HR 9). Der Mensch Josip Broz war bis zum Ende des Todeskampfes im klinischen Zentrum von Ljubljana nicht nur der aristokratische Nutznießer, sondern auch der Gefangene dieses Kults. Sein persönliches Charisma überlebte das kriegsrevolutionäre Charisma noch um mehrere Jahrzehnte. Erst nach Titos Beisetzung im Belgrader Stadtteil Dedinje am 8. Mai 1980 flutete die Bewegung, die er einst in den „Stunden der größten Heimsuchung" ins Leben gerufen, die er gesteuert und die ihn als Kultfigur getragen hatte, in die Bahnen eines vielfältig gefährdeten, nachcharismatischen Alltags zurück.

Titos Tod löste in weiten Teilen der Bevölkerung tiefe Trauer und Besorgnis aus. Dem toten Führer wurde in Belgrad ein Mausoleum errichtet. Sein Kult lebte noch einige Jahre auf Bildern und in Liedern fort. Eine Postkarte (vermutlich aus den 80er Jahren) zeigt das Tito-Mausoleum von außen und innen; links das Wappen der Stadt Belgrad, in der Mitte die jugoslawische Staatsflagge mit dem Partisanenstern. Oberhalb und unterhalb des auf der rechten Seite abgebildeten Mausoleums mit militärischer Ehrenwache stehen die ersten Zeilen des bekannten Liedes: „Genosse Tito, wir schwören Dir, daß wir nicht von Deinem Weg abweichen werden." (Abb. YU/HR 10)

YU/HR 9
Pesme o Titu
Lieder über Tito
Schallplatte, 31,5 x 31,5 cm
Zagreb, Hrvatski Povijesni Muzej

YU/HR 10
Druže Tito mi ti se kunemo da sa tvoga puta ne skrenemo
Genosse Tito, wir schwören Dir, daß wir nicht von Deinem Weg abweichen werden, 80er Jahre
Ansichtskarte, 10,5 x 15 cm
Privatbesitz

Der postjugoslawische Heldensturz und die Rehabilitierung der „Kriegsverbrecher"

Der von vielen Beobachtern vorausgesagte Zerfall Jugoslawiens blieb nach Titos Tod zunächst aus. Das zweite Jugoslawien überlebte seinen „Schöpfer" noch um gut zehn Jahre. Die Zeit verstrich düster und aussichtslos: Die Inflation stieg unaufhaltsam, der Lebensstandard sank drastisch, und ein rasch wachsender Teil der Bevölkerung wurde in die Armut abgedrängt. Mißwirtschaft und Korruption der Funktionäre (derjenigen, die Milovan Đilas einst als „Neue Klasse" beschrieben hatte) beschleunigten die Talfahrt der Wirtschaft und zerstörten die Glaubwürdigkeit der wirtschaftlichen und politischen Führungscliquen. Parallel zu den ökonomischen Problemen verschärften sich die nationalen Spannungen. In den Jahren nach Titos Tod zeigte sich immer deutlicher, daß die Verfassung von 1974, die mittels Schwächung des Zentrums den Zusammenhalt der Bundesländer hatte fördern sollen, in der Praxis das Gegenteil bewirkte. Aus dem kommunistischen Zentralismus früherer Jahre war ein kommunistischer Polyzentrismus von sechs Republiken und zwei Autonomen Provinzen mit jeweils eigenen Machtzentren und weithin abgeschotteten Wirtschaftsräumen geworden. Der Bund der Kommunisten, dem Tito die Rolle zugedacht hatte, die zentrifugalen Tendenzen auszubalancieren, wurde voll von den desintegrativen Strömungen erfaßt. Probleme wurden unter den Tisch gekehrt, Warnungen ignoriert. Bereits im Frühjahr 1981 war es in Kosovo zu Demonstrationen der Albaner gekommen, die die Anerkennung ihrer Provinz als siebente Republik forderten. Durch den Einsatz von Panzern, die Verhängung des Ausnahmerechts und Massenverhaftungen konnte die jugoslawische Staats- und Parteiführung zwar äußerlich die Ruhe in Kosovo wiederherstellen, aber mit der dogmatischen Klassifizierung der nie restlos aufgeklärten Ereignisse als „Konterrevolution" und „Irredentismus" wurde jede Diagnose der Probleme unterbunden und der Mythenbildung Vorschub geleistet.[27] Mehr noch: Vertreter der seit 1945 an den Rand gedrängten Serbisch-Orthodoxen Kirche sprachen 1992 erstmals von einem „Genozid" der Albaner an den Serben in Kosovo.[28] Das war eine ebenso falsche wie provokante Formulierung. Den Geistlichen folgten Schriftsteller und Wissenschaftler. Und bald begann der Genozid-Topos die öffentlichen Diskurse in Serbien zu beherrschen.[29] Serbische Schriftsteller, allen voran der spätere rest-jugoslawische Staatspräsident Dobrica Ćosić, gossen mit ihren Werken Öl in die schwelende Glut.[30]

Die jugoslawische Solidargemeinschaft rückte nun mehr und mehr in den Hintergrund: sowohl in den Medien, in der Literatur und Kunst als auch im Sport oder in der Unterhaltungsmusik.[31] In einem maßvoll kritischen, melancholischen Lied der Band „Zabranjeno Pušenje" (Rauchen verboten) aus dem Jahre 1987 heißt es über die jugoslawische Tristesse: „Heute ist der Tag der Republik. Die Alten trinken ein bißchen und erinnern sich an den Krieg ... Es tut ihnen leid, daß die Kids nicht mehr Partisanen spielen ... Schließ das Fenster, die Heizung funktioniert nicht".[32] Die offenkundigen Defizite, die die „Ära Tito" hinterlassen hatte, wurden mit nationalistischen (mitunter auch rassistischen) Inhalten gefüllt. Ab Mitte der 80er Jahre setzte in Serbien ein stürmischer und radikaler Prozeß der Umkodierung der Vergangenheit ein.[33] Die bisherige jugoslawische Metaphorik wurde durch eine serbisch-nationale, häufig religiös aufgeladene Metaphorik ersetzt. An den Formen der Präsentation änderte dies nichts, aber die damit verbundenen Botschaften, Wahrnehmungsmuster und -filter wurden neu gepolt. Der Wende in die „epistemologische Katastrophe" (Karl W. Deutsch) voraus ging eine Phase der Implementierung, die 1985 mit Dimitrije Bogdanovićs „Buch über Kosovo" und der „Promotion" (Präsentation) des Buches von Veselin Đuretić über die Alliierten und das jugoslawische Kriegsdrama 1941–1945 im Gebäude der Serbischen Akademie der Wissenschaften eingeleitet wurde.[34] Im Zentrum von Bogdanovićs Arbeit stand die These von der Verdrängung und Vernichtung der Serben in Kosovo, während sich Đuretić um eine Neubewertung der serbischen Četnik-Bewegung im Zweiten Weltkrieg und der Rolle der Alliierten bemühte. Statt von „Kollaboration" der Četniki mit den Nationalsozialisten sprach Đuretić nun von „nationalem Realismus", „modus vivendi mit dem Okkupator", „existentieller Dialektik" oder „serbischer Selbstverteidigungsdialektik". Aus „Kollaborateuren und Kriegsverbrechern" wurden in der Folgezeit Schritt für Schritt „Märtyrer und Helden", die von den einstigen Alliierten verraten worden waren. Diskussionen über Kosovo und die Četniki hatte es auch in früheren Jahren (insbesondere 1968) schon gegeben, aber sie waren von Tito schnell unterdrückt worden und hatten nie dieselbe Wirkung entfalten können wie 1985 und danach. Erst im Verlauf der 80er Jahre reifte eine komplexe sozioökonomische und kulturelle Krisensituation heran, in der lang verdrängte, verleugnete oder verschwiegene „Gegenerinnerungen" die dominant affirmativen Vergangenheitsbilder des zweiten Jugoslawien herausfordern und entlegitimieren konnten: zuerst in Serbien und Slowenien, dann in Kroatien und den übrigen Teilrepubliken. Eine Serie von Tabu-Brüchen (die Demaskierung des Partisanenkults, die Distanzierung vom Tito-Mythos, die Rehabilitierung von „Kriegsverbrechern" usw.), gepaart mit der um sich greifenden Wahrnehmung einer tiefen Krise von Ökonomie, Staat und Gesellschaft unterminierten die Fundamente, auf denen der zweite jugoslawische Staat gegründet worden war. Die an die Oberfläche drängenden „Gegenerinnerungen" waren nicht weniger politisch als die bisherige „Erinnerung". In beiden Fällen ging es um Sinnstiftung, Deutungshoheit und Legitimierung von Macht.

Höhepunkt der Implementierungsphase in Serbien zwischen 1985 und 1987 war das sogenannte Memorandum der Serbischen Akademie der Wissenschaften von 1986.[35] Vor allem der zweite Teil des Memorandums, der sich mit der „Lage Serbiens und des serbischen Volkes" befaßte, sollte sich bald als diskursprägend erweisen. Der „physische, politische, rechtliche und kulturelle Genozid an der serbischen Bevölkerung in Kosovo und Metohija" wurde darin in düstersten Farben beschworen. Seit Frühjahr 1981 (seit den damaligen Demonstrationen der Albaner) werde gegen die Kosovo-Serben ein „offener und totaler Krieg" geführt. Brandstiftungen, Morde, Vergewaltigungen serbischer Frauen und Schändungen religiöser Stätten seien an der Tagesordnung. Die anonym agierenden Verfasser des „Memorandums"[36] – allesamt Mitglieder der hochprivilegierten geistigen Elite Serbiens – machten nicht einmal den Versuch, ihre schweren Anschuldigungen („Serbophobie", antiserbische Politik Titos, „Genozid", „totaler Krieg" etc.) empirisch überzeugend und kritisch abwägend zu belegen oder in einen offenen Dialog mit den Vertretern anderer Eliten in Jugoslawien zu treten. Fakten und Behauptungen, Wahrheiten, Halbwahrheiten und Unwahrheiten gingen fließend ineinander über. Der erwähnte Text enthielt viele zutreffende Beobachtungen (vor allem, aber nicht ausschließlich im ersten Teil des „Memorandums", der sich mit der Krise der jugoslawischen Wirtschaft und Gesellschaft beschäftigte). Problematisch waren deren Deutung, die Einseitigkeit der Informationen und die vielen ausgeblendeten Aspekte. Indem die Autoren latente Klischees und Vorurteile serbischer Nationalisten reproduzierten oder aktivierten und ihnen „akademische" Würde verliehen, mißbrauchten sie das Vertrauen und Prestige, das einem Akademiemitglied von der Bevölkerung entgegengebracht wurde.[37] Die Ausführungen waren ein Musterbeispiel für die neue „nationale Metaphorik". Die Träger dieser geistigen Wende – Historiker, Rechtswissenschaftler, Schriftsteller u. a. – waren typische Vertreter von Szelényis und Konráds „Intelligenz auf dem Weg zur Klassenmacht".[38] Angesichts der Erosion der jugoslawischen Gründungsmythen kämpften sie um die Durchsetzung einer neuen Deutungshoheit unter ethnonationalem Vorzeichen. Wenngleich die neuen „Priester der Nation" öffentlich kritisiert wurden, waren sie alles andere als „Dissidenten". Sie genossen die unausgesprochene Unterstützung eines Teils des politischen Establishments und blieben vor Verfolgung geschützt. Sie waren es, die den „Verrat der Intellektuellen" in Serbien einleiten. Und bis heute hat sich die Akademie davon nicht distanziert.[39]

Nachdem Slobodan Milošević[40] seinen „Ziehvater" Ivan Stambolić kaltgestellt und seine Machtbasis in Serbien gesichert hatte, begann 1988 die grundlegende Wende in den öffentlichen Diskursen: die Schürung nationalistischer Feindbilder, die Instrumentalisierung der Folklore, die schrittweise Militarisierung der Sprache und die Verquickung der wiederentdeckten Opfer-Mythen – vor allem des Kosovo-Mythos – mit einer gewendeten Politik.[41] Milošević erkannte das Mobilisierungspotential, das ihm die weltlichen und geistlichen Deutungseliten lieferten, und setzte es gezielt im politischen Alltag, insbesondere zur Entmachtung der Provinzen Kosovo und Wojwodina ein.[42] Der Prozeß gegen den ehemaligen Innenminister des „Unabhängigen Staates Kroatien" Andrija Artuković 1986, das erwähnte „Memorandum" der Serbischen Akademie der Wissenschaften aus demselben Jahr, der Beginn der „Ära Slobodan Milošević" in Serbien 1987, die „Mladina-Affäre" in Slowenien 1988, die leidenschaftliche Polemik über die Veröffentlichung des späteren kroatischen Staatspräsidenten Franjo Tuđman („Irrwege der Geschichtswirklichkeit") von 1989 und der in allen jugoslawischen Republiken geschürte Nationalismus an der Wende zu den 90er Jahren vergifteten das Klima und machten die bitter nötige Auseinandersetzung mit der Vergangenheit und insbesondere mit dem Zweiten Weltkrieg unmöglich. In der Atmosphäre einer sich flutwellenartig ausbreitenden Paranoia erschien eine Vielzahl historischer und pseudohistorischer Arbeiten, in denen insbesondere die Ereignisse des Zweiten Weltkrieges und die Beziehungen zwischen Serben und Kroaten, Serben und Albanern sowie Serben und bosnischen Muslimen neu kodiert wurden.[43] Aus Schwarz wurde Weiß, aus Weiß wurde Schwarz.

Die von allen Politikern (wenn auch in sehr unterschiedlichen Varianten) bis 1989 vertretene gesamtjugoslawische Option, die in repräsentativen Umfragen von der Bevölkerung unterstützt wurde,[44] trat deutlich in den Hintergrund, nachdem die 1990 durchgeführten ersten freien Wahlen seit 1927 in allen Republiken (mit Ausnahme Serbiens und Montenegros) national-„bürgerliche" Parteien oder Koalitionen ans Ruder gebracht hatten. Nur in Serbien und Montenegro hatten sich die Kommunisten behaupten können. Aber hier wie dort war es ausschließlich um eine nationale Parteinahme, nicht um gesellschaftlichen Pluralismus oder den Aufbau einer Zivilgesellschaft gegangen. Nach den Wahlen begann der eigentliche Zerfallsprozeß Jugoslawiens, der 1991 in die postjugoslawischen Kriege (zuerst in Slowenien, dann in Kroatien und von 1992 bis 1995 in Bosnien-Herzegowina) mündete und 1999 die Intervention der NATO in Kosovo und Rest-Jugoslawien auslöste.

Ende der 80er Jahre war nicht nur Jugoslawien, sondern auch die gemeinsame „Erinnerung" an den Zweiten Weltkrieg tot. Das jugoslawische „Gedächtnis" war in eine Vielzahl nationaler „Gedächtnisse" zerfallen. Sie können im folgenden nicht alle im Detail dargestellt werden. Die Ausführungen konzentrieren sich daher auf den Wandel der „Erinnerungskulturen" in Serbien und Kroatien.

Serbien in der „Ära Milošević"

In Serbien wurde der seit den 80er Jahren zum „Kroaten" gestempelte Tito für viele Übel und Leiden verantwortlich gemacht, die die Serben während des Zweiten Weltkriegs und danach erlitten hatten: für die Verunglimpfung der Četniki und ihres Führers Draža Mihailović, für die vermeintliche wirtschaftliche

YU/HR 11
Frano Kršinić (Denkmal),
M. Zlamalik
1941–1961
1961
Briefmarke
Bonn, Archiv für Philatelie.
Museumsstiftung Post und
Telekommunikation

Benachteiligung Serbiens im zweiten Jugoslawien und vor allem für die „Dreiteilung Serbiens" in eine Republik und zwei Autonome Provinzen. Der „Serbenfeind" Tito wurde für einen Großteil der geistigen und politischen Elite zur Unperson, obwohl sein Charisma nicht völlig verschwand. Der Denkmalsturz war ein gemeinsames Merkmal aller postsozialistischen Gesellschaften.[45] Das Besondere in Serbien bestand darin, daß sich der „Bildersturm" hier weniger gegen das sozialistische System als vielmehr gegen die Person des „Kroaten" Tito richtete. Städte, Plätze, Straßen und Einrichtungen, die nach Tito benannt worden waren, erhielten ihren früheren Namen zurück. Von besonderer symbolischer Bedeutung war die Entfernung Titos aus dem Namen der Stadt Titovo Užice in Westserbien, wo die „Volksbefreiungsbewegung" im Herbst 1941 nach heftigen Kämpfen mit der deutschen Besatzungsmacht die kurzlebige „Republik von Užice" ausgerufen hatte. 1961 war in der Stadt ein Denkmal von Frano Kršinić (Zagreb) errichtet worden, das im selben Jahr durch das Erscheinen einer Briefmarke mit dem Bild dieses Denkmals landesweit bekannt wurde (Abb. YU/HR 11). Der Abriß des Tito-Denkmals im August 1991 schuf symbolisch Raum für die „Wiederauferstehung" von Titos Todfeind, des „Kriegsverbrechers" Mihailović, der jetzt in das Pantheon serbischer Nationalhelden einrückte.

Dragoljub Draža Mihailović (1882–1946) hatte die „bedingungslose Kapitulation" der jugoslawischen Armee am 17. April 1941 nicht anerkannt und sich – zum weiteren Widerstand entschlossen – in die Wälder der Ravna Gora nach Westserbien zurückgezogen. Dort hatte er mit dem Aufbau jener Widerstandsbewegung begonnen, die in Anknüpfung an die altserbische Guerillatradition unter der Bezeichnung „Četnik-Bewegung" (aus südslaw. „četa" = Schar, Trupp, Bande) in die Geschichte eingehen sollte.[46] Die königliche Exilregierung hatte ihn Anfang 1942 zum Kriegsminister ernannt, und bis zur Konferenz von Teheran war er von den Alliierten als legitimer Repräsentant des Widerstands in Jugoslawien anerkannt worden. Zweifelsohne waren Mihailović und seine Četniki keine Verbündeten der Besatzungsmächte. Wie Tito, so verfolgte auch Mihailović eine Doppelstrategie, die sich zum einen gegen den äußeren, zum anderen gegen den inneren Gegner richtete. Da er von der schließlichen Niederlage der „Achsenmächte" überzeugt war, schlug Mihailović gegenüber den Besatzungsmächten eine abwartende Taktik ein, um insbesondere die deutsche Wehrmacht nicht zu weiteren Repressalien an der serbischen Bevölkerung zu provozieren. Schon allein dies brachte ihn in Gegnerschaft zur kommunistischen „Volksbefreiungsbewegung", die den Widerstand um jeden Preis und ohne Rücksicht auf Verluste vorantrieb. Zwischen der Defensivtaktik Mihailovićs und der Offensivtaktik Titos gab es ebensowenig einen Kompromiß wie zwischen Restauration und Revolution, zwischen der großserbisch-monarchistischen und der jugoslawisch-sozialistischen Zielsetzung der Konkurrenten. Sobald die militärische Überlegenheit der Tito-Bewegung offenkundig wurde (und die Alliierten obendrein ihre Unterstützung für Mihailović infolge von dessen Passivität zurückzogen), erhielt die Bekämpfung des inneren Gegners Vorrang vor dem Kampf mit dem äußeren Feind. Das Ergebnis waren vielfältige, mehr oder minder weitreichende Aktionsbündnisse der Četniki mit den Besatzungsmächten und ihren Helfern. Die Tendenz zur Kollaboration wurde durch die Heterogenität der Četnik-Bewegung gefördert. Sie besaß bei weitem keine so festgefügte Kommandostruktur wie die Tito-Einheiten. Schließlich scheint Mihailović seinen Unterführern weitgehend freie Hand zu Verhandlungen mit den Besatzungsmächten gegeben zu haben, während er sich selbst im Hintergrund hielt. Diese Rollenverteilung erschien verlockend. Sie erlaubte es Mihailović, nach außen eine „reine Weste" zu bewahren, während seine Unterführer gleichzeitig und in seinem Sinne die „Liquidierung" innerer Gegner in engster Zusammenarbeit mit dem äußeren Feind besorgten. Zu den inneren Gegnern zählten nicht nur die Kommunisten, sondern auch große Teile der nicht-serbischen Bevölkerung, v. a. Kroaten, bosnische Muslime und Albaner. In einer Instruktion des „Kommandos der Četnik-Verbände der Jugoslawischen Armee" vom 20. Dezember 1941 heißt es über die Ziele der Bewegung: „Schaffung eines großen Jugoslawien und in ihm eines 'ethnisch reinen Großserbien' in den Grenzen Serbiens (einschließlich Kosovos/'Altserbiens' und Makedoniens/'Südserbiens'), Montenegros, Bosniens, der Herzegowina, Syrmiens, des Banats und der Batschka". In anderen Četnik-Dokumenten war darüber hinaus eine Angliederung von Teilen Kroatiens, Slawoniens und Dalmatiens sowie von Teilen Albaniens an Großserbien vorgesehen. Alle Gebiete, in denen Serben – sei es als Mehrheit oder Minderheit – lebten, sollten künftig zu Serbien (innerhalb Jugoslawiens) gehören, und dieses Großserbien sollte national „homogenisiert", d. h. durch Umsiedlung oder Vertreibung nichtserbischer Bevölkerungsgruppen – gedacht wurde an rund 2,7 Millionen Menschen – ethnisch „gesäubert" werden.[47] Nach Beendigung des Zweiten Weltkrieges wurde Mihailoviç vor ein jugoslawisches Militärgericht gestellt und als „Verräter und Kriegsverbrecher" am 17. Juli 1946 hingerichtet.

Seit Ende der 80er Jahre setzte in Serbien eine regelrechte Mihailović- und Četnik-Renaissance ein. Die überraschende und gewöhnungsbedürftige Melange aus Milošević-Sozialismus und Četnik-Revival kam der Stimmung vieler Menschen entgegen. Sie nahm ihnen die Angst vor dem Systemwechsel mit seinen sozialen Konsequenzen, bot einen emotionalen Ersatz für die aufgebrauchten Ideale der Tito-Zeit und lieferte eine simple „Erklärung" für die Misere des Serbentums. Der Plan zur Schaffung eines Großserbien und dessen ethnischer Säuberung erhielt durch den drohenden Zerfall Jugoslawiens höchste Aktualität. Die westserbische Ravna Gora mit einem 1992 errichteten Mihailović-Denkmal von Dragan Nikolić wurde bald zu einem beliebten Pilgerort für serbisch-nationalistische Politiker, darunter des Schriftstellers und Führers der „Serbischen Erneuerungsbewegung" Vuk Drasković. Das Presseorgan des Mihailović-Kultes, die Zeitung Srpska Reč, verbreitete das Photo des vielbesuchten Denkmals mit Vorliebe (Abb. YU/HR 12). Četnik-Symbole prägten den öffentlichen Raum und dienten zur Ausstattung postjugoslawischer Krieger. Die Postkarte „Pozdrav sa Ravne Gore" zeigt einen Krieger in „typischer" Četnik-Kostümierung (mit Fell-

YU/HR 12
10. maj na Ravnoj Gori.
Dan generala
10. Mai auf der Ravna Gora.
Der Tag des Generals, in:
Srpska Reč, Nr. 321,
7. Mai 2003
Zeitschriftentitel
Berlin, Staatsbibliothek zu
Berlin – Preußischer
Kulturbesitz
Zsn111201

YU/HR 13
Pozdrav sa Ravne Gore
Gruß aus der Ravna Gora,
90er Jahre
Ansichtskarte, 10,3 x 14,8 cm
Privatbesitz

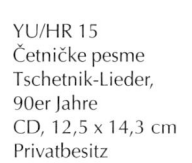

mütze und Vollbart) und gekleidet in die (rest)jugoslawische Uniform der 90er Jahre (Abb. YU/HR 13). Die Darstellung des „Neo-Četniks" drehte die karikaturenhaften Negativ-Stereotypen der kommunistischen Propaganda (Fellmütze und Vollbart) ins Positive um. In den Kiosken „ethnischer Unternehmer", z. B. am Belgrader Hauptbahnhof, wurden in den 90er Jahren Postkarten, Poster oder Wandkalender mit den Konterfeis von Mihailović, Radovan Karadžić[48] und Ratko Mladić[49] angeboten. Hinzu kamen die Objekte serbischer Folklore: das einsaitige Streichinstrument (Gusle), das seit alters her den Vortrag der Heldenlieder begleitet hatte, und die bäuerlichen Sandalen (Opanken) (Abb. YU/ HR 14). Die seit 1945 verbotenen Četnik-Lieder (Četničke pesme) eroberten rasch die Musik-Szene (Abb. YU/HR 15). „Die [neuen] Volkssänger besangen nicht nur die aktuellen politischen Ereignisse, Parteiprogramme und Anführer, sondern begannen sich darüber hinaus dem reichen Repertoire der früher verbotenen Četnikfolklore zuzuwenden, wobei sie dem Publikum neue Aufnahmen von alten Liedern und eigene, von diesen Liedern inspirierte Schöpfungen darboten. Die Kassette 'Lieder der Četniki', die 'Zaslon' aus Sabac veröffentlichte ... war 1990 ein Sommerhit. Ihre acht Titel – 'Seid bereit, seid bereit, ihr Četniki', 'Es marschierte König Peters Garde', 'Đurisić, junger Major', 'Draža lebt, ist nicht gestorben', 'Von Topola bis hin zur Ravna Gora', 'Auf dem Berg, auf der Jelica', 'Eine Quitte mir in der Schublade verfaulte' und 'Über Kraljevo brennt das Feuer lichterloh' – fanden sich denn auch bald auf den Kassetten verschiedener Piratenverlage, zusammen mit etwa fünfzig anderen Liedern aus der Ravna Gora, die während des Zweiten Weltkriegs oder später unter den geflüchteten Četniki, vor allem in Amerika, entstanden sind."[50]

Parallel zur Mihailović-Renaissance und zur Reaktivierung des im 19. und den ersten Jahrzehnten des 20. Jahrhunderts konstruierten Kosovo-Mythos[51] erfolgte die umfassende Mobilisierung der serbischen Gesellschaft durch Milošević. In zahllosen Städten Serbiens, der Wojwodina und Montenegros wurden seit Mitte 1988 perfekt organisierte „Meetings" abgehalten, auf denen sich der „serbische Volkswille" immer vehementer und aggressiver artikulierte.[52] Die Rhetorik auf diesen Massenveranstaltungen bewegte sich zwischen der Beschwörung historischer Opfermythen und Verfolgungsängste auf der einen und dem Ruf nach einer serbischen Sammlungsbewegung auf der anderen Seite. Nie fehlten die überlebensgroßen Porträts Miloševićs und die Konterfeis der beliebtesten und populärsten serbischen Nationalhelden: vom heiligen Sava, dem Begründer der autokephalen serbischen Kirche im Mittelalter, und den Helden der Schlacht auf dem Amselfeld von 1389 (Fürst Lazar, die neun Jugovići usw.) über den Führer des ersten serbischen antiosmanischen Aufstands von 1804, Karađorđe, bis zu

YU/HR 14
Kiosk am Belgrader
Hauptbahnhof
90er Jahre
Photographie, 10,1 x 15,2 cm
Privatbesitz

YU/HR 15
Četničke pesme
Tschetnik-Lieder,
90er Jahre
CD, 12,5 x 14,3 cm
Privatbesitz

Mihailović und Milošević, dem „neuen Tito", – eine merkwürdige, widersprüchliche Mixtur aus nationalistischen, neo-religiösen, neo-kommunistischen und folkloristischen Elementen. Die Ansprachen und Spruchbänder waren gespickt mit Zitaten aus Volksliedern und Sprichwörtern, mit Versen aus dem „Bergkranz" des „serbischen Goethe", Petar Petrović-Njegos[53], oder mit Zehnsilbern zu Ehren Slobodan Miloševićs. Journalisten, Priester, Schauspieler, Maler und Musiker sowie der serbische Schriftstellerverband inszenierten den Kosovo-Mythos in allen Facetten.[54] Und auch die „vox populi" begann wieder, in den traditionellen Zehnsilbern des Heldenlieds zu dichten:

„Slobodan, du unser scharfer Degen,/Ist bald die Schlacht des Kosovo wegen?
Rufen wir Strahinjić, tapfer und klug,/Die neun Jugovići, den alten Jug
Oder Bosko, der unser Banner trägt/Und mit dem Säbel das Amselfeld mäht.
Wird warmes Blut dann fließen,/Wo alljährlich die Pfingstrosen sprießen?
Wenn Not am Mann ist, dann sag nur ein Wort,/Gewehrkugeln gleich sind wir am Ort."[55]

Den Höhepunkt der Mobilisierung bildete die 600-Jahr-Feier der Kosovo-Schlacht am 28. Juni 1989, mit der die „Erinnerung" an das „serbische Golgatha", an die Niederlage des Fürsten Lazar Hrebeljanović gegen die osmanischen Eroberer auf dem Amselfeld, zelebriert wurde. Spätestens im Juni 1989 wurde deutlich, wie grundlegend sich der diskursive und mediale Raum in Serbien verändert hatte und welche Bedeutung die umgepolte „Erinnerungskultur" für die Generierung soziokultureller „catch-words", sozialer Wahrnehmungen und Handlungsorientierungen besaß. „Tausende und Abertausende von Menschen", so berichtete die traditionsreiche, inzwischen auf Milošević-Kurs eingeschwenkte Tageszeitung Politika, „kommen auf den Wegen von den sanft abfallenden Hängen herab auf das Große Feld. […] Das Volk kommt, und nichts kann es mehr aufhalten."[56] Dort, auf dem Großen Feld nördlich der Kosovo-Hauptstadt Priština, erklärte Milošević am Tag des heiligen Veit (Vidovdan) 1989: „An diesem Ort im Herzen Serbiens, auf dem Amselfeld, geschah vor sechs Jahrhunderten, vor genau 600 Jahren, eine der größten Schlachten jener Zeit. Ebenso wie andere große Ereignisse ist auch dieses von vielen Fragen und Geheimnissen umgeben, es ist Gegenstand kontinuierlicher wissenschaftlicher Forschung und gewöhnlicher Neugierde des Volkes. […] Heute ist schwer zu sagen, was an der Kosovo-Schlacht historische Wahrheit und Legende ist. Heute ist das auch nicht mehr wichtig. Das Volk erinnerte sich und vergaß, niedergedrückt von Leid und voller Hoffnung … Es schämte sich des Verrats[57] und verherrlichte das Heldentum. […] Zwietracht und Verrat in Kosovo begleiteten das serbische Volk als Verhängnis durch seine Geschichte. Auch im letzten Krieg [im Zweiten Weltkrieg] führten Zwietracht und Verrat das serbische Volk und Serbien in die Agonie. […] Aber auch später, als das sozialistische Jugoslawien errichtet war, blieb die serbische Führung gespalten. […] So war es für Jahre und Jahrzehnte. Heute sind wir auf dem Amselfeld, um zu sagen, daß es nicht mehr so ist. Es gibt keinen geeigneteren Ort in Serbien als das Amselfeld, um das zu sagen. […] Die Kosovo-Schlacht beinhaltet noch ein weiteres großes Symbol. Es ist das Symbol des Heldentums. […] Heute, sechs Jahrhunderte später, stehen wir wieder in Schlachten und vor Schlachten. Sie werden nicht mit Waffen ausgetragen, obwohl auch das nicht auszuschließen ist. […]

Ewig lebe die Erinnerung an das kosovarische Heldentum!
Es lebe Serbien!
Es lebe Jugoslawien!
Es lebe der Frieden und die Brüderlichkeit zwischen den Völkern!"[58]

Kroatien unter Franjo Tuđman

Mit Krise und Zerfall des zweiten Jugoslawien ging es auch in Kroatien darum, die Identität der Nation von ihrem jugoslawischen und kommunistischen (= jugokommunistischen) Beiwerk zu befreien und die historischen „Erinnerungen" neu zu verhandeln. Langjährige Tabus wurden gebrochen, und die vom sozialistischen Geschichtsbild abweichenden und kriminalisierten, aber im intergenerationellen Familiengespräch und im Exil tradierten „Erinnerungen" an den Zweiten Weltkrieg, an die „Tragödie von Bleiburg", die Verurteilung des Zagreber Erzbischofs Alojzije Stepinac, die Verfolgung kroatischer „Kominformisten" nach 1948 etc. traten erstmals in das Licht der Öffentlichkeit. Die einstmals monolithische „Erinnerungskultur" mit ihren klaren, transnationalen Schwarz-Weiß-Dichotomien löste sich in eine Vielzahl divergierender, oft widersprüchlicher „Erinnerungen" auf, die in den öffentlichen Inszenierungen und Diskursen der „Ära Tuđman" (1990–1999) durch das „Kroatentum" zusammengehalten werden sollten.[59] Die tausendjährige Geschichte „der Kroaten" und insbesondere die großen Persönlichkeiten aus dem 19. und der ersten Hälfte des 20. Jahrhunderts – darunter der politische und militärische Kopf der 1848er Revolution, Banus Josip Jellačić, und der Führer der Kroatischen Bauernpartei nach dem Ersten Weltkrieg, Stjepan Radić, der 1928 von einem serbischen Nationalisten im Belgrader Parlament tödlich verletzt wurde – kehrten auf die öffentliche Bühne zurück. Der Zweite Weltkrieg verlor seine Aura als jugoslawischer Volksbefreiungskampf und durchlief einen kroatischen Filter. Rund 3000 antifaschistische Denkmäler wurden im Verlauf der 90er Jahre in Kroatien zerstört oder beschädigt. An die Stelle des fünfzackigen Sterns (des Symbols der Partisanen) trat vielerorts das Kreuz.[60] „So wie die alte Regierung mit der Herstellung sozialistischer Geschichte und einschlägiger Symbole befaßt (gewesen) war, so bemühte sich nun [ab 1990] die neue Regierung [unter Präsident Franjo Tuđman] konsequent um das Auslöschen ‚sozialistischer' und die Instandsetzung ‚wahrhaft nationaler' Symbole. Trotz der schwierigen politischen und wirtschaftlichen Situation galt einer der ersten Verfassungsänderungen der Änderung des Wappens und der Flagge der Republik Kroatien."[61]

Die bei vielen Serben und im Ausland weit verbreitete Meinung, das Schachbrettmuster (die „sahovnica") im neu gestalteten kroatischen Staatswappen sei ein Symbol des kroatisch-faschistischen Ustaša-Staates aus dem Zweiten Weltkrieg, ist v. a. deshalb erwähnenswert, weil sie falsch ist und weil sie einen äußerst sensiblen Punkt im kroatischen Selbst- und Fremdverständnis berührt (Abb. YU/HR 16). Zwar hatte der Schild mit dem rot-weißen Schachbrettmuster bereits dem Ustaša-Staat unter Ante Pavelić als Wappen gedient, reicht aber in seinen Vorformen in das 11. Jahrhundert zurück und ist seit dem 15. Jahrhundert wiederholt als Wappen Kroatiens belegt. Außerdem war das Schachbrett auch das offizielle Wappen der Sozialistischen Republik Kroatien im ehemaligen Jugoslawien gewesen (Abb. YU/HR 17) – ein Umstand, der geflissentlich übersehen wurde oder nur mit der „Perfidie" des Tito-Regimes erklärt werden konnte.

YU/HR 16
Staatswappen der heutigen
Republik Kroatien
2003
Zeichnung
Berlin, Botschaft der Republik Kroatien

Geändert hat sich Anfang der 90er Jahre allerdings die Umrahmung des Schachbretts: Das Meer mit der aufgehenden Sonne und der Ährenkranz mit dem Roten Stern im Zenit sind verschwunden. Über dem großen Schild des heutigen Wappens wölben sich fünf kleinere Schilde, die die historischen Teile des modernen Kroatien symbolisieren: das Wappen Illyriens, das Wappen der früheren Stadtrepublik Dubrovnik/Ragusa, das Wappen Dalmatiens mit den drei Leopardenköpfen, das Wappen Istriens und das Wappen Slawoniens. Alle fünf Wappen sind historisch belegt.[62] Die Liquidierung des Roten Sterns im Staatswappen (und in der Staatsfahne) war natürlich keine kroatische Besonderheit. Gleichwohl erregten die ihrer sozialistischen Attribute entblößten Staatssymbole die Gemüter. Denn in der Tat veränderte sich der visuelle Eindruck. Hatte der mächtige Ährenkranz mit dem Roten Stern früher das Schachbrett nicht nur umrandet, sondern auch symbolisch eingebunden und im Geist von „Brüderlichkeit und Einheit" domestiziert und gezähmt, so konnte das umgestaltete Staatswappen nun gleichsam als „Entfesselung" der kroatischen Staatlichkeit verstanden oder mißverstanden werden. Optisch waren sich die Wappen des kroatisch-faschistischen Ustaša-Staates und des neuen Kroatien zweifellos näher gerückt. Und dies war nur ein Indiz unter vielen für die Tatsache, daß sich der Umgang der neuen bzw. der alten und gewandelten Eliten mit der Vergangenheit verändert hatte, daß der Graben, der jahrzehntelang zwischen dem Ustaša-Staat und Nachkriegs-Kroatien, zwischen öffentlichen und privaten oder exilierten „Erinnerungen" gelegen hatte, wenn schon nicht verschwunden, so doch deutlich schmaler geworden war. Die in Teilen der kroatischen Gesellschaft, vor allem von ehemaligen Emigranten und Scharfmachern aus der Westherzegowina betriebene und von der politischen Führung tolerierte Ustaša-Nostalgie, die Neuauflage von Ante Pavelićs Werk, faschistische Schmierereien und Parolen sowie Ustaša-Anstecker mit dem ehemaligen Staatswappen (Abb. YU/HR 18) vergifteten die Atmosphäre nachhaltig. Im Unterschied zum Schachbrett im sozialistischen und postsozialistischen Staatswappen, das oben links mit einem roten Feld beginnt, war das erste Feld des Schachbretts im Staatswappen des USK weiß. Oberhalb des Feldes prangte das Ustaša-Emblem U. Besonders polarisierend wirkte die Wiederentdeckung des einstigen Ustaša-Kriegshelden Jure Francetić, der sich während des Zweiten Weltkrieges vor allem bei der Verfolgung von Serben in Bosnien und der Lika „hervorgetan" hatte. Sein Bild war vom Pavelić-Regime als politische Ikone vermarktet worden. Das ihm und dem Chef der „Schwarzen Legion" Rafael Boban gewidmete Lied „Evo zore, evo dana" (Hier das Morgengrauen, hier der Tag), das den Kampf der beiden „Ritter" um die Lika preist und als inoffizielle Ustaša-Hymne fungiert hatte, feierte nach 1990 ein Comeback. Noch am 8. Juni 2000 wurde für Francetić in Slunj, wohl auf private Initiative hin, aber offenbar mit Duldung der Gemeindeverwaltung, ein Grabstein errichtet, der zahlreiche Proteste hervorrief. Er trägt die Aufschrift: „Ruhm dem hier gestorbenen legendären Kämpfer gegen die Četniki" (Abb. YU/HR 19).

In einem 1992 eingeführten Schulbuch für die achte Klasse der kroati-

YU/HR 17
SR Hrvatska
Sozialistische Republik Kroatien
Aufkleber, 9,7 x 7,4 cm
Privatbesitz

YU/HR 18
Ustaša
90er Jahre
Anstecknadel, 3,6 x 2 cm
Privatbesitz

YU/HR 19
Grabstein für Jure Francetić
Video-Still aus der
Nachrichtensendung
'Dnevnik', 8. Juni 2000
Zagreb, Hrvatska
radiotelevizija

schen Grundschule wurden den vier Jahren des „Unabhängigen Staates Kroatien" (1941–1945) sieben Seiten gewidmet. Davon entfiel eine halbe Seite auf die Darstellung des Ustaša-Regimes. Die Massenverfolgungen von Nicht-Kroaten wurden in einem Satz abgehandelt.[63] Im Unterschied zum beiläufig erwähnten Terror gegenüber Juden, Roma und Serben, der mit dem Hinweis auf das Beispiel Hitlers und die serbischen Verbrechen in Kroatien sofort relativiert wurde, nahm die Verfolgung von Kroaten durch das Ustaša-Regime relativ viel Platz ein, so daß der Eindruck entstehen konnte (und sollte), die Kroaten seien die Hauptopfer des Ustaša-Regimes gewesen. Insgesamt wurde nicht nur deutlich zwischen kroatischen und nicht-kroatischen Opfern, sondern auch zwischen dem „Unabhängigen Staat Kroatien" und dem Ustaša-Regime differenziert. Letzteres wurde durchaus kritisch bewertet (selbst das Konzentrationslager Jasenovac – von dem weiter unten noch zu sprechen sein wird – wurde an einer Stelle, wenn auch ohne Angabe irgendeines Details erwähnt). Der Staat dagegen blieb sakrosankt. Die Darstellung der administrativen Gliederung des kurzlebigen Satellitenstaates, z. B. die Aufzählung aller Großgespanschaften (Verwaltungsbezirke) in Bosnien-Herzegowina, nahm weitaus mehr Raum ein als der Massenmord an Serben und anderen Nicht-Kroaten. Die Gegenüberstellung dessen, woran nach diesem Schulbuch erinnert und was vergessen werden sollte, die unterschiedliche Gewichtung der erwähnten Sachverhalte sowie die einzelnen Formulierungen sprachen Bände über die Art und Weise, wie „Vergangenheitsbewältigung" im „freiheitlich-demokratischen" Kroatien betrieben wurde.

Ein Großteil der durch die serbische Propaganda als „Ustaše" diffamierten und in ihrem Selbstwertgefühl verletzten kroatischen Bevölkerung fühlte sich durch die Umkodierung der öffentlichen „Erinnerung" „entlastet", fühlte sich „befreit" von der „Verunglimpfung" ihrer Vergangenheit durch das Milošević-Regime und zugleich „befreit" vom Alptraum einer nationalen Kollektivschuld, die mit den Verbrechen im „Unabhängigen Staat Kroatien" verbunden war. Als Meilensteine auf dem Weg zur „wahren nationalen Erinnerung" erwiesen sich die Auseinandersetzungen über die Opfer im Zweiten Weltkrieg, die sich v. a. an der Diskussion über das Konzentrationslager Jasenovac auf der einen und die „Tragödie von Bleiburg" auf der anderen Seite festmachten, und die Rehabilitierung des als „Kriegsverbrecher" verurteilten kroatischen Erzbischofs Alojzije Stepinac.

Stepinac (1898–1960) war im Dezember 1937 zum Erzbischof von Zagreb ernannt worden.[64] Nach Proklamierung des „Unabhängigen Staates Kroatien" im April 1941 fungierte er de facto auch als Oberhaupt der katholischen Kirche im Ustaša-Staat. Es besteht kein Zweifel daran, daß große Teile der kroatischen

Bevölkerung, insbesondere in den Städten, die Staatsgründung mit Begeisterung oder zumindest wohlwollend aufnahmen. Der erste jugoslawische Staat hatte die Loyalität seiner kroatischen Bürger ohnehin längst verloren bzw. nie gewonnen. Frustrationen über das serbisch-jugoslawische Regime der Zwischenkriegszeit, falsche Erwartungen an die Zukunft in der nationalsozialistisch konzipierten „Neuen Ordnung" sowie Opportunismus verhalfen dem neuen Staat zu breiter Akzeptanz. Auch Stepinac und der hohe katholische Klerus ließen es an Sympathiekundgebungen nicht fehlen. Für sie sollte der kroatische Staat zu einer Bastion des Katholizismus werden, sollten Kroatentum und Katholizismus, die in der Zwischenkriegszeit aneinandergerückt waren, zu einer Einheit verschmelzen. „Undifferenzierte völkische und kirchlich-katholische Egozentrik, die in der populären kroatischen Nationalideologie verschmolzen waren, projizierten das Bild des wiederauferstandenen 'heiligen Kroatien', das mit Schwert und Taufe den Ruhm Gottes und der katholischen kroatischen Nation zu verbreiten habe. Der Wahlspruch 'Gott und die Kroaten', der auf [Ante] Starčević (1823–1896) zurückging, erfuhr vielfältige Auferstehung und Abwandlung. 'Christus und die Ustasche, Christus und die Kroaten', so schrieb die katholische Zeitschrift Nedelja am 6. Juni 1941, 'marschieren zusammen durch die Geschichte'."[65]

Stepinac bemühte sich, zwischen Staat und Regime zu trennen. Während er den Staat vorbehaltlos begrüßte und ihm Gottes Segen wünschte, verurteilte er den Terror des Ustaša-Regimes. Im Verlauf des Jahres 1941 meldete er wiederholt bei Pavelić und dessen Ministern Bedenken gegen die Verfolgung von Serben, Juden und Roma an. Eine vom 16. bis 20. November 1941 abgehaltene Konferenz des katholischen Episkopats kritisierte die gewaltsame Katholisierung von Teilen der serbisch-orthodoxen Bevölkerung. Aber insgesamt blieb die Haltung der Kirche zu Staat und Regime ambivalent und schwankte zwischen Apotheose und halbherziger Distanz. Angesichts der Massenverfolgungen bzw. des Genozids an Serben und Juden stellte sich und stellt sich nach wie vor die Frage, ob Stepinac' Proteste und seine Hilfsmaßnahmen im Rahmen der Caritas der dramatischen Situation angemessen waren.

Das Verhältnis der katholischen Kirche zu Titos Volksbefreiungsbewegung scheint bei Kriegsende noch ungeklärt gewesen zu sein. Erst als katholische Priester und Institutionen in einigen Teilen des „befreiten Landes" zum Ziel von Vergeltungsmaßnahmen der Tito-Bewegung wurden, erhob das kroatische Episkopat in einem Hirtenbrief vom 24. März 1945 scharfen Einspruch gegen die Verfolgungen. Daß sich die katholischen Bischöfe bei dieser Gelegenheit für die Erhaltung eines selbständigen kroatischen Staates – nicht allerdings für das Ustaša-Regime – aussprachen, deutete auf künftige Konflikte hin. Nach Kriegsende sah sich die Kirche dem Verdacht der „Kollaboration" ausgesetzt. Mehrere Priester wurden vor Gericht gestellt und hingerichtet. Dennoch scheint der Weg zu einer Verständigung zwischen der katholischen Kirche und dem neuen Belgrader Regime 1945 noch nicht verstellt gewesen zu sein. Den Ausschlag für den Konflikt zwischen Kirche und Staat gaben schließlich politische Erwägungen. In einem persönlichen Gespräch mit Stepinac im Juni 1945 hatte Tito eine größere Unabhängigkeit der katholischen Kirche vom Vatikan gefordert, was der Erzbischof abgelehnt hatte. Weitere Kollisionspunkte ergaben sich in der Frage des Religionsunterrichts, der christlichen Ehe und der Behandlung des kirchlichen Eigentums. Als die katholischen Bischöfe Ende September 1945 in einem Hirtenbrief die Einstellung der Kirchenverfolgung forderten, nahm der Konflikt seinen Lauf. Ein Jahr später wurde Stepinac unter Berufung auf diesen Hirtenbrief verhaftet und am 11. Oktober 1946 auf Grund des „Gesetzes betreffend Verbrechen gegen Volk

YU/HR 21
Proglašenje Blaženim Kardinala Alojzija Stepinca. Papa Ivan Pavao II. u Mariji Bistrici 3.X.1998
Seligsprechung des Kardinals Alojzije Stepinac. Papst Johannes Paul II. in Marija Bistrica am 3. Oktober 1998, 1998
Medaille in geschliffener Plexiglasfassung, 7 x 7 cm
Privatbesitz

YU/HR 22
Blaženi Alojzije Stepinac. Joannes Paulus II
Der selige Alojzije Stepinac. Papst Johannes Paul II., 1998
Schlüsselanhänger, 10,3 x 3,2 cm
Privatbesitz

YU/HR 20
Poslije čina proglašenja Alojzija Stepinca blaženim, otkrivena je slika s njegovim likom
Nach der Seligsprechung von Alojzije Stepinac wurde ein Bild von ihm enthüllt, in: Ovo je povijesni događaj u životu Crkve i vaše nacije, Vjesnik, 4. Oktober 1998, S. 3
Zeitung
Berlin, Staatsbibliothek zu Berlin – Preußischer Kulturbesitz
2 Zsn 51722

und Staat" zu 16 Jahren Haft und Zwangsarbeit verurteilt.[66] 1951 wurde die Haft in Hausarrest umgewandelt. Ein Angebot der Belgrader Regierung, Jugoslawien zu verlassen, lehnte Stepinac ab. Als der Vatikan am 29. November 1952 (am jugoslawischen Staatsfeiertag) die Ernennung Stepinac' zum Kardinal ankündigte, brach Jugoslawien die diplomatischen Beziehungen zum Heiligen Stuhl ab und stellte sie erst nach Stepinac' Tod wieder her.

Im jugoslawischen Pantheon des „Bösen" nahm Stepinac einen herausragenden Platz ein. Seine Befürwortung eines kroatischen Staates, sein Antikommunismus, seine Weigerung, ins Exil zu gehen, und das Mobilisierungspotential des „Mythos Stepinac" in der katholischen Bevölkerung blieben ein Stachel im Fleisch des Regimes. Die Predigten, die Stepinac' Nachfolger, der Zagreber Erzbischof Franjo Kardinal Kuharić, regelmäßig an Stepinac' Todestag, dem 10. Februar, in der Zagreber Kathedrale hielt, und die „nationalen Eucharistiekongresse", die teilweise Hunderttausende von Gläubigen anzogen, entwickelten sich schon in der „Ära Tito" zu Manifestationen eines kroatischen Volkskatholizismus, der in scharfer Konkurrenz zu den sozialistischen Erinnerungstableaus und Inszenierungen stand. Die öffentliche Rehabilitierung Stepinac' setzte Anfang der 90er Jahre ein. Während serbische Autoren den Kardinal immer vehementer als „Kriegsverbrecher" anprangerten, scharte sich die kroatische Nation um ihren „Märtyrer".[67] Stepinac war nun allgegenwärtig. Und im Oktober 1998 vollzog Papst Johannes Paul II. im kroatischen National- und Marienheiligtum Marija Bistrica die Seligsprechung des Kardinals. Die Zagreber Tageszeitung Vjesnik würdigte das Ereignis mit einem Photo, das den Papst neben dem soeben enthüllten Bild Stepinac' zeigt (Abb. YU/HR 20). Die hohe Bedeutung, die der Seligsprechung beigemessen wurde, belegt auch die Tatsache, daß die kroatische Staatsbank anläßlich der Seligsprechung von Stepinac eine Gedenkmedaille mit dem Bild des katholischen Oberhaupts und des kroatischen Kardinals prägen ließ (Abb. YU/HR 21). Auch ein Schlüsselanhänger wurde herausgegeben (Abb. YU/HR 22).

Die Kriegsopfer-Arithmetik und die Instrumentalisierung der Toten

Die Toten, die dem zweiten Jugoslawien einen wesentlichen Teil seiner Legitimation verliehen hatten, blieben jahrzehntelang dem öffentlichen

Diskurs entzogen. Die Zahl von 1,7 Millionen Kriegsopfern, die von der jugoslawischen „Staatskommission zur Feststellung der Verbrechen der Besatzungsmächte und ihrer Helfer" und von Tito lanciert worden war, dominierte den öffentlichen Raum. Ihre Infragestellung kam einem Sakrileg gleich. Zwar durfte die Zahl in die Höhe geschraubt, aber nicht nach unten korrigiert werden. Zur Vorbereitung der Pariser Reparationsverhandlungen von 1947 bestätigte das Statistische Bundesamt in Belgrad die Gesamtzahl von 1,7 Millionen Toten. Das waren knapp 11 Prozent der jugoslawischen Vorkriegsbevölkerung.[68] Doch bis 1985 blieb unklar, wie diese Zahlen zustande gekommen waren.[69]

Im Ausland regten sich schon in der ersten Hälfte der 50er Jahre Zweifel an den Belgrader Opferdaten. Die amerikanischen Demographen Paul Mayers und Arthur Campbel bezifferten 1954 die Gesamtzahl der jugoslawischen Kriegstoten auf gut eine Million.[70] Im selben Jahr errechnete der deutsche Demograph Gunther Ipsen den demographischen Totalausfall Jugoslawiens (bis zur Volkszählung von 1948) mit 1,69 Millionen. Zieht man hiervon die nach Kriegsende ausgesiedelten nationalen Minderheiten ab, ergibt sich ein kriegsbedingter Verlust von rund einer Million Toten, Ungeborenen und politischen Flüchtlingen.[71] Im Zuge der Verhandlungen zwischen der Bundesrepublik Deutschland und Jugoslawien über eine Wiedergutmachung reduzierte die Belgrader Regierung 1963 ihre bisherigen Angaben über die Kriegstoten von 1,7 Millionen auf 950 000. 750 000 Tote lösten sich in nichts auf. Da die Bonner Regierung auf genaueren Angaben insistierte, wurde 1964, fast 20 Jahre nach Kriegsende, erstmals ein Zensus der Kriegstoten durchgeführt, bei dem insgesamt 597 223 Personen namentlich erfaßt werden konnten (mit Sicherheit zu wenig). Die Ergebnisse wurden vor der jugoslawischen Öffentlichkeit wie ein Staatsgeheimnis gehütet. Erst ein Vierteljahrhundert später, im November 1989, publizierten zwei Journalisten die Resultate in der Zeitung Danas.[72]

Schon einige Jahre zuvor war ein anderes, wohlgehütetes Geheimnis aufgebrochen. In der serbischen Emigrantenzeitung Nasa reč in London erschien 1985 ein Artikel des Mannes, der die statistischen Berechnungen von 1947 durchgeführt hatte.[73] Der Autor, Vladeta Vučković, Mathematik-Professor in den Vereinigten Staaten, war bei Kriegsende als Student im Statistischen Bundesamt in Belgrad beschäftigt gewesen. In seinem Artikel unter der Überschrift „Begräbnis eines Mythos" erzählt er die abenteuerliche Story, wie er 1947 im Vorfeld der Pariser Reparationsverhandlungen den Auftrag erhielt, innerhalb von zwei Wochen (!) die Bevölkerungsverluste Jugoslawiens zu errechnen – mit der Auflage, daß diese Zahl den bereits umlaufenden Angaben möglichst entsprechen und wissenschaftlich fundiert sein solle! Daß der brisante Auftrag nicht von versierten Statistikern, sondern von einem Studenten und Außenseiter erledigt werden sollte, gehört zu den vielen Ungereimtheiten im Umgang mit den Opfern des Zweiten Weltkriegs. Vučković errechnete auftragsgemäß (und mit bemerkenswerter Sachkenntnis) eine Zahl von 1,7 Millionen. Diese Angabe bezog sich auf den demographischen Totalausfall.[74] Erst aus der Presse habe er erfahren, daß die jugoslawische Regierung die demographischen Gesamtverluste (also einschließlich der Ungeborenen, Flüchtlinge, Vertriebenen etc.) als Kriegstote „verkaufte"! Fortan geisterten die imaginären „Toten" durch alle jugoslawischen und viele ausländische Publikationen (einschließlich der Enzyklopädie des Holocaust).

Im selben Jahr, als Vučković sein wohlgehütetes Geheimnis lüftete, erschien – ebenfalls in London – eine Untersuchung des serbischen Ingenieurs Bogoljub Kočović über die Opfer des Zweiten Weltkrieges in Jugoslawien.[75] Dieser Publikation folgte vier Jahre später eine ähnlich aufsehenerregende Studie des kroatischen Demographen Vladimir Žerjavić.⁷⁶ Beide Autoren kamen auf unterschiedlichen Wegen zu demselben Ergebnis, daß die Zahl der Kriegstoten auf ca. eine Million Menschen zu veranschlagen sei. Damit brachen vier „Megalomanien und Mythen" in sich zusammen: die Megalomanie des Tito-Regimes, die Angaben über die serbischen Opfer von Jasenovac, die im kroatischen Exil verbreiteten Zahlen über die Opfer von Bleiburg und die Übertreibung der Verluste der jugoslawischen „Volksbefreiungsbewegung". Ohne auf Einzelheiten eingehen zu können, die ein atemberaubendes Buch füllen könnten, bleiben auf dem verschlungenen Weg zur Wahrheit zwei Resultate festzuhalten: 1. Alle seriösen Berechnungen deuten darauf hin, daß die Gesamtzahl der jugoslawischen Kriegstoten auf maximal eine Million und der demographische Totalausfall auf 1,7–2,0 Millionen zu beziffern sind. 2. Die Zahl von einer Million Kriegstoten übersteigt die Ergebnisse des Zensus von 1964 um 40 Prozent. Die Differenz läßt sich einerseits damit erklären, daß der Zensus viel zu spät stattgefunden hatte und mit Sicherheit Lücken aufwies, und zum anderen damit, daß die Opfer auf seiten der „Kollaborateure" bzw. diejenigen, die den Vergeltungsmaßnahmen der Tito-Einheiten anheimgefallen waren, bewußt nicht gezählt worden waren. Nach den Berechnungen von Kočović und Žerjavić befanden sich unter den jugoslawischen Kriegsopfern 487 000–530 000 Serben (einschließlich der von der sozialistischen Historiographie als „Kollaborateure" verdammten Četniki). Die Menschenverluste auf dem Territorium des „Unabhängigen Staates Kroatien" beziffert Žerjavić auf 613 000 Personen.⁷⁷ Darunter befanden sich 322 000 Serben, 255 000 Kroaten und bosnische Muslime sowie 20 000 Juden und 16 000 Roma.

Damit hätte die Diskussion über die Opfer des Zweiten Weltkrieges beendet sein können, denn neue Erkenntnisse tauchten in der Folgezeit nicht mehr auf. Aber das Gegenteil war der Fall. Der Streit entzündete sich am ehemaligen kroatischen Konzentrationslager Jasenovac. Der Ort liegt am Zusammenfluß von Una und Save etwa 100 Kilometer südöstlich der kroatischen Hauptstadt Zagreb. Es ist ein Grenzort. Nach Norden hin erstreckt sich die Republik Kroatien; südlich, jenseits der Save, liegt die sogenannte „Serbische Republik" (Republika Srpska), die völkerrechtlich zu der im Dayton-Abkommen von 1995 neu strukturierten Republik Bosnien-Herzegowina gehört. Der Name Jasenovac steht für einen Komplex von fünf „Speziallagern" aus der Zeit des Ustaša-Staates. Der „Staat" wurde am 10. April 1941, vier Tage nach dem deutschen Überfall auf Jugoslawien, proklamiert und umfaßte neben Kroatien auch ganz Bosnien-Herzegowina. Es war ein Vielvölkerstaat par excellence, in dem die Kroaten weniger als 60 Prozent der Bevölkerung stellten. Annähernd zwei Millionen der insgesamt 6,5 Millionen Einwohner waren Serben. An der Spitze des Staates stand der nationalistische Fanatiker und Terrorist Ante Pavelić mit seiner Ustaša-Bewegung, die jahrelang im Untergrund und vom Exil her den jugoslawischen Staat mit gewaltsamen Mitteln bekämpft hatte. Nach der von Hitler und Mussolini inszenierten „Machtergreifung" der Ustaše entstand ein totalitärer Unrechtsstaat mit einer „völkischen" und rassistischen Zielsetzung, die sich gegen alle Nicht-Kroaten, insbesondere gegen Serben, aber auch gegen Juden und Roma richtete. Wie Hitler ein „judenfreies" Europa anstrebte, so strebte Pavelić ein „serbenfreies" Großkroatien an.⁷⁸

Entsprechend dem jugoslawischen Gründungsmythos befanden sich unter den 1,7 Millionen Kriegstoten 600 000 bis 700 000 Menschen, die in Jasenovac ermordet worden seien. Beide Zahlen waren unauflösbar aufeinander bezogen. Sofern sich die Zahl der jugoslawischen Kriegstoten als unhaltbar erwies, mußte auch die Zahl der Jasenovac-Opfer korrigiert werden. Der Zensus von 1964 hatte für den Lagerkomplex Jasenovac 59 188 Opfer erbracht. Die Namen dieser Ermordeten wurden 1992 vom Statistischen Amt in Belgrad aus den seinerzeitigen Erhebungslisten herausgefiltert. Ein Exemplar dieser abermals streng geheimgehaltenen Aufstellung gelangte in die Hände des „Bosniakischen Instituts" in Zürich, das es 1998 publizierte.[79] Zu den Opfern zählten 33 944 Serben, 9044 Juden, 6546 Kroaten und andere. Auch in diesem Fall ist davon auszugehen, daß die Zahlen unvollständig sind. Nach Auswertung von 140 Monographien und anderer Materialien kommt Žerjavić zu dem Schluß, daß die Ergebnisse von 1964 im Falle von Jasenovac und des Nebenlagers Stara Gradiška um 25–30 Prozent zu erhöhen sind. Demnach müßten im Lagerkomplex etwa 85 000 Menschen ermordet worden sein (48 000–52 000 Serben, 13 000 Juden, 12 000 Kroaten und 10 000 Roma).[80]

YU/HR 23
Bogdan Bogdanović
Spomen Područje Jasenovac
Gedenkstätte Jasenovac, 1987
Plakat, 68,5 x 48,5 cm
Zagreb, Hrvatski Povijesni Muzej
2371/2

Lange Zeit hatte sich um das Lagergelände niemand gekümmert. Und im Unterschied zu Oradour oder Lidice war Jasenovac auch im Ausland nahezu unbekannt. Erst 1968 wurde eine Gedenkstätte an die Verbrechen im Zweiten Weltkrieg mit einem Museum und einem Mahnmal in Gestalt einer Blume eingerichtet (Abb. YU/HR 23). Das Mahnmal war von dem serbischen Architekten und späteren Belgrader Bürgermeister Bogdan Bogdanović entworfen worden, der nicht bereit war, die Symbole, zu denen er „intuitiv" gelangt war, zu erklären. Die im Kontrast zur „sozialrealistischen Funeralienkunst" der ersten Nachkriegszeit gestaltete Gedenkstätte entwickelte sich im Verlauf der 70er und 80er Jahre zu einem häufig besuchten „lieu de mémoire" mit touristischer Infrastruktur, Souvenirs und Kitsch (Abb. YU/HR 24).

Parallel zu Krise und Zerfall des früheren Jugoslawien wurde Jasenovac zum Kampfplatz serbischer und kroatischer Erinnerungspolitiken. Der Streit über die Opferzahlen und Täterrollen geriet Ende der 80er Jahre außer Rand und Band.[81] Nun „reichte" es serbischen Nationalisten nicht mehr, daß in Jasenovac 600 000 bis 700 000 Menschen ermordet worden seien, nun mußten es unter Berufung auf „neue wissenschaftliche Methoden" mindestens 1,1 Millionen sein.[82] Für Ser-

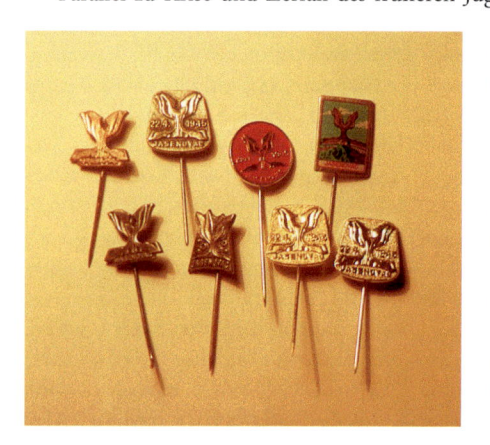

YU/HR 24
Jasenovac Souvenirs
70/80er Jahre
Anstecker
Jasenovac, Spomen Područje Jasenovac

ben war Jasenovac das „verborgene Kapitel des Holocaust", die „größte serbische Stadt unter der Erde", das „drittgrößte Konzentrationslager Europas" und die „größte Folterkammer in der Geschichte der Menschheit".[83] Die kroatische Nation wurde im Sinne der Kollektivschuldthese mit den Ustaše gleichgesetzt und ihr eine genetisch kodierte Neigung zum Genozid zugeschrieben.[84]

Auch das Mahnmal selbst geriet in die Kritik. Nachdem Bogdanović im Herbst 1987 einen offenen Brief an Milošević geschrieben hatte, in dem er sich von dessen Regime distanzierte, „wurde plötzlich alles, was ich bis dahin getan, gesprochen, geschrieben und gebaut hatte, schweren Angriffen ausgesetzt. Die Blume von Jasenovac wurde, der Teufel weiß warum, ein unumstößlicher Beweis für meinen nationalen Verrat. Nicht nur die Boulevardblätter, sondern auch die sogenannten seriösen Zeitungen, wie zum Beispiel die Politika, und alle Programme der staatlichen und einzigen Fernsehanstalt übertrugen die Erklärungen dubioser Volkstribune und Verfechter eines nebligen Großserbiens sowie anderer notorischer Brandstifter und Plünderer. Jetzt fragten sie sich, wie ein ʼkroatisches Denkmalʼ auf die serbische Erde komme …." „Ein anonymer Telefonanrufer insistierte: ʼFür wen hast du diese Blume errichtet und warum gerade eine Blume?ʼ […] ʼWarum ist das keine serbische Blume?ʼ Ich verstand die Frage nicht. ʼWas soll das heißen?ʼ – ʼEs geht um die Blume – du hast eine kroatische und nicht eine serbische Rose errichtet.ʼ Er wurde unruhig, man hörte Rascheln und dann die Fortsetzung: ʼWarum hast du nicht eine serbische Blume errichtet, wie die Pfingstrose von Kosovo?ʼ – ʼDie Pfingstrose von Kosovoʼ war der Titel der Gedichtsammlung eines patriotischen Dichters noch vor dem Ersten Weltkrieg. Der meinem Gesprächspartner zugeflüsterte Titel mußte ihm spanisch vorkommen. Auf jeden Fall stand etwas hinter ihm, das man in unseren Gefilden äußerst ungenau einen Intellektuellen nennt."[85]

Auf kroatischer Seite (namentlich im Werk des künftigen kroatischen Staatspräsidenten Tuđman von 1989) wurde Jasenovac zu einem bloßen „Arbeitslager" heruntergespielt; die Zahl der (infolge von Krankheit, Altersschwäche!) verstorbenen Personen wurde minimiert. Unter den Opfern nahmen kroatische Antifaschisten einen prominenten Platz ein. Und der Terror des Ustaša-Regimes gegenüber den Serben im „Unabhängigen Staat Kroatien" stellte sich als bloße Reaktion auf die Verbrechen der serbischen Četniki dar.[86] Was rechtsradikale Kreise in Deutschland als „Auschwitzlüge" bezeichneten, war für nationalistische Kreise in Kroatien die „Jasenovac-Lüge" oder das „Jasenovac-Märchen" (jasenovačka bajka).[87] In beiden Fällen ging es darum, ein numerisch nicht lückenlos dokumentierbares Verbrechen in seinen Ausmaßen zu bagatellisieren oder gänzlich zu negieren. In beiden Fällen ging es um die „Reinigung" der Vergangenheit von Verbrechen, die als „Verleumdungen" und historische Fälschungen ausgegeben wurden.

Im Herbst 1991 wurde Jasenovac von serbischen Einheiten erobert und gehörte nun zur serbischen „Republik Krajina", die sich von Kroatien abgespalten hatte und aus der die meisten Kroaten vertrieben worden waren. Im Mai 1995 eroberte die kroatische Armee das Gebiet zurück, gefolgt von Flucht und Vertreibung der Krajina-Serben. Die Ausstellungsgegenstände des Jasenovac-Museums wurden von den Serben mitgenommen. „Auf dem weitläufigen Gelände der Gedenkstätte ist keine Menschenseele zu sehen. Auch das Museum ist verwaist, die Fensterscheiben sind zertrümmert, Unrat liegt auf dem Boden", berichtete die Frankfurter Allgemeine Zeitung im Mai 1996.[88]

Der Krieg der „Erinnerungen" erhielt durch die postjugoslawischen Kriege der 90er Jahre kontinuierlich neue Nahrung. Der Direktor des 1991 in Belgrad eröffneten Museums für die serbischen Genozid-Opfer, Milan Bulajić, Autor mehrerer Arbeiten über die Serben-Verfolgungen im USK[89], erklärte Ende April 1998 vor dem UN-Kriegsverbrechertribunal in Den Haag, daß der Aufstand der Serben in Kroatien und Bosnien-Herzegowina in den Jahren 1991/92 die traumatische Folge der Verbrechen im Zweiten Weltkrieg gewesen sei. Die Serben hätten sich nur gegen eine Neuauflage von Jasenovac zur Wehr gesetzt. Der Kroate Žerjavić warf Bulajić daraufhin großserbische Propaganda vor: „... the Serb promoters of Croatian genocide are servicing the worst and most uncivilized methods, which the cultural world should not tolerate."[90]

Nachdem die „Republik Krajina" in den Schoß Kroatiens zurückgekehrt war, stellte sich die Frage, was mit dem verwahrlosten Erinnerungsort geschehen solle. Der Präsident Kroatiens Franjo Tuđman favorisierte die Idee, Jasenovac in eine Stätte des nationalen Gedenkens an alle kroatischen Opfer des Zweiten Weltkrieges – an die Opfer der faschistischen und kommunistischen Gewaltherrschaft – sowie zum Andenken an die im „Vaterländischen Krieg" von 1991–1995 gefallenen Kroaten umzuwandeln. Bedeutsam war die Einbeziehung der Opfer, die mit dem Namen Bleiburg in Südkärnten verbunden sind. In diesen österreichischen Grenzort hatten sich im Frühjahr 1945 Angehörige der kroatischen Armee und der Ustaša-Verbände, einschließlich zahlreicher Zivilisten, vor den anrückenden Tito-Partisanen geflüchtet. Fast ausnahmslos wurden sie von der britischen Militärverwaltung an die Truppen des neuen Jugoslawien ausgeliefert.[91] 40 000–60 000 Menschen fielen anschließend der Rache der Sieger zum Opfer.[92] Auch dies hatte zu den Tabus der Tito-Zeit gehört. Nun kehrte Bleiburg, das bisher nur ein Thema der Exilliteratur gewesen war, in die kroatische Öffentlichkeit zurück. Anläßlich des 50. Jahrestags der „Bleiburger Tragödie des kroatischen Volkes" wurde des Verbrechens selbst auf Schlüsselanhängern und Briefmarken gedacht (Abb. YU/HR 25). Die Briefmarke des kroatischen Designers und Akademiemitglieds Boris Ljubičić zeigt ein Kreuz vor einer weiten Landschaft. Die christliche Symbolik verweist zugleich auf Tod und Auferstehung. Offenbar hat die Symbolik überzeugt, denn sie wurde auf dem Einband zu einem Symposiumsband wieder abgebildet (Abb. YU/HR 26). Selbst eine Telefonkarte soll an die Tragödie erinnern (Abb. YU/HR 27). Tuđman verband seine Überlegungen zur Umgestaltung von Jasenovac mit einem umfassenden Projekt der nationalen Versöhnung (pomirba). Er wollte den Graben zwischen kroatischen Faschisten und Antifaschisten, zwischen Tätern und Opfern, Ustaše und Widerstandskämpfern durch einen alles versöhnenden Nationalismus überbrücken, die Spaltung der kroatischen Gesellschaft und ihrer Erinnerungskulturen beenden. Die serbischen Opfer wurden nun nicht mehr erwähnt. Das nationale Gedächtnis galt fortan nur den Kroaten. Zu ihnen zählten auch die einstigen Todfeinde Tito und

YU/HR 25
Zrinski, Boris Ljubičić
Bleiburg 1945–1995.
50 godina od tragedije Hrvatske
Bleiburg 1945–1995.
50. Jahrestag der Tragödie Kroatiens, 1995
Briefmarke
Privatbesitz

YU/HR 26
Andjelko Mijatović (Hg.)
Medunarodni znanstevi skup.
An International Symposium
'Bleiburg 1945.–1995.',
Zagreb, 12.–13. V. 1995
Internationales Symposium
'Bleiburg 1945–1995',
12.–13. Mai 1995, Zagreb
1997
Buchtitel
Privatbesitz

YU/HR 27
50 godina od Bleiburške tragedije hrvatskoga naroda
50. Jahrestag der Bleiburger Tragödie des kroatischen Volkes, 1995
Telefonkarte, 5,4 x 8,6 cm
Privatbesitz

Pavelić. Titos Gebeine sollten aus dem Mausoleum in Belgrad in seinen kroatischen Geburtsort Kumrovec überführt werden ebenso wie die sterblichen Überreste des 1959 in Spanien verstorbenen Ustaša-Führers Ante Pavelić. „Ich bin dafür, daß die Gebeine jedes kroatischen Menschen, der für Kroatien gelebt hat, in kroatischer Erde ruhen", erklärte Tuđman gegenüber Journalisten.[93] Mit dieser Sammlung kroatischer Gebeine sollte ein „Schlußstrich" unter die Auseinandersetzung mit der Vergangenheit gezogen werden.

In der kroatischen Öffentlichkeit lösten Tuđmans Ideen eine hitzige Debatte aus. Der Verleger und Historiker Slavko Goldstein, der selbst einen Teil seiner Familie in Jasenovac verloren hatte, wandte sich in einem offenen Brief an den Staatspräsidenten: „Ich verlange …, daß Sie unsere Toten in Ruhe lassen. Beleidigen Sie sie nicht, indem Sie sie zu einer Nachbarschaft zwingen, die sie nicht gewollt hätten und die ihre Nachkommen nicht akzeptieren können."[94] Das in Split erscheinende satirische Wochenblatt Feral Tribune zeigte Tuđman auf der Titelseite der Ausgabe vom 29. April 1996 in einer Photomontage als „Knochenmixer", der die Gebeine aller kroatischen Opfer durch eine Mühle dreht und ihren Staub vermischt (Abb. YU/HR 28). Im Textteil wurden die makabren Pläne Tuđmans mit denen des spanischen Diktators Franco verglichen, der im „Tal der Gefallenen" in der Sierra Cuelgamuros in einem vergleichbaren Akt erzwungener nationaler Versöhnung alle Opfer des spanischen Bürgerkrieges hatte bestatten lassen wollen. Der Vergleich mit Franco trug dem mißliebigen Blatt und seinen verantwortlichen Journalisten einen Prozeß wegen „Diffamierung des Präsidenten" ein.[95]

Franjo Tuđman – Widerstandskämpfer in der Titobewegung, General der Jugoslawischen Volksarmee, nationalkroatischer Historiker, „Dissident" und schließlich erster Präsident der unabhängigen Republik Kroatien – wollte als großer Versöhner der kroatischen Gesellschaft, als großkroatischer Übervater und postkommunistischer Tito in die Geschichtsschreibung eingehen. Interessanterweise nahm er denselben „Habitus" an wie der einstige Ziehvater und verstorbene Marschall und trug auch eine ähnliche Uniform (Abb. YU/HR 29). Er übersah, daß Jasenovac weniger mit der Erinnerung an die politische Spaltung der kroatischen Gesellschaft, vergleichbar der Spaltung zwischen „Linken" und „Rechten" im spanischen Bürgerkrieg, als vielmehr mit der Erinnerung an einen Völkermord verknüpft war. Es war diese Erinnerung an den Genozid, die er zugunsten einer innerkroatischen „pomirba" verdrängen wollte. Wiederholt betonte er (unter Rückgriff auf den angeblichen Fluch des kroatischen Königs Zvonimir von 1089)[96], daß „die Zwietracht der Hauptgrund dafür war, daß wir früher keinen eigenen kroatischen Staat hatten" und daß erst seine Par-

YU/HR 28
Zanimljiva inicijativa predsjednika Tuđmana. Svi u Jasenovac!
Eine interessante Initiative des Präsidenten Tuđman: Alle nach Jasenovac!, in: Feral Tribune, 29. April 1996
Zeitschriftentitel
Zagreb, Feral Tribune

YU/HR 29
Ognjen Alujević (Foto)
Vrhovni zapovjednik dr. Franjo Tuđman u pratnji ministra obrane Gojka Šuška obilazi postrojene pripadnike svih rodova Hrvatske vojske. Parada policijskih čamaca na Jarunu
Oberbefehlshaber Dr. Franjo Tuđman in Begleitung des Verteidigungsministers Gojko Šuška schreitet die Reihen der angetretenen unterschiedlichen Waffengattungen ab. Eine Parade von Polizeibooten auf der Adria, in: Snježana Dukić: Mimohod slave i ponosa, Slobodna Dalmacija, 31. Mai 1995, S. 5
Zeitung
Berlin, Staatsbibliothek zu Berlin – Preußischer Kulturbesitz
2 Zsn 79358

tei, die Kroatische Demokratische Gemeinschaft (HDZ), „die Versöhnung aller Generationen und Stände des kroatischen Volkes bewirkt" habe.[97] Tuđman ging es nicht um die Aussöhnung zwischen Kroaten und Serben, sondern um die Aussöhnung zwischen kroatischen Tätern und kroatischen Opfern. Daran ist er gescheitert. Nach seinem Tod 1999 und der Wahl einer neuen Regierung versachlichte sich die Debatte um Jasenovac. Die Auseinandersetzung über Möglichkeiten und Grenzen, Pflege und Mißbrauch nationaler Erinnerungsorte sowie über das, woran erinnert und was vergessen werden soll, steht freilich noch am Anfang.

Die „Rückkehr" des Zweiten Weltkrieges und die „Wiedergeburt" der Feinde

Der Zerfall Jugoslawiens wurde in weiten Teilen der serbischen Öffentlichkeit als Rückkehr des Zweiten Weltkrieges wahrgenommen. Wie damals so hatten die Serben auch jetzt am meisten zu verlieren. Eine Aufgliederung des jugoslawischen Bundesstaates entsprechend den bisherigen Republiksgrenzen bedeutete, daß künftig ein Viertel aller Serben außerhalb ihres eigenen Staats verbleiben würde. Nach den Ergebnissen der Volkszählung von 1981 lebten in der Republik Serbien (einschließlich der beiden Autonomen Provinzen) nur 76 Prozent aller in Jugoslawien erfaßten Serben (6,2 von 8,1 Millionen). Im engeren Serbien (ohne Kosovo und Wojwodina) waren es lediglich 60 Prozent![98] In Kosovo und Bosnien-Herzegowina war der Anteil der Serben kontinuierlich zurückgegangen.

Die seit 1981 schwelende Kosovo-Krise, die durch neue, zumeist ungeklärte Vorfälle geschürt wurde (insbesondere durch den „Fall Martinović" 1985 und das „Massaker von Paraćin" 1987)[99], die Anzeichen für eine Re-Islamisierung der bosnischen Muslime sowie die Unabhängigkeit Kroatiens und Bosnien-Herzegowinas lösten in der serbischen Bevölkerung Ängste aus, die von Intellektuellen, Journalisten, Politikern und „ethnischen Unternehmern" gezielt geschürt wurden. Anlässe dafür gab es genug. Die Herabstufung der Serben in der neuen kroatischen Verfassung von einer gleichberechtigten Nation zu einer Minderheit, die aufkeimende Ustaša-Nostalgie in Kroatien, der eskalierende Streit über Jasenovac sowie die alt-neuen Feindbilder Islam und Albaner boten unerschöpflichen Stoff für ethnonationale Mobilisierung. Pausenlos, ohne Chance zur Überprüfung und Korrektur, wurden den Serben seit Ende der 80er Jahre aktualisierte Bedrohungsbilder, historische Legenden und Mythen eingehämmert.[100] Nur wenige konnten sich diesem Dauerbeschuß mental entziehen. Namentlich Opfer-Mythen erlebten eine ungeahnte Konjunktur, und das Wort „Genozid" war stets präsent. Zu den neuen Mythenbildnern gehörte auch der serbische Schriftsteller Milorad Pavić, den Peter Handke in seiner „Winterlichen Reise zu den Flüssen Donau, Save, Morawa und Drina oder Gerechtigkeit für Serbien" als einen „fein-würdigen älteren Herrn" beschreibt.[101] Pavićs Konstruktion eines über Jahrhunderte (von der Kosovo-Schlacht 1389 bis zur Gegenwart) während „Genozids" an den Serben war freilich weder „fein" noch „würdig". Doch wann immer in der „Ära Milošević" von der „serbischen Frage" die Rede war, nie fehlte die Beschwörung von Opfer-Mythen und Genozid-Ängsten.[102] Zu den Schriftstellern, Politikern, Journalisten, Intellektuellen und Pop-Musikern gesellten sich Gelegenheitsdichter aus dem „einfachen Volk". In einem 1990 von einem Serben verfaßten Zehnsilber heißt es:

„Werter Herr Franjo, nun hör doch mal her,
Abschlachten lassen sich Serben nicht mehr,
Drum gib endlich Ruh', darum bitten wir,
Sonst wird Jasenovac noch zum Vampir,
Wenn die Abgeschlachteten auferstehn,
fürchte ich, wird es euch übel ergehn."[103]

Die neu-alten Feinde innerhalb des auseinanderbrechenden Jugoslawien wurden durch die „Verschwörung" des Auslands unterstützt. Die deutsche Anerkennung der Unabhängigkeit Sloweniens und Kroatiens im Dezember 1991 ließ den „deutschen Drang" nach Südosten neu auferstehen. In einer Karikatur von Aleksandar Klas wurde der „Drang gen Balkan" im Ersten und Zweiten Weltkrieg mit der Unabhängigkeitserklärung Kroatiens 1991 gleichgesetzt (Abb. YU/HR 30, mittleres Bild): Sie zeigt einen deutschen Offizier an einer Kanone und mit einer Standarte. Ein Serbe in Opanken und anderen klassischen Attributen der Selbstinszenierung erklärt: „Wieder bereiten sie sich vor. Es scheint, daß es ihnen zu wenig war!" Der damalige deutsche Außenminister Hans-Dietrich Genscher und der neue Präsident Kroatiens Franjo Tuđman wurden zu den bestgehaßten Männern in der serbischen Bevölkerung. Das „Vierte Reich" und das „neo-faschistische" Kroatien hatten sich zu einem neuen Angriff auf Jugoslawien/Serbien verbündet. Die Gegenwart wurde von der Vergangenheit eingeholt (1991 = 1941). „Denn wieder [wie im Ersten und Zweiten Weltkrieg] war es Deutschland, das sich mit seiner ganzen wiedererstandenen Macht auf Serbien stürzte", schreibt Zoran Konstantinović, renommierter Literaturwissenschaftler und Mitglied der Serbischen Akademie der Wissenschaften. „Auf allen internationalen Foren forderten die deutschen Vertreter ständig neue, noch schärfere Maßnahmen gegen das serbische Volk, und die deutschen Medien begleiteten diese Politik in einer beschämenden, der deutschen Kultur unwürdigen Weise."[104]

Der weitere Verlauf der 90er Jahre, insbesondere die militärische Intervention der NATO in Kosovo und im engeren Serbien, verfestigte diese Wahrnehmung. Das NATO-Bombardement vom Frühjahr 1999 und die Vergeltungsmaßnahmen der deutschen Wehrmacht gegen serbische Zivilisten in der Stadt Kragujevac im Oktober 1941 verschmolzen zu einer Einheit. Die historische Zeit löste sich auf (wie bei allen Mythen).[105] Wieder wurden unschuldige serbische Zivilisten Opfer eines ausländischen Aggressors – wie damals, als zwei- bis dreitausend Kinder, Frauen und Männer als Vergeltung für einen Partisanenüberfall von der deutschen Wehrmacht hingerichtet wurden (Abb. YU/HR 31).

Mit dem Tod Franjo Tuđmans Ende 1999 und der Wahlniederlage Miloševićs im Herbst 2000 änderte sich die politische Situation in Kroatien und Serbien. Das „andere" Kroatien und das „andere" Serbien verschafften sich wieder Gehör und leiteten eine neue Runde in den Erinnerungsdiskursen und Vergangenheitspolitiken ein. Die Prozesse vor dem 1993 eingerichteten Internationalen Tribunal für die

YU/HR 30
Aleksandar Klas (Karikatur)
Drang gen Balkan. Opet se spremaju, izgleda da im je bilo malo!
Drang gen Balkan. Wieder bereiten sie sich vor, es scheint, daß es ihnen zu wenig war!, in: Ilustrovana Politika, 4. November 1991
Zeitung
Belgrad, Politika

YU/HR 31
Target. Opet smo meta i samo meta!
Target. Wieder sind wir das Ziel und nur das Ziel!, 1999
Aufkleber, 20,5 x 15,1 cm
Privatbesitz

Verfolgung von Kriegsverbrechen im früheren Jugoslawien werden die Aufarbeitung der Vergangenheit nachhaltig beeinflussen, indem sie nicht nur die Verbrechen der 90er Jahre, sondern auch das ideologische Arsenal zutage fördern, das die Ausführung dieser Verbrechen begünstigte. Die Gedächtnislandschaften in den postjugoslawischen Gesellschaften werden in absehbarer Zukunft anders aussehen als gegen Ende des 20. Jahrhunderts und in den Jahrzehnten zwischen 1945 und 1985. Wie sie aussehen werden, bleibt abzuwarten.

Die „Vorkriegszeit", d. h. die Zeit vor 1991/92, ist für große Teile der Bevölkerung, zumal der jüngeren Generation, in weite Ferne gerückt. Und für die früheren sozialistischen Ideale und die Antifaschisten im Zweiten Weltkrieg interessiert sich zur Zeit fast niemand. Die kroatische Künstlerin Sanja Iveković kämpft seit Jahren gegen das Vergessen und versucht, das Andenken an die im Zweiten Weltkrieg verfolgten Frauen, darunter ihre eigene Mutter, wachzuhalten bzw. neu zu wecken. In einer Photoserie von 1997/98 versah sie bekannte Models mit den Namen und Kurzbiographien vergessener „nationaler Heldinnen" aus dem Zweiten Weltkrieg. Im Frühjahr 2002 startete sie das Projekt „Searching for my mother's number", das auf der documenta 11 in Kassel gezeigt wurde. Ihre Mutter war wegen ihrer Kurierdienste für die Partisanen 1943 in das Konzentrationslager Auschwitz eingeliefert worden, aus dem sie 1945 befreit wurde. In dem Projekt ging es nicht nur um die Suche nach der Nummer, die ihrer Mutter im KZ eintätowiert worden war, sondern auch um die Visualisierung der Forschungen nach den Ermordeten und Überlebenden der Konzentrationslager und um die Reflexion der Gesellschaft über die Gegenwart ihrer Vergangenheit (Abb. YU/HR 32).

YU/HR 32
Sanja Iveković
Searching for my mother's number
Auf der Suche nach der Nummer meiner Mutter, 2002
Screenshot, 19. September 2003
www.biondanera.net

Neben der persönlichen gibt es drei Arten von offiziellen „Kriegserinnerungen". Die eine strebt nach Versöhnung mit dem früheren Gegner. Sie ist ausgleichend und inklusiv. Die zweite dient der nationalen Selbstvergewisserung unter Ausklammerung der Gegner. Sie ist unversöhnlich und exklusiv. Die dritte ist auf die Abwehr tatsächlicher oder vermeintlicher Bedrohungen sowie auf Begleichung offener Rechnungen angelegt. Sie ist exklusiv und in aggressiver Weise defensiv. Die erste Variante spielte im jugoslawischen Zerfallsprozeß keine Rolle. Sowohl in Serbien wie in Kroatien dominierten die zweite und dritte Variante. Unterschiede in der Gewichtung ergaben sich aus der unterschiedlichen Ressourcenausstattung Anfang der 90er Jahre. Angesichts der militärischen Schwäche Kroatiens hatte Tuđman keine andere Wahl, als auf internationale Unterstützung zu setzen und seine expansiven Pläne in Bosnien-Herzegowina zu kaschieren. Milošević und seine Mitstreiter entschieden sich dagegen für ein aggressives Vorgehen: zuerst in Kroatien, dann in Bosnien-Herzegowina, schließlich im Kosovo. Diesmal sollte sich die serbische Bevölkerung rechtzeitig „zur Wehr" setzen, um eine Wiederholung dessen zu verhindern, was sie ein halbes Jahrhundert oder – im Falle Kosovos – 600 Jahre zuvor erlitten hatte. Für diese Strategie waren die seit Mitte der 80er Jahre evozierten Bilder aus dem Zweiten Weltkrieg ebenso unverzichtbar wie der Kosovo-Mythos. Denn ohne „Erinnerung" bzw. mit einer anderen „Erinnerung" an den Zweiten Weltkrieg (und frühere Kriege) wäre der Zerfall Jugoslawiens vermutlich anders und weniger blutig verlaufen.[106] Das bedeutet nicht, daß die postjugoslawischen Kriege allein oder überwiegend mit „Erinnerungen" oder „kriegspropagandistischem Mythologismus"[107] erklärt werden könnten. Denn auch in diesem Fall gilt: der Glaube allein versetzt noch keine Berge.

---

* Für wertvolle Hinweise und Unterstützung bei der Auswahl des Bildmaterials danke ich Carl Bethke vom Osteuropa-Institut der FU Berlin.
1 Zur Geschichte des ersten und zweiten jugoslawischen Staates vgl. Sundhaussen, Holm: Experiment Jugoslawien. Von der Staatsgründung bis zum Staatszerfall, Mannheim u. a. 1993; Lampe, John R.: Yugoslavia as History. Twice there was a country, Cambridge 1996; Benson, Leslie: Yugoslavia. A Concise History, Basingstoke u. a. 2001.
2 Als Nationen im Sinne der Verfassung galten Serben, Kroaten, Slowenen, Montenegriner und Makedonier. Ende der 60er/Anfang der 70er Jahre kamen die „bosnischen Muslime" (seit 1993: Bosniaken) als sechste Nation hinzu. Bevölkerungsgruppen, die außerhalb Jugoslawiens einen eigenen Nationalstaat besaßen, hatten innerhalb Jugoslawiens nur den Status von Nationalitäten (unabhängig von ihrer zahlenmäßigen Stärke). Während die Montenegriner seit dem Zweiten Weltkrieg als eigene Nation anerkannt waren, blieb den zahlenmäßig weitaus stärkeren Albanern dieser Status versagt.
3 Zitiert nach François, Etienne/Schulze, Hagen: Das emotionale Fundament der Nationen, in: Flacke, Monika (Hg.): Mythen der Nationen. Ein europäisches Panorama, München, Berlin 1998, S. 17.
4 Đonlagić, Ahmet/Atanacković, Žarko/Plenča, Dusan: Jugoslawien im Zweiten Weltkrieg, Belgrad 1967, S. 240 f. Vgl. auch die regimetreue Darstellung in deutscher Sprache von Strugar, Vlado: Der jugoslawische Volksbefreiungskrieg 1941–1945, 2 Bde., Berlin (Ost) 1969.
5 Höpken, Wolfgang: Der Zweite Weltkrieg in den jugoslawischen und postjugoslawischen Schulbüchern, in: Höpken, Wolfgang (Hg.): Öl ins Feuer? Schulbücher, ethnische Stereotypen und Gewalt in Südosteuropa, Hannover 1996, S. 166.
6 Tito, Josip: Borba za oslobodjenje Jugoslavije 1941–45, Belgrad 1947, S. 194.
7 Zur Diskussion Sundhaussen, Holm: Okkupation, Kollaboration und Widerstand in den Ländern Jugoslawiens 1941–1945, in: Röhr, Werner (Hg.): Okkupation und Kollaboration (1938–1945). Beiträge zu Konzepten und Praxis der Kollaboration in der deutschen Okkupationspolitik, Berlin, Heidelberg 1994, S. 349 ff.
8 Zu den Einzelheiten: The War Effort of Yugoslavia 1941–45, ed. by the Military-Historical Institute of the FPRY, Belgrad o.J.; vgl. auch Živković, Nikola: Ratna šteta koju je Nemačka učinila Jugoslaviji u drugom svetskom ratu, Belgrad 1975, S. 267 f.
9 Zum Holocaust in Jugoslawien vgl. u. a. Romano, Jasa: Jevreji Jugoslavije 1941–1945. Žrtve genocida i učesnici NOR-a, Belgrad 1980; Sundhaussen, Holm: Jugoslawien, in: Benz, Wolfgang (Hg.): Die Zahl der jüdischen Opfer des Nationalsozialismus, München 1991, S. 311 ff.; Manoschek, Walter: „Serbien ist judenfrei". Militärische Besatzungspolitik und Judenverfolgung in Serbien 1941/42, München 1993; Goldstein, Ivo: Holokaust u Zagrebu, Zagreb 2001.
10 Živković 1975 (wie Anm. 8), S. 540.
11 Brkić, Stanisa: Kragujevački oktobar 1941, Kragujevac o.J.
12 Zum Gedenkpark vgl. O'Keeffe, Sarah: Case Studies in Serbian Historical Consciousness: The Kragujevac Massacre and Stjepan Filipovic's Valiant Last Stand, in: www.geocities.com/sqokeeffe (1. September 2003).

[13] Živković, Dusan/Strugar, Vladimir (Hg.): Selection from the Bibliography of the Liberation War and Revolution of Yugoslav Peoples, Belgrad 1965; Trgo, Fabijan: Izvori i literatura za historiju NOR-a, in: Vojnoistorijski glasnik 18 (1967), Nr. 2, S. 61 ff.; Pajović, R./Radević, M. (Hg.): Bibliografija o ratu i revoluciji. Posebna izdanja 1945–1965, Belgrad 1969.

[14] Vgl. Höpken 1996 (wie Anm. 5), S. 159 ff.; Rosandić, Ružica/Pesić, Vesna (Hg.): Ratnistvo, patriotizam, patrijarhalnost. Analiza udžbenika za osnovne skole, Belgrad 1994.

[15] Einzelheiten bei Basić, Natalija: Wege in den Krieg. Feindbilder und Gewalt aus der Perspektive überlebender Kombattanten der postjugoslawischen Kriege 1991–1995, Diss., Hamburg 2002, S. 138 f. (Druck in Vorbereitung).

[16] Zitiert nach Basić 2002 (wie Anm. 15), S. 142.

[17] Vgl. Pesić, Vesna: Bellicose Virtues in Elementary School Readers, in: Rosandić/Pesić 1994 (wie Anm. 14), S. 55 ff.

[18] 27 Prozent aller Filme, die zwischen 1947 und 1971 in Jugoslawien produziert wurden, waren dem Zweiten Weltkrieg gewidmet. Vgl. Trojar, Stefan: Umetnički film o narodnooslobodilačkom boju i njegova uporabnost pri pouku zgodovine, in: Nastave istorije (1980), Nr. 2, S. 105; vgl. auch Volk, Petar: Istorija jugoslovenskog filma, Belgrad 1986, S. 122 ff.

[19] Vgl. Topić, Marin: Internetausgabe: Bobovac. Zeitung der Kroaten von Vares (Zentralbosnien), Nr. 30, 30. Juni 1997: http://www.vares.pp.se/bobovac/boblist/broj30/30_14.hmt (5. September 2003).

[20] Vgl. Lilly, Carol: From Propaganda to Pornography. Party, Society and Culture in Postwar Yugoslavia, in: Bokovy, Melissa/Irvine, Jill/Lilly, Carol (Hg.): State-Society Relations in Yugoslavia, 1945–1992, New York 1997, S. 139 ff.

[21] Rihtman-Augustin, Dunja: Von der Marginalisierung zur Manipulation: Die Volkskultur in Kroatien in unserer Zeit, in: Roth, Klaus (Hg.): Die Volkskultur Südosteuropas in der Moderne, München 1992, S. 283.

[22] Zu Leben und Werk Titos vgl. West, Richard: Tito and the Rise and Fall of Yugoslavia, London 1994; Ridley, Jasper: Tito. A Biography, London 1994. Von den älteren Arbeiten bleiben wichtig Dedijer, Vladimir: Tito. Autorisierte Biographie, Berlin 1953; Auty, Phyllis: Tito. Staatsmann aus dem Widerstand. München, Gütersloh, Wien 1972; Đilas, Milovan: Tito. Eine kritische Biographie. Wien u. a. 1980.

[23] Titos Geburtstag wurde im alten Jugoslawien am 25. Mai gefeiert.

[24] Am Rande sei vermerkt, daß Augustinčić nicht nur Tito, sondern auch den Chef des Ustaša-Staates im Zweiten Weltkrieg, Ante Pavelić, sowie den 1934 ermordeten jugoslawischen König Alexander in Stein gehauen hat.

[25] Đilas, Milovan: Anatomie einer Moral. Eine Analyse in Streitschriften, Frankfurt a.M., Hamburg 1963.

[26] Einzelheiten bei Sundhaussen, Holm: Geschichte Jugoslawiens 1918–1980, Stuttgart u. a. 1982, S. 159 ff.

[27] Vgl. Mertus, Julie A.: Kosovo. How Myths and Truths Started a War, Berkeley u. a. 1999.

[28] In: Pravoslavlje Nr. 364 vom 15. Mai 1982, S. 1 f. „Ohne Übertreibung kann man sagen, daß das serbische Volk in Kosovo einen langsamen, gut geplanten Genozid erleidet."

[29] Vgl. Denich, Bette S.: Dismembering Yugoslavia. Nationalist Ideologies and the Symbolic Revival of Genocide, in: American Ethnologist 21 (1994), S. 367 ff.

[30] Ćosić, Dobrica: Vreme smrti (Zeit des Todes), Belgrad 1981. Eine ähnliche Rolle spielten der Roman von Vuk Drasković: Nož (Messer), 3. Aufl., Belgrad 1984 oder das Buch von Danko Popović: Knjiga o Milutinu (Buch über Milutin), Belgrad 1986. Vgl. Ramet, Sabrina P.: Apocalypse Culture and Social Change in Yugoslavia, in: Ramet, Sabrina P. (Hg.): Yugoslavia in the 1980s. Boulder/Co. 1985, S. 13 ff.; Đorđević, Mirko: Književnost populističkog talasa, in: Popov, Nebojsa (Hg.): Srpska strana rata. Trauma i katarza u istorijskom pamćenju, Belgrad 1996, S. 394 ff. Vgl. auch Wachtel, Andrew B.: Making a Nation, Breaking a Nation. Literature and Cultural Politics in Yugoslavia, Stanford/Ca. 1998.

[31] Vgl. u. a. Thompson, Mark: Forging

War. The Media in Serbia, Croatia and Bosnia-Herzegovina, London 1994; Ramet, Sabrina P.: Rock Music, in: Ramet, Sabrina P. (Hg.): Balkan Babel. The Disintegration of Yugoslavia from the Death of Tito to Ethnic War, 2. Aufl., Boulder/Co. 1996, S. 91 ff.; Čolović, Ivan: Football, Hooligans and War, in: Čolović, Ivan: The Politics of Symbol in Serbia. Essays in Political Anthropology, London 2002, S. 259 ff.; Goulding, Daniel J.: Yugoslav Film in the Post-Tito-Era, in: Goulding, Daniel J. (Hg.): Post New Wave Cinema in the Soviet Union and Eastern Europe, Indiana 1989, S. 248 ff.

[32] Zum Text vgl.: http://www.zabranjenopusenje.com/albumi/safari/5.htm (30.Juni 2003).

[33] Dragović-Soso, Jasna: 'Saviours of the Nation'. Serbia's Intellectual Opposition and the Revival of Nationalism, London 2002, S. 64 ff.

[34] Bogdanović, Dimitrije: Knjiga o Kosovu, Belgrad 1985; Đuretić, Veselin: Saveznici i jugoslovenska ratna drama, Belgrad 1985 (2. Aufl. 1992). Zu Đuretićs Thesen vgl. aus kroatischer Sicht Boban, Ljubo: Srpska ratna drama Veselina Đuretića, in: Boban, Ljubo: Kontroverze iz povijesti Jugoslavije. Dokumentima i polemikom o temama iz novije povijesti Jugoslavije, Zagreb 1987, S. 399 ff.

[35] Vollständig wurde es erst drei Jahre später veröffentlicht: „Memorandum" grupa akademika Srpske akademije nauka i umetnosti o aktuelnim drustvenim pitanjima u nasoj zemlji, in: Nase teme 33 (1989), Nr. 1, S. 128 ff. Übersetzte und erweiterte Neuauflage: Mihailović, Kosta/Krestić, Vasilije: Memorandum of the Serbian Academy of Sciences and Arts. Answers to criticisms, Belgrad 1995.

[36] Zu den Verfassern werden u. a. der Historiker Vasilije Krestić, der Schriftsteller Antonije Isaković, das Mitglied der ehemaligen Praxis-Gruppe Mihajlo Marković, der Schriftsteller und spätere Präsident (Rumpf-)Jugoslawiens Dobrica Ćosić und der Ökonom Kosta Mihajlović gezählt.

[37] Milosavljević, Olivera: Der Mißbrauch der Autorität der Wissenschaften, in: Bremer, Thomas/Popov, Nebojsa/Stobbe, Heinz Günther (Hg): Serbiens Weg in den Krieg. Kollektive Erinnerung, nationale Formierung und ideologische Aufrüstung, Berlin 1998, S. 159 ff.

[38] Konrád, György/Szelényi, Iván: Die Intelligenz auf dem Weg zur Klassenmacht, Frankfurt a.M. 1978.

[39] In einer Erklärung des Präsidenten der Serbischen Akademie, Dejan Medaković, vom 25. Februar 2002 heißt es, die Akademie „bekräftigt alle ihre Schlußfolgerungen, die sich auf den Charakter und Zweck des Textes beziehen, der illegal und in unvollständiger Form unter dem Titel Akademie-Memorandum in der Öffentlichkeit aufgetaucht ist". Deutsche Welle, Monitor Ost-/Südosteuropa Nr. 39 vom 26. Februar 2002.

[40] Zu Milošević vgl. Cohen, Lenard J.: The Rise and Fall of Slobodan Milosevic. Serpent in the Bosom. Boulder/Co. 2000.

[41] Čolović, Ivan/Mimica, Aljosa (Hg.): Intelektualci i rat, Belgrad 1993; Eolović, Ivan: Bordell der Krieger. Folklore, Politik und Krieg, Osnabrück 1994; Bugarski, Ranko: Jezik od mira do rata, Belgrad 1994. Sundhaussen, Holm: Kriegserinnerung als Gesamtkunstwerk und Tatmotiv. Sechshundertzehn Jahre Kosovo-Krieg, in: Beyrau, Dietrich (Hg.): Der Krieg in religiösen und nationalen Deutungen der Neuzeit, Tübingen 2001, S. 11 ff.

[42] Überblicksdarstellungen zum Zerfall Jugoslawiens (Auswahl): Ramet 1996 (wie Anm. 31); Cohen, Lenard J.: Broken Bonds. Yugoslavia's Disintegration and Balkan Politics in Transition, Boulder/Co. 1993; Magas, Branka: The Destruction of Yugoslavia. Tracing the Break-up, 1980–1992, London, New York 1993; Meier, Victor: Wie Jugoslawien verspielt wurde, München 1995.

[43] Einzelheiten bei Dragović-Soso 2002 (wie Anm. 33), insbesondere im Kapitel „The theme of genocide: the Second World War revisited", S. 100 ff.

[44] Sekelj, Laslo: Yugoslavia. The Process of Disintegration, New York 1993, S. 277 ff.

[45] Fiedler, Florian (Hg.): Bildersturm in Osteuropa. Die Denkmäler der kommunistischen Ära im Umbruch, München 1995.

[46] Zur Četnik-Bewegung vgl. Tomasevich, Jozo: The Chetniks, Stanford/Ca. 1975. Die Darstellung hebt sich von

47 Tomasevich 1975 (wie Anm. 46), S. 166 ff.
48 Führer der bosnischen Serben, vom Internationalen Tribunal in Den Haag als mutmaßlicher Kriegsverbrecher gesucht.
49 Oberbefehlshaber der bosnischen Serben, der u. a. für das Massaker von Srebrenica verantwortlich gemacht und ebenfalls mit internationalem Haftbefehl gesucht wird.
50 Čolović 1994 (wie Anm. 41), S. 93.
51 Auf den Kosovo-Mythos und seine herausragende Stellung im „kollektiven Gedächtnis" der Serben kann in diesem Beitrag nicht eingegangen werden. Vgl. dazu u. a. Emmert, Thomas: Serbian Golgatha. Kosovo 1389, Boulder/Co. 1990; Vucinich, Wayne S./Emmert, Thomas (Hg.): Kosovo. Legacy of a Medieval Battle, Minnesota 1991; Cohen, Philip: Serbia's Secret War. Propaganda and the Deceit of History, Texas 1996; Sundhaussen 2001 (wie Anm. 41).
52 Zur Inszenierung der „Meetings" siehe Dragičević, Milena: Neofolk-kultura, Novi Sad 1994, S. 185 ff.; Popov, Nebojsa: Srpski populizam, in: Vreme Nr. 135 vom 24. Mai 1993, Beilage, S. 21 ff.
53 Petrović Njegos, Petar II.: Der Bergkranz, eingeleitet, übersetzt und kommentiert von Alois Schmaus. München/Belgrad 1963. Zur Diskussion vgl. Popović, Srdjan: The Montain Wreath. Poetry or a Blueprint for the Final Solution, in: Spaces of Identity, http://www.univie.ac.at/spacesofidentity/vol4/html/pavlovic.html. (1. August 2003).
54 Stellvertretend für viele andere: Sveti knez Lazar. Spomenica o sestoj stogodisnjici kosovskog boja 1389–1989, hg. von der Serbischen Orthodoxen Kirche, Belgrad 1989; Kosovo 1389–1989. Special edition on the occasion of 600 years since the Battle of Kosovo, Belgrad 1989 (Serbian Literary Quarterly 1989, 1–3).
55 Zitiert nach Čolović 1994 (wie Anm. 41), S. 22.
56 Zitiert nach Nenadović, Aleksandar: Die Politika im Sturm des Nationalismus, in: Bremer/Popov/Stobbe 1998 (wie Anm. 37), S. 296.
57 Der mündlichen Überlieferung nach habe Milos Obilić, ein angeblicher Schwiegersohn des serbischen Fürsten Lazar, seinen Herrn verraten und damit die serbische Niederlage auf dem Amselfeld herbeigeführt. Aber weder die Person noch der Verrat sind historisch belegt.
58 Text der Rede bei Jevlić, Đorđe: Bitka za Kosovo. Sest vekova posle, Bd. 1: Priština, Belgrad 1998, S. 204 ff.
59 Tuđman versuchte auch, die professionelle Geschichtswissenschaft in den Dienst des nationalen Aufbruchs zu stellen, erzielte jedoch nur begrenzte Erfolge. Vgl. Iveljić, Iskra: Die zersplitterte Ökumene der HistorikerInnen. Historiographie in Kroatien in den 90er Jahren, in: Österreichische Osthefte, Sonderband 16, Wien u. a. 2002, S. 363 ff. Zur Mainstream-Historiographie der „Tuđman-Ära" vgl. Ivanisević: Kontinuität und Diskontinuität in der kroatischen Historiographie 1991–2001, in: ebda., S. 381 ff.
60 Mitteilung des Vorsitzenden des Verbandes kroatischer Kämpfer gegen den Faschismus im Zweiten Weltkrieg, Ivan Fumić, am 5. Juni 2002 anläßlich der zweiten Ausgabe des Buches über die Zerstörung antifaschistischer Denkmäler in Kroatien 1990–2000. Deutsche Welle: Monitor Ost-/Südosteuropa Nr. 105 vom 6. Juni 2002.
61 Rihtman-Augustin 1992 (wie Anm. 21), S. 289 f.
62 Vgl. Grakalić, Marijan: Hrvatski grb. (Grbovi hrvatskih zemalja), Zagreb 1991; Banac, Ivo: Grbovi – biljezi identiteta, Zagreb 1991.
63 Perić, Ivo: Povijest za VIII. razred osnovne skole, Zagreb 1992, S. 85 ff.
64 Zu Leben und Werk vgl. Alexander, Stella: The Triple Myth. A life of Archbishop Alojzije Stepinac, Boulder/Co. 1987.
65 Hory, Ladislaus/Broszat, Martin: Der kroatische Ustascha-Staat 1941–1945, Stuttgart 1964, S. 94.
66 Sudjenje Lisaku, Stepincu, Saliću i družini ustasko-križarskim zločincima i njihovim pomagačima, Zagreb 1946; Ausschnitte bei Ramet 1996 (wie Anm. 31), S. 140 ff.
67 Vgl. den Quellenband Stepinac mu je ime, Zagreb 1991, sowie die apologetischen Darstellungen von Kustić, Živko: Stepinac, Zagreb 1991; Kuha-

rić, Franjo: Poruke sa Stepinčeva groba, Zagreb 1995.
68 Vgl. Živković 1975 (wie Anm. 8), S. 265 ff.
69 Zum folgenden vgl. auch Bogosavljević, Srdjan: Nerasvetljeni genocid, in: Popov 1996 (wie Anm. 30), S. 159 ff.
70 Mayers, Paul/Campbel, Arthur: The Population in Yugoslavia. (Hg.) Bureau of Census in Washington DC 1954.
71 In: Markert, Werner (Hg.): Osteuropa-Handbuch: Jugoslawien, Köln, Graz 1954, S. 37 ff.
72 Kruselj, Željko/Zagorac, Đuro: Sporna knjiga mrtvih, in: Danas vom 21. November 1989, S. 24 f.
73 Vučković, Vladeta: Žrtve rata. Sahrana jednog mita, in: Nasa reč 38 (Oktober 1985).
74 Der demographische Verlust bezeichnet die Differenz zwischen der Bevölkerungszahl, die an einem bestimmten Tag auf einem gegebenen Territorium ohne Kriegseinwirkung vorhanden gewesen wäre, und der Bevölkerungszahl, die tatsächlich an diesem Tag gezählt wird. Im Falle Jugoslawiens bedeutete dies, daß die Resultate der Volkszählung von 1931 fortgeschrieben und dann mit den Ergebnissen der ersten Nachkriegszählung von 1948 verglichen werden mußten. Entscheidend dabei war, welche natürliche Zuwachsrate der Fortschreibung von 1931 bis 1948 zugrunde gelegt wurde. Dies war der erste Streitpunkt. Der so ermittelte demographische Verlust ist allerdings nicht identisch mit den Kriegstoten, denn er enthält auch die Ungeborenen und den Saldo der grenzüberschreitenden Migrationen. Das war der zweite Streitpunkt.
75 Kočović, Bogoljub: Žrtve drugog svetskog rata u Jugoslaviji, London 1985.
76 Žerjavić, Vladimir: Gubici stanovnistva Jugoslavije u drugom svjetskom ratu, Zagreb 1989 und Žerjavić, Vladimir: Opsesije i megalomanije oko Jasenovca i Bleiburga. Gubici stanovnistva u drugom svjetskom ratu, Zagreb 1992.
77 Sundhaussen, Holm: Wirtschaftsgeschichte Kroatiens im nationalsozialistischen Großraum 1941–1945, Stuttgart 1983, S. 255 ff.
78 Als Überblick nach wie vor unverzichtbar Hory/Broszat 1964 (wie Anm. 65); Sundhaussen, Holm: Der Ustascha-Staat. Anatomie eines Herrschaftssystems, in: Österreichische Osthefte 37 (1995), Nr. 2, S. 497 ff.
79 Jasenovac. Žrtve rata prema podacima Statističkog zavoda Jugoslavije. (Hg.) Bosnjački institut, Zürich, Sarajevo 1998.
80 http://www.dalmatia.net/croatia/politics/jasenovac1.htm (1. September 2003).
81 Vgl. u. a. Pasic, N.: In Search of the True Number of War Victims in Yugoslavia in the Second World War, in: Serbian Studies 1, 1989, S. 92 ff.; Boban, Ljubo: Jasenovac and the Manipulation of History, in: East European Politics and Societies 4 (1990), S. 580 ff.; Hayden, Robert M.: Balancing Discussion of Jasenovac and the Manipulation of History, in: East European Politics and Societies 6 (1992), S. 207 ff.; Kurdulija, S.: Atlas ustaskog genocida nad Srbima 1941–1945, Belgrad 1993; Gojo, Riste D.: Genocid nad Srbima u Nezavisnoj Državi Hrvatskoj. Budi katolik ili umri, Belgrad 1994.
82 Bulatović, Radomir: Koncentracioni logor Jasenovac s posebnom osvrtom na Donju Gradinu: istorijsko-socioloska i antropoloska studija, Sarajevo 1990. Zur Kritik vgl. Sobolevski, M.: Prilog metodologiji istraživanja stvarnih ljudskih gubitaka Hrvatske u tijeku Drugog svjetskog rata, in: Časopis za suvremenu povijest 24 (1992), Nr. 1, S. 188 ff.; Žerjavić, Vladimir: Manipulacije žrtvama drugog svjetskog rata 1941–1945, in: Ebda. Nr. 3, S. 149 ff.
83 Jasenovac Research Institute: http://www.jasenovac.org/JRI; Mutić, Mladen: Ni mrtvima nedaju mira, YU panorama 1 (1991), S. 36, zitiert nach Hayden 1992 (wie Anm. 81), S. 214.
84 Krestić, Vasilije: O genezi genocida nad Srbima u NDH, in: Književne novine Nr. 716 vom 15. September 1986. Vgl. auch Krestić, Vasilije: Through Genocide to a Greater Croatia, Belgrad 1998, S. 181 f. Die Arbeit endet mit den Worten: „The aim of this work is to set out in main outlines the key moments which contributed to the engendering of genocidal ideals and to draw attention to their variegated expressions. Such a knowledge, as important as it may be for a scholarly understanding of the past, may also be very useful in re-

cognizing genocidal thoughts and their possible expressions in the future. [...] Born in a far distant past, developed over centuries until the present day, the idea of genocide may be followed only by a comparative study of the history of Croats and Serbs in Croatia."

85 Bogdanović, Bogdan: Der verdammte Baumeister. Erinnerungen, München 2000, S. 194 f.

86 Tuđman, Franjo: Bespuća povijesne zbiljnosti. Rasprava o povijesti i filozofiji zlosilja, Zagreb 1989 (dt.: Irrwege der Geschichtswirklichkeit. Eine Abhandlung über die Geschichte und die Philosophie des Gewaltübels, Zagreb 1993). Zur Kritik vgl. Sundhaussen, Holm: Das „Wiedererwachen der Geschichte" und die Juden. Antisemitismus im ehemaligen Jugoslawien, in: Hausleitner, Mariana/Katz, Monika (Hg.): Juden und Antisemitismus im östlichen Europa, Berlin 1995, S. 83 ff.

87 Überschrift eines Abschnitts aus Anto Kneževićs Buch Mitovi i zbilja: međunarodno značenje Tuđmanovih „Bespuća" u razotkrivanju uzroka srpsko-hrvatskih rata i razlaza, Zagreb 1992, S. 15 ff.

88 Rüb, Matthias: Der Furor der Versöhnung gebiert nichts als Streit, in: Frankfurter Allgemeine Zeitung vom 13. Mai 1996, S. 6.

89 Bulajić, Milan: Ustaški zločini genocida i suđenje Andriji Artukoviću, 4 Bde., Belgrad 1988, 1989; Bulajić, Milan: Misija Vatikana u Nezavisnoj Državi Hrvatskoj, 2 Bde., Belgrad 1992; Bulajić, Milan: Tudjman's „Jasenovac myth", Belgrad 1996.

90 http://www.hr/darko/etf/bul.html. (1. September 2003). Vgl. auch Cohen 1996 (wie Anm. 51) und Pecarić, Josip: Srpski mit o Jasenovcu, Zagreb 1998. Summary unter http://www.hr/darko/etf/pec.html. (1. September 2003).

91 Zur Kritik an der britischen Politik vgl. Tolstoy, Nikolai: The Klagenfurt Conspiracy. War Crimes and Diplomatic Secrets, in: Encounter 40, 1983, No. 5, S. 24 ff.

92 Vgl. Žerjavić, Vladimir: Demografija o Bleiburgu, in: Marko Grčić (Hg.): Bleiburg. Otvoreni dossier, 2. Aufl., Zagreb 1990, S. 227 ff.; Völkl, Ekkehard: Abrechnungsfuror in Kroatien, in: Henke, Klaus-Dietmar/Woller, Hans (Hg.): Politische Säuberung in Europa. Die Abrechnung mit Faschismus und Kollaboration nach dem Zweiten Weltkrieg, München 1991, S. 372 und passim.

93 Zitiert nach Küppers, Bernhard: Knochen aus dem Blumenhaus. Kroatiens Präsident Tudjman will Tote in die Heimat holen – darunter auch sein großes Vorbild Tito und einen Faschistenführer, in: Süddeutsche Zeitung vom 26. April 1996, S. 3.

94 Zitiert nach Rüb, Matthias: Herzliche Feinde. Streit um Kroatiens nationale Gedenkstätte Jasenovac, in: Frankfurter Allgemeine Zeitung vom 21. Juni 1996, S. 44.

95 Tudjman will Revision der Geschichte. Im Ustascha-KZ auch „Opfer des Kommunismus" geehrt, in: Süddeutsche Zeitung vom 17. Juni 1996, S. 7.

96 Žanić, Ivo: The Curse of King Zvonimir and Political Discourse in Embattled Croatia, in: East European Politics and Societies 9 (1995), Nr. 1, S. 90 ff.

97 Zitiert nach Žanić, Ivo: Das politische Imaginarium der kroatischen Nationalgeschichte, in: Melčić, Dunja (Hg.): Der Jugoslawien-Krieg. Handbuch zu Vorgeschichte, Verlauf und Konsequenzen, Opladen 1999, S. 293 f.

98 Popis stanovništva, domaćinstava i stanova u 1981. godini: Nacionalni sastav po opštinama. Konačni rezultati. Statistički bilten 1295, Belgrad 1982; Petričević, Jure: Nacionalnost stanovništva Jugoslavije. Nazadovanje Hrvata i manjina; napredovanje Muslimana i Albanaca, Brugg o.J., S. 145 ff. u. passim.

99 Vgl. Mertus 1999 (wie Anm. 27).

100 Vgl. Höpken, Wolfgang: Geschichte und Gewalt. Geschichtsbewußtsein im jugoslawischen Konflikt, in: Internationale Schulbuchforschung 15 (1993), Nr. 1, S. 65 ff.

101 Handke, Peter: Eine winterliche Reise zu den Flüssen Donau, Save, Morawa und Drina oder Gerechtigkeit für Serbien, Frankfurt a.M. 1996, S. 76.

102 Vgl. den Sammelband Srpsko pitanje danas, Belgrad 1995. Zur Analyse vgl. Denitch, Bette S.: Unbury the Victims. Rival Exhumations and Nationalist Revivals in Yugoslavia, in: American Anthropological Association Annual Meeting, Chicago 1991, S. 1 ff.

[103] Čolović 1994 (wie Anm. 41), S. 123.
[104] Konstantinović, Zoran: Deutsch-serbische Begegnungen. Überlegungen zur Geschichte der gegenseitigen Beziehungen zweier Völker, Berlin 1997, S. 139.
[105] Zum Zeitverständnis in den serbischen Ethno-Mythen der 90er Jahre siehe Čolović, Ivan: The Politics of Symbol in Serbia. Essays in Political Anthropology, London 2002, S. 13 ff., vgl. auch Čolović, Ivan: Die Erneuerung des Vergangenen. Zeit und Raum in der zeitgenössischen Mythologie, in: Stefanov, Nenad/Wertz, Michael (Hg.): Bosnien und Europa. Die Ethnisierung der Gesellschaft, Frankfurt a. M. 1994, S. 90 ff.
[106] Vgl. Grandits, Hannes: Über den Gebrauch der Toten der Vergangenheit als Mittel zur Deutung der Gegenwart. Betrachtungen zum Krajina-Konflikt, in: Heyer, Sonja/Koehler, Jan (Hg.): Anthropologie der Gewalt, Berlin 1998, S. 179 ff.
[107] Čolović, Ivan: Symbolfiguren des Krieges. Zur politischen Folklore der Serben, in: Melčić 1999 (wie Anm. 97), S. 311 f.

1914

Nach dem Ersten Weltkrieg

KARTEN · 415

1941–1944

Nach dem Zweiten Weltkrieg

2003

Chronologie

1900
Zu Beginn des 20. Jahrhunderts existieren auf dem Territorium des späteren Jugoslawien folgende Staaten (vereinfacht): 1) Königreich Serbien, 2) Königreich Montenegro, 3) Österreich-Ungarn (Slowenien, Dalmatien und Istrien zur österreichischen, Kroatien und Wojwodina zur ungarischen Reichshälfte; Bosnien-Herzegowina von beiden Reichshälften seit 1878 gemeinsam verwaltet, 1908 annektiert), 4) Osmanisches Reich (Kosovo und Makedonien sowie formal bis 1908 Bosnien-Herzegowina).

1912–1913
Die verbündeten Staaten Montenegro, Serbien, Bulgarien und Griechenland eröffnen am **8. Oktober 1912** den Krieg (Erster Balkankrieg) gegen das Osmanische Reich, das fast vollständig aus Europa verdrängt wird. Auf Druck der Großmächte entsteht gegen den Willen Serbiens, Montenegros und Griechenlands ein albanischer Staat. Bei der Aufteilung Makedoniens kommt es zwischen Serbien, Bulgarien und Griechenland zu schweren Zerwürfnissen. **Ende Juni 1913** eröffnet Bulgarien den Zweiten Balkankrieg gegen seine früheren Verbündeten, die nun von Rumänien und der Türkei unterstützt werden. Der Krieg endet mit der Niederlage Bulgariens. Im Frieden von Bukarest vom **10. August 1913** wird u. a. Makedonien zwischen Griechenland, Serbien und Bulgarien geteilt; Kosovo fällt an Serbien. Die Spannungen zwischen den Siegerstaaten und dem Verlierer Bulgarien bleiben erhalten.

1914–1918
Vor dem Hintergrund der seit der bosnischen Annexionskrise von **1908/09** extrem angespannten Beziehungen zwischen Serbien und Österreich-Ungarn kommt es am **28. Juni 1914** in Sarajevo zur Ermordung des österreichischen Thronfolgers Erzherzog Franz Ferdinand und seiner Gemahlin durch den bosnischen Serben Gavrilo Princip. Als Reaktion auf das

Attentat erklärt Österreich-Ungarn am **28. Juli 1914** Serbien den Krieg, der sich infolge der bestehenden Bündnissysteme zum Ersten Weltkrieg ausweitet. Im **Oktober 1915** müssen die serbischen Truppen der Offensive der Mittelmächte und Bulgariens weichen und schlagen sich unter schweren Verlusten an die Adriaküste durch, von wo sie auf die Insel Korfu evakuiert werden. Serbien (einschließlich Vardar-Makedoniens und Kosovos) sowie Montenegro werden besetzt. Die reorganisierten serbischen Verbände kommen im **Frühjahr 1916** an der alliierten Saloniki-Front wieder zum Einsatz. Zweieinhalb Jahre später gelingt **1918** der alliierte Durchbruch an der Balkan-Front. Serbien gehört damit zu den Siegerstaaten des Weltkrieges.

Zwischen der serbischen Exilregierung unter Nikola Pašić und Vertretern der südslawischen Emigranten aus der Habsburger Monarchie unter der Führung von Ante Trumbić kommt es während des Krieges zu Verhandlungen über die Gründung eines gemeinsamen (südslawischen) Staates. In der „Deklaration von Korfu" am **20. Juli 1917** einigen sie sich darauf, in Anwendung des nationalen Selbstbestimmungsrechts ein „Königreich der Serben, Kroaten und Slowenen" unter der serbischen Dynastie Karadjordjević zu errichten. Die künftige Struktur des Staates (Zentralstaat oder Föderation) bleibt heftig umstritten.

Angesichts des Zerfalls von Österreich-Ungarn bilden 73 südslawische Parlamentarier den „Nationalrat der Slowenen, Kroaten und Serben", der am **29. Oktober 1918** die Loslösung der südslawischen Gebiete von Österreich-Ungarn erklärt. Unter dem Eindruck der territorialen Ambitionen Italiens an der Adriaküste beschließen die Vertreter des provisorischen Staates die Vereinigung mit Serbien, obwohl die grundlegenden Streitfragen nach wie vor ungeklärt sind. Am **1. Dezember 1918** proklamiert König Peter I. Karadjordjević das „Königreich der Serben, Kroaten und Slowenen" (Kgr. SHS), das außer den südslawischen Teilen der ehemaligen Habsburger Monarchie und dem Königreich Serbien (in den Grenzen von 1913) auch das Königreich Montenegro umfaßt. Auf dem Territorium des neuen Staates leben rund 12 Millionen Menschen unterschiedlicher Nationen und Nationalitäten (mit unterschiedlichen Sprachen, unterschiedlichen Religionen und unterschiedlichen politischen Vorstellungen). Offiziell versteht sich der neue Staat als Nationalstaat einer ethnisch definierten „dreinamigen Nation".

1919–1920

Mit den Pariser Vorortverträgen von **1919/20** wird das Kgr. SHS international anerkannt und seine Grenzen festgelegt. Gegenüber dem Siegerstaat Italien muß die Belgrader Regierung allerdings weitreichende Zugeständnisse machen: Triest, Istrien, die mitteldalmatinische Stadt Zadar mit Umland und einige Adria-Inseln fallen an Italien. Anfang 1924 geht auch Rijeka (Fiume) an Italien verloren.

Außenpolitisch befindet sich das Kgr. SHS in einer prekären Situation. Die Beziehungen zu den Nachbarstaaten Italien, Österreich, Ungarn, Bulgarien und Albanien bleiben infolge territorialer Konflikte gespannt. Die Beziehungen zu Griechenland sind durch die Saloniki-Frage belastet. Rumänien ist der einzige Nachbarstaat, zu dem das Kgr. SHS freundschaftliche Beziehungen unterhält. Um eine Restauration der Habsburger Monarchie und territoriale Revisionsforderungen von ungarischer Seite abzuwehren, schließt der SHS-Staat **1920/21** eine Reihe von bilateralen Verträgen mit der Tschechoslowakei und Rumänien ab. Die daraus entstandene Kleine Entente verbündet sich mit der Siegermacht Frankreich und bildet ein wichtiges Glied im französischen Sicherheitssystem gegen Deutschland und die Sowjetunion.

1921

Im Zentrum der innenpolitischen Auseinandersetzungen steht die Ausarbeitung einer Verfassung für den neuen Staat. Während serbische Politiker ein zentralistisches Modell favorisieren, treten Kroaten und Slowenen für ein föderatives Modell ein. Die **1920** gewählten kroatischen Abgeordneten (darunter die Vertreter der Kroatischen Bauernpartei) boykottieren das Parlament in Belgrad. Am **1. April** verabschieden sie eine „Verfassung für die neutrale Bauernrepublik Kroatien" und erklären deren volle Souveränität. Die Regierung ignoriert den Beschluß. Gegen den Willen der kroatischen und slowenischen Parlamentarier, unter Mißachtung der makedonischen Bevölkerung und der nichtslawischen Minderheiten (Albaner, Ungarn, Deutsche etc.) votiert am **28. Juni** das Belgrader Parlament für eine zentralistische Verfassung des Kgr. SHS. Nach diesem serbischen „Sieg" wird die nationale Frage (v.a. das serbisch-kroatische Verhältnis) zum beherrschenden Thema der Innenpolitik und löst häufige politische Krisen und Regierungswechsel aus.

1928
Am **20. Juni** gibt ein Mitglied der regierenden (serbischen) Radikalen Volkspartei während einer Sitzung des Parlaments in Belgrad fünf Schüsse auf kroatische Abgeordnete ab. Zwei der Parlamentarier sind auf der Stelle tot, während der kroatische Oppositionsführer Stejpan Radić am **8. August** den Folgen des Attentats erliegt. Die Schüsse im Parlament vertiefen die innenpolitische Krise. Der Staat wird unregierbar und droht auseinanderzubrechen.

1929
König Alexander Karadjordjević suspendiert die Verfassung und führt **Anfang Januar** die Königsdiktatur ein. Der Staat wird in Königreich Jugoslawien umbenannt. Der ins Ausland geflohene kroatische Nationalist Ante Pavelić gründet die „Ustascha-kroatische Freiheitsbewegung", eine terroristische Untergrundorganisation, die von Italien und Ungarn aus an der Destabilisierung Jugoslawiens arbeitet.

1931
Der Monarch erläßt am **3. September** eine neue Verfassung: Die Diktatur wird durch ein scheinparlamentarisches, autoritäres Regime ersetzt.

1934
König Alexander wird während eines Besuchs in Marseille durch makedonische und kroatische Terroristen ermordet. Anstelle des minderjährigen Thronfolgers übernimmt Prinzregent Paul Karadjordjević die Leitung der Staatsgeschäfte. Das politische System bleibt unverändert. Das durch die Weltwirtschaftskrise seit Anfang der 30er Jahre schwer erschütterte Jugoslawien lehnt sich in den folgenden Jahren wirtschaftlich immer mehr an Deutschland an und gerät dadurch auch in politische Abhängigkeit. Damit wird die Kleine Entente und das Bündnis mit Frankreich geschwächt.

1939
Angesichts der sich zuspitzenden internationalen Krise versucht Prinzregent Paul, die Lage im Innern Jugoslawiens zu entspannen. Am **26. August** verständigen sich Ministerpräsident Dragiša Cvetković und der Führer der kroatischen Opposition Vladko Maček auf eine Autonomie für Kroatien. Der neuen Banschaft Kroatien werden auch einige Teile Bosnien-Herzegowinas zugeschlagen. Maček tritt in die Regierung ein. Das Abkommen stößt vor allem bei serbischen Politikern auf scharfe Ablehnung und vermag auch die kroatischen Extremisten nicht zufriedenzustellen.

1941
Unter diplomatischem Druck Deutschlands tritt Jugoslawien am **25. März** in Wien dem Dreimächtepakt bei. Die Regierung in Belgrad wird daraufhin von serbischen Offizieren mit Unterstützung des britischen Geheimdienstes am **27. März** gestürzt. Hitler beschließt am selben Tag, Jugoslawien zu zerschlagen. Deutschland und seine Verbündeten überfallen Jugoslawien am **6. April**, und am **17. April** kapituliert die jugoslawische Armee. Unter dem Schutz deutscher Waffen wird in Zagreb am **10. April** ein Unabhängiger Staat Kroatien ausgerufen. Jugoslawien wird zwischen Deutschland, Italien, Albanien (unter italienischem Protektorat), Ungarn und Bulgarien in ein Mosaik besetzter, annektierter und scheinsouveräner Territorien zerstückelt: Slowenien wird zwischen Deutschland und Italien geteilt; Italien erhält Teile Dalmatiens; Montenegro wird selbständig (unter italienischem Schutz); Kosovo und West-Makedonien kommen an Albanien; der größere Teil Makedoniens fällt an Bulgarien, die Batschka wird von Ungarn annektiert; das jugoslawische Banat erhält einen Sonderstatus unter deutscher Verwaltung; Serbien (in den Grenzen vor 1913) wird deutscher Besatzung unterstellt (mit einer serbischen Regierung unter Milan Nedić); Bosnien-Herzegowina wird Teil des Unabhängigen Staats Kroatien (USK).
Im USK stellen die Kroaten nur wenig mehr als 50 Prozent der Bevölkerung (die andere Hälfte setzt sich aus Serben, Muslimen, Deutschen, Juden u. a. zusammen). Der Führer

der terroristisch-faschistoiden Ustaše-Bewegung Pavelić wird kroatischer Staatschef. Er strebt einen großkroatischen, ethnisch homogenen Staat an. Die Ustaše schließen sich der nationalsozialistischen Judenverfolgung an und beginnen mit Vertreibung und Massenmorden an Serben sowie mit der Errichtung von Konzentrationslagern, darunter das KZ Jasenovac. Sie provozieren damit den Widerstand der Verfolgten. Auch bei vielen Kroaten stößt das Terror-Regime Pavelićs zunehmend auf Ablehnung.

1941–1943

Unter dem Oberkommando von Draža Mihailović formiert sich eine serbisch-nationalistische Widerstandsbewegung (Četnik). Parallel dazu kommt es zur Bildung einer kommunistisch-jugoslawischen Widerstandsbewegung unter Führung Josip Broz-Titos. Die Četnik streben ein ethnisch reines Großserbien im Rahmen des wiederherzustellenden Königreichs Jugoslawien an. Die Kommunisten propagieren die nationale Gleichberechtigung aller jugoslawischen Völker, die Bildung eines föderativen Staates und die sozialistische Umgestaltung von Gesellschaft und Wirtschaft. Beide Widerstandsbewegungen können sich infolge grundlegender Differenzen über die Zukunft Jugoslawiens, weltanschaulicher Gegensätze und tiefgreifender Unterschiede in Strategie und Taktik des Widerstands (abwartende Position Mihailovićs auf der einen und bedingungsloser Widerstand der Kommunisten auf der anderen Seite) nicht auf eine Zusammenarbeit verständigen und bekämpfen sich wechselseitig.
Die Besatzungsmächte reagieren auf den Widerstand mit drastischen Vergeltungsmaßnahmen (z. B. Massenerschießungen serbischer Zivilisten durch die Deutsche Wehrmacht im **Herbst 1941** in den serbischen Städten Kraljevo und Kragujevac). Vergeblich versuchen die deutschen Truppen (in Zusammenarbeit mit ihren Verbündeten), der sich rasch ausbreitenden kommunistischen „Volksbefreiungsbewegung" Herr zu werden (Schlacht im Kozara-Gebirge: **Juli 1942**, Schlachten an der Sutjeska, **Juni 1943**, und an der Neretva, Winter **1942/43** etc.).

1943

Nach der Kapitulation Italiens **am 8. September** können die Tito-Partisanen große Mengen italienischer Waffen in ihren Besitz bringen. Der Antifaschistische Rat der Volksbefreung Jugoslawiens (AVNOJ), die politische Vertretungskörperschaft der Tito-Bewegung, beschließt am **29. November** in der Deklaration von Jajce die Grundlagen für ein künftiges föderatives und sozialistisches Jugoslawien. Dem König und der Exilregierung in London wird der politische Alleinvertretungsanspruch aberkannt. Die Alliierten lassen auf der Konferenz von Teheran vom **28. November** bis **1. Dezember** Mihailović, den sie bisher als Führer des Widerstandes in Jugoslawien und einigen Repräsentanten der jugoslawischen Exilregierung in der Heimat anerkannt hatten, wegen seiner Passivität fallen und wenden sich Tito zu. Während die Tschetniks unter Mihailović mehr und mehr zur Kooperation mit der deutschen Besatzungsmacht übergehen, bleiben die Tito-Verbände in der Offensive und können große Teile Jugoslawiens aus eigener Kraft befreien.

1945

Am **15. Mai** kapitulieren die deutschen Truppen in Jugoslawien. Die kommunistische Volksbefreiungsbewegung geht als Sieger aus dem Krieg hervor. Anschließend kommt es zur Abrechnung mit tatsächlichen und vermeintlichen Kollaborateuren (Ustasche, Tschetniks, slowenische Weißgardisten u. a.). Krieg und Bürgerkrieg haben insgesamt rd. eine Million Tote gefordert. Die in Jugoslawien lebenden ca. 80 000 Juden sind größtenteils dem Völkermord zum Opfer gefallen (in deutschen und kroatischen Vernichtungslagern oder infolge von Vergeltungsmaßnahme der deutschen Besatzungsmacht). Die Jugoslawien-Deutschen werden kollektiv der Kollaboration mit dem Deutschen Reich beschuldigt und vertrieben, soweit sie nicht bereits evakuiert worden oder geflohen waren.
Am **29. November** wird die Monarchie abgeschafft und die „Föderative Volksrepublik Jugoslawien" unter der Präsidentschaft Titos proklamiert. Es beginnt die Umgestaltung des Landes nach stalinistischem Muster.

1946

Am **31. Januar** wird eine „volksdemokratische" Verfassung nach dem sowjetischen Vorbild von

1936 erlassen. Die jugoslawische Föderation gliedert sich in sechs Republiken (Slowenien, Kroatien, Bosnien-Herzegowina, Serbien, Montenegro und Makedonien) und zwei Autonome Provinzen/Gebiete (Wojwodina und Kosovo) innerhalb der Republik Serbien. Der ethnische Jugoslawismus und der staatliche Zentralismus (mit serbischer Dominanz) im ersten jugoslawischen Staat werden durch einen politischen/staatsbürgerlichen Jugoslawismus, einen föderativen Staatsaufbau und die Anerkennung aller in Jugoslawien beheimateten südslawischen Nationen abgelöst. Nach der Konstituierung der makedonischen und der Anerkennung einer montenegrinischen Nation beläuft sich die Zahl der Nationen auf fünf (Slowenen, Kroaten, Serben, Montenegriner und Makedonier). Im Verlauf der 60er Jahre kommen die bosnischen Muslime als sechste Nation hinzu. Den nationalen Minderheiten (Nationalitäten) werden weitgehende Rechte eingeräumt. Bis Mitte der 60er Jahre besteht jedoch zwischen Anspruch und Realität eine große Diskrepanz.

1947
Die Pariser Friedenskonferenz vom **10. Februar** bestätigt die Wiederherstellung Jugoslawiens in den Grenzen von **1941** (mit territorialem Zugewinn an der Adria, in Istrien und im Umland von Triest).

1948
Da Tito und die Kommunistische Partei Jugoslawiens (KPJ) nicht bereit sind, sich dem Führungsanspruch Stalins zu unterwerfen, wird Jugoslawien am **28. Juni** auf sowjetischen Druck aus dem Kominform und somit aus der kommunistischen „Weltgemeinschaft" ausgeschlossen und in der Folgezeit isoliert.

1949
Jugoslawien wird wirtschaftlich und politisch von den übrigen Ostblockstaaten isoliert und **Anfang 1949** aus dem neu gegründeten „Rat für gegenseitige Wirtschaftshilfe" (RGW) ausgeschlossen.
Im weiteren Verlauf des Jahres **1949** kündigt die Sowjetunion den Freundschaftsvertrag mit Jugoslawien, und es kommt zu einer totalen Wirtschaftsblockade durch die sozialistischen Staaten. Um die Blockade der Ostblockstaaten zu kompensieren, nimmt Jugoslawien wirtschaftliche und militärische Hilfe des Westens ab **September 1949** in Form von materiellen und finanziellen Mitteln, vor allem aus den USA, in Anspruch, kann jedoch seine politische Unabhängigkeit auch im Hinblick auf die Interessen des Westens wahren.

1950
Als Reaktion auf den Bruch mit Moskau entwickelt die jugoslawische Führung ein eigenes Sozialismus-Modell in Gestalt der Selbstverwaltung. Der Ausbau des Selbstverwaltungssozialismus zieht sich von den ersten Anfängen **1950** bis zur abschließenden Gesetzgebung **1976** hin. Die Zwangskollektivierung der Landwirtschaft wird Anfang **1953** zurückgenommen. Am **26. Juni** wird das erste Gesetz über die Arbeiterselbstverwaltung verabschiedet.

1952
Auf dem 4. Kongreß der KPJ vom **2. bis 7. November** in Zagreb werden die Grundsätze der Arbeiterselbstverwaltung bestätigt. Um die Abkehr vom Prinzip der Kaderpartei zu unterstreichen, wird die KPJ in Bund der Kommunisten Jugoslawiens (BdKJ) umbenannt. Die Auseinandersetzung mit dem Stalinismus kommt jedoch über Ansätze nicht hinaus, was den montenegrinischen Kommunisten Milovan Đilas in der Folgezeit zu scharfer Kritik am BdKJ veranlaßt (u. a. in seinem Werk: Die Neue Klasse, 1957).

1953
Am **13. Januar** wird die Verfassung von 1946 geändert und in ihr das Selbstverwaltungsprinzip verankert.

1961
In Belgrad findet vom **1. bis 6. September** die erste Konferenz der Blockfreien Staaten statt. Zu den Gründungsmitgliedern gehören Jugoslawien, Ägypten und Indien.

1963
Am **7. April** wird die neue Verfassung für die Sozialistische Föderative Republik Jugoslawien verabschiedet.

1964–1965
Durch Einführung von Marktelementen soll das Wirtschaftssystem effektiver und flexibler gestaltet werden. Die Wirtschaftsreform wird v.a. von den Republiken Slowenien und Kroatien unterstützt. Infolge des Widerstandes der konservativen kommunistischen Kräfte bleiben die Reformen auf halbem Wege stecken. (Der Gegensatz zwischen Konservativen und Reformern zieht sich in allen Republiken bis zum Ende Jugoslawiens hin.)

1966
Mit dem Sturz des (serbischen) Geheimdienstchefs Aleksandar Ranković auf dem **Juli-Plenum** des Zentralkomitees des BdKJ wird der dogmatisch-konservative Flügel der Partei nachhaltig geschwächt.

1968
Demonstrierende Albaner in Kosovo und Westmakedonien fordern die Umwandlung der Autonomen Provinz Kosovo und Metohija in eine 7. Republik. Die Demonstrationen werden durch Einsatz des Militärs niedergeschlagen. Auch in anderen Teilen Jugoslawiens kommt es in der 2. Hälfte der 60er Jahre zu einem Wiederaufleben der nationalen Frage (serbisch-kroatischer Sprachenstreit, studentische Proteste in Kroatien, slowenische Klagen über wirtschaftliche Benachteiligung, Selbständigkeitserklärung der makedonischen orthodoxen Kirche u. a.).

1971
Die 68er Studentenbewegung in Zagreb entwickelt sich im **Frühjahr 1971** zu einer nationalen Massenbewegung, die sich zunächst an wirtschaftlichen Verteilungsfragen entzündet, aber bald eine nationale Eigendynamik entfaltet, die zur ersten schweren Belastungsprobe für den zweiten jugoslawischen Staat wird. Tito bannt die Gefahr durch Einsatz repressiver Mittel. Am **30. Juni** verabschiedet das Bundesparlament 22 Verfassungsnovellen, durch die die Machtbefugnisse der Republiken und Autonomen Provinzen zu Lasten der Bundesorgane gestärkt werden. Vor allem in Serbien wird der (Kon-)Föderalisierungsprozeß scharf kritisiert.

1972
Den Parteisäuberungen in Kroatien folgen Säuberungen in anderen Republiken (insbesondere in Serbien), durch die die jüngere Generation der Parteiführer entmachtet wird.

1974
Die Verfassungsnovellen von **1971** werden in der 4. jugoslawischen Nachkriegsverfassung am **21. Februar** festgeschrieben.

1976
Mit dem Grundgesetz über die vereinte Arbeit kommt es zu einer abschließenden gesetzlichen Kodifizierung des Selbstverwaltungssystems.

1980
Tito stirbt am **4. Mai**. Die Staatsführung geht an ein nach dem Republikenproporz zusammengesetztes Präsidium über. Der Staat befindet sich in einer prekären Situation: Wirtschaft und Selbstverwaltung stecken in der Krise; das Wohlstandsgefälle zwischen den reicheren Republiken im Norden und Nordwesten und den ärmeren im Süden und Südosten vertieft sich und wird zunehmend in nationalen Kategorien interpretiert.

1981
Demonstrationen der Albaner in Kosovo lösen drastische Gegenmaßnahmen der Bundesregierung aus. Erstmals in der Geschichte des zweiten jugoslawischen Staats wird im **April** über eine föderative Einheit das Kriegsrecht verhängt.

1986
Slobodan Milošević wird Parteivorsitzender des Bundes der Kommunisten Serbiens und leitet eine Politik nationalistischer Agitation ein. Es verschärft sich der Kampf zwischen dem Flügel um Milošević und den Anhängern des serbischen Ministerpräsidenten Ivan Stambolić. In einem sogenannten Memorandum der Serbischen Akademie der Wissenschaften werden die Klagen und Ziele der serbischen Nation formuliert.

1987
Milošević wird zum Präsidenten der serbischen Republik ernannt. Es beginnt eine massive öffentliche Kampagne gegen den republikähnlichen Status der Provinz Kosovo. Die Affäre um den bosnischen Konzern Agrokomerc untergräbt die Glaubwürdigkeit des politischen Establishments in Jugoslawien.

1988
Die Meinungsunterschiede zwischen dem Führer des BdK Sloweniens, Milan Kučan, und Milošević über einen Ausweg aus der jugoslawischen Krise vertiefen sich. Die serbische Führung legt den Entwurf einer neuen, zentralistischen Verfassung für Gesamt-Serbien vor, durch die die Rechte der autonomen Provinzen Kosovo und Wojwodina drastisch eingeschränkt werden sollen. Unter dem Druck serbisch-nationalistischer Demonstrationen tritt die Parteiführung der Wojwodina am **5. Oktober** zurück. Auch Regierung sowie Staats- und Parteiführung Montenegros weichen im **Oktober**, und im **Januar 1989** erklären sie ihren Rücktritt. In Belgrad kommt es am **19. November** zu einer Großdemonstration mit angeblich einer Million Teilnehmern.

1989
Ein Generalstreik der Kosovo-Albaner wird im **Februar** blutig niedergeschlagen. Über das Gebiet wird der Ausnahmezustand verhängt. Unter massivem Druck stimmt das Kosovo-Parlament in Priština am **23. März** seiner Entmachtung zu. Das Belgrader Parlament verabschiedet am **24. März** die Verfassungsänderungen, durch die die bisherigen Autonomiestatute (einschließlich des Veto-Rechts) für Kosovo und die Wojwodina aufgehoben werden. Die albanische Führung wird verhaftet. Slowenische und kroatische Proteste gegen das serbische Vorgehen in Kosovo und die einseitige Veränderung der Verfassung von **1974** bleiben wirkungslos.
Am **28. Juni** versammeln sich in Kosovo eine Million Serben anläßlich des 600. Jahrestages der Schlacht auf dem Amselfeld. Die Gedenkfeier markiert den Höhepunkt der serbisch-nationalistischen Mobilisierung und verschärft die nationalen Gegensätze in Jugoslawien. Die serbische Minderheit in Kroatien fordert die Errichtung einer autonomen Provinz. Das slowenische Parlament verabschiedet im **September** eine Verfassungsänderung, in der das Recht auf Separation betont wird. Der BdKJ erweist sich infolge grundlegender Meinungsunterschiede über den weiteren politischen und wirtschaftlichen Kurs als handlungsunfähig.

1990
Nachdem die slowenischen Vertreter den 14. Kongreß des BdKJ vom **20. Januar** verlassen haben, wird er auf unbestimmte Zeit vertagt. Dies bedeutet das faktische Ende des BdKJ.
Bei den ersten freien Wahlen seit **1927** setzen sich in Slowenien und Kroatien die „bürgerlichen" Kräfte im **April/Mai** (Demonstrationen in Slowenien bzw. Kroatische Demokratische Gemeinschaft, HDZ, in Kroatien) durch. Der frühere General in Titos Armee und spätere Dissident Franjo Tudjman wird am **30. Mai** Präsident Kroatiens. Albanische Abgeordnete proklamieren am **2. Juli** die Republik Kosovo innerhalb der jugoslawischen Föderation. Das serbische Parlament löst daraufhin am **4. Juli** Parlament und Regierung Kosovos auf. Auf einem geheimen Treffen von 111 Abgeordneten des aufgelösten Kosovo-Parlaments wird am **7. September** eine Verfassung verabschiedet und Ibrahim Rugova zum Präsidenten der Republik gewählt.
In Makedonien und Bosnien-Herzegowina werden die alten Führungsschichten oder ihre Nachfolger im **November** abgewählt, während sie sich im **Dezember** in Serbien und Montenegro behaupten.
Die kroatische Regierung veröffentlicht im **Juni** ihre Vorschläge für eine Verfassungsände-

rung ihrer Republik (darin: Herabstufung der kroatischen Serben von einer konstitutiven Nation zur Minderheit). Die serbische Minderheit in Kroatien spricht sich in einem Referendum im **August** für die Autonomie aus. Die Regierung in Zagreb erklärt das Referendum für ungesetzlich.

In einer Volksabstimmung am 23. **Dezember** spricht sich die überwältigende Mehrheit der slowenischen Bevölkerung für die Selbständigkeit ihres Landes aus. Das slowenische Parlament kündigt die Sezession von Jugoslawien an, falls innerhalb von sechs Monaten keine Einigung über die künftige Gestalt Jugoslawiens erzielt werde.

Kroatien erhält am 22. **Dezember** eine neue (präsidiale) Verfassung, in der auch das Recht auf Sezession enthalten ist, und strebt ebenfalls nach größerer Unabhängigkeit. Für die Republik Serbien tritt am 28. **September** eine neue (zentralistische) Verfassung in Kraft.

1991

Wiederholte Beratungen der sechs Republikspräsidenten über die künftige Gestalt eines „dritten Jugoslawien" verlaufen ohne Ergebnis. Die turnusgemäße Wahl des Kroaten Stipe Mesić zum Vorsitzenden des jugoslawischen Staatspräsidiums scheitert im **Mai** am Widerspruch Serbiens, so daß ein institutionelles Vakuum entsteht.

Seit Frühjahr häufen sich gewaltsame Zusammenstöße zwischen der serbischen Minderheit in Kroatien und den Republiksorganen. In einer Volksbefragung am 19. **Mai** sprechen sich 94 Prozent der Kroaten für die Unabhängigkeit ihrer Republik aus. Am 25. **Juni** erklären die Parlamente Sloweniens und Kroatiens die Souveränität ihrer Staaten. Der (ohne politischen Befehl erfolgte) Einsatz der Bundesarmee am 27. **Juni** in Slowenien führt zu heftigen, aber kurzen Kämpfen mit der slowenischen Territorialverteidigung (Zehn-Tage-Krieg). Unter Vermittlung der Europäischen Gemeinschaft kommt es am 7. **Juli** zur Vereinbarung von Brioni: Waffenstillstand, Rückzug der Jugoslawischen Armee aus Slowenien, Aussetzung der slowenischen und kroatischen Unabhängigkeitserklärung für drei Monate; Wahl Stipe Mesićs zum jugoslawischen Staatspräsidenten.

In der Folgezeit eskalieren die Nationalitätenkonflikte in Kroatien zum Bürgerkrieg. Die Bundesarmee, die sich **Ende Juli** aus Slowenien zurückzieht, interveniert in Kroatien auf seiten der serbischen Freischärler. Die weiteren Friedensinitiativen der Europäischen Gemeinschaft bleiben ohne Ergebnis. Der UN-Sicherheitsrat verhängt daraufhin am 25. **September** ein Waffenembargo gegen Jugoslawien. Am 19. **Dezember** proklamieren die Serben in Kroatien die Serbische Republik Krajina; sie umfaßt rund ein Viertel der Republik Kroatien.

Das Parlament in Skopje erklärt am 17. **September** nach einer Volksbefragung die Souveränität und Unabhängigkeit Makedoniens (aufgrund griechischen Widerstandes wird der neue Staat aber erst im **April 1993** international anerkannt). Vertreter der serbisch dominierten Gemeinden in Ostbosnien beschließen die Gründung einer Autonomen Republik. In Bosnien-Herzegowina nimmt die Angst vor einem Bürgerkrieg zu. Innerhalb der Republik existieren im **November** bereits sechs serbische autonome Gebiete. Nach einem Referendum der serbischen Bevölkerung am 9. **November** verkündet der Führer der bosnischen Serben Radovan Karadžić die „Serbische Republik" (Republika Srpska) in Bosnien-Herzegowina am 9. **Januar 1992**.

Ende des Jahres ist Jugoslawien in eine Vielzahl von Spannungsherden zerfallen, die den ganzen Balkanraum zu destabilisieren drohen. Deutschland leitet im **Dezember** die völkerrechtliche Anerkennung Kroatiens und Sloweniens ein.

1992

In Sarajevo wird am 2. **Januar** ein von Cyrus Vance vermittelter Waffenstillstand für Kroatien unterzeichnet, der die Entsendung von UNPROFOR-Truppen in die serbisch kontrollierten Gebiete vorsieht. Die Staaten der Europäischen Gemeinschaft erkennen am 15. **Januar** die Selbständigkeit Sloweniens und Kroatiens an.

Die Mehrheit der Bevölkerung Bosniens stimmt in einem Referendum vom 29. **Februar/ 1. März** für die Unabhängigkeit der Republik. Die bosnischen Serben boykottieren die Abstimmung. Bosnien-Herzegowina wird international anerkannt und im **Frühjahr** in die UNO aufgenommen; faktisch ist die Republik unter Präsident Alija Izetbegović jedoch bereits geteilt.

1992–1995

Krieg in Bosnien-Herzegowina und die Rückeroberung der Krajina: Die bosnischen Serben erobern große Teile des Territoriums und gehen zu Vertreibungen, Massakern, Vergewaltigungen, Zerstörungen von historischen Denkmälern u.ä. über, unter denen vor allem die bosnischen Muslime zu leiden haben. Gegen Jahresende kontrollieren die Serben zwei Drittel, die Kroaten über 20 Prozent und die Muslime als zahlenmäßig stärkste Gruppe (44 Prozent der Bevölkerung) den Rest des Territoriums von Bosnien-Herzegowina. Mehrere Städte (darunter die Hauptstadt Sarajevo) sowie ethnische Enklaven der Muslime befinden sich im Zustand der Dauerbelagerung und können nur mit internationaler Hilfe durch die Luft versorgt werden. Mehrere internationale Friedenspläne scheitern.

Am **31. März 1993** beschließt der UN-Sicherheitsrat die militärische Durchsetzung des Flugverbots über Bosnien-Herzegowina und beauftragt die NATO mit der Durchführung. Diese beginnt am **12. April** mit dem ersten Kampfeinsatz in ihrer Geschichte. Die Gebiete von Sarajevo, Srebrenica, Goražde, Žepa, Tuzla und Bihać werden zu UN-Schutzzonen erklärt (Resolution 824 vom **6. Mai 1993**). Im **Frühjahr 1993** zerbricht die bisherige Allianz zwischen Muslimen und Kroaten. Es folgt ein rd. einjähriger Krieg im Kriege, in dessen Verlauf die bosnischen Kroaten einen eigenen Staat (Republik Herceg-Bosna) verkünden und dessen Anschluß an Kroatien betreiben. Ungeachtet zahlloser UN-Resolutionen, der Stationierung von UNO-Schutztruppen, des Embargos gegen Rest-Jugoslawien (Serbien und Montenegro) sowie verschiedener Schlichtungsvorschläge gehen der Krieg in Bosnien-Herzegowina und die „ethnischen Säuberungen" weiter.

Im **März 1994** verständigen sich Kroaten und bosnische Muslime unter Vermittlung der USA auf die Gründung einer muslimisch-kroatischen Föderation innerhalb Bosnien-Herzegowinas.

1995

Am **1. Mai** dringen kroatische Truppen in einer Polizeiaktion nach Westslawonien ein. Binnen weniger Tage wird die ganze Region von kroatischen Einheiten zurückerobert. Am **4. August** beginnt eine kroatische Großoffensive gegen die serbisch kontrollierten Gebiete um Knin und Glina. Über 150 000 Serben flüchten aus der fünf Jahre zuvor proklamierten Serbischen Republik Krajina in Richtung Banja Luka (Bosnien) und Serbien. Dabei kommt es zu zahlreichen Ausschreitungen seitens kroatischer Soldaten und Zivilisten. Mit Ausnahme des unmittelbar an Rest-Jugoslawien grenzenden und wirtschaftlich wertvollen Ostslawonien (das 4,6 Prozent des kroatischen Territoriums umfaßt) befindet sich damit das gesamte Gebiet der Serbischen Republik Krajina wieder unter kroatischer Herrschaft.

Trotz fortbestehender Spannungen zwischen bosnischen Kroaten und bosnischen Muslimen (insbesondere in der geteilten Stadt Mostar) verständigen sich beide Seiten im **März** auf ein gemeinsames Oberkommando und eine engere Zusammenarbeit. Die militärische Kooperation zwischen bosnischen Muslimen, bosnischen Kroaten und der Armee Kroatiens leitet ab Mitte des Jahres eine militärische Wende in Bosnien ein. Die bosnischen Serben geraten in die Defensive. Die Lage in den UN-Schutzzonen spitzt sich trotz NATO-Lufteinsätzen und Aufstellung einer schnellen Eingreiftruppe zum Schutz der UN-Blauhelme zu. Am **11. Juli** wird die Schutzzone Srebrenica von den Serben erobert. Schätzungsweise 7000 Muslime werden ermordet.

Die Flucht von Krajina-Serben zu ihren Landsleuten nach Bosnien in der **ersten Augusthälfte** beschleunigt die Vertreibung der unter serbischer Herrschaft verbliebenen restlichen Kroaten und Muslime. Besonders betroffen ist die Region um Banja Luka. Wo immer sich die militärischen Grenzlinien verschieben, setzen neue Flüchtlingsströme ein, die in zunehmendem Maße auch die serbische Bevölkerung in den von bosnischen Regierungstruppen oder bosnischen Kroaten eroberten Gebieten erfassen. Von den 4,5 Millionen Einwohnern Bosnien-Herzegowinas vor dem Krieg befinden sich 1995 rd. 2 Millionen auf der Flucht. Die Zahl der Toten wird auf über 150 000 geschätzt; die der Verletzten ist um ein Vielfaches höher.

Das vom UN-Sicherheitsrat eingesetzte Sondertribunal in Den Haag für die Verfolgung von Verbrechen gegen die Menschlichkeit im ehemaligen Jugoslawien erhebt **Ende Juli** u. a. Anklage gegen den bosnischen Serbenführer Radovan Karadžić und den Militärchef der bosnischen Serben, Ratko Mladić, die für die „ethnischen Säuberungen" in Bosnien-Herzegowina als hauptverantwortlich betrachtet werden. Im September beginnen NATO-

Kampfflugzeuge mit der Bombardierung serbischer Stellungen im Umkreis der Schutzzonen. Muslime und bosnische Kroaten starten zur gleichen Zeit in West- und Zentralbosnien Angriffe gegen die serbisch kontrollierten Gebiete. In der **2. Septemberhälfte** rücken die verbündeten Truppen auf die serbische Hochburg Banja Luka zu. Erstmals seit Beginn der Kämpfe kontrollieren die Regierungstruppen und kroatische Einheiten nun etwa 50 Prozent des Territoriums von Bosnien-Herzegowina. Zehntausende von Serben fliehen vor den vorrückenden Truppen in die mit Flüchtlingen bereits überfüllte Stadt Banja Luka. Nachdem der serbische Präsident Milošević dem US-Vermittler Richard Holbrooke den Abzug der schweren Waffen um Sarajevo und die Öffnung der Versorgungswege zugesagt hat, setzt die NATO am **14. September** ihre Luftangriffe aus.

Bereits **Ende August** sah sich der politisch angeschlagene und zunehmend isolierte Karadžić gezwungen, mit Milošević eine Vereinbarung über die Bildung einer gemeinsamen Delegation für die Friedensverhandlungen zu unterschreiben. Damit setzt Milošević seinen Führungsanspruch für alle Serben gegenüber seinem zeitweiligen bosnischen Rivalen durch. Die neue Situation bietet dem US-Chefunterhändler Holbrooke nach wochenlangen vergeblichen Bemühungen die Chance, seine Gespräche zur Umsetzung einer neuen amerikanischen Friedensinitiative zu intensivieren. Unter seinem Vorsitz konferieren am **8. September** Vertreter der Internationalen Kontaktgruppe mit den Außenministern Bosniens, Kroatiens und Rest-Jugoslawiens in Genf über die Grundsätze einer Friedenslösung für Bosnien-Herzegowina. Der amerikanische Plan sieht die Unterteilung des Landes in zwei Entitäten gemäß dem von der Internationalen Kontaktgruppe vorgeschlagenen Schlüssel (51 Prozent für die muslimisch-kroatische Föderation und 49 Prozent für die bosnischen Serben) unter Beibehaltung eines losen Staatsverbandes für Bosnien-Herzegowina vor. Die innerbosnischen Grenzen sollen begradigt werden, um künftige Reibungsflächen zu reduzieren. Am **16. September** beginnen die bosnischen Serben – wenn auch schleppend – mit dem Abzug ihrer schweren Waffen aus der Sperrzone um Sarajevo. Am **12. Oktober** tritt ein landesweiter, auf 60 Tage befristeter Waffenstillstand in Kraft, nachdem die Versorgung Sarajevos mit Gas, Strom und Wasser sowie ein freier Zugang zur Muslim-Enklave Goražde vereinbart worden ist. Am **1. November** werden im US-Bundesstaat Ohio die von Holbrooke vermittelten Friedensverhandlungen zwischen den Präsidenten Izetbegović, Tudjman und Milošević eröffnet. Auf der Tagesordnung stehen sechs von Holbrooke vorbereitete Dokumente: der Entwurf eines Friedensabkommens, die Grundzüge einer künftigen Verfassung, die Vorbereitung freier Wahlen, die Truppenentflechtung sowie Regelungen zur Rückkehr der Flüchtlinge und zum Wiederaufbau des Landes. Das Friedensabkommen für Bosnien-Herzegowina wird am **21. November** in Dayton/Ohio paraphiert, die Unterzeichnung des Abkommens folgt am **14. Dezember** in Paris.

Parallel zu den Friedensgesprächen in Ohio laufen die Vorbereitungen für die Aufstellung einer 50 000 Mann starken NATO-Truppe unter russischer Beteiligung zur Ablösung der UN-Blauhelme. Am **20. Dezember** übernimmt die Implementation Force (IFOR) der NATO anstelle der UN die Befehlsgewalt in Bosnien-Herzegowina.

1996–1999

Da die Kosovo-Frage im Dayton-Abkommen ausgeklammert wurde, nimmt die Unzufriedenheit unter den Kosovo-Albanern zu. Zwar ist es dem am **24. Mai 1992** gewählten Präsidenten der Republik Kosovo, Ibrahim Rugova, gelungen, parallel zur serbischen Administration einen albanischen Schattenstaat zu errichten, doch seine gewaltfreie Strategie stößt bei jüngeren Albanern zunehmend auf Kritik und Ablehnung. **1996** formiert sich die albanische Untergrundarmee UÇK, die zum bewaffneten Aufstand gegen die serbische Staatsmacht aufruft. Im **Frühjahr 1998** eskalieren die Zusammenstöße zwischen der UÇK und den serbischen Truppen sowie paramilitärischen Einheiten. Über 300 000 Albaner werden in der Folgezeit zur Flucht gezwungen. Ein am **13. Oktober 1998** vereinbartes Abkommen zwischen Holbrooke und Milošević kann die Situation nicht beruhigen. Erneute Verhandlungen zwischen dem **15. und 19. März 1999** auf Schloß Rambouillet sowie in Paris am **19./20. März** scheitern an der serbischen Ablehnung. Zur gleichen Zeit verstärken jugoslawisch-serbische Streitkräfte ihre Offensive gegen kosovoalbanische Dörfer und Städte. Am **24. März** beginnt die NATO mit Luftschlägen gegen Rest-Jugoslawien zur Verhinderung einer humanitären Katastrophe in Kosovo, kann aber ein Anschwellen der Flüchtlingswellen nicht verhindern. Am **27. Mai** erhebt das UN-Sondertribunal in Den Haag Anklage gegen Slobodan Milošević und vier andere führende serbische Politiker und Militärs wegen Kriegsverbrechen in Kosovo. Am **3. Juni** willigen Milošević, die jugoslawische Bundesregierung und das serbische Parlament in die Errichtung internationaler ziviler und militärischer Institutionen in Kosovo unter Führung der UNO ein. Ein am **9. Juni** geschlossenes Abkommen zwischen der internationalen Friedenstruppe KFOR und den Regierungen Jugoslawiens und Serbiens regelt den Abzug der serbischen Streitkräfte binnen elf Tagen, den Einmarsch der KFOR nach Kosovo und die Entwaffnung der UÇK. Die Resolution des UN-Sicherheitsrats 1244 vom **10. Juni** bestimmt Kosovo als Teil Jugoslawiens, läßt aber die künftige Stellung Kosovos offen. Das Gebiet wird einer UN-Interims-Administration (Unmik) unterstellt.

2000
Der Tod Franjo Tudjmans im **Dezember 1999** und die Wahlniederlage Miloševićs im **September/Oktober 2000** machen den Weg zur Demokratisierung in Kroatien und Serbien frei.

Bilanz:
Der Zerfall Jugoslawiens und die ihn begleitenden Kriege haben weit über drei Millionen Menschen zu Flüchtlingen gemacht. Zehntausende wurden gefoltert, gedemütigt und ermordet. Bosnien-Herzegowina und die angrenzenden Kriegsschauplätze sind weitgehend zerstört. Der materielle Schaden wird auf weit über 50 Milliarden Dollar geschätzt. Die Wirtschaft Rest-Jugoslawiens ist ruiniert. Makedonien hat infolge der Sanktionen gegen Belgrad und des Konfliktes mit Griechenland stark gelitten. Kroatien wurde in seiner wirtschaftlichen und demokratischen Entwicklung gebremst. Slowenien ist der einzige postjugoslawische Staat, der die Kriterien für eine EU-Mitgliedschaft in der ersten Erweiterungsrunde erfüllt. In allen anderen ex-jugoslawischen Staaten stößt der Transformationsprozeß auf große Probleme. Die Zukunft Bosnien-Herzegowinas ist offen. Die Lage in Kosovo bleibt gespannt. Die Konturen einer zukunftsfähigen Zivilgesellschaft sind bestenfalls in Ansätzen zu erkennen. Der ausufernde Nationalismus und die „ethnischen Säuberungen" stellen eine schwere Hypothek dar, an der die Menschen im früheren Jugoslawien auf Jahre hinaus zu tragen haben werden.

Literatur:
- Bartl, Peter: Grundzüge der jugoslawischen Geschichte, Darmstadt 1985.
- Calic, Marie-Janine: Das Ende Jugoslawiens (Informationen zur Politischen Bildung aktuell), Bonn 1996.
- Calic, Marie-Janine: Der Krieg in Bosnien-Hercegovina. Ursachen, Konfliktstrukturen, internationale Lösungsversuche, Frankfurt/M. 1995.
- Clewing, Konrad/Reute, Jens (Hg.): Der Kosovo-Konflikt. Ursachen, Akteure, Verlauf, München 2000.
- Hösch, Edgar: Geschichte der Balkanländer. Von der Frühzeit bis zur Gegenwart, München 1999.
- Meier, Viktor: Wie Jugoslawien verspielt wurde, München 1995.
- Melčić, Dunja, (Hg.): Der Jugoslawien-Krieg, Handbuch zu Vorgeschichte, Verlauf und Konsequenzen, Opladen/Wiesbaden, 1999.
- Sundhaussen, Holm: Geschichte Jugoslawiens 1918–1980, Stuttgart u. a. 1982.
- Sundhaussen, Holm: Experiment Jugoslawien. Von der Staatsgründung bis zum Staatsverfall, Mannheim 1993.

Niederlande

Lebendige Vergangenheit

von Ellen Tops

Ein Paß als persönliches Dokument symbolisiert eine Schnittstelle zwischen Staat und Individuum, ist Ausdruck lebendiger Beziehung von räumlicher und nationaler Identität. Vielleicht, weil die Erinnerung an eine gemeinsame Vergangenheit in den Niederlanden eine prägnante Rolle spielt, wurde hier von 1994 bis 2001[1] auf jeder Seite je eine Episode aus der niederländischen Geschichte in den Paß aufgenommen. Auf S. 26 steht, wie im Zweiten Weltkrieg die Grenzen dieses Territoriums überschritten wurden:

„Am 10. Mai 1940 griffen deutsche Flugzeuge und Truppen die Niederlande an. Auf einen kurzen verzweifelten Kampf folgten Jahre der Angst und des Elends, beide symbolisiert in der Skulptur 'Die zerstörte Stadt' von Zadkine. Im September 1944 wurde der Süden befreit, der Westen erst im Mai 1945."

Der moralisierende Sprachgebrauch der Besatzungszeit und der frühen Nachkriegsjahre wurde hier in neutral beschreibende Worte aufgelöst. Sie werden mit wohlbekannten Bildern illustriert (Abb. NL 1): eine eingestürzte Brücke, eine militärische Befreiungskolonne mit der Nationalflagge und das Monument von Ossip Zadkine, des russischen Bildhauers französischer Abstammung. Ein direkter Hinweis auf die Judenverfolgung fehlt zwar, ist jedoch in Zadkines Skulptur mit verzweifelt gen Himmel gestreckten Armen und einem Loch an der Stelle des Herzens angedeutet.[2]

NL 1
Paspoort. Europese Unie.
Koninkrijk der Nederlanden
Paß. Europäische Union.
Königreich der Niederlande
Broschüre
Privatbesitz

Im Paß wird Geschichte innerhalb eines chronologischen Erzählschemas dargestellt. Für diesen Beitrag jedoch wurde, im Sinne eines aktiven Erinnerungsprozesses, ein thematischer Aufbau gewählt. Die thematische Einbindung verleiht den Bildern zusätzliche Informationen, macht sichtbar, wie einerseits Bilder als Bedeutungsträger jedes Thema einfärben und wie andererseits sich der Wert der Nachkriegserinnerung verschiebt.

Geschichtsschreibung (1): Nationale Einheit

„Über Utrecht liegt am Dienstagabend, dem 14. Mai 1940, eine merkwürdige orangefarbene Glut. Rotterdam brennt. [...] In dem sonderbaren Abendlicht ziehen Soldaten aus der Grebbelinie, in aufgelösten Einheiten [...] in die Stadt hinein und aus der Stadt heraus. Die Gefechte sind vorüber. 'Es ist nicht wahr, nie, nie!' schreit einer. Er weint."[3]

Es gibt eine Photographie von dem Rotterdam, das Zadkine zu seinem Bild inspirierte (Abb. NL 2). Der stehengebliebene Laurensturm betont die Verwüstung der Umgebung. Auch nach 55 Jahren hat dieses Bild noch seine Bedeutung als Ikone und kennzeichnet vor allem den Beginn des Krieges. Normalerweise wird dieses Photo schwarzweiß gedruckt. Der Text des Zitats fordert jedoch dazu auf, dem Bild Farbe zu verleihen, wie dies in einer Schulbuch-Abbildung der 80er Jahre geschehen ist (Abb. NL 3). Während jedoch der Farbgebrauch im Schulbuch ein pädagogisches Ziel verfolgt, wird im Zitat die orangefarbene Glut des brennenden Rotterdam verbunden mit der verzweifelten Verwirrung eines Soldaten. Die niederländische Regierung hatte ängstlich Neutralität gegenüber der deutschen Kriegsdrohung bewahrt, und für das niederländische Volk kam der deutsche Überfall wie eine katastrophale Ernüchterung. Dieses Bild sollte während der ersten fünfzehn Jahre nach dem Krieg vorherrschen: die unbarmherzige, grausame Besatzungsmacht gegenüber einem unschuldig angegriffenen Volk. Das obige Zitat stammt aus der vierteiligen Serie „Onderdrukking en verzet" (Unterdrückung und Widerstand). Dieses „Epos, das das niederländische Volk mit seinem Blut geschrieben hat"[4], wie die Redaktion in der Einleitung schrieb, war das erste nationale Geschichtswerk und lange Zeit die einzige große Studie über die Kriegsjahre. Basierend auf Archivstudien und zahlreichen Zeugenaussagen, bietet es vor allem eine Bestandsaufnahme. Der Stil ist eher beschreibend als analysierend, typisch für die erste Phase der Geschichtsschreibung nach dem Zweiten Weltkrieg.

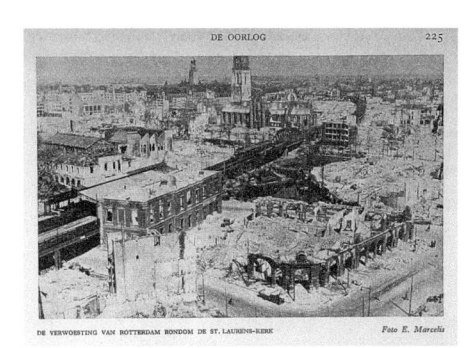

„Das niederländische Volk" als Akteur der Geschichte dominiert auch die zweite historiographische Phase, die Arbeiten von Lou de Jong. Sein Einfluß auf die Interpretation der Besatzungszeit in den Nachkriegsjahren ist kaum zu überschätzen: beim breiten Publikum mit der einundzwanzigteiligen Fernseh-Serie „De Bezetting" (Die Besatzung) aus den 60er Jahren und in die Tiefe gehend mit dem dreizehnbändigen Geschichtswerk „Het Koninkrijk der Nederlanden" (Das Königreich der Niederlande) ab den 70er Jahren.

De Jong selbst stand mit seiner erzählenden, politisch orientierten nationalen Geschichtsschreibung noch in der Tradition des 19. Jahrhunderts. Die Vielzahl der gesellschaftlichen Institutionen und Individuen sind mit einer fast antropomorphen Identität beladen. Bei de Jong reagieren sie auf die Ereignisse der Besatzungszeit im zentralen thematischen Bereich von Kollaboration und Widerstand. Seine Geschichtsschreibung erfolgt mit sinngebender Perspektive, in moralischem Interesse, wie er selbst es nannte. Vor allem aus dieser Perspektive erschienen Handlungen und Verhaltensweisen in der Besatzungszeit implizit mehr oder weniger moralisch. Individuen, Instanzen und Institutionen wurden stillschweigend als „gut" oder „böse" kate-

NL 2
E. Marcelis (Photographie)
De verwoesting van Rotterdam rondom de St. Laurens-Kerk
Die Verwüstung von Rotterdam rund um die Laurenskirche, in: Johannes Jacobus van Bolhuis: Onderdrukking en verzet: Nederland in oorlogstijd, Arnhem 1949, Bd. 1, S. 225
Buch
Amsterdam, Nederlands Instituut voor Oorlogsdocumentatie
Ned 4. Bol 1

NL 3
Duitse vliegtuigen bombarderen Rotterdam
Deutsche Flugzeuge bombardieren Rotterdam, in: Piet 't Hart: Wegwijs in ons verleden, Gorinchem 1984, Nr. 168
Buch
Amsterdam, Nederlands Instituut voor Oorlogsdocumentatie
Ned 8.341 Har

gorisiert. Die Mehrheit der Bevölkerung und Instanzen war de Jongs Analyse zufolge während der historischen Ausnahmezeit der Besatzung übrigens „gut". Zweifelsfälle behandelte er reserviert und ausweichend. Die Niederlande waren ein mutiges und standhaftes Land, das sich deutlich von der verdorbenen deutschen Besatzungsmacht abhob.

Eine auffallende Ausnahme bildete de Jongs Darstellung der Niederländischen Union.[5] Diese politische Bewegung wurde bereits im Juli 1940 gegründet von J. Linthorst Homan, einem Protestanten, Prof. Dr. J. E. de Quay, einem entschiedenen Katholiken, und L. Einthoven, dessen Gesinnung nicht eindeutig war. Das Triumvirat wollte sich mit der Besatzungsmacht arrangieren und strebte sogar eine Zusammenarbeit an, wenn auch unter Wahrung „unserer traditionellen geistigen Freiheit und Toleranz". Nach wenigen Monaten hatte die Union 800 000 Mitglieder, wurde aber im Dezember 1941 von den Deutschen wegen mangelnder Kooperation verboten.

Die Union wurde zunächst vor allem als tolerierte Protestpartei beschrieben.[6] De Jong dagegen kritisierte nachdrücklich die führenden Köpfe der Union. Mit Hilfe eines Zeugen, des sozialistischen Professors Geyl, urteilte de Jong, daß de Quay und Konsorten keine Landesverräter waren, „aber daß ihre Naivität, das freundlichste Wort, das mir dazu einfällt, verblüffend war. Und sie haben keinen erhebenden Eindruck in der Geschichte des Vaterlands hinterlassen."[7]

De Jongs Angriff auf den amtierenden Ministerpräsidenten de Quay kam unerwartet, da er es bis dahin vermieden hatte, sich über noch im Amt befindliche Personen auszulassen.[8] Trotz ihrer Schärfe konnte jedoch auch diese Version der Union in de Jongs Struktur von gut und böse integriert werden: mit der Bezeichnung „naiv, aber keine Landesverräter" entzog man sich der Kritik.

50 Jahre nach dem Krieg wurde eine etwas nuanciertere Fassung von „De Bezetting" im Fernsehen gesendet. De Jong behauptete nun, daß die Gründer der Union Gegner einer Spaltung der Gesellschaft in verschiedene weltanschauliche Gruppierungen[9] gewesen und bezüglich ihrer Anpassungsbereitschaft gegenüber der Besatzungsmacht sehr uneins waren. Zahlreiche Anhänger der Union hätten sich später aktiv am Widerstand beteiligt.[10]

Die niederländische Ehre war gerettet.

Geschichtsschreibung (2): Demaskierung

De Jongs Werk brachte eine Reihe von Schwachstellen der bisherigen Geschichtsschreibung über die Besatzungszeit ans Licht. Eine stark narrative Ausprägung ging zu Lasten von Analyse und Erklärung. Die nationalistische Sicht des Krieges als Kampf zwischen Völkern oder Nationen ließ interne Differenzen oder externe Vergleiche außer acht. Durch die Betonung eines volkspädagogischen „moralischen Interesses" von Kollaboration und Widerstand geriet de Jongs Werk weniger aufklärerisch, als möglich gewesen wäre.[11]

Die stärkste Wirkung auf ein Umdenken der Geschichtsschreibung während der 80er Jahre hatte das Werk von Johan C. H. Blom. Er stellte das Schema von „böser" Unterdrückung und „gutem" Widerstand als Kriterium der historischen Analyse der Jahre 1940–1945 zur Diskussion. Blom plädierte für eine Verwissenschaftlichung der Geschichtsschreibung, wobei den divergierenden Formen der Akkommodation[12] bzw. Anpassung an die Besatzungsmacht größere Aufmerksamkeit geschenkt werden sollte, ohne diese in ein moralisches Schema zu pressen.

Bloms Ansatz ermöglichte eine „normalisierende" Betrachtung der Vergangenheit. Die Geschichte der Besatzung war nicht länger der Bericht über eine außergewöhnliche Periode, sondern Teil eines längeren Prozesses gesellschaftlicher Veränderung. Das moralische Interesse war nicht länger die wichtigste Kategorie, und die Aufmerksamkeit verschob sich auf Fragen der alltäglichen politischen Formierung und Umsetzung. Die Betonung lag dabei nicht auf der politischen Elite und den Mitgliedern des Widerstands, sondern auf dem täglichen Leben des Durchschnittsniederländers.[13]

Durch diese neue Perspektive standen Ereignisse, die zuvor die Symbolbildung stark beeinflußt hatten, in einem anderen Licht. Der Hungerwinter 1944 ist ein typisches Beispiel dafür. Der Vormarsch der Alliierten hatte die Niederlande geteilt: Im September 1944 war der Süden befreit, der Westen blieb besetzt. Auf Wunsch der Alliierten befahl die Exilregierung über Radio Oranje einen Eisenbahnerstreik. Darauf ordnete der Reichskommissar Seyß-Inquart ein Embargo der Lebensmittel- und Brennstoffzüge für den Westen an.

Das vorherrschende Bild des Hungerwinters war lange Zeit das eines durch die Besetzer geplünderten Landes, das neben dem Lebensmittelembargo mit einem extrem harten Winter zu kämpfen hatte. Es ist ein Bild von Garküchen und Kindern, die Töpfe auskratzen, von exorbitanten Schwarzmarktpreisen, vom Fällen der Bäume und dem Abbruch von Häusern, um Brennstoff zu gewinnen, von aufgereihten Leichensäcken in feuchtkalten Kirchen, von toten Neugeborenen in Kinderwiegen. Ein Bild von Hamstertouren aufs Land per Fahrrad – ohne Bereifung (Abb. NL 4) –, Lastenfahrrad, Handkarren oder zu Fuß, um dann mit geschäftstüchtigen Bauern oder mit herzerwärmendem Altruismus konfrontiert zu werden: Silber und Gold wurden gegen Zuckerrüben und Tulpenzwiebeln getauscht.[14] Dieses Symbol der nationalen Identität verwies auf den Ernst der Lage: Das Bild des Tulpenzwiebeln essenden Holländers verlieh der Hungersnot einen besonders dramatischen Effekt. Die Wirklichkeit war prosaischer: Als Folge des darniederliegenden Exports gab es überschüssige Tulpenzwiebeln. Da holländische Ärzte sie für eßbar erklärt hatten, wurden sie ab Januar 1945 als Kartoffelersatz verteilt.[15]

Keine andere Episode in der Geschichte der Besatzungszeit wurde so nuanciert geschildert und so oft abgedruckt. In der Symbolbildung über den Hungerwinter wirken die zumeist vielsagenden und in ihrer Komposition geglückten Photos als unwiderlegbarer Beweis. In vielen Fällen sind es Werke renommierter niederländischer Photographen, wie Cas Oorthuys, Emmy Andriesse und anderer, die der Gruppe Nederland Archief angehörten. Sie arbeiteten häufig im Auftrag niederländischer Behörden, die mit den Hungerphotographien die Alliierten zu Lebensmittelabwürfen bewegen wollten.[16]

Die Befreiung und der ihr vorangegangene Hungerwinter beherrschten lange Zeit die Erinnerung an den Zweiten Weltkrieg.[17] Die Befreiung erhielt im Kontrast zu den vorherigen Entbehrungen einen euphorischen Akzent, und umgekehrt wurde der Hungerwinter im Kontrast zur Befreiung exemplarisch für die ganze Kriegsperiode.

Die These, der Krieg – und nicht der harte Winter – habe zu der Lebensmittelknappheit geführt, beruht auf der An-

NL 4
Cas Oorthuys (Photographie)
Hongertocht
Hamsterfahrt, in: J. de Jong, N. W. Velders: Geschiedenis 3. Taakboek voor het technische onderwijs, Groningen 1969, S. 132
Buch
Amsterdam, Nederlands Instituut voor Oorlogsdocumentatie
Ned 8.341 Jon 3

NL 5
Erger dan de Coloradokever.
Een in het verborgene
verspreide spotprent
Schlimmer als der
Coloradokäfer. Eine heimlich
verbreitete Karikatur, in:
Johannes Jacobus van Bol-
huis: Onderdrukking en
verzet. Nederland in
oorlogstijd, Arnhem 1950,
Bd. 2, S. 243
Buch
Amsterdam, Nederlands
Instituut voor
Oorlogsdocumentatie
Ned 4.0 Bol 2

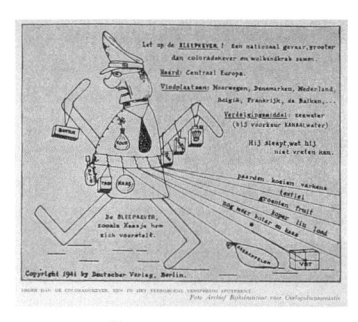

nahme, daß die Deutschen das Land ausgeraubt hatten, wie die Illustration im Detail zeigt (Abb. NL 5). Diese These stützte sich jedoch auf Verzerrungen im statistischen Material.[18] Seit den 80er Jahren wurde dieses Bild aufgrund neuen Datenmaterials wiederholt revidiert.[19]

Der internationale Vergleich führte auch bezüglich der Deportationen zur grundlegenden Änderung der Geschichtsschreibung. Der Anteil deportierter Juden in den Niederlanden weicht stark von dem in anderen westeuropäischen Ländern ab. Von den Juden in Belgien wurden etwa 25 000 (40 Prozent) umgebracht, in Frankreich waren es 80 000 (25 Prozent), in Norwegen 800 (40 Prozent) und in Dänemark 100 (weniger als 2 Prozent). Dies steht in scharfem Kontrast zu den Niederlanden, wo von den 140 000 Juden 105 000 (75 Prozent) ermordet wurden.

Blom führt verschiedene Faktoren zur Erklärung der Unterschiede an.[20] Einer davon war die Art der deutschen Besatzung. Die Niederlande erhielten, im Unterschied beispielsweise zu Frankreich und Belgien, kein militärisches, sondern ein ziviles Regime unter Seyß-Inquart. Bei den Militärregimes stand nicht die „Judenfrage", sondern die Kriegsführung im Mittelpunkt. Für das Regime der NS-Funktionäre war es aufgrund des Einflusses der nationalsozialistischen Partei und der SS umgekehrt.

Weitere Faktoren waren der Einsatz obrigkeitstreuer Beamter und die – in den ersten Jahren – sehr kooperative niederländische Bevölkerung. So wurde der von den Deutschen geforderte Ariernachweis von nahezu allen Beamten unterzeichnet. Im Vergleich zur belgischen und französischen Tradition waren die Niederländer kaum gewöhnt, Maßnahmen der Obrigkeit zu umgehen. So kam der Widerstand erst spät richtig in Gang, als die meisten Juden bereits deportiert waren.

Diese Erklärung für die Art des Widerstands (und den Mangel daran) läßt sich am Beispiel des Anschlags vom 27. März 1943 auf das Einwohnermelderegister illustrieren. Die außerordentlich umfassende niederländische Einwohnerverwaltung eignete sich gut für die deutschen Pläne. Außerdem dienten die Einwohnermelderegister als Basis zur Ausstellung von Personalausweisen. Durch den manischen Perfektionismus eines niederländischen Inspektors – der nicht einmal der Nationaal-Socialistische(n) Beweging (NSB) angehörte – wurde es für den Untergrund immer schwieriger, Personalausweise zu fälschen. Darin lag das Motiv für den

NL 6
Gevolgen van de aanslag ob
het bevolkingsregister
Folgen des Anschlags auf das
Bevölkerungsregister, in: Lou
de Jong: De Bezetting. Tekst
en beeldmateriaal van de
uitzendingen van de
Nederlandse Televisiestichting over het Koninkrijk
der Nederlanden in de
Tweede Wereldoorlog,
1940–1945, Amsterdam
1966, S. 584
Buch
Amsterdam, Nederlands
Instituut voor
Oorlogsdocumentatie
Ned 4.0 Jon

Anschlag auf das Register, nicht auf den Mann. Die Zerstörung durch Brandstiftung mißlang, da die Feuerwehr zu schnell anrückte. Der Großteil der Karteikarten war nach dem Trocknen wieder brauchbar. Zudem wurden anderenorts Abschriften verwahrt.

Seinen Status als Ikone verdankt das Photo seiner Beweiskraft über einen der wenigen echten Sabotageakte, deren Urheber später verraten und getötet wurden (Abb. NL 6 u.). Als Ikone ist es Teil der traditionellen Geschichtsschreibung und läßt sich in Begriffen wie niederländische Flagge gegen Hakenkreuz, Gut gegen Böse, Heldenhaftigkeit und Märtyrertum beschreiben. Aber außer auf das Scheitern des Anschlags verweist das Photo indirekt auf den übereifrigen Beamten, der „so handeln konnte, weil jegliche demokratische Kontrolle und Weisungsbefugnis fehlten und weil in dieser Anfangszeit der Besatzung seine Vorgesetzten, die Staatssekretäre, mit ihm der Meinung waren, daß es die Aufgabe der niederländischen Behörden war, die Struktur des Zusammenlebens in den Niederlanden möglichst stillschweigend zu handhaben und damit gegen den Widerstand der Bevölkerung zu arbeiten".[21]

Weshalb war man so obrigkeitstreu? Weshalb waren die niederländischen Beamten so folgsam und ihr Widerstand so gering? Ein Teil der Antwort wird mehr oder minder explizit in der Abwesenheit der niederländischen Königin und ihrer Regierung gesucht:

Wilhelmina, als Staatsoberhaupt das Symbol nationaler Einheit, begab sich schon vor der Kapitulation nach England. Ihr Rückzug ins Exil war umstritten: Das niederländische Volk fühlte sich im Stich gelassen. Dies wird in der frühen Geschichtsschreibung im allgemeinen nicht verschwiegen. Später wird ihr Exil allerdings ausdrücklich legitimiert: Man wollte einer Kapitulation der Regierung zuvorkommen, der Kampf gegen Deutschland sollte aus freien Gebietsteilen weitergeführt werden, Wilhelmina selbst wäre am liebsten im Schützengraben umgekommen.

In den Geschichtsbüchern wird anfangs eine gewisse Zurückhaltung gewahrt, die in Begriffen wie „Umzug", „Ausweichen" und „Exil" zum Ausdruck kam. Erst in den letzten zehn Jahren wird auch offen von „Flucht" gesprochen, wobei stets auf die moralische Unterstützung durch Wilhelmina über Radio Oranje hingewiesen wird: Die Rundfunkansprachen wirkten als „eine starke Stütze für unser Volk und eine hervorragende geistige Waffe in einem Kampf auf Leben und Tod".[22]

Das Photo in einem Geschichtsbuch von 1978 zeigt die Königin während der Besatzung in England, in einem Studio der BBC während einer Rundfunksendung von Radio Oranje (Abb. NL 7).

Das Radiomikrofon weist auf die Entfernung zwischen Staatsoberhaupt und Volk hin, die durch Radiotechnik überbrückt wird. Das Bild der Ansprache sug-

NL 7
Hitler spreekt voor de Duitse radio. Koningin Wilhelmina spreekt voor Radio Oranje
Hitler spricht im deutschen Radio. Königin Wilhelmina spricht in Radio Oranje, in: Ingrid W. L. Moermann, Ruud J. Spruit (Hg.): Mensen maken geschiedenis 3, 1780 – nu, Leiden 1978, S. 86/87
Buch
Amsterdam, Nederlands Instituut voor Oorlogsdocumentatie
Ned 8.341 Moe 3

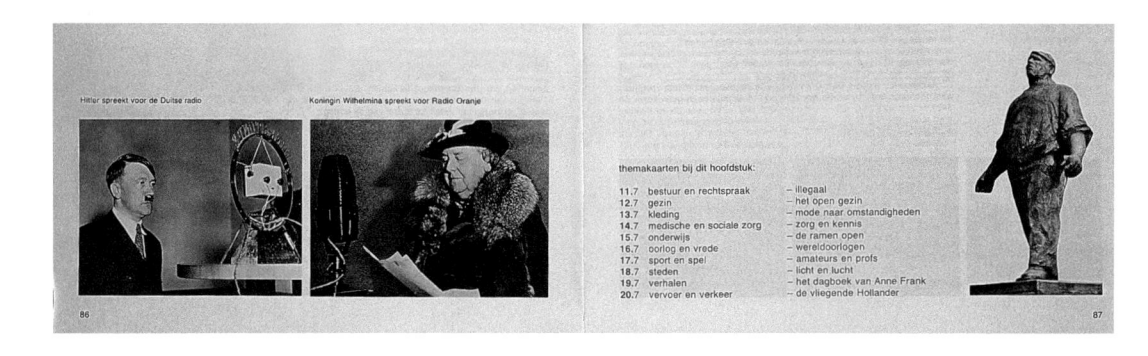

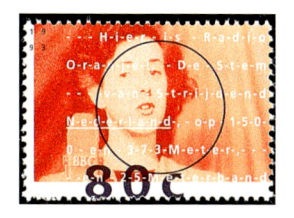

NL 8
Rene van Raalte
Radio Oranje
Radio Oranje. Die Sängerin Jettie Bantzin-Pearl und der Architekt Jan Luijt als Radiohörer, 1993
Briefmarken
Den Haag, Museum voor Communicatie

NL 9
Pieter Brattinga
Europa. Koningin Wilhelmina
Europa. Königin Wilhelmina, 1980
Briefmarke
Den Haag, Museum voor Communicatie

NL 10
Ons Wilhelmientje
Unser Wilhelminchen, in: Harry Paape: De Geuzen, Amsterdam 1985, 3. Aufl., S. 33
Buch
Amsterdam, Nederlands Instituut voor Oorlogsdocumentatie
Ned 4.239 Paa 3

geriert Verbundenheit, so wie Jacke und Hut auf den vorübergehenden Charakter des Aufenthalts in England und das ruhelose Exil verweisen. Die Konfrontation mit einem Photo Hitlers verleiht Wilhelmina Streitbarkeit. Mit gleichen Waffen versehen, wird hier königliche Würde gegen ordinäre Demagogie ausgespielt. Das realistische Abbild eines Dockarbeiters auf der folgenden Seite verweist auf ihr standfestes Volk, in dessen Namen und zu dem sie spricht: Die Symbolik entschlossenen Widerstands überträgt sich auf Wilhelmina.[23]

In dieser Zusammenstellung der Photos im Schulbuch von 1978 scheint sich die frühe Geschichtsschreibung bildlich niederzuschlagen.[24]

Dennoch blieb strittig, ob die Regierung gut daran tat, nach England auszuweichen. Die Kolumnistin Renate Rubinstein stellte diese Frage anläßlich der Ausstrahlung von „De Bezetting" zur Diskussion und wiederholte sie 1990, ausdrücklicher auf Wilhelmina bezogen, stets im direkten Zusammenhang mit der Judenverfolgung.[25] Wäre die Königin nicht besser in ihrem Land geblieben, wie der König von Belgien? Während dieses Land eine Militärverwaltung erhielt, wurde in den Niederlanden eine zivile Verwaltung eingesetzt, mit schrecklichen Folgen für die Juden im Lande.

In den 90er Jahren wurde das Thema beherzt von der Historikerin Nanda van der Zee[26] aufgegriffen: Das niederländische Großbürgertum – allen voran Königin Wilhelmina – sei moralisch für das Ausmaß der Deportationen mitverantwortlich. Denn mit ihrer Flucht habe sie ein schlechtes Beispiel gegeben, Armee und Bevölkerung demoralisiert und der Kollaboration Vorschub geleistet.

Vorerst scheint das Bild von Wilhelmina jedoch unantastbar. Die exilierte, aber standhafte Wilhelmina: diesen Titel hat sie sich im Laufe des Krieges gerade im Exil erworben. Der einzige Grund, weshalb sie nicht in die Briefmarkenserie zum illegalen Rundfunksender Radio Oranje aufgenommen wurde (Abb. NL 8), ist der, daß sie in gleichem Zusammenhang bereits in der Serie „Bedeutende Persönlichkeiten" der Europabriefmarken abgebildet worden war (Abb. NL 9).[27]

„Innerer" Widerstand

Als Beispiel für den Widerstand der Bevölkerung wird in „Onderdrukking en verzet" eine Annonce angeführt, die am 26. Juli 1940 in der Zeitung Vlaardings Nieuws – en Advertentieblad erschien. Die Anzeige einer Bäckerei wirbt für „Unsere-Wilhelmina"-Kekse (Abb. NL 10 Mitte). Im Text heißt es sinngemäß: Unsere Wilhelmina steht noch immer obenan. Darunter ist zu lesen „Nieuwe Soorten Boterkoekjes" (Neue Sorten Butterkekse). Hervorgehoben sind die Buchstaben NSB, was auf die Niederländische Nationalsozialistische Bewegung verweist. Sich solche kleinen Sticheleien auszudenken, wie auch die im Revers getragenen Streichhölzer – Kopf hoch! – und Armbänder aus Münzen mit dem Bildnis der Königin, hatte eine stimulierende Wirkung, meint der Schreiber, es war eine Art Vorbereitung auf Aktivitäten im Untergrund, „man lernte, etwas zu riskieren".[28] Abgesehen vom Erfindungsreichtum der Bevölkerung ist es aber vor allem der Mangel an wirklichen Heldentaten des Volkes, der zur häufigen Verwendung dieser Widerstandsillustrationen in vielen Geschichtsschulbüchern führte.

Man lernte, etwas zu riskieren? Auch die offizielle Untergrundbewegung war nach Art und Umfang beschränkt und kam zudem ziemlich spät in Gang. Es gab einige Anschläge, wie den auf das Amsterdamer Einwohnermelderegister und die Befreiung von Gefangenen aus dem Groninger Gefängnis. Die Fälschung der Personalausweise und die Hilfe für Untergetauchte waren von größerer Tragweite, aber darüber hinaus blieb es bei bewaffneten Überfällen und einigen Liquidierungen.

Die Niederlande demonstrierten ihre Widerstandshaltung eher, als daß sie sie ausdrücklich praktiziert hätten. Die Bäckerwerbung knüpfte an eine selbstverständliche niederländische Tradition an, indem sie ihren heimlichen Protest im gedruckten Wort vortrug.

Ein gelungener Auftakt für das, was in den Niederlanden den größten Teil des aktiven Widerstands ausmachte, war die Untergrundpresse. Die erste illegale Zeitung erschien handgeschrieben am Tag der Kapitulation.

„Die illegale Presse war zweifellos eine der gefährlichsten und gleichzeitig mächtigsten Waffen in den Händen unseres Volkes", wird in „Onderdrukking en verzet"[29] behauptet. Mächtig vor allem, weil sie eine Abwehr des geistigen Terrors und der Unterdrückung der Besatzer war. Diese Verteidigung zählte, da die ideelle und politische Freiheit ihr Pendant im kultivierten Wort als Hafen der Zuflucht für Andersdenkende hatte. Sie galt als Teil und Träger der Emanzipation verschiedener weltanschaulicher Gruppierungen, aus denen die niederländische Gesellschaft um die Jahrhundertwende entstanden war. Der Publizist Jan Blokker nannte den niederländischen Journalisten „nicht primär den Wachhund der Demokratie, sondern den Hütehund der verschiedenen weltanschaulichen Gruppierungen".[30] Dies zeigt vor allem, wie wachsam man gegenüber ansteckender und beschmutzender Kraft von Sprache war – im vorliegenden Fall jener der deutschen Besatzer.

Es verwundert kaum, daß auch die illegale Presse, wie de

NL 11
Zeitungen des Widerstands, in: Pieter R. A. van Iddekinge, Jacques G. Constant, Alexander Korthals Altes: Nederland 40–45. De gekleurde werkelijkheid, Ede 1985, S. 15
Buch
Amsterdam, Nederlands Instituut voor Oorlogsdocumentatie
Ned 4.0 Idd

NL 12
Licht in de duisternis: illegale lectuur
Licht in der Finsternis: Illegale Lektüre, in: Leonhard Huizinga, Alfred Mazure, Handje Plak: Een natie onder de nazi's, Den Haag 1970
Buch
Amsterdam, Nederlands Instituut voor Oorlogsdocumentatie
Ned 4.0 Hui

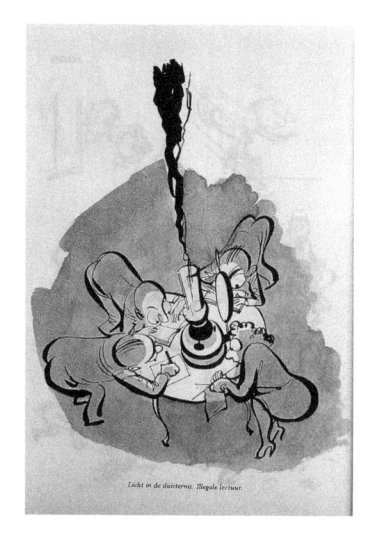

NL 13
Leden van de groep van Gerrit-Jan van der Veen zijn bezig valse persoonsbewijzen te maken
Mitglieder der Gruppe von Gerrit-Jan van der Veen stellen falsche Personalausweise her, in: Lou de Jong: De Bezetting. Tekst en beeldmateriaal van de uitzendingen van de Nederlandse Televisie-Stichting over het Koninkrijk der Nederlanden in de Tweede Wereldoorlog, 1940–1945, Amsterdam 1966, S. 574
Buch
Amsterdam, Nederlands Instituut voor Oorlogsdocumentatie
Ned 4.0 Jon

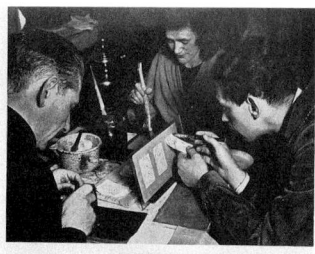

Jong sagt, von einer „rührenden Verschiedenheit" gekennzeichnet war.[31] Die Aufspaltung der Gesellschaft setzte sich im Untergrund fort. Christofoor war katholisch, Trouw antirevolutionär und Vrij Nederland war orthodox-protestantisch. An der illegalen Zeitung der Kommunisten, De Waarheid, läßt sich der Verlauf des Kalten Krieges ablesen. Aber die Idee der Verflechtung der Zeitungen, wie sie das abgebildete Photo zeigt, muß vor allem die Einheit in der Verschiedenheit bekräftigen, eine landesweite, alle weltanschaulichen Gruppen umspannende Interpretation des Widerstands, so wie die Politik in den Nachkriegsjahren in Erinnerung gehalten wird (Abb. NL 11).

Dieselbe Eintracht steht im Mittelpunkt des Cartoons von 1970, in dem, vereint in der grimmigen Inspiration, die über dem Tisch schwebt, die illegale Zeitung entsteht (Abb. NL 12). Das Bild der impliziten Gleichheit der Teilnehmer, die der runde Tisch zum Ausdruck bringt, macht es zu einer wiedererkennbaren Ikone der niederländischen Widerstandsromantik. Ihre Komposition entstammt einem oft erschienenen Photo der Widerstandsgruppe Gerrit van der Veen. Diese Gruppe, die für den Anschlag auf das Einwohnermelderegister verantwortlich war, ist auf dem Photo mit der Fälschung von Personalausweisen für Untergetauchte beschäftigt (Abb. NL 13). Das Photo vereint treffend das Bild des Widerstands im Untergrund und das der niederländischen Mentalität. Die Anwesenheit einer Frau, mit den Männern unter der Lampe am runden Tisch, macht die Situation zum Sinnbild der Familie. Gemütlich, sicher vor der Dunkelheit, zu Hause: In Spielfilmen über den Zweiten Weltkrieg ist das Bild von Familien und Freunden, vereint unter der Lampe, ein wiederkehrendes Motiv.[32] Das Lampenlicht verweist auf die Verdunkelung, die wegen der riskanten Aktivitäten notwendig war. Die reale Dramatik des Photos liegt übrigens darin, daß niemand auf dem Photo den Krieg überlebt hat.

Die visuelle Verbindung von Häuslichkeit und Widerstand gab dem Ganzen eine wichtige zusätzliche Bedeutung: Alle schienen am Widerstand der illegalen Presse beteiligt, auch wenn sie nur den aufrührerischen Inhalt zur Kenntnis nahmen. Letztlich riskierte man nicht viel.

Judenverfolgung: Suche nach einem Eichpunkt

Am 22. Februar 1941 wurden nach einer Razzia auf dem Amsterdamer Jonas-Daniel-Meijer-Platz mehr als 400 Juden verhaftet und nach Buchenwald und

Mauthausen deportiert. Eine photographisch hervorragende Aufnahme dieser schmerzlichen Situation stammt aus der Photoserie eines deutschen Soldaten (Abb. NL 14). Der Amsterdamer Photograph, der diesen Film entwickelte, behielt einige Abzüge daraus zurück. Ein weiteres Bild aus dieser Serie zeigt das verzerrte Gesicht eines jüdischen Mannes, von grinsenden Soldaten gehetzt. Es wird vor allem in Schulbüchern abgedruckt (Abb. NL 15).

Das erste Bild der Razzia mit dem dramatischen Inhalt, der geglückten Komposition und nachweislichen Authentizität wurde in der Nachkriegszeit am häufigsten abgedruckt. Man erinnerte sich dabei weniger an die Razzia selbst, sondern an den drei Tage danach folgenden Februarstreik, dessen Anlaß sie war. In den Gedächtnisartikeln wurde das Photo häufig zwischen einem Dockarbeiter und dem Streikmanifest abgebildet. So auch in dem abgebildeten Artikel von 1966, der ausdrücklich den Februarstreik betrifft.³³ Diese Marginalisierung des jüdischen Leids kennzeichnet die Erinnerung an die Besatzungszeit: Für die Niederländer stand das Verhältnis zwischen dem erbarmungslosen Besatzer und dem gequälten niederländischen Volk im Vordergrund.

Die Photographien der Razzia benutzte auch der Graphikdesigner Jan van Toorn als Grundlage für das Gedenken an den Februarstreik im Kontext der jährlichen Ausgabe von Kriegsbriefmarken zwischen 1991 und 1995 (Abb. NL 16). „Der Entwurf will helfen, an dieses Ereignis zu erinnern, aber es gleichzeitig aktualisieren", meint van Toorn. Dazu fertigte er einen Ausschnitt des Photos, der den Amsterdamer Kontext wegließ, zeigte über dem Ausschnitt eine Hand, die das Stoppzeichen gibt, und nahm die Jahreszahlen 1941–1991 im Anfangsbuchstaben R für Rassismus auf.³⁴ Ausgehend vom ursprünglichen Kontext dient es so vor allem der aktuellen Fragestellung.

Die Problematik der Judenverfolgung in der niederländischen Nachkriegserinnerung wurde nicht durch Bilder, sondern am stärksten durch ein (Geschichts-)Buch beeinflußt (Abb. NL 17).

Dem Historiker Jacques Presser war 1950 vom RIOD³⁵ angetragen worden, eine Monographie über die Judenverfolgung während des Zweiten Weltkriegs zu schreiben. Das Buch „Ondergang. De vervolging en verdelging van het Nederlandse Jodendom 1940–1945" erschien 1965. Innerhalb von vier Tagen nach Erscheinen war die erste Auflage ausverkauft: Die öffentliche Diskussion hatte ein neues nationales Thema.³⁶

Der Text war mit großem Engagement geschrieben und wich darin markant von der üblichen akademischen Geschichtsschreibung ab. Der Historiker berichtet als Betroffener in Selbstzeugnissen eindringlich von der Aussonderung, Konzentration und schließlich Deportation und Vernichtung der Juden.³⁷

Pressers ausdrückliche Entscheidung, „für die zu sprechen, [...] die zu ewigem Schweigen verdammt [sind]", machte seine Monographie auch zur Gedenk-

NL 14
Vroeg in de morgen stoof de vrijheid los
Früh am Morgen stürmte die Freiheit los, in: Nieuwe Rotterdamse Courant, 19. Februar 1966, Nr. 42
Zeitung
Amsterdam, Nederlands Instituut voor Oorlogsdocumentatie
Kb II 372

NL 15
Razzia op het Waterlooplein te Amsterdam
Razzia auf dem Waterlooplein in Amsterdam, in: E. W. Heidt, C. P. W. F. Herzberg, A. J. Kaarsemaker (Hg.): Kijk op de tijd. Geschiedenismethoden voor mavo, havo en vwo, Den Bosch 1981, S. 119
Buch
Amsterdam, Nederlands Instituut voor Oorlogsdocumentatie
Ned 8.341 Hei

NL 16
Jan van Toorn
Februaristaking 41–91
Februarstreik 41–91, 1991
Briefmarke
Den Haag, Museum voor Communicatie

NL 17
Jacques Presser
Ondergang. De vervolging en verdelging van het Nederlandse Jodendom 1940–1945
Untergang. Die Verfolgung und Vernichtung des niederländischen Judentums 1940–1945, Den Haag 1965
Buchumschlag
Amsterdam, Nederlands Instituut voor Oorlogsdocumentatie
Ned 1.22 Pre 2

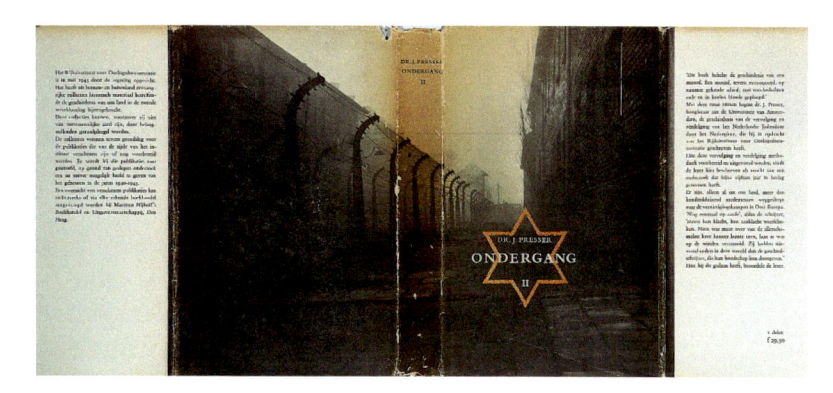

schrift.[38] Aber das Buch ist zugleich eine Anklage: an erster Stelle gegen den jüdischen Rat, aber auch gegen die gleichgültige Haltung der niederländischen Behörden und den frostigen Empfang der Juden nach ihrer Rückkehr aus dem Untergrund und den Konzentrationslagern.[39] Pressers „Ondergang" begründete damit in den Niederlanden „ein fast kollektives Bewußtsein von zumindest passiver Schuld"[40] und markierte somit eine Verschiebung in der Diskussion über Kollaboration und Passivität seit dem Krieg. Durch Abel Herzberg noch der Schuld enthoben[41], wurden das niederländische Volk und seine Behörden jetzt von Presser als mitverantwortlich benannt.[42]

Der Krieg im Fernsehen: Darstellung und Gegendarstellung

Zwischen Mai 1960 und Mai 1965 wurde in den Niederlanden über das zunehmend populäre neue Medium Fernsehen in 21 Folgen die Langzeitserie „De Bezetting" ausgestrahlt, die zweite Zusammenfassung der Kriegsgeschichte nach „Onderdrukking en Verzet" (Unterdrückung und Widerstand).

Für die meisten Niederländer bestimmte die Serie lange Zeit das Bild vom Krieg. Zum ersten Mal wurden die bruchstückhaften, individuellen Erinnerungen zu einer nationalen Historie geformt.[43] „[…] in 'De Bezetting' ist alles zusammengefaßt; die Niederlage, der Druck und unser Widerstand".[44] Dieser Zusammenhang wurde unter Verwendung eines ziemlich eindeutigen Gut-Böse-Schemas des breiten Volkswiderstandes gegenüber der grausamen Unterdrückung hergestellt.

Der Stil der Serie wurde stark durch den Moderator Lou de Jong geprägt: er trug die niedergeschriebene Information sorgfältig und effektvoll artikulierend im Rampenlicht vor (Abb. NL 18). Das Wort war vorrangig, wobei die Interviews mit Augenzeugen durch Filmsequenzen illustriert wurden. Den Augenzeugen, die in der Regel ein gewisses gesellschaftliches Gewicht hatten, wurde viel Platz für ihre Erinnerungen und Ansichten eingeräumt; Mitglieder der NSB und andere Kollaborateure kamen allerdings nicht

NL 18
In de studio tijdens een uitzending van 'De Bezetting'
Im Studio während einer Ausstrahlung von 'De Bezetting', 1965
Ausstellungstafel, 40 x 40 cm
Amsterdam, Nederlands Instituut voor Oorlogsdocumentatie

zu Wort. Es gab in „De Bezetting" auch keine allgemeiner gefaßte Kritik an niederländischen Behörden und Bevölkerung bezüglich Kollaboration und Passivität.⁴⁵

Die erste Reaktion war positiv: Die Serie erhielt schon rasch den Status eines nationalen Mahnmals. Aber nach zwei beinahe kritiklosen Jahren kamen die ersten Randbemerkungen auf, die nicht lange nach der letzten Ausstrahlung 1965 in Kritik mündeten.

NL 19
Hendrik J. A. Hofland, Hans Verhagen, Hans Keller: Vastberaden maar soepel en met mate. 1938–1948. Herinneringen aan Nederland Entschlossen, aber flexibel und mit Maßen. 1938–1948. Erinnerungen an die Niederlande, Amsterdam 1976
Buchumschlag
Amsterdam, Nederlands Instituut voor Oorlogsdocumentatie
Ned 12.0 Hof 1

Die deutlichste Kritik formulierten 1974 Hendrik Hofland, Hans Verhagen und Hans Keller in der Dokumentation „Vastberaden maar soepel en met mate".⁴⁶ Dieser Dokumentarfilm kann bezüglich Inhalt und Form als Gegenstück zu de Jongs „De Bezetting"⁴⁷ betrachtet werden. „Vastberaden" ging auf den kleinen Mann anstatt auf die Machthaber und Behörden ein und beleuchtete den Aspekt der Kollaboration. Mit der aufgrund der unveränderten Machtverhältnisse nach dem Krieg gewählten Periodisierung 1938–1948 waren die Produzenten Vorläufer einer Diskussion, die später die Geschichtsschreibung beherrschen sollte: der Krieg als Bruch oder als vorübergehende Unterbrechung in der gesellschaftlichen Entwicklung. Auch die Form der Dokumentation war innovativ. Der durchgängig streng chronologische Aufbau wurde durch besondere filmische Sequenzen unterbrochen – es entstand eine Art Baukasten, wie einer der Produzenten es nannte.⁴⁸ Der Umschlag des 1976 dazu herausgegebenen Buches spiegelt diese Darstellungsweise wider (Abb. NL 19).

Weitaus die meisten Filmbilder im niederländischen Fernsehen mit Bezug auf den Zweiten Weltkrieg stammten aus „De Bezetting". Mit „Vastberaden" erschloß man auch andere Quellen. Ohne hierarchische Zuordnung wurden neben journalistischem Material auch Amateurbilder und nicht-authentische (Spiel-)Filme verwendet, die direkt nach dem Krieg produziert worden waren. Damit legten die Produzenten den Grundstein für einen neuen Standard der Fernsehgeschichtsschreibung.

Die Dokumentation dauerte gut drei Stunden und fand ein breites Publikum. Auch Fernsehkritiker zeigten sich im allgemeinen begeistert. Ihr Enthusiasmus galt insbesondere der fragmentarischen Struktur, dem Durchbruch in der gängigen Fernsehgeschichtsschreibung und der Erneuerung der gesellschaftlichen Diskussion über „Gut" und „Böse".⁴⁹

Die Erzählungen von Anne Frank und dem Dockarbeiter

Die Niederlande kennen zwei Ikonen, die alle anderen weit überragen: Anne Frank und den Dockarbeiter.

Anne Frank ist weltweit bekannt. Ihr Tagebuch wurde in ungefähr 60 Sprachen übersetzt und in 25 Millionen Exemplaren verkauft; die Veröffentlichungen dazu füllen eine ganze Bibliothek. Jeder kennt ihr Gesicht, hat das Tagebuch gelesen, den Film gesehen, die Bühnenaufführung und das Hinterhaus besucht, die Briefmarke verschickt, die Ausstellung angeschaut, hat sich neben den Bildern photographieren lassen und klickt sich vielleicht per CD-ROM durch das Hin-

NL 20
Anne Frank Huis. Een huis met een verhaal
Anne-Frank-Haus. Ein Haus mit einer Geschichte,
Amsterdam 1999
CD-ROM
Berlin, Deutsches Historisches Museum

NL 21
Mari Andriessen, Bert Nienhuis (Photographie)
Dokwerker
Dockarbeiter, 1952/1990
Ansichtskarte, 14,8 x 10,5 cm
Berlin, Deutsches Historisches Museum

NL 22
Walter Nikkels
Anne Frank
1980
Briefmarke
Den Haag, Museum voor Communicatie

terhaus (Abb. NL 20). Das Bild von Anne Frank ist das eines schmächtigen Mädchens in der Schulbank mit einem Schreibheft vor sich. Ihr Alter und ihr Lachen haben die Konnotation der Unschuld; das Schreibheft, mit dem Verweis auf ihr Tagebuch, steht für Erwartung und Ehrgeiz; die gekreuzten Arme spiegeln die Zeit wider, die Konvention der Disziplin.

Der Dockarbeiter ist vor allem in den Niederlanden bekannt. Viele Niederländer wissen, von wem die Statue ist: Mari Andriessen. Sie ist in fast jeder einschlägigen Gedenkausgabe abgebildet, es gibt Ansichtskarten zu kaufen und Briefmarken, um diese zu frankieren (Abb. NL 21).

Das Bild des Dockarbeiters ist das eines muskulösen Arbeiters mit erhobenem Haupt und geballten Fäusten. Sein starker Körperbau verweist auf Kraft, die Beinstellung auf Unerschütterlichkeit, die hochgekrempelten Ärmel auf Handlungsbereitschaft. Das Haupt ist trotzig erhoben, auf etwas gerichtet, das größer ist als er selbst; er ist ein David, bereit, zu siegen. Der hohe Sockel hebt die Figur über die Ebene hinaus, von der aus sie vom Publikum verehrt wird: das macht ihn zum Träger einer Botschaft.

Beide Bilder sind außergewöhnlich bekannt. Anne Franks Photo ist Ikone, aber auch authentische Wiedergabe: Dieses Mädchen schrieb einmal das Tagebuch. Der Dockarbeiter ist in diesem engeren Sinne nicht authentisch: Der Widerstand, den er symbolisiert, ging nicht von Hafenarbeitern aus, sondern von Müllmännern und Straßenbahnschaffnern. Aber er ist ein realistisches, anthropomorphes Symbol der Arbeiterschaft, eine mit Widerstand aufgeladene Figur.

Beide Bilder sind vor allem Fiktionen, hinter denen die Wirklichkeit verschwunden ist. Es gibt zwar die Geschichte von Anne Frank als die eines Mädchens in der Pubertät, das mit seiner Familie untergetaucht ist, ihr tägliches Leben beschreibt und verraten wird. Die dramatische Kraft der Geschichte liegt im unterschiedlichen Informationsstand des Lesers und der Schreiberin, wie in Walter Nikkels' Gedenkbriefmarke von 1980 zum Ausdruck kommt. Es ist das Bild eines fröhlichen Mädchens, doch wir kennen bereits das schreckliche Ende der Geschichte (Abb. NL 22). Es ist aber auch die Geschichte einer Auseinandersetzung mit Pubertätsproblemen in einer unter existenziellem Druck verdichteten Situation. Dies macht das Tagebuch faszinierend authentisch.

Die Geschichte des Dockarbeiters betrifft den Februarstreik, einen mehr oder weniger spontanen Massenprotest gegen die Deportation unschuldiger jüdischer Mitbürger, der anderthalb Tage dauerte, keine Wirkung zeitigte, jedoch seine Opfer forderte. Die dramatische Kraft wohnt hier der plötzlich aufsteigenden Empörung inne, der ausufernden Verbreitung, der Bezeugung von Solidarität nicht ohne Risiko. Dies begründet Andriessens Wahl eines Arbeiters: zum einfachen Volk gehörend, mit ehrlichem Gemüt, bereit zu unreflektiertem Mitleid und zum Aufstand gegen das Unrecht.

Solche Geschichten weisen zentrale Textfragmente auf, die mit wesentlichen Bedeutungsinhalten verknüpft sind. Anne Franks zentraler Text entstammt ihrem Tagebuch und steht unter dem 15. Juli 1944. „Doch ich halte daran fest, trotz allem, weil ich noch stets an das Gute im Menschen glaube." Er wurde wenige Wochen vor dem Verrat der Untergetauchten geschrieben und erhielt die Bedeutung eines moralischen Testaments. Zitiert von zahllosen namhaften Publizisten, wurde er vor allem in der Bühnenbearbeitung von dem Ehepaar Frances Goodrich und Albert Hackett bekannt, in der er als effektvoller Abschluß eingesetzt wurde.

Beim Dockarbeiter spielt Ben Seijes' Monographie über den Februarstreik eine Rolle, aus der zwei entscheidende Zitate von beinahe allen Zeitungen des Landes übernommen und oft wiederholt wurden: „Der Februarstreik war nicht die Geburt des Widerstands. Er brachte diesen Widerstand jedoch auf ein höheres Niveau, auf dem alle Gegensätze in einer eindrucksvollen Einigkeit aufgehoben wurden." Und: „So brachte der Februarstreik [...] keine fühlbaren Resultate, verlieh jedoch nicht nur den Streikenden ein wiedergewonnenes Selbstbewußtsein, sondern war für die gesamte niederländische Bevölkerung ein leuchtendes Vorbild."[50] Diese Zitate erhalten ihre Bedeutung im Licht des nationalen Ranges, den der Dockarbeiter in der Nachkriegszeit durch jene politischen Kräfte erhielt, die die gesellschaftliche Zersplitterung der Kriegsjahre in Einigkeit umdeuten wollten.

Auch Anne Frank wurde „nationalisiert"; dies geschah jedoch mittelbar über das Ausland. Ausschlaggebend dafür war die erfolgreiche Bühnenbearbeitung durch Goodrich und Hackett, die das Bild der Niederlande als Zufluchtsort besonders hervorhob. Anne Frank wurde zur Ikone der Unschuld der Niederlande.

Beide Ikonen wurden anfangs in bezeichnender Weise vereinnahmt. So geht der christliche Humanismus in der Bühnenbearbeitung von Goodrich und Hackett auf Kosten von Anne Franks jüdischer Identität. Ihr Leiden sollte das Leiden der ganzen Menschheit bedeuten. Die spätere Einverleibung durch den Katholizismus des französischen Priesters Daniel Rops in der Einleitung der französischen Ausgabe des Tagebuchs wurde allenthalben abgelehnt.

Durch den Kult um Annes Tagebuch kam es zu einer Art Marginalisierung, die vor allem in den jüdischen Reihen Widerstand hervorrief: Anne war nicht die einzige Jüdin, und das jüdische Leid begann erst, wo das Tagebuch aufhörte.[51]

Die Bedeutungsverschiebung beider Symbolfiguren ist Teil der gesellschaftlichen Entwicklung. So ging Seijes' Version des Dockarbeiters zu Lasten des kommunistischen Anteils am Februarstreik. Der Kalte Krieg gärte, und die Marginalisierung der kommunistischen Partei hatte bereits eingesetzt. 1950 kam es zu einem Bruch: Das politische Establishment und die Kommunisten gedachten fortan isoliert des Streiks, bis das politische Tauwetter einsetzte. Die Vereinnahmung des Dockarbeiters ging geräuschlos zugleich mit der Unterordnung des jüdischen Aspekts einher. Die jüdische Bevölkerung fand sich damit ab und zeigte sich vor allem dankbar für die gezeigte Solidarität. Bis Mitte der 60er Jahre war der Dockarbeiter noch hauptsächlich ein Symbol für Heldentum[52], wie die Gedenkbriefmarken zeigen (Abb. NL 23). Später verschob sich die Betonung auf die Solidarität. Seit den 70er Jahren wird der Dockarbeiter als Ausgangspunkt für die

NL 23
Otto Treumann
1940–1945
Serie zur Widerstandsbewegung in den Niederlanden während des Zweiten Weltkrieges
1965
Briefmarke
Den Haag, Museum voor Communicatie

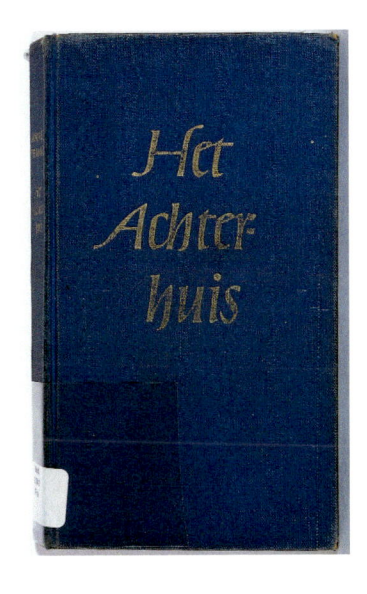

NL 24
Anne Frank
Het Achterhuis:
dagboekbrieven.
12 juni 1942 – 1 augustus 1944
Das Hinterhaus: Tagebücher.
12. Juni 1942 – 1. August 1944, Amsterdam 1948
(Erstausgabe 1947)
Buchtitel
Amsterdam, Nederlands Instituut voor Oorlogsdocumentatie
Ned 9.841 Fra

verschiedensten Arten von Demonstrationen genutzt: gegen den wiederauflebenden Faschismus, Rassismus und Antisemitismus, aber auch für Solidarität mit Sinti und Roma, Hausbesetzern und gegen lokale Mieterhöhungen.

Das Gedenken für Anne Frank wurde ab 1957 institutionalisiert in einer Stiftung mit dem Auftrag, „die Ideale, die im Tagebuch der Anne Frank der Welt hinterlassen wurden, zu verbreiten". Die Institutionalisierung führte in den Niederlanden nach und nach zu einer Trennung zwischen der Anne Frank der Stiftung und der authentischen Figur des Tagebuchs, das seit den späten 40er Jahren aufgelegt wird (Abb. NL 24). In den 70er Jahren wurde „Anne Frank" von der Stiftung für die politische Bewußtseinsbildung von Arbeiterkindern eingesetzt und in den 80er Jahren für die Bekämpfung von Neonazismus und Rassismus. Die Wiederaufführung des Bühnenstücks von 1984 erhielt wieder einen stärkeren jüdischen Akzent und wurde von einer politisch korrekten Ausstellung begleitet.

Im Rahmen der Angriffe von Neonazis auf das Tagebuch waren die 80er Jahre auch die Zeit der wissenschaftlichen Ausgabe, die Aufschluß über die Echtheit des Buchs geben mußte (Abb. NL 25). Dadurch entstand unter anderem ein Gefühl für die Verletzlichkeit des Mythos: Es gab Proteste gegen die Untersuchung und sogar Anfragen im Parlament.

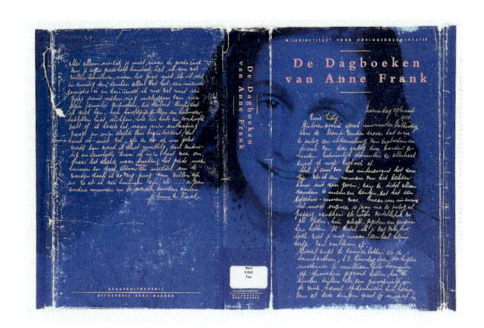

NL 25
Harry Paape, Gerrold van der Stroom, David Barnouw
De Dagboeken van Anne Frank
Die Tagebücher der Anne Frank, Den Haag 1986
Buchumschlag
Amsterdam, Nederlands Instituut voor Oorlogsdocumentatie
Ned 9.841 Ann

Ende der 80er Jahre kamen sogenannte Gegentexte ins Blickfeld: Ihnen ging die Kritik in der Presse an der „Anne-Frank-Industrie" voraus, am Konsum leichter und risikoloser Anteilnahme, an der „Heiligsprechung" und dem Hinterhaus als Pilgerstätte. Die Gegentexte, wiederum aus dem Tagebuch isoliert, wandten sich vor allem gegen den naiven Glauben an das Gute im Menschen: „Es gibt nun einmal im Menschen einen Drang zum Vernichten, zum Totschlagen, zum Morden und Wüten [...]", oder: „Ideale, Träume, schöne Erwartungen wachsen niemals, ohne von der grausamsten Wirklichkeit getroffen, total zerstört zu werden."[53]

In den 90er Jahren kehrte die Stiftung zu Anne Frank und der persönlichen Erzählung zurück. Über Anne erschienen zwei Biographien, des weiteren kürzlich eine Biographie über ihren Vater. Zugleich gilt Anne Frank noch immer als allgemeines Symbol, wie sich bei den niederländischen Wahlen 2002 herausstellte.[54]

Die Gegendarstellungen zum Symbol des Dockarbeiters ließen länger auf sich warten. Sie sind eine Folge des Wandels in der Geschichtsschreibung und Resultat jüngerer Untersuchungen.[55] Ihnen zufolge war der Streik kein Augenblick der

Eintracht, sondern die Summe chaotischer Entwicklungen, bei denen vor allem die offiziellen Instanzen versagt haben. Die massenhafte Solidarität des Februarstreiks wird hierin auf einen Funken der Empörung reduziert.

Die Gegendarstellungen hatten jedoch keine besonderen Folgen. In beide Ikonen war so viel investiert worden, daß sie aus sich selbst und von der Wirklichkeit losgelöst, aus der sie erwachsen sind, weiterbestehen können.

Die Judenverfolgung: eine Abwicklung?

Um 1995 wurde die Erinnerung an die Deportation und die Vernichtung der Juden wieder aktuell, zahllose Publikationen erschienen zum Gedenken 50 Jahre nach Kriegsende. Die eigentliche Erregung entstand jedoch um die Schweizer Bankguthaben, führte zu neuerlicher Beachtung der Frage des jüdischen Vermögens, der Wiederherstellung der Rechtsansprüche und erinnerte indirekt auch an den kühlen Empfang für die nach dem Krieg heimkehrenden Juden.[56] Auch diese Episoden fanden ihren Niederschlag in symbolischen Bildern. Dabei erfuhr eine gängige Ikone eine Statusveränderung, während ein Bild, das diesen Status vorher nicht explizit hatte, zur aktuellen Ikone wurde.

Seit den 60er Jahren erschien in fast allen Dokumentationen über den Holocaust im Fernsehen, in den meisten Ausstellungen über die Deportationen in den Jahren 1940–1945, in nahezu allen Katalogen und Gedenkbüchern das Bild vom „Mädchen mit dem Kopftuch", wie z. B. in dem Buch, in dem Niederländer die für sie eindrucksvollsten Photographien aus dem Krieg kommentieren (Abb. NL 26). Es ist einer Szene des Films „Ankunft und Abfahrt" entnommen, der im Mai 1944 im Auftrag des SS-Lagerkommandanten Alfred Gemmeker über das Lagerleben in Westerbork gedreht wurde.

Es zeigt eines der Kindergesichter, die Gedenkdarstellungen dominieren, so wie der kleine Junge von Warschau oder auch Anne Frank. Wehrlos, noch kaum individualisiert, und anders als Erwachsene noch nicht auf die spezifische Identität ihrer Gruppe eingeschränkt, ermöglichen Kinder die unterschiedlichsten Projektionen und Identifikationen.[57] Durch ihre Verletzlichkeit wird der Horror des Holocaust noch stärker visuell übertragen, eingebettet in Bestürzung und Schuldbewußtsein.

Im Jubiläumsjahr 1995 stellte sich durch Nachforschungen des Journalisten Aad Wagenaar heraus, daß ausgerechnet das Bild mit dem Kopftuch kein jüdisches, sondern ein Sintimädchen zeigt.[58] Noch immer Opfer, aber nun mit einer anderen Identität versehen: die neunjährige Anna Maria 'Settela' Steinbach. In jüdischen Kreisen wurde Unbehagen laut: War dieses Photo doch lange Zeit das Symbol für die Deportation und Vernichtung von (niederländischen) Juden. Einerseits wurde es durch einen Namen aus der Anonymität des Holocaust herausgehoben; andererseits wurde den jüdischen Opfern hierdurch eine Identifizierung unmöglich. So wurde diese Ikone wieder mehr zum Dokument.

NL 26
De pastoor van het plaatsje B.
Der Pastor des Dörfchens B.
Anna Maria 'Settela' Steinbach, kommentiert durch ein Gedicht von Willem Willmink, in: Jennifer Smit, Gerrold van der Stroom: Op het netvlies getekend. 42 bekende Nederlanders beschrijven hun meest aangrijpende oorlogsfoto, Den Haag 1990, S. 91
Buch
Amsterdam, Nederlands Instituut voor Oorlogsdocumentatie
Ned 1.22 Op

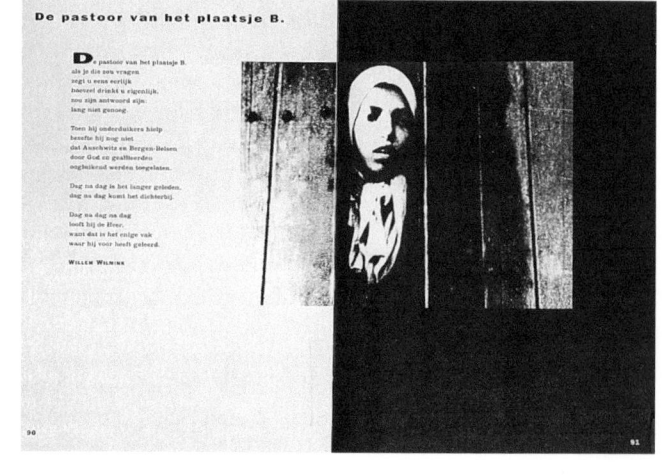

NL 27
Michal Citroen
'U wordt door niemand verwacht'. Nederlandse joden na kampen en onderduik
'Sie werden von niemandem erwartet'. Niederländische Juden nach Lager und Versteck, Utrecht 1999
Buchtitel
Amsterdam, Nederlands Instituut voor Oorlogsdocumentatie
Ned 9.81 Cit

NL 28
Verhuiswagen van de firma A. Puls uit Amsterdam, 1942. Offerte van de firma Puls
Umzugswagen der Firma A. Puls, 1942. Angebot der Firma A. Puls, in: Gerard Aalders: Roof. De ontvreemding van Joods bezit tijdens de Tweede Wereldoorlog, Den Haag 1999, S. 60
Buch
Amsterdam, Nederlands Instituut voor Oorlogsdocumentatie
Ned 9.18 Aal

Ein anderes Photo hat seinen Status als Ikone erst vor kurzem erworben:

Abgemagerte jüdische Männer haben eben die niederländische Grenze überschritten und sind auf dem Weg nach Hause. Sie tragen noch die Lagerkleidung, in der sie Grausames erlebt haben, und strahlen doch eine gewisse Friedlichkeit aus, die in Kontrast zu dem Szenario steht, das ihnen unvermeidlich bevorsteht. Man vergleiche dazu das folgende Zitat über eine ähnliche Heimkehr:

„Im Sommer 1945 stieg eine Frau im Amsterdamer Hauptbahnhof aus dem Zug. Nach drei Jahren Konzentrationslager war sie wieder zu Hause. Sie meldete sich in der Bahnhofshalle bei einem Beamten hinter einem Tisch, um sich registrieren zu lassen. Er notierte ihren Namen und schaute in seine Papiere. 'Gnädige Frau', sagte er, 'Sie werden von niemand erwartet.' Dann konnte sie gehen."[59] Die Autoren, in deren Buch man dieses Zitat findet, haben es mit der Photographie der jüdischen Heimkehrer verbunden (Abb. NL 27).

Während den jüdischen Heimkehrern in Frankreich und Belgien ein herzliches Willkommen mit Fahnen, Essen und Musik zuteil wurde, wurden sie in den Niederlanden von staatlicher und privater Seite kühl, manchmal sogar feindselig empfangen. Diese Feindlichkeit gegenüber Juden ging nicht selten von sogenannten „bewariërs" aus – im Niederländischen ein ironisches Wortspiel aus „bewaren" (verwahren) und „ariër" (Arier) für Nachbarn und vermeintliche Freunde, die jüdisches Eigentum, das sie zur Verwahrung erhalten hatten, nach der Rückkehr der Gefangenen aus Lager oder Untergrund nicht zurückgeben wollten. Auch das Wort „pulsen" war ein geflügeltes Wort. Der Begriff war während der Kriegsjahre gebräuchlich für die Plünderung von Juden und verwies auf den Namen des nationalsozialistischen Umzugsbetriebes „Puls", der in Amsterdam die Häuser von deportierten Juden für die Besatzer ausräumte. Gerard Aalders kombiniert in seinem Buch ein Angebot der Firma mit der Photographie eines Umzugswagens und verweist so auf den Zusammenhang (Abb. NL 28). Das Wort „pulsen" kam im großen Wörterbuch Van Dale, das als maßgebliches Standardwerk der niederländischen Sprache gilt, in der Ausgabe von 1984 nicht mehr vor. In der Ausgabe 1995 wurde es wieder aufgenommen.

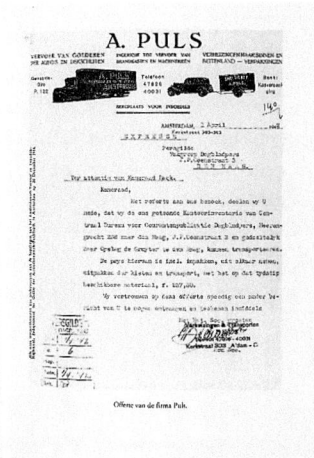

Bei der mühsamen Wiedereingliederung spielte auch das Verhalten der Regierung eine Rolle. Ein typisches Beispiel war der Beschluß, den Begriff „jüdischer Niederländer" aus amtlichen Schriftstücken herauszuhalten. Dieser Beschluß, mit dem man vermeiden wollte, dem Ungeist der Besatzer zu verfallen, nämlich die Juden auszusondern, hatte als erste und streng durchgeführte Konsequenz, daß die bis aufs Hemd ausgeraubten Juden kein Recht auf eine Ausnahmebehandlung hatten.

Bürokratie und Formalismus, Nachlässigkeit gegenüber den jüdischen Überlebenden und Verständnislosigkeit für ihre innere Not wurden durch die LiRo-Affäre besonders hervorgehoben. Dabei wurde auch der Ausdruck „pulsen" wieder verbreitet.

Diese Affäre betraf das zerstört gewähnte Archiv der Lippmann-Rosenthal-Bank (LiRo), die die Besatzer benutzt hatten, um jüdisches Vermögen zu enteignen. Bei dieser Bank mußten Juden ab August 1941 ihren persönlichen Besitz abgeben – Geld und Wertpapiere; später auch Schmuck, Kunstgegenstände, Antiquitäten und anderen wertvollen Besitz. Die geraubten Gegenstände, größtenteils ab 1943 verkauft, wurden von der LiRo sorgfältig verwaltet. Ein Teil dieser Verwaltungsunterlagen wurde Ende 1997 auf dem Dachboden eines Studentenheims gefunden, in dem vorher eine Behörde des niederländischen Finanzministeriums untergebracht war. Das Archiv war einfach zurückgelassen worden.

Die Gefühllosigkeit des Ministeriums bezüglich der Daten über persönlichen Besitz jüdischer Opfer verursachte einen Schock. Wenig später wurde bekannt, daß Ende der 60er Jahre Besitz von deportierten Juden aus dem Tresor der LiRo unter der Hand verkauft worden war. Beamte der Behörde hatten die Gelegenheit erhalten, Schmuck und Wertgegenstände, deren rechtmäßige Erben man nicht ausfindig machen konnte, für wenig Geld zu kaufen.

Die öffentliche Beschämung durch die LiRo-Affäre betraf weniger das staatliche Versagen als vielmehr das „miese Verhalten von Individuen, in dem Menschen erschreckt sich selbst, ihre Eltern, Nachbarn, Kollegen und vielleicht sogar die Mehrheit der niederländischen Bevölkerung wiedererkennen konnten".[60]

Epilog: Lebendige Vergangenheit

Anfänglich wurde das nationale Geschichtsbewußtsein im Verhältnis zwischen Staat und Individuum als Element wechselseitiger Identitätsbildung beschrieben. Diskussionen über die Vergangenheit erneuern sich unter dem Einfluß wissenschaftlicher Untersuchungen, neuer Erkenntnisse und veränderter Perspektiven. Manchmal wird die Vergangenheit auch angesichts aktueller Ereignisse neu und anders gesehen.

So geschah es im Fall von Srebrenica vom Juli 1995: In diesem bosnischen Ort hatten die Vereinten Nationen eine Sicherheitszone eingerichtet, die der Obhut niederländischer UN-Soldaten (Blauhelme) anvertraut worden war. Siebentausend muslimische Männer haben dort den nötigen Schutz nicht erhalten, was ihren Tod zur Folge hatte. Diese offene nationale Wunde wurde in direktem Zusammenhang mit der niederländischen Passivität bei der Verfolgung und Deportation der Juden während des Zweiten Weltkriegs gesehen und führte nach einer sechsjährigen Untersuchung durch das NIOD im April 2002 zum Rücktritt der niederländischen Regierung.

[1] Bis zum 30. September 2001 wurde dieser Paß ausgegeben. Seit dem 1. Oktober 2001 gibt es den Paß ohne Bilder.
[2] Die Skulptur wurde der Stadt Rotterdam von einer großen Ladenkette gestiftet. Diese wollte damit an die Lücke erinnern, die durch die Deportation jüdischer Mitarbeiter in ihrem Personalbestand gerissen wurde.
[3] Bolhuis, Johannes J., u. a. (Hg.): Onderdrukking en Verzet. Nederland in Oorlogstijd, Amsterdam 1947–1954, Bd. 3, S. 549.
[4] Bolhuis 1947–1954 (wie Anm. 3), Bd. 1, S. 5.
[5] Jong, Lou de/Anstadt, Milo: De Bezetting. De eerste maanden (Folge 2), NTS, Ausstrahlung am 17. September 1960, Länge 75 min.
[6] Bolhuis 1947–1954 (wie Anm. 3), Bd. 2, S. 100.
[7] Jong, Lou de: De Bezetting. Tekst en beeldmateriaal van de uitzendingen van de Nederlandse Televisie-Stichting over het Koninkrijk der Nederlanden in de Tweede Wereldoorlog, 1940–1945, Amsterdam 1966, S. 42.
[8] Zur öffentlichen Diskussion vgl. Blom, Johan C. H.: Tijdschrift voor Geschiedenis, 89, 1976.
[9] Verzuiling: Begriff für die religiösen, lebensanschaulichen und politischen Trennlinien, die die niederländische Gesellschaft ab der zweiten Hälfte des 19. bis zur Mitte des 20. Jahrhunderts prägten.
[10] Jong, Lou de: De Bezetting na 50 jaar, Den Haag 1990.
[11] Blom, Johan C. H./Jong, Lou de: Geschiedschrijver en volksopvoeder, in: Keizer, Madelon de (Hg.): Een dure verplichting en een kostelijk voorrecht. Dr L. de Jong en zijn geschiedwerk, Den Haag 1995, S. 76.
[12] Den Begriff „accomodatie" oder „Anpassung" entlehnte Blom bei E. H. Kossman, der diesen Begriff gebrauchte, um Formen des Kontakts, der Beratung und Zusammenarbeit mit Besatzern von Kollaboration zu unterscheiden, die auf politischer Überzeugung, Machtstreben oder materiellem Gewinnstreben basierte. Vgl. Blom, Johan C. H.: In de ban van goed of fout? Wetenschappelijke geschiedschrijving over de bezettingstijd in Nederland. Antrittsrede, Bergen 1983.
[13] Haan, Ido de: Na de ondergang. De herinnering aan de jodenvervolging in Nederland 1945–1995, Amsterdam 1997, S. 42.
[14] De Jong 1966 (wie Anm. 7), S. 767.
[15] De Jong 1966 (wie Anm. 7), S. 42 f.
[16] Barnouw, David: De hongerwinter, Hilversum 1999, S. 76.
[17] Barnouw 1999 (wie Anm. 16), S. 81.
[18] Dieses Material, auf das namentlich der Wirtschaftshistoriker H. A. M. Klemann einging, betraf eine Publikation des Zentralamts für Statistik: Economische en sociale kroniek der oorlogsjaren.
[19] Nach Klemann könnte aufgrund dieser neuen Daten sogar festgestellt werden, daß es den Niederländern trotz der unbestrittenen Mängel während des Krieges gutgegangen war. Klemann fügte feinsinnig hinzu, daß dies mit eine Ursache für den geringen Widerstand in den Niederlanden sein könnte. Dies kann jedoch nicht überprüft werden, da noch keine wirtschaftlichen Vergleichszahlen vorliegen. Vgl. Barnouw 1999 (wie Anm. 16), S. 79 f.
[20] Berge, H. van de: Reformatorisch Dagblad, 1. Mai 1992.
[21] De Jong 1966 (wie Anm. 7), S. 571.
[22] De Jong 1966 (wie Anm. 7), S. 611.
[23] Auf dem Photo wird Wilhelmina mit Radio Oranje identifiziert, dessen erste Sprecherin sie war.
[24] Moerman, Ingrid u. a.: Mensen maken geschiedenis 3, 1780 – nu, Leiden 1978, S. 86 f.
[25] Rubinstein, Renate: Deugd, ondeugd, deugd, in: Opinie, veertiendags orgaan van de Partij van de Arbeid, 19. März 1965; und in Vrij Nederland, 19. Mai 1990.
[26] Zee, Nanda Van der: Om erger te voorkomen. De voorbereiding en uitvoering van de vernietiging van het Nederlandse jodendom tijdens de Tweede Wereldoorlog, Amsterdam 1997, S. 141 ff.
[27] Barnouw, David/Lopes Cardozo, Ada: Herdenken op klein formaat. Nederlandse postzegels over de Tweede Wereldoorlog, Zutphen 1996, S. 79 ff.
[28] Bolhuis 1947–1954 (wie Anm. 3), Bd. 3, S. 555.
[29] Bolhuis 1947–1954 (wie Anm. 3), Bd. 3, S. 644 f.
[30] Blokker, Jan: De kroon en de mestvork.

30 Enige opmerkingen over de pers en haar vrijheden, Amsterdam 1992.
31 De Jong 1966 (wie Anm. 7), S. 446.
32 Vgl. auch Vree, Frank van: In de schaduw van Auschwitz. Herinneringen, beelden, geschiedenis, Groningen 1995, S. 60.
33 Vroeg in de morgen stoof de vrijheid los, in: NRC Handelsblad, 19. Februar 1966.
34 Barnouw/Lopes Cardozo 1996 (wie Anm. 27), S. 70 ff.
35 Es war ein amtlicher Auftrag des Reichsinstituts für Kriegsdokumentation, RIOD (heute NIOD).
36 Kristel, Conny: Geschiedschrijving als opdracht. Abel Herzberg, Jacques Presser en Lou de Jong over de jodenvervolging, Amsterdam 1998, S. 246. De Haan, 1997 (wie Anm. 13), relativiert den Aufruhr; Herzberg, Abel: Kroniek der Jodenvervolging, Amsterdam, ca. 1951 wurde ebenfalls gut verkauft, es bestand bereits ein Bewußtsein passiver Schuld, und Presser bot keine neue Perspektive. Vgl. Presser, Jacques: Ondergang. De vervolging en verdelging van het Nederlandse Jodendom 1940–1945, Den Haag 1965, S. 37/ 38.
37 Der Begriff „egodocumenten" (Selbstzeugnisse) wurde von Presser geprägt und bezeichnet Quellen persönlicher Art, wie Memoiren, Autobiographien, Tagebücher, Privatkorrespondenz und Reiseerzählungen.
38 Presser 1965 (wie Anm. 36).
39 Van Vree 1995 (wie Anm. 32), S. 104.
40 Bank, Jan, Oorlogsverleden in Nederland, Antrittsrede, Baarn 1983, S. 21.
41 Vgl. Anmerkung 36.
42 Kristel 1998 (wie Anm. 36), S. 290.
43 Van Vree 1995 (wie Anm. 32), S. 62. Vgl. auch Vos, Chris: Televisie en bezetting. Een onderzoek naar de documentaire verbeelding van de Tweede Wereldoorlog in Nederland, Hilversum 1995, S. 76 ff.
44 De Jong 1966 (wie Anm. 7), S. 56.
45 Van Vree 1995 (wie Anm. 32), S. 65.
46 Hofland, Hendrik/Verhagen, Hans/Keller, Hans (Hg.): Vastberaden maar soepel en met mate. Herinneringen aan Nederland in de jaren 1938–1948, VPRO, Datum der Ausstrahlung 15. Oktober 1974, Wiederholungen am 29. Juni 1977 und am 27. August 1989. Länge 175 min.
47 Van Vree 1995 (wie Anm. 32), S. 83/84.
48 Keller, Hans, in: Hofland, Hendrik u. a.: Vastberaden (wie Anm. 46), S. 14. Vgl. auch Vos 1995 (wie Anm. 43), S. 128 ff.
49 Hofland (wie Anm. 46), S. 267 ff.; Vos 1995 (wie Anm. 43), S. 148 ff.
50 Sijes, Ben A.: De Februaristaking. 25–26 februari 1941, Den Haag 1954, S. 185 bzw. 187.
51 Zum Beispiel Schuyer, Eduard H. in: Nieuw Israelisch Weekblad, 7. Juni 1963.
52 Barnouw/Lopes Cardozo 1996 (wie Anm. 27), S. 45.
53 „... Ideale ..." stammt ebenfalls aus dem Fragment vom 15. Juli 1944.
54 Der Parteiführer der Democraten 66 (linksliberal) Thom de Graaf zitierte Anne Frank in Reaktion auf Pim Fortuyn (in dieser Zeit Spitzenkandidat der Bürgerbewegung Leefbaar Nederland), der in einem Interview gesagt hatte, daß er den ersten Artikel der niederländischen Verfassung streichen wolle. Der Artikel 1 der Verfassung lautet:
„Alle, die sich in den Niederlanden aufhalten, werden in gleichen Fällen gleich behandelt. Diskriminierung aufgrund von Religion, Weltanschauung, politischer Überzeugung, Rasse, Geschlecht oder anderen Gründen ist nicht erlaubt."
55 Roest, Friso/Scheren, Jos: Oorlog in de stad. Amsterdam 1939–1941, Amsterdam 1998.
56 Die Diskussionen führten zur Einsetzung amtlicher Kommissionen, die die Enteignungen untersuchten. Für weitere Aspekte der damaligen „Aufbewahrung" wurde eine Stiftung eingesetzt.
57 Hirsch, Marianne: Projected memory: Holocaust Photographs in Personal and Public Fantasy, in: Bal, Mieke u. a. (Hg.): Acts of Memory, Hannover/ London 1999, S. 13.
58 Wagenaar, Aad: Settela. Het meisje krijgt haar naam terug, Amsterdam 1995.
59 Citroen, Michal: „U wordt door niemand verwacht". Nederlandse joden na kampen en onderduik, Utrecht 1999, S. 12.
60 Etty, Elsbeth: Pulsende Bewariërs, in: NRC Handelsblad, 10. Dezember 1997.

Seit 1914

Chronologie

1914–1918
Während des Ersten Weltkrieges erklärt das Königreich der Niederlande seine Neutralität. Dennoch wird am **1. August 1914** das Heer einberufen und bis zum Kriegsende der Verteidigungszustand beibehalten. Die Niederlande sind von der britischen Seeblockade der Mittelmächte betroffen, und in den ersten Kriegsmonaten ist der Außenhandel stark eingeschränkt. Es kommt zu einer Lebensmittelknappheit, die **1917** zu einer Notlage führt. Die innenpolitische Stabilität kann während des Krieges durch einen Burgfrieden der politischen Parteien gewahrt werden. Im **November 1917** wird durch eine Verfassungsrevision u. a. das allgemeine Wahlrecht eingeführt, das zunächst nur für Männer gilt.

1920–1922
Die Niederlande treten dem Völkerbund unter dem Vorbehalt der Nichtbeteiligung bei militärischen Aktionen des Bündnisses bei. **1921** richtet der Völkerbund seinen Ständigen Internationalen Gerichtshof zur friedlichen Lösung zwischenstaatlicher Konflikte in Den Haag ein. **1922** erhalten auch die Frauen das Wahlrecht.

1929–1939
Nach dem Beginn der Weltwirtschaftskrise greift die Regierung immer stärker zu dirigistischen Maßnahmen. Unter dem Krisenkabinett von Hendrikus Colijn wird die Wirtschaftskrise ab **1933** erfolgreich bekämpft. Arbeitsbeschaffungsmaßnahmen, demokrati-

scher Kampf gegen Radikale und Maßnahmen gegen die Finanzkrise führen zu einer Stabilisierung der innenpolitischen Situation bis **1939**. Von der expansiven Außenpolitik des nationalsozialistischen Deutschlands beunruhigt, verkündet die Regierung am **28. August 1939** die allgemeine Mobilmachung. Im **November 1939** richten die Niederlande gemeinsam mit Belgien einen Friedensappell an die kriegführenden Staaten.

1940

Trotz der Neutralität der Niederlande marschieren deutsche Truppen am **10. Mai** ein und besetzen innerhalb von fünf Tagen das ganze Königreich. Bei einem Bombenangriff auf Rotterdam wird die Stadt stark zerstört. Die königliche Familie und die Regierung gehen am **13. Mai** ins Exil nach London. Der ehemalige österreichische Bundeskanzler Arthur Seyß-Inquart wird von den deutschen Besatzern als Reichskommissar eingesetzt. Die von ihm geleitete Zivilverwaltung, die die Behörden kontrolliert und sich auf deren niederländische Generalsekretäre, die Vertreter der Minister, stützt, übernimmt die Funktion der bisherigen niederländischen Regierung und erhält die Kontrolle über die Militärverwaltung. Konservative Kräfte gründen im **Juli** die Niederländische Union (Nederlandsche Unie), die auf etwa 800 000 Anhänger anwächst. Die Union wird von den Besatzern zunächst in der Hoffnung toleriert, aus ihr könne eine breite nationalsozialistische Bewegung hervorgehen. Da sie nicht im gewünschten Maße kooperiert, wird sie im **Dezember 1941** verboten.

1941

Die zu Beginn der Okkupation eher zurückhaltende Besatzungspolitik wird ab **1941** repressiver. Bis zum Ende des Jahres werden die politischen Organisationen gleichgeschaltet und die bürgerlichen Parteien aufgelöst. Nicht verboten werden die Nationalsozialisten (NSB) unter Anton Adrian Mussert. Die Besatzungsmacht geht im **Frühjahr** verstärkt gegen die etwa 140 000 niederländischen Juden vor. Ihre Erfassung nach der Maßgabe der Nürnberger Rassegesetze erfolgt in enger Zusammenarbeit mit den niederländischen Behörden. Als Reaktion auf Übergriffe gegen die jüdische Bevölkerung in Amsterdam und auf die Deportation von mehr als 400 Juden in das Konzentrationslager Mauthausen kommt es vom **25.** bis zum **26. Februar** zu einem allgemeinen Streik der Amsterdamer Bevölkerung, der sich auch auf andere Regionen ausweitet und von den Besatzern mit aller Härte unterdrückt wird. Nach dem japanischen Angriff auf Pearl Harbor erklärt die niederländische Exilregierung am **8. Dezember** Japan den Krieg. Im Verlauf der Kriegshandlungen schlagen die japanischen Streitkräfte die niederländische Flotte in der Javasee und besetzen Niederländisch-Indien.

1942

Die Juden aus den Niederlanden werden in Amsterdam konzentriert oder in Arbeitslagern zusammengefaßt und ab **Winter 1942/1943** über das Durchgangslager Westerbork in die Vernichtungslager im Osten deportiert, wo über 110 000 von ihnen ermordet werden. Etwa 350 000 Niederländer werden als Arbeitskräfte in der deutschen Kriegswirtschaft eingesetzt. Viele Arbeitsdienstler entziehen sich, indem sie untertauchen und sich dem Widerstand anschließen, der zu diesem Zeitpunkt im wesentlichen illegale Zeitungen produziert und verbreitet.

1943

Am **27. März** gelingt dem Widerstand ein Brandanschlag auf das Einwohnermelderegister. Die niederländischen Kriegsgefangenen, die im **Mai 1940** aus der deutschen Gefangenschaft entlassen worden waren, werden am **29. April** zum Arbeitseinsatz und in die Kriegsgefangenschaft zurückberufen. Im Osten und Norden der Niederlande brechen daraufhin Streiks aus, die von den Besatzern bis zum **5. Mai** blutig und unter Verhängung des Standrechts niedergeschlagen werden.

1944

Die Exilregierungen Belgiens, Luxemburgs und der Niederlande schließen am **5. September** ein Abkommen über eine künftige Zoll- und Wirtschaftsunion (Benelux). Der Süden der Niederlande wird von den alliierten Streitkräften im **Juni** befreit. Ein Vorstoß der britischen Kräfte über den Rhein bei Arnheim schlägt fehl, und der Westen des niederländischen Staatsgebietes bleibt besetzt. Das Vorrücken der Alliierten und die zunehmende Bedrohung der Bevölkerung durch die Besatzung führen dazu, daß sich viele Niederländer den Widerstandsgruppen anschließen.

1944–1945

Ein im **Winter** von der Exilregierung angeordneter Eisenbahnerstreik und eine daraufhin von den Besatzern zeitweilig verhängte Blockade des innerniederländischen Gütertransportes führen im Zusammenhang mit einem unverhältnismäßig strengen Winter mit zugefrorenen Wasserstraßen zu einem drastischen Versorgungsengpaß in den Städten des noch besetzten Gebietes. In den **letzten Kriegsmonaten** werden Anschläge auf deutsche Soldaten bzw. Sympathisanten mit brutalen Racheakten als kollektive Vergeltungsmaßnahmen beantwortet.

1945

Die alliierten Truppen stoßen im **Frühjahr** von Geldern aus nach Groningen und Friesland vor und schneiden die deutschen Verbände in der „Festung Holland" vom übrigen deutschen Kampfgebiet ab. Die deutsche Kapitulation am **5. Mai** im britischen Hauptquartier schließt die sich in dem abgeschnittenen Gebiet befindenden noch kämpfenden deutschen Truppen mit ein. Diese werden entwaffnet und in das deutsche Reichsgebiet überführt. Alliierte kanadische Truppen ziehen am **8. Mai** in Amsterdam, Rotterdam und Den Haag ein. Das Niederländische Exilkabinett tritt am **23. Mai** in Den Haag zusammen und wird am **24. Juni** von einer Allparteienregierung abgelöst. Von **Mai** bis **Juni** werden 150 000 bis 180 000 Personen unter dem Vorwurf der Kollaboration interniert, einige von ihnen bleiben bis **1950** in Haft. Insgesamt werden von normalen wie von Sondergerichten 66 000 Personen verurteilt, davon etwa 900 zum Tode, die anderen zu lebenslangen oder langjährigen Haftstrafen. Am **18. Juni** kehrt Königin Wilhelmina in die Niederlande zurück. Nach dem militärischen Zusammenbruch Japans gelingt es den Niederlanden nicht, die Hoheit über ihre Kolonien zurückzuerlangen. Niederländisch-Indien erklärt am **17. August** einseitig seine Souveränität.

1946–1948

Die wichtigsten demokratischen Parteien sichern die für den wirtschaftlichen Aufbau notwendige innenpolitische Stabilität und bilden nach den ersten regulären Wahlen am **12. Mai 1946** eine Koalitionsregierung, die aus den beiden stärksten Parteien, der Katholischen Volkspartei (KVP) und der sozialdemokratischen Partei der Arbeit (PvdA), besteht. Die Regierung hat mit wechselnder Führung durch die beiden großen Parteien und unter zeitweiliger Einbeziehung der calvinistischen Christlich Historischen Union (CHU) und der rechtsliberalen Volkspartei für Freiheit und Demokratie (VVD) bis **1958** Bestand. Maßnahmen der Regierung, wie die Währungsreform im **September 1946**, die geschickte Politik der Devisenbewirtschaftung, die durch die Finanzhilfen der USA im Rahmen des Marshallplans ab **1947** unterstützt wird, und eine zurückhaltende Tarifpolitik der Gewerkschaften haben einen mitentscheidenden Anteil daran, daß es trotz der bedeutenden Kriegsschäden gelingt, bis Anfang der **50er** Jahre die Wirtschaft zu regenerieren. Die Regierungen der Niederlande, Belgiens und Luxemburgs bemühen sich um eine engere Zusammenarbeit, und die **1944** vereinbarte Union ihrer Zollgebiete tritt am **1. Januar 1948** in Kraft. Im Brüsseler Vertrag einigen sich am **17. März 1948** die Niederlande, Großbritannien, Frankreich, Belgien sowie Luxemburg auf weitreichende Kooperation in wirtschaftlichen, sozialen und kulturellen Fragen sowie auf gemeinschaftliche Verteidigung im Kriegsfall. Am **2. September 1948** dankt Königin Wilhelmina zugunsten ihrer Tochter Juliana ab.

1949

Mit dem Ziel, die Unterschiede in der Wirtschaftsstruktur und Handelsbeschränkungen abzubauen, wird am **1. April** eine Vorunion mit Belgien und Luxemburg vereinbart, die am **1. Oktober** in Kraft tritt. Die Niederlande geben ihre strikte Neutralitätspolitik auf, verfolgen eine aktive Bündnispolitik und werden am **4. April** Gründungsmitglied des Verteidigungsbündnisses North Atlantic Treaty Organization (NATO). Nach zwei Militäraktionen **1947** und **1948** wird im **Dezember** auf internationalen Druck hin die Republik der Vereinigten Staaten von Indonesien, mit Ausnahme West-Neuguineas, in die Unabhängigkeit entlassen.

Ab 1950
Sozialgesetzgebungen und Regelungen zur Arbeitnehmermitbestimmung – wie beispielsweise staatlich sanktionierte Produktions- und Betriebsvereinbarungen – werden ab den späten **50er** Jahren weiter ausgebaut, und die Niederlande entwickeln sich zu einem der führenden Wohlfahrtsstaaten Europas.

18. April 1951
Die Niederlande sind neben Belgien, der Bundesrepublik Deutschland, Frankreich, Italien und Luxemburg Gründungsmitglied der Europäischen Gemeinschaft für Kohle und Stahl, Montanunion (EGKS).

1954
Die Niederländischen Antillen und Surinam werden gleichberechtigte Teile der Niederlande und erhalten volle innere Autonomie.

25. März 1957
Die Niederlande unterzeichnen in Rom als Gründungsmitglied die Verträge zur Europäischen Wirtschaftsgemeinschaft (EWG) und der Europäischen Atomgemeinschaft (EURATOM).

1958–1960
Am **1. Januar 1958** treten die Verträge von Rom in Kraft. Am **3. Februar 1958** schließen die Niederlande, Belgien und Luxemburg einen Staatsvertrag über die Schaffung einer Wirtschaftsunion (Union Economique Benelux), der **1960** in Kraft tritt. Die Union wird durch einen gemeinsamen Ministerausschuß in Brüssel gelenkt und ermöglicht ein gemeinsames Vorgehen bei den künftigen Einigungsbestrebungen innerhalb Europas. Die niederländisch-deutsche Grenze wird im **April 1960** durch einen Generalbereinigungs-Vertrag, der einen geringfügigen Gebietsaustausch vorsieht, geregelt.

1960–1973
Der langsame Wandel in den Weltanschauungen und in der politischen Willensbildung bewirkt eine Veränderung in der Parteienlandschaft. Ausdruck dieser Entwicklung ist die Gründung der linksliberalen Gruppe Democraten '66 (D'66) und im streng konfessionellen Lager die Zusammenarbeit in einem Wahl- und Aktionsbündnis seit **1973**, die sich später im Christlich-Demokratischen Appell (CDA) zusammenschließen.
Eine Phase zahlreicher Regierungswechsel seit Mitte der **60er** Jahre wird **1973** durch eine große Koalitionsregierung beendet. Im **April 1965** wird der Vertrag zur Fusion der Exekutivorgane der drei europäischen Teilgemeinschaften und zur Einsetzung eines gemeinsamen Rates und einer gemeinsamen Kommission unterzeichnet. Er tritt am **1. Juli 1967** in Kraft.

1973–1975
Infolge der Entkolonialisierung ziehen sich die Niederlande **1973** aus West-Neuguinea zurück und entlassen **1975** Surinam in die Unabhängigkeit. Lediglich die Niederländischen Antillen verbleiben bei den Niederlanden. Eine Folge dieser Entwicklung ist die relativ starke Einwanderung aus den ehemaligen Kolonien.

August 1976
Prinz Bernhard, der Gemahl von Königin Juliana, tritt von allen öffentlichen Ämtern zurück, da er unter dem Verdacht steht, vom amerikanischen Lockheed-Konzern Bestechungsgelder angenommen zu haben. Er behält nur die Mitgliedschaft im Staatsrat.

1977
Nach Neuwahlen am **25. Mai** und einer daran anschließenden neunmonatigen Regie-

rungskrise bildet der CDA zusammen mit einer VVP am **16. Dezember** eine Koalitionsregierung, die – unter dem Ministerpräsidenten Ruud Lubbers – **1982** und erneut **1986** bestätigt wird.

7. und 10. Juni 1979
In den mittlerweile neun Mitgliedsstaaten der Europäischen Gemeinschaft (Niederlande, Belgien, Dänemark, Bundesrepublik Deutschland, Frankreich, Irland, Italien, Luxemburg und Großbritannien) finden die ersten Direktwahlen zum Europäischen Parlament statt, das im französischen Straßburg tagt.

30. April 1980
Königin Juliana dankt zugunsten ihrer Tochter Beatrix ab.

17. Februar 1983
Die überarbeitete Verfassung des Königreichs der Niederlande tritt in Kraft. Die Niederlande bleiben eine konstitutionelle Monarchie mit parlamentarisch-demokratischem Regierungssystem und einem Zweikammerparlament. Elemente der Verfassung sind Regelungen zum Schutz der Personensphäre, der Sozialhilfe, des Umweltschutzes und des Grundrechtes auf Arbeit.

1984
Die Regierung billigt, gegen den Widerstand einer starken inner- und außerparlamentarischen Opposition – es kommt zu Demonstrationen der Friedensbewegung mit über 400 000 Teilnehmern –, die Stationierung atomarer US-Marschflugkörper im Rahmen des NATO-Doppelbeschlusses ab **1985**.

1985–1995
Die Niederlande, die Bundesrepublik Deutschland, Frankreich, Belgien und Luxemburg unterzeichnen am **14. Juni 1985** das Abkommen von Schengen über den schrittweisen Abbau der Personenkontrollen an den Binnengrenzen zwischen den Vertragspartnern. Nach einem Folgeabkommen vom **Juni 1990** (Schengen II) und einem Beitritt weiterer Staaten treten beide Abkommen am **26. März 1995** in Kraft.

1989
Wegen eines umstrittenen Umweltprogramms tritt die Regierung des Ministerpräsidenten Ruud Lubbers im **Mai** zurück. Nach Neuwahlen am **6. September** kommt es unter Lubbers zu einer großen Koalition aus CDA und PvdA.

1990–2002
Von der Regierung beschlossene Einsparungen im Bereich der Sozialausgaben führen wiederholt zu großen Proteststreiks – so z. B. im **Oktober 1991**. Nach Parlamentswahlen im **Mai 1994** verlieren sowohl die PvdA als auch der CDA erhebliche Stimmenanteile. In der Folge kommt es zu einer Regierungsbildung aus PvdA, der rechtsliberalen VVD und der linksliberalen D'66 unter dem Sozialdemokraten Wim Kok. Erstmals ist keine konfessionelle Partei in der Regierung der Niederlande vertreten. Die Regierung Kok setzt die wirtschaftliche Reformpolitik, den Abbau der Sozialleistungen fort und bewirkt einen erheblichen Rückgang der Arbeitslosigkeit.

7. Februar 1992
In Maastricht wird der Vertrag über die Gründung der Europäischen Union (EU) unterzeichnet. Hauptziel des Vertrages ist die Errichtung einer Europäischen Wirtschafts- und Währungsunion (EWWU) mit Einführung einer gemeinsamen Währung. Der Vertrag tritt am **1. November 1993** in Kraft.

1993
Am **1. Januar** entsteht der Europäische Binnenmarkt der zwölf Mitgliedsstaaten der EU gemäß dem Maastrichter Vertrag.

1998–2002
Bei der Wahl im **Mai 1998** wird die Regierungskoalition Kok bestätigt. Der EU-Rat beschließt am **2. Mai 1998**, daß die Europäische Wirtschafts- und Währungsunion termingerecht am **1. Januar 1999** mit elf Teilnehmerstaaten beginnt (ohne Dänemark, Großbritannien, Schweden), vorerst jedoch nur für den bargeldlosen Zahlungsverkehr. Ab **1. Januar 2002** werden in den Niederlanden Euro-Banknoten und -Münzen ausgegeben. Im **gleichen Jahr** endet die Regierungskoalition unter Kok.

Literatur:
– Brockhaus – Die Enzyklopädie in 24 Bänden, 20. Aufl., Leipzig/München 1996–1999.
– Erbe, Michael: Belgien, Niederlande, Luxemburg. Geschichte des niederländischen Raumes, Stuttgart 1993.
– Kinder, Hermann/Hilgemann, Werner: dtv-Atlas Weltgeschichte. Bd. 2: Von der Französischen Revolution bis zur Gegenwart, 25. Aufl., München 1991.
– Witz, Cornelia: Benelux-Ploetz: Belgien, Niederlande, Luxemburg – Geschichte zum Nachschlagen, Freiburg 1997.
– http://www.areion-online.de (1. August 2003).

Norwegen

Wie sich erinnern? Norwegen und der Krieg

VON BJARTE BRULAND

Am 9. April 1940 begann der Einmarsch deutscher Truppen in Norwegen. Im Rückblick spielte der Widerstandskampf der folgenden fünf Jahre für das Selbstverständnis Norwegens als Nation eine fast ebenso große Rolle wie der parlamentarische und konstitutionelle Kampf gegen die sogenannte Schwedenherrschaft.

Erst 1905 war Norwegen ein unabhängiges Königreich geworden. In der Zeit zwischen 1814 und 1905 wurde das Land in Personalunion von Schweden regiert. Am 17. Mai 1814 wurde die Verfassung in Eidsvoll unterzeichnet.[1] Sie mußte zwar wegen der Personalunion mit Schweden leicht modifiziert werden, dennoch haben die Norweger den „Verfassungstag" am 17. Mai immer als Nationalfeiertag begangen.

Die norwegische Verfassung stellte eine der ersten europäischen Verfassungen dar, deren Grundzüge in ihrer ursprünglichen Form seit den Befreiungskriegen Bestand haben. Sie stand in liberaler europäischer Tradition, enthielt jedoch zugleich illiberale Anteile. Bereits Paragraph 2 verbot Juden und Jesuiten den Zutritt zum Reich. Der sogenannte Judenparagraph wurde erst 1851 dank des unermüdlichen Einsatzes des norwegischen Nationaldichters Henrik Wergeland (1808–1848) aufgehoben.[2] Im Jahre 1884 wurde das parlamentarische System eingeführt. Schon 1898 erhielten Männer das allgemeine Stimmrecht, und 1913 folgte das Stimmrecht für Frauen. Zwar hatten sich die Norweger bereits 1905 mit großer Mehrheit alternativ zur Republik für eine konstitutionelle Monarchie entschieden. Aber Norwegen hatte sich längst zu einem stabilen parlamentarischen demokratischen System entwickelt.[3]

Die norwegische Gesellschaft war ausgesprochen egalitär. Dennoch gab es Besonderheiten, die vor allem in der wirtschaftlich turbulenten Periode nach dem Ersten Weltkrieg noch offensichtlicher wurden. Im Ersten Weltkrieg blieb Norwegen neutral, wurde jedoch von den wirtschaftlichen Auswirkungen nicht verschont. Der Zeitraum von 1918 bis 1935 war vom Kampf zwischen Arbeitgebern und Arbeitnehmern geprägt. Die Arbeitslosenzahlen dieser Jahre waren sehr hoch. Die Regierungsmacht lag in der Hand wechselnder bürgerlicher Mehrheiten, abgesehen von einem kurzen Zwischenspiel im Jahre 1927, als die Arbeiterpartei die Regierungsverantwortung hatte. Im Jahre 1935 folgte nach einer Vereinbarung zur parlamentarischen Zusammenarbeit mit der bürgerlichen Bauernpartei eine stabile Regierung der Arbeiterpartei.

Trotz aller Gegensätze war Norwegen als armes Land von einer relativ großen politischen Stabilität und Ruhe geprägt. Zwar gab es mit der von Vidkun Quisling 1933 gegründeten Nasjonal Samling (NS) auch in Norwegen einen Ableger des Nationalsozialismus, doch für den größten Teil der norwegischen Bevölkerung stellte diese Partei keine ernsthafte politische Alternative dar: der NS gelang es nie, ins Parlament einzuziehen. Nach der Wahl von 1936 hatte sie so wenige Anhänger, daß sie als Sekte von lokaler Bedeutung bezeichnet werden konnte. In der Folgezeit radikalisierte sich die Partei, und der Antisemitismus gewann in ihrer Rhetorik immer größere Bedeutung.

Antisemitismus war in Norwegen eher Bestandteil allgemeiner fremdenfeindlicher Strömungen, wobei Judentum oft eng mit Kommunismus und Bolschewismus verbunden wurde. Lediglich in zwei Städten, in Oslo und Trondheim, gab es jüdische Gemeinden, und die Anzahl der jüdischen Bevölkerung sank in den Jahren von 1920 bis 1930 stetig bis auf etwas mehr als 1300. Dennoch herrschten in Norwegen starke Vorurteile gegenüber Juden.[4]

Die Besatzung

Schon früh waren die britischen und deutschen Kriegsinteressen an Norwegen deutlich geworden. Großbritannien wollte verhindern, daß schwedisches Eisenerz über den eisfreien Hafen von Narvik nach Deutschland geliefert werden konnte. Deutschland hingegen war an vorgerückten Häfen für die deutsche Flotte interessiert. Wegen der strategischen Bedeutung Norwegens für beide Kriegsgegner wollte das Land Neutralität wahren. Dieser Balanceakt gestaltete sich für die norwegische Regierung jedoch immer schwieriger.

Seit Ende 1939 befaßte man sich in Deutschland mit Plänen für einen Angriff auf Norwegen, seit dem Januar 1940 unter der Bezeichnung Weserübung.[5] Am 1. März 1940 unterzeichnete Adolf Hitler formell den Befehl, Dänemark und Norwegen anzugreifen.

Der deutsche Angriff am 9. April 1940 überraschte die norwegische Regierung, die Bevölkerung und das Militär: Die Folgen waren katastrophal. Die Besetzung von Oslo verzögerte sich jedoch, weil der deutsche Kreuzer Blücher vor der Küstenfestung Oscarsborg im Oslofjord versenkt wurde. Dadurch konnten sich die norwegische Regierung und das Königshaus nach Elverum retten.

Am 9. April 1940 marschierten deutsche Truppen über die Karl Johan, die Hauptstraße von Oslo. Bereits nach wenigen Tagen kontrollierte die Wehrmacht die wichtigsten Hafenstädte. Das Motiv, das die Schrecksekunde der Okkupation zeigt, fand nach dem Krieg seinen Weg nicht allein in die Bücher; in Kombination mit anderen Motiven wurde es häufig auch auf Umschlägen reproduziert. Zu sehen sind deutsche Soldaten, die von berittener norwegischer Polizei begleitet werden. Zahllose überraschte und schockierte Norweger stehen am Straßenrand und müssen tatenlos zuschauen, wie ihre Stadt besetzt wird (Abb. N 1). Diese Photographie stellt nicht einfach irgendein Photo der Besatzung dar, denn auf ihm ist nicht allein das schockierte Volk, sondern auch der Königspalast und die Universität zu sehen, die nun kein neutrales Norwegen mehr repräsentieren. Auf der Titelseite der norwegischen Tageszeitung Tidens Tegn vom 9. April 1940 wurde diese Photographie mit der Schlagzeile versehen: „Ausländische Schiffe haben in der letzten Nacht den Fjord von Oslo erobert." Aus der Kombination von Text und Bild erschließt sich dem Leser der Inhalt des Buches von Torolv Solheim.

Der Einmarsch zeitigte für die relativ junge Nation Norwegen nachhaltige Wirkungen: Der Angriff rief „die besten

N 1
Torolv Solheim
I solnedgangstider.
Krigsminne 1940–1945
In der Zeit des Sonnenuntergangs. Kriegserinnerung von 1940–1945, Oslo 1976
Buchtitel
Oslo, Nasjonalbiblioteket, avdeling Oslo
NA/A W 4685

N 2
Bjørn Bjørnsen
Det utrolige døgnet
Der unglaubliche Tag, Oslo
1977 (Erstausgabe)
Buchumschlag
Oslo, Nasjonalbiblioteket,
avdeling Oslo
NA/A X 1145

Eigenschaften in der Bevölkerung hervor – Hilfsbereitschaft, Opferwille und ein völlig neues Gemeinschaftsgefühl über alle vorherigen Trennungslinien hinweg." In seinem Buch „Det utrolige døgnet" hinterfragt Bjørn Bjørnsen die Mythen über den Angriff auf Norwegen am 9. April 1940.[6] Das Buch steht in einer volkstümlichen und journalistischen Tradition, die für das Verständnis des Krieges in Norwegen wichtig ist (Abb. N 2). Die Montage der unterschiedlichen Bilder und Zeitungsnotizen aus der Kriegszeit auf dem Titelblatt unterstreicht diese These. Gegen die militärische Besatzung steht das Volk. Auf der Titelseite sind Bilder versammelt, die am 9. April 1940 aufgenommen wurden. So sieht man im Zentrum deutsche Truppen, die die Oslogate heruntermarschieren – wahrscheinlich auf ihrem Weg zum Flughafen Fornebu, wo die deutsche Luftwaffe landete. Flankiert wird diese Photographie links von dem Bild eines ängstlichen Mannes, der sein Gepäck auf dem Kopf trägt, sowie rechts von einem Wehrmachtssoldaten. Unter diesen Photos findet sich eine Abbildung der im Untergang befindlichen Blücher, die außerhalb von Drøbak am Morgen des 9. April sank, daneben die Mitteilung der Tageszeitung Arbeiderbladet: „Die Deutschen haben in der letzten Nacht Norwegen angegriffen". Die Laufrichtung der Soldaten auf der Oslogate entspricht der Laufrichtung des Zivilisten, der vor den Besatzern zu fliehen scheint. Der zukünftige Leser wird ganz auf die Brutalität der Besatzung eingestimmt, die sich gegen das norwegische Volk wendete. Auf der Rückseite ist die Szenerie fast ähnlich. Man spürt die Anwesenheit einer brutalen Besatzungsmacht – marschierende Soldaten, Soldaten der Wehrmacht mit Geschütz, das sich gegen die Einwohner Oslos richtet, sowie ein Photo, das zeigt, daß die Deutsche Wehrmacht bereits das Hauptquartier der Norwegischen Armee in Trondheim eingenommen hat, denn ein Deutscher und ein Norweger halten dort Wache.

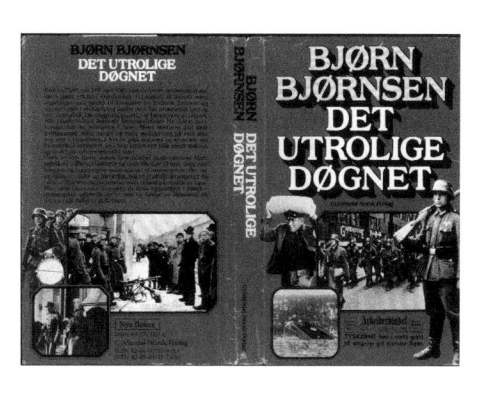

Der deutsche Angriff vom 9. April 1940 und die mangelhafte Vorbereitung des norwegischen Militärs bildeten später den wichtigsten Bezugspunkt der norwegischen Verteidigungspolitik der gesamten Nachkriegszeit. Als verantwortlich für die schlechte Vorbereitung wurden dabei in der Regel der politische Apparat und das niedrige Verteidigungsbudget gesehen. In der Vorkriegszeit hatte in der Arbeiterpartei eine pazifistische Strömung vorgeherrscht. Diese Haltung verschwand jedoch nach dem Krieg, als Norwegen durch seinen Beitritt zur NATO Mitglied der westlichen Verteidigungsallianz wurde.

Bereits am Abend des 9. April hatte Vidkun Quisling, zum Teil mit deutscher Unterstützung, einen „Staatsstreich" durchgeführt: Gegen Abend drangen er und einige seiner Mitarbeiter (deutsche und norwegische) in die Gebäude des Norwegischen Reichsrundfunks ein, wo er in einer Rede seine neue „Regierung" vorstellte und sämtliche norwegischen Militärs zur Kapitulation aufforderte. Hitler forderte ultimativ, daß der König Quisling als Regierungschef akzeptieren müsse. Doch am 10. April ließ der König in Elverum sehr bestimmt verlautbaren, daß er diesen „Kerl" nicht zum Regierungschef ernennen würde.[7] Einen Tag später machten deutsche Flugbomber Elverum dem Erdboden gleich. Doch bereits am 15. April wurde Quisling die deutsche Unterstützung entzogen, seine „Regierung" mußte dem sogenannten Administrationsrat weichen. Die Initiative für den Administrationsrat war von einzelnen Richtern des Obersten Gerichtes ausgegangen, die dafür plädiert hatten, für die besetzten Gebiete ein oberstes Verwaltungsorgan einzurichten. Es gibt Hinweise darauf, daß das eigentliche Motiv für diese Initiative die Marginalisierung der „Regierung" Quislings gewesen sei.[8] Die gewählte norwegische Regierung, zu diesem Zeitpunkt mit der Organisation des militärischen Widerstands befaßt, betrachtete den Administrationsrat immer als ein Notorgan. Der Rat funktionierte bis September 1940, als er von den kommissarisch eingesetzten Staatsräten abgelöst wurde, deren große Mehrheit aus Quislings Nasjonal Samling hervorgegangen war. Die Staatsräte unterstanden der direkten Kontrolle des deutschen Reichskommissars Terboven. Sie stellten damit kein Regierungskollegium im herkömmlichen Sinne dar. Erst im Februar 1942 wurde Quisling schließlich zum Ministerpräsidenten ernannt.

Die Bedeutung der Königsfamilie als Symbol

König, Kronprinz und Regierung befanden sich nach dem Einmarsch am 9. April 1940 auf der Flucht. Während eines deutschen Luftangriffs am letzten Wochenende im April 1940 suchten König Håkon und Kronprinz Olav Zuflucht bei der später so genannten Königsbirke, der Glomstua, etwa einen Kilometer westlich von Molde (Abb. N 3). Die Photographie von Per Bratland gewann enorme symbolische Bedeutung, da der König und der Kronprinz sich gemeinsam der Kapitulation verweigerten, für Freiheit und Frieden Norwegens stehen. Das Widerstandsmuseum in Oslo benutzte dieses Photo als erste Abbildung in seinem Katalog, um deutlich zu machen, in wessen Namen und Auftrag der Widerstandskampf stattgefunden hat.

Anfang der 80er Jahre wurde der ursprüngliche Baum zerstört, jedoch pflanzte 1982 König Olav an der gleichen Stelle einen neuen Baum. Heute ist dieser Baum die vielleicht größte touristische Attraktion Moldes und stellt ein nationales Denkmal dar. 1997 wurde bei der Königsbirke ein Friedenshain angelegt. „Der Friedenshain symbolisiert den dauerhaften Kampf für Freiheit, Frieden und Menschenwürde in der gegenwärtigen und zukünftigen Wirklichkeit", heißt es.[9] Viele herausragende Schriftsteller, unter ihnen mehrere Nobelpreisträger, haben hier Bäume gepflanzt.

N 3
Per Bratland (Photographie)
Kongen og Kronprinsen ved bjerken, Molde 1940
König und Kronprinz an der königlichen Birke, Molde 1940, in: Norges Hjemmefrontmuseum, 2. Aufl., Molde 1983
Broschüre
Berlin, Deutsches Historisches Museum

Der Krieg auf norwegischem Boden dauerte bis zum 10. Juni 1940. Alliierte Truppen (Briten, Franzosen und Polen) wurden nach Norwegen geschickt, doch bereits am 30. April wurde Südnorwegen aufgegeben. In Nordnorwegen dagegen wurden die Kämpfe erfolgreich weitergeführt, insbesondere im Gebiet um die strategisch wichtige Hafenstadt Narvik. Wegen des Frankreichfeldzuges mußten die alliierten Truppen jedoch abgezogen werden. Die norwegischen Truppen waren nicht in der Lage, den Kampf allein fortzuführen.

Für einen kurzen Zeitraum hatte Tromsø als Regierungssitz gedient. Nach der Entscheidung, den Kampf um Norwegen aufzugeben, hatte der König zunächst

N 4
Kongen går ombord på den britiske krysser Devonshire om kvelden 7. juni 1940
Der König begibt sich am Abend des 7. Juni 1940 an Bord des britischen Kreuzers Devonshire, 1940
Photographie, 16,5 x 24,5 cm
Oslo, Norges Hjemmefrontmuseum

N 5
Kongens Hjemkomst
Die Heimkehr des König, 7. Juni 1945
Photographie, 9 x 14 cm
Oslo, Norges Hjemmefrontmuseum

N 6
Kongens Hjemkomst
Die Heimkehr des Königs, in: Bilder, Nr. 2, Juni 1945
Zeitschriftentitel
Oslo, Nasjonalbiblioteket, avdeling Oslo
NA/A L 8735

erwogen, gemeinsam mit dem Kronprinzen im Land zu bleiben. Der britische Gesandte Dormer überredete ihn jedoch zur Abreise nach Großbritannien.[10] An Bord des britischen Kreuzers Devonshire verließen König, Kronprinz und der größte Teil der norwegischen Regierung am 7. Juni 1940 in Tromsø norwegischen Boden. Ähnlich wie das Bild bei der Königsbirke hat auch das Bild des Königs beim Verlassen norwegischen Bodens große Bedeutung erlangt, da er für die Unabhängigkeit des Landes steht (Abb. N 4).

Die symbolische Bedeutung des Königs erreichte jedoch erst während des Krieges und in den Jahren danach ihren Höhepunkt. Er war der Garant der norwegischen Demokratie. Seine Reden aus London erlangten außerordentliche Bedeutung für die Aufrechterhaltung der Moral im besetzten Norwegen. Gleichzeitig setzte er seine Popularität und seinen Einfluß dafür ein, die Exilregierung Nygaardsvold zu unterstützen. So blieb die Regierung angesichts der schwierigen Umstände im Exil verhältnismäßig handlungsfähig. Liefen auch die Beziehung zwischen norwegischer Exilregierung und der Widerstandsbewegung nicht immer spannungsfrei ab, kam es doch niemals zum Bruch. Dies ist in hohem Maße dem Prestige des Königs zu verdanken.

Am 7. Juni 1945, auf den Tag genau fünf Jahre nachdem er Norwegen verlassen mußte und 40 Jahre nachdem Norwegen zu einem selbständigen Königreich geworden war, setzten der König und seine Familie in Oslo wieder Fuß auf norwegischen Boden. Kronprinz Olav war bereits am 13. Mai nach Oslo zurückgekehrt, an Bord der „Devonshire", die 1940 König und Kronprinz nach Großbritannien gebracht hatte.[11] Der Kronprinz empfing den König und seine Familie am Anleger. Eine große Menschenmenge hatte sich im Hafen versammelt, um den König zu empfangen. Die Heimkehr des Königs nach Norwegen 1945 hatte größte Bedeutung für die norwegische Geschichte. Das Bild der Heimkehr wurde in zahlreichen Büchern und auf Ansichtskarten verwendet (Abb. N 5); im Juni 1945 wurde es in der Zeitschrift Bilder als Titel publiziert und soweit beschnitten, daß der König im Mittelpunkt steht, statt am linken Rand des Bildes (Abb. N 6). Die Photographie erlangte

Kultstatus. Sie konnte als eingerahmtes Photo käuflich erworben werden und hing entsprechend in unzähligen norwegischen Wohnungen und Häusern. Auch hierin spiegelte sich wider, in welch starkem Ausmaß der König während des Krieges ein Garant für Demokratie und eine Brücke zwischen der Heimatfront und der Exilregierung war.

Als 1982 anläßlich der europäischen Konferenz für Post und Telekommunikation historische Ereignisse in den europäischen Ländern Thema der Europabriefmarken waren, entschied man sich für ein anderes Motiv, doch auch dieses unterstreicht die Bedeutung, die König Håkon und seiner Familie in Norwegen zukommt (Abb. N 7). Zu sehen ist der König, der am 7. Juni 1945 vom Kronprinzen Olav empfangen wird. Der Entwurf wurde ohne Veränderung übernommen. Das Bild des Königs ist das Symbol für Freiheit und Unabhängigkeit, das Norwegen nach außen präsentieren möchte.

N 7
Fredrik Matheson
Til minne om 7. Juni 1945 da kronprins Olav kunne ønske den kongelige familie velkommen hjem til et fritt Norge
Zur Erinnerung an den 7. Juni 1945, als Kronprinz Olav die königliche Familie im freien Norwegen empfangen kann, 1982
Briefmarkenentwurf,
9 x 14,2 cm
Oslo, Posten Norge AS. Postmuseet
PMG.FIL.0914.00

Heimat- und Außenfront. Die Widerstandsbewegung

Ursprünglich diente die Bezeichnung Hjemmefronten – Heimatfront – als volkstümlicher Sammelbegriff für alle Formen des Widerstandes gegen die deutschen Besatzer. „Utefronten" – Außenfront – diente als Bezeichnung für die im Exil verweilende Regierung und den König, die bewaffneten Streitkräfte unter dem Oberbefehl der Exilregierung sowie die große norwegische Handelsflotte, der eine wichtige Rolle im Versorgungskonzept der Alliierten zukam.[12]

Waren diese Begriffe zunächst auch nur volkstümliche Ausdrücke für den Widerstand gegen die deutschen Machthaber, erhielten sie schon sehr bald konkrete Bedeutung. Die Heimatfront unterteilte sich früh in „Milorg" und „Sivorg" (*Mil*itärische *Org*anisation und Zivile – norw. *Siv*il – *Org*anisation). Der Keim für die Milorg wurde bereits 1940 mit der sogenannten „Organisation" gelegt. Im März und April des Jahres 1941 wurden entsprechend den ehemaligen norwegischen Militärdistrikten fünf Kampforganisationen gebildet, die ihre eigenen Kommandanten hatten. Nach einem ersten Treffen der Kampforganisationen im Mai 1941 nannten sich die Organisationen Milorg. Im November 1941 wurde die Milorg von der norwegischen Regierung in London offiziell anerkannt.

In den Augen der Bevölkerung sah der Widerstand so aus, wie er sich auf der Parade der Heimatfront in Oslo im Mai 1945 darstellte: junge und alte Männer in Zivil, die Waffen tragen. „Gutta på skauen" (die Jungs aus dem Wald), so wurden die militärischen Einheiten der Milorg vor allem in den letzten Kriegsjahren bezeichnet. Der Begriff entstand 1944 im Zusammenhang mit dem Boykott des NS-Arbeitsdienstes, der als Versuch betrachtet wurde, die norwegische Jugend für den deutschen Kriegsdienst zu mobilisieren.[13] Viele entzogen sich der Zwangsverpflichtung zum Arbeitsdienst. Statt dessen gingen sie „in den Wald". Dort schlossen sie sich jenen Truppen an, die die Milorg vor dem „Schlußkampf" aufbaute. So wurde der Begriff „gutta på skauen" zum Synonym für den Widerstandskampf.

Das Verhältnis zwischen der Exilregierung und der Widerstandsbewegung im Lande war durch mehrere Streitpunkte getrübt. Hinzu kamen interne Konflikte zwischen der Milorg und kommunistischen Sabotageunternehmen. Hauptziel der Milorg war die Bildung einer Organisation, die für die entscheidende Phase des Kampfes bereit stehen sollte. Bezüglich der Ausführung von Sabotageakten blieb man sehr zurückhaltend, bis sich 1944 in den Reihen der Milorg schließlich Ungeduld verbreitete. Von nun an war die Milorg zumindest in begrenztem Umfang auch für Sabotageakte verantwortlich. Die Milorg hatte enge Verbindungen zu britischen und amerikanischen Geheimdiensten. Bei Kriegsende verfügte die Milorg über ca. 40 000 Bewaffnete, denen über 300 000 Besatzer gegenüberstanden.[14]

Eine der berühmtesten Sabotageaktionen war die Sprengung der Elektrolyseanlage von Norsk Hydro im südnorwegischen Vemork im Februar 1943. In der Anlage wurde schweres Wasser produziert, eine wichtige Komponente bei der Entwicklung der Atombombe. Nach dem verlustreichen Scheitern einer ersten Aktion von Großbritannien aus wurde der Entschluß gefaßt, die Aktion von norwegischen Spezialkräften durchführen zu lassen. Daher wurde eine weitere Gruppe der Norwegian Independent Company No. 1 (Kompanie Linge) aus England nach Norwegen geschickt. Diese führte dann am 28. Februar 1943 gemeinsam mit inländischen Widerstandskämpfern den Anschlag gegen die Fabrikationsanlagen durch. Die Schwerwasserproduktion wurde gestoppt, und 500 Liter schweres Wasser wurden zerstört. Wenig später wurde die Produktion jedoch wieder aufgenommen. Daraufhin wurde Vemork – erfolglos – von 161 amerikanischen Bombern angegriffen, wobei es 21 zivile Opfer gab. Schließlich demontierte die Wehrmacht die Anlage, um sie nach Deutschland zu überführen. Die Milorg sprengte jedoch die Fähre über den Tinnsee, die für den Abtransport der Anlage am 19. und 20. Februar 1944 benutzt wurde. Die Fähre sank mit einer Ladung von 600 kg schwerem Wasser, aber auch mit 14 norwegischen Zivilisten. Wegen der zahlreichen Opfer wurde später die Frage diskutiert, ob die Aktionen zur Vernichtung des schweren Wassers wirklich nötig gewesen wären.[15]

Bereits 1946 begannen die Dreharbeiten zu dem Film „Kampen om tungtvannet", der auf diesem Ereignis basiert. Seinen Charakter als Dokudrama[16] verdankt der Film unter anderem der Zusammenarbeit zwischen Regisseur Titus Vibe-Müller und dem Franzosen Jean Dréville. Zentrale Rollen werden von Personen dargestellt, die auch die tatsächlichen Aktionen durchführten, wodurch die Authentizität des Films gesteigert wird.[17] Im Film spielt die Gemeinschaft eine wichtige Rolle, auch werden „norwegische" Eigenschaften – zum Beispiel Ausdauer und Geschicklichkeit – im Kampf mit den Deutschen besonders hervorgehoben. Die Norweger sind sozusagen Teil der heimatlichen Landschaft, in der sie sich sicher bewegen und Widerstand leisten können (Abb. N 8). In der Schlußszene des Films fängt die Kamera das winterliche Gebirgspanorama ein, wobei Nahaufnahmen der Saboteure eingeblendet werden. „So bilden die Saboteure und die Gebirgslandschaft letztlich ein einziges Bild."[18]

Der Stil solcher Kriegsdramen wird oft als „heroischer Realismus" bezeichnet.[19]

N 8
Titus Vibe-Müller (Regie)
Kampen om tungtvannet
Der Kampf um das schwere Wasser, 1948
Filmstill
Oslo, Norsk filminstitutt
NL 132

N 9
Titus Vibe-Müller (Regie)
Kampen om tungtvannet
Der Kampf um das schwere Wasser, 1948
Filmstill
Oslo, Norsk filminstitutt
NL 132

N 10
Titus Vibe-Müller (Regie)
Kampen om tungtvannet
Der Kampf um das schwere Wasser, 1948
Filmplakat, 91 x 63 cm
Oslo, Norsk filminstitutt
NL 132

Der Schwerpunkt der Erzählung liegt auf dem Kampf gegen den Feind, wobei die Gemeinschaft auf Kosten des Individuums ins Zentrum der Betrachtung rückt (Abb. N 9). Zu sehen sind die Widerständler, wie sie gemeinsam die Aktion planen. Keiner ist hervorgehoben, sie sind alle gleich, es kommt auf jeden an.

Für die Bildung von Mythen über den Widerstandskampf spielte dieses Filmgenre eine wichtige Rolle. Der Widerstandskämpfer tritt mit den Naturgewalten gegen die Feinde an. Auch die Bildsprache des Filmplakats betont diese Verbindung: Es zeigt skilaufende norwegische Saboteure in der heimatlichen Natur bei der Aktion gegen deutsche Soldaten (Abb. N 10). Der Film hatte im Jahr seiner Premiere, 1948, in norwegischen Kinos die weitaus meisten Zuschauer im Vergleich zu anderen gezeigten Filmen.

Auch der zivile Widerstand gegen die deutsche Besatzungsmacht und die norwegischen Nationalsozialisten begann bereits kurz nach der Besatzung und zeigte sich ausgesprochen schnell erfolgreich. Er fand in der Praxis auf vielerlei Weise Ausdruck. Frauen konnten sehr phantasievoll ihre Verachtung gegenüber der Partei NS und der Besatzungsmacht ausdrücken: So schrieben sie beim Sonnenbad mit Lippenstift „Ned med NS" (Nieder mit NS) auf den Rücken oder zeichneten das Monogramm Håkons VII. Auch war es beispielsweise verboten, den Nationalfeiertag zu begehen. Doch die Bevölkerung „feierte" trotzdem öffentlich, indem man sich eine rote Blume oder eine Büroklammer ins Knopfloch steckte. Sehr verbreitet waren auch die Darstellung des Königsmonogramms sowie Graffiti, zum Beispiel in Form des V-Zeichens.

Solche Symbolik fand sich auch in der Anordnung der Briefmarken, die 1943 von der Exilregierung in London herausgegeben wurden. Zunächst sollten sie belegen, daß die Norweger an der Seite der Alliierten kämpften, um den Krieg zu gewinnen. Die Briefmarke, die den König zeigt, steht außerhalb des V, da er auf dieser Sonderausgabe seine Unterschrift neben die Marke gesetzt hat. Diese Sonderausgabe ist weniger als zehnmal erschienen und wurde zur Unterstützung der norwegischen Exilregierung herausgegeben. Weitere Ausgaben wurden vermutlich an den Präsidenten der Vereinigen Staaten, an Winston Churchill u. a. übergeben. Abgesehen von der Briefmarke, die den König zeigt, belegte die Auswahl der Motive, wie wichtig es der Exilregierung war, das Bündnis mit den Alliierten zu unterstreichen (Abb. N 11). Die 20-Øre-Marke befaßt sich z. B. mit dem Durchhaltekampf in Norwegen. Auf der Straße steht „Vi vil vinne" (Wir werden gewinnen), das Photo von Carl Dihle stammt aus dem Jahre 1941. Die Parole orientiert sich an Churchills V-Zeichen. Mit dieser Serie wurde zugleich in der Nachkriegszeit die Interpretation der Kriegsjahre eingeleitet. Damit war lange vor Kriegsende angelegt, wie man später den Krieg zu interpretieren wünschte.

Bekannt geworden sind vor allem die großen Aktionen der Lehrerschaft gegen die Nazifizierungsversuche ihrer Berufsverbände, der kirchliche Widerstand und der Kampf gegen den Arbeitsdienst. Auch die illegale Presse muß zum Widerstand gerechnet werden. Verbotene Zeitungen und Flugblätter verbreiteten die Parolen der Heimatfront, die eines der wichtigsten Hilfsmittel zur Steuerung des zivilen Widerstands waren.[20]

Der Ton dieser Parolen war normativ – entweder „du sollst" oder „du darfst nicht". Zum Beispiel: „Du darfst dir keine deutschen Filme ansehen", „Du darfst die Propagandatreffen, zu denen die NS (Nasjonal Samling) einlädt, nicht besuchen", und ähnliches. Ihre letzte Parole für die Befreiung gab die Heimatfront am Nachmittag und Abend des 7. Mai 1945 aus, als die Kapitulation der Deutschen praktisch feststand: „Würde. Ruhe. Disziplin". Das Verhalten des einzelnen während

N 11
Vom König signierte Sonderausgabe der 1943 von der Exilregierung in London herausgegebenen Briefmarken London 1943
Tableau, 24,4 x 17,9 cm
Oslo, Posten Norge AS. Postmuseet
PMG.FIL.Perm 8/A23

dieser Jahre spielte auch in den Nachkriegsjahren eine gewisse Rolle. Ob bei der Wohnungssuche oder bei Arbeitsplätzen, bevorzugt wurden oft Leute, die während der Kriegsjahre „die richtige Haltung" gezeigt hatten.

Die Befreiung

Norwegen wurde am 8. Mai 1945 durch den Zusammenbruch des Dritten Reiches befreit.

Die nördlichen Regionen des Landes waren zuvor jedoch Schauplatz heftiger Kämpfe gewesen. Die Regionen Finnmark und Nord-Troms hatten während des Rückzugs der Deutschen aus den nördlichen Gebieten im Spätsommer 1944 sehr unter der deutschen Taktik der „verbrannten Erde" mit ihren enormen Zerstörungen zu leiden.

Die Exilregierung in London hatte dazu aufgefordert, so zahlreich wie möglich in der Finnmark zu bleiben: Man befürchtete, daß die Sowjetunion die von den Deutschen aufgegebenen Gebiete annektieren würde. Die Bevölkerung wurde jedoch von den Besatzern zwangsevakuiert. Es war allerdings nicht mehr gelungen, die Bewohner von Kirkenes zu evakuieren, das sehr nah an der Grenze zur Sowjetunion lag. So wurden etwa 3000 Menschen zu Zeugen des Kampfes zwischen deutschen und russischen Verbänden um die Stadt.

Nach der Roten Armee erreichten auch 300 norwegische Soldaten aus Schottland die Finnmark, die unter der Bevölkerung jedoch weit weniger beliebt waren als die russischen Truppen.[21] Dies lag unter anderem an Vorwürfen von seiten der norwegischen Soldaten, die lokale Bevölkerung lege ungenügendes nationales Verhalten und mangelnde Solidarität an den Tag. Die Einheimischen wiederum waren der Meinung, 300 Mann seien angesichts der bevorstehenden Aufgaben eine viel zu geringe Anzahl. Es dauerte eine Weile, bevor sich das Verhältnis zwischen den norwegischen Truppen und der einheimischen Bevölkerung besserte.

Während des Krieges waren viele Menschen aus der Finnmark in der Sowjetunion im Partisanenkampf geschult worden.[22] Nach dem Krieg standen viele der Partisanen im Verdacht, nunmehr als Spione weiterhin in Diensten der Sowjetunion zu stehen. Sie wurden erst 40 Jahre nach dem Krieg rehabilitiert.[23]

Das übrige Norwegen blieb von kriegerischen Handlungen verschont. Der Übergang von deutscher in norwegische Verwaltung verlief in geordneten Bahnen, obwohl sich noch über 300 000 deutsche Soldaten im Land befanden und überdies Pläne für eine Fortsetzung des Kampfes existierten. Bereits am 7. Mai 1945 wehte die norwegische Fahne wieder über dem Storting.

Seit dem 8. Mai wurde Oslo durch die Heimatfront und in Schweden formierte norwegische Polizeieinheiten kontrolliert. Die Heimatfront hatte für die Befreiung die Parole: „Würde. Ruhe. Disziplin" ausgegeben. Mit ihr wurde ausdrücklich dazu aufgefordert, Selbstjustiz zu unterlassen, was meist auch gelang.[24]

Die Festung Akershus in Oslo war während des Krieges als Gefängnis, in dem auch Todesurteile vollstreckt wurden, berüchtigt. Die Übergabe der Festung sollte am 11. Mai 1945 entsprechend den Richtlinien für die Kapitulation der deutschen Truppen in Norwegen durchgeführt werden. Die Deutschen wollten sich nicht den norwegischen Heimattruppen, sondern nur uniformierten Soldaten ergeben. Trotzdem legten etwa 400 deutsche Soldaten vor den 97 Mann der Heimattruppen ihre Waffen nieder. Zwei deutsche Offiziere in Uniform übergaben dem norwegischen Offizier der Heimattruppen Terje Rollem in Kniebundhosen und Selbusocken die Festung! In einer kurzen Rede gratulierte der deutsche Komman-

N 12
Johannes Stages
(Photographie)
Hjemmestyrkene overtar
Akershus festning
11. mai 1945
Die Heimatfront übernimmt
die Festung Akershus,
11. Mai 1945
Photographie auf Pappe
aufgezogen, 23 x 29 cm
Berlin, Deutsches
Historisches Museum

dant Major Nichterlein den Alliierten und der Heimatfront zu ihrem Sieg. Das Bild wurde nach dem Krieg verbreitet und hing (und hängt) gerahmt an den Wänden vieler norwegischer Haushalte (Abb. N 12). Es wurde zu einem Symbol des Kampfes der Kleinen gegen die Großen und zum Bestandteil der Symbolik der Heimattruppen.

Die Übergabe war eine von vielen, die im Mai 1945 stattfanden. Mit der Veröffentlichung war nicht beabsichtigt, das deutsche Heer verächtlich zu machen, denn die Situation war eher zufällig zustande gekommen.[25] Trotzdem ist es naheliegend, daß gerade dieses Ereignis und seine Dokumentation als fester Bestandteil der Symbolik begriffen wurden, die für das Verständnis des Widerstandskampfes während des Krieges prägend war. Bereits am darauf folgenden Tag wurde das Bild in der Oslo-Presse abgedruckt. Zwischen 8. und 12. Mai war dies die einzige in der Hauptstadt erscheinende Zeitung, Herausgeberin war die Heimatfront selbst. Die symbolische Bedeutung der Ereignisse des 11. Mai 1945 wurde durch die Enthüllung einer Gedenktafel am Kommandeursgebäude von Akershus im Jahre 1964 durch König Olav noch einmal unterstrichen.

Anläßlich des 50. Jahrestages der Befreiung erschienen 1995 die von Enzo Finger entworfenen Briefmarken, die exakt die Motive wiedergeben, die seit 1945 tradiert wurden (Abb. N 13 und Abb. N 14). Kombiniert werden auf der 4,50-Kronen-Briefmarke das bekannte Motiv des Königs, der sein Norwegen verlassen muß und sich an Bord des britischen Kreuzers Devonshire begibt (vgl. Abb. N 4), sowie seine strahlende Rückkehr (vgl. Abb. N 5). Auf der 3,50-Kronen-Briefmarke wird das bekannte Bild von der am 9. April 1940 über die Karl Johan marschierenden deutschen Wehrmacht (vgl. Abb. N 1) überblendet mit dem Bild vom Ende des Krieges, die Übergabe von Akershus am 11. Mai 1945 (vgl. Abb. N 12). Kombiniert werden aber nicht nur die tradierten Motive, sondern auch der Anfang und das Ende der Besatzung Norwegens. Die 5,50-Kronen-Marke zeigt weniger bekannte Themen (Abb. N 15): Im Hintergrund brennen die Deutschen Hammerfest nieder; im Vordergrund jubeln Kinder am 7. Mai 1945 in Ålesund. Die Kinder stehen für die Zukunft des Landes. Diese Briefmarken bestätigen noch einmal die Bedeutung der Bilder für die Nachkriegsjahre.

N 13
Enzo Finger
Frigjøringen 50 år.
1945–1995
50. Jahrestag der Befreiung.
1945–1995, 1995
Briefmarke
Berlin, Deutsches
Historisches Museum

N 14
Enzo Finger
Frigjøringen 50 år.
1945–1995
50. Jahrestag der Befreiung.
1945–1995, 1995
Briefmarke
Berlin, Deutsches
Historisches Museum

N 15
Enzo Finger
Frigjøringen 50 år.
1945–1995
50. Jahrestag der Befreiung,
1945–1995, 1995
Briefmarke
Berlin, Deutsches
Historisches Museum

Die Shoah

Bei Kriegsbeginn am 9. April 1940 lebten in Norwegen mehr als 2000 Juden. Im Zuge der antijüdischen Maßnahmen wurden 770 Juden mit verschiedenen Transporten deportiert, die meisten wurden nach Auschwitz gebracht. 30 von ihnen überlebten. In Norwegen selbst starben noch einmal 21 Juden an den Folgen von Mißhandlungen, durch Hinrichtungen und Selbstmorde.[26]

Die antijüdischen Maßnahmen wurden grundsätzlich nach denselben Prinzipien wie in anderen westlichen Ländern unter deutscher Kontrolle durchgeführt. In Norwegen lief der Prozeß jedoch sehr viel gedrängter ab. Der Einordnung als Jude wurde nicht per Dekret oder Gesetz definiert, sondern durch einfache Ankündigung in den Zeitungen des Landes, die am 20. Januar 1942 veröffentlicht wurde. In der Bekanntmachung hieß es, daß alle, die als Juden definiert waren, ihre Ausweispapiere durch ein rotes „J" kennzeichnen lassen mußten. Im Oktober 1942 wurden alle männlichen Juden verhaftet, am 6. und 7. Oktober zunächst in den Regionen Nord- und Süd-Trøndelag, im übrigen Land dann am 26. Oktober. An diesem Tag wurde auch die ökonomische Vernichtung durch ein Gesetz zur Beschlagnahme jüdischen Vermögens eingeleitet.

Als die männlichen Juden Südnorwegens am 26. Oktober 1942 verhaftet wurden, brachte man sie in dem noch nicht fertiggestellten Konzentrationslager Berg unter. Es war das einzige Konzentrationslager unter norwegischer Leitung. Da es sich um ein norwegisches Lager handelte und das NS-Regime nach und nach seine Gegner in diesem Lager unterbrachte, erhielt es, auch unter den Gefangenen, den Beinamen „Quislings Hühnerhof". Bis zum 26. November 1942 waren hier über 350 männliche Juden interniert. Sie wurden dazu eingesetzt, das Lager aufzubauen. Am Morgen des 26. November wurden 280 Gefangene nach Oslo transportiert, wo der deutsche Frachter Donau auf sie wartete. 70 Juden aus Mischehen wurden dort noch bis zum 2. Mai 1945 gefangengehalten, bis sie nach einer Vereinbarung zwischen schwedischen Behörden und der deutschen Sicherheitspolizei von Norwegen nach Schweden transportiert wurden. Viele von ihnen waren staatenlos. Die norwegische Regierung weigerte sich nach der Befreiung, sie in Norwegen wieder aufzunehmen, wo sie ja ursprünglich zu Hause gewesen waren: ein bis heute unbekanntes Kapitel norwegischer Geschichte.

Dem norwegisch geführten Konzentrationslager Berg widmete man nach dem Krieg bei weitem nicht die gleiche Aufmerksamkeit wie dem deutschen Lager Grini, das außerhalb Oslos lag. 1948 erschien jedoch – herausgegeben von dem Gefangenenkomitee – das Buch „Quislings hønsegård – Berg Interneringsleir", (Quislings Hühnerhof – das Internierungslager Berg), in dem Zeichnungen abgebildet sind. Eine dieser Zeichnungen zeigt, wie der Untertitel vermerkt, die Judendeportation. Berg war kein Vernichtungslager. Der endlose Strom der Menschen, die auf der Zeichnung zu sehen sind, scheint sich aber schon auf dem Weg in die Todeslager zu befinden (Abb. N 16).[27]

Grini diente sowohl als Konzentrationslager wie auch als Transitstation für politische und (zum Teil) jüdische Gefangene, die weiter nach Deutsch-

De første skritt mot gasskamrene — —.
Jødene deporteres.

N 16
De første skritt mot gasskamrene. Jødene deporteres
Die ersten Schritte in die Gaskammer. Jüdische Deportierte, in: Carl Haave, Sverre J. Herstad: Quislings hønsegård: Berg interneringsleir, Oslo 1948, S. 29
Buch
Oslo, Nasjonalbiblioteket, avdeling Oslo
NA/AV 9750

land transportiert wurden. Grini galt als bedeutend härter. Doch für die jüdischen Häftlinge im Lager Berg war die Gefangenschaft besonders schwierig. Man brachte sie in einem eigenen Bereich innerhalb des Lagers unter, sie erhielten weniger zu essen und mußten mehr arbeiten. Viele von ihnen hatten nach dem Krieg mit erheblichen psychischen Schwierigkeiten zu kämpfen. Einer von ihnen starb aufgrund der Mißhandlungen.

Viele haben auch vergessen, warum Juden aus „Mischehen" in Berg einsaßen. Daß die 70 Gefangenen nicht deportiert wurden, war einem Zufall zu verdanken. Es war ironischerweise ein Telegramm von Adolf Eichmanns Assistent Rolf Günther aus Berlin an die deutsche Sicherheitspolizei in Oslo, das die Rettung der Juden aus „Mischehen" bewirkte. In diesem Telegramm legte Günther ausführlich dar, wer deportiert werden durfte: Juden aus „Mischehen" gehörten nicht dazu.

Am 26. November 1942 wurden auch Frauen, Kinder und alte Menschen aus Norwegen verhaftet. Bereits am selben Tag startete der erste Transport mit 532 Juden an Bord des Dampfers Donau nach Stettin. Von dort aus wurden sie mit Viehwaggons nach Auschwitz gebracht. Die Situation im Hafen von Oslo wurde von dem Photographen Georg W. Fossum festgehalten, der für die Heimatfront tätig war. Durch einen Informanten bei der Polizei hatte er einen entsprechenden Hinweis erhalten. Auf den Photographien erkennt man ankommende Autos, in denen verhaftete Juden saßen, die deportiert werden sollten. Für die Aktion in Oslo setzte die Polizei 100 Taxen ein. Auf dem hier ausgewählten Bild erkennt man das Deportationsschiff 'Donau' beim Wendemanöver im Hafen (Abb. N 17). Zuschauer, Freunde, vielleicht auch ein paar Angehörige sehen dabei zu. Der Sonne gelingt es nur mit Mühe, die schwere Wolkendecke zu durchdringen. Dem Bild, das durch einen Drahtzaun aufgenommen wurde, haftet etwas Düsteres an. Es zählt zu den bedrückendsten Zeugnissen der Deportation norwegischer Juden. Erstaunlicherweise wurde es zum ersten Mal am 26. Januar 1994[28] in der Zeitung Aftenposten veröffentlicht; seither wird es sehr häufig als Titelbild für Bücher und zu Illustrationszwecken verwendet.

Am 24. Februar 1943 folgte der nächste größere Transport. Diesmal waren es 158 Menschen, die mit der 'Gotland' nach Deutschland gebracht wurden. Den verbliebenen Juden gelang teilweise mit Hilfe sogenannter „Exportorganisationen" die Flucht nach Schweden. Die Judenaktionen stellten diese Organisationen vor enorme Herausforderungen. Zudem ließ die Vertretung der norwegischen Regierung in Schweden schließlich verlautbaren, daß keine Juden mehr über die Grenze gebracht werden sollten. Sie stellten angeblich eine zu große Gefahr für die „Exportwege" dar.[29]

N 17
Georg W. Fossum
(Photographie)
Stille farvel: Arrestasjonene foregikk nærmast i all stillhet, og det siste farvel fra venner og slektninger foregår også uten store fakter. Det er siste kontakt med 530 norske jøder. Donau passerer Vippetangen. Bare ni av dem kom tilbake
Stiller Abschied: Die Verhaftung erfolgte in aller Stille, und der Abschied von den Familien und Freunden ging ebenfalls ohne viel Aufhebens vonstatten. Dies ist der letzte Kontakt mit 530 norwegischen Juden. Die 'Donau' passiert Vippetangen. Nur neun von ihnen kehrten zurück, in: Liv Hegna: Jødenes dødsreise med 'Donau', Aftenposten, 26. Januar 1994, S. 13
Zeitung
Rana, Nasjonalbiblioteket, avdeling Rana

Für die Norweger bedeutete das Schicksal der Juden in ihrem Lande dennoch keine Geschichte von finsterer Dunkelheit, in die mit dem Eintritt des Friedens wieder Licht gebracht wurde. Die Deportation von Juden aus Norwegen erschien nicht als unmittelbar kriegerische Handlung, und ihr Leid wurde nicht zum Symbol des norwegischen Widerstandskampfs, da sie keinen Anteil daran hatten. Daher geht man nicht zu weit, wenn man behauptet, das Schicksal der Juden sei in Norwegen lange Zeit ein unterdrücktes historisches Thema gewesen. Dies hat sich erst im Laufe der letzten 15 bis 20 Jahre langsam verändert.[30]

Inzwischen wurden zahlreiche Versuche unternommen, das Schicksal der Juden in das norwegische Verständnis des Krieges einzubinden. Bereits am 26. November 1948 wurde auf dem jüdischen Friedhof in Oslo ein Denkmal für die deportierten norwegischen Juden eingeweiht. Über drei Jahre hatte es gedauert, bis das Denkmal finanziert werden konnte. Verwandte der Toten sorgten unter anderem dafür, daß Gelder aus Nachlässen der Ermordeten für das Monument bereitgestellt wurden. Ein Komitee beauftragte den dänisch-jüdischen Künstler Harald Isenstein mit dem Entwurf des Denkmals (Abb. N 18). Auf der Zeichnung sieht man den Davidstern im Zentrum. In diesen sind dann am realisierten Denkmal die Namen der deportierten Juden der Gemeinde von Oslo eingraviert worden. Später wurden auch die Namen der ermordeten Verwandten hinzugefügt. In den Stern gesetzt ist eine Gedenksäule, die in norwegischer und hebräischer Sprache die Inschrift trägt: „Errichtet zum Gedenken an die 620 Juden, die während der deutschen Besatzung Norwegens von 1940–1945 hier in diesem Land getötet oder deportiert wurden und in Konzentrationslagern in Deutschland umkamen." Die Einweihung des Denkmals wurde von einem unbekannten Amateur photographiert (Abb. N 19). Das Photo macht deutlich, daß die Feier nur in kleinem Kreis stattgefunden hat. Auch ist nur diese Amateurphotographie überliefert, was darauf hinweist, daß selbst die Juden hinsichtlich ihrer Geschichte der Deportation und Ermordung äußerst zurückhaltend waren. Auf der Photographie ist ein Kranz des israelischen Gesandten für die nordischen Länder zu sehen, aber keine norwegische Flagge. Der Kronprinz war zwar anwesend, wünschte jedoch, aus welchem Grund auch immer, keine offiziellen Photographien von den Feierlichkeiten. Ein ähnliches Monument wurde auch auf dem jüdischen Friedhof in Trondheim errichtet.

N 18
Harald Isenstein
Skisse av Minnestøtten
Entwurf für die Gedenkstätte, 1948
Zeichnung, 15 x 21 cm
Oslo, Det Mosaiske Trossamfunds historiske arkiver
Mappe: Avduking av minnestøtte Helsfyr gravlund 1. november 1948, Reihe: Y-Diverse (ca. 1903–1981) Box Nr. 4

N 19
Einweihung der Gedenkstätte auf dem jüdischen Friedhof
26. November 1948
Photographie
Oslo, Det Mosaiske Trossamfunds historiske arkiver
Archiv Harry Meier Koritzinsky

Trotz der Errichtung des Denkmals blieb die verbreitete jüdische Reaktion auf die Vernichtung und auf die Geschehnisse danach Schweigen. Das läßt sich auch beim Durchforsten der Archive der jüdischen Gemeinde in Oslo feststellen. Über die Ereignisse wurde nur wenig gesprochen. Kamen sie jedoch zur Sprache, war die Reaktion oftmals äußerste Betroffenheit, fast ein Zusammenbruch. Auch die Wortwahl im Zusammenhang mit der Vernichtung war eigentümlich. Zum Beispiel lautet der Begriff auf jüdischen Denkmälern in Oslo fast immer „umgekommen", obwohl „ermordet" weitaus zutreffender wäre. Die Vernichtung wurde beschrieben, als handele es sich um Opfer eines Verkehrsunfalls oder eines Erdbebens, schreibt die norwegisch-jüdische Professorin für Familienwissenschaften Irene Levin.[31]

Für jene Juden, die in Schweden überlebt hatten, brachte der Friede nicht dieselbe Freude wie für andere Norweger. Die Archive der Osloer Gemeinde belegen, daß häufig noch im März 1945 die Hoffnung gehegt wurde, deportierte Verwandte seien noch am Leben. Erst bei Eintritt des Friedens wurde für die Überlebenden die Katastrophe in vollem Ausmaß sichtbar.

Bezüglich der Aufnahme von Flüchtlingen hatten die norwegischen Behörden sich bereit erklärt, so viele Juden aufzunehmen, wie während des Krieges aus Norwegen deportiert worden waren. 1947 kamen also etwa 400 bis 500 Personen als „displaced persons" nach Norwegen – in der norwegischen Presse wurden sie häufig auch als „Ersatzjuden" bezeichnet. Die meisten Juden, die nach dem Krieg nach Norwegen kamen, verließen das Land wieder im Rahmen mehrerer größerer Transporte nach Israel. Einige fanden das Klima in Norwegen wohl zu rauh. Aus dem Archiv der jüdischen Hilfsorganisation für Flüchtlinge geht hervor, daß wiederum andere sich den Empfang in Norwegen durchaus anders vorgestellt hatten.

1958, zehn Jahre nach Errichtung der Gedenkstätte, entstand der Film „I slik en natt" von Sigval Maartmann-Moe (Abb. N 20). Das Plakat ist ein reines Schriftplakat, das über den Inhalt des Films keinerlei Auskunft gibt. Der Film basiert auf einer wahren Begebenheit und schildert das Schicksal von zehn jüdischen Heimkindern in Oslo und ihre Flucht nach Schweden. 1938 waren auf Initiative jüdischer und norwegischer Hilfsorganisationen jüdische Kinder für die Sommerferien nach Norwegen eingeladen worden. Es entstand ein Verein mit dem Namen „Wienerbarns venner" (Freunde der Wiener Kinder), der Geld sammelte und dafür sorgte, daß einige der Kinder längerfristig im jüdischen Kinderheim in Oslo untergebracht werden konnten. Während der Judenaktionen im Jahre 1942 mußten jedoch alle Bewohner des Kinderheims aus Norwegen fliehen.

Der Film beginnt damit, daß sich ein jüdischer Arzt auf der Flucht vor deutschen Soldaten aus dem Fenster stürzt. Er überlebt den Sturz und geht zu einer Ärztin, die den Namen Liv Kraft trägt, was soviel bedeutet wie Lebenskraft (Liv = Leben). Im Sterben bittet er sie, sich der Kinder anzunehmen. Sie begibt sich sofort zu dem Kinderheim, wo sie die zehn Kinder im letzten Augenblick retten kann. Ihr gelingt es jedoch nicht, die Unterstützung der Fluchthilfeorganisation der Heimatfront zu gewinnen, da diese aufgeflogen ist. Die Suche der Gestapo konzentriert sich auf die frühere Leiterin des Kinderheims, die verhört wird,

N 20
Sigval Maartmann-Moe
(Regie)
I slik en natt
In einer solchen Nacht, 1958
Filmplakat, 94 x 63 cm
Oslo, Norsk filminstitutt
NL 214

damit sie erzählt, wo sich die Kinder befinden (Abb. N 21). Schließlich ist es die Ärztin Liv Kraft selbst, die die Kinder nach Schweden bringt.

Berater des Films war der Vorsitzende der jüdischen Gemeinde in Oslo. Dennoch sind wichtige historische Bezüge fehlerhaft dargestellt: Es waren in erster Linie nicht deutsche Soldaten, sondern norwegische Polizisten, die Juden verfolgten. Im Film tauchen überdies mehrere Angehörige der Gestapo auf, und im Zentrum des Films steht der jagende Gestapo-Mann. Tatsächlich jedoch waren höchstens drei deutsche Gestapo-Männer im Hintergrund an den Verhaftungen beteiligt, die die „Drecksarbeit" den norwegischen Kollegen überlassen hatten. Trotzdem handelt es sich bei diesem Film um einen der ersten in Norwegen, in denen deutsche Soldaten und Offiziere nicht nur als bösartige Teufel dargestellt wurden. Der Chef der Gestapo sagt zum Beispiel im Zusammenhang mit der Jagd nach den Kindern: „Dies ist ein erbärmlicher Krieg."[32]

N 21
Sigval Maartmann-Moe (Regie)
I slik en natt
In einer solchen Nacht, 1958
Filmstill
Oslo, Norsk filminstitutt
NL 214

Wie bereits angeführt, waren es, anders als hier dargestellt, in erster Linie nicht deutsche Soldaten, sondern norwegische Polizisten, die jüdische Kinder jagten. Für Norweger trugen jedoch stets die Deutschen die alleinige Verantwortung für die Judenverfolgung. Während der schwierigen und traumatischen Nachkriegsjahre hatten selbst Juden kein Interesse daran, an diesem Bild etwas zu ändern. Diese Sichtweise wird auch in dem Film „Over grensen" von 1987 nach dem Buch „Ekko fra Skriktjenn" (Echo vom Schreisee, deutsch: Der Fall Feldmann) von Sigurd Senje deutlich. Regisseurin des Filmes war Bente Erichsen. Das Plakat verweist anhand von Photographien des Ehepaares sowie von Fundstücken, die aus dem See geborgen wurden, auf den Inhalt (Abb. N 22). Der Film beruht auf dem tatsächlichen „Fall Feldmann": 1943 wurden in einem See nahe der schwedischen Grenze die Leichen des jüdischen Ehepaares Rakel und Jacob Feldmann gefunden. An den Körpern waren mit Telefonkabeln Steine befestigt. Die NS-Behörden legten den Fall zu den Akten, doch nach dem Krieg stellte sich heraus, daß das Ehepaar von zwei Norwegern ermordet worden war, die Flüchtlinge über die Grenze geschleust hatten. Obwohl die Täter geständig waren – sie hatten nach der Tötung des Ehepaares dessen Geld und Wertsachen an sich genommen –, wurden sie im August 1947 freigesprochen. Beide behaupteten, daß sie in Notwehr gehandelt hätten. Als Begründung führten sie an, das Ehepaar sei eine Bedrohung für die Fluchtrouten nach Schweden gewesen. Einige Zeitungen kommentierten, das Urteil stünde im Widerspruch zum allgemeinen norwegischen Rechtsempfinden. Andere erklärten, vor dem Hintergrund der harten Gesetze des Krieges sei solches Verhalten zu rechtfertigen.

Der Film weicht etwas von den tatsächlichen Ereignissen ab. Die Hauptpersonen des Films sind der investigative Journalist Madsen und der Kriminalbeamte Årnes. Beide Rollen wurden mit zwei der beliebtesten norwegischen Filmschauspieler, Bjørn Sundquist und Sverre Anker Ousdal, besetzt. Der Film beginnt mit einem Prolog, der das Auffinden des toten Ehepaares Feldmann im Skriktjenn bei Trøgstad im Jahre 1943 zeigt (Abb. N 23). Später erfährt man, daß sich die Feldmanns im Herbst 1942 wegen der Judenaktionen nach Trøgstad begeben und an

N 22
Bente Erichsen (Regie),
Sigurd Senje (Buch)
Over grensen
Über die Grenze, 1987
Filmplakat, 98 x 68 cm
Oslo, Norsk filminstitutt
NL 480

Personen gewandt hatten, die sie vom Schwarzmarkthandel kannten. Sie hofften auf Hilfe beim Überqueren der Grenze nach Schweden. Doch so weit sollten sie niemals kommen. Die Handlung springt in das Jahr 1946, als Madsen und Årnes die Sache wieder aufgreifen. Madsen findet bald heraus, daß die beiden Schleuser den Schmuck und das Geld der Feldmanns gestohlen haben, denn Madsen war während des Krieges ebenfalls als Grenzschleuser tätig und hatte Juden bei ihrer Flucht aus Norwegen geholfen (Abb. N 24).

Die Nachforschungen werden im Film im Stile des „film noir" dargestellt. Die Regisseurin bemühte sich darum, die Stimmung des Norwegens der Nachkriegsjahre einzufangen, und „verführt" den Zuschauer dazu, sich die Sichtweise Madsens zu eigen zu machen. Der Film wird so zu einem kritischen Angriff auf den norwegischen Heimatfrontmythos der Nachkriegszeit: Sämtliche in den Widerstandskampf Involvierten wurden praktisch unangreifbar, selbst angesichts einer Anklage wegen Mordes.

In zahlreichen ähnlichen Prozessen, die nach dem Krieg verhandelt wurden, spielte die Beteiligung an der Widerstandsarbeit eine wichtige Rolle bei der Urteilsbemessung. Der Film stellt den Höhepunkt einer Entwicklung im Genre der norwegischen Besatzungsfilme dar, die als Abrechnung gesehen werden.[33] Da die Gerichtsakten des Prozesses noch bis 2027 der Geheimhaltung unterliegen, gestaltete sich die Fertigstellung des Projektes nicht ohne Probleme für die Regisseurin.

Als weiteres Beispiel dafür, wie wenig sich Norwegen mit Problemen der Judenverfolgung befassen wollte, sei hier der Prozeß gegen den Osloer Polizeiinspektor Knut Rød angeführt. Als Leiter der Oslo-Abteilung der Staatspolizei war er bis Herbst 1943 verantwortlich für die Verhaftung von Juden in Oslo. Nach dem Krieg wurde Anklage gegen ihn wegen Landesverrats erhoben. Im Zentrum des Prozesses standen die Verhaftungen im Herbst 1942. Er wurde jedoch freigesprochen und konnte danach seinen Posten bei der Polizei wieder antreten. 1948 wurde auch Hauptsturmführer Wilhelm Wagner, „Judenreferent" und Eichmanns Assistent für Norwegen, begnadigt und des Landes verwiesen. Gerade diese drei Fälle belegen sehr anschaulich, wie die Aktionen gegen die Juden in den Nachkriegsjahren heruntergespielt wurden.

In der Regel unterstellte man jenen, die während des Krieges an Judenaktionen beteiligt waren, aus „Unachtsamkeit" gehandelt zu haben. Sie hätten nur wenig oder gar nichts darüber gewußt, was mit den Juden geschehen sollte. Somit wurde die Schuld für das Schicksal der Juden allein auf die Vertreter der Besatzungsmacht projiziert.

In den letzten Jahren läßt sich ein Wandel in der Betrachtungsweise konstatieren. Beispiel dafür ist eine Ausstellung mit Video-Installation von Victor Lind im Jahre 1999, die auch Knut Røds Rolle thematisierte[34], die er bei der Verhaftung der Juden am 26. November 1942 in Oslo gespielt hatte (vgl. Abb. N 17). Um die Transporte der verhafteten Juden zu ermöglichen, hatte er 100 Taxis beschlagnahmt.

Lind stellte diese Geschichte nach, indem er am Morgen des 26. November 1998, also genau 56 Jahre später, 100 Taxis in den Kirkeveien in Oslo bestellte.[35] Er filmte die Taxis und unterlegte sein Material mit Arne Nordheims Musikstück „Solitaire". Auf einem Plakat aus dem Jahre 2001, das auf eine Ausstellung in Lillehammer verweist, sieht man die Reihe der Taxen und vielleicht unbeabsichtigt Schienen, die an die Deportationszüge erinnern (Abb. N 25). Unter anderem macht Lind mit dieser Aktion deutlich, daß Norweger an der Verhaftung beteiligt sein mußten, denn die Taxifahrer waren sicher Norweger und keine Deutschen.

Linds Video-Installation besteht aus vier Erzählungen auf verschiedenen Bildschirmen in unterschiedlichen Farben, die in der Ausstellung „Contemporary Memory" in Oslo, Lillehammer und anderen Städten präsentiert wurden. So wird die Geschichte der Judenverhaftungen vom November 1942 aus verschiedenen Perspektiven betrachtet. Auf normalem Farbfilm wird die offizielle Geschichte

N 23
Bente Erichsen (Regie), Sigurd Senje (Buch)
Over grensen
Über die Grenze, 1987
Filmstill, 20 x 29,5 cm
Oslo, Norsk filminstitutt
NL 480

N 24
Bente Erichsen (Regie), Sigurd Senje (Buch)
Over grensen
Über die Grenze, 1987
Filmstill, 20 x 29,5 cm
Oslo, Norsk filminstitutt
NL 480

Knut Røds in einer Zusammenfassung von Lind gezeigt. In einem gelb unterlegten Film verwendet Lind Auszüge aus dem Urteil gegen Rød sowie aus dessen Erklärungen vor Gericht. In einem blauen Film wird diese Perspektive ausgeweitet und verstärkt. In einem roten Film ist Paul Celans Gedicht „Psalm" zu hören. Lind gibt den einzelnen Filmen unterschiedliche Farben, weil er unterschiedliche Realitätsebenen beschreiben möchte. Gelb steht für die erste Realitätsebene, die Gerichtsverhandlung, das Urteil in Røds Prozeß; Blau symbolisiert den gesunden Menschenverstand, die direkte Auseinandersetzung mit diesem Fall; Rot repräsentiert die geistige Ebene, die Ebene der Abstraktion. Mit dieser Farbauswahl bezieht sich Lind ausdrücklich auf den amerikanischen Maler Barnett Newman (1905 bis 1970), der Ende der 60er Jahre eine Serie von Bildern mit dem Titel „Who is afraid of red, yellow and blue" malte. Der Text der Installation ist über Videoaufnahmen der Taxenreihe gelegt. Das Ergebnis ist äußerst beeindruckend und sehr wirkungsvoll.

N 25
Victor Lind
Who is afraid? Contemporary memory
Wer hat Angst?
Zeitgenössische Erinnerung, 2001
Ausstellungsplakat des Lillehammer Kunstmuseum
19 x 14,8 cm
Berlin, Deutsches Historisches Museum

Im Herbst 2002 setzte sich der Künstler Lind erneut mit der Arbeit auseinander. Es beschäftigte sich mit dem gleichen Thema, doch diesmal ging er noch weiter, indem er den Polizeiinspektor Rød vor allem anhand der Berichte zweier Zeuginnen beschrieb. Eine Zeugin ist eine jüdische Frau, die im Herbst 1942 Røds nächste Nachbarin war. Die zweite ist eine Frau, die mit der Heimatfront in Verbindung stand und Rød im November 1942 in seinem Büro aufsuchte, um eine Erklärung für die Verhaftung der Juden zu erhalten. Diese zweite Installation wurde von Lind mit dem Titel „Alt for Norge" (Alles für Norwegen) versehen, der das Motto des König Håkon aufgreift – ein Versuch des Künstlers, die norwegische Öffentlichkeit zu provozieren. Gleichzeitig unterstellt Lind, daß der Bürokrat Rød, der 1964 von einer größeren norwegischen Tageszeitung, dem Dagbladet, anläßlich seines Ausscheidens aus dem aktiven Dienst geehrt wurde, an das glaubte, was er tat. Mit anderen Worten – um Linds Schlußfolgerungen weiterzuführen: Was Rød tat, tat er für Norwegen.

Der Erinnerungsprozeß

Die konventionellen Erinnerungen an die Besatzung, an die Rolle der Königsfamilie, an den Widerstand und an die Befreiung spiegeln auf vielerlei Art und Weise wider, wie sich die Norweger an den Krieg erinnern wollen. Im Mittelpunkt steht die königliche Familie als Symbol für den Widerstand gegen die

Besatzung und gegen die Kollaboration der NS; daneben spielt die Widerstandsbewegung selbst eine prominente Rolle in der allgemeinen Darstellung. Diese Vorstellung der Kriegszeit wurde nicht nur innerhalb Norwegens als kollektives Erinnerungsbild verwendet, sie diente auch lange Zeit als offizielles Geschichtsbild für das Ausland. Der König, zunächst Håkon, später Olav V., wurde als der allererste Kriegsheld Norwegens betrachtet. Die Teilnahme des Königs an örtlichen Gedenkveranstaltungen bewies, daß Norwegen gekämpft hat und daß König und Volk – „wir" – zusammen gekämpft und gesiegt hatten.[36]

In der norwegischen Mythologie der Besatzungszeit nimmt der Widerstandskämpfer eine herausragende Stellung ein, und genau dieser Tatsache wollten auch wir hier Rechnung tragen. Quisling wurde dabei kein Platz eingeräumt, und das geschah nicht ohne Grund. Quisling, dessen Namen bereits in den Kriegsjahren zu einem internationalen Schimpfwort für Menschen wurde, die mit dem Feind zusammenarbeiten, nimmt in der kollektiven Erinnerung Norwegens eine weniger wichtige Stellung ein, als man vielleicht erwarten sollte. Selbstverständlich repräsentiert Quisling für alle Norweger den Kollaborateur und Missetäter schlechthin.

Die Mythologisierung des Widerstandskampfes während des Krieges ist für die norwegische Gesellschaft und ihre Entwicklung in der Nachkriegszeit von großer Relevanz. Unter Verwendung der Parole „Das darf nie wieder geschehen!" dient die Besetzung Norwegens im Jahre 1940 als warnendes Beispiel zur Legitimation eines hohen Verteidigungsetats. Die nachträgliche Betrachtungsweise des Widerstandskampfes war meist geprägt vom Verhältnis zu Großbritannien und den Westmächten, während die kommunistische Widerstandsarbeit sehr viel seltener erwähnt wurde. Eine Folge dieses Geschichtsbildes war die Entwicklung des Widerstandskampfes von einem Kampf gegen die Deutschen während des Krieges zu einem Kampf gegen den Kommunismus in der Nachkriegszeit. Der Eintritt in die westliche Verteidigungsallianz wurde in gewisser Weise zu einer Fortsetzung des Kampfes gegen die Besatzer.

Die Bildung nationaler Mythen über den Krieg hatte als nationaler Konsens grundlegende Bedeutung für die Rekonstruktion der norwegischen Nachkriegsgesellschaft. Das Selbstbild Norwegens als ein Land mit hohen moralischen Prinzipien und Rechtsnormen wurde nahezu wie eine Werbung für Norwegen in der Welt verbreitet.[37]

Erinnerungen rufen oft Gegenerinnerungen hervor. Für Norwegen bedeutete das häufig den Versuch, die „andere" Seite genauer zu betrachten, um die Bedeutung der Nasjonal Samling während des Krieges „objektiver" zu beurteilen. Zugleich entwickelte sich im Laufe der Zeit eine Tradition, die dem Alltagsleben der Kriegsjahre größere Aufmerksamkeit widmet als dem Widerstandskampf, dessen Mythos somit stärker in den Hintergrund gedrängt wurde.[38]

In den 80er Jahren entstand in Norwegen eine Historiker-Debatte zwischen der sogenannten Skodvin-Schule und kritischen Historikern. Die Diskussion wurde nach Magne Skodvin benannt, dem wohl einflußreichsten Historiker Norwegens. Seine Sichtweise wurde von zahlreichen Nachwuchshistorikern als Versuch einer „offiziellen" Geschichtsschreibung aus der Sicht der Heimatfront und der Exilregierung betrachtet, während sie selbst ein weiter gehendes Interesse an der NS und der Rolle Quislings während der Kriegsjahre formulierten.

Für das Schicksal der Juden war in dieser Auseinandersetzung um das, was Gegenstand der Erinnerung sein soll, kein Platz. Dafür lassen sich zahlreiche Gründe anführen. In erster Linie liegt es daran, daß Juden im Widerstandskampf keine Rolle gespielt hatten. Überdies wurde ihre Verfolgung nicht mit ihren politischen Überzeugungen begründet, sondern wegen ihrer „Rassenzugehörigkeit". Die heldenmütige Aura der Widerstandsarbeit wurde nicht mit den Juden und ihrem Schicksal assoziiert. Auch für diejenigen Historiker, die eine neue Betrachtungsweise repräsentieren (und daher eine neue bzw. Gegen-Erinnerung konstruieren wollen), blieb der Holocaust ohne Interesse. Sie betrachten die Maßnahmen gegen Juden sozusagen als Geschehnisse außerhalb des Einflußbereichs der NS. Für beide Richtungen reduzierte sich der norwegische Anteil an der Deportation der Juden im Regelfall auf „Unachtsamkeit".

Die traditionelle Historikerschule scheint das Schicksal der norwegischen Juden hauptsächlich deutscher Verantwortlichkeit zuzuordnen. Wenn die Geschehnisse in diesem Zusammenhang überhaupt von Interesse waren, dann nur, um die Grausamkeit der deutschen Besatzer sowie Quislings und seiner Entourage ausführlicher zu beschreiben.

Die kritischen Historiker versuchten die Verhaftung und Deportation der Juden allerdings apologetisch zu betrachten. Der „handelnde" Polizist, so glaubten sie, könnte möglicherweise nicht gewußt haben, was den Juden im Anschluß an ihre Deportation widerfahren würde. Keine der beiden Forschungsrichtungen hat sich bisher intensiv mit den tatsächlichen Konsequenzen der anti-jüdischen Maßnahmen in Norwegen befaßt.[39] Aus diesem Grund entwickelte sich an norwegischen Universitäten und Forschungseinrichtungen auch keine bedeutende Forschungstradition bezüglich Holocaust. Das Schicksal der Juden wurde zwar nicht vergessen, doch man interessiert sich schlichtweg nicht besonders dafür.

Die Diskussion darüber, woran erinnert werden soll – Widerstand, Kollaboration oder Alltag –, kann also unverändert fortgesetzt werden, ohne daß das Schicksal der Juden das norwegische Verständnis des Zweiten Weltkrieges bedeutend beeinflussen würde. Doch auch in diesem Punkt beginnen sich seit den letzten zehn Jahren Änderungen abzuzeichnen.

---

[1] Vgl. hierzu: Bohn, Robert: Norwegen. Die Erfindung einer Nation. In: Flacke, Monika (Hg.): Mythen der Nationen. Ein europäisches Panorama, München 1998, S. 248 ff.

[2] Zur Darstellung der Arbeit Henrik Wergelands gegen den § 2 siehe: Mendelsohn, O.: Jødenes historie, Bd. 1, Oslo 1969, S. 61 ff.

[3] Ausführliche Darstellungen der norwegischen Geschichte von 1800 bis 1945 geben: Pryser, Tore: Norsk historie 1800–1870, Oslo 1985; Nærbøvik, Jostein: Norsk historie 1870–1905, Oslo 1986; Furre, Berge: Norsk historie 1905–1940, Oslo 1971; Skodvin, Magne: Norsk historie 1939–1945. Krig og okkupasjon, Oslo 1991.

[4] Eine Darstellung der norwegischen Politik bezüglich der jüdischen Einwanderung gibt Johansen, Per Ole: Oss selv nærmest. Norge og jødene 1914–1943, Oslo 1984.

[5] Dahl, Fredrik/Hjeltnes, Guri/Nøkleby, Berit/Ringdal, Nils Johan/Sørensen, Øystein (Hg.): Norsk krigsleksikon, Cappelen 1995, S. 447.

[6] Bjørnsen, Bjørn: Det utrolige døgnet. Erstausgabe 1977.

[7] Dahl u. a. 1995 (wie Anm. 5), S. 223.

[8] Dahl u. a. 1995 (wie Anm. 5), S. 15.

[9] Der offiziellen Internetseite entnommen: (17. Juni 2003), Stichwort: Fredslunden.

[10] Dahl u. a. 1995 (wie Anm. 5), S. 189.

[11] Der König kehrte erst später zurück, weil man die im Lande verbliebenen Einheiten der Wehrmacht für eine beträchtliche Gefahr hielt. Diese Kräfte sollten zunächst entwaffnet werden.

[12] Dahl u. a. 1995 (wie Anm. 5), S. 437. Ende 1942 befanden sich rund 50 000 Norweger im Exil. Gegen Ende des Krieges waren es über 80 000. Viele von ihnen waren als Seeleute in der Handelsflotte tätig. Zu Beginn des Krieges

waren mehr als 27 000 Seeleute an Bord norwegischer Schiffe registriert.
13 Dahl u. a. 1995 (wie Anm. 5), S. 148.
14 Dahl u. a. 1995 (wie Anm. 5), S. 271 ff.
15 Die historischen Zusammenfassungen sind hauptsächlich entnommen aus: Dahl u. a. 1995 (wie Anm. 5), S. 425.
16 Iversen, Gunnar/Svendsen, Trond Olav: Okkupasjonsdramaene – fem år slik vi har sett dem på film, Oslo 1995, S. 14. Einige der Beteiligten wurden durch professionelle Schauspieler ersetzt.
17 Iversen/Svendsen 1995 (wie Anm. 16), S. 14.
18 Iversen/Svendsen 1995 (wie Anm. 16), S. 15.
19 Iversen/Svendsen 1995 (wie Anm. 16), S. 14.
20 Für Håndslag, eine Zeitschrift, bei der Willy Brandt Redakteur war und die auf illegalem Wege aus Schweden zur norwegischen Widerstandsbewegung gelangte, zeichnete Ragnvald Blix alias „Stig Höök" das Titelblatt.
21 Dahl u. a. 1995 (wie Anm. 5), S. 121.
22 Insgesamt 45 Norweger wurden von den Russen für den Partisanenkampf angeworben. Fast die Hälfte starb oder wurde hingerichtet.
23 Dahl u. a. 1995 (wie Anm. 5), S. 323 f.
24 Dennoch mußten einige Kollaborateure für ihre Taten büßen. Dazu zählten auch Frauen, die Beziehungen zu deutschen Soldaten eingegangen waren. Meist wurde ihnen das Haar abgeschnitten, und sie wurden auf andere Arten erniedrigt. Die Worte „Deutschendirne" und „Deutschenkind" waren während und auch nach dem Krieg allseits bekannte Schimpfworte.
25 Ellefsen, Johan: Bildet som ikke skulle vært tatt, in: Aftenposten, 11. Mai 2001.
26 Die Daten sind der vom Autor erarbeiteten Datenbank „Victims of the Shoah in Norway" entnommen.
27 Haave, Carl/Herstad, Sverre J. Quislings hønsegård: Berg Interneringsleir, Oslo 1948.
28 Hegna, Liv: Die Todesreise der Juden mit der 'Donau', in: Aftenposten, 26. Januar 1994. Es wurde nie geklärt, warum diese Photographie erst Mitte der 90er Jahre veröffentlicht wurde (vgl. Anm. 31). Der Photograph, der diese Frage hätte beantworten können, ist verstorben.
29 Senje, Sigurd: Ekko fra Skriktjenn: en dokumentarroman basert på „Feldmann-saken" 1942–47, Oslo 1982, S. 48 f. Senje zufolge hatte das norwegische Konsulat in Stockholm, Zentrale für die Arbeit der norwegischen Exilregierung in Schweden, den Leiter der Transporte, Lie, aufgefordert, diese abzubrechen.
30 In neueren Arbeiten zur norwegischen Geschichte wird die Rolle der norwegischen Politik und der norwegischen Bürokratie sichtbarer. Vgl. Lange, Sven: Samling om felles mål 1935–1970, in: Helle, Knut (Hg.): Aschehougs Norgeshistorie, Bd. 11, Oslo 1998, S. 75 f. Vgl. auch: Alnæs, Karsten: En ny arbeidsdag, in: Historien om Norge, Bd. 4, Oslo 1999, S. 496 ff. Beide Autoren benutzen die Photographie von Georg Fossum (vgl. Abb. N 17). Die Beiträge sind schlecht recherchiert. Der Beitrag von Alnæs enthält zahllose Fehler.
31 Levin, Irene: Taushetens tale, in: Nytt norsk tidsskrift, Nr. 4, 2001.
32 Iversen/Svendsen 1995 (wie Anm. 16), S. 19.
33 Iversen/Svendsen 1995 (wie Anm. 16), S. 28.
34 Siehe auch die Kolumne in Aftenposten, 11. Mai 2001. Im Internet unter: www.aftenposten.no/meninger/kronikker/d209487.htm. (26. September 2003).
35 Im Kirkeveien lag die Zentrale der Staatspolizei (STAPO), deren Mitglieder sämtlich der NS angehörten.
36 Eriksen, Anne: Det var noe annet under krigen. 2 verdenskrig i norsk kollektivtradisjon, Oslo 1995, S. 127.
37 Eriksen 1995 (wie Anm. 36), S. 173.
38 Vgl. Hjeltnes, Guri: Hverdagsliv, in: Magne Skodvin (Hg.): Norge i krig: Fremmedåk og frihetskamp 1940–1945, Bd. 5, Oslo 1986 oder Nøkleby, Berit/Hjeltnes, Guri: Barn under krigen, Oslo 2000.
39 Zum Beispiel Ringdal, Nils Johan: Mellom barken og veden. Politiet under okkupasjonen, Oslo 1987, S. 229, wo der Autor behauptet: „Die Aktion gegen die Juden kann nicht als mörderische Operation, sondern als Aktion mit dem Ziel der Vertreibung der Juden aus Norwegen betrachtet werden."

KARTE · 475

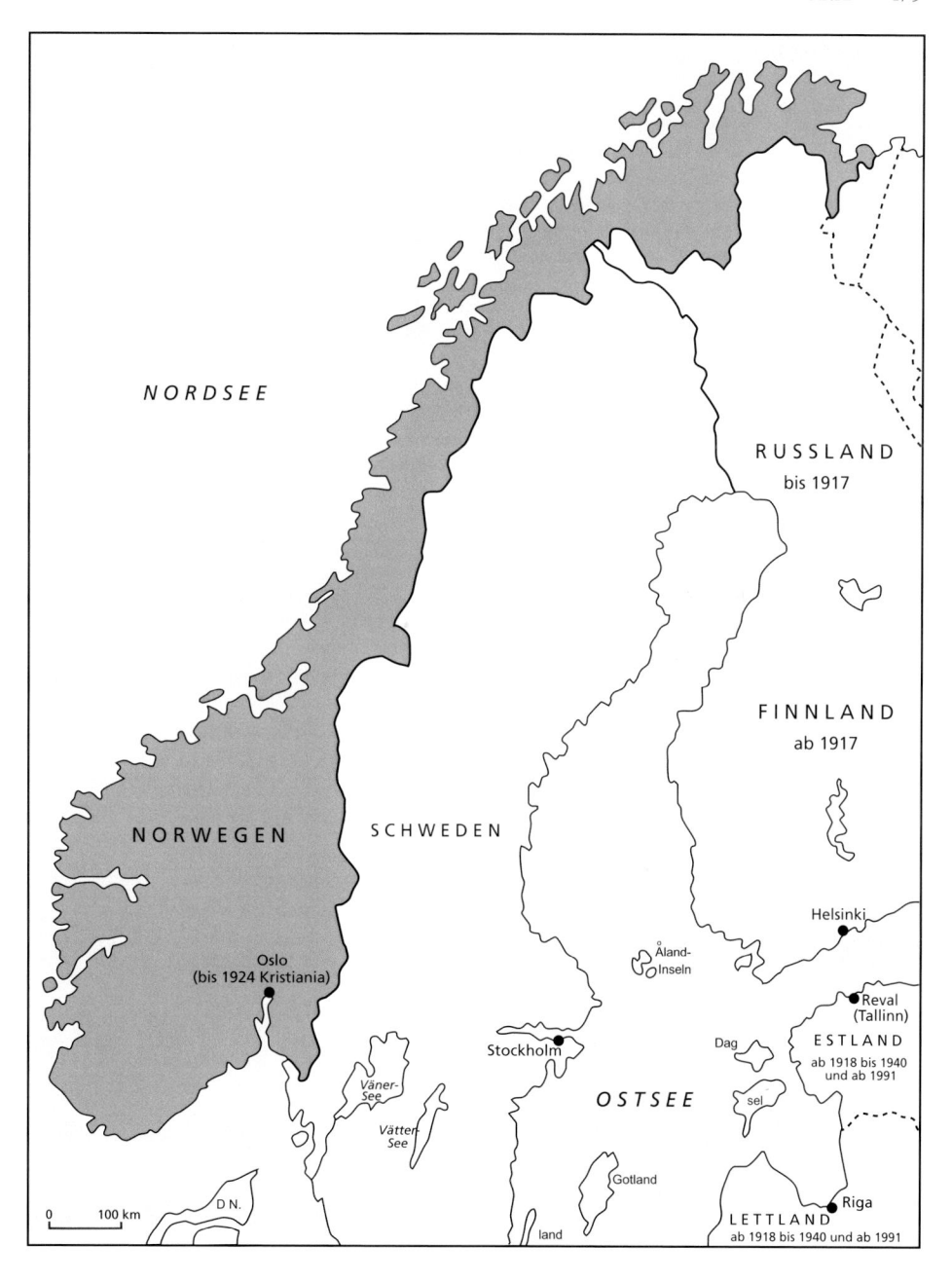

NORDSEE

NORWEGEN

SCHWEDEN

RUSSLAND
bis 1917

FINNLAND
ab 1917

Oslo
(bis 1924 Kristiania)

Åland-Inseln

Helsinki

Stockholm

Väner-See

Vätter-See

Reval
(Tallinn)

ESTLAND
ab 1918 bis 1940
und ab 1991

OSTSEE

Dag

sel

Gotland

land

Riga

LETTLAND
ab 1918 bis 1940 und ab 1991

D N.

0   100 km

Chronologie

1905–1907

Getragen von einer Volksabstimmung, löst das norwegische Parlament (Storting) am **7. Juni 1905** die Union mit Schweden auf, und Norwegen wird nach dem Verzicht des schwedischen Königs Oskar II. auf die norwegische Krone souveräner Staat. In der vom Volk gewählten parlamentarischen Monarchie wird Prinz Carl von Dänemark am **25. November 1905** als Håkon VII. König von Norwegen. Deutschland, Frankreich, Großbritannien und Rußland übernehmen am **2. November 1907** vertraglich die Garantie für Norwegens Integrität.

1912–1918

Entsprechend dem Abkommen vom **23. Dezember 1912**, in dem sich Norwegen, Dänemark und Schweden zur Neutralität in allen militärischen Konflikten bekennen, gelingt es Norwegen während des Ersten Weltkrieges, den außenpolitisch neutralen Status zu wahren, obwohl sich im Verlauf des Krieges eine zunehmende Kooperation mit Großbritannien entwickelt. Norwegen ist wirtschaftlich eng mit Großbritannien verbunden und von Fisch- und Kupferexporten abhängig. Während Norwegen zu Beginn des Krieges seine Handelsgeschäfte mit allen Kriegsparteien fortführt, schränkt es auf Druck der Ententemächte im weiteren Kriegsverlauf den Handel mit dem Deutschen Reich ein. Mit Fortschreiten des Krieges stellt sich durch die britische Blockade und den deutschen uneingeschränkten U-Boot-Krieg eine deutliche Verringerung der Importe und damit verbunden eine Verschlechterung der Versorgung der Bevölkerung ein. Lebensmittelrationierung und eine einsetzende Inflation kennzeichnen die wirtschaftliche Lage des Landes in den letzten beiden Kriegsjahren. Bis **Ende 1918** verliert die norwegische Handelsflotte durch den Angriff deutscher U-Boote fast 50 Prozent ihrer Tonnage.

1920–1934

1920 wird Norwegen Mitglied des Völkerbundes und erhält die Souveränität über Spitzbergen. Die innenpolitische Situation ist geprägt durch Massenarbeitslosigkeit und Auseinandersetzungen zwischen Arbeitern und Arbeitgebern, die u. a. **1923/1924** zu Streiks führen. Die Hauptstadt Christiania wird im **Januar 1925** in Oslo umbenannt. Die Regierungsverantwortung liegt in der Hand wechselnder bürgerlicher Kabinette. Johan Ludvig Mowinckel, der politische Führer der bürgerlichen Linken (Venstre), bildet bis **1935** mehrfach die Regierung. **1927** kann während einer kurzen Periode die mit den Sozialdemokraten vereinigte Arbeiterpartei (Det norske Arbeiderparti, DNA), die seit dieser Zeit stärkste politische Kraft im Parlament ist, die Regierung stellen. Die Regierungen sind bemüht, die wirtschaftlichen Folgen des Krieges zu überwinden, die Preise zu stabilisieren und den Landbau zu fördern. Die Weltwirtschaftskrise zu Beginn der **30er** Jahre zeigt auch in Norwegen deutliche Folgen. Von **April** bis **September 1931** schlägt sich die Krise in Arbeitskämpfen nieder, zu deren Beendigung im **Juni 1931** Militär eingesetzt wird. Rechtsnationale, antikommunistische und antidemokratische Gruppierungen versuchen vergeblich, politischen Einfluß zu gewinnen. Im **Mai 1933** gründet Vidkun Quisling, der kurze Zeit Verteidigungsminister gewesen ist, die rechtsnational ausgerichtete Nationale Sammlung (Nasjonal Samling, NS). Die Partei findet in der Bevölkerung keinen Rückhalt und kann nicht ins Parlament einziehen. Ab **1934** zeichnet sich eine Verbesserung der wirtschaftlichen Situation ab.

1935–1939

Nach dem Rücktritt der Regierung Mowinckel im **März 1935** bildet die DNA unter Johan Ludvig Nygaardsvold nach einer Vereinbarung zur parlamentarischen Zusammenarbeit mit der (**1920** gegründeten) Bauernpartei eine stabile Regierung. Die Regierung wird begünstigt durch den anhaltenden positiven Konjunkturverlauf. Auf dem Gebiet der Sozialpolitik werden wichtige Reformen durchgesetzt. So werden u. a. **1936** die staatliche Altersrente und **1938** die staatliche Arbeitslosenunterstützung eingeführt. Auf einer Außenministerkonferenz der drei skandinavischen Staaten beschließen Norwegen und

Schweden am **9. Mai 1939** im Gegensatz zu Dänemark, keinen Nichtangriffspakt mit dem Deutschen Reich einzugehen. Norwegen bekräftigt im **September 1939** seine Neutralität. Mit Beginn des Krieges ist Großbritannien bestrebt, die Lieferung von schwedischem Eisenerz über den eisfreien Hafen von Narvik nach Deutschland zu verhindern. Das Interesse des Deutschen Reiches dagegen ist es, diesen Nachschub sicherzustellen und der deutschen Flotte den Zugang zu den norwegischen Häfen zu sichern.

1940–1941

Deutsche Truppen besetzen am **9. April 1940**, gleichzeitig mit dem Angriff auf Dänemark, überraschend verschiedene Hafenstädte Norwegens. Die Besetzung Oslos verzögert sich jedoch um einige Stunden, da der deutsche Kreuzer Blücher von der Küstenfestung Oscarsborg aus im Oslofjord versenkt wird. So können sich die norwegische Regierung Nygaardsvold, König Håkon VII. und Kronprinz Olav ins Landesinnere nach Elverum und später nach Tromsø retten. Am Abend desselben Tages proklamiert Vidkun Quisling eine neue Regierung und fordert das norwegische Militär zur Einstellung der Kampfhandlungen auf. Håkon VII. verweigert die von den Deutschen geforderte Anerkennung der Regierung Quisling. Am **15. April** wird Quisling die deutsche Unterstützung entzogen, und seine Regierung weicht dem Administrationsrat, ein Gremium, das von einzelnen Richtern des Obersten Gerichtes initiiert worden ist. Am **24. April 1940** wird dem deutschen Reichskommissar Josef Terboven die Kontrolle der zivilen Regierungsgewalt übertragen. Alliierte britische und französische Truppen werden nach Norwegen gesandt, doch bereits am **30. April 1940** entscheiden sich die Alliierten, Südnorwegen aufzugeben. In Nordnorwegen dagegen werden die Kämpfe mit zeitweiligem Erfolg weitergeführt, insbesondere um die strategisch wichtige Hafenstadt Narvik. Nach dem Angriff der Wehrmacht auf Frankreich werden die alliierten Truppen jedoch abgezogen, und das norwegische Heer ist ohne Unterstützung nicht in der Lage, weiter Widerstand zu leisten. Nach der Entscheidung, den Kampf um Norwegen aufzugeben, verlassen König Håkon VII. und seine Familie sowie die Regierung am **7. Juni 1940** von Tromsø aus das Land und fliehen auf einem britischen Kriegsschiff nach London. Die Kampfhandlungen enden am **10. Juni 1940** mit der Kapitulation der norwegischen Streitkräfte. Am **25. September 1940** werden alle politischen Parteien aufgelöst, mit Ausnahme der NS Vidkun Quislings, und die Tätigkeit des Administrationsrates eingestellt. Gleichzeitig werden kommissarische Staatsräte eingerichtet, deren große Mehrheit aus der NS hervorgeht und die die verschiedenen Ministerien nach nationalsozialistischem Vorbild verwalten sollen. Die Staatsräte unterstehen der direkten Kontrolle Terbovens. Schon 1940 regt sich Widerstand gegen die Besatzungsmacht und gegen die Nasjonal Samling. Im **Frühjahr 1941** entsteht die Militärorganisation der norwegischen Widerstandsbewegung (Milorg), deren Hauptzielsetzung nicht die Ausführung von Sabotageakten, sondern die Bildung einer Organisation für die entscheidende Befreiungsphase Norwegens ist. Entsprechend den ehemaligen Militärdistrikten werden fünf Kampforganisationen gebildet. Im **Mai 1941** schließt die Exilregierung in London eine Militärkonvention mit Großbritannien, die die Befreiung Norwegens zum gemeinsamen Kriegsziel erklärt. Auf einen im **September 1941** ausgerufenen Streik in 50 Industriebetrieben in Oslo reagiert die Besatzungsmacht mit der Verhängung des Standrechtes über die Hauptstadt und der Vollstreckung von zwei Todesurteilen. Im **November 1941** wird die Milorg von der Exilregierung anerkannt und dem Oberkommando der norwegischen Streitkräfte in London unterstellt, das die Koordinierung mit der alliierten Kriegsführung einleitet. Nach dem Rücktritt der Richter des Obersten Gerichtes am **21. Dezember 1941** bilden der sogenannte Kretsen – eine für die norwegische Gesellschaft weitgehend repräsentative Gesprächsrunde – und das aus den Aktionsausschüssen der Gewerkschaften entstandene Koordinationskomitee (KK) um die **Jahreswende 1941/42** die Sivorg, in der sich die zivile Front der Widerstandes zusammenfaßt.

1942–1946

Am **1. Februar 1942** wird Quisling zum Ministerpräsidenten einer Kollaborationsregierung ernannt, die jedoch keinerlei Kompetenzen vom Reichskommissar erhält. Der Versuch Quislings, seine Regierung durch einen Friedensvertrag mit dem Deutschen Reich zu legitimieren, scheitert am Widerstand des KK und der Weigerung der Deutschen Reichsregierung im **August 1942**. Das Besatzungsregime Terbovens reagiert mit Repressionen wie Massenverhaftungen und Gewaltakten gegen die Zivilbevölkerung auf den Widerstand. Nach dem Tod von zwei Gestapoangehörigen wird am **30. April 1942** das Fischerdorf Televåg zerstört und die Einwohner in das Konzentrationslager Sachsenhausen oder in norwegische Internierungslager deportiert. Am **6./7.** und **26. Oktober 1942** werden alle männlichen Juden Norwegens verhaftet und in das noch nicht fertiggestellte, unter norwegischer Leitung stehende Konzentrationslager Berg gebracht. Am **26. Oktober** wird auch das Gesetz zur Beschlagnahmung jüdischen Vermögens verabschiedet. Bis **November 1942** werden in Berg über 350 jüdische Männer interniert, am **26. November 1942** auch Frauen, Kinder und alte Menschen verhaftet. Bereits am selben Tag startet der erste Transport mit 532 Juden an Bord des deutschen Dampfers „Donau" nach Stettin. Von dort werden sie in das Vernichtungslager Auschwitz gebracht. Vor Kriegsbeginn lebten mehr als 2000 Juden in Norwegen. 1000 können sich nach Schweden in Sicherheit bringen. 766 jüdische Norweger werden deportiert, die meisten nach Auschwitz, und dort ermordet. 26 von ihnen überleben. Eine der bekanntesten Sabotageaktionen des Widerstandes ist die Sprengung einer Elektrolyseanlage im südnorwegischen Vemork, einer Produktionsanlage für schweres Wasser, eine wichtige Komponente bei der Entwicklung der Atombombe. Gemeinsam mit der Norwegian Independent Company No. 1 (Kompanie Linge) aus Großbritannien führen Spezialkräfte der Milorg am **28. Februar 1943** diesen Anschlag durch. Ab der **Jahreswende 1943/44** wird die Milorg von Großbritannien mit leichten Waffen und Ausrüstungen versorgt und steht in enger Verbindung zum amerikanischen und britischen Geheimdienst. Ihre Mitgliederzahl steigt rasch an. Bei Kriegsende verfügt die Milorg über ca. 40 000 Bewaffnete. Sivorg und Milorg schließen sich im **Mai 1944** zu einer einheitlich geführten Heimatfront (Hjemmefront) zusammen und proklamieren die Wiederherstellung, Unabhängigkeit und Freiheit Norwegens. Unter Håkons VII. Vermittlung wird eine Einigung der Exilregierung und der verschiedenen Widerstandsorganisationen herbeigeführt, und Kronprinz Olav übernimmt am **1. Juli 1944** formell das Oberkommando über die norwegischen Streitkräfte. Im **Winter 1944/45** werden während des Rückzugs der deutschen Truppen vor der Roten Armee aus Finnland die Regionen Finnmark und Nord-Troms Schauplatz heftiger Kämpfe und stark zerstört. Am **18. Oktober 1944** überschreiten sowjetische Truppen die Grenze und dringen 150 km ins Land vor, das sie im **Sommer 1945** wieder verlassen. Im **Winter 1944/45** wird die Milorg verstärkt in den Sabotagekrieg einbezogen und verübt Sprengstoffanschläge auf Eisenbahnlinien. Das übrige Norwegen bleibt von kriegerischen Handlungen verschont, und am **8. Mai 1945**, als sich noch über 300 000 deutsche Soldaten im Land befinden, kapituliert die Wehrmacht in Norwegen vor den alliierten Streitkräften. Oslo wird durch die Heimatfront und durch in Schweden formierte norwegische Polizeieinheiten kontrolliert. Am **13. Mai 1945** kehren Kronprinz Olav und eine Regierungsdelegation nach Oslo zurück. Ihnen folgen am **31. Mai 1945** die gesamte Exilregierung und am **7. Juni 1945** Håkon VII. und seine Familie. Nach dem Rücktritt der Regierung Nygaardsvold wird Oslos Bürgermeister Einar Gerhardsen (DNA) mit der Bildung einer Übergangsregierung beauftragt. Am **25. Juni 1945** wird die Allparteienregierung eingesetzt. Gegen fast 60 000 Norweger, vor allem Mitglieder der NS, und gegen Angehörige der Besatzungsmacht wird in Gerichtsverfahren Anklage erhoben. Gegen etwa 20 000 werden Freiheitsstrafen verhängt, 77 Norweger zu lebenslanger Haft und 30 zum Tode verurteilt – unter ihnen Quisling. Bei den ersten Nachkriegswahlen im **Oktober 1945** gewinnt die DNA die absolute Mehrheit, die sie mit kurzen Unterbrechungen bis **1965** behauptet, und Einar Gerhardsen wird Regierungschef. Während die Regierung Gerhardsen innenpolitisch den bereits vor dem Krieg eingeschlagenen Kurs der sozialen Reform weiterverfolgt, gibt sie außenpolitisch mit dem Eintritt in die Vereinten Nationen (UNO) am **26. Juni 1946** die strikte Neutralitätspolitik auf.

1947–1957

Norwegen wird **1948** Gründungsmitglied der Organization for European Economic Cooperation (Organisation für europäische wirtschaftliche Zusammenarbeit, OEEC) und nimmt die Hilfe des Marshallplanes in Anspruch. Am **4. April 1949** tritt Norwegen unter der Bedingung, daß auf seinem Gebiet keine Atomraketen gelagert werden und es ausländischen Truppen in Friedenszeiten keine Militärstützpunkte gewähren muß, der North Atlantic Treaty Organization (NATO) bei. Gemeinsam mit Dänemark und Schweden gründet Norwegen im **November 1951**, zur Förderung der Zusammenarbeit der Parlamente und

Regierungen, den Nordischen Rat, dem später auch Island und Finnland beitreten. Nach dem Tod von Håkon VII. wird sein Sohn am **21. September 1957** als Olaf V. König von Norwegen.

1960–1971
Norwegen, Dänemark, Großbritannien, Österreich, Portugal, Schweden und die Schweiz (Finnland assoziiert sich) gründen am **4. Januar 1960** als Gegengewicht zur Europäischen Wirtschaftsgemeinschaft (EWG) die European Free Trade Association (EFTA). Von **1965** bis **1971** bilden die bürgerlichen Parteien unter dem Ministerpräsidenten Per Borten eine Koalitionsregierung. **1969** werden im Nordsee-Bohrloch Ekofisk Erdölvorkommen entdeckt, und Norwegen reiht sich in die Gruppe erdölexportierender Länder ein. Nach dem Rücktritt Bortens im **März 1971** dominiert erneut die DNA und stellt mit Trygve Martin Bratteli den Ministerpräsidenten.

1972–1973
Norwegen unterzeichnet am **22. Januar 1972** neben Dänemark, Großbritannien und Irland in Brüssel die Beitrittsakte zur Mitgliedschaft in der Europäischen Gemeinschaft. Entgegen den Bestrebungen der Regierung entscheidet sich die Mehrheit der norwegischen Bevölkerung am **24. und 25. September 1972** wegen Bedenken hinsichtlich des Zugangs der zukünftigen Partnerländer zu den Fischfanggründen, der Konkurrenzfähigkeit der Agrarwirtschaft sowie aus Furcht vor dem Verlust sozialer Errungenschaften in einer Volksabstimmung gegen eine Mitgliedschaft in der EWG. Die Regierung Bratteli tritt im **Oktober 1972** zurück und wird durch ein bürgerliches Minderheitskabinett unter Lars Korvald ersetzt, das bei der EWG um Verhandlungen über einen Handelsvertrag nachsucht. Im **Mai 1973** schließt Norwegen einen Freihandelsvertrag mit der EWG. Nach Neuwahlen im **September 1973** wird Bratteli erneut Ministerpräsident.

1974
Weitere Funde reicher Erdöl- und Erdgasvorkommen in der Nordsee verheißen Norwegen die Lösung drängender wirtschaftlicher und sozialer Probleme. Der beginnende Industrieboom überfordert jedoch den Arbeitskräftemarkt. In Nordnorwegen kommt es zu einer Bevölkerungsabwanderung und dem Niedergang traditioneller Wirtschaftszweige.

1981–1991
Die Ärztin und Vorsitzende der DNA Gro Harlem Brundtland wird am **4. Februar 1981** als erste Frau in Norwegen Regierungschefin. Sie wird nach einer Wahlniederlage im **Oktober** vom Konservativen Kåre Willoch abgelöst, der bis zu seinem Rücktritt **1986** Ministerpräsident bleibt. Wegen der dramatisch gefallenen Ölpreise gerät das stark vom Ölgeschäft abhängige Norwegen **1986** in die schlimmste Wirtschaftskrise seit **1930**. Zahlreiche Banken müssen durch Staatsgarantien abgesichert werden, und die Arbeitslosigkeit steigt auf über sechs Prozent. Das Tief erfordert eine rigorose Sparpolitik. Frau Gro Harlem Brundtland wird am **9. Mai 1986** erneut Regierungschefin. Die etwa 25 000 Samen (Bevölkerung Lapplands nördlich des Polarkreises) Norwegens erhalten am **16. Oktober 1989** ihr eigenes Parlament, das Sameting. Nach dem Rücktritt des seit **Oktober 1989** amtierenden bürgerlichen Minderheitskabinetts von Jan Peder Syse wird Gro Harlem Brundtland am **3. November 1990** zum dritten Mal Chefin einer Minderheitsregierung. Seit **1990** werden die jährlichen Haushaltsüberschüsse in einen von der norwegischen Zentralbank verwalteten Fonds eingezahlt, der die soziale Versorgung der nachfolgenden Generationen sichern und vor **2020** nicht angetastet werden soll. Nach dem Tod König Olafs V. wird sein Sohn als Harald V. im **Januar 1991** König von Norwegen.

1992–1994
Norwegen stellt den Antrag auf Aufnahme in die Europäische Gemeinschaft. Die Beitrittsverhandlungen beginnen **1993** und werden **1994** positiv abgeschlossen. Am **28. November 1994** entscheiden sich 52,4 Prozent der norwegischen Bevölkerung in einem Referendum erneut gegen den Beitritt. **Ende 1994** ist Norwegen zum zweitgrößten Ölexporteur der Erde nach Saudi-Arabien aufgestiegen. Zudem schließt Norwegen mit sechs europäischen Staaten Erdgaslieferverträge ab.

1996–1998
Nach dem Rücktritt der Ministerpräsidentin Gro Harlem Brundtland am **25. Oktober 1996** übernimmt der Vorsitzende der DNA, Thorbjørn Jagland, das Amt und bildet das Kabinett um. Die Regierung verfolgt eine Spar- und Sozialpolitik (u. a. Einrichtung eines durch hohe Sozialabgaben finanzierten Fonds für Sozialausgaben). Die regierende DNA erleidet bei den Parlamentswahlen im **September 1997** erhebliche Stimmenverluste, bleibt aber stärkste Partei. Ministerpräsident Jagland kündigt daraufhin seinen Rücktritt an. Neuer Regierungschef wird der Ex-Außenminister und Christdemokrat Kjell Magne Bondevik, der eine Koalitionsregierung aus der Christlichen Volkspartei, der Zentrumspartei sowie den Liberalen bildet. König Harald V. besucht **Ende Mai 1998** als erster Monarch Norwegens seit **1905** Rußland. Er will erreichen, daß Rußland die in der Barentssee vor der Küste der Halbinsel Kola und vor der Insel Novaja Zemlja gelagerten, ausgemusterten 20 sowjetischen Atom-U-Boote und sonstigen im Nordmeer versenkten Atommüll entsorgt. Rußland erklärt sich dazu bereit, wenn Norwegen finanzielle Unterstützung leistet. Die norwegische Regierung beschließt am **26. Juni** einen Gesetzentwurf für eine Entschädigung von Opfern der Judenverfolgung während der deutschen Besatzungszeit sowie von deren Nachkommen.

2000
Nach einer Vertrauensabstimmung im Parlament tritt die Regierung Bondevik im **März** zurück, und Jens Stoltenberg (DNA) bildet eine Regierung. Ein landesweiter Streik im **Mai** von fast 90 000 Angestellten in der Öl- und Metallindustrie, im Transportwesen, in Druckereien, Hotels und Geldinstituten, der das öffentliche Leben in Norwegen weitgehend lahmlegt, wird nach fünf Tagen beendet, nachdem die Streikenden ihre Forderungen weitgehend durchgesetzt haben (u. a. neben einer Lohnerhöhung auch die Einführung einer fünften Urlaubswoche).

1. Februar 2001
Nach einem rassistisch motivierten Mord an einem 15jährigen am **27. Januar** gehen in Oslo mehrere zehntausend Menschen auf die Straße und demonstrieren gegen Rassismus und Fremdenfeindlichkeit. Sie fordern u. a. Schritte gegen ausländerfeindliche Aktivitäten der rechtsgerichteten Fortschrittspartei (FP) unter der Führung des Populisten Carl Hagen.

Literatur:
- Brockhaus – Die Enzyklopädie in 24 Bänden, 20. Aufl., Leipzig/Mannheim 1996–1999.
- Der Große Ploetz. Die Datenenzyklopädie der Weltgeschichte. Daten, Fakten, Zusammenhänge, 33. Aufl., Freiburg i. Br. 2002.
- Midgaard, John: Eine kurze Geschichte Norwegens, 6. Aufl., Kolbotn 1989.
- Petrick, Fritz: Norwegen von den Anfängen bis zur Gegenwart, Regensburg 2002.
- http://www.areion-online.de (1. August 2003).

Europa nach dem Ersten Weltkrieg

ISLAND
Reykjavik

Färöer (dän.)

NORWEGEN
Oslo

Shetland-Inseln (brit.)

ATLANTISCHER OZEAN

NORDSEE

GROSS-IRLAND
Ulster
Man
Dublin
1922 Freistaat
1937 souverän

DÄNEMARK
Kopenhagen

GROSSBRITANNIEN
London
Wight

NIEDERLANDE
Amsterdam

DEUTSCHES REICH
Berlin

BELGIEN
Brüssel

LUX. Luxemburg
Saargeb. bis 1935 Völkerb.-Verw.

Prag
TS

FRANKREICH
Paris

SCHWEIZ
Bern
LIE.

ÖSTERR

ITALIEN

MONACO

SAN MARINO

Elba
Korsika
Rom

PORTUGAL
Lissabon

SPANIEN
Madrid

ANDORRA

Mallorca
Menorca
Ibiza

Sardinien

Sizilien

TANGER 1924 neutralisiert
Gibraltar (brit.)
Span. Prot. Marokko
Er-Rif
Algerien (franz.)
Tunesien

MITTELMEER

NÖRDLICHES EISMEER
0 200 km
WEISSES MEER
FINNLAND
EDEN
Helsinki
Åland-Inseln
Tallinn
ckholm
Dagö
ESTLAND
Ösel
Gotland
LETTLAND
Riga
Öland
LITAUEN
Kaunas
OSTSEE
nholm
FREIE STADT DANZIG
DT. REICH
Minsk
Weißrussische SSR
Warschau
POLEN
Kiew
UdSSR
Moskau
Russische SFSR
Kasachische S
Ukrainische SSR
KASPISCHES MEER
ECHOSLOWAKEI
Bratislava
Budapest
UNGARN
RUMÄNIEN
Bukarest
zur RSFSR
Zagreb
roatien
UGOSLAWIEN
Belgrad
Bosnien-Herzegowina
1918/20 bis 1929 KÖNIGREICH DER SERBEN, KROATEN UND SLOWENEN
Montenegro
Serbien
BULGARIEN
Sofia
SCHWARZES MEER
Grusinische SSR
Tiflis
Aserbai schanisc SSR
Armenische SSR
Jerewan
PERSIEN
AL-BA-NIEN
Tirana
TÜRKEI
Ankara
TÜRKEI
Mossul-Gebie 1926 an Irak
Korfu
GRIECHEN-LAND
ÄGÄISCHES MEER
Athen
(ital.)
Dodekanes
Rhodos
Zypern
Syrien
1920 franz. Mandat
1930 Republik
IRAK
1920-30/32 brit. Mand
1921 Königreich

NÖRDLICHES EISMEER
0 200 km
WEISSES MEER
FINNLAND
EDEN
UdSSR
Helsinki
Åland-Inseln
Tallinn
Dagö
Estnische SSR
Ösel
Gotland
Lettische SSR
Riga
Öland
Moskau
Russische SFSR
Litauische SSR
OSTSEE
Vilnius
zur RSFSR
Kaliningrad
Minsk
Kasachische SSR
Weißrussische SSR
Warschau
POLEN
Kiew
Ukrainische SSR
KASPISCHES MEER
CHOSLOWAKEI
Bratislava
Moldauische SSR
Kischinjow
Budapest
UNGARN
bis 1954 zur RSFSR
Drau
RUMÄNIEN
Grusinische SSR
Tiflis
Zagreb
Aserbai schanisc SS
Belgrad
SCHWARZES MEER
Bukarest
Armenische SSR
Jerewan
JUGOSLAWIEN
BULGARIEN
Sofia
IRA
AL-BA-NIEN
TÜRKEI
Tirana
Ankara
TÜRKEI
Korfu
GRIECHEN-LAND
ÄGÄISCHES MEER
IRAK
Athen
SYRIEN
Rhodos
ZYPERN unabh.
Dodekanes

MYTHEN DER NATIONEN
1945 – ARENA DER ERINNERUNGEN

Mythen der Nationen

1945 – Arena der Erinnerungen

Herausgegeben von Monika Flacke

Eine Ausstellung des Deutschen Historischen Museums

Begleitbände zur Ausstellung
2. Oktober 2004 bis 27. Februar 2005
Ausstellungshalle von I. M. Pei
Band II

Österreich

Vom Opfermythos zur Mitverantwortungsthese: Die Transformationen des österreichischen Gedächtnisses

VON HEIDEMARIE UHL

Die Opfertheorie als Gründungsnarrativ der Zweiten Republik

Am 19. August 1945 wurde am Wiener Schwarzenbergplatz, dessen südlicher Teil zwischen 1946 und 1956 „Stalinplatz" hieß, das von der sowjetischen Besatzungsmacht errichtete sogenannte Befreiungsdenkmal enthüllt. Das „Denkmal zu Ehren der Soldaten der Sowjetarmee" wurde der Erinnerung an die Befreiung Wiens und an die im Kampf um Wien gefallenen Soldaten der Roten Armee gewidmet.

Die Parade anläßlich der Übergabe des Denkmals wurde vom Maler Johann Laurer gleich mehrfach festgehalten (Abb. A 1).[1] Die zentrale Figur des Denkmals, die 12 Meter hohe Statue eines Rotarmisten, erhebt sich auf einem 20 Meter hohen Sockel: Stramm, die Maschinenpistole quer vor der Brust, am Gürtel zwei Handgranaten und ein Reservemagazin, mit seiner Linken gestützt auf den ovalen Schild mit dem Wappen der Sowjetunion, hält er mit der erhobenen Rechten die wehende Fahne. Laurer hat den Moment der Enthüllung festgehalten und bildet diesen repräsentativ ab.[2] Das Denkmal der Roten Armee spiegelt den spezifisch österreichischen Widerspruch zwischen „Befreiung" und „Niederlage": Seit dem „Anschluß" im März 1938 war Österreich ein Teilgebiet des Deutschen Reiches, Österreicher hatten als Soldaten der Wehrmacht die Angriffskriege Hitlerdeutschlands mitgetragen, im April/Mai 1945 wurde das Land von den alliierten Truppen besetzt. In dieser prekären Situation versuchten die drei Gründungsparteien der Zweiten Republik, Österreich als „erstes Opfer" des Nationalsozialismus darzustellen. So erklärte der spätere Kanzler Leopold Figl anläßlich der Denkmalenthüllung: „Sieben Jahre schmachtete das österreichische Volk unter dem Hitlerbarbarismus. Sieben Jahre wurde das österreichische Volk unterjocht und unterdrückt, kein freies Wort der Meinung, kein Bekenntnis zu einer Idee war möglich, brutaler Terror und Gewalt zwangen die Menschen zu blindem Untertanentum."[3]

Leopold Figls Rede kann als exemplarisches Beispiel für die Selbstdarstellung Österreichs im Rahmen der Opfertheorie gesehen werden. Formuliert wurde dieses Geschichtsbild in der Un-

A 1
Johann Laurer
Parade auf dem Schwarzenbergplatz anläßlich der Errichtung des Russendenkmals 1945
1945
Öl/Leinwand, 73,5 x 97,5 cm
Wien, Heeresgeschichtliches Museum
EB-1996-58

abhängigkeitserklärung vom 27. April 1945, als die von Vertretern der Sozialistischen Partei (SPÖ), der Volkspartei (ÖVP) und der Kommunistischen Partei (KPÖ) gebildete provisorische Regierung die Wiederherstellung der demokratischen Republik Österreich und die Annullierung des „Anschlusses" proklamierte. In diesem Gründungsdokument der Zweiten Republik erfolgten zugleich grundsätzliche Aussagen zur Frage nach der Mitverantwortung Österreichs am NS-Regime. Unter wörtlicher Bezugnahme auf die Moskauer Deklaration der alliierten Außenminister vom 30. Oktober 1943 wurde Österreich als „das erste freie Land, das der Hitlerischen Aggression zum Opfer gefallen ist," bezeichnet und der „Anschluß" vom März 1938 als Okkupation dargestellt, die durch „militärische kriegsmäßige Besetzung […] dem hilflos gewordenen Volke Österreichs aufgezwungen worden ist."[4]

Die Unabhängigkeitserklärung enthält aber auch ausführliche Erörterungen zur Frage des Kriegsdienstes von Österreichern in der Deutschen Wehrmacht. Dieser Punkt war von einiger Brisanz, denn in der sogenannten Mitschuldklausel wurde „Österreich darauf aufmerksam gemacht, daß es für die Beteiligung am Kriege auf seiten Hitlerdeutschlands Verantwortung trägt". Diesem Vorwurf begegnete die provisorische Regierung mit dem Hinweis auf die „Tatsache, daß die nationalsozialistische Reichsregierung Adolf Hitlers […] das macht- und willenlos gemachte Volk Österreichs in einen sinn- und aussichtslosen Eroberungskrieg geführt hat, den kein Österreicher jemals gewollt hat."[5]

Es waren diese Textpassagen der Unabhängigkeitserklärung, in denen die sogenannte Opfertheorie ihre Formulierung fand, und zwar in ihrer ersten, antifaschistischen Variante: Demnach wurde Österreich im März 1938 gewaltsam besetzt, die Jahre 1938 bis 1945 galten als Fremdherrschaft, gegen die sich trotz brutaler Unterdrückung ein österreichisch-patriotischer Widerstand regte.

Diese Sichtweise durchdrang die politische Symbolik und die Darstellung der Zeit des Nationalsozialismus unmittelbar nach Kriegsende in allen Bereichen des öffentlichen Lebens; sie wurde bereits im österreichischen Staatswappen – mit Beschluß vom 1. Mai 1945 – zum Ausdruck gebracht: Der aus der Ersten Republik übernommene Adler wurde nun mit gesprengten Ketten „zur Erinnerung an die Wiedererringung der Unabhängigkeit Österreichs und den Wiederaufbau des Staatswesens" versehen (Abb. A 2).[6]

Die Errichtung von Denkmälern für die Opfer des Freiheitskampfes in Wien, aber auch in den Bundesländern sollte diese Geschichtsauffassung ebenso bekräftigen

A 2
Karl Ernst Krahl
Österreichisches
Staatswappen
Originalentwurf, 1945
Mehrfarbendruck, nachbearbeitet, 52 x 42 cm
Wien, Österreichisches
Staatsarchiv
Zl.1.199/1945

A 3
Rot-Weiss-Rot-Buch.
Gerechtigkeit für Österreich!
Darstellungen, Dokumente
und Nachweise zur
Vorgeschichte und
Geschichte der Okkupation
Österreichs, Erster Teil, Wien
1946
Buchtitel
Privatbesitz

A 4
Faschismus ist Krieg.
Faschismus ist Tod
Photographie der Ausstellungswand in der Ausstellung: Niemals vergessen!, in: Niemals vergessen! Ein Buch der Anklage, Mahnung und Verpflichtung, Gemeinde Wien, Verwaltungsgruppe III, Kultur und Volksbildung, Viktor Matejka u. a. (Hg.), Wien 1946
Buch
Berlin, Universitätsbibliothek der Freien Universität Berlin
82 20599

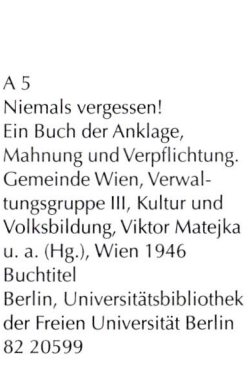

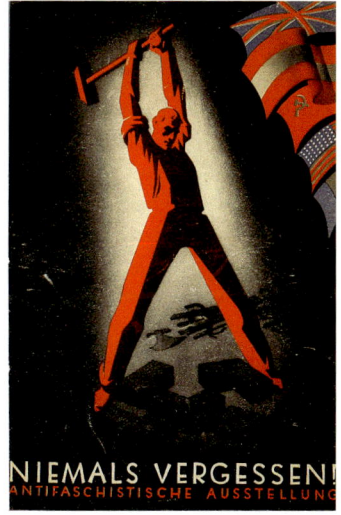

A 5
Niemals vergessen!
Ein Buch der Anklage, Mahnung und Verpflichtung. Gemeinde Wien, Verwaltungsgruppe III, Kultur und Volksbildung, Viktor Matejka u. a. (Hg.), Wien 1946
Buchtitel
Berlin, Universitätsbibliothek der Freien Universität Berlin
82 20599

wie die Herausgabe eines „Rot-Weiss-Rot-Buches" durch die Bundesregierung 1946, das die Argumentationsstrategie der Opfertheorie mit „amtlichen Quellen" untermauern und so den „Anspruch (Österreichs) auf den Status und die Behandlung als 'befreiter Staat' im Sinne der Moskauer Deklaration" begründen sollte (Abb. A 3). Der Titel fordert „Gerechtigkeit für Österreich". Besonders hervorgehoben wurde die Bedeutung des „Widerstandes des österreichischen Volkes gegen seine braunen Unterdrücker", denn die Auffassung der Weltöffentlichkeit sei vielfach noch von den „optischen und akustischen Täuschungsmanövern der nationalsozialistischen Propaganda" geprägt[7] – gemeint waren damit vor allem die Bilddokumente vom triumphalen Empfang der Deutschen Wehrmacht in Wien und vor allem von der Massenkundgebung am Heldenplatz.[8] Ein Kapitel des „Rot-Weiss-Rot-Buches" war der Frage „Die Österreicher und der Krieg" gewidmet, dazu wurde erklärt: „Die Einstellung der österreichischen Bevölkerung zum 'Hitlerkriege' war von allem Anfang ablehnend, sofern sie nicht von seinem Ausgange die einzige Möglichkeit einer Befreiung vom Nazijoche erhoffte."[9]

Die Interpretation des Nationalsozialismus als fremde Gewaltherrschaft lag auch der von der Stadt Wien veranstalteten antifaschistischen Ausstellung „Niemals vergessen" (1946)[10] zugrunde, die einprägsame, an ein breites Publikum gerichtete Visualisierungen des verbrecherischen Charakters des Nationalsozialismus entwickelte: „Faschismus ist Tod" lautete etwa das Motto einer Schautafel, die im Katalog abgebildet ist, in der das Gespenst des deutschen Faschismus über dem zerstörten Stephansdom und anderen Ikonen der österreichischen Identität wie dem Wiener Opernhaus drohend die Hand zum Hitlergruß erhebt (Abb. A 4). Das Titelblatt des Buches zeigt eine riesige Proletarierfigur, aufgerichtet wie der Koloß von Rhodos, die das Hakenkreuz zerschlägt (Abb. A 5). In den Darstellungen von Unterdrückung, Widerstand und Befreiung deuten sich aber bereits Neucodierungen der Opfertheorie an, die für ihre zukünftige Semantik wichtiger werden sollten als das Repertoire der antifaschistischen Formensprache: In der Wohlfahrtsmarken-Serie zur Ausstellung wird in verschiedenen Varianten das Motiv der Zerschlagung des Faschismus und des Wiedererstehens des freien Österreich thematisiert, aber auch eine katholisch konnotierte Variante des Opferstatus eröffnet: Der brennende Stephansdom, umgeben von einer Dornenkrone, zeigt das katholische Österreich als

Opfer des NS-Regimes (Abb. A 6). Nicht der antifaschistische Widerstand, sondern der brennende Stephansdom sollte im Bildgedächtnis der Zweiten Republik zu einem in Schulbüchern und anderen populären Geschichtsdarstellungen vielfach reproduzierten Symbol des Opferstatus werden (Abb. A 7). Die Ermordung der österreichischen Jüdinnen und Juden fand hingegen keinen Niederschlag in den Bildmotiven der Briefmarkenserie. Der Judenverfolgung war zwar ein Abschnitt der Ausstellung gewidmet, dieses Kapitel wurde allerdings – wie die NS-Verbrechen generell – den Deutschen zugeschrieben.[11]

Die „invention of tradition" der österreichischen Nation verabschiedete sich allerdings bald vom Antifaschismus – mittlerweile bereits ein kommunistisch besetzter Begriff – als einem Grundmotiv des österreichischen Volkscharakters. Eine entscheidende Weichenstellung erfolgte bereits mit den ersten Nationalratswahlen im Spätherbst 1945, bei denen die konservative Volkspartei die absolute Mehrheit errang; die KPÖ schnitt mit rund 5 Prozent der Stimmen weitaus schlechter ab als erwartet. Das „Österreich-Buch", 1948 auf staatliche Initiative hin publiziert, versammelte erstmals jene Narrative, die für das Selbstbild der Zweiten Republik prägend werden sollten: die Berufung auf das Erbe einer großen Kulturnation und eine vornehmlich ländlich-konservativ geprägte Vorstellung des „Volkes", das sich nicht durch politische und soziale Differenzierungen, sondern durch seine Trachten und Bräuche unterscheidet. Die NS-Zeit firmiert unter dem Titel „Das österreichische Nocturno": „Wiens bitterste Tage" kamen nicht 1938, sondern zu Kriegsende, als die „zwei Herzen" der Stadt zerstört wurden: die Staatsoper durch alliierte Bombengeschwader, der Stephansdom durch Artilleriebeschuß von abziehenden SS-Einheiten.[12]

Die Konstruktion der österreichischen Nation als einer Kulturnation mit einem harmlos-gemütlichen, sangesfreudigen und friedfertigen Volk sollte auch die Forderung nach dem Abzug der Besatzungsmächte untermauern. Dies wird nirgendwo deutlicher zum Ausdruck gebracht als im staatlichen Propagandafilm „1. April 2000", eine „utopische Satire" (so die offizielle Bezeichnung), die 1948 konzipiert und 1952 fertiggestellt worden war. Im Film kündigt die österreichische Regierung im Jahre 2000 das Kontrollabkommen mit den Besatzungsmächten und muß sich daraufhin wegen „Bruch des Weltfriedens" vor einem internationalen Tribunal verantworten; diese Vorwürfe können aber mit der Beweisführung einer tausendjährigen (sic!) friedfertigen Geschichte entkräftet werden. Schließlich findet ein Vertreter des Tribunals in der Nationalbibliothek die Moskauer Deklaration, einen unumstößlichen Beweis für die Unschuld Österreichs: „Österreich wurde zu Unrecht angeklagt, die Freiheit wurde ja bereits damals zugesagt."[13] Das Plakat kombiniert Filmstills zu einem großen Panorama der österreichischen friedlichen Geschichte, die die Kommission beeindrucken soll (Abb. A 8). Der Grund für das Zustandekommen des Kontrollabkommens wird allerdings nicht erwähnt.

Die Jahre 1947/48/49 markieren eine deutliche Zäsur im Umgang mit der NS-Vergangenheit: Während die erste Nachkriegsphase durch Maßnahmen der

A 6
Alfred v. Chmielowski
Ausstellung
Niemals vergessen!
Briefmarke aus einer
Wohlfahrtsmarken-Serie zur
Ausstellung: Niemals
vergessen!, 1946
Berlin, Deutsches
Historisches Museum

A 7
Brand des Wiener
Stephansdoms
In: Walter Göhring, Herbert
Hasenmayer: Zeitgeschichte.
Ein approbiertes Lehr- und
Arbeitsbuch für Geschichte
und Sozialkunde, Wien 1979,
S. 100
Buch
Privatbesitz

Entnazifizierung und strafrechtlichen Verfolgung von NS-Verbrechen[14] geprägt war, trat nun die Integrationspolitik gegenüber den ehemaligen Nationalsozialistinnen und Nationalsozialisten in den Vordergrund. Mit der Minderbelastetenamnestie des Jahres 1947 wurden 90 Prozent der rund 550 000 von der Entnazifizierung betroffenen Österreicherinnen und Österreicher amnestiert, sie erhielten damit auch das Wahlrecht zurück. Seit den Wahlen des Jahres 1949 bildete das Buhlen um das nicht unbeträchtliche Wählerpotential der „Ehemaligen" eine Grundkonstante der politischen Kultur in der Zweiten Republik.[15]

Die Opferthese als Instrument der „Externalisierung" des Nationalsozialismus

Mit der Eskalation des Kalten Krieges und der Ablösung von Antifaschismus durch Antikommunismus änderten sich bereits wenige Jahre nach Kriegsende die Vorzeichen der Opfer-Semantik. In den folgenden Jahren entwickelten sich zwei Varianten des Opfermythos: zunächst eine an der staatsrechtlichen Argumentation der Unabhängigkeitserklärung orientierte Interpretation der Jahre 1938–1945 als dem „österreichischen Volk" aufgezwungene Gewaltherrschaft, die vor allem die Selbstdarstellung nach außen und auf offizieller Ebene bestimmte. So sind in Schulbüchern keine Photographien zu finden, auf denen jubelnde Österreicher im März 1938 zu sehen sind, vielmehr wird eine martialische Okkupationsmacht vorgestellt, die die Opfertheorie gerechtfertigt erscheinen läßt.

In ihrer zweiten, auf Integration der österreichischen Gesellschaft ausgerichteten Variante wurde der Opferstatus schließlich auf alle Österreicherinnen und Österreicher übertragen – insbesondere auf jene, die nicht zu den eigentlichen Opfern des NS-Regimes zählten: Die ehemaligen Nationalsozialistinnen und Nationalsozialisten wurden pauschal als „verführte" und „betrogene" Opfer einer „unseligen Zeit" bezeichnet, denen durch die Entnazifizierung Unrecht widerfahren sei. Parallel dazu wurde die Heroisierung des antifaschistischen Freiheitskampfes, unmittelbar nach Kriegsende die Legitimation des neuen Österreich, von seiner Diffamierung als kommunistisch und damit als unpatriotisch abgelöst.[16]

Demgegenüber wurde das Leiden unter den Auswirkungen der alliierten Kriegshandlungen zum integrativen Geschichtsbild, mit dem sich auch ehemalige NS-Sympathisanten identifizieren konnten. Zum Symbol für die Transfor-

A 8
Wolfgang Liebeneiner (Regie),
Alexander Hussl (Plakat)
1. April 2000
1952
Filmplakat, 120 x 85 cm
Wien, Wiener Stadt- und Landesbibliothek.
Plakatsammlung
P 14.927

mation des Opferbegriffs von den Opfern des NS-Regimes auf die Opfer des Krieges wurde die Figur des „Heimkehrers" und dessen emotional inszenierte Wiederaufnahme durch die „Heimat". Die „Heimkehrer" sind im visuellen und diskursiven Repertoire der Nachkriegszeit durchgehend präsent, „standardisierte Märtyrerbilder von zerlumpten Soldaten hinter Stacheldrahtzäunen überlagerten spätestens ab 1947 öffentlich-bildliche Darstellungen von NS-Opfern." Jene Männer, die in sowjetischer Kriegsgefangenschaft waren, erschienen nun als die ‚'wahren' Opfer"[17], wie die Briefmarkenserie, die anläßlich der Heimkehr der Soldaten herausgegeben wurde, zeigt (Abb. A 9). Zu sehen sind Leidende hinter Stacheldraht oder Erschöpfte, die zu ihren Familien heimkehren.

A 9
S. Jahn, H.T. Schimek
Kriegsgefangene
1947
Briefmarkenserie
Berlin, Deutsches
Historisches Museum

Zur Rückkehr der Emigrantinnen und Emigranten wurden keine entsprechenden Maßnahmen ergriffen; Viktor Matejka, kommunistischer Stadtrat für Kultur und Volksaufklärung in Wien, holte sich mit seiner Forderung, „daß alle höchstverantwortlichen Stellen [...] allen unseren Emigranten wenigstens theoretisch mitteilten, sie seien wieder herzlich willkommen in der befreiten Heimat, [...] die kältesten Füße meines Lebens".[18] Die überlebenden österreichischen Jüdinnen und Juden waren, soweit sie eine Rückkehr ins Auge faßten, mit einem weitgehend ungebrochenen Antisemitismus konfrontiert. Simon Wiesenthal berichtet über die Reaktionen von Wiener Kino-Besuchern auf einen Wochenschau-Bericht über die Ankunft von Shanghai-Emigranten: Als „der Kommentator bemerkte, 'es sind Juden, die nach Österreich zurückkehren, um am Wiederaufbau in der Heimat teilzunehmen', hörte man im Publikum wüstes Lachen und die Rufe: 'Vergasen!'"[19] Fragen der Wiedergutmachung und der Restitution von jüdischem Eigentum wurden hinausgezögert; im Ministerrat sprach man sich dafür aus, „daß man die Sache in die Länge zieht."[20]

Zugleich wurde seitens der österreichischen Bundesregierung die Berufung auf den staatsrechtlichen Opferstatus als Argument gegen die Präsenz der Besatzungsmächte verwendet. Wenn Österreich, wie in der Moskauer Deklaration festgehalten, 1938 besetzt und 1945 von den Alliierten befreit worden war, warum wurde dann dem „österreichischen Volk" die Freiheit zu Unrecht vorenthalten? Dieser Vorwurf bildete eine Grundkonstante politischer Erklärungen während der zehnjährigen Besatzungszeit (1945 bis 1955).[21] Die Vorstellung, eine Fremdherrschaft sei durch eine andere abgelöst worden (und die damit verbundene implizite Gleichsetzung des NS-Regimes mit der Zeit nach 1945), wird bereits in einem

Plakat von 1948, zum zehnten Jahrestag des „Anschlusses", zum Ausdruck gebracht (Abb. A 10). Die Aussage des Plakates mit dem Motiv des Kerkergitters ist eindeutig: Zehn Jahre nach dem „Anschluß" und drei Jahre nach Kriegsende herrsche in Österreich noch immer eine Kontinuität der Unfreiheit. Als am 15. Mai 1955 der Staatsvertrag unterzeichnet wurde, sprach Außenminister Figl von einem „siebzehn Jahre lang dauernden dornenvollen Weg der Unfreiheit", der nun beendet sei.[22]

Der Widerspruch zwischen der Argumentation der Opferthese und der historischen Realität, insbesondere hinsichtlich der Leugnung der breiten Zustimmung zum „Anschluß" an das Deutsche Reich, des hohen Anteils an Nationalsozialisten in der österreichischen Bevölkerung und der Identifikation mit dem Kriegsdienst in der Deutschen Wehrmacht, ist offenkundig. Bereits beim Rückgriff auf die Moskauer Deklaration handelte es sich um eine Instrumentalisierung, denn die Beschlüsse der Außenministerkonferenz waren nicht als Konzept für die österreichische Nachkriegsordnung, sondern als letztlich wenig wirksames Propagandainstrument zur Stärkung eines österreichischen Widerstandes

A 10
August Schmidt
1938–1948
1948
Plakat, 120 x 85 cm
Wien, Österreichische Nationalbibliothek
1948/10 (1777)

gedacht.[23] Dennoch wurde die Berufung auf den völkerrechtlich begründeten Opferstatus zur zentralen Strategie in den Verhandlungen um den Staatsvertrag, wobei vor allem das „Österreicher, aber kein Österreich"-Argument vertreten wurde: Da es keinen Staat und keine österreichische Regierung gegeben habe, bestehe auch keine Mitverantwortung für die Verbrechen des NS-Regimes.

Analog wurde im Hinblick auf die Wiedergutmachungsfrage argumentiert: Als die Jewish Claims Conference nach Abschluß des Abkommens mit der Bundesrepublik Deutschland, wo 1953 das Bundesentschädigungsgesetz beschlossen worden war, ähnliche Forderungen an Österreich richtete, zog sich die Regierung auf den Standpunkt zurück, Österreich sei als ein von den Deutschen besetztes Land staatsrechtlich nicht zu Leistungen verpflichtet und trage auch keine moralische Verantwortung, da die Verbrechen an den Juden von den Deutschen begangen worden seien. Den Mitgliedern des Committee for Jewish Claims on Austria wurde erklärt, „alle Leiden der Juden während dieser Zeit wurden ihnen von den Deutschen und nicht von den Österreichern zugefügt; Österreich trage an allen diesen bösen Dingen keine Schuld, und wo keine Schuld, da keine Verpflichtung zu einer Wiedergutmachung."[24] Erst auf Druck der Weltöffentlichkeit und des Alliierten Rates fand sich die Regierung schließlich zu Leistungen bereit, ohne jedoch das Prinzip der Verantwortlichkeit anzuerkennen.[25] In der Frage der Kriegsteilnahme wurde der Standpunkt vertreten, daß die Österreicher ebenso wie die Bewohner anderer besetzter Gebiete gezwungen worden seien, „in der verhaßten Kriegsmaschine zu dienen".[26] Bekanntlich ist es der österreichischen Regierung mit dieser Argumentation gelungen, noch in der letzten Runde der Staatsvertragsverhandlungen die Streichung der „Mitverantwortungsklausel" zu erreichen.[27]

Auch nach dem Abschluß des Staatsvertrages beruhte die offizielle Selbstdarstellung weiterhin auf dem Opfermythos, er hat letztlich bis zur Waldheim-Diskussion erfolgreich ein weitgehend unhinterfragtes, positives Image Österreichs als einer „Insel der Seligen" geprägt (mit diesen vielfach Bruno Kreisky zugeschriebenen Worten soll Papst Paul VI. Österreich anläßlich seines Besuches 1967 charakterisiert haben). Die internationale Aufmerksamkeit konzentrierte sich auf die Bundesrepublik Deutschland.[28] Österreich präsentierte sich als „besetztes Land", ungeachtet des hohen Anteils österreichischer Nationalsozialistinnen und Nationalsozialisten – 1942 waren rund 688 000 Personen bzw. 8,2 Prozent der Gesamtbevölkerung Mitglieder der NSDAP[29] –, der Vertreibung von rund 130 000 und der Ermordung von rund 65 000 österreichischen Jüdinnen und Juden und ungeachtet der führenden Rolle von Österreichern innerhalb des nationalsozialistischen Besatzungs- und Terrorapparats: Ernst Kaltenbrunner, Adolf Eichmann und eine ganze Reihe von aus Österreich stammenden Organisatoren der „Endlösung" – wie Odilo Globocnik und Franz Stangl – wurden als Deutsche, nicht als Österreicher wahrgenommen.[30]

Dennoch hat die Position der Opfertheorie bis in die 80er Jahre den offiziellen Umgang mit der NS-Zeit weitgehend geprägt. Der Nationalsozialismus wurde als Teil der deutschen, nicht der eigenen Vergangenheit betrachtet und „externalisiert", er wurde als etwas von außen Kommendes betrachtet, für das Österreich keine Verantwortung trage.[31] Dasselbe gilt für den Zweiten Weltkrieg: In einem historischen Standardwerk, der „Geschichte Österreichs" von Ernst Joseph Görlich und Felix Romanik, wurde dazu bemerkt: „Der Zweite Weltkrieg gehört zur Weltgeschichte, nicht aber zur eigentlich österreichischen Überlieferung. Er war kein österreichischer Krieg; Österreich hat als *Staat* an ihm nicht teilgenommen."[32] Aus der Weiterführung dieser Argumentation geht allerdings hervor, daß sich das Argument der Opferthese gegen eine andere, offenkundig weitverbreitete Sichtweise richtete: „Eine 'Verteidigung der Heimat' lag nicht vor. Der österreichische Patriot mußte sich sogar sagen, daß nur die Niederlage Hitlers die Hoffnung auf eine Wiederherstellung des österreichischen Staates in sich berge."[33]

Folgt man diesen und ähnlichen Befunden[34], so hatte in den beiden Nachkriegsjahrzehnten in Österreich selbst ein Geschichtsbild an Wirkmächtigkeit gewonnen, das weitgehend im Widerspruch zur antifaschistischen Variante der Opfertheorie stand, wie sie 1945 formuliert worden war. Vor allem in den 50er Jahren, verstärkt nach dem Abschluß des Staatsvertrages, hatte die Interpretation der Jahre 1938 bis 1945 als Gewaltherrschaft und die Berufung auf den österreichischen Freiheitskampf kaum noch Relevanz. Die wahlstrategische Werbung der beiden Großparteien um die „alten und neuen Nazis" erforderte entsprechende geschichtspolitische Rücksichtnahmen – kritische Stimmen warnten vor neonazistischen Aktivitäten und Tendenzen einer „Renazifizierung".[35]

Die Funktion der Opfertheorie bestand in den 50er und frühen 60er Jahren offenkundig nur noch darin, die Ausblendung der Jahre 1938 bis 1945 aus der Ereignisabfolge der „österreichischen Geschichte" zu eröffnen und damit die Fragen von Schuld und Verantwortung bezüglich der NS-Verbrechen auf die Bundesrepublik Deutschland zu projizieren. Damit konnte auch die Perspektive auf Unterdrückung und Widerstand, die für die antifaschistische Variante der Opfertheorie konstitutiv war, vermieden werden; diese sensiblen Themen hätten an die noch keineswegs verblaßten Konfliktlinien zwischen Befürwortern und Gegnern des NS-Regimes innerhalb der österreichischen Gesellschaft gerührt.[36]

Klar ersichtlich wird diese „Externalisierung" in der narrativen Struktur der Schulbuchdarstellungen: Die österreichische Geschichte bricht mit dem „Ende des unabhängigen Österreich" am 12. März 1938 („Damit hatte unser Vaterland seine Freiheit und Unabhängigkeit verloren"[37]) ab, die folgenden Jahre des „Zweiten Weltkriegs" zählen zur deutschen oder zur internationalen Geschichte. Der Österreich-Bezug beginnt dann wieder mit dem 27. April 1945 oder bereits mit den Märztagen dieses Jahres, als „die sowjetischen Truppen von Osten her über die österreichische Grenze drangen", wie in der 1957 publizierten Ausgabe von „Zeiten, Völker und Kulturen", einem verbreiteten Geschichtslehrbuch, zu lesen ist. Dies bewirkte zwar den „Zusammenbruch der nationalsozialistischen Herrschaft", aber auch „Chaos, Not und Grauen als Kriegsfolgen", so die Überschrift des ersten Abschnitts im Kapitel „Die Zweite Republik Österreich". Die Erfahrung von Gewalt und Leid findet erst im Zusammenhang mit dem Einmarsch der Roten Armee – und nicht mit der NS-Zeit – Erwähnung.[38]

Die Ablösung der Erinnerung an Gewaltherrschaft und Widerstand durch das Gedächtnis an die Gefallenen und zivilen Kriegsopfer als neues, integratives Geschichtsbild findet auch in der Denkmallandschaft ihren Niederschlag: Während Widerstandsdenkmäler außerhalb Wiens kaum noch politisch durchsetzbar waren – Denkmäler für die „Opfer des Faschismus" galten Mitte der 50er Jahre als Instrumente „kommunistischer Propaganda"[39] –, setzte um 1950 eine breite Bewegung für die Errichtung von Gefallenengedenkstätten ein. In nahezu jeder Gemeinde wurde ein Kriegerdenkmal geschaffen bzw. das Gefallenendenkmal des Ersten Weltkrieges erweitert. Getragen wurde diese Denkmalbewegung vom Kameradschaftsbund, der breite Unterstützung fand: Politiker aller Parteien setzten sich öffentlich für die Wiederherstellung der „Ehre" der Wehrmachtssoldaten ein. Darüber hinaus waren praktisch alle gesellschaftlichen Kräfte (Parteien, Vereine, Schulen) in das Gefallenengedenken eingebunden, vor allem auch die katholische bzw. evangelische Kirche. Das Kriegerdenkmal, meist an einem zentralen Ort oder in Kirchennähe errichtet, wurde so dem selbstverständlichen Repertoire des öffentlichen Raums in weiten Teilen Österreichs eingegliedert, vor allem in den ländlich-kleinstädtischen Regionen.

Resümierend lassen sich die widersprüchlichen Narrationen, die das „österreichische Gedächtnis"[40] in den beiden ersten Nachkriegsjahrzehnten bestimmten, folgendermaßen charakterisieren. Seit dem Beginn der 50er Jahre bildete sich jenes widersprüchliche Geschichtsverständnis heraus, durch das die spezifisch österreichische Geschichtspolitik charakterisiert ist: Nach außen stellte sich Österreich als erstes Opfer und – mit Hinweis auf den österreichischen Widerstand – als antinationalsozialistischer Staat dar. In Österreich selbst wurde die Erinnerung an den Widerstand, vor allem aber an die Verbrechen des NS-Regimes marginalisiert oder als „kommunistisch" diffamiert. Während bei den Verhandlungen um den Staatsvertrag die Forderung nach Streichung der Mitschuld-Klausel erhoben wurde, mit der Begründung, daß die Österreicher ebenso wie die Angehörigen anderer besetzter Gebiete gezwungen worden waren, „in der verhaßten

Kriegsmaschine zu dienen", sprachen österreichische Politiker bei Kriegerdenkmalenthüllungen den ehemaligen Wehrmachtssoldaten ihren Dank für die Pflichterfüllung und Opferbereitschaft bei der Verteidigung der Heimat aus. Wenn aber die Frage nach der Verantwortung für die Verbrechen des NS-Regimes gestellt wurde – wie bei den Forderungen nach materieller Entschädigung für jüdische Opfer –, entzog man sich unter Hinweis auf die Rechtsposition der Opfertheorie, wonach seit März 1938 kein österreichischer Staat und keine österreichische Regierung bestanden hätten.

Transformationen der Opferthese in den 60er und 70er Jahren

In den 60er Jahren läßt sich im Kontext einer gesellschaftlichen Aufbruchsituation eine partielle Transformation des Geschichtsbewußtseins feststellen. Mit dem Generationenwechsel wurde in beiden Großparteien begonnen, neue Modelle von Politik zu entwickeln. Die Grenzen zwischen den politischen Lagern wurden durchlässiger, „Modernisierung" und „Demokratisierung" wurden zu den Schlagworten einer Reformphase. Die zunehmende Festigung eines Österreichbewußtseins, die Politisierung vor allem der studentischen Jugend und das Entstehen eines neuen Typs von kritischem Journalismus trugen dazu bei, die Rahmenbedingungen des Geschichtsbewußtseins langfristig zu verändern.[41] Diese Transformationsprozesse werden sowohl in geschichtspolitischen Skandalen als auch in neuen Gedächtnisorten sichtbar.

Der erste dieser Skandale, der Anstoß zu einer öffentlich-medialen Debatte um die „Bewältigung" der Vergangenheit gab, datiert aus dem Jahre 1961. Während der Eichmann-Prozeß in Österreich nur auf geringe Resonanz stieß[42], löste das Theaterstück „Der Herr Karl" einen Proteststurm aus. Mit dieser Bühnenfigur wurde der Typus des ehemaligen „Nazi" etabliert, der bis heute als Synonym für den opportunistischen Durchschnittsösterreicher und seine zynische Haltung zur NS-Vergangenheit nach 1945 gilt (Abb. A 11). „Der Herr Karl", das von Helmut Qualtinger und Carl Merz verfaßte und am 15. November 1961 im österreichischen Fernsehen ausgestrahlte Einpersonenstück, stieß auf unerwartet heftige Abwehrreaktionen, die Hans Weigel in der Kronen-Zeitung folgendermaßen kommentierte: ‚'Der Herr Karl' wollte einem Typus auf die Zehen treten, und ein ganzes Volk schreit 'Au!'"[43]

Mitte der 60er Jahre, im Umfeld der Affäre um Taras Borodajkewycz, begannen sich auch in den offiziellen Gedächtnisdiskursen Wandlungsprozesse abzuzeichnen. Die deutschnationalen und antisemitischen Äußerungen, die der Professor

A 11
Helmut Qualtinger, Carl Merz
Der Herr Karl
15. November 1961
Szenenphoto, 24 x 18,3 cm
Wien, Österreichisches Theatermuseum
PVÖA 184.272

für Neuere Geschichte an der Wiener Hochschule für Welthandel in seinen Vorlesungen vortrug, hatten bereits seit Jahren zu Kritik von seiten sozialistischer Studenten geführt, die zunächst allerdings auch in der eigenen Partei wenig Unterstützung fanden. Eine im März 1965 vom Fernsehen übertragene Pressekonferenz führte schließlich zum Eklat: Borodajkewycz' Aussagen, bei denen er sich u. a. voll Stolz dazu bekannte, freiwillig der NSDAP beigetreten zu sein, aber auch das Verhalten der Studierenden, die ihn mit Applaus und Gelächter bestärkten, lösten Demonstrationen von Gegnern und Anhängern aus (u. a. wurde dabei „Hoch Auschwitz!" gerufen), bei denen der ehemalige kommunistische Widerstandskämpfer Ernst Kirchweger getötet wurde.[44] Der Schock über das erste Todesopfer einer politischen Auseinandersetzung in der Zweiten Republik übte eine „kathartische Wirkung" auf die österreichische Gesellschaft aus. Kirchwegers Begräbnis wurde als antinationalsozialistisches Bekenntnis des offiziellen Österreich und als klare Absage an die „Ewiggestrigen" interpretiert: 25 000 Menschen folgten dem Leichenzug, der vom Heldenplatz über die Ringstraße führte (Abb. A 12). Mit Ausnahme von einigen ÖVP-Politikern – darunter Bundeskanzler Josef Klaus – beteiligte sich daran die gesamte Bundesregierung.

Deutliche Worte der Abgrenzung gegenüber einer Verharmlosung des Nationalsozialismus prägten auch den kurz darauf begangenen 20. Jahrestag der österreichischen Unabhängigkeitserklärung im April 1965, bei dem der Weiheraum für den österreichischen Freiheitskampf im Äußeren Burgtor der Wiener Hofburg seiner Bestimmung übergeben wurde; das erste staatliche, von der Republik Österreich errichtete Widerstandsdenkmal. In seiner vielbeachteten Rede versicherte Nationalratspräsident Alfred Maleta (ÖVP), „wir lassen uns das Haus, das wir gebaut haben, nicht in Brand stecken". Maleta bekannte sich zur „Einbeziehung der ehemaligen Nationalsozialisten in die demokratische Gemeinschaft", erklärte aber unmißverständlich: „Wir pardonierten Menschen, aber wir akzeptierten nicht das Geschichtsbild der nationalsozialistischen Vergangenheit."[45]

Der Gedenkraum für die „Opfer im Kampfe für Österreichs Freiheit" (so die Inschrift) befindet sich in unmittelbarer Nähe zum 1934 geweihten Heldendenkmal des Ständestaates für die militärischen Opfer des Ersten Weltkrieges, das nach 1945 auch den Gefallenen des Zweiten Weltkrieges gewidmet wurde. Bei seiner Übergabe legten Vertreter von SPÖ und ÖVP ein einmütiges Bekenntnis zum Widerstand als historische Legitimation der Zweiten Republik ab, damit

A 12
Auf diesem Platz trauerte ganz Österreich
In: Arbeiterzeitung, 9. April 1965, S. 3
Zeitschrift
Wien, Österreichische Nationalbibliothek
393.854-E.Per.Ne.83, 9. 4. 1965

wurde den politischen Opfern des NS-Regimes erstmals die gleiche offizielle Ehrung zuteil wie den gefallenen Wehrmachtssoldaten.

In den 70er Jahren verfestigte sich im offiziellen Diskurs, vor allem auch in den Schulbüchern und in der zeitgeschichtlichen Forschung, eine neu formulierte Opfertheorie, die den Widerstand gegen das NS-Regime als historischen Bezugspunkt der Zweiten Republik installieren wollte.

Aus heutiger Perspektive erscheint die Berufung auf den österreichischen Widerstand als Bestandteil der Opferthese und damit als ein Argument der Verschleierung des österreichischen Täter-Anteils – in den 70er Jahren war damit ein Programm der politisch-historischen Aufklärung verbunden. Die Tatsache, daß dieser Widerstand vor allem von Kommunisten getragen wurde[46], wurde von dieser Konstruktion eines „österreichischen Freiheitskampfes" ebenso negiert wie die Frage, ob überhaupt von einem österreichisch-patriotisch oder nicht eher von einem antinationalsozialistisch motivierten Widerstand gesprochen werden könne.

Allerdings: Die NS-Zeit spielte in den geschichtspolitischen Konsens- und Konfrontationsstrategien der beiden Großparteien SPÖ und ÖVP nur eine untergeordnete Rolle, in deren Zentrum stand vielmehr die Frage nach der Schuld am Scheitern der Ersten Republik, nach der Verantwortung für die Errichtung der Ständestaat-Diktatur und für die Niederschlagung des sozialdemokratischen Februaraufstandes 1934.[47] Die NS-Herrschaft wurde im Sinne eines positiven Gründungsnarrativs der Zweiten Republik gedeutet: als Zeit der Katharsis, in der die verfeindeten politischen Parteien der Ersten Republik durch die gemeinsame Verfolgung auf den Lagerstraßen der Konzentrationslager zueinander gefunden hätten und in der ein Großteil der Bevölkerung durch die Erfahrung mit den „deutschen" Machthabern sein österreichisches Nationalbewußtsein „entdeckt" habe.

Aber auch von der Neuorientierung des offiziellen Geschichtsbildes im Hinblick auf die Implementierung des österreichischen Widerstandes als Gedächtnisort blieben die Einstellungsmuster eines verbreiteten „Alltagsfaschismus"[48] weitgehend unberührt. Dies zeigte sich an einem weiteren geschichtspolitischen Skandal: Als Simon Wiesenthal, seit der Aufspürung Adolf Eichmanns international als „Nazijäger" bekannt, darauf hinwies, daß der FPÖ-Vorsitzende Friedrich Peter Mitglied der 1. SS-Infanteriebrigade war, einer berüchtigten, für Kriegsverbrechen im Hinterland der Ostfront verantwortlichen Einheit, hatte dies eine Diffamierungskampagne zur Folge. Bundeskanzler Bruno Kreisky ergriff Partei für Peter und unterstellte Wiesenthal u. a., ein NS-Kollaborateur gewesen zu sein. Peter wies jede Schuld von sich.[49] Die Affäre um seine Kriegsvergangenheit hatte Peter zunächst „keinen ernstlichen Schaden zugefügt", dies sollte erst 1983 der Fall sein, als er nach der Bildung einer SPÖ-FPÖ-Koalition das Amt des dritten Nationalratspräsidenten bekleiden sollte. Anders als 1975 formierte sich nun ein entschiedener Widerstand: Tausende Unterzeichner, z.T. prominente Wissenschaftler, Künstler und Politiker, brachten in selbstfinanzierten Zeitungsannoncen zum Ausdruck, „daß die Wahl von Friedrich Peter zum 3. Präsidenten des Nationalrates oder seine Aufnahme in die Bundesregierung mit dem Ansehen Österreichs unvereinbar ist."[50]

Die Frage, was zu diesem offenkundig doch tiefgreifenden Meinungsumschwung innerhalb der österreichischen Gesellschaft geführt hat, ist nicht eindeutig zu beantworten. Ein Faktor ist wohl im Generationenwechsel zu sehen; ein nicht zu unterschätzender Anstoß ging von der Ausstrahlung der TV-Serie „Holocaust" im österreichischen Fernsehen im März 1979 aus, die von einer intensiven Berichterstattung über die Vernichtungspolitik begleitet war. Im Zusammenhang mit „Holocaust" wurde erstmals die Frage nach „Österreichs Anteil an der Endlösung"[51] diskutiert und das Wissens- und Bilderrepertoire des „Zivilisationsbruchs Auschwitz"[52] medial kommuniziert.[53] In diesen Debatten und den daran anschließenden Projekten historisch-politischer Aufklärung, vor allem für den Schulunterricht, wurden jene Argumente und kritischen Haltungen gegenüber einer Verharmlosung der NS-Zeit kommuniziert, die die Basis für die Opposition gegen Kurt Waldheim im Präsidentschaftswahlkampf 1986 bilden sollten.

Die Erosion der Opferthese in der Waldheim-Debatte

Die Debatte um die Kriegsvergangenheit des ÖVP-Bundespräsidentschaftskandidaten und ehemaligen UN-Generalsekretärs Kurt Waldheim[54] hat Österreich 1986 mit „seiner" NS-Vergangenheit konfrontiert. Waldheims Bemerkung über die Pflichterfüllung – „Ich habe im Krieg nichts anderes getan als Hunderttausende andere Österreicher, nämlich meine Pflicht als Soldat erfüllt"[55] – machte schlagartig die Widersprüche des österreichischen Geschichtsbildes bewußt, vor allem seinen zentralen Gegensatz: die Beurteilung des von Österreichern geleisteten Kriegsdienstes in der Wehrmacht.

Die Sprengkraft der Waldheim-Debatte und deren affektive Auflädung beruht auf verschiedenen Faktoren. Die brisante Frage der Haltung zum Kriegsdienst betraf den Erfahrungshintergrund weiter Teile der Bevölkerung, nicht nur der sogenannten Kriegsgeneration, sondern auch ihrer Kinder und Enkelkinder. Eine nicht unwesentliche Rolle dürfte auch der vielfach publizierten Photographie Waldheims in der Uniform eines Wehrmachtsoffiziers zugekommen sein (Abb. A 13). Die Zeitschrift Profil montierte auf ihrer Titelseite eine Photographie, die Waldheim in Wehrmachtsuniform zeigt, und ein zeitgenössisches Photo des strahlenden Politikers. Die Montage evoziert ein Motiv aus dem Bildgedächtnis des Holocaust und verbindet es zugleich mit einem scheinbar unbescholtenen Mann. Die visuelle Darstellung von Wehrmachtssoldaten hatte vor allem durch die Ausstrahlung der Serie „Holocaust" eine zumindest potentiell negative Konnotation erhalten: Soldaten der Wehrmacht wurden nicht mehr allein als bedauernswerte Opfer alliierter Kriegshandlungen (wie etwa in den Heimkehrer-Photographien), sondern auch als Täter betrachtet.

A 13
Jetzt erst recht?
In: Profil, 17. Jg., Nr. 14,
1. April 1986
Zeitschriftentitel
Wien, Österreichische
Nationalbibliothek
Neu Per 1,049.528-D.17.1986

Die Waldheim-Debatte spaltete das Land, der dabei zutage kommende Antisemitismus und die in zahlreichen Zeitungskommentaren und Leserbriefen geäußerten Rechtfertigungen für den Kriegsdienst in der Wehrmacht ließen die „Insel der Seligen" nun im Schatten des Nationalsozialismus erscheinen: Nach Waldheims Wahlsieg stellte sich die Frage, ob die Österreicher „Nazis und Antisemiten" seien – der Schriftsteller Robert Menasse schlug den Punschkrapfen („außen rosa, innen braun") als neues Nationalsymbol vor.[56] Österreich galt nunmehr als ein Fallbeispiel des „Vergessens" und „Verdrängens" auf der Landkarte des europäischen Gedächtnisses.

Zugleich wurden die Widersprüche in den Narrationen der „Opfertheorie" sichtbar, wie sie etwa in Franz Antels Verfilmung des „Bockerer" zum Ausdruck kommen, die mittlerweile den Rang eines Kultfilmes einnimmt. Der Metzgermeister Karl Bockerer, als typischer Wiener charakterisiert und so gewissermaßen eine Gegenfigur zum „Herrn Karl", erweist sich als resistent gegenüber Antisemitismus und NS-Parolen, im Gegensatz zu seinem sozialen Umfeld – selbst sein Sohn wird zum begeisterten Nationalsozialisten, und auch seine Frau kollaboriert. Im Grunde genommen sind fast alle, mit denen er zu tun hat, Nationalsozialisten.[57] Der Metzger ist kein Widerstandskämpfer, er ist ein anständiger und redlicher Handwerker, der seinen Prinzipien treu bleibt und am liebsten mit seinem jüdischen Freund Karten spielen würde. Auf dem Plakat ist der störrische Blick des Hauptdarstellers fest auf den Betrachter gerichtet (Abb. A 14). Den Verweis auf seinen Beruf – Metzger – gibt das Schwein, durchbohrt mit einer Hakenkreuzfahne. Die Bildwelt des Plakates spiegelt den Humor des Films adäquat wider.

Allerdings: Seit dem Anstoß durch die Waldheim-Debatte haben sich neue Sichtweisen auf die österreichische Vergangenheit durchgesetzt. Auf der Ebene des politischen Diskurses lassen Erklärungen von führenden Repräsentanten der Republik auf eine Erosion der Opferthese bzw. auf deren Modifikation durch die „Mitverantwortungsthese" schließen, die auch eine selbstkritische Distanz zum bisherigen Umgang mit der österreichischen Vergangenheit einschließt. Am 8. Juli 1991 bekannte Bundeskanzler Franz Vranitzky vor dem Nationalrat die „Mitverantwortung für das Leid, das zwar nicht Österreich als Staat, wohl aber Bürger dieses Landes über andere Menschen und Völker gebracht haben"[58], ähnliche Aussagen erfolgten bei den Staatsbesuchen des Bundespräsidenten und des Bundeskanzlers in Israel. Dieses Bekenntnis zu den „dunklen Seiten" der eigenen Vergangenheit geht davon aus, daß Österreich als Staat zwar zum „ersten Opfer" wurde, daß unter den Österreichern aber nicht nur Opfer, sondern auch Täter waren – „manche der ärgsten Schergen der NS-Diktatur", wie Bundespräsident Thomas Klestil 1994 vor der Knesset ausführte.[59] Die Anerkennung der Mitverantwortung impliziert, daß der Nationalsozialismus zur „eigenen" Geschichte gehört und daß die Zweite Republik eine zumindest moralische Verantwortung für den österreichischen Anteil an den Verbrechen des Nationalsozialismus und an der Ermordung und Vertreibung der jüdischen Bürger trägt.

In Antithese dazu steht vor allem die Geschichtspolitik der FPÖ. Die Freiheit-

A 14
Franz Antel (Regie)
Der Bockerer
1981
Filmplakat, 70 x 50 cm
Wien, Filmarchiv Austria.
Filmdokumentationszentrum
FDZ 974

liche Partei unter Jörg Haider hält an der in den 50er Jahren geprägten Geschichtspolitik fest; mangelnde Distanzierung vom Nationalsozialismus, antisemitische „Anspielungen" und Ausfälle und die Umdeutung der NS-Kriegspolitik als Abwehrkampf des christlichen Abendlandes oder als „Verteidigung der Heimat" prägen entsprechende Aussagen. So erklärte Haider vor Weltkriegsveteranen bei der Kärntner Ulrichsbergfeier 1990: „Eure Opfer werden in den nächsten Jahren in das richtige Licht gerückt werden, weil an der Gesamtentwicklung dieses Europa deutlich gemacht wird, daß die Grundlage für Frieden und Freiheit von Euch gelegt wurde."[60] Fünf Jahre später würdigte Haider bei einem Treffen ehemaliger Angehöriger der Waffen-SS die Treue und Anständigkeit der Anwesenden.[61]

Erst mit der Erosion der Opferthese wurde der Nationalsozialismus seit den späten 80er Jahren zum „normativen Bezugspunkt" der politischen Kultur der Zweiten Republik, konnte die Frage nach der „Präsenz des Dritten Reiches in der Zweiten Republik" gestellt werden. Diese neue Sichtweise fand auch in Zeichensetzungen des kulturellen Gedächtnisses ihren symbolischen Ausdruck. Im November 1997 wurde aufgrund einer gemeinsamen Initiative aller im Parlament vertretenen Parteien (einschließlich der FPÖ) beschlossen, als „deutliches Zeichen" im Hinblick auf das „europäische Jahr gegen Rassismus und Fremdenfeindlichkeit" einen NS-Opfer-Gedenktag am 5. Mai, dem Tag der Befreiung des Konzentrationslagers Mauthausen, einzurichten.[62] Die Errichtung des Holocaust-Denkmals am Wiener Judenplatz im Jahre 2000 und lokale Denkmalinitiativen für Opfer des NS-Regimes, viele davon der Erinnerung an jüdische Opfer gewidmet, verweisen darauf, daß sich die „Mitverantwortungsthese" nicht auf das offizielle Österreich bzw. auf Wien beschränkt, sondern auch in kleineren Kommunen politisch mehrheitsfähig geworden ist.

Die Neuinterpretation des Geschichtsbildes betraf vor allem auch die Ereignisse des März 1938 selbst: Wenn die Opferthese eine Geschichtslüge war, wie war der „Anschluß" nun zu beurteilen? Aus dieser Perspektive wurden die Bilder des Jubels am Heldenplatz im März 1938 zu Bildern des Widerspruchs zur Opfertheorie (Abb. A 15). Darauf bezogen und deshalb auf der nächsten Doppelseite abgebildet sind die photographischen Dokumente der pogromartigen Ausschreitungen gegen die jüdische Bevölkerung Wiens unmittelbar nach dem „Anschluß", die damit ebenfalls zu visuellen Zeugnissen gegen den Opfermythos werden (Abb. A 16). Im visuellen Narrativ eines kritischen Umgangs mit der NS-Vergangenheit, wie es sich nun in historiographischen Werken, aber auch in

A 15
15. 3. 1938: Adolf Hitler spricht auf dem Heldenplatz in Wien
In: Peter Malina, Gustav Spann: 1938–1988. Vom Umgang mit unserer Vergangenheit, Bundesministerium für Unterricht, Kunst und Sport (Hg.), Wien 1988, S. 3/4
Buch
Privatbesitz

A 16
März 1938 in Wien: Jüdische Mitbürger werden unter der Zustimmung von Österreichern öffentlich erniedrigt und schikaniert
In: Peter Malina, Gustav Spann: 1938–1988. Vom Umgang mit unserer Vergangenheit, Bundesministerium für Unterricht, Kunst und Sport (Hg.), Wien 1988, S. 5/6
Buch
Privatbesitz

Schulbüchern findet, wird der „Anschluß"-Pogrom zentral ins Bild gerückt. Die Demütigung der jüdischen Wienerinnen und Wiener gilt nun als der spezifisch österreichische Anteil an der nationalsozialistischen Vernichtungspolitik, diese Ereignisse wurden zum Symbol für die schuldhafte Verstrickung des Kollektivs an der Vertreibung und Auslöschung der jüdischen Bevölkerung.

Der Jubel am „Heldenplatz" und der „Anschluß"-Pogrom prägen nunmehr das Bildgedächtnis des „Anschlusses", sie bilden auch den Fokus künstlerischer Auseinandersetzungen mit der NS-Vergangenheit. Thomas Bernhards umstrittenes Theaterstück „Heldenplatz" gelangte im Herbst des „Anschluß"-Gedenkjahres 1938/88 am Burgtheater zur Aufführung. Die Zeitschrift Profil titelte „'Heldenplatz'. Die Inszenierung", und die nunmehr bekannte Photographie (vgl. Abb. A 15) wirkt wie das Bühnenbild zur Aufführung (Abb. A 17). Bernhard verknüpfte das politische Klima des Jahres 1988, geprägt durch die Nachwirkungen der Waldheim-Debatte und die dabei sichtbar werdenden antisemitischen Ressentiments einerseits, durch die Debatten um die Beurteilung von „Anschluß" und NS-Herrschaft im „Gedenkjahr" 1938/88 andererseits, mit dem März 1938. Ausgangspunkt der Bühnenhandlung ist das Begräbnis des jüdischen Intellektuellen Professor Schuster, der sich das Leben genommen hat, weil er die für ihn bedrückenden Parallelen zwischen den politischen Verhältnissen in Österreich 1988 und jenen des Jahres 1938 nicht mehr ertragen konnte. Zum Ausdruck kommt diese Analogie in den „Sieg-Heil!"-Rufen, die die Frau des Professors zu hören vermeint – die Wohnung, die die Familie nach ihrer Rückkehr aus der Emigration bezogen hat, liegt in unmittelbarer Nähe des Heldenplatzes. Am Ende des Stückes wird die akustische Reminiszenz an die „Anschluß"-Euphorie auch für das Publikum hörbar.[63]

Die stärkste Irritation geht offenkundig von der Erniedrigung der Jüdinnen und Juden auf den Straßen Wiens aus – dieses Motiv wurde in unterschiedlichen künstlerischen Gestaltungsformen aufgegriffen, bedeutend das Bild „1938" von Maria Lassnig, das auf die sogenannten „Reibpartien" Bezug nimmt, aber den Zusammenhang stark abstrahiert (Abb. A 18). Bundeskanzler Vranitzky wählte dieses Bild für sein Arbeitszimmer – dokumentiert ist dies durch eine Photographie, die

A 17
'Heldenplatz'. Die Inszenierung
Profil, 19. Jg., Nr. 42, 17. Oktober 1988
Zeitschriftentitel
Wien, Österreichische Nationalbibliothek
Neu Per 1,049.528-D.19.1988

A 18
Maria Lassnig
1938
1988
Öl/Leinwand, 200 x 145 cm
Wien, Maria Lassnig

im Standard veröffentlicht wurde (Abb. A 19). Die Zeitschrift untertitelt die Photographie mit der Zeile: „Vranitzkys Kampf gegen die Ideologieferne". Ohne das Bild von Maria Lassnig würde man lediglich den Bundeskanzler an seinem Schreibtisch sehen, der seiner Arbeit nachgeht. Durch das Bild wird ein Zusammenhang mit der Verpflichtung zum entschiedenen Auftreten gegen Antisemitismus und andere Diskriminierungen hergestellt.

Die wohl jeder Österreicherin, jedem Österreicher mittlerweile bekannten Photographien der „Reibpartien" (Abb. A 20) diente auch Gerhard Haderer für seine Profil-Karikatur zum „Anschluß"-Progrom als Vorlage. Er verknüpft den „jüdischen" Anteil an der österreichischen Kultur, darunter Sigmund Freud, mit der Drangsalierung der Juden. Er hat den Juden Bürsten in die Hand gedrückt und läßt sie unter den feixenden Blicken der Passanten die Straße säubern (Abb. A 21). Der „straßenwaschende Jude" bildet auch das umstrittene Detail des „Mahnmals gegen Krieg und Faschismus" von Alfred Hrdlicka, jenes großangelegten Denkmalprojektes am Albertinaplatz im Wiener Stadtzentrum, das 1988 eine neue „Politik der Erinnerung" zum Ausdruck bringen sollte. Das kleine Modell zeigt den straßenwaschenden Juden, ein offenkundig so bekanntes Motiv, daß es als pars pro toto mit dem Denkmal assoziiert wird (Abb. A 22).

Die neue Geschichtspolitik des offiziellen Österreich sollte auch durch die politische Wende des Jahres 2000 keine grundlegende Veränderung erfahren. Durch die Bildung einer Koalitionsregierung von ÖVP und FPÖ gewann die Frage des Umgangs mit der Vergangenheit jedoch neue Aktualität: Mit der FPÖ wurde eine politische Kraft zur Regierungspartei, deren Geschichtspolitik als explizite Gegenposition zu der seit Ende der 80er Jahre entwickelten Erinnerungskultur für die Opfer des NS-Regimes zu verstehen ist. „Sind wir Nazis?" – diese Frage wurde angesichts des Wahlerfolgs der Haider-FPÖ, die aus den Nationalratswahlen 1999 mit rund 27 Prozent der Stimmen als zweitstärkste politische Kraft hervorgegangen war, in den österreichischen Medien diskutiert. Manfred Deix reagierte auf diese Frage mit seiner Karikatur, auf der „typische"

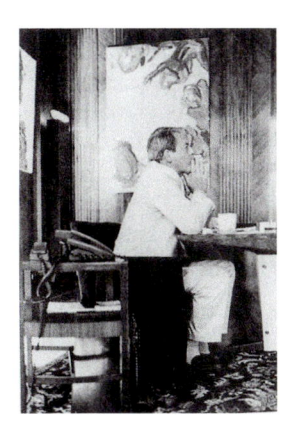

A 19
Semotan (Photographie)
Vranitzkys Kampf gegen die Ideologieferne
In: Standard, 16. August 1996, S. 5
Zeitschrift
Wien, Österreichische Nationalbibliothek
1,290.754-E.Neu-Per, 16. 8. 1996

A 20
Die ‚Reibpartien' von 1938, mit vielen belustigten Zuschauern, waren nur der Anfang
In: Manfred Scheuch: Vorspiel zum Holocaust, Österreich im 20. Jahrhundert, Teil 28, Standard, 4. September 1999, S. 6
Zeitschrift
Privatbesitz

A 21
Gerhard Haderer
Darr Jud' muß weg und sein Gerschtl bleibt da
In: Profil, 19. Jg., Nr. 8, 22. Februar 1988, S. 64/65
Zeitschrift
Wien, Österreichische Nationalbibliothek
Neu Per 1,049.528-D.19.1988

A 22
Alfred Hrdlicka, Alfred Zöttl (Guß)
Straßenwaschender Jude
1978
Bronze, 7 x 9 x 17 cm
Berlin, Deutsches Historisches Museum
Pl 2003/3

Österreicherinnen und Österreicher mit Hitlerbart dargestellt sind oder ihm zum Verwechseln ähnlich sehen (Abb. A 23). Während der Waldheim-Debatte hatte er bereits die Frage: „Die Österreicher – Nazis und Antisemiten?" gestellt und in seinen Karikaturen ironisch bestätigt (Abb. A 24).

Die Besorgnis über die Konsequenzen des Regierungseintritts der FPÖ spricht auch aus der von Bundespräsident Thomas Klestil geforderten Präambel zur Regierungserklärung, in der der selbstkritische Erinnerungsdiskurs unter die normativen Grundlagen des demokratiepolitischen Wertekanons gereiht wird: Die Verantwortung Österreichs „für die hellen und dunklen Seiten seiner Vergangenheit und die Taten aller Österreicher, gute wie böse" wurde darin ebenso festgeschrieben wie das Bekenntnis der Bundesregierung „zur kritischen Auseinandersetzung mit der NS-Vergangenheit".[64] Angesichts des Images als „Naziland", das Österreich nun international anhaftete, waren entsprechende geschichtspolitische Maßnahmen von geradezu staatspolitischer Notwendigkeit. Um so erstaunlicher war es, daß Bundeskanzler Wolfgang Schüssel im November 2000 gegenüber der Jerusalem Post erklärte, daß nicht nur „der souveräne österreichische Staat", sondern daß auch „die Österreicher [...] das erste Opfer (waren)".[65]

A 23
Manfred Deix
Sind wir alle Nazis?
In: Format, Nr. 41, 1999,
S. 40/41
Zeitschrift
Wien, Österreichische
Nationalbibliothek
1.538.942-D.
Neu-Per/September-Oktober

A 24
Manfred Deix
Die Österreicher – Nazis und Antisemiten?
In: Profil, 17. Jg., Nr. 18,
28. April 1986, S. 90
Zeitschrift
Wien, Österreichische
Nationalbibliothek
Neu Per 1.049.528-
D.17.1986

Vor dem Hintergrund der internationalen Kritik an Österreich gewannen die Verhandlungen um materielle „Wiedergutmachungen" für die neue Regierung einen wichtigen politischen Stellenwert. Die Einrichtung des sogenannten Versöhnungsfonds zur Entschädigung von NS-Zwangsarbeitern 2000[66] und der erfolgreiche Abschluß des Vertrages hinsichtlich der Restitution „arisierten" Vermögens 2001[67] wurden auch zu einem geschichtspolitischen Signal der neuen Regierung: Nicht den seit den 70er Jahren sozialdemokratisch geführten Regierungen, sondern gerade der umstrittenen ÖVP-FPÖ-Koalition war es gelungen, die bisherigen Versäumnisse in der Entschädigungspolitik zu bereinigen.

Die Versöhnung mit der Vergangenheit durch Wiedergutmachung erlittenen Unrechts bestimmte nicht nur die politischen Debatten, sie wurde auch in einem vom ORF im Rahmen der Tatort-Reihe produzierten TV-Krimi mit dem Titel „Nichts mehr im Griff" aufgenommen. In einer Nebenhandlung wird die Geschichte einer jungen Amerikanerin erzählt, die nach Wien kommt, um Bilder von Egon Schiele zu suchen, die einst ihren jüdischen Großeltern gehört hatten. Sie findet sie zusammen mit ihrem Anwalt bei der Eröffnung einer Egon-Schiele-Ausstellung. Die Szene auf dem Filmstill zeigt den Anwalt, wie er der Vernissage-Gesellschaft erklärt, daß er Anspruch auf zwei Schiele-Bilder stellen werde. Neben ihm steht seine schweigende Mandantin (Abb. A 25).

A 25
Walter Bannert (Regie)
Nichts mehr im Griff
28. Januar 2001
(Erstausstrahlung)
Filmstill
Wien, ORF-Enterprise GmbH & Co KG

Die „Topografie des Raubes"[68], die Frage, wer sich in den „arisierten" Wohnungen, Geschäften etc. von mehr als 65 000 ermordeten und rund 130 000 vertriebenen jüdischen Österreicherinnen und Österreichern nach 1945 niedergelassen hatte, was mit ihren Besitztümern geschehen war, bildet allerdings weiterhin ein nachhaltiges Verstörungspotential im Hinblick auf das Weiterwirken von Schuld und unterbliebener Wiedergutmachung. Darauf reagierte auch die Ausstellung „Invent arisiert", die in ihrem Titel darauf verweist, daß diese inventarisierten Möbel des Mobiliendepots aus jüdischem Besitz stammen und „arisiert" wurden (Abb. A 26).

Der Konsens hinsichtlich der Mitverantwortungsthese wird allerdings von neuen Kontroversen konterkariert: Der 8. Mai – ein Datum, das in Österreich bislang kaum eine Rolle gespielt hatte – wurde 2002 zum Ausgangspunkt für Konflikte um die Beurteilung des Kriegsendes als „Befreiung" oder als „Niederlage", wie ein FPÖ-Politiker postulierte.[69]

In der öffentlichen Resonanz auf diese Aussage wurde sichtbar, daß sich in der Geschichtspolitik des offiziellen Österreich seit der Bruchlinie Ende der 80er Jahre der Abschied vom Opfermythos und das Bekenntnis zur Mitverantwortungsthese weitgehend durchgesetzt hat; in den öffentlich-medialen Diskursen haben neue Perspektiven auf die Tätergesellschaft das Bild des „ersten Opfers" überlagert. Durch die neue „Kultur des Erinnerns" positioniert sich Österreich im Mainstream einer europäischen bzw. internationalen Gedächtniskultur, die durch die Ablösung von den politischen Nachkriegsmythen und die Ausrichtung auf eine globale Erinnerungskultur an den Holocaust[70] bestimmt ist. Zugleich wird dieses neue „österreichische Gedächtnis" nach wie vor von „Gegenerinnerungen" an die NS-Zeit herausgefordert, die sich über die Generationenschwelle hinaus als wirksam erweisen.

Bildrecherche: Brigitte Straubinger

A 26
Invent arisiert
Ausstellungsplakat zur gleichnamigen Ausstellung im Museum Kaiserliches Hofmobiliendepot, Wien, 7. September – 19. November 2000, 104 x 59,5 cm
Berlin, Deutsches Historisches Museum

1 Vgl. Krumpöck, Ilse: Inter arma silent musae. Zur Musealisierung zeitgenössischer Kunst, in: Viribus Unitis. Jahresbericht 2001 des Heeresgeschichtlichen Museums, Wien 2002, S. 72 f.
2 Vgl. Seiter, Josef: „In Erz und Granit aber werden ihre Taten dauern…". Denkmäler, Monumente und Grabmäler für Soldaten und Angehörige der alliierten Armeen nach 1945, in: Heidemarie Uhl (Hg.): Steinernes Bewußtsein. Die öffentliche Repräsentation staatlicher und nationaler Identität Österreichs in seinen Denkmälern. Bd. 2: Von 1945 bis zur Gegenwart, Wien-Köln-Weimar 2003 (in Druck).
3 Zit. n. Mahnmal unerbittlicher Gerechtigkeit, in: Das Kleine Volksblatt, 21. August 1945, S. 1 f.
4 Proklamation vom 27. April 1945, in: Staatsgesetzblatt für die Republik Österreich, 1. Mai 1945, S. 12 f.
5 Wie Anm. 4.
6 Wie Anm. 4, vgl. Spann, Gustav: Zur Geschichte von Flagge und Wappen der Republik Österreich, in: Leser, Norbert/Wagner, Manfred (Hg.): Österreichs politische Symbole. Historisch, ästhetisch und ideologiekritisch beleuchtet, Wien/Köln/Weimar 1994, S. 59.
7 Rot-Weiss-Rot-Buch. Gerechtigkeit für Österreich! Darstellungen, Dokumente und Nachweise zur Vorgeschichte und Geschichte der Okkupation Österreichs. Nach amtlichen Quellen. Erster Teil, Wien 1946, S. 3. Ein geplanter zweiter Band wurde nicht publiziert.
8 Zit. n. „Anschluß" 1938. Eine Dokumentation, Dokumentationsarchiv des österreichischen Widerstandes (Hg.), Wien 1988, S. 340. Vgl. Stachel, Peter: Mythos Heldenplatz, Wien 2002, S. 15 ff.
9 Rot-Weiss-Rot-Buch 1946 (wie Anm. 7), S. 94 f.
10 Kos, Wolfgang: Die Schau mit dem Hammer. Zur Planung, Ideologie und Gestaltung der antifaschistischen Ausstellung „Niemals Vergessen!", in: Kos, Wolfgang (Hg.): Eigenheim Österreich. Zu Politik, Kultur und Alltag nach 1945, Wien 1994, S. 7 ff.
11 Vgl. Hurdes, Felix: Von Friedrich bis Hitler: Totentanz Österreichs, in: „Niemals vergessen!" Ein Buch der Anklage, Mahnung und Verpflichtung, hg. v. d. Gemeinde Wien, Wien 1946, S. 72 ff.
12 Vgl. Marboe, Ernst (Hg.): Das Österreich-Buch, im Auftrag des Bundespressedienstes, Wien 1948, S. 535 ff.
13 Steiner, Ines: Kostümierte Interessen. Österreichische Identität als Travestie in Wolfgang Liebeneiners 1. April 2000, in: Kieninger, Ernst u. a.: 1. April 2000, Wien 2000, S. 149 ff., S. 171 und passim.
14 Vgl. Garscha, Winfried R.: Entnazifizierung und gerichtliche Ahndung von NS-Verbrechen, in: Tálos, Emmerich/Hanisch, Ernst/Neugebauer, Wolfgang/Sieder, Reinhard (Hg.): NS-Herrschaft in Österreich. Ein Handbuch, Wien 2000, S. 852 ff.
15 Im Kampf um dieses Wählerpotential wurde mit Unterstützung der SPÖ der VdU (Verband der Unabhängigen, die Vorläuferorganisation der Freiheitlichen Partei Österreichs) gegründet, der speziell die NS-Anhänger ansprach.
16 Vgl. Molden, Otto: Der Ruf des Gewissens. Der österreichische Freiheitskampf 1938–1945. Beiträge zur Geschichte der österreichischen Widerstandsbewegung, Wien/München 1958.
17 Hornung, Ela: Trümmermänner. Zum Schweigen österreichischer Soldaten der Deutschen Wehrmacht, in: Kos, Wolfgang/Rigele, Georg (Hg.): Inventur 45/55. Österreich im ersten Jahrzehnt der Zweiten Republik, Wien 1996, S. 247 f.
18 Matejka, Viktor: Widerstand ist alles. Notizen eines Unorthodoxen, Wien 1984, S. 192, zit. n. Embacher, Helga: Neubeginn ohne Illusionen. Juden in Österreich nach 1945, Wien 1995, S. 114.
19 Der neue Weg, 12/1947, S. 9, zit. n. Embacher 1995 (wie Anm. 18), S. 126. Vgl. Bukey, Evan Burr: Hitlers Österreich. „Eine Bewegung und ein Volk", Hamburg 2001.
20 Aus einer Wortmeldung von Innenminister Oskar Helmer bei der 132. Ministerratssitzung vom 9. November 1948 zum Tagesordnungspunkt: Fonds aus erblosem Vermögen. Zit. n. Knight, Robert (Hg.): „Ich bin dafür, die Sache in die Länge zu ziehen". Die Wortprotokolle der österreichischen Bundesregierung von 1945–52 über die Entschädigung der Juden, Frankfurt a.M. 1988, S. 197.
21 Vgl. z. B. die Neujahrsansprachen von Bundeskanzler Leopold Figl 1948 und

von Bundespräsident Karl Renner 1950, in: Jochum, Manfred/Olbort, Ferdinand (Hg.): 80 Jahre Republik. 1918 bis 1938 und 1945 bis 1998 in Reden und Statements, Wien 1998, S. 57 f., S. 60 ff.
22 Zit. n. Jochum/Olbort 1998 (wie Anm. 21), S. 76.
23 Bischof, Günter: Die Instrumentalisierung der Moskauer Erklärung nach dem 2. Weltkrieg, in: Zeitgeschichte 20 (1993) 11/12, S. 345 ff.; Keyserlingk, Robert H.: Austria in World War II. An Anglo-American Dilemma, Kingston/Montreal 1988.
24 Jellinek, Gustav: Die Geschichte der österreichischen Wiedergutmachung, in: Fraenkel, Josef (Hg.): The Jews of Austria, London 1967, S. 398, zit. n. Safrian, Hans/Witek, Hans: Und keiner war dabei. Dokumente des alltäglichen Antisemitismus in Wien 1938, Wien 1988, S. 12.
25 Vgl. Bailer, Brigitte: Wiedergutmachung kein Thema. Österreich und die Opfer des Nationalsozialismus, Wien 1993, S. 77 ff.
26 Zit. n. Csáky, Eva-Marie: Der Weg zu Freiheit und Neutralität. Dokumentation zur österreichischen Außenpolitik 1945–1955, Wien 1980, S. 130.
27 Stourzh, Gerald: Um Einheit und Freiheit. Staatsvertrag, Neutralität und das Ende der Ost-West-Besetzung Österreichs 1945–1955, 4., völlig überarb. u. erw. Aufl., Wien/Köln/Graz 1998 (= Studien zu Politik und Verwaltung), S. 519 f.
28 Bergmann, Werner/Erb, Rainer/Lichtblau, Albert: Die Aufarbeitung der NS-Zeit im Vergleich. Österreich, die DDR und die Bundesrepublik Deutschland, in: Bergmann, Werner/Erb, Rainer/Lichtblau, Albert (Hg.): Schwieriges Erbe. Der Umgang mit Nationalsozialismus und Antisemitismus in Österreich, der DDR und der Bundesrepublik Deutschland, Frankfurt a.M./New York 1995 (= Schriftenreihe des Zentrums für Antisemitismusforschung Berlin), S. 16.
29 Botz, Gerhard: Eine deutsche Geschichte 1938 bis 1945?, in: Zeitgeschichte 14 (1986) 1, S. 19 ff.
30 Vgl. Botz 1986 (wie Anm. 29), S. 28; Safrian, Hans: Die Eichmann-Männer, Wien 1993.
31 Lepsius, M. Rainer: Das Erbe des Nationalsozialismus und die politische Kultur der Nachfolgestaaten des „Großdeutschen Reiches", in: Haller, Max/Hoffmann-Nowotny, Hans-Joachim/Zapf, Wolfgang (Hg.): Kultur und Gesellschaft. Verhandlungen des 24. Deutschen Soziologentags, des 11. Österreichischen Soziologentags und des 8. Kongresses der Schweizerischen Gesellschaft für Soziologie in Zürich 1988, Frankfurt a.M./New York 1989, S. 247 ff.
32 Görlich, Ernst Joseph/Romanik, Felix: Geschichte Österreichs, Innsbruck 1970, S. 551.
33 Görlich/Romanik 1970 (wie Anm. 32).
34 Vgl. Hacker, Walter (Hg.): Warnung an Österreich. Neonazismus: Die Vergangenheit bedroht die Zukunft, Wien/Frankfurt a.M./Zürich 1966.
35 Hacker, Walter: Warnung an Österreich, in: Hacker 1966 (wie Anm. 34), S. 9.
36 Vgl. Pelinka, Anton: Der verdrängte Bürgerkrieg, in: Pelinka, Anton/Weinzierl, Erika (Hg.): Das große Tabu. Österreichs Umgang mit seiner Vergangenheit, Wien 1987, S. 143 ff.
37 Berger, Franz u. a.: Zeiten, Völker und Kulturen. Ein Lehr- und Arbeitsbuch für den Geschichtsunterricht an Haupt- und Untermittelschulen, 4. Band: Das Zeitalter der Weltpolitik und der Technik, Wien 1957, S. 172.
38 Berger u. a. 1957 (wie Anm. 37), S. 189.
39 Canaval, G[ustav] A[dolf]: Paulus und das geistige KZ, in: Salzburger Nachrichten, 27./28. März 1954.
40 Vgl. Ziegler, Meinrad/Kannonier-Finster, Waltraud: Österreichisches Gedächtnis. Über Erinnern und Vergessen der NS-Vergangenheit, Wien/Köln/Weimar 1997.
41 Vgl. Hanisch, Ernst: Der lange Schatten des Staates. Österreichische Gesellschaftsgeschichte im 20. Jahrhundert, Wien 1994 (= Österreichische Geschichte 1890–1990), S. 456 f.
42 Wassermann, Heinz P.: „Zuviel Vergangenheit tut nicht gut!" Nationalsozialismus im Spiegel der Tagespresse der Zweiten Republik, Innsbruck/Wien/München 2000, S. 28 ff.
43 Krischke, Traugott (Hg.), Helmut Qualtinger, Werkausgabe, Bd. 1: „Der Herr Karl" und andere Texte fürs Theater, Wien 1995, S. 361.
44 Vgl. hierzu Kasemir, Gérard: Spätes Ende für „wissenschaftlich" vorgetra-

44 genen Rassismus. Die Affäre Borodajkewycz, in: Gehler, Michael/Sickinger, Hubert (Hg.): Politische Affären und Skandale in Österreich. Von Mayerling bis Waldheim, Thaur/Wien/München 1995, S. 486 ff.
45 Maleta, Alfred: Wir lieben dich, Vaterland!, in: Wiener Zeitung, 28. April 1965, S. 1 f.
46 Vgl. Neugebauer, Wolfgang: Widerstand und Opposition, in: Tálos u. a. 2000 (wie Anm. 14), S. 187 ff.
47 Vgl. Klamper, Elisabeth: „Ein einig Volk von Brüdern". Vergessen und Erinnern im Zeichen des Burgfriedens, in: Zeitgeschichte 24 (1997) 5/6, S. 170 ff.
48 Vgl. Dusek, Peter: Alltagsfaschismus in Österreich, St. Pölten 1979 (= Mediathek der Zeitgeschichte).
49 Profil, 14. Oktober 1975, Nr. 42, S. 13, zit. n. Böhler, Ingrid: „Wenn die Juden ein Volk sind, so ist es ein mieses Volk". Die Kreisky-Peter-Wiesenthal Affäre 1975, in: Gehler/Sickinger 1995 (wie Anm. 44), S. 502 ff.
50 Anzeige in Profil, 16. Mai 1983, Nr. 20, S. 47 ff. zit. n. Gehler/Sickinger 1995 (wie Anm. 44), S. 525.
51 Die Titelgeschichte der „Profil"-Ausgabe vom 13. März 1979 war dem Thema „Österreichs Anteil an der Endlösung" gewidmet; das Cover zeigte die rotweißrote Fahne, versehen mit dem nationalsozialistischen Judenstern.
52 Diner, Dan (Hg.): Zivilisationsbruch. Denken nach Auschwitz, Frankfurt a.M. 1988.
53 Vgl. Marchart, Oliver/Öhner, Vrääth/Uhl, Heidemarie: „Holocaust" revisited. Lesarten eines Medienereignisses zwischen globaler Erinnerungskultur und nationaler Vergangenheitsbewältigung, in: Tel Aviver Jahrbuch für deutsche Geschichte 2003 (Medien – Politik – Geschichte), S. 283 ff.
54 Vgl. Gehler, Michael: „... eine grotesk überzogene Dämonisierung eines Mannes...". Die Waldheim-Affäre 1986–1992, in: Gehler/Sickinger 1995 (wie Anm. 44), S. 614 ff. Vom Verdacht, Kriegsverbrechen begangen zu haben, wurde Waldheim durch eine Historikerkommission im Februar 1988 freigesprochen.
55 Kurt Waldheim im April 1986, zit. n. Neues Österreich (Hg.), Pflichterfüllung. Ein Bericht über Kurt Waldheim, Wien (1986) (Einband).
56 Menasse, Robert: Das Land ohne Eigenschaften. Essay zur österreichischen Identität, 3. Aufl., Wien 1993, S. 31.
57 Das Drehbuch beruht auf dem gleichnamigen Theaterstück von Peter Preses und Ulrich Becher, die im amerikanischen Exil ihre „tragische Posse" verfaßten. 1950 in Wien uraufgeführt, geriet das Stück bis zu seiner Wiederentdeckung durch die Aufführung am Nationaltheater Mannheim in Vergessenheit. Vgl. http://www.oldenburg.staatstheater.de/bockerer.htm (10. April 2003).
58 Zit. n. Botz, Gerhard/Sprengnagel, Gerald (Hg.): Kontroversen um Österreichs Zeitgeschichte. Verdrängte Vergangenheit, Österreich-Identität, Waldheim und die Historiker, Frankfurt a.M./New York 1994 (= Studien zur Historischen Sozialwissenschaft 13), S. 575 f.
59 Last der Geschichte, Chancen der Zukunft, in: Der Standard, 16. November 1994, S. 27.
60 Zit. n. Czernin, Hubertus (Hg.), Wofür ich mich meinetwegen entschuldige. Haider, beim Wort genommen, Wien 2000, S. 26.
61 Czernin, Hubertus: Die Folgen von Krumpendorf, in: Profil, 30. Dezember 1995, S. 11.
62 Bundesrat beschließt Gedenktag gegen Gewalt und Rassismus am 5. Mai, Parlamentskorrespondenz, Nr. 785, 20. November 1997.
63 Vgl. Stachel 2002 (wie Anm. 8), S. 38 f.
64 Zit. n. Der Weisenbericht im Wortlaut, in: Wiener Zeitung. Dokumentation, 12. September 2000, S. 27.
65 „Das erste Nazi-Opfer", in: Die Presse, 10. November 2000, S. 7.
66 Vgl. Bundesgesetzblatt I, Nr. 74/2000.
67 Vgl. Rede des Herrn Bundeskanzlers zum Thema „Restitution" im Parlament, 31. Januar 2001, http://www.austria.gv.at (24. Juli 2003)
68 Walzer, Tina/Templ, Stephan: Unser Wien. „Arisierung" auf österreichisch. Berlin 2001, S. 109.
69 Vgl. Lahodynsky, Otmar: Trend zum Revisionismus. Der Streit darüber, ob Österreich am 8. Mai befreit oder besetzt wurde, spaltet 57 Jahre nach Kriegsende noch immer die Republik, in: Profil, 33. Jg., Nr. 20, 13. Mai 2002, S. 28 ff.
70 Vgl. Levy, Daniel/Sznaider, Natan: Erinnerung im globalen Zeitalter: Der Holocaust, Frankfurt a.M. 2001.

KARTEN · 503

Österreich-Ungarn vor dem
Ersten Weltkrieg

Österreich nach dem Ersten
Weltkrieg

Seit dem Zweiten Weltkrieg

Chronologie

Ab 1900
Im frühen **20. Jahrhundert** verschärft sich der Gegensatz der österreichischen und der russischen Politik aufgrund gegensätzlicher Interessen in der Balkanpolitik.

1908
Die Annexion Bosniens und der Herzegowina durch Österreich-Ungarn führt zu einer ernsthaften politischen Krise im europäischen Rahmen und zur Gefahr eines Kriegsausbruchs.

1912–1913
In den Balkankriegen wahrt Österreich-Ungarn seine Neutralität.

1914–1918
Die Ermordung des habsburgischen Kronprinzen Erzherzog Franz Ferdinand am **28. Juni 1914** durch den serbischen Nationalisten Gavrilo Princip in Sarajevo wird zum unmittelbaren Anlaß für den Beginn des Ersten Weltkrieges. Mit militärischer Unterstützung des Deutschen Reiches können in den folgenden Kriegsjahren weite Gebiete des östlichen und südöstlichen Europa erobert und die Front gegen Italien zunächst gehalten werden. Eine ernstzunehmende innenpolitische Gefahr für das Bestehen des österreichisch-ungarischen Vielvölkerstaates stellt jedoch die zunehmende Radikalisierung der nationalen Bewegungen innerhalb des habsburgischen Reiches dar, insbesondere unter der tschechischen Bevölkerung. Geheime Friedensverhandlungen des österreichischen Kaisers Karl I. mit Frankreich und Italien führen **1917** zu Spannungen im österreichisch-deutschen Verhältnis.
Nach der Abdankung des russischen Zaren infolge der Oktoberrevolution schließt die russische Regierung im **März 1918** den Friedensvertrag von Brest-Litowsk. Dennoch geraten die Mittelmächte zunehmend in die Defensive. Österreich-Ungarn kapituliert nach dem Zusammenbruch der italienischen Front im **Oktober 1918**. Am **3. November 1918** wird der Waffenstillstand unterzeichnet.
Das entscheidende Resultat der Niederlage Österreich-Ungarns im Ersten Weltkrieg ist das Ende des habsburgischen Vielvölkerstaates in Zentraleuropa. Nach dem Regierungsverzicht Kaiser Karls I. und dem Rücktritt des Reichsrates proklamiert eine provisorische Nationalversammlung am **12. November 1918** die Republik Deutsch-Österreich zunächst als Bestandteil der Deutschen Republik. Der sozialdemokratische Staatskanzler Karl Renner bildet aus allen in der Nationalversammlung vertretenen Parteien eine Koalitionsregierung.

10. September 1919
Mit der Unterzeichnung des Vertrags von St.-Germain verzichtet die Republik Österreich auf die offizielle Bezeichnung Deutsch-Österreich sowie auf die territoriale Vereinigung mit dem Deutschen Reich. Der Friedensvertrag bestimmt die Abtretung der deutschsprachigen Randgebiete Böhmens, Mährens, Schlesiens sowie Deutsch-Südtirols, des Kanaltals und der Südsteiermark. Als Kompensation sollen die deutschsprachigen Gebiete Westungarns an Österreich abgetreten werden; aus ihnen entsteht das Bundesland Burgenland. Der Vorwurf der Schuld am Ersten Weltkrieg trifft sowohl das Deutsche Reich als auch Österreich.

1920–1926
Trotz der Annahme der österreichischen Bundesverfassung am **1. Oktober 1920** gelingt erst nach und nach die Konsolidierung demokratischer Verhältnisse. In der Ersten Republik werden die Sozialdemokratische Partei und die Christlichsoziale Partei zu den entscheidenden innenpolitischen Kräften. Die zu bewältigenden Probleme bestehen vor allem (innenpolitisch) in einer prekären wirtschaftlichen Situation und (außenpolitisch) in der Klärung strittiger Grenzfragen. Nach dem Ende der Regierung Karl Renners folgen von **1920** bis **1926** insgesamt vier verschiedene Bundeskanzler. In einer Volksabstimmung entscheidet sich Südkärnten **1920** für die Zugehörigkeit zur Republik Österreich, während im

Gebiet um Ödenburg für Ungarn votiert wird. Angesichts der wirtschaftlichen Instabilität mehren sich in den **20er** Jahren Bestrebungen nach einer staatlichen Vereinigung Österreichs mit dem Deutschen Reich. Auch in Österreich wird die zunehmende Konfrontation linksradikaler und rechtsradikaler Kräfte bestimmend für die innenpolitischen Verhältnisse des Jahrzehnts.

1927
Nach politischen Zusammenstößen im burgenländischen Schattendorf, die auf sozialdemokratischer Seite zwei Todesopfer fordern, werden die Angeklagten freigesprochen. Eine daraufhin spontan ausbrechende Demonstration führt am **15. Juli** zu einer bürgerkriegsähnlichen Situation, wobei der Wiener Justizpalast in Brand gesteckt wird; auf seiten der Demonstranten und der gegen sie vorgehenden Polizei werden mehr als 100 Todesopfer gezählt.

1929
Die Weltwirtschaftskrise führt auch in Österreich zu einer Steigerung der Arbeitslosigkeit bzw. der Verarmung breiter Schichten der Bevölkerung.

20. Mai 1932
Der christlichsoziale Politiker Engelbert Dollfuß wird zum Bundeskanzler gewählt; er versucht in der Folge über Notverordnungen, ein autoritäres Regierungssystem zu etablieren. Dollfuß bekämpft die Sozialdemokratie und den Nationalsozialismus gleichermaßen. Gegen die Expansionsbestrebungen des Deutschen Reiches unter nationalsozialistischer Führung erfolgt in der Ära Dollfuß die diplomatische Annäherung an Italien und an Ungarn.

1933
Am **4. März** legen die drei Präsidenten des Nationalrates aus abstimmungstechnischen Gründen ihr Amt nieder. Das Parlament ist damit nicht mehr handlungsfähig, seine Wiedereinberufung wird von Dollfuß verhindert. Durch die sogenannte „Selbstausschaltung" des Parlaments wird der Weg zur Etablierung einer autoritären Regierungsform eröffnet.

1934
Mitte Februar erheben sich Teile des sozialdemokratischen Schutzbundes gegen die autoritäre Regierung. Nach der blutigen Niederschlagung des Februaraufstandes werden die Sozialdemokratische Partei und ihre Organisationen verboten. Die autoritär-ständische Verfassung vom **1. Mai** soll Dollfuß die Fortführung seiner Politik garantieren. Am **25. Juli** beginnt der minutiös vorbereitete nationalsozialistische Putschversuch, bei dem Bundeskanzler Engelbert Dollfuß im Wiener Kanzleramt ermordet wird. Nach dem Scheitern des Juliputsches wird Kurt von Schuschnigg am **29. Juli** zum neuen Bundeskanzler Österreichs ernannt.

1935–1936
Auf der Konferenz von Stresa betonen Frankreich, Großbritannien und das faschistische Italien am **11. April 1935** erneut ihren Willen, die staatliche Souveränität Österreichs zu sichern. Die diplomatischen Absprachen werden jedoch insbesondere durch den italienischen Abessinien-Feldzug (**Oktober 1935**) und durch die damit verbundene Annäherung zwischen Deutschland und Italien (Bildung der Achse Berlin-Rom, deutsch-italienischer Freundschaftsvertrag im **Oktober 1936**) zunichte gemacht. Im Juliabkommen zwischen Deutschland und Österreich wird die Anerkennung der staatlichen Souveränität Österreichs zugesichert, in einem nicht veröffentlichen Zusatz-Protokoll verpflichtet sich der Bundeskanzler, den österreichischen Nationalsozialisten politische Verantwortung zu übertragen.

1938
Bedingt durch die Annäherung des nationalsozialistischen Deutschland und des faschistischen Italien gibt Kurt von Schuschnigg der aggressiven und expansiven Außenpolitik Deutschlands nach und ernennt Arthur Seyß-Inquart am **16. Februar** zum österreichi-

schen Innenminister. Nachdem die Regierung zu einer Volksbefragung über die österreichische Souveränität aufruft, wird Schuschnigg von Hitler unter Druck gesetzt. Nach seinem Rücktritt und der Ernennung Arthur Seyß-Inquarts zum Bundeskanzler am **11. März** marschiert die deutsche Wehrmacht am **12. März** in Österreich ein. Österreich wird per Gesetz vom **13. März** in das Deutsche Reich integriert. Sogleich beginnt die systematische Verfolgung und Verhaftung der Gegner der nationalsozialistischen Politik.
Am **10. April** wird die österreichische Bevölkerung in einer von der nationalsozialistischen Diktatur durchgeführten Volksabstimmung über ihr Votum bezüglich der staatlichen Einheit mit dem Deutschen Reich offiziell befragt: Der sogenannte „Anschluß" Österreichs wird mit einem Abstimmungsergebnis von über 99 Prozent Jastimmen endgültig vollzogen.

1939–1945
Im Zweiten Weltkrieg kämpfen Österreicher in der deutschen Wehrmacht für das nationalsozialistische Deutsche Reich. Am **1. November 1943** erklären die Außenminister von Großbritannien, den USA und der UdSSR bei einer Konferenz in Moskau die Wiederherstellung der Republik Österreich zu einem ihrer offiziellen Kriegsziele (Moskauer Deklaration).
Nach der Einnahme Wiens durch die Rote Armee am **13. April 1945** wird erneut der Sozialdemokrat Karl Renner am **27. April 1945** mit der Bildung einer provisorischen Regierung beauftragt, die die Wiederherstellung der Republik Österreich unter erneuter Annahme der Verfassung von 1920 in der Fassung von 1929 proklamiert. Nach der militärischen Besetzung Österreichs durch alliierte Truppen und der Beendigung des Krieges durch die Kapitulation des Deutschen Reiches am **8. Mai 1945** wird Österreich am **11. Juli 1945** in vier alliierte Besatzungszonen aufgeteilt. Bei den ersten freien Wahlen am **25. November 1945** erringt die christlich-konservative Österreichische Volkspartei (ÖVP) die absolute Mehrheit im Nationalrat, Leopold Figl wird zum ersten Bundeskanzler der Zweiten Republik bestellt. Die Kommunisten erlangen entgegen den Erwartungen nur rund 5 Prozent der Wählerstimmen. Der Konzentrationsregierung gehört bis **1947** auch ein kommunistischer Minister an. Von **1947** bis **1966** bilden die ÖVP und die Sozialdemokratische Partei Österreichs (SPÖ) Koalitionsregierungen.

1946
Italien und Österreich schließen ein Abkommen über Südtirol (Gruber-de Gasperi-Abkommen), das den Südtirolern Autonomierechte zusichert.

12. September 1947
Der erste Heimkehrertransport aus der Sowjetunion trifft in Wiener Neustadt ein.

2. Juli 1948
Unterzeichnung des Marshallplan-Abkommens zwischen Österreich und den USA.

1955
Durch die Unterzeichnung des Österreichischen Staatsvertrages wird am **15. Mai** die volle staatliche Souveränität der Republik Österreich wiederhergestellt. Als Staatsgrenze wird der Grenzverlauf vom 1. Januar 1938 festgelegt. Die zehnjährige Besatzung der Alliierten wird beendet, Artikel 4 des Staatsvertrages untersagt den politischen Zusammenschluß Österreichs mit Deutschland. Die Erklärung der immerwährenden Neutralität durch den Nationalrat am **26. Oktober** (dieser Tag wird zehn Jahre später zum Nationalfeiertag bestimmt) stellt die österreichische Außenpolitik auf eine neue Grundlage; Österreich verpflichtet sich damit, keinem Militärbündnis beizutreten. Im **Dezember** wird Österreich in die Vereinten Nationen (UNO) aufgenommen.

1. März 1956
Österreich tritt dem Europarat bei.

4. Januar 1960
Österreich tritt der European Free Trade Association (EFTA) als Gründungsmitglied bei.

6. März 1966
In den Nationalratswahlen gewinnt die ÖVP die absolute Mehrheit der Parlamentsmandate.

16. Dezember 1969
Das österreichische und das italienische Parlament stimmen dem sogenannten Südtirol-Paket der Vereinten Nationen (UNO) zu. Der Region wird der Autonomiestatus unter Wahrung der Rechte der ethnisch-sprachlichen Minderheiten gewährt. Die seit dem Ersten Weltkrieg bestehenden Differenzen zwischen Italien und Österreich in der Südtirol-Frage sind damit beigelegt.

1970–1979
Bei den Nationalratswahlen am **1. März 1970** werden die Sozialisten erstmals in der Zweiten Republik zur stimm- und mandatsstärksten Partei, verfehlen aber die absolute Mehrheit. Daraufhin erfolgt die Bildung einer sozialistischen Alleinregierung durch Bruno Kreisky, zunächst ohne parlamentarische Mehrheit (Minderheitsregierung). Bei einem neuerlichen Wahlgang am **10. Oktober 1971** erlangt die SPÖ die absolute Mehrheit. Auch bei den folgenden Wahlen **1975** und **1979** erringt die SPÖ die absolute Mehrheit an Stimmen und Mandaten. Mit der Ära des sozialdemokratischen Bundeskanzlers Bruno Kreisky beginnt eine Zeit umfassender Reformen in nahezu allen Bereichen des öffentlichen Lebens. Ein Handelsabkommen mit der EWG **1972** wird wegweisend für die weitere wirtschaftliche Integration Österreichs im westlichen Europa. Im **Juli 1973** nimmt Österreich als neutraler Staat im Ost-West-Konflikt erstmalig an der Konferenz über Sicherheit und Zusammenarbeit in Europa (KSZE) teil. Neben New York und Genf wird Wien am **23. August 1979** mit der Übergabe des Vienna International Center (UNO-City) zum dritten Sitz der UNO erklärt.

1983–1986
Mit dem Verlust der absoluten Mehrheit bei den Nationalratswahlen im April **1983** endet die Ära Kreisky. Bis **1986** regiert eine Koalition aus SPÖ und Freiheitlicher Partei Österreichs (FPÖ). Die in den 50er Jahren gegründete FPÖ ist damit erstmals Regierungspartei. Nach dem Bruch der Koalition im **September 1986** – ausgelöst durch die Übernahme des FPÖ-Parteivorsitzes durch Jörg Haider – erfolgt die Regierungsbildung durch eine große Koalition aus SPÖ und ÖVP.

1986–1992
Der frühere UNO-Generalsekretär Kurt Waldheim wird am **8. Juni 1986** zum österreichischen Bundespräsidenten gewählt. Die Amtszeit Waldheims, die **1992** endet, ist überschattet von Vorwürfen, als Ordonnanzoffizier der Wehrmacht im Zweiten Weltkrieg an Kriegsverbrechen auf dem Balkan beteiligt gewesen zu sein. Um seine Person wird innerhalb und außerhalb Österreichs seit den **80er** Jahren äußerst kontrovers und heftig diskutiert.

1993–2002
Am **1. Februar 1993** beginnen in Brüssel die Beitrittsverhandlungen der Europäischen Union (EU) mit Österreich sowie Finnland, Norwegen und Schweden; Österreich hatte 1989 den Antrag auf Vollmitgliedschaft gestellt. Nach dem Abschluß der Verhandlungen bringt eine Volksabstimmung am **12. Juni 1994** eine 66prozentige Zustimmung für den Beitritt Österreichs zur EU, der am **1. Januar 1995** vollzogen wird. Wien wird Sitz der Organisation für Sicherheit und Zusammenarbeit in Europa (OSZE). Österreich ratifiziert auch das Schengener Übereinkommen; es beinhaltet den völligen Wegfall von Grenzkontrollen zwischen den EU-Ländern sowie die Verpflichtung zu Grenzsicherungsmaßnahmen gegenüber den angrenzenden Nicht-EU-Staaten. In der **zweiten Jahreshälfte 1998** führt Österreich erstmals den EU-Ratsvorsitz. Der EU-Rat beschließt am **2. Mai 1998**, daß die Europäische Wirtschafts- und Währungsunion termingerecht am **1. Januar 1999** mit elf Teilnehmerstaaten beginnt (ohne Dänemark, Großbritannien und Schweden), vorerst jedoch nur für den bargeldlosen Zahlungsverkehr. Ab **1. Januar 2002** werden in Österreich Euro-Banknoten und Euro-Münzen ausgegeben. Bei den Nationalratswahlen am **3. Oktober 1999** löst die FPÖ die ÖVP auf Bundesebene als zweitstärkste Fraktion im Nationalrat ab. Die

insbesondere mit der Person Jörg Haiders zusammenhängenden Wahlerfolge der FPÖ bedeuten eine entscheidende Zäsur in der Innenpolitik der Zweiten Republik. Die Bildung einer Koalitionsregierung mit der rechtspopulistischen FPÖ unter Jörg Haider ist mit Demonstrationen und Protesten in Österreich und in anderen europäischen Staaten verbunden und führt zu einer internationalen Isolierung Österreichs. Nach der Einsetzung eines EU-Weisenrates, der die Aufhebung der Boykottmaßnahmen der EU-Staaten gegen Österreich befürwortet, werden die Sanktionen aufgehoben, die Regierungskoalition bleibt jedoch weiterhin umstritten. Internationale Anerkennung erlangt die Regierung Schüssel durch den Abschluß der Restitutionsverhandlungen im Hinblick auf die Entschädigung von jüdischen NS-Opfern im **Januar 2001**.

Literatur:
- Bauer, Rolf: Österreich. Ein Jahrtausend Geschichte im Herzen Europas, München 1994.
- Brockhaus – Die Enzyklopädie in 24 Bänden, 20. Aufl., Leipzig/München 1996–1999.
- Geschichte Österreichs in Stichworten, 7 Bde., Wien 1971–1987.
- Goldinger, Walter/Binder, Dieter A.: Geschichte der Republik Österreich. 1918–1938, Wien/München 1992.
- Kinder, Hermann/Hilgemann, Werner: dtv-Atlas Weltgeschichte. Bd. 2: Von der Französischen Revolution bis zur Gegenwart, 25. Aufl., München 1991.
- Kleindel, Walter: Österreich. Daten zur Geschichte und Kultur, bearb. v. Isabella Ackerl u. Günther K. Kodek, Wien 1995.
- Vocelka, Karl: Geschichte Österreichs. Kultur-Gesellschaft-Politik, München 2002.
- http://www.aeiou.at (1. August 2003)
- http://www.areion-online.de (1. August 2003)

Polen

Lange Schatten der Erinnerung: Der Zweite Weltkrieg im kollektiven Gedächtnis*

VON BEATE KOSMALA

Die traumatischen Jahre von 1939 bis 1945 bestimmen bis heute in hohem Maße das Selbstverständnis Polens. Der Zweite Weltkrieg wurde in den Nachkriegsjahrzehnten zum Gründungsmythos einer bedrohten und dennoch unbeugsamen Nation.[1]

Mit dem deutschen Überfall am 1. September 1939 wurde der polnische Staat erstes Opfer des Zweiten Weltkriegs. Als die Rote Armee am 17. September im Osten des Landes einmarschierte, war dies der Beginn einer zweiten, der sowjetischen Besatzung. Schon in den ersten Wochen führten die der Wehrmacht folgenden Einsatzgruppen einen bisher nicht gekannten Vernichtungskrieg gegen die einheimische Bevölkerung.[2] Aus den an das Deutsche Reich angeschlossenen polnischen Westprovinzen wurden große Teile der Bevölkerung gewaltsam auf das Gebiet des im Oktober 1939 geschaffenen Generalgouvernements vertrieben.[3] In Ostpolen erzwangen die Sowjets Enteignung und Kollektivierung und verschleppten Hunderttausende in entfernte Republiken.[4] Seit dem Überfall auf die Sowjetunion am 22. Juni 1941 waren die Deutschen dann bis Juli 1944 bzw. Januar 1945 die alleinigen Herren. Sie liquidierten Vertreter der Intelligenz zu Tausenden, unterdrückten die polnische Sprache und Kultur und beuteten alle Ressourcen aus. Zum Besatzungsalltag der Bevölkerung gehörten Razzien, Zwangsrekrutierungen, Geiselerschießungen und Verschleppung in Konzentrationslager. Im Zuge der „Endlösung der Judenfrage" errichteten die Nationalsozialisten schließlich auf polnischem Gebiet Ghettos und Vernichtungsstätten, in denen die Juden aus ganz Europa ermordet wurden.

Der Status als Gründungsmitglied der siegreichen Anti-Hitler-Koalition hat Polen nicht vor einer schweren Niederlage bewahrt. Die in Jalta und Potsdam festgelegte Westverschiebung des polnischen Staatsgebiets der Vorkriegszeit führte zur Vertreibung der deutschen Bevölkerung und besiegelte den Verlust der Ostgebiete, aus denen Tausende in die von den Deutschen verlassenen Gebiete „umgesiedelt" wurden. Die einschneidendsten Kriegsfolgen waren der Tod von fast sechs Millionen polnischen Staatsbürgern, darunter mindestens 2,7 Millionen ermordete Juden, immense materielle Verluste, die Zerstörung eines Großteils des kulturellen Erbes und das aufgezwungene kommunistische System.

Dies fordert die Fragen heraus, auf welche Weise an ein Trauma dieses Ausmaßes unter den polnischen Nachkriegsbedingungen erinnert wurde und werden konnte, in welche Deutungsrahmen das Erleben des Zweiten Weltkriegs, durchdrungen von einem „Syndrom von Opfermut, Mystik, Leiden und dennoch Hoffnung"[5], integriert wurde und welche Paradigmenwechsel eine Rolle spielten.

Kampf um die Erinnerung

Heimatarmee

1944/45 bis 1949, in der Phase der „żywa pamięć" (lebendigen Erinnerung), als öffentliche Diskussionen noch wenig gelenkt wurden, entstanden an Orten der Verbrechen und auf Friedhöfen unzählige Denkmäler als Symbol für polnisches Martyrium und Heldentum unter der deutschen Besatzung.[6] Gleichzeitig begann der Kampf um die Erinnerung und die Besetzung nationaler Mythen. 1945 wurden die ersten Denkmäler für die gefallenen Soldaten der Roten Armee errichtet, die Polen befreit hatten. Die Inschriften beinhalteten stets Begriffe wie „Dankbarkeit" und „Waffenbrüderschaft".[7] In diese frühe Phase fiel auch die Planung des 1948 enthüllten Mahnmals zur Erinnerung an den Aufstand im Warschauer Ghetto von 1943, die von staatlicher Seite unterstützt wurde.

Zur unmittelbaren Erinnerung an den Krieg gehörte jedoch in bedeutenden Kreisen der polnischen Gesellschaft der nichtkommunistische Untergrundstaat.[8] Er stützte sich auf eine zivile Verwaltung mit einem Netz geheimer Schulen und Universitäten, auf eine Untergrundpolizei, vor allem aber auf die bewaffnete Untergrundarmee im Lande, die „Armia Krajowa" (AK, Heimatarmee), die am 1. August 1944 den Warschauer Aufstand gegen die deutsche Besatzung begonnen hatte. Die kommunistischen Kräfte schmähten jedoch von Anfang an die AK als „militärische Massenorganisation der Reaktion", wie das seit 1945 verbreitete Plakat mit der Aufschrift „Olbrzym i zapluty karzeł reakcji" (Der Riese und der geifernde Zwerg der Reaktion) veranschaulicht. Den kraftvoll vorwärtsdrängenden Kämpfer der kommunistischen Armia Ludowa (AL, Volksarmee) bespuckt ein häßlicher Gnom, der ein Schild mit der Aufschrift „AK" um den Hals trägt (Abb. PL 1).

Die Nachkriegskämpfe um ein neues Polen und den künftigen Umgang mit der Vergangenheit spiegeln sich eindrucksvoll in dem Roman „Popiół i diament" (Asche und Diamant) von Jerzy Andrzejewski wider, der sich wie andere Literaten und Künstler bis 1956 dem Kommunismus zugewandt hatte.[9] Die Handlung spielt in den letzten Kriegstagen in Ostrowiec. Eine Gruppe von Soldaten der Heimatarmee erhält den Befehl, den kommunistischen Funktionär Stefan Szczuka zu ermorden. Der Anschlag mißlingt. Daraufhin übernimmt der junge Maciej Chełmnicki den Auftrag und tötet den Kommunisten am Tag der deutschen Kapitulation. Wenig später wird er von einer Milizstreife erschossen. Zwar behandelt der Autor die Problematik der antikommunistischen Kräfte in Polen differenziert, doch seine Parteinahme ist eindeutig. Für ihn gehört Maciej zu einer irregeleiteten Generation, die im naiven Glauben, für die polnische Unabhängigkeit zu kämpfen, von einer reaktionären Machtgruppe mißbraucht wird. Die bürgerlichen Ideale sind zu Asche verbrannt, der Diamant entspricht dem Kommunismus.[10] Andrzejewskis Roman wurde in der Volksrepublik Pflichtlektüre.

PL 1
Włodimierz Zakrzewski
Olbrzym i zapluty karzeł reakcji
Der Riese und der geifernde Zwerg der Reaktion, 1945
Plakat, 86 x 61 cm
Warschau, Muzeum Plakatu w Wilanowie
Pl. 374

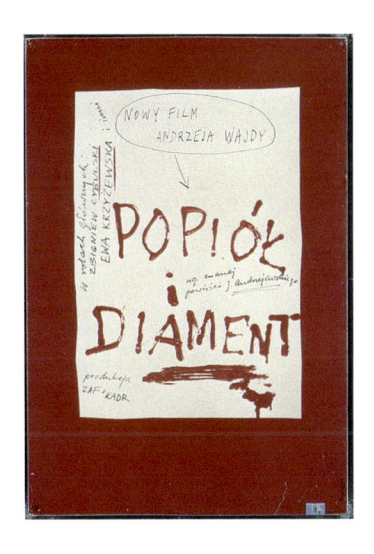

PL 2
Andrzej Wajda (Regie),
Woiciech Fangor (Plakat)
Popiół i diament
Asche und Diamant, 1958
Filmplakat, 84,6 x 58,3 cm
Warschau, Muzeum Plakatu
w Wilanowie
Pl. 1600

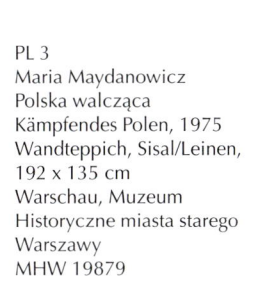

PL 3
Maria Maydanowicz
Polska walcząca
Kämpfendes Polen, 1975
Wandteppich, Sisal/Leinen,
192 x 135 cm
Warschau, Muzeum
Historyczne miasta starego
Warszawy
MHW 19879

Nach dem „polnischen Oktober" 1956, als Władysław Gomułka zum Hoffnungsträger von Millionen Polen geworden war, entstand der gleichnamige Film des jungen Regisseurs Andrzej Wajda, der zum Klassiker des polnischen Nachkriegskinos wurde.[11] Auf dem in den polnischen Nationalfarben gehaltenen Filmplakat erscheint der programmatische Titel als blutrotes Fanal auf einer weißen Wand (Abb. PL 2). Wajda verteilt seine Sympathien deutlich anders als in der Romanvorlage. Er gestaltete Maciejs Tod als Teil der Tragödie seiner eigenen Generation. Der Regisseur habe sich – so Adam Michnik – mit der Erfahrung der Niederlage identifiziert, um den „Horizont der Verzweiflung" überschreiten zu können.[12] Viele, die in den Schulen der Volksrepublik über „Untergrundbanden" und die „faschistische Reaktion" belehrt worden waren, sahen in Wajdas vieldeutigem Film eine Rehabilitierung der Untergrundbewegung. Doch für zahlreiche Angehörige der Heimatarmee bedeutete er nur eine weitere Kränkung.

In den stalinistischen Nachkriegsjahren war es nicht erlaubt, das graphische Symbol für den Kampf der Heimatarmee zu verwenden, das seit dem 20. März 1942 auf Warschauer Häuserwänden auftauchte.[13] Es zeigt einen stilisierten Anker, der sich aus den Buchstaben „PW" für „Polska walcząca" (Kämpfendes Polen) zusammensetzt, von den Zensoren abfällig als „AK-Ankerchen" bezeichnet.[14] Die Erinnerung an dieses Zeichen konnte jedoch nicht getilgt werden. So wurde in den 70er Jahren nach dem Entwurf von Architektur- und Kunststudenten auf dem Militärfriedhof des Warschauer kommunalen Friedhofs Powązki ein Gräberfeld für Aufständische der Heimatarmee neu gestaltet, dessen Monument das Emblem „PW" trägt. Im Warschauer Stadtmuseum wird ein gewebter Wandteppich ausgestellt, der eine Ziegelmauer mit dem „PW" darstellt (Abb. PL 3).

Deutsche Besatzung und Warschauer Aufstand

Die deutsche Okkupation hatte sich als „Zeit des Sterbens" tief in das kollektive Gedächtnis eingeprägt. Die alltäglichen Schrecken der Besatzung, die fest im Bewußtsein der Bevölkerung verankert blieben, vergegenwärtigen die in Schulbüchern, Museen und Ausstellungen immer wieder gezeigten und reproduzierten „Ogłoszenia" (Bekanntmachungen) der deutschen Zivilverwaltung bzw. des

Höheren SS- und Polizeiführers im Generalgouvernement über administrative Maßnahmen, Strafen, bevorstehende Erschießungen, Geiselnahmen u. a. Auch in der Literatur[15] und bildenden Kunst der Nachkriegszeit wurde der Besatzungsterror gegen die Bevölkerung gestaltet. 1949 schuf der junge Maler Andrzej Wróblewski seinen Bilderzyklus mit dem Titel „Rozstrzelania" (Erschießungen).[16] Im Vordergrund stehen die Gequälten, Gefolterten und Exekutierten, denen der Künstler seine eigenen Züge verliehen hat. Die Täter bleiben unsichtbar (Abb. PL 4). Die Erfahrung der Brutalität der Erschießungen mit ihrem „stechenden Leichengeruch" (so Wróblewski) prägte die Erinnerung der Nachkriegszeit.[17] Während die Erinnerung an die Schrecken der deutschen Besatzung staatlich erwünscht war, sollte nach dem Willen der Kommunisten der Warschauer Aufstand entwertet bzw. umgewertet werden. 63 Tage hatte der fast aussichtslose und mit 200 000 zivilen Opfern verlustreichste Kampf der Aufständischen gedauert, die das Ende der deutschen Besatzung erzwingen und die Sowjets als „Herren im eigenen Haus" empfangen wollten. Die Unterstützung der Westalliierten war jedoch zu gering, und die Rote Armee leistete erst ab der zweiten Septemberhälfte halbherzige Hilfe.[18]

Als die ersten Jahrestage im frischen Gedenken an die Opfer und den Heldenmut große Emotionen auslösten, konnten die neuen Machthaber dies nicht unberücksichtigt lassen. So stellten sie den gemeinsamen Kampf der einfachen Soldaten der Heimatarmee und der Volksarmee in den Mittelpunkt der Gedenkveranstaltungen und unterschieden zwischen den „Verrätern" in der Führung des Untergrundstaates und dem heroisch gegen die Deutschen kämpfenden „Warschauer Volk". Seitdem im Zuge der Stalinisierung seit 1948 das „Londoner Lager" auf eine „reaktionäre Clique" reduziert worden war, die mit ihrer antisowjetischen Haltung letztlich mit den Deutschen kollaboriert habe, dominierte von offizieller Seite „feindseliges Beschweigen".

Zum zehnten Jahrestag des Aufstandes, ein Jahr nach Stalins Tod, konnte das „patriotische Volk Warschaus" als positiver Held in die Geschichte zurückkehren. Nach 1956 wurde der Aufstand allmählich wieder Teil der offiziellen Gedenkkultur. Mit seinem Film „Kanał" von 1956 gelang es Andrzej Wajda, das Zerrbild der kommunistischen Propaganda zu sprengen. Seine Protagonisten waren junge

PL 4
Andrzej Wróblewski
Rozstrzelanie VIII
Erschießung VIII, 1949
Öl/Leinwand, 129 x 198 cm
Warschau, Muzeum Narodowe w Warszawie
MPW 1125

PL 5
Andrzej Wajda (Regie),
Zygmunt Anczykowski (Plakat)
Kanał
Der Kanal, 1956
Filmplakat, 58,5 x 166,8 cm
Warschau, Muzeum Plakatu w Wilanowie
Pl. 1173

PL 6
Andrzej Wajda (Regie), Jan Lenica (Plakat)
Kanał
Der Kanal, 1956
Filmplakat, 87 x 60 cm
Warschau, Muzeum Niepodległości
Pl 338

Polen, die sich während der Kämpfe ohne Chance auf Rettung in das Warschauer Abwassersystem geflüchtet hatten. Wajda zeichnete ein realistisches Bild vom Tod einer Stadt und einer Generation sowie vom Verhängnis eines Volkes, das nicht aus Helden, sondern aus Durchschnittsmenschen bestand, die schließlich Heldenmut bewiesen.[19] Das sowjetische Thema bleibt allerdings ausgespart, ein Zugeständnis an die Zensur. Keiner der Protagonisten überlebt. Das eiserne Gitter, das dem Liebespaar am Ende des Films den Weg aus dem Kanal abschneidet, kann als Bild für die politische Vergeblichkeit des Unterfangens gedeutet werden. Es steht aber auch dafür, daß es für Polen keine Zukunft gibt. Das Plakat nimmt diesen Gedanken auf (Abb. PL 5).[20] Abstrakter gestaltete ihn der Graphiker Jan Lenica mit der sich auflösenden schemenhaften Gestalt eines erschöpften Kämpfers, bis zuletzt mit der Waffe in der Hand, vor leuchtend rotem Hintergrund (Abb. PL 6).

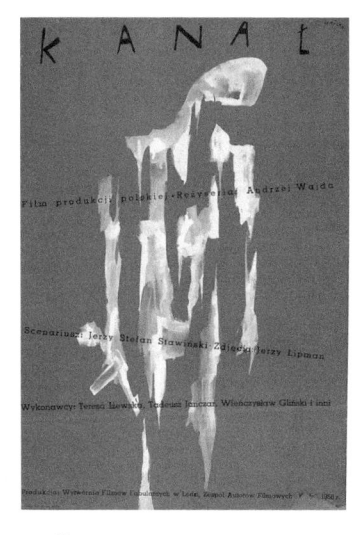

Mit dem Aufstieg General Mieczysław Moczars zum Innenminister gewannen im Partei- und Staatsapparat seit 1964 nationalistische Tendenzen an Einfluß. In der machtvollen Veteranenorganisation „Verband der Kämpfer für Freiheit und Demokratie" sammelte Moczar unter nationalen Losungen nicht nur Kämpfer aus dem kommunistischen Widerstand, sondern auch Veteranen der Heimatarmee.[21] 1968, auf dem Höhepunkt der nationalistischen Propaganda und einer „antizionistischen" Kampagne, mit der bis zu 20 000 Polen jüdischer Herkunft außer Landes getrieben wurden, avancierte der Warschauer Aufstand zum „Volksaufstand".[22] Eine in der zweiten Hälfte der 70er Jahre entstandene Gegenöffentlichkeit verlangte jedoch immer deutlicher Aufklärung über den sowjetischen Anteil an der Katastrophe. Anfang der 80er Jahre machte die antikommunistische Opposition die Tatsache des unterlassenen sowjetischen Beistands zum Argument gegen die Legitimität der Volksrepublik.

Als gewissen Erfolg konnten die Veteranen des Aufstands 1983 die Enthüllung des „Denkmals des kleinen Aufständischen" an den Wehrmauern der Altstadt verbuchen, eine Stiftung des Polnischen Pfadfinderverbands.[23] Die Plastik eines kleinen Jungen mit einem viel zu großen Helm und einer Maschinenpistole in den Händen soll an den Mut und die Opfer der jüngsten Kämpfer erinnern. Eine elf Jahre später, zum 50. Jahrestag entstandene Telefonkarte zeigt das Denkmal des tapferen Kindersoldaten und rechts darüber das PW für Polska walcząca (Kämpfendes Polen) (Abb. PL 7). Am 31. Juli 1984 legten Vertreter des Veteranenverbands schließlich auf dem Krasiński-Platz (in der Nähe der Garnisonkirche und des Kanaleinstiegs, dem Symbol für den Kampf um die Altstadt) in Anwesenheit General Wojciech Jaruzelskis, Erster Parteisekretär und Staatspräsident, den Grundstein für ein Denkmal für die Aufständischen. Zwar zelebrierte ebendieser Jaruzelski schließlich am 1. August 1989 die Feierlichkeiten zum 45. Jahrestag an der Seite des Primas von Polen, Kardinal Glemp, aber die kommunistische Partei hatte den Kampf um die Erinnerung an den Warschauer Aufstand verloren.[24]

PL 7
50 rocznica powstania Warszawskiego
50. Jahrestag des Warschauer Aufstandes, 1994
Telefonkarte, 8,6 x 5,4 cm
Berlin, Deutsches Historisches Museum

Auschwitz

Jahrzehntelang galt das Konzentrationslager Auschwitz (Oświęcim), wo bis zu 60 000 Polen umgekommen waren, in Polen als Ort des polnischen Martyriums unter der deutschen Besatzung. Ursprünglich hatten die Nationalsozialisten das Stammlager Auschwitz I im Mai/Juni 1940 für polnische Häftlinge errichtet.[25] Gleich nach der Befreiung durch die Rote Armee am 27. Januar 1945 setzten sich ehemalige polnische Häftlinge für die Gründung einer Gedenkstätte ein. Im Dezember 1946 beschloß eine Kommission aus Vertretern ehemaliger Häftlinge sowie Repräsentanten der Regierung und einschlägiger Organisationen, das geplante Museum nicht in Auschwitz-Birkenau, seit 1942 Konzentrations- und Vernichtungslager für Juden aus ganz Europa, sondern auf dem Gelände des Stammlagers Auschwitz I zu errichten, und die „Polnische Union der ehemaligen politischen Häftlinge" legte bald darauf fest, daß der Massenmord an den europäischen Juden nicht speziell herausgehoben, sondern unter das Thema „Vernichtung von Millionen" gestellt werden sollte.[26] Damit wurde Oświęcim zum Inbegriff des polnischen Leidens; Auschwitz-Birkenau als Ort der Vernichtung der europäischen Juden schwand aus dem offiziellen Gedenken in Polen und aus dem Bewußtsein der nachwachsenden Generationen.[27] Fälschlich und pauschal wurde in den folgenden Jahren von „vier Millionen Opfern der hitleristischen Mörder" gesprochen.[28] Auf den Tafeln des 1967 in Auschwitz-Birkenau enthüllten „Denkmals für die Opfer des Faschismus", die 1992 entfernt wurden, war diese Zahl in 19 Sprachen zu lesen, ohne daß der Genozid an den Juden erwähnt worden wäre.[29] „Oświęcim" wurde zum Symbol für die Leiden unter der deutschen Okkupation und den Widerstand, für die Befreiung durch die Rote Armee und die Wiedergeburt Polens als kommunistische Volksrepublik im Verbund mit der Sowjetunion.

In der öffentlichen Diskussion der ersten Nachkriegsjahre über die Erinnerung an Auschwitz spielten die Prosatexte Tadeusz Borowskis (1921–1951) eine Schlüsselrolle. Der Student der Warschauer Untergrunduniversität wurde nach seiner Internierung im Pawiak-Gefängnis 1943 nach Auschwitz deportiert. Briefe, die er an seine Freundin in Birkenau schickte, bildeten die Grundlage seiner späteren Lagererzählungen „Byliśmy w Oświęcimiu".[30] Da Borowski, der 1951 Selbstmord beging, die Erinnerung an Auschwitz nicht auf die bekannten Formeln von Heldentum und Leiden reduzierte, geriet er zwischen die Fronten der katholischen und marxistischen Presse.[31] Dennoch galt seine Auschwitz-Erzählung wenige Jahre nach seinem Tod als Meisterwerk und wurde Schullektüre. Der Einband der Erstausgabe ist kaschiert mit dem Stoff des blau-weiß gestreiften Drillichanzugs. Aufgenäht ist das P als Zeichen des polnischen Gefangenen und die Häftlingsnummer. (Abb. PL 8).[32]

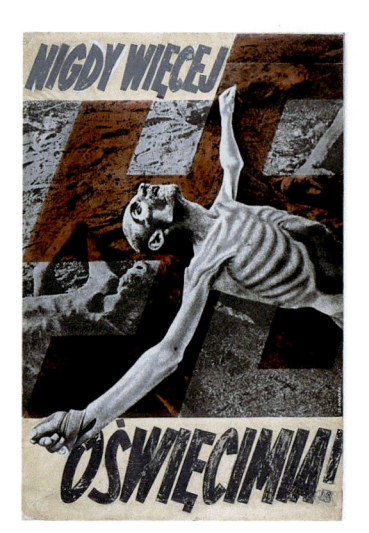

In der offiziellen Bildsprache des Gedenkens an Auschwitz in der Volksrepublik tauchen in Verbindung mit politischen Aussagen auch martyrologische Elemente mit christlicher Symbolik auf. Ein Plakat

PL 8
Tadeusz Borowski
Byliśmy w Oświęcimiu
Wir waren in Auschwitz,
Warschau 1946
Buchtitel
Warschau, Biblioteka
Narodowa
II 213 136 A Cim

PL 9
Mieczysław Berman
Nigdy więcej Oświęcimia!
Nie wieder Auschwitz!,
1955
Plakat, 86 × 58 cm
Warschau, Muzeum
Niepodległości
Pl O261

von 1955, das sich gegen Faschismus und Krieg wendet, zeigt die (bei der Befreiung des Konzentrationslagers Bergen-Belsen entstandene) Photographie eines zum Skelett abgemagerten Toten, der mit seinen ausgebreiteten Armen an das Martyrium Christi erinnert (Abb. PL 9). Ein unterlegtes Hakenkreuz stellt die Verbindung zu den Verursachern des Leids her. Der Titel des Plakats lautet: „Nigdy więcej Oświęcimia!"

Nach der Heiligsprechung von Pater Maksymilian Kolbe am 10. Oktober 1982, der sein Leben für einen Mithäftling und Familienvater in Auschwitz geopfert hatte, wurde seine Zelle im sogenannten Todesblock des Stammlagers zum Wallfahrtsort. Als 1984 der Orden der Karmeliterinnen in einem an das Stammlager angrenzenden Gebäude ein Kloster einrichtete, begann ein Konflikt zwischen Vertretern jüdischer Organisationen und der römisch-katholischen Kirche, der erst 1987 beigelegt werden konnte. In den 90er Jahren entwickelte sich der Streit um die Kreuze in der Kiesgrube am Rande des Stammlagers zu einer Auseinandersetzung zwischen Polen und Juden um die Bedeutung von Auschwitz. Ausgelöst wurde er 1989 mit der Aufstellung des acht Meter hohen „Papstkreuzes"[33], das nationalpolnische Katholiken ermutigte, das Terrain mit immer mehr Kreuzen zu markieren. Erst im Mai 1999 wurden die 300 Kreuze entfernt; nur das „Papstkreuz" blieb stehen.

Nach neueren Umfragen hat sich das Verständnis von Auschwitz zwischen 1995 und 2000 in Polen entscheidend gewandelt. Es gilt nicht mehr vornehmlich als Ort des Martyriums des polnischen Volkes, sondern wird als „Ort der Judenvernichtung" wahrgenommen. Auch die Gedenkstätte Auschwitz-Birkenau macht dies heute bewußt.[34]

Sowjetische Verbrechen

Eine besondere Schwierigkeit der Erinnerung an den Zweiten Weltkrieg im Nachkriegspolen bestand in der Tatsache, daß Polen nicht nur Opfer der deutschen Okkupation, sondern in seinen östlichen Gebieten auch sowjetisch besetzt gewesen war. Die Erinnerung an die Leiden unter dieser Besatzung wurde von den Kommunisten in der Nachkriegszeit aus dem offiziellen Gedenken verbannt, die Rolle der sowjetischen Invasoren in der Geschichtsdarstellung der Volksrepublik zu der einer Schutzmacht umgewertet.[35] Das öffentliche Schweigen über die sowjetischen Repressionen wurde bis zum Ende der Volksrepublik aufrechterhalten. Ein Tabu blieb auch Katyn, ein Ort in der Nähe von Smolensk, der jedoch in der Erinnerung der Bevölkerung stets lebendig war und schließlich zum Synonym für sowjetische Verbrechen am polnischen Volk wurde. Im Februar 1943 wurden im Wald von Katyn die Massengräber von 4421 polnischen Berufs- und Reserveoffizieren, die 1940 vom NKVD liquidiert worden waren, von der Wehrmacht entdeckt. Heute ist bekannt, daß bis 1941 etwa 15 000 polnische Kriegsgefangene, überwiegend Offiziere, von den sowjetischen Besatzern erschossen wurden. Das langjährige Verschweigen dieser Verbrechen, für die bis 1989 offiziell die Wehrmacht verantwortlich gemacht wurde, ließ die Erinnerung um so mächtiger zurückkehren.[36]

1980/81, als die oppositionelle Gewerkschaft Solidarność legalisiert und die Pressezensur gelockert wurde, erschienen zahlreiche Artikel zu diesem Thema. Ende der 80er Jahre entstanden die sogenannten Katyn-Familien, die Ausstellungen organisierten und Denkmäler errichten ließen. 1990 stellte das Warschauer Militärmuseum in Zusammenarbeit mit der „Rodzina Katyńska Warszawska" erstmals Briefe, Dokumente, Photographien sowie persönliche Gegenstände aus Ausgrabungen in Katyn aus. Am 17. September 1995 konnte schließlich in Warschau das von Maksymilian M. Biskupski entworfene Denkmal eingeweiht werden. Es trägt die Inschrift „Den im Osten Gefallenen und Ermordeten" und besteht aus der Plattform eines Güterwaggons, der mit Dutzenden von überwiegend lateinischen neben einigen orthodoxen Kreuzen sowie je einem jüdischen und muslimischen Grabstein beladen ist (Abb. PL 10). Das neue Denkmal soll an alle „Opfer der sowjetischen Aggression" erinnern.[37] Das Modell ist in dem 1993 eröffneten Katyn-Museum des Polnischen Militärmuseums ausgestellt.

PL 10
Maksymilian M. Biskupski
Miniatura pomnika 'Poległym i pomordowanym na Wschodzie'
Modell des Denkmals 'Den im Osten Gefallenen und Ermordeten', 1995
Messing, 80 x 34 cm, 100 x 200 cm (Basis)
Warschau, Muzeum Wojska Polskiego
MWP 57387*

Wiederaufbau Warschaus – Symbol für das neue Polen

Im Oktober 1944, nach der Kapitulation der Aufständischen und der Räumung Warschaus[38], sollte nach dem Willen Hitlers die polnische Hauptstadt „ausradiert" werden.[39] Ganze Straßenzüge, Bibliotheken und Archive, das Sächsische und das Brühlsche Palais, zahlreiche repräsentative Gebäude und Denkmäler sowie das nach dem Verfall in der Teilungszeit seit 1918 wiederaufgebaute Königsschloß wurden gesprengt.[40] Von der Hauptstadt war nur noch eine menschenleere, apokalyptische Steinwüste geblieben.

Schon kurz nach der Befreiung am 17. Januar 1945 beschloß Bolesław Bierut den Wiederaufbau Warschaus als Zeichen für die Unzerstörbarkeit Polens und Symbol nationaler Identität. Mit diesem Ziel konnten sich alle politischen Lager identifizieren; der Wiederaufbau der Hauptstadt wurde freudig begrüßt. Zwei Monate später lagen entsprechende Richtlinien vor, die sich auf während der Besatzungszeit illegal entstandene Baupläne stützen konnten.[41] In zahlreichen Bildbänden, auf Postkarten, Plakaten und in Broschüren der Nachkriegszeit werden Photographien der Kriegsruinen Abbildungen aus der Vorkriegszeit oder der rekonstruierten bzw. neu errichteten Gebäude gegenübergestellt, um die Wiedergeburt der Hauptstadt zu dokumentieren (Abb. PL 11 und Abb. PL 12). Der schnelle

PL 13
Leon Szatzsznajder
Cegiełka na budowę Warszawy
Ziegel für den Aufbau Warschaus, 1952
Medaille, Bronze, Dm 26,5 cm
Warschau, Muzeum Historyczne miasta starego Warszawy
MHW 4499

PL 11
Na zdjęciu górnym – widok na południową ścianę rynku Starego Miasta w r. 1938 i w r. 1945
Das obere Bild zeigt den Blick auf die Südseite des Marktplatzes der Altstadt 1938 und 1945, in: Bronislaw Baczko, Jerzy Grabowski, Kazimierz Saysse-Tobiczyk, Edward Strzelecki (Hg.): Warszawa. Stolica Polski, Warschau 1949, S. 103
Buch
Privatbesitz

PL 12
Ewald Pawlak, Sylwester
Kris-Braun (Photographien)
Das Historische Museum der
Stadt Warschau,
Warschau 2001
Faltblatt, 17 x 24 cm
Berlin, Deutsches
Historisches Museum

Wiederaufbau wurde zu einer Erfolgsgeschichte der Volksrepublik, das „Warschauer Tempo" der 50er Jahre sprichwörtlich. Die Losung „Cały naród buduje swoją stolicę" (Die ganze Nation baut ihre Hauptstadt) traf die patriotischen Gefühle und diente der neuen Macht als Visitenkarte ihres Erfolges.[42] Auf einer 1952 geprägten Medaille ist vor einem Ruinenhintergrund ein Baumeister zu sehen, der aus den Händen einer Frau das Modell eines Gebäudes entgegennimmt. Unten ist die Syrena, das Wahrzeichen der Stadt, zu erkennen (Abb. PL 13). Die Inschrift lautet „Ziegel für den Aufbau Warschaus". 1971 wurde schließlich auch mit der Rekonstruktion des Schlosses begonnen.

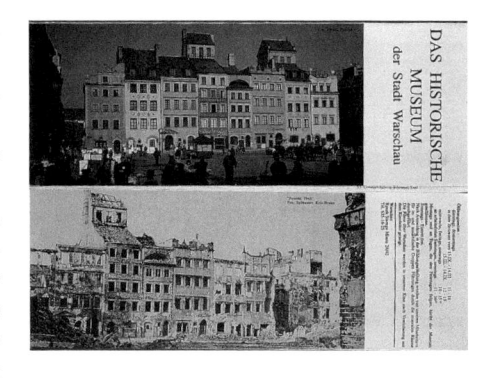

Septembertrauma und militärische Erfolge

Zeitgenössische Intellektuelle sahen die militärische Niederlage von 1939 und den Verlust der Souveränität zunächst als Untergang und weitere schicksalhafte Zäsur in der polnischen Geschichte. Diese Deutung entsprach dem traumatischen Erlebnis der Menschen, die in patriotischer Euphorie zur Verteidigung des Vaterlandes aufgebrochen waren. Doch die Brutalität des „totalen Krieges" löste eine neue nationale Solidarität und Bewunderung für polnischen Heldenmut aus.[43]

PL 14
Stefan Garwatowski
Westerplatte
1996
Öl/Leinwand, 130 x 180 cm
Warschau, Muzeum Wojska
Polskiego
MWP 58136*

Die kommunistischen Machthaber brandmarkten den September 1939 als Bankrott der Regierungen der Zweiten Republik Polen (1918–1939) und sprachen der Exilregierung jede Legitimation zur Führung der Nation während des Krieges ab. Zugleich mußten aber Elemente der Erinnerung in konsensfähigen Bereichen aufgegriffen und gefestigt werden. Als Schauplatz des deutschen Überfalls und der heldenhaften polnischen Verteidigung wurde die Westerplatte zu einem Symbol der heroischen Erinnerung. An diesem Küstenstreifen in der Danziger Bucht, wo in den frühen Morgenstunden des 1. September 1939 die „Schleswig-Holstein" das Feuer auf ein polnisches Munitionsdepot eröffnet hatte, wurde 1965 das von Franciszek Duszeńko geschaffene „Denkmal der Helden der Westerplatte" eingeweiht. Das in den 90er Jahren entstandene Ölgemälde von Stefan Garwatowski mit dem Titel „Westerplatte" zeigt unverändert, wie polnische Soldaten in einer verwüsteten Landschaft auf verlorenem Posten heroisch kämpfen (Abb. PL 14). Es kann als Beleg dafür gelten, daß dieser Mythos bis heute lebendig ist.

Später wurde in zahlreichen Bildbänden in Erinnerung gerufen, daß Polen als Partner der siegreichen Anti-Hitler-Koalition an vielen Fronten kämpften – in Afrika, Italien (Monte Cassino), Frankreich, der Sowjetunion, in der „Luftschlacht um England" und nicht zuletzt bei der Eroberung Deutschlands.[44] Wie in der offiziellen Gedenkkultur der Volksrepublik Schlachten im Zweiten Weltkrieg mit älteren nationalen Mythen verbunden wurden, veranschaulicht ein Plakat von 1983. Es zeigt eine Stele mit einem abgebrochenen Schwert in Kreuzform als Zeichen des Sieges des polnisch-litauischen Heeres 1410 gegen die Ritter des Deutschen Ordens in Grunwald (Tannenberg), mit dem sich seit dem 19. Jahrhundert die Hoffnung auf nationale Wiedergeburt verband (Abb. PL 15). Die Inschrift „Za naszą wolność i waszą" entspricht dem Aufruf zum Freiheitskampf des 19. Jahrhunderts. Die 1943 in der Sowjetunion gegründete Volksarmee wurde am 15. Juli, dem Grunwaldtag, vereidigt, in Lenino erhielt sie ihre Feuertaufe.

In der Hierarchie der staatlichen Rituale Volkspolens stand der 9. Mai als „Tag des Sieges" ganz oben. Zentrales Element der Siegessymbolik war die über den Ruinen von Berlin wehende polnische Flagge. Auf einem Plakat zum 40. Jahrestag des deutschen Überfalls wurden unter der Überschrift „9. V. 1945" Photographien von der Berliner Siegessäule mit jubelnden Soldaten auf Panzern und von Rotarmisten im Gespräch mit Soldaten der polnischen Volksarmee montiert (Abb. PL 16). Die Betonung des sowjetisch-polnischen Sieges über das faschistische Deutschland sollte Gefühle der Niederlage und des Martyriums kompensieren.

PL 15
Jan Olejniczak
Za naszą wolność i waszą
Für unsere und eure Freiheit,
1983
Plakat, 98 x 70 cm
Warschau, Muzeum
Niepodległości
Pl 6545

PL 16
Sławomir Lewczuk
9. V. 1945
1979
Plakat, 98 x 66 cm
Warschau, Muzeum
Niepodległości
Pl 5991

Flucht und Vertreibung

Die Folgen der territorialen und politischen Neuordnung von Jalta und Potsdam waren Flucht, Vertreibung und Umsiedlung von bis zu acht Millionen Deutschen aus den Provinzen östlich von Oder und Neiße, von rund 1,5 Millionen Polen aus den polnischen Ostgebieten sowie einer halben Million Ukrainern. Nach der Erfahrung der nationalsozialistischen Vertreibungs-, Unterdrückungs- und Vernichtungspolitik im besetzten Polen war für die Repräsentanten der neuen Staatsmacht die „deutsche Frage" ein Terrain, auf dem sie sich als Vertreter nationaler Interessen Anerkennung verschaffen konnten, waren doch die späten 40er Jahre eine Zeit der Rache- und Haßgefühle.[45] Die Vertreibung der Deutschen wurde zu einem wichtigen Element im Prozeß der kommunistischen Machteroberung.⁴⁶

Seit der Entstehung der DDR mußten die deutschen Verbrechen nach der sozialistischen Political Correctness „hitleristisch" heißen. Entsprechende Weichen wurden nicht zuletzt auf den Theaterbühnen gestellt. Am 22. Oktober 1949, zu einer Zeit, als allein das Wort „Deutscher" Abscheu auslöste, fand in Krakau die Uraufführung des Theaterstückes „Niemcy" (Die Deutschen) von Leon Kruczkowski statt, der seinen Landsleuten nahebringen wollte, daß die Vorstellung von den Deutschen nicht mit der von den Nationalsozialisten gleichgesetzt werden dürfe.⁴⁷ Im Mittelpunkt stehen der deutsche Wissenschaftler Sonnenbruch, der dem Nationalsozialismus zwar kritisch gegenübersteht, aber wenig couragiert ist, und seine Familienmitglieder, deren Handlungsweisen von bedingungsloser Ergebenheit gegenüber dem Nationalsozialismus – der Sohn Willi ist SS-Offizier im okkupierten Norwegen – bis zu Widerstandsbereitschaft reichen.

Die Botschaft des Bühnenstückes, das zahlreiche Aufführungen erlebte und bis heute zum Lektürekanon in Schulen gehört, lautet, daß die Deutschen grundsätzlich zur Erneuerung und damit zum Wiedereintritt in die Gesellschaft zivilisierter Völker fähig seien.⁴⁸ In der volkspolnischen Sprachregelung wurden künftig die Deutschen im Osten zu „Antifaschisten", die Deutschen im Westen zu „Revanchisten".

In offiziellen Begründungen für die Westverschiebung bemühten die neuen Machthaber den Piasten-Mythos des 19. Jahrhunderts, indem sie betonten, Polen sei nunmehr in seine „uralten piastischen" Gebiete zurückgekehrt.⁴⁹ Die „ziemie odzyskane" (zurückgewonnenen Gebiete) mit der Oder-Neiße-Grenze galten allgemein als wichtigste Entschädigung für erlittenes Unrecht und für die Amputation Ostpolens. Auf einem Plakat von 1945 ragt vor der Karte Europas der rot-weiße Grenzpfahl mit der Aufschrift „Odra i Nissa. Zachodnią granicą Polski" auf (Abb. PL 17). 1985 erscheint als Plakatmotiv erneut der Grenzpfahl als Teil der europäischen Nachkriegsordnung, statt des polnischen Adlers hat sich die Friedenstaube niedergelassen. Er trägt die Inschrift: „Jałta. Poczdam. Pokój dla Polski i Europy" (Abb. PL 18). Erst der Grenzbestätigungsvertrag von 1990 machte die Oder-Neiße-Linie schließlich zu einer normalen europäischen Grenze.

Offiziell wurde bis Ende der 80er Jahre die Vertreibung der Deutschen, die schon vor der Potsdamer Konferenz begonnen hatte, als eine durch die Potsdamer Verträge rechtlich abgesicherte Umsiedlung

PL 17
Ryszard Brudzewski, Paweł Światkowski
Odra i Nissa.
Zachodnią granicą Polski
Oder und Neiße.
Westgrenze Polens, 1945
Plakat, 86 x 63 cm
Warschau, Muzeum Wojska Polskiego
MWP 14657 A*

PL 18
Witold Mysyrowicz
Jałta. Poczdam. Pokój dla Polski i Europy
Jalta. Potsdam. Frieden für Polen und Europa, 1985
Plakat, 93 x 67 cm
Warschau, Muzeum Niepodległości
Pl 6460

bezeichnet.⁵⁰ Als erster Versuch von polnischer Seite, das Schweigen zu brechen, gilt die Versöhnungsbotschaft „Wir vergeben und bitten um Vergebung" der polnischen Bischöfe „an ihre deutschen Brüder in Christus" vom 18. November 1965. Der Appell der Bischöfe stellte nicht nur für die kommunistischen Machthaber, sondern auch für die polnische Gesellschaft eine Provokation dar. Einen weiteren Meilenstein für einen neuen Umgang mit diesem Thema setzte 1981 der oppositionelle Literaturwissenschaftler Jan Józef Lipski, Mitbegründer des in den 70er Jahren entstandenen Komitees zur Verteidigung der Arbeiter (Komitet oborony rabotników, KOR). In seinem Essay „Zwei Vaterländer – zwei Patriotismen" kritisierte er den polnischen Nationalismus und seine „blinden Flecken", zu denen auch die verdrängte Schuld im Zusammenhang mit der Vertreibung der Deutschen gehöre.⁵¹ Nach der Wende von 1989 entstanden fundierte Studien. Als Beispiel sei Edmund Nowaks Buch „Cień Łambinowic" (Schatten von Łambinowice) genannt.⁵² Im schlesischen Lamsdorf, einst eines der größten Kriegsgefangenenlager der Wehrmacht, nach dem Krieg polnisches Arbeitslager für Deutsche, wird heute nicht nur der dort umgekommenen sowjetischen Kriegsgefangenen gedacht, sondern auch der deutschen Opfer. In seiner Rede am 8. Mai 1995 vor dem deutschen Bundestag und Bundesrat sprach der damalige Außenminister Władysław Bartoszewski auch über das Leid der Deutschen durch die Vertreibung nach 1945. Die polnisch-ukrainische Auseinandersetzung um die „Repatriierung" der polnischen Bevölkerung aus ehemaligen polnischen Ostgebieten sowie um die Vertreibung der Ukrainer aus Polen ist dagegen ein noch unbewältigtes Kapitel.

Die Vernichtung der polnischen Juden

Mit 3,35 Millionen Menschen, fast zehn Prozent der Einwohner des Vorkriegsstaates, war Polen das Land mit der größten jüdischen Bevölkerung in Europa. Mindestens 2,7 Millionen wurden Opfer der Shoah. Die polnische Bevölkerung war dazu verurteilt worden, Zeuge der Ghettoisierung, Deportation und Vernichtung der Juden zu sein.⁵³ Das schwierige polnisch-jüdische Verhältnis während des Krieges gehört zu den schnell tabuisierten, später schmerzhaft zurückkehrenden Themen.

Die aus Lagern, aus Verstecken oder aus der Sowjetunion zurückgekehrten überlebenden Juden wurden seit der Befreiung der ersten polnischen Territorien immer wieder Opfer von Gewalttaten.⁵⁴ In den Wirren der Machtkämpfe lebte der Antisemitismus vor allem im Vorkriegsstereotyp vom jüdischen Bolschewismus, der „żydo-komuna", wieder auf. Aber auch allgemeine Demoralisierung durch die Brutalität des Krieges und die Weigerung, übernommenes jüdisches Eigentum wieder herauszugeben, waren Ursachen für die antijüdische Aggression. Die Kommunisten profilierten sich in dieser Situation als die politische Kraft im Lande, die Antisemitismus und Faschismus eine Absage erteilte.

Welche Formen des Gedenkens an die Shoah konnten sich unter diesen Bedingungen in der polnischen Gesellschaft herausbilden?

Ende 1946 beschloß das Präsidium des Zentralkomitees der Juden in Polen mit der Unterstützung staatlicher Stellen, den Kämpfern des Ghetto-Aufstands in der Trümmerwüste des zerstörten Ghettos ein Denkmal zu errichten, das auch an die Hunderttausende, die aus Warschau deportiert worden waren, erinnern sollte.⁵⁵ Der Aufstand war am 19. April 1943 ausgebrochen. Unter dem Kommando von Mordechaj Anielewicz leisteten die Aufständischen bis zum 16. Mai

PL 19
Nathan Rapoport (Denkmal)
Denkmal des Aufstandes im
Warschauer Ghetto
1948
Plakette, Messing,
14,5 x 26,3 cm
Warschau, Muzeum
Żydowskiego Instytutu
Historycznego w Polsce
A-1189

PL 20
Nathan Rapoport (Denkmal)
Denkmal des Aufstandes im
Warschauer Ghetto
(Ausschnitt)
In: Adam Rutkowski (Hg.):
Męczeństwo, walka, zagłada
żydów w Polsce 1939–1945,
Warschau 1960, Abb. 540
Buch
Privatbesitz

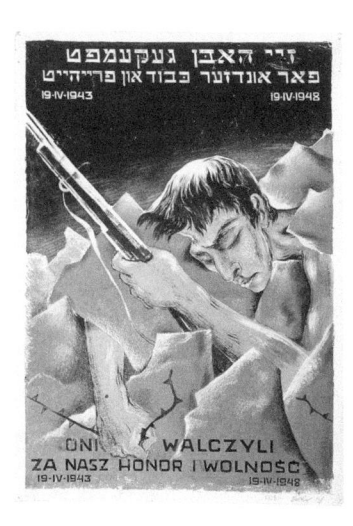

PL 21
Henryk Hechtkopf
19. IV. 1943 – 19. IV. 1948.
Oni walczyli za nasz honor
i wolność. W piątą rocznice
powstania w ghetcie
Warszawskim
19. IV. 1943 – 19. IV. 1948.
Sie kämpften für unsere Ehre
und Freiheit. Zum 5. Jahrestag
des Aufstandes im
Warschauer Ghetto, 1948
Plakat, 70 x 50 cm
Warschau, Muzeum
Żydowskiego Instytutu
Historycznego w Polsce
A-1273

verzweifelten Widerstand gegen die Übermacht deutscher Einheiten, die danach das gesamte Areal dem Erdboden gleichmachten.

Beauftragt wurde der Bildhauer Nathan Rapoport, der im September 1939 in die Sowjetunion geflüchtet war.[56] Noch in Moskau hatte er 1943 ein Modell geschaffen. Sein Monument besteht aus einer Mauer aus Steinblöcken, die das Ghetto symbolisiert. An der Frontseite treten als überlebensgroße Bronze-Skulpturen mehrere athletisch gebaute Männer, zwei bewaffnete Kinder und eine Frau mit einem Kleinkind und entblößter Brust hervor. Auf jeder Seite des Monuments steht eine von einem steinernen Löwen flankierte Menora. Die Inschrift auf Hebräisch, Jiddisch und Polnisch auf dem Sockel lautet: „Dem jüdischen Volk – seinen Kämpfern und Märtyrern". Ein flaches, eher unauffälliges Relief auf der Rückseite des Denkmals stellt die zu Tode gehetzten Juden dar, u. a. einen Rabbiner mit der Tora und eine Mutter mit einem Säugling, im Hintergrund die Bajonette.[57] Das Jüdische Historische Institut in Warschau bewahrt eine nicht datierte Medaille auf, die diese Deportationsszene zeigt (Abb. PL 19). Das mit jüdischen Spenden aus 20 Nationen finanzierte Monument wurde am 5. Jahrestag des Aufstands, dem 19. April 1948, eingeweiht. Die heroische Gestaltung des Widerstands, die künftig in zahlreichen Bildbänden und Zeitungen immer wieder abgebildet wurde, entsprach sowohl der offiziellen Auffassung staatlicher Stellen als auch dem Wunsch zeitgenössischer jüdischer Organisationen (Abb. PL 20). Die Kämpfer von der Frontseite, so schrieb Konstanty Gebert 2003, fügten „der Todesgeschichte eine Erzählung hinzu, in der man nicht nur selbst stirbt, sondern auch selbst töten kann".[58] Sie lieferten eine Legende, die auch nachfolgende Generationen nähren könne.

Anläßlich der Einweihung 1948 schrieb das jüdische Zentralkomitee einen Plakatwettbewerb mit der Vorgabe aus, den „heroischen Kampf des jüdischen Volkes gegen die Nazi-Besatzer" symbolisch zu gestalten.[59] In den zahlreichen eingesandten Entwürfen wurden die Kampfmotive meist mit zionistischen (Davidstern, blauweiße Flagge) und sozialistischen Elementen verbunden.[60] Henryk Hechtkopf, der Autor des preisgekrönten Plakats, das ein bewaffnetes junges Paar zeigt, hatte in einem ersten Entwurf nur einen einzelnen, zudem noch verletzten Kämpfer dargestellt (Abb. PL 21). Die dynamischere Variante des Plakats wurde als Motiv einer Briefmarke, die die polnische Post anläßlich des 5. Jahrestags des Aufstands herausgab, gewählt (Abb. PL 22). Ohne die Inschrift könnte sich das Motiv sowohl auf den polnischen als auch auf den jüdischen Kampf beziehen lassen.

Daß das Rapoport-Monument prägend blieb für die Erinnerung an das Ghetto, zeigt ein Plakat von 1958, das mit einem Ausschnitt des Denkmals, dem Haupt von Mordechaj Anielewicz, den heroischen jüdischen Widerstand betont; die zerstörte Menora in einem Flammenmeer verweist auf die Vernichtung des jüdischen Lebens (Abb. PL 23).

Das Jahr 1948 bedeutete sowohl für das jüdische Leben als auch für das politische Schicksal Polens eine Zäsur. Die relative politische, kulturelle und religiöse Autonomie jüdischer Organisationen endete mit der Konsolidierung des kommunistischen Staates. Für die nächsten Jahrzehnte sollte das Ghetto-Monument zum zentralen Ort offizieller Gedenkfeiern werden, die jedoch bis Anfang der 80er Jahre eher einem öffentlichen Schweigen über die Shoah glichen.[61] Der Ghettoaufstand wurde immer mehr als Teil des Kampfes der polnischen Nation vereinnahmt.

Andererseits entstand in den Jahren 1959 bis 1964 die Staatliche Gedenkstätte des Vernichtungslagers Treblinka, von dem die Deutschen fast alle Spuren getilgt hatten. Anders als Auschwitz war der Name Treblinka im kollektiven Gedächtnis als Ort der Shoah präsent. Am Eingang der Gedenkstätte erklären große Inschriften, daß die 800 000 Opfer fast alle Juden waren. Ein Pfad aus Eisenbahnschwellen führt auf ein Gelände, in dessen Mitte sich ein Obelisk erhebt, der von einem riesigen Stelenfeld aus über 17 000 Granitblöcken umgeben ist. Einige tausend tragen die Namen der ausgelöschten jüdischen Gemeinden in Polen.[62] Ein Plakat mit dem Titel „Treblinka – Impression VI", Teil eines Graphik-Zyklus von Janusz Piotrowski, erinnert daran, daß der Weg aus dem Warschauer Ghetto für die meisten in das Vernichtungslager führte. Die rechte Bildhälfte greift wieder die Ikone Anielewicz auf, die linke Seite zeigt drei Personen mit erhobenen Händen vor einer Mauer, darüber hinter Stacheldraht freies Feld, eine Verbindung der heroischen Komponente mit der Erinnerung an die Opfer (Abb. PL 24).

Auch Literatur und Malerei, die weit weniger staatlich lenkbar waren als Denkmäler und Gedenkstätten, leisteten ihren Beitrag zur Gestaltung der Erinnerung an die Shoah. Der Maler Jerzy Krawczyk, der in den 60er Jahren zur Łódzer Künstlergruppe „Realisten" gehörte, gestaltete die traumatische Erfahrung, daß eine ganze Bevölkerungsgruppe und ihre Kultur als gleichsam überflüssige Last vernichtet wurde. Das 1964 entstandene Gemälde „Przesyłka bez wartości" zeigt eine Gruppe bärtiger jüdischer Männer mit traditioneller Kopfbedeckung und dunklen Mänteln, die als Paket verschnürt an ein unbekanntes Ziel verschickt werden (Abb. PL 25). Das Eti-

PL 22
1943. 19. IV. 1948.
5a rocznica powstania
w ghetcie Warszawskim
1943. 19. IV. 1948.
5. Jahrestag des Aufstandes im Warschauer Ghetto, 1948
Briefmarke
Warschau, Muzeum
Żydowskiego Instytutu
Historycznego w Polsce
B-215

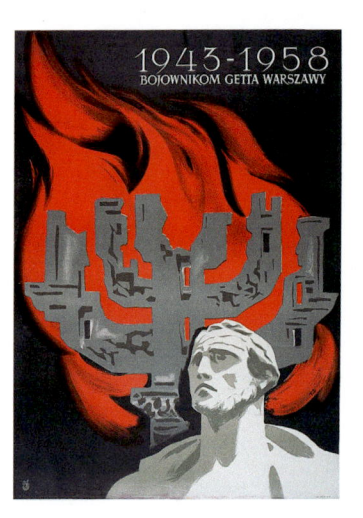

PL 23
Tadeusz Jodłowski
1943–1958. Bojownikom
Getta Warszawy
1943–1958. Den Kämpfern
des Warschauer Ghettos,
1958
Plakat, 91,3 x 66 cm
Warschau, Muzeum
Niepodległości
Pl 2065

PL 24
Janusz Piotrowski
Treblinka – Impresja VI
Treblinka – Impression VI,
1980
Serigraphie, 36 x 50,5 cm
Warschau, Muzeum Wojska
Polskiego
MWP 16509A*

PL 25
Jerzy Krawczyk
Przesyłka bez wartości
Sendung ohne Wert, 1964
Öl/Leinwand, 112 x 146 cm
Łódź, Muzeum Sztuki w Łodzi
MS/SW7M/1055

PL 26
40 rocznica powstania
w getcie Warszawskim
40. Jahrestag des Aufstandes
im Warschauer Ghetto, 1983
Plakat, 67,5 x 96 cm
Warschau, Muzeum
Żydowskiego Instytutu
Historycznego w Polsce
A-1267

kett „Wertlos" ist auf deutsch in Fraktur geschrieben. Unterhalb der Gruppe ist schemenhaft Warschau zu erkennen.

In den 80er Jahren geriet das in Abwehr erstarrte Gedenken im Zuge der gesellschaftlichen und politischen Polarisierungen in Bewegung. Im April 1983, als sich der Aufstand im Warschauer Ghetto zum 40. Mal jährte, herrschte noch das am 12. Dezember 1981 verkündete Kriegsrecht. Zur Gedenkveranstaltung, durch die die Regierung ihre internationale Reputation verbessern wollte, kamen Vertreter von mehr als 70 internationalen jüdischen Organisationen nach Warschau, zum ersten Mal auch aus Israel. Ein Schwarzweißplakat mit blauen Elementen von 1983 nahm wieder das Motiv der Ghettomauer auf, dahinter lodern Flammen. Der Stacheldraht über der Mauer deutet das jüdische Symbol des Davidsterns an, in dessen unterem Zacken mit der Farbe Blau eine Verbindung zu Israel hergestellt wird (Abb. PL 26). Die an die polnischen Juden gerichtete jiddische Inschrift lautet: „Sie haben gekämpft für unsere Ehre und Freiheit".

Marek Edelman jedoch, einer der in Polen lebenden Kommandanten des Aufstands und Mitglied der Solidarność, lehnte seine Teilnahme im Ehrenkomitee der staatlichen 40-Jahr-Feier strikt ab und bezeichnete diese Veranstaltung als „Verrat an unserem Kampf".[63] Schon 1977 hatte er als mutiger Tabu-Brecher in seinem berühmt gewordenen Interview mit Hanna Krall eine Demontage des gängigen Heldenbildes der Warschauer Aufständischen eingeleitet.[64] Als Redner auf einer oppositionellen Gedenkveranstaltung am 16. April 1983 zitierte Jan Józef Lipski in einer Warschauer Kirche Edelmans Worte: „Vor vierzig Jahren haben wir nicht nur um unser Leben gekämpft, wir kämpften um ein Leben in Freiheit und Würde." Lipski selbst betrachtete die damals verbotene Untergrund-Solidarność in ihrem Kampf um Menschenrechte als legitime Erbin des Vermächtnisses des Aufstands.[65] Teilnehmer eines inoffiziellen Gedenkmarsches zum Ghetto-Monument brachten ihre Verbundenheit mit der Opposition mit zum Siegeszeichen erhobener Hand zum Ausdruck.[66]

Das Rapoport-Denkmal erscheint in diesem Kontext als Ikone des Widerstands gegen den kommunistischen Staat. (Zum 50. Jahrestag 1993 bezeichnete Staatspräsident Lech Wałęsa den Ghetto-Aufstand als den „polnischsten aller Aufstände, nämlich den aussichtslosesten".)[67]

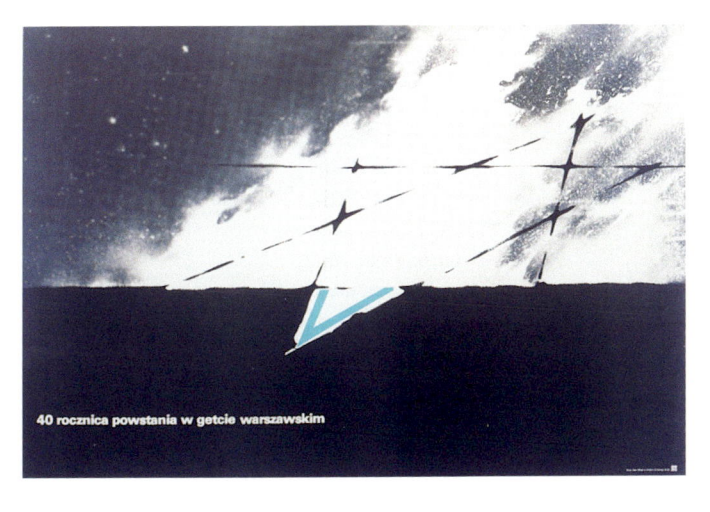

Eine neue Qualität des Gedenkens, das nicht nur den Aufstand in den Mittelpunkt stellte, zeigte sich bei den Feierlichkeiten 1988 zum 45. Jahrestag, als der von einem inzwischen staatlich anerkannten Bürgerkomitee initiierte „Gedenkweg jüdischen Märtyrertums und Kampfes" enthüllt wurde, der an das Schicksal einzelner Menschen erinnert. Das neue „Umschlagplatz"-Denkmal mit den hunderten eingravierten Vornamen der nach Treblinka Deportierten ist gleichsam ein Gegenstück zum Werk von Rapoport.[68]

In den 80er Jahren fanden auch die polnischen Retter von Juden, die von der israelischen Gedenkstätte Yad Vashem als „Gerechte unter den Völkern" geehrt wurden, größere Beachtung. Seit der Rehabilitierung der Heimatarmee in den 60er Jahren war auch der am 2. Dezember 1942 gegründete „Hilfsrat für Juden" mit dem Decknamen Żegota wieder ins Bewußtsein gerückt, eine einzigartige Institution im besetzten Europa, die in Zusammenarbeit mit jüdischen Untergrundgruppen Tausende versteckter Juden finanziell unterstützte, Quartiere anmietete und jüdische Kinder in Klöstern unterbrachte.[69] Seit Anfang der 60er Jahre hatte Władysław Bartoszewski, Mitbegründer des Hilfsrates und Verbindungsmann zur Regierungsdelegatur, über diese Rettungsbemühungen publiziert. Eine wichtige Monographie erschien 1982.[70] 1988 wurde mit einer Anstecknadel an die konspirativen Rettungsaktionen des polnischen und jüdischen Untergrunds erinnert. Durch die Verbindung des „PW"-Zeichens mit dem Schriftzug „Żegota" und dem Davidstern wird die polnisch-jüdische Solidarität im Kampf gegen die nationalsozialistische Besatzung betont (Abb. PL 27). Auch der in New York lebende Pole Jan Karski rückte wieder als moralische Instanz ins Bewußtsein seiner Landsleute, jener Bote des polnischen Untergrunds, den verzweifelte jüdische Kämpfer 1943 mit einem Bericht über die geplante Vernichtung des gesamten jüdischen Volkes in den Westen geschickt hatten.

PL 27
Adam Siemiaszko
Żegota
1988
Anstecknadel, Messing versilbert, 1,6 x 1,3 cm
Warschau, Muzeum Żydowskiego Instytutu Historycznego w Polsce
B-609

Im veränderten Klima der 80er Jahre wurden lange tabuisierte Fragen zum Holocaust öffentlich diskutiert. Nachdem bereits der 1986 im polnischen Fernsehen in Auszügen ausgestrahlte Film „Shoah" von Claude Lanzmann eine kontroverse Diskussion über das polnisch-jüdische Verhältnis während des Krieges ausgelöst hatte, setzte der Literaturwissenschaftler Jan Błoński Anfang 1987 in der katholischen Wochenschrift Tygodnik Powszechny mit einem provokativen Artikel eine stürmische Debatte in Gang.[71] Nach seiner Auffassung sei die Mehrheit der polnischen Bevölkerung gegenüber dem Schicksal der Juden gleichgültig geblieben. Symptomatisch war die Stellungnahme eines prominenten Strafverteidigers, der Błoński vorwarf, er leiste antipolnischer Propaganda Vorschub. Die Polen seien in gleicher Weise wie die Juden von der Vernichtung bedroht gewesen und hätten während der deutschen Okkupation mehr als jede andere Nation geleistet, um Juden zu retten. Es sei die Passivität der Juden gewesen, die die heroisch kämpfenden Polen davon abgehalten habe, ihnen noch mehr zu helfen.[72] Diese Diskussion fand ihre Fortsetzung in zahlreichen Debatten der 90er Jahre. Der Mythos einer heldenhaften Nation, die als Ganzes dem Besatzer stets passiven und aktiven Widerstand geleistet hatte, war beschädigt. 1995 verfilmte Andrzej Wajda Jerzy Andrzejewskis Erzählung „Wielki tydzień" von 1946, eine Darstellung der tragischen Verflechtung jüdischer

PL 28
Andrzej Wajda (Regie), Wiesław Wałkuski (Plakat)
Wielki tydzień
Die Karwoche, 1995
Plakat, 68 x 98 cm
Berlin, Deutsches Historisches Museum

und polnischer Schicksale zur Zeit des Aufstands im Warschauer Ghetto, der von außen, aus der Perspektive der „arischen" Seite gezeigt wird. Wie schon im Film „Die Generation" erscheint leitmotivisch das Karussell in der Nähe der Ghettomauer, auf dem sich am Frühlingsabend heitere Paare drehen, eine Metapher für die Einsamkeit des Ghettos inmitten einer gleichgültigen Umgebung, die Czesław Miłosz 1943 in seinem Gedicht „Campo di fiore" verwendet.[73] Auf einem Filmplakat wird mit dem Motiv der gekreuzigten Hände, durch die ein Nagel geschlagen ist, eine Verbindung von der christlichen Passion zur jüdischen Tragödie hergestellt (Abb. PL 28).

Das Bild des Zweiten Weltkriegs in der Dritten Republik Polen

Die veränderten Inhalte des Erinnerns nach 1989 lassen sich am Beispiel des 50. Jahrestags des Warschauer Aufstands 1994 und des Großgedenkjahres 1995 skizzieren.

Der 1. August ist wohl das einzige Datum, das im neuen Gedenkkalender einen ebenso prominenten Platz wie im volkspolnischen einnimmt. Allerdings steht seit den 90er Jahren nicht mehr der Kampf gegen die Deutschen im Mittelpunkt, sondern die unterlassene Hilfe der Roten Armee.[74] Ein Plakat zum 50. Jahrestag 1994 zeigt einen umgestülpten Stahlhelm mit einer rot-weißen Banderole, den polnischen Farben, mit dem Aufdruck AK. Aus dem mit Erde gefüllten Helm ragt als Trauersymbol eine brennende Kerze, die an das inoffizielle Gedenken an Allerheiligen auf dem War-

PL 29
Tomasz Bogusławski
1944–1994
1994
Plakat, 70 x 100 cm
Warschau, Muzeum
Historyczne miasta starego
Warszawy
MPW A/812

schauer Powązki-Friedhof oder an die Kerzen am 1. August am Krasiński-Platz und an anderen Gedenkorten erinnert (Abb. PL 29).[75] Eine neue Diskussion um die Frage, weshalb der Aufstand scheitern mußte, bahnt sich an.

Kontrovers diskutiert wurde Mitte der 90er Jahre in der polnischen Öffentlichkeit die Frage nach „Befreiung" oder „Unterjochung" durch die Sowjetunion. Einigkeit bestand darüber, daß das Ende des nationalsozialistischen Terrors die Bezeichnung „Befreiung" verdiene, daß 1945 aber auch das Schicksalsdatum für den Ausschluß aus Europa, die Verluste der Ostgebiete und ein aufgezwungenes kommunistisches System sei. Neu eingeführt wurde als Gedenktag der 17. September, der Tag des Einmarsches der Roten Armee in die polnischen Ostgebiete 1939. Daß man diesem heute mehr Aufmerksamkeit schenkt als dem 1. September, ist zum einen eine Reaktion auf die Jahre, als dieses Datum als „Untag" galt, andererseits entspricht dies dem politischen Bekenntnis „Westen statt Osten".[76]

Der Zweite Weltkrieg wird bis heute auch durch populäre Trivialserien aus der Zeit der Volksrepublik tradiert, wie etwa die Abenteuer des zur Kultfigur gewordenen cleveren polnischen Spions „Kapitan Kloss" (als Film und Comic-Hefte), der als deutscher Offizier getarnt in die deutsche Abwehr eingeschleust wurde.

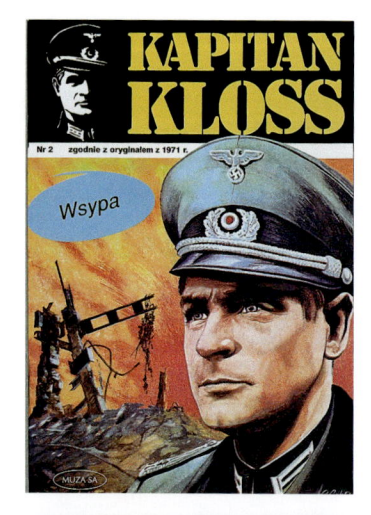

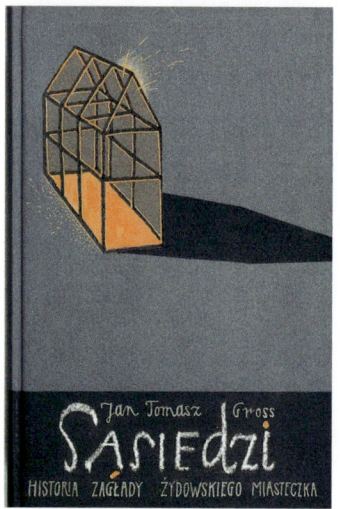

Die beliebten Hefte von 1971 werden seit 2001 neu aufgelegt und sind an allen größeren Kiosken zu erhalten (Abb. PL 30).

Die unerwartete Rückkehr „blinder Flecken": Jedwabne

Die Entwicklung der 90er Jahre in Polen schien darauf hinzudeuten, daß der Zweite Weltkrieg allmählich seine bestimmende Wirkung auf die Gegenwart verliert, bis Agnieszka Arnolds Dokumentarfilme „Wo ist mein älterer Bruder Kain?" von 1999 und „Nachbarn" von 2001 im polnischen Fernsehen gezeigt wurden und im Mai 2000 das Buch von Jan T. Gross mit dem gleichnamigen Titel erschien, das mit einigen Monaten Verspätung eine heftige Diskussion auslöste (Abb. PL 31). Filme und Buch holten Geschehnisse an die Oberfläche, die eine neue Qualität der Auseinandersetzung ergaben. Es geht um die Ermordung der Juden von Jedwabne im Nordosten Polens, in einem Gebiet, das bis zum 22. Juni 1941 sowjetisch besetzt gewesen war. Bis März 2001 war auf einem Gedenkstein aus den 60er Jahren in Jedwabne zu lesen: „Ort der Hinrichtung der jüdischen Bevölkerung. Gestapo und Nazi-Gendarmerie verbrannten 1600 Personen bei lebendigem Leib. 10. Juli 1941."[77] Gross beschreibt einen anderen Verlauf. Demnach haben an diesem Tag zahlreiche polnische Einwohner des Ortes, ohne von den Deutschen dazu gezwungen worden zu sein, die Juden ermordet. Die Überlieferung, es habe in Polen keine Kollaboration mit den deutschen Besatzern gegeben und die polnische Bevölkerung sei nirgendwo in die Ermordung der polnischen Juden verstrickt gewesen, wird dadurch in Frage gestellt. Wenngleich Gross keinen Zweifel daran läßt, daß die Deutschen „die unbestrittenen Herren über Leben und Tod"[78] waren, sieht er sie im Falle von Jedwabne als Zuschauer und polnische Einwohner als Täter. Gross' Buch zeitigte große Wirkung. Zwei Monate später erschienen die ersten Artikel zum „Fall Jedwabne" als Auftakt einer umfassenden öffentlichen Diskussion, in der bezeichnenderweise der Streit um das polnisch-jüdische Verhältnis unter der sowjetischen Besatzung ein wichtiges Element war. Im Juli 2001 entschuldigte sich der polnische Staatspräsident im Namen Polens bei den Opfern.

In der Diskussion um Jedwabne ging es auch um künftige Elemente des „kollektiven Gedächtnisses" in Polen. Andrzej Nowak, Historiker und Autor eines symptomatischen Artikels mit dem Titel „Westerplatte oder Jedwabne?", glaubt in bezug auf den Zweiten Weltkrieg ein Gefecht zweier Visionen historischer Bildung zu erkennen und entwickelt eine an Nietzsche angelehnte Dichotomie: die „Ge-

PL 30
Andrzej Zbych (Text), Mieczysław Wiśniewski (Zeichnung)
Kapitan Kloss
Hauptmann Kloss, Warschau 2001, Nachdruck der Ausgabe Nr. 2, 1971
Comictitel
Berlin, Deutsches Historisches Museum

PL 31
Jan Tomasz Gross
Sąsiedzi – Historia zagłady żydowskiego miasteczka
Nachbarn – die Geschichte der Vernichtung eines jüdischen Städtchens, Sejny 2000
Buchtitel
München, Bayerische Staatsbibliothek
2000.55285

schichte der nationalen Schande", die er auch „kritische Geschichte" nennt, sowie die „Geschichte des nationalen Ruhms" oder auch „Monumentalgeschichte". Das Konzept der „kritischen Geschichte" lehnt der Autor ab, da diese „die Suche nach der Schande" betreibe: „Als Gemeinschaft können wir am Denkmal der Helden der Westerplatte Stolz verspüren; am Denkmal in Jedwabne werden wir keine uns einende Scham empfinden können."[79]

In seiner Replik fordert Paweł Machcewicz, Direktor des Büros für öffentliche Bildung im Institut für das Nationale Gedenken (IPN), sich den schwierigsten Kapiteln der Vergangenheit zu stellen und auch die dunklen Seiten in die Nationalgeschichte zu integrieren.[80] Am 1. September 2002 eröffnete das IPN ein Ermittlungsverfahren zur Aufklärung des Verbrechens, begleitet von einer historisch-wissenschaftlichen Untersuchung, deren Ergebnisse seit Ende 2002 umfangreich dokumentiert vorliegen.[81] Noch ist nicht abzusehen, ob die Diskussion um Jedwabne eine Abkehr vom „martyrologischen" Geschichtsbild mit sich bringt oder ob sich gegensätzliche Erinnerungskulturen entwickeln werden.

---

[*] Für die Mitarbeit bei der Materialerfassung und der Konzipierung dieses Textes danke ich Andreas Mix (Berlin). Außerdem gilt mein Dank Wacław Długoborski (Kattowitz) und Jürgen Hensel (Warschau) für ihre kritische Durchsicht des Manuskripts und wichtige Anregungen.

[1] Krzemiński, Adam: Polen, in: Knigge, Volkhard/Frei, Norbert (Hg.): Verbrechen erinnern. Die Auseinandersetzung mit dem Holocaust und Völkermord, München 2002, S. 262.

[2] Jacobmeyer, Wolfgang: Der Überfall auf Polen und der neue Charakter des Krieges, in: Kleßmann, Christoph (Hg.): September 1939. Krieg, Besatzung, Widerstand in Polen, Göttingen 1989, S. 16 f.

[3] Bömelburg, Hans-Jürgen/Musial, Bogdan: Die deutsche Besatzungspolitik in Polen 1939–1945, in: Borodziej, Włodzimierz/Ziemer, Klaus (Hg.): Deutsch-polnische Beziehungen 1939–1945–1949, Osnabrück 2002.

[4] Dazu Gross, Jan T.: Sovietisation of W. Ukraine and Belorussia, in: Davies, Norman/Polonsky, Anthony (Hg.): Jews in Eastern Poland and the USSR, 1939–1946, London 1991. Nach Głowacki, Albin: Sowieci wobec Polaków na ziemiach wschodnich II Rzeczypospolitej 1939–1941, Łódź 1998, S. 622, waren es etwa 325 000 polnische Staatsbürger, davon über 60 Prozent Polen.

[5] Krzemiński, Adam: Polen im 20. Jahrhundert. Ein historischer Essay, München 1998, S. 24.

[6] Traba, Robert: Symbole pamięci: II wojna światowa w świadomości zbiorowej Polaków. Szkic do tematu, in: Przegląd Zachodni, 294 (2000), Nr. 1.

[7] Traba 2000 (wie Anm. 6), S. 58 f.

[8] Szarota, Tomasz: Resistenz und Selbstbehauptung der polnischen Nation, in: Borodziej/Ziemer 2002 (wie Anm. 3), S. 135 ff.

[9] Andrzejewskis Roman hatte etwa drei Dutzend Auflagen in Polen, zahlreiche Übersetzungen in aller Welt, mehrere Auflagen und Ausgaben in Deutschland. 1960 erschien er in deutscher Übersetzung von Henryk Bereska unter dem Titel: Asche und Diamant.

[10] Diese Symbolik ist einem Zitat aus dem Gedicht „Za Kulisami" (Hinter den Kulissen) von Cyprian Kamil Norwid (1821–1883) entnommen. Vgl. Dedecius, Karl (Hg.): Panorama der polnischen Literatur des 20. Jahrhunderts, Bd. IV Porträts, Zürich 2000, S. 11.

[11] Leksykon polskich filmów fabularnych, Warszawa 1997, S. 556 f.

[12] Michnik, Adam: Die Wajda-Frage, in: Sinn und Form (2002), Nr. 2, S. 180.

[13] Im konspirativen Biuletyn Informacyjny, Nr. 15, vom 16. April 1942 erschien erstmals ein graphischer Abdruck des Emblems. Vgl. Kunert,

Andrzej K.: Ilustrowany przewodnik po Polsce Podziemnej 1939–1945.

14 Dmitrów, Edmund unter Mitarbeit von Kułak, Jerzy: Der polnische „Historikerstreit" zur Armia Krajowa, in: Chiari, Bernhard (Hg.): Die polnische Heimatarmee. Geschichte und Mythos der Armia Krajowa seit dem Zweiten Weltkrieg, München 2003, S. 810.

15 Die Gestaltung der Erfahrungen der deutschen Besatzung in der Literatur bedürfte einer eigenen Abhandlung; das kann hier aus Platzgründen nicht geleistet werden.

16 Modzelewski, Jarosław: Cisza i lekki smutek. Wypracowanie ucznia, in: Michalski, Jan (Hg.): Andrzej Wróblewski nieznany, Krakau 1993, S. 22.

17 Poprzęcka, Maria: Arcydzieła malarstwa polskiego, Warschau 2000, S. 200 f.

18 Die Auseinandersetzung um den Warschauer Aufstand in der polnischen Nationaltradition stellt Włodzimierz Borodziej im Epilog seiner umfassenden Gesamtdarstellung: Der Warschauer Aufstand 1944, Frankfurt a.M. 2001, S. 205 ff. dar.

19 Michnik 2002 (wie Anm. 12), S. 181.

20 Marszałek, Rafał: Der polnische Film und das nationale Gedächtnis, in: Kobylińska, Ewa/Lawaty, Andreas: Erinnern, vergessen, verdrängen. Polnische und deutsche Erfahrungen, Wiesbaden 1998, S. 245.

21 Lesiakowski, Krzysztof: Die Veteranen der Armia Krajowa und die „Partisanen" von Mieczysław Moczar in den sechziger Jahren, in: Chiari 2003 (wie Anm. 14), S. 721 ff.

22 Borodziej 2001 (wie Anm. 18), S. 212 f.

23 Markiewicz, Tomasz: Der Kampf um die Erinnerung, in: Chiari 2003 (wie Anm. 14), S. 771 f.

24 Markiewicz 2003 (wie Anm. 23), S. 769 ff.

25 Długoborski, Wacław/Piper, Franciszek (Hg.): Auschwitz 1940–1945. Studien zur Geschichte des Konzentrations- und Vernichtungslagers Auschwitz, 5 Bde., Auschwitz 1999 (polnisch 1995). Adam Krzemiński betont, wie wenig diese Tatsache in Deutschland wahrgenommen wird. Vgl. Krzemiński 2002 (wie Anm. 1), S. 265.

26 Zu den Anfängen der Gedenkstätte Auschwitz vgl. den Essay von Huener, Jonathan: On the Postwar History of the Auschwitz Site and its Symbolism. (Als Manuskript erhalten von Wacław Długoborski.)

27 Dazu Reichel, Peter: Oświęcim, Auschwitz, Oświęcim. Der Ort, den keine Landkarte mehr verzeichnet, in: Frankfurter Allgemeine Zeitung, 27. Januar 2001.

28 Diese Zahl hatte eine sowjetische Historische Kommission unmittelbar nach der Befreiung nach Aufzeichnungen des Lagerkommandanten Höss angegeben.

29 Von den etwa 1 300 000 in Auschwitz Ermordeten waren eine Million Juden.

30 Dedecius 2000 (wie Anm. 10), S. 61 ff. Schlott, Wolfgang: Von der Darstellung des Holocaust zur kleinen Apokalypse. Fiktionale Krisenbewältigung in der polnischen Prosa nach 1945, Frankfurt a.M. 1996, S. 49.

31 Vgl.: Drewnowski, Tadeusz: Ucieczka z kamiennego świata. O Tadeuszu Borowskim, Warschau 1977, S. 152 ff.

32 Drewnowski 1977 (wie Anm. 31), S. 14.

33 Zehn Jahre zuvor hatte Papst Johannes Paul II. bei seiner ersten Pilgerreise nach Polen eine heilige Messe vor diesem Kreuz zelebriert, das anschließend wieder entfernt wurde.

34 Kucia, Marek: Auschwitz in der öffentlichen Meinung Polens, in: Jahrbuch für Antisemitismusforschung 11 (2002), S. 198 ff.

35 Szacka, Barbara: Pamięć zbiorowa i wojna, in: Przegląd Socjologiczny, 49 (2000), Nr. 2, S. 22.

36 Duruflé-Łoziński, Anne: Rückkehr nach Katyń, in: Leo, Annette: Die wiedergefundene Erinnerung in Osteuropa, Berlin 1992, S. 13 ff. Zum Ausmaß dieses Kriegsverbrechens vgl. Kaiser, Gerd: Katyn. Das Staatsverbrechen – das Staatsgeheimnis, Berlin 2002.

37 Lojek, Bożena/Mikke, Stanisław u. a. (Hg.): Muzeum Katyńskie w Warszawie, Warschau 2000, S. 169.

38 Fast die gesamte überlebende Zivilbevölkerung wurde in Arbeits- und Konzentrationslager deportiert.

39 Gutschow, Niels/Klain, Barbara: Vernichtung und Utopie. Stadtplanung Warschau 1939–1945, Hamburg 1994, S. 120.

40 Borodziej 2001 (wie Anm. 18), S. 207 f.

[41] Gutschow/Klain 1994 (wie Anm. 39), S. 121.
[42] Sianko, Anna: Der Streit um die Warschauer Denkmäler, in: Leo 1992 (wie Anm. 36), S. 105.
[43] Zaleski, Marek: September 1939. Die ungenutzte Chance einer literarischen Verarbeitung, in: Kobylińska/Lawaty 1998 (wie Anm. 20), S. 210.
[44] Eine besondere Bedeutung im kollektiven Gedächtnis erhielt die Eroberung von Monte Cassino durch das II. Corps der polnischen Armee unter General Władysław Anders in der 8. Britischen Armee am 18. Mai 1944.
[45] Dmitrów, Edmund: Vergangenheitspolitik in Polen 1945 bis 1989, in: Borodziej/Ziemer 2002 (wie Anm. 3), S. 237.
[46] Kleßmann, Christoph: Flucht und Vertreibung im 20. Jahrhundert – ein zeitgeschichtlicher Abriß, in: Mehnert, Elke (Hg.): Landschaften der Erinnerung. Flucht und Vertreibung aus deutscher, polnischer und tschechischer Sicht, Frankfurt a.M. 2001, S. 21.
[47] Sivert, Tadeusz: Niemcy Leona Kruczkowskiego, Warszawa 1965, S. 18.
[48] Mazużanek, Zenon: Leon Kruczkowski, in: Literatur Polens 1944 bis 1985, Redaktion: Heinrich Olschowsky/ Dietrich Scholze, Berlin 1990, S. 128 f.
[49] Im 19. Jahrhundert entstand ein Mythos um die mittelalterliche polnische Piasten-Dynastie, als Schlesien und Pommern noch Teil dieser frühfeudalen Monarchie waren. „Piast" gilt als der legendäre bäuerliche Stammvater dieser Dynastie.
[50] Eine kritische Analyse der polnischen Historiographie zum Thema der Vertreibung der Deutschen bei Borodziej, Włodzimierz: Historiografia polska o 'wypendzeniu' Niemców, in: Polska 1944/45–1989. Studia i materiały Bd. 2, Warschau 1997.
[51] Lipski, Jan Józef: Dwie ojczyzny – dwa patriotyzmy. Uwagi o megalomanii narodowej i ksenofobii Polaków, in: Ders., Powiedzieć sobie wszystko. Eseje o sąsiedztwie polsko-niemieckim, Gleiwitz/Warschau 1996, S. 45.
[52] Nowak, Edmund: Cień Łambinowic. Próba rekonstrukcji dziejów Obozu Pracy w Łambinowicach 1945–1946, Oppeln 1991.
[53] Smolar, Aleksander: Unschuld und Tabu, in: Babylon. Beiträge zur jüdischen Gegenwart (1987), Nr. 2, S. 40.
[54] Cała, Alina/Datner-Śpiewak, Helena: Dzieje Żydów w Polsce 1944–1968. Teksty źródłowe, Warschau 1997, S. 15. Von 1944 bis 1947 wurden mehr als tausend „Personen jüdischer Nationalität" von Angehörigen marodierender Banden oder unbekannten Polen ermordet.
[55] Akten des Vorstands des Zentralkomitees der Polnischen Juden (CK-P), Dezember 1946, in: Archiv des Jüdischen Historischen Instituts (ŻIH) in Warschau.
[56] Rapoport, Nathan: Zur Entstehungsgeschichte des Warschauer Ghetto-Denkmals, in: Young, James E. (Hg.): Mahnmale des Holocaust. Motive, Rituale und Stätten des Gedenkens, München, New York 1993, S. 79 ff.
[57] Für die Mauer des Denkmals wurde schwedischer Labradorit verwendet, der von den Nationalsozialisten für ihre Siegesdenkmäler bestellt worden war.
[58] Gebert, Konstanty: Zu viele Leute auf dem Begräbnis, in: Illustrierte Neue Welt, Beilage zum 60. Jahrestag des Aufstandes im Warschauer Ghetto, Februar/März 2003, S. 17.
[59] Diesen Hinweis verdanke ich Renata Piątkowska, Mitarbeiterin des ŻIH.
[60] Die Entwürfe befinden sich im Archiv des ŻIH.
[61] Cała, Alina: Kształtowanie się polskiej i żydowskiej wizji martyrologicznej po II wojnie światowej, in: Przegląd Socjologiczny, 49 (2000), Nr. 2, S. 175.
[62] Cała 2000 (wie Anm. 61).
[63] Im Dezember 1981 war Marek Edelman, Herzspezialist in Lodz, wie viele andere Solidarność-Aktivisten interniert worden. Nach internationalen Protesten ließ man ihn nach einigen Tagen frei. Im Interview mit Richard Chaim Schneider 2003 erinnert sich Edelman, daß er auch 1983 unter Hausarrest gestanden habe. Seine Erklärung von 1983 zur Ablehnung der Teilnahme an der 40-Jahr-Feier wurde im Wortlaut in der Untergrundzeitung KOS, Nr. 27, 14. März 1983, abgedruckt.
[64] 1977 hatte Hanna Krall unter dem Titel „Zdążyć przed Panem Bogiem" ihr Gespräch mit Marek Edelman über den Ghettoaufstand publiziert. Edelmans Haltung gab der oppositio-

65 Lipski, Jan Józef: O sensie powstania w warszawskim getcie, in: Lipski 1996 (wie Anm. 51), S. 82 ff. Dt. unter dem Titel: Über den Sinn des Aufstands im Warschauer Ghetto, in: Ebenda, S. 238 ff.
Lipski sprach aus, daß die Heimatarmee aus politischer Raison keine militärische Hilfe für die Juden geleistet habe. Darüber hinaus erinnerte er an die Nachkriegspogrome sowie die antisemitische Kampagne von 1968 und forderte zur Neubewertung der polnisch-jüdischen Geschichte ohne tendenziöse Verkürzungen und „blinde Flecken" auf.

66 Zur Auseinandersetzung um die Aneignung der Erinnerung an die Shoah zwischen Solidarność-Bewegung und polnischer Regierung siehe Steinlauf, Michael C.: Bondage to the Dead. Poland and the Memory of the Holocaust, New York 1997, hier besonders S. 89 ff.

67 Meckel, Markus: Helden und Märtyrer. Der Warschauer Ghettoaufstand in der Erinnerung, Berlin 2000, S. 55.

68 Gebert, Konstanty: Dialektik der Erinnerung. Holocaustdenkmäler in Warschau, in: Young 1993 (wie Anm. 56), S. 103 f.

69 Kosmala, Beate: Ungleiche Opfer in extremer Situation. Die Schwierigkeiten der Solidarität im okkupierten Polen, in: Benz, Wolfgang/Wetzel, Juliane (Hg.): Solidarität und Hilfe für Juden während der NS-Zeit, Bd. 1, Berlin 1996, S. 50 ff.

70 Prekerowa, Teresa: Konspiracyjna Rada Pomocy Żydom w Warszawie 1942–1945, Warschau 1982.

71 Der Titel lautet: „Ein armer Pole blickt aufs Ghetto" in Anlehnung an den Titel des Gedichts „Ein armer Christ blickt auf das Ghetto" (1943) von Czesław Miłosz.

72 Siła-Nowicki, Władysław: To Jan Błoński in Reply, dokumentiert in: Yad Vashem Studies 19 (1988), S. 357 ff. Siła-Nowicki war Teilnehmer am Warschauer Aufstand und wurde nach dem Krieg zum Tode verurteilt, dann jahrelang inhaftiert. Dazu Polonsky, Anthony: Liebe und Haß gegenüber den Toten. Das gegenwärtige Verhältnis der Polen zu den Juden, in: Bettelheim, Peter u. a. (Hg.): Antisemitismus in Ost-Europa, Wien 1992, S. 46 f.

73 In seinem Gedicht von 1943 bezieht sich Czesław Miłosz auf die Verbrennung Giordano Brunos auf dem Campo di Fiore in Rom. Vgl. Polnische Poesie des 20. Jahrhunderts, hrsg. und übersetzt von Karl Dedecius, Frankfurt a.M., Berlin, Wien 1982, S. 99 ff.

74 Borodziej, Włodzimierz: Erinnern an den II. Weltkrieg – 50 Jahre später, in: Kobylińska/Lawaty 1998 (wie Anm. 20), S. 68.

75 Szarota, Tomasz: Życie z historią lub „żywa historia". II wojna światowa w świadomości Polaków po 50 latach, in: Polska 1944/45–1989, Studia i materiały 2, Instytut Historii PAN, Warschau 1997, S. 238.

76 Zu den Veränderungen des Gedenkkalenders vgl. Borodziej 1998 (wie Anm. 74), S. 66 ff.

77 Kalendarium, in: Henning, Ruth (Hg.): Die „Jedwabne-Debatte" in polnischen Zeitungen und Zeitschriften, in: Transodra 23 (2002), S. 6.

78 Gross, Jan T.: Nachbarn. Der Mord an den Juden von Jedwabne, München 2001, S. 62.

79 Rzeczpospolita, 1. August 2001, zitiert nach Transodra 23 (2002), S. 354 ff.

80 Machcewicz, Paweł: Westerplatte und Jedwabne!, in: Rzeczpospolita, 9. September 2001. Zitiert nach Transodra 23 (2002), S. 358 ff.

81 Machcewicz, Paweł/Persak, Krzysztof (Hg.), Wokół Jedwabnego, 2 Bde., Warschau 2000.

1914

Nach dem Ersten Weltkrieg

532 · Polen

1938–1941

Seit dem Zweiten Weltkrieg

Chronologie

Bis 1914
Das Gebiet Polens ist seit den drei Polnischen Teilungen im **18. Jahrhundert** zwischen Österreich, Preußen und Rußland aufgeteilt. Nach dem Wiener Kongreß **1814/1815**, auf dem die Teilungsgrenzen bedeutsam verändert worden sind, gehören das Großherzogtum Posen und Westpreußen zu Preußen, Galizien zu Österreich und das sogenannte Kongreßpolen als Königreich Polen zu Rußland. Vor Beginn des Ersten Weltkrieges entstehen – über die Teilungsgrenzen hinweg – zwei politisch dominierende Lager, die unterschiedliche Konzeptionen für die Errichtung eines unabhängigen Polens entwickeln. Die Politik der Nationaldemokraten (ND) unter dem Vorsitz Roman Dmowskis' ist auf eine Zusammenarbeit mit dem zaristischen Rußland ausgerichtet, während die von Józef Piłsudski geführte Polnische Sozialistische Partei (PPS) zunächst die Unterstützung der Mittelmächte Deutschland und Österreich-Ungarn gegen Rußland anstrebt, um in einer zweiten Phase – mit Hilfe der Westmächte – die Unabhängigkeit Polens zu erreichen.

1914–1918
Mit Beginn des Ersten Weltkrieges **1914** stehen sich die Teilungsmächte feindlich gegenüber. In den Armeen der Mittelmächte und in den Truppen Rußlands sind etwa 1,5 Millionen Polen vertreten. Bis **Sommer 1915** wird Kongreßpolen durch die Mittelmächte besetzt. Ohne sich grundsätzlich auf eine gemeinsame Polenkonzeption geeinigt zu haben, proklamieren der deutsche Kaiser Wilhelm II. und Franz Joseph I. von Österreich am **5. November 1916** das selbständige Königreich Polen. Die Grenzen des neuen Staates bleiben vorläufig undefiniert. Eine aufzubauende polnische Armee soll mit den Mittelmächten gegen Rußland kämpfen. Am **17. Januar 1917** tritt der Provisorische Staatsrat in Warschau zusammen. Auch Piłsudski, dessen PPS in Galizien über umfangreiche bewaffnete Legionen verfügt, gehört dem Rat an. Nach Beginn der Revolution in Rußland im **Frühjahr 1917** und nach dem Kriegseintritt der USA im **April 1917** können die Exilpolen in Frankreich im **Juni 1917** mit dem Aufbau einer Exilarmee beginnen. Nach Auseinandersetzungen des Staatsrates mit den Besatzern u. a. um die Ausweitung der polnischen Selbstverwaltung und um die Stellung der polnischen Einheiten im Rahmen der Armeen der Mittelmächte wird Piłsudski im **Juli 1917** von den deutschen Behörden verhaftet. Der Staatsrat wird aufgelöst und durch einen Regentschaftsrat ersetzt. Die – unter deutscher Kontrolle stehende – neu eingesetzte Regierung erlangt wenig Einfluß. In Lausanne wird am **15. August 1917** das Polnische Nationalkomitee (KNP) gegründet, das bald nach Paris übersiedelt. Das Komitee wird von Dmowskis geleitet, der sich seit **November 1915** um die Hilfe der westlichen Alliierten bemüht. Ab **Herbst 1917** erkennen die Alliierten das Komitee als polnische Interessenvertretung an. US-Präsident Woodrow Wilson fordert in seiner Vierzehn-Punkte-Erklärung vom **8. Januar 1918** ausdrücklich die Schaffung eines unabhängigen polnischen Staates.
Die nach der sogenannten Oktoberrevolution **1917** in Rußland gegründete Russische Föderative Sowjetrepublik (RSFSR) und die Mittelmächte unterzeichnen am **3. März 1918** den Friedensvertrag von Brest-Litowsk. Die RSFSR verzichtet auf die Hoheit in den von deutschen Truppen besetzten Gebieten Polens, Litauens und Kurlands. Am **3. Juni 1918** wird auf der Interalliierten Konferenz in Versailles die Bildung eines unabhängigen polnischen Staates zum offiziellen Kriegsziel der Alliierten erklärt. Am **7. Oktober 1918** erläßt der Regentschaftsrat im noch von den Deutschen besetzten Warschau einen Aufruf, einen unabhängigen polnischen Staat und eine repräsentative Regierung zu schaffen. Die polnischen Einheiten des deutschen Heeres werden ab **Mitte Oktober 1918** dem Regentschaftsrat unterstellt und nehmen an Stärke zu. In Warschau, Krakau und Lublin entstehen polnische Machtzentren. Nach dem militärischen Zusammenbruch der Deutschen Reiches und Österreich-Ungarns kehrt Piłsudski am **10. November 1918** aus der Festungshaft nach Warschau zurück und wird zum Oberbefehlshaber der polnischen Truppen ernannt. Der Regentschaftsrat bestätigt am **14. November 1918** die Machtübernahme Piłsudskis und löst sich auf. Piłsudski wird vorläufiger Staatspräsident und bildet die provisorische Regierung des unabhängigen Polen mit dem Ministerpräsidenten Jędrzej Moraczewski.

1919–1920

Nach Kongreßpolen und Westgalizien besetzen polnische Einheiten im **Januar 1919** den Großteil der Provinz Posen sowie im **Frühjahr 1919** die nordöstlichen Distrikte bis Vilnius und weißrussische Gebiete bis Minsk. Nach der Wahl zum Verfassunggebenden Parlament, die zunächst nur im ehemaligen Kongreßpolen und in Westgalizien durchgeführt wird, verabschiedet das Parlament (Sejm) am **20. Februar 1919** die sogenannte Kleine Verfassung, und Piłsudski wird in seinem Amt bestätigt. Ostgalizien wird im **Sommer 1919** von polnischen Einheiten eingenommen. Auf der Pariser Friedenskonferenz werden der polnischen Delegation unter der Leitung Dmowskis weitgehende Gebietsforderungen zugestanden. Am **28. Juni 1919** wird im Schloß von Versailles der Friedensvertrag zwischen dem Deutschen Reich und den alliierten Siegermächten des Ersten Weltkrieges unterzeichnet. Polen werden fast die gesamte Provinz Posen und weite Teile Westpreußens zugesprochen. Im südlichen Ostpreußen und in Oberschlesien sollen Volksabstimmungen durchgeführt werden. Die zur Festlegung der polnischen Ostgrenze vorgeschlagene Curzon-Linie wird von Polen abgelehnt. Am **26. April 1920** beginnt mit dem Einmarsch polnischer Truppen in die Ukraine der polnisch-sowjetrussische Krieg. Die im **Juli 1920** durchgeführte Abstimmung in Ostpreußen führt zu einem Verbleib des Gebietes beim Deutschen Reich. Die polnische Armee drängt im **August 1920** die während einer Offensive fast bis nach Warschau vorgerückte Rote Armee zurück. Bemühungen des Völkerbundes, die politischen und militärischen Auseinandersetzungen um eine polnisch-litauische Einheit und um das Vilnius-Gebiet zu beheben, scheitern. In dem Vertrag von Suwałki vom **7. Oktober** wird Vilnius als Teil Litauens anerkannt und die Curzon-Linie von beiden Seiten als vorläufige Grenze akzeptiert. Bereits am **8./9. Oktober** wird der Waffenstillstand jedoch durch die polnische Einnahme des Vilnius-Gebietes gebrochen. Am **15. November 1920** wird die Abtrennung der Stadt Danzig und ihre Erhebung zu einer Freien Stadt unter dem Mandat des Völkerbundes verkündet.

1921

Der Bündnisvertrag mit Frankreich vom **19. Februar** und ein Militärabkommen zwei Tage später bilden die Grundlage für eine enge Zusammenarbeit beider Staaten. Infolge der neuen Grenzziehungen sind Polens außenpolitische Beziehungen zu den Nachbarstaaten – bis auf Rumänien und Lettland – gespannt. Am **15. März** erkennt die Pariser Botschafterkonferenz, die für die Durchführung der Pariser Vorortverträge sorgen soll, den Status quo in den Grenzstreitigkeiten Polens und Litauens an und bestätigt die Zugehörigkeit Vilnius' zu Polen. Der Sejm nimmt am **17. März** die nach französischem Vorbild gestaltete Verfassung der Republik Polen an, die ein Zweikammerparlament vorsieht, den Sejm und den Senat. Die Machtfülle des Staatspräsidenten wird auf repräsentative Aufgaben eingeschränkt. Der Rigaer Friedensvertrag vom **18. März**, der den polnisch-sowjetrussischen Krieg beendet, verlegt die polnische Ostgrenze 200 km nach Osten hinter die Curzon-Linie, wodurch große Gebiete mit litauischer, ukrainischer und weißrussischer Bevölkerung an Polen fallen. Die Frage der litauisch-polnischen Grenze bleibt ungelöst. Gemäß den Bestimmungen des Versailler Vertrages nimmt der Völkerbundrat am **20. Oktober** – entsprechend den Abstimmungsergebnissen vom **20. März** – die Aufteilung Oberschlesiens vor. Polen erhält den kleineren Ostteil, der über umfangreiche Vorkommen an Bodenschätzen und über wichtige Industriekomplexe verfügt.

1922–1925

Die Aufgabe, die früheren Teilungsgebiete im politischen, wirtschaftlichen, juristischen und sozialen Bereich zusammenzuführen, erweist sich als äußerst schwierig. Zusätzlich destabilisierend wirkt die multinationale Zusammensetzung der Bevölkerung mit u. a. großen deutschen, ukrainischen und weißrussischen Anteilen. Das politische System ist durch extreme Zersplitterung gekennzeichnet. Von **1919** bis **1925** werden allein 14 Koalitionsregierungen gebildet. Piłsudski, der nicht mehr zur Wahl angetreten ist, wird am **9. Dezember 1922** bei der ersten ordentlichen Wahl zum Staatspräsidenten durch Gabriel Narutowicz abgelöst. Nach seiner Ermordung am **16. Dezember 1922** wird vier Tage später Stanisław Wojciechowski sein Nachfolger. Piłsudski legt im **Mai 1923** auch die Ämter des Generalstabschefs und des Vorsitzenden des Verteidigungsrats nieder, behält aber weiterhin großen politischen Einfluß. Die wirtschaftlichen Strukturprobleme Polens führen

1923 zu einer unkontrollierbaren Inflation. Die Verarmung des Mittelstandes und die Radikalisierung der von Massenarbeitslosigkeit betroffenen Arbeiterschaft entladen sich 1923 in Streiks und blutigen Auseinandersetzungen, die Polen an den Rand eines Bürgerkriegs führen. Die Regierung unter Władysław Grabski kann u. a. durch eine Währungsreform 1924 eine kurzzeitige Stabilisierung der Lage bewirken. Ende 1925 erreicht die Zahl der Arbeitslosen jedoch einen neuen Rekord. Polen sieht sich durch die Verträge von Locarno vom **Oktober 1925**, in denen die deutsch-polnische Grenze nicht festgeschrieben wird, und durch die Annäherung des Deutschen Reiches an die Sowjetunion mit der Bedrohung außenpolitischer Isolation konfrontiert.

1926–1935

Am **12. Mai 1926** marschiert Piłsudski mit mehreren Armee-Einheiten in Warschau ein. Nach mehrtägigen Kämpfen stürzt die Regierung, Präsident Wojciechowski und Ministerpräsident Witold Witos treten zurück. Piłsudski lehnt das Amt des Staatspräsidenten ab. Er wird Verteidigungsminister und Generalinspekteur der Streitkräfte und bestimmt, gestützt auf das Militär, die Regierungspolitik, obwohl er nominell erst am **2. Oktober 1926** Ministerpräsident wird (zunächst bis **Juni 1928**). Neuer Staatspräsident wird am **1. Juni 1926** Ignacy Mościcki. Dank der Loyalität der Armee und dem hohen Ansehen bei der Bevölkerung errichtet Piłsudski eine Staatsform autoritärer Prägung. An der Verfassung werden am **2. August 1926** Änderungen vorgenommen, die die Exekutive stärken und dem Staatspräsidenten die Möglichkeit zur Parlamentsauflösung geben. Zur Unterstützung der Regierung Piłsudski wird Anfang **Dezember 1927** der Parteilose Block der Zusammenarbeit mit der Regierung (BBWR) gegründet. Trotz Manipulationen kann der BBWR bei den Parlamentswahlen **1928** nicht die Mehrheit erringen. Der Konflikt zwischen Piłsudski und dem Parlament verschärft sich, und Piłsudski beruft im **April 1929** das erste sogenannte Obristenkabinett unter Führung eines Militärs. Nach Demonstrationen werden im **Herbst 1930** mehrere tausend Oppositionelle – darunter 64 Parlamentsabgeordnete – verhaftet. Manipulierte Wahlen im **November 1930** erbringen einen Sieg des Regierungsblockes. Die in der Zentrumslinken (Centrolew) zusammengeschlossene Opposition wird im **Herbst 1930** verfolgt, und zahlreiche Oppositionsführer gehen ins Exil. Die Weltwirtschaftskrise Anfang der **30er Jahre** hat auch für Polen weitreichende Folgen. Die sich seit **1926** verbessernde wirtschaftliche Lage (ausgeglichener Staatshaushalt von **1926** bis **1930**) verschärft sich erneut, und die Arbeitslosigkeit steigt auf etwa 25 Prozent. Der am **26. Januar 1934** mit dem Deutschen Reich geschlossene Nichtangriffspakt führt, wie der zuvor **1932** geschlossene Pakt mit der Sowjetunion, zu einer außenpolitischen Entspannung. Am **23. April 1935** wird eine neue Verfassung verabschiedet, die das parlamentarisch-demokratische System aushöhlt und die Position des Staatspräsidenten stärkt.

1938–1940

Nach einem Grenzzwischenfall richtet Polen am **17. März 1938** ein Ultimatum an Litauen, welches die Aufnahme von normalen diplomatischen Beziehungen und die Anerkennung der gemeinsamen Grenze fordert. Litauen lenkt ein, und es werden verschiedene Verträge geschlossen. Im Zuge des Münchner Abkommens vom **30. September 1938**, in dem der Annexion des tschechoslowakischen Sudetenlandes durch das Deutsche Reich zugestimmt wird, besetzt Polen das Olsagebiet. Polen lehnt am **26. März 1939** die Forderungen des nationalsozialistischen Deutschlands ab, der deutschen Übernahme Danzigs und der Einrichtung eines exterritorialen Verkehrsweges nach Ostpreußen zuzustimmen, ebenso die Aufforderung, dem Antikominternpakt beizutreten. Als Gegenleistung wird die Anerkennung der gemeinsamen Grenze und die Verlängerung des Nichtangriffspaktes auf 25 Jahre in Aussicht gestellt. Vor dem Hintergrund der expansiven Außenpolitik der Deutschen Reiches gibt Großbritannien am **31. März 1939** eine Garantieerklärung ab und sichert Polen für den Fall einer deutschen Aggression Waffenhilfe zu. Daraufhin kündigt das Deutsche Reich den Nichtangriffspakt mit Polen. In einem geheimen Zusatzprotokoll zum deutsch-sowjetischen Nichtangriffspakt vom **23. August 1939** werden deutsche bzw. sowjetische Interessengebiete in Mittel- und Osteuropa festgelegt. Das westliche Polen und Litauen werden dem deutschen Einflußgebiet, das östliche Polen, Finnland, Estland, Lettland und Bessarabien dem sowjetischen zugewiesen.

Am **1. September 1939** beginnt der deutsche Angriff auf Polen, und die Wehrmacht marschiert in Westpolen ein. Die Rote Armee besetzt ab dem **17. September 1939** Ostpolen. Am gleichen Tag verlassen die obersten zivilen und militärischen Vertreter Polen in Richtung Rumänien und werden auf deutschen Druck interniert. Daraufhin bildet General Władysław Sikorski **Ende September 1939** in Paris die polnische Exilregierung. Am **27. September 1939** kapituliert Warschau, und am **5. Oktober 1939** kapitulieren die letzten polnischen Verbände. Der deutsch-sowjetische Grenz- und Freundschaftsvertrag legt am **28. September 1939** die Demarkationslinie entlang dem Bug fest. Im **Oktober 1939** werden die westlichen Provinzen dem Deutschen Reich als sogenannte Reichsgaue Danzig-Westpreußen und Wartheland angegliedert. Das von der Wehrmacht besetzte zentralpolnische Gebiet wird zum Generalgouvernement erklärt. Die ostpolnischen Gebiete werden Anfang **November 1939** der Weißrussischen und der Ukrainischen Sowjetrepublik eingegliedert. Mit dem Beginn der Sowjetisierung setzen dort umfangreiche Verfolgungs- und Deportationsmaßnahmen gegenüber der polnischen Bevölkerung und den etwa 300 000 polnischen Kriegsgefangenen ein. Bis **Juni 1941** werden etwa 15 000 polnische Kriegsgefangene ermordet – zu diesen zählen auch die etwa 4500 von Katyn. Etwa 580 000 Polen werden ins Innere der Sowjetunion deportiert. Schon in den ersten Wochen der deutschen Besatzung führen die der Wehrmacht folgenden Einsatzgruppen der Sicherheitspolizei und des Sicherheitsdienstes (SD) einen Vernichtungskrieg gegen die polnische Bevölkerung. Tausende von einflußreichen polnischen Bürgern, wie Intellektuelle, Geistliche, Arbeiter und Gewerkschaftler, werden systematisch ermordet. Systematisch wird auch gegen die jüdische Bevölkerung mit Razzien und Massenexekutionen vorgegangen. Aus den an das Deutsche Reich angegliederten Gebieten werden ab **Dezember 1939** große Teile der polnischen Bevölkerung durch Massendeportationen auf das Gebiet des Generalgouvernements verschleppt. Das nationalsozialistische Deutschland beläßt das Generalgouvernement in einer staatsrechtlich ungeklärten Position und richtet ein Terrorregime ein, das die Bevölkerung entrechtet und unterdrückt. Es ist gekennzeichnet durch willkürliche Verhaftungen, Erschießungen, Zwangsrekrutierungen von Arbeitskräften und Deportationen in Konzentrationslager. Die Juden werden von Beginn an aus allen Bereichen der Gesellschaft isoliert, enteignet und gewaltsam in abgesonderten Wohnbereichen in den Städten konzentriert. Am **30. April 1940** wird in Lodz das erste Ghetto abgeriegelt. Im **Mai 1940** wird mit der Errichtung des Konzentrationslagers Auschwitz (Auschwitz I) in der Nähe von Krakau begonnen. Nach der Kapitulation Frankreichs im **Juni 1940** wird die Exilregierung nach London verlegt. Die polnische Exilarmee, die – von den Alliierten unterstützt – aufgebaut wird, wächst **bis 1941** auf etwa 90 000 Mann an. Am **15. November 1940** wird das jüdische Ghetto in Warschau durch die deutschen Besatzer abgeriegelt.

1941–1942

Der deutsche Angriff auf die Sowjetunion am **22. Juni 1941** führt zur Besetzung Ostpolens durch das Deutsche Reich. Ostgalizien wird dem Generalgouvernement angeschlossen, der Bezirk Białystok der ostpreußischen Zivilverwaltung unterstellt. Die weißrussischen und ukrainischen Gebiete, die vor **1939** polnisches Territorium gewesen sind, werden den Reichskommissariaten Ostland und Ukraine angegliedert. Die deutschen Einsatzgruppen führen in Ostgalizien ab **Juni** und **Juli 1941** im großen Maßstab Mordaktionen gegen die jüdische Bevölkerung durch. Am **30. Juli 1941** schließt die Exilregierung unter britischem Druck einen Freundschafts- und Beistandspakt mit der Sowjetunion. Für den Kampf gegen das Deutsche Reich soll eine Exilarmee in der UdSSR aufgebaut werden (Anders-Armee). Nachdem der Großteil der jüdischen Bevölkerung Polens in den Ghettos konzentriert worden ist, beginnt im **Dezember 1941** im Vernichtungslager Chełmno im Reichsgau Warthegau die systematische Massentötung der Juden in sogenannten Gaswagen. Ab **Ende 1941** setzen die großen Transporte der Juden aus Deutschland und aus den von deutschen Truppen besetzten Gebieten in die deutschen Vernichtungslager in Polen ein. In dem ab **1941** errichteten Vernichtungslager Auschwitz-Birkenau (Auschwitz II) beginnt im **Januar 1942** die systematische Ermordung der Juden aus allen Teilen Europas. Gegen die offene Gewalt und die Zunahme des Terrors wachsen die polnischen Widerstandsverbände, die bereits **Ende 1939** entstanden sind, im **Winter 1941/42** auf 100 000 Mann an und formieren sich am **14. Februar 1942** zur Heimatarmee (Armia Krajowa, AK), der sich die meisten militärischen Untergrundgruppen anschließen und die in Verbindung mit der Exilregierung steht. (Bis **1943** erreicht die AK eine Stärke von etwa 300 000 Mann.) Ebenfalls im **Frühjahr 1942** entsteht die kommunistische Polnische Arbeiterpartei (Polska Partia Robotnicza, PPR) und die von ihr geleitete Kampfgruppe, die Volksgarde (Gwarda Ludowa, GL). Parallel zu dem militärischen Widerstand wird versucht, ein Bildungssystem sowie eine eigenständige zivile Untergrundverwaltung, eine Art polnischen Untergrundstaat aufzubauen. Im **Frühjahr und Sommer 1942** beginnt die Deportation aus den polnischen Ghettos in die Vernichtungslager, v. a. nach Bełżec, Sobibór und Treblinka.

1943–1944
Im **April 1943** bricht die Sowjetregierung die ohnehin angespannten Beziehungen zur polnischen Exilregierung ab. Diese fordert, die bei Katyn entdeckten Massengräber polnischer Soldaten hinsichtlich einer sowjetischen Täterschaft durch das Rote Kreuz untersuchen zu lassen.
Die im Warschauer Ghetto verbliebenen rund 60 000 jüdischen Bewohner widersetzen sich am **19. April 1943** dem Deportationsbefehl. Unter dem Kommando von Mordechaj Anielewicz leisten die Mitglieder der jüdischen Kampforganisationen im Warschauer Ghettoaufstand bis zum **16. Mai 1943** Widerstand gegen die Übermacht deutscher Einheiten. Der Aufstand wird niedergeschlagen. Von den im Ghetto verbliebenen Juden werden etwa 7000 hingerichtet und etwa 56 000 in die Konzentrations- und Vernichtungslager, u. a. nach Treblinka, deportiert. Nach den Kämpfen wird das Areal des Ghettos dem Erdboden gleichgemacht.
US-Präsident Franklin Delano Roosevelt, der britische Premier Winston Churchill und der sowjetische Partei- und Regierungschef Iosif Stalin treffen vom **28. November** bis **1. Dezember 1943** in Teheran zusammen, um über den weiteren Kriegsverlauf und die Zukunft Europas bzw. Asiens nach dem Krieg zu verhandeln. Polen gestehen sie eine Grenze zur UdSSR zu, die etwa der Curzon-Linie entspricht. Im Westen soll Polen dafür mit bisher deutschen Gebieten bis zur Oder-Neiße-Linie entschädigt werden. Im Winter **1943/44** geht die AK wegen des deutschen Besatzungs- und Polizeiterrors zum offenen Guerillakrieg über. In der **Neujahrsnacht 1944** tritt das von den Kommunisten zur Zusammenfassung der Linksparteien initiierte Ersatzparlament, der Landesnationalrat (Krajowa Rada Narodowa, KRN), zusammen. **Anfang 1944** wird zur Intensivierung des Untergrundkampfes die kommunistische GL in eine Volksarmee überführt (Armia Ludowa, AL), die sich auf den entscheidenden Kampf am Endes des Kriegs vorbereitet. In dem von der Roten Armee befreiten Lublin konstituiert sich am **25. Juli 1944** das Polnische Komitee der Nationalen Befreiung (Polski Komitet Wyzwolenia Narodowego, PKWN, Lubliner Komitee), dem Angehörige der PPR und anderer Linksparteien unter kommunistischer Führung angehören. Das Lubliner Komitee beansprucht die Regierungsgewalt in Polen. Vor diesem Hintergrund versucht die Heimatarmee, Warschau vor der Roten Armee zu befreien. Der am **1. August 1944** in Warschau begonnene Aufstand der von weiteren Untergrundverbänden unterstützten polnischen Heimatarmee unter General Graf Tadeusz Bór-Komorowski gegen die deutsche Besatzungsmacht wird bis zum **2. Oktober 1944** von deutschen Truppen blutig niedergeschlagen, nachdem die bis in die östlich der Weichsel gelegene Vorstadt Praga vorgerückte Rote Armee keine Hilfe leistet. In den letzten Wochen des Aufstandes kommen 16 000 Mitglieder der Heimatarmee sowie 150 000 Zivilisten ums Leben, und Warschau wird fast vollständig zerstört.

1945
Das Lubliner Komitee erklärt sich ohne Berücksichtigung der Exilregierung am **1. Januar** zur Provisorischen Regierung und siedelt in das während der Winteroffensive durch die Rote Armee am **17. Januar** befreite Warschau über. Ministerpräsident wird der Vorsitzende der wiederbegründeten PPS Edward Osóbka-Morawski. Die Rote Armee befreit während ihres Einmarsches in Polen am **27. Januar** das Konzentrations- und Vernichtungslager Auschwitz. Auf der Alliierten-Konferenz von Jalta vom **4.** bis **11. Februar** wird die Westverschiebung Polens festgeschrieben. Darüber hinaus kann sich die Sowjetunion im Hinblick auf die Anerkennung der kommunistisch dominierten Provisorischen Regierung durchsetzen, der jedoch auferlegt wird, sich demokratisch umzubilden. Nach langen Verhandlungen wird am **28. Juni** eine Regierung der nationalen Einheit gebildet, in der auch Mitglieder nichtkommunistischer Parteien und Exilpolitiker vertreten sind. Regierungschef wird Edward Osóbka-Morawski. Seine Stellvertreter werden der Führer der Polni-

schen Volkspartei (Bauernpartei, PSL), Stanisław Mikołajczyk, und für die kommunistische Polnische Arbeiterpartei Władysław Gomułka. Auf der Potsdamer Konferenz vom **17. Juli** bis **2. August** wird die polnische Verwaltung der Gebiete östlich der Oder und der Görlitzer Neiße einschließlich Stettins, Danzigs und des südlichen Ostpreußens bis zu einer endgültigen Regelung durch einen Friedensvertrag anerkannt. Es wird beschlossen, die dort ansässige deutsche Bevölkerung ebenso wie die Deutschen aus der Tschechoslowakei und Ungarn in „ordnungsgemäßer und humaner Weise" nach Deutschland zu „überführen". Der genaue Grenzverlauf im Osten Polens wird am **16. August** in einem polnisch-sowjetischen Vertrag festgelegt. Etwa 2,2 Millionen Polen werden aus den östlich der neuen Grenze liegenden Gebieten nach Polen zwangsumgesiedelt. Insgesamt sind etwa 6 Millionen polnische Staatsbürger Opfer des Kriegs und der Besatzung geworden, darunter mindestens 2,7 Millionen ermordete Juden und etwa 50 Prozent der nichtjüdischen Eliten. Polen verliert durch den Zweiten Weltkrieg etwa ein Fünftel seiner Vorkriegsbevölkerung. Darüber hinaus sind am Ende des Krieges weite Teile Polens verwüstet.

1946–1948

In der bis **1947** bestehenden Provisorischen Regierung nimmt die kommunistische PPR die Schlüsselposition ein. Nur die Bauernpartei mit ihrer großen Anhängerschaft stellt sich der PPR entgegen. Entsprechend den bereits **1944** vom Lubliner Komitee vorgenommenen wirtschaftspolitischen Weichenstellungen wird im **Januar 1946** ein Gesetz zur Enteignung von Industriebetrieben und im **September 1946** ein Bodenreformgesetz verabschiedet, das zur Enteignung von Landbesitz über 50 Hektar führt. Bei den Wahlen zum Verfassunggebenden Parlament am **19. Januar 1947** erlangt der kommunistisch dominierte Block durch Wahlmanipulationen die Mehrheit. Staatpräsident wird Bolesław Bierut, und im **Februar** wird eine rein kommunistische Regierung unter Józef Cyrankiewicz gebildet. Die Verdrängung und Verfolgung oppositioneller Politiker und Parteien beginnt. So erfolgt die Ausschaltung der Bauernpartei, deren Vorsitzender Stanisław Mikołajczyk im **Oktober 1947** emigriert. Der wachsende Einfluß der Sowjetunion zeigt sich bei der Einführung der Planwirtschaft, der Ablehnung der Marshallplanhilfe im **Juli 1947** und der (nach umfangreichen Parteisäuberungen, bei denen auch Władysław Gomułka abgesetzt wird) zwangsweisen Vereinigung der Polnischen Sozialistischen Partei (PPS) mit der Polnischen Arbeiterpartei (PPR) zur Polnischen Vereinigten Arbeiterpartei (PZPR) im **Dezember 1948**.

1949–1955

Polen, Bulgarien, Rumänien, die Tschechoslowakei, die UdSSR und Ungarn gründen am **25. Januar 1949** die Wirtschaftsgemeinschaft Council for Mutual Economic Assistance (COMECON bzw. Rat für gegenseitige Wirtschaftshilfe – RGW). Die DDR erkennt am **6. Juli 1950** die Oder-Neiße-Linie als „Friedensgrenze" zu Polen an. Die im **Juli 1952** verabschiedete Verfassung schließt die Entwicklung zur Volksdemokratie ab. Wirtschaft und Bildungswesen werden nach sowjetischem Vorbild umgestaltet, die Kollektivierung der Landwirtschaft beschlossen und die Verfolgung nichtkommunistischer Persönlichkeiten forciert. Die katholische Kirche wird massiv unter Druck gesetzt, viele Geistliche werden verhaftet, unter ihnen **1953** auch der Primas von Polen und Erzbischof von Warschau und Gnesen, Kardinal Stefan Wyszyński. Polen ist am **14. Mai 1955** Gründungsmitglied des mit Unterzeichnung des Vertrages über Freundschaft, Zusammenarbeit und gegenseitigen Beistand in Warschau gegründeten Militärbündnisses (Warschauer Pakt).

1956–1968

Der 20. Parteitag der KPdSU im **Februar 1956** und der Tod Bieruts im **März 1956** setzen auch in Polen Entstalinisierungsmaßnahmen in Gang. Trotz der Freilassung politischer Häftlinge und der Lockerung der Zensur erreicht die Unzufriedenheit der Bevölkerung über die Versorgungslage und die allgegenwärtige sowjetische Präsenz im Posener Aufstand im **Juni 1956** einen Höhepunkt. Weitere Demonstrationen und der Autoritätsverlust der PZPR bringen im **Oktober 1956** den rehabilitierten Gomułka an die Macht. Er wird Erster Sekretär der PZPR. Die Abkehr von der Zwangskollektivierung, die Lockerung der restriktiven Kirchenpolitik, die Abmilderung der Zensurpolitik und ein begrenzter Liberalismus auf kulturellem Sektor führen in der Anfangsphase der Ära Gomułka zu einer breiten Zustimmung innerhalb der Bevölkerung. Ab **1957** werden die Liberalisierungen des sogenannten „Kulturellen Frühlings im Oktober" wieder eingeschränkt. Parteiinterne Machtkämpfe mit der nationalistisch-neostalinistischen Gruppe um den Innenminister Mieczysław Moczar verschärfen sich anläßlich des Sechs-Tage-Krieges **1967** in Israel. Es wird gegen unerwünschte jüdische Intellektuelle vorgegangen, und die meisten der nach dem Zweiten Weltkrieg in Polen verbliebenen Juden werden zur Emigration genötigt. Nach einem Studentenstreik in Warschau im **März 1968** reagiert die Parteiführung unter Gomułka mit der Ausschaltung parteiinterner Opposition. Im **August 1968** beteiligt sich die polnische Armee am Einmarsch der Warschauer-Pakt-Truppen in der Tschechoslowakei zur Niederwerfung des sogenannten Prager Frühlings.

1970–1978

Nach schwierigen Verhandlungen wird am **7. Dezember 1970** der Normalisierungsvertrag mit der Bundesrepublik Deutschland geschlossen. Der Vertrag beinhaltet eine Gewaltverzichtserklärung und erkennt die Unverletzlichkeit der Grenzen an. Normen- und Preiserhöhungen lassen im **Dezember 1970** die jahrelange Unzufriedenheit über die wirtschaftliche Entwicklung in einem Streik der Danziger Werftarbeiter münden, der sich auch auf andere Städte ausweitet. Schwere Unruhen mit 45 Toten zwingen Gomułka am **19. Dezember 1970** zum Rücktritt. Er wird am **20. Dezember 1970** durch Edward Gierek als Erster Sekretär der PZPR ersetzt. Mit einschneidenden personellen Veränderungen in der Partei sowie in der Regierung, die von **1970** bis **1980** Piotr Jaroszewicz als Vorsitzender des Ministerrates führt, und dank umfangreicher sowjetischer Wirtschaftshilfen kann die innenpolitische Situation beruhigt werden. Eine konsumentenfreundliche Wirtschaftspolitik, die durch finanzielle Anleihen aus dem Ausland – auch aus dem Westen – ermöglicht wird, soll die Industrialisierung Polens voranbringen. Die Lockerung der Zensur, Reiseerleichterungen, Einkommensverbesserungen und eine liberalere Kirchen- und Kulturpolitik begleiten die wirtschaftlichen Anfangserfolge. Die vor dem Hintergrund der weltweiten Energie- und Wirtschaftskrise ab Mitte der **70er Jahre** und der hohen Staatsverschuldung einsetzenden Versorgungsschwierigkeiten und Preiserhöhungen sowie die am **10. Februar 1976** verabschiedete, als unzureichend empfundene Verfassungsreform führen im **Juni 1976** erneut zu Streiks und Unruhen, die von der Regierung massiv unterdrückt werden. Ab **September 1976** entstehen erste regimekritische Komitees, von denen weitreichende Forderungen im Rahmen der Bürgerrechtsbewegung gestellt werden. Im **Oktober 1978** wird der Krakauer Kardinal Karol Wojtyła als Johannes Paul II. zum Papst gewählt. Die einsetzende religiöse Erneuerungsbewegung unterstützt die Forderung nach tiefgreifenden Reformen, und die Kirche wird zum größten Gegner der PZPR.

1980–1989

In Anbetracht einer erneuten Preis- und Inflationswelle kommt es im **Frühsommer 1980** zu einem landesweiten Streik. Der Streik wird von einem überbetrieblichen Streikkomitee unter der Leitung des Elektrikers Lech Wałęsa koordiniert. Die Regierung kann die Streiks nur durch umfangreiche Zugeständnisse beenden und muß die Gründung unabhängiger Gewerkschaften zulassen. Am **17. September 1980** wird die unabhängige Gewerkschaft Solidarność (Solidarität) gegründet und im **November 1980** gerichtlich bestätigt. Verteidigungsminister Wojciech Jaruzelski übernimmt im **Februar 1981** das Amt des Vorsitzenden des Ministerrates und im **Oktober 1981** zusätzlich das des Parteichefs. Innenpolitische Auseinandersetzungen über die Rolle der neuen Gewerkschaft unter der Führung Wałęsas mit mittlerweile 10 Millionen Mitgliedern, häufige Streiks und die sich abzeichnende Möglichkeit einer sowjetischen Intervention destabilisieren die innenpolitische Lage. Am **13. Dezember 1981** ruft Jaruzelski das Kriegsrecht aus. Ein Militärrat der Nationalen Rettung unter seiner Leitung übernimmt die Macht. Die Führung und einige tausend Anhänger der Solidarność werden verhaftet. Im **Oktober 1982** wird die Solidarność aufgelöst, sie besteht jedoch im Untergrund fort. Nach Aussetzung des Kriegsrechtes am **31. Dezember 1982** und der Aufhebung am **22. Juli 1983** kommen die internierten Solidarność-Anhänger frei. Am **6. Oktober 1983** erhält Lech Wałęsa den Friedensnobelpreis. Reformen zur Sanierung der Wirtschaft und zur Abtragung der enormen Auslandsschulden können die angespannte Lage nicht grundlegend verändern. Nach drastischen Preiserhöhungen im **Frühjahr 1988** brechen erneut Streiks und Unruhen aus und werden erst nach einem Aufruf Wałęsas im **August 1988** beendet. Ein Bürgerkomitee (Komitet Obywatelski, KO) unter der Leitung

Wałęsas bündelt im **Dezember 1988** die verschiedenen oppositionellen Kräfte. Unter der **Ende September 1988** gebildeten Regierung Mieczysław Rakowskis finden von **Februar bis April 1989** Gespräche am „Runden Tisch" mit der Opposition statt, die als Ergebnis u. a. die Einrichtung einer zweiten Parlamentskammer und die Legalisierung des Bürgerkomitees Solidarność erbringen. Bei den Wahlen im **Juni 1989** erringt das Bürgerkomitee alle 161 der Opposition zugestandenen Sitze und in der Zweiten Kammer 99 von 100 Sitzen. Der seit 1985 als Vorsitzender des Staatsrates amtierende Jaruzelski wird im **Juli 1989** zum Staatspräsidenten und der Oppositionspolitiker Tadeusz Mazowiecki im **August 1989** zum Ministerpräsidenten gewählt. Im **Dezember 1989** wird die Verfassung geändert und die Republik Polen proklamiert.

1990–2000
Im **Januar 1990** löst sich die kommunistische PZPR auf. Ein Parteiflügel gründet die Sozialdemokratie der Republik Polen (SPR). Mit der Bundesrepublik Deutschland wird am **14. November 1990** der deutsch-polnische Grenzvertrag unterschrieben. Der Vertrag legt die Oder-Neiße-Linie als endgültige deutsch-polnische Grenze fest. Lech Wałęsa wird am **9. Dezember 1990** im zweiten Wahlgang zum Staatspräsidenten gewählt. Die deutsch-polnischen Beziehungen werden durch den im **Juni 1991** unterzeichneten Nachbarschaftsvertrag gefestigt. Die politische Situation ist durch eine Vielzahl neu gegründeter Parteien und die Aufsplitterung der Solidarność-Bewegung geprägt. Bei den ersten freien Parlamentswahlen am **27. Oktober 1990** kann keine klare Mehrheit gefunden werden.
Polen und Rußland unterzeichnen am **22. Mai 1992** einen Freundschafts- und Nachbarschaftsvertrag, durch den der Abzug der russischen Truppen aus Polen geregelt wird. Eine neue Verfassung vom **18. November 1992** stärkt die Position der Regierung und beschneidet die Rechte des Staatspräsidenten. Ein Regierungsprogramm zur allgemeinen Privatisierung, durch das etwa 600 Staatsbetriebe privatisiert werden sollen, wird im **April 1993** vom Parlament gebilligt. Im Rahmen des NATO-Programms Partnerschaft für den Frieden beginnen Polen, Deutschland und Frankreich im **März 1994** eine trilaterale militärische Kooperation. Die Republik Polen beantragt am **8. April 1994** die Mitgliedschaft in der Europäischen Union (EU). Am **19. November 1995** gewinnt der Vorsitzende der SPR Alexander Kwaśniewski die Stichwahl der Präsidentschaftswahlen gegen den Amtsinhaber Wałęsa und wird am **23. Dezember 1995** als Staatspräsident vereidigt. Am **30. März 1998** wird der Beitrittsprozeß von zehn beitrittswilligen Staaten Mittel-, Ost- und Südeuropas zur EU eingeleitet. Das Datum des Beitritts der zehn Kandidatenländer zur europäischen Union wird der **1. Mai 2004** sein. Die im **Sommer 1998** beschlossene politische und administrative Neuordnung Polens tritt am **1. Januar 1999** in Kraft. Der bisherige Zentralstaat erhält eine föderative Struktur. Nach der Ratifizierung des polnischen Beitritts zur North Atlantic Treaty Organization (NATO) am **17. Februar 1999** wird Polen am **12. März 1999** offiziell in die Reihe der Mitgliedsstaaten aufgenommen. Bei den Präsidentschaftswahlen am **8. Oktober 2000** kann sich der Amtsinhaber Kwaśniewski bereits im ersten Wahlgang durchsetzen.

Literatur:
- Alexander, Manfred: Kleine Geschichte Polens, Stuttgart 2003.
- Benz, Wolfgang/Graml, Hermann/Weiß, Hermann (Hg.): Enzyklopädie des Nationalsozialismus, Stuttgart 1997.
- Brockhaus – Die Enzyklopädie in 24 Bänden, 20. Aufl., Leipzig/München 1996–1999.
- Der Große Ploetz. Die Datenenzyklopädie der Weltgeschichte. Daten, Fakten, Zusammenhänge. 33. Aufl., Freiburg i. Br. 2002.
- Jaworski, Rudolf/Lübke, Christian/Müller, Michael G.: Eine kleine Geschichte Polens, Frankfurt a. M. 2000.
- Krzemiński, Adam: Polen im 20. Jahrhundert: ein historischer Essay. 2. erw. Aufl., München 1998.

Rumänien

Unterschiedliche Erinnerungen an den Zweiten Weltkrieg

von Lucian Boia

Erinnerung als kommunistisches Konstrukt

Mit der Machtergreifung der Kommunisten unmittelbar nach dem Zweiten Weltkrieg begann die Installierung eines dominanten Diskurses zu Vergangenheit, Gegenwart und Zukunft, der mit der Wirkung einer „Gehirnwäsche" alle Bereiche der Erinnerung und jedes alternative Projekt zuzudecken suchte. Die Strukturen der Gesellschaft wurden umgestülpt, die alte Elite zerschlagen und sehr viele Menschen durch Umsiedlung vom Land in die Stadt entwurzelt. Außerdem hat es in Rumänien keinen Prozeß der Entstalinisierung gegeben, so daß die Macht von Partei und Geheimdienst stets ungebrochen blieb und Regimekritik kaum möglich war.

Jahrelang wurden der rumänischen Jugend in den „Einheitslehrbüchern" der Schulen die „unwiderlegbaren Wahrheiten" eingetrichtert.[1] Die Bilder vom Krieg illustrierten allein die „antihitleristische" Phase und das Bündnis mit der Sowjetunion: gefangengenommene deutsche Offiziere (Abb. RO 1), der begeisterte Empfang der Roten Armee in Bukarest oder andere Motive, die die Verbindung zwischen Roter Armee und den Rumänen zeigen (Abb. RO 2).

Die staatlichen Medien, über die die Partei nach Belieben verfügte, indoktrinierten fast ein halbes Jahrhundert lang Generationen von Rumänen. Wer auch nur geringfügig abweichende Ansichten äußerte, hatte in den 50er Jahren mit Inhaftierung zu rechnen. Später, als die Unterdrückung etwas gelockert wurde, konnte sich dies immer noch negativ auf die Lebens- und Berufsaussichten allzu „nonkonformistischer" Personen auswirken. Abweichende Erinnerungen ließen sich zwar auch so nicht völlig auslöschen, konnten jedoch nur unter großen Schwierigkeiten von Generation zu Generation weitergegeben werden: Viele Eltern scheuten sich, selbst mit ihren Kindern über „heikle" Themen zu sprechen. So blieben diese Erinnerungen nur in begrenzten und isolierten Kreisen lebendig und waren einem allmählichen Erosions-

RO 1
Prizonieri hitleriști escoțati trec prin fața Ateneului Român
Hitleristische Kriegsgefangene werden am rumänischen Athenäum vorbeigeführt, in: Istoria României III. Epoca contemporană, Ministerul Educației și Învățămintului, Animafilm-București 1986, Dia Nr. 54
Diapositiv
Berlin, Universitätsbibliothek der Humboldt-Universität. Teilbibliothek Romanistik
IX 1179/87

RO 2
Primirea entuziastă făcută trupelor sovietice în capitală
Enthusiastischer Empfang der sowjetischen Truppen in der Hauptstadt, in: Contribuțiâ României la victoria asupra fascismului, Editura Politică, Bukarest 1965
Buch
Berlin, Universitätsbibliothek der Humboldt-Universität. Teilbibliothek Romanistik
Rumg 146

prozeß unterworfen. Sie machten der „offiziellen Erinnerung" Platz, die unter Einsatz aller Propagandainstrumente den Rumänen nachhaltig ins Bewußtsein geschrieben wurde.

Aber diese offizielle Erinnerung enthielt innere Widersprüche und bedurfte wiederholter Korrekturen. Die Vergangenheit wurde je nach aktuellen Entwicklungen und politischen Interessen schamlos umgeschrieben, so daß die Geschichtsdeutung während der kommunistischen Herrschaft von einem Extrem ins andere umschlug.

So lassen sich zwei aufeinanderfolgende Phasen des rumänischen Kommunismus grob unterscheiden:

Die erste Phase vom Kriegsende bis zum Ende der 50er Jahre war durch internationalistische und prosowjetische Haltungen geprägt. In dieser Periode gerieten die historische und kulturelle Tradition sowie das nationale Bewußtsein der Rumänen regelrecht unter Beschuß. Ethnische, religiöse und kulturelle Dimensionen wurden in der historischen Darstellung völlig ausgeklammert oder allenfalls sozialen Determinanten untergeordnet: Klassensolidarität ging vor nationaler Solidarität. Ein exemplarisches Dokument dieser Phase ist das Lehrbuch „Istoria R.P. R." (Geschichte der RPR), herausgegeben von Mihail Roller, das in der Zeit von 1947 bis 1956 mehrere Neuauflagen erlebte. Sogar der Name „Rumänien" wurde im Titel durch die Bezeichnung RPR, Republica Populară Română (Rumänische Volksrepublik), ersetzt.

In den Abschnitten über den Krieg und die ersten Nachkriegsjahre ist Stalin die dominierende Figur, dessen Unterstützung für Rumänien – insbesondere bezüglich der Wiedervereinigung mit Nord-Siebenbürgen – dankbar hervorgehoben wird (Abb. RO 3). Dies war die einzige allgemeine Geschichte Rumäniens, die damals im Umlauf war.

Die zweite Phase ist durch den Umschwung zum anderen Extrem bestimmt: Während der Ceaușescu-Ära, ab Mitte der 60er Jahre, wurde dem tonangebenden Diskurs eine nationalistische Färbung gegeben, die im Verlauf der Zeit zwanghafte Züge erhielt. Die von Ceaușescu erfolgreich propagierte nationalistische Ideologie entsprach zum Teil den Anschauungen der vorkommunistischen Zeit und konnte als Reaktion auf die versuchte Auslöschung nationaler Werte in den 50er Jahren verstanden werden. Besonderes Gewicht wurde auf die „Einheit" der Rumänen – vereint um den „Großen Führer" – und indirekt auf ihre Abgrenzung von „anderen" gelegt. Ausländer wurden für alle Widrigkeiten verantwortlich gemacht, die den Rumänen irgendwann im Lauf ihrer Geschichte widerfahren waren. So diente die „Wiederaufwertung" des Nationalen der Immunisierung der Partei und des Diktators.

Selbst nach dem Sturz des Kommunismus herrschte die nationale Färbung der Geschichtsdeutung vor. Was ganzen Generationen seit Jahrzehnten eingeimpft worden war, ließ sich nicht in wenigen Jahren korrigieren. Mit dem national orientierten Diskurs konkurrieren nun jedoch verstärkt neue Interpretationen: Sie stehen der nationalistischen Mythologie kritisch und neueren geschichtswissenschaftlichen Ansätzen (Zivilisations- und Ideengeschichte) sowie den Herausforderungen der Gegenwart

RO 3
I. V. Stalin
In: Mihail Roller: Istoria R.P. R., Bukarest 1952, S. 683
Buch
Berlin, Staatsbibliothek zu Berlin – Preußischer Kulturbesitz
7U382

RO 4
Stelian Brezeanu, Adrian Cioroianu, Florin Müller (Hg.)
Istorie. Manual pentru clasa a XII-a
Geschichtsbuch für die 12. Klasse, Bukarest 1999
Buchtitel
Privatbesitz

(Demokratie, europäische Einheit) aufgeschlossen gegenüber. Diese Neuorientierung hat jetzt auch in den Schulen Einzug gehalten, wo das System des „Einheitslehrbuchs" abgeschafft und 1999 gegen heftigen Widerstand nationalistischer Historiker und Politiker eine neue Generation von Lehrbüchern zur Geschichte der Rumänen eingeführt wurde.[2]

Schon der Umschlag eines der neuen Geschichtsbücher läßt den inhaltlichen Unterschied erkennen. „Istoria României" (Die Geschichte Rumäniens) repräsentiert die Neubesinnung auf die christliche Zivilisation und auf demokratische Werte in der rumänischen Geschichte.[3] Die Abbildungen auf dem Umschlag zeigen ein Kloster in der Bukowina (Moldovita), eine frühchristliche Inschrift, ein Medaillon mit dem Kopf Michaels des Tapferen und Revolutionäre des Jahres 1848 (Abb. RO 4). Beachtlich ist der Stellenwert religiöser Symbole, die während des Kommunismus verboten waren.

Besatzung und Befreiung: der Sonderfall Rumänien

In seinen Beziehungen zu Deutschland und zur Person Hitlers hatte sich der geschickte Taktierer Antonescu als treuer, aber keineswegs unterwürfiger Verbündeter erwiesen, dem es gelang, die Eigenständigkeit Rumäniens zu wahren.[4] Es wäre zwar falsch, sich dieses Bündnis als das zweier gleichwertiger Partner vorzustellen, aber zugleich eine grobe Übertreibung, die Situation als deutsche Besatzung darzustellen. Deutsche Truppen standen zunächst nicht als Besatzungsarmee, sondern als Verbündete in Rumänien. Die Lage änderte sich jedoch abrupt nach dem 23. August 1944, als aus den Verbündeten plötzlich feindliche Besatzer wurden. Photos von deutschen Kriegsgefangenen aus dieser Phase sollten während der kommunistischen Zeit jedoch den Kampf gegen die Deutschen als den einzigen Aspekt der rumänisch-deutschen Beziehungen während des Zweiten Weltkrieges belegen, wie die Ausstellungstafel im Museum für Nationalgeschichte zeigte (vgl. Abb. RO 13 re. u.).

Der Einzug der Roten Armee in Rumänien – obwohl in den Anfangsjahren der kommunistischen Herrschaft als Befreiung dargestellt – war dagegen eine Besetzung. Rumänien wurde wie ein besiegtes Land behandelt und jeder Bewegungsfreiheit beraubt. Die erste kommunistisch dominierte Regierung wurde am 6. März 1945 auf Weisung Moskaus eingesetzt, und danach blieb Rumänien jahrelang de facto eine sowjetische Kolonie. Illustriert wird der Einmarsch der Roten Armee durch die Sonderausgabe der damals auflagenstärksten rumänischen Zeitung Universul vom 29. August 1944 (Abb. RO 5). Die Photographien unter der Überschrift „Die siegreichen sowjetischen Truppen sind in die Hauptstadt eingezogen" sollen beweisen, daß Bewohner der Hauptstadt die sowjetischen Truppen freudig begrüßen.

In den 50er Jahren stellten sich die Ereignisse im oben erwähnten Lehrbuch von Roller gemäß der stalinistischen Historiographie wie folgt dar: Im Oktober 1940

RO 5
Trupele victorioase sovietice au intrat în capitală
Die siegreichen sowjetischen Truppen sind in die Hauptstadt eingezogen, in:
Universul, 29. August 1944
Zeitung
Bukarest, Muzeul Național de Istorie a României

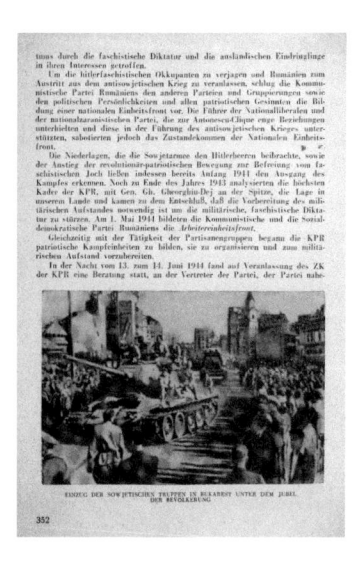

wurde Rumänien von der deutschen Wehrmacht besetzt; der Krieg gegen die Sowjetunion war ein „verbrecherischer" Krieg; die Ereignisse des 23. August 1944 waren gänzlich das Werk der Kommunistischen Partei: eine „Einheit des patriotischen Kampfes" unter kommunistischer Führung hatte Antonescu im Königspalast verhaftet – wie diese Einheit dorthin gelangt war, blieb jedoch ebenso unerwähnt wie die Person des Königs. Der entscheidende Faktor war angeblich das Vorrücken der Roten Armee. Der 23. August 1944 wurde als der „Tag der Befreiung Rumäniens durch die glorreiche sowjetische Armee" dargestellt. Auf ihn folgte der nunmehr gerechte und glorreiche Krieg, den die rumänische Armee in begeisterter „Waffenbrüderschaft" mit den Sowjettruppen gegen Nazideutschland führte.[5] Eine Abbildung in Rollers Geschichtslehrbuch für die deutsche Minderheit zeigt die Bevölkerung Bukarests, die der Roten Armee zujubelt[6] (Abb. RO 6). In zahlreichen Variationen wurde dieses Motiv in Geschichtsbüchern der kommunistischen Zeit reproduziert, um eine echte Volksbegeisterung für die „Befreiung" Rumäniens durch die Rote Armee zu suggerieren.

In Bukarest war 1945 das „Denkmal der für die Befreiung Rumäniens gefallenen sowjetischen Helden" errichtet worden, das jahrzehntelang einen der zentralen Plätze beherrschte. Es war in jeder Ausgabe des Schulbuchs von Roller abgebildet. Zum 10. Jahrestag der Befreiung erschien eine Briefmarke mit dem Bild des Denkmals (Abb. RO 7). In den 80er Jahren erhielt es im Rahmen der Westorientierung von Ceaușescu einen neuen, unauffälligeren Standort. Nach dem Sturz des Kommunismus 1989 wurde das Denkmal demontiert und auf dem sowjetischen Militärfriedhof außerhalb von Bukarest aufgestellt.

Die nationale Ausrichtung des politischen und historischen Diskurses unter Ceaușescu hatte weitreichende Folgen für die Darstellung des Zweiten Weltkrieges. Der Krieg gegen die Sowjetunion wurde zwar während der kommunistischen Diktatur bis zuletzt negativ beurteilt, erhielt aber gleichzeitig wenn nicht gerade Elemente der Rechtfertigung, so doch zumindest mildernde Umstände zugesprochen. Je nach den Schwankungen der rumänisch-sowjetischen Beziehungen wurde in den 70er Jahren unterschiedlich intensiv in Rumänien erstmals über den Hitler-Stalin-Pakt geredet. Zuletzt griff Ceaușescu zu übersteigerter nationalistischer Rhetorik – der letzten Waffe in einem Land, das er an den Rand der Katastrophe gebracht hatte – und forderte, daß die Folgen dieses Paktes rückgängig gemacht werden sollten. Der Sowjetunion wurde damit neben Deutschland die Mitverantwortung für die Aufteilung Rumäniens 1939/40 gegeben. So konnte Rumäniens Kriegseintritt im Jahre 1941 implizit als Reaktion auf die Annektierung Bessarabiens und der Bukowina aufgefaßt werden. Das letzte Kapitel der „Istoria militară a poporului român" (Militärgeschichte des rumänischen Volkes), in sechs Bänden von 1984 bis 1989 erschienen, des charakteristischen Geschichtswerks der Ära Ceaușescu, stellt die Annektierung Bessarabiens durch die Sowjetunion als ein den Rumänen zugefügtes Unrecht dar. Das anschließende antisowjetische Vorgehen der Regierung Antonescu wurde nicht ausdrücklich gerechtfertigt, aber die

RO 6
Einzug der sowjetischen Truppen in Bukarest unter dem Jubel der Bevölkerung
In: Moderne und zeitgenössische Geschichte. Lehrbuch für die X. Klasse, Staatsverlag für didaktische und pädagogische Literatur (Hg.), Bukarest 1960, S. 352
(Lehrbuch für die deutsche Minderheit)
Buch
Berlin, Bibliothek für Bildungsgeschichtliche Forschung
46796

RO 7
23 august 1944 – 23 august 1954. 10 anniversare a eliberării patriei noastre
23. August 1944 – 23. August 1954. Zehnter Jahrestag der Befreiung unseres Vaterlandes, 1954
Briefmarke
Privatbesitz

RO 8
A 25 anniversare a eliberării patrici
25. Jahrestag der Befreiung des Vaterlandes, 1969
Medaille, vergoldet,
Dm 9,3 cm
Bukarest, Muzeul Național de Istorie a României
126 473

RO 9
Ordinul 23 august, clasa II-a
Verdienstorden zweiter Klasse des 23. August, 1965
Orden, versilbert
Bukarest, Muzeul Național de Istorie a României
126 467

Leser konnten schließlich selbst ihre Schlüsse ziehen.[7] Die Person Antonescus wurde zwar weiterhin negativ beurteilt, doch gab es Ansätze zur Rehabilitierung. So wurde ihm die Entmachtung der Eisernen Garde als Verdienst angerechnet. In dem 1975 erschienenen Roman „Delirul" (Das Delirium) von Marin Preda, dem führenden rumänischen Schriftsteller der kommunistischen Ära, war Antonescu eine zentrale Rolle vorbehalten, nicht unbedingt als positive, aber auch nicht als durchgängig negative Gestalt.

Die Rolle der Sowjetunion am 23. August 1944 als „Befreierin" wurde schließlich fast ganz ausgeblendet. So fehlt die Rote Armee auf der Gedenkmedaille zum „25. Jahrestag der Befreiung des Vaterlandes" von 1969 (Abb. RO 8) oder dem Verdienstorden des 23. August, zweiter Klasse (Abb. RO 9). Die Symbole einschließlich des Staatswappens auf der Gedenkmedaille sind rein rumänisch. Gegen Ende der kommunistischen Diktatur konnte gar nicht mehr die Rede davon sein, daß Rumänien durch die glorreiche Rote Armee befreit worden sei. Alles war das Werk von Rumänen und nicht nur von Kommunisten im Alleingang, denn diesen war es gelungen, fast die gesamte Nation zu mobilisieren. Schließlich wurde sogar dem König, den bürgerlichen Parteien und der Armee eine Rolle zugestanden und so das Rätsel der Verhaftung Antonescus im Königspalast gelöst. Die föderative und führende Rolle aber blieb weiterhin den Kommunisten vorbehalten.

Der 23. August erhielt somit eine besondere Dimension, die weit über die eines Staatsstreichs hinausging. Eine Reihe von Briefmarken erinnerte 1984 und 1985 aus betont rumänischer Perspektive an den 23. August 1944 und an das Kriegsende am 9. Mai 1945. Die Gedenkmarke zum „9. Mai" zeigt das „Denkmal für die Helden des Vaterlandes", das Anfang der 60er Jahre vor der Militärakademie in Bukarest errichtet worden war (Abb. RO 10). Über dem Denkmal wehen die rumänische und die sowjetische Fahne, die von der rumänischen fast vollständig verdeckt wird, während auf einer Briefmarke von 1979 die Rote Fahne noch im Vordergrund weht (Abb. RO 11). Eine andere Marke hingegen, zum selben Anlaß erschienen, soll deutlich machen, daß nicht allein die Armee, sondern die rumänischen Arbeiter den Sieg über den Faschismus errungen hätten (Abb. RO 12). Darüber hinaus war der 23. August während der kommunistischen Zeit Nationalfeiertag, zunächst rivalisierend mit ebenso symbolischen Tagen wie dem 7. November, dem Jahrestag der bolschewistischen Revolution in Rußland und dem 1. Mai, dem Tag der Arbeit, später aber als der einzig verbliebene Feiertag von nationaler Bedeutung. Für das Geschehen am 23. August, das gemäß seiner Bedeutung der Befreiung durch die Rote Armee nachgeordnet wurde, gab es zunächst keine eindeutig festgelegte Bezeichnung. Später wurde es – in der Sache vollkommen unzutreffend – zum „bewaffneten antifaschistischen Aufstand" erhoben und schließlich gar zur „Revolution der nationalen und sozialen,

RO 10
Aurel Popescu
40 de ani de la victoria asupra fascismului
40. Jahrestag des Sieges über den Faschismus, 1985
Briefmarke
Privatbesitz

RO 11
Vlasto
1944–1979. 23 August
1979
Briefmarke
Privatbesitz

RO 12
L. Suhar
1944–1979. 23 august. Gărzi Muncitoreşti
1944–1979. 23. August. Arbeitertreffen, 1979
Briefmarke
Privatbesitz

antifaschistischen und antiimperialistischen Befreiung" verklärt! Letzteres Bild vermittelte im August 1979 die Gedenkausstellung zum „35. Jahrestag der Befreiung des Vaterlandes vom faschistischen Joch", welche die Ereignisse des sogenannten „Aufstandes" vom 23. August 1944 von Stunde zu Stunde nachzeichnete: kommunistische Persönlichkeiten, Kampfszenen, deutsche Kriegsgefangene usw. Der Sturz Ion Antonescus sollte eben kein vom König inszenierter Staatsstreich gewesen sein, sondern vielmehr eine von den Kommunisten angeführte Revolution. Auf der schon zitierten Ausstellungstafel heißt es: „17 Uhr. Gemäß dem Aufstandsplan der RKP werden Ion Antonescu, Mihail Antonescu und Mitglieder der Regierung Antonescus im Königspalast gefangengenommen". Die Kombination von Photographien von Zeitungen, die die Befreiung Rumäniens verkünden, und Photographien, die die Gefangennahme der Regierung, die Besetzung der wichtigen Ministerien usw. zeigen, soll diese kommunistische Interpretation des 23. August belegen (Abb. RO 13). Dementsprechend heißt es auf der Tafel weiter: „18–23 Uhr. Militärische Einheiten und patriotische Kampfformationen blockierten 'hitlerische Dienststellen' in Bukarest und beziehen Posten in staatlichen Institutionen, nämlich dem Gebäude des Ministerrates, dem Innenministerium, dem Kriegsministerium und dem Untersekretariat für Luftfahrt..."

RO 13
Aspect din expoziţia jubiliariă 'A 35-a anniversare de la eliberarea patriei de sub jugul fascist'
Tafel in der Gedenkausstellung zum 35. Jahrestag der Befreiung des Vaterlandes vom faschistischen Joch im Muzeul Naţional de Istorie a României, Bukarest 1979
Bukarest, Muzeul Naţional de Istorie a României

Die Darstellung des Krieges gegen die Sowjetunion, die anfänglich den verbrecherischen Charakter der Politik Antonescus anschaulich machen sollte, wurde schließlich in den Schulbüchern in wenigen Zeilen abgehakt, nur noch vage verurteilt, ohne genauere Einzelheiten über das Verhalten der rumänischen Armee. Hervorgehoben wurden dagegen die militärischen Folgen der Ereignisse des 23. August und das Vorgehen der rumänischen Armee gegen die deutsche Wehrmacht. Der 23. August 1944 wurde allmählich zum entscheidenden Schlag gegen das Deutsche Reich stilisiert, das nun ohne Unterstützung der rumänischen Armee, ohne rumänisches Öl und Getreide und ohne sein strategisches Gefüge auf dem Balkan auskommen mußte. Der rumänische Beitrag zum Sieg über Deutschland wurde jetzt als der wichtigste nach dem der Sowjetunion, der Vereinigten Staaten oder Frankreichs dargestellt. Von (Militär-)Historikern unter der Leitung von Ceauşescus Bruder, General Ilie Ceauşescu, propagiert, geisterte hartnäckig die Theorie der „zweihundert Tage früher" durch die Medien – eine willkürliche Berechnung, der zufolge der Frontwechsel der Rumänen im August 1944 den Krieg gegen Deutschland um mindestens sechs Monate verkürzt habe.[8] Die Behandlung Rumäniens als besiegtes Land wurde demzufolge als eklatantes Unrecht dargestellt, was sich in erster Linie gegen die Sowjetunion richtete, wenn dies auch nicht ausdrücklich angesprochen wurde. Die Tatsache, daß den acht Monaten Krieg Seite an Seite mit den Alliierten achtunddreißig Monate im Bündnis mit Deutschland vorangegangen waren, wurde dabei wohl etwas eilfertig übergangen. Exemplarisch für diese Betrachtungsweise ist das bereits Ende der 50er Jahre errichtete Denkmal in Carei (in Nordwest-Siebenbürgen), ein Werk des Bildhauers Vida

RO 14
Vida Géza
Monumentue ostaşului de la Carei
Heldendenkmal in Carei, nach 1955
Photographie
Bukarest, Muzeul Naţional de Istorie a României

RO 15
Heldendenkmal in Carei
In: Dumitru Almaş:
Geschichte des Vaterlandes.
Lehrbuch für Klasse 4,
Bukarest 1984, S. 155
(Schulbuch für die deutsche Minderheit)
Buch
Berlin, Bibliothek für Bildungsgeschichtliche Forschung
85 3719

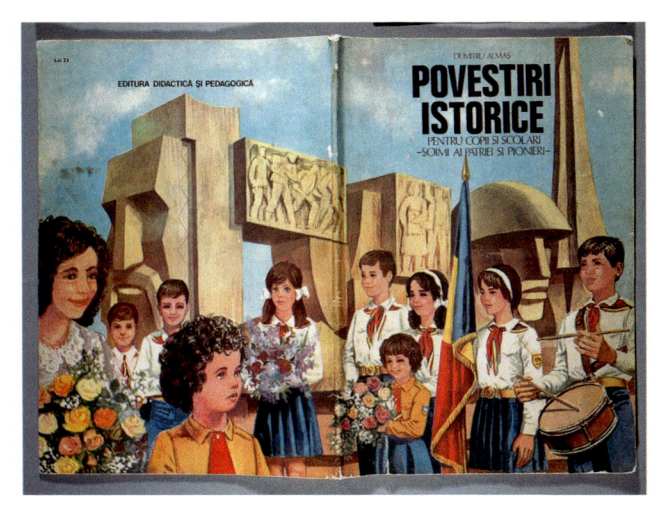

RO 16
Dumitru Almaş, Valentin Tănase (Illustration)
Povestiri istorice. Pentru copii şi şcolari – şoimi ai patriei şi pionieri
Historische Geschichten. Für Kinder und Schüler – Falken des Vaterlandes und Pioniere, Bukarest 1984
Buchtitel
Privatbesitz

Géza, das die Vertreibung der deutschen Truppen von rumänischem Boden darstellt. Das Denkmal erregte seinerzeit viel Aufsehen: Es zeigt lediglich den Kopf eines rumänischen Soldaten, ohne Hinweis auf die Rote Armee (Abb. RO 14). In einem Schulbuch von 1984 wird es mit Bildern von kämpfenden rumänischen Soldaten kombiniert (Abb. RO 15), und 1984 taucht es gar auf der Titelseite eines Geschichtsbuches für Kinder auf. Kinder der rumänischen Jugendorganisation sind mit Blumen und Trommeln zum Denkmal gekommen um die Soldaten zu ehren (Abb. RO 16).

Seit 1989 ist eine partielle oder gänzliche Rehabilitierung des rumänischen Feldzuges gegen die Sowjetunion von 1941 bis 1944 zu beobachten. Man betont nunmehr die sowjetische Annexion Bessarabiens und der nördlichen Bukowina von 1940 und damit auch den Grund des rumänischen Kriegseintritts zur Rückeroberung dieser Gebiete. Es herrscht die Meinung vor, daß der regionale und europäische Kontext Rumänien keine andere Wahl gelassen habe. Die einzige Alternative sei der Kampf gegen Deutschland auf der Seite der Sowjetunion gewesen, was für die Mehrzahl der Rumänen im Jahre 1941 tatsächlich undenkbar gewesen und auch heute noch schwer nachvollziehbar wäre. Es gibt allerdings Historiker, die der Auffassung sind, die rumänische Armee hätte nach der Befreiung Bessarabiens und der Bukowina am Dnjestr haltmachen sollen. Andere wieder sind – wie damals Antonescu – der Ansicht, ein Krieg müsse bis zu einem siegreichen Ende geführt werden.[9] Jedenfalls werden im Unterschied zu dem Schweigen, das vor 1989 herrschte, jetzt der Kampf und die Opfer der rumänischen Soldaten an der russischen Front herausgestellt.

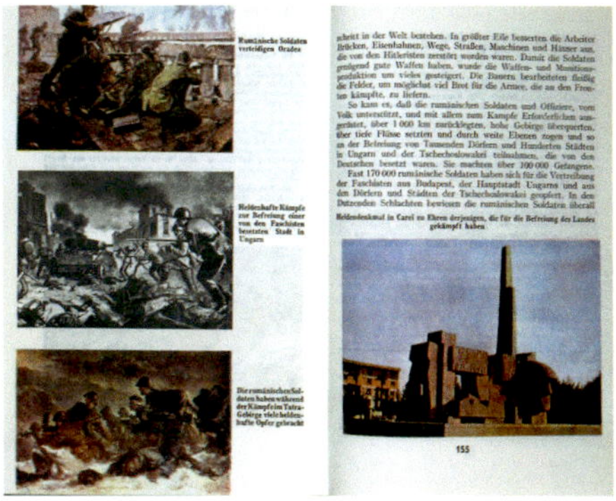

Die Rehabilitierung der ersten Phase des Krieges bedeutet jedoch nicht, daß der zweiten Phase geringere Bedeutung beigemessen würde. Auf sie wird weiterhin soviel Gewicht gelegt wie vor 1989. Nur der ideologische Kontext hat sich geändert: An die Stelle kommunistischer Ideale sind westliche getreten. Möglich wird dieser Wechsel der Betrachtung durch den zwiespältigen Ausgang des Krieges, der im Westen mit dem Sieg für die Demokratie, im Osten für den kommunistischen Totalitarismus endete.

Als wichtigster Akteur im Geschehen des 23. August 1944 gilt nun der König, gefolgt von den damaligen Parteien; die Rolle der Kommunisten dagegen wird nun geringer bewertet. Auch die Waffenbrüderschaft mit der Sowjetarmee ist heute kein Thema mehr. Jetzt wird vielmehr darauf hingewiesen, daß rumänische Soldaten bewußt geopfert wurden, indem man sie an die vorderste Front schickte. Als hartnäckig hat sich jedoch die These der „zweihundert Tage früher" erwiesen. Offenbar besteht ein gewisser Konsens unter rumänischen Historikern hinsichtlich eines entscheidenden Beitrags zum Sieg über Deutschland, was die Behandlung Rumäniens als besiegtes Land ungerecht erscheinen läßt.

Nach dem gegenwärtigen paradoxen Selbstbild Rumäniens habe das Land korrekt gehandelt, als es auf der Seite Deutschlands in den Krieg gegen die Sowjetunion eintrat, und ebenso richtig, als es sich anschließend den Alliierten im Kampf gegen Deutschland anschloß. Inkorrekt gehandelt hätten die anderen gegenüber Rumänien: Allen voran die Sowjetunion, die Ungarn, die Deutschen, aber auch die westlichen Alliierten, die zugelassen hätten, daß Rumänien unter sowjetische Fremdherrschaft geriet. In Rumänien kursiert ein Mythos von Jalta, wonach dort die drei Großmächte Europa in Interessensphären aufgeteilt hätten und der Osten an Stalin gefallen sei. Häufig wird das von Churchill für Rumänien vorgeschlagene Verhältnis angeführt: 90 Prozent sowjetisch-russische und 10 Prozent westliche Präsenz.

Einen bezeichnenden Überblick bot von Juni bis November 2001 eine Ausstellung mit dem Titel „Rumänien im Zweiten Weltkrieg", die vom Kultusministerium und vom „Nationalen Museum für die Geschichte der Rumänen" in Bukarest organisiert wurde und deshalb bis zu einem gewissen Grad offiziellen Charakter hatte.

Im Mittelpunkt des ersten Ausstellungsteils standen der Hitler-Stalin-Pakt und die Gebietsverluste von 1940, die zur Rechtfertigung für das spätere rumänische Vorgehen im Osten wie im Westen dienten. Die Darstellung der beiden Feldzüge, erst gegen die Sowjetunion und dann gegen Deutschland, war sorgfältig ausgewogen. Es gab keinerlei Anzeichen von Kritik an rumänischen Entscheidungen. Neben dem Heldentum rumänischer Soldaten wurden Akte menschlicher Solidarität herausgestellt. So gab es Bilder und Objekte, welche die medizinische Versorgung, die Behandlung eines verwundeten sowjetischen Soldaten, die Taufe ukrainischer Kinder oder das christliche Begräbnis amerikanischer Flieger zeigten, die über Rumänien abgeschossen worden waren.

Das Begleitheft zur Ausstellung konzentriert sich im Text jedoch auf die Darstellung Rumäniens als Opfer der „ungerechten" Großmächte – eine Aussage, die in der Ausstellung selbst nicht bebildert wurde: „Während die rumänische Armee im Herbst 1944 auf der Seite der Roten Armee im westlichen Feldzug kämpfte, wurde das Schicksal Rumäniens im Oktober in Moskau durch die Prozentsatz-Vereinbarung Churchills und Stalins besiegelt, die unser Land der sowjetischen Einflußsphäre zuschlug [...] Rumänien wurde gezwungen, den Friedensvertrag als besiegte Macht zu unterzeichnen, ohne Anerkennung seiner Beteiligung an der Kriegsführung [...] Es war dies ein großes Unrecht gegenüber Rumänien, mit langfristig unglückseligen Folgen für die Entwicklung unserer Nation." Die Kombination der Abbildungen auf dem Faltblatt unterstützt diese Aussage. Zu sehen sind Photographien von Soldaten an der Westfront, die

RO 17
România în al doilea război mondial
Rumänien im Zweiten Weltkrieg
Faltblatt für die gleichnamige Ausstellung im Muzeul Național de Istorie a României, Bukarest, Juni – November 2001,
21 × 24 cm
Berlin, Deutsches Historisches Museum

Siegesparade, außerdem verschiedene Ausrüstungsgegenstände und Orden (Abb. RO 17). Dies alles soll beweisen, daß die rumänische Armee engagiert und schließlich siegreich war.

Die Traumata der Rumänen

Die Rumänen sehen die Folgen des Zweiten Weltkrieges heute ausschließlich negativ. Vor 1989 vermerkte die offizielle Geschichtsschreibung mit dem Sieg des Kommunismus wenigstens ein positives Ergebnis. Jetzt belastet auch dies die historische Bilanz. Eine beträchtliche Zahl von Rumänen hegt nostalgische Gefühle für die Zeit des Kommunismus, aber nur wenige würden so weit gehen, das kommunistische System als solches zu rechtfertigen. Die Rumänen haben das Gefühl, ausschließlich Verluste erlitten zu haben: nicht nur Gebietsverluste und eine große Zahl von Todesopfern, sondern darüber hinaus Fremdherrschaft und ein totalitäres Regime.

Zu den Verlusten sind folgende Zahlen vorgelegt worden:[10]

	im Osten	im Westen	insgesamt
Tote	71 585	21 035	92 620
Verwundete und Kranke	243 622	90 344	333 966
Verschollene	309 533	58 443	367 976
insgesamt	624 740	169 822	794 562

Das Problem der Verschollenen ist nach wie vor weitgehend ungelöst. Es läßt sich sehr schwer auch nur annähernd bestimmen, wie viele von ihnen tatsächlich umgekommen sind, wie viele in Gefangenschaft gerieten, beziehungsweise wie viele Kriegsgefangene (insbesondere aus sowjetischen Lagern) überhaupt jemals heimgekehrt sind. Das Trauma war auf jeden Fall groß, waren doch die Verluste insgesamt bedeutend für ein Land, das im Jahre 1940 20 Millionen Einwohner hatte und 13,5 Millionen nach den Gebietsverlusten jenes Jahres.

Das offizielle Geschichtsbild – den Rumänen als kollektive Erinnerung eingebleut – bevorzugte den Blick von oben. Betont wurden die großen nationalen Probleme, das militärische Geschehen sowie die Gebietsverluste. Der konkrete Alltag der Menschen und insbesondere das Leiden der Bevölkerung wurden nicht in das offizielle Geschichtsbild einbezogen. Deshalb wissen die Rumänen zu wenig über die Akte des Dramas, die sie oder ihre Familien nicht selbst erlebt haben: Die gesamte Erinnerung ist entsprechend der damaligen gesellschaftlichen oder räumlichen Zuordnung der Menschen segmentiert.

So ist der Schrecken der Bombenangriffe, die sich sowohl gegen militärische und industrielle Ziele – vor allem im Gebiet der Erdölfelder – als auch ganz gezielt gegen die Zivilbevölkerung richteten, den Überlebenden nach wie vor gegenwärtig. Insbesondere die Bombardierung Bukarests am 4. April 1944 durch die Amerikaner, mit 3000 Todesopfern und 2000 Verletzten der verheerendste Angriff von allen, ist Gegenstand von Augenzeugenschilderungen. Zeitgenössische Photographien der großen Zerstörungen des Bombenangriffs blieben im allgemeinen unveröffentlicht: Aus ideologischen Gründen wurde der amerikanische Angriff weder vor 1989 noch danach besonders erwähnt.

Nach der ungarischen Besetzung von Nord-Siebenbürgen kam es dort zu Akten der Gewalt gegen die rumänische Bevölkerung. Hunderttausende wurden vertrieben oder flüchteten aus eigenem Antrieb nach Rumänien. Es kam zu Morden und sogar zu Massakern wie etwa am 9. September 1940 in dem Ort Trăsnea und am 14. September 1940 in Ip. Die Zahl der Getöteten wird mit 68 beziehungsweise 168 angegeben. Diese tragischen Ereignisse sind vor allem in der lokalen Überlieferung erhalten, und auch heute noch haben andere Rumänen kaum davon Kenntnis. In den 80er Jahren hat das Ceaușescu-Regime den Opfern im Rahmen zunehmender Polemik gegen Ungarn eine gewisse Beachtung geschenkt. An den Schauplätzen der Massaker wurden Gedenkfeiern veranstaltet, in Trăsnea wurde im September 1984 ein Denkmal errichtet, und 1985 erschien zu diesem Thema ein anti-ungarisches Buch einiger Historiker, die einen hohen Rang in der Parteihierarchie einnahmen.[11] In Schulbüchern wurde jedoch mit keinem Wort auf diese Geschehnisse eingegangen, so daß die meisten Rumänen bis heute nur eine vage Vorstellung davon haben.[12]

Eine Photographie, die relativ weite Verbreitung fand, zeigt eine Gruppe rumänischer Bauern in Siebenbürgen, die 1940 von Militärs des ungarischen Horthy-Regimes mißhandelt wurden. Das Photo erschien 1985, vor dem Hintergrund der sich verschärfenden rumänisch-ungarischen Polemik in Sachen Siebenbürgen, in dem Band „Teroarea horthysto-fascistă în nord-vestul României" (Horthyistisch-faschistischer Terror in Nordwestrumänien). Nach 1989 wurde es auch in Geschichtsbüchern abgebildet (Abb. RO 18). Die sowjetischen Greueltaten in Bessarabien und der Nord-Bukowina sowie die großen Deportationen wurden bis 1989 mit keinem Wort erwähnt. Zwar sind im vergangenen Jahrzehnt zahlreiche Augenzeugenberichte an die Öffentlichkeit gelangt, doch bis heute wissen die meisten Rumänen kaum etwas über das Thema. Schätzungen zufolge verließen rund 300 000 Rumänen Bessarabien, als es 1940 an die Sowjetunion abgetreten wurde, und ließen sich in Rumänien nieder. Gleichzeitig wurden 80 000 Deutschstämmige aus Bessarabien und 30 000 aus der Bukowina nach Deutschland abgeschoben. Bezüglich der Deportationen nach Zentralasien und in andere Teile des Sowjetreichs gibt es Schätzungen, die von 300 000 Deportierten in den beiden Jahren 1940/41 und von 1,5 Millionen Deportierten während des halben Jahrhunderts der kommunistischen Herrschaft ausgehen.[13]

Ebenfalls wenig bekannt sind die Untaten, die von der sowjetischen Besatzungsarmee in Rumänien begangen wurden: Gewaltakte, Diebstahl, Vergewaltigungen, Mord und Deportationen. Auch sie sind in erster Linie als individuelle Erinnerungen vorhanden. Besonders schwer traf es die deutschstämmige Bevöl-

RO 18
Țărani români din fostul judet Trei Scaune, maltrataţi de horthyști in 1940
Rumänische Bauern aus dem ehemaligen Kreis Drei Stühle, von hortyistischen Soldaten mißhandelt, 1940, in: Octavian Cristescu, Vasile Păsăilă, Bogdan Teodorescu, Racula Tomi: Istoria Românilor. Epoca modernă și contemporana. Manual pentru clasa a VIII-a, Bukarest 1992, S. 172
Buch
Privatbesitz

kerung Rumäniens. Aber wie viele Rumänen erinnern sich noch, was ihren deutschstämmigen Landsleuten widerfuhr? Eine beträchtliche Zahl deutschrumänischer Staatsbürger war einer regelrechten Hetzjagd durch die Besatzungstruppen ausgesetzt und wurde in die Sowjetunion deportiert. Viele von ihnen kehrten niemals zurück. Es war dies der erste schwere Schlag gegen diese ethnische Gruppe und Auftakt einer Entwicklung, die heute in deren nahezu restlosem Verschwinden ihren Abschluß gefunden hat.[14]

Die Rumänen, die sich selbst als Opfer betrachten, sind kaum gewillt, das Schicksal anderer zu beklagen. Es bleibt jedoch ein Problem, dem man nicht ausweichen kann: das Schicksal der Juden Rumäniens während des Zweiten Weltkrieges.

Die jüdische Tragödie

Vom 19. Jahrhundert bis zur Zeit zwischen den beiden Weltkriegen zählte Rumänien zu den Ländern mit den höchsten jüdischen Bevölkerungsanteilen in Europa. Im Jahre 1930 wurden in Rumänien nach der Nationalität 728 115 und nach der Religion 756 930 Juden gezählt, was einen Anteil von vier beziehungsweise 4,2 Prozent an der Gesamtbevölkerung bedeutet.[15] Im europäischen Vergleich befand sich Rumänien damit nach der absoluten Zahl der jüdischen Einwohner (nach der Sowjetunion und Polen) und nach ihrem Anteil an der Gesamtbevölkerung (nach Polen und Ungarn) an dritter Stelle. Die Juden stammten vornehmlich aus Galizien und Rußland und lebten überwiegend in den Städten der nördlichen und nordöstlichen Provinzen, also in Moldawien, Bessarabien, der Bukowina und Nord-Siebenbürgen. Antisemitismus kam in Rumänien in verschiedener Form zum Ausdruck. Die wohl radikalste – verbunden mit einer fanatischen orthodoxen Ideologie – fand sich bei der rechtsextremen Legionärsbewegung „Legion Erzengel Michael", die 1927 gegründet und später in „Eiserne Garde" umbenannt wurde.[16]

Nach einzelnen antisemitischen Maßnahmen in den Jahren 1938–1940 wurde seit der Machtübernahme Antonescus im Bund mit den Legionären ab September 1940 systematisch gegen die Juden vorgegangen. Obwohl der „Nationale Staat der Legionäre" nur wenige Monate, bis zur Entmachtung der Legion im Januar 1941 Bestand hatte, setzte Antonescu seine antisemitische Politik fort, allerdings mit Schwankungen und Widersprüchen. Das Schicksal der Juden war nicht überall im rumänischen Staatsgebiet gleich. In den an die Sowjetunion grenzenden Gebieten Bessarabien und Bukowina wurden die Juden Opfer staatlich organisierten Massenmordes. Das Antonescu-Regime warf ihnen vor, sich 1940 auf die Seite der sowjetischen Besatzer geschlagen zu haben, und sie wurden fast ausnahmslos über den Dnjestr in das Transnistrien genannte ukrainische Gebiet deportiert, das von 1941 bis 1944 von der rumänischen Armee kontrolliert wurde. Manche wurden unmittelbar ermordet, die meisten aber erlagen den Folgen der Entbehrungen, die sie in den Lagern ertragen mußten. Die Zahl der so Umgebrachten läßt sich auf etwa 110 000 bis 120 000 schätzen. Darüber hinaus waren die rumänischen Autoritäten verantwortlich für den Tod einer großen Zahl nichtrumänischer Juden aus Transnistrien selbst, die ermordet wurden oder in den Lagern umkamen. Auch in Rumänien selbst (ohne Bessarabien und die Bukowina) wurden Greueltaten an Juden verübt. Im Verlauf des „Legionärsaufstandes" vom 21. bis 23. Januar 1941 wurden in Bukarest 120 Juden ermordet. Das blutigste Ereignis war das Pogrom in Iași Ende Juni 1941, bei dem Tausende den Tod fanden.

Im übrigen weigerten sich die rumänischen Autoritäten – möglicherweise erst nach gewissem Zögern –, die sogenannte Endlösung umzusetzen, zu der sie von den Deutschen gedrängt wurden. Das von Antonescu angeführte Regime beteiligte sich jedenfalls nicht an jener Massendeportation der Juden, die von den Nationalsozialisten organisiert wurde. Obwohl sie wiederholter Diskriminierung, Beschlagnahmungen und sonstigen Pressionen ausgesetzt waren, bleibt es Tatsache, daß auf Grund der Entscheidung Antonescus ca. 290 000 Juden in Rumänien vor der Vernichtung bewahrt worden sind: „In keinem anderen von den Nazis beherrschten Land überlebte ein derart großer Teil der jüdischen Bevölkerung", erklärte Dr. Wilhelm Filderman 1946 in dem in Bukarest erscheinenden „Jurnalul de dimineață" (Das Morgenblatt).[17]

In Nord-Siebenbürgen, das nach dem Wiener Schiedsspruch vom 30. August 1940 an Ungarn abgetreten worden war, lebten rund 100 000 Juden. Sie wurden 1944 nach Auschwitz deportiert, und die meisten von ihnen wurden dort ermordet.[18]

1945 lebten noch 356 000 Juden in Rumänien.[19]

In den 50er Jahren setzte eine große Auswanderungswelle nach Israel und dem Westen ein. Die Zahl der Verbleibenden nahm in der Folgezeit rasch ab, von 146 000 im Jahre 1956 auf 43 000 im Jahre 1966 und 25 000 im Jahre 1977. Bei der jüngsten Volkszählung 1992 wurden weniger als 9 000 Juden gezählt.

Die Geschichte der Juden in Rumänien hat damit praktisch ihr Ende gefunden.

Aber diese Geschichte enthält Konfliktstoff und erhitzt weiterhin die Gemüter.

Im allgemeinen glauben die Rumänen, daß Antonescu den Juden gegenüber eine ganz andere Haltung eingenommen habe als Hitler und daß er tatsächlich die meisten von ihnen gerettet habe.

Außerdem geben sie den Juden wegen ihrer verhältnismäßig großen Zahl in den Schaltstellen der Kommunistischen Partei sowie des Propaganda- und Unterdrückungsapparats eine Mitverantwortung für die Errichtung der kommunistischen Herrschaft und für deren brutalste Phase. Damit versuchen die Rumänen nicht nur jede Schuld von sich zu weisen, sondern den jüdischen Opfern selbst die Schuld am Holocaust zuzuschieben.

Unmittelbar nach dem Zweiten Weltkrieg thematisierten einige jüdische Autoren das Ausmaß des Völkermordes in Rumänien. Matatias Carp, Sekretär der jüdischen Gemeinde in Rumänien, veröffentlichte eine äußerst detaillierte Darstellung der Tragödie der rumänischen Juden: „Cartea neagră. Fapte și documente. Suferințele evreilor din România. 1940–1944" (Das Schwarzbuch. Fakten und Dokumente: Das Leiden der Juden Rumäniens, 1940–1944).[20]

Nach der vollständigen Etablierung der kommunistischen Herrschaft war die Beschäftigung mit dem Mord an den Juden nicht mehr erwünscht. Die Überlebenden pflegten für sich allein ihre eigene Erinnerung weiter. Allerdings gründete die jüdische Gemeinde in Bukarest 1977 ein „Zentrum für die Erforschung der Geschichte der Juden" und 1978 ein „Museum für die Geschichte der Juden in Rumänien". Dieses Museum zeigt in seiner Dauerausstellung auch die erschreckenden Bilder vom Pogrom in Iași im Juni 1941 (Abb. RO 19). Es versucht in diesem Rahmen einen größeren historischen Zusammenhang herzustellen. So heißt es auf der Ausstellungstafel zu dem Handschlag zwischen Hitler und Antonescu, daß dieser in den Tod von Tausenden von Soldaten und die Vernichtung von 270 000 Juden mündete. Die Begleittexte und Photographien sprechen von den Greueltaten an den Juden.

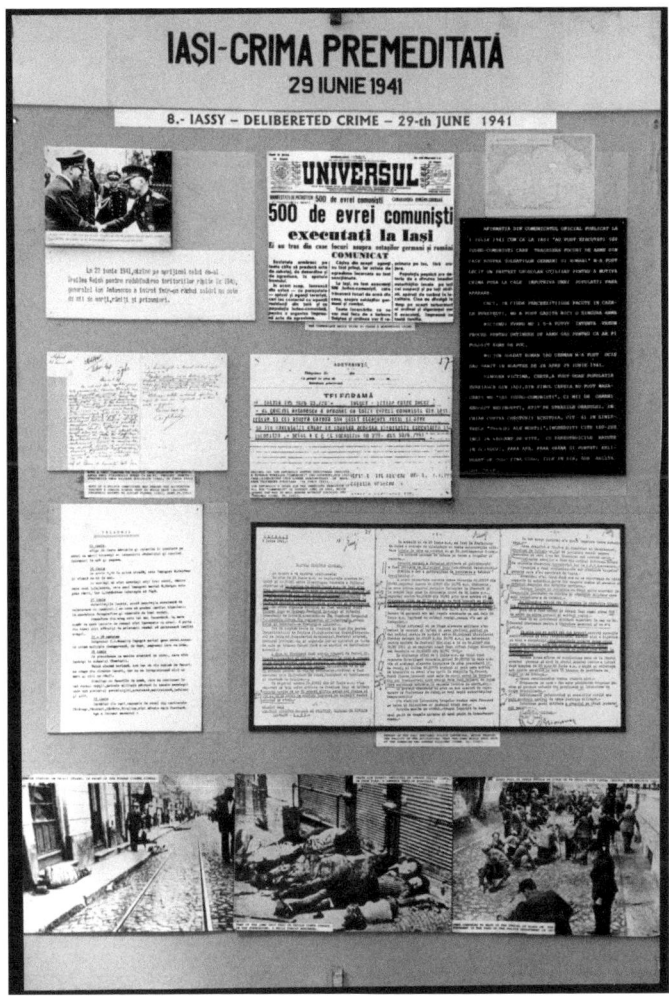

RO 19
Iași – Crima Premeditata.
29 iunie 1941
Iași – Vorsätzliche Verbrechen.
29. Juni 1941
Tafel in der Dauerausstellung
des Muzeul de Istorie a
Comunităților Evreiești din
România, 2000
Papier/Spanplatte,
182 x 125 cm
Bukarest, Muzeul de Istorie a
Comunităților Evreiești din
România

Die bereits erwähnte in der stalinistischen Zeit erschienene „Istoria R.P. R." von Mihail Roller (der selbst Jude war) ging mit keinem Wort auf Erscheinungen des Antisemitismus ein. Die Legionäre wurden zwar ausdrücklich negativ bewertet, aber nur wegen des „faschistischen" und „reaktionären" Charakters der Bewegung: Ihr Antisemitismus blieb unerwähnt. Ähnlich wurde mit dem Antonescu-Regime verfahren. Auch hier ging die kommunistische Geschichtsbetrachtung, an die sich Roller streng hielt, von einer reinen Klassenperspektive aus. Ihr zufolge verlief zwischen Rumänen und Juden keine historisch bedeutsame Trennungslinie, sondern allein zwischen Ausbeutern und Ausgebeuteten.

In späteren Geschichtsbüchern aus der Ceaușescu-Ära tauchten allmählich zaghafte Hinweise auf. So enthielt das Lehrbuch für Oberschüler zur jüngeren Geschichte Rumäniens, das in den 70er und 80er Jahren in mehreren Ausgaben erschien, einen Passus bezüglich des Pogroms vom Juni 1941 in Iași mit der Angabe, daß „mehr als 2000 Menschen, überwiegend Juden, ermordet wurden". Darauf folgt ein einzelner Satz: „Zahlreiche weitere Bürger ohne Ansehen der Nationalität, insbesondere aber Juden, wurden in Arbeitslagern interniert." In den ersten Ausgaben, angefangen mit der von 1969, folgte darauf der Halbsatz: „[...] wo sie auf unterschiedliche Art und Weise Opfer der physischen Vernichtung wurden." Dieser Nebensatz wurde in den 80er Jahren wieder gestrichen, wohl weil er als zu negativ für Rumänien angesehen wurde. Angefangen mit der Ausgabe von 1985 verschwand sogar der Hinweis auf den Pogrom von Iași.[21] Und selbst die „Istoria militară a poporului român" (Militärgeschichte des rumänischen Volkes), die ausführlich Antonescu und die Legionäre behandelt, erwähnt die Juden oder die Lager in Transnistrien mit keinem Wort. Der Grund dafür liegt in der nationalistischen Ausrichtung der Geschichtsschreibung der Ceaușescu-Ära: Die Rumänen hatten nie jemandem irgend etwas zuleide getan!

Ab 1969 wurde in den Geschichtsbüchern lange Zeit ein einziges Photo nicht näher spezifizierter „Mordtaten der Legionärsbanden" abgebildet (Abb. RO 20). Tatsächlich zeigt es zwei Reihen auf dem Boden eines Bukarester Leichenschauhauses angeordneter Leichen von Juden, die während des „Legionärsaufstandes" vom Januar 1941 ermordet worden waren. Dieses Bild war in fast allen Lehrbüchern zur rumänischen Geschichte von den 60er bis zu den 90er Jahren enthalten und hat in Rumänien zweifellos die weiteste Verbreitung gefunden. Mit der Unterschrift „Mordtaten der Legionäre" fand es sich auch nach dem Sturz des Kommunismus noch in manchen Ausgaben des Einheitslehrbuchs, das bis 1999 überdauerte. Im Laufe der Zeit wurden die „Mordtaten der Legionäre" dahingehend präzisiert, daß diese Mordtaten an Juden begangen worden sind. Dementsprechend wird ein ähnliches Photo vom Museum der Geschichte der Juden zusammen mit anderen Bildern, die jüdische Opfer des „Legionärsaufstandes" zeigen, in der Dauerausstellung präsentiert (Abb. RO 21 li. M.) und verschiedentlich in jüngeren Veröffentlichungen abgebildet mit

RO 20
Crime săvîrşite de bandele legionare în timpul rebeliunii din ianuarie 1941
Die grausamen Verbrechen der Legionärsbanden zur Zeit des Aufstandes im Januar 1941, in: Miron Constantinescu (Hg.): Istoria României, Compediu, Bukarest 1969, S. 530
Buch
Berlin, Universitätsbibliothek der Humboldt-Universität. Teilbibliothek Romanistik
Rumg 432 F

RO 21
Rebeliunea Legionară. 21–23 ianuarie 1941
Legionärsaufstand. 21.–23. Januar 1941
Tafel in der Dauerausstellung des Muzeul de Istorie a Comunităţilor Evreieşti din România, 2000
Papier/Spanplatte,
182 x 125 cm
Bukarest, Muzeul de Istorie a Comunităţilor Evreieşti din România

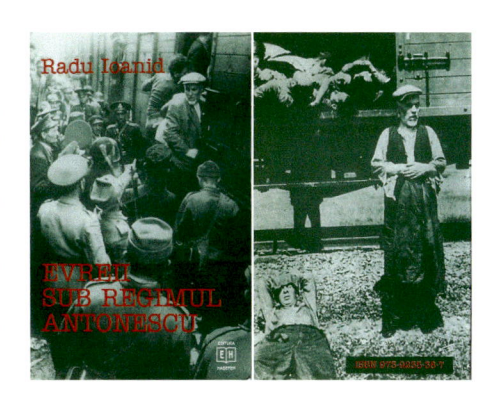

RO 22
Radu Ioanid
Evreii sub regimul Antonescu
Die Juden unter dem
Antonescu-Regime,
Bukarest 1979
Buchumschlag. Privatbesitz

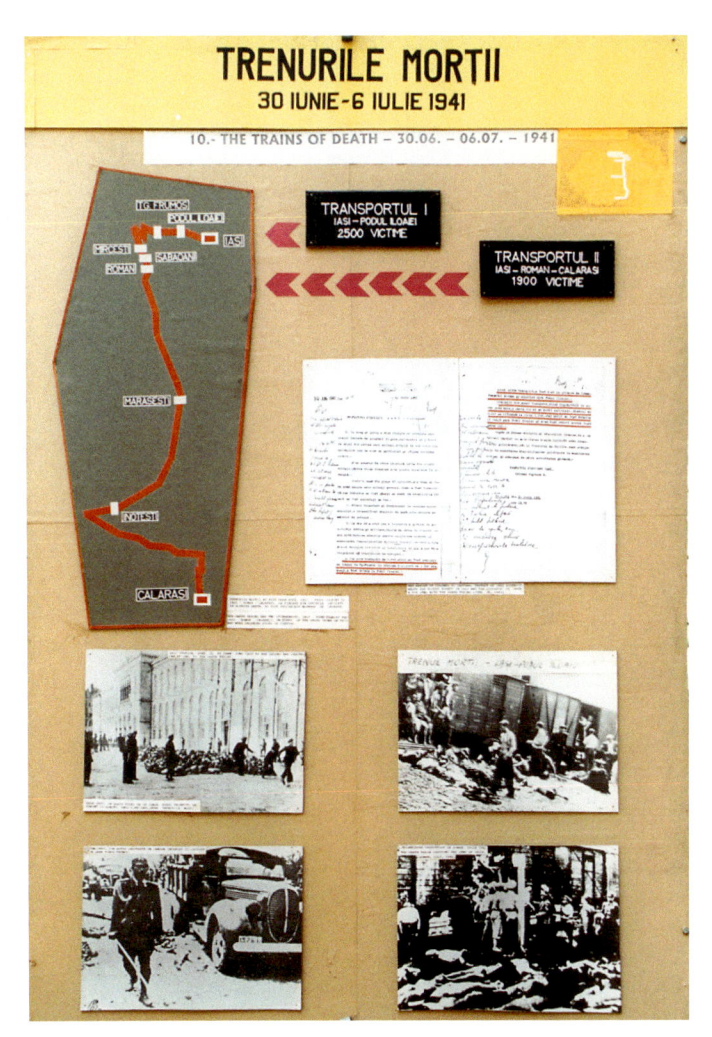

RO 23
Trenurile Morţii.
30 iunie – 6 iulie 1941
Todeszüge. 30. Juni – 6. Juli 1941
Tafel in der Dauerausstellung des Muzeul de Istorie a Comunităţilor Evreieşti din România, 2000
Papier/Spanplatte, 182 x 125 cm
Bukarest, Muzeul de Istorie a Comunităţilor Evreieşti din România

der Klarstellung, daß es „jüdische Mordopfer" zeige.

Nach 1989 ist es den Juden Rumäniens gelungen, sich Gehör zu verschaffen und ihre Geschichte, die die meisten Rumänen vergessen oder nie gekannt haben, ins Bewußtsein zu bringen.

Der Verband der Jüdischen Gemeinden Rumäniens publiziert das Monatsheft „Realitatea evreiască" (Jüdische Realität, Auflage 3400) und betreibt seit 1991 den Verlag Ha'sefer, in dem bisher rund 130 Titel zu den Juden Rumäniens erschienen sind. Besonders erwähnenswert ist das umfassende und hervorragend dokumentierte Werk Radu Ioanids von 1997 (Abb. RO 22). Die Bilder auf dem Umschlag des Bandes zeigen den von Rumänen organisierten Abtransport von Juden am 29. Juni 1941 im „Todeszug" nach dem Iaşi-Pogrom und die Ankunft des Zuges in Calaraşi am 30. Juni 1941. Auf der Rückseite sind die an den Folgen der unmenschlichen Bedingungen ihres Transports gestorbenen Juden zu sehen.

Auch das Zentrum für die Erforschung der Geschichte der Juden hat sich mit reger Forschungs- und Herausgebertätigkeit einen Namen gemacht, und das in einer ehemaligen Synagoge untergebrachte Museum für die Geschichte der Juden in Rumänien wurde renoviert und erweitert. Hier werden auch Photographien ausgestellt und archiviert, die sich auf die dramatischen Ereignisse der Jahre 1940–44 beziehen: jüdische Opfer des „Legionärsaufstandes" (vgl. Abb. RO 21), den Iaşi-Pogrom mit schockierenden Aufnahmen des Todeszuges (Abb. RO 23 und Abb. RO 24), in dem Tausende aus Iaşi vertriebene Juden in geschlossene Güterwagen gepfercht wurden, so daß die meisten unterwegs starben.

Dank der Bemühungen des Verbandes der Jüdischen Gemeinden wurden auch mehrere Denkmale zur Erinnerung an den Holocaust errichtet. Das Jüdische Museum widmet diesen Denkmalen eine Ausstellungstafel und erinnert daran, wieviel Juden ermordet wurden (Abb. RO 25). Einige Denkmale waren bereits unter dem kommunistischen Regime aufgestellt worden, wie etwa jene in Dej (das während des Krieges zu Ungarn gehörte) und in Sărmaş, einem im September 1944 vorübergehend von der ungarischen Armee besetzten Dorf, wo 126 Juden umgebracht wurden. Nach dem Sturz des Kommunismus wurde auch in Bukarest vor dem Choral-Tempel, der wichtigsten Synagoge, ein Denkmal errichtet. In Dej und Sarmaş fanden im Sommer 2000 Gedenkfeiern statt, an denen neben Juden auch verschiedene Würdenträger und Vertreter anderer Glaubensrichtungen teilnahmen (Abb. RO 26 und Abb. RO 27).

Während die Juden die Zahl der Opfer hervorheben, betont die Mehrheit der Rumänen die Zahl der Geretteten. Rumänien soll so als ein Land erscheinen, das seine Juden vor einem viel schlimmeren Schicksal bewahrt habe.

Darüber hinaus gibt es Extremfälle, in denen die begangenen Verbrechen geleugnet oder sogar gerechtfertigt werden. So versuchen Ioan Scurtu (ein Historiker mit wichtigen offiziellen Funktionen) und Gheorghe Buzatu (ein prominentes Mitglied der Großrumänischen Partei), die antisemitische Fundierung der Legionärsbewegung zu relativieren, und gehen sogar so weit, Rumänien als ein gegenüber den Juden überaus wohlwollendes Land darzustellen.[22] Auffallend ist allerdings, daß sie die Mordtaten der Legionäre oder auch die Pogrome und Deportationen mit keinem Wort erwähnen.

Im Gegensatz dazu scheuen sich die meisten rumänischen Intellektuellen und Historiker jedoch nicht, offen über die Zeit des Zweiten Weltkrieges zu sprechen. Im allgemeinen ziehen sie es aber vor, das jüdische Problem in den Zusammenhang des nationalen Themas der damaligen Zeit zu stellen. Ein typisches Beispiel ist der 1999 erschienene Band „România în al doilea război mondial" (Rumänien im Zweiten Weltkrieg) von Dinu C. Giurescu, einem der angesehensten rumänischen Historiker. Giurescu hält an der nationalen Perspektive fest und bemüht sich, objektive Faktoren zu erläutern, die den rumänischen Entscheidungen zugrunde lagen, einschließlich der Entscheidung Antonescus zum Eintritt in den Krieg gegen die Sowjetunion. Dabei erörtert er das jüdische Problem eingehend und gelangt nach minutiösem Quellenstudium zu dem Schluß, daß das Antonescu-Regime für den Tod von 123 000 überwiegend aus Bessarabien und der Bukowina nach Transnistrien deportierten rumänischen Juden verantwortlich zu

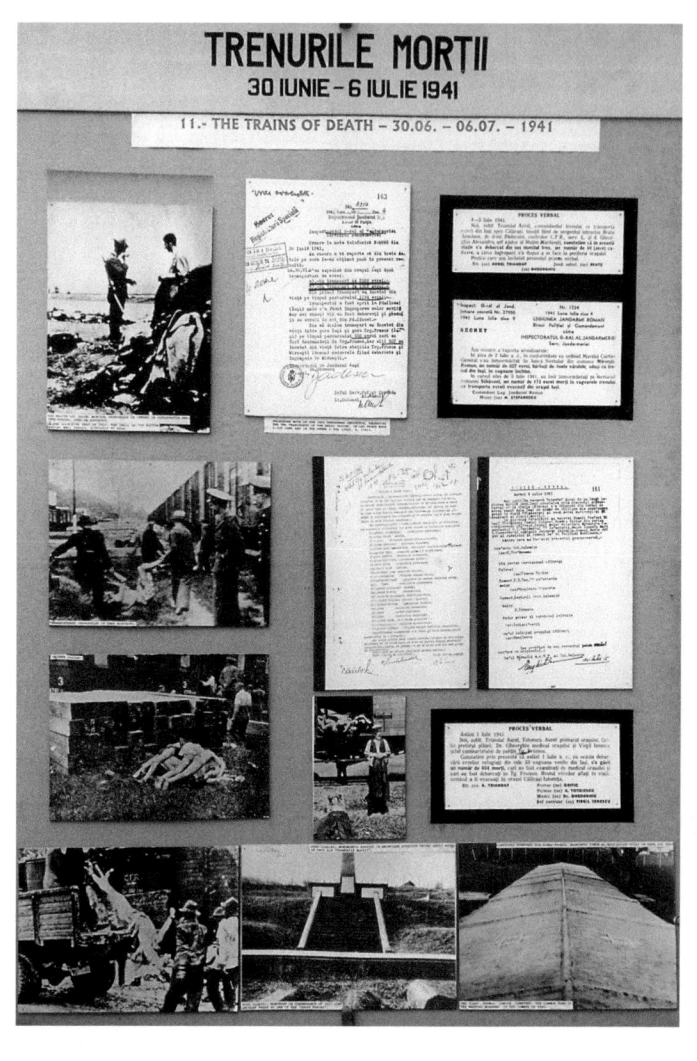

RO 24
Trenurile Morţii.
30 iunie – 6 iulie 1941
Todeszüge. 30. Juni – 6. Juli 1941
Tafel in der Dauerausstellung des Muzeul de Istorie a Comunităţilor Evreieşti din România, 2000
Papier/Spanplatte,
182 x 125 cm
Bukarest, Muzeul de Istorie a Comunităţilor Evreieşti din România

RO 25
Transilvania de nord.
In memoriam
Nord-Transsylvanien.
In Memoriam
Tafel in der Dauerausstellung
des Muzeul de Istorie a
Comunităților Evreiești din
România, 2000
Papier/Spanplatte,
182 x 125 cm
Bukarest, Muzeul de Istorie a
Comunităților Evreiești din
România

machen ist. Diese Zahl entspricht etwa derjenigen, die Radu Ioanid vorgelegt hat. Die Gesamtzahl der ermordeten Juden, einschließlich der Juden aus Nord-Siebenbürgen, schätzt er auf 214 000. Gleichzeitig jedoch weist Giurescu nachdrücklich darauf hin, daß in Rumänien der Großteil der jüdischen Bevölkerung überlebt habe.

Solange das System des Einheitsschulbuchs herrschte (bis 1999), boten die Lehrbücher weiterhin eine höchst verwässerte Darstellung der Geschehnisse, in der lediglich von antijüdischen Ausschreitungen die Rede war.

Seit 1999 jedoch erfährt das Schicksal der rumänischen Juden in Lehrbüchern eine angemessenere Behandlung.

Doch auch hier wird manches ausgespart. Bei den angeblich „Tausenden" von Juden, die in Transnistrien umkamen, handelte es sich in Wirklichkeit um mehr als hunderttausend. Und es fehlen Abbildungen, symbolische Bilder, von denen eine stärkere Wirkung ausginge als von einer nur verbalen Darstellung.

In den letzten Jahren haben die Rumänen durch Presseartikel, Kommentare und Filme im Fernsehen, insbesondere bei verschiedenen Gedenkfeiern vieles erfahren, was ihnen bisher kaum bekannt war. So fanden am 21./22. Januar 2001 anläßlich des 60. Jahrestages des Pogroms der Legionäre von 1941 in einer Reihe rumänischer Städte Gedenkveranstaltungen statt, an denen nicht nur Juden, sondern auch rumänische Intellektuelle und Persönlichkeiten aus der Politik teilnahmen, darunter in Bukarest der Staatspräsident Ion Iliescu. Alle Fernsehsender berichteten unter Verwendung historischen Bild- und Filmmaterials ausführlich über das Ereignis. Es scheint, daß die Massenmedien und die öffentliche Meinung dem Schicksal der rumänischen Juden neuerdings aufgeschlossener gegenüberstehen.

Im Jahre 1996 sorgte der angesehene Humanitas-Verlag mit der Veröffentlichung des Tagebuchs des rumänisch-jüdischen Schriftstellers Mihail Sebastian (1907–1945) aus den Jahren 1935 bis 1944 zumindest in Intellektuellenkreisen für eine Sensation. Die lebendige und dramatische Chronik rückt das Unglück jener Menschen ins Blickfeld, die sich selbst als Teil der rumänischen Gesellschaft betrachtet hatten und plötzlich feststellen mußten, daß sie sogar von ihren alten rumänischen Freunden im Stich gelassen oder herablassend behandelt wurden. Die Veröffentlichung der Tagebucheintragungen gab manchen Rumänen Gelegenheit, Näheres über das zu erfahren, was sie bis dahin nicht gewußt, was sie verdrängt oder dessen ganze Dramatik sie nie erfaßt hatten.²³ Das bewegende Buch fand einen solchen Absatz, daß es 2002 unverändert neu aufgelegt wurde (Abb. RO 28).

Während sich die Zahl der Werke mit vor 1989 vertuschten Themen der Zeitgeschichte vervielfacht hat und die Geschichtsbücher der letzten Jahre auch der jüngeren Vergangenheit größere Beachtung schenken, kann man von den Geschichtsmuseen nicht unbedingt das gleiche behaupten. In der jüngsten Ausstellung über den Zweiten Weltkrieg im Museum für Nationale Geschichte hatte man eine ganze Vitrine mit einer Reihe von Photographien dem Iași-Pogrom von 1941 gewidmet, die Deportationen nach Transnistrien jedoch blieben unerwähnt.

Während der kommunistischen Diktatur waren das Museum für Nationale Geschichte in Bukarest und das Museum für die Geschichte der Kommunistischen Partei und der Revolutionären Bewegung sowie nach dem gleichen Muster konzipierte regionale Museen mit einer höchst ideologisierten Darstellung der jüngeren Geschichte für die Propaganda instrumentalisiert worden. Nach 1989 wurden die Abteilungen für Zeitgeschichte ab 1918 geschlossen und sind zur Zeit „im Umbau begriffen". Falls sie wieder eröffnet werden, wird man sehen können, wie radikal der Diskurs umformuliert worden ist und wie weit es den Rumänen gelingt, ihr historisches Bewußtsein mit Anerkennung und Achtung vor „anderen" in Einklang zu bringen.

Noch stärker vernachlässigt wurde das Schicksal der Roma und Sinti während des gleichen Zeitraums. Haben antisemitische Vorurteile in Rumänien sich inzwischen abgeschwächt, so sind Vorurteile gegenüber diesen weiterhin virulent. Tatsächlich waren diese Volksgruppen ebenfalls Opfer vergleichbarer Maßnahmen der Diskriminierung und Verfolgung wie der gegen die Juden. Auch sie wurden nach Transnistrien deportiert, wenn auch in geringerem Umfang. In den letzten Jahren haben mehrere Bücher auch diese Seite der Politik der Verfolgung und Ausrottung von Minderheiten ins Blickfeld gerückt.²⁴ Die Zahl der Roma und Sinti, die vom Antonescu-Regime deportiert wurden, wird auf etwa 25 000 geschätzt (nicht ganz ein Zehntel der Gesamtheit in Rumänien); rund die Hälfte von ihnen wurde umgebracht.

RO 26
Denkmal für die Holocaustopfer in Dej. Gedenkfeier mit Vertretern des Staates und verschiedener Konfessionen
Sommer 2000
Photographie
Bukarest, Federatia Comunităților Evreiești din România

RO 27
Gedenkveranstaltung am Denkmal für die Opfer des Massakers in Sărmaș
Sommer 2000
Photographie
Bukarest, Federatia Comunităților Evreiești din România

RO 28
Mihail Sebastian
Jurnal 1935–1944
Tagebuch 1935–1944, Bukarest 1996
Buchtitel
Privatbesitz

Marschall Antonescu und König Mihai

Die divergierenden Beurteilungen des Zweiten Weltkriegs lassen sich an den beiden symbolischen Figuren König Mihais und Marschall Antonescus verdeutlichen.

Aus jüdischer Sicht ist Antonescu ein Verbrecher. Die meisten Rumänen jedoch scheinen nicht gewillt, ihn so zu beurteilen. Sie glauben, die Unterdrückung der Juden sei nur eine Seite der politischen und militärischen Taten des

Marschalls und der europäische Kontext dieses Vorgehens sei ebenfalls zu berücksichtigen. Rumänen beharren darauf, daß der Marschall letztlich mehr Juden gerettet als in den Tod geschickt habe. Antonescu wird in erster Linie als Patriot und Antikommunist angesehen, dessen Ziel die Wiedervereinigung eines 1940 amputierten Rumäniens war. Seine Hinrichtung 1946 verleiht ihm als Opfer des Kommunismus und des sowjetischen Diktats die Aura eines Märtyrers.

Anfang der 90er Jahre brachte die populäre historische Zeitschrift Magazin Istoric ein Heft mit dem Titel „Ultimele zile ale mareşalului Ion Antonescu" (Die letzten Tage des Marschalls Ion Antonescu) heraus, dessen Titelbild aus Filmaufnahmen stammt, die während der Hinrichtung des Marschalls entstanden sind, Aufnahmen, die bis zum Sturz des Kommunismus geheimgehalten wurden und nach 1990 in der Öffentlichkeit für viel Aufsehen sorgten (Abb. RO 29). Die Bilder wurden unter anderem auch im Fernsehen gezeigt. Ein gewisses Verständnis oder eine gewisse Anerkennung für Antonescu sollte jedoch nicht (wie gemeinhin im Westen) als Ausdruck antisemitischer, sondern eher patriotischer und antikommunistischer Haltung aufgefaßt werden.

RO 29
La cîteva minute înainte de execuţie
Einige Minuten vor der Hinrichtung, in: Ultimele zile ale mareşalului Ion Antonescu, Caietele magazin istoric 1, Bukarest 1993
Buchtitel
Privatbesitz

Der harte Kern der Antonescu-Bewunderer jedoch – ein großer Teil von ihnen findet sich in der Großrumänischen Partei von Vadim Tudor – zeichnet sich fraglos durch autoritäre, nationalistische und antisemitische Anschauungen aus. Es sind im wesentlichen die gleichen Leute, die auch Ceauşescu respektierten, dessen nationalkommunistische Ideologie sie weiterverfolgen (was sie paradoxerweise in die Nachfolge derer stellt, die zu Beginn der kommunistischen Herrschaft Antonescu erschießen ließen!). Sie machen dem König schwere Vorwürfe wegen der Verhaftung Antonescus am 23. August 1944 und der Kriegserklärung gegen Deutschland, die ihres Erachtens Rumänien in die Arme der Sowjetunion getrieben und dem Kommunismus den Weg bereitet hätten. Aus ihrer Sicht arbeitete der König „den Russen" in die Hände!

Für einen anderen Teil der Rumänen ist König Mihai als einzig Überlebender der führenden Persönlichkeiten des Zweiten Weltkriegs kraft seiner doppelten Opposition – zunächst gegen Antonescu und danach gegen den Kommunismus – ein Symbol der Demokratie. Die Anhänger des Königs betonen die demokratische und prowestliche Dimension des Staatsstreichs vom 23. August 1944 wie auch seinen Widerstand gegen die kommunistische Übernahme des Landes in den nachfolgenden Jahren bis zur erzwungenen Abdankung am 30. Dezember 1947.

Anfänglich zeigten die nach der Revolution vom Dezember 1989 eingesetzten Autoritäten (die Regierung Iliescu) ausgesprochene Angst vor der Rückkehr König Mihais – eine mit Sicherheit übertriebene Sorge, da sich die Zahl der Monarchisten in Grenzen hält. Bei verschiedenen Gelegenheiten beschworen sie – auch mit Hilfe des staatlichen Fernsehsenders – die Symbolfigur Antonescu, um den König zu diskreditieren. Mit dem Regierungswechsel nach den Wahlen von 1996 normalisierten sich die Beziehungen zum König wieder. Auch die Rückkehr Ion Iliescus und seiner Partei an die Macht im Dezember 2000 hat diese Entwicklung nicht in Frage gestellt. Im Gegenteil: Die Beziehungen zum König sind enger und vergleichsweise herzlich geworden. Gleichzeitig hat man sich von Antonescu offiziell distanziert, denn die Einbindung Rumäniens in die NATO und in europäische Strukturen läßt wenig Spielraum für die Idealisierung einer nationalistischen und antisemitischen Symbolfigur.

[1] Vgl.: Istoria Contemporană a României, Bukarest 1985.
[2] Zur jüngsten Geschichte Rumäniens und den unterschiedlichen Ausformungen des aktuellen historischen Diskurses siehe Boia, Lucian: Romania: Borderland of Europe, London 2001 und Boia, Lucian: History and Myth in Romanian Consciousness, Budapest/New York 2001.
[3] Brezeanu, Stelian u. a.: Istorie. Manual pentru clasa XII-a, Bukarest 1999.
[4] Antonescu hatte sich in einigen wesentlichen Punkten, wie etwa der jüdischen Frage, keineswegs an die deutsche Linie gehalten und führte Rumänien im Grunde so, wie er selbst es für richtig hielt.
[5] Roller, Mihail: Istoria R.P. R., Bukarest 1952, S. 662 ff.
[6] Roller, Mihail: Moderne und zeitgenössische Geschichte. Lehrbuch für die X. Klasse, Bukarest 1960.
[7] Vgl. Istoria militară a poporului român, Bd. 6, Bukarest 1989, S. 331 ff.
[8] Ceaușescu, Ilie/Constantiniu, Florin/Ionescu, Mihail: 200 de zile mai devreme: rolul României în scurtarea celui de-al doilea război mondial, Bukarest 1984/85.
[9] Die erschöpfendste und ausgewogenste Darstellung der Rolle Rumäniens im Zweiten Weltkrieg: Giurescu, Dinu C.: România în al doilea război mondial, Bukarest 1999.
[10] Giurescu 1999 (wie Anm. 9), S. 259.
[11] Teroarea horthysto-fascistă în nord-vestul României, Bukarest 1985.
[12] Vgl. Bucur, Maria: Treznea: Trauma, Nationalism and the Memory of World War II in Romania, in: Rethinking History, Bd. 5, London 2002.
[13] Zahlen dieser Art sind zwar mit Vorsicht zu betrachten, aber es ist unzweifelhaft, daß das Phänomen real war und größere Ausmaße hatte. Vgl. Scurtu, Ioan (Hg.): Istoria Basarabiei, Bukarest 1994, S. 306.
[14] 1930 betrug der Anteil der Deutschstämmigen an der Gesamtbevölkerung Rumäniens in seinen heutigen Grenzen 4,4 Prozent, im Jahre 1956 nur noch 2,2 Prozent. Seither hat sich die Zahl der Verbliebenen durch Auswanderung weiter verringert. Deutschstämmige bilden nur noch 0,3 Prozent der rumänischen Gesamtbevölkerung.
[15] Die demographischen Angaben sind folgenden Quellen entlehnt: Recensământul general al populației României din 29 decembrie 1930, in: Manuilă, Sabin (Hg.): Istorie si demografie, 9 Bde., Bukarest 1938–41, und das Kapitel „Populația României", in: Enciclopedia României, Bd. 1, Bukarest 1938, S. 133 ff.
[16] Die zuverlässigste Darstellung der Legionärsbewegung findet sich bei Heinen, Armin: Die Legion ›Erzengel Michael‹ in Rumänien. Soziale Bewegung und Politische Organisation. Ein Beitrag zum Problem des internationalen Faschismus, München 1986.
[17] Istoria românilor, Bukarest 2000, S. 164.
[18] Zur Judenverfolgung in Rumänien: Ioanid, Radu: Evreii sub regimul Antonescu, Bukarest 1997 und Giurescu, Dinu C.: România în al doilea război mondial, Bukarest 1999, S. 133 ff.
[19] Ohne die wieder von der UdSSR annektierten Gebiete Bessarabien und Nord-Bukowina.
[20] Carp, Matatias: Cartea neagră. Fapte și documente. Suferințele evreilor din România. 1940–1944, 3 Bände, Bukarest 1946–48. Das Buch wurde von den Behörden totgeschwiegen bzw. beschlagnahmt, vgl.: Totok, Wilhelm: Rumänisierung. Die Nationalitätenpolitik von 1918 bis 1990, in: Wagner, Richard/Frauendorfer, Helmuth (Hg.):

Der Sturz des Tyrannen. Rumänien und das Ende einer Diktatur, S. 113. Zum Autor s. auch http://web.uct.ac.za/projects/poetry/isibongo/vol3-1/bongo 002.html (26. 6. 2003).

[21] Constantinescu, Miron/Daicoviciu, Constantin/Pascu, Ștefan (Hg.): Istoria României, Bukarest 1969, S. 527 bzw. Istoria contemporană a României, Bukarest, Ausgabe von 1983, S. 95. (Nachfolgende Ausgaben dieser Lehrbücher übernehmen oft wortgetreu den Text von 1969).

[22] Buzatu, Gheorghe/Scurtu, Ioan: Istoria românilor în secolul XX, 1918–1948, Bukarest 1999.

[23] Sebastian, Mihail: Jurnal 1935–1944, Bukarest 1996. Das Tagebuch ist ebenfalls in einer französischen (Journal, Paris 1998) und in einer englischen Ausgabe (Journal, Chicago 2000) erschienen.

[24] Die erschöpfendste und aktuellste Monographie über die rumänischen Sinti und Roma: Viorel, Achim: Tiganii în istoria României, Bukarest 1998.

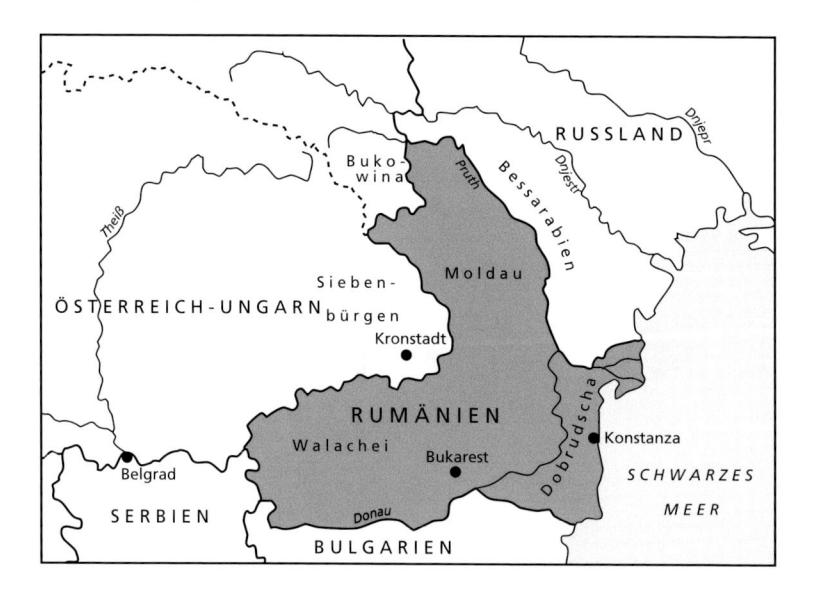

Vor dem Ersten Weltkrieg

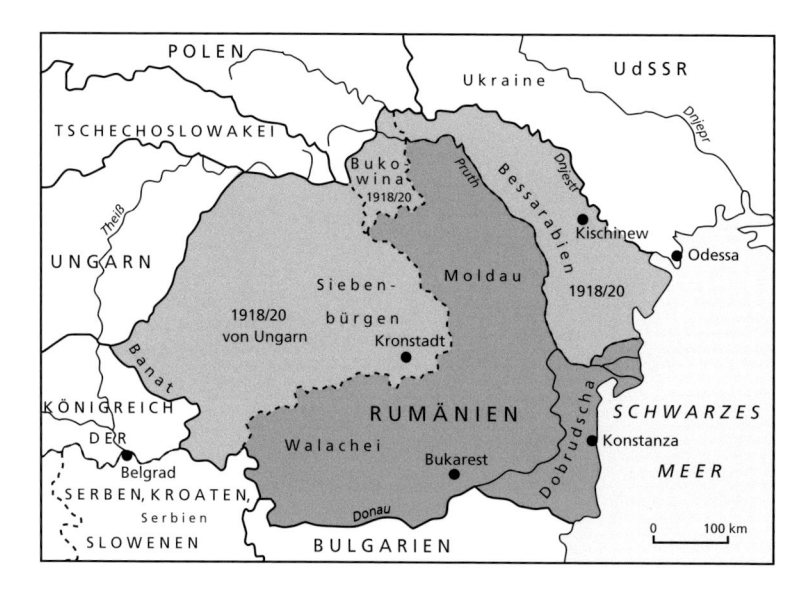

Nach dem Ersten Weltkrieg

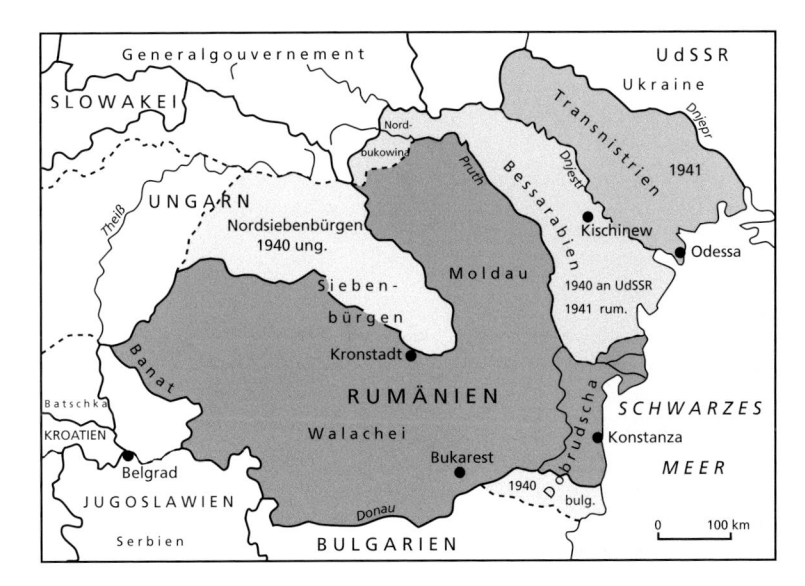

KARTEN · 563

1940–1941

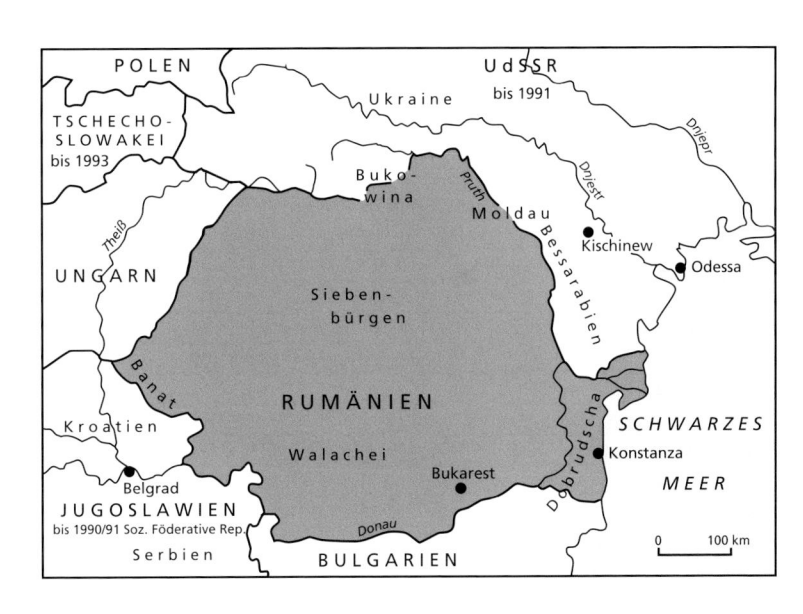

Seit dem Zweiten Weltkrieg

Chronologie

10. August 1913
Mit dem Vertrag von Bukarest wird der Balkankrieg beendet. Rumänien, welches ebenfalls in den Krieg eingegriffen hat, kann dabei gegenüber Bulgarien die Abtretung der Süd-Dobrudscha durchsetzen, obwohl der Anteil der rumänischen Bevölkerung zu jener Zeit bei ca. zwei Prozent liegt.

1914–1919
Im Ersten Weltkrieg verhält sich Rumänien zunächst neutral, schließt jedoch am **17. August 1916** einen Bündnisvertrag mit den Entente-Mächten, die Rumänien die Annektierung des Banats, Siebenbürgens und des südlichen Teiles der Bukowina in Aussicht stellen. Am **27. August 1916** erklärt es Österreich-Ungarn den Krieg, woraufhin die Kriegserklärungen des Deutschen Reiches, der Türkei und Bulgariens an Rumänien erfolgen. Die Mittelmächte besetzen bis zum **Jahresende 1916** Bukarest, die Dobrudscha und die Walachei. Nachdem das Rest-Territorium von den Mittelmächten umklammert ist, unterzeichnet die rumänische Regierung im **Dezember 1917** einen Waffenstillstand mit den Mittelmächten. Im **April 1918** wird das nach Autonomie vom Russischen Reich strebende Bessarabien, welches angesichts der – vor dem Hintergrund der Oktoberrevolution – drohenden bolschewistischen Machtergreifung Rumänien um militärischen Schutz gebeten hatte, an Rumänien angeschlossen. Mit den Mittelmächten schließt Rumänien am **7. Mai 1918** den Frieden von Bukarest. Auf Druck Bulgariens hin muß es kurzzeitig die Süd-Dobrudscha zurückgeben. Nach dem Zusammenbruch der Mittelmächte erhält Rumänien von Ungarn die Bukowina, Siebenbürgen und zwei Drittel des Banats. In den Verträgen von Trianon werden **1919/20** die neuen Grenzen Rumäniens, dessen Gesamtfläche sich damit verdoppelt, völkerrechtlich anerkannt. Ab **1919** finden administrative Vereinheitlichungen und politische Reformen statt. Rumänien entwickelt sich zu einem zentralistischen Staat, in den die neuen Gebiete eingegliedert werden. Die parlamentarische Monarchie mit starker Stellung des Königs wird beibehalten.

1921–1923
Im **April** und **Juni 1921** wird mit der Tschechoslowakei und Jugoslawien das Bündnis der sogenannten Kleinen Entente gebildet, damit soll eine Revision der Grenzen durch Ungarn verhindert werden. Im **März 1923** wird eine neue, stärker parlamentarische Verfassung verabschiedet, zudem werden das allgemeine Wahlrecht für Männer beschlossen und den Minderheiten – zu denen etwa 30 Prozent der Bevölkerung zählen – die Bürgerrechtsgleichheit zuerkannt.

1926–1934
Ab **1926** kommt es fast jährlich zu Regierungswechseln. Unter diesen Bedingungen kann sich kein stabiles politisches System entwickeln. Es erstarken rechtsgerichtete, antisemitische Gruppierungen. In mehreren Städten finden zwischen **1926** und **1930** Pogrome gegen die jüdische Bevölkerung statt. Am **24. Juni 1927** gründet Corneliu Zelea Codreanu die Legion Erzengel Michael (Legiunea Arhanghelului Mihail) und am **13. April 1930** die Eiserne Garde (Garda de fier), die unter der Regentschaft Carols II. an Einfluß gewinnt. Sowohl die Legion Erzengel Michael als auch die Eiserne Garde werden im **Januar 1933** von der Regierung verboten. Am **20. März 1933** wird die Partei Alles für das Land (Totul pentru Țara) als politische Organisation der Legion Erzengel Michael gegründet. Auf internationaler Ebene bemüht sich Rumänien um den Ausbau der Friedenssicherung. Zwischen Jugoslawien, der Türkei, Rumänien und Griechenland wird im **Februar 1934** der Balkanpakt geschlossen. Rumänien, Polen und die Sowjetunion erkennen im **Juni 1934** gegenseitig ihre Souveränität an.

1937–1938
Die Eiserne Garde trägt **1937** als drittstärkste Partei den Wahlsieg davon und kann ihre Macht ausdehnen. Zu Beginn des Jahres **1938** wird 120 000 jüdischen Rumänen die

Staatsbürgerschaft aberkannt. In Rumänien lebende Juden werden nun auch de jure diskriminiert. Um den Sturz des Staates durch die rechtsradikale Eiserne Garde zu verhindern, errichtet Carol II. im **Februar 1938** eine „Königsdiktatur". Er setzt die Verfassung außer Kraft, löst alle bestehenden Parteien auf und gründet die Staatspartei Front der Nationalen Wiedergeburt (Frontul Renașterii Naționale). Codreanu wird im **März 1938** zu zehn Jahren Haft verurteilt und im **November 1938** bei einem Transport zum Gefängnis durch das Bewachungspersonal umgebracht und so für seine Anhänger zum Märtyrer.

1938–1940

Beunruhigt durch die außenpolitischen Entwicklungen, den Anschluß Österreichs an Deutschland im **März 1938**, die Übernahme der Süd-Slowakei durch Ungarn im Zuge des ersten Wiener Schiedsspruchs im **November 1938** und die deutsche Besetzung der Tschechoslowakei im **März 1939**, versucht Rumänien, sich wirksamer abzusichern, und schließt mit Deutschland am **23. März 1939** einen Vertrag. Dieser sieht die stärkere Annäherung beider Länder auf wirtschaftlicher Ebene vor. Es folgen weitere Abkommen mit Frankreich und Großbritannien am **31. März** und am **11. Mai 1939**. Im Geheimen Zusatzprotokoll des am **23. August 1939** zwischen Deutschland und der UdSSR geschlossenen deutsch-sowjetischen Nichtangriffspaktes wird Bessarabien der sowjetischen Interessensphäre zugewiesen. Rumänien erklärt am **24. August 1939** seine strikte Neutralität. Deutsche Truppen marschieren am **1. September 1939** in Westpolen ein und besetzen es bis zur mit der UdSSR vereinbarten Demarkationslinie. Rumänien ermöglicht von **März bis Mai 1940** Deutschland im Rahmen des sogenannten Waffen-Öl-Paktes den Zugriff auf rumänisches Erdöl. Im Zuge der deutschlandfreundlichen Politik werden inhaftierte Mitglieder der Eisernen Garde freigelassen und rehabilitiert. Die Front der Nationalen Wiedergeburt wird am **22. Juni 1940** durch die Partei der Nation (Partidul Națiunii) ersetzt. Durch ein Ultimatum zwingt die Sowjetunion Rumänien am **26. Juni 1940** zur Abtretung Bessarabiens und der Nord-Bukowina. Die Rote Armee marschiert am **28. Juni 1940** in diesen Gebieten ein. Ungarische Truppen besetzen nach dem zweiten Wiener Schiedsspruch vom **30. August 1940** Nord-Transsilvanien. Die innenpolitische Lage verschärft sich weiter, vielerorts kommt es zu Straßenkämpfen. Unter deutschem Druck ernennt Carol II. am **4. September 1940** General Ion Antonescu zum Ministerpräsidenten mit unbeschränkten Vollmachten. Carol II. dankt am **6. September 1940** zugunsten seines Sohnes Mihai I. ab. Antonescu unterzeichnet am **7. September 1940** einen Vertrag über die Abtretung der Süd-Dobrudscha an Bulgarien. Er proklamiert am **14. September 1940** den Nationallegionären Staat. Rumänien tritt am **22. November 1940** dem Drei-Mächte-Pakt zwischen Deutschland, Italien und Japan bei.

1941

Antonescu bemüht sich um eine stärkere Hilfe zur Absicherung des Landes wie auch um eine Modernisierung der rumänischen Armee. Daher werden deutsche Truppenkontingente in Rumänien stationiert. Zu **Jahresbeginn** stehen auf rumänischem Gebiet etwa 20 000 deutsche Soldaten. Die Eiserne Garde versucht vermittels des vom **21. bis 23. Januar** andauernden Legionärsaufstandes die Macht an sich zu reißen. Unter Bukarester Juden richten sie ein Blutbad an, dem etwa 1000 Personen zum Opfer fallen. Mit Hilfe der Armee schlägt Antonescu den Aufstand nieder und verbietet die Eiserne Garde. Trotz Ausschaltung der Eisernen Garde wird die Diskriminierung jüdischer Staatsbürger fortgesetzt und am **28. März** jüdischer Grundbesitz in den Städten konfisziert. Im **Frühjahr** werden die deutschen Truppen zur Durchführung des Krieges gegen Jugoslawien und Griechenland und zur Vorbereitung des Krieges gegen die Sowjetunion in Rumänien verstärkt. Während des Überfalls auf Jugoslawien im **April** kommt Rumänien die Absicherung des Donauraumes gegen die Sowjetunion zu. Da Rumänien die Rückgewinnung der Nord-Bukowina und Bessarabiens in Aussicht gestellt wird und Antonescu auf die Rückgewinnung Nord-Transsilvaniens hofft, sagt er im **Juni** die Teilnahme Rumäniens beim Angriff auf die Sowjetunion zu. Tatsächlich gelingt den rumänischen Truppen beim Angriff auf die UdSSR, der am **22. Juli** beginnt, der Einzug in Bessarabien und in der Nord-Bukowina bis zum **25. Juli**. In Iași wird an der jüdischen Bevölkerung ein Massaker begangen, bei dem Tausende Menschen ermordet werden. Obwohl sich Ion Antonescu gegen die Deportation der rumänischen Juden in das Konzentrationslager Auschwitz ausspricht, läßt er die in Bessarabien und in der Bukowina lebenden Juden sowie die rumänischen Roma in eigenen Straflagern internieren, wo etwa 100 000 von ihnen ermordet werden. Die rumänischen Truppen rücken gemeinsam mit den deutschen Truppen bis zum **Jahresende** auch nach Transnistrien und zur Krim vor. Transnistrien wird einer „Rumänisierung" unterzogen. Bis **Ende Mai 1942** ermordet die rumänische Armee zwei Drittel der jüdischen Bevölkerung. Im **Dezember** wird in Rumänien eine Zentrale eingerichtet, in der sich Personen, die zumindest einen jüdischen Großelternteil haben, registrieren lassen müssen. Großbritannien und andere Staaten des Commonwealth erklären am **6. Dezember** Rumänien den Krieg. Rumänien erklärt am **12. Dezember** den USA den Krieg.

1942–1945
Die Bevölkerung, welche die Rückgewinnung der Nord-Bukowina und Bessarabiens begrüßt hatte, lehnt die weiteren Vormärsche ab, da sie diese nicht als Krieg im eigenen Interesse empfindet. Die rumänische Armee stößt in den Kaukasus und nach Stalingrad vor, wo sie im **Januar–Februar 1942** geschlagen wird. Die Niederlage in Stalingrad führt zu einer Krise im rumänisch-deutschen Verhältnis. Im **März 1944** ist die sowjetische Armee bis an die Grenzen Rumäniens vorgerückt, und Bukarest wird am **4. April 1944** von amerikanischen Einheiten bombardiert. Bei dem Bombenangriff sterben mehrere tausend Zivilisten. Im **August 1944** ändert sich die militärisch-strategische Situation Rumäniens und in der Folge seine politische Positionierung. Am **20. August 1944** durchbricht eine sowjetische Großoffensive die Abwehr im Nordosten des Landes. Schon am **23. August 1944** läßt König Mihai I. Antonescu verhaften, erklärt nach einem deutschen Luftangriff auf Bukarest am **25. August 1944** Deutschland den Krieg und setzt eine symbolische Koalitionsregierung mit den Kommunisten ein. **Ende August 1944** marschiert die Rote Armee in Bukarest ein. Der Waffenstillstand mit der Sowjetunion wird am **12. September 1944** geschlossen. Unter der Führung der Roten Armee kämpft Rumänien gegen Deutschland und Ungarn. Auf sowjetischen Druck hin übernimmt am **6. März 1945** in Rumänien die von Kommunisten und Sozialisten dominierte Nationaldemokratische Front (Frontul Național Democrat) unter Petru Groza die Macht. Eine antikommunistische Demonstration am **8. November 1945**, an der 50 000 Menschen teilnehmen, wird gewaltsam aufgelöst.

1947–1948
In den am **10. Februar 1947** geschlossenen Friedensverträgen werden die Grenzen Rumäniens endgültig festgelegt. Rumänien erhält Nord-Transsilvanien, die Süd-Dobrudscha verbleibt jedoch bei Bulgarien. Die Besatzungsmacht UdSSR erhält die Nord-Bukowina und Bessarabien. Mit der sowjetischen Besetzung erfolgt eine rasche Umgestaltung des Staates zur Volksdemokratie. Die kommunistische und die sozialistische Partei fusionieren im **November 1947** zur Rumänischen Arbeiterpartei (RAP) unter Führung von Georghe Georghiu-Dej. König Mihai I. wird am **30. Dezember 1947** zur Abdankung und zur Emigration gezwungen. Am selben Tag wird die Volksrepublik Rumänien (Republica Populară România) ausgerufen, die am **13. April 1948** eine an der Sowjetunion orientierte Verfassung erhält. Ein sowjetisch-rumänischer Freundschaftsvertrag besiegelt am **4. Februar 1948** die Eingliederung Rumäniens in den Machtbereich der UdSSR. Alle übrigen Parteien und oppositionellen Kräfte werden ausgeschaltet und verboten. Vermeintliche Oppositionelle werden zwischen **1948** und **1950** aus der RAP ausgeschlossen und zum Teil in Gefängnissen und Zwangsarbeitslagern interniert. Nach Verstaatlichung der Wirtschaft im **Juni 1948** wird die Industrialisierung Rumäniens, das bis dahin ökonomisch durch die Agrarwirtschaft geprägt war, rasch vorangetrieben. Die Bindung Rumäniens an die Sowjetunion wird in den folgenden Jahren intensiviert.

25. Januar 1949
Ungarn, die UdSSR, die Tschechoslowakei, Bulgarien, Polen und Rumänien gründen die Wirtschaftsgemeinschaft Council for Mutual Economic Assistance (COMECON bzw. Rat für gegenseitige Wirtschaftshilfe – RGW).

24. September 1952
Eine neue Verfassung, welche die „Diktatur des Proletariats" begründen soll, tritt in Kraft.

1953–1964

Nach Stalins Tod im **März 1953** setzt der Prozeß der Entstalinisierung ein; die sowjetischen Truppen werden bis **1958** aus Rumänien abgezogen. Rumänien ist am **14. Mai 1955** gemeinsam mit Albanien, Bulgarien, der DDR, Polen, der Tschechoslowakei, Ungarn und der UdSSR Gründungsmitglied des mit Unterzeichnung des Vertrages über Freundschaft, Zusammenarbeit und gegenseitigen Beistand in Warschau gegründeten Militärbündnisses (Warschauer Vertrag bzw. Warschauer Pakt). Am **14. Dezember 1955** wird Rumänien in die UNO aufgenommen. **Ende der 50er** Jahre beginnt Rumänien, eine auf größere Unabhängigkeit von der UdSSR bedachte Politik zu führen. Zwischen **1961** und **1964** erhalten mehrere tausend politische Häftlinge die Freiheit. Das Zentralkomitee der Rumänischen Arbeiterpartei betont am **26. April 1964** in einer Erklärung die Gleichberechtigung der Staaten und der kommunistischen Parteien.

1965–1985

Mit dem Tod Gheorghiu-Dejs am **19. März 1965** und der Amtsübernahme Nicolae Ceaușescus wird der kommunistische Kurs beibehalten, doch verstärkt Rumänien seine nationalistische Politik und seine Distanz zur Sowjetunion. Auf dem 9. Parteikongreß vom **19. bis 24. Juli 1965** ändert die Rumänische Arbeiterpartei ihren Namen in Rumänische Kommunistische Partei (Partidul Comunist Român). Am **21. Juni 1965** wird die Volksrepublik Rumänien in Sozialistische Republik Rumänien (Republica Socialistă România) umbenannt. Ceaușescu, seit **1967** rumänisches Staatsoberhaupt, protestiert gegen die militärische Intervention der UdSSR und vier weiterer Staaten des Warschauer Paktes in der Tschechoslowakei zur Niederwerfung des Prager Frühlings am **21. August 1968**. Rumänien bricht den Kontakt zur Sowjetunion jedoch nicht ab und unterzeichnet am **7. Juli 1970** einen neuen Vertrag über Freundschaft, Zusammenarbeit und gegenseitigen Beistand. Im Inneren errichtet Ceaușescu ein diktatorisches Herrschaftssystem, das in den **70er** Jahren zunehmend von Personenkult und Nepotismus geprägt ist. Durch die Verfassungsänderung vom **28. März 1974** wird in Rumänien das Amt des Staatspräsidenten mit umfassenden Vollmachten geschaffen, welches von Ceaușescu besetzt wird. Regimekritiker werden verfolgt, verhaftet oder ausgebürgert. Außenpolitisch praktiziert Ceaușescu eine Öffnung nach Westen. Die schlechte wirtschaftliche Lage, in der sich Rumänien zu **Beginn der 80er** Jahre befindet, besonders aber die schweren Menschenrechtsverletzungen führen zu zunehmender internationaler Isolierung. Zu politischen Spannungen mit Ungarn und der Bundesrepublik Deutschland führt die Einebnung von 7000 Dörfern von Rumäniendeutschen beziehungsweise Rumänienungarn. Den von Michail Gorbačev **1985** eingeleiteten Reformkurs lehnt Ceaușescu ab. Diese Politik Ceaușescus mißbilligend, entwickeln Regimekritiker Ansätze einer Opposition.

1989

Im **April** verkündet Ceaușescu, vor dem Hintergrund der schlechten Wirtschaftslage, daß die Auslandsschulden abgetragen seien. Im Zuge des politischen Umbruchs in Osteuropa kommt es in Temeswar und Arad **Mitte Dezember** zu Demonstrationen, denen das Regime mit brutaler Gewalt begegnet. Die Protestbewegung entwickelt sich ab dem **20. Dezember** zu einer Volkserhebung, der sich am **21.** und **22. Dezember** auch die Armee anschließt. In Bukarest kommt es zu blutigen Straßenkämpfen. Am **22. Dezember** wird Ceaușescu gestürzt und auf der Flucht mit seiner Frau Elena verhaftet. Am **25. Dezember** werden beide von einem Militärgericht zum Tode verurteilt und hingerichtet.

1989–1992

Der Übergang zur Demokratie ist in der Anfangsphase von Gewalt und der Existenz paralleler Machtzentren geprägt. Die Front der Nationalen Rettung (Frontul Salvării Naționale) bildet unter dem Vorsitz von Ion Iliescu und Petrul Roman am **22. bis 28. Dezember 1989** die neue Regierung und ändert den Staatsnamen von Sozialistische Republik Rumänien in Republik Rumänien. Es entstehen etwa 150 neue Parteien, darunter die Nationale Bauernpartei – Christdemokraten (Partidul Național Țărănesc – creștin și democrat), ein Zusammenschluß aus der **1947** verbotenen Nationalen Bauernpartei (Partidul Național Țărănesc) und der Christlich-Demokratischen Partei, sowie die Rumänische Sozialdemokratische Partei (Partidul Social-Democrat). Aufgrund von Massenprotesten und einem

Beschluß des runden Tisches (Front der Nationalen Rettung und Opposition) vom **27. Januar 1990** wird die Front der Nationalen Rettung durch den Provisorischen Rat der Nationalen Einheit, in dem etwa 30 Parteien und Bewegungen vertreten sind, ersetzt. Die politischen und ideologischen Gegensätze bleiben bestehen. Vor allem in Transsilvanien kommt es im **März 1990** zu blutigen Auseinandersetzungen zwischen Rumänen und Rumänienungarn. Bei den ersten freien Wahlen am **20. Mai 1990** wird Iliescu als Kandidat der Front der Nationalen Rettung zum Präsidenten gewählt. Sicherheitskräfte, unterstützt von Bergarbeitern, schlagen im **Juni 1990** antikommunistische Demonstrationen nieder. Die Republik Moldawien wird im **Juni 1991** von Rumänien völkerrechtlich anerkannt. Eine neue Verfassung wird am **21. November** beziehungsweise am **8. Dezember 1991** angenommen. Sie definiert Rumäniens Staatsform als republikanisch, doch die kommunistische Kaderelite bestimmt weiterhin Politik und Wirtschaft. Bis **1992** finden häufig Regierungswechsel statt. Im **April 1992** spaltet sich die Front der Nationalen Rettung in die radikalreformierte Front der Nationalen Rettung und in die Demokratische Front der Nationalen Rettung (Frontul Democratic al Salvării Naționale), die sich **1993** in Partei der Sozialen Demokratie Rumäniens (Partidul Democrației Sociale din România) umbenennt. Die Regierung unter Nicolae Văcăriou (Demokratische Front der Nationalen Rettung) bedarf **1992–1996** der Unterstützung der Partei der Nationalen Einheit Rumäniens (Partidul Unității Naționale Române) und der Großrumänienpartei (Partidul România Mare) – beide aus dem rechten Lager – und der KP-Nachfolgeorganisation Sozialistische Partei der Arbeit (Partidul socialist al muncii).

1993–2001

Die wirtschaftliche Lage Rumäniens verschlechtert sich in den **90er** Jahren zusehends, die Inflation erreicht **1993** ihren Höhepunkt. Zwischen **1993** und **1995** kommt es zu Streiks und Massendemonstrationen. Rumänien bemüht sich um eine politische und militärische Integration in supranationale Organisationen der westlichen Staatenwelt. Die rumänische Regierung unterzeichnet am **1. Februar 1993** ein Abkommen über die Assoziierung Rumäniens an die Europäische Gemeinschaft; im **Oktober 1993** wird Rumänien Mitglied des Europarates. Es tritt am **26. Januar 1994** dem NATO-Programm Partnerschaft für den Frieden bei und stellt **1995** den Antrag zur Aufnahme in die Europäische Union (EU). Im **Juni 1995** tritt ein Gesetz in Kraft, das die Privatisierung beschleunigen soll. Die erste demokratische Machtablösung wird **1996** durch Emil Constantinescu von der Demokratischen Konvention (Convenția Democratică), dem wichtigsten Oppositionsbündnis, das von der Nationalen Bauernpartei – Christdemokraten angeführt wird, eingeleitet. Ein Gesetz, das den Bürgerinnen und Bürgern Einsicht in die sie betreffenden Akten des früheren Geheimdienstes gewährt, wird vom Parlament im **Oktober 1999** verabschiedet. Der Status eines EU-Beitrittskandidaten wird Rumänien **Ende 1999** zugesprochen. Bei den Wahlen im **November 2000** verzeichnen postkommunistische und rechte Parteien einen deutlichen Stimmenzuwachs. Iliescu wird im **Dezember 2000** wieder zum Präsidenten gewählt, die Partei der Sozialen Demokratie bildet eine Minderheitsregierung. Rumänien schließt **2000** und **2001** Verträge für Zusammenarbeit und gute Nachbarschaft mit den Balkanländern und der Türkei ab. Der Beitritt Rumäniens zur EU ist für das Jahr **2007** vorgesehen.

Literatur:
- Brockhaus – Die Enzyklopädie in 24 Bänden, 20. Aufl., Leipzig/Mannheim 1996–1999.
- Gabanyi, Anneli Ute: Systemwechsel in Rumänien. Von der Revolution zur Transformation, München 1998.
- Kolar, Othmar: Rumänien und seine nationalen Minderheiten. 1918 bis heute, Wien 1997.
- Völkl, Ekkehard: Rumänien. Vom 19. Jahrhundert bis in die Gegenwart, Regensburg 1995.
- http://www.areion-online.de/rumaenienc.html (1. August 2003).

Schweden

Der Zweite Weltkrieg und die schwedische Utopie

VON MAX LILJEFORS UND ULF ZANDER

Neutralität als Ideal: Schweden und der Zweite Weltkrieg

Neutralität als das wichtigste Leitprinzip der schwedischen Politik hat das Selbstbild eines Landes geprägt, das seit 1814 keinen Krieg mehr geführt hat. Im Rückblick erscheint die Neutralitätspolitik als weitsichtige Strategie, die Schweden vor den Katastrophen zweier Weltkriege geschützt und humanitäre Hilfe für weniger kluge und glückliche Nationen ermöglicht habe. Dieses Bild der Neutralität ist besonders in den letzten Jahren oft kritisch betrachtet worden, meist in Hinsicht auf Schwedens Handeln während des Zweiten Weltkrieges.

Zu Beginn des 20. Jahrhunderts waren, wie im übrigen Europa auch, in Schweden Stimmen laut geworden, die Krieg als „reinigendes Stahlbad" idealisierten. Schwedische Vertreter dieser Haltung glaubten während des Ersten Weltkrieges, es sei die Pflicht eines traditionsreichen Kriegervolkes, auf der Seite Deutschlands gegen den Erzfeind Rußland für eine pangermanische Kultur zu kämpfen. Diese Position verlor jedoch im Verlauf des Krieges an Zustimmung. Statt dessen trat ein anderes Selbstbild in den Vordergrund: Schweden betrachtete sich als Großmacht der Humanität. Auch Hilfsaktionen für Kriegskinder bewirkten, daß sich Schwedens nationales Selbstverständnis zunehmend an diesem Ideal orientierte. Gemeinsam mit den anderen skandinavischen Ländern sollte die schwedische Nation dem Rest der Welt ein Beispiel für Menschenliebe und Humanität geben. In diesem neuen nationalen Selbstbild, das aus dem Ersten Weltkrieg hervorgegangen war, kam die kriegerische Vergangenheit Schwedens kaum noch zur Geltung, auch wenn sie zwischen den Kriegen vielerorts noch hoch in Ehren gehalten wurde.[1]

Während und nach dem Zweiten Weltkrieg festigte sich das Bild Schwedens als friedliche Oase am Rande Europas weiter. Die Kriege in Europa hatten im nationalen Selbstverständnis dazu geführt, daß Frieden als etwas spezifisch Schwedisches angesehen wurde.[2]

Der Wille Schwedens, seine Neutralität um jeden Preis zu wahren, spiegelt sich in der visuellen Kultur der nationalen Selbstdarstellung in den Jahren des Zweiten Weltkriegs und danach. Das prägnanteste Motiv ist der schwedische Soldat, der an der Landesgrenze Wache hält (Abb. S 1). Ein Beispiel für die Verbindung des Leitthemas der Neutralität mit der Figur „Soldat auf dem Wachposten" zeigt der Spielfilm „Alle man på post" von 1940. Die im Verlauf des Films ausgebildeten Rekruten richten ständig den Blick gen Himmel und sind bereit, alle Gefahren von Schweden abzuwehren. Das Motiv des schwedischen Soldaten auf dem Wachposten erschien nicht nur auf der Leinwand, sondern war allgemein verbreitet: auf Postkarten, in Illustratio-

S 1
Vaktpost i Norrland under andra världskriget
Wachtposten in Norrland im Zweiten Weltkrieg
Photographie
Ljungbyhed, IBL Bildbyrå
HID 00307, Karl Sandels Samling

S 2
Tre öre kostade neutralitetsvaktens brevmärke 'Till förmån för svenska soldater och deras behövande anhöriga'
Drei Öre kostete die Neutralitätswacht-Briefmarke 'Zugunsten schwedischer Soldaten und ihrer bedürftigen Angehörigen', in: Hans Dahlberg: I Sverige under 2:a världskriget, Stockholm 1989, S. 82
Buch
Lund, Lunds Universitetsbiblioteket
90/88

Tre öre kostade neutralitetvaktens brevmärke "Till förmån för svenska soldater och deras behövande anhöriga".

nen der Tageszeitungen und Zeitschriften, in Wochenschauen und auf Werbeplakaten (Abb. S 2). Charakteristisch für die Komposition dieser Bilder ist ihr niedriger Blickwinkel vor einer typisch schwedischen Landschaft. Diese Szenerie als symbolischer Hintergrund für die Gestalt des Soldaten verstärkt die Aussage der Bilder: Durch den entschlossenen Willen der Soldaten, ganz Schweden zu verteidigen, werden andere Bilder des drohenden Krieges entkräftet. Der weite Himmel im Hintergrund verliert seine potentielle Bedrohung wegen feindlicher Fliegerangriffe und wird zur sinnstiftenden Kulisse.

Zur großen Beliebtheit des Wachmotivs trug auch Ulla Billquists populärer Schlager „Min soldat" (Mein Soldat) als schwedische Version von „Lili Marleen" und „We'll meet again" bei. Auch der Text von Nils Perne schlug die richtigen Saiten an, wenn die Verlobte von ihrem Soldaten sang, der „irgendwo in Schweden" zum Schutz der Seinen Wache stehe, und die Illustration der Titelseite eines Notenheftes greift das populäre Thema Wache auf (Abb. S 3).

Die zunehmende Bewunderung für die Soldaten, die Schweden im Ernstfall verteidigen sollten, machte sich auch in Militärfilmen bemerkbar. Noch in den 30er Jahren war das militärische Leben selten mit Bewunderung oder Respekt geschildert worden – eher im Gegenteil. Doch gegen Ende jenes Jahrzehnts lancierte man, wie der Filmwissenschaftler Jan Olsson gezeigt hat, zwei neue Varianten des Militärfilms. Eine griff die schlichten Militärpossen der 30er Jahre auf, wobei häufig „oberflächlicher Patriotismus eingestreut wurde und [sie] nach der veränderten äußeren Situation umgeformt wurden". Die zweite Variante nahm sowohl das Militärleben als auch die nahende Kriegsgefahr sehr ernst. Olsson zeigt am Beispiel von „Kadettkamrater" (Kadettenkameraden) aus dem Jahre 1939, wie dieses Genre von Kameradschaft und Patriotismus handelt, „die Strapazen des Militärlebens und die Gerechtigkeit des militärischen Systems" lobt und die Notwendigkeit von Opfern herausstreicht. Diese Variante wurde jedoch seltener, je deutlicher sich abzeichnete, daß Schweden seine Neutralität würde wahren können.[3] Untersuchungen gegen Kriegsende ergaben, daß der Krieg den schwedischen Alltag weder mental noch materiell wesentlich beeinträchtigte.[4] Der politische Karikaturist Ragnvald Blix (Pseudonym Stig Höök)[5], der als Norweger im schwedischen Exil lebte, illustrierte diese neue, „friedfertige" Haltung mit treffsicherer Ironie: Während der Krieg in der ganzen Welt mit unverminderter Kraft weiter tobt, ist die Hauptsorge des schwedischen Paares vor seinem typischen roten Holzhaus die Rationierung des Kaffees (Abb. S 4).

Im Verlauf der letzten Kriegsjahre wird auch das Motiv des zu heldenhaften Opfern bereiten Wachsoldaten immer seltener. Nach dem Krieg dauerte es nicht lange, bis das Militärleben wieder Zielscheibe für Spaß und Spott war, insbesondere in dem erfolgreichen Film „Soldat Bom" von 1947, einer späten schwedischen Version des braven Soldaten Schwejk in der Gestalt des Volksschauspielers Nils Poppe und mit Karl-Erik Flens (rechts) (Abb. S 5).

Dennoch geriet das bewährte Wachmotiv nicht völlig aus dem Blickfeld. Die Schilderung der Bereitschaftszeit des Journalisten und Schriftstellers Jan Olof Olsson, „Någonstans i Sverige" (Irgendwo in Schweden), wurde Anfang der 70er

S 3
Min soldat. Någonstans i Sverige
Mein Soldat. Irgendwo in Schweden, Notenheft zu Ulla Billquists Schlager, in: Hans Dahlberg: I Sverige under 2:a världskriget, Stockholm 1983, S. 85
Buch
Berlin, Staatsbibliothek zu Berlin – Preußischer Kulturbesitz
618987

S 4
Stig Höök (d.i. Ragnvald Blix)
Ska det fortsätta så här får vi snart inte ens kaffe på korten
Wenn das so weitergeht, bekommen wir bald noch nicht mal mehr auf Marken Kaffee, in: Ulf Zander: Fornstora dagar, moderna tider. Bruk av och debatter om svensk historia från sekelskifte till sekelskifte, Lund 2001, S. 316
Buch
Berlin, Universitätsbibliothek der Humboldt-Universität. Teilbibliothek Skandinavistik

Jahre für das Fernsehen in sieben Teilen verfilmt. Diese Fernsehserie begann mit einem wohlbekannten Motiv: ein Wachposten vor einer Winterlandschaft. Das nostalgische Gefühl wurde durch die Wahl des musikalischen Leitmotivs verstärkt: Ulla Billquists Erkennungsmelodie „Min soldat".[6]

S 5
Lars-Eric Kjellgren (Regie)
Soldat Bom
links: Nils Poppe, rechts: Karl-Erik Flens, 1948
Filmstill
Svenska Filminstitutet's Stills Archive

Die Militärfilme der 30er und 40er Jahre eint ein wiederkehrendes Thema: Durch die Uniform werden die Unterschiede des bürgerlichen Lebens gemindert oder verschwinden ganz. Dieses Bild der demokratisch-egalisierenden Armee deckt sich mit dem extrem erfolgreichen politischen Konzept des „folkhemmet" (Volksheim), das die politisch dominierende Stellung der schwedischen Sozialdemokraten ab den 20er Jahren sicherte: Tragender Gedanke dieses Konzepts einer „Hausgemeinschaft" der ganzen Gesellschaft war die Aufgabe des Klassenkampfes zugunsten von Verständigungswillen und „volksnaher" Zusammenarbeit, die eine Minderung der Klassenunterschiede zum Ziel hatte. Den Anstoß zur Gründung einer parteiübergreifenden Sammlungsregierung und zur Zusammenarbeit gab die Initiative des damaligen Außenministers Rickard Sandler für ein verstärktes schwedisches Engagement an der Seite Finnlands nach dem Angriff der Sowjetunion am 30. November 1939.[7]

Bald herrschte Einigkeit unter den schwedischen Politikern, daß der Zweite Weltkrieg ein europäischer Wahnsinn sei, aus dem Schweden sich um jeden Preis heraushalten solle. Zur Illustration der parteiübergreifenden Zusammenarbeit und politischen Einigkeit in der Neutralitätspolitik diente während des Krieges und danach besonders die Photographie eines Demonstrationszuges mit den führenden Politikern des Landes: allen voran Per Albin Hansson und der Konservative Gösta Bagge, unter einem Transparent mit dem Spruch „Frihet är det bästa ting...", einer Zeile des historischen Freiheitshelden Engelbrektsson (Abb. S 6).[8]

S 6
Frihet är det bästa ting...
Freiheit ist die beste Sache...,
Demonstration am 1. Mai 1940, in: Börje Bergström, Arne Löwgren, Hans Almgren: Nya alla tiders historia. Grundbok i historia för gymnasieskolan, Malmö 1991, S. 278
Buch
Lund, Lunds Universitetsbiblioteket
Skolbok

Verteidigung und Verurteilung der Neutralitätspolitik

Nach Kriegsende sah sich Schweden in seiner Neutralität bestätigt: Sämtliche Nachbarländer waren von den Zerstörungen des Zweiten Weltkriegs betroffen. Schwedens materielle Möglichkeiten zum weiteren Ausbau des Wohlfahrtsstaates erschienen dagegen als gerechte Belohnung für seine Neutralität, an der andere Nationen sich ein Beispiel nehmen konnten. Die Neutralität wurde zum Maßstab für die Beurteilung von Vergangenheit und Gegenwart, zum schwedischen

Glaubensbekenntnis und „Gemütszustand".⁹ Für Schwedens positives Selbstbild wurde seine Außenseiterrolle maßgebend, seit 1814 an keinem Krieg beteiligt gewesen zu sein.

Diese Distanzierung von aller Verantwortung glückte jedoch nicht völlig. 1946 kam auf Druck Norwegens ein Weißbuch über das schwedische Verhalten bis 1943 („pro-deutsch") zustande. Zudem wurde der Konflikt um die Baltenauslieferung 1945/46 zu einem der schwerwiegendsten schwedischen Traumata in Zusammenhang mit dem Zweiten Weltkrieg. Die sowjetischen Behörden hatten die Auslieferung deutscher und sowjetischer Soldaten verlangt, die im Verlauf des Krieges in Schweden gelandet waren – eine Forderung, der die schwedische Regierung nachgab. Daß deutsche und russische Soldaten nach Osten verschifft wurden, rief in Schweden kaum Reaktionen hervor. Daß aber auch baltische Legionäre, die auf deutscher Seite gekämpft hatten, an die Sowjetunion ausgeliefert werden sollten, wo sie harte Strafen erwarteten, löste heftige Kritik aus. Ein Grund hierfür lag in der starken historischen Verbundenheit mit Estland und Lettland. Nach Ansicht der Kritiker gingen die Sammlungsregierung und die nachfolgenden, sozialdemokratischen Minister selbst nach internationalem Recht in ihrem Bestreben, die Sowjetunion als neue Hegemonialmacht im Ostseeraum zu besänftigen, zu weit. Bei den Abschiebungen ereigneten sich dramatische Szenen. Viele der internierten baltischen Soldaten begingen in ihrer Verzweiflung Selbstverstümmelungen oder Selbstmord. Von solchen Zwischenfällen stammen die wenigen Photographien, die Gewalthandlungen auf schwedischem Boden in Verbindung mit dem Zweiten Weltkrieg zeigen: schwedische Polizisten befördern gewaltsam baltische Militärflüchtlinge zur Deportation (Abb. S 7).

Die Debatte legte sich allerdings rasch und lebte erst 1968 wieder auf, als der Autor Per Olov Enquist einen Tatsachenroman über die Baltenauslieferung, „Legionärerna" (Die Legionäre oder Die Ausgelieferten), veröffentlichte. Dem Roman folgte ein dokumentarischer Spielfilm, „Baltutlämningen", der sich auf zeitgenössische Photographien stützte. Die Darstellung des Lagers auf dem Plakat erinnert an die deutschen Konzentrationslager und zeigt das harte Durchgreifen der schwedischen Polizei beim zwangsweisen Abtransport der Legionäre auf die sowjetischen Schiffe (Abb. S 8).

Weitere Debatten im Laufe der ersten Nachkriegsjahrzehnte drehten sich stets um die Frage, inwiefern die Politik der schwedischen Sammlungsregierung mit konsequenter Neutralitätspolitik vereinbar gewesen war.¹⁰ Insgesamt gab es jedoch wenig Einwände. Vielmehr wurde unbeugsamen Kritikern des NS-Regimes und der Nachgiebigkeit der schwedischen Politik, z. B. Torgny Segerstedt und Ture Nerman, in der Nachkriegszeit selbst vorgeworfen, sie hätten das allübergreifende Ziel, den Krieg von Schweden fernzuhalten, gefährdet. Erst in den letzten Jahrzehnten haben sie eine Art Heldenstatus erlangt.

S 7
I krigets slutskede flydde bortåt 200 soldater från Estland, Lettland och Litauen
In der Endphase des Krieges flohen fast 200 Soldaten aus Estland, Lettland und Litauen, in: Lars Hildingson, Lennart Husén: Historia 1 2 3. Högstadieboken, Stockholm 1980, S. 109
Buch
Lund, Lunds Universitetsbibliotek Skolbok

S 8
Johan Bergenstråhle (Regie),
Ragnar Sandgren (Plakat)
Baltutlämningen
Die Baltenauslieferung, 1970
Filmplakat, 100 x 70 cm
Svenska Filminstitutet's Stills Archive

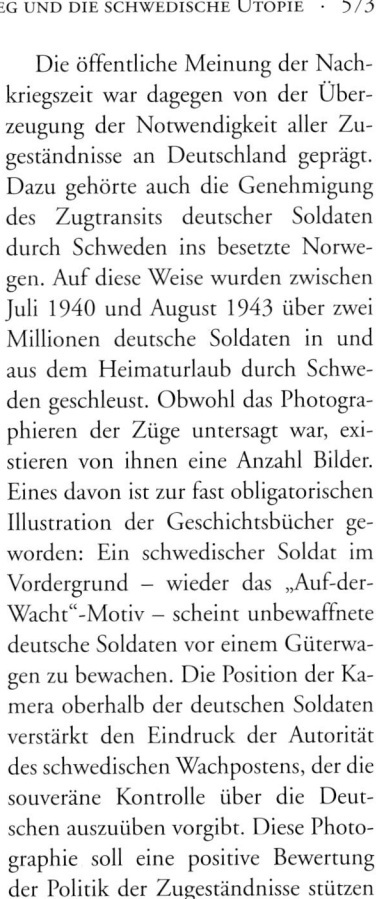

Die öffentliche Meinung der Nachkriegszeit war dagegen von der Überzeugung der Notwendigkeit aller Zugeständnisse an Deutschland geprägt. Dazu gehörte auch die Genehmigung des Zugtransits deutscher Soldaten durch Schweden ins besetzte Norwegen. Auf diese Weise wurden zwischen Juli 1940 und August 1943 über zwei Millionen deutsche Soldaten in und aus dem Heimaturlaub durch Schweden geschleust. Obwohl das Photographieren der Züge untersagt war, existieren von ihnen eine Anzahl Bilder. Eines davon ist zur fast obligatorischen Illustration der Geschichtsbücher geworden: Ein schwedischer Soldat im Vordergrund – wieder das „Auf-der-Wacht"-Motiv – scheint unbewaffnete deutsche Soldaten vor einem Güterwagen zu bewachen. Die Position der Kamera oberhalb der deutschen Soldaten verstärkt den Eindruck der Autorität des schwedischen Wachpostens, der die souveräne Kontrolle über die Deutschen auszuüben vorgibt. Diese Photographie soll eine positive Bewertung der Politik der Zugeständnisse stützen und ist (wohl aus diesem Grund) eines der am häufigsten reproduzierten schwedischen Bilder aus dem Zweiten Weltkrieg (Abb. S 9 li. u.).

Erst in den 90er Jahren wurde das ungetrübte nationale Selbstbild Schwedens zunehmend hinterfragt. Kritisiert wurde meistens der Wehrmachtstransit durch Schweden. Eine umfassende und differenzierte Aufarbeitung der schwedischen Politik während des Zweiten Weltkrieges steht jedoch noch immer aus, denn nach wie vor ist die Verbindung von Neutralität und Humanität ein zentraler Bestandteil des offiziellen schwedischen Selbstbildes.

Die Kritiker der schwedischen Neutralitätsdoktrin und deren ungebrochener Geschichtsschreibung verweisen auch auf die moralische Fragwürdigkeit der schwedischen Außenhandelspolitik. Bis 1944 unterhielt Schweden einen regen Handelsverkehr mit Deutschland. Von 1939 bis 1944 galt zwischen den Ländern ein Kriegshandelsabkommen, das Deutschland zum Beispiel Eisenerzlieferungen im gleichen Umfang wie zu Friedenszeiten zusicherte. Daß der neutrale Kleinstaat Schweden dem mächtigen Großdeutschland so weit entgegenkam, war nach allgemeiner schwedischer Ansicht notwendig, um das Land vor dem Krieg zu bewahren.[11] Auch zu deutliche Kritik am NS-Regime sah die schwedische Sammlungsregierung in den ersten Kriegsjahren nur ungern, was sich unter anderem in Einschränkungen der Pressefreiheit niederschlug.[12]

Nach der Schlacht um Stalingrad wurde im ersten Halbjahr 1943 eine deutsche Niederlage immer wahrscheinlicher. Nun wechselte das offizielle Schweden die Seiten und strapazierte ein weiteres Mal die Neutralitätsdoktrin, um seine Position bei den alliierten Westmächten Großbritannien und USA zu verbessern. Diese Wendehalspolitik war weit von der in der Neutralitätsdoktrin proklamierten geradlinigen, unabhängigen Haltung entfernt, kritisierte in den 90er Jahren die Begründerin einer Geschichtsschreibung, die moralische Grundsätze zur Bewertung heranzog, Maria-Pia Boëthius.[13] Kritische Stimmen merkten an, daß Schweden die Alliierten den Krieg für sich auskämpfen ließ (auch wenn damals gewisse Gruppen in Schweden der Meinung waren, daß die Deutschen für sie kämpften).

Doch die Umsetzung der Neutralitätsdoktrin gebot das Festhalten an dem übergeordneten Ziel, das Ministerpräsident Per Albin Hansson auch explizit formulierte: Schweden um jeden Preis aus dem Krieg herauszuhalten. Hingegen wurden die schwedischen Freiwilligen, die für das Bruderland Finnland im Winterkrieg 1939/40 gegen die Sowjetunion kämpften, gern als moralischer Bonus verbucht. Diesem Freiwilligenkorps wird in der offiziellen Geschichtsschreibung viel Platz eingeräumt (siehe unten: „Schwedens Bild in Schulbüchern").

Neutralität im Bild

Während um die praktische Umsetzung der Neutralitätsdoktrin bis heute zahlreiche Diskussionen geführt werden, möchten wir im folgenden einige charakteristische Züge des Bildes der Neutralität darlegen, wie es offiziell in der visuellen Kultur präsentiert wurde: in Pressebildern und Buchillustrationen, auf Postkarten, Plakaten, Medaillen, Gedenkmünzen, Briefmarken etc.

Die schwedische Neutralität erscheint in der offiziellen visuellen Kultur als Komplex mehrerer Stereotypen. Ihr Bild formiert sich in der gleichzeitigen Projektion verschiedener Motivschablonen. Drei Motivfelder treten als besonders bedeutungsvoll hervor: als erstes die Heimatfront, geprägt von der Mobilisierung gemeinsamer Kräfte und der solidarischen Verteilung der Ressourcen; als zweites die kriegerische Umwelt, voller Gewalt, Zerstörung und Leid; als drittes die Grenze, die beide Welten voneinander trennt und das Verhältnis zwischen ihnen regelt. Nur in der Kombination dieser Motive entsteht das Bild der schwedischen Neutralität.

Die alliierten Bilddokumente aus den nationalsozialistischen Konzentrations- und Todeslagern lösten auch in Schweden starke Reaktionen aus, als sie über Tagespresse, Zeitschriften und Wochenschaufilme im April und Mai 1945 verbreitet wurden. Die Wirkung dieser Dokumente, die das übergreifende Bild der schwedischen Neutralität kontrastierten, läßt sich kaum mit anderen Bildern der „Welt da draußen" vergleichen. Konfrontiert mit einer nie zuvor gesehenen Art des Bildbeweises menschlicher Grausamkeit, schienen viele hin und her gerissen zwischen dem Zwang, den Blick abzuwenden, und der Notwendigkeit, die Grausamkeit mit offenen Augen wahrzunehmen. Oft wurden die Bilder zusammen mit Warnungen der Redaktionen an empfindsame Leser veröffentlicht, verbunden mit dem Aufruf, daß es die moralische Pflicht eines jeden Menschen sei, die Beweise zu sehen, und mit Umfragen, in denen die Leser selbst ihren Ansichten Luft machen konnten.[14]

Insgesamt entsprach die schwedische Bildberichterstattung über die Konzentrationslager jener der britischen und amerikanischen Presse, da die Photographen und Reporter der Alliierten als erste vor Ort waren und ihre Bilder und Augenzeugenberichte an die Presse anderer Länder weitergegeben wurden.[15] Eine besondere schwedische Perspektive läßt sich deshalb nur in der Kontextualisierung ausmachen, also darin, wie die einzelnen Bilder mit anderen Bildern und Motiven, die einen spezifisch schwedischen Bezug aufwiesen, kombiniert wurden.[16]

Die wöchentlich erscheinende Illustrierte Se (Sieh) veröffentlichte im Frühjahr 1945 mehrere Bildreportagen, die Leichenberge und Massengräber aus den Lagern zeigten. Im Gegensatz zu diesen Zeugnissen unfaßbarer Grausamkeit der Deutschen wird deutlich das Bild der friedliebenden Schweden hervorgehoben, die sich um die Opfer kümmern. Ein paar Wochen vor Veröffentlichung der Lagerphotos widmete eine Nummer von Se sieben Seiten der Aufstellung schwedischer Auslandshilfe, insbesondere für das Nachbarland Norwegen, von Kriegsbeginn bis zum Ende des laufenden Haushaltsjahres. Diagramme zeigen Schwedens staatliches und privates Engagement, das eine Summe von 2,3 bis 2,5 Milliarden Kronen erreichte, sechzehnmal mehr, als das Land als Mitglied der 1943 gegründeten Hilfs- und Wiederaufbauorganisation UNRRA (United Nations Relief and Rehabilitation Administration) zu zahlen verpflichtet war. Diese Ausgaben schwedischer Hilfeleistung werden mit den möglichen Kosten verglichen, die entstanden wären, falls Schweden 1940 in den Krieg hineingezogen und von den Deutschen besetzt worden wäre. Ein solches Szenario, so wird behauptet, hätte Schweden die enorme Summe von 45 bis 50 Milliarden Kronen gekostet, während die schwedische Bereitschaftsmobilisierung und die Aufrüstung 10 Millionen Kronen gekostet und außerdem zu einem Konjunkturaufschwung geführt habe. Das Ergebnis dieser Rechnung ist klar: Nur weil Schweden sich aus dem Krieg hat heraushalten können, hatte man anders als die übrigen Nationen Europas jetzt den finanziellen Spielraum, um sowohl den eigenen Wohlfahrtsstaat auszubauen als auch in großem Maße den notleidenden Opfern des Krieges zu helfen. „Bei einer Besatzung", heißt es in dem Artikel, „hätten allein die Sabotagekosten die Summe erreicht und wahrscheinlich überschritten, die wir nun internationalen Hilfsmaßnahmen zukommen lassen." Diese Schlußfolgerung wird von Photos in der gleichen Se-Ausgabe unterstrichen, auf denen schwedische Helfer aus gut gefüllten Vorratsregalen Skischuhe und Babykleidung für norwegische Hilfsbedürftige hervorholen.[17] Die gleiche Verbindung von schwedischer Neutralität und humanitärer Hilfe ist seitdem oft gezogen worden. Schweden war, neben der Schweiz, „das einzige Land in Europa, das Hilfe leisten konnte", verkündete 1983 nicht ohne Stolz der Autor einer populärhistorischen Studie über Schweden im Zweiten Weltkrieg.[18]

Ein Beispiel für die schwedische Kontextualisierung von Bildern der Konzentrationslager findet sich in einer späteren Se-Ausgabe, die eine doppelseitige Bildreportage aus Buchenwald mit elf Photographien enthält.[19] Dieser Bildreportage über das Lagergrauen ging in der Zeitschrift ein langer Artikel über Folke Graf Bernadotte voraus mit der Überschrift „Schwedens Mann in der Weltgeschichte 1945". Der Artikel, der mit nicht weniger als fünfundzwanzig Photographien versehen war, hob besonders Bernadottes humanitäres Engagement im Dienste des Roten Kreuzes hervor. Eine Bildunterschrift stellte fest, daß auch in diesem Krieg ein Schwede – wie im vorigen Krieg Elsa Brändström – Entscheidendes im Dienste der Barmherzigkeit geleistet habe. Bernadottes Porträt mit dem Beinamen „Friedensstifter Folke" zierte übrigens auch die Titelseite der Ausgabe.[20]

Humanitäre Hilfe aus Schweden war auch in der Tageszeitung Expressen vom 5. Mai 1945 Thema einer Reportage über Bernadottes Hilfseinsätze, ebenfalls illustriert mit Bildern aus Konzentrationslagern (Abb. S 10). Keine der Photographien zeigte allerdings die tatsächlichen Hilfsaktionen; statt dessen kombinierte man ein Porträt Bernadottes mit sechs Bildern aus verschiedenen Lagern. Der Artikel betonte Schwedens Rolle als Helfer für die Notleidenden. Bernadotte blickt ernst über vier Bilder des Lagergreuels, während ein sichtlich mitgenommener Gefangener, der unbeholfen nach einem Trinkgefäß greift, sich ihm wie schutzsuchend zuwendet. Ganz oben rechts, Bernadotte gegenüber, wurde ein Photo des Kommandanten von Bergen-Belsen, Josef Kramer, über dem Bild der verbrannten Leiche eines Lagergefangenen eingefügt. Unter Bernadottes Photo stand ein Artikel mit der Überschrift: „Er versuchte, allen zu helfen". Der Schwede erscheint allerdings nicht nur als Helfer, sondern auch als Richter: Sein Blick fällt auf Kramers Photo, auf das ein Pfeil mit dem Wort „Henker" zeigt. Die Tatsache, daß Bernadotte einen Hammer hält, als ob er einem Gericht vorsäße, verstärkt diesen Eindruck.[21]

In der bereits erwähnten Se-Nummer findet man eine weitere vielsagende Kontrastierung. Dem Artikel über Buchenwald folgte eine vier Seiten lange Bildreportage über die Verwüstung im besiegten Deutschland, mit mehreren Photos von Ruinenlandschaften aus Hamburg und anderen, meist nicht namentlich erwähnten deutschen Städten. Nach dieser Reportage mit dem Titel „Ein Weltreich in Schutt und Asche [...]" findet der Leser einen weiteren Artikel über schwedische Rechtschaffenheit – dieses Mal illustriert am Beispiel einer Feuerwehrübung der Pfadfinder von Södertälje. Dem Szenario großflächiger Zerstörung in Deutschland stehen die Bilder

S 10
Han försökte hjälpa alla
Er versuchte allen zu helfen,
in: Expressen, 5. Mai 1945,
S. 16/17
Zeitung
Lund, Lunds
Universitetsbiblioteket

S 11
Karl-Erik Hillgren,
Kirre Jokhusen
Alltid redo: Södertäljescouter
i elden
Allzeit bereit:
Feuerwehrübung der
Pfadfinder in Södertälje, in:
Se, Nr. 19, 10.–16. Mai 1945
Zeitschrift
Lund, Lunds
Universitetsbiblioteket
Titsler.sv.(toi)

tatkräftiger schwedischer Pfadfinder gegenüber, fröhlich bereit, alle Brandherde zu löschen (Abb. S 11).[22]

In einer weiteren Se-Nummer wurden vier Seiten mit Bildern aus Konzentrationslagern einer doppelseitigen Bildreportage über die Leistungsfähigkeit der schwedischen Luftwaffe gegenübergestellt. Der Bericht schilderte unter dem Titel „Schwedische Flieger – scharfe Igelstachlen", wie die Luftwaffe mit Mut und Tatkraft die schwedische Neutralität bewacht hat.

Dieser Eindruck wurde kontrastiert mit der Situation in Schwedens besetzten Nachbarländern Dänemark und Norwegen. In diesen Ländern, deren Grenzen nicht so erfolgreich bewacht wurden wie die Schwedens, habe sich auch keine gesunde Moral halten können. Das geht sehr deutlich aus zwei Artikeln hervor: Die Reportage aus Dänemark handelte von der strengen Behandlung, die dänischen Kollaborateuren nach der Kapitulation der Deutschen widerfuhr. Aus Oslo wurde über ein deutsches Bordell mit Prostituierten aus Paris berichtet. Danach folgte ein Artikel über die ersten Nationaltagsfeiern in Norwegen nach der Befreiung von der Besatzungsmacht und dem norwegischen Kollaborateur Vidkun Quisling. Dem Bild von Schwedens kraftvoll aufrechterhaltener Neutralität wurde so ein Bild der besetzten Nachbarländer gegenübergestellt, das eng mit unterschiedlichen Formen moralischen Verfalls verknüpft wurde.[23]

In diesem Zusammenhang ist erwähnenswert, daß den Überlebenden der Konzentrationslager nach ihrer Ankunft in Schweden selten eine besondere Behandlung zugestanden wurde. Zahlreiche Flüchtlinge, auch diejenigen aus Konzentrations- und Vernichtungslagern, wurden als Aushilfskräfte in der südschwedischen Landwirtschaft eingesetzt.[24] Die große Zahl der Flüchtlinge, fast 200 000, führte zu heftigen Diskussionen. Einerseits erhoffte man sich von ihnen Verstärkung in Industrie und Landwirtschaft, andererseits fürchteten die Kommunisten, daß die „sowjetfeindlichen Balten" nationalsozialistische und faschistische Propaganda an den Arbeitsplätzen verbreiten würden. Die Weigerung der baltischen Flüchtlinge, einer Gewerkschaft beizutreten, führte zu der Behauptung, sie trügen dazu bei, die Löhne zu drücken.[25]

Diese Seite der schwedischen Kriegsgeschichte geriet allerdings bald in Vergessenheit – wiederum zugunsten einer Betonung der humanitären Hilfsaktionen. Erst in den 90er Jahren sollte das offizielle Bild des neutralen und humanitären Schweden wesentlich differenzierter werden. Hingegen zeichnete sich bereits zu Kriegsende das Leitthema ab, an dem sich die visuelle Präsentation des schwedischen Verhältnisses zum Weltkrieg in den folgenden Jahrzehnten orientierte: Das neutrale Schweden positionierte sich gegenüber dem Wahnsinn des Krieges als Verteidiger der Schwachen und der Humanität, während gleichzeitig die Bewachung der Landesgrenze mit Mut und Moral verknüpft wurde. Dieses Selbstbild wurde mit Bildern des Leidens, der Zerstörung und moralischen Korrumpierung der kriegführenden Länder und der besetzten Nachbarländer kontrastiert.

Schwedens Bild in Schulbüchern

Im Verlauf der 50er und 60er Jahre ließ sich in Schweden eine sichtbare Veränderung der Illustrationsroutinen in Geschichtsbüchern verzeichnen. In den 50er Jahren waren Illustrationen noch relativ selten. Was Schwedens Verhältnis zum gerade beendeten Krieg betraf, so unterstrichen sie deutlich die militärische Bereitschaftsmobilisierung des Landes. Die Bilder zeigten fast ausschließlich schwedische Kriegsschiffe und Kampfflugzeuge oder offizielle Porträts der Regierungsmitglieder. Meist waren auf ihnen Politiker aus unterschiedlichen politischen Richtungen in der Sammlungsregierung vereint zu sehen, die damit die nationale Einigkeit angesichts der äußeren Bedrohung symbolisierten. Zu Beginn der 60er Jahre stieg die Zahl der Illustrationen in Geschichtsbüchern jedoch deutlich an, und die Motive wurden geändert. Nicht die Bilder militärischer Stärke des eigenen Landes, sondern die der Zerstörungen des Krieges, seiner Opfer und Flüchtlinge dominierten nun. Von dieser Zeit an wurde auch die berühmte Photographie des Jungen aus dem Warschauer Ghetto zur fast obligatorischen Illustration in Geschichtsbüchern.

Im Verlauf der 60er Jahre wurde ein auffallend homogenes Bildrepertoire der Schulbücher entwickelt, das bis heute so gut wie unverändert geblieben ist. Zentrales Motiv ist die Heimatfront. Für deren Darstellung gibt es zwei thematische Varianten: Mobilisierung und Rationierung. Erstere wird mit dem bereits analysierten Motiv „Auf der Wacht!" illustriert, insbesondere mit dem Photo des Transitzuges (vgl. Abb. S 9). Auch die Rationierung hat ihre selbstverständlichen Schablonen. Immer wieder sieht man die gleichen oder ähnliche Bilder, die Lebensmittelmarken oder den Einkauf mit Marken zeigen. Auch Autos mit Treibgasgenerator sind ein wiederkehrendes Motiv (Abb. S 12). Gemeinsame Holzlager werden vorzugsweise vor dem Hintergrund moderner Mietshäuser gezeigt – eine vielsagende Verbindung des alten mit dem neuen Schweden. Nie wird die Rationierung mit Bildern des Mangels verbunden. Statt dessen wird sie als gerechte und solidarische Verteilung der vorhandenen Ressourcen dargestellt, ermöglicht durch technischen Erfindungsreichtum.

Den Bildern der Situation in Schweden stehen Bilder der kriegsversehrten und gefährlichen Welt außerhalb des Landes gegenüber. Dieser bereits thematisierte Gegensatz findet sich in Schulbüchern in zwei Varianten. Zum einen gibt es Bilder des Massensterbens und der totalen Zerstörung, dargestellt anhand von Photographien aus Konzentrationslagern und zerbombten Städten. Meist zeigen die Bilder Ruinenlandschaften in Deutschland, aber es finden sich auch Bilder der Verwüstung durch die Atombombenabwürfe auf Hiroshima und Nagasaki. Diese Bilder massiver Zerstörung in der fernen Welt tauchen in der Regel getrennt von Schwedens Geschichte in einem anderen Teil der Schulbücher auf. Zum anderen werden Szenen aus den kriegsbetroffenen Nachbarländern Norwegen, Dänemark und Finnland den Bildern der friedlichen schwedischen Geschichte gegenübergestellt. Für Norwegen und Dänemark gilt ein sehr enger Motivkreis: deutsche Soldaten bewegen sich frei auf dänischem und norwegischem Boden. Eine häufig verwendete Photographie zeigt, wie deutsche Truppen die Osloer Hauptstraße Karl-Johans-Gate hinuntermarschieren, während die norwegische Bevölkerung passiv zuschaut (vgl. Abb. 1 im Beitrag Norwegen). Ein Geschichtsbuch kommentierte das Bild wie folgt: „Die Osloer reihen sich am Straßenrand wie neugierige Zuschauer. Fast meint man, eine Parade in Friedenszeiten zu sehen. So hilflos begeg-

S 12
En svensk tiger
Ein schwedischer Tiger oder 'Ein Schwede schweigt', in: Börje Bergström, Arne Löwgren, Hans Almgren: Alla tiders historia. Grundbok i historia för gymnasieskolan. Fjärde upplagan, Malmö 1992, S. 337
Buch
Lund, Lunds Universitetsbiblioteket
Skolbok

S 13
Nazistpartier hade bildats i de nordiska länderna under 1930-talet. Här paraderar danska nazister för traktens egen 'Hitler'
In den 1930er Jahren hatten sich nationalsozialistische Parteien in den nordischen Ländern etabliert. Hier marschieren dänische Nationalsozialisten vor ihrem eigenen 'Hitler' auf, in: Lars Hildingson, Lennart Husén: Historia 1 2 3. Högstadieboken, Stockholm 1980, S. 103
Buch
Lund, Lunds Universitetsbibliotek
Skolbok

nete man den Deutschen auch in Kopenhagen."[26] In einem anderen Buch stellte der Bildtext zum gleichem Photo die rhetorische Frage: „Was mögen die Osloer am Straßenrand denken?" Vielleicht sollte ein Bild einige Seiten weiter, das dänische Nationalsozialisten vor ihrem lokalen Führer aufmarschierend zeigt, einen Hinweis auf die richtige Antwort geben (Abb. S 13 o.). Die Bildunterschrift beginnt: „Einige Menschen bewunderten die Deutschen und wollten ihnen gerne helfen. Oder man half den Eindringlingen, weil es sich wirtschaftlich lohnte." Daneben ein anderes, das in schwedischen Schulbüchern am häufigsten reproduzierte Bild aus Dänemark: ein deutscher Soldat, voll beladen mit dänischen Lebensmittelpaketen, die er in den Heimaturlaub nach Deutschland mitnehmen will.[27]

Wie in den bereits angeführten Beispielen aus Se wird die Situation in Norwegen und Dänemark also hauptsächlich durch Bilder der Passivität und des Mitläufertums geschildert, im Gegensatz zur Standhaftigkeit des schwedischen Soldaten „auf Wacht". Den schwedischen Motiven einer solidarischen Rationierung steht das Bild des deutschen Soldaten gegenüber, der sich auf Kosten der dänischen Bevölkerung bereichert, und es wird angedeutet, daß die gleiche Gier auch dänische Kollaborateure trieb.

Für die Beschreibung des Krieges in Finnland dagegen stehen in schwedischen Schulbüchern Themen wie Tapferkeit, Humanität und Solidarität unter Brudervölkern im Zentrum. Dem schwedischen Freiwilligenkorps im Winterkrieg wird in der offiziellen Geschichtsschreibung viel Platz eingeräumt. In den Schulbüchern gehören Werbeplakate für das Freiwilligenkorps zu den häufigsten Illustrationen, meist in Verbindung mit Photos, die finnische Soldaten mit weißen Überwürfen in der Winterlandschaft zeigen (Abb. S 14). Insgesamt ließen sich etwa 12 000 Schweden für Finnlands Sache anwerben; von ihnen kamen 39 um. Überdies überließ man den Finnen schwedische Waffen. Offiziell jedoch hielt sich Schweden mit dem Hinweis auf die Neutralitätsdoktrin zurück und ließ auch nicht zu, daß Frankreich und Großbritannien militärische Hilfe für Finnland über schwedisches Territorium schickten.

Die Schulbuchillustrationen belegen auch einen anderen Aspekt nachbarschaftlicher Solidarität: die Aufnahme finnischer Kriegskinder in Schweden, dokumentiert durch aufgrund der Adressenzettel, die um den Hals der Kinder hingen, leicht erkennbare Bilder (Abb. S 15 li. o.).

Eine Konsequenz der Neutralität scheint zu sein, daß nicht selten die existentielle

S 14
Finlands sak är vår
Die finnische Sache ist unsere Sache, in: Bengt Åke Häger: Följ med genom tiderna. SO Historia Högstadieboken, Lund 1986, S. 331
Buch
Lund, Lunds Universitetsbibliotek
Skolbok

Bedeutung des Leidens betont und die politische in den Hintergrund gedrängt wird. Gemäß dieser übergeordneten Sichtweise hat auch der Journalist und Buchautor Jan Olof Olsson seinen Photoband „20:e århundradet" (Geschichte des 20. Jahrhunderts) zusammengestellt. Im fünften Band der Serie, der die Jahre 1941 bis 1950 umfaßt[28], dominieren Kriegsbilder des Leidens und der Zerstörung über Kampf- und Siegesmotive. Olsson erzielt polarisierende Effekte in der Gegenüberstellung von Bildern, deren Motive sich ähneln, sich aber in gewissen inhaltlichen Punkten auch unterscheiden, so daß die Bilder dennoch „alle das gleiche" zu zeigen scheinen. Beispielsweise wird ein Photo, das dem Bildtext zufolge auf ihre Hinrichtung wartende polnische Juden zeigt, mit einem Bild deutscher Kriegsgefangener kombiniert, die auf ihren Abtransport in ein Lager warten (Abb. S 16).

Eine andere Variante stellt drei Photos einander gegenüber: ein deutscher Pilot, der mit einem geglückten Fliegerangriff prahlt, ein amerikanischer Pilot, der das gleiche tut, zwischen ihnen Menschen, die aus den Ruinen eines zerstörten Hauses stolpern. Sie erscheinen als namenlose Opfer kriegerischer Gewalt, die von allen kämpfenden Parteien gleichermaßen verursacht wurde. Wahrscheinlich ist Olssons universalistische Perspektive, die einem neutralen Standpunkt über den in den Bildern geschilderten Ereignissen entspricht, von der vielbeachteten Photoausstellung des amerikanischen Photographen Edward Steichen, „The Family of Man", von 1956 im New Yorker Museum of Modern Art inspiriert. Sie stellte die Menschheit durch eine polarisierende Gegenüberstellung der Bilder als eine große Familie dar, die die gleichen Gefühle von Freude und Trauer teilt und denselben existentiellen Bedingungen von Geburt und Tod unterworfen ist. Olssons Buch treffen damit die gleichen Vorwürfe, die Roland Barthes und andere wegen der Betonung des Universell-Poetischen auf Kosten des Historisch-Politischen gegen „Family of Man" richteten.[29]

Veränderungen in den 90er Jahren

An der Schönfärberei der Rolle Schwedens im Krieg und der Situation im Lande in der offiziellen Geschichtsschreibung wird auch in den schwedischen Filmen der letzten Jahrzehnte deutliche Kritik geübt. So werden vermehrt kriegsbedingte Unglücke, die für schwedische Verhältnisse viele Opfer kosteten, in die Filme eingearbeitet. In Bo Widerbergs „Lust och fägring stor" (Schön ist die Jugendzeit)

S 15
Under andra världskriget sändes flera tusen finska barn till Sverige
Im Zweiten Weltkrieg wurden Tausende finnischer Kinder nach Schweden evakuiert, in: Börje Bergström, Arne Löwgren, Hans Almgren: Nya alla tiders historia. Grundbok i historia för gymnasieskolan, Malmö 1991, S. 284
Buch
Lund, Lunds Universitetsbiblioteket
Skolbok

S 16
1941: polska judar väntar på transport till avrättningen. 1945: tyska soldater väntar på transport till fånglägret
1941: polnische Juden warten auf den Transport zur Hinrichtung. 1945: deutsche Soldaten warten auf den Abtransport in das Kriegsgefangenenlager, in:
Jan Olof Olsson: 20:e århundradet 5, Malmö 1965, S. 6/7
Buch
Berlin, Staatsbibliothek zu Berlin – Preußischer Kulturbesitz
16B334–5

von 1995, einem Beziehungsdrama im schwedischen Schulmilieu, ist der Schiffbruch des U-Bootes Ulven im April 1943 mit 33 Todesopfern von großer Bedeutung. In Göran Carmbacks „1939" aus dem Jahre 1989 wirft insbesondere das Fährunglück von Armasjärvi, bei dem 46 Soldaten ertranken, einen Schatten auf das Leben der beiden weiblichen Hauptpersonen. Der Filmwissenschaftler Per Olov Qvist hebt hervor, daß dieser Film deutlich die um 1990 zunehmend kritische Einstellung zum Konzept des „folkhemmet" widerspiegelt, die sich auch auf die Bewertung der schwedischen Rolle im Zweiten Weltkrieg auswirkt. Themen, die im schwedischen Selbstverständnis bis dahin kaum eine Rolle spielten, wie der Wehrmachtstransit, Schwarzmarktgeschäfte, Eingriffe in die Meinungsfreiheit und Mitläufertum, werden – wenn auch nur oberflächlich – berührt: In „1939" wird dargestellt, daß die Außenseiterrolle des Landes abseits vom Weltkrieg nicht mehr unproblematisch ist.[30] Das geht deutlich aus einem Dialog zwischen Annika (Helene Englund) und Berit (Helena Bergström) hervor, die verletzt auf Trümmern in einer Ruinenlandschaft sitzen. Ihre Wunden sind jedoch nicht echt, denn Annika und Berit nehmen an einer Übung teil. Dieses Spiel führt zu der unbefriedigenden Einsicht, daß wir „den ganzen Tag nur mit unseren eigenen Dingen beschäftigt [sind]. Als ob gar kein Krieg wäre. Wir versuchen, uns vor allem Bösen zu verstecken. Manchmal frage ich mich, ob das auf Dauer gutgeht" (Abb. S 17).

Das in den 90er Jahren in Europa und den USA wachsende Interesse am Holocaust führte auch in Schweden zu einem Überdenken des nationalen Geschichtsbildes. Bereits früher hatte es Kritik an Schwedens Politik gegeben, unter anderem im Zusammenhang mit der Ausstrahlung der amerikanischen Fernsehserie „Holocaust" im Frühjahr 1979, die in den USA und Europa starke Reaktionen ausgelöst hatte. So auch in Schweden, wo die Serie landesweit höchste Einschaltquoten erreichte. Den letzten Teil sahen über 60 Prozent der Bevölkerung. Jugendliche, die ansonsten am wenigsten fernsahen, waren die größte Zuschauergruppe (67 Prozent). Dagegen verfolgten nur wenige Rentner, die normalerweise viel fernsahen und die dokumentierte Zeit auch selbst erlebt hatten, die Serie (31 Prozent).[31] Das Echo auf die Fernsehserie war jedoch gemischt. Es wurde diskutiert, ob schwedische Schulkinder genügend Informationen über den deutschen Völkermord an den Juden hatten. Nur unterschwellig kam jedoch die Frage auf, inwiefern der Völkermord an den Juden eigentlich mit Schweden direkt zu tun hatte – einmal abgesehen von Raoul Wallenbergs recht erfolgreichen Versuchen, ungarische Juden zu retten, oder den Flüchtlingsevakuierungen in den „Weißen Bussen" des Roten Kreuzes, die mit dem Namen Folke Bernadotte verbunden sind. Beide Fälle standen für Schwedens moralische Stärke und paßten in die lange Zeit ungestörte Selbstwahrnehmung, die von dem Wissen gespeist wurde, humanitäre Hilfe für das vom Krieg zerstörte Europa geleistet zu haben. Deshalb richtete sich die allgemeine Aufmerksamkeit lieber auf das Täterland Deutschland und darauf, daß die Fernsehserie dort Versuche der Vergan-

S 17
Göran Carmback (Regie)
1939
1989
Filmstill
Svenska Filminstitutet's Stills Archive

genheitsbewältigung angestoßen hatte. Einige Beiträge der Debatte hoben jedoch hervor, daß auch Schwedens Vergangenheit alles andere als unbefleckt war. In einer Artikelserie in der Zeitung Aftonbladet unter der Überschrift „Schweden im Schatten des Holocaust" erinnerte der Journalist Göran Rosenberg an die bis in die ersten Kriegsjahre hinein für jüdische Flüchtlinge geschlossenen schwedischen Grenzen, an antisemitische Strömungen in Wirtschaft, Verwaltung und Parteien und den hohen Rang der Rassenbiologie in Schwedens Wissenschaft.[32] Weiterhin kam ans Licht, daß dem schwedischen Außenministerium sowie der Staatskirche bereits 1942 verläßliche Nachrichten über den Völkermord an den Juden vorgelegen hatten, ohne daß etwas zur Verbreitung dieser Information unternommen worden war.[33]

In den 90er Jahren zeigte sich erneut ein breites Interesse am Holocaust insbesondere in Zusammenhang mit der Informationskampagne der schwedischen Regierung, die unter dem Titel „Levande historia" (Lebendige Geschichte) lief. Aus der 1997 begonnenen Kampagne soll 2003 ein ständiges Amt mit der Aufgabe hervorgehen, „Fragen der Demokratie, Toleranz und Menschenrechte ausgehend vom Holocaust zu behandeln".[34] Die Gründe für dieses Engagement sind vielfältig.

Der offiziell genannte Anlaß für die Gründung von „Levande historia" war das bestürzende Ergebnis einer Untersuchung, der zufolge Grundschüler und Gymnasiasten Zweifel hatten, ob die Demokratie die beste Regierungsform für Schweden sei und ob der Holocaust wirklich stattgefunden habe. 34 % der Schüler zwischen der 6. und der 12. Klasse äußerten Zweifel.[35]

Ein weiterer Beweggrund für das Projekt könnte sein, Schweden als Mitglied der Europäischen Union am „Allied scheme of History" beteiligen zu können. Ein wichtiger Bestandteil dieses Plans, auf den sich die Befürworter der europäischen Integration haben einigen können, ist das gemeinsame Erbe des Zweiten Weltkriegs unter besonderer Würdigung der Gegner und Opfer des Nationalsozialismus und Faschismus.[36] Nach der deutlichen schwedischen Distanzierung von Europa und dem Zweiten Weltkrieg, die die offizielle Politik der Nachkriegszeit bis in die 90er Jahre hinein prägte, bietet die Förderung einer neuen Sicht des Weltkrieges dem Land die Möglichkeit, sich stärker in die europäische Zusammenarbeit und die gemeinsame Geschichte einzugliedern.

Diese Korrekturen des schwedischen Selbstbildes und der Sicht des Zweiten Weltkrieges bedeuten jedoch nicht, daß die traditionelle Sichtweise völlig verschwunden wäre. Schwedische Medaillen mit Bezug zum Zweiten Weltkrieg wurden fast ausschließlich für humanitäre Verdienste verliehen. In den 40er Jahren wurden Medaillen der estnischen Flüchtlingshilfe und der Finnlandhilfe gestiftet – eine nimmt Bezug auf die evakuierten finnischen Kinder – (Abb. S 18 und S 19) sowie zwei Gedenkmedaillen für Folke Bernadotte herausgegeben (Abb. S 20). Später stand Raoul Wallenberg im Zentrum: Ihm zu Ehren wurden in den 80er und 90er Jahren der Spielfilm „God afton, herr Wallenberg" (Guten Abend, Herr Wallenberg) produziert und meh-

S 18
Joann Saarniit
Estniska flyktingshjälpen
Estnische Flüchtlingshilfe,
1947
Medaille, Messing,
Dm 2,7 cm
Stockholm, Kungliga
Myntkabinettet. Sveriges
ekonomiska museum
KMK 8417

S 19
Wäinö Aaltonen
Minne av 1940-talets hjälp till Finland
Zum Gedenken an die Finnlandhilfe der 1940er Jahre, 1945
Medaille, Dm 2,7 cm
Stockholm, Kungliga
Myntkabinettet. Sveriges
ekonomiska museum
KMK 23 784

S 20
Gösta Carell
Folke Bernadotte
1949
Münze, Bronze, Dm 10 cm
Stockholm, Kungliga
Myntkabinettet. Sveriges
ekonomiska museum
KMK 100 373

S 21
Marika Somogyi
Raoul Wallenberg
1981
Münze, Bronze, Dm 11 cm
Stockholm, Kungliga
Myntkabinettet. Sveriges
ekonomiska museum
KMK 101 016

S 22
Imre Varga
De profundis ad te clamo
Domine. Raoul Wallenberg
Aus der Tiefe rufe ich, Herr, zu
Dir (Psalm 130). Raoul
Wallenberg, 1993
Medaille, Bronze,
Dm 13,5 cm
Stockholm, Kungliga
Myntkabinettet. Sveriges
ekonomiska museum
KMK 102 265

S 23
Ingalill Axelsson, Martin
Mörc, Björn Brusewitz,
Majvor Franzén-Matthews
I humanitetens tjänst
Im Dienste der Humanität,
1987
Briefmarkenserie,
9,1 x 4,4 cm
Berlin, Deutsches
Historisches Museum

rere Medaillen herausgegeben (Abb. S 21 und Abb. S 22).[37] Eine zeigt das Motiv der Schutzmantelmadonna, die andere verbindet ihn mit dem Roten Kreuz und dem Judenstern. Auch die wenigen Briefmarken, die in Schweden mit Motiven aus dem Zweiten Weltkrieg gedruckt wurden, knüpfen an die hier dargelegten traditionellen Schablonen an: Ein Satz mit drei Marken von 1987 unter dem Motto „Im Dienste der Humanität" zeigt Raoul Wallenberg, Dag Hammarskjöld, den UNO-Generalsekretär von 1953 bis 1961, und Folke Bernadotte – letzteren mit den berühmten Weißen Bussen (Abb. S 23).

Besonders vielsagend ist eine Briefmarke aus dem zweiten Heft eines dreiteiligen Rückblicks auf das zwanzigste Jahrhundert, der unter dem Titel „Vårt 1900-tal" erschien; die drei Teile der Serie wurden zwischen 1998 und 2000 in jährlichem Abstand herausgegeben; das zweite Heft umfaßte die Jahre 1939 bis 1969. Ein Großteil der zehn Marken thematisiert wichtige Aspekte der Modernisierung Schwedens nach dem Krieg (Abb. S 24). Andere Marken bilden kulturelle und sportliche Leistungen ab. Nur die Briefmarke mit dem Titel „Bereitschaftszeit" nimmt Bezug auf die Kriegsjahre: Gegen den von Flakscheinwerfern dramatisch erhellten Nachthimmel zeichnet sich die wohlbekannte Silhouette des schwedischen Soldaten auf dem Wachposten ab, der hier zwischen Stadt und Winterlandschaft stationiert ist. Die Silhouette stammt aus dem Notenheft zu Ulla Billquists Schlager „Min soldat", dessen Titel ebenfalls auf der Briefmarke vermerkt ist (vgl. Abb. S 3). Die

Sängerin selbst erscheint dem ewig standhaften Soldaten wie ein Traumbild am Nachthimmel (Abb. S 25).

Dieses kleine Bild sagt viel über die schwedische Visualisierung nationaler Identität während und nach dem Zweiten Weltkrieg aus. Als einzige Briefmarke des Heftes bildet sie ihr Thema nicht direkt ab, sondern nimmt den Umweg über eine andere Präsentation. Das symbolische Bild des Krieges scheint der einzige Zugang für eine Nation zu sein, die sich mit allen Mitteln aus dem Krieg heraushielt, die aber dennoch eine Identität im Verhältnis zu ihm entwickeln muß. Damit wird nochmals deutlich, wie die Abbildung des Krieges die weitgehende Nicht-Existenz tatsächlicher Betroffenheit Schwedens kompensieren soll. Dieses Phänomen ist uns auf unterschiedliche Weise begegnet: im Kontrast zwischen der Löschübung der Södertäljepfadfinder und dem zerstörten Deutschland 1945, in Stig Hööks Karikatur der Schweden, die sich auf ihrer kleinen Insel nur um die Kaffeerationierung sorgen, und im Dialog in dem Film „1939". „Wir sind den ganzen Tag nur mit unseren eigenen Dingen beschäftigt. Als ob gar kein Krieg wäre."

Die offizielle schablonenhafte Darstellung Schwedens im Krieg ist somit hochgradig selektiv. Offensichtlich dient sie dem Zweck, die schwedische Neutralitätspolitik mit einer moralischen Aura zu umgeben, die kaum den pragmatischen Abwägungen entspricht, die einst dominierten.

Oft werden Bilder verwendet, um die Historiographie beispielhaft zu illustrieren. Daraus läßt sich jedoch nicht schließen, daß die Bilder die gleiche Geschichte wie der nebenstehende Text erzählen. Mehrere Schulbücher der letzten Jahre enthalten zum Beispiel Vorbehalte oder sogar Vorwürfe gegen den Wehrmachtstransit und andere weniger ehrenhafte Episoden der schwedischen Geschichte während des Weltkriegs. Das Bildmaterial dieser Bücher vermittelt hingegen immer noch genau die hier beschriebene einseitig idealisierende Version. Denn obwohl der Sinngehalt eines Bildes häufig in hohem Grad von einem Text geprägt wird, kann dessen Aussage dennoch nicht auf den Text reduziert werden.[38] Vielmehr führen die Illustrationen einen recht selbständigen Diskurs, der dem Text entweder eine weitere, tiefere Dimension verleihen oder seinem Sinn widersprechen kann.

Insbesondere die Photographie vermittelt den Eindruck der Objektivität, während Worte oft dem

S 24
Gustaf Malmfors
Vårt 1900-tal 2: 1939–1969
Unser 20. Jahrhundert – Teil 2.
1939–1969, 1999
Briefmarkenserie,
31,3 x 4,4 cm
Berlin, Deutsches
Historisches Museum

S 25
Gustaf Malmfors
Min soldat någonstans i Sverige
Mein Soldat irgendwo in Schweden, Einzelmarke aus S 24, 1999
Briefmarke
Berlin, Deutsches
Historisches Museum

S 26
Gustav Boge (i skyddsdräkt) och Nils Jerring filmar flyktingar, som återkommt från tyska koncentrationsläger
Gustav Boge (im Sanitätsanzug) und Nils Jerring filmen die Ankunft von Flüchtlingen aus deutschen Konzentrationslagern, 1. Mai 1945, Malmö
Photographie
Ljungbyhed, IBL Bildbyrå
Tagning, Otto Ohms Samling

S 27
Bo-Aje Mellin
Någostans i Sverige
Irgendwo in Schweden,
Set-Aufnahme, 1973
Photographie
Stockholm, SVT Bild

Verdacht der Unwahrheit und des Betrugs unterliegen. Das wachsende Wissen um den Einfluß der visuellen Kultur auf unser Weltbild zieht jedoch den Wahrheitsanspruch der Photographie nicht annähernd so in Zweifel, wie man erwarten möchte. Die Tatsache, daß Bildern seit den 60er Jahren in den Schulbüchern zunehmend Platz eingeräumt wird, deutet jedenfalls darauf hin, daß das Vertrauen in ihre textstützende Eigenschaft ungemindert ist, ja, sogar weiter wächst. Gleichzeitig ist ein unreflektierter, routineartiger Bildkonservatismus nicht zu übersehen.

Bilder – konkrete wie mentale – sind immer selektiv, und die konkreten spielen eine wichtige Rolle im Entstehen und Bewahren der mentalen. Dies wird mit all den Bildern von Wache stehenden Soldaten, Flüchtlingskindertransporten und Lebensmittelmarken deutlich. Vielleicht können deshalb Bilder einer Bildproduktion uns deren selektive Abbildung der Wirklichkeit deutlicher vor Augen stellen, als die Beschreibung eines solchen Prozesses es vermögen würde (Abb. S 26 und S 27). Ein solcher Bildausschnitt der Welt kann sicherlich als eine Reflexion der Wirklichkeit aufgefaßt werden, aber auch als Manipulation oder Scheinbild, das etwas verbergen oder das Idealbild einer erwünschten Wirklichkeit aufrechterhalten soll. Deshalb bleibt es ein beständiger Auftrag, daran zu erinnern, was außerhalb der Bilder steht.

[1] Stråth, Bo: Folkhemmet mot Europa. Ett historiskt perspektiv på 90-talet, Stockholm 1992, S. 177 ff.; Zander, Ulf: Fornstora dagar, moderna tider. Bruk av och debatter om svensk historia från sekelskifte till sekelskifte, Lund 2001, S. 137 ff.

[2] Malmborg, Mikael af: Europas krig och fredens försvenskning, in: Almqvist, Kurt/Glans, Kay: Den svenska framgångssagan?, Stockholm 2001, S. 149 f.

[3] Olsson, Jan: Svensk spelfilm under andra världskriget, Lund 1979, S. 70 ff. Siehe auch Furhammar, Leif: Filmen i Sverige. En historia i tio kapitel, Höganäs 1991, S. 179 ff.

[4] Johansson, Alf W.: Neutralitet och modernitet, in: Huldt, Bo/Böhme, Klaus-Richard (Hg.): Horisonten klarnar. 1945-krigsslut, Stockholm 1995, S. 211.

[5] Blix alias Höök arbeitete für Göteborgs Handels- och Sjöfarts-Tidning. Für Håndslag, eine Zeitschrift des norwegischen Widerstands, bei der u. a. Willy Brandt Redakteur war, zeichnete Blix das Titelblatt.

[6] Die populäre Fernsehserie weckte auch Proteste. Unter anderem wandten sich Macke Nilsson und Allan Fagerström in den Rezensionen „Någonstans i Sverige ljuger om beredskapen" und „Skammens tid: är det något att minnas?", Aftonbladet 6. und 8. Jan. 1974, gegen die ihrer Meinung nach auffällig zurechtgelegte Darstellung Schwedens während des Zweiten Weltkrieges.

[7] Siehe Johansson, Alf W.: Per Albin och kriget. Samlingsregeringen och utrikespolitiken under andra världskriget, Stockholm 1988 (1984), S. 386 ff.; zum Personenkult um Hansson, siehe

Linderborg, Åsa: Socialdemokraterna skriver historia. Historieskrivningen som ideologisk maktresurs, Stockholm 2001, S. 83 ff. und 97 ff., sowie Zander 2001 (wie Anm. 1), S. 215 ff.

[8] Vgl. Karlsson, Henrik: „O, ädle svensk!" Biskop Thomas' frihetssång i musik och politik, Göteborg, Stockholm 1988, besonders S. 105 ff.; vgl. hierzu auch: Bohn, Ingrid: Schweden. „Zu Größe und Freiheit geboren...", in: Monika Flacke (Hg.): Mythen der Nationen. Ein europäisches Panorama, Berlin 1998, S. 424 ff.

[9] Vgl. Johansson 1995 (wie Anm. 4), S. 208.

[10] Z. B. Wahlbäck, Krister: Christian Günther, in: Artéus, Gunnar/Leifland, Leif (Hg.): Svenska diplomatprofiler under 1900-talet, Stockholm 2001, S. 107 ff.

[11] Zetterberg, Kent: Den tyska transiteringstrafiken genom Sverige 1940–1943, in: Ekman, Stig (Hg.): Stormaktstryck och småstatspolitik, Stockholm 1986, S. 99.

[12] Göteborgs Handels- och Sjöfarts-Tidning war eine der wenigen schwedischen Zeitungen, die mit ihrem berühmten Chefredakteur Torgny Segerstedt an der Spitze Einspruch gegenüber der deutschen Politik erhob; manchmal fehlte dem Blatt der Sinn für die schwedische Neutralität.

[13] Boëthius, Maria-Pia: Heder och samvete. Sverige och andra världskriget, Stockholm 1991, 2. revidierte Auflage 1999.

[14] Hur reagerar Ni för denna bild?, in: Expressen 29. April 1945; Varför ska vi se Förintelsen på film?, in: Idun: illustrerad tidning för kvinnan och hemmet, Nr. 23, 7. Juni 1945, S. 15 und 26.

[15] Siehe z. B. Zelizer, Barbie: Remembering to Forget. Holocaust Memory Through the Camera's Eye, Chicago, London 1998.

[16] Zu einer eingehenderen Analyse siehe Liljefors, Max: Bilder av Förintelsen. Mening, minne, komprometering, Lund 2002, S. 17 ff.

[17] Se, Nr. 15, 12.–18. April 1945: Svensk insats, S. 3; Ökad hjälp til Norge, S. 4 f.; Vad Sverige gjort för krigets offer, S. 6 ff.

[18] Dahlberg, Hans: I Sverige under 2:a världskriget, Stockholm 1989, S. 317.

[19] Dem Artikel zufolge sollen sie alle aus Buchenwald stammen, tatsächlich wurden sie in Nordhausen, Bergen-Belsen und Gardelegen aufgenommen. Solche unkorrekten Angaben zu den Lagerphotos waren keine Seltenheit.

[20] Se, Nr. 19, 10.–16. Mai 1945: Sveriges man i världshistorien 1945, S. 4 ff.; Se-kameran i Buchenwald: vi får inte ljuga genom att förtiga [...], S. 8 f.

[21] Han försökte hjälpa alla und Aldrig mer i vår tid, in: Expressen 5. Mai 1945. Die Bildredakteure des Expressen verlegen alle Bilder nach Bergen-Belsen. Das Bild ganz links unten ist allerdings in Gotha aufgenommen, und das Bild der verbrannten Leiche stammt aus Gardelegen.

[22] Se, Nr. 19, 10.–16. Mai 1945: Ett världsrike i grus och aska [...], S. 10 ff.; Alltid redo: Södertäljescouter i elden, S. 14 f.

[23] Se, Nr. 22, 31. Mai – 6. Juni 1945: Det är jag och mina medfångar, S. 4 f.; Upprensning i Tyskland: inte bara Buchenwald [...], S. 6 f.; Svenskt flyg – igelkottens vassa tagg, S. 8 f.; Danmark av idag: på de anklagades bänk, S. 10 f.; Tyska glädjehuset i Oslo, S. 12 f.; Festdag utan Quisling. Hans örnbo står tomt, S. 14 f.

[24] Olsson, Lars: På tröskeln till folkhemmet. Baltiska flyktingar och polska koncentrationslägerfångar som reservarbetskraft i skånskt jordbruk kring slutet av andra världskriget, Lund 1995.

[25] Zander, Ulf: Minnen av krig vid Fredens hav. Konflikter och historiska symboler i Östersjöområdet, in: Karlsson, Klas-Göran/Zander, Ulf: Östersjö eller Västerhav? Föreställningar om tid och rum i Östersjöområdet, Karlskrona 2000, S. 121 f.

[26] Häger, Bengt Åke: Följ med genom tiderna, Lund 1986, S. 332.

[27] Wadner, Göran/Peterson, Viveca/Rye-Håkanson, Magareta (Hg.): Historia 123, Stockholm 1980, S. 99 und 103.

[28] Olsson, Jan Olof: 20:e århundradet. Världshistoria i vårt sekel. Femte delen 1941–1950, Malmö 1965.

[29] Barthes, Roland: Die große Familie der Menschen, in: ders.: Mythen des Alltags, Frankfurt/Main 1964, S. 16 ff.

[30] Qvist, Per Olov: Folkhemmets sönderfall. 1989 ser tillbaka på 1939, in: Filmhäftet 1990: 1–2, S. 45 ff.

[31] Björkman, Karl. Gustav: „Förintelsen"

- framgång som sänds i repris, in: Aftonbladet 6. April 1979.
32 Rosenberg, Göran: Sverige stoppade judarna som försökte fly undan Hitler; Vi sände de rakt in i döden; Kända svenskar ledde kampanj mot judarna, Svenska forskare stödde Hitlers raslära, in: Aftonbladet 11., 12., 13. und 14. März 1979.
33 Ausführliche Analysen der frühen Kenntnis vom Völkermord an den Juden in verschiedenen schwedischen Instanzen und Organisationen bei Koblik, Sven: „Om vi teg skule stenarna ropa". Sverige och judeproblemet 1933–1945, Stockholm 1987; Levine, Paul: From Indifference to Activism. Swedish Diplomacy and the Holocaust 1938–1944, Uppsala 1996; und Svanberg, Ingvar/Tydén, Mattias: Sverige och Förintelsen. Debatt och dokumentation om Europas judar 1933–1945, Stockholm 1997.
34 SOU (Statens Offentliga Utredningar) 2001: 5: Forum för levande historia. Betänkande av Kommitéen Forum för levande historia, S. 7.
35 Lange, Anders/Lööw, Heléne/Bruchfeld, Stéphane/Hedlund, Ebba: Utsatthet för etniskt och politiskt relaterat våld m. m., spridning av rasistisk och antirasistisk propaganda samt attityder till demokrati m. m. bland skoleelever. Centrum för invandringsforskning och Brottsförebyggande rådet, Stockholm 1997. Siehe auch die Begründung des früheren Ministers und Parlamentspräsidenten Thage G. Peterson, der neben Ministerpräsident Göran Persson eine Schlüsselrolle in der Gründung von „Levande historia" spielte, in seiner Autobiographie: Resan till Mars. Anteckningar och minnen, Stockholm 1999, S. 598 ff. Vgl. auch Karlsson, Klas-Göran: Varför sekelslutets historieintresse? Levande historia som statsorganiserat historiedidaktiskt projekt i Sverige, in: Historiedidaktikk i Norden 8, Trondheim 2000, S. 69 ff.; sowie ders.: Förintelsen som politik och historiebruk – exemplet Levande historia, in: Almqvist, Kurt/Glans, Kay: Den svenska framgångssagan?, Stockholm 2001, S. 275 ff.
36 Davies, Norman: Europe. A History, London 1997, S. 39 ff.
37 Dank an Eva Wiséhn vom Königlichen Münzkabinett, Stockholm.
38 Barthes, Roland: Rhetorik des Bildes, in: ders.: Der entgegenkommende und der stumpfe Sinn. Kritische Essays III, Frankfurt/Main 1990, S. 28 ff.

NORDSEE

SCHWEDEN

NOR-
WEGEN

FINNLAND
seit 1917

Oslo

Åland-
Inseln

Stockholm

Dag

Väner-
See

OSTSEE

sel

Vätter-
See

Gotland

Riga

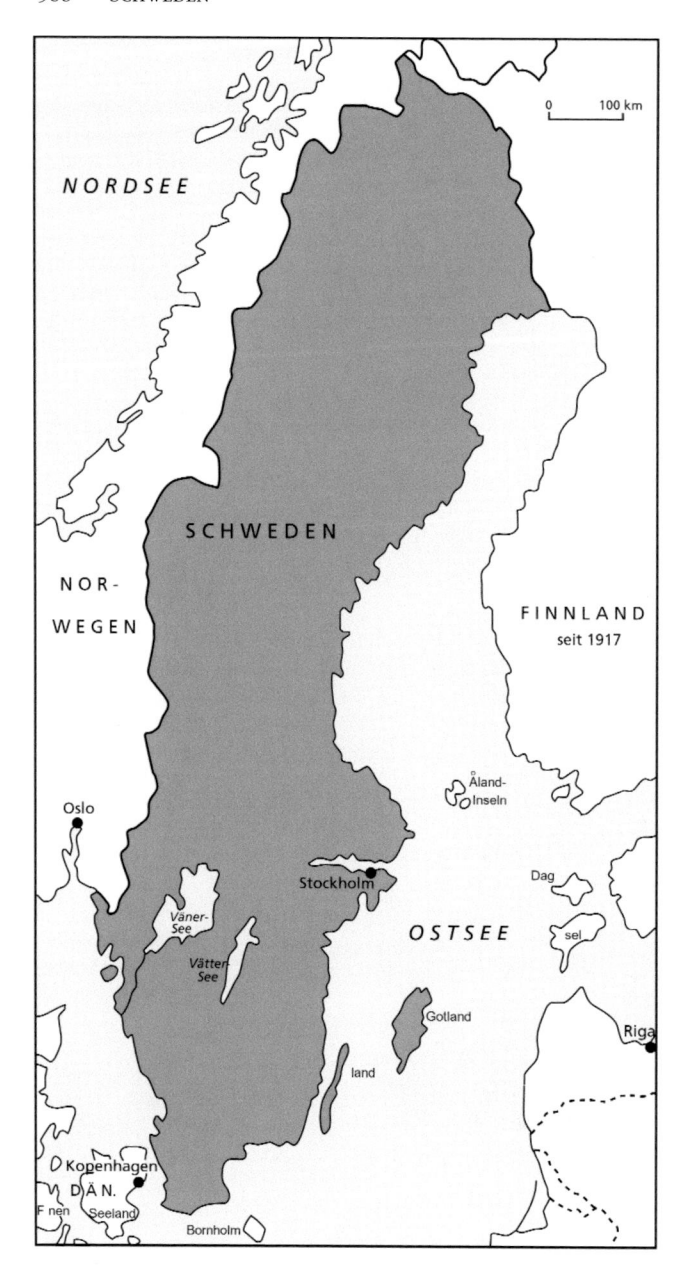

land

Kopenhagen
DÄN.
F nen Seeland
Bornholm

0   100 km

Seit 1914

Chronologie

1912–1918
Bereits im Dezember **1912** vereinbaren Schweden, Norwegen und Dänemark, im Falle eines Krieges neutral zu bleiben, und Schweden, das zuletzt **1814** mit dem Krieg gegen Norwegen einen Konflikt militärisch bewältigt hatte, bekräftigt am **3. August 1914** seine Neutralität und bewahrt diese während des gesamten Ersten Weltkrieges. Da Schweden das Deutsche Reich mit kriegswichtigem Eisen beliefert, erschweren die Ententemächte den Seehandel, was zu einer Lebensmittelverknappung führt. Aufgrund der **1916** beginnenden Lebensmittelrationierung setzt im **Frühjahr 1917** in der Bevölkerung Protest gegen die Politik der konservativen Regierung unter Hjalmar Hammarskjöld ein. Da diese vor dem Hintergrund des Krieges und der Februarrevolution in Rußland eine nationale Streitmacht aufbauen möchte, jedoch mit ihrem Vorschlag im Parlament, dessen Mehrheit an den Sieg der Ententemächte glaubt, scheitert, tritt sie im **Sommer 1917** zurück. Die liberal-sozialdemokratische Regierung unter Nils Edén schließt im **Mai 1918** mit Großbritannien und den USA Handelsverträge ab. Im Zuge der Revolution in Rußland, der deutschen Niederlage und der anhaltenden Lebensmittelknappheit formiert sich **Ende 1918** eine Protestbewegung, welche die Abschaffung der Monarchie und des kapitalistischen Systems fordert.

1919–1922
Es gelingt den während der **20er** Jahre häufig wechselnden Minderheitsregierungen, tiefgreifende politische, wirtschaftliche und soziale Reformen durchzuführen. Durch Verfassungsänderungen zwischen **1918** und **1919** wird das allgemeine Wahlrecht eingeführt, und das System der parlamentarischen Demokratie etabliert sich. Die Sozialdemokraten entwickeln sich seit den Wahlen **1920**, bei denen Hjalmar Branting Ministerpräsident wird, zur stärksten politischen Kraft. Schweden wird **1920** Mitglied des Völkerbundes, der die Ålandinseln, deren Bewohner mehrheitlich schwedischsprachig sind und auf die Schweden Anspruch erhebt, am **24. Juni 1921** Finnland überantwortet. Die Arbeitslosigkeit nimmt in Schweden infolge von Überproduktion und Stellenabbau bis **1922** stark zu, kann aber durch staatliche Maßnahmen schnell vermindert werden.

1931–1935
Die wirtschaftliche Depression zu **Beginn** der **30er** Jahre läßt weder Landwirtschaft noch Industrie unberührt. Die Unzufriedenheit innerhalb der Gesellschaft artikuliert sich in zahlreichen Demonstrationen, deren Teilnehmer soziale und wirtschaftliche Beihilfen fordern. Im **Mai 1931** werden dabei vier Demonstranten und ein unbeteiligter Zuschauer durch das Militär getötet. Das Kabinett Karl Gustav Ekman, eine von Sozialdemokraten und Liberalen gebildete Minderheitsregierung, tritt am **6. August 1932** zurück. Das neue Kabinett wird von Per Albin Hansson gebildet, und die Vormachtstellung der Sozialdemokraten wird von nun an für Jahrzehnte ungebrochen bleiben. Ein Reformprogramm zur Beseitigung der durch die Weltwirtschaftskrise bedingten Not wird am **24. September 1932** verkündet. Es setzt eine bis zum Beginn des Zweiten Weltkrieges anhaltende Phase des wirtschaftlichen Aufschwungs und der Herausbildung einer Konsumgesellschaft ein. Hansson prägt den Begriff des Volksheims (folkhemmet), der eine gerechte Gesellschaft impliziert, in welcher der Staat für die Sicherheit seiner Bürger sorgt und alle gemeinsam für die materielle Grundlage des auf Solidarität beruhenden Versorgungssystems verantwortlich sind. Trotz aller im Zuge der Verwirklichung des Volksheims erfolgten Bemühungen um den gesellschaftlichen Ausgleich bleiben Ungleichbehandlungen, soziale und politische Spannungen bestehen.

1936–1941
Vor dem Hintergrund der internationalen Spannungen werden in Schweden **1936** die Streitkräfte ausgebaut, modernisiert und die Dauer der Wehrpflicht verlängert. Nach dem Einmarsch deutscher Truppen in Österreich im **März 1938** verstärkt Schweden erneut seine Streitkräfte. Im **April 1938** beginnen zwischen Finnland und Schweden Gespräche über die Remilitarisierung der Ålandinseln, die am **7. Januar 1939** im Stockholmer Vertrag

beschlossen wird. Die schwedische Regierung zieht im Reichstag jedoch die Ratifizierung des Vertrages zurück. Auf einer Außenministerkonferenz der drei skandinavischen Staaten beschließen Schweden und Norwegen am **9. Mai 1939** im Gegensatz zu Dänemark, keinen Nichtangriffspakt mit dem Deutschen Reich einzugehen. Während des Zweiten Weltkrieges bleibt Schweden neutral. Allerdings werden verstärkt Rekruten eingezogen und militärisch ausgebildet. Auch Frauen werden als Wachposten und Fürsorgerinnen eingesetzt. Als Finnland am **30. November 1939** von der UdSSR angegriffen wird, gewährt Schweden humanitäre Hilfe und Kriegsmaterial. Während des bis **März 1940** andauernden finnisch-sowjetischen Winterkrieges kämpfen schwedische Freiwillige auf finnischer Seite. Um keinen sowjetischen Angriff zu riskieren, erklärt sich die schwedische Regierung jedoch zu keiner offiziellen militärischen Hilfsmaßnahme für Finnland bereit. Im **Dezember 1939** wird eine Kabinettsumbildung durchgeführt, und alle Parteien außer den Kommunisten werden an der Regierung beteiligt. Als Dänemark und Norwegen bis **Ende Juni 1940** von deutschen Truppen besetzt werden, genehmigt Schweden, das einen deutschen Angriff befürchtet, im **Juli 1940** den Transit für das deutsche Militär in das besetzte Norwegen und sagt Deutschland die Fortführung des Handels mit kriegswichtigen Gütern zu. Die Alliierten wie auch das Deutsche Reich verhängen Seeblockaden, um den Handel einschränken beziehungsweise steuern zu können. Diese Einschränkungen führen zur Lebensmittelknappheit. Da die öffentliche Meinung über die nationalsozialistische Politik negativ ist, wird, um keine Vorwände für ein deutsches Eingreifen in Schweden zu geben, **1941** die Zensur eingeführt und somit das seit **1810** verbürgte Recht auf Meinungsfreiheit aufgehoben.

1943–1945

Die deutsche Niederlage bei Stalingrad zu **Beginn** des Jahres **1943** bewirkt einen Richtungswechsel der schwedischen Politik. Die norwegische und die dänische Widerstandsbewegung dürfen ihre Basis in Stockholm einrichten und auf schwedischem Gebiet Polizeikräfte für die Nachkriegszeit ausbilden. Auch den alliierten Streitkräften wird der Aufenthalt auf schwedischem Territorium gestattet. Die schwedische Regierung versucht zudem, Juden und Gegner des nationalsozialistischen Regimes vor der Ermordung zu retten. Schweden wird Mitglied der **1943** gegründeten United Nations Relief and Rehabilitation Administration (UNRRA), die sich um die Versorgung und die Rückführung von Flüchtlingen kümmert. Als die deutschen Besatzer in Dänemark im **September 1943** die Auslieferung der ca. 8 000 dänischen Juden fordern, können diese vor der Deportation nach Schweden gebracht werden. Der schwedische Diplomat Per Anger und der Legationssekretär der schwedischen Gesandtschaft Raoul Wallenberg verhindern im **Sommer 1944** in Budapest durch die Ausstellung von Schutzpässen, die eine vorübergehende schwedische Staatsbürgerschaft zuerkennen, die Deportation von etwa 5000 ungarischen Juden. Ungefähr 30 000 Balten fliehen im **September** und **Oktober 1944** nach Schweden und finden dort Asyl. Bis **Ende 1944** nimmt Schweden mehr als 90 000 Flüchtlinge aus den von der Wehrmacht besetzten Gebieten auf. Raoul Wallenberg wird nach dem Einmarsch der Roten Armee am **17. Januar 1945** in Budapest verhaftet, sein weiteres Schicksal und die Umstände seines Todes bleiben jahrzehntelang ungeklärt. Im **Frühjahr 1945** kann Folke Graf Bernadotte, Vizepräsident des Schwedischen Roten Kreuzes, durch Verhandlungen mehrere Tausend dänische und norwegische Gefangene aus deutschen Konzentrationslagern befreien. Nach Beendigung des Krieges am **8. Mai 1945** liefert die schwedische Regierung auf Verlangen der Sowjetunion sowohl die deutschen und sowjetischen als auch die baltischen Soldaten in deutschen Uniformen, die während des Krieges nach Schweden gelangt waren, aus. Die Auslieferung der Balten, die in der Sowjetunion harte Strafen erwarten, wird von der schwedischen Bevölkerung scharf kritisiert.

1946–1960

Unter den sozialdemokratischen Ministerpräsidenten Hansson und Tage Fritiof Erlander, der nach Hanssons Tod am **10. Oktober 1946** das Amt besetzt, entwickelt sich Schweden zum Wohlfahrtsstaat. Zu dieser Entwicklung trägt ein Jahrzehnte währendes Wirtschaftswachstum bei. Schweden bemüht sich um die Einbindung in internationale Organisationen. Es tritt **1946** den Vereinten Nationen (UNO) bei. Graf Bernadotte, der im Auftrag des Sicherheitsrates der UNO im Nahost-Konflikt vermitteln soll, wird am **17. September 1948** bei einem Attentat in Palästina erschossen. Schweden wird Mitglied in der **1948** gegründeten Organization for European Economic Cooperation (OEEC; Organisation für europäische wirtschaftliche Zusammenarbeit) und nimmt die Hilfe des Marshallplanes in Anspruch. Der **1949** gegründeten North Atlantic Treaty Organization (NATO) tritt es nicht bei. Gemeinsam mit Dänemark und Norwegen gründet es im **November 1951**, zur Förderung der Zusammenarbeit der Parlamente und Regierungen, den Nordischen Rat, der am **25. Juni 1952** in Kraft tritt und dem später auch Island und Finnland beitreten. Im **Januar 1960** wird Schweden Gründungsmitglied der European Free Trade Association (EFTA; Europäische Freihandelszone), die ein Gegengewicht zur Europäischen Wirtschaftsgemeinschaft (EWG) darstellen soll.

1968–1975
Wegen politischer Differenzen bezüglich des Vietnamkriegs bricht Schweden am **10. März 1968** die diplomatischen Beziehungen zu den USA ab, die jedoch im **Januar 1970** wiederaufgenommen werden. Der Sozialdemokrat Olof Palme wird im **Oktober 1969** Ministerpräsident. Ein Freihandelsabkommen mit der Europäischen Gemeinschaft wird am **22. Juli 1972** unterzeichnet. Wirtschaftlich erlebt das Land aufgrund steigender Produktionskosten und Inflation in den **frühen 70er** Jahren eine Rezession. Die Staatsverschuldung und die Arbeitslosigkeit nehmen zu. Am **1. Januar 1975** tritt eine neue Verfassung in Kraft, welche die Befugnisse des schwedischen Königshauses innerhalb der parlamentarischen Demokratie verringert und es auf eine rein repräsentative Funktion beschränkt.

1976–1986
Eine bürgerliche Koalition, bestehend aus Zentrumspartei, Moderater Sammlungspartei und Liberalen, löst am **19. September 1976** die seit **1932** regierende Sozialdemokratische Arbeiterpartei ab. Ministerpräsident wird Thorbjörn Fälldin, der der Zentrumspartei angehört. Die ethnische Minderheit der Samen, die vor allem in Nordschweden beheimatet ist, stellt Anspruch auf ein eigenes Territorium, ihre Forderung wird jedoch nach einer langjährigen Debatte im **Januar 1981** vom Obersten Gericht zurückgewiesen und ihnen lediglich die gewohnheitsrechtliche Nutzung des Gebietes zugestanden. Das Auflaufen eines sowjetischen U-Bootes vor dem schwedischen Militärhafen Karlskrona im **September 1981** führt sowohl zu Spannungen mit der UdSSR als auch zu einer öffentlichen Diskussion über Schwedens Verteidigungsfähigkeit. Nach den Reichstagswahlen am **19. September 1982** stellen erneut die Sozialdemokraten unter Palme das Kabinett. Ministerpräsident Palme wird am **27. Februar 1986** bei einem Attentat erschossen. Seine Nachfolge tritt Ingmar Carlsson an.

1990–2001
Der Beitritt Schwedens zur Europäischen Gemeinschaft wird am **12. Dezember 1990** vom Parlament befürwortet und der Antrag zur Aufnahme am **1. Juli 1991** gestellt. Angesichts der hohen Staatsverschuldung und der Währungskrise einigen sich **1992** Konservative und Sozialdemokraten auf Einsparungen, die zu Kürzungen sozialstaatlicher Leistungen sowie Privatisierungen eines Teils der Staatsunternehmen führen. Im Jahre **1994** fallen die Wahlen erneut zugunsten der Sozialdemokraten aus, die am **6. Oktober 1994** unter Carlsson eine Minderheitsregierung bilden. Schweden wird am **1. Januar 1995** Mitglied der Europäischen Union (EU). Göran Persson, seit **1994** Finanzminister, wird im **März 1996** nach dem Rücktritt Carlssons Ministerpräsident. Die Regierung entscheidet sich am **10. Oktober 1997** gegen die Teilnahme an der dritten Stufe der Europäischen Wirtschafts- und Währungsunion (EWWU), d. h. gegen die Einführung der europäischen Einheitswährung. Eine seit **1997** arbeitende Regierungskommission, die dem Vorwurf nachgehen soll, Schweden habe während des Zweiten Weltkriegs als Gegenleistung für seine Rohstofflieferungen an das Deutsche Reich sogenanntes Raubgold erhalten, veröffentlicht im **März 1999** ihren Abschlußbericht. Dieser bestätigt die Beteiligung Schwedens an derartigen Geschäften. Ende der **90er** Jahre nehmen rechtsradikale Gewalttaten zu. Die Ermordung des Gewerkschafters Björn Söderberg am **12. Oktober 1999** stellt den Höhepunkt dieser Entwicklung dar. Vom **26. bis 28. Januar 2000** findet in Stockholm das internationale Holocaust-Forum statt. Am **7. Januar 2001** übernimmt Schweden turnusgemäß für ein halbes Jahr den Ratsvorsitz in der Europäischen Kommission.

Literatur:
- Brockhaus – Die Enzyklopädie in 24 Bänden, 20. Aufl., Leipzig/München 1996–1999.
- Mahnert, Heike/Putensen, Dörte: Der Norden auf dem Weg nach Europa. Skandinavien und die europäische Integration, Hamburg 2002.
- Nordstrom, Byron J.: The History of Sweden, Westport, Connecticut/London 2002.
- Scott, Franklin D.: Sweden. The Nation's History, Carbondale/Edwardsville 1988.
- http://www.areion-online.de (1. August 2003).
- http://www.schweden.org (1. August 2003).

Schweiz

Das Bild und die Bilder von der Schweiz zur Zeit des Zweiten Weltkrieges

von Georg Kreis

Da ich 1943 geboren wurde, fehlt mir die eigene Anschauung der Kriegsjahre. Alle Bilder, die ich über jene Zeit in mir trage, habe ich aus zweiter Hand. Ich kann mir aber auf Grund der langjährigen quellengestützten Beschäftigung mit dieser Zeit sehr wohl ein Bild von der Situation der Schweiz im Zweiten Weltkrieg machen. Ich meine auch zu wissen, welches Bild oder welche Bilder man sich von den damaligen Verhältnissen in den Jahrzehnten danach gemacht hat, kenne neben der Geschichte selber auch die Erinnerungen an die Geschichte – die Geschichte der Geschichte. Ferner glaube ich, auch die visuelle Dimension dieser beiden Geschichten, das heißt die Bilder über diese Zeit und die Verwendung dieser Bilder, einigermaßen zu kennen. Wie muß man sich den Zusammenhang vorstellen, der zwischen den beiden Dimensionen, dem imaginierten Gesamtbild eines Zeitabschnitts und der Verbreitung von realen Bildern in der Form von Photographien, besteht? Am Anfang steht jedenfalls nicht die Fülle von reproduzierten Realbildern, am Anfang steht das innere Imaginationsbild. Die Realbelege werden dann sekundär zur Illustration der herrschenden Vorstellungen beigezogen. Diese Belege verstetigen das Gesamtbild und erlangen, einmal eingeführt und kanonisiert, mit der Zeit den Status von patriotischen Ikonen, was schließlich zu einer festen Verschränkung von Gesamtbild und einzelnen Bildbelegen führt. Dies ist trotzdem dem Wandel unterworfen.

Was an Bildbelegen zur Pflege der Erinnerung eingesetzt wurde, muß sich freilich auf das stützen, was in der Zeit selber an Bildern hergestellt worden ist. Die zeitgenössische Bildproduktion war nicht frei von offizieller Steuerung, hatten doch die damals für die Gestaltung der Öffentlichkeit verantwortlichen Personen bereits früh erfaßt, daß Bilder für das kollektive Bewußtsein wichtig sind, und sich entsprechend bemüht, eine positive Antwort auf die Krisenhaftigkeit der Verhältnisse zu geben, etwa mit der Gestaltung der Landesausstellung von 1939, mit der Förderung der für jedes Kino obligatorischen Schweizerischen Filmwochenschau, mit der Einrichtung eines Armeebilderdienstes und eines Zensurbüros für Bilder.[1] War also die zeitgenössische Bildproduktion bereits eine Auswahl, wurde bei der nachträglichen Bildreproduktion nochmals eine Auswahl getroffen. Ein 1997 erschienener Bildband zeigt, daß man aus den 30000 Negativen des Berichterstatter-Detachements der Armee ganz andere Motive aussuchen konnte, als dies in der Zeit selber und in der ersten Nachkriegszeit geschehen war.[2]

In den Kriegsjahren war die Bildpräsenz in den Medien alles in allem eher bescheiden. Es gab im Vergleich mit heutigen Verhältnissen wesentlich weniger Zeitschriften, diese wurden aber als Gegenangebot zur deutschen „Bilderflut" verstanden, die in Form des Billigblattes „Das Signal" die Schweiz überzog.[3] Auch in den ersten Nachkriegsjahren vermittelten die Tageszeitungen, auch aus technischen Gründen, nur wenige Bilder. 1949 war zum 10. Jahrestag des Kriegsbeginns beispielsweise in der Basler National-Zeitung nur von internationalen Vorgängen die Rede, und zu den Texten wurde überhaupt kein Bild veröffentlicht.[4] 1959 hingegen wurde breit und mit Illustrationen angereichert nicht nur an das Auslandsgeschehen, sondern nun auch an die schweizerische Mobilisation erinnert.[5]

Das Bild und die Bilder von der „wehrhaften Schweiz"

In den beiden ersten Jahrzehnten nach 1945 war die kollektive Erinnerungswelt vollkommen von den Bildern der Wehrhaftigkeit beherrscht (Abb. CH 1). Die während des Krieges überall aufgehängten Porträts des Oberkommandierenden der Schweizer Armee blieben an ihren prominenten Orten (Amtsstuben, Polizeiposten, Wirtshäusern) einfach hängen und verschwanden nach und nach erst in den 70er Jahren – tauchten dann allerdings in den Trödlergeschäften und auf den Flohmärkten oder Schallplatten wieder auf (Abb. CH 2).[6] Im ersten größeren Erinnerungsbuch von 1959 (zwanzig Jahre nach der Generalmobilmachung von 1939)[7] finden wir die Bilder, welche später immer wieder verwendet werden und welche die gemeinsamen Vorstellungen alimentieren. Das populärste Motiv: Bundesrat und General, am 30. August 1939 vor dem Bundeshaus gemeinsam die Landeshymne singend (Abb. CH 3). Das ebenfalls dort publizierte Bild der nicht sehr großen Schar der am 25. Juli 1940 nach dem Sieg der Deutschen im Westen auf der nationalen Gründungswiese, dem Rütli, versammelten höheren Offiziere zur Entgegennahme der Order der fortgesetzten Abwehrbereitschaft wurde viel später als Titelbild einer wissenschaftlichen Publikation verwendet (Abb. CH 4). Andere wichtige Bilder in dem 1959 erschienenen Erinnerungsbuch waren Truppenvereidigungen auch der Ortswehren mit den alten und den jungen Männern außerhalb des regulären Dienstalters, stramme Patriotinnen des Frauenhilfsdienstes (FHD), Strohlager im Kantonnement, einsamer Wachtposten, Soldatenweihnacht, Gebirgstruppen auf Skiern, Festungsbauten, gegen Kriegsende die auch in der „unberührten" Schweiz aufgetretenen Schäden durch zumeist irrtümliche Bombardements und die in der Schweiz niedergegangenen Bomber der alliierten Luftwaffe, schließlich die feier-

CH 1
General Henri Guisan
Titelbild der Illustrierten Sie und Er, Nr. 35, 2. September 1939, auf Pappe aufgezogen, mit Danksagungskarte des Generals auf der Rückseite, 1944
Papier und Karton,
38 x 25 cm
Basel, Museum der Kulturen
VI 53386

CH 2
General Henri Guisan
Tagesbefehle, Ansprachen, Worte zur Stunde
Nach 1960
Schallplatte
Privatbesitz

CH 3
Umringt von Mitgliedern des Bundesrates tritt General Guisan nach seiner Wahl vor das Parlamentsgebäude, wo die Menge 'Rufst Du mein Vaterland' anstimmt
In: Hans Rudolph Kurz: Die Schweiz im Zweiten Weltkrieg. Das große Erinnerungswerk an die Aktivdienstzeit 1939–45, Basel 1959, S. 17
Buch
Privatbesitz

liche Abgabe der Fahnen vom 19. August 1945 (Abb. CH 5). Das Abgabezeremoniell, das bereits nostalgische Züge hatte, wurde später, insbesondere auch 1995 zu einem nostalgischen Erinnerungsobjekt sozusagen zweiten Grades: Erinnerung an die Erinnerung. Die Abgabe der Fahnen wurde auch zu einem Bildmotiv in der Serie der sogenannten Schulwandbilder (Abb. CH 6).[8]

In den 50er Jahren gibt es keine Bilder von Zivilflüchtlingen, nur wenige Bilder von internierten Soldaten, doch wenn, dann mit Vorliebe in der exotischsten Variante der französischen Spahis (Abb. CH 7). Parallel zur militärischen Wehrhaftigkeit dokumentiert ein anderer Bildertypus die zivilen Verteidigungsanstrengungen mit Bildern zum landwirtschaftlichen Mehranbau (Abb. CH 8)[9], Bildern zur Sammlung von verwertbarem Altstoff (vor allem von Metallen), Bildern zur außerhäuslichen Arbeit der Frauen, welche an die Stelle der mobilisierten Männer getreten sind.[10]

Das Plakat, das anläßlich der Ausstellung „Zeugen der Zeit" vom Historischen Museum Luzern 1989 herausgegeben wurde, verbindet Anbauschlacht und

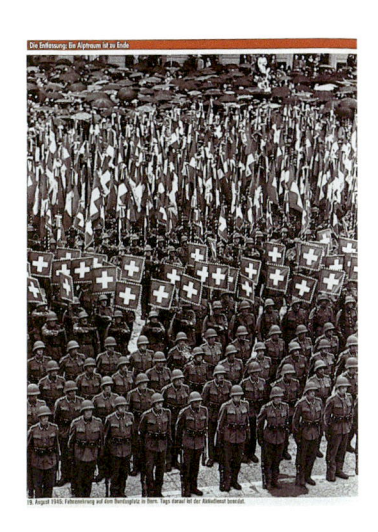

CH 4
Hans Senn
Unsere Armee im Zweiten Weltkrieg, Zürich 1998
Buchtitel. Privatbesitz

CH 6
Weiskönig, Werner
Fahnenehrung. Hommage aux drapeaux. Omaggio alla bandiera. Saluting the flags
Kommission für interkantonale Schulfragen des Schweizer Lehrervereins (Hg.), Zürich 1952
Schulwandtafel, 65 x 89,5 cm
Zürich, Pädagogische Hochschule Zürich, IZ Mediothek Beckenhof
S 600/5.2, Nr. 75

CH 5
19. August 1945:
Fahnenehrung auf dem Bundesplatz in Bern. Tags darauf ist der Aktivdienst beendet
In: Die Entlassung: ein Alptraum ist zu Ende, Schweizer Illustrierte, 1. August 1989, Sonderheft: Der Zweite Weltkrieg, S. 16
Zeitschrift. Privatbesitz

CH 7
Internierte Spahis
In: Hans Rudolph Kurz: Die Schweiz im Zweiten Weltkrieg. Das große Erinnerungswerk an die Aktivdienstzeit 1939–45, Basel 1959, S. 393
Buch. Privatbesitz

Wehrhaftigkeit miteinander (Abb. CH 9). Auf einer Briefmarke von 1941 ist dieses Motiv bereits publiziert (Abb. CH 10).

Ein schon bald in die Bilderwelt der Alpenbastion aufgenommener Bildertypus zeigt Schiffe der im April 1941 (nach dem deutschen Überfall auf Griechenland) zur Selbstversorgung vom schweizerischen Staat geschaffenen Hochseemarine, in einem Fall mit dem Namen des zentralen Symbolberges „St. Gotthard", hier bei der Einfahrt in den Hafen von Marseille (Abb. CH 11). Das Bild und das Schiff zeigen mit dem ins Auge springenden und zum Schutz vor Angriffen gedachten „Switzerland" die Grundsituation des kleinen Binnenlandes: Die Schweiz war insbesondere im Ernährungsbereich auf die Einfuhr aus Übersee angewiesen. Die Einfuhr mußte aber einen doppelten Blockadering überwinden: den äußeren von den Alliierten gelegten Ring der Blockade und den inneren von den Achsenmächten gelegten Ring der Gegenblockade. Und bei der Ausfuhr bestand das gleiche Problem. Und beides war von beidem abhängig. Das Bild zeigt aber auf der Symbolebene die Schweiz auch als Freiheitsinsel im kontinentalen Meer der NS-Hegemonie.

CH 8
Mit 'Plan Wahlen' überlebt
In: 1939. Extrablatt, Projektleitung Diamant (Hg.), Bern 1989, S. 14/15
Broschüre
Privatbesitz

CH 9
Viktor Stampfli
Zeugen der Zeit. Luzerner im Zweiten Weltkrieg
Ausstellungsplakat zur gleichnamigen Ausstellung im Historischen Museum Luzern, 11. Mai – 1. September 1989, 42 x 29,8 cm
Luzern, Historisches Museum Luzern
HMLU 11631.013

CH 10
Aldo Patocchi
Nationales Anbauwerk 1941
1941
Briefmarke
Bonn, Archiv für Philatelie. Museumsstiftung Post und Telekommunikation

CH 11
Aus der Hochseemarine des Alpenstaates: Die St. Gotthard bei der Einfahrt in den Hafen von Marseille
In: Georg Kreis: Die Schweiz im Zweiten Weltkrieg. Ihre Antworten auf die Herausforderungen der Zeit, Zürich 1999, S. 50
Buch
Privatbesitz

CH 12
Operationsplan der Heeresgruppe C
In: Hans Rudolf Kurz: Die Schweiz in der Planung der kriegführenden Mächte während des Zweiten Weltkrieges, Biel 1957, S. 37
Broschüre
Privatbesitz

CH 13
Franz Schnyder (Regie), F. u. D. Gyssler (Plakat)
Angst vor der Gewalt.
Der 10. Mai 1940
1957
Filmplakat, 84 × 61 cm
Zürich, Museum für Gestaltung
47-780

Von den 50er Jahren an wurden Graphiken, welche die verschiedenen von der Wehrmacht vorbereiteten Angriffspläne gegen die Schweiz veranschaulichten, zum integralen Bestandteil des Bildkataloges der „wehrhaften Schweiz" (Abb. CH 12). Hans Rudolf Kurz, Militärhistoriker und Pressechef des Militärdepartements, publizierte mitten im Kalten Krieg (1957 und 1965) nicht ohne gegenwartsbezogene Hintergedanken solche Darstellungen als historische Varianten aktuellerer „Bedrohungsszenarien". Die schwarzen Pfeile wollten vielleicht weniger die Verwundbarkeit als die anhaltende Notwendigkeit des Einsatzes für die militärische Landesverteidigung sichtbar machen.

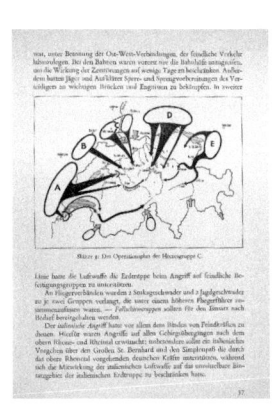

Der Bildkatalog zu den Jahren 1939–1945 ist in vielem eine Variante des Kataloges zu den Jahren 1914–1918, nur die Uniformen und die Bewaffnung sind etwas älter. Die beiden als gleichartiger (stets wiederkehrender) Zustand der „bewaffneten Neutralität" verstandenen Zeitabschnitte werden begrifflich allerdings unterschieden: Die „Grenzbesetzung" des Ersten Weltkrieges mit den eben für jene Zeit typischen Schützengräben an der Grenze wird abgelöst durch den „Aktivdienst" des Zweiten Weltkrieges, der sich nur im ersten Jahr auf Grenzverteidigung konzentrierte und nachher die Abwehr von einer zentralen Rückzugsstellung, dem „Réduit", aus vorsah.[11] Die Verknüpfung der beiden Kriegsphasen kommt auch in den beiden Filmen „Füsilier Wipf" und „Gilberte de Courgenay" zum Ausdruck, die beide Stoffe aus dem Ersten Weltkrieg bearbeiten, aber im einen Fall 1938 und im anderen Fall 1940/41 als Beiträge zur „Geistigen Landesverteidigung" produziert worden sind.[12] Später ist bemerkenswerterweise kein Film zur heroischen Verteidigungshaltung während des Zweiten Weltkrieges entstanden. Selbst Franz Schnyder, dem 1941 mit seinem Erstling „Gilberte" eine erfolgreiche Landesverteidigungssaga gelungen ist, thematisierte diese zweite Bedrohungszeit eher unter kritischem Blickwinkel, zum Beispiel mit dem 1957 uraufgeführten Film „Der 10. Mai 1940", der das schreckhafte Verhalten der Bevölkerung im Moment des erwarteten deutschen Angriffs im Mai 1940 zum Gegenstand hatte (Abb. CH 13). Das Plakat nimmt diese Stimmung durch das Motiv des überdimensional gezeichneten Hakenkreuzes auf.

Die 1939 zur sogenannten Landesausstellung entstandene, nach dem Geschmack des faschistischen Naturalismus oder des sozialistischen Realismus geschaffene Monumentalstatue (5,8 Meter) eines Zivilisten, eines Bauern oder Arbeiters mit nacktem Oberkörper, der, den Helm noch zu seinen Füßen, im Begriffe ist, sich die Uniform, den Wehrrock, überzustreifen, wurde zur steinernen und später auch in Bronze-Varianten verschiedenster Größe verbreiteten Inkarnation der Wehrfähigkeit (Abb. CH 14).[13] Das Denkmal zur wehrhaften Vergangenheit kam in diesem Fall sozusagen vorweg zustande, also noch vor Kriegsausbruch und vor dem im strikten Sinn nie eingetretenen Ernstfall, und es wurde sogleich und nachhaltig zur Kultfigur der Aktivdienstgeneration. 1941 zum 650jährigen Jubiläum des als Gründungsurkunde verehrten Bundesbriefes von 1291 wurde von der Organisation der Auslandschweizer eine Replik gestiftet und in Schwyz vor dem Sanktuarium, in dem der angebliche Bundesbrief aufbewahrt ist, aufgestellt.[14] Als 1989 mit einer groß inszenierten Gedenkfeier weniger der Kriegsausbruch als die Mobilmachung von 1939 zelebriert wurde, war auch dieser lieu de mémoire für die Veteranen ein wichtiger Wallfahrtsort (Abb. CH 15).[15] In diesem Zusammenhang erschien auch eine Medaille, die die „Wehrbereitschaft" mit der Anbauschlacht kombiniert (Abb. CH 16).

Die Jahre der Bedrohung waren Jahre des intensivierten Patriotismus. Ein Teil des üblichen Privategoismus machte einer kollektiven Hingabebereitschaft Platz, man wollte Dienst leisten und dies zum Beispiel mit dem Tragen von Uniformen manifestieren. Patriotismus kann sich aber auf unterschiedlichste Art gebärden. Schweizertum wurde in diesem Fall in erster Linie in seiner nationalegoistischen Variante gepflegt, die Verteidigung universaler Werte hatte zurückzustehen. Oder man sagte sich, das Dilemma so bewältigend, daß man mit der Verteidigung der Schweiz als dem Hort der Freiheit ja bereits einen internationalen Beitrag leiste. Dazu gibt es eigentlich keine Bilder. Illustrieren kann man das Phänomen mit einem Bildtypus, der heute recht häufig reproduziert und verbreitet wird; mit Bildern nämlich, welche Markierungen mit Schweizer Kreuzen zeigen, die in exponierten Grenzgebieten zum Schutze gegen irrtümliche Bombardierungen angebracht wurden. Derartige Bilder zeigen eine reale

CH 14
Hans Brandenberger
Wehrbereitschaft
Modell des gleichnamigen Denkmals, 1939
Gips, 24 cm
Basel, Museum der Kulturen
VI 51843

CH 15
Felix von Muralt (Photographie)
Schuld auf uns geladen: Aktivdienstler-Generation an einer 'Diamant'-Feier zum Gedenken an den Ausbruch des Zweiten Weltkriegs
In: Christian Mensch: Wie ein Klunker den Diamanten überstrahlte, Weltwoche, Nr. 34, 23. August 2001, S. 11
Zeitung
Zürich, Weltwoche

CH 16
Huguenin, Le Locle
50 ans mobilisation. 50 anni mobilizazione. 50 onns mobilisaziun
50 Jahre Mobilmachung, 1989
Medaille, Bronze, Dm 5,4 cm
Zürich, Schweizerisches Landesmuseum
M 14 131

CH 17
Das Vaterland vor allem
In: Der kleine Bund, 1. Juni 2002, Nr. 125, S. 1
Zeitung
Privatbesitz

CH 18
1939–1945. Schweiz. Suisse.
Svizzera. Svizra. Diamant
1989
Plastiktüte mit Informations-
materialien, 42,2 x 34,5 cm
Privatbesitz

CH 19
Georg Kreis
Henri Guisan – Bild eines
Generals
In: Basler Magazin, Nr. 10,
10. März 1990, S. 2/3
Zeitung
Privatbesitz

Maßnahme, sie illustrieren zugleich aber auch einen mentalen Vorgang: die Imprägnierung des Bewußtseins mit Schweizertum (Abb. CH 17).

Zur Bilderwelt der „wehrhaften Schweiz" gehören auch die Bilder vom Krieg „draußen" in der weiten Welt; Bilder, soweit sich dies im Rauch der Bomben und Trümmer wahrnehmen läßt, zwischen verfeindeten Mächten. Dazwischen angesiedelt sind die wenigen Belege einer speziellen Kategorie von Bildern, welche die Schweiz im Kontakt mit den Kombattanten dieser Welt zeigen: zuerst und häufiger das Bild bedrohlicher Wehrmachtrepräsentanten, die nach geschlagenem Frankreichfeldzug unerwartet schnell an der schweizerischen Westgrenze angelangt waren[16]; erst später und viel seltener das Bild von Truppen der Westmächte, die als Befreier des Kontinents auch die Schweiz von der Umklammerung durch die Achsenmächte befreiten.[17]

Das Bild von der „wehrhaften Schweiz" wurde nach der langjährigen Dominanz in der 80er Jahren infolge von zwei Vorgängen stark in Frage gestellt: zum einen wegen der im Zuge der zeitgenössischen pazifistischen Bewegung unternommenen politischen Bestrebungen, welche auf die Abschaffung der Armee zielten und sich mit dem Hauptargument konfrontiert sahen, daß die Armee die Schweiz im letzten Krieg vor einer Besetzung bewahrt habe und darum auch in Zukunft sinnvoll sei.[18] Und zum anderen wegen der Verwissenschaftlichung der Zeitgeschichtsschreibung, welche in zunehmendem Maße auch die wirtschaftlichen Aspekte der Problematik berücksichtigte.[19]

Diese Positionen werden im Rahmen der eidgenössischen „Diamant"-Feierlichkeiten[20] von 1989 im Gedenken an die Kriegsmobilmachung von 1939 deutlich (Abb. CH 18). Patriotisch die eine Seite, die z. B. in einer Tüte mit weithin sichtbarem weißen Kreuz auf rotem Grund Reproduktionen der wichtigsten schweizerischen Zeitungen vom 2. September 1939 und eine Karte, die die Standorte der Armee von 1939 wiedergibt, für nur 2 Franken herausgab, kritisch die andere Seite, die General Henri Guisan zu demontieren suchte (Abb. CH 19).

Diese Infragestellungen führten erwartungsgemäß in bestimmten Milieus zu einer weiteren, reaktiven Verstärkung des Bildes von der „wehrhaften Schweiz".

Das Bild und die Bilder von der „barmherzigen Schweiz"

Das Bild von der „barmherzigen Schweiz", ebenfalls in den Jahren 1914–1918, als sich die Schweiz als „Samariterposten Europas" verstand, bereits voll entwickelt, hatte die Funktion, das militärisch-politische Nichtengagement des Neutralen auszugleichen. Es belegt die im Dienste des humanitären Engagements geleisteten „Liebestätigkeiten": den Austausch von Kriegsverwundeten, die Internierung von Soldaten, den Schutz der bedrohten Grenzbevölkerung, die internationale Rotkreuz-Hilfe, die Ferienaufenthalte für Kriegskinder, aber auch die Hilfsaktionen in kriegszerstörten Gebieten. 1942 übernahm die (männliche) Armee die zuvor privat organisierte und von Frauen getragene Kinderhilfe.[21] Dies ermöglichte – bereits in der Zeit selber – eine Verschmelzung der beiden Bilderwelten: Die Identität von „Wehrhaftigkeit" und „Barmherzigkeit", sie drückt sich in einem mehrfach reproduzierten Bild von einem Soldaten aus, der ein mit Etikett versehenes Ferienkind auf den Armen trägt: eine Kombination von Männlichem-Militärischem-Erwachsenem-Schützendem mit Weiblichem-Zivilem-Kindlichem-Schutzbedürftigem, beide in einem gemeinsamen Lächeln vereinigt (Abb. CH 20).[22] Das Bild von der „barmherzigen Schweiz" wurde und wird durch zahlreiche weitere Bilder dokumentiert, welche drei Kategorien von „Flüchtlingen" festhalten: die Militärinternierten, die Grenzbevölkerung und die Ferienkinder. Bilder von schutzsuchenden politischen oder aus „rassischen" Gründen Verfolgten des NS-Regimes finden sich kaum. Weder zur „barmherzigen" noch zur nachfolgend zu erörternden „unbarmherzigen" Schweiz gab es einen lieu de mémoire. 1989 wurde im Parlament von seiten der Grünen die Herausgabe einer Gedenkmünze für die „Flüchtlingsmutter" Gertrud Kurz sozusagen als weibliches Gegenstück zu der männlichen Gedenkmünze zu General Guisan gefordert. Grundsätzlich nicht dagegen, vertröstete man auf das folgende Jahr, das sich besser eigne, weil man dann gerade den 100. Geburtstag der Geehrten zum Anlaß nehmen könne. Es wurde aber 1992, und als Anlaß nahm man die 50 Jahre seit der Grenzschließung von 1942 (Abb. CH 21).

1995 machte – allerdings vergeblich – der sozialdemokratische Nationalrat Andreas Gross im Zusammenhang mit dem Gedenken zum Kriegsende den Vorschlag, es sei ein Holocaust-Denkmal zu errichten. Die Regierung verschanzte sich hinter dem Argument, die Problematik der schweizerischen Flüchtlingspolitik sei „zu komplex", als daß sie einfach durch eine Skulptur dargestellt werden könne, dies müsse vielmehr mit Lehrmitteln und Quelleneditionen geschehen, damit eine derartige Skulptur überhaupt „lesbar" würde; den Vergleich mit Denkmälern und Denkmalprojekten in Deutschland und von Deutschland besetzten Gebieten wollte sie nicht gelten lassen, weil es in jenen Fällen um die Darstellung von unermeßlichem Leid gehe, „das in aller Offenheit und Direktheit erzeugt worden ist".[23] 1997 sollte dann das Parlament allerdings unbestellt ein privates Denkmal zu dieser Thematik angeliefert erhalten. Das Shoah-Denkmal von Schang Hutter wurde im März 1998 vor dem Bundeshaus deponiert, es durfte dort kurze Zeit

CH 20
Soldat mit Ferienkind
In: Alfred Cattani: Die schweizerische Flüchtlingspolitik 1933–1945, Bern 1999
Buchtitel
Privatbesitz

CH 21
Rosmarie Tisse
Gertrud Kurz 1890–1972. 20-Franken-Gedenkmünze zu Ehren der Flüchtlingsmutter Gertrud Kurz, 1992
Silber, Dm 3,3 cm
Zürich, Schweizerisches Landesmuseum
M 14548

CH 22
'Shoah' wird auf dem Zürcher Paradeplatz aufgestellt
In: Annemarie Monteil: Shoah von Schang Hutter: Der Verletzlichkeit Raum geben, Basler Zeitung, 7./8. März 1998, Nr. 45, S. 3
Zeitung
Privatbesitz

bleiben und ging dann auf Tournee durch verschiedene Schweizer Städte (Abb. CH 22).²⁴ Und auf eine ganz andere Art – über Filme – wurden schweizerische Landschaften mit spezifischen Erinnerungen von Flüchtlingen, Fluchthelfern und Grenzbeamten aufgeladen und so insbesondere die Juragrenzen im Westen und die Grenzen um Genf zu lieux de mémoire gemacht.²⁵

Das Bild und die Bilder von der „grausamen Schweiz"

Bundesrat Eduard von Steiger, der für die Flüchtlingspolitik hauptverantwortliche Chef des Eidgenössischen Justiz- und Polizeidepartements, bestritt nicht, daß seine Politik 1942 grausam war, er verstand sie aber als notwendige Grausamkeit. Zur Rechtfertigung der Grenzschließung prägte er das Bild vom Rettungsboot und verkündete am 30. August 1942 vor einer großen Schar junger Kirchenangehöriger: „Wer ein schon stark besetztes kleines Rettungsboot mit beschränktem Fassungsvermögen und ebenso beschränkten Vorräten zu kommandieren hat, indessen Tausende von Opfern einer Schiffskatastrophe nach Rettung schreien, muß hart erscheinen, wenn er nicht alle aufnehmen kann."²⁶ Das Bild wurde von Albert Oeri, dem Chefredakteur der liberalen „Basler Nachrichten", in der Nationalratsdebatte vom September 1942 weitergetragen, er bezeichnete es als „sehr eindrucksvoll", aber auch als unzutreffend: „Unser Rettungsboot ist noch lange nicht überfüllt, nicht einmal gefüllt, und solange es nicht gefüllt ist, nehmen wir noch auf, was Platz hat, sonst versündigen wir uns." Die restriktive Flüchtlingspolitik des Bundesrates bezeichnete er als „Grausamkeit auf Vorrat".²⁷

Bei Kriegsende war das Bild vom Rettungsboot nicht vergessen, es tauchte da und dort in der Publizistik wieder auf: Eine Schrift über die schweizerische Außenpolitik kritisierte im Kapitel mit dem Titel „Überfülltes Boot?" die restriktive Flüchtlingspolitik und erklärt, das Wort vom „überfüllten Boot" habe einen erfreulichen Sturm der Entrüstung ausgelöst.²⁸ Und gleich nach Kriegsende entstandene, aber erst später publizierte Flüchtlingserinnerungen kamen unter dem Titel „Im Schweizer Rettungsboot" heraus.²⁹ Der von Carl Ludwig in offiziellem Auftrag verfaßte und 1957 veröffentlichte Bericht nahm eine zurückhaltend kritische Beurteilung der schweizerischen Flüchtlingspolitik vor, dies führte aber alles in allem nicht zu einem entsprechend kritischen Selbstbild.³⁰ Es dominierte vielmehr die Vorstellung, daß man durch die Widrigkeit der Umstände, um beim Wort zu bleiben, zur Grausamkeit eben gezwungen gewesen sei. Der Natur des amtlichen Reports entsprechend, ging der Ludwig-Bericht auf die Boots-Metapher nicht näher ein, er referierte ohne namentlichen Bezug das Diktum von 1942. Dies veranlaßte den Schöpfer des Bildes, 1957 seine Aussage in voller Breite ohne Bedauern und Relativierung nochmals zu zitieren.³¹

Eine selbstkritische Sicht der Flüchtlingspolitik kam erst 1967 in und mit Alfred A. Häslers in mehreren Auflagen und zahlreichen Übersetzungen verbreiteter Publikation auf.³² Dieses Buch trug nun den Titel „Das Boot ist voll" und ging im Text mehrfach auf die Boot-Metapher ein, es sprach von den Auseinandersetzungen im Boot und vom Kommandanten des Rettungsbootes. Aber Realbilder zum zentralen Punkt, nämlich zur Abweisung und mitunter auch Ausschaffung von jüdischen Flüchtlingen, konnte auch diese Publikation nur indirekt liefern, indem sie auf einer Buchseite zwei Pässe mit dem berüchtigten J-Stempel zeigte. Im übrigen auch hier wieder nur Bilder von Ferienkindern, Grenzbevölkerung und Militärinternierten, oder wie auf dem Titel ein Grenzpfahl (Abb. CH 23). Häslers Buch sorgte dafür, daß die Metapher vom „vollen Rettungsboot" zum zentralen Bild der schweizerischen Flüchtlingspolitik wurde. Durch Häsler angeregt und durch die Debatten um die amerikanische Fernsehserie „Holocaust" von 1979 zusätzlich motiviert, schuf Markus Imhoof den 1981 herausgekommenen und mit einem Berliner Bären ausgezeichneten Flüchtlingsfilm, ebenfalls mit dem Titel „Das Boot ist voll". Der Film zeigt auf eindrückliche Weise das Schicksal jüdischer Flüchtlinge, die es bis in die Schweiz geschafft haben und dann doch abgeschoben werden. Während sich die Dorfbewohner bemühen, den Flüchtlingen zu helfen, werden die Gesetze von den Behörden fraglos und mitleidlos umgesetzt. Das Plakat zeigt die vor den Schweizer Beamten auf einem Motorrad Fliehenden kurz vor ihrer Festnahme und Abschiebung (Abb. CH 24). Der Bauer, der sie retten und sie in nächtlicher Fahrt ins Landesinnere bringen will, wird ebenfalls verhaftet.

Heute ist die Metapher des Bootes fester Bestandteil des schweizerischen Diskurses. So bezeichnete der Zürcher Historiker Peter Stadler in seiner staatsbürgerlichen 1.-August-Ansprache von 1991, mit welcher er die angeblich zu großzügige Asylpolitik der Schweiz heftig kritisierte, das Bild vom vollen Rettungsboot als falsch, weil man Rettungsboote so rasch wie möglich verlassen wolle, die „Asylanten" die Schweiz aber gar nicht verlassen, sondern sich hier festsetzen wollten.[33] Anderseits setzte der Journalist Johann Aeschlimann über seinen Beitrag, der sich 1997/98 kritisch mit dem Bild der Schweiz befaßte, den in seiner Anspielung allgemeinverständlichen Titel: „Das Boot ist leck".[34]

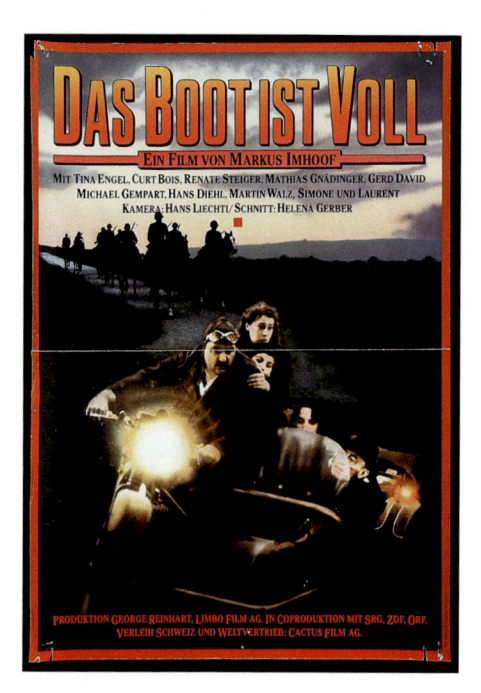

Bereits 1944/45 war die Flüchtlingsproblematik in einem Film mit dem Titel „Die letzte Chance" thematisiert worden. Es handelt sich um einen wiederum von Leopold Lindtberg[35] gestalteten, im Emigrantenmilieu (u. a. mit Therese Giehse) entstandenen Film, der auch im Ausland sehr erfolgreich war (1945 Golden Globe der ausländischen Filmkritiker von New York und 1946 Großer Friedenspreis von Cannes). Ein Vergleich zwischen den beiden Filmen ist aufschlußreich: Der ältere Film zeichnet ein wesentlich milderes Bild der schweizerischen Flüchtlingspolitik als der jüngere Film von 1981: Eine Flüchtlingsgruppe gelangt im Herbst 1943 nach größten An-

CH 23
Alfred A. Häsler
Das Boot ist voll. Die Schweiz und die Flüchtlinge 1933–45,
Zürich 1992 (1. Aufl. 1967)
Buchtitel
Saarbrücken, Saarländische Universitäts- und Landesbibliothek
94617

CH 24
Markus Imhoof (Regie)
Das Boot ist voll
1981
Filmplakat, 42 x 30 cm
Zürich, Museum für Gestaltung
39-748

strengungen aus Italien über die Berge in die Schweiz und wird nach bangen Momenten des Wartens dank der Fürsprache eines Offiziers schließlich aufgenommen[36] – eine Story mit Happy-End, wenn man davon absieht, daß einer der Flüchtlingsgruppe, ein aus der Kriegsgefangenschaft entwichener verletzter Soldat, nach der Ankunft im Asylland stirbt.[37] Das „milde" Bild erklärt sich zum Teil aus den Erwartungen der Behörden. Ein Beamter des Außenministeriums sprach sich gegen das Filmprojekt aus, weil es (laut Drehbuch) die Opfer der Schweiz für humanitäre Bestrebungen und die Bemühungen des Roten Kreuzes nicht zeige und der Neutralitätsgedanke nicht zum Ausdruck käme. Der Filmproduzent mußte, um die nötigen Drehbewilligungen zu erhalten, Bundesrat Eduard von Steiger versprechen, daß der Film den Interessen der Schweiz im Ausland förderlich sei und daß die Landesregierung ihn vor der Freigabe noch visionieren könne. Bundesrat von Steiger kritisierte bei der späteren Abnahme den Film, weil er den sympathischen Flüchtlingen einen bürokratischen Offizier gegenüberstelle und die schweizerische Medizin schlecht darstelle, denn dieser gelänge es nicht, den durch einen Lungenschuß verletzten britischen Leutnant zu retten. Schon bald kam dann von allen schweizerischen Außenvertretungen die Nachricht, daß der Film bestens ankomme und viel zur Verbesserung des angeschlagenen Bildes der Schweiz beitrage.[38] Auf dem Plakat werden die verschiedenen Motive miteinander montiert (Abb. CH 25). Groß hervorgehoben werden die Helfer, von denen nur zwei überleben werden, und die verfolgten Flüchtlinge vor großartiger Bergkulisse im Schnee, kurz vor der rettenden Schweizer Grenze.

Wie ganz anders geht Imhoofs Film von 1981 aus: Die Flüchtlinge können nicht im „Rettungsboot" bleiben, sie werden rausgeschmissen, vorher gewaltsam auseinandergerissen, dann, statt nach Frankreich ausreisen zu können, direkt den deutschen Behörden ausgeliefert, ein gebrechlicher Mann, dem zuvor von einem Arzt mit einer Spritze die letzten Kräfte zurückgegeben werden, eine Frau und ein Mädchen; nur einem sechsjährigen Knaben stellt man im letzten Moment einen Freiplatz bei einer Familie zur Verfügung.

Spätestens von den 80er Jahren an konnte die schweizerische Publizistik davon ausgehen, daß die Boot-Metapher Allgemeingut war und entsprechende Anspielungen möglich waren. So publizierte die Neue Zürcher Zeitung 1991 im Feuilleton ein Gedicht, das sich – vor dem Hintergrund zeitgenössischer Asylfragen – mit der Aussage kritisch auseinandersetzte, „daß Heimland ein Boot sei und keine Insel".[39] Im Frühjahr 1997 titelte ein Massenblatt zur aktuellen Asylpolitik: „Flüchtlinge: Das Boot ist wieder voll".[40] Im Sommer 2000 präsentierte

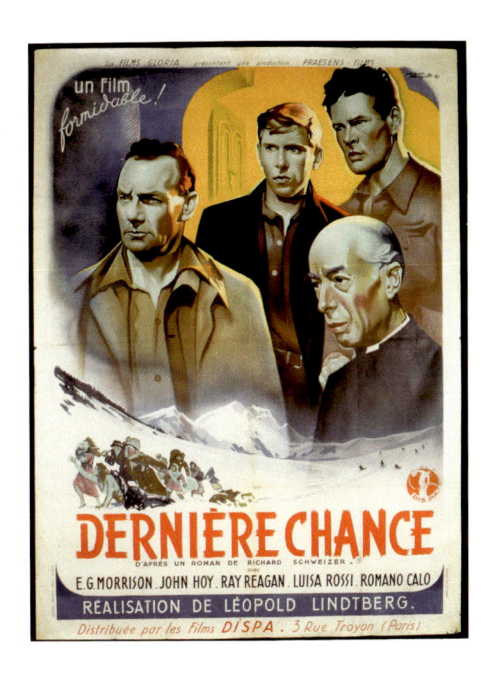

CH 25
Leopold Lindtberg (Regie)
Dernière chance
Die letzte Chance, 1945
Filmplakat, 160 x 120 cm
Penthaz, Cinémathèque suisse
090343-01B00142

ein anderes Blatt jüngste Forschungsergebnisse über die Aufnahmepolitik der Jahre 1939–1945 unter dem Titel „Im vollen Boot wurden noch freie Plätze freigehalten".[41] Und Befunde zur gegenwärtigen Zusammensetzung der Wohnbevölkerung beziehungsweise deren Anteil an Migrationsbevölkerung führten zu einer Karikatur, in der ein bekannter national-konservativer Politiker aus einem untergehenden Schifflein ruft: „Hilfe – das Boot ist schon wieder voll."[42]

Bilder zur Variante der schwer dokumentierbaren Zivilflüchtlinge und ihrer Abweisung gelangten erst einige Zeit nach 1967 in Zirkulation. Ohne Zeit- und Ortsangabe wurde 1983 in einer allgemeinen Schweizer Geschichte ein derartiges Bild veröffentlicht.[43] Das Besondere dieses Bildes bestand darin, daß es mit dem Schriftzug „Veröffentlichung verboten/Publication interdite" überstempelt war. Die Pressezensur untersagte Meldungen und Bilder zu Grenzübertritten, sei es um die Asylsuchenden vor unerwünschter Publizität zu schützen, sei es, um die staatliche Asylpraxis gegenüber dem Ausland oder der eigenen Bevölkerung nicht zusätzlich zu exponieren.[44] Dieses Bild, es zeigte einen italienisch-schweizerischen Grenzübergang in Gondo, wahrscheinlich im Herbst 1943, wurde in der Folge immer wieder zur Illustration der Flüchtlingspolitik verwendet (Abb. CH 26 re. u.).[45] Es unterscheidet sich eindeutig von den früheren Bildern zu den Fluchtbewegungen der benachbarten Grenzbevölkerung. In Bildlegenden wird es zuweilen mit „jüdischen Flüchtlingen" in Verbindung gebracht, obwohl man den Menschen nicht ansieht, ob es sich um jüdische oder nichtjüdische Flüchtlinge handelt.

CH 26
Flüchtlinge 1941 beim Grenzübertritt. Solche Bilder durften während des Krieges nicht veröffentlicht werden
In: Georg Kreis: Die Schweiz in der Geschichte 1700 bis heute, Bd. 2, Zürich 1997, S. 211
Buch
Privatbesitz

Das Bildmotiv der an der Grenze aufgehaltenen Flüchtlinge gibt es in verschiedenen Varianten. Hier sollen vier davon kurz vorgestellt werden:

1. Das bisher am häufigsten verwendete Bild zeigt eine Gruppe von teils der Schweiz zugewandten, teils von ihr abgewandten Zivilisten hinter hohem Stacheldraht und unter einer Schweizerfahne. Es ist ein in jeder Beziehung sich selbst erläuterndes Bild zur condition humaine des schutzsuchenden Menschen. Aus dem Bild geht nicht hervor, ob die Flüchtlinge aufgenommen worden sind oder nicht (Abb. CH 27).[46]

2. Der eigentlich in die Kategorie der „barmherzigen Schweiz" fallende Bildtypus zu Grenzsituationen mit Bevölkerung aus der unmittelbaren Nachbarschaft zeigt meistens auf der externen Seite eine Menge von hilfsbedürftigen Menschen und auf der internen Seite einige wenige Helfer und dazwischen wiederum dicke Stacheldrahtrollen, die mit zwei Armlängen durch die von beiden Seiten ausgestreckten Hände kaum zu überwinden sind

CH 27
Flüchtlinge an der Schweizer Grenze
In: Neue Helvetische Gesellschaft (Hg.): Die Schweiz und der Zweite Weltkrieg, Winterthur 1990, S. 51
Broschüre
Privatbesitz

CH 28
Halt! Schweizer Grenze –
Stacheldraht – Wie viele
hoffen auf Einlass!
In: Arnold Jaggi: Bedrohte
Schweiz. Unser Land in der
Zeit Mussolinis, Hitlers und
des Zweiten Weltkrieges, Bern
1978, S. 171
Buch
Berlin, Staatsbibliothek zu
Berlin – Preußischer
Kulturbesitz
509553

CH 29
Dürfen wir diesmal
reinkommen? – Zur
Jubiläumsfeier '50 Jahre
Mobilmachung'?
In: Nebelspalter, 1989,
Nr. 12, S. 7
Zeitschrift
Privatbesitz

CH 30
An der Grenze in der Nähe
Basels
In: Flüchtlingsfragen, SLZ. Die
Zeitschrift für Schweizer
Lehrerinnen und Lehrer, Nr. 2,
1999, Sondernummer:
Die Schweiz im Zweiten
Weltkrieg, S. 44
Berlin, Bibliothek des Berliner
Landesinstituts für Schule und
Medien
ZS 9026-6525

CH 31
Schweizer Grenze
In: Heiko Haumann (Hg.):
Juden in Basel und
Umgebung. Zur Geschichte
einer Minderheit. Darstellung
und Quellen für den
Gebrauch an Schulen, Basel
1999, S. 58
Buch
Berlin, Staatsbibliothek zu
Berlin – Preußischer
Kulturbesitz
1A384240

(Abb. CH 28). 1989 stellte die satirische Zeitschrift Der Nebelspalter diese Sichtweise grundsätzlich in Frage, indem er herausstellte, daß die Schweiz die Flüchtlinge nicht aufgenommen habe. (Abb. CH 29).

3. Ein besonders eindrückliches Bild stammt von Theo Frey und zeigt ebenfalls eine dichtgedrängte Gruppe von Menschen, wiederum hinter Stacheldrahtrollen, vor sich im Niemandsland ein – dreifach – als schweizerisch markiertes Gasthaus: einmal mit dem Namen „Restaurant Schweizerhaus", dann mit einer auf der Terrasse angebrachten Schweizerfahne und schließlich mit dem auf den Dachziegeln für die Flugzeuge aufgemalten Schweizerkreuz. Die gedrängte Gruppe, das sind in diesem Fall aber nicht Flüchtlinge, sondern Schweizer, welche die Vorgänge jenseits der Grenze beobachten (Abb. CH 30).

4. Ein viertes Bild zirkulierte 1996/97 in der hitzigsten Phase der aus den USA lancierten Debatte um die nachrichtenlosen Vermögen und die Goldkäufe der Schweiz: Es zeigt auf der näher liegenden Seite drei Schweizer Soldaten in zum Teil arrogant wirkender Haltung mit dem Rücken zum Betrachter gegen eine Gruppe von Flüchtlingen blickend, welche auf der anderen Seite des Stacheldrahtes stehen und in ihrer Statik ratlos und verloren wirken. Mehrere Blätter brachten dieses Bild, mindestens drei von ihnen mit der Standardfeststellung „Das Boot ist voll" und mit der zusätzlichen Aussage in Varianten, daß (jüdische) Flüchtlinge vergeblich um Einlaß in die Schweiz bäten (Abb. CH 31).[47] Die Blätter hatten Pech, denn sie verwendeten zur Illustration eines an sich wahren Sachverhalts eine vom Ringier Dokumentationsdienst verbreitete, im Symbolgehalt nicht falsche, aber auf der Realebene unzutreffende Szene: Es habe sich um eine Szene an der Schaffhauser Grenze im April 1945 gehandelt, und die Einlaß begehrenden Menschen seien entlang des Grenzzaunes zu den offenen Zollübergängen geleitet und zu Tausenden dann aufgenommen worden. Ein Leser erkannte sich als einer der drei Schweizer Soldaten und klärte den Fehler mit einem in einem akzentuiert rechtsnationalen Blättchen veröffentlichten Schreiben auf. Die Journalisten wurden, da die in Erinnerung gerufene Wahrheit unangenehm ist, der „Lüge" bezichtigt, eine Äußerlichkeit wurde kritisiert und den Medien vorgeworfen, daß sie Bilder und Texte veröffentlichen würden, „ohne sie auf ihren Wahrheitsgehalt zu hinterfragen".[48]

Die restriktive Flüchtlingspolitik der Schweiz fand ihren symbolischen Ausdruck auch in den deutschen Pässen „nichtarischer" Reichsangehöriger mit dem von deutschen Amtsstellen eingestempelten „J". Da dieses Teilvisum für Juden auf Drängen der Schweiz eingeführt und von der Schweiz durch einen eigenen Beschluß maßgebend für die Abweisungspraxis gemacht wurde, spiegelte sich in dieser deutschen Maßnahme die schweizerische Haltung gegenüber dieser Kategorie von Flüchtlingen. Es war diese über die Edition der „Akten zur Deutschen Auswärtigen Politik" von 1954 bekanntgewordene politisch-administrative Kooperation, welche zu dem 1957 schließlich erschienenen Ludwig-Bericht führte.[49] Die wahrscheinlich erste in größerer Auflage veröffentlichte Abbildung von solchen J-Pässen findet sich im Buch von Alfred Häsler von 1967. Von da an entwickelte sich das Paß-Motiv zu einer der wichtigsten Illustrationen der schweizerischen Flüchtlingspolitik, allerdings zumeist in der „unwahren" Gestalt einer auf Edith Braun ausgestellten Kennkarte für den innerdeutschen Gebrauch (Abb. CH 32).[50]

CH 32
Swiss made
Doppelseitiges Inserat der Sonntagszeitung im Tages-Anzeiger vom 25. April 1997, S. 40/41
Zeitung
Berlin, Deutsches Historisches Museum

Zu einer neuen Qualität der Vergegenwärtigung kam es, als um 1994 die letzten Zeugen der Flüchtlingstragödie zu reden begannen und der abstrakte Sachverhalt durch Gestalten aus Fleisch und Blut verkörpert wurde, mithin die Geschichte individuelle Gesichter erhielt. In dieser Weise wurde die Vergangenheit 1994 durch die Ausstellung „Die Welt der Anne Frank" – einem temporären lieu de mémoire – und durch den im folgenden Jahr publizierten Begleitband mit der Darstellung und Vermittlung von Einzelschicksalen in die Gegenwart zurückgeholt.[51] Auch in den Gedenkartikeln zum Kriegsende im Mai 1995 und später, 1996/97, kamen immer mehr individuelle Schicksale zum Vorschein und wurden, wie im Fall der Gebrüder Spring und der Geschwister Sonabend, zu allgemein bekannten „Fällen", die in dem Film „Closed Country" verarbeitet worden sind. Der Film ist ein Flüchtlingsfilm, „das heißt ein Film zur schweizerischen Flüchtlingsgeschichte, die eine doppelte Geschichte ist: einerseits die Geschichte von Verfolgten, welche 1942 ihr Leben retten und darum in die Schweiz fliehen wollten; und andererseits die Geschichte der Schweiz, die 1942 nicht in dem Maß Asylland war, wie sie es im eigenen Idealbild hätte sein wollen und von Abertausenden von Hilfesuchenden benötigt worden wäre."[52] Die Besonderheit des „Closed Country" besteht darin, daß er frühere Grenzwächter und Flüchtlinge am gemeinsamen Erinnerungsort zusammenführt. Das Plakat zeigt die Perspektive der Familie Sonabend bei ihrer Abschie-

CH 33
Kaspar Kasics (Regie)
Closed Country
1999
Filmplakat, 100 x 70 cm
Berlin, Deutsches Historisches Museum

bung (Abb. CH 33). Sie wurden mit einem Auto zur Grenze gefahren und abgeschoben, wie viele andere Flüchtlinge auch. Das Plakat wurde 1999 für die Filmfestspiele in Berlin in Englisch gedruckt. Einen Neudruck für die Schweiz hat es dann nicht mehr gegeben.

Das Bild und die Bilder von der „häßlichen Schweiz"

Die Fragen an die Kriegsjahre haben sich in den letzten 50 Jahren verschoben, wegverschoben von „Soldatenweihnacht" und „einsamem Wachtposten" hin zu Fragen des zivilen Alltages und insbesondere zu Fragen der Verstrickung mit dem Holocaust. Für die neuen Fragen sind allerdings kaum Bilder aufzutreiben. Vieles wurde nicht photographiert oder ist auch gar nicht photographierbar: etwa der Handel der Schweizerischen Nationalbank mit Raubgold. So zeigten das Fernsehen (das bekanntlich kaum ohne Bilder auskommt), aber auch verschiedene Magazine zur Illustration der Raubgoldkäufe durch die Nationalbank immer wieder die gleiche Kiste mit Eheringen aus KZ-Beständen, obwohl dieses Bild bezüglich des damaligen Wissens und in quantitativer Hinsicht einen falschen Eindruck vermittelt.

Im Bericht der im Dezember 1997 von Parlament und Regierung eingesetzten „Unabhängigen Expertenkommission Schweiz-Zweiter Weltkrieg" (UEK) finden sich keine Abbildungen.[53] Dies erklärt sich aber mehr mit dem Zeitmangel als mit der an sich tatsächlich bestehenden Schwierigkeit, für die zentralen Themen die entsprechenden Abbildungen zu finden. Wichtige Vorgänge des UEK-Berichts sind aus zwei Gründen schwer abbildbar: zu einem kleineren Teil, weil sie, wie etwa die finanziellen Tarnoperationen, in der Zeit selbst bereits versteckt durchgeführt wurden; und zum größeren Teil, weil sie formal unspektakulär sind: zum Beispiel die fragwürdige Auszahlung einer Lebensversicherungspolice eines jüdischen Opfers auf das Konto einer deutschen Stelle oder der unkontrollierte Eisenbahntransit auf der Gotthardlinie. Ein Güterwagen ist eben nur ein Güterwagen, wie eine Werkzeugmaschine zunächst nur eine gewöhnliche Werkzeugmaschine ist. Auch die staatliche Munitionsfabrik in Altdorf, von der aus neutralitätswidrige Lieferungen an die Wehrmacht gingen, sieht wie andere Fabrikationsstätten aus. Auch für die „Säuberung" von Schweizer Firmen durch die Entlassung von Juden oder für die Lieferung von Schweizer Produkten an Ärzte, von denen man wußte, daß sie im Rahmen von Vernichtungsprogrammen arbeiteten, gibt es keine spezifischen, sondern nur „gewöhnliche" Bilder (etwa von chemischen Präparaten) mit erhellenden Bildlegenden zu „ungewöhnlichen" Vorgängen. Da ist das Erfassen der Ungeheuerlichkeit gewisser Vorgänge ganz auf Textlektüre und Vorstellungskraft angewiesen.

Die zum UEK-Bericht erarbeitete und von März – Juni 2002 in Bern gezeigte Ausstellung machte aus dem Bildermanko einen ausstellungsdidaktischen Pluspunkt, indem sie zwischen den üblichen Bildern drei leere, schwarze Bilder zeigte und diese mit den folgenden Bildlegenden versah: 1. „Schweizerische Kriegsmateriallieferungen an die Wehrmacht", 2. „Ankauf deutschen Raubgoldes durch die Schweizerische Nationalbank", 3. „Auslieferung jüdischer Flüchtlinge an deutsche Grenzbeamte".

Wie läßt sich die damalige Regierungstätigkeit abbilden? Und kann man die Tatsache veranschaulichen, daß die Regierungsmacht (und die Verantwortung) in den großen politischen Fragen eher abwesend war? Das geht nicht ohne entsprechende Bildlegende. Zu der erhellenden Legende braucht es aber das geeignete

Bild. Die schwer visualisierbare Ausdehnung der Staatstätigkeit wird durch dieses Bild veranschaulicht (Abb. CH 34). Weil die Räume des im Hintergrund sichtbaren Bundeshauses nicht mehr ausreichten, mußten im Jahre 1942 für die überbordenden „Bedürfnisse des Kriegs-, Industrie- und Arbeitsamtes (KIAA) temporäre Bürobaracken gebaut werden.[54]

Zuweilen hilft auch die zeitgenössische Karikatur. In gewissen Fällen zeigt sie nicht nur das schwer Abbildbare, sondern gibt auch noch eine nicht durch den Rückblick verzerrte Einschätzung. So dokumentiert eine Zeichnung vom Sommer 1944, daß in der damaligen Schweiz da und dort ein Gefühl dafür vorhanden war, daß man als kriegsverschontes Land sehr begünstigt war (Abb. CH 35). Spätere Stilisierungen verschoben dann das Bild, man neigte dazu, nur noch die eigenen Opfer zu sehen, und war dann ziemlich fassungslos, als 1996/97 die Schweiz als Kriegsprofiteurin hingestellt wurde.

CH 34
Die Bureaux-Bauten des Kriegs-, Industrie- und Arbeits-Amtes (KIAA) in Bern.
In: Schweizerische Bauzeitung, Band 121, Nr. 10, S. 117, 6. März 1943
Zeitschrift
Berlin, Universitätsbibliothek der Technischen Universität Berlin
4 Z 57

Das ganze Bild der ganzen Schweiz

Die durch ausländischen Druck 1996/97 erzwungene Auseinandersetzung mit der Vergangenheit drängte die positiven Selbstbilder noch stärker in den Hintergrund und holte zwei Arten von Vergangenheitselementen (die noch keine Bilder waren und schlecht zu Bildern werden konnten) an die Oberfläche: zum einen die als üblich oder mindestens unumgänglich verstandenen Geschäftsbeziehungen mit dem Dritten Reich; eine Dimension, die nach 1945 aus dem Gedächtnis entlassen und in der Arena des Kalten Krieges vom Bild der autochthonen Reduit-Schweiz weitgehend überdeckt worden war; und zum anderen ein Geschäftsgebaren gegenüber Opfern des Holocausts und ihren Angehörigen, das nicht einmal verdrängt werden mußte, weil man es zuvor gar nicht als problematisch empfunden hatte. Diese Elemente sind nun ins Geschichtsbild integriert und, auch wenn es verständlicherweise nicht allen behagt, zum integralen Bestandteil der schweizerischen Geschichte gemacht worden. Wiewiet durch die Revision der alten

CH 35
P. Bachmann
Wir und die andern
In: Nebelspalter, 1944, Nr. 25, Rückseite
Zeitschrift
Berlin, Staatsbibliothek zu Berlin – Preußischer Kulturbesitz
Zsn 9356-70, 1-26 1944

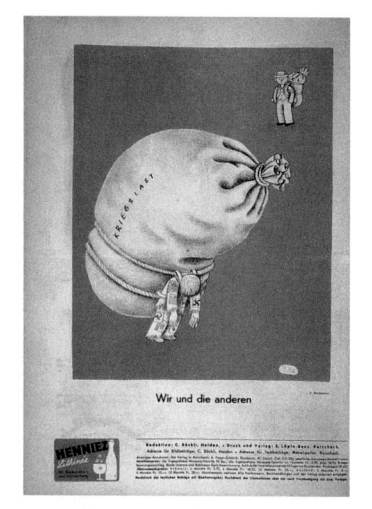

CH 36
Gaston Haas
'Wenn man gewusst hätte, was sich drüben im Reich abspielte...'. 1941–1943. Was man in der Schweiz von der Judenvernichtung wusste, Basel 1994
Buchtitel
Berlin, Staatsbibliothek zu Berlin – Preußischer Kulturbesitz
1A231146

Einseitigkeit eine neue Einseitigkeit entstanden ist, wird sich erweisen. Unbestritten bleibt das Postulat, daß ein Gesamtbild angestrebt werden muß. Dabei dürfen aber keine falschen Ausgewogenheiten angestrebt werden, indem man mechanisch „unerfreuliche" und „erfreuliche" Seiten dieser Vergangenheit ausbalanciert. Das Postulat der zukunftsorientierten Auseinandersetzung mit der Vergangenheit wird am besten wiederum durch ein Symbolbild ausgedrückt, das ein Schweizerkreuz zeigt und Menschen, die auf der Suche möglicherweise nach einem zutreffenden Bild der Schweiz im Zweiten Weltkrieg sind (Abb. CH 36).

[1] Zur Bildzensur erschien bezeichnenderweise erst in den Jahren der Auflösung des monolithischen Bildgedächtnisses in Kombination mit einer entsprechenden Ausstellung der Katalog: Die verbotenen Bilder 1939–1945, Muri bei Bern 1989. Die Pressezensur verbot Bilder zum Kriegsgeschehen, die beleidigenden oder „aufreizenden" Charakter hatten und als „Greuelbilder" qualifiziert wurden, sie stellte alle Bilder militärischer Natur unter Vorzensur (Publikation nur mit entsprechender Nummer) und wandte diese Bestimmung auch auf die Grenzübertritte von Flüchtlingen und auf die bereits im Land lebenden Flüchtlinge und Internierten an. Bilder wurde auch zurückbehalten, wenn sie General Henri Guisan, den Oberkommandierenden der Schweizer Armee, in Haltungen zeigten, die als unvorteilhaft eingestuft wurden.

[2] Vgl. Burri, Katri (Hg.): Bilder aus der Schweiz, 1939–1945, Zürich 1997. Bildauswahl Katri Burri, Text Thomas Maissen, S. 9 ff. mit Ausführungen über den Armeebilderdienst. Anläßlich der Jubiläen von 1979, 1989 etc. gelangten über die Tagespresse oder selbständige Publikationen private Bilder aus dem helvetischen Alltag an die Öffentlichkeit: Bilder zum Mehranbau, Bilder von Kriegshochzeiten, Bilder von Fußball-Länderspielen und Bilder zu Soldatenweihnachten. Vgl. auch Peer, Andri: Der Aktivdienst. Die Zeit nationaler Bewährung, Zofingen 1975, oder Jenny, Hans: Basler Memoiren. Fotografiert und notiert von 'Doppelstab'-Lesern, Basel 1978–1979, 3 Bde., mit Bildern, die dem Gratisanzeiger 'Doppelstab' zugestellt worden waren.

[3] Die Schweiz hatte wenig an illustrierten Blättern anzubieten: Neben der Zürcher Illustrierten und der Schweizer Illustrierten vorübergehend die ebenfalls in Zürich herausgegebene Actualis.

[4] Basler National-Zeitung Nr. 403 und 404 vom 1. September 1949.

[5] Basler National-Zeitung Nr. 398 vom 29./30. August 1959. Bilder zum internationalen Geschehen: Einmarsch in Polen mit dem häufig verwendeten Bild von der Beseitigung einer Grenzbarriere, ferner ein Bild mit Stalin und Ribbentrop zum Nichtangriffspakt vom 23. August 1939. Zur Schweiz auf einer ganzen Seite etwa ein Dutzend Mobilisationsbilder.

[6] Kreis, Georg: Henri Guisan – Bild eines Generals. Glanz und Elend einer Symbolfigur, in: Schweizer Monatshefte 5, Mai 1990, S. 413 ff. Stark illustrierte Version im Basler Magazin vom 10. März 1990, Nr. 10.

[7] Kurz, Hans-Rudolf (Hg.): Die Schweiz im Zweiten Weltkrieg. Das große Erinnerungswerk an die Aktivdienstzeit 1939–45, Thun 1959.

[8] Vgl. etwa das Deckblatt der „Nostalgie-Distribution" der Firma Boegli & Cie. aus dem Berner Jura von 1995, in: Weltwoche vom 2. Februar 1995.

[9] Beliebt sind Bilder von Getreidefeldern und Kartoffeläckern in städtischen Parkanlagen.

[10] Bilder beispielsweise von Schaffnerinnen in Straßenbahnen kamen vor allem wegen des exotischen Charakters dieser Erscheinung zustande und vermittelten einen falschen Eindruck vom im allgemeinen kaum größer gewordenen Anteil der außerhäuslichen Frauenarbeit.

[11] Wiederum Kurz, Hans-Rudolf (Hg.): Dokumente des Aktivdienstes, Frauen-

feld 1965. Kurz gab fünf Jahre später einen analogen Band zur Zeit des Ersten Weltkrieges heraus: Dokumente der Grenzbesetzung 1914–1918, Frauenfeld 1970.

[12] 1938 „Füsilier Wipf", produziert von Lazar Wechsler in der Praesens Film AG unter der Regie des Schauspielhaus-Oberspielleiters Leopold Lindtberg; 1941 „Gilberte de Courgenay", ebenfalls von Praesens Film AG produziert unter der Regie von Franz Schnyder nach der Vorlage des 1939 – zum 25jährigen Gedenken von 1914! – erschienenen Romans von Rudolph Bolo Maeglin. Der Gilberte-Mythos wurde 1917 mit dem gleichnamigen Lied begründet, das der aus einer polnischen Emigrantenfamilie stammende Ladislaus Krupski geschaffen hatte. Der 1882 geborene Krupski wurde berühmt als schweizerischer Soldatensänger unter dem Namen Hanns in der Gand. Vgl. Gregnard, Damien: Gilberte de Courgenay. Les années 1914–1918, Courgenay 2001, S. 57 ff. Wechsler und Lindtberg waren jüdische Emigranten, Wechsler (Jg. 1896) kam aus Russisch-Polen 1914 in die Schweiz und wurde 1923 eingebürgert; Lindtberg (Jg. 1902) kam im Jahre 1933 aus Wien über Paris, Warschau, Tel Aviv und wurde 1951 eingebürgert. Vgl. Boveri, Walter u. a.: Morgarten kann nicht stattfinden. Lazar Wechsler und der Schweizer Film, Zürich 1966. Im November/Dezember 2000 fand eine Ausstellung über die „Praesens" im Zürcher Stadthaus statt, vgl. dazu: Kramer, Thomas: Die Schweizer Identitätsmaschine, in: Tages-Anzeiger, 2. November 2000, oder auch Dumont, Hervé: Leopold Lindtberg und der Schweizer Film. 1933 – 1953, Ulm 1981.

[13] Vgl. Gerster, Ulrich zu Hans Brandenberger, in: Die Erfindung der Schweiz 1848–1948. Bildentwürfe einer Nation, Schweizerisches Landesmuseum (Hg.), Zürich 1998, S. 427 ff. Begleitband zu einer Ausstellung zum 150sten Jubiläum des Bundesstaates.

[14] 1943 begann Hans Brandenberger noch eine kleinere marmorne Version. Sie wurde um 1947 an die Turnhallenwand der Zürcher Kantonsschule gegenüber der Universität zur Ermahnung der akademischen Jugend gestellt.

[15] Zur Gedenkfeier von 1989: Chiquet, Simone: Der Anfang einer Auseinandersetzung. Zu den Fakten, Zusammenhängen und Interpretationen in der Debatte um die „Übung Diamant" 1989, in: Jubiläen der Schweizer Geschichte 1798 – 1848 – 1998, Bern 1998 (Studien und Quellen. Zeitschrift des Schweizerischen Bundesarchivs Nr. 24). – Zum Konzept des lieu de mémoire vgl. nach den Publikationen von Pierre Nora jetzt François, Etienne/Schulze, Hagen: Deutsche Erinnerungsorte, Bd. 1, München 2001, Einleitung, S. 9 ff.

[16] Dazu vier Belege: 1. Wüst, René-Henri: Alerte en pays neutre. La Suisse en 1940, Lausanne 1966, bei S. 97 mit der Bildlegende, die Deutschen hätten erklärt, daß sie nach sechs Wochen England geschlagen hätten; dann werde man zurückkehren, um auch der Schweiz ein Ende zu bereiten. 2. Rings, Werner: Schweiz im Krieg 1933–1945. Ein Bericht, Zürich 1974, S. 171: „Deutsche Soldaten am französischen Grenzposten Sauverny bei Genf". 3. Piekalkiewicz, Janusz: Schweiz 39–45. Krieg in einem neutralen Land, Stuttgart/Zug 1978, S. 161: „... ein Besuch, der nichts Gutes verkündet". 4. Urner, Klaus: „Die Schweiz muß noch geschluckt werden!" Hitlers Aktionspläne gegen die Schweiz, Zürich 1990, Bildteil, S. V, Grenzposten bei Goumois im Juni 1940.

[17] In Max Frischs 'Dienstbüchlein', Frankfurt a.M. 1974, findet sich auf Seite 151 eine eindrückliche Schilderung der ersten Begegnung mit lässigen Amerikanern im Mai 1945 an der schweizerisch-italienischen Grenze im Münstertal: „Die ersten Amerikaner waren eingetroffen, sie lehnten sich an den Schlagbaum, Helm am Gürtel, (...)" Lange gab es nur ein Bild von einer Ankunft an der Westgrenze, nämlich das in Vallorbe im August 1944 entstandene; vgl. Chamot, André: Le temps de la Mob en Suisse romande 1939–1945, Lausanne 1979. Dann mehrere in Gysling, Erich/König, Mario/Ganz, Michael T.: 1945 – Die Schweiz im Friedensjahr, Zürich 1995, S. 46 ff.

[18] Kreis, Georg: Zurück in den Zweiten Weltkrieg. Zur schweizerischen Zeitgeschichte der 80er Jahre, in: Schweizeri-

19 sche Zeitschrift für Geschichte (SZG), Bd. 52, Nr. 1/2002, S. 60 ff.
19 Selbst von seiten eines Offiziers des Generalstabs. Vgl. hierzu: Wegmüller, Hans: Brot oder Waffen. Der Konflikt zwischen Volkswirtschaft und Armee in der Schweiz 1939–1945, Zürich 1998.
20 Die Metapher des „Diamant" stützt sich auf das Gedicht „Eidgenossenschaft" von Gottfried Keller: „Wie ist denn einst der Diamant entstanden…" Die Gegenbewegung wählte als Gegenmetapher den „Klunker".
21 Schmidlin, Antonia: Eine andere Schweiz. Helferinnen, Kriegskinder und humanitäre Politik 1933–1942, Zürich 1999.
22 Bundesarchiv J. II 15 1969/7 Bd. 427. Umschlagillustration zu Bonjour, Edgar: Geschichte der schweizerischen Neutralität, Bd. IX, Basel 1976. Bereits der Bd. VIII (1975) war mit einem Flüchtlingsmotiv (Typus Grenzbevölkerung) versehen. Das Bild von 1976 wurde wiederverwendet als Titelblatt von: Cattani, Alfred: Die schweizerische Flüchtlingspolitik 1933–1945, Bern 1999. Bei dieser Schrift handelt es sich um eine von der national-konservativen Vereinigung „Pro Libertate" lancierte „Gegendarstellung" zum kritischen Bericht der UEK (vgl. unten Anm. 53). An Flüchtlingsbildern werden in dieser Schrift noch gezeigt: Sowjetische Flüchtlinge und ehemalige KZ-Häftlinge, welche bei Kriegsende 1945 in die Schweiz kamen, (beide Bilder Gysling u. a. 1995, wie Anm. 17) sowie ein Bild wahrscheinlich mit Grenzflüchtlingen ohne Orts- und Zeitangabe, vgl.: Rings 1974 (wie Anm. 16), S. 333. Die Schrift beansprucht ein Copyright, gibt aber, abgesehen von Titelblatt, für das die Signatur aus Bonjour übernommen wurde, keine Bildquellen an.
23 Dazu vom gleichen Parlamentarier, der übrigens ein Hauptinitiant der Armeeabschaffungsinitiative der 80er Jahre war, zwei Vorstöße: Einfache Anfrage Gross vom 3. Februar und Antwort vom 20. März 1995; Interpellation Gross vom 24. März und Antwort vom 12. Juni 1995. Im letzteren Fall wurde eine Debatte mit 72 gegen 56 Stimmen abgelehnt. Der Bundesrat würdigte den Ludwig-Bericht von 1957 als Grundlage für eine Auseinandersetzung mit dem Flüchtlingsbericht, von der aus die Problematik weiter erhellt werden könne. Siehe Ludwig, Carl: In den Jahren 1933 bis 1955. Bericht an den Bundesrat zu Händen den eidgenössischen Räten, Bern 1957. Andreas Gross, Politologe und Historiker, schlug den in Paris lebenden Maler Gottfried Honegger als Gestalter eines derartigen Mahnmals vor, weil Honegger dem Schriftsteller Max Frisch eine bewegendes Erlebnis einer Abweisung geschildert hatte. Frisch verwendete diese Schilderung in seinem in den Dienst der Armeeabschaffungsinitiative gestellten Stück „Schweiz ohne Armee? Ein Palaver", Zürich 1989. Ein Leutnant der Schweizer Armee sei einem bei Basel über den Rhein kommenden jüdischen Flüchtling mit dem Stiefelabsatz „auf die vier klammen Finger" getreten, so daß dieser vom rettenden Ufer wieder abgetrieben sei (S. 32). Mit diesem Bild sind wir – wieder – bei Szenen, von denen Albert Oeri (vgl. Anm. 27) sagte, daß sie nicht als notwendig erachtet werden dürften, nämlich „wo sich die Leute an die Bootswände klammern und wo der Kommandant des Rettungsbootes den Matrosen befehlen muß, mit den Rudern zuzuschlagen, damit die Hände vom Boot ablassen und das Rettungsboot davonfahren kann" (S. 74).
24 Heute lagert es in einem Fabrikareal und wird von Zeit zu Zeit ausgestellt. Hutter ist 1954 während seines Aufenthalts in München mit der Problematik der Judenverfolgung konfrontiert worden. Das hat sein ganzes weiteres Œuvre geprägt. Schon 1973 schuf er ein Modell der Skulptur. In Anlehnung an den Shoah-Film von Claude Lanzmann, den er 1985 beim Berliner Filmfestival gesehen hatte, stellte er den inzwischen in ganzer Größe angefertigten Kubus 1996 in Subingen auf ein altes Eisenbahngleis. Vgl. Mitteilungen des Künstlers vom 4. Juni 2002. Vgl. auch Kreis, Georg: Zurück in die Zeit des Zweiten Weltkrieges (Teil II). Zur Bedeutung der 1990er Jahre für den Ausbau der schweizerischen Zeitgeschichte. In: SZG, Bd. 52, Nr. 4/2002, S. 494 ff.
25 Vgl. insbesondere den Film „Closed Country" von Kaspar Kasics und Stefan Mächler über das Schicksal der

Familie Sonabend und die 2 1/2stündige Produktion des Fernsehens der Suisse Romande „Mémoire de la frontière" von Bernard Romy und Claude Torracinta vom 24. März 2002. Eine frühere Pflege territorialer Erinnerung bildet Seiler, Lukrezia/Wacker, Jean-Claude: „Fast täglich kamen Flüchtlinge". Riehen und Bettingen – zwei Schweizer Grenzdörfer in der Kriegszeit. Erinnerungen an die Jahre 1933–1948, Riehen 1997.

26 Vgl. die zeitgenössische Presseberichterstattung in: Ludwig 1957 (wie Anm. 23), S. 393 ff.; Häsler, Alfred A.: Das Boot ist voll ... Die Schweiz und die Flüchtlingspolitik 1933–1945, Zürich 1967, S. 122 sowie Bonjour Bd. VI, 1970 (wie Anm. 22), S. 24, mit der Beurteilung, daß es ein „unglückliches, so ganz falsche Vorstellungen über das Maß des Tragbaren erweckendes Wort" gewesen sei.

27 ... mit dem Rücken zur Wand ... Flüchtlingsdebatte des Nationalrates vom September 1942, Schaffhausen 1979, S. 74.

28 Schmid, Werner: Schweizerische Außenpolitik gestern, heute und morgen, Bern 1945, S. 131.

29 Brusto, Max: Im Schweizer Rettungsboot, München 1967.

30 Vgl. Ludwig 1957 (wie Anm. 23) – Kreis, Georg: Die schweizerische Flüchtlingspolitik der Jahre 1933–1945, in: SZG, Bd. 47/1997, S. 552 ff.

31 Ludwig 1957 (wie Anm. 23), S. 373: „Im Herbst 1942 wurde (...) erklärt, das Rettungsboot sei nunmehr voll besetzt (...)" Vollständiges Zitat mit den nötigen Angaben in der Replik von Steiger im Anhang von: Ludwig 1957 (Anm. 23), S. 393 ff.

32 Häsler 1967 (wie Anm. 26).

33 Stadler, Peter: Nachdenken über die Schweiz. Geschehene und geschehende Geschichte, Schaffhausen 2001, S. 233.

34 Aeschlimann, Johann: Das Boot ist leck. Das gewandelte Bild der Schweiz im Ausland, in: Sarasin, Philipp und Wecker, Regina (Hg.): Raubgold, Reduit, Flüchtlinge. Zur Geschichte der Schweiz im Zweiten Weltkrieg, Zürich 1998, S. 141.

35 Vgl. auch oben Anm. 12. Lindtberg hatte bereits 1943 einen ersten Flüchtlingsfilm geschaffen, den später mit einem Drehbuch-Oscar preisgekrönten Film „Marie-Louise" über den Erholungsurlaub eines Kindes aus Frankreich.

36 Der Grenzoffizier setzt sich am Telefon gegenüber „Bern" mit dem Argument „Ich will nicht, daß etwas geschieht, was wir als Schweizer nicht verantworten können" für die Aufnahme der Flüchtlinge ein. Gegenüber dem Vertreter der Flüchtlinge wirbt er aber für Verständnis für die schweizerische Zurückhaltung: „Die Schweiz ist klein. Tausende warten darauf, rein zu kommen. (...) Wir tun alles, was wir können. Wie sollen wir sie ernähren? Wir sind völlig abgeschnitten."

37 Im Film spielten drei „echte" internierte Soldaten der angelsächsischen Streitkräfte mit.

38 Bericht von Walter Boveri, Verwaltungsratspräsident der Praesens Film AG, in: Morgarten 1966 (wie Anm. 12), S. 44 ff.

39 Rütimann, Hansheinrich: „Ein Boot", in: NZZ vom 24. Januar 1991.

40 Wir Brückenbauer vom 26. März 1997.

41 Weltwoche vom 31. August 2000.

42 Karikatur von Nico im Tages-Anzeiger vom 23. Januar 2002.

43 Geschichte der Schweiz und der Schweizer, Bd. 3, Kapitel von Hans-Ulrich Jost, Basel 1983, S. 179.

44 Kreis, Georg: Flüchtlingsdebatte und Zensurregime in den Jahren 1939–1945, in: Imhof, Kurt u. a. (Hg.): Flüchtlinge als Thema der öffentlichen politischen Kommunikation in der Schweiz 1938–1947. Annex zum Flüchtlingsbericht der UEK, Bern 1999, S. 145 ff.

45 Zum Beispiel auch zur Illustration eines Artikels von Stefan Mächler mit dem Titel „Als das Boot für die Juden voll war" im Tages-Anzeiger vom 29. August 1942. Vgl. Gysling u. a. 1995 (wie Anm. 17), S. 51.

46 Herkunft: Ringier Dokumentationszentrum. Wohl erstmals in: Rings 1974 (wie Anm. 16), S. 331. Es handelt sich um den Begleitband zur im Vorjahr ausgestrahlten gleichnamigen Fernsehserie. Weitere Belege beispielsweise in: Die Schweiz und die Zweite Weltkrieg, Neue Helvetische Gesellschaft (Hg.), Winterthur 1989, S. 51, oder Kreis, Georg: Die Schweiz im Zweiten Weltkrieg. Ihre Antworten auf die Heraus-

forderungen der Zeit, Zürich 1999, S. 122. Sodann im Prospekt des Chronos-Verlages 1999 für die Studien-Publikationen der UEK.
47 Von der Jüdischen Rundschau, in der das Bild wohl auch gezeigt worden war, zur Verfügung gestellt, gelangte das Bild auch in das Schulbuch: Juden in Basel und Umgebung, Basel 1999, S. 58, Abb. 17. Der Verlag erhielt einen Reklamationsbrief der „Aktion Aktivdienst" vom 17. Februar 1999, unterzeichnet vom Präsidenten mit dem vielsagenden Namen H. Wächter und mit der Aufforderung, in jedes Exemplar ein Korrigendum einzulegen. Die Bildlegende war in diesem Fall sehr zurückhaltend formuliert, es ist nicht von Abweisung die Rede, hingegen wurde angenommen, daß es sich um jüdische Flüchtlinge handle: „Jüdische Flüchtlinge treffen an der Schweizer Grenze vor oder während des 2. Weltkrieges auf Schweizer Militär".
48 „Die Bild-Lüge", in: Schweizerzeit vom 7. März 1997. Reproduziert in: Rothenhäusler, Paul (Hg.): Leuchtturm in der Wüste. Die Schweiz im Zweiten Weltkrieg. Ein Mosaik aus 100 Leserbriefen, Stäfa 1997, S. 171 ff.
49 ADAP, Serie D, Bd. V. Dok. Nr. 642 und 643.
50 Höhepunkt der Bildkarriere war ein doppelseitiges Inserat mit diesem Motiv im Tages-Anzeiger vom 25. April 1997. Zur Geschichte des J-Passes und seiner ikonographischen Verwendung vgl. Kreis, Georg: Die Rückkehr des J-Stempels. Zur Geschichte einer schwierigen Vergangenheitsbewältigung, Zürich 2000, insbesondere S. 103 ff.
51 Anne Frank und wir. Stapferhaus Lenzburg (Hg.), Zürich 1995.
52 Kreis, Georg: Zum Schweizer Flüchtlingsfilm 'Closed Country'. 'Das Üble an der Geschichte: Man wollte keine Geschichten', in: Basler Zeitung, 20. April 2000, S. 49.
53 Die Schweiz, der Nationalsozialismus und der Zweite Weltkrieg, Zürich 2002. Bericht der Unabhängigen Expertenkommission „VEK" in einer deutschen, französischen, italienischen und englischen Ausgabe.
54 Niemand der Angefragten erinnerte sich mehr an diese Baracken. Erst nach langem Suchen fand das vom Bundesarchiv angefragte Berner Stadtarchiv schließlich diese von der damaligen Zensur bewilligte Photographie in der Schweizerischen Bauzeitung vom März 1943.

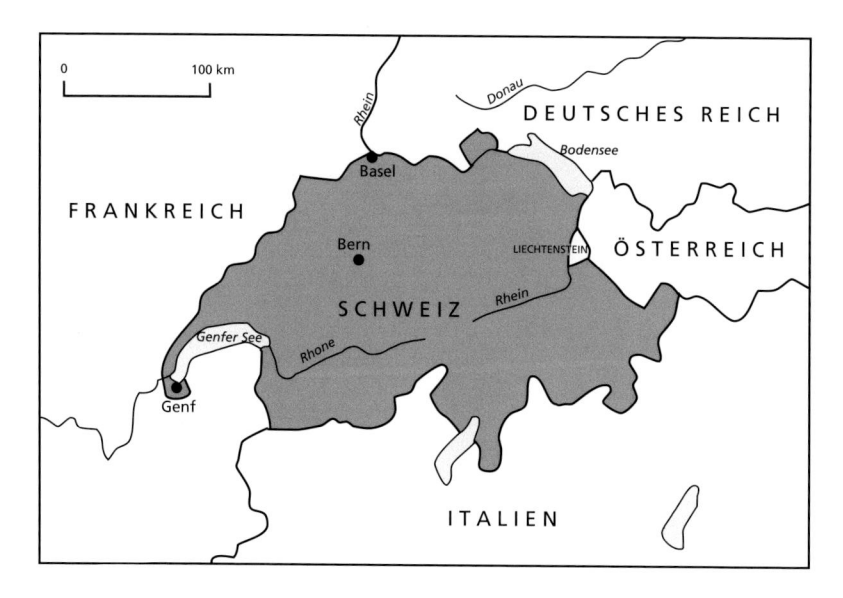

Seit 1914

Chronologie

1914–1918
Während des Ersten Weltkrieges sichert die Schweiz – trotz des neutralen Status des Landes – ihre Landesgrenzen militärisch ab. In der offiziellen Außenpolitik betont das Land seine Neutralität und konzentriert sich besonders auf die humanitäre Hilfe. Die Schweiz unterhält dabei weiterhin wichtige wirtschaftliche Kontakte zu den verschiedenen Kriegsparteien. Im **Februar 1917** lehnt die Regierung die Aufforderung der USA ab, die wirtschaftlichen Beziehungen zum Deutschen Reich abzubrechen, und versucht so, die Lebensmittelversorgung der Bevölkerung zu sichern. Der deutsche und französische Nationalismus greift während des Krieges auf Teile der verschiedenen Bevölkerungsgruppen über. Das führt zu gesellschaftlichen Spannungen und belastet den Zusammenhalt der Eidgenossenschaft.

1919–1924
Nach dem Ende des Ersten Weltkrieges wird in den Pariser Vorortverträgen die Neutralität der Schweiz weiterhin anerkannt. **1920** tritt das Land dem Völkerbund bei. Die Beteiligung der Schweiz an militärischen, nicht jedoch an wirtschaftlichen Sanktionen des Völkerbundes wird ausgeschlossen. Genf wird Sitz dieses Gremiums. Die Schweiz erkennt als erstes Land die Autorität des Ständigen Internationalen Gerichtshofs in Den Haag an und schließt **1921** mit Deutschland sowie **1924** mit Italien Schiedsverträge. Bei den Nationalratswahlen **1919** verliert die Freisinnig-Demokratische Partei der Schweiz (FDP) durch die Einführung der Verhältniswahl ihre absolute Mehrheit. Gegen die erstarkende Sozialdemokratische Partei der Schweiz (SPS) schließt sie sich daraufhin mit den Katholisch-Konservativen in einem Bürgerblock zusammen.

1933–1938
Die im Gefolge der Weltwirtschaftskrise auch in der Schweiz einsetzende wirtschaftliche Depression löst Kritik am liberalen Staat aus. Bei den Nationalratswahlen im **September 1935** wird die SPS stärkste Partei. Am **4. Februar 1936** ermordet der jüdische Schweizer

David Frankfurter den Landesgruppenleiter der NSDAP Wilhelm Gustloff, der in der Schweiz für diese Partei wirbt. Durch das Attentat werden die diplomatischen Beziehungen zwischen der Schweiz und Deutschland belastet. Unter dem Eindruck der wachsenden Bedrohung von außen – Österreich wird im **März 1938** von der Wehrmacht besetzt – formiert sich ein überparteilicher Konsens über die Landesverteidigung und die Politik der uneingeschränkten Neutralität des Landes, der im **Mai 1938** vom Völkerbund zugestimmt wird. Um den Zustrom durch die Nationalsozialisten verfolgter Menschen in die Schweiz zu reduzieren, wird im **Oktober 1938** ein Paßabkommen mit dem Deutschen Reich geschlossen. Dadurch ist die legale Einreise jüdischer Flüchtlinge – von wenigen Ausnahmen abgesehen – nicht mehr möglich. Einigen jedoch gelingt die illegale Einreise, und ihr Aufenthalt wird geduldet. In den meisten Fällen kommt es aber zu Zwangsausweisungen und zur direkten Übergabe der Flüchtlinge an die deutschen Behörden.

1939–1945

Nach Kriegsbeginn wird am **3. September 1939** die Generalmobilmachung angeordnet und trotz innenpolitischer Auseinandersetzungen am **8. September 1939** die Pressezensur eingeführt. Noch im **September 1939** kommt es zur Regelung der generellen Visumspflicht für die Einreise in die Schweiz. Im **Oktober 1939** legt der Bundesrat die Ausweisung oder Internierung illegal eingereister Personen fest. Das Eidgenössische Justiz- und Polizeidepartement (EJPD) unter Vorsitz des Bundesrates Eduard von Steiger konkretisiert diese gesetzliche Vorgabe. Die Mißachtung der Neutralität und Unabhängigkeit von Luxemburg, der Niederlande und Belgien im Zuge des deutschen Angriffs auf Frankreich (**Mai 1940**) bestärkt in der Schweiz die Befürchtung einer immer stärkeren Isolation. Die Neutralität soll durch eine innenpolitisch umstrittene Annäherung an das nationalsozialistische Deutschland gesichert werden, mit dem Wirtschaftsbeziehungen unterhalten und im Bereich der Flüchtlingspolitik weiter zusammengearbeitet wird. Nach der Besetzung Frankreichs gibt General Henri Guisan am **25. Juli 1940** den Plan (Réduit) für den Fall eines deutschen Überfalls auf die Schweiz bekannt, der vorsieht, die Schweizer Truppen in einer Alpenfestung zu konzentrieren. Gleichzeitig bekräftigt er mit einer Ansprache an die Truppen (Rütli-Rapport) den Widerstandswillen der Schweiz gegen alle inneren und äußeren Feinde. Durch eine Intensivierung der Landwirtschaft (die sogenannte Anbauschlacht) und durch Importe auch aus Übersee versucht die Schweiz, ihre Lebensmittelversorgung während des Krieges aufrechtzuerhalten. Im **August 1942** werden die Schweizer Grenzen endgültig für Flüchtlinge geschlossen, die aufgrund von religiöser oder ethnischer Verfolgung einreisen wollen. Gleichzeitig verlieren alle nach dem **August 1942** eingereisten Flüchtlinge jegliche Verfügungsgewalt über ihr Vermögen.

1945–1950

Nach Kriegsende demobilisiert die Schweiz am **19. August 1945** ihre Truppen. In seiner Außenpolitik hält das Land weiterhin am Prinzip der Neutralität fest, muß dabei nach dem Krieg aber zunächst seine außenpolitische Isolation überwinden, in die es durch seine Wirtschaftsbeziehungen zu Deutschland und zu den anderen Achsenmächten geraten war. Das im **Mai 1946** verabschiedete Washingtoner Abkommen verpflichtet die Schweiz zur Zahlung von 250 Millionen Schweizer Franken als Ausgleich für den Verzicht der Alliierten auf sämtliche Forderungen, die aus den Goldgeschäften der Schweizer Notenbank und der Deutschen Reichsbank resultieren. An der militärischen Blockbildung in Europa, die aus dem sich verschärfenden Ost-West-Konflikt erwächst, beteiligt sich die Schweiz nicht. Auch lehnt sie eine Mitgliedschaft in den Vereinten Nationen (UNO) ab. Im Rahmen des Ausbaus der Wirtschaft und der Wiederbelebung der Außenwirtschaftsbeziehungen sucht der Bundesrat die Zusammenarbeit mit den anderen Marktwirtschaften Europas. Die Schweiz ist **1948** Mitbegründerin der Organization for European Economic Cooperation (OEEC; Organisation für europäische wirtschaftliche Zusammenarbeit), die die Marshallplanhilfe für Europa organisiert.

1952–1968

Nach Zahlung der im Washingtoner Abkommen vereinbarten Summe wird im **August 1952** das beschlagnahmte deutsche Vermögen in der Schweiz wieder freigegeben. Nach dem Ungarnaufstand **1956** werden 100 000 Flüchtlinge aus Ungarn aufgenommen.

Wegen ihres politischen Neutralitätskonzeptes lehnt die Schweiz eine Mitgliedschaft in der Europäischen Wirtschaftsgemeinschaft (EWG) ab, sie beteiligt sich aber **1960** an der Gründung der rein wirtschaftlich ausgerichteten European Free Trade Association (EFTA; Europäische Freihandelszone) und wird **1963** Mitglied des Europarates. Außerdem ist das Land **1961** Gründungsmitglied der Organization for Economic Cooperation and Development (OECD; Organisation für wirtschaftliche Zusammenarbeit und Entwicklung), der Nachfolgerin der OEEC. Im Sinne der humanitären Bestrebungen werden weiterhin Flüchtlinge aufgenommen, so z. B. **1959** aus Tibet oder **1968** aus der Tschechoslowakei. Mit der Besetzung des Bundesrates mit je zwei Repräsentanten von SPS und FDP sowie je einem Vertreter von Bauern-, Gewerbe- und Bürgerpartei (SVP) festigt sich die Entwicklung zur Konkordanzdemokratie. In der Regierung sind somit alle großen Parteien proportional zu ihrem Wähleranteil vertreten.

1972–1975
Der Abschluß des Freihandelsabkommens zwischen der Schweiz und der Europäischen Gemeinschaft im **Juli 1972** und die Teilnahme der Schweiz an der KSZE-Konferenz in Helsinki im **Juli 1973** dokumentieren die stärkere Öffnung der eidgenössischen Außen- und Wirtschaftspolitik. Der wachsende Anteil an ausländischen Arbeitskräften führt Anfang der **70er Jahre** zu einer gesellschaftlichen Diskussion über die Ausländerpolitik. **1974** kommt es zu einer Entschärfung der Debatte, die unter anderem durch Bewegungen wie der Nationalen Aktion gegen Überfremdung von Volk und Heimat angestoßen worden ist. Bei einem Volksentscheid im **Oktober 1974** stimmen zwei Drittel der Bevölkerung gegen eine Halbierung des Anteils ausländischer Arbeitnehmer und Saisonarbeiter in der Schweiz. Ein im **Herbst 1974** erfolgter Rezessionseinbruch setzt sich bis **1975** fort.

1986–1989
In einem Volksentscheid sprechen sich die Schweizer **1986** gegen die vom Bundesrat empfohlene Mitgliedschaft in der UNO aus. Im **September 1988** lehnt der Bundesrat einen Beitritt zur Europäischen Gemeinschaft ab, da die daraus erwachsenden Nachteile (z. B. im Bereich der Landwirtschaft) überwiegen würden. **1989** feiert die Schweiz mit dem Mobilisationsjubiläum den 50. Jahrestag ihrer Generalmobilmachung zu Beginn des Zweiten Weltkrieges. Im **November 1989** findet eine Volksabstimmung über die Abschaffung der schweizerischen Armee statt. Die Mehrheit der Bevölkerung spricht sich für den Erhalt des Militärs aus.

1990–2002
1992 tritt die Schweiz dem International Monetary Fund (IMF; Internationaler Währungsfonds) und der Weltbank bei, im **Dezember** des gleichen Jahres lehnt sie einen Beitritt zum Europäischen Währungs- und Wirtschaftsraum (EWR) ab. Laut Volksentscheid soll es ebenfalls keine Beteiligung der Schweiz an UN-Missionen geben. Zur Erforschung der Rolle der schweizerischen und deutschen Banken beim Völkermord an den Juden und im Krieg sowie zur Flüchtlingspolitik der Schweiz wird nach Beschluß des Parlamentes im **Dezember 1996** eine aus nationalen und internationalen Historikern bestehende Unabhängige Expertenkommission Schweiz-Zweiter Weltkrieg (UEK) gebildet. Die restriktive Praxis der Schweizer Banken, Guthaben, die vor und während des Zweiten Weltkrieges von Verfolgten des Nationalsozialismus auf Nummernkonten eingezahlt worden sind, an die Erben der Verfolgten freizugeben, führt zu internationalen Protesten. Im **Januar 1997** einigen sich der Bundesrat, die Nationalbank und Vertreter der Wirtschaft darauf, einen Fonds für Menschlichkeit für bedürftige Überlebende des Völkermordes zu begründen. Ein Jahr später erklären sich die Großbanken Credit Suisse, Bankverein und UBS (United Bank of Switzerland) bereit, 1,25 Milliarden Dollar an überlebende Opfer oder deren Erben auszuzahlen, soweit diese über Konten in der Schweiz verfügten. Bei den Wahlen zum schweizerischen Nationalrat **1999** wird die rechtsgerichtete nationalkonservative Schweizer Volkspartei (SVP) stärkste Partei. In ihren Programmen spricht sie sich deutlich gegen die Einbindung der Schweiz in internationale Organisationen aus und verfolgt eine restriktive Ausländerpolitik. Im **Mai 2000** billigt die Bevölkerung in einem Volksentscheid ein Abkommen zwischen der Schweiz und der Europäischen Union (EU), durch das schweizerischen Staatsbürgern und Unternehmen der Zugang zum europäischen

Markt erleichtert werden soll. Eine Initiative (Ja zu Europa), deren Ziele die Beteiligung der Schweiz am europäischen Integrationsprozeß und die sofortigen Beitrittsverhandlungen zur Mitgliedschaft in der EU sind, wird im **März 2001** in einem Volksentscheid mit 76,5 Prozent der Stimmen abgewiesen. Die UEK legt im **März 2002** ihren Abschlußbericht vor. Bei der Volksabstimmung im **März 2002** befürworten 54,6 Prozent der Bevölkerung den Beitritt der Schweiz zur UNO.

Literatur:
– Brockhaus – Die Enzyklopädie in 24 Bänden, 20. Aufl., Leipzig/München 1996–1999.
– Der Große Ploetz. Die Datenenzyklopädie der Weltgeschichte. Daten, Fakten, Zusammenhänge. 33. Aufl., Freiburg i. Br. 2002.
– Im Hof, Ulrich: Geschichte der Schweiz, 7. erw. Auflage, Stuttgart 2001.
– http://www.admin.ch/ch/d/pore/vi/vi254t.html (1. August 2003).
– http://www.uek.ch/de/ (1. August 2003).

Sowjetunion/Rußland

Siegesmythos versus Vergangenheitsaufarbeitung

VON JUTTA SCHERRER

> „Wenn wir uns jetzt an die Vergangenheit erinnern, können wir uns nicht vor der Versuchung schützen, uns vorzustellen, daß wir damals, in den 30er oder 40er Jahren das wußten, was wir damals noch nicht wußten, daß man fühlte, was man damals noch nicht fühlte, daß man dem damaligen Ich die Gedanken und Gefühle des heutigen Ich zuschreibt." (Konstantin Simonov)[1]

Wie schwer man sich in Rußland bis heute mit einem kollektiven Gedächtnis im Hinblick auf die jüngste Vergangenheit tut, veranschaulichen zwei grundsätzlich verschiedene Themen, die Ende September 2002 von sämtlichen russischen Druckmedien – fast immer auf der gleichen Seite und unmittelbar nebeneinander stehend – kommentiert wurden: die Einweihung eines Soldatenfriedhofs in Ržev (in der Region Tver') als letzte Ruhestätte für russische und deutsche – einige Blätter schrieben noch immer „faschistische" – Soldaten des Zweiten Weltkrieges sowie die Debatten in der Staatsduma über den Vorschlag des Moskauer Bürgermeisters Jurij Lužkov und der Moskauer Stadtverwaltung, auf dem Platz vor der Lubjanka, dem Sitz der berüchtigten Geheimpolizei, das Denkmal Feliks Dzeržinskijs, des Begründers des „roten Terrors", wieder aufzustellen. Daß dieses Denkmal im Zuge des Augustputsches 1991 auf Initiative überzeugter Demokraten abgetragen wurde, fand in der Dumadebatte keine Erwähnung. Offensichtlich ist das Jahrzehnt, das seit der Auflösung der Sowjetunion Ende 1991 und der hiermit verbundenen Absage an den Kommunismus verging, eine zu kurze Zeitspanne, als daß symbolische Manifestationen wie die Beseitigung von Denkmälern – so bedeutungsvoll sie seinerzeit auch waren – aktiv im Gedächtnis weiterwirkten und die unmittelbar zurückliegende Vergangenheit zu einem Bestandteil des historischen Bewußtseins machten. „Vergessen" wurden von den neuen Befürwortern des alten Denkmals anscheinend auch die Tausende von „Volksfeinden", die der „Eiserne Feliks" den Repressionen ausgeliefert hatte. Ihnen geht es einzig um den starken Staat, an den das wieder zu errichtende Denkmal erinnern soll. Mit dem ihm eigenen Pathos hebt der Moskauer Bürgermeister Dzeržinskijs Verdienst hervor, das Problem der obdachlosen Jugendlichen und der Armut bekämpft zu haben. Der Soldatenfriedhof sollte dagegen der Aussöhnung mit dem ehemaligen Feind gelten. Diese scheint jedoch vor allem für den noch immer kommunistisch denkenden Teil der Öffentlichkeit auch fast 60 Jahre nach Kriegsende nicht akzeptabel zu sein. Zu stark wirkt das von der offiziellen sowjetischen Erinnerungspolitik verwendete Feindbild nach, das zur Legitimation des stalinschen wie auch des poststalinschen Staates benutzt wurde.

In Rußland ist nicht nur das schwer übersetzbare Wort Vergangenheitsbewältigung unbekannt, auch die Aufarbeitung der Vergangenheit im Sinne einer Gedächtnisarbeit, die sich über die Prozesse, die zum Verarbeiten und Vergessen der Erlebnisse führten, Klarheit verschafft, hat in der offiziell geformten und gestützten Erinnerungskultur keinen institutionellen Stellenwert. Die akademische Diszi-

SU/RUS 1
V. Žukov
Pobeda!
Sieg!, 1984
Plakat, 64,8 x 97 cm
Moskau, Gosudarstvennyj
Istoričeskij Muzej
106566/93

plin Zeitgeschichte tut sich mit der Thematisierung von historischer Erinnerung an die jüngste Vergangenheit noch immer schwer. Das schließt allerdings nicht aus, daß Menschenrechtsorganisationen, wie die Ende 1987 gegründete Gesellschaft Memorial, oder einzelne Historiker, Soziologen oder Anthropologen mit wichtigen Arbeiten den Weg zu einer kritisch reflektierenden Erinnerung bahnen. Doch die Tatsache selbst, daß der 9. Mai – der Gedenktag an den Sieg der Sowjetunion über NS-Deutschland – nicht nur der größte Feiertag, sondern der einzige bedeutende Feiertag ist, den das postsowjetische Rußland aus der sowjetisch-sozialistischen Vergangenheit übernommen hat, ist bezeichnend: wird doch mit der Erinnerung an den Sieg gleichzeitig an die noble Leistung der Sowjetunion und ihrer verschiedenen Völker erinnert. Noch immer gilt der Große Vaterländische Krieg – so der formelhafte sowjetische Sprachgebrauch – als Großereignis in der Geschichte der Sowjetunion, von dem das Selbstbewußtsein des Landes als Führungsmacht in ungebrochener Kontinuität seit nahezu sechs Jahrzehnten bis zum heutigen Tag zehrt. Die Zeremonien der Erinnerung an den Großen Vaterländischen Krieg, bei denen noch bis vor kurzer Zeit die Völker der ehemaligen Sowjetunion symbolisch vertreten waren und damit Rußland mit den Staaten der GUS einten, sind für den Mythos der Siegernation und der Weltmacht der einstigen UdSSR und die hiermit verbundene Rezeption bis in die jüngste Gegenwart von Bedeutung. Die Russische Föderation, die das Erbe der Sowjetunion angetreten hat, versteht sich bis heute als Siegermacht. Entsprechend scheinen die Motive und die Formensprache der offiziellen Bilder über die Jahrzehnte bis heute nahezu unverändert: 1984 erschien auf einem Plakat zum Tag des Sieges die berühmt gewordene Photographie, die Evgenij Chaldej während der Siegesparade in Moskau am 24. Juni 1946 von den durch sowjetische Soldaten zu Boden gesenkten deutschen Feldzeichen gemacht hatte. Auf dem Plakat wurde die Photographie wie ein Brief aus der Vergangenheit mit Abbildungen runder Poststempel von 1945 und 1984 versehen, um damit die glorreiche Erinnerung heraufzubeschwören (Abb. SU/RUS 1). Und auf einem Plakat zur Feier des 9. Mai, das zwischen 2000 und 2003 gedruckt wurde, lächelt ein junger, blonder Rotarmist mit einem Chrysanthemenstrauß vor blauem Himmel und wehenden Fahnen, wie fast 60 Jahre zuvor die Kriegsheimkehrer auf den

SU/RUS 2
9 maja. S prazdnikom Pobedy!
9. Mai. Zum Fest des Sieges!, 2000–2003
Plakat, 88 x 58 cm
Moskau, Gosudarstvennyj
Istoričeskij Muzej

entsprechenden Photographien und in den Filmen der offiziellen Berichterstattung (Abb. SU/RUS 2). Wie gegenwärtig die Zeit in der Bildsprache bis heute ist, zeigen auch ein Tablett und ein Pokal mit Deckel, auf denen Sieges- und Ruhmesorden abgebildet und die Namen der Städte eingraviert sind, die 1943 befreit wurden (Abb. SU/RUS 3).

Unabhängig von Moskau wird auch in vormaligen Sowjetrepubliken wie in Weißrußland und der Ukraine die Erinnerung an den Großen Vaterländischen Krieg kommemoriert. In anderen früheren Sowjetrepubliken wie Georgien ist der 9. Mai allerdings kein Feiertag mehr. In den russischen, weißrussischen und ukrainischen Familien wird der Toten und der Leiden des Krieges nach wie vor gedacht und das Andenken der Opfer durch Besuche auf Friedhöfen geehrt.

Selbst wenn die Konzepte der „kollektiven Erinnerung" oder des „kollektiven Gedächtnisses" sinnvoll wären, so scheint es problematisch, sie auf den in diesem Kapitel zu beschreibenden „Fall Sowjetunion" fruchtbringend anzuwenden – es sei denn, man verstünde unter „kollektivem Gedächtnis" von allem Anfang an ein „gelenktes", „offizielles" Gedächtnis. Erinnerung hat in einem totalitären bzw. autoritären Staat und Gesellschaftssystem eine ganz besondere Funktion. Wie kaum in einem anderen Lande wurde in der Sowjetunion über eine Dauer von mehr als 70 Jahren im Namen einer einzigen Instanz – der Kommunistischen Partei – Geschichte instrumentalisiert und damit Erinnerung manipuliert. David Remnick hält den „unending assault against memory" für eines der beiden Hauptverbrechen, deren sich das kommunistische Regime auf Massenbasis schuldig gemacht hat; das andere Massenverbrechen ist für ihn der Mord. „In making a secret of history, the Kremlin made its subjects just a little more insane, a little more desperate".²

Der Propagandaapparat der

SU/RUS 3
N. V. Lochtačeva (Entwurf),
S. Neizvestnaja
Pobeda
Sieg, 2003
Deckelpokal und Tablett,
Messing, vergoldet/vernickelt,
25 x 15,5 x 20 cm
(Deckelpokal), 2 x 23 x 32 cm
(Tablett)
Moskau, Gosudarstvennyj
Istoričeskij Muzej
110932/1-4

alleinherrschenden Partei begann buchstäblich vom Tage des Entstehens Sowjetrußlands an zu operieren, da er bereits im vorrevolutionären Untergrund der bolschewistischen Partei organisiert wurde. Er brauchte deshalb auch für die Zwecke des späteren Krieges und der Kriegsführung nicht eigens eingerichtet zu werden. Allerdings unterlag der Propagandaapparat immer strikten Anweisungen und Informationsbeschränkungen, die ihn der jeweilig veränderten politischen Lage und ihrer neuen politisch-ideologisch opportunen Einschätzung anpaßten – eine „Methode", die auch Uminterpretationen oder Umkehrungen der vormaligen Wertvorstellungen keineswegs ausschloß. So hat die stalinistische Propaganda inmitten des Zweiten Weltkrieges die Russische Orthodoxe Kirche rehabilitiert, den im Namen des „proletarischen Internationalismus" unterdrückten Kult um die russischen Nationalhelden wiederbelebt und nach ihnen benannte, aus der Zarenzeit stammende Orden erneut zu Ehren gebracht.

Es gilt im folgenden vor dem Hintergrund des sowjetischen Propagandastaates die Repräsentationen der mythologisierten Gedächtnisorte des Großen Vaterländischen Krieges wie der mit ihm verbundenen Verbrechen, Vertreibungen, Gewalttaten am eigenen Volk in dem Großraum, den die Sowjetunion einst darstellte, zu identifizieren und, insofern in bildlicher oder schriftlicher Form an sie erinnert wurde, in bezug auf ihre Funktion zu kommentieren. Dabei wird die Sowjetunion einschließlich ihres Kernlandes Rußland zunächst als ein geschlossenes Ganzes dargestellt. Für die Periode seit der Perestrojka, insbesondere nach 1991 wird die Russische Föderation unabhängig behandelt – denn nicht nur die Sowjetunion war auseinandergefallen; auch die bisher kohäsive Erinnerung an den Zweiten Weltkrieg hatte sich aufgelöst.

Die historischen Darstellungen der Kriegsschauplätze der Sowjetunion sind derart zahlreich, daß hier nicht einmal annähernd versucht werden kann, auf sie einzugehen. Nicht nur russische, sondern zahlreiche Historiker anderer Nationalität (in erster Linie Amerikaner, Engländer und Deutsche) haben „Stalins Krieg mit Deutschland"[3], wie der Titel einer der besten, hauptsächlich auf sowjetischen Quellen basierenden westlichen Darstellungen lautet, analysiert und zu den sich in der „Erinnerung" verschiebenden Vorstellungen über den russisch-deutschen Krieg auf unterschiedliche Art und Weise beigetragen. Von wenigen Ausnahmen abgesehen war die offizielle sowjetische Historiographie bis zur Perestrojka ziemlich einheitlich und einförmig, insofern sie sich an den politischen Vorgaben zu orientieren hatte, mit denen stets auch ein propagandistischer Auftrag verbunden war. Es handelte sich grundsätzlich

SU/RUS 4
Evgenij Viktorovič Vučetič
Voin-Osvoboditel'
Befreier, 1948
Modell der zentralen Figur des Denkmals für die im Kampf gegen den Faschismus gefallenen Sowjetsoldaten, Berlin, Treptower Park
Bronze, 75 cm
Moskau, Gosudarstvennaja Tret'jakovskaja Galereja
CKC 12

SU/RUS 5
Bronzoj podnjal'sja v nebo
In Bronze erhob er sich gen
Himmel, in: Sergej Petrovič
Alekseev: Idet vojna
narodnaja: rasskazy iz istorii
Velikoj Otečestvennoj vojny:
Moskva, Stalingrad, Berlin,
Moskau 1985, nach S. 302
Buch
Berlin, Staatsbibliothek zu
Berlin – Preußischer
Kulturbesitz, Kinder- und
Jugendbuchabteilung
31-29MA449

SU/RUS 6
Pobeda nad fašistskoj
Germaniej – XX let
Sieg über das faschistische
Deutschland – 20 Jahre, 1965
Münze, Kupfer/Nickel/Zink,
Dm 3,1 cm
Berlin, Deutsches
Historisches Museum
N 90/2586

SU/RUS 7
V pamjat' pobedy v Velikoj
Otečestvennoj Vojny
Zur Erinnerung an den Sieg
im Großen Vaterländischen
Krieg, 1970
Medaille, Tombak,
Dm 6,35 cm
Berlin, Deutsches
Historisches Museum
N 90/391

um eine auf Ereignisgeschichte zentrierte Historiographie der Sieger, die an dem Mythos des „sowjetischen Volkes, das die Hauptlast des Zweiten Weltkrieges getragen hat", nicht rütteln durfte. Methodisch wie inhaltlich waren unter den vorgegebenen Prämissen kaum neue Sichtweisen möglich. Entsprechend hatte auch die offizielle sowjetische Ikonographie des Zweiten Weltkrieges den Standpunkt der Sieger zu reflektieren und war von daher an die Vorlage von politischen Stereotypen gebunden, die über Jahrzehnte nahezu unverändert dieselben geblieben sind. Geradezu emblematisch für die Narration des Sieges wurde die zentrale Figur des 1949 errichteten sowjetischen Ehrenmals im Treptower Park in Berlin. Sie stellt einen Hünen von Rotarmisten mit einem Kind auf dem Arm dar. Mit dem Schwert in der anderen Hand hat er das Hakenkreuz zu seinen Füßen zerschmettert (Abb. SU/RUS 4). Die Figur symbolisiert den Sieg der Sowjetunion und die damit verbundene Befreiung der Völker Europas vom „Joch des Faschismus". Das angebliche reale Vorbild für die Figur des Befreiers wurde in Reiseführern, aber auch in der Kinder- und Jugendliteratur beschrieben. In einem Kinderbuch von 1975 findet sich die Geschichte des Soldaten Masalov, der in Berlin mit Erlaubnis seines Vorgesetzten ein deutsches Mädchen vor dem Ertrinken gerettet hat, dessen Familie, wie sich herausstellte, von „Faschisten" verfolgt wurde. Auf einer ganzseitigen Illustration wird der Soldat mit dem Kind auf dem linken Arm – wie der Soldat des Treptower Ehrenmals – im Kreise seiner Kameraden gezeigt (Abb. SU/RUS 5). Auf diese Weise soll verdeutlicht werden, daß die unschuldige deutsche Bevölkerung von den sowjetischen Soldaten befreit wurde. Welche Bedeutung dem Motiv des „Treptower Ehrenmals" beigemessen wurde, zeigt auch der Umstand, daß die erste sowjetische Gedenkmünze, zum 20. Jahrestag des Sieges, eine Ein-Rubel-Münze, damit versehen wurde (Abb. SU/RUS 6). Fünf Jahre später wurde eine farbig gefaßte Gedenkmedaille geprägt, die auf der einen Seite die zentrale Figur des Denkmals und auf der anderen das Siegesfeuerwerk über dem Spasskij-Turm des Kreml abbildet (Abb. SU/RUS 7).

Fast noch wichtiger als die Rückbindung des Krieges an die Geschichtsschreibung scheint seine lange Omnipräsenz in Literatur und Film zu sein. Die Literatur als „Geschichtsschreibung von unten" (von der bei Heinrich Böll in seinen „Frankfurter Vorlesungen" die Rede ist) hat in einem nicht zu unterschätzenden Ausmaß die offizielle Geschichtsschreibung und die von ihr errichteten Mythen korrigiert und damit im Bewußtsein der Leser wesentlich zur Sprengung der politisch vorgegebenen Tabus beigetragen. Was an Informationsgehalt durch die Werke der Schriftsteller vermittelt wurde, die zum großen Teil als Kriegskorrespondenten an der Front tätig waren, dem hatten die Fachhistoriker kaum etwas entgegenzusetzen.

Erst die Perestrojka ermöglichte auf Grund der von Gorbačev verkündeten Politik der Glasnost', die „weißen" oder „blinden" Flecken der russischen und sowjetischen Geschichte auszufüllen. Die bisher von Partei und Staat vorgegebenen Tabus wurden gebrochen, die Mythen einer untadeligen Kriegsführung und eines makellosen Sieges öffentlich hinterfragt, zuweilen dekonstruiert. Erstmals wurde über Themen diskutiert, die zwar allgemein bekannt waren, aber in der breiten Öffentlichkeit nicht angesprochen werden durften: beispielsweise über Katyn, d. h. die sowjetische und nicht wie bis 1990 vorgegeben deutsche Verantwortung für die Ermordung von mehr als 4 000 polnischen Offizieren; oder über das bis 1989 vom Kreml geheimgehaltene Zusatzprotokoll des deutsch-sowjetischen Nichtangriffspaktes, das Hitler und Stalin nicht nur die Teilung Polens, sondern die Aufteilung Osteuropas in ihre jeweiligen „Interessensphären" ermöglichte. Zu der von der Perestrojka initiierten Inventarisierung der im Kriege begangenen Verbrechen gehörte 1988 auch die erstmalige Veröffentlichung zweier berüchtigter Befehle Stalins: dem Befehl Nr. 270 vom 16. August 1941, der stipulierte, daß die Kriegsgefangenschaft sowjetischer Armeeangehöriger mit Verrat gleichgesetzt wurde, einschließlich der Sippenhaftung, und dem Befehl Nr. 227 vom 18. Juli 1942 (als der Feind vor Stalingrad stand): „Keinen Schritt zurück ohne einen Befehl vom Oberkommando". Truppenteile, die Rostow, Nowotscherkassk und andere Städte geräumt hatten, waren in dem Befehl beschimpft worden, diese Städte ohne ernsthaften Widerstand preisgegeben zu haben.

Die Geschwindigkeit, mit der während der Perestrojka Enthüllungen über die sowjetische Vergangenheit in Umlauf gebracht wurden, war in erster Linie den Medien zu verdanken. Die Zunft der Historiker folgte der wagemutigeren, aber auch sensationslüsternen Publizistik nur zögernd. Gerade Historiker waren besonders stark in den Parteiapparat eingebunden und hatten mit ihrer linientreuen Darstellung der sowjetischen Geschichte wesentlich zur gelenkten kommunistischen Erinnerung bzw. der staatlichen Veranstaltung der Erinnerung in der UdSSR beigetragen. Erst die Auflösung der Sowjetunion und die definitive Absage an die kommunistische Doktrin bewirkten, daß sich einzelne Historiker als Spezialisten des Zweiten Weltkrieges aus den Zwangsvorgaben der von der Partei verordneten Geschichtsschreibung und ihrer kodifizierten Normenwelt lösten. Die Öffnung der Archive, insbesondere der erleichterte Zugang zu Militärarchiven, ermöglichte, bisher unzugängliche Quellen über die sowjetische Kriegsgeschichte und Kriegführung einzusehen und diese zumindest teilweise zu veröffentlichen.[4] Stalins Fehlentscheidungen und Verbrechen im Hinblick auf den Krieg füllen inzwischen eine Reihe von Veröffentlichungen. Vor allem sind es jüngere Historiker, die auf Grund neuer Archivmaterialien beginnen, die sowjetischen Mythen zu dekonstruieren. Hierzu gehört eine kritische Sicht der vormals uneingeschränkt als ruhmreich charakterisierten Partisanenbewegung, die Aufdeckung der tabuisierten Kollaboration in der Ukraine und in Weißrußland, die Erörterung des tragischen Schicksals der ca. drei Millionen Angehörigen nichtrussischer Volksgruppen wie der Wolgadeutschen, Krimtataren, Tschetschenen, Inguschen, Kalmücken, Karatschaier, Kabardiner, Balkaren und Meschketen, die Stalin aus ihren angestammten Gebieten nach Zentralasien deportieren ließ – ein Thema, das zu sowjetischen Zeiten nur Dissidenten und Samizdat interessierte. Untersuchungen gelten ebenfalls der Repatriierung ehemaliger Zwangsarbeiter und

Kriegsgefangener. Auch wird die Verfolgung der Juden im Zweiten Weltkrieg sowie der Einmarsch der sowjetischen Soldaten in die deutschen Gebiete und ihre Behandlung der Zivilbevölkerung sowie die „Befreiungen" der Länder Ost- und Mitteleuropas durch die sowjetische Armee kritisch beleuchtet. Das Schicksal der deutschen Kriegsgefangenen ist ein weiteres „neues" Thema. Ebenfalls gelten der von General Andrej Andreevič Vlasov befehligten „Russkaja osvoboditel'naja armija" (Russische Befreiungsarmee, ROA), einer von Hitler genehmigten Armee von etwa 10 000 russischen Überläufern, neue Forschungen. Schließlich wurde die Zahl der sowjetischen Kriegsopfer nach oben korrigiert und damit das Kriegstrauma gegenüber dem Siegesmythos akzentuiert. Seit den letzten Jahren bereiten auch Angehörige der etablierten Historikerzunft eine Neuinterpretation des Großen Vaterländischen Krieges vor, die den Zusammenhang zwischen Kriegführung, Politik und Herrschaftsverfassung kritisch hinterfragt.[5]

Inwieweit jedoch diese Dekonstruktionen eines über Jahrzehnte verordneten Mythos das historische Bewußtsein des individuellen postsowjetischen Bürgers beeinflussen und umorientieren, muß vorläufig mangels entsprechender Untersuchungen dahingestellt bleiben. Allgemein läßt im öffentlichen Bewußtsein und offiziellen Diskurs der Rückblick auf die Repräsentation der Epoche zwischen dem Kriegsende und dem heutigen Zeitpunkt die systemstabilisierende Wirkung des Sieges als roten Faden erscheinen. Die Aufopferung der gefallenen Soldaten für ihr Land, der kämpferische Patriotismus des Sowjetvolkes wurden bis zum Ende des Bestehens der Sowjetunion als Engagement für das bestehende sozialistische System gewertet. Als Beispiel seien die „Panfilovcy" genannt. Diese Angehörigen einer Infanteriedivision unter dem Kommando Ivan V. Panfilovs hatten, so die Beschreibung in einem Schulbuch von 1962, nur mit Panzerfäusten und Molotowcocktails vier Stunden lang eine Stellung vor Moskau gegen eine Übermacht deutscher Panzer erfolgreich verteidigt. Fast alle kamen dabei um, doch ihr persönliches Opfer diente dieser Darstellung nach der Rettung Moskaus. In demselben Schulbuch wurde dem Bild der für die Heimat kämpfenden und sterbenden „Panfilovcy" ein Bild der unter deutscher Besatzung leidenden Zivilbevölkerung gegenübergestellt und damit deutlich gemacht, was der selbstlose Einsatz der Soldaten anderen Zivilisten erspart hatte (Abb. SU/RUS 8).

Doch auch nach der Auflösung der Sowjetunion und ungeachtet der Dekonstruktion ihres zentralen Mythos, der Oktoberrevolution, nimmt der Zweite Weltkrieg in der Darstellung der Geschichte des starken, unbesiegbaren russischen Staates und seiner Kontinuität, dessen Machtstruktur Vladimir Putin in jeder Hinsicht wieder zu konsolidieren sucht, einen nach wie vor unbestrittenen Platz ein. In Meinungsumfragen über die wichtigsten historischen Ereignisse des 20. Jahrhunderts hat seit der Spätphase der Perestrojka der Große Vaterländische Krieg die „Große Sozialistische Oktoberrevolution" verdrängt, die bis dahin an erster Stelle stand. Er gilt als Symbol der positiven kollektiven Identität, als Symbol für das „ganze Volk", d. h. für alle sozialen Schichten und Gruppen, wie der Sozio-

SU/RUS 8
Podvig 28 panfilovcev v bojach pod Moskvoj. S kartiny D. Močalskogo. Posle izgnanija nemecko-fašistskich zachvamčikov. S kartiny T. Gaponenko. Die Heldentat der 28 Panfilovcy in den Kämpfen vor Moskau, nach einem Gemälde von D. Močalskij. Nach der Vertreibung der deutsch-faschistischen Landräuber, nach einem Gemälde von T. Gaponenko, in: Isaak Israilevič Minc, Dimitrij Stepanovič Karev: Istorija SSSR, Učebnoe posobie dlja 8 klassa, Moskau 1962, S. 176/177
Buch
Privatbesitz

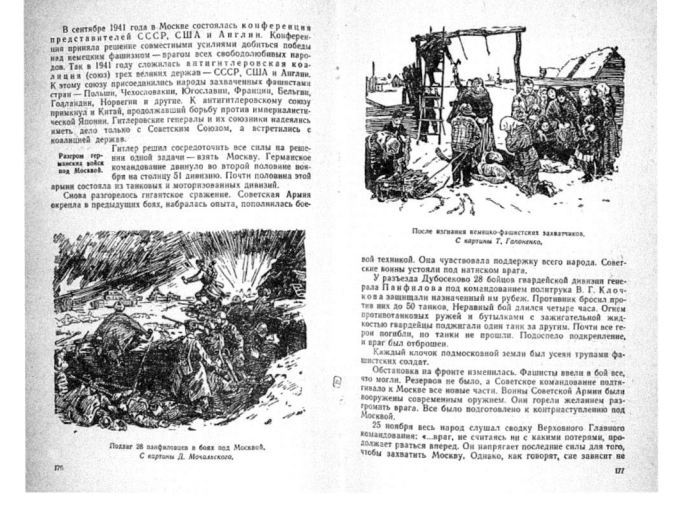

loge Žan Terent'evič Toščenko hervorhebt, der sich mit dem von russischen Historikern bisher kaum thematisierten „historischen Gedächtnis" beschäftigt.[6] Ihm zufolge ist angesichts der ideologischen und politischen Unsicherheiten der gegenwärtigen Epoche der Sieg „faktisch der einzige positive Stützpunkt des nationalen Selbstbewußtseins der heutigen russischen Gesellschaft". Zudem sei die Erinnerung an den Zweiten Weltkrieg „mit der Geschichte einer jeden Familie verbunden". Versuche, die Schlachten von Moskau und Stalingrad neu zu bewerten, die Leistungen einer Zoja Kosmodem'janskaja und eines Aleksandr Matrosov sowie anderer sowjetischer Kriegshelden, die im Kampf für die Heimat Beispiele heroischer Selbstaufopferung abgaben, ihres Heldentums zu berauben und sie zu entmystifizieren, werden diesem Autor zufolge nicht nur vom wissenschaftlichen Milieu, sondern ebenso auch vom historischen Bewußtsein „der Massen" abgelehnt. Auch sensationsheischende Darstellungen wie diejenige Viktor Suvorovs, der die These vertritt, daß der deutsche Überfall auf die Sowjetunion vom Sommer 1941 einem von Stalin geplanten Angriff auf Deutschland zuvorgekommen sei[7], würden nicht akzeptiert. „Die nationale Würde läßt sich nicht erniedrigen", bekräftigt Toščenko.

Gemäßigter beurteilt der Verantwortliche des Archivwesens der Russischen Föderation, Vladimir Petroviš Kozlov, den heutigen Stand der Diskussion: „Obwohl noch immer Wünsche nach einer 'dosierten', 'abgewogenen', 'objektiven' Darstellung des Großen Vaterländischen Krieges hörbar sind, zweifeln wir nicht daran, daß früher oder später auch eine neue, wahrhaft wissenschaftliche Historiographie entsteht, die auf der Grundlage einer leidenschaftslosen logischen Analyse nach dem Begreifen der Wahrheit trachtet." Die „Zeit wird unvermeidlich kommen", vertröstet Kozlov ungeduldige Zeithistoriker – nicht ohne ihnen die reichen Archivbestände über den Zweiten Weltkrieg schmackhaft zu machen –, „wenn der Große Vaterländische Krieg der Gegenstand eines von Dogmen wie von Demagogie freien Studiums sein wird, wie es heute z. B. die Geschichte des Vaterländischen Krieges von 1812 ist".[8]

Generell sind in der öffentlichen Meinung und offiziellen Vergangenheits- oder Erinnerungspolitik bisher keine umwälzenden Veränderungen im Hinblick auf die Bewertung des Krieges und der von sowjetischer Seite dabei begangenen Fehler oder gar Verbrechen zu verzeichnen. Dennoch sind die einzelnen Perioden zwischen dem Kriegsende und dem heutigen Tag durch verschiedenartige Schübe von Um- oder gar Neubewertungen gekennzeichnet, die in der Sowjetunion und in Rußland im Hinblick auf das sowjetische bzw. russische historische Bewußtsein bedeutungsvoll waren – selbst wenn sich diese Veränderungen in der Einschätzung des Weltkrieges minimal ausnehmen verglichen mit der Aufarbeitung der Kriegsvergangenheit, die in anderen, vorwiegend westlichen Ländern vollzogen wird. Diese Veränderungen sollen hier kurz aufgezeigt werden, wobei aus Gründen der Übersichtlichkeit chronologisch vorgegangen wird.

Die unmittelbare Nachkriegszeit bis zum Tod Stalins 1953

Entgegen einer im Westen verbreiteten Vorstellung ist in der Sowjetunion die Erinnerung an den „Großen Sieg" keineswegs von allem Anfang an ritualisiert worden. Der bedingungslose Kapitulationsakt der Wehrmacht wurde auf Verlangen Stalins vor Marschall Georgij Konstantinovič Žukov und Vertretern der Westmächte im sowjetischen Hauptquartier in Berlin-Karlshorst am 8. Mai wiederholt (nachdem die Kapitulation in Eisenhowers Hauptquartier in Reims bereits einen Tag zuvor vollzogen worden war) und am frühen Morgen des 9. Mai, um 0.16 Uhr, unterzeichnet, um von Radio Moskau um 2.10 Uhr bekanntgegeben zu werden. In der Sowjetunion gilt daher der 9. (und nicht der 8.) Mai als Tag des Sieges.

Die Rede, die Stalin am 24. Mai 1945 beim Empfang der Armeebefehlshaber im Kreml hielt, hatte er bezeichnenderweise mit einem Trinkspruch „vor allem auf das Wohl des russischen Volkes" – und nicht des sowjetischen – abgeschlossen, „weil es sich in diesem Krieg die allgemeine Anerkennung als die führende Kraft der Sowjetunion unter allen Völkern unseres Landes verdient hat".[9] Stalins Diktum sollte in der Folgezeit wesentliche Konsequenzen für die Darstellung und Einschätzung des Krieges haben. Erst nachdem die ersten sowjetischen Truppen nach Moskau zurückgekehrt waren, fand am 24. Juni 1945 auf dem Roten Platz in Moskau die offizielle Siegesparade der Roten Armee statt. Sie wurde von Marschall Žukov abgenommen, dem Stellvertreter des Oberkommandierenden Stalin.

Ein Jahr später, am 9. Mai 1946, wurde der Tag des Sieges (Den' pobedy) als arbeitsfreier Feiertag begangen. Doch bereits im nächsten Jahr wurde die Erinnerung an den sowjetischen Sieg von einem arbeitsfreien Feiertag auf einen normalen Arbeitstag zurückgestuft – eine Verfügung, die erst 1965 wieder zurückgenommen wurde. Stalin war offensichtlich daran gelegen, wie Nina Tumarkin knapp, doch treffend formuliert, den Krieg „beiseite" zu lassen. Der Hauptfeind nach 1945 war nicht mehr der Faschismus, sondern vielmehr der Imperialismus. Der heiße Krieg gegen das faschistische Deutschland war vorbei, und an seiner Statt hatte der Kalte Krieg begonnen.[10] Stalin verhinderte persönlich, daß führende Militärs ihre Memoiren über die Kriegführung veröffentlichten und Historiker Zugang zu Materialien und Archiven erhielten, die mit dem Krieg zusammenhingen. Der Sieg wurde für das Bewußtsein der Zeitgenossen von der Partei instrumentalisiert. Er wurde demnach von der Partei und ihrem obersten Führer, Stalin, errungen, wobei die Aufopferung des sowjetischen Volkes immer stärker in den Hintergrund geriet. Die alljährlichen Gedenktage an den Sieg und das Kriegsende waren in der Nachkriegs-Sowjetunion eher informelle Veranstaltungen mit Veteranentreffen, Friedhofsbesuchen und nächtlichen Feuerwerken in den „Heldenstädten" (Moskau, Leningrad, Odessa, Kiew, Minsk, Stalingrad, Sewastopol, Noworossijsk, Kertsch, Tula, zu denen seit Mai 1985 auch Smolensk und Murmansk hinzukamen) und den Hauptstädten der Republiken. Zu Stalins Lebzeiten gehörte das erlittene Trauma des Krieges nicht zur offiziellen Erinnerungskultur. Erst unter Leonid Brežnev begann 1965 mit dem 20. Jubiläumstag des Triumphes von 1945 eine Ritualisierung des Kriegsgedenkens und damit der eigentliche offizielle Kriegsmythos in der Sowjetunion Fuß zu fassen. Inzwischen war eine neue Generation herangewachsen, die den Krieg zwar nicht mehr miterlebt hatte, jedoch mit den Ereignissen vertraut gemacht werden sollte. Der Krieg wurde zum Inhalt von Propaganda und Erziehung.

Doch auch wenn die staatliche Veranstaltung des Kriegsgedenkens in den ersten Nachkriegsjahren noch nicht ritualisiert wurde, so war der Krieg überall spürbar. Es galt, ein weitgehend zerstörtes und verwüstetes Land wiederaufzubauen und die auf eine Kriegsindustrie ausgerichtete sowjetische Wirtschaft auf Friedensproduktion umzustellen. Die außerordentlich hohen Verluste an Menschen (insbesondere qualifizierter Arbeiter) machten diese Aufgabe nicht leicht. Ebenso hielt es die oberste Führung für notwendig, die während des Krieges vernachlässigte politisch-ideologische Kontrolle wieder zu verschärfen, was zunächst die in die Heimat zurückkehrenden sowjetischen Kriegsgefangenen und Zwangsarbeiter zu spüren bekamen: Nur einer Minderheit (etwa 20 Prozent) war die

Heimkehr in ihre Familien vergönnt. Die Mehrheit wurde pauschal der Kollaboration verdächtigt und deshalb direkt in Sonderlagern des NKVD interniert oder in abgelegene Gebiete der Sowjetunion verbannt und mit Zwangsarbeit für den Wiederaufbau der vom Krieg zerstörten Regionen bestraft. Ein derartiges Vorgehen reflektierte nicht zuletzt die Furcht der politischen Führung, daß der von den Kriegsgefangenen im Westen wahrgenommene Wohlstand nicht der offiziell verkündeten Wahrheit entsprach. Solženicyn hat 1962 in seiner Erzählung „Odin den' Ivana Denisoviča" (Ein Tag im Leben des Ivan Denisovič) das Schicksal eines aus der deutschen Kriegsgefangenschaft entlassenen und sofort wegen Landesverrats angeklagten Häftlings beschrieben. „Er hatte [...] ausgesagt, daß er sich habe gefangennehmen lassen, um sein Land zu verraten, und daß er aus der Gefangenschaft zurückgekehrt sei, um einen Auftrag des deutschen Geheimdienstes auszuführen. Welcher Art dieser Auftrag gewesen war, dahinter konnte weder Šuchov (Ivan Denisovič – Anm. der Verf.) noch der Untersuchungsrichter kommen."[11]

Verlustzahlen der Kriegstoten und Kriegsgefangenen sind in den unmittelbar auf den Krieg folgenden Jahren bewußt zu niedrig angesetzt worden, weil die staatliche und militärische Führung hierfür die politische Verantwortung nicht tragen bzw. Fehler aus der Kriegszeit nicht aufdecken wollte.[12] Während Stalin am 13. März 1946 die absurd niedrige Zahl von insgesamt 7 Millionen Toten in die Welt gesetzt hatte, die sich offenbar an den Verlusten des Verlierers Deutschland orientierte[13], wurde diese Zahl von seinen Nachfolgern bedeutend nach oben hin verändert. Die neuesten Schätzungen, die durch eine Kommission des Verteidigungsministeriums ermittelt wurden, gehen von einer Gesamtzahl von 27 bis 28 Millionen Toten (davon 8,7 Millionen Soldaten) aus. Für die zu Stalins Lebzeiten geltende Einstellung zum Krieg war ebenfalls bezeichnend, daß ungefähr zwei Jahre nach Kriegsende die Schwerstbeschädigten und sich auf Holzplatten fortbewegenden Invaliden, die sich auf den Straßen der großen Städte ihren Lebensunterhalt erbettelten, plötzlich aus dem Blickfeld der Passanten verschwanden. Sie sollten nicht tagtäglich an die Schrecken und Wunden des Krieges erinnern und wurden daher in besondere Einrichtungen an entlegene Orte verschickt und „unsichtbar" gemacht. Erst 1982 setzte der Schriftsteller Jurij Markovič Nagibin in seiner Erzählung „Terpenie" (Geduld) den Kriegsinvaliden ein Denkmal.

Die politische und ideologische Verhärtung sowie die verschärfte Kontrolle der Bevölkerung und Institutionen in der Zeit zwischen 1945 und 1953 kam in der Verstärkung der Sicherheitsorgane und des Systems der Konzentrationslager zum Ausdruck. Insbesondere wurde der Widerstand gegen die Sowjetisierung in den Gebieten bekämpft und bestraft, die 1939/40 von der Sowjetunion inkorporiert worden waren: Ostpolen bzw. die Westukraine, Bessarabien (Moldawien) und die baltischen Staaten. Allein die in den baltischen Staaten forcierte Kollektivierung führte zur Deportation von ungefähr 400 000 Litauern, 150 000 Letten und 50 000 Esten.[14]

Die verstärkte ideologische Kontrolle durch die Partei machte auch vor der Kulturpolitik keinen Halt. Mit dem Namen des für Ideologie und Kultur zuständigen Sekretärs des Zentralkomitees der KPdSU Andrej Aleksandrovič Ždanov, dem „stalinistischen Totengräber der sowjetischen Kultur"[15], wurde die gesamte Kulturpolitik der Nachkriegszeit bis zu Stalins Tod – von 1946 bis 1953 – als Ždanovismus (ždanovščina) verknüpft. Die relative Freiheit, welche die Literatur während des Krieges genossen hatte, wurde wieder stark eingeschränkt. Während des Krieges geschaffene heroische Symbole lebten dagegen weiter fort, und Kriegshelden wurden bereits in den ersten Nachkriegsjahren zu Mythen und zu sowjeti-

SU/RUS 9
Sovetskaja armija – armija osvoboditel'nica
Die Sowjetische Armee – die Befreiungsarmee, 1970
Plakat, 56 x 73,5 cm
Privatbesitz

schen Institutionen und Wertvorstellungen in enge Beziehung gesetzt. Die Grundlagen der späteren sowjetischen „Zivilreligion" waren damit gelegt.[16]

Der große Gestus der Stalinzeit, der übermenschliche, titanische Held fand in gigantischen Kriegsdenkmälern und -gedenkstätten Ausdruck, die in der Sowjetunion und den von ihr eroberten Ländern errichtet wurden. Wie das von dem Bildhauer Vučetič 1946 bis 1949 im Berliner Bezirk Treptow errichtete sowjetische Ehrenmal (vgl. Abb. SU/RUS 4) repräsentieren diese Monumente kaum jemals das Leiden von Soldaten oder Zivilisten, vielmehr werden die Heldentaten der Roten Armee verherrlicht. Das bereits hier demonstrierte Masternarrativ des Großen Vaterländischen Krieges – der sowjetische „Teil" des Zweiten Weltkrieges – vom 22. Juni 1941 bis zum 8. Mai 1945 – blieb während der gesamten Sowjetperiode und in allen Sowjetrepubliken gültig. Es hat sich vor allem in Skulpturen, aber auch in zahlreichen Plakaten, Gemälden, die mit den überall im Lande errichteten Kriegsdenkmälern korrespondierten, in relativ großer Einförmigkeit niedergeschlagen. Gültig blieb auch die hiermit verbundene Erzählung von der Befreiung des besetzten Europas. So wurden auf einem Plakat von 1970 die Bilder seiner Befreiung und des vollendeten Wiederaufbaus der Hauptstädte mit dem Bild des Treptower Denkmals verbunden (Abb. SU/RUS 9).

Die Kriegsliteratur, die in der Sowjetunion seit dem Kriegsbeginn wie in keinem anderen Land zur Blüte kam und geradezu als Kriegswaffe galt, wurde auch nach dem Sieg weiter eingesetzt. Dabei überwog ihre emotionale und dokumentarische Bedeutung bei weitem ihren ästhetischen Wert. Hatte die während des Krieges entstandene Literatur das Hauptgewicht auf den anonymen Durchschnittssoldaten (wie in dem 1941–1945 entstandenen Gedichtzyklus „Vasilij Terkin" von Aleksandr Tvardovskij) gelegt, so wurde in der Nachkriegszeit zunehmend der Typus des Kriegers mit den stereotypen Eigenschaften des kommunistischen Helden dargestellt. Nach 1945 wurden zahlreiche Reportagen über die Partisanenbewegung veröffentlicht, nachdem Vera Aliger bereits in ihrer während des Krieges veröffentlichten Verserzählung „Zoja" (1942) die junge Komsomolzin Zoja Kosmodem'janskaja besungen hatte. Diese hatte sich den Partisanen angeschlossen und wurde wegen angeblichen Verrats von den Deutschen gefangengenommen, gefoltert und erhängt; sie steht seither im sowjetischen Heldenkult an erster Stelle. Die Künstlergruppe „Kukryniksy" begann noch im Krieg die Arbeit an dem 1947 vollendeten Gemälde „Tanja" (der Deckname der Partisanin). Es zeigt das aufrecht stehende, trotz Folter ungebrochene Mädchen unmittelbar vor seiner Hinrichtung mit einem Schild um den Hals vor dem Galgen. Deutsche Soldaten photographieren sie, während die Leute aus dem Dorf mit gesenkten Köpfen daneben stehen (Abb. SU/RUS 10). Da die Geschichte der Zoja Kosmodem'janskaja einen Erziehungsauftrag verfolgte, wurden ihre Heldentaten besonders in Schulbüchern, der Kinder und Jugendliteratur propagiert. Illustriert wurden die entsprechenden Erzählungen meist mit einer Porträtaufnahme des Mädchens oder, wie in einem Jugendbuch von 1966, mit einer Photographie, die zeigt, wie sie zum Galgen geführt wird (Abb. SU/RUS 11). Die Bildunterschrift rühmt sie als „wahre" Tochter ihrer Heimat, deren ungebeugte Tapferkeit selbst ihren Folterern noch lange im Gedächtnis geblieben sei. Photographien erfolgreicher Partisanenaktionen finden sich, gleichsam als Kommentar, auf der gegenüberliegenden Seite.

Die Nachkriegsliteratur bemächtigte sich auch kriegspolitisch brisanter Themen wie der Sabotagetätigkeit von Sowjetbürgern unter den deutschen Besatzungstruppen[17] oder der Verwirrung, die die ersten Niederlagen der Roten Armee im Jahre 1941 unter der Bevölkerung stifteten[18] – Themen, die die Medien schwerlich in dieser Offenheit erörtern durften. Vasilij Grossmans tiefgreifender, psychologischer Roman über die Schlacht von Stalingrad, der unter dem Titel „Za pravoe delo" (Für die gerechte Sache) 1952 in der Zeitschrift Novyj mir erschien, wurde als „fehlerhaft" abgestempelt, weil der Autor die „führende und organisierende Rolle der Kommunistischen Partei im Kampf mit den faschistischen Eroberern" nicht beachtet hatte.[19]

Die offizielle Propagandamaschinerie, die sich vor allem auch in Schulbüchern niederschlug, wertete den Sieg der Partei und des Generalissimus Stalin als Beweis für die Überlegenheit der sozialistischen Sozialordnung. Mit anderen Worten: Der sowjetische Sieg über den Nationalsozialismus hatte die Richtigkeit des Sozialismus bewiesen. Der Triumph hatte die bestehende Ordnung auf die denkbar wirkungsvollste Weise bestätigt. „Während in den Trümmern des Großdeutschen Reiches auch die nationalsozialistische Diktatur versank, stieg die russische gefestigt aus der Asche mehrfach ver-

SU/RUS 10
Kukryniksy
Tanja
1942–1947
(Kukryniksy d.i. Michail Vasilevič Kuprijanov, Porfirij Nikitič Krylov, Nikolaj Aleksandrovič Sokolov)
Öl/Leinwand, 159 x 241 cm
Moskau, Gosudarstvennaja Tret'jakovskaja Galereja
16697

SU/RUS 11
Podžigatel'
Brandstifterin, in: Moskva v soldatskoj šineli, Moskau
1966
Buch
Berlin, Staatsbibliothek zu Berlin – Preußischer Kulturbesitz, Kinder- und Jugendbuchabteilung
21A9714

brannter Erde empor."²⁰ Wenn es einen Faktor gab, der letztlich zum Andauern des Stalinismus bis zum Ende der Sowjetunion beitrug, dann war es die sowjetische, sozialistische Selbstbehauptung gegen den deutschen Überfall.

Die Sowjetunion war im Hinblick auf die internationale Situation aus dem Zweiten Weltkrieg nicht nur gefestigt und gestärkt hervorgegangen, sondern innerhalb weniger Jahre neben den USA zur Weltmacht aufgestiegen. Sie hatte trotz enormer menschlicher und wirtschaftlicher Verluste den größten militärischen Beitrag zum Sieg der Anti-Hitler-Koalition geleistet. Ihre territorialen Erwerbungen, ihre nach Westen erweiterte Interessensphäre und Expansion machten sie zur ersten Macht in Europa und zu einem der beiden Hauptopponenten im Kalten Krieg. Die Repräsentation des Sieges der Roten Armee, so wie sie sich in historischen Darstellungen, Filmen, Belletristik, Medien und auch in Schulbüchern niederschlug, bezweckte vor allem, die Sowjetunion in ihrer Großmachtstellung, ja als Supermacht zu verherrlichen. Es ist genau dieses Bild, das zum Mythos wurde und dessen Dekonstruktion bis heute durch enorme ideologische und psychologische Hemmschwellen erschwert wird (Abb. SU/RUS 12). Die Montage der Photographien, die den Kampf der Roten Armee an verschiedenen Schauplätzen zeigen, wird durch das Bild des Treptower Ehrenmals kommentiert. Hiermit wird der Anspruch auf die sowjetische Vormachtstellung in Europa symbolisiert.

„Erinnerungskonflikte", die die allgemeine Repräsentation des Zweiten Weltkrieges betroffen hätten, konnten in der Stalinzeit nicht offen ausgetragen werden. Stalins Autorität war durch den Sieg noch gestärkt worden. In den Nachkriegsjahren erreichte der Stalinkult als Selbstglorifizierung primitivster Art seinen Höhepunkt. Er besetzte gewissermaßen die Stelle, die ein Kult um den gewonnenen Krieg hätte einnehmen können. Stalins 70. Geburtstag im Dezember 1949 wurde über Wochen öffentlich gefeiert. „Der größte Mensch unserer Zeit", „der Lehrer", „der Vater der Völker", der „Führer" und „Genius" der ganzen Menschheit waren Epitheta, mit denen auch die Sowjetschriftsteller den Namen Stalins hymnisch priesen. Petr Pavlenko verherrlichte in dem Roman „Sčast'e" (Das Glück), 1947, Stalins Rolle auf der Konferenz von Jalta.

Von Ende 1945 an wurden die großen militärischen Führer und Kriegshelden, die sich wie Marschall Žukov als Eroberer Berlins einer außerordentlichen Beliebtheit erfreuten, an den Rand des öffentlichen Lebens und Wirkens gedrängt. Eine „Entpersönlichung" der Kriegsgeschichte begann aus Furcht davor, daß die militärischen Führer die politischen, insbesondere Stalin, in ihrer Bedeutung

SU/RUS 12
Dorogoj podviga. 25 let pobedy nad fašistskoj Germaniej
Auf der Straße der großen Taten. 25 Jahre Sieg über das faschistische Deutschland, 1970
Plakat, 73 x 55,3 cm
Privatbesitz

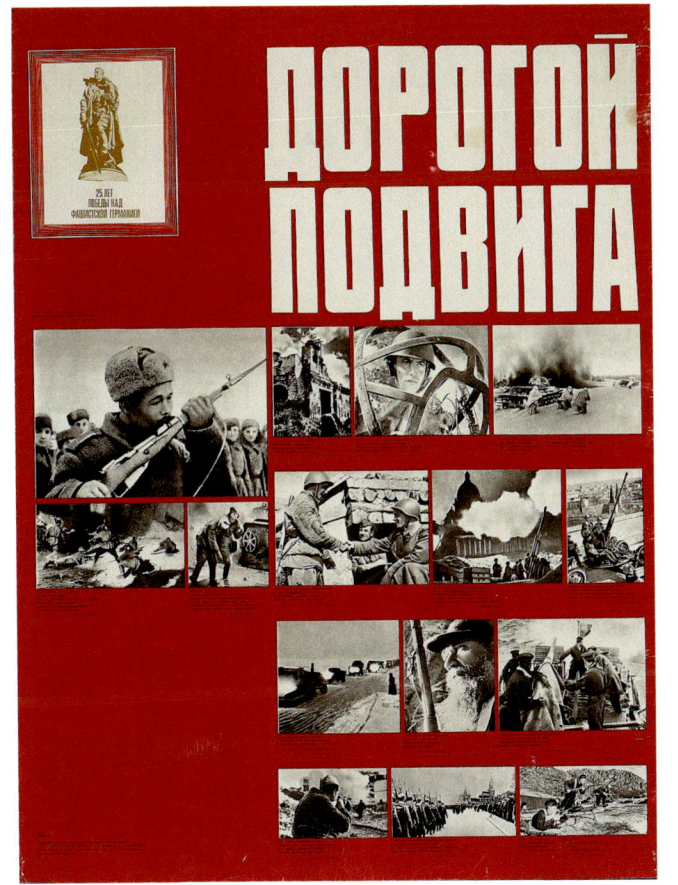

SU/RUS 13
Michail Čiaureli (Regie)
Padenie Berlina
Der Fall von Berlin, 1949
Filmplakat, 60 x 80 cm
Moskau, Gosudarstvennyj
Central'nyj Muzej Kino

SU/RUS 14
Za pobedy nad Germaniej
v Velikoj Otečestvennoj Vojne
Zum Sieg über Deutschland
im Großen Vaterländischen
Krieg 1941–1945, 1945
Orden, Messing, vergoldet,
8,6 x 4,1 cm, Dm 3,8 cm
Berlin, Deutsches
Historisches Museum
O 74/162

in den Schatten stellen könnten. Als am 4. Mai 1948 der Jahrestag der Schlacht von Berlin feierlich begangen wurde, tauchte der Name Marschall Žukovs nicht mehr auf. Das Verdienst für den Plan des Endsturms auf Berlin kam jetzt allein Stalin zu, der sich am 27. Juni 1945 unter Berufung auf seine Verdienste um die Kriegsführung den höchsten militärischen Rang, „Generalissimus der Sowjetunion", hatte verleihen lassen.

Der 1949 von dem Georgier Michail Čiaureli gedrehte Propagandafilm „Der Fall Berlins" ist eine einzige pathetische Hommage an den großen Kriegsherrn Stalin. Das hier abgebildete Plakat zeigt den Helden des Films vor dem Hintergrund der Erstürmung des Reichstages (Abb. SU/RUS 13). Er wird Stalin bei der großen Siegesfeier in Berlin begegnen. Čiaurelis Stalindarsteller Michail Gelovani trat auch in einer Reihe von anderen Kriegsfilmen auf, die Stalin ebenfalls als Hauptakteur im Kriege zeigten. Für den 9. Mai 1945 war 1948 eine Medaille „Zum Sieg über Deutschland im Großen Vaterländischen Krieg 1941–1945" geschaffen worden, mit Stalin im Profil (Abb. SU/RUS 14). Die Aufschrift lautet „Für die gerechte Sache". Ein Jahr später, am 9. Mai 1949, druckte die Pravda auf ihrer ersten Seite ein großes Porträt Stalins als dem kanonisierten Symbol des Sieges ab – ein Ritual, das auch im Jahre 1950 wiederholt wurde (Abb. SU/RUS 15).

SU/RUS 15
Iosif Vissarionovič Stalin
In: Den' našej velikoj pobedy,
Pravda, 9. Mai 1949, S. 1
Zeitung
Berlin, Universitätsbibliothek der Freien Universität Berlin. Bereichsbibliothek des Osteuropa-Instituts und slawistische Bibliothek
R 2681/Rp 47/49 I

Das „Tauwetter" – 1953 bis zum Sturz Nikita Sergeevič Chruščevs 1964

Der Tod Stalins in den ersten Märztagen des Jahres 1953 leitete eine neue Epoche ein, die drei Jahre später zur Entstalinisierung führte, wie sie Chruščev im Februar 1956 in seiner Geheimrede auf dem 20. Parteitag vor dem Zentralkomitee verkündete. Bereits am 9. Mai 1953 mußte man in der Presse nach Überschriften wie „Tag des Sieges" oder „Sieg" vergeblich suchen. Sie kamen nur noch in einem Befehl des Verteidigungsministers vor, der seit Jahren regelmäßig in den Erinnerungen an den Sieg erschien. Bezeichnenderweise war es ein Roman, der der Post-Stalin-Ära ihren Namen verlieh und zu ihrem Symbol wurde: Il'ja Ėrenburgs „Ottepel'" (Tauwetter), der im Mai 1954 in der Zeitschrift Znamja erschien. Die Metapher des Tauwetters bezog sich jedoch keineswegs nur auf die Liberalisierung der Kultur und insbesondere der Literatur. Unmittelbar nach Stalins Tod, am 27. März 1953, wurden dank einer Amnestie auf Initiative Berijas 1,2 Millionen Menschen aus dem GULag und den Gefängnissen entlassen. Damit wurden, wenn auch nur inoffiziell, die Verbrechen am eigenen Volk, die Chruščev in seiner Eigenschaft als Parteichef 1956 erstmals zur Sprache gebracht hat, zum Hauptthema der sowjetischen Vergangenheitsbewältigung oder besser -aufarbeitung. Allerdings wurde zwischen denjenigen, die vor dem Krieg, während des Krieges und nach dem Krieg inhaftiert wurden, nicht oder kaum unterschieden. Unter Chruščev wurde im Juni 1956 eine „Amnestie" für die von Stalin pauschal als „Verräter" bzw. „Kollaborateure" verdächtigten Offiziere erlassen, die in deutsche Kriegsgefangenschaft geraten waren.

Von Chruščevs Geheimbericht angeregt, wurde jetzt zum erstenmal offen die Frage danach gestellt, wie gut bzw. wie schlecht die Rote Armee auf den Krieg gegen Deutschland vorbereitet war, nachdem Stalin zu einem Zeitpunkt, als der Krieg bereits absehbar war, die Strukturen der obersten Armeeführung durch Säuberungen nahezu völlig zerrüttet hatte. Chruščev selbst hatte in seiner Geheimrede die Punkte genannt, die von jetzt an in mehr oder weniger prononcierter Form erörtert oder zumindest angeschnitten werden durften: daß sich Stalin allein den Sieg zugute hielt, jedoch keinerlei Verantwortung für die Niederlagen übernahm, daß Stalin Warnungen über den bevorstehenden deutschen Angriff nicht zur Kenntnis nehmen wollte, daß er die Armee zwischen 1937 und 1941 „gereinigt" hatte, daß er die Schuld am Tod von Hunderttausenden von Soldaten trägt, weil er inkompetent in militärische Operationen eingriff. Chruščev machte selbst vor dem Film „Der Fall von Berlin" keinen Halt, in dem einzig Stalin und sein persönlicher Sekretär Poskrebyšev, der kurz nach Stalins Tod von der Bildfläche verschwand, agieren.

Die sowjetische Historiographie der Stalin-Ära hatte das Debakel von 1941 schlichtweg ignoriert. In der Ära Chruščev, besonders nach dem 20. Parteitag, beschrieben hohe Offiziere ziemlich eingehend Stalins Rolle während der verschiedenen Etappen des Krieges. Mehrbändige Darstellungen der Kriegsgeschichte brachten trotz sorgfältigster Zensur eine Fülle an neuen Erkenntnissen, zu denen auch die Schattenseiten des Kriegsverlaufs gehörten.[21] Von jetzt an dienten in der Sprache Chruščevs ausschließlich die „schweren Fehler" Stalins zur Erklärung der Niederlage von 1941; der „geniale Meister der Kriegskunst" wurde zum „Autobuslenker, der allein für die Panne des Fahrzeugs verantwortlich ist".[22] Sukzessive verschwand er aus der Bildwelt. Es ging um Stalins persönliches Versagen, nicht aber um das der Partei. Chruščev hatte für die neue Repräsentation des Krieges den Ton angegeben: „Die Hauptrolle und das Hauptverdienst für die siegreiche

Beendigung des Krieges kommt unserer Kommunistischen Partei, dem Militär der Sowjetunion und Dutzenden von Millionen Sowjetbürgern zu, die von der Partei erzogen worden sind".[23] Der Heldenkult bezog jetzt einfache Soldaten und Offiziere ein, deren Geschichten in populären und populärwissenschaftlichen Sammelbänden mit historisch-politischen Erläuterungen erschienen. Am 10. November 1961 wurde Stalingrad per Dekret in Wolgograd umbenannt.

Die Zerstörung des Stalinmythos und der hierdurch entstandene politische Klimawechsel führten dazu, daß auch in der Kriegsliteratur die unter Stalin gültigen patriotischen Klischees zugunsten einer wahrheitsgetreueren Darstellung der Kriegs- und Nachkriegszeit aufgegeben wurden. Exemplarisch für die Tendenz der „Wahrhaftigkeit", wie das von der sowjetischen Literaturkritik verbreitete Schlagwort hieß (nach einem 1953 von Vladimir Michajlovič Pomerancev in der Zeitschrift Novyj mir publizierten Artikel „Ob iskrennosti v literature", Über die Wahrhaftigkeit in der Literatur), waren auch einige Filme. Hierzu gehört der 1957 von Michail Kalatozov gedrehte Film „Letjat žuravli", der das sowjetische Publikum stark beeindruckte und auch in Cannes prämiert wurde. Der Krieg wird hier nicht als Heldenerlebnis, sondern als bedrückender Konflikt des Individuums gezeigt. Das Plakat für den russischen Verleih meidet die Darstellung des Konfliktes. Es zeigt das glückliche Paar, das Veronika und Boris am Anfang des Filmes sind, als sie dem Zug der Kraniche am Moskauer Himmel nachschauen (Abb. SU/RUS 16). Künstlerisch vielleicht noch wichtiger ist Andrej Tarkovskijs Film „Ivanovo detstvo" (Ivans Kindheit) aus dem Jahre 1962. Er erzählt die Geschichte des zwölfjährigen Ivan, der nach dem Verlust seiner Familie bei der Armee Zuflucht gefunden hat. Vom Wunsch nach Rache für sein Volk umgetrieben, arbeitet er als Kundschafter. Von einem seiner Gänge kehrt er nicht zurück. Nach dem Einmarsch der sowjetischen Truppen in Berlin finden seine Kameraden bei der Sichtung von Gestapo-Akten Informationen über ihren kleinen Kundschafter, der ermordet wurde. Obgleich die zentralen Motive des sowjetischen Kriegskultes – Opfer, Rache, Sieg – auch bei Tarkovskij vorkommen, handelt es sich um einen Antikriegsfilm, dessen eigentliches Thema die vom Krieg verursachten Leiden einer Generation von Kindern sind. Das Plakat zum Film zeigt das Kind im Profil und eine

SU/RUS 16
Michail Kalatozov (Regie)
Letjat žuravli
Wenn die Kraniche ziehen, 1957
Filmplakat, 99 x 63 cm
Moskau, Gosudarstvennyj Central'nyj Muzej Kino

fahle Waldlandschaft, die die Grundstimmung des Filmes evoziert (Abb. SU/RUS 17).

Kein anderes Kulturmedium hat sich jedoch mit derartiger Überzeugungskraft an den Versuch einer „Bewältigung" des Stalinismus gemacht wie die Literatur: Einzig hier erfuhren die verhängnisvolle Kriegführung und die unnötigen Leiden der sowjetischen Soldaten eine anklagende Darstellung. Im großen und ganzen ist die Literatur nach Stalins Tod nuancierter und in gewissem Sinne mutiger geworden. So hat z. B. Konstantin Simonov 1959 in dem Roman „Živye i mërtvye" (Die Lebenden und die Toten) mit Offenheit und Realismus die Wirren an der Westfront und die falsche Politik Stalins während der ersten Kriegsmonate beschrieben. Sein Hauptheld, der als Journalist die Aufgabe eines Politkommissars zu übernehmen hat, ist auf Grund der Fehlorganisationen der Armeeführung außerstande, das Bataillon, dem er zugeteilt ist, ausfindig zu machen. Die gesamte russische Westfront wird als einziges Chaos dargestellt, das keinerlei Verbindungen mit der russischen Heeresführung hat und daher dem Feind das Vordringen nach Moskau erleichtert.

Die Kehrtwendung, die Brežnev später in bezug auf die Einschätzung der Verdienste Stalins unternehmen sollte, schlug sich dann allerdings auch in Simonovs 1970/71 verfaßtem Roman „Poslednee leto" (Der letzte Sommer) nieder, in dem Stalin erneut als weiser Feldherr auftritt.

SU/RUS 17
Andrej Tarkovskij (Regie)
Ivanovo detstvo
Ivans Kindheit, 1962, nach einer Kurzgeschichte von V. O. Bogomolov
Filmplakat, 104 x 64,5 cm
Moskau, Gosudarstvennyj Central'nyj Muzej Kino

Auch Grigorij Baklanovs Werke gehören ebenso zu einer literarischen Neudarstellung des Zweiten Weltkrieges, die nach dem 20. Parteikongreß möglich wurde und sich gegen die heroisierende Kriegsliteratur der Stalinzeit richtete. Sein 1958 veröffentlichter Kriegsroman „Južnee glavnogo udara" (Südlich des Hauptstoßes) geht mehr auf die Leiden und den Widersinn des gigantischen Blutvergießens ein als auf erhebende und heroische Taten. Sein Kriegsbuch „Pjad' zemli" (Ein Fußbreit Erde), 1959, beschreibt das Grauen und die Angst in den Schützengräben. In dem Roman „Ijul' 41 goda" (Juli 1941) stellt Baklanov ein Thema dar, das bisher tabu war: die ersten Monate nach der deutschen Invasion und den Zusammenbruch der sowjetischen Verteidigung an der Westfront. Auch der Roman des Weißrussen Vasil' Bykaŭ „Mërtvym ne bol'no" (Die Toten haben keine Schmerzen), der 1965 auf weißrussisch und 1966 auf russisch erschien, schildert vor allem die ruhmlosen Aspekte des Krieges: unfähige Kommandeure und Bürokraten, die Tätigkeit der Geheimpolizei und die Leiden der einfachen Soldaten. Bykaŭ wurde daher 1969 von der Parteipresse stark angegriffen: er hätte die „Ehre der glorreichen Sowjet-Armee verletzt".

Jurij Bondarev ist ein weiterer Schriftsteller, der in seinen Romanen den einfachen Soldaten im Schützengraben und als Opfer der stalinistischen Willkür beschrieb und sich damit der stalinistischen Verfälschung des Krieges zu einer Heldensaga entgegenstellte. Sein Roman „Tišina" (Die Stille), 1962, der den Versuch zweier demobilisierter Offiziere beschreibt, sich in die Gesellschaft der stalinschen Nachkriegszeit wieder zu integrieren, enthält erschütternde Szenen von Verhaftungen und Mord. Der Roman, der in der Sowjetunion eine große Polemik auslöste, erinnert in den Worten des Schriftstellers Konstantin Paustovskij „mit scharfer und bitterer Kraft daran, was nicht vergessen werden darf".[24]

Da das Alltagsleben der Soldaten kein Bereich der sowjetischen Kriegsgeschichtsschreibung war, hat sich hier die Belletristik der Chruščev-Zeit besondere Verdienste erworben, indem sie die menschenunwürdige Situation der Soldaten in der Roten Armee, die besonders für das erste Kriegsjahr kennzeichnend war, eindringlich darstellte. Informationen über das Alltagsleben der Soldaten wurden vom NKVD gesammelt, doch nie veröffentlicht. Selbst wenn nur wenige Romane von größerer literarischer Bedeutung waren, so fanden sie dennoch unter den sowjetischen Lesern ein großes Publikum: Ihre Autoren bewiesen Mut und Integrität und gingen mit Offenheit Themen an, die keineswegs opportun waren.

Von herausragender literarischer Bedeutung ist Vasilij Grossmans während des Tauwetters verfaßtes großes Romanepos „Žizn' i sud'ba" (Leben und Schicksal), in dessen Zentrum die Schlacht von Stalingrad steht. Grossman zieht hier Parallelen zwischen den autoritären Regimen eines Stalin und eines Hitler und vergleicht den Holocaust mit dem sowjetischen Antisemitismus. Er zeigt sowohl den Heroismus als auch die Tragödie eines Volkes, das, indem es sich selbst und die Welt vom Faschismus befreite, zugleich auch „Stalin von seiner Vergangenheit befreite".[25] Das Romanmanuskript wurde sofort beschlagnahmt. Michail Andreevič Suslov, im Politbüro für Fragen der Ideologie zuständig, erklärte Grossman 1961, daß der Roman „vor Ablauf von zwei- oder dreihundert Jahren" nicht veröffentlicht werden dürfe. Der Sieg von Stalingrad, hatte Grossman geschrieben, „bestimmte den Ausgang des Krieges, doch der stumme Kampf zwischen dem siegreichen Volk und dem siegreichen Staat ging weiter". Der Roman, der als Mikrofilm in den Westen gelangte[26], durfte erst 1988 in der Sowjetunion erscheinen.

In die Periode des Tauwetters fiel auch die erste Thematisierung der Massaker von Babij Jar, einer Schlucht bei Kiew, wo Sonderkommandos der Wehrmacht allein am 29. und 30. September 1941 an die 34 000 Kiewer Juden erschossen hatten und im Herbst 1941 insgesamt ca. 90 000 Kiewer Juden und ca. 10 000 Ukrainer in der bis dahin größten deutschen Massenexekution auf sowjetischem Boden ihr Leben lassen mußten. Am 19. September 1961 veröffentlichte Evgenij Evtušenko über dieses Massaker in der weitverbreiteten Zeitschrift des Sowjetischen Schriftstellerverbands Literaturnaja gazeta sein berühmt gewordenes Poem „Babij Jar", in dem er auch den Antisemitismus in der UdSSR angriff. Dmitrij Šostakovič widmete daraufhin dem Poem Evtušenkos seine 13. Symphonie. Der ukrainische Schriftsteller Anatolij Kuznecov, der Evtušenko auf Babij Jar überhaupt erst aufmerksam gemacht hatte, veröffentlichte im Oktober 1966 in der Literaturzeitschrift Junost' zu demselben Thema einen gleichnamigen dokumentarischen Roman. Nach Kuznecovs Emigration in den Westen erschien dieser Roman 1969 unter dem Pseudonym A. Anatolij in London in einer vollständigen

Ausgabe, in der alle von der sowjetischen Zensur gestrichenen Stellen hervorgehoben waren. Chruščev verurteilte 1963 Evtušenkos „Babij Jar", „als ob nur Juden die Opfer faschistischer Grausamkeiten gewesen wären, während die Schlächter Hitlers doch viele Russen, Ukrainer und sowjetische Menschen anderer Nationalitäten ermordet haben".[27]

Vasilij Grossman hatte als Kriegsberichterstatter 1944 an der Befreiung des Konzentrationslagers Treblinka teilgenommen und in einem Zeitschriftenartikel die „Treblinskij ad" (Hölle von Treblinka) beschrieben. Es war einer der ersten Berichte, die in Europa über ein Todeslager veröffentlicht wurden.[28] Später stellte Grossman mit Il'ja Ėrenburg ein „Schwarzbuch" über die NS-Verbrechen an Juden zusammen, das in der Sowjetunion jedoch nicht veröffentlicht werden durfte.[29]

In Literatur, Film und bildender Kunst tauchte erstmals seit Kriegsende die Figur des Kriegsversehrten auf. Doch wurde er nicht, wie noch zur Zeit des Krieges, als Held dargestellt, der seine Verstümmelung mit Mut und unbeugsamer Willenskraft, ja mit Enthusiasmus auf sich nimmt. Viel eher wurde er jetzt als gebrochener, hilfsbedürftiger Mensch wahrgenommen, „der in eine traumatisierte Gesellschaft, in der jeder mit sich selbst beschäftigt war", zurückgekehrt war (Abb. SU/RUS 18).[30] Vadim Sidurs Plastik „Der Verwundete" aus dem Jahre 1963 wurde allerdings damals in Rußland nicht bekannt, sein Werk erfuhr erst mit Beginn der Perestrojka in seiner Heimat ein Echo.

Erstmals konnten sich seit 1956 auch Veteranen- und Invalidenverbände konstituieren, die in der Sowjetunion bis zum elften Nachkriegsjahr (!) nicht zugelassen waren.[31] Regierung und Partei bewilligten allerdings nur die Gründung eines hierarchisch-zentralistischen Repräsentationsorgans und verhinderten bewußt das Zustandekommen eines autonomen Interessenverbandes. Doch selbst wenn Veteranen und Invaliden keine politische Priorität genossen, so gelang es der Invalidensektion des „Sowjetischen Komitees der Kriegsveteranen" in der zweiten Hälfte der 50er Jahre zumindest vorübergehend, eine Öffentlichkeit über die Alltagsprobleme der etwa 2,5 Millionen schwerbeschädigten „Sieger" herzustellen: Die ungenügende Kriegsopferfürsorge und mangelhafte Versorgung der Kriegsversehrten mit Prothesen, Rollstühlen, das Fehlen von Gehhilfen und Fortbewegungsmitteln sowie ihre mangelnde gesellschaftliche Integration wurden jetzt thematisiert.[32]

Mit der Neubewertung des Großen Vaterländischen Krieges in der Chruščev-Zeit wurden 1961 zum ersten Mal auch die Gesamtverluste der Streitkräfte

SU/RUS 18
Vadim Sidur
Ranenyj
Der Verwundete, 1963
Aluminium, 42 x 25 x 18 cm
Privatbesitz

und der Zivilbevölkerung der UdSSR mit „über 20 Millionen" angegeben. Gewiß war die Zahl weitaus realistischer als die von Stalin avancierten 7 Millionen, doch wußte niemand, wie sie zustande gekommen war, da seit Stalins Zeiten die gesamte Bevölkerungsstatistik für geheim erklärt worden war.[33]

SU/RUS 19
D. Trachtenberg
(Photographie)
Leningrad. Piskarevskoe memorial'noe kladbišče muzej. Toržestvennoe šestvie v Den' Pobedy
Leningrad. Piskarevskoe-Friedhof und Gedenkstätte. Feierlicher Einzug am Tag des Sieges, 1966
Ansichtskarte, 10,4 x 14,8 cm
Moskau, Gosudarstvennyj Istoričeskij Muzej
4572 нв/нв-962/13

In der Chruščev-Ära wurde schließlich der bereits seit 1945 bestehende Plan verwirklicht, den Leningrader Piskarevskoe-Friedhof, auf dem mehr als eine halbe Million Blockadeopfer begraben sind, in ein Memorialensemble umzugestalten. Massengräber mit den lakonischen Jahreszahlen „1941", „1942", „1943" sind um einen als Achse fungierenden Weg gruppiert, an dessen einem Ende das ewige Feuer brennt. Am anderen Ende des Weges findet sich eine Mauer mit Reliefs und Inschriften, darunter ein Vers der Leningrader Lyrikerin Ol'ga Berggol'c, der mit den Worten „Nekto ne zabyt, nečto ne zabyto" (Niemand ist vergessen, nichts ist vergessen) endet. Auf einem hohen Sockel steht eine Bronzestatue, die mit einer Eichen-Lorbeer-Girlande in den Händen die „Mutter Heimat" verkörpert.[34] Am 9. Mai 1960 entzündete ein Überlebender der Leningrader Blockade eine Fackel am ewigen Feuer der Märtyrer der Revolution, das sich auf dem Marsfeld, einem Park im Zentrum der Stadt, befindet, und brachte die Fackel zum Piskarevskoe-Friedhof.[35] Die historische Kontinuität ließ sich kaum besser symbolisieren. In den folgenden Jahren wurden auf dem Friedhof alljährlich Feierlichkeiten zum Tag des Sieges begangen und Kränze niedergelegt. Photographien dieser Feierlichkeiten wurden für Ansichtskarten verwendet (Abb. SU/RUS 19). Wie andere Gedenkstätten des Zweiten Weltkrieges entwickelte sich auch der Piskarevskoe-Friedhof zum Symbol des Sieges. Ein Plakat zum 25. Jahrestag rühmt vor dem Bild der Zentralfigur der Gedenkstätte die Helden Leningrads. Friedhofsansichten umrahmen die Zentralfigur (Abb. SU/ RUS 20).

Die „Stagnation" – Von Leonid Il'ič Brežnev (1964) bis zur Perestrojka (1985)

Im Dezember 1966 wurden anläßlich des 25. Jahrestages der Schlacht von Moskau im Beisein Brežnevs die Überreste eines unbekannten Soldaten, der 1941 bei der Schlacht um Moskau gefallen war, aus einem Massengrab ausgegraben und mit vollen militärischen Ehren und zur Musik von Chopins Trauermarsch an der Kreml'-Mauer beigesetzt. Ein Denkmal des Unbekannten Soldaten wurde am 8. Mai 1967 enthüllt, umgeben von zehn Monumentalblöcken aus dunkelroten Porphyr, die die Erde der Heldenstädte Leningrad, Kiew, Wolgograd, Sewastopol, Minsk, Odessa, Noworossijsk, Kertsch, Tula und der Festung Brest versinnbildlichen. Der ursprünglichen Inschrift „Pavšim za rodinu – 1941–1945" (Den für die Heimat Gefallenen) wurden später die Worte „Imja tvoe neizvestno, podvig tvoj bessmerten" (Dein Name ist unbekannt, Deine Heldentat unsterblich) hinzugefügt. Das ewige „heilige" Feuer kam auch hier vom Marsfeld aus Leningrad, um die Kontinuität eines fast 50jährigen Mythos vom glorreichen sozialistischen Sowjetstaat zu symbolisieren.[36] Der Große Vaterländische Krieg machte die bereits lang zurückliegende Erinnerung an den Mythos der Oktoberrevolution wieder lebendig.

SU/RUS 20
Slava Gerojam Leningrada!
Ruhm den Helden
Leningrads!, 1969
Plakat, 105,4 x 74,1 cm
Moskau, Gosudarstvennyj
Istoričeskij Muzej
101742/17 их 342/1

Während in der Ära Chruščev und noch nach dessen Sturz in sowjetischen Publikationen viele Aspekte des Zweiten Weltkrieges relativ freimütig erörtert wurden, waren dieser Diskussion unter Brežnev zunehmend engere Grenzen gesetzt. Unter dem Eindruck der Geheimrede Chruščevs, doch erst nach seiner Entmachtung, erschien mit dem von Aleksandr Nekrič 1965 veröffentlichten Buch „1941, 22 ijunja" (22. Juni 1941) der „erste von einem sowjetischen Historiker unternommene ernste Versuch, die Politik der Stalinregierung am Vorabend der Durchführung des 'Unternehmens Barbarossa' zu durchleuchten".[37] Nekrič, der selbst als Offizier am Krieg teilgenommen hatte, zeigte die Gründe auf, weshalb die Sowjetunion auf den Überfall der Wehrmacht nur mangelhaft vorbereitet war, und brachte dafür erstaunliche Aussagen sowjetischer Generäle und schonungslose Einzelheiten über die Arbeitsmethoden Stalins bei. Die Auflage von 50 000 Exemplaren war sofort nach dem Erscheinen des Buches vergriffen; Übersetzungen ins Polnische, Tschechische und Ungarische folgten unmittelbar. Während einige andere Darstellungen derselben Problematik auf rein akademische Diskussionen beschränkt blieben, wuchs sich die scharfe Polemik, die die Diskussion von Nekričs Buch in der Sowjetunion auslöste, innerhalb kürzester Zeit zur „Affäre Nekrič" aus. Denn Nekrič hatte mit der Freilegung des Tabus, das das Jahr 1941 darstellte, den Mythos von Stalin als „Schöpfer" des Sieges über das Nationalsozialistische Deutschland angegriffen – eine Schlüsselposition der damaligen Befürworter der „Restalinisierung'. Nicht einmal die Tatsache, daß Nekrič die Pfeiler des Systems selbst – den Marxismus-Leninismus und die Kommunistische Partei – nicht diskreditiert und die Expansionspolitik Stalins, die zur Wiedererlangung der Westgrenzen des zaristischen Rußland führte, sogar verteidigt hatte[38], konnte ihn davor schützen, daß er 1967 aus der KPdSU ausgeschlossen und sein Buch aus allen Bibliotheken des Landes entfernt wurde. Ebenfalls nach Chruščevs Absetzung erschien zum 20. Jahrestag der deutschen Niederlage Aleksandr Rozens Buch „Poslednie dve nedeli" (Die letzten zwei Wochen). Es schildert die Zeit vor dem deutschen Überfall auf die Sowjetunion und zeigt, daß die UdSSR auf diesen weder militärisch noch psychologisch vorbereitet war.

Der unter Chruščev begonnenen kritischen Auseinandersetzung mit dem Stalinismus wurden unter Brežnev, dessen Regierungsperiode auch als „Neostalinismus" oder „Stalinismus ohne Stalin" bezeichnet wurde, immer engere Grenzen gezogen. Nur wenige Monate nach Chruščevs Sturz rühmte Brežnev in seiner Rede anläßlich des 20. Jahrestages des Sieges die großen Verdienste Stalins, die seit Jahren nicht mehr erwähnt worden waren, und erntete dafür großen Beifall. Neben der partiellen Rehabilitierung Stalins setzte ein ideologisch härterer, autoritärer Kurs in allen Bereichen des öffentlichen Lebens ein. Schon 1965 erschienen Memoiren hoher Militärs, die Stalin aufs neue priesen. Es setzte eine Verherrlichung des Zweiten Weltkriegs ein und hiermit verbunden eine 1966 eingeleitete, großangelegte Kampagne für eine „militär-propagandistische Erziehung" – wie es offiziell hieß. Es ging vor allem darum, die junge Generation von einer kritischen Auseinandersetzung mit dem Stalinismus abzulenken und sie statt dessen in einem pathetischen, nationalistisch-militaristischen Geist zu erziehen. Dieser neostalinistische Sowjetpatriotismus fand in der Glorifizierung von Kriegen und Kriegshelden in Schulen, Massenmedien, Literatur und bildender Kunst einen weithin sichtbaren Niederschlag.[39] Auf einer Medaille aus dem Jahre 1966 verdeutlichen Soldaten, Panzer und Flugzeuge, daß die Helden der glorreichen Armee Moskau erfolgreich verteidigt hatten (Abb. SU/RUS 21). Auf der Rückseite der Medaille ist eine allegorische Frauenfigur in Umhang, Helm und Stiefeln zu sehen. Zum Zeichen des Kriegsendes hält sie das Schwert gesenkt und stützt den Schild auf einen deutschen Stahlhelm, der am Boden liegt. Im Hintergrund ist die Moskauer Kremlmauer zu erkennen.

1965 wurde der 9. Mai zum arbeitsfreien Feiertag erklärt. Seither hat sich für den „Tag des Sieges" einer sowjetischen Darstellung zufolge ein „festliches, strahlendes, tief aufgewühltes Ritual entwickelt"; „als Gegengewicht zum kirchlichen Gedenkritual wurde ein staatsbürgerliches Gedenkritual eingeführt".[40] Der politische Totenkult wurde während der Brežnev-Zeit zu einem wichtigen Bestandteil der „politischen Didaktik" oder „politischen Pädagogik": Die neue Ritualisierung sollte dazu dienen, die Kluft zwischen dem Wertsystem der Kriegsüberlebenden und jenem ihrer Enkel durch Sakralisierung der Kriegstoten zu überbrücken und die Jugend zu „akkulturieren".[41] Die zahlreichen zu Zeiten Brežnevs erbauten Ehrenmale bildeten gleichsam den Rahmen für die „rituelle Selbstvergewisserung" der Bevölkerung.

In den ersten beiden Jahrzehnten nach Kriegsende waren besonders in den Gegenden, die vom Krieg und der deutschen Okkupation besonders betroffen waren, unzählige einfache Kriegsfriedhöfe, Gruppen- und Einzelgrabstätten sowie Dutzende von einfachen Grabstelen, Gedenktafeln und Obelisken entstanden. Daneben wurden auch zahlreiche Denkmäler für Helden und prominente Heerführer gebaut. Nach 1965 kommt hingegen der Memorialkomplex als Gedenkstätte auf.[42]

Der größte in der Brežnev-Ära errichtete Denkmalkomplex ist die Gedenkstätte „Mamaev-Kurgan" (Mamāi-Hügel) in Wolgograd in Erinnerung an die Schlacht von Stalingrad. Das bereits von Stalin geplante Projekt war nach dessen Tod nicht weiterverfolgt worden; Chruščev nahm es 1958 wieder auf, und unter Brežnev fand am 15. Oktober 1967 die Einweihung

SU/RUS 21
25 let razgroma nemecko-fašistskich vojsk pod Moskvoj
25 Jahre – Zerschlagung der faschistischen deutschen Truppen vor Moskau, 1966
Medaille, Aluminium,
Dm 8,85 cm
Berlin, Deutsches Historisches Museum
N 90/395.1

SU/RUS 22
Iraklij Moiseevič Toidze (Plakat)
Rodina-mat' zovet!
Mutter Heimat ruft!, in: Anatolij Vasil'evič Mitjaev: Tysjača četyresta vosemnadcat' dnej: rasskazy o bitvach i gerojach velikoj otečestvennoj vojny, Moskau 1987, nach S. 128
Buch
Berlin, Staatsbibliothek zu Berlin – Preußischer Kulturbesitz, Kinder- und Jugendbuchabteilung
30-42MA68

statt.⁴³ Sein Erbauer, der Bildhauer Evgenij Vučetič, hatte bereits das Ehrenmal in Treptow entworfen.

Die Ausmaße des Monuments sind gigantisch: allein der Weg vom Fuß des Hügels zu seiner Spitze, die von der 90 Meter hohen Statue „Rodina Mat'" (Mutter Heimat) gekrönt wird, beträgt einen Kilometer. Die Gestaltung seiner „Mutter Heimat" hatte Vučetič dem Plakat „Rodina-Mat' zovet!" von Iraklij Moiseevič Toidze aus dem Jahre 1941 nachempfunden, das unter der Inschrift „Rodina-mat' zovet!" eine Frau in einem roten Kleid darstellt, die dem Betrachter den sowjetischen Fahneneid entgegenstreckt und wie die spätere Wolgograder Statue ein Heer hinter sich sammelt.⁴⁴ Dieses Plakat war jedem Sowjetbürger bekannt, da es auch als Postkarte und besonders in Schulbüchern bis in die späten 80er Jahre reproduziert wurde, wie auch noch die Abbildung in einem Kinderbuch von 1987 zeigt. Dort wird es allerdings nicht seinem eigentlichen Schöpfer, sondern dem Graphiker Pavel Koreckij zugeschrieben (Abb. SU/RUS 22). Toidzes Bild der „Mutter Heimat" wurde auch als Motiv einer Briefmarkenserie zum 20. Jahrestag des großen Sieges verwendet, die Plakate und Gemälde bekannter sowjetischer Künstler reproduzierte (Abb. SU/RUS 23). Wie stark das Bildgedächtnis von diesem Plakat geprägt war, zeigt auch die Illustration aus einer Kriegsanthologie für Kinder. Dort marschieren vor der „Mutter Heimat" die Soldaten gen Westen (Abb. SU/RUS 24). Noch in den Jahren der Perestrojka und danach ist es im Gedächtnis präsent. So diente die „Mutter Heimat" erst unlängst zu einem ironischen Aufruf, in die rechtsradikale, faschistische Partei des Schriftstellers Eduard Limonov einzutreten, der soeben eine Gefängnisstrafe abgesessen hatte (Abb. SU/RUS 25).

Wegen der bereits zu seiner Zeit großen Popularität des Motivs griff Vučetič die Bildidee für die Wolgograder „Mutter Heimat" auf, die das Schwert in der rechten Hand erhoben hält und mit der linken Hand nach Westen weist. Zu ihren Füßen sind riesige Recken aus Stahlbeton versam-

SU/RUS 23
Filatelistam
Den Briefmarkensammlern, Werbung für Sondermarken, in: Sovetskij Sojuz, Heft 6 (184) 1965, S. 55
Zeitschrift
Privatbesitz

SU/RUS 24
Rodina-mat' zovet!
Mutter Heimat ruft!, in: Sergej Petrovič Alekseev: Rasskazy o russkom podvige, Moskau 1979, vor S. 201
Buch
Berlin, Staatsbibliothek zu Berlin – Preußischer Kulturbesitz, Kinder- und Jugendbuchabteilung
36-33MB95

melt, die den Besuchern die Kriegstugenden der Sowjetsoldaten vor Augen führen. Im Unterschied zum Plakat von 1941 hält sie jetzt in der rechten Hand statt des Eides das Schwert. Die Errichtung des Denkmalkomplexes hatte derartige Unsummen verschlungen, daß der Wiederaufbau der Stadt nur sehr langsam voranging und viele Stalingrader bis zum Ende der 50er Jahre in den Erdhütten hausen mußten, in die sie sich aus der zerstörten Stadt während des Krieges gerettet hatten.[45] Die Gigantomanie des Denkmalkomplexes wurde schon zur Zeit seines Baus von einigen mutigen Zeitgenossen kritisiert. So schrieb der Schriftsteller Konstantin Simonov, daß „eine kolossale Heldentat nicht zwangsläufig mit einem den Ausmaßen nach

SU/RUS 25
Da, smert'. A vy dumali, čto žizn' chorošaja?
Ja, der Tod. Aber dachten Sie, daß das Leben schön ist?, in: Lev Pirogov: Armageddon Pops. Limonov vychodit, Širjanova sažajut, a inye uže daleče, in: Nezavisimaja gazeta, 26. Juni 2003, Nr. 21 (275), Ex Libris, S. 1
Zeitung
Privatbesitz

SU/RUS 26
Volgograd – Gorod geroj boevoj slavy
Wolgograd – Heldenstadt des Kampfesruhmes, 70er – 80er Jahre
Vase, Keramik, 14,8 cm, Dm 19,5 cm
Moskau, Gosudarstvennyj Istoričeskij Muzej
110940/25/7393 фс

SU/RUS 27
Slava Gerojam Stalingrada!
Ruhm den Helden von Stalingrad!, 1969
Plakat, 105,4 x 74,1 cm
Moskau, Gosudarstvennyj Istoričeskij Muzej
101630/38

kolossalen Denkmal gekrönt werden" müsse. Simonov mahnte, daß eine „authentische heroische Kunst immer so bescheiden sein sollte, wie es auch die Helden waren".[46]

Von offizieller Seite wurde jedoch alles getan, um die Figuren Vučetičs so populär wie möglich zu machen. Schon bald nach der Einweihung der Gedenkstätte wurde eine Vase mit Ansichten der Gedenkstätte produziert (Abb. SU/RUS 26). Als Pendant zum Piskarevskoe-Friedhofs-Plakat in Leningrad (vgl. Abb. SU/RUS 20) erschien 1969 ein Plakat zum Ruhm der Helden von Stalingrad mit dem Bild der zentralen Figur, eingerahmt von kleineren Ansichten der Gedenkstätte (Abb. SU/RUS 27). Auch zum 30. Jahrestag der Schlacht erschien ein „Mutter Heimat"-Plakat, diesmal jedoch mit einem Rotarmisten im Vordergrund, der mit dem Maschinengewehr in der Hand ihre kämpferische Pose wiederholt (Abb. SU/RUS 28). Eine 1975 geprägte Rubelmünze, die in der ganzen Sowjetunion als Zahlungsmittel diente, stanzte buchstäblich jedem Bürger der Sowjetunion das Symbol ins Gedächtnis (Abb. SU/RUS 29). Noch in der zweiten Hälfte der 80er Jahre wurden Ansichtskarten des Gedenkkomplexes mit der „Mutter Heimat" im Hintergrund in Umlauf gebracht (Abb. SU/RUS 30).

Der Jahrestag der Schlacht von Stalingrad wurde erstmals am 2. Februar 1947 feierlich begangen. Besondere Festjubiläen wurden zu runden Jahrestagen begangen. Die Kontinuität der Zeremonien hielt sich bis 1993. Sie waren Ausdruck des Massenheroismus und nicht etwa Trauerzeremonien für die Gefallenen. Die Soldaten wurden als Helden des Kommunismus gefeiert. Es ging nicht um Staatstrauer für Millionen von Kriegstoten, sondern um die staatliche Selbstwahrnehmung der Sowjetunion. „Der Soldatentod wurde zum Ausgangspunkt der optimistischen Selbstdeutung des Staates."[47]

Ein weiterer gigantischer Memorialkomplex der Brežnev-Zeit entstand in Kiew. Die Exposition der monumentalen, von dem Bildhauer Vučetič aus Aluminium errichteten martialischen „Mutter Rußland" in unmittelbarer Nähe des Höhlenklosters, dem Inbegriff von Kiews historischem christlichen Erbe, ist von symbolischer Bedeutung:

SU/RUS 28
V. Sačkov
K 30-letiju Stalingradskoj bitvy.
Podvig naroda bessmerten!
Zum 30. Jahrestag der Schlacht von Stalingrad. Unsterblich die Ruhmestat des Volkes!, 1972
Plakat, 90,1 x 57,6 cm
Moskau, Gosudarstvennyj Istoričeskij Muzej
102541/36 их 347/6

SU/RUS 29
Tridcat' let pobedy v Velikoj Otečestvennoj Vojne 1941–1945
30 Jahre Sieg im Großen Vaterländischen Krieg 1941–1945, 1975.
Münze, Kupfer/Nickel/Zink, Dm 3,1 cm
Berlin, Deutsches Historisches Museum, N 90/454

wurde doch die Orthodoxe Kirche während des Krieges von Stalin als Verkörperung der nationalen Identität rehabilitiert.⁴⁸

Ein besonderes, unter Brežnev eingeführtes Denkmal des Totenkultes ist der Kurgan, ein künstlicher Memorialhügel, der bei den Steppenvölkern als traditionelle Grablege bekannt war. Der erste Kurgan wurde 1965 im ehemaligen Konzentrationslager von Donezk errichtet, wenig später entstand der „Kurgan des Ruhms" bei Odessa, 1968 der „Kurgan des Ruhms" bei Leningrad, 1969 der „Kurgan des Ruhms" bei Minsk, 1970 der „Kurgan der Unsterblichkeit" in Smolensk, zwischen 1966 und 1971 die Festung Brest und schließlich der Komplex „Durchbruch" bei Witebsk in Weißrußland.

SU/RUS 30
V. Poljakov
Mamaev Kurgan
Mamāi-Hügel, 1986
Umschlag für Postkartenserie,
11,2 x 14,9 cm
Privatbesitz

Vom schlichten Totengedenken der Nachkriegsjahre gelangte man unter Brežnev zu „einem komplexen Memorialkult [...], der nicht nur Prozessionen, sondern auch mehrtägige Pilgerfahrten, ja einen richtigen Memorialtourismus erheischte"; der „Totenkult mit seinem Appell an Pietät, Familienbande, Dankbarkeit und Bewunderung wurde zur Manipulation der Nachkriegsgeneration eingesetzt".⁴⁹

Während der Brežnev-Ära wurde das Schlachtenpanorama für den Inbegriff der Kriegsmalerei gehalten: Mit größter Akkuratesse erstellte das berühmte Grekovstudio für Militärkunst in Moskau in jahrelanger Arbeit realistische Wiedergaben der Schlachtszenen. In Wolgograd wurde neben dem Mamāi-Hügel das Panorama-Museum „Stalingrader Schlacht" erbaut. Das Stalingrad-Panorama in der Kuppel des Triumphsaales (der die sowjetischen Einheiten ehrt, die die Stadt freikämpften) zeigt die Schlacht als Kampf des Guten gegen das Böse. Die sowjetischen Truppen erheben sich unter leuchtend klarem Himmel und mit der Sonne im Hintergrund, während die Deutschen im Schatten und Halbschatten versinken.⁵⁰ Auch in zahlreichen anderen Städten, vor allem aber in den Kriegsmuseen in Moskau und Kiew, sind diese Panoramadarstellungen zu finden.

In Moskau eröffnete 1965 das Zentrale Museum der Streitkräfte der UdSSR ein neues Gebäude, in dem der Große Vaterländische Krieg eine weitaus größere Rolle spielte als jedes andere Kapitel der russischen und sowjetischen Militärgeschichte. Die neun großen dem Großen Vaterländischen Krieg gewidmeten Hallen demonstrierten während eines Vierteljahrhunderts, wie an den Krieg erinnert werden sollte.⁵¹ Erst mit der Perestrojka sollte sich die hier vorgegebene Sichtweise verändern.

Unter Brežnev wurde 1975 insbesondere der 30. Jahrestag des Sieges mit großem Pomp gefeiert, um das Gefühl von Nationalstolz und Ergebenheit gegenüber der Partei zu demonstrieren. „Der Sozialismus hat triumphiert", lautete die Botschaft. Im Kriegskult der Brežnev-Zeit setzten sich die heroischen Ideale aufs neue und für längere Zeit durch. Sie fanden nicht zuletzt unter den Veteranen zahlreiche Anhänger. Auch sich selbst versuchte Brežnev mit Hilfe seiner Erinnerungen an den eigenen Kriegseinsatz unter die Heroen des Großen Vaterländischen Krieges einzureihen. Sein Buch „Malaja zemlja", in dem er über seine Kriegserfahrungen als Politoffizier der 18. Armee in der Umgebung der Hafenstadt Noworossijsk am Schwarzen Meer berichtete, wurde in den 70er Jahren zur

SU/RUS 31
Leonid Il'ič Brežnev (Buch),
D. Nalvandjan (Gemälde)
Malaja zemlja
Das kleine Land, 70er Jahre
Schallplattenhülle,
Karton/Leinen/Papier,
31,8 x 31,8 cm
Privatbesitz

SU/RUS 32
25 let pobedy nad Fašizmom.
Učastniku Velikoj
Otečestvennoj Vojny
25 Jahre Sieg über den
Faschismus. Dem Teilnehmer
des Großen Vaterländischen
Krieges, 1966
Medaille, Aluminium,
Dm 4 cm
Berlin, Deutsches
Historisches Museum
N 90/400

Pflichtlektüre für Schüler. Um den Publikumskreis zu vergrößern, wurde das Buch von bekannten Schauspielern auf Schallplatten eingespielt. Der Umschlag, in dem das vierteilige „Hörbuch" verkauft wurde, reproduziert ein Gemälde D. Nalvandjans, auf dem Brežnev die Meldung eines Matrosen entgegennimmt und so als Kopf einer wichtigen militärischen Operation erscheint (Abb. SU/RUS 31).

Auch die Veteranen wurden jetzt geehrt. Zu den Jahrestagen des Sieges wurden ihnen Ehrenmedaillen verliehen, die auf die bewährten Symbole wie das Treptower Ehrenmal zurückgriffen (Abb. SU/RUS 32). Doch erst 1980 räumte ihnen das Brežnev-Regime einige Privilegien ein: Sie brauchten von jetzt an nicht mehr in Schlangen vor Lebensmittelgeschäften anzustehen und durften kostenlos öffentliche Verkehrsmittel benutzen. Einige Jahre später kamen sie auch in den Genuß von Konsumgütern, die für „normale" Bürger nur schwer erhältlich waren. Schließlich wurden die Veteranen immer häufiger in Schulen eingesetzt, um dort ihre pathosgeladenen Erinnerungen an den Krieg vorzutragen und damit die dem Heroischen verpflichtete offizielle Ideologie zu unterstützen.

Auch in der Brežnev-Ära hat die Literatur ihren Beitrag dazu geleistet, den offiziellen Kriegskult, die offizielle Kriegsmythologie aufzusprengen. Indem sie der „Erinnerung des Volkes" nachgingen, haben verschiedene Schriftsteller Ansätze zu einer Art von oral history geleistet. Hierzu gehören etwa die 1977 in Minsk veröffentlichten Interviews – „Ja iz ognennoj derevni" (Ich, aus einem verbrannten Dorf), die der weißrussische Autor Ales Adamovič mit Überlebenden der deutschen Okkupation in Weißrußland führte. Später dienten diese Interviews als Grundlage zu dem Film „Idi i smotri" (Komm und sieh), den Elem Klimov 1986 drehte und der 1989 in den Filmtheatern gezeigt wurde. Der Film schildert mit schonungslosem Naturalismus die Grausamkeit, mit der die deutschen Besatzer in Weißrußland gegen die Bevölkerung vorgingen. Wie bereits Tarkovskij wählte auch Klimov die Perspektive eines Jungen, Florja, der miterleben muß, wie Mutter und Schwester von den Deutschen ermordet werden. Er fühlt sich hierfür schuldig, da er sich vorher einer Partisanengruppe angeschlossen und seine Familie ohne Schutz zurückgelassen hatte. Sein Wunsch nach Rache wird dadurch jedoch nur stärker, bis er am Ende erkennt, daß Haß und Rache nicht weiterführen. Das für den Verleih im Ausland produzierte Plakat stilisiert das Gesicht des Jungen in einer Weise, die gleichzeitig Rache und Versöhnung reflektiert (Abb. SU/RUS 33).

Ales Adamovič gab 1979 gemeinsam mit dem Leningrader Schriftsteller Daniil Granin die „Blokadnaja kniga" (Buch der Blockade) heraus, eine Sammlung von Interviews, die sie mit Überlebenden der Leningrader Blockade geführt hatten. Dieselbe Methode nutzte in der Nach-Brežnev-Zeit die weißrussische Schriftstellerin Svetljana Aleksievič, in ihrem 1984 in Minsk in russischer Sprache erschienenen Buch „U vojny ne ženskoe lico" (Der Krieg hat kein weibliches Gesicht), in dem sie Interviews mit Kriegsteilnehmerinnen veröffentlichte.[52]

Von der Perestrojka und Auflösung der Sowjetunion bis heute

1985, zum 40. Jahrestag des Sieges über NS-Deutschland, war Michail Gorbačev gerade zwei Monate als Generalsekretär der KPdSU an der Macht. Die Inszenierung des Jubiläums war noch von seinem Vorgänger Konstantin Černenko geplant. Es war die letzte mit großem Pomp begangene sowjetische Zelebration der Erinnerung an den Großen Vaterländischen Krieg. Gorbačevs Ansprache am Vorabend der Erinnerungsfeierlichkeiten zeichnete sich durch althergebrachte Klischees aus: der Sieg wurde noch immer der Partei, ihrem Zentralkomitee, kurz „unserer Ideologie und Moral" zugeschrieben. Als Gorbačev den Namen Stalins als Vorsitzenden des für den Sieg verantwortlichen staatlichen Verteidigungskomitees erwähnte, erhielt er lang anhaltenden Beifall.[53]

Die von Gorbačev kurz danach lancierte Politik der Glasnost' sowie sein Appell, die „weißen Flecken" der russischen und sowjetischen Geschichte zu beseitigen, leiteten in den Jahren 1987 und 1988 auch einen neuen „Umgang" mit dem Krieg ein. Hierfür spielten zunächst die Medien eine wichtige Rolle, die die stark zunehmende Nachfrage der Öffentlichkeit nach Informationen bedienten. Die Fachhistoriker folgten dagegen der Neuorientierung vorerst nur zögerlich. Erinnerungen führender Militärs erschienen jetzt zum ersten Mal überhaupt oder wie im Falle Marschall Žukovs erstmals unzensiert. Allerdings lebte kaum einer der Zeugen mehr, der damals Zugang zur Macht gehabt hatte und jetzt hätte bezeugen können, wie die oberste Führung militärische Entscheidungen traf.

Die Glasnost', die die Uniformität des Geschichtsbildes sprengte, brachte auch die Deutungsdifferenzen über den Großen Vaterländischen Krieg an den Tag. Gewiß hatten diese schon vorher bestanden, doch waren sie durch die Monopolisierung der Deutung durch Staat und Partei „unterhalb der Schwelle der Öffentlichkeit" gehalten worden.[54] Zum ersten Mal stellte jetzt nicht mehr die Literatur das entscheidende Trägermedium der Umgestaltung dar, sondern die Publizistik gab die Themen der Diskussion vor. Nicht wenig trug auch die allmähliche Öffnung der Archive dazu bei, daß der dokumentarischen Darstellung mehr Glauben geschenkt wurde als der fiktionalen. Historische Werke über den

SU/RUS 33
Elem Klimov (Regie)
Idi i smotri
Komm und sieh, 1986
Filmplakat, 100 x 70 cm
Moskau, Gosudarstvennyj Central'nyj Muzej Kino

Krieg wurden aus anderen Sprachen übersetzt. Russische Autorenkollektive machten sich an eine neue Gesamtdarstellung des Großen Vaterländischen Krieges, die auf bisher unzugänglichen Quellenmaterialien beruhte. Nekrič, der unter Brežnev zur Emigration gezwungen worden war, wurde Ende 1989 aufgefordert, sein Buch „1941, 22 ijunja" (22. Juni 1941) neu herauszugeben. Für die Neuauflage in Moskau 1995 wurde ihm der Zugang zu Archiven ermöglicht. Zahlreiche literarische Werke, die das Thema des Zweiten Weltkriegs direkt oder indirekt beinhalteten, durften jetzt erstmals in Rußland erscheinen wie Grossmans Romane „Vse tečet" (Alles fließt) und „Žizn' i sud'ba" (Leben und Schicksal), Kuznecovs „Babij Jar" oder auch Konstantin Simonovs selbstkritischer Vortrag über den Krieg aus dem Jahre 1965.[55] Während der Perestrojka gedrehte Filme stellten erstmals Stalins Brutalität gegenüber dem eigenen Volk im Krieg heraus. So zeigt der Dokumentarfilm „Štrafniki" von Lev Danilov, 1990, wie Strafbataillons und Strafkompanien, in denen zu politischen Gefangenen degradierte Offiziere und Soldaten zu übelsten Missionen gezwungen wurden, und wie NKVD-Garden Stalins Befehl „Keinen Schritt zurück" ausführten.[56]

Es war jedoch vor allem die historische Publizistik, die Fragen danach aufgriff, warum die Sowjetunion so schlecht auf den Krieg vorbereitet war und warum in den ersten Jahren so viele Menschenleben und so große Gebiete eingebüßt wurden. Der Mythos von Stalin als bedeutendstem Feldherrn des Krieges wurde zuerst von der Publizistik demontiert. Stalin wurde jetzt offen die Verantwortung für die zahlreichen Niederlagen und die sinnlose Zahl von Kriegstoten und Verlusten zugeschrieben. Die Anzahl der sowjetischen Kriegstoten wurde mit der viel niedrigeren der deutschen Gefallenen verglichen.

Für das „neue Denken" bezeichnend war Gorbačevs Rede, die er am 8. Mai 1990, dem Vorabend der Feierlichkeiten zum „Tag des Sieges" hielt und die er „Lektionen aus Krieg und Sieg" betitelte. Statt von der Kommunistischen Partei war von den tragischen Aspekten des Krieges und vom Durchschnittsbürger die Rede, der das Land zum Sieg geführt hatte. Der Sieg sei dem „sowjetischen Volk" zu verdanken, erinnerte Gorbačev zu einem Zeitpunkt, als der Zusammenhalt der sowjetischen Völker in einer machtvollen Union bereits fragwürdig erschien. Gorbačev pries die „Bruderschaft aller Nationen" in der Sowjetunion und kritisierte Stalin, einige dieser Nationen als Verräter behandelt zu haben. Vor allem aber sprach Gorbačev über den „kolossalen Verlust" an Menschenleben, den er mit 27 Millionen Toten bezifferte, die Verwundeten und Invaliden nicht mitgerechnet. Zum ersten Mal wurde damit von einem Parteisekretär in einer öffentlichen Rede die von Chruščev in Umlauf gebrachte Pauschalangabe von „20 Millionen Toten" durch eine Zahl ersetzt, die neuesten demographischen Untersuchungen entsprach oder zumindest nahekam. Gorbačev erinnerte auch an diejenigen, die illegal jahrzehntelang in Lagern festgehalten worden waren. „Niemand ist vergessen, nichts ist vergessen" – hieß seine Devise für die neue Zeit.

Gorbačev hatte erstmals auch die Rolle der westlichen Alliierten betont. Eine Öffnung zur nichtsowjetischen Welt wird auch für neue Darstellungen und Repräsentationen des Krieges kennzeichnend. Stärker als jemals zuvor wird jetzt der Große Vaterländische Krieg „als integraler, wenn auch wichtigster Teil des Zweiten Weltkriegs betrachtet".[57] Für die Oberstufe bestimmte Kompendien der russischen Geschichte enthalten seit den letzten Jahren häufig ein Kapitel über den Zweiten Weltkrieg statt des bisher obligatorischen Kapitels über den Großen Vaterländischen Krieg. Es sind vorwiegend die nationalpatriotischen, vor allem für die unteren Klassen bestimmten Schulbücher, die den Großen Vaterländischen Krieg nach wie vor als isoliertes russisches Phänomen betrachten.

Die Perestrojka hat mit der Dekonstruktion des Stalinismus und der Autorität der Partei auch die Reduktion des Krieges auf puren Heroismus aufgehoben und statt dessen seine menschliche Tragödie hervorgehoben. Daß die Entsakralisierung des Mythos des Großen Vaterländischen Krieges auch die Unabhängigkeitsbestrebungen der baltischen Republiken gefördert hat, ist unbestreitbar. Die Veröffentlichung des geheimen Zusatzprotokolls des deutsch-sowjetischen Nichtangriffs-Paktes, das heute in einigen Schulbüchern nachgedruckt wird, hatte eine Menschenkette zur Folge, die sich mehr als vierhundert Kilometer lang über Estland, Lettland und Litauen zog. Dadurch, daß Gorbačev selbst die Wahrheit über die Vorgeschichte des Großen Vaterländischen Krieges zugab, hatte er einen der schicksalsträchtigsten Schritte seiner Regierung getan.[58]

Eine Aufarbeitung der Vergangenheit, wozu auch mit dem Krieg zusammenhängende Phänomene gehören, beginnt jedoch nicht durch staatliche Institutionen, sondern durch Menschenrechtsgruppen wie Memorial. In der Gesellschaft Memorial tätige Historiker, die nicht zum Establshment der historischen Zunft gehören, beschäftigen sich neben anderen Aspekten des Zweiten Weltkrieges besonders mit dem Schicksal der Repatrianten, d. h. der ehemaligen Kriegsgefangenen und Zwangsarbeiter. Die erste sowjetische Untersuchung über Kriegsgefangene, Anfang der 60er Jahre verfaßt, durfte endlich dank der Glasnost' erscheinen.[59] Ihre vollständige Rehabilitierung wurden ihnen erst durch einen Erlaß des Präsidenten der Russischen Föderation, Boris El'cin, am 24. Januar 1995 zuteil, d. h. 50 Jahre nach Kriegsende. Jetzt endlich wurden die ehemaligen Kriegsgefangenen als Kriegsteilnehmer anerkannt. Erstmals erhielten sie Anspruch auf bescheidene Vergünstigungen, womit allerdings keine Entschädigung für erlittenes Unrecht verbunden war.[60]

1995 hat Präsident El'cin die Feierlichkeiten zum 50. Jubiläum des Sieges zumindest für die eingeladenen Vertreter westlicher Staaten genutzt, um die Erinnerung an den Zweiten Weltkrieg als Beginn einer Zusammenarbeit mit der Europäischen Union und der NATO zu funktionalisieren. Die Leistung der westlichen Alliierten für den Sieg über Hitlerdeutschland war in der Sowjetunion ab 1946 systematisch geschmälert worden. Jetzt lautete die an den Westen gerichtete Botschaft, daß sich das sich nach wie vor als Supermacht verstehende Rußland mit dem Sieg über den Faschismus in Europa den Weg zu einem neuen Europa und zur westlichen Militärallianz geebnet hatte. Der Zweite Weltkrieg wurde somit zum militärischen Ausgangspunkt einer postmilitärischen dauerhaften Verbindung mit den westlichen Nationen.[61]

Symbolisiert wurde das durch die Einladung zahlreicher westlicher und östlicher Staatsoberhäupter, hierunter der Präsident der USA William J. Clinton. Ein zu den feierlichen Ereignissen herausgegebener Bildband zeigt Clinton während seiner Grußbotschaft und in der ersten Reihe der Ehrentribüne unmittelbar neben Präsident El'cin sitzend. Besser hätte das Konzept von den beiden miteinander verbundenen Supermächten kaum zum Ausdruck gebracht werden können (Abb. SU/RUS 34).

Auch für den innerrussischen Bedarf wurde der 50. Jahrestag des Sieges, nachdem die Feiern zwischen 1990 und 1994 relativ bescheiden ausgefallen waren, mit größtem Aufwand begangen und einmal mehr zur Selbstdarstellung Rußlands als Großmacht genutzt. Hierzu diente die festliche Einweihung eines immensen „Siegesparkes" auf der „Poklonnaja gora" (Verneigungshügel) im westlichen Moskau an der Route nach Smolensk. Hier hatte Kutuzov im September 1812 einen Kriegsrat abgehalten, bevor Napoleon von derselben Stelle aus das zu seinen Füßen liegende Moskau erblickte, das nur wenig später in Flammen aufging

SU/RUS 34
Feiern zur Eröffnung der
Gedenkstätte auf der
Poklonnaja Gora
In: Ėtot den' Pobedy.
Memorial'nyj kompleks na
Poklonnoj gore, Moskau 1996
Buch
Moskau, Gosudarstvennyj
Istoričeskij Muzej
177973

(wie in Tolstojs „Krieg und Frieden" nachzulesen steht). 1941, bei dem Kampf um Moskau, hatte das Gebiet um den „Verneigungshügel" keine bedeutende Rolle gespielt. Es war für den „Siegespark" vor allem wegen seiner Assoziation mit dem Vaterländischen Krieg von 1812 bis 1813 gewählt worden[62], in dem die russischen Armeen den Eroberer Napoleon bis nach Paris verfolgt hatten. So schließt sich der Kreis der Sakralisierung des Krieges in der russischen Geschichte. Nur einen Tag nach der deutschen Invasion, am 23. Juni 1941, war in der Parteizeitung Pravda ein Artikel mit dem Titel „Der Große Vaterländische Krieg des Sowjetvolks" erschienen, der diesen unmittelbar mit jenem Vaterländischen Krieg verband, den Rußland gegen Napoleons Grande Armée geführt hatte. In ebendiesem Sinne der historischen Kontinuität war schon 1987 der 175. Gedenktag der Schlacht von Borodino begangen worden. An die Schlacht, in der die Russen Napoleon 1812 schlugen, wurde durch zwei Gedenkmünzen erinnert. Die Pravda veröffentlichte hierzu einen extrem patriotischen Artikel aus der Feder des Militärhistorikers und stellvertretenden Chefs der Politischen Verwaltung der Roten Armee, General Dmitrij Volkogonov. In Borodino wird die Schlacht von 1812 seither regelmäßig nachgespielt. Dieses und andere Kriegsspiele – wie sie die neue Putin-Jugendbewegung „Iduščie vmeste" betreibt – sollen der patriotischen Erziehung dienen.

Für die Anlage des Siegesparks am Verneigungshügel war der Bildhauer und Geschäftsmann Zurab Cereteli verantwortlich, ein Günstling des Moskauer Bürgermeisters Jurij Lužkov. Das Gelände wird von einem 141 Meter hohen Obelisken in der Gestalt eines Bajonetts aus Bronze beherrscht, das von einer der Siegesgöttin Nike ähnlichen Figur mit Kranz und Posaune blasenden Engeln gekrönt ist. Am Fuße des Obelisken steht Georg der Drachentöter, der Schutzheilige Moskaus. In der weitläufigen Parkanlage finden sich Panzer, Geschütze und Fahrzeuge der Roten Armee aus dem Großen Vaterländischen Krieg. Neu an der Konzeption der Gedenkstätte ist eine dem heiligen Georg gewidmete orthodoxe Kirche. Sowjetische und christlich-orthodoxe Stilelemente wurden hier ganz bewußt miteinander in Verbindung gesetzt. Sie sind der bildhafte Ausdruck des neuen patriotischen Konsenses, für den orthodoxe Traditionen und nationales Heldentum Rußlands Größe verkörpern.

Dieses Ehrenmal, das schon 1957 geplant, dessen Bau jedoch erst 1984 begonnen worden war, wurde von El'cin zum 50. Jahrestag des sowjetischen Sieges gemeinsam mit dem Oberhaupt der Russischen Orthodoxen Kirche, Patriarch Alexej II., eingeweiht. Eine prunkvolle Militärparade, an der auch 20 000 sowjetische Kriegsveteranen teilnahmen, „stellte den bruchlosen Rückgriff auf das sowjetische Muster dar [...] als wäre der Untergang der Sowjetunion nichts weiter als eine Namensänderung gewesen".[63] Auch das neu errichtete Museum des Großen Vaterländischen Krieges, im Moskauer Volksmund wegen seiner großen Kuppel „Reichstag" genannt, reflektiert nach wie vor die frühere offizielle sowjetische Instrumentalisierung der Erinnerung an den Krieg. Die Konzeption der Ausstellung hinkt den öffentlichen Debatten, die seit der Perestrojka über den Krieg geführt werden, in jeder Hinsicht hinterher. Sie entspricht dem uniformen historischen Narrativ der Sowjetzeit und ihren Erinnerungsgeboten. Das von dem Museum vertriebene Anschauungsmaterial hält vor allem die repräsentative Darstellung des heiligen Georg und den mit einer Nike bekrönten Obelisken fest sowie das Denkmal der „Verteidiger der russischen Erde" (Abb. SU/RUS 35). Den in historischer Hinsicht wenig aufschlußreichen Museumsführer ziert die heroische Figur eines Rotarmisten (Abb. SU/RUS 36).

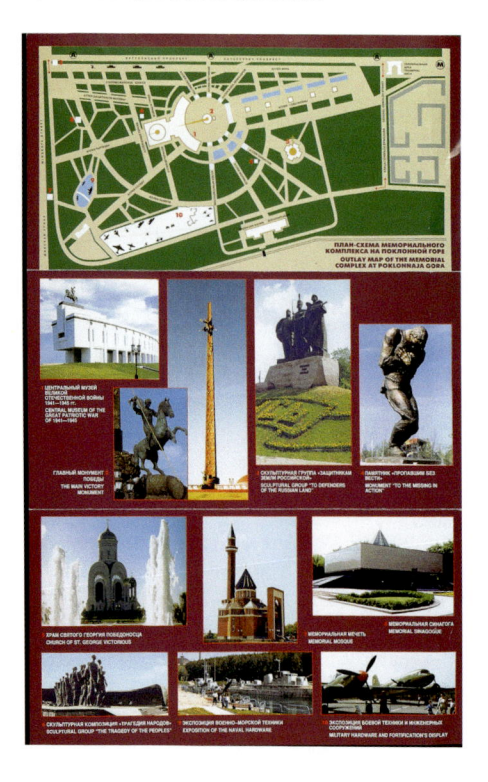

Ebenfalls zum 50. Jahrestag des Sieges und als Symbol des ruhmreichen Gedenkens an die Rote Armee enthüllte El'cin am Spasskij-Tor nahe dem Roten Platz ein in Bronze gegossenes Reiterstandbild des siegreichen Feldherrn Marschall Georgij Konstantinovič Žukov. Von dieser Stelle aus hatte der stellvertretende Oberbefehlshaber der Sowjetarmee am 24. Juni 1945 auf einem Schimmel die Siegesparade der sowjetischen Truppen zusammen mit seinem Stellvertreter Marschall Konstantin Konstantinovič Rokossovskij abgenommen. Zahlreiche Zeitschriften priesen den Kriegshelden Žukov und seinen entscheidenden Einfluß auf den Kriegsausgang. Kalender für das Jahr 1996 zeigten die Marschälle Žukov und Rokossovskij in Form von Heiligenbildern (Abb. SU/RUS 37). In Stalins letzten Lebensjahren in Ungnade gefallen, gehören sie seit Chruščev zu den festen Bestandteilen des Helden- und Siegeskultes. Sie wurden, wie ein hier abgebildetes Beispiel aus den 70er Jahren zeigt, aufgrund ihrer charakterlichen Vorzüge und militärischen Fähigkeiten selbst in Kinderbüchern als unfehlbare Vorbilder gerühmt (Abb. SU/RUS 38 und Abb. SU/RUS 39). In heutigen Schulbüchern kommt Žukov ein besonders hoher Stellenwert zu; sein Porträt ist überall abgebildet. Seine 2002 von Viktor Suvorov veröffentlichte Biographie verkaufte sich in kürzester Zeit in einer Auflage von zwei Millionen Exemplaren. Das Museum der Verteidigung Moskaus brachte einen Anstecker heraus, der den Verteidiger von Moskau nach einem Plakat aus dem Krieg reproduziert. Allein die Unterschrift „Verteidigen wir Moskau" ist in „Sieg" verkehrt (Abb. SU/RUS 40).

SU/RUS 35
Memorial'nyj kompleks na Poklonnoj gore: Plan.
Gedenkstätte auf der Poklonnaja Gora: Lageplan, 1996
Faltblatt
Moskau, Gosudarstvennyj Istoričeskij Muzej
177417

SU/RUS 36
Muzej Pobedy na Poklonnoj gore
Museum des Sieges auf der Poklonnaja Gora, 1996
Buchtitel
Moskau, Gosudarstvennyj Istoričeskij Muzej
177417

SU/RUS 37
Dvaždy geroj Sovetskogo Sojuza komandujuščij frontami. Maršal Sovetskogo Sojuza Konstantin Konstantinovič Rokossovskij
Der zweifache Held der Sowjetunion und Oberbefehlshaber mehrerer Fronten. Marschall der Sowjetunion Konstantin Konstantinovič Rokossovskij, 1995
Kalender, 9,6 x 7 cm
Berlin, Deutsches Historisches Museum

SU/RUS 38
Sergej Petrovič Alekseev
Rasskazy o Maršale Žukove
Erzählungen über Marschall
Žukov, Moskau 1977
Buchtitel
Berlin, Staatsbibliothek zu
Berlin – Preußischer
Kulturbesitz, Kinder- und
Jugendbuchabteilung
33-37MB44

SU/RUS 39
Sergej Petrovič Alekseev
Rasskazy o Maršale
Rokossovskom
Erzählungen über Marschall
Rokossovskij, Moskau 1978
Buchtitel
Berlin, Staatsbibliothek zu
Berlin – Preußischer
Kulturbesitz, Kinder- und
Jugendbuchabteilung
32-37MB43

SU/RUS 40
Pobeda sovetskich vojsk pod
Moskvy
Sieg der sowjetischen
Soldaten vor Moskau, 1995
Anstecknadel, Dm 3,5 cm
Berlin, Deutsches
Historisches Museum

SU/RUS 41
Vladimir Filipovič Prosvirin
Suvenir 55 let Pobedy
1945–2000
Andenken an den 55. Jahres-
tag des Sieges 1945–2000,
2000
Kunststoff, 8,5 cm
Moskau, Gosudarstvennyj
Istoričeskij Muzej

Vladimir Putin ließ ein Jahr nach Beginn seiner Präsidentschaft und am Vorabend des „Tages der Vaterlandsverteidiger" – dem vormaligen „Tag der Sowjetischen Armee und Flotte" – ein Dekret für die „Patriotische Erziehung der Bürger der Russischen Föderation" verkünden.[64] Um die Moral der Nation zu heben, gelte es, die Erinnerung an Ereignisse, die zum militärischen Ruhm Rußlands beitrugen, aktiv zu pflegen und der „Falsifikation der vaterländischen Geschichte" durch Faktenmaterial über historische Ereignisse, Veröffentlichungen von Archivmaterialien, Kriegsliteratur, Memoiren, patriotische Kalender und Souvenirs entgegenzuwirken. In der Jugend solle der Wunsch zum Dienst in der Armee und die Bereitschaft zur Verteidigung des Vaterlands gestärkt werden, wozu auch die Erinnerung an seine ruhmreichen Kämpfer gehöre. Der Appell an „Macht", „Volk", „nationale Idee", „Heimat", „Vaterland" greift voll und ganz das sowjetische Pathos auf. Gelegenheit hierfür bieten wiederum die Jahrestage des Sieges. Entsprechend forderte Putin im Mai 2002 die Historiker auf, ein neues Lehrbuch für den Geschichtsunterricht zu verfassen, das dem Zweiten Weltkrieg und den Verdiensten der russischen Generäle eine angemessenere Würdigung als bisher zukommen lassen solle. Die Tradition der offiziellen Kriegserinnerung bleibt bestehen: So wurde zum 55. Jahrestag des Sieges ein billiges Souvenir aus Kunststoff mit dem Bild Marschall Žukovs produziert (Abb. SU/RUS 41). In den Jahren 2000 und 2003 wurde ein Plakat unter dem Titel „9. Mai – Tag des Sieges", das das neu errichtete Denkmal Žukovs vor dem Historischen Museum in Moskau zeigt, verfertigt (Abb. SU/RUS 42).

Zum 60. Jahrestag des Endes der Schlacht von Stalingrad, am 2. Februar 2003, begab sich Putin mit hohen politischen Würdenträgern sowie einer Abordnung von Veteranen aus 32 russischen Regionen und ihren Gouverneuren nach Wolgograd. Erst im August des vorangegangenen Jahres hatten Abgeordnete des Parlaments der Region Wolgograd vor allem auf Drängen von Veteranen verlangt, die Stadt wieder in Stalingrad rückzubenennen. Russische Nationalpatrioten sind nach wie vor überzeugt, daß der Sieg nur durch Stalin und dank des starken autoritären Staates möglich war. Da die Duma über die Umbenennung Wolgograds keine Entscheidung treffen wollte, sollte hierüber im März 2003 ein Referendum stattfinden. Doch Putin entschied anders: „Die Schlacht von Stalingrad ist eine der glänzendsten Episoden der Geschichte des Zweiten Weltkriegs, auf die wir stolz sind"; die Rückbenennung Wolgograds in Stalingrad riskiere jedoch, „den Verdacht einer Rückkehr in die Epoche des Stalinismus aufkommen zu lassen. Ich denke nicht, daß das nützlich ist".[65]

Die von der historischen Publizistik begonnene Entsakralisierung des Großen Vaterländischen Krieges, die inzwischen besonders von jüngeren Historikern, aber auch von einigen Angehörigen der etablierten Historikerzunft betrieben wird, betrifft eine Reihe „unangenehmer" Themen wie die Bestrafung wegen Kriegsgefangenschaft, die heute als kriminelles Vergehen dargestellt wird, die Gewaltverbrechen der sowjetischen Soldaten in den von ihnen besetzten Gebieten, eine differenziertere Einschätzung der Rolle des Generals Andrej Vlasov, die Kollaboration sowjetischer Bürger in den von der Wehrmacht besetzten Gebieten, die Vertreibungen „sowjetischer Völker", vor allem aber die Vorgeschichte des Großen Vaterländischen Krieges mit der bitteren Frage, weshalb die Sowjetunion so schlecht auf diesen Krieg vorbereitet war. Es besteht kein Zweifel daran, daß die Behandlung dieser und anderer bisher tabuisierter Themen zu einer mutigeren, kompetenteren Historiographie beiträgt. Wieweit jedoch die neuen Erkenntnisse in das öffentliche Bewußtsein eingegangen sind, ja wieweit eine breitere Öffentlichkeit mit diesen Themen konfrontiert werden will, vor allem aber wieweit der Staat und die politischen Eliten sich die Aufarbeitung der Geschichte des Zweiten Weltkriegs mit all ihren negativen, für die sowjetische Führung beschämenden Seiten anzueignen bereit sind, bleibt bis zum heutigen Tage eine offene Frage.

SU/RUS 42
9 maja – den' Pobedy!
9. Mai – Tag des Sieges!,
2000 – 2003
Plakat, 89,9 x 60 cm
Moskau, Gosudarstvennyj Istoričeskij Muzej

Eine Bilanz: Ein sowjetisches oder ein russisches Gedächtnis?

Die Rolle, die der Krieg in der Erinnerung spielt, nimmt ab, denn für immer weniger Menschen bedeutet dieser ein persönliches Erlebnis. Bereits mehrere Generationen kennen den Krieg nur noch aus Überlieferungen – wobei die Narration des Staates nicht mit derjenigen der Familie übereinstimmen muß. Die offiziellen Erinnerungspraktiken standen in scharfem Gegensatz zu der „inoffiziellen" Erinnerung. Doch als Symbol der Größe und vor allem der Einheit der Nation bleibt der Krieg auch weiterhin im kollektiven Gedächtnis verankert. Insbesondere für die ältere Generation bedeutet der Krieg die Erinnerung an ein wahres Engagement, an die Einheit aller angesichts der gemeinsamen Sache; in anderen Worten: der Krieg als ein gesellschaftlich integratives Moment. „Der Krieg bleibt", sagte mir eine Kollegin, deren Eltern beide am Krieg aktiv teilgenommen hatten. „Stalins Rolle im Krieg – das ist etwas ganz anderes. Der Krieg wird davon nicht berührt, er bleibt unangreifbar." Ihre 20jährige Tochter kann sich allerdings in die Kriegserfahrung ihrer Großeltern, die sich die Mutter noch uneingeschränkt zu eigen macht, nicht mehr richtig hineinversetzen. Diejenigen, die den Krieg erlebt haben, verfügen über ein Wissen, das die nachkommenden Generationen nicht nur nicht besitzen, sie können es auch nicht erwerben.

Seit einer Reihe von Jahren sind nicht nur in privaten Gesprächen, sondern auch in öffentlichen Diskussionen von Jugendlichen, ja selbst von Veteranen Sätze zu hören wie: „Hätten die Deutschen den Krieg gewonnen, dann ginge es uns heute besser", oder: „Die eigentlichen Gewinner des Krieges waren die Deutschen." Als ich vor einigen Jahren anläßlich einer Konferenz junger russischer Parlamentarier in Wolgograd die Gedenkstätten der Schlacht von Stalingrad aufsuchen wollte, war niemand bereit, mich dorthin zu begleiten. Um das neue demokratische Rußland aufzubauen, wurde ich belehrt, brauche man keine Erinnerungen an den Krieg. Von Pflichtübungen wie Kriegsmemorialbesuchen hätte man ein für allemal genug. Im übrigen zeugten diese Bauten nur von schlechtem Geschmack. Der junge Führer, den man schließlich für mich fand – ein ausgebildeter Historiker, der im Wolgograder Memorial tätig war –, meinte mir einen besonderen Gefallen zu tun: voller Begeisterung zeigte er mir ganze Straßenzüge, die von deutschen Kriegsgefangenen wiederaufgebaut waren. Im Unterschied zur schlampigen sowjetischen Bauweise seien diese „deutschen Häuser" bis heute in Ordnung.

Trotz des offensichtlichen Bedeutungsverlusts der Kriegserinnerung bei der jüngeren Generation, trotz einer kritischeren Beleuchtung des Großen Vaterländischen Krieges durch einige beherzte russische Historiker und die Rezeptivität eines Teils der öffentlichen Meinung dient der siegreiche Krieg nach wie vor als bester Beweis dafür, daß die (sowjetische) Vergangenheit im großen und ganzen nicht als belastet gilt und infolgedessen nicht bewältigt werden muß.[66] Der Große Vaterländische Krieg ist emotional und moralisch geradezu der Deckschild für den Stolz auf eine ruhmreiche Vergangenheit. Zudem bedient der Sieg bei nicht wenigen Zeitgenossen eine gewisse Nostalgie: er ist „das einzig Positive, was von der Sowjetunion übriggeblieben ist". Oder schlimmer noch: „Wenn doch dieses System fähig war, der Welt die Macht der Sowjetunion zu beweisen, kann doch nicht alles so schlimm gewesen sein."

Es kann kein Zweifel daran bestehen, daß ein gesellschaftlich-staatlicher Konsens, der auf dem Selbstverständnis eines heldenhaften Volkes – einer „zivilen Religion" – basiert, eine schlechte Voraussetzung für die öffentliche Auseinandersetzung mit der Vergangenheit ist. Die bereits zitierte Inschrift am Moskauer

Grabmal des Unbekannten Soldaten, „Imja tvoe neizvestno, podvig tvoj bessmerten" (Dein Name ist unbekannt, Deine Heldentat unsterblich) stammt von Sergej Vladimirovič Michalkov, der auch die Texte der drei Nationalhymnen mit der immer gleichbleibenden Musik von Aleksandrov verfaßt hat: den ersten Text 1944 für Stalin, den zweiten 1977 für Brežnev und den dritten und vorläufig letzten 2001 für Putin. Die semiotische Kontinuität der Nationalhymne, die sich in der Person Michalkovs widerspiegelt, steht in einer Parallele zur Kontinuität an das Gedenken des Krieges. In einem Interview in der Literaturnaja gazeta Ende 2002 bezeichnete Michalkov das oben genannte Epitaph als „Apotheose meiner Frontbiographie". Damit hätte er seinen „Tribut an die Erinnerung und Hochachtung von Millionen Helden gezollt, die an den Fronten des Großen Vaterländischen Krieges umgekommen sind".[67] Michalkov war als Kriegsberichterstatter an der Front und schrieb dort auch für Erwachsene und Kinder bestimmte Gedichte, um in ihnen „den Willen zum Sieg aufrechtzuerhalten".

Michalkov besetzt jedoch nur eine Stimme in dem aufkommenden Pluralismus der Meinungen über den Großen Vaterländischen Krieg. Dem Petersburger Schriftsteller Daniil Granin zufolge hat die Kriegsniederlage der Deutschen die Russen fatalerweise glauben gemacht, daß „wir die Verteidiger der Gerechtigkeit und in unseren Handlungen unfehlbar sind". Der „eigene Sieg", so Granin stellvertretend für andere Stimmen aus dem nichtoffiziellen Rußland und der demokratischen Intelligencija, „hat die Russen bei der Aufarbeitung ihrer Geschichte nur 'gestört'".[68]

Sollen jedoch heute die Russen allein für die stalinistischen Verbrechen der Vergangenheit aufkommen? Sollen die Russen allein die im Zusammenhang mit dem Großen Vaterländischen Krieg begangenen Verbrechen sühnen? Die Völker der ehemaligen Sowjetunion entziehen sich schlechthin der „sowjetischen" Verantwortung. Sie beschäftigen sich mit ihrer nationalen Geschichte und Vergangenheit, die sie weitgehend zu Opfern sowohl des autokratisch-russischen wie des sowjetischen Imperiums macht. Irgendwie scheint mit dem Abtritt des „großen Sowjetvolks", an das der Kriegs- und Nachkriegsdiskurs so nachhaltig appellierte, das Gedächtnis an eine gemeinsam erlittene, aber auch gemeinsam zu verantwortende Vergangenheit verlorengegangen zu sein.

Die Auflösung der Sowjetunion hat auch dem sowjetischen Kriegskult ein Ende gesetzt. Insbesondere die Ukraine, doch auch Weißrußland und andere vormalige sowjetische Republiken haben heute ihre eigenen Erinnerungen und historischen Feiertage. In Rußland ist der 9. Mai noch immer der größte Feiertag. Das offizielle Ritual mobilisiert jedoch nur noch wenige. Das persönliche Gedenken überwiegt, und viele Russen gehen am 9. Mai auf die Friedhöfe.

Bis heute werden um die großen Schlachtfelder herum die Überreste von Soldaten gefunden und bestattet. Allein in Nordwestrußland sollen sich die Überreste von 1,5 Millionen russischer Soldaten befinden.[69] Noch immer weiß man nicht genau, wie viele Opfer etwa die Schlacht von Stalingrad gefordert hat, woran die russische Presse anläßlich des 60. Jahrestages der Schlacht erinnerte. Erst unter Gorbačev wurde das Problem, vor allem aber die hohe Anzahl der unbestatteten sowjetischen Gefallenen publik. Der Komsomol hatte zwar schon seit den 60er Jahren „Expeditionen" zur militär-patriotischen Erziehung gestartet, an denen man sich um die unbeerdigten Soldaten kümmerte. Doch es war unerwünscht, die hohe Anzahl zu erwähnen – es hätte dem Kult um den Großen Vaterländischen Krieg geschadet. Seit der Perestrojka widmen sich zahlreiche zivile Organisationen dieser Aufgabe. Die amerikanische Historikerin Nina Tumarkin hat Ende der 80er Jahre an solch einer Expedition in der Nähe von

Ržev teilgenommen, wo etwa eine Million gefallener Soldaten zu beklagen waren.[70]

Es gibt noch viele „weiße Flecken" in der Erinnerung an den Krieg und im historischen Bewußtsein. So steht zum Beispiel eine Sozial- und Alltagsgeschichte aus, die das Nachkriegsschicksal der verschiedenen Bevölkerungsgruppen aus dem Dunkel holt, wie etwa der an der Front eingesetzten Frauen, der repatriierten Zwangsarbeiter und Kriegsgefangenen, der Kriegsinvaliden, Kriegswaisen und Kriegerwitwen, um nur einige zu nennen. Ebenso sollte das Schicksal der Vlasov-Soldaten und das Phänomen der Nachkriegskriminalität untersucht und bekannt gemacht werden. Es ist unübersehbar, daß die postkommunistische russische Publizistik und auch die Historiographie zahlreiche Tabus gebrochen haben. Doch sind deshalb die neuen Erkenntnisse noch längst nicht in das öffentliche Bewußtsein eingegangen. Es ist alles andere als leicht, die Mythen zu zerstören, an die zu glauben der Sowjetmensch jahrzehntelang erzogen wurde. Rußland hat sich in erstaunlich kurzer Zeit von dem Mythos der „Großen Sozialistischen Oktoberrevolution" befreit. Wird es sich jemals von dem Mythos des Großen Vaterländischen Krieges, der heroischen Heldentat des Siegs befreien können oder wollen?

Kunsthistorische Recherche: Ulrike Schmiegelt

---

[1] Simonov, Konstantin nach Arnold, Sabine R.: Stalingrad im sowjetischen Gedächtnis. Kriegserinnerung und Geschichtsbild im totalitären Staat, Bochum 1998, S. 16.

[2] Remnick, David: Lenin's Tomb. The Last Days of the Soviet Empire, New York 1993, S. 101.

[3] Erickson, John: Stalin's War with Germany. Bd. 1: The Road to Stalingrad, London 1975; Bd. 2: The Road to Berlin, London 1983.

[4] Beispielsweise die Dokumentenserie 1941 god, 2 Bde., Moskau 1998.

[5] Hildermeier, Manfred: Geschichte der Sowjetunion 1917–1991, München 1998, S. 617.

[6] Toščenko, Žan T.: Istoričeskoe soznanie i istoričeskaja pamjat'. Analiz sovremennogo sostojanija, in: Novaja i novejščaja istorija (2000), Nr. 4, S. 6.

[7] Suvorov, Viktor: Ledokol, in: Družba narodov, 11 (1992), S. 196 ff.; deutsche Übersetzung: Der Eisbrecher: Hitler in Stalins Kalkül, Stuttgart 1989. Viktor Suvorov ist das Pseudonym Vladimir Rezuns, eines ehemaligen Offiziers des sowjetischen militärischen Geheimdienstes, der sich nach England abgesetzt hatte. Ausführlich über Suvorovs These: Langenohl, Andreas: Erinnerung und Modernisierung. Die öffentliche Rekonstruktion politischer Kollektivität am Beispiel des Neuen Russland, Göttingen 2000, S. 165 ff. und S. 173 ff. u. Gorodetsky, Gabriel: Le grand jeu de dupes. Staline et l'invasion allemande, Paris 2000, S. 10 ff. Gorodetsky hat ebenfalls in seinem in russischer Sprache erschienenen Buch die sehr populären Thesen Suvorovs verworfen: Mif „Ledokola": nakanune vojny, Moskau 1995.

[8] Kozlov, Vladimir Petrovič: Dokumenty archivnogo fonda Rossijskoj Federacii po istorii velikoj otečestvennoj vojny, in: Novaja i novejšaja istorija (2000), Nr. 5, S. 3.

[9] Stalin, Iosif Vissarionovič: Über den Großen Vaterländischen Krieg der Sowjetunion, Moskau 1946, S. 222.

[10] Tumarkin, Nina: The Living and the Dead: The Rise and Fall of the Cult of World War II in Russia, New York 1994, S. 103 ff. Ich verdanke dieser anregenden Darstellung viele wichtige Hinweise.

[11] Solženicyn, Aleksandr Isaevič: Ein Tag im Leben des Ivan Denisovič, zitiert nach Engel, Christine: Vom Tauwetter zur postsozialistischen Ära (1953–2000), in: Städtke, Klaus (Hg.): Russi-

12 Arnold 1998 (wie Anm. 1), S. 25.
13 Bonwetsch, Bernd: Der „Große Vaterländische Krieg" und seine Geschichte, in: Geyer, Dietrich (Hg.): Die Umwertung der sowjetischen Geschichte, Göttingen 1991, S. 183.
14 Werth, Nicolas: Histoire de l'Union soviétique: de l'Empire russe à l'Union soviétique. 1900–1990, Paris 1990, S. 354.
15 Stökl, Günther: Russische Geschichte. Von den Anfängen bis zur Gegenwart, Stuttgart 1962 (Kröners Taschenausgabe, 244), S. 728.
16 Hierzu Langenohl 2000 (wie Anm. 7), S. 158.
17 Panferov, Fedor Ivanovič: V strane poveržennych (1948) u. Bor'ba za mir (1947), in: Sobranie sočinenij v 6 tomach, Moskau 1958–1959.
18 Pervencev, Arkadij Alekseevič: Čest' smolodu, Moskau 1949.
19 Struve, Gleb: Geschichte der Sowjetliteratur, München o. J., S. 468.
20 Hildermeier 1998 (wie Anm. 5), S. 670.
21 Davies, Robert W.: Perestroika und Geschichte. Die Wende in der sowjetischen Historiographie, München 1991, S. 128. Für eine gut kommentierte Auswahl der Memoirenliteratur höherer Offiziere s. Bialer, Seweryn: Stalin and his Generals. Soviet Military Memoirs of World War II, New York 1969. Über die Stalingraderinnerungen der Marschälle V. I. Čujkov (1959) und G. K. Žukov (1969) s. Arnold 1998 (wie Anm. 1), S. 189 ff.
22 Haupt, Georges: Einleitung zu: Nekritsch, Alexander/Grigorenko, Pjotr: Genickschuß. Die Rote Armee am 22. Juni 1941, Wien 1969, S. 15.
23 Zit. nach Tumarkin 1994 (wie Anm. 10), S. 101.
24 Vgl. Kasack, Wolfgang: Lexikon der russischen Literatur ab 1917, Stuttgart 1967, S. 62 f.
25 Vgl. die Rezension des Romans von Igor Solotuskij in: Literaturnaja gazeta, 8. 6. 1988, zitiert nach Davies 1991 (wie Anm. 21), S. 140.
26 Deutsch als „Leben und Schicksal" 1984 in München und 1987 in Berlin erschienen.
27 Zit. nach Tumarkin 1994 (wie Anm. 10), S. 121. Ausführlicher über Babij Jar im Beitrag zur Ukraine im vorliegenden Band.
28 Znamja (1944), Nr. 10; hierzu Tumarkin 1994 (wie Anm. 10), S. 115.
29 Eine russische Ausgabe erschien 1980 in Jerusalem, eine amerikanische Übersetzung 1981 in New York und eine deutsche in Reinbek bei Hamburg 1994.
30 Fieseler, Beate: Stimmen aus dem gesellschaftlichen Abseits. Die sowjetischen Kriegsinvaliden im „Tauwetter" der fünfziger Jahre, in: Osteuropa (2002), Nr. 7, S. 946 f.
31 Hierzu die ausgezeichnete, auf neuen Archivmaterialien beruhende Untersuchung von Beate Fieseler (wie Anm. 30). Es ist bezeichnend, daß die Akten über die Tätigkeit des sowjetischen Komitees der Kriegsveteranen unter Brežnev bis heute im Archiv des Verteidigungsministeriums unter Verschluß gehalten werden.
32 Hierzu Fieseler 2002 (wie Anm. 30).
33 Kozlov, V. I.: Die Kriegsverluste in der Sowjetunion, Osteuropa (1990), Nr. 4, Archiv, S. 199 ff.
34 Vgl. Kämpfer, Frank: Vom Massengrab zum Heroen-Hügel. Akkulturationsfunktionen sowjetischer Kriegsdenkmäler, in: Koselleck, Reinhart/Jeismann, Michael (Hg.): Der politische Totenkult. Kriegerdenkmäler in der Moderne, München 1994, S. 332.
35 Tumarkin 1994 (wie Anm. 10), S. 126.
36 Hierzu Tumarkin 1994 (wie Anm. 10), S. 127 f.
37 Nekrič, Aleksandr M.: 1941, 22 Ijunja, Moskau 1965 (2. erw. Aufl. Moskau 1995); deutsche Übersetzung: Nekritsch/Grigorenko 1969 (wie Anm. 22). Vgl. hierzu Georges Haupt in der Vorbemerkung zur deutschen Ausgabe, S. 7.
38 Haupt 1969 (wie Anm. 22), S. 18 ff.
39 Ruffmann, Karl-Heinz: Sowjetrußland. Struktur und Entfaltung einer Weltmacht, München 1973 (dtv-Weltgeschichte des 20. Jahrhunderts, 8), S. 294 f.
40 Naši prazdniki, Moskau 1977, S. 28 und S. 10, zitiert nach Kämpfer 1994 (wie Anm. 34), S. 336.
41 Kämpfer 1994 (wie Anm. 34), S. 337 u. S. 334.
42 Kämpfer 1994 (wie Anm. 34), S. 331 f.
43 Über die lange Planungs- und Bauge-

⁴³ schichte s. Arnold 1998 (wie Anm. 1), S. 237 ff.
⁴⁴ Vgl. Arnold 1998 (wie Anm. 1), S. 284.
⁴⁵ Arnold 1998 (wie Anm. 1), S. 270.
⁴⁶ Zit. nach Arnold 1998 (wie Anm. 1), S. 275.
⁴⁷ Arnold 1998 (wie Anm. 1), S. 332.
⁴⁸ Hierüber ausführlicher im Beitrag zur Ukraine im vorliegenden Band.
⁴⁹ Kämpfer 1994 (wie Anm. 34), S. 334 u. S. 335.
⁵⁰ Vgl. die anschauliche Beschreibung von Wehner, Markus: Auf fremder Erde kann es keine Helden geben, in: Frankfurter Allgemeine Zeitung, 28. Dezember 2002.
⁵¹ Tumarkin 1994 (wie Anm. 10), S. 136.
⁵² Deutsche Übersetzung: Der Krieg hat kein weibliches Gesicht, Hamburg 1989. Für eine eindrückliche Beschreibung der Methode ihrer Interviews s. Alexijewitsch, Swetlana: Der Mensch zählt mehr als der Krieg, in: Mascha. Nina. Katjuscha. Frauen in der Roten Armee 1941–1945, Ausstellungskatalog, Berlin 2002, S. 37 ff.
⁵³ Pravda, 9. 5. 1985.
⁵⁴ Langenohl 2000 (wie Anm. 7), S. 227.
⁵⁵ Simonov, Konstantin: Die Lehren der Geschichte und die Pflicht eines Schriftstellers, in: Nauka i Žizn' (1987), Nr. 6. Im selben Jahr durften auch Konstantin Simonovs Gespräche mit Marschall Žukov veröffentlicht werden.
⁵⁶ Tumarkin 1994 (wie Anm. 10), S. 203.
⁵⁷ Bonwetsch 1991 (wie Anm. 13), S. 178.
⁵⁸ Tumarkin 1994 (wie Anm. 10), S. 175.
⁵⁹ Brodskij, Efim Aronovič: Oni ne propali bez vesti: ne slomlennye fašistskoj nevdej, Moskau 1987.
⁶⁰ Fieseler, Beate: Innenpolitik der Nachkriegszeit 1945–1953, in: Handbuch der Geschichte Russlands, Bd. 5: 1945–1991: Vom Ende des Zweiten Weltkriegs bis zum Zusammenbruch der Sowjetunion, Stuttgart 2002, S. 49 f.
⁶¹ Langenohl, Andreas: Public Memory in Russia: How 'Transnational' is it?, in: Kroeber Anthropological Society Papers (2001), 86, S. 13 f.
⁶² Mommsen, Margareta: Wer herrscht in Rußland? Der Kreml und die Schatten der Macht, München 2003, S. 215.
⁶³ Vgl. Mommsen 2003 (wie Anm. 62), S. 162.
⁶⁴ Rossijskaja gazeta, 16. Februar 2001; Izvestija, 23. Februar 2001.
⁶⁵ Pressemeldung von Le Monde, 31. Januar 2003.
⁶⁶ Langenohl, Andreas: Patrioten, Verräter, genetisches Gedächtnis. Der Große Vaterländische Krieg in der politischen Deutungskultur Rußlands, in: Ritter, Marina/Wattendorf, Barbara (Hg.): Sprünge, Brüche, Brücken. Debatten zur politischen Kultur in Russland aus der Perspektive der Geschichtswissenschaft, Kultursoziologie und Politikwissenschaft. Beiträge einer internationalen und interdisziplinären Tagung, Berlin 2002 (Osteuropastudien der Hochschulen des Landes Hessen. Reihe 1, Gießener Abhandlungen zur Agrar- und Wirtschaftsforschung, 223), S. 121. Langenohl vertritt hier allerdings die Ansicht, daß die Integrationskraft, die der Erinnerung an den Zweiten Weltkrieg in Rußland zugesprochen wurde, angesichts laut gewordener dissidenter Stimmen insbesondere seit 1995 in Frage gestellt wird.
⁶⁷ Literaturnaja gazeta (2002), Nr. 52, S. 17.
⁶⁸ Zitiert nach Neef, Christian: Der störende Sieg, in: Der Spiegel (2000), Nr. 36, S. 213.
⁶⁹ Neef 2000 (wie Anm. 68), S. 211 ff.
⁷⁰ Tumarkin 1994 (wie Anm. 10), S. 163 macht auch auf den Film „Zone of Oblivion" aufmerksam, den der Kasaner Vladimir Erkov 1991 für das russische Fernsehen über die Suche nach Kriegstoten drehte, wobei Dokumentarfilme über die realen Kriegsszenen eingeblendet wurden.

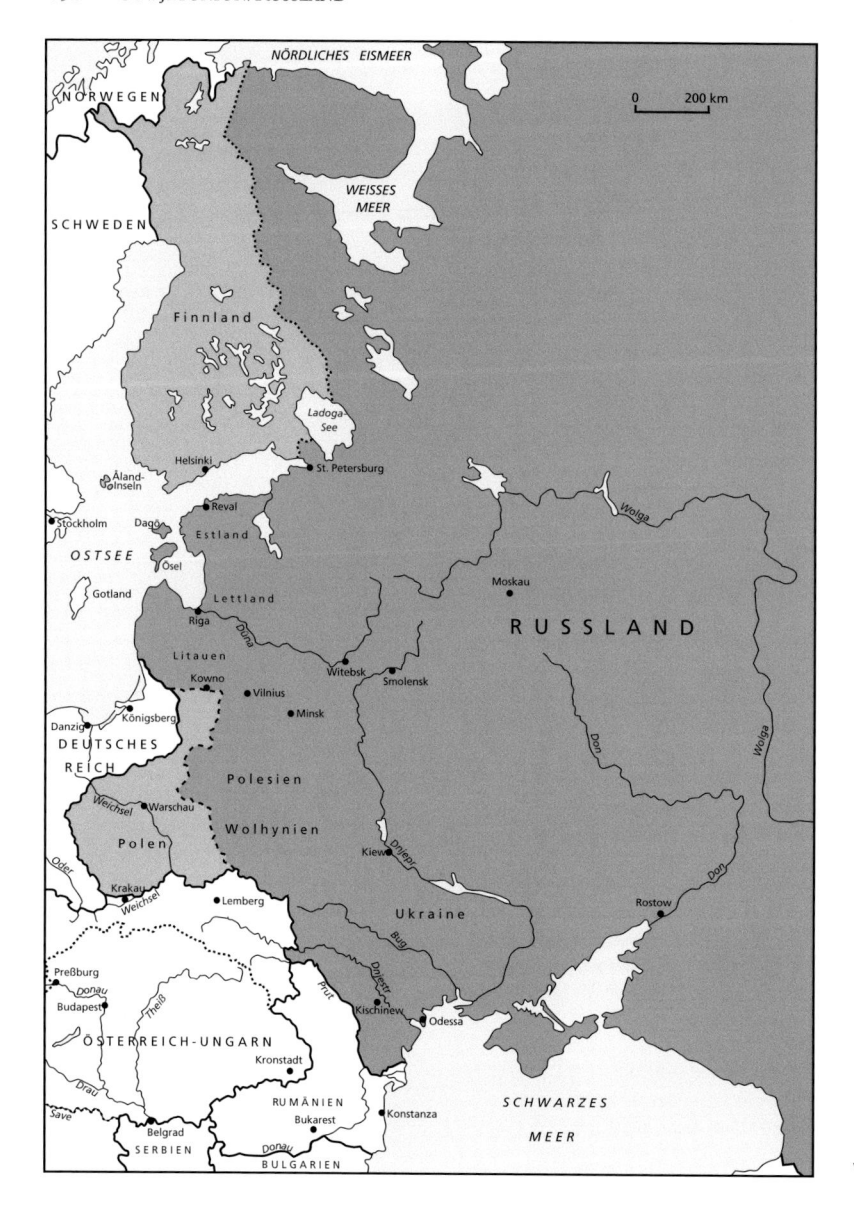

Vor dem Ersten Weltkrieg

Nach dem Ersten Weltkrieg

Deutsch-Sowjetischer Nichtangriffspakt

Nach dem Zweiten Weltkrieg

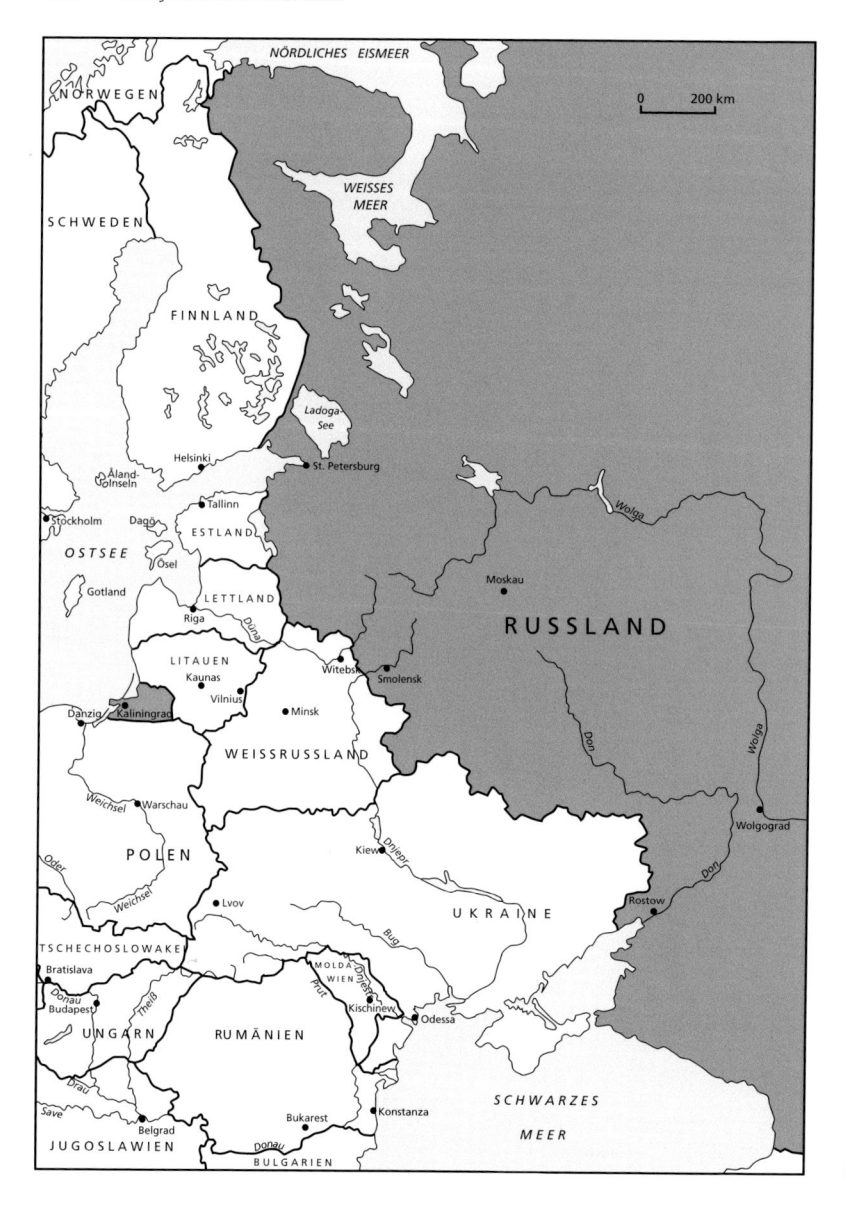

Seit 1991

Chronologie[1]

1914
Am **1. August** (19. Juli) **1914** beginnt der Krieg mit den Mittelmächten. St. Petersburg wird in Petrograd umbenannt. Ähnlich wie im Westen geraten die Kampfhandlungen im Verlaufe des Jahres **1915** zu einem Stellungskrieg, dessen Frontlinie durch Polen verläuft.

1917
Am **12. März** (27. Februar) beginnt die Februarrevolution: In Petrograd verbündet sich die Garnison mit den Arbeitern. Ein Provisorisches Dumakomitee und das Provisorische Exekutivkomitee des Petrograder Rats der Arbeiter- und Soldatendeputierten werden gebildet. Am **15.** (2.) **März** dankt Nikolaus II. ab. Eine provisorische Regierung unter Fürst L'vov wird gebildet. In seinen Aprilthesen vom **17.** (4.) **April** fordert Vladimir I. Lenin nach der Rückkehr aus seinem Schweizer Exil die Bekämpfung der provisorischen Regierung und die Machtübernahme durch die Sowjets. Die von Aleksandr Kerenski befohlene Offensive führt am **30. Juni** zum endgültigen militärischen Zusammenbruch. Nach dem Juliputsch wird Kerenski am **21. Juli** Ministerpräsident. Lenin flieht am **24. Juli** vorläufig nach Finnland. Am **14.** (1.) **September** wird Rußland zur Republik erklärt. In der Nacht vom 6. zum **7. November** (24. und 25. Oktober) werden die Minister der provisorischen Regierung in Petrograd verhaftet und die Bolschewiki übernehmen die Macht. Die als Oktoberrevolution bekannt gewordenen Ereignisse werden den weiteren Verlauf des 0. Jahrhunderts prägen. Am **28.** (15.) **November** richtet der Volkskommissar für Äußeres Lev Trockij an alle kriegsführenden Parteien einen Appell zur Einstellung der Kampfhandlungen. Bei den Wahlen zu einer verfassunggebenden Versammlung, die am **8. Dezember** (25. November) stattfinden, erhalten die Bolschewiki 23,5 Prozent der Stimmen. Am **15.** (2.) **Dezember** wird mit Deutschland ein Waffenstillstand geschlossen.

1918–1920
Am **18.** (5.) **Januar 1918** tritt die verfassunggebende Volksvertretung zusammen, und am **19.** (6.) **Januar 1918** lösen die Bolschewiki, die auf der alleinigen Machtausübung durch die Sowjets bestehen, die Versammlung gewaltsam auf. Die Russische Föderative Sowjetrepublik (RSFSR) und die Mittelmächte unterzeichnen am **3. März 1918** den Friedensvertrag von Brest-Litowsk. Die RSFSR verzichtet auf die Hoheit in den von deutschen Truppen besetzten Gebieten Polen, Litauen und Kurland und in einem Nachvertrag vom **27. August 1918** auf Estland und Livland und erkennt die Unabhängigkeit Finnlands und der Ukraine an. Im **Frühjahr 1918** entwickeln sich vielerorts bewaffnete Auseinandersetzungen, der bis **1924** währende Bürgerkrieg beginnt. Die Wirtschaftspolitik ist durch den Kriegskommunismus gekennzeichnet, die Industrieproduktion sinkt auf ein Siebtel des Vorkriegsstandes, ein katastrophaler Produktionsrückgang ist auch in der Landwirtschaft zu verzeichnen. Im **Juli 1918** wird die Zarenfamilie in Jekaterinburg ermordet. Nach der Kapitulation der Mittelmächte annulliert die Sowjetregierung am **13. November 1918** den Vertrag von Brest-Litowsk, und die von Trockij befehligte Rote Armee beginnt mit dem Einmarsch in die von deutschen Truppen besetzten Gebiete. Weißrußland wird am **1. Januar 1919** Sowjetrepublik. Im **März 1919** wird die Kommunistische Internationale (Komintern; KI; III. Internationale) in Moskau gegründet. Der Abzug der alliierten Truppen aus Rußland beginnt im **April 1919**. Die Ukraine wird autonome Republik der RSFSR. Der im **März 1920** ausgebrochene Krieg mit Polen endet vorläufig am **12. Oktober 1920** mit einem Waffenstillstand.

---

[1] In Rußland gilt bis zum **13.** (1.) **Februar 1918** der Julianische Kalender; Daten werden durchgehend nach dem dann eingeführten Gregorianischen Kalender angegeben, in Klammern stehen die dem Julianischen Kalender folgenden Entsprechungen.

1921–1923
Die **1921** beschlossene Neue Ökonomische Politik (NEP) gestattet den Bauern, alle über die neu festgelegten Naturalabgaben hinaus produzierten Überschüsse frei zu verkaufen. Damit soll die von **1921** bis **1922** währende Hungersnot beendet werden. Außerdem werden der freie Binnenhandel und das private Unternehmertum wiederzugelassen. Am **25. Februar 1921** wird Georgien autonome Republik der RSFSR. Der Friede von Riga beendet am **18. März 1921** den polnisch-russischen Krieg. Die Sowjet-Ukraine und Sowjet-Weißrußland verlieren ihre westlichen Landesteile an Polen. Iosif V. Stalin wird am **3. April 1922** Generalsekretär der Russischen Kommunistischen Partei (RKP(B); Bolschewiki). Im Vertrag von Rapallo, der am **16. April 1922** von Sowjetrußland und dem Deutschen Reich unterzeichnet wird, erkennt Deutschland de jure die RSFSR an. In dem Abkommen verzichten beide Seiten auf jegliche Reparationsansprüche. Am **30. Dezember 1922** wird die Union der Sozialistischen Sowjetrepubliken (UdSSR) gegründet, deren Verfassung am **6. Juli 1923** in Kraft tritt.

1924–1929
Lenin stirbt am **21. Januar 1924**, und am **26. Januar 1924** wird Petrograd in Leningrad umbenannt. Um die Nachfolge Lenins beginnen Auseinandersetzungen, bei denen sich schließlich Stalin durchsetzt. Er verkündet im **Dezember 1924** erstmals die These vom Aufbau des Sozialismus in einem Land. Im **Dezember 1927** wird Trockij aus der Partei ausgeschlossen. Die Zwangskollektivierung der Landwirtschaft beginnt **1928**. Im Jahr **1929** wird Trockij aus der UdSSR ausgewiesen, Stalin hat das Führungskollektiv der Kommunistischen Partei weitgehend entmachtet, der durchaus pluralistische Charakter von Kultur und Gesellschaft der NEP-Zeit wird von nun an bekämpft. Im **April 1929** wird auf der 16. Parteikonferenz der erste Fünfjahrplan angenommen, dessen Beginn man auf den **Oktober 1928** zurückdatiert. Die Feierlichkeiten zu Stalins 50. Geburtstag am **21. Dezember 1929** markieren den Beginn des Personenkults.

1931–1933
Mißernten führen zu einer schweren Hungersnot.

1934–1940
Die Ermordung des Leningrader KP-Vorsitzenden Sergej Kirov am **1. Dezember 1934** wird zum Anlaß für die sogenannte Große Säuberung, in deren Verlauf Tausende Oppositionelle in Schauprozessen zum Tode oder zu Zwangsarbeit verurteilt werden. Auch ein großer Teil des Offizierskorps der Roten Armee fällt bis **1938** der Verfolgung zum Opfer. Am **23. August 1939** unterzeichnen Reichsaußenminister Joachim von Ribbentrop und Außenminister Vjačeslav Molotov den deutsch-sowjetischen Nichtangriffspakt und eine geheime Zusatzvereinbarung über Grenzrevisionen und Interessensphären in Ostmitteleuropa. Am **1. September 1939** marschieren deutsche Truppen in Westpolen ein. Die Rote Armee besetzt am **17. September 1939** Ostpolen. Der Angriff der Roten Armee auf Finnland im **November 1939** führt zum Ausschluß der UdSSR aus dem Völkerbund. Der sogenannte Winterkrieg endet am **12. März 1940**, die von Finnland abgetretenen Gebiete werden der Karelofinnischen Autonomen Republik vereinigt. Im **Juni 1940** besetzt die UdSSR Estland, Lettland, Litauen und erzwingt von Rumänien die Abtretung der Nord-Bukowina und Bessarabiens. Aus manipulierten Wahlen hervorgegangene Parlamente der drei baltischen Staaten beantragen am **21. Juli 1940** den Beitritt zur Sowjetunion.

1941
Ohne vorherige Kriegserklärung beginnt am **22. Juni** der deutsche Angriff auf die Sowjetunion. Bei seinem ersten öffentlichen Auftritt nach dem Überfall am **3. Juli** proklamiert Stalin den Großen Vaterländischen Krieg und ruft zum Partisanenkampf in den von den Deutschen besetzten Gebieten auf. Am **18. Juli** fordert er von Winston Churchill die Errichtung einer zweiten Front in Europa. Am **8. August** wird Stalin formell zum Oberbefehlshaber der Roten Armee. Im Zuge des Vormarsches der deutschen Truppen beginnt am **8. September** die Einschließung und Blockade Leningrads und am **2. Oktober** die deutsche Offensive auf Moskau. Zugleich rückt die Wehrmacht gegen Charkow, Kursk und das Donezk-Becken vor. Die deutsche Besatzung ist von Willkür und Grausamkeit gekenn-

zeichnet. So werden schon in den ersten drei Monaten fast alle Juden in den eroberten Gebieten ermordet. Der zweite deutsche Angriff auf Moskau am **5.** und **6. Dezember** führt nach einem Gegenangriff der Roten Armee zu einem Teilrückzug der deutschen Truppen.

1942–1943

Der deutsche Vormarsch auf Stalingrad beginnt im **Sommer 1942**. Bei der Offensive dreier sowjetischer Fronten wird im **November 1942** die 6. deutsche Armee bei Stalingrad eingekesselt. Eine deutsche Entsatzoffensive im **Dezember 1942** scheitert. Generalfeldmarschall Friedrich Paulus kapituliert am **31. Januar 1943** im Stalingrader Südkessel, am **2. Februar 1943** General Strecker im Nordkessel. In den besetzten Gebieten hält der Widerstand gegen die deutschen Besatzer an. Im **August 1943** beginnt die erste Großaktion sowjetischer Partisanen. Am **23. August 1943** endet nach sieben Wochen die Panzerschlacht am Kursker Bogen mit dem Sieg der Roten Armee. Mit Zustimmung Stalins zur Wiederbesetzung des orthodoxen Patriarchats wird am **9. September 1943** Metropolit Sergij zum Patriarchen von Moskau gewählt. Im **November 1943** treffen sich Franklin D. Roosevelt, Churchill und Stalin in Teheran, um über den weiteren Kriegsverlauf und die Zukunft Europas bzw. Asiens nach dem Krieg zu verhandeln.

1944–1945

Die 1. Ukrainische Front überschreitet am **4. Januar 1944** die sowjetisch-polnische Grenze von **1939**. Entsprechend einem Befehl Hitlers hinterlassen die sich zurückziehenden deutschen Truppen „verbrannte Erde". Am **18. Februar 1944** wird Marschall Georgij K. Žukov zum Stellvertreter Stalins als Oberbefehlshaber der Roten Armee ernannt. Die 1. Ukrainische Front erreicht am **29. Juli 1944** die Weichsel und am **21./22. Januar 1945** bei Breslau die Oder. Vom **4.** bis **11. Februar 1945** kommen Roosevelt, Churchill und Stalin zur Konferenz von Jalta auf der Krim zusammen, um über die Maßnahmen gegenüber Deutschland und seinen Verbündeten und die Machtverteilung in Europa nach dem Sieg der Alliierten sowie über die Gründung der Vereinten Nationen zu beraten. Am **16. April 1945** beginnt die sowjetische Offensive auf Berlin, das am **24. April 1945** von der Roten Armee eingeschlossen ist und am **2. Mai 1945** kapituliert. In der Nacht vom **8.** zum **9. Mai 1945** unterzeichnet General Wilhelm Keitel im sowjetischen Hauptquartier in Berlin-Karlshorst die Gesamtkapitulation der Wehrmacht, damit ist der Krieg in Europa beendet. Die UdSSR und die USA unterzeichnen am **26. Juni 1945** zusammen mit 48 weiteren Staaten in San Francisco die Charta der Vereinten Nationen (UNO), der Nachfolgeorganisation des Völkerbundes. Vom **17. Juli** bis **2. August 1945** verhandeln Stalin, Churchill/Clement R. Attlee und Harry S. Truman in Potsdam über die Zukunft des besetzten Deutschlands. Die Sowjetunion geht mit bedeutenden territorialen Gewinnen aus dem Krieg hervor – Nordostpreußen, Ostpolen, die Karpato-Ukraine, die Nord-Bukowina und Bessarabien, dazu die baltischen Staaten und hat erhebliche Verluste an Menschenleben und gewaltige Zerstörungen in ihren europäischen Gebieten zu beklagen. Die Sowjetisierung der Unionsrepubliken wird verstärkt verfolgt, begleitet von einer neuen Welle von Massenverhaftungen und -deportationen. Bis **Ende 1945** füllen sich die Straf- und Zwangsarbeitslager mit etwa zehn Millionen Menschen.

1946

Mit seiner „Zwei-Welten"-Theorie leitet Stalin eine ideologische Kampagne gegen kulturelle Einflüsse aus dem Westen ein und propagiert die Konfrontation mit dem „kapitalistischen Lager". Die Beziehungen zu den westlichen Alliierten verschlechtern sich in der Folgezeit zunehmend, der Kalte Krieg nimmt seinen Anfang.

1949

Die UdSSR, Bulgarien, Polen, Rumänien, die Tschechoslowakei und Ungarn gründen am **25. Januar** die Wirtschaftsgemeinschaft Council for Mutual Economic Assistance (COMECON bzw. Rat für gegenseitige Wirtschaftshilfe – RGW).

1953

Am **5. März** stirbt Stalin. In Ost-Berlin wird am **17. Juni** der Volksaufstand gegen das SED-Regime mit Hilfe sowjetischer Truppen niedergeschlagen. Der Innenminister und

Geheimdienstchef Lavrentij Berija wird am **26. Juni** seiner Ämter enthoben und am **9. Juli** verhaftet. Nach internen Machtkämpfen wird am **13. September** Nikita S. Chruščev zum Ersten Sekretär des Zentralkomitees (ZK) der KPdSU gewählt. Er forciert zur Steigerung der Agrarproduktion das Siedlungs- und Landbauprogramm in Westsibirien, Nordkasachstan, im Wolgagebiet und im Nordkaukasus. Gleichzeitig soll mit dem Neuen Kurs die Konsumgüterindustrie gefördert werden.

1955

Die UdSSR sind am **14. Mai** gemeinsam mit Albanien, Bulgarien, der ČSR, der DDR, Polen, Rumänien und Ungarn Gründungsmitglied des mit Unterzeichnung des Vertrages über Freundschaft, Zusammenarbeit und gegenseitigen Beistand in Warschau gegründeten Militärbündnisses (Warschauer Vertrag bzw. Warschauer Pakt). Der Warschauer Pakt wird als Gegengewicht zum westlichen Verteidigungsbündnis NATO konzipiert. Während eines Besuchs des deutschen Bundeskanzlers Konrad Adenauer in Moskau im **September** wird die Aufnahme diplomatischer Beziehungen zwischen der UdSSR und der Bundesrepublik Deutschland und die Rückkehr der letzten 9628 deutschen Kriegsgefangenen vereinbart.

1956

Auf dem 20. Parteitag der KPdSU vom **14. bis 25. Februar** verurteilt Chruščev in einer Geheimrede die Verbrechen Stalins und leitet die Entstalinisierung und eine Rückbesinnung auf die Grundprinzipien Lenins ein. Er fordert die Beseitigung des Personenkultes und spricht die Partei von der Verantwortung an den während der Stalinzeit begangenen Verbrechen frei. Die damit beginnende, nach dem Roman Il'ja Ėrenburgs „Ottepel'" (Tauwetter) benannte Tauwetter-Periode bedeutet auch für Literatur, Kunst und Kultur eine gewisse Liberalisierung. Der ungarische Volksaufstand wird vom **4. November** bis **11. November** durch die einheimische Geheimpolizei mit Unterstützung sowjetischer Truppen zerschlagen.

4. Oktober 1957

Start des ersten künstlichen Erdsatelliten Sputnik. Der technologische Erfolg steigert das internationale Prestige der Sowjetunion.

1958

Der Schriftsteller Boris Pasternak erhält am **23. Oktober** für seinen Roman „Doktor Živago" den Nobelpreis für Literatur, den er zunächst annimmt, unter massivem politischen Druck im **Dezember** zurückgibt.

1961

Jurij Gagarin umkreist am **12. April** als erster Mensch in einer Raumkapsel die Erde. Während des 22. Parteitages der KPdSU vom **17. bis 31. Oktober** wird Stalins Leichnam am **30. Oktober** aus dem Leninmausoleum auf dem Roten Platz entfernt.

1962

Die Aufstellung sowjetischer Raketen auf Kuba im **Oktober** führt zur Krise der Beziehungen zwischen den USA und der UdSSR. Die akute Gefahr eines Dritten Weltkrieges ist erst nach dem Einlenken der Sowjetunion am **28. Oktober** und dem Abtransport der Sprengsätze abgewendet.

14. Oktober 1964

Chruščev muß wegen des Mißerfolges seiner Wirtschaftsreformen von seinen Ämtern zurücktreten. Leonid I. Brežnev wird Erster Sekretär des ZK der KPdSU, Aleksej N. Kosygin Ministerpräsident.

1966

Im **Februar** werden die Schriftsteller Andrej Sinjavskij und Julij Daniel' wegen vorgeblicher „Diffamierung des Sowjetsystems" zu Zwangsarbeit verurteilt. Der Prozeß löst heftige Proteste in den Kreisen der Kultur und Wissenschaft aus; man fürchtet eine Rehabilitation Stalins. Auf dem 23. Parteitag vom **29. März** bis **8. April** wird Chruščev aus dem ZK der KPdSU ausgeschlossen. Die Partei kehrt zu den von ihm veränderten Bezeichnungen Generalsekretär und Politbüro zurück.

1967
Im **Juni** bzw. im **September** werden die Völker der Kurden, Turkmenen, Chemschinen (islamische Armenier) und Krimtataren, die während des Krieges des Verrates an der Sowjetunion beschuldigt wurden, per Erlaß des Präsidiums des Obersten Sowjets rehabilitiert.

1968
Aleksandr Solženicyn protestiert am **16. Mai** in einem Brief an den 4. sowjetischen Schriftstellerkongreß gegen die Zensur. Am **21. August** besetzen Truppenverbände der Sowjetunion, Bulgariens, der DDR, Polens und Ungarns die Tschechoslowakei und machen dem Reformsozialismus in der ČSSR ein Ende. In Moskau kommt es am **25. August** zu einer Protestkundgebung sowjetischer Dissidenten gegen den Einmarsch. Am **26. September** verkündet Brežnev zur Rechtfertigung des Einmarsches in die ČSSR die These von der begrenzten Souveränität sozialistischer Staaten im Falle einer Bedrohung des sozialistischen Weltsystems – die Brežnev-Doktrin. Rumänien, Jugoslawien, die Volksrepublik China und Albanien protestieren gegen das Vorgehen.

1972–1973
Beim Besuch des US-Präsidenten Richard Nixon im **Mai 1972** in Moskau werden von beiden Staaten mehrere Abkommen zur Zusammenarbeit und Rüstungsbegrenzung (u. a. SALT I) unterzeichnet. Beim Gegenbesuch Brežnevs in den USA im **Juni 1973** werden weitere Abkommen und Protokolle zur Rüstungsbeschränkung sowie zur friedlichen Nutzung von Kernenergie und zur Verhinderung eines Atomkrieges abgeschlossen.

12. Februar 1974
Solženicyn wird nach Aberkennung der Staatsbürgerschaft aus der UdSSR ausgewiesen. Im Westen wird sein Buch „Archipel GULAG" veröffentlicht.

1975–1976
Am **1. August 1975** wird in Helsinki die Schlußakte der Konferenz für Sicherheit und Zusammenarbeit in Europa (KSZE) unterzeichnet. Am **9. Oktober 1975** erhält der Kernphysiker und Bürgerrechtler Andrej Sacharov den Friedensnobelpreis. In Moskau wird am **13. Mai 1976** von Dissidenten eine erste Gruppe (Helsinki-Gruppe) zur Überwachung der Einhaltung der KSZE-Schlußakte in der UdSSR gegründet. Die Gründung wird als gesetzeswidrig erklärt, die Mitglieder werden offiziell verwarnt.

1977
Die Mitglieder der Helsinki-Gruppe werden im **Februar** verhaftet. Am **16. Juni** wird Brežnev Vorsitzender des Präsidiums des Obersten Sowjets und damit Staatsoberhaupt.

1979
US-Präsident Jimmy (James Earl) Carter und Brežnev unterzeichnen am **18. Juni** mit SALT II einen weiteren Vertrag zur Begrenzung strategischer Waffen. Im **Dezember** beginnt der Einmarsch sowjetischer Truppen in Afghanistan.

22. Januar 1980
Sacharov wird verhaftet und in die Provinzstadt Gorki verbannt.

10. November 1982
Nach dem Tod Brežnevs wird KGB-Chef Jurij V. Andropov Generalsekretär des ZK der KPdSU und Vorsitzender des Präsidiums des Obersten Sowjets der UdSSR. Erste Reformbestrebungen werden bald durch seine schwere Krankheit gebremst.

1984
Am **10. Februar** stirbt Andropov. Sein Nachfolger als Generalsekretär wird Konstantin

U. Černenko. Im **April** tritt er auch die Nachfolge als Vorsitzender des Obersten Sowjets an.

1985

Černenko stirbt am **11. März**. Am **12. März** wird Michail S. Gorbačev zum Generalsekretär des ZK der KPdSU gewählt. Im **Juli** wird der langjährige Außenminister Andrej A. Gromyko Staatsoberhaupt der UdSSR. Das Amt des Außenministers übernimmt der Georgier Edvard Ševardnadze.

1986

Auf dem 27. Parteitag der KPdSU vom **25. Februar** bis **6. März** verkündet Gorbačev die Perestrojka (russ. Umbau) als Reformprogramm für die Wirtschaft und spricht erstmals von Glasnost' (russ. Öffentlichkeit). Am **26. April** kommt es im Block 4 des Nuklearreaktors im ukrainischen Kernkraftwerk Tschernobyl zu einer Explosion mit katastrophalen Folgen. Am **19. Dezember** erhält Sacharov die Erlaubnis, aus der Verbannung nach Moskau zurückzukehren.

1987

Im **Januar** fordert Gorbačev eine Änderung des Wahlsystems und Zulassung mehrerer Kandidaten bei den Wahlen zum Obersten Sowjet sowie Rechtsgarantien für die Bürger der UdSSR. Bei einem Treffen mit Medienvertretern am **13. Februar** nennt er als ein Ziel der Politik der Glasnost', daß es keine „vergessenen Namen und weißen Flecken" in der Literatur und der Geschichte geben solle. Bei seiner Rede zum 70. Jahrestag der Oktoberrevolution kündigt er am **7. November** die Rehabilitierung der Opfer des Stalinismus an. Im **Dezember** unterzeichnen Gorbačev und US-Präsident Ronald Reagan in Washington ein Abkommen über die vollständige, weltweite Abschaffung nuklearer Mittelstreckenraketen.

1989

Der Historiker Roj Medvedev veröffentlicht erstmals Zahlen der Opfer des Stalinismus und beziffert diese auf 11 Millionen. Am **15. Februar** ist der im Vorjahr begonnene Abzug der sowjetischen Truppen aus Afghanistan vollendet. Der Bürgerkrieg zwischen der dortigen Regierung und den Mudschaheddin geht allerdings weiter. Im **Mai** wird Gorbačev für fünf Jahre zum Vorsitzenden des Obersten Sowjets der UdSSR gewählt. Am **2.** und **3. Dezember** erklären Gorbačev und US-Präsident George Bush bei einem Treffen auf Malta das Ende des Kalten Kriegs. Der Volksdeputiertenkongreß vom **12.** bis **24. Dezember** verurteilt das geheime Zusatzabkommen zum deutsch-sowjetischen Nichtangriffspakt von **1939**, dessen Existenz bis dahin von der UdSSR geleugnet worden ist. Zwischen **1989** und **1990** erklären sich die einzelnen Sowjetrepubliken für souverän.

1990

Nach Massendemonstrationen für mehr Demokratie wird im **Februar** die in der Verfassung verankerte Führungsrolle der KPdSU gestrichen. Im **März** wird Gorbačev zum Präsidenten der UdSSR gewählt. Am **21. März** werden Photographien veröffentlicht, welche die Ermordung von mehr als 4000 polnischen Offizieren bei Katyn **1940** durch den NKVD beweisen, die bis dahin in der UdSSR offiziell als deutsches Verbrechen galt. Die RSFSR erklärt am **12. Juni** ihre Souveränität. Im **Juli** treten Boris El'cin, der Präsident der RSFSR, und andere Reformer aus der KPdSU aus. In Archys im Kaukasus verständigen sich Bundeskanzler Helmut Kohl und Gorbačev am **15. Juli** über die Wiedervereinigung Deutschlands. Gorbačev garantiert dem vereinigten Deutschland volle Souveränität. Am **15. Oktober** erhält er für die Beendigung des Kalten Krieges den Friedensnobelpreis.

1991

Im **April** werden der Warschauer Pakt und der RGW aufgelöst. Im **Juni** wird Boris El'cin zum ersten demokratisch gewählten Präsidenten der Russischen Föderation. Im **Juli 1991** unterzeichnen die UdSSR und die USA den START I-Vertrag über die Reduzierung der strategischen Nuklearwaffen. Ein Putschversuch reformfeindlicher konservativ-kommunistischer Spitzenfunktionäre am **19. August** scheitert nach drei Tagen. Nach dem Umsturzversuch erklärt am **24. August** die Ukraine ihre Unabhängigkeit. Bis Oktober folgen die

Unabhängigkeitserklärungen aller Republiken. Am **23./24. August** verbietet El'cin die Aktivität der KPdSU auf dem Territorium der Russischen Föderation. Gorbačev löst das ZK der KPdSU auf und tritt von seinem Posten als Generalsekretär zurück. Ein Abkommen zur Auflösung der UdSSR wird am **8. Dezember** von den Präsidenten der RFSFR, der Ukraine und Weißrußlands unterzeichnet. Am **21. Dezember** schließen sich in Alma-Ata elf der ehemaligen Sowjetrepubliken, Rußland, Armenien, Aserbaidschan, Kasachstan, Kirgistan, Moldawien, Tadschikistan, Turkmenistan, Ukraine, Usbekistan und Weißrußland, zur Gemeinschaft Unabhängiger Staaten (GUS) zusammen. Gorbačev tritt am **25. Dezember** als Präsident der UdSSR zurück.

1993
Im **Januar** wird mit den USA der START II-Vertrag zum weiteren Abbau strategischer Waffenpotentiale unterzeichnet. Ein Erlaß Präsident El'cins vom **21. September** erklärt die Tätigkeit des Obersten Sowjets für illegal und löst ihn auf. El'cin kündigt Parlamentsneuwahlen für den **12. Dezember** an. In derselben Nacht erklärt der Vizepräsident des Obersten Sowjets, Ruckoj, den Erlaß des Präsidenten für verfassungswidrig und übernimmt El'cins Amt. Am **25. September** besetzen konservative Abgeordnete das Parlament. Am **29. September** fordert daraufhin die Regierung den Obersten Sowjet auf, seinen Amtssitz, das sogenannte Weiße Haus, zu verlassen. Als am **3. Oktober** der Präsident des aufgelösten Obersten Sowjets, Ruslan Chasbulatov, und Aleksandr Ruckoj zur Besetzung des Moskauer Rathauses, des Kremls und des Fernsehsenders in Ostankino aufrufen, wird der Notstand proklamiert. Am **4. Oktober** beschießt die Armee den Regierungssitz. Chasbulatov und Ruckoj ergeben sich. Offiziell werden 123 Tote genannt, inoffiziellen Angaben zufolge sind es an die 500. Am **12. Dezember** finden in Rußland die ersten freien Wahlen zur Bildung des neuen Parlaments, bestehend aus Staatsduma (Unterhaus) und Föderationsrat (Oberhaus), statt. Das gleichzeitig durchgeführte Referendum bestätigt mit 60 Prozent der Stimmen sowohl die neue Verfassung als auch Boris El'cin im Amt des Staatspräsidenten.

1994
Die russische Staatsduma beschließt eine Amnestie für alle an den Ereignissen im **August 1991** und **Oktober 1993** Beteiligten. Am **27. Mai** kehrt Solženicyn nach Rußland zurück. Russische Truppen marschieren, um den Unabhängigkeitskurs der Kaukasus-Republik zu stoppen, am **11. Dezember** in Tschetschenien ein.

1996
El'cin wird am **3. Juli** in der Stichwahl mit knapp 54 Prozent im Amt des russischen Staatspräsidenten bestätigt. Am **30. August** unterzeichnen der russische Sicherheitsbeauftragte Alexander Lebed und der tschetschenische Militärchef Aslan Maschadov ein Friedensabkommen. Der 20 Monate dauernde Krieg fordert über 80 000 Opfer – Russen und Tschetschenen. Fast 300 000 Menschen sind seit Kriegsbeginn geflohen.

1997
Aufgrund der Stagnation des Reformkurses entläßt El'cin am **11. März** fast das gesamte Kabinett und ordnet dessen Umbildung an. Am **28. März** demonstrieren in ganz Rußland etwa eine Million Menschen wegen unbezahlter Löhne und sozialer Mißstände. Am **27. Mai** wird in Paris die Nato-Rußland-Grundakte unterzeichnet.

1998
Am **28. Februar** wird die Russische Föderation Mitglied des Europarates.

1999
Präsident El'cin entläßt am **12. Mai** Ministerpräsident Evgenij Primakov und das gesamte Kabinett und ernennt den bisherigen Innenminister, General Sergej Stepašin, zum neuen Regierungschef. Am **9. August** wird auch Stepašin entlassen. Zu seinem Nachfolger designiert El'cin den Chef des russischen Inlandsgeheimdienstes (FSB) und Sekretär des einflußreichen Nationalen Sicherheitsrats Vladimir Putin, der am **17. August** durch die Duma im Amt bestätigt wird. In der Teilrepublik Dagestan kommt es am **31. August** zu schweren Gefechten zwischen russischen Streitkräften und aus Tschetschenien stammen-

den muslimischen Rebellen. Am **23. September** greift die russische Luftwaffe Tschetscheniens sowie Ziele in der Bergregion zur Grenze der russischen Teilrepublik Dagestan an. Ministerpräsident Putin spricht von Angriffen auf von muslimischen Rebellen kontrollierte Gebiete. Am **19. Dezember** verlieren die Kommunisten bei den Wahlen zur neuen Duma ihre Mehrheit. Präsident El'cin erklärt in der traditionellen Neujahrsansprache am **31. Dezember** seinen Rücktritt und ernennt Putin zum Übergangspräsidenten bis zu den Präsidentschaftswahlen.

2000

Am **8. Februar** nimmt die russische Armee die tschetschenische Hauptstadt Grosny ein. Bei den Wahlen am **26. März** erringt Übergangspräsident Putin bereits im ersten Wahlgang mit 52,52 Prozent die absolute Mehrheit. Am **17. Mai** übernimmt Michail Kasjanov das Amt des russischen Ministerpräsidenten.

Literatur:
- Altrichter, Helmut: Kleine Geschichte der Sowjetunion 1917–1991, München 1993.
- Bonwetsch, Bernd: Der „Große Vaterländische Krieg": Vom deutschen Einfall bis zum sowjetischen Sieg (1941–1945), in: Hellmann, Manfred/Schramm, Gottfried/Zernack, Klaus (Hg.): Handbuch der Geschichte Russlands, Bd. 3: Von den autokratischen Reformen zum Sowjetstaat, 2. Halbband, S. 910 ff., Stuttgart 1992.
- Davies, Robert W.: Perestroika und Geschichte, München 1991.
- Kappeler, Andreas: Russland als Vielvölkerreich, München 2001.
- Ruffman, Karl-Heinz: Sowjetrußland. Struktur und Entfaltung einer Weltmacht (dtv-Weltgeschichte des 20. Jahrhunderts, Bd. 8), München 1973.
- Schramm, Gottfried: Industrialisierung im Eiltempo und kollektivierte Landwirtschaft unter Stalin (1928/29–1941), in: Hellmann, Manfred/Schramm, Gottfried/Zernack, Klaus (Hg.): Handbuch der Geschichte Russlands, Bd. 3: Von den autokratischen Reformen zum Sowjetstaat, 2. Halbband, S. 782 ff., Stuttgart 1992.
- Stökl, Günther: Russische Geschichte von den Anfängen bis zur Gegenwart, 4. Aufl. (Kröner Taschenausgabe, 244), Stuttgart 1983.
- Torke, Hans Joachim (Hg.): Historisches Lexikon der Sowjetunion 1917/22 bis 1991, München 1993.

Lettland

Wahrnehmung und Erinnerung: Der Zweite Weltkrieg in Lettland nach 1945[1]

VON EVA-CLARITA ONKEN

Für die baltischen Staaten bedeutete das Ende des Zweiten Weltkriegs die Rückkehr der stalinistischen Besatzung, die 1940/41 begonnen hatte. Der Krieg wurde in Form von Partisanenkämpfen, Massendeportationen und Terror noch einige Jahre fortgesetzt, mit hohen Verlusten. Insgesamt verlor Lettland durch Flucht, Umsiedlung, Verbannung, Krieg und Mord zwischen 1940 und 1949 rund 25 Prozent seiner Vorkriegsbevölkerung, allein rund 10 Prozent der lettischen Bevölkerung.[2] Fast jede lettische Familie war somit betroffen. Dies ist ein wichtiger Faktor, will man die Entwicklung der lettischen kollektiven Erinnerung an den Zweiten Weltkrieg begreifen.

Seit dem Beginn der Eigenstaatlichkeit 1991 wurden viele Bilder, die während der sowjetischen Periode zur Deutung der Geschichte des Zweiten Weltkrieges ideologisch eingesetzt worden waren, umgedeutet oder sind ganz verschwunden; neue Bilder müssen gefunden werden. Die „bildliche Verortung" von Personen und Ereignissen der Vergangenheit im kollektiven Gedächtnis der Letten ist daher heute nicht immer eindeutig und zum Teil noch starken Wandlungen unterworfen.

In den unmittelbaren Nachkriegswirren war an eine autonome lettische Historiographie des Zweiten Weltkriegs nicht zu denken: Kriegsgeschichte war in erster Linie sowjetrussische Befreiungsgeschichte. In diese paßten weder die Partisanenkämpfe der späten 40er Jahre noch der Terror gegen die Zivilbevölkerung seitens der sowjetischen Geheimpolizei. Auch in der Betrachtung der weiter zurückliegenden lettischen Vergangenheit wurden unter Stalin keine nationalen Besonderheiten zugelassen: Forschung, Lehrpläne, auch die Filmindustrie waren dem ideologischen Diktat Moskaus unterworfen.

Erst im Zuge der Lockerung von Zensur und Willkür nach 1956 wurde wieder lettische Geschichte erforscht. Auf politischer Ebene, ermutigt vom Entstalinisierungskurs Moskaus, versuchte eine Gruppe kommunistischer Führungskräfte, die sogenannten Nationalkommunisten, die Russifizierung im politischen und kulturellen Leben Lettlands aufzuhalten und eine Revision „schwerer wiegender Verzerrungen der lettischen Geschichte" zu erreichen.[3] Doch diese wurde als Bedrohung für die KPdSU und ihre Herrschaftslegitimation in den Sowjetrepubliken gesehen und im Keim erstickt.

Der Zweite Weltkrieg aus sowjet-lettischer Sicht: eine Geschichte der Befreiungen

Auch nach 1960 wurde die zeitgeschichtliche Forschung wie ein gigantisches Großunternehmen mit der Zentrale in der Akademie der Wissenschaften der UdSSR in Moskau verwaltet und diktiert.[4]

Die sowjet-lettische Sicht des Zweiten Weltkriegs läßt sich in wenigen Worten skizzieren: Am Beginn des Krieges 1940 standen die „sozialistische Revolution" und der „freiwillige" Beitritt der baltischen Staaten zur Sowjetunion. Bildlich wurde diese These durch Photographien und Filme von Demonstrationen in Riga sowie von befreiten politischen Häftlingen belegt. Der Ausschnitt aus einer sowjet-lettischen Wochenschau von 1946 über den Beitritt zeigt befreite Häftlinge im Streifenanzug, die strahlend in die Kamera blicken und die Faust zum kommunistischen Gruß in die Höhe recken. Im Hintergrund sieht man das angeschnittene Porträt Stalins. Seit den späten 50er Jahren findet sich dieses Bild in allen sowjet-lettischen Schulbüchern (Abb. LV 1).[5] Der Künstler Vasilijs Šelkovs verband das Motiv 1967 mit dem Bild der Freudendemonstrationen. Im Vordergrund tragen Männer ein Transparent mit der Aufschrift „Wir fordern die Aufnahme Lettlands in die Sowjetunion". Das Bild wurde zum Symbol der „sozialistischen Revolution" (Abb. LV 2).

Dem Mythos vom freiwilligen Beitritt folgte in den Schulbüchern zumeist die Schilderung des Kampfes gegen die Faschisten und Kollaborateure. Immerhin wurde „der heldenhafte Kampf des lettischen Volkes und der Partisanen unter der Führung der kommunistischen Partei gegen die faschistischen Eindringlinge", wie es in einem Lehrbuch von 1956 heißt[6], als lettischer Beitrag zum Sieg über die Faschisten in zunehmendem Maße ebenfalls Teil des Geschichtsunterrichts. Doch bei aller Ehrung lettischer kommunistischer Aktivisten und Partisanen blieb die entscheidende Rolle Moskaus und des russischen Arbeitervolkes auch in den folgenden Jahrzehnten zentraler Bestandteil der Geschichtsschreibung und des offiziellen Gedächtnisses.

Ausgehend vom „Beitritt" Lettlands zur Sowjetunion bedeutete nach sowjetrussischer Lesart die deutsche Besetzung Lettlands 1941 nichts anderes als die Besetzung eines Teils der UdSSR, die rückgängig gemacht werden mußte. Im lettischen Gedächtnis stellte sich dies anders dar: Im Juni 1941 waren durch den NKVD, das russische Volkskommissariat für Innere Angelegenheiten, rund 14 000 Bürger Lettlands (darunter 11 400 Letten) nach Sibirien deportiert worden. Nach diesem traumatischen Geschehen begrüßte ein großer Teil der lettischen Bevölkerung die Wehrmacht Ende Juni 1941 als Befreier. Dies nahmen die sowjetischen Machthaber nach der Rückeroberung als Begründung dafür, das Land erneut mit Terror und sogenannten Filtrationslagern zu überziehen. Bei Prozessen gegen Kriegsverbrecher wurden tatsächliche und vermeintliche „deutsche und lettische Faschisten" zu Verbannung oder Tod verurteilt. Die Hoffnung auf Wie-

LV 1
No Rīgas Centrālcietuma 1940. gada 21. jūnijā atbrīvotie ieslodzītie komūnisti
Aus dem Rigaer Zentralgefängnis am 21. Juni 1940 befreite kommunistische Häftlinge, in: Muntis Auns, Odisejs Kostandas: Latvijas vēsture. Skolas vecuma berniem, Riga 1992, S. 289
Buch
Braunschweig, Georg-Eckert-Institut für internationale Schulbuchforschung
LV H-3(1,92)

LV 2
Vasilijs Šelkovs
1940. gada 21. jūnijs
21. Juni 1940, aus dem Zyklus: Latviešu proletariāts, 1967
Kaltnadelradierung,
57 x 50 cm
Riga, Valsts Mākslas muzejs.
Izstāžu zāle Arsenāls
AO-372

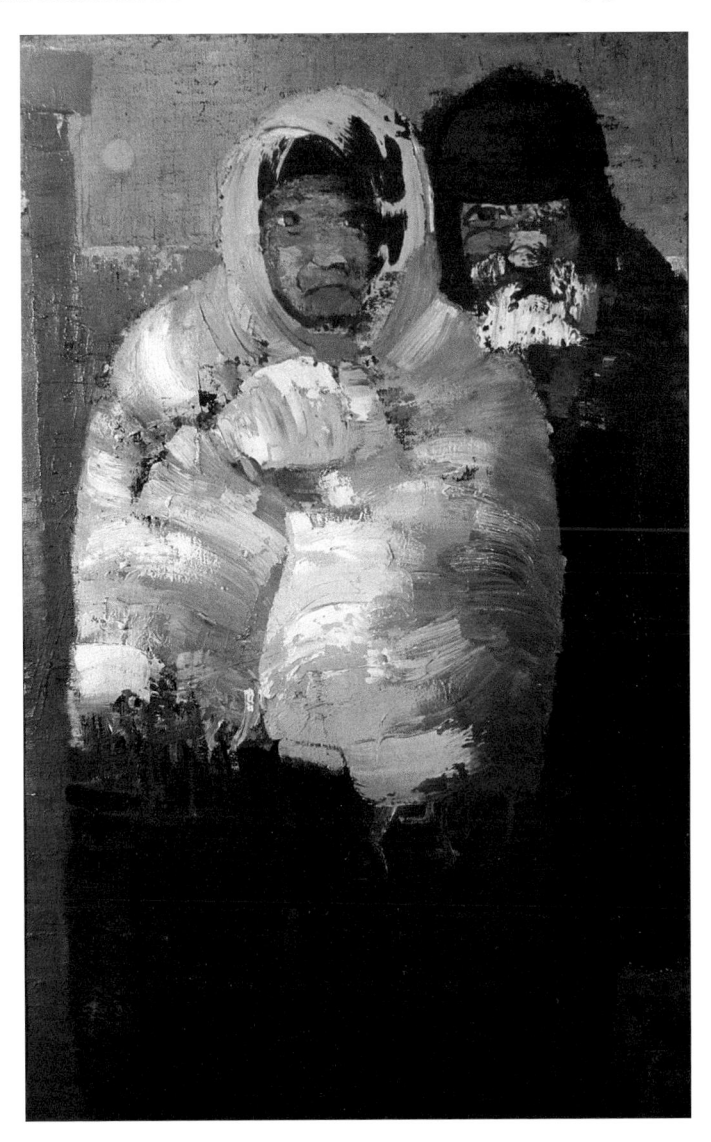

LV 3
Jānis Pauļuks
Svešumā
In der Fremde, 1946
Öl/Leinwand, 104,5 x 66 cm
Riga, Valsts Mākslas muzejs.
Izstāžu zāle Arsenāls
AG-2709

derherstellung der Eigenstaatlichkeit durch die Deutschen wurde als Hoffnung lettischer „bourgeoiser Nationalisten" bezeichnet, die mit Hilfe der „Hitleristen" ihre verlorene Macht zurückerlangen wollten.[7] Der „lettische Faschist" blieb ein bestimmendes Element im sowjetischen Geschichtsbild, auch wenn es in späteren Jahren keine Verurteilungen mehr gab und die ehemaligen Kollaborateure angeblich nicht mehr im Lande, sondern im westlichen Ausland lebten.

Die dem offiziellen Kanon zuwiderlaufende lettische Erinnerung an stalinistischen Terror und Deportationen äußerte sich in dieser Zeit nur vereinzelt. Doch weisen Kunstwerke zum Thema der sibirischen Verbannung auf das an den Letten begangene Unrecht hin. Jānis Pauļuks malte 1946 ein altes Paar „In der Fremde", in deren Gesichtern die Kälte Sibiriens und die Schrecken der Verbannung deutlich abzulesen sind (Abb. LV 3). Pauļuks gilt als regimekritischer Künstler und seine Arbeiten der Nachkriegsjahre als „waghalsig", dennoch wurden seine Werke auch schon in der Sowjetunion ausgestellt.[8] Auch in späteren Jahren griffen Künstler wie der Graphiker Arturs Mucenieks das Thema auf. Doch blieb seine Graphik von 1969 mit dem Titel „Menschen, seid wachsam!" in ihrer Aussage ungenau. Das Bild des Menschen hinter Stacheldraht zeigt zwar eindeutig Leid und Gefangenschaft, nicht aber, wessen Leid und Gefangenschaft gemeint sind (Abb. LV 4).

Auch die Ermordung fast der gesamten jüdischen Bevölkerung durch die Nationalsozialisten gehörte zu den Tabus der Geschichtsschreibung in sowjetischer Zeit.[9] Einerseits wurden die jüdischen Opfer nicht als solche benannt, sondern als „Bürger der Sowjetunion" bezeichnet, andererseits befanden sich die lettischen Täter nach sowjetischer Sicht nicht mehr im Lande, sondern im westlichen Ausland. So wurde das Böse exterritorialisiert und die pauschale Diffamierung der im Exil lebenden Letten als Kriegsverbrecher ein fester Bestandteil der Geschichtsschreibung. Bekannt wurde vor allem die 1962 unter dem Titel „Wer sind die Daugava-Habichte?" erstellte Auflistung angeblicher und tatsächlicher lettischer Kriegsverbrecher.[10] In Sowjet-Lettland selbst nicht erhältlich, wurde sie an viele sowjetische Botschaften versandt, ins Englische, Schwedische und Deutsche übersetzt und auch persönlich an Exil-Letten geschickt. Enthalten waren einige hundert Namen von im Westen lebenden Letten, von denen „etwa drei Dutzend" tatsächlich an der Ermordung von Juden beteiligt gewesen waren.[11]

LV 4
Arturs Mucenieks
Cilvēki, esiet modri!
Menschen, seid wachsam!,
1969
Linolschnitt, 70 x 50 cm
Riga, Valsts Mākslas muzejs.
Izstāžu zāle Arsenāls
AL-1049

Die „deutschen Zeiten" im Gedächtnis des lettischen Exils

Nach Schätzungen von exil-baltischen Historikern war 1945 unter den rund 150 000 Emigranten etwa die Hälfte aller Letten mit „höherer Bildung" nach Westen geflohen, darunter einige namhafte Historiker.[12] Diese sahen sich und ihre Arbeit als Gegenpol zur sowjetischen Historiographie.[13] Ihr Anliegen war es, die Existenz Lettlands im Gedächtnis der Weltöffentlichkeit wachzuhalten und der nachfolgenden Generation ein Bewußtsein des „Lettentums" zu vermitteln.[14] Viele Organisationen, die schon vor dem Krieg in Lettland bestanden, wurden im Exil weitergeführt – zum Beispiel die lettischen Pfadfinder, die 1967 zum 50. Jahrestag der Gründung ihres Verbandes Marken herausgaben mit dem Aufruf: „Vergeßt Lettland nicht" (Abb. LV 5). Zu sehen ist die europäische Landkarte, an deren östlichem Rand Lettland – sozusagen als Bollwerk Europas – liegt. Künstler wie Arturs Langmanis versuchten, durch Aufrufe und Plakate auf das Unrecht in ihrer Heimat hinzuweisen. Er forderte den Westen auf, die „Rote Tyrannei im Osten" zu zerschlagen (Abb. LV 6). Auf seinem Aufruf ist der riesige Schatten eines Rotarmisten abgebildet, der die Völker des Baltikums mit seiner Peitsche

LV 5
Do not forget Latvia
Vergeßt Lettland nicht, 1967
Jubiläumsmarken der
lettischen Pfadfinder in den
Vereinigten Staaten, General
Goppers Foundation (Hg.),
20,6 x 7,7 cm
Berlin, Deutsches
Historisches Museum

LV 6
Arturs Langmanis
Martyrs are calling
Märtyrer rufen, 1949, in:
Arturs Langmanis: Grafikas,
Riga 2000
Mappe, 29,6 x 20,3 cm
Berlin, Deutsches
Historisches Museum

bedroht. Hinter diesem Szenario erscheint die Landkarte mit dem schraffierten Umriß des Baltikums und am östlichen Rand die Bedrohung durch die UdSSR.

Doch auch die Forschung im Exil war mit erheblichen Schwierigkeiten konfrontiert, denn den im Westen tätigen Historikern waren viele Primärquellen nicht zugänglich. Die westlichen Archive verfügten zur Zeitgeschichte nur über lückenhafte Bestände. Folglich waren exil-lettische Forscher in vielen Bereichen auf Memoiren von Zeitzeugen angewiesen, was bisweilen zu fragwürdigen Ergebnissen führte. Nicht nur die Diktatur von Kārlis Ulmanis während der 30er Jahre wurde verharmlost, auch die Kollaboration mit den Nationalsozialisten wurde vielfach gerechtfertigt. Die Zusammenarbeit mit dem einen Besatzer wurde als Kampf gegen den anderen dargestellt und auf diese Weise Kollaborateure der Nationalsozialisten zu Widerstandskämpfern gegen die Bolschewisten verklärt.[15]

Die problematische Quellenlage, die Kampagnen zur Diskreditierung exil-lettischer Wissenschaftler und ehemaliger Politiker von sowjet-lettischer Seite und schließlich die oft widersprüchlichen politischen Wahrnehmungen bei den Exil-Letten waren einer distanzierten und selbstkritischen Auseinandersetzung mit der jüngeren Vergangenheit nicht dienlich. Die Folge war, daß auch im kollektiven Gedächtnis der Exil-Letten „weiße Flecken" entstanden.

Ein solches Tabu oder zumindest ausgesprochen neuralgisches Thema war die Ermordung der Juden während der deutschen Besatzung.[16] In den Arbeiten exil-lettischer Wissenschaftler und Schriftsteller, in Romanen, Erinnerungen und wissenschaftlichen Abhandlungen kamen die „deutschen Zeiten" durchaus häufig vor. Doch nur selten, so Andrievs Ezergailis, wurde dabei die Ermordung jüdischer Mitbürger erwähnt und noch seltener die Beteiligung einiger Letten an diesem Verbrechen. Statt dessen finden sich alte Propagandalügen der Nationalsozialisten von „jüdisch-kommunistischen Verbrechen" am lettischen Volk im „Jahr des Grauens" 1940/41, anhand derer einige Autoren versuchten, begangene Untaten zu rechtfertigen.[17]

Im Gegensatz zu ihren Kollegen in der Heimat verfügten lettische Künstler und Schriftsteller im Exil über größere Freiheit in der bildlichen Darstellung der Vergangenheit und damit einer Visualisierung der Erinnerung. Im Mittelpunkt stand dabei der sowjetische Terror des Jahres 1940/41, dessen Leiden und Opfer vielfach von Künstlern thematisiert wurden.

LV 7
Sigismunds Vidbergs
Ceļā slāpst
Durstig auf dem Weg, aus dem Zyklus: Baigais gads, 1952–53
Tusche/Papier, 42 x 30 cm
Riga, Valsts Mākslas muzejs. Izstāžu zāle Arsenāls
AZ-568

Vor allem diese Bilder prägen die heutige Erinnerung Lettlands. Wohl am bekanntesten sind die Graphiken des Malers Sigismunds Vidbergs. Sein Zyklus „Baigais gads" (Das Jahr des Grauens) entstand zwischen 1952 und 1953 im Exil in den USA, wo er 1970 starb. Ein Blatt aus dem Zyklus zeigt eine Deportationsszene. Thema ist das Leid der Familien, die brutal auseinandergerissen werden (Abb. LV 7). 1990 und 1998 wurden seine Arbeiten in Riga ausgestellt und auch als Buch veröffentlicht. In Presseberichten würdigte man die Intensität, mit der Vidbergs das Grauen der Deportation vom 14. Juni 1941 festgehalten habe. Den Schmerz, der aus den Bildern spreche, so hieß es, müsse „jedes Kind verstehen lernen".[18]

Für die Letten im Exil in den Jahren des Kalten Krieges war eine differenzierte Betrachtung der beiden Besatzungen undenkbar. Erst in den 80er Jahren begannen junge Historiker, lange gemiedene Fragen zu stellen. Nach der Öffnung der Archive in Lettland setzten sie ihre Forschung fort und beteiligten sich aktiv an den Debatten. Heute, so konstatiert der Historiker Leo Dribins, sei die Trennung der historischen Forschung kaum mehr vorhanden.[19] Doch viele feste Bestandteile des exil-lettischen Gedächtnisses, wie Bilder von Booten auf der Ostsee oder Erinnerungen an die Kindheit in deutschen Flüchtlingslagern, finden in der kollektiven Erinnerung des wieder unabhängigen Lettland nach wie vor wenig Widerhall. Zwar werden Flucht und Emigration in neueren Schulbüchern thematisiert, das Leben im Exil indes bleibt im dunkeln. Der Zweite Weltkrieg ist die Wegscheide, an der sich die Erinnerungen trennen, und die Wahrnehmungen im Exil stimmen nur teilweise mit denen in Lettland überein.

Deutungen des Zweiten Weltkriegs in Lettland nach 1991: Willfährige Handlanger oder hilflose Opfer?

„Der Kampf um die Unabhängigkeit ist ein Kampf um die historische Wahrheit", erklärte der Politiker Mavriks Vulfsons 1990 in einem Spiegel-Interview.[20] Er selbst hatte zwei Jahre zuvor einen entscheidenden Beitrag dazu geleistet, indem er vor dem lettischen Schriftstellerverband das geheime Zusatzprotokoll des Hitler-Stalin-Paktes erstmals öffentlich verlas. Die Existenz dieses Dokuments war von den sowjetischen Machthabern stets geleugnet worden, bewies es doch, daß es keine „sozialistische Revolution" in Lettland gegeben hatte und die drei Republiken 1940 völkerrechtswidrig besetzt worden waren. Parallel zu dieser historischen Richtigstellung fanden überall im Baltikum sogenannte Kalenderdemonstrationen statt: Jahrestage der lettischen Geschichte, die bis dahin verschwiegen wurden, waren nun Anlaß für Massenkundgebungen. Am 50. Jahrestag des Hitler-Stalin-Paktes 1989 wurde eine 600 km lange Menschenkette gebildet, die fast lückenlos von Tallinn über Riga nach Vilnius reichte und auf das historische Unrecht aufmerksam machen sollte. Mit dem zunehmenden Wissen um die zahlreichen Geschichtslügen wuchs auch der Wunsch nach nationaler Selbstbestimmung.[21] Fast zehn Jahre nach der Wiederherstellung der nationalen Unabhängigkeit Lettlands, 60 Jahre nach ihrem Verlust, wurden die Vorgänge des Sommers 1940 zum Thema eines lettischen Spielfilms. Der Film entwickelt neue Bilder für die lettische Wahrnehmung dieser Ereignisse, statt Bildern der freudigen Begrüßung der sowjetischen Armee (vgl. Abb. LV 1) zeigt er die Angst der Menschen, und aus dem freiwilligen Beitritt Lettlands zur Sowjetunion wird – unmißverständlich durch sowjetische Panzer, die durch die Straßen Rigas rollen – eine gewalttätige militärische Invasion (Abb. LV 8).

LV 8
Aigars Grauba (Regie)
Baigā vasara
Der schreckliche Sommer, 2000
Filmstill
Riga, Platforma Filma

Die sowjetischen Machthaber hatten versucht, sich mit ihrer Version der Geschichte politisch zu legitimieren, doch die Erinnerung der Letten an die Zeit der Unabhängigkeit und an die Schrecken der Besatzungen ließ sich nicht auslöschen. Die Menschen konnten ihre Erinnerung zwar kaum schriftlich oder bildlich festhalten, doch zeigte sich diese immer wieder in symbolischen Handlungen.[22]

So verlor etwa die Freiheitsstatue in Riga nie ihre Bedeutung. 1937 im Auftrag des lettischen Staatspräsidenten Kārlis Ulmanis errichtet, galt sie als Symbol für nationale Freiheit und Selbstbestimmung. Im Sockel sind Gestalten der lettischen Mythologie zu sehen, ebenso wie Soldaten der Freiheitskriege. Die „Milda" hält in ihren gen Himmel gestreckten Händen drei Sterne, Symbole der in Lettland geeinten Provinzen Kurland, Livland und Lettgallen. Das Monument wurde von den sowjetischen Machthabern nie angerührt, und sämtliche Versuche, die Statue umzudeuten oder den Zugang durch Verlegen der Straßenbahnschienen zu erschweren, schlugen fehl. Zwischen der offiziellen Geschichtspropaganda und der individuellen Erinnerung entstand im Laufe der Zeit ein unüberbrückbarer Widerspruch, der Verwirrung stiftete und nach Erklärung verlangte.[23]

Der Holocaust im kollektiven Gedächtnis der Letten heute

Doch auch das unterdrückte Gedächtnis wies Lücken und Einseitigkeiten auf. Die Gegnerschaft zur staatlich verordneten Historie hatte neue Tabus und die Verfestigung von Stereotypen gefördert. Dies zeigte sich im Zuge der Perestrojka, als Themen angesprochen wurden, die nicht nur nicht in den Schulbüchern enthalten, sondern von vielen längst vergessen oder verdrängt worden waren. Dazu gehörte etwa die Beteiligung von Letten an der Ermordung ihrer jüdischen Landsleute. Für kurze Zeit wurde hierüber in der Öffentlichkeit heftig diskutiert.[24] Auch von offizieller Seite wurde zu diesem Thema Stellung genommen: Der Oberste Rat der Republik verabschiedete im September 1990 eine Erklärung mit dem Titel „Über die Verurteilung und Unzulässigkeit des Genozids und des Antisemitismus in Lettland", in der es heißt: „Mit tiefem Bedauern erkennen wir an, daß auch Bürger Lettlands unter jenen waren, die halfen, den Terror der Besatzer zu verwirklichen. [...] Die Republik Lettland übernimmt die Verantwortung, daß die Erinnerung an die jüdischen Opfer unsterblich ist [...]."[25] 1992 wurde der 4. Juli, der Tag des Synagogenbrands 1941, zum nationalen Gedenktag erklärt und auf den Ruinen der ehemaligen Großen Synagoge in Riga ein Mahnmal eingeweiht.

Doch weder die lettische Öffentlichkeit noch die Historiker waren zu diesem Zeitpunkt bereit, sich mit der Ermordung der Juden oder gar mit der Frage lettischer Mitschuld kritisch zu befassen.[26] Das Interesse an lettischen Kriegsverbrechen, gerade von seiten russischer Politiker, verstärkte außerdem die abwehrende Haltung lettischer Historiker und nährte den Verdacht, mit der Wiederbelebung des alten Stereotyps vom „lettischen Faschisten" solle der junge Staat destabilisiert werden.[27]

Bis vor wenigen Jahren wurde das Thema Holocaust überwiegend von jüdischen und exil-lettischen Historikern diskutiert, und die Gräben schienen sich eher zu vertiefen als zu schließen. Wenn sich lettische Historiker überhaupt mit dem Zweiten Weltkrieg befaßten, so ging es ihnen vor allem darum, das Unrecht der ersten sowjetischen Besatzung zu belegen und die „Politik und Praxis des Genozids" an den Letten zu erforschen.[28] Nun, da endlich genauere Daten der großen Deportationen der Jahre 1941 und 1949 zugänglich waren, schien das Leid anderer oder gar eine Auseinandersetzung mit der Beteiligung von Letten an solchen Verbrechen zweitrangig, wenn nicht absurd. Nach allem, was das lettische Volk hatte hinnehmen müssen, glaubte man, „sich Reue und Scham für die Vergangenheit ersparen zu dürfen".[29]

Erst in jüngster Zeit nähert sich die Deutungselite des Landes zunehmend offensiv den Themen Holocaust und Kollaboration. Durch offizielle Gedenktage, durch Fachkonferenzen, Publikationen und Schulbuchprojekte versucht man, die Ermordung der Juden während des Zweiten Weltkriegs stärker ins Bewußtsein der Öffentlichkeit zu bringen. So erklärte Präsidentin Vaira Vīķe-Freiberga auf der Internationalen Holocaustkonferenz am 27. Januar 2000 in Stockholm die Bereitschaft Lettlands, an der Task Force of International Cooperation on Holocaust Education, Remembrance and Research teilzunehmen und eng mit dem Simon-Wiesenthal-Zentrum bei der Verfolgung von Kriegsverbrechern zusammenzuarbeiten.[30] Dieses neue Engagement deutet darauf hin, daß die Geschichte der jüdischen Bevölkerung Lettlands und ihr grausames Ende zukünftig Bestandteil lettischer Geschichtsbetrachtung sein wird. Bislang jedoch finden sich in lettischen Schulbüchern zum Thema Holocaust allenfalls Bilder „anderer Juden" – etwa des Jungen im Warschauer Ghetto. Das Rigaer Ghetto, 1992 eindrücklich nachgezeichnet in dem Dokumentarfilm „Ebreju iela" von Herz Frank, ist nach wie vor nur wenigen bekannt. Der Film, der in Lettland allerdings nur auf geringes Interesse stieß, zeigt den fast unveränderten Zustand von Baracken und Hinterhöfen im ehemaligen Ghetto in der Moskauer Vorstadt.

Durch kollektive Schuldzuweisungen ist dem Thema Holocaust in der lettischen Gesellschaft sicher kaum Gehör zu verschaffen. Deshalb suchen in jüngster Zeit vor allem jüdisch-lettische Historiker einen anderen Weg, indem sie lettische

LV 10
Josifs Elgurts
Holokosta atcere
Zur Erinnerung an den Holocaust, 1994
Sepia, 46 x 71 cm
Riga, Muzejs Ebreji Latvijā
IV-135

LV 11
Sandra Vestermane
Holocaust
2001
Öl/Papier
Riga, Muzejs Ebreji Latvijā

LV 9
Museum 'Juden in Lettland'
2001
Faltblatt zur Dauerausstellung des Museums und Dokumentationszentrums 'Juden in Lettland',
21,5 x 10,5 cm
Berlin, Deutsches Historisches Museum

„Judenretter" wie z. B. Žānis Lipke, der 55 jüdische Mitbürger vor den Nationalsozialisten und ihren einheimischen Schergen versteckte, als positive Helden stärker ins öffentliche Bewußtsein rücken.[31] Auch das 1997 gegründete Museum und Dokumentationszentrum „Juden in Lettland" im jüdischen Gemeindezentrum Riga hat es sich zur Aufgabe gemacht, jüdische Geschichte in Lettland insgesamt ins Bewußtsein zu rücken. Hierbei spielt die Erinnerung an den Holocaust allerdings eine zentrale Rolle. Das vom Museum herausgegebene Faltblatt zeigt auf dem Titel einen zerbrochenen Davidstern und das Porträt einer alten Frau (Abb. LV 9). Auf der Rückseite ist die Photographie der zerstörten Rigaer Großen Choralsynagoge von 1941 abgebildet. Sehr offensiv wird damit gegen die Weigerung der Gesellschaft, über den Holocaust nachzudenken, Stellung bezogen. Eine zurückhaltende, aber vielleicht auch wirksame Form wählte der Maler Josifs Elgurts mit seiner Darstellung der Shoah von 1994 (Abb. LV 10). Dargestellt ist eine Gruppe von Menschen, die auf verschiedene Weise ihr Leid ausdrücken. Klar als Jude zu erkennen ist einzig der bärtige alte Mann mit der Kipa, doch legt der Titel des Bildes die Vermutung nahe, daß auch die anderen Personen jüdische Opfer darstellen. Dennoch ist die Konzentration auf das Leiden der Opfer, das hier ohne Schuldzuweisung gezeigt wird und mit dem sich Letten ebenfalls identifizieren können, vielleicht auch als Versöhnungsgeste des Malers zu deuten.

Bei den jungen lettischen Juden ist die Erinnerung an den Holocaust wachgeblieben. Ausdruck findet dies z. B. in dem Bild von Sandra Vestermane, der Enkelin eines Überlebenden des Rigaer Ghettos. Es stellt den Brand der Großen Choralsynagoge in Riga am 4. Juli 1941 dar. In den Flammen kamen damals etwa 500 Menschen um. Die Frau im Vordergrund steht am Fenster und wendet sich voller Grauen vor der Unmenschlichkeit ab. Auch in dieser Darstellung des Holocaust stehen Schrecken, Verzweiflung und Schmerz im Vordergrund – nicht Anklage oder der Vorwurf an die Täter (Abb. LV 11).

Rekonstruktion, Konstruktion und Dekonstruktion der Besatzungsgeschichte

Lettland steht heute vor der Aufgabe, seine historische Position neu zu bestimmen. Aus der Perspektive der aktuellen Nationalgeschichtsschreibung wurde das Leid der Letten von den sowjetischen Besatzern verursacht. Ein Symbol, an dem dies deutlich wird, ist der Viehwaggon. Dieser steht im westlichen Europa vornehmlich für die ungeheuerliche Grausamkeit bei der Ermordung der europäischen Juden. Für die Menschen in der ehemaligen Sowjetunion und im Baltikum steht der Waggon für die stalinistischen Massendeportationen, für die Verbannung und die Ermordung ganzer Volkgruppen in den Lagern des GULag. Das im Juni 2001 eingeweihte Denkmal der Deportationen besteht schlichtweg aus einem solchen Originalwaggon. Das Bild eines Viehwaggons ist heute vielfach in Schulbüchern zu sehen (Abb. LV 12). Dieses Photo war vermutlich auch bis hin zum Zitat der Nummer des Waggons das Vorbild für die Graphik von Sigismunds Vidbergs (vgl. Abb. LV 7). Ein weiteres oft zitiertes Bild ist das auf Buchtiteln und Ausstellungsplakaten verwendete Motiv der auf einen fernen Fluchtpunkt zulaufenden Gleise (Abb. LV 13).

Lettische Schulbuchautoren und Historiker haben bei der Aufarbeitung des Zweiten Weltkriegs große Schwierigkeiten. Oft werden Bilder publiziert, ohne daß deren Herkunft überprüft wurde. In einem Schulbuch der 90er Jahre findet sich ein Bild von aufgereihten Leichen auf dem Hof des Zentralgefängnisses von 1941, das ursprünglich von den deutschen Besatzern propagandistisch genutzt worden war (Abb. LV 14). In dem Schulbuch wird dies nicht erwähnt.[32] Ein anderes Beispiel ist die 1997 im Verlag Tēvija unkommentiert neuaufgelegte Broschüre „Jahr des Grauens".[33] 1942 während der deutschen Besatzung als Goebbels-Propaganda gedruckt, zeigt diese antisemitische Veröffentlichung Bilder von verstümmelten Leichen, mit denen die russischen Verbrechen an der lettischen Bevölkerung belegt und die Letten für den „Kampf gegen Juden und Kommunisten" gewonnen werden sollten. Herausgeber der Neuauflage war Leonard Inkens, Mitglied der nationalistischen Partei Tēvze-

LV 12
Izsūtīto vagoni
Die Waggons der Verbannten,
in: Gunārs Kurlovičs, Andris
Tomašūns: Latvijas vēsture
pamatskolai. Mācību grāmata,
Riga 2000, S. 251
Buch
Riga, Latvijas Akadēmiskā
bibliotēka
M 947.43 (075.2)

LV 13
Ojārs Stepens (Text), Inese
Andžejevska (Gestaltung)
The 14 June 1941.
Deportation in Latvia
Der 14. Juni 1941.
Deportation in Lettland,
Broschüre anläßlich des
60. Jahrestages der
Deportation und einer
gleichnamigen Ausstellung
des Latvijas okupācijas
muzejs, Riga, 2001
Berlin, Deutsches
Historisches Museum

LV 14
Nošauto un bez vēsts
pazudušo piederīgie meklē
savus tuviniekus starp līķiem
Centrālcietuma pagalmā
Die Angehörigen von Erschossenen und ohne
Nachricht Verschwundenen
suchen ihre Verwandten
zwischen den Leichen auf
dem Hof des Zentralgefängnisses, in: Gunārs
Kurlovičs, Andris Tomašūns:
Latvijas vēsture. Okupācijas
gadi, Riga 1998, S. 145
Buch
Privatbesitz

LV 15
Salaspils nāves nometnē
Todeslager Salaspils, in:
Veronika Kanāle, Marģers
Stepermanis: Latvijas PSR
vēsture. Mācību līdzeklis
skolām, Riga 1967, S. 217
Buch
Riga, Latvijas Akadēmiskā
bibliotēka
M934 68

LV 16
Salaspils nāves nometnē
(bijušā ieslodzītā K. Buša
zīmvjums)
Todeslager Salaspils
(Zeichnung des ehemaligen
Häftlings K. Bušs), in:
Aleksandrs Drīzulis: Latvijas
PSR vēsture vidusskolām.
Eksperimentāls mācību
līdzeklis, Riga 1988, S. 188
Buch
Riga, Latvijas Akadēmiskā
bibliotēka
M36612 88

mei un Brīvībai/LNNK (Für Vaterland und Freiheit/Bewegung der lettischen nationalen Unabhängigkeit). Nach heftigen Reaktionen der jüdischen Gemeinde und internationaler Organisationen distanzierten sich die Parteiführung und Staatspräsident Ulmanis von der Publikation. Zwar wurde ihre Verbreitung mit Hinweis auf die Freiheit von Wort und Schrift nicht gestoppt, doch war sie nur noch auf Nachfrage erhältlich. Lettische Historiker und Politiker kritisierten wohl den antisemitischen Charakter dieser Broschüre, betonten aber, daß die Illustrationen trotzdem als historisches Zeugnis für die an Letten begangenen Grausamkeiten anerkannt werden müßten.[34]

Ebenfalls überprüft und eventuell neu gedeutet werden müssen die Bilder, die mehr als vierzig Jahre zum festen Kanon gehörten. Ein Beispiel ist das sowjetische Photo des Konzentrationslagers in Salaspils nahe Riga. In sowjet-lettischen Schulbüchern wurde das Lager als Todeslager beschrieben, in dem „sowjetische Bürger und Soldaten" sowie „Gegner der Okkupanten" umgebracht wurden.[35] Das in den Büchern abgebildete Photo könnte genausogut ein anderes Lager zeigen (Abb. LV 15). In neueren lettischen Schulbüchern soll die Zeichnung des ehemaligen Häftlings Kārlis Buss die Schrecken dieses Lagers ins Gedächtnis rufen (Abb. LV 16). Auch hier bleibt die genaue historische Kategorisierung des Lagers unklar, das sowohl als Todeslager als auch als Arbeits- und Durchgangslager für politische Häftlinge diente. Die von den Sowjets errichtete Gedenkstätte wird heute von den Letten fast unverändert weitergeführt. Dies festigt die Vorstellung, daß in dem Lager vor allem Letten, Gegner des deutschen Besatzungsregimes, gequält wurden. Erst in jüngster Zeit versuchen Historiker, ein differenzierteres Bild des Lagers zu zeichnen.[36]

Weiterhin zählt es zu den Aufgaben der Historiker, die Ereignisse und Personen, die über 40 Jahre aus der öffentlichen Erinnerung verbannt waren, wieder ins Gedächtnis zu rufen und mit Bildern zu verbinden. Hierzu gehören Politiker und Intellektuelle, die – seit 1943 organisiert im Lettischen Zentralrat (LCP) – versuchten, ihr Land von beiden Besatzern zu befreien. Die Aktivitäten und programmatischen Vorstellungen dieser Politiker über die Gestaltung Lettlands „danach" sind heute in Lettland wenig bekannt, obgleich sie im Exil viel diskutiert wurden. Bis vor kurzem schien das Thema Widerstand nicht in die von Selbstmitleid geprägte lettische Geschichtsschreibung zu passen. Mittlerweile wird der LCP in lettischen Schulbüchern meist sehr kurz erwähnt. Das Porträt des ehemaligen Vorsitzenden, Konstantīns Čakste, ist wohl schon heute jedem lettischen Schulkind bekannt.

Die Lettische Legion im kollektiven Gedächtnis: „Wir waren nicht die Aggressoren. Wir widerstanden den Aggressoren"[37]

Ein Beispiel für den stattfindenden Paradigmenwechsel ist der Umgang mit der sogenannten Lettischen SS-Freiwilligenlegion. Sie nimmt einen besonderen Stellenwert im kollektiven Gedächtnis der Letten ein, nicht zuletzt, da viele der Legionäre auch heute noch aktiv an den Debatten teilnehmen.[38] Vierzig Jahre lang waren sie zum Schweigen verurteilt, denn als Kollaborateure der Faschisten wurden sie, wenn nicht verurteilt und verbannt, so doch geächtet und sozial benachteiligt.

Eine Mehrheit verehrt diese Männer heute als „letzte nationale anti-bolschewistische Armee".[39] Alljährlich finden am 16. März Gedenkfeierlichkeiten für die gefallenen Legionäre statt, an denen bis 1998 auch Vertreter des Staates teilnahmen, was heftige internationale Proteste zur Folge hatte.[40] Erst 1998 wurde ihre offizielle Teilnahme unterbunden und der 16. März zur Privatangelegenheit erklärt. Er symbolisiere, so hieß es in einer Presseerklärung, „ähnlich wie der 14. Juni [Deportation, Anm. d. Verf.] und der 4. Juli [Brand der Großen Synagoge, Anm. d. Verf.] die Tragik des Volkes Lettlands während des Zweiten Weltkriegs".[41] Denn es sei gezwungen worden, an der Seite der Nationalsozialisten bzw. Sowjets zu kämpfen. Auch wenn sich das offizielle Lettland aus dem Gedenken zurückzöge, so solle das Veteranenereignis doch toleriert werden.

Trotz der nach außen demonstrierten Zurückhaltung sehen viele die Veteranen der Lettischen Legion als Kämpfer für die nationale Sache oder doch zumindest als unschuldige und tragische Figuren auf dem Schachbrett der Weltmächte.[42] Häufig wird die Unfreiwilligkeit und Unrechtmäßigkeit der Legionsgründung betont, der die damalige lettische politische und militärische Führung nur widerwillig zugestimmt habe.[43] Ein Symbol für den vielleicht naiven Glauben an ein unabhängiges Lettland von deutschen Gnaden ist das Abzeichen, das die Legionäre an ihrer Uniform trugen. Es trägt die Farben der lettischen Fahne und den Schriftzug „Latvija". Heute wird es auf Buchtiteln und in Ausstellungen dort herangezogen, wo die apologetische Argumentation überwiegt, etwa auf der Studie von Ezergailis über „Die Lettische Legion. Helden, Nazis oder Opfer?" (Abb. LV 17).

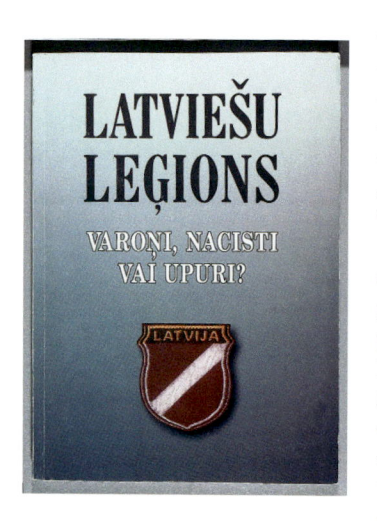

Eine durchaus mehrschichtige, doch ebenfalls apologetische Darstellung der Legion bot auch der Ende der 80er Jahre sehr populäre, bereits 1965 in Lettland gedrehte Film „Akmens un Šķembas" (Stein und Splitter) des Regisseurs Rolands Kalniņš. Er wurde 1966 aus Gründen der Zensur in „Es visu atceros, Ričard!" umbenannt. Erst seit 1992 wird er wieder unter seinem Originaltitel gezeigt. Ein heimkehrender ehemaliger Leutnant der Lettischen Legion trifft im sowjetischen Lettland der 60er Jahre einen ehemaligen Kameraden, mit dem ihn die schmerzliche Erinnerung an die Zeit bei der Legion verbindet. In Rückblenden wird eine spannungsgeladene Mischung aus widerwilligem Gehorsam gegenüber den deutschen Befehlshabern, die nur ihre eigenen Interessen verfolgen, dem Kampfeswillen gegen die „Bol-

LV 17
Andrievs Ezergailis (Hg.)
Latviešu leģions. Varoņi,
Nācisti vai upuri?
Die Lettische Legion. Helden,
Nazis oder Opfer?, Riga 1998
Buchtitel
Privatbesitz

schewisten", den gemeinsamen Feind, und dem Zwiespalt des Bruderkrieges gezeigt (Abb. LV 18). Die hier schon angedeutete und in den heutigen Debatten weitergeführte Beschwörung der besonderen Tragik der Legionäre sowie die stete Betonung, daß die westlichen Alliierten nach dem Krieg die Lettische Legion als militärische Einheit von Kriegsverbrechen freigesprochen haben[44], weisen auch auf die Verdrängung unbequemer Fragen hin. In der Legion fanden sich zahlreiche Ausbilder und Offiziere aus den Hilfspolizeieinheiten und dem Arājs-Kommando, die an Erschießungen jüdischer und anderer Zivilisten teilgenommen hatten.

Ebenfalls erwähnenswert scheint die Kontroverse um die Bewertung der „roten Partisanen", der 1941 bis 1944 in den Wäldern gegen die Wehrmacht kämpfenden lettischen Einheiten. Bis 1991 wurden sie in der sowjet-lettischen Geschichtsschreibung als „heldenhafte Kämpfer gegen die Faschisten" gerühmt. Heute dagegen gelten sie als „Banditen" – eine Bezeichnung, die einst von der sowjetischen Propaganda für die „Waldbrüder", die antisowjetischen Partisanen der Nachkriegsjahre, verwandt wurde. Diese wiederum werden heute als „nationale Widerstandskämpfer" geehrt.[45] Ein gemeinsames Erinnern an alle lettischen Kriegsteilnehmer, auf deutscher wie auf sowjetischer Seite, wird heute zunehmend gefordert, ist aber bislang offenbar noch nicht möglich.

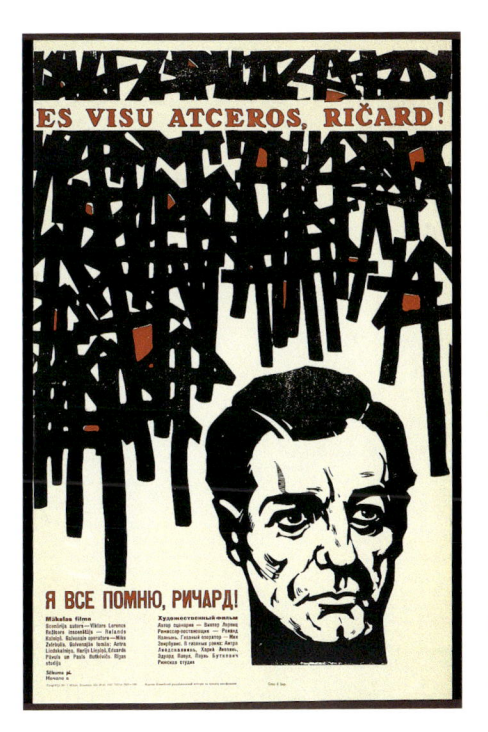

LV 18
Rolands Kalniņš (Regie)
Es visu atceros, Ričard!
Ich erinnere mich an alles, Richard!, 1966
Filmplakat, 73,5 x 47,5 cm
Riga, Latvijas Nacionālais Kinematogrāfijas Centrs

Fazit

Immer wieder hört man in Lettland den Satz, daß der Zweite Weltkrieg erst 1991 endete. Die sowjetische Herrschaft nach dem Krieg war nach heutiger Wahrnehmung nur die Fortsetzung der Okkupation von 1940. Die Geschichte des Zweiten Weltkriegs ist demnach eine Geschichte angeblicher Befreiungen durch wechselnde Besatzer, die 1991 mit einer wirklichen Befreiung beendet wurde. Fünfzig Jahre nachdem Lettland zum ersten Mal okkupiert wurde, hatten sich die Menschen selbst ihre Unabhängigkeit erkämpft. Die Eroberung der Freiheit war zugleich eine des Rechts, die eigene Geschichte selbst zu interpretieren. 1994 forderte der Leiter des Historischen Instituts, Jānis Graudonis: „Lettische Geschichte muß ein Faktor sein, der das lettische nationale Selbstbewußtsein stärkt, den Stolz über die Zugehörigkeit zu eben diesem Volk weckt und der insgesamt der Garant des lettischen Volkes und eines ewigen lettischen Lettlands ist."[46] Gegen diese nationalistische Sicht wächst die Erkenntnis, daß das Bild der Geschichte im demokratischen Diskurs immer wieder aufs neue entsteht, daß über ihre Interpretation gestritten werden kann und muß und daß es im multi-ethnischen Lettland von heute viele verschiedene „Historien" gibt, die es jede für sich ernst zu nehmen und anzuerkennen gilt. Lettland reiht sich zwölf Jahre nach Wiederherstellung der Unabhängigkeit allmählich ein in die europäische Geschichtslandschaft, in der das Bemühen um Aufarbeitung ohne Tabus im Mittelpunkt steht und die politische wie persönliche Auseinandersetzung mit vergangenem Unrecht eine feste Säule des demokratischen Rechtsstaates ist.

1 Eine ausführliche Analyse der gegenwärtigen Geschichtsdebatten auch im Zusammenhang mit ethnopolitischen Entwicklungen in Lettland gibt die Studie: Onken, Eva-Clarita: Demokratisierung der Geschichte in Lettland. Staatsbürgerliches Bewusstsein und Geschichtspolitik im ersten Jahrzehnt der Unabhängigkeit, Köln 2003.
2 Vēbers, Elmārs: Demography and Ethnic Politics in Independent Latvia: Some Basic Facts, in: Nationalities Papers 21 (1993), Nr. 2, S. 181. Eine detaillierte Aufstellung der realen Verlustzahlen findet sich auch im Katalog des Okkupationsmuseums, Riga 1998, S. 76. Hier wird der „relative Verlust 1939 bis 1945" an der Gesamtbevölkerung auf etwa 30 Prozent geschätzt.
3 Levits, Egils: Latvija padomju varā, in: Blūzma, Valdis/Celle, Ojārs (Hg.): Latvijas valsts atjaunošana 1986–1993, Riga 1998, S. 54.
4 Geyer, Dietrich: Perestrojka in der sowjetischen Geschichtsschreibung, in: Ders. (Hg.): Die Umwertung der sowjetischen Geschichte, Göttingen 1991, S. 14.
5 Plaude, E./Kripēns, J./Lielā, E.: Latvijas PSR vēstures materiāli, Riga 1956, S. 155. Eine wörtlich fast identische Darstellung der Ereignisse findet sich auch in Schulbüchern dreißig Jahre später, vgl. Kanāle, Veronika: Latvijas PSR vēsture, 11. klasei, Riga 1986, S. 4 f.
6 Kanāle, Veronika/Stepermanis, Marģers: Latvijas PSR vēsture. Mācību līdzeklis skolām, Riga 1967, S. 208.
7 Kanāle 1986 (wie Anm. 5), S. 119.
8 Aus: Grove Directory of Arts, Artists' Biographies (London: 2000), http://www.artnet. com/library/06/0658/T065844.asp (31. 3. 2003).
9 Vestermanis, Marģers: Der Holocaust in Lettland. Zur „postkommunistischen" Aufarbeitung des Themas in Osteuropa, in: Lorenz, Ina/Herzig, Arno (Hg.): Verdrängung und Vernichtung der Juden unter dem Nationalsozialismus, Hamburg 1992, S. 101.
10 Avotiņš, E./Dzirkalis, J./Petersons, V.: „Kas ir Daugavas vanāgi?", Riga 1962. „Daugavas vanāgi" nannte sich seit 1945 eine Vereinigung ehemaliger Angehöriger der Lettischen (SS-)Legion im Exil; vgl. Kangeris, Kārlis: Piezīmes pie jautājumu kompleksa 'Latviešu Leģions', Stockholm, 27. April 1998, in: Ezergailis, Andrievs (Hg.): Latviešu leģions. Varoņi, Nācisti vai upuri?, Riga 1998, S. 119 f.
11 Ezergailis, Andrievs: Latviešu „kara noziedznieki" Amerikas tiesās, in: Izglītība, 30. August und 6. September 1991, hier 30. August 1991; ders.: War Crimes Evidence From Soviet Latvia, in: Nationalities Papers 16 (1988), Nr. 2, S. 209 ff.
12 Misiunas, Romualds/Taagepera, Rein: The Baltic States. Years of Dependence 1940–1980, London 1983, S. 109.
13 Skultāns, Vilis: Pretrunas, patiesības viltojumi un idejisks nespēks. Daži aspekti komūnistu melu technikā, in: Universitas 14 (1964), S. 38 ff.
14 Ģērmanis, Uldis: Interview in: Diena, 21. Oktober 1995. Bemerkenswert in diesem Zusammenhang ist Ģērmanis' Buch über „Die Erlebnisse des lettischen Volkes", das erstmals 1954 in Stockholm erschien und nun in der sechsten Auflage vorliegt: Ģērmanis, Uldis: Latviešu tautas piedzīvojumi, Riga ^{6}1991.
15 Memoiren zur Besatzungszeit schrieben u. a. der ehemalige Generalmajor der Lettischen Legion (Waffen-SS), Rudolfs Bangerskis: Manā mūža atmiņa, Stockholm 1957; der ehemalige Führer der faschistischen Organisation Pērkonkrust und spätere Widerstandskämpfer gegen die Nationalsozialisten, Gustavs Celmiņš [1947]: Latviešu tautas pretestības izpausmes pret okupācijas varu 1940–1945, abgedruckt in: Jaunā Gaita (1989), Nr. 2 (172), S. 32 ff. und Nr. 3 (173), S. 40 ff.
16 Ezergailis, Andrievs: Vācu laiki latviešu emigrantu apziņā, in: Literatūra un Māksla, 20. Dezember 1991. Ders.: The Holocaust in Latvia. The Missing Center, Riga, Washington 1996, S. 11 f.
17 Ezergailis 1991 (wie Anm. 16).
18 Leine, Līvija: Baigais gads, in: Kurzemes Vards, 16. Juni 1998.
19 Dribins, Leo: Vai Latvijā revidē Otrā pasaules kara vēsturi? in: Latvijas Okupācijas Muzejs. Gadagrāmata 2002, Riga 2003, S. 416.
20 Interview mit Mavriks Vulfsons, in: Der Spiegel, 36 (1990), Nr. 5, S. 138.
21 Lieven, Anatol: The Baltic Revolution. Estonia, Latvia, Lithuania and the Path to Independence, New Haven, London 1993, S. 222.

22 Šilde, Ādolfs: Resistance Movement in Latvia, Stockholm 1972, S. 25.
23 Vgl. Peters, Jānis: Sākam atcerēties, sākam stāstīt, in: Literatra un Māksla, 20. Mai 1988.
24 Peters 1988 (wie Anm. 23). Vor allem der Aufsatz von Andrievs Ezergailis über das Erschießungskommando unter Befehl des Letten Viktors Arājs (das sogenannte Arājs-Kommando) war Gegenstand öffentlicher Debatten: Ezergailis, Andrievs: Arāja komanda, in: L(PSR)ZAV 10 (1988), S. 113 ff.
25 Supreme Council of the Republic of Latvia: DECLARATION. About the Condemnation and Unallowability of Genocide and Anti-Semitism in Latvia, Riga, 19. September 1990.
26 Ezergailis, Andrievs: Anti-Semitism and the Killing of Latvia's Jews, in: Gilman, Sander L./Katz, Steven T. (Hg.): Anti-Semitism in Time of Crisis, New York, London 1992, S. 273.
27 Vestermanis, Marģers: Der Holocaust im öffentlichen Bewußtsein Lettlands, in: Jahrbuch für Antisemitismusforschung 5 (1996), S. 35 ff.
28 Vgl. z. B. die Studie von Strods, Heinrihs: Zem melnbrūna zobena, Riga 1994; Gore, Ilga/Stranga, Aivars: Latvija: neatkarības mijkrēslis. Okupācija 1939. g. septembris – 1940. g. jūlijs, Riga 1992. Die Debatten und Kontroversen der ersten Unabhängigkeitsjahre faßt zusammen: Onken, Eva-Clarita: Revisionismus schon vor der Geschichte. Aktuelle Kontroversen um Judenvernichtung und Kollaboration in Lettland, Köln 1998.
29 Vestermanis 1992 (wie Anm. 9), S. 114 kolportiert damit eine in Kollegenkreisen formulierte Meinung, geäußert u. a. bei einer Debatte nach der Vorführung des Films „Schindlers Liste" 1994, vgl. Latvijas cilvēktiecību un etnisko studiju centra apkārtraksts No. 3, Oktober/November 1994, S. 7; Onken 1998 (wie Anm. 28), S. 98 ff.
30 Remembrance and understanding of the Holocaust in Latvia. Rede auf der Holocaustkonferenz in Stockholm, 27. Januar 2000, unter: http://www.president.lv/english/2000/ speech_ txt/ spch2701.html (31. 3. 2003).
31 Vestermanis, Marģers: Retter im Lande der Handlanger. Zur Geschichte der Hilfe für Juden in Lettland während der „Endlösung", in: Benz, Wolfgang/Wetzel, Juliane (Hg.): Solidarität und Hilfe für Juden während der NS-Zeit, Berlin 1999.
32 Kostandas, Odisejs (Hg.): Latvijas vēsture, Riga 1992, S. 299.
33 Kovalevski, Paulis/Noritis, Oskars/Goppers, Mikelis (Hg.): Baigais gads, Riga 1942.
34 Ozola, Evija: Aicina izvērtēt grāmatu Baigais gads, in: Neatkarīga Rīta Avīze (1997) unter: http://vip.latnet.lv/LPRA/izvertet_baigais_gads.htm (31. 3. 2003); Union of Councils of Jews in the Former Soviet Union: UCSJ Special Report. Falsified History: The Legacy of Nazism, in: Contemporary Latvia, 12. März 1999.
35 Kanāle 1986 (wie Anm. 5), S. 118 f.
36 Strods, Heinrihs: Salaspils koncentrācijas nometnē (1941. g. oktobris – 1944. g. septembris), in: Latvijas Okupācijas Muzejs. Gadagrāmata 2000, Riga 2001, S. 122.
37 Aus einer Rede über „Die Aufgaben der Legionäre", gehalten am 16. März 2001 auf dem Rigaer Brüderfriedhof, abgedruckt in: Svētdienas Rīts, 17. März 2001.
38 Die Studie des Soziologen und ehemaligen Legionärs Tālivaldis Vilciņš: Latviešu leģionārs 50 gadu pēc kara. Socioloģisks aspekts, in: Latvijas Arhīvi 2 (1994), S. 32 ff. ergab, daß bis Kriegsende in der Legion rund 146 000 Soldaten gedient hatten – von ihnen waren 98 Prozent ethnische Letten. 1993 lebten von diesen noch etwa 11 500 in Lettland, ihr Durchschnittsalter betrug etwa 70 Jahre.
39 Biezais, Haralds: Slēpenā Latvija, in: Latvijas Zinātņu Akadēmijas Vēstis 4 (1990), S. 5 f.
40 Als Beispiel für zahlreiche Presseartikel westlicher Medien, die den Letten vorwarfen, sie „weigerten [sich], die Soldaten der SS-Legion zu verurteilen", sei hier genannt: Domedeit, Gudrun: Ein Land voller Opfer, in: Focus (1998) Nr. 13, S. 302.
41 Press release. About March 16 – Latvian Soldier's Remembrance Day. Riga, März 1998.
42 Vgl. das Schulbuch von Kostandas 1992 (wie Anm. 32), S. 319. Speziell zur Rhetorik dieses Geschichtsbuchs Henning, Detlef: „Alle Geschichte ist die Geschichte vom Kampf der Letten." Zur Apodiktik eines neueren let-

[43] tischen Geschichtsbuches, in Maier, Robert (Hg.): Nationalbewegung und Staatsbildung. Die baltische Region im Schulbuch, Frankfurt a.M. 1995, S. 125 ff.
[43] Kurlovičs, Gunārs/Tomašūns, Andris: Latvijas vēsture vidusskolai II, Riga 2000, S. 242 f.
[44] Aivars Stranga und Uldis Neiburgs in: Plato, Dace: Nevēlas izprast vēstures notikumu būtību, in: Diena, 17. März 1998.
[45] Strods, Heinrihs: Latvijas nacionālo partizānu karš. Dokumenti un Materiāli, Riga 1999.
[46] Graudonis, Jānis: Latvijas vēstures institūts šodien, in: Latvijas Vēstures Institūta Žurnāls 13 (1994), Nr. 2, S. 6.

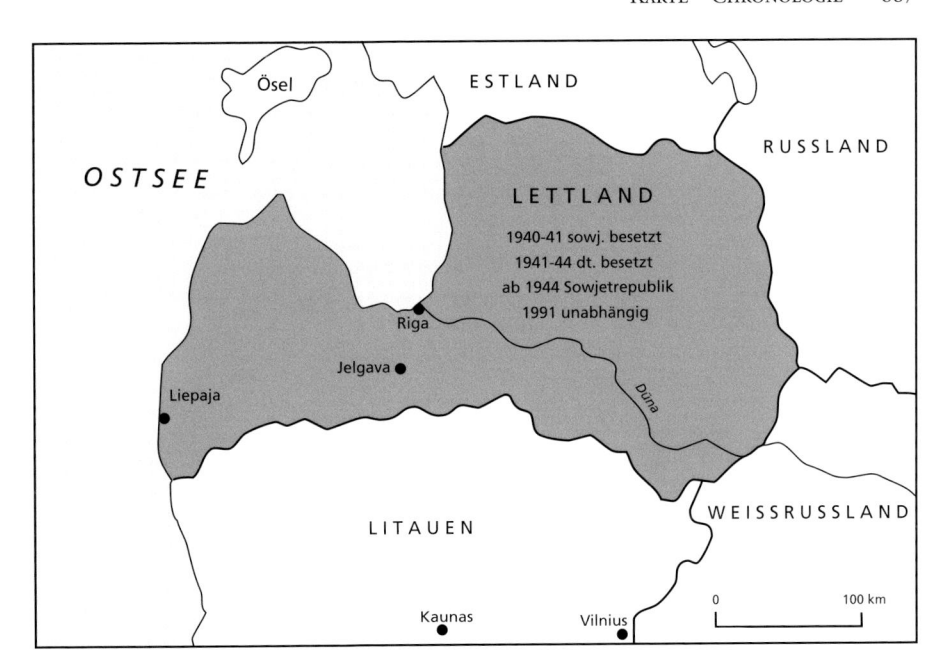

Seit dem Ersten Weltkrieg

Chronologie

1915
Das Baltikum wird zwischen **März** und **September** zum Kriegsschauplatz. Deutsche Truppen erobern das gesamte von Litauern besiedelte Gebiet. Am **8. Mai** besetzen sie Libau, am **1. August** Mitau (Jelgava). Drei Fünftel der Bevölkerung Kurlands fliehen. Ende des Jahres kommt der deutsche Vormarsch an der Düna kurz vor Riga zum Stillstand. Die deutsche Besetzung Kurlands führt zur Aufstellung der ersten nationallettischen Truppeneinheiten in Rußland, die an der Düna-Front eingesetzt werden.

1917
Ende **März** wird in Wolmar ein Provisorischer Landesrat gewählt, der die Zusammenfassung Südlivlands, Kurlands und Lettgallens zu einer Einheit, Lettland, fordert. Von der russischen Provisorischen Regierung wird der Provisorische Landesrat anerkannt, die Forderung nach Vereinigung der Provinzen jedoch abgelehnt. Anfang **September** erobern deutsche Truppen Riga. An die Stelle der bisherigen Forderung eines freien Lettland im freien Rußland tritt nun der Gedanke an einen unabhängigen lettischen Staat.

1918
Am **3. März** wird der Friedensvertrag von Brest-Litowsk unterzeichnet. Kurland, Riga und Ösel werden von Rußland abgetrennt. In den Zusatzverträgen vom **27. August** verzichtet die sowjetrussische Regierung auch auf die Staatshoheit über Estland und Livland, die dahin von deutschen Truppen besetzt sind. In Lettland wird ein Volksrat mit Vertretern aus acht sozialistischen und bürgerlichen Parteien, einem Vertreter der Provinz Lettgallen und Vertretern der nationalen Minderheiten unter dem Vorsitz von Jānis Čakste gegründet. Der Volksrat proklamiert am **11. November** das unabhängige und demokratische Lettland. Eine Woche später erfolgt die Anerkennung durch das Deutsche Reich. Zum Ministerpräsidenten wird der Führer des Bauernbundes, Kārlis Ulmanis, gewählt. Am **13. November** annulliert die Regierung Sowjetrußlands den Friedensvertrag von Brest-Litowsk, in der

Folge greifen am **22. November** Truppen der Roten Armee Narwa an. Am **18. Dezember** wird die lettische Grenzstadt Walk besetzt und bis zur **Jahreswende** fast ganz Livland.

1919

Am **2. Januar** wird Riga eingenommen, und die Regierung Ulmanis flüchtet nach Libau. Erst an der Windau kommt der Vormarsch der Roten Armee **Ende Januar** zum Stehen. Am **24. Februar** gelingt es deutschen, baltendeutschen (baltische Landeswehr) und lettischen Truppen, Windau zurückzuerobern, und am **18. März** Jelgava. Am **22. Mai** wird Riga von deutschen und verbündeten Truppen zurückerobert. Am **23. Mai** verlangt der Außenministerrat der Pariser Friedenskonferenz die Räumung Lettlands und Litauens von deutschen Truppen, sobald diese durch örtliche Verbände ersetzt werden können. Am **8. Juli** kehrt die Regierung Ulmanis nach Riga zurück. Auf Verlangen der Alliierten werden zwei deutsche Minister in das Kabinett aufgenommen.

1920

Am **1. Mai** tritt die verfassunggebende Versammlung zusammen. Am **1. August** wird der sowjetisch-lettische Friedensvertrag in Riga unterzeichnet, in dem Sowjetrußland den unabhängigen Staat Lettland anerkennt. Die lettische Grenze wird nach der Sprachengrenze festgelegt. Dadurch erhält Lettland auch einige früher zum Gouvernement Witebsk gehörende Kreise sowie den für die Eisenbahnverbindung zwischen Livland und Lettgallen wichtigen Ort Abrehnen (Pytalovo). Das seit **1629** von Livland abgetrennte Lettgallen wird nunmehr mit den übrigen lettischen Gebieten verbunden. Ein Gesetz zu einer Agrarreform wird am **16. September** verabschiedet: Rittergüter, Pastoratsländereien und städtische Güter gehen entschädigungslos in staatlichen Besitz über. Im Ergebnis befinden sich 35 Prozent des Bodens, hauptsächlich Wald, in Staatsbesitz. Am **22. September** werden die baltischen Staaten in den Völkerbund aufgenommen.

1922

Am **15. Februar** wird die Verfassung verabschiedet, die am **7. November** in Kraft tritt. Sie folgt den Vorbildern der französischen, schweizerischen und deutschen (Weimarer) Verfassungen. Die ersten Wahlen nach Inkrafttreten der Verfassung gewinnt (wie zuvor) die Sozialdemokratische Partei. Die Baltendeutschen sind im Laufe der folgenden Legislaturperioden mit dem Parteienbündnis Deutschbaltische Partei Lettlands im Parlament (Saeima) und fast in jedem der häufig wechselnden Regierungskabinette vertreten. Am **29. März** beschließen Vertreter der lettischen, estnischen und litauischen Regierungen und eine sowjetische Delegation in Riga eine gemeinsame Abrüstungskonferenz in Moskau, die aber ergebnislos verläuft.

1. November 1923

In einem bilateralen Vertrag zwischen Lettland und Estland wird die Grenze zwischen den beiden Staaten festgelegt und strittige Fragen geklärt – u. a. die Teilung der Grenzstadt Walk. Außerdem kommt es zum Abschluß eines Verteidigungsbündnisses mit gegenseitiger Beistandsverpflichtung. Ziel dieses Bündnisses ist es, den baltischen Raum gegen Herrschaftsansprüche der Großmächte zu sichern.

21. Mai 1926

Die Sowjetregierung schlägt Lettland und Estland den Abschluß von Nichtangriffsverträgen vor, nachdem bereits Verhandlungen mit Litauen geführt wurden. Die Verhandlungen scheitern zunächst daran, daß beide Staaten Wert auf identische Vereinbarungen mit der Sowjetunion legen.

1927

Nach einem Regierungswechsel in Lettland kommt es zu Verhandlungen über einen lettisch-sowjetischen Nichtangriffspakt. Ein entsprechender Vertrag wird am **9. März** zwischen Außenminister Cielēns und dem sowjetischen Gesandten Avalov paraphiert. Am **2. Juni** wird außerdem ein Handelsabkommen mit einer Laufzeit von fünf Jahren geschlossen. Der Nichtangriffsvertrag wird nicht unterzeichnet, nachdem im **Oktober** ein Fall sowjetischer Spionage in Lettland aufgedeckt wird.

1928–1931
Nach einer durch den Spionagefall ausgelösten Regierungskrise und einer Zwischenregierung gelingt die Bildung einer stabilen Regierung des Bauernbundes bis **1931**.

1932
Am **5. Februar** wird der Nichtangriffspakt mit der Sowjetunion unterzeichnet. Die rechte Nationale Vereinigung macht einen Vorschlag für eine Verfassungsreform, der die Stärkung der Stellung des Staatspräsidenten vorsieht. Daraus entwickelt sich eine Diskussion um die lettische Demokratie. Diese trägt deutlich autoritäre Züge, doch auch die großen Parteien sehen die Notwendigkeit von Verfassungsreformen. Im **August** legt Ulmanis ein Reformprojekt des Bauernbundes vor, aber die bürgerlichen Stimmen im Parlament reichen nicht für eine Mehrheit.

1933
Die von Gustav Celmiņš neu gegründete rechtsradikale, antisemitische und antideutsche Organisation Ugunskrusts (Feuerkreuz) wird nach einem Verbot in Pērkonkrusts (Donnerkreuz) umbenannt und rekrutiert ihre Mitglieder vorwiegend in den Städten.

1934
Am **16. Mai** übernimmt Ulmanis zum siebten Mal das Amt des Ministerpräsidenten und die Leitung des Außenministeriums. In der Nacht zum **16. Mai** proklamiert er unter dem Vorwand eines drohenden rechten Umsturzes den Ausnahmezustand. Das Parlament wird aufgelöst und die Organisation Pērkonkrusts verboten. Am **12. September** schließen Estland, Lettland und Litauen einen Freundschafts- und Konsultativ-Vertrag mit 10jähriger Laufzeit (Baltische Entente). Die Außenpolitik der drei baltischen Staaten soll soweit wie möglich koordiniert werden.

20. Juli 1936
Ministerpräsident Ulmanis wird zum Staatspräsidenten ernannt. Er regiert praktisch selbständig und unabhängig. Seine Herrschaft wird allerdings von Angehörigen verschiedener Parteien, auch der Opposition, toleriert, kann auch höhere Beamte für die Mitarbeit gewinnen.

11. Februar 1938
Der **1934** proklamierte Ausnahmezustand wird durch ein Gesetz über die Staatssicherheit ersetzt.

1939
Auf der 9. Baltischen Außenministerkonferenz im **Februar** in Kaunas bekräftigen alle drei Regierungen ihre Neutralitätspolitik. In einem geheimen Zusatzprotokoll zum deutsch-sowjetischen Nichtangriffspakt vom **23. August** werden deutsche bzw. sowjetische Interessengebiete in Mittel- und Osteuropa festgelegt. Lettland, Estland, das östliche Polen, Finnland und Bessarabien werden dem sowjetischen, das westliche Polen und vorerst auch Litauen dem deutschen Einflußgebiet zugewiesen. Die Sowjetunion drängt Lettland, wie auch die anderen baltischen Staaten, im **Oktober** zur Unterzeichnung eines Beistandspaktes. Die baltischen Staaten müssen der Einrichtung von sowjetischen Stützpunkten und der Stationierung von bis zu 30 000 Soldaten zustimmen. Am **30. Oktober** schließt Lettland einen Vertrag mit dem Deutschen Reich über die Umsiedlung der Baltendeutschen ins Reichsgebiet.

1940
Die Rote Armee besetzt nach einem Ultimatum der Sowjetunion vom **15. und 16. Juni**, in dem der ungehinderte Zugang der sowjetischen Armee ins Baltikum und die Bildung sowjetfreundlicher Regierungen gefordert wird, Lettland wie auch Estland und Litauen. Nach einer Regierungsumbildung unter Augusts Kirhenšteijns und Parlamentswahlen nach sowjetischem Muster am **14. und 15. Juli** erklärt sich Lettland – analog zu Litauen und Estland – zur sozialistischen Sowjetrepublik und stellt **Anfang August** im Obersten Sowjet in Moskau den Antrag auf Eingliederung in den Staatsverband der Sowjetunion.

1941

Nach dem erzwungenen Anschluß an die Sowjetunion werden bei Massendeportationen im **Juni** etwa 16 000 Menschen ins Innere der Sowjetunion verschleppt, 15 000 allein in der Nacht des **14. Juni**. Nach dem deutschen Überfall auf die Sowjetunion erobern Truppen der Wehrmacht am **29. Juni** Riga. Am **21. Oktober** ist das Territorium aller drei baltischen Staaten von deutschen Truppen besetzt. Estland, Lettland, Litauen und Weißrußland werden zum Reichskommissariat Ostland zusammengefaßt. Am **4. Juli** werden die Rigaer Synagogen niedergebrannt. In Libau werden bereits unmittelbar nach der Besetzung am **5. Juli** erste antisemitische Befehle erlassen, und es kommt **Ende Juni/Anfang Juli** zu ersten Massenmorden und Geiselerschießungen. **Ende Juli** beginnt die Einrichtung des Rigaer Ghettos. Am **30. November** und am **8. Dezember** werden insgesamt etwa 25 000 Juden aus dem Ghetto nach Rumbula, einem Wald nahe Riga, gebracht und erschossen. Insgesamt werden während der deutschen Besatzung etwa 66 000 lettische Juden umgebracht. Auch Letten beteiligen sich an den Morden; allein das Erschießungskommando des ehemaligen Polizeioffiziers Viktors Arājs, das sich vor allem aus Mitgliedern des Pērkonkrusts zusammensetzt, ermordet schätzungsweise 15 000 Juden. Nach neueren Erkenntnissen haben nicht mehr als 5000 lettische Juden, d. h. etwa 5,8 Prozent, die deutsche Besatzung überlebt.

1942–1943

Nachdem Letten wie Esten zunächst nur in Polizeibataillonen eingesetzt worden sind, werden aus Freiwilligen zwei lettische und eine estnische SS-Division aufgestellt. Die hierfür rekrutierten jungen Männer schließen sich nur teilweise freiwillig der Legion an. In Stockholm wird **1943** das Lettische Zentralkomitee (Latvijas Centrala Padome, LCP) der nationalen Widerstandsbewegung gegründet.

1944

Im **Februar** fordert der LCP in einem Aufruf die Wiederherstellung der lettischen Republik. Nach der Rückeroberung durch die Sowjetarmee werden Estland, Lettland und Litauen erneut als Sozialistische Sowjetrepubliken Bestandteile der UdSSR. Etwa 115 000 Letten fliehen in den Westen.

1945–1953

Die Sowjetunion versucht, den Konflikt zwischen ihrem Herrschaftsanspruch und den Eigenständigkeitsbestrebungen der lettischen Bevölkerung durch Zersetzung der inneren Strukturen des Widerstandes zu lösen. Die Repressionen richten sich vor allem gegen die Bauern. Im **März 1949** werden im Zuge der Kollektivierung der Landwirtschaft 43 000 von ihnen deportiert. Repressionen gegen Einzelpersonen richten sich z. B. gegen Teilnehmer des Unabhängigkeitskrieges **1918–1920** und gegen Angehörige der lettischen SS-Divisionen. Bis **1951** werden 13–17 Prozent der lettischen Bevölkerung Opfer der stalinistischen Verfolgungen.

1959

Im Zuge der Entstalinisierung kommen sogenannte nationalkommunistische Kräfte um Eduards Berklavs an die lettische Parteispitze. Sie versuchen, den starken Zustrom russischsprachiger Sowjetbürger zu bremsen und die lettische Sprache wieder zu fördern. Es kommt zu einem kurzzeitigen Aufblühen des lettischen kulturellen Lebens, bevor Moskau die Entwicklung stoppt.

1960–1966

Die lettische kommunistische Partei (KP) betreibt eine konsequente Russifizierungspolitik und verstärkt die Industrialisierung. Die Einwanderung von Russen wird gefördert.

1986

Der lettische Schriftstellerverband beklagt öffentlich die Verdrängung der lettischen Sprache sowie Geschichtsfälschungen. In Libau wird die Gruppe Helsinki 86 gebildet, die auf der Grundlage der Schlußakte von Helsinki ein Ende der Verletzung von Menschenrechten durch die Sowjetunion, Demokratisierung und die Wiederherstellung der Unabhängigkeit der drei baltischen Staaten fordert.

1987
Der Umweltschutzklub (Vides Aizsardzības Klubs, VAK) wird gegründet. Seinen Protest gegen die von Moskau geplanten Großprojekte (ein Wasserkraftwerk an der Düna, U-Bahn in Riga) verknüpft er mit Forderungen nach größerer nationaler Selbstbestimmung. Am **14. Juni**, dem Tag zum Gedenken an die ersten Massendeportationen, kommt es zu einer Großdemonstration an der Freiheitsstatue in Riga, zu der die Gruppe Helsinki 86 aufgerufen hat. Die Demonstranten fordern mehr Freiheit für Lettland.

1988
Seit Mitte des Jahres werden die friedlichen Massendemonstrationen von den Sicherheitskräften geduldet. Am **26. Juni** wird die Nationale Unabhängigkeitsbewegung Lettlands (Latvijas Nacionālās neatkarības kustības, LNNK) gegründet. Lettisch wird am **6. Oktober** neben Russisch Amtssprache, und die Nationalsymbole der ersten Republik werden legalisiert. Ebenfalls im **Oktober** wird die lettische Volksfront (Latvijas Tautas fronte, LTF) gegründet, die sich für eine größere Selbständigkeit der Republik im Verband der Sowjetunion einsetzt.

1989
Am **8.** und **9. Januar** verbinden sich orthodox-kommunistische Gegner der Unabhängigkeit in der Interfront. Im **Mai** wird Lettisch Staatssprache, und im **Juli** sagt die sowjetische Regierung den drei baltischen Republiken wirtschaftliche Selbständigkeit ab **1990** zu. Lettland erklärt am **28. Juli** seine Souveränität. Am **23. August** bildet sich eine Menschenkette mit etwa 1 500 000 Teilnehmern von Tallinn über Riga nach Vilnius zum Gedenken an den 50. Jahrestag der Unterzeichnung des deutsch-sowjetischen Nichtangriffspaktes und der geheimen Zusatzprotokolle.

1990
Am **16. Februar** erklärt das lettische Parlament den Beitritt zur UdSSR von **1940** für ungültig. Bei den Wahlen zum Obersten Sowjet gewinnt die LTF die absolute Mehrheit. Angesichts der Reformunwilligkeit der Zentralregierung in Moskau votiert sie am **4. Mai** für die Erklärung der Unabhängigkeit des lettischen Staates von der Sowjetunion, wobei eine Übergangsperiode vorgesehen wird.

1991
Der Angriff von sowjetischen Sicherheitskräften (OMON) und der Versuch einer gewaltsamen Machtübernahme am **20. Januar** scheitert. Bei einer Volksabstimmung am **3. März** stimmen 74 Prozent für die Unabhängigkeit Lettlands. Nach dem Scheitern des Moskauer Putsches am **19. August** tritt Lettland am **21. August** aus der UdSSR aus, KP und später Interfront werden verboten. Am **27. August** erkennen Staaten der Europäischen Gemeinschaft die baltischen Staaten an, am **6. September** folgt die Anerkennung durch die Russische Föderative Sowjetrepublik (RSFSR). Im **September** wird Lettland Mitglied der Vereinten Nationen (UNO). Am **10. September** werden die drei baltischen Staaten in Moskau als Vollmitglieder der Konferenz über Sicherheit und Zusammenarbeit in Europa (KSZE) aufgenommen und unterzeichnen am **5. Oktober** in Vilnius eine Resolution, die ein kollektives Sicherheitssystem im Rahmen der KSZE vorsieht. Am **15. Oktober** unterzeichnen die Außenminister in Helsinki die KSZE-Schlußakte. Im Rahmen der KSZE soll die Frage des endgültigen Abzugs sowjetischer Truppen vom baltischen Territorium gelöst werden.

1993–1994
Nach den ersten freien Parlamentswahlen am **5.** und **6. Juni 1993** wird eine Koalitionsregierung aus dem Lettischen Weg, einem Bündnis von Exilletten und reformorientierten Kommunisten, sowie aus Lettlands Bauernunion unter Ministerpräsident Valdis Birkavs gebildet. Um einen raschen Übergang zur freien Marktwirtschaft zu ermöglichen, koalieren die Wahlsieger mit dem Bauernbund. Am **7. Juli 1993** wird Guntis Ulmanis (Bauernbund) zum Staatspräsidenten gewählt. Die lettische Verfassung von **1922** wird wieder in Kraft gesetzt. Am **14. Februar 1994** nimmt Lettland das NATO-Programm Partnerschaft für den Frieden an. Der Abzug der russischen Truppen aus Lettland beginnt am **31. August 1994**.

1995
Am **10. Februar** wird Lettland in den Europarat aufgenommen. Am **12. Juni** unterzeichnet Lettland ein Assoziierungsabkommen mit der Europäischen Union (EU), und am **27. Oktober** beantragt Lettland als erster der baltischen Staaten die Mitgliedschaft.

5. September 1997
Der russische Ministerpräsident Viktor Černomyrdin bietet während eines Besuchs in der litauischen Hauptstadt Vilnius den baltischen Staaten eine enge militärische Zusammenarbeit mit Rußland an, falls diese von ihrer Absicht, der NATO beizutreten, Abstand nähmen.

1998
Die baltischen Staaten unterzeichnen am **16. Januar** gemeinsam mit den USA eine Charta der Partnerschaft. Die USA sichern Estland, Lettland und Litauen ihre Unterstützung für die Aufnahme in die transatlantischen Organisationen zu. Bei den Parlamentswahlen am **3. Oktober** wird die von Andris Skele neu gegründete rechtsliberale Volkspartei mit 20,9 Prozent der Stimmen stärkste politische Kraft. Die zugleich stattfindende Volksabstimmung ergibt eine Mehrheit für die im **Sommer** beschlossene Erleichterung der Einbürgerung der nichtlettischen Minderheiten, v. a. der Russen.

1999
Die parteilose Professorin Vaira Vīķe-Freiberga aus Montreal wird im **Juni** zur Staatspräsidentin gewählt. Am **16. Juli** übergibt die Russische Föderation die Radar-Frühwarnstation in Skundra an die lettische Regierung. Damit ist die russische Präsenz in Lettland beendet.

2000
Zwischen Lettland und der Europäischen Union werden – zeitgleich mit Bulgarien, Litauen, Rumänien, der Slowakei und Malta – am **15. Februar** Beitrittsverhandlungen aufgenommen. Im **April** bekräftigen die Staatspräsidenten der drei baltischen Staaten ihre Forderung nach Aufnahme in die NATO. Die Außenminister der osteuropäischen Staaten Albanien, Bulgarien, Estland, Lettland, Litauen, Makedonien, Rumänien, Slowakei und Slowenien fordern während eines Treffens in Vilnius am **19. Mai** die NATO auf, ihren Staaten bis zum Jahr **2002** eine Einladung zur Aufnahme in das westliche Militärbündnis auszusprechen. Am **1. September** tritt das **Ende 1999** vom Parlament und von der Staatspräsidentin Vīķe-Freiberga gebilligte Gesetz zum Schutz und zur Förderung der lettischen Sprache in Kraft. Demnach ist künftig in Behörden, Staatsbetrieben und bei öffentlichen Anlässen grundsätzlich das Lettische zu verwenden.

12.–13. Dezember 2002
Auf dem EU-Gipfel in Kopenhagen wird die Aufnahme Lettlands, Estlands, Litauens, Polens, der Tschechischen Republik, der Slowakei, Ungarns, Sloweniens, Maltas und Zyperns in die Europäische Union beschlossen. Die Beitrittsverträge werden am **16. April 2003** in Athen unterzeichnet und nach Ratifizierung in den Beitrittsländern zum **1. Mai 2004** wirksam.

Literatur:
- Brockhaus – Die Enzyklopädie in 24 Bänden, 20. Aufl., Leipzig/München 1996–1999.
- Garleff, Michael: Die Baltischen Länder. Estland, Lettland, Litauen vom Mittelalter bis zur Gegenwart, Regensburg 2001.
- Ludwig, Klemens: Lettland, München 2000.
- Meissner, Boris (Hg.): Die baltischen Nationen. Estland, Lettland, Litauen, Köln 1990.
- Rauch, Georg von: Geschichte der baltischen Staaten, 2. Aufl., München 1977.
- Schmidt, Alexander: Geschichte des Baltikums. Von den alten Göttern bis zur Gegenwart, München 1992.
- Vestermanis, Marģers: Juden in Riga. Auf den Spuren des Lebens und Wirkens einer ermordeten Minderheit. Ein historischer Wegweiser, Bremen 1995.
- Wilhelm, Hans-Heinrich: Die Einsatzgruppe A der Sicherheitspolizei und des SD 1941/42, Frankfurt a.M. 1996.
- http://www.areion-online.de (1. August 2003).

Litauen

Von der Opfer- zur Täterdebatte

von Michael Kohrs

Die Bildung gemeinsamer Erinnerungen an die weltpolitischen Ereignisse von 1933 bis 1945 verlief in Litauen nicht kontinuierlich, sondern weist erhebliche Brüche auf. So lassen sich in der Zeit nach 1945 drei deutlich unterschiedliche Voraussetzungen und daraus resultierend verschiedene Erinnerungslinien aufzeigen: Da ist zunächst der Zeitraum von 1945 bis zum 1988 einsetzenden Auseinanderbrechen der Sowjetunion zu nennen, zum zweiten das Exil und schließlich die nach der Wende 1991 folgende unabhängige litauische Republik.

Die Litauische Sozialistische Sowjetrepublik

Die sowjet-litauische Geschichtsdarstellung des Zweiten Weltkriegs war gekennzeichnet von einer scharfen Trennung zwischen den „Guten" und den „Bösen", Freund und Feind. In der offiziellen Erinnerung wurde nur zwischen den Gruppen der Täter und Opfer sowie der Gruppe der Kämpfer für die gerechte Sache unterschieden. Für Zwischentöne oder die Darstellung innerer Konflikte fand sich eher in der Literatur, teilweise auch in Spielfilmen Raum. Neben dem offiziellen Geschichtsbild gab es – allerdings nur in der Untergrundpresse und in Dissidentenkreisen – mehr oder weniger verbreitete abweichende Ansichten. Deren Verbreitung und Bedeutung für verschiedene Bevölkerungsgruppen ist weder quantitativ noch qualitativ genau zu bestimmen. Einen nicht zu unterschätzenden Einfluß auf dieses abweichende Geschichtsverständnis hatten westliche Exilpublikationen. Zwar waren diese im sowjetisch beherrschten Litauen nicht offiziell zugänglich, aber ihre Präsenz ist in historiographischen Werken oft zu spüren: Mit dem Exil fand ständig eine offene oder versteckte Auseinandersetzung statt.[1]

Opfer und Täter

Obwohl Litauen das erste europäische Land war, in dem die nationalsozialistische Besatzungsmacht den Judenmord organisierte, und dort bereits Ende 1941 zwischen 70 und 80 Prozent aller Juden umgebracht worden waren, finden sich in der öffentlichen Darstellung Sowjetlitauens relativ wenig Hinweise auf den rassistischen Hintergrund dieses Verbrechens.[2] Selbst der Begriff Holocaust ist in der vierbändigen litauischen Enzyklopädie nicht zu finden.[3] Für die litauische Nachkriegsgesellschaft hatte dies zur Folge, daß die Beziehung der Litauer zur jüdischen Minderheit vor und während des Krieges jahrzehntelang kein Thema der öffentlichen Diskussion war und der Holocaust im Bewußtsein der breiten Schichten und insbesondere der Nachkriegsgenerationen nur eine marginale Rolle spielte.

Dabei wurden während der sowjetischen Phase die Verbrechen keineswegs verschwiegen, vielmehr gab es eine umfangreiche Literatur, Museen wurden eröffnet und zahlreiche Denkmäler oder Gedenksteine in ganz Litauen errichtet. Aber der organisierte Mord an Juden wurde bereits kurz nach dem Krieg besonders in der öffentlichen Darstellung, d. h. auf Denkmälern, in der Presse und in populärwissenschaftlichen Werken, systematisch zum Mord an Sowjetbürgern umgedeutet.

Die ersten pogromartigen Morde an Juden wurden bereits unmittelbar nach dem Beginn des deutschen Angriffs auf die Sowjetunion am 22. Juni 1941 begangen. Auf dem Hof der Lietukis-Garage in Kaunas wurde am 26. oder 27. Juni 1941 eine nicht genau bekannte Anzahl zumeist jüdischer Männer von höchstwahrscheinlich litauischen Tätern mit Eisenstangen erschlagen. Seit Ende der 50er Jahre werden immer wieder in verschiedenen Publikationen von deutschen Soldaten angefertigte Photographien abgedruckt, die diese Morde zeigen sollen.[4] Auf einer der Photographien ist zu sehen, wie einer der Täter auf sein Opfer einschlägt und Wehrmachtsangehörige und litauische Zivilisten zuschauen, hier abgedruckt in einem litauischen Schulbuch für die 10. Klasse von 1998 (Abb. LT 1). Trotz dieser vermeintlich guten Beweislage konnten nur wenige der Opfer und kein Täter zweifelsfrei identifiziert werden. Dennoch galten und gelten die Photos als Beweis dafür, daß Litauer sich schon während des deutschen Vormarsches an antijüdischen Pogromen beteiligten oder diese sogar, von Deutschen inspiriert, selbständig durchführten.

Anstelle von jüdischen Opfern wurden sowjetische Aktivisten und Komsomolzen exemplarisch zu Märtyrern des Kommunismus gemacht und in den Vordergrund gerückt. So erzählt der Film „Nächte ohne Nachtlager" von 1966 die auf Tatsachen beruhende Geschichte des Schriftstellers Vytautas Montvila. Der mit den Kommunisten sympathisierende Montvila wurde bei der Gestapo denunziert und im VII. Fort der Festung bei Kaunas erschossen. Das Plakat zeigt den bekannten Schauspieler Stasys Petronaitis als Montvila (Abb. LT 2). Auf dem Plakat wird der tragische Held als einzelner Kämpfer für die gerechte Sache und Opfer des Faschismus in den Mittelpunkt gerückt.

Eine andere Opfergruppe sind die Bewohner des am 3. Juni 1944 vernichteten Dorfs Pirčiupiai, das für die Litauer eine ähnliche Bedeutung hat wie Oradour-sur-Glane für die Franzosen oder Lidice für die Tschechen. Nach einem Partisanenüberfall auf eine deutsche Einheit wurde das Dorf umzingelt und mitsamt seiner 119 Bewohner verbrannt, darunter 49 Kinder unter 15 Jahren. Im Juli 1960 wurde dort ein Denkmalensemble errichtet. Der Bildhauer Gediminas Jokūbonis hat dafür die Skulptur „Mutter" geschaffen. Sie ist nicht nur das Symbol für den Schmerz einer Mutter, die ihre Kinder verloren hat, sondern sie steht gleichzeitig für den Schmerz ganz Litauens. 1963 erhielt Jokūbonis für dieses Werk den Lenin-Preis der UdSSR. Ein Plakat des nach der Wende geschlossenen Museums zeigt das Denkmal, das in Schulbüchern nach wie vor präsent ist (Abb. LT 3). Die

LT 1
Pirmosios karo dienos Kaune. Žydu žudynės Lietūkio garaže. 1941 06 26
Während der ersten Kriegstage in Kaunas. Judenmorde bei der Lietukis-Garage, 26. 6. 1941, in: A. Kasperavičius, R. Jokimaitis: Naujausiųjų laikų istorija, Vilnius 1998, S. 161
Buch
Privatbesitz

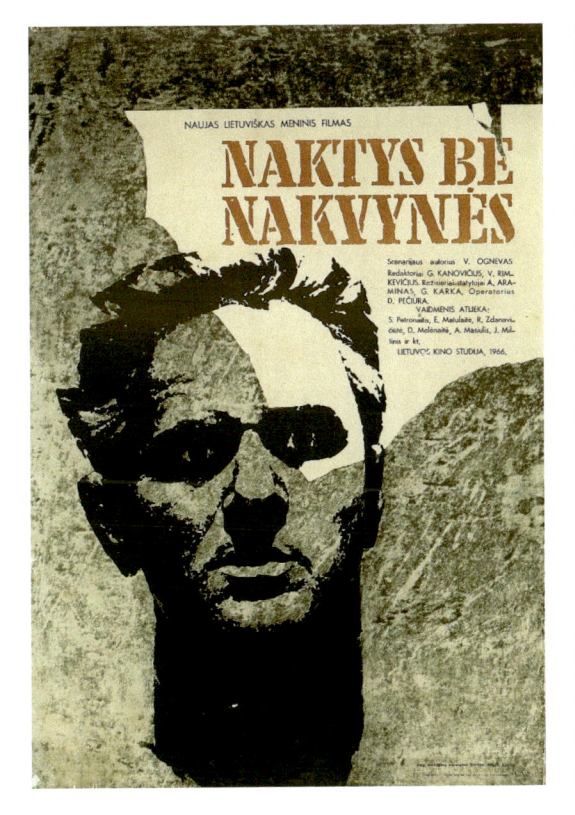

LT 2
Algirdas Araminas, Gediminas Karka (Regie), Stasys Kireilis (Plakat)
Naktys be nakvynės
Nächte ohne Nachtlager, 1966
Filmplakat, 77,5 x 52,5 cm
Vilnius, Lietuvos Kino Studija
6040

LT 3
Lankykite Pirčiupio Muzieju
Besucht das Museum von Pirčiupiai, 1966
Plakat, 83,5 x 60,5 cm
Vilnius, Lietuvos Nacionalinis Muziejus
Pl 5029

Tragödie des Dorfes wurde nicht nur in zahlreichen Schriften und Artikeln dokumentiert[5], sondern auch von Künstlern verarbeitet und bildete die Vorlage für den 1980 weitgehend nach Aussagen von Überlebenden und Tätern gestalteten Film „Faktas". Auf dem Plakat werden ein Wehrmachtsangehöriger und ein Partisan einander gegenübergestellt. Zwischen beiden steht ein orangefarbener Block, der sich nach oben in den Schriftzug „Faktas" auflöst (Abb. LT 4). In diesem Block erkennt der Betrachter die Schemen der Dorfbewohner. Die Farbe verweist auf das Feuer.

Zum wichtigsten Symbol des organisierten Massenmordes an „friedlichen Sowjetbürgern und Kommunisten" wurde das IX. Fort des alten Festungsrings um Kaunas. Das Fort eignete sich schon deshalb besonders für diese Interpretation, weil dort bereits vor dem Anschluß an die UdSSR 1940 Mitglieder der verbotenen kommunistischen Partei interniert waren – so stand es als Gefängnis in der Tradition des Klassenkampfes. Im Fort selbst wurde 1958 ein Museum eingerichtet, das 1984 um ein neues Gebäude und ein monumentales Denkmalensemble aus Beton erweitert wurde. In diesem Fort wurden schätzungsweise 80 000 Menschen ermordet, darunter auch viele Juden, die aus anderen Ländern nach Litauen deportiert worden waren.[6] Immer wieder wurde das Fort in Bildern und Plakaten dargestellt. Mit ihrem Plakat „Das IX. Fort klagt an" konnte Jolanta Barauskaitė, Studentin einer Designfachschule in Kaunas, 1978 beim Plakatwettbewerb des Revolutionsmuseums den dritten Platz erringen (Abb. LT 5). Sie wählte dabei nicht das Fort selbst als Motiv, sondern vereinte in ihrer Darstellung den Unfreiheit und Zwang symbolisierenden Stacheldraht mit dem vergossenen Blut der Opfer.

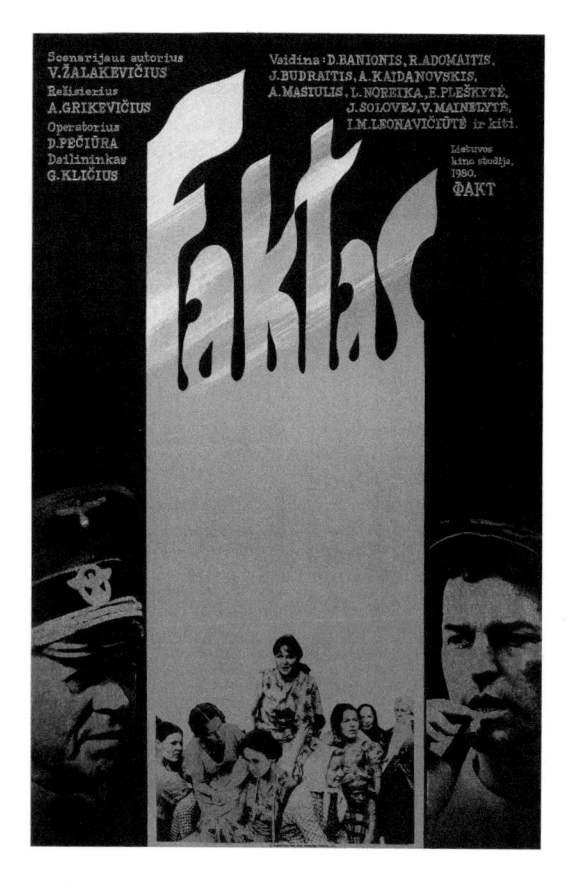

Ähnliche Bedeutung erhielt der Vilniuser Vorort Aukštieji Paneriai, in dem die sowjetische Besatzungsmacht noch 1941 große Gruben für Kraftstofftanks ausgehoben hatte. Diese Gruben wurden von den Nationalsozialisten als Massengräber für ihre Opfer genutzt. Neben Zehntausenden Juden aus dem Ghetto von Vilnius wurden hier auch Polen und vor allem sowjetische Kriegsgefangene umgebracht. Die Gedenkplakette zeigt Stacheldraht zu einem Baum geformt, darunter, wohl als Symbol für die lediglich verscharrten Opfer, Totenschädel und wie zur Abwehr erhobene Hände (Abb. LT 6). Als sich der Kriegsausgang abzeichnete, versuchten die Deutschen, ihre Spuren zu verwischen, und ließen, wie auch beim IX. Fort, die Leichen der Juden und sowjetischen Kriegsgefangenen wieder ausgraben und verbrennen.

Litauer beteiligten sich auch in größerem Umfang an den von Nationalsozialisten geleiteten Mordaktionen außerhalb Litauens. Besonders deutlich wurde die Kollaboration in der Aufstellung der litauischen Polizeibataillone, die bereits ab Ende Juni 1941 stattfand. Das nach seinem Führer benannte „Impulevičius-Bataillon" kam vor allem in Weißrußland zum Einsatz. In vielen litauischen Publikationen ist ein Photo aus einer Serie abgebildet, die die Hinrichtung von Sowjetpartisa-

LT 4
Almantas Grikevičius (Regie),
Miroslavas Znamerovskis
(Plakat)
Faktas
Fakt, 1980
Filmplakat, 87 x 56 cm
Vilnius, Lietuvos Teatro,
Muzikos ir Kino Muziejus
Ak 889/1

LT 5
Jolanta Barauskaitė
IX Fortas kaltina!
Das IX. Fort klagt an!, 1978
Plakatentwurf, Gouache/
Papier, 87,5 x 54,3 cm
Vilnius, Lietuvos Nacionalinis
Muziejus
Pl 1363

LT 6
Skaistė Žilienė
Paneriai 1941–44
1979
Medaille, Aluminium
Vilnius, Lietuvos Nacionalinis
Muziejus
DK 1517

nen in Minsk zeigen, welche von Angehörigen dieses Bataillons durchgeführt wurde[7] (vgl. Abb. BY 15). Die Veröffentlichung dieses Bildes dient – anders als bei anderen Aufnahmen der Aktivitäten des Bataillons in Weißrußland – jedoch nicht der Darstellung der Opfer, sondern soll vielmehr die Beteiligung von Litauern an deutschen Kriegsverbrechen in der Sowjetunion zeigen.

Für diese Kollaborateure, Gegner des Sowjetsystems und Anhänger des litauischen Nationalstaats wurde die Theorie von den „bourgeoisen Nationalisten" entwickelt. Sie wurden nach 1945 zum wichtigsten Feindbild aufgebaut und boten gleichzeitig eine oberflächlich schlüssige Deutungskonstante für die gesamte litauische Geschichte des zwanzigsten Jahrhunderts. Diese verlief demnach folgendermaßen: Die „bourgeoisen Nationalisten" ergriffen 1918 die Macht, indem sie die Entstehung einer Sowjetrepublik verhinderten, und unterdrückten dann das Land. Sie kollaborierten ab 1940, von den Sowjets vertrieben, im deutschen Exil mit dem Regime Hitlers und waren im besetzten Litauen willige Helfer der deutschen Besatzer. Nach dem sowjetischen Sieg schließlich wurden sie entweder Banditen in den Wäldern oder bekämpften vom westlichen Exil aus den Sowjetstaat.[8]

Durch ihre vereinfachende und verzerrende Ausrichtung diente diese Theorie politischen Zielen. Eines davon war, das litauische Exil besonders in den Vereinigten Staaten zu diskreditieren. Daher wurden Publikationen über die litauische Beteiligung an Verbrechen während des Zweiten Weltkriegs auch gezielt im Ausland zugänglich gemacht, zumeist in englischsprachiger Übersetzung, hauptsächlich in den USA, Kanada und Australien. In diesem Zusammenhang wurden nicht selten Personen mit Adressen und sogar Telefonnummern genannt.[9] Eine große Mediendebatte zu diesem Thema, die sich praktisch bis 1989 hinzog, entzündete sich Mitte der 80er Jahre an dem Werk „Teisingumas reikalauja" (Ruf nach Gerechtigkeit).[10] Eine Doppelseite zeigt die Reproduktion eines Leitartikels der Chicago Sunday Sun-Times über den litauischstämmigen Liudvikas Kairys, der sich mit verschleierten Angaben die US-Staatsbürgerschaft erschlichen hatte und Ende der 70er Jahre ins Visier der amerikanischen Untersuchungsbehörden geriet (Abb. LT 7). Daneben stehen Dokumente, die ihn als Täter überführen sollen, sowie eine Photographie des VI. Forts in Kaunas mit dem Hinweis, daß dort 35 000 sowjetische Kriegsgefangene zu Tode gefoltert oder erschossen worden seien.

Die These war im wesentlichen immer die gleiche: Die Kriegsverbrecher waren in den Westen geflüchtet, um dort ein ungestörtes Leben zu führen. Sie wurden durch die „bourgeoisen Nationalisten" im Exil gedeckt und von den westlichen Regierungen toleriert, während die Sowjetregierung harte Maßnahmen gegen die Kriegsverbrecher ergriff. Tatsächlich waren während der Sowjetzeit vom KGB rund 1900 Strafakten zusammengestellt worden, bereits unmittelbar nach dem Krieg wurden über 250 Todesurteile gefällt.[11] Die Prozesse waren jeweils von einer breiten Berichterstattung in der Presse begleitet worden. So konnte in der litauischen Gesellschaft

LT 7
'Čikago san-taims' laikraštis demaskuoja Čikagoje besislapstantį L. Kairį
Die Chicago Sun-Times deckt L. Kairys' Versteck in Chicago auf, in: Vytautas Žeimantas: Teisingumas reikalauja, Vilnius 1984, nach S. 64
Buch
Privatbesitz

vielfach der Eindruck entstehen, dieser Abschnitt der Vergangenheit sei endgültig bewältigt.

Auch die Darstellung des Widerstands gegen das Sowjetsystem der Nachkriegszeit, der sich bis etwa 1952 hinzog, wurde dem Schema der „bourgeoisen Nationalisten" angepaßt. In zahlreichen Publikationen wurden die antisowjetischen Widerständler mit den Kriegsverbrechern gleichgesetzt und als Banditen- und Mörderbanden bezeichnet.[12] So sollte einer möglichen Verklärung des Widerstandskampfes vorgebeugt werden. Mehrere Spielfilme griffen dieses Thema auf. Den größten Erfolg erzielte der Film „Niemand wollte sterben" aus dem Jahre 1965. Obwohl auch in diesem Film die Rollen zwischen den Guten – die Söhne eines von „Konterrevolutionären" getöteten Kolchosvorsitzenden, die den Tod ihres Vaters rächen wollen – und den Bösen – Banditen und Dorfbewohner – recht eindeutig verteilt waren, erhielten die Banditen doch ein menschliches Antlitz. Schon der Titel des Films macht ganz offensichtlich keinen Unterschied zwischen den Parteien. In den Dialogen konnten die Zuschauer die inneren Konflikte und Motivationen auch der Banditen erkennen – wohl mehr, als die sowjetische Zensur vermutet hatte. Das Plakat zeigt einen der Söhne, der im Kampf gegen die Banditen stirbt (Abb. LT 8). Im Hintergrund des Plakates ist ein Riß zu sehen, der metaphorisch auch als Riß in der Bevölkerung gedeutet werden kann.

Gegen diese Nachkriegskämpfer, die im Volksmund Waldbrüder bzw. Waldleute genannt wurden, wurden nicht nur reguläre Armee-Einheiten oder Truppen des NKVD, des sowjetischen Volkskommissariats für innere Angelegenheiten, eingesetzt, sondern auch die aus Einheimischen zusammengestellten Einheiten der „Volksverteidiger". Die Bevölkerung nannte sie oft „Stribai", in verächtlicher Abkürzung ihres russischen Namens Istrebitel'nye batal'ony (Vernichtungsbataillone). Besonders auf lokaler Ebene und in Schulen wurden diese Einheiten als beispielhafte Kämpfer für das Sowjetsystem vorgeführt; Heimatzirkel stellten Alben mit Bildern der „Volksverteidiger" aus ihrem jeweiligen Herkunftsgebiet zusammen.

LT 8
Vytautas Zalakiavičius (Regie)
Niekas nenorėjo mirti
Niemand wollte sterben,
1965
Filmplakat, 76 x 55 cm
Vilnius, Lietuvos Kino Studija
6040

Helden

Den Bösen, den Mördern und Verrätern, standen auf der Seite des Sowjetsystems die Guten gegenüber, die glücklichen und die tragischen Helden. Dabei wurde

LT 9
Chanonas Levinas
(Photographien)
Grįžta su Pergale. 1945 m.
Liepa
Siegreiche Rückkehr.
Juli 1945, in: Kovų keliais.
Lietuviškoji divizija
didžiajame kare. Tarybų
lietuvos išvadavimas,
Vilnius 1965
Buch
Privatbesitz

bewußt versucht, behutsam auf verbliebene nationale Tendenzen der litauischen Bevölkerung Rücksicht zu nehmen. Der langjährige KP-Chef Antanas Sniečkus hatte erkannt, daß rein sowjetisch geprägte positive Helden es schwer haben würden, sich in Litauen durchzusetzen. Also wurde, gewissermaßen als Gegenentwurf zu den „bourgeoisen Nationalisten", das Bild vom sowjetisch orientierten litauischen Patrioten gezeichnet. Im Mittelpunkt der Darstellung standen dabei immer drei Themenkreise: die sowjetischen Partisanen, die 16. litauische Division und die „Befreiung" durch die Rote Armee.

Zum Bild vom litauischen Kampf gegen die deutschen Besatzer gehört die besondere Hervorhebung der 16. litauischen Division. Sie wurde ab Ende 1941 aufgestellt und hauptsächlich aus in Rußland lebenden Litauern rekrutiert. Gleich beim ersten Kampf Anfang 1943 bei Alekseevka im Gebiet Orel fiel über die Hälfte der Soldaten. Die Division wurde wieder aufgefüllt und später im Nordwesten Litauens bei Šiauliai eingesetzt. Die ersten Bücher über die Division erschienen noch während des Krieges in Moskau, und in sämtlichen Schulbüchern wurde ihr stets ein eigener Abschnitt gewidmet.[13] Die aufwendigste Publikation war der Bildband „Auf Kriegswegen" von 1965 mit 460 Abbildungen.[14] Die hier abgebildeten vier Photographien des Kriegsphotographen Chanonas Levinas zeigen Kämpfer der 16. Division bei ihrem Einzug in die Städte Mažeikiai, Šiauliai und Kaunas (Abb. LT 9).

Povilas Štaras, führender Historiograph der Partisanenbewegung in Litauen, war als ehemaliger Kämpfer der 16. litauischen Division in der Roten Armee und Führer der Partisanengruppe „Für Sowjetlitauen" Chronist in eigener Sache. 1956 veröffentlichte er eine Broschüre über den Partisanenkampf. Der Titel „Der Kampf des litauischen Volkes für die Freiheit des Vaterlandes im Großen Vaterländischen Krieg"[15] war dabei durchaus Programm: Es sollte ausdrücklich ein litauischer Partisanenkampf dargestellt werden. Auch in der bildenden Kunst wurde ganz in diesem Sinne die Verwurzelung des Widerstandes im Volk betont[16], wie die Partisanen überhaupt sehr populär waren. Neben dem fast 350 Seiten starken Bildband „Die Partisanen Litauens"[17] erschienen besondere Reihen wie die Heftchen „Erinnerst du dich, Freund" oder die auf Russisch und Litauisch veröffentlichte Buchreihe „Bibliothek des Sieges".[18] Dort wurden u. a. die Erinnerungen oder Erlebnisberichte ehemaliger Partisanen oder Verbindungsleute veröffentlicht. Das Gemälde von Algirdas Šiekšteli zeigt Partisanen, die von litauischen Bauern bewirtet werden (Abb. LT 10). Damit soll unterstrichen werden, wie stark die Partisanen im Volk verwurzelt waren.

LT 10
Algirdas Šiekšteli
Partizani pas savo ryšininkus
Partisanen bei ihren Verbindungsleuten, vor 1957
Öl/Leinwand, 83,5 x 131 cm
Vilnius, Lietuvos Nacionalinis Muziejus
DK 356

Die wohl bekannteste Partisanin Litauens ist Marytė Melnikaitė. Sie wurde 1923 als Tochter eines litauischen Vaters und einer russischen Mutter in Zarasai in Ostlitauen geboren und flüchtete als aktive Komsomolzin vor den Deutschen nach Rußland. Im Mai 1943 kam sie mit einer Partisanengruppe nach Litauen, geriet aber – ohne den Deutschen großen Schaden zugefügt zu haben – bereits im Juli 1943 in deutsche Gefangenschaft und wurde nach fünftägigen Verhören am 13. Juli erschossen. Kaum ein Jahr später wurde die junge Frau auf Initiative des Partisanenführers Sniečkus in Moskau zum „Helden der Sowjetunion" erklärt.[19] Im Pantheon der sowjetischen Vorbilder nahm die junge Partisanin fortan einen der ersten Plätze ein. Kaum eine größere Stadt in Litauen war ohne Marytė-Melnikaitė-Straße, zwei Kolchosen und eine große Textilfabrik trugen ihren Namen. 1955

LT 11
Marytė Melnikaitė
60er – 80er Jahre
Keramik, 67 cm
Vilnius, Lietuvos Nacionalinis Muziejus
MP 7007

wurde ihr bei Zarasai ein großes Denkmal errichtet, geschaffen von dem Bildhauer Juozas Mikėnas. Zahlreiche Plakate, Medaillen und kleine Statuen wie die hier gezeigte glasierte Tonfigur wirkten in Schulen, Kulturheimen und Pionierlagern als allgegenwärtiges Vorbild selbstloser Tapferkeit und Treue zum Sowjetstaat (Abb. LT 11). Das Motiv wiederholte sich dabei ständig: Die junge Partisanin schreitet mit wehendem Rock voran, die Waffe in der Hand.

Die Schilderungen der Rückeroberung des Landes im Jahre 1944 nehmen in der offiziellen Geschichtsschreibung einen breiten Raum ein, auch wenn es sich dabei häufig um trockene Aufzählungen einzelner Kriegsoperationen handelt.[20] Eine ganz besondere Bedeutung hatte wegen des besonderen Verhältnisses der Litauer zu ihrer Hauptstadt die Befreiung von Vilnius. Die Rückgabe der 1920 von Polen besetzten Stadt an Litauen durch die Sowjetunion 1939 war und ist für die Litauer ein zentrales Ereignis. Das Plakat von Jonas Gudmonas zum 40. Jahrestag der Befreiung durch die Rote Armee 1984 verbindet ein nationales Symbol, den Gediminas-Turm, mit zeitgenössischen Photographien der einmarschierenden Roten Armee – so wie schon Plakate von 1939 einmarschierende Truppen und markante Bauwerke gezeigt hatten (Abb. LT 12). Auch das Plakat zum 60. Jahrestag der Rückgabe von Vilnius 1999 verwendete praktisch die gleiche Symbolik und griff nicht allein das Motiv einmarschierender Befreiungstruppen auf, sondern auch das Bild des zentralen Platzes vor der Kathedrale von Vilnius (Abb. LT 13).

Mit der Befreiung der Hauptstadt von den Nationalsozialisten – wie auch mit dem sowjetischen Anteil an der Befreiung des ganzen Landes – ist der Name des Generals Ivan Černiachovskij verbunden. Sein Tod am 15. Februar 1945 bei Melsack (poln. Pieniężno) in Ostpreußen machte ihn zum tragischen Helden.[21] Er wurde in Vilnius beigesetzt, und kurzfristig gab es sogar Pläne, der Stadt seinen Namen

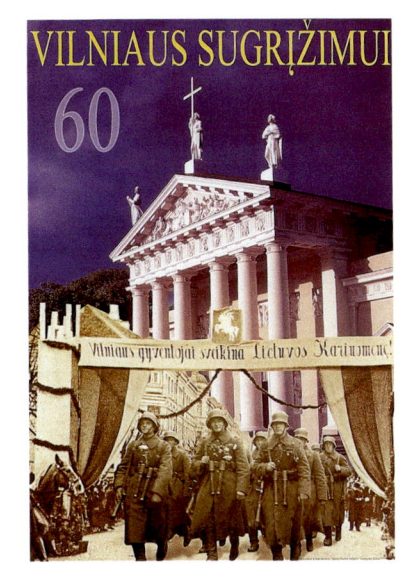

LT 12
Jonas Gudmonas
Vilnius 1944–1984, 1984
Plakat, 89 x 59 cm
Vilnius, Lietuvos Nacionalinis Muziejus
Pl 3436

LT 13
Audrius Kalinauskas
60 Vilniaus Sugrįžimui
Zum 60. Jahrestag der 'Rückkehr von Vilnius', 1999
Plakat, 70 x 49 cm
Privatbesitz

zu geben. Man beließ es jedoch bei der Aufstellung eines Denkmals und der Benennung eines Platzes im Herzen der Stadt (heute Savivaldybės aikštė) nach seinem Namen. Das Denkmal mitsamt den sterblichen Überresten Černiachovskijs wurde 1990, nachdem Litauen seine Unabhängigkeit von der Sowjetunion erklärt hatte, den russischen Behörden übergeben und von diesen nach Voronež gebracht. Diese besonders brüske Abkehr von einem russisch geprägten Vorbild erklärt sich durch die Tatsache, daß der General nach 1990 mit der sowjetischen Besatzung und Greueltaten russischer Truppen in Ostpreußen in Verbindung gebracht wurde.

Das Exil seit 1945

Durch die schon im 19. Jahrhundert einsetzende Auswanderung besonders nach Nordamerika war das Exil für Litauen seit jeher von großer Bedeutung. Eine besondere Gruppe aber waren jene Litauer, die das Land seit 1940 und besonders zum Ende des Zweiten Weltkrieges als politische Flüchtlinge verließen. Viele gehörten zur Elite und sahen es als eine ihrer wichtigsten Aufgaben an, die Traditionen eines unabhängigen Litauens zu pflegen und die Erinnerung an dieses Land wachzuhalten. Wenn auch innerhalb der litauischen Exilgruppen verschiedene Strömungen existierten, so lassen sich doch in deren publizistischer Tätigkeit Schwerpunkte ausmachen: Wichtiges Thema war zum einen die Auseinandersetzung mit der Sowjetunion und mit der sowjet-litauischen Interpretation der Vergangenheit. Zum anderen handelte es sich um eine häufig apologetische, weitgehend auf positive Traditionsbildung ausgerichtete Darstellung des unabhängigen Litauens und der Kriegs- und Nachkriegsereignisse.[22] Das Exil und die Darstellung der litauischen Geschichte durch die Exilanten wurden in unserem Zusammenhang jedoch nur am Rande aufgegriffen, nämlich dort, wo es für die Entwicklung in der litauischen Republik wichtig war.

Die litauische Republik seit 1991

Neue Tendenzen

Nach 1991 zählte auch die Aufarbeitung der jüngsten Geschichte zur Tagespolitik und polarisierte nicht selten die Gesellschaft. Für die Entwicklung seit 1988 sind drei Tendenzen charakteristisch:

Zunächst fielen eine ganze Reihe von Themen, die bis dahin mehr oder weniger intensiv behandelt worden waren, entweder völlig weg oder wurden nur noch beiläufig behandelt. So verschwand die Figur der Marytė Melnikaitė praktisch über Nacht aus Presse und Schulbüchern; Bilder und Statuen wanderten in die Magazine. Auch die 16. litauische Division und die sowjetische Partisanenbewegung werden in den neuesten Schulbüchern nur am Rande erwähnt. Viele der sowjetischen Reliquien, vor allem die Monumentaldenkmäler, wurden nach heftigen Diskussionen einem litauischen Unternehmer überlassen, der sie nahe dem Kurort Drūskininkai in Westlitauen im Gruta-Park, einem Freilichtmuseum, das den Kommunismus zum Gegenstand hat, ausstellt.

Eine zweite Tendenz im Umgang mit der eigenen Geschichte bestand in der kompletten Neuinterpretation oder zumindest einer partiellen Neubewertung bestimmter Themen, wie etwa die Partisanenbewegung der Nachkriegszeit.

Die dritte Tendenz schließlich betrifft Geschehnisse, die von der Sowjethistoriographie verschwiegen und bisher nur im Exil behandelt worden waren. Dazu zählen besonders der sowjetische Terror und die Deportationen. Im Verlauf der Beschäftigung mit solchen Themen kam es zu schmerzhaften Erkenntnissen: Während sich die Litauer selbst hauptsächlich als Opfer gesehen hatten, wurden sie bald mit einer Täterdebatte konfrontiert, mit der die wenigsten gerechnet hatten.

Bereits in der Umbruchphase von 1988 wurden zunächst seit langem verbotene Werke aus dem Exil und selbst aus der Zwischenkriegszeit neu aufgelegt. Parallel dazu etablierte sich eine genuin litauische Historiographie, die weiße Flecken der sowjetischen Geschichtsdarstellung aufarbeitete und sich im Zuge dessen an deren partielle Revision machte.[23] Bald wurden auch zunächst unkritisch übernommene Positionen des Exils einer Prüfung unterzogen. Dieser Prozeß ist noch keineswegs abgeschlossen. Heute gibt es neben einer zum Teil in der Tradition des Exils stehenden, eher nationalkonservativen Geschichtsschreibung auch viele mehr oder weniger kritische Autoren, die sich mit den Mythen der Geschichte auseinandersetzen.

Opfer und Helden

Die politische Instrumentalisierung der Geschichte begann bereits 1988 und 1989, als die Sąjūdis-Bewegung für Demokratie und nationale Selbstbestimmung von Moskau die Unabhängigkeit forderte. Zur Begründung verwies sie unter anderem auf den Hitler-Stalin-Pakt als illegitime Grundlage der Angliederung Litauens an die Sowjetunion. Moskau hatte die Existenz der Zusatzprotokolle, in denen Ostmitteleuropa in eine deutsche und eine sowjetische Einflußsphäre aufgeteilt worden war, stets geleugnet. Jetzt wurden in rascher Folge Bücher und Broschüren mit dem Text der Protokolle sowie Erläuterungen zu den Ereignissen von 1939 und 1940 publiziert.[24] Bei Demonstrationen – das vorliegende Bild

LT 14
Paulius Lileikis
LLL suoarganizuotos protesto akcijos, reikalaujančios likviduoti Ribentropo-Molotovo pakto padarinius metu. Dailes in-to studentu teatralizuotas renginys Gedimino a
Von der Freiheitsliga organisierte Demonstration gegen den Hitler-Stalin-Pakt. Hier Studenten des Kunstinstituts, 1989
Photographie
Vilnius, Lietuvos Centrinis Valstybės Archyvas. Lietuvos Vaizdo ir Garso Archyvas
0–107996

zeigt Studenten des Kunstinstituts 1989 bei einer antisowjetischen Demonstration im Zusammenhang mit dem Hitler-Stalin-Pakt von 1939 – wurde die „unheilige Allianz" der totalitären Regime auf Plakaten karikiert und gefordert, die nationale Unabhängigkeit der baltischen Staaten wiederherzustellen (Abb. LT 14). Für viele Litauer steht die Erfahrung des Hitler-Stalin-Paktes exemplarisch für die Gefährdung der kleinen Staaten auch in der Gegenwart. Die Vertreter verschiedener Deportierten- und Widerstandsorganisationen wollten ihrer Forderung nach rascher Aufnahme Litauens in die NATO Nachdruck verleihen, indem sie während einer offiziellen Sitzung des Parlamentarischen Rates der NATO im Mai 2001 in Vilnius Flugblätter verteilten. Sie wählten als Motiv jene bekannte Europakarte, auf der Molotov und Ribbentrop mit ihren Unterschriften die Teilung in zwei Einflußsphären vereinbart hatten (Abb. LT 15).

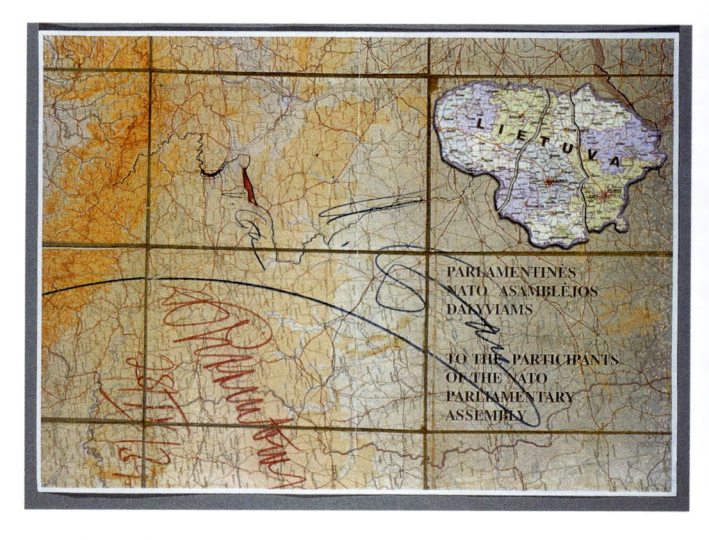

Außer der öffentlichen Inkriminierung der Zusatzprotokolle wurde auch die Angliederung an die Sowjetunion, die bis dahin als Sieg der progressiven Kräfte gegen die reaktionär-faschistische Diktatur der „bourgeoisen Nationalisten" gedeutet worden war, insgesamt radikal neu bewertet. 1989 bewirkte die Aufführung des Dramas „Erwachen" nach dem gleichnamigen Werk des Exilschriftstellers Antanas Škėma wegen ihrer grausamen Szenen aus Verhörkellern des NKVD und der beklemmenden Darstellung des sowjetischen Terrors während der ersten Okkupation 1940/41 einen Schock in der Gesellschaft. Wenig später legte der Regisseur Jonas Vaitkus auch eine Filmfassung des Stoffes vor. Das Plakat zeigt das Sowjetsystem als Drachen (Abb. LT 16). Nun wurde die Diskussion um die Vergangenheit von zwei Themen beherrscht: dem Sowjetterror und den

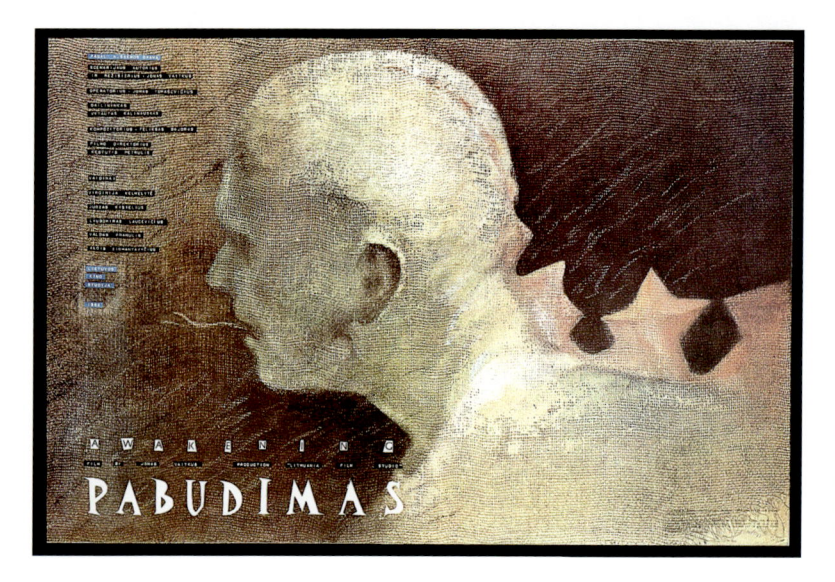

LT 15
Parlamentinės Nato Asamblėjos Dalyviams
Den Mitgliedern des NATO-Rats, 2001
Flugblatt der Union der Freiheitskämpfer Litauens, 29,5 x 21 cm
Privatbesitz

LT 16
Jonas Vaitkus (Regie), Vidas Dregva (Plakat)
Pabudimas
Das Erwachen, 1989
Filmplakat, 53,5 x 81 cm
Privatbesitz

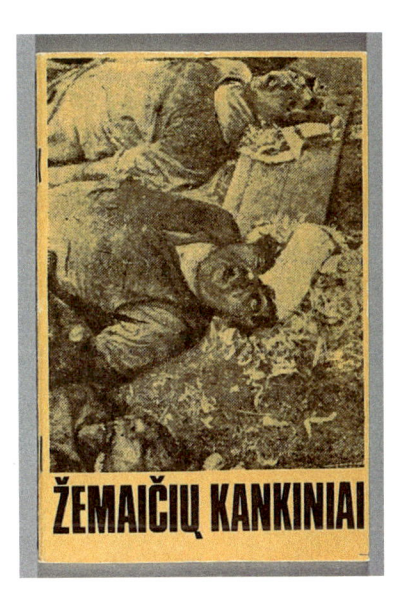

LT 17
Žemaičių Kankiniai
Die žemaitischen Folteropfer,
Vilnius 1991, Reprint einer
deutschen Propagandaschrift
von 1942
Broschüre
Privatbesitz

LT 18
Why Lithuania can't wait to
be free
Warum Litauen nicht auf die
Freiheit warten kann, 1990
Plakat, 96,5 x 63,5 cm
Vilnius, Lietuvos Nacionalinis
Muziejus
PL 5455

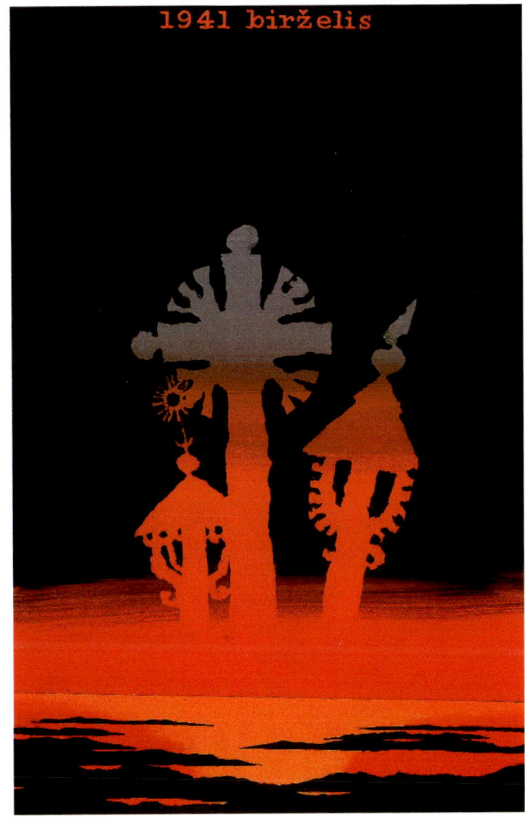

LT 19
Juozas Galkus
1941 birželis
Juni 1941, 2001
Plakat, 89 x 48,5 cm
Privatbesitz

Deportationen der Stalinzeit sowie dem antisowjetischen Widerstand nach dem Krieg.

Zu den sowjetischen Verbrechen werden auch die Greueltaten gezählt, die der NKVD bzw. der NKGB und die Rote Armee im Juni 1941 während der Flucht vor den deutschen Angreifern verübt hatten und die während der Sowjetzeit völlig verschwiegen worden waren. Besonders bekannt als die „Tragödie von Rainiai" wurden die Morde in dem gleichnamigen Wäldchen unweit der Stadt Telšiai in Nordwest-Litauen. Dort waren zwischen dem 24. und 25. Juni 1941 76 politische Häftlinge zu Tode gequält worden.[25] Die entstellten, zum Teil kaum identifizierbaren Leichen wurden am 28. Juni 1941 exhumiert und am 1. Juli unter großer Anteilnahme der Bevölkerung beigesetzt. 1942 wurden in der von den Nationalsozialisten als antikommunistische Propaganda herausgegebenen Broschüre „Die žemaitischen Folteropfer" Photographien von entstellten Leichen abgebildet. Es ist bezeichnend, daß die

Broschüre zunächst 1977 im kanadischen Exil und dann 1991 in Litauen unverändert und unkommentiert nachgedruckt wurde (Abb. LT 17). Auch bei den Aktivitäten des Exils zur Unterstützung der litauischen Unabhängigkeitsbestrebungen spielten die Ereignisse eine Rolle. Auf dem Plakat „Why Lithuania can't wait to be free" der litauischen Gemeinschaft in Amerika werden sowjetische Verbrechen aufgezählt. Als Dokumentation wurden nochmals jene Bilder zitiert, die schon früher von der nationalsozialistischen Propaganda verwendet worden waren – an dem Faktum der Morde änderte dies nichts, bezeichnend bleibt jedoch der völlig neue Zusammenhang, in dem die Bilder stehen (Abb. LT 18).

Das wohl umfangreichste Verbrechen des Sowjetsystems waren die Massendeportationen. Insgesamt fielen allein in den Jahren 1940/41 rund 30 000 Menschen sowjetrussischen Repressionen in der einen oder anderen Form zum Opfer. Diese Erfahrungen mit der Sowjetmacht führten dazu, daß ein Großteil der litauischen Bevölkerung im Juni 1941 die deutschen Besatzer als Befreier empfand.

Am 14. Juni 1941, eine Woche vor Beginn des deutschen Angriffs, wurden ganze Familien, insgesamt rund 18 500 Personen, in Eisenbahnwaggons gesperrt und nach Sibirien deportiert. Der 14. Juni wurde nach 1991 zum staatlichen Trauertag erklärt. Ein Plakat anläßlich des Trauertages 2001 zeigt geschnitzte Kreuze, die als typisch litauische Holzarbeiten die Gräber vieler in der Verbannung verstorbener Litauer schmückten (Abb. LT 19).

Die repressive sowjetische Politik wurde nach dem Krieg fortgesetzt. Zwischen 1945 und 1952 wurden rund 140 000 litauische Bürger im Rahmen der Kollektivierung der Landwirtschaft nach Sibirien deportiert, wo allein zwischen 1945 und 1947 etwa 37 000 Litauer starben.[26] Der Bildband „Okkupation, Widerstand, Verbannung" des Litauischen Nationalmuseums von 1999 dokumentiert die Geschichte dieses Leidensweges. Bilder von Häftlingen und Handarbeiten von Inhaftierten gehören zum festen Bestand der Überlieferung (Abb. LT 20). Auf den Photographien der linken Seite sieht man die in Sippenhaft genommenen Väter von antisowjetischen Partisanen, die Stickarbeit „Litauerin hinter Git-

LT 20
Lietuvos partizanų tėviai tremtyje. Irkustko sritis, Čeremchovas 1955 m. Stasės Matijošaitytės rankdarbis 'Lietuvaitė už grotų'. Irkustko sritis, Ust Kutas, 1950 m. Politinių kalinių lageris Matrosovo aukso rūdyne. Magadanas 1954 m. Matrosovo legerio kaliniai. Magadanas, 1954 m. Die Väter litauischer Partisanen. Irkutsker Gebiet, Čeremchov 1955. Handarbeit von Stase Matijošaitytė 'Litauerin hinter Gittern'. Irkutsker Gebiet, Ust Kutas 1950. Das Lager für politische Häftlinge. Goldmine 'Matrosov'. Magadan 1954. Häftlinge des Lagers 'Matrosov', Magadan 1954, in: Okupacijos, pasipriešinimas, tremtys. Lietuva 1794–1953, Vilnius 1999, S. 192/193 Ausstellungskatalog Privatbesitz

LT 21
Audrius Kalinauskas
Lietuvos laisvės kovos
sąjūdžio tarybos 1949 m.
vasario 16 d. deklaracija
Erklärung der Partisanen vom
16. Februar 1949, 1999
Plakat, 68,5 x 48,5 cm
Privatbesitz

tern" von 1950, rechts ein Lager für politische Häftlinge und Häftlinge bei der Arbeit in Magadan.

Bereits unmittelbar nach dem Krieg bezeichnete das litauische Exil die sowjetische Unterdrückungs- und Vernichtungspolitik als „Genozid am litauischen Volk". Nach 1991 wurde diese Bezeichnung auch offiziell in Litauen übernommen. Die Bedeutung dieser Deportationen als Trauma des litauischen kollektiven Bewußtseins ist kaum zu überschätzen, weil nur wenige Familien nicht davon betroffen sind. Schon 1988 wurde der „Verband der Verbannten und politischen Häftlinge Litauens" gegründet, der führend an der Organisation eines internationalen antikommunistischen Kongresses und öffentlichen Tribunals im Juni 2000 beteiligt war.[27]

1991 wurde vom Staat eine Arbeitsgruppe zur Aufklärung der Verbrechen des KGB eingerichtet, die 1993 offiziell zum „Zentrum für die Erforschung des Genozids am Litauischen Volke und des Widerstands" erweitert wurde. Ihm wurde auch das 1992 in einem Teil des ehemaligen KGB-Gebäudes eingerichtete Museum für die Opfer des Genozids angeschlossen. Eine der wichtigsten Aufgaben des Zentrums ist die lückenlose Aufklärung der Deportationen und Repressionen. 1992 legte das Zentrum einen umfangreichen Band mit der vorläufigen Liste der 1940 und 1941 von Repressionen aller Art betroffenen Personen vor. Diese Reihe wird auch auf die Nachkriegszeit ausgedehnt werden.[28]

Einer kompletten Neubewertung wurde die Darstellung des antisowjetischen Widerstands der Nachkriegszeit unterzogen. Aus den „nationalistischen Banditen" der Sowjetzeit wurden jetzt Partisanen und Freiheitskämpfer. Zu den wichtigsten Dokumenten der Widerstandsbewegung zählt die „Deklaration des Rates des Bundes für den Freiheitskampf (LLKS)" vom 16. Februar 1949, in der die Widerstandskämpfer die Grundlagen ihrer Organisation und Ziele verkündeten und sich gleichzeitig an die demokratischen Länder um Hilfe wandten. Ein Plakat von 1999 zeigt die wichtigsten Führer des Widerstands und das Original der Deklaration (Abb. LT 21). Um die besondere Bedeutung der Darstellung zu unterstreichen, hat der Graphiker die Deklaration und die Portraits vor den Hintergrund eines Waldes als Zufluchtsort der Partisanen gestellt. Die durch die Wolken brechenden Sonnenstrahlen verheißen die Hoffnung auf Freiheit.

Täter

Insgesamt herrschte in Litauen Anfang der 90er Jahre ein Selbstverständnis vor, in dem die Litauer glaubten, sich sowohl als Opfer der Sowjetunion wie auch als heldenhafte Kämpfer gegen den Kommunismus des vorbehaltlosen Wohlwollens westlicher Demokratien sicher sein zu dürfen. Auf eine Täterdebatte war die postkommunistische Gesellschaft nicht vorbereitet.

Die Konfrontation mit dem Holocaust und mit der litauischen Beteiligung daran kam nach 1991 für viele Litauer unerwartet. Die Beschäftigung mit diesem Thema stammte auch nicht aus dem Land selbst, sondern wurde von außen angestoßen. Diese Vorwürfe gegen Litauen kamen nun ausgerechnet aus den USA, dem Land, das in den sowjetischen Darstellungen bisher gleichsam als Schutzgebiet für die Kriegsverbrecher dargestellt worden war.

Bereits am 5. September 1991, als man in Litauen noch die Wiedererringung der Unabhängigkeit feierte, erschien in der New York Times ein Artikel von Steven Kinzer, in dem er Litauen vorwarf, Kriegsverbrecher und Judenmörder zu rehabilitieren.[29] Zum Symbol für den Umgang mit dem Holocaust wurde der Fall des in den Vereinigten Staaten lebenden Litauers Aleksandras Lileikis. Verdachtsmomente gegen Lileikis, den ehemaligen Polizeichef von Vilnius, hatte es schon früher gegeben. In sowjet-litauischen Quellenbänden waren Dokumente veröffentlicht worden, die ihn mit der Überstellung von Juden zur „Sonderbehandlung", d. h. Erschießung in Verbindung brachten.[30] Nach Öffnung der Archive fanden sich neue Dokumente, und in den USA wurde gegen Lileikis, der inzwischen fast 90 Jahre alt war, ein Ausweisungsverfahren eingeleitet. Protestversammlungen wurden nicht nur vor Lileikis' Haus, sondern auch vor dem litauischen Generalkonsulat in New York organisiert. 1996 kam Lileikis seiner Ausweisung zuvor und ging nach Litauen, wo gegen ihn Anklage erhoben wurde. Als die Verhandlung wegen des Gesundheitszustandes des Beschuldigten aufgeschoben wurde, führte dies zu einem Sturm der Entrüstung in Israel und in den Vereinigten Staaten. Bei denen, die ohnehin nur wenig über den Holocaust wußten, riefen die Bilder des hinfälligen alten Mannes, der im Rollstuhl mit Halskrause zum Prozeß gebracht wurde, eher Unverständnis hervor. In dem Dokumentarfilm „Krieg gegen die Stillen", der sich mit der juristischen Aufarbeitung der Kriegsverbrechen durch die Vereinigten Staaten auseinandersetzte, wurden außerdem Zweifel an der Stichhaltigkeit der Beweise formuliert. Lileikis starb am 26. September 2000, noch vor Abschluß des Prozesses.[31]

Unglücklicherweise griff die Debatte jene alten antisemitischen Vorurteile auf, die wohl auch unter der Sowjetherrschaft vorhanden gewesen waren. Während sie aber dort niemals offen geäußert wurden, hatten schon Ende der 70er Jahre liberale Vertreter des Exils national-konservativen Kreisen vorgeworfen, den Judenmord zu verdrängen, die litauische Beteiligung zu verharmlosen oder sie dadurch zu „erklären", daß die Juden sich als NKVD-Angehörige von 1940 bis 1941 massenhaft an den Repressionen gegen Litauer beteiligt hätten.[32] Diese verhängnisvolle Vorstellung war 1940 entstanden, als viele Juden es begrüßt hatten, daß die Rote Armee und nicht die Wehrmacht in Litauen einmarschiert war. Obwohl nur ein kleiner Teil der jüdischen Bevölkerung kommunistisch orientiert war und Juden gleichfalls von sowjetischen Repressionen betroffen waren, verfestigte sich das Zerrbild vom kommunistischen Juden, das nach 1941 durch die nationalsozialistische Propaganda mit dem Bild des „jüdischen Bolschewismus" gefördert wurde.[33] Dieser Mythos ist bei einem Teil der Bevölkerung auch in den Nachkriegsgenerationen so geläufig, daß er in den 90er Jahren die Standardentschuldi-

LT 22
Rimantas Šakalis
Birželio 14-oji – Lietuvų
tautos genocido diena
14. Juni – Tag des Genozids
am litauischen Volk, 2000
Briefumschlag,
10,7 x 15,5 cm
Privatbesitz

gung bot, wenn es um die Beteiligung von Litauern am Holocaust ging. Der Graphiker Rimantas Šakalis, der ein am rechten Rande stehendes, national bis nationalistisch gesinntes Publikum bedient, veröffentlicht alljährlich zum Jahrestag der Deportationen am 14. Juni einen Briefumschlag mit Bild, mit dem er durch falsche Zuordnung, Weglassen von Personen und weitere grobe Vereinfachungen den Eindruck erweckt, ein nahezu rein jüdisches Organisationskomitee habe ab Juli 1940 die Deportation der Litauer vorbereitet (Abb. LT 22). Außer Antanas Sniečkus sind Euzėjus Rozauskas, Icikas Dembo, Judita Komodaitė, Fridis Krastinis, Kazys Macevičius und Danielus Todesas abgebildet. Tatsächlich aber war Kazys Macevičius nichtjüdischer Litauer und Fridis Krastinis nichtjüdischer Lette. Außerdem wurden einige Personen nicht aufgeführt.[34] 1999 legten Historiker auf Archivmaterial basierende Untersuchungen vor, die den Mythos von den kommunistischen Juden widerlegten.[35]

Die öffentliche Debatte führte dazu, daß erstmals seit 1945 in Litauen überhaupt eine breite Debatte über den Holocaust in Gang gekommen ist.[36] Auch das Thema der litauischen Judenretter wurde in den letzten Jahren, u. a. durch das Jüdische Museum, das hierzu eine Kartei führt, zum ersten Mal intensiver behandelt.[37] Der Film „Lebensbaum" des staatlichen Fernsehsenders LRT über Judenretter wurde auch in englischer Fassung vorgelegt. Der Film zeigt unter anderem die Judenretterin Sofija Binkienė, die schon während der Sowjetzeit eine Sammlung mit Porträts von Judenrettern zusammengestellt hat.[38]

Schlußbetrachtung

Um die politische Kontroverse über sowjetische und nationalsozialistische Verbrechen zu entschärfen und auf ein sachliches Fundament zu stellen, setzte der aus dem amerikanischen Exil stammende Präsident Valdas Adamkus 1998 eine international besetzte „Kommission zur Bewertung der Verbrechen der nationalsozialistischen und kommunistischen Regime" ein.[39] Sie wird versuchen müssen, das über Jahrzehnte hinweg durch tendenziöse und selektive Darstellung getrübte Vertrauen in die wissenschaftliche Aufarbeitung von Geschichte wiederherzustellen – einer Geschichte, die nahezu das gesamte 20. Jahrhundert hindurch, in gewisser Hinsicht sogar während der Unabhängigkeit nach dem Ersten Weltkrieg, von den beiden großen Nachbarstaaten Deutschland und Rußland bestimmt wurde. Aus dieser Abhängigkeit entstand das Dilemma, vor dem auch die Kommission heute steht. Sie wird nicht nur das Leid der Litauer und ihre Opfer darzustellen haben, sondern auch Kollaboration und Verstrickung in die Verbrechen des nationalsozialistischen und des sowjetischen Regimes. Oft liegt beides nahe beieinander.

[1] Z. B. Istorijos klastotojai, Vilnius 1976.
[2] Eine Ausnahme bilden vereinzelte Fachpublikationen wie das Werk: Hitlerinė okupacija Lietuvoje, Vilnius 1961 und die Quellenbände Masinės žudynės Lietuvoje, Vilnius, Bd. 1, 1965, Bd. 2, 1973 sowie Erinnerungen ehemaliger Ghettoinsassen wie Rolnikaitė, Marytė: Turiu papasakoti, Vilnius 1963.
[3] Tarybų Lietuvos enciklopedija, Bd. 1–4, Vilnius 1985–88.
[4] Der erste Artikel über diesen Vorfall: Martinaitis, V.: Kruvinasis garažas, in: Tarybų Lietuva 1. Aug. 1946; zu Bildern siehe z. B.: Eglinis, Meijeris: Mirties fortuose, Vilnius 1957; Lietuvos partizanai, Vilnius 1967; Documents accuse, Vilnius 1970.
[5] Uždavinys, Vincas: Pirčiupio tragedija, Vilnius 1958; Pirčiupių tragedijos kaltininkai, Vilnius 1975.
[6] Kaplanas, Juozas (Osip): Das 9. Fort klagt an, Vilnius 1964 (litauisch 1962).
[7] So etwa im Film: Dialogas su sąžine (1980); Žeimantas, Vytautas: Teisingumas reikalauja, Vilnius 1984; Eidintas, Alfonsas: Lietuvos žydų žudynių byla, Vilnius 2001.
[8] Rūtėnas, L.: Lietuviškųjų buržuazinių nacionalistų išdavysčių kelias, Vilnius 1949.
[9] Do you know this man?, Vilnius 1963; Who is hiding in Grand Street?, Vilnius 1964; Jonaitis, Leonas: They live in your midst, Vilnius 1972.
[10] Die Pressedebatte kann verfolgt werden in der dreisprachigen Bibliographie: The Jewish Theme in Lithuanian Press 1985–89, Vilnius 2000.
[11] Eidintas 2001, S. 199 (wie Anm. 7).
[12] Faktai kaltina. Archyviniai dokumentai, Bd. 1–7, Vilnius 1960–65.
[13] Lietuviškosios divizijos kovų keliais, Moskau 1944.
[14] Kovų keliais: Vilnius 1965.
[15] Štaras, Povilas: Lietuvių tautos kova už tėvynės laisvę Didžiajame Tėvynės kare, Vilnius 1956.
[16] Eine jüngere Studie stellt diese These unter anderem deswegen in Frage, weil die Bevölkerung – wie im Falle von Pirčiupiai – am ehesten mit Vergeltungsmaßnahmen der Besatzer zu rechnen hatte. Siehe dazu: Janavičienė, Audrone: Sovietiniai diversantai Lietuvoje (1941–1944), Genocidas ir Rezistencija 1997, Nr. 1.
[17] Lietuvos Partizanai, Vilnius 1967.
[18] Gečaitė, Jadviga: Šifro paslaptis, Vilnius 1975; Ivan Eleckich, Partizany Žamajtii, Vilnius 1986.
[19] Antanas Matiukas beschrieb 1990, wie Antanas Sniečkus die junge Partisanin nach dem Vorbild der russischen Zoja Kosmodem'janskaja gezielt zur litauischen Heldin aufbaute: Mergina su automatu, in: Politika, Nr. 14/1990, S. 26.
[20] Z. B.: Karvelis, Vytautas: Lietuvos TSR išvadavimas, Vilnius 1974.
[21] S. dazu: Kiseliovas, Anatolijus: Karvedžio jaunystė ir subrendimas, Vilnius 1973.
[22] Truska, Liudas: Die litauische Historiographie über den Holocaust in Litauen, in: Bartusevičius, Vincas u. a. (Hg.): Der Holocaust in Litauen, Köln/Weimar 2003 (im Erscheinen begriffen).
[23] Zentral und programmatisch für diese Zeit: Naujas požiūris į Lietuvos istoriją, Kaunas 1989.
[24] Z. B. Urbšys, Juozas: Lietuva lemtingaisiais 1939–1940 metais, Vilnius 1988; Kavaliauskas, Vilius: Suokalbis, Vilnius 1989; SSSR-Germanija, Bd. 1 1939, Bd. 2 1939–1941, Vilnius 1989.
[25] Rainių Tragedija, Vilnius 2000.
[26] Zahlen nach: Okupacijos, pasipriešinimas, tremtys, Lietuva 1794–1953; Vilnius 1999, S. 70.
[27] S. das Programm: Anti-Communist Congress and Public Tribunal, Vilnius 2000; Judgement of Vilnius Tribunal, Vilnius 2000.
[28] Lietuvos gyventojų genocidas, Bd. 1, Vilnius ²1999.
[29] Eidintas 2001, S. 219 (wie Anm. 7), dort auch zum Verlauf des Prozesses gegen Lileikis.
[30] Documents accuse, Vilnius 1970, S. 216.
[31] Dokumente und Position von Lileikis in: Lileikis, Aleksandras: Pažadinto laiko pėdsakais, Vilnius 2000.
[32] Truska (wie Anm. 22).
[33] Eidintas, Alfonsas: Das Stereotyp des „jüdischen Kommunisten" 1940–41 in Litauen, in: Bartusevičius, Vincas u. a. (wie Anm. 22).
[34] S. dazu: Rudis, Gediminas: Apie trėmimus – filatelistams, zitiert nach: Subliūškę mitai, Vilnius 2000, S. 153.
[35] Truska, Liudas u. a.: Sovietinis saugumas Lietuvoje 1940–1953 metais, Vilnius 1999; verschiedene Artikel von

Maslauskiene, Nijolė: in „Genocidas ir Rezistencija" 1 u. 2/1999, sowie 1/2001.
36 Eine Übersicht bei Truska 2003 (wie Anm. 22).
37 Hands Bringing Life and Bread, Vol. 2, Vilnius 1999; Išgelbėję pasaulį, Vilnius 2001.
38 Ir be ginklo kariai, Vilnius 1967.
39 www.komisija.lt (26. Juni 2003).

712 · LITAUEN

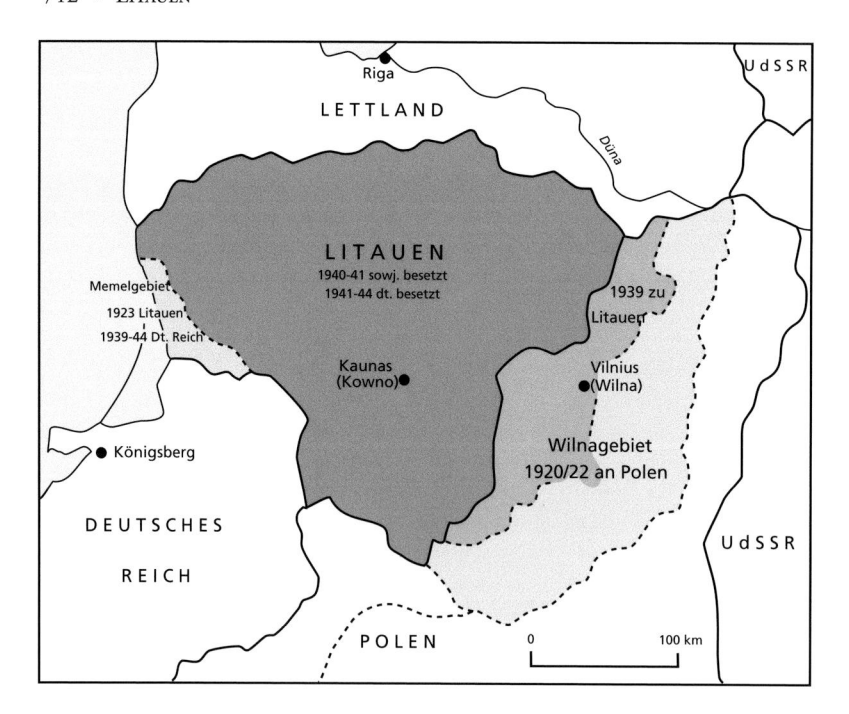

LITAUEN
1940-41 sowj. besetzt
1941-44 dt. besetzt

Lettland — Riga — UdSSR — Düna
Memelgebiet 1923 Litauen, 1939-44 Dt. Reich
Kaunas (Kowno)
1939 zu Litauen
Vilnius (Wilna)
Wilnagebiet 1920/22 an Polen
Königsberg
DEUTSCHES REICH
UdSSR
POLEN

1918–1944

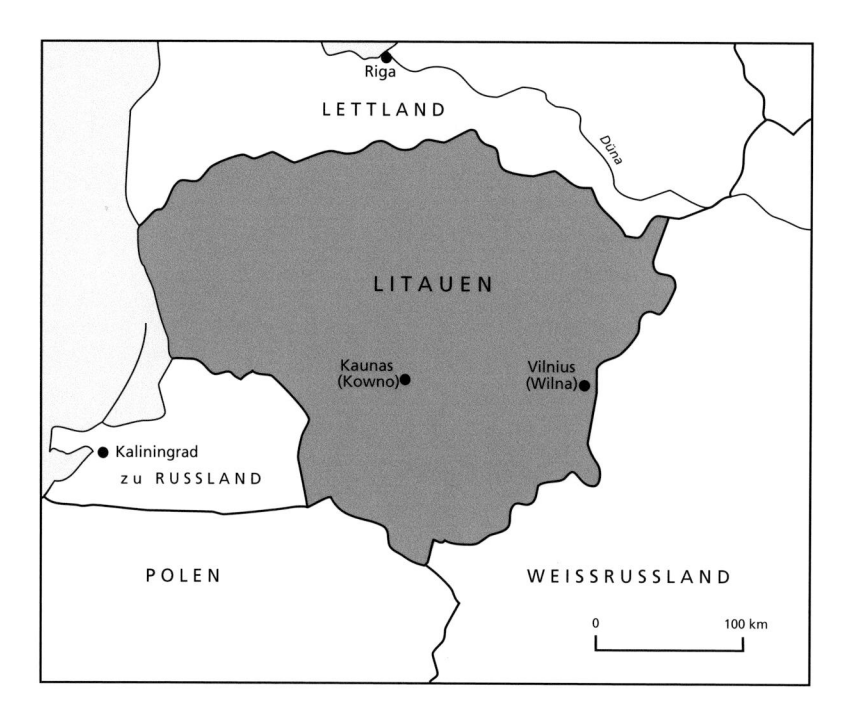

LETTLAND — Riga — Düna
LITAUEN
Kaunas (Kowno)
Vilnius (Wilna)
Kaliningrad zu RUSSLAND
POLEN
WEISSRUSSLAND

Seit 1991

Chronologie

1915
Zwischen **März** und **September** besetzen deutsche Truppen die von Litauern und Letten besiedelten Gouvernements Rußlands und unterstellen sie bis zum Ende des Krieges der deutschen Militärverwaltung. Der russische Militär- und Verwaltungsapparat südlich des Flusses Düna wird evakuiert, und Hunderttausende von Litauern und Letten fliehen ins Innere Rußlands. Ein litauisches Hilfskomitee – in Petrograd gegründet – wird zum national-litauischen Sammelpunkt.

1916–1917
Die Erklärung der Mittelmächte vom **5. November 1916** über die Wiederherstellung eines unabhängigen Polens und die Februarrevolution von **1917** in Rußland stärken die litauischen Unabhängigkeitsbestrebungen. Am **18. September 1917** tritt mit deutscher Genehmigung eine Delegiertenversammlung in Vilnius zusammen, die den litauischen Landesrat (Lietuvos Taryba) wählt. Am **11. Dezember 1917** verkündet dieser die Unabhängigkeit Litauens.

1918
Die Taryba verkündet am **16. Februar** erneut die Unabhängigkeit des Landes. Im Friedensvertrag von Brest-Litowsk vom **3. März** mit den Mittelmächten verzichtet Sowjetrußland auf seine Hoheit in den von deutschen Truppen besetzten Gebieten Polens, Litauens und Kurlands und in einem Nachvertrag vom **August** auch auf Estland und Livland. Zudem wird die Unabhängigkeit Finnlands und der Ukraine anerkannt.
Der deutsche Kaiser Wilhelm II. bestätigt am **23. März** offiziell die Unabhängigkeit Litauens, das durch Militär- und Verkehrskonventionen sowie durch eine Zoll- und Münzunion eng an das Deutsche Reich gebunden wird. Nach Ausarbeitung eines Verfassungsentwurfes für eine konstitutionelle Monarchie wird Herzog Wilhelm von Urach – aus einer Seitenlinie des württembergischen Königshauses stammend – vom litauischen Landesrat am **9. Juli** zum König von Litauen gewählt. Seine Einsetzung scheitert jedoch an innerdeutschen Rivalitäten. Nach der Berufung Prinz Max' von Baden zum Reichskanzler am **3. Oktober** ändert sich die Baltikumspolitik des Deutschen Reiches, und der litauische Landesrat kann am **2. November** in Vilnius eine vorläufige, nach westlichem Vorbild gestaltete demokratische Verfassung erlassen und eine Regierung unter Augustinas Voldemaras bilden.
Der Waffenstillstand von Compiègne am **11. November** setzt den Friedensvertrag von Brest-Litowsk außer Kraft und führt zugleich zur Aufhebung des Beschlusses vom **Juli** zur Bildung einer konstitutionellen Monarchie und zur Lockerung der Bindung an das Deutsche Reich.

1919
Nach der Unterzeichnung des Waffenstillstandsvertrages durch das Deutsche Reich wird Litauen durch sowjetrussische und polnische Eroberungsversuche bedroht. Die Taryba und die litauische Regierung werden am **2. Januar** nach Kaunas verlegt. Am **5. Januar** marschieren die Bolschewiki, die den zurückweichenden deutschen Truppen nachrücken, in Vilnius ein. Die Installierung einer Sowjetregierung im besetzten litauischen Gebiet findet genausowenig Rückhalt in der litauischen Bevölkerung wie die Proklamation der Litauisch-Weißrussischen Sowjetrepublik (Litbel). Polen nutzt im **April** den Umstand, daß die litauische Armee in Kampfhandlungen mit den Bolschewiki gebunden ist, und besetzt Vilnius. Die seit **November 1918** aufgestellte litauische Freiwilligenarmee kann militärisches Ausrüstungsmaterial von den abziehenden deutschen Truppen übernehmen, und es gelingt ihr, die sowjetrussischen Truppen bis zum **30. August** bis zum Fluß Düna zurückzudrängen.

1920
Vor dem Hintergrund des polnisch-sowjetrussischen Krieges, in dem Teile des Vilnius-Gebietes von beiden Kriegsparteien zeitweilig besetzt werden, unterzeichnen Litauen und

Sowjetrußland am **12. Juli** einen Friedensvertrag, in dem das Vilnius-Gebiet als Bestandteil Litauens anerkannt wird und Litauen seine Neutralität erklärt. Bemühungen des Völkerbundes, die politischen und militärischen Auseinandersetzungen um eine polnisch-litauische Einheit und um das Vilnius-Gebiet zu beenden, scheitern. In dem Vertrag von Suwałki vom 7. **Oktober** wird Vilnius als Teil Litauens anerkannt und als vorläufige Grenze von beiden Seiten die Curzon-Linie akzeptiert. Bereits am **8./9. Oktober** wird jedoch der Waffenstillstand durch die polnische Einnahme des Vilnius-Gebietes gebrochen. Litauen verlegt erneut seine Regierung provisorisch nach Kaunas, während Vilnius die verfassungsgemäße Hauptstadt Litauens bleibt.

1921

Ein erneuter Vermittlungsversuch des Völkerbundes, der eine Union zwischen Polen und Litauen vorsieht, aber die staatliche Unabhängigkeit Polens und Litauens beinhaltet, wird von beiden Seiten abgelehnt, und am **15. März** erkennt die Pariser Botschafterkonferenz, die für die Durchführung der Pariser Vorortverträge sorgen soll, den Status quo an und bestätigt die Zugehörigkeit von Vilnius zu Polen. Der Rigaer Friedensvertrag vom **18. März**, der den polnisch-sowjetrussischen Krieg beendet, verlegt die polnische Ostgrenze 200 km nach Osten hinter die Curzon-Linie, wodurch große Gebiete mit litauischer, ukrainischer und weißrussischer Bevölkerung an Polen fallen und Litauen keine direkte Grenze mehr mit Sowjetrußland besitzt. Die Frage der litauisch-polnischen Grenze bleibt ungelöst, und beide Staaten unterhalten **bis 1938** keine direkten diplomatischen Beziehungen zueinander. Am **22. September** beschließt der Völkerbund die Aufnahme der drei baltischen Staaten als ordentliche Mitglieder.

1922

Im Rahmen der Bodenreform vom **29. März** wird Großgrundbesitz von über 80 Hektar gegen eine geringe Entschädigung enteignet. Davon sind in erster Linie die überwiegend polnischen Großgrundbesitzer betroffen. Im **Oktober** wird das Übergangsparlament (Vorparlament) auf Grundlage der am **1. August** verabschiedeten parlamentarisch-demokratischen Verfassung durch das Parlament (Seimas) ersetzt.

Die Entente-Mächte erkennen die völkerrechtliche Selbständigkeit Litauens am **20. Dezember 1922** an.

10. Januar 1923

Zivil gekleidete Angehörige der litauischen Armee besetzen in einem vorgetäuschten Aufstand das durch den Versailler Vertrag vom Deutschen Reich abgetrennte und zum alliierten Kondominium – von Frankreich wahrgenommen – erklärte Memelgebiet.

8. Mai 1924

In der Memelkonvention übertragen die Siegermächte ihre Rechte bezüglich des Memelgebietes an Litauen, das sich zur Achtung des Autonomiestatus und der deutschen Minderheitenrechte verpflichtet.

1926–1938

Der Nichtangriffs- und Freundschaftsvertrag Litauens mit der UdSSR vom **28. September 1926** bestätigt erneut den litauischen Anspruch auf Vilnius. Der Vertrag wird in den folgenden Jahren durch Handelsverträge und Kulturabkommen ergänzt und **1931** um fünf Jahre verlängert. Nach der Etablierung einer Koalition aus Volkssozialisten und Sozialdemokraten im **Mai 1926**, die u. a. die seit dem Krieg geltenden Einschränkungen der Bürgerrechte aufhebt, putschen Armeeoffiziere am **16./17. Dezember 1926** und lösen das Parlament auf. Nach dem Staatsstreich wird ein Regime unter Antanas Smetona als Staatspräsident und Augustinas Voldemaras als Ministerpräsident eingerichtet. Die Verfassung wird aufgehoben, der Kriegszustand ausgerufen. Im **April 1927** wird nach Auflösung des Parlamentes eine Einparteienherrschaft unter der Union der litauischen Nationalisten (Tautininku Sajunga) installiert. Bis **1939** wird Litauen zu einem autoritären Einparteienstaat ausgebaut. Mit den Verfassungen vom **Mai 1928** und besonders vom **Februar 1938** wird die Macht des Staatspräsidenten erweitert, der zum eigentlich gesetzgebenden Organ wird und neben dem das Parlament nur beratende Funktion hat.

1934
Am **12. September** schließen Estland, Lettland und Litauen einen Freundschafts- und Konsultativ-Vertrag mit 10 Jahren Laufzeit (Baltische Entente). Die Außenpolitik der drei baltischen Staaten soll soweit wie möglich koordiniert werden. Ausdrücklich werden die ungeregelten litauischen Ansprüche in bezug auf das Vilnius- und Memelgebiet von den Konsultationen ausgeschlossen.

1938
Nach einem Grenzzwischenfall richtet Polen am **17. März** ein Ultimatum an Litauen, welches die Aufnahme von normalen diplomatischen Beziehungen fordert. Litauen lenkt ein, und es werden Vereinbarungen über die Aufnahme des direkten Post-, Telegraphen- und Eisenbahnverkehrs geschlossen.

1939
Auf der 9. Baltischen Außenministerkonferenz in Kaunas bekräftigen alle drei Regierungen im **Februar 1939** ihre Neutralitätspolitik. In unmittelbarer Folge der Okkupation der Rest-Tschechoslowakei am **15. März 1939** tritt Litauen am **22. März** unter massivem deutschen Druck das Memelgebiet an Deutschland ab. In einem geheimen Zusatzprotokoll zum deutsch-sowjetischen Nichtangriffspakt vom **23. August** werden deutsche bzw. sowjetische Interessengebiete in Mittel- und Osteuropa festgelegt. Das westliche Polen und Litauen werden dem deutschen Einflußgebiet, das östliche Polen, Finnland, Estland, Lettland und Bessarabien dem sowjetischen zugewiesen.
Am **17. September** marschieren sowjetische Truppen in Ostpolen ein. In einem weiteren Ergänzungsvertrag (Deutsch-sowjetischer Grenz- und Freundschaftsvertrag) vom **28. September** wird Litauen im Austausch für polnische Gebiete dem sowjetischen Interessengebiet zugeordnet. In der Folge drängt die Sowjetunion Litauen, wie auch die anderen baltischen Staaten, zur Unterzeichnung eines Beistandspaktes vom **10. Oktober**. Litauen erhält von der Sowjetunion die Stadt Vilnius und den größten Teil des Vilnius-Gebietes und stimmt der Einrichtung von sowjetischen Stützpunkten und Truppenstationierungen zu.

1940
Die Rote Armee besetzt nach einem Ultimatum der Sowjetunion Litauen wie auch Estland und Lettland. Nach einer Regierungsumbildung und Neuwahlen am **14.** und **15. Juli** wird am **21. Juli** die Litauische Sozialistische Sowjetrepublik (LSSR) ausgerufen und am **3. August** als Sowjetrepublik in die Sowjetunion eingegliedert.

1941
Während der ersten sowjetischen Periode werden etwa 30 000 Litauer durch Deportationen und Repressionen Opfer der Sowjetisierung. Vom **14.–18. Juni** werden etwa 18 500 Personen, auch Familien mit Kindern, nach Sibirien deportiert.
Am **22. Juni** überschreiten deutsche Truppen die litauische Grenze, besetzen am **24. Juni** Kaunas und Vilnius und bis zum **27. Juni** die gesamte Litauische SSR. Angehörige des NKWD bzw. des NKGB und der Roten Armee verüben noch während des Rückzuges vor der Wehrmacht Greueltaten. So werden zwischen dem **24.** und **25. Juni** 76 politische Häftlinge ermordet (Tragödie von Rainiai). Die Anhänger der im deutschen Exil gegründeten Litauischen Aktivistenfront (LAF) nehmen zwar gleichzeitig, jedoch unabhängig von der Wehrmacht, in einigen Städten hinter der sowjetischen Linie den Kampf gegen die Rote Armee auf und proklamieren am **23. Juni** in Kaunas die Wiederherstellung des unabhängigen Litauens. Die deutschen Besatzer erkennen die von der LAF gebildete provisorische Regierung nicht an und billigen ihr nur den Status eines Vertrauensrates zu. Am **5. August** löst sich die Regierung auf. Das Reichskommissariat Ostland, zu dem die baltischen Länder und Weißrußland gehören, wird eingerichtet. Litauen wird eines der Generalkommissariate.
Unmittelbar nach dem deutschen Einmarsch kommt es zu zum Teil von deutscher Seite provozierten Pogromen der Litauer gegen die jüdische Bevölkerung. Nach dieser ersten Phase der willkürlichen unkontrollierten Festnahmen und Erschießungen werden in Vilnius und Kaunas Ghettos eingerichtet. In den Provinzen fällt ein Großteil der litauischen

Juden Massenexekutionen, an denen Litauische Hilfspolizeibataillone direkt beteiligt sind, zum Opfer. Ab **Oktober** dient das IX. Fort bei Kaunas nicht nur für die Juden aus den litauischen Ghettos, sondern auch für Juden aus Österreich, Frankreich und anderen europäischen Staaten sowie für sowjetische Kriegsgefangene als zentrale Mordstätte. Bis **Dezember** werden etwa 140 000 Menschen ermordet, ausgehend von der Gesamtzahl im Juni sind das etwa 94 Prozent der Juden Litauens.

1942–1944
Der deutsche Versuch im **März 1943**, ähnlich wie in Estland und Lettland, eine litauische SS-Legion aufzustellen, scheitert am Boykott der seit **November 1943** zum Obersten Komitee für die Befreiung Litauens (VLIK) zusammengefaßten verschiedenen Widerstandsorganisationen, die bestrebt sind, die Zivil- und Militärverwaltungen der Besatzer in ihrer Arbeit massiv zu behindern. Der bewaffnete Widerstand wird hauptsächlich von sowjetischen Partisanengruppen organisiert, die ab **November 1942** durch einen Führungsstab in Moskau koordiniert werden. Vergeltungsaktionen der Besatzer, wie die Zerstörung des Dorfes Pirčiupis (Pirčiupiai) und die Ermordung der Bewohner am **3. Juni 1944** richten sich gegen die Zivilbevölkerung.
Die sowjetische Rote Arme nimmt im Verlauf der Rückeroberung Litauens am **13. Juli 1944** Vilnius sowie am **1. August** Kaunas ein, und Litauen wird erneut als Sozialistische Sowjetrepublik in die UdSSR eingegliedert.

1945–1953
Die repressive Politik der ersten sowjetischen Phase bis **1941** ändert sich auch nach dem Ende des Krieges nicht. Der nationallitauische Widerstand leistet durch militärische Aktionen Widerstand gegen die Sowjetunion.
Im **Februar 1949** wird die Bewegung für den Freiheitskampf Litauens (LLKS) gegründet. Erst **1953** gelingt es der Sowjetunion, den Widerstand zu brechen. Die Sowjetunion beginnt die Russifizierung Litauens mit der Ansiedlung von Russen und der Einführung des Russischen als Amts- und Unterrichtssprache. Im Rahmen der Kollektivierung der Landwirtschaft und der Maßnahmen gegen Regimegegner werden etwa 350 000 Bauern, Intellektuelle und andere politisch unerwünschte Personen nach Sibirien und in den Ural deportiert. In Sibirien sterben zwischen **1945** und **1947** etwa 37 000 Litauer.

1953–1959
Die Entstalinisierung in der Sowjetunion bringt für Litauen und die litauische Kommunistische Partei (KP) vorübergehend begrenzte Freiräume.

14. Mai 1972
Nach der Selbstverbrennung des Studenten Romas Kalanta in Kaunas kommt es bei antisowjetischen Demonstrationen, auf denen größere politische Freiheit für Litauen gefordert wird, zu Auseinandersetzungen mit den sowjetischen Ordnungskräften.

1987
In der Regierungszeit Michail Gorbačevs beginnt in Litauen der massive Protest gegen die Zugehörigkeit zur Sowjetunion. Am **23. August** findet eine Demonstration der Freiheitsbewegung in Vilnius statt.

22.–23. Oktober 1988
Gründungskongreß der Volksfront-Bewegung für die Umgestaltung Litauens (Sąjūdis), welche die Erneuerung der staatlichen Unabhängigkeit Litauens zum Ziel hat.

1989
Am **21. Februar** wird Litauisch zur Staatssprache erklärt. Am **23. August** bildet sich eine Menschenkette mit etwa 1 500 000 Teilnehmern von Tallinn über Riga nach Vilnius im Gedenken an den 50. Jahrestag der Unterzeichnung des deutsch-sowjetischen Nichtangriffspaktes und der geheimen Zusatzprotokolle. Am **7. Dezember** wird das Machtmonopol der KP aus der Verfassung gestrichen, und am **19./20. Dezember** spaltet sich die litauische KP von der KPdSU ab und benennt sich später in Litauische Demokratische Partei

der Arbeit (LDDP, inzwischen Litauische Sozialdemokratische Partei) um. Das Parteiprogramm wird nach sozialdemokratischen Prinzipien umgestaltet.

1990
Nach Einführung des Mehrparteiensystems erhält Sąjūdis bei den Wahlen zum Obersten Sowjet der Litauischen SSR am **24. Februar** und am **4. März** die Mehrheit der Mandate. Litauen erklärt am **11. März** als erste sowjetische Unionsrepublik seine staatliche Unabhängigkeit und benennt sich auf der Grundlage der Vorkriegsverfassung in Republik Litauen um. Der Musikwissenschaftler und Vorsitzende des Sąjūdis -Rates Vytautas Landsbergis wird Präsident des Obersten Rates. Die Moskauer Regierung erklärt die litauische Unabhängigkeit am **15. März** für ungültig und verhängt ein Wirtschaftsembargo, das von der UdSSR im **Juni** beendet wird, nachdem die litauische Unabhängigkeit für 100 Tage ausgesetzt worden ist.

1991
Sowjetische OMON-Einheiten erstürmen vom **11.–13. Januar** den Fernsehturm und das Rundfunkgebäude in Vilnius und halten diese besetzt. Die Besetzung des Parlamentes verhindern litauische Zivilisten, dabei werden vierzehn von ihnen getötet. Bei einem Referendum stimmen am **9. Februar** 90,5 Prozent der Wähler für die Unabhängigkeit Litauens. Nach dem gescheiterten Putsch in Moskau am **19. August** erkennt Moskau am **6. September** die staatliche Unabhängigkeit der baltischen Republiken an. Die drei baltischen Staaten werden am **10. September** von der Konferenz über Sicherheit und Zusammenarbeit in Europa (KSZE) anerkannt. Die Republik Litauen wird zusammen mit Estland und Lettland am **20. September** in die UNO aufgenommen. Die baltischen Staaten unterzeichnen am **5. Oktober** in Vilnius eine Resolution, die ein kollektives Sicherheitssystem im Rahmen der KSZE vorsieht.

31. August 1993
Abzug der letzten russischen Truppen aus Litauen.

1994–1997
Litauen tritt am **27. Januar 1994** dem NATO-Programm Partnerschaft für den Frieden bei. Es schließt mit Polen am **26. April 1994** und mit Weißrußland am **6. Februar 1995** zwischenstaatliche Grundlagenverträge. Am **8. Dezember 1995** stellt Litauen offiziell einen Antrag auf Mitgliedschaft in der Europäischen Union (EU). Im **Oktober 1997** wird in Moskau ein litauisch-russischer Grenzvertrag unterzeichnet.

16. Januar 1998
Die baltischen Staaten unterzeichnen gemeinsam mit den USA eine Charta der Partnerschaft. Die USA sichern Estland, Lettland und Litauen ihre Unterstützung für die Aufnahme in die transatlantischen Organisationen zu.

2000
Zwischen Litauen und der EU werden – zeitgleich mit Bulgarien, Lettland, Rumänien, der Slowakei und Malta – am **15. Februar** Beitrittsverhandlungen aufgenommen. Die Außenminister der osteuropäischen Staaten Albanien, Bulgarien, Estland, Lettland, Litauen, Makedonien, Rumänien, Slowakei und Slowenien fordern während eines Treffens in der litauischen Hauptstadt Vilnius am **19. Mai** die NATO auf, ihren Staaten bis zum Jahre **2002** eine Einladung zur Aufnahme in das westliche Militärbündnis auszusprechen.

31. Mai 2001
Litauen wird als 141. Mitglied in die Welthandelsorganisation (WTO) aufgenommen.

12.–13. Dezember 2002
Auf dem EU-Gipfel in Kopenhagen wird die Aufnahme Litauens, Estlands, Lettlands, Polens, der Tschechischen Republik, der Slowakei, Ungarns, Sloweniens, Maltas und Zyperns in die EU beschlossen. Die Beitrittsverträge werden am **16. April 2003** in Athen unterzeichnet und nach Ratifizierung in den Beitrittsländern zum **1. Mai 2004** wirksam.

Literatur:
- Brockhaus – Die Enzyklopädie in 24 Bänden, 20. Aufl., Leipzig/München 1996–1999.
- Garleff, Michael: Die Baltischen Länder. Estland, Lettland, Litauen vom Mittelalter bis zur Gegenwart, Regensburg 2001.
- Hellmann, Manfred: Grundzüge der Geschichte Litauens und des litauischen Volkes, 4. Aufl., Darmstadt 1990.
- Meissner, Boris: Die baltischen Nationen. Estland, Lettland, Litauen, Köln 1990.
- Rauch, Georg von: Geschichte der baltischen Länder, 3. Aufl., München 1990.
- Schmidt, Alexander: Geschichte des Baltikums. Von den alten Göttern bis zur Gegenwart, München 1992.
- Tegeler, Tillman: Der Litauische Partisanenkampf im Lichte sowjetischer Akten, Mitteilungen des Osteuropa-Instituts München, Nr. 44, München 2001.
- http://www.areion-online.de (1. August 2003).

Ukraine

Konkurrierende Erinnerungen

VON JUTTA SCHERRER

Die Ukraine, die zweitwichtigste Unionsrepublik der Sowjetunion, stellte einen der Hauptschauplätze des Zweiten Weltkrieges dar und zahlte einen besonders hohen Tribut an Kriegsopfern: Massenmord, Deportationen, Ausrottung, Holocaust – die ukrainischen Verluste werden auf fünf bis sechs Millionen Menschen geschätzt.[1] Innerhalb des Sowjetimperiums hatte die Ukraine auch die höchste Anzahl an jüdischen Opfern zu beklagen. Der Name der bei Kiew gelegenen Schlucht Babij Jar, wo allein innerhalb von zwei Tagen, dem 29. und 30. September 1941, laut offiziellen deutschen Angaben 33 721 Menschen, vorwiegend Juden, erschossen wurden, ist ein in der ganzen Welt bekanntes Symbol für den nationalsozialistischen Massenmord an sowjetischen Juden und ihr Martyrium geworden. Weit über eine Million Ukrainer wurden als Zwangsarbeiter (sogenannte Ostarbeiter) ins Reich deportiert, und Hunderttausende Ukrainer kamen mit zahllosen anderen Angehörigen der Sowjetarmee in deutscher Gefangenschaft um.

Das Kriegsgeschick der Ukraine ist auch insofern von weittragender Bedeutung, als ihr heutiger territorialer Bestand erst mit dem Zweiten Weltkrieg festgelegt wurde. In der Folge des Krieges wurden erstmals die Ukrainer im Osten und Westen in einem gemeinsamen Staat vereinigt: Alle wichtigen von Ukrainern besiedelten Gebiete, die vormals zu Polen und Rumänien gehört hatten, wurden jetzt Bestandteile der Sowjetunion. Die Tatsache selbst, daß die Westukrainer in ihrer Geschichte bis zum Zweiten Weltkrieg niemals ein Teil Rußlands gewesen waren und auch nicht zum sowjetischen Imperium gehört hatten, hat sich natürlich auf ihr „historisches Gedächtnis" und insbesondere ihre „Erinnerung" an den Großen Vaterländischen Krieg ausgewirkt. Allerdings fand diese „westukrainische Erinnerung" erst nach der Unabhängigkeitserklärung der Ukraine 1991 ihren öffentlichen Raum.

Sowjetische Tradition

Bis zu ihrer Unabhängigkeit 1991 hatte sich die Ukraine an dem für die Sowjetunion allgemein geltenden Erinnerungskult, besser gesagt: der offiziell verordneten Erinnerungspolitik, zu orientieren gehabt. So wurde wie in vielen anderen Städten der Sowjetunion auch in Kiew in den späten 40er Jahren die Oper „Molodaja gvardija" (Die junge Garde) aufgeführt, die Jurij Mejtus nach Aleksandr Fadeevs gleichnamigem Roman komponiert hatte. Thema des Romans wie der Oper ist der heldenhafte Widerstandskampf einer Gruppe von Komsomolzen in der Stadt Krasnodon, die aber schließlich durch Verrat den Deutschen in die Hände fallen und erschossen werden. Der Entwurf für das Bühnenbild der Inszenierung an der Kiewer Staatsoper 1947 zeigt vor flammend rotem Hintergrund eine Gruppe junger Kämpfer, die mit wehender Fahne einen Hang emporstürmen, das hohe Ziel vor Augen und bereit, jedes Opfer zu bringen (Abb. UA 1).

Der kollektive Mythos des Großen Vaterländischen Krieges gestattete nur geringfügige nationale Abweichungen: Wenn der Krieg etwa im ukrainischen Theater thematisiert wurde, handelte es sich vor allem um ukrainische Schauplätze. Nicht zufällig war eines der beliebtesten Schauspiele in den 60er Jahren Vadim Mikolaevič Sobkos „Kiewer Notizbuch", das von einer legendären Gruppe Kiewer Widerstandskämpfer handelt. In dem von David Borovskij entworfenen Bühnenbild symbolisieren tote Bäume, die das Versteck der Widerstandskämpfer einrahmen, die ausweglose Situation (Abb. UA 2). Im allgemeinen wurde jedoch die sowjetische Tendenz auch in der Ukraine nicht hinterfragt. Das gesteigerte Interesse an Heldentum und Opfer des einfachen Soldaten war in ukrainischen Theaterstücken nicht weniger populär als in denjenigen anderer Sowjetrepubliken. Als Beispiel sei eine Aufführung von B. Vasil'evs Drama „A zori zdes' tichie" (Im Morgengrauen ist es noch still) genannt. Eine Gruppe junger Frauen soll einen Abschnitt der finnischen Grenze sichern. Bei dem Versuch, eine Gruppe deutscher Soldaten aufzuhalten, kommen sie alle, mit Ausnahme ihres Vorgesetzten um. Dieser kann schließlich die Deutschen gefangennehmen. Das hier abgebildete Szenenphoto einer Aufführung am Kiewer „Theater des jungen Zuschauers" zeigt die Schlußszene mit den fünf Toten im Hintergrund und dem Vorgesetzten, ihrer gedenkend (Abb. UA 3).

In visueller Hinsicht kommt die Einheitlichkeit des Erinnerungskultes vor allem darin zum Ausdruck, daß Evgenij Viktorovič Vučetič, der Schöpfer der Memorialkomplexe von Stalingrad und Berlin-Treptow, auch das Memorial von Kiew konzipierte. Der 1981 von Parteisekretär Leonid Brežnev eingeweihte Memorialkomplex mit dem Museum des Großen Vaterländischen Krieges hatte dieselbe Erinnerungsfunktion wie die anderen, sehr ähnlich gestalteten Denkmäler in der Sowjetunion insgesamt. Eine gigantische Aluminiumamazone, in der einen Hand ein großes Schwert und in der anderen einen Schild haltend, dominiert das steile Felsufer an der Dnjepr-Brücke, über die der deutsche Feind in Richtung Kiew vorstieß. Hunderttausende sowjetischer und deutscher Soldaten hatten an dieser Stelle ihr Leben gelassen. Die Aufstellung der monumentalen, martialischen „Mutter Heimat" in unmittelbarer

UA 1
Aleksandr Chvostenko-Chvostov
Molodaja Gvardija
Die junge Garde, 1947
Bühnenbildentwurf,
Gouache/Papier,
53,5 x 79,5 cm
Kiew, Muzej Teatral'noho Muzyčnoho ta Kinomystectva Ukraïny
658

UA 2
David Borovskij
Kievskaja tetrad'
Kiewer Notizbuch, 1963
Bühnenbildentwurf,
Collage, 43 x 54 cm
Kiew, Muzej Teatral'noho Muzyčnoho ta Kinomystectva Ukraïny
9214

UA 3
Boris Vasil'ev
A zori zdes' tichie
Im Morgengrauen ist es noch still, 1972
Szenenphoto
Kiew, Muzej Teatral'noho Muzyčnoho ta Kinomystectva Ukraïny
82371

UA 4
Muzej vijny narodnoï
Museum des Volkskrieges, Kiew 1999
Broschüre
Berlin, Deutsches Historisches Museum

Nähe zum Höhlenkloster, dem Inbegriff von Kiews historischem christlichen Erbe, ist von symbolischer Bedeutung, wurde doch die orthodoxe Kirche während des Krieges von Stalin persönlich als Verkörperung der nationalen Identität rehabilitiert.

Verewigt Kiews gigantische „Mutter Heimat" gleichsam für immer den für die sowjetische Epoche so bezeichnenden Heldenkult, zeichnet sich im Kriegsmuseum, zumindest in einigen Sälen, ein erster Bruch mit der Heroisierung ab. Hier wurde in den 90er Jahren begonnen, den Mythos, der jede Witwe, jede Waise glauben ließ, daß ihr Mann oder Vater als Held starb, zu dekonstruieren. Die ukrainischen Soldaten werden in ihrem banalen Kriegsalltag gezeigt und mehr noch: er wird zu dem der deutschen Soldaten in Parallele gesetzt. Nun sind sie nicht mehr nur Feinde, sondern teilen dieselbe Erfahrung, das gleiche Leiden: In demselben Raum hängen an gegenüberliegenden Wänden große Photos, die ukrainische und deutsche Soldaten in Sommerfeldern liegend Briefe an ihre Familien schreibend zeigen. In großen Glasboxen finden sich Hunderte, wenn nicht Tausende dieser Briefe ukrainischer oder deutscher Soldaten an ihre Mütter, Frauen und Kinder daheim; im Obergeschoß zeigen Photographien an der einen Wand die ukrainischen und an der gegenüberliegenden Wand die deutschen Frauen, die das Geschick ihrer Angehörigen an der Front mit ein und derselben Angst begleiten (Abb. UA 4). Am Eingang zur Ausstellung findet sich ein Soldatengrab unter einem „Kreuz der Versöhnung": Die beiden Helme, die auf dem Kreuz aufgehängt sind, gehörten je einem Soldaten der Roten Armee und einem Soldaten der Wehrmacht (vgl. Abb. UA 6). Vorbild für die neue Konzeption und Ausstellungstechnik ist das „Deutsch-Russische Museum Berlin-Karlshorst", welches aus dem früheren sowjetischen Militärmuseum zur Erinnerung an die deutsche Kapitulation hervorging und am 10. Mai 1995, fünfzig Jahre nach Kriegsende, mit neuem Namen und neuer Zielsetzung wieder eröffnet wurde. Daß ein solcher Neuansatz der Geschichte „von unten" nicht nur gegen den Widerstand zahlreicher älterer Museumsmitarbeiter, sondern auch höherer politischer Instanzen durchgesetzt werden mußte, wird von der wagemutigen Museumsdirektorin nicht bestritten.

Zur Einweihung des Memorialkomplexes war eine Ansichtskarte mit Aufnahmen der „Mutter Heimat", der Soldatengruppe und der Eröffnungszeremonie gedruckt worden (Abb. UA 5). Bis heute zieren Photographien der zentralen Figuren der Gedenkstätte die Publikationen des Museums des Großen Vaterländischen Krieges, wie ein Faltblatt von 1996 veranschaulicht (Abb. UA 6). Doch sie werden in neue Zusammenhänge gestellt: Eine Grußkarte des Museums stellt der „Mutter Heimat" eine Ansicht Kiews gegenüber, die mit Photographien von Soldaten und Zivilisten überblendet ist und damit auch an die Opfer des Krieges erinnert (Abb. UA 7).

Allerdings zieht das Museum auch hier wie in anderen vormals sowjetischen Heldenstädten nur noch wenige Besucher an, seitdem die von der früheren Erinnerungspolitik verordneten Pflichtbesuche nicht mehr auf der Tagesordnung stehen. Die Schulkinder tollen heute lieber auf den in der Riesenanlage aufgestellten alten Panzern herum. Ansonsten geht man hier spazieren, genießt die Aussicht auf den Dnjepr. Auch für den quasi-obligatorischen Besuch, den frisch getraute Paare dem Kiewer Grabmal des Unbekannten Soldaten abstatteten, fand sich ein neuer Erinnerungsort: das Denkmal der legendären Gründer der Stadt Kiew, Kyj, Ščcek, Chrov und ihrer Schwester Lybid', das 1982 am Dnjepr-Ufer für die 1500-Jahr-Feier der Stadt errichtet wurde. Von meinen Freunden und Kollegen hat niemand das neu konzipierte Museum besucht – als ob die Erinnerung an den Krieg kein Thema mehr sei.

UA 5
I. Kropyvnyc'koho, M. Plaksina (Photographie)
Kyïv. Memorial'nyj kompleks, 'Ukraïnskyj deržavnyj muzej istoriï Velikoï Vitčyznjanoï vijny 1941–1945 rokiv'
Kiew. Memorialkomplex, 'Staatliches ukrainisches Museum der Geschichte des Großen Vaterländischen Krieges 1941–1945', Kiew 1981
Ansichtskarte, 10,5 x 14,9 cm
Berlin, Deutsches Historisches Museum

UA 6
Memorial nad Dniprom
Gedenkstätte am Dnjepr, 1996
Faltblatt, 35 x 42 cm
Berlin, Deutsches Historisches Museum

UA 7
Memorial'nyj kompleks, 'Nacional'nyj muzej istoriï Velikoï Vitčyznjanoï vijny 1941–1945 rokiv'
Memorialkomplex 'Nationalmuseum der Geschichte des Großen Vaterländischen Krieges 1941–1945', 90er Jahre
Ansichtskarte, 9,8 x 21 cm
Berlin, Deutsches Historisches Museum

Westukrainisches Gedächtnis

Nach wie vor ist jedoch in der Ukraine der 9. Mai ein offizieller, arbeitsfreier Feiertag. In den östlichen und südlichen Regionen des Landes wird mit altgewohntem sowjetischen Pathos an den Sieg der Roten Armee über Deutschland erinnert. Dagegen zeichnet sich in der Westukraine und ihrer Hauptstadt Lviv (Lemberg) eine andere, neue Tendenz des historischen Gedächtnisses ab. Hier wird mehr an die nationalistische Widerstandsbewegung und die Ukrainische Aufstandsarmee (UPA, Ukrajins'ka Povstans'ka Armija) unter Führung Stepan Banderas erinnert, an ihren Kampf gegen die Sowjetmacht und für die ukrainische Unabhängigkeit. Die 1929 gegründete Organisation Ukrainischer Nationalisten (OUN), eine paramilitärische Untergrundorganisation, die zunächst von Galizien aus gegen Polen und seit 1939 gegen die Sowjetunion für einen unabhängigen ukrainischen Staat kämpfte, hatte zumindest anfänglich mit der deutschen Invasion die Hoffnung verbunden, ihr Ziel zu verwirklichen. Zwei von der OUN organisierte militärische Einheiten waren unter den Decknamen Nachtigall und Roland mit der Wehrmacht in die Ukraine einmarschiert. Am 30. Juni 1941 hatten Mitglieder der Bandera-Fraktion der OUN in Lemberg einen souveränen ukrainischen Staat proklamiert.

In der Westukraine gibt es Bestrebungen, den sowjetischen „Tag des Sieges" überhaupt abzuschaffen. Der Sieg der Roten Armee sei für das ukrainische Volk kein Sieg gewesen, wird argumentiert. Es war wohlgemerkt die Westukraine, die zwischen 1988 und 1991 die nationale Bewegung für die Loslösung aus dem sowjetischen Herrschaftsverband angeführt hatte. Unter der blau-gelben Fahne, die das ukrainische Parlament nach seiner Unabhängigkeit wählte, hatte die UPA gegen die Sowjetmacht gekämpft; der Trident, das heutige ukrainische Nationalinsignium, hatte die UPA-Uniformen geziert. Auch im Historischen Museum in Lviv, wo neue Schaukästen an die Organisation Ukrainischer Nationalisten und die Ukrainische Aufstandsarmee erinnern, die als antisowjetische Kräfte eine neue mythische Funktion erhalten, ist zu hören, daß die Westukrainer den Kommunismus zu keiner Zeit akzeptiert und in der Roten Armee keine Befreiungs-, sondern eine Besatzungsmacht gesehen hätten.

In der Westukraine wurde der 60. Jahrestag der Ukrainischen Aufstandsarmee im Oktober 2002 nicht nur feierlich begangen, sondern von einigen Regionen auch zum Staatsfeiertag erhoben. Für den „herausragenden Sohn des ukrainischen Volkes, bedeutenden Führer der OUN, Ideologen und Strategen des nationalen Befreiungskampfs"[2], Stepan Bandera, wurde vor der staatlichen Universität für Landwirtschaft in Lviv ein Bronzedenkmal enthüllt. Lviv und Rovno wollen diesen Gedenktag zum Tag der Verteidigung des Vaterlands (Den' zaščitnika Otčizny) machen, der den ehemaligen sowjetischen Tag der Verteidigung des Vaterlands (Den' zaščitnika Otečestva) am 23. Februar ablösen soll. Hinter alldem steht nicht zuletzt auch das komplizierte Problem der offiziellen Gleichstellung der UPA-Veteranen mit den Veteranen des Großen Vaterländischen Krieges, was sich seitens der Erstgenannten besonders in der Forderung nach denselben Privilegien und Renten niederschlägt, die den ehemals sowjetischen Veteranen zukommen. Ein seit Juni 2000 verhandeltes Gesetzesprojekt „Zur Wiederherstellung der historischen Gerechtigkeit im Hinblick auf die Kämpfer für die Freiheit und Unabhängigkeit des Ukrainischen Staates" wurde mit einer von der Regierung eigens ernannten Historiker-Kommission erarbeitet. Diese hatte sich hierfür mit der heiklen Frage zu beschäftigen, inwieweit die nationalistischen Aktivitäten der OUN-UPA eine gemeinsame Sprache mit den Nazis als Feinden des kommunistischen Rußland fanden.[3] In die erregten Debatten der ukrainischen Öffentlichkeit griffen selbst höchste russische politische Kreise ein, die nicht zögerten, auf die stalinistische Nachkriegspropaganda über die Gleichsetzung der Führer der UPA mit den Führern Hitlerdeutschlands zurückzugreifen. Schließlich erhob das Außenministerium der Russischen Föderation Einspruch gegen ein ukrainisches Gesetz, das „antisowjetischen Partisanen" – den Gefolgsleuten Banderas – Pensionen und Privilegien versprach und damit, einem ukrainischen Kommentator zufolge, das sowjetische System als solches verurteilte.[4]

Das ganze Ausmaß der konkurrierenden Erinnerungen an den Zweiten Weltkrieg in der Ost- und Westukraine ist von der postsowjetischen ukrainischen Historiographie längst noch nicht erfaßt. Diese befindet sich erst am Beginn einer „Aufarbeitung", die um so schmerzlicher ist, als die umstrittenen Fragen nach der Kollaboration mit den deutschen Okkupanten (wie etwa der ukrainischen Freiwilligen, die als besondere Division in der Waffen-SS gegen die vorrückende sowjetische Armee kämpften) und dem ukrainischen Antisemitismus nicht mehr auszuklammern sind. Während die sowjetische Historiographie (obwohl in der UdSSR Kollaborateure verfolgt wurden) kein Interesse daran haben konnte, die ganze Reichweite der Kollaboration mit der deutschen Besatzung öffentlich einzugestehen, haben ukrainische Emigrantenhistoriker aus ähnlichen, wenn auch umgekehrten Gründen die Teilnahme von Individuen an Polizeiaktivitäten der deutschen Besatzungsmacht heruntergespielt und statt dessen die frustrierten nationalen Gruppen für die Unabhängigkeit hervorgehoben.[5]

Der Historiker John-Paul Himka bezeichnet das Thema der Kollaboration der Ukrainer bei der Ausrottung der jüdischen Bevölkerung im Zweiten Weltkrieg noch immer als ein „Minenfeld".[6] Fast alle wichtigen Forschungsansätze zur ukrainischen Kollaboration bei den Massakern der Nationalsozialisten an Juden kamen bisher aus dem westlichen Ausland.[7] Laut Jack F. Matlock, einstiger Botschafter der USA in Moskau und renommierter Osteuropa-Spezialist, hat die ukrainische Regierung bisher zumindest rhetorisch mehr getan, um diesem Aspekt der ukrainischen Geschichte ins Auge zu sehen, als die ukrainischen nationalistischen Historiker. Matlock verweist dabei auf eine Begegnung Leonid Kučmas nach seiner Wahl zum Präsidenten der Ukraine mit einer Gruppe ukrainischer Überlebender des Holocausts 1994 in New York, denen er versprach, die überlebenden Kriegsverbrecher strafrechtlich zu verfolgen.[8]

Der antisowjetische Kampf der Ukrainischen Aufstandsarmee, der in der Historiographie der Diaspora für ein „Gegengedächtnis" gesorgt hatte und seit den letzten Jahren in der Ukraine als Forschungsobjekt freigegeben wurde, ist bisher ein kontroverses und emotional aufgeladenes Thema. Nicht selten wird an ihm das Unabhängigkeitsstreben der Ukrainer festgemacht, das als heroisch, antisowjetisch und antikommunistisch gilt. Die UPA, die seit 1942 gegen die deutsche Besatzung kämpfte und bis in die 50er Jahre einen aussichtslosen Partisanenkrieg gegen die Sowjetmacht führte, hätte auch vielen Juden geholfen, wird zu ihren Gunsten angeführt.

Vor diesem Hintergrund wird auch die heftige Reaktion der ukrainischen Medien auf Julian Hendys Film „SS in Britain" aus dem Jahre 2000 verständlich, der die Verantwortung der ukrainischen Division der Waffen-SS „Galizien" für Verbrechen gegen die Menschlichkeit dokumentiert. Einmal mehr wurde die Frage gestellt, ob man die Soldaten der Division als Patrioten oder als Verräter und Kriminelle behandeln solle. Die Debatte ging bis in höchste Regierungskreise. Abgeordnete der westukrainischen Region Ivano-Frankivsk konzipierten einen Gesetzesentwurf, der die Soldaten der Division Galizien mit anderen Veteranen des Zweiten Weltkrieges gleichstellte und ihnen dieselben Vergünstigungen wie anderen Kriegsveteranen zukommen ließ. Der Gesetzesentwurf wurde allerdings nicht angenommen, auch wenn verschiedene Städte der Westukraine sowie die Abgeordneten des ukrainischen Parlamentes ihn befürworteten. „Tatsächlich betrachten die Menschen die Division Galizien nicht als pro-faschistische Organisation, sondern als nationale Befreiungsbewegung", resümiert ein junger Ukrainer die Debatte.[9]

Bereits 1993, 50 Jahre nach der Aufstellung der Division „Galizien", gründeten ihre Veteranen in der Umgebung von Lviv einen Gedenkfriedhof für die im

UA 8
Memorial'nyj cvyntar bojakiv UD 'Halyčyna' poljaglych u bytvi pid Brodamy v lypni 1944r.
Gedenkfriedhof für die Soldaten der ukrainischen Division 'Galizien', die in der Schlacht von Brody im Juli 1944 gefallen sind, um 1998
Ansichtskarte, 14,2 x 20,7 cm
Berlin, Deutsches Historisches Museum

Kessel von Brody im Juli 1944 Gefallenen. Auf der abgebildeten Postkarte ist sowohl die Einweihungszeremonie vom 22. Juli 1997 als auch die Bestattung der Gefallenen im Sommer 1998 zu sehen (Abb. UA 8). In einem Faltblatt zum Gedenkfriedhof werden die jungen Ukrainer ermahnt, „die Erinnerung an diejenigen zu bewahren, die während des Zweiten Weltkrieges für die Ukraine die Freiheit erringen wollten und dafür ihr Leben auf diesen Feldern gelassen haben".[10]

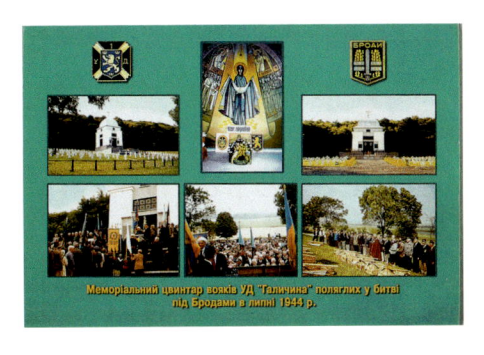

Babij Jar

Die Massenliquidierung der sowjetischen Juden, die vor allem mit dem Namen Babij Jar verbunden ist, und der komplexe und komplizierte Weg zu ihrer Erinnerung und Repräsentation, hatte der Ukraine bereits zu sowjetischen Zeiten einen besonderen Ort zugewiesen: Die Forderung eines Mahnmals – „Es steht kein Denkmal über Babij Jar", beginnt ein Gedicht Evgenij Evtušenkos – ragt gleichsam aus dem allgemeinen sowjetischen Schweigen zum Holocaust heraus.[11] Die Erinnerung an Babij Jar ließ sich nicht totschweigen.[12] Noch im Januar 1942 hatte Außenminister Vjačeslav Molotov in einer Note an die alliierten Regierungen den Mord an 52 000 Menschen in Kiew durch die Deutschen bestätigt und behauptet, daß die Opfer „unbewaffnete und wehrlose jüdische Arbeiter waren". Bereits im März 1944 sprach die Außerordentliche Staatliche Kommission zur Feststellung und Untersuchung der Verbrechen der faschistischen deutschen Okkupanten nur noch von „Tausenden friedlicher Sowjetbürger", die von den Faschisten umgebracht worden waren. Von jetzt an und bis zum Zusammenbruch der Sowjetunion ging die offizielle Erinnerungspolitik davon aus, daß die Brutalitäten der Nationalsozialisten alle betrafen, die den Krieg durchlebt hatten, und die Juden somit keine Ausnahmeerscheinung bildeten. Nicht zuletzt fügte sich die „Aussparung" des Holocaust aus der historischen Erinnerung in den alle sowjetischen Völker vereinenden Mythos, zu dem der Große Vaterländische Krieg erhoben wurde: daß die Opfer von allen Völkern der sowjetischen Nation erbracht worden seien. Das Schicksal der Juden durfte deshalb nicht schlimmer sein als das der anderen sowjetischen Völker – auch wenn es auf den Hauptfeind, den Faschismus, zurückgeführt wurde.

Schon gleich nach dem Krieg hatten sich Il'ja Ėrenburg und andere bekannte Persönlichkeiten für die Errichtung eines Mahnmals in Babij Jar eingesetzt.[13] Doch das ukrainische Zentralkomitee der Kommunistischen Partei, damals von Chruščev angeführt, stellte sich dagegen. Chruščev plante 1957 sogar, die Schlucht von Babij Jar durch einen Damm abriegeln zu lassen. Trotz Protesten aus der Intelligenz, hierunter der Kriegsschriftsteller Viktor Nekrasov, wurde 1960 mit dem Dammbau begonnen.[14] Doch im März 1961 brach der Damm, und zahlreiche Menschen, deren Anzahl nie bekanntwurde, kamen dabei um. Danach wurden die Erschießungsstätten von Babij Jar zugeschüttet und mit dem Bau eines Stadions begonnen, das jedoch nie fertiggestellt wurde. Am 29. September 1966, dem 25. Jahrestag der ersten Erschießungen in Babij Jar, versammelten sich dort spontan zahlreiche Kiewer; die Schriftsteller Viktor Nekrasov und Ivan Dzjuba hielten Ansprachen. Dzjuba bezeichnete Babij Jar als „unsere gemeinsame Tragödie, eine Tragödie für die jüdische und die ukrainische Nation" und verlangte von den politischen Autoritäten die Gewährung von Freiraum für die Juden, „ihre jüdische Geschichte und Kultur und die hebräische Sprache kennenzulernen und auf sie stolz sein zu können".[15] Im selben Jahr erschien Anatolij Kuznecovs dokumentarischer Roman „Babij Jar". Es war trotz starker Eingriffe der Zensur das erste Mal, daß sowjetische Leser mit dem ganzen Ausmaß der Verbrechen der Nationalsozialisten an den Juden, aber auch mit dem ukrainischen Antisemitismus konfrontiert wurden. Kuznecov hatte auch die bisher den Nationalsozialisten zugeschriebene Zerstörung des Kiewer Höhlenklosters als Werk des NKVD benannt.

1976 wurde schließlich in Babij Jar ein Denkmal errichtet – allerdings mehr als einen Kilometer von dem Ort des Verbrechens entfernt und ohne an das Martyrium der Juden zu erinnern. Das Denkmal stellt im Stil des sozialistischen Realismus elf ineinander verwundene Bronzefiguren aus dem Arbeiter-und-Bauern-Staat dar. Die russisch und ukrainisch verfaßte Inschrift erwähnt lakonisch, daß „hier 1941–1943 die deutschen faschistischen Angreifer mehr als hunderttausend Bürger von Kiew und Kriegsgefangene hingerichtet haben". Auch als in den späten 80er Jahren eine Stele in hebräischer Sprache hinzugefügt wurde, blieben die hier ermordeten Juden unerwähnt.

Sowjetische Schulbücher haben das Massaker in Babij Jar nie erwähnt und auch den Holocaust – ein in der Sowjetunion nahezu unbekannt gebliebener Begriff – übergangen. Dasselbe gilt auch für die offizielle, sechsbändige sowjetische Geschichte des „Großen Vaterländischen Krieges" und für eine 1982 erschienene Geschichte der Ukraine[16], als ob die Kenntnis des Genozids an den Juden das Gedenken an das Leiden des „sowjetischen Volkes" gemindert hätte oder aber, als ob Informationen über den Holocaust Fragen nach einer möglichen Komplizenschaft von Sowjetbürgern hätten aufkommen lassen können.[17] Noch 1988 steht in einem sowjetischen Geschichtsbuch für Schüler der zehnten Klasse über Auschwitz zu lesen, daß hier während des Krieges über vier Millionen Slawen umgekommen seien. Den jüdischen Opfern gilt kein einziges Wort. Dabei war es die Rote Armee, die 1944 und 1945 die Tore von Majdanek und Auschwitz geöffnet und der Weltöffentlichkeit die hier begangenen Greuel offenbart hatte.

Allgemeinen Schätzungen zufolge wurden an die anderthalb Millionen jüdischer sowjetischer Staatsbürger, die in den Grenzen der Sowjetunion vor 1939 lebten, von den Nationalsozialisten ermordet, und 200 000 kamen als Angehörige der Roten Armee bzw. als Partisanen um.[18] Einige Kriegsverbrecherprozesse, die besonders nach 1960 in verschiedenen Sowjetrepubliken und vor allem in der Ukraine gegen Kollaborateure stattfanden, brachten die von den Nationalsozialisten eingerichteten Konzentrationslager wie Belzec und damit auch den Holocaust zur Sprache. Ebenso sorgten einige belletristische Werke in russischer, vor allem aber in jiddischer Sprache dafür, daß man über den Holocaust informiert sein konnte, wenn man es nur wollte. Doch erst dank der Politik der Perestrojka konnte der im Dezember 1989 in Moskau abgehaltene erste All-Unions-Kongreß der jüdischen Organisationen eine Resolution verabschieden, die die Lakune an die größere Öffentlichkeit brachte: „In der UdSSR gibt es keine historischen Untersuchungen und Veröffentlichungen über den Genozid an den sowjetischen Juden; in den Schulbüchern wird die Tragödie des jüdischen Volkes nicht erwähnt."[19]

1987 wurde vom sowjetischen Fernsehen erstmals ein bereits 1981 in der

UA 9
Babyn Jar: Bil' našoï pam'jati.
Istorija ta uroky tragediï
Babij Jar: Unser Gedächtnis.
Geschichte und Lehre der
Tragödie
Broschüre zu einer Photoausstellung zum 60. Jahrestag der Massenerschießungen von Babij Jar, Kiew 2001
Berlin, Deutsches Historisches Museum

UA 10
Babyn Jar: Bil' našoï pam'jati.
Istorija ta uroky tragediï
Babij Jar: Unser Gedächtnis.
Geschichte und Lehre der Tragödie, 2001
Plakat, 80 x 60 cm
Kiew, Memorial'nyj kompleks 'Nacional'nyj muzej istoriï Velikoï Vitčyznjanoï vijny 1941–1945 rokiv'

Sowjetunion produzierter Film über das Massaker von Babij Jar ausgestrahlt.[20] Der Journalist Vitalij Korotič, Herausgeber der während der Perestrojka äußerst populären Wochenillustrierten Ogonëk, hatte wesentlich zu seinem Entstehen beigetragen. Im Begleittext zum Film erzählt er selbst, daß an der Schlucht von Babij Jar während der ersten fünf Tage Juden und für den Rest der Hunderte von Tagen andauernden deutschen Besatzung sowjetische Bürger unterschiedlicher Nationalität – Russen, Ukrainer, Juden, Kasachen – für das „Verbrechen", sowjetisch zu sein, umgebracht wurden. Auch hier wurde impliziert, daß das „sowjetische Volk" mehr als irgendein anderes Volk im Kriege gelitten hatte und Babij Jar für das Unrecht stand, das diesem Volk angetan worden war.[21] Erst am 50. Jahrestag des Massakers von Babij Jar im September 1991 erkannte die unabhängige ukrainische Regierung in einem offiziellen Akt den Erinnerungsort als „Symbol jüdischen Märtyrertums" an. Eine große Menora aus Bronze wurde an der Stelle errichtet, an der im September 1941 binnen zweier Tage mehr als 33 000 Juden umgebracht worden waren. Die hebräischen und ukrainischen Inschriften erinnern explizit an das Schicksal der Juden. Der 29. September wurde von der Stadt Kiew zum offiziellen „Tag der Erinnerung und Trauer" erklärt.

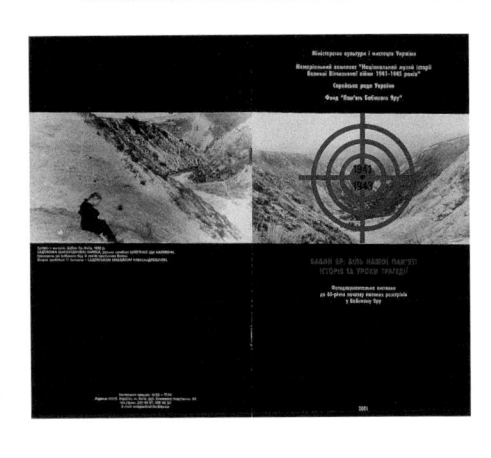

In einer vom Museum des Großen Vaterländischen Krieges und dem Zentralrat der Juden der Ukraine organisierten Ausstellung zum 60. Jahrestag wird der in Babij Jar ermordeten Juden gedacht (Abb. UA 9). Auf dem Titelblatt des kleinen Ausstellungsführers steht die Schlucht, in der die Erschießungen stattfanden, im Fadenkreuz des Betrachters. Auf der Rückseite ist eine Photographie von 1950 reproduziert, die ein junges Mädchen zeigt, welches die Schlucht besucht, in der laut Bildbeschriftung ihre Mutter ermordet wurde. Das Ausstellungsplakat wird vom Motiv des Fadenkreuzes dominiert, in dessen Zentrum eine weinende Frau steht. Es nimmt damit die Perspektive der Opfer wie der Täter in den Blick (Abb. UA 10). Für das Titelblatt des Ausstellungsführers wie für das Plakat wurde eine alte Photographie der inzwischen zugeschütteten Schlucht verwendet, um an den Ort des Schreckens zu erinnern.

Erinnerungspolitische Prioritäten

Die Unabhängigkeit der Ukraine, ihre Loslösung von der Sowjetunion hat seit 1991 auch dazu geführt, daß ihre erinnerungspolitischen Prioritäten kaum der Aufarbeitung der gemeinsamen sowjetischen Vergangenheit gelten als vielmehr der Konstruktion eines neuen nationalen Selbstverständnisses, einer neuen historischen Identität. Für die Nations- und Staatsbildung der Ukraine ist vor allem ein neues Verständnis des Begriffs „vaterländisch" wichtig. Ukrainische Schulbücher für den Geschichtsunterricht verzichten auf die Bezeichnung „Großer Vaterländischer Krieg". Die Rede ist bewußt vom Zweiten Weltkrieg oder auch vom Deutsch-Sowjetischen Krieg. Am Institut für die Geschichte der Ukraine an der Ukrainischen Akademie der Wissenschaften wurde die Abteilung für die Geschichte des Großen Vaterländischen Krieges durch die Abteilung für die Geschichte des Zweiten Weltkriegs ersetzt. Nicht zuletzt hat sich hiermit auch eine neue Periodisierung des Krieges durchgesetzt: Während aus der Moskauer Perspektive Hitlers Krieg gegen die UdSSR am 22. Juni 1941 begann, war die politisch zu Polen gehörige Westukraine seit dem 1. September 1939, dem deutschen Überfall auf Polen, unmittelbar in den Zweiten Weltkrieg involviert. Das neue Verständnis von „vaterländischer Geschichte" bezieht sich heute auf die Geschichte der Ukraine selbst und nicht mehr auf diejenige des „Sowjetvolkes". Die Geschichte Rußlands wurde vom ukrainischen Erziehungsministerium in den Kurs für Weltgeschichte integriert. Die erregten Debatten über den Inhalt der neuen Geschichtsbücher, insbesondere über die Verwendung des Attributs „vaterländisch", gelangten im Mai 1997 sogar vor den Präsidenten der Obersten Rada der Ukraine.[22]

Das Bestreben, eine von Rußland unabhängige nationale Kultur zu begründen, mißt auch den Themen einen größeren Spielraum zu, die die Ukraine von Rußland abheben und eine „ukrainische" statt einer „sowjetischen" Erinnerung begünstigen. Für die ukrainische nationale Idee scheint der kollektive Mythos des Zweiten Weltkriegs keineswegs dieselbe Rolle zu spielen wie für die Russische Föderation. Für die Nations- und Staatsbildung gilt es, ein historisches Erbe zu mobilisieren und Mythen und Identitätsbilder zu konstruieren, die außerhalb der gemeinsamen sowjetischen Vergangenheit liegen. Von daher gewinnt die konkurrierende Erinnerung der national-ukrainischen Kräfte der Westukraine an Bedeutung, zu der auch das Erbe der mit Rom unierten Ukrainisch-Katholischen oder Griechisch-Katholischen oder Unierten Kirche gehört, die in Galizien nach Kriegsende durch die sowjetischen Behörden verboten wurde, jedoch als Kristallisationskern national-oppositioneller Kräfte im Untergrund fortlebte.

Ob zu dem neuen/alten Gedächtnis eines Tages auch das Geschick der Juden auf dem historischen Territorium der Ukraine gehören wird, bleibt eine offene Frage. Allem Anschein nach werden in der Ukraine weitaus mehr Dokumente und Materialien über den Genozid an den Juden zugänglich gemacht als in der Russischen Föderation. Auch wird im offiziellen Diskurs gelegentlich an diese Verbrechen erinnert. Für die gegenwärtige Suche nach historischer Legitimation ist jedoch die Erinnerung an vormalige Tabuthemen wie den Genozid an Millionen ukrainischer Bauern durch die von Stalin 1932–1933 verursachte Hungersnot, die „Großen Säuberungen" in der Ukraine und den „ukrainischen GULag" oder aber die Nationalbewegung von weitaus größerer Relevanz. Daß jedoch auch die Erinnerungspolitik der unabhängigen Ukraine der sowjetischen Formensprache und den Traditionen des sozialistischen Realismus verbunden blieb, macht die Transformation des Kiewer „Platzes der Großen Sozialistischen Oktoberrevolution" in „Majdan nezaležnosti" (Platz der Unabhängigkeit) sichtbar: das neu errichtete Denkmal einer Frau, die die unabhängige Ukraine symbolisiert, hat mit der sich am Dnjeprufer erhebenden „Mutter Heimat" manches gemein. Die sowjetisch-monumentale Tradition ist auch in der zu begründenden ukrainisch-nationalistischen Tradition präsent.[23]

---

[1] Kappeler, Andreas: Kleine Geschichte der Ukraine, München 2000, S. 224.

[2] Nezavisimaja gazeta, 15. Oktober 2002, S. 6.

[3] Kulchytsky, Stanislav: Veterans, Veterans ... Gordian knot of the OUN-UPA problems nourishes separatism, in: The Day/Den', 26, 2. Oktober 2001.

[4] Čelovek. Diskussionyj klub, in: Zerkalo nedeli, 36 (411), 21.–27. September 2002.

[5] Vgl. Dean, Martin: Collaboration in the Holocaust. Crimes of the local police in Belorussia and Ukraine, 1941–44, New York 2000, S. XII.

[6] Himka, John-Paul: Ukrainian Collaboration in the Extermination of the Jews During the Second World War. Sorting Out the Long-Term and Conjunctural Factors, in: Frankel, Jonathan (Hg.): The Fate of the European Jews, 1939–1945. Continuity or Contingency? Studies in Contemporary Jewry, 13, New York, Oxford 1997, S. 170 ff.

[7] Dean (2000) (wie Anm. 5).

[8] Matlock, Jack F.: The Nowhere Nation, in: The New York Review of Books, 24. Februar 2000, S. 41 ff.

[9] Savčak, Ihor: Brief an das Deutsche Historische Museum, Lviv, 2. Juni 2003. Die Diskussion über den Film in der ukrainischen Zeitung Den' ist im Internet nachzulesen: http://www.day.kiev.ua/DIGEST/2001/22/culture/cul2.htm (1. August 2003).

[10] Faltblatt: War memorial cemetery of the soldiers of UD „Galicia" fallen in the battle of Brody in July 1944.

[11] Über Babij Jar siehe auch den Beitrag „Sowjetunion/Rußland" im vorliegenden Band.

[12] Eine genaue Darstellung der Geschichte von Babij Jar findet sich in dem „Roman-Dokument" des ukrainischen Schriftstellers Anatolij Kusnezow: Babij Jar. Die Schlucht des Leids, München 2001.

[13] Il'ja Erenburg hatte mit Vasilij Grossman und anderen Autoren 1944 ein „Schwarzbuch" über die in der Sowjetunion umgebrachten Juden verfaßt, das 1946 im Druck erschien, jedoch sofort eingezogen und völlig vernichtet wurde; vgl. hierzu Scherrer, Jutta: Siegesmythos versus Vergangenheitsaufarbeitung im vorliegenden Band.

[14] Ausführlich hierzu Sheldon, Richard: The Transformation of Babi Yar, in: Thompson, Terry/Sheldon, Richard (Hg.): Soviet Society and Culture, London 1988.

[15] Zitiert nach Korey, William: A Monument Over Babi Yar?, in: Dobroszycki, Lucjan/Gurock, Jeffrey S. (Hg.): The Holocaust in the Soviet Union, Armonk, New York 1993, S. 69.

[16] Istorija velikoj otečestvennoj vojny Sovetskogo Sojuza, 1941–1945 gg., Moskau 1962–1965; Kondufor, Ju. Ju. u. a.: Istorija Ukrainskoj SSR, Kiew 1982. Eine der wenigen Ausnahmen stellt Sergej S. Smirnovs dreibändige populäre Kriegsdarstellung dar: Sobranie sočinenij, Moskau 1973.

[17] Karlsson, Klas-Göran: The Holocaust and Russian Historical Culture, in: Karlsson, Klas-Göran/Zander, Ulf (Hg.): Echoes of the Holocaust. Historical Cultures in Contemporary Europe, Lund 2003, S. 201 ff.

[18] Vgl. Gitelman, Zvi: Soviet Reactions to the Holocaust, 1945–1991, in: Dobroszycki/Gurock 1993 (wie Anm. 15), S. 3. Andere Quellen sprechen von mehr als 5,2 Millionen in der UdSSR

ansässigen Juden, von denen 2,2 Millionen während der deutschen Besatzung umgebracht wurden.

[19] Zitiert nach Korey 1993 (wie Anm. 15), S. 71. Der schwedische Historiker Klas-Göran Karlsson weist auch für die heutigen russischen Geschichtsschulbücher nach, daß Todeslager zwar erwähnt werden, doch niemals von den Juden als den Hauptopfern der Nazis die Rede ist. Die Kapitel über den Zweiten Weltkrieg übergehen mit nahezu totalem Schweigen, daß die Juden in die Schrecken des Krieges überhaupt involviert waren; vgl. Karlsson 2003 (wie Anm. 17), S. 214 und 217.

[20] Bereits 1945 hatte Mark Donskoj in seinem Film „Nepokorennye" (Die Unbeugsamen), der sich auf eine Kriegserzählung von Boris Gorbatov stützte, eine bestürzende Szene von Babij Jar gezeigt. Aus dem Jahre 2002 stammt der von Artur Brauner produzierte und unter der Regie Jeff Kanews gedrehte deutsch-russische Film „Babij Jar", der Dokumentaraufnahmen mit nachgedrehten Szenen verbindet.

[21] Vgl. Tumarkin, Nina: The Living and the Dead. The Rise and Fall of the Cult of World War II in Russia, New York 1994, S. 185 f.

[22] Krylac, Ekaterina/Kul'cickij, Stanislav: Die Diskussionen in der Ukraine über die Schulbücher zur vaterländischen Geschichte, in: de Keghel, Isabelle/ Maier, Robert (Hg.): Auf den Kehrichthaufen der Geschichte? Der Umgang mit der sozialistischen Vergangenheit, Hannover 1999, S. 161–169.

[23] Hierzu Jilge, Winfried: Kulturpolitik als Geschichtspolitik. Der „Platz der Unabhängigkeit" in Kiev, in: Osteuropa (2003), Nr. 1, S. 33 ff., insbesondere S. 49.

KARTEN · 731

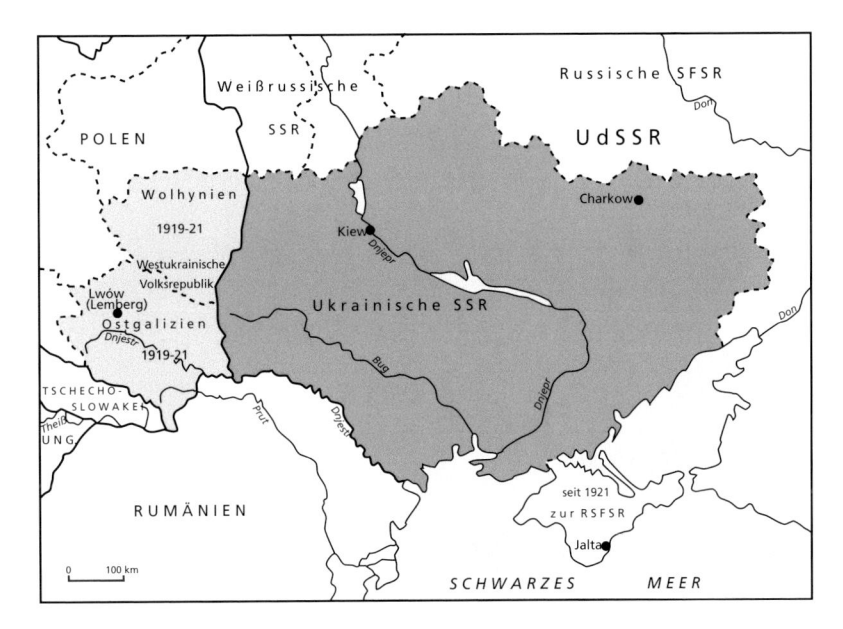

Nach dem Ersten Weltkrieg

Nach dem Zweiten Weltkrieg

Chronologie[1]

1900
Entstehung der Revolutionären Ukrainischen Partei (RUP), zu deren Forderungen eine „unteilbare, freie und selbständige Ukraine von den Karpaten bis zum Kaukasus" gehört.

1903
Die RUP wandelt sich zur Ukrainischen Sozialdemokratischen Arbeiterpartei (USDRP), in der eine auf nationaler Autonomie bestehende Fraktion um Symon V. Petljura mit einem internationalistisch argumentierenden Flügel konkurriert.

1917
Die Februarrevolution vom **10.** bis **13. März** (25.–28. Februar) führt zur Abdankung Nikolaus' II. und zur Ausrufung der Provisorischen Regierung des Russischen Reiches. Am **17.** (4.) **März** wird in Kiew die Central'na Rada (Ukrainischer Zentralrat) gebildet. Am **23.** (10.) **Juni** erklärt sie die Autonomie der Ukraine. Nach der Oktoberrevolution proklamiert die Central'na Rada am **20.** (7.) **November** die Ukrainische Volksrepublik (UNR), zu diesem Zeitpunkt noch als Teil eines zu bildenden föderativen russischen Staates. Dagegen rufen die Bolschewiki, nachdem es in den Städten, die besonders in der östlichen Ukraine vorwiegend von Russen bewohnt sind, zur Bildung von Komitees der Provisorischen Regierung und Sowjets der Arbeiter- und Soldatendeputierten gekommen ist, am **25.** (12.) **Dezember** in Charkow die Ukrainische Sozialistische Sowjetrepublik aus und beginnen mit der militärischen Besetzung der Ukraine, die durch Aufstände in den Städten unterstützt wird. Die Central'na Rada sucht die Unterstützung der Entente und später die der Mittelmächte.

1918
Am **25.** (12.) **Januar** erklärt die Central'na Rada die Unabhängigkeit der Ukraine. Am **8. Februar** (26. Januar) wird Kiew von den Truppen der Bolschewiki erobert. Am folgenden Tag schließen die Mittelmächte mit der Central'na Rada einen Separatfrieden und erkennen den unabhängigen ukrainischen Staat an. Nach dem Abbruch der Friedensverhandlungen mit Sowjetrußland eröffnen die Mittelmächte im **Februar** eine Offensive, die innerhalb weniger Wochen zur Besetzung der Ukraine durch deutsche Truppen führt. Kiew wird am **1. März** erobert. Am **27. August** muß Sowjetrußland in einer Zusatzvereinbarung zu dem am **3. März** geschlossenen Friedensvertrag von Brest-Litowsk die Unabhängigkeit der Ukraine anerkennen. Die nationale Opposition begründet im Sommer die Ukrainische Nationale Union, die gegen die von der deutschen Militärverwaltung anstelle der Rada eingesetzte Regierung Hetman Pavlo Skoropads'kyjs gerichtet ist. Am **14. November** bildet die Union eine Direktorium genannte Exekutive unter dem Vorsitz von Volodymyr Vynnyčenko. Ihre Truppen ziehen am **14. Dezember** in Kiew ein. In Lemberg formiert sich nach dem Zusammenbruch des Habsburgerreiches im **Oktober** ein Ukrainischer Nationalrat. Er ruft am **13. November** die Westukrainische Volksrepublik aus. Ebenfalls im **November** bilden die Bolschewiki in der Ostukraine eine ukrainische Sowjetregierung unter Georgij Pjatakov und Christian Rakovskij.

1919–1922
Die Westukrainische Volksrepublik und die Ostukraine vereinigen sich am **22. Januar 1919** zu einem gemeinsamen Staat. Im bewaffneten Konflikt um die Westukraine (Galizien), die auch von dem als Staat wiederentstandenen Polen beansprucht wird, werden die Westukrainer vom Direktorium nicht unterstützt, so daß sie im **Sommer 1919** den polnischen Truppen unterliegen. Am **10. September 1919** werden im Friedensvertrag von St.-Germain die Bukowina Rumänien und die Karpato-Ukraine der Tschechoslowakei zugesprochen. Die Ukrainische Volksrepublik bleibt außenpolitisch isoliert. Symon Petljura,

---

[1] Im Russischen Reich gilt bis zum **13.** (1.) **Februar 1918** der Julianische Kalender; Daten werden durchgehend nach dem dann eingeführten Gregorianischen Kalender angegeben, in Klammern stehen die dem Julianischen Kalender folgenden Entsprechungen.

der Nachfolger Vynnyčenkos als Vorsitzender des Direktoriums, geht, um seine national-ukrainischen Ziele verwirklichen zu können, am **2. Dezember 1919** ein Bündnis mit Polen ein, für das die Ukrainische Volksrepublik zugunsten des Bündnispartners auf die Westukraine verzichten muß. Das Bündnis wird im **April 1920** vertraglich abgesichert. Nach wechselhaften Kämpfen der Truppen der Ukrainischen Volksrepublik, die zeitweilig von der russischen Freiwilligenarmee unter dem 'weißen' General Anton Denikin und von polnischen Truppen unterstützt werden, mit der Roten Armee **1919** und **1920** unterliegt die Ukrainische Volksrepublik. Am **11. Juni 1920** erobert die Rote Armee zum vierten Mal die Stadt Kiew. Die Ukraine wird der Russischen Föderativen Sowjetrepublik (RSFSR) als autonome Republik angegliedert. Regierungssitz wird Charkow. Der Friedensvertrag von Riga, der am **18. März 1921** geschlossen wird, regelt die Grenzziehung zwischen Polen und der Sowjet-Ukraine. Die Sowjetregierung verzichtet zugunsten von Polen auf das westliche Wolhynien. Am **30. Dezember 1922** wird die Union der Sozialistischen Sowjetrepubliken (UdSSR) gegründet.

1923
Am **14. März** erkennen die Ententemächte die polnische Herrschaft in Ostgalizien vorläufig, für mindestens ein Vierteljahrhundert, an. Im **April** beginnt die „Ukrainisierung", die systematische Besetzung von Kaderstellen der ukrainischen Kommunistischen Partei (KP) mit einheimischen Kräften. Es beginnt eine soziale Differenzierung der Gesellschaft und die nationalkulturelle Entfaltung der Sowjet-Ukraine.

1924
Ukrainische Widerstandsgruppen beginnen in Galizien einen Kleinkrieg gegen die polnische Regierung.

1929–1930
In Wien wird die Organisation Ukrainischer Nationalisten (OUN) gegründet. Sie findet besonders viele Anhänger unter der ukrainischen Jugend in Galizien und organisiert Anschläge auf polnische Einrichtungen, Beamte und Grundbesitzer und mit den Polen kooperierende Ukrainer. In der Ukrainischen Sozialistischen Sowjetrepublik (SSR) beginnt die forcierte Industrialisierung und die Zwangskollektivierung der Landwirtschaft. Agitation soll die Bauern zum Eintritt in die Kolchosen bewegen, zunehmend werden sie aber gewaltsam dazu gebracht. Wer sich widersetzt, wird erschossen oder deportiert.

1932–1933
Eine Mißernte als Folge der Zwangskollektivierung und der Zwangsmaßnahmen zur Getreideablieferung führt zu einer Hungersnot. In der Ukraine verhungern vier bis sechs Millionen Menschen, ganze Familien und ganze Dörfer sterben aus.

1934
Die regionalen Führer der OUN in Galizien, unter ihnen Stepan Bandera, werden verhaftet und zu langen Gefängnisstrafen verurteilt.

1933–1938
Die stalinistische sogenannte Große Säuberung führt auch zu Verfolgungen in der Ukrainischen SSR. **1938** wird Russisch an ukrainischen Schulen Pflichtfach. Am **27. Januar 1938** wird Nikita S. Chruščev 1. Sekretär der Kommunistischen Partei der Ukraine.

1939
Nach Beginn des Zweiten Weltkrieges am **1. September** und als Folge des deutsch-sowjetischen Nichtangriffspaktes vom **23. August** marschiert die Rote Armee am **17. September** in der Westukraine (Galizien und Wolhynien) ein. Am **27. Oktober** werden diese Gebiete in die Ukrainische SSR eingegliedert.

1940
Die Nord-Bukowina und Bessarabien werden von sowjetischen Truppen besetzt. Die OUN spaltet sich in zwei Gruppierungen, eine unter Stepan Bandera, die ihre Basis in Galizien

hat und den bewaffneten Kampf der Westukrainer befürwortet, und die vor allem aus Emigranten bestehende Gruppe um Oberst Andrij Melnyk. In Krakau wird ein Ukrainisches Zentralkomitee begründet, das auf sozialem und kulturellem Gebiet für die ukrainische Bevölkerung im Osten Polens aktiv wird.

1941
Ohne vorherige Kriegserklärung beginnt am **22. Juni** der deutsche Angriff auf die Sowjetunion. Schon in den ersten Kriegstagen marschieren deutsche Truppen in die Ukraine ein, mit ihnen auch zwei von der OUN organisierte deutsch-ukrainische Bataillone. Besonders die nationalistische ukrainische Intelligenz erhofft von den deutschen Truppen die nationale Befreiung und Unabhängigkeit. Am **30. Juni** proklamieren Mitglieder der Gruppe der OUN um Stepan Bandera in Lviv einen souveränen ukrainischen Staat. Die deutschen Behörden unterstützen diesen jedoch nicht. Bandera und seine Mitkämpfer werden verhaftet. Am **20. August** wird das Reichskommissariat Ukraine unter Erich Koch gebildet. Galizien wird ein Teil des Generalgouvernements. Dort werden ukrainische Schulen wiederzugelassen und Ukrainer in den Lokalverwaltungen und bei der Polizei angestellt. Besonders ONU-Angehörige treten letzterer bei. Die Nord-Bukowina, Bessarabien und das Gebiet zwischen Dnjestr und südlichem Bug mit Odessa fallen an Rumänien. Für die Ukraine beginnt eine Epoche neuerlicher wirtschaftlicher Ausbeutung, Zwangsrekrutierung und Massenmordes. Weit über eine Million Ukrainer werden als Zwangsarbeiter in das Deutsche Reich deportiert. Am **29.** und **30. September** werden bei Massenexekutionen in Babij Jar bei Kiew über 30 000 Juden von Deutschen erschossen. Bis zum **November** wird die gesamte Ukraine von der Wehrmacht besetzt. Danach gehen die deutschen Behörden mit Erschießungen und Verhaftungen gegen die OUN vor.

1942–1943
Angehörige der OUN übernehmen **1942** die Führung der in der nordwestlichen Ukraine gegründeten Ukrainischen Aufstandsarmee (Ukrajins'ka Povstans'ka Armija, UPA) und beginnen einen Guerilakrieg gegen kommunistische Partisanen und polnische Siedler, später gegen die Rote Armee. Im **April 1943** wird in der Westukraine aus ukrainischen und volksdeutschen Freiwilligen die Waffen-SS-Division Galizien gebildet. Im **August 1943** erobert die Rote Armee Charkow zurück, im **November 1943** Kiew.

1944
Anfang des Jahres überschreitet die Rote Armee die polnische Grenze und besetzt die Westukraine, am **6. August** Lviv und am **24. Oktober** erstmals die Karpato-Ukraine. Damit befinden sich alle von Ukrainern bewohnten Gebiete unter sowjetischer Kontrolle.

1945
Nachdem die einzelnen Sowjetrepubliken **1944** Volkskommissariate für Verteidigung und Auswärtige Angelegenheiten gebildet haben, wird die Ukrainische SSR am **26. Juni** Gründungsmitglied der Vereinten Nationen. In der Westukraine setzt die immer noch mehr als 10 000 Mann zählende UPA ihren Kampf auch nach Kriegsende fort.

1946–1950
Im **März 1946** wird die Unierte Kirche in der Westukraine verboten und seitdem verfolgt. Sie wirkt weiter im Untergrund. Der Bevölkerungsaustausch zwischen der Ukrainischen SSR und Polen nach Neufestlegung der Westgrenze der UdSSR wird abgeschlossen. Etwa eine Million Polen wird in die deutschen Ostgebiete und etwa 500 000 Ukrainer werden aus Polen in die Westukraine umgesiedelt. In den Jahren von **1947** bis **1950** kommt es zu Verfolgungen innerhalb der Ukrainischen KP und zu einer Kampagne gegen den ukrainischen Nationalismus und ab **1948** zur Zwangskollektivierung der Landwirtschaft in der Westukraine. Bis **1949** werden mehrere 100 000 Westukrainer nach Sibirien deportiert und die Ansiedlung von Russen beginnt.

1954
Am **18. Januar** wird der 300. Jahrestag der Wiedervereinigung der Ukraine mit Rußland gefeiert. Chruščev verfügt den Anschluß der Krim an die Ukrainische SSR.

1956–1979
In der gesamten Periode werden alle freiheitlichen und nonkonformistischen Regungen, die von Gruppen der ukrainischen Intelligenz ausgehen, massiv verfolgt und unterdrückt, selbst wenn sich diese im Rahmen der Verfassung bewegen. Mit der Schulreform von **1958/59** beginnt die Förderung der russischen Sprache, das Ukrainische wird systematisch verdrängt. Im **November 1966** protestiert der ukrainische Schriftstellerkongreß gegen die Russifizierung. In den Jahren **1972/73** werden zahlreiche ukrainische Intellektuelle verhaftet. In der Ukraine gründet sich **1976** aus den Reihen der Opposition eine Gruppe, die die Einhaltung der Beschlüsse der Schlußakte der Konferenz für Sicherheit und Zusammenarbeit in Europa (KSZE) in der UdSSR überwachen will. In der Folge werden ihre Mitglieder verfolgt. In Prozessen wegen antisowjetischer Agitation und wegen Vaterlandsverrat werden Gerichtsurteile von Arbeitslagerhaft und Verbannung bis hin zu Todesstrafen ausgesprochen.

1985
Michail Gorbačev wird am **11. März** zum Generalsekretär des Zentralkomitees der KPdSU gewählt.

1986
Am **26. April** explodiert im ukrainischen Kernkraftwerk Tschernobyl Block 4 des Nuklearreaktors. Erst nachdem Nachrichten darüber aus dem Westen ins Land gelangen, geben sowjetische Behörden den Unglücksfall einige Tage später bekannt. Im **Juni** fordern ukrainische Schriftsteller ein Ende der Verdrängung der ukrainischen Sprache aus den Schulen und aus dem öffentlichen Leben.

1987
In der Ukraine beginnt die Perestrojka (ukr.: Perebudova). Erste ukrainische Dissidenten werden aus der Lagerhaft oder aus der Verbannung entlassen, in der ukrainischen Presse erscheinen kritische Artikel, Oppositionsgruppen werden gegründet.

1988
Die 1000-Jahr-Feier der Taufe der Kiever Rus' gibt den Anlaß für den ersten öffentlichen Auftritt der westukrainischen unierten Untergrundkirche. Im **April** werden Demonstrationen zum Jahrestag des Reaktorunglücks in Tschernobyl gewaltsam aufgelöst. Im **Juli** streiken die Bergarbeiter im Donbass.

1989
Mit der Taras-Ševčenko-Gesellschaft für ukrainische Sprache wird im **Februar** eine oppositionelle Organisation gegründet, die erstmals breitere Kreise der ukrainischen Bevölkerung anspricht. Beim Besuch Gorbačevs kommt es zu Mißfallensbekundungen der Bevölkerung. Der Gründungskongreß der Volksbewegung der Ukraine für die Perestrojka (Narodnyj ruch Ukrajiny za perebudovu) findet am **9. September** in Kiew statt. Im **November** wird die Unierte Kirche offiziell wiederzugelassen.

1990
Am **1. Januar** wird Ukrainisch Staatssprache. In der gesamten Ukraine kommt es im **Januar** zu nationalen Massenkundgebungen. Erste halbfreie Wahlen zum Parlament im **März** führen zu einem großen Erfolg der Volksbewegung in der Westukraine. Der Oberste Rat der Ukrainischen Sozialistischen Sowjetrepublik proklamiert am **16. Juli** die Souveränität der Ukraine innerhalb der Sowjetunion. Leonid Kravčuk wird Parlamentspräsident.

1991
Ein Putschversuch reformfeindlicher konservativ-kommunistischer Spitzenfunktionäre gegen Gorbačev am **19. August** scheitert nach drei Tagen. Am **24. August** kommt es zur Unabhängigkeitserklärung der Ukraine und zur Proklamierung des unabhängigen Staates Ukraine. Am **30. August** wird die Kommunistische Partei in der Ukraine verboten. Am **1. Dezember** wird die Unabhängigkeitserklärung durch eine Volksabstimmung mit überwältigender Mehrheit bestätigt (96 Prozent) und am **8. Dezember** Leonid Kravčuk zum ersten ukrainischen Präsidenten gewählt. In der Nähe von Minsk (Belovejskaja pušča) unter-

zeichnen die Präsidenten Weißrußlands, der Ukraine und der RSFSR ein Abkommen, durch das die Sowjetunion aufgelöst wird. Sie verkünden die Gemeinschaft Unabhängiger Staaten (GUS), die allen Mitgliedstaaten der UdSSR offensteht. Nach der Ratifizierung dieses Abkommens durch die Parlamente Weißrußlands, der Ukraine und der Russischen Föderation ist die am **30. Dezember 1922** gegründete Union der Sozialistischen Sowjetrepubliken aufgelöst.

1992
Im **Mai** wird ein ukrainisch-polnischer Freundschaftsvertrag geschlossen. Die Krim erhält am **30. Juni** weitgehende Autonomie innerhalb der Ukraine. Im **Oktober** wird eine neue Regierung unter Ministerpräsident Leonid Kučma gebildet. Die Ukraine scheidet im **Sommer** aus der Rubelzone der GUS aus und führt die sogenannte Kuponwährung ein. Die Volksbewegung der Ukraine für die Perestrojka erklärt sich im **Dezember** zur politischen Partei.

1993
Die Kommunistische Partei wird im **Mai** wiederzugelassen. Ministerpräsident Kučma tritt im **September** zurück und Präsident Kravčuk übernimmt die Regierungsgewalt.

1994
Wahlen auf der Krim ergeben eine Mehrheit für die Loslösung von der Ukraine, der daraus entstehende Konflikt kann aber bis zum **Juni** beigelegt werden. Im **März** erbringen erste freie Parlamentswahlen keine klaren Mehrheitsverhältnisse. Am **1. Juni** wird ein vorläufiges Partnerschafts- und Kooperationsabkommen mit der Europäischen Union (EU) geschlossen. Kučma wird in einer Stichwahl gegen Kravčuk zum Präsidenten gewählt.

9. November 1995
Die Ukraine wird in den Europarat aufgenommen.

1996
Die Hryvna wird im **Juni** als neue Währung eingeführt. Am **28. Juni** wird die neue Verfassung der Ukraine verabschiedet (Präsidialdemokratie).

1997
Eine Gemeinsame Deklaration über Verständigung und Aussöhnung vom **21. Mai** benennt strittige Fragen der jüngsten ukrainisch-polnischen Geschichte und bekundet den Willen zur Zusammenarbeit. Am **31. Mai** unterzeichnen die Präsidenten El'cin und Kučma einen Vertrag über Freundschaft, gute Nachbarschaft und Zusammenarbeit zwischen der Ukraine und Rußland. Ein Vertrag mit Rumänien über gute Nachbarschaft und Kooperation wird am **2. Juni** unterzeichnet.

14. November 1999
Leonid Kučma wird als Präsident wiedergewählt.

2000–2001
Ein umstrittenes Referendum im Jahre **2000** stärkt die Stellung des Präsidenten.

Literatur:
- Hausmann, Guido/Kappeler, Andreas (Hg.): Ukraine: Gegenwart und Geschichte eines neuen Staates, Baden-Baden 1993 (Nationen und Nationalitäten in Osteuropa, 1).
- Kappeler, Andreas: Kleine Geschichte der Ukraine, 2. Aufl., München 2000 (Beck'sche Reihe 1059).
- Lüdemann, Ernst: Ukraine, München 2001.
- Torke, Hans-Joachim (Hg.): Historisches Lexikon der Sowjetunion 1917/22 bis 1991, München 1993.

Weißrußland

Volkskrieg und Heldenstädte:
Zum Mythos des Großen Vaterländischen Krieges in Weißrußland

VON BERNHARD CHIARI UND ROBERT MAIER

Die weißrussische Gesellschaft und Kultur sind vom Zweiten Weltkrieg nachhaltig betroffen und geprägt worden. Während der drei Jahre, die Weißrußland Kriegsschauplatz war, kam jeder vierte oder gar jeder dritte Einwohner gewaltsam ums Leben. 1944 war das Land weitestgehend verwüstet, das gesellschaftliche Gefüge erschüttert, und die Menschen waren traumatisiert.

Doch sind es nicht nur die destruktiven Aspekte dieses Krieges, die das kollektive Gedächtnis der Menschen in Weißrußland beherrschen. Mit dem Großen Vaterländischen Krieg verbinden sich auch Stolz und Selbstwertgefühl. Für den Widerstand, den das weißrussische Volk den nationalsozialistischen Besatzern entgegengesetzt hatte, erhielt Weißrußland als Belorussische Sozialistische Sowjetrepublik (BSSR) nach dem sowjetischen Sieg den ehrenvollen Titel „Partisanenrepublik". Minsk wurde zur „Heldenstadt" (gorod-geroj) ernannt. Der Mythos vom „Volkskrieg" (vsenarodnaja bor'ba), in dem die sowjetische Partisanenbewegung gemeinsam mit der Roten Armee unter Führung der Kommunistischen Partei die deutschen Besatzer vertrieb, war ein zentraler Bestandteil weißrussischer Nachkriegsidentität.[1]

Der Anspruch der Moskauer Führung auf alleinige Formulierung der kollektiven Erinnerung an den Zweiten Weltkrieg wurde am 24. Juni 1945 mit der Siegesparade der Roten Armee in Moskau deutlich in Szene gesetzt. Diese Parade, unzählige Male durch Photographien und Filme für das kollektive Gedächtnis festgehalten, beendete symbolisch den Krieg gegen Deutschland und schloß für alle sichtbar dieses Kapitel größter Leiden für die Bevölkerung der gesamten Sowjetunion ab. Indem der sowjetische Sieg in Moskau gefeiert wurde, manifestierte sich der Anspruch der Führung, die Erinnerung an den Krieg von nationalen Hoffnungen und Manifestationen der Teilstaaten zu entkoppeln und den Sieg zukünftig als gesamtsowjetische Errungenschaft zur Grundlage des Wiederaufbaus zu machen. In den meisten Publikationen zum Kriegsende wird auch der Vorbeimarsch sowjetischer Regimenter der Weißrussischen Front über den Roten Platz gezeigt (Abb. BY 1 Mitte re. und u.). Die Truppen, die sich keineswegs nur aus Weißrussen rekrutierten und größtenteils von russischen Generälen geführt wurden, werden hier als Teil der gewaltigen Militärmaschinerie gezeigt, die unter Mobilisierung der gesamten Gesellschaft die Sowjetunion vor der vollständigen Besetzung und Zerschlagung bewahrt habe.

Monumentale Erinnerungen

Nach der Gewinnung der Eigenstaatlichkeit 1991 verlagerte sich aus weißrussischer Sicht der Ort des Triumphes ins eigene Land zurück. Seither gilt die Befreiung der Hauptstadt Minsk am 3. Juli 1944 als das zentrale Ereignis des Krieges. Das Monumentalgemälde von Valentin Volkov, einem der bekanntesten weißrussischen Maler, der eine Szene der Befreiung nachempfunden hat, wurde zu der am häufigsten verwendeten Chiffre des Sieges und fehlt bis heute in kaum einem weißrussischen Schulgeschichtsbuch (Abb. BY 2).

Zu sehen sind auf diesem Bild Zivilisten, die in den Ruinen von Minsk die sowjetischen Befreier begrüßen. Den Hintergrund beherrschen die Türme der Marien-Kathedrale, einem Wahrzeichen der Stadt, den Vordergrund dominiert der auf dem ersten Panzer der Kolonne stehende Soldat in Siegerpose. Einer Statue gleich zieht dieser den Blick auf sich und korrespondiert in seiner transzendentalen Erhabenheit mit dem Turm der Kirche. Die anderen Soldaten gehen im Getümmel der Bevölkerung auf. Sie nehmen Blumensträuße der Frauen sowie Glückwünsche entgegen, sind Objekte freudigen kindlichen Interesses und schütteln Hände, während am Himmel noch der Rauch der letzten Schlacht zu sehen ist.

Ein weiterer Kristallisationskern der Erinnerung an den Zweiten Weltkrieg ist der Ruhmeshügel „Kurhan Slavy" in der Nähe von Minsk, eine Gedenkstätte, die der Sowjetarmee, der „Befreierin Weißrußlands", gewidmet ist. Im sowjetischen Stil 1960 errichtet, ist sie bis heute eine bedeutende Pilgerstätte für die Bevölkerung und obligatorisches Ziel schulischer Exkursionen. Die Abbildung zeigt eine von vier riesigen Betonstelen, die Bajonette symbolisieren (Abb. BY 3 re.).

Der Mythos vom „Volkskrieg" transportierte die Vorstellung, die gesamte Bevölkerung habe sich geschlossen hinter der Kommunistischen Partei versammelt. Er verdeckte vollständig, daß in der letzten Kriegsphase auf dem Gebiet der BSSR nicht nur die deutsche Armee und die sowjetische Partisanenbewegung, sondern auch andere Gruppierungen um die Macht kämpften. So war der national-polnische Widerstand gegen die Besatzung im Rahmen dieses Mythos ebenso wenig präsent wie der national-weißrussische.

Die sowjetische Erinnerung an den Großen Vaterländischen Krieg war von Beginn an eine staatlich auferlegte Pflicht, auch wenn Not und Zukunftshoffnung der Nachkriegszeit dem

BY 1
Ceremonial'nyj marš svodnych polkov frontov na Krasnoj Ploščadi. Moskva 24 ijunja 1945 g.
Parade der vereinigten Regimenter der Fronten auf dem Roten Platz. Moskau, 24. Juni 1945, in: Velikaja Otečestvennaja vojna Sovetskogo Sojuza, Moskau 1984
Buch
Privatbesitz

BY 2
Valentin Viktorovič Volkov
Minsk, 3 ijulja 1944 g.
Minsk, 3. Juli 1944, Gemälde 1946–1953, in: Lavrentij S. Abecedarskij, Marija P. Baranova, Nina G. Pavlova: Istorija BSSR. Učebnoe posobie dlja učaščichsja srednej školy, Minsk 1972
Buch
Braunschweig, Georg-Eckert-Institut für internationale Schulbuchforschung
SU H-41 (11,72)

BY 3
Kurhan Slavy
Ruhmeshügel (Gedenkstätte bei Minsk), in: V. I. Anikin: Minsk, Minsk 2000
Buch
Privatbesitz

BY 4
Skul'ptar S. Selichanaŭ pracue nad maketam central'naj fihury memaryjal'naha kompleksu Chatyn'. 1969 g.
Der Bildhauer S. Selichanov arbeitet am Modell der zentralen Figur der Gedenkstätte Chatyn'. 1969, in: Uladzimir N. Sidarcoŭ, Vital' M. Famin, Sjarhej V. Panoŭ: Historyja Belarusi 1917–1996. Vučėbny dapamožnik dlja 9. klasa ahul'naadukacyjnaj školy z belaruskaj i ruskaj movami navučannja, Minsk 1999, S. 140
Buch
Braunschweig, Georg-Eckert-Institut für internationale Schulbuchforschung
BYH-3 (2,99)9

BY 5
Chatynskaj trahedyi
Die Tragödie von Chatyn', 2003
Briefumschlag,
11,5 x 16,1 cm
Privatbesitz

„Vergessenwollen" zunächst größeren Raum verschafften. Ende der 60er Jahre begann eine breite staatlich organisierte Pflege der Erinnerung an den Krieg. Überall wurden große Gedenkstätten gegründet oder ausgebaut.

So wurde 1969 zum 25. Jahrestag der Befreiung Weißrußlands die Gedenkstätte Chatyn' eingeweiht, die nicht allein an die Vernichtung dieses Ortes, sondern auch an die systematische Niederbrennung von insgesamt 619 weißrussischen Dörfern erinnert. Am 22. März 1943 hatte ein SS-Bataillon Chatyn' überfallen, seine Einwohner in eine Scheune gesperrt und alle Häuser angezündet. 153 Menschen – darunter 76 Kinder – verbrannten. Nur der Dorfschmied Iosif I. Kaminski und drei Kinder überlebten das Massaker. Nach dem Abzug der Deutschen fand der Schmied in den Trümmern der Scheune seinen schwerverletzten Sohn Adas, der in seinen Armen starb.

Jedem Weißrussen ist die zentrale Figur der Gedenkstätte, die Bronzeplastik des unbesiegten Menschen[2] von Sergej I. Selichanov bekannt, die den Schmied von Chatyn' mit seinem toten Sohn in den Armen zeigt. In dem Schulbuch von 1999 wird eine Photographie des Künstlers mit dem Modell der Figur abgedruckt (Abb. BY 4 re.). Nach heutigem weißrussischen Verständnis steht der Schmied für das weißrussische Volk, das unbesiegt aus den Leiden der Besatzung hervorgegangen ist. Zum 60. Jahrestag der Tragödie wurde von der weißrussischen Post ein Briefkuvert herausgegeben, das mit dem Bild der Bronzeplastik bedruckt ist (Abb. BY 5).

Der stark anwachsende innersowjetische Tourismus trug sehr zur Popularisierung der in dieser Zeit entstandenen Monumente und Museen bei. Ins Zentrum der Erinnerung rückte auch die heldenhafte Verteidigung der Brester Festung gegen die deutsche Wehrmacht. Die eindrucksvolle Festungs-Gedenkstätte wurde Anfang der 70er Jahre eröffnet. Im künstlerischen Schaffen war Brest aber schon seit dem Kriegsende stark präsent – so etwa im Werk von Petr A. Krivonogov, der zu den renommiertesten sowjetrussischen Malern zählte und Träger des Stalin-Preises war. Sein 1951 entstandenes Gemälde wird bis heute in vielen Veröffentlichungen zum Zweiten Weltkrieg abgebildet (Abb. BY 6).[3] Dargestellt ist der am 22. Juni 1941 beginnende Kampf um die Festung, als die Wehrmacht nach Beginn des „Unternehmens Barbarossa" in wenigen Tagen bis Minsk vorstieß und die gesamte BSSR besetzte. Die Besatzung der eingeschlossenen Festungsanlage verteidigte sich nach der Eroberung der Grenzstadt noch bis Ende Juli gegen die deutschen Truppen und wurde so zum Sinnbild für Todesverachtung und Opfermut der sowjetischen Soldaten.

„Zaščitniki" ist ein klassisches Schlachtengemälde, das einen Ausfall der schon stark angeschlagenen Verteidiger der Zitadelle gegen die übermächtigen, dunkel uniformierten Wehrmachtsoldaten zeigt. Die Festungsanlagen sind zwar bereits weitgehend zerstört, doch Bewegung und Initiative gehen von den sowjetischen Verteidigern aus. Der Gegenangriff wird von rechts nach links vorgetragen und steht damit bildhaft für die Abwehr der Bedrohung aus dem Westen. Die wehende Rote Fahne auf der Zitadelle in der Bildmitte unterstreicht die Unbeugsamkeit der Roten Armee und nimmt das siegreiche Ende vorweg. Die in der linken Bildhälfte liegenden deutschen Gefallenen stehen umgekehrt für die in der Zukunft liegende endgültige Niederlage der deutschen Wehrmacht. Vom Zusammenbruch der Roten Armee in den ersten Kriegswochen und ihrer Führungsschwäche zu Beginn des deutschen Kriegszuges läßt die Darstellung nichts ahnen.

Das Gemälde „Verteidiger der Brester Festung" nimmt eine Schlüsselstellung in der sowjetischen Bildtradition zum Zweiten Weltkrieg ein, die immer nur Siege und keine Niederlagen zeigt. Mit der Stilisierung der Brester Ereignisse wurde eine „Leerstelle" künstlich ausgefüllt und die desaströse Realität der ersten Kriegsmonate damit überspielt. Erst mit dem offiziellen Eingeständnis gravierender Fehler der militärischen Führung, namentlich Stalins, entfällt in der postsowjetischen Zeit diese legitimatorische Aufgabe.

Es ist bemerkenswert, daß nach dem Krieg gerade Brest zu einem sowjetischen Sinnbild für Heroismus und Opfermut der sowjetischen Soldaten wurde. Die Stadt, in der sich 1918 die bolschewistische Regierung dem Diktatfrieden der Mittelmächte beugen mußte und in der 1939 die deutsch-sowjetische Aufteilung Polens besiegelt wurde, war bis 1939 eine mehrheitlich polnisch und jüdisch besiedelte polnische Provinzstadt gewesen. Erst durch die Verteidigung der Festung 1941 erhielt sie ein heroisches sowjetisch-russisches Image.

Mit anderen Mitteln symbolisiert auch das Photo des Graffito an der Festungsmauer den Mythos um die Verteidigung der Brester Zitadelle (Abb. BY 7). Sowjetischen Quellen zufolge wurde es während der deutschen Belagerung von einem Soldaten der Festungsbesatzung in die Wand gekratzt. Die Inschrift, die heute in der Gedenkstätte der „Helden-Festung" als eine von mehreren gezeigt wird, ist seit längerem in Schulbüchern und Weltkriegsdarstellungen enthalten. Auch in aktuellen weißrussischen Schulbüchern hat das Graffito seinen festen Platz. Als authentische

BY 6
Petr Aleksandrovič Krivonogov
Zaščitniki Brestskoj Kreposti
Die Verteidiger der Brester Festung, Gemälde 1951, in: Tamara S. Golubeva, Lev S. Gellerštejn: Rasskazy po istorii SSSR dlja 4. klassa srednej školy, Moskau 1988, S. 186
Buch
Braunschweig, Georg-Eckert-Institut für internationale Schulbuchforschung
SU H-1 (15,88)

BY 7
Nadpis na scjane Brėsckaj krėpasci
Graffito an der Wand der Brester Festung, In: Uladzimir N. Sidarcoŭ, Vital' M. Famin, Sjarhej V. Panoŭ: Historyja Belarusi 1917–1996. Vučėbny dapamožnik dlja 9. klasa ahul'naadukacyjnaj školy z belaruskaj i ruskaj movami navučannja, 2-e vydanne, Minsk 1999, S. 74
Buch
Braunschweig, Georg-Eckert-Institut für internationale Schulbuchforschung
BY H-3 (2,99)9

Quelle, hinter welcher der reale Mensch sichtbar wird, scheint sie sich in der gegenwärtigen weißrussischen Überlieferung gegenüber den ideologisch verbrämten stalinistischen „Zeugnissen" sogar durchzusetzen. Schulbücher zitieren weitere Inschriften: „Ja umiraju, no ne sdajus'! Proščaj, Rodina" (Ich sterbe, aber ich ergebe mich nicht! Lebe wohl – Heimat).[4] Bestimmte dramatisierende Ausschmückungen der Erzählung, die sich dazu in sowjetischen Schulbüchern fanden, entfallen in der heutigen weißrussischen Überlieferung: z. B. aggressive Komponenten wie das angeblich mit Blut geschriebene „Tovarišči, otomstite za nas!" (Genossen, nehmt Rache für uns!).[5]

Freilich ist das heroisierende Bild, welches das Graffito vermittelt, nur ein Teil der Wahrheit. Etwa 400 Verteidiger der Festung, darunter die komplette Führung, gerieten doch in deutsche Gefangenschaft. Bis zum Tode Stalins waren sie Verdächtigungen und offizieller Verachtung ausgesetzt. Die Geschichtsschreibung ignorierte ihre Namen. Erst 1956, mit der „Tauwetter-Periode" begann ihre Rehabilitierung.

Sowjetmenschen und sowjetische Menschen im Krieg

Es ist ein wesentliches Charakteristikum des Stalinismus, daß Realität oftmals zu Fiktion verarbeitet und nur diese zugelassen wurde. Deshalb war es für die Machthaber in der Tat das nächstliegende, sich die Wirklichkeit so „malen zu lassen", wie man sie gerne haben wollte. Der wirkliche Mensch – der dem Ideal des sozialistischen Helden niemals hätte gerecht werden können – war in der stalinistischen Erinnerungskultur weitgehend unbekannt. Grundsätzlich änderte sich daran während der gesamten Sowjetzeit nichts. Denkmäler, Gedenkstätten, eine unüberschaubare Zahl von Publikationen, Filmen und Kunstwerken tradierten und pflegten den Kult des heroischen sowjetischen Siegers. Allerdings wurden mit der Zeit die Formen moderater und die Motive lebensnäher. Den „Altarbildern" des Stalinismus zur Thematik des Großen Vaterländischen Krieges wurde zunehmend authentisches Material zur Seite gestellt: Photos, Dokumente, Filme, persönliche Aufzeichnungen. Diese Quellen zeigten auch das, was in der individuellen Erinnerung, der mündlichen Überlieferung tradiert wurde und vielfach dominant war: den Krieg als Zeit des Leidens. Im persönlichen Gespräch wurde der Krieg seit jeher weniger mit dem Epitheton „vtoraja mirovaja" (Zweiter Welt-) oder „velikaja otečestvennaja" (Großer Vaterländischer), sondern häufiger mit „strašnaja" (schrecklicher) verbunden. Die neue Ausrichtung bewirkte, daß sich die Kluft zwischen offizieller Darstellung und persönlicher Erinnerung verringerte. Auch ließ sich die Glaubwürdigkeit der Propagandathesen dadurch wesentlich erhöhen. Die Darstellung des Leidens erreichte nun auch eine neue Generation, der die Schreckensbilder des Krieges nicht mehr aus eigener Anschauung bekannt waren.

Bilder, die an den deutschen Terror, an „Säuberungen", Racheaktionen und Vertreibungen sowie an den eigenen verlustreichen Widerstand im Partisanenkampf erinnern, wurden der Bevölkerung der UdSSR und mithin Weißrußlands in dosierter Form zugänglich gemacht. Auffällig ist, wie stark Frauen in dieser Erinnerungspolitik instrumentalisiert wurden. Hinweise auf die Nationalität der Helden bzw. Heldinnen und wie auch der Opfer enthalten die Photodokumente bis zum Beginn der 90er Jahre jedoch kaum. Auch der Mord an den Juden wird nicht thematisiert.

Der weit über militärische Aktionen hinausgehende Vernichtungskrieg, den die deutsche Wehrmacht führte, ist ein zentraler Topos in der Erinnerung geworden. Große Bekanntheit erlangte das im September 1943 aufgenommene Photo zweier Frauen, die einen erschossenen Angehörigen betrauern (Abb. BY 8). Dabei handelt es sich um V. A. Pečenkinin aus dem Dorf Lubaviči im Rayon Budinskij. Der Ermordete – dies legt die Aufnahme durch einen sowjetischen Photographen nahe – war Opfer eines Massakers, vermutlich einer deutschen „Vergeltungs-" oder „Befriedungsaktion". Die Toten sind zur Identifizierung in eine Reihe gelegt. Die beiden Frauen (Mutter und Tochter) haben ihren Angehörigen erkannt, und ihre Mimik und Gestik drücken Schmerz und Verzweiflung aus. Bilder dieses Typus rücken neben dem Tod der Männer das Leid der hinterbliebenen Frauen in den Vordergrund. In solchen Darstellungen fanden sich Millionen Mütter und Witwen in ihrer persönlichen Wahrnehmung der Leiden des Krieges wieder. Das Motiv kann universelle Geltung beanspruchen. Es übermittelt im Grunde nur eine einzige Botschaft: „Nie wieder Krieg". Wir finden es deshalb ausschließlich in späten Nachkriegsdarstellungen, fast immer nur als Ergänzung zu Illustrationen mit klaren politischen Aussagen, welche die Verteidigung der Heimat glorifizieren. In einem solchen Kontext wird die pazifistische Ausstrahlung und potentiell lähmende Wirkung des Photos aufgefangen. Es verleiht einer so arrangierten Darstellung des Krieges Authentizität, entfaltet seine Wirkung speziell auf weibliche Rezipienten und wird schließlich doch für legitimatorische Zwecke nutzbar. In unserem Beispiel wird die Photographie in diesem propagandistischen Sinne verwendet, ohne auf die Herkunft oder den Inhalt einzugehen, wie durch die Beschreibung deutlich wird.

Im Verlauf des Krieges machten deutsche Besatzungskräfte Hunderte von „partisanenfreundlichen" weißrussischen Dörfern dem Erdboden gleich, ermordeten die Bewohner – vor allem die männlichen – oder deportierten sie zur Zwangsarbeit nach Deutschland. Da die weißrussischen Siedlungen zunehmend Ziele von Versorgungsstreifzügen sowjetischer und anderer Widerstandsgruppen waren, die ihrerseits die Loyalität der Dorfbewohner mit brutalen Maßnahmen zu erzwingen suchten, geriet die ländliche Bevölkerung in einen unlösbaren Konflikt. Sie mußte sich – wie es der weißrussische Schriftsteller Valentin Taras ausdrückte – einerseits vor den Deutschen und andererseits vor den Partisanen retten.[6] Diese Sichtweise wäre in sowjetischer Zeit als ein Staatsverbrechen gewertet worden. Im heutigen Weißrußland wirkt sie stark polarisierend. Eine auf einer Photographie abgebildete Frau symbolisiert in gewisser Weise diese Ausweglosigkeit, in die die Bevölkerung geraten war (Abb. BY 9). Vielleicht wählten auch deshalb die Herausgeber des sowjetischen Quellenbandes für das Bild die martialische Unterschrift „Die blutigen Verbrechen der faschistischen Henker", um jene zweideutige Interpretation, die Taras andeutete, erst gar nicht aufkommen zu lassen.

Das Photo zeigt eine alte Frau, die zwischen erschossenen Menschen umherwankt. Fassungslos vor Entsetzen breitet sie ihre Arme aus. Die Leichen liegen am Boden, so wie ihre Mörder sie hinterlassen haben. Alles deutet auf ein Massaker hin. Dem Photo ist indes nicht zu entnehmen, wer die Täter waren.

BY 8
Dlja mnogich smoljan radost' osvoboždenija ot strašnogo fašistskogo jarma byla omračena bezyschodnym gorem: v den' osvoboždenija oni razyskali trupy svoich blizkich, o sud'be kotorych ničego ne znali, poka te nachodilis' v zastenkach gestapo
Für viele Smolensker wurde die Freude über die Befreiung vom schrecklichen faschistischen Joch durch unsagbaren Kummer getrübt. Am Tag der Befreiung entdeckten sie die Leichen ihrer Angehörigen, von deren Schicksal sie nichts wußten, solange diese sich in den Folterkellern der Gestapo befanden, in: Nikolaj Michajlovič Afanas'ev, Michail Anatol'evič Trachman, V. V. Kazarinov: Velikaja Otečestvennaja vojna 1941–1945 v fotografijach i kinodokumentach, Moskau 1978, Bd. 3, S. 364
Buch
Berlin, Staatsbibliothek zu Berlin – Preußischer Kulturbesitz
29MB1963-3

BY 9
Krovavye zlodejanija
fašistskich palačej
Die blutigen Verbrechen der
faschistischen Henker, in:
Pantelejmon K. Ponomarenko:
Vsenarodnaja bor'ba v tylu
nemecko-fašistskich
zachvatčikov 1941–1944,
Moskau 1986
Buch
Berlin, Staatsbibliothek zu
Berlin – Preußischer
Kulturbesitz
41MA9361

Die Erinnerung an die unerhörten Grausamkeiten der nationalsozialistischen Besatzer wurde dazu genutzt, das nach der Befreiung erneut installierte kommunistische Regime moralisch zu legitimieren. Die politische Führung interpretierte den Sieg ausschließlich als sowjetische Leistung.[7] Während der Besetzung Weißrußlands hatten allerdings verschiedene Bevölkerungsgruppen unterschiedliche Ziele verfolgt – daß einige dabei auch gegen die Sowjets vorgegangen waren, blieb unerwähnt. Viele Einwohner der BSSR hatten sich sogar mit den deutschen Besatzern arrangiert und ihnen in der einheimischen Hilfsverwaltung z. B. als Bürgermeister, Leiter landwirtschaftlicher Betriebe, Polizisten und Bewacher der Ghettos gedient. Auf diese Weise hatten sie versucht, sich selbst und ihren Familien das Leben durch Erfüllung der deutschen Auflagen zu sichern.[8] Die Kollaboration war ebensowenig Gegenstand der offiziellen Erinnerung wie das Problem der polnischen Minderheit in der BSSR, die Annektierung der polnischen Ostgebiete 1939, territoriale Fragen wie der Streit zwischen Polen, Litauern und Weißrussen um das Wilnagebiet, der ukrainische und polnische nationale Widerstand oder das Schicksal der Juden.[9] Das Bild vom „Volkskrieg" stellt vielmehr bis heute den erfolgreichen militärischen Kampf der Sowjets gegen die deutsche Besatzungsmacht in den Vordergrund.

Der Mythos vom Partisanenkrieg

Bilder vom Widerstand kennt in Weißrußland jedes Kind. Bücher, Photos, Denkmäler oder Gedenkfeiern brachten die vielfältigen Ereignisse auf die einfache Formel der Partisanenbewegung. Den Abwehrkampf gegen ein unmenschliches Terrorregime führte danach allein die Kommunistische Partei von Moskau aus. Sie schuf und befehligte eine mächtige Untergrundorganisation, die als Teil der Roten Armee in den besetzten Gebieten die Befreiung der BSSR und den endgültigen Sieg über das nationalsozialistische Deutschland vorbereitete. Das Bild von moralischer Überlegenheit, Tapferkeit und Opfermut in Verbindung mit der Partisanentätigkeit, die die deutschen Besatzungsbehörden zermürbt und an der Erreichung ihrer Ziele gehindert habe, wurde zum Mythos entwickelt. Die heldenhafte Selbstaufopferung einzelner zog nach dem Krieg heiligengleiche Verehrung nach sich.

Geographisch bot Weißrußland wegen seiner großen Sumpf- und einiger Waldgebiete sowie einem Netz von Wasserläufen und Bächen ideale Voraussetzungen für einen Guerillakrieg.

Vor allem im ersten Jahr nach dem deutschen Einmarsch war noch nicht daran zu denken, deutsche Garnisonen oder Polizeistationen anzugreifen. Lohnende Ziele waren hingegen die von deutschen Truppen genutzten Verkehrslinien, wobei die Eisenbahnstrecken in West-Ost-Richtung besonders wichtige Ziele für Sabotage waren. Die Anschläge stellten bald ein erhebliches logistisches Problem für die Wehrmacht dar und banden bedeutende Kräfte zur Sicherung der Schienenwege. Den Nachkriegsgenerationen prägten sich besonders Darstellungen unterbrochener Bahngleise und zerstörter Züge ein. Eines der bekanntesten Photos zeigt die verformten Reste eines deutschen Güterwaggons, der von der Gewalt einer Minenexplosion vom Gleis geschleudert worden und auf dem Dach liegengeblieben war (Abb. BY 10). Das Wrack, dem eines der beiden zweiachsigen Drehgestelle fehlt, symbolisiert die machtvollen Schläge, die die Partisanenbewegung nach sowjetischer Darstellung seit Beginn des Krieges gegen die Wehrmacht führte. Vorangestellt wird dieser Photographie das Bild zweier Partisanen, die Sprengladungen an Eisenbahngleisen befestigen. Der „Schienenkrieg" wurde in der sowjetischen Historiographie zu einem Glanzstück erfolgreicher Kriegsführung hypostasiert und mit geradezu phantastischen Zahlen verbunden.

Derlei Bilder prägen bis heute die zuweilen romantisierenden Vorstellungen von einer heroischen Partisanenbewegung in der Öffentlichkeit. Die dargestellten Partisanengruppen, Untergrundzirkel, -kolchosen und -schulen sollten die Funktionsfähigkeit sowjetischer Strukturen während des gesamten Krieges symbolisieren.

In diese Tradition fügt sich die erst 1995 entstandene Zeichnung ein, die für ein Schulbuch der vierten Klasse angefertigt wurde (Abb. BY 11).[10] Das Bild zeigt in der Manier einer Kinderbuchillustration vier Kinder, die im Wald in Mathematik unterrichtet werden. Die Tafel ist provisorisch zwischen zwei Bäumen befestigt. Die Kinder sind ganz bei der Sache. Doch die Idylle trügt. Die Lehrerin trägt am Gurt eine Pistole; Waffenlager, Wachhund, eine getarnte Hütte und ein im Hintergrund vorbeireitender Partisan suggerieren Verteidigungsbereitschaft und eine relative Sicherheit, machen aber zugleich auf die Bedrohung aufmerksam.

Auch das Bild „Frühling im Partisanengebiet" versucht die Illusion eines „normalen" sowjetischen Lebens im Partisanengebiet zu stützen (Abb. BY 12). Ein bewaffneter Kolchosbauer pflügt unbeirrt das Feld, um anschließend Kartoffeln zu setzen. Seine Familie blickt voller Vertrauen auf ihn. Der älteste Junge schaut auf das Pferd, das trotz der Arbeit vor dem Pflug einen Sattel trägt, bereit, den Bauern als Partisanen in den Kampf zu tragen. In dem Bild von Ramanaŭ sind Bauer (das Volk) und Partisan (der Widerstand) identisch. So wird nicht allein eine Verbindung zwischen Volk und Partisanenbewegung geknüpft, sondern auch der Überlebenswillen der Bevölkerung dargestellt.

Heute werden starke Zweifel an dieser heroisierenden Sichtweise laut. Das Leben in der Kriegsgesellschaft Weißrußlands war auch von Chaos, individuellem Überle-

BY 10
Partizany minirujut železnodorožnoe polotno. Nemeckij ėšelon, puščennyj pod otkos sovetskimi partizanami. Belorussija, 1943 g.
Partisanen verminen eine Eisenbahntrasse. Deutscher Zug, von der Böschung gestürzt durch sowjetische Partisanen. Weißrußland 1943, in: Istorija vtoroj mirovoj vojny 1939–1945, Moskau 1976, Bd. 7
Buch
Berlin, Staatsbibliothek zu Berlin – Preußischer Kulturbesitz
29MB1893

BY 11
Nikolaj Ryžij
U ljasnoj škole
In der Waldschule, in: Valjancina L. Belaja, A. P. Žytko, U. K. Pljaševič, A. P. Prajanoŭski: Maja radzima – Belarus'. Padručnik dlja 4. klasa, Minsk 1996, S. 200
Buch
Braunschweig, Georg-Eckert-Institut für internationale Schulbuchforschung
BY H-8 (1,96)

BY 12
Sjarhej H. Ramanaŭ
Vjasna v partyzanskaj zone
Frühling im Partisanengebiet,
Gemälde 1981, in: Jaŭhen
K. Novik: Historyja Belarusi
kanec XVIII st. – 1999 g.
Vučėbny dapamožnik dlja
11. klasa ahul'naadukacyjnaj
školy z belaruskaj i ruskaj
movami navučannja, Minsk
2000, S. 150
Braunschweig, Georg-Eckert-
Institut für internationale
Schulbuchforschung
BY H-3 (1,2000)11

BY 13
Michail Andreevič Savickij
Partizanskaja Madonna
Partisanenmadonna, 1967
Öl/Leinwand, 190 x 170 cm
Moskau, Gosudarstvennaja
Tret'jakovskaja Galereja
ЖС-803ггг

benskampf, Skrupellosigkeit, Bürgerkrieg und wechselnden militärischen Koalitionen geprägt. Eine absolute moralische Integrität des kommunistischen Widerstandes entsprach ebenso wenig dem realen Gesicht des Krieges. Auch die neue Sprachregelung im heutigen Weißrußland, die von einer „weißrussischen Partisanenbewegung" ausgeht, wird dieser komplexen historischen Situation nicht gerecht.

Seit den 60er Jahren verbinden sich die Ölgemälde Michail A. Savickijs mit der kollektiven weißrussischen Erinnerung an den Zweiten Weltkrieg. Savickij war als Häftling in Buchenwald und Dachau gewesen. Seine auch in die postsozialistische Zeit hineinreichende Popularität erlangte er durch seine Darstellungen der „Partisanenmadonna" (Abb. BY 13).

Der Blick des Betrachters wird auf eine junge Bäuerin gelenkt, die gerade ihr Kind stillt. Sie ist umgeben von einem Szenario, das aus einer trauernden alten Frau, aufgestellten Gewehren und in den Kampf ziehenden Männern besteht. Die marschierenden Krieger bewegen sich auf ihrer Heimaterde, die in ihrer Farbigkeit den Goldgrund der Ikonen zitiert. Die stillende Mutter ist der ruhende Pol des Bildes. Sie strahlt unerschütterlichen Gleichmut aus und gibt den Partisanen die Kraft, sich der schweren Bedrohung des Einsatzes zu stellen. In ihrer körperlichen Unversehrtheit und prallen Mütterlichkeit symbolisiert sie die Unzerstörbarkeit des menschlichen Lebens inmitten einer zerbrochenen Welt. Das Bild ist auch heute noch populär.

In dem Madonnen-Motiv vermischen sich religiöse und patriotische Bezüge. Mit dem vertrauten religiösen Symbol wird assoziativ die Einheit der Menschen mit ihrem Land dargestellt, die ihnen die Kraft gibt, an ein Überleben zu glauben und zu siegen. In der russischen Rezeption wird das Bild der Madonna nicht nur mit weiblicher Schönheit, Fürsorge und Mütterlichkeit verbunden, sondern auch mit dem Schutz der Heimat. In einem späteren, 1978 entstandenen Gemälde Savickijs, der „Partisanenmadonna von Minsk", tritt die dem „sozialistischen Realismus" verpflichtete Darstellung der Partisanenmadonna noch weiter zurück zugunsten einer stärkeren Akzentuierung des Religiösen. Hier könnte man die Madonnenfigur geradezu als ein Zitat des berühmtesten religiösen Bildwerks des 19. Jahrhunderts in Rußland, „Javlenie Christa narodu" von Aleksandr Ivanov, ansehen, und auch eine Verwandtschaft zu Viktor Vasnecovs „Bogomater'" in Kiew ist zu erahnen (vgl. Abb. BY 4 li.).[11] Die Einbindung ins bäuerliche Milieu bleibt jedoch erhalten, weswegen die sowjetischen Ideologiewächter keinen Anstoß an diesen Darstellungen nahmen. Sie wurden als poetische Frauenbilder rezipiert, die sich durchaus in den Dienst der staatlichen Propaganda stellen ließen. Ohne Zweifel war die Lesart der Bevölkerung eine andere. Auf dem latent religiösen Gehalt beruhte die Popularität der Bilder. Als nach dem Ende des Kommunismus eine offen religiös motivierte Beschäftigung mit der Vergangenheit möglich wurde, katapultierte dies die Bilder Savickijs ins Rampenlicht der Öffentlichkeit. Die „Partisanenmadonna (von Minsk)" lieferte 2000 die Vorlage für die offizielle Gedenkbriefmarke zum 55. Jahrestag des Kriegsendes (Abb. BY 14), nachdem sie schon 1999 in ein weißrussisches Schulbuch Eingang gefunden hatte.[12] Die Erinnerung an das Grauen des Krieges ist damit auch offiziell wieder dort angekommen, wo Menschen in Weißrußland seit jeher Trost suchten – in der Kirche.

BY 14
Michail Andreevič Savickij
Partizanskaja Madonna Minskaja
Partisanenmadonna von Minsk, Gemälde 1978, 2000
Briefmarke
Bonn, Archiv für Philatelie.
Museumsstiftung Post und Kommunikation

Die stärkste erzieherische Wirkung versprach man sich von den heldenhaften Partisanen, die für ihre kommunistische Überzeugung und patriotische Gesinnung gestorben waren. Die nachfolgenden Generationen sollten diese Helden ehren, indem sie sich deren Ideale bedingungslos zu eigen machten und sich damit ihres Opfers würdig erwiesen.

Ein eindrucksvolles Photo aus einer Serie, die im Dezember 1941 in Minsk von einem deutschen Photographen aufgenommen worden war, sollte in diesem Sinne wirken (Abb. BY 15). Das Bild zeigt einen bärtigen Mann, eine junge Frau und einen sehr jungen Mann, fast noch ein Kind, vor ihrer Hinrichtung. Sie sind umringt von deutschen Soldaten und weißrussischer Zivilbevölkerung, die das unmittelbar bevorstehende Ereignis erwarten. Zur Hinrichtung sind den Gefangenen bereits die Hände auf dem Rücken zusammengebunden. Der jungen Frau hat man ein Schild umgehängt, auf dem die Gefesselten in deutscher und russischer Sprache „bekennen", ein Attentat auf deutsche Soldaten verübt zu haben. Die Photographie ist unter den Bildern dieses Typus (Gefangene mit umgehängten Schildern) sicherlich das meistverbreitete – weit über Weißrußland hinaus. Zahlreiche Veröffentlichungen zum Großen Vaterländischen Krieg der Sowjetunion druckten es ab. Es findet sich in einem sowjetischen Schulbuch von 1969[13] ebenso wie in einem weißrussischen von 1999[14], wobei im letzten Fall kein kommunistischer Bezug hergestellt wird. Die beiden Männer wurden kurz nach dem Krieg identifiziert, die Frau dagegen galt offiziell als unbekannt. Dem Regisseur Lev Arkadiev, der 1968 bei der Arbeit an einem Dokumentarfilm über den Krieg auf die Photoserie stieß, gelang nach intensiven Recherchen die Identifizierung der Frau als Maša Bruskina, 17jährige jüdische Angehörige des Minsker Untergrundes. Die

BY 15
Gitlerovskie palači vedut na kazn' učastnikov kommunističeskogo podpol'ja Minska. Oktjabr' 1941 goda.
Die hitleristischen Henker führen Mitglieder des kommunistischen Untergrunds von Minsk zur Hinrichtung. Oktober 1941, in: Il'ja B. Berchin, Michail I. Belen'kij, Maksim P. Kim: Istorija SSSR. Epocha Socializma. Učebnoe posobie dlja srednej školy, Moskau 1969, S. 262
Buch
Braunschweig, Georg-Eckert-Institut für internationale Schulbuchforschung
SU H-15 (6,69)10–11

Identifizierung der Frau wurde von einem Moskauer Kriminologen erhärtet, der die Zeugenaussagen überprüft hatte. Doch die Identifizierung fand keine Anerkennung: die Frau auf dem Photo blieb offiziell eine Unbekannte. Weitere Untersuchungen unterblieben. Erst im Herbst 1996 fand in Minsk eine Konferenz zu diesem Thema statt, auf der jedoch die weißrussischen Historiker bei ihrer Auffassung blieben, die Identität der Frau bis zu einem vollständigen und zweifelsfreien Beweis als ungeklärt anzusehen.[15] Manche westliche Beobachter unterstellten, daß eine Jüdin nicht ins Bild passe und dies der Grund für die Zurückhaltung sei. Weißrussischer Antisemitismus lasse es nicht zu, den Juden einen prominenten Stellenwert im Widerstand zuzuerkennen.

Umstritten ist mittlerweile auch – allerdings nicht wegen ihrer Identität, sondern bezüglich ihrer Leistung – die Person der Russin Zoja A. Kosmodem'janskaja, die wie kaum eine andere – so auch in Weißrußland – das Heldentum des sowjetischen Widerstandes verkörperte. Sie hatte sich im Oktober 1941 als achtzehnjährige Schülerin einer Partisanengruppe der staatlichen Jugendorganisation (Komsomol) angeschlossen. Infolge von Verrat wurde sie in der Nähe des Dorfes Petriščevo beim Versuch gefangengenommen, Feuer an einer Scheune zu legen, die deutschen Soldaten als Unterkunft diente. Auch unter Folter soll sie keinerlei Angaben über ihre Mitkämpfer gemacht haben. Eine Photographie bildet sie nach ihrer Hinrichtung durch deutsche Soldaten am 21. November 1941 ab (Abb. BY 16).

Die Photographie zeigt Kopf und Oberkörper einer grauenhaft mißhandelten Frau. Die Aufnahme stammt von dem sowjetischen Kriegsberichterstatter Sergej N. Strunnikov und wurde am 27. Januar 1942 mit einem Artikel von Petr Lidov in der Pravda veröffentlicht. In einer sich schnell verselbständigenden Kampagne wurde Zoja Kosmodem'janskaja zu einer „sowjetischen Jeanne d'Arc" stilisiert. Nach Erscheinen des Pravda-Artikels wurde ein Rundfunkauftritt von Zojas Mutter arrangiert; es entstand ein populäres Lied über sie, „Pesnia o Tane partizanke" (Lied über die Partisanin Tanja), das Pioniergruppen bei Lazarettbesuchen sangen; ein Film von Lev Arnstam, „Zoja", zeichnete 1944 ihr Leben nach; in geradezu hagiographischer Weise befaßten sich allein bis 1945 fast zwanzig verschiedene Publikationen mit ihr, darunter Kinder- und Jugendbücher. Im März 1943 erhielt sie post mortem den Titel „Held der Sowjetunion". Generationen von Pionieren und Komsomolzen galt sie seither als Vorbild; der Ort ihres Martyriums wurde zu einer Pilgerstätte.

Der Kosmodem'janskaja-Mythos knüpft an das aus der Antike stammende Heldinnen-Stereotyp der „patriotischen Jungfrau in Waffen" an. In ihm sind Werte wie Mut, Standhaftigkeit, Reinheit, aber auch Streitbarkeit, Entscheidungsfähigkeit und Leidenschaftlichkeit aufgehoben und abrufbar gemacht. Sehr wahrscheinlich war das obige Photo entscheidender Auslöser der Mythologisierung. Es unterschied sich deutlich von den sonst üblichen Darstellungen jener Zeit. Zum einen war die Abbildung einer entblößten weiblichen Brust ein Tabubruch, zum anderen bewirkte der Anblick ihrer brutalen Verletzung tiefe Er-

BY 16
Zoja Kasmadzjam'janskaja, veska Pjatryščava. 21. 11. 1941 g. Pavešana u vëscy Zoja Kosmodem'janskaja, am 21. 11. 1941 in der Nähe des Dorfes Petriščevo hingerichtet, in: Johannes Schlootz (Hg.): Njameckaja prapahanda na Belarusi 1941–1944: kanfrantacyja pamic prapahandaj i rėcaisnascju. Vystaŭka ŭ Berline i Minsku, Berlin 1996, S. 13
Buch
Berlin, Staatsbibliothek zu Berlin – Preußischer Kulturbesitz
3A66131

schütterung über die Schändung einer jungen Frau. Das Bild mußte jeden – speziell jeden Mann –, der nicht sein Leben im Kampf gegen den Feind einzusetzen bereit war, beschämen. Die Grenzüberschreitung in der Darstellung soll eine Entgrenzung der ausgelösten Gefühle bewirken: Haß gegen die Unterdrücker, Rache für die erfahrene Entehrung.[16]

Dem Kosmodem'janskaja-Kult haftete jedoch zu viel Sowjetisches, ja Stalinistisches an, als daß er ungebrochen in die postsozialistische Zeit hätte überführt werden können. In einem Artikel der Isvestija vom 2. Februar 2000 wurde die NKVD-Zugehörigkeit Zojas namhaft und ihre Brandstiftung der zweifelhaften Stalinschen Strategie der „verbrannten Erde" zugeordnet. Der Enkel desjenigen, der Zoja an die Wehrmacht verraten hatte, scheiterte zwar jüngst mit seinem Antrag auf Rehabilitierung seines von den Sowjets hingerichteten Großvaters, aber die Meinung im Dorf Petriščevo ist in dieser Frage heute mehr denn je geteilt.[17] Andere sehen im Schicksal Zojas lediglich ein Beispiel für die sinnlose Opferung von Menschen im Krieg. In Weißrußland ist sie im Schulbuch für Weltgeschichte mit einer Illustration vertreten – allerdings nicht mit dem obigen Photo, sondern einem weniger expressiven Bild, das sie kurz vor ihrer Hinrichtung zeigt. Ihr ist ein Schild umgehängt, das sie der Brandstiftung an Häusern bezichtigt (Abb. BY 17).[18]

BY 17
Z. Kosmadzjam'janskaja perad pakarannem smercju
Zoja Kosmodem'janskaja vor der Hinrichtung, in: Henadz' A. Kosmač: Susvetnaja historyja novejšaha času: Vučėbny dapamožnik dlja 9. klasa ahul'naadukacyjnaj škol z belaruskaj movaj navučannja, Minsk 1998, S. 144
Buch
Braunschweig, Georg-Eckert-Institut für internationale Schulbuchforschung
BY H-11 (1,98)9

Wandel oder Kontinuität nach 1991?

Die Darstellungen der weißrussischen Geschichte kreieren ihre „eigenen" Helden – seit 1991 mit besonderer Nachdrücklichkeit. An erster Stelle ist hier Vera Z. Choružaja zu nennen, deren Porträt jeder Weißrusse aus dem Schulbuch kennt. Sie wird allerdings heute nicht nur für ihre mutigen und mit dem Leben bezahlten Untergrundaktionen bei Witebsk geehrt, sondern auch für ihren Widerstand gegen die polnische Herrschaft in den westlichen Gebieten Weißrußlands vor deren Angliederung an die Sowjetunion 1939. In ihrer Person vereinigt sich der antipolnische Befreiungskampf der weißrussischen Nation mit dem antifaschistischen Martyrium.

Trotz solcher Beispiele ist bis heute nur schwer auszumachen, worin der genuin „weißrussische" Anteil am „Volkskrieg" eigentlich bestand. Die Auflösung der Sowjetunion verlief in Weißrußland ähnlich wie in anderen Republiken. Von großer Bedeutung für die Erosion des sowjetischen Bewußtseins in der BSSR war die Explosion eines Atomreaktors 1986 im ukrainischen Tschernobyl. Der Unfall, der große Gebiete Weißrußlands verstrahlte und dessen Dimension lange von den sowjetischen Behörden verschwiegen wurde, war ein wichtiger Beitrag zur Diskreditierung der Führung bei ihren Untertanen und zusätzlicher Anlaß für eine eigenstaatliche Orientierung. Diese Tendenz erhielt 1988 weitere Nahrung durch die Entdeckung der Massengräber von Kuropaty, in denen man die Leichen von durch den NKVD in der Stalinzeit Ermordeten fand (Abb. BY 18). Der

BY 18
Vyjaŭlenyja s'cehnavyja kosc'y ad 52 čalavečych asobin i 50 čarapoŭ
Exhumierung von 52 menschlichen Skeletten und 50 Schädeln, in: Zjanon Paz'njak, Jauhen Šmyhaloŭ, Mikalaj Mikalaevič Kryval'cevič, Aleh Vil'hel'mavič Іoŭ: Kurapaty. Artikuly, navukovaja spravazdača, fotazdymki, Minsk 1994, S. 172
Buch
Privatbesitz

BY 19
Pamjatnik žertvam Trosteneckogo lagerja smerti u d. Bol'šoj Trostenec Minskogo r-na. 1963 g.
Denkmal der Opfer des Todeslagers Trostenec bei Groß-Trostenec im Kreis Minsk, 1963, in: G. P. Paškov: Illustrirovannaja chronologija istorii Belarusi, Minsk 1998, S. 318
Buch
Braunschweig, Georg-Eckert-Institut für internationale Schulbuchforschung
BY H-25 (1,98)

Люблин-Брестская операция 18 июля — 2 августа 1944 г.
Памятник жертвам Тростенецкого лагеря смерти у д. Большой Тростенец Минского р-на. 1963 г.

Archäologe Zjanon Paz'njak kommt in seinem Grabungsbericht auf eine Zahl von 220 000 bis 250 000 Ermordeten.[19] Seine Enthüllungen führten zu ersten antikommunistischen Kundgebungen in Weißrußland. Die Allerheiligen-Prozession 1989 führte 50 000 Menschen mit den damals noch verbotenen weiß-rot-weißen Fahnen vom Minsker Ostfriedhof nach Kuropaty, wo sie der Opfer gedachten. Der Ort gilt seither als Synonym für stalinistischen Völkermord. An ihm entzündete sich der demokratische Aufbruch, der das Bedürfnis verstärkte, ein politisches und kulturelles Nationalbewußtsein zu schaffen.

Фота №23. Раскоп (пахаваньне) №8. Выяўленыя сьцегнавыя косьці ад 52 чалавечых асобін і 50 чарапоў.

Konnte damals noch der Regierung das Versprechen abgetrotzt werden, die Toten von Kuropaty mit einem Denkmal zu ehren, so ist an eine Realisierung unter der Herrschaft von Staatspräsident Aleksandr Lukašenko nicht mehr zu denken. Dessen Maßnahmen zielen vielmehr auf eine faktische Liquidierung dieses Erinnerungsortes durch Überbauung mit einer Autobahn, wogegen sich Teile der Bevölkerung vehement stemmen.

So wie einige Personengruppen in der Phase des nationalen Aufbruchs die Orte des Leidens unter Stalin „entdeckten", so recherchierten andere auf örtlicher und regionaler Ebene bezüglich weiterer Opfergruppen. Damit begann auch die Erforschung der Leidensstätten der Juden in Weißrußland. Von der jüdischen Bevölkerung, die 1941 nicht evakuiert wurde, überlebte nur eine kleine Zahl den Völkermord. Vor dem deutschen Überfall lebten in den Grenzen der BSSR bei einer Gesamteinwohnerzahl von etwa 10,5 Millionen etwa 980 000 Juden. Dies entsprach einem Bevölkerungsanteil von 9,3 Prozent.[20] Schätzungen gehen davon aus, daß ca. 400 000 Juden auf dem Territorium Weißrußlands ermordet worden sind.[21] Die meisten von ihnen kamen im Todeslager Trostenec ums Leben, unter ihnen ca. 55 000 Juden aus anderen europäischen Ländern. Seit einigen Jahren bemüht sich eine engagierte Gruppe darum, daß diesem Lager jene Beachtung zuteil wird, die seiner Bedeutung als „weißrussischem Auschwitz" gerecht wird.

In sowjetischer Zeit legte man keinen Wert auf ein spezifisches Gedenken des Holocausts. Jede besondere Darstellung der jüdischen Opfer wird auch heute noch von vielen Weißrussen als verletzend empfunden, weil dadurch die Würdigung der nichtjüdischen Opfer gemindert würde. Mehr noch störte die Verantwortlichen aber die Tatsache, daß sich auf dem Areal von Trostenec auch Massengräber stalinistischer Opfer aus der Zeit vor dem Krieg befinden. Bis in die 90er Jahre war das Gelände mit Stacheldraht umzäunt und als militärisches Sperrgebiet der internationalen Aufmerksamkeit entzogen. Auch ein 1963 errichteter Obelisk mit „ewiger Flamme" findet sich erst in einiger Entfernung zum ehemaligen Lager (Abb. BY 19). Der von V. Kolas 1995 gedrehte, auch im Ausland Aufsehen erregende Dokumentarfilm „Trostenec" durfte vermutlich wegen der Erwähnung der Massaker des NKVD niemals in voller Länge im weißrussischen Fernsehen ausgestrahlt werden.

Die auch unter den Restriktionen des Regimes von Präsident Lukašenka nicht aufzuhaltende Öffnung der Gesellschaft bringt neue Einschätzungen der Rolle der Kommunistischen Partei während des Zweiten Weltkrieges hervor. Es erheben sich Stimmen, die das „reine Überleben" als die eigentliche Leistung bezeichnen. Unter diesem Aspekt wird der Mythos des „Volkskrieges" genauso skeptisch gesehen wie der Mythos eines antirussischen, „nationalen" weißrussischen Befreiungskrieges.

Erforschung und Diskussion des „unbekannten" Krieges erfordern nach wie vor von Historikern und Publizisten nicht nur die Überwindung lange eingeübter Stereotypen, sondern auch ein erhebliches Maß an Zivilcourage.

---

[1] Als klassisches Beispiel vgl. Ponomarenko, Pantelejmon K.: Vsenarodnaja bor'ba v tylu nemecko-fašistskich zachvatčikov 1941–1944, Moskau 1986.

[2] Vgl. http://belta.minsk.by/Khatyn.nsf (23. Juni 2003)

[3] Bezüglich seiner Popularität konkurriert es mit einem Gemälde Evgenij A. Zajcevs aus dem Jahre 1950, das dem gleichen Motiv gewidmet ist. Als weißrussischer Maler scheint Zajcev heute etwas begehrter zu sein. Selbst die Erfüllung von Malaufträgen des deutschen Militärs hatte ihn erstaunlicherweise auch in sowjetischer Zeit nicht in Verruf bringen können.

[4] Sidarcoŭ, Uladzimir N./Famin, Vital' M./Panoŭ, Sjarhej V.: Historyja Belarusi 1917–1996. Vučėbny dapamožnik dlja 9. klasa ahul'naadukacyjnaj školy z belaruskaj i ruskaj movami navučannja, 2-e vydanne, Minsk 1999, S. 75.

[5] Vgl. sowjetische Schulbücher von 1983 und 1988: Abecedarskij, Lavrentij S./Baranova, Marija P./Pavlova, Nina G.: Istorija BSSR. Učebnik dlja učaščichsja srednej školy, Minsk 1983, S. 222 sowie Golubeva, Tamara S./Gellerštejn, Lev S.: Rasskazy po istorii SSSR dlja 4 klassa. Učebnik dlja 4 klassa srednej školy, 15. Aufl., Moskva 1988, S. 186.

[6] Unter der Überschrift „Sie sind schlimmer als Verräter" setzte sich die Pravda vom 16. Juni 2000, S. 3 mit dieser Position auseinander.

[7] Vgl. Tumarkin, Nina: The Living and The Dead. The Rise and Fall of the Cult of World War II in Russia, New York 1994.

[8] Chiari, Bernhard: Alltag hinter der Front. Besatzung, Kollaboration und Widerstand in Weißrußland 1941–1944, Düsseldorf 1998; Dean, Martin: Collaboration in the Holocaust. Crimes of the Local Police in Belorussia and Ukraine, 1941–1944, Basingstoke 2000.

[9] Auch hier als klassisches Beispiel: Ponomarenko 1986 (wie Anm. 1).

[10] Es ist höchst aufschlußreich, daß bis zur Feststellung der tatsächlichen Entstehungszeit des Bildes alle beteiligten Spezialisten von einer Darstellung der 50er oder 60er Jahre ausgingen. Einer glaubte gar, eine Abbildung in einem Schulbuch seiner Kindheit wiederzuerkennen. Prof. Dr. Vladimir Košelev (Universität Minsk), dem wir nicht für die Recherche in dieser Frage danken möchten, erklärte dieses verblüffende Phänomen damit, daß die romantisierende Sichtweise offensichtlich so dominant ist, daß sie einem jungen Künstler heute noch den Stift leitet und eine Datierung aus dem Bild heraus fast unmöglich macht.

[11] Vgl. Abb. in: Pugačeva, Emma N.: Michail Savickij, Minsk 1982.

[12] Sidarcoŭ/Famin/Panoŭ 1999 (wie Anm. 4), S. 140.

[13] Berchin, Il'ja B./Belen'kij, Michail I./Kim, Maksim P.: Istorija SSSR. Ėpocha socializma. Učebnoe posobie dlja srednej školy, Moskva 1969, S. 262.

[14] Sidarcoŭ/Famin/Panoŭ 1999 (wie Anm. 4), S. 82.

[15] Tec, Nechama/Weiss, Daniel: The Heroine of Minsk. Eight Photographs of an Execution, in: History of Photography 23 (1999), Nr. 4, S. 322–330, hier S. 324 f.

[16] Rathe, Daniela: Zoja Kosmodem'janskaja als sowjetische Jeanne d'Arc. Zur Typologie einer Kriegsheldin. In: Satjukow, Silke/Gries, Rainer (Hg.): Sozialistische Helden. Die kulturgeschichtliche Anatomie von Propagandafiguren, Berlin 2002.

[17] Mündlich tradiert durch Prof. Dr. Efim

I. Pivovar, Staatliche Lomonosov-Universität Moskau.

[18] Kosmač, Henadz' A.: Susvetnaja historyja navejšaha času. Vučėbny dapamožnik dlja 9 klasa ahul'naadukacyjnych škol z belaruskaj movaj navučannja, Minsk 1998, S. 144.

[19] Ioŭ, Aleh V./Kryval'cevič, Mikalaj M./Paz'njak, Zjanon S./Šmyhalëŭ, Jaŭhen: Kuropaty: Ausgrabung eines Gräberfeldes aus dem Stalinismus, Hannover und Barsinghausen 1997.

[20] Zu den angesichts der unzuverlässigen sowjetischen Statistiken schwierigen demographischen Berechnungen für die BSSR vgl. Smilovickij, Leonid: Katastrofa evreev v Belorussii 1941–1944 gg., Tel' Aviv 2000, S. 382.

[21] Černoglazova, Raisa A.: Tragedija evreev Belorussii v gody nemeckoj okkupacii (1941–1944), Minsk 1995, S. 25.

Weissrussland

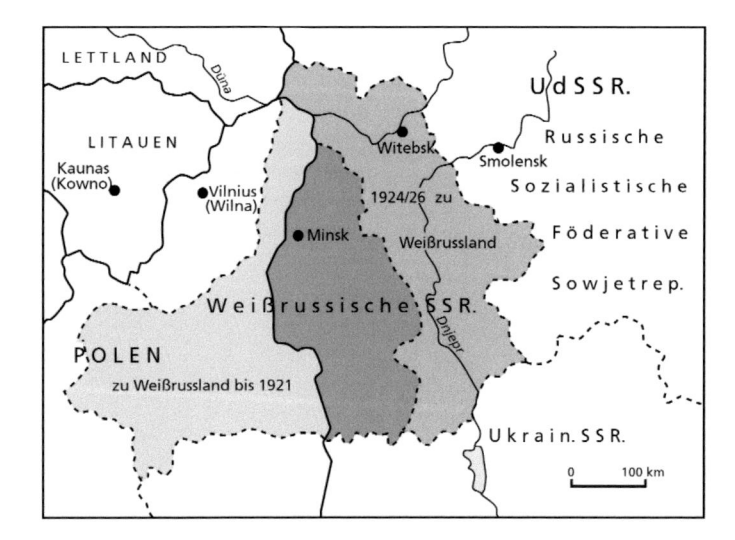

Karte 1919–1939:
- LETTLAND
- Düna
- LITAUEN
- Kaunas (Kowno)
- Vilnius (Wilna)
- Witebsk
- Smolensk
- UdSSR. Russische Sozialistische Föderative Sowjetrep.
- 1924/26 zu Weißrussland
- Minsk
- Weißrussische SSR
- Dnjepr
- POLEN — zu Weißrussland bis 1921
- Ukrain. SSR.
- 0 100 km

1919–1939

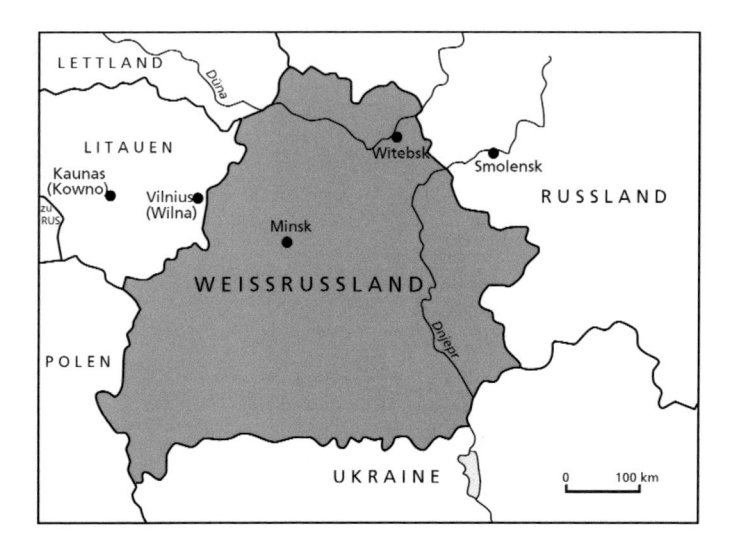

Karte Seit 1990:
- LETTLAND
- Düna
- LITAUEN
- Kaunas (Kowno)
- Vilnius (Wilna)
- zu RUS
- Witebsk
- Smolensk
- RUSSLAND
- Minsk
- WEISSRUSSLAND
- Dnjepr
- POLEN
- UKRAINE
- 0 100 km

Seit 1990

Chronologie

1915–1918
Weißrußland, seit den Teilungen Polens in der zweiten Hälfte des 18. Jahrhunderts zu Rußland gehörig, wird im Verlauf des Ersten Weltkrieges von Truppen der Mittelmächte besetzt. Infolge der Februarrevolution 1917 in Rußland muß Nikolaus II. am **2. März 1917** abdanken. Am **17. Juni 1917** wird die weißrussische Sektion der Partei der Bolschewiki in Minsk gegründet. Mit der Oktoberrevolution **1917** übernehmen die Bolschewiki die Macht und beenden die Doppelherrschaft der provisorischen bürgerlichen Regierung und des Petrograder Rates der Arbeiter- und Soldatendeputierten. Im Sonderfrieden von Brest-Litowsk, den die Mittelmächte am **3. März 1918** mit Sowjetrußland abschließen, muß dieses auf seine Hoheit in den von den deutschen Truppen besetzten Gebieten verzichten. Der Waffenstillstand von Compiègne am **11. November** und der Versailler Vertrag von **1919** setzen den Friedensvertrag außer Kraft. Ein Weißrussisches Nationalkomitee unter Führung der Sozialdemokraten proklamiert am **25. März 1918** die unabhängige Weißrussische Volksrepublik (BNR) und bildet ein provisorisches Parlament. Der Zweite Sowjetkongreß der Westprovinz bezeichnet sie im **April 1918** als konterrevolutionär. Der neue Staat erfährt keine Unterstützung von seiten der deutschen Besatzung. Nach der Kapitulation der Mittelmächte annulliert die Sowjetregierung am **13. November 1918** den Vertrag von Brest-Litowsk und beginnt mit dem Einmarsch in die vom Deutschen Reich besetzten Gebiete. Im **Dezember 1918** rückt die Rote Armee in Weißrußland ein.

1919
Die weißrussischen Kommunisten proklamieren am **1. Januar** im Gefolge des Einzugs der Roten Armee die Weißrussische Sozialistische Sowjetrepublik (BSSR), die im **Februar** für kurze Zeit mit Litauen zur Litauisch-Weißrussischen Sowjetrepublik (Litbel) zusammengeschlossen wird.

April – Oktober 1920
In der Endphase der Bürgerkrieges in Rußland gehen die Kämpfe im Westen Rußlands in einen Grenzkrieg zwischen der **1918** gegründeten Republik Polen und Sowjetrußland über. Es kommt zum Polnisch-Russischen Krieg.

18. März 1921
Im Frieden von Riga tritt Sowjetrußland die westlichen Teile Weißrußlands an Polen ab. Die Grenze liegt rund 300 Kilometer östlich von der im Versailler Vertrag festgelegten Curzon-Linie.

30. Dezember 1922
Die BSSR ist Gründungsmitglied der UdSSR. In den ersten Jahren wird eine Förderung des nationalen Kultur- und Bildungswesens im Sinne einer Weißrussifizierung betrieben, die der Nationalitätenpolitik der ersten Sowjetjahre entspricht (**1921** Institut für Weißrussische Kultur, **1928** Akademie der Wissenschaften Weißrußland). Für eine Übergangsphase kommt es vor allem im Bildungsbereich zu einem Nebeneinander der weißrussischen, russischen, polnischen, jüdischen und litauischen Kulturen und Sprachen.

1924–1926
Das Gebiet der BSSR wird durch die Angliederung mehrerer, der Russischen Sozialistischen Föderativen Sowjetrepublik (RSFSR) zugehöriger Gebiete mit mehrheitlich weißrussischsprachiger Bevölkerung vergrößert. Damit steigt die Bevölkerungszahl von 1,4 auf 4,2 Millionen Einwohner.

1929–1939
Unter Stalin findet die Nationalitätenpolitik ein Ende. Dies kommt besonders in einer veränderten Kulturpolitik, in der Kollektivierung der Landwirtschaft, den Fünfjahresplänen und im Verdikt über das nationale Abweichlertum zum Ausdruck. In den Jahren

1936–1939 erreicht der stalinistische Terror seinen Höhepunkt. Menschen werden deportiert und umgebracht. Der Terror richtet sich u. a. gegen den Bund zur Befreiung Weißrußlands. Weißrußland wird zu einer russifizierten Sowjetrepublik, und selbst die weißrussische Sprache wird dem Russischen angeglichen.

17. September 1939
Die Sowjetunion besetzt, entsprechend dem geheimen Zusatzabkommen zum deutsch-sowjetischen Nichtangriffspakt vom **23. August**, Gebiete in Ostpolen. Weißrußland erhält die seit **1921** zu Polen gehörenden Gebiete westlich der Curzon-Linie. Es folgt die Sowjetisierung dieser Gebiete, dabei kommt es zu umfangreichen Liquidierungen und Deportationen in den besetzten Gebieten. Unter den Opfern sind viele Polen, Juden und Russen, aber auch Weißrussen.

1941
Deutschland bricht den Nichtangriffspakt und beginnt am **22. Juni** seinen Angriffs- und Vernichtungskrieg gegen die UdSSR. Die Wehrmacht rückt entlang der gesamten russischen Westgrenze nach Osten vor und besetzt das gesamte Gebiet der heutigen Staaten Estland, Lettland, Litauen, Weißrußland, der Ukraine einschließlich der Krimhalbinsel (ohne den sowjetischen Militärstützpunkt Sewastopol) und Moldawien. Das Generalkommissariat Weißruthenien wird zusammen mit dem Baltikum als Reichskommissariat Ostland einer Zivilverwaltung unterstellt, während der Osten Weißrußlands unter Militärverwaltung verbleibt. Den Großteil des Generalkommissariats Weißruthenien bilden jene Gebiete westlich von Minsk, die vor **1939** Teil des polnischen Staates waren und in denen auch nach der Sowjetisierung noch ein erheblicher polnischer Bevölkerungsanteil lebt.

1941–1944
Stadt und Land werden Schauplätze systematischer gegen die jüdische Bevölkerung gerichteter Verfolgungen und Massaker, an denen auch die einheimische nichtjüdische Bevölkerung und die Hilfspolizei beteiligt sind. Den Völkermord an den Juden überleben nur wenige.
Gegen die brutale deutsche Okkupationspolitik entsteht eine sowjetische Partisanenbewegung. Daneben sind auch andere nationale, meist antisowjetische Widerstandsgruppen aktiv. Die Wehrmacht kämpft im Hinterland auch gegen polnische, ukrainische, litauische und jüdische Formationen. Durch Vergeltungsaktionen der deutschen Besatzer werden Hunderte von Dörfern – u. a. am **22. März 1943** das in der Nähe von Minsk gelegene Chatyn' – zerstört und ihre Bewohner ermordet. Während der deutschen Besatzung Weißrußlands sterben mehr als zwei Millionen Menschen, was etwa einem Viertel der Bevölkerung entspricht.

Juli 1944
Die Rote Armee erreicht Minsk und drängt die deutschen Besatzer aus Weißrußland zurück.

1945
Auf der Potsdamer Konferenz, die vom **17. Juli** bis **2. August** tagt, wird eine Westverlagerung der polnisch-weißrussischen Grenze an die Curzon-Linie beschlossen. In der Folge werden einige hunderttausend Polen aus Weißrußland nach Westen „repatriiert", während 500 000 Weißrussen aus Polen in die wiederhergestellte Weißrussische Sowjetrepublik umgesiedelt werden. In Weißrußland selbst finden erneut umfangreiche Verfolgungen und Deportationen statt.

1946–1984
Weißrußland durchläuft eine Industrialisierungsphase, verliert seine agrarische Grundstruktur und weist das größte Wirtschaftswachstum aller sowjetischen Unionsrepubliken auf. In dieser Zeit findet eine Russifizierung statt. Zahlreiche Partei- und Verwaltungsämter werden durch Russen besetzt, und die weißrussische Sprache wird aus dem öffentlichen Leben, den Schulen und aus der Verwaltung verdrängt. Weißrußland gilt als weitgehend ruhige Sowjetrepublik. Dissidentenaktionen beschränken sich auf einen kleinen Kreis.

26. April 1986
Durch die Reaktorkatastrophe in Tschernobyl (Ukraine) werden mehr als 20 Prozent des weißrussischen Territoriums, besonders im Süden und Südosten, radioaktiv verseucht.

1988–1989
Bei Ausgrabungen in der Umgebung von Kuropaty werden Massengräber mit Opfern des sowjetischen NKVD entdeckt. Die Ergebnisse der Untersuchung werden im **Juni 1988** veröffentlicht. Im **Januar 1989** genehmigt die Regierung die Errichtung einer Gedenkstätte in Kuropaty.

1991
Der Oberste Sowjet Weißrußlands erklärt am **25. August** die Unabhängigkeit, und die Republik Weißrußland wird ausgerufen. In Almaty gehört Weißrußland am **21. Dezember** zu den Gründungsmitgliedern der Gemeinschaft Unabhängiger Staaten (GUS). Diese erklären die UdSSR für aufgelöst und den sowjetischen Staatspräsidenten Michail Gorbačev für abgesetzt. Mit dessen formellem Rücktritt am **25. Dezember** hört die Sowjetunion auf zu bestehen.

1994
Weißrußland wird durch eine vom Parlament verabschiedete Verfassung am **15. März** Präsidialrepublik. Staatsoberhaupt ist der direkt vom Volk für eine Amtszeit von fünf Jahren gewählte Präsident. Bei den ersten freien Präsidentschaftswahlen am **10. Juli** kann sich der parteilose Vorsitzende des Antikorruptionsausschusses Aleksandr Lukašenko durchsetzen. In der Folge errichtet Lukašenka im Lande eine autoritäre Präsidialherrschaft. Politisch leitet er eine Hinwendung zur Russischen Föderation ein.

1995
Weißrußland wird am **11. Januar** Mitglied des NATO-Programms Partnerschaft für den Frieden. Die ersten freien Parlamentswahlen im **Mai** scheitern u. a., weil in vielen Wahlbezirken die Mindestbeteiligung von 50 Prozent nicht erreicht wird. Der **1990** gewählte Oberste Sowjet mit seinen 360 Abgeordneten bleibt weiterhin im Amt.

1996
In Minsk demonstrieren Zehntausende gegen eine Union zwischen Rußland und Weißrußland und fordern den Rücktritt von Präsident Lukašenko. Bei einer für den **24. November** von ihm angesetzten Volksabstimmung sprechen sich über 70 Prozent der Wähler für eine neue Verfassung aus, die u. a. die Amtszeit des Präsidenten von fünf auf sieben Jahre verlängert. Ein Gegenentwurf des Parlamentes, der eine deutliche Schwächung der präsidialen Stellung vorsieht, erhält nur knapp acht Prozent der Stimmen. Am **26. November** löst der Präsident das Parlament auf. Damit ist allen oppositionellen Parlamentariern der Zugang zum Abgeordnetenhaus verwehrt. Zahlreiche Oppositionelle werden wegen angeblichen Amtsmißbrauchs festgenommen.

1997
Die Russische Föderation und Weißrußland unterzeichnen im **Frühjahr** eine Unionscharta. Der Europarat beschließt im **September**, wegen anhaltender Menschenrechtsverletzungen sowie Mißachtung der konstitutionellen Grundsätze eines Rechtsstaates, die Ratifizierung des Partnerschaftsabkommens mit Weißrußland zu suspendieren und die Umsetzung des Gemeinschaftsprogramms für technische Hilfe, mit Ausnahme von humanitären Projekten, auszusetzen.

17. Oktober 1999
Während eines Protestmarsches von rund 20 000 Oppositionellen in Minsk gegen die Pläne des regierenden Staatspräsidenten Lukašenko, Weißrußland mit Rußland zu vereinen, sowie gegen das „Verschwinden" führender Regierungsgegner kommt es zu schweren Zusammenstößen mit den Sicherheitskräften.

2000

Der am **8. Dezember 1999** von den beiden Staatsoberhäuptern Rußlands und Weißrußlands, Boris El'cin und Lukašenko, unterzeichnete Vertrag zur Bildung eines Staatenbundes zwischen Weißrußland und der Russischen Föderation tritt im **Januar** in Kraft. Vorgesehen sind u. a. eine engere militärische Zusammenarbeit, die Schaffung einer Zollunion zwischen beiden Ländern bis zum Jahre **2002** sowie die Einführung einer gemeinsamen Währung bis **2005**. Beide Staaten behalten ihre volle Souveränität. Die Parlamentswahl in Weißrußland am **15. Oktober** wird vom westlichen Ausland als Farce bezeichnet, da der Sieg der loyal zu Lukašenka stehenden Parteien von vornherein als sicher gilt. Die Oppositionsparteien rufen die Stimmberechtigten zum Boykott auf, weil ihre Politiker an einer Kandidatur gehindert werden. Von den 566 Kandidaten, die sich um die 110 Sitze bewerben, gehören nur 54 der demokratischen Opposition an.

Literatur:
- Beyrau, Dietrich/Lindner, Rainer (Hg.): Handbuch der Geschichte Weißrußlands, Göttingen 2001.
- Brockhaus – Die Enzyklopädie in 24 Bänden, 20. Aufl., Leipzig/München 1996–1999.
- Kinder, Hermann/Hilgemann, Werner: dtv-Atlas Weltgeschichte. Bd. 2: Von der Französischen Revolution bis zur Gegenwart, 31. Aufl., München 1997.
- Lindner, Rainer: Weißrußland, in: Bohn, Thomas M./Neutatz, Dietmar (Hg.): Studienhandbuch östliches Europa. Bd. 2: Geschichte des russischen Reiches und der Sowjetunion, Köln 2002, S. 336 ff.
- Roman, Wanda Krystyna: Die sowjetische Okkupation der polnischen Ostgebiete 1939 bis 1941, in: Chiari, Bernhard (Hg.): Die polnische Heimatarmee. Geschichte und Mythos der Armia Krajowa seit dem Zweiten Weltkrieg, München 2003, S. 87 ff.

Spanien

Weder Täter noch Opfer?

von Sören Brinkmann und Víctor Peralta Ruiz

Geht es um die Frage des öffentlichen Umganges mit der jüngeren, von Weltkrieg und Holocaust geprägten europäischen Geschichte, so stellt Spanien zweifellos einen besonderen Fall dar. Grund hierfür ist die Tatsache, daß das Land jenseits der Pyrenäen nicht unmittelbar am Kriegsgeschehen beteiligt war, weshalb die klassischen Fragen nach Opfern und Tätern, nach Kollaborateuren und Widerstandskämpfern sowie insbesondere nach einer Mitverantwortung für den Völkermord an den europäischen Juden als Problem des kollektiven Gedächtnisses dort praktisch keine Rolle spielen konnten. Auf den ersten Blick mag dieser Befund indes erstaunen, blickt man etwa auf die Figur des Diktators Francisco Franco, der bekanntlich erst durch die militärische Unterstützung Adolf Hitlers im Spanischen Bürgerkrieg an die Macht gelangt war und dem auch lange nach Kriegsende der düstere Schatten faschistischer Komplizenschaft anhaftete. Ungeachtet der ideologischen Verwandtschaft beider Regime hatte Franco jedoch gleich nach dem deutschen Überfall auf Polen im Sommer 1939 die „strikteste Neutralität" erklärt und seine Kriegsbeteiligung auf Rohstoff- und Nahrungsmittellieferungen an das Dritte Reich beschränkt. Wie schon 1914 blieb Spanien abermals dem Weltkrieg fern, und das kollektive Trauma, das die sozialen und politischen Identitäten der Nachkriegszeit prägte, bildete somit auch über das Jahr 1945 hinaus allein der Bürgerkrieg.[1]

Die spanische Neutralität allerdings stand schon bald nach Ausbruch des Zweiten Weltkrieges auf wackligem Boden, spekulierte doch auch der spanische Diktator auf einen Anteil bei der Neuaufteilung der Welt. Zumindest rhetorisch wurde daher unermüdlich die spanische Kriegsbereitschaft sowie die Verbundenheit des Regimes mit den „Achsenmächten" betont, und im Oktober 1941 entsandte General Franco sogar eine ganze Armee Freiwilliger – die „Blaue Division" –, die in den Uniformen der deutschen Wehrmacht an der Ostfront zum Einsatz kommen sollte. Doch obgleich damit für den spanischen Staat die Grenze zur Mittäterschaft bereits überschritten war, blieb das Weltkriegsgeschehen für die Mehrzahl der Spanier noch immer in weiter Ferne. Hunger und Mangelwirtschaft – die Folgen eines zerstörerischen Bürgerkrieges – prägten statt dessen den Alltag in Spanien. Leicht zu erraten ist deshalb auch der Grund für das große Interesse der franquistischen Medien, die den Kampfeinsatz der spanischen Freiwilligen in zahllosen Zeitungsberichten und Wochenschauen glorifizierten. Und sogar mit einem öffentlichen Denkmal wollte man das Andenken der Blauen Division verewigen.[2]

Angesichts des beginnenden deutschen Rückzuges nach der Wende von Stalingrad jedoch verebbte die Informationsflut rasch, und die einst mit allen militärischen Ehren verabschiedeten Rußlandkämpfer mußten sich bei ihrer Heimkehr mit einem stillen Empfang zufriedengeben.[3] Mehr noch: Die durch den Sieg der Alliierten völlig veränderte politische Großwetterlage verbot bis auf weiteres jede Erinnerung daran, daß spanische Staatsangehörige in den Reihen der Wehrmacht im Weltkrieg gekämpft hatten. Wie ernst man diese Schweigepflicht nahm, zeigt die Tatsache, daß es den ehemaligen Rußlandkämpfern über

Jahre hinaus untersagt blieb, ihre Weltkriegsmemoiren zu veröffentlichen. Schaut man auf die Publikationsjahre entsprechender Buchtitel, so klafft nach 1943 eine deutliche Lücke. Das in Sachen Blaue Division verordnete Stillschweigen indes konnte nicht verhindern, daß das Spanien Francos nach Ende des Krieges mit einer fast vollständigen internationalen Ächtung gestraft wurde. Gemäß dem erklärten Ziel, das franquistische Regime zu einem demokratischen Wandel zu zwingen, zogen die UNO-Mitgliedstaaten Ende 1946 ihre Botschafter ab. Zwar wurde der Fortbestand der Diktatur hierdurch nicht unmittelbar gefährdet. Langfristig aber würde eine solche Isolation nur schwer durchzustehen sein, weshalb auf spanischer Seite alle Hebel in Bewegung gesetzt wurden, um das Erscheinungsbild des Regimes zu zivilisieren. Mit nüchterner Berechnung entließ der Diktator politische Gefangene, drängte die Symbole der faschistischen Staatspartei „Falange" in den Hintergrund und verkündete das „Grundgesetz der Spanier", ohne freilich den autoritären Charakter des Regimes anzutasten.

Daß der Staat Francos gleichsam als Relikt aus der sogenannten Epoche des Faschismus überhaupt fortbestehen konnte, lag in erster Linie an der Neutralität während des Krieges, die man unter dem Druck der internationalen Kritik nun besonders betonte. Die Annahme aber, daß hinter dieser Neutralität eine stringente Politik des spanischen Diktators gestanden hätte, gehört wohl zu den zählebigsten, weil durchaus plausiblen Mythen des Franquismus. Plausibel nämlich erscheint zumindest aus der Rückschau, daß Franco sich angesichts der prekären Situation in seinem Land durch großes Verhandlungsgeschick über den gesamten Krieg hinweg allen Pressionen seitens der Achsenmächte widersetzt und Spanien die Katastrophe des Zweiten Weltkrieges erspart habe. Das Bildgedächtnis assoziiert die vermeintliche Neutralitätspolitik des Caudillo für gewöhnlich mit den Photographien jenes berühmten, aber ergebnislosen Treffens zwischen Hitler und Franco am 23. Oktober 1940 im südfranzösischen Hendaye. Nachweisbar ist jedoch, daß man die beiden Standpunkte zu diesem Zeitpunkt längst ausgetauscht hatte und der Kriegseintritt Spaniens lediglich an den Vorbehalten der deutschen Seite gescheitert war. Als die deutsche Regierung kurze Zeit später ihre Meinung änderte, hatte der Siegeszug Hitlers einen gerade für das spanische Kalkül entscheidenden Dämpfer erhalten, nämlich: die ausgebliebene Kapitulation Großbritanniens.[4] Etwa seit Dezember 1940 trifft somit die These zu, Franco habe sich einem Kriegseintritt auf deutscher Seite widersetzt. Den letzten Akt in den Beziehungen zum nationalsozialistischen Deutschland markierte dann die Rückkehr zur strikten Neutralität Anfang Oktober 1943, die mit Blick auf einen möglichen Kriegseintritt im Juni 1940 dem Status der „Nichtkriegführung" gewichen war.[5]

Daß häufig ein ganz anderes Bild der franquistischen Außenpolitik während des Weltkrieges vorherrscht, muß letztlich auf die Überzeugungsarbeit regimetreuer Publizisten und Historiker zurückgeführt werden, die allerdings erst nach Kriegsende tätig wurden. Während des Krieges indes blieben die konkreten Intentionen der franquistischen Außenpolitik für die spanische Öffentlichkeit äußerst rätselhaft. Die Berichte der Tagespresse zum Treffen der beiden Diktatoren jedenfalls enthielten nicht den geringsten Anhaltspunkt zu Inhalt und Ergebnis der Konsultationen.[6] Kaum zwei Jahre nach Kriegsende jedoch schien es, als hätte die spanische Neutralität von jeher festgestanden: „Spaniens Kurs auf die Nachkriegszeit. Der spanische Friede Francos" und „Zehn Jahre schwieriger Geschichte. Anzeiger der spanischen Neutralität" – so hießen die Titel zweier Werke, die die Welt von der Stringenz der spanischen Neutralitätspolitik überzeugen sollten.[7] Eine zentrale Rolle bei der franquistischen Mythenbildung spielte außerdem

E 1
Una instantánea de la entrevista entre Franco y Hitler en Hendaya, el 23 de octubre de 1940, en la que el Führer tratará de convencer al gobernante español de que fije una fecha para la entrada de España en guerra
Beim Treffen von Franco und Hitler in Hendaye am 23. Oktober 1940, bei dem der Führer den spanischen Regierungschef davon überzeugen will, sich auf ein Datum für den spanischen Kriegseintritt festzulegen, in: Ramón Serrano Súñer: El encuentro de Franco y Hitler en Hendaya, Historia y Vida, Nr. 96, März 1976, S. 112/113
Zeitschrift
Privatbesitz

der damals als Außenminister fungierende Schwager Francos, Ramón Serrano Súñer. Zwar war gerade er es, der als achsenfreundlicher Minister in der spanischen Regierung besonders vehement für den Kriegseintritt plädiert hatte. In einem ebenfalls 1947 erschienenen Rückblick behauptete er jedoch, die von ihm unterbreiteten Angebote hätten vor allem dazu gedient, deutschen Invasionsplänen in Spanien den Wind aus den Segeln zu nehmen. Bemerkenswert ist, wie diese historisch unhaltbare Interpretation der Ereignisse auch über den Tod des Diktators hinaus immer wieder kolportiert worden ist. Obgleich das Ende des Franquismus bereits abzusehen war, sollte der Diktator – wie Serrano Súñers Artikel von 1976 oder die Arbeiten des franquistischen Historikers Ricardo de la Cierva andeuten[8] – offenbar zumindest als kluger Außenpolitiker im kollektiven Gedächtnis erhalten bleiben (Abb. E 1).

In der unmittelbaren Nachkriegszeit zauberten spanische Stellen außerdem noch ein weiteres Argument hervor, das wie kein anderes die internationale Rehabilitation des Regimes nahelegen sollte. Im Juli 1948 erschien ein erster offizieller Bericht, demzufolge Spanien während der NS-Herrschaft über Europa alles nur Mögliche getan hätte, um jüdische Flüchtlinge – vor allem jene sephardischer Abstammung[9] – vor Verfolgung zu schützen. Der durch Hitlers Hand an die Macht gelangte Diktator – ein Retter der Juden? Schon während des Krieges hatten spanische Stellen damit begonnen, an diesem Mythos zu stricken. Und ganz unbegründet war diese Behauptung auch nicht. Zwar fehlen bis heute exakte Zahlen, die Mehrzahl der Forscher aber geht davon aus, daß während des Krieges zwischen 20 000 und 35 000 jüdische Flüchtlinge Spanien mit offizieller Genehmigung der Behörden passieren konnten. Im Falle der ungarischen Juden ging die Initiative sogar unmittelbar von der spanischen Auslandsvertretung aus, die mittels einer großzügigen Visa- und Schutzbriefpolitik rund 3 500 jüdische Bürger aus dem von den Deutschen besetzten Budapest des Jahres 1944 befreite. Ebenfalls zutreffend ist allerdings, daß auch andere neutrale Staaten zu derartigen Praktiken griffen und häufig sogar in einem weitaus größeren Umfang tätig wurden. Und auch die wichtige Rolle Spaniens als Transitland der jüdischen Emigration beruhte vor allem auf der Aufnahmebereitschaft Portugals, von wo aus viele Flüchtlinge die Fahrt nach Übersee antraten. Ob dagegen einer ähnlich hohen Zahl verfolgter Juden in Spanien selbst Asyl gewährt worden wäre, ist mehr als zweifelhaft.[10]

Neutralität und Judenrettung – so hießen die Kernargumente der offiziellen Regimeapologie, und ihr Adressat war die öffentliche Meinung der westlichen Welt, für die der Staat Francos nach dem Ende des Zweiten Weltkrieges jede Legitimität verloren hatte. Für die Rechtfertigung nach innen allerdings sollten diese Argumente nur geringe Bedeutung erlangen. Denn das spanische Trauma blieb nach wie vor der Bürgerkrieg, und dessen verzerrte Erinnerung als „Kreuzzug" bzw. „nationaler Befreiungskrieg" bildete zugleich die zentrale Legitimationsquelle des franquistischen Staates. Die Erinnerung an den Zweiten Weltkrieg dagegen beschränkte sich auf das, was dieser für die meisten Spanier tatsächlich war:

Ein entsetzliches militärisches Kräftemessen zwischen den Weltmächten, das – wenn auch geographisch in unmittelbarer Nähe – sich angesichts der fehlenden Bezüge zur eigenen Geschichte geradezu auf einem anderen Stern abgespielt zu haben schien. Die anfänglichen Sympathien des Regimes für die Achsenmächte ebenso wie der Einsatz der Blauen Division wurde dabei verschwiegen. Statt dessen versuchte man gerade aus der Tatsache, daß Spanien dem Geschehen ferngeblieben war, neuen Stolz zu schöpfen. Dem Autor eines Geschichtskompendiums von 1957 etwa fiel hierzu die folgende, etwas gewagt anmutende Deutung ein: „Spanien, treuer Vollstrecker seiner geistigen Mission in der Geschichte, verstand es, unter der providentiellen Führung unseres Caudillo Franco, ohne Ansehensverlust im Wiederaufbaufrieden zu verharren, inmitten einer Welt in schrecklichem Kampfe. War der Waffenlärm einmal zum Schweigen gebracht, konnte unser Vaterland als unvergleichliches Beispiel dienen, auf daß die Welt lernte, wie der Friede im Verein mit dem Wohlstand des Volkes zu schaffen und zu erhalten sei."[11]

Derartigen Zynismen zum Trotz konnte indes kaum verheimlicht werden, daß die Siegermächte des Weltkrieges zeitweise nicht weit davon entfernt waren, das spanische „Beispiel" kurzerhand zu eliminieren. Spätestens seit Mitte der 60er Jahre finden sich in den meisten Schulgeschichtsbüchern daher auch deutliche Hinweise auf die schwierige internationale Situation Spaniens nach Kriegsende, ohne dabei freilich die tatsächlichen Ursachen auf den Begriff zu bringen. Statt dessen schob man die außenpolitische Isolation des Landes nach 1945 auf den Einfluß der Sowjetunion innerhalb der Siegerkoalition.[12] Als einzig positive Erinnerung an den Weltkrieg blieb dagegen lediglich die spanische Neutralität, die – als taktische Höchstleistung gepriesen – auch in den Schulgeschichtsbüchern regelmäßig den Verdiensten des Caudillo zugeordnet wurde. Während sich zumeist jedoch nur kurze Hinweise auf die „geschickte und starke politische Hand des Generalissimus Franco" finden, betont Santiago Sobrequés in seinem Handbuch das massive strategische Interesse der Achsenmächte an einem spanischen Kriegseintritt. „[D]ie nationalen Interessen Spaniens", so heißt jedoch der Schluß, „standen über allen freundschaftlichen Gefühlen gegenüber anderen Ländern [...], so daß Franco auf der Ablehnung des Kriegseintritts beharrte."[13]

Des Mythos der spanischen Neutralität ungeachtet durfte zu Beginn der 50er Jahre auch wieder in aller Öffentlichkeit an die Blaue Division, jenen originär spanischen Weltkriegsbeitrag, erinnert werden. Vor dem Hintergrund des aufziehenden Kalten Krieges nämlich hatte sich die allgemeine Empörung über den Fortbestand der Diktatur Francos rasch wieder gelegt, und bald schon sollte der spanische Generalissimus als ein Bündnispartner des Westens in den Blick rücken. 1950 bereits hob die UNO ihre Boykottbeschlüsse auf, und drei Jahre später besiegelten die USA die strategische Westintegration des Landes mit einem Militärabkommen, das zugleich umfangreiche Wirtschaftshilfe umfaßte. Um die neue Freundschaft mit den noch kurz zuvor geschmähten Vereinigten Staaten der spanischen Bevölkerung zu vermitteln, versuchte die franquistische Führung, den Vertragsschluß als eine verspätete Einsicht des Westens in die Richtigkeit der spanischen Position zu verkaufen. Nach Jahren der Verachtung hätte die Welt schließlich eingesehen, daß der aus dem Bürgerkrieg hervorgegangene Staat Francos nichts anderes darstelle als die nationalspanische Antwort auf eine kommunistische Bedrohung, die nun sogar die gesamte westliche Welt betraf. „España tenía razón" (Spanien hatte recht), so hieß die selbstbewußte Propagandaformel, mit der sich das Regime als antikommunistisches Bollwerk und Hort der abendländischen Zivilisation zu stilisieren suchte. Und auch die Tatsache, daß Spanier

E 2
Vicente Lluch (Regie)
La Espera
Das Warten, 1956
Filmplakat
Madrid, Instituto de la Cinematografía y de las Artes Audiovisuales

rund zehn Jahre zuvor bereits gegen die stalinistische Sowjetunion gekämpft hatten, brauchte nun nicht länger verschwiegen zu werden. Mehr noch: Nach innen hin diente die Erinnerung an die Blaue Division als Vehikel, um die öffentliche Meinung auf die antikommunistische Allianz mit den USA einzustimmen.

Sehr gelegen kamen dabei jene letzten 286 spanischen Rußlandkämpfer, die im Frühjahr 1954 aus sowjetischer Gefangenschaft nach Spanien zurückkehrten, verliehen sie der Erinnerung an die Blaue Division doch zugleich eine aktuelle und höchst emotionale Dimension. Zwar fiel die Zahl der tatsächlich betroffenen Familien gemessen an der Gesamtbevölkerung überhaupt nicht ins Gewicht, doch der propagandistische Versuch, die Ankunft der Kriegsheimkehrer in ein Kollektiverlebnis zu verwandeln, scheint nicht ohne Echo geblieben zu sein. Im Hafen von Barcelona jedenfalls hatte man eine öffentliche Begrüßungsfeier inszeniert, die den Stoff für einen kurzen Dokumentarfilm gab, der kurz darauf in die Kinos gelangte. Zwei Jahre später folgte eine Spielfilmproduktion mit dem Titel „La Espera", der an den Kinokassen allerdings nur ein mäßiger Erfolg beschieden war. Die Botschaft aber ist dennoch bemerkenswert: Im Mittelpunkt standen hier nämlich weniger die in den Weiten Rußlands verschollenen Soldaten als ihre Angehörigen daheim, deren schier endloses Warten, Hoffen und Bangen – folgt man dem Begleitblatt zum Film – selbst eine „grandiose nationale Heldentat" darstellte: „Diese schweigenden, anonymen Helden konnten nichts anderes tun als warten. Warten auf einen Brief […] eine Nachricht […] irgend etwas, das ihnen sagte, daß der Mensch, auf den sie warteten, lebte […] daß er verwundet war […] gefangen […] tot". Drei Männer waren es, die sich als Freiwillige zu jenem „neuen Kreuzzug" gegen „die Horden der Steppe" gemeldet hatten, und nur zwei von ihnen sollten nach Weltkriegsende wohlbehalten in ihr Heimatdorf zurückkehren. Der dritte – Juan – galt als gefallen, wenn auch dessen liebende Braut nicht an seinen Tod glauben mochte. Und tatsächlich erreichte die kleine Gemeinde nach zwölf langen Jahren schließlich die Nachricht, daß der Vermißte neben „Tausenden von anderen für tot gehaltenen Kämpfern" – gleich so als wäre einst die gesamte spanische Armee an die russische Front aufgebrochen – noch lebte und bald heimkehren werde. Das Ende des Filmes bildet eine pathetisch aufgeladene Schlußszene, die auch das Motiv für das Filmplakat von „La Espera" abgab. Darin wurde noch einmal die Ankunft der Heimkehrer auf dem liberianischen Dampfer Semiramis im Hafen von Barcelona durch den persönlichen Blickwinkel der Filmhelden nachempfunden (Abb. E 2).

In zwei weiteren Spielfilmen – „La Patrulla" von 1954 und „Embajadores en el infierno" von 1956 – rückte das Schicksal der Rußlandkämpfer in den Vordergrund. Auf der Tagesordnung standen jedoch keine mit kühnen Heldentaten gespickten Kriegsfilme. Das Kino zeichnete die Soldaten der Blauen Division vielmehr als Leidende und Märtyrer, deren Größe vor allem in ihrer moralischen Aufopferung lag. Das Heldentum der Rußlandkämpfer definierte sich in erster Linie durch den theatralisch verklärten Tod auf den verschneiten Schlachtfeldern im fernen Rußland. Dem jedenfalls entspricht die Bildsprache in der Anfangsszene, die den qualvollen Marsch einer Gruppe spanischer Kriegsgefangener durch den russischen Winter zeigt. Die Trostlosigkeit der Szenerie wird gesteigert durch die Erbarmungslosigkeit der sowjetischen Wachmannschaft, die mehrere Häftlinge, die mit dem Marschtempo nicht Schritt halten können, erschießt (Abb. E 3). Die Ikonographie des Filmes ähnelt dabei in auffälliger Weise jenem noch zu Weltkriegszeiten entstandenen Modellentwurf für ein Denkmal, der vier Soldaten mit Spaten und Holzkreuz beim Begräbnis eines gefallenen Kameraden darstellt. Wintermäntel und wollene Kopftücher verweisen dabei ganz bewußt auf die Härte des russischen Winters, die in der Vorstellung des mediterranen Betrachters die Schwere des Opfers, das der tapfere Rußlandkämpfer auf sich nahm, noch vergrößert haben dürfte (Abb. E 4).[14]

Als weiteres zentrales Thema behandeln die Filme das schwere Los der sowjetischen Kriegsgefangenschaft, die angesichts der Entfernung von der Heimat, vor allem aber aufgrund der unmenschlichen Haftbedingungen geradezu einem Martyrium gleichkam. Besonders drastisch wird in der Regel die Brutalität des sowjetischen Lagerpersonals dargestellt, das – wie in „Embajadores en el infierno" bei der Ankunft in einer zum Internierungslager umgebauten Klosteranlage – die Kriegsgefangenen mit abgerichteten Hunden empfing und jedes Vergehen mit drakonischen Strafen ahndete (Abb. E 5). Um so stärker ins Gewicht fällt unter diesen

E 3
José María Forqué (Regie)
Embajadores en el infierno
Botschafter in der Hölle, 1956
Filmstill
Madrid, Instituto de la Cinematografía y de las Artes Audiovisuales

E 4
Proyecto de Monumento a los Caídos de la División Azul
Denkmalprojekt für die Gefallenen der Division Azul,
in: Víctor de los Ríos: Proyecto de monumento a los caídos de la División Azul, Madrid 1943
Buch
Madrid, Biblioteca Nacional
VC/15133/13

E 5
José María Forqué (Regie)
Embajadores en el infierno
Botschafter in der Hölle, 1956
Filmstill
Madrid, Instituto de la Cinematografía y de las Artes Audiovisuales

Bedingungen der Behauptungswillen der spanischen Gefangenen. Pflichterfüllung und Treue zu den Idealen des Heimatlandes – Antikommunismus, Katholizismus – sind die gegen alle Widrigkeiten verteidigten Kardinaltugenden der Protagonisten in dem Film „Embajadores en el infierno", der die zwölf Jahre der Gefangenschaft bis zur Heimkehr mit der Semiramis an dem persönlichen Schicksal des fiktiven Hauptmanns Palacios nachzeichnet. „La Patrulla" behandelt das Thema Kriegsgefangenschaft dagegen lediglich als Durchgangsstation im Leben des Protagonisten Enrique, dessen Geschichte fünf Jahre zuvor mit einem Gruppenphoto seines „Spähtrupps" nach dem siegreichen Einmarsch in Madrid beginnt. Weltkrieg, Gefangenschaft und Flucht – die Erlebnisse des Protagonisten – bilden hier nur einen Erzählstrang, der seinerseits immer wieder mit den Geschichten der vier anderen Bürgerkriegsveteranen verwoben wird. Hinzu tritt die Liebe zu Lucía, die aufgrund der langen Gefangenschaft zunächst mit einem anderen der Gruppe – Vicente – vorliebnimmt, nach der unerwarteten Wiederkehr Enriques jedoch zu diesem zurückfindet. Die grausame Erfahrung der Kriegsgefangenschaft einerseits, andererseits das Liebesversprechen in der vertrauten heimatlichen Umgebung bilden somit die atmosphärischen Extreme, auf die auch die Gestaltung des Filmplakates verweist (Abb. E 6).

E 6
Pedro Lazaga (Regie)
La Patrulla
Der Spähtrupp, 1954
Filmplakat
Madrid, Instituto de la Cinematografía y de las Artes Audiovisuales

Beide Filme stießen beim Publikum auf große Resonanz und verhalfen ihren jungen Regisseuren zum Durchbruch auf dem nationalen Filmmarkt.[15] Als wiederkehrendes Element in allen drei Filmen findet sich außerdem der propagandistische Verweis auf das eigentliche spanische Kriegstrauma. So suchten alle drei Spielfilme – entweder in Form von Andeutungen oder aber ganz explizit als Teil der Handlung wie im Falle von „La Patrulla" – den thematischen Anschluß an den Spanischen Bürgerkrieg. Der Feind – so der propagandistische Imperativ – war in beiden Fällen derselbe, weshalb der Kriegseinsatz in den Reihen der deutschen Wehrmacht auch nichts anderes darstellte als eine Art Verlängerung jenes im Juli 1936 begonnenen „antikommunistischen Kreuzzuges". Der eine Krieg rechtfertigte den anderen, während sich die zulässige historische Erinnerung der Blauen Division auf einen ebenso idealistischen wie schicksalhaften Kampf gegen den Sowjetkommunismus reduzierte: „Immer muß man tun, was zu tun ansteht", so ließ sich der Filmheld Enrique in „La Patrulla" beim Betrachten der Photographie seiner Bürgerkriegskameraden vernehmen. Die Frage nach dem Sinn des Opferganges, der mit der deutschen Niederlage realhistorisch obsolet geworden war, wird in der Retrospektive mit dem Rekurs auf eine höhere Bestimmung beantwortet. Völlig ausgeklammert bleibt dagegen die Tatsache, daß die Blaue Division sich zu einem beträchtlichen Teil aus radikalen Falangisten zusammensetzte, deren sozialrevolutionäre Veränderungswünsche durch den konservativen Staat Francos bitter enttäuscht worden waren und die all ihre Hoffnungen auf einen Sieg des nationalsozialistischen Deutschland gerichtet hatten. Was für das Regime daheim ein nicht zu unterschätzendes Unruhepotential dargestellt hatte, verwandelte sich auf der Kinoleinwand zehn Jahre später in eine Art Ehrenlegion des spanischen Diktators.[16]

So nützlich der Verweis auf den spanischen Beitrag im Kampf gegen die Sowjetunion in einem bestimmten Augenblick war, so rasch verschwand das Thema auch wieder aus dem Blickfeld der Öffentlichkeit. Bereits mit „Embajadores en el infierno" endete das offizielle Interesse an der Blauen Division, die von marginalen Referenzen abgesehen nie wieder den Stoff für eine Filmproduktion abgeben sollte. Eine ähnliche Verteilung zeigt auch die Memoirenliteratur zu diesem Thema, die sich zeitlich im wesentlichen um die Mitte der 50er Jahre gruppiert – so etwa die Erlebnisschilderung von Juan Eugenio Blanco oder der mit Originalaufnahmen von der Ostfront bebilderte Kriegsbericht des Divisionskommandeurs General Emilio Esteban-Infantes, der zumindest in der deutschen Ausgabe die Heimkehr der letzten Kriegsgefangenen als freudiges Ereignis illustriert.[17] In den beiden darauffolgenden Jahrzehnten bis zum Tode des Diktators dagegen war nur noch selten von der Blauen Division die Rede, was letztlich auch darauf verweist, daß nur eine verschwindend kleine Anzahl von Spaniern einen lebensgeschichtlichen Bezug zu diesem Thema herstellen konnte.

Obgleich Spanien während des Zweiten Weltkrieges zumindest rhetorisch auf seiten der Aggressoren zu finden war, wurden Spanier zugleich auch zu Opfern des nationalsozialistischen Terrors. Gegen Ende des Bürgerkriegs flüchteten rund 440 000 Menschen über die Pyrenäengrenze nach Südfrankreich und fielen dort nur wenige Monate später in die Hände der deutschen Besatzer. Insgesamt wurden auf diese Weise zwischen 10 000 und 12 000 „Rotspanier" in deutsche Konzentrationslager deportiert, davon der größte Teil – 7200 – in das Vernichtungslager Mauthausen bei Linz. Mehr als 5000 Spanier überlebten die Lagerhaft nicht. Bekannt ist, daß der spanische Diktator die Deportationen billigend in Kauf nahm und nach innen hin zugleich jeden Informationsfluß an die Angehörigen oder die Öffentlichkeit unterband. Und auch die Erinnerung der Überlebenden blieb in Spanien streng verboten, egal ob diese sich als Zeugen der franquistischen Repression oder aber der Verbrechen des NS-Regimes artikulierten. Der als Mitglied der Résistance 1943 in Frankreich verhaftete und ins Konzentrationslager Buchenwald verschleppte Schriftsteller Jorge Semprún etwa konnte seine erste literarische Verarbeitung des Schreckens – den 1963 in Paris erschienenen Roman „Le grand voyage" (Die große Reise) – erst 1976 in Spanien veröffentlichen.[18]

Fehlte dagegen der Bezug zur eigenen Geschichte, so wurde selbst im Spanien Francos der Völkermord als Menschheitsverbrechen thematisiert. Dies belegt etwa die spanische Übertragung des Tagebuches der Anne Frank, das seit den 60er Jahren regelmäßig neu aufgelegt wurde. Daß es aber auch nach dem Ableben des greisen Diktators im Herbst 1975 nicht zu einer qualitativen Veränderung der kollektiven Erinnerung kam, hängt wohl vor allem mit den Spezifika des demokratischen Wandels zusammen. Die Rückgewinnung der Demokratie nämlich vollzog sich als gesellschaftlicher Aushandlungsprozeß, dessen Preis das bewußte

Vergessen der jüngeren spanischen Geschichte, insbesondere des Bürgerkrieges darstellte. Daß angesichts einer derartigen Geschichtsvergessenheit auch die Frage der spanischen Holocaust-Opfer öffentlich kaum relevant werden konnte, kann daher nicht verwundern. Ganz vergessen wurden diese aber dennoch nicht. So entstand erst jüngst ein Dokumentarfilm über den katalanischen Photographen Francisco Boix, der als Häftling in Mauthausen im Auftrag der Lagerleitung den Alltag photographisch dokumentieren sollte und dessen Bilder im Nürnberger Kriegsverbrecherprozeß als Beweismaterial dienten. Eine weitere Reminiszenz erwies man dem jung verstorbenen Photographen in seiner Heimatgemeinde Poble Sec, einem Stadtteil Barcelonas, wo ihm eine unlängst neu eröffnete Stadtteilbibliothek gewidmet wurde.[19]

Bleibt die Erinnerung der Holocaust-Opfer zumeist im Privaten, so war es der internationale Kontext, der die Frage nach der franquistischen Täterschaft Ende der 90er Jahre noch einmal zu einer Staatsangelegenheit werden ließ. Auf eine ursprünglich von der argentinischen Regierung ausgehenden Initiative hin berief der spanische Regierungschef José María Aznar im Juli 1997 eine Untersuchungskommission, die in Spanien den Ausfuhrwegen der von den Nationalsozialisten in den besetzten Ländern geraubten Gold- und Kunstschätze, dem sogenannten Raubgold, nachforschen sollte. Der etwa ein Jahr später durch den Leiter der Kommission, den ehemaligen sozialistischen Justizminister Enrique Múgica Herzog, vorgelegte Bericht allerdings sollte das Franco-Regime auch in dieser Frage entlasten. Zwar bekräftigte die Kommission die Erkenntnis, Spanien habe als Transitland für gestohlene Kunstschätze gedient. Ein gezielter Erwerb derartiger Güter durch spanische Stellen konnte mit einer Ausnahme jedoch nicht nachgewiesen werden, und auch die Goldeinkäufe der spanischen Zentralbank seien wesentlich über Drittländer wie die Schweiz, Großbritannien und Portugal abgewickelt worden. Diesem Befund entsprechend lehnte die spanische Regierung jede finanzielle Entschädigung von Holocaust-Opfern ab, erklärte sich statt dessen aber dazu bereit, die Gemeinde sephardischer Juden im Sinne der Solidarität mit den Opfern des Holocaust durch einen „symbolischen Betrag" in Höhe von 1,65 Mio. US-Dollar zu unterstützen.[20]

Trotz dieser abermaligen historischen Entlastung ist unlängst auf einer völlig anderen Ebene die Frage nach einer spezifisch spanischen Mitverantwortung für die Vernichtung der europäischen Juden gestellt worden. Im Zentrum stand dabei jener berüchtigte Erlaß, mit dem die Katholischen Könige 1492 die jüdische Bevölkerung Spaniens aus dem Land gejagt hatten. Aller gebotenen Vorsicht gegenüber historischen Vergleichen zum Trotz sei – so meinte der Philosoph José-Miguel Marinas – die spanische Gedächtnislosigkeit in dieser Hinsicht inakzeptabel. Denn die Vertreibung der Juden aus Spanien repräsentiere eine Urerfahrung des europäischen Antijudaismus, die in die moderne Vernichtungspraxis des Holocaust eingeflossen sei, eine Erfahrung also, aus der für die Gegenwart die Pflicht zur Erinnerung erwachse. In Spanien jedoch existiere lediglich ein über Spielfilme wie Steven Spielbergs „Schindlers Liste" emotional vermitteltes Gedenken, das Gefahr laufe, die ethischen Implikationen des Geschehens aus den Augen zu verlieren. Einen ersten Schritt des „kulturellen Widerstands gegen die Simplifizierungen des Vergessens" (Reyes Mate) tat dann auch die Philosophiezeitschrift „Isegoría" mit einer Sondernummer zum Thema des Holocaust.[21]

Mit diesem Aufruf zur Einbeziehung Spaniens in das allgemeine Holocaustgedächtnis kontrastiert auf bizarre Weise eine andere, unlängst von der Katholischen Kirche des Landes angestoßene Erinnerungsinitiative. Auf Anregung der Bischofskonferenz wurde im März 2002 das Heiligsprechungsverfahren für Isabella von Kastilien wiederaufgenommen, jener Königin, die einst die Vertreibung der Juden aus Spanien verfügt hatte. Zwar steht diese Initiative nicht in unmittelbarem Zusammenhang mit der erwähnten Holocaust-Debatte. Das Stigma der religiösen Intoleranz, das die Politik der Monarchin aber zweifellos trägt, scheinen die Förderer des Projektes dennoch billigend in Kauf zu nehmen. Inwieweit eine Figur wie Königin Isabella heute noch eine orientierende Funktion für die spanische Gesellschaft besitzen kann, mag dahingestellt bleiben. Daß aber eine spezifisch „spanische" Erinnerung des Holocaust künftig eine breitere Öffentlichkeit finden wird, darf angesichts derartiger Bestrebungen jedoch ebenfalls bezweifelt werden.

[1] Die spanische Nachkriegszeit – la postguerra – beginnt mit dem Ende des Bürgerkrieges im April 1939.

[2] Ríos, Víctor de los: Proyecto de monumento a los caídos de la División Azul, Madrid 1943.

[3] Zur Darstellung der Thematik in den Filmmedien des Franquismus vgl. Alegre, Sergio: El Cine cambia la historia. Las imágenes de la División Azul, Barcelona 1994, S. 283 ff.

[4] Als ein wichtiges Kriegsziel peilte die spanische Regierung die Rückeroberung des britischen Flottenstützpunktes Gibraltar im Süden Spaniens an, der zu Beginn des 18. Jahrhunderts verlorengegangen war.

[5] Zur Frage des spanischen Kriegseintritts vgl. Bernecker, Walther L.: Neutralität wider Willen. Spaniens verhinderter Kriegseintritt, in: Altrichter, Helmut/Becker, Josef (Hg.): Kriegsausbruch 1939, München 1989, S. 153 ff.

[6] Siehe etwa ABC, 24./25. Oktober 1940.

[7] González, Sancho: Diez años de historia difícil: índice de la neutralidad española, Madrid 1947 und Río Cisneros, Agustín del: España rumbo a la post-guerra. La paz española de Franco, Madrid 1947. Einen ähnlichen Tenor haben: Areilza, José María: Embajadores sobre España, Madrid 1947 und Doussinague, José María: España tenía razón, 1939–1945, Madrid 1949.

[8] Serrano Súñer, Ramón: Entre Hendaya y Gibraltar. Noticia y reflexión, frente a una leyenda, sobre nuestra política en dos guerras, Madrid 1947, ders.: El encuentro de Franco y Hitler en Hendaya, in: Historia y Vida 96 (1976), S. 112 ff., sowie Cierva, Ricardo de la: Hendaya. Punto final, Barcelona 1981.

[9] Als Sephardim wird die ursprünglich auf der Iberischen Halbinsel beheimatete jüdische Bevölkerung bezeichnet.

[10] Vgl. Rother, Bernd: Spanien und der Holocaust, Tübingen 2001. Der spanische Beitrag zum internationalen Holocaust-Forum im Januar 2000 in Stockholm bestand aus einer Dokumentation zu den spanischen Diplomaten, die sich im besetzten Europa für die Rettung jüdischer Bürger engagiert hatten.

[11] Historia moderna y contemporánea, Zaragoza 1957, S. 221.

[12] Vgl. Asián Peña, José L.: Historia Universal y de España, Barcelona 1965, S. 300 und Carrascal, Juan: Historia Universal y de España, Santander 1961, S. 353.

[13] Sobrequés, Santiago: Historia de España moderna y contemporánea, Barcelona 1970, S. 473.

[14] De los Ríos 1943 (wie Anm. 2).

[15] Zu den Handlungssträngen der beiden Filme vgl. Alegre 1994 (wie Anm. 3), S. 141 ff. und S. 215 ff.

[16] Vgl. Alegre, Sergio: Las imágenes de la División Azul: los Vaivenes de la política exterior e interior de Franco a través del cine, in: Yraola, Aitor (Hg.): Historia contemporánea de España y cine, Madrid 1997, S. 69 ff.

[17] Blanco, Juan Eugenio: Rusia no es cuestión de un día, Madrid 1954 und Esteban-Infantes, Emilio: La División azul, Barcelona 1956. Siehe außerdem Martínez Rodríguez, José Luis: Una tumba para García, Madrid 1953 und

Ramos, Fernando: División Azul, Madrid 1953.

[18] Semprún, Jorge: El largo viaje, Barcelona 1976 (dt.: Die große Reise, Reinbek b. Hamburg 1981).

[19] Zu Francisco Boix vgl. den Dokumentarfilm von Llorenç Soler, Un fotógrafo en el infierno (Der Photograph in der Hölle). Vgl. außerdem Bermejo, Benito: Francisco Boix. El fotógrafo de Mauthausen, Barcelona 2002.

[20] Vgl. Quijada, Mónica/Peralta Ruiz, Víctor: El triángulo Madrid – Berlín – Buenos Aires y el tránsito de bienes vinculados al Tercer Reich desde España a la Argentina, in: Ciclos 10 (2000), S. 129–149; hier: S. 143 ff. Vgl. außerdem den Kommissionsbericht: Informe para la comisión de investigación de las transacciones de oro procedente del Tercer Reich durante la segunda guerra mundial" Vgl. http://www.museoimaginado. com/expolio1.htm (23. Juni 2003).

[21] Vgl. insbesondere die Beiträge von Reyes Mate, José-Miguel Marinas und José Jiménez Lozano in: Isegoría 23 (2000).

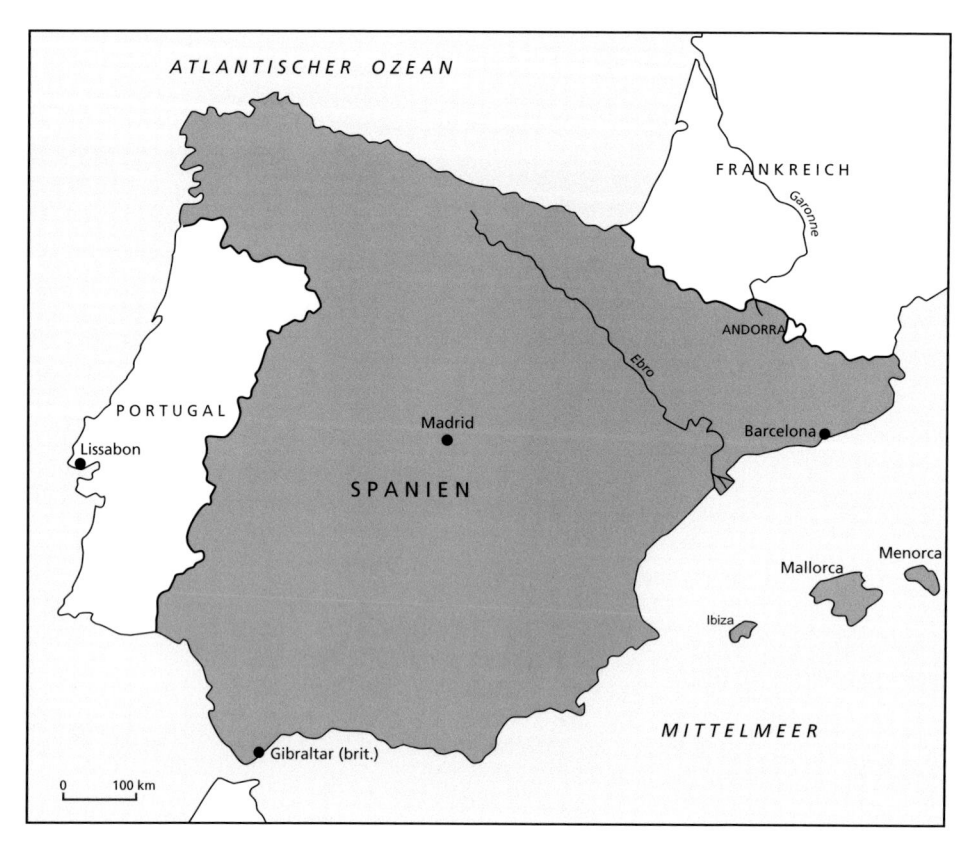

Seit 1914

Chronologie

1898
Im Krieg gegen die USA verliert Spanien seine letzten überseeischen Kolonien (Kuba, Puerto Rico und die Philippinen). Das politische System, die **1875** restaurierte konstitutionelle Monarchie, wird dabei zwar für den Verlust verantwortlich gemacht, bleibt jedoch unverändert bestehen.

1914–1918
Spanien erklärt im Ersten Weltkrieg seine Neutralität. Wirtschaftlich profitiert das Land von der erhöhten Kriegsnachfrage, die allerdings **1918** abrupt zusammenbricht, was zu großer Arbeitslosigkeit und massiven sozialen Konflikten führt.

1918–1923
Spanien wird zum Schauplatz heftiger Sozialkonflikte. Die Spannungen zwischen einer konservativen, feudalen Oberschicht, die aus Großgrundbesitzern unterstützt von Kirche und Armee besteht, und einer radikalisierten Arbeiterschaft führen zur Schwächung der konstitutionellen Monarchie und des politischen Systems. Zwischen **1918** und **1923** werden insgesamt 13 Regierungskabinette gebildet.

1923–1936

Ein militärisches Debakel in der marokkanischen Kolonie sowie die anhaltenden Arbeiterunruhen und Attentate vor allem in der katalanischen Wirtschaftsmetropole Barcelona sind die Hintergründe für den Staatsstreich des Generalkapitäns von Katalonien, Miguel Primo de Rivera, im **September 1923**. Mit Duldung des Königs Alfons XIII. suspendiert dieser die Verfassung und übernimmt den Vorsitz einer militärischen Regierungsjunta. Ein umfangreiches Reformprogramm schließt sich an, das u. a. beträchtliche Investitionen in die Infrastruktur des Landes vorsieht. Darüber hinaus gelingt es dem Diktator, die marokkanische Kolonie zu befrieden und das sozialistische Lager der Arbeiterbewegung in die Regierung einzubinden. Rückschläge in der Wirtschaftspolitik sowie andere Gründe führen jedoch zu wachsendem Widerstand gegen den Diktator, der daraufhin im **Januar 1930** das Land verläßt. Rund ein Jahr später zeigen Kommunalwahlen, daß mit der Diktatur auch die Monarchie vollständig diskreditiert ist, woraufhin König Alfons XIII. ohne Abdankung im **April 1931** ins Exil flüchtet. Am **14. April 1931** wird in Spanien die Zweite Republik ausgerufen. Das Land konstituiert sich am **9. Dezember 1931** als parlamentarische Demokratie neu, und eine Koalition aus Sozialisten und Republikanern beginnt mit der Umsetzung eines umfangreichen Reformprogramms (Agrarreform, Militärreform, Säkularisierung des öffentlichen Lebens, Autonomiestatut für Katalonien). Anstatt Konflikte zu lösen, führen die Reformen jedoch zu einer drastischen Polarisierung der Gesellschaft, die sich in Streiks und Aufstandsversuchen, aber auch an den Wahlurnen (Regierungswechsel von **1933** und **1936**) niederschlägt und schließlich in einen militärischen Aufstand mündet.

1936

Die Militärrevolte gegen die Republik beginnt am **17. Juli** in Spanisch-Marokko und breitet sich über die gesamte Iberische Halbinsel aus. Anstelle der Regierung ergreifen die Gewerkschaften die Initiative und bringen den Putsch in der gesamten Osthälfte des Landes zum Scheitern, so daß ein Bürgerkrieg unvermeidlich wird. Praktisch von Beginn an können die Aufständischen dabei auf die militärische Unterstützung des nationalsozialistischen Deutschland und des faschistischen Italien zählen. Die Republik leidet dagegen unter der von den westlichen Demokratien verfolgten Nichteinmischungspolitik. Lediglich die UdSSR liefert ab **Oktober** Waffen und Ausrüstung, wodurch der kommunistische Einfluß auf die spanische Regierung wächst. Zugleich kämpfen schätzungsweise 50 000 Freiwillige in den Internationalen Brigaden für die Spanische Republik. Die militärische Überlegenheit der Aufständischen unter Führung von General Francisco Franco ermöglicht diesen jedoch die allmähliche Eroberung des gesamten republikanischen Territoriums.

1937

Im **April** wird durch eine Zwangsvereinigung der Partei Falange Española mit den Traditionalisten eine Einheitspartei (Falange Española Tradicionalista) gebildet, die als Basis für den Aufbau des „Neuen Staates" und der diktatorischen Struktur des Franco-Regimes dienen soll. Am **26. April** wird die baskische Stadt Guernica bei einem Bombenangriff der deutschen Legion Condor größtenteils zerstört.

1938–1939

Nach der Eroberung Kataloniens durch die Truppen Francos fliehen Ende **1938** rund 400 000 Republikaner über die Pyrenäengrenze nach Südfrankreich und werden dort in Auffanglagern interniert. Frankreich und Großbritannien erkennen das Franco-Regime am **27. Februar 1939** diplomatisch an. Nach dem Einzug in Madrid und der Anerkennung seiner Regierung durch die USA am **1. April 1939** erklärt Franco den Bürgerkrieg für beendet. Der aus dem Krieg hervorgehende „Neue Staat" verbindet zentralistisch-autoritäre Elemente eines Ständestaates und traditionalistische Elemente, bleibt zugleich aber eng mit der Person Francos verbunden. Trotz der durch die Militärhilfe der Achsenmächte entstandenen Verbindlichkeiten erklärt die franquistische Regierung zu Beginn des Zweiten Weltkrieges die strikte Neutralität. Allerdings liefert Spanien dem nationalsozialistischen Deutschland Rohstoffe und Nahrungsmittel, während deutsche U-Boote spanische Häfen als Versorgungsstützpunkte nutzen können.

1940
Nach der Kapitulation Frankreichs rückt die spanische Regierung mit Blick auf einen möglichen Kriegseintritt auf seiten der Achsenmächte von der strikten Neutralität ab und erklärt sich am **12. Juni** zur nichtkriegführenden Nation. Der militärische Zusammenbruch Frankreichs liefert die spanischen republikanischen Flüchtlinge dem nationalsozialistischen Terror aus. Insgesamt werden schätzungsweise 10 000 bis 12 000 von ihnen in deutsche Konzentrationslager deportiert. Von den rund 7 200 nach Mauthausen Verschleppten überleben nur etwa 2 000. General Franco trifft am **23. Oktober** im südfranzösischen Hendaye den deutschen Diktator Adolf Hitler. Die Zusammenkunft endet aufgrund bestehender Meinungsverschiedenheiten hinsichtlich eines spanischen Kriegseintritts ergebnislos.

22. Juni 1941
Spanien mobilisiert in der Blauen Division zur Unterstützung der Wehrmacht 19 000 Freiwillige gegen die Sowjetunion.

1. Oktober 1943
Nach der militärischen Wende von Stalingrad und dem Zusammenbruch des faschistischen Italien verstärkt sich der Druck der Alliierten auf das franquistische Regime, woraufhin der Diktator zur strikten Neutralität zurückkehrt und den Abzug der Blauen Division von der Ostfront einleitet.

1945–1950
Trotz seiner Neutralitätspolitik wird das Franco-Regime mit einer fast vollständigen internationalen Ächtung bestraft und zugleich von der US-amerikanischen Marshallplanhilfe ausgeschlossen. Erst am **4. November 1950** beenden vor dem Hintergrund des Ost-West-Konfliktes die Vereinten Nationen (UNO) den Boykott gegen das Franco-Regime. Verschiedene europäische Regierungen schließen außerdem Handelsabkommen mit Spanien.

1953
Die spanische Regierung schließt am **27. August** mit dem Vatikan ein Konkordat, das das definitive Ende der internationalen Isolation markiert. Am **26. September** 1953 unterzeichnen Spanien und die USA ein Abkommen über die Verpachtung von Militärstützpunkten auf der Iberischen Halbinsel und die Gewährung umfangreicher Wirtschaftshilfe im Gegenzug.

1959–1970
Aufgrund einer schweren Wirtschafts- und Versorgungskrise sieht sich das franquistische Regime zu einem wirtschaftspolitischen Kurswechsel gezwungen. Mit der Annahme des Stabilisierungsplanes am **17. Juni** 1959 legt die Regierung die Grundlagen für das spanische Wirtschaftswunder der **60er** Jahre, durch das die spanische Volkswirtschaft den Anschluß an die westeuropäischen Industrienationen findet. Der wirtschaftliche Aufschwung allerdings führt langfristig nicht zur gewünschten politischen Stabilisierung des Regimes. Statt dessen sieht sich die Diktatur mit einer rasch wachsenden Opposition konfrontiert, zu der die kommunistische Gewerkschaftsbewegung (Comisiones Obreras), Teile der Katholischen Kirche, die Studentenbewegung sowie die baskische Separatistenorganisation (ETA) zählen.

1975
Nach langer Krankheit stirbt der spanische Diktator Francisco Franco am **20. November**. Eine bereits **1969** getroffene Nachfolgeregelung bestimmt Kronprinz Juan Carlos von Bourbon zum Nachfolger Francos an der Spitze des Staates. Am **27. November** besteigt dieser als Juan Carlos I. den spanischen Thron und stellt kurz darauf einen demokratischen Wandel des Regimes in Aussicht.

1976–1981
1976 wird Spanien in die Vereinten Nationen (UNO) aufgenommen. In den folgenden Jahren kehrt das Land zur parlamentarischen Demokratie zurück. Dabei vollzieht sich der

Wandel jedoch nicht als Bruch, sondern als ein ausgehandelter Übergang (Transición) zwischen den Kräften der Opposition und den Trägern des franquistischen Staates. Zu den entscheidenden Daten dieser Transición zählen die ersten freien Parlamentswahlen am **15. Juni 1977**, aus denen ein demokratisches Parteienbündnis unter Führung von Adolfo Suárez als Sieger hervorgeht, sowie die Inkraftsetzung der neuen Verfassung im **Dezember 1978**, die das definitive Ende des Franquismus markiert. Als gravierendes Problem erweist sich dabei die Frage der Neuregelung der Beziehungen zwischen Zentrum und Peripherie. Um die nationalistischen Forderungen im Baskenland und in Katalonien zu befriedigen, entschließt man sich zur Einrichtung regionaler Autonomien. Die Regierung Suárez wird damit jedoch in eine Krise gestürzt, welche **1981** in dem erfolglosen Putschversuch von Oberstleutnant Antonio Tejero mündet.

1982–1996
Am **30. Mai 1982** erfolgt die Aufnahme in die North Atlantic Treaty Organization (NATO) als 16. Mitgliedstaat und die damit verbundene Integration in die militärische Struktur der demokratischen Staatengemeinschaft. Aus den Parlamentswahlen vom **Oktober 1982** geht die Sozialistische Partei (PSOE) unter der Führung von Felipe González als Sieger hervor. Die folgenden vier sozialistischen Legislaturperioden führen zur weiteren Konsolidierung der Demokratie sowie zur wirtschaftlichen Integration des Landes, die insbesondere durch den Beitritt zur Europäischen Wirtschaftsgemeinschaft (EWG) am **1. Januar 1986** erreicht wird.

7. Februar 1992
In Maastricht wird der Vertrag über die Gründung der Europäischen Union (EU) unterzeichnet. Hauptziel des Vertrages ist die Errichtung einer Europäischen Wirtschafts- und Währungsunion (EWWU) mit Einführung einer gemeinsamen Währung. Der Vertrag tritt am **1. November 1993** in Kraft.

1993
Am **1. Januar** entsteht der Europäische Binnenmarkt der zwölf Mitgliedstaaten der EU gemäß dem Maastrichter Vertrag.

3. März 1996
Mit knappem Vorsprung kann die konservative Volkspartei (PP) unter José María Aznar die Parlamentswahlen für sich entscheiden.

11. Juli 1997
Die Regierung Aznar setzt eine Untersuchungskommission ein, die unter der Leitung von Enrique Múgica Herzog mögliche „Nazi-Raubgold"-Bestände in Spanien aufdecken soll. Die Kommission kann dem Franco-Regime jedoch keine direkte Beteiligung an den Gold- und Kunstrauben des nationalsozialistischen Deutschland nachweisen. Die Regierung lehnt daraufhin jede finanzielle Entschädigung jüdischer Opfer des Völkermordes ab.

2. Mai 1998
Der EU-Rat beschließt, daß die Europäische Wirtschafts- und Währungsunion termingerecht am **1. Januar 1999** mit elf Teilnehmerstaaten beginnt (ohne Dänemark, Großbritannien, Schweden), vorerst jedoch nur für den bargeldlosen Zahlungsverkehr. Ab **1. Januar 2002** werden in Spanien Euro-Banknoten und -Münzen ausgegeben.

2000
Nach den Parlamentswahlen regiert die PP mit absoluter Mehrheit.

Literatur:
- Bernecker, Walther L.: Spanische Geschichte. Vom 15. Jahrhundert bis zur Gegenwart, München 1999.
- Brockhaus – Die Enzyklopädie in 24 Bänden, 20. Aufl., Leipzig/München 1996–1999.

- Kinder, Hermann/Hilgemann, Werner: dtv-Atlas Weltgeschichte. Bd. 2: Von der Französischen Revolution bis zur Gegenwart, 31. Aufl., München 1997.
- Ruhla, Klaus- Jörg/Bernecker, Walther L: Spanien-Ploetz, Die Geschichte Spaniens und Portugals zum Nachschlagen, 3. Aufl., Freiburg 1993.

Tschechoslowakei/Tschechien

Das verlorene Paradies

VON WILMA IGGERS

Das Gebiet der heutigen Tschechischen Republik, die aus Böhmen, Mähren und Teilen Schlesiens besteht, gehörte bis 1918 zu Österreich-Ungarn. Seit dem frühen Mittelalter lebten dort Deutsche, vor allem in den bergigen Randgebieten.[1] 1918 wurde die tschechoslowakische Republik gegründet und erhielt eine an das französische und das amerikanische Vorbild angelehnte Verfassung, die gleiche Rechte für die fast dreieinhalb Millionen Deutsche wie für die zehn Millionen Tschechen und Slowaken festschrieb. Ihr erster Präsident war Tomáš Garrigue Masaryk.

Tomáš Garrigue Masaryk

Als Masaryk am 14. September 1937 starb, waren die meisten Tschechen – und nicht nur sie – in großer Trauer. Sein Name ist mit dem Begriff Tschechoslowakismus[2] verbunden und mit der Hoffnung, das friedliche Zusammenleben zweier sehr unterschiedlicher Völker zu ermöglichen. Dieser Traum scheiterte, genauso wie der Versuch, die ungarischen und die polnischen Minderheiten zu integrieren. Der von Masaryk sehr geschätzte Edvard Beneš, der ihm 1935 im Amt nachfolgte, mußte sich sofort nach seinem Antritt mit der äußeren Bedrohung seines Landes durch das nationalsozialistische Deutschland und der inneren durch die von Konrad Henlein angeführte Sudetendeutsche Partei in den Grenzgebieten Böhmens und Mährens auseinandersetzen. Die 1925 gegründete Sudetendeutsche Heimatfront, ab 1935 Sudetendeutsche Partei, war nach der Machtergreifung durch die Nationalsozialisten in Deutschland schnell gewachsen und identifizierte sich seit 1937 ganz mit der NSDAP.[3]

Nach der sogenannten Befreiung 1945 wurde Masaryk noch so stark verehrt, daß man ihn mit einem bereits 1937 vorbereiteten Denkmal würdigen wollte. Als endlich 1947 der Sockel in Ujezd, einer sehr verkehrsreichen Stelle in Prag stand, konnte der kommunistische Oberbürgermeister von Prag, Václav Vacek, noch eine Rede halten, in der er sagte: „Masaryks Statue wird ein Symbol für Recht und Gerechtigkeit sein, für Vernunft und Edelmut, Ehrlichkeit und Nächstenliebe. [...] wenn wir Fremde hinführen, können wir stolz sagen: 'Seht, hier ist der Mann, der unsere Nation in der ganzen Welt berühmt gemacht hat.'"[4]

Nach dem kommunistischen Putsch vom Februar 1948 blieben die Pläne für das Denkmal noch bestehen, und der erste kommunistische Präsident, Klement Gottwald, besuchte Masaryks Grab.[5] Wieder wurde die Frage nach einem geeigneten Ort für das Denkmal aufgeworfen, das jedoch weiterhin nicht aufgestellt wurde. Bald folgte auch eine Haßkampagne der Kommunisten gegen Masaryk und damit gegen die Erste Republik. Das hatte zur Folge, daß viele Masaryk-Denkmäler vernichtet oder eingelagert wurden. Ein großes wurde noch 1948 in Olomouc (Olmütz) aufgestellt, konnte aber nur bis 1953, dem Jahr des größten Bildersturms, stehen bleiben, da es die Kampagne gegen Masaryk bis dahin nicht geschafft hatte, ihn bei der Bevölkerung in Verruf zu bringen. 1968 gab es erneut

Pläne für ein Masaryk-Standbild, die aber nach der Invasion der „verbrüderten" Armeen wieder fallengelassen wurden. In den Schulbüchern in der kommunistischen Ära wurde Masaryk nur ganz am Rande erwähnt, da man nicht an die Erste Republik und damit an ein demokratisches System erinnern wollte. So widmet ein Geschichtslehrbuch von 1970 ihm nur einen einzigen Satz.[6]

Obwohl 1948 erstaunlicherweise noch eine Banknote mit Masaryks Bild in Umlauf kam, die bis 1953 gültig war, war er während des größten Teils der kommunistischen Zeit offiziell eine Nicht-Person. Außerhalb der Tschechoslowakei bemühten sich Exilanten, sein Andenken wachzuhalten. So maß Karel Bělský 1966 in einem Aufsatz der Exilzeitschrift Proměny die Republik an Masaryks Maßstäben.[7]

Erst 1989, zur Zeit der „samtenen Revolution", konnte Masaryk wieder öffentlich geehrt werden – von einer Bevölkerung, in der sich nur die Ältesten an ihn erinnerten. Die selbstgemachten oder aus Verstecken hervorgeholten Bilder, die in Schaufenstern erschienen, drückten echte Gefühle aus, aber die offiziellen Bemühungen, Masaryk mit Plakaten, Medaillen, Briefmarken oder Statuen zu würdigen, erinnerten zu sehr an die erzwungenen Ehrungen im Kommunismus, um einen wirklichen Einfluß auf die Erinnerungskultur zu haben. In den Schulbüchern nahm er jetzt wieder mehr Platz ein. Ein Lehrbuch für Mittelschulen von 1991, das möglicherweise noch vor der „samtenen Revolution" verfaßt wurde, widmet ihm nur zehn Zeilen.[8] Ein Schulbuch von 1992 beschäftigt sich schon viel intensiver mit Masaryk, würdigt seine Leistungen als Politiker und erklärt die Grundzüge seines Denkens. Unser Bild des Leichenzuges (Abb. CZ 1) erschien 1998 in einem Schulbuch.[9] Die Photographie zeigt die trauernde Bevölkerung und gleichzeitig das Bleibende: die Moldau und vor allem den Hradschin, der wieder die Eigenständigkeit des Volkes symbolisiert. Der Hradschin im Hintergrund, der Leichenzug im Vordergrund sowie die Menschenmassen, die ihrem Staatspräsidenten die letzte Ehre erweisen, stellen die Einheit zwischen Geschichte, Demokratie und Volk her. Die damals begrabene Demokratie soll jetzt wieder auferstehen. Dieses Photo zeigt zudem, wie sehr Masaryk verehrt wurde.

Hradčanské náměstí, září 1937. Zástupy lidí, které se přišly poklonit k rakvi T. G. Masaryka.

CZ 1
Hradčanské náměstí, září 1937. Zástupy lidí, které se přišly poklonit k rakvi T.G. Masaryka
Hradschin-Platz, September 1937. Menschenmenge, die sich versammelt hat, um sich vor dem Sarg T. G. Masaryks zu verneigen, in: Josef Harna, Rudolf Fišer: Dějiny Českých Zemí, II. Od poloviny 18. století do vzniku České Republiky, Prag 1998, S. 167
Buch
Berlin, Staatsbibliothek zu Berlin – Preußischer Kulturbesitz
3B6873-2

CZ 2
Již nikdy Mnichov
Nie wieder München, 1948
Plakat, 84 x 59 cm
Prag, Všeodborový archiv
61/IV58

CZ 3
Strůjci mnichovského diktátu: Chamberlain, Daladier, Hitler, Mussolini a Ciano (zleva doprava)
Die Baumeister des Münchener Diktats: Chamberlain, Daladier, Hitler, Mussolini in Ciano (v.l.n.r.), in: Dana Nývltová, Vlastimil Kožnár: Cestou bojové slávy, Prag 1960, S. 28
Buch
Berlin, Staatsbibliothek zu Berlin – Preußischer Kulturbesitz
14B1527

Das Münchener Abkommen und seine direkten Folgen

Traumatisch ist die Erinnerung der Tschechen an das Münchener Abkommen, das 1938 die Abtretung der hauptsächlich deutschsprachigen Grenzgebiete an das Deutsche Reich erzwang. Bis heute sehen die meisten Tschechen das Münchener Abkommen als den schlimmsten Verrat der befreundeten Nationen Frankreich und England an ihrem Land an. Besonders hart traf sie die Zustimmung des von ihnen so idealisierten Frankreich.

Im Zentrum der Erinnerungen stehen die Verbrechen der Nationalsozialisten und der Wunsch nach Rache. 1948 wird das Trauma z. B. mit dem Plakat „Již nikdy Mnichov" (Nie wieder München) (Abb. CZ 2) instrumentalisiert, um die

Notwendigkeit des Bündnisses mit der Sowjetunion zu verdeutlichen. Auffallend ist das Wort „nikdy" (niemals), welches leuchtendweiß hervorgehoben ist, mit einem verwitterten Hakenkreuz dahinter. „Mnichov" ist in Fraktur gedruckt, also deutsch. Darüber rollt ein Panzer der Roten Armee, der eine tschechoslowakische Fahne trägt. Diese Kombination – sowjetischer Panzer und Nationalflagge – sollte darauf hinweisen, daß sich die Tschechoslowakei nach der Machtübernahme durch moskauhörige Kommunisten in Zukunft auf die Sowjetunion und auch auf sich selbst verlassen kann.

In Zeitungen, Zeitschriften usw. sah man häufig die Landkarte der Tschechoslowakei, auf der die nach dem Münchener Abkommen abgetrennten Gebiete deutlich eingezeichnet waren. In Schul- und anderen Geschichtsbüchern wird seit 1945 an dieses Trauma von Verrat und Ohnmacht erinnert; das Repertoire der Bilder ist limitiert und wird häufig wiederholt. Zu sehen sind meist Photographien mit Adolf Hitler, Benito Mussolini, Neville Chamberlain und Édouard Daladier (Abb. CZ 3 re. o.). Unser Bild wurde am 29. September 1938 aufgenommen. In der Tschechoslowakei wurde es unter anderem in einem Buch mit dem Titel „Cestou bojové slávy" (Auf dem Weg des kämpferischen Ruhms)[10] auf einer Doppelseite zusammen mit Photographien abgedruckt, die die Folgen des Abkommens für die Tschechen zeigen – nämlich die kampflose Aufgabe der Grenze und die Vertreibung Zehntausender. Aus der Bildermappe „Mnichovská zrada 1938" (Der Münchener Verrat) stammen zwei Bilder, die zusammengehören: Eines zeigt tschechoslowakische Soldaten, die das abgetretene Grenzgebiet verlassen, und das andere Hitlers Soldaten beim Entfernen der Hindernisse an der Grenze (Abb. CZ 4).

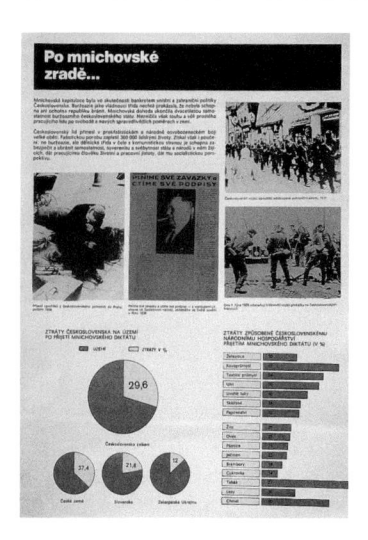

Die Texte in den Schulbüchern der kommunistischen Ära begründeten die Annahme des Münchener Abkommens damit, daß die tschechische Bourgeoisie bereit gewesen sei, sich dem nationalsozialistischen Deutschland unterzuordnen, um ihren Besitzstand zu schützen. Dabei habe auch die Furcht vor der Sowjetunion eine Rolle gespielt. Letzteres – so die kommunistische Interpretation der Geschichte – sei der Grund gewesen, warum Beneš zur Zeit des Münchener Abkommens die Hilfe der Sowjetunion nicht akzeptiert hätte. Im Gegensatz zu diesen Interpretationen schilderte das Lehrbuch von Miloň Dohnal und Leoš Stolařík von 1970, das wahrscheinlich noch aus dem Prager Frühling stammte, sehr sachlich auf vier Druckseiten die Ereignisse vom Beginn der Sudetenkrise bis zum Münchener Abkommen.[11]

CZ 4
Po mnichovské zradě...
Nach dem Münchener Verrat..., in: Alexander Žippai (Hg.): Mnichovská zrada 1938, Prag 1988
Mappe
Privatbesitz

Im Zusammenhang mit dem Prager Frühling war es möglich geworden, nichtkommunistische Positionen zum Trauma von München zu äußern. 1968 stellte der Philosoph Josef Ludvík Fischer die These auf, daß die Tschechoslowakei 1938 hätte kämpfen sollen, obwohl es ein hoffnungsloser Kampf gewesen wäre.[12]

Der Kulturkritiker und Dissident Václav Černý schrieb in dem Teil seiner Memoiren, der 1968 in Kanada erschien: „Was nach München durch Resignation und Schande folgte, brach für viele Jahre das tschechische moralische Rückgrat, das man braucht, um sich verteidigen zu können. Der Kampf wäre verzweifelt gewesen, und [...] ohne Verbündete wäre er von Anfang an verloren gewesen. [...] Es gibt tragische Situationen, in denen es sich lohnt, in einem gerechten Kampf besiegt worden zu sein [...] die Polen wußten es und die Jugoslawen."[13]

Der Emigrant Pavel Tigrid, Herausgeber der Pariser Zeitschrift Svědectví (Zeugenschaft) und später Kulturminister in einer der Regierungen Václav Havels der 90er Jahre, erinnerte sich in den 80er Jahren: „München war in der tschechischen und slowakischen Geschichte ein Wendepunkt [...] im kritischen Moment war dieser Staat international isoliert, innerlich gespalten und von direkter militärischer Aggression bedroht. In der Situation waren es die militärische Führung und vor allem der Präsident der Republik – nicht das Volk oder wenigstens ein bedeutender Teil davon –, die beschlossen, kampflos zu kapitulieren."[14]

Die Lehrbücher nach 1989 handeln ausführlich von der Auswirkung des Münchener Abkommens auf die tschechische Bevölkerung. Vorher hatte man sich damit aus politischen Gründen in den Schulbüchern nicht beschäftigen können. Wie Robert Kvaček in seinem Lehrbuch von 2002 betont, wird Beneš nicht mehr allein für die Entscheidung verantwortlich gemacht, das Münchener Diktat akzeptiert zu haben, obwohl viele Tschechen damals nicht kapitulieren wollten.[15]

Die Zweite Republik

Was von der nach dem Münchener Abkommen föderativen Tschechoslowakei – jetzt Zweite Republik genannt – übriggeblieben war, hatte wenig Ähnlichkeit mit ihrer Vorgängerin. Die Tschechoslowakei, die vor kurzem noch der sicherste Ort für Flüchtlinge aus Deutschland und Österreich gewesen war[16], füllte sich nun mit Flüchtlingen aus ihren eigenen verlorenen Gebieten. Die Bevölkerung wurde gegenüber Fremden und Juden, besonders deutschsprachigen, feindselig. Die Tschechoslowakei gab Schritt für Schritt ihre demokratischen Institutionen und ihre demokratische Gesetzgebung auf, und die tschechischen faschistischen Gruppen wuchsen.[17]

Die Erinnerung der Tschechen an die Zweite Republik – von der deutschen Besetzung des Randgebiets bis zum Einmarsch der Deutschen im übrigen Böhmen, Mähren und Schlesien – war und ist problematisch, weil die Nation sich nicht verteidigt hatte. Die Kommunisten betrachteten die Führungsriege der Zweiten Republik als Verräter und Kollaborateure. Nach der Revolution äußerten sich demokratisch gesinnte Historiker, wie z. B. Jan Rataj[18], in diesem Sinne. Pavel Tigrid wird mit seinem vielleicht zu strengen, aber wichtigen Urteil über die Zweite Republik zitiert. Er schreibt, „daß der Bazillus der Zweiten Republik schädliche und hauptsächlich dauernde Folgen hatte und für lange Zeit das beeinflußte, was man die nationale Substanz nennt, den Charakter des Volks, sein kulturelles Niveau. Kurz und gut, die gesellschaftliche Moral ist verludert oder entwertet, und irgendwie wurde das von Generation zu Generation übertragen."[19] Rataj selbst sieht aber nicht nur die negativen Züge der Zweiten Republik, sondern auch den mutigen Widerstand. Seiner Meinung nach war der Antidemokratismus zum Teil von außen ins Land gekommen.

Das Protektorat 1939–1945

Am 14. März 1939 erklärte die Slowakei auf Druck Hitlers ihre Unabhängigkeit und ernannte den katholischen Priester Jozef Tiso zum Präsidenten. Am selben Tag wurde Emil Hácha, seit 1938 tschechoslowakischer Staatspräsident, nach Berlin gerufen und in einer Nachtsitzung gezwungen, Böhmen und Mähren – das Gebiet, das später die Bezeichnung Reichsprotektorat erhielt – Hitler „anzuvertrauen". Am 15. März 1939 besetzte die deutsche Wehrmacht die vom westlichen Teil der Tschechoslowakei übriggebliebenen Gebiete. Hácha blieb in seinem Amt, aber die eigentliche Macht übte Reichsprotektor Konstantin von Neurath aus. Die Gründung eines vom Deutschen Reich abhängigen slowakischen Staates und des „Reichsprotektorats Böhmen und Mähren" bedeuteten 1939 die vollständige Zerstörung der Tschechoslowakei. Das Deutsche Reich bezog von Böhmen und Mähren Industrieprodukte, vor allem Waffen, aber auch Lebensmittel – um Arbeit war also keine Not. Für die Tschechen waren die materiellen Lebensbedingungen gut, und viele nahmen die Gelegenheit wahr, im Reich für höhere Löhne zu arbeiten. Sie mußten nicht in der Wehrmacht dienen, und die böhmischen Länder erlitten nur wenige Kriegsschäden.[20]

Wie in anderen besetzten Ländern gab es auch im Protektorat eine Untergrundpresse und Sabotageakte, aber der Widerstand wird als geringer eingeschätzt als in den meisten anderen besetzten Ländern. Das ganze System war so, daß ein Überleben ohne Kollaboration kaum möglich war. Es gab tschechoslowakische Widerstandsgruppen im Ausland, allen voran sind die Gruppierungen in England um Beneš zu nennen, dem es gelang, eine Exilregierung zu gründen, sowie die kommunistischen Exilanten um Klement Gottwald in der Sowjetunion. Die folgenreichste Widerstandsaktion war das von Beneš initiierte Attentat auf Reinhard Heydrich. Die Nationalsozialisten rächten dies mit der vollständigen Vernichtung der Dörfer Lidice und Ležáky.[21] Der wachsende Terror der Protektoratszeit – die Schließung der Universitäten, die Verhaftungen, Hinrichtungen und die Androhung von Vertreibung und Eindeutschung – versetzte die ganze Bevölkerung in Angst. Natürlich widerstrebte es den Tschechen nach 1945, auch ihre Kollaboration zu erwähnen, vielmehr erinnerten sie sich an den Widerstand, besonders den einheimischen, der so viele Opfer gekostet hatte. In den Jahrzehnten, in denen die Tschechoslowakei kommunistisch regiert wurde, wurde viel in tschechischen historischen Zeitschriften über diese Zeit veröffentlicht, besonders in Dějiny a současnost (Geschichte und Gegenwart). Dort schrieben Jan Křen und Václav Kural sinngemäß, daß es auch zwischen Kollaboration und Widerstand noch etwas gab – und zwar Passivität. Nur ein verschwindender Teil des Volkes, meinten sie, habe kollaboriert, und auch am Widerstand habe sich nur ein kleinerer Teil der Nation beteiligt. Passivität drücke nicht Übereinstimmung mit den Okkupanten aus, sondern eher Gleichgültigkeit oder Resignation.[22]

Die Bilder sprechen da eine andere Sprache. Das Bild, das Geschichte gemacht und sich tief in das kollektive Gedächtnis eingegraben hat, ist das Photo von Karel Hájek, das die Besetzung Prags durch die Wehrmacht zeigt. Der gewählte Bildausschnitt illustriert, wie das Volk mit ohnmächtiger Wut und Haß dem Einmarsch zuschauen mußte (Abb. CZ 5).[23] Dieses Photo vermittelt die Diskrepanz zwischen denen, die das Land durch das Münchener Abkommen verraten haben, und denen, die dagegen gekämpft hätten, wenn man sie nur gelassen hätte. So verbindet sich mit dem Photo die Idee vom verhinderten Widerstand.

An die Protektoratszeit erinnern auch Filme, die in der kommunistischen Ära gedreht wurden und die im Ausland viel Aufsehen erregten, wenn sie dort auch anders rezipiert wurden als in ihrem Herkunftsland. Da wäre erstens „Ostře sledované vlaky", der in Deutschland unter dem Titel „Liebe nach Fahrplan" in die Kinos kam. Jiří Menzel drehte diesen Film 1966 nach der Novelle von Bohumil Hrabal. Miloš, der Held – eigentlich ein

CZ 5
Karel Hájek (Photographie)
Hněv lidu při příjezdu hitlerovské okupační armády do Prahy 15. 3. 1939
Der Zorn des Volkes bei der Ankunft von Hitlers Besatzungsarmee in Prag, 15. 3. 1939, in: Václav Husa: Dějiny Československa, Prag 1961, S. 367
Buch
Berlin, Staatsbibliothek zu Berlin – Preußischer Kulturbesitz
15A7013

CZ 6
Jiří Menzel (Regie),
František Zálešák (Plakat)
Ostře sledované vlaky
Liebe nach Fahrplan
(dt. Verleihtitel), 1966
Filmplakat, 84 x 60 cm
Prag, Národní filmový archiv

CZ 7
Jan Hřebejk (Regie)
Musíme si pomáhat
Wir müssen zusammenhalten,
2000
Filmplakat, 42 x 29,7 cm
Berlin, Deutsches
Historisches Museum

Antiheld – der Geschichte ist auf einem verschlafenen kleinen Bahnhof angestellt. Als Jugendlichen an der Schwelle des Erwachsenwerdens bedrückt ihn vor allem sein wenig erfolgreiches Geschlechtsleben. Sexualität beschäftigt auch die Leute in seiner Umgebung. Der Film zeigt das alltägliche Leben einfacher Menschen zur Zeit der Besatzung, die gleichwohl auch zu Heldentaten fähig waren, und veranschaulicht, wie sich die Tschechen unter den trostlosen Umständen der Protektoratszeit in ihr Privatleben zurückzogen. Einen dramatischen politischen Aspekt gewinnt der Film durch Miloš' Sabotageakt, der den erwarteten deutschen Munitionszug in die Luft sprengt und auch ihn selbst tötet. Das Plakat zeigt den staunenden Miloš, dessen verklärtes Gesicht halb in Licht getaucht ist. Dieses Licht kommt von einer nur schemenhaft skizzierten weiblichen Figur. Man denkt an die Träume des Jungen, die die Handlung des Films durchziehen und glücklicherweise vor seinem Tod erfüllt werden (Abb. CZ 6).

Der lange nach der „samtenen Revolution", nämlich erst im Jahre 2000 gedrehte Film „Musíme si pomáhat" handelt ebenfalls von der Protektoratszeit. Obwohl mehr als dreißig Jahre zwischen den beiden Filmen liegen, ähnelt sich ihre Sicht auf diese Phase der Geschichte: In beiden spielt Humor zusammen mit Sex eine wichtige Rolle. Im zweiten Film steht das Ehepaar Josef und Maria Čížek im Mittelpunkt des Geschehens. Obwohl ihre Wohnung sehr klein ist, verstecken sie dort einen jungen Juden, David Wiener, in einer Art Schrank. Ein Bekannter, Horst Prohaska, ist ein gewissenloser Kollaborateur, den sie gern loswerden möchten; allerdings müßten sie dann auch auf die Lebensmittel verzichten, mit denen er sie versorgt. Weiß er von dem versteckten Juden? Als Prohaska versucht, einen SS-Offizier bei ihnen einzuquartieren, fällt ihnen nur die Ausrede ein, Maria sei schwanger. Da aber die ganze Nachbarschaft zu wissen glaubt, daß der Mann unfruchtbar ist, verfallen sie auf die Lösung, den versteckten Juden zu bitten … Im Laufe des Films gibt es zahlreiche von der deutschen Besatzung verursachte Situationen, in denen man etwas vortäuschen oder vertuschen muß, obwohl man nichts Unrechtes tut; eine Welt wird dargestellt, in der man nur durch Lügen und Schwindeln überleben kann.

Die Hauptaussage des Films ist die, daß vieles nicht so ist, wie es scheint. Gebündelt wird diese Erfahrung in der Schlußszene, in der Josef Marias und Davids Kind in der befreiten Stadt spazierenfährt. Dies ist auch das Motiv des Plakats, das die Absurdität der Zeit anschaulich zusammenfaßt (Abb. CZ 7).

Lidice

Die Erinnerung an Lidice wurde unter kommunistischer Herrschaft besonders gepflegt, da das Regime die Brutalität des Nationalsozialismus an diesem Beispiel darstellen konnte, ohne an den Holocaust zu erinnern. Zum Thema der Zerstörung von Lidice wurden besonders viele Briefmarken und Plakate herausgegeben; die Zerstörung von Ležáky wurde hierbei in etwas weniger großem Umfang bedacht. Bereits vor der Machtübernahme durch die Kommunisten erschien 1945 das erste Plakat (Abb. CZ 8). Es entstand direkt nach dem Ende des Krieges und enthält sich jeder kommunistischen Propaganda. Es zeigt das Antlitz einer Frau, das schiere Verzweiflung ausdrückt. Ihr Porträt füllt fast das gesamte Bildfeld aus. Es scheint über einer dunklen Landschaft zu schweben und ist damit dem entrückt, was der Betrachter am unteren Bildrand erkennt – brennende Häuser, die wahrscheinlich in Lidice standen. Auf Tschechisch ist zu lesen: „Vergeßt nicht Lidice und Ležáky!" Zum fünften Jahrestag des Massakers erschien 1947 eine Briefmarke, die das Bild einer abgehärmten Frau mit leerem Blick, aber in stolzer Haltung zeigt (Abb. CZ 9). Die Motive des Plakats wie der Briefmarke sind wahrscheinlich unmittelbare Reflexe auf den Schrecken. Die Marke von 1972 zeigt dagegen ein eher abstrahierendes Bild, auf dem eine Hand neben einer Ruinenlandschaft anklagend in die Höhe gestreckt wird. Die Bildgestaltung verweist vermutlich auch auf das negative Urteil der Kommunisten über Beneš, der für das Heydrich-Attentat und dessen fürchterlichen Konsequenzen verantwortlich gemacht wurde (Abb. CZ 10). In diesem Sinne ist auch das oft reproduzierte Photo der ermordeten Männer von Lidice zu verstehen (Abb. CZ 11).

Nach 1989 verliert die Erinnerung an Lidice etwas an Be-

CZ 8
T. Hanuš
Nezapomeňte na Lidice – Ležáky!
Vergeßt Lidice und Ležáky nicht!, 1945
Plakat, 95 x 60 cm
Brünn, Moravské zemské muzeum

CZ 9
K. Svolinský
Lidice
1947
Briefmarke
Bonn, Archiv für Philatelie. Museumsstiftung Post und Telekommunikation

CZ 10
Schurman, Ondráček
1942 Lidice 1972
1972
Briefmarke
Bonn, Archiv für Philatelie. Museumsstiftung Post und Telekommunikation

CZ 11
Vyvraždění lidických mužů nacisty dne 10. června 1942
Die Ermordung der Männer von Lidice am 10. Juni 1942, in: Václav Husa: Dějiny Československa, 2. Aufl., Prag 1962, S. 407
Buch
Berlin, Staatsbibliothek zu Berlin – Preußischer Kulturbesitz
17A7307

deutung. Die kleine Broschüre, die die Gedenkstätte 1998 zur Information der Besucher herausgab, ist in ihrer Aufmachung schlicht. Das Bild auf dem Umschlag zeigt die Ruinen von Lidice (Abb. CZ 12). Im Hintergrund ist das Grab der ermordeten Männer zu sehen, auf dem Anfang der 50er Jahre das Kreuz mit Dornenkrone errichtet wurde. Die Doppelung des Kreuzes mit Dornenkrone auf dem Umschlag erinnert an die christliche Passion, die mit dem Opfertod auch Auferstehung und Erlösung umfaßt. Diese christliche Konnotation konnte erst nach 1989 betont werden. Die billige Aufmachung der Broschüre zeigt aber deutlich, daß Lidice nicht mehr zu den wichtigen staatlichen Gedenkstätten gehört; diese Stelle nimmt nun die Gedenkstätte Terezín ein. Das Gedenken an den Holocaust rückte allerdings erst mit dem Ende des kommunistischen Regimes in den Vordergrund.

CZ 12
Miroslava Kalibová
Lidice
Lidice 1998
Broschüre
Privatbesitz

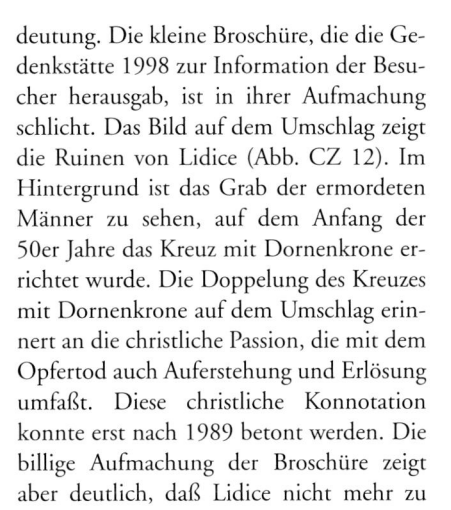

Erinnerung an den Holocaust

Der bedeutendste Erinnerungsort der Juden in der Tschechoslowakei befindet sich in der Pinkas-Synagoge in Prag, deren Wände mit den Namen aller tschechoslowakischen Holocaust-Opfer bedeckt sind. Jiří Weil setzte mit seinem Buch den 77 297 Opfern ein Denkmal (Abb. CZ 13). Die Pinkas-Synagoge wurde 1950 bis 1959 restauriert und nach dem Einmarsch der Armeen des Warschauer Paktes 1968 geschlossen. Feuchtigkeit war der offizielle Grund, doch hatte offensichtlich niemand Eile, diesen Zustand in Ordnung zu bringen. Erst seit 1992 ist die Synagoge wieder zugänglich, obwohl die Reparaturen noch bis 1995 andauerten. In einem Nebenraum sind Kinderzeichnungen aus dem Konzentrationslager Theresienstadt ausgestellt.

CZ 13
Jiří Weil
Žalozpěv za 77 297 obětí
Elegie für 77 297 Opfer,
Prag 1958
Buchtitel
Privatbesitz

Terezín (Theresienstadt) war in jeder Hinsicht das wichtigste Konzentrationslager in den böhmischen Ländern. Es war früher eine kleine Stadt nordwestlich von Prag und ursprünglich eine Festung. In Böhmen und Mähren lebten bis zum Münchener Abkommen ca. 118 000 Juden. Ungefähr 26 000 Juden konnten in der Zeit der Zweiten Republik und des Protektorats ins Ausland fliehen. Von den 73 000, die nach Theresienstadt kamen, wurden die meisten in die Vernichtungslager im Osten transportiert. Als das Lager befreit wurde, lebten dort noch ca. 7000 Menschen.[24] Nach Kriegsende strömten Tausende von ausgehungerten, zerlumpten Menschen, hauptsächlich Juden aus Konzentrationslagern, nach und durch Böhmen und Mähren. Deren Anblick hat sich nachhaltig in das Gedächtnis der Tschechen eingraviert.

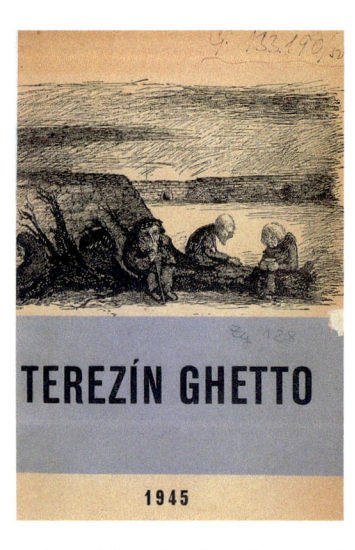

In den ersten Jahren nach dem Krieg gab es einige Publikationen über das Schicksal der Juden in der Protektoratszeit. 1945 erschien „Terezín ghetto", das eine Liste aller nach Theresienstadt deportierten Juden enthält (Abb. CZ 14). Auf dem Umschlag sind die gewaltigen Mauern mit Torbögen zu sehen. In dem übergroßen Areal sind wenige Menschen schattenhaft wahrzunehmen, ein Hinweis auf die Tatsache, daß nur wenige überlebt haben. Die Darstellung ist ein erstes Beispiel für die Bildtradition, die sich später herausgebildet hat und die zweifelsfrei mit Theresienstadt verbunden wird – Mauern und Torbogen. Obgleich Theresienstadt bereits 1947 Gedenkstätte wurde, schenkte man während der Jahrzehnte kommunistischer Herrschaft – ausgenommen die Phase des Prager Frühlings am Ende der 60er Jahre – dem Gedenken an die jüdischen Häftlinge fast keine Aufmerksamkeit.

Unmittelbar nach dem Krieg erschienen auch wissenschaftliche Analysen über Theresienstadt. Dazu gehört vor allem „Theresienstadt. Antlitz einer Zwangsgemeinschaft" von Hans Günther Adler[25], einem deutschen Juden aus Prag, das 1955 in Tübingen erschien.

1949 veröffentlichte Jiří Weil in Prag das Buch „Život s hvězdou" (Leben mit dem Stern), eine zum Teil autobiographische Erzählung über einen Mann, der die Stationen der Entrechtung der Juden bis zum Transport in die Vernichtungslager durchlebt.

Die Geschichtslehrbücher der 50er und 60er Jahre für Mittelschulen erwähnten den Holocaust nur am Rande. Die Schüler lernten fast nichts über das Theresienstädter Ghetto. Aus einem Lehrbuch von 1950 erfahren wir, „daß die Juden den sogenannten Nürnberger Gesetzen unterworfen wurden. Sie mußten einen an ihre Kleidung angenähten gelben Stern tragen, wurden aus ihren Wohnungen ausgesiedelt und in besondere Lager gebracht. Von dort wurden sie weggebracht und in Gaskammern ermordet."[26] Diese Beschreibung der „Endlösung" war eine der detailliertesten; einige Jahre später enthielten die Schulbücher fast kein Wort mehr über den Ho-

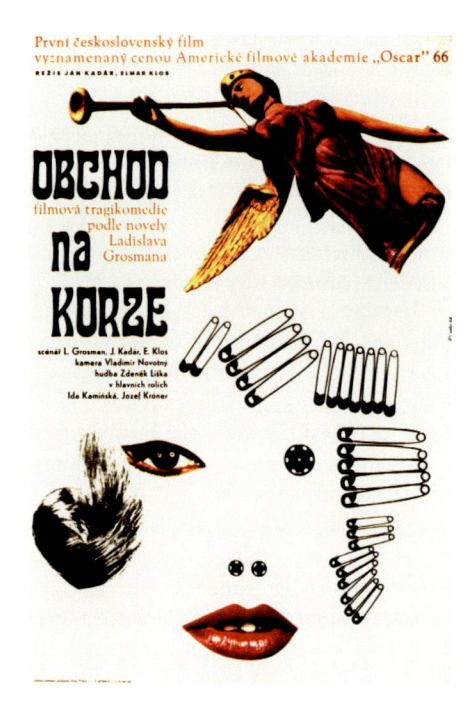

CZ 14
Bedřich Fritta (Zeichnung)
Terezín Ghetto
Ghetto Theresienstadt,
Prag 1945
Buchtitel
München, Institut für Zeitgeschichte
K 609 75/65343

CZ 15
Ján Kadár (Regie),
Zdeněk Palcr (Plakat)
Obchod na korze
Der Laden an der Hauptstraße, 1965
Filmplakat, 90 x 60 cm
Prag, Národní filmový archiv

CZ 16
Josef Herčik
Pinkasova Synagóga (1535).
Památník 1939–1945.
Terezín, Belžec, Osvětim, Gliwice, Buchenwald, Majdanek, Riga, Mauthausen, Ravensbrück
Pinkas-Synagoge (1535).
Denkmal 1939–1945.
Theresienstadt, Belzec, Auschwitz, Gleiwitz, Buchenwald, Majdanek, Riga, Mauthausen, Ravensbrück, 1967
Briefmarke
Bonn, Archiv für Philatelie. Museumsstiftung Post und Telekommunikation

CZ 17
J. Mráček
Jiří Beutler, 10 let.
Koncentrační tábor Terezín.
Mnichov 1938
Jiří Beutler, 10 Jahre.
Konzentrationslager
Theresienstadt. München
1938, 1968
Briefmarke
Bonn, Archiv für Philatelie.
Museumsstiftung Post und
Telekommunikation

CZ 18
J. Mráček
Staronová Synagóga Praha
(1268)
Altneuschul in Prag (1268),
1967
Briefmarke
Bonn, Archiv für Philatelie.
Museumsstiftung Post und
Telekommunikation

locaust[27], und in einem 1959 erschienenen Lehrbuch kommt er gar nicht vor. Ein anderes Buch zählt Angehörige von siebzehn Nationalitäten auf, die in Theresienstadt inhaftiert waren, erwähnt aber weder Juden noch Roma.[28] Die Zahl von 360 000 Opfern der Okkupation wird oft genannt, ohne zu erklären, daß die Mehrheit dieser Toten Juden waren, darunter viele aus der Slowakei und Karpato-Rußland. Eine Ausnahme ist das Schulbuch „Dějepis pro 9. ročník" (Geschichte für das 9. Schuljahr) aus dem Jahre 1970, das den Mord an den Juden thematisiert. Obwohl man sich an die Leiden der Juden von offizieller Seite nur wenig erinnerte, so war es doch möglich, 1965 den Film „Obchod na korze" (Der Laden an der Hauptstraße), ein mit einem Oscar ausgezeichnetes Meisterwerk, zu drehen. Er handelt von der Zeit der Deportationen aus der Slowakei. Im Mittelpunkt steht Antoni Brtko, der im Zuge der Enteignung jüdischen Besitzes den Kurzwarenladen einer alten Jüdin übernimmt. Als die alte Frau deportiert werden soll, gerät er in einen Konflikt zwischen Eigeninteresse, Zuneigung zu der Frau und grundlegenden moralischen Werten. Das Plakat zeigt nichts von alldem, statt dessen spielt ein aus verschiedenen Kurzwaren gelegtes Frauengesicht auf den Laden und seine langjährige Besitzerin an. Der Posaunenengel kündet vom drohenden Unheil (Abb. CZ 15).

In den späten 60er Jahren wurde für kurze Zeit die Erinnerungspolitik der Kommunisten aufgeweicht. In der Zeit des Prager Frühlings gab es eine Briefmarke für 1.40 Kronen. Darauf ist eine halbe Menora mit vier Kerzen abgebildet, die Arme erinnern an Stacheldraht, und im Hintergrund sind die wichtigsten Konzentrationslager aufgelistet. Links steht in Druckbuchstaben Československo (Tschechoslowakei), unten Pinkasova synagóga (Pinkas-Synagoge) (Abb. CZ 16). Diese Marke stellt ohne Zweifel eine Verbindung zwischen dem Völkermord und den Juden her und steht für die kurze Phase, in der die Tschechen versucht haben, sich von dem unmittelbaren Einfluß der Sowjetunion zu lösen.

Anläßlich des 30. Jahrestages des Münchener Abkommens erschienen am 30. September 1968 drei Briefmarken mit Reproduktionen von Kinderzeichnungen, die im Konzentrationslager Theresienstadt entstanden waren. Der 10jährige Jiří Beutler z. B. hatte wie viele andere Kinder seine schrecklichen Erfahrungen gemalt und die Stigmatisierung dargestellt, indem er den Judenstern in das Zentrum seiner Zeichnung rückte (Abb. CZ 17). Der Text auf der Briefmarke hingegen bezieht sich auf das Münchener Abkommen. Damit wird deutlich gemacht, daß dieses direkt in den Holocaust geführt habe. Die Motive der beiden anderen Briefmarken stammen von dem damals 10jährigen Jiří Schlesinger bzw. von der 11jährigen Kity Brunnerová.

Die geplanten Feiern zum tausendjährigen Jubiläum des Prager Judentums 1969 durften wegen des Einmarsches der „verbrüderten Völker" nicht stattfinden. Die sechs zu dem Anlaß entworfenen Briefmarken durften am 22. Mai 1967 erscheinen, wurden aber im Zusammenhang mit dem Sechs-Tage-Krieg kurz danach aus dem Verkehr gezogen und erschienen wieder während des Prager Frühlings. Unsere Abbildung zeigt die Marke, auf der die Altneuschul dargestellt ist, die älteste Synagoge Europas, in der heute noch Gottesdienste stattfinden (Abb. CZ 18).

1971 – dreißig Jahre nachdem die ersten Gefangenen in Theresienstadt eingeliefert worden waren –

wurde zum Andenken daran eine 30-Heller-Gedenkmarke herausgegeben, auf der man das Gesicht eines Jungen mit großen, traurigen Augen hinter Stacheldraht sieht (Abb. CZ 19). Motiv und graphische Gestaltung lassen jeden Hinweis auf das jüdische Leid in den Konzentrationslagern vermissen. Das Kind hinter Stacheldraht erinnert an die unzähligen Photographien, die nach der Befreiung der Lager entstanden sind und im Westen mit den ermordeten jüdischen Kindern verbunden wurden. In der Tschechoslowakei hingegen wurde mit der Verwendung des Motivs die Gestaltung einer antifaschistischen Briefmarke bezweckt, die zugleich aber auch durch die Abbildung des Kindes an die unschuldigen Opfer des Faschismus erinnern sollte.

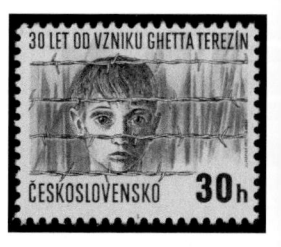

CZ 19
Lukavský, Housa
30 let do vzniku ghetta Terezín
30 Jahre Ghetto Theresienstadt, 1972
Briefmarke
Bonn, Archiv für Philatelie.
Museumsstiftung Post und Telekommunikation

Nach 1989 konnten viele Publikationen über Theresienstadt erscheinen. Das bekannteste Bild, das in den 90er Jahren Karriere machte, zeigt ein Tor in der Kleinen Festung. Es ist so bekannt, daß es sogar in unterschiedlichen Varianten publiziert wird. In Schulbüchern wird zumeist der Ort des Schreckens in all seiner Verwahrlosung gezeigt (Abb. CZ 20). Das Vorbild entstand vermutlich unmittelbar nach der Auflösung des Lagers 1945. Bei der Verwendung dieses Motivs wird jedoch immer vergessen, daß in der Kleinen Festung keine Juden eingesperrt wurden, es sei denn, es handelte sich bei ihnen um politische Häftlinge.

CZ 20
Brána do malé pevnosti Terezíně
Tor zur Kleinen Festung Theresienstadt, in: Josef Harna, Rudolf Fišer: Dějiny Českých Zemí, II. Od poloviny 18. století do vzniku České Republiky, Prag 1998, S. 186
Buch
Berlin, Staatsbibliothek zu Berlin – Preußischer Kulturbesitz
3B6873

1996 gab die Gedenkstätte die reich illustrierte Broschüre über die Kleine Festung heraus. Die Rückseite zeigt das Eingangstor nach Renovierung und Einrichtung der Gedenkstätte. Die historische Aufschrift „Arbeit macht frei" (Abb. CZ 21) ist geblieben, Putz und Wand wurden erneuert und gestrichen. Die Gedenkstätte Theresienstadt wurde – im Gegensatz zur Gedenkstätte in Lidice – aufwendig renoviert und erhielt dadurch eine enorme Aufwertung, was sich auch in den internationalen Besucherströmen und in der sehr viel größeren Aufmerksamkeit aus dem eigenen Land niederschlägt. Die Forschung, die die kommunistischen Machthaber verhindert haben, wird heute im Forschungszentrum Theresienstädter Initiative nachgeholt; hier wurde zum Beispiel eine Liste aller jüdischen Opfer des Holocaust aus Böhmen, Mähren und Schlesien, mit Lebensdaten, soweit sie bekannt sind, veröffentlicht. Auch gibt es inzwischen umfangreiches Material für die Besucher, z. B. eine Mappe mit Photographien der Gedenkstätte und der Ausstellung, auf deren Umschlag eine gepflegte, parkartige Landschaft abgebildet ist. Nur der große Davidstern und Bahnschienen lassen ahnen, daß hier ein Konzentrationslager war (Abb. CZ 22).

CZ 21
Miroslava Benešová, Vojtěch Blodig, Marek Poloncarz
Malá pevnost Terezín 1940–1945
Die Kleine Festung Theresienstadt 1940–1945, Theresienstadt 1996
Broschüre
Privatbesitz

In der Zeit des kommunistischen Regimes gab es eine reichhaltige belletristische Produktion über das Lager, die teilweise auch autobiographisch geprägt war.

Am bekanntesten sind die Bücher von Arnost Lustig, dessen Geschichten von Theresienstadt und auch von Lagern in Polen erzählen, wie z. B. „Noc a nadeje" (Nacht und Hoffnung) von 1958, „Démanty noci" (Diamanten der Nacht) von 1958 oder „Dita Saxová" von 1962. Lustigs interessanteste Novellen schildern die Anpassungsschwierigkeiten der früheren Häftlinge nach der Befreiung. Der 1968, nach der Niederschlagung des Prager Frühlings emigrierte Lustig spielte in dem von Amir Bar-Lev gedrehten Dokumentarfilm „Fighter" sich selbst, in dem zwei alte jüdische Überlebende aus Böhmen, Jan Wiener und Arnost Lustig, eine Reise auf den Spuren von Wieners Flucht unternehmen. Herausgekommen ist ein Film über die Unterschiede in der Erinnerung: Während Wiener den Fakten folgen will, will der Dichter Lustig die Wahrheit hinter den Fakten entdecken. Die Freunde geraten darüber in einen ernsthaften Streit. Und was anfangs noch spielerisch wirkt, wird schließlich Ernst bis hin zu dem Punkt, an dem die beiden nicht mehr miteinander reden wollen und damit das Filmprojekt gefährden (Abb. CZ 23).

Lebenserinnerungen und autobiographische Berichte ohne fiktionale Elemente sind erst mit einem Abstand von fast einem halben Jahrhundert nach der Befreiung erschienen. Besonderes Aufsehen erregte Richard Glazars „Treblinka: slovo jak z dětské říkanky" (Treblinka, ein Wort wie aus einem Kinderreim)[29] von 1994. Heda Kaufmannovás Überlebensbericht einer politisch engagierten Frau aus dem Untergrund „Léta 1939–1945. Válečné vzpomínky" (Die Jahre 1939–1945. Kriegserinnerungen) von 1999 scheint das einzige Buch dieser Art aus Tschechien zu sein.[30]

In den ersten Lehrbüchern nach 1989 werden Juden und der Genozid immer noch nur am Rande erwähnt, Roma tauchen überhaupt nicht auf.[31] Das änderte sich in dem 2002 erschienenen Lehrbuch von Robert Kvaček. Er bringt einen längeren Abschnitt über die Rolle der Juden in Böhmen und Mähren seit dem 19. Jahrhundert, über Assimilationsbemühungen, Zionismus und den herausragenden Beitrag der Juden zur tschechischen Kultur und betont den Verlust, den die Vernichtung der Juden für die tschechische Nachkriegsgesellschaft bedeutet.[32]

Die Beziehung der Tschechen zu den Juden ist nicht in gleichem Maße wie das deutsch-jüdische Verhältnis von Schuldfragen belastet, dennoch ist der Umgang nicht wirklich ungezwungen. Heute leben nur noch wenige Tschechen, die die normalen Beziehungen der Ersten Republik kannten. Auch das jüdische Leben hat kaum Ähnlichkeiten mit dem der Vergangenheit und unterliegt nach wie vor einem stetigen Wandel.

Die Befreiung 1945

Nach der Befreiung der Tschechoslowakei durch amerikanische und sowjetische Truppen waren die Jahre von 1945 bis 1948 eine Vorstufe zur Sowjetisierung des Landes. An die Stelle einer demokratischen Gesetzgebung traten zwischen Mai

CZ 22
P. Hron
Památník Terezín
Gedenkstätte Theresienstadt,
90er Jahre
Postkartensammlung, aus
19 Postkarten und einer
kurzen Begleitbroschüre,
10,6 x 14,8 cm
Privatbesitz

CZ 23
Amir Bar-Lev (Regie)
Fighter
2000
DVD
Berlin, Deutsches
Historisches Museum

CZ 24
Karel Šourek
Privet Krasnoj Armii. Sláva Rudé Armádě – záštitě nového světa
Gruß der Roten Armee (russ.).
Ruhm der Roten Armee – dem Schutz der neuen Welt,
1945
Plakat, 81 x 115 cm
Prag, Uměleckoprůmyslové muzeum
GP 13.563

und Oktober 1945 Dekrete des Präsidenten Beneš.[33] Nach den Dekreten vom 24. Oktober 1945 wurden der Bergbau und andere wichtige Zweige der Industrie, die Lebensmittelproduktion, die Banken und die privaten Versicherungsgesellschaften verstaatlicht. Menschen- und Bürgerrechte wurden zunehmend mißachtet. Die sogenannte „revolutionäre Gerechtigkeit", wie sie von den Kommunisten genannt wurde, übte eine „außerordentliche Volksgerichtsbarkeit" aus. Die Beneš-Dekrete boten „in bezug auf die Bestrafung der NS-Verbrecher, Verräter und deren Helfershelfer" dafür die gesetzliche Grundlage. Dies beinhaltete unter anderem die Verfolgung von Vergehen gegen die „nationale Ehre" mit harten Strafen für wirkliche und vermeintliche Kollaborateure.

Bald nach Kriegsende waren in der Tschechoslowakei an vielen Orten Plakate und Transparente zu sehen, die der Sowjetunion den ewigen Dank des tschechoslowakischen Volkes aussprachen. Der Stil war unverkennbar sowjetisch, wenn auch manchmal von tschechischen Künstlern geschaffen, wie beispielsweise auf einem Bild, auf dem an zentraler Stelle eine Rotarmistin auf einem T 34 zu sehen ist (Abb. CZ 24). Auf russisch ist die Aufschrift zu lesen: „Gruß der Roten Armee". Im Schatten der russischen Worte befindet sich der tschechische Satz: „Sláva rudé armádě – záštitě nového světa". Zu allen runden Jahrestagen der Befreiung erschienen Briefmarken, Medaillen und Orden, deren Aufschriften man nur entziffern konnte, wenn man den sie tragenden Personen sehr nahe kam. Im Laufe der Jahrzehnte beachtete man diese obligatorischen Manifestationen so wenig wie die Wahlergebnisse. Darüber, daß die amerikanische Armee einen Teil des Landes befreit hatte, durfte nicht gesprochen werden. Das änderte sich erst nach der „samtenen Revolution." In meiner Heimatstadt Horšovský Týn/Bischofteinitz steht auf einer nach 1989 angebrachten Granittafel am Rathaus auf tschechisch und englisch: „Zur ewigen Erinnerung an die Befreiung der Stadt Horšovský Týn durch die amerikanische Armee 5. 5. 1945."

Der wichtigste Roman über die Tage der Befreiung ist Josef Škvoreckýs „Zbabělci" (Feiglinge). Geschrieben 1948, konnte er erst 1958, nach dem Einsetzen des Tauwetters erscheinen. Er handelt von einer Gruppe junger Tschechen im ostböhmischen Náchod, zu der auch der Autor selbst gehörte. Weit davon entfernt,

CZ 25
9. 5. 1945 – 1955
1955
Münze, Silber, Dm 3 cm
Berlin, Deutsches Historisches Museum
N 90/1877

CZ 26
1945–1965.
20 let osvobození
1945–1965.
20 Jahre Befreiung,
1965
Münze, Silber, Dm 3,4 cm
Berlin, Deutsches Historisches Museum
N 2002/9

CZ 27
Gross, Josef Herčik
25. výroči osvobození
Československa
25 Jahre Befreiung der
Tschechoslowakei, 1970
Briefmarke
Bonn, Archiv für Philatelie.
Museumsstiftung Post und
Telekommunikation

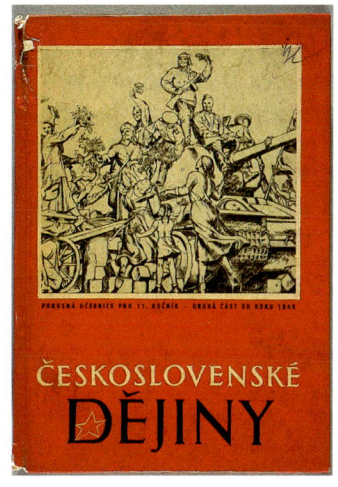

CZ 28
Václav Husa
Československé dějiny.
Pokusná učebnice pro 11.
ročník. Druhá Část (od roku
1848)
Tschechoslowakische
Geschichte. Lehrbuch für die
11. Klasse. Teil 2 (von 1848
an), Prag 1961
Buchtitel
Privatbesitz

sich für die Befreiung zu interessieren, beschäftigten sie sich mit Mädchen und mit Jazz, der bei den Kommunisten ebenso wenig beliebt war wie bei den Nationalsozialisten.

Zehn Jahre nach den Ereignissen wurde eine 10-Kronen-Gedenkmünze geprägt. Auf der Vorderseite sieht man einen Rotarmisten mit einem kleinen Kind, auf der Rückseite den tschechischen Löwen (Abb. CZ 25). Die Ikonographie folgt vollständig der sowjetischen Ideologie: Die „Befreier" erscheinen als kinderliebend und werden daher das Land schützen. Viel abstrakter ist da die 25-Kronen-Gedenkmünze von 1965. Sie zeigt einen stilisierten Frauenkopf, dahinter eine Friedenstaube mit einer Rose im Schnabel (Abb. CZ 26). Die Bildsprache bezog sich nicht auf die Sowjetunion und die Befreiung, sondern übernahm eine Friedenssymbolik, die auch im Westen verstanden wurde.

Fünf Jahre später, nach der Niederschlagung des Prager Frühlings, erschien eine 30-Heller-Briefmarke zur Erinnerung an den Mai 1945. Nun demonstrierte die Sowjetunion den Tschechen erneut, wer sie befreit hat. Zu sehen sind abermals die freundlichen Befreier. Auch der obligatorische T 34 ist wieder dabei. Im Hintergrund sind die Türme des Hradschin abgebildet (Abb. CZ 27). Wie hat diese Briefmarke wohl gewirkt, nachdem sowjetische Panzer 1968 durch die Stadt gefahren waren? Die Tschechen müssen sich an eines ihrer Schulbücher von 1961 erinnert gefühlt haben, z. B. an das von Václav Husa, das auf dem Titelblatt die Begrüßung der Sowjetarmee zeigt: Befreier und Befreite haben fröhliche Gesichter (Abb. CZ 28).

Die Vertreibung der Deutschen (Odsun)[34]

Beneš hatte bereits im englischen Exil begonnen, seine Pläne für die Vertreibung der Sudetendeutschen zu entwickeln. Er befürwortete die Abschiebung – tschechisch: „odsun" – des größten Teils der deutschen Bevölkerung und fand Unterstützung bei den Alliierten. Vor der Vertreibung hatten die Deutschen noch gehofft, daß nur die Schuldigen betroffen sein würden, wie Beneš es zuvor erwogen hatte. Doch bald nach der Befreiung kam es zu sogenannten „wilden Vertreibungen", in denen die Schuldfrage nicht erörtert wurde. In dieser Phase kamen viele Menschen ums Leben. Die „wilden Vertreibungen" endeten im August 1945. Am bekanntesten sind das Massaker von Aussig (Ústí nad Labem) und der Todesmarsch von Brünn (Brno). Beneš kritisierte zwar diese Ausschreitungen, allerdings ohne besonderen Nachdruck; auch die Bestrafung der Täter wurde von ihm nicht gefordert.

Aus Angst vor der Rache der Tschechen verließen gleich nach Kriegsende etwa 100 000 Deutsche das Land. 1946 fand dann die geplante „ordentliche", von der

Potsdamer Konferenz der Großmächte bewilligte Vertreibung statt. Es gibt zweifelhafte Behauptungen über die Anzahl der Sudetendeutschen, die bei der Vertreibung umkamen, da auch die ermordeten Juden und die geflohenen Tschechen häufig mitgezählt wurden; man rechnet mit einigen zehntausend Menschen. Die Zahl der Vertriebenen dürfte bei etwa drei Millionen liegen.[35]

Schon früh gab es einige tschechische Schriftsteller, die teilweise autobiographisch über die Leiden der Ausgesiedelten schrieben. Der bekannteste dürfte Vladimír Körner mit seiner Geschichte „Adelheid" (1967) sein. Die Novelle handelt von einer Liebesgeschichte zwischen einem Tschechen und einer Deutschen, die scheitern mußte.

Das Grenzgebiet wurde von Tschechen besiedelt, die aus dem Inneren des Landes kamen. Hinzu kamen Slowaken und Roma sowie Griechen und Rumänen. Über die Neubesiedlung des Grenzgebietes wurde in den ersten Jahren immer wieder von kommunistischen Autoren, etwa von Jan Drda und Václav Řezáč, und in der kommunistischen Presse geschrieben. Wie viele andere auch legitimierten sie die Vertreibung in ihren Arbeiten, indem sie sich auf die Zustimmung der Großmächte beriefen. In den Schulbüchern der kommunistischen Ära wurden die Vertreibungen in der Regel bagatellisiert, manche Autoren priesen sie als bedeutende Errungenschaft. So schrieb Miloš Klimeš 1960 in „Dějiny a současnost" (Geschichte und Gegenwart): „Unsere Jugend, welche heute im Grenzgebiet lebt und arbeitet oder zur Erholung hinfährt und die stürmische wirtschaftliche, kulturelle Blüte der Karlsbader, Aussiger, Reichenberger oder Troppauer Gegend sieht, wird schwerlich verstehen, daß das Leben hier vor kurzem anders ausgesehen hat. Und doch hat erst die Abschiebung der Deutschen und die tschechische Besiedlung dieser Gegenden, die noch im Mai 1945 stattfand, dazu beigetragen, daß der Böhmerwald, das Erzgebirge, das Riesengebirge, die südmährische Tiefebene und Schlesien nach einigen Jahrhunderten wieder die ethnische Grenze unserer Völker wurden."[36] Er verschwieg, daß diese Grenzgebiete vor der Besiedelung durch die Deutschen im zwölften Jahrhundert noch in weiten Teilen menschenleer waren.

Ein emphatischer Gegner der Vertreibung war Přemysl Pitter, ein protestantischer Pfarrer, der Kindern, hauptsächlich jüdischen, nach der Besetzung der Grenzgebiete und der böhmischen Länder eine sichere Zuflucht geboten hatte und nach dem Krieg dasselbe für sudetendeutsche Kinder tat.[37]

In den späten 60er Jahren wurde die Vertreibung zu einem wichtigen Thema für Historiker, z. B. Milan Hübl.[38] Sein Hauptargument war, daß man den Deutschen, von denen im November 1938 laut offiziellen Angaben 98,6 Prozent Hitler gewählt hatten, nie wieder trauen könne. Hübl zog jedoch nicht die Tatsache in Betracht, daß es sich hierbei nicht um freie Wahlen gehandelt hatte und daß die Resultate manipuliert waren. Über das Thema der Vertreibung konnte zunächst noch während und einige Zeit nach dem Prager Frühling diskutiert werden, dann war es wieder tabu.

Nur die Dissidenten setzten die Diskussion sehr kritisch fort, meistens in Publikationen im Samizdat oder in der Exilpresse. Unter den aktivsten waren der Philosoph Ladislav Hejdánek, der Jurist Petr Pithart und der Psychiater Petr Příhoda, die allesamt die Vertreibung scharf kritisierten. Příhoda veröffentlichte 1985 unter dem Pseudonym František Jedermann im Samizdat sein Buch, das 1987 in München und schließlich 1990 in Prag gedruckt wurde. Es zeigt auch mit Hilfe von zahlreichen Photographien das mittlerweile verkommene ehemals deutsche Randgebiet (Abb. CZ 29).

CZ 29
V proměnách času
Im Wandel der Zeit, in:
František Jedermann (d.i. Petr
Příhoda): Ztracené dějiny,
München 1987, S. 14
Buch
Berlin, Staatsbibliothek zu
Berlin – Preußischer
Kulturbesitz
42MA13656

Nach der Revolution von 1989 konnte man endlich frei über die Ereignisse der Nachkriegszeit sprechen und die pauschale Vertreibung verurteilen. Der Historiker Tomáš Staněk hat darüber die meisten Fakten zusammengetragen und analysiert.[39] Auch er sieht die Vertreibung extrem kritisch. Die Historikerin Eva Hahn hat sich ebenfalls immer wieder mit diesem Thema beschäftigt.[40]

Präsident Havel hat mit seiner Entschuldigung an die Deutschen und an die Österreicher, als er kurz nach seiner Amtsübernahme in die Bundesrepublik Deutschland sowie nach Österreich fuhr, viel Aufsehen erregt und Kritik geerntet. Er ermahnte seine Landsleute wiederholt, ehrlich über ihre Vergangenheit nachzudenken: „Die Vertreibung von Millionen Menschen aus rein nationalistischen Gründen, das heißt nach dem Prinzip der Kollektivschuld, ist eine moralisch fehlerhafte Handlung. Ihr zuzustimmen heißt auch, der Vertreibung der Juden, Tataren, Litauer und anderer Nationalitäten aus ihrer jeweiligen Heimat zuzustimmen. Es heißt auch, die ethnischen Säuberungen in Bosnien für richtig zu halten. Man kann keine Zivilgesellschaft bauen, wenn man solche gefährlichen Handlungen richtig findet."[41] Er kritisierte auch die Behandlung der Deutschen und Slowaken in der Ersten Republik, betonte aber, daß die Enteignungen und die Vertreibung der Vergangenheit angehören und daß man sie nicht mehr ändern könne, ohne neue Ungerechtigkeiten zu begehen. Nicht zuletzt rief er zum Nachdenken darüber auf, aus welchen Gründen die tschechische Demokratie dem Stalinismus verfallen sei.

Sehr im Sinne von Havels Aufruf zur deutsch-tschechischen Versöhnung wurde von Bundeskanzler Kohl und dem tschechischen Ministerpräsidenten Klaus 1997 eine gemeinsame Erklärung unterzeichnet, in der beide Seiten die Unabänderlichkeit der Tatsachen, die durch den Zweiten Weltkrieg entstanden sind, anerkannten und zu enger friedlicher und freundschaftlicher Zusammenarbeit beider Länder aufriefen. Doch die Vergangenheit ist noch keineswegs bewältigt. Auf deutscher Seite verlangt die sudetendeutsche Landsmannschaft Restitution, und eine Minderheit möchte den Eintritt Tschechiens in die Europäische Union verhindern, falls Tschechien nicht die Beneš-Dekrete aufhebt. Und eine Mehrheit der Tschechen hält noch immer die Vertreibung der Deutschen für richtig.

Auch auf der tschechischen Seite sind die Meinungen gespalten. Zwar haben es alle vier großen tschechischen Parteien und das tschechische Parlament im Frühjahr 2002 gemeinsam abgelehnt, sich von den Beneš-Dekreten zu distanzieren, doch es gibt auch andere Stimmen. Wir kommen noch einmal auf das Mittelschullehrbuch von Robert Kvaček zurück, das sehr ausgewogen und ausführlich die Entwicklungen untersucht, die zu der Vertreibung geführt haben: den wachsenden Nationalismus auf beiden Seiten, der seinen Höhepunkt in der nationalsozialistischen Bewegung der Sudetendeutschen erreichte, die Zerstörung der Tschechoslowakei durch die Nationalsozialisten und die darauffolgende Aussiedlung der Sudetendeutschen, die die fruchtbare Symbiose zweier Völker, die jahrhundertelang zusammengelebt hatten, beendete.

Es darf bezweifelt werden, daß die Beneš-Dekrete spürbaren Einfluß auf das praktische Handeln hatten, wahrscheinlich ist eher, daß das Verhalten gegenüber den Deutschen einem seit Jahren angestauten Haß und dem Wunsch nach Rache entsprang. Eine Rechtfertigung findet man nicht in den Beneš-Dekreten, sondern bei den Großmächten, die die Vertreibung in Potsdam beschlossen hatten.

Schlußbetrachtung

Seit 1989 ist man davon abgekommen, auf einem allgemeinen Konsens über die tschechische Geschichte zu bestehen, wie er früher verlangt wurde. Aber man kann von einer Identität sprechen, die sich im Laufe der Geschichte entwickelt hat. Die tschechische Geschichte enthält viele tragische Aspekte. Seit 1526 wurden die Tschechen von Fremden regiert, von den katholischen Habsburgern bis 1918, von NS-Deutschland von 1938 bis 1945.

Die Befreiung 1945, die kommunistische Machtergreifung 1948, die stalinistischen Schauprozesse 1952, das Tauwetter der 60er Jahre, das im Prager Frühling seinen Höhepunkt erreichte, die Okkupation durch die Staaten des Warschauer Pakts 1968 und ihre Folgen sowie schließlich die „samtene Revolution" haben allesamt zur Reorientierung des Denkens beigetragen. Während der Zeit der kommunistischen Diktatur gab es eine klare Trennung zwischen offizieller Erinnerungskultur und den unabhängigen Gedanken der Dissidenten. Das Münchener Abkommen galt als das Trauma der tschechischen Geschichte im 20. Jahrhundert – ein Trauma, das Teil der kollektiven Erinnerung war und das von allen politischen Gruppierungen geteilt wurde. Die Einigkeit, mit der die Beneš-Dekrete noch 2003 von allen Parteien gerechtfertigt wurden, zeigt, wie tief der Schock über die Folgen von München und die Angst in der Erinnerung der Tschechen bis heute sitzen. Auch Lidice ist bis in die Gegenwart im gemeinsamen Gedächtnis präsent, dennoch wächst die Bereitschaft vieler Tschechen zu einer Aussöhnung mit den Deutschen.

Auf die Zerstörung der Tschechoslowakei durch die Nationalsozialisten erfolgte die tschechische Reaktion: die Vertreibung 1945 bis 1946. Wie die Kontroverse über die Beneš-Dekrete zeigt, dauert die Verbitterung darüber an. Viele Tschechen verurteilen die Vertreibung und noch mehr die in deren Verlauf begangenen Exzesse.

Seit 1989 gibt es viele grenzüberschreitende Bemühungen. Nicht nur das Studium der gemeinsamen Geschichte, sondern auch das Erlernen der jeweiligen Sprachen werden gepflegt. Überdies gibt es Bemühungen, gemeinsame Schulbücher zu erstellen, sowie eine gemeinsame Historikerkommission. Des weiteren wäre der Freundeskreis deutsch-tschechischer Verständigung zu nennen, der von Walter Kotrba, einem aus Prag vertriebenen Deutschen, gegründet wurde, mehrere binational kooperierende Schulen sowie eine Prager Studentengruppe mit dem Namen „Anti-Komplexbewegung gegen Xenophobie", die zusammen mit einer mährischen Gruppe „Jugend für interkulturelle Verständigung" Veranstaltungen in Schulen organisiert. Schulbücher beschäftigen sich immer häufiger kritisch mit der Vertreibung, und bei Brünn ist von einem Tschechen ein kleines Museum des Unrechts eröffnet worden, um die Vertreibung zu dokumentieren. Für ermordete jüdische Einwohner werden in ihren früheren Heimatorten Gedenktafeln geplant. Auch meine Heimatstadt Horšovský Týn/Bischofteinitz hat zur Erinnerung an ihre ehemaligen jüdischen Einwohner im Rathaus eine Gedenktafel angebracht.

Ein bedeutender Wandel im Diskurs über die Jahre 1938–1945 läßt sich auch an der zunehmenden Berücksichtigung des Holocausts ablesen, über den während der kommunistischen Zeit wenig gesprochen oder geschrieben wurde. Die Holocaustforschung schließt, trotz weitverbreiteter Vorurteile gegen Roma, die heute praktisch die einzige ethnische Minderheit in Tschechien darstellen, auch seriöse Forschungen über sie ein; in Brünn gibt es ein den Roma gewidmetes Museum. Seit 1989 beschäftigen sich tschechische Wissenschaftler besonders intensiv – und nicht ohne Wehmut über deren Ende – mit der deutschen und deutsch-jüdischen Kultur in den böhmischen Ländern, vor allem in Prag.

Die Hoffnung für die Zukunft besteht in der Integration der Tschechischen Republik in die Europäische Union. Sollte die erweiterte Union sich erfolgreich entwickeln, dann könnten tschechisch-deutsche Gegensätze – zugleich sämtliche innereuropäische Konflikte – wahrscheinlich an Relevanz verlieren, bei gleichzeitiger Bewahrung der politischen und kulturellen Unabhängigkeit Tschechiens.

---

[1] Bosl, Karl (Hg.): Handbuch der Geschichte der böhmischen Länder, 4 Bde., Stuttgart 1960–1972; Teich, Mikuláš (Hg.): Bohemia in History, Cambridge 1998.

[2] Rychlík, J.: Tschechoslawismus und Tschechoslowakismus, in: Koschmal, Walter/Nekula, Marek/Rogall, Joachim (Hg.): Deutsche und Tschechen, München 2001, S. 91 ff.

[3] Brandes, Detlef/Kural, Václav (Hg.): Der Weg in die Katastrophe. Deutsch-tschechoslowakische Beziehungen 1938–1947, Essen 1994.

[4] Hojda, Zdeněk/Pokorný, Jiří: Pomníky a zapomníky, Prag 1996, S. 201.

[5] Hojda/Pokorný 1996 (wie Anm. 4), S. 201.

[6] Dohnal, Miloň/Stolařík, Leoš: Dějepis pro 9. ročník, Prag 1970, S. 47.

[7] Bělsky, Karel: Jsme národem Masarykovým?, in: Proměny, Jg. 3, April 1966, S. 45 ff.

[8] Marek, Jaroslav/Kollektiv: České a československé dějiny II, Prag 1991, S. 66.

[9] Harna, Josef/Fišer, Rudolf: Dějiny českých zemí II, Prag 1998, S. 167.

[10] Nývltová, Dana/Kožnár, Vlastimil: Cestou bojové slávy, Prag 1960.

[11] Einige Geschichtsschulbücher aus der kommunistischen Ära folgen: Dějiny ČSR, 3. Teil, Prag 1956; ähnlich Józa, Jaroslav/Ort, Aleksandr: Dějiny doby nové a nejnovější pro 8. ročník, Prag 1959; Dohnal/Stolařík: Dějepis pro 9. ročník, Prag 1970.

[12] Fischer, Josef Ludvík: Proti Mnichovu, Brünn 1968, S. 45.

[13] Černý, Václav: Paměti, Bd. 4, Toronto 1983; siehe Besprechung dieses Buchs von Kohák, Miroslav: Za pametmi Václava Černého, in: Proměny, September 1983, S. 59 ff.

[14] Tigrid, Pavel: Kapesní průvodce inteligentní ženy po vlastním osudu, Prag 1990, S. 99 f.

[15] Kvaček, Robert: České dějiny II – učebnice pro střední školy. Prag 2002, S. 170.

[16] Becher, Peter/Heumos, Peter (Hg.): Drehscheibe Prag. Zur deutschen Emigration in der Tschechoslowakei 1933–1939, München 1992; Iggers, Wilma A.: Prague as a Refuge for Exiles, 1933–1939, in: Judenemanzipation – Antisemitismus – Verfolgung in Deutschland, Österreich-Ungarn, in den böhmischen Ländern und in der Slowakei, hg. für die Deutsch-Tschechische und Deutsch-Slowakische Historikerkommission von Jörg K. Hoensch u. a., Essen 1999.

[17] Rataj, Jan: O autoritativní národní stát. Ideologické proměny české politiky v druhé republice 1938–1939, Prag 1997; Hahn, Fred: Jews and the Second Czech Republic, in: The Jewish Quarterly (1993), Nr. 2, S. 18 ff.

[18] Rataj 1997 (wie Anm. 17).

19 Rataj 1997 (wie Anm. 17), S. 8. Aus taktischen Gründen hatte Beneš auch vorübergehend Grenzkorrekturen vorgeschlagen. Er hatte schon seit einigen Jahren von der Reduzierung der deutschen und der ungarischen Bevölkerung gesprochen, zur Bestrafung der Schuldigen. Schließlich befürwortete er die Abschiebung des größten Teils der deutschen Bevölkerung. Er wollte eine slawische Republik ohne Deutsche und Ungarn. Wie viele Leute wohl daran dachten, daß das auch die Juden ausschloß?

20 Brandes, Detlef: Die Tschechen unter deutschem Protektorat, 2 Bde., München 1969–1975.

21 Mastný, Vojtěch: The Czechs under Nazi Rule. The Failure of National Resistance 1939–1942, New York 1971. Ein ähnliches Schicksal ereilte eine Reihe von anderen Orten.

22 Křen, Jan/Kural, Václav: Odboj a česká společnost, in: Dějiny a současnost, 2. Heft, 1965, S. 1 ff.

23 Es erschien u. a. in: Nývltová/Kožnár 1960 (wie Anm. 10), S. 30 und in: Trapl, Miroslav/Čapek, Vratislav: Dějepis pro 9. ročník, Prag 1962, S. 146.

24 Adler, Hans Günther: Theresienstadt 1941–1945. Das Antlitz einer Zwangsgemeinschaft. Geschichte, Soziologie, Psychologie, Tübingen 1955.

25 Adler 1955 (wie Anm. 24).

26 Dědina, Jan u. a: Dějepis, Prag 1950, S. 130.

27 Vgl. z. B. Soják, Vladimír/Vávra, Jaroslav/Vošahlik, Josef: Dějiny ČSR, Teil 3, Prag 1959.

28 Bartošek, Karel: Dějepis pro 9. ročník, Prag 1964. Siehe Frankl, Michal: 'Konečné řešení židovské otázky' v současných učebnicích dějepisu, in: Terezínské studie a dokumenty, Prag 1996, S. 338 ff.

29 Glazar, Richard: Treblinka: slovo jak z dětské říkanky, Prag 1994.

30 Kaufmannová, Heda: Léta 1938/1945. Válečné vzpomínky, Prag 1999.

31 Siehe Marek/Kollektiv 1991 (wie Anm. 8); Autorenkollektiv: Dějiny zemí koruny české II, Prag 1992.

32 Kvaček 2002 (wie Anm. 15), S. 160 f. und S. 166.

33 Táborský, Edvard: President Edward Beneš. Between East and West 1938–1948. Stanford 1981; siehe Kuklík, Jan/Pavlíček, Václav: Odsun a jeho právní aspekty, in: Beneš, Zdeněk u. a.: Rozumět dějinám. Vývoj česko-německých vztahů na našem území v letech 1848–1948, Prag 2002, S. 220 ff.; Coudenhove-Kalergi, Barbara/Rathkolb, Oliver (Hg.): Die Beneš-Dekrete, Wien 2002.

34 Brandes, Detlef/Kural, Václav 1994 (wie Anm. 3); Hoffmann, Roland J./Harasko, Alois (Auswahl, Bearbeitung und Zusammenstellung): Odsun. Die Vertreibung der Sudetendeutschen. Vyhnání sudetských Němců. Dokumentation. Bd. 1, 1848/49 – Münchener Abkommen 1938, München 2000; Bd. 2, 1938–1945/46 folgt.

35 Vgl. Autorenkollektiv 1992 (wie Anm. 31), S. 253.

36 Klimeš, Miloš: Osídlení českého pohraničí, in: Dějiny a současnost, Bd. 2, 1960, S. 1.

37 Pasák, Tomas: Život pro druhé, Prag 1997.

38 Siehe z. B. Hübl, Milan: Češi, Slováci a jejich sousedé, Prag 1968; überarbeitete Neuauflage Prag 1990.

39 Stanek, Tomáš: Odsun Němců z Československa 1945–1947, Prag 1991; ders.: Předpoklady, průběh a důsledky vysídlení Němců z Československa 1918–1948, Ostrau 1992.

40 Hahnová, Eva: Sudetoněmecky problém: Obtížné loučení s minuslostí, Prag 1996.

41 Václav Havel über die Aussiedlung der Sudetendeutschen in: Lidové noviny, 6. Jg. Nr. 74, 30. 3. 1993.

KARTEN · 793

Nach dem Ersten Weltkrieg

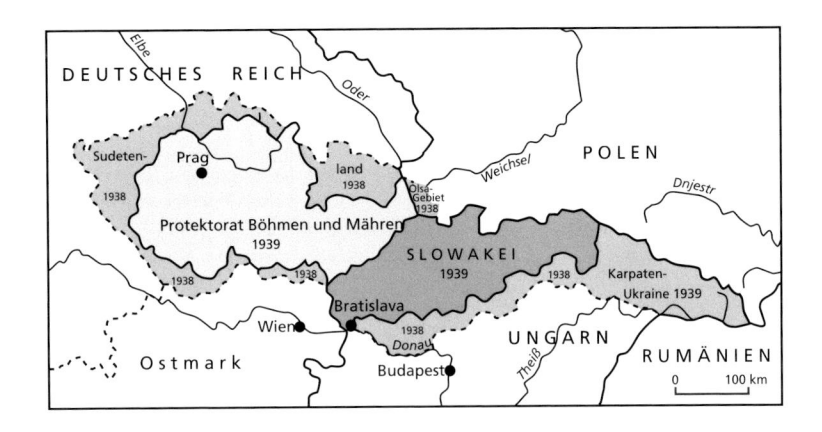

1939

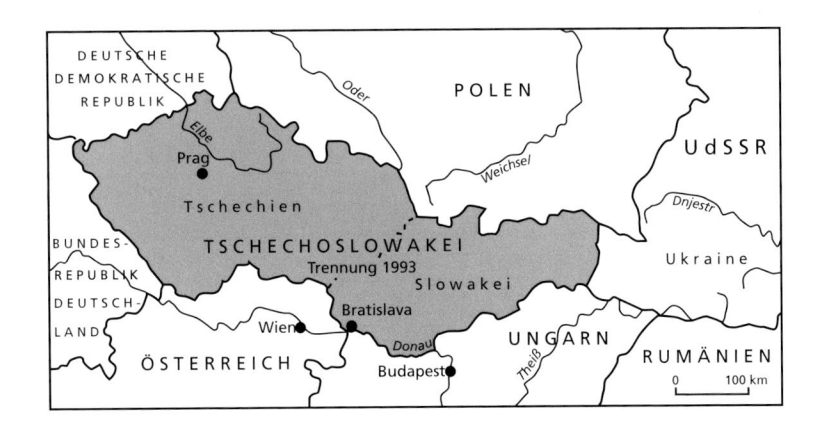

Seit dem Zweiten Weltkrieg

Chronologie

1914–1918

Im Ersten Weltkrieg bilden tschechische und slowakische Soldaten die tschechoslowakischen Legionen, die an der Seite der Entente gegen die Mittelmächte kämpfen. Der Philosophieprofessor und langjährige Abgeordnete im österreichisch-ungarischen Parlament, Tomáš Garrigue Masaryk, reist in die USA, nach Großbritannien und Frankreich, um für einen neuen tschechoslowakischen Staat zu werben. 1915 unterzeichnen die Vertreter der slowakischen und tschechischen Emigrantenvereine in Cleveland ein Abkommen über die Schaffung eines gemeinsamen föderativen Staates.
Am **14. November 1915** wird in Paris ein Manifest zur Gründung eines selbständigen Staates Tschechoslowakei ausgerufen. Das Staatsgebiet soll Böhmen, Mähren, schlesische Gebietsanteile und die Slowakei umfassen. Tomáš Garrigue Masaryk schließt am **30. Mai 1918** mit Vertretern der slowakischen Emigranten in den USA den Vertrag von Pittsburgh über den staatlichen Zusammenschluß der tschechischen mit der slowakischen Nation ab. Der slowakischen Seite werden Zugeständnisse hinsichtlich verschiedener Autonomieregelungen gemacht. In Prag wird am **28. Oktober 1918** die erste selbständige Tschechoslowakische Republik (ČSR) ausgerufen, die aus Böhmen, Mähren, Tschechisch-Schlesien, der Slowakei und der Karpato-Ukraine besteht. Am **29. Oktober** erklären deutsche Abgeordnete des früheren österreichischen Reichsrates Nordböhmens und Nordmährens ihre Zugehörigkeit zur Republik Deutsch-Österreich. Daraufhin werden die mehrheitlich deutsch besiedelten Gebiete durch tschechische Truppen militärisch besetzt und unter tschechische Verwaltung gestellt. Am **14. November 1918** wählt eine vorläufige Nationalversammlung Tomáš Garrigue Masaryk zum Staatspräsidenten und Edvard Beneš zum Außenminister.

1919

Die Pariser Vorortverträge bestätigen die territoriale Ausdehnung der Tschechoslowakischen Republik. Am **10. September** wird der Friedensvertrag zwischen den Alliierten und Österreich in St.-Germain-en-Laye unterzeichnet. Österreich muß u. a. die Unabhängigkeit der Tschechoslowakei, Ungarns, Polens und Jugoslawiens anerkennen.

1920–1924

Am **29. Februar 1920** wird die nach französischem Vorbild gestaltete republikanisch parlamentarisch-demokratische Verfassung der Tschechoslowakei verabschiedet. Im Friedensvertrag von Trianon, der am **4. Juni 1920** geschlossen wird, wird festgelegt, daß Ungarn als Nachfolger der Donaumonarchie und damit als Kriegsanstifter die Slowakei und die Karpato-Ukraine an die ČSR abtreten muß. In der Absicht, die außenpolitische Situation soweit zu sichern, daß eine Revision – insbesondere durch Ungarn – der Pariser Vorortverträge unmöglich wird, tritt die ČSR am **14. August 1920** dem militärischen Defensivbündnis der Kleinen Entente mit Jugoslawien und Rumänien bei. Zusätzliche Bündnisse werden **1920/1921** mit Frankreich und **1924** mit Polen geschlossen.

1929–1937

Die Weltwirtschaftskrise bringt für die ČSR nicht nur wirtschaftliche, sondern auch innenpolitische Probleme. Die mehrheitlich deutsch besiedelten Gebiete Böhmens und Mährens sind durch den hohen Grad der Industrialisierung besonders betroffen. Die Staaten der Kleinen Entente erneuern am **16. Februar 1933** in Genf im sogenannten Organisationspakt ihre Bündnisvereinbarungen. Eine engere außen- und wirtschaftspolitische Zusammenarbeit wird vereinbart. Unter dem Einfluß der gezielt eingesetzten Propaganda aus dem nationalsozialistischen Deutschland bekommt die Sudetendeutsche Heimatfront, ab **1935** Sudetendeutsche Partei (SdP), unter Konrad Henlein starken Zulauf. Aus den Parlamentswahlen am **19. Mai 1935** geht die SdP mit 44 Mandaten als die zweitstärkste Partei in der ČSR hervor. Sie vertritt etwa zwei Drittel der deutschen Bevölkerung. Edvard Beneš wird nach dem Rücktritt des 85jährigen Masaryk am **18. Dezember 1935** Staatspräsident der ČSR. Die SdP gerät ab **1937** immer mehr zu einem Machtinstrument in der Außenpolitik des

Deutschen Reiches: Von dort erhält sie organisatorische und finanzielle Unterstützung, um die Angliederung des mehrheitlich deutsch besiedelten Grenzgebietes zu erreichen.

1938
In der ČSR wird im **Mai** in Reaktion auf die Sudetenkrise die Teilmobilisierung angeordnet. Die Drohung des nationalsozialistischen Deutschen Reiches, in die ČSR einzumarschieren, uneinlösbare Forderungen der SdP an die tschechoslowakische Regierung und die Überfälle auf Polizeiwachen, Bahnhöfe und Schulen durch sudetendeutsche Freikorps verstärken die politische Krise um die Sudetendeutschen, die zur unmittelbaren Kriegsgefahr in Europa führt. Zur „Lösung" der Krise findet in München eine Konferenz ohne Beteiligung der ČSR statt. Im Münchener Abkommen vom **29./30. September** beschließen der britische Ministerpräsident Neville Chamberlain, der französische Regierungschef Édouard Daladier, der italienische Diktator Benito Mussolini und Reichskanzler Adolf Hitler die Abtretung der deutschsprachigen Randgebiete (Sudetengebiete) der ČSR an das Deutsche Reich. Ungarn werden südslowakische Gebiete und Teile der Karpato-Ukraine zugesprochen. Polen kann das Olsagebiet besetzen. Präsident Edvard Beneš tritt fünf Tage später, am **5. Oktober**, aus Protest zurück. Er geht ins Londoner Exil. Deutsche Truppen rücken am **1. Oktober** in das Sudetengebiet ein. Per Erlaß wird am **30. Oktober** der Gau Sudetenland geschaffen und in das Deutsche Reich eingegliedert. Konrad Henlein wird zum Gauleiter und Reichsstatthalter. In einer Massenflucht verläßt die ansässige nichtdeutsche Bevölkerung die besetzten Gebiete in Richtung der Rest-Tschechoslowakei. Im **November** wird Emil Hácha neuer Staatspräsident der Rest-Tschechoslowakei.

1939
Unter Ausnutzung der Interessengegensätze zwischen Tschechen und Slowaken erreicht das Deutsche Reich, daß der slowakische Landtag am **14. März** die staatliche Selbständigkeit der Slowakei erklärt. Am gleichen Tag fährt Emil Hácha auf Befehl Hitlers nach Berlin. Er und sein Außenminister müssen einen Protektoratsvertrag unterzeichnen. Am **15. März** besetzt die Wehrmacht die Gebiete der Rest-ČSR. Wenige Stunden später verkündet Hitler auf dem Prager Hradschin die Errichtung des Reichsprotektorats Böhmen und Mähren unter dem Protektor Konstantin Freiherr von Neurath. Die Wirtschaft des Protektorats wird in die Kriegsindustrie des Deutschen Reiches eingegliedert. Im **Oktober** wird Jozef Tiso Präsident des neuen slowakischen Staates. Nach Studentendemonstrationen im **November** werden alle tschechischen Hochschulen geschlossen.

1941
In Terezín (Theresienstadt) in Nordböhmen wird im **November** ein Ghetto eingerichtet, in das in der Anfangsphase vor allem Juden aus dem Protektorat Böhmen und Mähren, später ältere Juden, Kriegsveteranen und besondere Vertreter aus den jüdischen Gemeinden deportiert werden.

1942
Mitglieder der tschechoslowakischen Auslandsarmee verüben am **26. Mai** ein vom Widerstand im Londoner Exil um Beneš geplantes Attentat auf den Reichsprotektor Reinhard Heydrich, der am **4. Juni** seinen Verletzungen erliegt. Als Vergeltung für das Attentat zerstört die SS am **10. Juni** die tschechischen Dörfer Lidice und Ležáky und tötet sämtliche männlichen Einwohner über 15 Jahren, während Frauen und Kinder in Konzentrationslager verschleppt werden. Ausgewählte Kinder werden zur „Germanisierung" in Erziehungsheime gebracht. Tausende Tschechen werden ermordet. Ab **Juli** werden rund 140 000 vor allem tschechische, deutsche und österreichische Juden nach Theresienstadt deportiert. Ab dem **Frühjahr** entwickelt sich Theresienstadt immer mehr zu einer Durchgangsstation in die Vernichtungslager.

1943
Edvard Beneš schließt am **12. Dezember** bei einem Besuch in Moskau als Vertreter der Exilregierung in London einen Freundschafts- und Beistandspakt mit der UdSSR, der im **Mai 1944** durch ein Abkommen über die Besetzung der Tschechoslowakei durch die UdSSR erweitert wird.

1945

Die verschiedenen Exilgruppierungen einigen sich im **März** in Moskau auf ein gemeinsames Programm, das **im April** in Košice (Kaschau), in der schon sowjetisch besetzten Ostslowakei, verkündet wird und die Basis für das Vorgehen der ersten Nachkriegsregierung der wiederhergestellten ČSR bildet. Am **5. April** wird eine Koalitionsregierung unter dem Sozialdemokraten Zdeněk Fierlinger eingerichtet. Sie besteht aus demokratischen Sozialisten, Bürgerlichen und Kommunisten mit deren Führer Klement Gottwald, der stellvertretender Ministerpräsident wird. Edvard Beneš wird am 4. Mai erneut zum Staatspräsidenten bestimmt. In Prag kommt es am 5. Mai im Prager Aufstand zur Auflehnung gegen die nationalsozialistische Besatzung und gegen die deutsche Bevölkerung. Nach der Befreiung durch die Rote Armee und Truppenteile der USA, die laut einem Abkommen nur bis in das Gebiet um Pilsen vorrücken, kehrt am 10. Mai die Regierung und am 25. Mai Staatspräsident Beneš in die Hauptstadt zurück. Ab **Mai** werden 2,5–3 Millionen Sudetendeutsche aus der Tschechoslowakei vertrieben. Dabei kommt es zu Ausschreitungen, die zahlreiche Todesopfer fordern. Sanktioniert wird die Vertreibung durch die Beneš-Dekrete, mit denen der Staatspräsident zwischen **Mai** und **Oktober** die Regierungsgeschäfte wahrnimmt. Diese erhalten später Gesetzescharakter. Die alliierten Siegermächte befürworten auf der Potsdamer Konferenz (**17. Juli – 2. August**) die Vertreibungen.

Mai 1946

Bei den ersten Parlamentswahlen erhalten die Kommunisten 43,3 Prozent der Stimmen und können mit Klement Gottwald den Ministerpräsidenten stellen.

Juli 1947

Der Beschluß, an der Marshallplankonferenz in Paris teilzunehmen, wird durch starken Druck der Sowjetunion revidiert.

1948

Nach dem Rücktritt von zwölf nichtkommunistischen Ministern im **Februar** wird Klement Gottwald mit der Regierungsumbildung beauftragt. Den Kommunisten gelingt die endgültige Machtübernahme, nachdem Beneš, der gehofft hatte, die ČSR in der demokratisch-parlamentarischen Ausrichtung der Vorkriegszeit wiederherzustellen, die neue volksdemokratische Verfassung nicht unterschreibt und am **7. Juni** zurücktritt. Die neue Verfassung wird am **9. Mai** verabschiedet. Es entsteht ein volksdemokratischer Einheitsstaat der Tschechen und Slowaken. Das Land wird nach sowjetischem Muster umgestaltet und fügt sich in das von der Sowjetunion dominierte System des Ostblocks ein.

25. Januar 1949

Die UdSSR, die Tschechoslowakei, Bulgarien, Polen, Rumänien und Ungarn gründen die Wirtschaftsgemeinschaft Council for Mutual Economic Assistance (COMECON bzw. Rat für gegenseitige Wirtschaftshilfe – RGW).

1950–1953

Mit stalinistischen Methoden und Schauprozessen versucht die Kommunistische Partei ihre Macht zu festigen und auszuweiten. Mehrere Todesurteile werden ausgesprochen. Es kommt zu Verurteilungen wegen „titoistischer oder zionistischer Umtriebe" bzw. wegen „bürgerlichem Nationalismus". In dieser Zeit fliehen zehntausende Oppositionelle ins Ausland.

14. Mai 1955

Die ČSR ist gemeinsam mit Albanien, Bulgarien, der DDR, Polen, Rumänien, Ungarn und der UdSSR Gründungsmitglied des mit Unterzeichnung des Vertrages über Freundschaft, Zusammenarbeit und gegenseitigen Beistand in Warschau gegründeten Militärbündnisses (Warschauer Vertrag bzw. Warschauer Pakt).

11. Juli 1960

Die Verfassung der neuen Volksrepublik Tschechoslowakische Sozialistische Republik (ČSSR) wird proklamiert.

1962–1963
Im Zeichen von Wirtschaftskrise und wachsender Unruhe macht die Staats- und Parteiführung erste Zugeständnisse. Es kommt zu Wirtschaftsreformen, aber auch Verurteilte der Schauprozesse der frühen **50er Jahre** werden rehabilitiert.

1968
Reformer innerhalb der KPČ können am **5. Januar** die Wahl des Slowaken Alexander Dubček zum Generalsekretär der KP durchsetzen. Ludvík Svoboda wird am **30. März** Staatspräsident. Der reformierte Flügel der KPČ versucht, einen „Sozialismus mit menschlichem Antlitz" zu etablieren. Ab **April** wird ein Liberalisierungsprogramm entwickelt, das die Aufhebung der Zensur, Rehabilitierungen, erweiterte Reisemöglichkeiten und Wirtschaftsreformen im Sinne einer sozialistischen Markwirtschaft beinhaltet. Die Reformen werden unter dem Namen Prager Frühling bekannt. Mit einer Föderalisierung der ČSSR sollen die Spannungen zwischen der Zentralregierung und der Slowakei abgebaut werden. Nach dem Einmarsch der Truppen des Warschauer Paktes am **21. August** wird der Prager Frühling gewaltsam beendet. Zur politischen Untermauerung des militärischen Vorgehens beruft sich die Sowjetunion auf den in der Brežnev-Doktrin formulierten Grundsatz der beschränkten Souveränität der sozialistischen Staaten. In den Folgemonaten werden die meisten Reformen zurückgenommen und die ČSSR wird durch eine Verfassungsreform föderalisiert. Die Truppen der UdSSR bleiben in der Tschechoslowakei.

April 1969
Alexander Dubček wird durch Gustav Husák im Amt des Generalsekretärs abgelöst. Der prosowjetische Kurs der Tschechoslowakei wird wiederhergestellt und die Westgrenzen werden geschlossen.

Januar 1977
Unter Mitwirkung des Schriftstellers Václav Havel wird die Charta 77 gegründet, eine Bürgerrechtsbewegung, die sich für die Einhaltung der Menschenrechte in der Tschechoslowakei einsetzt und die Kommunistische Partei und die Regierung auffordert, mit ihr in einen konstruktiven Dialog einzutreten. Die Mitglieder der Charta 77 werden in den Folgejahren wiederholt verhaftet, zu Gefängnisstrafen verurteilt oder auch ausgebürgert.

1987–1988
Die Kommunistische Partei der Tschechoslowakei (KPČ) unter Husák lehnt den von Michail Gorbačev in der UdSSR eingeleiteten Reformprozeß für die Tschechoslowakei ab.

1989
Mit äußerster Härte löst die Polizei am **17. November** eine zunächst genehmigte Studenten-Demonstration für mehr Demokratie in Prag auf. Daraufhin gründen die Mitglieder der Charta 77 und andere Oppositionsgruppen am **19. November** das Bürgerforum. Die sogenannte samtene Revolution beginnt. In allen Landesteilen kommt es zu machtvollen, aber friedlichen Demonstrationen und Generalstreiks gegen die kommunistische Regierung. Innerhalb von drei Wochen wird eine parlamentarische Demokratie westlicher Prägung gebildet. Nachdem Staatspräsident Gustav Husák am **9. Dezember** zurückgetreten ist, wählt die Nationalversammlung am **19. Dezember** Václav Havel zum Staatspräsidenten.

1990
Am **20. April** erfolgt die Umbenennung in „Tschechische und Slowakische Föderative Republik" (ČSFR). Aus den ersten freien Wahlen nach 42 Jahren gehen im **Juni** im tschechischen Teil das Bürgerforum, im slowakischen Teil die Parteiorganisation Öffentlichkeit gegen Gewalt als je stärkste Gruppe hervor. Marián Čalfa wird tschechischer Regierungschef und Václav Havel als Staatspräsident bestätigt.

1991
Die letzten sowjetischen Truppen verlassen das Land.

1992–1993

Der tschechische Ministerpräsident Václav Klaus und sein slowakischer Amtskollege Vladimír Mečiar vereinbaren am **23. Juli 1992** die Auflösung der Föderation. Nach langen Verhandlungen verabschiedet das Bundesparlament in Prag am **25. November 1992** das Trennungsgesetz zur Auflösung der Föderation, mit dem eine Volksabstimmung umgangen wird. Die neue Verfassung der Tschechischen Republik wird am **6. Dezember 1992** verabschiedet und tritt am **1. Januar 1993** in Kraft. Dem Präsidenten wird ein Vetorecht im Gesetzgebungsprozeß eingeräumt. Die Volksabstimmung als Mittel der politischen Willensbildung und das Recht auf Arbeit werden verfassungsmäßig verankert. Mit Beginn des Jahres **1993** bilden Tschechien und die Slowakei nunmehr zwei unabhängige Republiken. Alle Kompetenzen des ehemaligen föderativen Staates Tschechoslowakei (ČSFR) gehen auf die Parlamente und Regierungen der Tschechischen bzw. der Slowakischen Republik über. Am **26. Januar 1993 wird** Václav Havel wird zum Präsidenten der Tschechischen Republik (ČR) gewählt.

Januar 1996

Der tschechische Ministerpräsident Václav Klaus übergibt in Rom den offiziellen Antrag zur Aufnahme Tschechiens in die Europäische Union (EU).

1997

Regierungschef Václav Klaus und der deutsche Bundeskanzler Helmut Kohl unterzeichnen am **21. Januar** in Prag die deutsch-tschechische Versöhnungserklärung. Die Staats- und Regierungschefs der 16 NATO-Staaten einigen sich am **8. Juli** bei einem Gipfeltreffen in Madrid auf die Aufnahme von Tschechien, Polen und Ungarn in das westliche Verteidigungsbündnis für **1999**. Die EU-Kommission in Straßburg empfiehlt am **13. Juli** dem EU-Parlament die Aufnahme von Beitrittsverhandlungen mit Tschechien, Ungarn, Polen, Slowenien, Estland und Zypern.

1999

Während eines Besuchs des tschechischen Regierungschefs in Bonn erklären am **8. März** sowohl Miloš Zeman als auch der deutsche Bundeskanzler Gerhard Schröder, daß weder die Tschechische Republik noch die Bundesrepublik Deutschland in bezug auf den Zweiten Weltkrieg und die Vertreibung „weder heute noch in Zukunft" finanzielle Forderungen stellen werden. Am **12. März** werden Tschechien, Polen und Ungarn NATO-Mitglieder.

12.–13. Dezember 2002

Auf dem EU-Gipfel in Kopenhagen wird die Aufnahme der Tschechischen Republik, Litauens, Estlands, Lettlands, Polens, der Slowakei, Ungarns, Sloweniens, Maltas und Zyperns in die EU beschlossen. Die Beitrittsverträge werden am **16. April 2003** in Athen unterzeichnet und nach Ratifizierung in den Beitrittsländern zum **1. Mai 2004** wirksam.

Literatur:
- Brockhaus – Die Enzyklopädie in 24 Bänden, 20. Aufl., Leipzig/München 1996–1999.
- Hoensch, Jörg K.: Geschichte der Tschechoslowakei, Stuttgart/Berlin 1992.
- Kathöfer, Martina (Hg.): Europa-Ploetz. Ereignisse und Entwicklungen seit 1945, Freiburg im Breisgau 1999.
- Kinder, Hermann/Hilgemann, Werner: dtv-Atlas Weltgeschichte. Bd. 2: Von der Französischen Revolution bis zur Gegenwart, 31. Aufl., München 1997.

Slowakei

Der Zweite Weltkrieg:
Erfahrung und Erinnerung

VON TATJANA TÖNSMEYER

Wie erinnert man sich in der Slowakei an die Jahre des Zweiten Weltkrieges? Was steht im Vordergrund der Erinnerung, was wird kaum reflektiert, was gar ausgeblendet? Die zentrale kollektive slowakische Erfahrung ist die des ersten eigenen Staates. Seiner Errichtung hatte sich besonders die Hlinkapartei (HSĽS) verschrieben. Sie war vor 1938 bei Wahlen stets die stärkste Partei in der Slowakei gewesen, hatte jedoch gleichwohl nicht mehr als ein Drittel der Stimmen auf sich vereinigen können. Ihre politischen Ziele konnte sie erst 1938/39 in zwei Schritten verwirklichen: In der Folge des Münchener Abkommens, in dem die Tschechoslowakei ihre deutsch besiedelten Grenzgebiete an das Deutsche Reich verlor, erhielt die Slowakei Landesautonomie. Hitler, dessen Ziel auch „nach München" die Zerschlagung der Tschechoslowakei blieb, machte sich dafür Separationsbestrebungen innerhalb der HSĽS im Frühjahr 1939 zunutze. Am 13. März 1939 bestellte er den führenden Politiker der Hlinkapartei, Jozef Tiso, zu sich und forderte, daß die Slowakei sich unabhängig erklären solle, anderenfalls werde sich Berlin an ihrem weiteren Schicksal „desinteressiert" zeigen. Am Tag darauf, am 14. März, erklärte der slowakische Landtag daher das Land für selbständig. Nur einen Tag später marschierten deutsche Truppen in Prag ein. Das besondere deutsch-slowakische Verhältnis wurde kurz darauf durch den sogenannten „Schutzvertrag" und ein „Vertrauliches Protokoll über wirtschaftliche und finanzielle Zusammenarbeit" besiegelt, in dem der Slowakische Staat sich zu einer engen Anlehnung an das Deutsche Reich verpflichtete.

Betrachtet man die Politik der Hlinkapartei, so fällt auf, daß ihr ein ausgefeiltes Programm fehlte und die Beschwörung der nationalen Einheit häufig als Ersatz für substantielle Politik herhalten mußte. Gleichwohl läßt sich als ideologischer Kern der Partei festhalten, daß sie ebenso nationalistisch wie judenfeindlich war und eine liberale Gesellschaftsordnung und ein demokratisches Regierungssystem ablehnte.

Zu den kollektiven Erfahrungen gehört auch, daß der erste eigene Staat ein „Schutzstaat" des Dritten Reiches war. Allerdings wurde die deutsche Einflußnahme nur bedingt als Fremdherrschaft wahrgenommen, da das Land als verbündeter Staat nicht besetzt war und gerade in der Innenpolitik über beträchtliche Spielräume verfügte.[1] Das Verhältnis gestaltete sich auch deshalb weitgehend unkompliziert, weil Judenfeindschaft und autoritäre Staatsvorstellungen einen ideologischen „kleinsten gemeinsamen Nenner" zwischen Berlin und Bratislava bildeten. 75 000 slowakische Juden wurden deportiert, davon 60 000 allein im Jahre 1942. Die Mehrzahl von ihnen wurde in den deutschen Todeslagern umgebracht. Den Transporten vorausgegangen war die Entrechtung und Enteignung der jüdischen Minderheit. Nachdem sie ihrer Lebensgrundlage beraubt worden war, nahm die slowakische Regierung ein deutsches Angebot zur Stellung von Arbeitskräften an, da sie kein Interesse daran hatte, für die Versorgung der verarmten Menschen aufzukommen. Aus dem Bündnis mit Deutschland resultierte außerdem die Beteiligung slowakischer Truppen am Krieg gegen die Sowjetunion. An Kriegshandlungen wurde jedoch vor wie nach 1989 eher im Zusammenhang mit dem Slowakischen Nationalaufstand erinnert.

Die Eigenstaatlichkeit der Slowakei war mit einem relativen Wohlstand verbunden, der sich einem hohen Grad an Beschäftigung, vor allem in der Rüstungsindustrie, verdankte. Außerdem war das Land erst spät, eigentlich erst seit dem Nationalaufstand, von direkten Kriegseinwirkungen betroffen. Dieser Aufstand brach im Spätsommer 1944 in der bergigen Mittelslowakei aus. Beteiligt daran waren oppositionelle Kräfte in der slowakischen Armee, bürgerliche Gruppierungen und Partisaneneinheiten unter kommunistischer Führung. Ziel des Aufstandes war es, die Regierung in Bratislava unter dem Geistlichen Jozef Tiso zu stürzen, das Land auf diese Weise aus dem Bündnis mit dem Dritten Reich zu lösen und durch ein Binden von deutschen Truppen der Roten Armee ein schnelleres Vorrücken zu ermöglichen. Der Aufstand wurde jedoch nach wenigen Wochen von deutschen Einheiten niedergeschlagen, die im Lande ein Okkupationsregime errichteten.

Für die heutige Slowakei verbindet sich mit dem Slowakischen Staat der Kriegsjahre die Erinnerung an die einzige Phase von Eigenstaatlichkeit vor der staatlichen Trennung von Slowaken und Tschechen am 1. Januar 1993. Für die Tschechen steht, anders als für die Slowaken, die Errichtung des Protektorates und der Verlust der Tschechoslowakei im Vordergrund der Erinnerung. Die beiden Nationen haben somit unterschiedliche Erinnerungen an die Kriegsjahre, die sich aus unterschiedlichen historischen Erfahrungen speisen. Eine gemeinsame Erinnerung an die Jahre 1939 bis 1945 gab und gibt es nicht, zumal auch während des Bestehens der Nachkriegs-Tschechoslowakei beide Landesteile stets eigene Schulbücher hatten.

Erinnerungen jedoch sind eine Sache, der Diskurs darüber eine andere. Für die Slowakei gilt, daß der Zugang zu diesem Diskurs fast von Anfang an „zulassungsbeschränkt" war. Schon in der unmittelbaren Nachkriegszeit und deutlich verstärkt mit der Machtübernahme der Kommunisten 1948 wurden die Anhänger der Hlinkapartei davon ausgeschlossen. Mit dem Anspruch auf historische Deutungshoheit der Kommunistischen Partei der Tschechoslowakei (KPČ) gingen „Erinnerungspflichten" und „Erinnerungsverbote" einher. Die KPČ setzte ihre Vorstellungen durch, woran man sich erinnern sollte und was dem Vergessen anheimzufallen hatte. Erst nach 1989 kam es zu einer Pluralisierung des Diskurses. Vor wie nach 1989 sind es jedoch nicht selten die gleichen Bilder, die das kollektive Gedächtnis prägen. Umdeutungen und neue Akzentsetzungen kommen dabei ebenso vor wie die Fortschreibung von Traditionen.

Die Erinnerung und ihre Bilder. Der Slowakische Nationalaufstand oder „Wir waren im Widerstand"

Den zentralen Ort im kollektiven Gedächtnis der Slowakei nimmt für die Kriegsjahre der Slowakische Nationalaufstand (Slovenské národné povstanie, kurz SNP) ein. Erinnert wird an eine Nation im Widerstand. Das beherrschende Motiv auf der Bildebene sind daher die Widerstandskämpfer bzw. die Partisanen.

In der Zeit vor 1989 wurden die Widerstandskämpfer fast völlig mit den Partisanen gleichgesetzt, die nach offizieller Lesart unter dem Kommando von Funktionären der damals illegalen KP Seite an Seite mit der Roten Armee gekämpft hätten. So wie die Partei als Vorhut der revolutionären Bewegung gesehen wurde, so

SK 1
Hlavný štáb partizánskeho hnutia
Führungsstab der Partisanenbewegung, in: Ján Tibenský (Hg.): Slovensko Dejiny, 2. Aufl., Bratislava 1978, S. 822
Buch
Berlin, Universitätsbibliothek der Humboldt-Universität. Teilbibliothek Slawistik
KU4020T553(2)

SK 2
Vybaľovanie zásielky zbraní zo ZSSR na letisku Tri Duby počas SNP
Das Ausladen einer Sendung von Waffen aus der Sowjetunion auf dem Flughafen Tri Duby während des Slowakischen Nationalaufstandes, in: Encyklopédia Slovenska, Bd. 5, Bratislava 1981, S. 464
Buch
Berlin, Staatsbibliothek zu Berlin – Preußischer Kulturbesitz
32MB1465A

SK 3
Ján Želibský
Partizánska hliadka
Partisanenwache, 1948
Öl/Leinwand, 68 x 57 cm
Bratislava, Slovenská národná galéria
O2492

repräsentierten die Partisanen die Vorhut im Kampf für eine zukünftige sozialistische Gesellschaft in der Slowakei.

Zu den weitverbreiteten Motiven gehört vor allem das Bild der Gruppe um Ján Šverma (Abb. SK 1). Der Führungsstab der Partisanen, der in siegreicher Pose vor einer imposanten Bergkulisse photographiert ist, präsentiert hier seinen Führungsanspruch. Ein anderes beliebtes Motiv ist das Ausladen von Waffen (Abb. SK 2). Auffällig sind die Bildunterschriften. Bei den „Waffenbildern" machen erst sie deutlich, daß im Laufe der Jahrzehnte eine Akzentverschiebung stattgefunden hat. Während nach Kriegsende vor allem die Bewaffnung der Kämpfer als solche Thema der Bildunterschriften war, wurde später vor allem die sowjetische Hilfe betont.[2] Die Darstellungen der Partisanen waren zwischen 1948 und 1989 weit verbreitet, ohne jedoch neue Akzentsetzungen zu erfahren. Bilder von Kampfhandlungen fehlen fast völlig. In der bildenden Kunst erscheinen die Partisanen als Wächter in den Bergen, so zum Beispiel in dem Gemälde „Partisanenwache" von 1948 (Abb. SK 3), oder als Kämpfer wie in der Skulptur von Tibor Bartfay (Abb. SK 4).

Doch es waren bereits vor 1989 nicht nur die Partisanen, an die als Widerstandskämpfer erinnert wurde, sondern dem slowakischen Gedächtnis zufolge hatte sich die ganze Nation („wir") im Widerstand befunden. Deshalb wird der Aufstand als Slowakischer Nationalaufstand bezeichnet. Dieses „Wir" zeigt sich darin, daß auf der Ebene der Erinnerung den kämpfenden Partisanen Waffen ausladende Zivilisten und ausharrende, seltener offensichtlich trauernde Frauen[3] zur Seite gestellt wurden. Die Konstellation aus kämpferischer Entschlossenheit der Männer und ziviler Trauer[4] der Frauen bildet das Denkmal des Aufstands in Bratislava ab, das 1974 enthüllt wurde (Abb. SK 5). Es zeigt im Vordergrund den Partisan, der – als Sinnbild für die Hilfe der Sowjetunion – eine sowjetische Maschinenpistole in der Hand hält. Zwei Frauenfiguren im Hintergrund sollen das Leiden und den gesamtnationalen Charakter des Aufstandes zum Ausdruck bringen. Drei Feuer mahnen als ewige Lichter, die gefallenen Kämpfer nicht zu vergessen. Sie sollen aber auch mit den Lagerfeuern der Partisanen und den Leuchtfeuern für die sowjetischen Flugzeuge in Verbindung gebracht werden.

SK 4
Tibor Bartfay
Do hôr
In die Berge, 1985
Epoxyd, 140 cm
Bratislava, Galéria mesta Bratislavy
B 1550

SK 5
Ján Kulich (Photographie), Dušan Kuzma (Denkmal)
Pamätník SNP v Bratislave
SNP-Denkmal in Bratislava, 80er Jahre
Ansichtskarte, 10,5 x 14,7 cm
Privatbesitz

Auch nach 1989 hat der Slowakische Nationalaufstand seinen herausragenden Platz im Gedächtnis der slowakischen Bevölkerung nicht verloren. Die Bilder, mit denen dies Ereignis nunmehr abgebildet wird, spiegeln die aktuelle Diskussion darüber wider, wer Teil der slowakischen Nation ist. Die Partisanenbilder sind zwar nicht verschwunden, es wird nun aber daran erinnert, daß auch bürgerliche Kräfte und Teile der slowakischen Armee am Aufstand beteiligt waren. Stärker erinnert wird nun auch an die beiden bürgerlichen Generäle Rudolf Viest und Ján Golian, die eine herausragende Rolle im Aufstand spielten und die als deutsche Gefangene vermutlich Anfang 1945 bei einer Bombardierung Berlins ums Leben kamen.

Das Bemerkenswerte an der slowakischen Erinnerung ist, daß der Aufstand vor wie nach 1989 als Aufstand der slowakischen Nation verstanden wird. Der Tenor der Erinnerung lautet: „Wir waren im Widerstand". Dieses „Wir" wurde vor wie nach der „Wende" mit ähnlichen Bildern illustriert. Geändert haben sich die Anzahl einzelner Sujets und die Konnotierungen der Bilder. So ist die Vorrangstellung der prosowjetischen, sozialistischen und antifaschistischen Deutung Vergangenheit. Neu hinzugetreten ist die Erinnerung an bürgerliche Gruppen, die für eine demokratische Slowakei kämpften, deren Verwirklichung sie sich nicht nur in einem slowakischen Nationalstaat, sondern auch in einer erneuerten Tschechoslowakei vorstellen konnten. Somit verbindet sich mit dem Nationalaufstand im bürgerlichen Lager heute auch das Paradoxon der Erinnerung an die Tschechoslowakei, die gerade kein Nationalstaat war. Mit der Tschechoslowakei wird außerdem, im Gegensatz zu der sowjetischen Hilfe für die Partisanen, die Zugehörigkeit des Landes zur westlichen Welt assoziiert.

SK 6
Andrej Bán (Photographie)
V znamení Tisovho kultu
Im Zeichen des Tiso-Kultes,
in: Pavel Branko: Kameň
úrazu – minulosť a minulosť
v nás, Mosty, 30. März 1999,
S. 4
Zeitung
München, Bayerische
Staatsbibliothek
2 W 93.1-1999

Es ist diese Vielfalt von Deutungsmöglichkeiten, von sozialistisch und prosowjetisch bis bürgerlich und westlich, die dem Aufstand seinen prominenten Platz im Gedächtnis des Landes sichert. Ausgeschlossen aus dieser Erinnerungstradition, und vor 1989 auch zum Schweigen verurteilt, sind dagegen die Anhänger Tisos. Sie sehen im Aufstand eine Freveltat gegen die eigene Nation, die in der Folge dieser Ereignisse die Eigenstaatlichkeit verloren habe.[5] Die Wiedererrichtung der Tschechoslowakei ist für sie die Rückkehr unter „das tschechische Joch". Entsprechend gering ist die Anzahl der SNP-Bilder in ihren Publikationen. Ihr Tenor jedoch ist eindeutig: Abgebildet werden die Feinde slowakischer Staatlichkeit.

Letztlich lassen sich im Hinblick auf die Rezeption des Slowakischen Nationalaufstandes drei große Traditionsstränge beschreiben, von denen der „nationalslowakische" sich klar von den anderen beiden abgrenzen läßt. Hier versammeln sich die Anhänger des Tiso-Staates, die den Aufstand verurteilen und die in den 90er Jahren nicht selten der HZDS (Hnutie Za Demokratické Slovensko, Bewegung für eine Demokratische Slowakei) von Vladimír Mečiar ihre Stimme gaben.[6] Sie sehen in dem slowakischen Präsidenten der Jahre 1939 bis 1945, Jozef Tiso, eine positive Figur[7], die seit 1993 selbständige Slowakei steht für sie in der Tradition des Staates der Kriegsjahre. Die slowakische Beteiligung am Holocaust wird als „jüdisches Problem" bezeichnet, als Opfer, das für die Eigenstaatlichkeit auf deutschen Druck hin habe erbracht werden müssen. Erinnert wird an eine Zeit, als es „uns" gut ging, und diese Erinnerung findet ihre Versinnbildlichung in den seit 1989 weit verbreiteten Tiso-Bildern (Abb. SK 6).

Den anderen beiden Erinnerungssträngen, einem antifaschistischen einerseits und einem eher bürgerlichen andererseits, ist ihre weitgehende Ablehnung des Regimes der Kriegsjahre und die positive Bezugnahme auf den Nationalaufstand gemeinsam. Neben den bereits angesprochenen Unterschieden muß vor 1989 die Dominanz des von der KP verordneten Geschichtsbildes unterstrichen werden. Zu den von der Partei formulierten Erinnerungsverpflichtungen gehörte die Verneigung vor der sowjetischen Hilfe, wie sie im Slavín Stein geworden ist (Abb. SK 7). Als Friedhof und Denkmal für die Angehörigen der Roten Armee wurde er 1960 in Bratislava enthüllt. Im Mittelpunkt der Anlage erhebt sich ein 37 Meter hoher Obelisk, bekrönt von der Figur eines siegreichen Rotarmisten, der eine Fahne schwingt (Abb. SK 8). Dessen heroische Wirkung wird verstärkt durch die in einigem Abstand und unterhalb des Obelisken

SK 7
Vďačny národ svojim osloboditeľom
Das dankbare Volk seinen Befreiern, in: Gejza Šlapka (Hg.): Slavín, Bratislava 1975, nach S. 36
Buch
Privatbesitz

angeordnete Figur eines Mädchens, das dem Helden einen Blumenstrauß darbietet (vgl. Abb. SK 7). Am Modell fehlen, anders als am ausgeführten Denkmal, die flankierenden Partisanengruppen. In dem 1988 erschienen Gedenkstättenführer der slowakischen Hauptstadt heißt es zu dem Denkmal, es handele sich um „die künstlerische Darstellung des heroischen Kampfes der Roten Armee, des Kampfes unseres Volkes gegen den Faschismus."[8] In den 70er Jahren wurde dieses Denkmal durch jenes des Slowakischen Nationalaufstandes als Ort des offiziellen Gedenkens ergänzt, wodurch man sich ein Stück weit von der Erinnerungsverpflichtung „Verneigung vor der sowjetischen Hilfe" löste (vgl. Abb. SK 5).

SK 8
Alexander Trizuljak
Model Slavína
Modell des Slavín, 1960–65
Messing, 41 cm
Bratislava, Galéria mesta Bratislavy
B 1100

SK 9
J. Švengsbír
15. Výročie Slovenského národného povstania.
29. 8. 1944 – 1959
15. Jahrestag des Slowakischen Nationalaufstands.
29. 8. 1944 – 1959, 1959
Briefmarke
Bonn, Archiv für Philatelie. Museumsstiftung Post und Telekommunikation

Zu den Erinnerungsgeboten von den 50er bis zu den 80er Jahren zählte außerdem der Aufstand als Voraussetzung für die Industrialisierung der Slowakei. Damit wurde aus kommunistischer Sicht eine Traditionslinie vom Aufstand über die Erneuerung der Tschechoslowakei zum „siegreichen Februar" 1948, d. h. der kommunistischen Machtübernahme, gezogen. Der Kampf der kommunistischen Partisanen habe es ermöglicht, das bis dahin agrarisch geprägte Land in die moderne Zeit hineinzuführen. Diesen Zusammenhang aus „Aufstand" und „Industrialisierung" zeigen u. a. Briefmarken, wobei daran zu erinnern ist, daß es sich bei den Postwertzeichen um die gesamtstaatliche, tschechoslowakische Sicht der Geschehnisse in der Slowakei handelte. Das klassische Motiv, um den skizzierten Zusammenhang abzubilden, sind Industrieanlagen vor Bergkulissen. In den Bergen erkennt jeder slowakische Betrachter unschwer die gebirgigen Gegenden der Mittel- und Nordslowakei, in denen der Aufstand überwiegend stattgefunden und wohin sich der Widerstand nach dem deutschen Sieg zurückgezogen hatte (vgl. Abb. SK 1 und Abb. SK 2). Die Briefmarke der tschechoslowakischen Post von 1959 zum 15. Jahrestag des Aufstandes stellt Berglandschaft, Industrieanlage und einen Lindenzweig unter einer strahlenden Sonne harmonisierend zusammen (Abb. SK 9). Allein die Datumsangabe an der Seite verweist auf den Nationalaufstand, die Linde als tschechischer Nationalbaum hingegen auf die wiederhergestellte Einheit der Tschechoslowakei. Auch auf dem Postwertzeichen aus dem Jahre 1979 ist eine Industrieanlage abgebildet, die als monumentale Behauptung des wirtschaftlich Erreichten vor der Bergkulisse steht; der inschriftliche Verweis auf den Nationalaufstand ist noch kleiner ausgefallen als 1959 (Abb. SK 10).

SK 10
Albín Brunovský
1944–1979. Slovenské národné povstanie
1944–1979. Slowakischer Nationalaufstand, 1979
Briefmarke
Bonn, Archiv für Philatelie. Museumsstiftung Post und Telekommunikation

Die antifaschistische Erinnerungsverpflichtung war bis zum Jahre 1989 unzweifelhaft dominant. Daneben konnte die bürgerliche Erinnerung, die wie die antifaschistische zumeist tschechoslowakisch orientiert war, jedoch zumindest ein kümmerliches Schattendasein fristen. Sie wird seit der Selbständigkeit der Slowakei 1993 verstärkt gepflegt. Dies verdeutlichen die beiden 1994, zum 50. Jahrestages des Aufstandes, herausgegebenen Briefmarken: Die eine Marke bildet die beiden

SK 11
SNP 1944–1994. Generál
Rudolf Viest. Generál Ján
Golian
SNP 1944–1994. General
Rudolf Viest. General Ján
Golian, 1994
Briefmarke
Bonn, Archiv für Philatelie.
Museumsstiftung Post und
Telekommunikation

SK 12
SNP 1944–1994. Na večnú
slávu synom Francúzska
SNP 1944–1994. Den Söhnen
Frankreichs zum ewigen
Ruhm, 1994
Briefmarke
Bonn, Archiv für Philatelie.
Museumsstiftung Post und
Telekommunikation

SK 13
Tradícia v boji za slobodu:
tank čs. obrnenej jednotky v
ZSSR
Tradition im Freiheitskampf:
Panzer der tschechoslowakischen Brigade in der UdSSR,
in: Ján Tibenský (Hg.):
Slovensko Dejiny, 2. Aufl.,
Bratislava 1978, S. 773
Buch
Berlin, Universitätsbibliothek
der Humboldt-Universität.
Teilbibliothek Slawistik
KU4020T553(2)

Generäle Viest und Golian ab und zeigt damit, daß die bürgerliche Position wieder bildwürdig ist (Abb. SK 11). Die zweite Marke zeigt statt Industrieanlagen eine Burg auf den Bergen und ein Denkmal; die abgebildeten Kämpfer sind nun französische Freiwillige, wie die Aufschrift „Den Söhnen Frankreichs zum ewigen Ruhm" erkennen läßt (Abb. SK 12). Die Briefmarke ehrt die etwa zweihundert Franzosen, die im Slowakischen Nationalaufstand gekämpft hatten und denen auf dem Berg Zvonica ein Denkmal gesetzt wurde. Damit wird an bereits vorhandene Bindungen zu Westeuropa erneut angeknüpft.

Zu den Charakteristika des Aufstandes gehört es, daß er stets in einer bereits vorhandenen Tradition der Widerständigkeit gesehen worden ist. Dieser Widerstandsmythos reicht tief in die slowakische Geschichte zurück. Er wird verkörpert durch die Person des Juraj Jánošík (1688–1713), den in der Slowakei jedes Kind als Volkshelden und Freiheitskämpfer, als eine Art slowakischen Robin Hood kennt. Auch auf diese Tradition wurde im Aufstand zurückgegriffen: Unser Photo zeigt einen Panzer, der nach dem Volkshelden Jánošík benannt ist (Abb. SK 13). Die Bildunterschrift läßt keinen Zweifel aufkommen, welche Bedeutung dieser Namensgebung zukommt: „Tradition im Freiheitskampf"[9].

Diese populäre Photographie verbindet die Tradition der Widerständigkeit einer bäuerlichen Slowakei mit der „leuchtenden Zukunft" der modernen Industriegesellschaft, in die das Land dank Aufstand und kommunistischer Partei seit 1948 geführt worden sei. Angesichts der Tatsache, daß das Land auch nach dem Ende des Zweiten Weltkrieges noch überwiegend agrarisch geprägt war, war es für die neuen Machthaber wichtig, die bäuerliche Bevölkerung aus der Traditionsbildung nicht auszuschließen. Wie dies umgesetzt wurde, zeigt ein Plakat: Abgebildet ist ein Mann in bäuerlicher Volkstracht (Abb. SK 14). Er ist bewaffnet mit einem Gewehr und einer Valaška, der Axt der slowakischen Berghirten, die bis heute Teil der Folklore ist. Seinen Fuß hat er auf einen deutschen Stahlhelm gesetzt, während ein Blitz in eine Hakenkreuzfahne einschlägt, die in diesem Moment zerreißt. Nicht nur der Blitz, auch das Doppelkreuz[10] im Rücken des Mannes und die drei Berge[11] im unteren Hintergrund sind für den slowakischen Betrachter selbstverständliche nationale Symbole. Sie stehen für das slowakische Wappen. Der Blitz beinhaltet eine Anspielung auf die slowakische Hymne, die mit den Worten beginnt: „Über der Tatra blitzt und donnert es". Die Aufschriften stellen die Verbindung zwischen dem Aufstand[12] und der Zukunft her: „Für die Demokratie" und „Für die Tschechoslowakei".

Somit schließt sich der Kreis der Erinnerung: „Alle" – Bauern, Arbeiter, Bürgerliche, Männer und Frauen – waren im Widerstand.

SK 14
Banská Bystrica. 29. 8. 1944.
Za demokraciu – Za
Československo
Banská Bystrica. 29. 8. 1944.
Für die Demokratie. Für die
Tschechoslowakei, 1945
Plakat, 125 x 95 cm
Banská Bystrica, Múzeum
Slovenského národného
povstania
A 27/9

„Wir waren auch Opfer ..."

Das Motiv, das in keinem slowakischen Schulbuch fehlt, wenn die Rede von Opfern ist, stellt die brennende Apollo-Raffinerie in Bratislava nach der Bombardierung durch die amerikanische Luftwaffe dar (Abb. SK 15). Angesichts der geringen Kriegsschäden des Landes mag die Dominanz dieses Bildes einen nichtslowakischen Betrachter erstaunen, doch läßt sie sich auf einen Konsens der verschiedenen Erinnerungstraditionen zurückführen, daß auch die Slowakei Opfer von Verwüstungen war.

Im Hinblick auf die Opfer des Aufstandes gibt es dagegen keinen solchen Konsens. Auch hier steht der bürgerlichen und der antifaschistischen Erinnerungstradition eine nationalslowakische gegenüber. Die ersten beiden gedenken der deutschen Zerstörung und ihrer Opfer vor

SK 15
Bombardovanie Bratislavy
anglo-americkým letectvom
16. júna 1944
Bombardierung Bratislavas
durch die anglo-amerikanische Luftwaffe am 16. Juni
1944, in: Dušan Kováč:
Dejiny Slovenska, Prag 1998,
S. 243
Buch
Berlin, Staatsbibliothek zu
Berlin – Preußischer
Kulturbesitz
OE LS ED m 508

SK 16
Švermovo zničené fašistami počas SNP. Povstalecký tank pri Švermove
Das von den Faschisten zerstörte Švermovo während des SNP. Panzer der Aufständischen bei Švermovo, in: Viliam Plevza (Hg.): Dejiny Slovenského národného povstania 1944, Bd. 5, Bratislava 1985, S. 554
Buch
Berlin, Staatsbibliothek zu Berlin – Preußischer Kulturbesitz
689371-5

allem mit Bildern des von deutschen Truppen niedergebrannten Ortes Telgárt, der nach dem Krieg zu Ehren des Partisanenführers Ján Šverma in Švermovo umbenannt wurde (Abb. SK 16). Auf der Photographie ist der vollständig zerstörte Ort zu sehen. Werden die Täter genannt, so heißen sie „Faschisten". Aus nationalslowakischer Sicht, d. h. von den Anhängern Tisos, werden den Opfern der deutschen Einheiten jene gegenübergestellt, die ihr Leben durch Partisanen verloren haben.

So gespalten wie die Erinnerung an den Aufstand selbst, ist auch die Antwort auf die Frage, wer als Opfer gelten kann und wer nicht. Jede Seite erinnert an die eigenen Toten, was nicht selten zu gegenseitiger Aufrechnung führt. Die Täter treten demgegenüber in den Hintergrund.

„… weil unsere Oberen mit Hitler-Deutschland kollaborierten"

Aber: Wer waren die Täter? In den Augen der kommunistischen Machthaber war diese Frage leicht zu beantworten: die deutschen Faschisten und ihre slowakischen Helfer, die sogenannten Klerikalfaschisten (Tiso selbst war Geistlicher). Gezeigt wurde und wird diese „Allianz" zumeist mit einer Photographie, die Tiso am 13. März 1939 bei seiner Besprechung mit Hitler zeigt. 1978 lautete die Bildunterschrift „Dr. Jozef Tiso verhandelt am 13. März 1939 bei Adolf Hitler über die Zerschlagung der ČSR".[13] In neueren Publikationen wird dieselbe Photographie mit der Unterschrift „Jozef Tiso und Ferdinand Ďurčanský anläßlich einer Audienz bei Hitler" ohne Datumsangabe und weitere Erläuterungen gezeigt.[14] An diesem Punkt trennten sich die Wege von Slowaken und Tschechen. Photos von den Ereignissen in Prag, etwa dem Einmarsch deutscher Truppen, gehören nicht zum slowakischen Bilderkanon.

Insgesamt gab es vor 1989 nur wenige Bilder, die das deutsch-slowakische Verhältnis thematisierten. Auch das Tiso-Photo (vgl. Abb. SK 6), das nach 1989/1993 nahezu omnipräsent geworden ist, fehlte z. B. in den Schulbüchern der 50er und 60er Jahre völlig. Dieser Sachverhalt läßt sich unschwer erklären: Nach dem Ende des Slowakischen Staates 1945 waren dessen führende Politiker vor den Volksgerichtshof gestellt worden. Tiso war 1947 zum Tode verurteilt und hingerichtet worden. Weiten Teilen der slowakischen Gesellschaft galt Tiso nun als Märtyrer. Eine Erinnerung an ihn konnte daher nicht im Interesse des kommunistischen Regimes liegen. Man fürchtete, daß sie zum Kristallisationskern einer national-slowakischen Opposition werden könnte, war doch die Zustimmung zur KP in der Slowakei deutlich geringer als in den böhmischen Ländern. Die Parteileitung stand daher vor der paradoxen Situation, daß einerseits die Erinnerungsverpflichtung „Kollaboration mit Hitler-Deutschland" aufrechterhalten werden sollte, führte man doch die Legitimität der eigenen Herrschaft auf den Widerstand gegen dieses Regime zurück, das man mit Hilfe der Roten Armee besiegt habe. An das Bündnis des Slowakischen Staates mit dem nationalsozialistischen Deutschland war jedoch andererseits unter Ausblendung der Person Tisos nicht zu erinnern. Dieser Sachverhalt zeigt, daß es für das Regime deutlich einfacher war, Erinnerungsverpflichtungen zu postulieren, als Erinnerungsverbote durchzusetzen – sofern es sich nicht um völliges Totschweigen handelte. Denn: Jedes

Benennen dessen, was verboten ist, erhält gleichzeitig die unerwünschte Erinnerung daran am Leben.

Da ein Totschweigen aus Gründen der eigenen Legitimation nicht möglich war, brauchte man Bilder, die die Kollaboration in einer Art und Weise zeigten, der nur schwer widersprochen werden konnte. Zu diesen Bildern gehört jenes, das Tiso zeigt, als er deutsche Soldaten auszeichnet, die den Aufstand niedergeschlagen haben (Abb. SK 17). Für die kommunistische Interpretation ist es das Verräterphoto par excellence, da es die „Faschisten" und „Klerikalfaschisten" im vermeintlichen, da nur kurz währenden Sieg über den Widerstand zeigt. Für die bis 1989 gültige antifaschistische Erinnerungstradition war somit unstrittig, wer die Täter waren. Nur stand man vor dem Problem, daß mit der Erinnerung an die Täter, Tiso und seine „Clique", immer auch eine oppositionelle, nationalslowakische Erinnerung aktiviert werden konnte.

Es ist nicht zuletzt diese Schwarzweißmalerei, die die überbordende Tiso-Begeisterung seit den 90er Jahren erklärt. So wie die Gegner des Slowakischen Staates alle Übel mit seiner Person identifizieren, so glorifizieren seine Verteidiger die Erinnerung an ihn. Selbst jenes Photo, das in der antifaschistischen Tradition als Verräterphoto gilt, wird von den Tiso-Anhängern benutzt. Sie fordern damit eine Deutung ein, wonach der Aufstand das primäre Unrecht (am Slowakischen Staat) gewesen sei.

Mit der Fixierung auf die Person Tisos treten in beiden Erinnerungstraditionen die Eliten des Staates, aber auch die Gesellschaft selbst in den Hintergrund. Kein Regime aber besteht nur aus wenigen führenden Politikern. Wer waren die Anhänger, Nutznießer, Sympathisanten und Mitläufer? Für die einen gab es sie gar nicht (denn die Nation befand sich ja im Widerstand), in den Augen der anderen müßte von „slowakischen Patrioten" gesprochen werden. Doch wer soll dann für die Beteiligung am Holocaust verantwortlich sein?

„Den Holocaust gab es auch"

Die Erinnerung an den Staat der Kriegsjahre war bis 1989 mit vielen Erinnerungsverboten belegt. Tradiert wurde eine Nation im Widerstand, die Opfer zu beklagen hatte, weil eine kleine Gruppe von Poli-

SK 17
J. Tiso vyznamenáva nemeckých fašistických vojakov na námestí v Banskej Bystrici 30. októbra 1944
J. Tiso zeichnet auf dem Marktplatz von Banská Bystrica am 30. Oktober 1944 deutsche faschistische Soldaten aus, in: Viliam Plevza (Hg.): Dejiny Slovenského národného povstania 1944, Bd. 2, Bratislava 1984, nach S. 432
Buch
Berlin, Staatsbibliothek zu Berlin – Preußischer Kulturbesitz
689371-2

SK 18
Žid je náš nepriateľ. Pracovný tábor v Novákoch, 1943
Der Jude ist unser Feind. Arbeitslager in Nováky, 1943, in: Dušan Kováč: Dejepis-Slovensko v novom storočí, Bratislava 1997, S. 43
Buch
Braunschweig, Georg-Eckert-Institut für internationale Schulbuchforschung
Sk H-1(1,97)4,2+1

SK 19
Transport židovských obyvateľov z Michaloviec
Der Abtransport der jüdischen Bevölkerung aus Michalovce, in: Richard Marsina (Hg.): Slovenské dejiny, Martin 1992, S. 291
Buch
Berlin, Staatsbibliothek zu Berlin – Preußischer Kulturbesitz
3A41551

tikern mit Hitler-Deutschland kollaborierte. Der Holocaust war demgegenüber von nachrangiger Bedeutung.

Schaut man, durch welche Bilder der Mord an den Juden im slowakischen Gedächtnis repräsentiert wird, so sind es vor allem zwei Photographien, die in den verschiedenen Publikationen immer wieder abgedruckt werden: eine antijüdische Schmiererei an einer Hauswand mit der Aufschrift „Žid je náš nepriateľ" (Der Jude ist unser Feind) und eine Szene aus einem Sammellager, in dem Deportationstransporte zusammengestellt wurden (Abb. SK 18 und Abb. SK 19). Lagernde Menschen – Männer, Frauen und Kinder – tragen einen gut sichtbaren „Judenstern", rechts am Rand steht ein Wächter.

Das Photo aus dem Sammellager ist untertitelt mit „Deportationen aus Michalovce" (ein Ort in der Ostslowakei) bzw. mit „Deportationen aus der Ostslowakei".[15] Der Holocaust wird in der Slowakei vorrangig durch Bilder von Deportationen wahrgenommen. Dabei ist auffällig, daß entweder der Ort des Geschehens gar nicht genannt wird oder daß auf Ereignisse verwiesen wird, die sich weit entfernt von der ganz im Westen des Landes liegenden Hauptstadt, eben in der Ostslowakei, zugetragen haben. Unklar bleibt, ob sich hierin ein Distanzierungsbestreben ausdrückt oder ob die Auswahl auf das Fehlen von Photos aus anderen Orten zurückzuführen ist. Dazu ist jedoch anzumerken, daß es auch in der Hauptstadt sowie im Westen des Landes Sammellager gegeben hat.

Wie auch immer die Auswahl der Photographien zu erklären ist, man kann sich dem Eindruck, daß eine Verortung des Holocausts vermieden wird, nicht ganz entziehen. Auch jene Photographien, die in den neuen Schulbüchern das „Leben im okkupierten Europa" illustrieren, schweigen sich hinsichtlich einer Lokalisierung häufig aus. Eine Abbildung thematisiert sogar ausdrücklich die Ungewißheit, die man nicht nur auf die Zukunft ganz allgemein, sondern auch konkret auf den Ort beziehen kann: Gezeigt wird eine gebeugte Frau mit zwei Kindern über der Bildunterschrift „Sie wissen noch nicht, wohin sie gehen" (Abb. SK 20 u.).

Diese Beobachtungen müssen gerade einem deutschen Betrachter ins Auge springen, unterscheidet sich doch die Bildauswahl hierzulande deutlich von der slowakischen. Jene Photographien, die in der Bundesrepublik geradezu paradigmatisch geworden sind – Bilder von Auschwitz, von den Gleisen, der Rampe, von der Aufschrift „Arbeit macht frei" über den Toren der Konzentrationslager –, sind nicht Teil des kollektiven slowakischen Gedächtnisses.

Es ist schon wiederholt von den drei großen Erinnerungstraditionen in der Slowakei die Rede gewesen. Charakteristisch scheint für sie zu sein, daß sich immer wieder Gemeinsamkeiten zwischen zweien aufzeigen lassen und die dritte sich in Opposition dazu befindet. Dies konnten wir bereits am Beispiel des Nationalaufstandes sehen, der für die antifaschistische Tradition die Erinnerungsverpflichtung schlechthin darstellt und der auch für die bürgerliche Erinnerung weitgehend positiv besetzt ist, in nationalslowakischer Sichtweise jedoch als Freveltat am eigenen Staat verurteilt wird. Ähnlich verhält es sich mit dem Gedenken an den führenden Politiker des Slowakischen Staates, seinen Präsidenten Tiso.

Was nun den Holocaust betrifft, so hat sich eine andere „Allianz" herausgebildet – die der antifaschistischen und der nationalslowakischen Erinnerungstradition. Das kommunistische Regime hatte nach 1948 wenig Interesse, an die Ermordung der europäischen Juden zu erinnern. Nicht nur in Stalins Sowjetunion erlebte der Antisemitismus eine Hochzeit, auch die „Säuberungen" in der Tschechoslowakei[16] zeigten antijüdisches Denken im Gewande des Antizionis-

SK 20
Ešte nevedia, kam idú...
Sie wissen noch nicht, wohin sie gehen..., in: Herta Tkadlečková: Dejepis – Svet v novom storočí, Bratislava 1995, S. 34
Buch
Braunschweig, Georg-Eckert-Institut für internationale Schulbuchforschung
Sk H-1(1,95)4,1+2

mus. Dabei konnten die neuen Machthaber des Arbeiter-und Bauern-Staates traditionelle antisemitische Vorurteile, vom „jüdischen Ausbeuter und Kapitalisten" etwa, aktivieren.

Diese Vorurteile gibt es auch im nationalslowakischen Milieu. Und ebenso gering ist hier die Bereitschaft, der Ermordung der slowakischen Juden zu gedenken. Der Holocaust wird hier häufig als „jüdisches Problem" gesehen. Die Deportationen seien das Ergebnis deutschen Drucks gewesen, dem man sich nicht habe widersetzen können, wollte man die Existenz des eigenen Staates nicht gefährden.[17]

Gegenüber diesen, gerade in nationalslowakischen Kreisen zum Teil recht weit verbreiteten Erinnerungsverweigerungen bemühen sich liberale Wissenschaftler seit den 90er Jahren, neue Aspekte in den Diskurs einzubringen. Dazu gehört der Hinweis auf die Beteiligung slowakischer Hlinka-Gardisten an den Deportationen auch in den Bildunterschriften[18] ebenso wie die Abbildung eines jüdischen Arbeitslagers in der Slowakei in einem Schulbuch von 1997 (vgl. Abb. SK 18). Besonders hervorzuheben ist in diesem Zusammenhang außerdem das Bestreben, die Öffentlichkeit dafür zu sensibilisieren, daß auch die bis heute nicht selten diskriminierten Roma zu den Verfolgten des Slowakischen Staates gehörten (Abb. SK 21).

SK 21
Rómski väzni pracovného útvaru v Revúcej v roku 1943
Roma-Häftlinge eines Arbeitsbataillons in Revúca, 1943, in: Arne B. Mann: Rómsky dejepis, Bratislava 2000, S. 16
Buch
Privatbesitz

Zusammenfassung: „Erinnere Dich"

Lange Jahre war der herrschende Diskurs in der Slowakei von Erinnerungsverpflichtungen dominiert. Vor allem die sich selbst als antifaschistisch verstehende Tradition stand dabei bis 1989 unangefochten im Vordergrund. Danach hatte sich die slowakische Nation im Nationalaufstand unter der Führung der Kommunistischen Partei und mit „brüderlicher Hilfe" der Sowjetunion vom „Joch des Faschismus und seiner Helfershelfer" befreit. Nun – so die Propaganda – war der Weg frei in die lichte Zukunft einer Industriegesellschaft. Bäuerliche Traditionen von Widerständigkeit wurden dabei in das verordnete Geschichtsbild eingeschmolzen.

Neben dieser, man möchte sagen, verordneten „Mainstream-Erinnerung" führte eine als bürgerlich zu beschreibende zweite Erinnerungstradition bis 1989 ein Schattendasein. Eher zaghaft erinnerte sie daran, daß im Aufstand auch bürgerliche Gruppen gegen das Regime gekämpft hatten. Nach 1989 konnte diese Tradition mehr Raum in der Öffentlichkeit gewinnen und damit die eigene Verortung als demokratisch und zur westlichen Welt gehörend kommunizieren.

Das heutige kollektive Gedächtnis der Slowakei ist jedoch zutiefst fraktioniert. Nach Jahrzehnten der Unterdrückung machte in den 90er Jahren vor allem die nationalslowakische Erinnerungstradition auf sich aufmerksam. Gegen Antifaschisten und Bürgerliche besteht dieses Milieu auf der positiven, traditionsbildenden Kraft des Slowakischen Staates der Kriegsjahre; der Aufstand gilt als Frevel gegen den ersten eigenen Staat und als Unglück.

Gegenüber der für den slowakischen Diskurs zentralen Frage nach dem historischen Ort des Slowakischen Staates und der Legitimität des Widerstandes ist das Gedenken an jüdisches Leiden von untergeordneter Bedeutung. Die im-

SK 22
Pamätaj! Antisemitizmus vo východnej Európe
Erinnere! Die Idee des Antisemitismus in Osteuropa, Programm der Konferenz des Múzeum židovskej kultúry v Bratislave und des Lehrstuhls für Politologie und europäische Studien der Universität Nitra vom 15.–17. Mai 2000 in Nitra mit der Abbildung des Denkmals von Milan Lukáč (1997)
Berlin, Deutsches Historisches Museum

mer noch häufig so genannte „židovská otázka" (Judenfrage) wird in der Auseinandersetzung um den Stellenwert des Slowakischen Staates nicht selten instrumentalisiert: Nach nationalslowakischer Lesart war die jüdische Bevölkerung der Slowakei ein „Opfer", das man für die Existenz des Staates habe bringen müssen, da man sich deutschem Druck nicht habe widersetzen können, ohne die Existenz des Staates zu gefährden. Dabei werden eigene judenfeindliche Traditionen ebenso übersehen wie die Tatsache, daß ein Sondergesandter Berlins 1943 eine Neuaufnahme der Transporte gegen eine slowakische Weigerung nicht bewirken konnte. Doch auch vor 1989 wurde der jüdischen Opfer kaum gedacht; zu stark war der antizionistische Impuls des Regimes.

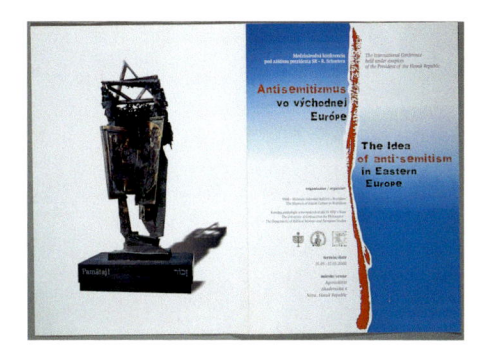

Man darf durchaus einen Zusammenhang mit dem gigantomanischen, realsozialistischen Brückenbauprojekt in der slowakischen Hauptstadt Bratislava sehen, dem in den 50er Jahren die jüdische Synagoge, die die Kriegsjahre überdauert hatte, zum Opfer fiel. Heute nimmt ein 1997 eingeweihtes Mahnmal für die Verfolgung der slowakischen Juden auch auf das zerstörte Gotteshaus Bezug (Abb. SK 22). Es fordert den Betrachter in hebräischer und slowakischer Sprache auf: „Pamätaj" – „Erinnere". Auf die Anerkennung der Opfer, so steht zu hoffen, wird auch die Frage nach den Tätern folgen.

[1] Siehe dazu Tönsmeyer, Tatjana: Das Dritte Reich und die Slowakei 1939–1945. Politischer Alltag zwischen Kooperation und Eigensinn, Paderborn 2003.
[2] Hieß es z. B. in einem Heimatkunde-Schulbuch für die 4. Klasse, Vlastiveda pre 4. ročník ľudových škôl, Bratislava 1947 noch „Das Ausladen von Waffen", so findet sich in Dejiny Slovenska slovom i obrazom II, Bratislava 1981, S. 275 stellvertretend für die nun übliche Aussage die Bildüberschrift „Die Sowjetunion hilft den SNP-Kämpfern".
[3] Das Gedenken an den Nationalaufstand kennt grundsätzlich diese geschlechtsspezifischen Rollenzuschreibungen: kämpfende Männer, symbolisiert durch Waffen, und wartende oder trauernde Frauen. Eine seltene Ausnahme davon sind die Briefmarken von 1954, die aus Anlaß des 10. Jahrestages des Aufstandes herausgegeben wurden. Sie zeigen neben einem männlichen Partisanen auch eine Frau mit Patronengurt.
[4] So die Interpretation des Gedenkstättenführers der Stadt Bratislava, Obuchová, V. u. a. (Hg.): Pamiatky Bratislavy, Bratislava 1988, S. 180.
[5] Es gehört zu den Spezifika der nationalslowakischen Erinnerungstradition, daß sie sich sehr stark auf Ereignisse in der Slowakei konzentriert und Entwicklungen jenseits der slowakischen Grenzen für weniger wichtig hält. Angesichts der Tatsache jedoch, daß die Entstehung der Slowakei 1939 von Anfang an als Produkt von Hitlers Expansionsbestrebungen gesehen wurde, war ein „Hinüberretten" dieses Staates in eine

6 Zu Mečiars HZDS als Elektoratserben der Hlinkapartei siehe Krivý, Vladimír: 49 Städte – Wandel und Kontinuität; in: Mannová, Elena (Hg.): Bürgertum und bürgerliche Gesellschaft in der Slowakei 1900–1989, Bratislava 1997, S. 37–59.

7 Bútorová, Zora/Bútora, Martin: Vigilance Vis-à-Vis the Jews as an Expression of Post-Communist Panic – Slovakia's Case; in: Hančil, Ján/Chase, Michael (Hg.): Anti-Semitism in Post-Totalitarian Europe, Prag 1993, S. 137–150, S. 146f.

8 Obuchová 1988 (wie Anm. 4), S. 83.

9 Abgebildet im Kontext des Slowakischen Nationalaufstandes, zeigt das Photo aber – ausgewiesen durch die Bildunterschrift – einen Panzer der tschechoslowakischen Brigade, die auf der Seite der Sowjetunion gekämpft hat. Vgl. Tibenský, Ján: Slovensko Dejiny, Bratislava 1978, S. 773. Dagegen beschränkt sich „Dejiny Slovenska" auf den Hinweis, daß es sich um einen Panzer einer tschechoslowakischen Panzereinheit in der UdSSR handelt: Čaplovič, Dušan u. a. (Hg.): Dejiny Slovenska, Bratislava 2000, S. 254. Anzumerken wäre noch, daß es ein bürgerliches Pendant zum Janošík-Panzer, den sogenannten Štefánik-Zug gibt. Štefánik ist in der Slowakei kaum weniger bekannt als der berühmte Räuberhauptmann. Er gehörte neben Masaryk und Beneš zu dem kleinen Kreis von Männern, die in den Jahren des Ersten Weltkrieges aktiv für die Gründung der Tschechoslowakei gearbeitet hatten. Außerdem war er einer der Begründer der tschechoslowakischen Legion. Er kam 1919 bei einem Flugzeugabsturz ums Leben, dessen Hintergründe nie ganz geklärt werden konnten. Somit haben wir hier ein weiteres Beispiel für die marginalisierte, tschechoslowakisch orientierte bürgerliche Erinnerung an Leistungen im Aufstand.

10 Das Doppelkreuz steht für die Slawenapostel Kyrill und Method, die im 9. Jahrhundert das Gebiet der heutigen Slowakei missionierten.

11 Neben Fatra und Matra symbolisiert der dritte Berg die Tatra, das slowakische Gebirge schlechthin. Es wird nicht nur in der Hymne genannt, sondern ist auch dadurch mythisch besetzt, daß sich die Partisanen nach der Niederschlagung des SNP in seine Höhenlagen zurückzogen.

12 Repräsentiert durch „Banská Bystrica" als „Hauptstadt des Aufstandes" und „29. 8. 1944" als offiziellem Anfangsdatum.

13 Tibenský 1978 (wie Anm. 9), S. 748.

14 Kováč, Dušan u. a.: Kronika Slovenska, Bd. 2, Bratislava 2000, S. 244.

15 Slovensko Dejiny spricht z. B. nur von der Ostslowakei und ergänzt das Photo durch die Abbildung eines handschriftlichen Textes mit der Bildunterschrift, bei dem Gezeigten handele es sich um die Zustimmung Tisos zur slowakischen Teilnahme am Krieg gegen die Sowjetunion, in: Tibenský 1978 (wie Anm. 9), S. 762. Grundsätzlich ist festzuhalten, daß auch andere Photos, die Sammellager zeigen, nicht immer eine lokale Zuordnung vornehmen. Dies gilt sowohl für die Veröffentlichungen vor 1989 als auch seither, wobei es scheint, daß die neueren Publikationen diesem Aspekt mehr Bedeutung beimessen.

16 Siehe dazu Kaplan, Karel: Die politischen Prozesse in der Tschechoslowakei 1948–1954, München 1986.

17 Von „Hardlinern" wird in diesem Zusammenhang behauptet, der Slowakische Staat habe sich „den" Juden gegenüber noch großzügig gezeigt. „Zum Dank" dafür hätten sie nichts anderes zu tun gewußt, als einen Aufstand – die Rede ist vom Slowakischen Nationalaufstand – gegen ebendiesen Staat anzuzetteln.

19 So etwa Mannová, Elena (Hg.): A Concise History of Slovakia, Bratislava 2000, S. 265.

Seit dem Zweiten Weltkrieg

Chronologie[1]

1915–1938
1915 unterzeichnen die Vertreter der slowakischen und tschechischen Emigrantenvereine in Cleveland ein Abkommen über die Schaffung eines gemeinsamen föderativen Staates.
Am **14. November 1915** wird in Paris ein Manifest zur Gründung eines selbständigen Staates Tschechoslowakei ausgerufen. Das Staatsgebiet soll Böhmen, Mähren, schlesische Gebietsteile und die Slowakei umfassen. Am **24. Mai 1918** wird in einer geheimen Sitzung des slowakischen Nationalrates der Beschluß gefaßt, einen gemeinsamen Staat mit den Tschechen zu gründen. Tomáš Garrigue Masaryk schließt am **30. Mai 1918** mit Vertretern der slowakischen Emigranten in den USA den Vertrag von Pittsburgh über den staatlichen Zusammenschluß der tschechischen mit der slowakischen Nation ab. Der slowakischen Seite werden Zugeständnisse hinsichtlich verschiedenen Autonomieregelungen gemacht. In Prag wird am **28. Oktober 1918** die erste selbständige Tschechoslowakische Republik (ČSR) ausgerufen. Am **30. Oktober 1918** spricht sich auch der Slowakische Nationalrat für einen gemeinsamen Staat aus. Die neue tschechoslowakische Regierung nimmt Reformen im Wirtschafts-, Verwaltungs- und Justizbereich in Angriff. Bemühungen, ein zentralistisches System zu etablieren, stoßen auf den Widerstand der slowakischen Autonomisten, die die im Vertrag von Pittsburgh von der tschechischen Seite zugesicherten Autonomieelemente einfordern. Sie wollen ein eigenes Parlament, Gerichtswesen und die systematischere Benutzung des Slowakischen als Amtssprache. Besonders die katholisch-konservative slowakische Volkspartei (HSĽS) unter Andreji Hlinka, die bis **1938** von etwa 30 Prozent der slowakischen Wähler unterstützt wird, setzt sich für diese Ziele ein.

1938
Am **6. Oktober** erklärt die slowakische Regierung die Autonomie der Slowakei, und Jozef Tiso (HSĽS) wird Ministerpräsident. Die Achsenmächte Deutschland und Italien kommen im 1. Wiener Schiedsspruch den seit dem Frieden von Trianon (1920) von Ungarn er-

---

[1] Da die Slowakei 1918 Teil der neugegründeten Tschechoslowakei wurde und – abgesehen von den Jahren 1939 bis 1945 – eine Teilrepublik dieses Staates bis zu dessen Auflösung 1992 war, siehe auch die Chronologie zum Beitrag Tschechoslowakei/Tschechien.

hobenen Gebietsansprüchen entgegen und teilen am **2. November** die südlichen Randgebiete der Slowakei und der Karpato-Ukraine Ungarn zu.

1939
Unter Ausnutzung von Interessengegensätzen zwischen Tschechen und Slowaken erreicht das nationalsozialistische Deutsche Reich, daß der slowakische Landtag am **14. März** die staatliche Selbständigkeit der Slowakei erklärt. Am gleichen Tag muß in Berlin Emil Hácha, der Präsident der verbliebenen Rest-Tschechoslowakei, auf Befehl Hitlers einen Protektoratsvertrag für die tschechischen Länder Böhmen und Mähren unterschreiben, in die tags darauf die deutsche Wehrmacht einmarschiert. Dagegen wird der neue Staat Slowakei nicht von deutschen Truppen besetzt, aber vertraglich am **23. März** eng an das nationalsozialistische Deutschland gebunden. Der slowakische Staat erhält ein autoritäres Regierungssystem. Slowakische Einheiten nehmen im **September** am deutschen Angriff auf Polen teil. Die Slowakei erhält als Gegenleistung die **1920** und **1938** an Polen abgetretenen Grenzgebiete zurück. Im **Oktober** wird Jozef Tiso Präsident des slowakischen Staates.

24. November 1940
Die Slowakei tritt dem am **27. September** zwischen Deutschland, Italien und Japan geschlossenen Dreimächtepakt bei.

1941–1942
Am **23.** und **24. Juni** beginnt die Slowakei, sich auf deutscher Seite am Krieg gegen die UdSSR zu beteiligen. Ab **März** 1942 wird die jüdische Bevölkerung in die von den Deutschen besetzten Gebiete Polens deportiert.

1943
Ende 1943 gründen mehrere Widerstandsgruppen den illegalen Slowakischen Nationalrat und bereiten den bewaffneten Aufstand vor.

1944
Am **29. August** beginnt der Slowakische Nationalaufstand. Beteiligt daran sind oppositionelle Kräfte der slowakischen Armee, bürgerliche Gruppierungen und Partisaneneinheiten unter kommunistischer Führung. Der Aufstand wird jedoch bis zum **28. Oktober** von den deutschen Truppen blutig niedergeschlagen, die daraufhin die Slowakei besetzen.

1945–1988
Anfang April 1945 wird das gesamte slowakische Gebiet von der Roten Armee okkupiert. Die Slowakei wird nach Wiederherstellung der Tschechoslowakischen Republik wieder Teil der ČSR. Bei den ersten Parlamentswahlen im **Mai 1946** kann sich die bürgerlich orientierte Demokratische Partei mit etwa 62 Prozent durchsetzen. (Siehe für den Zeitraum der folgenden vier Jahrzehnte die Chronologie Tschechoslowakei/Tschechien.)

25. März 1988
In Bratislava kommt es zu ersten regimekritischen Demonstrationen, die gewaltsam aufgelöst werden.

20. November 1989
Bildung der slowakischen Bewegung Öffentlichkeit gegen Gewalt (VPN). In den folgenden Monaten kommt es zu Gründungen neuer Parteien.

1990
Am **20. April** erfolgt die Umbenennung der ČSSR in „Tschechische und Slowakische Föderative Republik" (ČSFR). Aus den ersten freien Wahlen gehen nach 42 Jahren im Juni im slowakischen Teil die VPN und im tschechischen Teil das Bürgerforum als je stärkste Gruppe hervor. Ministerpräsident der Slowakei wird Vladimír Mečiar.

1992
Der slowakische Ministerpräsident Vladimír Mečiar und sein tschechischer Amtskollege

Václav Klaus vereinbaren am **23. Juli** die Auflösung der staatlichen Föderation. Das slowakische Parlament in Bratislava nimmt am **2. September** eine eigene Verfassung an. Die 14 Abgeordneten der ungarischen Minderheit boykottieren die Abstimmung, da sie die Minderheitenrechte der vor allem im Süden der Slowakei lebenden etwa 600 000 Ungarn nicht ausreichend gesichert sehen. Mehrere andere Gruppierungen boykottieren die Annahme der Verfassung aus unterschiedlichen Gründen. Nach langen Verhandlungen verabschiedet das Bundesparlament in Prag am **25. November** das Trennungsgesetz zur Auflösung der Föderation, mit dem eine Volksabstimmung umgangen wird.

1993
Tschechien und die Slowakei bestehen ab **1. Januar** als zwei unabhängige Republiken. Alle Kompetenzen des ehemaligen föderativen Staates ČSFR gehen auf die Parlamente und Regierungen der Tschechischen bzw. der Slowakischen Republik über. Die Slowakei wird am **19. Januar** in die Vereinten Nationen (UNO) aufgenommen. Die Parlamente beider Staaten beschließen am **2. Februar** die Auflösung der bei der staatlichen Trennung eingeführten Währungsunion. Ab dem **8. Februar** existieren somit die tschechische und die slowakische Krone. Michal Kovac' wird am **15. Februar** vom Nationalrat mit 106 der insgesamt 150 Stimmen zum Staatspräsidenten der Slowakei gewählt. Am **30. Juni** wird die Slowakei in den Europarat aufgenommen.

1994–1996
Die Innenpolitik ist durch den Machtkampf zwischen Michal Kovac' und Vladimír Mečiar sowie durch die Situation der ethnischen Minderheiten, besonders der slowakischen Magyaren bestimmt. In diesen Jahren versucht die slowakische Regierung Anschluß an die internationale Gemeinschaft zu gewinnen und schließt am **9. Februar 1994** einen Partnerschaftsvertrag mit der NATO. Am **1. Februar 1995** tritt ein Assoziierungsvertrag mit der Europäischen Union (EU) in Kraft, und am **27. Juni 1995** beantragt die Slowakei die Mitgliedschaft. Am **19. März 1995** unterzeichnen die Slowakei und Ungarn einen Grundlagenvertrag über den Schutz der nationalen Minderheiten.

1997
Eine Volksabstimmung am **23./24. Mai** über den Modus der Präsidentenwahl und den Beitritt zur NATO scheitert an der geringen Wahlbeteiligung von unter 10 Prozent. Die EU-Kommission in Straßburg empfiehlt am **13. Juli** dem EU-Parlament die Aufnahme von Beitrittsverhandlungen mit Ungarn, Polen, Tschechien, Slowenien, Estland und Zypern. Die übrigen Bewerberstaaten Slowakei, Rumänien, Bulgarien, Lettland und Litauen erfüllen die für eine Aufnahme notwendigen politischen und wirtschaftlichen Kriterien (noch) nicht.

1998–1999
Nach dem Ausscheiden des Staatspräsidenten Michal Kovac' am **2. März 1998** kann in mehreren Wahlgängen bis zum **9. Juli 1998** kein Nachfolger bestimmt werden, und die präsidialen Vollmachten gehen interimistisch auf das Parlament und den Ministerpräsidenten über. Das Parlament beschließt am **14. Januar 1999** die Direktwahl des Staatspräsidenten, und am **29. Mai 1999** geht Rudolf Schuster als Sieger aus den Wahlen hervor.

2000
Zwischen der Slowakischen Republik und der Europäischen Union werden am **15. Februar** – zeitgleich mit Bulgarien, Lettland, Litauen, Rumänien und Malta – offizielle Beitrittsverhandlungen aufgenommen. Die Außenminister der Staaten Slowakei, Albanien, Bulgarien, Estland, Lettland, Litauen, Makedonien, Rumänien und Slowenien fordern während eines Treffens in der litauischen Hauptstadt Vilnius am **19. Mai** die NATO auf, ihren Staaten bis zum Jahre **2002** eine Einladung zur Aufnahme in das westliche Militärbündnis auszusprechen.

2002
Die NATO beschließt am **21. November**, die Slowakische Republik als künftiges Mitglied aufzunehmen. Auf dem EU-Gipfel in Kopenhagen am **12./13. Dezember** wird die Auf-

nahme der Slowakei, Litauens, Estlands, Lettlands, Polens, Tschechiens, Ungarns, Sloweniens, Maltas und Zyperns in die EU beschlossen. Die Beitrittsverträge werden am **16. April 2003** in Athen unterzeichnet und nach Ratifizierung in den Beitrittsländern zum **1. Mai 2004** wirksam.

Literatur:
- Brockhaus – Die Enzyklopädie in 24 Bänden, 20. Auflage, Leipzig/München 1996–1999.
- Europa Ploetz. Ereignisse und Entwicklungen seit 1945, Freiburg im Breisgau 1999.
- Hoensch, Jörg K.: Geschichte der Tschechoslowakei, Stuttgart/Berlin 1992.
- Kinder, Hermann/Hilgemann, Werner: dtv-Atlas Weltgeschichte. Bd. 2: Von der Französischen Revolution bis zur Gegenwart, 31. Aufl., München 1997.

Ungarn

Der Kampf um das Gedächtnis

VON ÉVA KOVÁCS UND GERHARD SEEWANN

Erinnerungskultur und Geschichtspolitik sind in Ungarn zwei Seiten derselben Medaille. Keinerlei Politik kann in Ungarn auf ihre historische Rechtfertigung verzichten, und Geschichte wird als textualisierte, mythologisierte Beispielsammlung genutzt, aus der die Politik die jeweils sinnvoll erscheinenden Versatzstücke entnimmt. „Indem man offen von der Vergangenheit spricht, kann man sich mit sich selbst versöhnen."[1] Bei der Ausrufung der Republik in Ungarn am 23. Oktober 1989 war als Ehrengast Otto Habsburg anwesend, und nach einer langen parlamentarischen Auseinandersetzung hat man 1991 dem neuen Staatswappen die Stephanskrone aufgesetzt. Im Rahmen der im Jahre 2000 veranstalteten Feiern zum Millennium der ungarischen Staatsgründung[2] wurde die als heilig verehrte Krone vom Nationalmuseum in das ungarische Parlament überführt.[3] Die Krone wird als Symbol für die historische Kontinuität der ungarischen Staatlichkeit und deren Einbindung in den christlich-abendländischen Kulturkreis angesehen. Heute soll die Krone im ungarischen Parlament den christlich-nationalen Charakter des ungarischen Staates hervorkehren. Ein revisionistischer Beigeschmack in Hinblick auf die ungarischen Siedlungsgebiete jenseits der Landesgrenzen, die bis 1918 im „Reich der Stephanskrone" vereinigt waren, ist nicht zu verkennen. Dies ist z. B. aus der Bestimmung ersichtlich, daß alle ungarischsprachigen Besucher die Krone gratis besichtigen können, wobei zunächst eine kleine Sprachprobe an der Pforte den Ausschlag dafür gab, ob Eintritt gezahlt werden mußte oder nicht. Heute genügt der „Ungarnausweis", den gemäß dem 2001 verabschiedeten „Statusgesetz" jeder bekommen kann, der sich als Staatsbürger der Nachbarländer zu seiner ungarischen Identität bekennt.

Béla Rásky wies darauf hin, „daß der 1989 eingeleitete, kurzfristige Versuch, mit dieser traditionellen Geschichtsobsession zu brechen und eine Legitimation über eine Verfassung, demokratische Institutionen und eine funktionierende Öffentlichkeit zu finden, nur eine Episode bleiben dürfte". Denn „bevor man in Ungarn in die Zukunft blickt, holt, vielleicht besser: konstruiert man sich seine Legitimation aus der Vergangenheit".[4]

Die Geschichtsobsession im 20. Jahrhundert ist auf das „Trauma von Trianon" zurückzuführen, den Ungarn betreffenden Teil der Pariser Vorortverträge von 1920, mit dem Ungarn zwei Drittel seines Staatsgebietes und 60 Prozent seiner Bevölkerung, darunter drei Millionen Ungarn, an die Nachfolgestaaten der Habsburgermonarchie verlor. Wenn heute von ungarischen Politikern des rechtskonservativen Lagers die Nachbarländer als „Nachfolgestaaten" tituliert werden, dann weist das wiederum auf die „Kultivierung geschichtlicher Traumata und Frustrationen"[5] hin.

Diese Obsession wurde von politisch bedingten Denkblockaden verstärkt, an denen das kulturell-historische Gedächtnis der ungarischen Gesellschaft im Lauf des 20. Jahrhunderts mehrmals und über längere Zeiträume hinweg litt. Nach 1920 durfte der Revolutionen von 1918/19 und der damit verknüpften Versuche einer Verbürgerlichung und Demokratisierung der ungarischen Verhältnisse nicht gedacht werden. Nach 1945 waren es Krieg, Völkermord, auch Vertreibung der Ungarndeutschen, nach 1956 war es die blutige Unterdrückung des ungarischen Aufstandes von 1956, die dem staatlich verordneten Vergessen zum Opfer fielen.

Mit der Wende von 1989 ist der Staudamm weggebrochen, und eine Flut von Erinnerungen und Geschichtsbildern bemächtigte sich des politischen Diskurses. Der am 16. Juni 1989 auf der Feier zur Wiederbestattung des nach der Revolution von 1956 hingerichteten Ministerpräsidenten Imre Nagy auf dem Budapester Heldenplatz von 300 000 Menschen deklamierte Imperativ „Erinnern wir uns!" (Emlékezzünk) bedeutete nicht nur die großartig inszenierte Abkehr vom Sozialismus sowjetischer Prägung, sondern er rückte gleichzeitig die Frage nach dem historisch begründeten Nationalbewußtsein langfristig in den Mittelpunkt.[6] Die kontrovers geführten Debatten darüber sind bis heute nicht abgeschlossen. Aber bereits jetzt läßt sich erkennen, daß der Zweite Weltkrieg und die Epoche des Kádár-Regimes in diesen Identitätsdiskurs sehr wohl einbezogen werden, der Holocaust jedoch kaum. Wenn überhaupt, werden die ungarischen Opfer des Weltkrieges, des Kommunismus und der sowjetischen Okkupation den jüdischen Opfern des Nationalsozialismus gegenübergestellt. Dabei bleibt unerwähnt, daß die Ungarn im Zweiten Weltkrieg mit den Deutschen verbündet waren. Der Zweite Weltkrieg und die sowjetische Okkupation haben in der Erinnerung eines gemeinsam: das eigene Land wurde zum Opfer einer „Tragödie", in der eine Täterperspektive keinen Platz hat.

Die Erinnerung an den Zweiten Weltkrieg

Von 1945 bis 1989 erinnerte man sich in Ungarn nicht an den Krieg, sondern an sein Ende. Das Gedenken daran wurde von den Machthabern bis zur Wende als Befreiung vom Faschismus interpretiert, vom Volk jedoch als der Beginn der lange währenden sowjetischen Unterdrückung empfunden. Das Plakat zum 10. Jahrestag der Befreiung zeigt zwei strahlende ungarische Kinder, die einem sowjetischen Offizier Blumen überreichen. Sie wollen damit ihren Dank für die Befreiung ausdrücken, wie es der Titel des Plakates sagt (Abb. H 1).

Die Freiheitsstatue auf der südlichen Bastion des Budapester Gellért-Bergs, direkt oberhalb der Donau, wurde zum Inbegriff des Befreiungsdenkmals überhaupt. Gut sichtbar er-

H 1
György Pál
1945–1955. Dicsőség és hála a felszabadító szovjet hadseregnek!
1945–1955. Ehre und Dank der befreienden sowjetischen Armee!, 1955
Plakat, 99 x 67 cm
Budapest, Magyar Nemzeti Galéria
XY 92.307

H 2
László Káldor
Budapest
1950
Plakat, 84 x 57 cm
Budapest, Magyar Nemzeti Galéria
XY 76.159

hebt sich ein Genius mit Palmenzweig über der Stadt (Abb. H 2). Unter diesem stand bis 1989 eine Skulptur, die einen sowjetischen Soldaten darstellte.

Das Denkmal hat eine interessante Vorgeschichte: Das autoritär-konservative Regime unter dem Reichsverweser Admiral Miklós Horthy beschloß, für dessen am 20. August 1943 gefallenen Sohn und Stellvertreter István Horthy ein Denkmal zu setzen. Das Denkmal wurde nicht realisiert, es existierte allerdings ein Entwurf. Der Bildhauer Zsigmond Kisfaludi Strobl sah in ihm vor, einen Genius auf einen Sockel zu stellen und die Figur István Horthys davor zu placieren.

Weihnachten 1945 legte der Bildhauer nunmehr in sowjetischem Auftrag einen überarbeiteten Entwurf vor, der sich nur graduell von dem ursprünglichen unterscheidet. Die bis 1989 gültige Gestalt des Denkmals stellt den sowjetischen Soldaten als Befreier als Hauptfigur vor den Sockel, an der Stelle, an der ursprünglich István Horthy stehen sollte. Das Denkmal wurde am „Tag der Roten Armee", am 23. Februar 1947, aufgestellt und von der ungarischen Regierung am 5. April 1947, dem Tag der Befreiung, der eigentlich auf den 4. April fällt, aber mit Rücksicht auf den Karfreitag 1947 um einen Tag verschoben wurde, eingeweiht.[7]

Das Denkmal ist vielfach abgebildet worden. Nur wenige Abbildungen zeigen das ganze Ensemble mit dem Sowjetsoldaten (Abb. H 3). Ein Beispiel dafür ist auch ein Plakat von 1952 zu Ehren des 4. April. Ganz im Sinne der antifaschistischen Propaganda ist eine glückliche ungarische Familie vor dem Denkmal mit dem sowjetischen Soldaten zu sehen. Zur Heroisierung der Familie und des Denkmals wurde Untersicht gewählt. Zur Orientierung des Betrachters wehen sowohl ungarische wie sowjetische Fahnen, und auch das Kind hält Fähnchen in den ungarischen und sowjetischen Farben. Das Kind ist zugleich ein Symbol der Zukunft, die – so die Botschaft des Plakates – durch die Befreiung ermöglicht wurde (Abb. H 4).

Im Zusammenhang mit dem Aufstand 1956 wurde die Figur des sowjetischen Soldaten demontiert. Allerdings wurde eine neu modellierte Figur des Sowjetsoldaten nach dem Scheitern der Revolution am 10. Februar 1958 wieder aufgestellt. Ganz im Gegensatz zur Realität des Denkmals taucht der Soldat in den Abbildungen nach 1956 gar nicht mehr auf. Zum 20. Jahrestag der Befreiung sollte eine Gedenkbriefmarke gedruckt werden. Ein interessanter Entwurf zeigte den Genius (ohne den Soldaten) in Kombination mit Stationen des Befreiungskampfes (Abb. H 5). Der Entwurf wurde jedoch nicht realisiert, sondern man entschied sich, unpolitische Blumenmotive zu drucken (Abb. H 6). Für ein Gedenkblatt, das nicht aus gültigen Briefmarken bestand, sondern für Sammler bestimmt war, wurde anläßlich des 40. Jahrestages der Befreiung 1985 ein Entwurf realisiert,

H 3
A szovjet hősök emlékműve Budapesten
Das sowjetische Heldendenkmal in Budapest, in: Kiadás Harmadikt: A magyar nép története, 3.rész, 1849-tól napjainkig, Budapest 1952, nach S. 308
Buch
München, Südost-Institut
4445/B3

H 4
Tibor Gönczi (Gebhardt)
Éljen április 4. Hazánk felszabadulásának hetedik évfordulója
Es lebe der 4. April.
7. Jahrestag der Befreiung unserer Heimat, 1952
Plakat, 119 x 84 cm
Budapest, Magyar Nemzeti Galéria
XY 92.308

H 5
István Németh
Hazánk felszabadulásának
20-ik évfordulójára
Zum 20. Jahrestag der
Befreiung unserer Heimat,
1965
Briefmarkenentwürfe
(nicht realisiert), Aquarell,
14,5 x 19,4 cm
Budapest,
Bélyegmúzeum/Magyar
Posta Rt.
II 5636

H 6
Sándor Légrády
Felszabadulásunk
20 évfordulójának emlékére
Zum 20. Jahrestag der
Befreiung unserer Heimat,
1965
Briefmarkenserie
Budapest,
Bélyegmúzeum/Magyar
Posta Rt.
2163-2171

H 7
Szabolcs Zsita
1945–1985. Hazánk felsza-
badulásának 40 évfordulójára
1945–1985. Zum 40. Jahrestag der Befreiung unserer
Heimat, 1985
Gedenkblatt, 7 x 9,7 cm
Budapest, Bélyegmúzeum
528

der zwar den Genius, aber nicht den Soldaten zeigt. Interessanterweise reproduziert dieses Gedenkblatt eine Briefmarkenreihe, die 1919 schon einmal während der ungarischen Räterepublik herausgegeben worden war. Die Porträts verweisen auf die sozialistische Tradition in der Geschichte Ungarns. Zu sehen sind in der oberen Reihe Karl Marx und Sándor Petőfi, und unten sind Porträts von Ignác Martinovits, György Dózsa und Friedrich Engels abgebildet (Abb. H 7).

1989 wurde das Denkmal nicht demontiert, abgebaut wurde – wie 1956 – lediglich die Figur des sowjetischen Soldaten. 1991 kam eine Postkarte mit dem Bild einer verfremdeten Freiheitsstatue in Umlauf. Die „Seele der Freiheit" ist zu einem verschüchterten Gespenst geworden (Abb. H 8). Wegen seiner Vorgeschichte blieb das Denkmal, das als „Horthy-Denkmal" den Kampf gegen den Bolschewismus symbolisiert, auch nach 1989 erhalten.

Das Gemälde von Sándor Ék „Befreiung" von Budapest – Anfang der 50er Jahre entstanden – sollte den begeisterten Empfang der Roten Armee in den zerstörten Straßen von Budapest suggerieren. Der berühmte Panzer T 34, das Symbol des sowjetischen Sieges, fährt durch eine Budapester Straße, die begeisterte Bevölkerung bereitet den Einmarschierenden einen jubelnden Empfang. Im Hintergrund ist noch der Rauch des letzten Gefechtes zu sehen. Als Werk einer allzu offenkundigen Propaganda wurde das Gemälde freilich niemals ernst genommen (Abb. H 9). In Wirklichkeit, so zeigt es ein Dokumentarfilm vom Einmarsch der Roten Armee, der im Archiv des Magyar Nemzeti Filmarchívum aufbewahrt wird, fand der Empfang durch die Bevölkerung gar nicht statt.

H 8
Júlia Lőrinczy
A Szabadság Lelkének Szobra Projekt
Statue der Seele der Freiheit – Projekt, 1991
Ansichtskarte, 10,5 x 16,5 cm
Berlin, Deutsches Historisches Museum

Die Diskrepanz zwischen offizieller Geschichtspolitik und dem Geschichtsbild der Bevölkerung bereitete, wie oben ausgeführt, der kommunistischen Regierung große Schwierigkeiten. Trotz aller Bemühungen, die Geschichte im antifaschistischen Sinne zu deuten, weigerten sich große Teile der Gesellschaft, dies zu akzeptieren. So versammelten sich Oppositionelle regelmäßig am 15. März, dem Gedenktag für die Revolution von 1848, um ihren Wunsch nach Freiheit zu artikulieren. Da es der Regierung nicht gelang, diese Bewegung zu unterdrücken, versuchte sie, diesen Gedenktag zu vereinnahmen und in ihrem Sinne zu interpretieren. Um die Deutungshoheit zu erringen, wurden 1967 die „Revolutionären Jugendtage" eingeführt. Dem kommunistischen Jugendverband KISZ (Magyar Kommunista Ifjúsági Szövetség) wurde aufgetragen, die Feiern zum 15. März 1848, 21. März 1919 (Errichtung der Räterepublik) und 4. April 1945 auszurichten. „Das Ziel der 'Tage der revolutionären Jugend' war die Verhinderung von spontanen Massenbewegungen durch offizielle Veranstaltungen. Dieses Ziel konnte nicht in allen Fällen erreicht werden. Besonders nach 1983 kam es zu spontanen, demonstrativen Versammlungen."[8] Das Plakat zur Einführung der „Revolutionären Jugendtage" 1967 erinnert an die Freiheitsstatue auf dem Gellért-Berg, verweist jedoch überhaupt nicht auf die beiden anderen historischen Ereignisse (Abb. H 10). Auf dem den Jugendtagen gewidmeten Plakat von 1982 trägt ein Hippiemädchen ein Stirnband mit den ungarischen Nationalfarben und hüllt sich in die Jahreszahlen 1848, 1919 und 1945 ein (Abb. H 11). So wird

H 9
Sándor Ék
Felszabadulás. Békét és szabadságot hoztak
Die Befreiung. Sie brachten Frieden und Freiheit, 1952
Öl/Leinwand, 200 x 325 cm
Budapest, Hadtörténeti Múzeum
3654/Kp.

H 10
Júlia Görög
Forradalmi ifjúsági napok
1967
Revolutionäre Jugendtage
1967, 1967
Plakat, 69 x 48 cm
Budapest, Magyar Nemzeti Galéria
XY 72.2233

H 11
Wanda Szyksznian
Forradalmi ifjúsági napok
1982
Revolutionäre Jugendtage
1982, 1982
Plakat, 94 x 65 cm
Budapest, Magyar Nemzeti Galéria
XY 82.110

statt der revolutionären die nationale Dimension dieser Ereignisse betont. Alle Versuche, die antifaschistische Deutung der Geschichte zu popularisieren, sind offenbar gescheitert.

Angesichts der Probleme, die Geschichte linear zu deuten, wurden besondere Themen vom Regime mit einem „Erinnerungsverbot" belegt. Während der Herrschaft des Sozialismus durfte an die Millionen Menschen, die während des Krieges an der Front, in der Heimat und durch den Holocaust ums Leben gekommen waren, offiziell nicht erinnert werden. In der offiziellen Lesart wurde der Zweite Weltkrieg nach 1945 in Ungarn als „faschistisch" definiert und die Kriegsopfer als „Faschisten" diskriminiert. Aus diesem Grunde war der Bau von Kriegerdenkmälern bis Ende der 80er Jahre nicht erlaubt. Um dieses Verbot zu umgehen, fügten die Menschen die Namen der Opfer des Zweiten Weltkrieges auf den vorhandenen Denkmälern des Ersten Weltkriegs hinzu. Sie pflegten diese Denkmäler und vergaßen nie, an kirchlichen Feiertagen dort Kerzen aufzustellen. Der Ethnograph Ákos Kovács hat 1985 2000 Kriegsdenkmäler im gesamten Land erfaßt, darunter jedoch kein einziges, das dem Zweiten Weltkrieg gewidmet ist.[9]

Das Problem der Ungarn, an der Seite der Deutschen gekämpft und in ihnen auch nach dem Krieg keine Feinde gesehen zu haben, stand im Gegensatz zur Befreiungsideologie der Sowjetunion und der kommunistischen Regierung. So suchte man sich ein Symbol, daß den Ungarn die Zerstörung ihrer Kultur durch die Deutschen glaubwürdig machen sollte. Die Bilder der durch die Wehrmacht gesprengten Donaubrücken, allen voran der Kettenbrücke, sollten den erwünschten Deutschenhaß erzeugen. Doch letztlich erhielt dieser in der Erinnerung der ungarischen Gesellschaft keinen festen Platz und blieb stets das, was er war, nämlich aufgesetzte Propaganda. Ein Plakat von 1964 anläßlich des Jahrestages der Befreiung zeigt die zerstörte sowie die wiederaufgebaute Kettenbrücke, doch gibt es keinen Hinweis auf die sowjetischen Befreier (Abb. H 12). Ein Briefmarkenentwurf von 1965 sah diesen Verweis vor: Hier dominierte ein sowjetischer Soldat das Bild, und die Kettenbrücke trat in den Hintergrund. Dieser Entwurf wurde jedoch nicht realisiert (Abb. H 13). Dies deutet auf eine Zurückhaltung der Verantwortlichen hinsichtlich der üblichen sowjetischen Darstellungsweise hin.

Der Krieg selbst, der vom August 1944 bis April 1945 im Land gegen die Sowjetunion geführt worden war und während der 102 Tage andauernden Belagerung Budapests viele Opfer gefordert sowie große Schäden verursacht hatte und schließlich in einer Niederlage endete, wurde nach 1945 als Befreiung gedeutet.[10] Der Tag der Befreiung ist der 4. April.

In der Erinnerung der Bevölkerung wurde der von der Sowjetunion niedergeschlagene Aufstand von 1956 zu einer zweiten Niederlage. Als solche spielte der Aufstand auch eine Rolle bei der Verdrängung der Erinnerung an den Zweiten Weltkrieg. Denn die Ereignisse von 1956 haben die Erinnerung an den Krieg völlig überdeckt, der fortan als unrühmliche Vorgeschichte zum Leiden des Volkes unter dem Kommunismus und seines heroischen Versuchs, sich von ihm zu befreien, betrachtet wurde.

Seit 1989 spricht in der ungarischen Geschichtsschreibung niemand mehr von Befreiung. Andere, vorher mit Erinnerungsverbot belegte Themen können öffentlich diskutiert werden. Nun durfte man sich endlich offiziell an die eigenen Kriegsopfer erinnern.

Im Zentrum dieser Erinnerungen steht das „ungarische Stalingrad" oder wie es die „Encyclopaedia Hungarica" nennt: „Die ungarische Tragödie am Donbogen".[11] Die zur Unterstützung der deutschen Truppen

H 12
Vilma Somlai
Éljen április 4
Es lebe der 4. April, 1964
Plakat, 68 x 49 cm
Budapest, Magyar Nemzeti Múzeum
LUD.964.

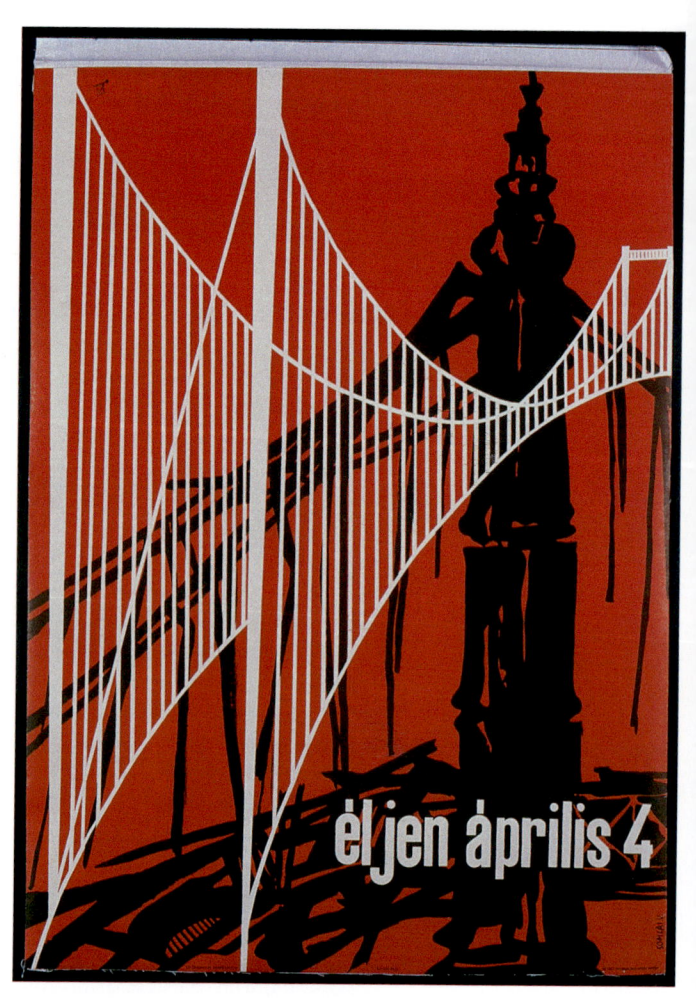

H 13
Zoltán Nagy
Anno
1965
Briefmarkenentwurf, Tempera/Papier, 16 x 11 cm
Budapest,
Bélyegmúzeum/Magyar Posta Rt.
II 5582

H 14
Bajtársai előtt Uriv térségében kivégzett magyar katona, 1942. Visszavonulás, 1943
Getöteter ungarischer Soldat vor seinen Kameraden im Gebiet Uriv am Don, 1942. Rückzug, 1943, in: Sándor Tóth: Magyarország Hadtörténete, Bd. 2, o. O. 1985, Abb. 321 und Abb. 322
Buch
München, Südost-Institut
4°18.286/2

an den Don entsandte 2. ungarische Armee erlitt im Verlauf der am 12. Januar 1943 begonnenen sowjetischen Offensive bis zum 26. Januar eine furchtbare Niederlage. Nur 30 bis 40 Prozent der Soldaten konnten sich retten.[12] Der Untergang der 2. Armee ist als Tragödie in das nationale Gedächtnis eingegangen, denn gerade das tragische Moment ist geeignet, nationale Identität zu konstituieren (Abb. H 14). Das Bild der von Niederlage und Kälte zermürbten, schlecht ausgerüsteten und militärisch in völliger Auflösung befindlichen Militäreinheiten auf der Flucht vor der Roten Armee gehört zu den traumatischen Erinnerungen Ungarns.

Der Mythos von der Tragödie am Donbogen, der mit der historischen Tragödie der Schlacht von Mohács 1526 gegen die Türken gleichgesetzt wird, überdeckt die Täter- und Mitläuferrolle der Ungarn auf seiten des Dritten Reiches: Man erinnert sich der eigenen Opfer, nicht der eigenen Täter. Verdrängt wird also, daß die Ungarn an der Seite der Deutschen gekämpft haben.[13]

Das Gedenken an die am Donbogen Gefallenen hat inzwischen ausgesprochen religiöse Züge angenommen. Am Pákozd-Mészeg-Berg wurde 1993 die Donbogen-Kapelle vom Staatspräsidenten Árpád Göncz eingeweiht, und am 9. Januar 1993 wurde anläßlich des 50. Jahrestages in der Matthias-Kirche auf der Burg von Buda/Ofen eine Gedenkmesse für die Opfer der Don-Katastrophe abgehalten.

Heute wird der Zweite Weltkrieg als nationale Tragödie und der Krieg gegen die Sowjetunion erneut als ideologisch gerechtfertigt interpretiert, und diejenigen, die unmittelbar nach seinem Ende als Kollaborateure des Deutschen Reiches, als Faschisten und Kriegsverbrecher verurteilt wurden, werden jetzt nicht mehr unbedingt und keinesfalls pauschal als Schuldige angesehen. So soll beispielsweise der Ministerpräsident des Jahres 1941, László Bárdossy, der für den Eintritt Ungarns in den Krieg gegen die Sowjetunion auf der Seite der Achsenmächte gewesen und 1945 verurteilt und hingerichtet worden war, jetzt rehabilitiert werden. Ähnliches gilt auch für den langjährigen Kultus- und Unterrichtsminister Bálint Hóman, der für seine große Deutschfreundlichkeit bekannt war. Die Bergung seines Leichnams aus einer Parzelle des Gefängnisses von Vác, in dem er 1953 umgekommen war, und deren feierliche Wiederbestattung sowie die Wiederbestattung des ehemaligen Reichsverwesers Admiral Miklós Horthy am 3. September 1993 – in Anwesenheit von sieben Ministern der Antall-Regierung – zeigen ebenfalls den Paradigmenwechsel.

Eine Widerstandsbewegung gegen den Krieg und die deutsche Besetzung Ungarns am 19. März 1944 konnte sich nur ansatzweise entfalten, weil die Idee der Revision des Friedensvertrages von 1920 und das davon beherrschte Streben nach Rückgewinnung der verlorenen Gebiete mit Hilfe Deutschlands und der Achsenmächte im Verlauf der 30er Jahre zum Axiom der ungarischen Politik geworden war. Darin stimmte fast die ganze Gesellschaft überein. Generell betrachteten die

Ungarn die deutschen Soldaten nicht als Feinde. Die Aktionen der Widerstandsgruppen beschränkten sich daher in erster Linie auf politische Aktivitäten im Untergrund und den Kampf gegen die Pfeilkreuzler, die am 15. Oktober 1944 mit deutscher Hilfe die Macht übernommen hatten. Eine der ersten Widerstandsaktionen mit erheblicher Signalwirkung war die Sprengung des Denkmals, das man dem Ministerpräsidenten und Hitlerfreund Gyula Gömbös in Budapest errichtet hatte. Das Bild des zerstörten Denkmals ist deshalb bis heute in vielen Schul- und Geschichtsbüchern zu finden (Abb. H 15). Die Sprengung erfolgte am 6. Oktober 1944, am Jahrestag des als nationale Tragödie bis heute im gesellschaftlichen Bewußtsein verankerten Blutgerichts von Arad, bei dem dreizehn Anführer der ungarischen Revolution und des Freiheitskampfes gegen Habsburg 1849 hingerichtet worden waren. Die Täter waren Mitglieder der kommunistischen Widerstandsgruppe Marót, die am 3. Dezember 1944 durch einen Bombenanschlag auf das Budapester Schauspielhaus auch das Zusammentreten des ersten und einzigen Pfeilkreuzler-Kongresses verhinderte. Nur einige Aktionen richteten sich gegen die deutsche Besatzungsmacht, dazu zählte beispielsweise die Sprengung des Hotels Metropol am 22. November 1944, in dem die Offiziere der deutschen Besatzungspolizei untergebracht waren.[14]

Im Mittelpunkt der Erinnerung bis 1989 standen die kommunistischen Widerstandsgruppen und -aktionen. Die Erinnerung an die bürgerlichen und militärischen Protagonisten des ungarischen Widerstandes wurde bis 1989 nur von ungarischen Emigranten im Ausland gepflegt.

Erst seit 1990 kann des gesamten Widerstandes gedacht und seine historische Rolle angemessen aufgearbeitet werden, was durch ein dreibändiges, 1994 zum 50. Jahrestag der deutschen Besetzung erschienenes Werk geschehen ist.[15] Allerdings räumt der Herausgeber des dritten Bandes, Sándor M. Kiss, ein, daß die Spaltung der Erinnerung an den Widerstand – einerseits an den kommunistisch dominierten, andererseits an den bürgerlich-nationalen Widerstand – noch immer nicht überwunden ist.

Erinnerung an Judenverfolgung und Holocaust

Die, nach damaliger Bezeichnung, „Ungarn mosaischen Glaubens" waren bis 1914 eine zahlenmäßig, intellektuell und wirtschaftlich bedeutende Minderheit (5 Prozent der Gesamtbevölkerung), die sich völlig in die ungarische Gesellschaft zu

H 15
Gömbös Gyula szobra a Döbrentei téren. A felrobbantott Gömbös-szobor
Das Gömbös-Denkmal auf dem Döbrentei-Platz. Das Denkmal nach seiner Sprengung, in: György Ranki: Magyarország története. 1918–1919. 1919–1945, Budapest 1976, Abb. 156 und Abb. 157
Buch
München, Südost-Institut 12.630/8

integrieren und an sie sprachlich wie kulturell zu assimilieren suchte und in den Randgebieten des historischen Ungarns auch selbst als Assimilierungs- und Magyarisierungsfaktor wirksam wurde.[16]

Nach der Niederlage im Ersten Weltkrieg und der Auflösung Altungarns durch den Vertrag von Trianon radikalisierte sich der ungarische Nationalismus. Wie überall in Europa wurden im wesentlichen die Juden für den Zusammenbruch verantwortlich gemacht. Antiliberalismus und Antimodernität, repräsentiert von der literarischen Strömung der Populisten, verbanden sich immer enger mit einem rassistisch argumentierenden Antisemitismus, der das Zusammenleben erstmals grundsätzlich in Frage stellte. 1920 wurde als erste Ausgrenzungsmaßnahme der Numerus clausus für Juden an den Universitäten eingeführt, 1938/40 übernahm die ungarische Regierung einen wesentlichen Teil der nationalsozialistischen Rassengesetze. Ab 1944 wurden 600 000 ungarische Juden (davon 400 000 aus dem heutigen Ungarn) deportiert und ermordet.[17]

Nach 1945 gab es verschiedene Phasen der Erinnerung und des Umgangs mit dem Holocaust.[18]

Die späten 40er Jahre bis zur endgültigen Etablierung des kommunistischen Regimes waren eine Epoche sehr kontroverser Auseinandersetzungen mit den überlebenden Juden und dem Völkermord. Einerseits gab es viele Publikationen, die die Erlebnisse und Erfahrungen der Überlebenden thematisierten. Andererseits kam es zu starken antisemitischen Manifestationen bis hin zu Übergriffen und Pogromen 1946, in deren Verlauf auch Parolen wie „Es lebe Auschwitz!" auftauchten. Die Juden hatten die sowjetischen Truppen als ihre Befreier begrüßt, die ungarische Bevölkerung betrachtete sie als Unterdrücker ihrer Nation. In dieser völlig unterschiedlichen Interpretation der Vorgänge von 1945 offenbart sich bereits der Bruch, der durch den Völkermord ausgelöst worden war. Denn dieser hat das Judentum aus der ungarischen Nation vertrieben, auch wenn die Überlebenden voller Scham wieder aufgenommen wurden.

Die darauf folgende Epoche des kommunistischen Regimes ist von einer doppelten Tabuisierung geprägt. Das ungarische Nationalbewußtsein wurde unterdrückt wie auch jede Äußerung jüdischen Bewußtseins, das politisch als „Zionismus" gebrandmarkt und mit aller Brutalität bekämpft wurde. Diese doppelte Tabuisierung hatte das vollständige Verschweigen des Völkermords zur Folge. Symptomatisch dafür ist das erste, von der Regierung herausgegebene Universitätslehrbuch für Geschichte, das 1953 erschien und in dem kein einziges Mal das Wort Jude und genausowenig der Völkermord erwähnt wird. Andererseits wurde diese Politik von vielen im Lande verbliebenen Juden aktiv unterstützt, die darin eine Möglichkeit ihrer sozialen Integration (in das als sozialistisch definierte System) erkannten und wahrnahmen. Dieser Teil der jüdischen Bevölkerung verschwieg vor den eigenen Kindern die jüdische Abstammung und den Völkermord, feierte christliche Feste mit und versuchte alles, was jüdisch ist, zu vergessen.[19] Mit Ausnahme der Revolution von 1956 dauerte diese Periode der Tabuisierung und des Verschweigens bis in die 70er Jahre an. Dies zeigt ein weiterer Entwurf für eine Gedenkbriefmarke zum 20. Jahrestag der Befreiung (Abb. H 16). Der Text verweist auf die Befreiung, während das Bild an die Deportation der Juden dezidiert durch den Gelben Stern, den die beiden Dargestellten tragen, erinnert. Es erging diesem Motiv wie dem bereits erwähnten mit dem Freiheitsdenkmal (vgl. Abb. H 5) – beide wurden nicht publiziert, sondern gedruckt wurde das Blumenmotiv (vgl. Abb. H 6).

Der Erosionsprozeß der Tabuisierungs- und Verschweigungsfront setzte in den 70er Jahren ein. Als Vorkämpfer für eine Erinnerungskultur traten mehrere

Schriftsteller und Filmregisseure mit ihren Werken in Erscheinung. So drehte István Szabó 1973 den Film „Tüzoltó Utca 25". In diesem erinnern sich die Bewohner des Hauses in Rückblenden an die Zeit des Faschismus und des Stalinismus. Sie erinnern sich auch an die Razzia der Pfeilkreuzler und die damit zusammenhängende Deportation ihrer jüdischen Mitbewohner. Auf dem Plakat werden die Versatzstücke der Erinnerung montiert (Abb. H 17). Da sie durch den Schornstein entweichen, wird hier zugleich auf den Holocaust verwiesen.

Die 1970 zum 25. Jahrestag der Befreiung der Konzentrationslager erschienene Briefmarke, die das Denkmal von Agamemnon Markrisz in Mauthausen abbildet, nennt zwar die ermordeten ungarischen Juden nicht, verweist aber in gewisser Weise darauf (Abb. H 18). Bahnbrechend wirkt der 1976 erschienene und überaus sachliche, die Entwicklung nach 1945 aber nicht berührende Essay über den Antisemitismus von György Száraz „Auf den Spuren eines Vorurteils". Der Autor knüpfte damit zwar an die berühmte Schrift von István Bibó über die „Judenfrage in Ungarn" – erschienen 1948 – an[20], doch wagte Száraz es noch nicht, sich mit der von Bibó erhobenen Forderung, die ungarische Gesellschaft habe die Verantwortung für die verbrecherischen Maßnahmen der Judenverfolgung und den Holocaust zu übernehmen, zu solidarisieren.

Die Wende in Richtung eines sich neu definierenden jüdischen Bewußtseins in Ungarn wurde Mitte der 80er Jahre, also noch vor der politischen Wende von 1989 vollzogen. Versah Péter Kende in seinem 1984 erschienenen Aufsatz in der Zeitschrift „Valóság" (Wirklichkeit) das Problem noch mit einem vorsichtigen Fragezeichen: Gibt es heute noch Antisemitismus bzw. Juden in Ungarn?[21], so ging der von Róbert Simon 1985 herausgegebene Sammelband bereits von der Gewißheit aus, daß die „Judenfrage in Ostmitteleuropa" – so der Titel seines Bandes – nach wie vor ein brisantes Thema sei.[22] Die Reaktion der Regierung hat dies bestätigt, da das Buch sofort verboten wurde und nur wenige Exemplare in Umlauf kamen. Beinahe gleichzeitig erschien in der oppositionellen Studentenzeitschrift „Medvetánc" (Bärentanz) eine Reihe von Interviews mit dem vielsagenden Titel: „Wie ich darauf gekommen bin, daß ich Jude bin".[23]

H 16
Ferenc Bokros
Felszabadulásunk 20. évfordulóján emlékezzünk 1943–44-re
Anläßlich des 20. Jahrestages unserer Befreiung sollen wir uns an 1943–44 erinnern, 1965
Briefmarkenentwurf, Aquarell, 16,5 x 12,3 cm
Budapest, Bélyegmúzeum/Magyar Posta Rt.
II 5586

H 17
István Szabó (Regie), Margit Sándor (Plakat)
Tüzoltó Utca 25
Feuerwehrgasse 25, 1973
Filmplakat
Budapest, Magyar Nemzeti Filmarchívum

H 18
József Vertel
A koncentrációs táborok felszabadulásának 25 évfordulója
Zum 25. Jahrestag der Befreiung der Konzentrationslager, 1970
Briefmarke
Budapest, Bélyegmúzeum/Magyar Posta Rt.
2672

H 19
Margit Anna
Az elkésett Messiás
Der verspätete Messias, 1985
Öl/Leinwand, 70 x 100 cm
Szentendre, Ferenczy
Múzeum

Die oft unterschiedlich akzentuierten Stellungnahmen sind sich in ihrer Hauptaussage darin einig: Es gibt Juden in Ungarn, es gibt nach wie vor Antisemitismus und es gab den Holocaust mit noch wirksamen, allerdings bislang kaum untersuchten Folgen für die Juden als Opfer einerseits und für die ungarische Gesellschaft als Täter andererseits. Diese Botschaft stieß auf große, jetzt nicht mehr zu unterdrückende Resonanz und löste auf wissenschaftlicher Ebene umfangreiche Forschungen und darüber hinaus eine intensive Auseinandersetzung aus.

1985 malte die Künstlerin Margit Anna das Bild „Der verspätete Messias". Als Riegel im Bild verläuft eine Kaimauer, auf der viele Paar Schuhe aufgereiht sind (Abb. H 19). Angeschnitten sieht der Betrachter ein kleines an einem Poller angekettetes Boot. Auf dem Poller ist die Jahreszahl 1944 zu lesen. Auch in dem Boot steht ein Paar Schuhe, und am Heck ist die ungarische Nationalfahne gesetzt. Von rechts schwebt der Messias in das Bild, fast ein Gespenst, und bläst auf einer Flöte. Nach der jüdischen Mythologie stehen bei Ankunft des Messias, die hier dargestellt ist, die Toten auf. Die Schuhe erinnern an die Schuhe in den Vitrinen der Gedenkstätte Auschwitz, die Jahreszahl auf dem Poller an die Deportation der ungarischen Juden 1944. In Kombination mit dem Bildtitel wird die Malerin auf die Ermordeten verweisen wollen, die nie wiederkommen werden, für die der „Messias" zu spät kommt.

Was den Juden bislang verwehrt war, das geschah zunächst noch im Untergrund, bald jedoch ganz offen: Sie gründeten Vereine, Klubs etc. und begannen freimütig über ihr Leben in Ungarn nach dem Holocaust zu sprechen. Kurz vor seinem Rücktritt äußerte sich sogar János Kádár erstmals öffentlich zum Holocaust, als 1987 das Denkmal für den schwedischen Diplomaten Raoul Wallenberg in Budapest eingeweiht wurde.

Ungarn verfügt heute über die größte jüdische Gemeinde in Ostmitteleuropa. Für die ca. 80 000 bis 120 000 in Ungarn lebenden Juden entstehen offizielle religiöse und kulturelle Institutionen, weltliche und religiös geprägte jüdische Schulen, Zeitschriften etc. Es artikulieren sich unterschiedliche, insbesondere generationsbedingte Formen jüdischen Bewußtseins. In Resonanz auf die ab 1989 in Gang gebrachte Diskussion über das ungarische Minderheitengesetz (verabschiedet

1993) entwickelt sich eine Auseinandersetzung über eine ethnische oder religiöse Definition jüdischer Identität, wobei sich eine Mehrheit offenbar dafür ausspricht, die jüdische Gemeinschaft als eine religiöse zu interpretieren und jüdische Kultur als einen integralen Bestandteil der ungarischen Kultur anzusehen.²⁴

1989 (und damit 8 Jahre nach der amerikanischen Originalausgabe) erschien die ungarische Ausgabe des zweibändigen Werkes von Randolph Braham über den Holocaust in Ungarn. Mit dem Gesetz XXIV/1992 suchte der ungarische Staat einen Ausgleich für die in der Zeit von 1939 bis 1946 geraubten Vermögen der Juden zu schaffen, im Vergleich zu den ursprünglichen Vermögenswerten freilich nur in symbolischer Höhe, 1996 mit einem Rentenbeitrag speziell für die Überlebenden des Holocausts. Am 5. April 1994 mußte der ungarische Außenminister Géza Jeszenszky seine Rede auf einer internationalen Konferenz in Budapest zum Thema: „Fünfzig Jahre nach dem Holocaust in Ungarn" wegen eines Proteststurms abbrechen, den er infolge seiner Äußerungen selbst ausgelöst hatte.²⁵ Er hatte nämlich die Opfer der organisierten Judenvernichtung der Nationalsozialisten mit den ungarischen Opfern des Zweiten Weltkrieges und der kommunistischen Ära gleichgesetzt. Eine solche Relativierung des Holocausts bleibt für die Rechts-Mitte-Regierungen sowohl des Kabinetts Antall/Boross (1990–1994) als auch Viktor Orbáns (1998–2002) politischer Konsens.

Im Gegensatz dazu bekannte sich die linksliberale Regierung unter Gyula Horn anläßlich der Gedenkfeiern zum 50. Jahrestag des Holocausts 1994 in Ungarn zur nationalen Verantwortung. Seinen Äußerungen zufolge nahm dieser nicht erst durch die deutsche Besetzung Ungarns im März 1944 seinen Anfang, sondern besaß mit den zu diesem Zeitpunkt bereits vollzogenen Ausgrenzungsmaßnahmen gegenüber den jüdischen Mitbürgern eine innerungarische Vorgeschichte. Er wurde erst durch die Kollaboration vieler Ungarn und ungarischer Institutionen mit den Nationalsozialisten möglich. Allerdings blieben die ca. 50 000 Opfer unter den ungarischen Roma unerwähnt.²⁶ Nun endlich erschien eine Briefmarke, also ein Hoheitszeichen, das explizit der Erinnerung an den Holocaust gewidmet war. Mehrere Entwürfe finden sich im Postmuseum in Budapest. Nicht realisiert wurden die Entwürfe mit Motiven aus dem Stroop-Report (Abb. H 20), aber auch das Holocaustdenkmal der jüdischen Gemeinde von Imre Varga war nicht briefmarkenwürdig (Abb. H 21). Man entschied sich für das Motiv Grabstein mit Trauerweide. In der jüdischen Tradition steht der gebrochene Baum für ein zu früh beendetes Leben. Damit wird indirekt auf die verschwundene jüdische Kultur in Ungarn verwiesen, ohne daß gesagt wird, warum sie untergegangen ist (Abb. H 22).

Ein Jahr später wurde Auschwitz bildwürdig. Auf dem Ersttagsbrief zum Andenken an die Befreiung der Konzentrationslager von 1995 sieht man nun ein Motiv, das unmittelbar mit Auschwitz assoziiert wird: einen stacheldrahtbegrenzten Gang. Im Hintergrund jubeln die befreiten Häftlinge (Abb. H 23).

H 20
A holocaust áldozatai emlékére
Zur Erinnerung an die Opfer des Holocaust, 1994
Briefmarkenentwurf,
Photographie/Tempera,
14,5 x 19,3 cm
Budapest,
Bélyegmúzeum/Magyar Posta Rt.
II 12150

H 21
György Szőnyei
Megemlékezés a holocaust áldozatairól
Erinnerung an die Opfer des Holocaust, 1994
Briefmarkenentwurf,
16 x 18,5 cm
Budapest,
Bélyegmúzeum/Magyar Posta Rt.
II 12160

H 22
Dániel Kertész
A holocaust áldozatai emlékére 1944–1994
Zur Erinnerung an die Opfer des Holocaust 1944–1994, 1994
Briefmarke
Budapest,
Bélyegmúzeum/Magyar Posta Rt.
4271

H 23
György Szőnyei
A koncentrációs táborok
felszabadulásának
50 évfordulója
50. Jahrestag der Befreiung
der Konzentrationslager, 1995
Ersttagsbrief, 10,5 x 14,8 cm
Budapest,
Bélyegmúzeum/Magyar Posta
Rt.
S 1478

1998 besuchte der neugewählte ungarische Ministerpräsident Viktor Orbán Auschwitz und mißbilligte die bereits in den 60er Jahren eingerichtete ungarische Abteilung der dortigen Ausstellung als „zu sozialistisch". Auf seine Anordnung wurde eine Expertengruppe mit dem Auftrag eingesetzt, eine neue Ausstellung zu konzipieren und einzurichten. Die Kontroverse betreffend „Auschwitz 1" und „Auschwitz 2" ist bis heute zu keinem Ende gekommen, da sich die Regierungskommission bislang nicht auf ein Konzept einigen konnte. Vielmehr eskalierte der Streit um die vom Regierungslager betriebene Relativierung des Holocausts durch Gegenüberstellung der ungarischen Opfer des Zweiten Weltkriegs und die Behauptung, daß es in Ungarn überhaupt keinen Holocaust gegeben habe, womit Deutschland die alleinige Verantwortung zugeschoben wird. Eine Zuspitzung erfuhr die Debatte durch die Historikerin und Regierungsbeauftragte für Zeitgeschichte, Mária Schmidt, jetzt Direktorin des im Februar 2002 unter der Bezeichnung „Terror háza" eröffneten „Museums des Terrors" zur Erinnerung an die Epoche von 1944 bis 1989, als sie behauptete, der Holocaust sei in der Sicht der kriegführenden Parteien ein Nebenaspekt des Zweiten Weltkrieges gewesen, weder der Massenmord noch seine Verhinderung hätten zu den Kriegszielen gehört.[27] Der Holocaust wird damit noch weiter relativiert und als „byproduct" des Zweiten Weltkrieges hingestellt, an dem Ungarn keinen Anteil habe. Deshalb findet er auch im Museum des Terrors keinerlei Erwähnung.

1999 entstand als eine internationale Koproduktion István Szabós Film „A napfény íze". Der Film zeichnet das Schicksal einer jüdischen Familie über drei Generationen im Ungarn des ausgehenden 19. und 20. Jahrhunderts nach. Nach dem Ende des Zweiten Weltkrieges nimmt der letzte Überlebende der Familie wieder seinen alten jüdischen Familiennamen Sonnenschein an, den sein Großvater vor 1914 in Sors (was ungarisch „Schicksal" bedeutet!) hatte ändern lassen, um als Jurist Karriere machen zu können. Damit unterstreicht er einerseits die Sinnlosigkeit aller Assimilationsbestrebungen seitens ungarischer Juden[28], andererseits hebt er auch die an die ungarische Gesellschaft adressierte Botschaft hervor: Die Erinnerung an den Holocaust läßt sich nicht auslöschen und beansprucht einen Platz in der ungarischen Gesellschaft. In einer entscheidenden Szene wird dieser Zusammenhang verdeutlicht. Nachdem Adam Sors bei den Olympischen Spielen 1936 für Ungarn die Goldmedaille im Fechten gewonnen hat, wird ihm gerade dies zum Verhängnis, als er – zusammen mit seinem Sohn in ein Lager deportiert – die Auszeichnung deutlich sichtbar trägt und deswegen von den ungarischen Aufsehern brutal geschlagen und schließlich umgebracht wird. Da Ralph Fiennes in drei Hauptrollen alle drei Generationen verkörpert – den Juristen Ignatz, seinen Sohn und Olympiasieger Adam und schließlich Ivan, den politisch engagierten Enkel –, zeigt das Plakat diesen Hauptdarsteller in einer Pose der Nachdenklichkeit, die den melancholischen Grundton dieses in seinen Bildern überaus eindrucksvollen Filmes andeutet (Abb. H 24).

Symptomatisch für die Phasen der Auseinandersetzung mit dem Holocaust ist die Geschichte des Raoul-Wallenberg-Denkmals, das aufgrund einer Privatinitiative entstand. Es ist von Anfang an ein Denkmal der marginalisierten ungarischen Erinnerungskultur geworden.²⁹ Im Herbst 1945 konstituierte sich ein privat organisierter Wallenberg-Ausschuß mit dem Ziel, ein Denkmal zu errichten und den Budapester Stadtrat dazu zu bewegen, eine Straße nach Raoul Wallenberg zu benennen. Das Denkmal wurde von dem Bildhauer Pál Pátzay geschaffen. Es zeigt die Statue eines nackten Mannes, der auf einem 3 Meter hohen Granitpodest stehend mit einer Schlange kämpft. Das Motiv erinnert an Laokoon, der vergeblich mit den Schlangen kämpfte, aber auch an Herkules, der die Hydra besiegt hat. Diese Verbindung von vergeblichem und siegreichem Kampf beschreibt das Engagement Wallenbergs und sein Schicksal. Nach einigen Auseinandersetzungen mit den zuständigen Behörden wurde es am 8. April 1949 im St. Stephans-Park in Budapest aufgestellt (Abb. H 25 li.), jedoch bereits am nächsten Tag – noch vor seiner Einweihung – wieder demontiert und abtransportiert. Schließlich erhielt das Denkmal 1953 vor der Pharmazeutischen Fabrik in Debrecen einen unscheinbaren Standort. Erst am 18. April 1999 kam das Denkmal auf seinen ursprünglichen Platz zurück.

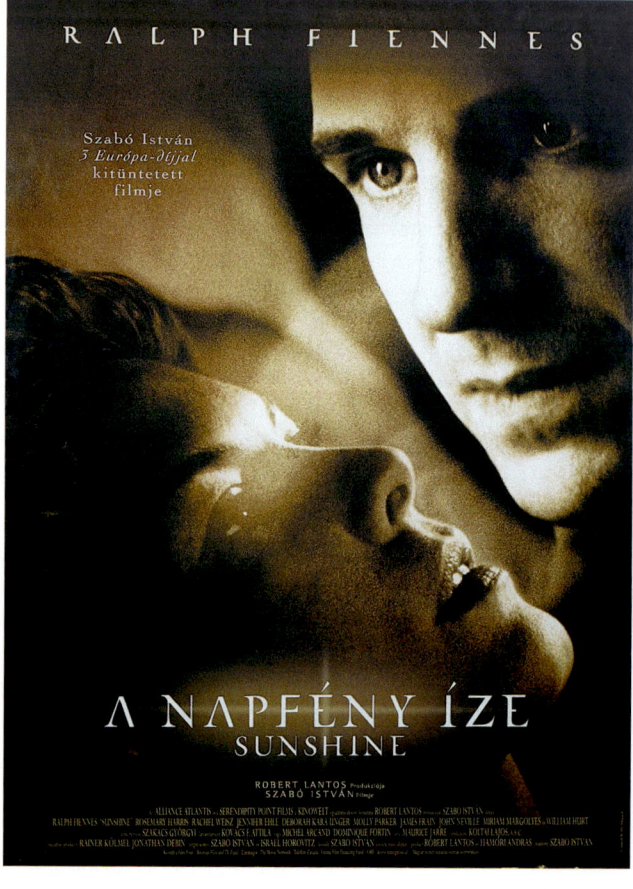

Am 9. April 1987, zwölf Tage vor der Schweden-Reise des Staats- und Parteiführers János Kádár, wurde die Errichtung eines staatlichen Raoul-Wallenberg-Denkmals nach einem Entwurf von Imre Varga vom Budapester Stadtrat beschlossen, das am 15. Mai desselben Jahres eingeweiht wurde.³⁰ Sein Standort ist weit entfernt vom Budapester Ghetto, aus dem Wallenberg 1944/45 Tausende von Juden rettete. Es ist bis heute das einzige staatliche Denkmal geblieben, das an den Holocaust erinnert. Der späte Zeitpunkt seiner Errichtung – 43 Jahre nach dem Beginn der Deportationen – markiert die bis Mitte der 80er Jahre anhaltende Tabuisierung der Erinnerung an den Holocaust.

Der Holocaust-Erinnerungsbaum in Gestalt einer Trauerweide von Imre Varga im Hof der großen Synagoge in Budapest symbolisiert das Gedächtnis der jüdischen Gemeinde. Auf jedem Blatt des Baumes sind die Namen der Opfer eingeschrieben (vgl. Abb. H 21).³¹

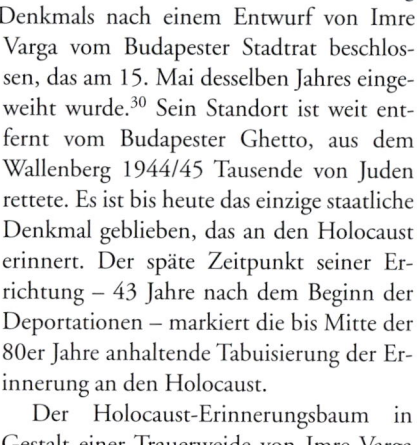

H 24
István Szabó (Regie)
A napfény íze
Ein Hauch von Sonnenschein, 1999
Filmplakat
Budapest, Magyar Nemzeti Filmarchívum

H 25
Felállítás után, ledöntés előtt.
Raoul Wallenberg emlékműve.
A Wallenberg-emlékmű a Radiológiai Klinika bejáratánál
Das Wallenberg-Denkmal nach seiner Aufstellung und vor seinem Abbruch. Das Wallenberg-Denkmal am Eingang zur Radiologischen Klinik, in: János Pótó: Emlékművek, politika, közgondolkodás, Budapest 1989, S. 125
Buch
München, Südost-Institut
20.761/7

Dem im Jahre 2000 eingeführten Holocaust-Gedenktag am 16. April wird 2001 mit dem 25. Februar ein neuer Gedenktag an die Opfer der kommunistischen Herrschaft gegenübergestellt. Diese amtlich verfügte Dichotomie der Erinnerung folgt der von der Orbán-Regierung vertretenen Auffassung, daß das Leid der Ungarn unter dem Kommunismus dem der Juden durch den Holocaust gleichzustellen sei. Das Parlament beschloß deshalb am 25. Februar 2001 die Aufstellung eines Denkmals für die Opfer des Kommunismus. Zu keiner Zeit wurde die Errichtung eines Holocaust-Denkmals erwogen. Denn auch das Wallenberg-Denkmal gilt nicht als solches, weil es „sozialistisch" ist und deshalb von der Orbán-Regierung nicht anerkannt wird. Mit dem neugeschaffenen Mythos der Opfer des Kommunismus wird die „heiße" gegen die „kalte" Erinnerung[32] ausgespielt und die eine gegen die andere instrumentalisiert mit dem erklärten Ziel, die Singularität des Holocaust zu leugnen und die Erinnerung zu nationalisieren. Das ist auch die Zielsetzung des im Februar 2002 neueröffneten Museums des Terrors. Denn dieses thematisiert nur die Geschichte des Terrors der Pfeilkreuzler und der Kommunisten. Davon streng separiert soll die Erinnerung an den Holocaust ein eigenes Museum bekommen, das derzeit auf Parlamentsbeschluß in der Páva-Straße in Budapest gebaut wird.

Erinnerung an die Vertreibung der Deutschen aus Ungarn

Der Vertreibung der Deutschen aus Ungarn gedenken nur die Betroffenen. Bis 1989 gab es weder Bilder noch Denkmäler, noch Orte der Erinnerung. Selbst der Begriff ist bis heute tabuisiert geblieben.

In der ungarischen Öffentlichkeit wird seit 1945 und durchgehend bis heute der verharmlosende und den Zwangscharakter verschleiernde Begriff „kitelepítés" (Aussiedlung) für die Vertreibung der Ungarndeutschen verwendet. Nur wenn vom eigenen Volk die Rede ist, wird von „kiüzés" (Vertreibung) gesprochen, beispielsweise von der „Vertreibung" der Magyaren aus der Slowakei 1945/46 im Rahmen eines im Februar 1946 ausgehandelten bilateralen Vertrages. Erst zum 50. Jahrestag der Vertreibung 1996 gab es eine Reihe von öffentlichen Veranstaltungen einschließlich einer Photoausstellung in Budapest und verschiedenen Diskussionen und Stellungnahmen in den ungarischen Medien. Bis heute wird die Vertreibung durch die „Potsdam-Legende" begründet. Danach haben die Ungarn unter dem Druck der Siegermächte die Vertreibung befehlsgemäß ausgeführt. Diese Legende wird nach wie vor selbst von Historikern verbreitet.[33] Auch in den Schulbüchern ist nach 1989 von Aussiedlung die Rede, so auch in dem 1993 publizierten Bild eines Schulbuches, das mit „Die Ausgesiedelten" überschrieben ist (Abb. H 26).

In Wirklichkeit jedoch hat die ungarische Regierung selbst die Initiative zur Vertreibung ergriffen. Auf Beschluß aller in der Regierung im Frühjahr 1945 vertretenen Parteien beantragte der damalige unga-

H 26
Kitelepítettek
Die Ausgesiedelten, in:
Mihály Benkes, György
Borsány, János Kende (Hg.):
Történelem IV. 1914–1990,
Budapest 1993, S. 143
Buch
Privatbesitz

rische Außenminister am 26. Mai bei den Siegermächten deren Einwilligung in den „population transfer of the Hungarian Swabians". Im Dezember 1945 beschloß dann auf Druck der Hardliner die Regierung unter Ausnutzung des Potsdamer Abkommens, alle Ungarndeutschen „auszusiedeln", das heißt nicht nur die, die sich als solche in der Volkszählung 1941 bekannt hatten, sondern auch die, die nur ihre deutsche Muttersprache angegeben hatten und mit dieser Differenzierung sich damals von der nationalsozialistischen Organisation des „Volksbundes der Deutschen in Ungarn" distanzieren wollten.[34]

Insgesamt mußten ca. 220 000 Ungarndeutsche ihre Heimat zwangsweise verlassen, ungefähr ebenso viele sind zurückgeblieben, weil die Amerikaner ab November 1946 jeglichen „Transfer" blockierten und die sowjetischen Behörden 1947/48 nur mehr rund 40 000 Personen in die Sowjetische Besatzungszone aufnahmen. Die bereits im Februar 1945 verhängten Maßnahmen ihrer rechtlichen, wirtschaftlichen und politischen Diskriminierung wurden im Verlauf der 50er Jahre aufgehoben. Gleichwohl bildete auch für die Zurückgebliebenen die Vertreibung langfristig das große Trauma ihrer Gruppenidentität.

1983 fand sich die sozialistische Regierung bereit, die Vertreibung als ungerecht zu beurteilen, den Vorwurf der Kollektivschuld zurückzunehmen und damit auch den Weg für eine Rehabilitierung der Ungarndeutschen als Gruppe freizugeben. Erst anläßlich der Gedenkfeiern zum 50. Jahrestag der Vertreibung 1996 bat die damalige ungarische Regierung in aller Form für den Vorgang der Vertreibung um Vergebung. Die Rede des für Nationalitätenfragen zuständigen Staatssekretärs Csaba Tabajdi vom 2. März 1996 war der ungarischen Presse allerdings nur eine kurze Notiz wert. Allein die Wochenzeitung „Neuer Pester Lloyd" publizierte Teile seiner Rede.[35]

Dieser öffentlichen Anerkennung eines Unrechts vorausgegangen ist die bereits von der Antall-Regierung vollzogene Gleichstellung der Ungarndeutschen bei der Eigentumsentschädigung von 1992. Dieses Gesetz trägt den historisch gesehen recht sterilen Titel: „Über die Entschädigung für Verlust von Privateigentum aufgrund von Rechtsvorschriften, die in der Zeit vom 1. 5. 1939 bis zum 8. 6. 1949 erlassen wurden". Der 1944/45 in die Sowjetunion verschleppten Ungarndeutschen und Ungarn (ca. 40 000 bis 60 000 Personen) wird mit Ausnahme weniger Publikationen nicht gedacht.[36]

Schlußbetrachtung

Der nach 1989 neu entbrannte „Kampf um das Gedächtnis", in dem die Gesellschaft in einem Selbstfindungsprozeß sich ihre Vergangenheit bewußt macht, dieser Kampf vollzieht sich zwar in Abwendung und Distanzierung vom Deutungsmonopol sozialistischer Regime, dessen ungeachtet wird von den politischen Akteuren postsozialistischer Regierungen gleichwohl der Versuch unternommen, nun ihrerseits Geschichtsbilder als allgemein verbindlich durchzusetzen und mit dem Anspruch demokratisch legitimierter Konsensbildung zu versehen. Die in Ungarn auf diesem Feld sehr aktiven rechtskonservativen Regierungen von József Antall und Viktor Orbán betreiben im Rahmen ihres stark national betonten Geschichtsbildes eine Ethnifizierung der gesellschaftlichen Erinnerung: Diese gedenkt nur der Opfer des Zweiten Weltkrieges, der braunen und der roten Diktatur, die nach rassischen und ethnischen Kriterien ausgewählt werden. Die Erinnerung an nichtungarische Opfer, an die jüdischen Opfer des Holocausts und die ungarndeutschen Opfer der Vertreibung wird deshalb ganz an den Rand gedrängt. Überhaupt wird die Opferrolle im Budapester Museum des Terrors auf die ganze ungarische Gesellschaft ausgedehnt und die Frage nach den Tätern in den Kontext der Tragödie eines kleinen Landes gestellt, das sich, manchmal sogar heldenhaft, gegen die Übermacht des nationalsozialistischen Deutschlands und der Sowjetunion zu behaupten suchte. Unbeachtet bleibt allerdings, daß jegliche Tragödie nicht nur im alten Griechenland in eine Katharsis münden sollte, in eine geistig-seelische Läuterung durch erinnerndes Bewußtmachen gerade auch der Täterrolle.

---

[1] Greenberg, Susan: Das Staatsbegräbnis für Imre Nagy, in: Leo, Annette (Hg.): Die wiedergefundene Erinnerung. Verdrängte Geschichte in Osteuopa, Berlin 1992, S. 41 ff.

[2] Eine vollständige Übersicht über die aus Steuergeldern finanzierten Feiern, Ereignisse, Veranstaltungen und Programme vermittelt die Website des Open Society Archive der Central European University Budapest. http://www.osa.ceu.hu/galeria (17. November 2003).

[3] Vgl. dazu die regierungsamtliche Broschüre: Magyarország mindanniyunké. A Millenium Év megnyitása, Budapest 2000. Über die Entmusealisierung der Krone vgl. Radnóti, Sándor: Az üvegalmárium. Esettanulmány a magyar korona helyéről, in: Beszélő 2001/11, S. 38 ff. Über die Konzeption einer solchen Geschichtspolitik vgl. Bak, János: Die Mediävisierung der Politik im Ungarn des 19. und 20. Jahrhunderts, in: Bock, Petra/Wolfrum, Edgar: Umkämpfte Vergangenheit, Göttingen 1999, S. 103 ff.

[4] Rásky, Béla: Beredtes Schweigen. Einschreibungen ungarischer Gedächtnisse, in: Europäische Rundschau 29 (2001), 4, S. 105 ff.

[5] Kertész, Imre: Zeit der Entscheidung. Wird es auferstehen? Europa von Osten betrachtet, in: Neue Zürcher Zeitung vom 20./21. Januar 2001, S. 51 f. Das Zitat bezieht sich auf die Feststellung dieses ungarischen Schriftstellers: „In Ungarn haben wir bereits gesehen und erlebt, daß die selbstbemitleidende Kultivierung geschichtlicher Traumata und Frustrationen in einer Nation die schlechtesten, ausschließlich Katastrophen kennenden, aus Katastrophen Nutzen ziehenden Kräfte freisetzt."

[6] Vgl. Kovács, Éva: Mythen und Rituale des ungarischen Systemwechsels, in: Österreichische Zeitschrift für Geschichtswissenschaft 10 (1992), S. 210 ff.; Szabó, Miklós: Restauration oder Aufarbeitung? Geschichte und politische Kultur in Ungarn, in: Transit 2 (1991), S. 72 ff.; Über Tabuisierung und Enttabuisierung von 1956 vgl. György, Péter: Néma hagyomány. Kollektiv felejtés és a kései múltértelmezés, Budapest 2000. Dieses Buch hat in der Zeitschrift „Élet és irodalom" 2001, Heft 6 und 15 eine lebhafte Diskussion ausgelöst. Als narratives Standardwerk zu 1956 siehe Litván, György/Bak, János M. (Hg.): Die Ungarische Revolution 1956. Reform, Aufstand, Vergeltung, Wien 1994.

[7] Ausführlich zur Geschichte dieses Denkmals: Pótó, János: Emlékmüvek, politika, közgondolkodás. Budapest köztéri emlékmüvei, 1945–1949, Budapest 1989, S. 52 ff., Abb. auf S. 122 ff.

[8] Sinkó, Katalin: Zur Entstehung der staatlichen und nationalen Feiertage in Ungarn 1850–1991, in: Brix, Emil/Stekl, Hannes (Hg.): Der Kampf um das Gedächtnis. Öffentliche Gedenktage in Mitteleuropa, Wien, Köln, Weimar 1997, S. 251 ff., hier S. 269; Gyarmati, György: Március hatalma, a hatalom márciusa. Fejezetek március 15. ünneplésének történetéből, Budapest 1998, S. 229 f.

[9] Greenberg 1992 (wie Anm. 1), S. 50.

[10] Siehe die detaillierte Monographie von Ungváry, Krisztian: Die Schlacht um Budapest, München 1999.

[11] „Don-kanyari magyar tragédia", so in:

Encyclopaedia Hungarica, Bd. 1, Budapest 1996, S. 429.
12 Vgl. Magyarorzság hadtörténete, Bd. 2, Budapest 1985, S. 351 ff.
13 Die Gleichsetzung impliziert die Vorstellung, daß die Ungarn 1526 so vergeblich gegen das Osmanische Reich kämpften wie 1944 gegen die Sowjetunion. Vgl. Dalos, György: Mythen – Lehren – Lehrbücher, in: Flacke, Monika (Hg.): Mythen der Nationen. Ein europäisches Panorama, München 1998, S. 544 ff.
14 Vgl. auch Ungváry 1999 (wie Anm. 10), S. 369 ff.
15 Magyarország 1944, Bd. 1: Deutsche Besetzung, Bd. 2: Verfolgung und Rettung von Menschen, Bd. 3: Kapitel aus der Geschichte des Widerstands, herausgegeben vom Pro Homine – 1944 – Erinnerungsausschuß, dem Verband des Nationalen Ungarischen Widerstandes, dem Institut und Museum für Kriegsgeschichte und dem Recsker Verband, Budapest 1994.
16 Zur Geschichte der Juden in Ungarn: McCagg, William O.: Jewish nobles and geniuses in modern Hungary, New York 1972; Gonda, László: A zsidóság Magyarországon, 1526–1945, Budapest 1992; Patai, Raphael: The Jews of Hungary. History, culture, psychology, Detroit 1996; Fejtö, François: Hongrois et Juifs. Histoire millénaire d'un couple singulier (1000–1997), Paris 1997. Zur Geschichte der Assimilation: Hanák, Péter: A lezáratlan per. A zsidóság asszimilációja a Monarchiában, in: Ders. (Hg.): Zsidókérdés, asszimiláció, antiszemitizmus. Sajtó alá rend, Budapest 1984, S. 355 ff. Für die Situation nach 1945: Várdy, Péter: Befejezetlen múlt – mai magyar zsidó valóság, in: Simon, Róbert (Hg.): Zsidókérdés Kelet- és Közép-Európában, Budapest 1985, S. 455 ff.
17 Zum Holocaust in Ungarn siehe das Standardwerk von Braham, Randolph L.: The politics of genocide. The Holocaust in Hungary, 2 Bde., New York 1981; Zur Geschichte des Antisemitismus siehe zusammenfassend Fischer, Rolf: Entwicklungsstufen des Antisemitismus in Ungarn 1867–1939, München 1988; Ránki, Vera: The politics of inclusion and exclusion. Jews and nationalism in Hungary, New York, London 1999; Ungvári, Tamás: The „Jewish Question" in Europe: The case of Hungary, New York 2000.
18 Siehe dazu die Aufsätze im Sammelband: Braham, Randolph L./Vago, Bela (Hg.): The Holocaust in Hungary forty years later, New York 1985.
19 Siehe dazu die Lebensberichte in: Handler, Andrew/Meschel, Susan V.: Red star, blue star. The lives of Jewish students in communist Hungary 1948–1945, New York 1997.
20 Száraz, György: Egy elöítélet nyomában, Budapest 1976; Bibó, István: Zur Judenfrage am Beispiel Ungarns nach 1944, Frankfurt a.M. 1990.
21 Kende, Péter: Zsidóság antiszemitizmus nélkül? Antiszemitizmus zsidóság nélkül?, in: Valóság 27 (1984), Nr. 8, S. 69 ff.
22 Simon 1985 (wie Anm. 16).
23 Erős, Ferenc/Kovács, András/Lévai, Katalin: „Hogyan jöttem rá, hogy zsidó vagyok". Interjúk, in: Medvetánc (1985), Nr. 2/3, S. 129 ff.
24 Vgl. dazu die empirische Untersuchung über Interaktionsmuster im Zusammenleben von Juden und Nichtjuden: Vajda, Júlia/Kovács, Éva: Jews and Non-Jews living together after the transition in Hungary, in: Breckner, Roswitha/Kalenkin-Fishman, Devorah/Miethe, Ingrid (Hg.): Biographies and the division of Europe, Opladen 2000, S. 179 ff.
25 Magyar Hírlap, 6. April 1994, S. 3.
26 Darüber informiert das bewußt pädagogisch ausgerichtete Buch, das erstmals alle Angaben über den Roma-Holocaust zusammenfaßt: Szita, Szabolcs: Tények, adatok a cigányok háborús üldöztetésének (1939–1945) tanintézeti feldolgozásához, Budapest 2000.
27 Die vom rechtskonservativen Lager und der Orbán-Regierung unternommenen „Reinwaschaktionen der Holocaust-Epoche" werden erstmals zusammengefaßt von Braham, Randolph L.: Magyar nacionalisták és a Holokauszt. Tamadás a történelmi emlékezés ellen, in: Világosság (2000), Nr. 1, S. 4 ff.
28 Detaillierte Studie über das „Fiasko" jeglicher Assimilationsbestrebungen bei Gyurgyák, János: A zsidókérdés Magyarországon, Budapest 2001.
29 Ausführlich zur Geschichte dieses Denkmals: Pótó 1989 (wie Anm. 7), S. 59 ff.

30 Népszabadság, 9. April und 16. Mai 1987. Die Einweihung war ein „non-event", denn sie erfolgte ohne jegliche Öffentlichkeit und war der führenden Parteizeitung nur eine Neun-Zeilen-Meldung in einer winzigen Spalte wert.

31 Ausführlich zur jüdischen Erinnerungskultur: Komoróczy, Géza: A zsidó Budapest, Budapest 1995. Vgl. auch: Juden in Ungarn. Kultur – Geschichte – Gegenwart. Eine Ausstellung des Ungarischen Jüdischen Museums Budapest. 23. September bis 31. Oktober 1999 (Katalogband), Budapest 1999; zur Erinnerung an die Konzentrationslager erschien der Gedenkband von Bakó, Ágnes/Szabó, Éva/Verö, Gábor, Emlékezések. A koncentrációs táborok felszabadulásának ötvenedik évfordulójára, Budapest 1995.

32 Zu der Dichotomie von „kalter" und „heißer" Erinnerung und ihrer Bedeutung für das kulturelle Gedächtnis: Maier, Charles S.: Heißes und kaltes Gedächtnis. Über die politische Halbwertszeit von Nazismus und Kommunismus. in: Transit 22 (2001/2002), S. 153 ff.

33 Vgl. die beiden Forschungsberichte von Kathrin Sitzler und Gerhard Seewann: Aktuelle Stimmen zur Vertreibung aus Ungarn. Zur ungarischen Historiographie der Vertreibung, in: Deutschland und seine Nachbarn. Forum für Kultur und Politik 18 (1997), S. 5 ff.; sowie Seewann, Gerhard: Zur ungarischen Geschichtsschreibung über die Vertreibung der Ungarndeutschen 1980–1996, in: Tóth, Agnes: Migrationen in Ungarn 1945–1948, München 2001, S. 7 ff.

34 Dazu ausführlich: Tóth, Agnes: Migrationen in Ungarn 1945–1948. Vertreibung der Ungarndeutschen, Binnenwanderungen und slowakisch-ungarischer Bevölkerungsaustausch, München 2001; Seewann, Gerhard: Der Vertreibungsprozeß in und nach dem Zweiten Weltkrieg aufgrund britischer Quellen, in: Ders. (Hg.): Migrationen und ihre Auswirkungen. Das Beispiel Ungarn 1918–1995, München 1997, S. 55 ff.

35 Der Neue Pester Lloyd, 6. März 1996.

36 Zielbauer, György: Die Verschleppung ungarländischer Deutscher 1944/45. Erste Station der kollektiven Bestrafung. Dokumentarband, Budapest 1990.

838 · Ungarn

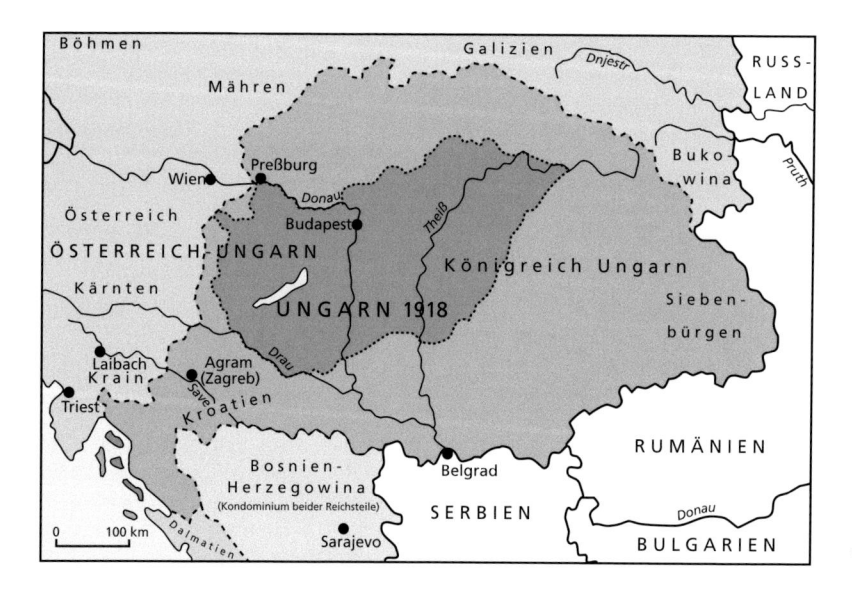

Vor dem Ersten Weltkrieg

Nach dem Ersten Weltkrieg

Seit dem Zweiten Weltkrieg

Chronologie[1]

1918–1919
Nach der Niederlage Deutschlands und Österreich-Ungarns im Ersten Weltkrieg muß Ungarn weite Gebiete im Süden und Osten des Landes abtreten. Kroatien-Slawonien wird aus der staatsrechtlichen Verbindung mit Ungarn gelöst, und unter dem Schutz der Entente-Alliierten besetzen die Tschechen Oberungarn (Slowakei), die Rumänen Siebenbürgen und die Serben Südungarn. **Ende Oktober 1918** wird die Loslösung Ungarns von Österreich erklärt und eine bürgerliche demokratische Koalitionsregierung unter dem Grafen Mihály Károlyi gebildet, der nach der Abdankung Karls IV., am **16. November 1918** die unabhängige Ungarische Republik ausruft. Am **11. Januar 1919** wird Graf Mihály Károlyi zum Staatsoberhaupt Ungarns gewählt, Gesetze über die Presse- und Versammlungsfreiheit werden verabschiedet. Ein Ultimatum der Entente vom **20. März 1919**, das die Abtretung weiterer Gebiete vorsieht, führt zum Rücktritt Károlyis und des Ministerpräsidenten Dénes Berinkey. Daraufhin proklamiert der Budapester Räterat, ein Bündnis verschiedener kommunistischer und sozialdemokratischer Gruppen, am **21. März 1919** die Räterepublik mit Béla Kun an der Spitze (Räterepublik für 133 Tage). Maßnahmen wie die Verstaatlichung von Großgrundbesitz und Betrieben sowie die zur Kontrolle von Presse und Kultur und die militärischen Auseinandersetzungen mit der Tschechoslowakischen Republik und Rumänien führen zum Sturz der Räterepublik. Rumänische Truppen rücken im Anschluß an eine Offensive bis nach Budapest vor. Die Ententemächte können ihren Abzug nur mit Schwierigkeiten durchsetzen. Am **16. November**, einen Tag nach Abzug der Rumänen, zieht die neuentstandene ungarische Nationalarmee unter dem Admiral Miklós Horthy in Budapest ein und geht mit repressiven Maßnahmen gegen vermeintliche Anhänger der Räterepublik vor.

---

[1] Für die Zeit von **1914** bis **1918** siehe Chronologie Österreich.

1920

Um eine Rückkehr der Habsburger auf den ungarischen Thron zu verhindern, wird Miklós Horthy am **1. März** vom ungarischen Parlament zum Reichsverweser und damit zum Staatsoberhaupt gewählt. Damit wird trotz der späteren Amtsenthebung der Habsburger die Monarchie formal wiederhergestellt. Im **Juni** erfolgt im Schloß Trianon bei Versailles die Unterzeichnung des Friedensvertrages. Ungarn muß den Verlust von etwa zwei Dritteln seines Territoriums akzeptieren. Die Slowakei wird Teil der Tschechoslowakei, Kroatien fällt an Jugoslawien, das Burgenland an Österreich, das Banat an Jugoslawien und Rumänien, das auch Siebenbürgen erhält. Etwa 60 Prozent der Ungarn leben nunmehr außerhalb der Landesgrenzen. Die militärische Niederlage, der Vertrag von Trianon und die damit verbundene Auflösung Altungarns bewirken das Erstarken und die Radikalisierung des ungarischen Nationalismus und damit verbunden ein Aufleben des Antisemitismus. So wird am **26. September** der Numerus clausus für Juden – der entsprechend ihrem Bevölkerungsanteil auf 5 Prozent festgelegt ist – an den Hochschulen und Universitäten eingeführt; bis zu diesem Zeitpunkt waren über 20 Prozent der Studenten und Professoren jüdischer Herkunft.

1921–1930

In der 10jährigen Regierungszeit des Grafen István Bethlen gelingt es, das Land politisch und wirtschaftlich zu konsolidieren. Damit wird jedoch auch das halbfeudale, autoritär und christlich-konservativ ausgerichtete Horthy-Regime der Zwischenkriegszeit gefestigt. Die Restaurierungsversuche König Karls IV. im **April** und **Oktober 1921** werden verhindert. Daraufhin wird im **November 1921** vom Parlament die Thronenthebung des Hauses Habsburg verkündet. Die Innen- und Außenpolitik wird von Forderungen nach Revision der Gebietsverluste beherrscht und ist gegen die Staaten der Kleinen Entente gerichtet. Als Folge dessen nähert sich Ungarn dem Deutschen Reich und Italien an, mit letzterem wird am **5. April 1927** ein Freundschaftsvertrag geschlossen.

1931–1934

Im Zuge der Weltwirtschaftskrise bricht im **Juni 1931** das ungarische Bankensystem zusammen. Das Land ist zahlungsunfähig. Infolge der Krise wird unter dem Grafen Julius Károlyi eine neue Regierung gebildet, die jedoch schon im **September 1932** zurücktritt und von der Regierung des rechtsradikalen Ministerpräsident Gyula Gömbös ersetzt wird. Außenpolitisch nimmt die Regierung enge Verbindungen zum Deutschen Reich auf und schließt am **21. Februar 1934** das ungarisch-deutsche Wirtschaftsabkommen, das der rasch wachsenden wirtschaftlichen Abhängigkeit Ungarns von Deutschland den Weg bereitet. Die Römischen Protokolle vom **17. März 1934** regeln die engere Zusammenarbeit zwischen Ungarn, Italien und Österreich.

1938–1939

Ab dem **14. März 1938** setzt die Regierung unter Béla von Imrédy den innenpolitischen Kurs von Gömbös fort und arbeitet, vor dem Hintergrund der deutschen Besetzung Österreichs im **März 1938**, außenpolitisch immer enger mit dem nationalsozialistischen Deutschen Reich zusammen. Das Parlament beschließt am **29. Mai 1938** das erste Judengesetz, das die Juden Ungarns aus dem wirtschaftlichen und gesellschaftlichen Leben ausgrenzt. Reichsverweser Horthy trifft bei einem Staatsbesuch in Deutschland am **20. August 1938** mit Adolf Hitler zusammen. Die Achsenmächte Deutschland und Italien kommen im ersten Wiener Schiedsspruch den seit dem Frieden von Trianon (1920) von Ungarn erhobenen Gebietsansprüchen entgegen und teilen am **2. November 1938** die südlichen Randgebiete der Slowakei und der Karpato-Ukraine Ungarn zu. Im **Frühjahr 1939** tritt Ungarn dem Antikominternpakt bei und aus dem Völkerbund aus. Das zweite Judengesetz wird am **5. Mai 1939** verabschiedet. Es übernimmt nicht nur Bestimmungen der Nürnberger Rassengesetze – einschließlich des Abstammungsprinzips –, sondern verschärft diese noch. Nunmehr kann beispielsweise Juden die Staatsbürgerschaft entzogen werden, zudem ist ihnen jede Beschäftigung im Staatsdienst untersagt.

1940–1942

Nach dem zweiten Wiener Schiedsspruch vom **30. August 1940** wird Nordsiebenbürgen

Ungarn angegliedert. Ungarn tritt am **20. November 1940** dem Dreimächtepakt Deutschlands, Italiens und Japans bei und beteiligt sich im **April 1941** am Krieg gegen Jugoslawien und erhält dafür die Batschka. Ungarische Streitkräfte richten zwischen dem 21. und **23. Januar 1942** in der Bezirkshauptstadt Novi Sad (Neusatz bzw. Újvidék) an Juden und Serben ein Blutbad an. Am 27. **Juni 1941** erklärt Ungarn der Sowjetunion den Krieg. Die Ernennung István Horthys, dem Sohn des Reichsverwesers, am **19. Februar 1942** per Gesetz zu dessen Stellvertreter stellt den Versuch dar, eine Dynastie zu begründen. Ab **März 1942** versucht die Regierung des Grafen Miklós Kállay durch Geheimverhandlungen mit den Westmächten das Land aus dem Zweiten Weltkrieg herauszuführen, scheitert jedoch an der starken deutschfreundlichen Partei im eigenen Land.

1943

Die zur Unterstützung der deutschen Truppen an den Don entsandte Zweite Ungarische Armee erleidet im Verlauf der vom **12. Januar** bis zum **26. Januar** dauernden sowjetischen Offensive eine vernichtende Niederlage, bei der etwa 40 000 Gefallene zu beklagen sind. Nur 30 bis 40 Prozent der Soldaten können sich retten.

1944–1945

Bei einem Besuch bei Hitler am **17. März 1944** in Klesheim bei Salzburg muß Horthy der Besetzung Ungarns durch deutsche Truppen und einer Regierungsumbildung zustimmen. Bereits am **19. März 1944** marschieren deutsche Truppen in Ungarn ein und besetzen das Land. Einen Monat später, am **16. April 1944**, beginnt die Erfassung der Juden für den Abtransport in Ghettos und Internierungslager. Zwischen dem **15. Mai** und dem **30. Juni 1944** werden die ungarischen Juden außerhalb Budapests nach Auschwitz deportiert, von denen die meisten gleich nach ihrer Ankunft ermordet werden. Durch den Einspruch Horthys bleibt die Judengemeinde von Budapest vorerst verschont. Am 27. **August 1944** überschreitet die Rote Armee die ungarische Grenze in den Karpaten, und am **11. Oktober** unterzeichnet eine ungarische Regierungsdelegation die Vereinbarung für einen Waffenstillstand in Moskau, den Horthy am **15. Oktober 1944** durch eine entsprechende Rundfunkproklamation bekannt gibt. Daraufhin wird er durch die SS zum Rücktritt gezwungen und der Pfeilkreuzler Ferenc Szálasi zu seinem Nachfolger ernannt. Die Terrorherrschaft des rechtsextremistischen Pfeilkreuzlerregimes dauert vom **15. Oktober 1944** bis zum **4. April 1945**. Viele der in Budapest verbliebenen Juden sterben bis Ende **April 1945** als Zwangsarbeiter bei Schanzarbeiten und auf den Todesmärschen Richtung Österreich oder werden von Pfeilkreuzlern erschossen.
Die blutige Schlacht um Budapest dauert vom **3. November 1944** bis zum **13. Februar 1945**. Ab dem **27. Dezember 1944** ist die Stadt von der Roten Armee völlig eingeschlossen. Die 102 Tage dauernde Belagerung fordert etwa 150 000 Opfer und hinterläßt große Zerstörungen in der ungarischen Hauptstadt. Am 21. und 22. **Dezember 1944** tritt die Provisorische Nationalversammlung in Debrecen zusammen und wählt eine Provisorische Regierung unter dem General Béla Miklós-Dálnoki. Vertreter dieser Regierung unterzeichnen am **20. Januar 1945** einen Waffenstillstandsvertrag in Moskau, durch den Ungarn seine Souveränität an die Siegermächte verliert. Am **13. April 1945** werden alle Kämpfe im Land eingestellt. Am **4. November 1945** findet die erste freie – und als solche bis 1990 die letzte – Parlamentswahl statt, in der die Partei der Kleinlandwirte 57 Prozent der Stimmen gewinnt.

1946–1947

Ungarn, seit 1918 nur noch nominell Königreich, wird am **2. Februar 1946** zur Republik erklärt. Am **10. Februar 1947** wird in Paris der Friedensvertrag mit den Siegermächten unterzeichnet, in welchem die Grenzen Ungarns endgültig festgelegt und dem Land Reparationen auferlegt werden. Der hunderttausendste Kriegsgefangene kehrt am **30. September 1947** aus der Sowjetunion zurück. Mit Unterstützung der Sowjetarmee verdrängen die Kommunisten unter Mátyás Rákosi systematisch die anderen politischen Parteien und Richtungen, die nicht in das sowjetische Machtmodell passen, aus dem öffentlichen Leben. Bis **1953** kommen zahlreiche bürgerliche Politiker, Intellektuelle und Geistliche in Internierungs- und Straflagern ums Leben. Rákosi gelingt es in der Folge, seine innenpolitische Machtstellung nach dem Vorbild Stalins zu einer persönlichen Diktatur auszubauen.

1948–1949

Der Freundschaftsvertrag mit der UdSSR vom **18. Februar 1948** verstärkt die Abhängigkeit Ungarns auf wirtschaftlichem, kulturellem und militärischem Gebiet. Im Zuge des wirtschaftlichen Umbaus werden alle Betriebe mit über 100 Beschäftigten am **29. April 1948** verstaatlicht. Die Kommunistische und die Sozialistische Partei werden am **12. Juni 1948** unter dem Namen Ungarische Sozialistische Arbeiterpartei (USAP) zwangsvereinigt. Mit der Annahme der neuen Verfassung am **18. August 1948** wird das kommunistische Regime installiert, das bis **1989** Bestand haben wird, und Ungarn zur Volksrepublik erklärt. Um den Widerstand des Klerus gegen das kommunistische System zu brechen, wird Kardinal Mindszenty am **26. Dezember 1948** verhaftet und nach einem Schauprozeß am **8. Februar 1949** zu lebenslanger Haft verurteilt.

1949

Ungarn, die UdSSR, die Tschechoslowakei, Bulgarien, Polen und Rumänien gründen am **25. Januar 1949** die Wirtschaftsgemeinschaft Council for Mutual Economic Assistance (COMECON bzw. Rat für gegenseitige Wirtschaftshilfe – RGW).

1953–1955

Am **4. Juli 1953** wird Imre Nagy Ministerpräsident, der für eine allerdings nur kurzfristig wirksame Liberalisierung sorgt. So werden die Internierungslager geschlossen und viele unschuldig Verfolgte amnestiert. Nach seinem Sturz im **April 1955** wird Imre Nagy **Ende 1955** auch aus der Partei ausgeschlossen. Ungarn ist am **14. Mai** gemeinsam mit Albanien, Bulgarien, der DDR, Polen, Rumänien, der Tschechoslowakei und der UdSSR Gründungsmitglied des mit Unterzeichnung des Vertrages über Freundschaft, Zusammenarbeit und gegenseitigen Beistand in Warschau gegründeten Militärbündnisses (Warschauer Vertrag bzw. Warschauer Pakt). Am **14. Dezember** wird Ungarn als Mitglied in die Vereinten Nationen (UNO) aufgenommen.

1956

Nach dem 20. Parteitag der KPdSU im **Februar** und der eingeleiteten Entstalinisierung setzt die sowjetische Staats- und Parteiführung unter Nikita S. Chruščev im **Juli** die Absetzung Rákosis vom Posten des ersten Parteisekretärs durch. László Rajk und andere, die **1949** in Schauprozessen zum Tode verurteilt worden waren, werden rehabilitiert und am **6. Oktober** feierlich am Budapester Zentralfriedhof wiederbestattet. Aus Sympathie mit den Arbeiterunruhen im polnischen Posen im **Juni** finden am **23. Oktober** in Budapest Studentendemonstrationen statt, auf denen demokratische Freiheiten und die Unabhängigkeit Ungarns gefordert werden. Noch in der Nacht weiten sich die Demonstrationen zu einem Volksaufstand aus. Imre Nagy bildet daraufhin am **24. Oktober** erneut eine Regierung, die versucht, einen bürgerlichen Rechtsstaat mit einem Mehrparteiensystem zu begründen und Ungarn von der sowjetischen Unterdrückung zu befreien. Am **1. November** tritt Ungarn aus dem Warschauer Pakt aus und erklärt seine Neutralität. Vom **4. bis 11. November** schlagen sowjetische Truppen den Aufstand blutig nieder. János Kádár restauriert als Staats- und Parteiführer das kommunistische Regime, das nach anfänglich blutiger Vergeltungspolitik gemäßigt-liberale Züge annimmt.

16. Juni 1958

Die nach einem Geheimprozeß zum Tode verurteilten vier Anführer des Aufstandes mit Imre Nagy an der Spitze werden hingerichtet.

1959–1960

Im **April 1959** und im **April 1960** kommt es jeweils zu Teilamnestien für die wegen Beteiligung am Aufstand von 1956 Verurteilten.

Januar 1961

82 Prozent der landwirtschaftlich genutzten Fläche werden von sozialistischen Großbetrieben bewirtschaftet. Damit gilt die Kollektivierung der Landwirtschaft als abgeschlossen.

22. März 1962
Alle, die 1956 am Aufstand beteiligt und verurteilt worden sind, werden amnestiert.

1. Januar 1968
Eine umfassende Wirtschaftsreform tritt in Kraft, die im Rahmen der sozialistischen Planwirtschaft eine selbständigere Produktionsplanung der Betriebe sowie eine begrenzte Freigabe der Preise ermöglicht. Im Zusammenhang der Wirtschaftsreform wird auch die Kulturpolitik erheblich liberalisiert.

20./21. August 1968
Ungarische Truppen beteiligen sich am Einmarsch in die ČSSR und an der Niederschlagung des „Prager Frühlings".

28. September 1971
Aufgrund einer zwischen dem Vatikan und Ungarn erzielten Vereinbarung wird Kardinal Mindszenty, der von **1956** bis **1971** in der amerikanischen Botschaft in Budapest Asyl erhalten hatte, rehabilitiert, und er kann das Land verlassen.

1972
Es erfolgt eine Modifizierung der Wirtschaftreform von **1968**, die für die ungarische Wirtschaft im Rahmen der sozialistischen Wirtschaftsordnung und im Vergleich zu den anderen RGW-Staaten (COMECON-Staaten) positive Resultate erbringt.

Januar 1978
Die 1945 in die USA gelangte Stephanskrone (als Heilige Krone Bestandteil der Reichsinsignien der ungarischen Monarchie) kehrt aus ihrem amerikanischen Exil nach Ungarn zurück und wird vom US-Außenminister Cyrus Vance feierlich übergeben. Mit diesem symbolischen Akt kann das Kádár-Regime im In- und Ausland einen erheblichen Prestigegewinn erzielen.

1980–1982
Die Zulassung kleiner privater Wirtschaftsbetriebe wird im **September 1981** beschlossen, sie tritt zu Beginn des folgenden Jahres in Kraft. Mit der Zeitschrift Beszélö (Sprecher) erscheint im **Oktober 1981** die erste periodische Samizdat-Schrift. Entsprechend der neuen Reisepaßverordnung vom März 1970 werden am **1. Januar 1982** die Reisebeschränkungen weiter gelockert, und jeder Ungar kann alljährlich in das westliche Ausland reisen. Im **Mai 1982** wird Ungarn in den Internationalen Währungsfond und im **Juli 1982** in die Weltbank aufgenommen.

1985–1986
Vom **14. bis 16. Juni 1985** findet in Monor ein erstes Zusammentreffen der politischen Opposition statt. Am **15. März 1986** nehmen Tausende an einer Demonstration im Gedenken an die Revolution von **1848** und an den Aufstand von **1956** in Budapest teil.

1987
Nach der Wahl von Károly Grósz im **Juni** zum Ministerpräsidenten werden die reformkommunistischen Bestrebungen auf die politische Ebene ausgedehnt. Auf einer Versammlung in Lakitelek am **27. September** wird das Ungarische Demokratische Forum (UDF) gegründet, das sich **1989** als erste bürgerlich-konservative Oppositionspartei formiert. Am **27. November** wird für die Ungarn ein weltweit gültiger Reisepaß eingeführt.

1988
Am **27. Januar** richtet sich auf dem Budapester Heldenplatz die erste große Massendemonstration nach 1956 gegen die Zerstörung der ungarischen Dörfer durch das Ceauşescu-Regime in Rumänien. Im **März** finden in Budapest oppositionelle Demonstrationen mit mehr als 20 000 Teilnehmern statt, und der Bund der Jungdemokraten wird gegründet, der sich später zu einer Partei entwickelt. János Kádár muß am **22. Mai** als Parteivorsitzender der USAP zurücktreten. Sein Nachfolger wird der Ministerpräsident Károly Grósz. Im Zuge

der Reformbewegung wird im **November** die Kleinlandwirte-Partei wiedergegründet und der Bund der Freien Demokraten gebildet, der sich in der Folge zu einer linksliberalen Partei entwickelt. Am **24. November** muß Károly Grósz sein Amt als Ministerpräsident an Miklós Németh abgeben. Die Wende-Übergangsregierung kann sich immer mehr von der Noch-Staatspartei, der USAP, emanzipieren, führt wesentliche, durch entsprechende Gesetze abgesicherte Schritte des politischen Systemwechsels und der Wirtschaftstransformation durch. Dazu zählen die Revision der Verfassung, Einführung des Mehrparteiensystems oder die Einleitung der Privatisierungsprozesse.

1989

Die USAP verzichtet am **20.** und **21. Januar** auf ihre bislang verfassungsmäßig garantierte Führungsrolle. Imre Pozsgay, Mitglied des Politbüros der USAP und Staatsminister, verkündet am **28. Januar** im Radio die Neubewertung der Ereignisse von **1956** als Revolution und Volksaufstand. Zwischen Ungarn und Österreich wird am **2. Mai** mit dem Abbau der als Eiserner Vorhang bezeichneten Grenzbefestigungen begonnen und dieser bis zum **1. August** abgeschlossen. Von **Mitte Juni** bis **Mitte September** finden Runde-Tisch-Gespräche der Oppositionsparteien mit den Machthabern zur Vorbereitung eines friedlichen Macht- und Systemwechsels statt. Imre Nagy und andere Opfer von **1956** werden am **16. Juni** feierlich wiederbestattet, und etwa 300 000 Menschen nehmen im Gedenken an diese auf dem Budapester Heldenplatz an einer Demonstration teil. Ungarn öffnet am **10. September** seine Grenze nach Österreich, um die Ausreise der zu Tausenden aus der DDR nach Ungarn Geflüchteten zu ermöglichen. Aufgrund der Selbstauflösung der USAP **Anfang Oktober** wird die Ungarische Sozialistische Partei (USP) gegründet. Mit der Verabschiedung einer neuen Verfassung durch das Parlament am **23. Oktober** wird zugleich die Ungarische Republik ausgerufen.

1990

Bei den zwei Wahlgängen der ersten freien Parlamentswahl seit **1945** am **25. März** und **8. April** gewinnt das UDF 43 Prozent der Stimmen. Dessen Vorsitzender József Antall bildet am **23. Mai** die Regierung, der er bis zu seinem Tod im **Dezember 1993** vorsteht. Sein Nachfolger bis zum Ende der Legislaturperiode ist Péter Boross. Am **3. August** wählt das Parlament Árpád Göncz zum Staatspräsidenten, der dieses Amt zwei Wahlperioden und damit 10 Jahre lang innehat.

Juni 1991

Mit dem Abzug der letzten sowjetischen Truppen endet die Präsenz der Sowjetarmee in Ungarn.

August 1993

Die rechtsextreme und stark antisemitisch ausgerichtete Partei für ungarische Gerechtigkeit und Leben des Schriftstellers István Csurka wird gegründet.

Mai 1994

Ein Assoziierungsabkommen zwischen Ungarn und der Europäischen Union (EU) tritt am **1. Februar** in Kraft, und Ungarn beantragt am **1. April** die Aufnahme in die Staatengemeinschaft. Die zweite Parlamentswahl nach dem Systemwechsel bringt der Sozialistischen Partei unter Gyula Horn 54 Prozent der Stimmen. Horn steht bis **Juli 1998** der Regierung vor, die die Staatsfinanzen saniert und den Privatisierungsprozeß fortsetzt.

1995–1996

Grundlagenverträge zur Regelung der Rechte der ethnischen Minderheiten werden im **März 1995** mit der Slowakei, im **April 1995** mit Kroatien und **1996** mit Rumänien geschlossen.

1997

Bei einer Volksabstimmung im **Januar** über die Aufnahme Ungarns in die NATO votieren 85 Prozent mit Ja – die Wahlbeteiligung beträgt 49 Prozent. Die Regierungschefs der 16 Staaten der NATO einigen sich am **8. Juli** bei einem Gipfeltreffen in Madrid auf die

Aufnahme Ungarns, Polens und Tschechiens in das westliche Verteidigungsbündnis für **1999**. Die EU-Kommission in Straßburg empfiehlt am **13. Juli** dem EU-Parlament die Aufnahme von Beitrittsverhandlungen mit Ungarn, Estland, Polen, Slowenien, Tschechien und Zypern.

1998
Nach der dritten Parlamentswahl nach dem Systemwechsel im **Mai**, die die Partei der Jungdemokraten unter Viktor Orbán mit 38 Prozent der Stimmen gewinnt, bildet dieser im **Juli** die Regierung.

12. März 1999
Ungarn, Polen und Tschechien werden in die NATO als Mitglieder aufgenommen.

12.–13. Dezember 2002
Auf dem EU-Gipfel in Kopenhagen wird die Aufnahme Ungarns, Estlands, Lettlands, Litauens, Maltas, Polens, der Slowakei, Sloweniens, der Tschechischen Republik und Zyperns beschlossen. Die Beitrittsverträge werden am **16. April 2003** in Athen unterzeichnet und nach Ratifizierung in den Beitrittsländern zum **1. Mai 2004** wirksam werden.

Literatur:
- Bauer, Rolf: Österreich. Ein Jahrtausend Geschichte im Herzen Europas, München 1994.
- Brockhaus – Die Enzyklopädie in 24 Bänden, 20. Aufl., Leipzig/München 1996–1999.
- Fischer, Holger: Eine kleine Geschichte Ungarns, Frankfurt a. M. 1999.
- Grothusen, Klaus-Detlev: Ungarn, Göttingen 1987.
- Hoensch, Jörg K.: Ungarn-Handbuch, Hannover 1991.
- Kinder, Hermann/Hilgemann, Werner: dtv-Atlas Weltgeschichte. Bd. 2: Von der Französischen Revolution bis zur Gegenwart, 25. Aufl., München 1991.
- Lázár, István: Kleine Geschichte Ungarns, 4. Aufl., Budapest 1996.
- Molnár, Miklós: Geschichte Ungarns: von den Anfängen bis zur Gegenwart, Hamburg 1999.
- http://www.areion-online.de (1. August 2003).

USA

Der Zweite Weltkrieg in den amerikanischen Bildwelten

von Jeffrey Shandler

Als sich das 20. Jahrhundert seinem Ende näherte, gab das auflagenstarke amerikanische Nachrichtenmagazin Time, das seit 1927 alljährlich auf einer Titelseite einen Mann (später, auch Frauen einschließend, eine Persönlichkeit) des Jahres ehrt, bekannt, daß Ende 1999 obendrein eine Persönlichkeit des Jahrhunderts gekürt werden sollte. Die Frage, wer diese Person sein könnte, löste eine monatelange Diskussion in den amerikanischen Medien aus. Das Magazin entschied sich für den Physiker Albert Einstein (Abb. USA 1).[1] Wie Time schließlich berichtete, waren beim Wochenmagazin zahlreiche Leserbriefe mit Vorschlägen für die Ehrung eingegangen. Dabei fiel auf, daß es sich bei einem Großteil der Kandidaten – wie Franklin Delano Roosevelt, Winston Churchill, Adolf Hitler, „dem amerikanischen GI" oder eben Einstein – um Persönlichkeiten handelte, deren Bedeutung zumindest teilweise auf ihrer rühmenswerten bzw. unrühmlichen Rolle im Zweiten Weltkrieg beruhte. Für eine Vielzahl derer, die sich an dieser Diskussion beteiligten, stand offenbar außer Zweifel, daß dieser Krieg das zentrale Ereignis des inzwischen zumindest in den USA vielfach so genannten „amerikanischen Jahrhunderts" sei, dessen Verlauf wiederum als eine Entwicklung verstanden werden könne, die zunächst zu diesem zentralen Ereignis hin- und dann davon wegführe.

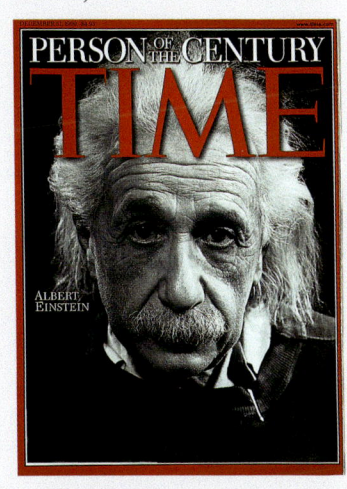

Tatsächlich spielt kein anderes Ereignis in den Vorstellungen, die die Amerikaner von der jüngeren Geschichte, vom Auftrag ihres Landes und von der Weltordnung haben, eine derart dominierende Rolle wie der Zweite Weltkrieg. Kennzeichnend für das amerikanische Verständnis des Krieges ist jedoch, daß der Krieg für die überwiegende Mehrheit der Bürger des Landes von jeher etwas aus der Ferne Erlebtes war. Mit Ausnahme des japanischen Angriffs auf Pearl Harbor haben auf amerikanischem Boden keine Kämpfe stattgefunden, und im Unterschied zu den meisten anderen Ländern waren die Wohnhäuser der Zivilbevölkerung niemals ein Angriffsziel.

Aus diesem Grund war die Auseinandersetzung mit dem Krieg für die meisten Amerikaner von jeher etwas, wozu sie ihre Vorstellungskraft bemühen mußten. Die Beziehung der Amerikaner zum Zweiten Weltkrieg stützt sich seit den Kriegsjahren und bis heute unvermindert auf ein breites, vielfältiges Aufgebot von Darstellungen: Reportagen in den verschiedenen Medien, Geschichten, Erinnerungen, Bühnenstücke, Rundfunksendungen, Spiel- und Dokumentarfilme, Photographien, Museumsausstellungen, Musik- und Kunstwerke, Denkmäler, Gedenkrituale, sogar Comichefte, Spiele und Spielzeug. Um die Distanz zu über-

USA 1
Person of the century
Persönlichkeit des Jahrhunderts, in: Time, Nr. 154/27, 31. Dezember 1999
Zeitschriftentitel
Berlin, Deutsches Historisches Museum

winden und die Selektivität wettzumachen, die diesen Darstellungen von Natur aus eignet, haben die Amerikaner ihr eigenes Selbstverständnis in die Kriegserfahrungen anderer hineinprojiziert.

Diese Imagination vom Krieg ist alles andere als in sich stimmig, das heißt, sie richtet sich nach den Konventionen der jeweiligen Darstellungsform, der Dynamik der Erinnerung sowie den Blickwinkeln und Zielen der verschiedenen Einzelpersonen und Gruppen, die mit der Schaffung, Verbreitung und kritischen Beurteilung entsprechender Darstellungsversuche zu tun haben. Auf Grund des großen Gewichts der USA als politischer und kultureller Großmacht in den Jahrzehnten, die auf den Krieg folgten, haben die amerikanischen Bildwelten nicht nur das Verständnis der amerikanischen Bürger, sondern auch das Bild, das sich viele Millionen in aller Welt vom Zweiten Weltkrieg machen, maßgeblich mitgeprägt.

Die Heimatfront

Das Bild, das sich die Amerikaner in der Rückschau vom Zweiten Weltkrieg machen, wird durch klare zeitliche Grenzen sowie demographische und geographische Faktoren bestimmt. Aus amerikanischer Sicht beginnt die unmittelbare Beteiligung am Krieg fünfzehn Monate nach dem deutschen Überfall auf Polen, nämlich im Anschluß an den japanischen Bombenangriff auf Pearl Harbor am 7. Dezember 1941. Im amerikanischen Verständnis endet der Zweite Weltkrieg ebenfalls im Pazifik – mit der Kapitulation Japans am 14. August 1945. Obwohl bis dahin mehr als 15 Millionen Amerikaner und Amerikanerinnen zum Kriegsdienst im Pazifik, in Nordafrika und Westeuropa einberufen worden waren, hat die überwiegende Mehrzahl der Amerikaner nie aus unmittelbarer Nähe Kampfhandlungen erlebt. Für die im eigenen Land verbliebene Mehrheit der Amerikaner ist der Krieg in der Erinnerung etwas, das man aus der Distanz verfolgte und zu fassen versuchte, vom Standpunkt der „home front" – ein Begriff, der einen symbolischen Zusammenhang zwischen zivilem Privatleben und den fernen Frontlinien des Kampfgeschehens herstellte.

Das Alltagsleben in den USA erfuhr in den Kriegsjahren einen durchgreifenden Wandel, und in der Erinnerung der Amerikaner begründeten diese Veränderungen sowohl eine beispiellose staatliche Regulierung des privaten Alltags als auch eine Glanzzeit des amerikanischen Gemeinschaftsgeistes. Wenn sie sich an Erfahrungen der Kriegszeit erinnern, bezeichnen die Amerikaner die bereitwillige Anpassung an diese neuen Einschränkungen des Alltagslebens oft als einen Akt des stellvertretenden Kampfes gegen die Feinde Amerikas. Das gilt nicht nur für Tätigkeiten wie etwa das Einsammeln von Altmetall, das Anpflanzen eines sogenannten „victory garden" (Siegesgarten), den Freiwilligendienst in der Bürgerwehr oder den Erwerb von Kriegsanleihen, sondern auch aus Verzichtsleistungen – etwa das Absehen von einer nicht notwendigen Reise oder vom Kauf einer wegen der Zuckerrationierung ohnehin nicht erhältlichen Lieblingssüßware – sind in der Erinnerung Akte des Patriotismus und der nationalen Verteidigung geworden.[2]

Erinnerungen wie diese spiegeln die offizielle Rhetorik der Kriegsjahre wider, die durch die Printmedien, den Rundfunk, Filme und die Werbung verbreitet wurde. Während des Krieges zierte in den USA eine Unmenge von Plakaten den öffentlichen Raum, die, in staatlichem wie privatwirtschaftlichem Auftrag gedruckt, patriotische Appelle und Mahnungen an die Bevölkerung richteten. Heutzutage werden diese Plakate häufig als Ikonen der Erinnerung an die Zeit

USA 2
World War II Posters
Plakate des Zweiten
Weltkrieges
Reprint der Motive auf
Postkarten, Anna Samuel (Hg.),
und Aufklebern, Florence
Leniston (Hg.), Mineola NY
2001
Bilderbogen für Postkarten,
30,5 x 22,8 cm
Bilderbogen für Aufkleber,
14,6 x 10,3 cm
Berlin, Deutsches
Historisches Museum

der Heimatfront ausgestellt und reproduziert (Abb. USA 2). Ihrer weiten Verbreitung während des Krieges an den verschiedensten, zum Teil unerwarteten Orten war es, so die positive Einschätzung, zu verdanken, daß sich ein ausgeprägter Patriotismus und Gemeinschaftsgeist herausbildete, und in den von verschiedensten staatlichen Behörden und Organisationen in Auftrag gegebenen, allgegenwärtigen Plakaten selbst sieht man heute einen Ausdruck der amerikanischen Demokratie. Gleichzeitig weisen Historiker darauf hin, daß diese Plakate sich der Überredungskünste amerikanischer Werbeagenturen bedienten, um eine angestrebte Konformität in Verhalten und Gesinnung zu fördern und zu stärken, etwa im gemeinsamen Haß auf Feinde, die mal dämonisiert, mal verspottet wurden.[3]

Während den meisten Plakaten aus der Zeit des Zweiten Weltkrieges heute eine nostalgische Aura eignet, wirken manche (insbesondere jene, die sich mit Mitteln der rassistischen Karikatur über den japanischen Feind lustig machen) heute problematisch antiquiert, während wieder anderen eine neue Bedeutung als kulturelle Ikonen zugewachsen ist. Insbesondere das Plakat mit dem Slogan „We Can Do It!", das eine Fabrikarbeiterin zeigt, die ihre Armmuskeln spielen läßt, wurde in der Nachkriegszeit zu einem feministischen Kultbild und einem vielfach reproduzierten Motiv auf Kaffeetassen, T-Shirts und anderen Sammlerobjekten (Abb. USA 3).

USA 3
Howard Miller
'We Can Do It!'
Wir schaffen das!, 2002
Ensemble aus verschiedenen
Gegenständen
Berlin, Deutsches
Historisches Museum

Dagegen sind, während die einen die Kultur der Heimatfront verklären, weil diese in einzigartiger Weise das Bewußtsein einer gemeinsamen, nationalen Sache gefördert habe, für andere am Wandel des amerikanischen Alltags während des Zweiten Weltkrieges eben dessen Folgen speziell für Frauen und für Angehörige bestimmter Minderheiten interessant. Der plötzliche Mangel an männlichen Arbeitskräften verschaffte Frauen verstärkt Gelegenheit, Arbeit in Fabriken und Büros zu finden und manchmal sogar Stellen zu bekleiden, die bis dahin ausschließlich Männern vorbehalten waren. Die archetypische Fabrikarbeiterin Rosie the Riveter (die Nieterin Rosie) wurde zu einer gefeierten Figur in der Populärkultur der Kriegszeit, so etwa in einem Schlager des Jahres 1942 und einem Spielfilm von 1944. In den unmittelbaren Nachkriegsjahren wurde „Rosie" als eine Person dargestellt, die überglücklich war, wieder die traditionelle Rolle der Hausfrau und Mutter übernehmen zu können. Im feministischen Bewußtsein nahm die legendäre Figur jedoch eine andere Bedeutung an, nämlich als ein Symbol weiblicher Geschäftstüchtigkeit und Selbstsicherheit, denen die restriktiven gesellschaftlichen Sitten der ersten Nachkriegsjahre abträglich gewesen waren.[4]

Obwohl die USA die rassistische Politik ihrer Feinde, der Achsenmächte, verurteilten, bestand im eigenen Land die Rassendiskriminierung während des Krieges fort und war in manchen Fällen sogar in stärkerem Maße durchorganisiert. Die kritische Auseinandersetzung damit hat in der Nachkriegszeit die nationale Debatte zur Rassenfrage, in deren Rahmen die Kriegsjahre als Wendepunkt in den Rassenbeziehungen in Amerika hingestellt worden sind, nachhaltig beeinflußt. In einem einzigartigen, extremen Fall von institutionalisierter Rassentrennung in den Vereinigten Staaten wurden im Lauf der Kriegsjahre insgesamt rund 120 000 Amerikaner japanischer Herkunft der Zwangseinweisung in Internierungslager unterworfen. Nach Jahrzehnten relativen Stillschweigens haben japanische Amerikaner durch Erinnerungsberichte, Dokumentarfilme und eine 1994 eröffnete Ausstellung mit dem provokativen Titel „America's Concentration Camps" Erinnerungen an diese Periode ihrer Geschichte einer breiteren Öffentlichkeit nahegebracht (Abb. USA 4).⁵

USA 4
America's concentration camps: Remembering the Japanese American Experience
Amerikas Konzentrationslager. Erinnerung an eine japanisch-amerikanische Erfahrung
Faltblatt des Japanese American National Museum, Los Angeles, 1994/95,
12 x 18 cm
Privatbesitz

Während Afroamerikaner in der Phase des Zweiten Weltkrieges anhaltender Rassendiskriminierung ausgesetzt waren (in den US-Streitkräften herrschte strikte Rassentrennung, und Schwarze waren weitgehend auf niederrangige Hilfsdienste im Militär beschränkt), eröffnete der Krieg ihnen auch neue Möglichkeiten: Da amerikanischen Industrieunternehmen der Mangel an Arbeitskräften zusetzte, konnten Afroamerikaner gewisse Fortschritte im Kampf gegen die Diskriminierung bei der Arbeitsplatzvergabe verbuchen, und gegen Ende des Krieges kamen aus Schwarzen zusammengesetzte Einheiten der US-Army zum Kampfeinsatz. Die Erfahrungen der Afroamerikaner während des Zweiten Weltkrieges sowohl im Militär als auch an der Heimatfront bereiteten, darüber ist man sich heute weitgehend einig, den Boden für die Bürgerrechtsbewegung und die Gesetze zur Abschaffung der Rassendiskriminierung, die in den Jahrzehnten nach dem Krieg verabschiedet wurden. Im gleichen Sinne sind die massenhafte Rekrutierung junger Amerikaner zum Kriegsdienst und die Entstehung neuer, zeitlich begrenzter homosozialer Milieus für Angehörige der Streitkräfte und Beschäftigte in der Industrie und in staatlichen Behörden als entscheidende Faktoren für das Aufkommen einer neuen Schwulen- und Lesbenkultur im Nachkriegsamerika hingestellt worden.⁶

Die Amerikaner begingen das Ende des Krieges mit landesweiten Feiern am Tag des Sieges in Europa (VE-Day) und am Tag des Sieges über Japan (VJ-Day). Alfred Eisenstaedts ursprünglich im US-Magazin Life erschienenes und seither vielfach reproduziertes Photo eines Matrosen und einer jungen Frau, die sich am VJ-Day mitten auf dem New Yorker Times Square umarmen, ist zu einem Sinnbild der Woge der Siegeseuphorie geworden, die das gesamte Land erfaßte. 1995 wurde genau diese Photographie in einer aufwendigen Blockausgabe der amerikanischen Post, die an das Ende des Krieges 1945 erinnerte, verwendet und mit anderen bekannten Bildern kombiniert (Abb. USA 5 re. u.). Gleichzeitig erschienen in den letzten Tagen des Krieges andere Bilder in der Presse, die ernüchternd und schreckenerregend, ebenfalls auf Dauer in die kollektive Erinnerung der Amerikaner eingingen: das Begräbnis des US-Präsidenten Roosevelt, der, nachdem er die Nation aus der Depression heraus und durch den Krieg geführt hatte, am Vorabend der deutschen Kapitulation starb; die Opfer der Folter in den NS-Konzentrationslagern und den japanischen Kriegsgefangenenlagern sowie die

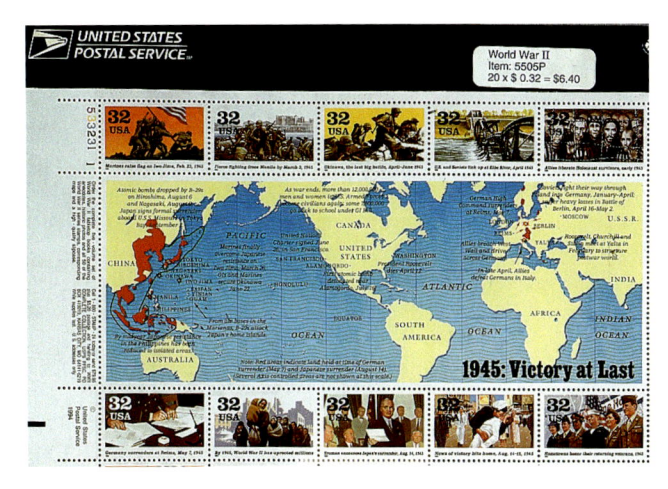

USA 5
Alfred Eisenstaedt
(Photographie)
News of victory hits home.
Aug. 14–15, 1945
Die Nachricht vom Sieg
erreicht die Heimat. 14.–15.
August 1945, in: 1945:
Victory at Last, 1995 (re. u.)
Briefmarkenserie, 23 x 26 cm
Privatbesitz

gewaltige Zerstörungskraft der Atombomben, die auf Hiroshima und Nagasaki abgeworfen worden waren. Als Ergänzung zu der Verinnerlichung des Krieges im Gedächtnis des amerikanischen Volkes durch diese und andere landesweit verbreitete Bilder errichteten einzelne Kommunen örtliche Kriegsdenkmäler oder führten andere Rituale des Gedenkens etwa in Form von Gottesdiensten oder Paraden ein, bei denen es vor allem darum ging, die jungen Männer und Frauen zu ehren, die in Übersee ihr Leben gelassen hatten.

Der wirtschaftliche Aufschwung nach dem Krieg, der Wohlstand auf breiter Ebene mit sich brachte, zementierte auch das überwiegend positive Bild, das viele Amerikaner von der Zeit der Heimatfront haben. So profitierten insbesondere Veteranen, die aus dem Krieg heimkehrten, von eigens für sie bereitgestellten Geschäfts- und Eigenheimkrediten sowie Bildungsmöglichkeiten, die ein 1944 verabschiedetes Gesetz (G.I. Bill) ihnen verschaffte. Letztlich nahmen sich die Jahre der Heimatfront insbesondere in der Erinnerung derer, die damals junge Erwachsene waren, als eine Zeit des Abenteuers aus. Indem sie Amerikanern neue Erfahrungen bot, sie in neuartige gesellschaftliche Zusammenhänge versetzte und an fremde Orte führte, bewirkte diese kurze Zeitspanne eine nachhaltige Umkrempelung ihres Lebens und ihres Weltbildes.

Vom Weltkrieg zum Kalten Krieg

Das Ende des Zweiten Weltkrieges läutete eine neue Ära für die Weltmacht USA ein. Die isolationistische Politik des Landes in der Zeit nach dem vorhergegangenen Krieg, die als unangemessene Antwort auf die damaligen internationalen politischen und wirtschaftlichen Umwälzungen auf weitverbreitete Kritik gestoßen war, diente nunmehr als negatives Modell: Es galt, die Fehler von damals nicht zu wiederholen. Tatsächlich nahmen amerikanische Regierungsvertreter binnen Monaten nach Eintritt des Landes in den Krieg Beratungen mit Verbündeten über die Weltordnung nach dem Krieg auf.

So fand im Unterschied zu der Zeit nach dem Ersten Weltkrieg, als die amerikanische Regierung es abgelehnt hatte, den Versailler Vertrag zu ratifizieren oder dem Völkerbund beizutreten, im Anschluß an den Zweiten Weltkrieg in den USA die Gründungskonferenz der Vereinten Nationen statt, deren Hauptsitz später in New York City eingerichtet wurde. Die US-Regierung war ebenfalls die treibende Kraft bei der Gründung der NATO und anderer neuer Allianzen, während sich die internationalen Verhältnisse entlang den Fronten des Kalten Krieges neu ordneten. Mit diesen politischen Bemühungen knüpften die Vereinigten Staaten, so hieß es, an die Ziele an, die sie im Zweiten Weltkrieg verfolgt hatten, nämlich das Bestreben, innerhalb und jenseits der eigenen Grenzen amerikanische Werte der Demokratie und Freiheit zu verteidigen.

Kriegsverbrecherprozesse, insbesondere das erste, internationale Gerichtsverfahren gegen zweiundzwanzig NS-Kriegsverbrecher, das 1945/46 in Nürnberg stattfand, zählten zu den ersten öffentlichen und öffentlichkeitswirksamen Handlungen, bei denen Amerika seinen Einfluß im Europa und Asien der Nachkriegszeit geltend machte und seine Vorstellung von der Nachkriegswelt auf den Tisch legte. Die USA übernahmen eine führende Rolle bei der Ausgestaltung des ersten Nürnberger Prozesses, der nicht nur die Frage der Bestrafung der Führer des Dritten Reichs lösen, sondern auch wichtige Präzedenzfälle im internationalen Recht schaffen und als Grundlage für weitere Debatten über die rechtlichen und moralischen Fragen von Krieg und Frieden dienen sollte. Tatsächlich sind die Nürnberger Prozesse bei den jüngsten internationalen Gerichtsverfahren, die sich mit Kriegsverbrechen auf dem Balkan und in Ruanda befassen, wiederholt als Beispiel angeführt worden.[7]

Die US-Regierung erarbeitete umfassende Pläne für den wirtschaftlichen Wiederauf- und den politischen Umbau der besiegten Staaten nach amerikanischem Vorbild. Der Marshallplan, der 1947 in die Wege geleitet wurde, brachte Westeuropa massive Wirtschaftshilfe und begründete so ein dauerhaftes Bild amerikanischer Prosperität und Generosität. In den unmittelbaren Nachkriegsjahren spielte die US-Regierung eine führende Rolle bei der Ausgestaltung einer neuen demokratischen, konstitutionellen Staatsordnung im besetzten Japan und Westdeutschland. Die amerikanische Besatzungsmacht in Deutschland bemühte sich um Entnazifizierung und die Aufklärung der deutschen Öffentlichkeit über die Untaten des Nationalsozialismus. Das Entnazifizierungsprogramm umfaßte unter anderem Bildungsreformen für die Jugend und die Nutzung von Massenmedien zur Aufklärung der breiten Öffentlichkeit, insbesondere durch die Ausstrahlung von Filmaufnahmen, die von den westlichen Alliierten bei der Befreiung der Konzentrationslager gemacht worden waren. Diese Filmaufnahmen wurden ebenfalls den in den USA internierten deutschen Kriegsgefangenen gezeigt, und die Reaktionen der Zuschauer wurden sehr genau daraufhin geprüft, ob sie genügend Reue erkennen ließen (Abb. USA 6). Anstrengungen dieser Art galten als unerläßlicher Schritt, um aus Deutschland eine Musterdemokratie und einen strategischen Verbündeten der USA zu machen und dabei die deutsche NS-Vergangenheit auszuradieren, indem man eine klare Trennlinie zwischen dem deutschen Volk und dessen Führung im Dritten Reich zog.

Binnen zwei Jahren nach Ende des Krieges kristallisierte sich ein neues Paradigma der internationalen Beziehungen heraus, das die kapitalistischen, demokratischen Vereinigten Staaten und die kommunistische Sowjetunion einander als Widersacher gegenüberstellte, ein Paradigma, das über das nachfolgende halbe Jahrhundert hinweg die amerikanische Außenpolitik beherrschen sollte. Mit der 1947 verkündeten Truman-Doktrin setzte sich Amerika an die Spitze internationaler Bestrebungen, die kommunistische Expansion einzudämmen. Diese Politik wurde mit den Mitteln der Wirtschaftshilfe beziehungsweise wirtschaftlicher Sanktionen sowie durch die Entwicklung einer neuen Militärdoktrin umgesetzt, die einen atomaren Rüstungswettlauf mit der UdSSR in Gang setzte.

Die Geschwindigkeit, mit der sich (West)Deutschland von einem Erzfeind Amerikas in einen seiner wichtigsten Verbündeten verwandelte, gab der amerika-

USA 6
German prisoners of war in Halloran General Hospital, New York, view U.S. film footage of conditions in recently liberated Nazi concentration camps
Deutsche Kriegsgefangene im Halloran General Hospital, New York, schauen sich US-Filmaufnahmen von den Zuständen in kürzlich befreiten NS-Konzentrationslagern an, Juni 1945, in: Jeffrey Shandler: While America Watches. Televising the Holocaust, New York 1999, S. 19
Buch
Berlin, Staatsbibliothek zu Berlin – Preußischer Kulturbesitz
1A360552

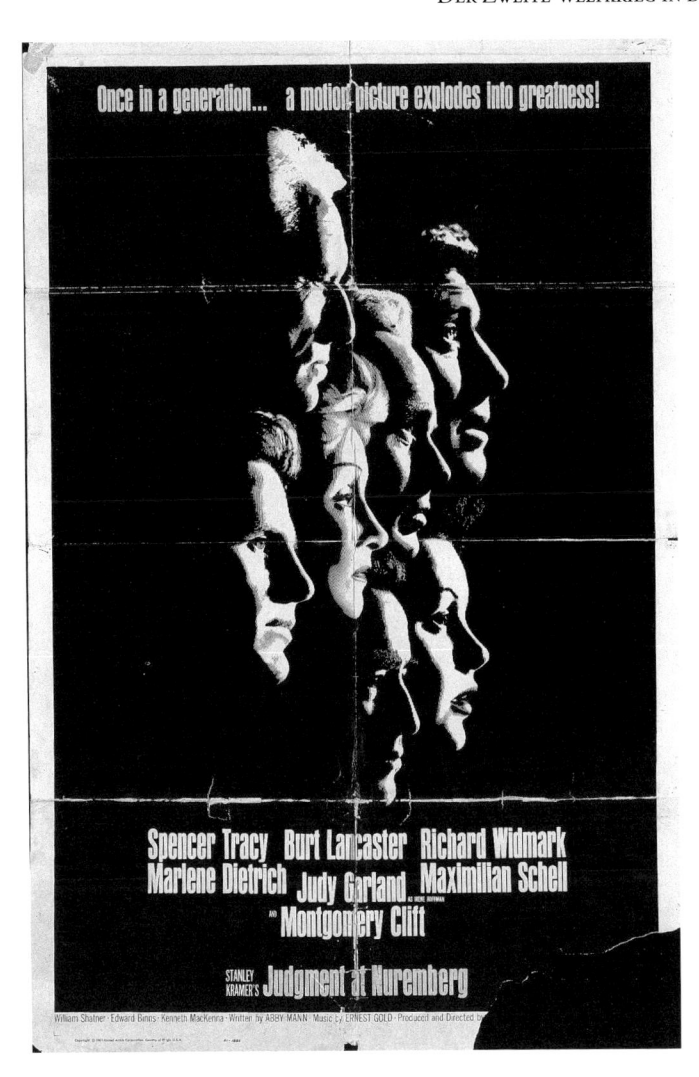

nischen Strategie, zwischen Deutschlands NS-Vergangenheit und Nachkriegsexistenz einen Trennstrich zu ziehen, einen zusätzlichen Schub. Gleichwohl blieb die Frage offen, wie die NS-Zeit in der Erinnerung der Amerikaner zu bewahren und wie deren Beziehung zur Bundesrepublik Deutschland der Nachkriegszeit zu verstehen sei. Entsprechende Fragen wurden zum Beispiel in dem amerikanischen Fernsehspiel „Judgment at Nuremberg" von 1959 aufgeworfen, das 1961 den Stoff für einen Spielfilm (und 2001 für ein Bühnenstück) lieferte. Der Kinofilm erzählt die Geschichte eines Prozesses gegen vier Juristen des Dritten Reiches. Das Plakat zeigt die Gesichter der Protagonisten, Spencer Tracy, Burt Lancaster, Richard Widmark, Marlene Dietrich, Maximilian Schell, Montgomery Clift und Judy Garland im Profil über- und nebeneinander angeordnet (Abb. USA 7). Mit dem Plakat wird also viel eher die eindrucksvolle Star-Besetzung des Films betont, als daß die Aufmerksamkeit auf die historische Besonderheit seines Sujets gelenkt würde. Insofern wird es den Intentionen des Films nicht gerecht, denn Abby Manns Fernsehspiel nach einem tatsächlich von amerikanischen Juristen in der amerikanischen Besatzungszone geführten Gerichtsverfahren stellte das moralische Zweckdenken in Frage, auf Grund dessen manche Amerikaner bereit waren, die Bestrafung von Deutschen wegen NS-Verbrechen auf ein Mindestmaß zu reduzieren und Deutschland von Schuld freizusprechen. Es schien ihnen nämlich zunehmend geboten, sich mit Westdeutschland gegen eine expansionistische Sowjetunion zu verbünden. Fragen wie diese waren besonders akut in der Zeit, als Abby Mann sein ursprüngliches Drehbuch schrieb, und sollten für die weitere Dauer des Kalten Krieges in der amerikanischen öffentlichen Diskussion über Deutschland immer wieder auftauchen.[8]

Ein besonders aufschlußreicher Fall von großer Tragweite ergab sich 1985, als Präsident Ronald Reagan seine Absicht bekanntgab, im Rahmen der Feierlichkeiten zum 40. Jahrestag des Endes des Zweiten Weltkrieges einen deutschen Militärfriedhof in Bitburg, auf dem auch Angehörige der Waffen-SS begraben sind, zu besuchen. Die Nachricht rief umgehend einen Sturm des Protests seitens amerikanischer Veteranenverbände und jüdischer Organisationen hervor. Am Ende besuchte Reagan im Bemühen, eine Balance zwischen der Erinnerung an die nationalsozialistische Vergangenheit und den politischen Erfordernissen der Gegenwart zu finden, sowohl das ehemalige Konzentrationslager Bergen-Belsen

USA 7
Stanley Kramer (Regie)
Judgment at Nuremberg
Das Urteil von Nürnberg,
1961
Filmplakat, 103 x 68,3 cm
Berlin, Deutsches
Historisches Museum

wie auch den Bitburger Soldatenfriedhof. Der Vorfall erwies sich, wie politische Karikaturen der Zeit bezeugen, als ein diplomatischer Patzer für Reagan. So wichtig das Bekenntnis zu Deutschland als Verbündetem im Kalten Krieg war, sowenig konnte sich selbst ein populäres amerikanisches Staatsoberhaupt eine solche Geste leisten (Abb. USA 8).⁹

Die Bitburg-Affäre ging dem Fall der Berliner Mauer nur um etwas mehr als vier Jahre voraus. Die Wiedervereinigung Deutschlands, das Ende der kommunistischen Herrschaft in Osteuropa und der Zerfall der Sowjetunion wurden in den Vereinigten Staaten als das Ende des Kalten Krieges und als Vorboten einer vielversprechenden neuen Weltordnung gefeiert. Dieser Optimismus wurde jedoch bald durch eine Reihe von Entwicklungen im letzten Jahrzehnt des 20. Jahrhunderts gedämpft, die in vielen Amerikanern Erinnerungen an die europäischen Krisen der Jahrhundertmitte wachriefen: Berichte über neofaschistische Gewalt in Deutschland, die politischen Erfolge Jörg Haiders in Österreich und vor allem die auf „ethnische Säuberung" gerichteten Aktionen im ehemaligen Jugoslawien, die schließlich zum militärischen Eingreifen der NATO auf dem Balkan führten. In jüngerer Zeit hat das Wiederaufleben antisemitischer Gewalt in Europa positive Einschätzungen der europäischen Entwicklung seit dem Zweiten Weltkrieg verstärkt ins Wanken gebracht und in manchen Amerikanern Befürchtungen erweckt, es könne sich ein neuer Holocaust anbahnen.

USA 8
Paul Conrad
Ronald Reagan reading the History of World War II upside down
Ronald Reagan liest 'History of World War II' verkehrt herum, in: Los Angeles Times, 22. April 1985, Teil 2, Seite 5
Zeitung
Los Angeles, Tribune Media Services

Den Holocaust denken

Dem Holocaust ist im öffentlichen Bewußtsein Amerikas große Bedeutung zugewachsen. Tatsächlich spielt kein anderes Ereignis der neueren Geschichte, das nicht auf amerikanischem Boden stattgefunden hat oder unmittelbar eine große Zahl von Amerikanern im Ausland betraf, in der moralischen Landschaft der USA eine derart wichtige Rolle. Das Verständnis, das die Amerikaner vom Holocaust haben, war nahezu immer das alleinige Produkt von Darstellungen, sei es in Form von historischen Abhandlungen, Literatur, Film usw. Das Holocaust-Gedenken hat in der amerikanischen Kultur eine Dynamik, die sich vielfach vom Gedenken an den Zweiten Weltkrieg unterscheidet. Nachdem dem Holocaust zunächst im öffentlichen Bereich wenig Beachtung geschenkt worden war, kommt ihm jetzt eine führende, paradigmatische Rolle im amerikanischen Verständnis nicht nur des Krieges, sondern auch anderer Ereignisse der Geschichte zu. Darüber hinaus ist das Holocaust-Gedenken selbst zum Gegenstand eingehender öffentlicher Prüfung geworden und bietet so den Amerikanern eine laufende Fallstudie zur Problematik des Gedenkens der Vergangenheit schlechthin.

Zu den erschütterndsten Enthüllungen, die das Ende des Zweiten Weltkrieges mit sich brachte, zählten das Ausmaß der Vernichtungspolitik gegenüber den Juden Europas und die Systematik, mit der das Dritte Reich die Ausraubung, Einsperrung, Versklavung, Aushungerung, Folterung oder Ermordung anderer Teile der Zivilbevölkerung – wie Sinti und Roma, Homosexuelle, geistig Behinderte, Zeugen Jehovas und Regimekritiker – betrieben hatte. Obwohl während des Krieges Berichte über den Völkermord an den Juden und andere großangelegte Verfolgungen aufgetaucht waren, wurden die Berichte über die befreiten Konzentrationslager als unerhörter, unwiderlegbarer Beweis für die, wie es damals hieß, „Nazigreuel" hingestellt. Insbesondere Photo- und Filmaufnahmen, die der amerikanischen Öffentlichkeit in der ersten Maiwoche 1945 in Wochenschauen vorgezeigt wurden, wurden als aufrüttelnde Zeugnisse angeführt. So wird im Rahmen eines Berichts der Universal-Wochenschau über „Nazi Murder Mills" eine Einstellung gezeigt, in der eine Tür eines der Verbrennungsöfen im Krematorium von Buchenwald geöffnet wird und den Blick auf verkohlte Leichen freigibt, während die Stimme des Kommentators auf die Zuschauer einredet: „Wendet den Blick nicht ab. Seht her! Bei lebendigem Leibe verbrannt. Unvorstellbares Grauen – aber dennoch wahr".[10] Die Art und Weise, in der den Amerikanern dieses Bildmaterial zunächst vorgelegt wurde, verlieh der Berührung mit Film- und Photoaufnahmen von befreiten Konzentrations- und Vernichtungslagern das Gepräge einer Prüfung, aus der man moralisch gewandelt hervorgehe, eine Sichtweise, die bis heute der wiederholten Präsentation dieses Materials zugrunde liegt.

Die Geschehnisse, für die sich der Begriff Holocaust eingebürgert hat, beschäftigen seit dem Kriegsende die amerikanische Öffentlichkeit, nur die Schwerpunkte waren ganz andere als in neueren Darstellungen – daher die weitverbreitete Ansicht, die Amerikaner hätten das Thema nach dem Krieg jahrelang „totgeschwiegen". In der Anfangszeit der Beschäftigung mit dem Holocaust stand vor allem die Frage der Aufnahme der Vertriebenen, der sogenannten Displaced Persons (DPs), aus Europa im Vordergrund, bei denen es sich zur Hälfte um Juden handelte. Zahlreiche Zeitungsreportagen, Rundfunk- und frühe Fernsehsendungen wurden den DPs gewidmet. In der Auseinandersetzung mit diesem Thema ging es, wie für Amerikas Beziehung zum Holocaust typisch, vor allem um Fragen, die die Amerikaner angingen – in diesem Fall nicht nur die Rolle der USA beim Wiederaufbau Europas, sondern auch die Stellung von Einwanderern in der amerikanischen Gesellschaft und die Frage der US-Staatsbürgerschaft im allgemeinen.

In den 50er Jahren erschienen in den Vereinigten Staaten die ersten eine breite Öffentlichkeit ansprechenden Werke, die sich in irgendeiner Form mit dem Holocaust auseinandersetzten, darunter Romane und Fernsehspiele. Von herausragender Bedeutung für das Holocaust-Gedenken aber sollte sich die Veröffentlichung der Tagebücher der Anne Frank in einer englischsprachigen Ausgabe 1952 erweisen, deren Breitenwirkung durch eine Bühnen- und eine Filmfassung 1955 beziehungsweise 1959 gesteigert wurde. Kurz bevor die Kinofassung herauskam, widmete das US-Magazin Life den Tagebüchern und der Lebensgeschichte Anne Franks im August 1958 eine Titelgeschichte: Ihr Jugendtraum, das Leben möge sie eines Tages nach Hollywood führen, war damit – Ironie des Schicksals – kurz davor, postum in Erfüllung zu gehen. Auf dem Titelblatt wurde ein Ausschnitt aus der Tagebuchseite abgebildet, auf der Anne Frank eines ihrer Kinderphotos kommentierte und mit dem Hinweis auf Hollywood versah (Abb. USA 9). Zudem wurde die autorisierte Bühnenfassung der Tagebücher von Frances Goodrich und Albert Hackett unter dem Titel „The Diary of Anne Frank" zum ersten bedeutenden Werk der Holocaust-Darstellung aus US-amerikanischer Produktion, von dem eine weitreichende und nachhaltige Wirkung über die Grenzen der USA hinaus ausging.[11]

Auch das Verfahren gegen Adolf Eichmann, das 1961 in Jerusalem eröffnet wurde, erwies sich in Amerika als ein Wen-

USA 9
Anne Frank
Life, 18. August 1958
Zeitschriftentitel
Berlin, Deutsches
Historisches Museum

depunkt im Holocaust-Gedenken. Die israelische Regierung betraute die amerikanische Capital Cities Broadcasting Corporation mit der Herstellung der offiziellen Filmdokumentation des Gerichtsverfahrens, die an Fernsehsender und Wochenschauproduzenten in aller Welt vertrieben wurde. Israel wies in seiner übergreifenden Absicht, die Weltöffentlichkeit über den Holocaust aufzuklären, den amerikanischen Beobachtern des Prozesses eine Schlüsselposition zu. Dies war das erste Mal, daß offizielle Gerichtsverhandlungen international im Fernsehen gesendet wurden, und die Fernsehübertragungen des Prozesses erwiesen sich für amerikanische Zuschauer als ein problematisches Erlebnis.

USA 10
The Judgment of Eichmann
Die Verurteilung Eichmanns, Ankündigung der Fernsehübertragung, in: The New York Times,
12. April 1961, S. 82
Zeitung
New York, The New York Times Agency

Amerikanische Sender hatten in ihrer Werbung den Prozeß als ein Fallbeispiel für das Böse, dessen Menschen fähig seien, hingestellt. Die Anzeige der New York Times zeigt ein schwarzes Rechteck, auf dem in der Mitte in kleinen weißen Buchstaben „The Judgment of Eichmann" zu lesen ist (Abb. USA 10). Dieses kahle Bild suggeriert die besondere moralische Herausforderung, vor die der Prozeß die Amerikaner stellte. Man kann behaupten, daß diese Fernsehübertragungen das amerikanische Verständnis des Falles und des Holocaust im weiteren Sinne beeinflußten, insbesondere unter dem Gesichtspunkt des Bildes, das Eichmann im Fernsehen abgab und das als Anschauungsbeispiel Hannah Arendts Auffassung von der „Banalität des Bösen" zu bestätigen schien. Zu gleicher Zeit sorgte Arendt mit ihrem 1963 erschienenen Buch „Eichmann in Jerusalem" für erheblichen Wirbel in der Öffentlichkeit, insbesondere wegen ihrer scharfen Kritik am europäischen Judentum, dem sie eine beschwichtigende Haltung gegenüber dem nationalsozialistischen Regime vorhielt. Damit war eine wichtige Weiche für die spätere Diskussion über die angemessene Darstellung des Holocaust gestellt.[12]

Es sollte mehrere Jahrzehnte dauern, bis die nationalsozialistische Verfolgung der Juden und anderer Zivilisten für die Amerikaner und anschließend für andere unter dem Begriff „Holocaust" zum Allgemeingut wurde. Diese begriffliche Einordnung ist nicht nur eine Frage der Semantik, sondern zeugt von einem vielsagenden Wandel der Anschauung. Durch diesen wird der „Krieg gegen die Juden" aus der übergreifenden Geschichte des Dritten Reichs beziehungsweise des Zweiten Weltkrieges herausgelöst und rückten die Juden als Subjekte und Chronisten in das Zentrum dieses nunmehr für sich stehenden Kapitels der Geschichte. So gesehen ist das Holocaust-Gedenken in den Vereinigten Staaten nicht zuletzt ein Gradmesser des Selbstverständnisses der amerikanisch-jüdischen Gemeinschaft, insbesondere im Verhältnis zur nationalen Öffentlichkeit. In den ersten Nachkriegsjahren beschränkte sich die kollektive Erinnerung an den Holocaust überwiegend auf die eigene Gemeinschaft und drehte sich in erster Linie um Holocaust-Überlebende, Flüchtlinge aus der unmittelbaren Vorkriegszeit und andere Einwanderer aus Europa, die erst vor kurzem eingetroffen waren. Öffentlichkeitswirksamere Bemühungen, des Mordes an den europäischen Juden zu gedenken, riefen vielfach Widerstand hervor, mal innerhalb der jüdischen Gemeinde selbst, mal außerhalb. So stießen frühe Bestrebungen, ein Mahnmal für die jüdischen Opfer des Nationalsozialismus in einem öffentlichen Park in Manhattan zu er-

USA 11
Holocaust. Powerful miniseries starts this week
Holocaust.
Diese Woche die erste Folge des eindringlichen Fernsehvierteilers,
TV-Guide, April 1978
Zeitschriftentitel
Privatbesitz

richten, auf anhaltenden Widerstand seitens der Stadt New York. Außerdem erschien es manchen Juden nicht ratsam, allzu viel öffentliche Aufmerksamkeit auf die jüdischen Opfer zu lenken. Eine in der ersten Hälfte der 50er Jahre angebrachte Gedenktafel, die den vorgesehenen Standort dieses geplanten Denkmals markiert, dient bis heute als ein Memento der umstrittenen Anfänge des amerikanischen Holocaust-Gedenkens.[13]

Wenn es ein einzelnes Ereignis gibt, das aus heutiger Sicht den Wandel in Amerikas Beziehung zum Holocaust markiert, so wäre dies die Erstausstrahlung des Fernsehvierteilers „The Holocaust: The Story of the Family Weiss" im April 1978 (Abb. USA 11). Der Beginn der Serie wurde von dem populären Magazin TV-Guide mit einem ganzseitigen Bild auf dem Titel angekündigt. Die Zeichnung zeigt ein Gruppe von Gefangenen – vorwiegend Frauen und Kinder – mit Gepäck, die von einem bewaffneten deutschen Soldaten vorwärtsgetrieben werden. Nicht nur sah die Hälfte aller Amerikaner zumindest Teile des neuneinhalbstündigen Fernsehspiels, sondern dieses löste auch eine Diskussion über den Holocaust und dessen Gedenken aus, die noch Monate danach anhielt. Die Kritik war sich in der Beurteilung darüber einig, daß die Serie die Grenzen der Massenmedien aufzeigte, wenn es um die angemessene Darstellung eines Geschehens ging, das man damals gerade als ein in seiner Ungeheuerlichkeit einzigartiges, eben an der Grenze der Darstellbarkeit angesiedeltes Ereignis zu verstehen begann (vgl. Abb. USA 10). Trotzdem kam es in den Jahrzehnten, die auf die Ausstrahlung des Vierteilers folgten, förmlich zu einem Boom einschlägiger Fernsehspiele und anderer Medienproduktionen, die zum Teil von ihren Schöpfern als Reaktion auf die Holocaust-Serie bezeichnet wurden.

Zu den am weitesten reichenden Bemühungen dieser Art zählen die verschiedenen Projekte, um die Zeugnisse von Überlebenden und anderen Zeugen des Holocaust auf Video festzuhalten. Eines der ersten war eine Bürgerinitiative von Überlebenden in New Haven im US-Bundesstaat Connecticut, die in der zweiten Hälfte der 70er Jahre begonnen wurde und aus der schließlich das Fortunoff Video Archive of Holocaust Testimonies hervorging, das heute von der Universität Yale betreut wird. Die Aufzeichnung von Zehntausenden Augenzeugenberichten durch diese und andere Organisationen im Verlauf der nachfolgenden Jahrzehnte stellt schon für sich genommen eine monumentale Anstrengung des Holocaust-Gedenkens dar. Sie zeugt auch von einem im weiteren Sinn erhöhten Stellenwert der Holocaust-Überlebenden in Amerika am Ende des 20. Jahrhunderts. In den ersten Nachkriegsjahren wurden diese als eine marginale Gruppe betrachtet. Frühe Darstellungen von Überlebenden – ein klassisches Beispiel ist Edward Lewis Wallants Roman „The Pawnbroker" (Der Pfandleiher) von 1961 (der 1964 verfilmt wurde) – porträtierten sie vielfach als seelisch zerbrechliche oder zerrüttete Personen, die von der Erinnerung an ihre Erlebnisse der Kriegszeit verfolgt wurden.

Ab der zweiten Hälfte der 70er Jahre jedoch traten Holocaust-Überlebende in der amerikanischen Öffentlichkeit als eine erfolgreiche und engagierte Gruppe hervor, der insbesondere an der Verbreitung und inhaltlichen Vertiefung des Holocaust-Gedenkens gelegen war. Überlebende sind zur höchsten Autorität in Sachen Holocaust aufgerückt und werden regelmäßig gebeten, nicht nur über ihre eigenen Erfahrungen, sondern auch über den Krieg als Ganzes zu sprechen und sogar auf andere schwierige moralische Fragen einzugehen. Als Beispiel hierfür sei auf Élie Wiesel verwiesen, der seit den 60er Jahren eine führende Rolle im amerikanischen Holocaust-Gedenken spielt und häufig aufgefordert wird, in den verschiedensten Fragen vom arabisch-israelischen Konflikt bis hin zum atomaren Rüstungswettlauf als Stimme des öffentlichen moralischen Gewissens zu fungieren.[14]

USA 12
Movie of the Year. Schindler's List. Spielberg takes on the Holocaust
Film des Jahres. Schindlers Liste. Spielberg stellt sich dem Holocaust, in: Newsweek, 20. Dezember 1993
Zeitschriftentitel
Privatbesitz

In den 90er Jahren wurden in den USA in nie dagewesenem Umfang Projekte des Holocaust-Gedenkens realisiert: große Museen an markanten Standorten in Washington (1993), Los Angeles (1993) und New York (1997) und die Premiere von Steven Spielbergs Film „Schindler's List" (1993) nach dem Roman von Thomas Keneally über die Rettung von mehr als 1000 polnischen Juden durch den deutschen Geschäftsmann Oskar Schindler. Spielbergs Film fand großen Anklang und war damit das dritte bedeutende Werk der dramatischen Aufbereitung des Holocaust, das die Vereinigten Staaten in alle Welt exportiert haben. Die starke öffentliche Beachtung, die „Schindler's List" fand, gab auch der Laufbahn des Regisseurs eine neue Wende, da der Film ihm die Anerkennung seiner „Reife" als Filmemacher einbrachte und ihn in die Position eines prominenten Sachwalters des Holocaust-Gedenkens rückte (Abb. USA 12). Dies drückt auch das Titelblatt der Zeitschrift Newsweek aus, die „Schindler's List" zum Film des Jahres erklärt, ein ganzseitiges Porträt Spielbergs auf den Titel bringt und klein eine Szene aus dem Film am unteren Rand abbildet. Spielberg verwendete Erlöse aus dem Film, um das Shoah Visual History Project ins Leben zu rufen, das umfangreichste und bekannteste der verschiedenen Projekte zur Dokumentation der Zeugnisse von Holocaust-Überlebenden. Spielberg dürfte sogar Elie Wiesel als die bekannteste mit dem Holocaust assoziierte öffentliche Person in Amerika abgelöst haben – eine vielsagende Entwicklung, die von einer übergreifenden Schwerpunktverlagerung im Holocaust-Gedenken zeugt, nämlich von den Überlebenden und anderen Augenzeugen des Geschehens hin zu den Schöpfern von Holocaust-Darstellungen.

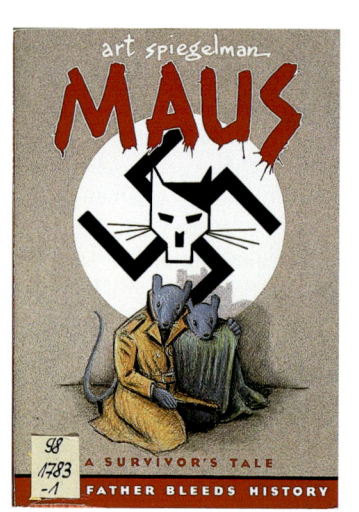

Parallel zur stetig gewachsenen Bedeutung des Holocaust in der moralischen Landschaft Amerikas haben einige Schriftsteller sowie darstellende und bildende Künstler, die in der Mehrzahl nach dem Krieg in den Vereinigten Staaten geboren oder aufgewachsen sind, die Art und Weise

USA 13
Art Spiegelman
Maus. A survivor's tale
Maus. Die Geschichte eines Überlebenden, New York 1986 (Erstauflage 1973)
Comictitel
Berlin, Deutsches Historisches Museum
98 1783-1

wie auch den Zweck der amerikanischen Erinnerung an den Holocaust hinterfragt. Mit seinem gezeichneten Roman „Maus" stellte der Cartoonist Art Spiegelman mit den Mitteln des Comics und der provozierenden Darstellung der verschiedenen Völker Europas in Tiergestalt die Konventionen der Holocaust-Darstellung in Frage (Abb. USA 13). „Maus" verknüpft die bewegte Lebensgeschichte eines Holocaust-Überlebenden mit einer Darstellung der Schwierigkeiten, die es dessen Sohn bereitet, diese Erblast anzunehmen und zu bewältigen.[15]

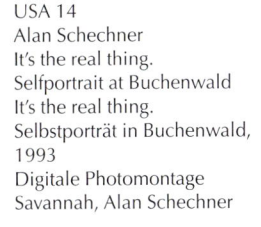

Andere Künstler haben in ihrem Werk die moralischen Imperative befragt, die sich in der amerikanischen Breitenkultur im Zusammenhang mit dem Holocaust herausgebildet haben. Ein Beispiel ist die Arbeit von Alan Schechner von 1993. Der Künstler hat sich eine Photographie ausgesucht, die befreite Häftlinge zeigt und in die er sich selbst hineinprojiziert (Abb. USA 14). Er steht vor den fast verhungerten Häftlingen und hält eine Dose Cola-Light in der Hand. Das Mißverhältnis der Bildbestandteile veranschaulicht die gewaltige Herausforderung, die der Versuch, sich jemandes Weg in die Schrecken des Holocaust vorzustellen für viele junge Amerikaner darstellt.[16]

USA 14
Alan Schechner
It's the real thing.
Selfportrait at Buchenwald
It's the real thing.
Selbstporträt in Buchenwald,
1993
Digitale Photomontage
Savannah, Alan Schechner

Politische Paradigmen

Während der Kriegsjahre charakterisierten die Amerikaner ihre Beteiligung am Zweiten Weltkrieg vielfach in einem ethischen und weniger in einem politischen Sinn, und der Krieg hat seither im öffentlichen Diskurs weiterhin als ein wichtiges moralisches Exempel fungiert. Die Lehren, die Amerika aus dem Krieg zog, wurden bei der Ausformulierung der internationalen Politik häufig herangezogen: Sie prägten gleichermaßen Bemühungen, die Vergangenheit zu verstehen, wie Versuche, eine Zukunft zu entwerfen.

Tatsächlich gingen die Vorstellungen der Amerikaner davon, was nun eigentlich die Lehren des Zweiten Weltkrieges seien, weit auseinander. Gelegentlich haben konkurrierende Auffassungen vom Krieg als politischem oder moralischem Lehrbeispiel wie ein Spaltpilz im amerikanischen öffentlichen Bewußtsein gewirkt. Ein wichtiges Beispiel hierfür boten die späten 60er und frühen 70er Jahre, in denen die militärische Intervention der USA im Krieg zwischen Nord- und Südvietnam die Amerikaner spaltete. Der Zweite Weltkrieg spielte eine Rolle in den divergierenden Bewertungen des Krieges, wobei der Riß weitgehend entlang den Generationsgrenzen verlief. Zahlreiche Amerikaner der Generation, die im Zweiten Weltkrieg gekämpft hatte, betrachteten diesen als ein Mandat für den Einsatz in Vietnam, anknüpfend an die Verpflichtung der USA zur Verteidigung von

Grundfreiheiten im Ausland. Zahlreiche jüngere Amerikaner aber betrachteten Vietnam aus einer umgekehrten Perspektive, sahen die US-Regierung als einen arroganten Aggressor und zogen Parallelen zwischen ihrem Vorgehen in Südostasien und dem der Achsenmächte. Illustriert wird dies zum Beispiel durch eine Collage des engagierten Kriegsgegners Jerry Rubin von 1970. Über einer Szenerie, die den American Way of Life darstellen soll, steht in dicken Lettern „Fuck Amerika". Diese Kritik wird gesteigert durch die Stripes auf den Buchstaben, über denen nicht die Stars, sondern Hakenkreuze zu sehen sind (Abb. USA 15). Als die amerikanische Öffentlichkeit von der Verfolgung vietnamesischer Zivilisten durch ihr eigenes Militär erfuhr und die heimlichen Bemühungen der US-Regierung, ihre militärische Rolle in Südostasien auszuweiten, entlarvt wurden, begann man den Krieg in Vietnam mit dem Holocaust zu vergleichen. Diese Analogie spielte eine wichtige Rolle in der Rhetorik der sich gegen den Krieg wendenden Protestbewegung und prägte die Debatte über Amerikas Rolle in Vietnam in Presse, Funk und Fernsehen.[17]

USA 15
Fuck Amerika
In: Jerry Rubin: Do it; scenarios of the revolution. Introduced by Eldridge Cleaver. Designed by Quentin Fiore. Yipped by Jim Retherford. Zapped by Nancy Kurshan, New York 1970, S. 14
Buch
Bremen, Staats- und Universitätsbibliothek Bremen 01.c.9389

Das gewachsene öffentliche Bewußtsein des Holocaust brachte widerstreitende Einschätzungen seiner Bedeutung mit sich, wonach er einerseits ein in der Geschichte der Menschheit einzigartiges, unvergleichliches Geschehen und andererseits gerade ein paradigmatisches Ereignis sei.[18] Obwohl sich zunehmend die Ansicht durchgesetzt hat, daß der Holocaust ein singuläres Geschehen sei, dessen Erklärung Theologen, Philosophen und Künstler an ihre Grenzen stoßen lasse, bemühen die Amerikaner mit zunehmender Häufigkeit den Holocaust praktisch als Vergleichsbeispiel für das Verständnis einer anwachsenden Liste politischer Krisen und gesellschaftlicher Mißstände.[19]

Seit Mitte der 70er Jahre, als der Holocaust in Reportagen über die Blutbäder angeführt wurde, die das Pol-Pot-Regime unter der kambodschanischen Bevölkerung angerichtet hatte, sind (versuchte) Genozide im Irak, auf dem Balkan, in Ruanda und in Tschetschenien in der amerikanischen Presse jeweils als „ein neuer Holocaust" etikettiert worden. Während dieser Vergleich die Öffentlichkeit auf die Ungeheuerlichkeit und Brisanz der betreffenden Situation aufmerksam macht, kann die Analogie im weiteren Sinn auch problematisch sein. Im Fall der Vergleiche zwischen dem Holocaust und den „ethnischen Säuberungen" in Bosnien Anfang der 90er Jahre kam es zu einem Meinungsstreit über deren Angemessenheit, und die Analogie warf obendrein Fragen nach konkurrierenden Paradigmen auf. Rob Rogers' Karikaturen von 1993 machen deutlich, daß Analogieschlüsse nicht als Entscheidungshilfen taugen. Auf einer sieht man Präsident Bill Clinton, der vor dem Vietnam-Memorial steht und einsieht, daß es angesichts der Erfahrungen in Vietnam unmöglich ist, in Bosnien zu intervenieren. Zu dem gegenteiligen Schluß – daß es unmöglich ist, nicht zu intervenieren – kommt er angesichts des US-Holocaust-Museums (Abb. USA 16).

USA 16
Rob Rogers
Clinton at Vietnam Memorial and Holocaust Museum
Clinton am Vietnam-Memorial und am Holocaust-Museum, in: Pittsburgh Post-Gazette, 11. Mai 1993, S. D-2
Zeitung
Pittsburgh, Pittsburgh Post-Gazette

Der Holocaust ist zudem zur Erklärung bestimmter Ereignisse in der eigenen Vergangenheit Amerikas herangezogen worden: Sowohl der Handel mit Sklaven aus Afrika wie auch die Verfolgung amerikanischer Eingeborenenstämme sind als „ein amerikanischer Holocaust" eingestuft worden. Der Holocaust ist zu einem derart wirkungsvollen moralischen Instrument avanciert, daß er immer häufiger bemüht wird, alle möglichen Krisen, darunter die Abtreibung, die AIDS-Seuche,

USA 17
Lesbian gay vote 86
Lesben Schwule wählen 86,
1986
Anstecknadel, 4 x 4 cm
Privatbesitz

USA 18
The African Holocaust.
Never Again
Der afrikanische Holocaust.
Nie wieder, 90er Jahre
T-Shirt, 94 x 84 cm
Privatbesitz

USA 19
We will never forget
September 11, 2001
Wir werden den
11. September 2001 niemals
vergessen, 2001
Postkarte, 13 x 18 cm
Privatbesitz

der atomare Rüstungswettlauf und Umweltprobleme, auf den Begriff zu bringen. Die Schwulenbewegung hat den rosa Winkel, das Kennzeichen für Homosexuelle auf den Häftlingsuniformen in den nationalsozialistischen Konzentrationslagern, zu einem Symbol der politischen Aktion umfunktioniert. 1986 wurden Lesben und Schwule mit einer Anstecknadel dazu aufgerufen, sich an den nationalen Wahlen zu beteiligen, auf der der rosa Winkel als Stimmzettel dargestellt ist (Abb. USA 17).

Die Berufung auf den Holocaust als moralisches Paradigma durch die Amerikaner nimmt ebenso vielfältige Formen an, wie sie Anwendungsmöglichkeiten bietet, und Beispiele für sie finden sich allerorten, von Autoaufklebern und T-Shirts bis hin zu Werbeanzeigen, Fernsehsendungen, wissenschaftlichen Monographien und Museen. So wurden in den 90er Jahren beispielsweise T-Shirts mit Bildern von Sklavenschiffen bedruckt, die ein Schriftzug als „African Holocaust" bezeichnete. Diese Gleichsetzung wurde durch das Schlagwort des Holocaust-Gedenkens, „Never again", betont (Abb. USA 18). Gleichzeitig löst die Beschwörung des Holocaust als Vergleichsbeispiel regelmäßig Debatten über die Angemessenheit seiner Verwendung aus.[20]

In jüngster Zeit ist der Zweite Weltkrieg für das amerikanische politische Denken und Handeln im Gefolge der Terrorakte des 11. September 2001 wieder in den Vordergrund getreten. Die Anschläge der Al-Qaida-Terroristen auf das World Trade Center und das Pentagon beschworen Vergleiche mit dem japanischen Bombenangriff auf Pearl Harbor herauf, dem letzten Mal, daß ein Angriff vergleichbarer Art auf amerikanischem Boden stattgefunden hatte. Die Bilder der Flugzeuge erinnerten manche Amerikaner an die Kamikazeflieger des Zweiten Weltkrieges (obwohl diese sich ausschließlich gegen militärische Ziele richteten). Im gleichen Sinne ist ein Photo zu verstehen, das drei Feuerwehrmänner inmitten der Trümmer des World Trade Center beim Hissen der amerikanischen Flagge zeigt (Abb. USA 19). Es hat eine starke Ähnlichkeit mit einem Photo aus dem Zweiten Weltkrieg von US-Soldaten, die auf der Pazifikinsel Iwo Jima das Sternenbanner aufrichten (vgl. Abb. USA 2 und USA 5 li. o.). Das Bild mit den Feuerwehrmännern wurde bald zu einem Sinnbild des erneuerten amerikanischen Patriotismus.

Gleichzeitig spielte der Zweite Weltkrieg eine Rolle in der Rhetorik der US-amerikanischen Pläne, gegen den Irak in den Krieg zu ziehen. Der irakische Führer Saddam Hussein wurde regelmäßig mit Adolf Hitler verglichen, und als Begründung für ein militärisches Einschreiten gegen den Irak berief sich die Regierung Bush auf das Beispiel der Beschwichtigungspolitik Großbritanniens gegenüber dem deutschen Expansionsdrang am Vorabend des Zweiten Weltkrieges.

Das Faszinosum Faschismus

Das Dritte Reich hat nicht nur die Verachtung der Amerikaner hervorgerufen (das Wort „Nazi" hat sich als gängiges Schimpfwort im nationalen Sprachgebrauch eingebürgert), sondern übt auch auf viele Amerikaner eine komplizierte Faszination aus. Bei ihrem Versuch, die Kriegsjahre zu imaginieren, hat sich die Aufarbeitung des Nationalsozialismus für die Amerikaner als besondere Herausforderung erwiesen, und dies schließt auch die Auseinandersetzung mit jenen Aspekten dieses verstörenden Kapitels der Geschichte ein, die zahlreiche Menschen in ihren Bann ziehen. Im ersten Nürnberger Kriegsverbrecherprozeß galt das öffentliche Interesse vor allem den Charakteren der nationalsozialistischen Elite. Auch in den ersten historischen Darstellungen des Nationalsozialismus, die breiten Anklang fanden, wie etwa William Shirers „Rise and Fall of the Third Reich" (Aufstieg und Fall des Dritten Reiches) von 1959, richtete sich das Augenmerk vor allem auf diese Männer und Adolf Hitler, den Shirer als den „wohl letzten großen Abenteurer und Eroberer in der Nachfolge Alexanders des Großen, Cäsars und Napoleons" bezeichnete.[21] Seit den Hollywood-Filmen „Hitler's Children" (Hitlers Kinder) und „Watch on the Rhine" (Die Wacht am Rhein) von 1943 war das Thema immer wieder Gegenstand filmischer Aufarbeitung.

In den ersten Nachkriegsjahrzehnten dominierten in der amerikanischen öffentlichen Diskussion über den Nationalsozialismus psychologische Modelle. Amerikanische Journalisten, die über den Kriegsverbrecherprozeß gegen Adolf Eichmann berichteten, tendierten – entgegen der Absicht, die die israelische Regierung mit dem Prozeß verfolgte – dazu, diesen als eine Fallstudie zur Psychologie des Bösen aufzufassen. Die umstrittenen Experimente des Sozialpsychologen Stanley Milgram zum Gehorsam in der ersten Hälfte der 60er Jahre (bei denen die Mehrzahl seiner Probanden eine Bereitschaft an den Tag legte, anderen Personen offensichtlich schmerzliche Elektroschocks zu versetzen, nur um den Anweisungen des verantwortlichen Forschers Folge zu leisten) wurden vielfach als Beweis für eine universelle menschliche Neigung zu Befehlsgehorsam angeführt, selbst wenn die Befehle moralischen Grundsätzen widersprechen – ein Potential, das im Nationalsozialismus in seiner tödlichen Form verwirklicht wurde.[22]

Der Nationalsozialismus wurde im folgenden aus jeder historischen oder sozioökonomischen Verankerung herausgelöst. Werke der amerikanischen Populärkultur haben wiederholt die These vertreten, daß jeder ein Nazi werden könne, wie in der Projektion auf Außerirdische in einer Folge der populären Science-Fiction-Serie „Star Trek" (Raumschiff Enterprise) von 1968 deutlich wird, in der das Dritte Reich auf einem weit entfernten Planeten seine Wiederauferstehung feierte. Auf dem Szenenphoto, das auf dem Cover der Videokassette abgebildet ist, sind Captain Kirk und Mr. Spock nach ihrer Festnahme in der Hand der außerirdischen Nazis zu sehen (Abb. USA 20). Sie finden heraus, daß ein Historiker von ihrem Planeten als Führer durch eine machtgierige Clique mißbraucht wird. Nach der Demontage der Figur wird deutlich, daß das Volk verführt worden ist. Laut Aufschrift auf der Kassette darf diese Episode in Deutschland bis heute nicht gezeigt werden.

Auch Juden können zu Nazis oder Neonazis werden, wie eine Reihe von Bühnen- und Filmwerken zeigt. Ein Beispiel aus jüngster Zeit ist der Film „The Believer" von 2001. Dabei war das Bild der Nazis in der amerikanischen Populärkultur alles andere als einheitlich, denn sie dienten gleichzeitig als Zielscheibe des Spotts (etwa als komische Stümper in der Situationskomödie „Hogan's Heroes" aus den 60er Jahren) oder als Objekte eines sexuellen Fetischismus (in zahlreichen

USA 20
James Goldstone,
Murray Golden (Regie)
Star Trek – Patterns of Force
Raumschiff Enterprise. Die
Machtprobe, Folge 52, 1968
Video, 1993
Berlin, Deutsches
Historisches Museum

Werken der Pornographie). Diese Entwicklungen sind ihrerseits ein Ausfluß des weitverbreiteten Bildes der Nazis als Personifikation des Bösen und zeugen davon, wie sehr sich diese Vorstellung in den ersten Nachkriegsjahrzehnten einbürgerte.

Angefangen mit Susan Sontags Aufsatz über das „Faszinosum Faschismus" von 1975 haben Kritiker und Wissenschaftler sich mit diesem Phänomen auseinandergesetzt. Die zunehmende Verbreitung trivialer Darstellungen des Nationalsozialismus, insbesondere solcher, die dessen Kultur der Gewalt romantisieren oder die Elemente der Naziikonographie in sexuelle Fetische umfunktionieren, wirft für den Kulturwissenschaftler neue Fragen auf. So empfindet der Holocaust-Historiker Saul Friedländer das Überhandnehmen von Nazimotiven in der Trivialkultur der Nachkriegszeit, die in seinen Augen moralisch aufgeladene ästhetische Grenzen verletzen, als bedrückend. Zugleich aber erkennt Friedländer in diesem Phänomen eine Möglichkeit, Einsichten in die psychologische Anziehungskraft des Nationalsozialismus zu gewinnen.[23]

Parallel zur zunehmenden Verbreitung von Nazimotiven in der amerikanischen Populärkultur sind Neonazibewegungen verstärkt ins Rampenlicht getreten. Die Anti-Defamation League, eine Organisation, die sich dem Kampf gegen Antisemitismus und andere Vorurteile in den USA widmet, bezieht sich in ihren Bitten um Unterstützung auf die Bedrohung, die diese darstellen, und benutzt dazu ihrerseits dieselben Motive (Abb. USA 21). Anders als in anderen Ländern, in denen derartige Bewegungen zu finden sind, gibt es in den Vereinigten Staaten keine Gesetze, die deren Meinungs- oder Versammlungsfreiheit einschränken. Infolgedessen konnte sich in den USA Neonazipropaganda ungehindert verbreiten und ist inzwischen im Internet jedem zugänglich. Zwischen der vielfältigen Verwendung von Nazimotiven und deren jeweiliger Intention oder Wirkung läßt sich keine einfache Beziehung herstellen, der Glaube an deren Provokationspotential ist aber bis heute eine Konstante.

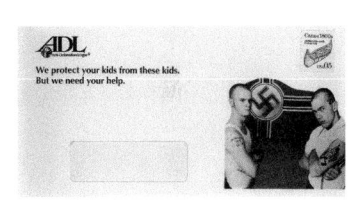

Darstellungen des Nationalsozialismus können tatsächlich unterschiedliche Reaktionen hervorrufen: Die populärste Broadwayshow des Jahres 2001 war das Musical „The Producers", Mel Brooks' Bühnenversion seines Films aus dem Jahre 1968: Zwei Broadway-Produzenten wollen ein Vermögen machen, indem sie für einen sicheren Flop mehr Geld einwerben, als sie benötigen, und die Differenz selbst einstreichen. Das geeignete Stück glauben sie in der den Nationalsozialismus verklärenden Geschichte mit dem Titel „Springtime for Hitler" gefunden zu haben. Das Szenenphoto zeigt die beiden mit dem Autor des Stücks, einem Neonazi, in Verhandlung über die Aufführungsrechte (Abb. USA 22). Während das Musical mit seinem Spott über den Nationalsozialismus Erfolge feierte, rief die 2002 im Jewish Museum in New York gezeigte Ausstellung „Mirroring Evil: Nazi Imagery/Recent Art" teilweise heftige Kritik hervor, weil sie Werke zeigte, die ebenfalls die kulturelle Tabuisierung eines respektlosen Umgangs mit nationalsozialistischen Motiven in Frage stellten (vgl. Abb. USA 14).

USA 21
We protect your kids from these kids. But we need your help, ADL
Wir schützen Ihre Kids vor diesen Kids. Aber wir brauchen Ihre Hilfe, ADL, 90er Jahre
Spendenbrief, 11 x 21 cm
Privatbesitz

USA 22
Mel Brooks (Regie)
The Producers
Die Produzenten, 1968
Filmstill, 20,5 x 25,8 cm
Berlin, Deutsches Historisches Museum

Der gute Krieg

Für die Mehrzahl der Amerikaner besteht das dauerhafteste Vermächtnis des Zweiten Weltkriegs in dessen Stellenwert als Glanzpunkt nationaler moralischer Tapferkeit. Während des Krieges waren Amerikaner im In- und Ausland bestrebt, Feinde der Demokratie zu besiegen; die Kriegsanstrengungen vereinten die Amerikaner in einem Gemeinschaftsgeist, der bis heute seinesgleichen sucht. Dieser ausgeprägte Glaube an die Ehrenhaftigkeit der Rolle Amerikas im Zweiten Weltkrieg hat die Oberhand behalten, obwohl in der Geschichte manches keineswegs so eindeutig war: der anfängliche Widerwille zahlreicher Amerikaner, in den Krieg einzutreten, die Tatsache, daß das Land für den Krieg unzureichend vorbereitet war, die institutionalisierten Rassenvorurteile, die zu Hause fortbestanden, während das Land gegen rassistische Regime Krieg führte. Sogar die umstrittenste aller Kriegshandlungen der USA, nämlich die Entscheidung, Atombomben auf Hiroshima und Nagasaki abzuwerfen, betrachten viele bis heute als unanfechtbar. So riefen 1994 Pläne, den Einsatz von Atomwaffen in Japan im Rahmen einer Ausstellung der Smithsonian Institution in Washington, D.C., zur Diskussion zu stellen, einen derartigen Proteststurm, insbesondere von Kriegsveteranen, hervor, daß der Plan fallengelassen wurde.[24]

Die populären Darstellungen des Krieges aus amerikanischer Produktion – von Filmen, die militärische Feldzüge Revue passieren lassen, bis zu Spielzeugsoldaten und Kriegsspielen für Kinder – haben überwiegend glorifizierenden Charakter und drehen sich vor allem um amerikanische Tapferkeit im Kampf. So erlaubt z. B. „Hit the beach", ein Brettspiel, das Mitte der 60er Jahre produziert wurde, dem Spieler, eine Schlacht zwischen Amerikanern und Japanern mit Luft-, Land- und Seestreitkräften nachzuspielen (Abb. USA 23).

Im Gefolge des Vietnam-Krieges und der dagegen gerichteten Protestbewegung jedoch haben einige wenige Kriegsfilme – wie etwa „Patton" von 1970 und „A Bridge Too Far" (Die Brücke von Arnheim) von 1977 – auch die grauenvolleren Folgen des Kampfes thematisiert. In jüngerer Zeit hat Hollywood sich wieder auf triumphale Leinwandspektakel verlegt, die entscheidende Momente des Krieges wie die Invasion am D-Day in „Saving Private Ryan" von 1998 oder den japanischen Überfall auf Pearl Harbor mit beispiellosem Aufwand nachinszenieren. Vor allem für den Film „Pearl Harbor" von 2001 wurde großer Wert auf eine möglichst wirklichkeitsgetreue Darstellung des Angriffs gelegt, bis hin zu originalgetreuen Nachbauten der historischen Flugzeuge und Kriegsschiffe. Die Plakate zeigen japanische Kampfflugzeuge und die Explosion eines amerikanischen Kriegsschiffs, darüber erscheinen die drei Protagonisten (Abb. USA 24). In jüngster Zeit wiederum dienten Filme über den Zweiten Weltkrieg auch dazu, gängige Darstellungsweisen des Krieges zu erweitern und Gruppen einzubeziehen, die bisher bei der Verherrlichung amerikanischen Heldentums außen vor geblieben waren, namentlich der Film „Windtalkers", der die Geschichte von Soldaten aus dem Navajo-Stamm er-

USA 23
Hit the beach
Auf zum Strand, 1965
Brettspiel, 34,5 x 51 x 4,5 cm (Schachtel)
Berlin, Deutsches Historisches Museum

USA 24
Michael Bay (Regie)
Pearl Harbor
2001
Filmplakate, 98 x 204 cm
Berlin, Deutsches
Historisches Museum

zählt, die sich während des Krieges zur Übersendung verschlüsselter Nachrichten ihrer Muttersprache bedienten.[25] Der Film soll den besonderen Beitrag der Navajo im Kampf der Amerikaner würdigen. Die „Windtalkers" an der Front hatten jeweils einen Beschützer bei sich, der den Auftrag hatte, um jeden Preis den Code (nicht den Menschen) zu schützen. Im Film bringt der Beschützer „seinen" Navajo aus größter Gefahr in Sicherheit. Dieser Moment und der gemeinsame Kampf der beiden sind auch das Motiv des Filmplakats (Abb. USA 25).

Die Vorstellung vom Zweiten Weltkrieg als dem „guten Krieg" kam im nachhinein auf, wie der Autor Studs Terkel 1984 in seinem gleichnamigen Buch feststellte: „Es ist eine Bezeichnung, die des öfteren von Männern (…) meiner Generation im Munde geführt wurde, um diesen Krieg von anderen erklärten oder unerklärten Kriegen zu unterscheiden."[26] Das Buch feiert die Erinnerungen der Kriegsgeneration an die militärischen Leistungen ihrer Jugendzeit. Bei der Gestaltung des Covers griff man auf das Design der 40er Jahre und auf Motive zurück, die damals vielfach in der amerikanischen Kriegspropaganda benutzt worden waren, wie das „V" für victory und den amerikanischen Adler, der hier ein Banner mit der Aufschrift „Win the war" trägt (Abb. USA 26). Terkels umfangreiche Sammlung von mündlichen Berichten amerikanischer Zeitzeugen, die vier Jahrzehnte nach Kriegsende erschien, markierte eine Verschiebung im Bewußtsein des Zweiten Weltkrieges. Die Amerikaner sehen diesen Krieg in einer Reihe mit den jüngeren, weniger gefeierten militärischen Engagements des Landes, nämlich dem Koreakrieg und dem Krieg in Vietnam. Im öffentlichen Gedenken des Zweiten Welt-

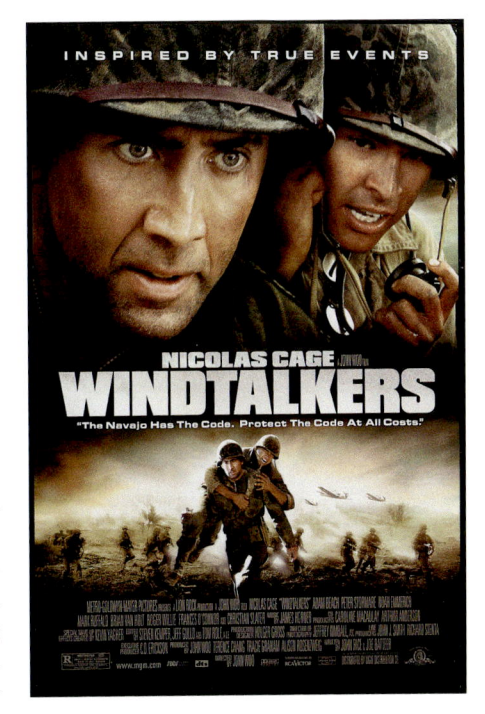

USA 25
John Woo (Regie)
Windtalkers
2002
Filmplakat, 100 x 69 cm
Berlin, Deutsches
Historisches Museum

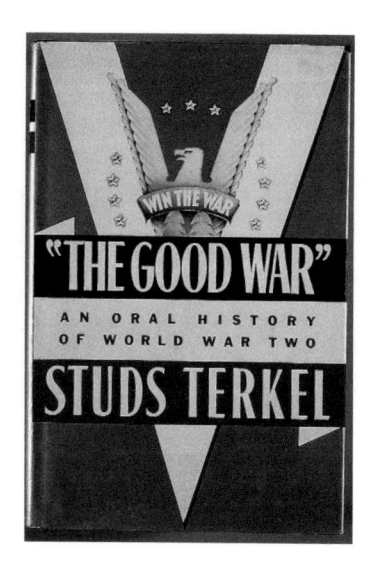

krieges rückte immer mehr die wachsende Erkenntnis in den Mittelpunkt, daß die Generation der Männer und Frauen, die im Krieg gekämpft hatten, langsam stirbt. In den 90er Jahren waren die Jahrestage wichtiger Kriegsereignisse Anlaß für großangelegte öffentliche Gedenkveranstaltungen, die nicht nur den Krieg selbst, sondern auch diese Gruppe von Amerikanern, inzwischen Senioren, die in der Zeit der Großen Depression und der Kriegsjahre zur „greatest generation" herangewachsen waren, aufwerteten.[27]

USA 26
Studs Terkel
"The good war". An oral history of World War Two
„Der gute Krieg". Zeitzeugen berichten über den Zweiten Weltkrieg, New York 1984
Buchtitel
Berlin, Deutsches Historisches Museum

Die Diskussion über die Stellung des Zweiten Weltkriegs in der öffentlichen Kultur der Vereinigten Staaten geht weiter, wie etwa die Pläne für die Errichtung eines Denkmals für die Veteranen dieses Krieges an der Mall, der repräsentativen Prachtmeile im Zentrum der US-Hauptstadt, anschaulich machen. Befürworter des Denkmals begrüßen dies als eine längst fällige Würdigung des ehrgeizigsten und erfolgreichsten heroischen Engagements der USA auf der Bühne der Weltgeschichte. Für die Errichtung des Denkmals werden private Spenden gesammelt. Zu diesem Zweck werden unter anderem eine Reihe von Sammlerobjekten mit dem Namen oder einem Bild des Denkmals verkauft, so auch dieser Christbaumschmuck, der eine ovale Kartusche mit dem Bild des Denkmals rahmt und mit amerikanischen Fahnen geschmückt ist (Abb. USA 27).

Manche Kritiker jedoch meinten, das geplante Bauwerk sei in seinen Dimensionen unangemessen und ein störendes Element in einer unverbauten öffentlichen Grünanlage, während andere in der Ästhetik der ersten Entwürfe deplazierte Anklänge an faschistische Architektur ausmachten. Darüber hinaus ziehen manche die Relevanz verherrlichender Denkmäler – selbst für diese nationale Leistung sondergleichen – in Amerika heute in Zweifel. Während sich also der Zweite Weltkrieg von einem prägenden Ereignis im Leben einer ganzen Generation von Amerikanern in ein Kapitel der Geschichte wandelt, das keiner außer den ältesten Bürgern des Landes persönlich erlebt hat, bemühen sich die Amerikaner um neue Formen der Auseinandersetzung mit diesem Krieg, der in den amerikanischen Bildwelten weiterhin eine konkurrenzlose Stellung einnimmt.

USA 27
National World War II Memorial. Washington DC
Nationales Denkmal zur Erinnerung an den Zweiten Weltkrieg, Washington DC, 2001
Festtagsschmuck,
5,5 x 9,5 cm
Berlin, Deutsches Historisches Museum

1 Vgl. Time, Nr. 154/27 (31. Dezember 1999); auf S. 4, 8, 13 und 18 finden sich Briefe abgedruckt.
2 Vgl. z. B. Terkel, Studs: „The Good War". An Oral History of World War Two, New York 1984.
3 Zu den Plakaten der Kriegszeit vgl. Bird Jr., William L./Rubenstein, Harry R.: Design for Victory. World War II Posters on the American Home Front, New York 1998.
4 Zu Rosie the Riveter vgl. Berger Gluck, Sherna: Rosie the Riveter Revisited. Women, the War, and Social Change, New York 1988; Honey, Maureen: Creating Rosie the Riveter. Class, Gender, and Propaganda during World War II, Amherst (Mass.) 1984.
5 Näheres über die Internierung japanischer Amerikaner während des Krieges vgl. Robinson, Greg: By Order of the President. FDR and the Internment of Japanese Americans, Cambridge (Mass.) 2001.
6 Zu den Kriegserfahrungen von Afroamerikanern vgl. Penick Motley, Mary: The Invisible Soldier. The Experience of the Black Soldier, World War II, Detroit 1975; über Schwule und Lesben während des Krieges: Berube, Allan: Coming Out Under Fire. The History of Gay Men and Women in World War Two, New York 1990.
7 Zu den Nürnberger Prozessen Taylor, Telford: The Anatomy of the Nuremberg Trials, New York 1992.
8 Näheres über „Judgment At Nuremberg": Mintz, Alan: Popular Culture and the Shaping of Holocaust Memory in America, Seattle 2001, Kap. 3.
9 Siehe zur Bitburg-Affäre Geoffrey H. Hartman (Hg.), Bitburg in Moral and Political Perspective, Bloomington 1986.
10 Über die Art und Weise, wie Filmaufnahmen von der Befreiung in Wochenschauen präsentiert wurden, siehe: Shandler, Jeffrey: The Testimony of Images. The Allied Liberation of Nazi Concentration Camps in American Newsreels, in: Shapiro, Robert Moses (Hg.): Journalism and the Holocaust, New York (in Vorbereitung); über Photoaufnahmen von der Befreiung: Zelizer, Barbie: Remembering to Forget. Holocaust Memory Through the Camera's Eye, Chicago 1998.
11 Über die Tagebücher der Anne Frank in der amerikanischen Nachkriegskultur: Doneson, Judith E.: The Holocaust in American Film, Philadelphia 1987, Kap. 2; Rosenfeld, Alvin H.: Popularization and Memory. The Case of Anne Frank, in: Hayes, Peter (Hg.): Lessons and Legacies: The Meaning of the Holocaust in a Changing World, Evanston 1991, S. 243 ff.; Graver, Lawrence: An Obsession with Anne Frank. Meyer Levin and the Diary, Berkeley 1995.
12 Eine eingehende Darstellung der Aufbereitung des Holocaust im amerikanischen Fernsehen bietet Shandler, Jeffrey: While America Watches. Televising the Holocaust, New York 1999. Hannah Arendts Analyse des Eichmann-Prozesses erschien 1963 in Buchform unter dem Titel Eichmann in Jerusalem. A Report on the Banality of Evil (New York). Eine Bibliographie früher Besprechungen und kritischer Auseinandersetzungen mit Arendts Buch bei Braham, Randolph L.: The Eichmann Case. A Source Book, New York 1969, Eintr. 926–1172.
13 Über Mahnmale des Holocaust: Young, James E.: The Texture of Memory: Holocaust Memorials and Meaning, New Haven 1993 (deutsch: Formen des Erinnerns. Gedenkstätten des Holocaust, Wien 1997; die Gedenktafel s. S. 36).
14 Über amerikanische Holocaust-Museen: Miller, Judith: One, by One, by One. The Landmark Exploration of the Holocaust and the Uses of Memory, New York 1990, S. 220 ff.; Linenthal, Edward T.: Preserving Memory. The Struggle to Create America's Holocaust Museum, New York 1995; Saidel, Rochelle G.: Never Too Late to Remember. The Politics Behind New York City's Holocaust Museum, New York 1996. Über Schindlers Liste: Loshitzky, Yosefa (Hg.): Spielberg's Holocaust. Critical Perspectives on „Schindler's List", Bloomington 1997.
15 Näheres über Maus und andere Beispiele Holocaust-bezogener Kunst bei Young, James E.: At Memory's Edge. After-Images of the Holocaust in Contemporary Art and Architecture, New Haven 2000 (deutsch: Nach-Bilder des Holocaust in zeitgenössischer Kunst und Architektur, Hamburg 2002).

[16] Siehe Kleeblatt, Norman L. (Hg.): Mirroring Evil: Nazi Imagery/Recent Art, New Brunswick 2002.

[17] Über divergierende Interpretationen des Holocaust im Diskurs über den Vietnamkrieg bei Gitlin, Todd: The Sixties. Years of Hope, Days of Rage, New York 1987, S. 25.

[18] Dagegen spielte der Krieg im Pazifik, mit Ausnahme seines Auftakts in Pearl Habor und vor allem seines Endes in Hiroshima und Nagasaki, als Paradigma eine weit weniger herausragende Rolle. Allerdings etablierte sich insbesondere ein Werk als nachhaltig wirkende Darstellung des amerikanischen Kriegseinsatzes im Pazifik, nämlich das populäre Broadway-Musical South Pacific (1949) von Richard Rodgers und Oscar Hammerstein nach der Buchvorlage „Tales of the South Pacific" von James Michener. Gegenstand des Musicals sind die Erlebnisse amerikanischer Soldaten auf einer nicht genannten Insel im Pazifik, wobei diese Erlebnisse bezeichnenderweise mit einer kritischen Hinterfragung der notorischen Rassenvorurteile verknüpft werden – ein Thema, das im Amerika der unmittelbaren Nachkriegszeit verstärkt öffentlich diskutiert wurde.

[19] Über die Instrumentalisierung des Holocaust als Paradigma: Jick, Leon A.: The Holocaust: Its Use and Abuse within the American Public, in: Yad Vashem Studies, Nr. 14 (1981), S. 303 ff.; Kellner, Hans: „Never Again" Is Now, in: History and Theory: Studies in the Philosophy of History, Nr. 33/2 (1994), S. 127 ff.

[20] Eine übergreifende Darstellung der Dynamik des Holocaust-Gedenkens innerhalb der amerikanischen Kultur bietet Novick, Peter: The Holocaust in American Life, New York 1999. Näheres dazu, wie sich die Beziehung zum Holocaust in Amerika auf lokaler Ebene gestaltet, bei Steinweis, Alan: Reflections on the Holocaust from Nebraska, in: Flanzbaum, Hilene (Hg.): The Americanization of the Holocaust, Baltimore 1999, S. 167 ff.

[21] Shirer, William L.: The Rise and Fall of the Third Reich (1959), New York 1990, S. xii (deutsch: Aufstieg und Fall des Dritten Reichs, Herrsching 1983).

[22] Milgram veröffentlichte die Ergebnisse seiner Forschungen zum Gehorsam zunächst in einer Fachzeitschrift: Milgram, Stanley: Behavioral Study of Obedience, in: Journal of Abnormal and Social Psychology, Nr. 76 (1963), S. 371 ff. Eine eingehendere Darstellung bietet Milgram, Stanley: Obedience to Authority. An Experimental View, New York 1983.

[23] Sontag, Susan: Fascinating Fascism, in: Under the Sign of Saturn, New York 1980, S. 73 ff. (deutsch in: Im Zeichen des Saturn, München 1981); Friedländer, Saul: Reflections of Nazism. An Essay on Kitsch and Death, Bloomington 1984 (deutsch: Kitsch und Tod. Der Widerschein des Nazismus, erw. Ausg., München 1986).

[24] Näheres über den Streit um die Ausstellung: Linenthal, Edward Tabor/Engelhardt, Tom: History Wars. The Enola Gay and Other Battles for the American Past, New York 1996.

[25] Zu amerikanischen Filmen über den Zweiten Weltkrieg: Basinger, Jeanine: The World War II Combat Film. Anatomy of a Genre, New York 1986; Beidler, Philip D.: The Good War's Greatest Hits. World War II and American Remembering, Athens (Georgia) 1998; Chambers II, John Whiteclay/Culbert, David (Hg.): World War II. Film, and History, New York 1996; Dick, Bernard F.: The Star-Spangled Screen. The American World War II Film, Lexington 1985; Doherty, Thomas: Projections of War. Hollywood, American Culture, and World War II, New York 1993; Fyne, Robert: The Hollywood Propaganda of World War II, Metuchen (N.J.) 1994; Shull, Michael S./Wilt, David Edward (Hg.): Hollywood War Films, 1937–1945. An Exhaustive Filmography of American Feature-length Motion Pictures Relating to World War II, Jefferson (N.C.) 1996.

[26] Terkel 1984 (wie Anm. 2), S. vi.

[27] Die Bezeichnung „greatest generation", bezogen auf diesen Personenkreis, fand besonders breite Beachtung durch die Veröffentlichung des Buches von Brokaw, Tom: The Greatest Generation, New York 1998.

Chronologie

1914–1918
Als in Europa **1914** der Erste Weltkrieg beginnt, erklären die USA am **4. August 1914** ihre Neutralität. Nachdem seit **1915** durch deutsche U-Boote mehrere Passagier- und Handelsschiffe mit amerikanischen Staatsangehörigen an Bord versenkt worden sind, erklären die USA am **6. April 1917** Deutschland den Krieg und unterstützen die Alliierten mit Kriegsmaterial. Um Geld für den amerikanischen Kriegsbeitrag bereitstellen zu können, werden die amerikanische Wirtschaft mobilisiert, staatliche Lenkungsmaßnahmen beschlossen und die Steuern erhöht. Am **8. Januar 1918** gibt Präsident Woodrow Wilson seine Vierzehn-Punkte-Erklärung ab, die vor allem darauf abzielt, die politische Öffentlichkeit in den Mittelmächten zu gewinnen und dem Entwurf einer kommunistischen Umgestaltung der Welt eine an westlich-liberalen Vorstellungen orientierte Friedensordnung entgegenzustellen. Seit **Sommer 1917** werden amerikanische Truppen in wachsender Zahl nach Europa entsandt. Im **Herbst 1918** befinden sich etwa zwei Millionen amerikanische Soldaten auf dem westlichen Kriegsschauplatz. Am **11. November 1918** wird von deutschen Bevollmächtigten ein Waffenstillstandsabkommen unterzeichnet.

1919
Die Demobilisierung führt zur innenpolitischen und wirtschaftlichen Krise. Die aus der Nachfrage nach Konsumgütern resultierenden Preissteigerungen lösen Massenkrawalle aus. Auf die Gründung kommunistischer Parteien und die durch Anarchisten ausgeführten Bombenanschläge reagiert der Staat mit Repressionen. Es werden etwa 250 russische Einwanderer nach Sowjetrußland zurückgeschickt und 6000 Personen verhaftet.

1919–1920
Auf der Pariser Friedenskonferenz **1919–1920** regt Wilson die Einbindung eines Vertragswerkes in den Vertrag von Versailles an, das die Grundlage für den Völkerbund – der am **20. Januar 1920** gegründet wird – bilden soll. Eine breite Opposition im Senat, die im Sinne der **1823** begründeten Monroe-Doktrin am Isolationismus festhält, sieht in den Sanktionsartikeln des Völkerbundes eine Einschränkung der außenpolitischen Entscheidungsfreiheit Amerikas. Die Ratifizierung des Versailler Vertrages wird im **März 1920** nach zweimaliger Abstimmung abgelehnt, die USA treten dem Völkerbund nicht bei. Unter dem republikanischen Präsidenten Warren G. Harding werden im **August 1921** separate Friedensverträge mit Österreich, dem Deutschen Reich und Ungarn abgeschlossen.

1921–1924
Die Innenpolitik ist von zunehmendem Rassismus und Fremdenfeindlichkeit geprägt. Gesetzesänderungen **1921** (Quota Acts) und **1924** (National Origins Act) begrenzen die Einwanderungszahlen auf 160 000 Personen pro Jahr. Einwanderer aus Nord- und Westeuropa werden vor jenen aus Süd- und Osteuropa bevorzugt. Die Gewalttätigkeit des **1915** gegründeten Ku-Klux-Klans gegen die schwarze Bevölkerung nimmt derart zu, daß im Staat Oklahoma **1924** der Kriegszustand ausgerufen wird. In der Wirtschaft setzt ein Modernisierungsprozeß und, aufgrund der Wachstumsraten in der Bau- und Automobilbranche sowie in der Elektro- und der chemischen Industrie, eine Phase des Aufschwungs ein. Es entsteht eine Konsumgesellschaft. Die Prohibitionsgesetzgebung ist Ausdruck einer Gegenbewegung, die vor allem von puritanisch-protestantischen Gruppen ausgeht.

1924–1928
Die ehemaligen alliierten Staaten sind den USA zum Ausgleich der Kriegskredite verpflichtet. Um den sich im Wiederaufbau befindenden, z. T. krisengeschüttelten europäischen Staaten die Rückzahlung der Schulden zu erleichtern und die Wiederbelebung ihrer Welthandelsbeziehungen nicht in Gefahr zu bringen, legt ein von dem amerikanischen Finanzsachverständigen Charles G. Dawes geführter Ausschuß im **April 1924** den Dawesplan vor. Er sieht jährliche Reparationszahlungen auf der Grundlage der deutschen Leistungsfähigkeit vor. Der amerikanische Außenminister Frank Billings Kellogg kann 15 europäische

Staaten von einem Kriegsächtungspakt überzeugen, der als Kellogg-Briand-Pakt am **27. August 1928** in Paris unterzeichnet wird.

1929–1933

Da das Deutsche Reich die im Dawesplan vorgesehenen Reparationszahlungen nicht leisten kann, wird **1929** in einer Konferenz der Youngplan erstellt. Er sieht die Rückzahlung der verminderten Schulden innerhalb von 59 Jahren vor. Der Zusammenbruch der New Yorker Börse am **25. Oktober 1929** stürzt die USA in eine Wirtschaftskrise, die sich zu einer Weltwirtschaftskrise ausweitet. **1933** ist ein Viertel der erwerbsfähigen Amerikaner, 15 Millionen Menschen, arbeitslos.

1933–1938

Durch eine korporative Einbindung der Privatwirtschaft in das gesamtgesellschaftliche Interessengefüge (New Deal) will der am **4. März 1933** als Präsident vereidigte Demokrat Franklin Delano Roosevelt die USA aus der wirtschaftlichen Depression führen. Es wird ein umfassendes Gesetzeswerk zur Behebung der Not und zum Wiederaufbau verabschiedet. Der New Deal führt zu umfangreichen wirtschaftlichen und wohlfahrtsstaatlichen Maßnahmen. Einige werden jedoch vom Obersten Gerichtshof für verfassungswidrig erklärt. Außenpolitisch nimmt Roosevelt eine eindeutige Haltung ein: Ungeachtet des Neutralitätsgesetzes vom **1. Mai 1937** und des isolationistischen Mehrheitskurses wendet er sich in einer Rede im **Oktober 1937** ausdrücklich gegen die weltpolitische Zurückhaltung der USA. Nachdem japanische Truppen **1937** in China einmarschiert sind, verhängen die USA wirtschaftliche Sanktionen gegen Japan, um es an einem weiteren Vordringen in Südostasien zu hindern. Ein Marineaufrüstungsgesetz vom **Mai 1938** ermöglicht den Aufbau einer Zwei-Ozean-Flotte. Als Reaktion auf die im **November 1938** in Deutschland verübten Pogrome verlängern die amerikanischen Behörden die Aufenthaltsgenehmigungen von 15 000 vor allem deutsche Juden, die sich bereits in den USA aufhalten, und berufen am **15. November 1938** ihren Botschafter aus Berlin zurück. Trotz der Maßnahmen des New Deal tritt **1938** eine Rezession ein, und die Arbeitslosenzahlen steigen auf 9,5 Millionen. Erst die Kriegswirtschaft führt zu einer Erholung der wirtschaftlichen Lage.

1939–1941

Der Kongreß bewilligt am **12. Januar 1939** Mittel für Verteidigungszwecke. Etwa 900 jüdischen Flüchtlingen aus Deutschland, die im **Frühsommer 1939** mit einem Schiff die Küste Miamis erreichen, wird die Einreise in die USA verwehrt, da sie keine Visa haben. Nach Beginn des Zweiten Weltkrieges erklären die USA im **September 1939** ihre Neutralität, liefern aber Kriegsmaterial an Großbritannien. Als die UdSSR von Deutschland angegriffen wird, gewähren die USA ihr im **März 1941** direkte Hilfe, vor allem Rüstungsgüter im Rahmen des sogenannten Lend-and-Lease-Abkommens. **Mitte 1941** besetzen sie Grönland und Island, um einer deutschen Besetzung zuvorzukommen. Nachdem Japan Französisch-Indochina besetzt hat, verhängen die USA am **26. Juli 1941** gegen Japan ein Handelsembargo. Roosevelt und der britische Premier Winston Churchill halten in der Atlantik-Charta vom **14. August 1941**, die als ein Grunddokument zur Gründung der United Nations (UNO) fungiert, als gemeinsames Friedensziel das Recht aller Völker auf freie politische Selbstbestimmung fest. Der Angriff japanischer Streitkräfte auf Pearl Harbor am **7. Dezember 1941** führt zu einer außenpolitischen Neupositionierung der USA. Der Angriff beendet den innenpolitischen Konflikt Roosevelts mit den Isolationisten. Am **8. Dezember 1941** erfolgt die Kriegserklärung der USA an Japan. Am **11. Dezember 1941** erklären Deutschland und Italien den USA den Krieg.

1942–1943

Die USA assoziieren sich am **1. Januar 1942** mit Großbritannien, China, der Sowjetunion und 22 anderen Staaten zur Alliierten Koalition und übernehmen die Führungsposition auf dem pazifisch-ostasiatischen und dem atlantisch-westeuropäischen Kriegsschauplatz. Im **Februar 1942** erfolgt die Internierung von 110 000 Einwanderern japanischer Herkunft in Lagern. Ab **November 1942** werden US-amerikanische Truppen in Nordafrika eingesetzt. Am **13. Mai 1943** erfolgt hier die Kapitulation des deutschen und italienischen Militärs. Amerikanische und britische Truppen erobern im **Juli 1943** Sizilien und rücken nach der

Kapitulation Italiens im **September** auf das europäische Festland vor. Vom **28. November** bis **1. Dezember 1943** findet in Teheran ein Treffen zwischen Roosevelt, Churchill und Stalin statt, auf dem sowohl der weitere Kriegsverlauf als auch die Zukunft Europas und Asiens besprochen werden.

1944–1945
Auf Betreiben Roosevelts wird im **Januar 1944** ein Gremium eingesetzt, das die Einrichtung von Flüchtlingslagern in verschiedenen europäischen Staaten, Marokko und Palästina veranlaßt. Am **6. Juni 1944**, dem D-Day (Day-Day), landen alliierte Truppen, rund 150 000 Amerikaner, Briten, Franzosen, Polen sowie Kanadier, in der Normandie und eröffnen die Zweite Front. Auf der vom **4. bis 11. Februar 1945** andauernden Jalta-Konferenz einigen sich Stalin, Roosevelt und Churchill über das militärisch-politische Vorgehen in der Schlußphase des Zweiten Weltkrieges und über Vorfragen der Gründung der UNO. Nach Roosevelts plötzlichem Tod tritt Harry S. Truman am **12. April 1945** seine Nachfolge an und führt die Politik Roosevelts fort. Der Krieg in Europa wird mit der Kapitulation Deutschlands am **8. Mai 1945**, dem VE Day (Victory in Europe Day), beendet. Entsprechend den auf der Konferenz von Jalta getroffenen Vereinbarungen besetzen die USA Gebiete in Deutschland und Österreich. Die Charta der UNO wird am **26. Juni 1945** gemeinsam mit 49 weiteren Staaten von den USA unterzeichnet. Auf der Potsdamer Konferenz verhandeln die USA, Großbritannien und die UdSSR vom **17. Juli bis 2. August 1945** über die Zukunft des besiegten Deutschlands und die Neuordnung Europas. Präsident Harry S. Truman veranlaßt, nachdem Japan ein alliiertes Ultimatum abgelehnt hat, den Abwurf von zwei Atombomben auf die japanischen Städte Hiroshima und Nagasaki am **6. und 9. August 1945**, wodurch fast 200 000 Menschen getötet werden. Der Krieg mit Japan wird am **14. August 1945**, dem VJ Day (Victory over Japan Day), durch die Kapitulation Japans beendet. Die Ahndung nationalsozialistischer Verbrechen beginnt am **14. November 1945** vor einem Internationalen Militärtribunal und amerikanischen Militärgerichten in Nürnberg. Insgesamt sind im Zweiten Weltkrieg etwa 292 000 amerikanische Soldaten ums Leben gekommen.

1946
Ein dem Nürnberger Tribunal ähnliches Gericht beginnt in Japan mit der Verfolgung von Kriegsverbrechern.

1947
Nach Kriegsende treten Spannungen zwischen den USA und der UdSSR zutage. Die USA wie auch die anderen westlichen Alliierten sind darauf bedacht, die besiegten Staaten zu demokratisieren und den Kommunismus einzudämmen. So fordert Truman am **12. März** vom Senat entsprechend der Truman-Doktrin, wirtschaftliche und militärische Unterstützung für Griechenland und die Türkei bereitzustellen, um die weitere politische Entwicklung in diesen Ländern zu beeinflussen. Außenminister George Catlett Marshall kündigt am **5. Juni** mit dem Marshallplan ein Hilfsprogramm an, das den Wiederaufbau Europas durch wirtschaftliche Beihilfen sichern soll. Dieses Hilfsprogramm wird von der Sowjetunion für Osteuropa abgelehnt. Durch die Marshallplan-Hilfe kommt es in den westeuropäischen Staaten zu einem raschen Wiederaufbau. In den USA schnellt nach Aufhebung der Preiskontrollen die Inflationsrate empor und die Lebenshaltungskosten steigen stark an, so daß es zu Massenstreiks kommt, für welche die im Krieg erstarkten Gewerkschaften verantwortlich gemacht werden. Das im **Juni** durchgesetzte Taft-Hartley-Gesetz erlaubt eine verstärkte Kontrolle der Gewerkschaften. Der National Security Act veranlaßt am **26. Juli** die Fusion der US-amerikanischen Streitkräfte unter einem neu geschaffenen Verteidigungsministerium.

1948–1949
Der Ost-West-Konflikt verschärft sich. Die Berliner Blockade, im **Juni 1948** von der UdSSR verhängt, wird durch eine Luftbrücke überwunden und im **Mai 1949** beendet. Die USA gründen am **4. April 1949** gemeinsam mit Kanada, Großbritannien, Belgien, den Niederlanden, Luxemburg, Italien, Portugal, Dänemark, Norwegen und Island die North Atlantic Treaty Organization (NATO-Verteidigungsbündnis). Im **August 1949** zündet die

UdSSR zu Versuchszwecken eine Atombombe und macht damit den USA das Atomwaffenmonopol streitig. Dieses Ereignis markiert einen ersten Höhepunkt des atomaren Wettrüstens der beiden Großmächte, das bis zum Ende der UdSSR immer weiter eskaliert.

1950–1952
Angesichts der sowjetischen Machtexpansion in Europa entsteht in den USA eine antikommunistische Stimmung. Der McCarran Act (auch Internal Security Act) fordert im **September 1950** die Registrierung kommunistischer Organisationen und verbietet die Einreise von Mitgliedern totalitärer Organisationen in die USA. Unter dem Senator Joseph McCarthy setzt **1950** bis **1954** eine Verfolgungswelle ein, welche unter dem Vorwand, linke und kommunistische Verschwörungen aufzudecken, Mitglieder zahlreicher Regierungsstellen und auch die Bevölkerung einschüchtert. Außenpolitisch wird die Eindämmungspolitik Trumans beibehalten, und nachdem nordkoreanische Truppen in Südkorea einmarschiert sind, wird am **25. Juni 1950** der Einsatz amerikanischer Streitkräfte als Teil einer UN-Streitmacht zur Verteidigung Südkoreas eingeleitet. Die USA wie auch 49 weitere Staaten unterzeichnen am **8. September 1951** einen Friedensvertrag mit Japan. Ein am selben Tag abgeschlossener bilateraler Vertrag bestimmt den Verbleib von US-Truppen in Japan. Eine Wasserstoffbombe wird am **1. November 1952** auf den Marshallinseln im Pazifik gezündet.

1953–1954
Am **20. Januar 1953** wird der Kandidat der Republikanischen Partei Dwight David Eisenhower als Präsident der USA vereidigt. Im Ost-West-Konflikt verfolgt er eine sogenannte Politik der Stärke. Innenpolitisch ist die Amtszeit Eisenhowers durch eine Verbesserung der Sozialgesetzgebung gekennzeichnet. Der Koreakrieg endet am **27. Juli 1953** mit dem Abkommen von Panmunjom. Mit dem erfolgreichen Test einer sowjetischen Wasserstoffbombe **1953** bleibt das atomare Patt bestehen. Durch eine Entscheidung des Obersten Gerichtshofes wird die rassistische Diskriminierung an Schulen am **17. Mai 1954** offiziell verboten. Am **8. September 1954** gründen die USA mit Südkorea, den Philippinen, Thailand, Pakistan, Neuseeland, Großbritannien, Australien und Frankreich das pazifische Beistandsbündnis South East Asia Treaty Organization (SEATO). Außerdem schließen die USA am **2. Dezember 1954** mit Taiwan ein Verteidigungspakt gegen die Volksrepublik China ab.

1955–1958
Das amerikanische Besatzungsstatut für Deutschland erlischt mit Inkrafttreten der Pariser Verträge am **5. Mai 1955**. Innenpolitisch wird unter Führung des Bürgerrechtlers Martin Luther King **1956** die Aufhebung der rassistischen Gesetzgebung bezüglich des Omnibusverkehres im Bundesstaat Alabama erreicht. Ein neues Bürgerrechtsgesetz, das am **9. September 1957** in Kraft tritt, verlangt die Einsetzung einer Bundeskommission zur Untersuchung von Diskriminierung. In der Folge der Erdumkreisung des sowjetischen Satelliten Sputnik I am **4. Oktober 1957** wird der US-amerikanische Ausbildungsstandard verbessert und der erste amerikanische Satellit am **31. Januar 1958** in die Erdumlaufbahn gebracht. Die National Aeronautics and Space Administration (NASA) wird am **29. Juli 1958** gegründet.

1960–1961
Ein amerikanisches Erkundungsflugzeug vom Typ U-2 wird am **1. Mai 1960** über dem Ural abgeschossen. Eisenhower verwehrt Nikita S. Chruščev eine Entschuldigung wegen der Erkundungsflüge. Daher scheitert die Pariser Gipfelkonferenz zur Erörterung von Entspannungsmaßnahmen am **17. Mai 1960**. Wegen der Beschlagnahmung amerikanischen Eigentums und amerikanischer Ölraffinerien in Kuba belegen die USA das Land am **6. Juli 1960** mit einem Handelsembargo. Die USA brechen die diplomatischen Beziehungen zu Kuba am **3. Januar 1961** ab. Am **20. Januar 1961** wird John Fitzgerald Kennedy Präsident der USA. Er strebt eine neue Bürgerrechtsgesetzgebung, Entspannung im Verhältnis zur Sowjetunion und Fortschritte in der Raumfahrt an. Kennedy wird als Personifikation der Aufbruchstimmung gesehen. Eine Gruppe durch die CIA ausgebildeter Exilkubaner landet **Mitte April 1961** in der Schweinebucht auf Kuba, um das Regime Fidel Castros zu überwältigen, wird aber geschlagen. Gegen den Bau der Berliner Mauer am

13. August 1961 protestieren die USA, leiten aber keine Gegenmaßnahmen ein. Da die südvietnamesische Regierung, die von den USA unterstützt wird, einer wachsenden Bedrohung des kommunistischen Nordvietnam ausgesetzt ist, wird im **November 1961** die Verstärkung der amerikanischen Militärpräsenz in Südvietnam verfügt.

1962
In der Kuba-Krise spitzt sich der Konflikt mit der UdSSR weiter zu. Im **Oktober 1962** entdecken Aufklärungsflugzeuge sowjetische Atom-Raketenbasen auf Kuba. Die Regierung Kennedys richtet gegen Kuba eine Seeblockade zur Verhinderung eines weiteren Aufbaus der Raketenbasen ein und setzt die strategische Luftflotte in Bewegung. Nachdem die sowjetische Regierung am **28. Oktober 1962** in den Abbau der Atomraketen und ihren Abtransport von Kuba eingewilligt hat, wird die Blockade am **20. November 1962** aufgehoben.

1963
Die Bürgerrechtsbewegung, die sich für die Aufhebung der rassistischen Gesetzgebung einsetzt, ist bis **1963** stark angewachsen. Mit einem von Martin Luther King angeführten Marsch nach Washington demonstrieren 200 000 Menschen am **28. August 1963** für eine fortschrittliche Bürgerrechtsgesetzgebung. In Südvietnam erhöhen die USA ihre Truppenpräsenz bis **Ende 1963** von 2 000 auf 16 300 Soldaten. Präsident Kennedy wird am **22. November** bei einem Attentat in Dallas erschossen.

1964–1968
Unter dem Präsidenten Lyndon B. Johnson wird am **29. Juni 1964** ein neues Bürgerrechtsgesetz verabschiedet. In den folgenden Jahren kommt es durch die anhaltende rassistisch motivierte Diskriminierung zu gewaltsamen Auseinandersetzungen und Aufständen sowie zu Gründungen militanter Gruppen wie der Black Panther Party. Ein Angriff nordvietnamesischer Marineeinheiten auf einen amerikanischen Zerstörer führt den Kongreß am **7. August 1964** zur Verabschiedung der Tonking-Golf-Resolution. Sie ermächtigt den Präsidenten zum Gebrauch von Waffengewalt, um die Mitglieder der SEATO zu schützen. Nachdem die nordvietnamesischen Truppen Angriffe auf amerikanische Militärstützpunkte durchgeführt haben, wird am **13. Februar 1965** ein Bombenkrieg gegen das nordvietnamesische Militär angeordnet. Der unerklärte Krieg gegen Vietnam löst in den USA – besonders in studentischen Kreisen – ab **1967** Massenproteste aus. Die Formierung der neuen Linken bewirkt eine gesellschaftliche Spaltung. Eine Offensive, bei der im **Februar 1968** nordvietnamesische Streitkräfte einen massiven Angriff führen (Tet-Offensive), verstärkt in den USA die Zweifel an der Möglichkeit eines Sieges. Martin Luther King wird am **4. April 1968** in Memphis ermordet. Gespräche über die Beendigung des Vietnamkrieges beginnen am **10. Mai 1968** in Paris. Die Bombardierung nordvietnamesischer Ziele wird im **Oktober 1968** zunächst eingestellt. Ein Vertrag über die Nichtweiterverbreitung von Kernwaffen wird von den USA, der Sowjetunion und Großbritannien am **1. Juli 1968** geschlossen. Frankreich und China beteiligen sich nicht.

1969–1970
Am **20. Januar 1969** wird der Republikaner Richard M. Nixon Präsident. Am **20. Juli 1969** gelingt den Astronauten Neil A. Armstrong und Edwin E. Aldrin als ersten Menschen die Landung auf dem Mond. Die Regierung erklärt am **24. Juli 1969** in der Nixon-Doktrin, daß die USA ihre Verbündeten gegen kommunistische Interventionen unterstützen, aber nicht die gesamte Verteidigung übernehmen würden. Das Massaker von My Lai, von amerikanischen Truppen **1968** unter vietnamesischen Zivilisten verübt, wird am **16. November 1969** bekannt. Die Ausweitung des Vietnamkrieges auf Kambodscha löst an amerikanischen Universitäten gewalttätige Proteste aus, bei denen vier Studierende am **1. Mai 1970** von der Nationalgarde getötet werden.

1972
Nixon reist im **Februar 1972** in die Volksrepublik China. Gemeinsam mit dem Parteivorsitzenden der Kommunistischen Partei Chinas Mao Tse-tung wird die Normalisierung der amerikanisch-chinesischen Beziehungen beschlossen. Nixon besucht vom **22.** bis **30. Mai**

1972 die Sowjetunion; in Moskau wird bei den Strategic Arms Limitation Talks (SALT) ein Abkommen über die Begrenzung strategischer Waffen abgeschlossen.

1973–1975

Der Vietnamkrieg wird am **27. Januar 1973** mit einem von Vertretern der USA, Nord- und Südvietnams sowie der Nationalen Befreiungsfront unterzeichneten Waffenstillstandsabkommen beendet. Beim Gegenbesuch des Generalsekretärs der KPdSU Leonid Brežnev in den USA im **Juni 1973** werden weitere Abkommen und Protokolle zur Rüstungsbeschränkung sowie zur friedlichen Nutzung von Kernenergie und zur Verhinderung eines Atomkrieges unterzeichnet. Nachdem 1972 in den Bürogebäuden der Demokratischen Partei im Watergate-Bau in Washington DC fünf Männer bei einem Einbruch ertappt worden sind, kommt es zur Watergate-Affäre, in deren Verlauf sich herausstellt, daß die Täter mit Nixons Wahlkampfteam sowie der CIA in Verbindung gestanden haben. Im **Sommer 1973** wird enthüllt, daß auch Nixon in die Affäre verwickelt ist, und es wird ein Amtsenthebungsverfahren gegen ihn eingeleitet. Nixon tritt am **9. August 1974** zurück, um so einer Amtsenthebung zuvorzukommen. Die Nachfolge tritt Gerald R. Ford an. Die USA, Kanada und alle europäischen Staaten (außer Albanien) bekennen sich in der Schlußakte von Helsinki, die am **1. August 1975** den Abschluß der Konferenz für Sicherheit und Zusammenarbeit in Europa (KSZE) bildet, zu den Zielen einer engeren Kooperation, Abrüstung und Einhaltung der Menschenrechte.

1977–1980

Der Demokrat Jimmy (James Earl) Carter wird am **20. Januar 1977** Präsident. Seine politischen Ziele umfassen die weltweite Durchsetzung der Menschenrechte und die Rüstungsbegrenzung. Er amnestiert am **21. Januar 1977** etwa 10 000 Amerikaner, die während des Vietnamkrieges den Kriegsdienst verweigert hatten. Carter vermittelt im **September 1978** im Nahostkonflikt zwischen Israel und Ägypten (Camp-David-Abkommen). Die USA nehmen im **Januar 1979** diplomatische Beziehungen zur Volksrepublik China auf. Carter und Brežnev unterzeichnen am **18. Juni 1979** mit SALT II einen weiteren Vertrag zur Begrenzung strategischer Waffen. Nach der Revolution und der Ausrufung der Islamischen Republik in Iran besetzen radikale Islamisten im **November 1979** die Botschaft der Vereinigten Staaten in Teheran und nehmen etwa 60 amerikanische Geiseln. Eine Militäraktion zur Befreiung der Geiseln scheitert am **25. April 1980**. Nach Beginn der sowjetischen Militäraktion in Afghanistan **Ende 1979** unterstützen die USA die afghanischen Mudschahedin (Glaubenskämpfer).

1981–1984

Die Wiederwahl Carters scheitert, und der Republikaner Ronald Reagan wird im **Januar 1981** als Präsident vereidigt. Die Geiseln der Teheraner Botschaft kommen frei. Reagans Amtsperiode ist durch angebotsorientierte Wirtschaftspolitik und wachsende soziale Spannungen gekennzeichnet. Die Regierung schlägt einen härteren Kurs gegenüber der UdSSR ein und forciert die Aufrüstung. Nachdem die von den Außen- und Verteidigungsministern der NATO-Mitgliedsstaaten im **Dezember 1979** im NATO-Doppelbeschluß, der eine Modernisierung der US-amerikanischen bodengestützten Raketensysteme in Europa von **Ende 1983** an vorsieht, vereinbarten parallelen Verhandlungen mit der UdSSR über den Abbau der atomaren Mittelstreckenraketen bis **November 1983** ergebnislos bleiben, werden die ersten amerikanischen Mittelstreckenraketen vom Typ Pershing II im **November 1983** in der Bundesrepublik Deutschland stationiert.

1985–1988

Auf der Genfer Gipfelkonferenz, die vom **19. bis 21. November 1985** stattfindet, beschließen Präsident Reagan und der KPdSU-Generalsekretär Michail S. Gorbačev die Wiederaufnahme des seit **1980** stagnierenden Abrüstungsdialoges. Die US-Raumfähre Challenger explodiert am **28. Januar 1986** kurz nach ihrem Start. Das Raumfahrtprogramm der USA wird für zwei Jahre unterbrochen. Nachdem Libyen, dem die USA Unterstützung des internationalen Terrorismus vorgeworfen hatten, mehrere Terroranschläge initiiert, greift die US-Luftwaffe am **14. April 1986** Ziele in Libyen an. In Washington findet vom **7. bis 10. Dezember 1987** ein Gipfeltreffen statt, bei dem Gorbačev und Reagan ein Abkommen über die Beseitigung aller in Europa stationierten landgestützten Mittelstreckenraketen unterzeichnen. Ein US-amerikanisches Verkehrsflugzeug stürzt am **21. Dezember 1988** nach einer Bombenexplosion über der schottischen Stadt Lockerbie ab. Die USA machen Libyen für den Anschlag verantwortlich.

1989–1991
Am **20. Januar 1989** übernimmt George H. W. Bush das Präsidentenamt. Die Verhandlungen über konventionelle Abrüstung in Europa (VKSE), die im **Frühjahr 1990** im Zusammenhang mit dem Einsetzen der Systemtransformation in Osteuropa stattfinden, sollen zur weiteren Reduktion europäischer und amerikanischer Streitkräfte führen. Nach der Besetzung Kuwaits durch den Irak werden US-amerikanische Truppen als Teil einer multinationalen Streitmacht am **8. August 1990** nach Saudi-Arabien entsandt. Irak läßt ein von der UNO gestelltes Rückzugsultimatum am **15. Januar 1991** verstreichen, daraufhin marschiert das US-amerikanische Militär in Kuwait ein und besiegt die irakischen Besatzer im Golfkrieg. Im **Juli 1991** unterzeichnen die UdSSR und die USA den START I-Vertrag über die Reduzierung der strategischen Nuklearwaffen.

1992
In einigen US-amerikanischen Städten kommt es im **April** und **Mai** zu gewalttätigen Unruhen, weil vier wegen schwerer Körperverletzung an einem Schwarzen in Los Angeles angeklagte weiße Polizisten trotz eindeutiger Beweise freigesprochen worden sind. Die Unruhen dauern mehrere Tage an, und es werden mehr als 50 Menschen getötet und über 2000 verletzt. Im Rahmen einer UN-Hilfsaktion senden die USA im **Dezember** 28 000 Soldaten nach Somalia, im dem ein blutiger Bürgerkrieg wütet.

1993–1995
Im **Januar 1993** wird von den USA und Rußland der START II-Vertrag zum weiteren Abbau strategischer Waffenpotentiale unterzeichnet. Unter dem demokratischen Präsidenten Bill (William Jefferson) Clinton, der seit dem **20. Januar 1993** Präsident ist, sagen die USA Rußland auf einem Gipfeltreffen am **3. und 4. April 1993** finanzielle Hilfen zu. In der Deklaration von Vancouver wird eine russisch-amerikanische Partnerschaft in der internationalen Politik besiegelt. Am **13. Mai 1993** verzichten die USA auf das Programm zur Stationierung von Raketenabwehrsystemen im Weltraum. Am **11. Juli 1995** werden diplomatische Beziehungen zu Vietnam aufgenommen. Gemeinsam mit der Europäischen Union (EU) agieren die USA im **November 1995** als Vermittler im Krieg in Bosnien-Herzegowina, der mit dem Friedensabkommen von Dayton beendet wird.

1996–1999
Clinton gewinnt im **November 1996** erneut die Präsidentschaftswahlen und ist somit seit Roosevelt der erste wiedergewählte demokratische Präsident. Die zweite Amtszeit ist von wirtschaftlicher Prosperität und Rückbau von Sozialleistungen gekennzeichnet. Präsident Clinton unterzeichnet **1998** den Vertrag zur Errichtung eines UN-Gerichtshofs, zuständig für Kriegsverbrechen und Verbrechen gegen die Menschlichkeit. Sein Nachfolger George W. Bush lehnt eine Ratifizierung jedoch ab. Gegen Clinton wird im **Oktober 1998** ein Amtsenthebungsverfahren eingeleitet, weil er unter Eid eine Beziehung mit einer Praktikantin des Weißen Hauses geleugnet hatte. Für eine Amtsenthebung reichen die Anschuldigungen nicht aus, und Clinton wird im **Februar 1999** freigesprochen. Im Kosovokonflikt übernehmen die USA von **März** bis **Juni 1999** die Führung einer NATO-Militäraktion.

2000
Bei den Präsidentschaftswahlen kommt es im **November** im Zusammenhang mit der Auszählung der abgegebenen Stimmen zu Unregelmäßigkeiten. Die Wahl George W. Bushs zum Präsidenten wird durch eine Entscheidung des Obersten Gerichtshofes am **12. Dezember** für gültig erklärt.

2001
Die Regierung von George W. Bush, der im **Januar** die Präsidentschaft übernimmt, strebt

eine Verbesserung des Bildungswesens, Steuersenkungen zur Belebung der Konjunktur, Sicherung der Renten unter Mithilfe von privaten Investitionen der Versicherungspflichtigen sowie die Stärkung der Streitkräfte u. a. durch den Aufbau eines umfassenden Raketenabwehrsystems an. Die US-amerikanische Regierung verweigert am **13. März** die Ratifizierung des Kioto-Protokolls, in dem sich **1997** etwa 160 Industriestaaten auf die Reduzierung von Treibhausgasen geeinigt hatten. Von islamistischen Terroristen gekaperte Passagierflugzeuge werden am **11. September** in das Pentagon in Washington und in das World Trade Center in New York gelenkt. Bei den Anschlägen, hinter denen der saudische Exilpolitiker Osama bin Laden vermutet wird, sterben mehr als 3000 Menschen. Das Taliban-Regime in Afghanistan ist nicht bereit, Osama bin Laden auszuliefern. Am **2. Oktober** wird zum ersten Mal in der Geschichte der NATO-Bündnisfall beschlossen, und die USA beginnen am **7. Oktober** eine Luftoffensive gegen Afghanistan. Der Krieg gegen das Taliban-Regime findet die Unterstützung der NATO, weil die Terroranschläge in New York und Washington als ein Angriff auf die USA angesehen werden und ihnen das Recht zu individueller oder kollektiver Selbstverteidigung zugestanden wird.

Literatur:
- Adams, Willi Paul: Die USA im 20. Jahrhundert, München 2000.
- Adams, Willi Paul/Lösche, Peter (Hg.): Länderbericht USA. Geschichte, Politik, Geographie, Wirtschaft, Gesellschaft, Kultur, Frankfurt a.M. (3. Aufl.) 1998.
- Brockhaus – Die Enzyklopädie in 24 Bänden, 20. Aufl., Leipzig/Mannheim 1996–1999.
- Sautter, Udo: Lexikon der amerikanischen Geschichte, München 1997.
- USA-Ploetz: Geschichte der Vereinigten Staaten zum Nachschlagen, Freiburg (4. Aufl.) 1998.
- Wasser, Hartmut (Hg.): USA. Grundwissen – Länderkunde – Wirtschaft – Gesellschaft – Politik, Opladen (4. Aufl.) 2000.
- http://www.areion-online.de (1. August 2003).

Dank

James Aulich (Manchester); Katalin Bakos (Budapest); Halina Birenbaum (Herzliya/Israel); Markus Brilling (Los Angelos); Cornelia Brink (Freiburg); Carlotta Brunetti (Berlin); Marieluise Christadler (Duisburg); Natal'ja N. Čevtajkina (Moskau); Helmut Diekmann (Helsinki); Insa Eschebach (Berlin); Leonid Finberg (Kiew); Olga Gujevskaja (Kiew); Liliane Granierer (Tel Aviv); Jan Havránek (Prag); Felicitas Heimann-Jelinek (Wien); Hanna Leena Helavuori (Helsinki); Julian Hendy (Leeds); Jürgen Hensel (Warschau); Dimitru Hincu (Bukarest); Marilena Kassimatē (Athen); Naum Kleiman (Moskau); Rene Kok (Amsterdam); Diana Ja. Kondratenko (Moskau); Ilse Krumpöck (Wien); Christof Kübler (Zürich); Ljubov V. Legasova (Kiew); Hanno Loewy (Frankfurt a. M.); Aleksandăr Malčev (Staatssekretär, Sofia); Elena Mannová (Bratislava); Katharina Menzel (Leipzig); Regina Mönch (Berlin); Uta Mühlisch (Berlin); Valters Nollendorfs (Riga); Ina Ulrike Paul (Berlin); Barbara Picht (Berlin); Uwe Puschner (Berlin); Egmont E. Rietig (Berlin); Harald Roth (Gundelsheim/Neckar); Markus Ruf (Madrid); Hannes Saarinen (Berlin/Helsinki); Ihor Savčak (Lviv); Brigitte Straubinger (Wien); Marta Sylvestrová (Brünn); James Taylor (London); Antje Weitzel (Berlin).

Georg-Eckert-Institut für internationale Schulbuchforschung (Braunschweig); Staatsbibliothek zu Berlin – Preußischer Kulturbesitz (Berlin);
Google Inc. (*www.google.com*);
KVK – Karlsruher Virtueller Katalog (*www.ubka.uni-karlsruhe.de/kvk.html*)
Link Everything Online, Wörterbuch (*www.leo.org*).

Zu den Autoren

Dr. Pierluca Azzaro (1970 in Catania, Italien, geboren)
Studium der Geschichte und der Politikwissenschaften in Rom und Berlin. Seit 2002 wissenschaftlicher Mitarbeiter am Lehrstuhl für Geschichte Osteuropas der Libera Universitá Maria SS. Assunta Rom. Lebt in Rom.

Dr. Tasoula Berbeniōtē (1948 in Athen, Griechenland, geboren)
Studium der Geschichte an der Universität von Athen. Zur Zeit arbeitet sie an einer Studie über die Geschichte der Frauen und Kinder im griechischen Bürgerkrieg und die Folgen. Lebt in Athen.

Dr. Marnix Beyen (1971 in Leuven, Belgien, geboren)
Studium der Geschichte an der Katholischen Universität von Leuven und an der Lancaster University. Seit 2003 Lehrbeauftragter für moderne politische Geschichte an der Universität von Antwerpen. Lebt in Leuven.

Prof. Dr. Lucian Boia (1944 in Bukarest, Rumänien, geboren)
Studium der Geschichte in Bukarest. Von 1980 bis 1983 Generalsekretär und von 1983 bis 1990 Vizepräsident der Internationalen Kommission für die Geschichte der Historiographie. Seit 1990 Professor für Geschichte an der Universität Bukarest. Leiter des von ihm 1993 gegründeten Zentrums zur Erforschung des Imaginären. Lebt in Bukarest.

Prof. Dr. Horst Bredekamp (1947 in Kiel geboren)
Studium der Kunstgeschichte, Archäologie, Philosophie und Soziologie in Kiel, München, Berlin und Marburg. Seit 1993 Professor für Kunstgeschichte an der Humboldt-Universität zu Berlin und seit 2003 Permanent Fellow am Wissenschaftskolleg zu Berlin. Mitglied der Berlin-Brandenburgischen Akademie der Wissenschaften. Lebt in Berlin.

Dr. des. Sören Brinkmann M.A. (1970 in Hamburg geboren)
Studium der Neuesten und Spanischen Geschichte in Freiburg, Madrid und Erlangen/Nürnberg. Seit 2003 wissenschaftlicher Mitarbeiter am Lehrstuhl Auslandswissenschaft (Romanischsprachige Kulturen) an der Universität Erlangen-Nürnberg. Lebt in Nürnberg.

Bjarte Bruland M.A. (1969 in Förde, Norwegen, geboren)
Studium der Geschichte, der vergleichenden Politikwissenschaften und Literatur an der Universität Bergen. 1996 Mitglied des Komitees zur Erfassung des jüdischen Eigentums in Norwegen während des Zweiten Weltkrieges. Seit 2002 Arbeit an einer Dissertation zum Thema Norwegen und der Holocaust. Lebt in Oslo.

Dr. Bernhard Chiari (1965 in Wien, Österreich, geboren)
Studium der Osteuropäischen Geschichte, Germanistik und Politikwissenschaft in Frankfurt a. M. Seit 2000 wissenschaftlicher Mitarbeiter am Militärgeschichtlichen Forschungsamt in Potsdam. Lebt in Potsdam.

Dr. Monika Flacke (1953 in Bochum geboren)
Studium der Kunstgeschichte, Geschichte und Philosophie in Marburg, München und Hamburg. Seit 1990 Sammlungsleiterin für Kunst des 20. Jahrhunderts und Photographie am Deutschen Historischen Museum, Berlin, Ausstellungsmacherin. Lebt in Berlin.

Prof. Dr. Etienne François (1943 in Rouen, Frankreich, geboren)
Studium der Geschichte, Geographie, Klassischen Philologie und Philosophie in Paris an der Ecole normale supérieure. Seit 1989 Professor für Geschichte der frühen Neuzeit an der Universität Paris I/Panthéon-Sorbonne und seit 1999 Professor für Geschichte am Frankreich-Zentrum der Technischen Universität Berlin. Gründungsdirektor des Centre Marc

Bloch in Berlin, Fellow des Wissenschaftskollegs und Mitglied der Berlin-Brandenburgischen Akademie der Wissenschaften, Berlin. Lebt in Berlin.

Prof. Dr. Detlef Hoffmann (1940 in Hamburg geboren)
Studium der Kunstgeschichte, Archäologie und christlichen Archäologie in Hamburg, Westberlin, München, Frankfurt a.M. und Freiburg i. Br. Seit 1982 Professor für Kunstgeschichte an der Carl von Ossietzky Universität in Oldenburg. Fellow am Kulturwissenschaftlichen Institut in Essen und am Zentrum für Interdisziplinäre Forschung in Bielefeld. Lebt in München und Oldenburg.

Prof. Dr. Wilma Iggers (1921 in Mirkov, Tschechoslowakei, geboren)
1938 nach Kanada emigriert. Studium der Germanistik an der Universität Chicago, zuletzt Professorin für Germanistik am Canisius College (Buffalo, New York, USA); seit 1991 emeritiert. Ehrenbürgerin von Bischofteinitz (Horsovsky Tyn). Arbeitet zur Zeit an der amerikanischen Ausgabe der Biographie „Zwei Seiten der Geschichte: Lebensbericht aus unruhigen Zeiten", die sie gemeinsam mit ihrem Mann, Prof. Dr. Georg Iggers, geschrieben hat. Lebt in Buffalo und Göttingen.

Dr. Despoina Karakatsanē (1967 in Athen, Griechenland, geboren)
Studium der Geschichte in Athen und Paris. Seit 2000 Lehrbeauftragte an der Universität von Kreta am Fachbereich Philosophie und Sozialwissenschaften. Lebt in Athen.

Dr. Éva Kovács (1964 in Pécs, Ungarn, geboren)
Studium der Ökonomie und Soziologie in Budapest. Seit 1986 wissenschaftliche Mitarbeiterin am Zentrum für Mitteleuropäische Studien im Teleki László Institut, Fachbereich Zeitgeschichte und Ethnizität, Budapest. Seit 1990 Dozentin an der Budapester Universität für Ökonomie, an der Eötvös Loránd Universität Budapest und der Janus Pannonius Universität Pécs. Lebt in Wien.

Michael Kohrs (1963 in Gevelsberg geboren)
Studium der Geschichte, Germanistik und Russisch an der Ruhruniversität Bochum. Seit 1998 DAAD-Lektor an der Pädagogischen Universität Vilnius. Arbeitet an seiner Dissertation. Lebt in Vilnius.

Dr. Beate Kosmala (1949 in Heidelberg geboren)
Studium der Geschichte, Germanistik und Politischen Wissenschaft in Heidelberg. Mitarbeiterin am Zentrum für Antisemitismusforschung der Technischen Universität Berlin. Lebt in Berlin.

Prof. Dr. Georg Kreis (1943 in Basel, Schweiz, geboren)
Studium der Geschichte und Germanistik in Basel, Paris und Cambridge. Professor für Neuere Geschichte an der Universität Basel, seit 1993 Leiter des Europa-Instituts der Universität Basel. Von 1996 bis 2001 Mitglied der von Regierung und Parlament eingesetzten Unabhängigen Expertenkommission „Schweiz-Zweiter Weltkrieg". Lebt in Basel.

Dr. Max Liljefors (1963 in Karlskrona, Schweden, geboren)
Studium der Kunstgeschichte, Religionsgeschichte und Philosophie in Lund. Zur Zeit wissenschaftlicher Mitarbeiter am Institut für Kunstgeschichte und Musikwissenschaft an der Universität Lund. Lebt in Lund.

Dr. Robert Maier (1953 in Wallerstein geboren)
Studium der Geschichte, Politik und Russistik in Marburg. Seit 1994 wissenschaftlicher Mitarbeiter am Georg-Eckert-Institut für internationale Schulbuchforschung in Braunschweig. Lebt in Braunschweig.

Dr. Eva-Clarita Onken (1971 in Westberlin geboren)
Studium der Ost- und Südosteuropäischen Geschichte und Neueren Deutschen Literatur in Köln, Riga und Berlin. Seit 2001 wissenschaftliche Mitarbeiterin bei der Hamburger

Körber-Stiftung, Koordination eines Geschichtsnetzwerkes für junge Europäer (EU-STORY). Lebt in Hamburg.

Dr. Hannu Rautkallio (1944 in Turku, Finnland, geboren)
Studium der politischen Geschichte an der Universität von Helsinki. Seit 1987 Dozent an der Universität Tampere. Verschiedene Lehraufträge an Universitäten Europas und der USA. Zur Zeit Forschungen zum Thema Skandinavien und der Holocaust. Lebt in Espoo, in der Nähe von Helsinki.

Prof. Dr. Henry Rousso (1954 in Kairo, Ägypten, geboren)
Von 1974 bis 1979 Mitglied der École normale supérieure de Saint-Cloud. Studium der Geschichte, Geographie, Literaturwissenschaft und Philosophie an der Sorbonne, Paris. Seit 1981 am Centre national de la recherche scientifique und seit 1994 Direktor am Institut d'histoire du temps présent in Paris, gleichzeitig Professor an der Universität von Paris X – Nanterre. U. a. Mitglied der Fondation pour la mémoire de la Shoah (Paris) und des Institute of Recent History (Bukarest). Lebt in Paris.

Dr. Víctor Peralta Ruiz (1959 in Lima, Peru, geboren)
Studium der Geschichte und Kommunikationswissenschaft in Ecuador und Madrid. Wissenschaftlicher Mitarbeiter des Fachbereichs Frühe Neuzeit am Institut für Geschichte des Consejo Superior de Investigaciones Cientificas (CSIC), Madrid. Lebt in Madrid.

Prof. Dr. Jutta Scherrer (1942 in Berlin geboren)
Studium der Osteuropäischen Geschichte, Slawistik und Soziologie in Berlin, Havard und Paris. Seit 1980 Professorin für russische Sozial- und Kulturgeschichte an der Ecole des hautes études en sciences sociales (Centre russe). Fellow am Wissenschaftskolleg zu Berlin. Mitarbeiterin am Centre Marc Bloch, Berlin. Lebt in Paris und Berlin.

Ulrike Schmiegelt M.A. (1966 in Westerstede geboren)
Studium der Kunstgeschichte, Osteuropäischen Geschichte und Slawistik in Berlin und Moskau. Z. Zt. wissenschaftliche Mitarbeiterin am Deutschen Historischen Museum, Berlin. Lebt in Berlin.

Dr. Gerhard Seewann (1944 in Graz, Österreich, geboren)
Studium der Geschichte und Philosophie an der Universität Graz. Seit 1980 Bibliotheksleiter am Südost-Institut München und seit 2001 Forschungsgruppenleiter im Forschungsverbund Ost- und Südosteuropa des Freistaates Bayern. Lebt in München.

Prof. Dr. Jeffrey Shandler (1956 in Valley Forge, Pennsylvania (USA), geboren)
Studium der jiddischen Sprache, Literatur und Ethnographie an der Columbia University, New York City. Assistant Professor im Fachbereich Jewish Studies an der Rutgers University, New Jersey. Lebt in New York City.

Prof. Therkel Stræde (1953 in Bøvlingbjerg, Dänemark, geboren)
Studium der Geschichte und Gesellschaftswissenschaften an den Universitäten Roskilde und Kopenhagen. Seit 1995 Professor für Moderne Deutsche Geschichte und Holocaust-Studien an der Universität Süddänemark in Odense. Mitglied des Nationalkomitees für die Beratung der Opfer des nationalsozialistischen Deutschlands in Dänemark. Lebt in Kopenhagen und Salvador da Bahia, Brasilien.

Prof. Dr. Holm Sundhaussen (1942 in Berlin geboren)
Studium der Ost- und Südosteuropäischen Geschichte, Slawistik und Germanistik in München. Seit 1988 Professor für Südosteuropäische Geschichte am Osteuropa-Institut der Freien Universität Berlin. Seit 1998 zugleich Co-Direktor des Zentrums für vergleichende Geschichte Europas, Berlin. Lebt in Berlin.

Dr. Athena Syriatou (1962 in Athen, Griechenland, geboren)
Studium der Englischen Literatur und Geschichte in Athen und London. Sie lehrte und

lehrt europäische und britische Geschichte am University College London, der Universität Kreta und der Universität von Athen. Dozentin an der Hellenic Open University. Lebt in Athen.

Dr. Ellen Tops (1960 in Zaltbommel, Niederlande, geboren)
Studium der Kommunikationswissenschaften und Philosophie an der Universität von Nijmegen. Arbeitet an der Biographie des holländischen Photographen Martien Coppens. Lebt in Amsterdam.

Dr. Tatjana Tönsmeyer (1968 in Saarbrücken geboren)
Studium der Osteuropäischen Geschichte, Publizistik/Medienwissenschaften und Politikwissenschaften an den Universitäten Bochum und Marburg. Wissenschaftliche Mitarbeiterin an der Universität Marburg und der Humboldt-Universität zu Berlin. Lebt in Berlin.

Tzvetan Tzvetanov M.A. (1967 in Lom, Bulgarien, geboren)
Studium der Germanistik, Kulturwissenschaft und Internationalen Beziehungen in Sofia. Von 1996 bis 1999 wissenschaftlicher Assistent für Deutsche Kulturgeschichte an der St. Kliment-Ochridski-Universität Sofia. Zur Zeit Promotionsstipendiat des Landes Berlin am Friedrich-Meinecke-Institut der Freien Universität Berlin. Lebt in Sofia.

Dr. Heidemarie Uhl (1956 in Feldbach, Österreich, geboren)
Studium der Geschichte und Germanistik an der Universität Graz. Seit 1988 wissenschaftliche Mitarbeiterin an der Abteilung Zeitgeschichte der Universität Graz, seit 2001 bei der Kommission für Kulturwissenschaften der Österreichischen Akademie der Wissenschaften. Zuletzt Forschungsarbeiten zu den Transformationen des österreichischen Gedächtnisses in der Zweiten Republik. Lebt in Wien und Graz.

Dr. Ulf Zander (1965 in Lund, Schweden, geboren)
Studium der Geschichte, Politik, Soziologie, Geographie, Kunstgeschichte und Ideengeschichte an der Universität Lund. War Lehrer an einem schwedischen Gymnasium und Mitarbeiter an der schwedischen Nationalencyklopedi. Zur Zeit beschäftigt er sich mit dem Thema: Der Holocaust und die europäische Kulturgeschichte. Lebt in Lund.

Prof. Dr. Mosche Zuckermann (1949 in Tel Aviv, Israel, geboren)
Studium der Soziologie, Politologie und Geschichte an der Universität Tel Aviv. Seit 1990 am Cohn Institut für die Geschichte und Philosophie der Wissenschaft und Ideen. Fellow am Wissenschaftskolleg zu Berlin. Seit Februar 2000 Direktor des Instituts für Deutsche Geschichte (Tel Aviv). Lebt in Tel Aviv.

Glossar

Das Glossar hat keinen enzyklopädischen Anspruch, sondern will Begriffe und Namen aus den Beiträgen und Chronologien erklären bzw. ergänzen. Personen wurden bis auf wenige Ausnahmen nur in das Glossar aufgenommen, soweit sie zwischen 1933 und 1945 politisch bzw. militärisch eine Rolle gespielt haben. Verträge sind im allgemeinen unter dem Ort des Abschlusses eingeordnet. Auf die Aufnahme von Begriffen wurde verzichtet, wenn sie in den Beiträgen oder Chronologien hinreichend erläutert sind.

Achsenmächte (Achse Berlin–Rom): am 25. Oktober 1936 begründete Zusammenarbeit zwischen dem nationalsozialistischen Deutschland und dem faschistischen Italien; diese Zusammenarbeit wurde 1937 erweitert durch den Beitritt Italiens zum –> Antikominternpakt sowie durch den –> Stahlpakt (1939) und den –> Dreimächtepakt (1940). Die Achse Berlin–Rom erlosch 1943 mit der Kapitulation Italiens.

Adriafrage: durch die nationale Einigung Italiens im 19. Jahrhundert aufgekommene Forderung nach italienischer Vorherrschaft im Bereich des Adriatischen Meeres und nach Eingliederung seiner nördlichen Küstengebiete in den italienischen Staat. Damit geriet Italien vor dem Ersten Weltkrieg in Konflikt mit den Interessen Österreich-Ungarns und auch mit denen der jungen Balkanstaaten, die den freien Zugang zur Adria forderten. Nach 1918 war die Adriafrage v. a. ein Streitpunkt zwischen Italien und Jugoslawien.

Adriapakt, Abkommen von Rom: am 27. Januar 1924 in Rom geschlossener Vertrag zwischen Italien und Jugoslawien über die Abtretung Fiumes (Rijeka) an Italien, am 20. Juli 1925 durch die Konventionen von Nettuno ergänzt und im August 1928 von Jugoslawien ratifiziert. Mit dem Vertrag gerieten der Balkan und die –> Adriafrage ins Zentrum der Expansionspolitik des faschistischen Italien. Italienische Truppen besetzten im April 1939 Albanien, 1941 Montenegro sowie Teile Sloweniens und Dalmatiens. Nach dem Zweiten Weltkrieg mußte Italien im Frieden von Paris (10. Februar 1947) auf seine Erwerbungen im nördlichen Küstengebiet der Adria verzichten. Triest mit seinem unmittelbaren Umland wurde Freistaat, der jedoch 1954 zwischen Jugoslawien und Italien aufgeteilt wurde.

Albert I., 1875–1934; König von Belgien 1909–1934, jüngster Sohn des Grafen Philipp von Flandern und der Prinzessin Marie von Hohenzollern-Sigmaringen, folgte seinem Onkel Leopold II. am 17. Dezember 1909 auf den Thron. Er verteidigte konsequent die belgische Neutralität vor und nach dem Ersten Weltkrieg und weigerte sich auch nach dem deutschen Einfall in Belgien, der –> Entente beizutreten.

Alfons XIII., 1886–1941; König von Spanien 1886–1931, bis 1902 unter der Regentschaft seiner Mutter, Maria Christiana von Österreich. Während des Ersten Weltkrieges hielt Alfons XIII. die Neutralität Spaniens streng aufrecht. 1923 ermutigte Alfons XIII. General M. –> Primo de Rivera zur Errichtung einer Militärdiktatur, ließ ihn aber angesichts der wachsenden liberalen und sozialistischen Kritik an der Monarchie 1930 fallen und bemühte sich um die Rückkehr zu den alten verfassungsmäßigen Zuständen. Nach dem Wahlsieg der republikanischen Kräfte im April 1931 ging er ins Exil, ohne formell auf den Thron zu verzichten.

Alliierte (Erster Weltkrieg) –> Entente.

Alliierte Kontrollkommission (Finnland): nach dem am 19. September 1944 (Konferenz von –> Teheran) geschlossenen Waffenstillstand zwischen der Sowjetunion (auch im Namen Großbritanniens) und Finnland eingesetzte Kommission aus Vertretern der Sowjetunion und Großbritanniens, die die Einhaltung der Bedingungen des Waffenstillstands kontrollierte. Nach der Ratifizierung der –> Pariser Friedensverträge 1947 aufgelöst.

Alliierter Kontrollrat: nach der Kapitulation des Deutschen Reiches am 8./9. Mai 1945 aufgrund der Viermächteerklärung vom 5. Juni 1945 (→ Berliner Deklaration) oberstes Regierungsorgan im besetzten Deutschland (1945–1948), bestehend aus den vier Oberbefehlshabern der Alliierten Besatzungsstreitkräfte in Deutschland (Großbritannien, Sowjetunion, USA, Frankreich), mit Sitz in Berlin. Beschlüsse mußten einstimmig gefaßt werden, nicht vom Kontrollrat geregelte Fragen konnte jeder Oberbefehlshaber in seiner Besatzungszone eigenständig regeln.

Anielewicz, Mordechaj, 1919–1943; Anführer des → Warschauer Ghettoaufstands. Mordechaj Anielewicz war Mitglied der zionistischen Jugendorganisation Hashomer Hatzair und Führungsmitglied der jüdischen Kampforganisation Żydowska Organizacija Bojowa (ŻOB), zu der sich junge polnische Juden Ende 1942 im → Warschauer Ghetto zusammengeschlossen hatten. Er wurde während der Kampfhandlungen des Aufstandes am 8. Mai 1943 getötet.

Anschluß, Anschlußbewegung: Bemühungen, Österreich nach dem militärischen Zusammenbruch Österreich-Ungarns (im Oktober/November 1918) mit dem Deutschen Reich zu vereinigen. Der von der österreichischen Nationalversammlung am 12. November 1918 beschlossene Anschluß Deutschösterreichs an die deutsche Republik wurde, v. a. auf Initiative Frankreichs, durch den Frieden von Saint-Germain-en-Laye 1919 (→ Pariser Vorortverträge) untersagt. Im März 1938 vollzog eine Deutschland ergebene Regierung nach dem Einmarsch der Wehrmacht den Anschluß Österreichs an das Deutsche Reich. Nach der Besetzung Österreichs durch Truppen der Anti-Hitler-Koalition wurde die Vereinigung beider Länder 1945 wieder rückgängig gemacht.

Antikominternpakt: am 25. November 1936 in Berlin geschlossener Vertrag zwischen Japan und dem Deutschen Reich über die gemeinsame Abwehr der → Kommunistischen Internationale. In einem geheimen Zusatzprotokoll sicherten sich die beiden Vertragspartner wohlwollende Neutralität, Konsultationen im Fall eines nichtprovozierten Angriffs oder einer nichtprovozierten Angriffsdrohung und den Verzicht auf den Abschluß politischer Verträge „gegen den Geist" dieses Abkommens zu. 1937 trat Italien dem Abkommen bei, 1939 folgten Ungarn, Mandschukuo und Spanien, 1941 Bulgarien, Finnland, Rumänien, Dänemark, Kroatien und die Slowakei.

Antonescu, Ion, 1882–1946; Offizier, rumänischer Diktator. 1933–1934 war Antonescu Generalstabschef, 1937–1938 Verteidigungsminister. Am 4. September 1940 wurde er von König Carol II. zum Ministerpräsidenten mit uneingeschränkten Vollmachten ernannt. Am 6. September 1940 zwang er den König zum Rücktritt und übte als Conducător, zunächst gestützt auf die → Eiserne Garde, dann auf das Militär, seine diktatorische Herrschaft aus. Unter seiner Führung trat Rumänien 1940 dem → Dreimächtepakt bei. Mit deutscher Rückendeckung schlug er nach der Proklamation des rumänischen „Nationalstaats der Legionäre" (18. Januar 1941) im Januar 1941 einen Aufstand der → Eisernen Garde nieder. Im Juni 1941 führte er Rumänien in den Krieg gegen die UdSSR. 1946 wurde er von einem rumänischen Volksgericht zum Tode verurteilt und hingerichtet.

Appeasement (englisch) Befriedung, Beschwichtigung: Bezeichnung für die von der britischen Regierung 1933–1939 verfolgte Politik der Nachgiebigkeit gegenüber dem nationalsozialistischen Deutschland und anderen europäischen Diktaturen. Höhepunkt war der Abschluß des → Münchener Abkommens 1938. Die Politik des Appeasement wurde nach der deutschen Besetzung Prags und mit der britisch-französischen Garantieerklärung für Polen am 31. März 1939 beendet.

Attlee, Clement, 1883–1967; britischer Premierminister 1945–1951. Rechtsanwalt, 1913 als Dozent an der London School of Economics. 1922 wurde er Parlamentsmitglied für die Labour Party, 1935 Parteiführer. Seit 1940 stellvertretender Premierminister, wurde er nach dem Labour-Wahlsieg von 1945 Premierminister und vertrat Großbritannien auf der Konferenz von → Potsdam.

Augustaufstand: nachdem die Deutschen am 4. August 1943 die Auslieferung aller

Saboteure verlangt hatten, was die dänische Regierung unter Ministerpräsident E. -> Scavenius ebenso ablehnte wie das Einsetzen von Schnellgerichten zur Aburteilung von Saboteuren und die Einführung der Todesstrafe, kam es zu Zusammenstößen zwischen Dänen und den deutschen Besatzern und zu Streiks in mehreren Städten. Es folgten neue Attentate von Widerstandskämpfern. Am 20. August 1943 war erstmals seit dem 9. April 1940 wieder ganz Kopenhagen von deutschen Truppen besetzt. Am 29. August 1943 verhängte der deutsche Militärbefehlshaber den Ausnahmezustand. Das Kabinett Scavenius verzichtete daraufhin bis Kriegsende auf die Ausübung seiner Amtsgeschäfte.

Auschwitz (Oświęcim): Stadt im Südwesten Polens, 1939–1945 zum deutschen -> Generalgouvernement gehörend. Mitte 1940 wurde in einem Vorort der Stadt das Konzentrationslager Auschwitz angelegt und in den darauffolgenden Jahren ausgebaut. Von 1942 an war Auschwitz das Zentrum der Massenvernichtung der europäischen Juden. Das Lager bestand aus drei Teilen: Auschwitz I, Auschwitz II-Birkenau, Auschwitz III-Monowitz sowie aus mehr als 40 Nebenlagern. Der älteste Teil war das sogenannte Stammlager – Auschwitz I – in den Gebäuden einer polnischen Kaserne aus der Vorkriegszeit. Im Herbst 1941 wurde mit dem Bau von Auschwitz II auf dem Territorium des drei Kilometer von Auschwitz entfernten Dorfes Brzezinka (Birkenau) begonnen. Von da an wurde die Mehrheit der nach Auschwitz deportierten Juden unmittelbar nach ihrer Ankunft in den Gaskammern Birkenaus umgebracht. Das größte der Nebenlager, Monowitz, war 1942 auf dem Gelände der von der IG Farbenindustrie errichteten Buna-Werke gebaut worden. Während des Krieges ließ die IG Farbenindustrie dort Häftlinge Zwangsarbeit verrichten. Gegen Ende des Jahres 1944 begann die SS mit der Demontage und der Zerstörung der Gaskammern und der Krematorien sowie dem Verbrennen von Dokumenten, um die Spuren ihrer Verbrechen zu beseitigen. Vom 17. bis 21. Januar 1945 wurden ca. 56 000 Häftlinge in das Innere des Reiches gebracht. Viele der Häftlinge starben während dieser sogenannten Todesmärsche. Die wenigen Häftlinge (einige tausend), die im Lager zurückgeblieben waren, wurden am 27. Januar 1945 von Soldaten der Roten Armee befreit. Von allen nach Auschwitz Deportierten wurden ungefähr 400 000 registriert (200 000 Juden, über 140 000 Polen, ca. 20 000 Sinti und Roma, mehr als 10 000 sowjetische Kriegsgefangene und mehr als 10 000 andere Häftlinge). Über 50 Prozent der registrierten Häftlinge starben. 70–75 Prozent eines jeden Transportes wurden unmittelbar ermordet und nicht registriert. Aus diesem Grund kann die Zahl der Opfer auch nur annäherungsweise bestimmt werden und wird auf 1,1 bis 1,5 Millionen Menschen geschätzt.

Auschwitz-Prozeß: das größte Strafverfahren zur Verfolgung der am nationalsozialistischen Völkermord an den europäischen Juden Beteiligten, am 20. Dezember 1963 eröffnet. Während der vierjährigen Prozeßvorbereitung wurden 1300 Zeugenaussagen gesammelt, im Prozeß selbst 359 Zeugen aus 19 Nationen vernommen. In den Verhandlungen gegen die 20 Angeklagten kam nicht nur das Ausmaß des nationalsozialistischen Vernichtungsprogramms ans Licht. Angesichts des Verhaltens und der Motive der Täter stellte sich auch immer wieder die Frage nach der Unterstützung des Nationalsozialismus durch weite Kreise der deutschen Bevölkerung. Nach zwanzigmonatiger Prozeßdauer wurden am 19. August 1965 die Urteile verkündet. Sechs Angeklagte erhielten eine lebenslange Haftstrafe, elf wurden zu Strafen zwischen drei und 14 Jahren verurteilt, drei Angeklagte freigesprochen.

Aussig (Ústí nad Labem): Stadt in Nordböhmen. Am 31. Juli 1945 kam es hier zu Übergriffen der tschechischen Bevölkerung auf Sudetendeutsche. An vier verschiedenen Stellen der Stadt begannen Ausschreitungen, die nach vorliegenden Berichten, Zeugenaussagen und Protokollunterlagen etwa zwei Stunden dauerten. Die Angaben über die Zahl der Todesopfer schwanken zwischen 50 und 4000.

AVNOJ: Antifašističko vijeće narodnog oslobođenja Jugoslavije (Antifaschistischer Volksbefreiungsrat Jugoslawiens), gegründet am 26./27. November 1942 in Bihać, bildete am 29. November 1943 in Jajce die provisorische Regierung unter J. -> Tito. Die AVNOJ-Dekrete (Beschluß Nummer 1 und 2 vom 21. November 1944) verfügten die Ausbürgerung und die entschädigungslose Enteignung der Jugoslawiendeutschen.

Babij Jar: Schlucht bei Kiew. Nach der Besetzung der Ukraine durch deutsche Truppen beschlossen der Höhere SS- und Polizeiführer im rückwärtigen Heeresgebiet Süd, der Befehlshaber der Einsatzgruppe C sowie der Befehlshaber des Sonderkommandos 4a am 27. September 1941 die Ermordung der Kiewer Juden. Die Juden erhielten die Aufforderung, sich zu Umsiedlungsmaßnahmen einzufinden. Laut einem Einsatzgruppenbericht wurden am 29. und 30. September in Babij Jar 33 771 Juden ermordet. In den folgenden Monaten wurden in Babij Jar Tausende weiterer Juden, Sinti und Roma sowie sowjetische Kriegsgefangene erschossen. Im Juli 1943 ließen Polizeieinheiten der Sonderkommandos die Leichen ausgraben und verbrennen. Nach Untersuchungen der sowjetischen Staatskommission sind in Babij Jar rund 100 000 Menschen ermordet worden.

Badoglio, Pietro, 1871–1956; Duca di Addis Abeba, italienischer Ministerpräsident 1943–1944. Badoglio war 1921–1922 italienischer Botschafter in Brasilien und wurde nach Annäherung an Mussolini 1925 Generalstabschef und Marschall. Er war Oberbefehlshaber im Abessinienkrieg und 1936/37 Vizekönig von Äthiopien. Nach Mißerfolgen im Krieg gegen Griechenland trat Badoglio im November 1940 von seinen Ämtern zurück. Nach dem Sturz Mussolinis im Herbst 1943 wurde er Ministerpräsident und löste die faschistische Partei auf. Am 3. September unterzeichnete Italien einen geheimen Waffenstillstand mit den Alliierten; woraufhin weitere britische und amerikanische Truppen in Italien landeten. Nach den daraufhin beginnenden Kampfhandlungen flüchtete Badoglio zusammen mit dem König zu den Alliierten. 1944 trat er im Zuge der Kabinettsumbildungen zurück.

Balfour, Arthur James Earl of, 1848–1930; britischer Premierminister 1902–1905, 1916–1919 Außenminister. Balfour verfaßte 1917 eine Erklärung (Brief vom 2. November 1917 an Lord Rothschild), mit der er auf Initiative von Vertretern des Zionismus (N. Sokolow und C. Weizmann) die Schaffung einer nationalen Heimstätte (national home) für die Juden in Palästina zusicherte (Balfour-Deklaration).
Auf einer Reichskonferenz des Vereinigten Königreiches Großbritannien und Nordirland vom 19. Oktober bis zum 18. November 1926 definierte er den Dominionstatus, wonach die → Dominions (zunächst die weißen Siedlungskolonien Englands in Übersee) „autonome Gemeinschaften innerhalb des britischen Empire, gleich im Status, in keiner Weise einander untergeordnet", aber „doch durch eine gemeinsame Bindung an die Krone vereinigt und als Mitglieder des British → Commonwealth of Nations frei assoziiert" sind.

Balkanbund: Komplex bilateraler Bündnisse Bulgariens mit Serbien, mit Griechenland und mit Montenegro, außerdem Serbiens mit Montenegro, als Antwort auf die verschärfte Nationalitätenpolitik nach der jungtürkischen Revolution, geschlossen zwischen März und Oktober 1912. Der vom Russischen Reich unterstützte Bund hatte das Ziel, die Türken aus Europa zu vertreiben und Makedonien, Thrakien und Albanien unter den Partnern aufzuteilen. Im Oktober 1912 erklärten die Bündnispartner dem Osmanischen Reich den Krieg.

Balkanentente: Vertrag zwischen Griechenland, Jugoslawien, Rumänien und der Türkei, geschlossen am 9. Februar 1934 in Athen zur Sicherung des territorialen Status auf der Balkanhalbinsel besonders gegen bulgarische Gebietsansprüche. Die Balkanentente entsprach besonders der vom französischen Außenminister Louis Barthou geförderten Politik der kollektiven Sicherheit gegen die nach Revision der → Pariser Vorortverträge strebenden Mächte in Europa.

Balkankriege: die militärischen Auseinandersetzungen zwischen den christlichen Balkanstaaten und der Türkei, die dabei bis auf einen kleinen Teil von Thrakien ihre europäischen Gebiete verlor.
1. Balkankrieg (1912–1913), während des italienisch-türkischen Krieges in Nordafrika erklärten die im → Balkanbund vereinten Staaten Montenegro, Bulgarien, Serbien und Griechenland dem Osmanischen Reich im Oktober 1912 den Krieg. Bulgarien besetzte Thrakien und belagerte Adrianopel (Edirne), Serben und Montenegriner eroberten Novi Pazar. Nach gemeinsamen Erfolgen in Makedonien nahm Griechenland – in Rivalität zu

Bulgarien – Saloniki ein und besetzte Epirus. Am 30. Mai 1913 wurde in London ein Präliminarfrieden geschlossen, in dem die Türkei alle westlich der Linie Enos–Midea liegenden Gebiete und die Ägäischen Inseln abtreten mußte. Die Schaffung eines unabhängigen Staates Albanien verhinderte den von Serbien und Montenegro angestrebten Zugang zur Adria.

2. Balkankrieg (1913), Konflikt der Partner des → Balkanbundes um die Aufteilung Makedoniens. Bulgarien griff am 29. Juni 1913 Serbien und Griechenland an, die von der Türkei und Rumänien unterstützt wurden. Bulgarien unterlag, und die Türken eroberten Adrianopel (Edirne) zurück. Im Frieden von → Bukarest vom 10. August 1913 erhielten Serbien und Montenegro den größten Teil Makedoniens, Bulgarien blieb ein schmaler Zugang zur Ägäis, die Süd-Dobrudscha fiel an Rumänien und Ostthrakien an das Osmanische Reich.

Balkanpakt: Vertrag vom 9. August 1954 zwischen Griechenland, Jugoslawien und der Türkei, angesichts des sowjetischen Drucks auf Südosteuropa abgeschlossen in Bled (Slowenien) für die Dauer von 20 Jahren. Der Vertrag beinhaltete einen gegenseitigen militärischen Beistand im Falle eines Angriffs auf einen der Vertragspartner. Er ergänzte den Freundschaftsvertrag der drei Staaten vom 28. Februar 1953 und verlängerte sich ab 1974 bei Nichtkündigung jeweils um ein Jahr. Die sowjetisch-jugoslawische Entspannung (seit 1955) und der griechisch-türkische Streit um Zypern nahmen dem Balkanpakt weitgehend seine Bedeutung. Mit dem Auseinanderbrechen des Bundesstaates Jugoslawien 1991/92 wurde der Balkanpakt hinfällig.

Baltischer Rat: im Mai 1990 in Tallinn gegründetes Gremium der baltischen Republiken Estland, Lettland und Litauen zur politischen und wirtschaftlichen Zusammenarbeit nach dem Vorbild der Baltischen Entente der Zwischenkriegszeit (1934–1940), die mit der Annexion des Baltikums durch die Sowjetunion im Juni 1940 beendet war. Die Bemühungen des Baltischen Rates galten zunächst der Erlangung der Unabhängigkeit. Nach deren Verwirklichung waren die Ziele eine abgestimmte Politik gegenüber Rußland, dabei v. a. Durchsetzung eines raschen Abzugs der russischen Truppen, eine engere wirtschaftliche Zusammenarbeit sowie die baldige Aufnahme in die Europäische Union und die NATO.

Bangerskis, Rudolfs, 1878–1958; lettischer SS-Führer. Zu Beginn des Jahres 1943 bildeten die Deutschen in Lettland eine nationale bewaffnete Militärformation, die Lettische SS-Freiwilligen-Legion, welche aus zwei Divisionen bestand. Bangerskis wurde zum Generalinspekteur der Legion, dem höchsten lettischen Posten, der nicht in die deutschen Kommandostrukturen eingegliedert war, ernannt. Am 21. Juni 1945 nahmen britische Soldaten Bangerskis in Deutschland gefangen, und er wurde nach Lettland ausgeliefert.

Barbie, Klaus, 1913–1991; deutscher Kommandeur der Sicherheitspolizei (Sipo) und der SS. Barbie trat 1935 in die SS und 1937 in die NSDAP ein. Nach der Besetzung der Niederlande wurde Barbie im Mai 1940 dem Sicherheitsdienst in Amsterdam zugewiesen und im November 1940 zum SS-Obersturmführer befördert. Während seiner Tätigkeit bei der Sipo in Amsterdam 1941/42 ging er mit äußerster Brutalität gegen jüdische Bürger und politische Gegner vor. Im Mai 1942 wurde Barbie nach Frankreich versetzt, und ab November war er Chef der → Gestapo in Lyon. In dieser Funktion war er für die Folterung und Ermordung von Mitgliedern der Résistance sowie für die Deportation von Juden verantwortlich. Im August 1944 kehrte Barbie nach Deutschland zurück und wurde im Sicherheitsdienst Dortmund eingesetzt. Die Ernennung zum Hauptsturmführer erfolgte im November 1944. Nach Kriegsende gelang Barbie die Flucht nach Südamerika. 1947 und 1952 wurde er in Frankreich in Abwesenheit zum Tode verurteilt. 1983 wurde er von Bolivien an Frankreich ausgeliefert und 1987 von einem französischen Gericht zu lebenslänglicher Haft verurteilt.

Beck, Ludwig, 1880–1944; deutscher Generaloberst. In der neugeschaffenen Wehrmacht erhielt Beck 1935 das Amt des Generalstabschefs des Heeres und wurde drei Monate später zum General der Artillerie ernannt. Er kritisierte 1937 den Plan A. → Hitlers, die Tschechoslowakei schnellstmöglich anzugreifen. Der Besetzung des Landes stimmte er zu, wollte diese aber nicht vor 1940 ausführen. Seit der Entmachtung der

Wehrmachtsführung im Skandal um Werner von Blomberg und Werner Freiherr von Fritsch 1938 versuchte Beck, ein gemeinsames Vorgehen der Generalität gegen die Kriegsplanungen Hitlers zu organisieren. In der Krise um die Tschechoslowakei bereitete er die Absetzung Hitlers im Falle des Kriegsbeginns vor. Durch das -> Münchener Abkommen scheiterten jedoch die Planungen für den Putsch. Daraufhin trat er zurück und wurde aus der Wehrmacht verabschiedet. Beck engagierte sich ab 1939 zunehmend im Widerstand um C. F. -> Goerdeler und übernahm gemeinsam mit diesem die Führung der Widerstandsbewegung. Nach dem mißglückten Bombenattentat auf Hitler im Führerhauptquartier Wolfsschanze bei Rastenburg/Ostpreußen wurde er am 20. Juli 1944 nach einem Selbstmordversuch erschossen.

Belgrader Deklaration (2. Juni 1955): Anerkennung des eigenen Weges Jugoslawiens durch die UdSSR unter Nikita S. Chruščev.

Belgrader Konferenz -> Bewegung blockfreier Staaten.

Ben Gurion, David (David Gruen), 1886–1973; israelischer Ministerpräsident 1948–1953 und 1955–1963. Ben Gurion war 1911 Delegierter beim 11. Zionistenkongreß. Er meldete sich nach der -> Balfour-Deklaration als Freiwilliger zur Jewish Legion in Palästina, war 1921–1935 Generalsekretär der Gewerkschaft Histadruth, Gründer und Führer der Arbeiterpartei Mapai. 1937 trat er für die Teilung Palästinas ein. Er leitete die Kämpfe gegen die Araber vor der Gründung des Staates Israel 1947/48 und proklamierte am 14. Mai 1948 den jüdischen Staat Israel.

Beneš, Edvard, 1884–1948; Staatspräsident der Tschechoslowakei 1935–1938 und 1945–1948. Beneš war seit 1915 enger Mitarbeiter T. G. -> Masaryks und setzte sich mit diesem zusammen für die Errichtung eines tschechoslowakischen Staates ein. Er war Generalsekretär des von Masaryk geführten, 1916 gegründeten Tschechoslowakischen Nationalrats, der 1918 von den Ententemächten (-> Entente) als vorläufige tschechoslowakische Regierung anerkannt wurde. Nach Ausrufung der unabhängigen Tschechoslowakei 1918 war Beneš 1918–1935 Außenminister, 1921–1922 zugleich Ministerpräsident. Nach Abschluß des -> Münchener Abkommens und der Abtretung des Sudetenlandes an das Deutsche Reich trat Beneš vom Amt des Präsidenten zurück und ging nach London ins Exil. 1940–1945 war er Präsident der tschechoslowakischen Exilregierung. Gegen Ende des Zweiten Weltkrieges kehrte er nach Prag zurück. 1945 wurde er vorläufiger Staatspräsident der wiedererstandenen ČSR. 1948 verweigerte er seine Zustimmung zur Umbildung der ČSR zur Volksrepublik und trat zurück.

Beneš-Dekrete: Sammelbezeichnung für verschiedene Erlasse des tschechoslowakischen Präsidenten E. -> Beneš zwischen Mai und Oktober 1945 sowie das Amnestiegesetz vom 8. Mai 1946. Diese ermöglichen die Entrechtung der Sudeten- und Karpatendeutschen sowie der Ungarn und deren entschädigungslose Enteignung und Vertreibung aus der Tschechoslowakei. Die Tschechoslowakei bzw. die Tschechische Republik lehnte die Aufhebung der Beneš-Dekrete wiederholt ab.

Berg: Konzentrationslager in Norwegen zur Internierung der norwegischen Juden, von Norwegern verwaltet.

Bergen-Belsen: im Frühjahr 1941 auf einem ehemaligen Truppenübungsplatz in Bergen, etwa 60 Kilometer nordöstlich von Hannover, im Zusammenhang mit den Kriegsvorbereitungen gegen die Sowjetunion errichtetes Kriegsgefangenenlager. Wenige Wochen nach dem deutschen Überfall auf die Sowjetunion am 22. Juni 1941 trafen dort die ersten Gefangenentransporte ein. Bis Februar 1942 starben von etwa 21 000 sowjetischen Kriegsgefangenen mindestens 18 000 aufgrund der katastrophalen Lebensbedingungen. Im April 1943 wurde ein Teil des Lagers Bergen-Belsen für die Internierung von ausländischen Juden genutzt, die gegen im Ausland internierte Deutsche ausgetauscht werden sollten. Die offizielle Bezeichnung „Zivilinternierungslager Bergen-Belsen" wurde im Juni 1943 in „Aufenthaltslager" geändert, um auf diese Weise eine Besichtigung des Lagers durch eine internationale Kommission gemäß einer Bestimmung der Genfer Konvention zu verhindern. Ab März 1944 wurden zunehmend kranke, arbeitsunfähige Häftlinge aus anderen Konzentrationslagern nach Bergen-Belsen gebracht und ohne ärztliche Behandlung, ausreichende Nahrung und Unterkünfte ihrem Schicksal überlassen. Ab August 1944 kamen Tausende von Frauen aus den Arbeitslagern im Osten nach Bergen-Belsen. Seit Ende 1944 wurde Bergen-Belsen Ziel zahlreicher „Todesmärsche" aus den frontnahen Konzentrationslagern. Am 15. April 1945 wurde das Lager durch britische Truppen befreit. Von den Häftlingen des „Aufenthaltslagers" haben nur 357 durch Austausch die Freiheit erlangt. Etwa 50 000 Häftlinge und 20 000 sowjetische Kriegsgefangene kamen im Lager um. Rund 14 000 Überlebende starben noch bis Ende Juni 1945 an den Folgen der Haftbedingungen. 1946 ordnete die britische Militärregierung die Einrichtung einer Gedenkstätte an. 1952 wurde dem Land Niedersachsen die Verantwortung für die Gedenkstätte übertragen, deren zentrales Mahnmal am 30. November 1952 eingeweiht wurde.

Berija, Lavrentij Pavlovič, 1899–1953; sowjetischer Geheimdienstchef 1938–1953. Berija trat 1917 der russischen KP bei, 1921 der Čeka (Črezvyčajnaja komissija, Sicherheitsdienst der Bolschewiki). 1931–1938 war er Erster Parteisekretär in Transkaukasien und Georgien, seit 1934 Mitglied des Zentralkomitees der sowjetischen KP. 1938 wurde Berija zum Volkskommissar des Inneren und damit Chef der Polizei und des Geheim- und Sicherheitsdienstes → NKVD ernannt und war in dieser Funktion verantwortlich für die Ausschaltung der innerparteilichen Opposition in der sogenannten großen „Säuberung" (1934–1939). 1941–1945 gehörte er dem staatlichen Verteidigungsrat und nach Kriegsende dem Politbüro der KP an. 1946 wurde er stellvertretender Ministerpräsident. Nach I. → Stalins Tod wurde er zunächst Erster stellvertretender Ministerpräsident und Innenminister, dann abgesetzt, am 9. Juli 1953 aus der Partei ausgeschlossen und in einem Geheimprozeß im Dezember 1953 zum Tode verurteilt und hingerichtet.

Berliner Deklaration: Deklaration zur Übernahme der obersten Regierungsgewalt in Deutschland durch die vier Siegermächte, unterzeichnet in Berlin am 5. Juni 1945 durch die vier Oberbefehlshaber der alliierten Besatzungsstreitkräfte in Deutschland, General Dwight D. → Eisenhower (USA), Marschall Georgij K. → Žukov (UdSSR), Feldmarschall Bernard Law → Montgomery (Großbritannien) und General Jean de Lattre de Tassigny (Frankreich). Mit Unterzeichnung der Berliner Deklaration übernahmen die Regierungen der vier Alliierten alle Hoheitsrechte. Allerdings wurde betont, daß damit keine Annexion des ehemaligen Deutschen Reiches verbunden sei. Grundlage der Deklaration vom 5. Juni sind die Beschlüsse, die am 12. September 1944 im sogenannten Londoner Protokoll festgelegt wurden. Die USA, die Sowjetunion und Großbritannien hatten sich darauf verständigt, Deutschland in drei Besatzungszonen aufzuteilen. Auf der Konferenz von → Jalta im Februar 1945 war man übereingekommen, auch Frankreich gleichberechtigt an der Besatzungsherrschaft zu beteiligen.

Bernadotte, Folke Graf von Wisborg, 1895–1948; Vizepräsident des schwedischen Roten Kreuzes. In dieser Eigenschaft unternahm er in den letzten Monaten des Zweiten Weltkrieges mehrere Reisen nach Deutschland, wo es ihm in Verhandlungen mit Heinrich Himmler gelang, mehrere tausend dänische und norwegische Häftlinge aus den Konzentrationslagern zu befreien. Seit 1946 war er Präsident des schwedischen Roten Kreuzes. Im Auftrag des Sicherheitsrates der UNO vermittelte Bernadotte 1948 in Palästina im Krieg zwischen Israel und den arabischen Staaten. Dort wurde er von jüdischen Extremisten ermordet.

Best, Werner, 1903–1989; SS-Obergruppenführer und Reichsbevollmächtigter in Dänemark. Best, seit 1930 Mitglied der NSDAP und 1933 zum Staatskommissar für das Polizeiwesen in Hessen ernannt, war ab September 1934 am Ausbau des Geheimen Staatspolizeiamtes und der → Gestapo beteiligt. Seit November 1942 war Best im besetzten Dänemark zunächst Bevollmächtigter des Deutschen Reiches, später SS-Gruppenführer und seit April 1944 Obergruppenführer. 1948 wurde er vom Kopenhagener Amtsgericht zum Tode verurteilt. Im Berufungsverfahren wurde das Strafmaß auf fünf Jahre herabgesetzt. 1950 erfolgte eine erneute Verurteilung zu 12 Jahren Haft. 1951 wurde Best auf deutschen Druck hin begnadigt und durfte in die Bundesrepublik Deutschland ausreisen. Die in Deutschland gegen ihn geführten Gerichtsverfahren, in denen ihm der Mord an mehreren tausend Menschen zur Last gelegt wurde, wurden eingestellt.

Beveridge Report: Bericht des britischen Liberalen Sir William Beveridge (1879–1963) über Social Insurance and Allied Services vom November 1942, der ein umfassendes Versorgungs- und Fürsorgesystem vorsah. Der Beveridge Report bildete die Grundlage für Sozialreformen im Großbritannien der Nachkriegszeit.

Bewegung blockfreier Staaten: 1961 mit der vom indischen Ministerpräsidenten J. Nehru sowie dem ägyptischen Präsidenten G. Abd el-Nasser und dem jugoslawischen Präsidenten J. → Tito vorbereiteten Belgrader Konferenz gegründet, aus dem Wunsch, sich dem Blockdenken zu entziehen. Die Teilnehmer forderten in einer 27 Punkte umfassenden Erklärung u. a. die Unabhängigkeit der noch unter kolonialer Herrschaft stehenden Völker, das Recht aller Nationen auf Selbstbestimmung, die Beseitigung des wirtschaftlichen Ungleichgewichts zwischen den entwickelten und unterentwickelten Staaten, die Auflösung aller ausländischen Militärstützpunkte in den afrikanischen, asiatischen und lateinamerikanischen Ländern, eine allgemeine kontrollierte Abrüstung, die Wiederherstellung aller Rechte der arabischen Bevölkerung Palästinas und eine friedliche Lösung der Berlin- und Deutschlandfrage. Die ideologisch sehr unterschiedlich orientierten blockfreien Staaten bekannten sich zum Prinzip der Bündnislosigkeit sowie zur friedlichen Koexistenz aller Staaten auf der Grundlage der Gleichberechtigung. Sie forderten v. a. die Beendigung aller Formen der Fremdherrschaft, vollständige Abrüstung, Auflösung von → NATO und → Warschauer Pakt und eine neue Weltwirtschaftsordnung im Sinne einer einflußreicheren Interessenvertretung der Länder der Dritten Welt in internationalen Organisationen.

Blaue Division → División Azul.

Bolschewiki (russisch) Mehrheitler: der von Lenin geführte Flügel der russischen Sozialdemokratie; entwickelte sich seit 1912 zur selbständigen Partei und wurde zur bewegenden Kraft der Oktoberrevolution von 1917. Auf dem zweiten Parteitag der Sozialdemokratischen Arbeiterpartei Rußlands (SDAPR, russisch RSDRP) 1903 in London gewann Lenin bei der Verabschiedung des Parteistatuts eine Mehrheit für seine Forderung nach einer straff geführten Elite- und Kaderpartei; seitdem nannten sich seine Anhänger, obwohl eigentlich die Minderheitsströmung innerhalb der RSDRP, Bolschewiki, in bewußtem Gegensatz zu den bei dieser Abstimmung unterlegenen „Menschewiki" (Minderheitler). Beide Gruppen arbeiten bei der Revolution von 1905 noch zusammen, entwickelten sich jedoch dann ideologisch und organisatorisch auseinander. Seit 1912 traten die Bolschewiki als selbständige politische Gruppe, RSDRP (b), auf, die für Lenin Agitationsbasis im Kampf gegen das zaristische Rußland und in der ideologischen Auseinandersetzung mit anderen sozialistischen, v. a. marxistischen Gruppen war.

Bonhoeffer, Dietrich, 1906–1945; evangelischer Theologe. Bonhoeffer war Vertreter der den Nationalsozialismus ablehnenden „Bekennenden Kirche", in der er – seit 1937 im Untergrund – ein Predigerseminar leitete. Zwischen 1940 und 1943 schloß er sich dem politisch-militärischen Widerstand um Admiral W. → Canaris an. Als Vertrauensmann knüpfte Bonhoeffer mit Hilfe seiner ökumenischen Kontakte Verbindungen zwischen den westlichen Regierungen und dem deutschen Widerstand. Im April 1943 wurde er von der → Gestapo unter der Beschuldigung der Wehrkraftzersetzung verhaftet und zwischen 1943 und 1945 im Militärgefängnis Berlin-Tegel, im Berliner Gestapogefängnis und im Konzentrationslager Buchenwald inhaftiert. Nach dem gescheiterten Attentat vom 20. Juli 1944 gelang es der Gestapo, Bonhoeffer seine Widerstandstätigkeit nachzuweisen. Am 9. April 1945 wurde er in Flossenbürg von einem SS-Standgericht zum Tode verurteilt und hingerichtet.

Boris III., 1894–1943; Zar von Bulgarien 1918–1943. Nach einem Militärstaatsstreich 1934 errichtete Boris III. 1935 eine autokratische Herrschaft unter Beibehaltung parlamentarischer Formen. Unter seiner Herrschaft kam es zur Annäherung Bulgariens an die → Achsenmächte und 1941 zum Beitritt zum Dreimächtepakt.

Breendonk: Lager in der Nähe der belgischen Stadt Mechelen. Seit Ende August 1940 wurde die ehemalige Festung der belgischen Armee von den deutschen Besatzern als Polizeihaftlager genutzt. Seit 1941 bewachten auch belgische SS-Einheiten das Lager. Insgesamt waren in Breendonk zwischen 3000 und 3600 Menschen inhaftiert.

Brest-Litowsk, Friede von: am 3. März 1918 zwischen Sowjetrußland und den –> Mittelmächten geschlossener Sonderfriede. Nach einem Waffenstillstand am 15. November 1917 und Friedensverhandlungen vom 20. Dezember 1917 bis zum 8. Februar 1918 setzte Lenin die Unterzeichnung auf russischer Seite durch. Rußland verlor Finnland, Polen, Litauen, Kurland, die Ukraine (die formal selbständig wurden, tatsächlich aber unter deutschem Einfluß blieben) sowie Gebiete im Süden Armeniens. Im Berliner Zusatzvertrag vom 27. August 1918, durch den Rußland auch die Unabhängigkeit Estlands, Livlands und Georgiens anerkannte, verpflichtete es sich, an Deutschland 6 Milliarden Goldmark Entschädigung zu zahlen. Der Waffenstillstand von –> Compiègne am 11. November 1918 setzte den Friedensvertrag und den Ergänzungsvertrag außer Kraft. Nach der Novemberrevolution in Deutschland wurde der Friede durch die Sowjetregierung gekündigt und durch den Versailler Vertrag 1919 (–> Pariser Vorortverträge) annulliert.

Brežnev-Doktrin: vom Generalsekretär der KPdSU, Leonid I. Brežnev, 1968 nach dem Einmarsch von Truppen des Warschauer Paktes in die Tschechoslowakei zur Unterdrückung des reformsozialistischen Kurses unter A. Dubček formulierte Behauptung einer begrenzten Souveränität der sozialistischen Staaten und des Interventionsrechts der UdSSR im Falle einer inneren Bedrohung des Sozialismus. Die Brežnev-Doktrin stellte eine neue, an I. –> Stalins Interpretation des Prinzips des „proletarischen Internationalismus" anknüpfende ideologische Umschreibung des sowjetischen Anspruchs auf Vorherrschaft im kommunistischen Staatensystem dar. Nach dem Machtantritt Michail S. Gorbačevs 1985 rückte die UdSSR von der Brežnev-Doktrin ab.

Briand-Kellogg-Pakt: nach den Außenministern Frankreichs und der USA, Aristide Briand und Frank Billings Kellogg, benannter völkerrechtlicher Vertrag, unterzeichnet am 27. August 1928 in Paris. Vertragspartner waren Belgien, Deutschland, Frankreich, Großbritannien einschließlich seiner –> Dominions, Italien, Japan, Polen, die Tschechoslowakei und die USA. Er verpflichtete die Unterzeichnerstaaten, auf den Krieg als Mittel zur Durchsetzung nationaler Ziele zu verzichten und Streitfälle auf friedlichem Wege beizulegen. Das Recht eines jeden Staates auf Selbstverteidigung blieb als unveräußerliches Recht anerkannt. Der Pakt, dem bis 1939 63 Staaten beitraten, stellte grundsätzliche völkerrechtliche Regeln auf, die in die Satzung der –> UNO eingingen.

British Commonwealth of Nations –> Commonwealth of Nations.

Brüssel, Vertrag von: Vertrag über wirtschaftliche, soziale und kulturelle Zusammenarbeit und über kollektive Selbstverteidigung vom 17. März 1948. Unterzeichner waren Belgien, Frankreich, Luxemburg, die Niederlande und das Vereinigte Königreich. Mit dem Beitritt Großbritanniens am 1. Januar 1973 zur Europäischen Gemeinschaft ist der Vertrag faktisch bedeutungslos geworden.

Buchenwald: eines der größten Konzentrationslager in Deutschland. Es wurde im Juli 1937 etwa acht Kilometer nördlich von Weimar in Thüringen errichtet. Geleitet wurde es von SS-Standartenführer Karl Koch (1937–1941) und SS-Oberführer Hermann Pister (1942–1945). Zum Konzentrationslager Buchenwald gehörten etwa 130 Außenkommandos und Nebenlager, in denen insgesamt rund 239 000 Menschen inhaftiert waren. Anfänglich waren die Häftlinge zumeist politische Gefangene, später auch in großer Zahl Juden. Die meisten Häftlinge mußten Zwangsarbeit leisten, viele wurden für medizinische Experimente mißbraucht. Über 40 000 Häftlinge starben aufgrund der Haftbedingungen. Allein bei der sogenannten Evakuierung Buchenwalds kurz vor Kriegsende kamen etwa 25 500 Menschen ums Leben. Das Lager wurde am 11. April 1945 von den amerikanischen Streitkräften befreit. Nach Kriegsende nutzte die sowjetische Besatzungsmacht das

Lager bis 1950 als Internierungslager. Seit 1958 ist das ehemalige Konzentrations- und Internierungslager Buchenwald Mahn- und Gedenkstätte.

Bukarest, Frieden von: Im Frieden vom 7. Mai 1918 zwischen Rumänien und den → Mittelmächten erhielt Bulgarien die 1913 verlorene Süddobrudscha zugesprochen. Der Vertrag erlosch mit dem Waffenstillstand von → Compiègne (11. November 1918).

Bürgerforum (ČSSR) → Samtene Revolution.

Čakste, Konstantīns → LCP, Latvijas Centrala Padome.

Calaraşi: nach dem Massaker von → Iaşi im Juni 1941 wurden die Überlebenden, ca. 2500 Juden, von rumänischen und deutschen Soldaten nach Calaraşi deportiert. Während des fünftägigen Transports starben über 1400 von ihnen an Hunger, Durst und Hitze. Die ca. 980 Überlebenden des Todeszuges wurden, nachdem sie zwei Monate in den Lagern von Calaraşi und Podul-Iloaei inhaftiert waren, freigelassen und kehrten nach Iaşi zurück.

Canaris, Wilhelm Walter, 1887–1945; deutscher Admiral (seit 1940). Im März 1920 unterstützte Canaris den Kapp-Putsch, wurde inhaftiert, aber nach kurzer Zeit wieder freigelassen. 1935 führte er als Konteradmiral die Abwehrabteilung im Reichskriegsministerium. Die Kriegsvorbereitungen ließen Canaris auf Distanz gegenüber der nationalsozialistischen Führung gehen. Er deckte die Widerstandsaktivitäten seines Stabschefs Hans Oster, förderte die Oppositionshaltung von L. → Beck. Das Überlaufen eines Abwehragenten zum britischen Gegner im Februar 1944 war Anlaß, Canaris seines Postens zu entheben. Canaris wurde drei Tage nach dem Attentat auf Hitler vom 20. Juli 1944 verhaftet. Am 9. April 1945 wurde er im Lager Flossenbürg hingerichtet.

Casablanca, Konferenz von: Zusammenkunft des US-Präsidenten F. D. → Roosevelt und des britischen Premierministers W. → Churchill vom 14. bis 26. Januar 1943 zur Koordination ihrer Kriegführung gegen die → Achsenmächte, v. a. ihrer Mittelmeerstrategie sowie ihrer See- und Luftkriegsführung. Zudem suchten sie zwischen den rivalisierenden Führern der französischen Widerstandsbewegung, den Generälen Ch. de → Gaulle und H. H. Giraud, zu vermitteln. Auf Vorschlag Roosevelts verkündeten beide Konferenzteilnehmer am 24. Januar 1943 die Forderung nach einer bedingungslosen Kapitulation der → Achsenmächte.

Casanova, Danielle, 1909–1943; Mitglied in der kommunistischen Jugendbewegung Frankreichs. Nach der französischen Niederlage 1940 engagierte sie sich für den Aufbau der kommunistischen Partei im Untergrund und geheimer Jugendorganisationen. 1942 von der französischen Polizei festgenommen und an die → Gestapo ausgeliefert, wurde sie im Januar 1943 nach → Auschwitz deportiert, wo sie an Typhus starb.

Černiachovskij, Ivan Danilovič, 1906–1945; sowjetischer General, seit 1944 Befehlshaber der Westlichen und der 3. Weißrussischen Fronten, die Litauen von den Deutschen zurückeroberten. In der Sowjetunion wurde er als Befreier Litauens gefeiert. Er fiel bei der Eroberung Königsbergs.

Četniki (serbisch četa – Truppe, Schar): im ausgehenden 19. Jahrhundert serbische Freischärler, die sich zum Schutz der serbischen Bevölkerung in Makedonien gegen die Übergriffe der Türken und der → IMRO zusammenschlossen. Nach der Kapitulation der jugoslawischen Armee im Zweiten Weltkrieg und dem Beginn der Serbenverfolgungen kämpften ab April 1941 unter der Bezeichnung Četniki königstreue und nationalserbische Partisanen gegen die deutsche Besatzungsmacht, die kroatische → Ustaša in den serbisch besiedelten Gebieten und ab Herbst 1943 ausschließlich gegen die kommunistischen Partisanen → Titos für ein ethnisch homogenes Großserbien. Sie wurden geführt von Oberst Draža Mihailović (1893–1946) und sowohl durch die jugoslawische Exilregierung in London als auch durch die Alliierten als jugoslawische Armee anerkannt. 1944 wurden sie

weitgehend aufgerieben. Unter dem Namen Četniki oder Neo-Četniki kämpften nationalserbische Freischärler 1991 in Kroatien und 1992 in Bosnien.

Chaldej, Evgenij, 1917–1997; sowjetischer Photograph, in Donezk/Ukraine als Sohn jüdischer Eltern geboren. Seit 1936 war Chaldej Photoreporter bei der sowjetischen Nachrichtenagentur TASS. Mit Beginn des Zweiten Weltkrieges wurde er Kriegsberichterstatter. Sein
bekanntestes Bild ist das „Hissen der roten Fahne auf dem Berliner Reichstag 1945". Für
die Sowjetunion und die Länder in ihrem Machtbereich wurde diese gestellte Photographie
zu einem der Sinnbilder für die Befreiung Europas vom Nationalsozialismus.

Chamberlain, **Arthur Neville**, 1869–1940; britischer Politiker, Mitglied der Konservativen Partei, seit 1918 im Unterhaus. 1923–1924 und 1924–1929 war Chamberlain
Gesundheitsminister sowie 1923–1924 und 1931–1937 Schatzkanzler. 1937 wurde
Chamberlain Premierminister. In den Krisenjahren vor dem Zweiten Weltkrieg suchte er
angesichts der auf Konflikt angelegten Außenpolitik der –> Achsenmächte nach Möglichkeiten eines friedlichen Ausgleichs der Interessen. Zugleich strebte er nach Aufrüstung
Großbritanniens, ohne jedoch die finanzielle Stabilität des Landes gefährden und die
schwierige Wirtschaftslage weiter verschärfen zu wollen. Seine in der britischen Öffentlichkeit auf breite Zustimmung stoßende Politik des –> Appeasements zielte auf Zeitgewinn, da
Großbritannien nicht kriegsbereit war. Nach dem Einmarsch deutscher Truppen in die
Tschechoslowakei im März 1939 gab seine Regierung eine Garantieerklärung für Polen ab
und erklärte dem Deutschen Reich am 3. September 1939, nach dem Angriff auf Polen,
den Krieg. Im Mai 1940 trat Chamberlain zurück. Seine Regierung wurde durch die Allparteienregierung –> Churchills abgelöst.

Chatyn: weißrussisches Dorf etwa 50 Kilometer nördlich von Minsk, das am 22. März
1943 von einem SS-Bataillon niedergebrannt wurde. Die meisten Bewohner kamen dabei
ums Leben. 1969, zum 25. Jahrestag der Befreiung Weißrußlands, wurde an der Stelle des
Dorfes eine Gedenkstätte errichtet, mit symbolischen Darstellungen der „Sturmglocke von
Chatyn", des „Friedhofs der Dörfer", der „Herdstätten Chatyns", ferner einem Gedenk-
platz mit einer Gedenktafel, einer ewigen Flamme sowie der Skulptur „Der unbesiegte
Mensch", die einen der wenigen Überlebenden, den Schmied des Dorfes, darstellt.

Cherut (hebräisch) Freiheit: 1948 gegründete, rechtsgerichtete israelische Partei, hervorgegangen aus der 1925 gegründeten Vereinigung der zionistischen Revisionisten. Die Partei forderte im Sinn des zionistischen Revisionismus einen Staat Israel in den Grenzen des
biblischen Palästina. Sie schloß sich 1965 mit der Liberalen Partei zum Gahal, 1973 mit
weiteren Parteien zum –> Likud zusammen.

Christian X., 1870–1947; König von Dänemark 1912–1947 und von Island
1912–1943. Während der Zeit der deutschen Besatzung im Zweiten Weltkrieg ging er
nicht ins Exil, wie andere europäische Monarchen, sondern blieb in Kopenhagen. Die
populäre Erzählung, er habe einen gelben Stern getragen, nachdem die deutschen Besatzer
dies für die dänischen Juden angeordnet hatten, gehört ins Reich der Legende.

Churchill, Sir (seit 1953) **Winston**, 1874–1965; britischer Politiker. Churchills politische Karriere begann 1900 mit seiner Wahl zum Mitglied des englischen Unterhauses für
die Konservativen. Als Befürworter des Freihandels wechselte er 1904 zu den Liberalen.
Nach deren Wahlsieg 1906 hatte er verschiedene Regierungsämter inne, war von 1908 bis
1910 Handelsminister und zwischen 1910 und 1911 Innenminister. Er gehörte zum so-
zialreformerischen Flügel der Liberalen. Seit 1911 Erster Lord der Admiralität, trieb
Churchill die Flottenrüstung voran, nachdem keine Absprachen über eine Begrenzung
der Rüstung mit dem Deutschen Reich erzielt werden konnten. Im Ersten Weltkrieg führte
das Scheitern der Dardanellenexpedition 1915 zu seinem Ausscheiden aus der Regierung.
1916/17 war er als Offizier an der Westfront. 1917 in die Regierung zurückberufen, war
er 1917–1918 Munitionsminister, 1918–1921 Kriegs- und Luftfahrtminister und
1921–1922 Kolonialminister. Angesichts des Zerfalls seiner Partei kehrte er 1924 zu den
Konservativen zurück. Seit dem Machtantritt A. –> Hitlers warnte Churchill vor den Fol-

gen des britischen → Appeasements. 1939 wurde er wieder Erster Lord der Admiralität und im Mai 1940 Premierminister einer Allparteienregierung. In der Zeit nach der Niederlage Frankreichs stand er für den britischen Widerstandsgeist und Durchhaltewillen. Im Verlauf des Krieges versuchte er u. a. auf den großen Konferenzen, v. a. in → Teheran und → Jalta, für Großbritannien im Kreis der Großen Drei (USA, UdSSR und Großbritannien) eine eigenständige Rolle zu behaupten. Nach der Wahlniederlage 1945 (während der Konferenz von → Potsdam) führte er die Opposition und gab Anstöße zur Gründung von → NATO und → Europarat. 1951 wurde er erneut Premierminister; 1953 trat er aus Altersgründen zurück. Im selben Jahr wurde ihm der Nobelpreis für Literatur verliehen.

Codreanu, Corneliu Zelea (C. Zelinski), 1899–1938; rumänischer Politiker. Codreanu gründete 1927 in Rumänien die Legiunea Arhanghelul Mihail (Legion Erzengel Michael), aus der 1930 die → Eiserne Garde hervorging. 1938 wurde er wegen Hochverrats verurteilt und in der Haft ermordet.

COMECON → Rat für gegenseitige Wirtschaftshilfe (RGW).

Commonwealth of Nations: offizielle Bezeichnung für die Staatengemeinschaft, die aus dem britischen Kolonialreich hervorgegangen ist. Im Statut von → Westminster von 1931 wurde der Name British Commonwealth of Nations verfassungsrechtlich festgelegt. Seit der Entkolonialisierung und Aufnahme der → Dominions in Asien, Afrika und der Karibik hat die Gemeinschaft mehr repräsentative und konsultative denn wirklich politische Bedeutung. Damit verschwand auch der Zusatz „British" aus dem Titel. Es besteht aus unabhängigen, gleichberechtigten und in freier Vereinigung verbundenen Staaten. Diesen steht der Austritt aus dem Verband jederzeit frei; sie können auch auf Beschluß der Commonwealthmitglieder ausgeschlossen werden.

Compiègne: Stadt in der Picardie, im französischen Département Oise. Im an die Stadt angrenzenden Wald wurde am 11. November 1918 der Waffenstillstand zwischen dem Deutschen Reich und der → Entente abgeschlossen. Am selben Ort ließ A. → Hitler am 22. Juni 1940 den Waffenstillstand mit Frankreich unterzeichnen.

Croce, Benedetto, 1866–1952; italienischer Philosoph, Historiker, Literaturwissenschaftler und Politiker. Croce war 1920–1921 Unterrichtsminister. 1925 schrieb er ein vielbeachtetes Manifest gegen den Faschismus in Italien; war 1943 Neubegründer und bis 1947 Vorsitzender der Liberalen Partei, 1944 nochmals Minister. Croce gründete 1947 in Neapel das Istituto Italiano per gli studi storici.

Curzon-Linie: die Demarkationslinie zwischen Polen und Sowjetrußland, vom britischen Außenminister G. Curzon am 8. Dezember 1919 vorgeschlagen, am 11. Juli 1920 nach Norden (nördlich von Grodno) und Süden (Galizien) erweitert. Die Demarkationslinie UdSSR – → Generalgouvernement gemäß dem → Deutsch-Sowjetischen Nichtangriffspakt entsprach ungefähr der Curzon-Linie. Von I. → Stalin wurde die Curzon-Linie als sowjetische Westgrenze gegenüber den Alliierten eingefordert und auf der Konferenz von → Jalta modifiziert durchgesetzt.

Daladier, Édouard, 1884–1970; französischer Ministerpräsident 1933, 1934 und 1938–1940; Mitglied des Parti Radical et Radical-Socialiste, 1919–1940 Abgeordneter, 1932 und 1937 Kriegsminister. 1936 beteiligte er sich maßgeblich an der Bildung der → Volksfront. Zusammen mit seinem Außenminister G. Bonnet verfolgte Daladier v. a. während der Krise um das Sudetenland (1938) eine Politik des Kompromisses mit Deutschland. Nach dem deutschen Angriff auf Polen am 1. September 1939 erklärte jedoch seine Regierung am 3. September 1939 dem Deutschen Reich den Krieg. Im September 1940 wurde Daladier, der sich nach dem militärischen Zusammenbruch seines Landes im Juni 1940 für die Fortsetzung des Krieges von Afrika aus eingesetzt hatte, vom → Vichy-Regime inhaftiert und 1942 vor Gericht gestellt. 1943–1945 war er in Deutschland interniert. Nach dem Krieg wurde Daladier als Abgeordneter in der Nationalversammlung politisch wieder aktiv (1946–1958) und war 1957–1958 Präsident seiner Partei. Nach der Machtübernahme Ch. de → Gaulles trat er 1958 von diesem Amt zurück.

Dawesplan: internationaler Vertrag über die deutschen Reparationsleistungen nach dem Ersten Weltkrieg, abgeschlossen am 16. August 1924 in London, seit dem 1. September 1924 in Kraft, vorbereitet durch das von einem Sachverständigenausschuß unter Charles G. Dawes ausgearbeitete Gutachten über die deutsche Leistungsfähigkeit. Ziel des Dawesplans war, durch die Stabilisierung der deutschen Wirtschaft den Wiederaufbau der europäischen Wirtschaft und eine allgemeine Vertrauensbildung zu fördern. Durch die Festsetzung der von Deutschland zu zahlenden Jahresraten auf 2,5 Milliarden RM bis 1928/29 suchte der Vertrag eine vorläufige Regelung des Reparationsproblems zu erreichen. Mit der Annahme des Dawesplans verbunden war eine internationale, v. a. in den USA gezeichnete Anleihe (800 Millionen Goldmark) zur Überbrückung und Stabilisierung der deutschen Währung. 1930 wurde der Dawesplan durch den → Youngplan abgelöst.

Degrelle, Léon, 1906–1994; Gründer der katholischen → Rexbewegung (1930). Nach dem deutschen Überfall auf Belgien wurde Degrelle verhaftet und nach Frankreich gebracht. 1940 von den Deutschen befreit, unterstützte er die deutschen Besatzer in Belgien beim Aufbau der SS-Division Wallonien. Nach dem Krieg flüchtete er und wurde von einem belgischen Gericht in Abwesenheit zum Tode verurteilt. Degrelle lebte bis zu seinem Tod in Spanien.

Deklaration der Rechte der Völker Rußlands: am 15. (2.) November 1917 verkündete Absichtserklärung der Sowjetregierung zur Befreiung der bisher unterdrückten Völker des Russischen Reiches und ihrem Zusammenschluß in einem „freiwilligen und ehrenhaften" Bund. Diesem sollten vier Prinzipien zugrunde liegen: 1. Die Gleichheit und Souveränität der Völker Rußlands; 2. Das Recht der Völker Rußlands auf freie Selbstbestimmung bis hin zur Abtrennung und Bildung eines selbständigen Staates; 3. Die Beseitigung aller und jeglicher nationalen und religiösen Privilegien und Beschränkungen; 4. Die freie Entwicklung der nationalen Minderheiten und ethnischen Gruppen, die das Territorium Rußlands bewohnen. Zur Unterstreichung dieser Erklärung wurden den Ukrainern die alten Nationalfahnen und Urkunden zurückgegeben, die unter der Zarenherrschaft von Regierungstruppen entwendet worden waren.

Delp, Alfred, 1907–1945; katholischer Theologe. Delp war als Priester in München-Bogenhausen tätig und trat 1942 mit der Widerstandsgruppe Kreisauer Kreis um H. J. Graf von → Moltke in Kontakt. Am Attentat auf A. → Hitler am 20. Juli 1944 war Delp nicht beteiligt, wurde aber im Zusammenhang damit verhaftet. Er wurde am 11. Januar 1945 wegen Hoch- und Landesverrats zum Tode verurteilt und am 2. Februar in Berlin-Plötzensee hingerichtet. Posthum wurden seine gesammelten Aufzeichnungen und Briefe aus dem Gefängnis unter dem Titel „Im Angesicht des Todes" veröffentlicht.

Deutsch-Sowjetischer Nichtangriffspakt (auch Hitler-Stalin-Pakt oder Molotov-Ribbentrop-Pakt genannt): am 23. August 1939 in Moskau für 10 Jahre abgeschlossener Vertrag (bei einjähriger Kündigungsfrist) zwischen dem nationalsozialistischen Deutschland und der UdSSR; enthielt auch die Verpflichtung zu gegenseitiger Neutralität bei Auseinandersetzungen mit einem Dritten. Der von den Außenministern J. von → Ribbentrop und V. M. → Molotov unterzeichnete Vertrag enthielt ein Geheimes Zusatzprotokoll (bis 1989 von der UdSSR bestritten), in dem das westliche Polen (bis zur Linie der Flüsse Narew, Weichsel und San) und Litauen der deutschen Interessensphäre, Finnland, Estland, Lettland, das östliche Polen und Bessarabien der sowjetischen zugewiesen wurden. In einem weiteren Ergänzungsvertrag vom 28. September 1939 wurde Litauen im Austausch gegen polnische Gebiete dem sowjetischen Interessengebiet zugeordnet. Der Pakt enthob Deutschland im Hinblick auf den späteren Westfeldzug zunächst der Gefahr eines Zweifrontenkrieges. I. → Stalin rückte mit dem Abschluß dieses Vertrages von dem britisch-französischen Plan einer die UdSSR einschließenden „Großen Allianz" gegen Deutschland ab; der UdSSR wurde der Weg nach Mitteleuropa geöffnet. Am 22. Juni 1941 brach Deutschland mit dem Überfall auf die UdSSR den Vertrag.

Dimitrov, Georgi Michajlov, 1882–1949; bulgarischer Politiker. Dimitrov schloß sich 1902 der Sozialdemokratie an. 1913–1923 war er Abgeordneter, 1919 beteiligte er sich an der Gründung der bulgarischen KP. Später nahm er führend an Aufständen und Terroraktionen teil. 1933 wurde er in Deutschland im Prozeß um den Reichstagsbrand von der Anklage der Brandstiftung freigesprochen. 1935–1943 war Dimitrov Generalsekretär der –> Kommunistischen Internationale mit Sitz in Moskau. Nach Ende des Zweiten Weltkrieges wurde Bulgarien unter seiner Führung in einen kommunistischen Staat umgewandelt. 1946–1949 war er Ministerpräsident, 1948–1949 Generalsekretär der bulgarischen KP.

División Azul (spanisch) Blaue Division: spanisches Freiwilligenkontingent von insgesamt ca. 45 000 Mann; auf deutscher Seite beim Überfall auf die Sowjetunion beteiligt. Benannt nach den von den spanischen Soldaten unter der Wehrmachtsuniform getragenen blauen Falange-Hemden. Die Blaue Division wurde im Juli 1941 aufgestellt und ab Oktober 1941 am Nordflügel der Ostfront, besonders am Wolchow und Ilmensee, später bei Leningrad, eingesetzt. Auf Druck der westlichen Alliierten im Oktober 1943 abberufen, traten an ihre Stelle die ca. 2000 Freiwilligen der sogenannten Spanischen Legion, die im März 1944 ebenfalls auf alliiertes Drängen zurückgezogen wurden.

Dominion (englisch) Herrschaft, Gebiet: im britischen Staatsrecht ursprünglich jede überseeische Besitzung, seit 1907 eingeengt auf sich selbst verwaltende ehemalige weiße Kolonien des Britischen Empire (u. a. Kanada, Australischer Bund, Neuseeland) und die Reichsteile, die eine diesen Staaten gleichberechtigte Stellung gegenüber dem Mutterland erhalten hatten (Indien, Pakistan, 1947). Merkmale des Dominionstatus (näher definiert im Statut von –> Westminster, 1931) waren volle innere Selbstregierung, Treueverhältnis zur britischen Krone und seit 1931 freiwillige Zugehörigkeit zum –> Commonwealth of Nations mit zunehmender Selbstregierung in äußeren Angelegenheiten. Nach 1945 wurde der Begriff Dominion als nicht mehr zeitgemäß empfunden, durch die Umschreibung Member of the –> Commonwealth ersetzt.

Dönitz, Karl, 1891–1980; deutscher Großadmiral (seit 1943). Nach verschiedenen Beförderungen in der Kriegsmarine übernahm Dönitz, ein überzeugter Anhänger A. –> Hitlers, 1935 den Neuaufbau einer deutschen U-Boot-Flotte. Als deren Befehlshaber leitete er ab 1939 den deutschen U-Boot-Krieg gegen die Alliierten. Von Hitler in dessen Testament zum Nachfolger als Reichspräsident ernannt, hatte er vom 1. Mai 1945 an die Regierungsgewalt und den Oberbefehl der Wehrmacht inne. Am 8. Mai 1945 erklärte Dönitz über den Rundfunk die bedingungslose Kapitulation der Wehrmacht. Zusammen mit der Reichsregierung und der Wehrmachtsführung wurde er vom britischen Oberkommando abgesetzt und verhaftet. Vom Nürnberger Hauptkriegsverbrecherprozeß wurde er zu zehn Jahren Haft verurteilt.

Dorpat (heute Tartu): Stadt im Süden von Estland. In Dorpat wurden 1920 die Friedensverträge zwischen Sowjetrußland und Estland (2. Februar) und Finnland (14. Oktober) geschlossen.

Dowding, Sir Hugh Caswall, 1882–1970; Generaloberst der britischen Luftwaffe. Dowding organisierte während des Zweiten Weltkrieges die Verteidigung Großbritanniens. Seiner gezielten und defensiven Taktik wird der Sieg über die deutsche Luftwaffe in der Luftschlacht um England zugeschrieben.

Dreibund: am 20. Mai 1882 geschlossenes geheimes Verteidigungsbündnis zwischen dem Deutschen Reich, Österreich-Ungarn und Italien. Äußerer Anlaß zum Abschluß des Dreibunds war die französische Besetzung Tunesiens, durch die Italien seine kolonialen Interessen bedroht sah. Mit seinem Abschluß hatte die von Bismarck betriebene Bündnispolitik ihre volle Ausprägung erhalten, wobei der Dreibund das Kernstück, jedoch nicht die unabänderliche Grundlage der künftigen deutschen Politik bildete. Erst mit der italienischen Neutralitätserklärung (1914) und dem Kriegseintritt an der Seite der –> Entente (1915) zerbrach der Dreibund.

Dreimächtepakt: Bündnisvertrag zwischen Deutschland, Italien und Japan. Am 27. September 1940 in Berlin auf 10 Jahre abgeschlossen, mit dem Ziel, die USA von einem Kriegseintritt gegen die drei Mächte sowohl vom Atlantik als auch vom Pazifik her abzuschrecken. Die vertragschließenden Mächte sicherten sich gegenseitige Unterstützung zu, falls eine von ihnen von einem Staat angegriffen würde (gemeint waren die USA), der zum Zeitpunkt des Vertragsabschlusses nicht in den europäischen oder ostasiatischen Krieg verwickelt war. Die Beziehungen der Partner zur UdSSR sollten durch den Pakt nicht berührt werden. Dem Dreimächtepakt traten 1940 Ungarn, Rumänien und der Slowakische Staat sowie 1941 Bulgarien und Kroatien bei. Nach dem Angriff Japans auf die USA (Pearl Harbor) am 7. Dezember 1941 und der Kriegserklärung Deutschlands und Italiens an die USA am 11. Dezember 1941 wurde der Dreimächtepakt am 11. Dezember durch einen Vertrag ergänzt, in dem jeder Partner den Abschluß eines Sonderfriedens ausschloß. Die bedingungslose Kapitulation Deutschlands am 7. bzw. 8./9. Mai 1945 bezeichnete Japan als Bruch des Dreimächtepakts.

Dünkirchen: Hafenstadt in Nordfrankreich. Die im Rahmen des deutschen Westfeldzugs 1940 nach dem Durchbruch an die Sommemündung am 20. Mai abgeschnittenen Teile der französischen Nordarmee und das britische Expeditionskorps zogen sich nach Dünkirchen zurück. Nachdem A. -> Hitler den Angriff auf Dünkirchen am 24. Mai hatte stoppen lassen, gelang es den Alliierten vom 27. Mai bis zum 4. Juni 1940, ca. 215 000 Briten und 123 000 Franzosen unter Zurücklassung der gesamten schweren Ausrüstung auf die Britischen Inseln zu evakuieren.

Eichmann, Adolf, 1906–1962; SS-Obersturmbannführer. Seit 1932 war Eichmann Mitglied der österreichischen NSDAP und SS, nach deren Verbot übersiedelte er nach Deutschland. Ab 1934 übernahm Eichmann die Leitung der Reichszentrale für jüdische Auswanderung in Berlin, 1938 organisierte er die „Zentralstelle für jüdische Auswanderung" in Wien. 1939 übernahm er das Referat für Auswanderung und Räumung im RSHA in Berlin. Er war zuständig für die Deportation von Millionen Juden in die Vernichtungslager. Nach Kriegsende tauchte er unter, lebte bis 1950 versteckt in Deutschland und flüchtete dann nach Argentinien. 1960 spürte ihn der israelische Geheimdienst auf und entführte ihn nach Israel. Von einem israelischen Gericht wurde er 1961 zum Tode verurteilt und am 1. Juni 1962 hingerichtet.

Einthoven, Louis, 1896–1976; Jurist und Mitbegründer der Niederländischen Union (Nederland Union). Diese Vereinigung, der zahlreiche weitere Bürgerliche angehörten, wollte sich der nationalsozialistischen Bewegung in den Niederlanden (NSB) und den deutschen Besatzern widersetzen. Gegründet wurde die Niederländische Union am 24. Juli 1940 kurz nach der deutschen Besetzung der Niederlande. Neben seinem politischen Engagement war Einthoven Hauptkommissar bei der Polizei in Rotterdam. Nach dem Verbot der Union im Dezember 1941 wurden er und weitere Mitglieder verhaftet.

Eisenhower, Dwight David, 1890–1969; US-General und 1953–1961 34. Präsident der USA. Im Zweiten Weltkrieg war Eisenhower seit 1942 Oberbefehlshaber der alliierten Truppen in Europa und Nordafrika. Nach der deutschen Kapitulation wurde er Oberbefehlshaber der US-Besatzungstruppen und Mitglied im -> Alliierten Kontrollrat. 1950–1952 war Eisenhower Oberbefehlshaber der -> NATO. 1952 wurde er zum Präsidenten gewählt, Wiederwahl 1956.

Eiserne Garde (Gardă de fier): 1930 hervorgegangen aus der von C. Z. -> Codreanu 1927 gegründeten Legiunea Arhanghelul Mihail (Legion Erzengel Michael). Nationalistisch und antisemitisch, erstrebte unter Befürwortung von Gewaltanwendung die nationale Erneuerung. 1933 wegen verschiedener Terrorakte verboten, 1935 als Partei „Alles für das Vaterland" neu gegründet, 1938 erneut verboten. Als „Miscarea legionară" (Legionärsbewegung, Führer H. Sima) trat sie am 6. September 1940 der Regierung von Marschall I. -> Antonescu bei. Nach einem Putschversuch (21.–23. Januar 1941) verboten und 1944 aufgelöst.

Eisernes Kreuz: deutsche Kriegsauszeichnung für alle Dienstgrade, gestiftet am 10. März 1813 in Breslau von König Friedrich Wilhelm III. von Preußen während der Befreiungskriege. Am 19. Juli 1870 wurde das Eiserne Kreuz durch König Wilhelm I. für die Dauer des Deutsch-Französischen Krieges, am 5. August 1914 von Kaiser Wilhelm II. für den Ersten Weltkrieg und am 1. September 1939 von A. -> Hitler für den Zweiten Weltkrieg erneuert. Es konnte seit 1915 für besondere Tapferkeit, v. a. vor dem Feind, oder für hervorragende Truppenführung auch an Soldaten der mit Deutschland verbündeten Länder verliehen werden. Das Eiserne Kreuz des Zweiten Weltkrieges trug anstelle des Eichenlaubes ein Hakenkreuz. Laut Gesetz vom 26. Juli 1957 ist in der Bundesrepublik Deutschland nur das Tragen des Eisernen Kreuzes ohne Hakenkreuz erlaubt.

Entente (cordiale) (französisch) Einvernehmen, Abkommen: bündnisähnliches Verhältnis oder Bündnis zwischen Staaten, das auf engem Einverständnis und weitgehender Interessengleichheit beruht. Als Entente cordiale wurden besonders die bündnisähnlichen Beziehungen zwischen Großbritannien und Frankreich seit der Verständigung über die nordafrikanischen Kolonialfragen (1904) bezeichnet; ihr Kern waren militärische Absprachen für den Fall eines Krieges gegen das Deutsche Reich. Aus dieser Entente entwickelte sich durch Einbeziehung Rußlands (seit 1907) die Tripelentente (Dreiverband). Der Begriff Ententemächte wurde im Ersten Weltkrieg auf alle Gegner der -> Mittelmächte bezogen. Nach dem Ersten Weltkrieg entstand die -> Kleine Entente.

Entente, Kleine: politisches und militärisches Bündnissystem zwischen der Tschechoslowakei und dem späteren Jugoslawien (14. August 1920) sowie Rumänien (23. April 1921), ergänzt durch den Bündnisvertrag zwischen Rumänien und Jugoslawien (7. Juni 1921). Auf Betreiben des tschechoslowakischen Außenministers E. -> Beneš abgeschlossen, sollten die bilateralen Defensivverträge der drei Länder vornehmlich die ungarischen, aber auch die bulgarischen und italienischen Revisionsforderungen abwehren, die Restauration der Habsburger verhindern sowie die militärische und wirtschaftliche Kooperation vertiefen. Frankreich betrachtete aufgrund seines Bündnisvertrages mit der Tschechoslowakei (25. Januar 1924) die Kleine Entente als einen wesentlichen Teil seiner Sicherheitspolitik in Europa. Da die Einbeziehung Polens in das Bündnissystem nicht gelang, erreichte es nicht die angestrebte Bedeutung. Am 16. Februar 1933 gaben sich die Staaten der Kleinen Entente angesichts der wachsenden deutschen und italienischen Gefahr ein neues Organisationsstatut, am 17. März 1934 schloß Italien mit Österreich und Ungarn einen gegen die Kleine Entente gerichteten Konsultativpakt (-> Römische Protokolle); Jugoslawien und Rumänien vereinigten sich mit Griechenland und der Türkei in der Balkanentente vom 9. Februar 1934. Die Erweiterung des französisch-sowjetischen Beistandspaktes auf die Tschechoslowakei (16. Mai 1935) höhlte die Kleine Entente weiter aus. Die Kleine Entente, ebenso wie das kollektive Sicherheitssystem des -> Völkerbundes zerbrachen nach dem -> Münchener Abkommen im September 1938.

Europäische Atomgemeinschaft (EURATOM, EAG): am 25. März 1957 mit den Römischen Verträgen gegründete supranationale Organisation zur friedlichen Nutzung der Kernenergie mit Sitz in Brüssel, seit 1967 organschaftlich mit -> Europäischer Wirtschaftsgemeinschaft und -> Europäischer Gemeinschaft für Kohle und Stahl verbunden. Aufgaben von EURATOM waren Förderung, Koordinierung und Kontrolle der Forschung, Nutzung und Entsorgung im Kernenergiebereich.

Europäische Freihandelsassoziation (European Free Trade Association, EFTA): am 4. Januar 1960 als Reaktion auf die Bildung der -> Europäischen Wirtschaftsgemeinschaft (EWG) gegründete und am 3. Mai 1960 in Kraft getretene Freihandelszone. Gründungsmitglieder waren Dänemark, Großbritannien, Norwegen, Österreich, Portugal, Schweden und die Schweiz. Im Laufe ihres Bestehens hat sich die Zusammensetzung der EFTA stark verändert: 1973 traten Großbritannien und Dänemark, 1986 Portugal der Europäischen Gemeinschaft sowie 1995 Finnland, Österreich und Schweden der -> Europäischen Union (EU) bei und schieden damit aus der EFTA aus.

Europäische Gemeinschaft -> Europäische Wirtschaftsgemeinschaft.

Europäische Gemeinschaft für Kohle und Stahl (EGKS, Montanunion): die älteste der drei (Teil-)Gemeinschaften im Rahmen der Europäischen Gemeinschaft. Der EGKS-Vertrag wurde am 18. April 1951 unterzeichnet und trat am 23. Juli 1952 in Kraft; die EGKS besaß eine eigene völkerrechtliche Rechtspersönlichkeit. Der EGKS-Vertrag war auf 50 Jahre befristet. Neben der Dominanz nicht-ökonomischer Absichten wurde mit der Errichtung der EGKS das Ziel der Errichtung eines gemeinsamen Marktes für Kohle und Eisen (10. Februar 1953), für Schrott (15. März 1953) und für Stahl (1. Mai 1953) verfolgt. Außerdem beinhaltete der EGKS-Vertrag Vorschriften zur Förderung des Wettbewerbs, der Einführung durchgehender Transporttarife, Finanzhilfen für Rationalisierungsinvestitionen sowie die Freizügigkeit der Arbeitnehmer. Die EGKS wurde von vier Organen getragen. Zwei dieser Organe, das Europäische Parlament und der Europäische Gerichtshof, fungierten seit der zum 1. Januar 1958 erfolgten Gründung von -> Europäischer Wirtschaftsgemeinschaft (EWG) und -> Europäischer Atomgemeinschaft (EAG) als gemeinsame Organe aller drei Gemeinschaften. Außerdem verfügte die EGKS bis zur organschaftlichen Fusion mit der EWG und der EAG am 1. Juli 1967 über eine eigenständige Exekutive (sog. Hohe Behörde) und ein spezielles Entscheidungsorgan (sog. Besonderer Ministerrat).

Europäische Union (EU): seit 1969 angestrebt, wurde sie 1987 vertraglich vereinbart. Am 1. Juli 1990 begann die erste Stufe der Währungs- und Wirtschaftsunion mit der vollständigen Liberalisierung des Kapitalverkehrs. Auf der Konferenz von Maastricht im Dezember 1991 verabschiedeten die Staats- und Regierungschefs die zur Schaffung der Währungs- und Wirtschaftsunion notwendigen Vertragsänderungen. Der Maastrichter Vertrag wurde am 7. Februar 1992 unterzeichnet und trat nach der Ratifizierung durch die Parlamente der Mitgliedsstaaten am 1. November 1993 in Kraft. Damit wurde aus der Europäischen Gemeinschaft die Europäische Union.

Europäische Wirtschaftsgemeinschaft (EWG): die durch die am 25. März 1957 von Belgien, der Bundesrepublik Deutschland, Frankreich, Italien, Luxemburg und den Niederlanden unterzeichneten Römischen Verträge begründete überstaatliche Gemeinschaft. Die Verträge sahen die Abstimmung der Währungs- und Wirtschaftspolitik der Mitgliedsstaaten vor. Sie traten am 1. Januar 1958 in Kraft. Am 1. Juli 1967 bildeten die -> Europäische Gemeinschaft für Kohle und Stahl, die -> Europäische Atomgemeinschaft und die Europäische Wirtschaftsgemeinschaft die Europäische Gemeinschaft.

Europäisches Währungssystem (EWS): am 13. März 1979 durch Beschluß des Europäischen Rates errichtetes System für eine engere währungspolitische Zusammenarbeit innerhalb der -> Europäischen Gemeinschaft. Das EWS löste den Europäischen Wechselkursverbund ab. Dem EWS gehörten die Nationalbanken aller Mitgliedsländer der -> Europäischen Union an. Allerdings nahmen Großbritannien sowie Schweden nicht am Wechselkurs- bzw. Interventionsmechanismus teil. Das EWS sollte dazu beitragen, eine größere wirtschaftliche Stabilität, besonders bezogen auf Preisniveau und Wechselkurse (v. a. gegenüber dem US-Dollar) herzustellen sowie über eine gemeinsame Währungspolitik zu einer gemeinsamen Wirtschafts- und Finanzpolitik zu gelangen.

Europarat: eine Organisation europäischer Staaten auf völkerrechtlicher Grundlage; Sitz: Straßburg. Sie wurde durch private Initiativen wie die von R. N. Graf von Coudenhove-Kalergi und durch die Entschließungen des Kongresses der Europäischen Unionsbewegungen in Den Haag (7.–10. Mai 1948) angeregt. Die von einer Zehn-Staaten-Konferenz in London ausgearbeitete Satzung vom 5. Mai 1949 sieht eine allgemeine Zusammenarbeit gleichgesinnter Mitgliedsstaaten zur Förderung des wirtschaftlichen und sozialen Fortschritts vor, schließt aber militärische Fragen von der Zuständigkeit aus. Gründungsmitglieder: Belgien, Dänemark, Frankreich, Großbritannien, Irland, Italien, Luxemburg, Niederlande, Norwegen, Schweden. Seit 2001 gehören dem Europarat 43 Mitglieder an.

Falange (spanisch) Stoßtrupp: Kurzname der spanischen Staatspartei unter der Diktatur von General F. -> Franco Bahamonde, gegründet am 13. Februar 1934 unter Führung von

J. A. Primo de Rivera. Beeinflußt vom italienischen Faschismus und vom Nationalsozialismus, verband die Falange Gedanken der Wirtschafts- und Bodenreform mit Forderungen nach dem Aufbau eines Korporativsystems und der Errichtung eines totalitären Führerstaates. Außenpolitisch verfolgte die Falange imperialistische Ziele, v. a. die Hegemonie Spaniens im spanischsprachigen Raum. Nach dem Sieg der Volksfront im Februar 1936 wurde sie verboten. 1936 schloß sich die Falange dem Aufstand General Francos in Nordafrika an. Nach der Verurteilung und Hinrichtung Primo de Riveras durch die Justizorgane der Republik im November 1936 übernahm Franco 1937 die Führung der Partei. Im Bürgerkrieg nutzte er die Falange als politische Basis seiner Macht, nach dem Zusammenbruch der Republik (1939) als ein wesentliches Instrument seines diktatorischen Herrschaftssystems. 1958 wurde das Programm der Falange zur Staatsdoktrin und die Falange selbst zum „Movimiento Nacional". 1977 wurde die Falange aufgelöst.

Faschismus (italienisch: fascio – Rutenbündel): zunächst Eigenbezeichnung der politischen Bewegung Fasci di combattimento (Squadri), aus der 1921 die Partei Partito Nazionale Fascista (PNF) hervorging, welche unter Führung von B. → Mussolini 1922–1945 in Italien die beherrschende politische Macht war und ein diktatorisches Regierungssystem trug. Später Bezeichnung für alle extrem nationalistischen, nach dem Führerprinzip organisierten antiliberalen und antimarxistischen Bewegungen, Ideologien oder Herrschaftssysteme, die nach dem Ersten Weltkrieg die parlamentarischen Demokratien abzulösen suchten.
Die Verallgemeinerung des Faschismusbegriffs von einer zeitlich und national begrenzten Eigenbezeichnung zur Gattungsbezeichnung einer bestimmten Herrschaftsart erfolgte sowohl durch die Anhänger des Faschismus als auch durch seine Gegner; letztere versuch(t)en im Zeichen des Antifaschismus den Faschismus nicht nur in seinen Zielen zu analysieren, sondern dabei gleichzeitig Wege zu seiner Bekämpfung oder Verhinderung aufzuzeigen. Die Versuche, zu einem allgemeinen Faschismusbegriff zu gelangen, sind wissenschaftlich umstritten. Während die einen die gemeinsamen Merkmale nationalistisch ausgerichteter Diktatursysteme hervorheben, betonen die anderen deren Unterschiedlichkeit in grundsätzlichen Fragen der Ideologie und Organisationsstruktur. Besonders die begriffliche Unterordnung des Nationalsozialismus unter einen Oberbegriff „Faschismus" wird von vielen Historikern als sachlich vereinfachend und wirkungsgeschichtlich gefährlich bewertet. Vielfach gelten Faschismus und Nationalsozialismus – neben Kommunismus – als eine Form des Totalitarismus. Im Sinne der marxistischen Theorie formulierte G. → Dimitrov 1933 die im sowjetkommunistischen Bereich bis in die 80er Jahre gültige Auffassung, daß der Faschismus „die offene terroristische Diktatur der am meisten reaktionären, chauvinistischen und imperialistischen Elemente des Finanzkapitals" sei.
Politikwissenschaftler wie R. Löwenthal und E. Fraenkel vertraten die These, daß es im Faschismus zu einer Symbiose von Wirtschaft, Bürokratie und Armee gekommen sei. M. Horkheimer und E. Bloch wiesen auf die vor- und außerkapitalistischen Wurzeln des Faschismus hin, denen Teile des Mittelstandes und der Arbeiterschaft verhaftet gewesen seien. E. Nolte schlug einen Vergleich der unterschiedlichen Strukturen faschistischer Bewegungen (früh-, normal- und radikalfaschistische Erscheinungsformen) vor. K.D. Bracher, R. De Felice u. a. sehen im undifferenzierten Gebrauch des Wortes „faschistisch" die Gefahr einer Verharmlosung v. a. des deutschen Nationalsozialismus.

Februaraufstand 1934, Februarunruhen: bewaffnete Auseinandersetzung in Österreich zwischen Sozialdemokraten und der Regierung unter Dollfuß im Februar 1934. Grund war die Ausschaltung des Parlamentes und die zunehmende Einengung der Oppositionsrechte. Die Kämpfe begannen am 12. Februar in Linz und setzten sich bald auch in den österreichischen Industriegebieten fort. Die Aufständischen konnten gegen die Übermacht der Regierungstruppen nicht bestehen. In der Folge des Februaraufstandes wurden die Sozialdemokratie in Österreich verboten und ihre Organisationen aufgelöst.

Februarrevolution: die erste Phase der russischen Revolution im März (nach dem damals in Rußland gültigen Julianischen Kalender Februar) 1917, die den Sturz des Zarismus einleitete. Unruhen und Streiks wegen der schlechten Versorgungslage der Bevölkerung waren an der Tagesordnung. Den Frauendemonstrationen am 23. Februar (8. März) in

Petrograd schlossen sich ausgesperrte Arbeiter des Putilovwerkes an, und die Demonstrationen weiteten sich an den beiden folgenden Tagen aus. Am 25. Februar (10. März) gab Nikolaus II. den Befehl, die Unruhen gewaltsam niederzuschlagen. Nachdem zunächst der größte Teil der Truppen dem Schießbefehl nachgekommen war, schlugen sich am 27. Februar (12. März) die Soldaten der Petrograder Garnison auf die Seite der Demonstranten. Am 15. März unterzeichnete Nikolaus II. in Pskow die Abdankungsurkunde zugunsten seines Bruders Michail, der am folgenden Tag ebenfalls abdankte.

Februarstreik: Streik in Amsterdam am 25. Februar 1941, zu dem die Kommunistische Partei nach Terrorakten der deutschen Besatzungskräfte gegen die jüdische Bevölkerung aufgerufen hatte und der das öffentliche Leben an diesem Tag praktisch zum Erliegen brachte.

Flamen: die flämisch sprechende Bevölkerung Belgiens, v. a. im Norden und Westen, fast 6 Millionen Menschen. Im belgischen Staat erkämpften sich die Flamen während des 19. und 20. Jahrhunderts gegen das anfängliche Übergewicht der Wallonen und der französischen Sprache die Gleichberechtigung. Der Sprachenstreit zwischen Flamen und Wallonen dauert bis in die Gegenwart an.

Flämische Bewegung: nach Gründung des belgischen Staates (1831) unter den Flamen entstandene Bewegung mit dem Ziel, das sprachlich-kulturelle, wirtschaftlich-soziale und politische Übergewicht der französisch sprechenden Wallonen abzubauen. Im Ersten Weltkrieg arbeiteten die „Aktivisten" der Flämischen Bewegung mit der deutschen Zivilverwaltung zusammen. Sie gingen zum Teil so weit, einen Anschluß Flanderns an das Deutsche Reich zu befürworten. Der Weltkrieg wurde als Endkampf zwischen Germanen- und Romanentum interpretiert. Nach dem deutschen Rückzug nahm die belgische Regierung die mit deutscher Hilfe erreichten Maßnahmen (u. a. die Flamisierung der Universität Gent) zurück. Trotz scharfer Verfolgung der Aktivisten nach 1918 entwickelte sich die Flämische Bewegung weiter. Sie erreichte 1930 erneut die Flamisierung der Universität Gent und die Verabschiedung von Gesetzen über den öffentlichen Sprachgebrauch in den verschiedenen Landesteilen. Als aktive Organisation im Sprachenstreit wurde 1933 der Vlaams Nationaal Verbond (VNV, Flämischer Nationaler Verband) gegründet. Der VNV forderte einen „großniederländischen" Staat (aufgebaut nach dem Vorbild des faschistischen Italien). Im Zweiten Weltkrieg arbeitete der VNV mit dem nationalsozialistischen Deutschland zusammen und wurde nach dem Rückzug der deutschen Truppen 1944 wegen Kollaboration verboten. Nach dem Zweiten Weltkrieg gelang es den nationalistischen flämischen Kräften nur sehr langsam, sich politisch neu zu organisieren. 1954 bildete sich die Volksunie, die nach Wiederausbrechen des Sprachenstreits in Belgien in den 60er Jahren zeitweilig große Erfolge bei Wahlen erzielen konnte.

Flüchtlingskonferenz von Evian: internationale Flüchtlingskonferenz als Reaktion auf die Flüchtlingsbewegung, die durch den → Anschluß Österreichs am 13. März 1938 an das Deutsche Reich und die damit einhergehenden antisemitischen Exzesse erzeugt worden war. Besonders die Gründung des Intergovernmental Committee on Political Refugees (IGC) wird als positives Resultat von Evian hervorgehoben.

Fortsetzungskrieg, Finnischer: am 26. Juni 1941 wegen sowjetischer Luftangriffe auf finnische Städte erklärter Krieg Finnlands gegen die Sowjetunion. Finnlands Ziele im Krieg gegen die Sowjetunion waren die Rückgewinnung der im Moskauer Frieden vom 12. März 1940 nach der Niederlage im finnisch-sowjetischen Krieg (→ Winterkrieg) 1939/40 abgetretenen Gebiete und die Erhaltung seiner Unabhängigkeit. Der Krieg endete mit Unterzeichnung eines Waffenstillstandsvertrags zwischen Finnland und der UdSSR am 19. September 1944 in Moskau. In dem Abkommen verpflichtete sich Finnland, alle Kampfhandlungen gegen die Sowjetunion einzustellen und seine Truppen hinter die sowjetisch-finnische Grenze von 1940 zurückzuziehen. Der eisfreie Hafen Petsamo fiel an die UdSSR. Diese erhielt außerdem für 50 Jahre das Pachtrecht für die Halbinsel Porkkala. Die finnische Regierung sagte ferner zu, alle deutschen Truppen, die sich noch im Lande befanden, zu entwaffnen und dem Alliierten Oberkommando auszuliefern.

Fosse Ardeatine (Adrianische Höhlen): Ort in der Nähe Roms. Als Vergeltung für ein Attentat kommunistischer Partisanen am 23. März 1944, bei dem 33 deutsche Polizisten getötet worden waren, wurden am 24. März 1944 in den Fosse Ardeatine 335 Italiener von der SS erschossen.

Fossoli: Lager in der Nähe von Capri, das zunächst alliierte Kriegsgefangene aufnehmen sollte. Im September 1943 wurde das Gefangenenlager aufgelöst und fortan als Durchgangs- und Sammellager für Juden und Oppositionelle genutzt, die von hier aus in die Konzentrationslager –> Mauthausen, –> Auschwitz oder –> Bergen-Belsen deportiert wurden.

Franco Bahamonde, Francisco, 1892–1975; spanischer General und Politiker. Gestützt auf die spanische Fremdenlegion und marokkanische Einheiten, löste Franco im spanischen Teil Marokkos einen Militärputsch gegen die republikanische Regierung aus, der sich seit dem 18. Juli 1936 zum Spanischen Bürgerkrieg ausweitete. Ende September 1936 ernannte ihn eine von den Aufständischen gebildete Junta zum „Generalissimus", d. h. zum Oberbefehlshaber aller aufständischen Streitkräfte, und zum „Haupt des Staates". Darüber hinaus führte er fortan im Stil des Führerkultes den Titel „Caudillo". 1937 übernahm er die Führung der –> Falange, in der er alle mit ihm sympathisierenden politischen Kräfte zusammenfaßte. Nachdem Franco mit deutscher und italienischer Hilfe im Bürgerkrieg (bis März 1939) die republikanisch-sozialistisch geführte Regierung gestürzt hatte, bestimmte er bis zu seinem Tod die innen- und außenpolitische Entwicklung seines Landes. In seiner Außenpolitik wahrte Franco während des Zweiten Weltkrieges offiziell die Neutralität Spaniens, traf sich aber 1940 mit A. –> Hitler und förderte inoffiziell die Entsendung (1941) spanischer Militäreinheiten (–> División Azul) auf deutscher Seite in den Krieg gegen die UdSSR. Nach dem Zweiten Weltkrieg konnte er im Zuge des Ost-West-Konflikts die anfänglich starke politische Isolierung Spaniens durchbrechen und das Land stärker an die USA und die von ihnen geführten Mächte heranführen.

Frank, Anne (eigentlich Annelies Marie Frank), 1929–1945. Anne Frank schrieb als Kind einer 1933 emigrierten und 1940 in Amsterdam untergetauchten deutsch-jüdischen Familie ein Tagebuch über ihre inneren und äußeren Erlebnisse im Hinterhausversteck, in dem sich acht Menschen von 1942 bis 1944 verborgen hielten. Das Tagebuch wurde von ihrem Vater Otto († 1980) herausgegeben. Seine gelegentlich angezweifelte Authentizität wurde durch mehrjährige, 1986 abgeschlossene Untersuchungen des niederländischen Justizministeriums, aus denen eine wissenschaftliche Ausgabe hervorging, bestätigt.

Gardelegen: Stadt in Sachsen-Anhalt. Anfang April 1945 wurden in der Nähe der Stadt verschiedene Häftlingstransporte aus aufgelösten Konzentrationslagern (Neuengamme, Dora-Nordhausen) durch alliierte Luftangriffe auf deutsche Eisenbahnverbindungen gestoppt. Dabei konnten viele Häftlinge fliehen. Etwa 1000 wurden wieder gefangengenommen, von den Wachmannschaften schließlich in die Feldscheune des Rittergutes Isenschnibbe am Stadtrand getrieben und dort ermordet. Zu Ehren der Opfer ließ die US-Armee im April 1945 einen Friedhof anlegen, der jetzt Kern einer Mahn- und Gedenkstätte ist.

Gaulle, Charles de, 1890–1970; französischer General und Politiker. Im Zweiten Weltkrieg zeichnete sich de Gaulle als Kommandeur einer Panzerdivision aus und erhielt den Rang eines Brigadegenerals. Er lehnte den Abschluß eines Waffenstillstandes mit den –> Achsenmächten (Ende Juni 1940) ab und erklärte sich selbst zum Träger der Souveränität der Französischen Republik. Das mit Deutschland zusammenarbeitende –> Vichy-Regime verurteilte ihn deshalb zum Tode. Als Chef des Freien Frankreich baute de Gaulle im Exil eigene militärische und politische Organisationen auf, neben den Forces Françaises Libres (FFL) v. a. das Comité Français de Libération Nationale (CFLN). Nach der Umwandlung des CFLN in die „Provisorische Regierung der Französischen Republik" (Juni 1944) zog de Gaulle an ihrer Spitze im August 1944 in Paris ein. Im November 1945 wählte ihn die verfassunggebende Nationalversammlung zum Ministerpräsidenten und vorläufigen Staatspräsidenten. Als Regierungschef verband de Gaulle mit dem politischen

Wiederaufbau Frankreichs die Säuberung des öffentlichen Lebens von Repräsentanten und Anhängern des Vichy-Regimes. Er strebte an, sein Land als gleichberechtigten Partner unter die Siegermächte des Zweiten Weltkrieges einzureihen und Frankreichs Position als Kolonialmacht wiederherzustellen. Im Januar 1946 trat er als Ministerpräsident und vorläufiger Staatspräsident zurück, da die Konstituante seiner Forderung nach Einführung des Präsidialsystems nicht entsprochen hatte. Mit der Gründung des Rassemblement du Peuple Français (RPF) 1947 organisierte de Gaulle seine Anhänger (Gaullisten) und gab dem Gaullismus eine politische Plattform. Er lehnte die Zusammenarbeit der Gaullisten mit den Organen der Vierten Republik ab und löste nach innerparteilichen Spannungen über diese Frage 1953 den RPF auf. Anfang Juni 1958 wählte ihn die Nationalversammlung erneut zum Ministerpräsidenten. In der Verfassung der Fünften Republik vom 4. Oktober 1958 stärkte de Gaulle die Regierungsgewalt gegenüber dem Parlament und gab dem Staatspräsidenten eine entscheidende, richtungweisende Kompetenz. Nach dem gescheiterten Referendum vom 27. April 1969, das de Gaulle mit einer persönlichen Vertrauensfrage verbunden hatte, trat er in der Nacht zum 28. April 1969 zurück. De Gaulle starb am 9. November 1970.

Gemmeker, Albert, 1907–1982; Kommandant des Lagers –> Westerbork in den Niederlanden. Nach dem Krieg aufgrund „korrekter" Behandlung der Häftlinge zu 10 Jahren Haft verurteilt.

Generalgouvernement: Der Begriff wurde bereits im Ersten Weltkrieg für das von den Mittelmächten besetzte Kongreßpolen (Generalgouvernement Warschau) verwendet. Im Zweiten Weltkrieg wurde das nach dem Polenfeldzug im eroberten Polen gebildete deutsche „Nebenland" ohne eigene Staatlichkeit unter einem Generalgouverneur, Hans Frank, mit begrenzter polnischer Selbstverwaltung auf unterster Ebene als Generalgouvernement bezeichnet. Zunächst in vier Distrikte (Krakau, Warschau, Radom und Lublin) eingeteilt, wurde es am 1. August 1941 um Ostgalizien mit Lemberg als fünften Distrikt erweitert. Insgesamt lebten hier ca. 12 Millionen Menschen. Das Generalgouvernement war „Arbeitskräftereservoir" für die deutsche Kriegswirtschaft, Aufnahmeland für die aus den vom Deutschen Reich annektierten Gebieten vertriebenen Polen sowie industrielles und wirtschaftliches Ausbeutungsobjekt. Ab 1942 begann im Generalgouvernement die systematische Ermordung der Juden.

Generalkommissariat Weißruthenien –> Reichskommissariat Ostland.

Genfer Internationale Abrüstungskonferenz: internationale Abrüstungskonferenz vom 2. Februar bis 11. Dezember 1932, an der Delegierte aus 64 Staaten teilnahmen. Am 9. Februar forderte der deutsche Reichskanzler Heinrich Brüning für Deutschland die volle Gleichberechtigung auf dem Rüstungssektor. Die deutsche Verhandlungsposition bestand darin, daß entweder die europäischen Nachbarn des Deutschen Reiches, insbesondere Frankreich und Großbritannien, ihre Streitkräfte umfassend abrüsten oder es Deutschland erlaubt werden müsse, seine militärische Rüstung dem Stand in den Nachbarstaaten anzugleichen. Am 10. Dezember einigten sich die Delegationen Frankreichs, Großbritanniens, Italiens und der USA, dem Deutschen Reich in Rüstungsfragen einen gleichberechtigten Status einzuräumen.

Genfer Zollfriedenskonferenz: vom 17. Februar bis zum 24. März 1930 in Genf tagende Konferenz zu einer gesamteuropäischen Einigung über den Abbau der Zollschranken, als Reaktion auf den seit Jahren in fast allen europäischen Ländern spürbaren Trend, inländische Produkte durch die Verhängung hoher Zölle auf ausländische Konkurrenzprodukte zu schützen. Nur elf der 24 teilnehmenden Staaten, darunter das Deutsche Reich, Österreich, die Schweiz, Frankreich, Belgien und Großbritannien, unterzeichneten die ausgehandelte Zollkonvention; die anderen Konferenzpartner sahen darin einen Eingriff in ihre Zollautonomie. Gemäß dieser Zollkonvention durften bestehende Handelsverträge bis zum 31. April 1931 nicht gekündigt werden; Abänderungen in der Zwischenzeit durften lediglich eine Herabsetzung der Zölle betreffen. Die Regelung wurde von den Unterzeichnerstaaten als ein Anfangserfolg für einen weiteren Zollabbau gewertet.

Genua, Internationale Wirtschaftskonferenz von: internationale Wirtschaftskonferenz mit Teilnehmern aus 28 europäischen Staaten sowie Vertretern aus Japan und den britischen -> Dominions am 10. April 1922. Im Zusammenhang mit der Reparationsfrage sollte über die wirtschaftlichen Probleme Europas beraten werden. Erstmals nach 1917 lud man eine offizielle sowjetische Delegation zu einem internationalen Treffen ein. Eine Premiere bedeutete Genua auch für die Gesandten des Deutschen Reiches, da sie erstmals nach dem Krieg als gleichberechtigte Partner akzeptiert wurden. Die Vereinigten Staaten forderten von den Alliierten wirksame Maßnahmen für den ökonomischen Wiederaufbau Europas, der nach ihrer Auffassung nur durch eine vernunftgemäße Regelung der deutschen Reparationen möglich war. Die Behandlung dieses Problems in Genua wollten die alliierten Veranstalter jedoch nicht garantieren, da der französische Ministerpräsident Raymond Poincaré sich hartnäckig gegen Kompromisse in dieser Frage sträubte. Obwohl der britische Premierminister David Lloyd George um eine realistische Lösung der europäischen Probleme bemüht war, machte er mit Rücksicht auf Frankreich keine Zugeständnisse in der Reparationsfrage. Entgegen den Wünschen der deutschen Delegation blieb diese Frage im Konferenzprogramm unberücksichtigt. Unmittelbare Folge war der Vertrag von -> Rapallo zwischen Deutschland und Sowjetrußland. Durch diesen Vertragsabschluß geriet die Konferenz in eine Krise. Die Verhandlungen wurden erst nach einer versöhnlichen Rede Lloyd Georges am 20. April fortgesetzt. Im Laufe der nächsten Wochen kam es zu einigen Übereinkünften in internationalen Finanz- und Währungsfragen. Das mit so großen Erwartungen begonnene Treffen blieb letztlich ohne nennenswerte Ergebnisse.

Georg II., 1890–1947; König von Griechenland, lebte nach dem Wahlsieg der Republikaner und der Ausrufung der Republik von 1924 bis 1935 im Exil. Aufgrund eines Plebiszits kehrte er nach Griechenland zurück und bestätigte 1936 die Errichtung des diktatorischen Regimes von Ioannēs Metaxas. Nachdem er sich während der deutschen Besetzung Griechenlands von 1941 bis 1944 erneut im Exil befunden hatte, kehrte er 1946 nach einem Plebiszit auf den Thron zurück.

Gestapo: Abkürzung für Geheime Staatspolizei; Bezeichnung für die politische Polizei im nationalsozialistischen Deutschland zwischen 1933 und 1945. Die Gestapo war ein zentrales Ausführungsorgan der nationalsozialistischen Herrschaft und als solches verantwortlich für den organisierten Terror in Deutschland und in den während des Zweiten Weltkrieges von Deutschland besetzten Gebieten. Die Geheime Staatspolizei wurde 1933 gegründet und von Beginn an mit weitgehenden Kompetenzen ausgestattet. Bis 1944 zählte sie 30 000 Mitglieder. Ab 1936 hatte sie das Recht, ohne richterlichen Beschluß Durchsuchungen und Verhaftungen durchzuführen und Personen in Konzentrationslager einzuweisen, sie zu foltern oder umzubringen. Die Leitung der politischen Polizei war in den ersten Monaten des nationalsozialistischen Regimes noch Ländersache. Bis Anfang 1934 unterstand jedoch die Länderpolizei dem Befehl H. -> Himmlers. Ihre vorrangige Aufgabe war die Erforschung und Bekämpfung aller „staatsgefährdenden Bestrebungen" im gesamten Staatsgebiet.
Mit der Ernennung Himmlers zum Chef der gesamten deutschen Polizei im Juni 1936 wurde die Gestapo der SS unterstellt und somit in die NSDAP eingegliedert. Seit 1936 waren Gestapo, Kriminalpolizei und Grenzpolizei als Sicherheitspolizei zusammengefaßt. Drei Jahre später wurden sie mit dem Sicherheitsdienst im Reichssicherheitshauptamt vereinigt. Während des Zweiten Weltkrieges verstärkte die Gestapo ihren Terror, vor allem in den besetzten Gebieten als Teil der Einsatzgruppen der SS. Außerdem war die Gestapo für die Deportation der Juden aus allen besetzten Gebieten in die Vernichtungslager zuständig und hatte somit wesentlichen Anteil am Völkermord. In den Nürnberger Prozessen wurde die Gestapo 1946 zu einer verbrecherischen Organisation erklärt.

Glasnost' (russisch) Öffentlichkeit: im Rahmen des politischen Reformprogramms in der UdSSR, der Perestrojka (Umbau), 1987 von Generalsekretär M. Gorbačev geprägtes Schlagwort, bezeichnet die Bestrebungen, mit Hilfe der Medien den Willensbildungsprozeß in Partei und Staat durchsichtiger zu machen und der Bevölkerung die Möglichkeit einer besseren Durchschaubarkeit partei- und regierungsamtlicher Entscheidungsschritte und damit einer besseren Mitsprache zu geben. Die Politik der Glasnost' und der Perestrojka entwickelte sich aus dem Willen, gesellschaftliche Deformationen (z. B. Bürokratismus oder Korruption) abzubauen.

Globocnik, Odilo, 1904–1945; Österreicher, war als Mitglied der Kärntner Gruppe am → Anschluß Österreichs beteiligt und von 1938 bis 1939 Gauleiter von Wien. 1939 wurde Globocnik zum SS- und Polizeiführer Lublin ernannt. In dieser Funktion leitete er die „Aktion Reinhard", in der die Ermordung polnischer Juden durchgeführt wurde. Zwischen 1943 und 1945 war Globocnik als Höherer SS- und Polizeiführer im Adriatischen Küstenland in Italien tätig, wo er ebenfalls für die Verfolgung der Juden zuständig war. Nach seiner Verhaftung durch ein britisches Kommando am 31. Mai 1945 beging er Selbstmord.

Goerdeler, Carl Friedrich, 1884–1945; deutscher Politiker und Jurist. Goerdeler trat 1920 der Deutschnationalen Volkspartei (DNVP) bei und wurde 1930 Oberbürgermeister von Leipzig. Seit 1931 hatte er das Amt des Reichskommissars für Preisüberwachung inne. Obwohl er den Eintritt in die NSDAP ablehnte, blieb er Oberbürgermeister von Leipzig. Wegen seiner Bedenken gegen die Wirtschaftspolitik wurde er aus dem Amt des Reichspreiskommissars entlassen. Aus Protest gegen die Entfernung des Leipziger Denkmals für den jüdischen Komponisten Felix Mendelssohn Bartholdy (1809–1847) trat Goerdeler 1937 als Leipziger Oberbürgermeister zurück. Goerdeler wurde ab 1939 gemeinsam mit L. → Beck, zu dem er seit 1935 Kontakt hatte, zum führenden Vertreter des konservativen zivilen Widerstands gegen das nationalsozialistische Regime. Seit 1940 beteiligte er sich an den Planungen für einen Staatsstreich zur Ausschaltung A. → Hitlers. Er versuchte 1943 eine Verständigung mit den Westmächten vorzubereiten, in der Hoffnung, bei diesen Unterstützung für einen Putsch gegen Hitler zu finden. Mit Generalmajor Henning von Tresckow und Beck entwarf er einen Plan für eine Regierung nach dem Sturz des nationalsozialistischen Regimes. Vor der Verhaftung durch die Gestapo rechtzeitig gewarnt, floh Goerdeler am 18. Juli 1944, zwei Tage vor dem Attentat auf Hitler am 20. Juli, nach Westpreußen. Am 12. August 1944 wurde er festgenommen. Vom Volksgerichtshof im September 1944 zum Tode verurteilt, wurde Goerdeler am 2. Februar 1945 in Berlin-Plötzensee hingerichtet.

Gömbös von Jákfa, Gyula, 1886–1936; ungarischer General und Politiker, Mitbegründer und Leiter der antisemitisch-nationalistischen Organisation „Erwachendes Ungarn". Er unterstützte M. → Horthy im militärischen Widerstand gegen die ungarische Räterepublik. Gömbös vertrat als Ministerpräsident (1932–1936) eine autoritäre Innenpolitik und betrieb die Zusammenarbeit Ungarns mit Italien, Österreich und dem nationalsozialistischen Deutschland.

Göring, Hermann, 1893–1946; deutscher Politiker, seit 1922 Mitglied der NSDAP und Führer der SA, nahm 1923 am „Hitlerputsch" teil. 1932 wurde er Reichstagspräsident. Nach der nationalsozialistischen Machtergreifung war Göring bis April 1934 als preußischer Innenminister für die Verfolgung politischer Gegner, die Errichtung von Konzentrationslagern sowie des Geheimen Staatspolizeiamtes verantwortlich. Er vereinte eine Fülle von Ämtern in seiner Person. So hatte er seit 1935 den Oberbefehl über die Luftwaffe inne, leitete 1939 den Luftangriff gegen Polen und war seit 1940 Reichsmarschall des Deutschen Reiches, ein für ihn geschaffener Dienstgrad. Das Scheitern der Luftschlacht um England 1940/41, die zunehmenden alliierten Luftangriffe und der mißglückte Versuch der Luftwaffe, den 1942/43 bei Stalingrad eingeschlossenen deutschen Truppen zu helfen, verringerten das Ansehen und den Einfluß Görings. Am 8. Mai 1945 wurde Göring von amerikanischen Alliierten gefangengenommen und interniert. Von dem Internationalen Militärgerichtshof in Nürnberg zum Tode verurteilt, beging er Selbstmord.

Gottwald, Klement, 1886–1953; tschechoslowakischer Politiker. Gottwald schloß sich der tschechoslowakischen KP an und leitete u. a. das Parteiorgan Rudé Právo (Rotes Recht). 1925 wurde er Mitglied des ZK und des Politbüros, 1929 Generalsekretär und 1945 Vorsitzender seiner Partei. 1939–1945 im Exil in der UdSSR, gründete er dort die kommunistisch gelenkte Nationale Front, die 1945 in der Tschechoslowakei die Regierung übernahm. 1945–1946 war Gottwald stellvertretender Ministerpräsident. Als Ministerpräsident (von Juli 1946 bis Juni 1948) lehnte er 1947 für sein Land die Annahme des -> Marshallplans ab. Im Februar 1948 war er die treibende Kraft des kommunistischen Staatsstreichs in der Tschechoslowakei. Nach Rücktritt von E. -> Beneš wurde Gottwald im Juni 1948 dessen Nachfolger als Staatspräsident.

Grini: das größte Konzentrationslager, das die Deutschen in Norwegen errichteten. Das Lager Grini wurde auch als Durchgangslager für die Überführung von Gefangenen in die Konzentrations- und Vernichtungslager in Deutschland und Polen genutzt. Etwa 50 000 Norweger wurden während der Okkupation von den Deutschen verhaftet und ca. 9000 von ihnen in Konzentrationslager außerhalb Norwegens gebracht.

Grohé, Josef, 1902–1988; NS-Gauleiter und Reichsstatthalter. 1921 trat er in den deutsch-völkischen Schutz- und Trutzbund ein. 1922 war er Mitbegründer der NSDAP in Köln. 1925 übernahm er als Gaugeschäftsführer der NSDAP den Gau Rheinland-Süd. Von 1926 bis 1931 war Grohé Chefredakteur der Zeitung Westdeutscher Beobachter. 1944 wurde er Reichskommissar für die besetzten Gebiete in Belgien und Nordfrankreich. Grohé wurde 1946 von den Alliierten verhaftet und an Belgien ausgeliefert. Zurück in Deutschland, wurde er 1950 zu viereinhalb Jahren Haft verurteilt.

Guisan, Henri, 1874–1960; Oberbefehlshaber der Schweizer Armee zur Zeit des Zweiten Weltkrieges. Guisan wurde 1939 zum Oberbefehlshaber der aufgebotenen Schweizer Truppen gewählt. Im Sommer 1940 forderte er im sogenannten Rütli-Rapport die Armee zum unbedingten Widerstand gegen den Totalitarismus in Europa auf.

GULag (kurz für russisch: Glavnoe Upravlenie Lagerej): 1930–1955 die Hauptverwaltung des Straflagersystems in der UdSSR. Im Bereich des GULAG waren Millionen von Menschen inhaftiert, v. a. in der Zeit der Zwangskollektivierung (1930–1933), der Periode der großen „Säuberung" (1934–1939) und der Zeit unmittelbar nach dem Zweiten Weltkrieg. Nach I. -> Stalins Tod (1953) wurde der GULAG offiziell aufgelöst.

Hácha, Emil, 1872–1945; Präsident der ČSR. Hácha war 1916–1918 Hofrat am Wiener Verwaltungsgerichtshof, 1918 Senatspräsident in Prag und seit 1925 Präsident des Obersten Verwaltungsgerichts der ČSR. Nach dem Rücktritt von E. -> Beneš wurde er 1938 Staatspräsident. 1939–1945 war er formal Präsident des „Protektorats Böhmen und Mähren". 1945 wurde er unter dem Vorwurf der Kollaboration verhaftet. Er starb noch vor Prozeßbeginn.

Haganah (hebräisch) Selbstschutz: stärkste militärische Organisation der Juden im britischen Mandat Palästina, gegründet 1920 zum Schutz der isolierten jüdischen Siedlungen gegen die arabischen Übergriffe. Geführt von einem Generalstab, bestand die Haganah (1948: ca. 100 000 Mann) aus Feldtruppe, Schutztruppe und Geheimdienst. Bei der Gründung des Staates Israel (1948) ging die Haganah in der israelischen Armee auf.

Håkon VII., 1872–1957; König von Norwegen 1905–1957. Seit der deutschen Besetzung Norwegens 1940 lebte Haakon VII. im britischen Exil und kehrte 1945 nach Norwegen zurück.

Hammarskjöld, Dag, 1905–1961; schwedischer Politiker, Volkswirtschafter. 1930–1934 war Hammarskjöld Sekretär der schwedischen Arbeitslosenkommission, 1936–1946 Staatssekretär im Finanzministerium, 1941–1942 auch Präsident der Reichsbank, arbeitete seit 1947 im Außenministerium. 1952–1953 leitete er die schwedische Delegation bei der UNO. Am 7. April 1953 wählte ihn die Generalversammlung der UNO zum Generalsekretär (am 26. September 1957 einstimmig wiedergewählt). Bei zahlreichen internationalen Konflikten, z. B. der Suez- und Ungarnkrise (1956), oder inneren Unruhen in Libanon (1958) und Kongo (1960) suchte er das Gewicht der UNO als friedenstiftende Macht zu stärken. Darüber hinaus sah er es als seine Aufgabe an, die UNO zur treibenden Kraft im Prozeß der Entkolonialisierung zu machen. Bei einem Flugzeugabsturz in der kongolesischen Provinz Katanga kam Hammarskjöld während einer Friedensmission 1961 ums Leben. Er erhielt posthum den Friedensnobelpreis.

Hansson, Per Albin, 1885–1946; schwedischer sozialdemokratischer Politiker. 1914–1924 war Hansson Hauptschriftleiter des Presseorgans „Socialdemocraten", seit 1918 Abgeordneter; 1920–1925 Verteidigungsminister. 1925 übernahm er den Vorsitz der Sozialdemokratischen Partei. Als Ministerpräsident (1932–1946, mit kurzer Unterbrechung 1946) führte er Schweden aus der Weltwirtschaftskrise und begründete den modernen Wohlfahrtsstaat in Schweden. Während des Zweiten Weltkrieges vertrat er die strikte Neutralität Schwedens.

Harnack, Falk, 1913–1991; Theaterregisseur, aktiv in der Widerstandsgruppe „Rote Kapelle" (Bezeichnung durch die -> Gestapo). Harnack organisierte zahlreiche Flugblattaktionen an der Berliner Universität, hatte Kontakt zu Hans -> Scholl und den Münchner Widerstandsgruppen. Harnack war ein Cousin von Dietrich -> Bonhoeffer. 1942 wurden sein Bruder Arvid und dessen Frau Mildred verhaftet und am 22. Dezember 1942 mit anderen Mitgliedern der „Roten Kapelle" in Berlin-Plötzensee hingerichtet. Auch Falk Harnack wurde verhaftet, aber wegen Mangels an Beweisen im März 1943 freigesprochen. Er diente weiterhin in der Wehrmacht bei Athen. Am 20. Dezember 1943 sollte er nach einem Geheimbefehl Himmlers erneut verhaftet werden. Er wurde gewarnt und konnte fliehen, blieb in Griechenland und gründete das Antifaschistische Komitee Deutschlands. Nach dem Krieg arbeitete er als Regisseur bei Film und Fernsehen.

Harris, Arthur Travers, 1892–1984; Generaloberst der britischen Luftwaffe. Harris ordnete als Oberbefehlshaber der Bomberwaffe seit 1942 die strategische Flächenbombardierung deutscher Städte, u. a. Dresden, an.

Hendaye: französisches Atlantik-Seebad an der spanischen Grenze. In Hendaye traf sich A. -> Hitler am 23. Oktober 1940 mit -> Franco, um Spanien zum Kriegseintritt auf seiten des Deutschen Reiches zu bewegen. Von Anfang an ging es um die Besetzung Gibraltars, von wo aus man den Zugang zum Mittelmeer hätte sperren können. Da Hitler jedoch nicht bereit war, Zusagen für eine Ausdehnung des spanischen Kolonialreichs in Nordafrika auf französische Kosten zu machen, lehnte Franco im Dezember 1940 das deutsche Ersuchen mit der Begründung ab, daß sein Land nach dem Bürgerkrieg die Lasten eines weiteren Krieges nicht tragen könne.

Henlein, Konrad, 1898–1945; 1933 Gründer und Führer der „Sudetendeutschen Heimatfront" (ab 1935 -> Sudetendeutsche Partei). Nach dem -> Münchener Abkommen und Schaffung des neuen Gaus „Sudetenland" wurde Henlein zum Gauleiter und Reichsstatthalter ernannt. Nach Kriegsende wurde er von den Amerikanern gefangengenommen. Am 10. Mai 1945 nahm sich Henlein in einem amerikanischen Gefangenenlager in Pilsen das Leben.

Heydrich, Reinhard, 1904–1942; deutscher SS- und Polizei-Führer. Er baute im Auftrag H. -> Himmlers den Sicherheitsdienst der SS auf, den er als Leiter (1932) zu einem umfassenden Nachrichtendienst entwickelte. 1933 wurde Heydrich (unter Himmler) Chef der Bayrischen Politischen Polizei in München. Nachdem Himmler 1936 die Leitung der gesamten deutschen Polizei übernommen hatte, erlangte Heydrich als Chef der Gestapo, der Sicherheitspolizei und des Sicherheitsdienstes, seit 1939 als Leiter des Reichssicherheitshauptamtes (RSHA) eine führende Stellung im Terrorsystem des nationalsozialistischen Deutschland. Im Zweiten Weltkrieg organisierte Heydrich als SS-Obergruppenführer und General der Polizei 1941 die Massentötung von Juden in den eroberten sowjetischen Gebieten durch die Einsatzgruppen der Sicherheitspolizei und des Sicherheitsdienstes. Von H. -> Göring mit der Vorbereitung der „Endlösung der Judenfrage" beauftragt, leitete er im Januar 1942 die Wannseekonferenz. Seit September 1941 war Heydrich auch stellvertretender „Reichsprotektor für Böhmen und Mähren". Am 4. Juni 1942 starb er in Prag an den Folgen eines Bombenattentats exiltschechoslowakischer Soldaten (-> Ležáky, ->Lidice).

Himmler, Heinrich, 1900–1945; Reichsführer SS 1929–1945. Er baute die SS, die zunächst noch eine Untereinheit der Sturmabteilung (SA) war, als Polizeidienst innerhalb der NSDAP aus und löste sie als unabhängige Parteiorganisation aus der SA heraus. 1930 wurde Himmler Abgeordneter des Reichstages. Nach dem Machtantritt der Nationalsozialisten wurde er zum Polizeipräsidenten von München ernannt. Er übernahm in Dachau den Aufbau und die Leitung des Konzentrationslagers und wurde 1934 zum Chef der preußischen -> Gestapo. Seit 1934 war Himmler zugleich auch oberster Chef der Konzentrationslager. 1936 wurde er Staatssekretär im Reichsinnenministerium und Chef der deutschen Polizei. Damit hatte er eine der zentralen Machtpositionen im nationalsozialistischen Regime, die er mit dem Ausbau der Waffen-SS zu militärischen Eliteeinheiten noch erweitern konnte. Im Oktober 1939 wurde Himmler zum „Reichskommissar für die Festigung des deutschen Volkstums" ernannt. Er organisierte die Umsiedlungs- und Verfolgungspolitik gemäß der nationalsozialistischen Rassenideologie in den besetzten Gebieten. Nach dem deutschen Überfall auf die Sowjetunion wurde ihm die polizeiliche Sicherung in den von der Wehrmacht besetzten Gebieten übertragen. Damit wurde er zum Hauptverantwortlichen der sogenannten „Endlösung der Judenfrage". 1943 wurde er zum Reichsinnenminister ernannt. Nach dem fehlgeschlagenen Anschlag auf A. -> Hitler vom 20. Juli 1944 oblag ihm die Verfolgung der Attentäter. Himmler versuchte, Kontakt mit den Westalliierten aufzunehmen, um über einen Separatfrieden zu verhandeln, und wurde daraufhin noch Anfang Mai 1945 aller seiner Ämter enthoben. Am 23. Mai 1945 beging er in britischer Gefangenschaft Selbstmord.

Hitler, Adolf, 1889–1945; deutscher Reichskanzler 1933–1945, Reichspräsident 1934–1945. 1919 trat Hitler der neu gegründeten, zahlenmäßig kleinen, stark antisemitisch ausgerichteten Deutschen Arbeiterpartei (DAP) bei, die sich 1920 in Nationalsozialistische Deutsche Arbeiterpartei (NSDAP) umbenannte. Der Putschversuch am 8./9. November 1923 scheiterte. Die NSDAP wurde verboten und Hitler zu fünf Jahren Haft verurteilt, jedoch im Dezember 1924 vorzeitig entlassen. In der Haft entstand der erste Band seiner Programmschrift „Mein Kampf" (Bd. 2: 1927). Im Februar 1925 übernahm Hitler die Führung der neugegründeten NSDAP. Unter den sich abzeichnenden Auswirkungen der Weltwirtschaftskrise gelang ihm bei den Reichstagswahlen vom September 1930 der politische Durchbruch auf Reichsebene. Nach seiner Ernennung zum Reichskanzler 1933 ließ er binnen weniger Monate alle wesentlichen verfassungsmäßigen und rechtlichen Hindernisse beseitigen, die seinem diktatorischen Machtanspruch entgegenstanden. Nach dem Tod Hindenburgs vereinigte er am 2. August 1934 unter Annahme des Titels eines „Führers und Reichskanzlers" die Ämter des Reichspräsidenten und des Reichskanzlers in seiner Person; die Reichswehr ließ er auf sich als den „obersten Befehlshaber der Wehrmacht" vereidigen. Im Verlauf des Zweiten Weltkrieges konzentrierte sich Hitler auf die Kriegsführung und die Durchsetzung und Ausführung seiner rassistischen Vorstellungen. Hatte sich Hitler zu Beginn des Krieges stärker auf allgemeine Weisungen an die Militärs beschränkt, so griff er im Laufe der Zeit immer stärker in die Operationsführung ein. Nach dem deutschen Angriff auf die UdSSR (22. Juni 1941) verkündete Hitler als Ziel der deutschen Ostpolitik, das eroberte Gebiet zu „beherrschen", zu „verwalten" und „auszubeuten" (16. Juli 1941). Gestützt auf die SS und die von ihr beherrschten Organisationen und Organe sowie die Wehrmacht, setzte er eine einzigartige Vernichtungsmaschinerie v. a. gegen die Juden und andere Personenkreise (z. B. Roma, Sinti, Homosexuelle, Kommunisten) in Gang. In der letzten Reichstagssitzung (26. April 1942) machte sich Hitler zum „obersten Gerichtsherrn" und beseitigte damit die letzten Überreste einer eigenständigen Jurisdiktion. Nach dem Scheitern des Attentats vom 20. Juli 1944 auf ihn konnte er die deutsche Widerstandsbewegung mit Hilfe des Volksgerichtshofs im Rahmen einer ausgesprochenen Rachejustiz zerschlagen. Als die Truppen der Anti-Hitler-Koalition die Grenzen Deutschlands erreicht und überschritten hatten, befahl Hitler die Zerstörung aller Industrieanlagen und lebenswichtigen Einrichtungen im Deutschen Reich (19. März 1945), da das deutsche Volk sich nach seiner Auffassung als zu schwach erwiesen habe und daher den Untergang verdiene. Am 29. April 1945 ernannte er Admiral K. -> Dönitz zu seinem Nachfolger und nahm sich am folgenden Tag im „Führerbunker" in dem von sowjetischen Truppen eingeschlossenen Berlin das Leben.

Hitler-Stalin-Pakt -> Deutsch-Sowjetischer Nichtangriffspakt.

Horthy, Miklos (Nikolaus H. von Nagybánya), 1868–1957; ungarischer Politiker. 1909/1914 Flügeladjutant des österreichischen Kaisers, 1918 Konteradmiral, Kampf gegen den sozialistischen Umsturz 1919, 1920 Reichsverweser. Zunächst nur provisorisches Staatsoberhaupt, übernahm Horthy allmählich die gesamte Macht und baute eine Diktatur auf. Seine Anlehnung an Deutschland brachte Ungarn in den -> Wiener Schiedssprüchen Landgewinne und führte zum Einsatz ungarischer Truppen im Krieg gegen die UdSSR. Am 19. März 1944 wurde nach Bekanntwerden von Friedensbemühungen Horthys das Land durch deutsche Truppen besetzt. Am 16. Oktober 1944 von SS-Einheiten verhaftet, kam Horthy nach dem Abzug der Wehrmacht frei und ging angesichts der Sowjetisierung Ungarns ins Exil.

Iași: Stadt im Nordosten Rumäniens. Am Abend des 28. Juni 1941 verübten rumänische und deutsche Soldaten, SS-Angehörige und Polizisten sowie viele Zivilisten ein Pogrom gegen die jüdische Bevölkerung der Stadt. Tausende Juden wurden in ihren Wohnungen und Häusern getötet. Andere wurden von den rumänischen und deutschen Soldaten in das Hauptquartier der Polizei verschleppt. Am nächsten Tag, dem „Schwarzen Sonntag", erschossen rumänische Soldaten Tausende der Juden, die im Hauptquartier interniert waren. Die Überlebenden dieses Massakers wurden in Zügen nach -> Calarași verbracht; auf diesem Transport starben etwa 2500 Juden, andere erkrankten schwer. Nach zwei Monaten in Gefangenenlagern wurden die ca. 980 überlebenden Juden nach Iași zurückgebracht. Von dem rumänischen Kriegsverbrechertribunal 1948 wurde ermittelt, daß während dieses Massakers von Iași über 10 000 Menschen ihr Leben verloren haben.

IMRO: kurz für Innere Makedonische Revolutionäre Organisation, Untergrundbewegung in Makedonien, gegründet 1893 in Saloniki als „Makedonische Revolutionäre Organisation zur Befreiung von der Herrschaft des Osmanischen Reiches"; mehrfach umbenannt. Für den Bandenkampf militärisch organisiert, kämpfte sie, nach 1918 mit bulgarischer Unterstützung, für die Herauslösung Makedoniens aus dem jugoslawischen Staat und die Eingliederung einer autonomen makedonischen Republik in eine Balkanföderation. Bis zur Auflösung am 12. Juni 1934 sollen Angehörige der IMRO etwa 2800 geglückte Attentate gegen jugoslawische Einrichtungen ausgeführt haben. Die 1990 als Innere Makedonische Revolutionäre Organisation – Demokratische Partei für die Makedonische Nationale Einheit (Abkürzung IMRO-DPMNE, makedonisch VMRO-DPMNE) wiedergegründete IMRO, die nun für die nationale Einheit des jugoslawischen, bulgarischen und griechischen Makedoniens eintrat, wurde nach den Parlamentswahlen 1998 stärkste Partei.

Internationaler Gerichtshof (IGH): das durch die Satzung der Vereinten Nationen 1946 errichtete Gericht in Den Haag (Statut vom 26. Juni 1945, Verfahrensordnung vom 6. Mai 1946) mit 15 von der UN-Generalversammlung und dem UN-Sicherheitsrat auf jeweils neun Jahre gewählten Richtern. Das Gericht entscheidet in durch Klage anhängig gemachten Streitverfahren zwischen souveränen Staaten und in Gutachtenverfahren auf Antrag der Organe der Vereinten Nationen oder ihrer Sonderorganisationen. Mit der UN-Mitgliedschaft nimmt ein Staat auch das Statut des IGH an; damit steht ihm der Zugang zu dem Gericht offen; die Unterwerfung unter dessen Gerichtsbarkeit setzt aber eine besondere Vereinbarung oder einseitige Unterwerfungserklärung voraus, die allgemein oder für einzelne Streitsachen erfolgen und auch durch einen Vorbehalt eingeschränkt werden kann.

Internationales Kriegsverbrechertribunal: Strafgericht zur Verfolgung von Verletzungen des humanitären Völkerrechts sowie von Verbrechen gegen die Menschlichkeit, von Völkermord und Kriegsverbrechen. Die Schaffung eines Internationalen Strafgerichts zur Verfolgung von Verletzungen des humanitären Völkerrechts im ehemaligen Jugoslawien mit Sitz in Den Haag (daher auch Haager Tribunal genannt) wurde vom UN-Sicherheitsrat mit dem Beschluß Nr. 808 vom 22. Februar 1993 eingeleitet; die Errichtung erfolgte mit der Verabschiedung des Statuts durch den Beschluß Nr. 827 des Sicherheitsrats vom 25. Mai 1993. Das Tribunal ist für Verbrechen gegen die Menschlichkeit, Völkermord und

Kriegsverbrechen zuständig, die nach dem 1. Januar 1991 im ehemaligen Jugoslawien verübt wurden. Anlaß für die Errichtung des Tribunals waren Gewalttaten in Bosnien und Herzegowina 1992, die von einer UN-Kommission als Verbrechen gegen die Menschlichkeit bezeichnet wurden.

Das Internationale Strafgericht zur Untersuchung von schweren Verstößen gegen das humanitäre Völkerrecht und Völkermordhandlungen in Ruanda mit Sitz in Arusha (zunächst Den Haag) und einem Anklagebüro in Kigali wurde durch den UN-Sicherheitsrat mit der Resolution Nr. 955 vom 8. November 1994 geschaffen. Das Tribunal untersucht die Massenmorde von 1994 in Ruanda (daher auch Ruanda-Tribunal genannt), bei denen schätzungsweise eine Million Tutsi und Hutu getötet wurden. Die Urteile sowohl des Haager Tribunals als auch des Ruanda-Tribunals, bei denen die Todesstrafe nicht verhängt werden darf, können vor einem Appellationsgericht in Den Haag, das aus fünf Richtern besteht, angefochten werden.

Jalta, Konferenz von; Krim-Konferenz: Gipfelkonferenz in Jalta (4.–11. Februar 1945), auf der sich I. -> Stalin, F. D. -> Roosevelt und W. -> Churchill über das militärisch-politische Vorgehen in der Schlußphase des Zweiten Weltkrieges und Vorfragen der Gründung der -> Vereinten Nationen einigten. Die Grundzüge der Besatzungspolitik für Deutschland (Entwaffnung, Entmilitarisierung, Entnazifizierung, Einteilung in vier Besatzungszonen mit einem gemeinsamen Kontrollrat unter Beteiligung Frankreichs) wurden beschlossen; der von Stalin erhobene Anspruch auf deutsche Reparationen in Höhe von 20 Milliarden Dollar wurde nicht angenommen, aber auf Vorschlag Roosevelts zur Verhandlungsgrundlage für eine Reparationskommission gemacht. Außerdem wurde die Westverschiebung Polens beschlossen. Für den späteren Ost-West-Konflikt waren die Ergebnisse der Jalta-Konferenz von großer Bedeutung.

Jasenovac: Gemeinde in Westslawonien (Kroatien) unweit der Mündung der Una in die Save, 1100 Einwohner. Hier befand sich das größte Konzentrations- und Vernichtungslager des Ustaša-Staates (1941–1945), ein Zentrum der Massenexekutionen von Ustaša-Gegnern. Die Zahl der Opfer (1945 auf bis zu 700 000 geschätzt, vermutlich um 80 000; v. a. Serben, Juden, Sinti und Roma, auch Kroaten und Angehörige anderer Volksgruppen) war v. a. zwischen Kroaten und Serben umstritten und wurde, besonders im Sezessionskrieg (1992, 1995), politisch mißbraucht.

Juan Carlos I., geb. 1938; König von Spanien (seit 1975), Sohn Don Juans, des Grafen von Barcelona, und Enkel König Alfons' XIII.; verh. seit 1962 mit Sophie, Prinzessin von Griechenland. 1960 erkannte ihn General -> Franco als ersten Anwärter auf den spanischen Thron an. Nach Francos Tod bestieg Juan Carlos am 27. November 1975 den Thron und förderte den Übergangsprozeß (-> Transición) von der Diktatur zur Demokratie. Durch persönliches Eingreifen (v. a. durch eine Rundfunkansprache) brachte er den Militärputsch vom 23. Februar 1981 zum Scheitern.

Kaltenbrunner, Ernst, 1903–1946; österreichischer Politiker, seit 1932 Mitglied der NSDAP und der SS. Nach dem -> Anschluß Österreichs war er Staatssekretär für die öffentliche Sicherheit in Österreich, SS-Gruppenführer und Mitglied des Reichstags. Von 1943 bis 1945 war Kaltenbrunner als Nachfolger -> Heydrichs Chef der Sicherheitspolizei, des Sicherheitsdienstes der SS und des Reichssicherheitshauptamtes. Er war maßgeblich an der Ermordung der Juden und an der Verfolgung der Attentäter vom 20. Juli 1944 beteiligt. Kaltenbrunner wurde vom Internationalen Gerichtshof in Nürnberg zum Tode verurteilt und hingerichtet.

Karađorđević, Paul, 1893–1976; Prinzregent, ein Vetter von Alexander I., dem König der Serben, Kroaten und Slowenen. Er übernahm für den minderjährigen König Peter II. 1934 die Regierungsgeschäfte.

Karl von Flandern, Graf, 1903–1983; Prinz von Belgien, Graf von Flandern, war 1944–1950 Regent für seinen im Exil lebenden Bruder König -> Leopold III.

Katyn: Ort im Westen der UdSSR/der Russischen Föderation, im Gebiet Smolensk am oberen Dnjepr. Dort wurden 1939/1940 mehrere tausend polnische Offiziere durch den -> NKVD ermordet. Im April 1943 wurden die Massengräber von deutschen Einheiten entdeckt und dieser Massenmord von den Deutschen in der antisowjetischen Propaganda instrumentalisiert. Die diplomatischen Beziehungen zwischen der polnischen Exilregierung und der UdSSR wurden daraufhin abgebrochen. Die UdSSR bestritt ihre Verantwortlichkeit für die Morde. Während der Nürnberger Prozesse versuchten ihre Repräsentanten den Deutschen die Verantwortung dafür zuzuschieben. Erst im April 1990 übernahm die sowjetische Regierung offiziell die Verantwortung für das Verbrechen.

Keitel, Wilhelm, 1882–1946; deutscher Generalfeldmarschall (seit 1940). 1930 übernahm Keitel für das Reichswehrministerium die Planungen für eine vorgesehene Heeresvergrößerung. Nach der Machtübernahme der Nationalsozialisten wurde Keitel im Rahmen des Ausbaus der Reichswehr Infanterieführer in Potsdam. 1938 wurde Keitel mit der Leitung des anstelle des nicht neu besetzten Reichskriegsministeriums geschaffenen Oberkommandos der Wehrmacht beauftragt. Er wurde 1940 zum Generalfeldmarschall ernannt. Von 1941 bis 1945 war Keitel maßgeblich für die Durchführung völkerrechtswidriger Weisungen für die Kriegführung im Osten verantwortlich. Durch A. -> Hitlers Nachfolger K. -> Dönitz bevollmächtigt, unterzeichnete Keitel am 9. Mai 1945 die bedingungslose Kapitulation der Wehrmacht. Wegen Kriegsverbrechen und Verbrechen gegen die Menschlichkeit wurde er am 1. Oktober 1945 vom Internationalen Militärgericht in Nürnberg zum Tode verurteilt und hingerichtet.

Kekkonen, Urho Kaleva, 1900–1986; finnischer Politiker; Jurist, Mitglied der Zentrumspartei, Minister, Präsident des Reichstages (1947, 1948–1949, 1950) und finnischer Ministerpräsident (1950–1953, 1954–1956). Als Staatspräsident (seit 1956, mehrfach wiedergewählt, im Oktober 1981 zurückgetreten) gelang es ihm in der Fortführung der von J. K. -> Paasikivi eingeschlagenen Politik, das gutnachbarliche Verhältnis zur UdSSR zu wahren und gleichzeitig die diplomatischen und handelspolitischen Beziehungen zu den westlichen Demokratien zu verbessern (->Paasikivi-Kekkonen-Linie). Der von Kekkonen vertretene Kurs strikter Neutralität und sein Bemühen, zwischen Ost und West in Europa zu vermitteln, trugen wesentlich zur Einberufung der -> Konferenz für Sicherheit und Zusammenarbeit in Europa (1973–1975) bei.

KGB -> NKVD.

Kolbe, Maksymilian Maria (eigentlich Rajmund), 1894–1941; katholischer Theologe. Kolbe lebte als Prior in der franziskanischen Klosterstadt Niepokalanow, wurde am 28. Mai 1941 verhaftet und ins Lager Auschwitz gebracht. Dort opferte er sein Leben für das eines Mithäftlings, er ging mit neun weiteren Gefangenen in die Hungerzelle und starb am 14. August 1941 durch eine Phenolspritze. Er gilt als Märtyrer des Glaubens und als Symbol der Versöhnung. Am 17. Oktober 1971 wurde er durch Papst Paul VI. selig- und am 10. Oktober 1982 durch Papst Johannes Paul II. heiliggesprochen.

Kombattant: völkerrechtlicher Begriff für eine Person, die das Recht hat, in internationalen bewaffneten Konflikten unmittelbar an Kampfhandlungen teilzunehmen. Die Bestimmung dieses Personenkreises ist Sache innerstaatlichen Rechts. Das geltende Kriegsvölkerrecht verwendet den Begriff des Kombattanten und unterscheidet zwischen legalen und illegalen Kombattanten. Partisanen können legale oder illegale Kombattanten sein: Artikel 4 des 3. Genfer Abkommens von 1949 zählt die durch das Kriegsgefangenenabkommen geschützten Personengruppen auf, die im wesentlichen der Kombattantendefinition der Haager Landkriegsordnung von 1907 entsprechen, so u. a. Angehörige der Streitkräfte sowie Angehörige organisierter Widerstandsbewegungen, wenn sie einen verantwortlichen Führer haben, ein bleibendes und erkennbares Zeichen tragen, ihre Waffen offen führen und bei ihren Operationen die Gesetze und Gebräuche des Krieges beachten. Diejenigen Personen, die einzeln oder in Gruppen an den Kämpfen teilnehmen, ohne dieser Definition zu entsprechen, sind illegale Kombattanten. Sie machen sich gemäß Artikel 68 des 3. Genfer Abkommens von 1949 zum Schutze von Zivilpersonen in Kriegszeiten strafbar.

Das 1. Zusatzprotokoll vom 10. Juni 1977 zu den vier Genfer Abkommen vom 12. August 1949 hat die Kombattantendefinition modernisiert. Sein Artikel 43 Absatz 3 gibt den kriegführenden Parteien das Recht, „paramilitärische oder bewaffnete Vollzugsorgane" in ihre Streitkräfte aufzunehmen, verpflichtet sie aber, diese Maßnahme allen anderen am Konflikt beteiligten Parteien mitzuteilen.

Kommunistische Internationale (KI, Komintern): von 1919 bis 1943 die Vereinigung aller kommunistischen Parteien, gegründet auf Anregung Lenins anläßlich eines Treffens von Vertretern kommunistischer Parteien in Moskau (2.–6. März 1919: I. Weltkongreß der KI). Sie verstand sich als Vollstreckerin der Ideen des Kommunistischen Manifests und der Ersten Internationale. Ziel der KI war die Weltrevolution zur weltweiten Errichtung der „Diktatur des Proletariats" im Rahmen eines Rätesystems. Der II. Weltkongreß (Juli – August 1920) verabschiedete das Statut der KI, wonach leitendes Organ das „Exekutivkomitee der Kommunistischen Internationale" mit einem Präsidium an der Spitze war, und verpflichtete jede Mitgliedspartei, den Aufbau ihrer Organisation am Prinzip des demokratischen Zentralismus auszurichten. Gegen die KI gerichtet war der 1936 begründete -> Antikominternpakt. Während des Zweiten Weltkrieges ließ I. -> Stalin im Interesse seines Bündnisses mit den Westmächten die KI am 15. Mai 1943 auflösen.

Kommunistisches Informationsbüro (Kominform): Informationsbüro der kommunistischen und Arbeiterparteien, im September 1947 in Schreiberhau (Szklarska Poręba, Polen) von den kommunistischen Parteien Bulgariens, Frankreichs, Italiens, Jugoslawiens, Polens, Rumäniens, der UdSSR, der Tschechoslowakei und Ungarns gegründet. Das Kommunistische Informationsbüro sollte dem Erfahrungsaustausch der Parteien und der freiwilligen Gleichschaltung ihrer Aktionen dienen; tatsächlich wurde es wie bereits die -> Kommunistische Internationale von I. -> Stalin dominiert und diente von Anfang an als Hilfsorgan der sowjetischen Außenpolitik. Als sich die jugoslawische Partei- und Staatsführung unter -> Tito weigerte, sich dem ideologischen Führungsanspruch Stalins zu beugen, schloß das Kommunistische Informationsbüro die jugoslawische KP am 28. Juni 1948 aus und verlegte seinen Sitz von Belgrad nach Bukarest. Unter dem Druck Stalins setzte nun eine Verfolgung der vermeintlichen oder tatsächlichen Anhänger Titos ein. Nach Stalins Tod (1953) löste sich das Kommunistische Informationsbüro im Zuge der Entstalinisierung am 17. April 1956 auf.

Komsomol (Kommunističeskij sojuz molodeži – Kommunistischer Jugendverband): Name der Jugendorganisation der KPdSU. Der Komsomol, gegründet 1918, erfaßte als Massenorganisation Jugendliche zwischen 14 und 26 Jahren. Vorstufe des Komsomol waren die „Jungen Pioniere" (9- bis 14jährige).

Kondominium, (Kondominat, Gesamtherrschaft): Gebiet, das unter der Gemeinherrschaft mehrerer Staaten steht, z. B. das Kondominium über Schleswig-Holstein durch Preußen und Österreich 1864/1865.

Konferenz über Sicherheit und Zusammenarbeit in Europa (KSZE), Europäische Sicherheitskonferenz: internationale Zusammenkunft, eröffnet am 3. Juli 1973 in Helsinki, fortgesetzt vom 18. September 1973 bis zum 21. Juli 1975 in Genf und beendet am 1. August 1975 mit der Verabschiedung der „Schlußakte von Helsinki". An der Konferenz nahmen 33 europäische Staaten (alle außer Albanien) sowie Kanada und die USA teil. Bereits in den 50er Jahren hatte die UdSSR die Einberufung einer Konferenz der europäischen Staaten gefordert, um in Europa ein System kollektiver Sicherheit zu schaffen. In einer Phase der Entspannung im Ost-West-Konflikt gingen die NATO-Staaten stärker auf die Initiativen der UdSSR ein, forderten dabei aber zugleich, auf der geplanten Konferenz auch die Beachtung der Menschen- und Bürgerrechte in den einzelnen europäischen Staaten zu behandeln.

Korczak, Janusz (eigentlich Henryk Goldszmit), 1878–1942; polnisch-jüdischer Arzt, Schriftsteller, Pädagoge. 1940 wurde das von Korczak geleitete Kinderheim Dom Sierat in das -> Warschauer Ghetto deportiert, Anfang August 1942 wurde Korczak mit seinen Mitarbeitern und ca. 200 Kindern ins Vernichtungslager -> Treblinka gebracht und dort ermordet. Nach seinem Tod erschienen seine Ghettotagebücher sowie zahlreiche Schriften von ihm und über ihn.

Korfu, Vertrag von: am 20. Juli 1917 vom serbischen Ministerpräsidenten Nikola Pasić mit dem Führer der Kroaten, Ante Trumbic, vereinbarte Errichtung eines Königreiches der Serben, Kroaten und Slowenen.

Kosmodem'janskaja, Zoja, 1923–1941; sowjetische Partisanin, Deckname Tanja. Zoja Kosmodem'janskaja gehörte zur Diversionsabteilung No. 9903 des -> NKVD. In der Nacht des 27. November 1941 wurde ein Mitglied ihrer Gruppe, Vasilij Klubkov, von deutschen Soldaten der 23. Infanterie-Division, die während ihres Vormarsches im Raum Kličev und bei Vjazma zur „Bandenbekämpfung" eingesetzt waren, festgenommen, nachdem Pläne für ein Attentat der Gruppe verraten worden waren. Im Verhör verriet er Zoja. Sie wurde verhaftet, gefoltert, zum Tode verurteilt und am 29. November 1941 gehängt. Posthum wurde sie mit dem Titel „Held der Sowjetunion" geehrt.

Kragujevac: serbische Stadt, erstmals 1565 in türkischen Urkunden erwähnt, erlangte durch österreichische Besatzung (1718–1738) militärische Bedeutung. 1805 von den Serben erobert, war Kragujevac 1818–1839 Hauptstadt des Fürstentums Serbien. In Kragujevac und Kraljevo wurden im Oktober 1941 durch deutsche Besatzungstruppen über 9000 Menschen ermordet, die in Gebieten lebten, die von Partisanen kontrolliert wurden.

Kuropaty: Ort unweit von Minsk. Dort wurden 1988 Massengräber gefunden, die zwischen 1937 und 1940 durch Angehörige des sowjetischen Geheimdienstes -> NKVD angelegt worden waren. Die Opfer kamen aus der näheren Umgebung Minsks und aus ganz Weißrußland sowie aus allen Schichten der Gesellschaft. Nach Schätzungen des Leiters der Ausgrabung von 1988 handelte es sich um ca. 102 000 Menschen, die in diesen Jahren dort zu Tode kamen. Genaue Zahlen sind nicht verfügbar, weil nicht alle Gräber erhalten sind und es auch in den 50er und 60er Jahren zu Exhumierungen gekommen war. Seit der Entdeckung dieser Gräber steht Kuropaty als Symbol für den stalinistischen Terror. Während der sogenannten großen „Säuberung" (1934–1939) hatte I. -> Stalin – wie in anderen Unionsrepubliken der UdSSR – die nationale weißrussische Intelligenz ermorden lassen. Zwischen 1939 und 1941 fielen ca. 100 000 Weißrussen den „Säuberungen" zum Opfer.

Kurz, Gertrud, 1890–1972; Schweizerin, erste Frau, die auf einer offiziellen Schweizer Gedenkmünze abgebildet wurde (1992). 1938 gründete Kurz ihr eigenes Flüchtlingshilfswerk. 1942 konnte sie durch eine persönliche Intervention beim Bundespräsidenten Eduard von Steiger dafür sorgen, daß die Schweizer Grenzen, wenn auch nur für kurze Zeit, noch einmal geöffnet wurden, um Flüchtlingen die Einreise in die Schweiz zu ermöglichen. Unermüdlich trat die gläubige Christin für die Verfolgten ein und gewährte vielen von ihnen in ihrem Haus in Bern Zuflucht. Als Flüchtlingsmutter wurde Kurz landesweit bekannt und populär.

Lappo-Bewegung: rechtsextrem-nationalistische Bewegung in Finnland, 1929 in der finnischen Stadt Lapua (schwedisch Lappo) entstanden, erzwang durch einen von Bauern durchgeführten „Marsch auf Helsinki" 1930 den Rücktritt der Regierung und (nach Neuwahlen) die Verabschiedung antikommunistischer Gesetze. Antiparlamentarisch eingestellt, führte sie Gewaltaktionen durch (u. a. Entführung des früheren Staatspräsidenten K. J. Ståhlberg). Ein von der Lappo-Bewegung unter General K. M. Wallenius vorbereiteter Putschversuch scheiterte 1932 und führte zur Zerschlagung der Bewegung. Aus ihr ging die „Vaterländische Volksbewegung" hervor, die 1944 verboten wurde.

Lateranverträge -> Mussolini, Benito.

Lausanne, Frieden von: vom 24. Juli 1923 zwischen Großbritannien, Frankreich, Italien, Japan, Griechenland, Rumänien und Jugoslawien einerseits und der Türkei anderererseits, ersetzte den Frieden von Sèvres (-> Pariser Vorortverträge). Der Vertrag legte die türkisch-griechische Grenze in Thrakien und in der Ägäis fest, gab die Inseln des Dodekanes nun auch de jure an Italien, erkannte die Annexion Zyperns durch Großbritannien an und regelte die Meerengenfragen.

Lausanne, Vertrag von: am 9. Juli 1932 zwischen dem Deutschen Reich und den Siegermächten des Ersten Weltkrieges (v. a. Frankreich und Großbritannien) vereinbarte Ablösung der deutschen Reparationsschuld durch eine einmalige Abfindungssumme von 3 Milliarden Reichsmark (in Gestalt von Schuldverschreibungen).

LCP, Latvijas Centrala Padome (lettisch) Lettischer Zentralrat: Die Gründung des Lettischen Zentralrats erfolgte im Jahre 1943. Der LCP war eine illegale Organisation und verfolgte das Ziel, den freien Staat Lettland wiederherzustellen. Den Kern der Organisation bildeten vier Vertreter ehemaliger Parteien und Fraktionen der Saeima. Einer der Initiatoren war der Sohn des ersten Präsidenten des freien Lettlands, Konstantīns Čakste. Der LCP orientierte sich in Richtung westlicher Demokratien und hoffte auf den Sieg der Alliierten. Grund für diese Hoffnung gab ihnen die Nichtanerkennung der Inkorporation Lettlands, die Atlantische Charta (1941) und die Deklaration der Vereinten Nationen (1942). Die Mitglieder des LCP wurden verfolgt und nach ihrer Festnahme in -> Salaspils und dann in den Konzentrationslagern von Stutthof, Dachau und Neuengamme inhaftiert.

Legion Erzengel Michael -> Codreanu, Corneliu Zelea.

Lenin, Vladimir Il'ič (eigentlich Uljanov, V. I.), 1870–1924; russischer Revolutionär und Politiker. Seit 1891 war Lenin als Rechtsanwalt in Sankt Petersburg, wo er sich intensiv in der revolutionären Bewegung betätigte (1895 Gründung des „Kampfbundes zur Befreiung der Arbeiterklasse") und mit führenden russischen Sozialdemokraten in Verbindung trat. In dieser Zeit begann auch seine Beschäftigung mit dem Marxismus, den er unter dem Einfluß von N. Černyševskij v. a. als Revolutionstheorie begriff. 1895 wurde er wegen politischer Tätigkeit verhaftet und 1897 für drei Jahre nach Sibirien verbannt. In der Emigration entwarf er erstmals die Grundzüge dessen, was später als Leninismus bezeichnet werden sollte: die Organisation einer Partei von Berufsrevolutionären als Vorhut der Arbeiterklasse, die das revolutionäre Bewußtsein von außen in diese hineinzutragen hat. Nach den revolutionären Aufständen von Dezember 1905 bis 1914 lebte er im Exil in Genf, Paris und Krakau. Nach der Revolution am 7. November (25. Oktober) 1917 wurde Lenin zum Vorsitzenden des Rats der Volkskommissare gewählt. Seine Außenpolitik begann mit der von ihm gegen stärksten innerparteilichen Widerstand durchgesetzten Annahme des Friedensvertrages von -> Brest-Litowsk. Während des Bürgerkrieges und der Hungersnot der ersten Revolutionsjahre erklärte Lenin den Aufbau der sowjetischen Wirtschaft als oberstes Ziel. Dank seiner Autorität hielt er die widerstrebenden Kräfte der Partei zusammen und leitete den Aufbau des Partei-, Staats- und Wirtschaftsapparates ein. Dabei strebte er die Zentralisierung der Macht in den Händen einer kleinen Führungsgruppe an (Errichtung des Politbüros und des Sekretariats 1919, Verbot der Fraktionsbildung 1921) und schuf damit entscheidende Voraussetzungen für die Bürokratisierung der Partei.

Leopold III., 1901–1983; König von Belgien 1934–1951, ältester Sohn König Alberts I., verheiratet seit 1926 mit der schwedischen Prinzessin Astrid († 1935), seit 1941 mit Marie Lilian Baels (Prinzessin de Réthy). 1936 ersetzte Leopold III. Belgiens Bindung an die Westmächte durch eine allseitige Neutralität. Nach dem deutschen Einmarsch in Belgien (1940) war Leopold III. 1940–1944 auf Schloß Laeken interniert; 1944–1945 in deutscher Kriegsgefangenschaft. Seine Bemühungen um Rückkehr auf den Thron stießen v. a. auf den Widerstand der Sozialisten und Liberalen. Trotz einer für ihn günstigen Volksabstimmung 1950 dankte er 1951 zugunsten seines Sohnes Baudouin ab.

Leuschner, Wilhelm, 1890–1944; deutscher Politiker und Gewerkschafter. Leuschner wurde 1919 Vorsitzender des Zusammenschlusses Darmstädter Gewerkschaften und zog 1924 für die SPD in den hessischen Landtag ein. 1928 wurde er zum hessischen Innenminister berufen. Von den nationalsozialistischen Machthabern wurde Leuschner 1933 gezwungen, an einer Sitzung des Internationalen Arbeitsamtes (IAA) in Genf teilzunehmen, um dort als bekannter Führer der inzwischen aufgelösten Freien Gewerkschaften die Anerkennung der Deutschen Arbeitsfront als Gewerkschaft zu erreichen. Da er jedoch statt dessen von der Unterdrückung der Arbeiterbewegung berichtete, wurde er nach seiner Rückkehr verhaftet und zwischen Juni 1933 und Juni 1934 in den Konzentrationslagern Börgermoor und Lichtenburg interniert. 1939 nahm er Kontakt mit dem Kreisauer Kreis und C. F. -> Goerdeler auf. Am 16. August 1944, nach dem gescheiterten Attentat auf A. -> Hitler, wurde Leuschner verhaftet und am 29. September in Berlin-Plötzensee hingerichtet.

Levi, Primo, 1919–1987; italienischer Schriftsteller und Chemiker. Levi wurde 1943 in Fossoli inhaftiert und drei Monate später nach -> Auschwitz deportiert. Sein Roman „Un uomo e tre numeri" basiert auf seinen Lagererfahrungen.

Ležaky: Dorf in Ostböhmen, ca. 50 Einwohner. Ležaky wurde am 24. Juni 1942 wie -> Lidice nach dem Attentat auf -> Heydrich von der SS und der Sicherheitspolizei zerstört und seine erwachsenen Bewohner ermordet. Die Kinder wurden zunächst nach Prag gebracht und später in einem Konzentrationslager ermordet. Nur zwei der Kinder haben überlebt.

Lidice: Ort in Mittelböhmen, etwa 500 Einwohner. Lidice wurde am 10. Juni 1942 von der SS als Vergeltung für das Attentat auf -> Heydrich völlig zerstört, weil Einwohner die Attentäter unterstützt haben sollen. Die männlichen Einwohner über 16 Jahre wurden erschossen (190), die Frauen in das Konzentrationslager Ravensbrück gebracht, wo 52 von 195 umkamen. 98 Kinder wurden zum Zwecke der „Eindeutschung" in SS-Lager deportiert. 1946 wurde der Ort neu aufgebaut und 1955 eine Gedenkstätte errichtet.

Lileikis, Aleksandras, 1908–2000; während des Zweiten Weltkrieges Chef der litauischen Geheimpolizei „Saugumas" in Vilnius. Lileikis soll eng mit den deutschen Einsatzgruppen zusammengearbeitet haben. 1944 floh Lileikis in die USA. Nach Bekanntwerden seiner Identität wurde Lileikis die US-amerikanische Staatsbürgerschaft aberkannt; einer Abschiebung kam er durch seine Ausreise nach Litauen zuvor. In Litauen wurde er unter der Anklage von Beteiligung an Kriegsverbrechen vor Gericht gestellt. Lileikis selbst bestritt jede Schuld. Er wurde wegen seines hohen Alters und seines Gesundheitszustandes für prozeßunfähig erklärt.

Linthorst Homan, Johannes, 1903–1986; Anwalt, Bürgermeister sowie Präsident einer niederländischen Provinzialregierung, später Kommissar der Königin. 1941 wurde er von den Deutschen seines Amtes enthoben. Er war Gründungsmitglied der Niederländischen Union, ab 1942 in Haft.

Lipke, Žanis, Hafenarbeiter in Riga. Während der ersten Kriegsmonate arbeitete er mit jüdischen Gefangenen und entschloß sich, sie in einem für diesen Zweck ausgehobenen Bunker in seinem Haus zu verstecken. Auf diese Weise hat er 52 Menschen das Leben gerettet. Yad Vashem in Jerusalem hat Lipke und seine Frau durch eine Gedenkmedaille geehrt. In der Straße der Gerechten wurde für ihn ein Baum gepflanzt. Lipke ist 1987 verstorben.

Locarnoverträge, Locarnopakt: die auf der Konferenz von Locarno (5.–16. Oktober 1925) ausgehandelten Verträge, von den Vertragspartnern (Belgien, Deutschland, Frankreich, Großbritannien, Italien, Polen, Tschechoslowakei) am 16. Oktober 1925 in Locarno paraphiert und am 1. Dezember 1925 in London unterzeichnet. Die Locarnoverträge schufen ein Sicherheitssystem für Mitteleuropa. Der Rhein- oder Westpakt sah eine gemeinsame Bürgschaft der Vertragspartner für die deutschen Westgrenzen und die Entmilitarisierung des Rheinlandes und eine friedliche Regelung aller Streitigkeiten vor. Großbritannien und Italien garantierten diese Abmachung durch ein Hilfsversprechen für jeden durch Verletzung der Verträge bedrohten Vertragspartner. Eine Garantie der deutschen Ostgrenzen („Ost-Locarno") hatte der deutsche Außenminister G. Stresemann im Hinblick auf deutsche Revisionsforderungen abgelehnt. Der Hauptvertrag wurde durch Schiedsverträge des Deutschen Reiches mit Belgien und Frankreich sowie mit Polen und der Tschechoslowakei ergänzt. Unter Bezugnahme auf die Locarnoverträge schloß Frankreich am 16. Oktober 1925 Beistandsverträge mit Polen und der Tschechoslowakei ab. Die Verträge führten zum Eintritt Deutschlands in den –> Völkerbund und brachten eine internationale Entspannung. Die nationalsozialistische Außenpolitik zerstörte das Vertragswerk mit der Besetzung des entmilitarisierten Rheinlandes (1936).

Londoner Vertrag: Geheimvertrag der –> Entente mit Italien. Die italienische Regierung verpflichtete sich am 26. April 1915, innerhalb eines Monats in den Krieg einzutreten und „mit allen zur Verfügung stehenden Mitteln den Feldzug im Einvernehmen mit Frankreich, Großbritannien und Rußland gegen alle mit ihnen Krieg führenden Staaten zu führen". Als Gegenleistung sicherten die Alliierten Italien umfangreiche Gebietserwerbungen zu. Mit dem Abkommen war das Bemühen des Deutschen Reiches und Österreich-Ungarns, den ehemaligen Verbündeten Italien zur Beibehaltung der Neutralität zu bewegen, gescheitert. Diese hatten sich lange geweigert, Italien territoriale Zugeständnisse zu machen. Erst im März erklärte sich die österreichisch-ungarische Regierung zur Abtretung der Region Trentino bereit. Da Italiens Außenminister Anfang März bereits in aussichtsreichen Verhandlungen mit den Alliierten stand, kam das Angebot Österreich-Ungarns jedoch zu spät und blieb zudem hinter den Zugeständnissen der –> Entente zurück, die Italien den Erwerb von ganz Südtirol bis zur Brennergrenze, von Görz und Triest, Istrien und Teilen der dalmatischen und der albanischen Küste zusicherten. Am 3. Mai kündigte Italien den –> Dreibund. Auch ein erweitertes Angebot der –> Mittelmächte vom 10. Mai konnte den italienischen Kriegseintritt nicht mehr verhindern.

Lotta-Svärd-Organisation: finnische Frauenorganisation (1919–1944) – benannt nach Lotta Svärd, der Heldin eines Gedichtes von L. Runeberg –, deren Angehörige als uniformierte freiwillige Sanitäts-, Feldküchen- und Verwaltungshelferinnen (Lottas) militärische Hilfsdienste leisteten. Die Organisation wurde am 23. November 1944 auf Weisung der finnischen Regierung unter Berufung auf das Waffenstillstandsabkommen aufgehoben. Sie verschwand aus dem öffentlichen Bewußtsein, bis sich die finnische Regierung 1991 für ihre Verdienste während des Zweiten Weltkrieges bedankte.

Lubliner Komitee, Polnisches Komitee der Nationalen Befreiung (polnisch: Polski Komitet Wyzwolenia Narodowego): vom Verband polnischer Patrioten, der kommunistischen Polnischen Arbeiterpartei und Vertretern anderer sogenannter fortschrittlicher Parteien in Chełm gegründetes, kommunistisch beherrschtes Komitee, das am 25. Juli nach Lublin umzog und dort unter dem Vorsitz des Linkssozialisten E. Osóbka-Morawski de facto die Regierung des von der Roten Armee besetzten Gebietes zwischen Weichsel und Bug bildete. Am 1. Januar 1945 wurde das Lubliner Komitee in die Polnische Provisorische Regierung umgewandelt.

Maastricht, Vertrag von –> Europäische Union.

Maginotlinie: nach dem französischen Politiker André Maginot (1877–1932) benanntes, 1929–1936 errichtetes, Befestigungssystem an der französischen Nordostgrenze und der Grenze zu Italien. Nachdem in Frankreich bereits 1919 erste Überlegungen zur Schaffung einer neuen Verteidigungslinie im Norden und Osten des Landes angestellt worden waren, ergriff 1925 schließlich P. Painlevé die Initiative zum Bau einer modernen Grenzbefestigung; die Planungen hierfür erfolgten in seiner Amtszeit als Kriegsminister. Die eigentlichen Arbeiten begannen dann unter seinem Nachfolger A. Maginot. Am stärksten ausgebaut war die in insgesamt 25 „befestigte Abschnitte" eingeteilte Maginotlinie im Bereich der „Festungsgebiete" Metz und Lauter. Den Kern des Befestigungsgürtels bildeten 45 große „Artilleriewerke" (davon 23 in den Alpen, 20 zwischen Longuyon und dem Rhein) und 62 kleinere „Infanteriewerke"; hinzu kamen 400 schwere Einzelbunker, Hindernisse (v. a. Panzersperren), Verkehrs-, Versorgungs- und Kommunikationsanlagen.

Makronissos: unbewohnte griechische Insel, 5 Kilometer vor dem Festland Lavrios, Anfang des 20. Jahrhunderts als Verbannungsort für Kriegsgefangene des Ersten Weltkrieges genutzt, später temporärer Aufenthalt von Vertriebenen aus Kleinasien (1922). Während des griechischen Bürgerkriegs (1946–1949) wurden hauptsächlich Kommunisten, aber auch Angehörige anderer politischer Gruppierungen nach Makronissos gebracht und dort in einem Lager gefangengehalten. Nach den politischen Säuberungen des Militärs wurden auch ehemalige Soldaten auf Makronissos inhaftiert.

Mannerheim, Carl Gustav Freiherr von, 1867–1951; finnischer Feldmarschall und Politiker, 1944–1946 Staatspräsident. Mannerheim gehörte 1887–1917 der russischen Armee an, zuletzt als Kavallerieoffizier, kehrte 1917 nach der Proklamation der finnischen Unabhängigkeit nach Finnland zurück und organisierte dort während des Bürgerkriegs die militärischen Verbände der bürgerlichen Gruppen, die „Weißen", die er zum Erfolg über die „Roten" führte. Nach diplomatischen Missionen in Paris und London war Mannerheim von Dezember 1918 bis Juli 1919 Reichsverweser und erreichte die internationale Anerkennung der finnischen Souveränität. Als Vorsitzender des Kriegsrats (1931–1939) ließ er die Karelische Landenge mit einem Befestigungssystem versehen (Mannerheim-Linie). Im Finnisch-Sowjetischen -> Winterkrieg (1939–1940) und im Finnischen -> Fortsetzungskrieg (an der Seite des Deutschen Reiches, 1941–1944) hatte er den Oberbefehl über die finnischen Truppen. Nach dem Zusammenbruch der Ostfront gelang der Abschluß eines Waffenstillstands mit der UdSSR (September 1944). Im März 1946 trat er von seinem Amt als Staatspräsident (seit August 1944) zurück und lebte bis zu seinem Tod in Lausanne.

Marsch auf Rom -> Mussolini, Benito.

Marshallplan, European Recovery Program (ERP): das von den USA nach dem Zweiten Weltkrieg ins Leben gerufene Programm wirtschaftlicher Unterstützung der europäischen Länder. Das ERP geht zurück auf eine Rede des damaligen amerikanischen Außenministers G. C. Marshall vom 5. Juni 1947 und wurde als Auslandshilfegesetz am 3. April 1948 verabschiedet. Das ERP beschränkte sich nach der Ablehnung der Mitarbeit durch die Ostblockländer auf die Länder Westeuropas. Die amerikanische Wirtschaftshilfe wurde in Europa seit 1948 durch die -> Organisation für europäische wirtschaftliche Zusammenarbeit koordiniert.

Masaryk, Tomáš Garrigue, 1850–1937; tschechischer Philosoph, Soziologe und Politiker. 1882 wurde Masaryk Professor für Philosophie in Prag. Politisch bezog er Stellung gegen das Haus Habsburg und die Vorherrschaft der Deutschen und der Magyaren im Bereich der Donaumonarchie. 1891–1893 verrat er die Jungtschechen, 1907–1914 die von ihm gegründete Realistenpartei im österreichischen Reichsrat. Seine demokratische Staatsauffassung führte ihn 1914 auf die Seite der Ententemächte (-> Entente (cordiale)). Von London aus forderte er im Ersten Weltkrieg die tschechische Eigenstaatlichkeit. Mit E. -> Beneš gründete er 1916 einen tschechoslowakischen Nationalrat. Mit slowakischen Organisationen in den USA schloß Masaryk 1918 den -> Pittsburgher Vertrag über den staatlichen Zusammenschluß von Tschechen und Slowaken. Nach Gründung der Tschechoslowakei wurde Masaryk 1918 Staatspräsident, 1920, 1927 und 1934 wiedergewählt; 1935 trat er zurück. Den Widerspruch zwischen idealistisch-demokratischem Humanismus einerseits und den Forderungen des Selbstbestimmungsrechts von Sudetendeutschen, Ungarn und autonomistisch gesinnten Slowaken andererseits konnte er nicht lösen.

Matteotti, Giacomo, 1885–1924; italienischer Politiker. Matteotti war Generalsekretär des 1922 gegründeten Partito Socialista Unitario. Nachdem er B. -> Mussolini in einer Rede im der Abgeordnetenkammer scharf kritisiert hatte, wurde er am 10. Juni 1924 von einem faschistischen Kommando entführt und ermordet. Die Ermordung Matteottis führte zu einer parlamentarischen Krise und am 15. Juni 1924 zum Auszug der Mehrheit der oppositionellen Parteien aus dem Parlament.

Mauthausen: Konzentrationslager in Oberösterreich, das 1938 errichtet wurde. Die Häftlinge arbeiteten hauptsächlich für die Rüstungsindustrie. Seit 1943 wurden die Arbeiten unter Tage, in Stollenanlagen, fortgesetzt. Insgesamt starben in Mauthausen ca. 120 000

Häftlinge. Am 5. Mai 1945 kam es zu einem erfolgreichen Lageraufstand. Noch am selben Tag erreichten Panzereinheiten der amerikanischen Streitkräfte das Lager Mauthausen.

Mechelen: flämische Stadt in Belgien; seit 1942 wurde die Kaserne in Mechelen von den deutschen Besatzern als Sammellager für politische Häftlinge, Sinti und Roma, vor allem aber für belgische Juden, die von hier aus in die Vernichtungslager in Osteuropa deportiert wurden, genutzt.

Melnikaitė, Marytė, litauische Partisanin, kämpfte in Partisanenverbänden auf seiten der russischen Truppen gegen die deutschen Besatzer Litauens und kam dabei ums Leben. Melnikaitė wurde während der sowjetischen Herrschaft als Kriegsheldin stilisiert, nach dem Vorbild der Z. -> Kosmodem'janskaja.

Mengele, Josef, 1911–1978; deutscher Arzt, seit 1937 Mitglied der NSDAP, war ab August 1940 im Ärztestab der Waffen-SS tätig. Im Mai 1943 wurde er Chefarzt im Konzentrationslager -> Auschwitz-Birkenau. Im Rahmen seiner Forschungen führte er an den Häftlingen unzählige Experimente durch, in deren Verlauf viele Gefangene, vor allem viele Kinder, starben. Nach Kriegsende gelang Mengele die Flucht nach Paraguay.

Mihai I. (Michael I.), geb. 1921; König von Rumänien 1927–1930 und 1940–1947, aus dem Geschlecht Hohenzollern-Sigmaringen, Sohn König Karls II., seit 1948 verheiratet mit Anna von Bourbon-Parma. Nach der von ihm veranlaßten Verhaftung Marschall I. -> Antonescus am 23. August 1944 vollzog er den Frontwechsel von den -> Achsenmächten zu den Alliierten und führte Rumänien auf die Seite der Anti-Hitler-Koalition. Vergeblich versuchte er die kommunistische Umwälzung aufzuhalten. Er dankte am 30. Dezember 1947 nach mehreren Regierungsumbildungen ab. Er lebt als Geschäftsmann in der Schweiz.

Mittelmächte: im Ersten Weltkrieg Bezeichnung für die Bündnispartner Deutsches Reich und Österreich-Ungarn (nach ihrer geographischen Lage zwischen den Mächten der -> Entente), dann auch für ihre Verbündeten (Türkei, Bulgarien).

Molotov, Vjačeslav Michajlovič (eigentlich Skrjabin, V. M.) 1890–1986; sowjetischer Politiker. Molotov schloß sich 1906 den -> Bolschewiki an. 1916 wurde er Mitglied des Russischen Büros des ZK der bolschewistischen Parteiorganisation, das er während der -> Februarrevolution 1917 leitete. 1921–1930 war Molotov Sekretär des ZK. Als einer der engsten Mitarbeiter I. -> Stalins unterstützte er dessen Aufstieg zur Herrschaft über Partei und Staat. Molotov gehörte unter Stalin zum inneren Führungskreis der Partei. 1931–1941 war er Vorsitzender des Rates der Volkskommissare, 1939–1946 Volkskommissar des Äußeren, 1941–1945 Mitglied des Staatskomitees für Verteidigung, 1941–1946 erster stellvertretender Vorsitzender des Rates der Volkskommissare und 1946–1949 Außenminister. Ende August 1939 unterzeichnete er mit Reichsaußenminister J. v. -> Ribbentrop den -> Deutsch-Sowjetischen Nichtangriffspakt. Nach dem deutschen Angriff auf die UdSSR vertrat er im Zweiten Weltkrieg die sowjetische Außenpolitik bei den Konferenzen der Anti-Hitler-Koalition. Nach dem Tode Stalins 1953 wurde er erneut Außenminister, mußte aber 1956 als Kritiker der Entstalinisierungs- und Koexistenzpolitik Nikita S. Chruščevs zurücktreten.

Moltke, Helmuth James Graf von, 1907–1945; deutscher Jurist und Widerstandskämpfer. Moltke wurde kurz nach Beginn des Zweiten Weltkrieges zum Kriegsverwaltungsrat ernannt und war als Sachverständiger für Kriegs- und Völkerrecht im Amt Ausland/Abwehr des Oberkommandos der Wehrmacht in Berlin tätig. Er nutzte seine Stellung zum individuellen Widerstand gegen das nationalsozialistische Regime und seine Dienstreisen in das Ausland zur Anknüpfung und Festigung von Verbindungen des Widerstands. 1940 gründete er gemeinsam mit Peter Graf Yorck von Wartenburg und anderen Regimegegnern eine Widerstandsgruppe, die sich mit der politischen Gestaltung Deutschlands nach einem Staatsstreich und Sturz A. -> Hitlers auseinandersetzte und später von der Gestapo als Kreisauer Kreis bezeichnet wurde. Moltke nahm 1941 Kontakt zum Widerstand um L. → Beck und C. F. → Goerdeler auf. Am 18. Januar 1944 wurde er von der SS festgenommen, im Lager Ravensbrück inhaftiert und im Januar 1945 mit anderen Mitgliedern des Kreisauer Kreises vom Volksgerichtshof wegen Hochverrats zum Tode verurteilt. Da ihm keine Beteiligung am Attentat auf Hitler am 20. Juli 1944 nachgewiesen werden konnte, wurde ihm vor allem seine christliche Grundhaltung zur Last gelegt. Moltke wurde am 23. Januar in Berlin-Plötzensee hingerichtet.

Monte Cassino: Benediktinerabtei in Latium, Provinz Frosinone, Italien, auf einem Berg (519 m über dem Meeresspiegel) über der Stadt Cassino. Am 17. Januar 1944 begannen die Frontalangriffe alliierter Truppen auf die von den Deutschen befestigten Stellungen um die Stadt Cassino und den Berggipfel, die bis Mitte Mai 1944 anhielten. Die Attacken der alliierten Truppen schlugen fehl, bis das 2. polnische Corps, das in der britischen Armee kämpfte, die deutschen Verteidigungslinien durchbrechen konnte. Dieser Erfolg polnischer Truppen wurde zum Symbol des polnischen Kampfes für Freiheit.

Montgomery, Bernard Law (seit 1946 Viscount Montgomery of Alamein), 1887–1976; befehligte im Zweiten Weltkrieg 1942–1943 die britische 8. Armee bei der erfolgreichen Offensive von El-Alamein nach Tunis, bei der Landung der Alliierten auf Sizilien und beim Vormarsch durch Süditalien, 1944 die britische 21. Heeresgruppe bei der Landung der Alliierten in der Normandie und beim Vormarsch nach Nordwestdeutschland. 1945–1946 war er Oberbefehlshaber der britischen Besatzungstruppen in Deutschland und Mitglied des → Alliierten Kontrollrates, 1946–1948 Chef des britischen Empire-Generalstabes und 1951–1958 Stellvertreter des Oberbefehlshabers der NATO-Streitkräfte.

Moskauer Deklaration der alliierten Außenminister vom 30. Oktober 1943: Vom 18. bis 30. Oktober 1943 trafen in Moskau die Außenminister der USA, Großbritanniens, der UdSSR sowie Chinas zusammen, um sich erstmals intensiv über die gemeinsame Deutschlandpolitik zu verständigen. Das verabschiedete Programm sollte die Grundlage für die Konferenz von → Teheran bilden. Die Vertreter einigten sich auf die Besetzung, Entwaffnung und Kontrolle des Deutschen Reiches, die politische Dezentralisierung, eine demokratische Verfassung und ausreichenden Lebensstandard sowie auf die Abtretung Ostpreußens und die Veröffentlichung einer gemeinsamen Erklärung über die Bestrafung deutscher Kriegsverbrecher. Ferner wurde die Wiederherstellung Österreichs und der Tschechoslowakei als unabhängige Staaten gefordert. Eine Vier-Mächte-Erklärung bestätigte die Forderung nach einer bedingungslosen Kapitulation. Über die Frage der Deutschen Einheit/Teilung konnte keine Einigkeit erzielt werden.

Moulin, Jean, 1899–1943; französischer Politiker. Er wurde 1940 Präfekt in Chartres. Moulin schloß sich nach der militärischen Niederlage Frankreichs Ch. de → Gaulle an. In dessen Auftrag koordinierte er seit Januar 1942 im unbesetzten Südfrankreich die militärischen Aktivitäten der Résistance. Am 27. Mai 1943 vereinte Jean Moulin die seit 1941 rasch angewachsenen Widerstandsorganisationen der Linken (Combat, Franc-Tireur, Libération u. a.) und der Rechten (besonders die Organisation Civile et Militaire) zusammen mit Vertretern der republikanischen Parteien im Conseil National de la Résistance (Nationaler Widerstandsrat). 1943 wurde er von einem SS-Kommando gefangengenommen und gefoltert. Er starb während der Deportation nach Deutschland im Juli 1943.

Münchener Abkommen: am 29. September 1938 in München zwischen dem Deutschen Reich, Großbritannien, Frankreich und Italien geschlossener, am 30. September durch A. → Hitler, A. N. → Chamberlain, E. → Daladier und B. → Mussolini unterzeichneter Vertrag. Die Drohungen und ultimativen Forderungen des Deutschen Reiches verschärften die internationalen Spannungen und veranlaßten Großbritannien und Frankreich, die auf eine militärische Auseinandersetzung nicht vorbereitet waren, zu Vermittlungsaktionen und Konzessionen (Politik des → Appeasement). Das Münchener Abkommen beendete die Sudetenkrise und beseitigte zunächst die Kriegsgefahr. Es regelte (ohne Beteiligung der ČSR) die deutsche Besetzung (zwischen 1. und 10. Oktober) und Abtretung der überwiegend von Deutschen bewohnten Grenzgebiete Böhmens und Mährens

(v. a. das „Sudetenland") an das Deutsche Reich. In der Folge mußte die ČSR auch Gebietsteile an Polen (Teschen/Olsa-Gebiet) und Ungarn (u. a. Karpatoukraine) abtreten. Dafür sollten Bestand und Sicherheit der restlichen ČSR von den Unterzeichnerstaaten garantiert werden, eine Zusage, die Hitler (wie auch die anderen Unterzeichner) nicht einhielt. Mit dem Münchener Abkommen waren die territoriale Revision der -> Pariser Vorortverträge (1919) abgeschlossen und die großdeutsch-nationalstaatlichen Forderungen erfüllt. Das Münchener Abkommen hatte die Kriegsgefahr in Europa nicht gebannt; es gilt inzwischen als Inbegriff falscher Nachgiebigkeit gegenüber der Aggression einer Diktatur.

Munk, Kaj Harald Leininger, 1898–1944; dänischer Schriftsteller, Pfarrer. Munk war der Geisteshaltung von Kierkegaard verpflichtet und setzte sich in seinen Dramen mit theologischen, philosophischen und politischen Fragen auseinander. Später wandte er sich dem aktuellen politischen Geschehen zu. Er wurde bei Silkeborg am 4. Januar 1944 ermordet.

Muselmann: in Konzentrationslagern SS- und Häftlingsausdruck für die völlig entkräfteten, stark abgemagerten, dem Tode nahen Häftlinge. Vor allem in -> Auschwitz gebräuchlich. Die Herkunft des Begriffs ist ungeklärt.

Mussolini, Benito, 1883–1945; italienischer Politiker. In seiner Heimatprovinz Forlì-Cesena organisierte Mussolini den Partito Socialista Italiano (PSI) und schuf sich eine eigene Machtbasis. Wegen seines Eintretens gegen den italienischen Kolonialkrieg in Libyen (1911/12) war er zeitweilig in Haft. Da Mussolini nach Beginn des Ersten Weltkrieges den Kriegseintritt Italiens forderte, schloß ihn der für die strikte Neutralität des Landes eintretende PSI aus. Am 23. März 1919 gründete er die Bewegung Fascio di combattimento, die im November 1921 in Partito Nazionale Fascista (PNF) umbenannt wurde. Im Bündnis mit den Liberalen gelangte er 1921 an der Spitze von 21 faschistischen Abgeordneten ins Parlament. Dieser Erfolg war begleitet von antisozialistischen Gewaltakten faschistischer Terrorgruppen (Squadre d'azione) in ganz Norditalien. Unter dem Eindruck des sogenannten Marsches auf Rom vom 27. bis 31. Oktober 1922 ernannte König -> Vittorio Emanuele III. Mussolini am 31. Oktober 1922 zum Ministerpräsidenten. Mussolini bildete eine Regierung, in der die Konservativ-Bürgerlichen überwogen, jedoch die Faschisten die Schlüsselpositionen besetzten. Er nutzte seine weitgehenden Vollmachten zur Disziplinierung der freien Presse und zu neuen Übergriffen. Mussolini baute zielbewußt seine persönliche Machtstellung aus und begann seit Januar 1925 mit dem Aufbau einer Einparteidiktatur.
Seit Beginn der 30er Jahre, auf dem Höhepunkt seiner persönlichen Machtentfaltung als Diktator, verfolgte er zunehmend eine imperialistische Außenpolitik. 1935 ließ er italienische Truppen in Äthiopien einmarschieren, um die Grundlagen einer italienischen Vorherrschaft im Mittelmeerraum zu schaffen. Nach Sanktionen des -> Völkerbundes gegen seine expansionistische Politik näherte sich Mussolini dem nationalsozialistischen Deutschland; im Oktober 1936 begründeten A. -> Hitler und Mussolini die -> Achse Berlin–Rom. Mussolinis Politik geriet seitdem immer stärker in die Abhängigkeit vom Deutschen Reich. Nach Massenstreiks im März 1943 und der Invasion der Westalliierten in Sizilien am 9./10. Juli wurde Mussolini gestürzt und der militärische Oberbefehl dem König übertragen. Dieser ließ Mussolini noch am selben Tage verhaften. Aus der Haft auf dem Campo Imperatore am Gran Sasso d'Italia am 12. September 1943 von deutschen Fallschirmjägern befreit, führte Mussolini in völliger Abhängigkeit von Deutschland die Repubblica Sociale Italiana oder Republik von Salò, deren Staatsgebiet angesichts des Rückzuges der deutschen Truppen in Norditalien ständig schrumpfte. Kurz vor Kriegsende 1945 wurde Mussolini zusammen mit Clara Petacci von italienischen Widerstandskämpfern gefangengenommen und erschossen.

Nationalstaat der Legionäre -> Antonescu, Ion.

NATO, North Atlantic Treaty Organization, Nordatlantikpakt, Atlantische Gemeinschaft: am 4. April 1949 in Washington (D. C.) geschlossenes Bündnis, das die

Mitglieder neben der politischen und wirtschaftlichen Zusammenarbeit zur gemeinsamen militärischen Verteidigung verpflichtet. Völkerrechtliche Grundlage der NATO ist Artikel 51 der UN-Charta, der den Staaten das Recht der individuellen und kollektiven Selbstverteidigung einräumt.

Gründungsmitglieder sind Belgien, Dänemark, Frankreich, Großbritannien, Island, Italien, Kanada, Luxemburg, die Niederlande, Norwegen, Portugal und die USA. 1952 wurde die Allianz um Griechenland und die Türkei erweitert. Am 6. Mai 1955 trat die Bundesrepublik Deutschland der NATO bei (Pariser Verträge), und am 30. Mai 1982 wurde Spanien 16. Mitglied. Mit Wirkung vom 1. Juli 1966 zog sich Frankreich aus der integrierten militärischen Struktur des Bündnisses zurück, blieb Mitglied der politischen Allianz, stellte jedoch im Juni 1996 die volle Beteiligung in den militärischen Strukturen in Aussicht und arbeitet seitdem u. a. wieder im Militärausschuß mit. Im Verlauf der Zypernkrise von 1974 verließ Griechenland die integrierte Militärorganisation, trat ihr jedoch am 1. Januar 1981 wieder bei. Nachdem Spanien 1986 nach einem Volksentscheid die Militärstruktur verlassen hatte, erfolgte ab Januar 1999 die erneute Eingliederung der spanischen Streitkräfte. Am 12. März 1999 wurden Polen, die Tschechische Republik und Ungarn in die NATO aufgenommen und auf dem NATO-Gipfel am 21. November 2002 in Prag Bulgarien, Estland, Lettland, Litauen, Rumänien, die Slowakische Republik und Slowenien zum Beitritt eingeladen, der 2004 vollzogen werden soll. Island unterhält als einziger Bündnispartner keine Streitkräfte. Der Sitz der NATO befindet sich in Brüssel.

NATO-Programm „Partnerschaft für den Frieden": auf dem Gipfeltreffen vom 11. Januar 1994 beschlossenes Programm zur praktischen Kooperation zwischen der NATO und Nichtmitgliedern, welches allen Staaten der Organisation für Sicherheit und Zusammenarbeit in Europa (OSZE) offensteht und zum Ziel hat, zur Sicherheit und Stabilität in Europa beizutragen. Die Grundidee der Partnerschaft für den Frieden besteht darin, jedem Staat in Europa die Möglichkeit zu geben, seine Beziehungen und die praktische Kooperation mit der NATO gemäß seinen eigenen Interessen und Fähigkeiten zu entwickeln. Zudem verpflichtet sich die NATO, mit jedem aktiven Teilnehmer der Partnerschaft Konsultationen zu führen, falls dieser eine direkte Bedrohung gegen seine territoriale Integrität, seine politische Unabhängigkeit oder seine Sicherheit wahrnimmt. Sicherheitsgarantien, wie sie zwischen den NATO-Staaten gemäß Artikel 5 des Nordatlantikvertrages bestehen, sind in der Partnerschaft nicht vorgesehen.

Die NATO koordiniert zusammen mit anderen Organisationen wie den → Vereinten Nationen, der → Europäischen Union, der Westeuropäischen Union und der OSZE ihre Anstrengungen zugunsten einer sich ergänzenden gemeinsamen Sicherheitsarchitektur. Mit der Unterzeichnung des Rahmendokumentes verpflichten sich die Staaten zu den Werten Schutz und Förderung der Menschenrechte und der Grundfreiheiten, Erfüllung der Verpflichtungen der Charta der Vereinten Nationen und der Universellen Erklärung der Menschenrechte, Sicherung von Freiheit, Gerechtigkeit und Frieden durch Demokratie sowie Bewahrung demokratischer Gesellschaften, Wahrung der Prinzipien des Völkerrechts, Achtung bestehender Grenzen und der Unabhängigkeit der anderen Staaten, Verzicht auf Gewaltandrohung und Gewaltanwendung gegen Drittstaaten sowie Regelung von Streitfällen mit friedlichen Mitteln, Beachtung der KSZE-Schlußakte und aller folgenden KSZE/OSZE-Beschlüsse und Erfüllung der Verpflichtungen aus Vereinbarungen über Rüstungskontrollen, die von ihnen unterzeichnet wurden. Die Partnerschaft für den Frieden ist kein völkerrechtlicher Vertrag sondern als Rahmen ausgestaltet, innerhalb dessen jeder Staat nach eigenen Interessen und Fähigkeiten den Umfang seiner Beteiligung selbst festlegt. Die Auflösung der Partnerschaft ist jederzeit möglich.

NEP (kurz für russisch: Novaja Ėkonomičeskaja Politika – Neue Ökonomische Politik): im März 1921 von Lenin in Sowjetrußland eingeführtes Wirtschaftsprogramm, das die rigorose Politik des Kriegskommunismus ablöste, um die katastrophale Ernährungslage der Bevölkerung am Ende des Bürgerkriegs zu verbessern. Die NEP ersetzte in der Landwirtschaft die willkürliche Zwangsabgabe von Agrarprodukten durch eine feste, deutlich geringere Naturalsteuer. Außerdem wurde es den Bauern erlaubt, ihre überschüssigen Erträge auf dem freien Markt zu verkaufen. Die NEP ließ den freien Binnenhandel und privates Kleinunternehmertum wieder zu und gewährte Konzessionen zur Gründung industrieller Unternehmungen an ausländische Privatpersonen. 1927/28 beendete I. -> Stalin die NEP und forcierte im Rahmen einer „Revolution von oben" die Industrialisierung der UdSSR und ab 1929 die Kollektivierung der Landwirtschaft.

Neuilly-sur-Seine, Friedensvertrag von -> Pariser Vorortverträge.

Neurath, Konstantin von, 1873–1956; deutscher Diplomat und Politiker, im Auswärtigen Amt tätig, 1903–1908 in London, 1914–1917 als Botschaftsrat in Konstantinopel, Kopenhagen und Rom. Seit dem Tod Gustav Stresemanns wurde er von Paul von Hindenburg als neuer Außenminister favorisiert. Er stand der Weimarer Republik ablehnend gegenüber und trat für eine Revision des Versailler Vertrags ein. 1932 übernahm er das Amt des Reichsaußenministers unter den Reichskanzlern Franz von Papen, Kurt von Schleicher und A. -> Hitler. In seine Amtszeit fielen Deutschlands Austritt aus dem Völkerbund (Oktober 1933), die Remilitarisierung des Rheinlands (1936) und die Bündnisse mit Italien (-> Achse Berlin–Rom) sowie der -> Antikominternpakt mit Japan (1936). 1937 wurde von Neurath Mitglied der NSDAP. Im Februar 1938 trat er, da er den Kriegsplänen Hitlers distanziert gegenüberstand, von seinem Amt zurück. Nach dem deutschen Einmarsch in Prag wurde Neurath zum „Reichsprotektor" in Böhmen und Mähren. In seiner Zuständigkeit lagen die Unterdrückung des politischen Lebens sowie die Einführung der Nürnberger Gesetze. 1943 trat er auf Druck Hitlers zurück. Im -> Nürnberger Prozeß zu 15 Jahren Haft verurteilt, wurde er 1954 wegen Krankheit vorzeitig aus dem Kriegsverbrechergefängnis in Berlin-Spandau entlassen.

New Deal -> Roosevelt, Franklin D.

NKVD (Narodnyj Komissariat Vnutrennich Del – Volkskommissariat für Innere Angelegenheiten): 1934 geschaffen unter Einbeziehung der GPU (Gosudarstvennoe političeskoe upravlenie, Staatliche Politische Verwaltung), wurde er das Instrument des stalinistischen Terrors zur Zeit der sogenannten großen „Säuberung". 1941 wurde aus dem NKVD die politische Geheimpolizei unter der Bezeichnung NKGB (Narodnyj Komissariat Gosudarstvennoj Bezopasnosti, Volkskommissariat für Staatssicherheit) herausgelöst und 1946 umbenannt in MGB (Ministerstvo Gosudarstvennoj Bezopasnosti, Ministerium für Staatssicherheit). Das MGB ging 1954 in den KGB (Komitet Gosudarstvennoj Bezopasnosti, Komitee für Staatssicherheit) über, der die Grenzen der UdSSR ebenso wie das wirtschaftliche und kulturelle Leben überwachte, wichtige Stellen des Partei- und Staatsapparates (auch diplomatische Vertretungen im Ausland) sowie der Armee, der Gewerkschaften und Jugendorganisationen besetzte.

Nordhausen: Stadt am Harz. Im Zuge der Verlagerung der deutschen Raketenindustrie in bombensichere Untertage-Produktionsstätten entstand in deren Nähe im August 1943 das Konzentrationslager Mittelbau-Dora. Im Berg Kohnstein mußten die Häftlinge eine unterirdische Fabrik zur Serienfertigung von Raketen errichten. Während der ersten Monate waren die Häftlinge im Berg, in sogenannten Schlafstollen untergebracht. Erst nach einem halben Jahr wurde ein oberirdisches Häftlingslager errichtet. Bis Ende März 1945 wurden im Kohnstein Waffen, u. a. die Flügelbombe V1 und die Fernrakete V2, produziert. Am 11. April 1945 wurde das Konzentrationslager Mittelbau-Dora von amerikanischen Truppen befreit. Bis zu diesem Zeitpunkt waren 60 000 Häftlinge aus über 40 Nationen hier inhaftiert. Mehr als 20 000 kamen um.

Nordschleswig, dänisch **Sønderjylland** (Südliches Jütland): der nördliche Teil von Schleswig zwischen der deutsch-dänischen Grenze und der Königsau bildet heute das dänische Amt Sønderjylland mit 3938 km^2 und 252 900 Einwohnern. Hauptstadt ist Apenrade. Aufgrund des Versailler Vertrags (1919, -> Pariser Vorortverträge) trat das Deutsche Reich einen Teil Nordschleswigs nach der Abstimmung im Februar 1920 an Dänemark ab. Die dortige deutsche Minderheit wird durch den Bund der deutschen Nordschleswiger vertreten.

Nürnberger Gesetze: am 15. September 1935 vom Nürnberger Reichsparteitag angenommene Gesetze. Im „Reichsbürgergesetz" wurden politische Rechte und die Verleihung von Ehrenämtern vom Nachweis der „arischen Abstammung" abhängig gemacht. Im „Gesetz zum Schutze des deutschen Blutes und der deutschen Ehre" wurden Ehen mit und nichteheliche Beziehungen zu Juden verboten und unter Strafe gestellt. Die Nürnberger Gesetze bildeten die rechtliche Grundlage für die weitere Diskriminierung und Verfolgung der Juden und schließlich für den Völkermord.

Nürnberger Prozesse: von 1945 bis 1949 Gerichtsverfahren vor dem Internationalen Militärgerichtshof, später US-Militärgerichten in Nürnberg, für die Verurteilung von Kriegsverbrechen, Verbrechen gegen die Menschlichkeit und Verbrechen gegen den Frieden. Zum ersten Mal in der Geschichte wollten sich die Siegermächte nicht auf politische oder finanzielle Repressalien gegen den Verlierer beschränken, sondern die Verantwortlichen auch juristisch und moralisch verurteilen. Die Idee eines für alle Staaten der Welt verbindlichen Völkerrechts wurde erstmals umgesetzt. Am 18. Oktober 1945 wurde in Berlin gegen 22 deutsche Hauptkriegsverbrecher Anklage erhoben, u. a. Hermann –> Göring, Rudolf Heß, Albert Speer, Konstantin Freiherr von –> Neurath und Joachim von –> Ribbentrop, Alfred Rosenberg, Baldur von Schirach und Martin Bormann, gegen den in Abwesenheit verhandelt wurde. Der Hauptprozeß wurde vom 20. November 1945 an in Nürnberg geführt. Am 1. Oktober 1946 wurden die Urteile verkündet: 12 Todesurteile, Haftstrafen zwischen 10 Jahren und lebenslänglich und drei Freisprüche. In den 12 Nachfolgeprozessen, u. a. Ärzte-, Juristen-, Geiselmord-, IG-Farben-, SS-Einsatzgruppen-, Krupp-, Wilhelmstraßen- und OKW-Prozeß, wurden weitere 24 Todesurteile (davon 12 vollstreckt), Haftstrafen und 35 Freisprüche ausgesprochen.

Nygaardsvold, Johan, 1879–1952; Mitglied der Norske Arbejderparti und von 1935 bis 1945 norwegischer Ministerpräsident. Nach der deutschen Besetzung Norwegens im Jahre 1940 ging Nygaardsvold mit seiner Regierung ins Exil nach London und versuchte von dort aus, Einfluß auf die Politik in Norwegen auszuüben.

Oktoberrevolution: Machtübernahme der –> Bolschewiki im Jahre 1917 in Petrograd in der Nacht vom 7. auf den 8. November (25./26. Oktober). Die Besetzung des Winterpalais war der Höhepunkt einer mehrmonatigen revolutionären Entwicklung in Rußland. Nach der Abdankung Nikolaus' II. nach der –> Februarrevolution war es der Provisorischen Regierung nicht gelungen, die Kontrolle über das Land zu gewinnen. Der Petrograder Sowjet bildete in Konkurrenz zur Regierung ein Provisorisches Exekutivkomitee des Arbeiterrates; er behielt sich weitgehende Einwirkungsmöglichkeiten beim Militär und in den Betrieben vor. Es folgten Regierungsumbildungen und der Versuch einer Koalitionsregierung mit den Sozialrevolutionären (5./18. Mai). Bis zum Sommer 1917 hatten die Bolschewiki die Mehrheit in den Fabrikkomitees und in den Stadtteilsowjets in Petrograd und im Herbst die Führung im Petrograder und im Moskauer Stadtsowjet erkämpft. Auf einer Geheimsitzung des ZK am 23. (10.) Oktober wurde der bewaffnete Aufstand beschlossen. Im Laufe des 6. und 7. November (24./25. Oktober) besetzten Rotgardisten die strategisch wichtigsten Punkte Petrograds. Die Minister der Provisorischen Regierung wurden in der Nacht vom 7. auf den 8. November (25./26. Oktober) verhaftet. Gegen den Protest der Menschewiki und der (rechten) Sozialrevolutionäre billigte noch in der gleichen Nacht der 2. Allrussische Kongreß der Arbeiter- und Soldatenräte den Alleingang der Bolschewiki und bildete bis zum Zusammentritt einer konstituierenden Versammlung eine provisorische Arbeiter-und-Bauern-Regierung, den „Rat der Volkskommissare" unter dem Vorsitz Lenins.

Oradour-sur-Glane: Ort im Limousin, Frankreich. Am 10. Juni 1944 brannten Angehörige einer Kompanie der Division der Waffen-SS „Das Reich" den Ort nieder und erschossen fast 200 Männer des Ortes; 240 Frauen und 205 Kinder wurden in der Kirche eingeschlossen und verbrannt; insgesamt wurden 642 Personen ermordet. Die Ruinen blieben als Mahnmal an das schwerste deutsche Kriegsverbrechen im besetzten Frankreich erhalten, der Ort wurde in der Nähe neu aufgebaut. Auf der Grundlage der „Lex Oradour", nach der die Zugehörigkeit zu einer an Kriegsverbrechen beteiligten Einheit zu einer Verurteilung ausreicht, verurteilte ein französisches Militärgericht 1953 in Bordeaux 59 französische Angehörige der Kompanie als Kriegsverbrecher (davon 40 in Abwesenheit); es ergingen ein Todesurteil, Freiheitsstrafen zwischen 5 und 12 Jahren und ein Freispruch.

Organisation für europäische wirtschaftliche Zusammenarbeit (Organization for European Economic Co-operation, OEEC): in Paris durch Vertrag vom 16. April 1948 zunächst zwischen 16 europäischen Staaten sowie Kanada und den USA als assoziierte Mitglieder geschaffene Gemeinschaftsorganisation zur Durchführung des –› Marshallplans (ERP); Jugoslawien und Finnland waren mit Sonderstatus beteiligt. Die Bundesrepublik Deutschland trat 1949 bei, Spanien 1959. Ziele des Abkommens waren die gegenseitige wirtschaftliche Abstimmung der Mitgliedsländer, um die Fehlleitung von Mitteln aus dem Marshallplan zu verhindern, und die Annäherung der europäischen Volkswirtschaften, u. a. durch gegenseitigen Abbau von Handelsschranken und die Verbesserung des Zahlungsverkehrs. Nach der Wiederbelebung der europäischen Wirtschaft und dem relativ weitgehenden Abbau der Handels- und Währungsschranken Ende der 50er Jahre waren wesentliche Nahziele der OEEC erfüllt. Neue Rahmenbedingungen und Aufgaben führten 1960 zur Umwandlung in die Organisation für wirtschaftliche Zusammenarbeit und Entwicklung (OECD).

Österreichischer Staatsvertrag: am 15. Mai 1955 im Schloß Belvedere in Wien von den Außenministern Frankreichs, Großbritanniens, Österreichs, der UdSSR und der USA unterzeichneter Vertrag, der nach zehnjähriger Besatzungsherrschaft die staatliche Souveränität Österreichs wiederherstellte. Mit Abschluß des Staatsvertrages, der am 27. Juli 1955 offiziell in Kraft trat, war die alliierte Besatzungsherrschaft in Österreich beendet. Im Artikel 1 wurde Österreich als souveräner Staat anerkannt und als Staatsgrenze der Grenzverlauf vom 1. Januar 1938 festgelegt. Die USA, Großbritannien, Frankreich und die Sowjetunion verpflichteten sich zum Abzug ihrer Streitkräfte spätestens bis zum 31. Dezember 1955. Artikel 4 des Staatsvertrages untersagte den wirtschaftlichen oder politischen Zusammenschluß Österreichs mit Deutschland. Mit der Vertragsunterzeichnung hatte die österreichische Bundesregierung ihr jahrelang verfolgtes Hauptziel erreicht: Die Republik Österreich kehrte als unabhängiger Staat wieder in die Gemeinschaft europäischer Staaten zurück.

Paasikivi, Juho Kusti, 1870–1956; finnischer Politiker. 1918 wurde Paasikivi Ministerpräsident, führte 1920 die Friedensverhandlungen mit Sowjetrußland, 1940 mit der UdSSR, zur Beendigung des –› Winterkrieges. Im –› Fortsetzungskrieg mit der Sowjetunion leitete er 1944 die Waffenstillstandsverhandlungen auf finnischer Seite. 1944–1946 war er Ministerpräsident, 1946–1956 Staatspräsident.

Paasikivi-Kekkonen-Linie: nach dem Zweiten Weltkrieg von Präsident Paasikivi begründetes und von Präsident –› Kekkonen weiterentwickeltes außenpolitisches Konzept einer strikten Neutralitätspolitik. Wesentliches Ziel dieser Politik war die Bewahrung der Unabhängigkeit gegenüber der UdSSR durch besondere Rücksichtnahme auf die Interessen Moskaus im Ost-West-Konflikt.

Pančevo: Ort in Serbien (bei Belgrad). Am 22. April 1941 wurden dort von der deutschen Wehrmacht im Rahmen der Partisanenbekämpfung serbische Geiseln erschossen.

Papon, Maurice, geb. 1910; ehemaliger französischer Generalsekretär der Präfektur Bordeaux. Papon hatte während der deutschen Okkupation zwischen 1942 und 1944 die Deportation von mehr als 1600 Juden organisiert und wurde am 2. April 1998 wegen Beihilfe zu Verbrechen gegen die Menschlichkeit zu zehn Jahren Gefängnis verurteilt. Wegen dauerhaft beeinträchtigter Gesundheit wurde der frühere Vichy-Funktionär im September 2002 vorzeitig aus dem Gefängnis entlassen.

Pariser Friedenskonferenz: am 18. Januar 1919 in Paris zusammengetretene Vorkonferenz der Siegermächte des Ersten Weltkrieges. Sie beriet nach der Niederlage des Deutschen Reichs und seiner Verbündeten Bulgarien, Österreich-Ungarn und dem Osmanischen Reich (Türkei) über die Neuordnung der Welt einschließlich der Kolonien. Vertreter der besiegten Staaten waren nicht zugelassen. Ihnen wurden die Friedensbedingungen der Siegermächte ohne die Möglichkeit des Einspruchs übergeben. Die Pariser Friedenskonferenz wurde vom sogenannten Rat der Zehn geleitet, der sich aus je zwei Vertretern Frankreichs, Großbritanniens, Italiens, Japans und der USA zusammensetzte. Die von diesem Rat festgelegte Geschäftsordnung wurde den anderen Konferenzteilnehmern ohne vorherige Abstimmung mitgeteilt. Danach trat die Konferenz zusammen, um die Friedensbedingungen festzusetzen, und zwar zuerst für die einzelnen Vorfriedensverträge, dann für den endgültigen Friedensvertrag. Die kriegführenden Mächte „mit allgemeinen Interessen" (Frankreich, Großbritannien, Italien, Japan, USA) nahmen an allen Sitzungen teil. Die kriegführenden Mächte „mit besonderen Interessen" (z. B. Belgien) nahmen nur an den Verhandlungen teil, in denen sie betreffende Fragen zur Sprache kamen. Nach der Eröffnungsansprache des französischen Staatspräsidenten Raymond Poincaré wurde der französische Ministerpräsident Georges Benjamin Clemenceau auf Vorschlag von US-Präsident Woodrow Wilson zum ständigen Präsidenten der Friedenskonferenz gewählt. Die drei Hauptthemen der Beratungen in Paris waren die Verantwortlichkeit der Kriegsurheber, die Bestrafung der während des Krieges begangenen Verbrechen und die internationale Arbeitergesetzgebung.

Pariser Friedensverträge: am 10. Februar 1947 in Paris durch Vertreter der USA, Großbritanniens, Frankreichs und der UdSSR unterzeichnete Friedensverträge mit Rumänien, Bulgarien, Ungarn, Finnland und Italien. Diesen Verbündeten des Deutschen Reiches während des Zweiten Weltkrieges wurde dadurch die Rückkehr in die internationale Staatengemeinschaft ermöglicht. Die Friedensverträge regelten die Zahlung von Reparationen und legten Gebietsabtretungen sowie die Truppenstärken in den betroffenen Ländern fest. Italien verlor sämtliche Kolonien sowie die Inselgruppe des Dodekanes in der Ägäis, die an Griechenland fiel. Einen besonderen Verlust stellte die Abtretung der Halbinsel Istrien an Jugoslawien dar. Die Hafenstadt Triest und deren Umgebung kamen als Freistaat unter internationale Kontrolle. Darüber hinaus verpflichtete sich Italien zur Zahlung von Reparationen in einer Höhe von 360 Millionen US-Dollar, und den Streitkräften des Landes wurden erhebliche Beschränkungen auferlegt. Finnland verlor einen Teil seines Territoriums, wie z. B. das Gebiet von Petsamo am Eismeer sowie die karelische Landenge, an die UdSSR. Darüber hinaus erhielt die UdSSR einen Militärstützpunkt auf der Halbinsel Porkkala in der Nähe der finnischen Hauptstadt Helsinki. Schließlich mußte Finnland Reparationen in Höhe von 300 Millionen US-Dollar entrichten. Die Streitkräfte des Landes wurden auf 41 000 Mann begrenzt. Ungarn wurde in den Grenzen von 1938 wiederhergestellt. Siebenbürgen, das 1940 an Ungarn gefallen war, ging an Rumänien zurück. Von den 300 Millionen US-Dollar Reparationen erhielt allein die UdSSR 200 Millionen. Rumänien verlor Bessarabien und die Bukowina an die UdSSR. Darüber hinaus waren 300 Millionen US-Dollar in Sachwerten zu bezahlen. Bulgarien mußte seine Streitkräfte reduzieren sowie Reparationen in einer Höhe von insgesamt 70 Millionen US-Dollar entrichten.

Pariser Vorortverträge: die Friedensverträge zwischen den → Entente- und den → Mittelmächten nach dem Ersten Weltkrieg:
1) Friedensvertrag von Versailles, abgeschlossen am 28. Juni 1919 im Spiegelsaal des Versailler Schlosses zwischen den 27 alliierten und assoziierten Mächten der → Entente und dem Deutschen Reich, am 10. Januar 1920 in Kraft getreten. Am 7. Mai 1919 wurden der deutschen Delegation die Friedensbedingungen überreicht. In der Mantelnote vom 16. Juni wiesen die alliierten und assoziierten Mächte fast alle deutschen Gegenvorschläge zurück und stellten die deutsche Schuld am Krieg in scharfer Form fest. Der ultimativen Aufforderung zur Unterzeichnung beugte sich die deutsche Nationalversammlung am 22. Juni 1919. Eine Revision des Versailler Vertrags war gemäß § 19 der Völkerbundssatzung möglich. Deutschland blieb zunächst aus dem → Völkerbund ausgeschlossen. Die Gebietsverluste umfaßten im Westen v. a. Elsaß-Lothringen und Eupen-Malmédy; das Saargebiet wurde bei wirtschaftlicher Nutzung durch Frankreich für 15 Jahre unter Verwaltung des Völkerbundes gestellt, danach sollte die Bevölkerung des Saarlandes in einer Volksabstimmung über ihre staatliche Zugehörigkeit entscheiden. Im Osten fielen die Pro-

vinzen Posen und Westpreußen bis auf Restgebiete an Polen, Danzig wurde Freie Stadt unter der Hoheit des Völkerbundes. Das um das Memelgebiet verkleinerte Ostpreußen wurde damit durch den Polnischen Korridor vom übrigen Reichsgebiet getrennt. In Masuren, Oberschlesien und Nordschleswig wurden Volksabstimmungen vorgesehen. Der im November 1918 gebildeten Republik Deutschösterreich wurde der -> Anschluß an das Deutsche Reich verboten. Die deutschen Kolonien fielen als Mandatsgebiete an den Völkerbund. Das Landheer wurde bei der Abschaffung der allgemeinen Wehrpflicht und des Generalstabs auf 100 000 Mann mit 12jähriger Dienstzeit (für Offiziere 25 Jahre) begrenzt. Schwere Artillerie, Panzer und Luftwaffe wurden verboten. Die Marine wurde auf sechs Linienschiffe, sechs kleine Kreuzer, 12 Zerstörer und 12 Torpedoboote beschränkt. Artikel 231 belastete das Deutsche Reich und seine Verbündeten mit der alleinigen Kriegsschuld. Er diente v. a. zur Begründung der Reparationen, deren Höhe erst 1921 im Londoner Ultimatum festgelegt wurde. Er belastete das Verhältnis Deutschlands zu den Siegermächten schwer. Der Versailler Vertrag wurde von den USA nicht ratifiziert, doch übernahm der deutsch-amerikanische Friedensschluß im Berliner Vertrag vom 25. August 1921 u. a. die Bestimmungen über Reparationen, Kolonien, Entwaffnung und Rheinlandbesetzung. Die Revision des Versailler Vertrages wurde das zentrale außenpolitische Ziel der Regierungen der Weimarer Republik. Sie konzentrierten sich zunächst auf eine vorzeitige Räumung des Rheinlandes und die Lösung der Reparationsfrage. Beides konnte schließlich bis 1930 und 1932 erreicht werden. In seinem friedensstiftenden Wert blieb der Versailler Vertrag umstritten.

2) Friedensvertrag von Saint-Germain-en-Laye, abgeschlossen am 10. September 1919 zwischen der -> Entente und Österreich, das als Nachfolgestaat Österreich-Ungarns als besiegter Staat behandelt wurde. Gemeinsam mit Deutschland und Ungarn wurde es mit der Kriegsschuld belastet sowie zu Wiedergutmachungsleistungen verpflichtet. Es mußte auf den Namen Deutschösterreich sowie auf den Zusammenschluß mit dem Deutschen Reich verzichten und die neuen Staaten ČSR, Polen sowie das Königreich der Serben, Kroaten und Slowenen (das spätere Jugoslawien) anerkennen. Mit dem Vertrag (in Kraft seit 30. Juni 1920) wurde die bereits faktisch vollzogene Trennung zwischen Österreich und Ungarn auch völkerrechtlich wirksam.

3) Friedensvertrag von Trianon, abgeschlossen am 4. Juni 1920 zwischen den Ententemächten (-> Entente) und Ungarn, das ebenso wie Deutschland und Österreich als besiegtes, am Krieg schuldiges Land betrachtet und zu Wiedergutmachungsleistungen verpflichtet wurde. Es verlor zwei Drittel seines Staatsgebietes: an Rumänien Siebenbürgen mit der Bukowina und dem Großteil des Banats, an das spätere Jugoslawien Kroatien, Batschka, West-Banat, Slawonien sowie Bosnien mit der Herzegowina, an Österreich das Burgenland und an die Tschechoslowakei Teile der Slowakei. Ungarn übergab den Vertrag am 26. Juli 1921.

4) Friedensvertrag von Neuilly-sur-Seine, abgeschlossen am 27. November 1919 zwischen der -> Entente und Bulgarien, in dem Bulgarien zu einer Kriegsentschädigung von 2,25 Milliarden Goldfranken verpflichtet wurde. Kleinere Grenzbezirke und der Strumicabogen im Westen fielen an das Königreich der Serben, Kroaten und Slowenen. Griechenland erhielt das westliche Thrakien, Rumänien die Süddobrudscha.

5) Friedensvertrag von Sèvres, abgeschlossen am 10. August 1920 zwischen den alliierten und assoziierten Mächten (ohne die USA) und dem Osmanischen Reich. Einzelbestimmungen: Besetzung Konstantinopels und der Meerengen durch die Alliierten, militärische Kontrolle und Finanzaufsicht über die Türkei. Türkisch-Armenien wurde unabhängig, Kurdistan erhielt Autonomie. Die Türkei wurde auf Konstantinopel und das Gebiet bis zur Tschataldschalinie und Kleinasien beschränkt. Revision des Vertrages durch den Frieden von -> Lausanne (1923).

Partisan (französisch-italienisch) Parteigänger, Freischärler, Widerstandskämpfer: Partisanen können legale oder illegale -> Kombattanten sein.

Pešev, Dimităr, 1894–1973; bulgarischer Politiker, stellvertretender Parlamentspräsident 1942. 1938 als Parteiloser ins Parlament eingetreten. Im März 1943 konnte er als stellvertretender Parlamentspräsident beim Innenminister die sofortige Aussetzung der Abschiebung bulgarischer Juden erreichen. Ein von Pešev initiierter und von 43 Abgeordneten unterschriebener Brief an Ministerpräsident Filov, in dem die Abschiebung von Juden als unvereinbar mit der Würde des Landes bezeichnet wurde, verhinderte die Deportation von 47 000 bulgarischen Juden. Pešev verlor daraufhin sein Amt als stellvertretender Parlamentspräsident.

Pétain, Henri Philippe, 1856–1951; französischer Marschall und Politiker. Nach Beginn des Ersten Weltkrieges wurde Pétain zum General befördert und im November 1918 zum Marschall ernannt. 1934 war er Kriegsminister, ab 1939 Botschafter in Madrid. Nach dem deutschen Angriff auf Frankreich 1940 wurde Pétain stellvertretender Ministerpräsident. Am 17. Juni 1940 zum Ministerpräsidenten ernannt, schloß er am 22./24. Juni einen Waffenstillstand mit dem Deutschen Reich und Italien. In → Vichy (nach der Übersiedlung von Regierung und Nationalversammlung) übertrugen ihm die verbliebenen Abgeordneten am 10./11. Juli 1940 alle legislativen und exekutiven Vollmachten, die Kontrolle der Jurisdiktion und die Ausarbeitung einer neuen Verfassung. Als „Chef des französischen Staates", der die Funktionen von Staats- und Ministerpräsident vereinigte, verfolgte Pétain das Konzept einer „nationalen Revolution", die auf die Erneuerung traditioneller Werte und Wiederherstellung der Einheit der Nation zielte und antirepublikanische Maßnahmen sowie antisemitische Gesetzgebung einschloß. Außenpolitisch suchte Pétain die Zusammenarbeit mit dem Deutschen Reich, um in einem neuen Europa deutscher Ordnung die Stelle eines Partners einzunehmen und einer sowjetischen Hegemonie vorzubeugen. Nach dem deutschen Einmarsch in das unbesetzte Frankreich im November 1942 immer stärker unter Druck, versuchte er erst die Entwicklung zum Satellitenstaat aufzuhalten, mußte dann aber die Ausbildung eines Zwangs- und Polizeistaates tolerieren. Nach seiner Internierung durch die Deutschen in Belfort und Sigmaringen ab August/September 1944 ging Pétain im April 1945 in die Schweiz und stellte sich wenig später den französischen Behörden. Am 15. August 1945 wurde Pétain vom Obersten Gerichtshof Frankreichs wegen Hoch- und Landesverrates zum Tode verurteilt, wegen seines hohen Alters wurde die Strafe in Verbannung auf die Insel Yeu umgewandelt.

Pfeilkreuzler: zwischen 1935 und 1945 nationalsozialistische Bewegung in Ungarn, geführt und ideologisch bestimmt von F. Szálasi, benannt nach ihrem Parteisymbol. Die Pfeilkreuzler organisierten sich zum ersten Male 1935 in der Partei des Willens der Nation (verboten 1937), dann 1937 in der Ungarischen Nationalsozialistischen Partei (verboten 1938) und schließlich 1939 in der Pfeilkreuzlerpartei. Die Partei bekannte sich zum „Hungarismus", der die Idee der Volksgemeinschaft (auf christlicher Basis) mit einem radikalen Antisemitismus verband, und verfolgte das Ziel der Wiederherstellung Großungarns (Revision des Vertrages von Trianon → Pariser Vorortverträge). Nach dem Sturz Admiral Miklos → Horthys und der Ernennung Szálasis zu seinem Nachfolger im Oktober 1944 erhielt die Pfeilkreuzlerpartei in Ungarn unter deutscher Besatzung eine der NSDAP vergleichbare Stellung.

Pirčiupiai: Dorf in Litauen. Am 3. Juni 1944 wurde Pirčiupiai mit seinen 119 Einwohnern von den Angehörigen eines nazistischen Strafkommandos als Rache für einige von sowjetischen Partisanen ermordete deutsche Militärangehörige niedergebrannt.

Pithiviers: Durchgangslager in Frankreich, nordöstlich von Orléans im Département Loiret gelegen.

Pittsburgher Vertrag: auf Betreiben der national-tschechischen Opposition am 30. Mai 1918 in den USA geschlossener Vertrag, der die Einheit von Tschechen und Slowaken bekräftigen und die Zusammenarbeit von Tschechen und Slowaken beim Aufbau des zukünftigen neuen Staates sichern sollte. Den Slowaken wird vom Führer der tschechischen Nationalisten, Tomáš Garrigue → Masaryk, die volle Autonomie in dem nach dem Krieg zu gründenden Staat Tschechoslowakei zugesichert.

Pius XII., früher Eugenio Pacelli, 1876–1958; Papst (1939–1958). Als Kardinalstaatssekretär und somit rechtlicher Vertreter des Papstes handelte Pacelli 1933 mit Franz von Papen das Reichskonkordat aus, das einen Verzicht des Klerus auf politische Betätigung beinhaltete, aber die materielle und institutionelle Stellung der katholischen Kirche im Deutschen Reich sichern sollte. 1939 wurde Pacelli nach dem Tod Pius' XI. zum Papst Pius XII. gewählt. Um Repressalien zu vermeiden, verhielt sich Pius XII. gegenüber den Nationalsozialisten offiziell neutral. Zu den 1943 durchgeführten Deportationen von Juden aus Rom sowie der Veröffentlichung von Photographien aus Vernichtungslagern im Jahre 1944 bezog er nicht Stellung.

Poilus: Bezeichnung für französische Frontsoldaten des Ersten Weltkrieges.

Potsdamer Abkommen: das am 2. August 1945 zum Abschluß der → Potsdamer Konferenz verabschiedete Kommuniqué, das einen Minimalkonsens über Deutschlands Stellung im Nachkriegseuropa darstellte, aber kein Abkommen oder völkerrechtlicher Vertrag im engeren Sinne war. Es wurde kurz nach der Konferenz im Amtsblatt des Kontrollrats in Deutschland veröffentlicht, wichtige Punkte wurden jedoch erst in der amerikanischen Publikation 1947 bekannt.
Frankreich stimmte der Deklaration am 7. August 1945 unter Vorbehalten (u. a. bezüglich der Errichtung gesamtdeutscher Zentralverwaltungen, die dadurch nicht zustande kamen) zu. Das wesentliche Interesse der Alliierten galt der Errichtung eines Provisoriums, das die Frage der deutschen Einheit offenhielt, jedoch die Verantwortung der Deutschen als Gesamtheit für die nationalsozialistischen Verbrechen betonte. Das Potsdamer Abkommen präzisierte in seinem Artikel III die Übereinkünfte der → Jalta-Konferenz: gänzliche Entmilitarisierung Deutschlands sowie dessen militärische Besetzung, Errichtung eines → Alliierten Kontrollrats in Berlin, der aber den einzelnen Militärgouverneuren die faktische politische Macht gab, Vernichtung des Nationalsozialismus.
In folgenden politischen und wirtschaftlichen Grundsätzen konnte diesbezüglich Einigung erzielt werden: Ent- bzw. Denazifizierung (Auflösung der NSDAP und Aufhebung aller nationalsozialistischen Gesetze, Verhaftung der NSDAP-Führung und Entlassung aller Parteimitglieder, die mehr als nominell aktiv gewesen waren, aus öffentlichen und halböffentlichen Ämtern, Bestrafung der Kriegsverbrecher), Demokratisierung, Dezentralisierung der deutschen Wirtschaft und Verwaltung.
Unter Vorbehalt der Zustimmung einer künftigen Friedenskonferenz wurde die Oder-Neiße-Linie als deutsch-polnische Grenze festgelegt, Königsberg mit dem nordöstlichen Teil Ostpreußens fiel an die UdSSR. Deutsche und Volksdeutsche aus Polen, der ČSR und Jugoslawien sollten „in ordnungsgemäßer und humaner Weise" nach Deutschland umgesiedelt werden. Als eine der wichtigsten besatzungspolitischen Bestimmungen wurde festgelegt, die der alliierten Kontrolle unterworfene deutsche Wirtschaft als Einheit zu betrachten und zu fördern (Artikel III, 14 und 15).
Da sich die USA wegen des noch andauernden Pazifikkrieges auf I. → Stalin angewiesen glaubten, konnte wegen der unterschiedlichen politischen und wirtschaftlichen Interessen nur ein unpräziser Kompromiß erzielt werden; die meisten strittigen Fragen wurden an den Rat der Außenminister verwiesen (Einrichtung in Artikel II beschlossen). Der Wert des Abkommens liegt wesentlich darin, eine gemeinsame Verantwortung der Alliierten für Deutschland als Ganzes festgestellt und damit das Fortbestehen der Anti-Hitler-Koalition über das Kriegsende hinaus bestätigt zu haben. Das Potsdamer Abkommen bestimmte die alliierte Deutschlandpolitik nach 1945 zunächst entscheidend; einige der kodifizierten Kompromißformeln wurden ab 1947 zu den wichtigsten Konfliktlinien des Kalten Krieges.

Potsdamer Konferenz: Zusammenkunft zwischen H. → Truman, I. → Stalin und W. → Churchill, an dessen Stelle am 28. Juli C. → Attlee trat, vom 17. Juli bis zum 2. August 1945 in Schloß Cecilienhof, Potsdam. Die Konferenz beschloß die Potsdamer Deklaration (26. Juli; ultimative Aufforderung an Japan zur bedingungslosen Kapitulation) und das → Potsdamer Abkommen (2. August). In einer Geheimabsprache erklärte sich die UdSSR bereit, dem Krieg gegen Japan beizutreten, falls dieses die Potsdamer Deklaration ablehnen würde.

Prager Aufstand: von der tschechischen Widerstandsbewegung geführter Aufstand gegen die deutschen Besatzungstruppen, begonnen am 5. Mai 1945. Bis zum Mittag besetzten die Aufständischen u. a. das Rundfunkgebäude und die Telefonzentrale der Stadt. Am Abend befanden sich die östlich der Moldau gelegenen Stadtteile in den Händen der Widerstandskämpfer. Am folgenden Tag gingen die deutschen Truppen zum Gegenangriff über. Einheiten der Waffen-SS rückten gegen die Bezirke der Prager Innenstadt vor, wobei sie vielfach tschechische Zivilisten als Feuerschutz vor sich hertrieben. Die tschechischen Widerstandskämpfer gerieten immer stärker in Bedrängnis und schickten über Funk Hilferufe an die in Böhmen operierenden US-amerikanischen Streitkräfte. Diese hielten sich an die Vereinbarung, die Eroberung Prags der Roten Armee zu überlassen. Am 7. Mai kam die aus sowjetischen Kriegsgefangenen gebildete sogenannte Vlasov-Armee, die seit Ende 1944 auf seiten der deutschen Wehrmacht gegen die Rote Armee gekämpft hatte, den Aufständischen zu Hilfe. Am 8. Mai kapitulierten die deutschen Streitkräfte in Böhmen und Mähren. Am nächsten Tag zogen sowjetische Truppen in Prag ein.

Prager Frühling: Bezeichnung für den Liberalisierungs- und Demokratisierungsprozeß in der ČSSR von Januar bis August 1968, in dessen Verlauf die neue Parteiführung unter A. Dubček vorbehaltlich der führenden Rolle der KP einen „Sozialismus mit menschlichem Antlitz" zu verwirklichen suchte. Die Liberalisierung wurde durch die militärische Intervention der UdSSR und vier weiterer Staaten des → Warschauer Paktes am 20./ 21. August 1968 gewaltsam unterbunden (94 Todesopfer, über 300 Schwerverletzte), es folgte ein nachträglicher Legitimierungsversuch durch die → Brežnev-Doktrin. Als treibende Kraft wirkte v. a. W. Ulbricht. Im „Moskauer Protokoll" vom 26. August 1968 wurde das in die UdSSR verschleppte Politbüro der KP der ČSSR gezwungen, dem Abbau der Reformen zuzustimmen. Die Niederwerfung des Prager Frühlings brachte das Ende reformkommunistischer Versuche; in der ČSSR entstanden informelle Gruppen, Repräsentanten des Prager Frühlings wurden zu Trägern der sich formierenden Bürgerbewegung.

Primo de Rivera y Orbaneja, Miguel, 1870–1930; spanischer General und Politiker. Primo de Rivera war 1922–1923 Generalkapitän von Katalonien, errichtete am 13. September 1923 im Einverständnis mit König → Alfons XIII. ein diktatorisches Regierungssystem (u. a. Auflösung der Cortes, Aufhebung der Verfassungsgarantien). Als Regierungschef und Führer der Unión Patriótica suchte er Spanien unter der Devise „Land, Religion, Monarchie" zu einen. Aufgrund wachsender Unzufriedenheit mit seinem Regierungssystem entließ ihn der König am 28. Januar 1930.

Protektorat Böhmen und Mähren: nationalsozialistische Bezeichnung für die unter Bruch des → Münchener Abkommens im März 1939 dem Deutschen Reich angegliederten Gebiete der ČSR. Der Protektoratsvertrag wurde vom tschechoslowakischen Staatspräsidenten E. → Hácha und Außenminister F. Chvalkovský unter starkem Druck A. → Hitlers unterzeichnet.

Quay, Jan Edward de, 1901–1985; niederländischer Politiker. Gründungsmitglied der Niederländischen Union. Nach deren Verbot 1941 wurde Quay inhaftiert. 1959–1963 war Quay Premierminister der Niederlande.

Quisling, Vidkun, 1887–1945; norwegischer Offizier und Politiker. Quisling war 1922–1926 Mitarbeiter F. Nansens bei dessen humanitären Hilfsaktionen in Rußland. 1931–1933 war er Kriegsminister. Er gründete 1933 nach nationalsozialistischem Vorbild die „Nasjonal Samling". 1939 trat er A. → Hitler gegenüber für die präventive Besetzung Norwegens durch deutsche Truppen ein. Nach der Besetzung Norwegens war Quisling von April bis September 1941 Vorsitzender eines Norwegen regierenden Verwaltungsrates. Als Führer der einzigen von der deutschen Besatzungsmacht zugelassenen Partei übernahm Quisling 1942–1945 die Führung einer eng mit der Besatzungsmacht zusammenarbeitenden Regierung, die letztlich vom deutschen Reichskommissar J. → Terboven abhing. Nach der Kapitulation der deutschen Truppen am 7. Mai 1945 wurde Quisling am 9. Mai 1945 verhaftet und wegen Hochverrats von einem norwegischen Gericht zum Tode verurteilt und hingerichtet.

Rapallovertrag: 1) das am 16. April 1922 zwischen dem Deutschen Reich und Sowjetrußland während der Weltwirtschaftskonferenz von -> Genua geschlossene Abkommen. Beide Staaten verzichteten gegenseitig auf Reparationsleistungen, Deutschland darüber hinaus auf das von sowjetischer Verstaatlichung betroffene deutsche Eigentum. Der Rapallovertrag regelte die beiderseitigen Wirtschaftsbeziehungen auf der Grundlage der Meistbegünstigung sowie die Aufnahme diplomatischer Beziehungen. Angesichts der unnachgiebigen Haltung der Westmächte in der Reparationsfrage und der deutschen Befürchtung, Frankreich könne gemäß Artikel 116 des Versailler Vertrags (-> Pariser Vorortverträge) die russischen Vorkriegsschulden von Deutschland erstatten lassen, befürwortete der anfänglich widerstrebende deutsche Außenminister Rathenau den Rapallovertrag, v. a. um die Isolierung Deutschlands zu überwinden. Der Vertrag war der erste Schritt einer eigenständigen deutschen Außenpolitik nach 1918 sowie handelspolitisch eine Bestärkung der kurzzeitigen, aber nicht einseitigen Ostorientierung. Für Sowjetrußland bzw. die noch junge Sowjetunion bedeutete die im wesentlichen wirtschaftlich motivierte, bilaterale Übereinkunft eine internationale Aufwertung und die Verhinderung des von der französischen Regierung unter R. Poincaré favorisierten Projekts eines internationalen Finanzkonsortiums, das eine Wirtschaftskontrolle über die von westlichen Wiederaufbaumitteln abhängige Sowjetunion ausüben sollte.
2) italienisch-jugoslawischer Vertrag vom 12. November 1920, der die territoriale Abgrenzung zwischen beiden Staaten in Dalmatien regelte: Italien erhielt Zara (Zadar) mit einigen vorgelagerten Inseln; Fiume (Rijeka) wurde Freistaat; das übrige Dalmatien fiel an Jugoslawien.

Rat für gegenseitige Wirtschaftshilfe (RGW) (russisch: Sovet Ėkonomičeskoj Vzaimopomošči, SEV; englisch: Council for Mutual Economic Assistance, CMEA, inoffiziell auch COMECON): 1949–1991 bestehende internationale Wirtschaftsorganisation kommunistischer Staaten; zur wirtschaftlichen Integration der Mitgliedsländer auf der Basis der Koordination der nationalen Volkswirtschaftspläne sowie der Spezialisierung und Kooperation der industriellen Produktion im Rahmen einer internationalen Arbeitsteilung der beteiligten Volkswirtschaften. Der RGW wurde am 25. Januar 1949 von der UdSSR, Polen, der Tschechoslowakei, Ungarn, Rumänien und Bulgarien gegründet; weitere Mitglieder wurden Albanien (seit 23. Februar 1949, 1961 Mitarbeit beendet), die DDR (am 29. September 1950, 1990 Mitarbeit beendet), die Mongolische Volksrepublik (1962), Kuba (1972), Vietnam (1978). Der RGW entstand, nachdem die UdSSR und die von ihr abhängigen Staaten die angebotene Marshallplanhilfe 1948 abgelehnt hatten, und betrachtete sich als Gegenstück zur -> Organisation für europäische wirtschaftliche Zusammenarbeit und zu den Integrationsprozessen in Westeuropa (-> Europäische Wirtschaftsgemeinschaft, -> Europäische Freihandelsassoziation). Ursprünglich auf die Verwirklichung einer engen wirtschaftlichen Zusammenarbeit seiner Mitgliedsländer ausgerichtet, wurde er nach Gründung der Europäischen Wirtschaftsgemeinschaft immer stärker als östliches Gegenmodell konzipiert. Ein Komplexprogramm für die weitere Vertiefung und Vervollkommnung der Zusammenarbeit der RGW-Staaten (1971 angenommen) sah die völlige ökonomische Integration innerhalb eines Zeitraumes von 20 Jahren vor. Zugleich sollte der Lebensstandard der Bevölkerung gesteigert, eine Angleichung des unterschiedlichen ökonomischen Niveaus verwirklicht, eine führende Position in der Weltwirtschaft erreicht und eine starke ökonomische Basis für den Warschauer Pakt geschaffen werden. Die Ergebnisse der RGW-Integration blieben bescheiden. Die beträchtlichen Unterschiede in Wirtschaftsstruktur und Entwicklungsstand der nationalen Volkswirtschaften, aber auch das Beharren der einzelnen Mitgliedstaaten auf ihrer nationalen Souveränität führten dazu, daß eine überstaatliche Planung im RGW von den Mitgliedsländern abgelehnt wurde. Ende der 80er Jahre verstärkten sich mit den zunehmenden wirtschaftlichen Problemen der Mitgliedstaaten auch die Krisenerscheinungen innerhalb des RGW. 1988 kam es zur Aufnahme offizieller Beziehungen zwischen dem RGW und der Europäischen Gemeinschaft (-> Europäische Wirtschaftsgemeinschaft). Der politische und ökonomische Umbruch in den Staaten Mittel- und Osteuropas entzog ihm die Grundlage und führte zu seiner offiziellen Auflösung am 28. Juni 1991.

Ravensbrück: 1938 in der Nähe von Fürstenberg (Brandenburg) errichtetes Arbeits- und Vernichtungslager. Das Konzentrationslager Ravensbrück war vornehmlich als Lager für

Frauen geplant worden, die sowohl auf dem Lagergelände als auch in außerhalb des Geländes gelegenen Produktionsstätten Zwangsarbeit verrichten mußten. Im Verlauf des Krieges wurden die Häftlinge in der Rüstungsindustrie eingesetzt. Im April 1941 erfolgte die Angliederung eines Männerlagers. Ravensbrück war auch Ausbildungslager für Aufseherinnen der SS.

Reichskommissariat Ostland: ab dem 17. Juli 1941 gebildete mittlere Verwaltungseinheit der besetzten Ostgebiete, die Lettland, Litauen, den größten Teil West-Weißrußlands (damals Weißrutheniens) – ab 5. Dezember 1941 auch Estland – mit militärischem Sonderstatus in vier Generalkommissariaten umfaßte. Leiter war Hinrich Lohse, bis dahin Gauleiter von Schleswig-Holstein, zunächst mit Sitz in Kaunas, dann in Riga. Die Vernichtungspolitik gegenüber den einheimischen Juden begann unter der Regie der SS sofort nach dem Einmarsch der deutschen Truppen; an der Ermordung der in Ghettos und Lagern inhaftierten Juden auch aus anderen europäischen Ländern waren die Behörden des Reichskommissariats Ostland beteiligt. Neben der wirtschaftlichen Ausbeutung und der Deportation von Zwangsarbeitern in das Reichsgebiet rückte vor allem die Bekämpfung der Partisanen in Weißrußland ins Zentrum der Politik des Reichskommissariats Ostland.

Reichspogromnacht (nationalsozialistische Bezeichnung: Reichskristallnacht, auch Kristallnacht – vermutlich im Hinblick auf die zahlreichen zertrümmerten Fensterscheiben geprägt): der in der Nacht vom 9. zum 10. November 1938 von den Nationalsozialisten organisierte Pogrom gegen jüdische Bürger Deutschlands. Als Vorwand des von ihnen als angeblich spontaner Akt des „Volkszorns" deklarierten Terrors nutzten die Nationalsozialisten die Ermordung des Legationssekretärs an der deutschen Botschaft in Paris, Ernst vom Rath, durch den siebzehnjährigen Herschel Grynszpan.

Rexbewegung (Rexismus, französisch: Mouvement rexiste): entstand in den 30er Jahren aus jungkatholischen Erneuerungstendenzen um den Rex-Verlag der Katholischen Aktion in Leuven (Belgien). Ab 1935 auf Betreiben L. -> Degrelles selbständige Partei, setzte sich die Rexbewegung für die Schaffung eines autoritären politischen Systems unter Ausschaltung der traditionellen politischen Parteien ein. 1936 errang die Rexbewegung mit 21 Mandaten einen großen Wahlerfolg, 1939 erhielt sie aber nur noch vier Sitze. Nach der Besetzung Belgiens 1940 arbeitete die Rexbewegung mit der deutschen Besatzungsmacht zusammen und war an der Aufstellung der Wallonischen Legion der Waffen-SS beteiligt; nach Kriegsende wurde die Rexbewegung verboten.

Ribbentrop, Joachim von, 1883–1946; deutscher Diplomat und Politiker. Nach freiwilligem Dienst in der Armee 1914–1918 wurde Ribbentrop Kaufmann. Er trat 1932 in die NSDAP und 1933 in die SS ein und wurde bei der Vorbereitung des Kabinetts der „nationalen Konzentration" Verbindungsmann zwischen den konservativen Gruppen um F. von Papen und den Nationalsozialisten. Nach dem Machtantritt der Nationalsozialisten 1933 wurde Ribbentrop A. -> Hitlers wichtigster außenpolitischer Berater. Im April 1934 wurde Ribbentrop Sonderbeauftragter der Reichsregierung für Abrüstungsfragen, führte die Verhandlungen über das britisch-deutsche Flottenabkommen (abgeschlossen am 18. Juni 1935), das dem Deutschen Reich die Wiederaufrüstung zur See ermöglichte. Ab August 1936 war er als Botschafter in Großbritannien, von Februar 1938 bis April 1945 Außenminister. Ursprünglich von der Realisierbarkeit eines Bündnisses mit Großbritannien überzeugt, erkannte Ribbentrop in seiner Zeit als Botschafter die Unvereinbarkeit von nationalsozialistischer und britischer Politik. Er entwickelte die machtpolitisch ausgerichtete Konzeption eines antibritischen Allianzsystems, in dessen Mittelpunkt die Festigung des Bündnisses zwischen dem Deutschen Reich, Italien und Japan stand, schließlich erweitert zu einem „Kontinentalblock", der ab 1938 auch die Sowjetunion einbezog. Ribbentrops Konzept fand Niederschlag in der deutschen Außenpolitik. Er war maßgeblich am Abschluß des -> Deutsch-Sowjetischen Nichtangriffspaktes und des Grenz- und Freundschaftsvertrages (September 1939) mit der UdSSR beteiligt. Ribbentrop wurde im -> Nürnberger Hauptkriegsverbrecherprozeß 1946 zum Tode verurteilt und hingerichtet.

Riga, Friedensvertrag von: am 18. März 1921 geschlossener Vertrag, der den 1920 begonnenen Krieg zwischen Polen und Sowjetrußland beendete. Polen erhielt eine neue Ostgrenze, die rund 200 Kilometer östlich der –> Curzon-Linie lag. Ein großer Teil der sowjetischen Westgebiete mit vorwiegend ostslawischer (weißrussischer und ukrainischer) Bevölkerung fiel an Polen. Die von Józef K. Piłsudski erhoffte Wiederherstellung der historischen Grenze Polens von 1772 gelang jedoch nicht.

ROA, Rossijskaja Osvoboditel'naja Armija (russisch) Russische Befreiungsarmee: Der am 12. Juli 1942 in deutsche Gefangenschaft geratene Generalleutnant Andrej Andreevič –> Vlasov hatte sich bereit erklärt, aus kriegsgefangenen russischen Soldaten eine Armee aufzustellen, die auf deutscher Seite in den Kampf gegen I. –> Stalin ziehen würde. Vlasovs Befreiungsarmee blieb jedoch bis Ende 1944, als in kleinerem Umfang ROA-Einheiten aufgestellt und der Oberbefehl General Vlasov übergeben wurde, eine „Phantomarmee". Vlasov selbst unterstanden nie mehr als die beiden 1944 bzw. Anfang 1945 gebildeten zwei Divisionen, kleine militärische Verbände und die ihm 1945 unterstellten Kosakeneinheiten.

Rød, Knut, Osloer Polizeiinspektor, mitverantwortlich für die Deportation der Osloer Juden im Herbst 1942. Seine Behörde veranlaßte im Vorfeld eine Meldepflicht für alle ortsansässigen Juden. Diese Vorbereitung erleichterte die Erfassung und den Abtransport der jüdischen Bevölkerung von Oslo.

Rokossovskij, Konstantin K., 1896–1968; sowjetischer Marschall der ersten sowjetischen Sommeroffensive der Roten Armee, leitete zusammen mit Marschall –> Žukov den Kampf um Berlin, kommandierte die Siegesparade am 26. Juni 1945 in Moskau. 1945–1949 war Rokossovskij Oberkommandierender der Nördlichen Gruppe der Streitkräfte, übernahm ab 1949 die Kontrolle über die polnischen Streitkräfte als Verteidigungsminister und Vizepremierminister Polens. 1956 kehrte er in die Sowjetunion zurück und war von 1958 bis 1962 einer der stellvertretenden Verteidigungsminister.

Römische Protokolle: Vereinbarungen zwischen Italien, Österreich und Ungarn vom 17. März 1934 zur Vertiefung der politischen und wirtschaftlichen Zusammenarbeit. Betont wurde die Erhaltung der Unabhängigkeit Österreichs und Ungarns. Gleichzeitig suchte Italien, v. a. gegen Frankreich und Deutschland, seinen Einfluß im Donauraum zu sichern. 1936 erneuert, wurden die Römischen Protokolle durch den –> Anschluß Österreichs an das Deutsche Reich gegenstandslos.

Rommel, Erwin, 1891–1944; deutscher Generalfeldmarschall (seit 1942). Beim deutschen Einmarsch in das Sudetengebiet 1938 hatte Rommel den Oberbefehl über das Führerbegleitkommando und wurde 1939 Kommandant des Führerhauptquartiers. Nach seiner Beförderung zum Generalleutnant erhielt Rommel 1941 den Oberbefehl über das deutsche Afrikakorps in Libyen und wurde im selben Jahr Befehlshaber der „Panzergruppe Afrika". 1942 erfolgte die Beförderung zum Generalfeldmarschall. Nach der alliierten Landung in Sizilien erhielt Rommel das Kommando über die Heeresgruppe B und hatte seit September 1943 den Oberbefehl in Norditalien. Im November bekam er den Auftrag zur Kontrolle der Verteidigungsmaßnahmen an der französischen Atlantikküste. Nach dem Attentat vom 20. Juli 1944 wurde er der Beteiligung am Widerstand beschuldigt. Am 14. Oktober 1944 wurde er zum Selbstmord gezwungen.

Roosevelt, Franklin Delano, 1882–1945; Rechtsanwalt, 1933–1945 32. Präsident der USA. 1911 wurde Roosevelt Senator des Staates New York für die Demokraten. Unter Präsident Wilson war er 1913–1921 Unterstaatssekretär im Marineministerium. 1920 kandidierte er (erfolglos) für das Amt des Vizepräsidenten, wurde 1928 Gouverneur von New York und 1932 zum Präsidenten gewählt. Seine Regierung entwickelte das New Deal genannte Programm zur Bekämpfung der Weltwirtschaftskrise, das mit freiwilligem Arbeitsdienst zur Arbeitsbeschaffung, öffentlicher Bautätigkeit und Sozialreformen die Große Depression überwinden sollte. In seine Präsidentschaft fielen außerdem die Anerkennung der UdSSR 1933 und die Neutralitätsgesetze 1935–1937. Am 14. August 1941 verkündete er gemeinsam mit dem britischen Premierminister → Churchill die Atlantik-Charta, ein 8-Punkte-Programm für eine dauerhafte Friedensordnung, das am 1. Januar 1942 zur „Erklärung der Vereinten Nationen" erweitert wurde. Der japanische Angriff auf Pearl Harbor löste den amerikanischen Kriegseintritt aus.

Rote Armee (eigentlich Rote Arbeiter-und-Bauern-Armee): bis 1946 offizieller Name der 1918 von L. D. Trockij gegründeten Streitkräfte Sowjetrußlands bzw. der späteren UdSSR.

Ryti, Risto, 1889–1956; finnischer Staatspräsident, 1923 bis 1940 Vorstandsvorsitzender der finnischen Zentralbank, von 1927 bis 1929 Parlamentsabgeordneter und Minister. Ryti wurde am 19. Dezember 1940 zum Staatspräsidenten gewählt, im Februar 1943 wiedergewählt. Ryti wurde wegen der Zusammenarbeit mit Deutschland im Kriegsschuldprozeß 1946 zu 10 Jahren Zuchthaus verurteilt, 1949 allerdings amnestiert. 1956 erhielt Ryti die Ehrendoktorwürde der Universität von Helsinki.

Saint-Germain-en-Laye, → Pariser Vorortverträge.

Sąjūdis: litauische Nationalbewegung, gegründet am 3. Juni 1988. Sąjūdis wurde zum Konkurrenten der litauischen KP, obwohl der Großteil ihrer Mitglieder auch der Kommunistischen Partei angehörte. Die ersten freien Wahlen zum Obersten Sowjet Litauens brachten einen klaren Sieg von Sąjūdis.

Salaspils: unmittelbar am südöstlichen Stadtrand Rigas gelegene Gemeinde. Dort befand sich zwischen 1941 und 1944 ein Konzentrationslager, in dem insgesamt 330 835 Kriegsgefangene, 313 789 Zivilisten (davon 39 835 Kinder) – neben lettischen auch viele deutsche Juden, die nach Riga verschleppt worden waren – inhaftiert waren. Insgesamt sind im Konzentrationslager Salaspils ca. 100 000 Menschen ermordet worden. 1944 brannte die SS die Holzbaracken des Lagers nieder. Die Truppen der Roten Armee öffneten die Massengräber und verbrannten die Leichen, die Überlebenden wurden nach Sibirien verschleppt. 1967 wurde auf dem Gelände des ehemaligen Lagers eine Gedenkstätte errichtet.

Samizdat (aus russisch sam – selbst – und izdat' – verlegen: Selbstverlag): die Vervielfältigung und Verteilung von Texten ohne Genehmigung der Zensur und ohne Mitwirkung eines (offiziellen) Verlages. Die Erfindung des Begriffs wird dem Moskauer Schriftsteller Nikolaj Glazkov zugeschrieben, der schon seit 1944 seine handgeschriebenen Lyrikbände mit der Aufschrift „Samsebjaizdat" (etwa „Verlag für sich selbst") versah. In der Sowjetunion tauchte diese Form der unabhängigen Kommunikation seit den 60er Jahren, in den anderen sozialistischen Ländern etwa seit Mitte der 70er Jahre auf. Schon der Versuch, Schriften außerhalb der kontrollierten Publikationswege zu veröffentlichen, stellte einen Straftatbestand dar. Insgesamt hat sich Samizdat als Sammelbegriff für all diese Formen der Verbreitung von Texten außerhalb der Zensur durchgesetzt.

Sandler, Rickard, 1884–1964; schwedischer Politiker, sozialdemokratischer Ministerpräsident von 1925 bis 1926 und schwedischer Außenminister zwischen 1932 und 1939.

Scavenius, Erik, 1877–1962; dänischer Politiker und Diplomat. Er versuchte im Ersten Weltkrieg strikte Neutralität mit einer wohlwollenden Haltung gegenüber dem Deutschen Reich zu verbinden. Als Ministerpräsident 1942–1943 bemühte er sich, Widerstandsaktionen gegen die deutschen Besatzer zu decken. Die wachsende dänische Opposition und die zunehmenden Forderungen der deutschen Besatzungsmacht veranlaßten ihn zum Rücktritt.

Scholl, Hans/Scholl, Sophie, 1918–1943/1921–1943. Deutsche Studenten und Widerstandskämpfer. Die Geschwister Scholl gründeten 1942 gemeinsam mit Freunden die Widerstandsbewegung „Weiße Rose". Ab Herbst 1942 verbreiteten sie in München, Augsburg, Stuttgart, Linz und Wien Flugblätter, mit denen sie offen zum Widerstand gegen das nationalsozialistische Regime aufriefen. Nach einer Flugblattaktion am 18. Juni 1942 in der Münchener Universität wurden die Geschwister Scholl von der –> Gestapo festgenommen und am 22. Februar 1943 in München hingerichtet.

Semprún, Jorge, geb. 1923; spanischer Schriftsteller. Seit dem Spanischen Bürgerkrieg lebte Semprún im Exil in Frankreich und war dort während des Krieges in der Résistance aktiv. 1943 wurde er nach –> Buchenwald deportiert. Seine Erfahrungen verarbeitete er in seinem Roman „Le Grand Voyage" (Die große Reise), der 1963 veröffentlicht wurde. Von 1953 bis zu seinem Parteiausschluß 1964 wegen Abweichens von der Parteilinie war Semprún Funktionär der Kommunistischen Partei Spaniens. Von 1988 bis 1991 war er spanischer Kulturminister.

Sèvres, Friedensvertrag von –> Pariser Vorortverträge.

Seyß-Inquart, Arthur, 1892–1946, österreichischer Politiker. Ab 1918 war Seyß-Inquart Rechtsanwalt in Wien, Mitglied völkisch-nationalistischer Verbände, ab 1931 in Verbindung mit der österreichischen NSDAP, der er 1938 beitrat. Ab 1937 Staatsrat im Kabinett Schuschnigg, diente Seyß-Inquart als Mittelsmann zur „nationalen Opposition" und zum nationalsozialistischen Deutschland. Mit dem bei einem Treffen mit K. von Schuschnigg in Berchtesgaden erzwungenen Abkommen (12. Februar 1938) setzte A. –> Hitler die Ernennung von Seyß-Inquart zum österreichischen Innenminister (16. Februar 1938) durch. Am 11. März 1938 wurde er zum Bundeskanzler ernannt. Vom 18. März 1938 bis 30. April 1939 war er Reichsstatthalter der sogenannten Ostmark, vom 1. Mai 1939 bis 30. April 1945 Reichsminister ohne Geschäftsbereich, ab 19. Mai 1940 zugleich Reichskommissar für die besetzten Niederlande. Dort war er für die Ausbeutung der Wirtschaft sowie die Deportation von Arbeitskräften nach Deutschland und von rund 117 000 Juden in die nationalsozialistischen Vernichtungslager verantwortlich. In seinem Testament ernannte Hitler ihn zum Außenminister. 1946 wurde er vom Internationalen Militärgerichtshof in Nürnberg zum Tode verurteilt und hingerichtet.

SNP (Slovenské národné povstanie), Slowakischer Nationalaufstand: 29. August 1944, führte zum De-facto-Austritt der Slowakei aus dem Dreimächtepakt (Deutschland-Italien-Japan), dem die Slowakei seit 1940 angehört hatte, und verstärkten Aktivitäten kommunistischer Partisanen.

Sowjet (russisch) Rat: ursprünglich Bezeichnung für die Arbeiter-und-Soldaten-Räte in Rußland, später für die formell beschließenden Organe der UdSSR und ihrer Untergliederungen.

Stahlpakt (italienisch: Patto d'acciaio): am 22. Mai 1939 in Berlin unterzeichneter und auf zehn Jahre befristeter Freundschafts- und Bündnisvertrag zwischen dem nationalsozialistischen Deutschland und dem faschistischen Italien. Im Stahlpakt sicherten sich beide Mächte bei kriegerischen Verwicklungen gegenseitig vollen militärischen Beistand sowie Zusammenarbeit auf militärischem und kriegswirtschaftlichem Gebiet zu. Deutschland erkannte die Brennergrenze an und verzichtete auf Südtirol. Die deutschen Südtiroler wurden ins Reich umgesiedelt. Der Stahlpakt, der die ab 1936 bestehende –> Achse Berlin-Rom bekräftigte, ging in seiner Zielsetzung weit über ein Defensivbündnis hinaus und richtete sich besonders gegen die westlichen Demokratien.

Stalin, Iosif Vissarionnovič (eigentlich Džugašvili, I. V.), 1879–1953; russischer Staatschef. 1898 wurde Stalin Mitglied der Sozialdemokratischen Arbeiterpartei Rußlands (SDAPR). Nach der Spaltung der SDAPR blieb Stalin auf der Seite der Bolschewiki unter V. I. –> Lenin, kurz darauf wurde er nach Sibirien verbannt. Seit 1905 führender Parteifunktionär, wurde er 1912 Mitglied des Zentralkomitees der Bolschewiki. Von 1913 bis 1916 wurde er erneut nach Sibirien verbannt. Nach der Abdankung Nikolaus' II. kam Stalin nach Petrograd und arbeitete in der Parteiorganisation der Bolschewiki und in der Redaktionsleitung der Parteizeitung Pravda. In der Regierung Lenins war er zunächst Volkskommissar für Nationalitätenfragen, im Bürgerkrieg Politischer Kommissar. Im Krieg gegen

Polen kam es zum Bruch mit der Armeeführung unter Lev D. Trockij. Mit der Neuorganisation der Partei wurde Stalin Mitglied des Polit- und des Organisationsbüros. Das neugeschaffene Amt des Generalsekretärs, das Stalin seit 1922 innehatte, wurde von ihm zur Schlüsselstellung seiner innerparteilichen Machtbasis ausgebaut und im Kampf gegen Rivalen eingesetzt. Nach Lenins Tod schaltete Stalin seine Konkurrenten um die Macht nacheinander aus. Mit Beginn der 30er Jahre setzte er die Zwangskollektivierung in der Landwirtschaft und den rigorosen Aufbau der Schwerindustrie durch. Mit der sogenannten großen „Säuberung" erreichte die Unterdrückung jeder potentiellen und vermeintlichen Gegnerschaft einen Höhepunkt. Stalin wurde 1941 Vorsitzender des Rates der Volkskommissare (des späteren Ministerrates). Nach dem deutschen Überfall auf die Sowjetunion leitete er die Kriegführung und proklamierte den „Großen Vaterländischen Krieg". Auf den Konferenzen von –> Jalta und –> Potsdam und mit der Einsetzung kommunistischer Parteiregime in den osteuropäischen Staaten setzte Stalin sein expansionistisches Machtstreben erfolgreich durch, das als eine Grundlage die Nachkriegsordnung bis 1990 mitbestimmte.

Stalingrad (vor 1925 Zarizyn, ab 1961 Wolgograd), Schlacht um Stalingrad: östlichster Punkt des deutschen Vormarsches in der Sowjetunion 1942.
Die **Schlacht um Stalingrad** (Ende August 1942 bis Anfang Februar 1943) war eine der bedeutendsten Schlachten des Zweiten Weltkrieges; sie entwickelte sich aus der strategischen Absicht, den deutschen Vorstoß ins Kaukasusgebiet im Sommer 1942 durch Besetzung der Landbrücke zwischen Don und Wolga bei Stalingrad abzusichern und Stalingrad selbst als Rüstungs- und Verkehrszentrum auszuschalten, sowie aus der Entschlossenheit I. –> Stalins, keine weiteren Gebietsverluste hinzunehmen. Am 23. August 1942 waren erste Teile der von General F. Paulus geführten 6. Armee in den Norden der Stadt vorgedrungen, Mitte November wurde nur noch ein kleiner Teil an der Wolga von der 62. sowjetischen Armee unter General V. I. Čujkov gehalten. Am 19. November 1942 begann nordwestlich, am Tag darauf südlich der Stadt eine sowjetische Großoffensive, in deren Verlauf die 6. Armee am 22. November eingeschlossen wurde. A. –> Hitler befahl, den Entsatz von außen abzuwarten. Der Vorstoß der deutschen 4. Panzerarmee (12.–23. Dezember) scheiterte. Am 10. Januar 1943 begann die sowjetische Offensive zur Zerschlagung des Kessels; am 25. Januar wurde er in zwei Teile gespalten. Am 31. Januar kapitulierte der Großteil der Truppen im Südkessel, zwei Tage später die Truppen im Nordkessel. Nach sowjetischen Angaben gerieten ca. 110 000 Soldaten in Gefangenschaft, nach anderen Schätzungen war die Gefangenenzahl erheblich höher. Über die sowjetischen Verluste wurden keine genauen Angaben gemacht. Von den deutschen Kriegsgefangenen kehrten nur etwa 6000 zurück.

Stangl, Franz, 1908–1978; seit Mai 1942 war Stangl Erster Lagerkommandant des Vernichtungslagers Sobibor und seit September 1942 Kommandant des Lagers –> Treblinka. 1948 gelang Stangl die Flucht aus einem österreichischen Gefängnis nach Brasilien. 1967 wurde er an die Bundesrepublik Deutschland ausgeliefert und 1970 zu lebenslänglicher Haft verurteilt.

Stauffenberg, Claus Graf Schenck von, 1907–1944; Offizier und Widerstandskämpfer. Zu Beginn des Zweiten Weltkrieges war Stauffenberg als Oberleutnant in einer Panzerdivision am Polenfeldzug beteiligt. 1940 nahm er als Generalstabsoffizier an der Westoffensive gegen Frankreich teil. Angesichts der deutschen Massenmorde an den Juden, Polen, Russen und anderen Völkern, aber auch wegen der von ihm abgelehnten militärischen Führung schloß Stauffenberg sich dem militärischen Widerstand an. Nach seiner Rückkehr nach Deutschland 1943 erarbeitete Stauffenberg gemeinsam mit General Friedrich Olbricht, Alfred Ritter Mertz von Quirnheim und Henning von Tresckow den Operationsplan „Walküre", welcher der Niederwerfung innerer Unruhen dienen sollte. Stauffenberg wurde zum Stabschef des Allgemeinen Heeresamts im OKH (Oberkommando des Heeres) in der Berliner Bendlerstraße ernannt. Dadurch erhielt er Zugang zu den Lagebesprechungen in den Führerhauptquartieren. Er unterstand Olbricht, dem Leiter des Allgemeinen Heeresamts, und baute mit dessen Förderung ein militärisches Widerstandsnetz auf. Er koordinierte Attentatspläne mit C. F. –> Goerdeler und L. –> Beck und hielt Verbindung zum zivilen Widerstand um Julius Leber, W. –> Leuschner sowie zu den Mitgliedern des Kreisauer

Kreises. Nachdem mehrere Attentatsversuche auf A. –> Hitler mißlungen waren, entschloß sich Stauffenberg, den Anschlag am 20. Juli 1944 persönlich auszuführen. Das Attentat mißlang. In der Nacht vom 20. zum 21. Juli wurde Stauffenberg gemeinsam mit mehreren anderen am Widerstand Beteiligten wegen Hoch- und Landesverrat erschossen.

Stauning, Thorvald, 1873–1942; dänischer Politiker, mehrfach Minister und Ministerpräsident. Seine Politik sozialer Reformen brachte Dänemark den Ruf eines Wohlfahrtsstaates ein. Außenpolitisch trat er für die Beibehaltung der dänischen Neutralität ein. Nach der Besetzung Dänemarks 1940 suchte er unter wachsenden Schwierigkeiten die dänischen Interessen zu wahren.

Steinbach, Anna Maria (Settela), Angehörige der Sinti und Roma, 1944 in den Niederlanden inhaftiert (–> Westerbork) und später nach –> Auschwitz gebracht. Drei Monate nach ihrer Ankunft kam das Mädchen Blieta (so ihr eigentlicher Name) ums Leben. Die Photographie, von der sie bekannt ist, wurde am 19. Mai 1944 auf dem Transport nach Auschwitz aufgenommen. Blietas Todestag, der 31. Juli oder 1. August 1944, fällt zusammen mit der Auflösung des sogenannten Zigeunerlagers in Auschwitz, in dem allein 245 deutsche Sinti und Roma gefangengehalten wurden.

Stepinac, Alojzije, 1898–1960; kroatischer katholischer Theologe. 1930 erhielt Stepinac die Priesterweihe. Seit 1937 war er Erzbischof von Zagreb. Nach der Ausrufung des Unabhängigen Staates Kroatien 1941 stand Stepinac der –> Ustaša zunächst positiv gegenüber, distanzierte sich jedoch unter dem Eindruck einsetzender Greueltaten (siehe –> Jasenovac) von ihr. 1946 wurde Stepinac, nachdem er sich 1945 dem Wunsch –> Titos widersetzt hatte, die Bindungen der katholischen Kirche in Kroatien an Rom zu lösen, wegen Kollaboration mit dem Ustaša-Regime zu 16 Jahren Zwangsarbeit verurteilt. 1951 freigelassen, wurde er in seinem Heimatort interniert und an der Ausübung seines Amtes gehindert. Seine Erhebung zum Kardinal (1953) verschärfte den Konflikt zwischen Staat und katholischer Kirche. 1998 wurde Stepinac seliggesprochen.

Stroop, Jürgen, 1895–1951; SS-Gruppenführer und Höherer SS-Polizeiführer. Stroop trat 1932 in die NSDAP und in die SS ein. Er wurde 1939 SS-Oberführer und Oberst der Polizei. Seit September 1939 als Selbstschutzführer in Polen tätig, wurde er zum Polizeiführer in Polen ernannt. Am 19. April 1943 erhielt er den Auftrag, den Aufstand im –> Warschauer Ghetto niederzuschlagen. Von der Vernichtung des Ghettos, die bis zum 16. Mai durchgeführt wurde, berichtete Stroop tagebuchartig an Himmler. Danach wurde er zum SS-Polizeiführer Warschau befördert. Ende des Jahres 1943 war Stroop als Haupt-SS-Polizeiführer Griechenland, bis 1945 als Haupt-SS-Polizeiführer Rheinland tätig. 1947 wurde er von einem US-Militärgericht zum Tode verurteilt. Nach seiner Auslieferung an Polen 1951 wurde er erneut vor Gericht gestellt, zum Tode verurteilt und hingerichtet.

Struthof (auch Natzweiler): Konzentrationslager, in der Nähe des elsässischen Dorfes Natzweiler in den nördlichen Vogesen, ca. 50 Kilometer südwestlich von Straßburg gelegen. Das für 1500 Häftlinge geplante Lager war im Herbst 1944 mit 7000 Häftlingen belegt. Die Gefangenen aus 17 europäischen Ländern wurden hauptsächlich zu Arbeiten im Steinbruch eingesetzt. Viele der Häftlinge starben infolge von Hunger, Erschöpfung, Mißhandlungen, Krankheit, Erschießungen „auf der Flucht", Erhängungen oder aufgrund von medizinischen Versuchen. Exakte Angaben über Opferzahlen gibt es bisher nicht. Beim Heranrücken der Alliierten wurde das Lager im September 1944 aufgelöst, und die Häftlinge wurden auf Außenkommandos verteilt. Ende März 1945 mußten die Gefangenen nach Dachau marschieren; die Überlebenden wurden von US-Einheiten befreit. Nach dem Krieg entstand auf dem ehemaligen Lagergelände die französische Gedenkstätte „Le Struthof".

Sudetendeutsche Partei (SdP): Partei in der Tschechoslowakei, am 1. Oktober 1933 von –> Henlein als „Sudetendeutsche Heimatfront" gegründet, im April 1935 in SdP umbenannt. Die SdP betrachtete sich als Sammlungsbewegung aller Sudetendeutschen, geriet materiell und politisch in Abhängigkeit der NSDAP. Die Partei forderte Autonomie für die

Sudetendeutschen. Im Mai 1935 gewann sie bei den Wahlen zur Nationalversammlung mit 15,2 Prozent aller Stimmen 44 von 66 der deutschsprachigen Minderheit zugestandenen Mandaten. 1937/38 verlangte die SdP den Anschluß der sudetendeutschen Siedlungsgebiete an das Deutsche Reich. Im November 1937 unterstellte Henlein sich und seine Partei dem Willen A. -> Hitlers und dessen Direktiven. In der Sudetenkrise (1938) war die SdP (inzwischen 1,3 Millionen Mitglieder) nur noch ein Instrument Hitlers. Nach der Eingliederung des Sudetenlandes in das Deutsche Reich 1938 aufgrund des -> Münchener Abkommens wurde die SdP in die NSDAP überführt.

Tauwetter: Bezeichnung für die Auflockerung der ideologisch-politischen Reglementierung des kulturellen Schaffens in der UdSSR nach I. -> Stalins Tod (1953), benannt nach dem Roman von Il'ja G. Erenburg „Ottepel" (1954, Neufassung 1956). In dieser Zeit konnten kritische Romane über die Stalinzeit, z. B. V. D. Dudincevs „Der Mensch lebt nicht vom Brot allein" (1956), oder über die Greuel in sowjetischen Zwangsarbeitslagern, wie Aleksandr I. Solženicyns „Ein Tag im Leben des Ivan Denisovič" (1962), erscheinen. Das Tauwetter endete mit der Verurteilung I. A. Brodskijs wegen „parasitärer Lebensweise" 1964 und den Prozessen gegen A. D. Sinjavskij und J. M. Daniel (1966).

Teheran, Konferenz von (28. November bis 1. Dezember 1943): erste gemeinsame Konferenz von F. D. -> Roosevelt, W. -> Churchill und I. -> Stalin im Zweiten Weltkrieg. Die von Stalin ab Mai 1942 geforderte und im Oktober 1943 von den westlichen Alliierten zugesicherte Errichtung einer zweiten Front in Europa durch Landung alliierter Truppen in der Normandie und in Südfrankreich, die im Frühjahr 1944 erfolgen sollte, wurde mit der gleichzeitigen sowjetischen Offensive koordiniert. Stalin stellte eine sowjetische Beteiligung am Krieg gegen Japan nach dem Sieg in Europa in Aussicht. In Fragen der Nachkriegsplanung wurde eine prinzipielle Einigung über die Aufteilung Deutschlands und die Westverschiebung Polens erzielt. Darüber hinaus zeigte Stalin seine Bereitschaft zur Mitarbeit in der geplanten Organisation der -> Vereinten Nationen und akzeptierte die von Roosevelt vorgeschlagene Organisationsstruktur der „vier Weltpolizisten".

Terboven, Josef, 1898–1945; deutscher Politiker. Terboven trat 1923 der NSDAP bei und beteiligte sich am „Hitlerputsch" vom 8. November 1923. Ab 1930 war er Mitglied des Reichstags und ab 1931 Gauleiter in der Rheinprovinz. 1940 übernahm Terboven das Amt des Reichskommissars in Norwegen.

Thälmann, Ernst, 1886–1944; deutscher Politiker. 1903 trat Ernst Thälmann in die SPD und 1918 in die USPD ein. Er schloß sich 1920 zusammen mit Teilen der USPD der KPD an. Thälmann, seit 1924 Reichstagsmitglied, wurde 1925 Vorsitzender der KPD. Seit 1931 war er Mitglied im Präsidium der -> Kommunistischen Internationale. Nach der Machtübernahme in Deutschland durch die Nationalsozialisten wurde Thälmann im März 1933 verhaftet und wegen Hochverrats angeklagt; zu einem Prozeß kam es jedoch nicht. Nach mehr als elf Jahren Haft in verschiedenen Gefängnissen wurde Thälmann am 18. August 1944 in Buchenwald erschossen. Die Figur Ernst Thälmanns galt vor allem in der DDR als Inbegriff des antifaschistischen Widerstandes während der nationalsozialistischen Diktatur.

Theresienstadt: Stadt in Nordböhmen. In Theresienstadt bestand neben dem Gestapo-Gefängnis in der Kleinen Festung von November 1941 bis Mai 1945 ein Konzentrationslager, das nach Evakuierung aller nichtjüdischen Bewohner (bis Juli 1942) die gesamte Stadt umfaßte. Theresienstadt war zunächst v. a. zentrales Sammellager für Juden aus dem -> Protektorat Böhmen und Mähren, ab Anfang 1942 Ghetto für Juden über 65 Jahre und „Vorzugslager" für schwerbeschädigte oder hochdekorierte jüdische Teilnehmer des Ersten Weltkrieges und später auch für prominente Juden, v. a. aus Deutschland, Österreich und dem Protektorat. Im Rahmen der nationalsozialistischen Vernichtungspolitik diente die angebliche „jüdische Mustersiedlung" Theresienstadt der Aufrechterhaltung der Umsiedlungslegende und der Zerstreuung ausländischer Kritik; sie war auch Sammel- bzw. Durchgangslager bei den Deportationen der Juden Mittel- und Westeuropas in die Vernichtungslager. Bis April 1945 wurden ca. 141 000 Personen nach Theresienstadt verschleppt, ca. 35 000 starben dort, 85 000 in den Vernichtungslagern, nur 19 000 überlebten. Bei der Befreiung am 8. Mai 1945 befanden sich 17 000 Menschen in Theresienstadt. Bei der Vertreibung der Sudetendeutschen diente Theresienstadt als Internierungslager.

Tiso, Jozef, 1887–1947; slowakischer Priester und Politiker, Staatspräsident der Slowakei 1939–1945. Nach dem Ersten Weltkrieg schloß Tiso sich der Slowakischen Volkspartei an, die unter der Führung von Andrej Hlinka für die Auflösung der neuformierten Tschechoslowakei und die Autonomie der Slowakei kämpfte. Von 1927 bis 1929 Mitglied der tschechoslowakischen Regierung und ab 1938 Vorsitzender der Slowakischen Volkspartei und seit dem –> Münchener Abkommen 1938 Ministerpräsident der weitgehend autonomen Slowakei. Auf Druck A. –> Hitlers rief er am 14. März 1939 die Unabhängigkeit der Slowakei aus und übernahm in dem vom nationalsozialistischen Deutschland abhängigen Staat das Amt des Präsidenten. 1945 wurde Tiso abgesetzt, inhaftiert und am 18. April 1947 in Bratislava wegen Verrats und Verbrechen gegen die Menschlichkeit verurteilt und hingerichtet.

Tito, Josip (eigentlich J. Broz), 1892–1980; jugoslawischer Politiker und Marschall (seit 1943). Tito geriet 1915 als Feldwebel der österreichisch-ungarischen Armee in russische Gefangenschaft und schloß sich 1918 der Roten Armee an. 1920 nach Kroatien zurückgekehrt, beteiligte er sich am Aufbau der dortigen KP und war nach deren Verbot (1921) mehrfach in Haft. Danach war er Mitglied des ZK, später auch des Politbüros der KP, 1935 Mitarbeiter der Balkansektion der –> Kommunistischen Internationale (Komintern). Von der Komintern wurde er 1937 zum Generalsekretär der jugoslawischen KP ernannt und 1940 von dieser gewählt. Nach dem deutschen Angriff auf die UdSSR am 22. Juni 1941 organisierte Tito von Užice aus den kommunistischen Widerstand gegen die deutschen und italienischen Streitkräfte, die Jugoslawien seit April 1941 besetzt hielten. Tito verband seinen Aufruf zum allgemeinen Aufstand in Jugoslawien mit dem Versprechen der Gleichberechtigung aller jugoslawischen Nationalitäten nach Wiederherstellung eines unabhängigen jugoslawischen Staates. Durch eine deutsche Offensive im November 1941 aus der Region von Užice vertrieben, konnte Tito sich ab 1942 mit seinen Partisanenverbänden in Bosnien gegen verschiedene deutsche Offensiven behaupten und zugleich konkurrierende Widerstandsgruppen, besonders die –> Četniki, aufreiben. Am 26./27. November 1942 berief er in Bihać einen „Antifaschistischen Volksbefreiungsrat" (–> AVNOJ) ein; er selbst trat an die Spitze eines „Antifaschistischen Volksbefreiungskomitees". Nach dessen Umbildung in eine provisorische Regierung (Jajce; 29. November 1943) wurde er Ministerpräsident, in der am 29. November 1945 gebildeten Föderativen Volksrepublik Jugoslawien 1953 Staatspräsident (1963 auf Lebenszeit gewählt). Als Tito eigene gesellschaftspolitische Vorstellungen entwickelte und sowjetische Hegemonieansprüche zurückwies, kam es 1948 zum Bruch mit I. –> Stalin. Unter Betonung des Rechts eines jeden Landes auf den „eigenen Weg zum Sozialismus" entwickelte Tito ein in der Verfassung von 1953 festgeschriebenes Modell einer sozialistisch bestimmten (Arbeiter-)Selbstverwaltung der Wirtschaft. Mit der Annäherung an die westlichen Staaten (besonders die USA) suchte er dem sowjetischen Versuch einer Wirtschaftsblockade gegen Jugoslawien zu begegnen. Nach dem sowjetisch-jugoslawischen Ausgleich (1955) gewann er großes internationales Ansehen als einer der Sprecher der blockfreien Staaten. Innenpolitisch setzte Tito einerseits den Repressionsapparat eines diktatorischen Regierungssystems ein, andererseits suchte er mit Verfassungsreformen (1963 und 1974) durch größeren Föderalismus historische Konfliktpotentiale abzubauen.

Togliatti, Palmiro, 1893–1964; italienischer Politiker. 1922 Mitglied des ZK der Kommunistischen Partei Italiens. 1925 nach Deutschland emigriert, später in die UdSSR. Bis 1943 führend in der –> Kommunistischen Internationale. Im April 1944 wurde Togliatti Vize-Premierminister der ersten Regierung der unità nazionale und im Dezember 1945 Justizminister. Togliatti erließ am 2. Juni 1946 eine allgemeine Amnestie für politische Straftaten. Von 1947 bis 1964 war Togliatti Generalsekretär der KPI.

Transición (spanisch – Übergang): Bezeichnung für den von König Juan Carlos I. und

Ministerpräsident A. Suárez González eingeleiteten Aufbau einer parlamentarischen Demokratie nach dem Tode Francos (Reformgesetz von 1976). Nach Wiederzulassung der Parteien fanden am 15. Juni 1977 Parlamentswahlen statt, aus denen die von Suárez González geführte Unión de Centro Democrático (UCD) als stärkste Kraft hervorging. Die Cortes bestätigten Suárez González im Amt des Ministerpräsidenten. Am 6. Dezember 1978 wurde in einer Volksabstimmung eine neue Verfassung angenommen, die u. a. den Regionen Spaniens das Recht auf Autonomie zugesteht. Nach dem Rücktritt von Suárez González im Januar 1981 unternahmen Angehörige des Militärs und der Guardia Civil einen Putschversuch. Dank der Initiative des Königs, der über den Rundfunk zur Verfassungstreue aufrief, brach der Putsch bereits am 24. Februar zusammen. Am 25. Februar wurde der UCD-Kandidat L. Calvo Sotelo zum Ministerpräsidenten gewählt. Als Maßnahme gegen die terroristischen Aktivitäten extremistischer Gruppen, v. a. der radikalautonomistischen ETA, und zur Abwehr verfassungsfeindlicher Umsturzversuche verabschiedeten die Cortes 1981 ein Gesetz zur Bekämpfung von Rebellion und Terrorismus.

Treblinka: Vernichtungslager im nordöstlichen -> Generalgouvernement. Der Bau begann im Frühsommer 1942 mit Polen und Juden als Arbeitskräften, letztere zum Teil Häftlinge aus benachbarten Arbeitslagern. Das fertige Lager bestand aus drei Teilen, dem Wohnlager, dem Auffanglager für ankommende Juden und dem sogenannten oberen oder Todeslager. Das Lager wurde nach einem Aufstand der Gefangenen im August 1943 bis Ende November 1943 vollständig aufgelöst. Lagerkommandanten waren I. Eberl, F. -> Stangl und K. H. Franz. Insgesamt wurden in Treblinka ca. 700 000 Menschen ermordet.

Trostenec (Maly Trostinec): Konzentrationslager in Weißrußland, etwa 12 Kilometer östlich von Minsk gelegen. Die Häftlinge des Lagers waren Juden und (mutmaßliche) Widerstandskämpfer; unter den Juden waren zunächst vor allem deutsche und tschechische, später auch weißrussische. Die Zahl der Häftlinge lag meist zwischen 500 und 1000; nach der Auflösung des Ghettos in Minsk im Oktober 1943 betrug sie etwa 2000. Die Häftlinge mußten in der Landwirtschaft arbeiten und verschiedene Handwerksbetriebe (Schneiderei, Wäscherei, Schmiede, Schlosserei, Tischlerei usw.) betreiben. Die Lagerinsassen wurden täglich von Trostenec nach Minsk zur Arbeit gebracht, im Lager selbst waren Einrichtungen der Organisation Todt und des Reichsarbeitsdienstes. Insgesamt sind etwa 40 000 Menschen in Trostenec zu Tode gekommen, genaue Zahlen lassen sich nicht rekonstruieren, da deutsche Soldaten auf ihrem Rückzug die Massengräber zerstört haben.

Truman, Harry S., 1884–1972; 1945–1953 33. US-Präsident. Truman war Richter, seit 1935 Senator und während des Zweiten Weltkrieges Vorsitzender der Trumankomitees zur Kontrolle der Rüstungsproduktion. 1945 war er Vizepräsident und nach Präsident F. D. -> Roosevelts Tod dessen Nachfolger.

Truman-Doktrin: das vom amerikanischen Präsidenten H. S. -> Truman in einer Rede vor dem Kongreß am 12. März 1947 entwickelte Programm einer Militär- und Wirtschaftshilfe in Höhe von 400 Millionen US-Dollar für Griechenland und die Türkei. Ausgehend von einer globalen Einteilung in freiheitlich-demokratische und totalitär-kommunistische Regierungssysteme, betonte er „die Verpflichtung der USA, alle freien Völker zu unterstützen, die sich der Unterwerfung durch bewaffnete Minderheiten oder durch Druck von außen widersetzen". Vor dem Hintergrund der wirtschaftlichen und strategischen Bedeutung des östlichen Mittelmeeres zielte die Truman-Doktrin mit bewußt überzogener Bewertung des sowjetischen Expansionswillens auf die Mobilisierung des Kongresses und der amerikanischen Öffentlichkeit zu einem auch finanziellen Engagement in der Politik des Containment.

Udet, Ernst, 1896–1941; deutscher Generaloberst (seit 1940). 1935 trat Udet als Oberst in die neu geschaffene Luftwaffe ein. Er wurde 1936 zum Leiter des Technischen Amtes ernannt und war damit für die Koordination der technischen Entwicklung und der industriellen Produktion der deutschen Luftwaffe zuständig. 1940 wurde Udet von

H. → Göring und A. → Hitler für die deutsche Niederlage in der Luftschlacht um England verantwortlich gemacht, ebenso 1941 für die Unzulänglichkeiten der Luftwaffe im Krieg gegen die Sowjetunion. Udet beging am 17. November 1941 in Berlin Selbstmord, der vom nationalsozialistischen Regime in der Öffentlichkeit als Flugunfall dargestellt wurde.

Ulmanis, Kārlis, 1877–1942; lettischer Politiker. Ulmanis gründete 1917 „Lettlands Bauernunion", war nach der Proklamation der Republik Lettland 1918 wiederholt Ministerpräsident (1918–1921, 1925/26, 1931 und 1934–1940), errichtete durch einen Staatsstreich am 15. Mai 1934 ein autoritäres Regime und war 1936–1940 Staatspräsident. Nach der Besetzung Lettlands durch sowjetische Truppen (1940) wurde er deportiert und starb in sowjetischer Haft.

UNO → Vereinte Nationen.

Unternehmen Barbarossa: Tarnbezeichnung für den deutschen Rußlandfeldzug ab 22. Juni 1941. Drei Heeresgruppen sollten durch einen schnellen Vormarsch große sowjetische Truppenverbände einkreisen und weit in sowjetisches Gebiet eindringen. Der Angriff wurde von starken Luftstreitkräften unterstützt. Die Sowjetunion wurde von dem Überfall überrascht, obwohl der Regierung in Moskau die deutschen Kriegsvorbereitungen nicht verborgen geblieben waren: Der britische Geheimdienst hatte die sowjetische Führung mehrfach über die deutschen Pläne unterrichtet. Bis Ende Juni eroberte die Wehrmacht u. a. Riga, Minsk und Dünaburg (Daugavpils). Ihnen folgten Einsatzgruppen der Sicherheitspolizei und des Sicherheitsdienstes, die die Juden systematisch ermordeten bzw. die Deportation in die Vernichtungslager organisierten, und ein Wirtschaftsstab, der die wirtschaftlichen Kapazitäten in den eroberten Gebieten für das Deutsche Reich nutzbar machen sollte.

Ustaša (kroatisch) Aufständischer: kroatische Organisation radikaler Nationalisten, die im Frühjahr 1929 von A. Pavelić aus Protest gegen die Errichtung der Königsdiktatur in Jugoslawien durch König Alexander I. im italienischen Exil gegründet wurde. Ideologisch unter dem Einfluß des italienischen Faschismus stehend, kämpfte sie, von Italien und Ungarn unterstützt, für die staatliche Unabhängigkeit Kroatiens. Sie löste im September 1932 einen Aufstand im Velebitgebirge aus und organisierte am 9. Oktober 1934 in Marseille ein Attentat auf Alexander I. In dem unter deutschem und italienischem Protektorat am 10. April 1941 ausgerufenen „Unabhängigen Staat Kroatien" (USK) war sie die tragende politische Kraft eines diktatorischen Regierungssystems. Pavelić wurde Staatschef. Juden, orthodoxe Christen (meist Serben) und Muslime (Bosnier) wurden grausam verfolgt. Nach 1945 kam es zu Bemühungen kroatischer Kräfte um Pavelić, die Ustaša vom argentinischen Exil aus neu zu beleben. Der serbische Kampf gegen die kroatischen Unabhängigkeitsbestrebungen 1991 wurde u. a. mit dem angeblichen Wiederaufleben der Ustaša-Ideologie begründet.

Varkiza, Abkommen von: Abkommen vom 12. Februar 1945 zwischen den britischen Besatzern und den aufständischen Gruppen in Griechenland, sah die Entwaffnung aller Widerstandsgruppen, eine Amnestie für politische Häftlinge und ein Memorandum zur Monarchiefrage vor. Es wurden freie Wahlen und ein Ende der politischen Verfolgungen in Aussicht gestellt. Die Vereinbarung wurde von beiden Seiten nicht im vollen Umfang erfüllt, trotzdem war das Abkommen von Varkiza das vorläufige Ende des 33 Tage andauernden, „Schlacht von Athen" genannten Konfliktes. Der Bürgerkrieg dauerte aber noch bis 1949.

Vaterländische Volksbewegung: → Lappo-Bewegung.

Vereinte Nationen (amtl. englisch: United Nations Organization, UNO, amtl. französisch: Organisation des Nations Unies, ONU): Staatenverbindung zur Sicherung des Weltfriedens und zur Förderung der internationalen Zusammenarbeit mit Sitz in New York, daneben Genf und Wien, gegründet im Juni 1945. Ziele der Vereinten Nationen sind die Erhaltung des Friedens und der internationalen Sicherheit durch kollektiven Beistand gegen Angriffskrieg oder Gewaltanwendung, friedliche Schlichtung aller Streitigkeiten, freundschaftliche Zusammenarbeit der Mitglieder sowie der Schutz der Menschenrechte und Grundfreiheiten. Die Vereinten Nationen bekennen sich zu den Grundsätzen Gleichheit der Staaten, Vertragstreue, Verzicht auf Gewaltanwendung in internationalen Beziehungen sowie Selbstbestimmungsrecht der Völker. Hauptorgane der Vereinten Nationen sind die Generalversammlung, der Sicherheitsrat, das Sekretariat, der Wirtschafts- und Sozialrat, der Treuhandschaftsrat und der –> Internationale Gerichtshof. Seit ihrer Gründung bemühten sich die Vereinten Nationen um die Beilegung von Konflikten. In der Zeit des Ost-West-Konflikts mußten sich die Vereinten Nationen überwiegend auf vermittelnde Tätigkeiten beschränken, z. B. seit 1948 in den verschiedenen Krisen des Nahostkonflikts, 1960 in der Kongo- und 1964 in der Zypernkrise, 1965/66 in Kaschmir, 1988 in Angola oder 1989/90 in Namibia. Mit dem Ende des Ost-West-Konfliktes konnten sich die Vereinten Nationen stärker als bis dahin bei Frieden schaffenden Maßnahmen durchsetzen, blieben dabei aber an die Interessen der Welt- und Großmächte und deren Konsens untereinander gebunden.

Versailler Vertrag –> Pariser Vorortverträge.

Vertrag über Freundschaft, Zusammenarbeit und gegenseitigen Beistand: am 14. Mai 1955 in Warschau von Regierungsvertretern aus sieben osteuropäischen Staaten und der Sowjetunion unterzeichneter Vertrag, Gründungsakt des „Warschauer Paktes", eines Militärbündnisses unter Führung der Sowjetunion. Mitglieder des östlichen Militärbündnisses waren neben der UdSSR Albanien, Bulgarien, die DDR, Polen, Rumänien, die Tschechoslowakei und Ungarn. Mit dem Abschluß des Warschauer Vertrages verfolgte die UdSSR die Absicht, unter Hinweis auf den Ausbau der –> NATO, den Zusammenhalt der in ihrem Herrschaftsbereich liegenden sozialistischen Staaten zu festigen. Durch die Bestimmungen des Vertrages erhielt die Sowjetunion zudem eine rechtliche Grundlage für die Stationierung ihrer Truppen in den Staaten Ostmittel- und Südosteuropas. Die Weichen für das Militärbündnis der sozialistischen Staaten unter Ausschluß Jugoslawiens waren im Dezember 1954 in Moskau gestellt worden. Auf der dortigen Sicherheitskonferenz war die Schaffung eines östlichen Bündnisses angekündigt worden, falls die Bemühungen um ein Sicherheitssystem für ganz Europa scheitern würden. Die Signatarstaaten des Warschauer Vertrages verpflichteten sich u. a. zu gegenseitigem militärischen Beistand im Falle eines bewaffneten Konfliktes. Vereinbart wurde die Errichtung eines gemeinsamen Oberkommandos über die Truppen der einzelnen Mitgliedsstaaten mit Sitz in Moskau. Oberbefehlshaber über die Truppen des Warschauer Paktes war immer ein sowjetischer General. Der Warschauer Pakt löste sich zum 30. Juni 1991 auf.

Vichy-Regime: das in Frankreich nach der Niederlage gegen das nationalsozialistische Deutschland 1940–1944 bestehende Regime unter Marschall H. P. Pétain (offiziell État Français) mit Sitz in Vichy, das auf „moralische Erneuerung" im Inneren und Anerkennung als Partner des nationalsozialistischen Deutschlands zielte. Trotz großer Anpassung (u. a. bei der Diskriminierung und Inhaftierung von Juden ab Oktober 1940) geriet es zunehmend unter deutschen Druck. Im April 1942 akzeptierte Pétain Pierre Laval als „Regierungschef", der noch stärker zur Kollaboration bereit war und die französischen Vorleistungen intensivierte (z. B. Stellung von Arbeitskräften, Lieferung von Industrie- und landwirtschaftlichen Produkten nach Deutschland). Ab Sommer 1942 wirkte das Regime (besonders durch Mitarbeit der Polizei) aktiv an der Deportation von Juden v. a. nach –> Auschwitz mit. Nach der Besetzung des südlichen Frankreich durch deutsche Truppen im November 1942 wurden Franzosen zum Arbeitsdienst in Deutschland verpflichtet; französische Betriebe arbeiteten für die deutsche Kriegsproduktion. Obwohl die Bevölkerung gegenüber dem Vichy-Regime zunehmend auf Distanz ging, unterstützte bis zum Beginn der Befreiung im Juni 1944 nur eine Minderheit aktiv die Résistance.

Viermächtepakt, Viererpakt: auf Initiative –> Mussolinis zwischen Italien, Deutschland, Frankreich und Großbritannien geschlossener und am 15. Juli 1933 in Rom unterzeichneter Vertrag, der die Verhandlungen der -> Genfer Internationalen Abrüstungskonferenz aus der Sackgasse führen sollte. Der Viermächtepakt bestätigte die Völkerbundssatzung, die -> Locarnoverträge und den -> Briand-Kellogg-Pakt und verpflichtete die Vertragspartner zu gemeinsamer Beratung aller Fragen von wechselseitigem Interesse sowie zur Wahrung des Friedens. Der Viermächtepakt erlangte keine praktische politische Bedeutung, da sich das nationalsozialistische Deutschland nicht in das kollektive Sicherheitssystem einbinden ließ und A. -> Hitler bereits am 14. Oktober 1933 den Rückzug von der Abrüstungskonferenz sowie den Austritt Deutschlands aus dem -> Völkerbund erklärte. Der Viermächtepakt wurde daher nicht mehr ratifiziert.

Vierzehn Punkte: die vom amerikanischen Präsidenten T. W. Wilson in seiner Jahresbotschaft an den Kongreß vom 8. Januar 1918 formulierten Grundsätze für eine Friedensordnung nach dem Ersten Weltkrieg, u. a.: 1) Öffentlichkeit internationaler Verhandlungen und Friedensverträge; 2) Freiheit der Meere in Krieg und Frieden, höchstens eingeschränkt durch international sanktionierte Kriegsmaßnahmen; 4) internationale Abrüstung; 5) unparteiische Regelung aller kolonialen Ansprüche unter Berücksichtigung der Interessen der Kolonialvölker; 6) Einladung an das bolschewistische Rußland zu internationaler Kooperation; 13) Wiederherstellung eines unabhängigen Polens; 14) allgemeiner Zusammenschluß der Nationen zur gegenseitigen Garantie von politischer Unabhängigkeit und territorialer Integrität (-> Völkerbund).
Wilsons Friedensprogramm zielte v. a. darauf, die politische Öffentlichkeit in den Mittelmächten zu gewinnen und dem Entwurf Lenins einer kommunistischen Umgestaltung der Welt eine an westlich-liberalen Vorstellungen orientierte Friedensordnung entgegenzustellen. Erst angesichts der Aussichtslosigkeit eines Siegfriedens griff Deutschland im Waffenstillstandsersuchen vom 3./4. Oktober 1918 die Vierzehn Punkte auf, um einen harten Frieden mit entsprechenden Reparationsverpflichtungen, wie ihn Großbritannien und v. a. Frankreich forderten, zu vermeiden. Nur nach erheblichem Zögern und mit zwei wichtigen Einschränkungen (Festschreibung von Reparationen, Ablehnung von Punkt 2) erklärten sich die Alliierten bereit, die Vierzehn Punkte als Basis des Waffenstillstands und der künftigen Friedensverhandlungen anzuerkennen. Die endgültigen Regelungen des Versailler Vertrags, besonders die damit verbundenen Reparationsleistungen, wurden in Deutschland als Verstoß gegen die Vierzehn Punkte angesehen.

Vittorio Emanuele III., 1869–1947; König von Italien (1900–1946), Kaiser von Abessinien (Äthiopien) (1936–1941), König von Albanien (1939–1943). Unter der Bürgerkriegsdrohung der Faschisten, besonders unter dem Eindruck des Marsches auf Rom, sah er sich gezwungen, -> Mussolini am 31. Oktober 1922 an die Spitze der Regierung zu berufen. In der Matteotti-Krise (1924, -> Matteotti, G.) nahm er gegenüber den Forderungen der Opposition nach einem Rücktritt Mussolinis eine zögernde Haltung ein. Politisch in den Hintergrund gedrängt, ließ er Mussolini freie Hand in der Innen- und Außenpolitik. Im Zusammenwirken mit den Gegnern Mussolinis im Faschistischen Großrat übernahm er jedoch 1943 den tatsächlichen Oberbefehl über die Streitkräfte und setzte Mussolini am 25. Juli 1943 als Regierungschef ab. Nach der vorzeitigen Bekanntgabe des Waffenstillstandes mit den westlichen Alliierten am 8. September 1943 floh Vittorio Emanuele III. wegen der drohenden deutschen Besetzung Italiens nach Brindisi. Nach der Einnahme Roms durch die Alliierten am 4. Juni 1944 verzichtete er zugunsten seines Sohnes Umberto auf die Ausübung der Herrschaft, dankte am 9. Mai 1946 ab und ging nach Ägypten ins Exil.

Vlasov, Andrej A., 1901–1946; sowjetischer General. Vlasov spielte eine wichtige Rolle während der Verteidigung Moskaus Ende 1941. Er geriet 1942 in deutsche Kriegsgefangenschaft und wechselte die Seiten. Zum Aufbau einer antibolschewistischen Armee unternahm ein „Russisches Komitee" eine Propagandaaktion unter russischen Kriegsgefangenen. Am 14. November 1944 konnte das von Vlasov geführte „Komitee zur Befreiung der Völker Rußlands" auf dem Prager Hradschin ein Manifest veröffentlichen, das den Sturz Stalins durch eine Zusammenarbeit mit dem nationalsozialistischen Deutschland propagierte. Bis Anfang 1945 wurden aus russischen Kriegsgefangenen und Hilfswilligen zwei Divisionen der „Russischen Befreiungsarmee" (-> ROA) unter Leitung von Vlasov aufgestellt. Vlasov und seine Soldaten gerieten am Ende des Krieges in amerikanische Kriegsgefangenschaft und wurden an die Sowjetunion ausgeliefert. Am 1. August 1946 wurde Vlasov in einem öffentlichen Schauprozeß verurteilt und anschließend hingerichtet.

Völkerbund (französisch: Société des Nations; englisch: League of Nations): 1920–1946 eine Vereinigung von Staaten zur Sicherung des Weltfriedens mit Sitz in Genf. Oberstes Organ war die Bundesversammlung (BV), in der jedes Mitglied eine Stimme hatte. Diese wählte den Völkerbundsrat (Volksrat), der aus ständigen und (jährlich von der BV gewählten) nichtständigen Mitgliedern bestand. Bei Aufnahme seiner Arbeit hatte der Volksrat vier ständige Mitglieder (Frankreich, Großbritannien, Italien, Japan) und vier nichtständige; Veränderungen der Zahl der Mitglieder ergaben sich aus der politischen Geschichte des Völkerbundes; die BV tagte einmal, der Volksrat mehrmals im Jahr. Das von einem Generalsekretär geleitete, seit 1936 im Völkerbundpalast residierende Ständige Sekretariat unterstützte die Arbeit von BV und Völkerbundsrat. Der Ständige Internationale Gerichtshof und die Internationale Arbeitsorganisation (IAO) hatten einen engen Bezug zum Völkerbund, waren jedoch keine direkten Organe des Völkerbundes. Hauptanliegen des Völkerbundes war die Förderung der Zusammenarbeit unter den Nationen und die Gewährleistung des internationalen Friedens und der internationalen Sicherheit. Die Mitglieder waren verpflichtet, ihre Streitigkeiten friedlich zu lösen und bei Nichteinigung den Volksrat anzurufen, der ohne die Stimmen der streitenden Parteien eine Lösung vorschlagen konnte, die bei Einstimmigkeit für beide Parteien bindend war. In innerstaatliche Angelegenheiten der Mitglieder durfte der Völkerbund nicht eingreifen. 1918 hatte der amerikanische Präsident T. W. Wilson in seinen –> Vierzehn Punkten die Bildung einer Weltorganisation angeregt, die die politische Unabhängigkeit und territoriale Unversehrtheit der Staaten gewährleisten sollte. Die Bildung des Völkerbundes wurde auf der Pariser Friedenskonferenz am 14. Februar 1919 beschlossen; seine Satzung (Völkerbundakte) vom 28. April 1919 trat als Teil des –> Versailler Vertrages am 10. Januar 1920 in Kraft.
Die Siegermächte des Ersten Weltkrieges spielten im Völkerbund eine führende Rolle mit Ausnahme der USA, die ihm fernblieben, nachdem der Senat im März 1920 die Ratifizierung des Versailler Vertrages abgelehnt hatte. Der Völkerbund war an der Durchführung der –> Pariser Vorortverträge, u. a. bei der Grenzziehung, bei der Aufsicht über die Freie Stadt Danzig und der Verwaltung des Saargebietes beteiligt. Er vergab die früheren deutschen Kolonien und die vorderasiatischen Gebiete des Osmanischen Reiches als Mandatsgebiete, bemühte sich (vielfach erfolgreich) um die friedliche Schlichtung von Konflikten und setzte sich für den Schutz nationaler Minderheiten ein. In der Flüchtlingshilfe entfaltete er eine ausgedehnte Tätigkeit. Im Sinne der Erhaltung des von den –> Pariser Vorortverträgen geschaffenen europäischen Staatensystems gewährte der Völkerbund 1922 der Republik Österreich in den Genfer Protokollen unter strikten Auflagen eine Finanzhilfe. Die von den Außenministern A. Briand und G. Stresemann betriebene deutsch-französische Entspannungspolitik führte mit den –> Locarnoverträgen (1925) das Ansehen des Völkerbundes auf einen Höhepunkt; Deutschland trat ihm 1926 bei und erhielt einen Sitz im Volksrat als ständiges Mitglied.
Das Scheitern der 1932 in Genf begonnenen Abrüstungsverhandlungen und das Unvermögen des Völkerbundes, der aggressiven Expansionspolitik besonders Japans, Deutschlands und Italiens wirksam entgegenzutreten, minderte in den 30er Jahren sein internationales Ansehen. Der Beitritt neuer Staaten wog den Verlust an Einfluß nicht auf, den der Völkerbund durch den Austritt entspannungspolitisch bedeutsamer Staaten erlitt: Japan trat 1933 aus, da der Völkerbund die Besetzung der Mandschurei (1931) durch japanische Truppen mißbilligt hatte. Im selben Jahr verließ Deutschland die Genfer Abrüstungskonferenz und den Völkerbund; 1935 verurteilte der Völkerbund die einseitige Lossagung Deutschlands von den Rüstungsbeschränkungen des Versailler Vertrags als Vertragsbruch. Sanktionen des Völkerbundes (u. a. Waffenembargo, Kredit- und Rohstoffsperre) gegen Italien (Oktober 1935 bis Juli 1936) wegen dessen Angriff auf Äthiopien blieben wirkungslos; 1937 trat Italien aus dem Völkerbund aus. Die Remilitarisierung des Rheinlandes (März 1936), der –> Anschluß Österreichs (März 1938) und die Zerschlagung der Tschechoslowakei (1938/39) durch das Deutsche Reich sowie der deutsche Angriff auf Polen (1. September 1939) zeigten den schwindenden Einfluß des Völkerbundes. Während des

Zweiten Weltkrieges schloß der Völkerbund die UdSSR wegen ihres Angriffs auf Finnland im Dezember 1939 aus. Auf einer Sitzung vom 8. bis 18. April 1946 übertrug er seine Aufgaben auf die -> Vereinten Nationen.

Volksdemokratie: in der marxistisch-leninistischen Theorie eine Variante der Diktatur des Proletariats, ein auf dem „Bündnis von Arbeitern und Bauern" beruhendes „revolutionär-demokratisches" Regierungssystem eines „klassenmäßig noch uneinheitlichen Staates", das unter Führung der kommunistischen Partei in einer ersten Phase den „Übergang vom Kapitalismus zum Sozialismus" sowie in einer zweiten den „Aufbau des Sozialismus" sichert. Bei formalem Weiterbestehen des Parteienpluralismus garantiert das Blocksystem das Führungsmonopol der kommunistischen Partei, der „Avantgarde" des Proletariats, und schaltet eine selbständige Opposition aus. Der Begriff Volksdemokratie, sprachlich ein Pleonasmus, wurde von G. -> Dimitrov theoretisch entwickelt und nach dem Zweiten Weltkrieg in allen mittel-, ost- und südosteuropäischen Gebieten, die unter sowjetischer Herrschaft standen, umgesetzt.

Volksfront: 1) Bezeichnung für ein politisches Bündnis verschiedener linksorientierter Kräfte und Parteien, v. a. für eine Wahl- bzw. Regierungskoalition zwischen Kommunisten, Sozialisten (Sozialdemokraten) und bürgerlichen Linken. Die Volksfrontpolitik erfährt durch die Koalitionspartner oft eine unterschiedliche Akzentuierung; besonders die Kommunisten verbinden mit dem Volksfrontgedanken das Ziel, unter ihrer Führung die Revolution nach marxistisch-leninistischen Maßstäben zu fördern.
In Abkehr von der kommunistischen Frontstellung gegenüber den Sozialisten (Sozialdemokraten) empfahl die -> Kommunistische Internationale (Generalsekretär -> Dimitrov) 1935 das Volksfrontmodell als taktische Maßnahme gegen das Erstarken von Faschismus und Nationalsozialismus. 1944/45 entwickelten kommunistische Kräfte im Einflußbereich der vorrückenden sowjetischen Truppen das Volksfrontmodell weiter zum Blocksystem als Basis des von ihnen angestrebten Machtmonopols im Rahmen des Konzepts der -> Volksdemokratie.
2) **Front populaire:** Sammelbewegung der Linken, der sich 1935 auch die französischen Liberalen (Parti radical) anschlossen. Die Volksfront entstand 1934 als Antwort der Linken auf die ökonomischen und sozialen sowie politischen Folgen der Weltwirtschaftskrise. Den Anstoß gaben die von der Action française verursachten blutigen Unruhen vom 6./7. Februar 1934 (29 Tote) in Paris. Eine gewaltige Gegendemonstration am 9. Februar 1934 vereinigte in Paris die seit 1920 in Sozialisten (SFIO, Section française de l'Internationale ouvrière) und Kommunisten (SFIC, Section française de l'Internationale communiste) gespaltene Linke unter Einfluß der kommunistischen Richtungsgewerkschaft (CGTU, Confédération générale du travail, unitaire) und des großen sozialistischen Dachverbands (CGT, Confédération générale du travail). Die -> Kommunistische Internationale und in ihrem Gefolge die Kommunistische Partei Frankreichs strebten angesichts des Erstarkens der „faschistischen Kräfte" in Europa ein möglichst breites antifaschistisches Bündnis an. Die französischen Kommunisten schlossen mit der SFIO im Juli 1934 ein gemeinsames Aktionsabkommen, dem 1935 auf Drängen der Kommunisten auch die Liberalen beitraten. Nach dem Erfolg einer Massendemonstration in Paris am 14. Juli 1935 setzte das zu deren Vorbereitung gegründete Comité du rassemblement populaire (Komitee zur Sammlung des Volkes), dem alle drei Parteien angehörten, sein Einigungswerk fort und veröffentlichte im Januar 1936 das politische Programm der Volksfront, mit dem diese in den Wahlkampf zog. Aus den Wahlen zur französischen Abgeordnetenkammer – erster Wahlgang am 26. April, Stichwahl am 3. Mai – ging die Volksfront mit 378 von insgesamt 614 Sitzen als Wahlsieger hervor. Mit der Unterstützung der Unabhängigen Sozialisten und kleinerer sozialistischer Splitterparteien, wie sie auch schon bei der Stichwahl praktiziert wurde, verfügte die Linke in der Kammer über eine ausreichende Mehrheit und konnte die neue Regierung bilden.

Wagner, Wilhelm, Hauptsturmführer der SS, Leiter der Gestapostelle für jüdische Angelegenheiten in Oslo. Am 26./27. Oktober 1942 wurden in Oslo 260 jüdische Männer verhaftet, und am 26. November wurde die gesamte jüdische Bevölkerung Oslos zusammengetrieben und über Zwischenlager in Norwegen (-> Grini, -> Berg) nach -> Auschwitz deportiert.

Waldheim, Kurt, geb. 1918; österreichischer Politiker, Absolvent der österreichischen Konsularakademie. Waldheim nahm als Ordonnanzoffizier der Wehrmacht am Zweiten Weltkrieg teil, trat 1945 in den diplomatischen Dienst der Republik Österreich. Er nahm in den folgenden Jahren (mit Unterbrechungen) an den Verhandlungen über einen österreichischen Staatsvertrag teil. 1956–1958 war Waldheim UN-Botschafter Österreichs, 1958–1960 Botschafter in Ottawa. 1962–1964 leitete er die politische Abteilung des Außenministeriums. 1964–1968 und 1970–1971 arbeitete er als ständiger Vertreter seines Landes bei den -> Vereinten Nationen. Als Außenminister (1968–1970) trug Waldheim wesentlich zum Abschluß des „Südtirolpaketes" bei und förderte die Beziehungen seines Landes zur -> Europäischen Gemeinschaft. Bei den Präsidentschaftswahlen vom 25. April 1971 unterlag er als Kandidat der Österreichischen Volkspartei (ÖVP) mit 47,2 Prozent der Stimmen dem SPÖ-Kandidaten (Sozialdemokratische Partei Österreichs), dem bisherigen Bundespräsidenten F. Jonas. Als Generalsekretär der UNO (1972–1981) bemühte Waldheim sich besonders um Lösungen in den Konflikten um Zypern und Namibia sowie um eine Deeskalation des Nahostkonfliktes. 1986 wurde Waldheim als Kandidat der ÖVP im zweiten Wahlgang zum österreichischen Bundespräsidenten gewählt; seine Amtszeit (1986–1992) war überschattet von Vorwürfen, als Offizier der Wehrmacht an Kriegsverbrechen auf dem Balkan beteiligt gewesen zu sein; demgegenüber stellte eine internationale Historikerkommission keine persönliche Schuld im strafrechtlichen Sinne fest.

Wallenberg, Raoul, 1912–?; schwedischer Diplomat, 1944 in Budapest. Wallenberg engagierte sich für die Rettung ungarischer Juden, die seit Beginn der deutschen Besetzung Ungarns im März 1944 in die osteuropäischen Vernichtungslager deportiert wurden. Drei Monate lang gab er Tausende von „Schutzpässen" aus. Als Schutzmaßnahme richtete Wallenberg Herbergen ein, die 15 000 Menschen Platz boten – eine Operation, bei der auch andere diplomatische Vertretungen durch die Ausgabe von eigenen Schutzdokumenten beteiligt waren. Nach der Besetzung von Pest durch die Rote Armee bemühte sich Wallenberg um Verhandlungen mit deren Vertretern und um eine angemessene Versorgung der befreiten Juden. Er wurde gefangengenommen. Danach verliert sich seine Spur. Nach sowjetischen Aussagen ist Wallenberg 1947 in einem sowjetischen Gefängnis gestorben.

Wallonische Bewegung: in Reaktion auf die Flämische Bewegung Anfang des 20. Jahrhunderts entstandene Bewegung unter dem frankophonen Bevölkerungsteil Belgiens mit dem Ziel, dessen kulturelle, politische und wirtschaftliche Interessen zu wahren. Durch die Verschiebung des wirtschaftlichen Schwerpunkts Belgiens von Wallonien nach Flandern ab dem Zweiten Weltkrieg gewann die Wallonische Bewegung v. a. mit der Forderung nach Teilung Belgiens in drei autonome Regionen (Wallonien, Flandern, Brüssel) zunehmend an Bedeutung. Mit der Verschärfung des Sprachenkonflikts in den 60er Jahren bildeten sich als radikale Interessenvertreter der Wallonen der Front Démocratique des Francophones (FDF, gegründet 1964), der sich auf Brüssel konzentrierte, und der linksorientierte Rassemblement Wallon (RW, gegründet 1968), der v. a. in der Autonomie Walloniens eine Voraussetzung für eine wirksame Investitionspolitik und damit für die Sanierung der wallonischen Wirtschaft sah. Beide Parteien, die eine gemeinsame Parlamentsfraktion bildeten, waren in den 70er Jahren an Regierungskoalitionen beteiligt, verloren dann aber zugunsten gemäßigterer Parteien an Bedeutung. 1985 schloß sich der RW mit kleineren Gruppierungen zum Parti Wallon (PW) zusammen.

Warschauer Aufstand: die Erhebung der polnischen Untergrundarmee Armia Krajowa (AK, Heimatarmee), gegen die deutsche Besatzungsmacht in Polen von August bis Oktober 1944. Ziel des am 1. August unter General T. Bór-Komorowski ausgelösten Aufstandes war, die Stadt noch vor der Ankunft der Roten Armee zu befreien und diese mit einer schon etablierten polnischen Verwaltung zu empfangen, um damit das von kommunistischen Kräften dominierte Lubliner Komitee auszuschalten. Die Aufständischen gewannen in den ersten Augusttagen handstreichartig den größten Teil der Stadt, vermochten jedoch nicht, die Weichselbrücken zu besetzen und Verbindung mit den sowjetischen Einheiten von Marschall → Rokossovskij herzustellen, die bis zum 9. September 1944 östlich der Weichsel standen, ohne in das Kampfgeschehen einzugreifen. Auch die Bahnhöfe und einzelne Stützpunkte blieben in deutscher Hand, so daß die Gegenaktion ab dem 5. August das Aufstandsgebiet spalten konnte. Die AK, die von einigen Einheiten der Armia Ludowa (Volksarmee) unterstützt wurde, erhielt zudem keine ausreichende Hilfe durch die Alliierten aus der Luft. Ein sowjetischer Vorstoß zwischen dem 10. und 14. September, mitgetragen von polnischen Soldaten, erreichte zwar die Vorstadt Praga und kurzzeitig das andere Weichselufer, wurde dann aber nicht weitergeführt. Am 2. Oktober mußte Bór-Komorowski mit den verbliebenen knapp 10 000 Mann kapitulieren. A. → Hitler ordnete die Zerstörung Warschaus an. Der Aufstand kostete etwa 166 000 Polen (davon 150 000 Zivilisten) das Leben.

Warschauer Ghetto: in Warschau, der Stadt mit der größten jüdischen Gemeinde Europas, pferchten die Nationalsozialisten im November 1940 mehr als 350 000 Juden auf knapp 70, von anderen Stadtteilen durch hohe Mauern abgetrennte Straßenzüge zusammen und ließen sie – wie in anderen Ghettos – Zwangsarbeit verrichten. Die Arbeitskräfte für die Bewachung des Warschauer Ghettos wurden aus der nichtjüdischen Bevölkerung Warschaus rekrutiert. Infolge der völlig unzureichenden Versorgung und der schlechten hygienischen Verhältnisse starben täglich Hunderte, besonders Kinder und alte Menschen, an Hunger, Krankheiten und den im Ghetto grassierenden Epidemien. Die Bewohner des Warschauer Ghettos wurden ab Juli 1942 vor allem in das nahe gelegene Lager → Treblinka deportiert. Der Warschauer Judenrat mußte täglich 6000 Menschen zum Abtransport bestimmen. Auch die Arbeiter in den Ghettobetrieben, die für die deutsche Rüstung tätig waren, blieben nun nicht mehr verschont.

Warschauer Ghettoaufstand: die Erhebung der Juden des → Warschauer Ghettos gegen die deutsche Besatzungsmacht vom 19. April bis 16. Mai 1943. Ausgelöst durch die umfangreichen Deportationen von Juden aus dem Warschauer Ghetto in die deutschen Vernichtungslager seit Juli 1942, wurde im Oktober 1942 die Żydowska Organizacija Bojowa (Jüdische Kampforganisation, ŻOB) gegründet. Ihr Ziel war die Organisation des bewaffneten Widerstandes gegen die nationalsozialistische Herrschaft. Am 16. Februar 1943 begann die systematische „Schließung" des Ghettos. Bis September 1943 sollten die Deutschen allein 310 000 Juden nach → Treblinka deportieren. Im April 1943 lebten im Ghetto noch 65 000 Juden, doch die endgültige Liquidierung des Ghettos, die „Warschauer Endlösung", stand kurz bevor. Als am 19. April 2090 Mann der SS unter dem Kommando von J. → Stroop in das Warschauer Ghetto einrückten, griffen unter der Führung von Mordechaj Anielewicz 600 Widerstandskämpfer zu den Waffen. Anfänglich konnten sich die Aufständischen im Häuserkampf verteidigen, bis die SS Flammenwerfer einsetzte und das Ghetto niederbrannte. 6000 Juden kamen laut dem Bericht Stroops während der Kampfhandlungen ums Leben, 7000 wurden hingerichtet, und die Überlebenden wurden u. a. nach Treblinka deportiert.

Warschauer Pakt → Vertrag über Freundschaft, Zusammenarbeit und gegenseitigen Beistand.

Weltwirtschaftskrise: insbesondere Bezeichnung für die 1929 beginnende Erschütterung des Wirtschaftslebens in allen wichtigen, marktwirtschaftlich orientierten Industrieländern. Als auslösendes Ereignis gilt der Börsenkrach an der New Yorker Börse (Schwarzer Freitag). Ausbreitung, Schwere und Dauer waren auf verschiedene Ursachen zurückzuführen: 1) Überschätzung des Aufschwungs der amerikanischen Wirtschaft (seit 1922), was zu Überkapazitäten führte, v. a. aber mit einer oft auch kreditfinanzierten Spekulation an den Aktienmärkten verbunden war, so daß relativ geringe Kursrückgänge ausreichten, um den Kurssturz auszulösen; 2) Absatzschwierigkeiten in der Landwirtschaft, die zu einer Agrarkrise mit einem schnellen und starken Preisverfall besonders für Getreide führten und auch mit der landwirtschaftlichen Überproduktion in den USA zusammenhingen; 3) Behinderung des Welthandels durch eine protektionistische Zollpolitik; 4) starke Ausweitung des internationalen Geldverkehrs (kriegsbedingte Auslandsschulden europäischer Länder bei den USA, Reparationsverpflichtungen Deutschlands), verbunden mit einer eher kurzfristigen Kreditvergabe der USA an europäische Staaten mit hohen Inflationsraten; 5) man-

gelnde Fähigkeit Großbritanniens und mangelnde Bereitschaft der USA, für Freihandel und eine langfristige Finanzierung der Nachkriegswirtschaft in Europa zu sorgen.
Der Zusammenbruch der Binnenkonjunktur in den USA übertrug sich schnell auf die europäischen Industrieländer, sich wechselseitig verstärkende Preis- und Produktionsrückgänge führten schließlich zur weltweiten Rezession, die 1932 ihren Tiefpunkt erreichte. Die Weltwirtschaftskrise war verbunden mit einer Schrumpfung der Volkseinkommen und der Außenhandelsumsätze, v. a. mit sehr hoher Arbeitslosigkeit, und führte in Deutschland zudem zur Zahlungsunfähigkeit aufgrund der hohen kurzfristigen Auslandsschulden und zur Bankenkrise (1931). Statt ihre wirtschaftspolitischen Maßnahmen zu koordinieren, versuchten die Industrieländer, durch autonome Wirtschaftspolitik die Weltwirtschaftskrise zu überwinden. Die Weltwirtschaftskrise führte nicht nur zu einer weitgehenden Auflösung der Weltwirtschaft, sondern begünstigte mit ihren sozialen Folgeerscheinungen das Anwachsen radikaler Massenbewegungen und trug erheblich zum Vertrauensverlust von Demokratie und Marktwirtschaft bei.

Westerbork: Durchgangslager für niederländische Juden und Häftlinge, die in die Vernichtungslager im Osten deportiert werden sollten. Westerbork war im Oktober 1939 ursprünglich im Auftrag des niederländischen Innenministeriums errichtet worden, um deutsche Flüchtlinge aufzunehmen. Im Juli 1942 wurde das Lager von der deutschen Sicherheitspolizei übernommen. Bis zur Befreiung am 12. April 1945 waren in Westerbork ca. 100 000 Menschen inhaftiert.

Westminster, Statut von: vom britischen Parlament 1931 verabschiedetes Gesetz, das den → Dominions Kanada, Australischer Bund, Neuseeland, Südafrika, Irland und Neufundland praktisch den Status selbständiger Staaten mit innen- und außenpolitischer Souveränität verlieh. Damit war der Umbau des britischen Empire zum → Commonwealth of Nations vollzogen, in dem der Grundsatz der Gleichberechtigung von Mutterland und Dominions herrschte und die Krone die einzige institutionelle Klammer der freiwillig verbundenen Mitglieder darstellte. Das Statut von Westminster setzte Beschlüsse in Kraft, die auf den Reichskonferenzen von 1926 und 1930 getroffen worden waren: 1926 war die → Balfour-Formel als Definition des Dominionstatus angenommen, 1930 der Colonial Laws Validity Act von 1865 (kein von den Dominions erlassenes Gesetz durfte britischem Recht widersprechen) aufgehoben worden. Unberührt vom Statut von Westminster blieb das britische Kolonialreich der Krone und dem Parlament Großbritanniens unterworfen.

Wiener Schiedsspruch: 1. Wiener Schiedsspruch: am 30. November 1938 wurde Ungarn von den → Achsenmächten die südliche Slowakei und die Karpato-Ukraine zugesprochen. 2. Wiener Schiedsspruch: Entscheidung des deutschen und des italienischen Außenministers am 30. August 1940 über die Abtretung Nordsiebenbürgens und des Szekerlandes mit 43 000 Quadratkilometern und 2,5 Millionen Einwohnern von Rumänien an Ungarn. Beide Wiener Schiedssprüche wurden beim Waffenstillstand Ungarns mit den Alliierten am 20. Januar 1945 aufgehoben, wodurch wieder große ungarische Minderheiten v. a. unter rumänische Herrschaft gerieten; trotz Einbindung beider Staaten in den Ostblock kam es deswegen bis in die 1980er Jahre immer wieder zu Konflikten.

Wiesel, Élie, geb. 1928; amerikanischer Schriftsteller ungarischer Herkunft. Wiesel wurde 1943 nach → Auschwitz, später nach → Buchenwald deportiert. Seine Lagererfahrungen hielt er in „La Nuit" fest, das in mehr als dreißig Sprachen übersetzt wurde. 1978 wurde er zum Präsidenten des United States Holocaust Memorial Council ernannt. 1986 erhielt Wiesel den Friedensnobelpreis.

Wiesenthal, Simon, geb. 1908; österreichischer Publizist. Wiesenthal, der zwischen 1941 und 1945 in verschiedenen Konzentrationslagern interniert gewesen war, trug wesentlich zur Verfolgung der nationalsozialistischen Verbrechen bei. 1945–1947 war Wiesenthal für das U. S. War Crimes Office tätig; 1947 gründete er das Jüdische Dokumentationszentrum in Linz, ab 1961 mit Sitz in Wien.

Wilhelmina I., 1880–1962; Königin der Niederlande (1898–1948). Nach dem Einmarsch der deutschen Truppen in die Niederlande im Jahre 1940 floh Königin Wilhelmina ins Exil und kehrte 1945 in die Niederlande zurück.

Winterkrieg, finnischer: Mit Luftangriffen auf die Hauptstadt Helsinki und andere Städte, der Beschießung der Südküste durch die Baltische Flotte und einer Offensive der überlegenen sowjetischen Landstreitkräfte beginnt Ende 1939 der Angriff der Sowjetunion auf das neutrale Finnland. Kernstück der finnischen Verteidigung ist die nach Feldmarschall -> Mannerheim benannte Festungslinie auf der Karelischen Landenge. Die Sowjetunion wird wegen des Angriffs am 14. Dezember 1939 aus dem Völkerbund ausgeschlossen. Nach fünftägigen Verhandlungen wird am 12. März 1940 in Moskau ein Waffenstillstands- und Friedensvertrag zwischen Finnland und der Sowjetunion abgeschlossen. Der Friedensvertrag verpflichtet Finnland zu umfangreichen Gebietsabtretungen; die Hafenstadt Hanko wird als militärischer Stützpunkt für 30 Jahre an die UdSSR verpachtet. Weiterhin legt der Vertrag fest, daß keiner der beiden Staaten Bündnisse eingehen darf, die gegen eine der vertragschließenden Parteien gerichtet sind. Der UdSSR werden handels- und verkehrspolitische Transitrechte im Gebiet des eisfreien Hafens Petsamo eingeräumt. Finnland verpflichtet sich darüber hinaus, keine Kriegshäfen oder militärischen Basen an den Küsten des nördlichen Eismeeres anzulegen.

Youngplan: nach Owen D. Young benannter Plan zur Neuregelung der deutschen Reparationszahlungen, löste 1930 den -> Dawesplan von 1924 ab. Französisch-britische Befürchtungen, Deutschland könne in Zukunft seinen Zahlungsverpflichtungen nach den Regularien des Dawesplans nicht mehr nachkommen, sowie politische Absichten, über die Neuregelung des Zahlungsmodus politische Gegenleistungen Frankreichs und Großbritanniens zu erreichen, führten zu einer Neuverhandlung des Reparationsproblems. Unter dem Vorsitz des amerikanischen Wirtschaftsfachmannes Owen D. Young legte eine Konferenz von Finanzsachverständigen (11. Februar bis 7. Juni 1929) einen neuen Zahlungsplan vor. Rückwirkend zum 1. September 1929 verabschiedete der Deutsche Reichstag den Youngplan am 18. März 1930. Für die ersten 37 Jahre wurde die deutsche Reparationsschuld auf 30,5 Milliarden RM, für den Rest der Gesamtlaufzeit von 59 Jahren (d. h. bis 1988) auf 34,5 Milliarden RM festgelegt. Die -> Weltwirtschaftskrise (ab 1929/30) und die mit ihr verbundenen Folgen für die deutsche Zahlungsfähigkeit führten schon am 1. Juli 1931 zur Zahlungseinstellung. Mit dem Vertrag von Lausanne (9. Juni 1932) verzichteten die Siegermächte des Ersten Weltkrieges gegen eine einmalige Abfindungssumme von 3 Milliarden RM (in Gestalt von Schuldverschreibungen) auf weitere Reparationsleistungen.

Zionismus: von Theodor Herzl und seinem Buch „Der Judenstaat" von 1896 ausgehende jüdische politische Bewegung mit dem Ziel einer national-jüdischen Staatsgründung in Palästina. Überzeugte Zionisten wanderten nach Palästina aus und erhielten Unterstützung durch die spätere Mandatsmacht Großbritannien, in der -> Balfour-Deklaration (1917). Später wurde diese Bewegung angesichts der nationalsozialistischen Judenverfolgung zur Überlebensfrage. Seine Erfüllung fand der Zionismus in der Deklaration des Staates Israel 1948.

Živkov, Todor, 1911–1998; bulgarischer Politiker. Živkov war seit 1932 Mitglied der Kommunistischen Partei (KP), im Zweiten Weltkrieg Partisanenführer, ab 1948 Mitglied des Zentralkomitees (ZK) und seit 1954 Chef der KP. 1962–1971 war Živkov Ministerpräsident, nach der Verfassungsänderung von 1971 Staatsratsvorsitzender (Staatsoberhaupt). 1989 verlor Živkov alle Ämter, wurde aus der Partei ausgeschlossen und 1990 inhaftiert. 1992 wurde er wegen Veruntreuung und unrechtmäßiger Bereicherung zu sieben Jahren Haft verurteilt. Die Urteilsvollstreckung wurde aus gesundheitlichen Gründen 1994 ausgesetzt. 1996 hob der Oberste Gerichtshof Bulgariens das Urteil auf.

Žukov, Georgij Konstantinovič, 1896–1974; Marschall der Sowjetunion. Während des Ersten Weltkrieges diente Žukov in der russischen Armee, 1918 schloß er sich der -> Roten Armee an und kommandierte im russischen Bürgerkrieg eine Kavallerieabteilung.

Nach dem Bürgerkrieg erhielt er eine Generalstabsausbildung und wurde 1939 Kommandeur der sowjetischen Truppen an der Grenze zur Mandschurei. Von 1940 bis Juli 1941 war er Chef des Generalstabes und einer der Stellvertreter des Volkskommissars für Verteidigung. Als Oberbefehlshaber des mittleren Frontabschnitts konnte Žukov im Winter 1941/42 den deutschen Angriff auf Moskau abwehren, 1942/43 führte er die sowjetischen Truppen bei der Schlacht um Stalingrad und durchbrach den deutschen Blockadering um Leningrad. 1945 führte Žukov den entscheidenden Angriff auf Berlin und nahm am 8./9. Mai in Karlshorst die Kapitulation der Wehrmacht entgegen. Seit 1943 Marschall der Sowjetunion, war Žukov von 1945 bis 1946 Oberbefehlshaber der sowjetischen Besatzungstruppen in Deutschland und vertrat die Sowjetunion im → Alliierten Kontrollrat. Kurz nach seiner Rückkehr nach Moskau 1946 schob ihn → Stalin auf einen unbedeutenden Posten im Südosten Rußlands ab. Nach I. → Stalins Tod 1953 wurde Žukov zunächst stellvertretender Verteidigungsminister, 1955 dann Verteidigungsminister und im Juli 1957 Vollmitglied des Politbüros der KPdSU. Bereits drei Monate später mußte er unter dem Vorwurf, militärischen Angelegenheiten Vorrang vor den Interessen der Partei einzuräumen, von allen Ämtern zurücktreten.

Zweite Republik (Österreich): am 27. April 1945 von Karl Renner mit Unterstützung der sowjetischen Besatzungsmacht nach Bildung einer Provisorische Staatsregierung proklamiert. Seinem Kabinett gehörten zehn Sozialisten, neun Mitglieder der bürgerlichen Österreichischen Volkspartei, sieben Kommunisten sowie drei parteilose Politiker an. Wegen seiner engen Zusammenarbeit mit der sowjetischen Besatzungsmacht verweigern die drei Westalliierten der Provisorischen Regierung unter Karl Renner zunächst ihre Anerkennung.

Literatur:

Bamberger, Maria u. a. (Hg.): Österreichlexikon, Wien 1995.

Benz, Wolfgang/Graml, Hermann/Weiß, Hermann (Hg.): Enzyklopädie des Nationalsozialismus, Stuttgart 1997.

Bol'šaja Sovetskaja Ėnciklopedija, 3. Aufl., Moskau 1970–1978.

Brockhaus – Die Enzyklopädie in 24 Bänden, 20., neubearb. Aufl., Leipzig, Mannheim 1996–1999.

Der Brockhaus in einem Band, 9., vollst. überarb. u. akt. Aufl., Mannheim 2002.

Der Brockhaus – Recht, Mannheim 2002.

Brocks, Manfred/Lempert, Peter: Chronik 1936. Tag für Tag in Wort und Bild, Gütersloh, München 1995.

Brütting, Richard (Hg.): Italien-Lexikon. Schlüsselbegriffe zu Geschichte, Gesellschaft, Wirtschaft, Politik, Justiz, Gesundheitswesen, Verkehr, Presse, Rundfunk, Kultur und Bildungseinrichtungen, Berlin 1995.

Clogg, Richard: Geschichte Griechenlands im 19. und 20. Jahrhundert. Ein Abriß, Köln 1997.

Coppa, Frank J. (Hg.): Dictionary of Modern Italian History, Westport, Connecticut, London 1985.

Dening, Hilke: Chronik 1930. Tag für Tag in Wort und Bild, Gütersloh, München 1989.

Erbe, Michael: Belgien, Niederlande, Luxemburg. Geschichte des niederländischen Raumes, Stuttgart, Berlin, Köln 1993.

Fischer, Norbert/Gille, Klaus/Vollmer-Heitmann, Hanna: Chronik 1969. Tag für Tag in Wort und Bild, Gütersloh, München 1990.

Flemming, Thomas/Steinhage, Axel/Strunk, Peter: Chronik 1945. Tag für Tag in Wort und Bild, Dortmund 1988.

Förstel, Andreas: Chronik 1915. Tag für Tag in Wort und Bild, Dortmund 1989.

Gabler Wirtschafts-Lexikon. Die ganze Welt der Wirtschaft, Betriebswirtschaft, Volkswirtschaft, Recht, Steuern, 15., vollst. überarb. u. akt. Aufl., Wiesbaden 2000.

Gehlhoff, Beatrix: Chronik 1982. Tag für Tag in Wort und Bild, Dortmund 1993.

Gehlhoff, Beatrix: Chronik 1989. Tag für Tag in Wort und Bild, Gütersloh, München 1995.

Geiss, Imanuel: Geschichte griffbereit, 6 Bände, Reinbek b. Hamburg 1979–1983.

Gerlach, Christian: Kalkulierte Morde. Die deutsche Wirtschafts- und Vernichtungspolitik in Weißrußland 1941 bis 1944, Hamburg 1999.

Gilbert, Mark F./Nilsson, K. Robert: Historical Dictionary of Modern Italy, Lanham 1999 (European Historical Dictionaries, 34).

Gutman, Israel (Hg.): Enzyklopädie des Holocaust. Die Verfolgung und Ermordung der europäischen Juden, 3 Bände, Berlin 1993.

Hildermeier, Manfred: Geschichte der Sowjetunion 1917–1991. Entstehung und Niedergang des ersten sozialistischen Staates, München 1998.

Hünermann, Christoph: Chronik 1941. Tag für Tag in Wort und Bild, Gütersloh, München 1989.

Huussen, Arend H. Jr.: Historical Dictionary of the Netherlands, Lanham 1998 (European Historical Dictionaries, 32).

Jürgensen, Corina/Piatzer, Sabina: Chronik 1921. Tag für Tag in Wort und Bild, Gütersloh, München 1989.

Kenyon, John P. (Hg.): Dictionary of British History, Ware 1992.

Kluxen, Kurt: Geschichte Englands von den Anfängen bis zur Gegenwart, Stuttgart 1991 (Kröners Taschenausgabe, 374).

Kruse, Ekkehard: Chronik 1943. Tag für Tag in Wort und Bild, Gütersloh, München 1989.

Lemcke, Jutta: Chronik 1944. Tag für Tag in Wort und Bild, Dortmund 1988.

Lerski, George L.: Historical Dictionary of Poland 966–1945, Westport, Connecticut, London 1996.

Lettland unter sowjetischer und nationalsozialistischer Herrschaft. Eine Darstellung des Lettischen Okkupationsmuseums, Riga 1998.

Meiners, Antonia: Chronik 1922. Tag für Tag in Wort und Bild, Dortmund 1989.

Meissner, Boris: Die baltischen Nationen. Estland, Lettland, Litauen, Köln 1990 (Nationalitäten- und Regionalprobleme in Osteuropa, 4).

Melčić, Dunja (Hg.): Der Jugoslawien-Krieg. Handbuch zu Vorgeschichte, Verlauf und Konsequenzen, Opladen, Wiesbaden 1999.

Nohlen, Dieter (Hg.): Wörterbuch Staat und Politik, Bonn 1998 (Bundeszentrale für Politische Bildung).

Nordstrom, Byron J.: Scandinavia since 1500, Minneapolis 2000.

Peter, Roland: Chronik 1992. Tag für Tag in Wort und Bild, Gütersloh, München 1996.

Der Große Ploetz. Die Daten-Enzyklopädie der Weltgeschichte. Daten, Fakten, Zusammenhänge, 33. akt. Aufl., Freiburg i. Br. 2002.

Ploetz. Lexikon der deutschen Geschichte, Freiburg i. Br. 1999.

Pollmann, Bernhard: Chronik 1919. Tag für Tag in Wort und Bild, Dortmund 1989.

Puvogel, Ulrike/Stankowski, Martin: Gedenkstätten für die Opfer des Nationalsozialismus. Eine Dokumentation, 2., überarb. u. erw. Aufl., Bonn 1995.

Reinhardt, Sibylle: Chronik 1917. Tag für Tag in Wort und Bild, Dortmund 1986.

Reinhardt, Sibylle: Chronik 1918. Tag für Tag in Wort und Bild, Dortmund 1987.

Schindler, Beate: Chronik 1940. Tag für Tag in Wort und Bild, Dortmund 1989.

Schütt, Ernst Christian: Chronik 1931. Tag für Tag in Wort und Bild, Gütersloh, München 1990.

Schütt, Ernst Christian: Chronik 1939. Tag für Tag in Wort und Bild, Gütersloh, München 1988.

Schweizer Lexikon 91, in sechs Bänden, Luzern 1991–1993.

Smelser, Ronald/Zitelmann, Rainer (Hg.): Die braune Elite. 22 biographische Skizzen, Darmstadt 1989.

Steinbach, Peter/Tuchel, Johannes (Hg.): Widerstand gegen den Nationalsozialismus, Bonn 1994 (Bundeszentrale für politische Bildung, Schriftenreihe, 323)

Steinhage, Axel/Flemming, Thomas: Chronik 1932. Tag für Tag in Wort und Bild, Dortmund 1989.

Steinhage, Martin/Strunk, Peter: Chronik 1947. Tag für Tag in Wort und Bild, Dortmund 1986.

Steinhage, Axel/Flemming, Thomas: Chronik 1955. Tag für Tag in Wort und Bild, Dortmund 1990.

Stökl, Günther: Russische Geschichte. Von den Anfängen bis zur Gegenwart, 4., erw. Aufl., Stuttgart 1983 (Kröners Taschenausgabe, 244).

Taddy, Gerhard (Hg.): Lexikon der deutschen Geschichte. Ereignisse, Institutionen, Personen. Von der Anfängen bis zur Kapitulation 1945, 3. Aufl., Stuttgart 1998.

Tzermias, Pavlos: Neugriechische Geschichte. Eine Einführung, 3., überarb. u. erw. Aufl., Tübingen 1999.

Weiß, Hermann (Hg.): Biographisches Lexikon zum Dritten Reich, Frankfurt a.M. 1998.

Witz, Cornelia u. a.: Großbritannien-Ploetz. Geschichte Großbritanniens und Irlands zum Nachschlagen, 3. akt., überarb. u. erw. Aufl., Würzburg 1996.

http://www.auswaertiges-amt.de/ (1. August 2003).
http://www.britannica.com/ (1. August 2003).
http://www.doew.at/ (1. August 2003).
http://www.hagalil.com/archiv/content.html (1. August 2003).
http://www.lietuva.lt/ (1. August 2003).
http://www.ns-archiv.de/ (1. August 2003).
http://www.partigiani.de/ (1. August 2003).
http://www.ravensbrueck.de/ (1. August 2003).
http://www.shoa.de/ (1. August 2003).
http://www.yadvashem.org.il/ (1. August 2003).

Die online-Ausgabe der Brockhaus-Enzyklopädie wurde unter www.xipolis.net eingesehen.

Bildnachweis

Abbildungen ohne Photonachweis wurden uns von den in den Bilduntertiteln aufgeführten Institutionen zur Verfügung gestellt. Bei diesen liegt auch das Urheberrecht.
Trotz sorgfältiger Nachforschungen konnten nicht alle Rechteinhaber ermittelt werden. Diese haben die Möglichkeit, sich an das Deutsche Historische Museum, Unter den Linden 2, D-10117 Berlin, oder an den Verlag Philipp von Zabern, Philipp-von-Zabern-Platz 1–3, D-55116 Mainz, zu wenden.

Amsterdam
© Stedelijk Museum Amsterdam Abb. 1

Athen
© Spyros Meletzēs/Archeio Spyrou Meletze GR 17
Charis Akriviadis GR 22, GR 23
Alexandros Filippidis GR 16, GR 19, GR 20
Spyros Panayotopoulos GR 8, GR 11, GR 14, GR 15

Basel
Museum der Kulturen Basel, Photographien: Peter Horner CH 1, CH 14
Öffentliche Bibliothek der Universität Basel, Reproabteilung CH 2

Belgrad
Jugoslovenska Kinoteka, Fototeka YU/HR 4, YU/HR 5, YU/HR 6

Berlin
© Bildarchiv Preußischer Kulturbesitz, Berlin 1985, Photographie: Petersen IL 7; Berlin 2003, Dietmar Katz CH 35, CZ 14, D 2, D 3, IL 2, IL 4, ; Berlin 2003 SK 15, YU/HR 12
Bundesarchiv – Filmarchiv, Photographien: Elke A. Jung-Wolf DDR 18, DDR 20
Deutsches Historisches Museum, Photographien: Arne Psille/Indra Desnica A 3, A 4, A 5, A 6, A 7, A 9, A 15, A 16, A 20, A 22, A 26, BG 1, BG 2, BG 3, BG 4, BG 5, BG 6, BG 10, BG 11, BG 12, BG 15, BG 17, BG 19, BG 20, BG 23, BG 26, BG 27, BG 28, BG 30, BG 31, BY 1, BY 2, BY 3, BY 4, BY 5, BY 6, BY 7, BY 8, BY 9, BY 10, BY 11, BY 12, BY 15, BY 16, BY 17, BY 18, BY 19, CH 3, CH 4, CH 5, CH 6, CH 7, CH 8, CH 11, CH 12, CH 15, CH 17, CH 18, CH 19, CH 20, CH 22, CH 23, CH 26, CH 27, CH 28, CH 29, CH 30, CH 31, CH 32, CH 33, CH 34, CH 36, CZ 1, CZ 3, CZ 4, CZ 5, CZ 7, CZ 11, CZ 12, CZ 13, CZ 20, CZ 21, CZ 22, CZ 23, CZ 25, CZ 26, CZ 28, CZ 29, D 4, D 6, D 17, D 18, D 19, D 20, D 21, D 22, D 23, D 25, D 27, D 29, D 30, DDR 1, DDR 2, DDR 3, DDR 4, DDR 5, DDR 6, DDR 7, DDR 8, DDR 9, DDR 10, DDR 11, DDR 12, DDR 14, DDR 15, DDR 16, DDR 19, DK 11, DK 13, DK 19, DK 27, DK 28, E 1, F 5, F 19, F 22, F 23, F 24, FIN 5, FIN 6, FIN 10, FIN 13, FIN 16, FIN 17, FIN 18, FIN 19, FIN 20, FIN 22, FIN 24, GB 2, GB 3, GB 4, GB 5, GB 6, GB 10, GB 13, GB 14, GB 15, GB 16, GB 17, GB 18, GB 21, GB 22, GB 24, GR 3, GR 4, GR 5, GR 6, GR 7, GR 12, GR 21, GR 24, H 3, H 8, H 14, H 15, H 17, H 24, H 25, H 26, I 8, I 14, I 25, I 27, I 29, I 30, I 31, I 32, I 33, IL 1, IL 5, IL 6, IL 8, IL 9, IL 15, IL 20, IL 21, IL 27, IL 28, LT 1, LT 7, LT 9, LT 13, LT 15, LT 16, LT 17, LT 20, LT 21, LT 22, LV 1, LV 5, LV 6, LV 9, LV 13, LV 14, LV 17, LV 18, N 3, N 12, N 13, N 14, N 15, N 25, NL 15, NL 20, NL 21, PL 7, PL 11, PL 12, PL 20, PL 28, PL 30, PL 31, RO 1, RO 2, RO 4, RO 6, RO 7, RO 10, RO 11, RO 12, RO 15, RO 16, RO 17, RO 18, RO 20, RO 22, RO 29, S 3, S 4, S 16, S 23, S 24, S 25, SK 1, SK 2, SK 5, SK 7, SK 13, SK 14, SK 16, SK 17, SK 18, SK 19, SK 20, SK 21, SK 22, SU/RUS 6, SU/RUS 7, SU/RUS 8, SU/RUS 9, SU/RUS 10, SU/RUS 12, SU/RUS 14, SU/RUS 15, SU/RUS 21, SU/RUS 23, SU/RUS 25, SU/RUS 29, SU/RUS 30, SU/RUS 31, SU/RUS 32, SU/RUS 37, SU/RUS 40, UA 4, UA 5, UA 6, UA 7, UA 8, UA 9, UA 10, USA 1, USA 2, USA 3, USA 4, USA 5, USA 6, USA 7, USA 9, USA 11, USA 12, USA 13, USA 15, USA 16, USA 17, USA 18, USA 19, USA 20, USA 21, USA 23, USA 24, USA 25, USA 26, USA 27, YU/HR 1, YU/HR 2, YU/HR 3, YU/HR 7, YU/HR 10, YU/HR 13, YU/HR 14,

YU/HR 15, YU/HR 17, YU/HR 18, YU/HR 21, YU/HR 22, YU/HR 25, YU/HR 26, YU/HR 27, YU/HR 30, YU/HR 31
Karl Eimermacher SU/RUS 18
Ester Segarra, Berlin 2003 IL 10
Staatsbibliothek zu Berlin – Preußischer Kulturbesitz, Abteilung Bestandspflege und Reprographie DK 25, F 2, FIN 21, RO 3, SU/RUS 5, SU/RUS 11, SU/RUS 22, SU/RUS 24, SU/RUS 38, SU/RUS 39, YU/HR 20, YU/HR 29
Stiftung Archiv der Akademie der Künste, Photographie: Ilse Buhs D 28

Bonn
© VG Bild-Kunst, Bonn 2003 Abb. 1, DDR 17, DK 15, F 9, F 10, F 14, FIN 12, NL 21

Bratislava
Slovenská národná galéria, Photographie: Anna Mičúchová SK 3

Bremen
Gerhard Marcks Stiftung, Photographie: Friedrich Hewicker Abb. 6

Brüssel
© Bibliothèque Royale Albert I de Belgique/Koninklijke Bibliotheek Albert I van België, Fotografische Dienst B 1, B 9, B 26, B 27

Budapest
© Magyar Posta Rt. H 5, H 6, H 13, H 16, H 18, H 20, H 21, H 22, H 23
Bélyegmúzeum, Photographien: József Hajdú H 5, H 6, H 7, H 13, H 16, H 18, H 20, H 21, H 22, H 23
Magyar Nemzeti Galéria, Photographien: Tibor Mester H 1, H 2, H 4; Photographien: Zsuzsa Berény H 10, H 11
Magyar Nemzeti Múzeum, Photographie: Árpád Farkas H 12

Chiddingly
© Lee Miller Archives Abb. 54

Geiselgasteig
© Bavaria Film GmbH D 5

Helsinki
Art Foundation Merita, Photographie: Seppo Hilpo FIN 12
Ateneumin taidemuseo, Kuvataiteen keskusarkisto FIN 11
Teatterimuseo, Photographien: Juhani Riekkola FIN 8, FIN 9

Herent
Axis B 2, B 3, B 6, B 7, B 8, B 11, B 22, B 23

Kiew
Muzej Teatral'noho Muzyčnoho ta Kinomystectva Ukraïny, Photographien: Ju. Samyljak UA 1, UA 2, UA 3

Kista
© Sweden Post Stamps S 23, S 24, S 25

Kopenhagen
Museet for Danmarks Frihedskamp 1940–1945, Photographien: John Lee DK 1, DK 3, DK 4, DK 5, DK 6, DK 12, DK 14, DK 15, DK 16, DK 18, DK 20, DK 24, DK 29

Leipzig
© Kinowelt GmbH H 24

Museum der bildenden Künste Leipzig/Maximilian Speck von Sternburg Stiftung, Photographie: Gerstenberger 1995 DDR 17

Leuven
Bruno Vandermeiren B 5, B 12, B 13, B 14, B 19, B 21, B 25, B 30, B 31, B 32

Łódź
Muzeum Sztuki w Łódzi, Photographie: Piotr Tomczyk PL 25

London
BFI Stills, Posters and Designs, 21 Stephen Street, London W1P 2LN GB 9, GB 11, GB 12, GB 20
CETA Imaging GB 1
Imperial War Museum, reproduced with the permission of The Trustees of the Imperial War Museum GB 7, GB 8
The Artist Courtesy of Marlborough Fine Art (London) Ltd. GB 23

Los Angeles
© 1985, Tribune Media Services, Inc. All Rights Reserved. Printed with Permission USA 8

Mailand
Studio fotografico Davide Begotti I 1, I 2, I 3, I 4, I 6, I 7, I 10, I 11, I 13, I 16, I 17, I 18, I 20

Manchester
James Aulich CZ 2

Montreuil
© Musée de l'Histoire Vivante – Montreuil (France) F 3; Photographie: Jean Miaille F 14

Moskau
Gosudarstvennaja Tret'jakovskaja Galereja, Photographie: A. Sergeeva, 1996 BY 13; Photographie: A. Sapronenkova, 2002 SU/RUS 4
Gosudarstvennyj Central'nyj Muzej Kino, Photographien: Nikolaj Alekseev SU/RUS 13, SU/RUS 16, SU/RUS 17, SU/RUS 33
Gosudarstvennyj Istoričeskij Muzej, Photographien: Vasilij Močugovskij, Michal Kravcov SU/RUS 1, SU/RUS 2, SU/RUS 3, SU/RUS 19, SU/RUS 20, SU/RUS 26, SU/RUS 27, SU/RUS 28, SU/RUS 34, SU/RUS 35, SU/RUS 36, SU/RUS 41, SU/RUS 42

München
Bayerische Staatsbibliothek, Photostelle SK 6

New York
© 1961 by The New York Times Co. Reprinted with permission USA 10
© 1993 Newsweek, Inc. All rights reserved. Reprinted by permission USA 12
Paul Morris Gallery Abb. 39

Paris
© Robert Capa/Magnum Photos F 4
© Robert Doisneau/Rapho F 1
© Musée de la Poste – Paris, © La Poste F 9, F 10, F 11, F 27
Chantal Ouairy F 6, F 7, F 8, F 12, F 13, F 15, F 16, F 17, F 18, F 21, F 25, F 26

Riga
Valsts Mākslas muzejs. Izstāžu zāle Arsenāls, Photographien: M. Brašmane LV 2, LV 3, LV 4, LV 7

Rom
© Cinecittà Holding S.p.A. I 9

Rotterdam
© Ed van Wijk/nfa, Nederlands fotomuseum Abb. 7

Seneffe
Alain Breyer B 15

Sofia
Gradska Chudožestvena Galerija, Photographien: Nedialko Krastev BG 8, BG 14, BG 16, BG 21
Nacionalna Chudožestvena Galerija, Photographie: Ivo Hadjimishev BG 22

Stanford
Ira Nowinski, Courtesy of Department of Special Collections, Stanford University Libraries Abb. 17

Stockholm
© Bo-Aje Mellin/SVT Bild S 27
Svenska Filminstitutet's Stills Archive S 8, S 17; Photographie: Louis Huch S 5

Szentendre
Ferenczy Múzeum, Photographie: Jolán Gajzágó H 19

Turin
Castello di Rivara, Photographie: Tomaso Mattina Abb. 46
Centro Studi Piero Gobetti, Photographien: Carmelo Muré I 5, I 21, I 22, I 24, I 26

Vilnius
Lietuvos Nacionalinis Muziejus, Photographien: Kēstutis Stoškus LT 3, LT 5, LT 6, LT 10, LT 11, LT 12, LT 18, LT 19

Warschau
Biblioteka Narodowa, Zakład Reprografii PL 8
Muzeum Historyczne miasta starego, Photographien: Ewald Pawlak PL 3, PL 13, PL 29
Muzeum Narodowe w Warszawie, Photographie: Piotr Ligier PL 4
Muzeum Żydowskiego Instytutu Historycznego w Polsce, Photographien: A. Ring & B. Tropilo, Studio AR PL 19, PL 21, PL 22, PL 26, PL 27

Washington
United States Holocaust Memorial Museum, courtesy of Harold Royall Abb. 43

Wien
FIRST LOOK Productions A 25
Österreichische Nationalbibliothek, Bildarchiv A 10, A 12, A 13, A 17, A 19, A 21, A 23, A 24

Zagreb
Barbara Blasin YU/HR 24

Zürich
© Felix von Muralt/Lookat CH 15
Schweizerisches Landesmuseum Zürich, COL 16638 und COL 16639 CH 16; COL 16636 und COL 16637 CH 21

Zwolle
Hans Westerink NL 2, NL 3, NL 4, NL 5, NL 6, NL 7, NL 10, NL 11, NL 12, NL 13, NL 14, NL 17, NL 19, NL 24, NL 25, NL 26, NL 27, NL 28

Register

Das Register enthält Namen, Orte, Personen und Begriffe, die in den Essays aufgeführt sind, sowie die Stichwörter des Glossars und bezieht sich auf beide Bände

Aalders, Gerard   443
Abell, Kjeld   133
Abendroth, Wolfgang   156
Abramovicz, Myriam   81
Achsenmächte   297, 376, 389, 596, 599, 747, 758, 760, 825, 850, 860, 883
Adamkus, Valdas   709
Adamovič, Ales   645
Adenauer, Konrad   166
Adorno, Theodor W.   321, 324
Adriafrage   883
Adriapakt   883
Aeschlimann, Johann   602
Afrika   263, 290, 294, 518, 848, 860
Aftenposten   465
Akershus   47, 462 f.
Aktion Weiße Busse   130, 581, 583
Albanien   258 f., 261, 274, 390
Albanisches Epos   259, 261, 269
Albert I., König von Belgien   67 f., 78, 883
Aleksandrov, Aleksandr   654
Alekseevka   699
Aleksievič, Svetlana   645
Alessandrone Perona, Ersilia   353
Ålesund   463
Alexander der Große   862
Alexander I., Zar von Rußland   107
Alexej II.   649
Alfons XIII., König von Spanien   883
Aliger, Vera   629
Alliierte (Erster Weltkrieg) s. Entente (cordiale)
Alliierte Kontrollkommission   883
Alliierter Kontrollrat   883
Al-Qaida   861
Altdorf   607
Altenburg   186
Altisraelisches Königreich   317
Altneuschul   783
Améry, Jean   19
Amselfeld   391 f.
Amsterdam   10, 434–436, 443
Anatolij, A.   636
Anderlecht   81
Andriessen, Mari   439 f.
Andrzejewski, Jerzy   510, 524

ANED   s. Associazione Nazionale Ex Deportati Politici Nei Campi Nazisti
Anemodouras, Stelios   266
Anielewicz, Mordechaj   333, 520, 522, 884
ANPI   s. Associazione Nazionale Partigiani d'Italia
Anschluß, Anschlußbewegung   884
Antaios, Petros   270
Antall, József   825, 830, 834
Antel, Franz   494
Anthoni, Arno   214–216
Anti-Defamation League   863
Anti-Hitler-Koalition   376, 379, 509, 518, 631
Anti-Komintern-Pakt   139, 884
Antonescu, Ion   543–547, 551–553, 556, 558–560, 884
Antonescu, Mihail   546
Antonicelli, Franco   358
Antwerpen   75 f., 82, 84
Apitz, Bruno   182 f.
Appeasement   884
Arad   826
Arājs-Kommando   683
Arbeiderbladet   455
Arendt, Hannah   59, 323 f., 326, 856
Arkadiev, Lev   746
Armasjärvi   581
Arnold, Agnieszka   526
Arnstam, Lev   747
Artuković, Andrija   388
Asien   294, 852
Assa, Anri   110
Assmann, Aleida   20
Assmann, Jan   151
Associazione Nazionale Ex Deportati Politici Nei Campi Nazisti   352
Associazione Nazionale Partigiani d'Italia (ANPI)   346, 351, 355 f., 358
Astel, Karl   53
Astrid, Prinzessin von Schweden   78
Athen   257, 259, 261–265, 271, 273
Äthiopien   343
Attie, Shimon   59
Attlee, Clement   884
Augustaufstand   124 f., 129, 884

Augustinčić, Antun 383
Augustputsch 619
Aukštieji Panieriai 696
Auschwitz (Oświęcim) 11, 19 f., 22, 26, 36, 45, 58, 81–83, 109 f., 161–163, 167, 185, 233, 237, 271, 305, 317, 319–324, 326, 330–333, 378, 401, 406, 464 f., 491, 493, 514 f., 522, 552, 726, 749, 809, 827, 829–831, 885
Auschwitz-Prozeß 22, 49, 166, 186, 885
Aussig (Ústí nad Labem) 787 f., 885
AVNOJ 885
Aznar, José María 765

Babij Jar 636 f., 647, 719, 725–727, 886
Bacharian, Assantour 270
Badoglio, Pietro 343, 886
Baels, Lilian 78
Bagge, Gösta 571
Baklanov, Grigorij 635
Balašević, Đorđe 381
Balfour, Arthur James Earl of 886
Balkan 271, 374, 405, 546, 852, 854, 860
Balkanbund 886
Balkanentente 886
Balkankriege 377, 886
Balkanpakt 887
Baltenauslieferung 572
Baltikum 9, 12, 15, 628, 648, 671–718
Baltischer Rat 887
Balvan 102
Banat 390
Bandera, Stepan 722 f.
Bangerskis, Rudolfs 684, 887
Barauskaitė, Jolanta 695
Barbie, Klaus 22, 235 f., 240, 243, 887
Barcelona 761, 765
Bárdossy, László 825
Bartfay, Tibor 801
Barthes, Roland 580
Bartoszewski, Władysław 11, 520, 524
Baruch, Adam 315 f., 325, 335
Batak 102
Batschka 390
Batulia 102
Bayern 11, 164

BBC 68, 126, 285 f., 288, 290, 432
Becher, Johannes R. 176, 187
Beck, Ludwig 160, 887
Becker, Jurek 186 f.
Befreiungskriege 347 f., 351, 377, 379, 382, 453, 750, 760
Beggos, Thanasēs 267
Bekerle, Adolf 109
Belev, Aleksandăr 109
Belgien 14, 22, 34, 42 f., 67–94, 431, 433, 443
Belgrad 383, 385, 391, 393, 396–398, 400 f., 403
Belgrader Deklaration 888
Belgrader Konferenz s. Bewegung blockfreier Staaten
Belopolskij, Jakov B. 175
Belovo 105
Bělský, Karel 774
Belzec 726
Ben David, Yoav 325 f.
Ben Gurion, David 888
Beneš, Edvard 773, 776 f., 780, 786 f., 888
Beneš-Dekrete 786, 789 f., 888
Benigni, Roberto 58, 359 f.
Benjamin, Walter 32
Benn, Gottfried 152
Berchtesgaden 78
Berg 464 f., 888
Bergen-Belsen 515, 576, 853, 888
Berggol'c, Ol'ga 638
Bergström, Helena 581
Berija, Lavrentij P. 633, 889
Berlin 11, 22, 30–33, 36 f., 45, 48, 56, 98, 108, 157, 161, 165, 174–178, 185–187, 240, 358, 465, 518, 602, 607, 623, 626, 629, 631–634, 720 f., 777, 799, 802, 811, 854
Berlin-Karlshorst 161 f., 626, 721
Berlin-Treptow 33, 174–178, 623, 629, 631, 641, 642, 720
Berliner Deklaration 889
Bern 607
Bernadotte, Folke Graf 18, 576, 581–583, 889
Bernhard, Thomas 496
Besgen, Elli 152
Bessarabien 544, 547, 550 f., 556, 628
Best, Werner 123, 889
Beutler, Jiří 783
Beveridge Report 285, 890

bewariërs 443
Bewegung blockfreier Staaten 890
Beyer, Frank 183, 186
Bibó, István 828
Bierut, Bolesław 516
Bihać 376
Billquist, Ulla 570 f., 583
Binkienė, Sofija 708
Birenbaum, Halina 334
Birkenau 26, 49, 58, 161, 271, 514 f.
Bischofteinitz 786, 790
Biskupski, Maksymilian M. 60, 516
Bitburg 853 f.
Blaue Division (División Azul) 757 f., 760–762, 764
Bleiburg 393, 395, 399, 402
Blix, Ragnvald 138, 570
Blokker, Jan 434
Blom, Johan C. H. 429
Błoński, Jan 524
Boban, Rafael 394
Boëthius, Maria-Pia 574
Bogdanović, Bogdan 400 f.
Bogdanović, Dimitrije 386
Boix, Francisco 49, 765
Böll, Heinrich 623
Bolotovski, Gideon 217
Bolschewiki 890
Boltanski, Christian 36
Bondarev, Jurij 636
Bonhoeffer, Dietrich 160, 890
Boon, Louis-Paul 84
Boorman, John 302
Borchert, Wolfgang 151
Bordeaux 241, 243
Boris III., Zar von Bulgarien 24, 95–97, 99, 110, 112, 890
Bornholm 126
Borodajkewycz, Taras 490 f.
Borodino 649
Boross, Péter 830
Borovskij, David 720
Borowski, Tadeusz 514
Borsche, Dieter 166
Bosnien 390, 394, 789, 860
Bosnien-Herzegowina 381, 388, 395, 399, 402, 404, 406
Bourke-White, Margaret 10, 352
Bousquet, René 243
Braham, Randolph 830
Brändström, Elsa 576
Brandt, Bill 288
Bratislava 37, 799 f., 802 f., 806, 811

Bratland, Per 465
Brauman, Rony 59, 324
Brauner, Artur 40
Brecht, Bertold 140
Breendonk 75 f., 82–84, 891
Brel, Jacques 80
Brest 638, 644, 739 f.
Brest-Litowsk, Friede von 891
Brežnev, Leonid I. 627, 635, 638–640, 643–645, 647, 654, 720
Brežnev-Doktrin 891
Briand-Kellogg-Pakt 891
British Commonwealth of Nations s. Commonwealth of Nations
Brno s. Brünn
Brody 725
Brooks, Mel 863
Brünn 787, 790 f.
Bruskina, Maša 746
Brüssel 68, 70, 73, 75, 79, 81 f., 85 f.
Brüssel, Vertrag von 891
Brynner, Yul 41
Bubis, Ignaz 21
Buchenwald 18, 30, 33, 38, 59, 74, 82, 174, 178–182, 187, 237, 352, 435, 576, 744, 764, 855, 891
Buchheim, Lothar-Günther 154 f.
Budapest 8, 37, 759, 818, 821, 824–826, 829 f., 832 f., 836
Bürgerforum s. samtene Revolution
Buhl, Vilhelm 125
Bukarest 37, 541, 544–546, 548, 550–553, 556–558
Bukarest, Frieden von 892
Bukowina 543 f., 547, 550 f., 556
Bulajić, Milan 402
Bulajić, Veljko 41
Bulgarien 14 f., 24, 95–122
Bundesrepublik Deutschland 8, 11 f., 17 f., 20–22, 31 f., 36, 45, 56, 151–172, 179, 183, 185–187, 398, 487–489, 520, 789, 809, 853
Burton, Richard 380
Bush, George W. 861
Bušs, Kārlis 681
Busson, Suzanne 233
Buyens, Frans 75, 81
Buzatu, Gheorghe 556
Bykaŭ, Vasil' 635 f.
Byzantinisches Reich 270

Čakste, Konstantīns 681, 892
Calais 38
Calarași 555, 892
Caleffi, Piero 352
Calvo, Edmond-François 230
Campbel, Arthur 398
Canaris, Wilhelm Walter 159, 892
Cannes 265, 602, 634
Capa, Robert 232
Carei 546
Carmback, Göran 581
Carp, Matatias 552
Carpi 352
Casablanca, Konferenz von 892
Casanova, Danielle 237, 892
Cäsar 862
Caserta 343
Cavaglion, Alberto 353, 360
Cayrol, Jean 235
Ceaușescu, Ilie 546
Ceaușescu, Nicolae 34, 37, 542, 544, 546, 550, 553, 559
Celan, Paul 43, 55, 471
Cereteli, Zurab 649
Černenko, Konstantin 646
Černiachovskij, Ivan Danilovič 701 f., 892
Černý, Václav 776
Četnik 375 f., 378, 386–391, 394, 399, 401, 892
Chagoll, Lydia 81
Chaldej, Evgenij 47, 174 f., 620, 893
Chamberlain, Neville 287, 775, 893
Char, René 13
Charta 77 23
Charta der deutschen Heimatvertriebenen 159
Chatyn' 739, 893
Che Guevara s. Guevara de la Serna, Ernesto Che
Cherut 893
Cheskija, Zako 103
Chirac, Jacques 22, 244 f.
Chopin, Fryderyk 638
Chorużaja, Vera Z. 748
Christian X., König von Dänemark 137 f., 893
Christofoor 435
Chrov 722
Chruščev, Nikita S. 633, 636–640, 647, 650, 725
Churchill, Winston 16, 68 f., 162, 285 f., 288, 290–292, 296 f., 299, 461, 548, 847, 893

Ciampi, Carlo Azeglio 361
Čiaureli, Michail 632
Claus, Hugo 42, 84
Clerdent, Pierre 67
Clift, Montgomery 853
Clinton, William J. 38, 648, 860
CLN s. Comitato di Liberazione Nazionale
Codreanu, Corneliu Zelea 894
Cohen, Albert 110
COMECON s. Rat für gegenseitige Wirtschaftshilfe
Comitato di Liberazione Nazionale 343, 349, 351
Commission Mattéoli 245
Commonwealth of Nations 894
Compiègne 894
Conseil national de la Résistance 229
Conservative Party 298
Constant (eigentlich Nieuwenhuys, Constant Anton) 10
Corpo Volontari della Libertà 343 f., 346, 352, 358
Ćosić, Dobrica 383
Coster, Charles de 72
Coventry 16
Cremer, Fritz 33, 38, 179–182
Croce, Benedetto 344, 894
Curzon-Linie 894
CVL s. Corpo Volontari della Libertà

Dachau 31, 745
Dagbladet 471
Daily Mail 53, 285, 292
Daladier, Édouard 775, 894
Dalmatien 390, 394
Dänemark 14 f., 123–150, 431, 454, 466, 577–579
Danilov, Lev 647
Dänische Brigade 125
Danmarks Frihedsraad 125
Dannebrog 135 f.
Darwin, Charles 218
Dawesplan 895
D-Day 285, 300 f., 864
DDR s. Deutsche Demokratische Republik
De Felice, Renzo 26, 352, 358 f.
De Gasperi, Alcide 350
Debrecen 832
Degrelle, Léon 895
Dej 556

Deklaration der Rechte der Völker Rußlands 895
Delacroix, Eugène 230
Delp, Alfred 160, 895
Dembek, Janusz 31
Dembo, Icikas 708
Den Haag 402
Despotidēs, Mimēs 272
Deutsch, Karl W. 386
Deutsch-Sowjetischer Nichtangriffspakt 23 f., 624, 648, 895; s. auch Hitler-Stalin-Pakt
Deutsche Demokratische Republik 8 f., 11, 17 f., 33, 39, 56, 160, 167, 173–202, 509
Deutschlandarbeiter 124
Dietrich, Marlene 853
Đilas, Milovan 383–385
Dimitrov, Georgi 16, 95, 99–102, 104, 106, 110, 896
Displaced Persons (DP) 229, 855
División Azul s. Blaue Division
Dnjepr 720, 722, 729
Dnjestr 547, 551
Doberauer, Anke 53
Doisneau, Robert 8, 229
Dominion 896
Don 824 f.
Donau 404, 818, 823
Donezk 644
Dönitz, Karl 155, 896
Donne, John 236
Dormer, Sir Cecil F. J. 457
Dorpat 896
Dossin-Kaserne 22, 82–84
Dowding, Lord Hugh C. 31, 301, 896
Dózsa, György 821
DP-Lager 319
Drancy 233
Drašković, Vuk 390
Dreibund 896
Dreimächtepakt 96–98, 102, 108, 897
Dresden 59, 302
Dréville, Jean 459
Drøbak 455
Drūskininkai 37, 702
Dubrovnik 394
Dünkirchen 288, 290, 897
Ďurčanský, Ferdinand 807
Dürer, Albrecht 153
Đuretić, Veselin 386
Durkheim, Emile 151
Duszeńko, Franciszek 517
Dzeržinskij, Feliks E. 37, 619

Dzjuba, Ivan 726

EAM s. Nationale Befreiungsfront
Eastbourne 293
Edelman, Marek 523
Eder 293
Eichmann, Adolf 8, 22, 59, 185, 243, 323 f., 326, 329, 332, 465, 470, 488, 490, 492, 855 f., 862, 897
Eidsvoll 453
Einstein, Albert 165, 847
Einthoven, Louis 429, 897
Eisenhower, Dwight D. 69, 626, 897
Eisenman, Peter 32, 36 f.
Eisenstaedt, Alfred 850
Eiserne Garde 545, 551, 897
Eisernes Kreuz 898
Eisler, Peter 330, 333
Ék, Sándor 8, 821
ELAS s. Nationale Volksbefreiungsarmee
El'cin, Boris 38, 219, 648–650
Elgurts, Josifs 679
Elisabeth II., Königin von Großbritannien 291, 297
Elsaß-Lothringen 229
Elverum 454 f.
Elytēs, Odysseas 261
Engelbrektsson, Engelbrekt 571
Engels, Friedrich 821
England 31, 40, 285, 288, 291, 294, 296, 301, 432 f., 459, 518, 774, 777
Englund, Helene 581
Enquist, Per Olov 572
Entente (cordiale) 898
Entente, Kleine 898
Ėrenburg, Il'ja 633, 637, 725
Erfurt 186
Esteban-Infantes, Emilio 764
Estland 135, 214, 572, 648
Europäische Atomgemeinschaft 898
Europäische Freihandelsassoziation 898
Europäische Gemeinschaft s. Europäische Wirtschaftsgemeinschaft
Europäische Gemeinschaft für Kohle und Stahl 899
Europäische Union 7, 582, 648, 789, 791, 899
Europäische Verteidigungsgemeinschaft 238, 899

Europäisches Währungssystem 899
Europäische Wirtschaftsgemeinschaft 294
Europarat 899
Evtušenko, Evgenij 636 f., 725
Exil 8, 18, 60, 98, 102, 138, 174, 268, 271, 349, 393, 397, 399, 402, 432 f., 457 f.
Exilregierung 68, 376, 389, 430, 457 f., 460, 462, 472, 517
Exportorganisation 465
Ezergailis, Andrievs 675, 682

Fadeev, Aleksandr 719
Falange 899
Faschismus 900
Februaraufstand 492, 900
Februarrevolution 900
Februarstreik 436, 439 f., 442, 901
Feldmann, Jacob 468 f.
Feldmann, Rakel 468 f.
Fergnani, Enea 352
Fiennes, Ralph 831
Figl, Leopold 481, 487
Filderman, Wilhelm 552
Filov, Bogdan 110
Finger, Enzo 47, 463
Finnland 14 f., 203–226, 571, 574, 578 f., 582
Finnlandisierung 205 f.
Finnmark 462
Fischer, Josef Ludvík 776
Flamen 901
Flämische Bewegung 901
Flandern 67, 76 f., 79 f., 85
Flens, Karl-Erik 570
Flüchtlingskonferenz von Evian 901
folkhemmet 571, 581
Fortsetzungskrieg, finnischer 203, 205 f., 209, 212, 214, 218, 901
Fornebu 455
Fosse Ardeatine 348, 902
Fossoli 352, 360, 902
Fossum, Georg W. 465
France libre 234
Francetić, Jure 394
Franco Bahamonde, Francisco 18, 403, 757–760, 764 f., 902
Frank, Anne 21, 83, 165, 332, 352, 438–442, 606, 764, 855, 902

Frank, Herz 678
Frankfurt a. M. 49, 166, 186
Frankreich 8, 11 f., 14–16, 21 f., 31, 39, 43, 57, 59, 68, 227–256, 285, 324, 344, 431, 443, 518, 546, 579, 599, 603, 764, 774, 805
Frankreichfeldzug 456
Frei, Norbert 157
Freud, Siegmund 497
Frey, Theo 605
Friedländer, Saul 863
Front National (kommunistisch) 238
Front National (Le-Pen-Partei) 242
Fünfte Republik 234, 236, 238 f.

Galizien 551, 723 f., 728
Ganev, Christo 102
GAP s. Gruppi d'Azione Patriottica
Gardelegen 902
Garland, Judy 853
Garwatowski, Stefan 517
Gaulle, Charles de 8, 16, 31, 69, 227, 229 f., 234, 237, 239 f., 245, 902
Gediminas-Turm 701
Gelovani, Michail 632
Gelsted, Otto 131
Gemmeker, Alfred 442, 903
Generalgouvernement 903
Generalkommissariat Weißruthenien s. Reichskommissariat Ostland
Genf 601
Genfer Internationale Abrüstungskonferenz 903
Genfer Zollfriedenskonferenz 903
Genscher, Hans-Dietrich 405
Genua, Internationale Wirtschaftskonferenz von 904
Georg II., König von Griechenland 904
Georg VI., König von Großbritannien 69
Gera 186
Gerz, Jochen 31, 36
Gestapo 70, 214, 267, 348, 467 f., 526, 634, 694, 904
Geyl, Pieter 429
Géza, Vida 34, 544 f.
Giacometti, Alberto 272
Giehse, Therese 602

Gilad, Ja'akov 334
Gilbert, Lewis 293
Giurescu, Dinu C. 556 f.
Glasnost' 904
Glemp, Jozef 513
Globke, Hans Maria 9, 185
Globocnik, Odilo 488, 905
Glomstua 456
Glücksburg 137
Goebbels, Joseph 18, 153, 332, 680
Goerdeler, Carl Friedrich 160 f., 905
Goev, Vladimir 104
Goldhagen, Daniel Jonah 154, 166, 323
Goldstein, Slavko 403
Golian, Ján 802, 805
Gömbös von Jákfa, Gyula 30, 826, 905
Gomułka, Władysław 511
Gondoo 604
Göncz, Árpád 11, 825
Goodrich, Francis 21, 440, 855
Gorbačev, Michail 219, 624, 646–648, 654
Gorgopotamos 263, 269
Göring, Hermann 99, 101, 332, 905
Görlich, Ernst Joseph 488
Gottwald, Klement 773, 777, 905
Granin, Daniil 645, 654
Graudonis, Jānis 683
Grebbelinie 427
Gregor, Manfred 158
Griechenland 12, 14 f., 49, 97, 257–284, 596, 835
Griechischer Bürgerkrieg 257 f., 261, 264–266, 268, 270 f., 274
Grini 464 f., 906
Grohé, Josef 906
Gronefeld, Gerhard 163
Groningen 434
Gross, Andreas 600
Gross, Jan T. 526
Großbritannien 11, 14 f., 257, 285–314, 454, 457, 459, 472, 574, 579, 758, 765, 861
Großer Vaterländischer Krieg 16, 18, 33, 97, 620–622, 625 f., 629, 632, 637 f., 644, 646–649, 652–655, 699, 719 f., 722 f., 725–728, 737 f., 741, 746
Grossman, Vasilij S. 630, 636 f., 647

Grotewohl, Otto 174, 176
Grundig, Hans 55, 184
Grunwald 518
Gruppi d'Azione Patriottica 347, 358
Gruta-Park 702
Gudmonas, Jonas 701
Guéhenno, Jean 230
Guernica 32, 55
Guevara de la Serna, Ernesto Che 269
Guisan, Henri 599 f., 906
GULag 633, 680, 728, 906
Günther, Rolf 465
Guttuso, Renato 354

Haager Landkriegsordnung 128
Habsburg, Otto 817
Hácha, Emil 777, 906
Hackett, Albert 21, 440, 855
Haderer, Gerhard 497
Haganah 906
Hæstrup, Jørgen 126
Haider, Jörg 495, 497, 854
Haifa 322
Hájek, Karel 778
Håkon VII., König von Norwegen 456, 458, 461, 471 f., 906
Halbwachs, Maurice 151, 228
Halle 186
Halonen, Tarja 213
Hamburg 36, 59, 155, 576
Hämeenlinna 213
Hamilton, Guy 40
Hammarskjöld, Dag 583, 906
Hammerfest 463
Handke, Peter 404
Hansson, Per Albin 571, 574, 907
Harnack, Falk 160, 907
Harris, Sir Arthur T. 31, 302, 907
Häsler, Alfred A. 601 f., 606
Havel, Václav 11, 25, 776, 789
Heartfield, John 99, 101
Hechtkopf, Henryk 521
Heimatarmee 41, 510–513, 524
Heimatfront 47, 285 f., 288, 290, 295, 299, 302 f., 306, 458, 461–463, 465, 467, 469, 471 f., 574, 578, 848–851
Hejdánek, Ladislaw 788
Held der Sowjetunion 35, 700, 747
Helmreich, William B. 320

Helsinki 203 f., 208, 212, 214 f., 217, 219
Hendaye 758, 907
Hendy, Julian 9, 724
Henlein, Konrad 773, 907
Henselmann, Hermann 33
Hermlin, Stephan 186
Herzberg, Abel 437
Herzegowina 390
Hewitt, Nick 300
Heydrich, Reinhard 777, 780, 907
Hietaniemi 204, 219
Himka, John-Paul 724
Himmler, Heinrich 46, 215, 332, 908
Hipo 124 f., 133
Hiroshima 578, 851, 864
Historikerstreit 20, 154, 166
Hitler, Adolf 18, 26, 30, 50, 57, 67–72, 78 f., 95, 109, 159–162, 166, 174, 176, 181, 185, 205, 211, 214, 217 f., 296, 302, 323, 332, 376, 379, 384, 395, 399, 433, 454 f., 481–483, 488, 498, 509, 514, 516, 518, 543, 552, 624 f., 631, 636 f., 648, 673, 697, 723, 728, 757–759, 775, 777, 788, 799, 807, 809, 826, 847, 861–863, 908
Hitler-Stalin-Pakt 203, 544, 548, 677, 703 f.; s. auch Deutsch-Sowjetischer Nichtangriffspakt
Hjemmefronten 458
Hochhuth, Rolf 21, 165
Hocke, Gustav René 56
Hoffenberg, Esther 81
Hoffmann, Kurt 157
Hofland, Hendrik 438
Hoheisel, Horst 36
Hollywood 208, 855, 862, 864
Holocaust 8, 10, 20–22, 24 f., 32, 35–37, 43, 57, 82, 84, 112, 138–140, 142, 160, 164, 187, 214, 217 f., 227, 240, 242, 245 f., 274, 297 f., 303, 305, 315–328, 330–332, 334 f., 398, 401, 442, 473, 492 f., 495, 499, 524, 552, 555, 581 f., 600, 602, 607 f., 636, 677–679, 693, 708 f., 719, 724–726, 749, 757, 765 f., 780–784, 791, 803, 808–810, 818, 823, 826–833, 854–861, 863
Hóman, Bálint 825

Honecker, Erich 186
Höök, Stig 570
Horelli, Toivo 214
Horn, Gyula 830
Horšovský Týn 786, 790
Horthy, István 819–821
Horthy, Miklós 24, 550, 819, 825, 909
Hoxha, Enver 37
Hrabal, Bohumil 778
Hrdlicka, Alfred 497
Hrebeljanovič, Fürst Lazar 392
Hussein, Saddam 861
Hutter, Schang 600

Iași 550, 552 f., 555, 558, 909
Iliescu, Ion 557, 559
Imhoof, Markus 602 f.
Impulevičius-Bataillon 696
IMRO 909
Inkens, Leonard 680
Internationaler Gerichtshof 909
Internationaler Währungsfonds 296 f.
Internationales Kriegsverbrechertribunal 909
Ioanid, Radu 60, 555, 557
Ionische Inseln 271
Ip 550
Ipsen, Gunther 398
Irak 860 f.
Isaacs, Jeremy 11, 297
Isabella von Kastilien 765 f.
Isenstein, Harald 466
Isorni, Jacques 232
Israel 7, 13 f., 20, 22, 111, 183–185, 240, 315–342, 467, 494, 523, 552, 708, 856
Italien 11 f., 14–16, 21, 30, 55–57, 96, 258, 271, 343–372, 377, 603
Ivano-Frankivsk 724
Ivanov, Aleksandr 746
Ivanov, Anton 104
Iveković, Sanja 406
Iwo Jima 861
Izieu 235, 243

Jajce 376
Jalta, Konferenz von 69, 161 f., 257, 285, 291, 509, 518 f., 548, 631, 910
Janković, Branimir 381
Jánošík, Juraj 805

Japan 96, 850, 852, 864
Jaruzelski, Wojciech 513
Jasenovac 379, 395, 399–405, 910
Jastrebino 104
Jeanne d'Arc 34, 242, 747
Jedwabne 25, 526 f.
Jellačić, Josip 393
Jena 53
Jensen, Georg 138
Jerusalem 55, 185, 323, 326, 855 f.
Jesuiten 453
Jeszenszky, Géza 830
Jewish Claims Conference 487
Johannes Paul II. 397
Jokūbonis, Gediminas 694
Jong, Lou de 428 f., 434 f., 437 f.
Juan Carlos I., König von Spanien 910
Jugoslawien 9, 14 f., 24, 34, 40, 42, 97, 259, 373–426, 854
Jünger, Ernst 154
Jürgens, Curd 41, 151, 380

Kádár, János 818, 829, 832
Kairys, Liudvikas 697
Kalatozov, Michail 40, 634
Kalenderdemonstrationen 677
Kalniņš, Rolands 682
Kaltenbrunner, Ernst 488, 910
Kalter Krieg 9, 15, 67, 81, 141, 173, 184, 236 f., 257, 270 f., 332, 435, 440, 485, 597, 608, 627, 631, 676, 760, 850, 852, 854
Kampanellēs, Iakōbos 272
Kaminski, Iosif I. 739
Kansa taisteli, Miehet kertovat 206
Kansan Kuvalehti 205
Karađorđe 391
Karađorđević, Paul 910
Karadžić, Radovan 391
Karamanlēs, Kōnstantinos 268
Karapanov, Kiril 110
Karavan, Dani 32
Karibik 294
Karl von Flandern, Graf 910
Karlsbad 788
Karlshorst s. Berlin-Karlshorst
Kärnten 495
Karski, Jan 524
Kassel 36, 56, 406
Katrakēs, Manos 262

Katsouridēs, Ntinos 267
Katyn 60, 515 f., 624, 911
Kaunas 694 f., 697, 699
Käutner, Helmut 42, 151
Kazej, Marat 16
Keitel, Wilhelm 161, 911
Kekkonen, Urho Kaleva 205, 208, 911
Keller, Hans 438
Kempeneer, Hyppolite de 78
Kende, Péter 828
Keneally, Thomas 858
Kenna, Michael 58
Kephallēnos, Giannēs 261
Kertész, Imre 20, 26
Kertsch 627, 638
KGB 697, 707; s. auch NKVD
Kiefer, Anselm 55
Kiel 31
Kiew 37, 626, 636, 638, 643 f., 719–722, 725–727, 729, 746
Kinzer, Steven 708
Kirchhoff, Hans 123, 142
Kirchweger, Ernst 491
Kirk, Hans 128
Kirkenes 462
Kisfaludi Strobl, Zsigmond 819
Kiss, Sándor M. 826
Kitaj, Ronald B. 55, 303 f.
Klarsfeld, Serge 12, 236, 243
Klas, Aleksandar 405
Klaus, Josef 491
Klaus, Václav 789
Klestil, Thomas 494, 498
Klima, Ivan 11
Klimov, Elem 645
Knopp, Guido 160–162
Koch, Marianne 151
Kočović, Bogoljub 398 f.
Kohl, Helmut 788
Kolas, Vladzimir 749
Kolbe, Maksymilian Maria 515, 911
Kolev, Radosvet 105
Kollaboration 8 f., 17, 42 f., 68, 76–80, 84–86, 95, 97 f., 101, 123, 126, 129 f., 133 f., 141, 210, 212, 231–233, 237 f., 240 f., 245, 258, 266, 344, 347, 375, 377 f., 386 f., 389, 396, 399, 428 f., 433, 437 f., 472 f., 492, 526, 577, 579, 624, 628, 633, 652, 672 f., 675, 678, 682, 696 f., 709, 724, 726, 743, 757, 777–779, 786, 807 f., 825, 830
Kollmann, Georg 214
Kollwitz, Käthe 31

Köln 32
Kombattant 911
Kominform 393; s. auch Kommunistisches Informationsbüro
Kommunistische Internationale 912
Kommunistische Parteien Frankreichs (PCF) 237 f.
Kommunistisches Informationsbüro 912; s. auch Kominform
Komodaitė, Judita 709
Komsomol / Komosolzen 101, 694, 700, 719, 747, 912
Kondominium 912
Konferenz über Sicherheit und Zusammenarbeit in Europa 912
Konrád, György 11, 387
Konstantinović, Zoran 405
Kontrollabkommen 484
Konzentrationslager 10, 17, 30 f., 39, 48 f., 51, 59, 70, 74–76, 82, 124, 153, 162, 164, 167, 174, 178–180, 184–187, 216 f., 231–234, 242, 272, 303 f., 319, 326, 331 f., 334 f., 352, 360, 395, 399, 401, 406, 437, 443, 464, 466, 478, 492, 495, 509, 514 f., 565, 572, 574–578, 628, 637, 644, 681, 726, 764, 781, 783 f., 809, 828, 830, 850, 852–855, 861
Kopenhagen 127, 130 f., 134
Korczak, Janusz 332, 912
Koreckij, Pavel 641
Korfu, Vertrag von 913
Korhonen, Arvi 206
Körner, Vladimír 788
Korotič, Vitalij 727
Kortrijk 79
Kosmodem'janskaja, Zoja A. 16, 747 f., 913
Kosovo 375, 384, 386–388, 390–392, 401, 404–406
Kotrba, Walter 790
Kovačite 102
Kovács, Ákos 823
Kowa, Victor de 151
Kozlov, Vladimir P. 626
Kragujevac 378, 404, 913
Krakau 519
Krall, Hanna 523
Kramer, Josef 576
Krasnodon 719
Krâstev, Simeon 105
Krastins, Fridis 709

Krawczyk, Jerzy 522
Kreisky, Bruno 488, 492
Kriegsveteranen 210 f., 213, 215, 300, 382, 495, 637, 649, 724, 763, 864
Kroatien 12, 14, 24, 378, 387 f., 390, 393–397, 399, 401–406
Kronrinz Olav von Norwegen s. Olav V., König von Norwegen
Kršinić, Frano 309
Kruczkowski, Leon 519
Kučma, Leonid 724
Kuharić, Franjo 397
Kumrovec 383, 403
Kurgan 38, 640, 644, 738
Kuropaty 748 f., 913
Kurz, Gertrud 600, 913
Kurz, Hans Rudolf 597
Kutuzov, Michail I. 648
Kuusinen, Hertta 205
Kuznecov, Anatolij 636, 647, 726
Kyj 722

Labour Party 285, 292, 296
Laine, Edvin, 207–209
Łambinowice 520
Lamsdorf s. Lambinowice
Lanzmann, Claude 43, 59, 164, 242, 524
Lapplandkrieg 203
Lappo-Bewegung 913
Lassnig, Maria 496 f.
Lateranverträge s. Mussolini, Benito
Laurer, Johann 30, 481
Lausanne, Frieden von 913
Lausanne, Vertrag von 914
Laveleye, Victor de 68
LCP, Latvijas Centrala Padome s. Lettischer Zentralrat
Le Pen, Jean-Marie 242
Leclerc, Jacques-Philippe 229 f.
Leggi per la difesa della razza 343, 352, 359, 360
Legion Erzengel Michael 914
Legionärsaufstand 551, 553–555
Legionärsbewegung „Legion Erzengel Michael" 551, 556
Leipzig 99–101
Lemberg 722 f.
Lenica, Jan 513
Lenin, Vladimir Il'ič 914
Lenin-Monument 37
Leningrad 627, 638, 643 f.

Lenino 518
Leopold III., König von Belgien 68, 77–79, 914
Lettische SS-Freiwilligenlegion 682
Lettischer Zentralrat (LCP) 681, 914
Lettland 572, 648, 671–692
Leuschner, Wilhelm 160 f., 914
Levande historia 582
Levi, Primo 352, 915
Levin, Irene 467
Levinas, Chanonas 699
Levinthal, David 50
Ležáky, 777, 780, 915
Liberazione 344, 349, 358 f., 361
Libeskind, Daniel 31, 36 f.
Lidice 16, 400, 694, 777, 780 f., 784, 790, 915
Lidov, Petr 747
Liebknecht, Karl 30, 176
Lieu-de-mémoire 74, 83
Lileikis, Aleksandras 708, 915
Lillehammer 470
Lind, Victor 470 f.
Lindtberg, Leopold 602
Linthorst Homan, Johannes 915
Linna, Väinö 206–209
Linthorst Homan, Johannes 429
Lipke, Žānis 679, 915
Lipponen, Paavo 213, 215
Lipski, Jan Józef 520, 523
LiRo-Affäre, 444
Litauen 16, 34, 37, 648, 693–718, 743
Lizzani, Carlo 346
Ljubičič, Boris 402
Ljubljana 385
Locarnoverträge 915
Łódź 186
London 37, 55, 68, 217, 285–288, 290, 292, 295 f., 300–303, 305 f., 376, 398, 457 f., 461 f., 636
Londoner Vertrag 916
Los Angeles 22
Lotta-Svärd-Organisation 213, 916
Lubaviči 742
Lubliner Komitee 916
Lübke, Heinrich 185
Ludwig, Carl 601, 606
Luftschlacht um England 40, 285, 288, 301, 518
Lukašenko, Aleksandr 749
Lustig, Arnošt 785
Lüttich 67, 79, 82
Luxemburg, Rosa 30, 176

Lužkov, Jurij 619, 649
Lviv s. Lemberg
Lybid' 722
Lyon 243

Maartmann-Moe, Sigval 466
Maastricht, Vertrag von s. Europäische Union
Macevičius, Kazys 709
Machcewicz, Paweł 527
Madrid 763
Madsen, Carl 128
Magadan 707
Magdeburg 186
Maginotlinie 916
Mailand 343, 351, 357, 360
Majdanek 31, 726
Makronissos 258, 265 f., 916
Maleta, Alfred 491
Malraux, André 240
Mann, Abbie 853
Mannerheim, Carl Gustav 203–205, 211, 214, 218 f., 917
Manov, Todor 103
Mantere, Sarva 217
Marcks, Gerhard 32
Margaritēs, Giōrgos 271
Marija Bistrica 397
Marinas, José-Miguel 765
Marsch auf Rom s. Mussolini, Benito 917
Marseille 346, 596
Marshallplan 591, 852, 917
Martinovič, Djordje 404
Martinovits, Ignác 821
Marx, Karl 821
Marzabotto 16
Masaryk, Tomáš Garrigue 30, 773 f., 917
Mason, Herbert 53, 287
Massaker von Paračin s. Paračin, Massaker von
Matejka, Viktor 486
Matlock, Jack F. 724
Matrosov, Aleksandr 626
Matteotti, Giacomo 345, 350, 917
Mauthausen 49, 233, 272 f., 352, 436, 495, 764 f., 828, 917
Mayers, Paul 398
Mazedonien 97, 111 f., 268
Mažeikiai 699
Mazzetti, Paola 355
Mechelen 82 f., 918
Mečiar, Vladimir 803

Mejtus, Jurij 719
Melamed, Arianna 323 f. mit Anm. 13
Meletzēs, Spyros 268 f.
Melnikaitė, Marytė 16, 34, 700, 702, 918
Melsack 701
Menasse, Robert 493
Mengele, Josef 918
Menzel, Jiří 778
Merker, Paul 184
Merkourēs, Melina 260, 270
Merz, Carl 490
Metaxas, Iōannēs 259 f.
Mētsotakēs, Kōnstantinos 270
Meyst, Emile-Georges de 70, 73 f.
Michalkov, Sergej V. 654
Michalovce 809
Michman, Dan 318
Michnik, Adam 511
Mies van der Rohe, Ludwig 30
Mihai I., König von Rumänien 558 f., 918
Mihaileanu, Radu 60
Mihailović, Draža 376, 388–392
Mikėnas, Juozas 701
Milgram, Stanley 862
Miller, Lee 58
Milorg 485 f.
Milošević, Slobodan 388, 390–392, 395, 401, 404–406
Miłosz, Czesław 525
Minsk 627, 638, 644 f., 697, 737–739, 745–747, 749
Mischehe 464 f.
Mitscherlich, Alexander 158
Mitscherlich, Margarete 158
Mittelmächte 918
Mitterrand, François 231, 241, 244, 246
Mladić, Ratko 391
Moczar, Mieczysław 513
Modiano, Patrick 241
Mohács, Schlacht von 825
Möhne 293
Moldawien 551, 628
Molde 456
Mollberg, Rauni 208
Molotov (Skrjabin), Vjačeslav Michajlovič 704, 725, 918
Moltke, Helmuth James Graf von 160 f., 918
Monnet, Bertrand 234
Monte Cassino 518, 918
Montenegro 378, 382, 388, 390
Montgomery, Bernard L. 69, 130, 919

Mont-Valérien (Fort) 31, 234
Montvila, Vytautas 694
Moon, Nettie 306
Moralēs, Giannēs 261
Moro, Aldo 358
Moskau 31, 37 f., 95, 98, 108, 110, 187, 204, 206, 349 f., 376, 383, 521, 543, 548, 619–621, 625–627, 634 f., 638, 640, 644, 647–651, 653 f., 671 f., 678, 699, 700, 703, 724, 726, 728, 737, 743, 747, 775
Moskauer Deklaration der alliierten Außenminister vom 30. Oktober 1943 482–484, 486 f., 919
Mosley, Oswald 304
Moulin, Jean 16, 239, 919
Mouvement républicain populaire (MRP) 237
Movimento Sociale Italiano (MSI) 353
Muccini, Marcello 354
Mucenieks, Arturs 674
Mucha, Stanisław, 58, 161
Múgica Herzog, Enrique 765
Münchener Abkommen 774–776, 778, 781, 783, 790, 799, 919
Munk, Kai Harald Leininger 133 f., 920
Murmansk 627
Muselmann 328, 920
Mussolini, Benito 30, 69, 258, 260, 343–345, 347, 355, 399, 775, 920,

Náchod 786
Nagasaki 578, 851, 864
Nagibin, Jurij M. 628
Nagy, Imre 818
Nalvandjan, D. 645
Napoleon 648 f., 862
Narvik 454, 456
Nasjonal Samling 453, 456, 461, 472
Nationale Befreiungsfront (EAM) 257, 263 f., 270
Nationale Volksbefreiungsarmee (ELAS) 257, 263 f., 270
Nationalpolnischer Widerstand 738
Nationaler Staat der Legionäre 551; s. auch Antonescu, Ion

NATO 128 f., 379, 388, 405, 455, 560, 648, 704, 851, 854, 920
NATO-Programm „Partnerschaft für den Frieden" 921
Navajo 864 f.
Neapel 348
Nederland Archief 430
Neeson, Liam 303
Nekrasov, Viktor 725 f.
Nekrič, Aleksandr 639, 647
NEP 921
Nerman, Ture 572
Neuilly-sur-Seine, Friedensvertrag von 96, 922
Neurath, Konstantin von 777, 922
Neustrelitz 186
New Deal s. Roosevelt, Franklin D.
New Haven 857
New York 22, 51, 58, 524, 580, 602, 708, 724, 850 f., 856–858, 863
Newman, Barnett 471
Ničev, Ivan 113
Nichterlein, Josef 463
Niederlande 14 f., 43, 67, 74, 77, 82, 427–451
Niederländische Union 429
Nikkels, Walter 439
Nikolić, Dragan 390
NKGB 705
NKVD 515, 628, 636, 647, 672, 698, 704 f., 708, 726, 748 f., 922
Nora, Pierre 13, 19
Nordafrika 290, 848
Nord-Bukowina 550
Nordgriechenland 272
Nordhausen 922
Nordheim, Arne 470
Nordschleswig 124, 138, 922
Nord-Siebenbürgen 542, 550–552, 557
Nord-Troms 462
Nordwest-Siebenbürgen 546
Nørgaard, Lise 140
Norsk Hydro 459
Normandie 296, 301
Norwegen 14, 47, 431, 453–480, 519, 570, 572 f., 575, 577–579
Norwegian Independent Company No. (Kompanie Linge) 459, 478
Notelaar, Frans 72
Nowak, Andrzej 526

Nowak, Edmund 520
Noworossijsk 626, 638, 644
Nowotscherkassk 624
NSDAP 152 f., 156, 174, 488, 491, 773
Nürnberg 22, 30, 49, 55, 57, 162
Nürnberger Gesetze 782, 922
Nürnberger Prozesse 9, 17, 22, 48, 160–162, 217, 765, 851 f., 862, 923
Nygaardsvold, Johan 457, 923

Oberländer, Theodor 185
Ochs, Jacques 75
Odessa 627, 638, 644
Oeri, Albert 601
Oktoberrevolution 923
Olav V., König von Norwegen 456–458, 463, 466, 472
Olivier, Laurence 297
Olmütz s. Olomouc
Olomouc 773
Olsson, Jan Olof 570, 580
Olyff, Clotilde 83
Ophüls, Marcel 43, 240
Oradour-sur-Glane 16, 231, 400, 694, 923
Orbán, Viktor 830 f., 833 f.
Organisation für europäische wirtschaftliche Zusammenarbeit 924
Orgamisation Ukrainischer Nationalisten (OUN) 723
Oscarsborg 454
Oslo 45, 47, 454–458, 462–468, 470, 577–579
Österreich 17, 21 f., 43, 55, 91, 481–508, 777, 789, 854
Österreich-Ungarn 773
Österreichischer Staatsvertrag 924
Ostkarelien 215
Ostrowiec 510
Oświęcim s. Auschwitz
OUN s. Organisation Ukrainischer Nationalisten
Ousdal, Sverre Anker 468

Paasikivi, Juho Kusti 205, 219, 924
Paasikivi-Kekkonen-Linie 924
Pabel, Hilmar 52, 152 f., 158
Pabst, Georg Wilhelm 160
Pákozd-Mészeg-Berg 825

Palästina 62, 317
Pančevo 163, 924
Panfilov, Ivan V. 625
Panhellenische Sozialistische Bewegung (PASOK) 269 f.
Papaiōannou, Voula 262
Papandreou, Geōrgios 257
Papon, Maurice 22, 241, 243, 924
Paraćin, Massaker von 404
Paris 109, 229, 233–235, 242, 244, 344–349, 577, 649, 764
Pariser Friedenskonferenz 924
Pariser Friedensverträge 203, 925
Pariser Reparationsverhandlungen 398
Pariser Vorortverträge 817, 925
Parlapanov, Georgi 105
Partisanen / Partisanenbewegung 16, 30, 33 f., 39 f., 40, 42, 47, 73, 97, 101–107, 163, 264, 268–270, 272, 274, 343, 345–351, 353 f., 356, 358 f., 376, 379–382, 385–387, 393, 402, 405 f., 462, 624, 629 f., 645, 671 f., 683, 694 f., 699–702, 706 f., 723 f., 726, 737 f., 741–747, 800–802, 804, 807, 926
Partito Comunista Italiano (PCI) 349, 354 f.
PASOK s. Panhellenische Sozialistische Bewegung
Patton, George S. 51, 864
Paul VI. 488
Pauluks, Jānis 673
Paustovskij, Konstantin 636
Pavelić, Ante 393 f., 396, 399, 403
Pavić, Milorad 404
Pavlenko, Petr 631
Pavone, Claudio 353 f., 359
Paz'njak, Zjanon 749
PCF s. Kommunistische Partei Frankreichs
PCI s. Partito Comunista Italiano
Pearl Harbor 847 f., 860, 864
Pečenkinin, V. A. 742
Perne, Nils 570
Persson, Göran 213 f.
Pešev, Dimităr, 110, 112, 926
Pétain, Henri Philippe 230, 232, 242, 927
Petar Karadjordjević II., König von Jugoslawien 376
Peter, Friedrich 492
Petersen, Wolfgang 155 f.

Petöfi, Sándor 821
Petriščevo 747 f.
Petronaitis, Stasys 694
Petrov, Petar S. 101
Petrović-Njegoš, Petar 392
Pfeilkreuzler 826, 828, 833, 927
Pharantourē, Maria 272 f.
Pharsakidēs, Giōrgos 265 f.
Picasso, Pablo 32
Pieck, Wilhelm 174, 176
Pieniężno s. Melsack
Pindos 260
Pinkas-Synagoge 781, 783
Piponkov-Čapaj, Alexander 105
Pirčiupiai 16, 694, 927
Piscator, Erwin 165
Pitchon, Avi 325
Pithart, Petr 788
Pithiviers 235, 927
Pitter, Přemysl 788
Pittsburgher Vertrag 927
Pius XII. 166, 927
Poilus 928
Polen 9, 11, 15, 17, 23, 30, 37, 49, 81, 162, 330, 332–335, 378, 456, 509–540, 551, 624, 696, 701, 719, 723, 728, 740, 743, 757, 776, 785, 848
Poliker, Jako 334
Poliker, Yehuda 334
Pol-Pot 860
Pomerancev, Vladimir M. 634
Poppe, Nils 570
Port Bou 32
Portugal 759, 765
Poskrebyšev, Aleksandr N. 633
Potsdam 186, 790, 833
Potsdamer Abkommen 185, 835, 928
Potsdamer Konferenz 509, 518 f., 788, 928
Prag 184, 773, 778, 781–783, 788, 790 f., 799, 807
Prager Aufstand 928
Prager Frühling 776, 782 f., 785, 787 f., 790, 929
Preda, Marin 545
Presser, Jacques 436 f.
Příada, Petr 788
Primo de Rivera y Orbaneja, Miguel 929
Protektorat Böhmen und Mähren 929
PSI s. Sozialistische Partei Italiens
Puls 443
Putin, Vladimir 219, 625, 649, 651 f., 654

Pyrenäen 757, 764
Pyynikki 208

Qualtinger, Helmut 490
Quay, Jan Edward de 429, 929
Quisling, Vidkun 453, 455 f., 464, 472 f., 577, 929
Qvist, Per Olov 581

Radev, Vălo 102
Radić, Stjepan 793
Radio Oranje 430, 432 f.
Ragusa 394
Rainiai 705
Ramanaŭ, Sergej G. 744
Rangell, Jukka W. 215
Rapallovertrag 930
Rapoport, Nathan 30, 37, 333, 521–524
Rásky, Béla 817
Rasmussen, Hans 138
Rassemblement du Peuple français (RPF) 237
Rat für gegenseitige Wirtschaftshilfe 930
Rataj, Jan 777
Räterepublik 821 f.
Ravensbrück 181, 186, 233, 930
Ravna Gora 389–391
Reagan, Ronald 853 f.
Reibenbach, Tsipi 335
Reichardt, Poul 128
Reichel, Peter 26
Reichenberg 788
Reichskommissariat Ostland 931
Reichskristallnacht 218
Reichspogromnacht 931
Reichsprotektorat 777
Reichstagsbrandprozeß 99 f.
Reims 626
Reitz, Edgar 140
Remnick, David 621
Renan, Ernest 173, 179, 373 f.
Renthe-Fink, Cecil von 123
Repubblica Sociale Italiana 343, 347, 353
Résistance 71, 227, 229, 232, 234, 237, 239–241, 246, 764
Resistenza 16, 21, 39, 56, 344–346, 348–351, 353–360
Resnais, Alain 42, 235
Rexbewegung 931
Reyes Mate, Manuel 765

Ribbentrop, Joachim von   704, 931
Richter, Gerhard   50, 164
Ricœur, Paul   25
Riefenstahl, Leni   57
Rifbjerg, Klaus   136
Riga   37, 672, 676–679, 681
Riga, Friedensvertrag von   932
Rigaer Ghetto   678 f.
Risiera di San Saba   352
Risorgimento   16, 345, 349, 351, 353 f., 358
ROA   s. Russische Befreiungsarmee
Rød, Knut   470 f., 932
Rodin, Auguste   38
Römische Protokolle   932
Rogers, Rob   860
Rokossovskij, Konstantin K.   650, 932
Rollem, Terje   47, 462
Roller, Mihail   542–544, 553
Rom   343, 345, 348, 352, 358, 728
Romanik, Felix   488
Rommel, Erwin   159, 932
Roosevelt, Franklin D.   16, 69, 162, 291, 847, 850, 932
Rops, Daniel   440
Rosenberg, Göran   582
Rossellini, Roberto   39, 348
Rostock   186
Rostow   624
Rote Armee   8 f., 17, 33, 48, 95, 105–108, 110, 173–176, 179, 186, 203, 462, 481, 489, 509 f., 512, 514, 518, 525, 541, 543–545, 547 f., 620, 623, 627, 629–631, 633, 636, 643, 649 f., 674, 699, 701, 705, 708, 721–723, 726, 737, 740, 743, 775, 786 f., 800, 803 f., 807, 820, 822, 825, 933
Rotterdam   16, 32, 427 f.
Rousso, Henry   20, 227
Rovno   723
Royal Air Force   288, 293
Rozauskas, Euzėjus   709
Rozen, Aleksandr   639
RPF   s. Rassemblement du Peuble français
Ruanda   852, 860
Rubin, Jerry   860
Rubinstein, Renate   433
Rumänien   14 f., 24, 34, 37, 541–568, 719, 788
Russische Befreiungsarmee (ROA)   625, 932

Russische Föderation   620, 622, 626, 648, 651, 723, 728
Rußland   41, 203, 219, 545, 551, 569, 619–670, 699 f., 709, 719, 723, 728, 746, 757, 761 f., 783
Ryti, Risto   203, 214, 933
Ržev   619, 655

Sachsenhausen,   181, 186
St.-Germain-en-Laye   24, 933
Sąjūdis   933
Sąjūdis-Bewegung   703
Šakalis, Rimantas   709
Salaspils   681, 933
Salerno   343, 349, 353
Saloniki   185, 259, 262 f., 267, 271 f., 274
Salvatorelli, Luigi   345
Samizdat   624, 788, 933
Samtene Revolution   774, 779, 786, 790
San Francisco   35
Sandler, Rickard   571, 933
SAP   s. Squadre d'Azione Patriottica (SAP)
Sărmaș   556
Savickij, Michail A.   745 f.
SBZ   s. Sowjetische Besatzungszone
Scavenius, Erik   138, 933
Šček   722
Schechner, Alan   58, 858
Schell, Maximilian   853
Scherfig, Hans   128
Schiele, Egon   499
Schienenkrieg   744
Schindler, Oskar   21, 43, 45, 140, 167, 303, 765, 858
Schinkel, Karl-Friedrich   31
Schlesinger, John   297
Schleswig-Holstein   131
Schmidt, Mária   831
Schnabel, Frank   165
Schnyder, Franz   597
Scholl, Hans   161, 933
Scholl, Sophie   160 f., 933
Schoukens, Gaston   73
Schüssel, Wolfgang   498
Schweden   14, 18, 25, 124 f., 130, 139 f., 214, 217, 453, 462, 464 f., 467–469, 569–592, 832
Schwedenherrschaft   453
Schweiz   12, 14, 18, 25, 204, 574, 593–618, 765

Scurtu, Ioan   556
Se   575–577, 579
Sebastian, Mihail   557
Secondo risorgimento   345, 349, 351, 353 f., 358
Secret Intelligence Service   294
Section Française de l'Internationale Ouvrière (SFIO)   237
Sedlmayr, Hans   56 f.
Segal, George   35
Segerstedt, Torgny   572
Segev, Tom   332
Seijes, Ben   440
Selbstverwaltungssozialismus   374, 377
Selichanow, Sergej I.   739
Šelkovs, Vasilijs   672
Semprún, Jorge   49, 59, 764, 934
Senje, Sigurd   468
Serbien   375, 379, 386–390, 392, 401, 404–406
Serrano Suñer, Ramón   759
Sethe, Paul   160–162
'Settela'   s. Steinbach, Anna Maria
Sèvres, Friedensvertrag von   s. Pariser Vorortverträge
Sewastopol   627, 638
Seyß-Inquart, Arthur   430 f., 934
Shalev-Gerz, Esther   36
Shanghai-Emigranten   486
Shirer, William   862
Shoah   21, 31, 43, 55, 59, 164, 187, 242, 315 f., 318–321, 323–330, 332–336, 464, 520, 522, 524, 600, 679
Shoah Visual History Project   21, 43, 858
Šiauliai   699
Sibirien   38, 60, 672 f., 706
Sidur, Vadim   637
Siebenbürgen   550
Sierra Cuelgamuros   403
Silkeborg   133
Simon, Róbert   828
Simonov, Konstantin   635, 642 f., 647
Singer, Bryan   166
Sivan, Eyal   59, 324
Sivorg   458
Škėma, Antanas   704
Skodvin, Magne   472
Skriktjenn   468
Skurnik, Leo   215
Škvoreckýs, Josef   786
Slánský, Rudolf   184

Slawonien 390, 394
Sloterdijk, Peter 325 f.
Slowakei 11, 14, 24, 565, 777, 783, 799–816, 833
Slowakischer Nationalaufstand 800–805, 934
Slowenien 387 f., 405
Slunj 394
Smolensk 515, 627, 644, 648
SNP s. Slowakischer Nationalaufstand
Sniečkus, Antanas 699 f., 709
Sobkos, Vadim Mikolaevič 720
Sobol, Jehoshua 322
Sobrequés, Santiago 760
Södertälje 576, 584
Sofia 97–99, 105 f., 110, 112
Solheim, Torolov 454
Solidarność 23, 37, 515, 523
Solženicyn, Aleksandr I. 628
Sontag, Susan 21, 51, 863
Sors 831
Šostakovič, Dmitrij 636
Sowjet 934
Sowjetische Besatzungszone (SBZ) 173, 184, 834
Sowjetunion 7–9, 11, 15–18, 23 f., 33, 35, 37, 60, 96, 100, 102, 106, 108 f., 113, 124, 156, 174, 176–178, 184, 203–213, 215, 218 f., 376–378, 383, 462, 481, 509, 514, 518, 520 f., 525, 541, 544–548, 550 f., 556, 559, 571 f., 574, 619–670, 672, 674, 677, 680, 693 f., 697, 700–704, 708, 719 f., 723, 725–728, 737, 746, 748, 760 f., 761, 764, 775–777, 783, 786 f., 799, 802, 809 f., 823–825, 834 f., 852–854
Spanien 14, 18, 25, 55, 403, 757–772
Sozialistische Partei Italiens (PSI) 355
Spanischer Bürgerkrieg 757, 763
Special Operations Executive 125
Speer, Albert 55
Spiegelman, Art 57, 154, 859
Spielberg, Steven 21, 43, 45 f., 156, 167, 303, 765, 858
Split 402
Squadre d'Azione Patriottica (SAP) 346
Srebrenica 444
Srem 380
Staatsvertrag 487–489

Stadler, Peter 602
Stages, Johannes 47
Stahlpakt 934
Stalin, Iosif Vissarionnovič 9, 16, 38 f., 69, 96, 162, 174, 183, 185, 204, 291, 376–378, 383 f., 512, 542, 548, 622, 624, 626–628, 630–636, 638–640, 644, 646 f., 650, 652–654, 671 f., 721, 728, 740 f., 749, 809, 934
Stalingrad 38, 42, 102, 153 f., 161, 167, 174, 573, 624, 626 f., 630, 634, 636, 640, 642–644, 651–654, 720, 935
Stalin-Preis 739
Stambolić, Ivan 388
Staněk, Tomáš 789
Stangl, Franz 488, 935
Stara Gradiška 400
Štaras, Povilas 699
Starčević, Ante 396
Staudte, Wolfgang 40, 157 f.
Stauffenberg, Claus Graf Schenk von 160 f., 935
Stauning, Thorvald 138, 936
Steichen, Edward 580
Steiger, Eduard von 601, 603
Steinbach, Anna Maria 442, 936
Steinbach, Peter 140
Steinberg, Maxime 81 f.
Steinborn, Willi 152
Steiner, Albe 350, 352
Steinlen, Rüdiger 186
Sten Gun 127, 133
Stephanskrone 817
Stepinac, Alojzije 393, 395–397, 936
Sternhell, Zeev 241
Stettin 465
Stockholm 10, 25, 112, 678
Stockholmer Appell 246
Stoph, Willi 177
Storting 462
Strasbourg 234
Stribai 698
Stroop, Jürgen 46, 936
Stroop-Report 352, 830
Strunnikov, Sergej N. 747
Struthof 234, 936
Studentenrevolte 1968 240
Stukenbrok 30
Süddobrudscha 96
Sudetendeutsche Heimatfront 773
Sudetendeutsche Partei 773, 936
Sudetenkrise 776
Suez-Krise 294

Suhrkamp, Peter 155
Sundquist, Bjørn 468
Suslov, Michail Andreevič 636
Suvorov, Viktor 626, 650
Šverma, Ján 801, 807
Švermovo s. Telgárt
Svir 215
Syberberg, Hans Jürgen 57
Syrmien 390
Szabó, István 828, 831
Száras, György 828
Szczuka, Stefan 510
Szelényi, Iván 387
Szmulewski, Dawid 49

T 34 786 f., 821
Tabajdi, Csaba 834
Tainionkoski 209
Tali-Ihantala 214
Tallinn 677
Tambroni, Fernando, 354 f.
Tampere 208
Tanner, Väinö 211
Taras, Valentin 742
Tarkovskij, Andrej 41, 634, 645
Task Force of International Cooperation on Holocaust Education, Remembrance and Research 678
Taslitzky, Boris 237
Tassier, Suzanne 71
Tassos 263 f., 269 f.
Tauwetter-Periode 440, 633, 636, 741, 786, 790, 937
Taylor, Alan J. P. 286
Teheran, Konferenz von 376, 389, 937
Tel Aviv 31, 111, 315 f.
Televåg 478
Telgárt 807
Telšiai 705
Terboven, Josef 456, 477, 937
Terezín 781 f.; s. auch Theresienstadt
Terkel, Studs 865
Tevet, Shabtai 330
Thälmann, Ernst 176, 178 f., 937
Thatcher, Margaret 298 f.
The Evening Standard 300
Theodōrakēs, Mikēs 258, 261, 265, 272 f.
Theresienstadt 124, 139, 781–785, 937
Thessaloniki s. Saloniki
Thrakien 97, 111

Tidens Tegn 454
Tigrid, Pavel 11, 776 f.
Tinnsee 459
Tirana 37
Tiso, Jozef 777, 799 f., 803, 807–809, 938
Tito (Josip Broz) 9, 16, 373, 375–378, 382–390, 392 f., 396–399, 402 f., 938
Titoismus 383
Titovo Užice 389
Todesas, Danielus 709
Togliatti, Palmiro 349 f., 353 f., 938
Toidze, Iraklij Moiseevic 641
Tolkin, Wiktor 31
Tolstoj, Aleksej 649
Toorn, Jan van 436
Toščenko, Žan T. 626
Touvier, Paul 22, 243
Tracy, Spencer 853
Transición 938
Transnistrien 551, 553, 553–558
Trăsnea 550
Treblinka 109, 242, 332, 334, 378, 522, 524, 637, 785, 939
Treptow s. Berlin-Treptow
Trianon 24, 817, 827
Triest 351
Triest-Krise 351, 377
Trøgstad 468
Tromsø 456 f.
Trøndelag 464
Trondheim 454 f., 466
Troppau 788
Trostenec (Maly Trostinec) 749, 939
Trouw 77, 435
Truman, Harry S. 852, 939
Truman-Doktrin 939
Tschechien 11, 16, 694, 773–798, 800, 807
Tschechoslowakei 23, 25, 29 f., 162, 377, 773–798, 799–816
Tschechoslowakismus 773
Tschernobyl 748
Tschetschenien 624, 860
Tuđman, Franjo 388, 393, 401–406
Tudor, Vadim 559
Tuhka, Aukusti 209 f.
Tukiainen, Aimo 204, 209
Tula 627, 638
Tumarkin, Nina 627, 654
Tumarkin, Iigal 31, 315 f., 335
Turin 344, 346 f.
Tvardovskij, Aleksandr 629

Udet, Ernst 151, 939
UdSSR 14, 95 f., 100, 110, 237, 360, 376, 383, 620, 624, 636, 638 f., 644, 671 f., 675, 694 f., 724, 726, 728, 741, 852
UEK s. Unabhängige Expertenkommission Schweiz – Zweiter Weltkrieg
Ukraine 9, 11, 211, 518, 520, 621, 624, 636 f., 654, 719–736
Ulbricht, Walter 174
Ullmann, Micha 36
Ulmanis, Kārlis 675, 677, 681, 940
Ulven 581
Unabhängige Expertenkommission Schweiz – Zweiter Weltkrieg 607
Ungarn 8, 11, 14 f., 20, 24, 30, 38, 377 f., 548, 551 f., 556, 773, 817–846
UNO 493, 583, 758, 760; s. auch Vereinte Nationen
Unternehmen Barbarossa 639, 739, 940
USA 7–10, 13–15, 17, 45, 57 f., 97, 159, 164 f., 167, 187, 257, 292, 303, 574, 581, 605, 631, 648, 676, 697, 708, 724, 760 f., 847–876
Ustaša 375, 378, 394–396, 398, 401–404, 940
Ustaša-Staat 393 f., 398
Ústí nad Labem 787
Utefronten 458
Utrecht 427
Uzunovs, Dečko 100

Vác 825
Vacek, Václav 773
Vagenštajn, Anžel 103, 113, 185
Vaitkus, Jonas 704
Valpo 214
Varga, Imre 830, 832
Varkiza, Abkommen von 257, 940
Vasil'evs, Boris 720
Vasnecov, Viktor 746
Vaterländische Front 95, 98, 104 f., 110
Vaterländische Volksbewegung s. Lappo-Bewegung
Vaterländischer Krieg 108 f., 402
Vatikan 165, 396 f.
VE-Day 291, 300 f., 850
Veen, Gerrit van der 435

Vemork 459
Vengos, Thanasēs s. Beggos, Thanasēs
Vereinte Nationen 186, 444, 851, 940; s. auch UNO
Vergani, Aldo 346
Verhagen, Hans 438
Versailler Friedensvertrag 138, 851; s. auch Pariser Vorortverträge
Vertrag über Freundschaft, Zusammenarbeit und gegenseitigen Beistand 941; s. auch Warschauer Pakt
Vestermane, Sandra 679
Vibe-Müller, Titus 39, 459
Vichy 21, 229, 236–238, 241, 244, 246
Vichy-Regime 43, 229, 232, 234, 240–243, 941
Vidbergs, Sigismunds 60, 676, 680
Viermächtepakt 941
Vierte Republik 234, 236
Vierzehn Punkte 942
Viest, Rudolf 802, 805
Vietnam 859 f.
Vietnam-Krieg 164, 294, 860, 864 f.
Vīke-Freiberga, Vaira 678
Vilnius 677, 696, 701, 704, 708; s. auch Wilna
Violante, Luciano 360 f.
Visconti, Luchino 346
Vitebsk s. Witebsk
Vittorio Emanuele III., König von Italien 343, 942
Vlaams Blok 84
Vlasov, Andrej A. 625, 652, 655, 942
Völkerbund 943
Volkogonov, Dmitrij 649
Volkov, Valentin 737
Volksdemokratie 944
Volksfront 944
Voronež 702
Vranitzky, Franz 494, 496 f.
Vrij België 71
Vrij Nederland 435
Vučetič, Evgenij V. 32, 175, 629, 641, 643, 720
Vučković, Vladeta 398
Vulfsons, Mavriks 23, 676

Wæver, Clara 141
Wagenaar, Aad 442

Wagenstein, Angel s. Vagenštajn, Anžel
Wagner, Richard 326
Wagner, Wilhelm 470, 944
Wajda, Andrzej 41, 511–513, 524
Waldheim, Kurt 21, 488, 493 f., 496, 498, 945
Wales 293
Wałęsa, Lech 523
Wallant, Lewis 857
Wallenberg, Raoul 18, 581–584, 829, 831–833, 945
Wallonische Bewegung 945
Walser, Martin 21
Warschau 16, 333, 442, 511–517, 520 f., 523, 525
Warschauer Aufstand 31, 37, 41, 46, 333, 510, 512 f., 523, 525, 945
Warschauer Ghetto 37, 45 f., 83, 161, 165, 352, 522 f., 578, 678, 946
Warschauer Ghettoaufstand 946
Warschauer Pakt 8, 175, 781, 790, 941; s. auch Vertrag über Freundschaft, Zusammenarbeit und gegenseitigen Beistand
Washington 22, 36 f., 112, 217, 858, 864
Wehrmacht 46, 96 f., 102, 108, 124, 130, 132 f., 138, 152, 154, 156, 159, 161–164, 166 f., 175, 185 f., 203, 210, 267, 299, 331, 343, 346 f., 349, 378 f., 389, 405, 454 f., 459, 463, 481–483, 487, 489 f., 492 f., 509, 515, 520, 544, 546, 573, 581, 584, 597, 599, 607, 626, 636, 639, 652, 672, 683, 694 f., 708, 721, 723, 739 f., 742–744, 748, 757, 763, 777 f., 823
Weigel, Hans 430
Weil, Jiří 781 f.
Weimar 51, 179, 186
Weiss, Peter 166, 186
Weiß, Peterpaul 178
Weißrußland 11, 621, 624, 644 f., 654, 696 f., 737–756
Welles, Orson 41
Weltwirtschaftskrise 285, 946
Wergeland, Henrik 453
Weserübung 454
Westerbork 442, 947
Westminster, Statut von 947
Wiborg 214
Wicki, Bernhard 42, 158
Widerberg, Bo 580
Widmark, Richard 853
Wien 481–484, 486, 489, 491, 494–496, 498
Wiener Schiedsspruch 552, 947
Wienerbarns venner 467
Wiesel, Élie 858, 947
Wiesenthal, Simon 486, 492, 678, 947
Wilde, Maurice De 85 f.
Wilder, Billy 45
Wilhelmina, Königin der Niederlande 432 f., 947
Wilna 322, 743; s. auch Vilnius
Winterkrieg, finnischer 203, 205, 209, 211 f., 218, 574, 579, 948
Wisbar, Frank 42
Witebsk 644, 748
Wojwodina 375, 384, 388, 391, 404
Wolf, Christa 187
Wolf, Konrad 175, 185
Wolgograd 634, 638, 640 f. 644, 651–653

Woronesch s. Voronež
Wren, Christopher 287
Wright, Ken 167
Wróblewski, Andrzej 55, 512

Yad Vashem 22, 36, 319–321, 328, 331, 333, 524
Yale 857
Yeu 232
Youngplan 948

Zadkine, Ossip 32, 427
Zagreb 382, 389, 393, 395, 397, 399
Žandov, Zachari 103
Zarasai 700 f.
Ždanov, Andrej A. 628
Zee, Nanda van der 433
Željaskova, Binka 102
Zenner, Frans 69
Zentralasien 550
Zentralgriechenland 271
Žerjavić, Vladimir 399 f., 402
Zevi, Tullia 12
Ziegler, Adolf 166
Zionismus 184, 316–324, 331, 334 f., 513, 521, 785, 809–811, 827, 948
Živkov, Todor 110, 948
Živković, Miodrag 379
Zlatin, Sabine 236
Zōgraphos, Panagiōtēs 260
Zuckmayer, Carl 151
Žukov, Georgij Konstantinovič 626 f., 631 f., 646, 650, 948
Zürich 400
Zvonica 805
Zweite Republik 949

Europa heute

0 200 km
NÖRDLICHES EISMEER
WEISSES MEER
FINNLAND
Helsinki
Åland-Inseln
Tallinn
Dagö
ESTLAND
Ösel
Gotland
LETTLAND
Riga
LITAUEN
OSTSEE
Vilnius
zu RUSSLAND
Kaliningrad
Minsk
WEISSRUSSLAND
Warschau
POLEN
Moskau
RUSSLAND
KASACHSTAN
Kiew
UKRAINE
KASPISCHES MEER
SLOWAKEI
Bratislava
MOLDAWIEN
Kischinew
Budapest
UNGARN
RUMÄNIEN
Bukarest
SCHWARZES MEER
GEORGIEN
Tiflis
ASERBAIDSCHAN
ARMENIEN
Jerewan
BOSNIEN-HERZEGOWINA
Sarajevo
Belgrad
JUGOSLAWIEN
Serbien
Montenegro
BULGARIEN
Sofia
ALBANIEN
Tirana
Skopje
MAKEDONIEN
TÜRKEI
Ankara
TÜRKEI
ÄGÄISCHES MEER
Korfu
GRIECHENLAND
Athen
Rhodos
ZYPERN
SYRIEN
IRAK
Bagdad